周蓓 主編

專題史叢書

吕思勉 著

河南人民出版社

兩晉南北朝史

（上册）

本書是一部涵蓋兩晉南北朝政治、社會和文化諸方面內容的斷代史。兩晉南北朝是中國歷史上戰亂頻仍的時期，本書系統而深刻地論述了這段特別時期政治和文化特點，旁徵博引，思想深邃

圖書在版編目(CIP)數據

兩晋南北朝史 ：全2册 / 吕思勉著. —鄭州 ：河南人民出版社，2016. 10(2017. 7 重印)
(專題史叢書 / 周蓓主編)
ISBN 978-7-215-10462-4

Ⅰ. ①兩… Ⅱ. ①吕… Ⅲ. ①中國歷史-魏晋南北朝時代 Ⅳ. ①K235

中國版本圖書館 CIP 數據核字(2016)第 257203 號

河南人民出版社出版發行
(地址：鄭州市經五路66號　郵政編碼：450002　電話：65788063)
新華書店經銷　　河南新華印刷集團有限公司印刷
開本 710毫米×1000毫米　1/16　印張 97.25
字數 1132 千字
2016年10月第1版　　2017年7月第2次印刷

定價 ：631.00 圓(上、下册)

出版前言

中國現代學術體系是在晚清西學東漸的大潮中逐步形成的。至民國初建，中央政治權威進一步分散和削弱，加之新文化運動帶給國人思想上的空前解放，新學的啓蒙，新知識分子的産生，民國學術如草長鶯飛，進入一個自由而蓬勃的時代。中國傳統學科乃中國學術之根基與菁華所在，民國學人采用『取今復古，别立新宗』之方法，引入西方的學術觀念，積極改造，使史學、文學等學科向現代學術方向轉型。此外，大力推介西方社會科學的新學科和自然科學，在學習、借鑒乃至移植西方現代學術話語和研究範式的過程中，逐漸建立中國現代學科，使中國的學科門類迅速擴展。一時間，新舊更迭，中西交流，百花齊放，萬壑争流，開創了中國現代學術的源頭。

伴隨知識轉型和研究範式轉换而來的，還有學術著作撰寫方式的創新。中國古代的著作向來以單篇流傳，經後人整理匯編後，方以成册成集的面目出現并持續傳播。直到十九世紀末，東西方的歷史編撰體裁不外乎多卷本的編年體、紀傳體和紀事本末體等，章節體的出現標志着近代西方學術規範的産生和新史學的興起。章節體具有依時間順序，按章節編排；因事立題，分篇綜論；既分門别類，又綜合通貫的特點。以章、節搭建起論述之框架，結構分明，邏輯清晰，較傳統的撰寫體裁容量大、系統性强。它的傳入，使中國現代學術體系從内容到形式被納入了全球化的軌道。民國時期專題史的研究、譯介、編纂、出版恰恰是在這樣的背景下欣欣而發，是學術的實驗場，也是歷史的記録儀。編選『民國專題史』叢書的初衷正是爲了從一個側面展示中國學術從傳統向現代過渡的歷史進程。

專題史是對一個學科歷史的總結，是學科入門的必備和學科研究的基礎，也是對一個時代艱深新鋭問題的解答，是學術研究的高點。民國專題史著作中，既包含通論某一學科全部或一時代（區域、國别）的變化過程的，又囊括對一時代或一問題作特殊研究的，還有少部分是對某一專題的史料進行收集的。原創與翻譯并重，翻譯的底本大多選擇該學科的代表著作或歐美大學普及教本，兼顧權威性和流行性，其中日本學者的論著占據了相當比重。日本與中國同屬東亞儒家文化圈，他們在接納西方學術思想和研究模式時，已作了某種消化與調適，從思維轉换的角度看，更便于中國借鑒和利用，他們的著作因而被時人廣泛引進。

與當代學術研究日趨專業化、專門化、專家化的『窄化』道路迥乎不同的是，中國傳統學術崇尚『學問主通不主專，貴通人不尚專家』的通識型治學門徑，處于過渡轉型期的民國學術在不同程度上保留了這種特徵。民國學術大師諸學科貫通一脉、上千年縱横捭闔之功力自不待冗言，外交家著倫理政治史、文學家著哲學史、化學家著戰争史等亦不乏其人，民國專題史研究呈現出開放、融通、跨界撰述的特點。與此同時必須看到，自晚清以來，中國的命運就在外侮屢犯、内亂頻仍的窘境中跌宕彷徨，民族存亡仿若命懸一綫。這股以創建學科、總結經驗、解决問題爲指歸的專題史出版風潮背後，包裹着民國學人企望以西學爲工具拯民族于衰微的探索精神，及以學術救亡的愛國之心。梁任公曾言：『史學者，學問之最博大而最切要者也，國民之明鏡也，愛國心之源泉也。』這種位卑未敢忘憂國的歷史使命感和國民意識是今人無法漠視和遺忘的。

『民國專題史』叢書收録的範圍包括現代各個學科，不僅限于人文社會科學，學科分類以《民國總書目》的分科爲標準，計有哲學、宗教、社會、政治、法律、軍事、經濟、文化、藝術、教育、語言文字、中國文學、外國文學、中國歷史、西方史、自然科學、醫學、工業、交通共19個學科門類。本叢書分輯整理出版，内不分科，單本發行，方便讀者按需索驥。既可作爲大專院校圖書館、學術研究機構館藏之必備資源，也可滿足個人研讀或興趣之收藏。

與目前市場已有的一些專題史叢書相比，『民國專題史』叢書具有規模大、學科全、選本精、原版影印的特點。本叢書選目首重作者的首創、權威和著作影響力，尤其注重選本的稀見性。所謂稀見，即建國後没有再版，且多數圖書館没有收藏，或即便有收藏，也是歸于非公開的珍本之列予以保存，普通讀者難以借閲。部分圖書雖有電子版，但作爲學術研究的經典原著讀本，紙質版本更利于記憶和研究之用。本叢書精揀版本最早、品相最佳的原版圖書作爲底本，因而還具有很高的版本收藏價值。

『民國專題史』的著作是民國學者對于那個時代諸問題之探究，往往有獨到之處，無論其資料、觀點短長得失如何，要之在中國現代學術史的構建與發展進程中，自有其開宗立論之地位。

目次

第一章　總論

魏、晉之際，中國盛衰强弱之大界也。自三國以前，異族恆爲我所服，至五胡亂起，而我轉爲異族所服矣。五胡之亂，起於晉惠帝永興元年劉淵之自立。越十三年，愍帝被虜而中國在北方之政府遂亡。自是南北分立。自元帝建武元年，至陳後主禎明三年，凡二百七十三年，而南卒幷於北。隋文帝雖云漢人，然民族之異同，固非以其種姓而以其文化，此則不獨隋室，卽唐室之先，亦未嘗非武川族類也。廿二史劄記云：「兩間王氣，流轉不常，有時厚集其力於一處，則帝王出焉。如南北朝分裂，其氣亦各有所聚。晉之亡，則劉裕生於京口；蕭道成、蕭衍生於武進之南蘭陵；陳霸先生於吳興；其地皆在數百里內。魏之亡，則周、隋、唐三代之祖，皆出於武川。宇文泰四世祖陵，由鮮卑遷武川。陵生系，系生韜，韜生肱，肱生泰，是爲周文帝。楊堅五世祖元素，家於武川。元素生惠嘏，惠嘏生烈，烈生禎，禎生忠，忠生堅，是爲隋文帝。李淵三世祖熙，家於武川。熙生天賜，天賜生虎，虎生昞，昞生淵，是爲唐高祖。區區一彈丸之地，出三代帝王；周幅員尚小，隋、唐則大一統者共三百餘年，豈非王氣所聚，碩大繁滋也哉？」王氣所聚，說大落空。宋、齊、梁、陳四代之祖，生於數百里內，亦不足論。中華人事繁複，此固無甚關係也。至於周、隋、唐三代之祖，皆生武川，則自以當時此一區中爲强兵所在，故力征經營者易起於此，其附從之功臣，亦易出於此。不惟周、隋、唐，北齊興於懷朔，固與武川同爲六鎮之一也。武川，今綏遠武川縣。懷朔，今綏遠五原縣。唐室武功，超軼漢代，然實用蕃兵、蕃將爲多，與漢之征匈奴，純恃本族之師武臣力者異矣。自唐衰而沙陀入據中原，雖不久覆滅，然契丹、党項、女眞、蒙古、滿洲，又紛紛竊據，甚且舉中國之政權而盜之。蓋自五胡之亂至清之亡，凡歷千六百有八年焉。若是乎，中國民族，實不堪以兵力與異族競邪？曰：否。秦漢史既言之矣。曰：「文明之範圍，恆漸擴而大，而社會之病狀，亦漸潰益深。孟子曰：仁之勝不仁也，猶水勝火。以社會組織論，淺演之羣，本較文明之國爲安和，所以不相敵者，則因其役物之力大薄之故。然役物之方，傳播最易，野蠻之羣與文明之羣遇，恆慕效如恐不及焉。及其文明程度劣足與文明之族相抗衡，則所用之器，利鈍之別已微，而羣體之中，安和與乖離迴判，而小可以勝大，寡可以敵衆，弱可以爲强矣。」第一章。以文明之羣，而轉爲野蠻之羣所勝，寧獨中國？馬其頓之於希臘，日耳曼之於羅馬，顧不然邪？夫黨類(class)既分，則與異族爲敵者，實非舉國之民，特其操治理之權者耳。此等人當志得意滿之餘，溺驕淫矜夸之習，往往脆弱不堪一擊。卒遇强敵，遂至覆亡。其覆亡也，固亦與尋常一姓之覆亡無異。特覆之者非本族而爲異族人耳。此時多數人民，固未嘗與異族比權量力，若爲人所服，而實不可謂其爲人所服也。多數人民與異族之相角，於何見之？其勝負於何決之？曰：視其文化之興替。兩族相遇，文化必有不同，觀其孰替孰興，而文化之優劣分，而民族之存亡，亦由之而判矣。信如是也，中國民族之與異族遇，不以一時爭戰之不競，見其劣，正以終能同化異族，見其優，固非聊作解嘲之語矣。此非謂中國必不能以兵力爭勝，亦非謂此後永不必以兵力爭勝，不可誤會。中國之見侮於異族，乃由執治理之權者之劣弱，其說可得聞與？曰：可。兩族相競，若戰陳然，居前行者，實惟政治。後漢自安帝永初以降，政權迄在外戚、宦官手中，自此至靈帝中平六年董卓入洛，凡歷八十六年，其紊亂可以想見。此時爲舉國所想望者，莫如當時所謂名士，然其人實多好名嗜利之徒。

讀秦漢史第十章第四節、第十四章第五節、第十八章第四節可見。此時相需最殷者，曰綜覈名實，曰改絃更張。督責之治，魏武帝、諸葛武侯皆嘗行之，一時亦頗收其效，然大勢所趨，終非一二人之力所克挽，故人亡而政亦息焉。近世胡林翼、曾國藩，承積衰極敝之餘，以忠誠爲唱，以峻切爲治，一時亦未嘗不收其效，而亦不能持久，先後最相類也。改制更化，魏曹爽一輩人頗有志焉。然其所圖太大，不爲時俗所順悅；又兵爭未久，人心積相猜忌，進思儌利，退計自全，乃不得不用陰謀以相爭奪。此等相爭，正人君子，往往非奸邪小人之敵，曹爽遂爲司馬宣王所覆。宣王本惟計私圖；景王雖爲正始風流人物，然既承宣王之業，自不得不專爲自全之計；文王更無論矣。與司馬氏相結合者，率多驕淫狙詐之徒；司馬氏之子弟，亦日習於是，而其材又日下；而時勢之艱危，人心之險詖如故；於是以晉初之百端待理，滅吳之後，又直可以有爲之時，乃以趣過目前之晉武帝承之，急切之事，如徙戎者，且不能舉，遑論其他？而楊、賈、八王之禍，且代異己之誅鉏而起矣。晉室之傾頹，固非一朝一夕之故，蓋自初平以來，積漸所致，勢固不易中止也。夫國之所恃爲楨幹者，固非一二臣衞，而爲士大夫之羣，今所謂中等階級也。士大夫而多有猷、有爲、有守，舊政府雖覆，樹立一新政府，固亦非難。當時之士大夫，果何如哉？中國在是時，民族與國家之見地，蓋尚未晶瑩。東漢名士，看似前仆後繼，盡忠王室，實多動於好名之私，挾一忠君之念耳。此等忠君之念，沿自列國並立之時，不能爲一統之益，而時或轉爲其累。參看秦漢史第十四章第四節。又既沿封建之習，則諸侯之國，與卿大夫之家，其重輕本來相去無幾，由是王室與私門，其重輕之相去，亦不甚遠；益以自私自利之恆情，而保國衞民之念，遂不如其保家全身之切焉。劉、石肆虐，北方之名門巨族，相率遷地以圖自全，鮮能出身犯難者由此也。攜家避地，固始漢末，然是時爲內亂，而晉初爲外患；衡以內亂不與外患不辟之義，則晉之士大夫有愧爲爾矣。夫既徙爲保家全身之計，則苟得沃土，自必如大月氏之西徙，志安樂而無復報胡之心。東晉之名流，率圖苟安而怠恢復；如蔡謨之沮庾亮王羲之之毒殷浩。其挾有奸雄之才，而又爲事勢所激者，遂不恤爲裂冠毀冕之行，如王敦、桓溫之稱兵。以此。夫當時北方之士大夫，雖云不足與有爲，然南方剽悍之氣，固未嘗滅。觀周處可見。參看秦漢史第十一章第八節。使晉室東渡之後，得如周瑜、魯肅、呂蒙、陸遜者而用之，北方之恢復，曾何足計？其時南方之人，蓋亦有圖自立者，如陳敏等是。而事不易成；北方之名門巨族，挾一王室之名以來，自非其所能抗；而南方之政權，遂盡入北來諸族之手，其何能淑，載胥及溺焉。直至北府兵起，江、淮剽悍之氣，始有所藉以自見，然積弱之勢既成，狙詐之習未改，日莫途遠，雖絕世英雄如宋武帝，亦不能竟恢復之緒矣。宋、齊、梁、陳四代，皆起自寒微，所信任者，非復名門巨族。然所用寒人，資望大淺，雖能綱紀庶務，而不能樹立遠猷。又以防如晉世之內外相猜，大州重任，必以宗室處之，而世族之驕淫既成，恆軌人心之傾險，又難驟更，而骨肉之相屠，遂繼君臣之相忌而起矣。佞幸當朝，權奸梗命，其局勢較東晉更劣，其淵源則仍來自東晉者也。一時代之風氣，恆隨一二人之心力爲轉移。當神州陸沈之餘，寧無痛憤而思奮起者？然豪桀之士，雖無文王猶興，實亦緣其所處之境。先漢之世，學士大夫，人人有志於致用。自經新莽之喪敗，遂旁皇而失其所守。既失之瑣碎，又偏於泥古，實不能有當於人心。其思力較沈摯者，乃思舍迹而求道。其於五經，遂束閣詩、書、禮、春秋，而專重易；其於諸子，則弁髦名、法、儒、墨、從橫，而專言道。其識解自較漢人爲高，然其所規畫，或失之迂闊而不能行；甚或視世事大渺小；謂有爲之法，終如夢幻泡景而不足爲。其力薄才弱者，則徒爲自娛或自全之計，遂至新亭燕集，徒爲楚囚之對泣焉。此以外攘言之也。以言乎內治：則自東漢以來，不復知更化者必先淑其羣，而稍以淑己爲淑羣之道。承之以釋、老，而此等見解愈益牢固而不可拔。而其所謂淑己之道，又過高而非凡民之所知。聽其言則美矣，責其實殆如彼敎所謂兔角、龜毛，悉成戲論。此晉、南北朝之士大夫，所以終莫能振起也。至於平民，其胼手胝足，以自效於國家、民族，以視平世，其艱苦固不翅倍蓰；卽能陳力於戰事者，亦自不乏。然民兵之制既廢，三五取丁等法，實爲以不敎民戰；而廣占良田，規錮山澤，蔭匿戶口者，又務虐用其人。北方遺黎，或摶結立塢壁，以抗淫威，亦因所摶結者太小，終難自立。其異族之竊據者，則專用其本族若他異族之人爲兵，漢民既手無斧柯，則雖屢直變亂而終無以自奮。此平民所以不獲有所藉手，以自效於國家、民族也。凡此，皆晉、南北朝三百年中我國民不克以兵力攘斥異族之由也。

然則此時代中，我國民之所建樹者何如？豈遂束手一無所爲乎？曰：其大成就有四焉，而皆與民族之動蕩移徙有關，故民族之移徙，實此時代中最大之事也。四者惟何？一曰士庶等級之平夷。二曰地方畛域之破除。三曰山閒異族之同化。四曰長江流域之開闢。古之爲治者，本今所謂屬人而非屬地，故曰「有分土無分民。」封建之世，等級之嚴峻，蓋非後世所能想象。秦人雖云父兄有天下，子弟爲匹夫；漢世用人，雖云不分士庶；然特政事之措置，名門巨族，在民閒之權勢自若也。古黃河流域，蓋漢族居平地而異族居山。長江流域，初蓋江湖緣岸，亦爲異族所據，後稍與漢同化，其不同風者，乃亦相率而入山。故秦、漢之世，江、河之域，皆頗似後世之西南諸省。而江域拓殖較晚，荆楚猶稱火耕水耨，而揚州無論矣。自漢末以來，中原之民，乃因避亂而相率移徙。彼其移徙也，率皆宗黨親戚，相將而行；或則有地方豪望，爲之率將，故其戶數多至千百，恆能互相周卹，建立綱紀。參看秦漢史第十三章第四節。當時移徙之民，與所移徙之地之民，畛域難遽破除者以此，其移徙後易以自立，易以自安者亦以此。以本皆族黨鄉里，則能互相扶助而力强；而移徙之餘，所處之地雖變，所相人偶之人仍未大變也。觀此，可以知其爲力之强。夫在一地方積有權勢者，易一境焉，則其權勢必歸消失。北方諸族之南遷者，觀史所載廣占良田，規錮山澤，蔭匿人戶等事，一若皆爲豪富之徒，實則此不過其當路秉政者，其餘則皆日入於困窘矣。隋、唐以降，士庶等級之漸夷，蓋非徒九品中正之廢，而實緣士族之生計日趨困窘。故與庶族通譜、通昏者，不一而足也。北人之初南徙也，其與當地之民，蓋猶格不相入，故必僑置州郡以治之。其時移徙者之意，必曰：寇難削平，復我邦族，則依然故我矣。乃井里之丘墟如故，鄉閭之旋反無期，政府乃不得不力行土斷，人民亦以歲月之久，僑居者與土著者日親，而積古以來各地方之畛域，漸次破除矣。當時河域之民，播遷所屆，匪惟江域，蓋實東漸遼海，西叩玉門，北極陰山，南踰五嶺焉。其聲教之所暨被，爲何如哉？若此者，皆其民之較强者也。其單弱貧困者，不能遠行，則相率入山，與異族雜處。當時所謂山胡、山越者，其名雖曰胡、越，而語言風俗，實無大殊，故一旦出山，即可以充兵、補戶，可見其本多漢人。然胡、越之名，不能虛立，則又可見其本多異族，因漢人之入山而稍爲所化也。湘、黔、粵、桂、川、滇、西康之境，自隋至今，歷千三百年，異族之山居者，猶未盡化，而江淮、宛洛、河汾之際，自漢末至南北朝末，僅三百餘年而遽成其功，雖曰地勢之夷險不同，處境之安危亦異，然其所成就，亦云偉矣。自有史以來，至於秦、漢，文明中心，迄在河域。自河域北出，則爲漠南，自河域南徂，則爲江域。論者或病中國民族，不能北鄉開拓，致屢招游牧民族之蹂躪。然民族之開拓，必鄉夫饒富之區。江域之饒富，較之漠南北，奚翅十倍。執干戈以圉侵略，固爲民族之要圖，開拓饒富之區，以增益文化，其爲重大，殆又過之。江域之開拓，實我民族靖獻於世界之大勞，其始之自漢末，其成之則晉、南北朝之世也。此皆我民族在此時代中成就之極大者也。其爲功，視以兵力攘斥異族於行陳之閒者，其大小難易，寧可以道里計？惡得以治理者之劣弱，北方政權，暫入異族之手而少之哉？

民族之所建樹，恆視乎其所處之境。自然之境易相類，人造之境則萬殊，故各民族之史事，往往初相似而後絕異，以其初自然之力强，入後則人事之殊甚也。東洋之有秦、漢，西洋之有羅馬，其事蓋頗相類；中國見擾亂於五胡，羅馬受破毀於蠻族，其事亦未嘗不相類也。然蠻族侵陵以後，歐洲遂非復羅馬人之歐洲，而五胡擾亂之餘，中國爲中國人之中國如故也。此其故何哉？中國有廣大之江域以資退守，而羅馬無之，殆爲其一大端。此固可云地勢爲之，我民族不容以之自侈。然其殊異之由於人事者，亦不乏焉。羅馬與蠻族，中國與五胡，人口之數，皆難確知，然以大較言之，則羅馬與蠻族衆寡之殊，必不如中國與五胡之甚。兩民族相遇，孰能同化人，孰則爲人所同化，雖其道多端，而人口之衆寡，殆爲其第一義。此中國同化五胡之所以易，羅馬同化蠻族之所以難也。此非偶然之事，蓋中國前此同化異族之力較大實爲之。又蠻族受羅馬文化之薰陶淺，五胡受中國文化之涵育深。不特慕容廆、苻堅、元宏，即劉聰、石虎，號稱淫暴，亦特其一身之不飭，其立法行政，亦未嘗不效法中國。當是時，我之民族性，固尙未型成，彼輩之茫昧，殆更甚於我。試觀五胡造作史實，絕無自誇其民族，祇有自誇其種姓可知。以視後來金世宗、淸高宗之所爲，逈不侔矣。異族之與我族遇，民族性之顯晦，遼、金之閒，殆爲一大界。自遼以前，異族無不視漢族爲高貴而思攀附之效法之者。自金以後，則無是事矣。此其故，蓋由遼以前諸族，始多附塞，或且入居塞內，女眞、蒙古、滿洲，則皆距塞較遠也。此可見我民族同化異族之力，不待五胡擾亂，而潛移默運，業已有年矣。又不獨此也。羅馬受蠻族之侵陵，歐洲遂倒演而入於封建之世，而中國自五胡亂後，其爲大一統依然也。此又何故哉？此實由羅馬之爲國，本不如中國之統一，故一旦覆亡，文官、武將，若地方豪右，敎中尊宿，蠻族酋豪，皆能成爲一區域之大長，其權力歷久而不敝；既無能一統之者，則其彼此之閒，遂互相隸屬，層累相及，而封建之局成矣。中國當晉、南北朝時，亦是處有豪族、游俠；兵亂之區，又有堡塢之主，亦未嘗不專制一方，然地勢平衍，風俗大同，中樞之力較强，民情亦習於統一，故雖有可成封建政體之端倪，卒無竟成封建政體之事實。此就政治言之也。以宗敎言：則羅馬之於基督，關係殊疏，而兩漢之於孔子，關係極密。政敎分張，事起近世，實由世事日新，而宗敎篤舊，不能與時俱進之故。以理言，政治之設施，固應與敎化相合。羅馬之爲治，實未能符合此義。人生雖不免屈於力，其意固恆欲附於德，故羅馬解體以後，歐人乃欲奉敎主爲君王；其敎主亦欲以此自居。然實不勝其任也，而政敎之分爭，遂爲歐洲擾攘之大原焉。我國自漢武以後，儒敎殆已成國敎，然儒之所以爲敎者，實在人倫日用之閒，兼示爲政者以軌則，而非特迷信以錮人心，故與異敎之相爭不烈。國家既已一統，前此各地方之宗教，僅足維繫一地方之人心者，既無以厭人之求，而急須一通行全國之大宗教，雜沓之神、祇、鬼、魅，遂稍合并變化，而成所謂道教者；而佛教亦於此時傳入。丁斯時也，所以慰悅人之魂神者，孔教則讓諸道、佛；而施於有政，以及人倫日用之際，道、佛亦不與儒爭。道佛二家之閒，道家本無教義，時時竊取佛說以自附益；甚至并其儀式而竊之；一似無以自立。然舊來所信奉之神、祇、鬼、魅，必非一日所能剗除，佛教入中國後，雖亦竭力與之調和，或且網羅之以爲己助，然佛爲異國之教，於中國舊所信奉，固不能一網打盡，亦必不能囊括無遺；而道教於此，遂獲有立足之地焉。我國本無專奉一神之習，用克三教並立，彼此相安，即有他小宗教與三教異同者，苟非顯與政府爲敵；或其所唱道者，實與當時社會所共仞之道德、法律，藉以維持秩序者不相容，亦未有痛加迫蹙者。獲慰悅魂神，指道行爲之益，而不釀爭奪相殺之禍，要不能不謂我國之文化，高於歐洲也。

右方所說，雖已深切著明，讀者終將疑我民族之所長，偏於文事，而於武德不能無闕，請更有說以明之。韓陵之戰，齊高祖謂高昂曰：「高都督純將漢兒，恐不濟事，今當割鮮卑兵千餘人，共相參雜，於意云何？」似乎鮮卑之戰鬥，非漢人所能逮矣。然衞操、姬澹說魏桓、穆二帝招納晉人，晉人附者稍衆。及六脩難作，新舊猜嫌，迭相誅戮，衞雄、姬澹，謀欲南歸，乃言於衆曰：「聞諸舊人忌新人悍戰，欲盡殺之，吾等不早爲計，恐無種矣。」晉人及烏丸驚懼，皆曰：「死生隨二將軍。」於是雄、澹與劉琨任子遵，率烏丸、晉人數萬衆而叛。是晉人之悍戰，又過於鮮卑也。齊高祖之雄武，讀史者應無異辭，然其先固亦漢人，特久居北邊，遂習鮮卑之俗耳。雲、代閒鮮卑，號稱悍戰者，其中之漢人，必不少也。大抵當時五胡與漢族之雜處，其情形當略如後世之漢與回。傅奕言：「羌胡異類，寓居中夏，禍福相恤；中原之人，心力不齊，故夷狄少而强，華人衆而弱。」正與後世回强漢弱之情形，後先一轍也。然則五胡之亂華，亦不過如清代咸、同閒西南、西北之回亂耳，惡得謂華夷之强弱迴異，且由於天之降材爾殊哉？

晉、南北朝史事，端緒最繁，而其閒犖犖大端，爲後人所亟欲知者，或仍不免於缺略。又文學取其詼詭可喜，史學則貴求眞，二者之宗旨，絕不相同，而當史學未昌之時，恆不免以文爲累。晉、南北朝之史，帶此性質猶多。試觀有言於先者，必有驗於後；而敵國材智，所見多同，又恆能彼此相料。可知其時史家，好法左氏，實則與後世平話，同一臼科耳。其不足信據，固無俟深求也。至於行文，喜求藻飾，遂使言事，皆失其眞，則知幾史通，固已深譏之矣。玆編之作，鉤稽芟落，雖竭吾才，去僞顯眞，猶恐十不逮一，糾繆繩愆，是所望於大雅。

第二章　晉初情勢

第一節　政俗之敝

晉武帝以荒淫怠惰，遺患後嗣名。然帝在歷代君主中，實尚未爲大惡。所不幸者，則以僅足守成之才，而當開創之世耳。蓋晉之王業，雖若成於宣、景、文三朝，然其所就者，實僅篡竊之事，至於後漢以來，政治風俗之積弊，百端待理者，實皆萃於武帝之初。此其艱巨，較諸陰謀篡竊，殆百倍過之。雖以明睿之姿，躬雄毅之略，猶未必其克濟，況如武帝，以中材而涉亂世之末流乎？承前世之積敝，而因受惡名，亦可哀矣。

武帝嘗詔郡國守相，三載一巡行屬縣；泰始四年。申戒郡國計吏、守相、令長：務盡地利，禁游食商販；泰始五年。臨聽訟觀錄囚徒；泰始四年、五年。守令有政績及清稱者，賜之以穀；王宏，夏謖，劉霄，梁柳。見紀泰始五年、咸寧元年。詔刺史、二千石糾穢濁，舉公清；令內外羣臣舉清能，拔寒素；太康九年。又屢詔舉人才：可見其非無意於爲治。又嘗增吏俸；泰始三年。班律令；泰始四年。平吳後，即定戶調式，罷軍役，去州郡兵，則亦有意於更制垂後。然是時之所急者，非立法，乃行政，非文誥之頻繁，乃督責之峻切，而帝於此實最闕焉。伐吳之議，羊祜、杜預屢陳之，張華贊之，賈充始終沮遏，而帝仍以充總統諸軍。孫晧降，充未之知，方以吳未可平，抗表請班師，謂「方夏江、淮下濕，疾疫必起，雖要斬張華，不足以謝天下。」其表與告捷同至。見晉書秦秀傳。王渾與王濬爭功，詔責濬不受渾節度。濬言：「前被詔書，令渾、濬等皆受充節度，無令臣別受渾節度之文。當受渾節度之詔，以十二日起洛陽，濬十五日日中至秣陵，暮乃被符。」詔文及發至日時，無可誣罔之理，而帝皆漫無別白，爲之下者，不亦難乎？帝當篡位之初，即開直言之路，置諫官以掌之。見紀泰始元年。以皇甫陶、傅玄共掌諫職。玄復歷御史中丞、司隸校尉。劉毅亦嘗爲司隸。然毅終以峭直不至公輔，其所糾彈者，亦不能盡法懲治。劉頌言：「泰始之初，陛下踐阼，其所服乘，皆先代功臣之胤，法寬有由，積之在素，異於漢、魏之先，未可一旦直繩御下。」此或亦出於不得已。然頌又言：「爲政矯世，自宜漸出公塗。張正威斷，日遷就肅；譬由行舟，雖不橫截迅流，漸靡而往，終得其濟。」此誠當日之急務也。朋黨之弊，蠹政傷民，所恃在上者有以燭其隱，折其機，乃能破私交而彰公法。杜預論伐吳之計曰：「自頃朝廷，事無大小，異意鋒起，雖人心不同，亦由恃恩不慮後難，故輕相同異也。」此武帝之寬所不當寬者也。而嚴所不當嚴，其弊尤大。愍懷大子之廢也，閻纘輿棺上書，以理其冤，不省。及皇大孫立，纘復上疏曰：「昔漢武既信奸讒，危害大子，復用望氣之言，欲盡誅詔獄中囚。邴吉以皇孫在焉，閉門拒命，後遂擁護皇孫，督罰乳母，卒至成人，立爲孝宣皇帝。歷觀古人，雖不避死，亦由世教寬以成節。吉雖距詔書，事在於忠，故宥而不責。自晉興以來，用法大嚴，遲速之間，輒至誅斬。一身伏法，猶可强爲，今世之誅，動輒滅門。昔呂后臨朝，肆意無道，周昌相趙，三召其王，而昌不遣，先徵昌入，乃後召王。此由漢制本寬，得使爲快。假令如今，呂后必謂昌已反，夷其三族，則誰復敢殺身成義者哉？此法宜改，可使經遠。又漢初廢趙王張敖，其臣貫高，謀弒高祖，高祖不誅，以昭臣道。田叔、孟舒十人爲奴，髡鉗隨王，隱親侍養，故令平安。鄉使晉法，得容爲義：東宮之臣，得如周昌，固護太子；得如邴吉，距詔不坐，伏死諫爭，則聖意必變，太子以安，如田叔孟舒侍從不罪者，則隱親左右，姦凶毒藥，無緣得設，太子不夭也。臣每責東宮臣，故無侍從者，後聞頗有於道路望車拜辭，而有司收付洛陽獄，奏科其罪，然臣故莫從，良有以也。又本置三率，盛其兵馬，所以宿衞防虞。而使者卒至，莫有謹嚴覆請審者，此由恐畏滅族」云云。此過嚴之弊也。過寬之弊，由於武帝之縱弛，過嚴之弊，則其所由來者遠矣。晉書阮籍傳言：「籍本有濟世志，屬魏晉之際，天下多故，名士少有全者，由是不與世事，酣飲爲常。」當時如籍者，蓋不少矣。易曰：「棟撓之凶，不可以有輔也。」宣王之誅戮名士，不幾於自戕其輔佐乎？

晉書何曾傳云：曾侍武帝宴，退而告其子遵等曰：「國家應天受禪，創業垂統，吾每宴見，未嘗聞經國遠圖，惟說平生常事，非詒厥孫謀之兆也。及身而已，後嗣其殆乎？」山濤傳：帝嘗講武於宣武場。濤時有疾，詔乘步輦從。因與盧欽論用兵之本，以爲不宜去州郡武備。帝稱之曰：「天下名言也。」而不能用。劉頌言：「陛下每精事始，而略於考終。故羣吏慮事，懷成敗之懼，輕飾文采，以避目下之譴。人主恢能居易執要，以御其下，然後人臣功罪，形於成敗之徵，無逃其誅賞。」李重亦言：「建樹官司，功在簡久，階級少則人心定，久其事則政化成，而能否著。」當時相需最殷者，實爲督責之術，固夫人知之矣。劉頌又言：「善爲政者，綱舉而網疏。近世以來，爲監司者，類大綱不振，而微過必舉。微過不足以害政，舉之則微而益亂。大綱不振，則豪彊橫肆，豪彊橫肆，則百姓失職矣。大姦犯政而亂兆庶者，類出富彊，而豪富者其力足憚，其貨足欲，是以官長頓筆，下吏縱姦。懼所司之不舉，則謹密網，以羅微罪，使奏劾相接，狀似盡公。而擠法不亮，固已在其中矣。非徒無益於政體，清議乃由此而益傷。」「錯所急而倒所務」，如此欲以求治，得乎？

武帝天資本近夸毗，平吳以後，尤日即怠荒。史言其「耽於遊宴，寵愛后黨，親貴當權，舊臣不得專任，彝章紊廢，請謁行矣。」帝性好色，泰始九年，詔聘公卿以下子女以備六宮，采擇未畢，權禁斷婚姻。使宦者乘使車，給騶騎，馳傳州郡，召充選者。司徒李胤，鎮軍大將軍胡奮，廷尉諸葛沖，大僕臧權，侍中馮蓀，祕書郎左思及世族子女，並充三夫人、九嬪。司、冀、兗、豫四州二千石將吏家，補良人以下。名家盛族子女，多敗衣瘁貌以避之。大康二年，詔選孫晧妓妾五千人入宮。自此掖庭殆將萬人，而並寵者甚衆。帝莫知所適，常乘羊車，恣其所之，至便宴寢。宮人乃取竹葉插戶，以鹽汁灑地，而引帝車。及七年，出後宮才人妓女以下，僅三百七十人而已。怠荒如此，復何暇爲久遠之計哉？

凡功名之士，多非純正之徒。故守成與創業異情，而櫛風沐雨，共取天下之人，或不足以託孤寄命。然此亦隨創業者之心量而殊。苟有安民定國之志，自亦有具公心、抱大志者相與有成，如魏武帝之有荀文若，蜀漢先主之有諸葛孔明是也。晉之宣、景、文則誠所謂欺人孤兒寡婦，狐媚以取天下者。黨附之者，自多傾險之徒。賈充父逵，爲魏誠臣，而充黨於司馬氏，嗾成濟以成高貴鄉公之禍。文帝新執朝權，恐方鎮有異議，使充詣諸葛誕，陰察其變。充既論說時事，因謂誕曰：「天下皆願禪代，君以爲何如？」誕厲聲曰：「卿非賈豫州之子乎？世受魏恩，豈可欲以社稷輸人？」高貴鄉公引王沈及裴秀，數於東堂講燕屬文，及將攻文帝，召沈及王業告之。沈、業馳白帝。荀勖者，鍾會之從甥，少長會家。會謀反，審問未至，而外人先告之。文帝待會素厚，未之信也。勖曰：「會雖受恩，然其性未可許以見得思義，不可不速爲之備。」帝卽出鎭長安。衞瓘以知數殺鍾會，又慮後患而戕鄧艾，卽杜預亦譏其將不免。然預父恕，與宣帝不相能，遂以幽死，而預尙文帝妹高陸公主，因此起家，以視王裒終身不應徵聘，不西向坐，且絕管彥之婚者，能無媿乎？此外晉初元老，如石苞、鄭沖、王祥、荀顗、何曾、陳騫等，非鄉原之徒，則苟合之士。此等人而可以託孤寄命哉？此晉之所以再傳而卽傾歟？劉頌論封建之利曰：「國有任臣則安，有重臣則亂。樹國本根不深，無幹輔之固，則所謂任臣者化而爲重臣矣。何則？國有可傾之勢，則執權者見疑，衆疑難以自信，而甘受死亡者非人情故也。若乃建基旣厚，藩屛彊禦，雖置幼君赤子，而天下不懼，曩之所謂重臣者今悉反而爲任臣矣。何則？理無危勢，懷不自猜，忠誠得著，不惕於邪故也。」其於魏、晉之興替，可謂洞燭其情。晉初之衆建親戚，蓋亦所謂「殷鑒不遠」者。然逮八王之亂，而親戚化爲重臣矣。不惟聖人有金城之義，而恃私智以求安，庸可得乎？

晉初所任，非功臣之後，則外戚之倫。如山濤爲宣穆皇后中表親，鍾會作亂，文帝將西征，時魏諸王公並在鄴，乃使行軍司馬給親兵五百人鎭鄴是也。然無督責之術，雖親戚亦胡可信？景獻皇后從父弟羊琇居中護軍、散騎常侍之職十三年，恆典禁兵，預機密。選用多以得意居先，不盡銓次之理。將士有冒官位者，爲其致節，不惜軀命，然放恣犯法。每爲有司所貸。其後司隸校尉劉毅劾之，應置重刑。武帝以舊恩，直免官而已。尋以侯白衣領護軍，頃之復職。用人如此，雖有忠藎，亦何途以自靖？然偏任親戚者，勢固不得不爾也。王衍以妻爲賈后親見任，而卒覆公餗，詒謀之不臧，其禍固有自來矣。

自後漢以來，選政久已不肅，而武人當道，又相扇以奢淫；貪欲迫之，則營求彌甚，而官方遂不可問。武帝紀言：帝承魏氏奢侈，乃厲以恭儉，敦以寡欲。有司嘗奏御牛青絲紖斷，詔以青麻代之。案帝即位之歲，即下詔大弘儉約。禁樂府靡麗百戲之技，及雕文游畋之具。泰始八年，又禁雕文綺組非法之物。咸寧四年，大醫司馬程據獻雉頭裘，帝以奇技異服，典禮所禁，焚之於殿前，勅內外敢有犯者罪之。似有意於挽回末俗矣。然以言教不如以身教，帝之營大廟也，致荊山之木，采華山之石，鑄銅柱十二，塗以黃金，鏤以百物，綴以明珠，見紀泰始二年。可謂示之軌物者乎？況乎其後宮之侈，又爲古今所罕有也。帝嘗幸王濟宅，濟，渾子，尙帝女常山公主。供饌甚豐，悉貯琉璃器中。蒸㹠甚美，帝問其故，答曰：「以人乳蒸之。」帝色甚不平，食未畢而去。然不能有所懲也。故當時貴戚如王愷、文明皇后弟。羊琇、賈謐、充孫。勳臣如何曾、曾子劭、石崇、苞子。任愷、庾敳、和嶠、王濬，莫不僭侈而無極。雖負高名如王戎，能立功業如劉琨、陶侃者，亦不免焉。陸雲拜吳王晏侍中，會晏於西園大營第室，雲上書曰：「臣竊見世祖武皇帝臨朝拱默，訓世以儉，即位二十有六載，宮室臺榭，無所新營，屢發明詔，厚戒豐奢，而世俗陵遲，家競盈溢，漸漬波蕩，遂已成風，雖嚴詔屢宣，而侈俗彌廣。」傅咸當咸寧初上書曰：「古者堯有茅茨，今之百姓，競豐其屋。古者臣無玉食，今之賈豎，皆厭粱肉。古者后妃乃有殊飾，今之婢妾，被服綾羅。古者大夫乃不徒行，今之賤隸，乘輕驅肥。」可見時俗之漸靡，而武帝之空言訓誡，悉歸無效矣。要之，當時之所急在齊斧，而帝無鉛刀一割之用，此其所以萬舉而萬不當也。

經百年喪亂之餘，人民所禱祀以求者，宜莫如休養生息。當時政事之及於民者，果何如乎？劉頌言：「董卓作亂，近出百年，四海勤瘁，丁難極矣，六合渾并，始於今日，兆庶思寧，非虛望也。古今異宜，所遇不同，誠亦未可希遵在昔，放息馬牛。然使受百役者不出其國，兵備待事其鄉，實在可爲。縱復不得悉爲，苟盡其理，可靜三分之二，吏役可不出千里之內。但如斯而已，天下所蒙已不訾矣。政務多端，世事之未盡理者，難徧以疏舉，振領總綱，要在三條：凡政欲靜，靜在息役，息役在無爲。倉廩欲實，實在利農，利農在平糴。爲政欲著信，著信在簡賢，簡賢在官久。三者既舉，雖未足以厚化，然可以爲安有餘矣。」時議省州郡縣半吏以赴農功。荀勖議以爲「省吏不如省官，省官不如省事，省事不如清心。」傅咸言「泰始開元，以曁於今，十有五年矣。而軍國未豐，百姓不贍，一歲不登，便有菜色者，誠由官衆事殷，復除猥濫，蠶食者多而親農者少也。舊都督有四，今并監軍，乃盈於十。夏禹敷土，分爲九州，今之刺史，幾向一倍，戶口比漢，十分之一，而置郡縣更多。空校衙門，無益宿衛，而虛立軍府，動有百數。五等諸侯，復坐置官屬。諸所寵給，皆生於百姓。一夫不農，有受其飢，今之不農，不可勝計，縱使五稼普收，僅足相接，暫有災患，便不繼贍。以爲當今之急，先并官省事，靜事息役，上下用心，惟農是務也。」并官息役之事，蓋終西晉之世，未之能行。平糴之法，據晉書食貨志：泰始二年，即下詔令主者具爲條制，然事竟未行。劉頌言平糴已有成制，其未備者可就周足，蓋亦徒有其法。至於綜覈名實，整飭官方，則晉世之所爲，尤翩其反而矣。

晉書潘尼傳：尼著安身論曰「崇德莫大乎安身，安身莫尙乎存正，存正莫重乎無私，無私莫深乎寡欲。憂患之接，必生於自私，而興於有欲。自私者不能成其私，有欲者不能濟其欲，理之至也。欲苟不濟，能無爭乎？私苟不從，能無伐乎？人人自私，家家有欲；衆欲並爭，羣私交伐。爭則亂之萌也，伐則怨之府也。怨亂既搆，危害及之，得不懼乎？然棄本要末之徒，知進忘退之士，莫不飾才銳智，抽鋒擢穎，傾側乎勢利之交，馳騁乎當塗之務；朝有彈冠之朋，野有結綬之友；黨與熾於前，榮名扇其後；握權則赴者鱗集，失寵則散者瓦解；求利則託刎頸之懽，爭路則搆刻骨之隙。於是浮僞波騰，曲辯雲沸；寒暑殊聲，朝夕異價；駑蹇希奔放之跡，鉛刀競一割之用。至於愛惡相攻，與奪交戰，誹謗噂沓，毁譽縱橫；君子務能，小人伐技；風頹於上，俗弊於下；禍結而恨爭也不彊，患至而悔伐之未辯。大者傾國喪家，次則覆身滅祀。其故何邪？豈不始於私欲，而終於爭伐哉？」此論實抉晉初風俗頹敗之由，蓋沿後漢之流而益甚者也。傅玄言：「魏武好法術，而天下貴刑名；魏文慕通達，而天下賤守節；其後綱維不攝，而虛無放誕之論，盈於朝野，使天下無復清議；」其波靡一世如此。杜預在鎮，數餉遺洛中貴要。或問其故。預曰：「吾但恐爲害，不求益也。」荀晞爲兗州，見朝政日亂，懼禍及己，多所交結。每得珍物，即遺都下親貴。兗州去洛五百里，恐不鮮美，募得千里牛，每遣信，旦發莫還。綱紀之頹敝如此，欲無淪喪得乎？武帝南郊禮畢，問劉毅曰：「卿以朕方漢何帝也？」對曰：「桓、靈。」帝曰：「其已甚乎？」對曰：「桓、靈賣官，錢入官庫；陛下賣官，錢入私門，以此言之，殆不如也。」晉書良吏傳言：「帝寬厚足以君人，明威未能厲俗。政刑以之私謁，賄賂於此公行。結綬者以放濁爲通，彈冠者以苟得爲貴。流遯忘反，寖以爲常。劉毅抗賣官之言，當時以爲矯枉，察其風俗，豈虛也哉？」惠帝紀言：「帝居大位，政出羣下。綱紀大壞，貨賂公行。勢位之家，以貴陵物。忠賢路絕，讒邪得志。更相薦舉，天下謂之互市焉。」蓋其所由來者漸矣。

民間風俗，歷代遷變甚微，政事之隆窳，所以致一時之治亂者，實其士大夫之羣及朝貴之執政權者爲之。干寶論西晉之事曰「朝寡純德之人，鄉乏不貳之老。風俗淫辟，恥尙失所。學者以老、莊爲宗而黜六經，談者以虛蕩爲辯而賤名檢。行身者以放濁爲通而狹節信。進仕者以苟得爲貴而鄙居正。當官者以望空爲高而笑勤恪。是以劉頌屢言治道，傅咸每糾邪正，皆謂之俗吏；其倚杖虛曠，依阿無心者，皆名重海內。若夫文王日旰不暇食，仲山甫夙夜匪懈者，蓋共嗤點，以爲灰塵矣。由是毀譽亂於善惡之實，情慝奔於貨欲之途。選者爲人擇官，官者爲身擇利。而執鈞當軸之士，身兼官以十數。大極其尊，小錄其要。而世族貴戚之子弟，陵邁超越，不拘資次。悠悠風塵，皆奔競之士；列官千百，無讓賢之舉。子眞著崇讓而莫之省；子雅制九班而不得用。其婦女莊櫛織紝，皆取成於婢僕，未嘗知女工絲枲之業，中饋酒食之事也。先時而婚，任情而動，故皆不恥淫佚之過，不拘妒忌之惡。禮法刑政，於此大壞。如水斯積而決其隄坊，如火斯畜而離其薪燎。國之將亡，本必先顛，其此之謂乎？故觀阮籍之行，而覺禮敎崩弛之所由；察庾純、賈充之事，而見師尹之多辟；考平吳之功，而知將帥之不讓；思郭欽之謀，而悟戎狄之有釁；覽傅玄、劉毅之言，而得百官之邪；核傅咸之奏、錢神之論，而覩寵賂之彰。民風國勢如此，雖以中庸之才，守文之主治之，辛有必見之於祭祀，季札必得之於聲樂，范燮必爲之請死，賈誼必爲之痛哭，又況我惠帝以放蕩之德臨之哉？」此寶所著晉紀之論，晉書懷愍二帝紀取之。蓋西晉之亡，其勢既如縣匡轉石，不可中止矣。此實合一羣之人積若干歲月所造之共業，非一二人所克挽回，亦非一二人所能尸其責也。

第三節　戎狄之患

兩漢之世，四裔種落，附塞或入居塞內者甚多。同化非旦夕可期；處置亦難盡得所；郡縣、豪民，或且加以侵役；積怨思叛，自所不免。後漢羌亂，則其先聲。初平以降，九州雲擾，郡縣荒廢，戶口寡少，兵力單薄，遂至坐生其心矣。履霜堅冰，其來有漸，泰始以後，風塵之警，則永興以後大亂之萌芽也。

晉初亂勢，西北最烈。晉書李憙傳云：憙爲僕射，時涼州虜寇邊，憙唱議遣軍討之。朝士謂出兵不易，虜未足爲患，不從。後虜果出縱逸，涼州覆沒，朝廷深悔焉。此事當在泰始六年胡烈敗亡以前。憙傳云：皇太子立，以憙爲太子太傅，在位累年，遷尚書僕射。案惠帝立爲太子，事在泰始三年正月。泰始五年，以雍州隴右五郡隴西，南安，天水，略陽，武都。隴西郡，晉治襄武，在今甘肅隴西縣西南。南安，在隴西縣東北。天水，晉治上邽，在今甘肅天水縣西南。略陽，卽魏廣魏郡，在今甘肅秦安縣東南。武都，今甘肅成縣。及涼州之金城，晉初金城郡治榆中，在今縣西北。梁州之陰平，漢道，魏置郡，今甘肅文縣。置秦州。傅玄上疏曰：「胡夷獸心，不與華同，鮮卑最甚。本鄧艾苟欲取一時之利，不慮後患，使鮮卑數萬，散居民閒，此必爲害之勢也。秦州刺史胡烈，素有恩信於西方，今使烈往，諸胡雖已無患，必且消弭，然獸心難保，不必其久安也。若後有動釁，烈計能制之，惟恐胡虜東入安定，晉郡，治安定，今甘肅涇川縣北。西赴武威，晉郡，治姑臧，今甘肅武威縣。外名爲降，可動復動。此二郡非烈所制，則惡胡東西有窟穴浮游之地。宜更置一郡於高平川，今清水河，自固原北流，至中衛縣入黃河。因安定西州都尉，募樂徙民，重其復除以充之，以通北道，漸以實邊。

詳議此二郡及新置郡，皆使并屬秦州，令烈得專御邊之宜。」玄傳繫此疏於泰始四年，蓋誤。而陳騫傳言：騫言於武帝曰：胡烈、牽弘，皆勇而無謀，彊於自用，非綏邊之才。帝不聽。二人後果失羌戎之和，皆被寇喪沒。征討連歲，僅而得定。帝乃悔之。其時亂勢已成，固非徒勇所能戢，即得智勇兼備之將，恐亦非一手一足之烈所能綏定之於旦夕間也。泰始六年，六月，涼州叛。胡烈屯於萬斛堆，在今甘肅靖邊縣西。爲羌虜所害。時汝南王亮宣帝第四子。督關中，遣救不進，坐免官。遣尚書石鑒行安西將軍，督秦州以討之。杜預傳：預爲安西軍司，到長安，更除秦州刺史。鑒使預出兵。預以虜乘勝馬肥，而官軍懸乏，宜并力大運芻糧，須春進討。陳五不可，四不須。鑒大怒，奏預。檻車徵詣廷尉。其後隴右之事，卒如預策焉。七月，以汝陰王駿宣帝子。督雍、涼。七年，四月，北地胡寇金城。北地治富平，今寧夏靈武縣。涼州刺史牽弘討之，羣虜內叛，圍弘於青山。續漢志：青山在北地郡參䜌縣界。漢參䜌縣，在今甘肅慶陽縣西北。弘軍敗，死之。七月，以賈充督秦、涼。旋以婚於大子，不行。十年，涼州虜寇金城。汝陰王駿討之，斬其帥乞文泥等。明年，爲咸寧元年，樹機能等叛，遣衆討之，斬三千餘級。詔駿遣七千人代涼州守兵。樹機能、侯彈勃等欲先劫佃兵。駿命平虜將軍文俶督秦、涼諸軍，各進屯以威之。機能乃遣所領二十部及彈勃面縛軍門，各遣入質子。安定、北地、金城諸胡吉軻羅、侯金多及北虜熱冏等二十萬口又來降。樹機能，據載記：即禿髮氏之祖，爲河西鮮卑。而駿傳稱爲羌虜，蓋與羌俱叛也。是歲，六月，西域戊己校尉馬循討叛鮮卑，破之，斬其渠帥。二年，五月，汝陰王駿討北胡，斬其渠帥吐敦。七月，鮮卑阿羅多等寇邊。馬循討之，斬首四千餘級，獲生九千餘人，於是來降。三年，三月，文俶討樹機能等，並破之。四年，六月，涼州刺史楊欣與虜若羅拔能等戰於武威，敗績，死之。五年，正月，樹機能攻陷涼州。晉涼州刺史治武威。使馬隆擊之。十二月，隆破斬樹機能。涼州平。隆傳云：楊欣失羌戎之和，隆陳其必敗，俄而欣爲虜所沒，河西斷絕。帝臨朝而歎曰：「誰能爲我討此虜通涼州者乎？」朝臣莫對。隆進曰：「陛下若能任臣，臣能平之。」帝曰：「必能滅賊，何爲不任？顧卿方略何如耳？」隆曰：「陛下若能任臣，當聽臣自任。」帝曰：「云何？」隆曰：「臣請募勇士三千人，無問所從來，率之鼓行而西。」帝許之，乃以隆爲武威大守。公卿僉曰：「六軍既衆，州郡兵多，但當用之，不宜橫設賞募，以亂常典。」帝弗納。隆募限要引弩三十六鈞，弓四鈞，立標簡試。自旦至中，得三千五百人。隆曰：「足矣。」因請自至武庫選杖。武庫令與隆忿爭。御史中丞劾奏隆。隆曰：「臣當亡命戰場，以報所受，武庫令乃以魏時朽杖見給，非陛下使臣之意也。」帝從之。又給其三年軍資。隆於是轉戰而西，殺傷以千數。自隆之西，音問斷絕，朝廷憂之，或謂已沒。後隆使夜到，帝撫掌歡笑，詰朝，召朝臣謂曰：「若從諸卿言，是無秦、涼矣。」乃假隆節。隆到武威，前後誅殺及降附者以萬計。率善戎沒骨能等與樹機能大戰，斬之，涼州平。史所傳隆事，或恢侈非其實，然大致當不誣。此實以孤軍徼幸，亦危矣。然亦可見叛虜原非甚强，特州郡兵力大弱，任督統者又非其人，亂勢遂至日滋耳。大康元年，七月，虜軻成泥寇西平、浩亹。西平郡治西都，今青海西寧縣。浩亹縣，在青海樂都縣東。殺督將以下三百餘人。馬隆傳云：大康初，朝廷以西平荒毀，宜時興復，以隆爲大守。隆擊破南虜成奚。畢隆之政，不敢爲寇。大熙初，加授護東羌校尉。積十餘年，威信振於隴右。時洛陽大守馮翊嚴舒，與楊駿通親，密圖代隆，毀隆年老謬耄，不宜服戎。於是徵隆，以舒代鎮。朝廷恐關、隴復擾，乃免舒，遣隆復職，竟卒於官。此又見州郡得人，足致一時之小康矣。三年，正月，罷秦州，幷雍州。惠帝元康四年，五月，匈奴郝散反，攻上黨，郡治潞縣，今山西潞城縣西北，殺長吏。八月，郝散帥衆降，馮翊都尉殺之。漢左馮翊，後漢爲郡，今陝西大荔縣。六年，五月，郝散弟度元帥馮翊、北地馬蘭羌、盧水胡反。馬蘭，山名，在今陝西白水縣西北。盧水胡居安定界。攻北地，大守張損死之。馮翊大守歐陽建與度元戰，連敗。時趙王倫宣帝第九子。鎭關中，徵還，以梁王肜宣帝子。代之。八月，雍州刺史解系又爲度元所破。秦、雍氐、羌悉叛，推氐帥齊萬年僭號，圍涇陽。漢縣，後漢廢，故城在今甘肅平涼縣西。十一月，遣夏侯駿、周處等討之。處，吳將魴子。爲御史中丞，糾劾不避寵戚。梁王肜違法，處深文按之。朝臣惡其彊直，使隸駿西征。中書令陳準知肜將逞宿憾，言「處，吳人，有怨無援，宜詔孟觀時爲積弩將軍。以精兵萬人爲處前鋒」，朝廷不從。時賊屯梁山，在今陝西乾縣西北。有衆七萬，駿逼處以五千兵擊之，又絕其後繼。七年，正月，處遂敗死於六陌。在乾縣東。陳準與中書監張華，以趙、梁諸王，雍容貴戚，進不貪功，退不懼罪；士卒雖衆，不爲之用，上下離心，難以勝敵；啓遣孟觀討之。觀所領宿衞兵，皆趫捷勇悍，幷統關中士卒。身當矢石，大戰十數，皆破之。九年，正月，獲萬年。徵梁王肜，以河閒王顒安平獻王孚孫，孚，宣帝弟。代鎭關中。是歲，十二月，賈后廢愍懷大子，大難旋作，邊務更無人措意矣。

匈奴之衆，分爲五部，皆居幷州塞內，已見秦漢史第十二章第十節。晉武帝踐阼後，塞外匈奴大水，塞泥、黑難等二萬餘落歸化。帝復納之，使居河西故宜陽城下。後復與晉人雜居。由是平陽、魏郡，今山西臨汾縣。西河、魏郡，晉爲國，今山西汾陽縣。大原、今山西大原縣。新興、後漢郡，今山西忻縣。上黨、樂平，後漢郡，今山西昔陽縣西南。諸郡，靡不有焉。泰始七年，正月，匈奴中部帥劉猛此據胡奮傳。本紀但稱匈奴帥。匈奴傳作單于猛，蓋猛時自稱單于。叛出塞，屯孔邪城。遣何楨討之。楨以猛衆凶悍，非少兵所制，乃潛誘猛左部督李恪殺猛。此據匈奴傳。本紀云：楨討猛，屢破之。胡奮傳云：使路蕃討之，以奮爲監軍、假節，頓軍陘北，爲蕃後繼，擊猛破之。猛帳下將李恪斬猛而降。蓋非無戰事，而非恃戰以決勝。陘北，謂陘嶺之北。陘嶺卽雁門山，在今山西代縣西北。於是匈奴震服，積年不敢復反。其後稍因忿恨，殺害長吏，漸爲邊患。本紀：咸寧二年二月，幷州虜犯塞，監幷州諸軍事胡奮擊破之。至大康五年，復有匈奴胡大阿厚，率其部落二萬九千三百人歸化。七年，又有匈奴胡都大博及萎莎胡等，各率種類大小凡十萬餘口，詣雍州刺史扶風王駿降附。明年，匈奴都督大豆得一育鞠等，復率種落大小萬一千五百口來降，帝並撫納之。此據匈奴傳。其見於本紀者，尚有咸寧三年，西北雜虜及鮮卑、匈奴、五谿蠻夷、東夷三國前後千餘輩，各帥種人部落內附。五年三月，匈奴都督拔奕虛帥部落歸化。十月，匈奴餘渠都督獨雍等帥部落歸化。案魏陳留王奐晉文帝九錫之命，統計四夷內附，納貢者八百七十餘萬口，雖屬誇張，亦必有一依據。此等固不必皆入居塞內，然入居塞內者亦必不少也。惠帝元康中，郝散反，已見前。

東北情勢，不如西北之緊急，而幅員廣遠，種落滋蔓，隱憂之潛伏者亦深。據晉書列傳，當時治理東北有聲威者凡三人：一衞瓘，一唐彬，一張華也。瓘之督幽州，在泰始七年八月。傳曰：至鎭，表立平州，治昌黎，在熱河朝陽縣境。後兼督之。於時幽、幷東有務桓，西有力微，並爲邊害。瓘離閒二虜，遂致嫌隙，於是務桓降而力微以憂死。案平州之立，事在泰始十年二月。咸寧元年六月，紀書鮮卑力微遣子來獻。力微卽後魏神元帝，其子卽文帝沙漠汗也。瓘旋徵拜尚書令。吳平之後，唐彬監幽州諸軍。彬傳云：因北虜侵掠北平，晉郡，今河北遵化縣西。故有此命。彬既至鎭，訓卒利兵，廣農重稼，震威耀武，宣諭國命，示以恩信。於是鮮卑二部大莫廆、擿何等並遣侍子入貢。遂開拓舊境，卻地千里，復秦長城塞，自溫城未詳。洎於碣石，大康地志云：樂浪遂城縣有碣石，長城所起，地在今朝鮮境。綿亙山谷，且三千里，分軍屯守，烽堠相望。由是邊境獲安。自漢、魏征鎮，莫之比焉。鮮卑諸種畏懼，遂殺大莫廆。彬欲討之，恐列上俟報，虜必逃散，乃發幽、冀車牛。參軍許祇密奏之。詔遣御史檻車徵彬，付廷尉，以事直見釋。咸寧三年正月，復使衞瓘討力微。大康二年十月，鮮卑慕容廆寇昌黎。魏郡，今熱河淩源縣。十一月，鮮卑寇遼西平州，刺史鮮于嬰討破之。三年正月，以張華督幽州。三月，安北將軍嚴詢破慕容廆於昌黎，殺傷數萬人。是歲，八月，罷平州。七年五月，慕容廆又寇遼東。至十年五月，乃來降。張華傳言：華撫納新舊，戎、夏懷之。東夷馬韓、新彌諸國，依山帶海，去州四千餘里，歷世未附者二十餘國，並遣使朝獻。於是遠夷賓服，四境無虞。頻歲豐稔，士馬彊盛。案晉初東夷來朝獻者甚多，晉書武帝紀：咸寧二年二月，東夷八國歸化。七月，東夷十七國內附。四年三月，東夷六國來獻。是歲，東夷九國來附。五年，肅愼來獻楛矢。大康元年六月，東夷十國歸化。七月，東夷二十國朝獻。二年六月，東夷五國內附。三年九月，東夷二十九國歸化，獻其方物。七年八月，東夷十一國來附。八年八月，東夷二國內附。九年九月，東夷七國詣校尉內附。十年五月，東夷十一國內附。是歲，東夷絕遠三十餘國來獻。大熙元年二月，東夷七國朝貢。惠帝紀：元康元年，東夷十七國並詣校尉內附。此等徒侈觀聽，無與安危，語其實蹟，實不如唐彬謹治邊塞者之爲有益，而惜乎彬之未能久於其任，更廣其功也。

四裔歸化之多，非始於晉，而在晉初，此等情勢，特爲尤甚。雜居大多，措理非易，故論者多欲徙去之。鄧艾當魏末，卽言羌、胡與民同處者，宜以漸出之，使居民表。晉武帝時，侍御史郭欽上疏言：「魏初人寡，西北諸郡，皆爲戎居。今雖服從，若百年之後，有風塵之警，胡騎自平陽、上黨，不三日而至孟津，今河南孟縣南。北地、西河、大原、馮翊、安定、上郡，治膚施，今陝西綏德縣。盡爲狄庭矣。宜及平吳之威，謀臣猛將之略，出北地、西河、安定，復上郡，實馮翊，於平陽已北諸縣，募取死罪，徙三河、河內、河南、河東。晉河內郡治野王，今河南沁陽縣。河南，今河南洛陽縣。河東，晉治蒲阪，今山西永濟縣。三魏，通鑑卷九十六晉成帝咸康七年注：「魏郡、陽平、廣平爲三魏。」魏郡，今河南臨漳縣。陽平，今河北大名縣。廣平，今河北雞澤縣。見士四萬家以充之。漸徙平陽、弘農、魏郡、京兆，今陝西長安縣。上黨雜胡。峻四夷出入之防，明先王荒服之制，萬世之長策也。」帝不納。見晉書匈奴傳。及齊萬年亂後，山陰令江統山陰，今浙江紹興縣。又作徙戎論，言「魏興之初，與蜀分隔，疆場之戎，一彼一此。魏武皇帝令將軍夏侯妙才名淵。唐人作晉書，避高祖諱，書其字。討叛氐阿貴、千萬等，後因拔棄漢中，遂徙武都之種於秦川，凡魏、晉間人言某川者，猶今言某水流域。秦川，猶言秦地之川。欲以弱寇彊國，扞禦蜀虜，此蓋權宜之計，一時之勢，非所以爲萬世之利也。參看秦漢史第十一章十一節。案三國魏志張既傳：魏武拔棄漢中，令既之武都，徙氐五萬餘落出居扶風、天水界。楊阜傳云：阜前後徙民氐，使居京兆、扶風、天水界者萬餘戶。又郭淮傳：正始元年，姜維出隴西，淮進軍，維退，遂討迷當等，按撫柔氐三千餘落，拔徙以實關中。涼州休屠胡梁元碧等率種落二千餘家附雍州，淮奏請使居安定之高平，爲民保鄣。其後因置西川都尉。又蜀志後主建興十四年，徙武都氐王苻健及氐民四百餘戶於廣都。張嶷傳云：健請降，遣將軍張尉往迎，過期不到，蔣琬深以爲念。嶷曰：苻健求附款至，必無他變。素聞健弟狡黠，又夷狄不能同功，將有乖離，是以稽留耳。數日，問至，健弟果將四百戶就魏，獨健來從。則諸胡之入關中，實非魏武一遷而遂已，且先此固已多矣。扶風郡，後漢治槐里，在今陝西興平縣東南，晉移治池陽，在今陝西涇陽縣西北。高平，在今甘肅固原縣。廣都，漢縣，在今四川華陽縣南。今者當之，已受其弊矣。戎狄志態，不與華同，而因其衰弊，遷之畿服，士庶翫習，侮其輕弱，使其怨恨之氣，毒於骨髓，至於蕃育衆盛，則坐生其心。以貪悍之性，挾憤怒之情，候隙乘便，輒爲橫逆而居封域之內無障塞之隔；掩不備之人，收散野之積；故能爲禍滋蔓，暴害不測。此必然之勢，已驗之事也。當今之宜，宜及兵威方盛，衆事未罷，徙馮翊、北地、新平、後漢郡，今陝西邠縣。安定界內諸羌，著先零、罕开、析支之地；徙扶風、始平、晉郡，今陝西興平縣。京兆之氐，出還隴右，著陰平、武都之地。使屬國撫夷，就安集之。戎晉不雜，並得其所。縱有猾夏之心，風塵之警，則絕遠中國，隔閡山河，雖爲寇暴，所害不廣。并州之胡，本實匈奴。建安中，使右賢王去卑誘質呼廚泉，聽其部落散居六郡。晉并州統郡國六：太原、上黨、西河、樂平、雁門、新興。雁門治廣武，在今山西代縣西。咸熙之際，以一部大彊，分爲三率；泰始之初，又增爲四。今五部之衆，戶至數萬，人口之盛，過於西戎。天性驍勇，弓馬便利，倍於氐、羌。若有不虞風塵之慮，則并州之域，可爲寒心。滎陽句麗，滎陽，晉郡，今河南滎澤縣。本居遼東塞外，正始中，幽州刺史毌丘儉伐其叛者，徙其餘種。始徙之時，戶落百數，子孫孳息，今以千計，數世之後，必至殷熾。此等皆可申諭發遣，還其本域。」阮种對策亦云：「自魏氏以來，夷虜內附，鮮有桀悍侵漁之患。由是邊守遂怠，鄣塞不設。而今醜虜內居，與百姓雜處，邊吏擾習，人又忘戰，受方任者又非其才，或以狙詐侵侮邊夷，或干賞啗利，妄加討戮。夫以微羈而制悍馬，又乃操以煩策，其不制者，固其宜也。」案駕馭異族，遠者宜結其歡心，致其鄉慕；近者宜加之綏撫，使獲安生。而晉於此殊爲怠慢。敦煌今甘肅敦煌縣。段灼，世爲西土著姓，從鄧艾破蜀有功，累遷議郎。武帝之世，屢陳時宜，輒見省覽，而身微官孤，不見進敘，乃取長假還鄉里。臨去，遣息上表，有云：「臣前爲西郡太守，西郡，後漢末置，今甘肅山丹縣南。被州所下己未詔書：羌胡道遠，其但募取樂行，不樂勿彊。臣被詔書，輒宜恩廣募，示以賞信。所得人名，即條言征西。其晉人自可差簡丁彊，如法調取。至於羌、胡，非恩意告諭，則無欲度金城、河西者也。自往每興軍渡河，未嘗有變。故刺史郭綏，勸帥有方，深加獎厲，要許重報。是以所募感恩利賞，遂立績效，功在第一。今州郡督將，並已受封，羌、胡健兒，或王或侯，不蒙論敍也。」駕馭之失宜，可概見矣。不特此也，石勒父祖本皆部落小帥。載記言其父周曷朱，性凶麤，不爲羣胡所附，每使勒代己督攝，部胡愛信之。鄔人郭敬，鄔縣，在今山西介休縣東北。陽曲寧驅，陽曲縣，今山西大原縣北。並加資贍。勒亦感其恩，爲之力耕。大安中，并州饑亂，勒與諸小胡亡散，乃自雁門還依寧驅。北澤都尉劉監欲縛賣之，驅匿之獲免。勒於是潛詣納降都尉李川，路逢郭敬，泣拜言饑寒。敬對之流涕，以帶貨粥食之，并給以衣服。勒謂敬曰：「今日大餓，不可守窮。諸胡饑甚，宜誘將冀州就穀，因執賣之，可以兩濟。」敬深然之。會建威將軍閻粹說并州刺史東嬴公騰，高密文獻王泰之子，泰，宣帝弟。執諸胡於山東賣充軍實。騰使將軍郭陽、張隆虜羣胡將詣冀州，兩胡一枷。勒時年二十餘，亦在其中。數爲隆所歐辱。敬先以勒屬陽及兄子時。陽，敬族兄也。是以陽、時每爲解請，道路饑病，賴陽、時而濟。既而賣與茌平人師懽爲奴。茌平，今山東茌平縣。每耕作於野，常聞鼓角之聲。勒以告諸奴，諸奴歸以告懽，懽亦奇其狀貌而免之。懽家鄰於馬牧，與牧帥魏郡汲桑往來。勒以能相馬，自託於桑。後遂相結爲羣盜。案勒之見賣，固爲亂時事，然必平時先有賣胡爲奴之習，亂時乃思借以贍軍。外戚傳言大原諸部，以匈奴胡人爲田客，多者數千。石勒爲郭敬、寧驅力耕，亦田客也。其中蓋亦未嘗無酋率之流，如勒者，安得不怨而思叛也？郭敬、寧驅，蓋亦所謂豪桀，非獨汲桑。當風塵澒洞之時，而聽羣胡散居內地，與之相結，安得不有橫逆之事？江統又言：「關中之人百餘萬口，率其少多，戎狄居半，」此言似失其實。殊不知歷代戶口著籍之數，皆與實在生齒迥殊。統之言，蓋據當時著籍者言之也。以關中之土沃物豐，而其著籍之數，不過如此，郡縣之寡弱，可以概見，安能禦方張之寇？況又益之以怠弛無備，如阮种所云者乎？劉衞辰降於苻堅，請田內地，堅許之。烏丸獨孤、鮮卑沒奕干又降。堅初欲處之塞內。苻融以方當闕兵郡縣，爲北邊之害，不如徙之塞外。其後勃勃卒爲北邊之害，未始非堅之處置不善，有以啓之也。移中國之民於塞外，以啓窮荒；遷四夷降者於域中，以資駕馭；自爲遠大之規。然遠圖不易速成，迂遠而闊於事情，或轉以招目前之患。以一時之務論，徙戎自爲良策，而惜乎因循玩愒者不能行也。

第三節 封建之制

言晉初之事者，多以其行封建爲致亂之原，其實非也。晉初封建之制，行之未必能召亂；而其制亦未嘗行。其所以召亂者，實由其任宗室諸王大重，承州郡積重之後，而使之出專方任耳。其任諸王大重，論者多謂其出於欲保國祚之私，此亦僅得其一端。當時論者，自有一派，謂郡縣易招禍亂，封建可以維持於不敝也。先考其制度，繼觀其議論，而此事之得失瞭然矣。

晉書地理志云：文帝爲晉王，命裴秀等建立五等之制。惟安平郡公孚（卽安平獻王，見第二節。）邑萬戶，制度如魏諸王。其餘縣公邑千八百戶，地方七十五里。大國侯邑千六百戶，地方七十里。次國侯邑千四百戶，地方六十五里。大國伯邑千二百戶，地方六十里。次國伯邑千戶，地方五十五里。大國子邑八百戶，地方五十里。次國子邑六百戶，地方四十五里，男邑百戶，地方四十里。武帝泰始元年，封諸王，以郡爲國。邑二萬戶爲大國，置上、中、下三軍，兵五千人；邑萬戶爲次國，置上軍、下軍，兵三千人；五千戶爲小國，置一軍，兵千五百人。王不之國，官於京師。能五等之制，公、侯邑萬戶以上爲大國，五千戶以上爲次國，不滿五千戶爲小國。職官志云：咸寧三年，衞將軍楊珧與中書監荀勖，以齊王攸有時望，懼惠帝有後難，因追故司空裴秀立五等封建之旨，從容共陳時宜，以爲「古者建侯，所以藩衞王室。今吳寇未殄，方岳任大，而諸王爲帥，都督既各不臣其統內，於事重非宜。又異姓諸將居邊，宜參以親戚，而諸王公皆在京師，非扞城之義，萬世之固。」帝初未之察，於是下詔議其制。有司奏徙諸王公，更制戶邑，皆中尉領兵。其平原、今山東平原縣。汝南、今河南汝南縣。琅邪、今山東臨沂縣。扶風、見第二節。齊今山東臨淄縣。爲大國，梁、今河南商邱縣。趙、今河北趙縣。樂安、今山東桓臺縣。燕今北平市西南。安平、今河北冀縣。義陽今河南新野縣。爲次國，其餘爲小國，皆制所近縣，益滿萬戶。又爲郡公，制度如小國王，亦中尉領兵。郡侯如不滿五千戶王，置一軍，亦中尉領之。南宮王承，安平獻王孫。隨王邁，安平獻王曾孫。各於泰始中封爲縣王，邑千戶，至是改正縣王，增邑爲三千戶，制度如郡侯，亦置一軍。自此非皇子不得爲王，而諸王之支庶，亦各以土推恩受封。其大國、次國始封王之支子爲公，承封王之支子爲侯，繼承封王之支子爲伯。小國五千戶已上，始封王之支子爲子，不滿五千戶始封王之支子及始封公侯之支子皆爲男，非此皆不得封。其公之制度，如五千戶國；侯之制度，如不滿五千戶國，亦置一軍，千人，中尉領之。伯、子、男已下各有差，而不置軍。大國始封之孫能下軍，曾孫又能上軍；次國始封子孫亦能下軍；其餘皆以一軍爲常。大國中軍二千人，上、下軍各千五百人；次國上軍二千人，下軍千人。其未之國者：大國置守土百人，次國八十人，小國六十人。郡侯、縣公，亦如小國。制度既行，所增徙各如本奏，遣就國，而諸公皆戀京師，涕泣而去。荀勖傳云：時議遣王公之國，帝以問勖。勖對曰「諸王公已為都督，而使之國，則廢方任。又分割郡縣，人心戀本，必用嗷嗷。國皆置軍，官兵還當給國，而闕邊守。」帝重使勖思之。勖又陳曰：「如詔準古方伯選才，使軍國各隨方面為都督，誠如明旨。至於割正封疆，使親疏不同，猶懼多所搖動，思維竊宜如前。若於事不得不時有所轉封，而不至分割土域，有所損奪者，可隨宜節度。其五等體國經遠，但虛名，其於實事，略與舊郡、縣、鄉、亭無異。若造次改奪，恐不能不以為恨。今方了其大者，以為五等可須後裁度。」帝以勖言為允，多從其意。然則有司所奏，實非勖意；而其時齊王亦未之國，故通鑑考異謂職官志非是，而不之取，而據勖傳，則其制亦初未盡行也。文王之制無論矣，泰始、咸寧之制，大國亦不過如一郡，安足為亂？然則八王之亂，由於方任之重，而不由封建明矣。

晉初陳封建之利者，當以陸機、劉頌、段灼之言為最切。觀其言，可知當時所行，實未副論者之意也。機作五等論，以為行封建，則「南面之君，各務其政；九服之內，知有定主；上之子愛，於是乎生；下之禮信，於是乎結；世平足以敦風，道衰足以禦暴。故彊毅之國，不能擅一時之勢；雄俊之人，無所寄霸王之志。」非如後漢「彊臣專朝，則天下風靡；一夫從衡，而城池自夷」也。「在周之衰，難興王室，禍止畿甸，害不覃及天下，晏然以安待危。」二漢志士，「雖復時有鳩合，然上非奧主，下皆市人，師旅無先定之班，君臣無相保之志，是以義兵雲合，無救劫殺之禍。」「成湯、公旦，文質相濟，損益有物。然五等之禮，不革於時，封畛之制，有隆爾者，知侵弱之辱，愈於殄祀，土崩之困，痛於陵夷」也。「且五等之主，爲己思政，郡縣之長，爲吏圖物。進取之情銳，而安人之譽遲。是故侵百姓以利己者，在位所不憚，損實事以養名者，官長所夙慕也。五等則不然」矣。頌上疏言：「善爲天下者任勢而不任人。任勢者，諸侯是也。任人者，郡縣是也。郡國有任臣則安，有重臣則亂。樹國本根不深，無幹輔之固，則任臣化爲重臣。若乃建基既厚，藩屏彊禦，曩之所謂重臣者，今悉反爲任臣矣。第一節已引之，可參看。建侯之理，使君樂其國，臣榮其朝，各流福祚，傳之無窮；上下一心，愛國如家，視百姓如子；然後能保荷天祿，兼翼王室。今諸王裂土，皆兼於古之諸侯，而君賤其爵，臣恥其位，莫有安志。其故何也？法同郡縣，無成國之制故也。今之建置，宜使率由舊章，一如古典。然人心繫常，不累十年，好惡未改，情願未移。臣之愚慮，以爲宜早創大制，遲回衆望，猶在十年之外，然後能令君臣各安其位，榮其所蒙，上下相持，用成藩輔。如今之爲，適足以虧天府之藏，徒棄穀帛之資，無補鎭國衛上之勢也。古者封建既定，各有其國，後雖王之子孫，無復尺土。此今事之必不行者也。若推親疏，轉有所廢，以有所樹，則是郡縣之職，非建國之制。今宜豫開此地，令十世之內，使親者得轉處近。案如此，則必時有移徙，安有深根固柢之勢？復與郡縣之職何異？十世之遠，近郊地盡，然後親疏相維，不得復如十世之內。然猶樹親有所，遲天下都滿，已彌數百千年矣。今方始封，而親疏倒施，甚非所宜。宜更大量天下土田方里之數，都更裂土分人，以王同姓，使親疏遠近，不錯其宜，然後可以永安。古者封國，大者不過土方百里，然後人數殷衆，境內必盈其力，足以備充制度。今雖一國周環將近千里，然力實寡，不足以奉國典。所遇不同，故當因時制宜，以盡事適。今宜令諸王國容少而軍容多。然於古典所應有者，悉立其制。然非急所須，漸而備之，不得頓設也。至於境內之政，官人用才，自非內史、國相，命於天子，其餘衆職，及死生之斷，穀帛資實，慶賞刑威，非封爵者，悉得專之。今諸國本一郡之政耳，若備舊典，則以虛制損實力，至於慶賞刑斷所以衞下之權，不重則無以威衆人而衞上。周之封建，使國重於君，故無道之君，不免誅放，國祚不泯。諸侯思懼，然後軌道。下無亡國，天子乘之，理勢自安。漢之樹置，君國輕重不殊，故諸王失度，陷於罪戮，國隨以亡；不崇興滅繼絕之序，故下無固國。天子居上，勢孤無輔，故姦臣擅朝，易傾大業。今宜反漢之弊，修周舊跡。國君雖或失道，陷於誅絕；又無子應除；苟有始封支胤，不問遠近，必紹其祚。若無遺類，則虛建之，須皇子生，以繼其統。又班固稱諸侯失國，亦由網密，今又宜都寬其檢。大制都定，班之羣后，著誓丹青，書之玉版，藏之金匱，置諸宗廟，副在有司。寡弱小國，猶不可危，豈況萬乘之主？乘難傾之邦而加其上，可謂根深華嶽而四維之也。」段灼初陳時宜，嘗請「諸王十五以上，悉遣之國。為選中郎、傅、相，才兼文武，以輔佐之。聽於其國繕修兵馬，廣布恩信，連城開地，為晉、魯、衞。」後取長假還鄉里，臨去，又遣息上表，言「今異姓無裂土專封之邑，同姓並據有連城之地，縱令諸王後世子孫，還自相并，蓋亦楚人失繁弱於雲夢，尚未為亡其弓也。諸王二十餘人，而公、侯、伯、子、男五百餘國，欲言其國皆小乎？則漢祖之起，俱無尺土之地，況有國者哉？天下有事，無不由兵，而無故多樹兵本，廣開亂源，臣故曰五等不便也。臣以為可如前表，諸王宜大其國，增益其兵，悉遣守藩，使形勢足以相接，則陛下可高枕而臥耳。諸侯、伯、子、男名號，皆宜改易之，使封爵之制，祿奉禮秩，並同天下諸侯之例。」虞溥補尚書都令史，尚書令衞瓘重之。溥謂瓘：「宜復先王五等之制，以綏久長，不可承暴秦之法，遂漢、魏之失。」蓋其時之人，鑒於秦、漢以降，匹夫崛起，彊臣擅國，禍輒被於天下，以為惟樹國足以救之，而不悟其力不彊則不足以相輔，力苟彊，則秦始皇所謂自樹兵。自漢世，既有叛國而無叛郡矣。（柳宗元封建論語。其時中央之力强，一郡之地，其勢不足以叛也。）晉初建國，不過一郡，苟有傾危，豈足相輔？樹危國而乘其上，雖多，何安之有？此陸機、劉頌之蔽也。段灼蓋知之矣，故欲廢公、侯以下，而大諸王之封。晉初封建之制，遲遲不定，定亦不行，而諸王之出鎮者相踵，蓋亦有見於此。故陸機、劉頌之論，晉未之行，若段灼之言，則晉雖未行其文，既行其實矣。而八王之亂，則正由此。此又灼之蔽也。世事祇有日新，而人之見解，恆限於舊，所以救方來之禍者，斟酌損益，仍不越於前世之規，亦可哀矣。然此自就諸人之所言者而揚榷之，至於西晉之喪亂，則初不係於此也。

第三章 西晉亂亡

第一節 齊獻王爭立

晉初異族形勢雖云可憂，然觀第二章第二節所述，其力尚未足與中國相敵，使內外安乂，未嘗不可徐圖。八王難作，授之以隙，而勢乃不可支矣。八王之亂，原於楊、賈之爭；楊、賈之爭，又原於齊獻王之覬覦大位。推波助瀾，譬彼舟流，靡知所屆，君子是以作事謀始也。

齊獻王攸，爲武帝同母弟。皆文明王皇后所生。景帝無後，以攸爲嗣。晉書武帝紀云：文帝自謂攝居相位，百年之後，大業宜歸攸。每曰：「此景王之天下也。」議立世子，屬意於攸。何曾等固爭，武帝之位乃定。攸傳亦云：攸特爲文帝所寵愛。每見攸，輒撫牀呼其小字曰：「此桃符坐也。」然賈充傳云：文帝以景帝恢贊先業，方傳位於攸。充稱武帝寬仁，且又居長，有人君之德，宜奉社稷。及文帝寢疾，武帝請問後事。文帝曰：「知汝者賈公閭也。」則文帝初無宋宣公之心。羊琇傳云：武帝未立爲大子，聲論不及弟攸。文帝素意重攸，恆有代宗之議。琇密爲武帝畫策，甚有匡救。又觀文帝爲政損益，揆度應所顧問之事，皆令武帝默而識之。其後文帝與武帝論當世之務及人閒可否，武帝答無不允，由是儲位遂定。武帝即位，琇寵遇甚厚，已見第二章第一節。觀於琇，知賈充之見信於武帝，亦有由也。

武帝后曰武元楊皇后，生毗陵悼王軌、惠帝、秦獻王柬。悼王二歲而夭。惠帝以泰始三年，立爲皇大子。十年，后有疾。時帝寵胡貴嬪，后恐後立之，大子不安。臨終，枕帝膝曰：「叔父駿女男胤，諱芷，字季蘭，小字男胤。有德色，願陛下以備六宮。」因悲泣。帝流涕許之。后崩。咸寧二年，立男胤爲皇后，是爲武悼楊皇后。生渤海殤王恢，亦二歲而薨。大康五年。惠帝紀云：帝嘗在華林園，在洛陽。本東漢芳林園。魏齊王芳時，避諱改爲華林。聞蝦蟆聲，謂左右曰：「此鳴者爲官乎？私乎？」及天下荒亂，百姓餓死，帝曰：「何不食肉糜？」其蒙蔽皆此類。然蕩陰之役，蕩陰，漢縣，今河南湯陰縣。嵇紹被害於帝側，血濺御服，帝深哀歎之；及事定，左右欲浣衣，帝曰：「此嵇侍中血，勿去。」則絕不類癡騃人語。賈后傳云：帝嘗疑大子不慧，且朝臣和嶠等多以爲言，和嶠傳：嶠見大子不令，因侍坐曰：「皇大子有淳古之風，而季世多僞，恐不了陛下家事。」帝默然不答。後與荀顗、荀勖同侍，帝曰：「大子近入朝，差長進，卿可俱詣之，粗及世事。」既奉詔而還，顗、勖並稱大子明識弘雅，誠如聖詔。嶠曰：「聖質如初耳。」帝不悅而起。嶠退居，恆懷慨歎。知不見用，猶不能已。在御坐言及社稷，未嘗不以儲君爲憂。帝知其言忠，每不酬答。或以告賈妃，妃銜之。惠帝即位，拜大子大傅。大子朝西宮，嶠從入。賈后使帝問嶠曰：「卿昔謂我不了家事，今日定云何？」嶠曰：「臣昔事先帝，曾有斯言。言之不效，國之福也。臣敢逃其罪乎？」荀勖傳：帝素知大子闇弱，恐後亂國，遣勖及和嶠往觀之。勖還，盛稱大子之德，而嶠云大子如初。欲試之。盡召東宮大小官屬，爲設宴會，而密封疑事，使大子決之。停信待反。妃大懼，倩外人作答。答者多引古義。給使張泓曰：「大子不學，而答詔引義，必責作草主，更益譴責，不如直以意對。」妃大喜，語泓：「便爲我好答，富貴與汝共之。」泓素有小才，具草，令大子自寫。帝省之，甚悅。先示大子少傅衞瓘，瓘大踧踖，衆入乃知瓘先有毀言。瓘傳：惠帝之爲大子也，朝臣咸謂純質不能親政事。瓘每欲陳啓廢之，而未敢發。後會宴陵雲臺。瓘託醉，因跪帝牀前曰：「臣欲有所啓。」帝曰：「公所言何邪？」瓘欲言而止者三，因以手撫牀曰：「此坐可惜。」帝意乃悟，因謬曰：「公眞大醉邪？」瓘於此不復有言。賈后由是怨瓘。啓廢大子，此何等事？造膝而陳，猶慮不密，豈有於宴會時言之者？望而知其不足信也。 殿上皆稱萬歲。充密遣語妃曰：「衞瓘老奴，幾破汝家。」夫使惠帝之昏愚而果如帝紀所言，豈當復問以疑事？雖以意對，亦豈足見信？且帝果欲試大子，豈不能召而面問之，而必封事使決？下比爲姦欺者，多出於左右近習，而不出於官屬。帝亦豈不知之？故知史之所傳，絕不足信也。

賈充爲尚書令，兼侍中。充傳云：充無公方之操，不能正身率下，專以諂媚取容。侍中任愷、中書令庾純等，剛直守正，咸共疾之。又以充女爲齊王妃，懼後益盛。及氐、羌反叛，帝深以爲慮，愷因進說，請充鎭關中。乃下詔，以充爲使持節都督秦、涼二州諸軍事。見第二章第二節。充自以爲失職，深銜任愷，計無所從。將之鎭，百僚餞於夕陽亭，在洛陽西。荀勖私焉。充以憂告。勖曰：「公國之宰輔，而爲一夫所制，不亦鄙乎？然是行也，辭之實難。獨有結婚大子，不頓駕而自留矣。」充曰：「然。孰可寄懷？」對曰：「勖請行之。」俄而侍宴，論大子婚姻事，勖因言充女才質令淑，宜配儲宮。而楊皇后及荀顗，亦並稱之。武元楊皇后傳：初，賈充妻郭氏，使賂后，求以女爲大子妃。及議大子婚，帝欲娶衞瓘女，然后盛稱賈后有淑德，又密使大子大傅荀顗進言，上乃聽。賈后傳：初武帝欲爲大子娶衞瓘女。元后納賈、郭親黨之說，欲婚賈氏。帝曰：「衞公女有五可，賈公女有五不可。衞家種賢而多子，美而長、白。賈家種妒而少子，醜而短、黑。」元后固請，荀顗、荀勖並稱充女之賢，乃定婚。說與充傳又異。帝納其言。會京師大雪，平地二尺，軍不得發。既而皇儲當婚，遂詔充居本職。賈后册爲大子妃，事在泰始八年二月。任愷傳云：愷惡賈充之爲人也，不欲令久執朝政，每裁抑焉。充病之，不知所爲。後承間言愷忠貞方正，宜在東宮。帝從之，以爲太子少傅，而侍中如故。充計畫不行。會秦、雍寇擾，天子以爲憂。愷因曰：「秦、涼覆敗，關右騷動，此誠國家之所深慮。宜速鎮撫，使人心有庇。自非威望重臣有計略者，無以康西土也。」帝曰：「誰可任者？」愷曰：「賈充其人也。」中書令庾純亦言之。於是詔充西鎮長安。裴楷傳：轉侍中。帝嘗問曰：「朕應天順人，海內更始，天下風聲，何所得失？」楷對曰：「陛下受命，四海承風，所以未比德於堯、舜者，但以賈充之徒尚在朝耳。」時任愷、庾純亦以充爲言，帝乃出充爲關中都督。此則直陳充之姦邪，與任愷傳謂以計間之者亦異。充用荀勖計，得留。充既爲帝所遇，欲專名勢，而庾純、張華、溫顒、向秀、和嶠之徒，皆與愷善；楊珧、駿弟。王恂、文明皇后弟。華廙等，充所親敬。於是朋黨紛然。帝知之，召充、愷宴於式乾殿，謂曰：「朝廷宜一，大臣當和。」充、愷各拜謝而罷。既而充、愷以帝已知之而不責，結怨愈深。庾純傳：初純以賈充姦佞，與任愷共舉充西鎮關中。充由是不平。充嘗宴朝士，而純後至。充謂曰：「君行常居人前，今何以在後？」純曰：「且有小市井事不了，是以來後。」世言純之先嘗有伍伯者，充之先有市魁者，充、純以此相譏焉。及純行酒，充不時飲。純曰：「長者爲壽，何敢爾乎？」充曰：「父老不歸供養，將何言也？」純因發怒曰：「賈充，天下兇兇，由爾一人。」充曰：「充輔佐二世，蕩平巴蜀，有何罪而天下爲之兇兇？」純曰：「高貴鄉公何在？」衆坐因罷。充左右欲執純，中護軍羊琇、侍中王濟右之，因得出。充慙怒，上表解職。純懼，上河南尹、關內侯印綬，上表自劾。御史中丞孔恂劾純，詔免純官。又以純父老不求供養，使據禮典正其臧否。議者言純於禮律未有違。帝復下詔言「疑賈公亦醉」，復以純爲國子祭酒。此事與漢魏其、武安之事絕相類，而純終獲保全，可見晉武之寬仁，非漢武所及。然朋黨之禍，往往乘在上者之寬仁而起，此又不可不知也。或爲充謀曰：「愷總門下樞要，得與上親接，宜啓令典選，便得漸疏。此一都令史事耳。且九流難精，間隙易乘。」充因稱愷才能，宜在官人之職。帝不之疑，即日以愷爲吏部尚書，侍覲轉希。充與荀勗、馮紞承間浸潤，謂愷豪侈，用御食器。充遣尚書右僕高陽王珪（平安獻王子。）奏愷，遂免官。衞瓘傳云：瓘咸寧初拜尚書令，加侍中。大康初，遷司空，侍中、令如故。武帝勑瓘第四子宣尚繁昌公主。數有酒色之過。楊駿素與瓘不平，駿復欲專重權，遂與黃門等毀之，諷帝奪宣公主。瓘慚懼，告老遜位。和嶠傳云：遷中書令。舊監、令共車入朝，時荀勗爲監。嶠鄙勗爲人，以意氣加之，每同乘，高抗，專車而坐。監令異車，自嶠始也。又云：嶠轉侍中，愈被親禮。與任愷、張華相善。張華，當晉初爲黃門侍郞，數歲，拜中書令，後加散騎常侍。帝潛與羊祜謀伐吳，羣臣多以爲不可，惟華贊成其計。及將大舉，以華爲度支尚書。乃量計運漕，決定廟算。衆軍既進，而未有克獲，賈充等奏誅華以謝天下。帝曰：「此是吾意，華但與吾同耳。」吳滅，進封廣武縣侯，增邑萬戶。華名重一世，衆所推服。晉吏及儀禮、憲章，並屬於華，多所損益。當時詔誥，皆所草定。聲譽益盛，有台輔之望焉。而荀勗自以大族，恃帝恩深，憎疾之。每伺間隙，欲出華外鎭。會帝問華：「誰可託寄後事？」對曰：「明德至親，莫如齊王。」閒言遂行，出爲持節都督幽州諸軍事。朝議欲徵華入相，又欲進號儀同。初華毀徵士馮恢於帝。紞卽恢之弟也。嘗侍帝，從容論魏、晉事。因曰：「鍾會才具有限，而大祖誇獎大過，使搆凶逆。宜思堅冰之漸，無使如會之徒，復致覆喪。」帝默然。頃之，徵華爲大常，以大廟屋棟折免官，遂終帝之世，以列侯朝見。觀此諸文，知當時擁右大子及欲廢大子者，各有其徒，仍是一朋黨之見耳。武帝明知之而不能破，尚何以爲久遠之圖哉！當時爲朋黨者多權戚，非下士，此其所以難破。然欲破朋黨，斷不能以其爲權戚而遂多顧忌也。

齊王攸傳云：文帝寢疾，慮攸不安，爲武帝敍漢淮南王、魏陳思王故事而泣。臨崩，執攸手以授帝。大后臨崩，亦流涕謂帝曰：「桃符性急而汝爲兄不慈，我若遂不起，恐必不能相容。以是屬汝，勿忘我言。」及帝晚年，諸子並弱，而大子不令，朝臣內外，皆屬意於攸。中書監荀勖，侍中馮紞，皆諂諛自進，攸素疾之。勖等以朝望在攸，恐其爲嗣，禍必及己，乃從容言於帝曰：「陛下萬歲之後，大子不得立也。」帝曰：「何哉？」勖曰：「百僚皆歸心於齊王，大子焉得立乎？陛下試詔齊王之國，必舉朝以爲不可，則臣言有徵矣。」紞又言曰：「陛下遣諸侯之國，成五等之制，宜從親始，親莫若齊王。」案此時已不言五等之制矣，亦見此說之誣。參看第二章第三節。帝既信勖言，又納紞說。大康三年，乃下詔，以攸爲大司馬，都督青州諸軍事。明年，策就國。攸憤怨發疾，乞守先后陵，不許。帝遣御醫診視，希旨皆言無疾。疾轉篤，猶催上道。攸自彊入辭，出信宿，歐血而薨。時年三十六。當時爭攸不可出者：尚書左僕射王渾，河南尹向雄。渾子濟，尚常山公主。濟既諫請，又累使公主與甄德妻長廣公主俱入，稽顙泣請。帝怒，謂侍中王戎曰：「兄弟至親，今出齊王，自是朕家事，而甄德、王濟，連遣婦來生哭人。」楊珧傳曰：珧初以退讓稱，晚乃合朋黨，搆出齊王攸。中護軍羊琇，與北軍中候成粲，謀欲因見珧手刃之。珧知而辭疾不出，諷有司奏琇，轉爲大僕。自是舉朝莫敢枝梧，而素論盡矣。琇傳云：齊王出鎮，琇以切諫忤旨，左遷大僕。既失寵，憤怨，遂發病，以疾篤求退，拜特進，加散騎常侍，還第卒。琇欲與成粲手刃楊珧，尚復成何事體？此而不黜，國家尚安有政刑？抑以琇受武帝恩眷之深，而亦與齊王爲黨，齊王又安得不出乎？琇一蹉跌，遽發病死，而向雄傳亦云雄以憂卒，蓋非徒憤怨，又益之以畏禍矣。當時情勢如此，齊王不死，恐喋血相爭之禍，不待八王之難也。齊王之將之國也，下大常議崇錫文物。庾純子旉爲博士，與博士大叔廣、劉暾、毅子。繆蔚、郭頤、秦秀、傅珍等上表諫。大常鄭默，祭酒曹志，魏陳思王孫。並過其事。志又奏議：當如博士等議。帝以博士不答所問，答所不問，大怒，策免默。尙書朱整、褚䂮等奏請收㝢等八人付廷尉科罪。詔免志官，以公還第。其餘皆付廷尉。純詣廷尉自首：專以議草見示，愚淺聽之。詔免純罪。廷尉劉頌奏㝢等大不敬，棄市論，求平議。尙書奏請報聽廷尉行刑。尙書夏侯駿謂朱整曰：「國家乃欲誅諫臣！官立八坐，正爲此事。卿可共駁正之。」整不從。駿怒，起曰：「非所望也。」乃獨爲議。左僕射魏舒，右僕射王晃等從駿議。奏留中七日，乃詔秀等並除名。秦秀傳云：秀素輕鄙賈充。伐吳之役，聞其爲大都督，謂所親曰：「充文案小才，乃居伐國大任，吾將哭以送師。」初，賈充前妻李氏，豐之女。豐誅，李氏坐流徙。後娶城陽大守郭配女，城陽，漢郡，晉改爲東莞，今山東莒縣。名槐。生子黎民，幼殤。女午，通於充爲司空時所辟掾韓壽，充因以妻之，生子謐。充薨，槐輒以謐爲黎民子，奉充後。郎中令韓咸等上書求改立嗣，事寢不報。槐遂表陳：是充遺意。帝乃詔以謐爲魯公世孫，以嗣其國。自非功如大宰，始封無後如大宰，所取必己自出如大宰，皆不得以爲比。及下禮官議充謚，秀議：充以異姓爲後，絕父祖之血食，開朝廷之禍門，請謚曰荒。夫異姓爲後，固非古禮所許，然武帝既特爲充下詔，即不可以常禮拘矣，秀挾私忿悻悻如此，士君子之風度，復何存乎？王濟傳言：濟素與從兄佑不平，佑則武帝紀云帝末年用其謀，遣大子母弟秦王柬都督關中，楚王瑋、武帝第五子。淮南王允亦武帝子。並鎭守要害，以彊帝室；瑋督荊州，允督揚州。又恐楊氏之逼，以爲北軍中候，典禁兵者也。當時廷議之誼囂，其故可以想見。觀文帝及文明大后臨終之言，知武帝與齊王不和已久。賈充傳言：充西行既罷，尋遷司空，侍中、尙書令、領兵如故。會帝寢疾，篤，河南尹夏侯和謂充曰：「卿二女壻，親疏等耳，立人當立德。」充不答。帝疾愈，聞之徒，和光祿勳，乃奪充兵權，而位遇無替。然則充婚大子，僅足免患，謂以貪戀權勢而出此，尚非其情。抑觀此，又知帝不授天下於齊王之決，與其謂齊王以荀勖等而見疏，不如謂勖等以擁右大子而見親矣。充既婚大子之後，猶以夏侯和一言而見猜防，則知未婚大子以前見出之由，未必任愷等之言獲聽也。充傳云：「愷等以充女爲齊王妃，懼後益盛，」當時排充，或未必不藉口於此。史家雜采衆辭，刊落不盡處，往往露出異說也。充前妻李氏，生二女褒、裕。褒一名荃，裕一名濬。武帝踐阼，李以大赦得還。帝特詔充置左右夫人。充母亦勅充迎李氏。郭槐怒，攘袂數充。充乃答詔，託以謙沖，不敢當兩夫人盛禮，實畏槐也。荃爲齊王攸妃，欲令充遣郭而還其母。時沛國劉含母，沛國，今安徽宿縣。及帝舅羽林監王虔前妻，皆毌丘儉孫女。此例既多，質之禮官，皆不能決。雖不遣後妻，多異居私通。充自以宰相，爲海內準則，乃爲李築室於永年里，而不往來。荃、濬每號泣請充，充竟不往。會充當鎮關右，公卿供帳祖道。荃、濬懼充遂去，乃排幔出於坐中，叩頭流血，向充及羣僚陳母應還之意。衆以荃王妃，皆驚起而散。充甚愧愕，遣黃門將宮人扶去。既而郭槐女爲皇大子妃，帝乃下詔，斷如李比，皆不得還。後荃恚憤而薨。觀此，又知郭槐求婚大子之由，而充兩女壻親疏等，而充終親惠帝而疏齊王者，亦或有其閨房嬖畏之私焉。世及爲禮之世，往往以一人一家之私，詒累及於政事。凡在勢者皆然，正不必南面之尊，而後爾。君子是以穆然於大同之世也。

第二節　八王之亂上

八王者，汝南文成王亮，見第二章第二節。楚隱王瑋，見上節。趙王倫，見第二章第二節。齊武閔王冏，獻王子。長沙厲王乂，武帝第六子。成都王穎，武帝第十六子。河間王顒，大原烈王瓌子。瓌平安獻王子。東海孝獻王越也。高密文獻王泰子。泰宣帝弟馗子。晉諸王與於亂事者，不僅此八人，而晉書以此八人之傳合為一卷，故史家皆稱為八王之亂焉。八王之亂，初因楊、賈之爭而起，僅在中央；繼因趙王篡立，齊、成都、河間三王起兵討之，遂至覃及四國。晉初亂原雖云深遠，晉書謂扇其風，速其禍者，咎在八王，則不誣也。

晉書后妃傳云：賈后性酷虐，嘗手殺數人，或以戟擲孕妾，子隨刃墮。武帝聞之，大怒，將廢之。武悼皇后、充華趙粲、楊珧皆為之言，荀勖亦深救之，故得不廢。武悼皇后數誡厲之，賈后不知其助己，因以致恨，謂后構之於武帝，忿怨彌深。此等記載信否亦未可知。要之楊、賈不和，則為事實，而爭端潛伏矣。大熙元年四月，武帝崩。據帝紀：帝之崩在己酉，辛丑，即以楊駿為大尉，都督中外諸軍，錄尚書事。而駿傳云：帝自大康以後，不復留心萬幾，惟耽酒色，始寵后黨，請謁公行。駿及珧、濟，皆駿弟。勢傾天下，時人有三楊之號。及帝疾篤，駿盡斥羣公，親侍左右。因輒改易公卿，樹其心腹。會帝小閒，見所用者，正色曰：「何得便爾？」乃詔中書，以汝南王亮與駿夾輔王室。駿從中書借詔觀之，得便藏匿。信宿之閒，上疾遂篤。后乃奏帝，以駿輔政。帝頷之。便召中書監華廙、令何劭，口宣帝旨，使作遺詔，以駿為大尉、大子大傅，假節，都督中外諸軍事，侍中、錄尚書，領前將軍如故。自是二日而崩。與帝紀所書自辛丑至己酉凡歷九日者迥異，可見史文之不實也。帝紀云：帝寢疾彌留，至於大漸，佐命元勳，皆已先沒，羣臣皇惑，計無所從。會帝小差，有詔以汝南王亮輔政，又欲令朝士有名望年少者數人佐之。楊駿祕而不宣。帝尋復迷亂，楊后輒爲詔以駿輔政，促亮進發。帝尋小閒，問汝南王來未？意欲見之，有所付託。左右答言未至。帝遂困篤。說與駿傳略同，而無自是二日而崩語，蓋因與上文所記之日不合，故删之也。汝南王亮時爲大司馬，出督豫州，鎭許昌。今河南許昌縣。或說亮率所領入廢駿，亮不能用，夜馳赴許昌。時司空石鑒與中護軍張劭監統山陵，有告亮欲舉兵討駿。駿大懼，白大后，令帝爲手詔，詔鑒、劭率陵兵討亮。鑒以爲不然，保持之。遣人密覘視，亮已別道還許昌。於是駿止。惠帝卽位，以駿爲大傅、大都督、假黃鉞，錄朝政，百官總己。駿慮左右間己，乃以其甥段廣、張劭爲近侍。凡有詔命，帝省訖，入呈大后，然後出。又多樹親黨，皆領禁兵。八月，立廣陵王遹爲皇大子，是爲愍懷大子。母謝淑媛，父以屠羊爲業，選入後庭爲才人。惠帝在東宮，將納妃，武帝慮其年幼，未知帷房之事，遣往東宮侍寢，而生遹者也。殿中中郎孟觀、李肇，素不爲駿所禮。黃門董猛，自帝爲大子，卽爲寺人監，在東宮給事於賈后。乃與肇、觀潛相結託。賈后令肇報亮，使連兵討駿。亮曰：「駿之凶暴，死亡無日，不足憂也。」肇報楚王瑋，瑋然之。於是求入朝。駿素憚瑋，先欲召入，防其爲變，因遂聽之。及瑋至，觀、肇乃啓帝，夜作詔，中外戒嚴，遣使奉詔廢駿，以侯就第。東安公繇，琅邪武王伷子。伷，宣帝子。率殿中四百人隨其後以討駿。大傅主簿朱振說駿：燒雲龍門，索造事者首，開萬春門，引東宮兵及外營兵，雲龍，洛陽宮城正南門。萬春，東門。擁翼皇大子入宮取姦人。駿素怯懦，不決。殿中兵出，駿逃於馬廐，以戟殺之。觀等受賈后密旨，誅駿親黨，夷三族，死者數千人。時元康元年三月也。楊后題帛爲書，射之城外，曰：「救大傅者有賞。」賈后因宣言大后同逆。詔送后於永寧宮。魏世大后所居。特全后母高都君龐氏之命，聽就后居止。賈后諷有司奏廢大后爲庶人，以龐付廷尉行刑。龐臨刑，大后抱持號叫，截髮稽穎，上表詣賈后稱妾，請全母命，不見省。初，大后尚有侍御十餘人，賈后奪之。明年三月，絕膳而崩。

楊駿既誅，徵汝南王亮爲大宰，與大保衞瓘同輔政。以秦王柬爲大將軍，東平王楙（後改封竟陵王。義陽成王望子。望安平獻王子。）爲撫軍大將軍，楚王瑋爲衞將軍，領北軍中候，下邳王晃（安平獻王子。）爲尚書令，東安公繇爲尚書左僕射，進封王。繇欲擅朝政，與亮不平。初，繇有令名，爲父母所愛。其兄武陵莊王澹惡之如讎，屢搆繇於亮，亮不納。誅楊駿之際，繇屯雲龍門，兼統諸軍，是日誅賞三百餘人，皆自繇出。澹因隙譖之，亮惑其說，遂免繇官，以公就第。坐有悖言，廢徙帶方。（賈后傳云：繇密欲廢后，賈氏憚之。帶方，漢縣，公孫康置郡，故治在今朝鮮平壤西南。）楙曲事楊駿，駿誅，依法當死。繇與楙善，故得不坐。至是亦免官，遣就國。瑋少年果銳，多立威刑，朝廷忌之。亮奏遣諸王還藩，與朝臣廷議，無敢應者，惟衞瓘贊其事，瑋憾焉。瑋長史公孫弘、舍人岐盛，並薄於行，爲瑋所昵。瓘等惡其爲人，慮致禍亂，將收盛。盛知之，遂與弘謀，因李肇矯稱瑋命，譖亮、瓘於賈后。后不之察，使惠帝爲詔曰：「大宰、大保欲爲伊、霍之事，王宜宣詔，令淮南、（忠壯王允，見上節。）長沙、成都王屯宮諸門，廢二公。」夜使黃門齎以授瑋。瑋欲復奏，黃門曰：「事恐漏泄，非本意也。」瑋乃止。遂勒本兵，復矯召三十六軍，（胡三省通鑑注曰：晉洛城內外三十六軍。）遣弘、肇收亮、瓘，殺之。岐盛說瑋：「可因兵勢誅賈模、郭彰，（見下。）匡正王室，以安天下。」瑋猶豫未決。會天明，帝用張華計，遣齎騶虞幡麾衆曰：「楚王矯詔。」衆皆釋杖而走。瑋左右無復一人，帝遣謁者詔瑋還營，遂執下廷尉。詔以瑋矯制害二公，又欲誅滅朝臣，圖謀不軌，遂斬之。公孫弘、祁盛皆夷三族。長沙王乂，以瑋同母，貶爲常山王，之國。楊駿之誅也，司空隴西王泰領駿營。瑋之被收，泰嚴兵將救之。祭酒丁綏諫曰：「公爲宰相，不可輕動。且夜中倉卒，宜遣人參審定問。」泰從之。瑋既誅，乃以泰錄尚書事，遷大尉，守尚書令，改封高密王。

楚王之亂，事在元康元年六月，自此至永康元年四月，梁、趙之亂，安謐者實歷九年，可知以西晉喪亂，歸獄於賈后者之誣。賈充傳言：賈謐權過人主，奢侈踰度，室宇崇僭，器服珍麗，歌僮舞女，選極一時。開閣延賓，海內輻湊，貴游豪戚，及浮競之徒，莫不盡禮事之。又言后從舅郭彰，充素相親遇，亦豫參權勢，賓客盈門，世人稱爲賈、郭。奢僭交通，爲當時權戚之通病，未可專罪賈后一家。傳又言充從子模，沈深有智算，賈后既豫朝政，拜模散騎常侍，二日，擢爲侍中。模盡心匡弼，推張華、裴頠，同心輔政，數年之中，朝野寧靜，模之力也。此爲當時之實錄。視他權戚之秉政者，不猶愈乎？賈后傳云：模知后凶暴，恐禍及己，乃與裴頠、王衍謀廢之，衍悔而謀寢。華傳云：惠帝即位，以華爲大子少傅，與王戎、裴楷、和嶠俱以德望爲楊駿所忌，皆不與朝政。楚王瑋誅，華以首謀有功，拜侍中、中書監。賈謐與后共謀，以華庶族，儒雅有籌略，進無逼上之嫌，退爲衆望所依，欲倚以朝綱，訪以政事，而未決，以問裴頠。頠素重華，深贊其事。華遂盡忠匡輔，彌縫補闕。雖當闇主虐后之朝，而海內晏然，華之功也。裴頠時爲侍中，其傳云：頠以賈后不悅大子，抗表請增崇大子所生謝淑妃位號，乃啓增置後衞率吏，給二千兵。職官志：惠帝處東宮，置衞率，初曰中衞率。泰始五年，分爲左右，各領一軍。愍懷大子在東宮，又加前後二率，此卽下文劉卞所謂四率也。於是東宮宿衞萬人。頠深慮賈后亂政，與司空張華、侍中賈模議廢之而立謝淑妃。華、模皆曰：「帝自無廢黜之意，若吾等專行之，上心不以爲是，且諸王方剛，朋黨異議，恐禍如發機，身死國危，無益社稷。」此謀遂寢。案賈充爲頠從母夫，王衍亦婚於賈謐，俱不應有廢賈后之意，况賈模乎？當時方重門第，謝淑妃屠家女，豈可以母儀天下哉？楚王既誅，愍懷未廢：九年之中，賈后初無大亂政事；而惠帝愚闇，朝局實后所主持；廢之何爲？華、頠終與賈后俱死，知其無背賈氏之心。卽謂華、頠皆士君子，顧慮名義，不敢輕犯，亦安能隱忍至於九年之久？且縱不敢爲非常之舉，獨不可引身而退乎？張華傳言：華少子韙以中台星坼，勸華遜位，華不從。將死，張林稱詔詰之曰：「卿爲宰相，任天下事，大子之廢，不能死節，何也？」華曰：「式乾之議，臣諫事具存，非不諫也。」林曰：「諫若不從，何不去位？」華不能答。裴頠傳：或說頠曰：「幸與中宮內外，可得盡言，言若不從，則辭病而退。二者不立，雖有十表，難乎免矣。」頠慨然久之，而竟不能行。論者因訾華、頠貪戀權位，其實華、頠皆非如是之人，此觀其生平而可知，史文不足信也。頠之請崇謝淑妃位號，增東宮宿衞，蓋正所以示大公，爲賈氏久遠計耳。賈模傳云：模潛執權勢，外形欲遠之，每事啓奏賈后，事入，輒取急或託疾以避之；至於素有嫌忿，多所中陷，朝廷甚憚之；皆近深文周內。又云：賈后性甚彊暴，模每盡言，開陳禍福，后不能從，反謂模毀己，於是委任之情日衰，而讒閒之徒遂進，模不得志，憂憤成疾卒；則更莫須有之辭矣。一云模與頠、衍謀廢后，衍悔而事寢，一又云頠欲廢后而華、模不從，其辭先已不讎，知其皆不足信也。

愍懷大子傳云：幼而聰慧，武帝愛之，嘗對羣臣稱大子似宣帝，於是令譽流於天下。然又云：及長，不好學，惟與左右嬉戲，不能尊敬保傅。或廢朝侍，恆在後園游戲。有犯忤者，手自捶擊之。令西園賣葵菜、藍子、雞、麵之屬而收其利。東宮舊制，月請錢五十萬，備於衆用，大子恆探取二月，以供嬖寵。洗馬江統陳五事以諫，大子不納。中舍人杜錫，每盡忠規勸，大子怒，使人以鍼著錫常所坐氈中而刺之。大子性剛，知賈謐恃后之貴，不能假借之。初賈后母郭槐，欲以韓壽女爲大子妃，大子亦欲婚韓氏以自固，而壽妻賈午及后皆不聽，而爲大子聘王衍小女惠風，大子聞衍長女美，而賈后爲諂聘之心不能平，譖大子於后曰：「大子廣買田業，多蓄私財，以結小人者，爲后故也。密聞其言云：皇后萬歲後，吾當魚肉之。若宮車晏駕，彼居大位，依楊氏故事，誅臣等而廢后於金墉，城名，在洛陽東。如反手耳。不如早爲之所，更立慈順者以自防衞。」后納其言。又宣揚大子之短，布諸遠近。於是朝野咸知后有害大子意。中護軍趙俊請大子廢后，大子不聽。張華傳云：左衞率劉卞甚爲大子所信，以賈后謀問華。華曰：「不聞。」卞曰：「東宮俊乂如林，四率精兵萬人，公居阿衡之任，若得公命，皇大子因朝入錄尚書事，廢賈后於金墉城，兩黃門力耳。」華曰：「今天子當陽，大子人子也，吾又不受阿衡之命，忽相與行此，是無其君父而以不孝示天下也。雖能有成，猶不免罪，況權戚滿朝，威柄不一，而可以安乎？」元康九年十二月，后詐稱上不和，呼大子入朝。既至，后不見，置於別室。遣婢陳舞賜以酒棗，逼飲醉之。使黃門侍郎潘岳作書草，若禱神之文，有如大子素意，因醉而書之者。小婢承福以紙筆及書草使大子書之，文曰：「陛下宜自了，不自了，吾當入了之。中宮又宜速自了，不自了，吾當手了之。并與謝妃共要，克期兩發，勿疑猶豫，以致後患。」云云。大子醉迷不覺，遂依而寫之。其字半不成，既而補成之。后以呈帝。帝幸式乾殿，召公卿入，使黃門令董猛以大子書及青紙詔示之，曰：「遹書如此，令賜死。」徧示諸公王，莫有言者。遹傳。惟張華諫。裴頠以爲宜先檢校傳書者。又請比校大子手書。賈后乃內出大子素啓事十餘紙，衆人比視，亦無敢言非者。議至日西不決。后知華等意堅，因表乞免爲庶人，帝乃可其奏。張華傳。使前將軍東武公澹即武陵莊王。以兵杖送大子、妃王氏、三皇孫於金墉城。考竟謝淑妃及大子保林蔣俊。此據大子傳。惠帝紀於大子廢後，即書殺大子母謝氏。謝夫人傳則云：及愍懷遇酷，玖亦被害。

玖，夫人名。明年正月，賈后又使黃門自首欲與大子為逆。詔以黃門首辭，班示公卿。又遣澹以千兵防送大子，更幽於許昌宮之別坊，令治書侍御史劉振持節守之。適傳。趙王倫深交賈、郭，諂事中宮，大為賈后所親信。大子廢，使倫領右衛將軍。左衛督司馬雅，宗室之疏屬也，及常從督許超，並嘗給事東宮，與殿中中郎士猗等謀廢賈后，復大子。以張華、裴頠，難與圖權，倫執兵之要，性貪冒，可假以濟事，乃說倫嬖人孫秀。秀許諾，言於倫，倫納焉。事將起，秀更說倫曰：「明公素事賈后，雖建大功於大子，大子含宿怒，必不加賞，今且緩其事，賈后必害大子，然後廢后，為大子報讎，亦足以立功，豈徒免禍而已。」倫從之。秀乃微泄其謀，使謐黨頗聞之。倫、秀因勸謐等早害大子，以絕衆望。永康元年，三月，此據適傳。紀在二月。蓋二月遣使，三月至。矯詔使黃門孫慮至許昌害大子。王浚傳云：浚鎮許昌，與孫慮共害大子。大子既遇害，倫、秀之謀益甚，而超、雅懼後難，欲悔其謀，乃辭疾。二人本欲立功於大子以邀賞，大子死，則失其本圖，且不信趙王也。秀復告右衛佽飛督閭和，和從之。乃矯詔遣翊軍校尉齊王冏，將三部司馬，晉二衛有前驅、由基、彊弩三部司馬。廢賈后為庶人，送之金墉城。殺張華、裴頠、賈午、賈謐等。倫尋矯詔，自為使持節、大都督、督中外諸軍事、相國，侍中、王如故，一依宣、文輔魏故事。孫秀等皆封大郡，並據兵權。百官總己以聽於倫。倫素庸下，無智策，復受制於秀。梁王肜見第二章第二節。共倫廢賈后，故以為大宰，守尚書令。後或謂孫秀：散騎侍郎楊準，黃門侍郎劉逵，欲奉肜以誅倫。會有星變，九月，改司徒為丞相，以肜為之，居司徒府。轉準、逵為外官。矯詔害賈庶人於金墉城。淮南王允領中護軍，密養死士，潛謀誅倫。倫甚憚之，轉為大尉，外示優崇，實奪其兵也。允稱疾不拜。倫遣御史逼允，收官屬以下，劾以大逆。允率國兵及帳下七百人出討倫。將赴宮，尚書左丞王輿閉東掖門，不得入，遂圍相府。

倫子虔爲侍中在門下省，遣司馬督護伏胤領騎四百從宮中出，詐言有詔助允，允不之覺，開陳納之，下車受詔，爲胤所害。坐允夷滅者數千人。齊王冏以廢賈后功，轉游擊將軍。冏意不滿，有恨色。孫秀微覺之，且憚其在內，出爲平東將軍，假節，鎮許昌。二事俱在八月。明年，永寧九年。正月，倫遂篡位，遷惠帝於金墉。梁、趙之亂，論者皆謂禍原賈后，亦非其眞。后果欲廢大子，自楊駿敗後，何時不可爲之？何必待諸八年之後？大子之爲人，據傳文所載，明爲不令，何待后之宣揚？惠帝之立，年三十二，雖不爲少，亦不爲老，果如史之所言，帝之於后，畏而惑之，后傳。何難少緩建儲，以待中宮之有子？即謂不然，而遹之立，距武帝之崩僅四月，亦何必如是其急？楚王瑋作，朱振即說楊駿：奉大子以索姦人，然則大子之立，殆楊氏所以掎賈氏，其源既濁，其流必不能清，故后與大子訖不和也。然后傳言：廣城君以后無子，甚敬重愍懷，每勸厲后使加慈愛。賈謐恃貴驕縱，不能推崇大子，廣城君恆切責之。及廣城君病篤，占術謂不宜封廣城，乃改封宜城。后出侍疾十餘日，大子常往宜城第，將醫出入，恂恂盡禮。宜城臨終，執后手，令盡意於大子，言甚切至。又曰：「趙粲及午，必亂汝事，我死後勿復聽入，深憶吾言。」觀宜城欲以韓壽女妃大子，大子亦欲婚於韓氏以自固，後雖不果，而謐與大子，仍爲僚壻；可見當時賈氏與大子，皆有意於調和。大子婚於王氏而不悅，蓋以未克婚於韓氏以自固，非必以王衍長女美而賈后爲謐娶之也。賈午蓋夙有岐視大子之心，故不肯以女與之。其終不克調和而至於決裂者，源既濁，流自難清，其咎固不專在賈氏矣。謐之說賈后，不過曰更立慈順者以自防衞，不云后自有子，則后傳謂后詐有身，內稿物爲產具，取韓壽子慰祖養之，託諒闇所生，故弗顯，遂謀廢大子，以所養代立者自誣。自朱振以降，趙俊、劉卞，紛紛欲奉大子以傾賈后，式乾之事，安敢謂必出虛構？張華諫辭，今不可考。果謂大子無罪邪？抑謂雖有罪不可殺也？華傳云：后知華等意堅，乃表乞免爲庶人，則後說殆近之矣。醉至不辨書草云何，謄錄能否半成，亦有可惑。且醉時手迹，必與醒時有異，王公百僚，亦豈不能辨？素啓事十餘紙，手迹果皆不合，賈后豈肯出之王公百僚中，豈無一人能抗言者？然則裴頠欲檢校傳書者，又欲比校手迹，或亦所以爲賈后謀，使有以取信於天下耳。頠與張華，皆素負清望，縱不能盡忠大子，寧不亦自惜其名；抗節而去，賈氏豈能遽害之，而依違腆涊，終與賈氏同盡邪？

第三節　八王之亂下

自來圖篡竊者，必先削除四方之異己。晉初州郡擁兵之習未除，諸王各據雄藩，更有厝火積薪之勢；趙倫不圖消弭，反使齊王冏出鎮許昌，亦見其寡慮矣。時成都王穎鎮鄴，漢縣。晉懷帝時避諱，改爲臨漳。今河南臨漳縣。遂與冏起兵討倫。兗、豫二州晉兗州治廩丘，今山東范縣。豫州治項，今河南項城縣。時兗州刺史爲王彥，豫州刺史爲李毅。及南中郎將新野公歆後進封王，諡莊。扶風武王駿子。駿，宣帝子。俱起兵應之。倫遣將距之，破冏兵於陽翟，今河南禹縣。而距穎之兵，敗於溴水。出河南濟源縣，西東南流入河。左衞將軍王輿，與尚書廣陵公漼後封淮陵王，琅邪武王伷子。伷見上節。勒兵入宮，禽孫秀等斬之，遂倫歸第，迎惠帝於金墉，誅倫及其黨羽。冏之起兵也，前安西參軍夏侯奭，自稱侍御史，在始平，見第二章第二節。合衆得數千人以應冏。河閒王顒時鎮關中，奭遺信要顒，顒遣主簿房陽、河閒國人張方討禽奭，及其黨數十人要斬之。及冏檄至，顒執冏使，送之於倫。倫徵兵於顒，顒遣方率關右健將赴之。方至華陰，今陝西華陰縣。顒聞二王兵盛，乃加長史李含龍驤將軍，領督護席薳等追方軍回以應二王。至潼關，在今陝西潼關縣東南。倫秀已誅，天子反正，含方各率衆還。

冏入洛，甲士數十萬，旌旗器械之盛，震於京都。天子就拜大司馬、都督中外諸軍事，加九錫之命，備物典策，如宣、景、文、武輔魏故事。以成都王穎爲大將軍、錄尚書事，河間王顒爲大尉，梁王肜爲大宰、領司徒。時罷丞相，復置司徒。明年二月薨。穎左長史盧志勸穎推崇齊王，徐結四海之心。穎納之，遂以母疾歸藩，委重於冏。冏遂輔政，大築第館，沈於酒色。不入朝見，坐拜百官，符勅三臺，選舉不均，惟寵親昵。朝廷側目，海內失望。冏兄東萊王蕤與王輿謀廢冏。蕤性彊暴，使酒，數陵侮冏，冏以兄故容之。冏起義兵，趙王倫收蕤及弟北海王寔繫廷尉，當誅。會孫秀死，蕤等悉得免。冏擁衆入洛，蕤於路迎之，冏不卽見，蕤恚。及冏輔政，蕤從冏求開府，不得，益怨，遂與輿謀廢冏。事覺，免爲庶人，徙上庸。後漢末郡，今湖北竹山縣。後封微陽侯。永寧初，上庸內史陳鍾承冏旨害蕤。冏死，詔誅鍾，復蕤。輿伏誅，夷三族。

初，李含與安定皇甫商有隙。安定，見第二章第二節。商爲梁州刺史，治漢中，今陝西南鄭縣。爲趙王倫所任。倫敗，去職，詣河間王顒，顒慰撫之甚厚。含諫曰：「商，倫之信臣，懼罪至此，不宜數與相見。」商知而恨之。後含徵爲翊軍校尉，商參齊王冏軍事。夏侯奭兄在冏府，商乃稱奭立義，爲西藩枉害，含心不自安。冏右司馬趙驤又與含有隙，冏將閱武，含懼驤因兵討之，乃單馬出奔於顒，矯稱受密詔。顒卽夜見之。三王之舉義也，常山王乂率國兵應之，爲成都王後系。至洛，遷驃騎將軍，復本國。乂見齊王冏專權，謂成都王穎曰：「天下者，先帝之業也，王宜維之。」聞其言者皆憚之。含說顒：

「檄長沙討齊，使先聞於齊，齊必誅長沙，因傳檄以加齊罪，去齊立成都。」顒從之。上表請廢冏還第，以穎爲宰輔，拜含爲都督，統張方等向洛。檄乂使討冏。冏遣其將董艾襲乂。乂將左右百餘人馳赴宮，閉諸門，奉天子與冏相攻。冏敗，禽冏殺之，幽其諸子於金墉，廢北海王寔。以乂爲大尉，都督中外諸軍事，李含等旋師。

顒本以乂弱冏彊，冀乂爲冏所擒，以乂爲辭，宣告四方，共討之，因廢帝立成都，已爲宰相，專制天下。乂殺冏，其謀不果。乂之誅冏也，仍以皇甫商爲參軍，商兄重爲秦州刺史。秦州，大康七年復立，治上邽，今甘肅天水縣。李含說顒，表遷重爲內職，因其經長安執之。重知其謀，集隴上士衆，以討含爲名。乂以兵革累興，今始寧息，表請遣使詔重罷兵，徵含爲河南尹。見第二章第二節。顒使侍中馮蓀，中書令卞粹與含潛圖害乂。皇甫商知含前矯妄，及與顒陰謀，具以告乂，乂並誅之。穎時縣執朝政，事無巨細，皆就鄴諮之。既恃功驕奢，百度弛廢，甚於冏時。以乂在內，不得恣其所欲，密欲去乂。大安二年八月，顒以張方爲都督，領精卒七萬向洛。穎假陸機後將軍，河北大都督，督王粹、牽秀、石超等二十餘萬人來逼京師。帝幸十三里橋。在洛城西，去城十三里，因以爲名。遣皇甫商距方於宜陽，今河南宜陽縣。爲方所敗。九月，帝進軍緱氏，漢縣，今河南偃師縣西南。擊牽秀，走之。而張方入京城，燒清明、開陽二門，洛陽城東有建春、東陽、清明三門，南有開陽、津陽、平昌、宣陽四門，西有廣陽、西明、閶闔三門，北有大夏、廣莫二門，凡十二門。死者萬計。石超逼乘輿於緱氏。十月，帝旋於宮，超焚緱氏，服御無遺。王師破牽秀於東陽門外，又破陸機於建春門。石超亦走。乂奉帝討張方於城內。方軍望見乘輿，小退，方止之不得，衆遂大敗。殺傷滿於衢巷。方退壁十三里橋。人情挫衄，無復固志，多勸方夜遁。方曰：「兵之利鈍是常，貴因敗以爲成耳。我更前作壘，出其不意，此用兵之奇也。」乃夜潛進，逼洛城七里。乂既新捷，不以爲意。十一月，忽聞方壘成，乃出戰，敗績。方決千金堨，在洛城西。水碓皆涸。乃發王公奴婢手舂給兵廪。一品已下不從征者，男子十三以上皆從役。又發奴助兵，號爲四部司馬。公私窮踧，米石萬錢。詔命所至，一城而已。先是，朝議以乂、穎兄弟，可以辭說而釋，乃使中書令王衍行大尉，光祿勳石陋行司徒，使說穎，令與乂分陝而居。穎不從。及是，城中大飢，而將士同心，皆願效死。張方以爲未可克，欲還長安。而殿中諸將及三部司馬，疲於戰守，密與左衞將軍朱默夜收乂別省，逼東海王越爲主。越時爲司空，領中書監。啓惠帝免乂官，送諸金墉。殿中左右，謀劫出之，更以拒穎。越懼難作，欲遂誅乂。黃門郎潘滔勸越密告張方。方遣部將郅輔勒兵三千，就金墉收乂，至營，炙而殺之。八王之中，乂較有才略，乂死，大局益無望矣。

乂之請遣使詔皇甫重罷兵也，重不奉詔。河閒王顒遣金城大守游楷、隴西大守韓稚等四郡兵攻之。金城、隴西皆見第二章第二節。及顒、穎攻乂，乂使皇甫商閒行，齎帝手詔，使游楷等罷兵，令重進軍討顒。商閒行過長安，至新平，見第二章第二節。遇其從甥，從甥素憎商，以告顒，顒捕得商，殺之。乂既敗，重猶堅守。後城內知無外救，乃共殺重。先是，李流亂蜀，詔侍中劉沈統益州刺史羅尚、梁州刺史許雄等討之。行次長安，顒請留沈爲軍司，後領雍州刺史。及張昌作亂，詔顒遣沈將州兵萬人，征西府五千人，自藍田關討之。即嶢關，在今陝西藍田縣東南。顒又逼奪其衆。長沙王乂命沈將武吏四百人還州。張方既逼京都，王瑚、祖逖逖時爲乂驃騎主簿。言於乂：「啓上詔沈發兵襲顒，顒必召張方自救。」乂從之。沈奉詔，馳檄四境，合七郡之衆，雍州統京兆、馮翊、扶風、安定、北地、始平、新平七郡，皆見第二章第二節。及守防諸軍、塢壁甲士萬餘人，襲長安。顒時頓於鄭縣之高平亭，（鄭，秦縣，今陝西華縣。）爲東軍聲援。聞沈兵起，還鎮渭城。（漢縣，即秦咸陽，晉省，今陝西咸陽縣。）遣督護虞䕫率步騎萬餘逆沈於好時，（漢縣，今陝西乾縣東。）䕫衆敗，顒大懼，退入長安。果急呼張方。沈渡渭而壘，而馮翊大守張輔救顒，沈軍敗。張方遣其將敦偉夜至，沈衆潰，與麾下百餘人南遁，爲陳倉令所執，（陳倉，秦縣，今陝西寶雞縣。）顒鞭而後要斬之。時永興元年正月也。張方大掠洛中，還長安。

時以河間王顒爲大宰、大都督、雍州牧，成都王穎入京師，復旋鎮於鄴，增封二十郡，拜丞相。初，賈后既死，立愍懷大子之子臧爲皇大孫。趙王倫篡位，廢爲濮陽王，害之。乘輿反正，復立臧弟襄陽王尚爲皇大孫。大安元年，薨，乃立清河康王遐（武帝子。）之子覃爲皇大子。及是，顒表穎宜爲儲副，遂廢覃爲清河王，立穎爲皇大弟，丞相如故。制度一依魏武故事。乘輿服御，皆遷於鄴。穎遣從事中郎盛䕫等以兵五萬屯十二城門，殿中宿所忌者皆殺之，以三部兵代宿衞。七月，右衞將軍陳眕，殿中中郎逯苞、成輔，及長沙故將上官巳等勒兵討穎。帝北征。於時馳檄四方，赴者雲集，軍次安陽，（漢侯國，晉爲縣，今河南安陽縣。）衆十餘萬。鄴中震懼。穎會其衆問計，東安王繇（即東安公，進封見上節，時遭母喪，在鄴。）曰：「天子親征，宜罷甲縞素，出迎請罪。」司馬王混、參軍崔曠勸穎拒戰，穎從之。遣石超率衆五萬，次於蕩陰，（見第一節。）陳眕二弟匡、規，自鄴赴王師，云鄴中皆已離散，由是不甚設備。超衆奄出，王師敗績，矢及乘輿，侍中嵇紹死於帝側，左右皆奔散。超遂奉帝幸鄴。穎害東安王繇，署置百官，殺生自己，立郊於鄴南。成都王顒遣張方救鄴，方復入洛陽。

初，王沈子浚，以東中郎將鎮許昌。愍懷大子幽於許，浚承賈后旨，與孫慮共害之。遷青州刺史，尋徙督幽州。浚爲自安計，結好夷狄，以女妻鮮卑務勿塵，又以一女妻蘇恕延。三王起義，浚擁衆挾兩端，遏絕檄書，使其境內士庶，不得赴義。成都王穎欲討之而未暇也。長沙見害，浚有不平之心。穎乃表請幽州刺史石堪爲右司馬，以右司馬和演代堪，密使殺浚而幷其衆。演與烏丸單于審登謀之，單于以告浚。浚殺演，自領幽州。遂與幷州刺史東嬴公騰見第二章第二節。討穎。穎遣幽州刺史王斌及石超、李毅等距浚，爲烏丸羯朱等所敗。鄴中大震，百僚奔走，士庶分散。盧志勸穎奉天子還洛陽。時甲士尙萬五千人，志夜部分，至曉，衆皆成列。而程大妃戀鄴，不欲去，穎不能決。俄而衆潰，惟志與子謐、兄子綝，殿中虎賁千人而已。志復勸穎早發。時有道士，姓黃，號曰聖人，大妃信之，乃使呼入。道士求兩杯酒，飲乾，拋杯而去，計始決。而人馬復散。志於營陳閒尋索，得數乘鹿車，司馬督韓玄收集黃門，得百餘人。帝御犢車，便發。屯騎校尉郝昌先領兵八千守洛陽，帝召之，至汲郡而昌至。汲郡，今河南汲縣。濟河，張方率騎三千奉迎。凡五日至洛。羯朱追至朝歌，漢縣，今河南淇縣。不及而還。浚乘勝克鄴，士衆暴掠，死者甚多。鮮卑大略婦女，浚命敢有挾藏者斬，於是沈於易水者八千人。黔庶荼毒，自此始也。張方欲遷都長安，將焚宗廟、宮室，以絕人心。盧志說方，方乃止。十一月，方逼天子幸其壘。停三日，便西。軍人因妻略後宮，分爭府藏，魏、晉已來之積，掃地無遺矣。旣至長安，以征西府爲宮。惟僕射荀藩、司隸劉暾、大常鄭球、河南尹周馥，與其遺官在洛陽，爲留臺，承制行事，號爲東西臺焉。以張方爲中領軍、錄尙書事，領京兆大守。十二月，詔成都王穎以王還第，以豫章王熾爲皇大弟。熾，即懷帝，武帝第二十五子。

帝之征鄴也，以東海王越爲大都督。六軍敗，越奔下邳。後漢國，晉爲郡，今江蘇邳縣。徐州刺史東平王楙徐州治彭城，今江蘇銅山縣。不納越徑還東海。治郯，今山東郯城縣。成都王穎下寬令招之，越不應命。至是，以越為大傅，與大宰顒夾輔朝政，越讓不受。東海中尉劉洽勸越發兵以備穎。兵既起，楙懼，乃以州與越。越以楙領兗州刺史，唱議奉迎大駕，還復舊都，率甲卒三萬，西次蕭縣，今江蘇蕭縣。先是，豫州刺史劉喬亦與諸州郡舉兵迎駕，范陽王虓康王綏子。綏，馗子。馗，宣帝弟。督豫州，鎮許昌。成都王穎為王浚所破也，虓自許屯於滎陽。見第二章第二節。會惠帝西遷，虓與從兄平昌公模長史馮嵩等盟，模後封南陽王，高密文獻王子。推越為盟主。越承制，轉喬為冀州刺史，冀州治房子，今河北高邑縣。以虓領豫州。喬以虓非天子命，不受代，發兵距之。潁川大守劉輿潁川治陽翟，見上。昵於虓，喬上尚書列輿罪惡。河閒王顒宣詔使鎮南將軍劉弘、征東大將軍劉準、平南將軍彭城王釋穆王權子。權，馗子，范陽康王之兄也。釋，劉喬傳作繹，帝紀與本傳同作釋。與喬并力攻虓於許昌。東平王楙自承制都督兗州，帝遣使者劉虔即拜焉。楙慮兗州刺史荀晞不避己，乃給虔兵，使稱詔誅晞。晞時已避位。楙在州，徵求不已，郡縣不堪命。虓遣晞還兗，徙楙都督青州。晉青州治臨菑，今山東臨淄縣。楙不受命，與喬相結。虓遣將田徽擊楙，破之。楙走還國。東平國，治須昌，今山東東平縣。而喬乘虛破許，虓自拔濟河。與弟琨率衆救虓，未至而虓敗。琨乃說冀州刺史溫羨，使讓位於虓。虓遣琨詣幽州乞師，得突騎八百人。此據琨傳。喬傳云：琨率突騎五千濟河攻虓，其所率不僅幽州兵也。濟河攻喬。喬據考城以距之，考城，後漢縣，晉省，今河南考城縣。不敵而潰。喬收散卒屯於平氏。漢縣，今河南桐柏縣西。初，越之起兵，關中大懼。張方謂河閒王顒曰：「方所領猶有十餘萬衆，奉送大駕還洛宮，使成都王反鄴；公自留鎮關中；方北討博陵；國，今河北安平縣。如此，天下可以小安。」顒慮事大難濟，不許。而成都王穎之廢，河北思之，鄴中故將公師藩等起兵迎穎，衆情翕然，顒乃復使穎都督河北諸軍，鎭鄴，遣將軍呂朗屯洛陽，假劉喬節，以其長子祐爲東郡大守。東郡，治濮陽，今河北濮陽縣。又遣劉弘、劉準、彭城王釋等援喬，弘以張方殘暴，知顒必敗，遣使受東海王越節度。喬遣祐距越於蕭縣之靈壁，今安徽靈壁縣。敗之。十二月，呂朗東屯滎陽，穎進據洛陽。顒使穎統樓褒、王闡諸軍據河橋以距越。河橋在今河南孟縣南，晉武帝泰始十年杜預所造。明年爲光熙元年，范陽王虓濟自官渡，城名，在今河南中牟縣北。拔滎陽，斬石超，分兵向許昌，許昌人納之。遣督護田徽及劉琨以突騎八百迎越，遇劉祐於譙，縣，今安徽亳縣。祐衆潰，見殺，喬衆遂散，與騎五百奔平氏。越進屯陽武。秦縣，今河南陽武縣。初，高密王泰爲司空，以繆播爲祭酒。越將起兵，以播父時故吏，委以心膂。播從弟右衞率胤，河閒王顒前妃之弟也。越遣播、胤詣長安說顒：令奉帝還洛，約與顒分陝爲伯。張方自以罪重，懼爲誅首，謂顒曰：「今據形勝之地，奉天子以號令，誰敢不服？」顒猶豫不決。方惡播、胤爲越游說，陰欲殺之。播等亦慮方爲難，不敢復言。顒遣方率步騎十萬往討越。方屯兵霸上，而劉喬爲虓等所破。顒聞喬敗，大懼，將罷兵，恐方不從，遲疑未決。播、胤乃復說顒：急斬方以謝。顒參軍畢垣，河閒冠族，爲方所侮，亦說顒曰：「張方盤桓不進，宜防其未萌。其親信郅輔，具知其謀矣。」郅輔者，長安富人，方從山東來，甚微賤，輔厚相供給。及貴，以爲帳下督，甚昵之。顒便召輔。垣迎說輔曰：「張方欲反，人謂卿知之。王若問卿，但言尒尒。不然，必不免禍。」輔既入，顒問之曰：「張方反，卿知之乎？」輔曰：「尒。」顒曰：「遣卿取之，可乎？」又曰：「尒。」顒乃使輔送書於方，因令殺之。送首以示東軍，請和於越。越不聽。劉琨以方首示呂朗，朗降。王浚遣督護劉根將三百騎至河上，王闡出戰，爲根所殺。穎頓軍張方故壘。范陽王虓遣鮮卑騎與平昌、博陵衆襲河橋，平昌，魏郡治安丘，今山東安邱縣西南。樓褒西走。追騎至新安，縣，今河南澠池縣東。道路死者，不可勝數。穎奔長安。越遣其將祁弘、宋胄、司馬纂等迎帝。顒使人殺郅輔。四月，遣弘農大守彭隨、北地大守刁默距祁弘等於湖。弘農、北地，見第二章第二節。湖縣，在今河南閿鄉縣東。五月，與弘等戰，大敗。顒又遣馬瞻、郭偉於霸水禦之。霸水，出藍田縣東，西北過長安入渭。亦戰敗散走。顒乘單馬逃於大白山。在陝西郿縣南。弘等所部鮮卑大掠長安，殺二萬餘人。弘等奉帝還洛陽，以六月朔至。八月，以東海王越錄尚書事，范陽王虓為司空。成都王穎自華陰趨武關，在今陝西商縣東。出新野，晉郡，今河南新野縣。欲之本國。劉弘拒之。穎棄母妻，單車與二子廬江王普、中都王廓渡河赴朝歌，收合故將士，欲就公師藩。頓丘大守馮嵩，頓丘，晉郡，今河北清豐縣西南。執穎及普、廓，送鄴。范陽王虓幽之。十月，虓暴薨。虓長史劉輿見穎為鄴都所服，慮為後患，祕不發喪，僞令人為臺使稱詔，夜賜穎死，其二子亦死。東軍以梁柳為鎮西將軍，守關中。馬瞻等出詣柳，因共殺柳，與始平大守梁邁合從。始平，見第二章第二節。迎顒於南山。自大白山而東，渭水南岸之山，通稱南山。弘農大守裴廙、秦國內史賈龕、秦國，扶風郡改，以封秦王柬者也。扶風，見第二章第二節。安定內史賈疋等，安定，見第二章第二節。起義討顒，斬馬瞻、梁邁等。東海王越遣督護麋晃率國兵伐顒。至鄭，顒將牽秀距晃，晃斬秀。此據顒傳。牽秀傳云：秀與馬瞻等將輔顒以守關中，顒密遣使就東海王越求迎。越遣麋晃等迎顒。時秀擁衆在馮翊，晃不敢進。顒長史楊騰前不應越軍，懼越討之，欲取秀以自效，與馮翊大姓諸嚴詐稱顒命，使秀罷兵。秀信之。騰遂殺秀於萬年。萬年縣，在今陝西臨潼縣東北。義軍據有關中，顒保城而已。永嘉初，詔書以顒為司徒，而以南陽王模代鎮關中。顒就徵。模遣將於新安雍谷車上扼殺之，并其三子。此亦據顒傳。本紀：顒之見殺，在光熙元年十二月。

惠帝既還洛陽，大權盡入東海王越之手。光熙元年十一月，帝因食麩中毒而崩，或云越之鴆。帝后羊氏，父玄之。賈后既廢，孫秀議立后，后外祖孫旂與秀合族，又諸子自結於秀，故以大安元年立爲皇后。成都王穎伐長沙，以討玄之爲名。乂敗，穎奏廢后爲庶人，處金墉城。陳眕等唱伐成都，復后位。張方入洛，又廢后。留臺復后位。永興初，方又廢后。河間王顒矯詔，以后屢爲姦人所立，遣尚書田淑敕留臺賜后死。詔書累至，劉暾與荀藩、周馥馳奏距之。顒見表大怒，遣收暾。暾奔青州，而后遂得免。帝還洛，迎后復位。後洛陽令何喬又廢后。張方首至，其日復后位。及是，后慮大弟立爲嫂叔，不得稱大后，催清河王覃入，將立之。侍中華混等急召大弟。大弟至，卽位，是爲懷帝。尊羊后爲惠皇后。諸葛玟者，武帝諸葛夫人之昆弟，吏部郎周穆，玟之妻昆弟，后妃傳云：穆爲玟婦弟。八王傳云：玟爲穆妹夫。而清河王之舅也。與玟共說東海王越曰：「主上之爲大弟，張方意也。清河王本大子，爲羣凶所廢。先帝暴崩，多疑東宮。公盍思伊、霍之舉，以寧社稷乎？」言未卒，越曰：「此豈宜言邪？」叱左右斬之。永嘉初，前北軍中候呂雍、度支校尉陳顏等謀立覃爲大子。事覺，幽覃於金墉，未幾，被害，時年十四。

第四節 洛陽淪陷

懷帝既立，大權仍在東海王越之手。時八王之亂稍澹，然劉淵、石勒等紛紛並起，勢遂不可支矣。

魏武帝分匈奴之衆爲五部，單于於扶羅之子豹爲左部帥，已見秦漢史第十二章第十節。豹卒，子淵代之。大康末，拜北部都尉。楊駿輔政，以淵爲五部大都督。元康末，坐部人叛出塞免官。成都王穎鎮鄴，表淵監五部軍事。晉書載記言淵初爲侍子，在洛陽，王濟嘗言於武帝，欲任以東南之事，爲孔恂、楊珧所阻。後秦、涼覆沒，帝疇咨將帥，李熹又欲發五部之衆，假淵一將軍之號，使平樹機能，又爲恂所阻。案借用夷兵，爲後漢以來習見之事，王濟、李熹，蓋仍狃於舊習，然是時五胡跋扈之形已見，故孔恂、楊珧，欲防其漸也。惠帝失馭，寇盜蠭起，淵從祖故北部都尉左賢王劉宣等，密共推淵爲大單于，使其黨呼延攸詣鄴，以謀告之。淵請歸會葬，成都王穎弗許，乃令攸先歸告宣等，招集五部，引會宜陽諸胡，見上節。聲言應穎，實背之也。穎爲皇大弟，以淵爲大弟屯騎校尉。東嬴公騰、王浚起兵，淵說穎，還說五部，以赴國難。穎悅，拜淵爲北單于，參丞相軍事。淵至左國城，在今山西離石縣北。劉宣等上大單于之號，都於離石。今山西離石縣。時永興元年八月也。旋遷於左國城。十一月，僭卽漢王位，追尊蜀漢後主爲孝懷皇帝，立漢三祖、高祖，世祖，昭烈帝。五宗，大宗，世宗，中宗，顯宗，肅宗。御主而祭之。東嬴公騰使將討之，敗績。騰懼，率幷州二萬餘戶下山東。淵遣其族子曜寇大原、見第二章第二節。泫氏、漢縣，今山西高平縣。屯留、漢縣，今山西屯留縣。長子、漢縣，今山西長子縣。中都，漢縣，今山西平遙縣西北。皆陷之。二年，離石大饑，遷於黎亭。續漢志：上黨郡壺關縣有黎亭。壺關，在今山西長治縣東南。以就邸閣穀。永嘉元年，劉琨爲幷州刺史，淵遣劉景要擊之於板橋，未詳。爲琨所敗，琨遂據晉陽。漢縣，今山西大原縣。其侍中劉殷、王育勸淵定河東，取長安，以關中之衆席卷洛陽。淵遂進據河東，寇蒲坂、漢縣，在今山西永濟縣北。平陽，見第二章第二節。皆陷之。入都蒲子。漢縣，在今山西隰縣東北。二年，十月，僭卽皇帝位，遷都平陽。

石勒，晉書載記云：初名匐，上黨武鄉羯人也。上黨，見第二章第二節。武鄉，晉縣，在今山西榆社縣北。其先匈奴別部，羌渠之冑。祖耶奕干，父周曷朱，一名乞翼加，並爲部落小率。魏書羯胡傳無羌渠之冑四字，而多分散居於上黨武鄉羯室，因號羯胡十四字。羌渠二字，可有二解：匈奴單于之名，一也。見秦漢史第十章第六節。晉書匈奴傳謂其部落入居塞內者凡十九種，中有羌渠，二也。夷狄多以先世之名爲種號，則二名或仍係一實。然羌渠卒於後漢靈帝中平五年，石勒卒於東晉成帝咸和七年，年六十，當生於晉武帝泰始九年，上距中平五年八十五歲，勒果羌渠之冑，非其曾孫，即其玄孫，安得不詳世數，泛言冑裔？且於扶羅等尙爲近屬，安得微爲小率，爲人傭耕，至被略賣乎？且安得云別部？勒之稱趙王也，號胡爲國人，下令禁國人不得報嫂及在喪婚取，其燒葬令如本俗。燒葬之俗，古惟氐、羌有之，見先秦史第十三章第三節。然則羌渠之冑，猶言羌酋之裔耳。晉、魏二書，蓋所本同物？羌渠之冑四字，當時蓋已有誤解者？故魏書删之，晉書則仍錄元文也。晉時羯與匈奴，無甚區別，如晉愍帝出降時，下詔張寔，稱劉曜爲羯賊是。見晉書寔傳。胡三省謂羯爲匈奴入居塞內十九種之一，通鑑卷八十六晉惠帝永興二年注。案據晉書匈奴傳：十九種之一曰力羯。其說蓋是。羯室蓋地以種姓名，非種姓之名，由地而得也。

石勒微時之事，已見第二章第二節。既免奴爲羣盜，仍掠繒寶，以賂汲桑。永興二年，七月，公師藩等起兵趙、魏，衆至數萬，勒與汲桑帥牧人乘苑馬數百騎以赴之。桑始命勒以石爲姓，勒爲名焉。藩濟自白馬，津名，在今河南滑縣北。苟晞討斬之，勒與桑亡潛苑中。謂茌平牧苑也。勒帥牧人，劫掠郡縣，又招山澤亡命以應桑。桑乃自號大將軍，稱爲成都王穎誅東海王越、東嬴公騰。騰時進爵東燕王，光熙元年九月，見紀。又改封新蔡。永嘉元年，三月，督司、冀諸軍事，鎮鄴。五月，桑入鄴，害騰。濟自延津在今河南延津縣北。南擊兗州，越大懼，使苟晞、王讚討之。越次於官渡，見上節。為晞聲援。桑、勒為晞所敗，收餘衆將奔劉淵。冀州刺史丁紹要之於赤橋，在今山東聊城縣西北。又大敗之。桑奔馬牧，在平馬牧。勒奔樂平。見第二章第二節。王師斬桑於平原。見第二章第三節。此據石勒載記。本紀：十二月，并州人田蘭、薄盛等斬汲桑於樂陵。田蘭、薄盛係乞活賊，見下。樂陵，今山東樂陵縣。時胡部大謂部之大人。張𠜗督、馮莫突等擁衆數千，壁於上黨，勒往從之。因說𠜗督歸劉淵。淵署𠜗督為親漢王，莫突為都督部大，以勒為輔漢將軍平晉王以統之。烏丸張伏利度有衆二千，壁於樂平，淵屢招不能致。勒僞獲罪於淵，奔伏利度，因會執之，率其部衆歸淵。淵加勒督山東征討諸軍事，以伏利度之衆配之。

王彌，東萊人。東萊，漢郡，今山東掖縣。家世二千石。彌有才幹，博涉書記，少游俠京師。光熙元年，三月，惤令劉伯根反，惤，漢縣，在今山東黃縣西南。王彌傳稱伯根為妖賊，高密孝王略傳謂其誑惑百姓，蓋借宗教以惑衆。彌率家僮從之，伯根以為長史。王浚遣將討伯根，斬之。彌聚徒海渚，為苟純所敗。純，晞弟，晞使督青州。亡入長廣山為羣賊。謂長廣縣之山。長廣，漢縣，今山東萊陽縣。寇青、徐二州。後苟晞擊破之。彌退集亡散，衆復大振。晞與之連戰，不能克。彌進寇泰山、漢郡，今山東泰安縣。魯、漢國，晉郡，治魯縣，今山東曲阜縣。譙、見第三節。梁、見第二章第三節。陳、後漢郡，今河南淮陽縣。汝南、見第二章第三節。潁川、見第三節。襄城諸郡。襄城，晉郡，今河南襄城縣。永嘉二年，四月，入許昌。見第二節。五月，遂寇洛陽。司徒王衍破之七里澗。在洛陽東。彌謂其黨劉靈曰：「晉兵尚彊，歸無所厝。劉元海淵字。昔為質子，我與之周旋京師，深有分契，今稱漢王，將歸之，可乎？」靈然之。乃渡河歸劉淵。

此據晉書彌傳。劉靈，陽平人，公師藩起，靈自稱將軍，寇掠趙、魏。通鑑繫彌及靈之降漢於永嘉元年。考異曰：「彌傳：彌敗於七里澗，乃與靈謀歸漢。案十六國春秋，靈爲王讚所敗，彌爲苟純所敗，乃謀降漢。今年春，靈已在淵所，五月彌乃如平陽，則二人降漢已久矣。」案二人先或降漢，然其決心歸漢，而深資其力，仍不妨在此時也。陽平見第二章第二節。

匈奴之衆，雖云彊勁，然在晉初，似已不甚足用，故劉淵初起時，必冒稱漢後，冀得漢人扶翼也。蓋匈奴與漢雜居既久，多能力田，匈奴爲漢人佃客見第二章第二節。其好門之風，已稍衰矣。是時晉陽荒殘已甚，故淵不欲北師，洛陽自魏已來爲國都，自其所欲，然力實未足取洛，故劉殷、王育勸其先定河東，取長安。然淵起兵數年以後，仍局促河東一隅，則其兵力實甚有限。微王彌、石勒歸之，固不能爲大患也。王彌、石勒，初亦不過羣盜，使晉有雄武之主，才略之相，指揮州郡，削平之固亦不難。惜乎懷帝受制東海，不能有爲；東海既無智勇，又乏度量，不惟不能指揮州郡，反致互相猜嫌。諸征鎭惟劉琨爲公忠，而幷州破敗已甚，自守且虞不足。王浚虛驕，苟晞殘暴，俱非濟世之才。於是中樞傾覆，州郡亦五合六聚而不能救矣，哀哉！

東海王越初甚德苟晞，與之結爲兄弟。既而納長史潘滔之說，轉晞爲青州，而自牧兗州，由是與晞有隙。越遂督兗、豫、司、冀、幽、幷六州。永嘉二年三月，自許遷於鄄城。漢縣，今山東濮縣。八月，復遷濮陽。漢縣，今河北濮陽縣。後又遷於滎陽。見第三節。三年三月，自滎陽還洛。初惠帝之還舊都，繆播亦從懷帝還，契闊艱難，深相親狎。及懷帝卽位，以播爲從事黃門侍郎。俄轉侍中，徙中書令。專筦詔命，任遇日隆。及是，越勒兵入宮，於帝側收播及其弟散騎常侍太僕胤，尚書何綏、大史令高堂沖、帝舅王延等十餘人殺之。奏宿衞有侯爵者皆罷。時殿中武官並封侯，由是出者略盡。以何倫爲右衞將軍，王景爲左衞將軍，領東海國兵數百人宿衞。越解兗州牧，領司徒。蓋時中樞亦不能與越同心，而越遂處於進退維谷之勢矣。

王彌、石勒既降劉淵，淵使之寇鄴。時尚書右僕射和郁鎮鄴。永嘉二年，九月，彌與勒攻之，郁奔衞國。漢縣，今山東觀城縣。勒寇冀州，三年四月，陷堡壁百餘。七月，淵子聰與王彌寇上黨，以石勒爲先鋒，圍壺關，陷之，上黨降賊。九月，聰圍浚儀。秦縣，在今河南開封縣西北。曹武等討之，敗績，聰等長驅至宜陽。平昌公模見第三節。遣淳于定、呂毅等討之，又敗。聰恃勝不設備，弘農大守垣延詐降，弘農見第二章第二節。夜襲敗之。是役也，載記稱淵素服以迎師，蓋其喪敗頗甚。然是冬，復大發卒，遣聰、彌與劉曜、劉景等率精騎五萬寇洛陽，呼延翼率步卒爲之後繼。晉頗敗其兵，又得乞活帥李渾、薄盛來救，東瀛公騰之鎮鄴也，攜并州將田甄、甄弟蘭、祁濟、李渾、薄盛等部衆萬餘人至鄴，遣就穀冀州，號爲乞活。及騰敗，甄等邀破汲桑於赤橋，越以甄爲汲郡，蘭爲鉅鹿大守。甄求魏郡，越不許。甄怒，越召之不至。遣監軍劉望討之。李渾、薄盛斬蘭降，甄與任祉、祁濟棄軍奔上黨。案乞活是時雖降，其衆仍屯結不散，是後屢見其名焉。汲郡見第三節。鉅鹿，晉治廮遙，今河北寧晉縣。魏郡見第二章第二節。淵乃召聰等還。石勒寇常山，晉常山郡治眞定，今河北正定縣。王浚使祁弘以鮮卑騎救之，大敗之於飛龍山。隋志：飛龍山在石邑。隋石邑縣，在今河北獲鹿縣東南。勒退屯黎陽。漢縣，在今河南濬縣東北。時晉使車騎將軍王堪、北中郎將裴憲討勒，憲奔淮南，魏郡治壽春，今安徽壽縣。堪退保倉垣。城名，在開封西北。勒陷長樂，晉國，即漢信都郡，今河北冀縣。害冀州刺史王斌。四年，二月，襲鄄城，兗州刺史袁孚戰敗，爲其下所殺。勒遂陷倉垣，害王堪。五月，寇汲郡，執大守胡龕，遂南濟河，滎陽大守裴純奔建業。時劉聰攻河內，見第二章第二節。勒復會之。至九月而河內降於勒。六月，劉淵死，子和即僞位，聰弒而代之，命子粲寇洛陽，勒復與粲會。已而粲出轘轅，山名，在今河南偃師縣東南，接鞏、登封二縣界。勒出成皋關，謂成皋縣之關。成皋，今河南汜水縣。圍陳留大守王讚於倉垣，爲讚所敗，退屯文石津。在今河南延津縣東北。欲北攻王浚，而浚將王甲始以遼西鮮卑萬餘在津北，乃復南濟河，攻襄城。漢縣，後漢末置郡，今河南襄城縣。時王如、侯脫、嚴嶷等叛於宛，勒并脫、嶷之衆，憚如之彊，不敢攻，見第九節。乃南寇襄陽。漢縣，後漢末置郡，今湖北襄陽縣。渡沔，寇江夏。晉郡，今湖北安陸縣。復北寇新蔡，秦縣，晉置郡，今河南新蔡縣。進陷許昌。王彌之解洛圍也，請於劉曜，願出兗、豫，收兵積穀，以待師期。於是出轘轅，攻襄城，河東、見第二章第二節。平陽、弘農、上黨諸流人在潁川、襄城、汝南、南陽、秦郡，治宛，今河南南陽縣。河南者數萬家，河南見第二章第二節。爲舊居人所不禮，皆焚燒城邑，殺二千石長吏以應彌。彌又以二萬人會石勒寇陳郡、潁川，屯陽翟，見第三節。遣弟璋與勒共寇徐、兗，於是洛陽四面皆敵，日以孤危矣。

時京師饑，東海王越以羽檄徵天下兵，無至者。越不得已，乃請出討石勒，且鎭集兗、豫，以援京師。帝曰：「今逆虜侵逼郊畿，王室蠢蠢，莫有固志，豈可遠出以孤根本？」越言「賊滅則東諸州職貢流通，若端坐京輦，所憂逾重。」蓋時京師實已不能自立矣。十一月，越率衆出許昌，以行臺自隨，留妃裴氏、世子毗及李惲、何倫等守衞京都。以豫州刺史馮嵩爲左司馬，自領豫州牧，率甲士四萬，東屯於項。見上節。於是宮省無復守衞，殿內死人交横，府寺營署，並掘塹自守。盜賊公行，枹鼓之音不絕。鎭集外州之效未見，京師反彌不能自立已。

時周馥督揚州，鎮壽春，漢縣，晉孝武帝避諱，改爲壽陽，今安徽壽縣。乃表請遷都，言「王都罄乏，不可久居。河朔蕭條，崤函險澀，宛都屢敗，江、漢多虞，於今平夷，東南爲愈。淮陽之地，北阻塗山，在今安徽懷遠縣東。南抗靈嶽，此指霍山言，在今安徽霍山縣西北。名川四帶，有重險之固。是以楚人東遷，遂宅壽春。徐、邳、東海，亦足戍禦。且運漕四通，無患空乏。臣謹選精卒三萬，奉迎皇駕。輒檄荆、湘、江、揚，各先運四年米租十五萬斛，布絹各十四萬匹，以供大駕。令王浚、苟晞，共平河朔，臣等戮力，以啓南路；遷都弭寇，其計並得。皇輿來巡，臣宜轉據江州，以恢皇略。」馥不先白越，而直上書，越大怒。先是越召馥及淮南大守裴碩，馥不肯行，而令碩率兵先進。碩貳於馥，乃舉兵稱馥擅命，已奉越密旨圖馥，遂襲之，爲馥所敗，退保東城。秦縣，今安徽定遠縣東南。初，越之收兵下邳也，見上節。使琅邪王睿監徐州諸軍事，即元帝，武王伷孫，父曰恭王覲，伷見第二節。鎮下邳。尋都督揚州。越西迎駕，留睿居守。及是，碩求救於睿。睿遣甘卓、郭逸攻馥。安豐大守孫惠率衆應之。安豐，晉郡，治霍丘，今安徽霍邱縣。明年正月，馥衆潰，奔於項，爲新蔡王確所拘，確，騰子。憂憤發病卒。案觀劉淵、劉聰屢攻洛而不得志，知晉之兵力，尚足以固守洛陽，所苦者爲饑饉。論物力之豐歉，自以南方爲勝。史稱東海王越以羽檄徵天下兵，懷帝謂使者曰：「爲我語諸征鎮：若今日尚可救，後則無逮矣。」時莫有至者。此說亦不盡然。是年九月，山簡、督荆、湘、交、廣，時鎮襄陽。王澄、荆州刺史。杜蕤，南中郎將。實並遣兵入援，特爲王如所阻耳。見紀是年九月。參看第九節。使懷帝果能遷都，江、揚、荆、湘之轉漕，必能如期而至。不惟足以自立，且可支援北方。士飽馬騰，軍心自振。此時北方之破敗，尚未至如後來之甚；懷帝號令北方，亦自較元帝爲易。淮陽東控徐、兗，西接司、豫，其形勢，自與後來之崎嶇江左者不同也。史稱馥以越不盡臣節，每言論厲然，越深憚之，其覆之也，蓋全以其私怨；元帝則越之黨耳；其誤國之罪亦大矣。

南方之事甫平，東方之難復起。時潘滔爲河南尹，與尙書劉望等共誣陷苟晞。晞怒，表求滔等首，又移告諸州，稱己功伐，陳越罪狀。帝亦惡越專權，永嘉五年正月，乃密詔晞討越。三月，復詔下越罪狀，告方鎭討之，以晞爲大將軍。越使從事中郎楊瑁爲兗州，與徐州刺史裴盾共討晞。晞使騎收潘滔，滔夜遁，乃執尙書劉曾，侍中程延，斬之。越以禍結釁深，憂憤成疾，薨於項。以襄陽王範楚隱王子。爲大將軍，統其衆還葬東海。見上節。越之出也，以大尉王衍爲軍司。及是，衆推衍爲主，率衆東下。石勒以輕騎追之，及之苦縣之寧平城。苦，漢縣，晉更名谷陽，在今河南鹿邑縣東。寧平，漢縣，晉省，在鹿邑西南。衍遣將軍錢端與戰，敗死。衍軍大潰。勒分騎圍而射之，相登如山，無一免者。執衍等害之。左衞何倫、右衞李惲聞越薨，祕不發喪，奉裴妃及越世子毗出自洛陽，從者傾城，所在暴掠。至洧倉，洧水之邸閣，在許昌東。又爲勒所敗。毗及宗室三十六王，俱沒於賊。此據越傳。本紀作四十八王。李惲殺妻子奔廣宗。何倫走下邳。裴妃爲人所略賣，大興中得渡江。廣宗，後漢縣，今河北威縣東。於是晉之兵力亦盡矣。

五月，先是苟晞表請遷都倉垣，帝將從之，諸大臣畏潘滔，不敢奉詔，且宮中及黃門戀資財，不欲出。至是，饑甚，人相食，百官流亡者十八九。帝召羣臣會議，將行，而警衞不備。帝撫手歎曰：「如何？」時無車輿，乃使司徒傅祇出詣河陰，漢平陰縣，魏改，在今河南孟津縣東。修理舟楫，爲水行之備。朝士數十人導從。帝步出西掖門，至銅駝街，爲盜所掠，不得進而還。劉聰遣其子粲及王彌、劉曜等率衆四萬，長驅入洛川，遂出轘轅，周旋梁、陳、汝、潁之閒。聰復以禁兵二萬七千，配其衞尉呼延晏自宜陽入洛川，命王彌、劉曜及石勒進兵會之。晏及河南王師前後十二敗，死者三萬餘人。晏遂寇洛陽，攻陷平昌門。以後繼不至，復自東陽門出。洛陽諸門名，皆見上節。時帝將濟河東遁，具船於洛水，晏盡焚之，還於張昌故壘。王彌、劉曜至，遂會圍洛陽。六月，宜陽門陷，帝開華林園門，見第一節。出河陰藕池，爲曜等所追及。百官士庶，死者三萬餘人。帝蒙塵於平陽。劉聰以帝爲會稽公。七年正月，聰大會，使帝著靑衣行酒。侍中庾珉號哭，賊惡之。會有告珉及王儁等謀應劉琨者，帝遂遇弒，崩於平陽。時年三十。珉等皆遇害。史載荀崧之言，謂「懷帝天姿淸劭，少著英猷，若遭承平，足爲守文佳主。而繼惠帝擾亂之後，東海專政，無幽厲之釁，而有流亡之禍。」蓋晉之亡，其原因雖非一端，而懷帝之坐困於洛陽，則東海實爲之，其罪要未容末減也。

第五節 長安傾覆

懷帝立豫章王銓爲大子，銓，淸河康王遐子。遐見第三節。與帝同沒劉聰。元帝紀：大興三年五月，景寅，孝懷帝大子詮遇害於平陽，帝三日哭。洛陽之急也，司空荀藩勖子。與弟光祿大夫組奔轘轅。見上節。及是，移檄州鎭，以琅邪王爲盟主。時王浚亦移檄天下，稱被中詔，承制以藩爲大尉。豫章王端銓弟，銓爲大子，封。東奔苟晞，晞立爲皇大子，自領尙書令，具置官屬，保梁國之蒙縣。在今河南商邱縣東北。使王讚屯陽夏。秦縣，今河南大康縣。晞出於孤微，位至上將，志頗盈滿，奴婢將千人，侍妾數十，終日累夜，不出戶庭，刑政苛虐，縱情肆欲，由是衆心稍離。九月，石勒攻陽夏，滅王讚，馳襲蒙城，執晞，署爲司馬，月餘乃殺之。豫章王端亦沒於賊。時傳祇與晞共建行臺，晞推祇為盟主，以司徒持節大都督諸軍事，傳檄四方。祇子宣，尚弘農公主，祇遣宣將公主與尚書令和郁赴告方伯，徵義兵，自屯孟津小城，宣弟暢行河陰令以待宣。祇以暴疾薨，暢沒於石勒。孟津見第二章第二節。河陰見上節。

南陽王模之代河間王顒也，關中饑荒，百姓相噉，加以疾癘，盜賊公行，模力不能制，乃鑄銅人、鐘鼎為釜器以易穀，議者非之。東海王越表徵模為司空。模謀臣淳于定說模曰：「關中天府之國，霸王之地，今以不能綏撫而還，既於聲望有虧；又公兄弟唱起大事，而並在朝廷，若自彊則有專權之罪，弱則受制於人，非公之利也。」模納其言，不就徵。及洛京傾覆，模使牙門將趙染戍蒲坂。見上節。染求馮翊大守，馮翊見第二章第二節。不得，怒，率衆降於劉聰。聰以為平西將軍，使與其安西將軍劉雅率衆二萬攻模。劉粲、劉曜率大軍繼之。模使淳于定距之，為染所敗。士衆離叛，倉庫虛竭。軍祭酒韋輔曰：「事急矣，早降可以免。」模從之。染箕踞攘袂，數模之罪，送詣粲。粲殺之。時永嘉五年八月也。聰以劉曜為雍州牧，鎮長安。

武帝子吳孝王晏之子業，出後伯父柬，見第一節。襲封秦王，荀藩之甥也。避難於密，漢縣，今河南密縣。與藩、組相遇。行臺以密近賊，南趣許潁。閻鼎者，天水人。天水見第二章第二節。初為東海王越參軍，行豫州刺史，屯許昌，遭母喪，於密縣鳩集流人數千，欲還鄉里。司徒左長史劉疇在密為塢主，中書令李暅，此依閻鼎傳。王浚傳作李絙。大傅參軍騶捷、劉蔚，鎮軍長史周顗，司馬李述，皆來赴疇。僉以鼎有才用，且手握彊兵，勸藩假鼎冠軍將軍、豫州刺史，蔚等為參佐。鼎因西人思歸，欲立功鄉里，乃與撫軍長史王毗、司馬傳遜懷翼戴秦王之計，謂疇、捷等曰：「山東非霸王處，不如關中。」傳暢遺鼎書，勸奉秦王過洛陽，拜謁山陵，徑據長安。鼎得書，便欲詣洛。流人謂北道近河，懼有抄截，欲南自武關。見第三節。疇等皆山東人，不願西入，荀藩及疇、捷等皆逃散。鼎追藩，不及。晅等見殺。惟顗、述走得免。遂奉秦王自宛趣武關。宛見上節。頻遇山賊，士卒亡散。次於藍田，見第三節。鼎告雍州刺史賈疋。疋，武威人，魏大尉詡曾孫也，初為安定大守。雍州刺史丁綽貪橫，失百姓心。譖疋於南陽王模。模以軍司謝班伐疋。疋奔盧水，即盧水胡，見第二章第二節。此據疋傳。模傳云：模表遣世子保為西中郎將、東羌校尉，鎮上邽。秦州刺史裴苞距之。模使帳下都尉陳安攻苞，苞奔安定。疋以郡迎苞。模遣軍司謝班伐疋，疋退奔濾水。上邽，見第三節。安定，見第二章第二節。與胡彭蕩仲及氐竇首結為兄弟，聚衆攻班。綽奔武都。見第二章第二節。疋復入安定，殺班。愍帝以疋為雍州刺史。晉書疋傳如此。案時愍帝尚為秦王，傳探其後稱之。疋率戎晉二萬餘人，將伐長安。新平大守竺恢亦固守。新平，見第二章第二節。劉粲聞之，使劉曜、劉雅及趙染距疋。先攻恢，不克。疋邀擊，大敗之。曜中流矢，退走。疋追之，至於甘泉。漢甘泉宮，在今陝西淳化縣西北甘泉山上。旋自渭橋襲蕩仲，殺之。渭橋，在長安西北。關中小定。乃遣州兵迎衛業，達於長安。又使京兆尹梁綜助守。遂共奉業為皇大子，時永嘉六年九月也。據疋傳及本紀。劉聰載記云：劉曜既據長安，安定大守賈疋及諸氐、羌皆送質任，惟雍州刺史麴特、新平大守竺恢固守不降。護軍麴允、頻陽令梁肅，自京兆南山將奔安定，遇疋任子於陰密，擁還臨涇，推疋為平南將軍，率衆五萬，攻曜於長安。扶風大守梁綜及麴特、竺恢等，亦率衆十萬會之。曜遣劉雅、趙染來距，敗績而還。曜又盡長安銳卒，與諸軍戰於黃丘，曜衆大敗，中流矢，退保甘渠。杜人王秃、紀持等攻劉粲於新豐，粲還平陽。曜攻陷池陽，掠萬餘人，歸於長安。時閻鼎等奉秦王為皇大子，入於雍城，關中戎晉，莫不響應。麴特等圍長安，曜連戰敗績，乃驅士女八萬餘口，退還平陽。頻陽，秦縣，在今陝西富平縣東北。陰密，漢縣，在今甘肅靈臺縣西。臨涇，漢縣，在今甘肅鎮原縣南。扶風，見第二章第二節。黃丘，胡三省通鑑注云：在雲陽縣黃嶺山下。雲陽，漢縣，在今陝西淳化縣西北。甘渠，蓋即甘泉。杜縣，在長安西南。新豐，漢縣，在今陝西臨潼縣東。池陽，漢縣，在今陝西涇陽縣西北。雍，漢縣，在今陝西鳳翔縣南。以鼎爲大子詹事，總攝百揆。梁綜與鼎爭權，鼎殺綜，以王毗爲京兆尹。鼎傳云：鼎首建大謀，立功天下。始平大守麴允，始平，見第二章第二節。撫夷護軍索綝，並害其功，且欲專權。馮翊大守梁緯，北地大守梁肅，北地，見第二章第二節。並綜母弟，琳之姻也。謀欲除鼎，乃證其有無君之心，專戮大臣，請討之。遂攻鼎。鼎出奔雍，爲氐竇首所殺。案麴允，金城人，世爲豪族。金城，見第二章第二節。綝，敦煌人，靖之子。敦煌，見第二章第二節。河閒王使與張方東迎乘輿，後轉爲南陽王模從事中郎。遷新平、馮翊大守。拒劉聰，屢有戰功。及模被害，綝泣曰：「與其俱死，寧爲伍子胥。」乃赴安定，與賈疋、梁綜、時爲扶風大守。麴允等糾合義衆，頻破賊黨，與鼎共立秦王爲大子。亦皆志節之士，非妒賢疾能者。是時之爭，蓋黨派不易驟合，雖各懷公忠之心，而釁禍仍不能弭。擾攘之際，類然，亦不足爲誰咎也。賈疋亦志節之士，其送質任於劉曜，蓋欲以爲後圖，非叛晉也。賈疋旋因討賊遇害。本紀稱賊張連。疋傳云：蕩仲子夫護，帥羣胡攻之，疋敗走，夜墮於澗，爲夫護所害。蓋連與夫護合而爲寇。衆推麴允領雍州刺史，爲盟主，承制選置。明年，永嘉七年，愍帝建興元年。四月，懷帝崩問至，業即位，是爲愍帝。

愍帝既立，以麴允爲尚書左僕射，錄尚書，雍州刺史如故。索綝爲右僕射，領京兆尹。建興二年，六月，劉曜、趙染寇新豐諸縣，索綝討破之。七月，曜、染等又逼京都，麴允討破之。染中流矢而死。本紀。劉聰載記云：染寇北地，中流矢而死。三年，正月，以侍中宋哲爲平東將軍，屯華陰。見第三節。九月，劉曜寇北地，命麴允討之。十月，允進攻靑白城。此據本紀，允傳作淸白城。

劉曜聞之，轉寇上郡。見第二章第二節。劉聰陷馮翊，大守梁肅奔萬年。見第三節。此據本紀及麴允傳；劉聰載記：劉曜又進軍屯於粟邑。麴允飢甚，去黃白而軍於靈武。曜進攻上郡，大守張禹，與馮翊大守梁肅奔於允吾。於是關右翕然，所在應曜。曜進據黃阜。粟邑，漢縣，在今陝西白水縣西北。黃白，城名，在今陝西三原縣東北。靈武，漢縣，在今寧夏寧朔縣西北。允吾，漢縣，在今甘肅皋蘭縣西北。黃阜，未詳。四年，四月，麴允救上郡，軍於靈武，以兵弱不敢進。上郡大守籍韋率其衆奔於南鄭。梁州治，見第三節。七月，曜攻北地，允率步騎三萬救之，王師不戰而潰。大守麴昌奔京師。曜進至涇陽，見第二章第二節。渭北諸城悉潰。八月，曜進逼京師，內外斷絕。麴允與公卿守長安小城以自固。散騎常侍華輯，監京兆、馮翊、弘農、見第二章第二節。上洛晉郡，今陝西商縣。四郡兵，東屯霸上；鎮軍將軍胡崧，南陽王保所遣，見下。帥城西諸郡兵屯遮馬橋；並不敢進。

十月，京師饑甚，米斗金二兩，人相食，死者大半。大倉有麴數十䴵，麴允屑爲粥以供帝，至是復盡。帝泣謂允曰：「今窘厄如此，外無救援，死於社稷，是朕事也。朕念將士，暴離斯酷。今欲因城未陷，爲羞死之事，庶令黎元，免屠爛之苦。行矣遣書，朕意決矣。」十一月，乙未，使侍中宋敞送牋於曜。帝乘羊車，肉袒，銜璧，輿櫬出降。羣臣號泣，攀車執帝之手，帝亦悲不自勝。曜焚櫬受璧，使宋敞奉帝還宮。辛丑，帝蒙塵於平陽。麴允及羣官並從。劉聰假帝光祿大夫懷安侯。壬寅，聰臨殿，帝稽首於前。麴允伏地慟哭，因自殺。明年，十月，聰出獵，令帝行車騎將軍，戎服執戟爲導。百姓聚而觀之，故老或欷歔流涕。聰聞而惡之。聰後因大會，使帝行酒洗爵；返而更衣，又使帝執蓋。晉臣在坐者多失聲而泣。尚書郎辛賓抱帝慟哭，爲聰所害。十二月，戊戌，帝遇弑，崩於平陽。時年十八。

本紀云：「帝之繼皇統也，屬永嘉之亂，天下崩離，長安城中戶不盈百，牆宇頹毀，蒿棘成林。朝廷無車馬章服，惟桑版署號而已。衆惟一旅，公私有車四乘，器械多闕，運餽不繼。巨猾滔天，帝京危急，諸侯無釋位之志，征鎮闕勤王之舉，故君臣窘迫以至殺辱云。」案愍帝之亡全由關中之荒毀及諸鎮之坐視。帝即位越月，即以琅邪王睿爲左丞相，大都督陝東諸軍事，南陽王保爲右丞相，大都督陝西諸軍事。詔二王：「今幽、并兩州勒卒三十萬，直造平陽，右丞相宜帥秦、涼、雍虎旅三十萬，徑詣長安，左丞相帥所領精兵二十萬，徑造洛陽，分遣前鋒，爲幽、并後駐。」三年二月，又進琅邪王爲大都督，督中外諸軍事，南陽王爲相國。蓋其所期望於方鎮者至深。進搗賊巢，奔問官守，或非幽、并、揚、徐之力所及，然力之能及者，即不論君臣之義，輔車相依之理，要自不可忘也。當時雍州實爲秦、涼外蔽。乃索綝傳言帝累徵兵於南陽王保，保左右議曰：「蝮蛇在手，壯士解腕，且斷隴道，以觀其後。」從事中郎裴詵曰：「蛇已螫頭，頭可截不？」保以胡崧爲前軍都督，須諸軍集乃當發。麴允欲挾天子趨保，綝以保必逞私欲，乃止。自長安以西，不復奉朝廷，百官飢乏，採稆自存。張寔傳：其父軌卒，州人推寔攝父位。愍帝因下策書授之。劉曜逼長安，寔遣將軍王該率衆以援京城，本紀建興四年四月，涼州刺史張寔遣步騎五千來赴京都。帝嘉之，拜都督陝西諸軍事。及帝將降於劉曜，下詔於寔，進寔爲大都督、涼州牧、司空，承制行事。又言已詔琅邪王時攝大位，君其協贊琅邪，共濟艱運。蓋西朝區區，始終不忘情於諸侯之釋位者如此。然寔叔父西海大守肅，王莽置西海郡，光武中興棄之，至獻帝興平二年，武威大守張雅請置西海郡，分張掖之居延一縣以屬之。請爲前鋒擊劉曜，寔卒弗許，致肅聞京師陷沒，悲憤而卒。蓋當時方鎮之坐視朝廷傾覆又如此。饑窮之長安，果將何以自立哉？麴允、索綝，自爲志節之士。綝傳云：劉曜圍京城，綝與麴允固守長安小城。胡崧承檄奔命，破曜於靈臺。三輔黃圖：周文王靈臺在長安西四十里。崧慮國家威舉，則麴、索功盛，乃案兵渭北，遂還槐里。漢縣，今陝西興平縣。案此亦厚誣，當時崧之兵力，實未足以進取也。城中飢窘，人相食，死亡逃奔不可制，惟涼州義衆千人，守死不移。帝使宋敞送牋降於曜，綝潛留敞，使其子說曜曰：「今城中糧猶足支一歲，未易可克也。若許綝以車騎、儀同、萬戶郡公者，請以城降。」曜斬而送之，曰：「天下之惡一也。」及帝出降，綝隨帝至平陽，劉聰以其不忠於本朝，戮之於東市。夫當易子析骸之時，而猶爲誑語以徼富貴，縱置綝之志節勿論，有如是其愚者乎？綝之潛留宋敞，使易說辭，蓋猶陰有所圖，冀存宗社於萬一。其說辭如何不可知，而謂其求車騎、儀同、萬戶郡公，則必敵國誣罔之辭也。晉之公卿百官，爲劉聰所害者甚多，見於本紀者，辛賓外，尚有尚書梁允，侍中梁濬，散騎常侍嚴敦，左丞相臧振，黃門侍郎任播、任偉，杜晏及諸郡守，皆至平陽後見殺。豈皆以其不忠於本朝哉？麴允傳云：允性仁厚，無威斷。吳皮、王隱之徒，無賴凶人，皆加重爵。新平大守竺恢，始平大守楊像，扶風大守竺爽，安定大守焦嵩，皆征、鎮、杖節，加侍中、常侍。村塢主帥，小者猶假銀青、將軍之號，欲以撫結衆心。然諸將驕恣，恩不及下，人情頗離，羌胡因此跋扈，關中淆亂。劉曜復攻長安，百姓飢甚，死者大半。久之，城中窘逼，帝將出降，歎曰：「誤我事者，麴、索二公也。」夫烏合之衆之不易馭久矣，然允及綝用之，雖值饑窮，猶能累致克捷，與逆胡相枝柱者且四年，賞罰無章者而能然乎？羊車之辱，全由愍帝之不能死國，謂「誤我事者麴、索二公」，蓋深悔當時之稱尊矣。然以是爲麴、索罪，可乎？

第六節　巴氏據蜀

晉世海宇分裂，首起割據者，實爲巴氏，其事尙在劉淵創亂之前，特其地較偏，未能牽動大局耳。晉書載記云：李特，巴西宕渠人。（宕渠，漢縣，後漢嘗置郡，旋廢，故城在今四川渠縣東北。）其先廩君之苗裔也。昔武落鍾離山崩，（山在今湖北長楊縣西北。）有石穴二所，其一赤如丹，一黑如漆。有人出於赤穴者，名曰務相，姓巴氏。有出於黑穴者，凡四姓：曰曎氏，（後漢書作曋氏。）樊氏，柏氏，（後漢書作相氏。）鄭氏。五姓俱出，皆爭爲神，於是相與以劍刺穴屋，能著者以爲廩君。四姓莫著，而務相之劍縣焉。又以土爲船，彫畫之而浮水中，曰：「若其船浮存者，以爲廩君。」務相船又獨浮，於是遂稱廩君。乘其土船，將其徒卒，當夷水而下，至於鹽陽。（後漢書注云：今施州淸江縣水，一名鹽水，案卽今湖北之淸江水。）鹽陽水神女子止廩君曰：「此魚鹽所有，地又廣大，與君俱生，可止無行。」廩君曰：「我當爲君求廩地，不能止也。」鹽神夜從廩君宿，旦輒去爲飛蟲，諸神皆從其飛，蔽日晝昏。廩君欲殺之不可別，又不知天地東西，如此者十日。廩君乃以靑縷遺鹽神，曰：「嬰此，卽宜之，與汝俱生，弗宜將去汝。」鹽神受而嬰之。廩君立碭石之上，望膺有靑縷者，跪而射之，中鹽神。鹽神死，羣神與飛者皆去，天乃開朗。廩君復乘土船，下及夷城。夷城石岸曲，泉水亦曲，廩君望如穴狀，歎曰：「我新從穴中出，今又入此，奈何？」岸卽爲崩，廣三丈餘，而階陛相乘，廩君登之。岸上有平石，方一丈，長五尺，廩君休其上，投策計算，皆著石焉。因立城其旁而居之。其後種類遂繁。秦幷天下，以爲黔中郡。（秦黔中郡，漢改爲武陵，故治在今湖南漵浦縣境。）薄賦斂之，口出錢四十。巴人呼賦爲賨，因謂之賨人焉。案此說殊誤。後漢書劉表傳：江南宗賊大盛；三國吳志士燮傳：燮子徽自署交阯太守，發宗兵拒戴良；是其字本作宗。宗人所出之賦，則加貝爲賨乃賦以人名，非人以賦名也。及漢高祖爲漢王，募賨人平定三秦。既而求還鄉里。高祖以其功，復同豐、沛，不供賦稅。更名其地爲巴郡。漢巴郡，治江州，今四川江北縣。俗性剽勇，又善歌舞。高祖愛其舞，詔樂府習之，今巴渝舞是也。後漢書南蠻傳，以巴郡南郡蠻爲廩君之後，述廩君事與晉書同，而辭較略。又有板楯蠻夷者，云秦昭襄王時，有一白虎，常從羣虎，數遊秦、蜀、巴、漢之境，傷害千餘人。昭王乃重募國中有能殺虎者，賞邑萬家，金百鎰。時有巴郡閬中夷人，閬中，秦縣，劉璋於此置巴西郡，今四川閬中縣西。能作白竹之弩，乃登樓射殺白虎。昭王嘉之，而以其夷人，不欲加封，乃刻石盟要，復夷人頃田不租，十妻不算，傷人者論，殺人者以倓錢贖死。盟曰：「秦犯夷，輸黃龍一雙，夷犯秦，輸清酒一鍾。」夷人安之。至高祖爲漢王，發夷人還伐三秦。秦地既定，乃遣還巴中。復其渠帥羅、朴、督、鄂、度、夕、龔七姓，不輸租賦。餘戶乃歲入賨錢，口四十。世號爲板楯蠻夷。閬中有渝水，其人多居水左右。天性勁勇。初爲前鋒，數陷陳。俗喜歌舞。高祖觀之，曰：「此武王伐紂之歌也。」乃命樂人習之，所謂巴渝舞也。遂世世服從。至於中興，郡守常率以征伐。其述巴郡南郡蠻，則云秦惠王幷巴中，以巴氏爲蠻夷君長，世尚秦女。其民爵比不更，有罪得以爵除。其君長歲出賦二千一十六錢，三歲一出義賦千八百錢。其民戶出幏布八丈二尺，雞羽三十鍭。觀賦法之不同，知巴氏等五姓與羅氏等七姓實爲兩部落。晉書辭不別白，然其同爲氐族，則無疑也。晉書又云：漢末，張魯居漢中，以鬼道敎百姓，賨人敬信巫覡，多往奉之。直天下大亂，自巴西之宕渠遷於漢中楊車坂，抄掠行旅，百姓患之，號爲楊車巴。魏武帝克漢中，特祖將五百餘家歸之。魏武帝拜爲將軍，遷於略陽北土。略陽見第二章第二節。復號之爲巴氏。宕渠距閬中近，鹽水遠，李特之先，似當屬板楯蠻夷，不與巴郡南郡蠻同部，特板楯蠻夷亦未必不以廩君爲共祖耳。

李特父慕，爲東羌獵將。特少仕州郡，見異當時。元康中，氐齊萬年反，關西擾亂，頻歲大饑，百姓乃流移就穀，相與入漢川者數萬家。既至漢中，上書求寄食巴蜀，朝議不許。遣侍御史李苾持節慰勞，且監察之，不令入劍閣。在今四川劍閣縣北。苾至漢中，受流人貨賂，反爲表曰：「流人十萬餘口，非漢中一郡所能振贍。東下荆州，水湍迅險，又無舟船。蜀有倉儲，人復豐稔，宜令就食。」朝廷從之。由是散在益、梁，不可禁止。永康元年，詔徵益州刺史趙廞爲大長秋，以成都內史耿滕此據載記帝紀與華陽國志俱作耿勝。代廞。廞遂謀叛。乃傾倉廩，振施流人，以收衆心。特之黨類，皆巴西人，與廞同郡，率多勇壯，廞厚遇之，以爲爪牙。特等聚衆，專爲寇盜，蜀人患之。滕密上表，以爲「流人剛剽，而蜀人懦弱，客主不能相制，必爲亂階，宜使移還其本。」廞聞而惡之。時益州文武千餘人，已往迎滕。滕率衆入州，廞遣衆逆滕，戰於西門，滕敗，死之。廞自稱大都督、大將軍、益州牧。特弟庠，與兄弟及妹夫李含等，以四千騎歸廞。廞使斷北道。庠素東羌良將，部陳肅然。廞惡其齊整，用長史杜淑、司馬張粲之言，殺之，及其子姪、宗族三十餘人。復以特兄弟爲督將，以安其衆。牙門將許弇，求爲巴東監軍。巴東郡，劉璋置，在今四川奉節縣北。杜淑、張粲固執不許。弇怒，於廞閤下手刃殺淑、粲。左右又殺弇。皆廞腹心也。特兄弟怨廞，引兵歸緜竹。漢縣，今四川德陽縣北。廞恐朝廷討己，遣長史費遠、犍爲大守李苾，犍爲，漢郡，後漢治武陽，今四川彭山縣東。督護常俊，督萬餘人斷北道，次緜竹之石亭。渡名，在今四川什邡縣東雒江上。特密收合得七千餘人，夜襲遠軍，遠大潰。進攻成都，廞走。至廣都，見第二章第二節。爲下人所殺。特至成都，縱兵大掠。遣其牙門詣洛陽，陳廞罪狀。先是惠帝以梁州刺史羅尙爲益州刺史，督牙門將王敦、上庸都尉義歆、上庸，秦縣，後漢置郡，今湖北竹山縣。蜀郡大守徐儉、蜀郡，治成都。廣漢大守辛冉等廣漢郡，後漢治雒，今四川廣漢縣。凡七千餘人入蜀。特等聞尙來，甚懼，使其弟驤於道奉迎，幷貢寶物。尙甚悅，以驤爲騎督。特及弟流，復以牛酒勞尙於緜竹。王敦、辛冉，並說尙因會斬之，尙不納。尋有符下秦、雍州：凡流人入漢川者，皆下所在召還。特兄輔，素留鄉里，託言迎家，既至蜀，謂特曰：「中國方亂，不足復還。」特以爲然，乃有雄據巴蜀之志。朝廷以討趙廞功，封拜特、流。璽書下益州，條列六郡流人與特協同討廞者，將加封賞。會辛冉以非次見徵，不願應召；又欲以滅廞爲己功，乃寢朝命，不以實上。衆咸怨之。羅尙遣從事催遣流人，限七月上道。辛冉性貪暴，欲殺流人首領，取其資貨。乃移檄發遣。又令梓潼大守張演，梓潼，漢縣，蜀置郡，今四川梓潼縣。於諸要施關，搜索寶貨。特等固請，求至秋收。流人布在梁、益，爲人傭力，及聞州郡逼遣，人人愁怨，不知所爲。又知特兄弟頻請求停，皆感而恃之。且水雨將降，年穀未登，流人無以爲行資，遂相與詣特。特乃結大營於緜竹，以處流人。移冉求自寬。冉大怒，遣人分牓通逵，購募特兄弟。特見大懼，悉取以歸，與驤改其購云：「能送六郡之豪李、任、閻、趙、楊、上官及氐、叟侯王一首，賞百匹。」流人既不樂移，咸往歸特，旬月間衆過二萬。流亦聚衆數千。特乃分爲二營：特居北營，流居東營。特遣閻式與特同移者，時爲始昌令。始昌，晉縣，在今甘肅西和縣北。詣羅尙求申期。式既至，見辛冉營柵衝要，謀揜流人；又知冉及李苾意不可迴，乃辭尙還緜竹。尙謂式曰：「子且以吾意告諸流人，今聽寬矣。」式至緜竹，言於特曰：「尙雖云爾，然威刑不立，冉等各擁彊兵，一旦爲變，亦非尙所能制，深宜爲備。」特納之。冉、苾相與謀曰：「羅侯貪而無斷，日復一日，流人得展姦計，宜爲決計，不足復問之。」乃遣廣漢都尉曾元、牙門張顯、劉並等潛率步騎三萬襲特營。羅尙聞之，亦遣督護田佐助元。特素知之，乃繕甲厲兵，戒嚴以待。元等至，發伏擊之，殺傷甚衆。害佐、元、顯，傳首以示尙、冉。於是六郡流人推特爲主。上書請依梁統奉竇融故事，推特行鎭北大將軍，承制封拜；流行鎭東大將軍，以相鎭統。進兵攻冉於廣漢。尙遣李苾及費遠救冉，不敢進。冉奔江陽。漢縣，劉璋置郡，今四川瀘縣。特入據廣漢。進兵攻尙於成都。閻式遺尙書，責其信用讒構，欲討流人。又陳特兄弟立功王室，以寧益土。尙覽書，知特等將有大志，嬰城固守，求救於梁、寧二州。於是特自稱使持節、大都督、鎭北大將軍，承制封拜，一依竇融在河西故事。據本紀，時在永寧元年十月。尙頻爲特所敗，乃阻長圍，緣水作營，自都安至犍爲七百里，與特相距。都安，蜀縣，在今四川灌縣東。河閒王顒遣督護衙博、廣漢大守張徵討特。南夷校尉李毅武帝置於寧州。寧州，泰始七年分益州置，治雲南，在今雲南祥雲縣南。一說治味，在今雲南曲靖縣西。又遣兵五千助尙。尙遣督護張龜軍繁城，繁，漢縣，今四川新繁縣西北。三道攻特。特命子蕩、雄襲博，躬擊張龜。龜大敗，博亦敗績。蕩追博至漢德，蜀縣，今四川劍閣縣東北。博走葭萌。漢葭明縣，後漢作葭萌，蜀改曰漢壽，晉改曰晉壽，在今四川昭化縣東南。蕩進寇巴西。郡丞毛植、五官襄珍以郡降。蕩進攻葭萌，博又遠遁。紀大安元年五月。特自稱益州牧、都督梁益二州諸軍事、大將軍、大都督，進攻張徵。徵據險相持，候特營空虛，遣步兵循山攻之。特逆戰，不利。蕩軍至，殊死戰，徵軍乃潰。特欲釋徵還涪，涪，漢縣，晉更名涪城，今四川緜陽縣。蕩不可，復進攻徵。遂害徵，以蹇碩爲德陽大守。德陽，後漢縣，在今四川遂寧縣境。碩略地至巴郡之墊江。漢縣，今四川合川縣。特之攻張徵也，使李驤等屯軍毗橋，（胡三省云：今懷安軍西北有中江，源從漢中瀰牟、雒水、毗橋水三水會爲一江。案宋懷安軍故城，在今四川金堂縣東南，彌牟鎮，在今四川新都縣北。）以備羅尚。李流亦進軍成都之北。梁州刺史許雄遣兵攻特，特破之。進擊破尚水上軍，遂寇成都。蜀郡大守徐儉以小城降，羅尚據大城自守。是時蜀人危懼，並結村堡，請命於特，特遣人安撫之。益州從事任明（此據載記。羅尚傳作兵曹從事任銳。通鑑從華陽國志作任叡。）說尚曰：「特既凶逆，侵暴百姓，又分散人衆，在諸村堡，驕怠無備，是天亡之也。可告諸村，密刻期日，內外擊之，破之必矣。」尚從之。明先僞降特，因求省家。特許之。明潛說諸村，諸村悉聽命。惠帝遣荆州刺史宋岱、建平大守孫阜救尚。（建平，吳郡，今四川巫山縣。）阜次德陽，特遣蕩助任臧距阜。尚遣大衆掩襲特營，連戰，斬特。（紀在大安二年三月，云宋岱擊斬之。）特既死，蜀人多叛，流人大懼。流與蕩、雄收遺衆還保赤祖。（胡三省曰：當在緜竹東。）流保東營，蕩、雄保北營。流自稱大將軍、大都督、益州牧。時宋岱水軍三萬，次於墊江。前鋒孫壽破德陽，獲蹇碩、任臧等，退屯涪陵，（蜀郡，今四川涪陵縣西。）羅尚遣督護常深軍毗橋，牙門左汜、黃訇、何沖三道攻北營。流身率蕩、雄攻深柵，克之，追至成都。尚閉門自守。蕩馳馬追擊，傷死。流以特、蕩並死，岱、阜又至，甚懼。李含又勸流降，流將從之。雄與驤迭諫，不納。流遣子世及含子胡質於阜軍。胡兄離，聞父欲降，自梓潼馳還，欲諫，不及。退與雄謀襲阜軍，曰：「若功成事濟，約與君三年迭爲主。」雄曰：「今計可定，二翁不從，將若之何？」離曰：「今當制之。若不可制，便行大事。翁雖是君叔，勢不得已。老父在君，夫復何言？」雄大喜，乃攻尚軍。尚保大城。雄渡江，害汶山大守陳圖。（晉汶山郡，在今四川理番縣境。）遂入郫城。（郫，秦縣，今四川郫縣北。）流移營據之。三蜀百姓，（左思蜀都賦注：漢高分蜀置廣漢，漢武又分蜀置犍爲，故曰三蜀。）並保險結塢，城邑皆空，流野無所略，士衆飢困。涪陵人范長生，率千餘家依青城山。在今四川灌縣西南。尙參軍涪陵徐轝，求爲汶山大守，欲要結長生等，與尙犄角討流。尙不許。轝怨之，求使江西，遂降於流，說長生等使資給流軍糧。長生從之，故流軍復振。流死，諸將共立雄爲主。雄自稱大將軍、益州牧，都於郫城。羅尙遣將攻雄，雄擊走之。李驤攻犍爲，斷尙運道，尙軍大餒，攻之又急，遂留牙門羅特固守，委城夜遁。特開門納雄，遂克成都。於時雄軍飢甚，乃率衆就穀於郪，漢縣，在今四川三台縣南。掘野芋而食之。雄以范長生巖居穴處，求道養志，欲迎立爲君而臣之。長生固辭。雄乃深自挹損，不敢稱制，事無巨細，皆決於李國、李離兄弟。國等事雄彌謹。諸將固請雄卽尊位，以永興元年僭稱成都王。范長生乘素輿詣成都，雄迎之於門，執版延坐，拜丞相，尊曰范賢。長生勸雄稱尊號，雄於是僭卽帝位，國號蜀。通鑑考異曰：晉帝紀、三十國晉春秋皆云：永興二年六月，雄卽帝位。華陽國志：光熙元年，雄卽帝位。後魏書序紀及李雄傳皆云：昭帝十二年，雄稱帝，卽光熙元年也。遣李國、李雲等寇漢中。梁州刺史張殷奔長安，參看第九節。國等陷南鄭，盡徙漢中之人於蜀。南夷校尉李毅固守不降，雄誘建寧夷使討之。建寧，蜀郡，在今雲南曲靖縣西。毅病卒，城陷，殺壯士三千餘人，送婦女千口於成都。時李離據梓潼，其部將羅羕、張金苟等殺離及閻式，以梓潼歸羅尙。尙遣其將向奮屯安漢之宜福。安漢，漢縣，今四川南充縣。以逼雄。雄攻奮，不克。李國鎭巴西，其帳下文碩又殺國，以巴西降尙。雄乃引還，遣其將張寶襲梓潼，陷之。會羅尙卒，巴郡亂，李驤攻涪，又陷之，執梓潼大守譙登。乘勝討文碩，害之。南得漢嘉、漢嘉，漢青衣縣，後漢改曰漢嘉。蜀置郡，晉並廢，故治在今四川雅安縣北。涪陵，遠人繼至。雄於是下寬大之令，降附者皆假復除。益州遂定。遣李驤征越嶲，大守李釗降。越嶲郡，晉治會無，今四川會理縣。明帝紀：大寧元年正月，李驤、任回寇臺登，將軍司馬玖死之。越嶲大守李釗、漢嘉大守王載以郡叛降於驤。任回，亦與特同移者。臺登，漢縣，在今四川冕寧縣東。 進攻寧州，刺史王遜使其將姚岳悉衆距戰，驤軍不利，引還。王遜傳：轉魏興大守。惠帝末，西南夷叛，寧州刺史李毅卒，城中百餘人奉毅女固守經年。永嘉四年，治中毛孟詣京師求刺史，不見省。孟固陳，乃以遜爲南夷校尉、寧州刺史。使於郡便之鎭。遜與孟俱行。道遇寇賊，踰年乃至。外逼李雄，內有夷寇，吏士散沒，城邑丘墟。遜披荒糾厲，收聚離散。誅豪右不奉法度者數十家。征伐諸夷，俘馘千計，於是莫不振服，威行寧土。先是越嶲大守李釗，爲李雄所執，自蜀逃歸，遜復以釗爲越嶲大守。李雄遣李驤、任回攻釗。釗自南秦，與漢嘉大守王載共距之。戰於温水，釗敗績。載遂以二郡附雄。後驤等又渡瀘水寇寧州。遜使將軍姚崇、爨琛距之，戰於堂狼，大破驤等。崇追至瀘水，落水死者千餘人。崇以道遠，不敢渡水。遜以崇不窮追也，怒囚羣帥，執崇鞭之。怒甚，髮上衝冠，冠爲之裂，夜中卒。州人立遜仲子堅，行州府事。詔除堅南夷校尉、寧州刺史。陶侃懼堅不能抗對蜀人，大寧末，表以零陵大守尹奉爲寧州，徵堅還京。通鑑：毅歿於光熙元年。其女名秀。釗即毅子，毅存時往省其父，永嘉元年，州人奉之。四年，王遜至州，以爲朱提大守。魏興，魏郡，今陝西安康縣。南秦，晉縣，今闕，當在四川舊敘州府境。堂狼，漢縣，後漢省，在今雲南會澤縣境。零陵，漢郡，後漢治泉陵，今湖南零陵縣北。朱提，漢縣，後漢末置郡，在今四川宜賓縣西南。 後又使驤子壽攻陷巴東，大守楊謙退保建平。壽別遣費黑寇建平，巴東監軍毌丘奥退保宜都。蜀郡，治夷道，今湖北宜都縣西北。成帝紀：咸和五年，十月，李壽寇巴東、建平，監軍毌丘奥、大守楊謙退歸宜都。 李壽攻朱提，又使任回攻木落，未詳。 分寧州之援。寧州刺史尹奉降，本紀：咸和八年，李壽陷寧州，刺史尹奉及建寧大守霍彪並降之。 遂有南中之地。

巴氏之亂，原因有四：關西喪亂，不能綏撫，聽其流移，一也。流人剛剽，蜀人輭弱，主不制客，二也。一統未久，人有好亂之心，三也。兵力不足，指揮不一，四也。載記所書此事始末，殊不甚確。流人漂播，理宜有以食之，謂李苾請許其就食於蜀由於受賂，似近厚誣。載記云：趙廞使苾與黃遠同斷北道，似附廞爲逆者，然晉朝任之如故，則苾或力未能抗廞，而實未附之也。羅尙者，憲之兄子。憲爲蜀漢巴東大守。蜀亡，吳乘機攻憲，憲大破其軍，拒守經年，甚有威望。趙廞之叛，尙表曰：「廞非雄才，計日聽其敗耳。」其於蜀中事勢，似甚了然。尙與李氏相持積年，梓潼、巴西，先後反正。李國、李離，權倖雄、蕩，閻式則爲李特謀主，不能制下，皆就誅夷，使尙不死，蜀事正未可知。尙傳謂其性貪少斷，蜀人言曰：「尙之所愛，非邪則佞，尙之所憎，非忠則正。富擬魯、衞，家成市里，貪如豺狼，無復極已。」又曰：「蜀賊尙可，羅尙殺我。平西將軍，反更爲禍。」果如所言，羅羕、文碩，豈肯歸之？李流載記云：特之陷成都小城，使六郡流人分口入城，壯勇者督領郵堡。流言於特曰：「山藪未集，糧仗不多，宜錄州郡大姓子弟以爲質任，送付廣漢，縶之二營；收集猛銳，嚴爲防衞。」又書與特司馬上官惇，深陳納降若待敵之義。羅尙傳亦言：宗岱、孫阜兵盛，諸爲寇所逼者，人有奮志，蜀人之非心服可知。特既死，流亦以飢困幾敗，然則范長生之充隱附逆，其於李氏，蓋深有造焉。風謠之可造作久矣，謂特能綏撫，尙病貪殘，豈其實哉？尙與李苾、辛冉，剛柔緩急，庸有不同，然潛襲特營，史謂計出冉、苾，而尙仍遣兵助之，其無大異同可知。趙廞且不能容李庠，流人安可復撫？晉朝封拜特、流，乃姑息之政，冉寢朝命，所謂因事制宜。晉朝既以滅廞爲特、流之功，官爵之矣，冉安得而攘之？流人不過傭力自活，其有寶貨能行賂者，皆其錚錚佼佼者也，好亂樂禍，惑誤衆人，正在此輩，搜索安得不嚴？豈能誣爲欲貨？抑趙廞、李特，既已互相誅夷，李雄、李離，又欲棄其父叔，戰甫勝而流卽死，其爲良死與否，深有可疑；而雄與國、離兄弟，相猜之迹尤顯。然則流人酋長，本無大才，亦且不能和輯，平之實非甚難，特晉政不綱，幷此而有所不能耳。古稱戰勝於朝廷，此則可謂戰敗於朝廷者也。

第七節　張氏據河西

涼州之地，距中原頗遠，然與西域相交通，其地實頗富饒，而文明程度亦頗高，西南苞河湟，又爲畜牧樂土；故兩晉之世，始終有據以自立者。其首起者則張軌也。軌，安定烏氏人（安定，見第二章第二節。烏氏，漢縣，在今甘肅平涼縣西北。）仕爲安西軍司。軌以時方多難，陰圖據河西，遂求爲涼州。永寧初，出爲護羌校尉、涼州刺史。於是鮮卑反叛，寇盜縱橫。軌到官，即討破之。永興中，鮮卑若羅、拔能皆爲寇。軌遣司馬宋配擊之，斬拔能，俘十餘萬口，威名大震。於是大城姑臧。（漢縣，爲武威郡治，見第二章第二節。）永嘉初，東羌校尉韓稚，殺秦州刺史張輔。軌遣中督護氾瑗率衆二萬討之。先遺稚以書，稚得書而降。軌後患風，口不能言，使子茂攝州事。酒泉大守張鎮，（酒泉，漢郡，今甘肅酒泉縣。）潛引秦州刺史賈龕以代軌，密使詣京師，請尚書侍郎曹祛爲西平大守，（西平見第二章第二節。）爲輔車之勢。軌別駕麴晁，欲專威福，又遣使詣長安，告南陽王模，稱軌廢疾，以請賈龕。龕將受之，其兄讓之，龕乃止。更以侍中爰瑜爲涼州刺史。治中楊澹馳詣長安，割耳盤上，訴軌被誣。模乃表停之。晉昌張越，（晉昌，晉郡，在今甘肅安西縣東。）涼州大族，從隴西內史遷梁州刺史，（隴西見第二章第二節。）越志在涼州，遂託病歸河西。遣兄鎮及曹祛、麴佩移檄廢軌，以軍司杜耽攝州事，使耽弟越爲刺史。軌以子寔爲中督護，率兵討鎮，鎮詣寔歸罪。南討曹祛，走之。武威大守張珙遣子坦馳詣京，表請留軌。帝優詔勞軌，依模所表，命誅曹祛。軌命寔率尹員、宋配步騎三萬討祛，斬之。於時天下既亂，所在使命，莫有至者，而軌遣使貢獻，歲時不替。光祿傅祗、太常摯虞遺軌書，告京師饑匱，軌即遣參軍杜勳獻馬五百匹，毯布三萬匹。然軌之所以盡力王室者，止於如此，及遣偏師入援而已，不能如陳武帝傾國遠出，躬事戡定也。河間、成都二王之難，軌遣兵三千，東赴京師。王彌寇洛陽，軌遣北宮純、張纂、馬魴、陰濬等率州軍擊破之，又敗劉聰於河東。後王彌遂逼洛陽，軌又遣張斐、北宮純、郭敷率精騎五千來衞京都。京都陷，斐等皆沒於賊。大府主簿馬魴言於軌曰：「四海傾覆，乘輿未返，明公以全州之力，徑造平陽，必當萬里風披，有征無戰。未審何憚，不為此舉？」軌曰：「是孤心也。」然不能用。蓋其本圖僅在割據也。秦王入關，軌馳檄關中，言「宜簡令辰，奉登皇位。今遣前鋒督護宋配步騎二萬，徑至長安，翼衞乘輿，折衝左右。西中郎寔中軍三萬，武威大守張瑱胡騎二萬，駱驛繼發，仲秋中旬，會於臨晉。」秦縣，今陝西大荔縣。而秦州刺史裴苞、東羌校尉貫與據險斷使命，宋配討之。西平王叔與曹祛餘黨麴儒劫前福祿令麴恪為主。漢祿福縣，後漢曰福祿，為酒泉郡治，即今酒泉縣也。軌大守趙彝，東應裴苞。寔迴師討之，斬儒等。左督護陰預與苞戰狹西，大破之。苞奔凶桑塢。未詳。劉曜寇北地，見第二章第二節。軌又遣參軍麴陶領三千人衞長安。建興二年五月，軌卒。州人推寔攝父位。愍帝以為都督涼州諸軍事、西中郎將、涼州刺史、領護羌校尉、西平公。劉曜逼長安，寔遣王該率衆援京城。帝嘉之，拜都督陝西諸軍事。及帝將降於劉曜，下詔進寔涼州牧、侍中、司空、承制行事。寔以天子蒙塵，沖讓不拜。使協贊琅邪王，而寔不許其叔父肅攻劉曜，致肅悲憤而卒。已見第五節。蓋其志在割據，一如其父也。寔遣大府司馬韓璞等督步騎一萬，東赴國難，命討虜將軍陳安，安故大守賈騫，安故，漢縣，晉省，張氏復置。

並置郡，故城在今甘肅臨洮縣南。隴西大守吳紹，各統郡兵，爲璞等前驅。璞次南安，見第二章第二節。諸羌斷路。相持百餘日，糧竭矢盡。會張閬率金城軍繼至，金城見第二章第二節。乃夾擊敗之。焦崧、陳安逼上邽，見第三章第三節。南陽王保遣使告急。寔使金城大守竇濤率步騎二萬赴之。時保謀稱尊號。破羌都尉張詵言於寔曰：「南陽王忘大恥而欲自尊，終非濟時救難者也，不如推崇晉王。」從之。然元帝卽位，寔猶稱建興年號。南陽王保欲奔寔，寔遣將聲言翼衞而實禦之。蓋既專制一方，亦不欲人之上之矣。京兆人劉弘，挾左道，客居天梯山，在姑臧南。受道者千餘人，寔左右皆事之。帳下閻沙，牙門趙仰，皆弘鄉人。密與寔左右十餘人謀殺寔，奉弘爲主。寔潛知其謀，收弘殺之。沙等不知，以其夜害寔。此據晉書寔傳。通鑑考異曰：閻沙、趙仰，晉春秋作閻涉、趙卬。又寔既死，所遣收劉弘者史初乃轘弘。案載記言寔收弘殺之，猶言寔遣人收弘，殺之二字，乃終言其事，不必弘之見殺，在寔見害前也。時大興三年六月也。子駿年幼，州人推寔弟茂攝事。誅閻沙及黨與數百人。

第八節　鮮卑之興

五胡種落，鮮卑爲大。蓋匈奴自降漢後，聚居并州；烏丸附塞久，亦不復鄉北開拓；朔垂萬里，遂悉爲鮮卑所據也。晉世鮮卑之大者：曰慕容氏，曰段氏，曰宇文氏，曰拓跋氏，曰禿髮氏，曰乞伏氏。禿髮、乞伏二氏，僅割據一隅，無關大局。慕容、段、拓跋三氏，與北方大局關係較深；而宇文氏與慕容氏地近，相齮齕最烈；宇文氏之敗，則慕容氏之所由興也。今先述此四氏緣起如左：

晉書載記曰：慕容廆，昌黎棘城鮮卑人也。昌黎見第二章第二節。胡三省曰：棘城在昌黎縣界。曾祖莫護跋，魏初率其諸部，居遼西，從宣帝伐公孫氏有功，拜率義王，始建國於棘城之北。時燕、代多冠步搖冠，莫護跋見而好之，乃斂髮襲冠，諸部因呼之爲步搖，其後音譌，遂爲慕容焉。案此說似近附會。胡三省謂：魏書漢桓帝時，檀石槐分其地爲三部，中部大人曰柯最闕居慕容寺，爲大帥。案三國魏志鮮卑傳注引之。是則慕容氏之始。通鑑卷八十一晉武帝大康二年注。說當近之。慕容寺蓋亦地以部族名者也。祖木延，左賢王。父涉歸，以全柳城之功，柳城，漢縣，後漢省，在今遼寧興城縣西南。進拜鮮卑單于，遷邑於遼東北。遼東，秦郡，晉爲國，治襄平，今遼寧遼陽縣。涉歸死，弟耐篡位，耐，通鑑依范亭燕書作删。繫此事於大康四年，考異以大康二年十月寇昌黎爲涉歸之事。案其事已見第二章第二節。將謀殺廆，廆亡潛以避禍。後國人殺耐，迎廆立之。通鑑繫大康五年。

北史稱宇文莫槐，爲匈奴。云出遼東塞外，其先南單于之遠屬也。世爲東部大人。其語與鮮卑頗異。人皆翦髮而留其頂上，以爲首飾。案宇文氏爲周之先，周書文帝紀云：其先出自炎帝。神農氏爲黃帝所滅，子孫遁居朔野。有葛烏菟者，雄武多算略，鮮卑慕之，奉以爲主，遂總十二部落，世爲大人。其後曰普回，因狩得玉璽三紐，有文曰皇帝璽。普回心異之，以爲天授。其俗謂天曰宇，謂君曰文，因號宇文國，并以爲氏焉。普回子莫那，自陰山南徙，始居遼西。一曰匈奴，一曰鮮卑者？悅般爲匈奴後，北史謂其翦髮齊眉，以醍醐塗之，實與宇文氏翦髮而留其頂上同俗，足徵其出於匈奴。語言頗異鮮卑，尤爲鐵證。然東方本鮮卑之地，蓋南單于遠屬，君臨鮮卑者，故云鮮卑奉以爲主也。周書云：普回九世至侯豆歸，爲慕容晃所滅。據北史，自莫槐至逸豆歸，凡七君，則卽以莫槐承莫那。然普回、莫那，恐均子虛、亡是之流也。

莫槐虐用其人，爲部下所殺。更立其弟普撥爲大人。普撥死，子丘不勤立。娶拓跋鬱律女。（魏平帝，見下。）丘不勤死，子莫廆立。（北史云：本名犯魏道武諱。晉書慕容廆載記作莫圭。）始與慕容氏搆兵。

北史云：徒河段就六眷，（徒河，漢縣，在今遼寧錦縣西北。）出於遼西。其伯祖日陸眷因亂，被賣爲漁陽烏丸大（烏丸之大人。）庫辱官家奴。其後漁陽大饑，（漁陽，秦郡，魏廢之，晉復置，在今河北密雲縣西南。）庫辱官以日陸眷爲健，使將人詣遼西逐食，招誘亡叛，遂至彊盛。日陸眷死，弟乞珍代立。乞珍死，子務目塵代立，卽就六眷父也。據遼西之地而臣於晉。其所統三萬餘家，控弦上馬四五萬騎。

慕容涉歸有憾於宇文，廆將修先君之怨，表請討之。晉武帝弗許。廆怒，入寇遼西，殺略甚衆。帝遣幽州諸軍討廆。戰於肥如，（漢縣，今河北盧龍縣北。）廆衆大敗。自後復掠昌黎，每歲不絕。又率衆伐夫餘。夫餘王依慮自殺。廆遂夷其國城，驅萬餘人而歸。東夷校尉何龕，遣督護賈沈，迎立依慮之子。廆遣其將孫丁率騎邀之。沈力戰，斬丁，遂復夫餘之國。廆謀於其衆，遣使來降。帝嘉之，拜爲鮮卑都督。（廆事參看第二章第二節。）宇文、段部爲寇略，廆卑辭厚幣以撫之。大康十年，廆又遷於徒河之靑山。元康四年，移居大棘城。大安初，宇文莫圭遣弟屈雲寇邊城。雲別帥大素延，（通鑑考異曰：燕書紀傳皆謂之素怒延，然則怒延是其名也。）攻掠諸郡。廆親擊，敗之。素延怒，率衆十萬圍棘城。廆出擊之，素延大敗。永嘉初，廆自稱鮮卑大單于。遼東大守龐本以私憾殺東夷校尉李臻。附塞鮮卑素連、木津託爲臻報讎，攻陷諸縣，殺掠士庶。廆討連、津，斬之。二部悉降。徙之棘城。立遼東郡而歸。建興中，愍帝遣使拜廆昌黎、遼東二國公。

拓跋氏之初，蓋亦匈奴敗亡後北方鮮卑之南徙者。其後得志，造作先世事實以欺人，史事之眞爲所蔽者久矣，然卽其所造作之語而深思之，其中眞迹固猶可微窺也。魏書序紀云：「昔黃帝有子二十五人，或內列諸華，或外分荒服。昌意少子，受封北土，國有大鮮卑山，因以爲號。其後世爲君長，統幽都之北，廣漠之野，畜牧遷徙，射獵爲業，淳樸爲俗，簡易爲化。不爲文字，刻木結繩而已。世事遠近，人相傳授，如史官之紀錄焉。黃帝以土德王，北俗謂土爲托，謂后爲跋，故以爲氏。其裔始均，入仕堯世，逐女魃於弱水之北，民賴其勳，帝舜嘉之，命爲田祖。爰歷三代，以及秦、漢，獯粥、獫允、山戎、匈奴之屬，累代殘暴，作害中州，而始均之裔，不交南夏，是以載籍無聞焉。積六十七世，至成皇帝毛立，聰明武略，遠近所推，統國三十六，大姓九十九，威振北方，莫不率服。崩，節皇帝貸立。崩，莊皇帝觀立。崩，明皇帝樓立。崩，安皇帝越立。崩，宣皇帝推寅立。南遷大澤，方千餘里，厥土昏冥沮洳。謀更南徙，未行而崩。景皇帝利立。崩，元皇帝俟立。崩，和皇帝肆立。崩，定皇帝機立。崩，僖皇帝蓋立。崩，威皇帝儈立。崩，獻皇帝鄰立。時有神人言於國曰：「此土荒遐，未足以建都邑，宜復徙居。」帝時衰老，乃以位授子聖武皇帝詰汾，命南移。山谷高深，九難八阻，於是欲止。有神獸，其形如馬，其聲類牛，先行導引，歷年乃出。始居匈奴故地。其遷徙策略，多出宣、獻二帝，故人並號曰推寅，蓋俗云鑽研之義。初聖武帝嘗率數萬騎，田於山澤。欻見輜軿，自天而下。既至，見美婦人，侍衛甚盛。帝異而問之，對曰：「我天女也，受命相偶。」遂同寢宿。旦請還，曰：「明年周時，復會此處。」言終而別，去如風雨。及期，帝至先所田處，果復相見。天女以所生男授帝，曰：「此君之子也，善養視之。子孫相承，當世爲帝王。」語訖而去。卽始祖也。故時人諺曰：「詰汾皇帝無婦家，力微皇帝無舅家。」案云統國三十六者，四面各九國也。云大姓九十九者，與己爲百姓也。自受封至成帝六十七世，又五世至宣帝，又七世至獻帝，再傳而至神元，凡八十一世，九九之積也。自成帝至神元十五世，三與五之積也。九者，數之究也。三與五蓋取三才、五行之義，比擬於三皇、五帝。無文字而能悉記歷代之名，而世數及所統國數，無一非三、五、九之積；有是理乎？成帝諱毛，毛無也；詰汾皇帝無婦家，力微皇帝無舅家，造作者蓋已微以其情示後人矣。衞操傳云：桓帝崩後，操爲立碑以頌功德，云魏爲軒轅苗裔。按操等皆乃心華夏，其於拓跋氏，特欲借其力以犄匈奴耳，何事爲之造作虛辭，以誣後世？況拓跋氏當此時，亦未必敢以帝王自居也。道武定國號詔曰：「昔朕遠祖，總御幽都，控制遐國，雖踐王位，未定九州，」此蓋其造作之始。其自託於軒轅者，以從土德；所以從土德者，則以不欲替趙、秦、燕而承晉故也，說更詳後。抑此實有躋諸胡以並華夏之意，或已出於後來。其初自視微而仰望漢族更深，或且欲祧曹魏而承漢，如漢人之以秦爲閏位者，故神元元年，實與魏之建國同歲也。記曰：「人藏其心，不可測度也，」況於故爲矯誣者乎？然其爲矯誣，終不可以掩天下後世之目也。

晉書禿髮烏孤載記云：其先與後魏同出。八世祖匹孤，率其部自塞北遷於河西。魏書源賀傳：賀，禿髮傉檀子，傉檀亡奔魏。世祖謂賀曰：「卿與朕源同，因事分姓，今可爲源氏，」足徵晉書之說不誣。烏孤五世祖樹機能在晉初，以三十年爲一世計之，匹孤當在後漢中葉。正北匈奴敗亡，鮮卑徙居其地時也。烏洛侯傳云：眞君四年來朝，本紀事在三月。稱其國西北有國家先帝舊墟石室，南北九十步，東西四十步，高七十尺。室有神靈，民多祈請。世祖遣中書侍郎李敞告祭焉，刊祝文於室之壁而還。此蓋天然石窟，禮志亦載此事，而云鑿石爲廟，則誣矣。烏洛侯在地豆干之北。其國西北有完水，東北流合於難水。其地大小水皆注於難，東入於海。又西北二十日行，有于己尼大水，所謂北海也。難水今嫩江，完水今額爾古訥河，北海卽貝加爾湖，于己尼蓋入湖之巨川。魏人編髮，故稱索虜，而烏洛侯繩髮，地豆干在失韋西千餘里，失韋丈夫索髮，可見自失韋以西北，其俗皆同。晉書慕容廆載記：宇文乞得龜擊廆，廆遣子皝距之，以裴嶷爲右部都督，率索頭爲右翼。此非卽拓跋氏，蓋亦此等民族南出者也，故知當時此等民族南遷者頗多。魏人曾居黑龍江、貝加爾湖之間，必不誣也。此蓋推寅以後所處。自此南遷，故有山岳高深，九難八阻之說也。今西伯利亞之地，自北緯六十五度以北，地理學家稱爲凍土帶；自此南至五十五度曰森林帶；又南曰曠野帶；極南曰山嶽帶；踰山則至漠北矣。凍土帶極寒，人不能堪之處甚多。森林帶多蚊虻，曠野帶卑溼多疫癘，亦非樂土。魏之先，蓋自凍土帶入曠野帶，又越山岳帶而至漠北者邪？

宋書索虜傳云：其先漢將李陵後也。陵降匈奴，有數百千種，各立名目，索虜亦其一也。齊書魏虜傳云：匈奴種也。匈奴女名托跋，妻李陵。胡俗以母名爲姓，故虜爲李陵之後。虜甚諱之，有言其是陵後者輒見殺。胡俗以母名爲姓，說無徵驗。若援前趙改姓劉氏爲徵，則入中國已久，非其故俗矣；況亦母姓而非其名也。匈奴與鮮卑相溷，事確有之。魏書官氏志有須卜氏、林氏，其證。然不得云拓跋氏爲匈奴種也。然有云其是陵後者輒見殺，何以言之者如是其多？漢人豈欲以此誣鮮卑哉？抑當時以華夏爲貴種，稱拓拔氏爲陵後，是褒之，非抑之也。漢人豈樂爲此？如其爲之，正當爲鮮卑所樂聞，而又何以見殺？案隋書李穆傳云：自云隴西成紀人，成紀，漢縣，今甘肅秦安縣北。漢騎都尉陵之後也。陵沒匈奴，子孫代居北狄，其後隨魏南遷，復歸汧、隴。祖斌，以都督鎮高平，見第二章第二節。因家焉。此其出於依託，自不待言。魏之初，蓋亦以攀附華夏為榮，又未敢依附中原華胄，會自託於陵後，後則以與其所造軒轅之後之說不符，而說既流行，衆口相傳，勢難遽戢，則又一怒而欲以殺僇止之也。亦可謂暴矣。

魏書序紀云：始祖神元皇帝力微元年，歲在庚子。魏文帝黃初元年。先是西部內侵，國民離散，依於沒鹿回部大人竇賓。賓後與賓攻西部，軍敗，失馬步走。始祖使人以所乘駿馬給之。賓歸，令其部內求與馬之人，當加重賞。始祖隱而不言。久之，賓乃知，大驚，將分國之半，以奉始祖。始祖不受，乃進其愛女。賓猶思報恩，固問所欲。始祖請率所部北居長川。在今察哈爾興和縣境。賓乃敬從。積十數歲，德化大洽，諸舊部民，咸來歸附。二十九年，魏齊王芳正始九年。賓臨終，戒其二子，使謹奉始祖。其子不從，乃陰謀為逆。始祖召殺之，盡并其衆。神元皇后傳云：賓臨終，戒其二子速侯、回題，令善事帝。及賓卒，速侯等欲因帝會喪為變。語頗漏泄，帝乃先圖之。伏勇士於宮中，晨起，以佩刀殺后，馳使告速侯等，言后暴崩。速侯等驚走來赴，因執而殺之。案神元之狡且忍如此，其以憂死，非不幸矣。諸部大人悉皆款服。三十九年，魏高貴鄉公甘露元年。遷於定襄之盛樂。定襄漢郡，治成樂，後漢移治善無。成樂，後漢曰盛樂，在今和林格爾境，善無，在右玉縣南。夏四月，祭天。諸部君長，皆來助祭。惟白部大人觀望不至，於是徵而戮之。遠近肅然，莫不震慴。與魏和親。四十二年，遣子文帝如魏，且觀風土。魏景元二年也。文皇帝諱沙漠汗，以國大子留洛陽。魏、晉禪代，和好仍密。始祖春秋已邁，帝以父老求歸，晉武帝具禮護送。四十八年，泰始三年。至自晉。五十六年，帝復如晉。其年冬，還國。行達并州，晉征北大將軍衞瓘，以帝為人雄異，恐為後患，乃密啓晉帝，請留不遣。晉帝難於失信，不許。瓘復請以金錦賂國之大人，令致間隙，使相危害。晉帝從之，遂留帝。於是國之執事及外部大人，皆受瓘貨。五十八年，方遣帝。始祖聞帝歸，大悅，使諸部大人詣陰館迎之。陰館，漢縣，在今山西代縣西北。酒酣，帝仰視飛鳥，謂諸大人曰：「我爲汝曹取之。」援彈飛丸，應弦而落。時國俗無彈，衆咸大驚。乃相謂曰：「太子風采被服，同於南夏；兼奇術絕世；若繼國統，變易舊俗，吾等必不得志。不若在國諸子，習本淳樸。」咸以爲然；且離間素行，乃謀危害，並先馳還。始祖問曰：「我子既歷他國，進德何如？」皆對曰：「太子才藝非常，引空弓而落飛鳥，是似得晉人異法怪術，亂國害民之兆，惟願察之。」自帝在晉之後，諸子愛寵日進，始祖年踰期頤，頗有所惑。聞諸大人之語，意有所疑，因曰：「不可容者，便當除之。」諸大人乃馳詣塞南，矯害帝。既而始祖甚悔之。其年，始祖不豫。烏丸王庫賢，親近任勢，先受衞瓘之貨，故欲沮動諸部。因在庭中礪鉞斧。諸大人問欲何爲？答曰：「上恨汝曹讒殺太子，今欲盡收諸大人長子殺之。」大人皆信，各各散走。始祖尋崩。案神元五十六年，爲晉武帝咸寧元年，紀於是年六月，書鮮卑力微遣子來獻，魏書謂是年文帝如晉，蓋依附此文。至魏世與力微言和，其子入侍於洛，則史無可徵。三國魏志鮮卑傳：東部大人，有素利彌加厥機，建安中因閻柔上貢獻通市，大祖表寵以爲王。厥機死，又立其子沙末汗爲親漢王。名雖相似，而事跡與年代皆不合，不知爲兩人名同歟？抑力微實卽厥機部落，造魏史者不敢明言，乃姑留此間隙，以待後人之尋索也？衞瓘之督幽州，紀在泰始七年八月，本紀於咸寧三年正月，書使瓘討力微，則卽魏書神元崩之歲也。觀魏書所載事迹，而知瓘傳謂瓘用離間之策而力微以憂死之說不誣矣。參看第二章第二節。

魏書序紀又云：始祖崩，章皇帝悉鹿立，始祖之子也。諸部離叛，國内紛擾，饗國九年而崩。咸寧四年至大康七年。平皇帝綽立，章帝之少弟也。雄武有智略，威德復舉，饗國七年而崩。大康八年至惠帝元康三年。思皇帝弗立，文帝之少子也。饗國一年而崩。元康四年。昭皇帝祿官立，始祖之子也。分國爲三部：帝自以一部居東，在上谷北，濡源之西，上谷，漢郡，治沮陽，在今察哈爾懷來縣東南。濡水，今灤河。東接宇文部。以文帝之長子桓帝猗㐌統一部，居代郡之參合陂北。在今山西大同縣東南。或云：在陽高縣東北。以桓帝之弟穆帝猗盧統一部，居定襄之盛樂故城。自始祖以來，與晉和好。是歲，元康五年。穆帝始出幷州，遷雜胡北徙雲中、五原、朔方。蓋始叛晉略其邊民也。雲中，秦郡，即今之托克托城。五原，漢郡，今綏遠五原縣。朔方，漢郡，故城在今綏遠臨河縣境。晉書地理志云：後漢靈帝末，羌胡大擾，定襄、雲中、五原、朔方、上郡等五郡並流徙分散。建安十八年，省幷州入冀州。魏黃初元年，復置幷州，自陘嶺以北棄之，至晉因而不改。故此三郡，在當時皆爲戎狄之地。其後劉琨棄陘北，僅徙馬邑、陰館、樓煩、繁畤、崞五縣之民而已。上郡、陘嶺皆見第二章第二節。馬邑，漢縣，今山西朔縣。樓煩，漢縣，在雁門關北。晉徙今崞縣東。繁畤，崞，皆漢縣，皆在今渾源縣西。又西渡河，擊匈奴、烏桓諸部。自杏城以北八十里，迄長城原，夾道立碣，與晉分界。杏城在今陝西中部縣西北。二年，元康六年。葬文帝及皇后封氏。初，思帝欲改葬，未果而崩。至是，述成前意焉。遠近來赴者二十萬人。皇后傳云：文帝皇后封氏，生桓、穆二帝，早崩。昭帝立，乃葬焉。高宗初，穿天淵池，獲一石銘，稱桓帝葬母封氏，遠近赴會二十餘萬人，有司以聞，命藏之大廟。魏書之所依據，蓋即高宗初所造作也。然自力微末年擾亂，至此復獲小安，則可想像而得矣。三年，元康七年。桓帝度漠北巡，因西略諸國，積五年乃還。拓跋氏之形勢，至此蓋稍張，晉與匈奴相爭，遂思藉其衆以爲用。

第九節 荆揚喪亂

讀史者多以武帝不能徙戎及去州郡兵備，爲晉室致亂之原，其實亦不盡然。五胡雜處，特晉初隱患之一端，而非謂其時所憂，遂止於此。至於除去兵備，則正爲弭亂之方。自初平以至大康，爲時將近百載，人習於分崩離析者既久，資之以兵，適使其恣睢自擅耳。當吳、蜀蕩平之時，爲長治久安之計，所憂者自不在草野之竊發，而在牧守之專擅也。晉初急務，在得良吏以撫安海內，使久罹兵革之苦者，欣然有樂生之心；而又有信臣精卒，據要害之處，示天下以形勢，以潛消其反側之念，不在凡州郡皆有兵也。凡州郡皆有兵，必不能皆精，亦不能皆得信臣以將之，難免弭亂則不足，召亂則有餘矣。誠能如是，歷數十年，則海宇晏安，而五胡之亂，亦可徐圖消弭。不然，縱使徙戎之計獲行，能否安然卒事，不至中途生變，尚未可知；即謂能之，而內亂既興，羣思借外力以自助，既徙者安保不引之復來？自漢以降，中國所畏忌者，莫如匈奴。晉初雖遭喪亂，而劉淵見羈，卒未肯釋，即其明證。然逮東海兵起，成都即卒因欲得五部之援而縱之矣。故知內亂之與五胡，其爲當時隱患，正亦未易軒輕也。北方惟劉淵崛起，頗有匈奴人思自立之意，然其所用者仍多中國人；石勒則一中國之盜賊耳；王彌等更不待論矣。故五胡之亂，雖似外患，實亦與內亂相雜也。

當晉初，吳、蜀皆平定未久，自難盡消其反側之心，而吳之情形，又與蜀異。蜀地險而富樂，自古少外患，故其民弱，而爲秦、雍之流民所乘。吳則當春秋、戰國時，其人即輕死好鬥，歷兩漢之世，此風未改，第一章已言之。故自吳平之後，其民之叛晉者訖不絕。據晉書帝紀所載：武帝大康二年，九月，有吳故將莞恭、帛奉舉兵反，攻害建業令，遂圍揚州。晉初揚州治壽春，大康初移治建業。八年，十月，有南康平固縣吏李豐反。南康，晉郡，治雩都，在今江西雩都縣東北，後徙治贛，在今江西贛縣西南。平固，吳縣，在今江西贛、興國兩縣間。十一月，有海安令蕭輔聚衆反。海安，晉縣，當在廣東肇慶府境。十二月，又有吳興人蔣迪聚黨反。後漢漢興縣，吳改稱吳興，今浙江吳興縣。至元帝大興元年，尙有孫晧子璠以謀反伏誅。五行志云：武帝平吳後，江南童謠曰：「局縮肉，數橫目，中國當敗吳當復。」又曰：「宮門柱，且當朽，吳當復，在三十年後。」又曰：「雞鳴不拊翼，吳復不用力。」於時吳人皆謂在孫氏子孫，故竊發爲亂者相繼。可見爲紀所不書者尙多矣。劉頌傳：頌除淮南相，在郡上疏曰：「封幼稚皇子於吳、蜀，臣之愚慮，謂未盡善。自吳平以來，東南六州將士，更守江表，此時之至患也。內兵外守，吳人有不自信之心，宜得壯王以鎭撫之，使內外各安其舊。又孫氏爲國，文武衆職，數擬天朝，一旦堙替，同於編戶，災困逼身，自謂失地，用懷不靖。今得長王以臨其國，隨才授任，文武並敍，士卒百役，不出其鄉，求富貴者取之國內，內兵得散，新邦乂安，兩獲其所，於事爲宜。」華譚傳：大康中，刺史嵇紹舉譚秀才。武帝策之曰：「吳蜀恃險，今既蕩平，蜀人服化，無攜貳之心，而吳人趦睢，屢作妖寇。豈蜀人敦樸，易可化誘，吳人輕銳，難安易動乎？」譚對曰：「吳阻長江，舊俗輕悍。所安之計，當先疇其人士，使雲翔閶闔，進其賢才，待以異禮，明選牧伯，致以威風，輕其賦斂」云云，皆可見當時江表之梟兀，而晉之所以鎭撫之者，不免掉以輕心也。

荊楚之風氣，不如吳會之勁悍，然其地累經喪亂，故亦易動而難安，而張昌遂爲亂首焉。昌，義陽蠻。義陽，見第二章

第二節。李流之寇蜀也，昌聚黨數千人，詐言臺遣其募人討流。會壬午詔書，發武勇以赴益土，號曰壬午兵。自天下多難，數術者云：「當有帝王興於江左。」及此調發，人咸不樂西征，昌黨因之誑惑，百姓各不肯去，而詔書催遣嚴速，遂屯聚爲劫掠。時江夏大稔，江夏，見第四節。流人就食者數千口。大安二年，昌於安陸縣石巖山屯聚，安陸，漢縣，今湖北安陸縣北。諸流人及避戍役者多往從之。昌乃變姓名爲李辰，據有江夏。造妖言云：「當有聖人出。」山都縣吏丘沈，山都，秦縣，在今湖北襄陽縣西北。遇於江夏，昌名之爲聖人，立爲天子，易姓名爲劉尼，稱漢後，以昌爲相國。又流言云：「江淮已南當圖反逆，官軍大起，悉誅討之。」羣小互相扇動，人情皇懼，江沔間一時猋起，旬月之閒，衆至十三萬。時豫州刺史劉喬，據汝南以禦賊。汝南，見第二章第三節。前將軍趙驤，助平南將軍羊伊守宛。見第四節。新野王歆見第三節督荆州，昌遣其將黃林向豫州，喬遣將擊破之。林東攻弋陽，漢國，魏爲郡，今河南潢川縣。亦不克。而馬武破武昌，吳郡，今湖北鄂城縣。害大守。昌西攻宛，破趙驤，害羊伊。進攻襄陽，見第四節。害新野王歆。別率石冰破江、揚。臨淮人封雲舉兵應之，臨淮，漢郡，後漢廢，晉復置，後改爲盱眙，今安徽盱眙縣。自皐陵寇徐州。皐陵，漢縣，晉廢，在今安徽全椒縣東。昌又遣將攻長沙、湘東、零陵諸郡。此據本傳。本紀云：陷武陵、零陵、豫章、長沙。長沙，秦郡，今湖南長沙縣。湘東，吳郡，治酃，在今湖南衡陽縣東。晉移治臨烝，即今衡陽縣也。零陵，武陵，皆見第六節。豫章，漢郡，今江西南昌縣。昌雖跨帶五州，而樹立牧守，皆盜桀小人，但以劫掠爲務，人情漸離。朝以劉弘督荆州。初進，敗於方城。山名，在今河南葉縣南。弘遣司馬陶侃等進據襄陽，遂討昌於竟陵。晉郡，今湖北鍾祥縣。劉喬又遣兵向江夏。侃等與昌苦戰，破之，納降萬計。昌竄於下雋山。謂下雋縣山中。下雋，漢縣，在今湖南沅陵縣東北。明年秋，乃禽斬之。

張昌雖速亡，而亂勢遂蔓衍於下流。陳敏者，廬江人。廬江，晉郡，今安徽霍邱縣西。少有幹能。以部廉吏補尚書倉部令史。及趙王倫篡逆，三王起義，兵久屯不散，京師倉廩空虛，敏建議漕南方穀以濟中州，朝廷從之，以敏爲合肥度支。合肥，漢縣，今安徽合肥縣。遷廣陵內史。廣陵，漢國，後漢爲郡，治江都，今江蘇江都縣。晉初移治淮陰，今江蘇淮陰縣。大安二年十一月，揚州秀才周玘，處子。潛結前南平內史王矩，吳南郡，晉改曰南平，治作唐，在今湖南安鄉縣北，後移治江安，在今湖北公安縣東北。共推吳興大守顧祕都督揚州四郡軍事，以討石冰。冰退自臨淮趨壽陽。見第四節。都督劉準憂懼，計無所出。敏謂準：「請合率運兵，公分配衆力，破之必矣。」準乃益敏兵擊之。敏以少擊衆，每戰皆克。與玘攻冰於建業。冰北走，投封雲。敏迴討雲。雲將張統斬雲、冰降。時永興元年三月也。會稽賀循，會稽，秦郡，治吳，後漢移治山陰。吳，今江蘇吳縣。山陰，見第二章第二節。亦合衆應玘等。移檄冰大將杭寵。寵遁走，所置會稽相、山陰令皆降，一郡悉平。敏以功爲廣陵相。時惠帝幸長安，四方交爭，敏遂有割據江東之志。父亡去職。東海王越當西迎大駕，承制起敏爲右將軍，假節、前鋒都督。越討劉喬，敏引兵會之，與越俱敗於蕭。見第三節。敏因中國大亂，遂請東歸。收兵據歷陽。秦縣，晉置郡，今安徽和縣。丹陽甘卓，丹陽，秦縣，今安徽當塗縣東。亦棄官東歸，與敏遇於歷陽，共圖縱橫之計。假稱皇大弟命，拜敏爲揚州刺史。敏爲息取卓女，并假江東首望顧榮等四十人爲將軍、郡守。榮，吳人，吳丞相雍之孫。是時州內豪桀，咸見維縶，惟賀循齊曾孫，邵子。與吳郡朱誕，不與其事。揚州刺史劉機、丹陽大守王曠等，皆棄官奔走。敏弟昶，將精兵數萬據烏江。在今安徽和縣東北，晉於此置烏江縣。恢率錢端等南寇江州，時治豫章。刺史應邈奔走。斌東略諸郡。遂據有吳、越之地。永興二年十二月。敏命寮佐以己爲都督江東軍事，大司馬，楚公，封十郡，加九錫。列上尚書稱「自江入河，奉迎鑾駕。」敏分置子弟爲列郡，收禮豪桀，有孫氏鼎峙之計，而刑政無章，不爲英俊所服；且子弟凶暴，所在爲患。周玘、顧榮之徒，常懼禍敗。東海王軍諮祭酒華譚，廣陵人。又遺榮等書。玘、榮乃遣使密報劉準：「遣兵臨江，己爲內應。」準遣劉機等出歷陽，敏使弟昶及將軍吳廣次烏江以距之，又遣弟閎戍牛渚。山名，即采石，以臨江，亦稱采石磯，在今安徽當塗縣西北。廣，玘鄉人也，廣，吳興人，家在長城。長城，晉縣，在今浙江長興縣東。玘潛使圖昶。廣遣其屬白事，昶傾頭視書，揮刀斬之。敏遣甘卓出橫江，在和縣東南，與牛渚相對。堅甲利器，盡以委之。玘、榮又說卓，卓遂背敏。敏與卓戰，未獲濟，顧榮以白羽扇麾之，衆潰。敏單騎東奔，至江乘，秦縣，吳省，晉復置，在今江蘇句容縣北。爲義兵所獲，斬於建業。時永嘉元年三月也。會稽諸郡，並殺敏諸弟無遺焉。恢據武昌，自稱荆州刺史，見朱伺傳。劉弘使陶侃等討平之。王敦之叛也，或說甘卓：「且僞許敦，待其至都而討之。」卓曰：「昔陳敏之亂，吾亦先從後圖，而論者謂懼逼而謀，雖情本不爾，而事實有似，心恆愧之。今若復爾，誰能明我？」此非誠語，懼逼反噬，乃其實情，且非獨卓，顧榮、周玘等，恐無不如是也。亦可見是時吳人之心矣。

陳敏之叛也，吳興人錢璯亦起義兵。東海王越命爲建武將軍，使率其屬會於京都。璯至廣陵，聞劉聰逼洛陽，畏愞不敢進。元帝時鎮江左，促以軍期，璯乃謀反。永嘉四年二月，劫孫皓子充，立爲吳王，既而殺之。寇陽羨。漢縣，在今江蘇宜興縣南。元帝遣將軍郭逸、都尉朱典等討之，並以兵少，未敢前。三月，周玘率合鄉里義衆，與逸等俱進，斬之。

劉弘以光熙元年卒。明年，爲懷帝永嘉元年，三月，以高密王簡督荆州，鎮襄陽。此據本紀。本傳名略，字元簡，諡孝，文獻王子，而東海王越之弟也。文獻王見第二節。三年，三月，羕以尚書左僕射山簡督荊、湘、交、廣，尋又加督寧、益。簡優游卒歲，惟酒是耽。先是王衍說東海王越謂：「中國已亂，當賴方伯。」乃以弟澄爲荊州，族弟敦爲青州。謂澄、敦曰：「荊州有江、漢之固，青州有負海之險，卿二人在外，而吾留此，足以爲三窟矣。」澄既至鎮，日夜縱酒，雖寇戎急務，亦不以在懷。及四年九月，而王如反於宛。如，新豐人。新豐，見第五節。初爲州武吏，遇亂，流移至宛。時諸流人有詔並遣還鄉里，如以關中荒殘，不願歸，簡與南中郎將杜蕤各遣兵送之，而促期令發。如遂潛結諸無賴少年，夜襲二軍，破之。自號大將軍、司、雍二州牧。大掠漢、沔。南安龐寔、此據如傳。本紀作新平。南安、新平，皆見第二章第二節。馮翊嚴嶷、馮翊，亦見第二章第二節。長安侯脫，各率其黨攻諸城鎮，多殺令長以應之。時京師危逼，簡、澄、蕤並遣兵入援，及如戰於宛，皆大敗。澄獨以衆進，前鋒至宜城，漢縣，今湖北宜城縣南。遣使詣簡，爲嚴嶷所獲。嶷僞使人從襄陽來，言「城破，已獲山簡矣。」陰緩澄使，令亡。澄以爲信然，散衆而還。簡爲嶷所逼，遷於夏口。今漢口。如又破襄城。見第四節。時石勒濟河，如遣衆一萬屯襄城以距勒。勒擊敗之，盡俘其衆。至南陽，屯於宛北山。如懼勒攻己，使犒師，結爲兄弟。勒納之。侯脫據宛，與如不協，如說勒攻脫。旬有二日而克。嚴嶷救脫無及，遂降於勒。勒斬脫，囚嶷，送於平陽，盡并其衆。南寇襄陽，攻陷江西壁壘三十餘所。率精騎三萬還攻如，憚如之盛，復趨襄城。如遣弟璃犒師，實欲襲勒。勒迎擊，滅之。復屯江西。旋北上。如軍中大饑，其黨互相攻擊，官軍進討，各相率來降。如計無所出，歸於王敦。如降無年月，通鑑以其餘黨入漢中在建興元年，乃繫之永嘉六年。後爲敦所殺。如餘黨李運、楊武等，自襄陽將三千餘家入漢中。初陳敏作亂，朝廷以張光爲順陽太守，順陽，晉郡，在今河南光化縣北，後移淅川縣東南。率步騎五千詣荊州討之，有功，遷梁州刺史。先是秦州人鄧定等二千餘家饑餓，流入漢中，保於城固。（漢成固縣，今陝西城固縣西北。）漸爲抄盜。梁州刺史張殷，遣巴西大守張燕討之。（巴西見第六節。）定窘急，僞降，幷餽燕金銀。燕喜，爲之緩師。定密結李雄，雄遣衆救定。燕退。定逼漢中，大守杜正沖東奔魏興。（見第六節。）殷亦棄官而遁。光止於魏興，結諸郡守共謀進取。燕唱言不可。光怒，斬燕。卻鎮漢中。及運、武至，光遣參軍晉邈距之。邈受運重賂，勸光納運。光從邈言，使居城固。既而邈以運多珍貨，又欲奪之，言於光曰：「運之徒屬，不事佃農，但營器杖，意在難測，可掩而取之。」光又信焉。遣邈討運，不克。光乞師於氐王楊茂搜。茂搜遣子難敵助之。難敵求貨於光，光不與。楊武乃厚賂難敵，謂之曰：「流人寶物，悉在光處。今伐我，不如伐光。」難敵大喜，聲言助光，內與運同。光弗之知也。遣息援助邈。運與難敵夾攻邈等。援爲流矢所中，死。賊遂大盛。光嬰城固守，憤激成疾，卒。建興元年十一月，武陷梁州。明年二月，大略漢中，奔於李雄。

張昌妖妄，王如粗才，皆不足道。杜弢則非其倫矣。其叛既非本心，且其材頗可用，而爲諸將貪功者所閒隔，卒陷於叛逆以死。弢一身不足惜，然恢復之所以難成，所用不過二等人物，亦爲其一大因，此則非細故也。弢，成都人，以才學著稱，州舉秀才。遭李庠之亂，避地南平。大守應詹，愛其才而禮之。後爲醴陵令。（醴陵，漢侯國，後漢爲縣，今湖南醴陵縣。）時巴、蜀流人汝班、蹇碩等數萬家，布在荊、湘閒，爲舊百姓所侵苦，並懷怨恨。會蜀賊李驤，（此又一李驤，非前蜀李特之弟。）殺縣令，屯聚樂鄉，（城名，吳陸抗所築，在今湖北松滋縣東。）衆數百人。弢與應詹擊驤，破之。蜀人杜疇、蹇撫等復擾湘州。參軍馮素，與汝班不協，言於刺史荀眺曰：「流人皆欲反。」眺以爲然，欲盡誅流人。班等懼死，聚衆以應疇。時弢在湘中，賊衆共推爲主。弢自稱梁、益二州牧、領湘州刺史，攻破郡縣，眺委城走廣州。治番禺，今廣東南海縣。時永嘉五年五月也。以上據杜弢傳、王澄傳。○：澄傳云：巴、蜀流人散在荊湘者，與土人忿爭，遂殺縣令，屯聚樂鄉。澄使成都內史王機討之，賊請降，澄僞許之，既而襲之，以其妻子爲賞，沈八千餘人於江中。於是益、梁流人四五萬家一時俱反，推杜弢爲主。廣州刺史郭訥，遣始興大守嚴佐攻弢，始興，吳郡，今廣東曲江縣。弢逆擊破之。王澄遣王機擊弢，敗於巴陵。晉縣，今湖南巴陵縣。弢遂縱兵肆暴，僞降於山簡，簡以爲廣漢大守。廣漢，見第六節。眺之走也，州人推安城大守郭察領州事。安城，吳郡，在今江西安福縣東南。因率衆討弢，反爲所敗，察死。弢遂南破零陵，東侵武昌，害長沙、宜都、邵陵大守。宜都，見第六節。邵陵，漢昭陵縣，吳置郡，晉郡縣俱改曰邵陵，今湖南寶慶縣。王澄出軍擊弢，次於作唐。山簡參軍王沖叛於豫州，自稱荊州刺史。澄懼，使杜蕤守江陵，漢縣，今湖北江陵縣。遷於孱陵。漢縣，在今湖北公安縣南。尋奔沓中。胡三省曰：蓋在孱陵東。初，澄命武陵諸郡同討弢，天門大守扈瓌，天門，吳郡，晉置澧陽縣爲郡治，今湖北石門縣。次於益陽。漢縣，在今湖南益陽縣西。武陵內史武察，爲其郡吏所害。瓌以孤軍引還。澄怒，以杜曾代瓌。曾，新野人，新野，見第三節。蕤之從祖弟也，驍勇絕人。始爲新野王歆鎮南參軍，歷華容令，華容，漢縣，今湖北監利縣西北。至南蠻司馬。永嘉之亂，荊州荒梗，故鎮南府牙門將胡亢聚衆竟陵，自號楚公。永嘉六年正月。假曾竟陵大守。及是，澄使代扈瓌。瓌故吏袁遂，託爲瓌報讎，舉兵逐曾。澄使司馬毋丘邈討之，爲遂所敗。時元帝鎮江東，以軍諮祭酒周顗刺荊州，而徵澄爲軍諮祭酒。顗始到州，建平流人傅密等叛，迎弢。弢別將王眞襲沔陽，顗狼狽失據。武昌大守陶侃救之，乃得免，奔建康。建興元年八月。時王敦都督征討諸軍事，遣侃及豫章大守周訪等討弢，而敦進住豫章，爲諸軍繼援。敦表拜侃荊州，鎮於沌口。沌水自湖北潛江縣由漢水分枝東南出，經江陵、監利至漢陽入江。又移入沔江。先是胡亢與其黨，自相猜貳，誅其驍將數十人。杜曾心不自安，潛圖之。會王沖擁兵抄亢所統，亢患之，問計於曾。曾勸令擊之，亢以爲然。曾因城中空虛，斬亢而并其衆，自號南中郎將，領竟陵大守。沖據江陵。陶侃參軍王貢爲侃告捷於王敦，還至竟陵，矯侃令，以曾爲前鋒大督護，進軍斬沖，悉降其衆。侃召曾不到，貢又恐矯命獲罪，遂與曾舉兵反。侃欲退入涓中，涓水，出湖北隨縣，在漢陽西北入江。部將張奕，將貳於侃，詭說曰：「賊至而動衆，不可。」侃惑之，賊至，爲所敗，坐免官。奕奔於賊。本紀：建興二年，三月，杜弢別將王眞襲侃於林障，侃奔灄中。林障，水經注：在江夏沌陽縣。案沌陽縣，齊，置在今漢陽縣西。水經注：涓水過安陸，東南流，分爲二水：東通灄水，西入於沔。王敦表侃以白衣領職。侃復率周訪等進軍入湘。使都尉楊舉爲先驅，擊杜弢，大破之。敦於是奏復侃官。弢前後數十戰，將士多物故，於是請降。元帝不許。弢乃遺應詹書，求復北方或夷李雄以自效。詹啓呈弢書，言「弢益州秀才，素有清望。李驤爲變，弢時出家財，招募忠勇，登壇歃血，義誠慷慨。鄉人推其素望，遂相馮結，論弢本情，非首作亂階者也。」元帝乃使前南海大守王運受弢降。南海，秦郡，治番禺。加弢巴東監軍。巴東，見第六節。弢受命之後，諸將殉功者攻擊之不已，弢不勝憤，遂殺運而使王眞領精卒三千爲奇兵，出江南向武陵，斷官軍運路。陶侃使鄭攀等夜趣巴陵，掩其不備，大破之。眞步走湘城。湘州治長沙。弢將張彥陷豫章。王敦遣督護繆蕤、李恆受周訪節度，共擊破之，臨陳斬彥。訪復以舟師造湘城，而弢遣杜弘出海昏，漢縣，今江西永修縣。湓口騷動。湓口，湓水入江處，在今江西九江縣西。訪步出柴桑，漢縣，在九江西南。與賊戰，破之。圍弘於廬陵。廬陵郡，孫策所置，晉治石陽，在今江西吉水縣東北。弘突圍出，奔於臨賀。漢縣，吳置郡，今廣西賀縣。此處據周訪傳。本紀事在建興三年二月，而誤合破張彥、杜弘爲一事。

賊中離沮。杜弢逆疑張奕而殺之，衆情益懼，降者滋多。侃等諸軍齊進。王眞降，衆黨散潰。弢遁逃，不知所在。此依弢傳。本紀云：弢敗，走道死。時建興三年七月也。

張光之卒也，愍帝以侍中第五琦爲荆州刺史，監荆、梁、益、寧四州，出自武關。見第三節。杜曾迎琦於襄陽，爲兄子娶琦女，遂分據沔、漢。陶侃新破杜弢，乘勝擊曾，輕之，圍曾於石城。竟陵郡治。爲所敗。建興元年十月。時荀崧督荆州，鎭宛，曾攻之。崧求救於周訪及襄城大守石覽。訪使子撫會覽救之，曾不能克，引兵向江陵。王敦左轉陶侃爲廣州刺史，以從弟廙刺荆州。侃將鄭攀、蘇溫、馬儁等上書請留侃。此據侃傳。王廙傳作馬俊。敦不許。攀等時屯結涓口，涓水入江之口。遂進距廙。廙奔江安。吳公安縣，晉改爲江安，今湖北公安縣東北。建武元年九月，王敦使武昌大守趙誘、襄陽大守朱軌、陵江將軍黃峻討琦。攀等士衆疑沮，復散還橫桑口。在今湖北天門縣東南。懼誅，以司馬孫景造謀，斬之降。而誘等大敗於女觀湖，在江陵東北。皆爲曾所殺。曾遂逐廙，徑造沔口。王敦遣周訪討之，破其衆於沌陽，遂定沔、漢。曾走固武當。山名，在今湖北均縣南。漢時置武當縣，在今均縣北。訪屢戰不能克。潛遣人緣山開道，出不意襲之，曾衆潰。馬儁、蘇溫等執曾詣訪降，幷獲第五琦。訪斬曾，送琦於王敦，敦斬之。時大興二年五月也。兼據本紀及周訪、陶侃、王廙、朱伺、杜曾傳。

王機，長沙人。父毅，廣州刺史，甚得南越之情。王澄與之友善，內綜心膂，外爲牙爪。杜弢之滅也，王敦以元帥加都督江、揚、荆、湘、交、廣六州，江州刺史，鎭豫章。王澄赴召，過詣敦。澄夙有盛名，出於敦右，兼勇力絕人，素爲敦所憚。澄猶以舊意侮敦，敦益忿怒，令力士搤殺之。機懼禍及；又屬杜弢所在發墓，而獨爲機守冢，機益自疑；就敦求廣州，敦不許。會廣州人背郭訥迎機。機遂將奴客、門生千餘人入廣州。州部將溫邵率衆迎機。機自以篡州，懼爲敦所討，乃更求交州。晉交州治龍編，在今越南河內省。杜弘自臨賀送金數千兩與機，求討桂林賊自效。晉桂林郡治，在今廣西馬平縣東南。機爲列上，朝廷許之。時交州刺史王諒爲賊梁碩所陷。據陶侃傳。王敦以機難制，又欲因機討碩，故以降杜弘之勳，轉機爲交州刺史。碩禁州人不許迎之，機遂住鬱林。漢郡，治布山，今廣西貴縣。杜弘破桂林賊還，遇機於道。機勸弘取交州，弘素有意，於是機與弘及溫邵、交州秀才劉沈等並反。尋陶侃爲廣州，先討溫邵、劉沈，皆殺之。遣督護許高討機。機走，病死於道。高寶進擊梁碩，平之。杜弘詣零陵大守尹奉降。奉送弘與敦。敦以爲將，見寵待焉。

錢璯之平也，元帝以周玘爲吳興大守。又以玘頻與義兵，勳誠並茂，乃以陽羨及長城之西鄉，丹陽之永世，別爲義興郡，以彰其功。治陽羨。玘宗族彊盛，人情所歸，帝疑憚之。於時中州人士，左右王業，玘自以爲不得調，內懷怨望。復爲刁協輕之，恥恚愈甚。時鎮東將軍祭酒東萊王恢，亦爲周顗所侮。乃與玘陰謀，誅諸執政，推玘及戴淵與諸南士共奉帝以經緯世事。戴淵，廣陵人。先是流人率夏鐵等寓於淮、泗。恢陰書與鐵，令起兵，己當與玘以三吳應之。丹陽、吳興、吳郡。建興初，鐵已聚衆數百人。臨淮大守蔡豹斬鐵以聞。恢聞鐵死，懼罪，奔於玘。玘殺之，埋於豕牢。帝聞而祕之。召玘爲鎮東司馬。未到，復改授南郡大守。秦郡，治江陵，吳移治公安，晉還治江陵。玘既南行，至蕪湖，漢縣，在今安徽蕪湖縣東。又下令，以爲軍諮祭酒。玘忿於回易，又知其謀泄，遂憂憤發背而卒。將卒，謂子勰曰：「殺我者諸傖子，能復之，乃吾子也。」吳人謂中州人曰傖，故云。勰常緘父言，時中國亡官失守之士，避亂來者，多居顯位，駕御吳人，吳人頗怨。勰因之欲起兵，潛結吳興功曹徐馥。馥家有部曲，勰使馥矯稱叔父札命以合衆。豪俠樂亂者，翕然附之。以討王導、刁協爲名。孫晧族人弼亦起兵於廣德以應之。廣德，吳縣，今安徽廣德縣東。建興三年，正月，馥殺吳興大守袁琇。有衆數千，將奉札爲主。札聞而大驚，乃告亂於義興大守孔侃。勰知札不同，不敢發兵。馥黨懼，攻馥殺之。孫弼衆亦潰，宣城大守陶猷滅之。宣城，晉郡，治宛陵，今安徽宣城縣。札兄靖之子筵，時爲黃門侍郎。筵族兄續，亦聚衆應馥。元帝議欲討之。王導以爲兵少則不足制寇，多遣則根本空虛，筵爲一郡所敬，意謂直遣筵，足能殺續。於是詔以力士百人給筵，使輕騎還陽羨。筵既至郡，逼續共詣侃，殺之。筵因欲誅勰，札拒不許，委罪於從兄邵，誅之。元帝以周氏奕世豪望，吳人所宗，故不窮治，撫之如舊。然其後王敦內犯，札守石頭，六朝時建業有三城：中臺城，爲帝居。西石頭，爲宿兵之所，攻戰時恆據此。東東府，凡宰相錄尚書事兼揚州刺史者居之，實甲常數千人，如晉會稽王道子、宋武帝、齊高帝是也。開門納之，蓋未嘗不銜舊怨？而周氏卒仍爲敦輩所忌，可見當時南北之不相容也。

第四章　東晉初年形勢

第一節　元帝東渡

惠末大亂，懷、愍崎嶇北方，卒無所就，而元帝立國江東，遂獲更衍百年之祚，此蓋自初平以來，久經喪亂，民力彫敝，朝廷紀綱，亦極頹敗，其力不復能戡定北方，而僅足退守南方以自保，大勢所趨，非一人一事之咎也。元帝名睿，爲宣帝曾孫。嗣爲琅邪王。東海王越收兵下邳，使帝監徐州諸軍事。俄督揚州。越西迎大駕，留帝居守。永嘉初，移鎭建業。周馥表請遷都，帝受東海王越之命，擊走之，皆已見第三章第四節。及懷帝蒙塵，司空荀藩，移檄天下，推帝爲盟主。江州刺史華軼不從。軼，歆之曾孫。東海王越牧兗州，引爲留府長史。永嘉中，歷江州刺史。在州甚有威惠。時天子孤危，四方瓦解，軼每遣貢獻入洛，不失臣節。謂使者曰：「若洛都道斷，可輸之琅邪王，以明吾之爲司馬氏也。」然軼自以受洛京所遣，而爲壽春所督，時揚州刺史治壽春，見第三章第九節。時洛京尚存，不能祇承元帝教命。元帝遣周訪屯彭澤以備軼。彭澤，漢縣，吳置郡，在今江西湖口縣東。訪過姑熟。城名，今安徽當塗縣。著作郎干寶見而問之。訪曰：「華彥夏軼字有憂天下之誠，而不欲錄錄受人控御，頃來紛紜，粗有嫌隙，今又無故以兵守其門，將成其釁。吾當屯尋陽故縣，漢尋陽縣，在今湖北黃梅縣北。晉置郡，治柴桑，即今江西九江縣，始移於江南。既在江西，可以捍禦北方，又無嫌於相逼也。」初陳敏之亂，劉弘以陶侃爲江夏大守。江夏，見第三章第四節。後以母憂去職。服闋，參東海王越軍事。軼表侃爲揚武將軍，使屯夏口。見第三章第九節。又以侃兄子臻爲參軍。臻恐難作，託疾而歸。侃怒，遣臻還軼。臻遂東歸。元帝大悅，命臻爲參軍，加侃奮威將軍。侃乃與軼絕。及元帝承制，改易長史，軼又不從命。於是遣左將軍王敦，都督甘卓、周訪、宋典、趙誘討之。前江州刺史衞展，不爲軼所禮，心常怏怏。至是，與豫章大守周廣爲內應，潛軍襲軼。軼衆潰，奔於安城。見第三章第九節。追斬之，及其五子，傳首建業。愍帝卽位，加帝左丞相。歲餘，進位丞相，大都督中外諸軍事。已見第三章第五節。建興五年，二月，平東將軍宋哲至，宣愍帝遺詔，使帝攝萬幾。三月，卽晉王位，改元建武。明年，建興六年，元帝大興元年。愍帝崩問至，乃卽帝位。

王導傳云：導參東海王越軍事。時元帝爲琅邪王，與導素相親善。導知天下已亂，遂傾心推奉，帝亦雅相親重，契同友執。帝之在洛陽也，導每勸令之國。會帝出鎭下邳，請導爲安東司馬，軍謀密策，知無不爲。及徙鎭建康，吳人不附，居月餘，士庶莫有至者。導患之。會敦來朝。導謂之曰：「琅邪王仁德雖厚，而名論猶輕。兄威風已振，宜有以匡濟之。」會三月上巳，帝親觀禊，乘肩輿，具威儀，導及諸名勝皆騎從。吳人紀瞻、顧榮，皆江南之望，竊覘視之，見其如此，咸驚懼，乃相率拜於道左。導因進計曰：「古之王者，莫不賓禮故老，存問風俗，虛己心以招俊乂。況天下喪亂，九州分裂，大業草創，急於得人者哉？顧榮、賀循，此土之望，未若引之，以結人心。二子既至，則無不來矣。」帝乃使導躬造循、榮。二人皆應命而至。由是吳會風靡，百姓歸心焉。自此之後，漸相崇奉，君臣之禮始定。俄而洛京傾覆，中州士女，避亂江左者十六七。導勸帝收其賢人君子，與之圖事。時荊、揚晏安，戶口殷實。導爲政務在清靜，每勸帝克己厲節，匡主寧邦。於是尤見委杖，情好日隆。朝野傾心，號爲仲父。此傳頗能道出東晉建國之由。三言蔽之，曰：能調和南方人士，收用北來士大夫，不竭民力而已。史言「惠皇之際，王室多故，帝每恭儉退讓，以免於禍。沈敏有度量，不顯灼然之跡，故時人未之識焉。」深沈有餘，雄略不足，是則元帝之爲人也。帝之本志，蓋僅在保全江表，而不問北方，即王導之志亦如此，故能志同道合。東晉之所以能立國江東者以此，其終不能恢復北方者亦以此。以建國之規模一定，後來者非有大才，往往不易更變也。

第二節　北方淪沒

天下之患，莫大於中樞之失馭。中樞失馭，則雖有誠臣，亦無能爲力矣。晉世北方，惟幷州敗壞最甚；幽、冀、青、兗，皆未嘗不足有爲；而涼州亦足爲秦、雍之援；得雄主而用之，五胡之亂，固未嘗不可戡定，即不然，亦可以相枝拄。惠帝既失馭；懷、愍處不可爲之時；元帝又絕意於北略；遂至河西一隅而外，無不爲異族所蹂躪矣。詩曰「其何能淑，載胥及溺，」豈不哀哉？

惠帝西遷以後，能號令中原者，自莫如河南之行臺。然荀藩等實手無斧柯，故迄不能振作。藩以建興元年九月薨，愍帝以其弟組行留事。元帝大興初，以爲石勒所逼，率其屬數百人自許昌渡江而東。許昌見第三章第二節。

時北方征鎮，以青州苟晞、幽州王浚爲較强，而丁紹爲冀州刺史，亦能捕誅境內之羯賊。晞爲石勒所滅，已見第三章第五節。紹以永嘉三年卒，王斌繼之，十一月，爲勒所害。王浚復兼冀州，然力實不足以守之也。

王彌之入洛陽也，縱兵大掠，劉曜禁之，彌不從。曜斬其牙門王延以徇。彌怒，與曜阻兵相攻。旋以長史張嵩諫，詣曜謝，結分如初。然曜本怨彌先入洛不待己，嫌隙遂搆。彌引衆東屯項關。在項縣。司隸劉暾，暾東萊掖人。王彌入洛，百官殲焉，惟暾爲彌鄉里，宿望得免。東萊見第三章第四節。掖，漢縣，今山東掖縣。說彌還據青州。彌然之，使左長史曹嶷還鄉里招誘，且迎其室。後暾又勸彌徵曹嶷，藉其衆以誅石勒。於是彌使暾詣青州，令曹嶷引兵會己，而詐要勒共向青州。暾至東阿，漢縣，今山東陽穀縣東北。爲勒游騎所獲。勒見彌與嶷書，大怒，乃殺暾，詭請彌宴，手斬之而幷其衆。彌在羣盜中較有智略，其聲勢亦亞於勒，既見幷，勒更無所忌憚矣。

永嘉五年十月，勒既沒苟晞，幷王彌，南寇豫州，至江而還，屯於葛陂，在今河南新蔡縣。繕室宇，課農造舟，將寇建業。會霖雨，歷三月不止。六年二月，元帝上尙書，檄四方討勒。江南之衆，大集壽春。見第三章第四節。勒軍中飢疫，死者大半。勒會諸將計之。右長史刁膺，勸勒送款，待軍退之後，徐更計之。勒愀然長嘯。其謀主張賓曰：「將軍攻陷帝都，囚執天子，殺害王侯，妻略妃主，擢將軍之髮，不足以數將軍之罪，奈何還相承奉乎？鄴有三臺之固，水經注：鄴城西北有三臺，皆因城爲之基。魏武所起，中曰銅雀臺，高十丈。其後石虎更增二丈。南則金虎臺，高八丈。北則冰井臺，亦高八丈。西接平陽，宜北徙據之。晉之保壽春，懼將軍之往擊耳。今卒聞迴軍，必欣於敵去，未遑奇兵掎擊也。輜重徑從北道，大軍向壽春，輜重既過，大軍徐迴，何懼進退無地乎？」勒攘袂鼓髯曰：「賓之計是也。」於是退膺爲將軍，擢賓爲右長史，號曰右侯。發自葛陂，遣從子虎率騎二千距壽春。會江南運船至，獲布米數十艘，將士爭之，不設備，晉伏兵大發，敗虎於巨靈口，赴水死者五百餘人，奔退百里，及於勒軍。軍中震擾，謂王師大至。勒陳以待之。晉懼有伏兵，退還壽春。勒雖剽悍，此時實尚同流寇，前此所破者，皆晉饑疲之軍，非精練之士也。此時勒軍飢疫，而晉士飽馬騰，形勢適相反。一奮擊之，勒必無力，驟取薊州，王浚幽州之衆，亦尚可資犄角，北方之情勢一變矣。任其越逸，豈不惜哉？

然勒之危機，猶未已也。勒所過路次，皆堅壁清野，採掠無所獲，軍中大飢，士衆相食。行達東燕，水經注：河水東北過延津，又逕東燕縣故城北。按兩漢志：東郡有燕縣，無東燕縣，蓋作史者用當時地名書之。延津見第三章第四節。聞汲郡向冰，有衆數千，壁於枋頭。汲郡見第三章第三節。枋頭，城名，在今河南濬縣西南。勒將於棘津北渡，棘津在今河南延津縣東北。懼冰邀之，會諸將問計，張賓請簡壯勇千人，詭道潛渡，襲取其船，以濟大軍。勒從之，又因其資軍，遂豐贍。長驅寇鄴，時劉演守三臺。張賓進曰：「劉演衆猶數千，三臺險固，攻守未可卒下。王彭祖、浚字。劉越石琨字。大敵也，宜及其未有備，密規進據，西稟平陽，掃定并、薊，且遊行羈旅，人無定志，難以保萬全，制天下。邯鄲、秦縣，在今河北邯鄲縣西南。襄國，秦信都縣，項羽改曰襄國，在今河北邢臺縣西南。趙之舊都，可擇都之。」勒曰：「右侯之計是也。」於是進據襄國。賓又言於勒曰：「聞廣平諸縣，廣平見第二章第二節。秋稼大成，可分遣諸將，收掠野穀，遣使平陽，陳宜鎮此之意。」勒又然之。於是上表於劉聰，分命諸將攻冀州郡縣，壁壘率多降附，運糧以輸勒。勒蓋至是始免於爲流寇，而有建國之規模，皆張賓之謀也。張賓者，趙郡中丘人。中丘，漢縣，在今河北內邱縣西。嘗自擬子房，謂歷觀諸將，獨胡將軍可與共成大事，乃提劍軍門，自媒於勒者也。王浚使督護王昌，率段疾六眷亦作就六眷、及其弟匹磾、文鴦，從弟末杯，亦作末波。攻勒於襄國。勒獲執末杯，因以爲質，請和於疾六眷。疾六眷使文鴦與石虎盟而還。浚所恃惟鮮卑，鮮卑叛而浚勢搖矣。

當劉淵崛起之際，拓跋氏亦漸强。晉人乃思藉其力以犄匈奴焉。永興元、二年閒，東嬴公騰，已再用拓跋氏之衆距劉淵。見魏書序紀。永興二年，猗㐌死，永嘉元年，祿官又死，猗盧遂合三部爲一。是歲，騰遷鎮鄴，劉琨刺幷州。時幷土饑荒，百姓隨騰南下，餘戶不滿二萬。寇賊縱橫，道路斷塞。琨募得千餘人，轉鬥至晉陽。見第三章第四節。琨在路上表曰：「道險山峻，胡寇塞路。輒以少擊衆，冒險而進。頓伏艱危，辛苦備嘗。即日達壺口關。臣自涉州疆，目覩困乏，流移四散，十不存二。攜老扶弱，不絕於路。及其在者，鬻賣妻子，生相捐棄。死亡委厄，白骨橫野。哀呼之聲，感傷和氣。羣胡數萬，周匝四山。動足遇掠，開目覩寇。惟有壺關，可得告糴。而此二道，九州之險，數人當路，則百夫不敢進。公私往反，沒喪者多。嬰守窮城，不得薪采。耕牛既盡，又乏田器。以臣愚短，當此至難。憂如循環，不皇寢食。」幷州此次荒歉，晉史記載不詳，然其災情實極重，劉琨始終不能自立，實由於此。壺口關，在今長治縣東南，漢於此置壺關縣，見第三章第四節。府寺焚毀，僵尸蔽地。存者飢羸，無復人色。荆棘成林，豺狼滿道。寇盜互來掩襲，恆以城門爲戰場。百姓負楯以耕，屬鞬而耨。琨撫循勞來，甚得物情。在官未期，流人稍復，雞犬之音，復相接矣。晉書懷帝紀：永嘉五年十一月，猗盧寇大原，見第二章第二節。劉琨不能制，徙五縣百姓於新興，事見第三章第八節。新興見第二章第二節。以其地與之。魏書序紀事在其前一年。穆帝三年。云琨遣使以子遵爲質，帝嘉其意，厚報餽之。白部大人叛入西河，鐵弗劉虎舉衆於雁門以應之，西河、雁門，皆見第二章第二節。攻琨新興、雁門二郡。琨來乞師。帝使弟子平文皇帝將騎一萬，助琨擊之。大破白部。次攻劉虎，屠其營落。虎收其餘燼，西走渡河，窴居朔方。見第三章第八節。晉懷帝進帝大單于，封代公。帝以封邑去國縣遠，民不相接，乃從琨求陘北之地。琨乃徙馬邑、陰館、樓煩、繁峙、崞五縣之民於陘南，更立城邑，盡獻其地。據晉書劉琨傳：琨之表猗盧爲代公，乃在晉陽失陷，乞師於猗盧之時。蓋拓跋氏本無記注，先世事迹，皆依附中國史籍而成，故年代殊不審諦也。魏書鐵弗劉虎傳云：南單于之苗裔，左賢王去卑之孫，北部帥劉猛之從子。居於新興慮虒之北。慮虒，漢縣，在今山西五臺縣北。北人謂胡父鮮卑母爲鐵弗，因以爲號。猛死，子副崙來奔。虎父誥升爰代領部落。誥升爰死，虎代焉。劉猛之叛，已見第二章第二節。劉淵載記：淵欲援成都王穎，劉宣等諫曰：「晉爲無道，奴隸御我，是以右賢王猛，不勝其忿。屬晉綱未弛，大事不遂，右賢塗地，單于之恥也！」然則鐵弗爲匈奴彊部，且與晉有世讎，其助劉淵以攻琨，亦固其所。琨之免於兩面受敵，實藉鮮卑之力。拓跋氏自力微以來，與晉亦爲世讎，而琨能用之，其智計亦足尚矣。魏書序紀又云：是年，賈疋、閻鼎共立秦王業爲大子，於長安稱行臺。帝復戒嚴，與琨更刻大舉。命琨自列晉行臺，部分諸軍。帝將遣十萬騎從西河鑒谷南出，晉軍從蒲阪東度，蒲阪見第三章第四節。會於平陽，就食聰粟，迎復晉帝。事不果行。蓋琨欲用鮮卑與關中共攻河東也。計雖未行，琨之志亦壯矣。然晉陽實荒瘠，不足與河東敵。六年，琨殺奮威護軍令狐盛。盛子泥奔劉聰。聰以爲鄉道，遣子粲陷晉陽。琨父母並遇害。琨奔常山。見第三章第四節。乞師於猗盧。猗盧使子利孫赴琨，不得進。猗盧自將六萬騎，次於盂城。盂，漢縣，在今山西陽曲縣西北。魏書序紀云：遣長子六脩、桓帝子普根及衞雄、范班、箕澹等爲前鋒，帝躬統大衆二十萬爲後繼，乃修辭普根，劉琨集作撲速根。箕澹，劉聰載記、魏書、通鑑考異引十六國春秋皆作姬澹。粲遁走。琨收其遺衆，保於陽曲。見第二章第二節。此據晉書本紀。劉琨傳云：琨引猗盧幷力攻粲，大敗之，死者十五六。琨乘勝追之，更不能克。猗盧以爲聰未可滅，遺琨牛羊、車馬而去，留其將箕澹、段繁戍晉陽。劉聰載記云：猗盧遣子日利孫、賓六須及將軍衛雄、姬澹等率衆數萬攻晉陽，琨收散卒千餘，爲之鄉道。猗盧率衆六萬，至於狼猛。曜及賓六須戰於汾東，曜墜馬，中流矢，身被七創。曜入晉陽，夜與劉粲等略百姓踰蒙山遁歸。猗盧率騎追之，戰於藍谷，粲敗績。琨收合離散，保於陽曲，猗盧城之而還。案是時猗盧之衆蓋號稱六萬。琨衆不過千餘，可以見其寡弱。賓六須，通鑑考異云：十六國春秋作宥六須。狼猛，漢縣，在陽曲東北。蒙山，在大原西北。藍谷，在蒙山西。

王浚遣祁弘討石勒，爲勒所殺。劉琨與浚爭冀州，使宗人劉希還中山合衆。中山，漢國，今河北定縣。代郡、上谷、廣寧三郡人，皆歸於琨。代郡、上谷，皆見第三章第八節。廣寧，漢縣，晉置郡，在今察哈爾宣化縣西北。浚患之，遂輟討勒之師，與琨相拒。浚遣燕相胡矩燕國，治薊，今河北薊縣。督護諸軍，與疾六眷幷力攻破希，驅略三郡士女出塞。琨不復能爭。浚遂欲討勒。使子壻棗嵩督諸軍屯易水。召疾六眷，將與之俱攻襄國。疾六眷自以前後違命，恐浚誅之；石勒亦遣使厚賂疾六眷等；由是不應召。浚怒，以重賂誘猗盧子日律孫，令攻疾六眷，反爲所破。浚矜豪日甚，不親爲政，所任多苛刻，加亢旱災蝗；下不堪命，多叛入鮮卑，士卒衰弱。勒用張賓計，詐降於浚。浚喜勒附己，不復設備。建興二年三月，勒襲執浚，送諸襄國，斬之。浚傳云：浚將謀僭號。浚雖妄，未必至是。石勒載記謂勒遣其舍人，多齎珍寶，奉表推崇浚爲天子，表有「伏願殿下，應天順時，踐登皇阼」之語，蓋勒以是餌浚，後遂以是誣之也。浚固驕而寡慮，然謂其遂信勒之推奉爲眞，有是理哉？浚傳云：勒遣使刻日上尊號於浚，浚許之。勒屯兵易水，督護孫緯疑其詐，馳白浚，而引軍逆勒。浚不聽，使勒直前。衆議皆曰：「胡貪而無信，必有詐，請距之。」浚怒，欲斬諸言者，衆遂不敢復諫。盛張設以待勒。勒至城，復縱兵大掠。浚左右復請討之，不許。及勒登聽事，浚乃走出堂皇，勒衆執以見勒。勒遂與浚妻並坐，立浚於前。浚罵曰：「胡奴調汝公，何凶逆如此？」勒數浚不忠於晉，幷責以百姓餒乏，積粟五十萬斛而不振給。遂遣五百騎先送浚於襄國，收浚麾下精兵萬人，盡殺之。停二日而還。孫緯遮擊之，勒僅得免。夫浚卽愚癡，豈有勒縱兵大掠尙不禦之之理？勒衆幾何，敢甫入城卽散之大掠乎？孫緯遮擊之，勒尙僅得免，使浚少有備，勒安能得志？故知勒是役，必以輕兵掩襲，浚必絕未之知也。勒兵必甚少，故不敢久停，孫緯能遮擊敗之者，亦以此。以少兵能於二日之閒收殺浚精兵萬人，事亦可疑。浚雖務聚斂，恐積粟亦未能至五十萬。蓋當時之人，憾浚不能振施，乃爲是過甚之辭也。浚初以田徽爲兗州，李惲爲青州。徽爲勒將孔萇所害。建興元年六月。惲爲勒所殺。浚以薄盛代之。盛執渤海大守劉旣，渤海，漢郡，治浮陽，今河北滄縣。後漢移治南皮，今河北南皮縣。率戶五千降於勒。浚旣敗，勒以晉尙書劉翰行幽州刺史，戍薊，置守宰而還。翰叛勒，奔於段匹磾。匹磾遂領幽州刺史。蓋勒雖能冒險襲殺王浚，兵力實未能及幽州，故段氏復乘虛據之也。匹磾究爲異族，且亦無大略，劉琨至此，乃以一身與二虜相枝拄矣。

石勒載記云：勒將襲王浚，而懼劉琨及鮮卑、烏丸爲其後患。張賓進曰：「劉琨、王浚，雖同名晉藩，其實仇敵。若修牋於琨，送質請和，琨必欣於得我，喜於浚滅，終不救浚而襲我也。」於是輕騎襲幽州，遣張慮奉牋於琨，陳己過深重，求討浚以自效。琨旣素疾浚，乃檄諸州郡，謂「勒知命思愆，收累年之咎，求拔幽都，效善將來。今聽所請，受任通和。」一若勒之害浚，琨實與之通謀者，此誣辭也。琨之與浚爭冀州，特以當時朝命不及，州郡本無適主，兵爭之際，各求廣地以自强，此亦未爲非法，非遂與浚相攻伐也，安得謂之仇敵？勒之襲浚，僅停二日，琨雖欲救援，亦無所及，況其力實寡弱乎？浚謀僭號，既屬誣辭，雖非信臣，亦無逆節，安得指勒之求拔幽都，爲效善之徵乎？其爲誣罔，又不待辯而自明矣。是歲，琨表愍帝曰：「臣前表當與鮮卑猗盧，剋今年三月，都會平陽。會浚爲勒所虜，勒勢轉盛，欲來襲臣，城塢駭懼，志在自守。又猗盧國內，欲生姦謀。幸盧警慮，尋皆誅滅，遂使南北顧慮，用愆成舉。勒據襄國，與臣隔山，寇騎朝發，夕及臣城，同惡相求，其徒實繁。自東北八州，勒滅其七，先朝所授存者惟臣，是以勒朝夕謀慮，以圖臣爲計。闚伺閒隙，寇抄相尋，戎士不得解甲，百姓不得在野。自守則稽聰之誅，進討則勒襲其後。進退惟谷，首尾狼狽」云云。琨之備勒如此，而豈信其歸誠，與之謀浚者哉？是歲爲魏穆帝猗盧七年。魏書序紀云：帝復與劉琨約期，會於平陽。會石勒禽王浚，國有匈奴雜胡萬餘家，多勒種類，聞勒破幽州，乃謀爲亂，欲以應勒。發覺伏誅。討聰之計，於是中止。蓋不徒不能進取平陽，并陘北亦受其震撼矣。故知王浚之亡，實當時北方一大變也。自是之後，劉琨亦力竭於禦勒，不暇更圖匈奴矣。

建興三年，爲魏穆帝之八年。魏書序紀云：晉愍帝進帝爲代王，置官屬，食代、常山二郡。帝忿聰、勒之亂，志欲平之。先是國俗寬簡，民未知禁。至是，明刑峻法，諸部民多以違命得罪。凡後期者，皆舉部戮之。或有室家相攜，而赴死所。人問何之？答曰「當往就誅。」其威嚴伏物，皆此類也。蓋猗盧歆於爵賞，又貪虜獲之利，欲迫其衆南下，而其下不欲也。峻刻如此，亦無怪其召禍矣。先是猗盧城盛樂以爲北都，見第三章第八節。修故平城以爲南都。在今山西大同縣東。更南百里，於灅水之陽黃瓜堆築新平城。在今山西山陰縣北。猗盧少子比延有寵，欲以爲後，故使長子六脩出居新平城，而黜其母。四年，猗盧召六脩，六脩不至。猗盧怒，伐之，不利，與比延皆遇害。猗㐌子普根，先守外境，聞難來赴，攻六脩滅之。普根立，月餘而薨。普根子始生，桓帝后立之。其冬，又薨。晉書劉琨傳云：猗盧父子相圖，盧及兄子根皆病死。觀猗盧病死之非其實，則普根及其子，恐亦未必善終也。初代人衞操，爲衞瓘牙門，數使於拓跋氏。力微死後，操與從子雄及其宗室、鄉親姬澹等數十人，同往奔焉。說猗㐌、猗盧招納晉人。晉人附之者稍衆。猗㐌以爲輔相，任以國事。劉淵、石勒之亂，操勸猗㐌助晉。東嬴公騰聞而善之，表加將號。稍遷至右將軍，封定襄侯。永嘉四年卒。雄、澹，猗盧並以爲將。操卒後爲左右輔相。及是，與劉琨任子遵，率烏丸、晉人三萬，牛羊十萬來歸。琨聞之，大悅。率數百騎，馳如平城撫納之。琨由是復振。

當時以晉人入代，而乃心華夏者，尚有莫含。魏書含傳云：雁門繁峙人也。家世貨殖，貲累巨萬。劉琨爲幷州，辟含從事。含居近塞下，常往來國中。穆帝愛其才器，善待之。及爲代王，備置官屬，求含於琨。琨遣入國。含心不願，琨諭之曰：當今胡寇滔天，泯滅諸夏。百姓流離，死亡塗地。主上幽執，沈溺醜虜。惟此一州，介在羣胡之閒。以吾薄德，能自存立者，賴代王之力，是以傾身竭寶，長子遠質，覬滅殘賊，報雪大恥。卿爲忠節，亦是奮義之時。何得苟惜共事之誠，以忘出身之大益？入爲代王腹心，非但吾願，亦一州所賴。含乃入代，參國官。後琨徙五縣之民於陘南，含家獨留。含甚爲穆帝所重，常參軍國大謀。觀是時晉人用事於代者之多，而知劉琨之能用拓跋氏，爲有由也。其心亦良苦矣。

會石勒攻樂平，見第二章第二節。大守韓據請救於琨。琨以士衆新合，欲因其銳以威勒。箕澹諫曰：「此雖晉人，久在荒裔，未習恩信，難以法御。今內收鮮卑之餘穀，外抄殘胡之牛羊，且閉關守險，務農息士，既感化服義，然後用之，則功可立也。」琨不從。悉發其衆，命澹領步騎二萬爲前驅，琨自爲後繼。勒先據險要，設伏以擊澹，大敗之。一軍皆沒。孔萇追澹於桑乾，漢縣，在今察哈爾蔚縣東北。攻代郡，澹死。幷土震駭。尋又災旱。琨窮蹙不能復守。段匹磾數遣使要琨，欲與同獎王室。琨由是率衆赴之，從飛狐入薊。飛狐口，在蔚、淶源二縣閒。匹磾見之，甚相崇重。與琨結昏，約爲兄弟。箕澹之敗，論者或咎琨之躁進。然琨死後，朝廷以匹磾尙彊，當爲國討石勒，不舉琨哀。琨故從事中郎盧諶、崔悅等上表理琨，曰：「并州刺史東嬴公騰，以晉川荒匱，移鎮臨漳。見第三章第三節。大原、西河，盡徙三魏。皆見第二章第二節。琨受并州，屬承其弊，到官之日，遺戶無幾。當易危之勢，處難濟之土，鳩集傷夷，撫和戎狄，數年之間，公私漸振。會京都失守，羣逆縱逸，邊萌頓仆，苟懷晏安，咸以爲并州之地，四塞爲固，且可閉關守險，畜資養徒。抗辭厲聲，忠亮奮發，以爲天子沈辱，而不隕身死節，情非所安。遂乃跋履山川，東征西討。屠谷乘虛，晉陽沮潰。琨父母罹屠戮之殃，門族受殲夷之禍。向使琨從州人之心，爲自守之計，則聖朝未必加誅，而族黨可以不喪。及猗盧敗亂，晉人歸奔，琨於平城，納其初附。將軍箕澹，又以爲此雖晉人，久在荒裔，難以法整，不可便用。琨又讓之，義形於色。假從澹議，偷於苟存，則晏然於并土，必不亡身於燕、薊也。」當海內俶擾之時，手握兵權者，往往心存自保，而大局之所以敗壞，則正此等自便私圖者爲之，聞劉琨之風，亦可以少愧矣。成敗本難逆睹，卽僅圖自守，亦豈必終能自全乎！

建武元年，劉琨與段匹磾期討石勒。匹磾推琨爲大都督，檄諸方守，俱集襄國。琨、匹磾進屯固安，漢縣，今河北易縣東南。以俟衆軍。涉復辰、疾六眷、末杯等三面俱集。勒遣閒使厚賂末杯。末杯閒匹磾於涉復辰、疾六眷，涉復辰等引還。琨、匹磾亦退如薊。會疾六眷病死，匹磾從薊奔喪，至於右北平。漢郡，治平剛，今熱河平泉縣。後漢治土垠，在今河北豐潤縣東。晉改曰北平，見第二章第二節。末杯宣言匹磾將篡，出軍擊敗之。末杯遂害涉復辰及其子弟黨與二百餘人，自立爲單于。石勒載記云：段末杯殺鮮卑單于截附眞，立忽跋隣爲單于。段匹磾自幽州攻末杯，末杯逆擊敗之。匹磾奔還幽州，因害大尉劉琨。琨遣世子羣送匹磾，爲末杯所得。末杯厚禮之，許以琨爲幽州刺史，與結盟而襲匹磾。密遣使齎羣書，請琨爲內應，而爲匹磾邏騎所得。時琨別屯故征北府小城，胡三省曰：蓋征北將軍所治。不之知也。因來見匹磾。匹磾以羣書示琨曰：「意亦不疑公，是以白公耳。」琨曰：「與公同盟，志獎王室，若兒書得達，亦終不以一子負公也。」匹磾雅重琨，初無害琨意，將聽還屯。其中弟叔軍曰：「吾胡夷耳，所以能服晉人者，畏吾衆也。今我骨肉搆禍，是其良圖之日。若有奉琨以起，吾族盡矣。」匹磾遂留琨。琨庶長子遵懼誅，與琨左長史楊橋、并州治中如綏閉門自守。匹磾諭之不得，因縱兵攻之。琨將龍季猛，迫於乏食，遂斬橋、綏而降。琨被拘經月，遠近憤歎。匹磾所署代郡大守辟閭嵩，與琨所署雁門大守王據、後將軍韓據連謀，密作攻具，欲襲匹磾。韓據女爲匹磾兒妾，聞其謀而告之。匹磾於是執王據、辟閭嵩及其徒黨，悉誅之。會王敦密使匹磾殺琨；匹磾又懼衆反己，遂稱有詔收琨，縊之。時大興元年五月也。盧諶、崔悅之理琨曰：「琨自以備位方嶽，綱維不舉，無緣廁荷大任，坐居三司。是以陛下登阼，便引愆告遜。前後奉表，具陳誠款。尋令從事中郎臣續澹以章綬節傳奉還本朝。與匹磾使榮邵期一時俱發。又匹磾以琨王室大臣，懼奪已威重，忌琨之形，漸彰於外。琨知其意如此，慮不可久，欲遣妻息大小，盡詣京城，以其門室，一委陛下。有征舉之會，則身充一卒。若匹磾縱凶慝，則妻息可免。具令臣澹密宣此旨。求詔勑路次，令相迎衛。會王成從平陽逃來，說南陽王保稱號隴右，士衆甚盛，當移關中。匹磾聞此，私懷顧望，停留榮邵，欲遣前兼鴻臚邊邈奉使詣保。懷澹獨南，言其此事，遂不許引路。丹誠赤心，卒不上達。匹磾兄眷喪亡，嗣子幼弱，欲因奔喪，奪取其國。又自以欺國陵家，懷邪樂禍，恐父母宗黨不容其罪，是以卷甲櫜弓，陰圖作亂，欲害其從叔驎、從弟末波等，以取其國。疾六眷之死，匹磾本傳及劉琨傳，皆僅云匹磾前往奔喪，蓋時惟陰謀簒奪，未嘗訟言攻戰也。北史云：就六眷死，其子幼弱，匹磾陰卷甲而往，欲殺其叔羽鱗及末波而奪其國，所據蓋卽此表？此自爲當時情實。石勒載記之截附眞，疑卽疾六眷，當時曾譌傳爲末杯所殺；忽跋鄰疑卽疾六眷之子，末杯嘗一立之，或始終以之襲號，而實權則在末杯也。疾六眷久貳於石勒，而匹磾殷勤招致劉琨，疑正欲藉琨之力，以圖疾六眷等。若然，則段氏骨肉之閒，自相攜貳久矣。疾六眷既貳於勒，而固安之役，仍赴琨之期者，蓋以琨爲王室大臣，未敢顯貳；抑亦慮琨之奉辭伐己，而匹磾爲之助也。然卒擅引而去，使襄國之伐不成，琨之助匹磾以圖之也固宜。匹磾親信，密告鱗、波，鱗、波乃遣人距之，匹磾僅以身免。百姓謂匹磾已沒，皆憑向琨。若琨於時有害匹磾之情，則居然可擒，不復勞於人力。此語或失之誇，然使以石勒處此，則必轉而圖匹磾矣。干戈擾攘之際，忍而無信者多成，守義者多敗，此其所以有害於民德也。自此之後，上下並離。匹磾遂欲盡勒胡、晉，徙居上谷。琨深不然之，勸移厭次，見下。南憑朝廷。匹磾不能納。反禍害父息四人。從兄二息，同時幷命。琨未遇害，知匹磾必有禍心。語臣等云：受國厚恩，不能克報，雖才略不及，亦由遇此厄運。人誰不死？死生命也，惟恨下不能效節於一方，上不得歸誠於陛下。辭旨慷慨，動於左右。匹磾既害琨，橫加誣謗，言琨欲闚神器，謀圖不軌。此亦足證謂王浚謀稱尊號之誣。豈有可加之於琨，而不可加之於浚？匹磾所能爲，而石勒不能爲者哉？琨免述、囂頑凶之思，又無信、布懼誅之情，跼蹐亂亡之際，夾肩異類之閒，而有如此之心哉？雖臧獲之愚，廝養之智，猶不爲之，況在國士之列，忠節先著者乎？」匹磾之懷貳，與琨之孤忠，皆可見矣。琨爲趙王倫子荂姊壻，與父兄並爲倫所委任，論者或以是少之。然於晉氏非純臣，以效忠民族論，則志節炳然矣。記曰：「內亂不與焉，外患弗辟也。」內亂外患，又豈可以同日語哉？

匹磾既害劉琨，晉人離散。匹磾不能自固，乃南依邵續。北史云：匹磾既殺劉琨，與羽鱗、末波，自相攻擊，部衆乖離，欲擁其衆徙保上谷。平文帝聞之，陰嚴精騎將擊之。匹磾恐懼，南奔樂陵。樂陵見第三章第四節。此時移治厭次，見下。厭次，漢縣，晉治在今山東陽信縣東。續，魏郡安陽人。見第三章第三節。初爲成都王穎參軍，後爲苟晞參軍，除沁水令。漢縣，今河南濟源縣東北。時天下漸亂，續去縣還家，糾合亡命得數百人。王浚假續樂陵太守，屯厭次，以續子乂爲督護。續綏懷流散，多歸附之。石勒既破浚，遣乂還招續。續以孤危無援，權附於勒，勒亦以乂爲督護。既而匹磾在薊，遺書招續俱歸元帝，續從之。其下諫曰：「今棄勒歸匹磾，任子危矣。」續垂泣曰：「我出身爲國，豈得顧子而爲叛臣哉？」遂絕於勒，勒乃害乂。劉胤傳曰：續徒衆寡弱，謀降於石勒，胤言於續，續從之，乃殺異議者數人，遣使江南。此乃歸美於胤之辭，以續之忠，其歸朝，必不待胤之說也。帝以續爲平原、樂安太守，平原、樂安，皆見第二章第三節。冀州刺史。匹磾攻末杯，石勒知續孤危，遣石虎圍續。續爲虎所得，虎使續降其城。續呼兄子竺等曰：「吾志雪國難，不幸至此；汝等努力，便奉匹磾爲主，勿有二心！」時大興三年二月也。部曲文武共推其息緝爲營主，詔一以續本位授緝。虎送續於勒，後爲勒所害。匹磾還，聞續已沒，衆懼而散。文鴦以親兵數百人力戰，乃得入城，與竺、緝及續兄子存等嬰城距寇。明年四月，見獲。惟存得潰圍南奔，在道爲賊所殺。匹磾至襄國，經年，國中謀推爲主，事露，被害。文鴦亦遇鴆死。初石虎攻鄴，鄴潰，劉演奔於廩丘。見第三章第三節。時在建興元年。虎又攻之，續使文鴦救演，演奔鴦軍，隨鴦屯厭次，遇害。

王彌之死也，曹嶷仍爲劉聰青州刺史。擁衆十餘萬，有雄據全齊之志。石勒請討之。聰憚勒幷齊，弗許。嶷後叛聰，南稟王命。朝廷以爲青州刺史。嶷以建業縣遠，聲勢不接，懼勒襲之，遣使通和。勒授嶷青州牧。嶷嘗遣使於勒，請畫河爲界；而時人議論，亦有以嶷與勒並稱者：如劉聰大史令康相，見第五章第一節。蓋在東方尙稱强大，然勒聲勢日盛，嶷亦終無以自立已。明帝大寧元年，勒使石虎統步騎四萬攻嶷。時嶷居廣固，城名，在今山東益都縣西北。此城爲嶷所築，見晉書地理志。嘗議徙海中保根余山，未詳。會疾疫甚，未及就。虎圍廣固，嶷降，送於襄國，殺之，阬其衆三萬。青州郡縣壁壘盡陷。

時東晉晏然，無意援應北方，惟范陽祖逖，以一軍北上。漢涿郡，魏改爲范陽，今河北涿縣。逖輕財好俠，慷慨有節尙。北方之亂，率親黨數百家避地淮、泗，元帝用爲徐州刺史，尋徵爲軍諮祭酒，居丹徒之京口。丹徒，漢縣，在今江蘇鎮江縣東南。孫權嘗居此，號其城爲京城，後徙建業，乃於其地置京口鎮。逖以社稷傾覆，常懷振復之志。其賓客義徒，皆暴桀勇士，逖遇之如子弟。逖說元帝曰：「晉室之亂，非上無道而下怨叛也。由藩王爭權，自相誅滅，遂使戎狄乘隙，毒流中原。今遺黎既被殘酷，人有奮擊之志。大王誠能發威命將，使若逖等爲之統主，則郡國豪桀，必因風向赴；沈溺之士，欣於來蘇。庶幾國恥可雪。願大王圖之。」帝乃以逖爲豫州刺史，給千人廩，布三千匹，不給鎧仗，使自召募。仍將本流徙部曲百餘家渡江。中流，擊楫而誓曰：「祖逖不能淸中原而復濟者，有如大江。」辭色壯烈，衆皆慨歎。屯於淮陰，秦縣，今江蘇淮陰縣。起冶鑄兵器，得二千餘人而後進。通鑑在建興元年。初流人塢主張平、樊雅等在譙，見第三章第三節。劉演署平爲豫州刺史，雅爲譙郡大守，各據一城，衆數千人。又有董瞻、于式、謝浮等十餘部，衆各數百，皆統屬平。銍人桓宣，銍，秦縣，在今安徽宿縣西南。爲元帝丞相舍人。帝以宣信厚，又與平、雅同州里，轉宣爲參軍，使說平、雅。平、雅遣軍主簿隨宣詣丞相府受節度。帝皆加四品將軍，卽其所部使扞禦北方。逖出屯蘆洲，在今安徽亳縣東。遣參軍殷乂詣平、雅。乂意輕平，平怒，斬乂，阻兵固守。逖誘浮使取平。浮譎平與會，遂斬以獻逖。帝嘉逖勳，使運糧給之，而道遠不至，軍中大飢。進據大丘。漢敬丘縣，後漢改稱大丘，在今河南永城縣西北。張平餘衆助樊雅攻逖。逖求助於南中郎將王含，又求救於蓬陂塢主陳川。在浚儀。浚儀見第三章第四節。川遣將李頭援之。桓宣時爲王含參軍，含遣宣領兵五百助逖。宣復說下雅。石虎圍譙，含又遣宣救之，虎退，宣遂留助逖，討諸屯塢之未附者。李頭感逖恩遇，每歎曰：「若得此人爲主，吾死無恨。」川聞而怒，遂殺頭。頭親黨馮寵率其屬四百人歸於逖。川益怒，遣將掠豫州諸郡。逖遣將邀擊，盡獲所掠者。川大懼，遂以衆附石勒。逖率衆伐川，石虎領兵五萬救川。逖設奇以擊之，虎大敗，收兵掠豫州，徙陳川還襄國，留桃豹守川故城，住西臺。逖遣將韓潛等鎮東臺，相守四旬，豹宵遁，退據東燕。見第二節。逖使潛進屯封丘，漢縣，今河南封邱縣。馮鐵據二臺，逖鎮雍丘，漢縣，今河南杞縣。數遣軍要截石勒，勒屯戍漸蹙。歸附者甚多。逖愛人下士，雖疏交賤隸，皆恩禮遇之，由是黃河以南，盡爲晉土。河上堡固，先有任子在胡者，皆聽兩屬。時遣游軍僞抄之，明其未附。諸塢主感戴，胡中有異謀，輒密以聞。前後克獲，亦由此也。其有微功，賞不踰日。躬自儉約，勸督農桑，克己務施，不畜資產，子弟耕耘，負儋樵薪，又收葬枯骨，爲之祭醊，百姓感悅。嘗置酒大會，耆老中坐流涕曰：「吾等老矣，更得父母，死將何恨？」其得人心如此。石勒不敢窺兵河南，使成皋縣見第三章第四節。修逖母墓，因與逖書，求通使交市。逖不報書，而聽互市，收利十倍，於是公私豐贍，士馬日滋。此據逖傳。石勒載記曰：逖善於撫納，自河以南，多背勒歸順。勒憚之，不敢爲寇，乃下幽州修祖氏墳墓，爲置守冢二家。逖聞之甚悅，遣參軍王愉使於勒，贈以方物，修結和好。勒厚賞其使，遣左常侍董樹報聘，以馬百匹金五十斤答之。自後兗、豫乂安，人得休息矣。又曰：祖逖牙門童建，害新蔡內史周密，遣使降於勒勒斬之，送首於逖，曰：「天下之惡一也。」逖遣使報謝。自是兗、豫壘壁叛者，逖皆不納，二州之人率多兩屬矣。力既未能戡定，遣使往來，自所不免，不得以越境之交責之也。新蔡，見第三章第四節。會朝廷將遣戴淵為都督，逖以淵吳人，已翦荊棘，收河南地，而淵雍容一旦來統之，意甚怏怏；且聞王敦與劉隗等構隙，慮有內難，大功不遂，感激發病，營繕虎牢城，虎牢，即成皋。未成，而逖病甚。大興四年，九月，卒於雍丘。逖之未卒也，河南義師李矩、郭默，降將趙固等，咸受節度。逖卒，弟約繼之，無綏馭之才，不為士卒所附，後又與蘇峻俱叛，退屯壽春，卒奔後趙，矩等之勢益孤矣。

李矩，平陽人。為梁王彤牙門。伐齊萬年有殊功。劉淵攻平陽，百姓奔走，矩素為鄉人所愛，乃推為塢主，東屯滎陽。見第二章第二節。後移新鄭。秦縣，晉省，今河南新鄭縣北。東海王越以為汝陰太守。漢郡，魏廢，晉復置，今安徽阜陽縣。荀藩承制，假矩滎陽大守。矩招懷離散，遠近多附之。藩表元帝，以矩領河東、平陽大守。河東，見第二章第二節。郭默，河內懷人。河內，見第二章第二節。懷，漢縣，在今河南武陟縣西南。少微賤，以壯勇事大守，為督將。永嘉之亂，默率遺衆自為塢主，以漁舟抄東歸行旅，積年，遂致巨富。流人依附者漸衆。使謁劉琨。琨假默河內大守。默為劉淵所逼，乞歸於矩。矩使其甥郭誦迎致之。後劉聰遣其從弟暢攻矩。矩夜掩破之。暢僅以身免。先是聰使其將趙固鎮洛陽，長史周振，與固不協，密陳固罪。矩之破暢也，帳中得聰書，敕暢平矩訖，至洛陽，收固斬之，以振代固。矩送以示固。固即斬振父子，率騎一千來降。矩還令守洛。固、默攻河東，至於絳邑。漢絳縣，後漢改稱絳邑，在今山西曲沃縣西南。聰遣其大子粲率劉雅等攻固。固奔陽城山。在今河南登封縣北。矩遣郭誦救之，誦襲破粲。元帝嘉其功，除矩都督河南三郡軍事、滎陽大守。大興元年七月，聰死，粲卽僞位。八月，靳準殺粲，遣使歸矩。矩馳表於帝。帝遣大常韓胤等奉迎梓宮。未至，而準已爲石勒、劉曜所沒。帝踐阼，以矩爲都督司州諸軍事、司州刺史。時劉曜弘農大守尹安，弘農見第二章第二節。振威將軍宋始等四軍並屯洛陽，各相疑阻，莫有固志。矩、默各遣千騎至洛以鎮之。安等乃同謀告石勒。勒遣石生率騎五千至洛陽。矩、默軍皆退還。俄而四將復背勒，遣使乞迎。默又遣步卒五百入洛。石生以四將相謀，不能自安，乃虜宋始一軍，渡河而北。百姓相率歸矩，洛中遂空。矩乃表郭誦爲陽翟令，陽翟，見第三章第三節。阻水築壘，且耕且守。趙固死，石生攻誦，誦輒破之。郭默欲攻祖約，矩禁之，不可。爲約所破。石勒遣其養子恩襲默，默戰敗。矩轉羸弱。默懼後患未已，將降於劉曜，使詣矩謀之。矩不許。後勒遣其將石良率精兵五千襲矩，矩逆擊，不利。郭誦弟元，復爲賊所執。石生屯洛陽，大略河南。矩、默大飢。默復說矩降曜。矩從默計，遣使於曜。曜遣從弟岳軍於河陰，見第三章第四節。與矩謀攻生。後默爲石恩所敗，自密南奔建康。密縣，見第三章第五節。劉岳以外救不至，降於石虎。矩所統將士，有陰欲歸勒者，矩知之而不能討，乃率衆南走，將歸朝廷。衆皆道亡，惟郭誦等百餘人棄家送矩。至於魯陽，漢縣，今河南魯山縣。矩墜馬卒。時明帝大寧三年夏也。

魏浚，東郡東阿人。東郡，見第三章第三節。寓居關中。初爲雍州小史。河閒王顒敗亂之後，以爲武威將軍。後爲度支校尉。永嘉末，與流人數百家東保河陰之硤石。津名，在今河南孟津縣西。洛陽陷，屯於洛北石梁塢。今在洛陽縣東。撫養遺衆，漸修軍器。其附賊者，皆先解喻。有恃遠不賓者，遣將討之。服從而已，不加侵暴。於是遠近感悅，襁負至者甚衆。劉琨承制，假浚河南尹。荀藩建行臺，在密縣，浚詣藩咨謀軍事。藩甚悅，要李矩同會。浚因與矩相結而去。劉曜忌浚得衆，率軍圍之。劉演、郭默遣軍來救，曜邀破之。浚夜遁走，爲曜所得，死之。通鑑在建興元年。族子該領其衆。該，劉曜攻洛陽，隨浚赴難，先領兵守金墉城，見第三章第二節。曜引去，餘衆依之。時杜預子尹爲弘農大守，屯宜陽界一泉塢，宜陽見第三章第三節。一泉塢，在今宜陽縣西。數爲諸賊所抄掠，尹要該共距之。該遣其將馬瞻將三百人赴尹。瞻知尹無備，夜襲殺之，迎該據塢。乃與李矩、郭默相結以距賊。荀藩卽以該爲武威將軍，統城西雍、涼人，使討劉曜。元帝承制，以爲河東大守，督護河東、河南、平陽三郡。後漸饑弊。曜寇日至。欲率衆南徙。衆不從。該遂單騎走。至南陽，帝又以爲雍州刺史。馬瞻率該餘衆降曜。曜徵發旣苦，瞻又驕虐，部曲遣使呼該。該密往赴之。其衆殺瞻而納該。該遷於新野。見第三章第三節。率衆助周訪討平杜曾。成帝紀：咸和元年，十月，劉曜將黃秀、帛咸寇酇，該率衆奔襄陽。酇，漢縣，在今湖北光化縣北。詔以爲順陽大守。見第三章第九節。蘇峻反，率衆救臺，病篤，還屯，卒於道。

郗鑒，高平金鄉人。高平，見第二章第二節。金鄉，後漢縣，今山東金鄉縣。仕爲中書侍郎。京師不守，鑒歸鄉里。時所在饑荒，州中之士，共推爲主，舉千餘家，避難於魯之嶧山。今山東鄒縣東南之山，古或稱爲鄒山，或稱爲嶧山，又或兼稱爲鄒嶧，蓋山本名嶧，而在鄒境也。元帝初鎭江東，承制假鑒兗州刺史，鎭鄒山。時荀藩用李述，劉琨用兄子演，並爲兗州。各屯一郡，以力相傾。闔州編戶，莫知所適。又徐龕、石勒左右交侵。外無救援。百姓饑饉，或掘野鼠、蟄鷰而食之，終無叛者。三年閒，衆至數萬。劉遐，廣平易陽人。廣平，見第二章第二節。易陽，漢縣，在今河北永年縣西。性果毅，便弓馬。直天下大亂，遐爲塢主，冀方比之張飛、關羽。邵續深器之，以女妻焉，遂壁於河濟之間，賊不敢逼。遐閒道遣使受元帝節度，帝以爲平原內史。平原見第二章第三節。建武初，又以爲下邳內史。下邳見第三章第四節。初沛人周堅，一名撫，沛見第三章第一節。與同郡周默各爲塢主，朝以撫爲彭城內史，彭城見第三章第三節。默爲沛國內史。默降祖逖，撫怒，襲殺默，以彭城叛。時大興元年十二月也。詔遐領彭城內史，與徐州刺史蔡豹、泰山大守徐龕討之。泰山見第三章第四節。二年二月，龕斬撫，傳首京師。及論功，而遐先之，龕怒，以泰山叛，攻破東莞大守侯史旄而據其塢。東莞見第三章第一節。石虎伐之，龕懼，求降，元帝許焉。既而復叛歸石勒。勒遣其將王伏都、張景等數百騎助之。司徒王導以大子右衞率羊鑒是龕鄉里冠族，必能制之，請遣北討。鑒深辭才非將帥，郗鑒亦表鑒非才，不宜妄使，導不納，強啓授以征討都督，與豹、遐等共討之。遐時爲臨淮大守。臨淮見第三章第九節。諸將畏耎，頓兵下邳，不敢前。豹欲進軍，鑒固不許。龕使請救於石勒，勒辭以外難，而多求於龕；又王伏都等淫其室。三年五月，龕殺之，復求降。元帝惡其反覆，不納，勑豹、鑒以時進討。鑒、遐等並疑憚不相聽從。於是遣治書侍御史郝嘏爲行臺催攝。尚書令刁協奏免鑒官，委豹爲前鋒，以鑒兵配之。豹進據卞城，卞，漢縣，在今山東泗水縣東。欲以逼龕。石虎屯鉅平，漢縣，在今山東泰安縣西南。將攻豹，豹退守下邳。豹既敗，將歸謝罪。北中郎將王舒止之。元帝聞豹退，使收之。使者至，王舒夜以兵圍豹，豹以爲他難，率麾下擊之，聞有詔，乃止。舒執豹，送建康，斬之。豹在徐土，內撫將士，外懷諸衆，甚得遠近情，聞其死，多悼惜之。四年二月，龕又來降。石虎以精卒四萬攻之，龕堅守不戰。列長圍守之。永昌元年七月，執龕，送之襄國。勒囊盛於百尺樓，自上撲殺之。阬其降卒三千。郗鑒亦退屯合肥。見第三章第九節。

以上所述，爲自關以東，幽、幷、青、冀、徐、兗、司、豫八州之地。其自關以西，雍、秦二州之地，則以南陽王保爲大。模之死也，保在上邽。見第三章第三節。後賈疋死，裴苞爲張軌所殺，保全有秦州。模之敗也，都尉陳安歸於保，保命統千餘人以討羌，寵遇甚厚。保將張春等疾之，譖安有異志，請除之。保不許。春等輒伏刺客以刺安，安被創，馳還隴城。隴，漢縣，晉廢，在今甘肅清水縣北。大興二年，保聞愍帝崩，自稱晉王。俄而陳安叛，氐、羌皆應之。保窘迫，遷於祁山。在今甘肅西和縣西北。張寔遣韓璞率五千騎赴難。安退，保緜諸。漢道，後漢省。在今甘肅天水縣東。保歸上邽。屠各路松多，起兵於新平、扶風，皆見第二章第二節。附保。保以其將楊曼爲雍州刺史，王連爲扶風太守，據陳倉。見第三章第三節。張顗爲新平太守，周庸爲安定太守，安定，見第二章第二節。據陰密。見第三章第五節。松多下草壁，在陰密之東。秦、隴、氐、羌多歸之。劉曜遣劉雅、劉厚攻陳倉，不克。曜率中外精銳以赴之。曼、連謀曰：「吾糧廩少，無以支久，不如率見衆一戰。如其勝也，關中不待檄而至；如其敗也，等死，早晚無在。」遂盡衆背城而陳，爲曜所敗。連死之，曼奔南氐。曜進攻草壁，又陷之。松多奔隴城。進陷安定。時上邽大饑，張春奉保之南安。見第二章第二節。陳安自號秦州刺史，稱藩於曜。三年正月，張春奉保奔桑城，在甘肅狄道縣南。將投張寔。寔以其宗室之望，若至河右，必動物情，遣將陰監逆之，聲言翼衞，實禦之也。是歲，保病歿。紀在五月，云爲張春所害。春立宗室司馬瞻奉保後。陳安舉兵攻春，春走。瞻降於安，安送詣劉曜，曜殺之。陳安至大寧元年爲曜所滅。詳見第五章第一節。

第三節　東晉初年內亂

當九州雲擾之際，克奏戡定之烈者，必爲文武兼資之材。武人爲於大君，夫人而知其不可矣，而溫恭有恪，僅足守文者亦不足以戡大難。晉書王鑒傳：鑒爲琅邪國侍郎。杜弢作逆，王敦不能制，鑒疏勸元帝征之，有曰：「當五霸之世，將非不良，士非不勇，征伐之役，君必親之，故齊桓免胄於邵陵，晉文擐甲於城濮。昔漢高、光武二帝，征無遠近，敵無大小，必手振金鼓，身當矢石，櫛風沐雨，壺漿不贍，馳騖四方，匪皇寧處，然後皇基克構，元勳以融。今大弊之極，劇於曩代，崇替之命，繫我而已。欲使鑾旂無野次之役，聖躬遠風塵之勞，而大功坐就，鑒未見其易也。魏武既定中國，親征柳城，揚旍盧龍之嶺，頓轡重塞之表。非有當時熢燧之虞，蓋一日縱敵，終已之患。雖戎輅蒙嶮，不以爲勞，況急於此者乎？劉玄德躬登漢山，而夏侯之鋒摧；吳僞祖親泝長江，而關羽之首縣；袁紹猶豫後機，挫衄三分之勢；劉表臥守其衆，卒亡全楚之地。歷觀古今，撥亂之主，雖聖賢，未有高拱閒居，不勞而濟者也。」此言深能道出歷代興亡成敗之由。蓋戡定之勳，必資武力，而師之武、臣之力者，大都非孝子順孫，非兼信布之才，良平之智，固無以御之也。晉元帝惟不足以語此，故雖能立國江東，而卒以內憂詒後嗣。

王敦，導從父兄，尚武帝女襄城公主。王衍用爲靑州刺史，已見第三章第九節。後東海王越以爲揚州刺史。元帝召爲安東軍諮祭酒，會揚州刺史劉陶卒，帝復以爲揚州刺史，都督征討諸軍事。敦傳曰：「帝初鎭江東，威名未著，敦與導等同心翼戴，以隆中興，時人爲之語曰：王與馬，共天下。」蓋不自爲政，當其初起之時，已有大權旁落之勢矣。上流經營，敦爲元帥。杜弢滅後，爲江州刺史，都督江、揚、荆、湘、交、廣六州，專擅之迹漸彰。時諸將中較有才望者，爲陶侃與周訪。敦初表拜侃爲荆州刺史，及杜弢平，侃將還江陵，詣敦別，敦遂留之，左轉爲廣州刺史，而以其從弟廙刺荆州。廙在州，大誅戮侃時將佐，人情乖沮。元帝乘機徵廙，以周訪爲荆州。敦又遷之梁州，而自領荆州。訪大怒，陰欲圖之。訪善於撫納，士衆皆爲致死，敦頗憚之。大興三年八月，訪卒，帝以湘州刺史甘卓代之。卓本非純臣，加以老耄，不復爲敦所忌，敦欲以其從事中郎陳頒代卓。此據敦傳。譙閔王傳云：敦欲以沈充爲湘州。帝又遠之，而用譙王承。承亦作丞，謚閔。剛王遜之子。遜宣帝弟進之子。遜卒，子定王隨立。卒，子邃立。沒於石勒，元帝以承嗣遜。然湘州承蜀寇之餘，公私困弊，亦不足以掣敦之肘矣。

時帝又以劉隗、刁協、戴淵、周顗等爲腹心。大興四年七月，以淵爲司州刺史，鎮合肥。見第三章第九節。隗爲青州刺史，鎮淮陰。見第二節。其明年，爲永昌元年，正月，敦以誅隗爲名，舉兵武昌。見第三章第九節。吴興人沈充，初爲敦參軍，亦起兵以應之。吴興，見第三章第九節。帝徵淵、隗入衛，使太子右衛率周莚統兵三千討充，右將軍周札守石頭。見第三章第九節。以陶侃領江州，甘卓領荆州，使各率所統，以躡敦後。四月，敦前鋒攻石頭，周札開門應之。戴淵、劉隗攻敦，王導、周顗等三道出戰，皆大敗。帝令隗、協避難。協行至江乘，見第三章第九節。爲人所殺，送首於敦。隗至淮陰，爲劉遐所襲，奔石勒，後卒於勒。戴淵、周顗奉詔詣敦，爲敦所殺。刁協時爲尚書令，周顗爲尚書左僕射。

敦之稱兵也，使告甘卓，卓僞許之而不赴，使參軍樂雙諫止敦。敦曰：「吾今下，惟除姦凶耳。卿還言之，事濟，當以甘侯作公。」雙還報，卓不能決。時譙王承遣主簿鄧騫說卓，敦慮卓在後爲變，遣參軍樂道融要卓俱下。道融忿敦逆節，說卓僞許應命，而馳襲武昌。卓得道融說，乃決露檄討敦。遣羅英至廣州，與陶侃剋期。虞沖與鄧騫至長沙，見第三章

第九節。令譙王堅守。侃得卓信，卽遣參軍高寶率兵下，而卓計復猶豫，軍次瀦口，（在今湖北沔陽縣。）累旬不前。敦大懼，遣卓兄子行參軍卬求和。時王師敗績，卓乃曰：「吾師臨敦上流，亦未敢便危社稷，若徑據武昌，敦勢逼，必劫天子以絕四海之望。不如還襄陽，（見第三章第四節。時梁州治此。）更思後圖。」卽命旋軍。都尉秦康說卓曰：「今分兵取敦不難，但斷彭澤，（見第一節。）上下不得相越，自然離散，可一戰擒也。將軍既有忠節，中道而廢，更爲敗軍將，恐將軍之下，亦各求其利，欲求西歸，亦不可得也。」樂道融亦日夜勸卓速下，卓不能從。卓性先寬和，忽便彊塞，徑還襄陽。意氣騷擾，舉動失常。方散兵大佃，而不爲備。襄陽大守周慮，密承敦意，襲害卓，傳首於敦。譙王承欲起義，衆心疑惑，惟長史虞悝贊之，乃起兵，使悝弟望討諸不服，斬敦姊夫湘東大守鄭澹。（湘東，見第三章第九節。）敦遣南蠻校尉劉乂等甲卒二萬攻承。相持百餘日，城沒。乂檻送承荊州，刺史王廙承敦旨害之。廙，帝姨弟，帝使喻敦，敦留之，復以爲荊州刺史者也。廙尋卒。敦還屯武昌。以兄含爲荊州刺史，督沔南。敦又自督寧、益。

是歲，閏月，（十一月。）元帝崩，大子紹立，是爲明帝。帝有文武才略，又習武藝，善撫將士。王敦欲誣以不孝而廢焉，不果。明年，爲大寧元年，敦諷朝廷徵己。帝乃手詔徵之。四月，敦移鎭姑孰。（見第一節。）轉王導爲司徒，自領揚州牧。帝以郗鑒刺兗州，都督揚州江西諸軍，鎭合肥。敦忌之。八月，表鑒爲尙書令。十一月，徙王含都督揚州江西諸軍。以從弟舒爲荊州，彬爲江州，邃爲徐州。以沈充、錢鳳爲謀主。（鳳，充同郡人，充薦之於敦。）諸葛瑤、鄧嶽、周撫、李恆、謝雍爲爪牙。充等並凶險驕恣，共相驅扇，殺戮自己。又大起營府，侵人田宅；發掘古墓；剽掠市道；士庶解體。周札之應敦也，敦轉爲光祿勳，尋補尙書。頃之，遷會稽內史。會稽，見第三章第九節。時札兄靖之子懋，爲晉陵大守，晉陵，晉郡，今江蘇武進縣。清流亭侯。未詳。懋弟筵，爲吳興內史。筵弟贊，大將軍從事中郎，武康縣侯。後漢永安縣，晉改曰武康，今浙江武康縣。贊弟緝，大子文學，都鄉侯。未詳。次兄子勰，臨淮大守。見第三章第九節。烏程公。烏程，秦縣，在今浙江吳興縣南。一門五侯，札本封東遷縣侯，東遷，晉縣，今吳興之東遷鎭。並居列位。吳士貴盛，莫與爲比。敦深忌之。敦疾，錢鳳說敦曰：「今江東之豪，莫彊周、沈。公萬世之後，二族必不靜矣。周彊而多俊才，宜先爲之所。」敦納之。時有道士李脫者，以妖術惑衆，自言八百歲，故號李八百。自中州至建鄴，以鬼道療病；又署人官位，時人多信事之。弟子李弘，養徒灊山，在今安徽潛山縣北。云應讖當王。故敦使廬江大守李恆，廬江，見第三章第九節。告札及其諸兄子與脫謀圖不軌。時筵爲敦諮議參軍，卽營中殺筵及脫、弘。又遣參軍賀鸞就沈充盡掩殺札兄弟子。旣而遣軍會稽襲札。札先不知，卒聞兵至，率麾下數百出拒之，兵散，見殺。是役也，史謂由錢鳳欲自託於充，以周氏宗彊，謀滅之，使充得專威揚土。案周氏宗彊，而與中朝士大夫瑕釁已深，充、鳳等欲有所圖，正可藉以爲用，顧先加以誅翦；敦又從而聽之；且任其割剝黎庶，此其所爲，與後來宋武帝、劉穆之正相反，安能有成？可見其本無遠略矣。敦無子，養含子應。及敦病甚，拜爲武衞將軍以自副。錢鳳謂敦曰：「脫有不諱，便當以後事付應？」敦曰：「非常之事，豈常人所能？且應年少，安可當大事？我死之後，莫若解衆放兵，歸身朝廷，保全門戶，此計之上也。退還武昌，收兵自守，貢獻不廢，亦中計也。及吾尙存，悉衆而下，萬一僥幸，計之下也。」鳳謂其黨曰：「公之下計，乃上策也。」遂與沈充定謀，須敦死後作難。

初，大原溫嶠大原見第二章第二節。爲劉琨謀主。琨妻，嶠之從母。琨使奉表詣元帝勸進，留仕朝廷。爲大子中庶子，與明帝爲布衣之交。帝卽位，拜侍中，俄轉中書令。敦忌之，請爲左司馬。嶠繆爲勤敬，綜其府事，干說密謀，以附其欲。深結錢鳳，爲之聲譽。敦乃表補嶠丹陽尹，見第三章第九節。使覘伺朝廷。嶠至，具奏敦之逆謀，請先爲之備。帝欲討敦，知其爲物情所畏服，六月，僞言敦死，下詔討錢鳳。敦病轉篤，不能御衆，使鳳及鄧嶽、周撫等率衆三萬向京師，以含爲元帥。七月朔，至於南岸。溫嶠移屯水北，燒朱雀桁以挫其鋒。朱雀桁，跨秦淮河上，在臺城之南。臺城正南門名朱雀門，故稱朱雀桁，亦稱南桁，又稱大桁。帝躬率六軍出次，夜募壯士，遣千人渡水，掩其未備，破之越城。在秦淮南。俄而敦死，應祕不發喪。沈充自吳興率衆萬餘人至，與含等合。充司馬顧颺說充曰：「今舉大事，而天子已扼其喉，情離衆沮，鋒摧勢挫，持疑猶豫，必至禍敗。今若決破柵塘，因湖水，玄武湖。灌京邑，肆舟艦之勢，極水軍之用，此所謂不戰而屈人之兵，上策也。藉初至之銳，并東南衆軍之力，十道俱進，衆寡過倍，理必摧陷，中策也。轉禍爲福，因敗爲成，召錢鳳計事，因斬之以降，下策也。」充不能用。颺逃歸於吳。時兗州刺史劉遐、臨淮大守蘇峻等帥精卒萬人以至。賊濟水至宣陽門，臺城南門。遐、峻等橫擊，大破之。賊燒營宵遁。周撫弟光，捕錢鳳詣闕贖罪。充歸吳興，其故將吳儒殺之。含、應乘單舸奔荊州，王舒使人沈之於江。詔王敦羣從，一無所問。以陶侃代王舒，遷舒廣州刺史。舒疾病，不樂越嶺，朝議亦以其有功，不應遠出，乃徙爲湘州。彬亦見原，徵拜光祿勳。時制王敦綱紀除名，參佐禁錮。以溫嶠言罷之。顧颺反於武康，攻燒城邑，州縣討斬之。周撫、鄧嶽亡入蠻中，明年，詔原敦黨，乃出。

王敦乃一妄人。敦傳言：時王愷、石崇，以豪侈相尚。愷嘗置酒，敦與導俱在坐。有女伎，吹笛小失聲均，愷便毆殺之。一坐改容，敦神色自若。他日，又造愷。愷使美人行酒。以客飲不盡，輒殺之。酒至敦、導所，敦故不肯持，美人悲懼失色，而敦傲然不視。導素不能飲，恐行酒者獲罪，遂勉强盡觴。又云：武帝嘗召時賢，共言技藝之事。人人皆有所說，惟敦都無所關，意色殊惡。自言知擊鼓，因振袖揚枹，音節諧均，神氣自得，旁若無人。晉書好采小說家言，小說家言，多附會失實。然亦必有其由。敦之爲人，蓋殘賊而傲狠。殘賊則敢行不義，傲狠則不肯下人。王導傳言：元帝初，羣臣及四方勸進，敦憚帝賢明，欲更議所立，導固爭乃止。夫元帝則何足憚之有？且敦亦嘗傾心以輔之矣。故知敦之與帝，非有夙嫌也。且亦非有覬覦天位之心。祖逖傳言：敦久懷逆謀，畏逖不敢發，逖卒，始得肆意。逖之兵力，豈敦之匹？然一甘卓猶爲所憚，則逖傳之語，似不盡誣。觀含、應喪敗之速，知敦不死，亦未必能有所爲。敦欲使應歸身朝廷，保全門戶，自其自知之審；含、應既已喪敗，王氏猶並見原，苟其束身自歸，自可不虞後患，此又敦知朝廷之審也。然則敦實非夙有叛志，不過傲狠之習，爲其君所不能堪，君臣之閒，因生嫌隙，嫌隙既生，既不肯屈己求全，又不能急流勇退，遂至日暮途遠，倒行逆施耳。以睚眥之釁而釀滔天之禍，其是之謂歟？邦分崩離析，而北伐之志荒矣。

明帝聰明有機斷，惜在位僅三年。崩，大子衍立，是爲成帝。年方六歲。大后庾氏臨朝。司徒王導，與后兄中書令亮，參輔朝政。大宰西陽王羕（汝南文成王亮之子，亮見第二章第二節。）及溫嶠、郗鑒、陸曄、卞壼等，並預顧命。羕弟南頓王宗，明帝時爲左衞將軍，元敬皇后弟虞胤爲右衞將軍，並爲帝所親昵。宗連結輕俠，以爲腹心，導、亮並以爲言，帝以其戚屬，每容之。及帝疾篤，宗等謀廢大臣，規共輔政。亮排闥入，升御牀，流涕言之。帝始悟，轉宗爲驃騎將軍，胤爲大宗正。咸和元年，十月，宗復謀廢執政。庾亮使右衞將軍趙胤收之，宗以兵距戰，爲胤所殺。貶其族爲馬氏。羕亦坐免官，降爲弋陽縣王。虞胤左遷爲桂陽大守。漢郡，今湖南郴縣。及蘇峻作亂，羕詣峻，稱述其勳。峻大悅，矯詔復羕爵位。峻平，賜死。世子播、播弟充及息崧皆伏誅。

蘇峻者，長廣掖人。長廣，晉郡，治不其，在今山東即墨縣南。掖，見第二節。蓋嘗來屬。永嘉之亂，百姓流亡，所在屯聚，峻糾合得數千家，結壘於本縣。曹嶷領青州，表爲掖令。峻辭疾不受。嶷惡其得衆，將討之。峻率所部數百家汎海南渡。討王敦有功，進歷陽內史。歷陽，見第三章第九節。峻有銳卒萬人，器械甚精，朝廷以江外寄之，而峻潛有異志。撫匿亡命，得罪之家有逃死者，峻輒蔽匿之。衆力日多，皆仰食縣官，運漕者相屬。稍有不如意，便肆忿言。庾亮乃出溫嶠督江州，鎮武昌。又修石頭，以爲之備。咸和二年，十一月，亮徵峻爲大司農。峻遂舉兵反。初王敦舉兵，祖約歸衞京都，率衆次壽陽。見第三章第四節。逐敦所署淮南大守任台，以功封五等侯，進號鎮西將軍，使屯壽陽，爲北境藩扞。約自以名輩不後郗、卞，而不豫顧命；又望開府；及諸所表請，多不見許；遂懷怨望。石聰嘗以衆逼之，約屢表請救，而官軍不至。聰既退，朝議又欲作涂塘以遏胡寇，涂塘，在今和縣、六合縣閒。約謂爲棄己，彌懷憤恚。及峻舉兵，推崇約而罪執政。約聞而大喜。從子智及衍，並傾險好亂，又讚成其事。於是命逖子沛內史渙，沛國，見第三章第一節。女壻淮南大守許柳以兵會峻。逖妻，柳之姊也，固諫，不從。十二月，峻將韓晃入姑孰，屠于湖。晉縣，在今安徽當塗縣南。以庾亮爲征討都督。趙胤爲歷陽大守，與左將軍司馬流距峻。戰於慈湖，在當塗北。流敗，死之。峻濟自橫江，見第三章第九節。次於陵口。戍名，在當塗北。三年二月，至蔣山。即鍾山，在首都東朝陽門外。卞壼帥六師戰於西陵，此據本紀。壼傳云：峻至東陵口，壼與戰於陵西，敗績。峻攻青溪柵，青溪，在首都東北。因風縱火，王師又大敗，壼等皆死之。庾亮又敗於宣陽門外。亮奔溫嶠。峻遂陷宮城。縱兵大掠，侵逼六宮，驅役百官，裸剝士女，皆以壞席苫草自鄣，無草者以土自覆，哀號之聲，震動內外。時官有布二十萬匹，金銀五千斤，錢億萬，絹數萬匹，他物稱是，峻盡費之。大官惟有燒餘米數石，以供御膳而已。

溫嶠聞難作，即下屯尋陽。見第一節。遣督護王愆期、西陽大守鄧嶽、西陽，漢縣，晉置郡，在今湖北黃岡縣東。鄱陽內史紀睦等為前鋒。鄱陽，吳郡，治鄱陽，今江西鄱陽縣。晉移治廣晉，在今鄱陽縣北。使要陶侃，共赴國難。侃不許。嶠屢說不能回，更遣使順侃意曰：「仁公且守，僕宜先下。」遣信已二日，嶠參軍毛寶別使還，聞之，說嶠曰：「師克在和，不聞以異。假令可疑，猶當外示不覺，況自作疑邪？宜急追信，改舊書，說必應俱征。若不及前信，宜更遣使。」嶠意悟，即追信改書。嶠欲推庾亮為都統，亮固辭。乃與嶠推侃為盟主。侃乃遣督護龔登率兵詣嶠。已復追登還。嶠重與侃書，告以「首啓戎行，不敢有辭。假令此州不守，約、峻樹置官長，荊楚之危，乃當甚於此州今日。」時峻殺侃子瞻，嶠又以此激之。侃乃率所統，與嶠、亮同赴京師。至尋陽，議者咸謂侃欲誅執政以謝天下。亮甚懼。及見侃，引咎自責，風止可觀。侃不覺釋然。乃謂亮曰：「君侯修石頭以擬老子，今日反見求邪？」五月，峻聞嶠將至，逼大駕幸石頭。侃等戎卒六萬，直指石頭，次於蔡洲。在首都西南江中。時峻軍多馬，南軍杖舟楫，不敢輕與交鋒。用將軍李根計，據白石，在今師子山下。築壘以自固。庾亮以二千人守之。峻步兵萬餘，四面來攻，衆皆震恐。亮激厲將士，並殊死戰。峻軍乃走。義軍屢戰失利。嶠軍食盡，貸於陶侃。侃怒曰：「使君前云不憂無將士，惟得老僕爲主耳。今數戰皆北，良將安在？荆州接胡、蜀二虜，倉廩當備不虞。若復無食，僕便欲西歸，更思良算。」嶠曰：「天子幽逼，社稷危殆，嶠等與公並受國恩，是致命之日。今之事勢，義無還踵，騎猛虎安可中下哉？公若違衆獨反，人心必沮，沮衆敗事，義旗將迴指於公矣。」侃無以對。竟陵大守李陽又說侃，乃以米五萬石供軍。竟陵見第三章第九節。九月，侃督水軍向石頭，亮、嶠等率精甲一萬，從白石挑戰。峻勞其將士，因醉突陳，馬蹶，爲李陽部將彭世所斬。峻司馬任讓等共立峻弟逸爲主。

先是，郗鑒爲徐州刺史，鎮廣陵，見第三章第九節。城孤糧絶，人情業業，莫有固志。鑒乃設壇場，刑白馬，大誓三軍。遣將軍夏侯長等閒行謂溫嶠曰：「今賊謀欲挾天子東入會稽，宜先立營壘，屯據要害，既防其越逸，又斷賊糧運，然後靜鎮京口，見第二節。清壁以待賊。賊攻城不拔，野無所掠，不過百日，必自潰矣。」嶠深以爲然。始，將徵峻也，王導出王舒爲會稽內史，舒時爲尚書僕射。以爲外援。及峻作逆，乃假舒節，都督行揚州刺史。峻遣韓晃入義興，見第三章第九節。張健、管商、弘徽等入晉陵。庾亮弟冰，爲吳興內史，棄郡奔舒。舒使御史中丞謝藻率衆一萬，與冰俱渡浙江。前義興大守顧衆、衆從弟護軍參軍颺等，起義軍以應舒。舒使衆督護吳中軍，颺監晉陵軍事。舒率衆次郡之西江，爲冰、藻後繼。冰、颺等遣前鋒進據無錫。漢縣，吳省，晉復置，今江蘇無錫縣。遇張健等數千人，戰大敗。冰、颺退錢塘。秦縣，後漢省，吳復，今浙江杭縣。藻守嘉興。秦由拳縣，吳改曰嘉興，今浙江嘉興縣。賊遂入吳，燒府舍，掠諸縣，所在塗炭。韓晃又攻宣城，見第三章第九節。害大守桓彝。舒更以顧衆督護吳晉陵軍屯兵章埭。（未詳。）吳興大守虞潭率所領討健屯烏苞亭。（未詳。）並不敢進。時暴雨大水，管商乘船旁出襲潭及衆。潭退保吳興，衆退守錢唐。賊轉攻吳興，潭諸軍復退。賊復掠東遷、餘杭、（秦縣，今浙江餘杭縣。）武康諸縣。舒遣兄子允之等，以精銳三千邀賊於武康，出不意破之。韓晃既破宣城，轉入故鄣、（秦鄣郡，漢廢爲故鄣縣，在今浙江安吉縣西北。）長城，（見第三章第九節。）允之遣兵擊之，戰於于湖，以强弩射之，晃等乃退。臨海、新安諸山縣，並反爲賊，舒分兵討平之。（臨海，吳郡，今浙江臨海縣東南。新安，吳新都郡，晉改爲新安，今浙江淳安縣西。）時陶侃進郗鑒都督揚州八郡軍事，王舒、虞潭皆受節度。鑒率衆渡江，與侃會於茄子浦。（未詳。胡三省曰：蓋其地宜茄子，人多於此樹藝，因以名浦。）時尚書左丞孔坦奔陶侃，侃引爲長史。坦言：「本不應召郗公，遂使東門無限。今宜遣還，雖晚，猶勝不也。」侃等猶疑。坦固爭甚切，始令鑒還據京口，立大業、曲阿、庱亭三壘以距賊。（曲阿，秦縣，今江蘇丹陽縣。大業，里名，在曲阿北。庱亭在吳興。）郭默守大業，張健攻之。城中乏水，默窘，迫突圍出。三軍失色。賊之攻大業，陶侃將救之。長史殷羨曰：「若步戰不如峻，則大事去矣。但當急攻石頭，峻必救之，大業自解。」侃從之。及峻死，大業之圍乃解。韓晃聞峻死，引兵赴石頭。管商詣庾亮降。初峻使匡術守苑城。（卽臺城。）侍中鍾雅、右衞將軍劉超，與術及建康令管旆等密謀，欲奉帝出，未及期，事泄。峻使任讓收超及雅害之。四年正月，匡術以苑城降。韓晃與蘇逸等并力攻術，不能陷。溫嶠等選精銳將攻賊營。峻子碩率驍勇數百渡淮而戰。（淮，謂秦淮河。）於陳斬碩。晃等震懼，以其衆奔張健於曲阿。二月，諸軍攻石頭。李陽與蘇逸戰於祖浦，（卽查浦，在首都西。）軍敗。建威長史滕含以銳卒擊之，逸等大敗。含奉帝御於溫嶠舟。蘇逸以萬餘人自延陵將入吳興，（延陵，晉縣，今丹陽縣南之延陵鎮。）王允之與戰於溧陽，（秦縣，在今江蘇溧陽縣西北。獲之。管商之降也，餘衆並歸張健。健疑弘徽等不與己同，盡殺之。更以舟車自延陵向長塘。湖名，亦作長蕩，在今江蘇宜興縣西北。小大二萬餘口，金銀財物，不可勝數。王允之與吳興諸軍擊健，大破之。健與馬雄、韓晃等輕軍走，郗鑒督護李閎追之，及於巖山。胡三省曰：當在溧陽界。斬晃。健等降，並梟其首。

祖約叛後，潁川人陳光攻之，潁川見第三章第三節。誤禽約左右貌類約者，約踰垣得免。光奔石勒。約諸將復陰結勒，請爲內應。勒遣石聰攻之。三年七月，約奔歷陽。四年正月，趙胤遣將攻之，約以數百人奔石勒。後爲勒所殺，并其親戚中外百餘人悉滅之。

蘇峻者，驕暴之武夫，其將士亦皆盜賊。蓋喪亂之際，結合自保者，固多忠義之士，亦多桀黠之徒也。邵續、郗鑒、李矩、魏浚等，皆端人正士；郭默則非其倫矣。默之歸朝也，明帝授爲征虜將軍。劉遐卒，以默爲北中郎將、監淮北軍事。朝廷將徵蘇峻，召默拜後將軍，領屯騎校尉。大業之圍既解，徵爲右軍將軍。默樂爲邊將，不願宿衞。初被徵距蘇峻也，下次尋陽，見豫章太守劉胤。豫章見第三章第九節。胤參佐張滿等輕默，或倮露見之，默常切齒。溫嶠東下，留胤守湓口。見第三章第八節。咸和四年四月，嶠卒，胤代爲江州刺史。位任轉高，矜豪日甚，縱酒耽樂，不恤政事。大殖財貨，商販百萬。是時朝廷空罄，百官無祿，惟資江州運漕；而胤商旅繼路，以私廢公。有司奏免胤官。默赴召，謂胤曰：「我能禦胡而不見用。若疆場有虞，被使出征，方始配給，將卒無素，恩信不著，以此臨敵，少有不敗矣。時當爲官擇才，若人臣自擇官，安得不亂乎？」胤曰：「所論事雖然，非小人所及也。」默當發，求資於胤，胤不與。時胤被詔免官，不卽歸罪，方自申理，而驕侈更甚，遠近怪之。僑人蓋肫，先略取祖渙所殺孔煒女爲妻，煒家求之，張滿等使還其家，肫不與，因與胤、滿有隙。至是，肫謂默曰：「劉江州不受免，密有異圖，與長史司馬張滿、荀楷等日夜計謀，反逆已形。惟忌郭侯一人，云當先除郭侯，而後起事。禍將至矣，宜深備之。」默既懷恨，便率其徒，詐稱被詔，襲殺胤，傳首京師。時十二月也。掠胤女及諸妾幷金寶還船。初云下都，俄遂停胤故府。王導懼不可制，乃大赦天下，梟胤首於大桁，以默爲豫州刺史。武昌大守鄧嶽馳白陶侃。侃聞之，投袂起曰：「此必詐也。」卽日率衆討默。導聞之，乃收胤首，詔庾亮助侃討默。默欲南據豫章，而侃已至城下。明年五月，默將宋侯等縛默降，斬於軍門。

蘇峻之叛，論者頗咎庾亮激變，此非其實。當時紀綱，頹廢甚矣，以峻之驕暴而居肘腋之地，夫安可以不除？咎亮者不過謂峻若無釁，未能遽稱兵以叛耳。不知峻乃粗才，豈有遠慮？峻兵一起，西陽王卽依附之；彭城王雄、康王釋子，釋見第三章第三節。章武王休，義陽成王望玄孫，望見第三章第二節。亦叛奔峻。則當時亂源，潛伏非一，峻欲稱兵，豈慮無所藉口？聽其肆誅求以自封殖，何異藉寇兵而齎盜糧哉？廷議之際，亮謂「今日徵之，縱不順命，爲禍猶淺；若復經年，爲惡滋蔓，不可復制」。此必確有所見，非苟爲危辭以聳聽也。或又咎亮一戰而北，委君父而奔逃，此亦未審兵勢。以峻兵之精，加以虜掠餌其下，其鋒自未易當。當時奔北，豈亮一人？若責其委棄君父，則社稷爲重君爲輕，以身徇一人，縱博忠義之名，夫豈宰相之事？況亦何救於君父之患哉？兵力之不敵，徵峻時固早知之，出溫嶠以爲外援，正爲此也。然亮亦非略無備豫。溫嶠聞峻不受詔，便欲下衞京都；三吳又欲起義兵；三吳見第三章第九節。亮並不聽，而報嶠書曰：「吾憂西陲，過於歷陽，足下無過雷池一步也。」雷池，在今安徽望江縣。大雷水所積。郗鑒欲率所領東赴，詔亦以北寇不許。蓋亮必自度兵力尚可堅守以待外援，故爾。其後一敗不能復固，則非始料所及。兵事變化甚多，固難責其一一逆料。觀其守白石，以少擊衆，終摧方張之寇，以全形要之地，夫固非無將帥之才。視郭默之突圍苟免者何如哉？然默雖驕橫，固亦嘍啱宿將也。則知亮之未足深咎也。孔坦傳云：蘇峻反，坦與司馬陶回白王導曰：「及峻未至，宜急斷阜陵之界，阜陵，見第三章第九節。守江西當利諸口。當利，浦名，在和縣東南。彼少我衆，一戰決矣。若峻未至，可往逼其城。今不先往，峻必先至。先人有奪人之功，時不可失。」導然之。庾亮以爲峻脫逕來，是襲朝廷虛也。故計不行。峻遂破姑孰，取鹽米，亮方悔之。陶回傳云：峻將至，回復謂亮曰：「峻知石頭有重戍，不敢直下，必向小丹陽南道步來。小丹陽在秣陵南。秣陵在今首都東南。宜伏兵要之，可一戰而禽。」亮不從。峻果由小丹陽經秣陵，迷失道，逢郡人，執以爲鄉道。時峻夜行，甚無部分。亮聞之，深悔不從回等之言。一似亮之坐失機宜者。然以峻兵之精，夫豈一戰可決？往逼其城，峻豈不能以少兵守禦，悉勁卒東出？觀韓晃、張健等之豕突難禦可知。然則亮慮峻逕來，正是深慮。峻之行軍，亦豈略無部分者？史於庾氏多謗辭，西陽、南頓，罪狀昭著，尚議亮裁翦宗室，其他則更何論？悠悠之辭，豈可據爲信讞也？

庾亮言憂西垂過於歷陽，所憂者蓋在陶侃也。侃之討蘇峻也，一若君爲庾亮之君，民爲溫嶠之民，恝然無與於己者。及討郭默，則大異乎是。聞默殺胤，卽遣將據湓口，自以大軍繼進。默寫中詔呈侃，參佐多諫曰：「默不被詔，豈敢爲此？進軍宜待詔報。」侃厲色曰：「國家年小，不出胸懷。且劉胤爲朝廷所禮，雖方任非才，何緣猥加極刑？郭默虓勇，所在暴掠。以大難新除，威網寬簡，欲因隙會，騁其縱橫耳。」卽發使上表討默。與王導書曰：「郭默殺方州，卽用爲方州，害宰相，便爲宰相乎？」導答曰：「默居上流之勢，加有船艦成資，故苞含隱忍，使有其地。一月潛嚴，足下軍到，是以得風發相赴。豈非遵養時晦，以定大事者邪？」侃省書笑曰：「是乃遵養時賊也。」夫郭默所傳之詔雖僞，王導所發之令則眞。藉口國家年少，不出胸懷，遂不遵奉，則當主少國疑之際，不亦人人可以自擅乎？郭默既死，詔侃都督江州，領刺史。侃因移鎭武昌，得毋所欲正在是邪？侃傳言侃媵妾數十，家僮千餘，珍奇寶貨，富於天府。富自何來？豈必愈於郭默？傳又云：或云：侃少時漁於雷澤，網得一織梭，以挂於壁，有頃雷雨，自化爲龍而去。又夢生八翼，飛而上天。見天門九重。已登其八，惟一門不得入。閽者以杖擊之，因墜地，折其左翼。及寤，左腋猶痛。又嘗如廁，見一人朱衣介幘，斂板曰：「以君長者，故來相報。君後當爲公，位至八州都督。」有善相者師圭，謂侃曰：「君左手中指有豎理，當爲公。若徹於上，貴不可言。」侃以針決之，見血，灑壁而爲公字。以紙裛手，公字愈明。及都督八州，據上流，握彊兵，潛有窺窬之志。每思折翼之祥，自抑而止。天門九重，僅登其八，指理不徹，位止於公。蓋侃終於人臣，後傳述者改易而爲是辭，其本所造作，則不知其作何語矣。討峻之役，處分規略，一出溫嶠，豈必有藉於侃？然嶠既殷勤於前，毛寶又固爭於後，得毋慮其據上流之勢，而其心不可測邪？世惟有異志者畏人之疑，庾亮修石頭而侃謂其擬己，情見乎辭矣。亮之憂之，安得不過於歷陽也？然其終能自抑者何也？侃傳云：侃早孤貧，爲縣吏。鄱陽（侃本鄱陽人，吳平，徙家廬江之尋陽。）孝廉范逵嘗過侃。時倉卒，無以待賓。其母乃截髮，得雙髲，以易酒肴，樂飲極歡，雖僕從亦過所望。及逵去，侃追送百餘里。逵曰：「卿欲仕郡乎？」侃曰：「欲之，困於無津耳。」逵過廬江大守張夔，稱美之。夔召爲督郵。遷主簿。會州部從事之郡，欲有所按。侃閉門部勒諸吏。謂從事曰：「若鄙郡有違，自當明憲直繩，不宜相逼。若不以禮，吾能禦之。」從事卽退。夔妻有疾，將迎醫於數百里。時正寒雪，諸綱紀皆難之。侃獨曰：「資於事父以事君，小君猶母也，安有父母之疾而不盡心乎？」乃請行。夔察侃爲孝廉。至洛陽，數詣張華。華初以遠人，不甚接遇，侃每往，神無忤色。華後與語，異之。除郎中。伏波將軍孫秀，以亡國支庶，府望不顯，中華人士，恥爲掾屬，以侃寒宦，召爲舍人。時豫章國郎中令楊晫，侃州里也，爲鄉論所歸。侃詣之。晫與同乘，見中書郎顧榮。吏部郎溫雅謂晫曰：「奈何與小人共載？」然則侃本寒素，其爲人也，善於事人，亟於求進，所欲不過富貴。當時庶族，望貴冑之一嚬一笑，皆若天上。討蘇峻之際，侃之驕蹇，可謂極矣，一見庾亮，便爾釋然，職由於此。自待既卑，所志又小，加以衰髦，復安能有所作爲？然又敢於偃蹇者何也？武人無學，器小易盈，志得意滿，遂流於驕蹇而不自覺耳。侃世子瞻，既爲蘇峻所害，更以夏爲世子。及送侃喪還長沙，夏與斌及稱，各擁兵數千以相圖。既而解散。斌先往長沙，悉取國中器使財物。侃封長沙郡公。夏至，殺斌。庾亮欲放黜之，表未至都，而夏病卒。稱，爲東中郎將，南平太守，南平見第三章第九節。南蠻校尉。咸康五年，庾亮以爲監江夏、隨、義陽三郡軍事，南中郎將，江夏相。江夏，見第三章第四節。隨，漢縣，晉置郡，今湖北隨縣。義陽，見第二章第三節。至夏口見亮，爲亮所殺。亮疏言其罪曰：「擅攝五郡，自謂監軍。輒召王官，聚之軍府。故車騎將車劉弘會孫安，寓居江夏。及將楊恭、趙韶，並以言色有忤，稱放聲當殺。安、恭懼，自赴水而死。韶於獄自盡。將軍郭開，從稱往長沙赴喪。稱疑開附其兄弟。乃反縛，縣頭於帆檣，仰而彈之，鼓棹渡江，二十餘里。觀者數千，莫不震駭。又多藏匿府兵，收坐應死。臣猶未忍直上，且免其司馬。稱肆縱醜言，無所顧忌。要結諸將，欲阻兵搆難。諸將皇懼，莫敢酬答。由是姦謀未即發露」云云。其縱恣，豈不遠甚於後來之桓玄？然稱之聲勢，果何自來哉？亮之廢侃，亦其宜矣。

第四節 成康穆間朝局

東晉國勢之不振，實由當時風氣之泄沓，而此種風氣，王導實爲之魁，讀第一節所述，已可見之。王導死後，庾氏兄弟，相繼執政，頗能綜覈名實，足矯當時之弊。惜其秉權不久。是時朝臣門戶之見頗深，外藩專擅之習亦未革，遂使桓溫，乘機跋扈，內外相猜，坐視北方之喪亂而不能乘，恢復良機，成爲畫餅矣，豈不惜哉？

蘇峻平後，庾亮領豫州刺史、宣城內史，鎮蕪湖。宣城、蕪湖皆見第三章第九節。咸和七年，陶侃卒，亮領江、豫、荆三州刺史，移鎮武昌。見第三章第九節。是時政柄仍在王導之手。亮嘗欲舉兵廢之。亮傳曰：時王導輔政，主幼時艱，務存大綱，不拘細目，委任趙胤、賈寧等諸將，並不奉法，大臣患之。陶侃嘗欲起兵廢導，而郗鑒不從，乃止。至是，亮又欲率衆黜導，又以諮鑒，而鑒又不許。亮與鑒牋曰：「昔於蕪湖反覆，謂彼罪雖重，而時弊國危，且令方嶽道勝，亦足有所鎮壓；故共隱忍，解釋陶公。自茲迄今，曾無悛改。主上自八九歲以及成人，入則在宮人之手，出則惟武官小人，讀書無從受音句，顧問未嘗遇君子。侍臣雖非俊士，皆時之良也，豈與殿中將軍、司馬督同年而語哉？不云當高選侍臣，而云高選將軍、司馬督，豈合賈生願人主之美，翼以成德之意乎？秦政欲愚其黔首，天下猶知其不可，況乃欲愚其主哉？主之少也，不登進賢哲，以輔道聖躬。春秋既盛，宜復子明辟，不稽首歸政，甫居師傅之尊。成人之主，方知師臣之悖，主上知君臣之道，不可以然，而不得不行殊禮之事。萬乘之君，寄坐上九亢龍之爻，有位無人，挾震主之威，以臨制百官，百官莫之敢忤。是先帝無顧命之臣，勢屈於驕姦，而遵養之也。趙、賈之徒，有無君之心，是而可忍，孰不可忍？且往日之事，含容隱忍，謂其罪可宥，良以時弊國危，兵甲不可屢動，又冀其當謝往釁，懼而修己。如頃日之縱，是上無所忌，下無所憚，謂多養無賴，足以維持天下。公與下官，並蒙先朝厚顧，荷託付之重，大姦不掃，何以見先帝於地下？願公深惟安國家、固社稷之遠算；次計公與下官負荷輕重，量其所宜。」鑒又不許，故其事得息。案藩臣稱兵，入廢宰輔，自非美事。鑒之不許，自是持重之見。然朝政則益以因循紊亂矣。孔坦傳云：成帝既加元服，猶委政王導。坦每發憤，以國事爲己憂。嘗從容言於帝曰：「陛下春秋以長，聖敬日躋，宜博納朝臣，諮諏善道。」由是忤導，出爲廷尉。坦本爲侍中。孔愉傳云：咸和八年，詔給愉親信十人，稟賜。愉上疏固讓，優詔不許。重表曰：「方今彊寇未殄，疆埸日駭，政煩役重，百姓困苦，奸吏擅威，暴人肆虐。大弊之後，倉庫空虛，功勞之士，賞報不足，困悴之餘，未見拯恤，呼嗟之怨，人鬼感動。宜并官省職，貶食節用，勤撫其人，以濟其艱。不敢橫受殊施，以重罪戾。」從之。王導聞而非之，於都坐謂愉曰：「君言姦吏擅威，暴人肆虐，爲患是誰？」愉欲大論朝廷得失，陸玩抑之乃止。後導將以趙胤爲護軍，愉謂導曰：「中興以來，處此官者，周伯仁、顗應思遠詹耳。今誠乏才，豈宜以趙胤居之邪？」導不從。其守正如此，由是爲導所銜。賈寧者，本蘇峻腹心，與路永、匡術同降於導者也。見導及袁耽傳。導嘗欲褒顯之，爲溫嶠所拒而止。見嶠傳。時卞敦爲湘州刺史。溫嶠、庾亮，移檄征鎮，同赴京都，敦擁兵不下，又不給軍糧，惟遣督護荀璲領數百人隨大軍而已。朝野莫不怪歎，雖陶侃亦切齒忿之。峻平之後，有司奏其阻軍顧望，不赴國難，無大臣之節，請檻收付廷尉。導以喪亂之後，宜加寬宥，轉爲廣州刺史。時宗廟宮室，並爲灰燼。溫嶠議遷都豫章。見第三章第九節。三吳之豪，三吳，見第三章第九節。請都會稽。見第三章第九節。二論紛紜，未有所適。導曰：「建康古之金陵，舊爲帝里。又孫仲謀、劉玄德俱言王者之宅。古之帝王，不必以豐儉移都。苟弘衞文大帛之冠，則無往不可；若不績其麻，則樂土爲墟矣。且北寇游魂，伺我之隙，一旦示弱，竄於蠻越，求之望實，懼非良計。今特宜鎮之以靜，羣情自安。」由是嶠等謀並不行。此事論者皆美其能鎮定。其實遷會稽有遠竄之嫌，遷豫章則更可進據上流，實於恢復之計爲便。三吳之豪，不免鄉里之見。溫嶠則純出於公忠體國之誠。導之所以不肯遷都者，遷都則必有新起握權之人，不如率由舊章，便於把持也。導傳云：庾亮以望重地逼，出鎮於外。南蠻校尉陶稱，閒說亮當舉兵內向。或勸導密爲之防。導曰：「吾與元規，亮字。休戚是同。悠悠之談，宜絕智者之口。則如君言，元規若來，吾便角巾還第，復何懼哉？」又與稱書，以爲「庾公帝之元舅，宜善事之。」於是讒閒遂息。時亮雖居外鎮，而執朝廷之權。既據上流，擁彊兵，趣向者多歸之。導內不能平。嘗遇西風塵起，舉扇自蔽，徐曰：「元規塵汙人。」孫盛傳曰：導執政，亮以元舅居外，陶稱讒構其閒，導、亮頗懷疑貳。盛密諫亮曰：「王公神情朗達，常有世外之懷，豈肯爲凡人事邪？此必佞邪之徒，欲閒內外耳。」導賊周顗而作色於蔡謨，世外之懷安在？周顗傳：王敦之舉兵也，劉隗勸帝盡除諸王。導率羣從詣闕請罪。值顗將入，導呼顗謂曰：

「伯仁，以百口累卿。」顗直入不顧。既見帝，言導忠誠，申救甚至。帝納其言。顗喜飲酒，致醉而出。導猶在門，又呼顗。顗不與言，顧左右曰：「今年殺諸賊奴，取金印如斗大繫肘。」既出，又上表明導，言甚切至。導不知救己，而甚銜之。敦既得志，問導曰：「周顗、戴若思南北之望，當登三司，無所疑也？」導不答。又曰：「若不三司，便應令僕邪？」又不答。敦曰：「若不爾，正當誅爾。」導又無言。導後料檢中書故事，見顗表救己，殷勤款至。導執表流涕，悲不自勝。告其諸子曰：「我雖不殺伯仁，伯仁由我而死，幽冥之中，負此良友。」案顗亦元帝腹心，未必真以導爲可信，所以救導者，蓋當時事勢，或以盡除王氏爲宜，或謂宜姑容之，所見有不同耳。然顗之救導，雖不爲私交，而導授意於敦而殺之，則其忌刻爲已甚矣。若思，戴淵字。唐人修晉書，於避諱者多稱其字，如稱劉淵爲元海，石虎爲季龍是也。今於引元文者皆仍之。導傳云：導妻曹氏性妒，導甚憚之，乃密營別館，以處衆妾。曹氏知，將往焉。導恐妾被辱，遽令命駕，猶恐遲之，以所執麈尾柄驅牛而進。蔡謨聞之，戲導曰：「朝廷欲加公九錫。」導弗之覺，但謙退而已。謨曰：「不聞餘物，惟有短轅犢車，長柄麈尾。」導大怒，謂人曰：「吾往與羣賢共游洛中，何曾聞有蔡克兒也。」案晉世名士，往往外若高曠，內實忌刻。王羲之傳云：王述少有名譽，與羲之齊名，而羲之甚輕之，由是情好不協。述先爲會稽，以母喪居郡境。羲之代述，止一弔，遂不重詣。述每聞角聲，謂羲之當候已，輒灑掃而待之。如此者累年，而羲之竟不顧，述深以爲恨。及述爲揚州刺史，將就徵，周行郡界，而不過羲之，臨發，一別而去。先是羲之嘗謂賓友曰：「懷祖正當作尚書耳，投老可得僕射，更求會稽，便是邈然。」及述蒙顯授，羲之恥爲之下，遣使詣朝廷，求分會稽爲越州，行人失辭，大爲時賢所笑。既而內懷媿歎，謂其諸子曰：「吾不減懷祖，而位遇縣邈，當由汝等不及坦之故邪？」述後檢察會稽郡，辨其刑政，主者疲於簡對。羲之深恥之，遂稱病去郡，於父母墓前自誓曰：「自今之後，敢渝此心，貪冒苟進，是有無尊之心而不子也。子而不子，天地所不覆載，名教所不得容。信誓之誠，有如皦日。」其熱中躁進，褊隘忌克，鄙夫恥之矣。懷祖，述字，坦之，述之子也。外寬和而內深阻，當時名士，固往往如是，然導居元輔之位，因貪權嗜利，好諛惡直之故，遂不恤敗壞國事以徇之，則所詒之害彌大矣。

咸康五年四月，導卒，徵庾亮爲司徒、揚州刺史，錄尚書事。時亮方謀恢復中原，固辭。乃以其弟冰爲中書監、揚州刺史，與何充參錄尚書事。充，導妻之姊子；充妻又明穆皇后之妹也，故少與導善，明帝亦友昵之；導與亮並稱擧焉。明年正月，亮卒，冰弟翼刺荊州。八年六月，成帝崩。子丕、奕俱幼，庾冰舍之而立其母弟琅邪王岳，是爲康帝。充傳云：庾冰兄弟以舅氏輔王室，慮易世之後，戚屬轉疏，每說成帝，以國有彊敵，宜須長君。帝從之。充建議曰：「父子相傳，先王舊典，忽妄改易，懼非長計。」冰等不從。康帝立，臨軒，冰、充侍坐。帝曰：「朕嗣鴻業，二君之力也。」充對曰：「陛下龍飛，臣冰之力也；若如臣議，不覩升平之世。」充與庾氏立異，蓋自茲始？明年，爲建元元年，充出刺徐州，鎭京口。京口見第二節。以避諸庾。頃之，庾翼將北伐，庾冰出鎭江州，徵充入領揚州。二年九月，帝疾篤。冰、翼意在簡文帝，而充建議立子聃，爲大子。帝崩，大子立，是爲穆帝。冰、翼甚恨之。是歲十一月，冰卒。明年，爲永和元年。七月，翼又卒。表以後任委息爰之。論者並以諸庾世在西藩，人情所歸，宜依翼所請，以安物情。充曰：「荊楚國之西門，戶口百萬，北帶彊胡，西鄰勁蜀，經略險阻，周旋萬里，得賢則中原可定，勢弱則社稷同憂，所謂陸抗存則吳存，亡則吳亡者，豈可以白面年少猥當此任哉？桓溫英略過人，有文武識度。西夏之任，無出溫者。」議者又曰：「庾爰之肯避溫乎？如今阻兵，恥懼不淺。」充曰：「桓溫能制之，諸君勿憂。」乃使溫西。爰之果不敢爭。於是上流事權，暫握於中樞信臣之手者，自陶侃卒後，復成分爭角立之象已。此東晉政局之一大變也。史於庾氏多貶辭，平心論之，或失其實。庾氏之立康帝，可謂欲扶翼其所自出；其欲立簡文帝，果何爲哉？庾氏弟兄皆有志於恢復，然則其謂國有彊敵，宜立長君，或非虛語也。成帝紀云：帝少而聰敏，有成人之量。南頓王宗之誅也，帝不之知。及蘇峻平，問庾亮曰：「常日白頭公何在？」亮對以謀反伏誅。帝泣，謂亮曰：「舅言人作賊，便殺之，人言舅作賊，復若何？」亮懼，變色。庾懌亮弟。嘗送酒於江州刺史王允之，允之與犬，犬斃，懼而表之。帝怒曰：「大舅已亂天下，小舅復欲爾邪？」懌聞，飲藥而死。懌本傳略同。夫南頓王之伏誅，事在咸和元年九月；蘇峻入犯，庾亮出奔，事在三年三月；峻敗而帝御溫嶠舟，亮獲入見，乃在四年二月，而弋陽王卽以此時伏誅，帝苟欲問南頓王，何待蘇峻平後？故或謂此實弋陽王之誤，然是時之弋陽叛狀顯著，成帝果聰明，不應復有此問；且亦無緣誅之而不使帝知也。紀又言帝少爲舅氏所制，不親庶政，而赫然一怒，庾懌遽懼而自裁，有是理乎？妨帝不親庶政者王導也，於庾氏乎何與？而謗轉集於庾氏，何哉？史稱王導輔政，以寬和得衆，而亮任法裁物，頗以此失人心；又言王導輔政，每從寬惠，而冰頗任威刑；此庾氏所以招謗，而導之虛譽所由流溢與？惡直醜正，實繁有徒；民之多幸，國之不幸；悠悠之口，豈足聽哉？不惟庾氏，卽劉隗、刁協，頗爲史所譏評，其故亦然。隗傳云：與協並爲元帝所寵，欲排抑豪彊，諸刻碎之政，皆云隗、協所建。協傳云：協性剛悍，與物多忤。每崇上抑下，故爲王氏所疾。又使酒放肆，侵毁公卿，見者莫不側目。然悉力盡心，志在匡救，帝甚信任之。其故可深長思矣。翼嘗與冰書曰：「大較江東政，以傴儛豪彊，以爲民蠹，時有行法，輒施之寒劣。如往年偷石頭倉米一百萬斛，皆豪將輩，而直打殺倉督監以塞責。山遐作餘姚半年，而爲官出二千戶，政雖不倫，公彊官長也，而羣共驅之，不得安席。紀睦、徐寧，奉王使糾罪人，船頭到渚，桓逸還復，而二使免官。雖皆前宰之惛謬，江東事去，實此之由也。兄弟不幸，橫陷此中，自不能拔腳於風塵之外，當共明目而治之。」風格峻嶒，時之所須，正此等人也。何充居宰相，史言其無澄正改革之能。雖凡所選用，皆以功臣爲先，不以私恩樹親戚，然所昵庸雜，信任不得其人，朝政復稍衰矣。

穆帝卽位，年僅二歲，大后褚氏臨朝。后父裒，苦求外出。於是以會稽王昱元帝少子，卽簡文帝也。錄尚書六條事，復開宗親秉政之端。

第五章 東晉中葉形勢上

第一節 劉石興亡

劉淵以永嘉四年六月死，子和嗣僞位。其衛尉西昌王劉銳、宗正呼延攸和，攸之甥。說和攻其弟鹿蠡王聰、齊王裕、魯王隆、北海王乂。此據晉書載紀，通鑑依十六國春秋作乂。斬裕及隆，而和爲聰所攻殺。聰讓位於其弟乂。乂與公卿涕泣固請，聰乃僭位，而以乂爲皇大弟，蓋以乂爲淵后單氏所生也。聰烝於單氏，乂屢以爲言，單氏慚恚而死，乂之寵因之漸衰，然猶追念單氏，未便黜廢。

聰后呼延氏死，納其大保劉殷二女爲左右貴嬪，女孫四人爲貴人。六劉之寵，傾於後宮。聰稀復出外，事皆中黃門納奏，左貴嬪決之。嘗以小劉貴人賜懷帝，及弒懷帝，復以爲貴人。立左貴嬪爲皇后。已而死。聰如中護軍靳準第，納其二女爲左右貴嬪，大曰月光，小曰月華。數月，立月光爲皇后。後又以爲上皇后，立貴妃劉氏爲左皇后，貴嬪劉氏爲右皇后。靳氏有淫行，御史大夫陳元達奏之，聰廢靳，靳慚恚自殺。聰追念其姿色，深仇元達。元達，聰之諍臣也，後自殺。聰立上皇后樊氏，張氏之侍婢也。張氏亦聰后。時四后之外，四后蓋兼中皇后言之，見下。史文左右采獲，敘述不必皆以次也。佩皇后璽綬者七人。中常侍王沈養女年十四，有妙色，聰立爲左皇后。尙書令王鑒，中書監崔懿之，中書令李恂等諫，皆斬之。

又立其中常侍宣懷養女爲中皇后。聰嘗欲爲劉后起鵠儀殿，陳元達諫，聰大怒，欲斬之，已而止。然又作大廟，內興殿觀四十餘所。游獵無度，晨出晚歸，觀漁於汾，以燭繼晝。立市於後庭，與宮人燕戲，或三日不醒。荒淫之行備矣。

聰大定百官，以其子粲爲丞相，領大將軍，錄尚書事，封晉王。後又以爲相國，總百揆，而省丞相。乂大師盧志、大傅崔瑋，大保許遐勸乂襲粲，乂弗從。東宮舍人荀裕告之，於是收志、瑋、遐，假他事殺之。使冠威卜抽監守東宮。中常侍王沈、宣懷、俞容，中宮僕射郭猗，中黃門陵脩等，皆寵幸用事。聰游燕後宮，或百日不出，羣臣皆因沈等言事，多不呈聰，以其意愛憎決之。或有勳舊功臣弗見敍錄，姦佞小人數日便至二千石者。軍旅無歲不興，而將士無錢帛之賞，後宮之家，賜賚及於僮僕，動至數千萬。沈等車服、宅宇，皆踰於諸王。子弟中表，布衣爲內史、令、長者三十餘人，皆奢僭貪殘，賊害良善。靳準合宗內外，諂以事之。聰臨上秋閣，誅其特進綦毋達，大中大夫公師彧，尚書王琰、田歆，少府陳休，左衛卜崇，大司農朱誕等，皆羣奄所忌也。郭猗有憾於乂，謂粲：「乂將以三月上巳因燕作難，宜早爲之所。」初，靳準從妹爲乂孺子，淫於侍人，乂怒殺之，而屢以嘲準，準深慚恚，說粲：「緩東宮之禁固，勿絕大弟賓客，使輕薄之徒得與交游，然後下官爲殿下露表其罪，主上必以無將之罪罪之。」於是粲命卜抽去東宮。粲使謂乂曰：「適奉中詔，云京師將有變，敕裹甲以備之。」乂以爲信然。準白之。於是使粲圍東宮。粲使王沈、靳準收氐、羌酋長十餘人窮問之，皆懸首高格，燒鐵灼目，乃自誣與乂同造逆謀。於是誅乂素所親厚大臣及東宮官屬數十人，廢乂爲北部王。粲使準賊殺之。阬士衆萬五千餘人，平陽街巷爲空。氐、羌叛者十餘萬落，以靳準行車騎大將軍以討之。立粲爲皇大子，領相國、大單于，總攝朝政如前。

大興元年七月，聰死，粲嗣僞位。粲自爲宰相，威福任情。性嚴刻無恩惠。好興造宮室，相國之府，放象紫宮。在位無幾，作兼晝夜，饑困窮叛，死亡相繼，粲弗之恤也。既嗣僞位，尊聰后靳氏爲皇大后，樊氏號弘道皇后，宣氏號弘德皇后。靳等皆年未滿二十，粲晨夜烝淫於內。聰死時，上洛王劉景爲大宰，濟南王劉驥爲大司馬，昌國公劉顗爲大師，朱紀爲大傅，呼延晏爲大保，並錄尙書事，大尉范隆守尙書令，靳準爲大司空，領司隸校尉，皆迭決尙書奏事。準私於粲曰：「諸公將行伊、霍之事，謀先誅大保及臣，以大司馬統萬幾。」粲誅景、顗、驥及驥母弟吳王逞，大司徒齊王劉勱等。紀、隆奔長安。以靳準爲大將軍、錄尙書事。粲荒耽酒色，游宴後庭，軍國之事，一決於準。準勒兵入宮，執粲，數而殺之。劉氏男女，無少長皆斬於東市。發淵、聰墓，焚燒其宗廟。自號大將軍漢天王，置百官，遣使稱藩於晉。

自來創業之主，必能躬擐甲冑，四征不庭，獨胡劉則不然。當淵之世，即蟄居河東，不能一出。蓋淵特以左賢王之後，爲衆所推，其人本非才武，晉書載記於淵多美辭，特沿襲舊史，不足信也。其時傾覆晉室者，實王彌、石勒等爲之，其於胡劉，特文屬而已。羣盜中以石勒爲最狡悍，故東方悉爲所并；胡劉種姓中，惟劉曜較有材力，關中實其所陷，故劉粲既沒，曜與勒遂成東西對峙之勢焉。初聰之立也，以勒爲并州刺史。後又以曜爲雍州牧，鎭長安。而以王彌爲大將軍，封齊公。勒殺彌，聰大怒，使讓其專害公輔，然仍以彌部衆配之，勢固無如勒何也。其時惟曹嶷聲勢較盛，故勒請討嶷而聰弗許，蓋欲藉以牽制勒。然聰載記又云：勒與嶷相結，規爲鼎峙之勢，則嶷即存，亦未必能爲聰用，且亦難保其不橈而從勒也。要之東方之局，實非劉氏所能控馭而已。聰時，平陽大饑，流叛死亡，十有五六。勒遣石越率騎二萬，屯於并州，以懷撫叛者。聰使讓勒，勒不奉命。司隸部人奔於冀州者二十萬戶。聰大史令康相嘗言於聰曰：「石勒鴟視趙、魏，曹嶷狼顧青、齊，鮮卑之衆星布燕、代。今京師寡弱，勒衆精盛，若盡趙、魏之銳，燕之突騎，自上黨而東，（上黨見第二章第二節。）曹嶷率三齊之衆以繼之，陛下將何以抗之？」當時情勢之危急，可以想見矣。及劉粲見殺，劉曜自長安赴之，至赤壁，（胡三省曰：水經注：河東皮氏縣西北有赤石川。案皮氏秦縣，在今山西河津縣西。）僭卽皇帝位。石勒亦統精銳五萬討準，據襄陵北原。（襄陵，漢縣，在平陽東南。）準遣侍中卜泰降於勒。勒與曜競有招懷之計，乃送泰於曜，使知城內無歸曜之意。曜謂泰曰：「司空若執忠誠，早迎大駕者，政由靳氏，祭則寡人。」與泰結盟，使還平陽，宣慰諸屠各。勒疑泰與曜有謀，欲斬泰以速降之。諸將皆曰：「今斬泰，準必不復降。就令泰宣漢要盟於城中，使將率誅準，準必懼而速降矣。」勒久乃從諸將議，遣之。泰還平陽，具宣曜旨。準自以殺曜母兄，沈吟未從。尋而喬泰、王騰、靳康（準從弟。）馬忠等殺準，推尙書令靳明爲盟主，（明亦準從弟。）遣卜泰奉傳國六璽降於曜。勒聞之，怒甚，增兵攻之。明戰累敗，求救於曜。曜使劉雅、劉策等迎之。明率平陽士女萬五千歸於曜。曜誅明，靳氏男女無少長皆殺之。曜西奔粟邑。（漢縣，在今陝西白水縣西北。）勒焚平陽宮室而還。曜旋徙都長安，改國號曰趙。曜載記云：曜隱迹菅涔山，（卽管涔山。清一統志云：諸書皆作管，惟寰宇志作菅，言山多菅草也。案晉書載記亦作菅。在今山西寧武縣西南。）嘗夜閑居，有二童子入跪曰：「菅涔王使小臣奉謁趙皇帝。」獻劍一口，置前，再拜而去。以燭視之，劍長二尺，光澤非常，赤玉爲室，背上有銘曰：「神劍御，除衆毒。」曜遂服之。劍隨四時而變爲五色。蓋特造作妖言，以示其當王趙而已，此所以諷示石勒也。然尚不能定平陽，安能有趙？石勒又豈妖言所能懾，名號所可束縛者邪？

劉曜豕突，本在關中，故僭號之後，仍以雍、秦爲務。曜長水校尉尹車謀反，潛結巴酋徐庫彭。曜誅車，囚庫彭等五十餘人，欲殺之。其光祿大夫游子遠諫，曜怒，幽之，而盡殺庫彭等。於是巴氐盡叛，推巴歸善王句渠知爲主。四山羌、氐、巴、羯應之者三十餘萬，關中大亂，城門晝閉。乃釋子遠，用其計大赦境內，而使子遠討平之。先是上郡氐羌十餘萬落，保險不降。上郡，見第二章第二節。酋大虛除權渠自號秦王，子遠又破禽其子伊餘，降之。西戎之中，權渠部最强，皆稟其命而爲寇暴，權渠既降，莫不歸附。後曜又親征氐、羌。通鑑繫永昌元年。仇池楊難敵，率衆來距，曜前鋒擊敗之。仇池者，山名，在今甘肅成縣西。以山巔有池，故曰仇池。池蓋今所謂火山湖也。略陽清水氐楊氏，略陽，見第二章第二節。秦、漢以來，世居隴右爲豪族。漢獻帝建安中，有楊騰者，爲部落大帥。騰子駒，勇健多計略，始徙仇池。仇池地方百頃，因以百頃爲號。四面斗絕，高平地方二十餘里，羊腸盤道三十六回，山上豐水泉，煑水成鹽。駒後有名千萬者，拜爲百頃氐王。與興國氐王阿貴，興國城名，在今甘肅秦安縣東北。俱從馬超爲亂。超破之後，阿貴爲夏侯淵攻滅，千萬西南入蜀。千萬孫飛龍，漸彊盛，晉武帝假征西將軍。魏書氐傳作平西將軍。還居略陽。無子，養外甥令狐氏子爲子，名戊搜。惠帝元康六年，避齊萬年之亂，率部落四千家，還保百頃，自號輔國將軍、右賢王。關中人士奔流者多依之。愍帝以爲驃騎將軍、左賢王。時南陽王保在上邽，又以戊搜子難敵爲征南將軍。建興五年，戊搜卒，難敵襲位，與弟堅頭分部曲。難敵號左賢王，屯下辨，漢道，後漢爲縣，在成縣西。堅頭號右賢王，屯河池。漢縣，在今甘肅徽縣西。以上據宋書氐傳及三國志四裔傳注引魏略。難敵爲曜所敗，退保仇池。仇池諸氐、羌，多降於曜。曜西討楊韜於南安。韜，南陽王保之將。南安，見第二章第二節。韜懼，與隴西大守梁勛等降於曜。隴西，見第二章第二節。曜又進攻仇池。時曜寢疾，兼癘疫甚，乃遣使說難敵。難敵即遣使稱藩。陳安請朝，曜以疾篤不許。安怒，且以曜爲死也，遂大掠而歸。曜乘馬輿還，使其將呼延寔監輜重於後，安要擊，沒之。又使將襲拔汧城。汧城，漢汧縣，在今陝西隴縣南。西州氐、羌悉從安。安士馬雄盛，衆十餘萬。大寧元年，安攻曜征西劉貢於南安。休屠王石武，先以桑城降曜，桑城，見第二章第四節。及是，自桑城將攻上邽，以解南安之圍。安馳歸，貢追敗其後軍。安又馳還赴救，而武騎大至。安衆大潰，以騎八千奔隴城。見第四章第二節。貢圍之。曜又親征。安突圍出，欲引上邽、平襄之衆還解隴城之圍。平襄，漢縣，在今甘肅通渭縣西南。而上邽被圍，平襄已敗，乃南走陝中。陝同陿，在隴城南。曜使將追斬之。隴上、上邽降。氐、羌悉下，並送質任。楊難敵聞安平，內懷危懼，奔於漢中。宋書本傳云：與堅頭俱奔晉壽，臣於李雄。晉書成帝紀：咸和六年七月，李雄將李壽侵陰平、武都，氐帥楊難敵降之。李雄載記：難敵兄弟爲劉曜所破，奔葭萌，遣子入質。晉壽，見第三章第六節。陰平，漢道，魏爲縣，又置郡，在今甘肅文縣西北。武都，見第二章第二節。葭萌，見第三章第六節。曜以其大鴻臚田崧爲益州刺史，鎮仇池。先是，晉書張茂傳事在大興四年，通鑑繫大寧元年。曜遣其將劉咸攻張茂將韓璞於冀城，冀，漢縣，晉廢，在今甘肅甘谷縣南。呼延寔攻寧羌護軍陰鑒於桑壁，胡三省曰：當在南安東。臨洮人翟松、石琮等逐令長，以縣應曜。臨洮，秦縣，今甘肅岷縣。河西大震。茂出次石頭，胡三省曰：在姑臧城東。姑臧，見第三章第七節。遣參軍陳珍擊走之。遂復南安。永昌初，茂使韓璞取隴西、南安之地，以置秦州。及曜平陳安，劉岳方與茂相持於河上。曜自隴上長驅至河，戎卒二十八萬五千，臨河列營，揚聲欲百道俱渡，直至姑臧。茂懼，遣使稱藩。曜拜爲涼州牧涼王。大寧三年，茂卒，無子寔子駿嗣，曜復以茂官爵授之。咸和初，駿遣武威大守竇濤、金城大守張閬、武興大守辛巖、揚烈將軍宋輯等會韓璞討秦州諸郡。武威、金城，皆見第二章第二節。武興郡，惠帝永寧中張軌表合秦雍流移人所置，在姑臧西北。曜遣其將劉胤來距，璞軍潰。胤乘勝追奔濟河，攻陷令居，漢縣，今甘肅永登縣西北。入據振武。胡三省曰：在姑臧東南。河西大震。曜復攻枹罕，漢縣，晉廢，今甘肅導河縣。護軍辛晏告急。駿使韓璞、辛巖率步騎二萬擊之，戰於臨洮，大為曜軍所敗。璞等退走。駿遂失河南之地。

劉曜兵鋒，看似銳利，實則所遇者皆小敵，以之戡定秦雍，懾服涼州，尚虞不足，況欲長驅中原邪？而曜且荒淫無度。曜之徙都也，起光世殿於前，紫光殿於後。繕宗廟、社稷、南北郊。又立大學、小學。起酆明觀，立西宮，建陵霄臺於滈池。在長安西南。又將於霸陵西南營壽陵。霸陵，漢文帝陵，在長安之東。周回四里，下深二十五丈，以銅為棺槨，黃金飾之。侍中喬豫、和苞諫，曜乃停之，封豫安昌子，苞平輿子，並領諫議大夫。省酆明觀，以與貧戶。然將葬其父及妻也，復親如粟邑，以規度之。負土為墳，其下周回二里。作者繼以脂燭。怨呼之聲，盈於道路。游子遠諫，不納。後復遣使增其父及妻墓高九十尺。其侈，亦幾與劉聰無異矣。

石勒之破靳明也，遣其左長史王脩獻捷於曜。曜遣郭汜等署勒大宰，進爵趙王。勒舍人曹平樂，因使留仕於曜，言於曜曰：「勒遣脩等來，外表至虔，內覘大駕彊弱，謀待脩之返，將輕襲乘輿。」時曜勢實殘弊，懼脩宣之。曜大怒，追汜等還，斬脩粟邑，停大宰之授。勒大怒，下令曰：「孤兄弟之奉劉家，人臣之道過矣。石虎，勒之從子。勒父幼而子之，故或稱勒弟。勒此令亦以弟視之。蓋胡人不甚重昭穆也。勒杖虎以專征之任，其克定四方，虎戰功頗多，故有是言。觀是言，便知虎非勒所能制。勒身後之禍，蓋勢有必至矣。趙王、趙帝，孤自爲之，名號大小，豈其所節邪？」大興二年，勒僞稱趙王。勒將石他，自雁門出上郡，（雁門，見第二章第二節。）襲北羌王盆句除，俘獲而歸。曜大怒，投袂而起，次於渭城。（見第三章第三節。）遣劉岳追之。曜次於富平，（魏縣，今陝西富平縣。）爲岳聲援。岳及石他戰於河濱，敗之，斬他。上郡距襄國遠，聲勢不相接，故勒不能報。大寧二年，勒遣石生屯洛陽。明年四月，李矩等並潰歸，於是關內、河東，皆虞遷處。劉、石兵爭始棘矣。生攻曜河內大守尹平於新安，（河內，見第二章第二節。新安，見第三章第三節。）斬之。曜遣劉岳攻生於洛陽，配以近郡甲士五千，宿衞精卒一萬，濟自孟津。（見第二章第二節。）鎮東呼延謨，率荆、司之衆，（胡三省曰：時荆州仍屬晉，司州之地，多入後趙，劉曜得其民，處之關中。或曰：劉聰以洛陽爲荆州，此所謂荆、司，皆晉司州之衆也。）自崤、澠而東。（崤山，在河南洛寧縣西北，西接陝縣，東接澠池。澠池之西北，則澠坂也。）岳圍石生於金墉。（見第三章第二節。）石虎率步騎四萬，入自成皋關，（見第三章第四節。）戰於洛西，岳師敗績。岳中流矢，退保石梁。（見第四章第二節。）虎遂塹柵列圍。又敗呼延謨，斬之。曜親率軍援岳，虎率騎三萬來距。曜次於金谷，（在洛陽西北。）夜無故大驚，軍潰，退如澠池。（漢縣，在今洛寧縣西。）夜中又驚，士卒奔潰，遂歸長安。虎執岳，送於襄國，阬士卒萬六千。此可見曜之不整，其士卒實無戰心，不足以臨大敵矣。

咸和三年七月，勒遣虎率衆四萬，自軹關入，（在今河南濟源縣西北。）伐曜河東，進攻蒲坂。（見第三章第四節。）八月，曜盡中外精銳，水陸赴之，自衞關北濟。（在今河南汲縣。）虎懼，引退。追之，及於高候，（胡三省曰：杜佑曰：今絳州聞喜縣北有高候原。聞喜，今山西聞喜縣。）大戰，敗之，斬其將石瞻，枕尸二百餘里，收其資杖億計。虎奔朝歌。（見第三章第三節。）曜遂濟自大陽，（見第三章第四節。）攻石生於金墉。滎陽、野王皆降，（滎陽，見第二章第二節。野王，漢縣，今河南沁陽縣。時後趙皆以爲郡。）襄國大震。十二月，勒命石堪、石聰及其豫州刺史桃豹等會滎陽，石虎進據石門。水經注：漢靈帝於敖城西北壘石爲門，以遏浚儀渠口，謂之石門。而滎瀆受河水，亦有石門。案敖城在滎陽西北敖山上。勒統步騎四萬赴金墉，諸軍集於成皋，步卒六萬，騎二萬七千，詭道兼路，出於鞏、訾之間。鞏，東周畿內國，今河南鞏縣。訾，周邑，在鞏縣西南。曜攝金墉之圍，陳於洛西。勒攻之，曜軍大潰。曜少而淫酒，末年尤甚。將戰，飲酒數斗，比出，復飲酒斗餘，昏醉奔退，爲堪所執，送於襄國，後爲勒所殺。曜子熙、胤等，胤本曜世子，靳準之亂，沒於黑匿郁鞠部。曜僭位，遂立熙爲大子。後胤自言，郁鞠送之。曜以熙爲後妻羊氏所生，羊有寵，哀之，遂未更易。議西保秦州。尚書胡勳曰：「今雖喪主，國尚全完，將士情一，未有離叛，可共并力距險，走未晚也。」胤怒其沮衆，斬之。四年二月，率百官奔於上邽。關中擾亂，將軍蔣英、辛恕擁衆數十萬，據長安，遣使招勒。勒遣石生率洛陽之衆以赴之。胤及劉遵率衆數萬，將攻石生於長安。九月，勒使虎率騎二萬距胤，戰於義渠。秦縣，後漢省，在今甘肅寧縣西北。爲虎所敗。胤奔上邽。虎乘勝追之，上邽潰。虎執熙、胤，并將相諸王等及其諸卿校公侯已下三千餘人，皆殺之。前趙亡。五年，勒僭號趙天王，行皇帝事。是歲八月，遂僭即皇帝位。晉書載記云：勒自襄國都臨漳。即鄴，晉避愍帝諱改爲臨漳縣。以成周土中，漢、晉舊都，復有移都之意，乃命洛陽爲南都。然勒實并未能都鄴也。

第二節　後趙盛衰

在五胡之中，石勒確可稱爲一人物，以其性雖剽狡，而於中國之情形，頗能曉解也。羯本小種，所以能縱橫中原，幾至盡幷北方者，非其種姓之强大，實由勒在諸胡中，剽狡獨絕。勒死之後，繼之者無復雄材；而石虎之淫暴，且爲諸胡之冠；而胡、羯遂忽焉以盡矣。

石勒之戕苟晞，殺王浚，破劉琨，沒邵續，執段匹磾，害徐龕，皆已見前。時劉遐爲兗州刺史，自鄒山退屯下邳。鄒山，見第四章第二節。下邳，見第三章第三節。琅邪內史孫默叛降於勒。永昌元年八月。琅邪，見第二章第三節。於是冀、幷、幽州，遼西以西諸屯結，皆陷於勒。徐、兗閒壁壘，亦多送任請降。及曹嶷亡，而青州諸郡縣壁壘亦盡陷。祖約退屯壽春，見第三章第四節。勒復使其將王陽屯於豫州。先是朝廷以王邃督青、徐、幽、平，鎭淮陰。見第四章第二節。卞敦爲徐州刺史，鎭泗口。在今清河縣境。大寧元年，三月，勒陷下邳，敦退保盱眙。見第三章第九節。明年，正月，石瞻復寇下邳。東莞大守竺珍，東海大守蕭誕，皆叛降勒。東莞，見第三章第一節。東海，見第三章第三節。劉遐又自下邳退保泗口。卞敦以畏愞徵。邃、約、遐亦以王敦之亂，還衞京師。亂平，以遐爲徐州刺史，代邃鎭淮陰。檀贇爲兗州刺史，仍守鄒山。檀贇從本紀，載記作斌。三年，四月，石良攻鄒山，陷之。石良亦據本紀，載記作石瞻。朝以郗鑒督青、兗，僅鎭廣陵而已。廣陵，見第三章第九節。時李矩等亦皆潰歸，都尉魯潛，以許昌叛降於勒。許昌，見第三章第二節。勒遂盡陷司、兗及徐、豫、濱淮州郡。咸和元年，五月，劉遐卒，以郗鑒領徐州刺史，郭默爲北中郎將，領遐部曲。遐妹夫田防，及遐故將史迭、卞咸、李龍等不樂他屬，共立遐子肇，襲遐故位以叛。詔郭默等討之。始上道，臨淮大守劉矯，臨淮，見第三章第二節。率將士數百，掩襲遐營，迭等迸走，斬防及咸，又追斬迭、龍於下邳。十一月，石聰攻壽春，不克，遂侵逡遒、阜陵。漢逡遒縣，晉作逡遒，今安徽合肥縣東。阜陵，見第三章第九節。歷陽大守蘇峻遣將韓晃擊走之。歷陽，見第三章第九節。濟岷大守劉闓，將軍張闓等叛，胡三省曰：「晉志曰：或云魏平蜀，徙其豪將家於濟河北，爲濟岷郡。大康地志無此郡，未詳。」害下邳內史夏嘉以下，邳降於石生。明年，峻與祖約俱反。三年四月，勒攻宛，南陽大守王國叛降於勒。宛、南陽見第三章第四節。石瞻攻河南大守王羨於邾，陷之。河南見第二章第二節。邾，漢縣，在今湖北黃岡縣西北。七月，石聰、石堪陷壽陽，祖約奔歷陽。四年二月，蘇峻敗，約降於勒。五年五月，勒將劉徵聚衆數千，浮海寇南沙，晉縣，在今江蘇常熟縣西北。進入海虞。晉縣，在常熟東。六年正月，復寇婁縣，漢縣，在今江蘇崑山縣東北。掠武進。晉縣，在今江蘇武進縣西北。朝以郗鑒戍京口，見第四章第二節。督揚州之晉陵、吳郡諸軍事，討平之。晉陵見第四章第三節。吳郡見第三章第九節。勒又使其荊州監軍郭敬、南蠻校尉董功寇襄陽，見第三章第四節。南中郎將周撫奔武昌。見第三章第九節。中州流人悉降於勒。敬毀襄陽，遷其百姓於沔北，城樊城以戍之。樊城在襄陽對岸。王師復戍襄陽。七年四月，敬又攻陷之，遂南略江西。七月，陶侃遣子斌與江夏相桓宣乘虛克樊城。江夏見第三章第四節。侃兄子臻與竟陵大守李陽拔新野、襄陽。竟陵見第三章第九節。新野見第三章第三節。敬旋師救樊，大敗，宣復鎮襄陽。咸康五年，郗鑒卒，以蔡謨都督徐、兗、青三州及揚州之晉陵、豫州之沛郡諸軍事，領徐州刺史。沛郡見第三章第一節。時石虎於青州造船數百，掠緣海諸縣，所在殺戮。謨所統七千餘人，所戍東至土山，在江寧縣東。西至江乘，見第三章第九節。幾於緣江設守已。

石勒世子興早死，以第二子弘爲世子，僭位後立爲大子。弘，程遐之甥也。勒以遐爲右長史，總執朝政。又令弘省可尚書奏事，使中常侍嚴震參綜可否，征伐刑斷乃呈之。又使弘鎮鄴，配以禁兵萬人，車騎所統五十四營，悉以配之；

又以驍騎領門臣祭酒王陽專統六夷以輔之；通鑑愍帝建興二年注曰：「六夷，蓋胡、羯、鮮卑、氐、羌、巴蠻，或曰：烏丸非巴蠻也。」穆帝永和六年注曰：「六夷，胡、羯、氐、羌、段氏及巴蠻也。」竊疑當時雖有六夷之名，其種姓並無一定，故前史亦無的說。蓋所以備石虎，然積重之勢，斷非如是遂能挽救也。咸和八年，七月，勒死。虎執弘，收遐下廷尉，召其子邃率兵入宿衞，文武靡不奔散。弘大恐，讓位於虎。虎逼立之。勒妻劉氏謂石堪曰：「皇祚之滅，不復久矣，王將何以圖之？」堪曰：「先帝舊臣皆已斥外，衆旅不復由人，宮殿之內無所措籌，臣請出奔兗州，據廩丘，見第三章第三節。挾南陽王為盟主，南陽王恢，勒少子。宣大后詔於牧守征鎮，令各率義兵同討桀逆。」於是微服輕騎襲兗州，失期不克，遂南奔譙城。見第三章第三節。虎遣其將郭太等追擊之，獲堪於城父，漢縣，在今安徽亳縣東南。送襄國，炙而殺之。徵石恢還襄國。劉氏謀泄，虎殺之，尊弘母程氏為皇大后。時石生鎮關中，石朗鎮洛陽，皆起兵。虎留子邃守襄國，統步騎七萬攻朗於金墉。見第三章第二節。金墉潰，獲朗，刖而斬之。進師攻長安。以石挺為前鋒大都督。生遣將軍郭權率鮮卑涉璝斤衆二萬為前鋒拒之，大戰潼關，見第三章第三節。挺死，虎退奔澠池，漢縣，在今河南洛寧縣西。枕尸三百餘里。鮮卑密通於虎，背生而擊之。生奔長安，潛於雞頭山。括地志：雞頭山在成州上祿縣東北二十里，在長安西南九百六十里。胡三省曰：原州平高縣西百里亦有笄頭山，在長安西八百里。按上祿，在今甘肅成縣西南；平高，即漢高平，北周改名，見第二章第二節。虎進攻長安，旬餘，拔之。生為部下所殺。郭權據上邽歸順，上邽，見第三章第三節。京兆、新平、扶風、馮翊、北地皆應之。皆見第二章第二節。虎遣郭敖及其子斌等率步騎四萬討之，次於華陰。見第三章第三節。九年，四月，上邽豪族害權以降。虎廢弘為海陽王，并程氏及勒子秦王宏、南陽王恢，幽諸崇訓宮，尋殺之。弘時年二十二。虎稱居攝趙天王。

咸康元年，九月，遷於鄴。三年，僭稱大趙天王。永和五年，僭卽皇帝位。

石虎本以兵起，故僭位之後，仍志在窮兵，然時胡、羯之勢，已成强弩之末，而鮮卑、氐、羌，日大，虎之窮兵，遂適以自促其亡矣。諸部落中，鮮卑慕容氏尤盛。建武初，元帝承制，拜慕容廆都督遼左雜夷、流人諸軍事，大單于，昌黎公，昌黎，見第二章第二節。廆讓而不受。已遣長史浮海勸進。帝卽位，重申前命，廆固辭公封。時二京傾覆，幽、冀淪陷，廆刑政修明，虛懷引納，流亡士庶多歸之。廆乃立郡以統流人；推舉賢才，委以庶政。平州刺史東夷校尉崔毖，王浚妻舅，浚所用，見浚傳。意存懷集，而流亡莫赴，毖意廆拘留，乃陰結高句驪及宇文、段氏，謀滅廆而分其地。大興初，三國伐廆，攻棘城。見第三章第八節。廆以計間之，二國引歸，宇文悉獨官獨留，爲廆所敗。於其營候獲玉璽三紐，遣長史裴嶷送於建康。本紀，事在大興三年二月。北史云：莫廆死，子遜昵延立。攻廆於棘城，爲廆所敗，乃卑辭厚幣，遣使朝貢於昭帝，帝嘉之，以女妻焉。亦見魏書本紀。悉獨官，卽遜昵延也。二年，十一月，崔毖奔高句驪。元帝使拜廆平州刺史。四年，十二月，加牧，進封遼東郡公，承制海東，置平州守宰。段匹磾之敗，末杯仍據遼西。末杯初統其國，而不設備，廆遣子皝襲之，入令支，漢縣，在今河北遷安縣西。收其名馬、寶物而還。石勒遣使通和，廆距之，送其使於建業。勒怒。時遜昵延死，子乞得龜立。大寧元年，勒遣龜擊廆。廆克之。乘勝入其國，收其資用億計，徙其人數萬戶以歸。其後廆與陶侃牋，說宜北伐之意。并齎東夷校尉、遼東相等三十餘人疏上侃府，求封廆爲燕王。朝議未定。咸和八年，五月，廆卒。皝嗣。皝，廆第三子也。宇文乞得龜爲其別部逸豆歸所逐，奔死於外。皝討之。逸豆歸懼，請和。皝庶兄翰，驍武有雄才，素爲皝所忌。母弟仁、昭，並有寵於廆，皝亦不平之。廆卒，並懼不自容。段末杯卒，弟牙嗣。大寧三年三月。牙卒，就六眷之孫遼立。通鑑事在大寧三年，云：慕容廆與段氏方睦，爲段牙謀，使之徙都。牙從之，即去令支。國人不樂。段疾陸眷之孫遼欲奪其位，以徙都爲牙罪，十二月，帥國人攻而殺之。遼魏書作護遼。自末杯至遼，晉皆以爲幽州刺史。翰出奔遼。仁勸昭舉兵廢皝。皝殺昭。仁歸平郭，漢縣，晉廢，在今遼寧蓋平縣南。盡有遼東之地。宇文歸、段遼及鮮卑，並爲之援。九年，成帝遣謁者拜皝平州刺史、大單于、遼東公。皝自征遼東，克襄平。漢縣，爲遼東郡治，在今遼寧遼陽縣北。咸康初，皝乘海討仁，擒仁，殺之。三年，十一月，皝僭即燕王位。使稱藩於石虎，陳段遼宜伐，請盡衆來會。虎許之。四年，虎使桃豹、王華統舟師十萬出漂渝津。在今河北天津縣北。支雄、姚弋仲羌酋，見下節。統步騎十萬爲前鋒以伐遼。雄長驅入薊。見第四章第二節。遼恐，棄令支奔於密雲山。在今河北密雲縣南。皝攻令支以北諸城，掠五千餘戶而歸。虎怒其不會師，進軍擊之，攻棘城，不克。虎遷遼戶二萬餘於司、雍、兗、豫，以李農爲營州牧，鎮令支。段遼自密雲山使降於虎，又降於皝。虎使麻秋迎遼。皝子恪伏兵襲敗之，擁遼及其部衆以歸。遼謀叛，皝誅之。其子蘭，魏書作鬱蘭。爲宇文歸所執，降於虎。虎謀伐昌黎，遣曹伏將青州之衆渡海戍蹋頓城，未詳。無水而還。因戍於海島，運穀三百萬斛以給之。又以船三百艘運穀三十萬斛詣高句麗，使典農中郎將王典率衆二萬屯田於海濱。又令青州造船千艘。後又令司、冀、青、徐、幽、幷、雍兼復之家五丁取三，四丁取二，合鄴城舊軍，滿五十萬。具船萬艘，自河通海，運穀豆千一百萬斛於安樂城，安樂，漢縣，在今河北順義縣西南。以備征軍之調。自幽州東至白狼，漢縣，在今熱河淩源縣南。大興屯田。然師出無功。本紀：咸康六年，二月，慕容皝及石成戰於遼西，敗之，獻捷於京師。建元元年，六月，石季龍帥衆伐慕容皝，皝大敗之。皝反自蠮螉塞入，今居庸關。長驅至薊，進渡武遂津，武遂，漢縣，在今河北武强縣東北。入高陽，晉國今河北蠡縣南。所至焚燒積聚，徙幽、冀三萬餘戶以歸。七年，二月，皝遣其長史劉祥獻捷京師，兼言推假之意。并請大舉討平中原。表言朝廷任庾亮之私，又與庾冰書責之。冰以其絕遠，非所能制，遂與何充等奏聽皝稱燕王。是年，皝遷都龍城。皝築龍城於柳城北，改柳城爲龍城縣。柳城故城在今遼寧興城縣西南，龍城今熱河朝陽縣。段遼之敗也，慕容翰奔於宇文歸。皝遣商人招之，翰攜其二子還。皝使與子垂爲前鋒，伐克高句驪。建元二年，二月，皝伐逸豆歸，仍以翰及垂爲前鋒。歸遠遁漠北，遂奔高句驪。皝開地千餘里，徙其部人五萬餘落於昌黎。宇文部自是散滅。歸而賜翰死。於是內憂外患皆除，益得專力於石氏矣。

劉曜之敗也，張駿復收河南地，至於狄道。漢縣，今甘肅臨洮縣西南。置武街、石門、候和、漒川、甘松五屯護軍，與石勒分境。武街，晉縣，在今臨洮縣東。石門，在今導河縣西南。候和在今固原縣北。漒川、甘松，皆在今青海東南境，前涼曾置甘松郡，後西秦又置漒川郡。勒使拜駿官爵，駿不受，留其使。後懼勒，遣使稱臣，貢方物，遣其使歸。虎之世，駿亦遣其別駕馬詵朝之。虎大說。及覽其表，辭頗蹇敖，又大怒，使張伏都帥步騎三萬擊之。與駿將謝艾戰於河西，敗績。建元元年。永和二年，駿卒，子重華嗣。虎又遣麻秋伐之。秋與伏都伐金城，見第二章第二節。大守張沖以郡降。重華使謝艾擊破之。秋又陷大夏，漢縣，晉廢，張軌復置，駿又置郡，在今甘肅臨夏縣東南，圍枹罕，見上節。欲城長最，城名，在今甘肅永登縣南。亦爲艾所敗。三年，虎使石寧率并、司兵二萬餘人，爲秋後繼。秋又據枹罕，進屯河內。遣王擢略地晉興、廣武。皆前涼郡。晉興，在今青海樂都縣東南。廣武，在永登縣東南，後禿髮烏孤都此。越洪池嶺，在武威東南。至曲柳。地名，在洪池嶺北。姑臧大震。姑臧，見第三章第七節。重華又使艾距破之。虎此時之用兵，乃如搏牛之蝱，不可以破蟣蝨，徒自勞敝而已。

胡、羯之中石勒少知治體，然亦未嘗不淫侈。初據襄國，卽命徙洛陽晷影，列之庭，立桑梓苑。起明堂、辟雍、靈臺。令少府任汪，都水使者張漸等監營鄴宮。及虎僭位，淫侈更甚。咸康二年，使牙門將張彌徙洛陽鐘虡、九龍、翁仲、銅駝、飛廉於鄴。又納解飛之說，於鄴正南投石於河，以起飛橋，功費數千億萬，橋卒不成。於襄國起大武殿，於鄴造東西宮。大武殿基高二丈八尺，以文石綷之。下穿伏室，置衞士五百人於其中。東西七十五步，南北六十五步。皆漆瓦金鐺，銀楹金柱，珠簾玉壁，窮極技巧。又起靈風臺九殿於顯陽殿後，選士庶之女以充之。後庭服綺縠、玩珍奇者萬餘人。虎畋獵無度，晨出夜歸，又多微行，躬察作役之所。志在窮兵。以其國內少馬，乃禁畜馬，匿者要斬。收百姓馬四萬餘匹以入於公。兼盛營宮室，於鄴起臺觀四十餘所，營長安、洛陽二宮，作者四十餘萬人。又勑河南四州具南師之備，胡三省曰：河南四州，洛、豫、徐、兗也。并、朔、秦、雍嚴西討之資。晉志曰：石勒平朔方，置朔州。青、冀、幽州三五發卒，三丁發二，五丁發三。諸州造甲者五十餘萬人。兼公侯牧宰競興私利。百姓失業，十室而七。船夫十七萬人爲水所沒，猛虎所害，三分而一。制征士五人車一乘，牛二頭，米各十五斛，絹十匹，調不辦者以斬論。將以圖江表。於是百姓窮窘，粥子以充軍制，猶不能赴，自經於道路，死者相望，而求發無已。性既好獵，其後體重，不能跨鞍，乃造獵車千乘，轅長三丈，高一丈八尺，置高一丈七尺。格虎車四十乘，立三級行樓二層於其上。克期將校獵，自靈昌津南至滎陽，東極陽都，使御史監察其中禽獸，有犯者罪至大辟。靈昌津，卽延津，見第三章第四節。水經注云：石勒襲劉曜，出此，以冰泮爲神靈之助，因號靈昌津。滎陽，見第二章第二節。陽都，漢縣，在今山東沂水縣南。御史因之擅作威福。百姓有美女、好牛馬者，求之不得，便誣以犯獸，論死者百餘家。海岱、河濟間，人無寧志矣。又發諸州二十六萬人修洛陽宮。發百姓牛二萬餘頭配朔州牧官。增置女官二十四等，東宮十有二等，諸公、侯七十餘國，皆爲置女官九等。先是大發百姓女二十已下十三已上三萬餘人，爲三等之第以分配之。郡縣要媚其旨，務於美淑。奪人婦者九千餘人。百姓妻有美色，豪勢因而脅之，率多自殺。虎子宣及諸公及私令采發者，亦垂一萬。總會鄴宮。虎臨軒簡第諸女，大悅，封使者十二人皆爲列侯。自初發至鄴，諸殺其夫及奪而遣之縊死者三千餘人。荆楚、揚徐間，流叛略盡。宰守坐不能綏懷下獄誅者五十餘人。金紫光祿大夫逯明，因侍切諫，虎大怒，遣龍騰拉而殺之。虎募驍勇，拜爲龍騰中郎。自是朝臣杜口，相招爲祿仕而已。麻秋之伐張重華，尚書朱軌與中黃門嚴生不協，會大雨霖，道路陷滯不通，生因譖軌不修道，又訕謗朝政，虎遂殺之。於是立私論之條，偶語之律，聽吏告其君，奴告其主。威刑日濫，公卿已下，朝會以目。吉凶之問，自此而絕。沙門吳進言於虎曰：「胡運將衰，晉當復興，宜苦役晉人以厭其氣。」此晉字猶今言中國，晉人猶今言中國人也。虎於是使尚書張羣發近郡男女十六萬，車十萬乘，運土築華林苑及長牆於鄴北，廣長數十里。起三觀、四門。三門通漳水，皆爲鐵扉。暴風大雨，死者數萬人。鑿北城，引水於華林園。當即華林苑。城崩，壓死者百餘人。命石宣祈於山川，因而游獵。乘大輅，羽葆華蓋，建天子旌旗，十有六軍，戎卒十八萬，出自金明門。水經注：鄴城有七門：南曰鳳陽門，中曰中陽門，次曰廣陽門，東曰建春門，北曰廣德門，次曰廐門，西曰西明門，蓋即金明門也。虎從其後宮升陵霄觀望之，笑曰：「我家父子如是，自非天崩地陷，當復何愁？但抱子弄孫，日爲樂耳。」宣既馳逐無厭，所在陳列，行宮四面各以百里爲度，驅圍禽獸，皆暮集其所。文武跪立，圍守重行。烽炬星羅，光燭如晝。命勁騎百餘，馳射其中。宣與變姬顯德美人乘輦觀之，嬉娛忘返，獸殫乃止。其有禽獸奔逸，當之者坐，有爵者奪馬，步驅一日，無爵者鞭之一百。峻制嚴刑，文武戰栗，士卒飢凍而死者，萬有餘人。宣弓馬衣食皆號爲御，有亂其閒者，以冒禁罪罪之。所過三州十五郡，胡三省曰：宣所過三州，蓋司、兗、豫也。資儲靡有孑遺。虎復命子韜亦如之，出自并州，游於秦、晉。通鑑作出自并州，至於秦、雍。敖既長，欲既縱，志既滿，樂既極，而天崩地陷之禍，起於蕭牆之內矣。

第三節 冉閔誅胡

一時一地，必有其俗，然此特以大較言之，行事之見於此時此地者，不必其皆風同而道一也。殷、周之世，距今數千歲矣，而其遺俗，猶或見於西南部族之中；歐、非二洲，距美洲皆數千里，而拉丁、條頓諸族，以及黑人之俗，乃錯見於新大陸之上；則其明證。一部二十五史，荒淫暴虐之主，以東晉、南北朝之世爲多，是何也？則以五胡之所行，固非中國之道也。斯時既有此俗，漢人自亦不免漸染，見廢弒之主，人因亦以此等語誣之。然漢人雖染胡俗，其縱恣究不若胡人之甚。故此等記載，宜分別觀之。大抵漢人爲君而失德者，史之所載，必誣罔之辭較多，實迹較少，胡人之僭竊者，則反是也。五胡淫暴，胡、羯爲甚，而胡、羯之中，尤以石虎父子爲甚。其縱恣之深，殺戮之慘，有非中國人所能想像者。然後知天下之大，無奇不有，而拘墟之士，不足以語於通方也。

石虎之稱居攝趙天王也，立其子邃爲大子，使邃省可尚書奏事，選牧守，祀郊廟，惟征伐、刑斷，乃親覽之。邃自總百揆，荒酒淫色，驕恣無道。或盤游於田縣，管而入；或夜出宮臣家，淫其妻妾；妝飾宮人美淑者，斬首洗血，置於盤上，傳共視之。又內諸比丘尼有姿色者，與之交褻而殺之，合牛羊肉煮而食之，亦賜左右，欲以識其味也。河間公宣、樂安公韜有寵於虎，邃疾之如讎。虎荒耽內游，威刑失度。邃以事爲可呈，呈之，虎恚曰：「此小事，何足呈也？」時有所不聞，復怒曰：「何以不呈？」誚責杖捶，月至再三。邃甚恨，私謂常從無窮長生、中庶子李顏等曰：「官家難稱，吾欲行冒頓之事，卿從我乎？」顏等伏不敢對。邃稱疾不省事。率宮臣文武五百餘騎宴於李顏別舍，謂顏等曰：「我欲至冀州殺石宣，有不從者斬。」行數里，騎皆逃散。李顏叩頭固諫，邃亦昏醉而歸。邃母鄭氏聞之，私遣中人責邃。邃怒，殺其使。虎聞邃有疾，遣所親任女尚書察之。邃呼前與語，抽劍擊之。虎大怒，收李顏等詰問。顏具言始末。誅顏等三十餘人，幽邃於東宮。既而赦之，引見大武東堂。邃朝而不謝，俄而便出。虎遣使謂邃曰：「大子應入朝中宮，何以便去？」邃徑出不顧。虎大怒，廢邃爲庶人。其夜，殺邃及妻張氏，幷男女二十六人，同埋於一棺之中。誅其宮人支黨二百餘人。廢鄭氏爲東海大妃。立宣爲天王皇大子，宣母杜昭儀爲天王皇后。通鑑據十六國晉春秋，繫咸康三年。考異云：燕書在四年。以宣爲大單于，韜爲大尉，與宣迭日省可尚書奏事，右僕射張離領五兵尚書，專總兵要，而欲求媚於宣，因說之曰：「今諸公侯吏兵過限，宜漸削弱，以盛儲威。」宣素疾韜寵，甚悅其言。乃使離奏奪諸公府吏，餘兵悉配東宮。於是諸公咸怨。虎又命宣、韜，生殺、拜除，皆迭日省決，不復啓。宣使所幸楊杯、牟皮、牟成、趙生等殺韜，欲因虎親臨殺虎。虎將出，其司空李農諫，乃止。

事覺，幽宣於席庫。藏席之所。以鐵環穿其頷而鏁之。作數斗木槽，和羹飯，以猪狗法食之。虎取害韜刀箭舐其血，哀號震動宮殿。積柴鄴北，樹標於其上，標末置鹿盧，穿之以繩，倚梯柴積，送宣於標所。使韜所親宦者郝稚、劉霸拔其髮，抽其舌，牽之登梯，上於柴積。郝稚以繩貫其頷，鹿盧絞上。劉霸斷其手足，斫眼，潰腹，如韜之傷。四面縱火，煙炎際天。虎從昭儀已下數千登中臺以觀之。中臺，卽銅雀臺，在三臺之中，故稱。見第四章第二節。火滅，取灰分置諸門交道中。殺其妻子九人。宣小子年數歲，虎甚愛之，抱之而泣，欲赦之，其大臣不聽，遂於抱中取而戮之，兒猶挽虎衣而大叫，虎因此發病。又誅其四率已下三百人，宦者五十人，皆車裂，節解，棄之漳水。洿其東宮，養豬牛。東宮衞士十餘萬人，皆謫戍涼州。胡三省曰：趙未得涼州，置涼州於金城，謫使戍涼州之邊也。金城見第三章第二節。先是散騎常侍趙攬言於虎曰：「中宮將有變，宜防之。」及宣之殺韜也，虎疑其知而不告，亦誅之。廢宣母杜氏爲庶人。貴嬪柳氏，尚書耆之女也，以才色特幸，坐其二兄有寵於宣，亦殺之。虎追其姿色，復納耆少女於華林園。見第三章第一節。此疑卽虎用吳進說在鄴所築之華林苑，見上節。初，戎昭張豺破上邽，獲劉曜幼女，年十二，有殊色，虎得而嬖之，生子世，封齊公。方十歲，立爲大子。劉氏爲皇后。時永和四年也。五年，虎僭卽皇帝位，大赦。故東宮謫卒高力等萬餘人，石宣簡多力之士，以衞東宮，號曰高力，置督將以領之。行達雍城。見第三章第五節。既不在赦例，又勅雍州刺史張茂送之。茂皆奪其馬，令步推鹿車，致糧戍所。高力督梁犢等因衆心之怨，謀起兵東還。陰令胡人頡獨鹿微告戍者，戍者皆踊抃大呼。梁犢乃自稱晉征東大將軍，率衆攻陷下辯。見第一節。逼張茂爲大都督、大司馬，載以軺車。秦、雍閒城戍，無不摧陷。斬二千石長吏，長驅而東。高力等皆多力善射，一當十餘人。雖無兵甲，所在掠百姓大斧施一丈柯，攻戰若神，所向崩潰。戍卒皆隨之。比至長安，衆已十萬。虎子樂平王苞，時鎮長安，盡銳拒之，一戰而敗。犢遂東出潼關，見第三章第三節。進如洛川。虎以李農爲大都督，行大將軍事，統衛軍張賀、征西張良、征虜石閔等，率步騎十萬討之。戰於新安，見第三章第三節。農師不利。戰於洛陽，又敗。乃退壁成皋。見第三章第四節。犢東掠滎陽、陳留諸郡。滎陽見第三章第三節。陳留見第三章第四節。虎大懼，以其子燕王斌爲大都督中外諸軍事，率精騎一萬，統姚弋仲、苻洪等擊犢於滎陽東，大敗之，斬犢首而還。討其餘黨，盡滅之。姚弋仲者，南安赤亭羌人。南安見第二章第二節。赤亭在今隴西縣西。晉書載記云：其先有虞氏之苗裔。禹封舜少子於西戎，世爲羌酋。其後燒當雄於洮、罕之間。七世孫塡虞，漢中元末寇擾西州，爲楊虛侯馬武所敗，徙出塞。虞九世孫遷那，率種人內附，漢朝嘉之，假冠軍將軍、西羌校尉、歸順王。處之於南安之赤亭。那玄孫柯迴，爲魏鎮西將軍、綏戎校尉、西羌都督。迴生弋仲。永嘉之亂，東徙榆眉。亦作隃麋，漢縣，晉廢，在今陝西汧陽縣東。劉曜平陳安，以弋仲爲平西將軍，封平襄公，邑之於隴上。石虎徙秦雍豪傑於關東，弋仲率部衆數萬，遷於淸河。漢郡，今河北淸河縣東。苻洪者，略陽臨渭氐人。略陽，見第二章第二節。臨渭，魏縣，在今甘肅秦安縣東南。晉書載記云：始其家池中蒲生，長五丈，五節，如竹形，時咸謂之蒲家，因以爲氏焉。又謂其降晉後，有說洪稱尊號者，洪亦以讖文有草付應王，又其孫堅背有草付字，遂改姓苻氏。案晉書宣帝紀：魏明帝靑龍三年，有武都氐王苻雙、强端帥其屬六千餘人來降；武都，見第二章第二節。又李特載記：有氐苻成，與特弟庠俱歸趙廞；則苻之爲氏，由來已久；且非洪一族，載記之言，其不足信，無待深辯。又云：其先蓋有扈氏之苗裔，則又當時五胡酋長，自託於神明之胄之積習也。洪父懷歸，爲部落小帥。永嘉之亂，宗人蒲光、蒲突推爲盟主。劉曜僭號長安，洪歸曜，拜率義侯。魏書云：徙之高陵。高陵，漢高陵縣，魏改曰高陸，隋復曰高陵，今仍爲縣，屬陝西。曜敗，洪西保隴山。石虎將攻上邽，洪又請降。本紀事在咸和三年。虎滅石生，徙關中豪傑及羌戎，以洪爲流人都督，處於枋頭。見第四章第二節。關中爲氐、羌窟穴，虎徙其種落及豪傑而東，蓋以爲便於制馭，且可撫而用之。然至風塵澒洞時，則乘機崛起，有非胡、羯所能制者矣。石閔者，本姓冉，內黃人，內黃，漢縣，今河南內黃縣。爲虎養孫。閔善謀策，勇力絕人。虎之敗於昌黎，閔軍獨全，由此大顯；及敗梁犢，威聲彌振；胡、夏宿將，莫不憚之，亦非虎所能畜矣。

平梁犢未幾，虎疾甚，以子遵爲大將軍，鎮關右；斌爲丞相，錄尚書事；張豺爲鎮衛大將軍，領軍將軍，吏部尚書；並受遺輔政。劉氏懼斌之輔政也害世，與張豺謀誅之。斌時在襄國，乃遣使詐斌曰：「主上患已漸損，王須獵者，可小停也。」斌性好酒耽獵，遂游畋縱飲。劉氏矯命，稱斌無忠孝之心，免斌官，以王歸第。使張豺弟雄率龍騰五百人守之。石遵自幽州至鄴，敕朝堂受拜，配禁兵三萬遣之。張豺使弟雄等矯虎命殺斌。劉氏又矯命，以豺爲大保，都督中外諸軍，錄尚書事，加千兵百騎，一依霍光輔漢故事。俄而虎死。紀在永和五年四月。世即僞位，尊劉氏爲皇太后，臨朝。進張豺爲丞相。豺與張舉謀誅李農。舉與農素善，以豺謀告之。農懼，率騎百餘奔廣宗，率乞活數萬家保於上白。廣宗，漢國，後漢爲縣，在今河北威縣東。劉氏使張舉等統宿衛精卒圍之。豺以張離爲鎮軍大將軍，監中外諸軍事，司隸校尉，爲己之副。石遵聞虎死，屯於河內。姚弋仲、苻洪、石閔等既平秦、洛，班師而歸，遇遵於李城，續漢志：河內平皋縣有李城。平皋，在今河南溫縣東。說遵討張豺。遵從之。以閔爲前鋒。張離率龍騰二千，斬關迎遵。斬張豺，夷其三族。遵僭即僞位。罷上白圍。封世爲譙王，廢劉氏爲大妃，尋皆殺之。世立凡三十三日。此據載記。十六國春秋同。通鑑考異云：四月己巳至五月庚寅，凡二十二日。遵以石斌子衍爲皇大子，石閔督中外諸軍事、輔國大將軍、錄尙書事，輔政。石沖時鎭於薊，見第四章第二節。留沐堅戍幽州，帥衆五萬自薊討遵，傳檄燕、趙，所在雲集，比及常山，見第三章第四節。衆十餘萬。遵使石閔與李農等率精卒十萬討之，戰於平棘，漢縣，今河北趙縣。沖師大敗，獲沖於元氏，漢縣，今河北元氏縣西北。賜死，坑其士卒三萬餘人。石苞時鎭長安，謀帥關中之衆攻鄴，苞性貪而無謀，雍州豪右知其無成，並遣使告晉梁州刺史司馬勳。勳率衆赴之，去長安二百餘里。參看第四章第六節。遵遣車騎王朗率精騎二萬，外以討勳爲名，因劫苞，送之於鄴。遵謀誅閔，石鑒以告閔。鑒亦虎子。閔劫李農及右衞王基，殺遵，誅遵母鄭氏及其大子衍。遵在位百八十三日。鑒僭位，使石苞及中書令李松、殿中將軍張才等夜誅閔、農，不克。鑒恐閔爲變，僞若不知者，夜斬松、才，幷誅苞。時石祇在襄國，與姚弋仲、苻洪等通和，連兵檄誅閔、農。鑒遣石琨爲大都督，琨，虎少男。永和八年，將妻妾數人奔京師，敕收付廷尉，俄斬之於建康市。與張舉及侍中呼延盛率步騎七萬分討祇等。中領軍石成、侍中石啓、前河東大守石暉謀誅閔、農，閔、農殺之。河東，見第二章第二節。龍驤孫伏都、劉銖等結羯士三千，伏於胡天，祆祠。亦欲誅閔等。時鑒在中臺，伏都率三十餘人將升臺挾鑒以攻之。鑒臨問其故，曰：「卿是功臣，好爲官陳力，朕從臺觀，卿勿慮無報也。」於是伏都及銖率衆攻閔、農，不克，屯於鳳陽門。閔、農率衆數千，毀金明門而入。鳳陽、金明，皆鄴城門，見上節。鑒懼閔之誅己也，馳招閔、農，開門內之，謂曰：「孫伏都反，卿宜速討之。」閔、農攻斬伏都等。宣令「內外六夷，敢稱兵杖者斬之。」胡人或斬關，或踰城而出者，不可勝數。令城內曰：「與官同心者住，不同者各任所之。」

勒城門不復相禁。於是趙人百里內悉入城，胡、羯去者塡門。閔知胡之不爲己用也，班令內外：「趙人斬一胡首送鳳陽門者，文官進位三等，武職悉拜牙門。」一日之中，斬首數萬。閔躬率趙人誅諸胡羯，無貴賤、男女、少長皆斬之。死者二十餘萬。天文志天變史傳驗事言：閔殺諸胡十萬餘人。尸諸城外，悉爲野犬、豺狼所食。屯據四方者，所在承閔書誅之。高鼻多鬚，濫死者半。儒林傳言：閔署韋謏爲光祿大夫。時閔拜其子胤爲大單于，而以降胡一千處之麾下。謏諫曰：「胡、羯本爲讎敵，今之款附，苟全性命耳。或有刺客，變起須臾，敗而悔之，何及？願誅降胡，去單于之號，深思帝王苞桑之誡。」閔志在綏撫，銳於澄定，聞其言，大怒，遂誅之，幷殺其子伯陽。當時立單于之號，乃所以統諸胡。閔既誅胡、羯，而又殺諫臣以媚之，則本非有民族內外之見。蓋當時五胡習以漢族以外諸異族爲鬥士，攻閔者所用多其人，故閔覘知其不爲己用而誅之，所翦除者異己，非有鉏去非種之心也。然各任所之之令一下，胡、羯去而趙人悉來，則民族同異親疏之義，雖未光大，終陰行於不自知之間，而閔不能引而伸之，以成功而遠禍，亦可惜矣。爲閔計者當奈何？隱逸傳言：當時有狄道辛謐者，狄道見上節。性恬靜，不妄交游。累徵不起。永嘉末，以謐兼散騎常侍，慰撫關中。謐以洛陽將敗，故應之。及長安陷，沒於劉聰。聰拜謐大中大夫，固辭不受。歷石勒、石虎之世，並不應辟命。及閔僭號，復備禮，徵爲大常。謐遺閔書，言「物極則變，致高則危，宜因玆大捷，歸身本朝。」因不食而卒。夫謐，抗志於海宇清晏之時，而授命於洛京危急之日，蓋非與世相忘者。峻辭劉、石之命，而獨殷勤詒書於閔，蓋亦嘉其能除胡、羯，以綏華夏矣。謐豈有拒閔之心哉？所以不食而卒者，蓋度閔在北方，終不可以有爲，且必不能免於禍，故自殺以堅其歸晉之心也。謐亦有心人哉！閔雖非撥亂之才，自不失爲一戰將。當時在北方，同心大寡，樹敵大多，故卒無所成，而及於禍。使能歸朝而挾晉之所有以爲資，杖其名義而北，其情形自與當日大不相同矣。然則謐之所言，實閔自處之上策，而惜乎閔之不能用也。載記言閔僭位後，曾遣使臨江告晉曰：「胡逆亂中原，今已誅之，若能共討者，可遣軍來也。」則亦非無意求援於晉。然既已稱尊，更求晉援，則在家天下之世，其勢有所不行，故晉遂置諸不答。抑晉當日君臣習於宴安，荆、揚又相猜忌，必不能奮迅出師，以爲閔援，爲閔計者，自不如善刃而藏，以爲後圖之爲得，惜乎閔銳於廓清，而短於知計，終不能用智士之言也。

通鑑：永和六年正月，趙大將軍閔欲滅去石氏之迹，託以讖文有繼趙李，更國號曰衞，易姓李氏，大赦，改元。蓋亦有意於伸民族之義，以收民心。然其時民族之義，尚未光大，欲恃是以求多助而摧强敵，實未可恃，況又徒更其名號邪？時則張舉及諸公侯、卿校、龍騰等萬餘人出奔襄國。石琨奔據冀州。趙冀州，治信都，今河北冀縣。撫軍張沈屯滏口，在今河北磁縣境。張賀度據石瀆，胡三省曰：魏收地形志：鄴縣有石竇堰。建義段勤據黎陽，勤，末杯子。黎陽，漢縣，今河南濬縣。寧南楊羣屯桑壁，胡三省曰：括地志：易州遂城縣界有桑丘城。又水經注：常山蒲吾縣東南有桑中縣故城。按遂城，隋縣，在今河北徐水縣西。蒲吾，漢縣，在今河北平山縣東南。劉國據陽城，胡三省曰：後國自繁陽會石琨擊閔，則此陽城乃繁陽城也。按繁陽，漢縣，在今河南内黄縣東北。段龕據陳留，龕，蘭子。魏書云：慕容皝殺段遼，鬱蘭奔石虎，虎以所徙鮮卑五千人配之，使屯令支。鬱蘭死，子龕代之。時蓋徙據陳留。姚弋仲據混橋，在鄴東北。苻洪據枋頭，衆各數萬。王朗、麻秋自長安奔洛陽。秋承閔書，誅朗部胡千餘。朗奔於襄國。苻洪使子雄擊麻秋，獲之。據洪載記，石虎載記云：秋率衆奔於洪。案秋既承冉閔書誅王朗部胡，則非與閔爲敵者，無緣奔抗閔之洪也。石琨及張舉、王朗率衆七萬伐鄴。閔率騎千餘，拒之城北。閔執兩刃矛，馳騎擊之，皆應鋒摧潰，斬級三千。琨等大敗，歸於冀州。閔與李農率騎三萬討張賀度、石鑒密遣宦者召張沈等使乘虛襲鄴。宦者以告閔、農，閔、農馳還，廢鑒，殺之，誅石虎孫三十八人，盡殪石氏。鑒在位百三日。鑒之死，本紀在永和六年閏月。通鑑考異云：三十國、晉春秋皆云閏正月。按長曆閏二月，帝紀閏月有丁丑、己丑，是歲正月癸酉朔，若閏正月，即無丁丑、己丑。閔即皇帝位，國號魏，復姓冉氏，旋誅李農及其三子。

冉閔之百戰百勝，頗似項籍、孫策，使與石氏遺孽相角，雖不必其有成，亦未必其遽敗，而前燕自遼西而入，挾其方興之勢以臨之，其氣完，其力厚，則非閔之所能禦矣，是亦其所遭之不幸也。慕容皝以永和四年九月死，子儁嗣僞位。明年而石虎死，又明年，儁南伐幽州，石虎刺史王午走，留其將王他守薊。見第四章第二節。儁攻陷其城，斬他，勢遂逼近冀州。石鑒之死也，石祗僭稱尊號於襄國，六夷據州郡擁兵者皆應之。祗遣其相國石琨率衆十萬伐鄴，進據邯鄲。見第四章第二節。鎮南劉國自繁陽會之，閔大敗琨於邯鄲，國還屯繁陽。張賀度、段勤與劉國、靳豚會於昌城，魏收地形志：魏郡昌樂縣有昌城。昌樂，後魏縣，在今河北南樂縣西北。將攻鄴。閔遣尚書左僕射劉羣爲行臺都督，使其將王泰、崔通、周成等帥步騎十二萬次於黃城。未詳。閔躬統精卒八萬繼之，戰於蒼亭，胡三省曰：在河上，西南至東阿六十里。東阿，見第四章第二節。賀度等大敗，追斬豚於陰安鄉。漢陰安縣，在今河北清豐縣北。盡俘其衆，振旅而歸，戎卒三十餘萬，旌旗鐘鼓，緜亙百餘里；史稱「雖石氏之盛，無以過之。」蓋以是示强也。然惟中不足者，乃欲藉虛聲以懾敵，此亦未足以欺敵矣。史又言「閔至自蒼亭，行飲至之禮，清定九流，準才受任，儒學後門，多蒙顯進，於時翕然，方之魏、晉之初。」可見閔非粗才，惜其所值之敵，大多大逼，不及施展也。閔率步騎十萬，攻石祇於襄國。百餘日，祇大懼，去皇帝之號，稱趙王，使詣慕容儁、姚弋仲乞師。會石琨自冀州援祇，弋仲復遣子襄率騎三萬八千，儁遣將軍悅綰率甲卒三萬，至三方勁卒合十餘萬。閔將出擊之。衞將軍王泰諫曰：「窮寇固迷，希望外援，今彊救雲集，欲吾出戰，腹背擊我，宜固壘勿出，觀勢而動，以挫其謀。今陛下親戎，如失萬全，大事去矣。」閔將從之。道士法饒進曰：「大白經昴，當殺胡王，一戰百克，不可失也。」閔攘袂大言曰：「吾戰決矣，敢諫者斬。」於是盡衆出戰。姚襄、悅綰、石琨等三面攻之，祇衝其後，閔師大敗，與十餘騎奔鄴。降胡栗特康等執冉胤及左僕射劉琦等送於祇，盡殺之。百官及諸將士死者十餘萬人。於是人物殲矣，賊盜蠭起，司、冀大饑，人相食。自石虎末年，而閔盡散倉庫，以樹私恩。與羌、胡相攻，無月不戰。青、雍、幽、荆州徙戶及諸氐、羌、胡、蠻數百餘萬，各還本土，道路交錯，互相殺掠，且饑疫死亡，其能達者十有二三。諸夏紛亂，無復農者。閔悔之，誅法饒父子，支解之，贈韋謏大司徒。石祇使劉顯率衆七萬攻鄴，去鄴二十三里。閔召王泰議之。泰恚其謀之不從，辭以創甚。閔親臨問之，固稱疾篤。閔怒，還宮，顧謂左右曰：「巴奴，乃公豈假汝爲命邪？」此亦六夷不與閔同心之一證。要將先滅羣胡，卻斬王泰。於是盡衆而戰，大敗顯軍，追奔及於陽平，見第二章第二節。斬首三萬餘級。顯懼，密使請降，求殺祇爲效。閔振旅而歸。會有告王泰招集秦人，將奔關中。閔怒，誅泰，夷其三族。劉顯果殺祇，傳首於鄴，送質請命。驃騎石寧奔於柏人。漢縣，今河北唐山縣西。劉顯復率衆伐鄴，閔擊敗之。顯還，稱尊號於襄國。率衆伐常山，見第三章第四節。閔留其大將軍蔣幹等輔其大子智守鄴，親率騎八千救之。擊顯，敗之，追奔及於襄國。顯大將曹伏駒開門爲應，遂入襄國，誅顯及其公卿已下百餘人。

焚襄國宮室，遷其百姓於鄴。紀八年正月。通鑑考異曰：十六國春秋鈔在二月。燕書在三月己酉。先是慕容彪陷中山，見第四章第二節。殺閔寧北白同。幽州刺史劉準降於慕容儁。儁略地至於冀州。閔距之與慕容恪相遇於魏昌。漢苦陘縣，後漢改曰漢昌，魏改曰魏昌，今河北無極縣東北。十戰皆敗之。俄而衆寡不敵，潰圍東走，行二十餘里，馬無故而死，爲恪所禽。時永和八年四月也。儁送閔龍城，斬於遏陘山。恪進據常山，遂進攻鄴。儁又遣慕容評圍鄴。九月，執閔妻董氏、大子智送薊。參看第六節。儁遂僭帝位於中山。

第四節 庾氏經營北方

石虎自斃，實爲晉室恢復北方之一好機會，以斯時北方，驟失統一；氐苻、羌姚，皆一僑居部落，其力甚薄；前燕氣力，雖較雄厚，亦甫及河北也。然晉下游兵力不振；上游兵雖較强，而不能專意於北；遂至坐失良機，恢復之圖，終成畫餅矣。此則積年之因循，與內外之相猜爲之也。今略述其事如左：

石勒之死也，石聰以譙來降。譙，見第三章第三節。聰，勒之養子也。孔坦與之書，說以反族歸正，圖義建功。然時石虎尚能控制其境內，晉朝不能出師，而望聰之自奮，亦難矣。石生起關中，遣使來降；生敗，其將郭權又來歸順；晉亦未能應接。石虎既自立，其徐州從事朱縱，又斬其刺史郭祥，以彭城來降。彭城，漢郡，今江蘇銅山縣。虎遣王朗擊之，縱奔淮南。咸康元年，虎自率衆南寇歷陽。見第三章第九節。加王導大司馬，假黃鉞，都督諸軍以禦之。虎臨江而還。又使石遇寇中廬。

漢縣，在今湖北襄陽縣西南。遂圍桓宣於襄陽。見第三章第四節。荊州之衆救之。攻守二旬，遇軍中饑疫，乃還。初周訪據襄陽，頗有宣力中原之意。訪死，甘卓以老耄繼之。王敦居荊州，則意在作逆而不在於敵。敦敗，荊州入於陶侃之手。侃本非有遠志，加亦衰耄。嘗使長史王敷聘於石勒。見載記。蘇峻將馮鐵，殺侃子，奔於勒，勒以爲戍將，侃告勒以故，勒召而殺之；志在與勒相安而已。時桓宣鎮襄陽。史稱其招懷初附，勸課農桑，能得衆心。十餘年間，石虎再遣騎攻之，每以寡弱距守。論者以爲次於祖逖、周訪。然區區一鎮之力，又承殘破之餘，能自守已不易矣。逮陶侃卒，庾亮代鎮荊州，慨然有開復中原之志，而上流之形勢乃一變。

咸康五年，庾亮解豫州，以授毛寶，使與西陽大守樊峻，以精兵一萬，俱戍邾城。西陽，見第四章第三節。邾，見本章第二節。亮弟翼爲南蠻校尉，南郡大守，鎮江陵。見第三章第九節。以武昌大守陳囂爲梁州刺史，趣子午。武昌，見第三章第九節。子午谷，在陝西長安、洋縣間。北口曰子，在長安南百里。南口曰午，在洋縣東百六十里。亮當率士衆十萬，據石頭城，此石頭城在襄陽。爲諸軍聲援。上疏欲並佃並守，修進取之備。比及數年，乘勝齊進，以臨河、洛。又言淮、泗、壽陽，見第三章第四節。所宜進據。帝下其議。王導與亮意同。郗鑒議以資用未備，不可大舉。大常蔡謨，則力言石虎之彊，不宜遠進。導非有志於恢復者，是時之同亮，蓋不欲與亮立異也。郗鑒之論，自是老成持重之見。然亮意本云俟諸數年之後，至蔡謨之論，則似持重而實怯耎。國之彊弱，不在一人。謨謂賊之彊弱，在虎之能否，其說先已不通，況其所誇稱，如拔金墉，斬石生等，非必虎之彊邪？謨謂「王師與賊，水陸異勢，便習不同。寇若送死，雖開江延敵，以一當十，猶吞之有餘。宜誘而致之，以保萬全。若棄江遠進，以我所短，擊彼所長，懼非廟勝之算。」其祇圖畫江，不圖進取之意，昭然可見矣。而朝議同謨，亮遂不果移鎮。時石虎使夔安統五將、步騎七萬寇荆、揚北鄙。其將張貉陷邾城，因寇江夏、義陽，江夏，見第三章第四節。義陽，見第二章第三節。毛寶、樊峻及義陽大守鄭進並死之。夔安等進圍石城，竟陵大守李陽距戰破之。竟陵郡，治石城，見第三章第九節。安乃退，略漢東，擁七千餘家，遷於幽、冀。史稱亮感慨發疾，明年正月卒。案夔安之寇，晉雖有所喪，未爲大挫，亮之恢復，本不計近功，何乃因此發疾，遂至於死？史於庾氏多誣辭，恐此說亦不足信也。亮既卒，以翼爲荆州刺史，督江、荆、司、雍、梁、益六州，鎮武昌。

時郗鑒亦寢疾，上疏遜位，言「臣所統錯雜，率多北人。或逼遷徙，或是新附。百姓懷土，皆有歸本之心。臣宣國恩，示以好惡，處與田宅，漸得少安。聞臣疾篤，衆情駭動。若當北渡，必啓寇心。大常臣謨，平簡貞正，素望所歸，謂可以爲都督徐州刺史。臣亡兄息晉陵內史邁，晉陵，見第四章第三節。謙愛養士，甚爲流亡所宗；又是臣門戶子弟；堪任兗州刺史。」疏奏，以蔡謨爲鑒軍司。鑒卒，咸康五年八月。遂以謨爲徐州刺史。觀鑒所陳，可見當時下流兵力之弱，以驕蹇如謨者處之，庸有濟乎？穆帝時，謨遷侍中司徒，固讓。皇大后遣使喻意。自永和四年冬至五年末，詔書屢下，謨固守所執。六年，復上疏，以疾病乞骸骨。帝臨軒，遣徵謨，謨陳疾篤，使主簿謝攸對。自旦至申，使者十餘反，而謨不至。時帝年八歲，甚倦，問左右曰：「所召人何以至今不來？臨軒何時當竟？」君臣俱疲弊。皇大后詔：「必不來者，宜罷朝。」中軍將軍殷浩奏免吏部尚書江彪官。簡文時爲會稽王，命曹曰：「蔡公傲違上命，無人臣之禮。若人主卑屈於上，大義不行於下，亦不知所以爲政矣。」於是公卿奏謨悖慢傲上，罪同不臣。臣等參議，宜明國憲。請送廷尉，以正刑書。」謨懼，率子弟素服，詣闕稽顙，躬到廷尉待罪。皇大后詔依舊制，免爲庶人。前倨後恭，可發一噱。荀羨傳：羨自鎮來朝。時謨固讓司徒不起。殷浩欲加大辟，以問於羨。羨曰：「蔡公今日事危，明日必有桓文之舉。」此謨之所以敢於驕蹇也。凡驕蹇於內者，必屈伏於外，甚有不恤降敵以快其反噬之心者矣。王敦、桓溫，徒以傲上，不能敵愾，況謨乎？時左衛將軍陳光上疏請伐胡。詔令攻壽陽。謨上疏曰：「壽陽城小而固。自壽陽至琅邪，見第二章第三節。城壁相望，其間遠者，裁百餘里，一城見攻，衆城必救。且王師在路，五十餘日，大軍未至，聲息久聞，賊之郵驛，一日千里，河北之騎，足以來赴。停船水渚，引兵造城，前對堅敵，顧臨歸路，此兵法之所誡也。」仍是怯弱退守之計而已。

庾翼戎政嚴明，經略深遠。數年之中，公私充實，人情翕然。自河以南，皆懷歸附。建元元年，七月，石虎汝南大守戴開率數千人詣翼降。汝南，見第二章第三節。翼遣使東至遼東，西到涼州，要結二方，欲同大舉。慕容皝、張駿並報使請期。九月，翼移鎮安陸。見第三章第九節。幷使桓宣進取丹水，以搖秦、雍。時以宣爲梁州刺史。上疏請令桓溫渡戍廣陵，見第三章第九節，時溫爲徐州刺史。何充移據淮泗、赭圻，赭圻，嶺名，在今安徽繁昌縣西。充時爲揚州刺史。路永進屯合肥。見第三章第九節。帝及朝士，皆遣使譬止。翼違詔輒行。至夏口，見第三章第九節。復上表徙鎮襄陽。表言所謂借牛馬，來處皆遠，百姓所畜，穀草不充，並多羸瘠，難以涉路。加以向冬，野草漸枯，往反二千，或容躓頓。輒便隨事籌量，權停此舉。又山南諸城，每至秋冬，水多燥涸，運漕用功，實爲艱阻。計襄陽，荆楚之舊，西接益、梁，與關、隴咫尺。北去洛、河，不盈千里。土沃田良，方城險峻。水路流通，轉運無滯。進可以掃蕩秦、趙，退可以保據上流。是以輒量宜入沔，徙鎮襄陽。史言翼本欲向襄陽，慮朝廷不許，故以安陸爲辭。當時朝臣，率多怯耎，疆臣欲任事者，誠亦非易，此亦激成王敦、桓溫不臣之一端也。時舉朝謂之不可，惟翼兄冰意同。桓溫及譙王無忌，丞子，丞見第四章第三節。亦贊成其計。十月，以冰爲江州刺史，鎮武昌，以爲翼援。翼令桓宣進伐石虎將李熊，爲所敗。翼怒，貶其秩，使移戍峴山。在襄陽南。宣發憤，明年八月卒。翼以長子方之爲義成大守，代領宣衆。宣傳云：陶侃使宣鎮襄陽，以其淮南部曲立義成郡，地理志及宋書州郡志並云郡孝武時立，蓋中廢復置？宋志：義成郡治均州，當在今湖北光化縣西北。隋志謂穀城縣即義成改置，不知何時移治穀城，今湖北穀城縣也。司馬應誕爲襄陽大守，司馬勳爲梁州刺史，戍襄陽。宣帝弟恂子遂，封濟南王。二子：耽、緝。耽嗣，徙封中山。薨，無子，緝繼。成都王穎使距王浚，沒於陳，無子，國除。勳爲劉曜將令狐泥所養。咸和六年，自關右還，自列云是恂之玄孫，遂之曾孫，略陽大守瓘之子，其信否不可知也。十一月，庾冰卒。翼留方之戍襄陽，還鎮夏口。詔使翼還督江州。翼欲移鎮樂鄉，見第三章第九節。詔不許。翼繕修軍器，大佃積穀，欲圖後舉。永和元年七月，卒。部將于瓚、戴羲等作亂，翼長史江虨、司馬朱燾、將軍袁眞等共誅之。翼表以第二子爰之行荊州刺史，朝以桓溫代翼，又以劉惔代方之。方之、爰之皆徙於豫章。見第三章第九節。於是上流事權，入於桓溫之手矣。已見第四章第四節。庾翼之北伐，舉朝異議。中書侍郎范汪，爲亮佐吏十餘年，亦上書固諫。其說則謂奉師之費，皆當出於江南，運漕不繼；又桓宣招懷攜貳，待之以至寬，御之以無法，其衆實不可用；而東軍不進，勢甚孤縣也。其說自非無見。然時中國喪亂方洌，厚集其力，自必有乘時大舉之機。亮、翼經營上流，歷時一紀，荊、江彊富，職此之由。其後桓溫北征，頗致克捷，所因者實亮、翼之成資也。然溫意在自營，故不克罄其力於北略。使以亮、翼之公忠，處溫之時勢，其所成就，必與溫大異矣，而惜乎其兄弟之皆無年也。

第五節 桓溫滅蜀

晉室東渡，雖云偏安，然其時叛者，實不過胡、蜀耳。胡強蜀弱，庾氏兄弟，志在平胡，其於蜀，特於咸康五年，遣偏師伐之，執其荊州刺史及巴郡太守而已。巴郡見第三章第六節。桓溫之志，在於自張權勢，欲張權勢，必立功名；欲立功名，必先其易者；故平胡之謀，一變而爲伐蜀。

李氏諸子，本尚不足語於奸雄，特亂民之竊據者耳。然其時海內大亂，而蜀獨無事，故歸之者亦相尋。李雄性寬厚，能簡刑約法。其賦男子歲穀三斛，女丁半之；戶調絹不過數丈，緜數兩；事少役希，百姓富實；閭門不閉，無相侵盜；頗獲休養生息之效焉。然雄意在招致遠方，國用不足；諸將每進金銀珍寶，多有以之得官者。又國無威儀，官無祿秩，行軍無號令，用兵無部對；戰勝不相讓，敗不相救；攻城破邑，動以虜獲爲先；故卒不能有所爲。蓋李氏本不知治體，加以居偏僻之區，故其無規模如此也。

李氏骨肉相爭，實自李雄、李流時已然，已見第三章第六節。雄立兄蕩之子班爲大子。李驤諫，不聽。退而流涕曰：「亂自此始矣。」咸和八年，雄死，據載記本紀在九年。班嗣僞位，以驤子壽錄尚書事，輔政。明年，雄子越殺班於殯宮，以弟期爲雄妻任氏所養，讓位焉。期誅班弟都，使壽伐都弟玝於涪。見第三章第六節。玝棄城降晉。期以越爲相國、大將軍、錄尚書事；期外任尚書令景騫，尚書姚華、田褒，內信宦豎許涪等，國之刑政，希復關之卿相。誣其尚書僕射李載謀反，下獄死。咸康二年，晉遣司馬勳安集漢中，期遣李壽攻陷之，遂置守宰，戍南鄭。秦縣，今陝西南鄭縣東。雄子霸、保，並不病而死，皆云期鴆殺之。於是大臣懷懼，人不自安。期多所誅夷，籍沒婦女資財，以實後庭。內外兇兇，道路以目。李壽代李玝屯涪，期謀襲之。已而鴆殺壽養弟攸。壽率步騎一萬回成都，殺越及景騫等。矯任氏令，廢期，幽之別宮。期自縊死。雄子皆爲壽所殺。初巴西龔壯，巴西見第三章第六節。與鄉人譙秀齊名。父、叔爲李特所害。壽聘秀，以爲賓客。數禮聘壯。壯雖不應聘，然數往見壽。壽每問壯以自安之術。壯欲假手報仇，因說壽幷有西土，稱藩於晉。壽然之。陰與長史略陽羅恆、巴西解思明共謀，略陽，見第二章第二節。以李奕爲先登，襲克成都。恆、思明、奕、王利等勸壽稱益州牧、成都王，稱藩於晉。而任調與司馬蔡興、侍中李豔及張烈等勸壽自立。壽遂僭卽僞位。載記：期自殺在咸康三年，壽僭位在四年。本紀四年四月，李壽弒李期，僭卽僞位，國號漢，蓋兩事幷書之。以安車束帛聘龔壯爲大師，壯固辭，特聽縞衣素帶居師友之位。有告廣漢大守李乾與大臣通謀，欲廢壽者，壽令其子廣與大臣盟於前殿，徙乾爲漢嘉大守。廣漢、漢嘉皆見第三章第六節。壽遣其散騎常侍王嘏、中常侍王廣聘於石虎。先是虎遺壽書，欲連横入寇，約分天下。壽大悅，乃大修船艦，嚴兵繕甲，吏卒皆備餱糧。以其尙書令馬當爲六軍都督，大閱軍士七萬餘人，舟師泝江而上。過成都，鼓譟盈江。壽登城觀之。其羣臣咸曰：「我國小衆寡，吳會險遠，圖之未易。」解思明又竊諫懇至。壽於是命羣臣陳其利害。龔壯諫曰：「陛下與胡通，孰若與晉通？胡豺狼國也。晉旣滅，不得不北面事之；若與之爭，則彊弱勢異。願陛下熟慮之。」羣臣以壯之言爲然，叩頭泣諫。壽乃止。士衆咸稱萬歲。此可見蜀人之無戰心矣。初張駿遣使遺雄書，勸去尊號，稱藩於晉。雄復書曰：「吾過爲士大夫所推，然本無心於帝王也。進思爲晉室元功之臣，退思共爲守藩之將，掃除氛埃，以康帝宇。知欲遠遵楚、漢，尊崇義帝，春秋之義，於斯莫大。」後駿遣傅穎假道於蜀，通表京師，雄弗許。駿又遣治中從事張淳稱藩於蜀，託以假道。雄大悅，謂淳曰：「貴主英名蓋世，土險兵彊，何不自稱帝一方？」淳曰：「寡君以乃祖世濟忠良，未能雪天下之恥，解衆人之倒縣，日昃忘食，枕戈待旦，以琅邪中興江東，故萬里翼戴，將成桓、文之事，何言自取邪?」雄有慚色，曰：「我乃祖乃父亦是晉臣。往與六郡避難此地，爲同盟所推，遂有今日。琅邪若能中興大晉於中夏，亦當率衆輔之。」史又言巴郡嘗告急云有東軍，雄曰：「吾嘗慮石勒跋扈，侵逼琅邪，以爲耿耿，不圖乃能舉兵，使人欣然。」雄之雅譚多如此類。蓋李氏本羇旅之人，無有大志，而又處閉塞之地，不知外間情形，遂至忽自卑、忽自大如此也。李壽久爲將帥，似有才能，然其不知治體，亦與前人相類。其將李宏奔於石虎，壽致書請之，題曰趙王石君。虎不悅，付外議之。中書監王波議宜書答之，幷贈以楛矢，使壽知我遐荒畢臻也。宏既至，壽欲誇其境內，下令曰：「羯使來庭，貢其楛矢。」虎聞之怒甚，黜王波，以白衣守中書監。後熒惑守房，又追以此罪要斬之，及其四子，投於漳水，以厭之。壽後病，思明等復議奉王室，壽不從。李演自越巂上書，（越巂見第三章第六節。）勸壽歸正返本，釋帝稱王。壽怒，殺之，以威龔壯、思明等。壯作詩七篇，託言應璩以諷壽。壽報曰：「省詩知意。若今人所作，賢哲之話言也；古人所作，死鬼之常辭耳。」動慕漢武、魏明之所爲，恥聞父兄時事，上書者不得言先世政化，自以勝之，可謂沐猴而冠者也。

壽既不知治體，而又頗任威刑。聞石虎虐用刑法，王遜亦以殺罰御下，並能控制邦邑，壽心欣慕。人有小過，輒殺以立威。又以郊甸未實，都邑空虛，工匠械器，事未充盈，乃徙旁郡戶三丁已上，以實成都。興尙方御府，發州郡工巧以充之。廣修宮室，引水入城，務於奢侈。又廣大學，起讌殿。百姓疲於役使，呼嗟滿道，思亂者十室而九矣。其左僕射蔡興切諫，壽以爲誹謗，誅之。右僕射李嶷，數以直言忤旨，壽積忿非一，託以他罪，下獄殺之。咸康八年，壽死。（亦據載記，本紀在建元元年八月。子勢立。弟大將軍漢王廣，以勢無子，求爲大弟。勢弗許。馬當、解思明以勢兄弟不多，若有所廢，則益孤危，固勸許之。勢疑當等與廣有謀，遣其大保李奕襲廣於涪城，命董皎收馬當、思明斬之，夷其三族。貶廣爲臨邛侯。臨邛，秦縣，今四川邛徠縣。廣自殺。李奕自晉壽舉兵反之。晉壽見第三章第六節。蜀人多有從奕者，衆至數萬。勢登城距戰。奕單騎突門，門者射而殺之，衆乃潰散。初蜀土無獠，至此始從山而出，北至犍爲、梓潼，皆見第三章第六節。布在山谷，十餘萬落，不可禁制，大爲百姓之患。勢既驕吝，而性愛財色，常殺人而取其妻，荒淫不恤國事。夷獠叛亂，軍守離缺，境宇日蹙，加之荒儉。性多忌害，誅害大臣，刑獄濫加，人懷危懼。而其勢不可支矣。蓋偏方之國，天澤之分未嚴，覬覦之情不戢，君臣上下，相煎日急；而又奕世之後，寖趨驕侈，其初年恃寬儉與民相安之風日衰；以至於此也。

桓溫欲伐蜀，謀之於衆，衆以爲不可。惟江夏相袁喬勸之。謂今天下之難，二寇而已。蜀雖險固，方胡爲弱，將欲除之，先從易者。蜀人自以斗絕一方，不修攻戰之具，若以精卒一萬，輕軍速進，比彼聞之，我已入其險要，李勢君臣，不過自力一戰，禽之必矣。蜀土富實，號稱天府，襲而取之，有其人衆，此國之大利也。江夏見第三章第四節。永和二年，十一月，溫乃使喬領二千人爲軍鋒。師次彭模，今四川彭山縣。議者欲兩道並進，以分賊勢。喬曰：「今分爲兩軍，萬一偏敗，則大事去矣。不如棄去釜甑，齎三日糧，全軍而進。」溫以爲然。命參軍周楚、孫盛等守輜重，自將步卒，直指成都。勢遣李福與昝堅從山陽趣合水距溫。山陽，謂青衣山之南也。山在今樂山縣東。合水，青衣江入江處。諸將欲設伏於江南，以待王師，堅不從，從江北向犍爲。而溫於山陽出江南。堅到犍爲，方知與溫異道，迴從沙頭津北渡。沙頭津，當在犍爲東。及至，溫已造成都之十里陌，堅衆自潰。勢悉衆與溫戰於笮橋，在成都東南。大潰。

勢走葭萌，見第三章第六節。請降。時三年正月也。送於建康，封歸義侯，升平五年，死於建康。四月，勢將鄧定、隗文等反，入據成都，七月，立范長生子賁爲帝。十二月，征西督護蕭敬文又反，據涪城，自號益州牧。遂取巴西，通於漢中。時以周撫爲益州刺史。五年，四月，撫與龍驤將軍朱燾擊范賁，獲之。討蕭敬文，不能克。溫又使司馬勳會之。敬文固守。自八年二月至於八月，乃降。斬之，傳首京師。蜀平。

第六節　殷浩桓溫北伐

永和五年，四月，石虎死。五月，石遵廢石世自立。六月，其揚州刺史王浹以壽春來降。壽春，見第三章第四節。褚裒表請北伐。七月，裒率衆三萬，逕造彭城。見第四節。河朔士庶，歸降者日以千計。裒先遣督護王龕伐沛，見第三章第一節。王龕，裒傳作徐龕，今從本紀。獲僞相支重。魯郡山有五百餘家，亦建義請救。魯郡，見第三章第四節。裒建龕領銳卒三千迎之。軍次代陂，未詳。或云：當在沛縣境。爲李農所敗，李農，裒傳作李菟，今從本紀。載記與本紀同。龕死之。八月，詔裒退屯廣陵。見第三章第九節。西中郎將陳逵焚壽春而遁。時遺戶二十萬口渡河將歸順，會裒已還，威勢不接，莫能自拔，死亡咸盡。裒傳元文尚有「爲慕容皝及苻健之衆所掠」一句，通鑑刪之。考異云：「是時慕容皝卒已逾年，永和六年，慕容儁始率衆南征；石鑒卽位，苻洪始有衆十萬，永和六年，洪死，健始嗣位，皆與裒不相接，今不取。」裒憂慨發病，十二月，卒。以荀羨爲徐州刺史。先是桓溫亦出屯安陸，見第三章第九節，時在六月。遺諸將討河北。石遇攻宛，陷之，執南陽大守郭啓。十月。南陽治宛，見第三章第四節。雍州豪傑召司馬勳，勳出駱谷，在陝西盩厔縣西南。進次縣鉤。晉書云：去長安二百餘里。時在十月。遣部將劉煥攻長安。關中郡縣，皆殺大守、令長以應勳。而勳兵少，未能自固，爲王朗所距，釋縣鉤，拔宛而還。參看第三節。是歲十一月，石鑒殺石遵自立；六年，閏月，冉閔誅鑒；至八年四月，而爲慕容儁所滅；北方每每大亂，苻洪、永和六年閏月來降。段龕、時東屯廣固，永和七年正月來降。廣固，見第四章第二節。張遇、冉閔豫州牧。永和七年八月，以許昌來降。許昌，見第三章第二節。姚弋仲、永和七年十一月來降。魏脫、本紀云冉閔將，永和七年十一月來降。載記作魏統，云閔兗州刺史。周成、本紀與高昌、樂立、李歷均云石虎將，以永和七年十二月來降。成時屯廩丘。載記云：成爲冉閔徐州刺史。廩丘，見第三章第三節。高昌、時屯野王。野王，見第五章第一節。樂立、時屯許昌。李歷、時屯衛國。衛國，見第三章第四節。呂護、載記云：閔平南高崇、征虜呂護，執洛州刺史鄭系，以三河歸順。此洛州爲石氏所置，治洛陽。護先嘗據魯口，見下。王擢等擢，紀云石虎故將。以永和八年七月降。先後來降。晉初不能應接，更無論挾以攻戰矣。故北方紛紛，仍不能爲晉有。

北方諸豪中，首先自立者爲苻秦，以關中本氏、羌巢穴，其時較諸東方，稍覺寧靜，而苻氏先據之也。苻洪之降晉也，晉授以征北大將軍、都督河北諸軍事、冀州刺史。子健，假節，監河北諸軍事。洪自稱大將軍、大單于、三秦王。永和六年，三月，麻秋因宴鴆洪，將幷其衆。健收斬秋。去秦王之號，稱晉爵，告喪於京師，且聽王命。時京兆杜洪據長安，京兆，見第二章第二節。自稱晉雍州刺史，戎、夏多歸之。八月，健自稱晉征西大將軍、都督關中諸軍事、雍州刺史，盡衆西行。洪載記曰：洪謂博士胡文曰：「孤率衆十萬，居形勝之地，冉閔、慕容儁，可指辰而殄。姚襄父子，克之在吾數中。孤取天下，有易於漢祖。」又曰：洪將死，謂健曰：「所以未入關者，言中州可指時而定。今見困豎子，中原非汝兄弟所能辦，關中形勝，吾亡後，便可鼓行而西。」此乃苻氏自誇之辭。觀洪自稱三秦王，便知其早有入關之意。載記又言：麻秋說洪西都長安，洪深然之，更可見此中消息。當時諸種落被遷者，原皆急欲乘亂歸故土也。洪蓋欲西歸而未及耳。遣弟雄率步騎五千入潼關，見第三章第三節。兄子菁自軹關入河東。軹關，見第一節。自統大衆，繼雄而進。至長安，洪奔司竹，在今陝西盩厔縣東南。漢有竹丞，魏置司守之。健入都之。遣使獻捷京師，幷修好於桓溫。七年，正月，健僭稱天王、大單于。杜洪招司馬勳，勳率步騎三萬入秦川。四月，健敗之於五丈原。在今陝西郿縣東南。八年，五月，健僭卽皇帝位。杜洪屯宜秋，縣名，在今陝西涇陽縣西北。爲其將張琚所殺。琚自立爲秦王。健率步騎二萬攻琚，斬其首。據載記。司馬勳傳云：永和中，張琚據隴東，遣使招勳。勳復入長安。初京兆人杜洪，以豪族陵琚，琚以勇俠侮洪。洪知勳憚琚兵彊，因說勳曰：「不殺張琚，關中非國家有也。」勳乃僞請琚，於坐殺之。琚弟走池陽，合衆攻勳。勳頻戰不利，請和，歸梁州。晉書勳傳，語多不確，今不取。池陽，見第三章第五節。使苻雄攻王擢，擢奔涼州。關中粗定矣。

姚弋仲歸晉較晚，晉授以六夷大都督、都督江、淮諸軍事、車騎大將軍、大單于，而以其子襄督幷州，爲幷州刺史。永和八年，弋仲卒，襄祕喪，率戶六萬南攻陽平，見第二章第二節。元城、漢縣，今河北大名縣。發干，漢縣，今山東堂邑縣西南。皆破之。至滎陽，見第三章第三節。乃發喪成服。與高昌、李歷戰於麻田，胡三省曰：滎、洛之閒地名有豆田、麻田，各因人所種藝而名之。馬中流矢死，賴其弟萇以免。晉處襄於譙城，見第三章第三節。遣五弟爲任。載記言襄「少有高名，雄武冠世，好學博通，雅善談論。英濟之稱，著於南夏。」又言「襄前後敗喪，衆知襄所在，輒扶老攜幼，奔馳而赴之。其爲桓溫所敗也，或傳襄創重不濟，溫軍所得士女，莫不北望揮涕。」雖或過譽，當非全虛。其才略或在苻健之上。然寄居晉地，四面迫敵，不如健之入關，有施展之地矣。

時河南一片土，爲秦、燕所共覬覦。永和八年二月，張遇叛，使其黨上官恩據洛陽。四月，豫州刺史謝尙帥姚襄與遇戰於誡橋，在許昌。敗績。苻健使弟雄援遇，因襲遇虜之。仍以爲豫州刺史，鎭許昌。是月，冉閔爲慕容儁所滅。儁復遣兵圍鄴。蔣幹遣侍中繆嵩、詹事劉猗奉表歸順，且乞師。初，謝尙使濮陽大守戴施據枋頭。濮陽，見第三章第四節。枋頭，見第四章第二節。及是，自倉垣次於棘津。倉垣見第三章第四節。棘津見第四章第二節。止猗不聽進，而責其傳國璽。猗使嵩還鄴復命。幹沈吟未決。施乃率壯士百餘入鄴，助守三臺。三臺見第四章第二節。此據載記。謝尙傳云：施遣參軍何融率壯士百人入鄴，登三臺助戍。譎之曰：「且出璽付我。今凶寇在外，道路不通，未敢送也。須得璽，當馳白天子耳。聞璽已在吾處，信卿至誠，必遣軍糧，厚相救餉。」幹以爲然，乃出璽付之。施宣言使督護何融迎糧，陰令懷璽送於京師。而冉氏長水校尉馬願、龍驤田香開門降慕容評。施、融與幹縣縋而下，奔於倉垣。於是燕人亦浸浸南下矣。

秦、燕交侵，而晉人不能北師者，則以其內外相持，不徒不能協力，且互相牽掣也。初，長平殷浩，長平，晉縣，屬陳郡，未詳今地所在。弱冠有美名。三府辟，皆不就。庾亮引爲記室參軍，累遷司徒左長史。庾翼復請爲司馬，除侍中、安西軍司，並稱疾不起。於時擬之管、葛。王濛、謝尙，常伺其出處，以卜江左興亡。因相與省之。知浩有確然之志，既返，相謂曰：「深源不起，當如蒼生何？」深源，浩字。庾翼詒浩書曰：「當今江東，社稷安危，內委何、褚諸君，外託庾、桓數族，恐不得百年無憂。足下少標令名，十餘年間，位經內外，而欲潛居利貞，斯理難全。且夫濟一時之務，須一時之勝，何必德均古人，韻齊先達邪？王夷甫先朝風流士也，然吾薄其立名非眞，而始終莫取。若以道非虞、夏，自當超然獨往，而不能謀始，大合聲譽，極致名位，正當抑揚名教，以靜亂源，而乃高談莊、老，說空終日，雖云談道，實長華競。及其末年，人望猶存，思安懼亂，寄命推務，而甫自申述，徇小好名，既身囚胡虜，棄言非所。凡明德君子，遇會處際，寧可然乎？而世皆然之，益知名實之未定，弊風之未革也。」史言浩善玄言，爲風流談論者所宗，世多以成敗論人，遂以浩爲虛名無實，其實清談者或無實濟，有實濟者不必皆不善玄言。梁武帝嘗講經、捨身，陳武帝亦然，二帝可同日語乎？庾翼、謝尚皆幹濟之才，翼兄弟尤尚綜覈名實，而其慕浩如此；翼與浩書，極論王衍之失，正見浩非其儔；知浩非沽名養望之流也。穆帝初，庾冰兄弟及何充等相繼卒，充卒於永和二年正月。簡文帝時在藩，始綜萬幾，褚裒薦浩，徵爲揚州刺史。浩頻陳讓，自三月至七月，乃受拜。桓溫滅蜀，威勢轉振，朝廷憚之。簡文以浩有盛名，朝野推服，引爲心膂，以抗溫，爲是與溫頗相疑貳。會遭父憂，去職，時以蔡謨攝揚州，以俟浩服闋，徵爲尚書僕射，不拜，復爲揚州刺史，遂參綜朝權。潁川荀羨少有令聞，浩擢爲義興、吳郡，以爲羽翼。潁川見第三章第三節，義興晉郡，今江蘇宜興縣，吳郡見第三章第九節。王羲之密說浩、羨，令與桓溫和同，浩不從。溫與朝廷，是時已成無可調和之勢。晉朝欲振飭紀綱，自不得不爲自強之計。羲之性最怯耎，其說浩、羨與溫和同，亦不過爲苟安目前之計，然亦未能必溫之聽從也。而世或以不能和溫爲浩罪，則瞽矣。六年閏月，浩加督揚、豫、徐、兗、青五州。桓溫欲率衆北征，上疏求議水陸之宜，久不報。溫知朝廷杖浩抗己，甚忿之，雖有君臣之迹，羈縻而已。八州士衆資調，殆不爲國家用。胡三省曰：永和元年，溫督荊、司、雍、益、梁、寧六州。五年，遣滕畯帥交、廣之兵伐林邑，蓋是時已加督交、廣矣。七年，十二月，聲言北伐。拜表便行。順流而下，行達武昌。衆四五萬。或勸浩引身告退。吏部尚書王彪之言於會稽王曰：「若殷浩去職，人情崩駭，天子獨坐，當有任其責者，非殿下而誰？」又謂浩曰：「彼抗表問罪，卿爲其首。事任如此，猜釁已搆，欲作匹夫，豈有全地邪？且當靜以待之。令相王與手書，示以款誠，陳以成敗，當必還旆。若不順命，卽遣中詔。如復不奉，當以正義相裁。無事忽忽，先自猖獗。」王與溫書，溫卽還鎭。是時未有釁端，溫必不敢遽冒天下之大不韙，特欲以虛聲恐動，冀朝廷自墮其術中耳。知其情而不爲所動，則其技窮矣。殷浩固非不知此，卽簡文亦非絕無能爲，其不爲所動，亦未必必待彪之之教也。八年九月，冉智亡，浩帥衆北伐，次於壽陽。卽壽春，見第三章第四節。浩傳云：浩潛誘苻健大臣梁安、雷弱兒等使殺健，許以關右之任。初魏脫卒，弟憬代領部曲，姚襄殺憬，幷其衆，浩大惡之，使劉啓守譙，啓，石氏兗州刺史，永和六年五月來奔。遷襄於梁。見第二章第三節。襄載記云：浩憚襄威名，乃因襄諸弟頻遣刺客殺襄，刺客皆推誠告實，襄待之若舊。浩潛遣魏憬襲襄，襄乃斬憬而幷其衆。乃誣罔之辭。既而魏氏兄弟，往來壽陽，襄猜懼。襄部曲有欲歸浩者，襄殺之。浩於是謀誅襄。會苻健殺其大臣，健兄子眉，卽黃眉。自洛陽西奔，浩以爲梁安事捷，意健已死，請進屯洛陽，修復園陵，使襄爲前驅，冠軍將軍劉洽鎭鹿臺，建武將軍劉遯據倉垣。此據浩傳。本紀云：遣河南太守戴施據石門，滎陽太守劉遯戍倉垣，其事當在此前。鹿臺，在今河南淇縣。石門，見第五章第一節。又求解揚州，專鎭洛陽，詔不許。一似浩絕無能爲，徒事句結敵將，以求僥倖者。然苻健載記云：張遇自許昌來降，健納遇後母韓氏爲昭儀，每於衆中謂遇曰：「卿吾子也。」遇慚恨，引關中諸將，欲以雍州歸順，乃與健中黃門劉晃謀夜襲健，事覺遇害。於是孔特起池陽，特，通鑑作持。劉珍、夏侯顯起鄠，漢縣，今陝西鄠縣。喬景起雍，景，通鑑作秉。雍見第三章

第五節。胡陽赤起司竹，呼延毒起霸城，漢霸陵縣，晉改曰霸城，在今陝西長安縣東。衆數萬人，並遣使詣桓溫、殷浩請救。而梁安、雷弱兒後皆爲苻生所殺，弱兒南安羌酋也。生並誅其九子二十七孫，其爲强族可知。則秦是時實非無釁，惜浩之兵力未足長驅，而桓溫又不肯於此時出兵與之協力，諸起兵者遂不久皆爲苻健所滅也。據通鑑，孔特之敗在永和九年十一月，劉珍夏侯顯在十二月，胡陽赤在十年正月，惟喬景至八月始敗，而溫伐秦之兵以十年二月出。九年十月，浩進次山桑，漢縣，今安徽蒙城縣北。使姚襄爲前鋒。襄叛，反擊浩，浩棄輜重，退保譙城。十一月，浩啓遣劉啓、王彬之討襄於山桑，並爲襄所殺。桓溫上疏罪狀浩。十年二月，遂廢浩爲庶人，徙東陽之信安縣。東陽，吳郡，今浙江金華縣。新安，在今浙江衢縣境。於是朝右無人，不復能與溫抗矣。案殷浩之敗，實敗於兵力之不足。孔嚴傳：言浩引接荒人，謀立功於閫外。嚴言於浩曰：「降附之徒，皆人面獸心，貪而無親，難以義感，而聚著都邑，雜處人間，使君常疲聖體以接之，虛府庫以拯之，足以疑惑視聽耳。」浩深納之。然則姚襄等之不足恃，浩非不知之，所以終用之者，夫固有所不得已也。下流兵力之不足，由來已久，固非浩之咎。抑兵力之不足，由於民寡而地荒，而浩開江田、疁田千餘頃，以爲軍儲。浩歿後，其故吏顧悅之上疏訟之，謂其「驅豺狼，翦荊棘，收羅向義，廣開屯田，沐雨櫛風，等勤臺僕」。其忠勤亦至矣。當時不欲出師者，大抵養尊處優，優游逸豫，徒能言事之不可爲，而莫肯出身以任事，聞浩之風，能無愧乎？浩所任者：陳逵、蔡裔爲軍鋒。裔史稱其有勇氣，聲若雷震。嘗有二偷入室，裔拊牀一呼，而盜俱隕。徒勇固不足尙，要不失爲摧鋒陷陳之良。謝尙、荀羨爲督統，雖非上材，自亦一時之選也。浩自見黜廢，遂「自擯山海，杜門終身，與世兩絕。」顧悅之訟浩之辭。史既稱其「夷神委命，談詠不輟，雖家人不見其有流放之戚，」乃又言：「後桓溫將以浩爲尚書令，遺書告之，浩欣然許焉。將答書，慮有繆誤，開閉者數十，竟達空函。大忤溫意，由是遂絕。」姑無論熱中躁進，矯情鎭物者不爲，而溫之忌浩，至於毒流後嗣，見下節。又安肯及其身而起用之邪?

殷浩既敗，桓溫之師遂出。永和十年二月，溫統步騎四萬發江陵。見第三章第九節。水軍自襄陽入均口。在湖北光化縣境。至南鄉，後漢縣，魏置郡，晉廢，後復置，在今河南淅川縣東南。步自淅川，以征關中。命司馬勳出子午道。見第四節。別軍攻上洛，見第三章第五節。獲苻健荆州刺史郭敬。進擊靑泥，城名，在今陝西藍田縣南。破之。健遣其子生、此據溫傳，載記作子萇。弟雄載記云率雄、菁等。衆數萬屯嶢柳、愁思堆載記作堯柳城愁思堆，在藍田東南。以距溫。溫軍力戰，生衆乃散。本紀：四月，溫及苻健子萇戰於藍田，大敗之。雄與溫弟沖戰於白鹿原，地形志：在藍田。又爲沖所敗。本紀在六月，云王師敗績。載記同。案雄苟敗，未必能再馳襲司馬勳，溫傳恐不足信。雄馳襲司馬勳，勳退次女媧堡。未詳。溫進至霸上。在長安東。健以五千人深溝自固。居人皆安堵復業，持牛酒迎溫於路者十八九。耆老感泣曰：「不圖今日復見官軍。」初溫恃麥熟，取以爲軍資，而健芟苗清野，軍糧不足。九月，收三千餘戶而還。案溫卽克長安，關中淪陷久，氐、羌多，亦非旦夕可以清定；而河北、河東，皆爲犬羊窟穴，更非荆、襄一隅之力所能掃蕩也。東西齊力，猶虞不濟，而溫必逼廢殷浩，然後出師，論其形勢，實同孤軍獨進。事小敵如蜀，偷可用也，欲以戡定北方，則難矣。然則溫之無成，亦溫之自取之也。

姚襄自破殷浩，濟淮，屯於盱眙。見第三章第九節。招掠流人，衆至七萬。流人郭斅等執堂邑內史劉仕降於襄。此據載記。本紀：永和十年，五月，江西乞活郭斂等執陳留內史劉仕而叛。疑仕爲陳留內史而時在堂邑也。堂邑，漢侯國，後置縣，晉升爲郡，故城在今江蘇六合縣北。朝廷大震，以吏部尚書周閔爲中軍將軍，緣江備守。謝尚亦自歷陽還衞京師。歷陽，見第三章第九節。襄將佐部衆皆北人，咸勸襄北還。永和十一年四月，襄寇外黃，漢縣，在今河南杞縣東。爲晉將高季所敗。襄收散卒，勤撫恤之，復振。十二年，三月，襄入許昌。先是周成反，襲洛陽，河南大守戴施奔於鮪渚。永和十年正月。鮪渚在河南鞏縣北。及是，襄將如河東以圖關右，自許攻洛陽，踰月不克。桓溫請修復園陵，移都洛陽，表疏十餘上，不許，而以溫爲征討大都督、督司、冀二州，委以專征之任。溫遣督護高武據魯陽，見第四章第二節。戴施屯河上，勒舟師以逼許、洛。四月，溫自江陵伐襄。八月，戰於伊水北，大敗之。襄走平陽。見第二章第二節。徙其衆三千餘家於江、漢之閒。執周成而歸。使毛穆之、陳午、戴施鎮洛陽。姚襄尋徙北屈，漢縣，今山西吉縣。進屯杏城。見第三章第八節。時苻健已死，子生嗣僞位。襄攻其平陽大守苻產於匈奴堡。胡三省曰：在平陽。見安帝義熙十二年注。苻柳救之，爲襄所敗，引還蒲阪。見第三章第四節。襄遂攻堡，克之，殺產。遣使從生假道，將還隴西。生將許之。苻堅諫，乃止。命將張平禦之。平更與襄通和。襄遣其從兄蘭略地鄜城，漢鄜縣，後漢省，在今陝西洛川縣東南。兄益生及將軍王欽盧招集北地。見第二章第二節。生遣苻飛距戰，蘭敗，爲飛所執。襄進據黃落。聚名，在今陝西同官縣南。生遣苻黃眉、苻堅、鄧羌率步騎萬五千討之。戰於三原，今陝西三原縣東北。苻堅於此置三原護軍，後周乃置縣。斬襄。襄弟萇，率諸弟降生。時升平元年五月也。六月，而苻堅殺生自立。

石趙之亂也，段勤鳩集胡、羯，得萬餘人，保枉人山，在今河南濬縣西北。自稱趙王，附於慕容儁。俄爲冉閔所敗，徙於繹幕。漢縣，在今山東平原縣西北。僭卽尊號。儁遣慕容恪擊閔，慕容垂擊勤。恪禽閔，進據常山，見第三章第四節。勤懼而降。王午據魯口，城名，在今河北饒陽縣南。稱安國王。死，呂護襲其號。恪進攻之，護奔野王。通鑑在永和十年三月。晉寧朔將軍榮期，以彭城、魯郡叛歸儁。蘭陵、濟北、建興諸郡皆降。蘭陵，晉郡，在今山東嶧縣東。濟北，漢國，在今山東長淸縣境。建興，未詳。苻生河內、黎陽太守，亦以郡歸儁。通鑑在永和十一年二月。河內，見第二章第二節。黎陽，見第三章第四節。永和十一年，十二月，慕容恪寇廣固。十二年，五月，段龕敗之，恪退據安平。見第二章第三節。後復攻之。朝廷使荀羨救之，次於琅邪，見第二章第三節。不敢進。升平元年，正月，廣固陷。通鑑在永和十二年十一月。龕降，儁毒其目而殺之，阬其徒三千餘人。留慕容塵鎮廣固。冉閔之僭號也，李歷、張平、高昌等，並率所部，稱藩於儁。既而歸順，結援苻堅，並受爵位。又上黨馮鴦，上黨，見第二章第二節。自稱太守，附於張平。平屢言之。儁以平故，赦其罪，以爲京兆太守。呂護之走野王也，遣弟奉表謝罪，儁以爲河內太守。護、鴦亦陰通京師。本紀：永和十一年，十二月，上黨人馮鴦自稱太守，背苻生，遣使來降。張平跨有新興、雁門、西河、大原、上黨、上郡之地，諸郡皆見第二章第二節。壘壁三百餘，胡、晉十餘萬戶，遂拜置征鎭，爲鼎峙之勢。本紀：升平元年，七月，苻堅將張平以幷州降，遂以爲幷州刺史。儁自龍城遷於薊，又遷於鄴。通鑑在升平元年十一月。遣慕容評討張平，平奔平陽。慕輿根討馮鴦，鴦奔野王。本紀：升平二年，六月，張平爲苻堅所逼，奔於平陽，堅追敗之。慕容恪進據上黨，馮鴦以衆叛歸慕容儁。陽鶩討高昌，昌走滎陽。本紀在升平三年七月。慕容臧攻李歷，歷奔邵陵。見第三章第九節。儁於是復圖入寇，兼欲經略關西，乃命州郡校閱見丁，精覆隱漏，率戶留一丁，餘悉發之。欲使步卒滿一百五十萬。期明年大集。此明年當爲升平二年。將臨洛陽，爲三方節度。武邑劉貴，武邑，漢縣，晉置郡，今河北武邑縣。上書極諫，乃改爲三五占兵，見第二節。寬戎備一周，悉令明年冬赴集鄴都。此明年爲升平三年。四年，正月，儁死，子暐嗣。通鑑：四年，正月，癸巳，燕主儁大閱於鄴，欲使大司馬恪、司空陽騖將之入寇。會疾篤，乃召恪、騖及司徒評、領軍將軍慕容根等受遺詔輔政。甲午，卒。戊子，大子暐即皇帝位。注云：「按長曆，是年正月甲戌朔，令儁以甲午卒，則戊子在甲午前，即位恐是戊戌。」按甲午爲癸巳之明日，儁以甲午死，無緣癸巳尚能大閱，即謂大閱可不親臨，亦無緣尚有入寇之意也。日恐誤。於是燕勢衰矣，然其侵寇仍不戢。

謝尚以升平元年五月卒。六月，以謝奕爲豫史刺史。二年，三月，慕容儁陷冀州諸郡。詔奕及荀羨北伐。儁盡陷河北之地。八月，奕卒，以謝萬爲豫州刺史。時荀羨亦有疾，以郗曇爲軍司。曇，鑒子。本紀：二年，八月，以曇爲北中郎將、徐兗二州刺史，而十二月又有北中郎將荀羨及慕容儁戰於山茌之文。通鑑考異曰：「曇傳云：荀羨有疾，以曇爲軍司，頃之，羨徵還，除曇北中郎將刺史。燕書：十二月，荀羨寇泰山，殺大守賈堅。載記殺賈堅下云敗績，復陷山茌，故知八月曇未爲徐、兗二州，恐始爲軍司耳。」羨攻山茌，漢茌縣，魏曰山茌，在今山東長清縣東北。拔之，斬儁泰山大守賈堅。儁青州刺史慕容塵遣司馬悅明救之，羨師敗，山茌復陷。羨以疾篤徵還，以郗曇爲徐、兗二州刺史，鎮下邳。見第三章第三節。三年，泰山大守諸葛攸晉泰山郡，治奉高，在今山東泰安縣東北。率水陸二萬討儁，入自石門，此石門在今山東平陰縣北。屯於河渚，使部將匡超進據碻磝，山名，在今山東東阿縣南。蕭館屯於新柵，未詳。又遣督護徐冏，率水軍三千，泛舟上下，爲東西聲勢。儁遣慕容評、傅顏等統步騎五萬，戰於東阿，見第四章第二節。王師敗績。十月，儁寇東阿。遣謝萬次下蔡，漢縣，今安徽鳳臺縣。郗曇次高平以救之。高平，晉郡，治昌邑，在今山東金鄉縣西北。萬矜豪傲物，未嘗撫衆，諸軍恨之。曇以疾篤，退還彭城，萬以爲賊盛致退，便引軍還。衆遂潰散，狼狽單歸。廢爲庶人。慕容恪入寇河南，汝、汝南，見第二章第三節，潁、潁川。譙、沛皆陷。五年，正月，郗曇卒。二月，以范汪爲徐、兗二州刺史。四月，桓溫鎭宛。使其弟豁取許昌。五月，穆帝崩，時年十九。成帝長子琅邪王丕立，是爲哀帝。七月，慕容恪陷野王，呂護退保滎陽。九月，護叛，奔慕容暐，暐待之如初。因遣傅顏與護據河陰。見第三章第四節。桓溫命范汪出梁國，以失期，十月，免爲庶人。隆和元年，三月，以庾希爲徐、兗二州刺史，鎭下邳。希，冰子。袁眞爲豫州刺史，鎭汝南。四月，呂護寇洛陽，戴施奔宛。五月，桓溫遣庾希及竟陵大守鄧遐以舟師救洛陽。七月，護等退小平津。在河南孟津縣北。護中流矢死。將軍段榮收軍北渡，屯於野王。遐進屯新城。漢新成縣，後漢作新城，在洛陽南。八月，袁眞進次汝南，運米五萬斛，以饋洛陽。十二月，庾希退鎭山陽。晉縣，今江蘇淮安縣。袁眞退鎭壽陽。興寧元年，四月，慕容忠寇滎陽，大守劉遠奔魯陽。見第四章第二節。五月，燕兵又陷密，見第三章第五節。遠再奔江陵。桓溫請還都洛陽。自永嘉之亂，播流江表者，一切北徙，以實河南。詔改授司、冀、幷三州，以交、廣遼遠，罷都督。溫辭不受。又加侍中、大司馬、都督中外諸軍事，假黃鉞。是歲，慕容塵攻陳留大守袁披於長平，汝南大守朱斌乘虛襲許昌，克之。二年，二月，慕容評襲許昌，潁川大守李福死之。評遂侵汝南，朱斌奔壽陽。又圍陳郡，見第三章第四節。大守朱輔固守，桓溫遣江夏相劉岵擊退之。帝斷穀，餌長生藥，中毒，不識萬幾。三月，崇德大后康獻褚皇后。復臨朝攝政。四月，慕容暐將李洪侵許昌，王師敗績於縣瓠。城名，今河南汝南縣。朱斌奔淮南，朱輔退保彭城。慕容塵復屯許昌。桓溫帥舟師次於合肥。見第三章第九節。加溫揚州牧，錄尚書事。使侍中顏旄宣旨，召溫入參朝政。八月，溫至赭圻，見第四節。詔又使尚書車灌止之。溫遂城赭圻而居之。固讓內錄，遙領揚州牧。慕容暐寇洛陽。時陳祐守洛陽，衆不過二千。沈充子勁，哀父死於非義，志欲立勳，以雪先恥，表求配祐效力。因以勁補祐長史，令自募壯士，得千餘人。助祐擊賊，頻以寡制衆。而糧盡援絕。祐懼不能保全，以救許昌爲名，奔新城，留勁以五百人守城。三年，二月，以桓豁爲荊州刺史。桓沖爲江州刺史。是月，帝崩，母弟琅邪王奕立，是爲廢帝。三月，慕容恪陷洛陽，沈勁死之。燕以慕容筑爲洛州刺史，鎮金鏞。見第三章第二節。慕容垂爲荊州牧，配兵一萬，鎮魯陽。初梁州刺史司馬勳，爲政暴酷，常懷據蜀之志。桓溫務相綏懷，以其子康爲漢中大守。勳逆謀已成，憚益州刺史周撫，未敢發。是歲，撫卒。十月，勳遂反。自稱成都王。十一月，帥衆入劍閣，攻涪。劍閣、涪，皆見第三章第六節。圍益州刺史周楚於成都。楚，撫子。桓溫遣江夏相朱序救之。大和元年，三月，以桓祕監梁、益二州征討諸軍事。祕亦溫弟。三月，桓豁遣督護桓羆攻南鄭。見第五節。魏興人畢欽舉兵應羆。魏興，見第三章第六節。五月，勳衆潰。朱序執勳，斬之。十二月，南陽人趙弘、趙憶反，大守桓澹走保新野。見第三章第三節。慕容暐遣其南中郎將趙槃自魯陽戍宛。暐將慕容厲又陷魯郡、高平。二年，四月，慕容塵寇竟陵，見第三章第九節。大守羅崇擊破之。五月，桓豁擊趙憶，走之。趙槃奔魯陽，遣輕騎追執之，戍宛而歸。庚希以魯、高平之沒免官。本紀：大和二年，正月，庚希有罪，走入於海。按希入海在海西廢後，見下節。是時特免官耳。今從本傳。九月，以郗愔爲徐、兗二州刺史。愔，曇之兄也。四年，三月，愔以疾解職，又以溫領徐、兗。愔傳曰：溫以愔與徐、兗有故義，乃遷愔領徐、兗。溫北伐，愔請督所部出河上，用其子超計，以己非將帥才，不堪軍旅，固辭解職，勸溫并領己所統。超傳云：徐州人多勁悍，溫恆云：京口酒可食，兵可用，深不欲愔居之。而愔暗於事機，遣牋詣溫，欲共奬王室，修復園陵。超取視，寸寸毀裂。乃更作牋，自陳老病，乞閒地自養。溫得牋，大喜，卽轉愔爲會稽大守。會稽，見第三章第九節。此皆億度附會之辭。愔事天師道，棲心絕穀，絕非將帥之才。溫所以暫用之者，正以其易去耳，斷不待超之進計也。袁眞後雖背叛，當時則久附於溫。至愔去而上下流之事勢，皆歸於溫，篡勢已成，祇待立功以飾觀聽矣。故北伐之師旋出。

是歲四月，溫率弟沖及袁眞步騎五萬北伐。郗超諫，以爲道遠，汴水又淺，運道不通。溫不從。軍次湖陸。秦湖陵縣，後漢爲國，改名湖陸。在今山東魚臺縣東南。攻燕將慕容忠，獲之，進次金鄉。見第四章第二節。時亢旱，水道不通，乃使參軍毛穆之鑿鉅野三百餘里，以通舟運，自清水入河。鉅野澤，在今山東鉅野縣北。本濟水所入。王莽末，濟渠涸，不復絕河，而菏澤與汶水合流，亦蒙清水之名。超又進策曰：「清水入河，無通運理。若寇不戰，運道又難，因資無所，實爲深慮。今盛夏，悉力徑造鄴城，彼伏公威略，必望陳而走，退還幽朔矣。若能決戰，呼吸可定。設欲城鄴，難爲功力。百姓布野，盡爲官有。易水以南，必交臂請命。此計輕決，公必務其持重，便當頓兵河、濟，控引糧運，令資儲充備，足及來夏，雖如賒遲，終亦濟克。若舍此二策，而連軍西進，進不速決，退必愆乏。賊因此勢，日月相引，黽勉秋冬，船道澀滯，北土早寒，三軍裘褐者少，恐不可以涉冬。此大限閡，非惟無食而已。」溫又不從。七月，慕容厲距溫，溫擊敗之。厲，本紀誤作垂，今從載記。九月，鄧遐、朱序遇傅末波於林渚，在今河南新鄭縣北。又大破之。遂至枋頭。溫先使袁眞伐譙、梁，開石門以通運。石門，見第五章第一節。眞討譙、梁，皆平之，而不能開石門，軍糧竭盡。溫焚舟步退，自東燕出倉垣，東燕，見第四章第二節。經陳留，鑿井而飲，行七百餘里。慕容垂以八千騎追之，戰於襄邑，溫軍敗績，死者三萬人。襄邑，秦縣，在今河南睢縣西。十月，溫收散卒，屯於山陽，歸罪於袁眞，表廢爲庶人。眞據壽陽叛。十二月，溫城廣陵而居之。明年二月，袁眞死。陳郡大守朱輔立眞子瑾，求救於慕容暐。是歲，暐爲苻堅所滅。又明年，正月，堅遣王鑒援瑾，桓伊逆擊，大破之。溫克壽陽，斬瑾。然恢復之計，則無從說起矣。

穆、哀、海西之際，事勢與咸和之末大不相同。咸和末石勒之死，北方雖云喪亂，然不久卽平，石虎仍襲全盛之勢；其人亦久歷戎行，頗有威望，誠非可以旦夕平也。若穆、哀、海西之際，則自永和五年石虎之死，至大和六年秦滅前燕，凡歷十九年。冉閔之盛强，旣如曇花一見；氐苻僅粗定關中；慕容氏亦未能占有河北；晉於是時，縱未能廓清舊境，河南之可全有，則無足疑也。河南定而關中、河北亦可徐圖矣。秦、燕兵力實無足稱，觀桓溫兩次北伐，皆所向克捷可知。當時司、冀淪陷，寖及徐、豫，且擾及荊州北鄙者，實緣晉之大軍不出，所與周旋者皆偏師，力薄而無後援耳。此十九年中，與其謂敵勢之方張，無寧謂晉人之養寇，而養寇之責，則桓溫實尸之。永和八年，秦有釁而不能乘；其後雖不得已一平姚襄，而仍置河南於不問，一任燕人之蠶食，皆其顯而易見者也。殷浩之敗也，王義之遽欲棄淮守江，義之本怯耎之尤，殊不足論。其與殷浩書，謂當時「割剝遺黎，刑徒竟路，殆同秦政」，又與會稽王牋，謂今「轉運供繼，西輸許、洛，北入黃河，雖秦政之弊，未至於此，以區區吳、越，經營天下十分之九，不亡何待？」亦近深文周納，危辭聳聽。然長江下游之彫敝，則於此可以見之。當時恢復之計，在於步步爲營，徐圖進取，殷浩所爲，頗近於此，而積弱旣久，功效非旦夕可期。桓溫欲移都洛陽，孫綽上疏曰：「喪亂以來，六十餘年，蒼生殄滅，百不遺一，河、洛丘墟，函、夏蕭條，井堙木刊，阡陌夷滅，生理茫茫，永無依歸。播流江表，已經數世，存者長子老孫，亡者丘隴成行。雖北風之思，感其素心，目前之哀，實爲交切。一朝拔之，頓驅踧於空荒之地，提挈萬里，踰險浮深，離墳墓，棄生業，富者無三年之糧，貧者無一飡之飯。田宅不可復讎，舟車無從而得。捨安樂之國，適習亂之鄉●出必安之地，就累卵之危。將頓仆道塗，飄溺江川，僅有達者●臣之愚計，以爲且可更遣一將有威名資實者，先鎭洛陽。掃平梁、許，淸一河南。運漕之路旣通，然後盡力於開墾，廣田積穀，漸爲徙者之資。如此，賊見亡徵，勢必遠竄。如其迷逆不化，復欲送死者，南北諸軍，風馳電赴，若身手之救痛癢，率然之應首尾。山陵旣固，中夏小康。陛下且端委紫極，增修德政。去小惠，節游費，審官人，練甲兵，以養士滅寇爲先，十年行之，無使隳廢，則貧者殖其財，怯者充其勇，人知天德，赴死如歸。以此致政，猶運諸掌。何故捨百勝之長理，舉天下而一擲哉？」綽之言，非引日之虛辭，實審時之至計。所云更遣一將，先鎭洛陽，膺斯任者，自莫如溫。然溫徒表請遷都，而終不肯奮身出鎭者，其意固別有在也。王述傳云：桓溫平洛陽，議欲遷都。朝廷憂懼，將遣侍中止之。述曰：「溫欲以虛聲威朝廷，非事實也。但從之，自無所至。」事果不行。又議欲移洛陽鍾虡。述曰：「永嘉不競，暫都江左。今當蕩平區宇，旋軫舊京。若其不爾，宜改遷園陵，不應先事鍾虡。」溫竟無以奪之。然則溫之屢請遷都，不過知朝士之苟安，而以此脅之耳。世皆譏宋武帝急於圖篡，平長安而不能留鎭，致關右復陷於戎狄。然宋武當時，以一身任舉國之重，劉穆之死，後事誠有可憂。設或差池，所繫實不僅一身一家之計，返旆之急，庸或非盡恤其私。若桓溫距郗超之謀，不肯爲賒遲之計者，則誠除圖篡外無他故耳。然卒以此致敗，後來圖篡所以不成，亦由喪敗旣甚，究有慙德，不能決然自取，致爲謝安、王坦之遼緩之計所敗耳。狐埋之而狐搰之，是以無成功，豈不信哉？孫盛傳曰：盛著晉陽秋，辭直而理正，咸稱良史焉。旣而桓溫見之，怒謂盛子曰：「枋頭誠爲失利，何至如尊君所說？若此史遂行，自是關君門戶事。」其子遽拜謝，謂請刪改之。時盛年老還家，性方嚴有軌憲。雖子孫斑白，而庭訓愈峻。至此，諸子乃共號泣稽顙，請爲百口切計。盛大怒。諸子遂竊改之。盛寫兩定本，寄於慕容儁。大元中，孝武帝博求異聞，始於遼東得之，以相考校，多有不同，書遂兩存。盛爲長沙大守，曾以臧私，爲溫所按，於溫容有私怨，然晉陽秋既稱辭直理正，必不能過爲曲筆。惟謂其寄定本於慕容儁，則於理既有未可，而於勢亦有未能；且當枋頭敗時，慕容儁死已數年矣，而此戰之後，慕容氏亦不久卽亡；足見此說之不足信。蓋所謂得諸遼東之定本，實不出於盛，乃他人所改定，而託之於盛者，其人知枋頭之喪敗，必更詳於盛，然卽盛之元本，所言枋頭喪敗之情形，亦必不止如今史之所傳也。此戰之失利，誠可謂甚矣。

第七節　桓溫廢立

桓溫篡志，蓄之已久，滿擬伐燕一捷，歸而卽尊，枋頭喪敗，事出慮外，而篡竊之謀，已如騎虎之勢，不得下矣，於是廢立之計起焉。溫傳云：「溫久懷異志，欲先立功河朔，還受九錫，旣逢覆敗，名實頓減，於是參軍郗超進廢立之計。」大和六年，十一月，溫自廣陵屯於白石。胡三省曰：此白石當在牛渚西南。牛渚見第三章第九節。旋詣闕，以崇德大后令，廢帝爲東海王。其罪狀，則謂帝在藩夙有痿疾，嬖人相龍、計好、朱靈寶等，參侍內寢，而二美人田氏、孟氏生三男，欲建樹儲藩，誣罔祖宗，傾移皇基也。紀云：憚帝守道，恐遭時議，以宮闈重閟，牀第易誣，乃言帝爲閹，遂行廢辱。又以大后詔，立會稽王昱，是爲簡文帝。大宰武陵王晞，元帝子。有武幹，爲溫所忌。溫乃表晞聚納輕剽，苞藏亡命，又息綜矜忍，虐加於人；袁眞叛逆，事相連染，請免晞官，以王歸藩。免其世子綜官。又遣弟祕逼新蔡王晃，東嬴公騰，見第二章第二節。騰後改封新蔡王，被害，謚武哀。子莊王確立，卒，無子，以汝南文成王亮曾孫邈嗣。卒，子晃嗣。亮亦見第二章第二節。自誣與晞、綜及著作郎殷涓，大宰長史庾倩，從本傳，本紀作籍。掾曹秀，舍人劉彊等謀逆。收付廷尉，請誅之。帝不許。乃廢晞，及其三子徙於新安，見第三章第三節。晃廢徙衡陽，吳郡，今湖南湘潭縣西。而族誅殷涓等。涓，浩之子，倩及其弟散騎常侍柔，皆冰之子，希之弟。冰女則東海王妃也。殺東海王二子及其母。廢王爲海西公。明年，咸安二年。四月，徙居吳。見第三章第九節。庾倩之死也，其兄廣州刺史蘊，飲鴆而死。東海大守友，東海見第三章第三節。子婦溫弟祕之女也，故得免。希與子邈，及子攸之，逃於海陵陂澤中。海陵，晉郡，今江蘇泰縣。故青州刺史武沈，希之從母兄也，潛餉給希。經年，溫後知之，遣兵捕希。是歲六月，沈子遵，約希聚衆海濱，略漁人船，夜入京口，見第四章第二節。稱海西公密旨除凶逆。七月，溫遣東海內史周少孫討禽之。希、邈及子姪五人斬於建康市。遵及黨與皆伏誅。惟友及蘊諸子獲全。是月，簡文帝崩，子昌明立，是爲孝武帝。十一月，妖賊盧悚，遣弟子殿中監許龍，晨到海西公門，稱大后密詔，奉迎興復。海西公初欲從之，納保母諫而止。悚突入殿庭，游擊將軍毛安之等討禽之。海西公深慮橫禍，乃杜塞聰明，終日酣暢，耽於內寵，有子不育。朝廷以其安於屈辱，不復爲虞。大元十一年，十月，卒於吳。

簡文帝崩時，桓溫仍鎮姑孰。帝遺詔以溫輔政，依諸葛亮、王導故事。王坦之傳曰：簡文帝臨崩，詔大司馬溫依周公居攝故事。坦之自持詔入於帝前毀之。坦之，述子，時領右衞將軍。帝曰：「天下儻來之運，卿何所嫌？」坦之曰：「天下，宣、元之天下，陛下何得專之？」帝乃使坦之改詔焉。王彪之傳曰：簡文崩，羣臣疑惑，未敢立嗣。或云當須大司馬處分。彪之正色曰：「君崩，大子代立，大司馬何容得異？若先面諮，必反爲所責矣。」於是朝議乃定。彪之時爲尚書僕射。及孝武帝卽位，大皇大后令以帝沖幼，加在諒闇，令溫依周公居攝故事。事已施行，彪之曰：「此異常大事，大司馬必當固讓，使萬幾停滯，稽廢山陵，未敢奉令。」謹具封還內，請停事。遂不行。溫傳曰：溫初望簡文臨終，禪位於己，不爾，便爲周公居攝。事既不副所望，故甚憤怨。與弟沖書曰：「遺詔使吾依武侯、王公故事耳。」孝武帝卽位詔：「內外衆事，關溫施行。」復遣謝安徵溫入輔。安時爲吏部尚書中護軍。寧康元年二月，溫入朝。停京師十有四日，歸於姑孰。遂寢疾不起。七月，卒。溫傳言溫諷朝廷加己九錫，累相催促。謝安、王坦之聞其病篤，密緩其事。錫文未及成而薨。時年六十二。彪之傳曰：溫遇疾，諷朝廷求九錫。袁宏爲文以示彪之。彪之謂宏曰：「卿固大才，安可以此示人？」時謝安見其文，又頻使宏改之。宏遂逡巡其事。既屢引日，乃謀於彪之。彪之曰：「聞彼病日增，亦當不復支久，自可更小遲回。」宏從之。溫亦尋薨。案簡文帝自永和二年何充卒秉政，至其立，已二十五年。引用殷浩，以與溫抗者，卽簡文也。紀言帝初卽位，溫撰辭欲自陳述。帝引見，對之悲泣，溫懼不能言。有司奏誅武陵王晞，帝不許。溫固執，至於再三。帝手詔報曰：「若晉祚靈長，公便宜奉行前詔。如其大運去矣，請避賢路。」溫覽之，流汗變色，不敢復言。又言帝踐阼，熒惑入大微，帝甚惡焉。時中書郞郗超在直，帝乃引入，謂曰：「命之修短，本所不計，故當無復近日事邪？」及超請急省其父，帝謂之曰：「致意尊公，國家之事，遂至於此。由吾不能以道匡濟，愧歎之深，言何能喩？」因詠庾闡詩云：「志士痛朝危，忠臣哀主辱。」遂泣下沾襟。然則帝之於溫，初無所畏。紀又謂帝神識恬暢，而無濟世大略，故謝安稱爲惠帝之流，淸談差勝耳；謝靈運迹其行事，亦以爲赧、獻之輩；蓋非篤論也。晉書好博采而辭缺斷制，往往數行之閒，自相矛盾，要在知其體例，分別觀之耳。

作者意在博采，原不謂其所著皆可信也。據本紀：孝武之立爲大子，實與簡文之崩同日，然則王彪之傳謂君崩大子代立，大司馬何容得異語？亦有誤。其所爭者，蓋非大子之當立與否，而孝武之當爲大子與否也。然則晉書記載，多不容泥，謂簡文視天下爲儻來之運，恐亦誣辭矣。然則桓溫圖篡雖急，而朝廷拒之甚堅，且鎮之以靜，終不爲其虛聲所動，蓋自其舉兵欲脅廢殷浩以來，至於孝武之初，始終若一，初非謝安、王坦之、王彪之等數人之力也。簡文之才力，亦實有足稱矣。此又見庾氏之欲推立之實非爲私意也。

溫四弟：雲、豁、祕、沖。六子：熙、濟、韻、禕、偉、玄。熙初爲世子，後以才弱，使沖領其衆。溫病，熙與祕謀殺沖。沖知之，先遣力士拘錄熙、濟，而後臨喪。熙、濟俱徙長沙。見第三章第九節。祕亦廢棄。雲前卒。豁時刺荊州，加督荊、揚、雍、交、廣。揚當作梁。沖督揚、豫、江三州，爲揚州刺史，鎮姑孰。豁子竟陵大守石秀，竟陵，見第三章第九節。爲江州刺史，鎮尋陽。見第四章第一節。八月，崇德大后臨朝攝政。九月，以王彪之爲尚書令，謝安爲僕射，刁彝爲徐、兗二州刺史，鎮廣陵。彝，協子。二年正月，彝卒。二月，以王坦之代之。三年五月，坦之卒。以桓沖爲徐州刺史，鎮丹徒。見第四章第二節。謝安領揚州刺史。大安元年，大后歸政。安爲中書監，錄尚書事。二年八月，爲司徒。桓豁卒。十月，以桓沖爲荊州刺史，王藴爲徐州刺史，督江南晉陵諸軍。藴，孝武后父。晉陵，見第四章第三節。謝玄爲荊州刺史，廣陵相，監江北諸軍。玄，安兄子。於是下流之勢漸重矣。王彪之傳云：謝安不欲委任桓沖，故使大后臨朝，獻替專在於己。沖傳云：沖既代溫居任，則盡忠王室。或勸沖誅除時望，專執權衡，沖不從。謝安以時望輔政，爲羣情所歸，沖懼逼，寧康三年，乃解揚州，自求外出。桓氏黨與以爲非計，莫不扼腕苦諫，郗超亦深止之；沖皆不納。桓溫尚無所成，而況於沖？其不敢爲非分之圖，亦固其所。然沖之爲人，雅與溫異，頗有公忠之心，其不爲非分之圖，亦非盡由才之不及，勢之不可也。溫據上流久，且夙懷反側之心，其餘毒自非一朝所能消弭，故桓玄卒資之以搆逆。然當苻堅入寇時，晉之克弘濟於艱難者，實賴上下游之無釁，其時上下游之無釁，則沖實爲之，沖亦可謂賢矣。

第六章　東晉中葉形勢下

第一節　秦滅前燕

晉自懷、愍傾覆，元帝東渡以來，中原形勢，蓋嘗三變：劉、石東西對峙，其後劉卒并於石，一也。石虎死後，燕、秦又東西對峙，其後燕卒并於秦，二也。前秦喪敗，後燕、後秦，又成東西對峙之局，其力莫能相尙；宋武夷南燕，破後秦，功高於桓、謝矣，然關中甫合卽離，其後陵夷衰微，北方遂盡入於拓跋氏；三也。前章所述，爲後趙吞并北方，及其分裂之事，此章所述，則前秦吞幷北方，及其分裂之事也。

桓溫之入關也，苻健大子萇中流矢而死，健立其第三子生爲大子。明年，六月，健寢疾。健兄子菁，勒兵入東宮，將殺生自立。時生侍健疾，菁以健爲死，迴攻東掖門。健聞變，升端門陳兵。衆皆舍杖逃散。執菁殺之。數日，健死，生僭卽皇帝位。生爲史所稱無道之主，載其淫暴之迹甚多，然實未可與劉聰、石虎等量齊觀，故劉知幾謂「秦人不死，知苻生之厚誣」也。卽就史所載者觀之，其消息，仍有可以微窺者。史稱健臨死，誡生曰：「酋帥、大臣，若不從汝命，可漸除之，」卽可知其所誅夷，多出於不得已。今觀其所殺者：大傅毛貴，車騎尙書梁楞，左僕射梁安，皆受遺輔政者也。左光祿大夫張平，生母之弟也。侍中丞相雷弱兒，司空王墮，侍中大師錄尙書事魚遵，亦皆大臣。弱兒之死也，及其九子二十七孫；遵及其七子十孫，皆可知其族之强大。梁安、雷弱兒，據上章第六節所述，實有通晉之嫌，其餘亦可推想。然則生之行誅，亦誠有所不得已，而造謗者則自此起矣。生殺其妻梁氏，蓋亦以其族之逼，然皇后且然，更何有於妾媵？於是謂其所幸妻妾少有忤旨便殺之，流其尸於渭水矣。舅氏既誅，自可謂其母係憂恨而死。生眇一目，造謗者遂謂其不足、不具、少、無、缺、傷、殘、毀、偏、隻之言，皆不得道，左右忤旨而死者，不可勝紀；且謂其使太醫令程延合安胎藥，問人參好惡并藥分多少，延曰：「雖小小不具，自可堪用，」生以爲譏其目，鑿延出目，然後斬之矣。當時用刑，率多酷濫，遂謂其常彎弓露刃，以見朝臣，錘鉗鋸鑿，不離左右；又謂宗室勳舊親戚忠良殺害殆盡，王公在位者，悉以疾告歸，人情危駭，道路以目矣。他如怠荒淫穢，自更易誣。金史海陵本紀，述其不德之辭，連章累牘，而篇末著論，即明言其不足信，正同一律。史家之文，惟恐其自己出，斷不能以己之所是，著諸篇章；前人之辭，雖明知其不足信，又不容抹殺之，不傳於後；若一一辯之，則勢將不可勝辯；此則不能不望好學深思者之心知其意者也。參看前章第三節。五胡之主，史傳其淫暴者，實錄居多，惟苻生則係被誣，當與南朝諸主一例。當時苻秦君與貴戚猜疑之深，至於如此，自非一人之力所克翦除，故黃眉雖以謀殺生自立事發伏誅，而生卒爲雄子堅及其庶兄法所弒，時姚襄死之翌月也。

苻堅既弒苻生，以僞位讓其兄法，法自以庶孽不敢當。堅乃僭稱大秦天王。旋殺法。其骨肉相屠，亦可謂烈矣。堅爲五胡中雄主，讀史者多美其能用王猛，其實猛之功烈，亦止在能摧抑豪强；其於政事，庸有綜覈之才，然史氏所傳，實多溢美；至於滅燕，則燕之自亡，直其時能成其功者甚多，無足稱也。猛傳云：堅僭位，以猛爲中書侍郎。時始平多枋頭西歸之人，始平見第二章第二節，枋頭見第四章第二節。豪右縱橫，寇盜充斥，乃轉猛爲始平令。猛下車，明法峻刑，鞭殺一吏。百姓上書訟之。有司劾奏，檻車徵下廷尉詔獄。堅親問之，曰：「夷吾、子產之儔也。」赦之。歲中五遷，權傾內外。宗戚舊臣，皆害其寵。尚書仇騰，丞相長史席寶，數譖毀之。堅大怒，黜騰爲甘松護軍，甘松見第五章第二節。寶白衣領長史。爾後上下咸服，莫敢有言。堅載記云：猛親寵愈密，朝政莫不由之。特進樊世，氐豪也，有大勳於苻氏，負氣倨傲，衆辱猛。猛言之於堅。堅怒曰：「必須殺此老氐，然後百寮可整。」俄而世入言事，堅謂猛曰：「吾欲以楊壁尚主，壁何如人也？」世勃然曰：「楊壁臣之壻也，婚已久定，陛下安得令之尚主乎？」猛讓世，世怒，起將擊猛，左右止之。世遂醜言大罵，堅由此發怒，命斬之於西廄。諸氐紛紜，競陳猛短。堅恚甚，嫚罵，或鞭撻於殿庭。自是公卿已下，無不憚猛。又曰：以猛爲京兆尹。其特進強德，健妻之弟也。昏酒豪橫，爲百姓之患。猛捕而殺之，陳尸於市。其中丞鄧羌，性鯁直不撓，與猛協規齊志。數旬之閒，貴戚強豪，誅死者二十有餘人。於是百僚震肅，豪右屏氣。此蓋苻生末竟之緒也。必貴戚懾服，然後政令行而民獲小康，且可用其力以競於外，此秦之所以驟強；而是時之燕，適與之相反，其不格明矣。

慕容儁之死也，羣臣欲立其弟恪。皝第四子。恪辭，乃立其大子暐，時年十一。以恪爲大宰，錄尚書，行周公事。慕容評爲大傅，副贊朝政。慕輿根爲大師。慕容垂爲河南大都督、兗州牧、荊州刺史，鎮梁國。垂，皝之第五子。梁國見第二章第三節。孫希爲并州刺史。傅顏爲護軍將軍。慕輿根與左衞慕輿干潛謀誅恪及評，入白大后可足渾氏，可足渾氏將從之，暐使其侍中皇甫眞與傅顏收根等，斬之。大和元年，慕容恪有疾，召暐兄樂安王臧，告以司馬職統兵權，吾終之後，必以授垂。又以告評。月餘而死。初恪之攻拔洛陽也，略地至於崤、澠，見第五章第一節。苻堅懼其入關，常親屯陝城以備之。陝漢縣，今河南陝縣。其後苻雙據上邽，雙，堅弟。上邽見第三章第三節。苻柳據蒲坂，見第三章第四節。叛於堅，苻廋據陝城，苻武據安定，並應之。安定見第二章第二節。柳、廋、武，苻健子。將共伐長安。廋降於暐。堅恐暐乘勝入關，乃盡銳以備華陰。見第三章第三節。暐羣下議欲遣兵救廋，因圖關右。評固執不許，乃止。雙等之叛，通鑑在大和二年十月。雙等皆爲堅所討殺。枋頭之役，暐使乞師於堅，請割虎牢以西。虎牢見第四章第二節。堅遣其將苟池率步騎二萬救暐。王師引歸，池乃還。可足渾氏與評謀殺垂，垂懼，奔堅。王師既旋，暐悔割虎牢之地。堅以垂爲鄉道，遣王猛等步騎三萬攻慕容筑於洛陽。暐遣慕容臧精卒十萬救之，敗於滎陽。見第二章第二節。筑以救兵不至，降於猛。通鑑從燕書繫大和五年正月。十六國春秋在四年十二月，見考異。大和五年九月，堅又遣王猛率楊安等步騎六萬伐暐。猛克上黨，見第二章第二節。又令楊安陷晉陽。見第三章第四節。暐遣慕容評等率中外精卒四十餘萬距之，屯於潞川。潞水，今濁漳水。評以猛縣軍深入，利在速戰，議以持久制之。猛遣其將郭慶以銳卒五千，夜從閒道出評營後，並山起火，燒其輜重，火見鄴中。暐懼，遣使讓評，催其速戰。評與猛戰於潞川，大敗，死者五萬餘人。評等單騎走還。猛遂長驅至鄴。堅復率衆十萬會之。暐散騎常侍徐蔚等率扶餘、句麗及上黨質子五百餘人，夜開城門以納堅軍。暐與評等數十騎奔昌黎。見第二章第二節。堅遣郭慶追暐，及於高陽，見第五章第二節。執之。先是慕容桓以衆萬餘爲評等後繼，聞評敗，引屯內黃。見第五章第三節。後退保和龍。慕容皝所起宮名，在龍城。及是，慶追評、桓於和龍。桓殺其鎭東慕容亮而幷其衆，攻其遼東大守韓稠於平州。此當指晉平州所治之肥如縣，見第三章第八節。慶遣將軍朱嶷擊桓，執之。本紀在咸安二年二月。評奔高句麗，高句麗縛而送之。堅以王猛刺冀州，鎮鄴。郭慶刺幽州，鎮薊。徙暐及其王公已下幷鮮卑四萬餘戶於長安。前燕之亡，論者多歸罪於慕容評。然評在儁世，亦嘗數專征伐，非不知兵者。潞川密邇鄴都，一敗則不可爲悔。秦兵方銳，持重以老其師，未爲非計。速戰之議，出自燕朝，暐年尚幼，未知誰實主之。評因懼罪而曲從，固違將在外君命有所不受之義，然以喪師之咎專責諸評，則非平情之論。垂載記云：垂本名霸，恩遇踰於世子儁，故儁不能平之。少好畋游，因獵墜馬，折齒，儁僭卽王位，改名𡙇，外以慕郤𡙇爲名，內實惡而改之。尋以讖記之文，乃去夬，以垂爲名焉。此說或出附會，然垂之見忌，由來已久，則由此可知。暐之世，蓋政出多門，莫能相尙，其時忌垂者非評一人。且一木焉能支大廈之傾，垂卽不去，燕豈能終存邪？暐載記云：時外則王師及苻堅交侵，兵革不息，內則暐母亂政，評等貪冒，政以賄成，官非才舉。其尙書左丞申紹上疏言「守宰或擢自匹夫兵將之閒，或因寵戚，藉緣時會。又無考績黜陟幽明。貪惰爲惡者，無刑戮之懼，清勤奉法者，無爵賞之勸。百姓窮弊，侵賕無已。兵士逋逃，乃相招爲賊盜。後宮四千有餘，僮侍廝養，通兼十倍，日費之重，價盈萬金，綺縠羅紈，歲增常調，戎器弗營，奢玩是務。今帑藏虛竭，軍士無襜褕之資。宰相侯王，迭以侈麗相尙。風靡之化，積以成俗。臥薪之喻，未足甚焉。」此蓋自儁入中原已來，惑於紛華靡麗，積漸至此，幷非必至暐之世而後然也。五胡竊據，本無深根固柢之道，一遇勁敵，而其亡也忽焉，亦無足異矣。

第二節 秦平涼州仇池

前涼全盛，蓋在張茂、張駿之時，而其衰機亦自此始。史稱茂雅有志節，能斷大事。涼州大姓賈摹，寔之妻弟也，勢傾西土，茂誘而殺之，於是豪右屏跡，威行西域。駿初統任年十八，少卓越不羈，而淫縱無度。然有計略。統任後，厲操改節，勤修庶政，總御文武，咸得其用。自軌據涼州，屬天下之亂，所在征伐，軍無寧歲。至駿，境內漸平。又使其將楊宣伐龜茲、鄯善，西域並降。分州西界三郡置沙州，治敦煌，見第二章第二節。東界六郡置河州。治枹罕，見第二章第一節。戊己校尉趙貞，不附於駿，駿擊禽之，以其地為高昌郡。今新疆吐魯番縣。雖嘗為劉曜所敗，失河南地，旋即復之。蓋前涼之極盛也。然自茂已築靈鈞臺，周輪八十餘堵，基高九仞。嘗以諫者中止，後卒復營之。且大城姑臧。駿又於姑臧城南築城，起謙光殿，畫以五色，飾以金玉，窮盡珍巧。殿之四面各起一殿：東曰宜陽青殿，以春三月居之，章服器物皆依方色。南曰朱陽赤殿，夏三月居之。西曰政刑白殿，秋三月居之。北曰玄武黑殿，冬三月居之。其旁皆有直省內官寺署，一同方色。末年任所遊處，不復依四時而居。蓋河右通市西域，商貨流衍，物力頗豐，而其文明程度亦高，故能侈靡如此也。駿子重華，任用謝艾，屢破勁敵。見第五章第二節。王擢為苻健所逼，來奔，重華使攻秦州，克之。永和九年四月。秦州治上邽，見第三章第三節。重華好與羣小遊戲，政事始衰。及其卒也，復重之以內亂，而思啓封疆者，狡焉伺於其側矣。

重華以永和九年十月卒。傳言其在位十一年，據本紀，其立以永和二年五月，則止八年。子曜靈嗣，年十歲。伯父長寧侯祚，性傾巧，善承內外。初與重華寵臣趙長、尉緝等結為異姓兄弟。長等遂矯重華遺令，以祚輔政。又言時難未夷，宜立長君。祚先烝重華母馬氏，馬氏遂從緝議，廢曜靈而立祚。祚尋使害曜靈。祚淫虐不道。又通重華妻裴氏，自閤內媵妾，及駿、重華未嫁子女，無不暴亂。涼州歷世以來，皆受晉朝官爵，雖不用中興年號，迄稱建興若干年，晉迄未與以王封，然張駿時，境內皆稱之爲王，駿舞六佾，建豹尾，所置官寮府寺，皆擬於王者，而微異其名；然亦未敢更行上僭；駿且嘗稱藩於蜀，假道以達京師；見第五章第五節。究不能謂其不守臣節也。及祚，乃用長、緝等議，僭即帝位，永和十年。亦可謂妄矣。桓溫入關，王擢時鎮隴西，馳使言溫善用兵，意在難測。祚既震懼，又慮擢反噬，大聚衆，聲欲東征，實欲西保敦煌，會溫還而止。更遣其秦州刺史牛霸擊擢，破之。擢奔苻健。其妄自尊大，而實怯懦，又多疑忌如此。祚宗人張瓘鎮枹罕，祚惡其彊，遣其將易揣、張玲襲之。又遣張掖大守索孚代瓘。張掖，漢郡，今甘肅張掖縣。孚爲瓘所殺。玲等又爲瓘兵所破。瓘軍躡之，祚衆震懼。敦煌人宋混，與弟澄等聚衆以應瓘。趙長等懼罪，入閤，呼重華母馬氏出殿，拜曜靈庶弟玄靚爲主。時年七歲，揣等率衆入殿，伐長，殺之。瓘弟琚及子嵩，募市人數百，揚聲言張祚無道，我兄大軍已到城東，敢有舉手者誅三族。祚衆披散，祚被殺。時永和十一年七月也。廢祚所建和平年號，復稱建興四十三年。誅祚二子。以張瓘爲衛將軍，領兵萬人，行大將軍事。隴西李儼，隴西見第二章第二節。誅大姓彭姚，自立於隴右。玄靚遣牛霸討之，未達，西平人衛琳又據郡叛。西平，見第二章第二節。霸衆潰，單騎而還。瓘遣琚領大衆征琳，敗之。西平田旋，要酒泉大守馬基應琳。酒泉，見第三章第七節。瓘遣司馬張姚、王國伐基，敗之。斬基、旋首，傳姑臧。瓘兄弟彊盛，負其勳力，有篡立之謀。宋混與弟澄共討瓘，盡夷其屬。玄靚以混輔政。混卒，又以澄代之。右司馬張邕惡澄專擅，殺之，遂滅宋氏。玄靚以邕爲中護軍，叔父天錫爲中領軍，共輔政。邕自以功大，驕矜淫縱，又通馬氏，樹黨專權。天錫又殺之，悉誅其黨。天錫專掌朝政。始改建興四十九年，奉升平之號。升平五年。興寧元年，駿妻馬氏卒，玄靚以其庶母郭氏爲大妃，郭氏以天錫專政，與大臣張欽等謀討之。事泄，欽等被殺。七月，天錫率衆入禁門，潛害玄靚，宣言暴薨。此從晉書帝紀。通鑑從晉春秋在八月。天錫立。荒於聲色，不恤政事。安定梁景、敦煌劉肅，並以門胄，總角與天錫友昵。張邕之誅，肅、景有勳，天錫深德之。賜姓張氏，以爲己子，俱參政事。人情怨懼。初苻生聞張祚見殺，玄靚幼沖，命其征東苻柳，參軍閻負、梁殊使涼州，以書喻之。時張瓘新輔政，河西所在兵起，懼秦師之至，乃言於玄靚，遣使稱藩。大和二年，羌斂岐自稱益州刺史，斂岐從苻堅載記。天錫傳作廉岐。率略陽四千家，背苻堅，就李儼。略陽，見第二章第二節。天錫自往討之。時苻堅亦遣王猛等討岐、儼。儼遣使謝，并求救於堅。堅遣楊安會猛救儼。及天錫將楊遹戰於枹罕東，猛不利。然卒禽斂岐。天錫歸，猛又襲儼，執之而還。堅遂以其將彭越爲涼州刺史，鎮枹罕。參據本紀及堅載記。時堅彊盛，每攻涼州，兵無寧歲。天錫甚懼，獻書桓溫，剋六年夏大舉，蓋謂天錫之六年。已而不果。咸安二年，苻堅陷仇池。先是王猛獲天錫將陰據及甲士五千，至是悉送所獲還涼州。天錫懼，遣使謝罪稱藩。大元元年，堅遣苟萇、毛盛、梁熙、姚萇等率騎十三萬伐天錫。又遣其秦州刺史苟池、河州刺史李辯、涼州刺史王統率三州之衆以繼之。天錫拒戰不利，遂降。堅以梁熙爲涼州刺史，領護西羌校尉，鎮姑臧。徙豪右七千餘戶於關中。

劉曜之與石勒連兵也，楊難敵自漢中還襲仇池，克之，執田崧，殺之。咸和九年，難敵卒，子毅立。自號左賢王，下辨公。以堅頭子槃爲右賢王、河池公。下辨、河池，皆見第五章第一節。咸康元年，遣使稱藩於晉。三年，毅族兄初襲殺毅，并有其衆，自立爲仇池公，臣於石虎，後復遣使稱藩。永和三年，以爲雍州刺史、平羌校尉、仇池公。十年，改封天水公。子國爲武都大守。武都見第二章第二節。十一年，毅小弟宋奴，使姑子梁式玉，本紀作梁式。因侍直手刃殺初。國率左右誅式玉及宋奴。桓溫表爲秦州刺史、平羌校尉，而以其子安爲武都大守。十二年，國從父楊俊復殺國自立。安奔苻生。俊遣使歸順，升平三年，以爲平羌校尉、仇池公。四年，卒，子世立。復以其爵授之。大和三年，遷秦州刺史。以其弟統爲武都大守。五年，世卒。統廢其子纂自立。纂一名德。纂聚黨殺統。遣使自陳，復以爲秦州刺史、平羌校尉、仇池公。初世嘗降於苻堅。堅亦署爲秦州刺史仇池公。既而歸順於晉。至纂，遂與堅絕。咸安元年，堅遣其將苻雅、楊安與益州刺史王統率步騎七萬取仇池。雅等次於鷲陝。通鑑作鷲峽。注云：在仇池北。纂率衆五萬，晉梁州刺史楊亮遣督護郭寶率騎千餘救之，戰於陝中，爲雅等所敗。纂收衆奔還。雅進攻仇池，纂降。秦以王統爲南秦州刺史。加楊安都督，鎮仇池。王統，苻堅載記作楊統。殿本考證云：楊十六國春秋作王，案作王者是也。宋書氐傳明言統爲纂所殺，纂遣使詣晉自陳，其言不得無據。苻堅載記漏敘統爲纂所殺之事，其誤遂不易見。堅使取仇池之楊安，是否卽楊國之子，本無確說。以予觀之，似乎非是。堅之取仇池，乃爲攻梁、益開路，其後益州陷沒，堅乃以楊安爲益州牧，鎮成都，王統爲南秦州刺史，鎮仇池，苟爲楊國之子，任之恐未必如是之重也。空百頃之地，徙其民於關中。纂後爲楊安所殺。語見宋書氐傳，此楊安當爲楊國之子。此節以宋書爲主，兼據晉書劉曜及苻堅載記。晉書本紀：咸安二年，苻堅陷仇池，執秦州刺史楊世，則必誤也。

第三節 秦平鐵弗氏拓跋氏

自前趙、前燕之亡，幽、并之匈奴、鮮卑，能有所表見者頗鮮，其較爲彊大者，則河西之鐵弗氏，代北之拓跋氏也。苻秦盛時，二部亦嘗爲所懾服。此二部爲世讎，其事迹相關極密。魏書序紀，敍述較詳。今以之爲主，而以他篇所載，附益訂正之。序紀諱飾之辭，自不難洞見也。

魏書序紀：穆帝死後，普根立，月餘而薨。普根子始生，桓帝后立之。其冬，又薨。思帝子鬱律立，是爲平文帝。元年，歲在丁丑，晉元帝建武元年也。二年，元帝大興元年。劉虎據朔方，見第三章第八節。來侵西部。帝逆擊，大破之。其從弟路孤，率部落內附。帝以女妻之。鐵弗傳言：虎歸附劉聰，聰以虎宗室，拜安北將軍、監鮮卑諸軍事、丁零中郎將。則聰實使虎統轄鮮卑也。序紀又云：帝聞晉愍帝爲劉曜所害，顧謂大臣曰：「今中原無主，天其資我乎？」劉曜遣使請和，帝不納。三年，大興二年。石勒自稱趙王，遣使乞和，請爲兄弟。帝斬其使以絕之。五年，大興四年。治兵講武，有平南夏之意。桓帝后以帝得衆心，恐不利於己子，害帝，遂崩。大臣死者數十人。平文皇后傳曰：王氏，廣寧人也。年十三，因事入宮，生昭成帝。平文崩，昭成在襁褓，時國有內難，將害諸王子。后匿帝於袴中，懼人知，祝曰：「若天祚未終，使汝無聲。」遂良久不啼，得免於難。廣寧，見第四章第二節。惠帝賀傉立，桓帝中子也。未親政事，大后臨朝，遣使與石勒通和。時人謂之女國使。案王浚見殺，穆帝之衆有欲謀亂以應石勒者，見第四章第二節。然則拓跋部落中，胡羯黨類頗多。平文之死，似亦因其與劉、石搆難，而桓帝后因而傾覆之者。使稱女國使，可見是時拓跋氏實別無所謂君長也。四年，明帝大寧二年。帝始臨朝。以諸部人情未悉款順，乃築城於東木根山，徙都之。在今綏遠涼城縣北。河西有木根山，而此在東，故曰東木根山。五年，大寧三年。帝崩，煬帝紇那立，惠帝之弟也。三年，成帝咸和二年。石勒遣石虎率騎五千，來寇邊部。帝禦之於句注陘北，見第二章第二節。不利，遷於大寧。卽廣寧。時烈帝名翳槐，平文長子。居於舅賀蘭部。帝遣使求之。賀蘭部帥藹頭，擁護不遺。帝怒，召宇文部，幷勢擊藹頭。宇文衆敗，帝還大寧。五年，咸和四年。帝出居於宇文部。賀蘭及諸部大人共立烈帝。石勒遣使求和，烈帝遣弟昭成帝名什翼犍，平文次子。如襄國，見第四章第二節。從者五千餘家。七年，元康元年。藹頭不修臣職，召而戮之。國人復貳。煬帝自宇文部還入，諸部大人復奉之。烈帝出居於鄴。三年，咸康三年。石虎遣將李穆，率騎五千，納烈帝於大寧。國人六千餘落叛煬帝，煬帝出居於慕容部。烈帝城新盛樂城，在故城東南十里。見第三章第八節。崩，顧命曰：「必迎立什翼犍，社稷可安。」帝弟孤，平文第四子。乃自詣鄴奉迎，與帝俱還。孤傳曰：羣臣咸以新有大故，內外未安，昭成在南，來未可果，比至之日，恐生變詐，宜立長君，以鎭衆望。次弟屈，剛猛多變，不如孤之寬和柔順。於是大人梁蓋等殺屈，共推孤。孤曰：「吾兄居長，自應繼位，我安可越次而處大業？」乃自詣鄴奉迎，請身留爲質。石虎義而從之。昭成卽位，乃分國半部以與之。薨，子斤失職懷怨，構寔君爲逆，死於長安。見下。觀魏書所敍，知拓跋氏是時，內爭甚烈，諸部亦多未服，而依倚中原者常克有成，其力固未足與內地敵也。烈帝死後，必立昭成，或亦以結援後趙之故。

昭成卽位時年十九。二年，咸康五年。始置百官，分掌衆職。朝諸大人於參合陂。見第三章第八節。議欲定都灅源川，灅水，今桑乾河支流。連日不決，從大后計而止。平文皇后傳曰：昭成初，欲定都於灅源川，築城郭，起宮室。議不決。后聞之曰：「國自上世，遷徙爲業。今事難之後，基業未固，若城郭而居，一旦寇來，難卒遷動。」乃止。然三年，咸康六年。卒移都於雲中之盛樂宮。四年，咸康七年。又築盛樂城於故城南八里。昭成蓋居鄴久，故稍染華風邪？是時之拓跋氏，城郭而居，自無所利，然拓跋氏更內亂久，昭成在位，頗稱小康，或亦由其曾居內地，少知治法之故邪？昭成與慕容氏，三世爲昏，序紀：

二年，聘慕容元眞妹爲皇后。四年，皇后慕容氏崩。慕容元眞遣使朝貢，幷薦其宗女。六年，慕容元眞遣使請薦女。七年，遣大人長孫秩迎后慕容元眞之女於境。皇后至自和龍。慕容元眞遣使奉聘，求交昏。帝許之，以烈帝女妻之。十九年，慕容儁亦請昏，許之。二十年，慕容儁奉納禮幣。二十三年，皇后慕容氏崩。二十五年，慕容暐薦女備後宮。元眞卽皝，魏書避恭宗諱，故稱其字。和龍，見第一節。而仍與石虎通使。九年，石虎遣使朝貢。十年，遣使詣鄴觀釁。十二年，穆帝永和五年。石虎死。十三年，永和六年。冉閔殺石鑒。十四年，永和七年。帝曰：「石胡衰滅，冉閔肆禍，中州紛梗，莫有匡救，吾將親率大軍，廓定四海。」乃勅諸部各率所統，以俟大期。諸大人諫，乃止。案魏自穆帝以來，屢圖進取中原，而其下皆不欲。穆帝及平文之死，蓋皆以其違衆之故。昭成蓋性較寬和，故能從衆議而止也。然雖未勤民於遠，而卒爲肘腋之患所中，則以鐵弗氏地實相逼也。

昭成四年，咸康八年。十月，劉虎寇西境。帝遣軍逆討，大破之。虎僅以身免。虎死，子務桓立，始來歸順。帝以女妻之。鐵弗傳曰：務桓一名豹子。招集種落，爲諸部雄。潛通石虎，虎拜爲平北將軍、左賢王。蓋時鐵弗、拓跋二氏之勢相埒。十九年，永和十二年。正月，務桓死，弟閼頭立。鐵弗傳作閼陋頭。潛謀反叛。二月，帝西巡，因臨河，使人招喻。閼頭從命。二十一年，升平二年。閼頭部民多叛，懼而東走。渡河，半濟而冰陷，後衆盡歸閼頭兄子悉勿祈。務桓子。初閼頭之叛，悉勿祈兄弟十二人，在帝左右，盡遣歸，欲其自相猜離。至是，悉勿祈奪其衆。閼頭窮而歸命，帝待之如初。蓋務桓死後，鐵弗內相猜攜，昭成因而搆之也。二十二年，升平三年。四月，悉勿祈死，弟衞辰立。昭成皇后傳曰：昭成遣悉勿祈還，后戒之曰：「汝還，必深防衞辰。辰姦猾，終當滅汝。」悉勿祈死，其子果爲衞辰所殺。蓋衞辰梟桀，故能爲拓跋氏之患也。然其初立時，承內亂之後，勢尚不競，且其兄弟初嘗依倚拓跋氏；故是歲八月，序紀言衞辰遣子朝貢。二十三年，升平四年。六月，皇后慕容氏崩。七月，衞辰來會葬，因而求昏，許之。二十四年，升平五年。春，衞辰遣使來聘。二十八年，正月，衞辰謀反，東渡河。帝討之，衞辰懼而遁走。十二月，苻堅遣使朝貢。是年，爲晉興寧三年。晉書本紀云：七月，匈奴左賢王衞辰，右賢王曹轂，帥衆二萬，侵苻堅杏城。見第三章第八節。堅載記云：匈奴左賢王衞辰，遣使降於堅，遂請田內地，堅許之。雲中護軍賈雍，遣其司馬徐斌，率騎襲之，因縱兵掠奪。堅怒，免雍官，以白衣領護軍。遣使修和，示之信義。辰於是入居塞內，貢獻相尋。興寧三年，右賢王曹轂及衞辰叛，率衆二萬，攻其杏城已南郡縣，屯於馬蘭山。在今陝西白水縣西北。索虜烏延等，亦叛堅而通於辰、轂。堅率中外精銳以討之。以其前將軍楊安、鎮軍毛盛等爲前鋒都督。轂遣弟活距戰，安大敗之，斬活。轂懼而降。堅徙其酋豪六千餘戶於長安。進擊烏延，斬之。鄧羌討衞辰，禽之於木根山。堅自驄馬城如朔方，驄馬城，在今陝西米脂縣北。巡撫夷狄。以衞辰爲陽夏公，以統其衆。轂尋死。分其部落：貳城已西二萬餘落，封其長子璽爲駱川侯；貳城已東二萬餘落，封其小子寅爲力川侯；號東西曹。貳城，胡三省曰：貳縣城在杏城西北，平涼東南。平涼，苻秦郡，北周改爲縣，淸爲府，民國復爲縣，屬甘肅。胡注見義熙五年。序紀：二十九年，大和元年。五月，遣燕鳳使苻堅。三十年，大和二年。十月，帝征衞辰。衞辰與宗族西走，收其部落而還。鐵弗傳曰：衞辰既立之後，遣子朝獻。昭成以女妻衞辰。衞辰潛通苻堅，堅以爲左賢王。遣使請田內地，春來秋去。堅許之。後掠堅邊民五十餘口爲奴婢，以獻於堅，堅讓歸之。乃背堅，專心歸國。舉兵伐堅。堅遣其建節將軍鄧羌討禽之。堅至自朔方，以衞辰爲陽夏公，統其部落。衞辰以堅還復其國，復附於堅。帝討衞辰，大破之，收其部落十六七焉。衞辰奔苻堅。堅送還朔方，遣兵戍之。序紀昭成攻衞辰在正月，衞辰使秦在七月，安得云以專心歸國而伐堅？蓋衞辰附堅，而昭成侵之耳。堅當是時，理宜助衞辰，因邊釁起，故不果且伐之。昭成因是與堅通使，冀共犄衞辰。然衞辰附堅久，故一降伏，堅卽復戍之，而昭成轉爲所犄也。

魏書序紀：昭成三十六年，孝武帝寧康元年。五月，遣燕鳳使苻堅。三十七年，寧康二年。帝征衞辰，衞辰南走。三十八年，寧康三年。衞辰求援於苻堅。三十九年，大元元年。苻堅遣其大司馬苻洛，率衆二十萬及朱彤、張蚝、鄧羌等諸道來寇，侵逼南境。十一月，白部、獨孤部禦之，敗績。南部大人劉庫仁走雲中。帝復遣庫仁率騎十萬，逆戰於石子嶺，在雲中盛樂西南。不利。帝時不豫，羣臣莫可任者，乃率國人避於陰山之北。高車雜種盡叛，四面寇鈔，不得芻牧。復度漠南。堅軍稍退，乃還。十二月，至雲中。旬有二日，帝崩。昭成子孫傳云：初昭成以弟孤讓國，乃以半部授孤。孤卒，子斤失職懷怨，欲伺隙爲亂。是時獻明皇帝及秦明王翰皆先終，大祖年六歲。昭成不豫，慕容后子閼婆等雖長，而國統未定。斤因是說寔君，昭成庶長子。曰：「帝將立慕容所生，而懼汝爲變，欲先殺汝。是以頃日以來，諸子戎服，夜持兵杖，繞汝廬舍，伺便將發。吾愍而相告。」時苻洛等軍猶在君子津，在雲中西南。夜常警備。諸皇子挾杖，旁皇廬舍之間。寔君視察，以斤言爲信，乃率其屬，盡害諸皇子。昭成亦暴崩。其夜，諸皇子婦及宮人奔告苻洛軍。堅將李柔、張蚝勒兵內逼，部衆離散。苻堅聞之，召燕鳳問其故，以狀對。堅曰：「天下之惡一也。」乃執寔君及斤，轘之於長安西市。晉書苻堅載記曰：堅既平涼州，又遣其安北將軍幽州刺史苻洛爲北討大都督，率幽州兵十萬，討代王涉翼犍。又遣後將軍俱難與鄧羌等率步騎二十萬，東出和龍，西出上郡，見第二章第二節。與洛會於涉翼犍廷。翼犍戰敗，遁於弱水。據魏書序紀，當在陰山北。苻洛逐之，勢窘迫，退還陰山。其子翼圭縛父請降。洛等振旅而還。堅以翼犍荒俗，未參仁義，令入大學習禮。以翼圭執父不孝，遷之於蜀。散其部落於漢鄣邊故地，立尉監行事，官寮領押，課之治業營生。三五取丁，優復三年無稅租。其渠帥歲終令朝獻，出入行來，為之制限。堅嘗至大學，召涉翼犍問曰：「中國以學養性，而人壽考，漠北噉牛羊，而人不壽，何也？」翼犍不能答。又問「卿種人有堪將者可召為國家用。」對曰：「漠北人能捕六畜，善馳走，逐水草而已，何堪為將？」又問「好學否？」對曰：「若不好學，陛下用敎臣何為？」堅善其答。宋書索虜傳云：犍為苻堅所破，執送長安，後聽北歸。犍子開，字涉珪，代之。齊書魏虜傳云：苻堅遣偽并州刺史苻洛伐犍，破龍庭，禽犍還長安，為立宅，敎犍書學，分其部黨居雲中等四郡。諸部主帥，歲終入朝，幷得見犍，差稅諸部以給之。堅敗，子珪，字涉圭，隨舅慕容垂據中山，見第四章第二節。遂領其部。案魏書皇后列傳言：昭成皇后慕容氏生獻明帝及秦明王。序紀云：昭成三十四年春，長孫斤謀反，拔刃向御坐，大子獻明皇帝諱寔格之，傷脅，夏五月，薨。秋七月，皇孫珪生。皇后傳：獻明皇后賀氏，父野干，東部大人。后少以容儀，選入東宮。生大祖。苻洛之內侮也，后與大祖及故臣吏避難北徙。俄而高車奄來鈔掠，后乘車與大祖避賊而南。中路失轄。后懼，仰天而告曰：「國家胤冑，豈止爾絕滅也？惟神靈扶助。」遂馳，輪正不傾，行百餘里，至七介山南，而得免難。案苻堅載記，明載堅與什翼犍問答，則禽犍之說，必非虛誣。魏書記載，自不如中國史籍之可信。疑執昭成者即其大子，魏人諱言其事，乃偽造一獻明，以為道武父；既諱昭成之俘囚，又諱其元子之悖逆，幷諱道武之翦滅舅氏，其彌縫亦可謂工矣。然獻明、秦明皆羌無事跡可徵；闕婆更無可考見，而爲獻明所格者，其氏實爲魏枝子之氏，而其名又與昭成弟孤之子同，其爲子虛烏有之流，更可想見。終不能逃明者之目矣。魏書昭成子孫傳：寔君爲昭成庶長子，秦明王翰爲第三子，又有壽鳩、紇根、地干、力眞、窟咄。惟窟咄傳云：昭成崩，苻洛以其年長，逼徙長安，苻堅禮之，教以書學。因亂隨慕容永東遷。此外皆無事迹可考。通鑑言犍世子寔及弟翰早卒，寔子珪尚幼，慕容妃之子闕婆、壽鳩、紇根、地干、力眞、窟咄皆長，蓋卽據魏書爲辭，非別有所據。其實諸子是否慕容氏所生，亦難質言也。魏書欲僞造寔君悖逆之事，則不得不謂其爲慕容氏所生耳。

魏書大祖紀云：年六歲，昭成崩，苻堅遣將內侮，將遷帝於長安，既而獲免。語在燕鳳傳。鳳傳云：大祖將遷長安，鳳以大祖幼弱，固請於苻堅曰：「代主初崩，臣子亡叛，遺孫沖幼，莫相輔立。其別部大人劉庫仁，勇而有智；鐵弗衞辰，狡猾多變，皆不可獨任。宜分諸部爲二，令此兩人統之。兩人素有深讎，其勢莫敢先發。此御邊之良策。待其孫長，乃存而立之，是陛下施大惠於亡國也。」堅從之。庫仁傳云：母平文皇帝之女。昭成皇帝復以宗女妻之，爲南部大人。苻堅以庫仁爲陵江將軍、關內侯，令與衞辰分國部衆而統之。自河以西屬衞辰，自河以東屬庫仁。於是獻明皇后攜大祖及衞、秦二王，衞王儀，秦明王翰子。秦愍王觚，后少子。自賀蘭部來居焉。庫仁盡忠奉事，不以興廢易節。撫納離散，恩信甚彰。此中謂大祖少依庫仁，亦屬虛辭，說見第七節。苻堅當日，蓋欲以鐵弗部人統河東諸部，然又慮其不爲諸部所服，故擇一拓跋氏之壻而用之，俾與衞辰可以無猜，而拓跋舊部，亦不至疑怨。所謂御邊良策者如此。此或燕鳳所教，鳳傳所載之辭，則亦非情實也。

第四節 肥水之戰

苻堅之陷仇池也，使楊安鎭之。其明年，爲寧康元年，梁州刺史楊亮，遣子廣襲仇池。與安戰，敗績。安進寇漢川。堅又遣王統、朱肜、毛當、徐成等助之。亮距戰，不利，奔西城。漢縣，後漢末置郡，晉改爲魏興，見第三章第六節。肜遂陷漢中。成攻陷二劍。謂大小二劍山，在劍閣北，見第三章第六節。楊安進據梓潼。見第三章第六節。益州刺史周仲孫距之緜竹。見第三章第六節。聞毛當將襲成都，奔於南中。於是梁、益二州皆陷。桓沖使毛穆之督梁州三郡軍事，以益州刺史領建平大守，戍巴郡。穆之寶子。建平、巴郡，皆見第三章第六節。又以其子球爲梓潼大守。穆之與球攻秦，至巴西，以糧乏，退屯巴東。巴西、巴東，見第三章第六節。穆之病卒。二年，五月，蜀人張育、楊光等起兵，與巴獠相應。晉益州刺史竺瑤，威遠將軍桓石虔豁子。率衆三萬據墊江。見第三章第六節。育乃自號蜀王，遣使歸順。與巴獠酋帥李重、尹萬等圍成都。尋育與萬爭權，舉兵相持。七月，鄧羌與楊安攻滅之。瑤、石虔退屯巴東。堅之攻涼州也，徐州刺史桓沖，遣宣城內史朱序，宣城，見第三章第九節。豫州刺史桓伊向壽陽；見第三章第四節。淮南大守劉波，淮南，見第三章第四節。汎舟淮、泗。旋又遣序與江州刺史桓石秀亦豁子。泝流稟荊州刺史桓豁節度。豁遣督護桓羆與序等游軍沔、漢，以圖牽制。然相隔大遠，聲勢不接。涼州卒陷沒。詔遣中書郎王尋之詣豁，諮謀邊事。豁表以梁州刺史毛憲祖監沔北軍；朱序爲梁州刺史，鎭襄陽。時大元二年三月也。八月，桓豁卒。十月，以桓沖爲荊州刺史。沖以堅强盛，欲移阻江南，乃徙鎭上明。城名，在今湖北松滋縣西。謝玄爲兗州刺史，多募勁勇。彭城劉牢之等，以驍猛應選。玄以牢之爲參軍，使領精鋭爲前鋒，百戰百勝，號爲北府兵。時稱京口爲北府。下流兵力始强矣。堅使其子丕等圍襄陽，久不拔。堅欲親率衆助之，苻融等諫乃止。四年二月，襄陽陷，朱序見執。遂陷順陽。見第三章第九節。晉沛郡大守戴遂，沛郡，見第三章第一節。以卒數千戍彭城，見第五章第四節。堅兗州刺史彭超請攻之，願更遣重將討淮南諸城。堅乃使超攻彭城，俱難寇淮陰、盱眙。淮陰，見第四章第二節。盱眙，見第三章第九節。又使其梁州刺史韋鍾寇魏興。四月，魏興陷，大守吉挹死之。五月，俱難陷淮陰，彭超陷盱眙。進攻幽州刺史田洛於三阿，幽州僑置。三阿，地名，在今江蘇高郵縣北。去廣陵百里。廣陵，見第三章第九節。京都大震，臨江列戍。毛當、王顯，初隨苻丕攻襄陽，及是亦來會。謝玄遣兵敗之。難、超等連棄盱眙、淮陰，退屯淮北。堅聞之，大怒，檻車徵超下獄。超自殺。難免爲庶人。是役也，秦蓋喪敗頗甚，史失其詳矣。然晉卒龍彭城、下邳二戍。堅以毛當爲雍州刺史，鎮彭城；毛盛爲兗州刺史，鎮胡陸；王顯爲揚州刺史，戍下邳。下邳，見第三章第四節。胡陸，見第五章第六節。通鑑考異曰：帝紀及諸傳，皆不言此年彭城陷沒，而十六國秦春秋云：彭超據彭城；又云超分兵下邳，留徐褒守彭城；至七月，以毛當爲徐州刺史，鎮彭城；王顯爲揚州刺史，戍下邳；是二城俱陷也。案二城或一時陷沒，難、超敗，秦復棄之，晉亦棄不戍，而秦乃又取之也。六年，十二月，堅荆州刺史都貴，遣其司馬襄陽大守閻振，中兵參軍吳仲寇竟陵。桓沖遣南平大守桓石虔，竟陵大守郭銓距破之，斬振及仲。竟陵、南平，皆見第三章第九節。七年，九月，沖使朱綽討襄陽，焚沔北田穀。又遣上庸大守郭寶伐魏興、上黨。上庸，見第三章第三節。上黨，見第二章第二節。八年，沖又率衆攻襄陽。遣劉波、桓石虔、石民等攻沔北。石民亦豁子。楊亮伐蜀，拔伍城，蜀漢縣，今四川中江縣東。進攻涪城。見第三章第六節。胡彬攻下蔡。見第五章第六節。郭銓攻武當。漢縣，晉僑置始平郡於此，見

第三章第九節。是時，秦之用兵，並不得利。蓋梁、益爲晉兵力最弱之處，故秦取之甚易；荆州兵力本强，下流亦新振作，故秦所向輒沮也。此時秦欲取晉，非用大兵不可，而肥水之戰作矣。

苻堅在諸胡中，尚爲稍知治體者，然究非大器。嘗縣珠簾於正殿，以朝羣臣。宮宇、車乘、器物、服御，悉以珠璣、琅玕、奇寶、珍怪飾之。雖以尚書裴元略之諫，命去珠簾，且以元略爲諫議大夫，然此特好名之爲，其諸事不免淫侈，則可想見矣。堅之滅燕也，慕容沖姊爲清河公主，年十四，有殊色，堅納之，寵冠後庭。沖年十二，亦有龍陽之姿，堅又幸之。沖僞子。姊弟專寵，宮人莫進。長安歌之曰：「一雌復一雄，雙飛入紫宮。」咸懼爲亂。王猛切諫，堅乃出沖。其荒淫如此。時西域諸國，多入朝於堅，堅又使呂光征之。苻融固諫，堅不聽。蓋一欲誇耀武功，一亦貪其珍寶也。燕之平也，以王猛爲冀州牧，鎮鄴；郭慶爲幽州刺史，鎮薊。後以猛爲丞相，苻融代牧冀州。及陷襄陽，以梁成爲荆州刺史鎮之，而以苻洛爲益州牧，鎮成都。命從伊闕，自襄陽溯漢而上。伊闕在洛陽南。洛，健之兄子。雄勇多力，而猛氣絕人，堅深忌之，故常爲邊牧。時鎮和龍。見第一節。洛疑堅使梁成害之，遂舉兵。苻重鎮薊，亦盡薊城之衆，會洛兵於中山。見第四章第二節。堅遣竇衝、呂光討之，以苻融爲大都督。衝等執洛。呂光追討苻重於幽州。堅徙洛於涼州。徵融爲大將軍，領宗正，錄尚書事。引其羣臣於東堂，議曰：「凡我族類，支胤彌繁，今欲分三原、九嵕、武都、汧、雍十五萬戶於諸方要鎮，諸君之意如何？」三原，見第五章第六節。九嵕，山名，在今陝西醴泉縣北。武都見第二章第二節。汧見第二章第一節。雍見第三章第五節。皆曰：「此有周所以祚隆八百，社稷之利也。」於是分四帥子弟三千戶，以配苻丕，堅庶長子。鎮鄴。分幽州置平州，以石越爲刺史，領護鮮卑中郎將，鎮龍城。見第五章第二節。大鴻臚韓胤領護赤沙中郎將，移護烏桓府於代郡之平城。見第四章第二節。中書梁讜爲幽州刺史，鎮薊。毛興爲河州刺史，鎮枹罕。見第五章第一節。王騰爲并州刺史，領護匈奴中郎將，鎮晉陽。見第三章第四節。苻暉爲豫州牧，鎮洛陽。苻叡爲雍州刺史，鎮蒲阪。見第三章第四節。暉、叡，皆堅子。堅之分氐戶而留鮮卑也，論者皆以爲堅致敗之原，實亦未可一概而論。堅載記言：慕容垂奔堅，王猛勸堅除之，堅不聽。後其大史令張孟，又言彗起尾箕，掃東井，爲燕滅秦之象，勸堅誅慕容暐及其子弟，堅不納。更以暐爲尙書，垂爲京兆尹，沖爲平陽大守。京兆、平陽，皆見第二章第二節。苻融聞之，上疏諫，堅又不聽。其分氐戶於諸鎮也，堅送丕於灞上，見第五章第六節。流涕而別。諸戎子弟，離其父兄者，皆悲號哀慟，酸感行人，識者以爲喪亂流離之象。趙整因侍，援琴而歌曰：「阿得脂，阿得脂，博勞舊父是讎綏，尾長翼短不能飛。遠徙種人留鮮卑，一旦緩急語阿誰？」堅笑而不納。一似當年留種人而鉏異族，卽可措國基於磐石之安者，此事後傅會之辭也。當時五胡，降下異族，徙之腹地者甚多。後趙之於苻洪、姚弋仲，卽其一證。蓋使之遠離巢穴，處我肘腋之下，則便於監制；又可驅之以從征役也。堅之滅燕也，徙關東豪桀及諸雜夷十萬戶於關中，處烏丸雜類於馮翊、北地，皆見第二章第二節。丁零翟斌於新安；參看下節。新安，見第三章第三節。及平涼州，又徙豪右七千餘戶於關中；意亦如此。此亦未爲非計。抑堅在當日，或更有所不得已者。堅甫篡立，卽殺其兄法。其後苻雙、苻柳、苻廋、苻武復叛。苻融在堅諸弟中，最見寵信。其代王猛鎮鄴也，史言堅母苟氏，以融少子，甚愛之，比發，三至霸上，其夕，又竊如融所，內外莫知。心本無他，而爲人所牽率，致終陷於叛逆者，有之矣。然則苻洛甫平，融卽見徵而代之以丕，蓋亦有所不得已也。大元七年，法子東海公陽，與王猛子散騎侍郎皮謀反事泄，堅問反狀。陽曰：「禮云：父母之仇，不同天地。臣父哀公，死不以罪。齊襄復九世之讎，而況臣也？」堅赦不誅，徙陽於高昌，見第二節。皮於朔方之北。朔方，見第三章第八節。苻融以位忝宗正，不能肅遏奸萌，請待罪私藩，堅不許。堅且能忍於法，而何有於陽？然終不能明正其罪者，勢固有所不可也。宗族猜嫌之深，至於如此，安得不使己諸子各據重鎮？欲使諸子各據重鎮，安得不配以腹心？然則氐戶在當日，不得不分者勢也。新平王彫，新平，見第二章第二節。嘗以圖讖，勸堅徙汧、隴諸氐於京師，置三秦大戶於邊地，其說正與王猛合，猛顧以彫爲左道惑衆，勸堅除之，然則謂結聚氐戶，而遂可恃以爲安，卽猛亦不作是說也。五胡在中國，皆爲小種，欲專恃己力以與人角，正是尾長翼短之象。尾長則所曳者重而難舉，翼短則振起之力微也。外示寬容，陰圖消弭，未嘗非計之得，特彼此未能融合時，己族亦不可無以自立耳。此則堅之所以敗也。然大一統之局未成，負嵎之勢先失，固由氐戶之散布，實亦肥水一敗，有以啓之。否則慕容垂、姚萇等雖懷報復之心，安敢一時俱起？故伐晉之舉，實爲堅之一大失策。惟此事之眞相，亦非如史之所云。史言堅欲伐晉，引羣臣議之，羣臣皆以爲不可。權翼，堅之心腹；石越，其大將也；及堅弟陽平公融、大子宏、少子中山公詵皆諫，堅皆弗聽，而惟慕容垂、姚萇及良家少年之言是從。堅最信釋道安，羣臣爭不能得，則使安止之。安爭又弗能得，乃勸其止洛陽，勿遠涉江、淮，堅又弗聽。自謂「以吾衆旅，投鞭於江，足斷其流。」夫晉非慕容暐、張天錫之比，堅不容不知。堅卽好諛，亦不容引慕容垂、姚萇爲心膂，視良家子爲蓍蔡。然則堅之必欲犯晉，蓋尙別有其由。唐書載大宗之伐高句麗也，曰：「今天下大定，惟遼東未賓，後嗣因士馬彊盛，謀臣道以征討，喪亂方始，朕故自取之，不遺後世憂也。」此辭經史家潤飾，非其本實，則句麗自隋以來，屢寇遼西，大宗知其爲勁敵，度非後嗣所克戡定，故欲自取之耳。然則堅謂「每思桓溫之寇，江東不可不滅」，乃其由衷之言。彼其心未嘗不畏晉，又知命將出師，必難克捷，故不恤躬自犯順，而不知其喪敗之更大而速也。苻融諫堅伐晉曰：「鮮卑、羌、羯，布諸畿甸，舊人族類，斥徙遐方。今傾國而去，如有風塵之變者，其如宗廟何？監國以弱卒數萬留守京師，鮮卑、羌、羯，攢聚如林，此皆國之賊也，我之讎也。臣恐非但徒返而已，亦未必萬全。臣智識愚淺，誠不足采，王景略一時奇士，陛下每擬之孔明，其臨終之言，不可忘也。」猛傳云：猛疾篤，堅親臨省病，問以後事。猛曰：「晉雖僻陋，正朔相承，親仁善鄰，國之寶也。臣沒之後，願不以晉爲圖。鮮卑、羌虜，我之讎也，終爲人患，宜漸除之，以便社稷。」言終而死。此說亦不免事後傅會。然猛圍鄴時，堅留大子宏守長安，自率精銳會之，猛潛至安陽迎堅，曰：「監國沖幼，鑾駕遠臨，脫有不虞，其如宗廟何？」此則初非危辭聳聽。宇文泰河橋一敗，而長安咸陽寇難遽起，即其明證。然則苻融之論，實非無病而呻，而惜乎堅之不知慮也。要之伐晉而勝，風塵之變，自可無虞，一敗則其後患亦有不可勝言者。堅知晉之終爲秦患，命將出師之不足以傾晉，而未知躬自入犯之更招大禍，仍是失之於疏，而其疏亦仍是失之於驕耳。

大元八年，苻堅大舉入寇。堅先使苻朗守青州，又以裴元略爲西夷校尉、巴西梓潼二郡大守，令與王撫備舟師於蜀。已又下書悉發諸州公私馬，人十丁遣一兵，門在灼然者，爲崇文義從，良家子年二十已下，武藝驍勇，富室材雄者，皆拜羽林郎。遣苻融、張蚝、苻方、梁成、慕容暐、慕容垂率步騎二十五萬爲前鋒。堅發長安，戎卒六十餘萬，騎二十七萬。前後千里，旗鼓相望。堅至項城，見第三章第三節。涼州之兵，始達咸陽；苻秦郡，今陝西涇陽縣。蜀、漢之軍，順流而下；幽、冀之衆至於彭城東西萬里，水陸齊進。融等攻陷壽春。見第三章第四節。垂攻陷項城。梁成與其梁州刺史王顯、弋陽大守王詠等，率衆五萬，屯於洛澗，在安徽懷遠縣西南。柵淮以遏東軍。晉以謝石爲征討都督，與謝玄、桓伊、謝琰等，水陸七萬相繼距融。去洛澗二十五里。龍驤將軍胡彬先保硤石，在安徽鳳臺縣西南，淮水經其中。爲融所逼，糧盡，潛遣使告石等曰：「今賊盛糧盡，恐不復見大軍。」融軍人獲而送之。融乃馳使白堅曰：「賊少易俘，但懼其越逸，宜速進衆軍，犄禽賊帥。」堅大悅，舍大軍於項城，以輕騎八千，兼道赴之。令軍人曰：「敢言吾至壽春者拔舌。」故石等弗知。劉牢之率勁卒五千，夜襲梁成壘，克之，斬成及王顯、王詠等十將，士卒死者萬五千。謝石等以既敗梁成，水陸繼進。堅與苻融，登城而望王師。見部陳齊整，將士精銳。又望八公山上草木，皆類人形。八公山，在鳳臺縣東南。顧謂融曰：「此亦勁敵也，何謂少乎？」憮然有懼色。堅遣朱序說石等，以衆盛，欲脅而降之。序謂石曰：「若秦百萬之衆皆至，則莫可敵也。及其衆軍未集，宜在速戰。若挫其前鋒，可以得志。」石聞堅在壽春，懼，謀不戰以疲之。謝琰勸從序言。遣使請戰，許之。時張蚝敗謝石於肥南。謝玄、謝琰勒卒數萬，陳以待之，蚝乃退。堅列陳逼肥水，王師不得渡。玄遣使謂融曰：「君懸軍深入，置陳逼水，此持久之計，豈欲戰者乎？若小退師，令將士周旋，僕與君公緩轡而觀之，不亦美乎？」堅衆皆曰：「宜阻肥水，莫令得上。我衆彼寡，勢必萬全。」堅曰：「但卻軍，令得過，而我以鐵騎數十萬，向水逼而殺之。」融亦以爲然，遂麾使卻陳。衆因亂，不能止。玄與琰、伊等，以精銳八千，涉渡肥水。石軍距張蚝，小退。琰、玄仍進，決戰肥水南。堅中流矢。臨陳斬融。此據謝玄傳。堅載記云：融馳騎略陣，馬倒被殺。堅衆奔潰，自相蹈藉，投水死者，不可勝計，肥水爲之不流。餘衆棄甲宵遁，聞風聲鶴唳，皆以爲王師已至，草行露宿，重以飢凍，死者十七八。堅遁歸淮北，時十月也。肥水之戰，苻堅實敗於徒欲以衆懾敵，而別無制勝之方。堅載記云：朝廷聞堅入寇，會稽王道子以威儀鼓吹求助於鍾山之神，在首都朝陽門外。亦名蔣山。相傳漢末，蔣子文爲秣陵尉，逐賊至此，爲賊所傷而死。屢著靈異，人因祀以爲神。六朝人最信之。奉以相國之號。及堅之見草木狀人，若有力焉。足見謂堅望八公山上草木皆類人形，憮然有懼色者，乃傅會之談。顧堅衆十倍於晉，理應雍容暇豫；乃一聞晉兵少易取，而苻融欣喜，急於馳白；堅又輕騎以赴之；既至，則欲以虛聲脅降敵軍；及戰，又急求一決，而不肯阻遏淮水；何其急遽乃爾？無他，自覺絕無制勝之方，故亟思徼幸也。用少衆尚不可以徼幸制勝，況大戰邪？

第五節　後燕後秦之興

苻堅之敗於肥水也，諸軍悉潰，惟慕容垂一軍獨全。堅以千餘騎赴之。垂子寶，勸垂殺堅。此據堅載記。垂載記：垂弟德亦勸之。垂不從，以兵屬堅。堅收集離散，比至洛陽，衆十餘萬。至澠池，見第五章第二節。垂請巡撫燕、岱，幷求拜墓，堅許之。權翼固諫，不從。尋懼垂爲變，遣石越率卒三千戍鄴，張蚝率羽林五千戍幷州，留兵四千配毛當戍洛陽。堅遂歸長安。堅子丕先在鄴。垂至，丕館之於鄴西。初，丁零翟斌，世居康居，後徙中國。咸和五年，斌入朝於後趙，後趙以爲句町王。永和十九年，又有翟鼠，率所部降燕。燕封爲歸義王。翟氏本居中山，見第四章第二節。苻堅滅燕，徙之新安。見第四章第三節。斌仕秦，爲衞軍從事中郎。翟斌、翟鼠，事據通鑑。丁零本北方部落，翟斌則西域種人。自魏、晉以後，西域種人入北荒部落，與之雜居，且爲其渠帥者衆矣。俟敍述四裔事時，當再論之。咸和五年朝趙之翟斌，通鑑考異曰：「晉書、春秋作翟眞，按秦亡後慕容垂誅翟斌，斌兄子眞北走，故知此乃斌也。」及是叛，聚衆謀逼洛陽。事在大元八年十二月，本紀誤作翟遼。丕弟暉以告。丕配垂兵二千，遣其將苻飛龍率氐騎一千，爲垂之副以討斌。丕誡飛龍曰：「卿王室肺腑，年秩雖卑，其實帥也。垂爲三軍之統，卿爲謀垂之將。用兵制勝之權，防微杜貳之略，委之於卿。卿其勉之。」苻暉遣毛當擊翟斌，爲斌所敗，當死之。垂至河內，見第二章第二節。殺飛龍，悉誅氐兵，召募遠近，衆至三萬。翟斌聞垂將濟河，遣使推垂爲盟主。垂距之。垂至洛陽，暉閉門死守。斌又遣長史郭通說垂。垂乃許之。垂謀於衆曰：「洛陽四面受敵，北阻大河，控馭燕、趙，非形勝之便。不如北取鄴都，據之以制天下。」衆咸以爲然。乃引師而東。垂之發鄴，中子農及兄子楷、紹，弟子宙，爲苻丕所留。及誅飛龍，遣田生密告農等，使起兵趙、魏以相應。於是農、宙奔列人，漢縣，今河北肥鄉縣東。楷、紹奔辟陽。漢縣，今河北冀縣東南。衆咸應之。丕遣石越討農，爲農所敗，斬越於陳。垂引兵至滎陽。見第二章第二節。以大元八年，自稱大將軍、大都督、燕王，承制行事。以翟斌爲建義大將軍，封河南王；翟檀斌弟。爲柱國大將軍，封弘農王。九年二月，垂引丁零、烏丸之衆二十餘萬，長驅攻鄴。農、楷、紹、宙等皆會。慕容暐弟燕故濟北王泓，先爲北地長史，北地，見第二章第二節。聞垂攻鄴，亡命奔關東，收諸馬牧鮮卑，衆至數千，遂屯華陰。見第三章第三節。暐乃潛使諸弟及宗人起兵於外。堅遣將軍强永擊泓，爲泓所敗。泓衆遂盛。堅以子熙爲雍州刺史，鎮蒲阪。見第二章第四節。徵子叡爲都督中外諸軍事，配兵五萬，以竇衝爲長史，姚萇爲司馬，討泓於華澤。胡三省曰：華陰之澤。平陽大守慕容，沖起兵河東，沖亦暐弟平陽，見第二章第二節。有衆二萬，進攻蒲阪。堅命竇衝討之。泓聞苻叡至，懼，將奔關東。叡馳兵要之。姚萇諫，弗從，戰於華澤，叡敗績，被殺。萇遣使詣堅謝罪。堅怒，殺之。萇懼，奔渭北。遂如馬牧。西州豪族，推爲盟主。萇以大元九年四月，自稱大將軍、大單于、萬年秦王。時慕容沖與苻堅相攻，衆甚盛。萇將西上，恐沖遏之，乃遣使通和，以子崇爲質。進屯北地，厲兵積粟，以觀時變。堅率步騎二萬討之，敗績。竇衝擊慕容沖於河東，大破之。沖奔泓軍。泓衆至十餘萬。遣使謂堅曰：「秦爲無道，滅我社稷。今天誘其衷，使秦師傾敗，將欲興復大燕。吳王已定關東。時泓自稱都督陝西諸軍事、雍州牧、濟北王，推垂爲丞相、都督陝東諸軍、冀州牧、吳王。可速資備大駕，奉送家兄皇帝並宗室功臣之家。泓當率關中燕人，翼衞皇帝，還反鄴都。與秦以虎牢爲界，虎牢見第四章第二節。分王天下，永爲鄰好，不復爲秦之患也。」堅大怒，召暐責之。已而復其位，待之如初。命以書招諭垂及泓、沖，使息兵。暐密遣使者謂泓曰：「吾既籠中之人，必無還理。吾罪人也，不足復顧。可以吳王爲相國，中山王沖。爲大宰，領大司馬；汝可爲大將軍，領司徒，承制封拜。聽吾死問，汝便卽尊位。」泓於是進向長安。泓謀臣高蓋、宿勤崇等，以泓德望後沖，且持法苛峻，乃殺泓，立沖爲皇大弟，承制行事，自相署置。苻堅聞沖去長安二百餘里，引歸。時苻暉率洛陽、陝城之衆七萬歸於長安。陝城，見第一節。堅使苻方戍驪山，在今陝西臨潼縣東南。配暉兵五萬，使距沖。以苻琳爲後繼。暉敗績。堅又以尚書姜宇爲前將軍，與琳率衆三萬，擊沖於灞上。見第五章第六節。爲沖所敗。沖遂據阿房城。亦稱阿城，在長安西北。十二月，僭卽皇帝位。進逼長安。慕容垂攻鄴，拔其郛。苻丕固守中城。垂塹而圍之。分遣老弱於魏郡肥鄉，築新興城，以置輜重。肥鄉，魏縣，今河北肥鄉縣西。壅漳水以灌鄴。丕糧竭，馬無草，削松木而食之。而翟斌求爲尙書令，垂弗許，斌怒，密應丕，使丁零決防潰水。事泄，垂誅之。通鑑：幷誅其弟檀、敏。斌兄子眞，率其部衆北走邯鄲。見第四章第二節。引兵向鄴，欲與丕爲內外之勢。垂令其大子寶及子隆擊破之。眞自邯鄲北走。慕容楷追之，戰於下邑，十六國疆域志謂卽梁國之下邑縣。案下邑縣故城，在今江蘇碭山縣東，鄉方不合，恐非。爲眞所敗。眞遂屯於承營。通鑑云：眞北趨中山，屯於承營，則其地當在中山。中山，見第四章第二節。垂謂諸將曰：「苻丕窮寇，必死守不降。丁零叛擾，乃我心腹之患。吾欲遷師，開其逸路。」於是引師去鄴，北屯新城。丕始具西問，知苻叡等喪敗，長安危逼。乃遣其陽平大守邵興，率騎一千，將北引重合侯苻謨、高邑侯苻亮、阜城侯苻定於常山；見第三章第四節。固安侯苻鑒、中山大守王兗於中山；以爲己援。垂遣張崇要興，獲之。丕又遣其參軍封孚，西引張蚝及幷州刺史王騰於晉陽。見第三章第四節。蚝、騰以衆寡不赴。丕進退路窮，謀於羣僚。司馬楊膺唱歸順之計。丕猶未從。會黎陽爲王師所克，乃變計。黎陽，見第五章第三節。

肥水之捷，劉牢之進克譙城。見第三章第三節。明年正月，桓沖使部將伐新城、魏興、上庸三郡，克之。新城，見第五章第六節。魏興，見第三章第六節。上庸見第三章第三節。二月，沖卒。荊、江二州並缺。物論以謝玄勳望，宜以授之。謝安恐爲朝廷所疑；又懼桓氏失職；又慮桓石虔驍猛，居形勝之地，終或難制。乃以桓石民爲荊州，移豫州刺史桓伊刺江州，伊，宣子。而以石虔爲豫州。四月，竟陵大守趙統伐襄陽，克之。竟陵，見第三章第九節。襄陽，見第三章第四節。朝以謝玄爲前鋒都督，率桓石虔徑造渦、潁，經略舊都。玄次下邳，見第三章第三節。苻堅徐州刺史趙遷棄彭城奔還，彭城，見第五章第四節。玄進據之。遣參軍劉襲攻堅兗州刺史張崇於鄄城，克之。九月。鄄城，見第三章第四節。進伐青州。遣淮陵大守高素向廣固，淮陵，漢縣，晉置郡，在今安徽盱眙縣西北。廣固見第四章第二節。降堅刺史苻朗。十月，又進伐冀州，遣劉牢之、濟北大守丁匡據碻磝；濟北，見第五章第六節。碻磝，城名，在今山東茌平縣西南。濟陽大守郭滿據滑臺；晉志兖州有濟陽郡，實濟陰郡之譌。宋志云：晉惠帝分陳留爲濟陽郡，則晉志闕之。郡當治濟陽縣，在今河南開封縣東北。滑臺，城名，今河南滑縣。奮武將軍顏雄渡河立營。此據謝玄傳。本紀及載記作顏肱。苻丕遣將桑據屯黎陽，玄命劉襲襲據，走之。丕懼，乃遣弟就與參軍焦逵請救於玄。丕書稱「假途求糧，還赴國難，須軍援既接，以鄴與之。若西路不通，長安陷沒，請率所領保守鄴城。」文降而已。逵與參軍姜讓密說楊膺：「正書爲表。若王師至而丕不從，可逼縛與之。」膺素輕丕，自以力能逼之，乃改書而遣逵等。玄許之。餽丕米二千斛。遣晉陵大守滕恬之守黎陽。晉陵，見第四章第三節。三魏皆降。三魏，見第二章第二節。時桓石虔以母憂去職，朱序爲豫州刺史。肥水之戰，堅衆小卻，序時在其軍後，唱云堅敗，衆遂大奔，序乃得歸。玄欲令序鎮梁國，見第二章第三節。自住彭城，北固河上，西援洛陽。朝議以征役既久，宜置戍而還，使玄還鎮淮陰，見第四章第二節。序鎮壽陽。見第三章第四節。慕容垂謂其弟范陽王德曰：「苻丕吾縱之不能去，方引晉師規固鄴都，不可置也。」進師又攻鄴，而開其西奔之路。焦逵至朝廷，欲徵丕任子，然後出師。逵固陳丕款誠無貳，幷宣楊膺之意。乃遣劉牢之等率衆二萬，水陸運漕救鄴。牢之至枋頭。見第四章第二節。苻丕征東參軍徐義、宦人孟豐告丕楊膺、姜讓等謀反。丕收膺、讓，戮之。牢之盤桓不進。十年四月，乃至鄴。垂逆戰，敗績。撤鄴圍，退屯新城。又自新城北走。牢之追之，行二百里，至五橋澤。胡三省曰：在臨漳縣北。案當在肥鄉，垂所築新城之北。爭趣輜重，稍亂，爲垂所擊，敗績，士卒殲焉。牢之策馬跳五丈澗，得免。會苻丕救至，因入臨漳，即鄴，見第三章第三節。集亡散，兵復少振。以軍敗徵還。先是梁州刺史楊廣伐蜀，遣巴西大守費統爲前鋒。巴西見第三章第六節。苻堅益州刺史王廣，遣其巴西大守康回拒之，數敗，回退還成都。梓潼大守壘襲以涪城來降。梓潼、涪城皆見第三章第六節。堅梁州刺史潘猛棄漢中奔長安。以上通鑑在大元九年。王廣使江陽大守李丕守成都，江陽見第三章第六節。率所部奔隴西。其蜀郡大守任權，斬丕來降。大元十年二月。於是梁、益二州皆復。然於大局無甚關係也。

慕容暐之遺諸弟起兵於外也，苻堅防守甚嚴，暐謀應之而無因。時鮮卑在城者，猶有千餘人，暐密結之，詐稱子婚三日，請堅幸其第，欲伏兵殺之。謀泄，堅誅暐父子及其宗族，城內鮮卑無少長及其婦女皆殺之。長安大饑，人相食。堅與慕容沖戰，各有勝負。苻暉屢爲沖所敗，堅讓之，暉憤恚自殺。大元十年三月。堅使奉表請迎。四月，謝安自率衆救之。然特以避會稽王道子而已，非眞有意於北略也。見第七章第一節。時長安城中有書曰古符傳信錄，載「帝出五將久長得。」先是又謠曰：「堅入五將山長得。」堅大信之，告其大子宏曰：「旣如此言，天或導予。今留汝兼總戎政，勿與賊爭利。吾當出隴，收兵運糧以給汝。」遂將其少子中山公詵、張夫人率騎數百出如五將。本紀在五月。五將山，在今陝西岐山縣東北。宣告州郡，期以孟冬救長安。宏尋將母妻宗室男女數千騎出奔，百寮逃散。慕容沖入長安，本紀在六月。縱兵大掠，死者不可勝計。宏歸其南秦州刺史楊璧於下辯。見第五章第一節。璧距之，乃奔武都氐豪張興，武都見第二章第二節。假道歸順。朝廷處宏於江州。桓玄篡位，以宏爲涼州刺史。義熙初以叛誅，見第七章第三節。八月，謝安卒。姚萇屯北地，聞慕容沖攻長安，議進取之計。羣下咸曰：「宜先據咸陽。」見上節。萇曰：「燕因懷舊之士而起兵，若功成事捷，咸有東歸之思，安能久固秦川吾欲移兵嶺北，胡三省曰：「謂九嵕之北凡新平、北地、安定之地皆是。」九嵕，見第四節。新平、安定，皆見第二章第二節。廣收資實，須秦敝燕迴，然後垂拱取之。」乃遣諸將攻新平，克之。因略地至安定。嶺北諸城盡降。苻堅入五將山，萇遣將軍吳忠圍堅。堅衆奔散。萇如新平，忠執堅送之。萇縊堅於佛寺中。中山公詵及張夫人皆自殺。時八月也。慕容沖畏垂之彊，不敢東歸。課農築室，爲久安之計。鮮卑咸怨。十一年，二月，沖左將軍韓延，因衆心不悅，攻殺沖，立沖將段隨爲燕王。三月，沖僕射慕容恆、尚書慕容永襲殺隨。永，廆弟運之孫。立宜都王子顗，帥鮮卑男女四十餘萬口去長安而東。恆弟護軍韜誘顗，殺之於臨晉。見第三章第七節。恆怒，舍韜去。永與武衛刁雲攻韜，韜敗，奔恆營。恆立沖子瑤。衆皆去瑤，奔永。永執瑤殺之。立泓子忠。至聞喜，漢縣，今山西聞喜城西南。聞垂已稱尊號，不敢東。築燕熙城而居之。在聞喜北。六月，刁雲又殺忠，推永爲河東王，稱藩於垂。以上敍西燕事兼據北史及通鑑。晉書於西燕事始末不具。本紀於大元十一年正月，書慕容沖將許木末殺沖於長安。慕容盛載記曰：沖爲段木延所殺。木末、木延，蓋皆韓延之黨也。鮮卑既東，長安空虛。盧水胡郝奴盧水胡，見第二章第二節。帥戶四千入之，稱帝。姚萇攻奴，降之。萇遂據長安，僭即皇帝位。姚萇僭位，晉書載記在大元十一年，通鑑繫於四月。晉書本紀書其事於十年八月，蓋因苻堅死連書之。十一年正月，慕容沖尚在長安，萇必不能於十年八月入長安稱帝也。沖死而鮮卑衆乃東下，姚萇載記謂沖率衆東下而長安空虛，亦誤。

苻堅之死也，苻丕復入鄴城，將收兵趙、魏，西赴長安。會其幽州刺史王永、平州刺史苻沖，頻爲慕容垂將平規所敗，乃遣昌黎大守宋敞焚燒和龍、薊城宮室，率衆三萬進屯壺關。昌黎見第二章第二節。壺關見第三章第四節。遣使招丕。丕乃去鄴，率男女六萬餘口進如潞川。見第一節。張蚝、王騰迎之，入據晉陽。始知堅死問。大元十年，九月，丕僭即皇帝位於晉陽。苻定、苻紹據信都，見第四章第二節。苻謨、苻亮據常山，慕容垂之圍鄴城也，並降於垂，聞丕稱尊號，遣使謝罪。中山大守王兗，固守博陵，見第三章第三節。與垂相持。左將軍竇衝、秦州刺史王統、河州刺史毛興、益州刺史王廣、南秦州刺史楊璧、衞將軍楊定，並據隴右，遣使招丕，請討姚萇。丕大悅，各加官爵。已而定、紹、謨、亮復降於垂。垂子驎陷中山，王兗及固安侯苻鑒並爲所殺。王廣攻毛興於枹罕，見第五章第一節。爲所敗，奔其兄統於秦州，爲隴西鮮卑匹蘭所執，送詣姚萇。萇疾篤，姚興殺之。興謀伐王統，枹罕諸氐皆疲不堪命，乃殺興，推衞平爲刺史。已以其年老，復廢之而推苻堅之族孫登。王統亦降於姚萇。見萇載記。丕率衆四萬進據平陽。慕容永恐不自固，使求假道還東。丕弗許。初苻堅尚書令苻纂自關中奔丕。及是，丕遣王永及纂攻慕容永。大敗，王永死之。纂之奔丕也，部下壯士三千餘人。丕猜而忌之。及王永敗，懼爲纂所殺，率騎數千，南奔東垣。城名，在今河南新安縣東。荊州刺史桓石民遣將軍馮該自陝要擊，臨陳斬丕。時大元十一年十月也。執其大子寧、長樂王壽，送於京師。丕之臣佐皆投慕容永。永乃進據長子，見第三章第四節。僭稱尊號。苻纂及弟師奴率丕餘衆數萬，奔據杏城。見第三章第八節。丕尚書寇遺奉丕子渤海王懿、濟北王昶自杏城奔苻登。十一月，登僭卽皇帝位。立懿爲皇大弟。後又自立其子崇爲皇大子。遣使拜纂都督中外諸軍事，進封魯王。師奴爲幷州牧、朔方王。纂怒，謂使者曰：「渤海王世祖之孫，世祖，堅僞廟號。先帝之子，南安王何由不立而自尊乎？」纂長史王旅諫曰：「南安已立，理無中改。賊虜未平，不可宗室之中自爲仇敵。願大王遠蹤光武推聖公之義，梟二虜之後，徐更圖之。」纂乃受命。登馮翊大守蘭犢，馮翊，見第二章第二節。與纂首尾，將圖長安。師奴勸纂稱尊號。纂不從。乃殺纂，自立爲秦公。蘭犢絕之。慕容永攻犢，犢請救於姚萇。萇自往赴之。師奴距萇，大敗，萇盡俘其衆。又擒蘭犢。苻登能戰而寡謀，且極殘暴。登初與姚萇弟碩德相持，時歲旱衆飢，道殣相望，登每戰殺賊，名爲熟食，謂軍人曰：「汝等朝戰，夕便飽肉，何憂於飢？」士衆從之，噉死人肉。與萇相持積年，關隴豪右及氐、羌各有所附。大元十八年十月，萇死。登聞之喜，留其弟廣守雍，見第三章第五節。大子崇守胡空堡，在今陝西邠縣西南。登據新平與萇相持最久。後其將金槌以新平叛降萇，登乃轉據雍。自雍盡衆而東。萇子興使尹緯拒之。登敗，單馬奔雍。廣、崇聞登敗，出奔，衆散，登至，無所歸，遂奔平涼。苻秦郡，今甘肅平涼縣西北。收集遺衆入馬毛山。亦作馬髦，十六國春秋作馬屯山，在今甘肅固原縣西南。遣子汝陰王宗質於乞伏乾歸，結昏請救。乾歸遣騎二萬救登。登引軍出迎，與姚興戰於山南，被殺。崇奔湟中，僭稱尊號。爲乾歸所逐而死。前秦遂亡。時大元十九年也。

慕容垂以大元十一年正月僭位，定都中山。遣慕容楷等攻苻堅冀州牧苻定，鎮東苻紹，幽州牧苻謨，鎮北苻亮。定等悉降。先是翟眞自承營徙屯行唐。今河北行唐縣。眞司馬鮮于乞殺眞，盡誅翟氏，自立爲趙王。營人攻殺乞，迎立眞從弟成。眞子遼奔黎陽。通鑑繫大元十年四月。成長史鮮于得斬成降垂。垂入行唐，悉阬其衆。通鑑在七月。垂僭位之月，段遼據黎陽反，執大守滕恬之。三月，泰山大守張願叛降遼，河北騷動。謝玄自以處分失所，上疏求解所職。時玄督徐、兗、青、司、冀、幽、幷七州。詔慰勞，令且還鎮淮陰。以朱序爲青、兗二州刺史，代玄鎮彭城。序求鎮淮陰，許之。大元十二年正月。先是翟遼寇譙，又使其子釗寇陳穎。見第三章第三、第四節。序皆擊走之。而高平人翟暢，高平見第二章第二節。又執大守，以郡降遼。慕容垂攻之。遼請降。已而復叛。十三年，四月，以朱序爲雍州刺史，戍洛陽。河南大守楊佺期，南陽大守趙睦，各領兵千人隸序。河南，見第二章第二節。南陽，見第三章第四節。譙王恬之刺青兗，傳作恬。承之孫，承見第四章第三節。五月，翟遼徙屯滑臺。七月，其將翟發寇洛陽。河南大守郭給距走之。十四年四月，遼寇滎陽，執大守鄭卓。十五年正月，譙王恬之薨。時劉牢之復戍彭城。與翟遼及張願戰於泰山，敗績。苻堅將張遇遣兵擊破金鄉，見第四章第二節。圍泰山大守羊邁。泰山，見第三章第四節。八月，牢之遣兵擊走之。遂進平泰山，追翟釗於鄄城。釗走河北，獲張遇以歸。十五年正月，慕容永率衆向洛。朱序自河陰北濟，河陰，見第三章第四節。與永將王次等戰於沁水，次敗走。趙睦與江夏相桓不才追永，破之於大行。永歸上黨。序追至上黨之白水，相持二旬。聞翟遼欲向金墉，見第三章第二節。乃還攻釗於石門。見第四章第三節。遣參軍趙蕃攻遼於懷縣，見第四章第二節。遼宵遁。序還襄陽。十六年正月，慕容永寇河南，楊佺期擊破之。十月，翟遼死，釗代立。十七年六月，慕容垂襲釗於黎陽，敗之。釗奔慕容永。歲餘，謀叛永，永殺之。初姚萇將竇衝歸順，拜為東羌校尉。衝復反，入漢川，襲梁州。安定人皇甫釗、京兆人周勳等謀納之。梁州刺史周瓊告急於朱序。序遣將軍皇甫眞赴之。釗、勳散走。序以老病去。十月，擢郗恢為雍州刺史。恢，曇子。時巴、蜀在關中者，多背姚萇，據弘農以結苻登。登署竇衝為左丞相，徙屯華陰。衝氐人，故欲藉之以撫巴、蜀。楊佺期遣上黨大守荀靜戍皇天塢以距之。未詳。衝數來攻。郗恢遣趙睦守金墉，佺期次湖城，見第三章第三節。討衝，走之。十八年十一月，慕容垂伐慕容永。十九年五月，敗其兵。六月，圍長子。永窮蹙，遣其子弘求救於恢。恢陳「垂若并永，其勢難測。今於國計，謂宜救永。」孝武帝以為然，詔王恭、兗州。庾楷豫州。救之。未發，八月，長子陷，永為垂所殺。垂使慕容農略地河南，攻廩丘、見第三章第三節。陽城，漢縣，晉嘗置郡，後罷，在今河南登封縣東南。皆陷之。泰山、琅邪見第二章第三節。諸郡皆委城奔潰。農進師臨海，置守宰而還。垂告捷於龍城之廟。

姚興以大元十九年僭即帝位於槐里。見第三章第五節。是歲，苻登死，而興安南强熙、鎮遠楊多叛，推竇衝爲盟主，所在擾亂。興率諸將討之，軍次武功，漢縣，今陝西武功縣。多兄子良國，殺多而降。衝弟彰武，與衝離貳，衝奔强熙。熙聞興將至，率戶二千奔秦州。竇衝奔汧川，汧川氐仇高執送之。衝從弟統，率其衆降於興。强熙圍上邽，興秦州牧姚碩德擊破之。熙南奔仇池，遂假道歸順。慕容永滅，其河東大守柳恭等各阻兵自守。河東，見第二章第二節。興遣姚緒討之。恭勢屈，請降。徙新平、安定新戶六千於蒲阪。隆安元年，興率衆寇湖城。弘農大守陶仲山，華山大守董邁降於興。弘農，見第二章第二節。華山，胡三省云：「晉分弘農之華陰、京兆之鄭、馮翊之夏陽置。」蓋東晉所置也。鄭縣，見第三章第三節。夏陽，秦縣，在今陝西韓城縣西南。興遂如陝城，進寇上洛，見第三章第五節。陷之。先是晉平遠將軍護氐校尉楊佛嵩，率胡、蜀三千餘戶，降於姚萇。楊佺期、趙睦追之。萇遣姚崇赴救，大敗晉師，斬睦。萇以佛嵩爲鎮東將軍。及是，興遣崇與佛嵩寇洛陽。大守夏侯宗之固守金墉。崇攻之，不克，乃陷柏谷，塢名，在河南偃師縣西南。徙流人二萬餘戶而還。三年十月，佛嵩卒陷洛陽，執大守辛恭靜。洛陽既陷，淮、漢以北諸城，多請降送任於興。順陽大守彭泉，亦以郡降。順陽，見第三章第九節。興遣楊佛嵩與其荊州刺史趙曜迎之。遂寇陷南鄉，後漢侯國，魏爲郡，晉廢，旋復置，在今河南淅川縣東南。略地至梁國而歸。

肥水戰後，諸胡紛紛，其力無一足以占據北方者，實爲晉人恢復之好機會。然晉於是時，初不能出師經略。若不得已而出師，則謝玄、劉牢之、朱序等兵力皆嫌不足；謝安更無論矣。蓋晉之君臣本無遠略；肥水之戰，在秦雖有取敗之道，在晉亦爲幸勝；故其情勢如此也。然則後燕、後秦之克分據北方，非其力足自立，乃晉實縱之耳。參看第八第九兩節自明。

第六節 秦涼分裂

前涼建國，武功文治，均無足觀，特以地處偏隅，爲中原控制之力所不及，遂獲割據自立者七十餘年。苻堅喪敗，姚萇繼據關中，其駕馭之力，自又在前趙及前秦之下。於是西北一隅，割據者復紛紛而起矣。

呂光，略陽氐人。略陽，見第二章第二節。載記云：「其先呂文和，漢文帝初自沛避難徙焉，世爲酋豪，」此五胡諸種自託於漢族之故智，不足信也。光爲苻堅將，數有戰功。前涼之亡也，堅以梁熙爲涼州刺史，鎮姑臧。見第二節。熙遣使西域，稱揚堅之威德，幷以采繒賜諸國王。於是朝獻者十有餘國。後鄯善王休密䭾、車師前部王彌寘來朝。大宛獻汗血馬。天竺獻火浣布。康居、于寘及海東諸國，凡六十有二王，皆遣使貢其方物。西域朝獻之事，晉書堅載記前後三敍，其實初十餘國來朝是一次，此初通時事；後六十二王來朝，則係總括既通以後之事。晉書敍述誤緟。堅初慕漢文之返千里馬，命羣臣賦止馬詩，所獻馬悉返之。寘等請年年貢獻。堅以西域路遙，不許，令三年一貢，九年一朝，以爲永制。寘等又乞依漢置都護。堅乃以光爲持節都督西討諸軍事，與姜飛、彭晃、杜進、康盛等配兵七萬，以討定西域。苻融固諫，朝臣又屢諫，皆不納。光以大元八年發長安。行至高昌，見第二節。聞堅寇晉，欲更俟後命。杜進勸之，光乃進。至焉耆，其王泥流，率其旁國請降。龜茲王帛純距光，光破之，入其城。諸國貢款屬路。光以駝二萬頭，致外國珍寶及奇伎異戲、殊禽怪獸千有餘品，駿馬萬餘匹而還。至宜禾，晉縣，在今甘肅安西縣境。梁熙謀閉境距之。高昌大守楊翰請「守高梧谷口，而奪其水。彼既窮渴，自然投戈。如以其遠，伊吾之關亦可距也。」此據苻丕載記。光載記云：請守高桐、伊吾二關。胡三省曰：「高梧谷口當在高昌西界。」伊吾，漢伊吾盧地，晉置伊吾縣，在今甘肅安西縣西北。若度此二要，雖有子房之策，難為計矣。」熙弗從。美水令犍為張統，美水未詳。犍為見第三章第六節。說熙奉行唐公洛為盟主，以攝衆望，則光無異心，可資其精銳以東。熙又不從。殺洛於西海。苻秦郡，今寧夏居延縣。使子胤率衆五萬，距光於酒泉。見第三章第七節。光至高昌，楊翰以郡迎降。初光聞翰之說，惡之；又聞苻堅喪敗，長安危逼，謀欲停師。杜進諫曰：「梁熙文雅有餘，機鑒不足，終不能納善從說也。聞其上下未同，宜在速進。」光從之。敦煌大守姚靜，晉昌大守李純，以郡降光。敦煌見第二章第二節。晉昌見第三章第七節。光以彭晃、杜進、姜飛等為前鋒，擊胤於安彌，漢綏彌縣，後漢曰安彌，在今甘肅酒泉縣東。大敗之。胤輕將麾下數百騎東奔，杜進追禽之。武威大守彭濟執熙迎光，光殺之。武威見第二章第二節。西郡大守索泮，酒泉大守宋皓等，並為光所殺。西郡見第二章第二節。光入姑臧，自領涼州刺史、護羌校尉。光載記。本紀：大元九年十月，呂光稱制於河右，自號酒泉公。十年九月，呂光據姑臧，自稱涼州刺史。光主簿尉祐，姦佞傾薄人也，與彭濟同謀執梁熙。光深見寵任。乃譖誅南安姚皓、天水尹景等名士十餘人，南安、天水皆見第二章第二節。遠近頗以此離貳。光尋擢祐為金城大守。金城見第二章第二節。祐次允吾，見第三章第五節。襲據外城以叛。祐從弟隨據鸇陰以應之。漢鶉陰縣，後漢曰鸇陰，在今甘肅靖遠縣西北。光遣其將魏眞討隨。隨敗，奔祐。姜飛又擊敗祐。祐奔興城，胡三省曰：「當在允吾之西。」扇動百姓，夷夏多從之。初苻堅之敗，張天錫南奔，其世子大豫，爲長水校尉王穆所匿。及堅還長安，穆將大豫奔禿髮思復鞬。禿髮思復鞬送之魏安。前涼郡，在今甘肅古浪縣東。魏安人焦松、齊肅、張濟等起兵數千，迎大豫於揟次。漢揟次縣，晉書作揖次，蓋譌文也，在古浪縣北。陷昌松郡。漢蒼松縣，後漢作倉松，前涼置昌松郡，在古浪縣西。光遣杜進討之，爲大豫所敗。大豫遂進逼姑臧。王穆諫曰：「呂光糧豐城固，甲兵精銳，逼之非利。不如席卷嶺西，嶺謂洪池嶺，見第五章第二節。厲兵積粟，東向而爭，不及朞年，可以平也。」大豫不從。乃遣穆求救於嶺西諸郡。建康大守李隰，祁連都尉嚴純，及閻襲起兵應之。唐書地理志：張掖西北有祁連山，北有建康軍。張掖見第二節。大豫進屯城西，王穆率衆三萬，及思復鞬子奚干等陳於城南。光出擊，破之，斬奚干等。通鑑在大元十一年。大豫自西郡詣臨洮，見第五章第一節。驅略百姓五千餘戶，保據俱城。在臨洮界。彭晃、徐炅攻破之。大豫奔廣武，見第五章第二節。穆奔建康。廣武人執大豫送之，斬於姑臧市。通鑑在大元十二年。光於是自稱涼州牧、酒泉公。通鑑在大元十一年十二月。王穆襲據酒泉，自稱大將軍、涼州牧。時穀價踊貴，斗直五百，人相食，死者大半。光西平大守康寧，自稱匈奴王，阻兵以叛。西平見第二章第二節。光屢遣討之，不捷。初光之定河西也，杜進有力焉。以爲武威大守。既居都尹，權高一時。出入羽儀，與光相亞。光甥石聰，至自關中。光曰：「中州人言吾政化何如？」聰曰：「止知有杜進耳，實不聞有舅。」光默然，因此誅進。徐炅與張掖大守彭晃謀叛。光遣師討炅，炅奔晃。晃東結康寧，西通王穆。光議將討之，諸將咸曰：「今康寧在南，阻兵伺隙，若大駕西行，寧必乘虛出於嶺左。晃、穆未平，康寧復至，進退狼狽，勢必大危。」光曰：「事勢實如卿言。今而不往，當坐待其來。晃、穆共相脣齒，又同惡相救，東西交至，城外非吾之有，若是大事去矣。今晃叛逆始爾，寧穆與之情契未密，及其倉卒取之爲易。且隆替命也，卿勿復言。」光於是自率步騎三萬，倍道兼行。既至，攻之。二旬，晃將寇顗斬關納光，光誅晃。王穆以其黨索嘏爲敦煌大守，既而忌其威名，率衆攻嘏。光聞之，率步騎二萬攻酒泉，克之。進次涼興。胡三省曰：「涼興郡，河西張氏置，在唐瓜州常樂縣界。」按唐常樂縣在今甘肅安西縣西。穆引師東還，路中衆散，穆單騎奔騂馬，騂馬縣，在今甘肅玉門縣境。騂馬令郭文斬首送之。通鑑在大元十二年。大元十四年，光僭卽三河王位。南光彭奚念入攻白土，後漢縣，今西寧東南之白土城。光遣討之，大敗，乃親討之，攻克枹罕。見第五章第一節。又以子覆爲西域大都護，鎮高昌。大元二十一年，光僭卽天王位。

乞伏國仁，隴西鮮卑人也。在昔有如弗斯、出連、叱盧三部，自漠北南出大陰山，遇一巨蟲於路，狀若神龜，大如陵阜。乃殺馬而祭之，祝曰：「若善神也，便開路；惡神也，遂塞不通。」俄而不見，乃有一小兒在焉。時又有乞伏部，魏書本傳云：「其先如弗，自漠北南出，」則乞伏當屬三部中之如弗部。如弗與女勃音近，竊疑當居女勃水畔。有老父無子者，請養爲子，衆咸許之。老父欣然，自以有所依憑，字之曰紇干。紇干者，夏言依倚也。年十歲，驍勇善騎射，彎弓五百斤。四部服其雄勇，推爲統主。號曰乞伏可汗託鐸莫何。託鐸者，言非神非人之稱也。其後有祐鄰者，卽國仁五世祖也。泰始初，率戶五千，遷於夏緣。未詳。部衆稍盛。鮮卑鹿結七萬餘落，屯於高平川。見第二章第二節。與祐鄰迭相攻擊。鹿結敗，南奔略陽。祐鄰盡幷其衆。因居高平川。祐鄰死，子結權立，徙於牽屯。山名，幵頭之音轉。幵頭山，在今甘肅平涼縣西，卽崆峒山也。結權死，子利那立。利那死，弟祁埿立。祁埿死，利那子述延立。討鮮卑莫侯於苑川，大破之，胡三省曰：「苑川水出天水勇士縣之子城南山，東流歷子城川，又北逕牧師苑，故漢牧苑之地也，有東西苑城，相去七里。西城卽乞伏所都也。」按勇士，漢縣，在今甘肅榆中縣東北。胡注見成帝咸和四年。降其衆二萬餘落。因居苑川。述延死，子傉大寒立。會石勒滅劉曜，懼而遷於麥田元孤山。水經注：「麥田山，在安定北界山之東北，有麥田城。又北有麥田泉。」按麥田城在今甘肅靖遠縣東北。大寒死，子司繁立。通鑑在咸和四年。始遷於度堅山。在今甘肅皋蘭縣東北，黃河西北。尋爲苻堅將王統所襲，部衆叛降於統，司繁乃詣統降於堅。堅署爲南單于，留之長安，以司繁叔父吐雷爲勇士護軍，撫其部衆。俄而鮮卑勃寒侵斥隴右，堅以司繁爲使持節、都督討西胡諸軍事、鎭西將軍以討之。勃寒懼而請降。司繁遂鎭勇士川。通鑑在寧康元年。甚有威惠。司繁卒，國仁代鎭。通鑑在大元元年。及堅興壽春之役，徵爲前將軍，領先鋒騎。會國仁叔父步頹叛於隴西，堅遣國仁還討之。步頹聞而大悅，迎國仁於路。國仁乃招集諸部，有不附者，討而幷之，衆至十餘萬。大元十年，自稱大都督、大將軍、大單于、秦河二州牧，築勇士城以居之。苻登署爲苑川王。十三年，國仁死，子公府幼，羣臣立其弟乾歸。遷於金城。亦受署於苻登。登爲姚興所逼，遣使請兵，乾歸遣騎二萬救之。會登爲興所殺，乃還。國仁、乾歸，多服氐、羌、鮮卑雜部，盡有隴西、巴西之地。呂光遣呂方及其弟呂寶討乾歸。寶濟河，爲乾歸所敗，寶死之。光率衆十萬，將伐乾歸。左輔密貴周、左衞莫者羖羝言於乾歸，乾歸乃稱藩於光，遣子勅勃爲質。既而悔之，誅周等。乾歸從弟軻殫與乾歸弟益州不平，奔於光。光又伐之，咸勸其東奔成紀。見第三章第八節。乾歸不從。隆安元年，光次於長最，見第五章第二節。使子纂克金城，弟天水公延克臨洮、武始、河關。晉狄道郡，張駿改爲武始。狄道見第五章第二節。河關，漢縣，在今甘肅導河縣西。乾歸乃縱反閒，稱乾歸衆潰，東奔成紀。延信之，引師輕進，與乾歸遇，敗死。光還。乾歸遷於苑川。姚興使姚碩德率衆五萬伐之，與湣師繼發。乾歸距之隴西，爲興所敗。遁還苑川。遂走金城。率騎數百，馳至允吾。禿髮利鹿孤遣弟傉檀迎之。隆安四年。

禿髮烏孤，河西鮮卑人也。其先與後魏同出，已見第三章第八節。烏孤八世祖匹孤，率其部自塞北遷於河西。其地東至麥田、牽屯，西至濕羅，未詳。南至澆河，在今青海巴燕縣西，後涼嘗置郡。北接大漠。匹孤卒，子壽闐立。魏書云：「初母孕壽闐，因寢產於被中，乃名禿髮，其俗爲被覆之義。」案禿髮、拓跋，明係同音異譯。廿二史考異云：「古讀輕脣如重脣，髮從犮得聲，與跋音正相近。魏伯起書尊魏而抑涼，故別而二之，晉史亦承其說。」案此亦非魏收所爲，蓋魏人當日有意將己與南涼之氏異其譯文也。土后之說，既不足信，被覆之義，或反是眞。特遷徙既始匹孤，則其與元魏之分攜，亦當在此際，無緣至壽闐始得此氏。此或被覆之義爲實，產於被中之說，出於附會；亦或產於被中之說幷眞，惟初不屬於壽闐，傳說之輾轉淆譌，率多如此，不足怪也。壽闐卒，孫樹機能立，其事已見第二章第二節。樹機能死，從弟務丸立。死，孫推斤立。死，子思復鞬立，部衆稍盛。烏孤，卽思復鞬之子也。呂光署爲河西鮮卑大都統、廣武縣侯，築廉川堡都之。在今青海樂都縣東。烏孤討破諸部，光進其封爲廣武郡公。又遣使署爲益州牧、左賢王。烏孤不受。隆安元年，自稱大都督、大將軍、大單于、西平王。曜兵廣武，攻克金城。光遣將軍竇苟來伐，戰於街亭，大敗之。街亭，在今甘肅永登縣北。降光樂都、湟河、澆河三郡。樂都，湟河，皆後涼郡。樂都卽今樂都縣。湟河在樂都東南。嶺南數萬落皆附之。後光將楊軌來奔，見下。烏孤更稱武威王。二年，據本紀。徙於樂都。署弟利鹿孤爲西平公，鎭安夷；漢縣，在今青海西寧縣東。傉檀爲廣武公，鎭西平。見第二章第二節。陰有圖姑臧之志。後又以利鹿孤爲涼州牧，鎭西平。三年，八月，烏孤卒，利鹿孤卽僞位。徙居西平。乞伏乾歸之敗，利鹿孤遣傉檀迎之，處之於晉興。見第五章第二節。南羌梁弋等遣使招之。乾歸將叛，謀洩，利鹿孤遣弟吐雷屯於捫天嶺。胡三省曰：「在允吾東南。」乾歸懼爲利鹿孤所害，送其子熾磐兄弟爲質，而奔長安。隆安四年八月。姚興大悅，署爲河州刺史、歸義侯。遣還鎭苑川，盡以其部衆配之。

沮渠蒙遜，張掖臨松盧水胡人也。盧水胡，見第二章第二節。臨松，前涼郡，在張掖之南。其先世爲匈奴左沮渠，遂以官爲氏。晉書載記。光之酋豪曰大，故又以大冠之焉。宋書大且渠蒙遜傳。傳曰：「以位爲氏，以大冠之，」則大非氏。世居盧水爲酋豪。祖祁復延，封狄地王。父法弘襲爵。苻氏以爲中田護軍。胡三省曰：「中田護軍，蓋呂光所置，鎭臨松。」案苻氏時已有之，則非呂光所置也。胡注見安帝元興二年。蒙遜代父領部曲，有雄略，多計數，爲諸胡所推服。呂光自王於涼州，使蒙遜自領營人配箱直。又以蒙遜叔父羅仇爲西平大守。隆安元年，春，光遣子纂率羅仇伐乞佛乾歸，爲乾歸所敗。光委罪羅仇，殺之。此據宋書蒙遜傳。晉書蒙遜載記，以羅仇與麴粥，皆爲蒙遜伯父。從光征河南，光前軍大敗，麴粥勸兄羅仇叛光，羅仇不肯，俄而皆爲光所殺。據呂光載記，羅仇爲光尚書，麴粥爲三河大守。三河，後涼郡，治白土。四月，蒙遜求還葬羅仇，因聚衆萬餘人叛光。殺臨松護軍，屯金山。在今甘肅山丹縣西南。五月，爲呂纂所破，將六七人逃山中。亦據宋書本傳。晉書蒙遜載記：蒙遜并殺光中田護軍馬邃，臨松令井祥。呂光載記云：纂敗蒙遜於忽谷。胡三省曰：「忽谷當在删丹界。」蒙遜兄男成，先爲將軍，守晉昌。聞蒙遜起兵，逃奔貲虜，扇動諸夷，衆至數千。酒泉大守壘成討之，敗死。男成進攻建康。說大守段業，業京兆人，爲杜進記室。欲奉爲主。業不從。相持二旬，外救不至。業先與光侍中房晷、僕射王詳不平，慮不自容，乃許之。男成等推業爲涼州牧、建康公。光命呂纂討業。蒙遜進屯臨洮，爲業聲勢。戰於合離，亦作合黎，山名，在今張掖、山丹、高臺、酒泉四縣之北。纂師大敗。光散騎常侍大常郭黁與王詳謀叛光，誅詳，黁據東苑以叛。姑臧有東西苑城。光馳使召纂，纂引還，黁推後將軍楊軌爲盟主。黁敗，奔乞伏乾歸。楊軌南奔廉川。光病甚，立其大子紹爲天王，自號大上皇帝，以其二庶兄纂爲大尉，弘爲司徒。十二月，光死。明年，纂叛，紹自殺，纂僭卽天王位。弘起兵東苑，衆潰，奔廣武。呂方執弘，繫獄，馳使告纂，纂遣力士拉殺之。纂伐禿髮利鹿孤，利鹿孤使傉檀距敗之。纂西擊段業，圍張掖，略地建康。傉檀帥騎一萬襲姑臧，纂聞之，乃還。

段業以沮渠男成爲輔國將軍，委以軍國之任。王德以晉昌、孟敏以敦煌降業。男成及德圍張掖，克之。業因據張掖。沮渠蒙遜率部曲投業，業以爲臨池大守。在今巴燕縣西。王德爲酒泉大守。尋又以蒙遜領張掖大守。隆安二年四月，業使蒙遜將萬人攻呂光弟子純於西郡，執之以歸。四年，業以孟敏爲沙州刺史，署李暠爲效穀令。效穀，漢縣，在今敦煌縣西。敏卒，其下推暠爲敦煌大守，稱藩於業。業以暠爲敦煌大守。已又以索嗣代之。暠遣其二子歆、讓逆戰，破之。嗣奔還張掖，暠罪狀嗣於段業。沮渠男成惡嗣，因勸除之。業乃殺嗣，遣使謝暠，分敦煌之涼興、烏澤未詳。晉昌之宜禾三縣爲涼興郡，進暠持節、都督涼興已西諸軍事、晉昌大守。唐瑤移檄六郡，胡三省曰：「謂敦煌、酒泉、晉昌、涼興、建康、祁連也。」推暠爲涼公，領秦、涼二州牧。遣宋繇東伐涼興，并擊玉門已西諸城，皆下之。玉門關，在今甘肅敦煌縣西。時王德叛業，自稱河州刺史，業使蒙遜西討。德焚城，將部曲投唐瑤。蒙遜追德至沙頭，漢池頭縣，後漢曰沙頭，在今甘肅玉門關西南。大破之，虜其妻子部落而還。初業以門下侍郎馬權代蒙遜爲張掖大守。蒙遜譖之於業，業殺之。蒙遜謂男成曰：「所憚惟索嗣、馬權，今皆死矣。蒙遜欲除業以奉兄，何如？」男成曰：「業羈旅孤飄，我所建立，有吾兄弟，猶魚之有水。人旣親我，背之不祥。」乃止。及是，蒙遜請爲西安大守。西安，後涼郡，在張掖東南。業許焉。蒙遜期與男成同祭蘭門山，在今甘肅山丹縣西南。密遣司馬許咸告業曰：「男成欲謀叛，以假日作逆。若求祭蘭門山，臣言驗矣。」至期日，果然。業收男成，令自殺。蒙遜舉兵攻業。業先疑其右將軍田昂，幽之於內，至是，謝而赦之，使討蒙遜。昂歸於蒙遜。蒙遜至張掖，昂兄子承愛斬關納之，遂斬業。時隆安五年三月也。蒙遜自稱涼州牧、張掖公。

呂纂游畋無度，荒耽酒色。隆安五年二月，爲光弟寶之子隆、超所弒，幷殺其弟緯。隆僭卽天王位。隆多殺豪望，以立威名。內外嚻然，人不自固。魏安人焦朗，使說姚興將姚碩德，且遣妻子爲質。碩德遂率衆至姑臧。超出戰，大敗。隆收集離散，嬰城固守。東人多謀外叛。將軍魏益多，又唱動羣心，乃謀殺隆、超。事發，誅之，死者三百餘家。於是羣臣表求與姚興通好。隆弗許。超諫以「連兵積歲，資儲內盡，强寇外逼，百姓嗷然，無餬口之寄；張、陳、韓、白，亦無如之何。」隆乃請降。碩德表爲涼州刺史、建康公。於是遣母弟、愛子、文武舊臣五十餘家質於長安。碩德乃還。姑臧穀價踊貴，斗直錢五千，人相食。城門晝閉，樵采路絕。百姓請出城，乞爲夷虜奴婢者，日有數百。隆懼沮動人情，盡阬之。積尸盈於衢路。傉檀、蒙遜，頻來伐之。隆以二寇之逼，遣超率騎二百，多齎珍寶，請迎於姚興。興遣其將齊難等步騎四萬迎之。隆率戶一萬，隨難東遷。後坐與子弼謀反，爲興所誅。後涼遂亡。時元興二年八月也。據通鑑。

姚碩德之圍姑臧也，沮渠蒙遜以呂隆既降於興，酒泉、涼寧二郡又叛降李暠，（涼寧，晉郡，在今甘肅玉門縣境。）乃遣弟建忠挐及牧府長史張潛見碩德於姑臧，請軍迎接，率郡人東遷。碩德大悅，拜潛張掖大守，挐建康大守。潛勸蒙遜東遷。挐私於蒙遜曰：「呂氏猶存，姑臧未拔，碩德糧竭將還，不能久也，何故違離桑梓，受制於人？」輔國臧莫孩曰：「建忠之言是也。」蒙遜乃斬張潛。齊難迎呂隆，隆勸難伐蒙遜，難從之。莫孩敗其前軍，難乃結盟而還。興使拜蒙遜鎮西大將軍、沙州刺史、西海侯。

禿髮利鹿孤，以隆安五年僭稱河西王，仍臣於姚興。元興元年，死，弟傉檀嗣，僭號涼王，遷於樂都。姚興遣使拜為車騎將軍、廣武公。傉檀大城樂都。姚興建節王松忩率騎助呂隆守姑臧。至魏安，為傉檀弟文眞所圍，衆潰，執松忩，送於傉檀。傉檀大怒，送松忩還歸罪文眞，深自陳謝。齊難之迎呂隆，傉檀攝昌松、魏安二戍以避之。元興三年，（據通鑑。）傉檀去其年號，能尚書丞郎官，上表姚興求涼州，興不許。義熙二年，（亦據通鑑。）傉檀獻馬三千匹，羊三萬頭於興，興以為忠於己，乃署傉檀為涼州刺史，而徵其鎮姑臧之王尚還。四年，（亦據通鑑。）傉檀招秦河州刺史彭奚念，奚念阻河以叛。姚興使其子弼伐之。弼濟自金城，進拔昌松，長驅至姑臧。傉檀嬰城固守，出兵擊弼，敗之。然仍遣使詣興謝罪焉。

乞伏熾磐以元興元年自西平奔長安。姚興以為興晉大守。（治浩亹，見第二章第二節。）尋遣使加乾歸左賢王，遣隨齊難迎呂隆於河西。興慮乾歸終為西州之患，因其朝也，留為主客尚書，（通鑑在義熙三年。）以熾磐行西夷校尉，監撫其衆。熾磐以長安兵亂將始，乃招結諸部一萬七千，築城於嵻峎山，（在甘肅洮沙縣東南。）據之。熾磐攻克枹罕，使告乾歸，乾歸奔還菀川。收衆三萬，遷於度堅。義熙五年七月，據本紀。僭稱秦王。此從載記。本紀作西秦王，恐非。復都菀川。攻克姚興金城、略陽、南安、隴西諸郡。興力未能西討，恐更爲邊害，使署爲都督隴西、嶺北匈奴、雜胡諸軍事，河州牧，大單于，河南王。乾歸方圖河右，權宜受之，遂稱藩於興，而務征討諸雜部及吐谷渾，以益其衆。八年五月，乾歸爲兄子公府所弑，幷其諸子十餘人。熾磐與乾歸弟智達、木奕干討禽，幷其四子轘之。熾磐襲僞位。

姚碩德之破呂隆也，李暠亦遣使降於姚興，興拜爲安西將軍、高昌侯。義熙元年，暠遣舍人黃始、梁興閒行奉表詣闕。遷居酒泉。禿髮傉檀來通好，暠遣使報聘。沮渠蒙遜侵寇，暠與通和立盟。蒙遜背盟來侵，暠遣世子歆要擊敗之。以前表未報，復遣沙門法泉閒行奉表。初苻堅建元之末，堅建元元年爲晉興寧三年，終於二十年，爲晉太元九年。徙江漢之人萬餘戶於敦煌。中州之人有田疇不闢者，亦徙七千餘戶。郭黁之寇武威，武威、張掖已東之人西奔敦煌、晉昌者數千戶。及暠東遷，皆徙之於酒泉。分南人五千戶置會稽郡，中州人五千戶置廣夏郡，餘萬三千戶，分置武威、武興、張掖三郡。築城於敦煌南子亭，以威南虜焉。

後涼之興，事勢與前涼大異。前涼張氏，夙嘗樹德於河西；張軌之西也，憑藉晉室之威靈，其人亦頗知治體；然涼州之大姓及諸郡守，尚多不服，久而後定，況於呂光，僅一武人，旣無籌略，且迫昏耄者乎？光所以能戡定梁熙，暫據河右者，蓋以其所率之兵頗精，且爲思歸之士故。然實未能據有涼州，且未能一日安也。姚興雖滅後涼，然特因其自亡，又迫勃勃之難，故更無餘力西略。西秦、南涼、北涼、西涼，皆以文屬而已。氐、胡、鮮卑，皆不知治體，惟段業、李暠爲漢人，爲治較有規模，然業以大阿倒持，終至顛覆；嵩亦弱不自振。要之西北一隅，脫離王化既久，一時不易收拾也。

第七節　拓跋氏再興

魏書以昭成帝爲子所弒，道武爲昭成之孫，不如晉書及宋、齊二書，以昭成爲苻堅所禽，道武爲昭成之子之可信，說已見第三節。而宋書云：秦後聽什翼犍北歸，犍死，涉歸代立，又不如齊書云：堅敗，珪隨慕容垂，其後還領其部之可信。何者？犍苟還北，不應略無事跡可見，而珪初年禦外侮，戡內亂，深得後燕之援，亦必非無因也。魏書道武帝紀曰：苻堅使劉庫仁、劉衞辰分攝國事，南部大人長孫嵩及元他等盡將故民南依庫仁，帝於是轉幸獨孤部。賀訥傳曰：昭成崩，諸部乖亂，獻明后與大祖及衞秦二王依訥。會苻堅使劉庫仁分攝國事，於是大祖還居獨孤部。七年，晉大元八年。十月，苻堅敗於淮南。是月，慕容文等殺庫仁，庫仁弟眷攝國部。九年，大元十年。庫仁子顯殺眷而代之，乃將謀逆。商人王霸知之，履帝足於衆中，帝乃馳還。是時故大人梁蓋盆子六眷爲顯謀主，盡知其計，密使部人穆崇馳告。獻明皇后傳云：帝姑爲顯弟亢泥妻，知之，密以告后，梁眷亦來告難。后乃令大祖去之。奚牧傳云：眷使牧與穆崇至七介山以告。七介山，獻明后傳作七箇山，在善無縣。善無見第三章第八節。帝乃陰結舊臣長孫犍、元他等。秋八月，乃幸賀蘭部。據賀訥傳，賀蘭部時在大寧。大寧見第三節。穆崇傳云：崇機捷便辟，少以盜竊爲事。大祖之居獨孤部，崇常往來奉給，時人無及者。劉顯之謀逆也，平文皇帝外孫梁眷知之，密遣崇告大祖，大祖馳如賀蘭部。道武之會居獨孤部，當非虛誣，然謂其早依庫仁，則又難信。庫仁傳云：慕容垂圍苻丕於鄴，又遣將平規攻堅幽州刺史王永於薊。庫仁自以受堅爵命，遣妻兄公孫希率騎三千助永擊規，大破之。庫仁復將大舉以救丕，發雁門、上谷、代郡兵，次於繁時。雁門，見第二章第二節。上谷、代郡、繁時，皆見第三章第八節。先是慕容文等當徙長安，遁依庫仁部，常思東歸，其計無由。至是知人不樂，乃夜率三郡人攻庫仁。庫仁匿於馬廄，文執殺之，乘其駿馬，奔垂。竊疑道武之還獨孤部，實在庫仁助秦抗燕之時。蓋庫仁所統本拓跋氏之舊部，故慕容垂於此時釋珪北歸，以犄庫仁，逮不爲劉顯所容，乃又遁居賀蘭部也。賀蘭、拓跋，舊爲昏姻，其部落中自必有願助珪者，珪乃得所馮依矣。

神元平文諸帝子孫傳云：上谷公紇羅，神元曾孫。初從大祖自獨孤部如賀蘭部，招集舊戶，得三百家，與弟建議勸賀訥推大祖爲主。賀訥傳云：劉顯謀逆，大祖輕騎北歸，訥見大祖，驚喜拜曰：「官家復國之後，當念老臣。」味訥此語，一若不知珪之尚存，即知之，亦久不得其消息者；亦可見謂什翼犍死後珪即依賀蘭部之誣。大祖笑曰：「誠如舅言，要不忘也。」訥中弟染干麤暴，忌大祖，常圖逆，每爲皇姑遼西公主擁護，染干不得肆其禍心。訥祖紇，尚平文女；紇生野干，尚昭成女遼西公主。野干即訥與染干及獻明皇后父也。獻明后傳曰：染干忌大祖之得人心，舉兵圍逼行宮，后出，謂染干曰：「汝等今安所置我，而欲殺吾子也？」染干慚而去。尉古眞傳曰：大祖之在賀蘭部，賀染干遣侯引乙突等詣行宮，將肆逆。古眞知之，侯引等不敢發。於是諸部大人請訥兄弟求舉大祖爲主。染干曰：「在我國中，何得爾也？」訥曰：「帝大國之世孫，興復世業，於我國中當相持奬，立繼統勳，汝尚異議，豈是臣節？」遂與諸人勸進。大祖登代王位於牛川，牛川，出綏遠涼城西，經左雲至大同入河。是爲拓跋珪復有部衆之始。魏書以是爲登國元年，實晉大元十一年也。魏書謂是歲四月，珪又改稱魏王。案本紀天興元年，晉隆安二年。六月丙子，詔有司議定國號。羣臣曰「昔周、秦以前，世居所生之土，有國有家，及王天下，卽承爲號。自漢以來，罷侯置守，時無世繼，其應運而起者，皆不由尺土之資。今國家萬世相承，啓基雲、代，臣等以爲若取長遠，應以代爲號。」詔曰：「昔朕遠祖，總御幽都，控制遐國，雖踐王位，未定九州。逮於朕躬，處百代之季，天下分裂，諸華乏主，民俗雖殊，撫之在德，故躬率六軍，掃平中土。凶逆蕩除，遐邇率服，宜仍先號，以爲魏焉。」崔玄伯傳云：司馬德宗遣使來朝，大祖將報之，詔有司博議國號。玄伯議曰：「三皇五帝之立號也，或因所生之土，或卽封國之名。故虞、夏、商、周，始皆諸侯，及聖德旣隆，萬國宗戴，稱號隨本，不復更立。惟商人屢徙，改號曰殷，然猶兼行，不廢始基之稱。故詩云：殷商之旅；又云：天命玄鳥，降而生商，宅殷土茫茫。此其義也。昔漢高祖以漢王定三秦，滅彊楚，故遂以漢爲號。國家雖統北方廣漠之土，逮於陛下，應運龍飛，雖曰舊邦，受命惟新。是以登極之初，改代曰魏。又慕容永亦奉進魏土。夫魏者大名，神州之上國，斯乃革命之徵驗，利見之玄符也。臣愚以爲宜號爲魏。」大祖從之。於是四方賓王之貢，咸稱大魏矣。然則魏之定稱爲魏，實在破慕容氏取鄴之後，前此尙魏、代雜稱也。克鄴稱魏，事極尋常，尙居牛川之時，何緣以魏爲號？觀玄伯慕容永奉進魏土之語，則知永實以是封珪，蓋欲與之攻慕容垂，而以是爲餌耳。狠子野心，且不欲受封於晉，而況於永？然在當日，仍不過抉擇於此二者之間，不過聊去代稱，以示不臣於晉耳。云議國號，亦屬誣辭，在當日，不過議一對晉之稱號耳。其後自大愈甚，乃幷永封以魏土之事而刊削之。然如是，則魏之號無自來，乃又僞造一自行改稱之事實。矯誣至此，歎觀止矣。然終不能盡掩天下後世之目也。

道武本紀：道武既即代王位，以長孫嵩爲南部大人，叔孫普洛爲北部大人。二月，幸定襄之盛樂，見第三章第八節。息衆課農。三月，劉顯自善無南走馬邑。見第三章第八節。其族奴眞率所部來降。劉庫仁傳云：奴眞兄犍，先居賀蘭部，至是，奴眞請召犍而讓部焉。大祖義而許之。犍既領部，自以久託賀訥，德之，乃使弟去斤遺之金馬。訥弟染干因謂之曰：我待汝兄弟厚，汝今領部，宜來從我。去斤請之奴眞，奴眞殺犍及去斤。染干聞其殺兄，率騎討之。奴眞懼，徙部來奔。大祖自迎之，遣使責止染干。本紀又云：五月，車駕幸陵石。胡三省云：在盛樂東。護佛侯部帥侯辰，乙弗部帥代題叛走。七月，車駕還盛樂。代題復以部落來降，旬有數日，亡奔劉顯。帝使其孫倍斤代領部落。是月，劉顯弟亢泥率騎掠奴眞部落。既而率以來降。初帝叔父窟咄，爲苻堅徙於長安，因隨慕容永。永以爲新興大守。新興，見第二章第二節。八月，劉顯遣弟亢泥迎窟咄，以兵隨之，來逼南境。於是諸部騷動，人心顧望。帝左右于植等與諸部人謀應之。事泄，誅造謀者五人，餘悉不問。于植，北史作于桓。魏書窟咄傳作于桓，穆崇傳作于植。窟咄傳云：同謀人單烏干以告。大祖慮駭人心，沈吟未發。後三日，桓以謀白其舅穆崇，崇又告之。大祖乃誅桓等五人，餘莫題等七姓，悉原不問。案題後仍見殺，見本傳。帝慮內難，乃北踰陰山，幸賀蘭部，阻山爲固。遣行人安同、長孫賀使於慕容垂以徵師。賀亡奔窟咄，見窟咄傳。垂遣使朝貢，幷令其子賀驎，即慕容麟。帥步騎以隨同等。窟咄傳云：步騎六千。十月，賀驎軍未至，而寇已前逼。於是北部大人叔孫普洛等十三人及諸烏丸亡奔衞辰。帝自弩山遷幸牛川，弩山未詳。屯於延水。東洋河上源，出綏遠興和縣東北，南出代谷，在句注北。句注，見第二章第二節。會賀驎於高柳。漢縣，後漢末省，晉復置，在今山西陽高縣西北。大破窟咄。窟咄奔衞辰，衞辰殺之。帝悉收其衆。十二月，慕容垂遣使朝貢，奉帝西單于印綬，封上谷王，上谷，見第三章第八節。帝不納。二年，晉大元十二年。五月，遣行人安同徵兵於慕容垂。垂使子賀驎帥衆來會。六月，帝親征劉顯於馬邑南，追至彌澤，在今山西朔縣西南。大破之。顯南奔慕容永，盡收其部落。張袞傳云：時劉顯地廣兵彊，跨有朔裔，會其兄弟乖離，共相疑阻，袞言於大祖曰：「顯志大意高，希冀非望，今因其內釁，宜速乘之。若輕師獨進，或恐越逸，可遣使告慕容垂，共相聲援，東西俱舉，勢必禽之。」大祖從之，遂破走顯。顯傳云：大祖討顯於馬邑，追至彌澤，大破之。衞辰與慕容垂通好，送馬三千匹於垂。垂遣慕容良迎之。顯擊良軍，掠馬而去。垂怒，遣子驎、兄子楷討之。顯奔馬邑西山，驎輕騎追之，遂奔慕容永於長子。部衆悉降於驎。驎徙之中山。劉顯敗，而拓跋氏之舊業復矣。而賀蘭部之釁忽起。本紀：登國四年，晉大元十四年。二月，道武討叱突隣部，大破之。賀染干兄弟率諸部來救，與大軍相遇，逆擊，走之。賀訥傳言大祖討叱突隣部，訥兄弟遂懷異圖。訥於大祖，素稱忠勤，劉顯之難，窟咄之患，實再藉其力以濟，及是忽因一叱突隣部而啓釁，其故安在，不可知矣。五年，大元十五年。三月，慕容垂遣子賀驎率衆來會。四月，行幸意辛山，胡三省曰：在牛川北，賀蘭部所居。與賀驎討賀蘭、紇突隣、紇奚諸部落，大破之。紇突隣、紇奚二部，常爲寇於意辛山，見高車傳。六月，還幸牛川。衞辰遣子直力鞮寇賀蘭部。蘭之賀訥等請降，告困。七月，帝引兵救之，至羊山，未詳。直力鞮退走。賀訥傳言：大祖遂徙訥部落及諸弟處之東界。蓋至是而賀蘭部處於拓跋氏籍制之下，欲叛不能矣。然因此復與慕容垂啓釁。是歲八月，遣秦王觚使於慕容垂。六年，大元十六年。六月，本紀言慕容賀驎破賀訥於赤城。今察哈爾赤城縣。帝引兵救之，驎退走。訥傳云：訥又通於慕容垂，垂以訥爲歸善王。染干謀殺訥而代立，訥遂與染干相攻。垂遣子驎討之，敗染干於牛都。胡三省云：其地當在牛川東，夷人放牧，於此聚會，故名。破訥於赤城。大祖遣師救訥，驎乃引還。訥與染干相爭，慕容氏當有所右，而兼討之者，蓋欲懾服其部，特以討亂爲名而已。大祖爲之出師，而慕容垂所圖不遂，乃止元觚而求名馬，大祖遂絕之，而遣使於慕容永。永使其大鴻臚慕容鈞奉表勸進尊號。於是垂卯翼道武，永擁右劉顯、染干，積年相敵者，局勢一變。其月，衛辰遣子直力鞮出棝陽塞，棝陽，漢縣，今綏遠固陽縣。侵及黑城。九月，帝襲五原，見第三章第八節。屠之，收其積穀。十一月，衛辰遣子直力鞮寇南部。車駕出討，大破直力鞮軍於鐵岐山南。未詳。自五原金津南渡河，次其所居之悅跋城。即代來城，在今鄂爾多斯右翼境內。衛辰父子奔遁。詔諸將追之，禽直力鞮。十二月，獲衛辰尸，斬以徇，遂滅之。鐵弗傳云：衛辰單騎遁走，爲其部下所殺。昭成子孫傳：秦明王翰之子大原王儀獲其尸。自河以南諸部悉平。衛辰子屈丏即赫連勃勃。鐵弗傳云：大宗改其名曰屈子，屈子者，卑下也。奔薛干部，徵之不送。八年，大元十八年。八月，帝南征薛干部帥大悉佛於三城。胡三省曰：魏收地形志：偏城郡廣武縣有三城。唐延州豐林縣，古廣武縣地。案唐豐林縣，在今陝西膚施縣東。會其先出擊曹覆，帝乘其虛，屠其城，徙其民。薛干部，晉書勃勃載記作叱干，大悉佛作佗斗伏，參看第九節。曹覆蓋東西曹之部落也。鐵弗氏與拓跋氏相抗近百年，至是傾覆，拓跋氏遂獨雄於代北矣，此則猗盧、什翼犍之世所未有之形勢也。

第八節　後燕分裂滅亡

從來北狄之强盛，大率由於互相并兼。自劉顯破而拓跋氏之舊業復，衛辰亡而其累代之大敵去，其勢既日張矣；而道武又頻年征討北方諸部落，自登國三年至天興元年，皆見本紀。得其畜足以爲富，得其人足以爲强，其勢遂不可制。

然中原之虛實，究非拓跋氏所深悉；慕容氏雖亟戰兵疲，使其按兵不動，拓跋氏亦未敢遽犯之也；乃輕率出兵，而又任一不知兵之慕容寶，弟子輿尸，而滅亡之禍，遂迫眉睫矣。

慕容垂滅慕容永之明年，爲晉大元二十年，命其子寶伐魏，大敗於參合陂。見第三章第八節。是役也，據晉書載記：寶及垂子農、麟，衆凡八萬；而德及垂兄子紹，以步騎萬八千爲後繼。魏聞寶將至，徙往河西。寶進師臨河，懼不敢濟，還次參合。忽有大風，黑氣狀若隄防，或高或下，臨覆軍上。沙門支曇猛言於寶曰：「風氣暴迅，魏師將至之候，宜遣兵禦之。」寶笑而不納。曇猛固以爲言，乃遣麟率騎三萬爲後殿。麟以曇猛言爲虛，縱騎遊獵。俄而黃霧四塞，日月晦明。是夜，魏師大至。三軍奔潰。寶與德等數千騎奔免。士衆還者十一二。紹死之。據魏書本紀：則寶以是年七月，來寇五原。見第三章第八節。帝遣許謙徵兵於姚興。先是慕容永來告急，遣陳留公元虔救之，因屯秀容。後魏縣，郡亦治焉。北秀容在今山西朔縣西北。南秀容在嵐縣南，卽爾朱氏所居也。其明年，大元十九年。又使東平公元儀屯田於河北五原，至於棝陽塞外。見上節。及是，元儀徙據朔方。見第三章第八節。八月，帝親治兵於河南。九月，進師。是時元虔五萬騎在東，以絕其左；元儀五萬騎在河北，以承其後；略陽公元遵七萬騎，塞其中山之路。十月辛未，寶燒船夜遁。十一月己卯，帝進軍濟河。乙酉，夕至參合陂。丙戌，大破之。寶傳云：寶燒船夜遁。是時河冰未合，寶謂大祖不能渡，故不設斥候。十一月，天暴風寒，冰合。大祖進軍濟河。留輜重，簡精銳二萬餘騎急追之。晨夜兼行。暮至參合陂西。寶在陂東，營於蟠羊山南水上。靳安言於寶曰：「今日西北風勁，是追軍將至之應，宜設警備，兼行速去，不然必危。」寶乃使人防後。先不撫循，軍無節度，將士莫爲盡心。

行十餘里，便皆解鞍寢臥，不覺大軍在近。前驅斥候，見寶軍營，還告。其夜，大祖部分衆軍。諸將羅落東西，為掎角之勢。約勒士卒，束馬口銜枚無聲。昧爽，衆軍齊進。日出登山，下臨其營。寶衆晨將東引，顧見軍至，遂驚擾奔走。大祖縱騎騰躡，大破之。有馬者皆蹶倒冰上，自相鎮壓，死傷者萬數。四五萬人一時放仗斂手就羈；遺迸去者，不過千餘。生禽其王公、文武將吏數千；獲器甲、輜重、軍資雜財十餘萬計。案燕是役兵數不盈十萬，元虔等果有十七萬騎，羅其三面，尚何必徼師於姚興？大祖之躡慕容寶，不過二萬餘騎，雖云簡銳輕行，然代北饒於馬騎，豈有舍大兵不用之理？魏書張袞傳言：寶來寇，袞言於大祖曰：「寶乘滑臺之功，因長子之捷，傾資竭力，難與爭鋒。愚以為宜贏師卷甲，以侈其心。」大祖從之，果破之參合。是知魏人此時，衆寡强弱，皆與燕不侔，魏書本紀之言，必非實錄也。魏人獲捷，實在避其朝銳，擊其暮歸，遂獲乘天時之利；而寶自七月進兵，至於十月，既不能見可而進，又不能知難而退，遂至銳氣隳盡，為敵所乘，其不知兵可知；一時警備之不周，蓋尚其次焉者矣。是役在魏人亦為意外之捷，然魏人累世覬覦中原，至此則益啓其窺伺之心，遂為大舉入塞之本。其於魏事，實為一大轉捩。道武時開化尚淺，魏書所記年號，疑多出後來追擬，於是年紀元為皇始，實有由也。

晉書慕容垂載記曰：寶恨參合之敗，屢言魏有可乘之機。慕容德亦曰：「魏人狃於參合之捷，有陵大子之心，宜及聖略，摧其銳志。」垂從之，留德守中山，自率大衆出參合，鑿山開道，次於獵嶺。胡三省曰：「在夏屋山東北，魏都平城，常獵於此。」案夏屋山，在今山西代縣東北。遣寶與農出天門。慕容隆、慕容盛踰青山，胡三省曰：「青嶺即廣昌嶺，所謂五迴道也。其南層崖刺天，壁立直上，蓋卽天門也。」案五迴嶺，在今河北易縣西南。襲魏陳留公泥於平城，泥魏書本紀作虔。陷之，收其衆三萬餘人而還。垂次參合，見往年戰處積骸如山，設弔祭之禮，死者父兄一時號哭，軍中皆慟。垂慚憤歐血，因而成疾，乘馬輿而進，過平城北三十里，疾篤，築燕昌城而還。水經注：在平城北四十里。寶等至雲中，聞垂疾，皆引歸。有叛者奔告魏曰：「垂病已亡，輿尸在軍。」魏又聞參合大哭，以爲信然，乃進兵追之，知平城已陷而退。垂至上谷之沮陽死。沮陽漢縣，在今察哈爾懷來縣南。據魏書本紀，垂之來攻，在大元二十一年三月。元虔既死，垂遂至平城西北，踰山結營，聞帝將至，乃築城自守，則垂於是役，頗有犂庭掃穴之志，因疾篤而還。然其還師仍有警備，故魏之追師不敢逼也。此亦可見慕容寶以不知兵而敗，而非其兵力之不足用矣。然燕於是役，實無所獲，其氣彌挫，而魏之勢乃愈張，更有內亂授之以隙，而敗亡之禍，不可逭矣。

慕容垂死於大元二十一年四月。寶匿喪，還至中山，乃僭立。垂臨死，顧命以寶庶子清河公會爲寶嗣，而寶寵愛少子濮陽公策，意不在會。寶庶長子長樂公盛，自以同生年長，恥會先之，乃盛稱策宜爲儲貳，而非毁會。寶大悅，訪其趙王麟、安陽王隆。麟等咸希旨贊成之。寶遂與麟等定計，立策，母段氏爲皇后，策爲大子。時年十一。盛、會進爵爲王。是歲六月，魏遣將攻寶廣寧大守劉亢埿，斬之。廣寧見第四章第二節。徙其部落。寶上谷大守慕容普鄰捐郡奔走。八月，珪大舉攻寶，南出馬邑，踰於句注。馬邑見第三章第八節，句注，見第二章第二節。別將封眞襲幽州，圍薊。見第四章第二節。九月，珪至陽曲，見第二章第二節。寶幷州牧遼西王農棄城遁。寶引羣臣議之。中山公苻謨曰：「魏軍彊盛，若逸騎平原，殆難爲敵，宜杜險拒之。」中書令眭邃曰：「魏軍多騎，馬上齎糧，不過旬日。宜令郡縣聚千家爲一堡，深溝高壘，清野待之，不過六旬，自然窮退。」尚書封懿曰：「今魏師十萬，天下之勍敵也。百姓雖營聚，不足自固，是則聚糧集兵，以資彊寇；且動衆心，示之以弱。阻關距戰，計之上也。」慕容麟曰：「魏今乘勝氣銳，其鋒不可當，宜自完守設備，待其弊而乘之。」於是修城積粟，爲持久之備。十月，珪出井陘。在今河北井陘縣東北，與獲鹿縣界。十一月朔，至眞定。漢國，今河北正定縣。自常山以南守宰或走或降，惟中山、鄴、信都三城不下。常山，見第三章第四節。信都，見第四章第二節。珪遣元儀五萬騎攻鄴，王建、李栗攻信都，而自進軍圍中山。不克，走之魯口。見第五章第六節。隆安元年，正月，圍信都。寶冀州刺史宜都王慕容鳳踰城走，信都降。寶步卒十二萬，騎三萬七千出攻魏，次於曲陽柏肆，敗還。晉書載記云：寶聞魏有內難，乃盡衆出距，步卒十二萬，騎三萬七千，次於曲陽柏肆。魏軍進至新梁。寶憚魏師之銳，乃遣征北隆夜襲魏師，敗績而還。魏軍方軌而至，對營相持。上下兇懼，三軍奪氣。農、麟勸寶還中山，乃引歸。魏軍追擊之。寶、農等棄大軍，率騎三萬奔還。時大風雪，凍死者相枕於道。寶恐爲魏軍所及，命去袍杖戎器，寸刃無返。魏書本紀云：寶聞帝幸信都，乃趨博陵之深澤，屯滹沱水。二月，帝進幸楊城。丁丑，軍鉅鹿之柏肆塢，臨滹沱水。其夜，寶悉衆犯營，燎及行宮，兵人駭散。帝驚起，不及衣冠，跣出擊鼓。俄而左右及中軍將士，稍稍來集。帝設奇陳，列燧營外，縱騎衝之。寶衆大敗。戊寅，寶走中山。柏肆之役，遠近流言，賀蘭部帥附力眷，紇突隣部帥匿物尼，紇奚部帥叱奴根聚黨反於陰館。南安公元順率軍討之，不克，死者數千。詔安遠將軍庾岳還討叱奴根等，滅之。順者，昭成孫，地干之子也。其傳云：留守京師。柏肆之敗，軍人有亡歸者，言大軍奔散，不知大祖所在。順聞之，欲自立，納莫題諫乃止。是役，燕蓋詷知珪營所在，悉力攻之，使能禽斬珪，事勢必大變，惜乎其功虧一簣也。曲陽，漢上曲陽縣，今河北曲陽縣，時爲鉅鹿郡治。柏肆塢，在今河北藁城縣北。新梁，未詳。博陵，見第三章第三節。深澤，漢縣，在今河北深澤縣東南。楊城，郡國志在中山蒲陰縣，蒲陰，在今河北完縣東。陰館，見第三章第八節。三月，珪至盧奴。漢縣，爲中山郡治，元和志云：後燕都中山，改爲弗違。寶遣使求和，請送元觚，割常山已西。許之。已而寶背約。辛亥，魏圍中山。其夜，燕尙書慕容皓謀殺寶立麟，事覺，與同謀數十人斬關奔魏。麟懼不自安，以兵劫左衞將軍北地王精，謀率禁旅弑寶。精以義距之。麟怒，殺精，出奔丁零。蓋翟氏之部落。初寶聞魏之來伐也，使慕容會率幽、平之衆赴中山。麟既敗，寶恐其逆奪會軍，將遣兵迎之。麟侍郎段平子自丁零奔還，說麟招集丁零，軍衆甚盛，謀襲會軍，東據龍城。寶與其大子策及農、隆等萬餘騎迎會於薊，以開封公慕容詳守中山。會步騎二萬，迎寶薊南。寶分其兵給農、隆，遣西河庫辱官驥率衆三千，助守中山。幽、平之士，不樂去會，請曰：「淸河王天資神武，權略過人，臣等與之誓同生死。願陛下與皇大子、諸王止駕薊宮，使王統臣等進解京師之圍，然後奉迎車駕。」寶左右譖而不許。衆咸有怨言。左右勸寶殺會。侍御史仇尼歸聞而告會曰：「兵已去手，恐無自全之理，盍誅二王，廢大子，大王自處東宮，兼領將相，以匡社稷。」會不從。寶謂農、隆曰：「觀會爲變，事當必然，宜早殺之，不爾，恐成大禍。」農等固諫，乃止。會聞之，彌懼，奔於廣都黃楡谷。胡三省曰：廣都縣，魏收地形志屬建德郡，在漢白狼縣界，隋省入柳城縣。白狼，見第五章第二節。遣仇尼歸等率壯士二十餘人分襲農、隆。隆見殺，農中重創。既而會歸於寶，寶意在誅會，誘而安之。潛使左衞慕容騰斬會，不能傷。會復奔其衆，於是勒兵攻寶。寶率數百騎馳如龍城。會率衆追之，遣使請誅左右佞臣，并求大子。寶弗許。會圍龍城。侍御郎高雲夜率敢死士百餘人襲會，敗之。衆悉逃散。會單馬奔中山，踰圍而入，爲慕容詳所殺。詳僭稱尊號，荒酒奢淫，殺戮無度，誅其王公已下五百餘人。內外震局，莫敢忤視。四月，魏以軍糧不繼，罷鄴圍。五月，復罷中山之圍。城中大飢，公卿餓死者數十人。七月，詳遣烏丸張驤率五千餘人出城求食。麟自丁零中入於驤軍，因其衆復入中山，殺詳而自立。此據魏書本紀。晉書在九月，當由聞其事較遲也。拓跋珪至魯口，遣長孫肥率千騎襲中山，據魏書本紀，肥傳作七千騎。入其郛而還。八月，丙寅朔，珪自魯口進軍常山之九門。漢縣，在今藁城縣西北。時大疫，人、馬、牛多死。珪問疫於諸將。對曰：「在者纔十四五。」時羣下咸思還北。珪知其意，謂之曰：「斯固天命，將若之何？四海之人，皆可以為國，在吾所以撫之耳，何恤乎無民？」羣臣乃不敢復言。珪之虐用其下如此。使燕抗距之力少強，未有不為猗盧、鬱律之續者，而惜乎燕之不足以語此也。珪又使元遵襲中山，芟其禾菜，入郛而還。九月，麟飢窮，率三萬餘人出攻新市。漢縣，在今河北新樂縣西南。十月，珪進兵破之。麟單馬走西山，中山之西山。遂奔鄴。中山降魏。魏遣三萬騎赴衛王儀，將以攻鄴。

慕容垂臨終，勑寶以鄴城委慕容德。寶既嗣位，以德為冀州牧，鎮鄴，專總南夏。魏將拓跋章攻鄴，此據晉書載記，當即魏衛王儀。德遣南安王慕容青等夜擊敗之。魏師退次新城。即慕容垂所築，見第五節。青等請擊之。別駕韓諄言：「魏利在野戰，深入近畿，頓兵死地，前鋒既敗，後陳方固。彼衆我寡，動而不勝，衆心難固；且城隍未修，敵來無備。不如深溝高壘，以逸待勞。」德乃召青還師。魏又遣遼西公賀賴盧率騎與章圍鄴。章、盧內相乖爭，各引軍潛遁。德遣軍追破章軍，人心始固。賀賴盧，魏書外戚傳作賀盧。賀賴即賀蘭異譯。盧訥之弟。其傳云：大祖遣盧會衛王儀伐鄴，而盧自以大祖之季舅，不肯受儀節度。大祖遣使責之。盧遂忿恨，與儀司馬丁建構成其嫌，彌加猜忌。會大祖勑儀去鄴，盧亦引歸。大祖以盧為廣川大守。盧性雄豪，恥居冀州刺史王輔下，襲殺輔，奔慕容德。案此亦魏可乘之隙，而惜乎燕無以乘之也。賀蘭此時之服於魏，蓋猶力屈，非心服。盧之外叛，必非以爭寵與驕縱也。廣川，漢縣，後燕置郡，故城在今河北棗強縣東。羣臣議以慕容詳僭號中山，魏師盛於冀州，未審寶之存亡，固勸德即尊號。德不從。會慕容達自龍城奔鄴，稱寶猶存，羣議乃止。尋而寶以德爲丞相，領冀州牧，承制南夏。麟奔鄴，說德曰：「中山既沒，魏必乘勝攻鄴。雖糧儲素積，而城大難固，且人心沮動，不可以戰。及魏軍未至，擁衆南渡，就魯陽王和，據滑臺，見第五節。聚兵積穀，伺隙而動，計之上也。魏雖拔中山，勢不久留，不過驅掠而返，人不樂徙，理自生變，然後振威以援之，魏則內外受敵，可一舉而取也。」先是，慕容和亦勸德南徙，於是許之。率戶四萬、車二萬七千乘，自鄴徙於滑臺。依燕元年故事稱元年。隆安二年正月。慕容麟潛謀爲亂，事覺，賜死。據晉書載記本紀云：麟爲魏師所殺，誤。魏克鄴。拓跋珪至鄴，有定都之意，已復自鄴還中山，發卒萬人治直道，自望都鐵關鑿恆嶺至代，五百餘里。望都，漢縣，今河北望都縣西北。徙山東六州民吏及徙何、高麗雜夷三十六萬、百工十餘萬而還。此時中原之民，未必心服，故珪不能遂留，被徙者自未必樂從，然燕無兵力援接，則人民雖欲自拔而末由矣。燕當是時，其破敗之勢，誠可傷悼也。

慕容德遣侍郎李延勸慕容寶南伐，寶大悅。慕容盛諫，寶將從之，而慕輿騰勸之。寶乃曰：「吾計決矣，敢諫者斬。」以騰爲前軍，慕容農爲中軍，寶爲後軍，步騎三萬，發自龍城，次於乙連。未詳。長上段速骨、宋赤眉，因衆軍之憚役也，殺司空樂浪王宙，逼立高陽王崇。隆子。通鑑云：速骨等皆隆舊隊。寶單騎奔農，仍引軍討速骨。衆咸憚征樂亂，投杖奔之。騰衆亦潰。寶、農馳還龍城。蘭汗者，慕容垂之季舅，而慕容盛又汗之壻也。潛與速骨通謀。速骨進師攻城，農爲汗所譎，潛出赴賊，爲速骨所殺。衆皆奔散。寶與盛、騰等南奔。蘭汗奉慕容策承制，遣使迎寶及於薊城。寶欲還北。盛等以汗之忠款，虛實未明，今單馬而還，汗有貳志者，悔之無及。寶從之，乃自薊而南，至黎陽，見第三章第四節。遣其中黃門令趙思召慕容鍾來迎。鍾德之從弟。鍾首議勸德稱尊號，聞而惡之，執思付獄，馳使白德。慕輿護請馳問寶虛實。乃率壯士數百，隨思而北。因謀殺寶。寶遣思之後，知德攝位，懼而北奔。護至，無所見，執思而還。德以思閑習典故，將任之。思不肯。德固留之。思責德不當自立。德怒，斬之。寶遣騰招散兵於鉅鹿，盛結豪桀於冀州，段儀、段溫收部曲於內黃，見第五章第三節。衆皆響會，刻期將集，而蘭汗遣迎寶。寶還至龍城。汗引寶入外邸，弒之。時隆安二年五月也。據晉書本紀。汗又殺策及王公卿士百餘人。

寶之如龍城，盛留在後，寶爲蘭汗所殺，盛馳進赴哀。將軍張眞固諫。盛曰：「我今投命告以哀窮，汗性愚近，必顧念婚姻，不忍害我。旬月之閒，足展吾志。」遂入赴喪。汗妻乙氏，泣涕請盛。汗亦哀之。遣其子穆迎盛，舍之宮內，親敬如舊。汗兄提、弟難，勸汗殺盛，汗不從。慕容奇，汗之外孫也，汗亦宥之。奇入見盛，遂相與謀。盛遣奇起兵於外，衆至數千。汗遣蘭提討奇。提驕很淫荒，事汗無禮，盛因閒之。汗發怒，收提誅之。遣其撫軍仇尼慕率衆討奇。汗兄弟見奇之誅，莫不危懼，皆阻兵背汗。襲敗盛軍。汗大懼，遣穆率衆討之。穆又勸汗誅盛。汗欲引見察之。盛妻以告。於是僞稱疾篤，不復出入。汗乃止。李旱、宦者，魏書作李早。衞雙、劉志、張豪、張眞，皆盛之舊昵，穆引爲腹心。旱等屢入見盛，相與結謀。穆討蘭難等，斬之。大饗將士。汗、穆皆醉。盛夜因如廁，袒而踰牆，入於東宮，與李旱等誅穆。衆皆踴呼，進攻汗，斬之。汗二子魯公和、陳公揚分屯令支、白狼，令支見第五章第二節。遣李旱、張眞襲誅之。時隆安二年七月也。晉書本紀。盛以長樂王稱制。慕容奇與丁零嚴生、烏丸王龍阻兵叛盛，盛擊敗之，執奇，斬龍生等百餘人。盛於是僭卽帝位。八月。後復去皇帝之號，稱庶民大王。從魏書本傳。晉書載記作庶人，係唐人避諱改字。

晉南陽大守閭丘羨、寧朔將軍鄧啓方率衆二萬伐燕，次於管城。在今河南鄭縣，後隋於此置管城縣。慕容德遣其中軍慕容法、撫軍慕容和等拒之，王師敗績。隆安二年八月。初苻登爲姚興所滅，登弟廣，率部落降於德，拜冠軍將軍，處之乞活堡。在今河北河間縣北。廣自稱秦王，敗德將慕容鍾。時德始都滑臺，介於晉、魏之閒，地無十城，衆不過數萬，及鍾喪師，反側之徒，多歸於廣。德乃留慕容和守滑臺，親率衆討廣，斬之。慕容寶之至黎陽也，和長史李辯勸和納之，和不從，辯懼謀泄，乃引晉軍至管城，冀德親率師於後作亂。會德不出，愈不自安，及德此行也，辯又勸和，和不從，辯怒殺和，以滑臺降魏。時將士家悉在城內，德將攻之，韓範言：「人情既危，不可以戰，宜先據一方，爲關中之基，然後蓄力而圖之。」德乃止。德右衞將軍慕容雲斬李辯，率將士家累二萬餘人而出。三軍慶悅。德謀於衆，張華勸德據彭城。見第五章第四節。潘聰曰：「滑臺四通八達，非帝王之居；且北通魏，西接秦，此二國者，未可以高枕待之也。彭城土曠人希，地平無險，晉之舊鎭，必距王師。又密邇江、淮，水路通浚，秋夏霖潦，千里爲湖，水戰國之所短，吳之所長，今雖克之，非久安之計也。」勸德據廣固。見第四章第二節。德乃引師而南，兗州北鄙諸縣悉降。使喻齊郡大守辟閭渾，齊郡，見第二章第三節。渾不從。遣慕容鍾率步騎二萬擊之。渾將妻子奔魏。德遣兵追斬之於莒城。莒，漢縣，今山東莒縣。德遂入廣固。時隆安三年六月也。

燕遼西大守李朗，在郡十年，威制境內，慕容盛疑之，累徵之，朗不赴。朗以母在龍城，未敢顯叛，乃陰引魏軍，將爲自安之計。因表請發兵以距寇。盛知其詐，討斬之。魏襲幽州，執刺史盧溥而去。溥本魏河閒大守，就食漁陽，據有數郡，慕容盛以爲幽州刺史。漁陽，見第三章第八節。遣孟廣平援之，無及。盛率衆三萬伐高句麗，襲其新城、南蘇，皆克之。遼志：蘇州安復軍，高句麗南蘇州、遼蘇州，今遼寧金縣也。新城亦當在遼西。散其積聚，徙五千餘戶於遼西，此謂燕之遼西郡，非泛指遼河以西。又討庫莫奚，大虜獲而還。盛是時之力，未足以與魏爭，而立國根本，復在龍城，句麗與奚，形勢實逼，故先圖攘斥之，抑亦利徙戶、虜獲，以强其衆也。盛幼而羈賤流漂，長則遭家多難，夷險安危，備嘗之矣。懲寶闇而不斷，遂峻極威刑，纖芥之嫌，莫不裁之於未萌，防之於未兆。舊臣靡不夷滅。於是上下振局，人不自安。親戚忠誠，亦皆離貳。隆安五年七月，本紀。盛左將軍慕容國與殿中將軍秦輿、段讚等，謀率禁兵襲盛。事覺，誅之，死者五百餘人。前將軍思悔侯段璣，與子輿，讚子泰等，因衆心動搖，夜於禁中鼓譟大呼。盛聞變，率左右出戰，衆皆披潰。俄有一賊，從闇中擊傷盛，遂死。初盛立其子遼西公定爲大子。時以國多難，宜立長君。羣望皆在平原公元，寶第四子。而河間公熙，垂少子。烝於大后丁氏，丁氏意在於熙。遂廢定，迎熙入宮。熙僭卽尊位。誅段璣、秦輿等，並夷三族。元以嫌疑賜死，幷殺定。見魏書。熙寵幸苻貴人，丁氏怨恚，呪詛，與兄子七兵尚書信謀廢熙。熙聞之大怒，逼丁氏令自殺，而葬以后禮。誅信，又盡殺寶諸子。

熙大築龍騰苑，廣袤十餘里，役徒二萬人。起景雲山於苑內，基廣五百步，峯高十七丈。又起逍遙宮、甘露殿，連房數百，觀閣相交。鑿天河渠，引水入宮。又爲其昭儀苻氏鑿曲光海、清涼池。季夏盛暑，士卒不得休息，暍死者大半。立其貴嬪苻氏爲皇后。昭儀苻氏死，僞謚愍皇后。二苻並美而豔，好微行游燕，熙弗之禁也。請謁必從，刑賞大政，無不由之。初昭儀有疾，龍城人王溫稱能療之，未幾而卒。熙忿其妄也，立於公車門，支解溫而焚之。其后好游田，熙從之北登白鹿山，水經注：白狼水出白狼縣東南，北屈逕白鹿山西，卽白狼山也。白狼縣，見第五章第二節。東踰青嶺，胡三省曰：在龍城東南四百餘里。南臨滄海。百姓苦之，士卒爲虎狼所殺及凍死者五千餘矣。會高句驪寇燕郡，見第四章第二節。殺掠百餘人，熙伐高句驪，以苻氏從，爲衝車地道以攻遼東。見第三章第八節。熙曰：「待剗平寇城，朕當與后乘輦而入。」不聽將士先登。於是城內嚴備，攻之不能下。會大雨雪，士卒多死，乃引歸。擬鄴之鳳陽門作弘光門，累級三層。熙與苻氏襲契丹，憚其衆盛，將還，苻氏弗聽，遂棄其輜重，輕襲高句驪，周行三千餘里，士馬疲凍，死者屬路。攻木底城，不克而還。慕容皝載記：慕容翰與高句驪王釗戰於木底，大敗之，乘勝遂入丸都。丸都在今遼寧輯安縣境。木底城，當在新賓縣之東。爲苻氏起承華殿，高承光一倍，負土於北門，土與穀同價。典軍杜靜載棺詣闕，上書極諫，熙大怒，斬之。苻氏嘗季夏思凍魚膾，仲冬須生地黃，皆下有司切責，不得加以大辟。苻氏死，制公卿已下至於百姓，率戶營墓，費殫府藏。下錮三泉，周輪數里。熙被髮徒跣，步從苻氏喪，而變起於內矣。

馮跋，長樂信都人也。父安，慕容永時爲將軍。永滅，跋東徙和龍。魏書云：東徙昌黎。昌黎見第二章第二節。家於長谷。跋母弟素弗，丕，弘，皆任俠不修行業，惟跋恭慎，勤於家產。慕容寶僭號，署跋中衞將軍。熙以爲殿中左監，稍遷衞中郎將。犯熙禁，與諸弟逃於山澤。左衞將軍張興亦坐事亡奔，與跋從兄萬泥等二十二人結盟，推慕容雲爲主。雲本高氏，句麗支庶，襲敗慕容會。寶命爲子者也。發尙方徒五千餘人，閉門拒守。熙攻之，敗走，爲人所執，雲殺之，及其諸子。時爲義熙三年。此從本紀。通鑑同。載記作二年。雲僭即天王位，復姓高氏，署跋侍中、都督中外諸軍事。雲寵養壯士，以爲腹心。離班、桃仁等並專典禁衞，賞賜月至數千萬，衣食臥起，皆與之同。五年九月，離班、桃仁弑雲。跋帳下督張泰、李桑討殺之。

衆推跋爲主。跋僭稱天王於昌黎，不徙舊號，卽國曰燕。據本紀。載記云大元二十年，誤。萬泥及跋從兄子乳陳據白狼以叛，跋弟弘討斬之。尙書令孫護及弟叱支、乙拔、遼東大守務銀提以有功怨望，並爲跋所誅。

第九節 秦夏相攻

後燕、後秦，雖乘苻堅之喪敗幸復舊業，然其兵力皆無足觀。後燕一遇後魏，遂至潰敗決裂，不可收拾。後秦之內釁，不如後燕之深，故其潰敗亦不如後燕之速，然亦一與魏遇，卽爲所敗；其後與夏相持，又數爲所苦。蓋時中原彫敝已甚，一時不易振作，而塞北方興之勢，遂不可禦矣。此東晉與南北朝事勢之轉捩也。元魏、周、齊所以能據有北方幾二百年者，一由南朝依然不振，一亦由北方彫敝已甚，莫能起而與之抗也。

勃勃之奔叱干部也，叱干酋長佗斗伏欲送之於魏。兄子阿利諫，弗從。阿利乃潛遣勁勇篡之於路，送諸沒奕干。沒奕干者，鮮卑部落，降於姚興，興以爲高平公者也。高平，見第二章第二節。沒奕干以女妻勃勃。姚興以勃勃爲五原公，使鎭朔方。蓋仍復其舊業。大元十八年，魏登國八年。魏道武襲敗叱干。以上參看第七節。元興元年，魏天興五年。又使其常山公遵襲沒奕干。沒奕干棄其部衆，率數千騎與勃勃奔秦州。魏軍進次隴西之瓦亭。在今甘肅固原縣南。長安大震，諸城閉門固守。魏平陽大守貳塵入侵河東。平陽、河東，皆見第二章第二節。興遣姚平、狄伯支等率步騎四萬伐魏，攻乾城，陷之。乾城，魏書作乾壁，在河東。遂據柴壁。在今山西臨汾縣境。八月，魏道武自將圍之。興遣其光遠党娥、立節雷星、建忠王多等，率杏城及嶺北突騎赴援。杏城見第三章第八節。此嶺謂九嵕山，見第六章第四節。越騎唐方、積弩姚良國，率關中勁卒，爲平後繼。姚緒統河東見兵，爲前軍節度。姚紹率洛東之兵，姚詳率朔方之衆，以會於興。興率戎卒四萬七千，自長安赴之。魏聞興至，築長圍以防平之出，拒興之入。興臨汾西，卒不能救。十月，平糧竭矢盡，將麾下三十騎赴汾水死。狄伯支等將卒四萬，皆爲魏所禽。魏軍乘勝進攻蒲阪。見第三章第四節。姚緒固守不戰，乃還。是役也，興幾於竭全力以赴之，而卒爲魏所挫，秦遂爲魏所輕矣。晉書載記云：拓跋珪送馬千匹，求婚於興，興許之，以魏別立后，遂絕婚，故有柴壁之戰。至義熙二年，魏天賜三年。乃復與魏通和。魏放狄伯支等還。五年，魏明元帝永興元年。珪死，子明元帝嗣立，遣使聘於興，且請婚。興許之。晉書興載記。魏書本紀云：興遣使朝貢，并請進女，事繫永興五年，晉義熙九年也。至十一年，魏神瑞二年。興乃以西平長公主妻嗣，是爲魏明元昭哀皇后。魏書帝紀及后妃傳皆云以后禮納之。后妃傳云：后以鑄金人未成，未升尊位，然帝寵幸之，出入居處，禮秩如后。是後猶欲正位，而后謙讓不當。泰常五年，宋武帝永初元年。薨，帝追恨之，贈皇后璽綬，後加謚焉。此乃妄說。魏書諱飾之辭最多，后妃傳尤甚，讀至後文自見。道武而後，雖沐猴而冠，妄有制作，未必能行。彼其宮中，安有所謂禮秩？云以后禮納之，卽后耳。魏雖戰勝，其視中原，猶如天上，故道武、明元，再世求昏於秦。大國之女下降，當時益引爲寵榮，安得不以后禮逆之？此猶之成吉思汗雖戰勝，而仍尊禮衛紹王女也。後秦當時，蓋無意北略；魏亦未遑南牧，匪寇昏媾，汔可小休，而匈奴之患起矣。

勃勃之爲人也，可謂安忍無親。初依沒奕干，稍强，遂襲殺之而并其衆。衆至數萬。義熙三年六月，僭稱天王大單于。自以匈奴爲夏后氏之苗裔也，稱大夏。其年，討鮮卑薛干等三部，破之，降其衆萬數千。晉書勃勃載記。薛干即叱干，魏書雜采諸書，未加勘正，故其稱名不盡一也。魏書道武帝紀：登國十年，大悉佛自長安還嶺北，上郡以西皆應之。叱干部落雖一破壞，旋仍復國，至是乃爲勃勃所破。上郡見第二章第二節。遂進攻姚興三城已北諸戍，三城見第七節。諸將言高平險固，山川沃饒，可都。勃勃曰：「我若專固一城，彼必幷力於我，衆非其敵，亡可立待。吾以雲騎風馳，出其不意，救前則擊其後，救後則擊其前，使彼疲於奔命，我則游食自若。不及十年，嶺北、河東盡我有也。」於是侵掠嶺北。嶺北諸戍，門不晝啓。興使左僕射齊難等率騎二萬討勃勃，爲勃勃所禽。又遣其弟平北姚沖、征虜狄伯支、輔國斂曼嵬、鎮東楊佛嵩率騎四萬討勃勃。沖次於嶺北，欲回襲長安，伯支不從，乃止。沖懼其謀泄，遂鴆殺伯支。興自平涼如朝那，平涼見第六章第三節。朝那，漢縣，在今甘肅平涼縣西北。賜沖死。興如貳城。見第六章第三節。此據興載記。勃勃載記云：姚興來伐至三城。諸軍未集，勃勃騎大至。左將軍姚文宗率禁兵，中壘齊莫統氏兵死戰，勃勃乃退。興留禁兵五千配姚詳守貳城，自還長安。通鑑在義熙五年。勃勃遣將胡金纂此據興載記。勃勃載記作尚書金纂。萬餘騎攻平涼，興如貳城，因救平涼，纂衆大潰，生禽纂。勃勃又遣兄子提亦據興載記。勃勃載記作羅提。攻陷定陽。漢縣，在今陝西宜川縣西北。又寇隴右，攻白崖堡，十六國疆域志曰：一作柏陽，又作伯陽，在清水。案清水，漢縣，在今甘肅清水縣西。破之。遂趣清水。略陽大守姚壽都委守奔秦州。略陽，見第二章第二節。勃勃又收其衆而歸。興自安定追之，安定見第二章第二節。至壽渠川，十六國疆域志云：在臨涇。案臨涇，漢縣，在今甘肅鎮原縣南。不及而還。通鑑義熙六年。姚詳鎮杏城，爲勃勃所逼，糧盡，委守，南奔大蘇。勃勃載記云：詳棄三城。大蘇，十六國疆域志云在馮翊。馮翊，見第二章第二節。勃勃要之。勃勃載記云：遣平東鹿奕干要之。兵散，爲勃勃所執。興遣衞大將軍姚顯迎詳，詳敗，遂屯杏城。興因令顯都督安定、嶺北二鎮事。嶺北鎮，未詳治所。以楊佛嵩爲雍州刺史，率嶺北見兵以討勃勃。爲勃勃所執，絕亢而死。通鑑義熙七年。義熙九年，勃勃以叱干阿利領將作大匠，發嶺北夷夏十萬人於朔方水北、黑水之南營起都城。勃勃自言：「朕方統一天下，君臨萬邦，可以統萬爲名。」統萬城，在今陝西橫山縣西。阿利性工巧，然殘忍刻薄。乃蒸土築城，錐入一寸，即殺築者而并築之。勃勃以爲忠，故委以營繕之任。又造五兵之器，精銳尤甚。既成呈之，工匠必有死者：射甲不入，即斬弓人；如其入也，便斬鎧匠。又造百鍊剛刀，爲龍雀大環，號曰大夏龍雀。復鑄銅爲大鼓、飛廉、翁仲、銅駝、龍虎之屬，皆以黃金飾之，列於宮殿之前。凡殺工匠數千。以是器物莫不精麗。案勃勃之世讎爲魏；是時形勢與之相逼者，亦莫如魏。勃勃欲雪仇恥而求自安，惟有東向以與拓跋氏爭一日之命。姚興有德可以爲援，勃勃顧乘其衰敝而剽掠之，而於拓跋氏則視若無覩，此無他，覬關中之富厚，志在剽掠，而於仇恥則非所知耳。魏書鐵弗傳曰：屈孑性奢，好治宮室。城高十仞，基厚三十步，上廣十步，宮牆五仞，其堅可以礪刀斧。臺榭高大，飛閣相連，皆雕鏤圖畫，被以綺繡，飾以丹青，窮極文采。世祖顧謂左右曰：「蕞爾國，而用民如此，雖欲不亡，其可得乎？」魏之用民力，不爲不甚，而其驚心怵目於夏如此，夏之虐用其民可知，倘安有久長之理哉？勃勃又下書曰：「朕之皇祖，自北遷幽朔，姓改姒氏，音殊中國，故從母氏爲劉。子而從母之姓，非禮也。古人氏族無常，朕將以義易之。帝王者，繫天爲子，是爲徽赫，實與天連。今改姓曰赫連氏。係天之尊，不可令支庶同之，其非正統，皆以鐵伐爲氏，庶朕宗族子孫，剛銳如鐵，皆堪伐人也。」案鐵伐即鐵弗異譯，勃勃蓋自造一氏，而枝庶則仍其舊耳。勃勃攻姚逵於杏城，克之，執逵。姚弼救之，不及。勃勃又遣其將赫連建寇貳縣。數千騎入平涼，遂入新平。見第二章第二節。姚弼討之，戰於龍尾堡，在今陝西岐山縣東。大破之，擒建。初勃勃攻彭雙方於石堡，未詳。方力戰距守積年，不能克，聞建敗，引還。時義熙十一年也。據通鑑。是歲姚興病篤，明年死，內亂起，晉兵復至，而其國不可支矣。

興初立其子泓爲皇大子。天水姜紀，天水，見第二章第二節。呂氏之叛臣，阿諂姦詐，好閒人之親戚，興子廣平公弼有寵於興，紀遂傾心附之。弼爲雍州刺史，鎮安定，與密謀還朝，令傾心事常山公顯，樹黨左右。興遂以弼爲尚書令、侍中、大將軍。既居將相，虛襟引納，收結朝士，勢傾東宮，遂有奪嫡之謀。姚文宗有寵於泓，弼深疾之，誣文宗有怨言，以侍御史廉桃生爲證。興怒，賜文宗死。是後羣臣累足，莫敢言弼之短。興遣姚紹興從弟。與弼率禁衞諸軍鎮撫嶺北。弼寵愛方隆，所欲施行，無不信納。乃以嬖人尹沖爲給事黃門侍郎，唐盛爲治書侍御史。左右機要，皆其黨人。義熙十年，據通鑑。興寢疾，弼潛謀爲亂，招集數千人，被甲伏於其第。興子懿，自蒲坂將赴長安，鎮東豫州牧洸，起兵洛陽；平西諶，起兵於雍，見第三章第五節。興疾瘳，免弼尚書令，以將軍公就第。懿等聞興疾瘳，各罷兵還鎮。抗表罪弼，請致之刑法，懿、洸、宣、亦興子。諶來朝，又請委之有司，興皆弗許。十一年三月，亦據通鑑。弼譖宣於興，宣司馬權丕至長安，興責以無匡輔之益，將戮之。丕性傾巧，因誣宣罪狀。興大怒，遂收宣於杏城下獄，而使弼將三萬人鎮秦州。九月，興藥動，弼稱疾不朝，而集兵於第。興乃收弼。興疾轉篤，興子南陽公愔與其屬率甲士攻端門。興力疾臨前殿，賜弼死。愔等奔潰，逃於驪山。見第五節。十二年二月，興死。通鑑考異云：晉本紀、三十國晉春秋皆云義熙十一年二月姚興卒。魏本紀、北史本紀、姚興、姚泓載記，皆云十二年。按後魏書崔鴻傳：大祖天興二年，姚泓改號，鴻以爲元年，故晉本紀、三十國晉春秋，凡弘始後事，皆在前一年，由鴻之誤也。案弘始，姚興年號，天興二年，晉隆安三年也。泓僭位，誅愔，命其齊公姚恢泓從弟殺安定大守呂超，弼之黨。恢久乃誅之。泓疑其有陰謀，恢自是懷貳，陰聚兵甲焉。北地大守毛雍據趙氏塢以叛，北地見第二章第二節。通鑑大元九年注云：趙氏塢據晉書載記在北地，所據者蓋卽姚泓載記之文。姚紹討禽之。姚宣時鎭李閏，在馮翊東。未知雍敗，遣部將姚佛生等來衞長安。宣參軍韋宗說宣棄李閏，南保邢望。括地志：在李閏南四十里。宣既南移，諸羌據李閏以叛，紹進討，破之。宣詣紹歸罪，紹怒，殺之。初宣在邢望，泓遣姚佛生諭宣，佛生遂贊成宣計，紹數其罪，又戮之。勃勃克上邽，見第三章第三節。進陷陰密。見第三章第五節。姚恢棄安定，奔於長安。安定人胡儼、華韜等據城降於勃勃。勃勃留羊苟兒鎭之，進攻姚諶於雍。諶奔長安。勃勃次郿。漢縣，今陝西郿縣東北。泓遣姚紹禦之。勃勃退，如安定。胡儼等襲殺羊苟兒，以城降泓。勃勃引歸杏城。未幾，晉師出，姚恢叛泓，率鎭戶內伐，見第七章第七節。勃勃遂據安定。嶺北鎭戍郡縣悉降。

第七章　東晉末葉形勢

第一節　道子亂政

晉孝武帝性甚愚柔，雖以苻堅之送死，幸致肥水之捷，此乃適值天幸，而非其有戡亂之才也。帝任會稽王道子，初封琅邪，大元十七年，徙封會稽。政治大亂，逮至大權旁落，又用王恭、殷仲堪以防之，所任亦非其人；致肇桓玄之篡竊，劉裕因之得政，而晉祚終矣。

道子者，帝母弟。大元五年爲司徒。八年錄尚書。十年，謝安卒，遂領揚州刺史，都督中外諸軍事。數年，又領徐州刺史，爲大子大傅。謝安傳言：安以道子專權，姦諂頗相扇構，出鎮廣陵之步丘以避之。今江蘇江都縣之邵伯鎮。案是時扇構於安與道子之間者，爲王國寶、王珣、王珉等。國寶坦之子。史言其少無士操，不修廉隅。婦父謝安，每抑而不用。而國寶從妹爲道子妃，與道子遊處，遂間毀安。珣與珉皆導孫。皆謝氏壻，以猜嫌致隙。安既與珣絕昏，又離珉妻，二族遂成仇釁。安卒後，珣遷侍中，孝武深杖之；而道子輔政，以國寶爲中書令、中領軍。史言國寶讒諛之計行，而好利險詖之徒以安功名盛極而構會之，嫌隙遂成。蓋皆恩怨權利之私，非因國事而有異同也。然朝政則自此大紊矣。帝溺於酒色，爲長夜之飲；又好佛法，立精舍於殿內，引諸沙門居之；本紀大元六年。而道子亦崇信浮屠，用度奢侈，下不堪命；爲長夜之飲，逢首昏目，政事多闕；蓋二人之失德正同。帝不親萬幾，但與道子酣歌爲務。於是姏姆尼僧，並竊弄其權。凡所幸接，皆出自小豎。如趙牙出自優倡，而道子以爲魏郡大守；茹千秋本錢塘捕賊吏，而以爲驃騎諮議參軍。牙爲道子開東第，築山穿池，列樹竹木，功用鉅萬。千秋則賣官販爵，聚貲貨累億。官以賄遷，政刑繆亂。然郡守長吏，多爲道子所樹立；既爲揚州總錄，勢傾天下，朝野輻湊；其必又有構之於帝者，勢也。

時帝所任用者爲王恭，后兄，時爲中書令。殷仲堪、尚書僕射，領吏部。王珣、徐邈、爲中書舍人，遷散騎常侍。郗恢、王雅等。雅爲丹陽尹。王珣傳云：「時帝性好典籍，珣與殷仲堪、徐邈、王恭、郗恢等，並以才學文章見暱於帝。」蓋帝所好者，多文學之才，非經綸之器，故任之以事，多見覆餗也。王國寶傳云：「王雅有寵，薦王珣於帝。」中書郎范甯，國寶舅也，深陳得失，帝漸不平於道子，然外每優崇之。甯勸帝黜國寶。國寶乃使陳郡袁悅之，爲道子所親愛者。因尼支妙音致書大子母陳淑媛，說國寶忠謹，宜見親信。帝知之，託以他罪殺悅之。國寶大懼，遂因道子譖毀甯。帝不獲已，流涕出甯爲豫章大守。豫章，見第三章第九節。王恭傳言悅之之誅，由於恭。恭傳作悅，蓋其人名悅，字悅之。六朝人多以字行，史所書者，亦名字不一也。蓋至是而主相之釁成矣。道子傳言：道子爲皇大妃所愛，孝武及道子母李氏，本出微賤。孝武卽位，尊爲淑妃。大元三年，進爲貴人。九年，又進爲夫人。十二年，加爲皇大妃。十九年，乃尊爲皇大后。親遇同家人之禮，遂恃寵乘酒，時失禮敬，帝益不能平。博平令聞人奭上疏，博平，漢縣，今山東博平縣西北。言茹千秋罪狀，又言尼姏屬類，傾動亂時，穀賤人飢，流殣不絕。權寵之臣，各開小府，施置吏佐，無益於官，有損於國。疏奏，帝益不平，而逼於大妃，無所廢黜。其實當時大阿已有倒持之勢，亦非盡由大妃之逼也。

帝乃「出王恭爲兗州，大元十五年二月。鎮京口。殷仲堪爲荆州；大元十七年十一月。鎮江陵。本爲荆州者王忱，國寶弟也，以是年十月卒。以王珣爲僕射，王雅爲大子少傅；以張王室而潛制道子。」道子傳。王雅傳云：帝以道子無社稷器幹，慮宴駕之後，王室傾危，乃選時望，以爲藩屏。將擢王恭、殷仲堪等，先以訪雅。雅言「恭秉性峻隘；仲堪亦無弘量，且幹略不長；委以連率之重，據形勝之地，四海無事，足以守職，若道不常隆，必爲亂階。」帝以恭等爲當時秀望，謂雅疾其勝己，故不從。此或事後傅會之談，然當時局勢，外若無事，內實艱危，非恭與仲堪所能負荷，則殆不容疑也。

大元二十一年，九月，帝崩。本紀云：時張貴人有寵，年幾三十，帝戲之曰：「汝以年當廢矣。」貴人潛怒。向夕，帝醉，遂暴崩。時道子昏惑，元顯專權，竟不推其罪人。天文志云：兆庶宣言，夫人張氏，潛行大逆。五行志云：帝崩，兆庶歸咎張氏。草妖。又云：張夫人專幸，及帝暴崩，兆庶尤之。雨雹。夫宮禁之事，氓庶何知焉？不推賊而廣布流言，賊之所在可知矣。魏書僭晉傳云：昌明以嬖姬張氏爲貴人，寵冠後宮，威行閫內。於時年幾三十。昌明妙列伎樂，陪侍嬪少，乃笑而戲之云：「汝年當廢，吾已屬諸姝少矣。」張氏潛怒，昌明不覺，而戲逾甚。向夕，昌明稍醉，張氏乃多潛飲宦者內侍而分遣焉。至暮，昌明沈醉臥，張氏遂令其婢蒙之以被，既絕而懼，貨左右云以魘死。其說較晉書爲詳，卽當時所散布之流言也。此事大不近情理，然孝武絕於宦官宮妾之手，則似無足疑。觀國寶句結能及於陳淑媛，則知當時宮禁之內，衽席之閒，未始非危機之所伏也。

大子德宗立，是爲安帝。以道子爲大傅，攝政。明年，爲隆安元年，帝加元服，道子歸政。以王珣爲尚書令，王國寶爲左僕射。國寶傳云：弟忱爲荆州，卒，國寶自表求解職，迎母幷奔忱喪。詔特賜假，而盤桓不時進發。爲御史中丞褚粲所奏。國寶懼罪，衣女子衣，託爲王家婢，詣道子告其事。道子言之於帝，孝武。故得原。後驃騎參軍王徽請國寶同燕。國寶素驕貴，使酒，怒尚書左丞祖台之，攘袂大呼，以盤醆、樂器擲台之。台之不復言。復爲粲所彈。詔以國寶縱肆情性，甚不可長；台之懦弱，非監司體；並坐免官。頃之，復職。愈驕蹇，不遵法度。起齋侔清暑殿。帝惡其僭侈。國寶懼，遂諂媚於帝，而頗疏道子。道子大怒。嘗於內省面責國寶，以劍擲之，舊好盡矣。是時王雅亦有寵，薦王珣於帝。帝夜與國寶及雅宴。帝微有酒，令召珣。珣將至，國寶自知才出珣下，恐至傾其寵，因曰：「王珣當今名流，不可以酒色見，」帝遂止。而以國寶爲忠，將納國寶女爲琅邪王妃，即恭帝，安帝母弟。道子改封會稽，立爲琅邪王。未婚而帝崩。安帝即位，國寶復事道子。進從祖弟緒，爲琅邪內史，亦以佞邪見知。道子復惑之，倚爲心腹。國寶遂參管朝權，威震內外。遷尚書左僕射，領選，加後將軍、丹陽尹。道子悉以東宮兵配之。案國寶果與道子中離，其復合安得如是之易？孝武與國寶，猜隙已深，豈容忽以爲忠？王珣與孝武久暱，亦豈國寶所能閒？此皆不待深求，而知其非實錄者也。是時地近而勢逼者，自莫如王恭。恭傳言：恭赴山陵，緒說國寶，因恭入覲相王，伏兵殺之。國寶不許。而道子亦欲輯和內外，深布腹心於恭，冀除舊惡。恭多不順。每言及時政，輒厲聲色。道子知恭不可和協，王緒之說遂行。或勸恭因入朝，以兵誅國寶，而庾楷黨於國寶，士馬甚盛，恭憚之，不敢發。庾楷者，亮之孫，時爲豫州刺史，鎮歷陽者也。歷陽見第三章第九節。王恭在是時，與道子決無可以調和之理。既終不能調和，則勢必至於互相誅翦。以恭辭色之不順，爲不能和協之原因，則所見大淺矣。恭於是時，若能整兵入朝，推問孝武帝崩狀，最爲名正言順，恭後罪狀國寶曰：「專寵肆威，將危社稷。先帝登遐，夜乃犯閤叩扉，欲矯遺詔。賴皇大后聰明，相王神武，故逆謀不果。」弑逆之罪，既縱而不問於先，遂不能更舉之於其後矣。既有所忌而不敢發；道子等亦因有所顧慮，不敢誅恭；於是京邑喋血之禍抒，方鎭連衡之局起，而桓玄遂乘機肆逆矣。

桓玄者，溫之孽子。溫甚愛異之，臨終，命以爲嗣，襲爵南郡公。時玄年五歲。常負其才地，以雄豪自處，衆咸憚之。朝廷亦疑而未用。玄年二十三，始拜太子洗馬。時議謂溫有不臣之迹，故折玄兄弟而爲素官。大元末，出補義興大守，鬱鬱不得志，棄官歸國。南郡，見第三章第九節。義興，見第五章第六節。殷仲堪憚其才地，深相要結；玄亦欲假其兵勢，誘而悅之。王國寶謀削弱方鎭，內外騷動。玄乃說仲堪曰：「國寶與君諸人，素已爲對。孝伯居元舅之地，必未便勠之，惟當以君爲事首。若發詔徵君爲中書令，用殷覬爲荆州，見下。君何以處之？」仲堪曰：「憂之久矣，君謂計將安出？」玄曰：「君若密遣一人信說王恭，宜興晉陽之師，以內匡朝廷，己當悉荆楚之衆，順流而下，推王爲盟主，僕等亦皆投袂，當此無不響應，此桓文之舉也。」仲堪遲疑未決。俄而王恭信至，招仲堪及玄匡正朝廷。仲堪以恭在京口，去都不盈二百，荆州道遠，連兵勢不相及，乃僞許恭，而實不欲下。恭得書，大喜。乃抗表京師，罪狀國寶及緒。國寶皇遽，不知所爲。緒說國寶，令矯道子命，召王珣、車胤殺之，以除羣望，因挾主相，以討諸侯。車胤者，以寒素博學，知名於世。寧康初，爲中書侍郎，累遷侍中。後爲護軍將軍。王國寶諷八坐啓以道子爲丞相，加殊禮，胤稱疾不署。隆安初，爲丹陽尹，遷吏部尚書。亦不附道子、國寶者也。國寶許之。珣、胤既至，而不敢害，反問計於珣。珣勸國寶放兵權以迎恭。國寶信之。又問計於胤。胤曰：「朝廷遣軍，恭必城守。若京城未拔，而上流奄至，君將何以待之？」國寶大懼。遂上疏解職，詣闕待罪。既而悔之，詐稱詔復本官。欲收兵距王恭。道子既不能距諸侯，欲委罪國寶，乃遣譙王尚之恬子。時爲驃騎諮議參軍。恬見第五節。收國寶，付廷尉，賜死；幷斬王緒於市以謝恭。恭乃還京口。仲堪聞恭已誅國寶等，始抗表興師，遣楊佺期次巴陵。見第三章第九節。道子遺書止之，仲堪乃還。仲堪既納桓玄之說，乃外結雍州牧郗恢，內要從兄南蠻校尉顗、南郡相江績等。恢、顗、績並不同之。乃以楊佺期代績。顗自遜位。顗以憂卒。江績入爲御史中丞。道子世子元顯夜開六門，績與車胤密啓道子，欲以奏聞。道子不許。元顯逼令自裁。蓋其時王國寶、王緒既誅，道子素懦弱；王恭、殷仲堪本文學侍從之選，非有樂亂之心；而元顯年十六，聰明多涉，志氣果銳，傅會者謂有明帝之風，惡王恭，嘗請道子討之；兵端之戢不戢，實不在道子、恭、仲堪而在元顯，故績與胤欲去其權，不可謂非關懷大局者也。道子既不聽，轉拜元顯爲征虜將軍，舉其先衞府及徐州文武，悉以配之；桓玄求爲廣州，道子不欲使在荆楚，順其意許之，玄亦受命不行；內外之釁仍結矣。道子復引譙王尙之爲腹心。尙之說道子曰：「藩伯彊盛，宰相權輕，宜密樹置，以自藩衞。」道子深以爲然。乃以其司馬王愉爲江州刺史，割豫州四郡，使愉督之。庾楷怒，遣子鴻說王恭曰：「尙之兄弟，專弄相權，欲假朝威，貶削方鎭。及其議未成，宜早圖之。」恭以爲然，復以告仲堪、玄。玄等從之。推恭爲盟主，刻期同赴京師。時內外疑阻，津邏嚴急，仲堪之信，因庾楷達之，以斜絹爲書，內箭幹中，合鏑漆之。楷送於恭。恭發書，絹文角戾，不復可識，謂楷爲詐；又料仲堪去年已不赴盟，今無連理，乃先期舉兵。隆安二年七月。上表，以討王愉、司馬尙之兄弟爲辭。司馬劉牢之諫，恭不從。道子使人說庾楷。楷怒曰：「王恭昔赴山陵，相王憂懼無計，我知事急，卽勒兵而至；去年之事，亦俟命而奮。既不能距恭，反殺國寶。自爾已來，誰敢復攘袂於君之事乎？」道子日飲醕酒，而委事於元顯。以爲征討都督。王恭本以才地陵物，雖杖劉牢之爲爪牙，但以行陳武將相遇，禮之甚薄。

牢之深懷恥恨。元顯遣廬江大守高素說牢之，使叛恭。「事成，當即其位號。」牢之許焉。恭參軍何澹之以其謀告恭。牢之與澹之有隙，故恭疑而不納。乃置酒請牢之，於衆中拜牢之爲兄，精兵利器，悉以配之，使爲前鋒。行至竹里，在今江蘇句容縣北。六朝時京口至建康，恆取道於此。牢之背恭，遣其壻高雅之、子敬宣因恭曜軍，輕騎擊恭。恭敗，奔曲阿。見第四章第三節。將奔桓玄，至長塘湖，見第四章第四節。湖浦尉收送京師，斬之。恭信佛道，臨刑，猶誦佛經，自理須鬢，謂監刑者曰：「我闇於信人，所以致此。原其本心，豈不忠於社稷？但令百代之下，知有王恭耳。」家無財貨，惟書籍而已。其居心實可諒也。牢之遂代恭。譙王尚之討庾楷，楷遣汝南大守段方逆戰於慈湖，在今安徽當塗縣北。大敗，被殺。楷奔桓玄。殷仲堪使楊佺期舟師五千爲前鋒，桓玄次之，自率兵二萬，相繼而下。佺期、玄至湓口，見第三章第九節。王愉奔於臨川。吳郡，治臨汝，今江西臨川縣。玄遣偏軍追獲之。佺期進至橫江，見第三章第九節。譙王尚之退走。尚之弟恢之所領水軍皆沒。玄等至石頭，仲堪至蕪湖。皆見第三章第九節。忽聞王恭已死，劉牢之領北府兵在新亭，在今首都之南。玄等三軍失色，無復固志，乃迴師屯於蔡洲。見第四章第三節。仲堪素無戎略，軍旅之事，一委佺期兄弟。玄從兄脩，沖子。告道子曰：「西軍可說而解也。脩知其情矣。若許佺期以重利，無不倒戈於仲堪者。」此據仲堪傳。脩傳云：脩進說曰：「殷、桓之下，專恃王恭。恭既破滅，莫不失色。今若優詔用玄，玄必內喜，則能制仲堪、佺期，使並順命。」案是謀既敗，江績奏脩承受楊佺期之言，交通信命，則此說似不如仲堪傳之確。此時桓玄一人之力，亦未必能兼制仲堪與佺期也。道子納之，乃以玄爲江州，佺期爲雍州，黜仲堪爲廣州，以桓脩爲荆州。仲堪令玄等急進軍。玄等喜於寵授，並欲順朝命，猶豫未決。仲堪弟遹，桓玄傳云：遹，仲堪從弟。爲佺期司馬，夜奔仲堪，說佺期受朝命，納桓脩。仲堪皇遽，卽於蕪湖南歸。徇於玄等軍曰：「若不各散而歸，大軍至江陵，當悉戮餘口。」仲堪將劉系領二千人隸於佺期，輒率衆歸。玄等大懼，狼狽追仲堪。至尋陽，見第四章第一節。及之。仲堪與佺期以子弟交質。遂於尋陽結盟。玄爲盟主。十月。並不受詔，申理王恭，求誅劉牢之、譙王尚之等。朝廷深憚之。詔仲堪還復本位。仲堪等乃奉詔，各還所鎭。

桓玄之未奉詔也，欲自爲雍州，以郗恢爲廣州。恢懼玄之來，問於衆。咸曰：「佺期來者，誰不戮力？若桓玄來，恐難與爲敵。」既知佺期代己，乃謀於南陽大守閭丘羨，南陽見第三章第四節。稱兵距守。佺期慮事不濟，乃聲言玄來入沔，而佺期爲前驅。恢衆信之，無復固志。恢軍散，請降。佺期入府，斬閭丘羨，放恢還都。撫將士，恤百姓；繕修城池，簡練甲卒；甚得人情。初桓玄在荊州，豪縱，士庶憚之，甚於州牧。仲堪親黨勸殺之，仲堪不聽。及還尋陽，資其聲地，推爲盟主。玄逾自矜重。佺期爲人驕悍，常自謂承藉華胄，江表莫比，而玄每以寒士裁之，佺期甚憾。佺期傳云：弘農華陰人，漢大尉震之後也。曾祖準。自震至準，七世有名德。祖林，少有才望，直亂，沒胡。父亮，少仕僞朝，後歸國，終於梁州刺史，以貞幹知名。佺期沈勇果勁，而兄廣及弟思平等，皆強獷麤暴。自云門戶承藉，江表莫比，有以其門第比王珣者，猶恚恨，而時人以其晚過江，婚宦失類，每排抑之。恒慷慨切齒，欲因事際以逞其志。弘農見第二章第二節。華陰，見第三章第三節。卽於壇所欲襲玄。仲堪惡佺期兄弟虓勇，恐克玄之後，復爲己害，苦禁之。玄亦知佺期有異謀，潛有吞幷之計，於是屯於夏口。見第三章第九節。玄既與仲堪、佺期有隙，恆慮掩襲，求廣其所統。朝廷亦欲成其釁隙，乃詔加玄都督荊州四郡，胡三省曰：謂長沙、衡陽、湘東、零陵。長沙見第三章第九節。衡陽見第五章第七節。湘東見第三章第九節。零陵見第三章第六節。以其兄偉爲南蠻校尉。佺期甚忿懼。仲堪亦慮玄跋扈，遂與佺期結昏爲援。會姚興侵洛陽，佺期乃建牙，聲云援洛，密欲與仲堪共襲玄。仲堪雖外結佺期，而疑其心，距而不許。猶慮弗能禁，復遣遹屯於北境以遏之。佺期既不能獨舉，且不測仲堪本意，遂息甲。南蠻校尉楊廣，佺期之兄也，欲距桓偉。仲堪不聽。乃出廣爲宜都、建平二郡大守。（宜都、建平皆見第三章第六節。）佺期從弟孜敬，先爲江夏相，（江夏，見第三章第四節。）玄以兵襲而召之。既至，以爲諮議參軍。玄於是興軍西征，亦聲云救洛。與仲堪書，說佺期受國恩而棄山陵，宜共罪之。今親率戎旅，逕造金墉。（見第三章第二節。）使仲堪收楊廣。仲堪知不能禁，乃曰：「君自沔而行，不得一人入江也。」玄乃止。隆安三年，荆州大水，仲堪振恤饑者，倉廩空竭。玄乘其虛而伐之。時梁州刺史郭銓之鎮，路經夏口，玄授以江夏之衆，使督諸軍並進。密報兄偉，令爲內應。偉皇遽，不知所爲，乃自齎疏示仲堪。仲堪執偉爲質，而急召佺期。佺期曰：「江陵無食，可來見就，共守襄陽。」仲堪紿之曰：「比來收集，已有儲矣。」佺期信之，率衆赴焉。步騎八千，精甲耀日。既至，仲堪惟以飯餉其軍。佺期大怒曰：「今茲敗矣。」乃不見仲堪，與兄廣擊玄，殆獲。郭銓會玄諸軍至，佺期衆盡沒，單馬奔襄陽。仲堪出奔酇城。（見第四章第二節。）玄遣將軍馮該躡佺期，獲之。廣爲人所縛送。玄並殺之。仲堪聞佺期死，將數百人奔姚興，至冠軍，（漢縣，在今河南鄧縣北。）爲該所得，玄令害之。玄遂平荆、雍，表求領荆、江二州。詔以玄爲荆州刺史，桓脩爲江州刺史。玄上疏固爭，復領江州。玄又輒以偉爲雍州刺史。時寇賊未平，朝廷難違其意，許之。玄於是樹用腹心，兵馬日盛。

第二節　孫恩之亂

殷仲堪等之舉兵也，會道子有疾，加以昏醉，元顯知朝望去之，謀奪其權，諷天子解道子揚州、司徒，而道子不之覺。元顯自以少年頓居權重，慮有譏議，於是以琅邪王領司徒，自爲揚州刺史。道子酒醒，方知去職，而無如之何。廬江大守張法順爲元顯謀主，元顯性苛刻，生殺自己，法順屢諫不納。又發東土諸郡免奴爲客者，號曰樂屬，移京師，以充兵役，東土囂然，孫恩遂乘釁作亂。

孫恩，琅邪人，（琅邪見第二章第三節。）孫秀之族也。世奉五斗米道。恩叔父泰，師事錢唐杜子恭。（錢唐見第四章第三節。）子恭有祕術。（嘗就人借瓜刀，其主求之，子恭曰：「當卽相還耳。」旣而刀主行至嘉興，有魚躍入船中，破魚得瓜刀。其爲神效往往如此。嘉興見第四章第三節。）子恭死，泰傳其術，浮狡有小才，誑誘百姓，愚者敬之如神，皆竭財產，進子女，以求福慶。王珣言於會稽王道子，流之於廣州。廣州刺史王懷之以泰行鬱林大守。（鬱林見第三章第九節。）南越以外，皆歸之。大子少傅王雅，先與泰善，言於孝武帝，以泰知養性之方，因召還。道子以爲徐州主簿。猶以道術眩惑士庶。稍遷新安大守。（新安見第四章第三節。）王恭之役，泰私合義兵，得數千人，爲國討恭。黃門郎孔道、鄱陽大守桓放之、（鄱陽見第四章第三節。）驃騎諮議周勰等，皆敬事之。會稽世子元顯亦數詣泰，求其祕術。泰見天下兵起，以爲晉祚將終，乃扇動百姓，私集徒衆，三吳士庶多從之。（三吳見第三章第九節。）於時朝士皆懼泰爲亂，以其與元顯交厚，咸莫敢言。會稽內史謝輶發其謀，（會稽見第三章第九節。）道子誅之。恩逃於海。衆聞泰死，皆謂蟬蛻登仙，就海中資給。恩聚合亡命，得百餘人，志在復讎。及元顯縱暴，吳會百姓不安，（吳會二字，初指吳與會稽言之，其後則爲汎稱。）恩因其騷動，自海攻上虞，（秦縣，今浙江上虞縣西。）殺縣令。因襲會稽，害內史王凝之。時隆安三年十一月也。恩有衆數萬。於是會稽謝鍼，吳郡陸瓌，吳郡，見第三章第九節。吳興丘尪，吳興，見第三章第九節。義興許允之，義興，見第五章第六節。臨海周胄，臨海，見第四章第三節。永嘉張永，永嘉，晉郡，今浙江永嘉縣。及東陽、見第五章第六節。新安凡八郡，一時俱起，殺長吏以應之。旬日之中，衆數十萬。恩據會稽，自號征東將軍，號其黨曰長生人。宣語令誅殺異己。有不同者，戮及嬰孩。由是死者十七八。畿內諸縣，處處蠭起。朝廷震懼，內外戒嚴。遣衛將軍謝琰、鎮北將軍劉牢之討之。吳會承平日久，人不習戰；又無器械；故所在破亡。諸賊皆燒倉廩，焚邑屋，刊木堙井，虜掠財貨，相率聚於會稽。其婦女有嬰累不能去者，囊簏盛嬰兒沒於水，而告之曰：「賀汝先登仙堂，我尋後就汝。」牢之遣將桓寶救三吳，子敬宣爲寶後繼。比至曲阿，見第四章第三節。吳郡內史桓謙此依牢之傳。本紀同。恩傳作桓譴。已棄郡走。牢之乃率衆東討，拜表輒行。琰至義興，斬賊許允。進討丘尪，破之。牢之至吳興，擊賊屢勝，徑臨浙江。琰屯烏程，見第四章第三節。遣司馬高素助牢之。牢之率衆軍濟浙江。恩虜男女二十餘萬口，一時逃入海。懼官軍之躡，乃緣道多棄寶物、子女。時東土殷實，莫不粲麗盈目。牢之等遽於收斂，故恩復得逃海。朝廷以謝琰爲會稽，率徐州文武戍海浦。琰本爲徐州刺史。琰無撫綏之能，而不爲武備。四年，恩復入餘姚，秦縣，今浙江餘姚縣。破上虞，進至刑浦。此據恩傳。琰傳作邢浦，云在山陰北三十五里。山陰，見第二章第二節。琰遣參軍劉宣元距破之。既而上黨大守張虔碩戰敗，羣賊銳進。琰敗績。帳下督張猛，於後斫琰馬，琰墮地，與二子俱被害。朝廷大震。遣冠軍將軍桓不才，輔國將軍孫無終，寧朔將軍高雅之擊之。恩復還於海。於是復遣牢之東屯會稽。吳國內史袁山松築扈瀆壘，在今上海市北。緣海備恩。明年，二月，恩復入浹口。東晉疆域志云：在餘姚、鄮縣之間。鄮，漢縣，在今浙江鄞縣東。雅之敗績。牢之進擊，恩復還於海。五月，轉寇扈瀆，害袁山松。仍浮海向京口。見第四章第二節。牢之率衆西擊，未達，而恩已至，朝廷駭懼，陳兵以待之。牢之在山陰，使劉裕自海鹽赴難。海鹽，漢縣，在今浙江平湖縣東南，晉徙治今海鹽縣。牢之率大衆而還，裕兵不滿千人，與賊戰，破之。恩聞牢之已還京口，乃走郁州。今江蘇灌雲縣東北之雲臺山，古在海中，稱郁州，亦曰鬱洲。高雅之擊之，爲賊所執。賊寇廣陵，見第三章第九節。陷之。浮海而北。劉裕與劉敬宣并軍躡之於郁州，累戰，恩復大敗。漸衰弱，復緣海還南。裕亦尋海要截，復大破恩於扈瀆。恩遂遠迸海中。及桓玄用事，恩復寇臨海。大守辛景討破之。恩窮蹙，乃赴海自沈。妖黨及伎妾謂之水仙，投水從死者百數。時元興元年三月也。案恩之所爲，與張角極相似。誑惑多而不能戰。其誑惑士大夫之力，或猶過之。讀本節所述，即可見。沈約宋書自序言：杜子恭通靈有道術，東土豪宗及京邑貴望，並事之爲弟子，執在三之敬。沈警累世事道，亦敬事子恭。子恭死，門徒孫泰，泰弟子恩傳其業。警復事之。恩作亂，警子穆夫爲其前部參軍，與弟仲夫、任夫、豫夫、佩夫並遇害。警等爲人如何不必論，要亦士大夫之家也。此或由其本爲衣冠中人而然。然其所用，仍多亡命之徒，故其殘殺破壞極甚。恩傳言：恩虜男女二十餘萬口，一時逃入海，雖曰緣道多棄子女，能從者當尚不下十餘萬人。又云：自恩初入海，所虜之口，其後戰死及自溺并流離被傳賣者，至恩死時，裁數千人存，而恩攻没謝琰，袁山松，陷廣陵，前後數十戰，亦殺百姓數萬人，則死亡者當在二十萬以上矣。當時海島能容幾何人？十餘萬人安能一時入海？此自不免言之過甚，然其死亡之衆，則必不誣也。五斗米道誑惑之力固大，然亦可見是時東土之不安也。

第三節　桓玄篡逆

孫恩之作亂也，加道子黃鉞，以元顯爲中軍以討之。又加元顯錄尚書事。道子更爲長夜之飲，政無大小，一委元顯。時謂道子爲東錄，元顯爲西錄，西府車騎塡湊，東第門可設雀羅矣。於是軍旅洊興，國用虛竭，自司徒已下，日廩七升，而元顯聚斂不已，富過帝室。及謝琰爲孫恩所害，元顯求領徐州，加侍中、後將軍、開府儀同三司、都督十六州諸軍事。揚、豫、徐、兗、青、幽、冀、幷、荆、江、司、雍、梁、益、交、廣。尋以星變解錄，復加尚書令。桓玄屢上疏求討孫恩，詔輒不許。其後恩逼京都，玄建牙聚衆，外託勤王，實欲觀釁而進。復上疏請討恩，會恩已走，玄又奉詔解嚴。玄以兄偉爲江州，鎭夏口。見第三章第九節。司馬刁暢鎭襄陽。見第三章第四節。遣桓振、石虔子。皇甫敷、馮該戍湓口。見第三章第九節。自謂三分有二，勢運所歸，屢使人上禎祥，以爲己瑞。致牋道子，語多侮嫚。元顯大懼。張法順言：「桓氏世在西藩，人或爲用。孫恩爲亂，東土塗地，玄必乘此，縱其姦凶。及其始據荆州，人情未輯，宜發兵誅之。」元顯以爲然。遣法順至京口，見第四章第二節。謀於劉牢之。牢之以玄少有雄名，杖全楚之衆，懼不能制；又慮平玄之後，不爲元顯所容；深懷疑貳。法順還，說元顯曰：「觀牢之顔色，必貳於我，未若召入殺之。不爾，敗人大事。」元顯不從。元興元年正月，加元顯侍中、驃騎大將軍、開府、征討大都督、督十八州諸軍事，儀同三司，加黃鉞、班劍二十人，以伐桓玄。以牢之爲前鋒，譙王尚之爲後部。法順又言於元顯曰：「自舉大事，未有威斷，桓謙兄弟，每爲上流耳目，宜斬之，以孤荆州之望。謙沖子，時爲元顯諮議參軍。且事之濟不，繫在前軍，而牢之反覆，萬一有變，則禍敗立至。可令牢之殺謙兄弟，以示不貳；若不受命，當爲其所。」元顯曰：「非牢之無以當桓玄。且始事而誅大將，人情必動。」法順言之再三，元顯不可。而以謙爲荆州刺史，以安荆楚。於時揚土饑虛，運漕不繼，玄斷江路，商旅遂絕，公私匱乏，士卒惟給粰橡。玄本謂揚土饑饉，孫恩未滅，朝廷必未皇討己，可得蓄力養衆，觀釁而動。聞元顯將伐之，甚懼，欲保江陵。見第三章第九節。長史卞範之說曰：「元顯口尚乳臭，劉牢之大失物情，兵臨近畿，土崩之勢，翹足可待。何有延敵入境，自取蹙弱者乎？」玄大悅。乃留其兄偉守江陵，抗表率衆東下尋陽。見第四章第一節。移檄京邑，罪狀元顯。檄至，元顯大懼，下船而不敢發。玄既失人情，而興師犯順，慮衆不爲用，恆有迴旆之計。既過尋陽，不見王師，意甚悅。其將吏亦振。庾楷以玄與朝廷構怨，恐事不克，禍及於己，密結元顯，許爲內應。謀泄，收縶之。至姑孰，見第四章第一節。使馮該等攻譙王尚之。尚之敗，逃於涂中。涂同滁。十餘日，爲玄所得。尚之弟休之鎮歷陽。見第三章第九節。以五百人出城力戰，不捷，奔南燕。玄遣何穆說劉牢之，時尚之已敗，人情轉沮，牢之乃頗納穆說，遣使與玄交通。其甥何無忌與劉裕固諫，不從。俄令子敬宣降玄。宋書敬宣傳云：牢之以道子昏闇，元顯淫凶，慮平玄之後，亂政方始，欲假手於玄，誅除執政，然後乘玄之隙，可以得志於天下，將許玄降。敬宣諫曰：「方今國家亂擾，四海鼎沸，天下之重，在大人與玄。玄藉先父之基，據荊南之勢，雖無姬文之德，實爲三分之形。一朝縱之，使陵朝廷，威望既成，則難圖也。董卓之變，將生於今。」牢之怒曰：「吾豈不知今日取玄如反覆手？但平玄之後，令我那驃騎何？」遣敬宣爲任。案玄一平，元顯卽奪牢之兵權，旋竊大位，或非牢之當時計慮所及，然謂取玄如反覆手，則亦誣也。晉書謂牢之因尚之之敗，人情轉沮，乃頗納何穆之說，自近於實。玄至新亭，見第一節。元顯棄船，退屯國子學堂。明日，列陳宣陽門外。佐吏多散走。劉牢之遂降於玄。元顯迴入西陽門，牢之參軍張暢之率衆逐之，衆潰。元顯奔入相府，惟張法順隨之。玄遣收元顯，送付廷尉，幷其六子皆害之。張法順亦見殺。又奏道子酣縱不孝，當棄市。詔徙安成郡。見第三章第九節。使御史杜竹林防衞，竟承玄旨鴆殺之玄以劉牢之爲會稽大守。會稽，見第三章第九節。牢之歎曰：「始爾便奪我兵，禍將至矣。」時玄屯相府，敬宣勸牢之襲之。牢之猶豫不決，移屯班瀆，將北奔廣陵相高雅之，據江北以距玄。宋書敬宣傳曰：牢之與敬宣謀共襲玄，期以明旦，直爾日大霧，府門晚開，日旰，敬宣不至，牢之謂所謀已泄，率部衆向白洲，欲奔廣陵。白洲當卽班瀆。胡三省曰：班瀆在新洲西南。案新洲，在今首都北江中。廣陵，見第三章第九節。集衆大議。參軍劉襲曰：「事不可者莫大於反，而將軍往年反王兗州，近日反司馬郎君，今復欲反桓公，一人三反，豈得立也？」語畢趨出，佐吏多散走。敬宣先還京口援其家，失期不至。牢之謂爲劉襲所殺，乃自縊而死。俄而敬宣至，不皇哭，奔高雅之，與雅之俱奔南燕。

桓玄入京師，矯詔加己總百揆，侍中、都督中外諸軍事、丞相、錄尚書事、揚州牧，領徐州刺史。害庾楷父子，譙王尚之，尚之弟丹陽尹恢之，廣晉伯允之等。以兄偉爲荊州刺史，領南蠻校尉。從兄謙爲左僕射，領選。脩爲徐、兗二州刺史。石生爲江州刺史。卞範之爲丹陽尹。玄讓丞相，自署大尉，領豫州刺史，出居姑孰。固辭錄尚書事，詔許之，而大政皆諮焉，小事則決於桓謙、卞範之。自禍難屢搆，干戈不戢，百姓厭之，思歸一統。及玄初至也，黜凡佞，擢儁賢，君子之道粗備，京師欣然。後乃陵侮朝廷，幽擯宰輔，豪奢縱欲，衆務繁興，於是朝野失望，人不安業。玄又害吳興大守高素，吳興，見第三章第九節。輔國將軍竺謙之，謙之從兄高平相朗之，高平，見第二章第二節。此時爲僑置。輔國將軍劉襲，襲弟彭城內史季武，彭城，見第五章第四節。冠軍將軍孫無終等，皆劉牢之黨，北府舊將也。襲兄冀州刺史軌奔南燕。二年，桓偉卒，以桓脩代之。從事中郎曹靖之說玄：以脩兄弟職居內外，恐權傾天下。玄納之，乃以南郡相桓石康爲西中郎將、荊州刺史。南郡，見第三章第九節。石康豁子。玄所親杖惟偉。偉死，玄乃孤危，而不臣之迹已著；自知怨滿天下，欲速定篡逆。殷仲文妻，玄之妹也，仲文，覬弟。玄使總錄詔命，以爲侍中，與卞範之又共促之。於是先改授羣司。又矯詔加其相國，總百揆，封十郡，爲楚王，加九錫。南陽大守庾仄，南陽，見第三章第四節。殷仲堪黨也，九月，乘桓石康未至，起兵。襲馮該於襄陽，走之。江陵震動。桓濟子亮，以討仄爲名，起兵羅縣。漢縣，在今湖南湘陰縣東北。南蠻校尉羊僧壽，與石康攻襄陽，庾仄衆散，奔姚興。長沙相陶延壽，長沙見第三章第九節。以亮乘亂起兵，遣收之。玄徙亮於衡陽，見第五章第七節。誅其同謀桓奧等。十二月，玄篡位。以帝爲平固公，平固，見第三章第九節。遷居尋陽。玄入建康。

劉牢之雖死，高素等雖見誅鉏，然北府之人物未盡也，而是時爲其首領者，實爲劉裕。初孫恩之死也，餘衆推恩妹夫盧循爲主。桓玄欲且輯寧東土，以循爲永嘉大守。永嘉見上節。循雖受命，而寇暴不已。玄復遣裕東征。何無忌隨至山陰，見第二章第二節。勸裕於會稽起義。裕以爲玄未據極位，且會稽遙遠，事濟爲難；不如俟其篡逆事著，於京口圖之。據宋書武帝紀。孔靖傳以是爲靖之謀。玄既篡位，裕乃與其弟道規及劉毅、桓弘中兵參軍。弘，沖子，時爲青州刺史，鎮廣陵。何無忌、魏詠之、殷仲堪客。檀憑之、桓脩長流參軍。孟昶、青州主簿。諸葛長民、豫州刺史刁逵左軍府參軍。王元德、名叡，弟懿，字仲德。兄弟名犯晉宣、元二帝諱，並以字稱。辛扈興、童厚之等謀討之。元興三年，二月，裕託以游獵，與無忌等收集義徒，襲京口，斬桓脩。劉毅潛就孟昶，起兵襲殺桓弘，因收衆濟江。諸葛長民謀據歷陽，失期不得發，刁逵執之，送於桓玄。未至而玄敗，送人共破檻出之，還趣歷陽，逵棄城走，爲其下所執，斬於石頭。元德、扈興、厚之謀於京邑攻玄，事泄，並爲玄所殺。玄召桓謙、卞範之等謀之。謙等曰：「亟遣兵擊之。」玄曰：「不然。

彼兵速銳，計出萬死，遣少軍不足相抗，如有蹉跌，則彼氣成而吾事敗矣。不如屯大衆於覆舟山以待之。覆舟山，在首都太平門內，鍾山之西足也。彼安行二百里，無所措手，銳氣已挫，忽見大軍，必驚懼。我案兵堅陳，勿與交鋒。彼求戰不得，自然走散，此計之上也。」謙等固請，乃遣頓丘大守吳甫之、右衛將軍皇甫敷北拒之。義衆推劉裕爲盟主，移檄京邑。三月，遇吳甫之於江乘，見第三章第九節。斬之。進至羅落橋，在江乘南。皇甫敷率數千人逆戰，劉裕、檀憑之各御一隊。憑之敗死。裕進戰彌厲，斬敷首。桓玄使桓謙屯東陵口，在覆舟山東。卞範之屯覆舟山西，衆合二萬。劉裕躬先士卒奔之，將士皆殊死戰，謙等諸軍一時土崩。玄將子姪浮江南走。裕鎮石頭，見第三章第九節。立留臺總百官。以王謐導孫。錄尚書事，領揚州刺史。裕督揚、徐、兗、豫、青、冀、幽、并八州，爲徐州刺史。奉武陵王遵爲大將軍，承制。遵武陵威王晞子，晞元帝子。以劉毅爲青州刺史，與何無忌、劉道規躡玄。

桓玄經尋陽，江州刺史郭昶之備乘輿法物資之。玄收略得二千餘人，挾天子走江陵。何無忌、劉道規破玄將郭銓、何澹之及郭昶之等於桑落洲。在九江東北。衆軍進據尋陽。桓玄大聚兵衆，召水軍，造樓船、器械，率衆二萬，挾天子發江陵，浮江東下，與劉毅等遇於崢嶸洲。在湖北鄂城縣東。衆憚之，欲退還尋陽。劉道規曰：「彼衆我寡，彊弱異勢，畏懦不進，必爲所乘，雖至尋陽，豈能自固？玄雖竊名雄豪，內實恇怯，加已經崩敗，衆無固心；決機兩陳，將雄者克。」因麾衆而進。毅等從之，大破玄軍。玄棄其衆，復挾天子還江陵。馮該勸更下戰，玄不從，欲出漢川，投梁州刺史桓希，而人情乖沮，制令不行。玄乘馬出城，至門，左右於闇中斫之，不中，前後相殺交橫。玄僅得至船。於是荊州別駕王康產奉帝入南郡府舍，大守王騰之率文武營衛。初玄之篡位也，遣使加益州刺史毛璩散騎常侍、左將軍。璩執留其使，不受命。玄以桓希爲梁州刺史，使王异據涪，郭法戍宕渠，師寂戍巴郡，周道子戍白帝以防之。涪、宕渠、巴，皆見第三章第六節。白帝，城名，在今四川奉節縣東。璩傳檄遠近，列玄罪狀，遣巴東大守柳約之、建平大守羅述、征虜司馬甄季之擊破希等。巴東、建平，皆見第三章第六節。仍率衆次於白帝。初璩弟寧州刺史璠喪官，璩兄孫祐之及參軍費恬以數百人送喪，葬江陵。會玄敗，謀奔梁州。璩弟子脩之時爲玄屯騎校尉，誘使入蜀。玄從之。達枚回洲，在江陵南。恬與祐之迎擊，益州督護馮遷斬玄，并石康及玄兄子濬、玄子昇，時年數歲，送江陵市，斬之。毛璩又遣將攻漢中，殺桓希。

玄之敗於峥嵘洲，義軍以爲大事已定，追躡不速。據宋書武帝紀、劉道規傳云：遇風不進。玄死幾一旬，衆軍猶不至。桓振逃於華容之涌中。涌水在華容。華容，漢縣，今湖北監利縣西北。玄先令將軍王稚徽戍巴陵。見第三章第九節。稚徽遣人招振，云桓歆已克京邑，歆，玄兄時，聚衆向歷陽，爲諸葛長民、魏詠之所破。馮稚等復平尋陽，稚，玄將，嘗襲陷尋陽，劉毅使劉懷肅討平之。懷肅，裕從母兄。劉毅諸軍並敗於中路。振大喜，乃聚黨數十人襲江陵。比至城，有衆二百。桓謙先匿於沮川，亦聚衆而出，遂陷江陵。閏五月。迎帝於行宮。王康產、王騰之皆被害。桓振聞桓昇死，大怒，將肆逆於帝。謙苦禁之，乃止。遂命羣臣辭以楚祚不終，百姓之心復歸於晉，更奉進璽綬，以琅邪王鎮徐州，振爲都督八州、荆州刺史。振少薄行，玄不以子姪齒之。及是，歎曰：「公昔不早用我，遂致此敗。若使公在，我爲前鋒，天下不足定也。今獨作此，安歸乎？」遂肆意酒色，暴虐無道，多所殘害。何無忌擊桓謙於馬頭，在今湖北公安縣東北。桓蔚於龍洲，皆破之。蔚，祕子。義軍乘勝競進。桓振、馮該等距戰於靈溪，水經注：江水自江陵東逕燕尾洲北，會靈溪水。龍洲，在靈溪東。案龍洲，據桓玄傳。何無忌傳作龍泉。道規等敗績，死沒者千餘人。劉毅坐免官，尋原之。義軍退次尋陽，更繕舟甲。進次夏口。馮該等守夏口孟山圖據魯城，亦作魯山城，在今湖北漢陽縣東北。桓山客守偃月壘。據桓玄傳。宋書劉道規傳作桓仙客。偃月壘，亦曰卻月城，在漢水左岸。劉毅攻魯城，道規攻偃月壘，二城俱潰。馮該走，禽山圖、仙客。毅等平巴陵。十二月。義熙元年，正月，南陽大守魯宗之起義兵，襲襄陽，破僞雍州刺史桓蔚。何無忌諸軍次馬頭。桓振擁帝，出營江津。戍名，在江陵南。請割荊、江二州，奉送天子。無忌不許。魯宗之破僞虎賁中郎將溫楷，進至紀南。城名，在江陵北。振自擊之，宗之失利。劉毅率何無忌、劉道規等破馮該於豫章口，在江陵東。推鋒而前，遂入江陵。振見火起，知城已陷，遂與桓謙北走。是日，安帝反正。大赦天下，惟逆黨就戮。詔特免桓胤一人。沖長子嗣之子。三月，桓謙出自涓城，在雲杜東南。雲杜，漢縣，在今湖北沔陽縣北。襲破江陵。劉懷肅自雲杜伐振，破之。廣武將軍唐興臨陳斬振。懷肅又討斬馮該於石城。見第三章第九節。桓亮先侵豫章，見第三章第九節。時劉敬宣自南燕還，劉裕以爲江州刺史，討走之。桓玄以苻宏爲梁州刺史，與亮先後入湘中；其餘擁衆假號者以十數：皆討平之。桓謙、桓怡、弘弟。桓蔚、桓謐、何澹之、溫楷，皆奔於秦。詔徙桓胤及諸黨與於新安諸郡。三年，東陽大守殷仲文，東陽見第五章第六節。桓玄崢嶸洲之敗，留皇后王氏及穆帝后何氏於巴陵。仲文時在玄艦，求出別船，收集散卒，因奉二后奔夏口降。與永嘉大守駱球謀反，永嘉見第二節。欲建桓胤爲嗣，劉裕幷其黨收斬之。

桓玄乃一妄人，晉書言其繆妄之跡甚多，庸或不免傅會，如謂玄篡位入宮，其牀忽陷，羣下失色，殷仲文曰：「將由聖德深厚，地不能載，」玄大悅，此等幾類平話。又謂其棄建康西走時，腹心勸其戰，玄不暇答，直以策指天而已，亦與其據覆舟山待義兵之策，判若兩人也。然其縱侈，玄之出鎭姑孰，卽大築城府，臺館山池，莫不壯麗。性好畋游，以體大不堪乘馬，乃作徘徊輿，施轉關，令迴動無滯。自篡盜之後，驕奢荒侈，游獵無度，以夜繼晝。或一日之中，屢出馳騁。性又急暴，呼召嚴速，直官咸繫馬省前。貪鄙，好奇異，尤愛寶物，珠玉不離於手。人士有法書、好畫及園宅者，悉欲歸己。猶難逼奪之，皆蒱博而取。遣臣佐四出，掘果移竹，不遠數千里。嘗詐欲討姚興，初欲飾裝，無他處分，先使作輕舸，載服玩及書畫等物。或諫之，玄曰：「書畫服玩，旣宜恆在左右，且兵凶戰危，脫有不意，當使輕而易運。」衆皆笑之。此等事或疑其非實，然紈袴子弟，習於縱侈，不知慮患，確有此等情形也。好虛名，元興二年，玄詐表請平姚興，又諷朝廷作詔不許。謂代謝之際，宜有禎祥，乃密令所在上臨平湖開，又詐稱江州甘露降。以歷代咸有肥遯之士，己世獨無，乃徵皇甫謐六世孫希之爲著作，并給其資用，皆令讓而不受，號曰高士。敗走後，於道作起居注，敍其距義軍之事，自謂經略指授，算無遺策，諸將違節度，以致虧喪，非戰之罪。於時不遑與羣下謀議，惟耽思諷述，宣示遠近。荊州郡守以玄播越，或遣使通表，有匪寧之辭，玄悉不受，仍令所在表賀還都焉。臨平湖在浙江杭縣東北，故老相傳：此湖塞，天下亂；此湖開，天下平。喜佞媚，玄傳言玄信悅諂譽，逆忤讜言。吳甫之、皇甫敷敗，玄聞之大懼，問於衆曰：「朕其敗乎？」曹靖之曰：「神怒人怨，臣實懼焉。」玄曰：「卿何不諫？」對曰：「輦上諸君子，皆以爲堯舜之世，臣何敢言？」不知政理。玄嘗議復肉刑，斷錢貨，迴復改異，造革紛紜。臨聽訟，觀錄囚徒，罪無輕重，多被原放。有干輿乞者，時或恤之。尚書答春蒐字誤爲春菟，凡所關署，皆被降黜。奔敗之後，懼法令不肅，遂輕怒妄殺。雖少負雄名，而實則怯懦。崢嶸洲之戰，義兵數千，玄衆甚盛，而玄懼有敗衂，常漾輕舸於舫側，故其衆莫有鬭心。要非誣辭也。

玄之叛逆，不過當時裂冠毁冕之旣久，勢所必至，無足深異。晉室自東渡以後，上下流卽成相持之局，而上流之勢恆强，朝廷政令之不行，恢復大計之受阻，所關匪細。至桓玄敗而事勢一變矣。然中原喪亂既久，國內反側又多，卒非一時所克收拾，此則宋武之雄才，所以亦僅成偏安之業也，亦可歎矣。而蜀中乘此擾攘，又成割據之局者數年，倘其至微末者也。

桓玄之死也，柳約之進軍至枝江，漢縣，在今湖北枝江縣東。而桓振復攻沒江陵，劉毅等還尋陽，約之亦退。俄而甄季之、羅述皆病。約之詣振僞降，欲襲振，事泄被害。約之司馬時延祖、涪陵大守文處茂等涪陵見第三章第六節。撫其餘衆，保涪陵。振遣桓放之爲益州，屯西陵。峽名，在今湖北宜昌縣西北。處茂距擊破之。毛璩聞江陵陷，率衆赴難，使弟瑾、瑗順外江而下。外水謂岷江，涪江曰內水，沱江曰中水。參軍譙縱及侯暉等領巴西、梓潼軍下涪水，與璩會巴郡。巴西、梓潼，皆見第三章第六節。此據毛璩傳。譙縱傳云領諸縣氐。暉有貳志，因梁州人不樂東也，與巴西陽昧結謀於五城水口，五城水，涪水支流，在廣都入江。廣都，見第六章第八節。逼縱爲主，攻瑾於涪城。城陷，瑾死之。縱乃自號梁、秦二州刺史。時朝廷新以此授瑾。通鑑事在義熙元年二月。璩時在略城，胡三省曰：據晉書毛璩傳，去成都四百里。遣參軍王瓊率三千人討反者，又遣瑗領四千人繼進。縱遣弟明子及暉距瓊於廣漢。見第三章第六節。瓊擊破暉等，追至緜竹，見第三章第六節。明子設二伏以待之，大敗，瓊衆死者十八九。益州營戶李騰開城以納縱。璩下人受縱誘說，遂共害璩及瑗，幷子姪之在蜀者，一時殄沒。縱以從弟洪爲益州刺史，明子爲巴州刺史，率其衆五千人屯白帝，自稱成都王。瑾子脩之下至京師，劉裕表爲龍驤將軍，配給兵力，遣令奔赴。又遣益州刺史司馬榮期及文處茂、時延祖等西討。脩之至宕渠，榮期爲參軍楊承祖所殺，脩之退還白帝。通鑑義熙二年九月。承祖自下攻之，不拔。脩之使參軍嚴綱收兵，漢嘉大守馮遷漢嘉見第三章第六節。率兵來會，討承祖，斬之。時文處茂猶在益郡，脩之之遺兵五百，與劉道規所遣千人俱進，而益州刺史鮑陋不肯進討。通鑑在義熙三年。縱遣使稱藩於姚興。九月。且請桓謙爲助。興遣之。劉裕表遣劉敬宣率衆五千伐蜀。分遣巴東大守溫祚，巴東見第三章第六節。以二千人揚聲外水，自率鮑陋、文處茂、時延祖由墊江而進。墊江見第三章第六節。達遂寧郡之黃虎，城名在今四川射洪縣東。譙道福等悉衆距險。敬宣糧盡，軍中多疾疫，姚興又遣兵二萬救縱，王師遂引還。縱遣使拜師，仍貢方物，興拜爲蜀王。

第四節　宋武平南燕

東晉國力，本不弱於僭僞諸國；而北方可乘之隙亦多；所以經略中原，迄無所就者，實以王敦、桓溫等別有用心，公忠之臣，如庾亮、殷浩等，又所值或非其時，所處或非其地，未獲有所展布之故。當五胡初起之時，中原喪亂未久，物力尚較豐盈；石虎、苻堅，又全據中原之地，圖之庸或較難。至肥水戰後，後燕、後秦諸國，則更非其倫矣。此時儻能北伐，奏績自屬不難；而其地近而易圖者，尤莫如南燕；此所以桓玄平後僅五年，而劉裕遂奏剷平之績也。

劉敬宣等之奔南燕也，南燕侍中韓範上疏勸慕容德入寇。德命王公詳議，咸以桓玄新得志，未可圖，乃止。俄聞玄敗，德乃以慕容鎮爲前鋒，慕容鍾爲大都督，配以步卒二萬，騎五千，刻期將發，而德寢疾，於是罷兵。義熙元年，德死。此據載記，通鑑同。本紀在元興三年十月。案載記記南燕之事，較本紀皆後一年。初德兄北海王納，苻堅破鄴，以爲廣武大守。廣武見第五章第二節。數歲去官，家於張掖。見第六章第二節。及慕容垂起兵，堅收納及德諸子，皆誅之。納母公孫氏，以耄獲免。納妻段氏方娠，未決，囚於郡獄。獄掾呼延平，德故吏也，嘗有死罪，德免之。至是，將公孫及段氏逃於羌中，而生子焉。東歸後，德名之曰超。超年十歲，公孫氏卒，平又將超母子奔於呂光。呂隆降於姚興，超隨涼州人徙於長安。以諸父在東，深自晦匿。由是得去來無禁。德遣使迎之，超不告母妻而歸。德無子，立超爲大子。德死，超嗣僞位。

初，德從弟鍾累進策於德，德用之頗中，由是政無大小，皆以委之。超立，以爲都督中外諸軍、錄尚書事。俄以爲青州牧。外戚段宏爲徐州。南燕五州：幷州治陰平，漢侯國，後漢爲縣，晉廢，在今江蘇沭陽縣西北。幽州治發干，見第五章第六節。徐州治莒，見第六章第八節。兗州治梁父，漢縣，在今山東泰安縣南。青州治東萊，見第三章第四節。而以公孫五樓爲武衛將軍、領屯騎校尉，內參政事。鍾、宏及兗州慕容法謀反。超遣慕容鎮攻青州，慕容昱攻徐州，慕容凝、韓範攻兗州。鍾奔後秦。宏奔魏。凝謀殺韓範，範知而攻之，凝奔法。範幷其衆，攻克兗州。凝奔後秦，法奔魏。公孫五樓爲侍中、尚書、領左衛將軍，專總朝政。兄歸爲冠軍、常山公。叔父頹爲武衛、興樂公。五樓宗親，皆夾輔左右，王公內外無不憚之。超母妻先在長安，爲姚興所拘，興責超稱藩，求大樂諸妓。超送大樂百二十人與，乃還其母妻。超載記云：「義熙五年正旦，超朝羣臣，聞樂作，歎音佾不備，悔送伎於興，遣斛穀提、公孫歸等入寇，陷宿豫，漢厹猶縣，晉改曰宿豫，在今江蘇宿遷縣東南。大掠而去。簡男女二千五百，付大樂敎之。案興責超稱藩求伎時，又云：「若不可，便送吳口千人。」超遣羣臣詳議，段宏主掠吳口與之，尚書張華主降號，超從華議，可見其非欲搆釁於晉。宿豫之釁，未知其由，謂由掠生口以備伎樂，恐未必然。超所掠乃生口，非樂工，豈有南人可敎，北人不可敎之理邪？超又遣公孫歸等入濟南，漢郡，今山東歷城縣。執大守趙元，略男女千餘人而去。於是劉裕出師討之。四月，舟師發京都，泝淮入泗。五月，至下邳。見第三章第四節。留船艦輜重，步軍進琅邪。見第二章第三節。所過皆築城爲守。超引見羣臣，議距王師。公孫五樓曰：「吳兵輕果，所利在戰，初鋒勇銳，不可爭也。宜據大峴，在今山東臨朐縣東南。使不得入。曠日延時，沮其銳氣，徐簡精騎二千，循海而南，絕其糧道；別勑段暉率兗州之軍，緣山東下，腹背擊之，上策也。各命守宰依險自固，校其資儲，餘悉焚蕩，芟除粟苗，使敵無所資。堅壁清野，以待其釁，中策也。縱賊入峴，出城逆戰，下策也。」超曰：「京都殷盛，戶口衆多，非可一時入守。青苗布野，非可卒芟。縱令過峴，至於平地，徐以精騎踐之，此成禽也。」慕容鎮曰：「若如聖旨，必須平原用馬爲便，宜出峴逆戰。戰而不勝，猶可退守。不宜縱敵入峴，自貽窘逼。」超不從。鎮謂韓謨云：「主上既不能芟苗守險，又不肯徙民逃寇，酷似劉璋矣。」超聞而大怒，收鎮下獄。乃攝莒、梁父二戍，修城隍，簡士馬，蓄銳以待之。宋書武帝紀云：初公將行，議者以爲「賊聞大軍遠出，必不敢戰。若不斷大峴，當堅守廣固，刈粟清野，以絕三軍之資，非惟難以有功，將不能自反。」公曰：「我揣之熟矣。鮮卑貪，不及遠。進利克獲，退惜粟苗，謂我孤軍遠入，不能持久。不過進據臨朐，漢縣，今山東臨朐縣。退守廣固。我一入峴，則人無退心。驅必死之衆，向懷貳之虜，何憂不克？彼不能清野固守，爲諸軍保之。」公既入峴，舉手指天曰：「吾事濟矣。」此等皆傅會之談。此行也，晉兵力頗厚，宋武用兵又極嚴整；觀其所過築城爲守可知。簡騎二千，安能絕其糧道？民難一時入守，苗非倉卒可芟，亦自係實情。戰既不如，守又難固，卽據大峴，安能必晉兵之不入？棄大峴而悉力逆戰，蓋所謂以逸待勞；不勝卽退守廣固，則所守者小，爲力較專，此亦未爲非計。慕容鎮之下獄，必別有其由，非徒以退有後言也。王師次東莞，見第三章第一節。超遣段暉、賀賴盧等六將，步騎五萬，進據臨朐。王師度峴，超率卒四萬就暉等。臨朐有巨蔑水，去城四十里，超告公孫五樓，急往據之。孟龍符奔往爭之，五樓乃退。衆軍步進，有車四千乘，分爲兩翼，方軌徐行，又以輕騎爲遊軍。未及臨朐數里，賊鐵騎萬餘，前後交至。劉裕命劉藩等齊力擊之。日向昃，又遣檀韶直趨臨朐，即日陷城。超聞臨朐拔，引衆走。裕親鼓之，賊乃大破。斬段暉。超奔還廣固，徙郭內人入保小城，使其尚書郎張綱乞師於姚興。赦慕容鎮，進錄尚書、都督中外諸軍事，引見羣臣謝之。鎮進曰：「內外之情，不可復恃。如聞西秦自有內難，恐不暇分兵救人。正當更決一戰，以爭天命。今散卒還者，猶有數萬，可悉出金帛、宮女，餌令一戰。不可閉門坐受圍擊。」慕容惠曰：「今晉軍乘勝，有陵人之氣，敗軍之將，何以禦之？秦雖與勃勃相持，不足爲患；二國連衡，勢成脣齒，今有寇難，秦必救我。但自古乞援，不遣大臣，則不致重兵。尚書令韓範德望具瞻，燕、秦所重，宜遣乞援，以濟時艱。」於是遣範與王蒲往。張綱自長安歸，奔於劉裕。此據晉書載記。宋書武帝紀云：綱從長安還，泰山太守申宣執送之。泰山見第三章第四節。右僕射張華、中丞封鎧，並爲裕軍所獲。裕令華、愷與超書，勸令早降。超乃詒裕書，請爲藩臣，以大峴爲界，幷獻馬千匹，以通和好。裕弗許。江南繼兵，相尋而至。尚書張俊，自長安還，又降於裕。說裕密信誘韓範，啗以重利。「範來，則燕人絕望，自然降矣。」裕從之。表範爲散騎常侍，遺書招之。時姚興遣姚彊率步騎一萬，隨範就姚紹於洛陽，幷兵來援。會赫連勃勃大破秦軍，興追彊還長安。範歎曰：「天其滅燕乎？」會得裕書，遂降於裕。宋書武帝紀云：錄事參軍劉穆之，有經略才具，公以爲謀主，動止必諮焉。時姚興遣使告公曰：「慕容見與隣好，又以窮告急，今當遣鐵騎十萬，逕據洛陽。晉軍若不退者，便遣長驅而進。」公呼興使答曰：「語汝姚興：我定燕之後，息甲三年，當平關、洛。今能自送，便可速來。」穆之聞有羌使，馳入，而公發遣已去。穆之尤公曰：「常日事無大小，必賜與謀，此宜善詳，云何卒爾所答，與言未能威敵，正足怒彼耳。若燕未可拔，羌救大至，不審何以待之？」公笑曰：「此是兵機，非卿所解，故不語耳。夫兵貴神速，彼若審能遣救，必畏我知，寧容先遣信命？此是見我伐燕，內已懷懼，自張之辭耳。」此亦傅會之談。夏寇雖急，秦未必待姚彊所率萬人以自救，晉當時兵力頗厚，而洛陽距廣固遙遠，卽合姚紹，復何能爲？然則姚興之遣姚彊，特聊以自解於韓範，本未必有救燕之意。遣使爲請，必當遜順，其辭不得如史之所云也。明年二月，城陷。超出亡，被獲。送建康市斬之。時年二十六。案慕容超之亡，實處於勢不可救。劉敬宣之奔慕容德也，嘗結青州大姓諸省封，幷要鮮卑大帥免逵，謀滅德，推司馬休之爲主。刻日垂發，高雅之欲要劉軌。時軌爲德司空，大被委任。敬宣曰：「此公年老，有安齊志，不可告也。」雅之以爲不然，告軌。軌果不從，謀頗泄，乃相與殺軌而去。至淮、泗閒，會宋武平京口，卽馳還。當德之時，燕之易傾如此，超更何以自固乎？載記謂超不恤政事，畋遊是好，百姓苦之。此或在所不免。然五胡之酋，荒淫暴虐，十倍於超者，則有之矣。史又咎超信任公孫五樓。五樓之於南燕，蓋亦在外戚之列，特較段宏輩年少耳，非佞幸也。觀慕容鍾、慕容法、段宏、慕容凝之一時俱叛，則超之任新進而棄舊臣，亦必有不得已者。卽其嚴刑峻法亦然。慕容鍾等之叛也，超收其黨侍中慕容統、右衞慕容根、散騎常侍段封誅之，車裂僕射封嵩於東門之外。超嘗議復肉刑，下詔曰：「不忠不孝，若封嵩之輩，梟斬不足以痛之，宜致烹轘之法，亦可附之律條。」張綱爲劉裕造攻具，超縣其母支解之。此固不免暴虐，亦有激而然也。當危急時，其臣勸以出降，皆不肯聽。及見執，劉裕數以不降之狀，超神色自若，一無所言，惟以母託劉敬宣而已。在亡國之君中，固爲有氣節者。公孫五樓，始終盡忠於超；將亡之時，猶與賀賴盧爲地道出戰，使王師爲之不利；亦爲陳力授命之臣，未可以成敗論也。

第五節 宋武平盧循譙縱

盧循，諶之曾孫，娶孫恩妹。恩作亂，與循通謀。恩亡，餘衆推爲主。元興二年正月，寇東陽。見第五章第六節。八月，攻永嘉。見第二節。劉裕討循，至晉安，晉郡，今福建閩侯縣東北。循窘急，泛海到番禺，秦縣，今廣東番禺縣。寇廣州，逐刺史吳隱之，自攝州事。三年十月。遣使貢獻。時朝廷新誅桓氏，中外多虞，乃權假循廣州刺史。義熙元年。劉裕伐慕容超，循所署始興大守徐道覆，始興，見第三章第九節。循之姊夫也，使人勸循乘虛而出。循不從。道覆乃自至番禺說循。循甚不樂此舉，無以奪其計，乃從之。初道覆密欲裝舟艦，乃使人伐船材於南康山，南康，晉郡，治雩都，今江西雩都縣北。後徙治贛，在今贛縣西南。僞云將下都貨之。後稱力少，不能得致，即於郡賤賣之，價減數倍，居人貪賤，賣衣物而市之。贛石水急，出船甚難，皆儲之，如是者數四。船版大積，而百姓弗之疑。及道覆舉兵，按賣券而取之，無得隱匿者。乃幷力裝之，旬日而辦。遂舉衆寇南康、廬陵、豫章諸郡。廬陵、豫章，皆見第三章第九節。守相皆委任奔走。道覆順流而下，舟艦皆重樓。江州刺史何無忌距之，船小，爲賊所敗，無忌死之。時劉毅爲豫州刺史，鎭姑孰，見第四章第一節。具舟船討之，將發而疾篤。內外失色，朝廷欲奉乘輿北走就劉裕。尋知賊定未至，人情小安。裕班師，至下邳，見第三章第四節。以船運輜重，自率精銳步歸。至山陽，見第五章第六節。聞何無忌被害，慮京邑失守，乃卷甲閒行，與數千人至淮上，單船過江，進至京口，見第四章第一節。衆乃大安。四月，裕至京師。

劉毅以舟師二萬發自姑孰。循之下也，使道覆向尋陽，見第四章第一節。自寇湘中諸郡。荊州刺史劉道規遣軍至長沙，爲循所敗。循至巴陵，見第三章第九節。將向江陵。道覆聞毅上，馳使報循曰：「毅兵衆甚盛，成敗係之於此，宜并力摧之。根本既定，不憂上面不平也。」循即日發江陵，與道覆連旗而下。別有八艚艦九枚，起四層，高十二丈。五月，毅敗績於桑落洲。見第三節。初循至尋陽，聞劉裕已還，不信也，既破毅，乃審凱入之問。循欲退還尋陽，進平江陵，據二州以抗朝廷。道覆謂宜乘勝徑進。固爭之，多日乃見從。毅敗問至，內外洶擾。於時北師始還，多創夷疾病；京師戰士不盈數千。賊既破江、豫二鎮，戰士十餘萬，舟車百里不絕。奔敗還者，並聲其雄盛。孟昶、諸葛長民欲擁天子過江，劉裕不聽。昶仰藥死。參看第六節。議者謂宜分兵守諸津要。劉裕以爲賊衆我寡，分屯則測人虛實；且一處失利，則沮三軍之心。乃移屯石頭，見第三章第九節。柵淮斷查浦。見第四章第三節。此據宋書武帝紀，晉書盧循傳作柤浦。道覆欲自新亭、白石焚舟而上。新亭，見第一節。白石，見第四章第三節。循以萬全爲慮，固不聽。裕登石頭以望循軍，初見引向新亭，顧左右失色。既而回泊蔡洲。見第四章第三節。道覆猶欲上，循禁之。自是衆軍轉集。循攻柵，不利。焚查浦，步上，屯丹陽郡，見第三章第九節。又爲裕所敗。乃進攻京口，寇掠諸縣，無所得。循謂道覆曰：「師老矣，可據尋陽，并力取荊州，徐更與都下爭衡。」七月，賊自蔡洲還屯尋陽。遣王仲德等追之。劉裕還東府，見第三章第九節。大治水軍，皆大艦重樓，高者十餘丈。先是以庾悅爲江州刺史，自尋陽出豫章。見第三章第九節。循之走也，復遣索邈領馬軍步道援荊州。邈在道爲賊所斷，徐道覆敗後方達。孫季高率衆三千，自海道襲番禺。時譙縱遣使朝於姚興，請大舉入寇。遣桓謙、譙道福率衆二萬，東寇江陵，與遣前將軍苟林率騎會之。劉道規遣司馬王鎮之及檀道濟、到彥之等赴援朝廷，至尋陽，爲林所破。盧循卽以林爲南蠻校尉，分兵配之，使伐江陵。揚聲云：徐道覆已克京邑。林屯江津，謙屯枝江。江津、枝江，皆見第三節。荊楚旣桓氏義舊，並懷異心。道規乃會將士告之曰：「桓謙今在近畿，聞諸長者頗有去就之計。吾東來文武，足以濟事。若欲去者，本不相禁。」因夜開城門，達曉不閉。衆咸憚服，莫有去者。雍州刺史魯宗之率衆數千來赴。或謂宗之未可測，道規乃單馬迎之，宗之感悅。道規使宗之居守，馳往攻謙。水陸齊進。謙大敗，單舸走，欲下就林。追斬之。遂至涌口，在江陵東。林又奔散。劉遵追林至巴陵，斬之。此據宋書道規傳。武帝本紀云：追至竹町。竹町當在巴陵。晉書姚興載記則云：苟林懼引而歸。先是桓歆子道兒逃於江南，出聲義陽，與盧循相連結，循使蔡猛助之。道規遣參軍劉基破道兒於大薄，未詳。臨陳斬猛。桓石綏自洛甲口通鑑作洛口。注云：漢水過魏興安陽縣，東至灙城南，與洛谷水合，所謂洛口也。安陽，漢縣，在今陝西城固縣東。自號荊州刺史，徵陽令王天恩自號梁州刺史。胡三省曰：徵陽當作微陽。微陽，在今湖北竹山縣西。梁州刺史傅韶使子弘之討石綏等，並斬之。宋書傅弘之傳。十月，劉裕治兵大辦，率舟師南伐。是月，徐道覆率衆三萬寇江陵，劉道規又大破之。道覆走還湓口。見第三章第九節。盧循初自蔡洲南走，留其親黨范崇民五千人，高艦百餘，戍南陵。城名，在今安徽繁昌縣西。王仲德等聞大軍且至，乃進攻之。十一月，大破崇民軍，焚其舟艦。循廣州守兵，不以海道爲意。孫季高乘海奄至，焚賊舟艦，悉力而上，四面攻之，卽日屠其城。循父以輕舟奔始興。劉裕屯軍雷池，見第四章第三節。慮賊戰敗，或於京江入海，遣王仲德以水艦二百於吉陽斷之。吉陽，磯名，在安徽東流縣東北。十二月，盧循、徐道覆率衆二萬，方艦而下。劉裕命衆軍齊力擊之。軍中多萬鈞神弩，所至莫不摧陷。賊艦悉泊西岸。岸上軍先備火具，乃投火焚之，煙焰張天，賊軍大敗。循等還尋陽，悉力柵斷左里，在江西都昌縣西北。大軍至，攻柵而進。循兵殊死戰，弗能禁，諸軍乘勝奔之。循單舸走，裕遣劉藩、孟懷玉輕兵追之。循收散卒，尙有數千人，據宋書武帝紀。晉書云千餘人。逕還廣州。道覆還保始興。七年二月，循至番禺，孫季高距戰二十餘日，循乃破走，追奔至鬱林，見第三章第九節。會病，不能窮討，循遂走向交州。至龍編，漢縣，在今安南北境。刺史杜慧度誘而敗之。循自投於水。徐道覆屯結始興，孟懷玉攻圍之，身當矢石，旬月乃陷，斬道覆。

盧循之亂，宋武帝之智勇，誠不可及，然史之所傳，亦有頗過其實者。何無忌之敗以船小；劉毅之敗，以盧循、徐道覆并力而下；其兵力皆本不相敵。而宋武則大治水軍而後戰。船既高大，又有萬鈞神弩以助之。其兵力蓋在盧循、徐道覆之上。然則毅、無忌之敗，宋武之勝，實由兵力之不同，非盡智勇之不若也。盧循之衆雖盛，恐未必能戰，何者？孫恩唱亂，實恃扇惑之廣，卽循亦然。史言徐道覆大積船版，而百姓弗之疑，然諸葛長民表言「賊集船伐木，而南康相郭澄之隱蔽經年，又深相保明，屢欺無忌，罪合斬刑，」則其能陰造逆謀，實恃同黨之隱蔽。桑落洲一敗，而豫州主簿袁興國，卽據歷陽以應賊，琅邪內史魏詠之遣將討斬之。歷陽見第三章第九節。則劉毅肘腋之下，亦有循之黨在焉。宋書武帝紀言：賊不能力攻京都，猶冀京邑及三吳有應之者，蓋此一帶，本自杜子恭以來，扇惑最廣之地也。孫恩覆滅，前轍昭然，烏合之衆，其何能戰？盧循始終欲據荊、江，不欲與晉大兵決戰，後又不肯力攻京都者，蓋以此。如史之所傳，則循之敗，全由其過於持重，使早從道覆之計，宋武將亦不能支，恐其實未必如此。以兵謀論，循之持重，或實勝於道覆之輕進也。

晉書盧循傳言：「循敗於杜慧度，知不免，先鴆妻子十餘人，又召伎妾問曰：「我今將自殺，誰能同者？」多云：「雀鼠貪生，就死實人情所難。」或云：「官尚當死，某豈願生？」於是悉鴆諸辭死者，因自投於水。此乃教外謗毀之辭。傳又言孫恩性酷忍，循每諫止之，人士多賴以濟免，豈有仁於疏逖，而轉忍於其所戚近者哉？自來所謂邪教者，其眞相多不爲世所知，然觀其信從者之衆，之死不相背負者之多，而知其實非偶然。試觀張魯治國，實頗有規模，可知其所以得衆者，亦有由也。

譙縱據蜀，史言其本由迫脅，然其後則遂甘心作逆，屈膝羌虜，而與盧循等相景響焉。蓋既無途自反，遂欲乘機作劉備者也。義熙九年，宋武帝既誅劉毅，定荆州，乃以朱齡石爲益州刺史，率臧熹、蒯恩、劉鍾、朱林等凡二萬人伐蜀。通鑑繫八年十二月。齡石資名素淺，裕違衆拔之，授以麾下之半。臧熹，裕妻弟也，位出其右，亦隸焉。裕與齡石密謀曰：「劉敬宣往年出黃虎無功，賊謂我今應從外水往，而料我當出其不意，猶從內水來也。必以重兵守涪城，內水、外水、黃虎，皆見第三節。涪城見第三章第六節。若向黃虎，正墮其計。今以大衆自外水取成都，疑兵出內水，此制敵之奇也。」於是衆軍悉從外水。臧熹、朱林於中水取廣漢，中水見第三節。廣漢見第三章第六節。使羸弱乘高艦十餘，由內水向黃虎。譙縱果備內水，使譙道福以重兵戍涪城，侯暉、譙詵等率衆萬餘屯彭模，今四川彭山縣。夾水爲城。六月，齡石至彭模，欲蓄銳養兵，伺隙而進。劉鍾曰：「前揚聲大將由內水，故道福不敢舍涪。今重兵逼之，出其不意，侯暉之徒，已破膽矣。正可因其機而攻之。克彭模之後，自可鼓行而前，成都必不能守。若緩兵相持，虛實相見，涪軍復來，難爲敵也。」從之。七月，齡石率劉鍾、蒯恩等攻城，皆克，斬侯暉、譙詵。衆軍乃舍船步進。臧熹至廣漢，病卒。此據晉書譙縱傳。宋書熹傳云：成都既平，熹乃遇疾。朱林至廣漢，復破道福別軍。縱投道福於涪，道福怒，投以劍，中其馬鞍。縱去之，乃自縊。道福散金帛以賜其衆，衆受之而走。道福獨奔廣漢。廣漢人杜瑾縛送之，斬於軍門。桓謙弟恬，隨謙入蜀，爲寧蜀大守。寧蜀，東晉郡，在今四川華陽縣東南。至是亦斬焉。齡石遣司馬沈叔任戍涪。蜀人侯產德作亂，叔任擊斬之。此據宋書齡石傳。沈演之傳：父叔任，爲巴西梓潼大守，戍涪城。軍既反，二郡彊宗侯勱、羅奧聚衆作亂，破平之。

第六節　宋武翦除異己

宋武帝起自細微，內戡桓玄，平盧循，定譙縱，外則收復青、齊，清除關、洛，其才不可謂不雄。然猜忌亦特甚。同時並起諸賢，幾無不遭翦滅者。雖國內以此粗定，然中原淪陷既久，非有才高望重者，不克當戡定之任。並時流輩既已誅夷，而所卵翼成就者，不過戰將，資名相埒，莫能相統，關中且以此不守，更無論進圖恢復矣。詒元嘉以北顧之憂，不得謂非謀之不臧也。

宋武在北府，諸將中資名蓋本當首屈，故義旗初建，即見推爲盟主。既平桓玄，王謐與衆議推裕領揚州，裕固辭，乃以謐錄尚書，領揚州刺史。義熙三年，謐薨。劉毅等不欲裕入，議以中領軍謝混爲揚州，或欲令裕於丹徒領州，丹徒，見第四章第二節。而以內事付尚書僕射孟昶。遣尚書右丞皮沈以二議諮裕。裕參軍劉穆之言：「揚州根本所係，不可假人。惟應云：此事既大，非可縣論，便暫入朝，共盡同異。公至京，彼必不敢越公更授餘人明矣。」裕從之。四年，遂入爲揚州刺史，錄尚書事。中樞政柄，至此始全入裕手。

五年三月，裕北討，以丹陽尹孟昶監留府事。盧循叛，青州刺史諸葛長民入衛。時鎮丹徒。劉毅敗問至，昶、長民欲擁天子過江，裕不聽。昶固請不止。裕曰：「我既決矣，卿勿復言。」昶乃爲表曰：「臣裕北討，衆並不同，惟臣贊裕行計。使彊賊乘閒，社稷危逼，臣之罪也。今謹引分，以謝天下。」乃仰藥死。夫昶豈草閒求活之人？北遷之議，王仲德、虞丘進並以爲不可，皆見宋書本傳。豈昶之智而出其下？其欲出此，蓋非以避盧循，而實以圖裕也。昶之所以死可知矣。此爲裕誅戮功臣之始。

資名才力，與裕相亞，而尤意氣用事，不肯相下者，莫如劉毅。宋書武帝紀云：初高祖家貧，嘗負刁逵社錢三萬，經時無以還。逵執錄甚嚴。王謐造逵見之，密以錢代還，由是得釋。高祖名微位薄，盛流皆不與相知，惟謐交焉。桓玄將篡，謐手解安帝璽綬，爲玄佐命功臣。及義旗建，衆並以謐宜誅，惟高祖保持之。劉毅嘗因朝會，問謐璽紱所在，謐益懼。劉敬宣傳云：毅之少也，爲敬宣寧朔參軍，時人或以雄傑許之。敬宣曰：「毅性外寬而內忌，自伐而尚人，若一旦遭逢，亦當以陵上取禍耳。」毅聞之，深以爲恨。及在江陵，知敬宣還，乃使人言於高祖曰：「劉敬宣父子忠國既昧，今又不豫義始。猛將勞臣，方須敘報，如敬宣之比，宜令在後。若使君不忘平生，欲相申起者，論資語事，正可爲員外常侍耳。聞已授郡，實爲過優；尋知復爲江州，尤所駭惋。」案敬宣論毅之語，顯係毅被禍後傳會之談，毅之怨敬宣，未必以此，特以其爲高祖所左右耳。傳又云：敬宣囘師於蜀，毅欲以重法繩之。高祖既相任待，又何無忌明言於毅，謂「不宜以私怨傷至公。若必文致爲戮，已當入朝，以廷議決之。」毅雖止，猶謂高祖曰：「夫生平之舊，豈可孤信？光武悔之於龐萌，曹公失之於孟卓，公宜深慮之。」毅出爲荊州，謂敬宣曰：「吾忝西任，欲屈卿爲長史南蠻，豈有相輔意乎？」其敖慢陵上且專與高祖爲難可見。裕素不學，而毅頗涉文雅，朝士有清望者多歸之。與尚書僕射謝混，丹陽尹郗僧施尤深相結。裕之伐南燕也，朝議皆謂不可，毅尤固止之。見宋書謝景仁傳。盧循之逼，毅欲往討，裕與毅書曰：「吾往與妖賊戰，曉其變態。今修船垂畢，將居前撲之。克平之日，上流之任，皆以相委。」又遣毅從弟藩往止之。毅大怒，謂藩曰：「我以一時之功相推耳，汝便謂我不及劉裕也？」投書於地，遂以舟師發姑孰。盧循自蔡洲南走，毅固求追討。長史王誕密白裕曰：「毅與公同起布衣，一時相推耳。既已喪敗，不宜復使立功。」其欲爭立功名，以收物望，彼此亦相若也。盧循平後，毅求督江州，裕卽如所欲與之。時江州刺史爲庾悅，毅數相挫辱，悅不得志，遂以疽發背卒。史言毅微時爲悅所侮，以此致憾，其實亦未必然，悅爲裕所親任，毅或有意相摧折耳。義熙八年四月，劉道規以疾求歸，以毅刺荊，道規刺豫。毅至江陵，乃以其輒取江州兵及留西府文武萬餘不遣，又告疾，請兗州刺史劉藩爲副爲罪狀，自往討之。時藩入朝，收之，及謝混並於獄賜死。遣參軍王鎮惡前發，詐稱劉兗州上襲毅。毅自縊死。裕至江陵，又殺郗僧施焉。時爲南蠻校尉。

裕之討劉毅，以諸葛長民監留府事，而加劉穆之建武將軍，置佐吏，配給資力以防之。長民詒劉敬宣書曰：「異端將盡，世路方夷，富貴之事，相與共之。」敬宣使以呈裕。九年二月，裕自江陵還，前刻至日，輒差其期，既而輕舟逕進，潛入東府。見第三章第九節。明旦，長民至門，裕伏壯士丁旿於幔中，引長民進語，旿自後拉而殺之。幷誅其弟黎民。小弟幼民，逃於山中，追禽戮之。

司馬休之之自南燕還也，裕以爲荊州刺史。桓振復襲江陵，休之戰敗，免官。劉毅誅，復以休之爲荊州刺史。休之宗室之重，又得江、漢人心。其子文思，嗣休之兄尙之，襲封譙王。在京師，招集輕俠。十年，裕誅其黨，送文思付休之。休之表廢文思，與裕書陳謝。雍州刺史魯宗之，常慮不爲裕所容，與休之相結。十一年，正月，裕收休之次子文寶、兄子文祖，並於獄賜死。率衆軍西討。宗之自襄陽就休之，共屯江陵。使文思及宗之子竟陵大守軌距裕。竟陵，見第三章第九節。江夏大守劉虔之邀之，江夏見第三章第四節。軍敗見殺。裕命彭城內史徐逵之、彭城，見第五章第四節。逵之湛之父。宋書湛之傳作達之，胡藩傳及南史諸傳並作逵之。參軍王允之出江夏口，在今湖北公安縣東。復爲軌所敗，並沒。時裕軍泊馬頭，見第三節。即日率衆軍濟江。江津岸峭，壁立數丈，休之臨岸置陳，無由可登。裕呼參軍胡藩令上。藩有疑色。裕怒，命左右錄來，欲斬之。藩不受命，顧曰：「藩寧前死耳。」以刀頭穿岸，少容脚指，於是徑上。隨之者稍多。既得登岸，殊死戰。賊不能當，引退。因而乘之，一時奔散。休之等先求援於秦、魏。秦遣姚成王、司馬國璠率騎八千赴之。國璠者，安平獻王孚後，先與弟叔璠俱奔秦者也。至南陽，見第三章第四節。魏長孫嵩至河東，見第二章第二節。聞休之敗，皆引歸。休之、文思、宗之、軌等並奔於秦。姚興將以休之爲荊州刺史，任以東南之事。休之固辭，請與魯宗之等擾動襄陽、淮、漢。乃以休之爲鎭南將軍、揚州刺史。宗之等並有拜授。及裕平姚泓，休之等復奔魏長孫嵩軍。時魏遣援泓者。月餘，休之死嵩軍中。據魏書。晉書本傳云：休之將奔於魏，未至道卒，謂其未至魏都，非謂未至魏軍也。又云：文思爲裕所敗而死，則誤。時與休之同投魏者，尙有新蔡王道賜，族屬未詳。晃廢後以道賜襲。晃見第五章第七節。自行歸魏者，又有汝南王亮之後準，亮見第二章第二節。準弟景之、國璠、叔璠，及自云元顯子之天助。

國璠，魏爵爲淮南公，道賜爵池陽子。文思與國璠等不平，而僞親之，引與飲燕。國璠性疏直，因醉語文思：將與溫楷（亦與休之同奔魏。）及三城胡酋王珍、曹栗等外叛。（三城見第六章第七節。）因說魏都豪彊可與謀者數十人。文思告之，皆坐誅。然則文思似確有凶德，非盡劉裕誣之也。又有司馬楚之者，宣帝弟大常馗之八世孫。劉裕誅夷司馬氏，戚屬楚之叔父宣期、兄貞並見殺。楚之亡匿諸沙門中，濟江，西入竟陵蠻中。休之敗，亡於汝、潁之閒。楚之少有英氣，能折節待士，與司馬順明、道恭等所在聚黨。（參看下節。）及裕代晉，楚之收衆據長社。（秦縣，在今河南長葛縣西。）歸之者常萬餘人。裕遣刺客沐謙刺之。楚之待謙甚厚，謙遂委身事之。宋永初三年，魏奚斤略地河南，楚之遂請降，助之猾夏。案宋武帝之興，實能攘斥夷狄；卽以君臣之義論，「布衣匹夫，匡復社稷，」（司馬休之表語。）其功亦爲前古所未有。孔子之稱齊桓也，曰：「微管仲，吾其被髮左衽矣，」宋武當之，蓋無媿焉。不念其匡維華夏之功，徒以一姓之私，事仇而圖反噬，休之等之罪，固不容於死矣。當時晉宗室爲宋武所誅者，尚有梁王珍之、（遜孫，遜，武陵威王晞子。晞見第五章第七節。）珦之。（西陽王羕玄孫，爲會稽思世子道生後。道生，簡文帝之子也。）義熙中，有稱元顯子秀熙，避難蠻中而至者。道子妃請以爲嗣。宋武意其詐，案驗之，果散騎郎滕羨奴也。坐棄市。道子妃哭之甚慟。此事之眞僞，亦無以言之。然觀於休之等之紛紛反噬，則除惡固不可不務盡也。

第七節　宋武暫平關中

晉書姚興載記云：劉裕誅桓玄，遣參軍衡凱之詣姚顯請通和，顯遣吉默報之，自是聘使不絕。晉求南鄉諸郡，與許之，遂割南鄉、順陽、新野、舞陰等十二郡歸於晉。南鄉，見第六章第五節。順陽，見第三章第九節。新野，見第三章第三節。舞陰，漢縣，在今河南泌陽縣北。此等皆輿置以爲郡。蓋時桓氏遺孽歸秦者多，劉裕恐其爲患，故欲暫與通和；而輿亦外患方殷，未能惡於晉；所置諸郡，亦本非其所能守也。然桓氏遺孽，輿卒加以羽翼；譙縱、司馬休之等叛徒，輿亦無不與相影響者：其終不可以久安審矣。故荆、雍既定，輿又適死，而經略關、洛之師遂出。

義熙十二年，劉裕伐秦。八月，發京師。九月，次彭城。見第五章第四節。使王仲德督前鋒諸軍事，以水師入河。檀道濟、王鎮惡向洛陽。劉遵考、沈林子出石門。見第五章第一節。朱超石、胡藩向半城。亦作畔城。據魏收地形志，在平原郡聊城縣。案聊城，漢縣，在今山東聊城縣西北。咸受統於仲德。道濟、鎮惡自淮、肥步向許、洛。羌緣道城守，皆望風降服。沈林子自汴入河，攻倉垣，見第三章第四節。僞兗州刺史韋華率衆歸順。仲德從陸道至梁城。見第二章第三節。魏兗州刺史尉建棄州北渡。仲德遂入滑臺。見第六章第五節。十月，衆軍至洛陽。王師之出，秦姚紹、姚恢等方討勃勃，取安定。見第二章第二節。紹還長安，言於泓曰：「安定孤遠，卒難救衛，宜遷諸鎮戶內實京畿，可得精兵十萬。」左僕射梁喜曰：「關中兵馬，足距晉師。若無安定，虜馬必及於郿、雍。」郿，見第六章第九節。雍，見第三章第五節。泓從之。吏部郎懿橫言：「恢於廣平之難有忠勳，未有殊賞。今外則置之死地，內則不豫朝權；安定人自以孤危逼寇，思南遷者十室而九；若恢擁精兵四萬，鼓行而向京師，得不爲社稷之累乎？宜徵還朝廷。」泓曰：「恢若懷不逞之心，徵之適所以速禍耳。」又不從。王師至成皋，見第三章第四節。姚洸時鎮洛陽，馳使請救。泓遣其越騎校尉閻生率騎三千赴之；武衞姚益男將步卒一萬，助守洛陽。又遣其征東并州牧姚懿，南屯陝津，見第六章第一節。懿時鎮蒲阪，蒲阪，見第三章第四節。爲之聲援。洸部將趙玄說洸：「攝諸戍兵士，固守金墉。見第三章第二節。金墉既固，師無損敗，吳寇終不敢越我而西。」時洸司馬姚禹潛通於檀道濟，主簿閻恢、楊虔等皆禹之黨，固勸洸出戰。洸從之，乃遣玄率精兵千餘，南守柏谷塢，見第六章第五節。廣武石無諱東戍鞏城。見第五章第一節。會陽城及成皋、滎陽、虎牢諸城悉降，陽城，見第六章第五節。滎陽，見第二章第二節。虎牢，見第四章第二節。道濟等長驅而至。無諱至石關，胡三省曰：偃師縣西南有漢廣野君酈食其廟，廟東有二石闕。奔還。玄與毛德祖戰，敗死。德祖，王鎮惡之司馬。姚禹踰城奔於王師。道濟進至洛陽，洸懼，遂降。時閻生至新安，益男至湖城，遂留不進。新安、湖城，皆見第三章第三節。姚懿司馬孫暢，勸懿襲長安，誅姚紹，廢泓自立。懿納之。乃引兵至陝津，散穀帛以賜河北夷夏。泓遣姚讚及冠軍司馬國璠、建義蛇玄屯陝津，武衛姚驢屯潼關。見第三章第三節。懿遂舉兵僭號。姚紹入蒲阪，執懿，囚之，誅孫暢等。明年，姚恢率安定鎮戶三萬八千趣長安，移檄州郡，欲除君側之惡。姚紹、姚讚赴難，擊破之，殺恢及其三弟。

是歲正月，劉裕以舟師發彭城。王鎮惡至宜陽。見第三章第四節。檀道濟、沈林子攻拔襄邑堡。胡三省曰：在秦所分立之河北郡河北縣，晉屬河東。案河東，見第二章第二節。泓建威薛帛奔河東。道濟自陝北渡，攻蒲阪。泓遣姚驢救蒲阪，胡翼度據潼關。又進姚紹督中外諸軍，使率武衛姚鸞等步騎五萬，距王師於潼關。姚驢與泓并州刺史尹昭夾攻檀道濟。道濟深壁不戰。沈林子說道濟曰：「蒲阪城堅，非可卒克，攻之傷衆，守之引日。不如棄之，先事潼關。潼關天限形勝之地，鎮惡孤軍，勢危力寡。若使姚紹據之，則難圖矣。如克潼關，尹昭可不戰而服。」道濟從之，棄蒲阪，南向潼關。姚讚率禁兵七千，自渭北而東進據蒲津。

王仲德之入滑臺也，宣言「本欲以布帛七萬匹，假道於魏，不謂魏之守將，便爾棄城。」魏明元帝聞之，詔其相州刺史叔孫建自河內向枋頭，河內見第二章第二節。枋頭見第四章第二節。以觀其勢。仲德入滑臺月餘，又詔建渡河曜威，斬尉建，投其尸於河。然建亦不能制仲德。明元帝令建與劉裕相聞，以觀其意。裕亦答言：「軍之初舉，將以重幣假途，會彼邊鎮棄守。」明元帝詔羣臣議之。外朝公卿咸曰：「函谷天險，裕舟船步兵，何能西入？脫我乘其後，還路甚難；北上河岸，其行為易；揚言伐姚，意或難測。宜先發軍斷河上流，勿令西過。」又議之內朝，咸同外計。明元帝將從之。崔浩曰：「如此，裕必上岸北侵，則姚無事而我受敵。今蠕蠕內寇，民食又乏；不可發軍。未若假之水道，縱其西入，然後興兵，塞其東歸之路。使裕勝也，必德我假道之惠；令姚氏勝也，亦不失救隣之名。夫為國之計，擇利而為之，豈顧婚姻酬一女子之惠哉？」議者猶曰：「裕西入函谷，則進退路窮，腹背受敵；北上岸，姚軍必不出關助我；揚聲西行，意在北進，其勢然也。」明元帝遂從羣議，遣長孫嵩發兵拒之。時魏泰常二年，即晉義熙十三年二月也。三月，朱超石前鋒入河，魏遣黃門郎鵝青，此據宋書朱齡石傳。魏書作娥清。安平公乙旃眷，襄州刺史托跋道生，青州刺史阿薄干步騎十萬屯河北。常有數千騎，緣河隨大軍進止。時軍人緣河南岸牽百丈，河流迅急，有漂渡北岸者，輒為虜所殺略。遣軍裁過岸，虜便退走，軍還，即復東來。劉裕乃遣白直隊主丁旿，率七百人及車百乘，於河北岸上，去水百餘步，為卻月陳，兩頭抱河。車置七仗士。事畢，使豎一白毦。虜見數百人步牽車上，不解其意，並未動。裕先命朱超石馳往赴之，并齎大弩百張。一車益二十人，設彭排於轅上。虜見營陳既立，乃進圍之。超石先以輭弓小箭射虜。虜以衆少兵弱，四面俱至。明元帝又遣其南平公托跋嵩三萬騎至。托跋嵩卽長孫嵩，魏人後來改氏，史家於其未改時，亦多依所改者書之。遂肉薄攻營。於是百弩俱發，又選善射者叢箭射之。虜衆既多，不能制。超石初行，別齎大鎚，幷千餘張矟，乃斷矟長三四尺，以鎚鎚之，一矟輒洞貫三四虜。虜衆不能當，一時奔潰。臨陳斬阿薄干首。虜退還半城。超石率胡藩、劉榮祖等追之，復爲所圍，奮擊盡日，殺虜千計，虜乃退走。此戰也，以少擊衆，實可謂爲一奇捷，晉可謂師武臣力矣。魏師既敗，遂假晉以道，蓋索虜是時，亦破膽矣。魏書長孫嵩傳：大宗假嵩節，督山東諸軍事，傳詣平原，緣河岸列軍，次於畔城，軍頗失利，詔假裕道。于栗磾傳：鎭平陽。劉裕之伐姚泓也，栗磾慮其北擾，遂築壘於河上，親自守焉。裕遺栗磾書，假道西上，栗磾表聞，大宗許之。平原見第二章第三節。平陽見第二章第二節。

魏人既許假道，劉裕遂至洛陽，使沈田子入上洛。見第三章第五節。進及青泥。姚泓使姚和都屯堯柳以備之。青泥、堯柳皆見第五章第六節。姚紹以大衆逼檀道濟，道濟固壘不戰。紹欲分軍據閿陽，鄉屬湖縣，今河南閿鄉縣。斷其糧道。胡翼度言：軍勢宜集，若偏師不利，則人心駭懼。紹乃止。紹旋歐血死。以後事託姚讚。衆力猶盛。劉裕至湖城，見第三章第三節。讚乃引退。七月，裕次陝城，遣沈林子從武關入，武關見第三章第三節。會田子於青泥。姚泓欲自擊大軍，慮田子襲其後，欲先平田子，然後傾國東出。八月，使姚裕率步騎八千距田子，躬將大衆隨其後。裕爲田子所敗，泓退還灞上。見第五章第六節。關中郡縣，多潛通於王師。劉裕至潼關。薛帛據河曲叛泓，裕遣朱超石、徐猗之會帛攻蒲阪，克之。賊以我衆少，復還攻城。猗之遇害，超石奔潼關。王鎭惡率水軍入渭。姚彊屯兵河上，姚難屯香城，在渭水北蒲津口。爲鎭惡所逼，引而西。姚泓自灞上還次石橋以援之。石橋，在長安東北。姚彊、姚難陳於涇上。鎭惡遣毛德祖擊彊，彊戰死。難遁還長安。鎭惡直至渭橋，在長安北。棄船登岸。時姚丕守渭橋，爲鎭惡所敗，泓自逍遙園赴之。逍遙園，在長安東北。逼水地狹，因丕之敗，遂相踐而退。泓奔石橋。讚衆亦散。泓將妻子詣壘門降。讚率子弟、宗室百餘人亦降。劉裕盡誅之。餘宗遷於江南。送泓於建康，斬於市。

秦之未亡也，晉齊郡大守王懿降於魏，齊郡，見第二章第三節。上書陳計，謂劉裕在洛，以軍襲其後路，可不戰而克。魏明元帝善之。魏書崔浩傳。姚讚亦遣司馬休之及司馬國璠自軹關向河內，軹關，見第五章第一節。引魏軍以躡裕後。於是明元帝勅長孫嵩：「簡精兵爲戰備。若裕西過，便率精銳南出彭、沛，沛，見第三章第一節。如不時過，但引軍隨之。彼至崤、陝閒，崤山，見第五章第一節。必與姚泓相持，一死一傷，衆力疲敝，比及秋月，徐乃乘之。」於是嵩與叔孫建自成皋南濟。裕克長安，乃班師。蓋魏人不意秦之亡如是其速也。然明元帝亦不武，不如勃勃之慓銳，故劉裕不能久駐長安而關中遂入於夏。

宋書武帝紀云：公之初克齊也，欲停鎭下邳，淸蕩河、洛，以盧循之亂不果。及平姚秦，又欲息駕長安，經略趙、魏，以劉穆之卒乃歸。穆之者，東莞莒人，莒，見第六章第八節。世居京口。見第四章第二節。高祖起兵，爲府主簿。從平京邑，高祖始至，諸大處分，倉卒立定，並所建也。遂委以心腹之任，動止諮焉。穆之才甚敏，本傳云：穆之與朱齡石並便尺牘，常於高祖坐與齡石答書，自旦至中，穆之得百函，齡石得八十函，而穆之應對無廢。又言高祖伐秦時，穆之內總朝政，外供軍旅，決斷如流，事無擁滯。賓客輻湊，求訴百端，內外諮渠盈階滿室，目覽辭訟，手答牋書，耳行聽受，口並酬應，不相參涉，皆悉贍舉。而亦竭節盡誠，無所遺隱。從征廣固，還拒盧循，常居幕中畫策，決斷衆事。高祖西討劉毅，以諸葛長民監留府，總攝後事，留穆之以輔之，加建威將軍，置佐吏，配給資力。西伐司馬休之，以中弟道憐知留任，事無大小，一決穆之。十二年北伐，留世子爲中軍將軍，監大尉留府，轉穆之左僕射，領監軍、中軍二府軍司，將尹蓋恃爲留守之長城矣。穆之以十三年十一月卒，以司馬徐羨之代管留任。於時朝廷大事，當決穆之者，並悉北諮；穆之前軍府文武二萬人，以三千配羨之建威府，餘悉配世子中軍府；其倚任，遠非穆之之比矣。穆之之歿，高祖表天子曰：「豈惟讜言嘉謀，溢於民聽。若乃忠規遠畫，潛慮密謀，造膝詭辭，莫見其際。功隱於視聽，事隔於皇朝，不可勝記。」此與魏武帝之惜荀文若正同。一代革易之際，必以武人位於大君，此不過藉其獷悍之氣，以肅清寇盜，駕馭武夫，至於改絃更張，所以掃除穢濁，而開百年郅治之基者，必藉有文學之士以爲之輔。此其功，與武人正未易軒輊，特不如武人之赫赫在人耳目耳。然當革易之際，能爲大君而開一代之治者，亦必非獷悍寡慮之流，不過武功文治，各有專長，不得不藉文人以爲之輔。既相須之孔殷，自相得而益彰，其能相與有成，亦斷非徒爲一身之計也。宋書王弘傳言：弘從北征，前鋒已平洛陽，而未遣九錫，弘銜使還京師，諷旨朝廷。時劉穆之掌留任，而旨從北來，穆之愧懼，發病，遂卒。此眞以小人之腹，度君子之心，與謂荀文若不得其死者無異。張邵傳言：武帝北伐，邵請見曰：「人生危脆，必當遠慮。穆之若邂逅不幸，誰可代之？」可見穆之之罹疾已久矣。南史言武帝受禪，每歎憶穆之，曰：「穆之不死，當助我理天下。可謂人之云亡，邦國殄瘁。」又豈專爲一身起見哉！十二月，裕發長安，以弟二子義眞爲雍州刺史，留鎭，而留腹心將佐以輔之。以王脩爲長史。義眞時年十二耳。十四年，正月，裕至彭城，復以劉遵考爲并州刺史，鎭蒲阪。遵考，裕族弟也，裕時諸子並弱，宗族惟有遵考，故用焉。赫連勃勃聞裕東歸，大悅。問取長安之策於王買德。買德敎以置游兵，斷青泥、上洛之路，杜潼關、嶠陝，而以大兵進取長安。勃勃善之。以子璝都督前鋒諸軍事，率騎二萬，南伐長安；子昌屯兵潼關；買德南斷青泥；而勃勃率大軍繼發。義眞中兵參軍沈田子與司馬王鎭惡拒之北地。見第二章第二節。田子素與鎭惡不協，矯劉裕令，請鎭惡計事，於坐殺之。王脩收殺田子。治中從事史傅弘之擊赫連璝，大破之，夏兵退。義眞年少，賜與不節，王脩每裁減之，左右並怨。白義眞曰：「鎭惡欲反，故田子殺之；脩今殺田子，是又欲反也。」義眞乃使左右劉包等殺脩。脩既死，人情離駭，無相統一。於是悉召外軍入於城中，閉門距守。關中郡縣，悉降於夏。勃勃進據咸陽，見第六章第四節。長安樵采路絕，不可守矣。十月，劉裕遣朱齡石代義眞。敕齡石：「若關右必不可守，可與義眞俱歸。」諸將競斂財貨，多載子女，方軌徐行。傅弘之謂宜棄車輕行，不從。晉書勃勃載記云：「義眞大掠而東，百姓遂逐朱齡石而迎勃勃入於長安，」豈不痛哉？赫連璝率衆三萬，追擊義眞，至青泥，爲所及。蒯恩斷後，被執，死於虜中。恩時遣入關迎義眞者。毛脩之、傅弘之並沒於虜。脩之夏亡沒於魏，弘之，勃勃逼令降，不屈，時天寒，裸之，叫罵見殺。王敬先戍潼關之曹公壘，朱齡石率餘衆就之。虜斷其水道，衆渴不能戰，城陷，被執至長安，皆見殺。劉裕遣朱超石慰勞河、洛，始至蒲阪，值齡石棄長安去，濟河就之，亦與齡石並陷虜見殺。劉遵考南還，代以毛德祖。義眞中兵參軍。勃勃遣其將叱奴侯提率步騎三萬攻之，德祖奔洛陽。關中遂沒。

宋書武三王傳曰：高祖聞青泥敗，未得義眞審問。有前至者，訪之，並云：「闇夜奔敗，無以知其存亡。」高祖怒甚，刻日北伐。謝晦諫，不從。及得段宏啓事，知義眞已免，乃止。宏義眞中兵參軍，以義眞免者。此淺之乎測丈夫者也。高祖即善怒，豈以一子，輕動干戈？鄭鮮之傳云：佛佛虜陷關中，高祖復欲北討，鮮之上表諫曰：「虜聞殿下親御大軍，必重兵守潼關。若陵威長驅，臣實見其未易；若輿駕頓洛，則不足上勞聖躬。賊不敢乘勝過陝，遠慴大威故也。若輿駕造洛而反，凶醜更生揣量之心，必啓邊戎之患。江南顒顒，忽聞遠伐，不測師之深淺，人情恐懼，事又可推。往年西征，劉鍾危殆；伐司馬休之時，以劉鍾領石頭戍事，屯冶亭，有盜數百夜襲之，京師震駭，鍾討平之。冶亭在建康東。前年劫盜破廣州，人士都盡；三吳心腹之內，諸縣屢敗，三吳見第三章第九節。皆由勞役所致。又聞處處大水，加遠師民斂，敗散自然之理。殿下在彭城，劫盜破諸縣，事非偶爾，皆是無賴凶慝。凡順而撫之，則百姓思安；違其所願，必爲亂矣。」此當時不克再舉之實情。王仲德傳云：高祖欲遷都洛陽，衆議咸以爲宜。仲德曰：「非常之事，常人所駭。今暴師日久，士有歸心，固當以建業爲王基。俟文軌大同，然後議之可也。」帝深納之。武三王傳亦言高祖之發長安，諸將行役既久，咸有歸願，止留偏將，不足鎮固人心，故以義眞留鎮。洛陽不能久駐，而況長安？將士不免思歸，而況氓庶？勢之所限，雖英傑無如之何。南史謝晦傳言：武帝聞咸陽淪沒，欲復北伐，晦諫以士馬疲怠，乃止。與武三王傳之言適相反，固知史之所傳，不必其皆可信也。

世皆訾宋武之南歸，由其急於圖篡，以致「百年之寇，千里之土，得之艱難，失之造次，使豐鄗之都，復淪寇手，」司馬光語，見通鑑。此乃王買德對赫連勃勃之辭，非敵國誹謗之言，則史家傅會之語，初非其實。宋武代晉，在當日業已勢如振槁，即無關、洛之績，豈慮無成？苟其急於圖篡，平司馬休之後，逕篡可矣，何必多此伐秦一舉？武帝之於異己，雖云肆意翦除，亦特其庸中佼佼者耳，反側之子必尙多。劉穆之死，後路無所付託，設有竊發，得不更詒大局之憂？欲攘外者必先安內，則武帝之南歸，亦不得訾其專爲私計也。義眞雖云年少，留西之精兵良將，不爲不多。王鎮惡之死，事在正月十四日，而勃勃之圖長安，仍歷三時而後克，可見兵力實非不足。長安之陷，其關鍵，全在王脩之死義眞之信讒，庸非始料所及，此尤不容苛責者也。惟其經略趙、魏，有志未遂，實爲可惜。當時異族在中原之地者，皆已力盡而斃，惟鐵弗、拓跋二虜，起於塞北，力較厚而氣較雄；而拓跋氏破後燕後，尤爲土廣而人衆。所以清定之者，實不當徒恃河南爲根基，而斷當經營關中與河北，以非如是則勢不相及也。此觀於後來元嘉之喪敗而可知。武帝平秦之日，拓跋氏實無能爲；鐵弗氏之兵力亦極爲有限。拓跋氏雖因力屈假道，初實爲秦形援，後又侵擾河南，伐之實爲有辭。鐵弗氏必不敢動。秦涼諸國，一聞王師入關，早已膽落。乞伏熾磐曾使求自效。沮渠蒙遜，猾夏最深，然朱齡石遣使招之，亦嘗上表求爲前驅。見第八節。當時此諸國者，未嘗不可用之以威勃勃。而鐵弗氏與拓跋氏，本屬世讎；勃勃惟利是視；苟有事於拓跋氏，亦未必不可驅之使與我相犄角。然則宋武設能留駐北方二三年，拓跋嗣或竟爲什翼犍之續，亦未可知也。惟即如是，五胡亂華之禍，是否即此而訖，亦未可定。崔浩之爲拓跋嗣策中國也，曰：「秦地戎夷混并，虎狼之國，劉裕亦不能守之。孔子曰：善人爲邦百年，可以勝殘去殺。今以秦之難制，一二年間，豈裕所能哉？且可治戎束甲，息民備境，以待其歸，秦地亦當終爲國有。」浩實乃心華夏者，其爲此言，蓋所以息索虜之覬覦，而非爲之計深遠，說別詳後。然於關中之情形，亦頗有合。宋武之平姚秦，已迫遲暮，其能竟此大業與否，亦可疑也。宋武之所闕，仍在於其度量之不弘。大抵人勳業所就，恆視乎其所豫期。長安之所以不守，實由將士之思歸，及其貪暴，王鎮惡傳：是時關中豐盈，倉庫殷積，鎭惡極意收斂子女玉帛不可勝計。觀於義眞敗後，諸將尙競斂財貨，多載子女，方軌徐行，則平時極意收斂者正不止鎭惡一人也。而其所以如此，則平時之所以自期待者使之。神州陸沈，既百年矣，生斯土者，孰非其奇恥大辱？使爲之率將者，果有恢復境壤，拯民塗炭之心，自不以消除關洛爲已足；上之所好，下必甚焉，爲其所卵翼裁成者，自亦不敢啓思歸之念，懷欲貨之思矣。王鎭惡之至潼關也，姚紹率大衆距險，深溝高壘以自固。鎭惡縣軍遠入，轉輸不充，將士乏食，馳告高祖，求發糧援。時高祖緣河，索虜屯據河岸，軍不得前。高祖初與鎭惡等期，克洛陽後，須大軍至；及是，呼所遣人，開舫北戶，指河上虜示之曰：「我語令勿進，而輕佻深入，岸上如此，何由得遣運？」此時王師實爲一大危機，而鎭惡親到弘農，督上民租，百姓競送義粟，軍遂復振。高祖將還，三秦父老詣門流涕訴曰：「殘民不沾王化，於今百年。始覩衣冠，方仰聖澤。長安十陵，是公家墳墓；咸陽宮殿數千間，是公家屋宅；舍此欲何之？」義眞進督東秦時，隴上流人多在關中，望因大威，復歸本土，及置東秦，父老知無復經略隴右、固關中之意，咸共歎息。王鎭惡之死也，沈田子又殺其兄弟及從弟七人，惟鎭惡弟康逃藏得免。與長安徙民張旰醜、劉雲等唱集義徒，得百許人，驅率邑郭僑戶七百餘家，共保金墉，爲守戰之備。時有邵平率部曲及并州乞活千餘戶屯城南，迎亡命司馬文榮爲主。又有亡命司馬道恭自東垣見第六章第五節。率三千人屯城西，亡命司馬順明五千人屯陵雲臺。順明遣刺殺文榮，平復推順明爲主。又有司馬楚之屯柏谷塢。索虜野坂城主黑矟公卽于栗磾。遊騎在芒上。北邙山，在洛陽東北。攻逼交至。康堅守六旬，救軍至，諸亡命乃各奔散。蓋遺黎之可用如此：關中誠如崔浩言，戎夷混并，然漢人之能爲國宣力者實更多。卽戎夷亦非無可用，此又證以後來柳元景之出師，蓋吳之反魏而可知者也。義眞之歸也，將鎭洛陽，而河南蕭條，未及修理，乃改除揚州刺史。毛德祖全軍而歸，以爲滎陽、京兆大守，尋遷司州刺史，戍虎牢。此等兵力，其不足以固河南審矣。鄭鮮之言：「西虜或爲河洛之患，今宜通好北虜，則河南安；河南安，則濟、泗靜」，蓋至此而徙保河南，棄置河北之勢成矣，哀哉。

第八節 魏并北方

宋武帝旣棄關中，其明年，遂受晉禪，受禪後三年而崩。子少帝立，爲徐羡之等所廢。文帝繼位，初則謀誅永平逆黨，繼又因彭城王專權，盡力謀誅劉湛等，經略之事，匪皇顧慮；而其時北魏大武帝繼立，剽悍之氣，非復如明元之僅圖自守，北方諸國，遂悉爲所并，欲圖恢復益難矣。自晉義熙十四年棄關中，至宋元嘉十六年魏滅北涼，盡并北方，其間凡二十二年，中國實坐失一不易再得之機會也。今略述北方諸國及其爲魏所并之事，以終晉世北方分裂之局。

禿髮傉檀旣得姑臧，徵集戎夏之兵五萬餘人，大閱於方亭。地屬顯美。顯美，漢縣，在今甘肅永昌縣東。遂伐沮渠蒙遜，入西陜。蒙遜率衆來距，戰於均石，爲蒙遜所敗。蒙遜攻西郡，陷之。胡三省曰：均石，在張掖之東，西陜之西，蓋西郡界。案西郡，見第二章第二節。赫連勃勃初僭號，求昏於傉檀，傉檀勿許。勃勃怒，率騎二萬伐之，自陽非至於支陽，三百餘里，殺傷萬餘人，驅掠二萬七千口，牛馬羊數十萬而還。陽非亭，在今甘肅永登縣西。支陽，漢縣。胡三省引劉昫曰：唐蘭州廣武縣。杜佑曰：唐會州會寧縣。案廣武，見第五章第二節。會寧，在今甘肅靖遠縣東北。傉檀率衆追之，戰於陽武，峽名，在靖遠縣境。爲勃勃所敗，將佐死者十餘人。傉檀與數騎弃南山，胡三省曰：支陽之南山，本紀事在義熙三年十一月。幾爲追騎所得。傉檀懼東西寇至，徙三百里內百姓入於姑臧。國中駭怨。屠各成七兒因百姓之擾，率其屬三百人叛，軍諮祭酒梁裒、輔國司馬邊憲等七人謀反，傉檀悉誅之。姚興乘機，遣其子弼及斂成等率步騎三萬來伐，又使姚顯爲弼等後繼。遣傉檀書云遣齊難討勃勃，懼其西逸，故令弼等於河西邀之。傉檀以爲然，遂不設備。弼陷昌松，見第六章第六節。至姑臧，屯於西苑。姑臧有東西苑城，見第六章第六節。州人王鍾、宋鍾、王娥等密爲內應。候人執其使送之。傉檀欲誅其元首，前軍伊力延侯曰：「今强敵在外，內有姦豎，兵交勢蹙，禍難不輕，宜悉阬之，以安內外。」傉檀從之，殺五千餘人，以婦女爲軍賞。命諸郡縣，悉驅牛羊於野。斂成縱兵虜掠，傉檀遣十將率騎分擊，大敗之。姚弼固壘不出。姚顯聞弼敗，兼道赴之，委罪斂成，遣使謝傉檀，引師而歸。傉檀於是僭即涼王位。紀在義熙四年十一月。遣其左將軍枯木、駙馬都尉胡康伐沮渠蒙遜，掠臨松人千餘戶而還。蒙遜大怒，率騎五千，至於顯美方亭，徙數千戶而還。傉檀大尉俱延伐蒙遜，又大敗歸。傉檀將親伐之。尙書左僕射趙晁及大史令景保諫。傉檀曰：「吾以輕騎五萬伐之。蒙遜若以騎兵距我，則衆寡不敵；兼步而來，則舒疾不同。救右則擊其左，赴前則攻其後，終不與之交兵接戰，卿何懼乎？」既而戰於窮泉，十六國疆域志云在昌松。傉檀大敗，單馬奔還。紀義熙六年三月。蒙遜進圍姑臧。百姓懲東苑之戮，即王鍾等之誅。悉皆驚散。傉檀遣使請和，以司隸校尉敬歸及子他爲質。歸至胡阬，逃還，他爲追兵所執。胡阬，胡三省曰：在姑臧西。蒙遜徙八千餘戶而歸。右衞折掘奇鎭據石驢山以叛。胡三省曰：石驢山，在姑臧西南，屬晉昌郡界。案晉昌，晉郡，在今甘肅安西縣東。傉檀懼爲蒙遜所滅，又慮奇鎭克嶺南，乃遷於樂都。今青海樂都縣。留大司農成公緒守姑臧。焦諶等閉門作難，推焦朗爲大都督，謀爲涼州刺史。蒙遜攻克之。通鑑在義熙七年二月。晉書云宥朗。宋書蒙遜傳云：義熙八年，蒙遜攻焦朗，殺之，據姑臧。蓋因蒙遜遷居姑臧而追敘其攻克之事。遂伐傉檀，圍樂都，三旬不克。傉檀以子安周爲質，蒙遜引歸。傉檀又將伐蒙遜。邯川護軍孟愷諫，不從。邯川城，在今青海巴燕縣黃河北岸。五道俱進，至番和、苕藋，掠五千餘戶。番和，漢縣，後涼置郡，在今甘肅永昌縣西。苕藋，在張掖東。其將屈右勸其倍道還師，早度峻險。衛尉伊力延曰：「彼徒我騎，勢不相及。若倍道還師，必捐棄資財，示人以弱，非計也。」俄而昏霧風雨，蒙遜軍大至，傉檀敗績而還。蒙遜進圍樂都。傉檀嬰城固守，以子染干爲質，蒙遜乃歸。久之，蒙遜又攻樂都，二旬不克。蒙遜遷於姑臧。義熙八年，僭卽河西王位。傉檀弟湟河大守文支湟河，見第六章第六節。降蒙遜，蒙遜又來伐。傉檀以大尉俱延爲質，蒙遜引還。通鑑在義熙九年四月。傉檀議欲西征乙弗，孟愷諫曰：「連年不收，上下饑弊，遠征雖克，後患必深。不如結盟熾磐，通糴濟難；慰喩雜部，以廣軍資；畜力繕兵，相時而動。」傉檀謂其大子虎臺曰：虎臺，從魏書。晉書作武臺，乃唐人避諱改。「今不種多年，內外俱窘，事宜西行，以拯此弊。蒙遜近去，不能卒來。旦夕所慮，惟在熾磐。彼名微衆寡，易以討禦。吾不過一月，自足周旋。汝謹守樂都，無使失墜。」乃率騎七千襲乙弗，大破之，獲牛馬四十餘萬。熾磐果率步騎二萬乘虛來襲。撫軍從事中郎尉肅言於虎臺曰：「外城廣大，難以固守，宜聚國人於內城，肅等率諸晉人距戰於外。如或不捷，猶有萬全。」虎臺懼晉人有貳心也，乃召豪望有謀勇者，閉之於內。孟愷泣曰：「愷等進則荷恩重遷，退顧妻子之累，豈有二乎？今事已急矣，人思自效，有何猜邪？」一旬而城潰。烏孤子樊尼，自西平奔告傉檀。西平，見第二章第二節。傉檀謂衆曰：「今樂都爲熾磐所陷，男夫盡殺，女婦賞軍，雖欲歸還，無所赴也。卿等能與吾藉乙弗之資，取契汗以贖妻子，是所望也。不爾，卽歸熾磐，便爲奴僕矣，豈忍見妻子在他人抱中？」遂引師而西。衆多逃返，遣鎭北段苟追之，苟亦不還。於是將士皆散，惟中軍紇勃、後軍洛肱、安西樊尼、散騎侍郞陰利鹿在焉。傉檀曰：「蒙遜與吾名齊年比，熾磐姻好少年，俱其所忌，勢皆不濟。與其聚而同死，不如分而或全。樊尼，長兄之子，宗部所寄，吾衆在北者戶垂二萬，蒙遜方招懷遐邇，存亡繼絕，汝其西也。紇勃、洛肱亦與尼俱。吾年老矣，所適不容，寧見妻子而死。」遂歸熾磐。惟陰利鹿隨之。歲餘，爲熾磐所鴆。案好戰者必亡，其傉檀之謂乎？晉書載記云「烏孤以安帝隆安元年僭立，至傉檀之世，凡十九年，以安帝義熙十年滅。」本紀亦繫傉檀之亡於義熙十年六月。案自隆安元年至義熙十年，止十八年。乞伏熾磐載記云：「熾磐以義熙六年襲僞位，」本紀在八年。又云：「僭立十年而入樂都，」則當爲元熙元年，年歲相距大遠矣。疑僭立二字衍，而禿髮氏載記之「凡十九年，」當作十八也。通鑑云：傉檀之死也，沮渠蒙遜遣人誘虎臺，許以番禾、西安二郡處之，西安，後涼郡，在張掖東南。且借之兵，使伐秦，報其父讎，復取故地。虎臺陰許之，事泄而止。熾磐后，虎臺妹也，熾磐待之如初。后密與虎臺謀曰：「秦本我之仇讎，雖以昏姻待之，蓋時宜耳。先王之薨，又非天命，遺令不治者，欲全濟子孫故也。胡三省曰：不治，謂被鴆而不解也。爲人子者，豈可臣妾於仇讎，而不思報復乎？」乃與武衞將軍越質洛成謀弒熾磐。后妹爲熾磐左夫人，知其謀而告之。熾磐殺后及虎臺等十餘人。事在宋景平元年。

乞伏熾磐既兼禿髮傉檀，兵强地廣。沮渠蒙遜遣其將運糧於湟河，自率衆攻克熾磐之廣武郡。見第五章第二節。

以運糧不繼，自廣武如湟河，度浩亹。見第二章第二節。熾磐遣將距之，皆爲蒙遜所敗。蒙遜以弟漢平爲湟河大守，乃引還。熾磐率衆三萬襲湟河，漢平降。義熙十一年。熾磐攻湿川，西秦郡，在今青海東南境。師次沓中。在今甘肅臨潭縣西。蒙遜攻石泉以救之，石泉縣名，十六國疆域志云：屬湿川。熾磐引還，蒙遜亦歸，遣使聘於熾磐，遂結和親。

西涼立國酒泉，與蒙遜形勢甚逼。晉書本傳云：「蒙遜每年侵寇不止，玄盛志在以德撫其境內，但與通和立盟，弗之校也。尋而蒙遜背盟來侵，玄盛遣世子士業要擊，敗之，暠世子譚早卒，立次子歆爲世子，歆字士業。獲其將沮渠百年。本紀在義熙七年十月。玄盛謂張氏之業，指期而成，河西十郡，歲月而一，既而禿髮傉檀入據姑臧，且渠蒙遜基宇稍廣，於是慨然著述志賦焉。」蓋其勢實最弱也。義熙十三年二月，暠卒，子歆嗣。此據晉書本紀。宋書且渠蒙遜傳云五月。蒙遜遣其張掖大守且渠廣宗詐降誘歆，歆遣武衞溫宜等赴之，親勒大軍爲之後繼。蒙遜帥衆三萬伏於蓼泉。胡三省曰：新唐書地理志：張掖郡西北百九十里有祁連山，山北有建康軍，軍西百二十里有蓼泉守捉城。歆聞之，引兵還，爲蒙遜所逼，歆親貫甲先登，大敗之。宋書蒙遜傳云：歆伐蒙遜，至建康，蒙遜拒之。歆退走，追到西支澗，蒙遜大敗，死者四千餘人。乃收餘衆增築建康城，置兵戍而還。晉書蒙遜載記云：蒙遜爲李士業敗於解支澗，復收散卒欲戰，前將軍成都諫，蒙遜從之，城建康而歸。建康見第六章第六節。解支澗，胡三省曰：「晉書作鮮支澗，當從之。」然今晉書作解支澗，十六國疆域志亦同。明年，蒙遜大伐歆。歆將出距之，左長史張體順固諫，乃止。蒙遜大芟禾稼而還。通鑑在義熙十四年。歆用刑頗峻，又繕築不止，從事中郎張顯、主簿氾稱疏諫，並不納。永初元年七月，據宋書且渠蒙遜傳。蒙遜東略浩亹，歆承虛攻張掖。其母尹氏及宋繇固諫，並不從。繇，暠臣受顧命者。遂率步騎三萬東伐，次於都瀆澗。十六國疆域志引通志云：

在蓼泉西。蒙遜自浩亹來距戰於壤城，十六國疆域志云：在福祿縣。福祿，見第三章第七節。爲蒙遜所敗。勸衆復戰，又敗於蓼泉，被害。蒙遜遂入酒泉。歆弟敦煌大守恂，據郡自稱大將軍。十月，蒙遜遣世子正德攻之，不下。明年正月，蒙遜自往，築長堤，引水灌城，數十日又不下。三月，恂武衛將軍宋丞、廣武將軍弘舉城降。恂自殺，李氏亡。歆之亡在永初元年，本傳云：士業立年而宋受禪，誤。故又云其滅在永平元年，皆誤多三年。

赫連勃勃既陷長安，遂僭稱皇帝。魏書在泰常三年，即晉義熙十四年。北史在泰常四年，即晉元熙元年。羣臣勸都長安。勃勃曰：「荆吳僻遠，勢不能爲人之患。東魏與我同境，去北京裁數百餘里，若都長安，北京恐有不守之憂。諸卿適未見此耳。」乃於長安置南臺，以其大子璝領雍州牧，錄南臺尚書事，而還統萬。魏書云：以長安爲南都。案云荆吳不足爲患，姚泓之滅，豈特殷鑒不遠？知東魏爲心腹之憂，則終勃勃之世，何不聞以一矢東向相加遺邪？知此等皆史家傅會之辭，非其實也。勃勃性凶暴好殺。其在長安也，嘗徵隱士韋祖思。既至，恭懼過禮，勃勃怒曰：「吾以國士徵汝，奈何以非類處吾？汝昔不拜姚興，何獨拜我？我今未死，汝猶不以我爲帝王，我死之後，汝輩弄筆，當置吾何地？」遂殺之。其猜忌漢人如此。常居城上，置弓劍於側，有所嫌忿，便手自殺之。羣臣忤視者毀其目，笑者決其脣，諫者謂之誹謗，先截其舌而後斬之。夷夏囂然，人無生賴。議廢其長子璝，璝自長安起兵攻勃勃。勃勃中子昌破璝，殺之。勃勃以昌爲大子。通鑑元嘉元年。元嘉二年，勃勃死，昌僭立。三年九月，魏遣奚斤襲蒲阪，見第三章第四節。周幾襲陝城。見第六章第一節。十月，魏大武帝西伐，臨君子津。見第六章第三節。十一月，以輕騎一萬八千濟河襲昌，略居民，徙萬餘家而還。奚斤東至蒲阪，昌守將赫連乙升棄城西走。昌弟助興守長安，乙升復與助興西走安定。見第二章第二節。奚斤遂入蒲阪，西據長安。四年，正月，昌遣其弟平原公定率衆二萬向長安。五月，魏大武帝乘虛西伐，濟君子津，輕騎三萬，倍道兼行。羣臣咸諫曰：「統萬城堅，非十日可拔。今輕軍討之，進不可克，退無所資，不若步兵攻具，一時俱往。」大武曰：「夫用兵之術，攻城最下，不得已而用之。如其攻具一時俱往，賊必懼而堅守；若攻不時拔，則食盡兵疲，外無所掠，非上策也。朕以輕騎至其城下，彼先聞有步兵而徒見騎至，必當心閑。朕且羸師以誘之，若得一戰，禽之必矣。所以然者，軍士去家二千里，復有黃河之難，所謂置之死地而後生也。」遂行。次於黑水。見第六章第九節。去統萬三十餘里。分軍伏於深谷，而以少衆至其城下。昌將狄子玉來降，說：「昌使人追定，定曰：城既堅峻，未可攻拔，待禽斤等，然後徐往，內外擊之，何有不濟？昌以爲然。」大武惡之，退軍城北，示昌以弱。會軍士負罪亡入昌城，言「魏軍糧盡，士卒食菜，輜重在後，步兵未至，擊之爲便。」昌信其言，引衆出城。大武收軍僞北，分騎爲左右以犄之。昌軍大潰，不及入城，奔於上邽。見第三章第三節。遂克其城。魏書本紀在六月。是役也，昌雖寡謀，魏亦幸勝。其時魏兵不足二萬，而昌衆步騎三萬。大武引而疲之，行五六里，衝其陳，尚不動；及戰，大武墜馬，流矢中掌，其不敗者亦幸耳。娥清以五千騎攻赫連定，定亦走上邽。奚斤追之，至雍。見第三章第五節。不及而還。大武詔斤班師。斤請益鎧馬平昌，不許。抗表固請，乃許之。給斤萬人，遣將軍劉拔送馬三千匹與斤。五年，魏神䴥元年。二月，昌退屯平涼。斤進軍安定。馬多疫死，士衆乏糧，乃深壘自固。遣大僕丘堆等督租於民閒，爲昌所敗。昌日來侵掠，芻牧者不得出，士卒患之。監軍侍御史安頡請募壯勇出擊。斤言「以步擊騎，終無捷理，」欲須救騎至。頡曰：「今兵雖無馬，將帥所乘足得二百騎，就不能破，可折其鋭。且昌狷而無謀，每好挑戰，衆皆識之，若伏兵掩擊，昌可擒也。」斤猶難之。頡乃陰與尉眷等謀，選騎待焉。昌來攻壘，頡出應之。昌於陣前自接戰，軍士識昌，爭往赴之。會天大風，揚塵，晝昏，衆亂，昌退，頡等追擊，昌馬蹶而墜，遂禽昌。通鑑考異曰：「十六國春秋鈔云：承光三年五月，戰於黑渠，爲魏所敗，昌與數千騎奔還，魏追騎亦至，昌河內公費連烏提守高平，徙諸城民七萬戶於安定以都之。四年二月，魏軍至安定，三城潰，昌奔秦州，魏東平公娥青追禽之，送於魏。與後魏紀傳不同，今從後魏書。」案承光，赫連昌年號，承光三年，宋元嘉四年也。 觀此，彌知魏大武之克統萬爲幸勝，當時設與之堅持，未有不以乏糧爲患者也。昌餘衆立定，走還平涼。奚斤恥功不在己，輕齎三日糧，追定於平涼。娥清欲尋水而往，斤不從。定知其軍無糧乏水，邀其前後，斤衆大潰，與娥清、劉跋俱爲定所禽，士卒死者六七千人。丘堆先守輜重在安定，聞斤敗，棄甲東走蒲阪。定復入長安。魏大武詔安頡鎮蒲阪以拒之。又詔頡斬丘堆。六年五月，定侵統萬，至侯尼城而還。胡三省曰：侯尼城，在平涼東。 七年九月，定遣弟謂以代攻鄜城。見第五章第六節。 魏始平公隗歸擊破之。定又將數萬人東擊歸。十一月，魏大武帝親率輕騎襲平涼，定救平涼，登鶉觚原，鶉觚，漢縣，在今甘肅靈臺縣東北。方陳自固。大武四面圍之，斷其水草。定引衆下原擊之，衆潰，定被創，單騎走，收餘衆，西保上邽。諸將乘勝進軍，遂取安定。十二月，定弟社干、度洛孤出降。長安、臨晉見第三章第七節。、武功見第六章第五節。守將皆奔走，關中遂入於魏。

當劉裕伐秦之際，乞伏熾磐嘗遣使詣裕，求效力，拜爲西平將軍、河南公。宋書武帝本紀。及魏伐夏之歲，熾磐又遣使於魏，請伐赫連昌。魏書本紀始光三年正月。蓋皆欲乘時以徼利也。及魏克統萬，熾磐乃遣其叔泥頭、弟度質於平城。元嘉五年，熾磐死，子暮末嗣僞位。暮末依晉書。宋魏書及十六國春秋皆作茂蔓。熾磐之死，晉書在元嘉四年。下文云：暮末在位三年，爲赫連定所殺，在元嘉七年。又云：始國仁以孝武大元十年僭位，至暮末四世，凡四十有六載，數亦相合。然據魏書本紀：暮末之滅，在神䴥四年正月，則當爲元嘉八年，宋書大沮渠蒙遜傳亦同。考魏書本紀，赫連定之奔上邽，在神䴥三年十一月，似其年內未必能亡暮末，疑晉書紀事，誤移前一年也。明年，沮渠蒙遜攻枹罕。見第五章第一節。暮末大破之，禽其世子興國。暮末政刑酷濫，內外崩離，爲赫連定所逼，遣使請迎於魏。魏大武許以安定以西、平涼以東封之。暮末乃焚城邑，毀寶器，率戶萬五千至高田谷。胡三省曰：當在南安郡界。爲赫連定所拒，遂保南安。見第二章第二節。魏大武遣使迎之。暮末衞將軍吉毗固諫，以爲不宜內徙，暮末從之。赫連定遣其北平公韋代當即謂以代。率衆一萬攻南安。城內大饑，人相食。暮末及宗族五百餘人出降，送於上邽。時元嘉八年正月也。從魏書，通鑑同。是歲六月，赫連定北襲沮渠蒙遜，爲吐谷渾慕璝所執。明年二月，送於魏，魏殺之。宋書沮渠蒙遜傳：元嘉七年四月，定奔上邽。十一月，茂蔓聞定敗，將家戶及興國東征，欲移居上邽。八年正月，至南安。定率衆繫茂蔓，大破之。殺茂蔓，執興國而還。四月，定避拓跋燾，欲渡河西擊蒙遜。五月，率部曲至治城峽口渡河，濟未半，爲吐谷渾慕璝所邀，見獲。興國被創，數日死。其事迹與魏書多牴牾，似不甚審。治城，胡三省曰：「魏收地形志：涼州東隴郡有治城縣，其地當在黃河南。又涼州有建昌郡，亦有治城縣。」案東隴郡之治城，當在舊涼州府境，建昌郡之治城，當在舊蘭州府境。胡注見元嘉六年。赫連昌尙魏始平公主，封爲秦王。元嘉十一年，叛魏，西走河西，爲候將所格殺。魏人幷殺其羣弟。

馮跋在僭僞諸國中，頗稱有道。嘗下書除前朝苛政，命守宰當垂仁惠，無得侵害百姓。蘭臺都官，明加澄察。分遣使者，巡行郡國。孤老久病，不能自存者，振穀帛有差。孝弟力田，閨門和順者，皆褒顯之。又下書省徭薄賦，墮農者戮之，力田者褒賞。命尚書紀達，爲之條制。每遣守宰，必親見東堂，問爲政事之要，令極言無隱，以觀其志。又下書，令百姓人植桑一百根，柘二十根。禁厚於送終，貴而改葬。蠕蠕勇斛律遣使求跋女僞樂浪公主，羣下議前代舊事，皆以宗女妻六夷，樂浪公主不宜下降非類，跋不聽。庫莫奚虞出庫眞獻馬請交市，許之。契丹庫莫奚降，署其大人爲歸善王。凡茲厚撫四夷，亦皆欲以息民也。史稱馮氏出自中州，有殊異類。雖舊史稱其信惑妖祀，斥黜諫臣，然能育黎萌，保守疆宇二十餘年，實人事而非天意，信不誣也。跋於夷夏之際，亦深有抉擇。晉青州刺史申永遣使浮海來聘，跋使其中書郎李扶報之。魏明元帝遣謁者于什門往使，爲跋所留。明元帝使長孫道生率衆二萬攻之，以其有備，不克而還魏泰常三年，即晉義熙十四年。可謂明於去就矣。惜亦以內亂不終，是則當上下交征、不奪不饜之世，積習不易挽也。

跋長弟素弗，任俠放蕩，惟交結時豪爲務。當世俠士，莫不歸之。史稱跋之僞業，實素弗所建。故高雲死時，衆推跋爲主，跋曾以讓素弗。而素弗不可。跋僭位，以爲宰輔。素弗謙虛恭慎，雖廝養之賤，皆與之抗禮。車服務於儉約，修己率下，百僚憚之。惜跋之七年即死義熙十一年。元嘉七年，跋有疾。跋長子永先死，立次子翼爲世子，攝國事。翼勒兵以備非常。跋妾宋氏，規立其子，謂之曰：「主上疾將瘳，奈何代父臨國乎？」翼遂還。宋氏矯絕內外，遣閹人傳問。惟中給事胡福，獨得出入，專掌禁衞。跋疾甚，福慮宋氏將成其計，乃言於跋季弟弘。弘勒兵而入。跋驚怖死。弘襲位。翼勒兵出戰，不利，遂死。跋有男百餘人，悉爲弘所殺，亦可謂甚矣。然弘仍不肯屈志於魏。九年魏延和元年。六月，魏大武伐之。七月，圍之。弘嬰城固守。其營丘、遼東、成周、樂浪、帶方、玄菟六郡皆降。胡三省曰：燕自慕容已來，分置郡縣於遼西，其後或省或幷，爲郡爲縣，皆不可考。大武徙其三萬餘戶於幽州。弘先廢其元妻王氏，黜世子崇，令鎭肥如，漢縣，在今河北盧龍縣北。以後妻慕容氏子王仁爲世子。崇母弟廣平公朗、樂陵公邈出奔遼西，勸崇降魏。崇納之，遣邈入魏。魏大武拜崇爲幽、平二州牧，封遼西王。弘遣其將封羽圍崇。十年，魏延和二年。正月，魏遣其永昌王健救崇。封羽以凡城降魏。凡城，在今熱河平泉縣境。徙三千餘家而還。六月，健又往攻和龍。十一年，魏延和三年。閏三月，弘上表稱藩於魏，乞進女。魏大武帝許之，而徵王仁入朝。弘不遣。魏又屢遣兵往攻。弘密求迎於高句驪。十三年，魏大延二年，句驪遣將葛盧等率衆迎之。五月，弘擁其城內士女入於句驪。句驪處之於平郭。見第五章第二節。尋徙北豐。在今遼寧瀋陽縣西北。魏使散騎常侍封撥如句驪徵送弘，句驪不聽。大武議欲擊之，納樂平王丕計而止。弘素侮句驪，政刑賞罰，猶如其國。句驪乃奪其侍人，質任王仁。初弘於宋歲獻方物。及是，表求迎接。文帝遣王白駒、趙次興迎之，幷令句驪料理資遣。句驪王璉不欲使弘南，而魏又徵弘於句驪，句驪乃遣將孫漱、高仇等襲殺之。時元嘉十五年三月也。魏大延四年。白駒等率所領七千餘人掩討，禽漱，殺高仇等二人。璉以白駒等專殺，遣使執送之。上以遠國，不欲違其意，白駒等下獄見原。其明年，文帝北討，詔璉送馬，璉獻馬八百匹。蓋帝方有事於索虜，不欲以一人傷一國之好也。然於北燕，則有違字小之仁矣。

沮渠蒙遜載記云：晉益州刺史朱齡石遣使來聘，蒙遜遣舍人黃迅報聘，因表曰：「承車騎將軍劉裕，秣馬揮戈，以中原爲事，可謂天贊大晉，篤生英輔。若六軍北軫，克復有期，臣請率河西戎爲晉右翼前驅。」蓋齡石遣使，喻以夾攻後秦也。及劉裕滅姚泓，蒙遜聞之，怒甚。其門下校郎劉祚言事，蒙遜曰：「汝聞劉裕入關，敢研研然也？」遂殺之。可謂非我族類，其心必異矣。然蒙遜既據河西之地，故其文明程度究較高。義熙十四年，遣使奉表稱藩。晉以爲涼州刺史。宋世亦累受爵命。蒙遜之滅西涼，以唐瑤之子契爲晉昌大守。契，李暠孫寶之舅也，叛蒙遜。蒙遜遣其世子正德攻契。景平元年三月，克之。契奔伊吾。見第六章第六節。八月，芮芮來抄，蒙遜遣正德拒之，軍敗見殺。乃以次子興國爲世子。又爲乞伏暮末所禽。蒙遜送穀三十萬斛以贖之，暮末不遣。蒙遜乃立興國弟菩提爲世子。元嘉十年四月，蒙遜死。衆議以菩提年幼，推立其弟三子茂虔。宋書及十六國春秋同。魏書作牧犍。十一年，上表告私謚蒙遜爲武宣王。詔仍加封授。十四年，表獻方物，并獻書百五十四卷，求書數十件。文帝賜之。魏書本紀：蒙遜以始光三年內附，元嘉三年。其後神䴥元年、三年，元嘉五年七年。皆書蒙遜遣使朝貢。而蒙遜傳載神䴥中蒙遜表辭曰：「前後奉表，貢使相望，去者杳然，寂無還反，未審津途寇險，竟不仰達？爲天朝高遠，未蒙齒錄？往年侍郎郭祇等還，奉被詔書，三接之恩始隆，萬里之心有賴。」又云：「商胡後至，奉公卿書，援引曆數，安危之機，厲以竇融知命之美」云云。則當赫連氏敗亡之時，蒙遜求通於魏頗切，而魏初不甚省錄。後蒙遜又遣子安周入侍於魏。魏大武乃於神䴥四年元嘉八年。九月，遣使冊爲涼州牧、涼王。及茂虔立，自稱河西王。大武即如所稱冊之。先是大武遣李順迎蒙遜女爲夫人。會蒙遜死，茂虔受蒙遜遺意，送妹於平城，拜右昭儀。而茂虔取大武妹武威公主。魏書本傳言：牧犍淫嫂李氏，兄弟三人傳嬖之。李與牧犍姊共毒公主。上遣解毒醫乘傳救公主，得愈。上徵李氏，牧犍不遣，厚送居於酒泉。然外戚傳言：世祖平涼州，頗以公主通密計。西域傳言：初世祖每遣使西域，嘗詔牧犍令護送。至姑臧，牧犍恆發使導路，出於流沙。後使者自西域還，至武威，見第三章第二節。牧犍左右謂使者曰：我君承蠕蠕吳提妄説，云去歲魏天子自來伐我，士馬疫死，大敗而還，我禽其長弟樂平王丕。我君大喜，宣言國中。又聞吳提遣使告西域諸國，稱魏已削弱，今天下惟我爲彊，若更有魏使，勿復恭奉。諸國亦有貳者。牧犍事主，稍以慢惰。使還，具以狀聞。世祖遂議討牧犍。此亦可見武威遠嫁，實爲內閒。不然，世豈有河西中毒，聞於代北，遣醫往救，猶獲全濟者邪？蒙遜猾虜，更事頗多，其於索虜，未嘗不心焉鄙之，然彊弱不敵，蒙遜知之甚明，故其事魏頗謹，魏人欲伐之而無由，乃爲是陰謀詭計，終則其所據爲口實者，仍支離不可究詰也。元嘉十六年，魏大延五年。六月，大武自將攻茂虔。茂虔嬰城自守。九月，城陷，乃降。時茂虔弟儀德守張掖，儀德從宋書，魏書作宜得。無諱守酒泉，從子豐周守樂都，從宋書，魏書作弟安周。從弟唐兒守敦煌。見第二章第二節。儀德燒倉庫，西奔酒泉，豐周南奔吐谷渾。魏奚眷討張掖，遂至酒泉。無諱、儀德復奔晉昌，西就唐兒。初禿髮傉檀亡，其子保周奔蒙遜，後奔魏，魏以爲張掖公。延和元年，宋元嘉九年。及是，進其爵爲王，遣諭諸部鮮卑。保周因率諸部叛於張掖。十七年，魏大平眞君元年。正月，無諱、儀德圍酒泉。三月，克之。四月，攻張掖，不克。保周屯於删丹，漢縣，今甘肅山丹縣。魏永昌王健攻之。七月，保周遁走，自殺。八月，無諱降。十八年，魏大平眞君二年。正月，拜爲涼州牧、酒泉王。三月，復封沮渠萬年爲張掖王。萬年，牧犍兄子。五月，唐兒反無諱。無諱留從弟天周守酒泉，與儀德討唐兒，殺之，復據敦煌。七月，魏奚眷圍酒泉。十月，城中饑，萬餘口皆餓死。天周殺妻以食戰士。食盡，城乃陷。執天周至平城，殺之。魏書本紀：四月，詔奚眷征酒泉，獲沮渠天周，乃終言之。於是虜兵甚盛，無諱衆饑饉不自立。十一月，遣弟安周五千人伐鄯善。鄯善王恐懼，欲降，魏使者勸令拒守。安周連戰不能克，退保東城。蓋鄯善之東城，爲安周所據者。十九年，魏大平眞君三年。鄯善王比龍西奔且末，其世子乃從安周。四月，無諱渡流沙，據鄯善。士卒渡流沙，渴死者大半。初，李寶隨唐契奔伊吾，臣於芮芮。其遺民歸附者稍至二千。至是，自伊吾歸敦煌，遣弟懷遠奉表於魏。魏拜懷遠敦煌太守，授寶沙州牧、敦煌公。眞君五年，卽元嘉二十一年，因其入朝，留之。唐契攻高昌，高昌城主闞爽告急。八月，無諱留豐周守鄯善，自將家戶赴之。未至，芮芮遣部帥阿若救高昌，殺唐契。其部曲奔無諱。九月，無諱遣將衞尞夜襲高昌，闞爽奔芮芮。無諱復據高昌，遣常侍氾儁奉表京師，獻方物。宋文帝以爲涼州刺史、河西王。本紀在六月，則其遣使在據高昌之前。魏書西域傳云：無諱兄弟渡流沙，鳩集遺人，破車師國。眞君十一年，元嘉二十七年。車師王車夷落遣使琢進、薛直上書，言臣國自爲無諱所攻擊，經今八歲。人民饑荒，無以存活。賊今攻臣甚急，臣不能自全，遂捨國東奔，三分免一。卽日已到焉耆東界。思歸天闕，幸垂振救。於是下詔撫慰，開焉耆倉給之。自眞君十一年上溯八年，則元嘉十九、二十年間也。二十一年，魏眞君五年。無諱病死，安周代立。宋仍以無諱官爵授之。魏書車伊洛傳曰：焉耆胡也。世爲東境部落帥，恆修職貢。世祖錄其誠款，延和中授伊洛平西將軍，封前部王。通鑑作車師前部王。伊洛大悅，規欲歸闕。沮渠無諱斷路，伊洛與無諱連戰，破之。時無諱卒，其弟天周奪無諱子乾壽兵，規領部曲。伊洛前後遣使招諭乾壽等，率戶五百餘家來奔。伊洛送之京師。又招諭李寶弟欽等五十餘人，送詣敦煌。伊洛又率部衆二千餘人伐高昌，討破焉耆東關七城。伊洛征焉耆，留其子歇守城。安周乘虛，引蠕蠕三道圍歇。歇固守連戰，久之，外無救援，爲安周所陷。走奔伊洛。伊洛收集遺散一千餘家，歸焉耆鎭。唐和傳言：和，契之弟。契與阿若戰歿，和收餘衆奔前部王。時沮渠安周屯橫截城，和攻拔之，斬安周兄子樹。又克高寧、白力二城，斬其戍主。後與前部王車伊洛擊破安周，斬首三百。此爲無諱末年、安周初年之事。大平眞君六年，宋元嘉二十二年也，魏大武詔萬度歸發涼州以西兵襲鄯善。鄯善傳言：其王眞達面縛出降，度歸釋其縛，留軍屯守，與眞達詣京都。是歲，拜韓牧爲鄯善王以鎭之，賦役其人，比之郡縣。嚳周亡於此時，抑已先亡，則不可考矣。魏書高昌傳云：和平元年，（宋大明四年。）安周爲蠕蠕所幷，蠕蠕以闞伯周爲高昌王。宋書氐胡傳言：世祖大明三年，安周奉獻方物，實其滅亡前之一歲也，亦可哀矣。茂虔亦爲魏所害，事別見後。

第八章 宋初南北情勢

第一節 宋初內釁

晉安帝以義熙十四年十二月見弒。史稱帝不惠。自少及長，口不能言。雖飢飽寒暖，無以辨也。凡所動止，皆非己出。桓玄之篡，因此獲全。劉裕將爲禪代，以讖云「昌明之後有二帝」，乃使中書侍郎王韶之縊之，而立其弟恭帝德文，以應讖焉。元熙二年六月，禪位於裕，是爲宋高祖武皇帝。以恭帝爲零陵王。永初二年九月，使其后弟褚淡之弒之。

宋武帝七子長少帝義符，次廬陵孝獻王義眞，次文帝義隆，次彭城王義康，次江夏文獻王義恭，次南郡王義宣，次衡陽文王義季。帝以荊州上流形勝，地廣兵彊，遺詔諸子次第居之。宋書義宣傳。又以京口要地，去都邑甚邇，非宗室近戚，不得居焉。劉延孫傳。永初三年五月，帝崩。少帝立，司空徐羨之，中書監傅亮，領軍將軍謝晦輔政。景平二年，廢南豫州刺史廬陵王義眞爲庶人。南豫州治歷陽，見第三章第九節。徙新安郡。見第四章第三節。旋使使誅之。時年十八。五月，江州刺史檀道濟，揚州刺史王弘入朝。皇大后令廢帝爲營陽王。幽之吳郡。見第三章第九節。六月，見弒。時年十九。迎立荊州刺史宜都王義隆，是爲大祖文皇帝。時年十八。史稱少帝有失德。於華林園爲列肆，親自酤賣。華林園本在洛陽，見第三章第一節。此東渡後所營，在臺城內。又開瀆聚土，以象破岡埭。破岡瀆在今江蘇丹陽縣境。與左右引船唱呼，以爲歡樂。夕游天泉池，本在洛陽，此亦東渡後所開。卽龍舟而寢，其朝未興而兵至。見本紀，亦見徐羨之傳。案自古帝王，縱恣者多矣，少帝未逮弱齡，卽有失德，未至不可諫誨也，何至遽行廢立？況又以帝廢則次立者應在義眞，而先廢之且殺之乎？亦可謂甚矣。范泰謂所親曰：「吾觀古今多矣，未有受遺顧託，而嗣君見殺，賢王嬰戮者也。」誠哉其然也。羨之等果何所恃而敢爲此？抑亦何所迫而遽出此哉？時傅亮實奉迎文帝，帝以少帝見害，不敢下。司馬王華曰：「先帝有大功於天下，四海所服，徐羨之中材寒士，傅亮布衣諸生，非有晉宣帝、王大將軍之心明矣。廢主若存，慮將來受禍；又畏廬陵嚴斷，必不自容。殿下寬叡慈仁，遠近所知，越次奉迎，冀以見德。悠悠之論，殆必不然。且三人勢均，莫相推伏，就懷不軌，勢必不行。不過欲握權自固，以少主仰待耳。今日就徵，萬無所慮。」兼采宋書南史本傳。此言可謂洞見事情。時到彥之爲南蠻校尉，文帝欲使領兵前驅，彥之曰：「了彼不貳，便應朝服順流；若使有虞，此師既不足恃，更開嫌隙之端。」亦逆料諸人之無異心，非敢無備也。文帝引見傅亮，哭泣哀動左右。既而問義眞及少帝薨廢本末，悲號嗚咽，侍側者莫能仰視。亮流汗霑背，不能答。於是布腹心於到彥之、王華等。及至都，徐羨之問帝可方誰？亮曰：「晉文、景以上人。」羨之曰：「必能明我赤心。」亮曰：「不然。」少帝之廢，徐羨之卽以謝晦爲荊州刺史。晦慮不得去，甚憂皇。及發新亭，見第七章第一節。顧望石頭城，喜曰：「今得脫矣。」至江陵，亦深結王華，冀以免禍。觀此諸事，羨之等在當日，實求自全之意多，覬覦非分之想，可謂絕無。然敢行滅族之事，何也？范泰傳載泰諫少帝之辭曰：「伏聞陛下，時在後園，頗習武備。」義眞傳云：義眞聰明愛文義，而輕動無德業，與謝靈運、顏延之、慧琳道人並周旋異常，云得志之日，以靈運、延之爲宰相，慧琳爲西豫州都督。卽豫州，亦曰北豫州。在歷陽，多所求索；羨之等每裁量不盡與，深惡執政，表求還都。而少帝失德，羨之等密謀廢立，則次第應在義眞。因其與少帝不協，乃奏廢之。謝靈運傳曰：靈運爲性褊激，多愆禮度，朝廷惟以文義處之，自謂才能宜參機要。既不見知，常懷憤憤。少帝卽位，權在大臣，靈運搆扇異同，非毀執政，徐羨之等患之。靈運時爲大子左衞率，因此出爲永嘉大守。顏延之傳云：時尚書令傅亮自以文義之美，一時莫及，延之負其才辭，不爲之下，亮甚疾焉。廬陵王義眞頗好辭義，待接甚厚。徐羨之等疑延之爲同異，意甚不悅。延之時爲大子中舍人。蓋少帝年少，羨之等不免專權，延之、靈運皆輕躁之徒，疏於慮患，遂乘機搆扇，義眞兄弟合謀，欲除其偪，後園之習武備，淮左之求入朝，所圖正是一事。云廬陵與少帝不協，則適得其反矣。宋初殺機未啓，非如後來之君臣動輒相屠，羨之等卽或見廢，亦不過免官歸第，何至遽行滅族之事？此無他，利令智昏，貪戀權勢而不肯去，所謂苟患失之，無所不至也。廢立大事，雖威權閒望，十倍於羨之等者，猶或無以善其後，況如羨之等之植根淺薄者乎？謝晦傳云：晦與羨之、亮謀自全之計，以晦據上流，而檀道濟鎭廣陵，見第三章第九節。各有彊兵，以制持朝廷；羨之、亮於中秉權，可以持久。此等計慮，又安足恃乎？羨之等之廢立，蓋深得王弘及檀道濟之力，以弘門第高華，弘，導之曾孫，珣子。道濟先朝舊臣，威服殿省，且有兵衆也。見羨之傳。然弘實非首謀，其弟曇首又爲文帝所親委，道濟素與弘善，弘時被遇方深，道濟彌相結附。文帝乃用二人以擕其黨。元嘉三年正月，下詔誅羨之及亮。使中領軍到彥之及道濟討晦。雍州刺史劉粹，斷其走伏。雍州時治襄陽。羨之走出郭，自縊死。時年六十三。亮被收付廷尉，伏誅。晦問計於記室何承天。承天曰：「大小既殊，逆順又異，境外求全，上計也。以腹心領兵戍義陽，見第二章

第三節。將軍率衆於夏口一戰，夏口，見第三章第九節。若敗，即趨義陽，以出北境，此其次也。」晦良久曰：「荆楚用武之國，且當決戰，走不晚也。」其昧險冒利，猶故智也。於是率軍二萬發自江陵。舟艦列自江津，見第七章第三節。至於破冢。戍名，在江陵東南。旍旗相照，蔽奪日光。然本非將才，徒眩耳目而已。到彥之至彭城洲，在今湖南岳陽縣東北。為晦軍所敗，退保隱圻。在今湖南臨湘縣東北。而道濟繼至。晦聞羨之等死，謂道濟必不獨全，及聞率衆來上，皇懼無計。西人離沮，無復鬥心，遂一時潰散。晦夜投巴陵，見第三章第九節。得小船還江陵，與七騎北走，至安陸延頭，為戍主所執，安陸，見第三章第九節。送京師，伏誅。時文帝親征至蕪湖，見第三章第九節。聞晦破，乃還。帝遣中書舍人謂傅亮曰：「以公江陵之誠，當使諸子無恙。」亮長子演先卒，演弟悝、湛並逃亡，徙湛弟都於建安。吳郡，今福建建甌縣。羨之子喬之，尚高祖弟六女富陽公主，及弟乞奴並從誅。兄子佩之，逵之兄。逵之尚高祖長女會稽長公主。高祖以其姻戚，累加寵任。景平初，以羨之秉權，頗與政事。與吳興太守王韶之、侍中程道惠、中書舍人邢安泰、潘盛相結。時謝晦久病連灸，不堪見客，佩之等疑其託疾有異圖，與韶之、道惠同載詣傅亮，稱羨之意，欲令亮作詔誅之，亮不可，乃止。羨之既誅，太祖特宥佩之，免官而已。其年冬，佩之又結殿中監茅亭謀反，亭密以聞，乃收斬之。豪家子弟之輕妄好亂如此。

文帝之為人也，頗深沈有謀，而其度量失之不廣。帝之見迎也，衆皆疑沮，惟王華、王曇首、到彥之贊之，故即位，即徵彥之為中領軍，而以華、曇首與殷景仁、劉湛並為侍中。景仁、湛皆歷職武帝之世，景仁為少帝黃門侍郎，湛則隨義眞、義康於豫、南豫二州為長史，並以幹用名於時者也。謝晦之敗，義康繼為荆州，而王弘為侍中、揚州刺史，錄尚書事。

平陸令成粲及范泰，並勸弘讓權義康。弘從之，固自陳請。元嘉六年，遂徵義康爲侍中、司徒、南徐州刺史，南徐州，治京口。與弘分錄。弘既多疾，且每事推謙，內外衆務，遂一斷之義康。九年，弘薨，義康又領揚州刺史。時爲文帝所任者，尚有孔寧子。初爲鎭西諮議參軍，及即位，以爲黄門侍郎。王華傳言：寧子與華，並有富貴之願。寧子以元嘉二年病卒，而王弘輔政，弟曇首，爲大祖所任，與華相埒。華常謂己力用不盡，每歎息曰：「宰相頓有數人，天下何由得治？」文帝之所任者，亦皆非局量恢宏之人，然觀華此言，亦可見帝之猜忌不能專有所任，知成粲、范泰之勸王弘引退，爲有由也。帝有虛勞疾，寢頓積年，每意有所想，便覺心中痛裂，屬纊者相係。而義康好吏職，鋭意文案，聰識過人，一聞必記。常所暫遇，終身不忘。又自彊不息，無有懈倦。雖位卑人微，皆被引接。大權遂爲所竊。史稱其「專總朝權，事決自己，生殺大事，以錄命斷之。凡所陳奏，入無不可。方伯已下，並委任用。由是朝野輻湊，勢傾天下。凡朝士有才用者，皆引入己府，無施及忤旨者，即度爲臺官。私置僮部六千餘人，不以言臺。」蓋已成尾大不掉之勢矣。王華以元嘉四年，王曇首以七年卒。義康之入，義恭代鎭江陵，劉湛出爲長史。八年，殷景仁引湛還朝，共參政事。召爲太子詹事。湛傳云：「湛與景仁素款，又以其建議徵之，甚相感悅。及俱被時遇，猜隙漸生。以仁專管內任，謂爲間己。昔爲義康上佐，遂以舊情委心自結，欲因宰相之力，以回主心，傾黜景仁，獨當時務。義康屢構之於大祖，其事不行。」語曰：與其媚於奧，寧媚於竈，謂湛是時之結義康，乃欲藉其力以回主眷，其誰信之？義康傳云：「南陽劉斌，湛之宗也。有涉俗才用，爲義康所知，自司徒右長史擢爲左長史。從事中郎王履，謐之孫。主簿劉敬文，祭酒孔胤秀，並以傾側自入。見大祖疾篤，皆謂宜立長君。斌等遂結朋黨，伺察省禁。有盡忠奉國，不與己同志者，必搆造愆釁，加以罪黜。每采拾景仁短長，或虛造異同以告湛。」其欲去景仁之故，蓋可知矣。九年，景仁遷尚書僕射。湛代爲中領軍將軍。十二年，景仁復遷中書令。湛愈忿怒。景仁乃稱疾解職。上使停家養病。湛議遣人若劫盜者於外殺之。上微聞之，遷景仁密邇宮府，故其計不行。十三年，義康殺檀道濟。道濟自謝晦誅後，仍爲江州。傳云：「道濟立功前朝，威名甚重，左右腹心，並經百戰；諸子又有才氣；朝廷疑畏之。太祖寢疾累年，屢經危殆，義康秉政，慮宮車晏駕，道濟不可復制。十二年，上疾篤，會索虜爲邊寇，召道濟入朝。既至，上間。十三年，春，將遣還鎮，已下船矣，會上疾動，召入祖道，收付廷尉，及其子八人並伏誅。又收司空參軍薛彤，付建康伏法。又遣至尋陽，收道濟子三人及司空參軍高進之誅之。彤、進之並道濟腹心，有勇力，時以比張飛、關羽。」案道濟本無遠志；既與景平之逆，後來雖自湔洗，亦未必能爲文帝純臣。然猶忌而誅之，可見事勢之亟矣。十七年十月，收劉湛，付廷尉伏誅。子黯、亮、儼從誅，弟素徙廣州。又誅劉斌及劉敬文、孔胤秀等，王履廢於家。義康改授江州刺史，出鎮豫章。見第三章第九節。征虜司馬蕭斌，昔爲義康所暱，劉斌等害其寵，譖斥之，乃以斌爲諮議參軍，領豫章太守。事無大小，皆以委之。景仁傳言：「景仁臥疾者五年。雖不見上，而密表去來，日中以十數。朝政大小，必以問焉。影迹周密，莫有窺其際者。收湛之日，景仁使拂拭衣冠。寢疾既久，左右皆不曉其意。其夜，上出華林園延賢堂，召景仁。猶稱腳疾，小牀輿以就坐。誅討處分，一皆委之。」湛傳言：是歲，湛「所生母亡。時上與義康形迹皆乖，釁難將結，湛亦知無復全地。及至丁艱，謂所親曰：今年必敗。常日正賴口舌爭之，故得推遷耳。今既窮毒，無復此望，禍至其能久乎？」南史云：「湛伏甲於室，以待上臨弔，謀又泄，竟弗之幸。」案此時似不易行此事，其說恐不足信。湛生女輒殺之，爲士流所怪，」蓋亦逆知其將敗，不欲其辱爲婢妾也。其君臣之藏機於深，以相圖如此，豈不哀哉？

義康既出，殷景仁代爲揚州刺史，月餘卒。徵義恭爲侍中司徒錄尚書，奉行文書而已。帝乃安之。時帝之所任者，爲沈演之、范曄、庾炳之、何尚之等。演之爲右衛將軍，曄爲左衛將軍，對掌禁旅，同參機密。炳之爲尚書吏部郎，尚之爲吏部尚書。演之者，勁曾孫，亦義康寮屬。史稱其與殷景仁素善，盡心於朝廷。曄，泰少子，嘗爲義康參軍，後爲尚書吏部郎，以事爲義康所左遷，意好乖離。炳之者，冰之孫。傳言時「朝士遊殷氏者不入劉氏之門，獨炳之遊二人之間，密盡忠於朝廷。景仁稱疾不朝見者歷年，大祖常令炳之銜命去來，湛不疑也。」尚之爲大祖所知，爲侍中，元嘉十三年，義康欲以劉斌爲丹陽尹，上不許，而以尚之爲之。尚之之女適劉湛子黯，而湛與尚之意好不篤。湛欲領丹陽，乃徙尚之爲祠部尚書，領國子祭酒，尚之甚不平。蓋一時所用，莫非與義康爲敵者矣，然難殊未已。

魯國孔熙先，魯國，見第三章第四節。博學，有縱橫才志，爲員外散騎侍郎，不爲時所知，久不得調。其父默之，爲廣州刺史，以臧貨得罪下廷尉，義康保持之，故得免。范曄外甥謝綜，義康大將軍記室參軍。父述，亦爲義康所遇。綜弟約，又爲義康女夫。丹陽尹徐湛之，逵之之子也，素爲義康所愛，雖爲舅甥，恩同子弟，與劉湛等頗相附協。及湛得罪，事連湛之，大祖大怒，將致大辟，以其母故得全。湛之傳曰：會稽公主，身居長嫡，爲大祖所禮，家事大小，必咨而後行。高祖微時貧陋過甚，嘗自新洲伐荻，有納布衫襖等衣，皆敬皇后手自作。高祖既貴，以此衣付公主，曰：「後世若有驕奢不節者，可以此衣示之。」及是，湛之憂懼無計，以告公主。公主即日入宮。既見大旗，因號哭下牀，不復施臣妾之禮，以錦囊盛納衣擲地以示上曰：「汝家本貧賤，此是我母爲汝父作此納衣。今日有一頓飽，便欲害我兒子。」上亦號哭。湛之由此得全。

後復爲丹陽尹。熙先傾身事綜，以交於曄。曄傳言：曄素有閨庭論議，朝野所知，故門胄雖華，而國家不與姻娶，熙先因以此激之。曄與沈演之並爲上所知待，每被見多同。曄若先至，必待演之俱入，演之先至，常獨被引，曄又以此爲怨。綜隨鎭豫章，還申義康意於曄，求解晚隙，復敦往好。大將軍府史仲承祖，義康舊所信念，屢銜命下都，亦潛結腹心，規有異志。聞熙先有誠，密相結納。承祖結事湛之，告以密計。申義康意於蕭思話及曄。思話，孝懿皇后武帝繼母。弟子，時爲侍中領大子左衞率。有法略道人，先爲義康所供養，粗被知待；又有王國寺法靜尼，亦出入義恭家，皆感激舊恩，規相拯拔，並與熙先往來。使法略罷道，本姓孫，改名景玄，以爲臧質寧遠參軍。質，武敬皇后弟子，嘗爲義恭撫軍參軍，時爲徐、兗二州刺史。法靜尼妹夫許耀，領隊在臺宿衞殿省，許爲內應。豫章胡遵世爲臧質寧遠參軍，去職還家，與法略甚款，密相酬和。湛之謂曄等：「臧質歲內當還，已報質悉攜門生義故，質與蕭思話款密，當使要之。二人並受大將軍眷遇，必無異同。思話三州義故，衆力亦不減質。郡中文武及合諸處偵邏，亦當不減千人。不憂兵力不足，但當勿失機耳。」元嘉二十二年九月，衡陽王義季、南平王鑠文帝子。出鎭，上於武帳岡祖道，武帳岡在建康廣莫門外。曄等期以其日爲亂，而差互不得發。十一月，湛之上表告之。曄及熙先、綜、仲承祖、許耀並伏誅，免義康及子女爲庶人，絕屬籍，徙付安成郡。見第三章第九節。以沈邵爲安成公相，領兵防守。遵世，藩弟十四子。藩庶子六十人，多不遵法度。大祖以藩功臣，不欲顯其事，使江州以他事收殺之。二十四年，藩弟十六子誕世，弟十七子茂世，率羣從二百餘人，攻破郡縣，欲奉義康。直交州刺史檀和之至豫章討平之。於是徙義康廣州，仍以沈邵行廣州事。未行，直邵病卒。索虜來寇瓜步，天下騷動。見第七節。上慮異志者或奉義康爲亂，二十八年正月，遣賜義康死。蓋義康之事，推波助瀾，前後凡二十餘年焉。其中范曄謀亂一節，事極可疑。何者？國家不與姻娶，並非當時士大夫所恥。若恥閨庭爲人論議，爲亂豈足雪之？曄蒙文帝眷顧，不爲不深，卽與沈演之厚薄稍殊，亦何至深怨，冒險而行赤族之事？是時之義康，豈易扶翼，況曄意好夙離，迥非劉湛之比邪？王鳴盛言：「熙先說誘蔚宗，曄字。蔚宗始則執意不回，終乃默然不答，其不從顯然。反謂其謀逆之意遂定，蔚宗言於上，以義康姦釁已彰，將成亂階，反謂其欲探時旨，此皆求其故而不得，從而爲之辭。乃云：武帳岡祖道，蔚宗等期以其日爲亂，區區文士，欲作壽寂之、姜產之技倆，是何言與？案宋書記此事，但云差互不得發而已。南史曄傳則云：許耀侍上，扣刀以目曄，曄不敢視，俄而坐散，差互不得發。夫當時兵權在耀，耀而欲發，何必請命於曄？此眞所謂求其故而不得，從而爲之辭者也。史事眞相不傳者，後人往往以意附會，爲之彌縫。看似可信，實則愈離其眞。南北史所采，固有足補正舊史處，然此等處亦不少，不可不分別觀之也。初被收，不肯款服，自辯云：今宗室磐石，蕃嶽張峙，設使竊發僥倖，方鎭便來討伐，幾何而不誅夷？且臣位任過重，一階兩級，自然必至，如何以滅族易此？又云：久欲上聞，逆謀未著，又冀其事消弭，故推遷至今。然則蔚宗特知情不舉，乃竟以爲首亂之人，何哉？宋書全據當時鍛鍊之辭書之，而猶詳載其自辯語，南史幷此刪之，則蔚宗寃竟不白矣。」十七史商榷。案王氏之言是也。宋書言曄不卽首款，上復遣問曰：「熙先近在華林門外，寧欲面辯之乎？」曄辭窮，乃曰：「熙先苟誣引臣，臣當如何？」熙先聞曄不服，笑謂殿中將軍沈邵之曰：「凡諸處分，符檄書疏，皆范曄所造及治定，云何於今方作如此抵蹋邪？」上示以墨迹，曄乃具陳本末，曰：「久欲上聞」云云。見上。其夜，上使尚書僕射何尚之視之，問曰：「卿事何得至此？」曄曰：「君謂是何？」尚之曰：「卿自應解。」曄曰：「外人傳庾尚書庾炳之。見憎，計與之無惡。謀逆之事，聞孔熙先說此，輕其小兒，不以經意，今忽受責，方覺爲罪。君方以道佐世，使天下無冤，弟就死之後，猶望君照此心也。」夫使符檄書疏，皆出於曄，尚何得喋喋呫呫？觀其對何尚之之言，則是逆謀惟聞諸熙先，此外罪狀，悉屬誣妄矣。王氏謂宋書所據，皆當日鍛鍊之辭，誠不誣也。此獄主謀，實惟熙先，熙先非端人，其必欲誣引曄，或正以其不同而怨之，而陷之邪？此亦不能爲作宋書者咎。史家行文，不能以己意爲事實，亦斷不能事事附以己意，加之辨正。據所傳舊文書之，而其眞僞則待後人自辨，固作史之道應爾。後人誤以獄辭爲事實，此自後人無識，作史者不任咎也。惟如南史之輕於刊落，則實不免粗疏耳。徐湛之傳言：曄等謀逆，湛之始與之同，後發其事，所陳多不實，爲曄等款辭所連，乃詣廷尉歸罪，上慰遣令歸郡。其後湛之仍見信任。何尚之傳言：曄任參機密，尚之察其意趣異常，白大祖：「宜出爲廣州。若在內釁成，不得不加以鈇鉞，屢誅大臣，有虧皇化。」上曰：「始誅劉湛等，方欲超升後進。曄事跡未彰，便豫相黜斥，萬方將謂卿等不能容才，以我爲信受讒說。但使共知如此，不憂致大變也。」觀此二事，亦可見曄之罪狀，必非眞實也。何尚之傳語乃事後附會之辭。尚之或欲出曄，必不能逆億其有逆謀。苟逆億其有逆謀，而文帝以如此之辭拒之，尚之又何以自容邪？然曄雖未與逆謀，謂非知情不舉，固不可。而當日之知情不舉者，又何止曄一人？君親無將，將而必誅，此義在君主專制之世，固不能謂爲非正，而當時之人，乃視犯上作亂，恬不爲怪如此，此其君臣相殺之禍，所以史不絕，書與？義康一案，宋書多載者，頗多義康一面之辭。如義康傳云：素無術學，闇於大體，自謂兄弟至親，不復存君臣形迹。在安成讀書，見淮南厲王事，廢書歎曰：「前代乃有此，我得罪爲宜也。」夫義康之得罪，非以不存形迹也。卽以形迹論，義康與文帝，非田舍兄弟也，身居總錄，又長吏職，而可誘爲不知乎？此意存回護者也。殷景仁傳言：誅劉湛後，爲揚州刺史，拜畢，便覺其情理乖錯，月餘卒。或云見劉湛爲祟，此爲湛不平者所造作也。觀此等，亦可見當時私黨之盛，及其時天澤之分之不嚴。

范曄誅後，庾炳之以爲何尙之所奏免官。沈演之、何瑀之並卒。文帝所任者，爲江湛及徐湛之，湛元嘉二十五年爲侍中，任以機密。二十七年，轉吏部尙書。湛之，范曄之敗，出爲南兗州刺史。二十六年，復入爲丹陽尹。二十七年，索虜至瓜步，湛之領兵置佐，與皇太子分守石頭。二十八年，轉尙書右僕射，領護軍將軍。何尙之雖爲令，而朝事悉歸湛之。世謂之江、徐。史稱炳之內外歸附，勢傾朝野。領選既不緝衆論，又頗通貨賄。何尙之密奏其「諸惡紛紜，過於范曄，所少賊一事耳。」又云：「歷觀古今，未有衆過藉藉，受貨數百萬，更得高官厚祿，如今者也。」二十五年，乃免官。而江湛則極清廉，嘗爲上所召，直浣衣，稱疾，經日衣成，然後赴。後來元凶之難，亦能守節不移，則文帝所任之人，亦得失互見也。

第二節　拓跋氏坐大上

晉之末葉，北方諸國，相次衰頹，拓跋氏興於代北，氣力較完，諸國遂悉爲所幷，說已見前。是時拓跋氏初興，雖有食牛之氣，未成封豕之形；且其內釁甚多，可乘之隙實不少。惜乎中國亦多故；且自東渡已來，未嘗以恢復爲務，在北方之實力大薄；遂無以乘之，而聽其坐大也。

拓跋氏之初興，即有覬覦中原之意，觀前所述猗盧、鬱律、什翼犍之事可知。道武中興，所注意者似在魏，其時與西燕且似有成約，說亦見前。天興元年，晉安帝隆安二年。克鄴，史稱其有定都之意，然卒徙山東六州民吏及徒何、高麗、雜夷三十六萬，百工技巧十餘萬口而北。是歲七月，遂定都平城。時於鄴置行臺，至天興四年，即晉隆安五年四月，亦罷之。蓋其力實未足控制中原，故不敢自安也。天興四年，以長孫肥爲兗州刺史，給步騎二萬，南徇許昌，見第三章第二節。略地至彭城，見第五章第四節。亦不過鈔掠而已。其明年，晉安帝元興元年。道武自將破姚興於乾壁。見第六章第八節。又明年，元興二年。桓玄篡晉。魏書本紀言：是歲五月，大簡車徒，將略江、淮，平荆、揚之亂。其明年，爲天賜元年，元興三年。四月，使公孫表使於江南，以觀桓玄之釁，直玄敗而還。是秋，江南大亂，流民相襁而奔淮北者，行道相尋。魏書之言，固多誇侈；然是時江南有釁，則係實情，而魏迄不能有所舉動，固知其力實有限也。

道武末年，似病狂易。史云由寒食散發。蓋代北風氣，本尙野蠻，道武性又暴戾，更益之以藥力，遂至不可收拾矣。其天賜六年，晉義熙五年也，爲其子紹所殺。子嗣，戡亂自立，是爲大宗。明元帝。魏書道武紀云：初帝服寒食散，數動發，至此逾甚。或數日不食，或不寢達旦。歸咎羣下，喜怒乖常，謂百寮左右，人不可信，慮如天文之占，或有肘腋之虞。追思既往成敗得失，終日竟夜，獨語不止，若旁有鬼物對揚者。朝臣至前，追其舊惡，皆見殺害。其餘或以顏色變動，或以喘息不調，或以行步乖節，或以言辭失措，帝皆以爲懷惡在心，變見於外，乃手自毆擊，死者皆陳天安殿前。於是朝野人情，各懷危懼。有司懈怠，莫相督攝。百工偷劫，盜賊公行。巷里之間，人爲希少。帝亦聞之，曰：「朕縱之使然，待過災年，當更清治之耳。」夫所殺果止朝臣，何至巷里之閒，人爲希少？說不足信，無俟深辯。宋書索虜傳言：先是有神巫誠開索虜傳道武名開，字涉珪。「當有暴禍，惟誅清河，殺萬民，乃可以免。」開乃滅清河一郡，清河見第五章第三節。常手自殺人，欲令其數滿萬。或乘小輦，手自執劍，擊擔輦人腦，一人死，一人代，每一日，死者數十。夜恆變易寢處，人莫得知，惟愛妾名萬人知其處。萬人與開子清河王私通，慮事覺，欲殺開，令萬人爲內應。夜伺開獨處，殺之。開臨死，曰：「清河、萬人之言，乃汝等也。」敵國傳聞，固難盡審，然道武所殺，必不止於朝臣，則可信矣。此皆中國之遺黎，淪沒不能自拔者也。哀哉！

道武所殺朝臣，如和跋、奚牧、莫題、庾岳、賀狄干、李栗等，其罪名皆莫須有，傳見魏書卷二十八。晁崇及其弟懿，見術藝傳。

魏書清河王紹傳云：紹凶很險悖，不遵教訓。好輕遊里巷，劫剝行人，斫射犬豕，以爲戲樂。大祖嘗怒之，倒縣井中，垂死乃出。大宗常以義方責之，遂與不協。恆懼其爲變。而紹母夫人賀氏有譴，大祖幽之於宮，將殺之。會日暮，未決。賀氏密告紹曰：「汝將何以救吾？」紹乃夜與帳下及宦者數人，踰宮犯禁。大宗紀云：初帝母劉貴人賜死，大祖告帝曰：「昔漢武帝將立其子而殺其母，不令婦人後與國政，使外家爲亂。汝當繼統，故吾遠同漢武，爲長久之計。」帝素純孝，哀泣不能自勝。大祖怒之。帝還宮，哀不自止，日夜號泣。大祖知而又召之。帝欲入，左右曰：「今陛下怒盛，入或不測。不如且出，待怒解而進，不晚也。」帝懼，從之，乃遊行，逃於外。皇后傳云：魏故事，後宮產子，將爲儲貳，其母皆賜死。大祖末年，后以舊法薨。夫魏自道武以前，安有建儲之事？果係故事，道武但云上遵祖制可矣，何必遠徵漢武？后傳之說，其爲誣罔，不辯自明。綜觀始末，似大宗先因母咎獲譴，而紹又繼之也。紹母爲獻明皇后（道武母。）妹，實道武之從母。賀氏卽賀蘭氏，在代北故爲强部，道武倚以復國，而其後爲好不卒，致動干戈，實力服而非心服。是役也，紹傳言肥如侯賀護，舉烽於安陽城北，（漢代郡東安陽縣城，在今察哈爾蔚縣西北。）故賀蘭部人皆往赴之。其餘舊部，亦率子弟，招集族人，往往相聚。護，外戚傳作泥，爲訥從父弟悅之子。傳稱賀蘭部人至大宗卽位乃罷，蓋幾釀成大變矣。大宗聞變乃還。（紹傳。）惟東宮舊臣王洛兒、車路頭從之。洛兒傳云：大宗晝居山嶺，夜還洛兒家。洛兒鄰人李道，潛相奉結。紹聞，收道斬之。洛兒猶冒難，往返京都，通問於大臣。大臣遂出奉迎，百姓奔赴。紹傳云：大宗潛於山中，使人夜告北新侯安同，衆皆響應。至城西，衞士執送紹。於是賜紹母子死，誅帳下閹官宮人爲內應者十數人。其先犯乘輿者，羣臣於城南都街生臠割而食之。（紹時年十六。）北史言昭成帝九子：庶長曰寔君，次曰獻明帝，次曰秦王翰，次曰閼婆，次曰壽鳩，次曰紇根，次曰地干，次曰力眞，次曰窟咄。獻明帝似無其人，窟咄嘗與道武爭國，皆已見前。秦王翰子曰衞王儀，曰陰平熹王烈，曰秦愍王觚。壽鳩子曰常山王遵。紇根子曰陳留桓王虔。虔子曰朱提王悅，陳留景王崇。地干子曰毗陵王順。力眞子曰遼西公意烈。翰早卒。閼婆、壽鳩、紇根、地干、力眞，皆無事跡可見。觚爲慕容驎所殺，事亦見前。遵傳云：好酒色。天賜四年，（晉義熙三年。）坐醉亂，失禮於大原公主，賜死。順，柏肆之敗，欲自立，亦已見前。其傳云：道武好黃、老，數召諸王及朝臣，親爲說之。在坐莫不祇肅，惟順獨坐寐，不顧而唾。帝怒，廢之，以王薨於家。夫道武豈能知黃、老者？卽謂所謂黃、老，乃方士所託，道武好服食，故知其名，亦安能說其義？且方士之爲藥物者，亦曷嘗有義可說？是順之廢，其罪狀不可知也。意烈傳云：先沒於慕容垂，道武征中山，見第四章第二節。棄妻子，迎於井陘。見第六章第八節。及平中原，有戰獲勳，賜爵遼西公，除廣平大守。廣平，見第二章第二節。時和跋爲鄴行臺，意烈性雄耿，自以帝屬，恥居跋下，遂陰結徒黨，將襲鄴。發覺，賜死。此時而欲襲鄴，云以恥居和跋下，其誰信之？衞王儀在道武之世，戰功最多。又嘗使於慕容氏。及道武破燕，將還代都，置中山行臺，詔儀守尙書令以鎭之。尋徵儀以丞相入輔。儀傳云：上谷侯岌、張袞，代郡許謙等，有名於時。上谷、代郡，皆見第三章第八節。初來入軍，聞儀待士，先就儀。儀並禮之，共談當世之務。謙等三人曰：「平原公有大才，不世之略，吾等宜附其尾。」平原，公儀初封。道武以儀器望，待之尤重。數幸其第，如家人禮。儀矜功恃寵，遂與宜都公穆崇伏甲謀亂。崇子逐留，在伏士中。道武召之，將有所使。逐留聞召，恐發，踰牆告狀。帝祕而恕之。崇傳云：天賜三年薨。先是衞王儀謀逆，崇豫焉，大祖惜其功而祕之。及有司奏諡，大祖親覽諡法，至述義不克曰丁，大祖曰：「此當矣。」乃諡曰丁公。案劉顯之謀，窟咄之難，大祖皆賴崇以免，可謂心膂之臣，而亦與儀通謀，大祖且不敢舉發，儀之聲勢可知矣。天賜六年，天文多變。占者云：「當有逆臣，伏尸流血。」帝惡之，頗殺公卿，欲以厭當天災。儀內不自安，單騎遁走。帝使人追執之，遂賜死。觀下文所引陳留景王崇傳，儀之死，恐亦未必如史之所云也。悅傳云：悅襲封後爲宗師。悅恃寵驕矜，每謂所親王洛生之徒曰：「一旦宮車晏駕，吾止避衞公，除此誰在吾前？」初姚興之贖耿伯支，悅送之，路由雁門，見第二章第二節。悅因背誘姦豪，以取其意。後遇事譴逃亡，投雁門，規收豪傑，欲爲不軌。爲土人執送。帝恕而不罪。明元卽位，引悅入侍。仍懷姦計，說帝云：「京師雜人，不可保信，宜誅其非類者。」又云：「雁門人多詐，幷可誅之。」欲以雪其私忿。帝不從。悅內自疑懼。懷刃入侍，謀爲大逆。叔孫俊疑之，竊視其懷，有刃，執而賜死。案安同傳云：大宗在外，使夜告同，令收合百工技巧，衆皆響應奉迎。所謂百工技巧，疑卽天興元年所徙，此亦當在京師雜人之列。是時賀蘭部屯聚安陽，諸部亦往往相聚，蓋皆內懷疑貳，大宗不獲用代北諸部，乃藉新徙之漢人，以傾清河也。烈傳云：元紹之逆，百僚莫敢有聲，惟烈行出外，詐附紹，募執明元。紹信之，自延秋門出，遂迎立明元。崇傳云：衛王死後，道武欲敦宗親之義，詔引諸王子弟入宴，常山王素等三十餘人，咸謂與衛王相坐，疑懼，皆出逃遁，將奔蠕蠕。素，遵子。惟崇獨至，道武見之甚悅，厚加禮賜，遂寵敬之，素等於是亦安。然則當時宗室之中，不懷疑叛者，惟烈、崇二人而已。猶未知其果出本心，抑事勢邂逅，不得不然也。拓跋氏亦危矣哉！清河之變，蓋不減六脩之難。然六脩之難，衛雄、箕澹，能率晉人南歸，而清河之變播遷之百工技巧，祇爲明元之奉，則以六脩難時，劉琨在北，聲勢相接，清河變時則不然也。兼弱、攻昧、取亂、侮亡，武之善經也，亦必我有以兼之、攻之、取之、侮之而後可。不然，縱機會日至，亦何益哉？

明元雄略，迥非道武之倫，故宋武戡定關中，審愼遲迴，卒不敢救。然明元亦非忘情猾夏者，故宋武一死，而兵釁遂啓，其事別見第四節。明元旋死，子燾立，是爲魏世祖大武皇帝，而其猾夏彌甚矣。魏書明元紀：泰常七年，宋武帝永初三年。四月甲戌，封皇子燾爲泰平王。初帝素服寒食散，頻年動發，不堪萬幾。五月，詔皇大子臨朝聽政。當時實未立大武爲大子，疑當作皇長子。是月，泰平王攝政。八年，宋少帝景平元年。十有一月，帝崩於西宮。大武監國後，明元避居之處，見下。時年三十二。世祖紀云：大宗明元皇帝之長子也。母曰杜貴嬪。皇后傳云：明元密皇后杜氏，魏郡鄴人，陽平王超之妹也。初以良家子選入大子宮，有寵，生世祖。及大宗卽位，拜貴嬪。泰常五年，永初元年。薨。世祖保母竇氏，初以夫家坐事誅，與二女俱入宮。大宗命爲世祖保母。性慈仁，勤撫導，世祖感其恩訓，奉養不異所生。及卽位，尊爲保大后，後尊爲皇大后。齊書魏虜傳云：佛貍母是漢人，爲木末所殺，佛貍以乳母爲大后。自此已來，大子立，輒殺其母。宋書索虜傳云：燾年十五六，不爲嗣所知，遇之如僕隸。嗣初立慕容氏女爲后，又娶姚興女，並無子，故燾得立。魏書外戚傳：杜超，泰常中爲相州別駕。（魏於鄴置相州。）奉使京師，時以法禁不得與后通問。始光中，（宋文帝元嘉元年至四年。）世祖思念舅氏，以超爲陽平公，尚南安長公主，拜駙馬都尉。以法禁不得通問，乃諱飾之辭。燾母在魏宮，蓋並無位號，後又因事爲明元所殺。燾非藉竇氏保全之力，則得其長育之功，故感之甚深也。然其獲建爲繼嗣，則又深得崔浩之力。浩傳云：大宗恆有微疾，怪異屢見，乃使中貴人密問於浩曰：「朕疾彌年，療治無損，恐一旦奄忽，諸子並少，將如之何？」浩曰：「自聖化隆興，不崇儲貳，是以永興之始，社稷幾危。今宜早建東宮，選公卿忠賢，陛下素所委仗者，使爲師傅；左右信臣，簡在聖心者，以充賓友。入總萬幾，出統戎政，監國撫軍，六柄在手，則陛下可以優游無爲，頤神養壽，進御醫藥。萬歲之後，國有成主，民有所歸，則奸宄息望，旁無覬覦。此乃萬世之令典，塞禍之大備也。今長皇子燾，年漸一周，明叡溫和，衆情所繫，時登儲副，則天下幸甚。立子以長，禮之大經。若須並待成人而擇，倒錯天倫，則生履霜堅冰之禍。自古以來，載籍所記，興衰存亡，鮮不由此。」大宗納之。於是使浩奉策告宗廟，命世祖爲國副主，居正殿臨朝。司徒長孫嵩，山陽公奚斤，北新公安同爲左輔，坐東廂西面；浩與大尉穆觀，散騎常侍丘堆爲右弼，坐西廂東面。百官總己以聽焉。大宗避居西宮，時隱而窺之，聽其決斷，大悅，謂左右侍臣曰：「以此六人輔相，吾與汝曹遊行四境，伐叛柔服，可得志於天下矣。」會聞宋武之喪，遂欲取洛陽、虎牢、滑臺。浩諫，不聽。後卒自將南下。見第四節。世豈有不堪聽政，而可以即戎者？然則謂明元傳國，由於疾作，又魏史諱飾之辭也。其後獻文傳位孝文，亦自將出擊柔然，然則以一人主國政，一人事征伐，蓋拓跋氏之成法。序紀言祿官、猗㐌、猗盧三人同時並立，祿官坐守，而猗㐌、猗盧並出經略，亦其類也。明元時，道武諸子，多先後殂謝，道武十男：明元、清河而外，曰渾，曰聰，皆早死，未封。曰河閒王修，曰長樂王處文，皆死於泰常元年，即晉義熙十二年；曰陽平王熙，死於泰常六年；曰河閒王曜，死於泰常七年，即宋永初二年，三年；皆在大武監國之前。惟廣平王連，至大武始光元年，即宋元嘉元年，京兆王黎，至大武神䴥元年，即宋元嘉五年乃死。而與大武並生者六人：曰樂平戾王丕，母大慕容夫人。曰安定殤王彌，母氏闕。曰樂安宣王範，母慕容夫人。曰永昌莊王健，母尹夫人。曰建寧王崇，曰新興王俊。母氏並闕。劉潔傳云：世祖監國，潔與古弼等選侍東宮，對綜機要，潔典東部事，弼典西部。敷奏百揆。世祖即位，委以大任，超遷尚書令。鹿渾谷之役，見下節。潔私謂親人曰：「若軍出無功，車駕不返者，吾當立樂平王。」潔又使右丞張嵩求圖讖，問「劉氏應王，繼國家後，我審有名姓否？」對曰：「有姓而無名。」窮治款引，搜嵩家，果得讖書。潔與南康公狄鄰及嵩等皆夷三族，死者百餘人。丕傳云：坐劉潔事，以憂薨。子拔襲爵，後坐事賜死，國除。丕之薨，及日者董道秀之死也，高允遂著筮論，曰：「昔明元末起白臺，其高二十餘丈。樂平王嘗夢登其上，四望無所見。王以問道秀，筮之曰：『大吉。』王默而有喜色。後事發，遂憂死，而道秀棄市。」範傳云：劉潔之謀，範聞而不告。事發，因疾暴薨。健子仁，與濮陽王閭若文謀爲不軌，發覺賜死。崇子麗，文成時封濟南王。後與京兆王杜文寶謀逆，父子並賜死。俊坐法削爵爲公。俊好酒色，多越法度。又以母先遇罪而已被貶削，恆致怨望。漸有悖心。事發，賜死。然則大武兄弟六人，始終無異意者，安定殤王一人而已，得毋以其殤故邪？樂平王之覬覦，早在明元之末，則明元之使大武監國，必非由於疾病。六人之母，未必無貴於大武者，大武之得立，蓋實以其長。崔浩蓋以是動明元也。北史長孫嵩傳云：明元寢疾，問後事於嵩。嵩曰：「立長則順，以德則人服。今皇長子賢而世嫡，天所命也，請立。」乃定策，詔大武臨朝監國。浩實乃心華夏者，見第六節。豈以大武母為漢人而輔立之與？然大武乃純以鮮卑人自居。大武與宋文帝書曰：「彼年已五十，未嘗出戶，雖自力而來，如三歲嬰兒，復何知我鮮卑常馬背中領上生活。」見宋書索虜傳。魏書本紀言其「性清儉率素。服御飲膳，取給而已。不好珍麗，食不二味。所幸昭儀、貴人，衣無兼采。每以財者軍國之本，無所輕費。賞賜皆是死事勳戚之家，親戚愛寵，未嘗橫有所及。」豈以其少見遇如僕隸，故習於儉素與？又云：「臨敵常與士卒同在矢石之間，左右死傷者相繼，而帝神色自若，是以人思效命，所向無前。命將出師，指授節度，從命者無不制勝，違爽者率多敗失。性又知人，拔士於卒伍之中，惟其才效所長，不論本末。」言雖溢美，然宋書索虜傳亦言其「壯健有筋力，勇於戰鬥，攻城臨敵，皆親貫甲冑」，則其長於用兵，自非虛言。於是南吞僭偽諸國，北攘柔然、高車，而禍之中於中國者亦彌深矣。

第三節　拓跋氏坐大

從來北狄之盛强，率以其裹脅之衆，前已言之。拓跋氏此等經略，始於道武而盛於大武，實其盛强之大原因也。今略述其事如下：

漠南北之地，秦、漢之世，爲匈奴所居；後漢匈奴西徙，則鮮卑繼其後；其事已詳秦漢史。晉世鮮卑侵入中國，踵其後者，實惟鐵勒。鐵勒之地，自天山之北，越兩海而接拂菻，其蔓衍蓋甚廣。其最近中國者，則高車也。北史云：高車，初號爲狄歷，北方以爲勑勒，諸夏以爲高車、丁零。其語略與匈奴同，而時有小異。或云：其先匈奴之甥也。其種有狄氏、袁紇氏、案此即回紇之異譯。斛律氏、解批氏、護骨氏、異奇斤氏。後文云：高車之族，又有十二姓：一曰泣伏利氏，二曰吐盧氏，三曰乙旃氏，四曰大連氏，五曰窟賀氏，六曰達薄氏，七曰阿崙氏，八曰莫允氏，九曰俟分氏，十曰副伏羅氏，十一曰乞袁氏，十二曰右叔沛氏。俗云：匈奴單于生二女，姿容甚美，國人皆以爲神。單于曰：「我有此女，安可配人？將以與天。」乃於國北無人之地，築高臺，置二女其上，曰：「請天自迎之。」經三年，其母欲迎之。單于曰：「不可，未徹之間耳。」復一年，乃有一老狼晝夜守臺嘷呼，因穿臺下爲空穴，經年不去。其小女曰：「吾父處我於此，欲以與天，而今狼來，或是神物，天使之然。」將下就之。其姊大驚曰：「此是畜生，無乃辱父母？」妹不從，下爲狼妻而產子。後遂滋繁成國。故其人好引聲長歌，又似狼嘷。鐵勒與突厥同族，此觀突厥神話亦託於狼可知。高車一枝，則鐵勒之最東而與匈奴混者，故其語同，而其神話亦與匈奴相涉也。北史又云：無都統大帥，當種各有君長，爲性麤猛，黨類同心。至於寇難，翕然相依。鬥無行陳，頭別衝突，乍出乍入，不能堅戰。蓋其部族未能統一，亦無法制，故不能爲患。然有能撫而有之者，則其衆固足用矣。其地在鹿渾海西北百餘里。鹿渾海，蓋今蒙古三音諾顏汗部之桑金達賴泊也。在右翼右末旗之西。

鐵勒部落近於魏者，尙有吐突隣、解如、紇突隣、紇奚、侯呂隣、薛干、即赫連勃勃所奔。黜弗、素古延、越勤倍泥等。道武時多爲魏所破。時又討庫莫奚、袁紇、即上高車六種之一。叱奴、豆陳等部，破之。其事在登國三年至八年間，晉孝武帝大元十三至十八年。皆見魏書大祖紀及高車傳：此實魏之所以驟强，然亦有始終不服者，則柔然是也。北史蠕蠕傳云：姓郁久閭氏。始神元之末，掠騎有得一奴，髮始齊肩，亡本姓名，其主字之曰木骨閭。木骨閭者，首禿也。木骨閭與郁久閭聲近，故後子孫因以爲氏。此蓋魏人造作之說，以奴虜誣柔然之先。木骨閭既壯，免奴爲騎卒。穆帝時，坐後期當斬，亡匿廣漠谿谷間，收合逋逃，得百餘人，依純突隣部。當係紇突隣之誤。木骨閭死，子車鹿會雄健，始有部衆，自號柔然。後大武以其無知，狀類於虫，故改其號爲蠕蠕。案蠕蠕與柔然，實卽一音之異譯。故宋書作芮芮。此非更其名，乃易其字耳。清人每詆中國人好以醜惡字樣譯外國人名，乃舉舊史譯名妄加更改，幷濫及地名及他譯名。觀魏大武此舉，則知此等徧見，實仍出自塞外小部族人，中國無是也。蠕蠕傳又云：車鹿會既爲部帥，歲貢馬畜、貂豽皮。冬則徙度漠南，夏則還居漠北。車鹿會死，子吐奴傀立。吐奴傀死，子跋提立。跋提死，子地粟袁立。地粟袁死，其部分爲二：地粟袁長子匹候跋繼父居東邊，次子縕紇提別居西邊。及昭成崩，縕紇提附衞辰而貳於魏。登國中討之。蠕蠕遁走，長孫肥追之，至涿邪山。漢書匈奴傳：漢使因杅將軍出西河，與强弩都尉會涿邪山，亡所得。其地當在河套西北。匹候跋請降，獲縕紇提子曷多汗及曷多汗兄誥歸之、社崘、斛律等。縕紇提西遁，將歸衞辰。道武追之，至跋那山，據下文在上郡。縕紇提復降。九年，晉大元十九年。曷多汗與社崘率部衆棄其父西走。長孫肥追之，至上郡跋那山，斬曷多汗。社崘奔匹候跋，匹候跋處之南鄙，令其子四人監之。社崘執四子而叛，襲執匹候跋。匹候跋諸子收餘衆，亡依高車斛律部。社崘欲聚而殲之，釋匹候跋。匹候跋歸其諸子。社崘密舉兵襲殺匹候跋。匹候跋子十五人歸於道武。社崙掠五原以西諸部，（五原見第三章第八節。）北度大漠，侵高車，深入其地。勢益振。北徙弱洛水。（即勿吉傳之如洛瓌水。其下文又作洛孤水。今之西遼河也。）始立軍法：千人爲軍，軍置將一人；百人爲幢，幢置帥一人。先登者賜以虜獲，退懦者以石擊首殺之，或臨時捶撻。無文記，將帥以羊矢粗計兵數，後頗知刻木爲記。其西北有匈奴餘種，國尤富彊。部帥曰拔也稽，舉兵擊社崙。社崙逆戰於頞根河，（今鄂爾坤河。）大破之。後盡爲社崙所并，號爲彊盛。隨水草畜牧。其西則焉耆之地；東則朝鮮之地；北則渡沙漠，窮瀚海；南則臨大磧。其常所會庭，敦煌、張掖之北。（敦煌見第二章第二節。張掖見第六章第二節。）小國皆苦其寇鈔，羈縻附之。於是自號豆代可汗。豆代，猶魏言駕馭開張也。道武謂尚書崔宏曰：「蠕蠕之人，昔來號爲頑嚚。每來鈔掠，駕牸牛奔遁，驅犍牛隨之。牸牛伏不能前。異部人有教以犍牛易之者。蠕蠕曰：其母尚不能行，而況其子？終於不易。遂爲敵所虜。今社崙學中國，立法，置戰陳，卒成邊害。道家言聖人生，大盜起，信矣。」案弱洛水距敦煌、張掖甚遠，社崙之北徙弱洛水，與其立庭於敦煌、張掖之北，蓋非一時事。觀北史所述疆域四至，實已盡據漠北，跨及西域。蓋時北方更無彊部，故其開拓之易如此。西域諸國，文化較高，柔然之能立法整軍，實由於此，非必學自中國也。然非吞并高車諸部，其衆驟增，亦斷不能及此。故柔然與魏爲敵，不猶高車與魏爲敵，實突厥興起之先聲也。

天興五年，（晉元興元年。）社崙聞道武征姚興，遂犯塞，入自參合陂，（見第三章第八節。）南至豺山及善無北澤。（胡三省云：豺山，在善無。案善無見第三章第八節。）時遣常山王遵以萬騎追之，不及。天賜三年，（晉義熙二年。）夏，社崙寇邊。永興元年，（義熙五年。）冬，又犯塞。二年，義熙六年。明元討之。社崙遁走，道死。其子度拔，年少，未能御衆。部落立社崙弟斛律，號藹苦蓋可汗。魏言姿質美好也。斛律畏威自守，不敢南侵，北邊安靜。神瑞元年，與馮跋和親。跋聘斛律女爲妻。斛律長兄子步鹿眞，大臣樹黎共謀，令勇士夜就斛律穹廬後伺其出，執之，與女俱嬪於和龍。步鹿眞立。委政樹黎。初高車叱洛侯，叛其渠帥，導社崙破諸部。社崙德之，以爲大人。步鹿眞與社崙子社拔，共至叱洛侯家，淫其少妻。少妻告步鹿眞：「叱洛侯欲舉社崙季父僕渾之子大檀爲主。」步鹿眞聞之，歸發八千騎，往圍叱洛侯。叱洛侯焚其珍寶，自刎死。多珍寶，亦見其與西域交通之密。步洛眞遂掩大檀。大檀發軍執步鹿眞及社拔，絞殺之。大檀先統別部，鎭於西界，能得衆心，國人推戴之，號牟汗曷升蓋可汗。魏言制勝也。大檀率衆南徙犯塞。明元親討之。大檀遁走。遣奚斤追之。遇寒雪，士衆凍死及墮指者十二三。魏史諱飾之辭最多，如此等處，皆可知其實敗績也。明元崩，大武卽位。大檀聞而大喜。始光元年，宋元嘉元年。秋，乃寇雲中。見第三章第八節。大武親討之。大檀圍大武五十餘重，騎逼馬首，相次如堵焉。二年，宋元嘉二年，大武大擧，東西五道並進。至漠南，舍輜重，輕騎齎十五日糧，絕漠討之。大檀部落駭驚北走。神䴥二年，宋元嘉六年。五月，大武又分兩道襲之。大檀焚燒廬舍，絕迹西走，莫知所至。於是國落四散，竄伏山谷，畜產野布，無人收視。大武緣栗水西行，栗水，今翁金河。過漢將竇憲故壘。六月，次菟園水，今三音諸顏部之拜達里克河。分軍搜討，東至瀚海，西至張掖水，北度燕然山。卽竇憲故壘所在也。東西五千餘里，南北三千餘里。高車諸部殺大檀種類，前後歸降者三十餘萬，俘獲首虜及戎馬百餘萬匹。八月，大武聞東部高車屯已尼陂，烏洛侯傳云：其西北二十日行，有于已尼大水，所謂北海也。北海，卽今貝加爾湖。已尼陂，當在今三音諸顏部，當入貝加爾湖諸水之源。人畜甚衆，去官軍千餘里，遣左僕射安原等往討之。高車諸部，望軍降者數十萬。大檀部落衰弱，因發疾而死。子吳提立。號敕連可汗。魏言神聖也。四年，宋元嘉八年。遣使朝獻。延和三年，元嘉十一年。二月，以吳提尙西海公主。又遣使者納吳提妹爲夫人。又進爲左昭儀。大延二年，元嘉十三年。絕和犯塞。四年，元嘉十五年。又分三道征之。不見蠕蠕而還。時漠北大旱，無水草，軍馬多死。五年，元嘉十六年。大武西伐沮渠牧犍。宜都王穆壽崇孫。輔景穆居守。長樂王嵇敬、建寧王崇二萬人鎭漠南，以備蠕蠕。吳提果犯塞。壽素不設備。賊至七介山，見第六章第七節。京邑大駭，爭奔中城。司空長孫道生拒之吐頹山。未詳。吳提之寇也，留其兄乞列歸與北鎭諸軍相守。胡三省曰：北鎭卽魏六鎭，以在平城之北，故曰北鎭。或曰：卽懷朔鎭。案懷朔鎭見第一章。敬、崇等破之陰山之北，獲乞列歸。吳提聞而遁走。道生追之，至於漠南而還。穆壽傳云：輿駕行次雲中，將濟河，宴諸將。世祖別御靜室，召壽及司徒崔浩，尙書李順。世祖謂壽曰：「蠕蠕吳提，與牧犍連和，今聞朕征涼州，必來犯塞。若伏兵漠南，殄之爲易。朕故留壯兵肥馬，使卿輔佐大子。收田旣訖，便可分伏要害，以待虜至。引使深入，然後擊之，擒之必矣。涼州路遠，朕不得救。卿若違朕指授，爲虜侵害，朕還斬卿。崔浩、李順爲證，非虛言也。」壽頓首受詔。壽信卜筮之言，謂賊不來，竟不設備。公孫表傳：表子質，初爲中書學生，稍遷博士。壽雅信任，以爲謀主。質信好卜筮，筮者咸云寇必不來，故不設備。由質幾至敗國。而吳提果至，侵及善無，京師大駭。壽不知所爲，欲築西郭門，請恭宗避保南山。惠大后不聽，乃止。保大后諡惠。遣司空長孫道生等擊走之。世祖還，以無大損傷，故不追咎。夫以世祖之酷，壽果違命，安不致誅？壽傳之不足信，不待言也。乞列歸之見獲也，歎曰：「沮渠陷我」；而牧犍傳亦言：牧犍聞蠕蠕內侵，幸車駕返旆，遂嬰城自守；則吳提是役，確爲救沮渠氏而來，可見其與西方關係之密。是役也，寇入頗深，魏史習於諱飾，乃造作引使深入之言聊以解嘲耳。然亦可見吳提兵鋒之銳矣。眞君四年，元嘉二十年。大武又分軍四道：樂安王範、建寧王崇各統十二將出東道，樂平王督十五將出西道，車駕出中道，中山王辰領十五將爲中軍後繼。車駕至鹿渾谷，胡三省曰：即鹿渾海之谷，本高車袁紇部所居，其地在平城西北，其東即弱洛水。與賊相遇，吳提遁走，追至頞根河，破之。車駕至石水而還。石水，今色楞格河。恭宗紀云：眞君四年，從世祖討蠕蠕，至鹿渾谷，與賊相遇，虜皇怖，部落擾亂。恭宗言於世祖曰：「今大軍卒至，宜速進擊，掩其不備，破之必矣。」尚書令劉潔固諫，以爲「塵盛賊多，出至平地，恐爲所圍，須軍大集，然後擊之可也。」恭宗謂潔曰：「此塵之盛，由賊恇擾，軍人亂故，何有營上而有此塵？」世祖疑之，遂不急擊。蠕蠕遠遁。既而獲虜候騎，世祖問之，對曰：「蠕蠕不覺官軍卒至，上下皇懼，引衆北走，經六七日，知無追者，始乃徐行。」世祖深恨之。潔傳云：時議伐蠕蠕，潔意不欲，羣臣皆從其議。世祖決行，乃問於崔浩，浩固言可伐。世祖從浩議。既出，與諸將期會鹿渾谷，而潔恨其計不用，欲沮諸將，乃矯詔更期，故諸將不至。時虜衆大亂，恭宗欲擊之，潔執不可，停鹿渾谷六日，諸將猶不進，賊已遠遁，追至石水，不及而還。師次漠中，糧盡，士卒多死。潔陰使人驚軍，勸世祖棄軍輕還，世祖不從。潔以軍行無功，奏歸罪於崔浩。世祖曰：「諸將後期，及賊不擊，罪在諸將，豈在於浩？」浩又言潔矯詔事，遂發。輿駕至五原，收潔幽之。宋書索虜傳：元嘉二十年，燾伐芮芮，大敗而還，死者十六七。不聽死家發哀，犯者誅之。魏書世祖紀：眞君五年，元嘉二十一年。二月，辛未，中山王辰等八將，以北伐後期，斬於都南。綜觀諸文，大武是役，實以輕出致敗，被圍谷中者六日，當時蓋幾至不免，故劉潔有欲立樂平王之議也。見上節。亦足見其喪敗之甚矣。眞君五年，大武復幸漠南，欲襲吳提。吳提遠遁，乃止。吳提死，子吐賀眞立，號處可汗，魏言唯也。十年，元嘉二十六年。正月，大武北伐。吐賀眞遠遁。九月，又北伐。高昌王那出東道，略陽王羯兒出中道，與諸軍期會於地弗池。未詳。吐賀眞悉國精銳，軍資甚盛，圍那數十重。那掘長圍堅守，相持數日。吐賀眞數挑戰，輒不利。以那衆少而固，疑大軍將至，解圍夜遁。那引軍追之，九日九夜。吐賀眞益懼，棄輜重，踰穹隆嶺遠遁。穹隆嶺，未詳。那收其輜重，引軍還，與大武會於廣澤。未詳。羯兒盡收其人戶畜產百餘萬。自是吐賀眞遂單弱遠竄，邊疆息警矣。大安四年，宋孝武帝大明二年。大武北征。騎十萬，車十五萬兩，旌旗千里。遂渡大漠。吐賀眞遠遁。刊石紀功而還。大武征伐之後，意存休息；蠕蠕亦怖威北竄，不敢復南。魏初與柔然之交涉，至此爲一結束。魏史善諱飾，觀上文所考辨可知。魏攻柔然，實始終未獲大捷，然其時魏人兵力頗盛，屢次大舉，柔然避之，漸趨西北，自係實情。北邊抒，而魏益得專力於南矣。

魏之經略高車，亦始道武之世。北史高車傳云：部落彊大，常與蠕蠕爲敵，亦每侵盜於魏。魏道武襲之，大破其諸部。後復渡弱洛水，西行至鹿渾海，簡輕騎西北襲破之，虜獲生口、牛、馬、羊二十餘萬。分命諸將，爲東西二道，親勒軍從中道，自駮髯水西北徇，駮髯水，在今綏遠陶林縣西北。略其部。諸軍同時雲合，破其雜種三十餘落。衞王儀別督諸將，從西北絕漠千餘里，復破其遺迸七部。道武自牛川南引，牛川，見第六章第七節。大校獵，以高車爲圍，騎徒遮列，周七百餘里，聚雜獸於其中，因驅至平城，以高車衆起鹿苑，南因臺陰，北距長城，東苞白登之西山。白登，山名，在今山西大同縣東。尋而妊利曷莫弗敕力犍，率其衆九百餘落；後馬車解批莫弗幡豆建，復率其部三十餘落內附。已尼陂之役，傳稱高車諸部，望軍而降者數十萬落，獲馬、牛、羊六百餘萬，皆徙置漠南千里之地。乘高車，逐水草，牧畜蕃息。數年之後，漸知粒食，歲致獻貢，由是國家馬及牛、羊遂至於賤，氈皮委積。文成時，五部高車合聚祭天，衆至數萬，大會走馬，殺牲遊遶，歌吟忻忻。其俗稱自前世以來，無盛於此會。高車諸部，是時尚未能自立共主，魏人柔服之，既可增益衆力，又於富厚有裨，實於魏之盛强，更有關係也。

第四節　宋初與魏兵釁

宋武帝之伐姚秦，魏明元雖以屈於兵力，未能救，然其心實未嘗一日而忘南牧，故武帝甫崩，而兵釁即起。宋書索虜傳云：高祖西伐長安，嗣先取姚興女，乃遣十萬騎屯結河北以救之，大爲高祖所破。於是遣使求和，自是使命歲通。高祖遣殿中將軍沈範、索季孫報使，反命，已至河，未濟，嗣聞高祖崩，問追範等，絕和親。大祖卽位，方遣範等歸。魏書崔浩傳言：明元使大武監國後，聞宋武崩，欲取洛陽、虎牢、見第四章第二節。時爲司州治。滑臺。見第六章第五節。時爲兗州治。浩曰：「陛下不以劉裕歘起，納其使貢，裕亦敬事陛下。不幸今死，乘喪伐之，雖得之不令。宜遣人弔祭，存其孤弱，恤其凶災，布義風於天下。若此，則化被荆、揚，南金、象齒、羽毛之珍，可不求而自至。裕新死，黨與未離，兵臨其境，必相率拒戰，功不可必。不如緩之，待其惡稔。如其彊臣爭權，變難必起，然後命將揚威，可不勞士卒，而收淮北之地。」大宗銳意南伐，詰浩曰：「劉裕因姚興死而滅其國，裕死，我伐之，何爲不可？」浩固執曰：「興死，二子交爭，裕乃伐之。」大宗大怒，不從浩言，遂遣奚斤南伐。觀此，可知其處心積慮，欲國河南矣。

南伐既決，議於監國之前，曰：「先攻城也？先略地也？」奚斤曰：「請先攻城。」浩曰：「南人長於守城，苻氏攻襄陽，經年不拔。今以大國之力攻其小城，若不時克，挫損軍勢，敵得徐嚴而來，我怠彼銳，危道也。不如分軍略地，至淮爲限。列置守宰，收斂租穀，滑臺、虎牢反在軍北，絕望南救，必沿河東走，若或不然，即是囿中之物。」公孫表請先圖其城。表傳云：大宗以爲掠地至淮，滑臺等三城，自然面縛。表固執宜先攻城。大宗從之。觀宋、魏後來兵事，浩議似是，然是時宋兵力尚强，魏兵力亦有限，既以徐嚴而來，我怠彼銳爲懼，即略地至淮，又安能守？況未必能略地至淮邪？是時用兵，必爭河南數重鎮，其勢然也。觀明元自將南下，仍力攻滑臺、虎牢可知。往史所載名臣言論，頗多事後附會之談。浩傳所載浩先略地之議，蓋鑒於瓜步之役，佛貍橫肆殺掠，六州荒殘，河南遂不可守，乃爲是言，實則明元時所謂略地，不過如道武時長孫肥之所爲，師速而撓，安足以決勝負？浩蓋不欲虜之得志也，亦可見其乃心華夏矣。

魏南伐之將，爲奚斤、周幾、公孫表。永初三年，魏泰常七年。十月，斤等濟河。攻滑臺，不拔，求濟師。明元遂自將南下。十一月，魏安頡等陷滑臺。奚斤留公孫表守輜重，自率輕兵，徇下兗、豫。遂圍虎牢。司州刺史毛德祖欲擊之，虜退還滑臺。十二月，明元至冀州。遣叔孫建等徇青、兗。兗州刺史徐琰奔彭城。建圍青州刺史竺夔及濟南大守垣苗於東陽。青州本治廣固，武帝平南燕，夷其城，遷治東陽，在今山東益都縣東。奚斤、公孫表復向虎牢。景平元年，魏泰常八年。正月，魏將于栗磾破金墉，見第三章第二節。河南大守王涓之棄城走，斤等遂進圍虎牢。明元帝自率大衆至鄴，分兵擊青州，又遣兵益虎牢之圍。宋豫州刺史劉粹，時治縣瓠，見第五章第六節。遣步騎五百據項，見第三章第三節。兗州刺史鄭順之戍湖陸，見第五章第六節。兵力皆薄。南兗州刺史檀道濟、徐州刺史王仲德率水軍北救，至彭城，以青、司並急，而所領不多，不足分赴，青州道近，竺夔兵弱，乃先救青州。四月，虜聞道濟將至，焚攻具走。時東陽被攻日久，城轉毁壞，戰士多死傷，旦暮且陷，雖以救至獲免，然其城遂不可守。竺夔乃移鎮不其。漢縣，在今山東郎墨縣西南。虜軍還趨滑臺。道濟、仲德步兵乏糧，追之不及，停於湖陸。明元帝率大衆至虎牢，自督攻城，不能下，留三千人益奚斤，自向洛陽，遂渡河北歸。滑臺兵亦就奚斤，共攻虎牢。毛德祖勁兵戰死殆盡，晝夜相拒，將士眼皆生瘡，德祖恩德素結，衆無離心。公孫表旋見殺。宋書索虜傳云：表有權略，德祖以間殺之。魏書表傳則云表以攻虎牢士卒多傷死獲罪。二說自當以魏書爲確，亦可見德祖拒守之功矣。然孤城無援，至閏四月卒陷。德祖後歿於虜中。德祖初從武帝北伐，爲王鎮惡司馬，爲前鋒。史云：鎮惡克立大功，蓋德祖之力，實良將也，以無援棄之，亦可惜矣。魏既陷虎牢，使周幾鎮枋頭而北歸。枋頭，見第四章第二節。奚斤之圍虎牢也，嘗南下許昌。見第三章第二節。潁川大守李元德敗走，虜用庾龍爲大守。劉粹遣兵襲斬之。至是，元德復戍許昌，仍除滎陽大守，督二郡軍事。謂滎陽、潁川二郡。滎陽見第二章第二節，潁川見第三章第三節。十一月，周幾遣軍，并招集亡命，攻許昌。元德奔項。虜又破汝陽，漢縣，在今河南商水縣西北。邵陵，漢縣，見第三章第九節。毁鍾離而還。鍾離，漢縣，在今安徽鳳陽縣東北。宋是時蓋內釁正結，莫或以北方爲意，故魏得以乘其隙也。自武帝滅南燕以來，江東之聲勢，未嘗不震動北方，至此，虜始有以窺中國之淺深矣。

宋文帝與魏大武，同年建元。元嘉、始光。宋方盡力於景平逆黨，魏亦北伐柔然，西攻赫連，故其初年，疆場無事。至元嘉七年，魏神䴥三年。文帝乃欲大舉以復河南。是歲，三月，詔到彥之統徐州刺史王仲德、兗州刺史竺靈秀舟師入河。段宏精騎八千，直指虎牢。豫州刺史劉德勁勇一萬，與相犄角。長沙王義欣武帝仲弟長沙景王道憐之子。出鎮彭城，監諸軍事。文帝先遣殿中將軍田奇告魏：「河南舊是宋土，中爲彼所侵。今當修復舊境，不關河北。」大武大怒，謂奇曰：「我生頭髮未燥，便聞河南是我家地，此豈可得？必進軍，權當斂戍相避，須冬行地淨，河冰合，自更取之。」彥之進軍，虜悉斂河南戍歸北。彥之留朱脩之序孫。守滑臺，尹沖守虎牢，杜驥守金墉，而自還東平。漢國，治無鹽，在今山東東平縣東。晉治須昌，在今東平縣西北。十一月，虜將叔孫建、長孫道生濟河。彥之將回師，垣護之以書諫。護之時以殿中將軍隨彥之北伐。謂宜使竺靈秀進滑臺，助脩之固守，而大軍進擬河北。彥之不聽，自歷城焚舟棄甲，南走彭城。歷城，漢縣，今山東歷城縣。時爲兗州治。竺靈秀亦棄須昌奔湖陸。於是洛陽、金墉、虎牢，並爲魏將安頡及司馬楚之所陷。杜驥奔走，尹沖衆潰而死。頡與楚之遂攻滑臺。宋遣檀道濟往援。叔孫建、長孫道生拒之。道濟兵寡，不得進。八年，魏神䴥四年。二月，滑臺陷，脩之沒虜。道濟僅於歷城全軍而還。初遣彥之，資實甚盛，及還，凡百蕩盡，府藏爲空。下獄免。竺靈秀以棄軍伏誅。

宋師出雖無功，然魏人是時，亦未能經營河南，徒藉數降人以守之而已。諸降人中，喪心病狂，甘心爲虎作倀者，爲司馬楚之及刁雍。楚之，當司馬休之之敗，亡命汝、潁之間。後復收衆據長社。見第七章第六節。奚斤略地河南，楚之請降。魏假以荊州刺史。大武初,徵入朝。南藩諸將,表宋欲爲寇,使楚之屯潁川以距之。元嘉七年,到彥之泝河而西,楚之列守南岸至於潼關。見第三章第三節。遂以其衆從安頡,既破滑臺,上疏請掃除南中,平一區宇。大武以兵久勞,不許。刁雍,魏書傳云:兄逵,以劉裕負社錢,執而徵焉。及裕誅桓玄,先誅刁氏。雍爲暢故吏所匿,奔姚興。泓滅,與司馬休之等歸魏。求於南境自效。大宗許之。遂於河、濟之閒,招集流散,擾動徐、兗。泰常八年,大宗南幸鄴,給五萬騎,使別立軍。遣助叔孫建攻東陽。雍招集譙、梁、彭、沛民五千餘家,譙見第三章第三節。梁見第二章第三節。彭即彭城。沛見第三章第一節。置二十七營,遷鎭濟陰。漢梁國,後改爲濟陰郡,晉曰濟陽。見第六章第五節。延和二年,宋元嘉十年。立徐州於外黃,見第五章第六節。置譙、梁、彭、沛四郡、九縣,以雍爲刺史。在鎭七年,至大延四年,宋元嘉十五年。乃徵還京師。眞君十年,宋元嘉二十六年。復授徐、豫二州刺史。歷五年乃去。時又有王慧龍者,其傳云:自云愉之孫。劉裕微時,愉不爲禮。及得志,愉合家見誅。慧龍年十四,爲沙門僧彬所匿。西上江陵,依叔祖忱故吏荊州前治中習辟疆。時刺史魏詠之卒,辟疆與江陵令羅脩等謀舉兵,推慧龍爲盟主,襲州城。劉裕遣其弟道規爲荊州,衆遂不果。羅脩將慧龍又與僧彬北詣魯宗之。宗之資給,自虎牢奔姚興。姚泓滅,歸國。魯軌云:慧龍是王愉家豎,僧彬所通生也。崔浩弟恬,以女妻之。大宗以爲洛城鎭將,配兵三千人,鎭金墉。十餘日,大宗崩,世祖卽位,咸謂南人不宜委以師旅,遂停前授。久之,抗表願得南垂自效。崔浩固言之,乃授南蠻校尉、安南大將軍左長史。謝晦起兵,引爲援。慧龍進圍項城。晦敗,乃班師。王玄謨寇滑臺,與安頡等同討之。拜滎陽太守。在位十年。眞君元年,宋元嘉十七年。拜虎牢鎭都副將。未至鎭,卒。寇讚者,姚泓滅,秦、雍人千餘家推爲主,歸魏。拜河南郡太守。其後秦、雍人來奔河南、滎陽、河內者，戶至萬數。河南、河內，皆見第二章第二節。拜讚南雍州刺史，於洛陽立雍之郡縣以撫之。在州十七年。案慧龍爲崔浩所擁右。史言其自以遭難流離，常懷憂悴，乃作祭伍子胥文以見意。生一男一女，遂絕房室。布衣疏食，不參吉事。時制南人歸國者，皆葬桑乾，而慧龍臨歿，乞葬河內。雖重私讎，似非全不知夷夏之辨者。寇讚者，謙之之兄。觀第六節所述，崔浩及謙之皆有心於覆虜，則慧龍及讚，亦未必能爲虜效死也。此外如司馬天助、自云元顯之子，魏嘗以爲青、徐，又以爲青、兗二州刺史。司馬靈壽等，靈壽叔璠子，亦嘗從安頡。則更微末不足道矣。此等人即不論其立心如何，其力亦不足用。故魏人是時，亦不能守河南，宋師至，即不得不斂戍以避。而惜乎宋之兵力未能一舉而大創之，使其馬首不敢復南鄉也。

第五節　義民抗魏上

自永嘉喪亂，至於晉末，中原淪陷，已逾百年。是時民族意識，倘未光昌，史家僅錄官書，或載士大夫言行、家世；又好文飾，往往以辭害意，失事實之眞；以致異族野蠻橫暴，及我民族呑聲飲泣，冒抗反抗之迹，可考者甚希。然謂我人民遂甘心屈服於異族，則決無此理。當時塢堡之主，山澤之雄，切齒腐心，誓鉏非種，而名湮沒而不彰者，蓋不知凡幾矣！魏起北方，本極殘虐；拓跋氏在塞外時，即極殘虐，觀第四章第二節所述穆帝之事可見一斑。其入中原，殘虐尤甚。魏書王建傳云：從破慕容寶於參合陂。大祖乘勝，將席卷南夏，於是簡擇俘衆，有才能者留之，其餘欲悉給衣糧遣歸，令中州之民，咸知恩德。乃召羣臣議之。建曰：「不如殺之。」

諸將咸以建言爲然，建又固執，乃阬之。及圍中山，慕容寶走和龍，徒河人共立慕容普驎爲主。大祖悉衆攻之，連日不拔，使人登巢車臨城招之，其衆皆曰：「羣小無知，但恐復爲參合之衆，故求全日月之命耳。」大祖聞之，顧視建而唾其面。此乃歸過於下之辭，觀大祖「何恤無民」之言，其待俘虜尚安有恩德之可言邪？知其虐殺之事，爲史所不載者必多矣。既入中原，不知吏治，守宰無祿，貪殘彌甚，故抗之者尤多。魏守宰貪殘之甚，觀其本紀所載整頓吏治之事之頻繁，即可見之。魏人非知吏治者，政令之峻切，不足見其恤民之心，祇足見其官方之壞耳。道武都平城之歲，即遣使循行郡國，舉奏守宰不如法者，親覽察黜陟之。此猶可諉曰戡定之初也。明元帝神瑞元年十一月，詔使者巡行諸州，校閱守宰資財，非自家所齎，悉簿爲臧。守宰不如法者，聽百姓詣闕告之。可見貪取及違法者之多。二年三月，詔以刺史守宰率多逋惰，今年貲調縣違者，謫出家財以充，不聽徵發於民。又可見其下既病民，上又病國也。大武帝始光四年十二月，行幸中山，守宰以貪汙免者十數人。神䴥元年正月，以天下守令多非法，精選忠良悉代之。大延三年五月，詔天下吏民，得舉告守令之不如法者。眞君四年六月，詔復民貲賦三年，其田租歲輸如常，牧守不得妄有徵發。可見至大武之世，吏治亦迄未嘗善也。

道武甫破後燕，叛者即羣起。道武平鄴北還，至恆山之陽，博陵、渤海、章武即羣盜並起。其年九月，烏丸張驤子超又收合亡命，聚黨二千餘家，據南皮。此等雖旋即破滅，然繼起者仍不絕。最大者如河西之山胡白龍，自延和三年至大延三年，即自宋元嘉十一年至十四年，乃滅。渤海，漢郡，治浮陽，今河北滄縣。後漢移治南皮，今河北南皮縣。章武，晉國，今河北大城縣。

明元時，亦所在屯聚，用崔宏言大赦，乃獲暫安。見宏傳。

魏人是時，蓋如厝火積薪之下而寢其上矣，而大武時蓋吳舉義，聲勢尤大。

魏書本紀：大平眞君六年，宋元嘉二十二年。九月，盧水胡蓋吳聚衆反於杏城。盧水胡，見第二章第二節，杏城見第三章第八節。十月，長安鎮副將元紇討之，爲吳所殺。吳黨遂盛，民皆渡渭奔南山。渭水南岸之山。於是發高平敕勒騎赴長安。高平，後魏郡，今甘肅固原縣。詔將軍叔孫拔乘傳領攝幷、秦、雍，兵屯渭北。十一月，吳遣其部落帥白廣平西略。新平、安定諸夷會、皆聚衆應之。新平、安定，皆見第二章第二節。殺汧城守將。汧縣，見第五章第一節。吳遂進軍李閏堡，見第六章第八節。分兵略臨晉已東。臨晉，見第三章第七節。將軍章直與戰，大敗之，兵溺死於河者，三萬餘人。吳又遣兵西掠，至長安，將軍叔孫拔與戰於渭北，大破之，斬首三萬餘級。河東蜀薛永宗，聚黨盜官馬數千匹，驅三千餘人入汾曲，西通蓋吳，受其位號。秦州刺史周鹿觀討之，不克而還。魏秦州治上封，即上邽縣之更名也。上邽，見第三章第三節。詔殿中尚書元處眞、尚書慕容嵩二萬騎討薛永宗，殿中尚書乙拔率五將三萬騎討蓋吳，寇提三將一萬騎討白廣平。蓋吳自號天台王，宋書索虜傳：吳於杏城天台舉兵反虜。署百官。車駕西征。七年，宋元嘉二十三年。正月，次東雍州。魏神䴥中置，治正平，今山西新絳縣。孝昌後治鄭，今陝西華縣。圍薛永宗營壘。永宗出戰，大敗，六軍乘之，永宗衆潰。永宗男女無少長赴汾水死。車駕南幸汾陰，臨戲水。在陝西臨潼縣東。蓋吳退走北地。見第二章第二節。二月，幸盩厔，漢縣，在今陝西盩厔縣東。誅叛民耿青、孫溫二壘與蓋吳通謀者。軍次陳倉，見第三章第三節。誅散關氐害守將者。散關，在今陝西寶雞縣西南。諸軍乙拔等大破蓋吳於杏城，吳棄馬遁走。三月，車駕旋軫，幸洛水，分軍誅李閏叛羌。是月，金城邊冏、天水梁會反，金城、天水，皆見第二章第二節。據上邽東城。秦州刺史封勑文擊之，斬冏，衆復推會爲帥。五月，閭根率騎詣上邽，與勑文討梁會。會走漢中。蓋吳復聚杏城，自號秦地王，假署山民，衆旅復振。於是遣永昌王仁、高涼王那督北道諸軍同討之。六月，發定、冀、相三州兵二萬人屯長安南山諸谷，以防越逸。八月，蓋吳爲其下人所殺，傳首京師。魏書陸俟傳云：俟督秦、雍二州諸軍事，爲長安鎮大將，與高涼王那擊蓋吳於杏城，大破之，獲吳二叔。諸將欲送京師，俟獨不許，曰：「吳一身藏竄，非其親信，誰能獲之？若停十萬之衆，以追一人，非上策也。不如私許吳叔，免其妻子，使自追吳。」高涼王那亦從俟計，遂遣吳二叔，與之期。及期，吳叔不至。諸將咎俟，俟曰：「此未得其便耳，必不背也。」後數日，果斬吳以至。宋書索虜傳云：屠各反叛，吳自攻之，爲流矢所中死。吳弟吾生，率餘衆入木面山，皆尋破散。夫吳即喪敗，何至挺身而走？即謂如是，其二叔亦安能必擒之？知陸俟傳之言不實。蓋時吳已死，衆敗散，吳叔降魏，俟乃建議使之歸，徼幸可得吳首耳。木面山，未詳。永昌王仁平其遺燼。高涼王那破白廣平，生擒屠各路那羅，斬於京師。八年，宋元嘉二十四年。正月，吐京胡阻險爲盜。吐京，後魏郡，在今山西孝義縣西。詔武昌王提、淮南王他討之，不下。山胡曹僕渾等渡河西，保山以自固，招引朔方諸胡。朔方，後魏縣，今陝西清澗縣。提等引軍討僕渾。二月，高涼王那等自安定討平朔方胡。因與提等合軍，共攻僕渾，斬之。其衆赴險死者以萬數。九年，宋元嘉二十五年。二月，西幸上黨，誅潞叛民二千餘家，徙西河離石民五千餘家於京師。離石，見第三章第四節。案自魏、晉以降，所謂胡者，種類極雜，而要以西域胡之程度爲最高。割據諸國，抗魏最烈者，莫如沮渠氏，即以其多與西域交通故也。蓋吳爲盧水胡，實與沮渠氏同族；而其部帥白廣平之白，亦西域姓；蓋皆西域種類，不則深受其陶融者。是役也，漢族而外，嚮附之者，有氐，有羌，有屠谷，有蜀，有新平、安定諸夷酋，吐京、朔方諸胡，及諸山民，與山胡雜居者。蓋幾合北方諸族而與魏爲敵矣。據宋書索虜傳：吳起義時，年僅二十有九；魏大武累遣兵攻之輒敗；自將攻之，又大小數十戰不能克；可謂奇材。吳上表歸順，辭旨斐然。其第一表云：「伏願陛下：給一旅之衆，北臨河、陝。賜臣威儀，兼給戎械。進可以厭扞凶寇，覆其巢穴，退可以宣國威武，鎮御舊京。」其辭可謂甚壯。第二表曰：「虜主二月四日，傾資倒庫，與臣連營。接刃交鋒，無日不戰。摧賊過半，伏尸蔽野。伏願特遣偏師，賜垂拯接。」

蓋時親與虜主旗鼓相當，故望宋發兵爲援也。元嘉二十七年之役，諸路喪敗，惟關陝一軍，所向克捷，足見關中民氣之可用。魏本紀：眞君八年六月，西征諸將元處眞等坐盜沒軍資，所在虜掠，贓各千萬計，並斬之。當師徒橈敗，敵燄方張之日，而其所爲如此，其爲中國驅除亦至矣。而宋文帝於此，僅加吳以爵號，使雍、梁遣兵界上援接，竟亦不出，可謂之善乘機者邪？

魏書薛辯傳曰：其先自蜀徙於河東之汾陰，漢縣，在今山西榮河縣北。因家焉。祖陶，與薛祖、薛落等分統部衆，世號三薛。父彊，復代領部落。而祖、落子孫微劣，彊遂總攝三營。善綏撫，爲民所歸。歷石虎、苻堅，常憑河自固。仕姚興，爲鎭東將軍，入爲尚書。彊卒，辯復襲統其營，爲興尚書郎、建威將軍、河北大守。河北，見第四章第二節。此時蓋於此置郡。劉裕平姚泓，辯舉營降裕，拜爲寧朔將軍、平陽大守。平陽，見第二章第二節。及裕失長安，辯來歸國。仍立功於河際。大宗授平西將軍、雍州刺史，賜爵汾陰侯。泰常七年，宋永初三年。卒。子謹，初授河東大守。後襲爵，遷秦州刺史。眞君五年，爲都將，從駕北討，以後期，與中山王辰等斬於都南。見第三節。宋書薛安都傳云：河東汾陰人。世爲彊族，同姓有三千家。父廣，爲宗豪。高祖定關、河，以爲上黨大守。上黨，見第二章第二節。安都少以勇聞，身長七尺八寸，便弓馬。索虜使助秦州刺史北賀泊擊反胡白龍子，滅之。由是爲僞雍、秦二州都統。州各有刺史，都統總其事。元嘉二十一年，索虜主拓跋燾擊芮芮，大敗。安都與宗人薛永宗起義。永宗營汾曲，安都襲得弘農。見第二章第二節。會北地人蓋吳起兵，遂連衡相應。燾自率衆擊永宗，滅其族，進擊蓋吳。安都料衆寡不敵，率壯士辛靈度等歸國。大祖延見之，求北還，搆扇河、陝，招聚義衆。上許之，給錦百疋，雜繒三百疋。復襲弘農，虜已增戍，城不可克。蓋吳又死；乃退還上洛。見第三章第五節。魏書辯子初古拔傳云：安都爲其族叔，則安都於謹爲族兄弟。安都、永宗之叛魏，殆以謹被殺故邪？魏書安都傳云：眞君五年，與東雍州刺史沮渠秉謀逆，事發，奔於劉義隆，則是役尚牽涉沮渠氏。其結合可謂甚廣。永宗舉義，實在蓋吳之前一年，特其聲勢不如吳之盛，故魏書但視作吳之附從耳。薛爲河東彊族，本無歸虜之志。薛謹見戮，永宗又舉宗赴義，其讎恥可謂甚深。故安都歸國報雪之志甚堅。宋用之不能盡其材，後且因內亂，仍毆之歸虜，亦可惜也。初古拔當大武親討蓋吳、永宗時，詔其糾合宗鄉，壁於河際，斷二寇往來之路，絕不聞其投袂奮起，此或迫於兵勢，不得不然，然其後迄仍仕魏，則可謂忘不共之讎矣。

魏書沮渠牧犍傳云：牧犍淫嫂李氏，兄弟三人傳嬖之。李與牧犍共毒公主，上徵李氏，牧犍不遣，已見前。又云：既克，猶以妹壻待之。其母死，以王大妃禮葬焉。又爲蒙遜置守墓三十家。授牧犍征西大將軍，王如故。初官軍未入之閒，牧犍使人斫開府庫，取金、銀、珠玉及珍奇器物，不更封閉。小民因之入盜，巨細蕩盡。有司求賊不得。眞君八年，其所親人及守藏者告之。上乃窮竟其事。搜其家中，悉得所藏器物。又告牧犍父子多畜毒藥，前後隱竊殺人，乃有百數。姊妹皆爲左道，朋行淫佚，曾無愧顏。始罽賓沙門曰曇無讖，東入鄯善，自云能使鬼治病，令婦人多子。與鄯善王妹曼頭陁林私通。發覺，亡奔涼州。蒙遜寵之，號曰聖人。曇無讖以男女交接之術，敎授婦人。蒙遜諸女、子婦，皆往受法。世祖聞諸行人言曇無讖之術，乃召曇無讖。蒙遜不遣。遂發露其事，拷訊殺之。至此，帝知之。於是賜昭儀沮渠氏死。蒙遜女。誅其宗族。惟萬年及祖皆牧犍兄子。以前先降得免。是年，人又告牧犍猶與故臣民交通，謀反，詔司徒崔浩就公主第賜牧犍死。案牧犍果聽其嫂與姊共毒公主，則於公主恩義已絕，降下之日，卽不追舉其罪，亦必使之離昏。乃牧犍之死，史言其與主訣良久乃自裁，此猶可曰不必果有恩義也，而牧犍既死，公主改適李蓋，惠之父，見外戚傳。及其死，仍與牧犍合葬，此何爲者邪？且魏法最酷，牧犍罪釁果如史之所云，其待之又安得如是其厚乎？府庫所藏，巨細蕩盡，有司求賊不得可也，并斫開府庫，不更封閉之事而不知，則無是理，安待降下既久，所親人及守藏者告之乎？曇無讖，據釋老志所載，實爲戒行高僧。釋老志之言，固難盡信，以其爲宗教家言。然使其果以通於房中術而見求，豈復以是爲罪？又何必懼而殺之？李順傳言讖有方術，世祖詔順：令蒙遜送之京邑，順受蒙遜金，聽其殺之，世祖克涼州，聞而嫌順。順之死，在眞君三年，宋元嘉十九年。與此云世祖至是始知之者，又不相符。釋老志云：讖歷言他國安危，多所中驗，蒙遜每以國事諮之，其見求當正以此耳。所以以淫佚誣之者？釋老志又言：蓋吳反杏城，關中騷動。帝西伐，至於長安。先是長安沙門種麥寺內，御騶牧馬於麥中。帝入觀馬，沙門飲從官酒，從官入其便室，見大有弓矢矛盾，出以奏聞。帝怒曰：「此非沙門所用，當與蓋吳通謀，規害人耳。」命有司案誅一寺。閱其財產，大得釀酒具及州郡牧守、富人所寄藏物，蓋以萬計。又爲窟室，與貴室女私行淫亂。帝既忿沙門非法，崔浩時從行，因進其說，遂有誅長安沙門，焚破佛象，勅留臺下四方，一依長安行事之舉。然則佛法見廢，實由見疑與蓋吳通謀，謂由崔浩進說者，尚未知其眞際也。釋老志又言：涼州自張軌後世信佛敎，大延中，涼州平，徙其國人於京邑，沙門、佛法皆俱東，象敎彌增矣。本紀：牧犍之亡，涼州人被徙者三萬餘家，而涼州人多不服魏。據魏書北史列傳：張湛，宗欽，段承根，皆涼州人，皆與崔浩善。欽、承根皆與浩俱死。湛贈浩詩、頌，浩常報答。及浩被誅，湛懼，悉燒之。閉門卻掃，慶弔皆絕，僅乃得全。湛兄銑，浩禮之與湛等。承根父暉，大武聞其名，頗重之，以爲上客。後從大武至長安，或告暉欲南奔。問曰：「何以知之？」曰：「暉置金於馬韉中，不欲逃亡，何由爾也？」大武密遣視之，果如告者之言，遂斬之於市，暴尸數月。崔浩實乃心華夏者，見下節，諸人皆與浩善，可見其志之所在矣。然則沙門之見疑，牧犍之以與故臣民交通見告，宜也。然虜待牧犍素厚，又以人反之爲諱，不欲明言其叛，乃不得不造作莫須有之辭以誣之。本紀言大武克姑臧，收其珍寶不可勝計，而此時可以斫開府庫見告，則知隱竊殺人，朋行淫佚，同爲求其罪而不得而爲之辭。所以必見誣以淫佚者？以是時沙門適有淫佚之事，而曇無讖先見召不至，遂牽連之以誣牧犍。然鮮卑亦素行瀆亂，後人不知其說之誣，乃又億測讖之見求，必以其通於房中術之故，而誣人者轉以自誣矣，豈不詭哉？萬年與祖，初雖叛國，後亦以謀叛魏見誅，則牧犍之有反謀，亦不足異也。

第六節 義民抗魏下

蓋吳之叛，爲人民之抗魏，而當時之士大夫，亦多不服魏者。道武之破後燕也，以盧溥爲幽州刺史，而溥叛之事，已見前。溥與張袞同鄉里，袞數談薦之，其叛也，袞因之獲罪。時又有中山大守仇儒，不樂內徙，亡匿趙郡，見第二章第三節。推羣盜趙準爲主，連引丁零，扇動常山、鉅鹿、廣平諸郡，常山、鉅鹿，皆見第三章第四節。廣平，見第二章第二節。事見魏書長孫肥傳。此皆士大夫之抗魏者也。長安之亡也，毛脩之沒於夏，夏亡，又入魏。魏以爲吳兵將軍。滑臺之陷，朱脩之亦沒焉。大武以宗室女妻之，以爲雲中鎮將。元嘉九年，大武伐和龍，二人皆從。朱脩之與同沒人邢懷明，謀率吳兵，襲殺大武。

又有徐卓者，亦欲率南人以叛，脩之以告毛脩之，毛脩之不聽，乃止。魏書毛脩之傳云：是時諸軍攻城，宿衞之士，多在戰陳，行宮人少，是日無脩之，大變幾作，纛亦危矣，徐卓事泄被殺。朱脩之與邢懷明奔北燕，後獲南歸。毛脩之雖沮大計，然史言朱脩之之見俘，脩之經年不忍問家消息，久之乃訪焉。脩之具答，幷云「賢子亢矯，甚能自處。」脩之悲不得言，直視良久，乃長歎曰：烏乎！自此一不復及其心，固未嘗忘中國也，亦可悲矣。是時之不聽朱脩之，殆勢固有所不可邪？當時士大夫中此等人必多矣。而處心積慮，密圖覆虜，歷數十年；當其不得已而立虜朝時，亦隨事匡救，為中國謀；不幸所圖不成，遂至所志不白者，尤莫如崔浩。千五百年之後，考其行事，想見其為人，猶未嘗不使人感激興起也。

元嘉七年戰後，宋、魏復通好，信使每年不絕。蓋宋文帝雖志復河南，而身既嬰疾，又為介弟所逼，內憂未弭，未有長策；魏方以柔然為事，北方割據諸國，亦尚未盡滅；故彼此暫獲相安也。二十年，魏伐柔然，有鹿渾谷之敗；繼以辥永宗、蓋吳之舉義；其勢孔亟，顧於二十二年，使永昌王仁、高涼王那略淮、泗以北，各遷數千戶而去，其意蓋以示强。至二十七年，魏眞君十一年。魏內憂既澹，北寇亦抒。二月，魏主乃自將入寇，攻汝南。見第二章第三節。陳南頓大守鄭琨，陳見第三章第四節。南頓，漢縣，晉置郡，在今河南項城縣北。汝南、潁川大守郭道隱，潁川見第三章第三節。並委守走。虜鈔略淮西六郡，殺戮甚多。因圍縣瓠。見第五章第六節。南平王鑠時鎮壽陽，見第三章第四節。遣陳憲行郡事。時城內戰士，不滿千人，而憲嬰城固守，四十餘日，所殺傷萬計，虜卒不能克，其功亦偉矣。大武遣永昌王仁步騎六萬，將所略六郡生口，北屯汝陽。見第四節。時武陵王駿鎮彭城，文帝勑遣千騎，齎三日糧，襲之，以參軍劉泰之魏書作劉坦之。為帥，殺三千餘人，燒其輜重，虜衆一時散走，而汝南城南有虜一幢登城望見泰之無繼，又有別帥自虎牢至，（虎牢見第四章第二節。）因引出擊之。泰之敗死。大武惟恐壽陽有救兵，不以彭城爲慮，及聞汝陽敗，又傳彭城有係軍，大懼，謂其衆曰：「今年將墮人計中。」即燒攻具欲走。會泰之死問續至，乃停。文帝遣臧質輕往壽陽，即統其兵，南平王鑠遣司馬劉康祖與質救縣瓠。大武乃燒營遁走。是役也，虜雖未克縣瓠，而虜掠甚多，南師屢無功，爲所輕侮，乃與文帝書曰：「彼今若欲保全社稷，存劉氏血食者，當割江以北輸之，攝守南度。如此，釋江南使彼居之。不然，可善敕方鎮刺史守宰，嚴供張之具，來秋當往取揚州。大勢已至，終不相縱。頃者往索眞珠襠，略不相與，今所馘截髑髏，可當幾許珠襠也？彼往日北通芮芮，西結赫連、蒙遜、吐谷渾，東連馮弘、高麗，凡此數國，我皆滅之，以此而觀，彼豈能獨立？芮芮吳提已死，其子菟害眞襲其凶迹，以今年二月復死。我今北征，先除有足之寇。彼若不從命，來秋當復往取。以彼無足，故不先致討。北方已定，不復相釋。」蓋其大舉入犯之志決矣。崔浩起義圖於此時，誠可謂得其當也。

崔浩者，宏子。宏，清河東武城人。（東武城，漢縣，在今山東武城縣西。）少仕苻堅。後又仕慕容垂，爲高陽內史。（高陽，見第五章第二節。）魏道武伐後燕，次常山，（見第三章第四節。）宏棄郡，東走海濱。道武素聞其名，遣騎追求，執送軍門，與語，悅之，以爲黃門侍郎，與張袞對總機要，草創制度。後遷吏部尚書。及置八部大人，以擬八坐，宏通署三十六曹，如令、僕統事。深爲道武所任。大和中，孝文追錄先朝功臣，以宏配享廟庭焉。然宏傳云：始宏因苻堅亂，欲避地江南，於泰山爲張願所獲，（泰山，見第三章第四節。）本圖不遂，乃作詩以自傷，而不行於時，蓋懼罪也。及浩誅，高允受勑收浩家，始見此詩，允知其意。允孫綽，錄於允集。則宏亦乃心華夏者。傳又言：宏未嘗蹇諤忤旨，及大祖季年，大臣多犯威怒，宏獨無譴，蓋其仕虜原非本心，故亦不爲之盡力也。浩當道武時，給事祕書，轉著作郎，不過以工書常置左右而已。及明元立，拜博士祭酒。明元好陰陽術數，而浩能爲易筮，通天文，又善說洪範五行，始與軍國大謀，甚爲寵密。浩勸立大武爲大子，大武監國，浩爲右弼。已見前。大武立，左右共排毀之，以公歸第。後議伐赫連昌，羣臣皆以爲難，惟浩贊之，乃稍見信任。出入臥內，加侍中，後遷司徒。恭宗總百揆，復與宜都王穆壽輔政。蓋漢人中甚得虜親任者。元嘉二十七年六月，浩被誅。史言其以史事，云：初大祖詔尙書郎鄧淵著國記十餘卷，編年次事，體例未成。逮於大宗，廢而不述。神䴥二年，宋元嘉六年。詔集諸文人，撰錄國書。浩及弟覽、高讜、鄧穎、晁繼、范亨、黃輔等共參著作，敍成國書三十卷。及平涼州之後，復命浩監祕書事，以中書侍郎高允、散騎侍郎張偉參著作，續成前紀。著作令史閔湛、郗標素諂事浩，乃請立石銘，刊載國書，幷勒所注五經。浩贊成之。恭宗善焉。遂營於天郊東三里，方百三十步，用功三百萬乃訖。浩盡述國事，備而不典，而石銘顯在衢路，往來行者咸以爲言，事遂聞發。此魏書之辭。北史云：「北人咸悉忿毒，相與構浩於帝。」其辭較魏書爲重。蓋浩之死，實非以史事，後人不知其眞，以其見戮之酷，謂其觸忌必深，傳之久，不免增益其辭；李延壽亦不知其眞，遂采之以改魏書也。 有司案驗浩，取祕書郎、吏及長厤生數百人意。浩伏受賕。其祕書郎、吏以下盡死。夫魏史之僞造，不足信舊矣。以魏威刑之峻，浩安敢顯觸其忌？浩若欲傳其眞，自可以作私史。 果觸其忌，閔湛、郗標安敢請刊？恭宗亦焉得而善之？且史事之發，與浩同作者皆一無所問；僅高允，於浩被收時召入詰責，旋亦見釋。其後允久典史事，史稱其所續者仍浩故事也。然則浩書亦迄未嘗廢，觸北人之怒者安在？而浩之誅也，清河崔氏無遠近，清河見第五章第三節。范陽盧氏，范陽見第四章第二節。大原郭氏，大原見第二章第二節。河東柳氏，河東見第二章第二節。皆浩之姻親，盡夷其族。浩幽執，置之檻內，送於城南，使衞士數十人溲其上，呼聲嗷嗷，聞於行路。史稱自宰司之被戮辱，未有如浩者。此豈似以史事獲罪者乎？宋書柳元景傳云：元景，河東解人。解，漢縣，在今山西臨晉縣西南。曾祖卓，自本郡遷於襄陽。從祖弟光世，先留鄉里，索虜以爲河北大守。河北見上節。光世姊夫僞司徒崔浩，虜之相也。元嘉二十七年，拓跋燾南寇汝、潁，浩密有異圖，光世要河北義士爲浩應。浩謀泄被誅，河東大姓坐連謀夷滅者甚衆。光世南奔得免。其說決非虛誣矣。魏書盧玄傳言：玄，浩之外兄。玄子度世，以浩事棄官，逃於高陽鄭羆家。羆匿之。使者囚羆長子，將加捶楚。羆戒之曰：「君子殺身以成仁，汝雖死勿言。」子奉父命，遂被考掠，至乃火爇其體，因以物故，卒無所言。度世四子：淵、敏、昶、尚。初玄有五子，嫡惟度世，餘皆別生。浩之難，其庶兄弟常欲害之，度世常深忿恨。及度世有子，每戒約令絕妾孽，以防後患。至淵兄弟，婢賤生子，雖形貌相類，皆不舉接，爲識者所非。鄭羆不聞以俠名，何至以亡命之人而棄其子？疑浩之義圖，玄與羆皆與焉。孝文遷洛後，元丕子隆、超謀叛，丕亦心許之，而丕後妻之子不與。楊侃與莊帝密圖爾朱榮，爾朱兆入洛，侃時休沐，得潛竄歸華陰。見第三章第三節。後爾朱天光遣侃子婦父招慰之，立盟許恕其罪。侃從兄昱恐爲家禍，令侃出應。「假其食言，不過一人身死，冀全百口。」侃往赴之，遂爲天光所害。其事實頗與度世、羆類也。宋書之爲實錄，不待言矣。是役也，蓋漢族之士大夫大結合以謀虜，虜自知竊據，最諱人之反之，乃隱匿其事。適會是時，有不快於浩之國書者，乃借是以殺浩，又多殺郎吏，以掩人耳目。其謀可謂甚拙，而其事則亦酷矣。

乃天下後世，竟爲所欺，司馬公作通鑑，亦以宋書爲不足信而不之取，何哉？見考異。至於高允召問時之辭，則又多半出於後來之附會者也。允傳載游雅之言，謂詔責時，崔浩聲嘶股戰不能言，而允敷陳事理，申釋是非，辭義清辨，音韻高亮。斯言未知信否，即謂爲信，亦正可見浩之獲罪，不以史事，故允雖被責而不懼也。傳又云：世祖勅允爲詔，自浩已下，僮吏已上百二十八人，皆夷五族。允持疑不爲，頻詔催切。允乞更一見，然後爲詔。詔引前。允曰：「浩之所坐，若更有餘釁，非臣敢知。直以犯觸，罪不至死。」世祖怒，命介士執允。恭宗拜請。世祖曰：「無此人忿朕，當有數千口死矣。」浩竟族滅，餘皆身死。觀「直以犯觸，罪不至死」之言，浩所坐非史事，灼然可見矣。國書犯觸，戮及僮吏，魏法雖酷，亦不至是，況本無所犯觸邪？所以爲是淫刑者，不過欲以極刑加於謀叛之人，而又諱言其事，乃爲是以掩人耳目耳。濫殺如此，其視漢人，豈特草芥之不若邪？

浩稱虜朝名臣，然細觀所言，便見其設謀畫策，無一非爲中國計者。神瑞二年，晉義熙十一年。秋，穀不登，魏大史令王亮、蘇坦勸明元帝遷鄴，浩與特進周澹固爭之，蓋不欲虜薦居中國，抑慮其因饑而至，詒害於民也。宋武之伐姚秦，魏內外朝臣咸欲斷河上流，勿令西過；王懿降魏，又勸絕宋武後路，明元因欲遣精騎南襲彭城、壽春；宋武崩，又欲乘喪取洛陽、虎牢、滑臺：浩皆力爭之，後又阻其攻城之議。皆已見前。大武欲用兵於柔然及割據諸國，浩無不力贊之者，蓋欲引其力以外向，使不得專於中國，且以疲之也。神䴥二年之役，朝臣內外，盡不欲行，保大后尤固止之。時宋方議北伐，論者謂吳賊南寇，舍之北伐，師行千里，其誰不知？此固不得謂爲過慮，而浩力反之。其後南鎮諸將，表宋大嚴，欲犯河南，請兵三萬，先其未發逆擊之，因誅河北流民之在界上者，絕其鄉道，此亦事勢應爾，浩又訾諸將欲南抄以取貲財，爲國生事，非忠臣。大武聞赫連定與宋遙分河北，欲先事定，諸將以宋師猶在河中爲疑，胡三省曰：謂在河之中流。浩又決其不來。其心存中國，顯然可見。伐赫連昌之役，實爲幸勝，說亦見前。將伐沮渠牧犍也，奚斤、李順等三十餘人沮之，浩贊之。順等之言曰：「自溫圉河以西，（溫圉北史作溫園。）至於姑臧城南天梯山上，冬有積雪，深十餘丈，至春夏消液，下流成川，引以溉灌。彼聞軍至，決此渠口，水不通流，則致渴乏。去城百里之內，赤地無草，又不任久停軍馬。」浩則曰：「漢書地理志：涼州之畜，爲天下饒。若無水草，何以畜牧？又漢人爲居，終不於無水草之地築城郭、立郡縣也。」夫順等所言，乃姑臧城外之事。浩所引，止足明涼州一州非無水草耳。所攻在於姑臧，城外軍馬難停，一州水草縱饒，何益於事？若謂漢家郡縣，不應立於無水草之地，則自漢至魏，水道豈無變遷？大武之攻姑臧，亦幸而牧犍未能堅守耳。使其能之，而決渠以絕水道，未知將何以善其後也？鹿渾谷之役，浩說大武潛軍輕出，致爲敵所圍，信臣見誅，薛謹又以此死，卒招薛永宗、安都之叛，浩之所以誤虜者深矣。涼州之下，浩勸不徙其民，大武不聽。後蒐於河西，召浩議軍事。浩仍欲募徙豪强大家，以實涼土。軍舉之日，東西齊勢，以擊蠕蠕。其欲引虜力以外向，且以疲之，猶曩志也。浩不信佛，亦不好老、莊之言，而獨信寇謙之。釋老志言：謙之以始光初奉其書而獻之，時朝野聞之，若存若亡，未全信也。浩獨異其言，上疏贊明其事。浩傳言：浩父疾篤，浩乃翦髮截爪，夜在庭中仰禱斗極，爲父請命，求以身代，叩頭流血，歲餘不息。及得歸第，欲修服食養性之術，而謙之有神中錄圖新經，浩因師之。此豈似浩之所爲？釋老志又言：謙之嘗遇仙人成公興，謂謙之未便得仙，政可爲帝王師耳。又謂老君玄孫李譜文爲牧土宮主，領治三十六土人鬼之政，地方十八萬里有奇，而以嵩岳所統平土方萬里授謙之。浩傳載謙之謂浩：「受神中之訣，當兼修儒教，輔助大平眞君，」因屬浩撰列王者治典，并論其大要。其非忘情於世可知。攻赫連昌及神䴥二年之役，浩贊之，謙之亦贊之，二人之勢若槃榜，可以概見。虜迷信素深，浩與謙之，殆欲以是愚之邪？浩傳又言：浩從太宗幸西河，與同寮論五等郡縣之是非，考秦始皇、漢武帝之違失，好古識治，人服其言。及受謙之之屬，乃著書二十餘篇，上推大初，下盡秦、漢，大致先以復五等爲本。夫封建之不可復，浩寧不知之？然而爲是言者？當時世家豪族，欲驅虜者蓋多，然皆手無斧柯，故卒無所成就。使魏用浩之說以行封建，則如柳光世、薛永宗、安都之輩，必有膺茅受土者，合從締交，圜視而起，而其情勢大異矣。高允傳言：浩薦冀、定、相、幽、并之士數千人，各起家郡守，恭宗不可，浩固爭而遣之，豈欲多所樹置，爲登高一呼，四山皆應之計邪？或與其主復封建同一用意也？浩爲人寫急就章以百數，必稱馮代彊（急就篇有馮漢彊之語，魏以漢彊爲諱，故易之。）其藏機於深如此，而所謀卒泄，豈非天哉！其事因魏人諱匿之深，遂無可考見，然仍有可微窺者。盧玄傳言：浩大欲齊整人倫，分明姓族。玄勸之曰：「夫創制立事，各有其時。樂爲此者，詎幾人也？宜其三思。」浩當時雖無異言，然竟不納。浩敗頗亦由此。則浩之謀，似仍爲漢人所泄也，亦足忿疾矣。

第七節　魏大武南寇

元嘉二十七年，七月，宋文帝大舉北伐。命王玄謨率沈慶之、申坦前驅，入河，青、冀二州刺史蕭斌爲之統帥。臧質勒東宮禁兵，統王方回、劉康祖、梁坦逕造許、洛。徐、兗二州刺史武陵王駿，豫州刺史南平王鑠，東西齊舉。大尉江夏王義恭出次彭城，爲衆軍節度。又詔梁南北秦三州刺史劉秀之、統楊文德及巴西、梓潼二郡太守劉弘宗震蕩汧、隴。蕭思話部枝坦、劉德願由武關。見第三章第三節。玄謨取碻磝，進攻滑臺，積旬不克。碻磝、滑臺，皆見第六章第五節。九月，魏大武自將南下。十月，渡河。時玄謨軍衆亦盛，器械甚精。垣護之馳書勸其急攻，護之時爲鍾離太守，隨玄謨入河。不從。遽奔退，麾下散亡略盡。護之時以百舸據石濟，古棘津，見第四章第二節。魏軍悉牽玄謨水軍大艚，連以鐵鎖三重，斷河以絕其還路。河水迅急，護之中流而下，每至鐵鎖，以長柯斧斷之，惟失一舸。留戍麋溝。城名。沈慶之與蕭斌留碻磝。斌遣慶之率五千人往救。慶之曰：「玄謨兵疲衆老，虜寇已逼，各軍營萬人，乃可進耳。少軍輕往，必無益也。」斌固遣之，而玄謨已退。斌以前驅敗績，欲死固碻磝。慶之固爭，乃退還歷城。見第四節。玄謨自以退敗，求戍碻磝。江夏王以爲不可守，召令還。二十八年正月，亦至歷城。魏大武自碻磝而南，永昌王仁宋書作庫仁眞。發關西兵趨汝、潁，高涼王那宋書作高渠王阿斗遲。自青州道並南出。諸鎭悉斂民保城。十一月，大武至鄒山。見第四章第二節。戍主崔邪利敗沒。虜衆進趨彭城。彭城衆力雖多，而軍食不足。歷城衆少而食多。沈慶之欲以車營爲函箱陳，精兵爲外翼，奉二王直趨歷城。義恭長史何勖欲席卷奔鬱洲，見第七章第二節。自海道還都。駿長史張暢言：「食雖少，旦夕未至窘乏。一搖動則奔潰，不可止矣。」駿然之，義恭乃止。南平王鑠遣兵克長社，見第七章第六節。大小索。大索城今河南滎陽縣，小索城在其北。時鑠遣劉康祖繼進，而文帝命其速返。虜衆八萬，與之相及於尉武，亭名，在安徽壽縣西。康祖衆僅八千，大戰一日夜，殺虜塡積。康祖中矢死，軍遂敗，自免者裁數十人。虜焚馬頭、鍾離，馬頭，宋郡，今安徽懷遠縣東南。鍾離，見第四節。進脅壽陽。鑠保城固守。虜遂過壽陽而東，其向青州之兵攻東陽。

見第四節。文帝遣申恬往援之，蕭斌又遣解榮之與垣護之往援，與齊郡大守龐秀之保城。虜遂東略清河，從東安、東莞出下邳。清河，見第五章第三節。東安，漢縣，在今山東沂水縣東。東莞，漢縣，即今沂水縣治。下邳，見第三章第四節。下邳大守垣閬，亦僅能閉城拒守而已。大武自彭城南出。十二月，於盱眙渡淮。盱眙，見第三章第九節。文帝遣臧質率萬人往救。至盱眙，大武已過淮。其所屬胡崇、臧澄之、毛熙祚並戰歿。質衆亦奔散，以七百人入盱眙，與大守沈璞共守。大武留數千人守盱眙，自率大衆南向。其中書郎魯秀出廣陵，見第三章第九節。高涼王出山陽，見第五章第六節。永昌王出橫江，見第三章第九節。所過莫不殘害。大武至瓜步，山名，在今江蘇六合縣東南。發民室屋，及伐蒹葦，於滁口造簞筏，聲欲渡江。文帝大具水軍，爲防禦之備。自采石至於暨陽，采石，見第三章第九節。暨陽，晉縣，在今江蘇江陰縣東。船艦蓋江，旌甲星燭。大武使餉文帝橐駝名馬，求和請昏。上遣田奇餉以珍羞異味。大武以孫兒示奇曰：「至此非惟欲爲功名，實是貪結姻緣。若能酬酢，自今不復相犯秋豪。」又求嫁女與武陵王駿。見宋書索虜傳。魏書世祖紀言：宋請進女於皇孫，以求和親。大武以師婚非禮，許和而不許婚。此非實錄。魏此時雖戰勝，其視中原，尚如天上。姚興嫁女與明元，明元以后禮納之，況於天朝乎？宋書江湛傳云：文帝大舉北伐，舉朝以爲不可，惟湛贊成之。虜遣使求婚，上召大子劭以下集議，衆並謂宜許。湛曰：「戎狄無信，許之無益。」劭怒，謂湛曰：「今三王在厄，詎宜苟執異議？」聲色俱厲。劭又謂上曰：「北伐敗辱，獨有斬江湛，可以謝天下。」上曰：「北伐自我意，江湛但不異耳。」明年，虜自彭城歸，復求互市，亦無成議。至孝武世乃通之。詳見第九章第五節。文帝雖無武略，恢復之志自堅；一二密勿之臣，亦與之志同道合；安有屈辱求婚之事邪？二十八年，魏正平元年。正月朔，虜略民戶、燒邑屋而去。復圍盱眙。大武使就臧質求酒，質封溲便與之。大武怒甚，築長圍，一夜便合。開攻道趣城東北，運東山土石塡之。又恐城內水路遁走，乃引大船作浮橋，以絕淮道。大武與質書，質答曰：「王玄謨退於東，梁坦散於西，爾謂何以？不聞童謠言邪？虜馬飲江水，佛貍死卯年。此期未至，以二軍開飲江之徑耳，冥期使然，非復人事。爾若有幸，得爲亂兵所殺；爾若不幸，則生相鏁縛，載以一驢，直送都市。我本不圖全，若天地無靈，力屈於爾，虀之粉之，屠之裂之，如此未足謝本朝。爾識知及衆力，豈能勝苻堅邪？即時春雨已降，四方大衆，始就雲集，爾但安意攻城，莫走。糧食闕乏者，告之，當出廩相詒。得所送劍刀，欲令我揮之爾身邪？」大武大怒，乃作鐵牀，於其上施鐵鑱，云破城得質，當坐之此上。然力攻三旬不能克。聞彭城斷其歸路，京邑遣水軍入淮；且疾疫，死者甚衆；二月二日，乃解圍去。自彭城北還，義恭震懼不敢追。四月，其荆州刺史魯爽歸順。爽，宗之孫，軌之子也。虜以軌爲荆州刺史、襄陽公，鎮長社。武陵王駿鎮襄陽，軌遣人奉書，規欲歸南，以殺劉康祖、徐湛之父，不敢。文帝累遣招納，許以爲司州刺史。軌死，爽襲其官爵。爽麤中使酒，數有過失，大武怒將誅之，爽懼，密懷南歸計。次弟秀，以軍功爲中書郎，以事爲大武所詰，復恐懼。大武入寇，秀從。先是殿中將軍程天祚助戍彭城，爲虜軍所獲。事在元嘉二十七年。天祚善鍼術，深被大武賞愛，恆勸秀南歸。秀納之。及大武北還，遂與爽俱來奔。詔以爽爲司州刺史，復領義陽內史，北鎮義陽。義陽，本治新野，見第二章第三節，晉末移治仁順，在今河南信陽縣南。秀爲滎陽、潁川二郡大守。虜是役，凡破南兗、徐、兗、豫、靑、冀六州，殺掠不可勝數。宋書索虜傳述其殘破之狀曰：「自江淮至於淸、濟，戶口數十萬，自免湖澤者，百不一焉。村井空荒，無復鳴雞吠犬。至於乳燕赴時，銜泥靡託，一枝之閒，連窠十數，春雨載至，增巢已傾。甚矣，覆敗之至於此也！」亦可哀矣。

東路雖云喪敗，西路之軍，則頗致克捷。時隨王誕爲雍州刺史。二十七年，八月，誕遣尹顯祖出貲谷，魯方平、薛安都、龐法起入盧氏，盧氏，漢縣，今河南盧氏縣。貲谷，在縣南山之南。田義仁入義陽，中兵參軍柳元景總統羣帥。外兵參軍龐季明，年七十三，秦之冠族，羌人多懷之，求入長安，招懷關、陝。乃自貲谷入盧氏。盧氏人趙難納之。閏十月，法起、安都、方平諸軍入盧氏。以難爲盧氏令。難驅率義徒，爲衆軍鄉道。季明出自本城，與法起會，遂入弘農。見第二章第二節。元景度熊耳山。在盧氏縣南。安都頓軍弘農。法起進據潼關。見第三章第三節。季明率方平、趙難向陝西七里谷。陝縣，見第六章第一節。十一月，元景衆至弘農。以元景爲大守。元景命安都等並造陝下。虜洛州刺史張是提衆二萬，度崤來救。崤山，見第五章第一節。大戰，斬之。法起率衆次潼關。先是華山大守劉槐，糾合義兵攻關城，拔之，力少不固，頃之又集衆以應王師，法起次潼關，槐亦至，即據之。虜蒲城鎮主遣僞帥何難於封陵𠂤列三營，以擬法起。封陵𠂤，在今山西永濟縣南。何難欲濟河以截軍後。法起回軍臨河，縱兵射之，賊退散。關中諸義徒，處處蠭起；四山羌、胡，咸皆請奮。而王玄謨等敗退，虜遂深入，文帝以元景不宜獨進，且令班師，元景等乃還。

震蕩汧、隴之師，亦小有功績。初仇池楊宋奴之死也，二子佛奴、佛狗，逃奔關中。苻堅以佛奴爲右將軍，佛狗爲撫夷護軍。後以女妻佛奴子定，以定爲尚書領軍將軍。堅敗於淮南，關中擾亂，定盡力奉堅。堅死，乃將家奔隴右。徙治歷城。城在西縣界，去仇池百二十里。西漢縣，在今甘肅天水縣西南。置倉儲於百頃。招合夷、晉，得千餘家，自號平羌校尉，仇池公，稱藩於晉。孝武帝即以其號假之。求割天水之西縣，武都之上祿爲仇池郡，見許。上祿，見第五章第二節。大元十五年，又以定爲秦州刺史。其年，進平天水、略陽郡。天水，略陽，皆見第二章第二節。遂有秦州之地。十九年，攻乞佛乾歸，軍敗見殺。後楊盛諡爲武王。無子。佛狗子盛先爲監國守仇池，襲位。安帝以爲仇池公。宋武帝永初三年，改封武都王。文帝元嘉二年，六月卒。私諡惠文王。世子玄立。以爲北秦州刺史、武都王。明年，玄附魏。又明年，魏以爲梁州刺史、南秦王。六年，卒。私諡孝昭王。弟難當廢玄子保宗一名羌奴。而自立。宋仍以爲秦州刺史、武都王。七年，難當使保宗鎮宕昌，在今甘肅岷縣南。次子順鎮上邽。見第三章第三節。保宗謀襲難當，事泄，收繫之。先是流民許穆之、郝恢之投難當，並改姓司馬。穆之自云名飛龍，恢之自云名康之，云是晉室近戚。康之尋爲人所殺。益州刺史劉道濟，粹弟。委任長史費謙等，聚斂興利，民皆怨毒。九年，氐胡傳作十年，此從道濟傳。難當以兵力資飛龍，使入蜀爲寇。道濟遣軍擊斬之。初道濟以五城人帛氏奴、梁顯爲參軍，即伍城，見第六章第四節。督護費謙固執不與。遠方商人多至蜀土，資貨或有直數百萬者，謙等限布、絲、綿等各不得過五十斤。馬無善惡，限蜀錢二萬。府又立冶，一斷民鼓鑄，而貴賣鐵器。商旅吁嗟，百姓咸欲爲亂。氐奴既懷忿恚，因聚黨爲賊盜。其年七月，及趙廣等詐言司馬殿下猶在陽泉山中。陽泉，蜀漢縣，在今四川德陽縣西。蜀土僑舊，翕然並反。道濟嬰城自守。趙廣迎道人程道養，詐稱飛龍。衆十餘萬，四面圍城。道濟使中兵參軍裴方明擊破之。賊潰，還廣漢、涪城。皆見第三章第六節。時道濟疾已篤。十年正月，賊復大至。道濟卒。裴方明等祕喪擊賊，敗之。荆州刺史臨川王義慶遣兵往援，破賊。道養等仍藏竄爲寇盜不絕。十三年，文帝遣蕭汪之往討，降帛氏奴。十四年四月，趙廣等亦降。道養爲其下所殺。

亂乃定。蓋前後歷六年焉。時梁州刺史甄法護，亦刑法不理。十年，文帝使蕭思話代任。難當因法護下，思話未至，舉兵襲梁州，遂有漢中之地。魏拜爲南秦王。十一年，思話使司馬蕭承之討平之。先是桓玄篡晉，以桓希爲梁州，希敗走，楊盛據有漢中刺史范元之、傅歆悉治魏興，見第三章第六節。惟得魏興、上庸、新城三郡。上庸，見第三章第三節。新城，見第五章第六節。其後索邈爲刺史，乃治南城。漢中之苞中縣。及是南城爲賊所焚燒，不可固，思話乃還治南鄭。見第五章第五節。難當使奉表謝罪，詔宥之。十二年，難當釋保宗，遣鎮童亭。即董亭，在今天水縣東南。魏書作蘺亭，蓋董之字誤。保宗奔魏。魏大武帝以爲南秦王，遣襲上邽。順退守下辨。見第五章第一節。十三年，三月，難當自立爲大秦王。然猶奉朝廷，貢獻不絕。是歲，五月，難當據上邽。七月，魏使樂平王丕攻之。九月，至略陽。難當奉詔攝上邽守。十六年，魏以保宗爲秦州牧、武都王，鎮上邽。難當攻之，爲魏鎮將元勿頭所卻。十七年，其國大旱，多災異，降大秦王，復爲武都王。十八年，十月，傾國南寇，規有蜀土。十一月，陷葭萌，獲晉壽大守申坦。葭萌、晉壽，皆見第三章第六節。遂圍涪城，十餘日不克，乃還。十九年，正月，文帝遣裴方明等甲士三千人，又率荊、雍二州兵討之。難當將妻子奔魏。後死於魏。仇池平。以胡崇之爲秦州刺史，守仇池。魏使古弼督隴右諸軍及殿中虎賁與楊保宗從祁山南入，祁山，在今甘肅西和縣東北。皮豹子與司馬楚之等督關中諸軍，從散關西入。散關，見第五節。司馬文思督洛、豫諸軍事，南趨襄陽，刁雍東趨廣陵，邀方明歸路。二十年，正月，崇之至濁水，去仇池八十里。遇魏將拓跋齊等，敗歿。餘衆奔還漢中。保宗謀叛魏，被執，送平城。三月，順司馬苻達，難當從事中郎任朏等起義，立保宗弟文德。拓跋齊聞兵起，遁走。追擊，斬之。詔以文德爲北秦州刺史，封武都王。文德既受朝命，進戍葭蘆。城名，在今甘肅武都縣東南。二十五年，魏皮豹子攻之，文德奔漢中。時武陵王駿鎮襄陽，執文德，歸之京師，以失守免官削爵土。二十七年，起文德爲輔國將軍，率軍自漢中西入，搖動汧、隴。文德宗人楊高率陰平、平武羣氐來拒。陰平見第五章第一節。平武，漢剛氐道，蜀漢分置廣平縣，晉改曰平武，在今四川平武縣西北。文德大破，追斬之。陰平、平武悉平。又遣文德伐啖提氐，未詳。不克。秀之執文德，送荊州，而使文德從兄頭戍葭蘆焉。

二十九年二月，魏大武帝死。其六月，文帝復命徐、兗二州刺史蕭思話北伐，以張永爲冀州刺史，督王玄謨、申坦等經略河南，攻碻磝，十八日不能拔。八月七日夜，虜開門燒樓及攻車，士卒燒死及爲虜所殺甚衆，永卽夜撤圍退軍，不報諸將，衆軍驚擾，爲虜所乘，死敗塗地。魯爽、秀及程天祚幷荊州軍四萬出許、洛，克長社、大、小索，進攻虎牢，欲舟師入河，斷其水門。碻磝敗退，水軍不至，亦收衆還。帝又以臧質爲雍州刺史，使率所統向潼關。質頓兵近郊，不時發。及爽攻虎牢，乃使司馬柳元景率薛安都等北出，至關城，關城主棄戍走，卽據之。元景至洪關，在今河南靈寶縣西南。欲與安都濟河攻蒲坂。見第三章第四節。會爽退，亦還。

自景平之初，至於元嘉之末，宋、魏戰爭，歷三十年，宋多敗衄，北强南弱之形勢，由此遂成，此實關係南北朝百六十年之大局，非徒一時之得失也。綜其失策，凡有數端：夫以大勢言之，則拓跋氏實當五胡之末運，然占地既廣，爲力自雄；又代北距中原遠，欲一舉而覆其巢穴，殊非易事；故宋欲鉏魏，實未可以輕心掉之。夫欲攻代北者，非徒自江淮出兵，遠不相及也，卽河南猶虞其聲勢之不接，故欲攻代北，非以河北及關中爲根據不可。當元嘉五年之時，謝靈運嘗上書勸伐河北。其言有曰：「北境自染逆虜，窮苦備罹。徵調賦斂，靡有止已。所求不獲，輒致誅殞。身禍家破，闔門比屋。」「或懲關西之敗，而謂河北難守，二境形勢，表裏不同。關西雜居，種類不一，河北悉是舊戶，差無雜人。」靈運固非經略之才，斯言則不能謂爲無理。蓋吳舉義，元景西征，胡、蜀、氐、羌，莫不響應，關中如此，豈況河北？故謂河北、關中不可復者非也。然河北、關中雖可取，亦必我有以取之。欲取河北，必先固河南，欲固河南，必先實淮土；而欲取關中則必經營宛、洛與蜀、漢。自晉之東渡，置北方於度外久矣。宋武雖鉏南燕，覆後秦，然受命已在末年，經略未遑遠及。史家病其「縣河置守，兵孤援闊，」何承天傳論。景平喪敗，職此之由。孝武初，周朗上書有云：「毒之在體，必割其緩處。函、渭靈區，闃爲荒窟；伊、洛神基，蔚成茂草；豈不可懷？歷下、泗間，何足獨戀？議者必謂胡衰不足避，而不知我之病甚於胡矣。空守孤城，徒費財役。虜但發輕騎三千，更互出入，春來犯麥，秋至侵禾，水陸漕輸，居然復絕，於賊不勞，而邊已困，不至二年，卒散民盡，可蹻足而待也。」當時河南形勢之惡如此。斯時當務之急，實在於自固藩翰，而宜戒輕率出兵。故何承天作論，謂「安邊固守，於計爲長。」而其安邊固守之方：則一曰「移遠就近，以實內地；」二曰「浚復城隍，以增阻防；」三曰「纂耦車牛，以飾戎械；」城不可固，則以車爲藩，平行趨險，賊不能干。故纂耦車牛，與浚復城隍同意。四曰「計丁課仗，勿使有闕。」周朗亦言：「緣淮城壘，皆宜興復，使烽鼓相達，兵火相連。」承天又病「有急之日，民不知戰，廣延賞募，奉以厚秩。發遽奔救，天下騷然。方伯、刺史，拱守坐聽，自無經略，惟望朝廷遺軍。」謂非「大佃淮、泗，內實青、徐，使民有贏儲，野有積穀，精卒十萬，一舉盪夷，則不足稍勤王師，以勞天下。」朗亦言：「須辦騎卒四十萬，而國中不擾，取穀支二十歲而遠邑不驚，然後可越淮窮河，跨隴出漠。」此誠老成謀國之至計也。乃宋之君臣，恢復之壯志空存，而於生聚教訓之謀，則迄未嘗及。元嘉二十七年之役，兵一動，即減百官俸三分之一。至大明六年二月始復。罷國子學。王公、妃主及朝士、牧守各獻金帛等物。富室小民，亦有獻私財至數十萬者。又以兵力不足，用何尚之議，發南兗州三五民丁。說見第五章第二節。又募天下弩手，不問所從，若有馬步衆藝，武力之士應科者，皆加厚賞。有司又奏軍用不充，揚、南徐、兗、江四州，富有之民，家貲滿五千萬，僧尼滿二千萬者，並四分換一，過此率討，事息卽還。臨事張皇如此，安可以興大役乎？二十九年之役，青州刺史劉興祖建議伐河北，曰：「河南阻饑，野無所掠，脫意外固守，非旬月可拔，稽留大衆，轉輸方勞。伐罪弔民，事存急速。今僞帥始死，兼逼暑時，國內猜擾，不暇遠赴。關內之衆，財足自守。愚謂宜長驅中山，據其關要。冀州已北，民人尙豐，兼麥已向熟，資因爲易。向義之徒，必應響赴。若中州震動，黃河以南，自當消潰。臣城守之外，可有二千人，今更發三千兵，使別駕崔勳之直衝中山，申坦率歷城之衆，可有二千，駱驛俱進。較略二軍，可得七千許人。既入其心腹，調租發車，以充軍用。若前驅乘勝，張永及河南衆軍，便宜一時濟河，使聲實兼舉。愚計謬允，宜並建司牧，撫柔初附。定州刺史取大嶺，未詳。冀州刺史向井陘，見第六章第八節。并州刺史屯雁門，幽州刺史塞軍都，嶺名，在今河北昌平縣西北。相州刺史備大行。若能成功，淸一可待；若不克捷，不爲大傷。」上意止存河南，不納。論者或以爲惜。然魏於河南，尙不肯舍，況於河北，關其腹心，豈有不以死力爭之之理？而可以七千人徼幸邪？孔子曰：「暴虎馮河，死而無悔者，吾不與也，必也臨事而懼，好謀而成者也。」宋之君臣，不度德、量力，而好輕舉如此，安得而不喪敗哉？此以遠計言之也。專就戰事論之，其失亦有可得而言者。魏大武與文帝書曰：「彼嘗願欲共我一遇交戰，我亦不癡，復不是苻堅，何時與彼交戰？晝則遣騎圍繞，夜則離彼百里宿去。彼民人好降我者驅來，不好者盡刺殺之。彼吳人正有斫營技，我亦知彼情，離彼百里止宿。雖彼軍三里安邏，使首尾相次，募人財五十里，天自明去，此募人頭何得不輸我也？彼謂我攻城日當掘塹圍守，欲出來斫營，我亦不近城圍彼，止築隄引水灌城取之。彼揚州城南北門有兩江水，此二水引用，自可如人意也。」此書所云，均係實語，並非虛辭，觀其屢攻城不能克；又其戰勝，若兵力相當，則恆由宋將帥怯懦，不則宋人恆能以少制衆，殺傷過當可知。然則魏人攻城既非所長，野戰亦無把握，論其兵力，實尚不逮南朝，而宋顧屢爲所困者？魏人於中國無所愛惜，恃其騎兵剽捷，專以殺掠爲務。故宋與之遇，師徒之覆敗，所損尚淺，而人民之塗炭，受禍實深。經其剽略之地，元氣大傷，不徒進取，即守禦亦不易言矣。故魏欲避戰，而宋斯時之長策，則在與之決戰。欲與之決戰，則非有騎兵不可。宋書索虜傳論，謂彼我勝負，一言可蔽，由於走不逐飛。周朗亦云：「今人知不以羊追狼，蟹捕鼠，而令重車弱卒與肥馬悍胡相逐，其不能濟固宜。漢之中年能事胡者，以馬多也，胡後服漢者，亦以馬少也。既兵不可去，車騎宜蓄。」其言可謂深切著明。終南北朝之世，北方非無可乘之機，而南方迄不能大捷，恢復境土者，無騎兵與之決勝於中原，實爲一大原因，非徒宋世如此也。元嘉二十七年之役，沈慶之固陳不可，亦以馬步不敵爲言。文帝顧云：虜所恃惟馬，夏水浩汗，河水流通，泛舟北指，則碻磝必走，滑臺小戍，易可覆拔。克此二戍，館穀弔民，虎牢、洛陽，自然不固。比及冬閒，城守相接，虜馬過河，便成禽也。」何其言之易也？豈忘景平之覆轍邪？不特此也，文帝非不恭儉，然實非能用兵之人，而尤闇於擇將。王玄謨，怯懦之夫也，帝乃謂殷景仁曰：「聞玄謨陳說，使人有封狼居胥意，」此以口舌官人也。檀道濟最稱持重，帝乃謂其養寇自資。到彥之逗橈不前，帝則恕以中途疾動。張永者，涉獵書史，能爲文章，善隸書，曉音律，騎射雜藝，觸類兼通，又有巧思，紙及墨皆自營造，此乃文學之士，藝術之徒，帝顧謂其堪爲將，授以專閫。用人如此，安得而不覆敗？沈慶之諫北伐，帝使徐湛之、江湛難之。慶之曰：「治國譬如治家，耕當問奴，織當問婢。陛下今欲伐國，而與白面書生輩謀之，事何由濟？」觀其用張永，則並白面書生而不逮矣。二十九年之役，慶之又固諫不從，以立議不同，遂不使北出，好同惡異如此，安可用人？身未嘗履行陳，而出軍行師，每好縣授兵略，見徐爰傳。至於攻戰日時，莫不仰聽成旨，本紀贊。此尤用兵之大忌，而帝又犯之，尙安有成功之望耶？

第九章　宋齊興亡

第一節　元凶弑逆

文帝北伐，雖云喪敗，然其時境域如故，使有大有爲之君，弔死扶傷，厲兵秣馬，固未嘗不可徐圖恢復也。乃北伐未幾，身死逆子之手，兵端既啓，骨肉相屠，卒授異姓以篡奪之隙，喪亂弘多，自不暇於外攘，不惟河南不可復，卽淮北亦不能守矣。哀哉！

宋世宗戚之禍，實始於義康之謀奪宗，而發於元凶之弑逆。文帝后袁氏，生子劭及東陽獻公主英娥。劭姊。上待后恩禮甚篤。後潘淑妃有寵，后憤恚成疾。元嘉十七年，崩。劭以元嘉六年三月立爲大子。潘淑妃生濬。一說：濬爲淑妃所養，見下。封始興王。劭深疾潘氏及濬。濬慮將來受禍，曲意事劭，劭與之遂善。文帝務在本業，敦勸農桑，使宮內皆蠶，欲以風厲天下。有女巫嚴道育，本吳興人，吳興，見第三章第九節。自言通靈，能役使鬼物。夫爲劫，坐沒入奚官。東陽公主應閤婢王鸚鵡白公主，主乃白上，託云善蠶，求召入，見許。主及劭並信惑之。濬與劭並多過失，慮上知，使道育祈請，欲令過不上聞。後遂爲巫蠱。初主有奴陳天與，鸚鵡養以爲子，而與之淫通。鸚鵡、天與及寧州所獻黃門陳慶國，並預巫蠱事。寧州，見第三章第六節。劭以天與補隊主。東陽主薨，鸚鵡應出嫁。劭慮言語難密，與濬謀之。時吳興沈懷遠爲濬府佐，見待異常乃嫁鸚鵡與懷遠爲妾，不以啓上。上慮後事洩，因臨賀公主微言之。上後知天興領隊，遣閹人奚承祖詰讓劭曰：「臨賀公主南第先有一下人欲嫁，又聞此下人養他人奴爲兒，而汝用爲隊主，抽拔何乃速？汝閒用主、副，並是奴邪？欲嫁置何處？」劭懼，馳書告濬，幷使告臨賀主：「上若問嫁處，當言未有定所。」鸚鵡既適懷遠，慮與天興私通事泄，請劭殺之。劭密使人害天興。慶國謂宣傳往來，惟有二人，慮將見及，乃具以其事白上。上驚惋，卽遣收鸚鵡，封籍其家，得劭、濬書數百紙，皆呪詛巫蠱之言。得所埋上形像於宮內。道育變服爲尼，逃匿東宮。濬往京口，濬時爲南徐州刺史。又載以自隨，或出止民張旿家。劭東宮置兵，本與羽林等。元嘉二十八年，彗星起畢、昴，入大微，掃帝坐、端門，滅翼、軫。二十九年，熒惑逆行守氐，自十一月霖雨、連雪，大陽罕曜。三十年正月，大風飛霰且雷。上憂有竊發，輒加劭兵衆東宮實甲萬人。車駕出行，劭入守，使將白直隊自隨。其年二月，濬自京口入朝，當鎮江陵，時改刺荊州。復載道育還東宮，欲將西上。有告上云：「京口民張旿家有一尼，服食出入征北府內，似是嚴道育。」上初不信，試使掩錄，得其二婢，云道育隨征北還都。上惆悵惋駭，乃欲廢劭，賜濬死。而第三子武陵王駿不見寵，故累出外藩；第四子南平王鑠、第七子建平王宏，並爲上所愛。鑠妃江湛妹，湛勸上立之，自壽陽徵入朝。時爲豫州刺史。既至，又失旨。欲立宏，嫌其非次，是以議久不決。此據徐湛之傳。王僧綽傳云：隨王誕妃湛之妹，湛之欲立之。案文帝諸子，孝武次三，南平王次四，帝既不欲立之，廬陵王紹次五，出後義眞，次六卽誕，湛之之欲立之，或亦未必盡出私意也。而以語潘淑妃。淑妃具以告濬。濬馳報劭。劭因有異謀，每夜輒饗將士，或親自行酒。王僧綽者，曇首子，卽尚東陽獻公主者也。元嘉二十八年，遷侍中，時年二十九。帝頗以後事爲念，以其年少，欲大相付託，朝政小大，皆與參焉。劭於東宮夜饗將士，僧綽具以啓聞，勸上速斷。不聽。劭乃使齋帥張超之等集素所蓄養兵士二千餘人。詐云受勑有所收討。超之等數十人馳入，拔刀逕上合殿。時上與徐湛之屛人共言論，或連日累夕。每夜，常使湛之自秉燭繞壁檢行，慮有竊聽者。劭入弒之旦，其夕，上與湛之屛人語，至曉，猶未滅燭。超之手行弒逆，二月甲子。幷殺湛之。遣人殺江湛及其五子。又殺帝親信左右數十人。轉王僧綽爲吏部尙書，委以事任。頃之，劭料檢帝巾箱及江湛等書疏，得僧綽所啓饗士幷廢諸王事，乃收害焉。案文帝猜忌大甚，而又多疑少決，此皆非君德，宜其及禍也。既知劭、濬逆謀，不能去劭之兵，仍謂荊州上流之重，宜有至親，而以濬居之。徐湛之再與逆謀，仍極親任，不過以甥舅故耳。王僧綽傳云：父曇首，與王華並爲大祖所任。華子嗣，人才既劣，信遇亦輕。僧綽嘗謂中書侍郞蔡興宗曰：「弟名位應與新建等，超至今日，蓋以姻戚所致也。」此誠言，非謙辭也。此皆足徵文帝之偏私。新建，嗣之封。

劭之將弒逆也，召前中庶子右軍長史蕭斌斌父摹之，源之之從父弟，源之，思話父也。及左衞率袁淑等告之。淑不從，被殺。斌初亦諫，後爲所脅，與之同載。劭遣人謂魯秀曰：「徐湛之常欲相危，我已爲卿除之矣。」湛之父爲魯軌所殺，爽、秀歸順。湛之以爲廟算遠圖，特所獎納，不敢苟申私怨，乞屛居田里，不許。使秀與屯騎校尉龐秀之對掌軍隊。秀之，斌故吏也，甚加信委。時武陵王駿刺江州，文帝使步兵校尉沈慶之等伐緣江蠻，使駿總統諸軍，方次西陽之五洲，西陽，見第四章第三節。五洲，在今湖北蘄水縣西。即率衆入討。荊州刺史南譙王義宣，雍州刺史臧質，並舉義兵。劭分浙江東爲會州，以會稽大守隨王誕爲刺史。會稽，見第三章第九節。誕將受命，其參軍沈正說司馬顧琛，俱入說誕。誕猶豫未決。會武陵王駿使至，乃起兵。豫州刺史劉遵考亦起義。遵考武帝族弟。劭以蕭思話爲徐兗二州刺史，思話還彭城，亦起義。武陵王駿以柳元景爲前鋒。濬及蕭斌勸劭勒水軍自上決戰，不爾則保據梁山，在今安徽當塗和縣間。江夏王義恭慮義兵倉卒船舫陋小，不宜水戰，乃進策曰：「賊駿年小，未習軍旅，遠來疲弊，宜以逸待之。今遠出梁山，則京都空弱，東軍乘虛，或能爲患。若分力兩赴，則兵散勢離，不如養銳待期，坐而觀釁。」劭善其議。蕭斌厲色爭之，不納。劭疑朝廷舊臣悉不爲己用，厚接王羅漢、魯秀，悉以兵事委之。羅漢先爲南平王鑠右軍參軍，劭以爲有將用，故以心膂委焉。或勸劭保石頭城，劭曰：「昔人所以固石頭，俟諸侯勤王耳。我若守此，誰當見救？惟應力戰決之，不然不克。」時義軍船率小陋，慮水戰不敵，至蕪湖，見第三章第九節。柳元景大喜，倍道兼行。聞石頭出戰艦，乃於江寧步上。晉分秣陵置臨江縣，更名江寧，在今首都西南。濬至新亭，見第七章第一節。依山建壘。時四月也。劭使蕭斌、魯秀、王羅漢等精兵萬人攻壘，將士懷劭重賞，皆爲力戰。元景蓄力以待其衰，擊破之。劭又率腹心自來攻壘，元景又破之。蕭斌、王羅漢皆降。斌於軍門伏誅。羅漢後亦死。斌弟簡爲南海大守，世祖使討之，經時乃克。斌、簡諸子並誅滅。龐秀之、魯秀等亦各南奔義軍，遂克京城。劭、濬皆伏誅。時五月也。武陵王駿至新亭，卽位，是爲世祖孝武皇帝。

元凶之變，宋書謂「自赫胥以降，未聞斯禍。惟荆、莒二國，棄夏卽戎，武靈胡服，亦背華典；然後有之。生民得無左衽，亦爲幸矣。」其實世祿之家，爭奪相殺，乃其恆事，宋史之論，殊不免於拘墟也。劭之殺潘淑妃也，謂濬曰：「潘淑妃遂爲亂兵所害。」濬曰：「此是下情由來所願。」按宋書文九王傳，以濬爲淑妃所生，南史文帝諸子傳總敍處亦同，而劭傳又云：濬母卒，使潘淑妃養之，（宋書二凶傳無此語。）蓋李延壽兼采異說。濬果淑妃所生，二凶雖悖，其言或未必如是。延壽所采異說蓋是。然淑妃卽濬阿保，出此語亦悖矣。劭又與文帝第四女海鹽公主私通。（見宋書趙倫之傳。）其無倫理如此。劭之攻新亭壘而敗也，以輦迎蔣侯神像於宮內，稽顙乞恩，拜爲大司馬，封鍾山郡王，食邑萬戶，加節鉞。蘇侯爲驃騎將軍。其無知識又如此。紈袴子弟，又曷可教哉？劭之行弒逆也，出坐東堂，呼中書舍人顧瑕問曰：「共欲見廢，何不早啓？」未及答，斬之。徐湛之子聿之及江夏王義恭子十二人皆見殺。龐秀之南奔，子弟爲劭所殺者，亦將十人。（見南史蕭思話傳。）又以宿恨殺長沙悼王瑾，（景王之孫。）臨川王曄，（武帝少弟臨川烈武王道規無子，以長沙景王第二子義慶嗣，是爲康王。曄康王子。）桂陽侯覬，（景王子義融之子。）新渝侯玠，（義慶弟子。）又欲殺三鎭士庶家口，義恭及何尙之說之，乃止。其好殺如此。而義軍之慘酷，亦未嘗末減。劭、濬及劭四子，濬三子，並梟首大航，（見第四章第三節。）暴尸於市。又投劭、濬尸首於江。劭妻殷氏，賜死廷尉。濬妻褚氏，丹陽尹湛之女，湛之南奔，卽見離絕，故免於誅。其餘子女、妾媵，並於獄賜死。張超之爲亂兵所殺，割腸刳心，臠剖其肉，諸將生噉之，焚其頭骨。嚴道育、王鸚鵡並都街鞭殺，於石頭四望山下焚其尸，揚灰於江。（四望山，在今首都西南。）殺機一啓，而後來者益變本加厲，不可止矣，哀哉！

第二節　孝武世諸王之禍

文帝兄弟，自義康廢後，尙有義恭、義宣、義季三人。義康之廢，義恭入爲總錄，已見前。元凶弒逆，使義恭入住尙書下省，挾以出戰，恆錄在左右，故不能自拔。戰敗後，使義恭於東堂簡將，乃得單馬南奔。至新林，浦名，在今首都西南。即上書勸孝武即位。孝武以義恭爲大尉，錄尙書六條事，尋進位大傅，領大司馬，仍以空名尊之而已。初武帝遺詔，諸子以次居荆州。見第八章第一節。謝晦平後，以授義康。義康入相，義恭居之。臨川王義慶，宗室令望，而烈武王有大功於社稷，又居之。其後應在義宣，文帝以義宣人才素短，不堪居上流，元嘉十六年，以義季代義慶，而以義宣爲南徐州刺史。會稽公主每以爲言。上遲回久之。二十一年，乃以義宣刺荆州，而以義季爲南兗州刺史。二十二年，遷徐州。義季自義康廢後，爲長夜之飲，遂以成疾。遷徐州之明年，索虜侵邊，北境騷動，義季無他經略，惟飲酒而已。二十四年薨。而義宣至鎭，勤自課厲，政事修理。在鎭十年，兵彊財富。宋書義宣傳云：「義宣首唱大義，威名著天下。」案恩倖傳言：董元嗣與戴法興、戴明寶俱爲世祖南中郎將典籤。元嘉三十年，奉使還都。直元凶弒立，遣元嗣南還，報上以徐湛之等反。上時在巴口，在今湖北黃岡縣東。元嗣具言弒狀。上遣元嗣下都，奉表於劭。既而上舉義兵，劭責元嗣。元嗣答曰：「始下未有反謀。」劭不信，備加考掠，不服，遂死。南史沈慶之傳曰：孝武出次五洲，總統羣帥。慶之從巴水出至五洲諮受軍略。會孝武典籤董元嗣自建業還，陳元凶弒逆，時元凶密與慶之書，令殺孝武。慶之入求見孝武，稱疾不敢見。慶之突前，以元凶手書呈簡孝武。孝武泣，求入內與母辭。慶之曰：「下官受先帝厚恩，嘗願報德。今日之事，惟力是視。殿下何疑之深？」帝起，再拜曰：「家國安危，在於將軍。」慶之即勒內外處分。府主簿顏竣，延之子。聞慶之至，馳入見帝，曰：「今四方尙未知義師之舉，而劭據有天府，首尾不相應，赴此危道也。宜待諸鎭脣齒，然後舉事。」慶之厲聲曰：「今方與大事，而黃頭小兒皆參預，此禍至矣。宜斬以徇衆。」帝曰：「竣何不拜謝？」竣起再拜。慶之曰：「君但當知筆札之事。」於是處分，旬日內外皆整辦。時謂神兵。義宣傳云：元凶弒立，以義宣爲中書監、大尉、領司徒。義宣聞之，卽時起兵，徵聚甲卒，傳檄遠近。會世祖入討，義宣遣參軍徐遺寶，率衆三千，助爲前鋒。元嗣之還，與元凶下荆州之命，抵達先後，不能甚遠。孝武當日，尙遣元嗣奉表於劭；慶之處分，雖云神速，亦需旬日；而義宣聞命卽起，則似義宣義舉，實在孝武之前。但觀顏竣之語，則當孝武與慶之定謀之時，尙未知義宣義問耳。當天崩地坼之時，稱兵者孰甘爲牛後？卽擁戴之者亦然。觀沈慶之叱顏竣之語，其欲立功名之心，顯然可見。果不知江陵義舉，抑或知之而故不相承奉，亦殊難言之矣。父死子繼，邦之舊典。孝武於文帝諸子，次居第三，二凶既行弒逆，孝武以討賊居位，原不能謂爲不正，然欲義宣甘心承奉，則其勢甚難，而諸臣就素所親暱者而各有所奉，亦勢也。臧質傳云：質始聞國禍，便有異圖。以義宣凡闇，易可制勒，欲外相推奉，以成其志，以義宣已推崇世祖，故其計不行。柳元景傳云：質潛報元景，使率所領西還。元景卽以質書呈世祖。謂其使曰：「臧冠軍當是未知殿下義舉耳。方應伐逆，不容西還。」質以此恨之。此皆誣辭。臧質、魯爽，蓋皆與義宣素洽。觀義宣兵一起，二人卽俱往江陵可知。質女爲義宣子采婦，自尤易相結也。

孝武既卽位，改封義宣爲南郡王，以爲丞相、揚州刺史。隨王誕爲竟陵王，以爲荆州刺史，而以臧質刺江州。沈慶之刺南兗州。柳元景刺雍州，垣護之刺冀州；遷魯爽刺南豫州。魯秀刺司州。劉秀之刺益州。徐遺寶刺兗州。王玄謨刺徐州。義宣不肯就徵，誕亦固求回改，謂位號正與濬同。乃以誕爲揚州，義宣仍刺荆州。臧質建議：爪牙不宜遠出。上重違其言，更以柳元景爲領軍將軍，而以朱脩之爲雍州。孝建元年，義宣與臧質、魯爽、徐遺寶同舉兵反。義宣傳云：義宣報爽及遺寶，本刻秋冬舉兵，而爽狂酒失旨，正月便反，遺寶亦勒兵向彭城，義宣及質狼狽舉兵。此亦可惑。爽雖狂酒，刻反期何等事，而可失旨？況爽即失旨，豈遺寶亦失旨邪？通鑑考異曰：「宋本紀：二月，庚午，爽、臧質、南郡王義宣、徐遺寶舉兵反。義宣傳云：其年正月便反。宋略云：二月，義宣等反。按爽之反，帝猶遣賀收魯弘，則非同日反明矣。又按長曆：是月戊辰朔，然則庚午三日也。義宣傳起兵在二月二十六日，但不知爽反在正月與二月耳。」案義宣之反若在二月二十六日，則狼狽舉兵之說似可信，然爽起兵必以承奉義宣爲言，義宣恐未必能遲至是時始舉兵也。質使魯弘東下大雷，見第四章第三節。義宣遣諮議參軍劉湛之就之。又使魯秀攻朱脩之，而自率衆十萬，會質俱下。魯爽使弟瑜據小峴，自次大峴。大峴，見第七章第四節。小峴在其西。帝以兵力配歷陽大守張幼緒，歷陽，見第三章第九節。使薛安都率步，又別遣水軍援之。幼緒恇怯，引還，下之獄。而徵沈慶之督統諸軍。爽以食少引退，慶之使安都輕騎追之，及於小峴。爽親斷後。及戰，爽飲酒過醉，爲安都刺殺。瑜亦爲部下所殺。遂平壽陽。時又以夏侯祖權爲兗州刺史。徐遺寶襲彭城，祖權擊破之。遺寶，垣護之妻弟也。初與護之書，勸使同逆。護之馳使以聞，而自率步騎襲湖陸。見第五章第六節。時爲兗州治。遺寶棄城奔魯爽。爽敗，逃東海郡界，爲土人所殺。東海，見第三章第三節。義宣等至鵲頭，山名，在今安徽銅陵縣西北。而爽、遺寶敗問至。時上以王玄謨爲豫州刺史，率舟師頓梁山。見上節。徵垣護之據歷陽。使柳元景爲大統。元景屯姑熟，見第四章第一節。垣護之傳作南州，即姑熟也。使鄭琨、武念戍南浦。在今安徽當塗縣境。臧質逕入梁山。義宣屯蕪湖。見第三章第九節。質欲以萬人取南浦，萬人綴玄謨，浮舟直指石頭。義宣將從之。劉諶之曰：「質求前驅，此志難測。不如盡銳攻梁山，事克然後長驅，萬全之計也。」乃止。五月十九日，質攻梁山，克其西壘，欲仍攻東壘，義宣黨顏樂之曰：「質若復拔東城，則大功盡歸之矣，宜遣麾下自行。」乃遣劉諶之就質。案此時義宣所猜，是否在質，已有可疑；且質以十九日克西城，而義宣之至梁山在二十一日，相距不過二日耳，尚何慮質專其功？又質欲攻東城，何必請命於義宣？故此說殊未必實也。質遣龐法起等攻南浦，敗績。二十一日，義宣至梁山。質出軍東岸。玄謨使垣護之、薛安都等出壘奮擊，大敗之。護之等因風縱火，船艦先見焚燒，延及西岸營壘。衆遂奔潰。質欲見義宣計事，義宣密已出走矣。質不知所爲，亦走。魯秀之攻襄陽，朱脩之斷馬鞍山道，水經注：稷溪水出襄陽西柳子山下，東爲鴨湖，湖在馬鞍山東北。秀不得前，乃退。劉秀之遣參軍韋山松襲江陵，爲秀所殺。及是，義宣步向江陵。秀及其司馬竺超民等，仍欲收合餘燼，更圖一決。而義宣惽墊，無復神守。左右腹心，相率奔散。欲隨秀北走，復與秀相失。未出郭，將士逃散盡，復還向城。超民乃送之就獄。時孝武已以朱脩之爲荊州刺史矣，至江陵，於獄盡之。子十八人，除竣、悉達早卒外，皆死。秀衆叛且盡，爲劉秀之所射，中箭赴水死。臧質至尋陽，焚燒府舍，載伎妾西奔。使所寵何文敬領兵居前。至西陽，見第四章第三節。西陽大守魯方平，質之黨也，懷貳，誑文敬曰：「詔書敕旨，惟捕元惡一人，餘並無所問。」文敬棄衆而走。質先以妹夫羊沖爲武昌郡，見第三章第九節。往投之，已爲郡丞胡庇之所殺。質無所歸，入南湖，在武昌東。逃竄，爲追兵所殺。豫章大守任薈之，臨川內史劉懷之，鄱陽大守林仲儒，爲質盡力，皆伏誅。豫章，見第三章第九節，臨川，見第七章第一節。鄱陽，見第四章第三節。孝武又欲殺竺超民及質長史陸展兄弟，尚書令何尚之言之，乃得原。案臧質數有戰功，拒虜尤著績；魯爽，史稱其少染殊俗，無復華風，亦不失爲一戰將；秀之才略，尤優於其兄；不能用以拒虜，而俱斃於內戰，實可惜也。

義宣既敗，義恭乃上表省錄尚書，又與竟陵王誕奏裁諸王侯車服器用樂舞制度凡九事，有司附益爲二十四條。時西陽王子尚（孝武次子。）有盛寵，義恭又解揚州以避之。義恭傳言其性嗜不恆，日移時變，自始至終，屢遷第宅，與人遊款，意好亦多不終，而奢侈無度，不愛財寶，左右親幸者，一日乞與，或至一二百萬，小有忤意，輒追奪之。大明時資供豐厚，而用常不足，賒市百姓物，無錢可還；民有通辭求錢者，輒題後作原字。善騎馬，解音律，游行或三五百里。蓋亦故爲是以避禍也。初晉氏南遷，以揚州爲京畿，穀帛所資皆出焉；以荊州爲重鎮，甲兵所聚盡在焉；常使大將居之。二州戶口居江南之半。上惡其彊大，分揚州浙東五郡（會稽、東陽、永嘉、臨海、新安。）置東揚州，（治會稽。）荊、湘、江、豫州之八郡（荊江夏、武陵、天門、竟陵、隨，湘巴陵，江武昌，豫西陽。）置郢州。（治江夏。）罷南蠻校尉，遷其營於建康。荊、揚並因此虛耗。何尚之建言復合二州，上不許。

南平穆王鑠，初領兵戍石頭。元凶弒立，以爲中軍護軍將軍。世祖入討，劭屯兵京邑，使鑠巡行撫勞，以爲南兗州刺史。柳元景至新亭，（見第七章第一節。）劭親自攻之，挾鑠自隨。江夏王義恭南奔，使守東府。義軍入宮，鑠與濬俱歸世祖。鑠素不推事世祖，又爲元凶所任使，世祖以藥內食中毒殺之。

武昌王渾，文帝第十子。少而凶戾。嘗出石頭，怨左右人，援防身刀斫之。孝武即位，授南彭城、東海二郡太守，出鎮京口。孝建元年，遷雍州刺史。渾至鎮，與左右人作文檄，自號楚王，號年爲永光元年，備置百官，以爲戲笑。孝武聞之，逼令自殺。時年十七。時爲義宣叛之明年，越五年而竟陵王之禍作。

竟陵王誕，文帝第六子。其傳云：義宣之反，有荆、江、兗、豫四州之力，勢震天下。孝武即位日淺，朝野大懼。上欲奉乘輿法物，以迎義宣。誕固執不可，然後處分。上流平定，誕之力也。此亦誣罔之辭。以孝武之猜鷙，安肯懾於虛聲，遽棄大位？當時蓋有是語而非由衷之言，誕亦知旨而執之，及後既叛，乃以是爲功，好誣者因以爲實事耳。當時史文，固多如是，不可不分別觀之也。誕叛後，爲表投之城外云：「丞相搆難，臧質協從，朝野恍忽，咸懷憂懼。陛下欲百官羽儀，星馳推奉，臣前後固執，方賜允俞。社稷獲全，是誰之力？」誕造立第舍，窮極工巧，園池之美，冠絕一時。多聚才力之士，實之第內，精甲利器，莫非上品。此等又皆孝武一面之辭，其信否亦不可知也。上意不平。孝建二年，出誕爲南徐州刺史。大明元年，又徙之南兗州，而以劉延孫爲南徐，與之合族。高祖遺詔，非宗室近戚，不得居京口，見第八章第一節。延孫傳云：延孫與帝室雖同是彭城人，別屬呂縣。劉氏居彭城縣者，又分爲三里：帝室居綏輿里，左將軍劉懷肅居安上里，豫州刺史劉懷武居叢亭里，及呂縣爲四劉。雖同出楚元王，由來不序昭穆。延孫於帝室本非同宗。時竟陵王誕爲徐州，上深相畏忌，不欲使居京口，遷之於廣陵。廣陵與京口對岸，使腹心爲徐州，據京口以防誕，故以南徐授延孫，而與之合族，使諸王序親。呂，漢縣，在今江蘇銅山縣北。誕既見猜，亦潛爲之備。因索虜寇邊，修治城隍，聚糧治杖。嫌隙既著，道路常云誕反。三年，建康民陳文紹，吳郡民劉成，豫章民陳談之上書告誕有反謀。四月，上使有司奏誕罪狀，貶爵爲侯，遣令之國，而以垣閬爲兗州刺史，配以羽林禁兵，遣給事中戴明寶隨閬襲之。事洩，爲誕所敗，閬遇害，明寶奔還。上乃遣沈慶之率大衆討誕。慶之進廣陵。豫州刺史宗慤，徐州刺史劉道隆，並率衆來會。誕見衆軍大集，欲棄城走，而其衆並不欲去，乃復還。時垣護之、崔道固、龐孟虯、殷孝祖等破索虜還，時使北援青州，見第五節。至廣陵，上使並受慶之節度。又遣屯騎校尉譚金，前虎賁中郎將鄭景玄率羽林兵隸慶之。慶之塡塹治攻道，直夏雨不得攻城，上璽書催督，前後相繼。及晴，又使大史擇發日，將自濟江。大宰江夏王義恭表諫，乃止。七月，慶之攻廣陵，克之，殺誕。誕初使黃門呂曇濟與左右素所信者將世子景粹，藏於民間。出門，並各散走，惟曇濟不去。十餘日，乃爲沈慶之所捕得，斬之。貶誕姓爲留氏。帝命城中無大小並斬。沈慶之執諫，乃自五尺以下全之。殺城內男爲京觀，死者數千，女口爲軍賞。初義宣之反也，義恭參軍宗越亦隸行閒。追奔至江陵。時朱脩之未至，越多所誅戮；又逼略義宣子女，坐免官，繫尙方。尋被宥，復官。誕之叛，越以長水校尉領馬軍隸慶之。及孝武命殺城內男丁，越受旨行誅。躬臨其事，莫不先加捶撻，或有鞭其面者，而越欣欣然若有所得。誕之初叛也，孝武忿其左右腹心同籍期親並誅之，死者以千數，或有家人已死，方自城內叛出者。琅邪王璵之，五子悉在建業。璵之嘗乘城，沈慶之縛其五子，示而招之，許以富貴。璵之曰：「吾受主王厚恩，不可以二心。三十之年，未獲死所耳，安可以私親誘之？」五子號叫於外，呼其父。及城平，慶之悉撲殺之。誕遣使要結遠近。山陽內史梁曠，山陽，見第五章第六節。家在廣陵，誕執其妻子，而曠斬使拒誕。誕怒，滅其家。劉遵考子琨之，爲誕主簿。誕作亂，以爲中兵參軍。不就。繫獄數十日，終不受。誕殺之。彭城邵領宗在城內，陰結死士，欲襲誕，事泄，誕支解之。一時君臣之酷虐如此，人理不幾於滅絕邪？

海陵王休茂，文帝第十四子。大明二年，爲雍州刺史。司馬庾深之行府事。休茂性急疾，欲自專，深之及主帥每禁之，常懷忿怒。左右張伯超多罪過，主帥常加呵責。伯超懼罪，勸休茂殺行事及主帥，且舉兵自衞：「此去都數千里，縱大事不成，不失入虜中爲王。」休茂從之。夜挾伯超及左右率夾轂隊殺深之及典籤，集徵兵衆，建牙馳檄。參軍尹元慶起義，禽斬之。宋書本紀云：義成太守薛繼考討斬之。休茂傳云：繼考爲休茂盡力攻城，及休茂死，詐稱立義，乘驛還都，事泄，伏誅。舊史蓋據其事未泄前之詭辭，而修宋書者誤襲之也。南史云：尹元慶起義斬之，當得其實。義成，見第五章第四節。時五年四月也。休茂時年十七。母、妻皆自殺，同黨悉伏誅。

休茂既死，義恭上表言：「諸王貴重，不應居邊。華州優地，時可暫出。既已有州，不須置府。若位登三事，止於長史、掾屬。若宜鎭禦，別差押城大將。若情樂沖虛，不宜逼以武事。若舍文好武，尤宜禁塞。僚佐文學，足充話言，游梁之徒，一皆勿許。文武從鎭，以時休止。妻子室累，不煩自隨。百僚修詣，宜遵晉令，悉須宣令齊到，備列賓主之則。衡泌之士，亦無煩干候貴王。器甲於私爲用蓋寡，自金銀裝刀劍戰具之服，皆應輸送還本。曲突徙薪，防之有素，庶善者無懼，惡者止姦。」其所以閑之者彌密，然人心好亂，梟桀乘機，徒恃具文，終不足樹維城之固也。

第三節 前廢帝之敗

凡置君如弈棊之世，往往君臣上下，彼此相猜。因相猜而相圖，則君位之不固彌甚，而其相猜亦彌甚。迭相爲因，而爭奪相殺之禍，不絕於時矣。劉宋之所以敗，正坐此也。

宋文帝之爲人，已不免失之猜忌，而孝武及明帝二世尤甚。南史本紀言：孝武帝末年，爲長夜之飲，每旦寢興，盥漱畢，仍復命飲，俄頃數斗，憑几惛睡，若大醉者。或外有奏事，便肅然整容，無復酒色，外內服其神明，無敢弛惰。是其人未嘗無監察之小才。然性嚴暴，睚眦之閒，動至罪戮。佞幸戴法興傳。又好狎侮羣臣，隨其狀貌，各有比類。如多須者謂之羊；顏師伯缺齒，號之曰齴；劉秀之儉吝，呼爲老慳。寵一崑崙奴，常在左右，令以杖擊羣臣，自柳元景以下，皆罹其毒。王玄謨傳。江智淵初爲竟陵王誕從事中郎。誕將爲逆，智淵悟其機，請假先返。誕事發，卽除中書侍郎，遷尚書吏部郎。智淵愛好文雅，辭采清贍，上初深相知待，恩禮冠朝。後以方退，漸不會旨，見出，以憂卒。參看下文。沈懷文爲侍中，隨事納諫，匡正尤多，帝多不聽。帝每宴集，在坐者咸令沈醉。懷文素不飮酒，又不好戲，帝謂故爲異己。遂以事收付廷尉，賜死。其好狎侮如此。卽位之初，普責百官讜言，而廬陵內史周朗，廬陵見第三章第九節。以上書忤旨。大明四年，使有司奏其居喪無禮，傳送寧州，見第三章第六節。於道殺之。顏竣舊爲僚佐，討劭之役，上發尋陽，便有疾，竣常出入臥內，斷決軍機；卽位，爲侍中，轉吏部尚書；義宣、臧質反，諸子藏匿建康、秣陵、湖熟、江寧縣界，秣陵見第四章第三節。湖熟，漢縣，在今江寧縣東南。江寧見第一節。又以爲丹陽尹，可謂股肱心膂之臣。而以諫諍懇切，藉竟陵王誕之叛陷之，先打折足，然後於獄賜死。沈懷文與竣及周朗素善，帝嘗謂之曰：「竣若知我殺之，亦當不敢如此。」及懷文被繫，其三子行謝，情哀貌苦，見者傷之。柳元景欲救懷文，言於帝曰：「沈懷文三子，塗炭不可見，願陛下速正其罪。」帝曰：「宜急殺之，使其意分。」竟殺之。其好誅惡直，刻薄寡恩又如此。其所任者：顏師伯，帝爲徐州時主簿，以善於附會，大被知遇。及踐阼，以爲黃門侍郎，累遷侍中、吏部尙書；爲尙書右僕射。戴法興、戴明寶、蔡閑，皆爲南臺侍御史，兼中書通事舍人。巢尙之，亦爲中書通事舍人。選授、遷轉、誅賞大處分，皆與法興、尙之參懷。內外諸雜事，多委明寶。蔡閑早卒。師伯居權日久，天下輻湊，游其門者，爵位莫不踰分。多納貨賄，家產豐積。伎妾聲樂，盡天下之選。園池第宅，冠絕當時。法興、明寶亦大通人事，多納貨賄。明寶驕縱尤甚。所任如此，安有可託孤寄命之臣邪？身死未幾，而嗣子遽敗，固其所也。

大明八年，閏五月，孝武帝崩。大子子業立，是爲前廢帝。時年十六。遺詔：江夏王義恭解尙書令，加中書監。柳元景領尙書令，入住城內。事無巨細，悉關二公。大事與沈慶之參懷。若有軍旅，可爲總統。尙書中事委顏師伯。外監所統委王玄謨。廢帝卽位，復置錄尙書，以義恭爲之。顏師伯遷尙書右僕射，領丹陽尹。元景、慶之、師伯、玄謨，固皆孝武帝所視爲親信之臣者也，然未再期而變起。景和元年八月，免戴法興官，旋賜死。巢尙之亦解舍人。轉顏師伯爲尙書僕射，而以王景文爲右僕射，分其臺任。景文名彧，與明帝名同，以字行。其妹爲明帝后。觀廢帝用人，可知其不甚與諸叔立異也。又奪其丹陽尹。義恭、元景、師伯等憂懼，謀廢帝而立義恭。以告沈慶之。慶之發其事。帝親率宿衞誅之。佞幸傳言：帝卽位，法興遷越騎校尉。時義恭錄尙書事，任同總己，而法興執權日久，威行內外。義恭積相畏服，至是懾憚尤甚。廢帝未親萬幾，凡詔勅施爲，悉決法興之手。尙書中事無大小專斷之。師伯、義恭守空名而已。傳又云：前廢帝卽祚，權任悉歸法興，而明寶輕矣。一似義恭、師伯，與法興各不相干者。然又云：帝所愛幸閹人華願兒，有盛寵，賜與金帛無算。法興常加裁減，願兒甚恨之。帝常使願兒出市里，察聽風謠。而道路之言，謂法興爲眞天子，帝爲應天子。應，南史作贋。願兒因此告帝曰：「外閒云：宮中有兩天子，官是一人戴法興是一人，官在深宮中，人物不相接。法興與大宰、顏、柳一體，吸習往來，門客恆有數百，內外士庶莫不畏服之。法興是孝武左右，復久在宮闈，今將他人作一家，深恐此坐席非復官許。」則法興與義恭等實已互相交關，願兒於法興縱有私怨，然其告前廢帝之語，必不能憑空造作，史固云道路先有法興爲眞天子，帝爲應天子之語，而後願兒因之進說也。此語亦非史家所能造，即或傳述出於附會，亦必當時實有此情形，附會者乃能爲是說也。故法興死而義恭等之變遂作。夫南北朝之主，所以好用寒人者？一以其時之士大夫優游不能任事；一亦由其時爭奪相殺，習爲故常，寒人分望有限，不至覬覦非分耳。今戴法興等亦與義恭等相交關，又曷怪廢帝之欲加以翦除哉？史言帝年漸長，凶志轉成，欲有所爲，法興每相禁制。每謂帝曰：「官所爲如此，欲作營陽邪？」一似法興雖無禮於其君，意實在防閑其非者。然廢帝即位，年已十六，欲有所爲，何待期年之後？則此說不足信也。期年之中，不蜚不鳴，而一旦發之倉卒；而征討之師，且繼之而出，則知廢帝非絕無能爲，且非輕躁之流矣。

晉熙王昶者，文帝第九子，時爲義陽王。晉熙乃其投北後明帝所改封。爲徐州刺史。昶傳云：昶輕訬褊急，不能祗事世祖，大明中常被嫌責，民間喧然，常云昶當有異志。永光、景和中，廢帝初改元爲永光，誅義恭後，又改元爲景和，實一年也。此聲轉甚。廢帝既誅羣公，彌縱狂悖，常語左右曰：「我即大位來，遂未嘗戒嚴，使人邑邑。」義恭誅後，昶表請入朝，遣典籤蘧法生銜使。魏書作虞法生。帝謂法生曰：「義陽與大宰謀反，我正欲討之，今知求還，甚善。」又屢詰問法生：「義陽謀反，何故不啓？」法生懼禍，叛走還彭城。帝因此北討，親率衆過江。法生既至，昶即聚衆起兵，統內諸郡，並不受命，將佐文武，悉懷異心。昶知其不捷，乃夜與數十騎開門北奔索虜。時九月也。昶之必叛，讀其傳文可見，更不得歸咎於廢帝之激變矣。

孝武十四王傳云：始平孝敬王子鸞，孝武帝第八子。大明四年，年五歲，封襄陽王。仍為東中郎將、吳郡大守。吳郡，見第三章第九節。其年，改封新安王。五年，遷北中郎將，為徐州刺史，領南琅邪大守。南琅邪，東晉以江乘僑置，齊徙治白下。母殷淑儀，寵傾後宮，子鸞愛冠諸子。凡為上所盼遇者，莫不入子鸞之府國。及為南徐州刺史，又割吳郡以屬之。六年，丁母憂。追進淑儀為貴妃，班亞皇后。謚曰宣。上自臨南掖門臨過喪車，悲不自勝。擬漢武帝李夫人賦。又諷有司，創立新廟。葬畢，詔子鸞攝職，以本官兼司徒。又加都督南徐州諸軍事。八年，加中書令，領司徒。前廢帝即位，解中書令，領司徒，加持節之鎮。帝素疾子鸞有寵，既誅羣公，乃遣使賜死。時年十歲。子鸞臨死，謂左右曰：「願身不復生王家。」同生弟、妹並死。與子鸞同生者，孝武帝第十四子齊敬王子羽，大明三年卒。第十九子晉陵孝王子雲，六年卒。是時死者，為第二十二子南海哀王子師，及第十二皇女。案孝武宮闈，頗多遺行。孝武所生路淑媛，即位之後，尊為皇大后。傳云：上於閨門之內，禮敬甚寡。有所御幸，或留止大后房內，故民閒讙然，咸有醜聲。南史后妃傳云：淑儀，南郡王義宣女。義宣敗後，帝密取之，假姓殷氏。左右宣泄者多死。故當時莫知所出。或云：是殷琰家人，入義宣家，義宣敗，入宮云。宋書目錄，孝武文穆皇后下，有宣貴妃，而傳無其文。江智淵傳云：上寵姬宣貴妃殷氏卒，使羣臣議謚，智淵上議曰懷，上以不盡嘉號，甚銜之。後車駕幸南山，乘馬至殷氏墓，羣臣皆騎從。上以馬鞭指墓石柱謂智淵曰：「此上不容有懷字。」智淵益惶懼。大明七年，以憂卒。即此人也。袁顗傳云：大明末，新安王子鸞以母變有盛寵，大子在東宮多過失，上微有廢大子立子鸞之意，從容頗言之。顗盛稱大子好學，有日新之美。南史此下又云：「帝怒振衣而入，顗亦厲色而出。左丞徐爰言於帝，請宥之，帝意解。」則子鸞在孝武時實有奪宗之勢，府國人才既多，容有居爲奇貨者，廢帝之除之，或亦有所不得已邪？顧身不復生王家之言，非十歲小兒所能作，卽其徒黨所造作也。

宋書后妃傳云：前廢帝何皇后，父瑀，尙高祖少女豫章康長公主。豪競於時。子邁，尙大祖第十女新蔡公主。邁少以貴戚居顯官，好犬馬馳逐，多聚才力之士。有墅在江乘縣界，江乘見第三章第九節。去京師三十里。邁每游履，輒結駟連騎，武士成羣。大明末，爲豫章王子尙撫軍諮議參軍。廢帝納公主於後宮，僞言薨殞，殺一婢，送出邁第殯葬行喪禮。常疑邁有異圖。邁亦招聚同志，欲因行幸廢立。事覺，廢帝自出討邁，誅之。時十一月三日也。孝武帝第三子晉安王子勛，時爲江州刺史。其傳云：邁謀因帝出行爲變，迎立子勛。事泄，帝自率宿衛兵誅邁。使八坐奏子勛與邁通謀。又手詔子勛曰：「何邁欲殺我立汝，汝自計孰若孝武邪？可自爲其所。」遣左右朱景雲送藥賜子勛死。景雲至盆口，見第三章第九節。停不進，遣信報長史鄧琬。琬等因奉子勛起兵，以廢立爲名。案邁舊爲子尙僚屬，子尙是時近在京邑，而齒長於子勛，邁欲行廢立，何不擁戴之，乃遠迎子勛邪？卽此一端觀之，而知此段史事，全不足信矣。

旣殺何邁，遂誅沈慶之。慶之傳云：帝凶暴日甚，慶之猶盡言諫爭，帝意稍不說。及誅何邁，慮慶之不同，量其必至，乃閉清谿諸橋以絕之。慶之果往，不得度而還。帝乃遣慶之從子攸之齎藥賜慶之死。此非實錄，自不待言。慶之此時，年已八十，當其七十時，已於婁湖在今首都東南。廣開田園之業，儼然一田舍翁矣，尙安有遠志？且慶之於孝武，始終盡忠。既發義恭之謀，又從廢帝度江討義陽王昶，則於廢帝亦非懷貳。既無侵逼之虞；而且藉其聲望，足資鎮懾；其於廢帝，可謂有害無利，乃亦從而殺之，此實最不可解者也。案廢帝事之眞相，全在袁顗、蔡興宗、徐爰三人傳中。顗傳言其沮孝武帝廢立之意已見前。又云：世祖又以沈慶之才用不多，言論頗相蚩毁，顗又陳慶之忠勤有幹略，堪當重任。由是前廢帝深感顗、慶之，亦懷其德。景和元年，誅羣公，欲引進顗，任以朝政。遷爲吏部尙書。又下詔曰：「宗社多故，釁因冢司。景命未淪，神祚再乂。自非忠謀密契，豈伊克殄？侍中祭酒領前軍將軍新除吏部尙書顗，游擊將軍領著作郎兼尙書左丞徐爰，誠心內款，參聞嘉策，匡贊之效，實監朕懷。宜甄茅社，以獎義概。顗可封新隆縣子，爰可封吳平縣男，食邑各五百戶。」是誅羣公之際，顗與爰皆參與密謀也。徐爰，宋書入恩倖傳，前人久議其失矣。爰乃學人，而史謂其便辟善事人，能得人主微旨。既長於附會，又飾以典文，故爲大祖所任遇。大明世委寄尤重，朝廷大禮儀，非爰議不行。雖復當時碩學所解過人者，既不敢立異，所言亦不見從。此皆文致周內之辭也。又云：前廢帝凶暴無道，殿省舊人，多見罪黜，惟爰巧於將迎，始終無迕。誅羣公後，以爰爲黃門侍郎，領射聲校尉，寵待隆密，羣臣莫二。帝每出行，常與沈慶之、山陰公主同輦，爰亦預焉。可以見其君臣之相契矣。傳又云：俄而意趣乖異，寵待頗衰。始令顗與沈慶之、徐爰參知選事，尋復反以爲罪，使有司糾奏，坐白衣領職。從幸湖熟，往返數日，不被喚召。顗慮及禍，詭辭求出。沈慶之爲顗固陳，乃見許。除建安王休仁長史、襄陽大守。休仁不行，即以顗爲雍州刺史。顗舅蔡興宗謂之曰：「襄陽星惡，豈可冒邪？」顗曰：「白刃當前，不救流矢，事有緩急故也。今者之行，本願生出虎口。且天道遼遠，何必皆驗？如其有徵，當修德以禳之耳。」於是狼狽上路。恆慮見追，行至尋陽，喜曰：「今始免矣。」夫一州之主，豈足以當星象？顗之出，乃廢帝所以樹外援，覩下節自明。然則廢帝非眞疏顗；顗之適征，亦非所以避廢帝；灼然可見矣。其出也，又安待慶之爲之請？然既曰慶之爲之請，則慶之是時之參與密謀，又可見也。然慶之發義恭等反謀，史言以與義恭等素不厚故，夫使慶之與義恭等果素不厚，義恭等安敢以反謀告之？則慶之與義恭等，亦非無交關。慶之是時，年老矣，氣衰矣，專爲免禍計而已矣，其發義恭之謀也，安知非逆料其事之不能成？然則勢有可畏甚於義恭者，安保其不依違兩可，甚且折而從之邪？蔡興宗傳云：興宗爲吏部尚書。前廢帝即位，興宗時親奉璽綬，嗣主容色自若，了無哀貌。興宗出，謂親故曰：「魯昭在感而有嘉容，終之以釁結大臣，昭子請死，國家之禍，其在此乎？」時義恭引身避事，政歸近習。戴法興、巢尙之專制朝權，威行遠近。興宗每至上朝，輒與令、錄以下陳欲登進賢士之意。又箴規得失，博論朝政。義恭素性恇橈，阿順法興，常慮失旨。聞興宗言，輒戰懼無計。先是大明世奢侈無度，多所造立，賦調煩嚴，徵役過苦。至是，發詔悉皆削除。由是紫極殿、南北馳道之屬，皆被毀壞。本紀：景和元年八月乙丑，復南北二馳道。自孝建已來至大明末，凡諸制度，無或存者。興宗於都坐慨然謂顏師伯曰：「先帝雖非盛德主，要以道始終。三年無改，古典所貴。今殯宮始徹，山陵未遠，而凡諸制度、興造，不論是非，一皆刊削。雖復禪代，亦不至爾。天下有識，當以此窺人。」師伯不能用。興宗每陳選事，法興、尙之等輒點定回換，僅有在者。興宗於朝堂謂義恭及師伯曰：「主上諒闇，不親萬幾，而選舉密事，多被刪改，復非公筆，亦不知是何天子意？」旋以選事忤義恭，出爲吳郡大守。固辭郡。執政愈怒，又轉爲新安王子鸞輔軍司馬、南東海大守，南東海，宋郡，今江蘇丹徒縣。行南徐州事。又不拜。苦求益州。義恭於是大怒，表陳其失。詔除興宗新昌大守。新昌，吳郡，在今越南境。郡屬交州，朝廷莫不嗟駭。先是興宗納何后寺尼智妃爲妾，姿貌甚美，有名京師。迎車已去，而師伯密遣人誘之潛往載取。興宗迎人不覺。及興宗被徙，論者並云由師伯。師伯甚病之。法興等既不欲以徙大臣爲名，師伯又欲止息物議，由此停行。頃之，法興見殺，尙之被繫，義恭、師伯誅，復起興宗爲臨海王子頊前軍長史、南郡太守，行荆州事。不行。時前廢帝凶暴，興宗外甥袁顗爲雍州刺史，勸興宗行，曰：「朝廷形勢，人所共見。在內大臣，朝夕難保。舅今出居陝西，當時人稱荆州爲陝西。爲八州事；顗在襄沔，地勝兵强，去江陵咫尺，水陸通便；若朝廷有事，可共立桓、文之功，豈與受制凶狂，禍患不測，同年而語乎？」興宗曰：「吾素門平進，與主上甚疏，未容有患。宮省內外，人不自保，會應有變。若內難得弭，外釁未必可量。汝欲在外求全，我欲居內免禍，各行所見，不亦善乎？」綜觀傳文，興宗蓋夸者死權之徒，所深憾者在於戴法興、巢尙之，而於義恭及顏師伯，並無積怒深怨。朝廷以其嘗爲義恭、師伯所躓，又於袁顗爲甥舅，欲用爲荆州，使與顗協力，而興宗則初無盡忠於廢帝之心。且其人之好惡，頗與人殊。景和革孝建、大明之奢，平心論之，必不能謂非善政，而興宗亦以爲非，則其於廢帝，實早存一疾視之成見。職是一念，遂爲大宗所中，其答袁顗，尙僅以自全爲念者，未幾卽與大宗爲徒黨，而爲之四出說誘焉。興宗傳又曰：重除吏部尙書。大尉沈慶之，深慮危禍，閉門不通賓客。嘗遣左右范羨詣興宗屬事。興宗謂羨曰：「公閉門絕客，以避悠悠請託耳，身非有求，何爲見拒？」還造慶之。慶之遣羨報命，要興宗令往。興宗因說之曰：「公威名素著，天下所服。今舉朝皇皇，人人危怖，指麾之日，誰不景從？如其不斷，旦暮禍及。」慶之曰：「僕比日前慮，不復自保，但盡忠奉國，始終以之，正當委天任命耳。加老罷私門，兵力頓闕，雖有其意事亦無從。」興宗曰「殿內將帥正聽外間消息，若一人唱首，則俯仰可定。況公威風先著，統戎累朝，諸舊部曲布在宮省，宗越、譚金之徒，出公宇下，並受生成；攸之、恩仁，公家口子弟耳，誰敢不從？且公門徒義附，並三吳勇士，三吳見第三章第九節。宅內奴僮人有數百，陸攸之今入東討賊，又大送鎧杖，在青溪未發。攸之，公之鄉人，驍勇有膽力，取其器杖以配衣宇下，使攸之率以前驅，天下之事定矣。僕在尚書中，自當率百僚案前世故事，更簡賢明，以奉社稷。今若遲疑不決，當有先公起事者，公亦不免附從之禍。車駕屢幸貴第，醉酣彌留，又聞屏左右，獨入閤內，此萬世一時，機不可失。」慶之曰「此事大非僕所能行，事至，故當抱忠以歿耳。」時領軍王玄謨大將有威名，邑里譌言云已見誅，市道喧擾。此譌言蓋欲爲變者所爲。玄謨典籤包法榮家在東陽，見第五章第六節。興宗故郡民也，爲玄謨所信，見使至興宗，因謂曰「領軍殊當憂懼。」法榮曰「領軍此日殆不復食，夜亦不眠，常言收已在門，不保俄頃。」興宗曰「領軍憂懼，當爲方略，那得坐待禍至？」初玄謨舊部曲猶有三千人，廢帝頗疑之，徹配監者，玄謨大息深恨，啓留五百人巖山營墓，巖山在秣陵。事猶未畢，帝欲獵，又悉喚還城，巖兵在中堂。在臺城外，秦淮北，見元嘉元年通鑑注。興宗勸以此衆舉事，曰「當今以領軍威名，率此爲朝廷唱始，事便立克。領軍雖復失腳，自可乘轝處分。禍殆不測，勿失事機。君還可白領軍如此。」玄謨遣法榮報曰「此亦未易可行，期當不泄君言。」大宗踐阼，玄謨責所親故吏郭季產、女壻韋希眞等曰「當艱難時，周旋輩無一言相扣發者。」季產曰「蔡尚書令包法榮所道，非不會機，但大事難行耳，季產言之亦何益？」玄謨有慚色。右衛將軍劉道隆，懷肅弟子。懷肅，武帝從母兄。爲帝所寵信，專統禁兵，乘輿常夜幸著作佐郎江斅宅，興宗馬車從，道隆從車後過，興宗謂曰：「劉公，比日思一閑寫。」道隆深達此旨，掐興宗手曰：「蔡公勿多言。」烏乎！自有史籍以來，未見是處游說勸人行逆如興宗者也。興宗自恃素門平進，與主甚疏，可以無患，其敢於四出游說者以此。大宗之用之蓋亦以此。慶之固嘗發義恭之事矣，而是時緘口不言；玄謨亦相期不泄；可見大宗非如義恭之易與也。沈文秀傳云：文秀，慶之弟子。前廢帝卽位，爲射聲校尉。景和元年，遷青州刺史，將之鎭，部曲出屯白下。城名，在今江寧縣北。說慶之曰：「主上狂暴如此，土崩將至，而一門受其寵任，萬物皆謂與之同心。且此人性情無常，猜忌特甚，將來之禍，事又難測。今因此衆力，圖之易於反掌。千載一時，萬不可失。」慶之不從。文秀固請非一，言輒流涕，終不回。文秀後亦盡忠於子勛，且盡力以抗虜，其人似非無氣節者。傳所云不知信否，然危而不能持，顚而不能扶，有先之起事者，卽不免受附從之禍，爲一身一家計，則誠如興宗之言，有可深念者矣。文秀得毋門戶之計深，而進是說於慶之邪？八十田舍翁，安知不爲所動？抑攸之傳言：攸之隨慶之征廣陵有功，事平當加厚賞，爲慶之所抑，攸之甚恨之。從來門內之釁，恆酷於門外。攸之是時與宗越、譚金、童大壹同爲廢帝腹心，讒構慶之，固自易易，慶之得毋爲所中歟？是則不可知已。宗戚外叛，嬖倖內離，而獨恃數武人以禦侮，此廢帝之所以終敗歟？

南平穆王鑠三子：敬猷，敬淵，敬先。鑠傳云：帝召鑠妃江氏入宮，使左右於前逼迫之。江氏不受命。謂曰：「若不從，當殺汝三子。」江氏猶不肯。於是遣使於第殺敬猷、敬淵、敬先，鞭江氏一百。其夕，廢帝亦殞。案宋氏宮闈極爲混亂，此等淫褻之事，固難保其必無。然休仁傳言：帝嘗於休仁前，使左右淫逼休仁所生楊大妃。左右並不得已順命。以至右衛將軍劉道隆，道隆歡以奉旨盡諸醜狀。及大宗立，道隆爲護軍，休仁請解職，曰：「臣不得與此人同朝，」上乃賜道隆死。乍觀之，其言似未必誣，更一觀蔡興宗傳，則道隆乃興宗欲搆使爲逆而不果者，則又安知其以何罪死邪？穆王三子之見殺，豈以其父爲孝武所殺，慮其報復故歟？江氏之見逼迫，縱不虛，三子之見殺，亦未必以其母之不受命也。

文帝之子，是時存者尚有六人：東海王禕，湘東王彧，明帝。始安王休仁，晉平剌王休祐，桂陽王休範，巴陵哀王休若也。休仁傳言：廢帝忌憚諸父，並囚之殿內，毆捶陵曳，無復人理。休仁及大宗、休祐形體並肥壯，帝乃以竹籠盛而稱之。以大宗尤肥，號爲豬王。號休仁爲殺王，休祐爲賊王。以三王年長，尤所畏憚，常錄以自近，不離左右。禕凡劣，號爲驢王。休範、休若年少，故並得從容。嘗以木槽盛飯，內諸雜食，攪令和合，掘地爲阬穽，實之以泥水，倮大宗內阬中，和槽食置前，令大宗以口就槽中食，用爲歡笑。欲害大宗及休仁、休祐，前後以十數。休仁多計數，每以笑調佞諛說之，故得推遷。時廷尉劉矇妾孕臨月，迎入後宮，冀其生男，欲立爲大子。本紀：景和元年十一月丁未，皇子生，少府劉勝之子也。與休仁傳不合。南史作少府劉矇。通鑑考異云：宋略同。案廢帝是時，年僅十七，是月十三日壬寅，始立皇后，豈有急欲立大子之理？疑廢帝後宮實有子，明帝絕之而以非種誣之也。大宗嘗忤旨，帝怒，乃倮之，縛其手腳，以杖貫手腳內，使人檐付大官，曰：「即日屠豬。」休仁笑謂帝曰：「豬今日未應死。」帝問其故，休仁曰：「待皇大子生，殺豬取其肝肺。」帝意乃解，曰：「且付廷尉。」一宿出之。帝將南遊荊、湘二州，明旦欲殺諸父，便發，其夕，大宗克定禍難。本紀云：先是謠言云：湘中出天子。帝將南巡荊、湘以厭之，先欲誅諸叔，然後發引。大宗與左右阮佃夫、王道隆、李道兒密結帝左右壽寂之、姜產之等十一人，謀共廢帝。戊午夜，戊午二十九日。帝於華林園竹林堂射鬼。華林園見第八章第一節。時巫覡云此堂有鬼，故帝自射之。壽寂之懷刀直入，姜產之爲副。帝欲走，寂之追而殞之。恩倖傳云：阮佃夫，大宗初出閤，選爲主衣。永光中，又請爲世子師。甚見信待。景和末，大宗被拘於殿內，住在祕書省。佃夫與王道隆、李道兒及帝左右淳于文祖共謀廢立。時直閤將軍柳光世，亦與帝左右繆方盛、周登之有密謀，未知所奉。登之與大宗有舊，方盛等乃使登之結佃夫。佃夫大悅。先是帝立皇后，普暫徹諸王奄人。大宗左右錢藍生，亦在其列。事畢未被遣。密使藍生候帝，慮事泄，藍生不欲自出，帝動止輒以告文祖，令文祖報佃夫。十一月二十九日晡時，帝出幸華林園。休仁、休祐、山陰公主並侍側。大宗猶在祕書省，不被召，益憂懼。佃夫以告外監典事朱幼；又告主衣壽寂之，細鎧主姜產之；產之又語所領細鎧將王敬則；幼又告中書舍人戴明寶；並響應。幼豫約勒內外，使藍生密報休仁等。時帝欲南巡，腹心直閤將軍宗越等其夕並聽出外裝束，惟有隊主樊僧整防華林閤，是光世鄉人，光世要之，僧整卽受命。產之又要隊副聶慶及所領壯士富靈符、俞道龍、宋逵之、田嗣。並聚於慶省。時巫覡云後堂有鬼，其夕，帝於竹林寺與巫共射之。寂之抽刀先入，產之隨其後。文祖、方盛、登之、靈符、慶、嗣、敬則、道龍、逵之又繼進。休仁聞行聲甚疾，謂休祐曰：「事作矣。」相隨奔景陽山。在華林園中，見第九章第七節。帝見寂之至，引弓射之，不中，乃走。寂之追而殞之。案廢帝是時，無欲幸荊、湘之理。觀其出袁顗爲雍州，又欲使其舅蔡興宗爲荊州，而後來湘州行事何惠文，亦盡忠於子勛，則是時建業形勢，殆甚危急，廢帝欲用上流，以戡禍難也。果如史之所言，大宗與休仁、休祐，其死久矣，尚安得從容要結，以成其謀乎？後廢帝紀贊云：「前廢帝卑遊褻幸，皆龍駕帝飾，傳警淸路，蒼梧王則藏璽懷紱，魚服忘返，危冠短服，匹馬孤征，」則知帝於戎備初未嘗疏，圖之實非易易。故蔡興宗歷說沈慶之、王玄謨、劉道隆，皆欲借重於兵力，逮三人皆不見聽，乃不已而用壽寂之等，爲鋌而走險之計也。其成亦幸矣。本紀言帝少好講書，頗識古事，自造世祖誄及雜篇章，往往有辭采，與袁顗之言，頗相符會。佞幸傳言：大明中有奚顯度者，官至員外散騎侍郎。常使主領人功，苛虐無道，動加捶撲，暑雨寒雪，不聽暫休，人不堪命，有自經死者，人役聞配顯度，如就刑戮。前廢帝戲言「顯度刻虐，爲百姓所疾，比當除之，」左右因唱喏，卽日宣旨殺焉。時人比之孫皓之殺岑昏。此實廢帝有意除之，比諸孫皓，乃誣謗之辭耳。更觀其能革孝建、大明之侈靡，自不失爲幹父之蠱，而蔡興宗亦以爲罪，天下豈有眞是非哉？戴法興之死也，帝殺其三子。又截法興棺焚之。義恭子十二人，先爲元凶劭所殺，至廢帝，又殺其四子。顏師伯六子，柳元景九子，皆見殺。元景弟姪在京邑、襄陽從死者又數十人。又斷義恭支體，分裂腸胃，挑取眼睛，以蜜漬之，爲鬼目精。此等語不知皆實否，卽謂皆實，亦一時風氣如此，不能獨責一人也。

第四節　子勛敗亡

前廢帝既死，湘東王彧以大皇大后令卽帝位，大皇大后，孝武母路淑媛。是爲大宗明皇帝。其明日，殺豫章王子尙及山陰公主楚玉，並廢帝同母也。廢帝同母五人：子尙、楚玉及臨淮康哀公主楚佩、皇女楚琇、康樂公主修明也。子尙，傳稱其凶慝有廢帝風，而不能舉其實迹，蓋近於誣。楚玉，傳言其肆情淫縱，以褚淵貌美，請以自侍十日。廢帝許之。淵雖承旨而行，以死自固，楚玉不能制也。此事廢帝紀亦載之。又云：主謂帝曰：「妾與陛下，雖男女有殊，俱託體先帝。陛下六宮萬數，而妾惟駙馬一人，事不均平，一何至此？」帝乃爲主置面首左右三十人。此更不近情矣。豈有肆情淫縱之人，而必持男女平權之論者邪？宗越、譚金、童大壹謀作難，以告沈攸之。攸之具白明帝。明帝卽收越等下獄殺之。攸之之爲人可知矣。然明帝雖肆意翦除，卒不能弭尋陽之難。

袁顗傳曰：顗至尋陽，與鄧琬款狎，相過常請閒，必盡日窮夜。顗與琬人地本殊，衆知其有異志矣。既至襄陽，便與劉胡顗諮議參軍。繕修兵械，纂集士卒。蓋朝旨使顗要結琬，爲勤王之備也。琬傳云：大宗定亂，進子勛車騎將軍、開府儀同三司。令書至，諸佐吏並喜，造琬曰：「暴亂既除，殿下又開黃閤，實爲公私大慶。」琬以子勛次居第三，又以尋陽起事，有符世祖，理必萬克。乃取令書投地曰：「殿下當開端門，黃閤是吾徒事耳。」衆並駭愕。此乃誣罔之辭。子勛非反廢帝，說已見前。其舉兵蓋實在此時也。於是郢州刺史安陸王子綏、孝武帝第四子。荆州刺史臨海王子頊、孝武帝第七子。會稽大守尋陽王子房、孝武帝第六子。會稽，見第三章第九節。雍州刺史袁顗、梁州刺史柳元怙、元景從兄。益州刺史蕭惠開、思話子。廣州刺史袁曇遠、徐州刺史薛安都、青州刺史沈文秀、冀州刺史崔道固、湘州行事何惠文、吳郡大守顧琛、吳郡，見第三章第九節。吳興大守袁曇遠、吳興，見第三章第九節。晉陵大守袁標、晉陵，見第四章第三節。義興大守劉延熙、義興，見第五章第六節。並與之同。四方貢計，並詣尋陽。此中固有廢帝豫行布置者，然臨時承奉者必多也。亦可見順逆之自在人心矣。

明帝遣王玄謨領水軍南討，吳興大守張永爲其後繼。又使沈攸之、江方興、劉靈遣屯虎檻。洲名，在蕪湖西南。建安王休仁總統諸軍而東，兵之勢尤急。初明帝徵子房爲撫軍領大常，其長史孔覬不受命，帝使故佐庾業代覬，都水使者孔璪入東慰勞，璪勸覬起兵，業亦與同。軍至晉陵，部陳甚盛。明帝乃使沈懷明、張永東討，巴陵王休若總衆軍。殿中侍御史吳喜請得精兵三百致死於東，明帝大悅，簡羽林士配之。又使任農夫爲之助。喜進平義興，劉延熙投水死。帝又使江方興等助破晉陵軍。喜進平吳興，至錢唐，見第四章第三節。斬庾業。上虞令王晏上虞，見第七章第二節。起兵攻郡，殺孔覬，執子房送京都。孔璪爲其門生所殺。顧琛、王曇生、袁標詣喜謝罪，喜皆宥之。東事不久即平，乃得專力於西矣。

鄧琬初遣孫沖之以萬人據赭圻，沖之，巴東、建平二郡大守，方之郡，鄧琬逆用之，使與陶亮並統前軍。巴東、建平，皆見第三章第六節。赭圻，見第五章第四節。又使陶亮統諸州兵合二萬人一時俱下。亮，子勛錄事參軍，時統郢、荆、湘、梁、雍五州之兵。時朝廷惟保丹陽一郡，永世縣旋又反叛，吳永平縣，晉更名永世，在今江蘇溧陽縣南。時縣令爲孔景宣，尋爲本縣人徐崇之起兵所殺。義興兵垂至延陵，見第四章第三節。內外憂危，咸欲奔散。兗州刺史殷孝祖外甥司徒參軍葛僧韶建議徵孝祖入朝，明帝遣之。孝祖率文武二千人隨僧韶還都，並傖楚壯士，人情乃安。明帝使孝祖督前鋒諸軍向虎檻，陶亮屯軍鵲洲。在今安徽繁昌縣東北江中。三月三日，水陸攻赭圻，孝祖爲流矢所中死，軍敗。時江方興復還虎檻，休仁遣領孝祖軍沈攸之代孝祖爲前鋒都督。孫沖之欲直取京都，陶亮不從。攸之進戰，破之。沖之等於湖白口築二城，胡三省曰：巢湖及白水口也。又爲軍主張興世所拔。陶亮懼，呼沖之還鵲尾，渚名，在今安徽無爲縣境。留薛常寶守赭圻。鄧琬又遣劉胡，率衆三萬，鐵騎二千，來屯鵲尾。胡宿將，屢有戰功，攸之等憚之。常寶糧盡，告胡求援。胡運米餉之，爲攸之所敗。四月四日，常寶突圍走，休仁進據赭圻。時胡等兵衆强盛，袁顗又悉雍州之衆來赴。六月十八日，率樓船千艘據鵲尾。張興世建議越鵲尾上據錢溪，（亦名梅根河，在今安徽貴池縣東。）沈攸之、吳喜贊之。劉胡累攻之，不能克。攸之、喜因進攻濃湖。（在繁昌西。）袁顗馳召胡還，胡軍亦乏食。鄧琬大送資糧，至南陵，（戍名，在繁昌西北。梁置縣，唐移治今南陵。）不敢下。胡遣兵迎之，又爲錢溪所破，資實覆沒都盡，燒米三十萬斛。八月二十四日，胡遂委顗奔走。顗聞胡去，亦走至鵲頭，與戍主薛伯珍步取青林，（山名，在今安徽當塗縣東南。）欲向尋陽，爲伯珍所殺。胡至竟陵，（見第三章第九節。）郡丞陳懷眞殺之。初，廢帝使荆州錄送長史行事張悅，（暢弟。）至湓口，鄧琬稱子勛命釋之，以爲司馬，與琬共掌內外衆事。及是，殺琬，詣休仁降。蔡那爲明帝將，子道淵，被繫作部，因亂脫鏁入城，執子勛囚之。沈攸之諸軍至，殺之，及其母。子勛時年十一。諸軍分向荆、郢、雍、湘及豫章，皆平之。梁州亦降。袁曇遠爲其將李萬周所殺。（始興士人劉嗣祖，據郡爲明帝。曇遠遣萬周討之。嗣祖詐萬周云：壽陽已平。萬周信之，還襲殺曇遠。始興，見第三章第九節。）初，鄧琬徵兵巴東，巴東大守羅寶稱持疑未決，會暴病死。巴東人任叔兒起兵據白帝。（見第七章第三節。）蕭惠開遣巴郡大守費欣壽攻之，（巴郡，見第三章第六節。）敗歿。更遣州從事程法度領三千人步出梁州，又爲氐賊楊僧嗣所斷。惠開爲治，多任刑誅，蜀土咸懷猜怨。晉原遂反。（漢江原縣，李雄置郡，并縣改曰漢原。蜀平後，郡改稱晉原，而縣復曰江原。在今四川崇慶縣東。）諸郡悉應之，並來圍城。聞子勛平，蜀人並欲屠城，以望厚賞。惠開每遣兵出戰，未嘗不捷，而外衆逾合，勝兵者十餘萬人。明帝以蜀土險遠，赦其誅責，遣惠開弟惠基步道使蜀，具宣朝旨。至涪，（見第三章第六節。）蜀人遏留不聽進。惠基率部曲破其渠帥，然後得前。惠開奉旨歸順，城圍得解。而時明帝又遣惠開宗人寶首水路慰勞益州，寶首欲以平蜀爲功，更奬說蜀人，於是處處蠭起。凡諸離散，一時還合。惠開遣戰，大破之，生禽寶首，蜀亂乃平。案孝武以討元凶立，實不得謂爲不正；孝武正，則子業亦正；所云淫虐，事既多誣，則明帝實爲篡弑，此所以四方同契，不謀而咸奉尋陽也。尋陽兵之起也，蕭惠開集將佐謂之曰：「湘東大祖之昭，晉安世祖之穆，其於當璧，並無不可。但景和雖昏，本是世祖之嗣，不任社稷，其次猶多。吾奉武、文之靈，並荷世祖之眷，今便當投袂萬里，推奉九江。」此固義正辭嚴。葛僧韶說殷孝祖曰：「國亂朝危，宜立長主。羣小相扇，貪利幼弱，使天道助逆，羣凶事申，則主幼時艱，權柄不一，兵難互起」云云。此當時推奉明帝者之議論也，然不得謂爲正。史稱鄧琬性鄙闇，貪吝過甚，財貨酒食，皆身自量校。此正見其綜覈名實，賞罰不苟。至是，父子並賣官粥爵，使婢僕出市道販賣，酤歌博弈，日夜不休。大自矜遇，賓客到門者，歷旬不得前。羣小橫恣，競爲威福。士庶忿怨，內外離心。此皆故爲訾謷之辭。又云：張悅呼琬計事，琬曰：「正當斬晉安王，封府庫以謝罪耳。」則尤爲厚誣君子。袁顗之與薛伯珍俱走也，夜止山閒，殺馬勞將士，顧謂伯珍曰：「我舉八州以謀王室，未一戰而敗，豈非天邪？非不能死，望一至尋陽，謝罪主上，然後自刎耳。」因慷慨叱左右索節，無復應者。何惠文才兼將吏，幹略有施，時衡陽內史王應之衡陽，見第五章第七節。起兵襲長沙，見第三章第九節。與惠文交手戰，爲惠文所殺。明帝特加原宥。惠文曰：「既陷逆節，手刃忠義，天網雖復恢恢，何面目以見天下之士？」卒不食而死。孔覬爲王晏所得，晏謂之曰：「此事孔璪之爲，無豫卿事。可作首辭，當相爲申上。」覬曰：「江東處分，莫不由身，委罪求活，便是君輩行意耳。」晏乃斬之東閤外。袁顗初以糧仗未足，且欲奉表明帝，其子戢曰：「一奉表疏，便爲彼臣，以臣伐君，於義不可。」顗從之，便建牙馳檄，奉表勸子勛即大位，與鄧琬書，使勿解甲。然則一時臣衞莫匪執德不回，琬年已六十，白頭舉事，復何所圖？豈有反賣晉安以求活者邪？琬與袁顗、孔覬等皆非能用兵之人。劉胡雖號宿將，功僅在於平蠻，亦不足當大敵，且不免於偃蹇。鄧琬傳云：袁顗本無將略，性又怯撓，在軍中未嘗戎服，語不及戰陳，惟賦詩談義而已。不能撫綏諸將。劉胡每論事，酬對甚簡，由此大失人情。胡常切齒恚恨。雖近誣詆，然謂顗本無將略，當非全虛；即劉胡與顗不協，亦係實情，觀其棄顗而走可知也。特不如史所言之甚耳。薛安都、崔道固、沈文秀皆將才，而去京邑遠，勢不相及。明帝所用諸將帥，年較少，氣較銳。沈攸之既陷逆節，兵敗便無所容，其致死也，蓋非徒盡忠，亦謀自衞。吳喜、張興世輩，則欲乘時以立功名。上流及東方諸將，自謂奉順，且恃勢大，不免疎虞，自非其敵。然成敗之分，固非逆順所在也。

先是孝武帝時，山陽王休祐爲豫州刺史，廢帝景和元年入朝，以長史殷琰行府州事。明帝以休祐爲荆州，即以琰爲豫州刺史。以西汝陰大守龐道隆爲琰長史，西汝陰，宋郡，今安徽阜陽縣。殿中將軍劉順爲司馬。順勸琰同子勛。琰家累在京邑，欲奉明帝，而士人杜叔寶等咸勸琰同子勛。琰素無部曲，門義不過數人，受制於叔寶等。叔寶者，坦之子，既土豪鄉望，內外諸軍事並專之。汝南、新蔡二郡大守周矜起兵縣瓠，見第五章第六節。爲明帝。袁顗遣信誘矜司馬常珍奇，珍奇即日斬矜，送首詣顗。顗以珍奇爲汝南、新蔡二郡大守。明帝以義陽內史龐孟虯爲司州刺史，義陽，見第八章第七節。孟虯不受命，起兵同子勛。子勛召孟虯出尋陽，以其子定光行義陽郡事。明帝知琰逼迫士人，事不獲已，猶欲羈縻之。泰始二年正月，乃遣劉勔率呂安國西討。休祐出鎮歷陽，見第三章第九節。爲諸軍總統。是月，劉順等以八千人東據宛唐，亭名。此據殷琰傳。黃同、王敬則傳並作死虎。水經注作死虖。在今安徽定遠縣西南。與劬相持。叔寶本謂臺軍停住歷陽，不辦進，順等至無不克，解惟齎一月糧。既與劬相持，軍食盡，報叔寶送食。安國間道襲其米車，燒之。順衆潰，奔還壽陽。三月一日。仍走淮西就常珍奇。劬於是方軌而進。叔寶斂居民及散卒嬰城自守。琰本無反心，叔寶等亦有降意，而衆心持疑，莫能相一，嬰城愈固。六月，弋陽西山蠻田益之弋陽，見第三章第九節。攻龐定光，子勛以孟虯爲司州刺史，率精兵五千救義陽，並解壽陽之圍。益之奔散。孟虯向壽陽。七月，至弋陽，見破，走向義陽。義陽已爲王玄謨子曇善起兵所據，乃逃於蠻中。先是劉胡遣薛道標渡江，扇動羣蠻，規自廬江襲歷陽。廬江，見第三章第九節。攻合肥，見第三章第九節。陷之。尋陽平，定。道標突圍走常珍奇。壽陽人情危懼，將請救於索虜。主簿夏侯詳說殷琰曰：「今日之舉，本效忠節。社稷有奉，便當歸身朝廷，何可屈身北面異域？」琰許之，卽使詳詣劉劬，詳請劬解圍退舍。劬亦許之。遣到城下，詳呼城中人，語以劬辭。卽日琰及衆俱出。時十二月也。

第五節　宋失淮北

凡羣疑衆難之際，最忌欲藉殺戮以立威。宋書蔡興宗傳言：明帝之初，諸方舉兵，朝廷所保，惟丹陽、淮南數郡，其間諸縣，或已應賊。東兵已至永世，宮省危懼。參看上節。上集羣臣，以謀成敗。興宗曰：「今普天同逆，人有異志。當鎭以靜，以至信待人。比者逆徒親戚，布在宮省，若繩之以法，則土崩立至。宜明罪不相及之義。物情既定，人有戰心。六軍精勇器甲犀利，以待不習之兵，其勢相萬耳。願陛下勿憂。」此言實深協事宜，而明帝能從之，此其所以獲勝也。凡覬傳言：帝之遣兵東討也，將士多是東人，父兄子弟皆已附逆，上因送軍，普加宣示曰：「朕方務德簡刑，使四罪不相及，助順同逆者，一以所從爲斷，卿等當深達此懷，勿以親戚爲慮也。」衆於是大悅。本紀言：上即大位，以寬仁待物，諸軍有父兄子弟同逆者，並授以禁兵，委任不易，故衆爲之用，莫不盡力。平定天下，逆黨多被全，其有才能者，並見授用，有如舊臣。此皆明帝能用興宗之言之徵也。不特此也，吳喜傳言：喜孝武世見驅使，常充使命，性寬厚，所至人並懷之。及東討，百姓聞吳河東來，便望風解散，故喜所至克捷。殷孝祖傳言：孝祖負其誠節，凌轢諸將。臺軍有父子兄弟在南北，孝祖並欲推治，由是人情乖離，莫樂爲用。劉勔之攻壽陽也，明帝使中書爲詔譬殷琰。蔡興宗曰：「天下既定，是琰思過之日，陛下宜賜手詔數行以相私慰。今直中書爲詔，彼必疑詔非眞，未是所以速清方難也。」不從。琰得詔，謂劉勔詐造，果不敢降。及城下，勔並撫宥，無所誅戮。自將帥以下，財物資貨，皆以還之，約令三軍，不得妄動。城內士民，秋豪無所失，百姓感悅，生爲立碑。用能抗拒索虜，卒不陷沒。並可見寬仁與殘暴之得失也。然帝天姿本刻薄，故僅能用之危急之際，及力所不及窵遠之區，如蜀。所全者亦不過無足深忌之人，遠禍患一紓，而措置遂迥異矣。卒因此而失淮北及豫西。孟子曰：「不嗜殺人者能一之；」又曰：「以力服人者非心服；」誠百世之龜鑑也。

薛安都從子索兒，前廢帝景和中，爲前將軍、直閤，從誅諸公。明帝即位，以爲左將軍、直閤如故。右將軍柳光世，本豫廢立，及宗越、譚金誅，光世懼，亦與安都通謀。見宋書光世傳，附柳元景傳。泰始二年正月，索兒、光世攜安都諸子及家累，席卷北奔。初沈慶之之死，前廢帝遣直閤江方興領兵誅沈文秀。未至，明帝已篡立，馳驛駐之。方興既至，爲文秀所執，尋見釋，遣還京師。帝徵兵於文秀，文秀遣劉彌之、張靈慶、崔僧琁三軍來赴。安都遣使報文秀，文秀又令彌之等回應安都。崔道固亦遣子景徽及傅靈越往應彌之等南出下邳，見第三章第四節。靈越自泰山道向彭城。泰山，見第三章第四節。時濟陰大守申闡守睢陵，濟陰，見第八章第四節。睢陵，漢縣，今江蘇睢寧縣。宋僑治在今安徽盱眙縣西。應明帝，索兒率靈越等攻之。彌之等至下邳，歸順明帝。僧璇不同，率所領歸安都。索兒聞彌之有異志，馳赴下邳。彌之等潰，爲所執，見殺。明帝以申令孫爲徐州，代安都。令孫北投索兒。索兒使令孫說申闡，闡降。索兒執闡及令孫，並殺之。引軍渡淮。明帝以蕭道成爲前鋒，北討。桂陽王休範總統諸軍。道成擊索兒，破之。索兒走向樂平縣界，漢清縣，後漢改曰樂平，在今山東堂邑縣東南。爲申令孫子孝叔所殺。時王廣之隸劉勔，攻殷琰於壽陽。傅靈越奔逃，爲廣之軍人所禽，送詣勔。勔躬自慰勞，詰其叛逆。對曰：「九州唱義，豈獨在我？」勔又問：「四方阻逆，主上皆加以曠蕩，卽其才用，卿何不早歸天闕？」答曰：「薛公舉兵淮北，威震天下，不能專任智勇，委付子姪，致敗之由，實在於此。然事之始末，備皆參豫，人生歸於一死，實無面求活。」勔壯其意，送還京師。明帝欲加原宥，靈越辭對如一，終不回改，乃殺之。亦足見當時是非所在矣。山陽內史程天祚，山陽，見第五章第六節。據郡同安都，攻圍彌時，然後歸順。紀在六月。索兒之死也，安都使柳光世守下邳，亦率所領歸降。子勛既敗，安都亦遣使歸款。明帝以四方已平，欲示威於淮外，遣張永、沈攸之以重軍迎之。蔡興宗言：「安都勢必疑懼，或能招引北虜，爲患不測。彭城險固，兵强將勇，圍之既難，攻不可拔，臣爲朝廷憂之。」時張永已行，不見從。安都懼，乃遣信要引索虜。時常珍奇亦乞降，明帝以爲司州刺史，而珍奇慮不見納，亦求救於索虜。魏書云：子勛敗，珍奇遣使馳詣長社鎭請降。長社，見第七章第六節。而南北之兵端遂起。

南朝之孝武帝，略與北朝之文成帝同時。宋書索虜傳言：世祖之立，索虜求互市，江夏王義恭、竟陵王誕、建平王宏、何尚之、何偃以爲宜許，柳玄景、王玄謨、顏竣、檀和之、褚湛之以爲不宜許。時遂通之，蓋亦有意於綏撫矣。大明元年，虜寇兗州。明年，又寇青州。孝武遣龐孟虯、殷孝祖往援，受青州刺史顏師伯節度，擊破之。四年三月，虜寇北陰平。東晉郡，今四川梓潼縣西北。其十二月，遣使請和。自是使命歲通。魏書文成帝紀言：世祖經略四方，內頗虛耗，高宗與時消息，靜以鎮之，其時固無大兵革也。明帝泰始二年，文成帝死，子獻文帝立，主少國疑，內憂頗切，見第十一章第一節。亦豈有意於遠略？乃因薛安都、常珍奇之叛，招魏人南牧之師，內憂之引致外患也，誠可痛矣。

魏使尉元、孔伯恭出東道，救彭城；使元石、張窮奇出西道，救縣瓠。元石進至上蔡，漢縣，在今河南上蔡縣西。宋徙治縣瓠。常珍奇率文武來迎。既相見，議欲頓兵汝北。參軍事鄭羲曰：「珍奇雖來，意未可量，不如直入其城，奪其管籥，據有府庫。」石從之。城中尚有珍奇親兵數百人，在珍奇宅內。羲謂石曰：「觀珍奇，甚有不平之色，可嚴兵設備，以待非常。」其夜，珍奇果使人燒府廂屋，欲因救火作難，以石有備，乃止。虜騎救殷琰，至師水，出湖北隨縣，經河南信陽縣，至羅山縣入淮。聞城陷，乃破義陽，見第八章第七節。殺掠數千人而去。珍奇引虜西河公、即元石。長社公攻汝陰大守張景遠，汝陰，見第四章第二節。景遠與軍主楊文萇拒擊，大破之。景遠尋病卒，以文萇代爲汝陰大守。劉勔爲豫州刺史，泰始四年，淮西人賈元友上書，勸明帝北攻縣瓠，可收陳、南頓、汝南、新蔡四郡之地。陳、新蔡皆見第三章第四節。南頓，見第八章第六節。汝南，見第二章第三節。上以所陳示劉勔。勔言其不足信，且曰：「自元嘉以來，傖荒遠人，多干國議，負儋歸闕，皆勸討虜，從來信納，皆詒後悔。界上之人，惟視强弱。王師至境，必壺漿候塗，裁見退軍，便抄截蠭起。首領回師，何嘗不爲河畔所弊？」明帝納之，元友議遂寢。勔與常珍奇書，勸令反虜。珍奇乃與子超越、羽林監式寶，於譙殺虜子都公費拔等凡三千餘人。譙縣，見第三章第三節。勔馳驛以聞。上大喜，以珍奇爲司州刺史，超越爲北豫州刺史，式寶爲陳南頓二郡大守。珍奇爲虜所攻，引軍南出，虜追擊，破之。珍奇走依山，得至壽陽。超越、式寶，爲人所殺。此據宋書劉勔傳。魏書珍奇傳云：魏以珍奇爲豫州刺史。珍奇表請圖南服，雖有虛表，而誠款未純。歲餘，徵其子超。超母胡氏，不欲超赴京師，密懷南叛。時汝、徐未平，元石自出攻之，珍奇乘虛於縣瓠反叛，燒城東門，斬三百餘人。虜掠上蔡、安城、平輿三縣居民，屯於灌水。石馳往討擊，大破之。會日闇，放火燒其營。珍奇乃匹馬逃免。其子超，走到苦城，爲人所殺。小子沙彌，囚送京師，刑爲閹人。灌水，出河南商城縣東北，至固始縣入史河。安城、平輿，皆漢縣，在今河南汝南縣東南。苦亦漢縣，在今河南鹿邑縣東。

初明帝遣畢衆敬詣兗州募人。衆敬，孝武帝時爲泰山大守。至彭城，薛安都使行兗州事。時殷孝祖留其妻子，使司馬劉文石守城。衆敬率衆取瑕丘，漢縣，晉省，在今山東滋陽縣西。殺文石。州內悉附，惟東平大守申纂據無鹽，漢縣，在今山東東平縣東。不與之同。明帝授纂兗州刺史。安都降虜，衆敬不同其謀。子元賓，以母并百口悉在彭城，日夜啼泣，遣請衆敬。衆敬猶未從之。衆敬先已表謝明帝，帝授以兗州刺史，而以元賓有他罪，猶不舍之。此據魏書衆敬傳。通鑑從宋略，云元賓先坐他罪誅。衆敬拔刀斫柱曰：「皓首之年，惟有此子，今不原貸，何用獨全？」及尉元至，遂以城降。元遣將入城，事定，衆敬悔恚，數日不食焉。

畢衆敬既下，申纂亦詐降，尉元遂長驅而進。魏書李靈傳云：軍達九里山，在今江蘇銅山縣北。安都率文武出迎。元不加禮接，安都還城，使逐不至。元令李璨與高閭入城說之。安都乃與俱載赴軍。元等入城收管籥。安都傳云：元等既入彭城，安都中悔，謀圖元等，欲逐以城叛。會元知之，不果發。安都因重貨元等，委罪於女壻裴祖隆。元乃殺祖隆而隱安都謀。宋書安都傳則云：祖隆謀殺尉元，舉城歸順，事泄見誅。案安都果欲歸罪，不患無人，何必自殺其女壻？宋史之言是也。安都蓋本同祖隆之謀，虜亦懼激變，不敢窮治耳，不必由貪其賄也。張永、沈攸之屯下礚，未詳。其輜重在武原，漢縣，在下邳北。米船在呂梁，水經注：泗水自彭城東南過呂縣南，泗水之上有石梁焉，故曰呂梁。呂縣，見第二節。為元所破。永、攸之引退，為虜所乘，大敗於呂梁之東。時泰始三年正月也。攸之留長水校尉王玄載守下邳，積射將軍沈韶守宿豫，見第七章第四節。睢陵、淮陽，晉郡，在今江蘇淮陰縣西南。亦皆置戍，而身還淮陰。見第四章第二節。東安、東莞二郡太守張讜守團城，在彭城東北。始同安都，末亦歸順，明帝以為徐州刺史；兗州刺史王整，蘭陵太守桓忻，蘭陵，見第五章第六節。保險自固；至是亦皆降於虜。尉元表言：「賊向彭城，必由清、泗過宿豫，歷下邳；趨青州，路亦由下邳入沂水，經東安。漢縣，晉置郡，在今山東沂水縣西北。今若先定下邳，平宿豫，鎮淮陽，戍東安，則青、冀諸鎮，可不攻而克。若四處不服，青、冀雖拔，百姓狼顧，猶懷徼幸之心。宜釋青、冀之師，先定東南之地。」八月，明帝復令沈攸之進圍彭城。攸之以清、泗既乾，糧運不繼，固執以為非宜。往返者七。上大怒。攸之懼，乃進軍。至下邳，尉元使孔伯恭步騎一萬拒之。軍主陳顯達，攸之使守下邳，引兵迎攸之。至睢清口，胡三省曰：清水合於泗水，故泗水亦得清水之名。水經注：泗水過下邳縣西，又東南得睢水口。泗水又東南入於淮水，故謂之睢清口。為虜所破。攸之棄衆南奔。王玄載狼狽夜走。宿豫、淮陽，皆棄城而遁。魏乃以高閭與張讜對為東徐州刺史，李璨與畢衆敬對爲東兗州刺史，而拜尉元爲徐州刺史。（東徐州，治下邳。東兗州，治瑕丘。徐州，治彭城。）

劉彌之爲青州彊姓，門族甚多。彌之既降明帝，諸宗從相率奔北海，據城以拒沈文秀。（北海，漢郡，宋治平壽，在今山東濰縣西南。）平原、樂安太守王玄默據琅邪，清河、廣川太守王玄邈據盤陽，（漢縣，晉省，今山東淄川縣。）高陽、勃海太守劉乘民據臨濟，（漢狄縣，後漢改曰臨濟，在今山東高苑縣西北。）並應明帝。文秀遣攻北海，陷之。乘民從弟伯宗，合率鄉兵，復克北海，因向東陽。文秀拒之，伯宗戰敗見殺。明帝遣青州刺史明僧暠、東安東莞太守李靈謙伐文秀。玄邈、乘民、僧暠等並進軍攻城，每戰，輒爲文秀所破，離而復合者十餘。尋陽平定，上遣文秀弟文炳詔文秀。泰始三年二月，文秀歸命請罪，即安本任。崔道固爲土人起兵所攻，屢戰失利，閉門自守。上遣使宣慰，道固亦奉詔歸順。二人先俱遣使引虜，虜使長孫陵、侯窮奇赴之，又使慕容白曜督騎五萬次於碻磝，（見第六章第五節。）爲東道後援。白曜攻申纂，三月，克之。（纂爲亂兵所傷，走出，被禽，送於白曜。城中火起，纂創重不能避，燒死。）清河房法壽，（清河，見第五章第三節。）少輕率勇果，結羣小爲劫盜。與王玄邈起兵西屯，合討道固。玄邈以爲司馬。道固既歸明帝，乃罷兵。道固慮其扇亂百姓，切遣之。法壽不欲行，其從祖兄弟崇吉，爲沈文秀中兵參軍，大原戍守傅靈越南赴文秀，以崇吉行郡事。（大原，晉縣，亦曰升城，宋置郡，在今山東長淸縣東北。）崇吉背文秀，同於明帝。其母妻在歷城，爲道固所拘。道固既歸明帝，乃出其母。明帝以崇吉爲并州刺史，領大原太守，戍升城。慕容白曜遣人招之，崇吉不降，遂閉門固守。升城至小，勝仗者不過七百人。白曜侮之，遣衆陵城，不克。乃築長圍三重，更造攻具，日夜攻擊。自二月至四月，糧矢俱盡。崇吉突圍走，母、妻見獲。崇吉東歸舊邨，陰募壯士，欲篡其母，還奔河南。白曜知其如此、守備嚴固。崇吉乃託法壽爲計。時道固以兼治中房靈賓督清河、廣川郡事，（廣川，漢縣，後漢爲國，今河北棗强縣。宋僑治今山東長山縣。）戍盤陽。法壽恨道固逼切，遂與崇吉潛謀，襲克之。仍歸款於白曜，以贖母、妻。魏以法壽與韓麒麟對爲冀州刺史，督上租糧，而以其從兄弟爲諸郡大守。白曜先已攻克垣苗、麋溝二戍。（皆在大原縣界。）於是長孫陵、尉眷東討青州，白曜進攻歷城。時三年八月也。道固固守拒之，虜每進，輒爲所摧。然孤城無援，至四年二月，卒陷。道固兄子僧祐，明帝使領衆數千，從淮海揚聲救援。將至不其，（見第八章第四節。）聞道固敗，母、弟入魏，徘徊不進。白曜使道固子景徽往喻，僧祐遂降。幽州刺史劉休賓，乘民之兄弟也。鎮梁鄒。（漢縣，晉省，今山東鄒平縣。）白曜軍至升城，遣人說之。休賓不從。龍驤將軍崔靈延，行渤海郡房靈建等數十家，皆入梁鄒，同舉休賓爲兗州刺史。明帝即以授之。休賓妻，崔邪利女也。（邪利守鄒山敗沒，見第八章第七節。）生一男，字文曄，與邪利俱入魏。白曜表請崔與文曄。既至，以報休賓。又於北海執休賓兄弟延和妻子，送至梁鄒，巡視城下。休賓答白曜，許歷城降當即歸順。密遣兼主簿尹文達向歷城，觀魏軍形勢。白曜使至升城見休賓妻子。文曄攀援文達，哭泣號咷。以爪髮爲信。文達回還，復經白曜，誓約而去。還謂休賓曰：「升城已敗，歷城匪朝則夕，公可早圖之。」休賓撫爪髮泣涕曰：「吾荷南朝厚恩，受寄邊任，今顧妻子而降，於臣節足乎？」然密與兄子聞慰爲降計。聞慰曰：「此故當文達誑詐耳。年常抄掠，豈有多軍也？」休賓又遣文達出與白曜爲期，刻日許送降款。白曜許城內賢豪，隨人補授，文達即爲梁鄒城主。初白曜之表取休賓妻子也，魏獻文帝以道固既叛，詔授休賓冀州刺史。至是，付文達詔策。文達還，謂休賓曰：「白曜信誓如此，公可早爲決計。恐攻逼之後，降悔無由。」休賓於是告聞慰早作降書。聞慰執不作，遂差本契白曜䛇遣夜至南門下，告城上人曰：「汝語劉休賓，何由遣文達頻造僕射，許送降文，達期不來？」於是門人唱告城內，悉知，遂相維持，欲降不得。䛇被攻逼，經冬至春。歷城降下，白曜遣道固子景業與文曄至城下，休賓知道固降，乃出。

歷城既下，白曜遂圍東陽。先是沈文秀既受朝命，乘虜無備，縱兵掩擊，殺傷甚多。及虜圍城，文秀善於撫御，將士咸爲盡力，每與虜戰，輒摧破之，掩擊營砦，往無不捷。明帝所遣救兵，並不敢進。乃以文秀弟文靜統高密、北海、平昌、長廣、東萊五郡軍事，海道救青州。高密，宋郡，在今山東膠縣西南。平昌見第三章第三節，長廣、東萊，皆見第四章第三節。至不其，爲虜所斷遏，不得進，因保城自守，又爲虜所攻，屢戰輒克。四年，城陷，文靜見殺。文秀被圍三載，外無援軍，士卒爲之用命，無離叛者，日夜戰鬥，甲冑生蟣蝨。五年正月二十四日，城爲虜所陷。文秀解釋戎衣，緩服靜坐，命左右取所持節。虜既入，兵刃交至，問曰：「青州刺史沈文秀何在？」文秀厲聲曰：「身是。」因執之，牽出聽事前，剝取衣服。時白曜在城西南角樓，裸縛文秀至曜前，執之者令拜。文秀曰：「各二國大臣，無相拜之禮。」曜命還其衣服，設酒食，鎖送桑乾。見第四章第二節。此據宋書文秀傳。魏書白曜傳云：克城之日，以沈文秀抗倨，不爲之拜，忿而捶撻。文秀傳云：白曜忿之，乃至撾撻，後還其衣，爲之設饌。

是歲五月，虜徙青齊民於平城，置升城、歷城民望於下館，此據白曜傳。道固傳云：初在平城西，後徙治舊陰館之西。陰館見第三章第八節。置平齊郡，懷寧、歸安二縣以居之。自餘悉爲奴婢，分賜百官。薛安都大見禮重，子姪羣從，並處上客，皆封侯，至於門生，無不收敘。又爲起第宅，館宇崇麗，資給甚厚。房法壽爲上客，崇吉爲次客，崔、劉爲下客。法壽供給，亞於安都等。

沈文秀與長史房天樂、司馬沈嵩等鏁送平城。面縛，數罪，宥死。待為下客，給以麤衣疏食。安都、道固、文秀、衆敬皆沒於魏。崇吉停平城半歲，南奔，夫婦異路。薙髮為沙門，改名僧達。投其族叔法延。住歲餘，清河張略之亦豪俠士也，崇吉遺其金帛，得以自遣。妻從幽州南出，亦得相會。崔僧祐與法壽諸人皆不穆。法壽等訟其歸國無誠，拘之歲餘，因赦乃釋。後坐與沙門謀反，見殺。

青、冀、兗、徐，至是皆陷，并失豫州之淮西。明帝乃僑立兗州於淮陰，見第四章第二節。徐州於鍾離，見第八章第四節。青、冀二州共一刺史，治鬱州。見第七章第二節。初劉道隆刺徐州，辟垣崇祖為主簿，厚遇之。景和世，道隆求出為梁州，與之同行。使還，下邳召募。明帝立，道隆被誅。薛安都使將裴祖隆、王世雄據下邳，祖隆引崇祖共拒戰。會劉彌之歸降，祖隆士衆沮散。崇祖與親近數十人夜救祖隆，與俱走還彭城。虜既陷徐州，崇祖仍為虜將游兵琅邪間。琅邪，見第二章第三節。不復歸，虜不能制。崇祖密遣人於彭城迎母，欲南奔。事覺，虜執其母為質。崇祖妹夫皇甫肅，兄婦薛安都之女，故虜信之。肅乃將家屬及崇祖母奔朐山。在今江蘇東海縣南。崇祖因將部曲據之，遣使歸命。蕭道成鎮淮陰，版為朐山戍主，送其母還京師。明帝納之。崇祖啓明帝曰：「淮北士民，力屈胡虜，南向之心，日夜以冀。崇祖父、伯，崇祖，護之弟子。並為淮北州郡，門族布在北邊，百姓所信。一朝嘯咤，事功可立。乞假名號，以示遠近。」明帝以為北琅邪、蘭陵二郡太守。蘭陵，見第五章第六節。數陳計算，欲克復淮北。時虜聲當寇淮南，明帝以問崇祖。崇祖因啓「宜以輕兵深入，出其不意，進可立不世之勳，退可絕窺窬之意。」帝許之。崇祖將數百人入虜界七百里，據蒙山，在今山東蒙陰縣南。扇動郡縣。虜率大衆攻之。崇祖敗追者而歸。泰豫元年，以崇祖行徐州事，徙戍龍沮。在東海縣南六十里。崇祖啓斷水，清平地，以絕虜馬。帝以問劉懷珍，云可立。崇祖率將吏塞之，未成，虜主謂僞彭城鎮將平陽公曰：「龍沮若立，國之恥也，以死爭之。」數萬騎奄至。崇祖馬矟陷陳，不能抗，乃築城自守。會天雨十餘日，虜乃還。龍沮竟不立。

淮北之陷，全誤於明帝及沈攸之等志僅在於鬩牆，而不在於禦侮。尋陽之起，建康僅保丹陽、淮南數郡，然卒能摧折强敵，足見其時之兵力，非不足用。綜觀戰事始末，知沈攸之等之將才，亦有足取。使能并力北向，何至以方數千里之地，拱手授人？乃爭於內則徵兵遣將，絡繹於途，而其將帥亦能彼此和衷。殷孝祖之死也，人情震駭，並謂沈攸之宜代孝祖爲統。時建安王休仁遣江方興、劉靈遺各率三千人赴赭圻。攸之以爲孝祖既死，賊有乘勝之心，若不更攻，則示之以弱。方興名位相亞，必不爲己下，乃率諸軍主詣方興，推爲統。方興甚悦。明日進戰，遂致克捷。此事非攸之所能爲；所以能爲之者，實以既叛廢帝，敗則無地自容，迫而出此也。知計迭出；如張興世建議越鵲尾上據錢溪。戰於外則將帥皆逗橈不前，廟堂亦熟視無覩，攻圍雖久，應接終希，此何哉？尋陽得志，則君若臣皆無地自容，淮北陷沒，不過蹙國棄民，君若臣之安富尊榮如故也。不但此也，沈文秀等皆嘍嗜宿將，智勇兼人，始同子勛，窮而歸順，安知非明帝所忌？亦安知非攸之等所疾？而故借虜手以除之乎？此非深文周內之辭，綜觀明帝及攸之等之爲人，固令人不得不作此想也。陷虜諸人，其才皆有可用，其心亦無一願投虜者。有之，則惟一少爲劫盜之房法壽耳。而民心尤爲可恃。劉休賓欲降虜，而爲其城民所持。常珍奇降虜，淮西七縣之民，並連營南奔。尉元請攻下邳，云：「彭城、下邳，信命未斷，此城之人，元居賊界，心尙戀土。輒相誑惑，希幸非望。南來息耗，壅塞不通。雖至窮迫，仍不肯降。」明帝遣明僧暠北征，又使劉懷珍緣海救援，至東海，見第三章第三節。僧暠已退保東萊。懷珍進據朐城。衆心汹懼，或欲且保鬱州。懷珍曰：「卿等傳沈文秀厚賂胡師，規為外援，察其徒黨，何能必就左衽？」遂進至黔陬。漢縣，在今山東膠縣西南。然則文秀之能固守，豈獨其撫馭之才，亦以人同此心，不願陷虜故也。人心如此，而以君若臣之僅圖私計棄之，豈不痛哉？

第六節 明帝誅戮宗室大臣

明帝之猜忌好殺，尤甚於孝武帝。南史孝武帝母路大后傳云：明帝少失所生，為大后所攝養，撫愛甚篤。及即位，供奉禮儀，不異舊日。有司奏宜別居外宮，詔欲親奉晨昏，盡懽閨禁，不如所奏。及聞義嘉難作，義嘉，子勛年號。大后心幸之。延上飲酒，置毒以進。侍者引上衣，上寤，起以其卮上壽。是日大后崩。案大后果欲毒殺帝，必不能與外間一無牽連，而當時絕未聞有此，其說恐不足信。而帝之毒后則眞矣。孝武帝二十八男：前廢帝，豫章、晉安、始平、南海四王，事已見前。皇子子深、子鳳、子玄、子衡、子況、子文、子雍皆早夭。齊敬王子羽，晉陵孝王子雲，淮陽思王子霄，皆卒於大明世。安陸王子綏，松滋侯子房，十一歲。臨海王子頊，十一歲。皆以同子勛見殺。邵陵王子元，為子勛所留，事平賜死。九歲。永嘉王子仁，十歲。始安王子眞，十歲。淮南王子孟，八歲。南陵王子產，廬陵王子輿，東平王子嗣，四歲。皇子子趨、子期、子悅，亦皆見殺。南史後廢帝紀云：「孝武帝二十八男，明帝殺其十六，餘皆帝殺之。」誤。錢大昕廿二史考異云：泰始六年詔曰：世祖繼體，陷憲無遺，則孝武之嗣絕於明帝之世，史固有明文矣。長沙景王之孫祇，爲南兗州刺史，謀應子勛；瞻爲晉安大守，弼爲武昌大守，晉安見第七章第五節。武昌見第三章第九節。並與子勛同皆死。韞爲宣城大守，宣城見第三章第九節。棄郡赴朝廷。韞人才凡鄙，以此特爲帝所寵。襲爲安城大守，安成見第三章第九節。據郡拒子勛，亦以庸鄙封侯焉。

明帝兄弟：東海王褘，本爲司空，帝即位，進大尉，改封廬江王。泰始五年，河東柳欣慰謀反，欲立褘，褘與相酬和，降爲南豫州刺史，出鎮宣城。上遣腹心楊運長領兵防衞。明年六月，逼令自殺。子充明，廢徙新安歙縣。今安徽歙縣。大祖諸子，褘尤凡劣，諸兄弟並蚩鄙之，其實未必能謀反也。山陽王休祐，帝初命其刺荊州，尋改江州、南豫州，又改豫州，督劉勔等討殷琰。琰未平，又徙荊州，改封晉平王。休祐素無才能，彊梁自用。大明世年尚少，未得自專。至是貪淫好財色，裒刻所在，多營財貨。民不堪命。泰始六年，徵爲南徐州刺史，留之京邑，遣上佐行府州事。休祐很戾彊梁，前後忤上非一。上積不能平，且慮其將來難制。七年二月，因其從射雉，遣壽寂之等殺之，諱云墮馬。是年五月，遂殺建安王休仁。休仁年與帝鄰亞，俱好文籍，素相友愛。及廢帝世，同經危難。史云：大宗資其權譎之力。又云：大宗甫隕廢帝，休仁即日推崇，便執臣禮。蓋謀之有素矣。及即位，以爲司徒、尚書令、揚州刺史。大勳克建，任總百揆，朝野四方，莫不輻湊。上漸不悅。休仁悟其旨，五年冬，表解揚州。及殺晉平王，休仁憂懼轉切。其年上疾篤，與楊運長爲身後之計。五月，遂殺之。下詔謂其「規逼禁兵，謀爲亂逆，申詔誥厲，辨覈事原，慚恩懼罪，遽自引決。」有司又奏：休祐與休仁共爲姦謀，乃追免休祐爲庶人，十三子並徙晉平郡。晉晉安郡，泰始四年改爲晉平，晉安見第七章第五節。休仁降始安縣王。子伯融，聽襲封爵。伯猷，先紹江夏國，令還本賜爵鄉侯。後廢帝時，建平王景素爲逆，楊運長等稱詔賜之死。伯融時年十九，伯猷年十一。休仁之死也，上與諸方鎮及諸大臣詔曰：「休仁既經南討，與宿衛將帥習狎，共事相識者，布滿外內。常日出入於廂下經過，與諸相識將帥，都不交言。及吾前積日失適，休仁出入殿省，諸衛主帥，裁相悉者，無不和顏，厚相撫勞。」此或是實語。殺機既動，彼此相猜，不必冀幸非常，即爲免禍計者，亦或不得不爾也。而詔又云：「爲詔之辭，不得不云有兵謀，非事實也，」則又慮四方因休仁有異意而生覬覦，故曲諱之，轉非其實矣。史云上與休仁素厚，至於相害，慮在後嗣不安。休仁既死，痛悼甚至。謂人曰：「我與建安年時相鄰，少便狎從。景和、泰始之間，勳誠實重。事計交切，不得不相除。痛念之至，不能自已。懽適之方，於今盡矣。」因流涕不自勝。亦云苦休若，初刺雍州。四年，遷湘州。休祐入，改荆州。休祐被殺，休仁見疑，京邑譌言：休若有至貴之表，帝以言報之。休若聞，甚憂懼。會被徵代休祐爲南徐州，腹心將佐，咸謂還朝必有大禍。中兵參軍王敬先因陳不宜入，勸割據荆楚，以距朝廷。休若僞許之。敬先既出，執錄，馳使白之。敬先坐誅死。休若至京口，休仁見害，益懷危慮。上以休若和善，能諧輯物情，慮將來傾幼主，欲遣使殺之，慮不奉詔；徵入朝又恐猜駭；乃僞遷休若爲江州刺史，徵還召拜，手書殷勤，使赴七月七日，即於第賜死。於是文帝之子，存者惟一休範矣。

帝之猜忌好殺，不徒在同姓諸王也，袁顗忠於所事，當其對敵，不得不事翦除，事平固無所謂恩怨，乃流其尸於江；徐爰亦何能爲，乃徙之交、廣，亦可謂酷矣。其所任者，爲阮佃夫、王道隆、楊運長之徒。史稱其並執權柄，亞於人主，巢、戴大明之世，方之蔑如也。佃夫大通貨賄。宅舍園池，諸王邸第莫及。伎女數千，藝貌冠絕當時。金玉錦繡之飾，宮掖不逮。每製一衣，造一物，京邑莫不法效。僕從附隸，皆受不次之位。道隆亦家產豐積，惟楊運長不事園池，不受餉遺。李道兒亦執權要。壽寂之則見殺，史稱寂之爲南泰山大守，治南城，未詳今地。多納貨賄，請謁無窮，有一不從，切齒罵詈，常云：利刀在手，何憂不辦？鞭尉吏，斫邏將，七年，爲有司所奏，徙送越州，宋置，治臨漳，今廣東合浦縣東北。行至豫章，見第三章第九節。謀欲逃叛，乃殺之。案寂之罪固當誅，然明帝誅之，則亦未足以服其心也。而吳喜尤枉。喜實有大功於帝。史云：初喜東征，白大宗得尋陽王子房及諸賊帥，卽於東梟斬。東土既平，喜見南方賊熾，慮後翻覆受禍，乃生送子房還都。凡諸大主帥顧琛、王曇生之徒，皆被全活。上以喜新立大功，不問也，而內密嫌之。及平荆州，恣意剽虜，臧私萬計。又嘗對賓客言：「漢高、魏武，本是何人？」上益不悅。其後誅壽寂之，喜內懼，因啓乞中散大夫，上尤疑駭。會上有疾，爲身後之慮，以喜素得人情，疑其將來不能事幼主，乃賜死。此所言罪狀，並據帝與劉勔、張興世、蕭道成詔辭，多非其實。喜之貪殘罔極，罪固當誅，然帝之誅之，則亦初不以此也。喜平東土之時，本不利多殺，此乃明帝之深謀，安有銜之之理？詔又謂張靈度與柳欣慰等謀立劉禕，使喜錄之，而喜密報令去，則尤誣矣。以明帝之猜忌，果有此事，安能容忍歷年？漢高、魏武，本屬何人之語，尤不足辨。喜乃小人，不過欲乘時以取富貴，安有此大志哉？喜之大罪，在其殘暴。詔云：「喜軍中諸將，非劫便賊，惟云：賊何須殺？但取之，必得其用。」又云：「喜聞天壤間有罪人死，或應繫者，必啓以入軍。」「勞人義士，共相歎息。」然又云：「義人雖忿喜不平，又懷其寬弛。」「其統軍寬慢無章，放恣諸將，無所裁檢，故部曲爲之盡力。」蓋喜專收集羣不逞之徒，恣其殘民而用之也。詔又云：「喜自得軍號以來，多置吏佐，是人加板，無復限極，爲兄弟子姪及其同堂羣從乞東名縣，連城四五，皆灼然巧盜，侵官奪私。他縣奴婢，入界便略。百姓牛犢，輒牽噉殺。喜兄茹公等，悉下取錢，盈村滿里。諸吳姻親，就人間徵求，無復紀極。喜具知此，初不禁呵。」「西救汝陝，縱肆兵將，掠暴居民，姦人婦女，逼奪雞犬，虜略縱橫，百姓吁嗟，人人失望。近段佛榮求還，欲用喜代之，西人聞其當來，皆欲叛走。」此等縱或加甚，必非全誣，惟明帝之殺之，初不以此耳，喜之罪固不容於死矣，詔又謂其「妄竊善稱，聲滿天下，」蓋其宗族、交遊、部曲，相與稱頌之，非人民之感戴之也。王景文爲帝后兄，任揚州刺史。上慮一旦晏駕，皇后臨朝，則景文自然成宰相，門族彊盛，藉元舅之重，歲暮不爲純臣。泰豫元年春，上疾篤，乃遣使送藥殺之。手詔曰：「與卿周旋，欲全卿門戶，故有此處分。」案景文乃一坐談玄理之人，而亦忌而殺之，天下尚有可信之人邪？帝每殺兄弟及大臣，必爲手詔賜臣下自解說，其言多有理致，而景文求解揚州時答詔，言貴不必難處，賤不必易安，遭遇參差，莫不由命，其言尤爲通達；帝蓋亦長於玄理者。然史言帝好小數，異於常倫，本紀云：帝末年好鬼神，多忌諱。言語文書，有禍敗凶喪及疑似之言應回避者，數百千品，有犯必加罪戮。改騧字爲馬邊瓜，亦以騧字似禍字故也。以南苑借張永，云且給二百年，期訖更啓，其事類皆如此。宣陽門，民間謂之白門。上以白門之名不祥，甚諱之。尚書右丞江謐嘗誤犯，上變色曰：「白汝家門。」謐稽顙謝，久之方釋。太后停尸漆牀，先出東宮，上嘗幸宮，見之，怒甚，免中庶子官，職局以之坐者數十人。內外常慮犯觸，人不自保。宮內禁忌尤甚。移牀、治壁，必先祭土神，使文士爲文辭祝策，如大祭饗。後廢帝江皇后傳云：泰始五年，大宗訪求太子妃，而雅信小數，名家女多不合。后弱小門無彊蔭，以卜筮最吉，故爲太子納之。蓋顧慮禍福太甚，遂至於此耳。名士之不免忌刻，此亦其一證也。參看第四章第四節。又案明帝之爲人，似有心疾而失其常度者。本紀言：泰始、泰豫之際，更忍虐好殺，左右失旨忤意，往往有刳斮斷截者。此時帝固去死不遠矣。南史本紀云：夜夢豫章太守劉愔反，遣就郡殺之，此非有心疾者，何至於是邪？明恭王皇后傳云：嘗宮內大集，而贏婦人觀之，以爲懽笑。宋世宮闈雖習於無禮，然帝苟爲醫家所謂平人，亦不至於是也。

第七節 宋治盛衰

宋氏開國，政事粗有可觀，實由武、文二世之恭儉，而孝武帝及明帝壞之。宋書良吏傳云：「高祖起自匹庶，知民事艱難，及登庸作宰，留心吏職，而王略外舉，未遑內務，奉師之費，日耗千金，播茲寬簡，雖所未暇，而紬華屏欲，以儉抑身，左右無幸謁之私，閨房無文綺之飾，故能戎車歲駕，邦甸不擾。大祖幼而寬仁，入纂大業，及難興陝方，六戎薄伐，命將動師，經略司、兗，費由府實，役不及民，自此區寓晏安，方內無事，三十年間，氓庶蕃息，奉上供徭，止於歲賦，晨出莫歸，自事而已。守宰之職，以六期爲斷，雖沒世不徙，未及曩時，而民有所係，吏無苟得，家給人足，即事雖難，轉死溝渠，於時可免。凡百戶之鄉，有市之邑，歌謠舞蹈，觸處成羣，蓋宋氏之極盛也。暨元嘉二十七年，北狄南侵，戎役大起，傾資掃稸，猶有未供，於是深賦厚斂，天下騷動。自茲至於孝建，兵連不息，以區區之江東，地方不至數千里，戶不盈百萬，薦之以師旅，因之以凶荒，宋氏之盛，自此衰矣。晉世諸帝，多處內房，朝宴所臨，東西二房而已。孝武末年，清暑方構。高祖受命，無所改作，所居惟稱西殿，不制嘉名。大祖因之，亦有合殿之稱。及世祖承統，制度奢廣，犬馬餘菽粟，土木衣錦繡，追陋前規，更造正光、玉燭、紫極諸殿，雕欒綺飾，珠窗網戶，嬖女幸臣，賜傾府藏，竭四海不供其欲，單民命未快其心。大宗繼祚，彌篤浮侈，恩不恤下，以至橫流。莅民之官，遷變歲屬，蒲、密之化，事未易階，豈徒吏不及古，民僞於昔，蓋由爲上所擾，致治莫從。」案治道之隆汙，係於君心之敬肆。高祖以衲衣付會稽長公主，使戒後嗣之奢，已見第八章第一節。史又言「上淸簡寡欲，嚴整有法度，未嘗視珠玉輿馬之飾，後庭無紈綺絲竹之音。寧州嘗獻虎魄枕，光色甚麗。時將北征，以虎魄治金創，上大悅，命擣碎分付諸將。財帛皆在外府，內無私藏。宋臺既建，有司奏東西堂施局腳牀、銀塗釘，上不許，使用直腳牀，釘用鐵。諸主出適，遣送不過二十萬，無錦繡金玉。內外奉禁，莫不節儉。」又云：微時躬耕於丹徒，見第四章第二節。及受命，耨耜之具頗有存者，皆命藏之以留於後。文帝幸舊宮，見而問焉，左右以實對，文帝色慚。及孝武大明中，壞高祖所居陰室，江左諸帝既崩，以其所居爲陰室。於其處起玉燭殿，與羣臣觀之。牀頭有土障，壁上挂葛燈籠、麻蠅拂。侍中袁顗盛稱上儉素之德。孝武不答，獨曰：「田舍公得此，以爲過矣。」蓋文帝已稍陵夷，至孝武而盡忘其本矣。史稱文帝性存儉約，不好奢侈，其鄰乎侈者，惟元嘉二十三年築北堤，立玄武湖於樂游苑，興景陽山於華林園，史云役重人怨，然是歲固大有年也。以視孝武，其奢儉不可以道里計矣。至於明帝，則尤有甚焉。史稱其時經略淮、泗，軍旅不息，荒弊積久，府藏空竭，內外百官，並日料祿奉，而上奢費過度，務爲彫侈。每所造制，必爲正御三十，副御、次御又各三十，須一物輒造九十枚。天下騷然，民不堪命。廢帝元徽四年，尚書右丞虞玩之表陳時事曰：「天府虛散，垂三十年。江、荆諸州，稅調本少，自頃已來，軍募多乏，其穀帛所入，折供文武。豫、兗、司、徐，開口待哺；西北戎將，倮身求衣，委輸京都，益爲寡薄。天府所資，惟有淮海，民荒財單，不及曩日，而國度引費，四倍元嘉。二衞臺坊人力，五不餘一。都水材官朽散，十不兩存。備豫都庫，材竹俱盡。東西二堈，甎瓦雙匱。敕令給賜，悉仰交市。尙書省舍，日就傾頹，第宅府署，類多穿毀。視不遑救，知不暇及。尋所入定調，用恆不周，既無儲稸，理至空盡。積弊累耗，鍾於今日。」蓋實自孝武以來，積漸所致也。沈曇慶傳言：元嘉十三年，東土潦浸，民命棘矣。大祖省費減用，開倉廩以振之，病而不凶，蓋此力也。大明之末，積旱成災，雖斂同往困，而救非昔主，所以病未半古，死已倍之，并命比室，口減過半。宋書本紀：大明八年，去歲及是歲，東諸郡大旱，甚者米一斗數百，都下亦至百餘，餓死者十有六七。一斗南史作一升。案作一斗者是也。宋書孔覬傳亦云：都邑一斗將百錢。政事之隆汙，係於君心之敬肆，而民生之舒慘，即係於政事之隆汙，可不戒哉。

高祖又非徒恭儉而已。宋書本紀云：先是朝廷承晉氏亂政，百司縱弛，桓玄雖欲釐革，而衆莫從之。高祖以身範物，先以威禁，內外百官，皆肅然奉職，二三日間，風俗頓改。元興三年。又云：晉自中興以來，治綱大弛，權門并兼，彊弱相陵，百姓流離，不得保其產業。桓玄頗欲釐改，竟不能行。公既作輔，大示軌則，豪彊肅然，遠近知禁。義熙七年。劉穆之傳云：從平京邑，時晉綱寬弛，威禁不行，盛族豪右，負勢陵縱，小民窮蹙，自立無所。重以司馬元顯政令違舛，桓玄科條繁密。穆之斟酌時宜，隨方矯正，不盈旬日，風俗頓改。贊曰：「晉綱弛紊，其漸有由。孝武守文於上，化不下及；道子昏德居宗，憲章墜矣；重之以國寶啓亂，加之以元顯嗣虐，而祖宗之遺典，羣公之舊章，莫不葉散冰離，掃地盡矣。主威不樹，臣道專行，國典人殊，朝綱家異，編戶之命，竭於豪門，王府之蓄，變爲私藏。由是禍基東妖，難結天下，蕩蕩然王道不絕者若綫。高祖一朝創義，事屬橫流，改亂章，布平道，尊主卑臣之義，定於馬棰之間，威令一施，內外從禁。以建武、永平之風，變大元、隆安之俗，此蓋文宣公之爲也。爲一代宗臣，配饗清廟，豈徒然哉？」然則江左之不振，非徒兵力之衰頹，政散民流，實爲其本。雖桓玄猶未嘗不知此義，而卒莫之能革。高祖一朝矯之，此其所以能掃蕩青、齊，廓清關、洛歟？孝武以後，佞幸專朝，毒流氓庶，而此風息矣，豈不惜哉？

第八節 後廢帝之敗

凡好用權術駕馭者，無不思爲萬全之謀，然終不能收萬全之效，以此知智計之有時而窮，不如道義之足任矣。宋明帝是也。明帝誅鉏宗戚，翦伐大臣，於可疑者可謂除之殆盡，然卒失之於蕭道成。道成破薛索兒後，遷巴陵王（休若。）衛軍司馬，隨鎮會稽。又除桂陽王（休範。）征北司馬，行南徐州事。張永、沈攸之敗，出鎮淮陰。泰始六年，徵爲黃門侍郎，領越騎校尉。南史帝紀云：明帝嫌帝非人臣相，而人間流言帝當爲天子，明帝愈以爲疑。遣吳喜留軍破釜，（齊書本紀云：以三千人北使。破釜，湖名，卽今之洪澤湖也。在當時爲一小湖。隋煬帝經此亢旱得雨，改名洪澤。宋熙寧中開渠通淮，金時河奪淮流，此湖始大。）自持銀壺酒賜帝。帝戎衣出門迎，懼鴆不敢飲，將出奔。喜告以誠，先飲之，帝卽酌飲之。喜還，明帝意乃悅。（齊書本紀云：大祖戎衣出門迎，卽酌飲之，乃諱飾之辭。）王玄邈傳云：仕宋，位青州刺史。齊高帝之鎮淮陰，爲宋明帝所疑，乃北通魏，遣書結玄邈。玄邈長史房叔安進曰：「夫布衣韋帶之士，銜一餐而不忘義，使之然也。今將軍居方州之重，託君臣之義，無故舉忠孝而棄之，三齊之士，寧蹈東海死耳，不敢隨將軍也。」玄邈意乃定。仍使叔安使建業，發高帝謀。高帝於路執之，幷求玄邈表。叔安答曰：「寡君使表上天子，不上將軍。且僕之所言，利國家而不利將軍，無所應問。」荀伯玉勸殺之。高帝曰：「物各爲主，無所責也。」玄邈能州還，高帝途中要之，玄邈嚴軍直過。還都，啓宋明帝，稱高帝有異謀，帝不恨也。垣崇祖傳云：高帝威名已著，宋明帝尤所忌疾，徵爲黃門郎，規害高帝，崇祖建策以免。由是甚見親，參與密謀。元徽末，高帝懼禍，令崇祖入魏。崇祖卽以家口託皇甫肅，勒數百人入魏界，更聽後旨。崇祖所建之策，蓋卽通魏。齊書王玄邈傳無高帝通魏語，亦無使房叔安於建業事；垣崇祖傳，亦無崇祖建策以免語；蓋皆爲高帝諱。南史荀伯玉傳云：爲高帝冠軍刑獄參軍。高帝爲宋明帝所疑，被徵爲黃門郎，深懷憂慮。伯玉勸帝遣數十騎入魏界，安置標榜。魏果遣游騎數百履行界上。高帝以聞，猶懼不得留，令伯玉占。伯玉言不成行，而帝卒復本任。由是見親待。齊書伯玉傳同。遊騎履行，恐爲年常恆有之事，高帝未必因此獲留，蓋亦不免諱飾也。道成是時，蓋有降魏之謀而未敢顯叛，非事勢迫急，亦不欲遽入魏。明帝或亦鑒於薛安都之覆轍，未敢遽迫之，故獲復安本任。然至明年，卒復徵還京師。齊書本紀曰：部下勸勿就徵。大祖曰：「諸卿闇於見事。主上自誅諸弟，爲大子稚弱，作萬歲後計，何關他族？惟應速發，緩必見疑。今骨肉相害，自非靈長之運，禍難將興，方與卿等僇力耳。」此亦事後附會之談。明帝既復道成本任，越一歲而復徵之，必復有所措置。當時謀叛亦非易，若單騎入虜，則非有大志者所肯出，故復冒險就徵耳。既至京師，拜散騎常侍，左衞率。泰豫元年四月，明帝崩，長子昱卽位，是爲後廢帝。年十歲。尚書令袁粲，顗從弟。護軍將軍褚淵，湛之子。同輔政。遺詔以道成爲右衞將軍，領衞尉。尋解衞尉，領石頭戍軍事。是時之道成，倘非權重所寄。劉勔守尚書右僕射，爲中領軍。勔爲明帝心腹宿將。道成之不就徵，勔出鎮廣陵，似使之防道成者。勔不死，道成恐未必能以兵權雄於建業也。乃元徽二年，五月，江州刺史桂陽王休範反，而道成之機會至矣。

宋書休範傳云：休範素凡訥，少知解，不爲諸兄所齒遇。大宗晚年，休祐以很戾致禍，休仁以權逼不見容，休若素得人情，又以此見害，惟休範謹澀無才能，不爲物情所向，故得自保。又云：大宗晏駕，主幼時艱，素族當權，近習秉政，休範自謂宗戚莫二，應居宰輔，事既不至，怨憤彌結。招引勇士，繕治器械，行人經過尋陽者，莫不降意折節，重加問遺；留則傾身接引，厚相資結。於是遠近同應，從者如歸。其言未免自相矛盾。蓋當習於覬覦非分之世，又當上下互相猜忌之時，雖素謹愿者，亦將怵於禍而求自全；而其下又有輕躁之士，欲翼戴之以立功名，而其禍不可逭矣。休範雖凡訥，翼戴之者似頗有人才。其叛也，大雷戍主杜道欣（大雷見第四章第三節。）馳下告變，至一宿，休範已至新林，（見第二節。）朝廷震動。齊書本紀曰：大祖與護軍褚淵，征北張永，領軍劉勔，僕射劉秉，（長沙景王孫。）遊擊將軍戴明寶，驍騎將軍阮佃夫，右軍將軍王道隆，中書舍人孫千齡，員外郎楊運長集中書省計議，莫有言者。大祖曰：「昔上流謀逆，皆因淹緩至於覆敗，休範必遠懲前失，輕兵急下，乘我無備。今應變之術，不宜念遠。若偏師失律，則大沮衆心。宜頓新亭，白下，堅守宮掖、東府以待賊。千里孤軍，後無委積，求戰不得，自然瓦解。我請頓新亭以當其鋒，征北可以見甲守白下，中堂舊是置兵地，（中堂見第三節。）領軍宜屯宣陽門，爲諸軍節度。諸貴安坐殿中。右軍諸人，不須競出，我自前驅，破賊必矣。」因索筆下議，並注同。當時情勢，欲不守建業不可得，齊書之云，恐亦事後附會之談也。道成出次新亭，劉勔及前兗州刺史沈懷明據石頭，張永屯白下，袁粲、褚淵、劉秉等入衞殿省。休範於新林步上，及新亭壘，自臨城南，僅以數十人自衞。屯騎校尉黃回見其可乘，乃與越騎校尉張敬兒同往詐降。敬兒遽奪休範防身刀斬其首。休範左右數百人皆驚散。然休範所遣丁文豪、杜墨蠡等不相知聞。墨蠡急攻新亭壘，文豪直至朱雀桁。見第四章第三節。王道隆率羽林兵在朱雀門外，急召劉勔。勔至，命開桁。道隆怒曰：「賊至，但當急擊，寧可開桁自弱邪？」勔不敢復言，遂戰沒。墨蠡等乘勝至朱雀門，道隆爲亂兵所殺。於是張永棄衆於白下，沈懷明於石頭奔散，撫軍典籤茅恬開東府納賊。通鑑云：撫軍長史褚澄開東府門納南軍。考異曰：「宋書作撫軍典籤茅恬，齊書作車騎典籤茅恬，蓋皆爲褚澄諱耳，今從宋略。」案澄淵之弟，尚文帝女廬江公主。墨蠡逕至杜姥宅。晉成帝杜皇后之母裴氏，立第於南掖門外，世謂之杜姥宅。宮省恇擾，無復固志。蕭道成遣軍主陳顯達、任農夫、張敬兒、周盤龍等入衞。袁粲慷慨謂諸將帥曰：「寇賊已逼，而衆情離沮。孤子受先帝顧託，本以死報，今日當與諸護軍同死社稷。」因命左右被馬，辭色哀壯。於是顯達等感激出戰，斬墨蠡、文豪等。朝廷先以晉熙王燮刺郢州，明帝第六子，繼晉熙王昶。時年四歲。以長史王奐行府州事，配以兵力，出鎮夏口，本所以防休範也。至是，燮遣兵平尋陽，黃回之詐降也，休範以二子德宣、德嗣付回爲質，至即斬之。德嗣弟青牛、智藏並伏誅。自來上流叛亂，建康形勢，未有危於是役者，雖獲戡定，祇可云幸勝耳。然劉勔既死，張永又棄軍，殺休範及回援宮城，功皆成於蕭道成一人之手，遂爾乘時崛起矣。是役之後，道成遂與袁粲、褚淵、劉秉更日入直決事，號爲四貴。

休範難平後二年，又有建平王景素之叛。景素，文帝第七子建平宣簡王宏之子。宏好文籍，有賢名，景素亦有父風。泰始二年，爲南徐州刺史。傳云：時大祖諸子盡殂，衆孫惟景素爲長。建安王休祐諸子並廢徙，無在朝者。景素好文章書籍，招集才義之士，傾身禮接，由是朝野翕然。後廢帝凶狂失道，內外皆謂景素宜當神器。此言蓋景素之黨所造。惟廢帝所生陳氏親戚疾忌之。而楊運長、阮佃夫，並大宗舊隸，貪幼少以久其權，慮景素立，不見容於長主，深相忌憚。元徽三年，景素防閤將軍王季符失景素旨，單騎奔京邑，告運長、佃夫云：景素欲反。運長等便欲遣軍討之。齊王蕭道成。及袁粲以下並保持之。景素亦馳遣世子延齡還朝，具自申理。運長等乃徙季符於梁州，景素稍爲自防之計，與司馬何季穆、錄事參軍殷瀰、記室參軍蔡履、中兵參軍垣慶延、左右賀文超等謀之。以參軍沈顒、毌丘文子、左暄、州西曹王潭等爲爪牙。季穆薦從弟豫之爲參軍。景素遣豫之、潭、文超等去來京邑，多與金帛，要結才力之士。由是冠軍將軍黃回、游擊將軍高道慶、輔國將軍曹欣之、前軍韓道清、長水校尉郭蘭之、羽林監垣祗祖，並皆嚮附。其餘武人失職不得志者，莫不歸之。時廢帝單馬獨出，遊走郊野。曹欣之謀據石頭，韓道清、郭蘭之欲說齊王使同，若不同者圖之。候廢帝出行，因衆作難，事克奉景素。景素每禁駐之，未欲怱怱舉動。四年七月，垣祗祖率數百人奔景素，云京邑已潰亂，勸令速入。景素信之，即便舉兵。運長等聲祗祖叛走，便纂嚴備辦。齊王出屯玄武湖。在首都北。任農夫、黃回、李安民各領步軍，張保率水軍北討。南豫州刺史段佛榮爲都統。其餘衆軍相繼進。齊王知黃回有異圖，故使安民、佛榮俱行以防之。景素欲斷竹里，見第七章第一節。以拒臺軍。垣慶延、祗祖、沈顒等曰：「今天時旱熱，臺軍遠來疲困，引之使至，以逸待勞，可一戰而克也。」殷瀰等固爭，不能得。農夫等既至，放火燒市邑。而垣慶延等各相顧望，並無鬥志。景素本乏威略，恇擾不知所爲。時張保水軍泊西渚。京口城西。景素左右勇士數十人，並荊楚快手，自相要結擊水軍，應時摧陷，斬張保。而諸將不相應赴，復爲臺軍所破。臺軍既薄城池，沈顒先衆叛走。垣祗祖次之。其餘諸軍，相係奔散。左暄驍果有膽力，欲爲景素盡節，而所配兵力甚弱。猶力戰不退。於萬歲樓下橫射臺軍，不能禁，然後退散。右衛殿中將軍張倪奴，前軍將軍周盤龍攻陷京城。倪奴禽景素，斬之，時年二十五。子延齡及二少子並從誅。垣慶延、祗祖、左暄、賀文超並伏誅。殷瀰、蔡履徙梁州。何季穆先遷官，故不及禍。其餘皆逃亡，直赦得免。景素既敗，曹欣之反告韓道清、郭蘭之之謀。道清等並誅。黃回、高道慶等，齊王撫之如舊。至九月，道慶乃伏誅。見本紀。

前廢帝之敗也，以佞幸亦叛，則無復腹心，而專恃數武人，故卒以粗疏僨事。後廢帝亦然。阮佃夫傳云：時廢帝好出遊走。始出宮，猶整羽儀，引隊仗，俄而棄部伍，單騎與數人相隨，或出郊野，或入市廛。內外莫不懼憂。佃夫密與直閤將軍申伯宗、步兵校尉朱幼、于天寶謀共廢帝，立安成王。即順帝，見下。五年，春，帝欲往江乘射雉。江乘，見第三章第九節。帝每北出，常留隊仗在樂遊苑前，棄之而去。樂游苑，在今首都東北。佃夫欲稱大后令，喚隊仗還，閉城門，分人守石頭、東府，遣人執帝廢之，自為揚州刺史輔政。與幼等已成謀，會帝不成向江乘，故其事不行。于天寶因以其謀告帝。帝乃收佃夫、幼、伯宗於光祿外部，賜死。佃夫、幼罪止身，其餘無所問。蓋以其黨與衆多故也。時為元徽五年四月。至六月，乃誅其黨司徒左長史沈勃、散騎常侍杜幼文、遊擊將軍孫超之、長水校尉杜叔文。佃夫傳云：佃夫矜傲無所降意，入其室者，惟沈勃、張澹等數人而已。幼文者，驥子。驥傳云：幼文所莅貪橫，家累千金。女伎數十人，絲竹晝夜不絕。與沈勃、孫超之居止接近，常相從，又並與阮佃夫厚善。佃夫死，廢帝深疾之。帝微行夜出，輒在幼文門牆之間，聽其絃管。積久，轉不能平。於是自率宿衛兵誅幼文、勃、超之。幼文兄叔文及諸子姪在京邑、方鎮者並誅。惟幼文兄季文、弟希文等數人逃亡得免。案此可見廢帝之出行，非徒遊戲，實意在覘司誅殺也。于天寶以發佃夫之謀爲淸河大守、右軍將軍。昇明元年，出爲山陽大守。山陽，見第五章第六節。蕭道成以其反覆，賜死。阮佃夫之力，似不足獨行廢立，觀此舉，則佃夫當日，似與道成有交關也。故佃夫之黨甫除，而道成之謀遂亟矣。

南史齊高帝紀曰：休範平後，蒼梧王漸行凶暴，屢欲害帝。常率數十人直入鎭軍府。時暑熱，帝晝臥裸袒。蒼梧王立帝於室內，畫腹爲射的，自引滿將射之。帝神色不變，斂板曰：「老臣無罪。」蒼梧左右王天恩諫曰：「領軍腹大，是佳射堋，一箭便死，後無復射，不如以雹箭射之。」乃取雹箭，一發卽中帝臍。蒼梧投弓於地，大笑曰：「此手何如？」建平王舉兵，帝出屯玄武湖，事平乃還。帝威名既重，蒼梧深相猜忌，刻木爲帝形，畫腹爲射堋，自射之。又命左右射，中者加賞，皆莫能中。時帝在領軍府，蒼梧自來燒之，冀帝出因作難。帝堅臥不動，蒼梧益懷忿患。所見之物，呼之爲帝，加以手自磨鋋，曰：「明日當以刃蕭道成。」陳大妃罵之曰：「蕭道成有大功於國，今害之，誰爲汝盡力？」故止。此等類乎平話之談，固不足信。然豫章王嶷傳曰：大祖在領軍府，嶷居靑溪宅。蒼梧王夜中微行，欲掩襲宅內。嶷令左右儛刀戟於中庭。蒼梧從牆閒窺見，以爲有備，乃去。其後蒼梧見弒，王敬則將其首馳詣大祖。大祖尚疑爲蒼梧所誑，不敢開門。見敬則傳。則蒼梧是時，有輕行掩襲之計，似不誣也。嶷傳又曰：大祖帶南兗州，鎭軍府長史蕭順之在鎭，憂危既切，期渡江北起兵。據此，順之當同大祖渡江之謀。南史梁本紀謂齊高謀出外，順之以爲一旦奔亡，則危幾不測，不如因人之欲，行伊、霍之事，齊高深然之，與此岐異。彼蓋梁人文飾之辭，不足信也。嶷諫曰：「主上凶狂，人不自保。單行道路，易以立功。外州起兵，鮮有克勝。物情疑惑，必先人受禍。今於此立計，萬不可失。」垣崇祖傳曰：元徽末，太祖欲渡廣陵。榮祖諫曰：「領府去臺百步，公走人豈不知？若單行輕騎，廣陵人一旦閉門不相受，公欲何之？公今動足下牀，便恐有叩臺門者，公事去矣。」倖臣紀僧眞傳曰：太祖欲度廣陵起兵。僧眞啓曰：「主上雖復狂釁，虐加萬民，而累世皇基，猶固盤石。今百口北度，何必得俱？縱得廣陵城，天子居深宮施號令，目明公爲逆，何以避此？如其不勝，則應北走胡中。竊謂此非萬全策也。」劉善明傳曰：元徽三年，出爲西海太守，未詳所治。行青、冀二州刺史。從弟僧副，太祖引爲安城王撫軍參軍。蒼梧肆暴，太祖憂恐，常令僧副微行，伺察聲論。使僧副密告善明及東海太守垣崇祖曰：「多人見勸北固廣陵，恐一旦動足，非爲長算。今秋風行起，卿若能與垣東海微共動虜，則我諸計可立。」善明曰：「宋氏將亡，愚智所辨，胡虜若動，反爲公患。公神武世出，惟當靜以待之，因機奮發，功業自定。不可遠去根本，自詒猖獗。」遣部曲健兒數十人隨僧副還詣領府。太祖納之。柳世隆傳云：爲晉熙王安西司馬。時世祖爲長史，與世隆相遇甚懽。太祖之謀渡廣陵也，令世祖率衆下，同會京邑。世隆與長流蕭景先等戒嚴待期，事不行。綜觀諸傳，道成當時渡江之計頗切。如能動虜而以朝命還鎮淮陰，實爲上計。然廢帝不必墮其計中。如此，則惟有據廣陵起兵，而使蕭賾帥江州之師順流而下矣。其計之不易遂，誠如諸人之說。又時李安民行會稽郡事，欲於東奉江夏王躋起兵，明帝子。則彌不得地利，亦彌不合人心矣。故諸計皆不行，而肘腋之變作。

時王敬則爲直閤將軍，結廢帝左右楊玉夫、楊萬年、陳奉伯等二十五人。七月七日夕，玉夫與萬年同入，以帝防身刀弑帝。南史齊高帝紀云：齎首，使奉伯藏衣袖中，依常行法，稱敕開承明門出，囊貯之，以與敬則。敬則馳至領軍府叩門，大聲言報帝。門猶不開。敬則自門窐中以首見帝。帝猶不信。乃於牆上投進其首。帝索水洗視。敬則乃踰垣入。帝跣出。敬則叫曰：事平矣。帝乃戎服夜入殿中。殿中驚怖。及知蒼梧死，咸稱萬歲。明旦，召袁粲、褚彥回、劉彥節入議。彥回淵字，彥節秉字。南史避唐諱，故書其字。帝以事讓彥節。彥節未答。帝鬚髯盡張，眼光如電。次讓袁粲，又不受。敬則乃拔刀在牀側躍，麾衆曰「天下之事，皆應關蕭公。敢有開一言者，血染敬則刀。」仍呼虎賁劍戟羽儀，手自取白紗帽加帝首，令帝即位，曰：「今日誰敢復動？事須及熱。」帝正色呵之曰：「卿都自不解。」粲欲有言，敬則又叱之，乃止。帝乃下議，迎立順帝。齊書王敬則傳略同。褚淵傳云：袁粲、劉秉既不受任，淵曰「非蕭公無以了此」，手取書授太祖，太祖曰「相與不肯，我安得辭？」事乃定。順帝者，明帝第三子安成王準也。明帝次子法良，早夭未封。時年九歲。追廢後廢帝為蒼梧王。後廢帝之為人，蓋頗材武，史言其好緣漆帳竿，去地丈餘，如此者半食久乃下，亦可見其趫捷之一端。然其輕率寡謀，遠較前廢帝為甚，宜其敗也。至史所言諸失德，則大抵皆過甚其辭。史言帝年漸長，喜怒乖節。左右有失旨者，輒手加撲打，徒跣蹲踞，以此為常。常著小袴褶，未嘗服衣冠。或有忤意，輒加以虐刑。有白棓數十枚，各有名號。鉗、鑿、錐、鋸，不離左右。嘗以鐵椎椎人陰破，左右人見之有斂眉者，昱大怒，令此人袒胛正立，以矛刺胛洞過。阮佃夫腹心人張羊，佃夫敗，叛走，後捕得，自於承明門以車轢殺之。杜延載、沈勃、杜幼文、孫超，皆手運矛鋋，躬自臠割。執幼文兄叔文於玄武湖北，昱馳馬執矟，自往刺之。天性好殺，以此為懽，一日無事，輒慘慘不樂。內外百司，人不自保。殿省憂惶，夕不及旦。又云：帝初嗣位，內畏太后，外憚諸大臣，猶未得肆志。自加元服，變態轉興。內外稍無以制。三年秋冬間，便好出遊行。太妃每乘青篾車，遙相檢攝。昱漸自放恣，太妃不復能禁。單將左右，棄部伍，或十里，二十里，或入市里，或往營署，日暮乃歸。四年春夏，此行彌數。自京城克定，意志轉驕，於是無日不出。與左右人解僧智、張五兒恒相馳逐。夜出開承明門，夕去晨返，晨出暮歸。從行並執鋋矛，行人男女及犬、馬、牛、驢，值無免者。民間擾懼，晝日不敢開門。道上行人殆絕。又云：制露車一乘，其上施篷，乘以出入。從者不過數十人。羽儀追之恆不及。又各慮禍，不敢近尋，惟整部伍，別在一處瞻望而已。果如所言，除之正自易易，尚安待深謀祕計邪？ 又謂帝非明帝子，蓋亦有慚德者之加誣，不足信也。廢帝紀云：先是民間訛言，謂大宗不男。陳大妃本李道兒妾，道路之言，或云道兒子也。昱每出入去來，常自稱劉統，或自號李將軍。后妃傳則云：陳貴妃經世祖先迎入宮，在路大后房內。經二三年，再呼不見幸。大后因言於上，以賜大宗。始有寵。一年許衰歇。以乞李道兒。尋又迎還，生廢帝。故民中皆呼廢帝爲李氏子。廢帝後每自稱李將軍，或自謂李統。又云：大宗晚年痿疾，不能內御。諸弟姬人有懷孕者，輒取以入宮，及生男，皆殺其母，而以與六宮所愛者養之。順帝，桂陽王休範子也，以陳昭華爲母。爲齊書劉休傳云：帝素肥，痿不能御內。諸王妓妾懷孕，使密獻入宮，生子之後，閉其母於幽房，前後十數。順帝，桂陽王休範子也。蒼梧王亦非帝子。陳大妃先爲李道兒妾，故蒼梧微行，常自稱爲李郎。爲案宮禁之事，民間何知？爲明帝仇諸弟特甚，又安肯殺其父而畜其子邪？

第九節 齊高篡宋

蕭道成之得政，觀上節所述，蓋純出一時之劫持，其無以善其後明矣。齊書高帝紀：蒼梧廢，劉秉出集議，於路逢弟韞，韞開車迎問秉曰：「今日之事，固當歸兄邪？」秉曰：「吾等已讓領軍矣。」韞槌胸曰：「君肉中詎有血。」可見當時非以兵力劫持，政柄原無屬道成之理也。故得政未幾，而內外之難交作。

沈攸之以泰始五年刺郢州。明帝崩，與蔡興宗同在外蕃，豫顧命。興宗時爲會稽大守。會巴西民李承明反，巴西，見第三章第六節。執大守張澹，蜀土騷擾。時荊州刺史建平王景素被徵，蔡興宗新除荊州刺史，未之鎮，乃遣攸之權行荊州事。攸之既至，會承明已平，乃以攸之爲荊州刺史。攸之自在郢州，便繕治船舸，營造器甲。至荊州，聚斂兵力，養馬至千餘。已皆分賦戍邏將士，使耕田而食，廩財悉充倉儲。荊州作部歲送數千人仗，攸之割留之，簿上云供討四山蠻。裝戰艦數千艘，沈之靈溪裏。靈溪見第七章第三節。朝廷疑憚之，累欲徵入，慮不受命，乃止。初張敬兒欲詐降休範，道成言「卿若能辦，當以本州相賞。」敬兒，南陽冠軍人。冠軍，漢縣，在今河南鄧縣西北。及敬兒既殺休範，道成以其人地既輕，不欲便使爲襄陽重鎮。敬兒求之不已，乃微動道成曰：「沈攸之在荊州，公知其欲何所作？不出敬兒以防之，恐非公之利也。」道成笑而無言。乃以敬兒爲雍州刺史。時元徽三年閏三月也。四年，又以其長子賾行郢州事。初元嘉中，巴東、建平二郡，軍府富實，與江夏、竟陵、武陵並爲名郡。巴東、建平、武陵皆見第三章第六節。江夏見第三章第四節。竟陵見第三章第九節。世祖於江夏置郢州，郡罷軍府。竟陵、武陵，亦並殘壞。爲峽中蠻所破。至是，民人流散，存者無幾。其年春，攸之遣軍入峽討蠻帥田五郡等。及景素反，攸之急追峽中軍。巴東大守劉攘兵，建平大守劉道欣，並疑攸之自有異志，阻兵斷峽，不聽軍下。時攘兵元子天賜爲荊州西曹，攸之遣天賜譬說之，令其解甲，一無所問。攘兵見天賜，知景素實反，乃釋甲謝愆。攸之待之如故。復以攘兵爲府司馬。劉道欣堅守建平，攘兵譬說不回，乃與伐蠻軍攻之，破建平，斬道欣。臺直閣高道慶，家在江陵。攸之初至州，道慶時在家，牒其親戚十餘人求州從事西曹，攸之爲用三人。道慶大怒，自入州，取教毁之而去。此據宋書攸之傳。南史同。又云：道慶素便馬，攸之與宴飲，於聽事前合馬矟，道慶矟中攸之馬鞍。攸之怒，索刃槊，道慶馳馬而出。至都，云攸之聚衆繕甲，姦逆不久。楊運長等常相疑畏，乃與道慶密遣刺客，齎廢帝手詔，以金餅賜攸之州府佐吏，進其階級。案佞幸傳云：攸之反，運長有異志，以此見誅，則運長實與攸之聲勢相倚，當時建業所患，固不在荊州也。高道慶亦爲道成所殺。故此說殊不足信。南史云：道慶請以三千人襲之，朝議慮其事難濟，高帝又保持不許。夫攸之兵備甚雄，豈三千人所可襲？其說更不足辯矣。廢帝既殞，順帝卽位，遣攸之長子司徒左長史元琰齎廢帝刳斮之具以示攸之。元琰既至江陵，攸之便有異志。腹心議有不同，故其事不果。其年十一月，乃發兵反叛。南史云：齊高帝遣元琰齎廢帝刳斮之具以示之。攸之曰：「吾寧爲王淩死，不作賈充生。」尚未得卽起兵，乃上表稱慶，并與齊高帝書推功。攸之有素書十餘行，常韜在兩當角，云是宋明帝與己約誓。又皇大后使至，賜攸之燭十挺，割之，得大后手令曰：「國家之事，一以委公。」明日遂舉兵。案攸之之反，宋史本紀在十二月丁巳，南史同。

沈攸之之兵既起，袁粲遂圖謀於內。時道成居東府，粲鎮石頭。昇明元年八月。劉秉爲丹陽尹；大后兄子王蘊，素好武事；皆與粲相結。將帥黃回、任候伯、農夫弟。孫曇瓘、王宜興、彭文之、卜伯興等，並與粲合。蘊本爲湘州刺史，與沈攸之結厚。及道成輔朝政，蘊、攸之便連謀。會遭母憂，還都，停巴陵十餘日，巴陵，見第三章第九節。更與攸之成謀。欲至郢州，因蕭賾下慰之爲變，據夏口，見第三章第九節。與荊州連橫。賾覺其意，稱疾不往，又嚴兵自衞。蘊計不得行，乃下。及是，道成入屯朝堂。秉從父弟領軍將軍韞入直門下省，卜伯興爲直閤，黃回諸將皆率軍出新亭。粲謀先日矯大后令，使韞、伯興率宿衞兵攻道成於朝堂，回率軍來應。秉、候伯等並赴石頭。本期夜發。秉素恇怯，騷動不自安，再餔後，便自丹陽郡車載婦女，盡室奔石頭。部曲數百，赫奕滿道。由此事泄。先是道成遣將薛淵、蘇烈、王天生等領兵戍石頭，云以助粲，實禦之也。又領王敬則為直閤，與卜伯興共總禁兵。王蘊聞劉秉已奔，歎曰：「今年事敗矣。」時道成使蘊募人，已得數百。乃狼狽率部曲向石頭。本期開南門，時已闇夜，薛淵等據門射之，蘊謂粲已敗，即便散走。道成以報敬則，率所領收劉韞殺之。（韞弟述出走，追禽殺之。）並誅卜伯興。又遣軍主戴僧靜向石頭助薛淵，殺粲。劉秉踰城出走，於雒檐湖見禽，（雒檐湖，通鑑作額檐湖。）與二子承、俁並死。秉弟遐，為吳郡太守，道成遣張瓌誅之。（瓌，永子。）王蘊逃鬥雞場，見禽殺。時昇明元年（即元徽五年。）十二月也。

沈攸之之舉兵也，遣其中兵參軍孫同等三萬人為前驅，司馬劉攘兵等二萬人次之。又遣王靈秀等騎二千出夏口，據魯山。（城名，見第七章第三節。）攸之乘輕舸，從數百人，先大軍下，住白螺洲。（在今湖北監利縣東南。以上據齊書柳世隆傳。）閏十二月四日，攸之至夏口。時晉熙王燮徵為揚州刺史，蕭賾亦徵為左衛將軍，與燮俱下。聞攸之舉兵，即據湓口城。（湓口見第三章第九節。）武陵王贊為郢州，道成令周山圖領兵衛送，賾為西討都督，啓山圖為軍副。攸之有順流之志，府主簿宗儼之勸攻郢州。功曹臧寅，以為攻守勢異，若不時舉，挫銳損威。不從。初道成之謀渡廣陵也，令賾率衆東下。劉懷珍白道成曰：「夏口是兵衝要地，宜得其人。」道成納之。與賾書曰：「汝既入朝，當須文武兼資人與汝合意者，委以後事。柳世隆其人也。」於是賾舉世隆自代。轉為郢州行事。及是，世隆隨宜拒應，攻者披卻。黃回軍至西陽。（見第四章第三節。）攸之素失人情，初發江陵，已有叛者，至是稍多。攸之大怒。令軍中有叛者，軍主任其罪。於是一人叛，遣十人追，並去不反。莫敢發覺。咸有異計。劉攘兵射書與世隆請降。世隆開門納之。攘兵燒營而去。時昇明二年正月十九日也。衆於是離散，不可復制。攸之還向江陵，聞城已爲張敬兒所據，乃與第三子文和至華容之鱯頭林，（華容見第三章第九節。）投州吏家。村人欲取之，與文和俱自經死。村人斬首送之。攸之初下，留元琰守江陵，張敬兒克城，元琰逃走，（南史云：奔寵洲見殺。）第二子懿先卒，第五子幼和，幼和弟靈和及攸之孫四人，並爲敬兒所禽，伏誅。攸之弟登之爲新安大守，（新安見第四章第三節。）初沈慶之之死，其子文叔謂其弟文季曰：「我能死，爾能報。」遂自縊。文季揮刀馳馬去，收者不敢追，遂得免。至是爲吳興大守，（吳興見第三章第九節。）道成使督吳興、錢塘軍事，（錢塘見第四章第三節。）收斬登之，誅其宗族。（昇明元年閏十二月。）登之弟雍之，雍之弟榮之，皆先攸之卒。文和娶道成女，早死，有二女，道成迎還第內，後以雍之孫僧照爲之後焉。攸之之舉兵也，使要張敬兒及梁州刺史范柏年，司州刺史姚道和，湘州行事庾佩玉，巴陵內史王文和等。敬兒、文和斬其使，馳表以聞。柏年、道和、佩玉持兩端，密相應和。攸之既平，遣王玄邈代柏年。柏年先誘降晉壽亡命李烏奴，（晉壽見第三章第六節。）烏奴勸柏年據漢中不受命。柏年計未決，玄邈已至。柏年遲回，魏興不肯下。（魏興見第三章第六節。）時道成孫長懋爲雍州刺史，遣使說之，許啓爲府吏。柏年乃進襄陽，因執誅之。道和，後秦主興之孫也，被徵，（以周盤龍代爲刺史，時昇明二年三月。）令有司奏其罪，誅之。（見齊書張敬兒傳。）佩玉，王蘊爲湘州時，爲其寧朔長史、長沙內史。蘊去職，南中郎將王翽未之鎮，權以佩玉行府州事。朝廷先遣南中郎將中兵參軍臨湘令韓幼宗領軍戍防湘州，（臨湘，後漢縣，在今湖南長沙縣南。）與佩玉共事不美。攸之之難作，二人各相疑阻。幼宗密圖佩玉，佩玉知其謀，襲殺之。黃回至郢州，遣任候伯行湘州事，又殺佩玉。道成以呂安國爲湘州刺史，收候伯誅之。袁粲之舉事也，黃回聞石頭鼓噪，率兵赴之，而朱雀桁有戍軍，受道成節度，不聽夜過。會石頭已平，因稱救援。道成知而不言，撫之愈厚，遣其西上，流涕告別。囘與王宜興素不協，慮或反告，因其不從處分，斬之。不樂停郢，固求南兗，遂率部曲輒還，改南兗州刺史。昇明二年四月，賜死。囘之固求南兗，豈仍欲於肘腋之下有所作爲邪。彭文之先於二月下獄賜死，孫曇瓘於石頭叛走，逃竄經時，至十月，乃於秣陵縣禽獲伏誅（秣陵，見第四章第三節。）。沈攸之反，楊運長有異志，道成遣驃騎司馬崔文仲討誅之。攸之本反覆小人，爲政刻暴，（傳云：或鞭士大夫。上佐以下有忤意，輒面加詈辱。將吏一人亡叛，同籍符伍充代者十餘人。）賦斂嚴苦，（攸之平後，道成次子嶷爲荊州刺史。齊書本傳云：初沈攸之欲聚衆，開民相告，士庶坐執役者甚衆，一月遣三千餘人。見四五歲刑以下，不連臺者，皆原遣。以市稅重濫，更定塢格，以稅還民。禁諸市調及苗籍。二千石官長，不得與人爲市。諸曹吏聽分番假。百姓大悅。）徒以軍備充足，自謂可冀有成，實則久溺晏安，加以年衰氣索，宜其亡不旋踵也。（南史本傳云：富貴擬於王者，夜中諸廂都然燭達旦。後房服珠玉者數百人，皆一時絕貌。）攸之既敗，袁粲復亡，黃囘等諸將帥，亦誅鉏殆盡。蕭道成於是莫予毒也已。

昇明二年，四月，蕭道成受宋禪，是爲齊大祖高皇帝。封宋順帝爲汝陰王，居丹陽宮。建元元年，五月，監人殺王，而以疾赴。宋宗室抗齊者：有明帝子晉熙王燮，（齊受禪後。）江夏王躋，（齊受禪後。）衡陽文王孫伯玉，長沙景王曾孫晃，臨川烈武王曾孫綽，（昇明三年三月。）及晉平剌王子十三人，（昇明三年。案剌王諸子皆徙晉平，已見第六節。元徽元年，聽還都。）皆無成。明恭王皇后，南史傳云：劉晃、劉綽、卜伯興等有異志，大后頗與相關。順帝禪位，遷居丹陽宮，拜汝陰王大后。順帝殂，更立第都下。建元元年，薨於第。蓋亦非良死也。齊本紀言：「宋之王侯，無少長皆幽死，」亦云酷矣。

第十章　齊梁興亡

第一節　齊武文惠猜忌殺戮

凡朝代之革易，其力有自外至者，亦有自內出者。自外至者，非敵國則亂民，往往殺人盈城，僵尸蔽野。然操政權者旣悉易其人，政事之改觀自易。自內出者，恆爲前代之權臣，名實旣歸，託諸禪讓，市朝無改，宗社已移，兵燹之災，於茲可免。然人猶是人，政猶是政，欲望其除舊布新則難矣。故以社會之安寧論，革易自內者較優；以政治之改革論，革易自外者較善也。蕭齊一代之事蹟，幾與劉宋孝建以後無殊，則足以證吾說矣。

齊高帝代宋後四年而崩，大子賾立，是爲世祖武皇帝。高帝十九男：長武帝，次爲豫章文獻王嶷，與武帝同母，且有賢名。高帝創業之際，亦嘗出作方州，入參密計。南史荀伯玉傳云：建元元年，爲豫章王司空諮議。時武帝居東宮，自以年長，與高帝同創大業，朝事大小，悉皆專斷，多違制度。左右張景眞偏見任遇，又多僭侈。武帝拜陵還，景眞白服乘畫舴艋，坐胡牀，觀者咸疑是大子。內外祇畏，莫敢言者。驍騎將軍陳胤叔先已陳景眞及大子前後得失，伯玉因武帝拜陵之後，密啓之。上大怒。豫章王嶷素有寵，政以武帝長嫡，又南郡王兄弟並列，（文惠大子，初封南郡王。）故武帝爲大子。至是，有改易之意。武帝東還，遣文惠大子、聞喜公子良宣敕詰責，并示以景眞罪狀，使以大子令收殺之。胤叔因白武帝，眥言伯玉以聞。武帝憂懼，稱疾月餘日。上怒不解。晝臥太陽殿。王敬則直入叩頭，啓請往東宮以慰大子。高帝無言。敬則因大聲宣旨往東宮，命裝束。又敕大官設饌，密遣人報武帝令奉迎。因呼左右索輿。高帝了無動意。敬則索衣以衣高帝，仍牽上輿。遂幸東宮，召諸王宴飲。因游玄圃園。高帝大飲，賜武帝以下酒，並大醉。盡歡，日暮乃去。是日無敬則，則東宮殆廢。高帝重伯玉盡心，愈見信使。掌軍國密事，權動朝右。武帝深怨伯玉。高帝臨崩，指伯玉以屬。武帝卽位，伯玉憂懼。上聞之，以其與垣崇祖善，崇祖田業在江西，慮相扇爲亂，加意撫之，伯玉乃安。永明元年，與崇祖並見誣伏誅。而胤叔爲大子左率。崇祖傳曰：武帝卽位，爲五兵尙書，領驍騎將軍。初豫章王有盛寵，武帝在東宮，崇祖不自附。及破魏軍，（建元二年。）詔使還朝，與共密議。武帝疑之，曲加禮待。酒後謂曰：「世閒流言，我已豁懷抱，自今已後，富貴見付也。」崇祖拜謝。及去後，高帝復遣荀伯玉敕以邊事。受旨夜發，不得辭東宮。武帝以爲不盡誠，心銜之。永明元年，詔稱其與荀伯玉搆扇邊荒，誅之。又江謐傳曰：齊建元元年，位侍中，旣而驃騎豫章王嶷領湘州，以謐爲長史。三年，爲左戶尙書。尋遷掌吏部。高帝崩，謐稱疾不入。衆頗疑其怨不豫顧命。武帝卽位，謐又不遷官，以此怨望。時武帝不豫，謐詣豫章王嶷，請閒曰：「至尊非起疾，東宮又非才，公今欲何計？」武帝知之，出謐爲南東海大守。（南東海，見第九章第三節。）未幾，使御史中丞沈沖奏謐前後罪惡，請收送廷尉。詔賜死。嶷傳言：建元中，武帝以事失旨，帝頗有代嫡之意，而嶷事武帝，恭悌盡禮，未嘗違忤顏色，故武帝友愛亦深。蓋高、武同起艱難，高帝鑒於宋代之所以亡，知骨肉相爭爲禍至烈，故不敢輕於易儲；（觀下以長沙王晃屬武帝語可見。）而嶷亦小心謹愼，初雖或有奪宗之謀，繼以知難而退，無足畏忌，故得以榮祿終也。高帝第三子臨川獻王映，史稱其善騎射，解聲律，應接賓客，風韻韶美，其性質蓋近乎文，亦不足忌。第四子長沙威王晃，少有武力，爲豫州刺史，嘗執殺其典籤。史稱高帝臨崩，以晃屬武帝，「處以輦轂近蕃，勿令遠出。」永明元年，以晃爲南徐州刺史，入爲中書監。時諸王蓄仗在京都者，惟置捉刀左右四十人。晃愛武飾，罷徐州還，私載數百人仗，爲禁司所覺，投之江中。帝聞之大怒，將糾以法。豫章王嶷稽首流涕曰：「晃罪誠不足宥，陛下當憶先朝念白象。」白象，晃小字也。上亦垂泣。高帝大漸時，戒武帝曰：「宋氏若不骨肉相屠，他族豈得乘其衰弊？汝深戒之。」故武帝終無異意。然晃亦不被親寵。當時論者，以武帝優於魏文，減於漢明。自此以下諸弟，年皆幼，更不足忌矣。然當時待藩邸頗嚴急。諸王不得讀異書，五經之外，惟得看孝子圖而已。又制諸王年未三十不得娶妾。皆見南史齊高帝諸子傳。其爲納之軌物邪？抑節其蓄育？未可知也。要之一時之人心，不易驟變，故武帝雖鑒於宋氏之滅亡，勉自抑制，然其於諸弟，終不能泯其猜忌之心也。

武帝之猜忌，亦見之於異姓之臣。垣崇祖既死，復殺張敬兒。永明元年五月。案敬兒在南北朝武人中，最爲貪殘，好殺。沈攸之反，遣使報敬兒，敬兒勞接周至，爲設酒食，謂之曰：「沈公那忽使君來？君殊可念。」乃列仗於聽事前斬之。及攸之敗，其留府司馬邊榮見敬兒，敬兒問曰：「邊公何不早來？」榮曰：「沈公見留守，而委城求活，所不忍也。本不蘄生，何須見問？」敬兒曰：「死何難得？」命斬之。泰山程邕之素依隨榮，至是，抱持榮曰：「與邊公周旋，不忍見邊公前死，乞見殺。」兵不得行戮，以告敬兒。敬兒曰：「求死甚易，何爲不許？」先殺邕之，然後及榮。其至江陵也，誅攸之親黨，沒入其財物數十萬，悉以入私。在雍貪殘，人間一物堪用，莫不奪取。於襄陽城西起宅，聚物貨，宅大小殆侔襄陽。又欲移羊叔子墮淚碑，於其處還臺綱紀諫曰：「羊大傅遺德，不宜遷動。」敬兒曰：「大傅是誰？我不識也。」以此等人莅民，民之受其荼毒，不待言矣。至此死晚矣。然武帝謂其招扇羣蠻，規擾樊夏；敬兒時爲內任。妄設徵祥，潛圖問鼎，則莫須有之辭也。

高、武艱難創業，所期望於後嗣者至深。武帝子文惠大子長懋，當武帝鎭盆城時，卽使之勞接將帥。時年二十。事寧遣還都，高帝又命通文武賓客。勅出行日，城中軍悉受節度。將受禪，以襄陽兵馬重地，不欲處他族，出爲雍州刺史。會北虜南侵，上慮當出樊、沔，建元二年，乃徵爲中軍將軍，置府鎭石頭。武帝卽位，立爲大子。大子善立名尙，禮接文士，蓄養武人，皆親近左右，布在省闥。與同母弟竟陵文宣王子良俱好釋氏，立六疾館以養窮民。而性頗奢麗，宮內殿堂，皆雕飾精綺，過於上宮。開拓玄圃園，與臺城北塹等，其中起土山、池閣、樓觀、塔宇，窮極奇麗，費以千萬。多聚奇石，妙極山水。慮上宮望見，乃傍門列脩竹，內施高鄣，造游牆數百閒，施諸機巧，宜須鄣蔽，須臾成立，若應毀徹，應手遷徙。善製珍玩之物，織孔雀毛爲裘，光采金翠，過於雉頭遠矣。以晉明帝爲大子時立西池，乃啓武帝，引前例，求於東田起小苑。上許之。永明中，二宮兵力全實，大子使宮中將吏更番役作，營城包巷，制度之盛，觀者傾都。上性雖嚴，多布耳目，大子所爲，無敢啓者。後上幸豫章王宅，還過大子東田，見其彌亙華遠，壯麗極目，大怒，收監作主帥。大子懼，皆藏匿之，由是見責。大子素多疾，體又過壯，常在宮內，簡於遨遊。玩弄羽儀，多所僭擬。雖咫尺宮禁，而上終不知。十一年，薨。年三十六。武帝履行東宮，見大子服翫過制，大怒，勅有司隨事毀除。以東田殿堂爲崇虛館。

南史豫章王嶷傳云：嶷薨後，忽見形於沈文季曰：「我未應便死，皇大子加膏中十一種藥，使我癰不瘥；湯中復加藥一種，使利不斷。吾已訴先帝，先帝許還東邸，當判此事。」因胸中出青紙文書示文季曰：「與卿少舊，因卿呈上。」俄失所在。文季祕而不傳，甚懼此事。少時，大子薨。據本紀：嶷薨於永明十年四月，大子薨於十一年正月。說雖不經，亦可見大子之猜忌矣。而魚服侯子響之事，遂爲亡齊之本。

子響，武帝第四子。豫章王嶷無子，養子響。後有子，表留爲嫡。有司奏子響宜還本。乃封巴東郡王。子響勇力絕人。初爲豫州刺史，後爲江州。永明七年，遷荊州。子響少好武，居西豫時，自選帶仗左右六十人，皆有膽幹。至鎭，數在齋內殺牛置酒，與之聚樂。令內人私作錦袍、絳襖，欲餉蠻交易器仗。長史劉寅等連名密啓。上敕精檢。寅等懼，欲祕之。子響聞臺使至，不見敕，召寅及司馬席恭穆、諮議參軍江愈、殷曇粲、中兵參軍周彥、典籤吳修之、王賢宗、魏景淵，殺之。上聞之怒。遣衞尉胡諧之、游擊將軍尹略、中書舍人茹法亮領齋仗數百人，此據宋書、南史作羽林三千。檢捕羣小。敕：子響「若束手自歸，可全其性命。」齊書云：諧之等至江津，築城燕尾洲。胡三省曰：在江津西，江水至此合靈溪水。江津、靈溪，皆見第七章第三節。遣傳詔石伯兒入城慰勞。子響曰：「我不作賊，長史等見負，今政當受殺人罪耳。」乃殺牛、具酒饌，餉臺軍。而諧之等疑畏，執錄其吏。子響怒，遣所養數十人收集府州器仗，令二千人從靈溪西渡，刻明旦與臺軍對陳南岸。子響自與百餘人袍騎，將萬鈞弩三四張宿江堤上。明日，凶黨與臺軍戰。子響於堤上放弩，亡命王衝天等蒙楯陵城。臺軍大敗。尹略死之。官軍引退。上又遣丹陽尹蕭順之領兵繼至。子響部下恐懼，各逃散。子響乃白服降，賜死。時年二十二。南史則云：諧之等至江津，築城燕尾洲。子響白服登城，頻遣信與相聞，曰：「天下豈有兒反？身不作賊，直是麤疏。今便單舸還闕，何築城見捉邪？」尹略獨答曰：「誰將汝反父人共語？」子響聞之，惟洒泣。又送牛數十頭，酒二百石，果饌三十輿。略棄之江流。子響膽力之士王衝天不勝忿，乃率黨渡洲攻臺軍，斬略，而譖之、法亮單艇奔逸。上又遣丹陽尹蕭順之領兵繼之。子響卽日將白衣左右三十人乘舴艋中流下都。初順之將發，文惠太子素忌子響，密遣不許還，令便爲之所。子響及見順之，欲自申明，順之不許，於射堂縊之。及順之還，上心甚怪恨。百日，於華林爲子響作齋，上自行香，對諸朝士嚬蹙。及見順之，嗚咽移時。左右莫不掩涕。他日，出景陽山，見第九章第七節。見一猿，透擲悲鳴。問後堂丞：「此猨何意？」答曰：「猨子前日墮崖致死，其母求之不見，故爾。」上因憶子響，歔欷良久，不自勝。順之慚懼，成病，遂以憂卒。案子響擊敗臺軍之事，恐當以齊書之言爲眞。茹法亮傳云：子響殺僚佐，上遣軍西上，使法亮宣旨慰勞，安撫子響。法亮至江津，子響呼法亮，法亮疑畏不肯往。又求見傳詔，法亮又不遣。故子響怒，遣兵破尹略軍。然則激變之咎，實在法亮，特尹略已死，無可質證，乃以罪歸之耳。至於遣破臺軍，則發蹤指示，自由子響，南史舉其罪而蔽諸王衝天，又諱飾之辭也。齊書亦云：上憐子響死後游華林園，見猿對跳子鳴嘯，上留目久之，因嗚咽流涕，則南史所云上有憾於蕭順之者自眞。順之蓋非良死？梁武篡齊，固與報父讎無涉，然其助明帝以傾武帝之嗣，則不能謂非復讎一念使然也。爭奪相殺之禍，推波助瀾，至於如此，可驚，亦可哀矣。

第二節 鬱林王之敗

文惠大子之死也，武帝立其長子昭業爲大孫。永明十一年，七月，武帝崩。昭業立，是爲鬱林王。時年二十。竟陵王子良，爲文惠母弟。少有淸尙，禮才好士，傾意賓客，天下才學，皆遊集焉。宋末，守會稽。高帝建元二年，爲丹陽尹。武帝卽位，刺南徐州。永明二年，入爲護軍將軍，兼司徒。十年，領尙書令。爲揚州刺史。尋解尙書令，加中書監。數陳政事。又嘗集學士，鈔五經、百家，依皇覽例，爲四部要略千卷。招致名僧，講論佛法，造經唄新聲。道俗之盛，江左未有。論其地位聲望，本可繼文惠爲儲貳。然史稱文惠薨，武帝檢行東宮，見服御、羽儀，多過制度，以子良與大子善，不啓聞，頗加嫌責。蓋二人之罪，本相牽連；而竟陵之爲人，亦文惠一流。武帝固知之，故卒舍之而立孫也。南史子良傳曰：武帝不豫，詔子良甲仗入延昌殿侍醫藥，日夜在殿內，大孫閒日入參。武帝暴漸，內外惶懼，百僚皆已變服，物議疑立子良。俄頃而蘇，問大孫所在。因召東宮器甲皆入。遺詔使子良輔政，明帝知尙書事。子良素仁厚，不樂時務，乃推明帝。詔云：「事無大小，悉與鸞參懷。」子良所志也。大孫少養於子良妃袁氏，甚著慈愛。旣懼前不得立，自此深忌子良。大行出大極殿，子良居中書省，帝使虎賁中郎將潘敞，二百人仗屯大極殿西階之下。成服之後，諸王皆出，子良乞停至山陵，不許。進位大傅，加侍中。隆昌元年，加殊禮，進督南徐州。其年，疾篤，尋薨。四月。高帝第五子武陵昭王曄傳曰：大行在殯，竟陵王子良在殿內，大孫未至，衆論喧疑。曄衆中言曰：「若立長則應在我，立嫡則應在大孫。」鬱林立，甚見馮賴。王融傳曰：融，弘曾孫。魏軍動，竟陵王子良於東府募人，板融寧朔將軍、軍主。融文辭捷速，有所造作，援筆可待。子良特相友好，晚節大習騎馬，招集江西傖楚數百人，並有幹用，融特爲謀主。武帝病篤暫絕，子良在殿，大孫未入，融戎服絳衫，於中書省閤口斷東宮仗不得進。欲矯詔立子良，詔草已立。上重蘇，朝事委西昌侯鸞。俄而帝崩，融乃處分，以子良兵禁諸門，西昌侯聞，急馳到雲龍門，不得進，乃曰：「有敕召我。」仍排而入，奉大孫登殿，命左右扶出子良，指麾音響如鐘，殿內無不從命。融知不遂，乃釋服還省，歎曰：「公誤我。」鬱林深怨融，即位十餘日，收下廷尉獄，朋友、部曲參問北寺，相繼於道。請救於子良，子良不敢救。西昌侯固爭不能得。詔於獄賜死。十七史商榷曰：「融乃處分至無不從命一段，齊書所無，南史所添也。描摹情事，頗覺如繪。但李延壽既知此，則下文西昌侯固爭不得一句亦齊書所無，延壽何意又添此一句乎？」案此可見古人史例，凡衆說皆網羅之，雖相矛盾，亦不刊落，以待讀者之自參。因當時行文通例如此，故不必更加解釋。後人動以矛盾駁雜議古人，實非也。抑表裏之不必如一久矣，鸞雖隱與子良爲敵，何嘗不可顯爭融之死乎？王氏之言，未爲達也。○南史李安民傳：子元履，爲司徒竟陵王子良法曹參軍，與王融游狎。及融誅，鬱林敕元履隨右將軍王廣之北征，密令於北殺之。廣之先爲安人所厚，又知元履無過，甚擁護之。會鬱林敗死。元履拜謝廣之曰：「二十二載，父母之年，自此以外，丈人之賜也。」此段亦齊書所無。夫果武帝生時，即有召東宮器甲皆入之命，又有使子良輔政、明帝知尚書事之遺詔，何至大行在殯，衆論猶疑，且絕而復蘇，尚能問大孫所在，何以未彌留之際，一任子良晝夜在內，大孫間日入參乎？然則絕而復蘇一節，必非情實明矣。殆子良欲自立而未果，且防衞未周，倉卒之閒，明帝乃以東宮器甲入而敗之邪？齊書高祖十二王傳曰：「世祖以羣王少弱，未更多難，高宗清謹，同起布衣，故韜末命於近親，寄重權於疏戚。子弟布列，外有強大之勢；支庶中立，可息覬覦之謀；表裏相維，足固家國。」以爲末命眞出世祖，則爲明帝所欺矣。

西昌侯鸞者，高帝次兄始安貞王道生之子也。時爲右衛將軍。鬱林既立，鸞以遺詔爲侍中、尚書令。王晏爲尚書右僕射，轉左僕射。蕭諶爲後軍將軍，領殿內事，蕭坦之爲射聲校尉，晏等並武帝舊人，鬱林深加委信，而皆轉附於鸞。晏本隨世祖盆城。即位後，猶以舊恩見寵。領大孫右衛率。徐孝嗣領左衛率。世祖遺旨，以尚書事付晏及孝嗣，令久於其職。湛於大祖爲絕服族子。元徽末，世祖在郢州，欲知京邑消息，大祖遣諶就世祖，宣傳謀計，留爲腹心。世祖在東宮，諶領宿衛。即位，爲步兵校尉，齋內兵仗悉付之。心膂密事，皆使參掌。及臥疾延昌殿，敕諶在左右宿直。上崩，遺敕領殿內事如舊。坦之與湛同族。世祖時，亦以宗族見驅使。鬱林深委信湛。湛每請急出宿，帝通夕不寐，諶還乃安。坦之亦見親信，得入內見皇后。高宗輔政，有所匡諫，惟遣諶及坦之，乃得聞達。鬱林被廢日，聞外有變，猶密敕呼湛焉。徐孝嗣爲右僕射，轉丹陽尹；孝嗣，華之子。沈文季爲護軍將軍，轉領軍；亦無所可否。惟中書舍人綦毋珍之、朱隆之，直閤將軍曹道剛、周奉叔，並爲帝羽翼。帝又用閹宦徐龍駒爲後閤舍人，亦爲帝心腹。鸞先啓誅龍駒，帝不能違。奉叔者，盤龍子，父子並以勇名。齊書言帝謀誅宰輔，出奉叔爲青州刺史，以爲外援。高宗慮其一出不可復制，與蕭諶謀，稱敕召奉叔於省內殺之。南史則云明帝令蕭諶、蕭坦之說帝出奉叔爲外鎮樹腹心，又說奉叔以方伯之重，奉叔納其言。夫是時鬱林所患，近在肘腋之閒，青州孤寄海中，見第九章第五節。安能爲援？齊書之言，其不實明矣。殆使諶、坦之脅帝出之，又乘奉叔自謂出外則可以無患，出不意而殺之也。南史恩倖傳云：有杜文謙者，吳郡錢塘人。錢塘，見第四章第三節。帝爲南郡王，文謙侍五經文句。謂綦毋珍之曰：「天下事可知，灰盡粉滅，匪朝伊夕。不早爲計，吾徒無類矣。」珍之曰：「計將安出？」答曰：「先帝故人多見擯斥，今召而使之，誰不慷慨？近聞王洪範與趙越常、徐僧亮、萬靈會共語，皆攘袂搥牀。君其密報周奉叔，使萬靈會、魏僧勔殺蕭諶，則宮內之兵，皆我用也。即勒兵入尚書，斬蕭令，兩都伯力耳。其次則遣荆卿、豫讓之徒，因諮事左手頓其胸，則方寸之刃，足以立事，亦萬世一時也。今舉大事亦死，不舉事亦死，二死等耳，死社稷可乎？」珍之不能用。果收送廷尉，與奉叔、文謙同死。觀此，知鬱林羽翼，爲鸞所翦除者多矣。時中書令何胤，以皇后從叔見親使直殿省。鬱林與胤謀誅鸞，令胤受事，胤不敢當，依違杜諫，帝乃止。謀出鸞於西州。（揚州刺史治所，在臺城西，故稱西州。）中勅用事，不復關諮。帝謂蕭坦之曰：「人言鎮軍與王晏、蕭諶欲共廢我，（鸞時領鎮軍將軍。）似非虛傳，蘭陵所聞云何？」（坦之嘗作蘭陵令，故稱之。）坦之曰：「天下寧當有此？誰樂無事廢天子邪？昔元徽獨在路上走，三年人不敢近，政坐枉殺孫超、杜幼文等，故敗耳。官有何事，一旦便欲廢立？朝貴不容造此論，政當是諸尼師母言耳。豈可以尼媼言爲信？官若無事除此三人，誰敢自保？安陸諸王在外，寧肯復還？道剛之徒，何能抗此？」坦之之言，既以無廢立之虞寬譬鬱林，又以有外患怵之，此鬱林所以不敢有所舉動也。然帝又曰：「蘭陵可好聽察，作事莫在人後。」其信坦之亦至矣。鸞既與湛、坦之定謀，曹道剛疑外間有異，密有處分，諶未能發。始興內史蕭季敞，（始興，見第三章第九節。）南陽大守蕭穎胄，（南陽，見第三章第四節。）並應還都。諶欲待二蕭至，藉其威力以舉事。鸞慮事變，以告坦之。坦之馳謂諶曰：「廢天子古來大事，比聞曹道剛、朱隆之等轉已猜疑，衞尉明日若不發，事無所復及。」諶皇遽。明日，諶領兵先入，殺曹道剛、朱隆之。（時道剛直閤省，諶先入，若欲論事，兵隨後奄進，以刀刺之，洞胸死。因進宮內廢帝。直後徐僧亮甚怒，大言於衆曰：「吾等荷恩，今日應死報。」又見殺。）王晏、徐孝嗣、蕭坦之、陳顯達、王廣之、沈文季係進。後宮齋內仗身，素隸服諶，莫有動者。（此據齊書諶傳。鬱林紀：諶初入殿，宿衞將士皆操弓楯欲拒戰。諶謂之曰：「所取自有人，卿等不須動。」宿衞信之。及見帝出，各欲自奮，帝竟無一言。案帝時已以帛纏頸矣，又安能有言邪？）遂弒帝而立其弟新安王昭文，是爲海陵恭王。時隆昌元年七月二十二日也。鬱林之敗，與宋之前後廢帝相似而又不同。宋前後廢帝皆多所誅戮，鬱林則未戮一人。往史詆譏之辭雖多，然細觀之，猶可見其有性情，善容止，其文德實遠在宋二廢帝之上。

南史本紀曰：帝少美容止，好隸書，武帝特所鍾愛，敕皇孫手書，不得妄出，以貴之。進退音吐，甚有令譽。生而爲竟陵文宣王所攝養，常在袁妃閒，竟陵王移住西州，帝亦隨住焉。性甚辯慧，哀樂過人。接對賓客，皆款曲周至。矯情飾詐，陰懷鄙慝。與左右無賴羣小二十許人共衣食，同臥起。妃何氏擇其中美貌者，皆與交歡。密就富市人求錢，無敢不與。及竟陵王移西邸，帝獨住西州，每夜輒開後堂閣，與諸不逞小人至諸營署中淫宴。凡諸小人，並逆加爵位，皆疏官名號於黃紙，使各囊盛以帶之，許南面之日，即便施行。又別作籥鉤，兼善效人書，每私出還，輒扃籥封題如故，故人無知者。師史仁祖、侍書胡天翼聞之，相與謀曰：「若言之二宮，則其事未易。若於營署爲異人所毆打，及犬物所傷，豈直罪止一身，亦當盡室及禍。年各已七十，餘生寧足吝耶？」數日中，二人相係自殺，二宮不知也。文惠大子每禁其起居，節其用度。帝謂豫章王妃庾氏曰：「阿婆，佛法言有福生帝王家，今見作天王，便是大罪。左右主帥，動見拘執，不如市邊屠酤富兒百倍。」文惠大子自疾及薨，帝侍疾及居喪，哀容號毀，旁人見者，莫不嗚咽。裁還私室，即歡笑酣飲，備食甘滋。葬畢，立爲皇太孫。問訊大妃，截壁爲閤，於大妃房內往何氏閒，每入輒彌時不出。武帝往東宮，帝迎拜號慟，絕而復蘇，武帝自下輿抱持之，寵愛日隆。又在西州令女巫楊氏禱祀，速求天位。及文帝薨，謂由楊氏之力，倍加敬信，呼楊婆。宋氏以來，人間有楊婆兒哥，蓋此徵也。武帝有疾，又令楊氏日夜禱所，令宮車早晏駕。時何妃在西州，武帝未崩數日，疾稍危，與何氏書，紙中央作一大喜字，而作三十六小喜字繞之。侍武帝疾，憂容慘戚，言發淚下。武帝每言及存亡，帝輒哽咽不自勝。武帝以此，謂爲必能負荷大業，謂曰：「五年中一委宰相，汝勿厝意。五年以後，勿復委人。若自作無成，無所多恨。」臨崩，執帝手曰：「若憶翁，當好作。」如此再而崩。大斂始畢，乃悉呼武帝諸伎，備奏衆樂。素好狗馬，即位未逾旬，便毀武帝所起招婉殿，以材賜閹人徐龍駒，於其處爲馬埒。馳騎墜馬，面額並傷，稱疾不出者數日。多聚名鷹、快犬，以粱肉奉之。及武帝梓宮下渚，帝於端門內奉辭，轀輬車未出端門，便稱疾還內。裁入閤，即於內奏胡伎，鞞鐸之聲，震響內外。自山陵之後，便於閤內乘內人車問訊，往皇后所生母宋氏閤，因微服遊走市里。又多往文帝崇安陵隧中，與羣小共作諸鄙褻，擲塗、賭跳、放鷹、走狗，雜狡獪。極意賞賜左右，動至百數十萬。每見錢，曰：「我昔思汝，一箇不得，今日得用汝未？」武帝聚錢上庫五億萬，齋庫亦出三億萬，金銀布帛，不可稱計，即位未期歲，所用已過半，皆賜與諸不逞羣小。諸寶器以相擊剖破碎之，以爲笑樂。及至廢黜，府庫悉空。其在內，常裸袒，著紅紫錦繡新衣、錦帽、紅縠褌、雜采袒服。好鬥雞，密買雞至數千價。武帝御物甘草杖，宮人寸斷用之。徐龍駒爲後宮舍人，日夜在六宮房內。帝與文帝幸姬霍氏淫通，改姓徐氏。龍駒勸長留宮內，聲云度霍氏爲尼，以餘人代之。皇后亦淫亂，齋閤通夜洞開，外內淆雜，無復分別。史之所言如此，雖極誣詆之能事，然其性情眞摯，容儀溫雅，固仍有隱然可見者。其誣罔，亦稍深思之即可知，不待一一辯正也。南史江夏王鋒傳曰：工書，爲當時蕃王所推。南郡王昭業亦稱工，謂武帝曰：「臣書固應勝江夏王？」武帝答：「闍梨第一，法身第二。」法身，昭業小名，闍梨，鋒小名也。此足與鬱林善隸書之說相證明。工書之說不誣，知其哀樂過人，接對賓客，款曲周至等語，皆不虛矣。武帝之欲立孫，非偶然也。安陸王子敬傳云：初子敬爲武帝所留心。帝不豫，有意立子敬爲大子代大孫。子敬與大孫俱入參畢同出，武帝目送子敬，良久曰：「阿五鈍。」由此代換之意乃息。其說恐不足據。天王，胡三省曰：「謂天家諸王，」見通鑑齊明帝建武元年注。文帝，即文惠大子，鬱林立追尊，廟號世宗。

乃亦多作淫辭以誣之；不惟誣其身，抑且及其后；南史鬱林王何妃傳云：妃稟性淫亂。南郡王所與無賴人游，妃擇其美者，皆與交歡。南郡王侍書人馬澄，年少色美，甚爲妃所悅，常與鬥腕較力，南郡王以爲歡笑。又有女巫子楊珉之，亦有美貌，妃尤愛悅之，與同寢處如伉儷。及大孫即帝位，珉之爲帝所幸，常居中侍。明帝爲輔，與王晏、徐孝嗣、王廣之並面請，不聽。又令蕭諶、坦之固請。皇后與帝同席坐，流涕覆面，謂坦之曰：「楊郎好，年少無罪過，何可枉殺？」坦之耳語於帝曰：「此事別有一意，不可令人聞。」帝謂皇后爲阿奴曰：「阿奴暫去。」坦之乃曰：「外間並云楊珉之與皇后有異情，彰聞遐邇。」帝不得已，乃爲敕。坦之馳報明帝，即令建康行刑，而果有敕原之，而珉之已死。此等記載，豈近情理乎？正足見其脅君專殺耳。天下尚安有直道，使即以其言爲實，天下又安有信史邪？

第三節　明帝誅翦高武子孫

海陵既立，明帝遂大殺宗室，而其禍始於鄱陽王鏘。鏘，高帝第七子也。隆昌元年，遷侍中、驃騎將軍，開府儀同三司，領兵置佐。鏘雍容得物情，爲鬱林所依信。鬱林心疑明帝，諸王問訊，獨留鏘，謂曰：「聞鸞於法身何如？」鏘曰：「臣鸞於宗戚最長，且受寄先帝，臣等年皆尚少，朝廷之幹，惟鸞一人，願陛下無以爲慮。」鬱林退，謂徐龍駒曰：「我欲與公共計取鸞，公既不同，我不能獨辦，且復小聽。」及鬱林廢，鏘竟不知。延興元年，（海陵年號，即鬱林之隆昌元年也。）進位司徒，侍中如故。明帝鎮東府，權威稍異，鏘每往，明帝屣履至車迎鏘，語及家國，言淚俱下，鏘以此推信之。而宮臺內皆屬意於鏘，勸令入宮，發兵輔政。制局監謝粲說鏘及隨王子隆曰：「殿下但乘油壁車入宮，出天子置朝堂，二王夾輔，號令，粲等閉城門上仗，誰敢不同？宣城公政當投井求活，豈有一步動哉？（海陵即位，明帝封宣城公。）東城人政共縛送耳。」子隆欲定計，鏘以上臺兵力既悉度東府，且慮難捷，意甚猶豫。馬隊主劉巨，武帝時舊人，詣鏘請閒，叩頭勸鏘立事。鏘命駕將入，復還回內，與母陸太妃別，日暮不成行。典籤知謀告之。數日，明帝遣二千人圍鏘宅，害鏘，謝粲等皆見殺。凡諸王被害，皆以夜遣兵圍宅，或斧斫關、排牆，叫譟而入，家財皆見封籍焉。遂殺子隆及安陸王子敬。子隆，武帝第八子，子敬，武帝第五子也。武帝諸子中，子隆最以才貌見憚，故與鏘同夜見殺。時年二十一。子敬年二十三。第三子廬陵王子卿，代鏘為司徒，尋復見殺。時年二十七。於是晉安王子懋起兵。子懋，武帝第七子也。武帝末刺雍州，隆昌元年，移刺江州。聞鄱陽、隨郡二王見殺，欲起兵赴難。與參軍周英、防閣陸超之議，傳檄荊、郢，入討君側。防閣董僧慧攘袂曰：「此州雖小，孝武亦嘗用之。今以勤王之師，橫長江，指北闕，以請鬱林之過，誰能對之？」於是部分兵將。母阮在都，遣書密欲迎上。阮報同產弟于瑤之為計。瑤之馳告明帝。於是纂嚴，遣中護軍王玄邈、平西將軍王廣之南北討。使軍主裴叔業與瑤之先襲尋陽。聲云為郢府司馬。子懋知之，遣三百人守盆城。叔業泝流直上，襲盆城。子懋聞叔業得盆城，乃據州自衞。子懋部曲多雍土人，皆踴躍願奮。叔業畏之，遣于瑤之說子懋曰：「今還都必無過憂，政當作散官，不失富貴也。」子懋既不出兵攻叔業，衆情稍沮。中兵參軍于琳之，瑤之兄也，說子懋重賂叔業。子懋使琳之往。琳之因說叔業，請取子懋。叔業遣軍主徐玄慶將四百人隨琳之入城。琳之從二百人仗自入齋。子懋笑謂之曰：「不意渭陽，翻成梟獍。」琳之以袖障面，使人害之。時年二十三。高帝第十五子南平王銳，時為湘州刺史。叔業仍進湘州。銳防閣周伯玉大言於衆曰：「此非天子意。今斬叔業，舉兵匡社稷，誰敢不同？」銳典籤叱左右斬之。銳見害。伯玉下獄誅。郢州刺史晉熙王銶，高帝第十八子。時年十六。南豫州刺史宜都王鏗，高帝第十六子。時年十八。皆見殺。時九月也。十月，復殺桂陽王鑠，高帝第八子。衡陽王鈞，高帝第十一子，出繼衡陽元王道度。道度，高帝長兄也。鈞時年二十二。江夏王鋒，高帝第十五子。鋒有武力。明帝殺諸王，鋒與書誚責左右不爲通。明帝深憚之，不敢於第收鋒，使兼祠官於大廟，夜遣兵廟中收之。鋒出登車，兵人欲上車防勒，鋒以手擊卻數人，皆應時倒地，遂逼害之。時年二十。建安王子貞，武帝第九子。時年十九。巴陵王子倫，武帝第十三子。時年十六。是月，以皇大后令稱帝早嬰尪疾，降封爲海陵王，而鸞卽位，是爲高宗明皇帝。改元建武。十一月，稱王有疾，數遣御師胗視，乃殞之。時年十五。明年，建武二年。六月，誅西陽王子明，武帝第十子。年十七。南海王子罕，武帝第十一子。年十七。邵陵王子貞。武帝第十四子。年十五。永泰元年，正月，復殺河東王鉉，高帝第十九子。明帝誅高帝諸子，鉉初以才弱年幼得全。及年稍長，建武四年，誅王晏，以謀立鉉爲名，鉉免官，以王還第，禁不得與外人交通。永泰元年，明帝暴疾甚，乃見害。二子在孩抱，亦見殺。臨賀王子岳，武帝第十六子。明帝誅武帝諸子，惟子岳及弟六人在後，時呼爲七王。朔望入朝，上還後宮，輒歎息曰：「我及司徒諸兒子皆不長，高、武子孫日長大。」永泰元年，上疾甚，絕而復蘇，於是誅子岳等。延興、建武中，凡三誅諸王，每一行事，明帝輒先燒香，嗚咽涕泣，衆以此輒知其夜當殺戮也。子岳死時年十四。司徒，胡三省曰：指帝弟安陸昭王緬。西陽王子文，武帝第十七子。年十四。衡陽王子峻，武帝第十八子。年十四。南康王子琳，武帝第十九子。年十四。永陽王子珉，武帝第二十子，明帝以繼衡陽元王爲孫。年十四。湘東王子建，武帝第二十一子。年十三。南郡王子夏，武帝第二十三子。年七歲。巴陵王昭秀，文惠太子第三子。年十六。桂陽王昭粲，文惠太子第四子。年八歲。於是高、武之子孫盡矣。高帝十九男：武帝外，豫章文獻王嶷、臨川獻王映、長沙威王晃、安成恭王暠、始興簡王鑑，皆沒於永明世。第九、第十三、第十四、第十七皇子皆早亡。其至鬱林世者，惟武陵昭王曄，歿於隆昌元年，係善終。餘皆爲明帝所殺。武帝二十三男：文惠太子、竟陵王子良、魚復侯子響，事已見前。第六、第十二、第十五、第廿二皇子早亡。餘亦皆爲明帝所殺。文惠太子四子：鬱林、海陵外，卽昭秀、昭粲也。王鳴盛曰：通計高帝之子孫及曾孫三世爲明帝所殺者凡二十九人，而其子之見於史者，獨有鉉之二子，其實所殺必不止此數，當以其幼稚而畧之也。

南史齊武帝諸子傳曰：高帝、武帝，爲諸王置典籤帥，一方之事，悉以委之。每至覲接，輒留心顧問刺史行事之美惡，係於典籤之口。莫不折節推奉，恆慮弗及。於是威行州部，權重蕃君。武陵王曄爲江州，性烈直不可忤，典籤趙渥之曰：「今出郡易刺史。」及見武帝相詆，曄遂免還。南海王子罕戍琅邪，此係南琅邪，治白下，見齊書本傳。白下，見第九章第三節。欲暫游東堂，典籤姜秀不許而止。還泣謂母曰：「兒欲移五步亦不得，與囚何異？」秀後輒取子罕屐、織飲器等供其兒昏，武帝知之，鞭二百，繫尙方，然而擅命不改。邵陵王子貞嘗求熊白，廚人答典籤不在，不敢與。西陽王子明欲送書參侍讀鮑僎病，典籤吳修之不許，曰：「應諮行事。」乃止。言行舉動，不得自專，徵求衣食，必須諮訪。永明中，巴東王子響殺行事劉寅等，武帝聞之，謂羣臣曰：「子響遂反。」戴僧靜大言曰：「諸王都自應反，豈惟巴東？」武帝問其故。答曰：「天王無罪，而一時被囚。天王，釋見上節。取一挺藕、一杯漿，皆諮籤帥，不在則竟日忍渴。諸州惟聞有籤帥，不聞有刺史。」竟陵王子良嘗問衆曰：「士大夫何意詣籤帥？」參軍范雲答曰：「詣長史以下皆無益，詣籤帥便有倍本之價，不詣謂何？」子良有媿色。及明帝誅異己者，諸王見害，悉典籤所殺，竟無一人相抗。又恩倖傳曰：故事，府州部內論事，皆籤前直敍所論之事，後云謹籤，日月下又云某官某籤。故府州置典籤以典之，本五品吏，宋初改爲士職。宋氏晚運，多以幼少皇子爲方鎭，時主皆以親近左右領典籤，典籤之權稍重。大明、泰始，長王臨蕃，素族出鎭，莫不皆內出敎命，刺史不得專其任也。宗慤爲豫州，吳喜公爲典籤。慤刑政所施，喜公每多違執。慤大怒曰：「宗慤年將六十，爲國竭命，政得一州如斗大，不能復與典籤共臨。」喜公稽顙流血，乃止。自此以後，權寄彌隆。典籤遞互還都，一歲數反，時主輒與閒言，訪以方事。刺史行事之美惡，係於典籤之口。莫不折節推奉，恆慮不及。於是威行州郡，權重蕃君。劉道濟、柯孟孫等姦慝發露，雖即顯戮，而權任之重不異。明帝輔政深知之，始制諸州急事，宜密有所論，不得遣典籤還都，而典籤之任輕矣。案蕭諶傳言：諶回附明帝，勸行廢立，密召諸王典籤約語之，不許諸王外接人物，諶親要日久，衆皆憚而從之。然則明帝之翦戮諸王，內外皆得典籤之力，故能深知其弊，而思所以漸戢之也。衆建親戚，不過欲藉作屏藩，至於以幼小蒞之，則其權不得不更有所寄；即長大而昏愚者，亦何獨不然；於是本意失而更滋他禍矣。私天下之制，亦何一而可哉？吳喜公即吳喜，其人饒權略，亦有武幹，而已不能制一衰遲之宗慤，果有桀驁欲擅土者，典籤又豈足以制之？而不見童騃之子響，畏葸之子懋乎？

高武子孫，雖盡，而蕭諶及王晏，亦旋見誅夷，並及其子弟親族。諶以建武二年六月誅，兄誕，為司州刺史，以梁武帝為別駕，使誅之。弟誄，與諶同豫廢立，時方領軍，解司州圍，於其還日誅之。晏之誅以四年正月。晏傳云：高宗雖以事際須晏，而心相疑斥。初即位，始安王遙光便勸誅晏，帝曰：「晏於我有勳，且未有罪。」遙光曰：「晏尚不能為武帝，安能為陛下？」帝默然變色。時帝常遣心腹左右陳世範等出塗巷，采聽異言。傖人鮮于文粲，與晏子德元往來，密探朝旨，告晏有異志。世範等又啓上云：「晏謀因四年南郊，與世祖故舊主帥於道中竊發。」未郊一日，敕停行。元會畢，乃召晏於華林省誅之。子德元、德和俱被誅。晏弟詡，為廣州刺史，上遣南中郎將司馬蕭季敞襲殺之。大祖從子景先，與世祖款暱，常相隨逐。建武世為中領軍。其子毅，性奢豪，好弓馬，為高宗所疑。晏敗，并陷誅之。華林省，胡三省曰：省在華林園，故名。惟徐孝嗣愛好文學，不以權勢自居，故得見容於建武之世焉。晏誅，以孝嗣爲尚書令。王敬則以隆昌元年，出爲會稽大守。帝既多殺害，敬則自以高、武舊臣，心懷憂恐。帝雖外厚其禮，亦內相疑備。聞其衰老，且以居內地，故得少安。三年中，蕭坦之將齋仗五百人行武進陵，武進，見第五章第二節。敬則諸子在都，憂怖無計。上知之，遣敬則世子仲雄入東安慰之。永泰元年，帝疾，屢經危殆。以張瓌爲平東將軍吳郡大守，吳郡，見第三章第九節。置兵密防敬則。內外傳言：「當有異處分。」敬則聞之，竊曰：「東今有誰？祇是欲平我耳。」諸子怖懼。第五子幼隆，遣正員將軍徐嶽，密以情告徐州行事謝朓，朓，敬則女夫。爲計若同者，當往報敬則。朓執嶽馳啓之。敬則乃起兵。率實甲萬人過江。張瓌遣將吏三千人迎拒於松江，聞敬則軍鼓聲，一時散走。瓌棄郡逃民閒。朝廷遣左興盛、劉山陽等三千餘人築壘於曲阿長岡。曲阿，見第四章第三節。沈文季爲持節都督，屯湖頭，湖，謂玄武湖。備京口路。敬則以舊將舉事，百姓儋篙荷鍤隨逐之，十餘萬衆。遇興盛、山陽二砦，盡力攻之。官軍不敵，欲退，而圍不開，各死戰。馬軍主胡松領馬軍突其後。白丁無器仗，皆驚散。敬則軍大敗。興盛軍容袁文曠斬之。梁書丘仲孚傳：爲曲阿令，王敬則反，乘朝廷不備，反問始至，而前鋒已屆曲阿。仲孚謂吏民曰：「賊乘勝雖銳，而烏合易離。今若收船艦，鑿長岡埭，寫瀆水以阻其路，得留數日，臺軍必至，則大事濟矣。」敬則軍至，值瀆涸，果頓兵不得進，遂敗散。子世雄、季哲、幼隆、少安在京師，皆見殺。長子元遷，領千人於徐州擊虜，敕徐州刺史徐元慶殺之。

敬則事起，南康侯子恪在吳郡，子恪，豫章文獻王嶷子。高宗慮有同異，召諸王侯入宮。晉安王寶義及江陵公寶覽等住中書省，寶義，明帝長子。寶覽，安陸昭王緬之子。高、武諸孫住西省。敕人各兩左右自隨，過此依軍法。孩抱者乳母隨入。

其夜，大醫煑藥，都水辦數十具棺材，須三更當悉殺之。子恪奔歸，二更達建陽門。刺啓時刻已至，而帝眠不起。中書舍人沈徽孚與帝所親左右單景儁共謀少留其事，須臾，帝覺，景儁啓子恪已至。驚問曰：「未邪？」景儁具以事答。明日，悉遣王侯還第。齊書竟陵王子良傳。南史豫章王嶷傳云：子恪，建武中爲吳郡大守。敬則反，以奉子恪爲名，而子恪奔走未知所在。始安王遙光勸上幷誅高、武諸子孫，於是並敕竟陵王昭胄等六十餘人入永福省，令大醫煑椒二斛，幷命辦數十具棺材。謂舍人沈徽孚曰：「椒熟則一時賜死。」期三更當殺之。會上暫臥，主書單景儁啓依旨斃之。徽孚堅執曰：「事須更審。」爾夕三更，子恪徒跣奔至建陽門。上聞，驚覺曰：「故當未賜諸侯命邪？」徽孚以答。上撫牀曰：「遙光幾誤人事。」及見子恪，顧問流涕，諸侯悉賜供饌，以子恪爲大子中庶子。說少不同，恐不如齊書之可信。明帝之猜忌好殺，初無待於遙光之勸；又士大夫之見解，往往右護同類而薄視所謂佞幸者流，實則賢不肖之相去，其間亦不能以寸耳。觀南史以高、武諸孫之獲全，悉歸功於沈徽孚，而謂單景儁早欲相斃，亦可見其說之久經傳述，已遭改易也。

第四節　齊治盛衰

蕭齊諸主，猜忌殺戮，固略與劉宋相同，而其政事之得失，亦復相類。齊高帝性極節儉。當其輔政時，卽罷御府，省尙方諸飾玩。昇明二年，又上表禁民閒華僞，凡十七條。卽位後，詔二宮諸王，悉不得營立邑邸，封略山湖。停大官池籞之稅。陳顯達傳云：上卽位，御膳不宰牲。顯達上熊烝一盤，上卽以充飯。本紀言：帝身不御精細之物。敕中書舍人桓景眞曰：「主衣中似有玉介導。此制始自大明末，後泰始尤增其麗，留此置主衣，政是興長疾源，可卽時打碎。凡復有可異物，皆宜隨例也。」後宮器物、闌檻，以銅爲飾者，皆改用鐵。內殿施黃紗帳，宮人著紫皮履。華蓋除金華瓜，用鐵迴釘。每曰：「使我治天下十年，當使黃金與土同價。」欲以身率天下，移風易俗云。庶幾媲美宋武帝矣。然及武帝，即稍陵夷。武帝永明元年，詔還郡縣丞尉田秩。又詔莅民之職，一以小滿爲限。南史恩幸傳云：晉宋舊制，宰人之官，以六年爲限。近世以六年過久，又以三周爲期，謂之小滿。而遷換去來，又不依三周之制。送故迎新，吏人疲於道路。五年，詔「遠邦嘗市雜物，非土俗所產者，皆悉停之。必是歲賦攸宜，都邑所乏，可見直和市，勿使逋刻。」此皆不得謂非善政。然帝性實猜忌、刻薄，故史雖稱其爲治總大體，以富國爲先，然又云頗不喜遊宴雕綺之事，言嘗恨之，未能遠絕。南史豫章王嶷傳言：帝奢侈，後宮萬餘人，嶷後房亦千餘人，則本紀之言，已爲婉約矣。而帝之失德，尤在拒諫。嶷傳又言：潁川荀丕獻書於嶷，極言其失。嶷咨嗟良久，爲書答之，爲之減遣。而丕後爲荊州西曹書佐，上書極諫，其言甚直，竟於州獄賜死。齊書竟陵王子良傳言：帝好射雉，左衛殿中將軍邯鄲超上書諫，帝雖爲止，久之，超竟被誅。此則絕似宋孝武矣。其施政亦近嚴酷。永明三年，冬，富陽人唐寓之以連年檢籍，百姓怨望，聚黨連陷桐廬、富陽、錢塘、鹽官、諸暨、餘杭。富陽，秦富春縣，晉改曰富陽，今浙江富陽縣。桐廬，吳縣，在今浙江桐廬縣西。錢塘見第四章第三節。鹽官，吳縣，今浙江海寧縣。諸暨，秦縣，今浙江諸暨縣。餘杭，見第四章第三節。明年，遂僭號於錢塘。帝遣禁兵數千人，平之。臺軍乘勝，百姓頗被掠奪。上聞之，收軍主陳天福棄市，劉明徹免官，削爵，付東冶。天福，上寵將也，既伏誅，內外莫不震肅。齊書沈文季傳。此誠可謂能整飭綱紀。然豫章王嶷因此陳檢籍之非，上答曰：「欺巧那可容？宋世混亂，以爲是不？蚊蟻何足爲憂？已爲義勇所破，官軍昨至，今都應散滅。吾正恨其不辨大耳，亦何時無亡命邪？」

又曰「宋明初九州同反，鼠輩但作，看蕭公雷汝頭。」亦見沈文季傳。此則殊非仁者之言也。

明帝亦頗節儉。在位時，嘗罷世祖所起新林苑，以地還百姓。建武元年十一月。廢文惠大子所起東田，斥賣之。建武二年十月。斷遠近上禮。建武元年十月，又詔「自今雕文篆刻，歲時光新，可悉停省。蕃、牧、守、宰，或有薦獻，事非任土，嚴加禁斷。」十一月，詔曰「邑宰祿薄俸微，不足代耕，雖任土恆貢，亦爲勞費，自今悉斷。」是月，立皇大子，又詔「東宮肇建，遠近或有慶禮，可悉斷之。」二年十月，納皇大子妃褚氏，亦斷四方上禮。細作、中署、材官、車府諸工，悉開番假，遞令休息。建武元年十一月。申明守宰六周之制。建武三年正月。詔所在結課屋宅田桑，詳減舊價。建武四年十一月。本紀言：帝於永明中輿輦、舟乘，悉剔取金銀，還主衣庫。世祖掖庭中宮殿服御，一無所改。皇后傳言：大祖創命，宮禁貶約，毀宋明之紫極，革前代之逾奢，衣不文繡，色無紅采，永巷貧空，有同素室。世祖嗣位，運藉休平，壽昌前興，鳳華晚構，香柏文檉，花梁繡柱，雕金鏤寶，頗用房帷。趙瑟吳趨，承閑奏曲，歲費旁恩，足使充物，事由私蓄，無損國儲。高宗仗素矯情，外行儉陋，內奉宮禁，曾莫云改。蕭穎胄傳云：上慕儉約，欲鑄壞大官元日上壽銀酒鎗。尚書令王晏等咸稱盛德。穎胄曰「朝廷盛禮，莫過三元，此一器既是舊物，不足爲侈。」帝不悅。後豫曲宴，銀器滿席。穎胄曰「陛下前欲壞酒鎗，恐宜移在此器也。」帝甚有慙色。此等頗近深文。南史本紀言：帝用皂莢訖，授餘濼與左右，曰「此猶堪明日用。」大官進御食有裹蒸，帝十字畫之，曰「可四片破之，餘充晚食。」此雖高帝，何以尙之？要之帝之儉德，實在武帝之上，更無論宋孝武、明帝也。帝亦有吏才。本紀云：持法無所借。制御親幸，臣下肅清。良政傳云「永明繼運，垂心治術，仗威善斷，猶多漏網。明帝自在布衣，曉達吏事，君臨億兆，專務刀筆，未嘗枉法申恩、守宰以之肅震。」一家哭何如一路哭，當時之人民，必有實受其益者矣。傳又云：「永明之世，十許年中，百姓無雞鳴犬吠之警，都邑之盛，士女富逸。歌聲舞節，袨服華妝，桃花綠水之間，秋月春風之下，蓋以百數。及建武之興，虜難猋急，征役連歲，不遑啓居，軍國糜耗，從此衰矣。」此則時會爲之，不能歸咎於人事也。惟帝之迷信，亦與宋明帝同。史言其每出行幸，先占利害。南出則唱云西行，東游則唱云北幸。簡於出入，竟不南郊。初有疾，無輟聽覽，祕而不傳。及寢疾甚久，敕臺省府署文簿求白魚以爲治，外始知之。自衣絳衣，服飾皆赤，以爲厭勝。巫覡云：後湖水頭經過宮內，致帝有疾。後湖，玄武湖。帝乃自至大官行水溝。左右啓大官無此水則不立。帝決意塞之，欲南引淮流，秦淮。會崩，事寢。此則亦由顧慮禍福大甚，有以致之也。

齊世政事，亦皆在佞幸手中。幸臣傳云：「中書之職，舊掌機務。漢元以令僕用事，魏明以監令專權。及在中朝，猶爲重寄。晉令舍人位居九品。江左置通事郎，管司制誥。其後郎還爲侍郎，而舍人亦稱通事。宋文世，秋當、周糾，並出寒門。孝武以來，士庶雜選。及明帝世，胡母顥、阮佃夫之徒，專爲佞幸矣。齊初亦用久勞，及以親信關讞表啓，發署詔敕。頗涉辭翰者，亦爲詔文。侍郎之局，復見侵矣。建武世，詔命殆不關中書，專出舍人。省內舍人四人，所置四省，其下有主書令史，舊用武官，宋改文吏，人數無員，莫非左右要密。天下文簿板籍，入副其省，萬機嚴祕，有如尚書。外司領武官，有制局監，領器仗兵役，亦用寒人被恩幸者。」其「尚書八坐、五曹，各有恆任。係以九卿、六府，事存副職，咸皆冠冕縉紳，任疏人貴。伏奏之務既寢，趨走之勞亦息」矣。幸臣傳所列者，爲紀僧真、劉係宗、茹法亮、呂文顯、呂文度五人。僧真、係宗，並高帝舊人，與於禪代之事。法亮，武帝江州典籤。文顯亦逮事高帝。文度則武帝鎮盆城時知軍隊雜役者也。僧眞、係宗，高帝世已爲中書舍人；法亮、文顯，則武帝時爲舍人；其任遇並歷明帝世無替。文度則武帝時爲制局監云。幸臣傳：言呂文顯與茹法亮等，迭出入爲舍人；並見親幸。四方餉遺，歲各數百萬。並造大宅，聚山開池。南史法亮傳云：廣開宅宇，杉齋光麗，與延昌殿相埒。延昌殿，武帝中齋也。宅後爲魚池、釣臺、土山、樓館、長廊將一里。竹林、花藥之美，公家苑囿所不能及。鬱林即位，除步兵校尉。時有綦毋珍之，居舍人之任。凡所論薦，事無不允。內外要職，及郡丞、尉，皆論價而後施行。貨賄交至，旬月之間，累至千金。帝給珍之宅，宅邊又有空宅，從取，併取，輒令材官營作，不關詔旨。贊又言其「賄賂日積，苞苴歲通；富擬公侯，威行州郡。」南史呂文顯傳云：時中書舍人四人，各住一省，世謂之四戶。既總重權，勢傾天下。四方守宰餉遺，一年咸數百萬。舍人茹法亮，於衆中語人曰：「何須覓外祿？此一戶內，年辦百萬。」蓋約言之也。其後玄象失度，史官奏宜修祈禳之禮。王儉聞之，謂上曰：「天文乖忤，此禍由四戶。」仍奏文顯等專擅愆和，極言其事。上雖納之，而不能改也。案齊書倖幸傳云：永明中，敕親近不得輒有申薦。人士免官，寒人鞭一百。上性尊嚴。呂文顯嘗在殿側欬聲高，上使茹法亮訓詰之，以爲不敬。故左右畏威承意，非所隸，莫敢有言也。虎賁中郎將潘敞，掌監功作。上使造禪靈寺，新成，車駕臨視，甚悅。敞喜，要呂文顯私登寺南門樓。上知之，繫敞尚方，而出文顯爲南譙郡守，久之乃復。不能總攬事權，徒恃是等小數，誠無益耳。「制局小司，專典兵力。領護所攝，示總成規。若徵兵動衆，大興民役，行留之儀，請託在手。斷割牢廩，賣弄文符。害政傷民，於此爲蠹」云。案江左士大夫，大抵優哉游哉，不親細務，欲求政事之修舉，誠不能不任寒人；而此曹綜覈之才，亦容有過人者。明帝言：「學士不堪治國，惟大讀書耳。一劉係宗足持如此輩五百人。」其言自非無因。然此輩徒能釐務，不識遠猷；持守文法，或有餘，開拓心胸則不足，欲與之大有爲則難矣。齊初所尊者褚淵，所任者王儉，皆贊成禪讓，以取富貴之徒，不徒不逮劉穆之，尙遠在宋文帝所任諸臣之下也。此其爲治之規模，所以尙不若宋氏歟？

第五節　東昏時內外叛亂

永泰元年，七月，明帝崩。帝長子巴陵隱王寶義，少有廢疾，故立次子寶卷爲大子。及是卽位，是爲東昏侯。明帝兄始安靖王鳳卒於宋世。三子：曰遙光，遙欣，遙昌。遙光襲爵。齊書遙光傳云：高宗篡立，遙光多所規贊。性慘害。上以親近單少，憎忌高武子孫，欲并誅之，遙光計畫參議，當以次施行。河東等七王一夕見殺，遙光意也。遙欣，建武元年，爲荆州刺史。齊書本傳云：高宗子弟弱小，寶義有廢疾，故以遙光爲揚州，居中，遙欣居陝西，在外。陝西，見第九章第三節。永泰元年，以雍州虜寇，詔遙欣領刺史，移鎭襄陽，虜退不行。梁書劉季連傳云：季連，思考子。思考，遵考從父弟也。季連爲遙欣長史。遙欣至州，多招賓客，厚自封殖，明帝甚惡之。季連族甥琅邪王會爲遙欣諮議參軍，遙欣遇之甚厚。會多所慠忽。於公坐與遙欣競侮季連，季連憾之。乃密表明帝，稱遙欣有異迹。明帝納焉。乃以遙欣爲雍州刺史。明帝心德季連，四年，建武。以爲益州刺史，令據遙欣上流，蓋明帝雖忌遙欣，然任其兄弟久，故未能遽去之也。江祏者，姑爲景皇后，始安貞王妃，追尊。少爲高宗所親，恩如兄弟。高宗之崩，祏爲右僕射，弟祀爲侍中，劉暄爲衞尉，暄，明帝后弟。遙光爲中書令，徐孝嗣爲尙書令，蕭坦之爲領軍將軍，六人更日帖敕，時呼爲六貴。高宗雖顧命羣公，而意寄多在祏兄弟。至是，更直殿內，動止關諮。帝稍欲行意，孝嗣不能奪，坦之雖時有異同，而祏堅意執制，帝深忿之。帝失德既彰，祀議欲立江夏王寶玄明帝第三子。劉暄初爲寶玄郢州行事，執事過刻，不同祏議。欲立建安王寶寅。明帝第六子。密謀於遙光。遙光自以年長，屬當鼎命，微旨動祏。祀以少主難保，勸祏立遙光。暄以遙光若立，己失元舅之望，不肯同，故祏遲疑久不決。初謝朓以啓王敬則反謀，明帝甚嘉賞之，遷尚書吏部郎。祏與祀密謂朓曰：「江夏年少輕脫，不堪負荷神器，不可復行廢立。始安年長入纂，不乖物望。非以此要富貴，政是求安國家耳。」遙光又遣親人劉渢，南史渢傳云：渢妹適江祏弟禧。與祏兄弟異常。自尚書比部郎爲遙光諮議，專知腹心任。時遙光任當顧託，朝野向渢如雲。渢忌之，求出爲丹陽丞。雖外遷，而意任無改。密致意於朓，欲以爲肺腑。朓自以受恩高宗，非渢所言，不肯答。少日，遙光以朓兼知衞尉。朓懼見引，即以祏等謀告左興盛、劉暄。興盛不敢言。祏聞，以告遙光。遙光大怒，乃稱敕召朓，仍回車付廷尉，與孝嗣、祏、暄等連名啓誅朓。案朓本疏逖，特以文章見知，祏、祀、遙光等，何必與之謀議？則朓初必參與密計可知。云以受恩高宗，不答劉渢，恐非其實也。朓臨敗，歎曰：「我雖不殺王公，王公由我而死。」夫敬則子雖有命，敬則則未有反謀，小子何能爲？朓遽告之，其傾險可想。一時人士皆如此，安得不亂哉？江祏既不決，遙光大怒，遣左右黃曇慶於青溪道中刺暄。曇慶見暄部伍人多，不敢發。事覺，暄告祏謀。帝處分收祏兄弟，同日見殺。祀弟禧早卒，有子廞，年十二，聞收至，赴井死。時永光元年七月也。遙光與遙欣密相影響。遙光當據東府號令，使遙欣便星速急下。潛謀將發，而遙欣病死。江祏被誅，帝召遙光入殿，告以祏罪。遙光懼，還省，便陽狂號哭。自此稱疾不復入臺。遙昌先卒壽春，豫州部曲皆歸遙光。及遙欣喪還，葬武進，見第五章第二節。停東府前渚，荊州衆送者甚盛。帝誅江祏後，遙光不自安，欲轉爲司徒還第，召入喻旨。遙光慮見殺。八月十二日，晡時，收集二州部曲，召劉渢及諸傖楚，欲以討劉暄爲名。夜遣數百人破東冶出囚，尚方取仗。又召驍騎將軍垣歷生。歷生隨信便至。勸遙光，令率城內兵夜攻臺。城謂東府城。南史劉渢傳云：及遙光舉事，旦方召渢。渢以爲宜悉呼佐史。渢之徒丹陽丞也，遙光以蕭懿第四弟暢爲諮議，領錄事，及召入，遙光謂曰：「劉暄欲有異志，今夕當取之。」遙光去歲暴風，性理乖錯，多時方愈。暢曰：「公去歲違和，今欲發動。」顧左右急呼師視脈。遙光厲聲曰：「諮議欲作異邪？」因訶令出。須臾，渢入，暢謂曰：「公昔年風疾，今復發。」渢曰：「卿視今夕處分，云何而作此語？」及迎垣歷生至，與渢俱勸夜攻臺。既不見納，渢、歷生並撫膺曰：「今欲作賊，而坐守此城，今年坐公滅族矣。」 遙光意疑不敢出。天稍曉，遙光戎服出聽事，停輿處分，上仗登城，行賞賜。歷生復勸出軍。遙光不肯，望臺內自有變。至日中，臺軍稍至，圍東城三面。十五日，遙光諮議參軍蕭暢與撫軍長史沈昭略，慶之孫，文叔子。潛自南出，濟淮還臺。人情大沮。十六日，垣歷生從南門出戰，因棄矟降曹虎軍。虎命斬之。 遙光大怒，於牀上自竦踊，使殺歷生兒。其晚，臺軍射火箭燒東北角樓。至夜，城潰。遙光還小齋帳中，著衣帢坐，秉燭自照。令人反拒齋閤，皆重關。左右並踰屋散出。遙光聞外兵至，吹滅火，扶匐下牀。軍人排閤入，於暗中牽出斬首。時年三十二。 此等人而亦作賊，豈不哀哉？劉渢遁走還家園，爲人所殺。此據齊書遙光傳，乃當時情實也。南史渢傳云：父紹，仕宋位中書郎。渢母早亡，紹被敕納路太后兄女爲繼室。渢年數歲，路氏不以爲子，奴婢輩捶打之無期度。渢母亡日，輒悲啼不食，彌爲婢輩所苦。路氏生溓，渢憐愛之，不忍捨，恆在牀帳側，輒被驅捶，終不肯去。路氏病經年，渢晝夜不離左右。每有增加，輒流涕不食。路氏病差，感其意，慈愛遂隆。路氏富盛，一旦爲渢立齋宇，筵席不減侯王。溓有識，事渢過於同産。事無大小，必諮兄而後行。及遙光敗，渢靜坐圖舍。溓爲度支郎，亦奔亡。遇渢，仍不復肯去。渢曰：「吾爲人作吏，自不避死。汝可去，無相守同盡。」答曰：「向若不逢兄，亦草間苟免。今既相逢，何忍獨生？」因以衣帶結兄衣，俱見殺。何胤聞之，歎曰：「兄死君難，弟死兄禍，美哉！」此則加以文飾矣。南史遙光傳曰：「天下知名之士：劉渢，渢弟溓，陸閑，閑子絳，司馬端，崔慶遠，皆坐誅。」亦此等議論也。渢之爲亂黨無疑，其弟蓋亦邂逅致死耳。其內行之矯僞，不問可知。乃當時之人，曲稱美之如此，其時安得不亂哉？　詔斂葬遙光尸，原其諸子。南史遙光傳云：「東昏爲兒童時，明帝使與遙光共齋居止，呼遙光爲安兄，恩情甚至。及遙光誅後，東昏登舊宮土山，望東府，愴然呼曰安兄，乃嗚咽，左右不忍視。見思如此。」此可見東昏之性情，尙頗溫厚，而遙光之罪不容誅也。

江祏兄弟之欲立遙光也，密謂蕭坦之，坦之曰：「明帝取天下，已非次，天下人至今不服。今若復作此事，恐四海瓦解。我期不敢言耳。」持母喪，還宅。宅在東府城東。遙光起事，遣人夜掩取坦之。坦之科頭著褌，踰牆走，間道還臺。假節督衆軍討遙光。事平二十餘日，帝遣延明主帥黃文濟延明，殿名。領兵圍坦之宅，殺之。子賞亦伏誅。遂殺曹虎及劉暄。虎，武帝腹心，明帝本忌之，故亦見殺焉。諸子長成者皆伏誅。時九月也。

遙光之反也，遣三百人於宅掩取尙書右僕射沈文季，欲以爲都督，而文季已還臺。明日，與徐孝嗣守衞宮城，戎服共坐南掖門上。孝嗣欲要文季以門爲應，四五目之，文季輒亂以他語，乃止。虎賁中郎將許準勸孝嗣行廢立。孝嗣欲候東昏出遊，閉城門，召百僚集議廢之。雖有此懷，終不能決。文季託老疾，不預朝機。兄子昭略謂曰：「阿父年六十，爲員外僕射，謂爲僕射而不與事。欲求自免，豈可得乎？」文季笑而不答。十月，與孝嗣俱被召入華林園，賜藥。昭略亦被召。罵孝嗣曰：「廢昏立明，古今令典，宰相無才，致有今日。」孝嗣曰：「始安事吾，欲以門應之，賢叔若同，無今日之恨。」孝嗣長子演，尙武帝女武康公主；三子況，尙明帝女山陰公主；俱見殺。昭略弟昭光，聞收兵至，家人勸逃去，昭光不忍舍母，入執母手悲泣，遂見殺。昭略兄子曇亮，已得逃去，聞昭光死，乃曰：「家門屠滅，獨用生何爲？」又絕吭死。哀哉！是時之君臣，可謂俱不保其命矣。

六貴皆除，自宋以來，屠戮宗戚、大臣，未有若此之全勝者也，而患又起於外。敵可盡乎？於以見猜防殺戮之終無益，而執權勢者當以與人同利害爲尙矣。明帝之末，索虜寇雍州，詔大尉陳顯達往救。永元元年二月，敗績於馬圈。事見下章。東昏以顯達爲江州刺史。初王敬則事起，遙光啓明帝，慮顯達爲變，欲追軍還。事尋平，乃寢。顯達亦懷危怖。及東昏立，彌不樂還京師。得此授，甚喜。已聞京師大相殺戮，又知徐孝嗣等皆死，傳聞當遣兵襲江州，懼禍。十一月十五日，舉兵。破臺軍於采石。見第三章第九節。十二月十三日，至新林。潛軍渡取石頭。北上襲宮城。顯達馬矟，從步軍數百人，於西州前與臺軍戰，西州，見第二節。再合大勝。官軍繼至，顯達不能抗，退走，被殺。時年七十三。諸子皆伏誅。

陳顯達年老氣衰，且夙無大略，其舉兵，乃欲以急速徼幸於一勝耳，自未足爲大患，而梁武帝蕭衍據雍州，遂爲齊室之大敵焉。衍順之子。史言其欲助齊明傾齊武之嗣，以雪心恥，故當齊明篡奪之際，衍頗與其謀。然其志不止於此也。建武四年，魏孝文帝自率大軍逼雍州，刺史曹虎渡沔守樊城。虎舊武帝腹心，明帝忌之，欲使劉暄爲雍州。暄不願出外，因江祏得留。乃以衍監雍州。明帝崩，遺詔以衍爲刺史。陳顯達之圍建業也，豫州刺史裴叔業遣司馬李元護率軍來赴，實應顯達也。顯達敗而還。東昏徙叔業爲南兗。叔業以其去建業近，不欲。茹法珍等疑其有異志。去來者並云叔業將北入。叔業兄子植、颺、粲等，並爲直閤殿內驅使，棄母奔壽陽。說叔業以朝廷必見掩襲。法珍等以其既在疆埸，急則引虜，且欲羈縻之，遣其宗人中書舍人長穆慰誘之，許不復回換。叔業憂懼不已，遣親人馬文範訪衍曰：「天下之事，大勢可知，恐無復自立理。雍州若能堅據襄陽，輒當戮力自保。若不爾，回面向北，不失作河南公。」衍遣文範報曰：「羣小用事，豈能及遠？多遣人相代，力所不辦；少遣人，又於事不足，意計回惑，自無所成。惟應遣家還都以安慰之，自然無患。若意外相逼，當勒馬步二萬，直至横江，（見第三章第九節。）以斷其後，則天下之事，一舉可定也。若欲北向，彼必遣人相代，以河北一地相處，河南公寧可復得？如此，則南歸之望絕矣。」衍之言如此，可見其早有異圖，而其志又非叔業之比也。叔業遣子芬之等還質京師，又遣信詣虜豫州刺史薛眞度，（魏豫州此時治縣瓠。）具訪入虜可否。眞度答書勸以早降，云「臨迫而來，便不獲多賞」。數反，眞度亦遣使與相報復，乃遣芬之及兄女夫韋伯昕等奉表降虜。永元二年正月，虜以爲豫州刺史。二月，以蕭懿爲豫州刺史往征。懿，衍之兄也。叔業尋死，植以壽春降虜。三月，朝廷復遣護軍崔慧景往征，而變故復起。

時慧景以年宿位重，不自安。江夏王寶玄鎭京口。寶玄娶徐孝嗣女，孝嗣被誅，離絕，恨望，密有異計。聞慧景北行，遣左右余文興說其北取廣陵，身舉州以相應。慧景響應。時廬陵王（寶源，明帝第五子。）長史蕭寅、司馬崔恭祖守廣陵。慧景以寶玄事告恭祖。恭祖先無宿契，口雖相和，心實不同。還以事告寅，共爲閉城計，慧景襲取之。慧景子覺爲直閤將軍，慧景密與之期，及是至，使領兵襲京口。寶玄本謂大軍幷來，見人少，失望，拒覺，走之。已而恭祖及覺以精兵八千濟江。恭祖心本不同，至蒜山，在今江蘇丹徒縣西。欲斬覺，以軍降，不果。覺等軍器精嚴，諮議柳燈、長史沈佚復勸寶玄應覺。帝聞變，以右衛將軍左興盛督都下水陸衆軍。慧景率大衆一時濟江趣京口，寶玄仍以覺爲前鋒，恭祖次之，慧景領大都督，爲衆軍節度。東府、石頭、白下、新亭諸城皆潰。左興盛走，慧景禽殺之。稱宣德皇后令，文惠太子妃王氏。廢帝爲吳王。先是陳顯達起事，王侯復入宮，竟陵王子良子巴陵王昭胄懲往時之懼，謂王敬則事起，明帝召諸王侯入宮。與弟永新侯昭穎，逃奔江西，變形爲道人。慧景舉兵，昭胄兄弟出投之。慧景意更向之，故猶豫未知所立。此聲頗泄，燈、恭祖始貳於慧景。蕭懿自歷陽步道征壽陽，時在小峴。歷陽，見第三章第九節。小峴，見第九章第二節。帝遣密使告之。懿率軍主胡松、李居士等自采石濟，頓越城。見第四章第三節。慧景遣覺將精甲數千人度南岸，大敗，人情離沮。崔恭祖與驍騎劉靈運詣城降。慧景乃將腹心數人潛去，至蟹浦，在白下西南。投漁人大叔榮之。榮之故慧景門人，時爲蟹浦戍，爲所斬。時年六十三。覺亡命，爲道人，見執，伏法。寶玄逃奔，數日乃出，殺之。昭胄兄弟投奔胡松，各以王侯還第。不自安。子良故防閣桑偃，爲梅蟲兒軍副，結前巴西太守蕭寅，謀立昭胄。遣人說胡松，松許諾。事洩，昭胄兄弟與同黨皆伏誅。

崔慧景之難甫平，蕭懿之禍又起。梁書武帝紀云：東昏即位，高祖謂從舅張弘策曰：「政出多門，亂其階矣。」一時高祖長兄懿罷益州還，仍行郢州事。乃使弘策詣郢，陳計於懿：「宜召諸弟，以時聚集。郢州控帶荊、湘，西注漢、沔；雍州士馬，呼吸數萬，虎視其閒，以觀天下，可得與時進退。」懿聞之，變色，心弗之許。弘策還，高祖乃啓迎弟偉及憺至襄陽。南史懿傳言：懿之討裴叔業，武帝遣典籤趙景悅說懿：「興晉陽之甲，誅君側之惡。」懿不答。及崔慧景入寇，馳信召懿，懿時方食，投箸而起，率銳卒三千入援。武帝馳遣虞安福下都說懿曰：「誅賊之後，則有不賞之功，當明君賢主，尚或難立，況於亂朝，何以自免？若賊滅之後，仍勒兵入宮，行伊、霍故事，此萬世一時，若不欲爾，便放表還歷陽，託以外拒爲事，則威振內外，誰敢不從？一朝放兵，受其厚爵，高而無人，必生後悔。」長史徐曜甫亦苦勸，並不從。案梁書無懿傳，懿事見其子長沙嗣王業傳，與南史懿傳，均無懿能益州行郢州之文；而南史懿傳，將武帝遣虞安福說懿之事，敍在懿破慧景之前，其事決不容如是之速，故頗啓後人疑竇。廿二史劄記謂懿在歷陽，聞詔卽赴，二日已達京師，敗慧景，時武帝方在襄陽，距京師二千里，豈能逆知其事而遣使在未平慧景之先？ 然南史懿傳，初無武帝遣使在未平慧景之先之明文，不過敍次失當；又其敍景福語，亦若在未平慧景之先者，然此則簡策所載，原非脣吻所宜，不過約舉其意，不容以此爲難。能益州行郢州事，梁書張弘策傳亦云然，似不應疑其子虛也。可見武帝之圖齊久矣。然懿亦非必純臣。懿既平慧景，授侍中、尚書右僕射，未拜，仍遷尚書令、都督征討水陸諸軍事，弟暢爲衞尉，掌管籥。梁書安成康王秀傳。 梁書安成康王秀傳云：東昏日夕逸遊，出入無度，衆頗勸懿因其出舉兵廢之，懿不聽。長沙嗣王業傳云：茹法珍等說東昏曰：「懿將行隆昌故事，陛下命在晷刻。」東昏信之，將加酷害。而懿所親知之，密具舟江渚，勸令西奔。懿曰：「自古皆有死，豈有叛走尚書令邪？」遂遇禍。南史懿傳以具舟江渚者爲徐曜甫，云懿尋見留省賜藥，與弟融俱隕。謂使者曰：「家弟在雍，深爲朝廷憂之。」一似懿爲愚忠之徒者。其實人能自拔於風氣之外者甚鮮，一時之人，處相同之境地中，其情每不甚相遠。當南北朝之世，上下交征，習於爭奪相殺，安得有此純臣？況懿與齊氏有不共之仇乎？梁書安成康王秀傳言：帝左右既惡懿勳高，又慮廢立，並間懿。懿亦危之。自是諸王侯咸爲之備。及難作，臨川王宏以下諸弟姪，各得奔避。方其逃也，皆不出京師，而罕有發覺。惟桂陽王融及禍。高祖義師至新林，秀與諸王侯並自拔赴軍。高祖兄弟九人：長沙宣武王懿，桂林簡王融，爲齊東昏侯所殺。永陽昭王敷，衡陽宣王暢，皆前卒。南平元襄王偉，始興忠武王憺，高祖啓迎至襄陽。臨川靜惠王宏，安成康王秀，鄱陽忠烈王恢，皆高祖兵至新林乃出迎。可見其非無備豫；且其在京師，黨羽未嘗不衆多也。東昏之作事，誠不可不謂之速，然敵不可盡，而荊、雍之兵旋起矣。

第六節　梁武代齊

梁武在雍州，頗飭武備，本紀云：至襄陽，潛造器械，多伐竹木，沈於檀溪，密爲舟裝之備。及建牙，收集得甲士萬餘人，馬千餘匹，船三千艘，出檀溪竹木裝艦。然其地距建業遠，且荊、郢扼其衝，使荊、郢與建業同心，武帝雖有雄圖，亦未必能有所爲也。乃荊州旋與之同，而風雲遂急。此則當時事勢之艱難，不能不爲身當其局者扼腕者矣。

蕭懿之死也，東昏侯先遣巴西、梓潼二郡大守劉山陽，巴西，梓潼，皆見第三章第六節。領兵三千，就蕭穎冑共襲雍州。穎冑者，高帝從祖弟赤斧之子。時明帝第八子南康王寶融爲荊州刺史，穎冑爲長史，行府州事。齊書穎冑傳云：梁王將起義兵，慮穎冑不識機變，遣王天虎詣江陵，聲云山陽西上，幷襲荊、雍，書與穎冑，或勸同義舉。穎冑意猶未決。山陽至巴陵，見第三章第九節。遲回十餘日不進。梁王復遣天虎齎書與穎冑，陳設其略。是時或云山陽謀殺穎冑，以荊州同義舉。穎胄乃與梁王定契，斬天虎首，送示山陽。發百姓牛車，聲云起步軍征襄陽。十一月十八日，山陽至江津，見第七章第三節。單車白服，從左右數十人詣穎胄。穎胄伏兵斬之。馳驛送山陽首於梁王。梁書穎胄傳云：山陽不敢入城，穎胄計無所出，夜呼席闡文、柳忱閉齋定議。闡文曰：「蕭雍州蓄養士馬，非復一日。江陵素畏襄陽人，人衆又不敵，取之必不可制；制之，歲寒復不爲朝廷所容。今若殺山陽，與雍州舉事，立天子以令諸侯，則霸業成矣。山陽持疑不進，是不信我。今斬送天虎，則彼疑可釋。至而圖之，罔不濟矣。」忱亦勸焉。忱傳語意略同。既畏襄陽，復虞建業，此爲荊州同雍之實情，而山陽之畏愞不前，亦有以授之隙。梁書本紀云：高祖遣參軍王天虎、龐慶國詣江陵，徧與州府書。及山陽西上，高祖謂諸將曰：「我能使山陽至荊，便卽授首，諸君試觀何如。」山陽至巴陵，高祖復令天虎齎書與穎胄兄弟。謂張弘策曰：「近遣天虎往州府，人皆有書。今段乘驛甚急，止有兩封書與行事兄弟，云天虎口具。及問天虎，而口無所說，行事不得相聞，不容妄有所道。天虎是行事心膂，彼聞，必謂行事與天虎共隱其事，則人人生疑。山陽惑於衆口，判相疑貳。則行事進退無以自明，必漏吾謀內。是馳兩空函定一州矣。」一似穎胄、山陽，全落武帝度內者，此則夸侈附會之辭，非其實也。

穎胄既殺劉山陽，乃傳檄京邑，聲東昏侯之罪。以梁武爲左將軍，都督前鋒諸軍事；穎胄爲右將軍，都督行、留諸軍事。梁書武帝紀：穎胄使告高祖：時月失利，當須來年二月，乃可進兵。高祖答以「坐甲十萬，糧用自竭。況所藉一時驍銳，若頓兵十旬，必生悔吝。」然高祖實仍至明年二月，然後進兵。而紀又載曹景宗及王茂勸迎南康王於襄陽，然後進軍之說，則荊、雍兵之東下，並不甚速，且二州間亦不無猜疑，惜乎東昏之無以乘之也。永元三年，（即和帝中興元年。）寶融稱相國，三月稱帝於江陵，是爲和帝。以穎胄爲尚書令監八州軍事，行荊州刺史。

梁武帝以二月發襄陽。以王茂、曹景宗爲前軍。時張沖爲郢州刺史，東昏遣薛元嗣等領兵及糧運百四十餘船送沖。竟陵太守房僧寄被代，還至郢，東昏敕留守魯山。（竟陵，見第三章第九節。魯山見第七章第三節。）僧寄謂沖曰：「臣雖未荷朝廷深恩，實蒙先帝厚澤，蔭其樹者不折其枝，實欲微立塵效。」沖深相許諾，共結盟誓。乃分部拒守。沖遣軍主孫樂祖數千人助僧寄，據魯山岸立城壘。茂等至漢口，輕兵濟江，逼郢城。沖置陳據石橋浦。茂等與戰，不利。諸將議欲并軍圍郢，分兵以襲西陽、武昌。（西陽，見第四章第三節。武昌見第三章第九節。）梁武言：「漢口不闊一里，若悉衆前進，賊必絕我軍後。」乃命王茂、曹景宗濟岸，與荊州所遣鄧元起等會於夏首，而自築漢口城以守魯山，命水軍遊遏江中，絕郢、魯信使。三月，張沖卒，衆推薛元嗣及沖長史程茂爲主。荊州又遣蕭穎達領兵來會。（穎達，穎胄弟。）五月，東昏遣吳子陽等十三軍救郢州，進據巴口。（見第九章第二節。）六月，西臺遣衛尉席闡文勞軍。齎穎胄等議，謂高祖曰：「今頓兵兩岸，不并軍圍郢，定西陽、武昌，取江州，此機已失。莫若請救於魏，與北連和，猶爲上策。」高祖曰：「漢口路通荊、雍，控引秦、梁，糧運資儲，聽此氣息，所以兵厭漢口，連絡數州。今若併軍圍城，又分兵前進，魯山必阻沔路，所謂搤喉。若糧運不通，自然離散，何謂持久？鄧元起近欲以三千兵往定尋陽，彼若懽然悟機，一酈生已足；脫距王師，故非三千能下。進退無據，未見其可。西陽、武昌，取便得耳。得便應鎮守，守兩城不減萬人，糧儲稱是，卒無所出。脫賊軍有上者，萬人攻一城，兩城勢不得相救，若我分軍應援，則首尾俱弱，如其不遣，孤城必陷，一城既沒，諸城相次土崩，天下大事，於是去矣。若郢州既拔，席卷沿流，西陽自然風靡，何遽分兵散衆，自詒其憂？北面請救，以自示弱，彼未必能信，徒詒我醜聲。此之下計，何謂上策？卿爲我白鎭軍：前途攻取，但以見付，事在目中，無患不捷，恃鎭軍靜鎭之耳。」此言緣飾非事實。南史呂僧珍傳言：武帝攻郢州久不下，咸欲走北，僧珍獨不肯，累日乃見從，則當時實有情見勢絀者。蓋武帝之頓兵漢口，非徒與敵爭鋒，亦欲自通運路，濟師益饟，持此爲樞，勢固不容輕釋。然頓兵堅城，實犯兵家之忌，敵軍援至，銳氣方新，決戰既無必勝之機，出奇又苦兵力不足，使不能一戰而勝，成敗正未可知也。子陽進據加湖，去郢三十里，傍州帶水，築柵壘以自固。加湖，南史韋叡傳作茄湖，在今湖北黄陂縣東南。房僧寄死，衆推助防張樂祖代之。七月，高祖命王茂等襲加湖，子陽大潰，竄走衆盡溺於江。茂虜其餘而還。於是郢、魯二城相視奪氣。張樂祖、程茂、薛元嗣相繼請降。先是東昏遣陳伯之鎭江州，爲子陽等聲援。加湖之捷，命搜所獲俘囚，得伯之幢主蘇隆之，厚加賞賜，使說伯之反命，求未便進軍。高祖曰：「伯之此言，意懷首鼠，及其猶豫，急往逼之。」乃命鄧元起率衆，即日沿流。八月，高祖登舟，命諸將以次進路。梁書張弘策傳曰：郢城平，蕭穎達、楊公則諸將皆欲頓軍夏口，高祖以爲宜乘勢長驅，直指京邑，以計語弘策，弘策與高祖意合。又訪寧遠將軍庾域，域又同，乃命衆軍即日上道。按是時兵勢已强，下流之兵新遭摧挫，卒難更集，風利不泊，愚智所知，斷無頓兵不進之理。蓋穎達等皆爲荊州，不欲高祖遽成大功也。伯之收兵，退保湖口，鄱陽湖入江之口。留其子虎牙守盆城。高祖至，乃束甲請罪。於是上流兵勢，如風利不得泊矣。其關鍵，實全在加湖一戰也。

時外患未平，而內亂又作。張欣泰者，興世子。崔慧景圍城，欣泰入城領軍守備。東昏侯以為雍州刺史。欣泰與弟欣時密謀，結大子右率胡松，前南譙大守王靈秀，南譙，宋郡，在今安徽巢縣東。直閤將軍鴻選等十餘人並同契。會帝遣中書舍人馮元嗣監軍救郢，茹法珍、梅蟲兒及大子右率李居士，制局監楊明泰等相送中興堂。宋孝武帝即位新亭，改新亭曰中興堂。欣泰等使人懷刀，於坐斫殺元嗣、明泰。蟲兒亦被創。居士踰牆得出。法珍散走還臺。時明帝第六子建安王寶寅鎮石頭，靈秀往迎，率城內將吏、見力，載向臺城。至杜姥宅，見第九章第八節。城上人射之，衆散。欣泰初聞事發，馳馬入宮，冀法珍等在外，城內處分，必盡見委，表裏相應，因行廢立。既而法珍得返，處分閉門上仗，不配欣泰兵。選在殿內，亦不敢發。少日，事覺，欣泰、松等皆伏誅。寶寅逃亡之日，戎服詣草市尉。胡三省曰：臺城六門之外，各有草市，置尉司察之。尉馳以啓帝。帝迎寶寅入宮問之。寶寅涕泣，稱爾日不知何人，逼使上車，仍將去，制不自由。帝笑，復其爵位。

江州既破，梁武帝遂乘勝東下。時東昏侯以申胄監豫州事，屯姑熟。見第四章第一節。張瓌鎮石頭。李居士總督西討諸軍事，屯新亭。九月，梁武前軍次蕪湖，見第三章第九節。申胄棄姑熟走。軍東進，李居士迎戰，敗績。新亭城主江道林出戰被禽，餘衆散走，退保朱爵，即朱雀門。馮淮以自固。十月，東昏侯遣王珍國三萬人陳於航南。珍國，廣之子，時為青冀二州刺史，梁武兵起，召還京師。三萬人據齊書東昏侯紀。梁書武帝紀云十餘萬人，乃侈辭也。開航背水，以絕歸路。又敗績。投淮死者，積尸與航等。後至者乘之以濟。朱爵諸軍望之皆潰。東昏悉焚燒門內，驅逼營署官府並入城，有實甲七萬。亦據東昏紀。梁書武帝紀云：有衆二十萬。梁武命諸軍築長圍。時張稷以侍中兼衛尉，都督城內諸軍，稷，瓌之弟。王珍國結其腹心直閤張齊以要之，稷許諾。十二月，珍國於衛尉府勒兵入弒帝，奉首歸梁武。時年十九。和帝之立，遙廢帝為涪陵王，至是，又以宣德大后令，廢為東昏侯。胡三省曰：荊、雍在西，謂帝以昏虐居東。

南北朝時史所言無道之主甚多，其臚舉罪狀，連篇累牘，尤未有若東昏之甚者，然其見誣亦恐最甚也。史所言者：曰好弄而荒於政事也。南史本紀云：帝在東宮，便好弄，不喜書學。嘗夜捕鼠達旦，以為笑樂。又云：自江祏、遙光等誅後，無所忌憚。日夜於後堂戲馬，鼓譟為樂。合夕便擊金鼓，吹角，令左右數百人叫，雜以羌胡橫吹諸伎。常以五更就臥，至晡乃起。王侯以下，節朔朝見，晡後方前，或際暗遣出。臺閣案奏，月數十日乃報，或不知所在。閹豎以紙包裹魚肉還家，並是五省黃案。二年元會，食後方出，朝賀裁竟，便還殿西序寢，自巳至申。百僚陪位，皆僵仆菜色。比起就會，怱遽而罷。又云：於苑中立店肆，模大市，日游市中，雜所貨物，與宮人閹豎，共為裨販。以潘妃為市令，自為市吏錄事，將鬥者就潘妃罰之。帝小有得失，潘則予杖。乃敕虎賁威儀，不得進大荊子，閤內不得進實中荻。雖畏潘氏，而竊與諸姊妹淫通。每游走，潘氏乘小輿，宮人皆露褌，著綠絲屩，帝自戎服騎馬從後。又開渠立埭，躬自引船。埭上設店，坐而屠肉。曰四出遊走也。南史紀又云：大子所生母黃貴嬪早亡，令潘妃母養之，拜潘氏為貴妃，乘臥輿，帝騎馬從後，著織成袴褶，金薄帽，執七寶縛矟，又有金銀校具，錦繡諸帽數十種，各有名字。戎服急裝縛袴，上著絳衫，以為常服，不變寒暑。陵冒雨雪，不避阬穽。馳騁渴乏，輒下馬解取要邊蠡器，酌水飲之，復上馳去。馬乘具用錦繡處，患為雨所霑，織雜采珠為覆蒙，備諸雕巧。教黃門五六十人為騎客。又選營署無賴小人善走者為逐馬，鷹犬左右數百人，常以自隨，奔走往來，略不暇息。置射雉場二百九十六處，翳中帷帳及步障，皆袷以綠紅錦。金銀鏤弩牙，瑇瑁帖箭。每出，輒與鷹犬隊主徐令孫，媒翳隊主俞靈韻，齊馬而走，左右爭逐之。又云：陳顯達卒，漸出遊走。不欲令人見之，驅斥百姓，惟置空宅而已。是時率一月二十餘出，既往無定處，尉司常慮得罪，東行驅西，南行驅北，應旦出，夜便驅逐。吏司奔驅，叫呼盈路，打鼓蹹圍，鼓聲所聞，便應奔走。臨時驅迫，衣不暇披，乃至徒跣走出。犯禁者應手格殺。百姓無復作業，終日路隔。從萬春門由東宮以東至郊外數十里，皆空家盡室。巷陌縣幔爲高障，置人防守，謂之屏除。高障之內，設部伍羽儀，復有數部，皆奏鼓吹，羌胡伎鼓角，橫吹，夜反火光照天。每三四更中，鼓聲四出，幡戟橫路。百姓喧走，士庶莫辨。或於市肆左側過親幸家。環繞宛轉，周徧都下。老小震驚，啼號塞道。處處禁斷，不知所過。疾患困篤者，悉掆移之。無人掆者，扶匐道側，吏司又加捶打，絕命者相係。從騎及左右因之入富家取物，無不蕩盡。工商莫不廢業，樵蘇由之路斷。至於乳婦、昏姻之家，移產寄室。或輿病棄尸，不得殯葬。有棄病人於青溪邊者，吏懼爲監司所問，推至水中，泥覆其面，須臾便死，遂失骸骨。前魏興太守王敬賓新死未斂，家人被驅，不得留視，及家人還，鼠食兩眼都盡。如此非一。又嘗至沈公城，有一婦人當產不去，帝入其家，問何獨在？答曰：「臨產不得去。」因剖腹看男女。又長秋卿王儇病篤，不聽停家，死於路邊。丹陽尹王志被驅急，狼狽步走，惟將二門生自隨，藏朱雀航南酒壚中，夜方得羽儀而歸。喜游獵，不避危險。至蔣山定林寺，一沙門病不能去，藏於草間，爲軍人所得，應時殺之。左右韓暉光曰：「老道人可念。」帝曰：「汝見麞鹿，亦不射耶？」仍百箭俱發。故貴人富室，皆數處立宅，以爲避圍之舍。每還宮常至三更，百姓然後得反。禁斷又不卽通，處處屯咽，或泥塗灌注，或冰凍嚴結，老幼啼號，不可聞見。時人以其所圍處號爲長圍。及建康城見圍，亦名長圍，識者以爲讖焉。沈公城，未詳。蔣山，見第六章第四節。曰宮室、服御，恣爲驕奢，因興苛斂也。南史紀又云：三年，殿內火，合夕便發。其時帝猶未還，宮內諸房閤已閉，內人不得出，外人又不敢輒開。比及開，死者相枕。領軍將軍王瑩率衆救火，太極殿得全。內外叫喚，聲動天地。帝三更中方還，先至東宮，慮有亂，不敢便入，參覘審無異，乃歸。其後出游，火又燒璿儀、曜靈等十餘殿，及柏寢，北至華林，西至祕閣，三千餘閒皆盡。左右趙鬼，能讀西京賦，曰：「柏梁既災，建章是營。」於是大起諸殿，芳樂、芳德、仙華、大興、含德、清曜、安壽等殿。又別爲潘妃起神仙、永壽、玉壽三殿，皆帀飾以金碧。其玉壽中作飛仙帳，四面繡綺，窗閒盡畫神仙。又作七賢，皆以美女侍側。鑿金銀爲書字，靈獸神禽，風雲華炬，爲之玩飾。椽桷之端，悉垂鈴佩。江左舊物有古玉律數枚，悉裁以鈿笛。莊嚴寺有玉九子鈴，外國寺佛面有光相，禪靈寺塔諸寶珥，皆剝取以施潘妃殿飾。又鑿金爲蓮華以帖地，令潘妃行其上，曰：「此步步生蓮華也。」塗壁皆以麝香。錦幔珠簾，窮極綺麗。縶役工匠，自夜達曉，猶不副速，乃剔取諸寺佛刹殿藻井仙人騎獸以充足之。武帝興光樓上施青漆，世人謂之青樓。帝曰：「武帝不巧，何不純用琉璃？」潘氏服御，極選珍寶。主衣庫舊物，不復周用。貴市人間金銀寶物，價皆數倍。琥珀釧一隻，直百七十萬。都下酒租，皆折輸金，以供雜用，猶不能足。下揚、南徐二州橋桁、塘埭丁，計功爲直，斂取見錢，供太樂主衣雜費。由是所在塘瀆，悉皆隳廢。又訂出雄雉頭、鶴氅、白鷺縗，百品千條，無復窮已。親幸小人，因緣爲姦，科一輸十。又各就州縣，求爲人輸，準取見直，不爲輸送。守宰懾威，口不得道，須物之處，以復重求。如此相仍，前後不息。百姓困盡，號泣道路。少府大官，凡諸市買，事皆急速，催求相係。吏司奔馳，遇便虜奪。市廛離散，商旅靡依。又以閱武堂爲芳樂苑，窮奇極麗。當暑種樹，朝種夕死，死而復種，卒無一生。於是徵求人家，望樹便取，毀徹墻屋，以移置之。大樹合抱，亦皆移掘，插葉繫華，取玩俄頃。剗取細草，來植階庭，烈日之中，至便焦燥。紛紜往還，無復已極。山石皆塗以采色。跨池水立紫閣諸樓壁上，畫男女私褻之象。明帝時多聚金寶，至是金以爲泥，不足周用，令富室買金，不問多少，限以賤價，又不還直。曰賦役嚴急也。南史紀又云：自永元以後，魏每來伐，繼以內難，揚、南徐二州人丁，三人取兩，以此爲率。遠郡悉令上米，準行一人五十斛。輸米既畢，就役如故。又先是諸郡役人，多依人士爲附隸，謂之屬名。又東境役苦，百姓多注籍詐病。遣外醫巫，在所檢占諸屬名，并取病身。凡屬名多不合役，止避小小假，並是役廕之家。凡注病者，或已積年，皆攝充將役。又追責病者租布，隨其年歲多少。銜命之人，皆給貨賂，隨意縱舍。又橫調徵求，皆出百姓。曰迷信鬼神也。南史紀又云：又偏信蔣侯神，迎來入宮，晝夜祈禱。左右朱光尚詐云見神，動輒諮啓，並云降福。始安之平，遂加位相國。末又號爲靈帝，車服羽儀，一依王者。又曲信小祠，日有十數。師巫魔媪，迎送紛紜。光尚輒託云神意。後東入樂游，人馬忽驚，以問光尚。光尚曰：「向見先帝大瞋，不許數出。」帝大怒，拔刀與光尚等尋覓。既不見處，乃縛菰爲明帝形，北向斬之，縣首苑門上。樂游苑，見第九章第八節。曰不接朝士，樂近鄙人，羣小恣爲威福也。南史紀又云：性訥澀少言，不與朝士接。又云：潘妃放恣，威行遠近。父寶慶，與羣小共逞姦毒，富人悉誣爲罪，田宅貲財，莫不啓乞。或云寄附隱藏，復加收沒。計一家見陷，禍及親鄰。又慮後患，男口必殺。帝年未弱冠，好弄容或有之，然必不至如史所言之甚。果如所言，則是童騃，豈能誅戮宰執，翦除方鎮？齊書江祏傳：祏既死，帝於後堂騎馬致適，顧謂左右曰：江祏若在，我當復能騎此否？不能免於好弄，而亦未至於不可諫誨，東昏之爲人，大致如此。四出遊走，害至如史所言之烈，京師豈復可一日居？以當時之裂冠毀冕，習爲故常，其見弒，何待兵臨城下之日？宮室、服御，恣爲奢侈，豈特東昏一人？文惠之孔雀裘，史固言其過於雉頭。其東田之華美，恐亦非東昏諸宮殿之比矣。王敬則傳言：敬則爲會稽大守，會土邊帶湖海，民丁無士庶，皆保塘役，敬則以功力有餘，悉評斂爲錢送臺庫，以爲便宜，武帝許之，此與東昏下揚、南徐二州橋航塘埭丁，計功爲直，斂取見錢何異？賦役嚴急，恐自明帝已來卽然，讀上節所述可見。尼媪紛紜，羣小恣橫，亦不自東昏始。紀言帝初任徐世檦爲直閣，凡有殺戮，皆其用命，後稍惡其凶強，遣禁兵殺之，然則帝所用小人，或且自除之也。要之，史於帝之所爲，皆附會爲罪狀；明明人所共有之事，於帝則指爲罪大惡極；此眞所謂文致。然其鍛鍊並不甚工。如云：帝尤惜金錢，不肯賞賜，茹法珍叩頭請之，帝曰：「賊來獨取我邪？何爲就我求物？」後堂儲數百具榜，啓爲城防，帝曰：「擬作殿」，竟不與城防巧手，而悉令作殿，晝夜不休。又催御府細作三百人精仗，須圍解以擬屏除。金銀雕鏤雜物，倍急於常。此豈似能堅守圍城者之所爲？且與他諸奢侈之事，何由相容乎？帝之性，蓋頗近材武；南史紀言：帝甚有筋力，牽弓至三斛五斗。能擔幢。初學擔幢，每傾倒，在幢杪者必致踠傷。其後白虎幢七丈五尺，齒上擔之，折齒不倦。始欲騎馬，未習其事，俞靈韻爲作木馬，人在其中，行動進退，隨意所適，其後遂爲善騎，皆可見其材武。圍城之際，被大紅袍，登景陽樓，望弩幾中之，亦非怯弱者所能爲也。而其作事，亦能敏以赴機，紀云：明帝臨崩，屬後事，以隆昌爲戒，曰「作事不可在人後」，故委任羣小，誅諸宰臣，無不如意。案此亦由以近事爲殷鑒使然也。故宰執竟爲所斬艾。然方鎭又相繼背叛，荆、雍厚集其力，合從緜交，則其勢實有不易抗者，帝之亡，亦非戰之罪也。遙光之死，罪不及孥，寶夤見脅，亦遭寬釋，寶玄、昭胄，則固罪有應得也。崔慧景之敗也，收得朝野投寶玄及慧景軍名，帝令燒之，曰：「江夏尙爾，豈復可罪餘人？」其措置實頗有思慮。郢、魯二城，死者相積，竟無叛散，時以張沖及房僧寄比臧洪。席謙鎭盆城，聞梁武兵東下，曰：「我家世忠貞，隕死不二。」爲陳伯之所殺。齊書張沖傳。馬仙琕爲豫州刺史，梁武使其故人姚仲賓說之，仙琕斬以徇。梁武兵至新林，仙琕尙持兵於江西，日抄運漕。建康陷，號哭經宿，乃解兵歸罪。凡此效忠者之多，固不必悉由東昏之善用，然亦可見其非不可輔。加湖未捷之際，西師實頗蹈危機，一時敗亡之君，支持危局，未有若是其堅凝者，正未可以成敗論也。

蕭穎胄之起兵也，遣楊公則下湘州。公則留長史劉坦行州事，而身率湘府之衆，會於夏口。時義陽大守王摦之，天門大守王智遜，武陵大守蕭彊等並不從命，穎胄遣吉士瞻討平之。義陽見第八章第七節，天門見第三章第九節，武陵見第三章第六節。巴西大守魯休烈，巴東大守蕭惠訓亦不從。巴西、巴東皆見第三章第六節。穎胄遣劉孝慶進峽口拒之，爲休烈及惠訓子璝所破，進至上明。見第六章第四節。江陵大振。穎胄馳告梁武，宜遣公則還援。梁武不聽。穎胄遣蔡道恭屯上明以拒之，久不決。穎胄憂慮成氣，十二月，病卒。梁書柳忱傳云：郢州平，穎胄議遷都夏口，忱諫以爲巴峽未賓，不宜輕舍根本，搖動民志。穎冑不從。俄而巴東兵至硤口，遷都之議乃息。論者以爲見機。蓋當時荆、雍之閒，亦未嘗不相忌，梁武之必厚集其力而不肯分兵，或幷非但慮郢、魯二城也。梁武之下也，留弟偉守襄陽，而以杜陵人韋愛爲司馬。秦杜縣，漢曰杜陵，見第三章第五節。時州內儲備及人皆虛竭，魏興大守裴師仁，魏興，見第三章第六節。齊興大守顏僧都，齊興、始平二郡，皆僑治武當。武當見第三章第九節。並據郡不受命，舉兵將襲雍州。州內驚擾。愛素爲州里所信服，乃推心撫御，率募鄉里，得千餘人，與僧都等戰於始平郡南，大破之，百姓乃安。和帝司馬夏侯詳，與蕭穎冑同創大舉，凡軍國大事，穎冑多決於詳。時爲尚書僕射。建議徵兵雍州。遣衞尉席闡文往。偉乃割州府將吏，配弟憺赴之。瓚等聞建康將下，皆降。詳又讓荆州刺史於憺，荆州遂折而入雍。東昏侯之死也，宣德大后令：以梁武帝爲大司馬，錄尚書事，揚州刺史，承制。中興二年，正月，后臨朝。二月，湘東王寶晊兄弟有異謀，被殺。安陸昭王緬三子：寶晊，寶覽，寶宏。齊書本傳云：東昏廢，寶晊望物情歸之，坐待法駕。旣而城內送首詣梁王。宣德大后臨朝，以寶晊爲大常。寶晊不自安，謀反。兄弟皆伏誅。南史王亮傳：亮爲尚書左僕射。東昏遇殺，張稷等仍集亮於大極殿前西鍾下坐議。欲立齊湘東嗣王寶晊。領軍王瑩曰：「城閉已久，人情離解，征東在近，何不諮問。」張稷又曰：「桀有昏德，鼎遷於殷，今實微子去殷，項伯歸漢之日。」亮默然。朝士相次下牀。乃遣國子博士范雲齎東昏首送石頭。又殺邵陵王寶攸，明帝第九子。晉熙王寶嵩，明帝第十子。桂陽王寶貞，明帝第十一子。鄱陽王寶寅奔虜。和帝東下，至姑熟，禪位於梁，旋死，年十五。

初蕭穎冑弟穎孚在京師，廬陵人修靈祐，竊將南上，於西昌縣山中，聚兵二千，襲郡。此據齊書。梁書蕭穎達傳云：穎孚自京師出亡，廬陵人循景智潛引與南歸，至廬陵，景智及宗人靈祐與起兵。廬陵，見第三章第九節。西昌，吳縣，今江西泰和縣。內史謝纂奔豫章。穎孚、靈祐據郡求援，穎胄遣范僧簡入湘州南道援之。僧簡進克安成，以爲內史，（安成見第三章第九節。）穎孚爲廬陵內史，合二郡兵出彭蠡口東昏遣軍主彭盆、劉希祖三千人受陳伯之節度南討二郡，仍進取湘州。穎孚走，希祖至安成，僧簡見殺。穎孚收散卒據西昌，謝纂又遣兵攻之，穎孚奔湘州，尋卒。希祖移檄湘部，始興內史王僧粲應之。（此據梁書劉坦傳。始興，齊書蕭穎胄傳作湘東，皆見第三章第九節。）湘部諸郡並起。僧粲遣軍襲湘州，西朝行事劉坦拒之，屢戰不勝。及聞建康下，僧粲散走，乃斬之。楊公則還州，羣賊乃散。劉希祖亦以郡降。

陳伯之本爲劫盜，後隨王廣之。建康平，遣還鎮。伯之不識書，得文牒辭訟，惟作大諾而已。有事典籤傳口語，與奪決於主者。伯之與豫章人鄧繕、永興人（漢諸暨縣，吳改名。永興、諸暨見第四節。）戴永忠並有舊。及在州，用繕爲別駕，永忠爲記室參軍。河南褚緭，京師之薄行者。齊末爲揚州西曹，遇亂居閭里。時輕薄互能自致，惟緭不達。高祖卽位，緭頻造尚書范雲。雲不好緭，堅拒之。緭益怒，私語所知曰：「建武以後，草澤底下，悉化成貴人，吾何罪而見棄？今天下草創，饑饉不已，喪亂未可知。陳伯之擁彊兵在江州，非代來臣，有自疑意。且熒惑守南斗，詎非爲我出？今者一行，事若無成，入魏何遽減作河南郡？」遂投伯之。書佐王思穆事之，大見親狎。及伯之鄉人朱龍符爲長流參軍，並乘伯之愚闇，恣行姦險。刑政通塞，悉共專之。伯之子虎牙，時爲直閣將軍，高祖手疏龍符罪，親付虎牙。虎牙封示伯之。高祖又遣代鄧繕。伯之並不受命。繕於是日夜說伯之云：「臺家府庫空竭，復無器仗，三倉無米，東境饑流，此萬代一時也，機不可失。」緭、永忠等每贊成之。伯之於是集府州佐史謂曰：「奉齊建安王敎，（建安王，寶寅。）率江北義勇十萬，已次六合，（今江蘇六合縣。）

見使以江州見力運糧速下。」時天監元年五月也。高祖遣王茂討伯之。伯之趣豫章，大守鄭伯倫堅守。伯之攻之，不能下。茂前軍至，伯之表裏受敵，敗走。伯之之叛也，遣信還都報虎牙兄弟。虎牙等走盱眙。見第三章第九節。及是，伯之閒道亡命出江北，與虎牙及褚緭俱入魏。四年，臨川王宏北討，命記室邱遲與伯之書，伯之乃於壽陽擁衆八千來歸。緭在五年三月。虎牙爲魏人所殺。褚緭在魏，魏人欲擢用之，魏元會，緭戲爲詩曰：「帽上著籠冠，袴上著朱衣。不知是今是，不知非昔非？」魏人怒，出爲始平太守。魏始平郡，當在今陝西境。日日行獵，墮馬死。一怒而北走，胡南走越者，可以鑒矣。

劉季連爲益州，貪鄙無政績，又嚴愎酷狠，郡縣多叛亂。季連討之，不克。高祖遣送季連弟及二子喻旨慰勞，季連受命，飭還裝。高祖以鄧元起爲益州刺史。元起南郡人，季連爲南郡時薄之。元起典籤朱道琛，嘗爲季連府都錄，無賴小人，季連欲殺之，逃免。至是，說元起曰：「益州亂離已久，公私府庫，必多耗失。劉益州臨歸空竭，豈復能遠遣候遞？道琛請先使檢校，緣路奉迎。不然，萬里資糧，未易可得。」元起許之。道琛既至，言語不恭，又歷造府州人士，見物輒奪之。有不獲者，語曰：「會當屬人，何須苦惜？」於是軍府大懼，謂元起至必誅季連，禍及黨與，競言之於季連。季連亦以爲然。又惡昔之不禮於元起也，益憤懣，遂矯稱齊宣德皇后令，聚兵復反。收朱道琛殺之。天監元年六月，元起至巴西。季連遣將拒戰，互有得失。久之，乃敗退。季連驅略居人，閉城固守。元起稍進圍之。城中食盡，升米三千，亦無所糴，餓死者相枕。季連食粥累月，饑窘無計。二年，正月，高祖遣宣詔降季連，季連肉袒請罪。四月，元起入成都，蜀平。

第十一章　元魏盛衰

第一節　馮后專朝

元魏之國情，實至孝文遷洛而一大變。孝文之爲人，蓋全出文明大后所卵育；其能令行於下，亦大后專政時威令夙行，有以致之；故后實北魏一朝極有關係之人物也。欲知后之得政，又必先知其前此兩朝繼嗣時之爭亂。

魏書：大武皇帝十一男：賀皇后生景穆皇帝。越椒房生晉王伏羅。舒椒房生東平王翰。初封秦王。弗椒房生臨淮王譚。初封燕王。伏椒房生楚王建閭。後改封廣陽王，北史但名建。石昭儀生南安王余。其小兒貓兒、虎頭、北史作彪頭，避唐諱。龍頭，並闕母氏，皆早薨，無傳。殿本考證云「凡十人而云十一男者？蓋其一不特闕母氏，幷未有名，故不可得紀也。」案北史貓兒下多一眞，則足十一之數矣。景穆帝爲其子高宗文成帝濬即位後追謚。廟號恭宗。名晃。以大武帝延和元年，宋文帝元嘉九年。立爲大子。時年五歲。眞君五年，元嘉二十一年。監國。正平元年，元嘉二十八年。死。魏書閹官傳云：宗愛不知其所由來。以罪爲閹人。歷碎職，至中常侍。正平元年正月，世祖大會於江上，班賞羣臣，以愛爲秦郡公。恭宗之監國也，每事精察。愛天性險暴，行多非法，恭宗每銜之。給事中仇尼道盛，北史作侯道盛。案此等係或從本姓，或據後所改之姓追書。侍郎任平城等，任事東宮，微爲權勢，世祖頗聞之。二人與愛並不睦。愛懼道盛等案其事，遂構告其罪。詔斬道盛等於都街。世祖震怒，恭宗遂以憂薨。是後世祖追悼恭宗，愛懼誅，遂謀逆。二年，元嘉二十五年。春，世祖暴崩，二月甲寅。愛所爲也。尚書左僕射蘭延、侍中和疋、薛提等祕不發喪。延、疋議以高宗沖幼，時年十三。欲立長君，徵秦王翰，置之祕室。提以高宗有世嫡之重，不可廢所宜立而更求君。延等猶豫未決。愛知其謀，始愛負罪於東宮，而與吳王余素協。乃密迎余，自中宮便門入，矯皇后令，皇后赫連氏，屈丐女。徵延等。延等以愛素賤，弗之疑，皆隨之入。愛先使閹豎三十人持仗於宮內，以次收縛，斬於殿堂。執秦王翰，殺之於永巷，而立余。余以愛爲大司馬、大將軍、太師、都督中外諸軍事，領中祕書，封馮翊王。愛既立余，位居元輔，錄三省，兼總戎禁，坐召公卿，權恣日甚，內外憚之。羣情咸以愛必有趙高、閻樂之禍。余疑之，遂謀奪其權。愛憤怒，使小黃門賈周等夜殺余。事在十月丙午朔。高宗立，誅愛、周等，皆具五刑，夷三族。余傳云：余自以非次而立，厚賞羣下，取悅於衆。爲長夜之飲，聲樂不絕。旬月之閒，帑藏空罄。尤好弋獵，出入無度。邊方告難，余不恤之。百姓憤惋，而余宴如也。宗愛權恣日甚，內外憚之。余疑愛將謀變，奪其權。愛怒，因余祭廟，夜殺余。

劉尼傳云：拜羽林中郎。宗愛既殺南安王余於東廟，祕之，惟尼知狀。尼勸愛立高宗。愛自以負罪於景穆，聞而驚曰：「君大癡人。皇孫若立，豈忘正平時事乎？」尼曰：「若爾，今欲立誰？」愛曰：「待還宮，擢諸皇子賢者而立之。」尼懼其有變，密以狀告殿中尚書源賀。禿髮傉檀子。本名破羌，大武賜姓，後又賜名。賀時與尼俱典兵宿衛，仍共南部尚書陸麗謀。於是賀與尚書長孫渴侯嚴兵守衛，尼與麗迎高宗於苑中。麗抱高宗於馬上，入京城。尼馳還東廟，大呼曰：「宗愛殺南安王，大逆不道。皇孫已登大位，有詔宿衛之士，皆可還宮。」衆咸唱萬歲。賀及渴侯登執宗愛、賈周等，勒兵而入，奉高宗於宮門外入登永安殿。

宋書索虜傳云：初燾有六子，長子晃，字天真，爲大子。次曰晉王。燾所住屠蘇爲疾雷擊，屠蘇倒，見厭殆死，左右皆號泣，晉王不悲，燾怒，賜死。魏書晉王死於真君八年，即宋元嘉二十四年。次曰秦王烏奕干，與晃對掌國事。晃疾之，愬其貪暴。燾鞭之二百，遣鎮枹罕。見第五章第一節。次曰燕王。次曰吳王，名可博真。次曰楚王，名樹洛真。燾至汝南瓜步，晃私取諸營鹵獲甚衆。燾歸聞知，大加搜檢。晃懼，謀殺燾。燾乃詐死，使其近習召晃迎喪，於道執之。及國，罩以鐵籠，尋殺之。通鑑考異引宋略云：燾既南侵，晃淫於內，謀欲殺燾。燾知之，歸而詐死，召晃迎喪。晃至，執之，罩以鐵籠，捶之三百，曳於叢棘以殺焉。以烏奕干有武用，以爲大子。會燾死，使嬖人宗愛立博真爲後。宗愛、博真恐爲奕干所危，矯殺之而自立。博真懦弱，不爲國人所附。晃子濬，字烏雷直懃，素爲燾所愛。燕王謂人曰：「博真非正，不宜立，直懃嫡孫，應立耳。」乃殺博真及宗愛，而立濬爲主。魏書之非實錄不俟辯，自當以宋書爲據。魏書高允傳云：恭宗季年，頗親近左右，營立田園，以取其利。允諫不納，則恭宗頗好賄，私取鹵獲，說自不誣。仇尼道盛、任平城蓋即其左右之見親者。秦王既爲大子，則本所當立，薛提非持正之論，反爲干紀之人，故蘭延、和疋疑不敢應。高宗即位，乃以其有謀立之誠，特詔其弟浮子襲兄爵也。宗愛雖爲郡公，究屬閹宦，安能爲所欲爲？觀宋書之說，則知南安之立，本由大武亂命，故雖據非其所，仍能綿歷八閱月也。魏書本紀文成即位之後，以元壽樂爲大宰，都督中外諸軍，錄尚書事。壽樂，章帝之後。傳云有援立功。長孫渴侯爲尚書令，加儀同三司。十一月，二人爭權，並賜死。是月，臨淮王譚薨。平南將軍宋子侯周忸進爵樂陵王。陸麗爲平原王。十二月，以周忸爲大尉，陸麗爲司徒，杜元寶爲司空。遺子。遺，密皇后兄超之從弟。建業公陸俟進爵東平王。俟，麗之父。麗傳云：封平原王。頻讓再三，詔不聽。麗又啓曰「臣父歷奉先朝，忠勤著稱，今年至西夕，未登王爵。顧裁過恩，聽遂所請。」高宗曰「朕爲天下主，豈不能得二王封卿父子也？」乃以其父俟爲樂平王。廣平公杜遺進爵爲王。周忸有罪，賜死。濮陽公閭若文進爵爲王。明年正月，杜元寶進爵京兆王。是月，杜遺薨。尙書僕射東安公劉尼進爵爲王，封建寧王崇子麗爲濟南王。崇，明元帝子。尙書西平公源賀進爵爲王。二月，杜元寶謀反伏誅。建寧王崇，崇子濟南王麗爲元寶所引，各賜死。三月，安豐公閭虎皮進爵爲河閒王。七月，閭若文、永昌王仁謀反，仁，明元子永昌莊王健之子。賜仁死於長安，若文伏誅。又古弼與張黎，恭宗攝政時俱爲輔弼。吳王立，弼爲司徒，黎爲大尉。高宗立，二人俱以議不合旨免。弼有怨謗之言，家人告其巫蠱，伏法。黎亦同誅。凡此，皆當與當時爭位之事有關，其詳則不可考矣。

文成帝在位十三年，以宋明帝泰始元年五月死。大子弘立，是爲顯祖獻文皇帝。時年十一。車騎大將軍乙渾矯詔殺尙書楊保年、平陽公賈愛仁、南陽公張天度於禁中。侍中司徒陸麗自湯泉入朝，渾又殺之。此湯泉在代郡，見麗傳。以渾爲大尉，錄尙書事。七月，爲丞相，位居諸王上。事無大小，皆決於渾。順陽公郁傳云：郁，桓帝後。高宗時，位殿中尙書。高宗崩，乙渾專權，隔絕內外，百官震恐，計無所出。郁率殿中衞士數百人從順德門入，欲誅渾。渾懼，逆出問郁曰「君入何意？」郁曰「不見天子，羣臣憂懼，求見主上。」渾窘怖，謂郁曰「今大行在殯，天子諒陰，故未接百官，諸君何疑？」遂奉顯祖臨朝。後渾心規爲亂，朝臣側目。郁復謀殺渾，爲渾所誅。宜都王目辰傳云：爲侍中尙書左僕射。與兄郁議欲殺渾，事泄，郁被誅，目辰逃隱得免。觀此，則渾在當日殆有廢立之謀而未克遂也。至明年，正月、乃爲文明皇后所殺。

文成文明皇后傳云：馮氏，長樂信都人也。父朗，秦、雍二州刺史。母樂浪王氏。信都，見第四章第二節。樂浪，漢武定朝鮮所置四都之一，治今平壤，此時已沒於高句麗矣。后生於長安。朗坐事誅，后遂入宮。世祖左昭儀，后之姑也，雅有母德，撫養教訓。年十四，高宗踐極，以選爲貴人。後立爲皇后。高宗崩，故事：國有大喪，三日之後，御服、器物，一以燒焚，百官及中宮皆號泣而臨之，后悲叫，自投火中，左右救之，良久乃蘇。案此事極可異，其時殆有欲殺后者？其卽乙渾邪？抑非也？傳又云：顯祖卽位，尊爲皇大后。丞相乙渾謀逆，顯祖年十三，居於諒闇，大后密定大策，誅渾。遂臨朝聽政。烈帝玄孫丕傳云：顯祖卽位，累遷侍中。丞相乙渾謀反，丕以奏聞，詔丕帥元賀、牛益得收渾誅之。乙渾事之可考者，如是而已。渾妻庶姓，而求公主之號，爲賈秀所拒，見秀傳，其事無甚關係。魏史之闕略，誠令人如墮五里霧中也。

獻文帝在位五年，以天安六年，卽孝文帝延興元年，宋明帝泰始七年。傳位於子宏，是爲高祖孝文皇帝。又五年而死。孝文帝承明元年，宋後廢帝元徽四年。文明后傳云：高祖生，大后躬親撫養，是後能令不聽政事。大后行不正，內寵李奕，顯祖因事誅之，大后不得意。顯祖暴崩，時言大后爲之也。此十一字，北史作「遂害帝」三字。通鑑考異引元行沖後魏國典云：「大后伏壯士於禁中，大上入謁，遂崩。」李奕者，順之子。其見誅在皇興四年，卽宋明帝泰始六年，獻文傳位之前一年也。奕兄敷、式，敷次子仲良，敷從弟顯德，妹夫宋叔珍，同時俱死。敷長子伯和，走竄歲餘，爲人執送，殺之。惟奕別生弟冏，逃避得免；伯和庶子孝祖，年小藏免。實當時一大獄也。敷之獲罪，由李訢列其罪惡二十餘條，大和初，大后追念奕兄弟，乃誅訢而存問式子憲等焉。敷之誅，帝紀與慕容白曜連書。白曜傳云：高宗崩，與乙渾共秉朝政。初乙渾專權，白曜頗所依附，緣此追以爲責。及將誅也，云謀反叛，時論冤之。白曜之誅，非以依附乙渾，無待於言，或正以其與李奕等交關耳。白曜陷靑、冀有功，在當時應有威望，然則奕之見誅，恐尙不僅以其爲大后所寵也。

案高祖之生，在皇興元年八月，宋泰始三年。其時顯祖年僅十三，能否生子，實有可疑。後來后專朝政，高祖拱手不得有爲，且幾遭廢黜，高祖紀云：文明大后以帝聰聖，後或不利於馮氏，將謀廢帝。乃於寒月單衣閉室，絕食三朝。召咸陽王禧將立之。元丕、穆泰、李沖固諫，乃止。帝初不有憾，惟深德丕等。天象志云：大后將危少主者數矣，帝春秋方富，而承事孝敬，故竟得無咎。然迄無怨言。比其死也，方修諒陰之儀，致史家譏其昧於春秋之義。天象志云：獻文暴崩，實有酖毒之禍焉。其後文明皇大后崩，孝文皇帝方修諒闇之儀，篤孺子之慕，竟未能述宣春秋之義，而懲奸人之黨。是以胡氏循之，卒傾魏室，豈不哀哉？

又高祖之母思皇后李氏，絕無事跡可見。文明后傳言：「迄后之崩，高祖不知所生。」夫后之於高祖，絕非如宋章獻后之於仁宗，何以爲此諱匿？思皇后爲李惠女，惠家遭文明后屠戮，后死後絕無平反。且高祖於馮氏甚厚，李氏甚薄，至世宗時猶然。李惠者，蓋之子，蓋卽尙沮渠牧犍之妻武威公主者也。外戚傳云：惠素爲文明大后所忌，誣惠將南叛，誅之。惠二弟初、樂與惠諸子同戮。後妻梁氏，亦死青州，盡沒其家財。惠本無釁，天下冤惜焉。此事在大和元年，卽宋順帝之昇明二年也。惠時爲青州刺史。傳又云：惠從弟鳳，爲定州刺史安樂王長樂主簿。後長樂以罪賜死，時卜筮者河閒邢讚辭引鳳，云長樂不軌，鳳爲謀主，伏誅。惟鳳弟道念與鳳子及兄弟之子皆逃免。後遇赦乃出。案鳳之死在大和三年，卽齊高帝建元元年也。長樂，文成帝子。傳又云：大和十二年，高祖將爵舅氏，詔訪存者，而惠諸從以再罹孥戮，難於應命。惟道念敢先詣闕。乃申后妹及鳳兄弟子女之存者。於是賜鳳子屯爵柏人侯，安祖浮陽侯，興祖安喜侯，道念眞定侯，從弟寄生高邑子，皆加將軍。十五年，安祖昆弟四人以外戚蒙見。詔謂之曰：「卿之先世，內外有犯，得罪於時。然官必用才，以親非興邦之選。外氏之寵，超於末葉。從今已後，自非奇才，不得復以外戚，謬班抽擧。旣無殊能，今且可還。」後例降爵，安祖等改侯爲伯，並去軍號。高祖奉馮氏過厚，於李氏過薄，舅家了無敍用，朝野人士所以竊議。大常高閭顯言於禁中。及世宗寵隆外家，並居顯位，乃惟高祖舅氏存已不霑恩澤。其事皆不可解。然則高祖果思后子邪？抑非思后子也？竊謂文明后爲好專權勢之人，豈有因生孫而罷政？且亦何必因此而罷政？豈高祖實后私生之子，后因免乳，乃不得不罷朝歟？此事固無證據可擧，然以事理推之，實不得不作如是想。此等事，固永無證據可得也。馮朗爲北燕末主弘之子。馮跋，史雖云其家於昌黎，遂同夷俗，然觀其政事，卽知其大與胡虜不同。樂浪王氏亦久爲衣冠之族。齊書魏虜傳亦云：「馮氏黃龍人。」又載一異說云：「馮氏本江都人，江都，漢縣，今江蘇江都縣。佛貍元嘉二十七年南侵，略得馮氏，濬以爲妾，」其說恐不足信，卽謂可信，其爲以文明人入野蠻部族，亦與燕、魏之爲婚媾同也。高祖之教育，蓋全受諸文明后，與佛貍母雖漢人，教育則全受諸鮮卑者大異，此其所以能去腥羶之鄉，踐禮教之域，毅然獨斷，大革胡俗歟？北史辥聰傳云：帝嘗與朝臣論海內姓地人物，戲謂聰曰：「世人謂卿諸辥是蜀人，定是蜀人不？」聰對曰：「臣遠祖廣德，世仕漢朝，時人呼爲漢人。九世祖永，隨劉備入蜀，時人呼爲蜀臣。今事陛下，是虜非蜀也。」帝撫掌笑曰：「卿幸可自明非蜀，何乃遂復苦朕？」彼其胸中，蓋無復絲豪以虜自居之意矣。謂非實有以呂易嬴之事，而彼且自知之，得乎？

孝文受禪時，年五歲。史言獻文本欲傳位於京兆王子推，景穆子。以任城王雲亦景穆子。及元丕、源賀、陸馛、俟子。高允、趙黑固諫，乃止。此自爲表面文字。獻文死，文明后爲大皇大后，臨朝稱制。至大和十四年齊武帝永明八年。乃死。稱制凡十五年。自乙渾誅至此，則二十五年矣。后傳云：自大后臨朝專政，高祖雅性孝謹，不欲參決，事無巨細，一稟於大后大后多智略。猜忍，能行大事。生殺賞罰，決之俄頃，多有不關高祖者。是以威福兼作，震動內外。杞道德、即抱嶷，見閹官傳。王遇、張祐、苻承祖等，拔自寒閹，歲中而至王公。大后所寵閹人尚有趙黑。嘗爲選部尚書，出爲定州刺史，又爲尚書左僕射。李訢之死，黑有力焉。又有劇鵬、李豐、王質、李堅、孟鸞等，皆見閹官傳。王叡出入臥內，數年便爲宰輔，賞賚財帛以千萬億計。金書鐵券，許以不死之詔。叡傳云：出入帷幄，大后密賜珍玩、繒采，人莫能知。率常以夜，帷車載往，閹官防致，前後巨萬，不可勝數。加以田園、奴婢、牛馬、雜畜，並盡良美。大臣及左右，因是以受賚錫，外示不私，所費又以萬計。至其子椿，傳猶稱其僮僕千餘，園宅華廣，聲伎自適，無乏於時。叡弟諶之孫超，史亦稱其每食必窮水陸之味焉。閹官傳云：李豐之徒數人，皆被眷寵，積貲巨萬，第宅華壯。文明大后崩後，乃漸衰矣。又云：張祐歲月賞賜，家累巨萬。王遇與抱嶷，前後賜奴婢數百人，馬、牛、羊他物稱是。二人俱號富室。王叡疾病，高祖、大后每親視疾，侍官省問，相望於道。將葬於城東，高祖登城樓以望之。詔爲叡立祀於都南二十里大道右，起廟以時祭薦，并立碑銘，置守冢五家。京都士女，詔稱叡美，造新聲而絃歌之，名曰中山王樂。詔班樂府，合樂奏之。初叡女妻李沖兄子延賓，次女又適趙國李恢子華。女之將行也，先入宮中，其禮略如公主、王女之儀。大后親御大華殿，寢其女於別帳。叡與張祐侍坐。叡所親及兩李家丈夫、婦人列於東西廊下。及車引，大后送過中路。時人竊謂天子、大后嫁女。張祐，大后爲造甲宅。宅成，高祖、大后親率文武往燕會焉。抱嶷，幼時隴東人張乾王反叛，家染其逆。及乾王敗，父睹生逃避得免，嶷獨與母沒入京師，遂爲宦人。大后既寵之，乃徵睹生，拜大中大夫，賞賜衣馬。睹生將退，見於皇信堂，高祖執手謂之曰：「老人歸途，幾日可達？好慎行路。」其上下瀆亂如此，宜乎天象志謂大后專朝，且多外嬖，雖天子猶依附之也。李沖雖以器能受任，亦由見寵帷幄。密加錫賚，不可勝數。沖傳云：沖爲文明大后所幸，恩寵日盛，賞賜月至數十萬。密致珍寶御物，以充其第，外人莫得而知焉。沖家素清貧，至是始爲富室。后性嚴明，假有寵待，亦無所縱。左右纖介之愆，動加捶楚，多至百餘，少亦數十。然性不宿憾，尋亦待之如初，或因此更加富貴。是以人人懷於利欲，至死而不思退。外禮民望元丕、游明根等，頒賜金帛輿馬。每至褒美王叡等，皆引丕等參之，以示無私。又自以過失，懼人議己，小有疑忌，便見誅戮。如李訢、李惠之徒，猜嫌覆滅者十餘家，死者數百人，率多枉濫，天下冤之。案后奢侈之事，見於史者，不可枚舉。即以營建論：高祖嘗爲后經始靈塔龍鷹師曹，以其地爲報德佛寺。后與高祖遊於方山，在今山西大同縣北。顧瞻川阜，有終焉之志。高祖乃詔有司營建壽陵於方山，又起永固石室，將終爲清廟焉。大和五年起作，齊建元三年。八年而成，刊石立碑，頌大后功德。大后又立宣王廟於長安，大后父。燕思佛圖於龍城，皆刊石立碑。后之侈，未知視胡靈后何如？殺戮則過之矣，而沒身無患，至於孝文，猶稱魏之盛世，豈不以距開創未久，兵力尚强，而代北之地，風氣質樸，莫敢稱兵以叛邪？至於南遷，而情勢又異矣。

第二節　孝文遷洛

魏初風俗至陋。齊書魏虜傳述其情形云：什翼珪始都平城，猶逐水草，無城郭。木末明元帝。始土著居處。佛貍破涼州、黃龍，徙其居民，大築城邑。魏書天象志：天賜三年六月，發八部人自五百里內繕修都城，魏於是始有邑居之制度。天賜三年，晉安帝之義熙二年也。截平城西爲宮城，四角起樓，女牆門不施屋，城又無壍。南門外立二土門，內立廟，開四門，各隨方色。凡五廟，一世一間，瓦屋。其西立大社。佛貍所居雲母等三殿，又立重屋，居其上。飲食廚名阿眞廚，在西，皇后可孫恆出此廚求食。殿西鎧仗庫屋四十餘間，殿北絲、緜、布、絹庫土屋一十餘間。僞大子宮在城東，亦開四門，瓦屋，四角起樓。妃妾住皆土屋。婢使千餘人，織綾錦，販賣，酤酒，養豬、羊，牧牛、馬，種菜逐利。大官八十餘窖，窖四千斛，半穀半米。又有懸食瓦屋數十間。置尚方作鐵及木。其袍衣，使宮內婢爲之。僞太子別有倉庫。其郭城繞宮城南，悉築爲坊。坊開巷。坊大者容四五百家，小者六七十家。城西南去白登山七里。山邊別立祖父廟。城西有祠天壇，立四十九木人，長丈許，白幘、練裙、馬尾被立壇上。常以四月四日，殺牛馬祭祀，盛陳鹵簿，邊壇奔馳，奏伎爲樂。城西三里，刻石寫五經及其國記，於鄴取石虎文石屋基六十枚，皆長丈餘，以充用。國中呼內左右爲直眞，外左右爲烏矮眞，曹局文書吏爲比德眞，檐衣人爲樸大眞，帶仗人爲胡洛眞，通事人爲乞萬眞，守門人爲可薄眞，僞臺乘驛賤人爲拂竹眞，諸州乘驛人爲咸眞，殺人者爲契害眞，爲主出受辭人爲折潰眞，貴人作食人爲附眞。三公貴人，通謂之羊眞。佛貍置三公、大宰、尚書令、僕射、侍中，與大子共決國事。殿中尚書知殿內兵馬倉庫。樂部尚書知伎樂及角史伍伯。駕部尚書知牛、馬、驢、騾。南部尚書知南邊州郡。北部尚書知北邊州郡。又有俟懃地何，比尚書。莫堤，比刺史。郁若，比二千石。受別官，比諸侯。諸曹府有倉庫，悉置比官。皆使通虜、漢語，以爲傳譯。蘭臺置中丞、御史，知城內事。又置九豆和官，宮城三里內民戶籍不屬諸軍戍者，悉屬之。其車服：有大小輦，皆五層，下施四輪，三二百人牽之，四施絙索備傾倒。軺車建龍旗，尚黑。妃后則施雜采幰，無幢絡。大后出，則婦女著鎧騎馬，近輦左右。虜主及后妃常行，乘銀鏤羊車，不施帷幔。皆偏坐，垂脚轅中。在殿上亦跂據。正殿施流蘇帳、金博山、龍鳳朱漆畫屏風、織成幌。坐施氍毹。褥前施金香鑪、琉璃鉢、金椀，盛雜食器。設客長盤一尺。御饌圓盤廣一丈。爲四輪車，元會日六七十人牽上殿。蜡日逐除；歲盡，城門磔雄雞；葦索、桃梗，如漢儀。自佛貍至萬民，（獻文帝。）世增雕飾。正殿西築土臺，謂之白樓。萬民禪位後，常遊觀其上。臺南又有伺星樓。正殿西又有祠屋，琉璃爲瓦。宮門稍覆以屋，猶不知爲重樓。並設削泥采畫金剛力士。又規畫黑龍相盤繞，以爲厭勝。其文化蓋兼受諸中國及西域，然究不脫北狄本色。魏虜傳云：「佛貍已來，稍僭華典，胡風、國俗，雜相揉亂。」此胡風指西域言，國俗則鮮卑之本俗也。欲革之於旦夕之間，固非遷徙不爲功矣。

孝文知北人之不樂徙也，乃借南伐爲名以脅衆。齊武帝永明十一年，虜大和十七年也。八月，孝文發代都，聲言南伐。九月，至洛陽。自發代都，霖雨不霽，孝文仍詔發軫。羣臣稽顙馬前。孝文乃言：「今者興動不小，動而無成，何以示後？若不南行，即當移都於此。」衆憚南征，無敢言者。遂定遷都洛陽之計。其事詳見魏書李沖傳。孝文此舉，必有參與密謀者，今不可考，以意度之，必爲漢臣李沖當即其一也。當南伐時，即起宮殿於鄴西，十一月，移居焉，而委李沖以新都營構之任。明年，齊明帝建武元年。二月，北還。詔諭其下以遷都意。閏月，至平城。三月，臨大極殿，諭在代羣臣以遷移之略。其事詳見魏書東陽公丕傳。傳謂孝文詔羣下各言其意，然無敢强諫者，蓋逆知其不可回矣。當時贊孝文南遷，並爲開諭衆人，鎮撫舊京者有任城王澄、南安王楨、廣陵王羽及李韶等，亦不過從順其意而已，非眞樂遷也。于烈傳云：人情戀本，多有異議。高祖問烈：「卿意云何？」烈曰：「陛下聖略淵深，非愚管所測，若隱心而言，樂遷之與戀舊，惟中半耳。」似直言，實亦巽辭也。明帝建武二年，大和十九年。六月，詔遷洛之民，死葬河南，不得還北。文成五王傳：廣川王略子諧，大和十九年薨，有司奏王妃薨於代京，未審以新尊從於卑舊，爲宜卑舊來就新尊？詔曰：「遷洛之人，自茲厥後，悉可歸骸邙嶺，皆不得就塋恆代。其有夫先葬在北，婦今喪在南，婦人從夫，宜還代葬。若欲移父就母，亦得任之。其有妻墳於恆代，夫死於洛，不得以尊就卑。欲移母就父，宜亦從之；若異葬，亦從之。若不在葬限，身在代喪，葬之彼此，皆得任之。其戶屬恆燕，身官京洛，去留之宜，亦從所擇。其屬諸州者，各得任意。其年九月，遂盡遷於洛陽。

孝文之南遷，舊人多非所欲也，遂致激成反叛。魏書高祖紀：大和二十年，齊建武三年。十有二月，廢皇大子恂爲庶人。恆州刺史穆泰等在州謀反，道武都平城，於其地置司州，遷洛後改爲恆州。遣任城王澄案治之。澄，景穆子任城王雲之子。樂陵王思譽坐知泰陰謀不告，削爵爲庶人。景穆子樂陵王胡兒無子，顯祖詔胡兒兄汝陰王天賜之第二子永全後之，襲封，後改名思譽。恂傳云：恂不好書學，體貌肥大，深忌河洛暑熱，意每追樂北方。中庶子高道悅數苦言致諫，恂甚銜之。高祖幸崧岳，大和二十年八月。恂留守金墉，見第三章第二節。於西掖門內與左右謀，欲召牧馬輕騎奔代，手刃道悅於禁中。領軍元儼勒門防遏，夜得寧靜。厥明，尚書陸琇馳啓高祖於南。高祖聞之駭惋。外寢其事，仍至汴口而還。引見羣臣於清徽堂。高祖曰：「古人有言：大義滅親。今恂欲違父背尊，跨據恆、朔，今日不滅，乃是國家之大禍。」乃廢爲庶人，置之河陽。漢縣，晉省，魏復置，在今河南孟縣西。以兵守之，服食所供，粗免飢寒而已。恂在困躓，頗知咎悔，恆讀佛經，禮拜，歸心於善。高祖幸代，遂如長安。大和二十一年四月，齊建武四年。中尉李彪承間密表，告恂復與左右謀逆。高祖在長安，使中書侍郎邢巒與咸陽王禧獻文子。奉詔齎椒酒詣河陽，賜恂死。二十二年，齊明帝永泰元年。冬，御史臺令史龍文觀坐法當死，告廷尉，稱恂前被攝之日，有手書自理，不知狀，而中尉李彪、侍御史賈尚寢不爲聞。尚坐繫廷尉。時彪免歸，高祖在鄴，尚書表收彪赴洛，會赦，遂不窮其本末。賈尚出繫，暴病數日死。案恂死時年十五，廢時年僅十四，安知跨據恆、朔？則其事必別有主謀可知。穆泰之叛也，史云：泰時爲定州刺史，魏於中山置定州。自陳病久，乞爲恆州，遂轉陸叡爲定州，以泰代焉。泰不願遷都，叡未發而泰已至，遂潛相扇誘，與叡及安陸侯元隆、撫冥鎮將魯郡侯元業、驍騎將軍元超，隆、業、超皆丕子。陽平侯賀頭，射聲校尉元樂平，前彭城鎮將元拔，代郡大守元珍，鎮北將軍樂陵王思譽等謀，推朔州刺史陽平王頤爲主。朔州，魏置，今山西朔縣。頤，景穆子陽平幽王新成之子。頤僞許以安之，而密表其事。高祖乃遣任城王澄發幷、肆兵以討之。幷州治晉陽，今山西陽曲縣。肆州治九原，在今山西忻縣西。澄先遣治書侍御史李煥單車入代，出其不意。泰等驚駭，計無所出。煥曉諭逆徒，示以禍福。於是凶黨離心，莫爲之用。泰自度必敗，乃率麾下數百人攻煥郭門，冀以一捷。不克，單馬走出城西，爲人禽送。澄傳：高祖遣澄，謂曰：「如其弱也，直往禽翦。若其勢强，可承制發幷、肆兵殄之。」澄行達鴈門，大守夜告：「泰已握衆西就陽平，城下聚結。」澄聞便速進。右丞孟斌曰：「事不可量。須依敕召幷、肆兵，然後徐動。」澄不聽，而倍道兼行。又遣李煥先赴，至卽禽泰。澄亦尋到，窮治黨與。澄傳云：獄禁者凡百餘人。高祖幸代，紀：大和二十一年正月北巡，二月至平城。親見罪人，問其反狀。泰等伏誅。陸叡賜死於獄。新興公丕傳：自高祖南伐以來，迄當留守之任。後又遷大傅，錄尙書。馮熙薨於代都，熙，文明后兄。丕表求鑾駕親臨。詔曰：「今洛邑肇構，跂望成勞。開闢迄今，豈有以天子之重，親赴舅國之喪？朕縱欲爲孝，其如大孝何？縱欲爲義，其如大義何？天下至重，君臣道縣，豈宜苟相誘引，陷君不德？令、僕已下，可付法官貶之。」陸叡傳：叡表請車駕還代，親臨馮熙之喪，坐削奪都督恆、肆、朔三州諸軍事。又詔以丕爲都督，領幷州刺史。丕前妻子隆，同産數人，皆與別居，後得宮人，所生同宅共産，父子情因此偏。丕父子大意不樂遷洛。高祖之發平城，大子恂留於舊京。及將還洛，丕前妻子隆，與弟超等，密謀留恂，因舉兵斷關，規據陘北。見第二章第二節。時丕以老居并州，雖不與其始計，而隆、超咸以告丕。丕外慮不成，口雖致難，心頗然之。及高祖幸平城，推穆泰等首謀，隆兄弟並是黨。隆、超與元業等兄弟並以謀逆伏誅。有司奏處孥戮。詔以丕應連坐，但以先許不死之身，躬非染逆之黨，聽免死，仍爲大原百姓，其後妻二子聽隨。隆、超母弟及餘庶兄弟，皆徙敦煌。見第二章第二節。案馮熙死於大和十九年三月。是歲六月，詔恂赴平城宮，九月，六宮及文武盡遷洛陽。恂傳云：二十年，改字宣道。遷洛，詔恂詣代都。及恂入辭，高祖曰：「今汝不應向代，但大師薨於恆壤，朕既居皇極之重，不容輕赴舅氏之喪，欲使汝展哀舅氏」云云。此與十九年六月之詔，當卽一事，敍於二十年改字之後，蓋傳之誤。丕傳所謂高祖發平城，大子留於舊京者，當卽此時。高祖若至代都，稱兵要脅之事，其勢必不可免。代都爲舊人聚集之地，勢必難於收拾，故高祖拒而不往；又慮羣情之滋惑也，乃使恂北行以慰撫之，自謂措置得宜矣。然魏以大子監國，由來舊矣；禪代，獻文又特創其例矣。泰等是時，蓋猶未欲顯叛高祖，特欲挾大子據舊都，脅高祖授以監國之任？禪代蓋尚非其意計所及。高祖本使恂往，意在消弭釁端，不意恂亦爲叛黨所惑，還洛之後，猶欲輕騎奔代也。然此必非恂所能爲，洛京中人，必又有與叛黨通聲氣者矣，亦可見其牽連之廣也。恂既廢，叛黨與高祖調停之望遂絕，乃又謀推陽平，亦所謂相激使然者邪？穆泰者，崇之玄孫，以功臣子孫尙章武長公主。文明大后欲廢高祖，泰切諫，乃止。高祖德之，錫以山河，寵待隆至。陸叡，俟之孫。沈雅好學，折節下士。年未二十，時人便以宰輔許之。又數征柔然，有功。實胏胕之親，心膂之任，喬木世臣，民之望也，而皆躬爲叛首。于烈傳言：代鄉舊族，同惡者多，惟烈一宗，無所染預而已。當時情勢，亦危矣哉？

南遷之計，於虜爲損乎？爲益乎？齊書王融傳：永明中，虜遣使求書，朝議欲不與，融上疏曰：「今經典遠被，詩史北流，馮李之徒，必欲遵尙，直勒等類，居致乖阻，何則？匈奴以氈騎爲帷牀，馳射爲餱糧，冠方帽則犯沙陵雪，服左衽則風驤鳥逝，若衣以朱裳，戴之玄冕，節其揖讓，敎以翔趨，必同艱桎梏，等懼冰淵，婆娑蹴躃，困而不能前已。及夫春水草生，阻散馬之適，秋風木落，絕驅禽之歡，息沸脣於桑墟，別踶乳於冀俗，聽韶雅如聾瞶，臨方丈若爰居，馮李之徒，固得志矣，虜之凶族，其如病何？於是風土之思深，愎戾之情動，拂衣者連裾，抽鋒者比鏃，部落爭於下，酋渠危於上，我一舉而兼吞，卞莊之勢必也。」其於魏末喪亂，若燭照之矣。魏書孫紹傳：紹於正光後表言：「往者代都武質而治安，中京以來，文華而政亂，故臣昔於大和極陳得失，延昌、正光，奏疏頻上。」今其所陳不可悉考，然謂武質而安，文華而亂，固已曲盡事情。離乎夷狄而未卽乎中國，固不免有此禍，然遂終自安於夷狄可乎？子曰：「朝聞道，夕死可矣，」一人如是，一族亦然。烏飛準繩，豈計一時之曲直？是則以一時言，南遷於虜若爲害，以永久言，於虜實爲利也。孝文亦人傑矣哉！

昭成子孫傳云：高祖遷洛，在位舊貴，皆難於移徙，時欲和合衆情，遂許冬則居南，夏便居北。世宗頗惑左右之言，外人遂有還北之問。至乃榜賣田宅，不安其居。昭成玄孫暉乃請間言：「先皇移都，爲百姓戀土，故發冬夏二居之詔，權寧物意耳。乃是當時之言，實非先皇深意。且北來遷人，安居歲久，公私計立，無復還情。陛下當終高祖定鼎之業，勿信邪臣不然之說。」世宗從之。肅宗紀：熙平二年，（梁武帝天監十六年。）十月，詔曰：「北京根舊，帝業所基，南遷二紀，猶有留住。懷本樂業，未能自遣。若未遷者，悉可聽其仍停。」此可見孝文雖雷厲風行，實未能使代都舊貴，一時俱徙，且於既徙者亦仍聽其往還也。然以大體言之，南遷之計，固可謂爲有成矣。

遷都之後，於革易舊俗，亦可謂雷厲風行。大和十八年，齊建武元年。十二月，革衣服之制。明年六月，詔不得以北俗之語，言於朝廷。若有違者，免所居官。又明年，正月，詔改姓元氏。又爲其六弟各聘漢人之女，前所納者，可爲妾媵。事見咸陽王禧傳。傳又載：孝文引見羣臣，詔之曰：「今欲斷諸北語，一從正音。年三十以上，習性已久，容或不可卒革。三十以下，見在朝廷之人，語音不聽仍舊。若有故爲，當降爵黜官。所宜深戒。」又曰：「朕嘗與李沖論此，沖言四方之語，竟知誰是？帝者言之，卽爲正矣，何必改舊從新？沖之此言，應合死罪。」乃謂沖曰：「卿實負社稷，合令御史牽下。」又引見王公卿士，責留京之官曰：「昨望見婦女之服，仍爲夾領小袖。我徂東山，雖不三年，既離寒暑，卿等何爲而違前詔？」案民族根柢，莫如語言。語言消滅，未有不同化於他族者。不則一切取之於人，仍必巋然獨立爲一民族。就國史觀之，往昔入居中原諸族，及久隸我爲郡縣之朝鮮、安南，卽其明證。人無不有戀舊之心，有戀舊之心，卽無不自愛其語言者。孝文以仰慕中國文化之故，至欲自舉其語言而消滅之，其改革之心，可謂勇矣。其於制度，亦多所釐定，如立三長之制，及正官制，修刑法是也。別於他章述之。史稱孝文「雅好讀書，手不釋卷。五經之義，覽之便講，學不師授，探其精奧。史傳、百家，無不該涉。善談莊、老，尤精釋義。才藻富贍，好爲文章，詩賦銘頌，任興而作。有大文筆，馬上口授，及其成也，不改一字。自大和十年已後，詔册皆帝之文也。」此自不免過譽，然其於文學，非一無所知審矣。亦虜中豪桀之士也。

拓跋氏之任用漢人，始於桓、穆二帝。其時之衞操、姬澹、衞雄、莫含等，雖皆乃心華夏，非欲依虜以立功名，然於虜俗開通，所裨必大，則可想見。六脩之難，晉人多隨劉琨任子南奔，虜之所失，必甚巨也。事見第四章第二節。衞操傳云：始操所與宗室鄉親入國者：衞勲、衞崇、衞淸、衞沈、段繁、王發、范班、賈慶、賈循、李壹、郭乳。六脩之難，存者多隨劉琨任子遵南奔。昭成愚戇，覩其見獲後對苻堅之語可知，見第六章第三節。其能用漢人，蓋尚不逮桓、穆。其時漢人見用，著於魏史者，惟許謙、燕鳳而已。據魏書傳：鳳爲昭成代王左長史，謙爲郎中令，兼掌書記。道武性質，更爲野蠻。破燕以後，不得不任用漢人，然仍或見誅夷，或遭廢黜，實不能謂爲能用漢人也。道武本紀謂參合陂之捷，始於俘虜之中，擢其才識，與參謀議。及幷州平，初建臺省，置百官，尚書郎已下，悉用文人。又云：帝初拓中原，留心慰納，諸士大夫詣軍門者，無少長，皆引入賜見，存問周悉，人得自盡。苟有微能，咸蒙敍用。此不過用爲掾史之屬而已，無與大計也。道武所用漢人，較有關係者，爲許謙、燕鳳、張袞、崔宏、鄧淵、崔逞。謙、鳳皆昭成舊人，其才蓋非後起諸臣之敵。宏事略見第八章第六節。淵以從父弟暉與和跋厚善見殺。逞使妻與四子歸慕容德，獨與小子留平城，道武嫌之，遂借答晉襄陽戍將書不合殺之。張袞以先稱美逞及盧溥，亦見黜廢。逞傳言：司馬休之等數十人，爲桓玄所逐，皆將來奔，至陳留南，分爲二輩：一奔長安，一歸廣固。大祖初聞休之等降，大悅。後怪其不至，詔兗州尋訪，獲其從者，皆曰：「聞崔逞被殺，故奔二處。」大祖深悔之。自是士人有過者，多見優容。此亦不過一時之悔而已，以道武之猜忍好殺，又安知懲前毖後邪？然旣荐居中國之地，政務稍殷，終非鮮卑所能了，故漢人之見任者亦稍多焉。崔浩見信於明元、大武二世；浩以謀覆虜誅，而大武仍任李孝伯；孝伯爲順從弟。傳云：自崔浩誅後，軍國之謀，咸出孝伯，世祖寵眷亞於浩。高允與立文成，初不見賞，允傳云：高宗卽位，允頗有謀焉，司徒陸麗等皆受重賞，允旣不蒙褒異，又終身不言。文明后誅乙渾，乃引允與高閭入禁中，共參朝政，卽可見此中消息。然允等之見任，實不過職司文筆而已，允傳云：自高宗迄於顯祖，軍國書檄，多允文也。末年乃薦高閭以自代。閭傳云：文明大后甚重閭，詔令書檄碑銘贊頌，皆其文也。齊書王融傳：融上疏曰：「虜前後奉使，不專漢人，必介以匈奴，備諸覘獲。且設官分職，彌見其情。抑退舊苗，扶任種戚。師保則后族馮晉國，總錄則邽姓直勤渴侯，台鼎則丘頹、苟仁端，執政則目凌鉗耳。至於東都羽儀，西京簪帶，崔孝伯、程虞虯久在著作，李元和、郭李祐止於中書，李思沖飾虜清官，游明根泛居顯職。」虜之遇漢人如何，當時固人知其情也。允傳言：允諫諍，高宗常從容聽之。或有觸迕，帝所不忍聞者，命左右扶出。事有不便，允輒求見。高宗知允意，逆屏左右以待之。禮敬甚重。晨入暮出，或積日居中，朝臣莫知所論。或有上事陳得失者，高宗省而謂羣臣曰：「君父一也。父有是非，子何為不作書於人中諫之，使人知惡，而於家內隱處也？豈不以父親，恐惡彰於外也？今國家善惡，不能面陳，而上表顯諫，此豈不彰君之短，明己之美？至如高允者，眞忠臣矣。朕有是非，常正言面論。至朕所不樂聞者，皆侃侃言說，無所避就。朕聞其過，而天下不知其諫，豈不忠乎？汝等在左右，曾不聞一正言，但伺朕喜時，求官乞職。汝等把弓刀侍朕左右，徒立勞耳，皆至公王。此人把筆匡我國家，不過著作郎，汝等不自媿乎？」於是拜允中書令，著作如故。夫以言不忍聞，遂令左右扶出，所謂禮遇甚重者安在？高宗之愛允，不過以不彰其過而已，此實好諛惡直，豈曰能容諫臣？允之諫諍，史所舉者，營建宮室，及婚娶喪葬，不依古式，此並非聽者所不樂聞；又以不顯諫自媚；而其見寵，尚不逮把持弓刀之人，虜之視漢人何等哉？然史又言：「魏初法嚴，朝士多見杖罰，允歷事五帝，出入三省，五十餘年，初無譴告，」蓋允雖貌若蹇直，實不肯觸虜之忌，其不欲盡忠於虜，猶崔宏之志也。傳又言：高宗既拜允中書令，司徒陸麗曰：「高允雖蒙寵待，而家貧，布衣，妻子不立。」高宗怒曰：「何不先言？今見朕用之，方言其貧。」是日，幸允第。惟草屋數間，布被縕袍，廚中鹽菜而已。初與允同徵游雅等，多至通官，封侯，及允部下吏百數十人，亦至刺史、二千石，而允為郎二十七年不徙官。時百官無祿，允常使諸子樵采自給。又云：是時貴臣之門，皆羅列顯官，而允子弟皆無官爵。蓋允之仕虜，特不得已求免死而已。雖不逮崔浩之能密圖義舉，視屈節以求富貴者，其猶賢乎？允之見徵，在大武神䴥四年，宋文帝元嘉八年也。史云至者數百人，皆差次敘用，蓋大武之世徵用漢人最盛者也。事見魏書本紀。節李沖見寵衽席之上，實亦佞幸之流，高祖特以大后私暱，虛加尊禮，非眞與謀軍國大計也。此外李彪、宋弁、郭祚、崔亮之徒，或佐銓衡，或助會計，碌碌者更不足道。虜之楨幹，仍在其種戚之手。此輩一驕奢疲耎，而其本實先撥矣。此則非遷都所能求益，抑且助長其驕淫，所謂離乎夷狄而未即乎中國也。

第三節　齊魏兵爭

南北之兵爭，至宋末而形勢一變。宋初中國尚全有河南，魏大武之南伐，中國雖創巨痛深，然虜亦僅事剽掠，得地而不能守也。及明帝篡立，四境叛亂，淮北淪陷，魏人始有占據河南之心。至孝文南遷，而虜立國之性質亦一變；於是所爭者西在宛、鄧，中在義陽，東在淮上矣。

淮北淪沒之後，宋、魏之使命仍通。後廢帝元徽元年，魏孝文帝延興三年也。魏書本紀云：十月，大上皇帝親將南討，詔州郡之民，十丁取一，以充行戶。然其後南巡，僅至懷州而還。懷州，後魏置，治野王，今河南沁陽縣。明年九月，紀又云：以劉昱內相攻戰，詔將軍元蘭等五將，三萬騎，及假東陽王丕爲後繼，伐蜀漢，而列傳及宋書皆不載其事。通鑑因此未書其事，見考異。蓋兵實未出也。及齊高帝建元元年，乃命元嘉出淮陰，大武子廣陽王建閭之子，時爲假梁王。齊書垣崇祖傳作僞梁王郁豆眷。元琛出廣陵，薛虎子出壽春。代人，北史避唐諱作彪子。初高帝策虜必以送劉昶爲名出兵，所攻必在壽春，徙垣崇祖爲豫州刺史以防之。明年二月，元嘉、劉昶馬步號二十萬攻壽春，通鑑：魏將薛道標趨壽陽，上使齊郡大守劉懷慰作將軍薛淵書以招之。魏人聞之，召道標還，使梁郡王嘉代之。爲崇祖所破，攻鍾離，見第八章第四節。又爲徐州刺史崔文仲所敗。虜又遣兵向司州，分兵出兗、青界，圍朐山。見第九章第二節。戍主玄元度固守。青、冀二州刺史盧紹之遣子奐往援。潮水至，虜淪溺，元度出兵奮擊，大破之。虜乃遣馮熙迎嘉等還。是歲七月，角城戍主降魏。角城，晉縣，在今江蘇淮陰縣南。魏詔徐州刺史元嘉赴接。十月，又命馮熙爲西道都督，與桓誕出義陽。誕者，大陽蠻酋，大陽，戍名，在今湖北蘄春縣西北。自云桓玄之子，以宋明帝末降魏者也。時李安民行淮、泗諸戍。三年，魏大和五年。正月，破虜軍於淮陽。見第九章第五節。馮熙向司州，馮熙，齊書魏虜傳作馮莎。荒人桓天生說熙云：諸蠻皆響應。熙至，蠻竟不動。熙大怒，於淮邊獵而去。高帝未遑外略，既克，乃遣後軍參軍車僧朗北使。先是宋使殷靈誕、苟昭先在虜，聞高帝登極，靈誕謂虜典客曰：「宋、魏通好，憂患是同。宋今滅亡，魏不相救，何用和親？」及虜寇豫州，靈誕因請爲劉昶司馬，不獲。僧朗至北，虜置之靈誕下。僧朗立席言曰：「靈誕昔是宋使，今成齊民。實希魏主，以禮見處。」靈誕交言，遂相忿詈。劉昶賂客買奉君，於會刺殺僧朗。虜即收奉君誅之。殯斂僧朗，送喪隨靈誕等南歸，厚加贈賻。世祖踐阼，昭先具以啓聞。靈誕下獄死。靈誕既欲盡忠於宋，即宜終歿虜廷，乃復顧戀家園，隨喪南返，足見外託盡忠一姓之名，而忘夷夏之大界者，必無端人正士也。永明元年，魏大和七年。魏使李彪來，齊使劉纘報聘，使命復通。五年，魏大和十一年。桓天生與雍、司蠻虜相扇動，據南陽故城，攻舞陰。見齊書陳顯達傳。舞陰，漢縣，後魏置郡，在今河南泌陽縣西北。虜遣騎萬餘人助之，至比陽，亦作沘陽，漢縣，在今河南泌陽縣西。爲戴僧靜等所破。天生亦爲舞陰戍主殷公愍所破。明年，天生復引虜出據隔城，在今河南桐柏縣西北。遣曹虎討拔之。十一年，魏大和十七年。二月，雍州刺史王奐輒殺寧蠻長史劉興祖。上怒，遣中書舍人呂文顯、直閤將軍曹道剛領齋仗五百人收奐，鎮西司馬曹虎從江陵步道會襄陽。奐第三子彪，閉門拒守。司馬黃瑤起、寧蠻長史裴叔業於城內起兵攻奐，斬之。彪及弟爽、弼，女壻殷叡皆伏誅。長子融，融弟琛，於都棄市。琛弟肅、秉並奔魏。奐，景文兄子，蘊之兄也。武帝本疑之，以王晏言得解，及是誅滅焉。是歲，七月，魏孝文借南伐爲名，定遷都之計，事已見前。齊書魏虜傳云：北地人支酉，北地見第二章第二節。聚數千人於長安城北西山起義。使告梁州刺史陰智伯。秦州人王廣，起義應西攻，獲僞刺史劉藻。魏書藻傳：藻爲秦州刺史。孝文南伐，以爲東道都督，秦人紛擾，詔藻還州，人情乃定。不知宋人傳聞不實邪？抑魏人自諱其喪敗也。秦、雍閒七州民皆響震，衆至十萬，各自保壁望救。宏遣弟僞河南王幹、尚書盧陽烏擊秦、雍義軍，大敗。時虜使趙郡王幹督關右諸軍事，盧淵爲副。幹，獻文子。西進至咸陽北濁谷，咸陽見第六章第四節。圍僞司空長洛王繆老生，魏書穆亮。大破之，老生走還長安。陰智伯遣數千人應接。西等進向長安，所至皆靡。會世祖崩，宏聞關中危急，乃稱聞喪退師。遣楊大眼等數萬人攻酉。酉、廣等皆見殺。案孝文此次南伐，雖云意在遷都，然其人初非無意於猾夏者，蓋既欲遷都京洛，則宛、鄧、義陽，皆迫圻甸，其形勢迥非立國平城時比矣。故魏書王肅傳，謂肅降魏，勸以大舉，而其圖南之志轉銳也。明年，爲明帝建武元年，魏大和十八年。齊使雍州刺史曹虎詐降以刺魏情，魏遂使薛眞度出襄陽，劉昶出義陽，元衍出鍾離，劉藻出南鄭，孝文亦自將南伐，至縣瓠。又明年，建武二年，魏大和十九年。齊使王廣之督司，蕭坦之督徐，沈文季督豫以拒之。又使青、冀二州刺史張沖出兵，分其軍勢。魏孝文自渡淮攻鍾離，爲徐州刺史蕭惠休所破。乃借馮誕死爲名，誕，熙子，時爲司徒。遣使臨江，數明帝殺主自立之罪而還。劉昶與王肅圍義陽，司州刺史蕭誕固守。王廣之遣蕭衍等間道先進，內外合擊，破之。元英圍南鄭，英，景穆子南安惠王楨之子。刺史蕭懿固守自春至夏六十餘日。懿又使氐人楊元秀還仇池，說氐起兵斷虜運道。英乃退入斜谷。參看下節。斜谷，在今陝西郿縣西南。四年，魏大和二十一年。魏孝文又大舉入寇，過赭陽、南陽，留兵攻之，而自南至新野。赭陽，後魏縣，在今河南葉縣西南。南陽，見第三章第四節。新野，見第三章第三節。十月，四面進攻，不克，乃築長圍守之。曹虎與南陽大守房伯玉不協，頓兵樊城不進。樊城，見第五章第二節。齊遣蕭衍、張稷救雍州。十二月，又遣崔慧景總督衆軍。明年爲永泰元年，魏大和二十二年。正月，新野大守劉思忌，煑土爲粥，而救兵不至，城陷。虜縛思忌問之曰：「今欲降未？」思忌曰：「寧爲南鬼，不爲北臣。」乃殺之。於是湖陽、赭陽、舞陰、順陽諸戍並棄城走。湖陽，漢縣，在今泌陽縣南。順陽，見第三章第九節。舞陰城主，卽黃瑶起也。虜軍追獲之，王肅募人臠食其肉，亦可謂行如野番矣。二月，房伯玉降虜。初薛眞度南侵，爲伯玉所破。齊書魏虜傳言：魏孝文因此怒，以南陽小郡，誓取滅之，故自率軍向雍州。案孝文是役，似因先不得志於淮上而然，謂其甘心於南陽一城，似未必確。然其至南陽，使數伯玉三罪，而敗薛眞度居其一，則其未能忘情於喪敗可知也。伯玉雖力屈而降，然虜以爲龍驤將軍，不肯受。高宗知其志，月給其子希哲錢五千，米二十斛。後伯玉就虜求南邊一郡，爲馮翊大守，此馮翊郡當在今河南境，未詳所治。生子，幼便敎其騎馬，常欲南歸。永元末，希哲入虜，伯玉大怒曰：「我力屈至此，不能死節，猶望汝在本朝，以報國恩。我若從心，亦欲間關求返。汝何爲失計？」遂卒虜中，亦可哀矣。齊又遣陳顯達救雍州。崔慧景至襄陽，五郡已沒，胡三省曰：五郡，謂南陽、新野、南鄉、北襄城，并西汝南、北義陽二郡大守也。案南鄉卽順陽郡治。北襄城治堵陽。西汝南，在今泌陽縣西北，北義陽在今河南信陽縣南。乃分軍助戍樊城。三月，慧景與蕭衍等五千餘人進行鄧城。漢鄧縣，晉分置鄧城縣，在今湖北襄陽縣北。虜以大軍乘之，慧景敗績。孝文帝自追之至樊城，曹虎固守。虜耀兵襄陽而還。先是明帝令徐州刺史裴叔業援雍州。叔業啓：北人不樂遠行，惟樂侵伐虜界，則雍、司之賊，自然分張。上從之。徙叔業爲豫州刺史。叔業圍渦陽，後魏縣，今安徽蒙城縣，時爲其南兗州治。分兵攻龍亢戍。在今安徽懷遠縣西北，虜馬頭郡治此。虜徐州刺史廣陵王率二萬、人騎五千匹至龍亢，叔業大敗之。時王肅方攻義陽，孝文帝聞之，使解圍赴渦陽。叔業見兵盛，委軍遁走。明日，官軍奔潰。虜追之，傷殺不可勝數。叔業還保渦口。是歲七月，明帝崩。九月，孝文稱禮不伐喪，自縣瓠還。明年，爲東昏侯永元元年，魏大和二十三年。陳顯達督崔慧景等軍四萬圍南鄉界馬圈城。在今河南鄧縣東北。四十日，取之。遣兵進取南鄉。三月，孝文復南伐，至馬圈，顯達走均口。均水入漢之口。梁書、南史皆作汮均口，汮當作汮，均乃後人旁注誤入正文。臺軍緣道奔退，死者三萬人。孝文帝旋死，子宣武帝立。明年，裴叔業降魏。魏使奚康生、楊大眼入據。又以彭城王勰領揚州刺史，與王肅勒步騎十萬赴之。齊以蕭懿爲豫州刺史。懿屯兵小峴，見第九章第二節。使胡松、李居仕據死虎，見第九章第四節。爲肅所破。交州刺史李叔獻屯合肥，見第三章第九節，亦爲魏兵所禽。陳伯之又以水軍敗於肥口。壽春遂入於魏。魏置兵四萬以戍之。案齊自高帝至明帝三世，皆頗有意於恢復。高帝嘗敕垣崇祖曰：「卿視吾是守江東而已邪？所少者食。卿但努力營田，自然平殄殘醜。」淮北義民桓磊塊於抱犢固與虜戰，大破之。抱犢山，在今山東嶧縣北。徐州刺史崔文仲馳啓，上敕曰：「北間起義者衆，深恐良會不再至，卿善獎沛中人，若能一時攘袂，當遣一佳將直入也。」事在建元三年，見齊書崔祖思傳。淮陽之捷，徐州人桓標之、兗州人徐猛子等合義衆數萬，砦險求援。詔李安民赴救。安民留遲，虜急攻標之等，皆沒，上甚責之。周山圖爲兗州刺史，淮北四州起義，謂宋明帝時所失青、冀、徐、兗之地。上使自淮入清，倍道應赴。敕曰：「若不藉此平四州，非丈夫也。」義衆已爲虜所沒，山圖僅拔三百家還淮陰。又以彭、沛義民起，遣曹虎領六千人入渦，王廣之出淮上。廣之家在彭、沛，啓求招誘鄉里、部曲，北取彭城。上許之，以爲徐州刺史。廣之引軍過淮，無所克獲，坐免官。武帝嘗於石頭造靈車三千乘，欲自步道取彭城。見魏虜傳。又使毛惠秀畫漢武北伐圖，置琅邪城射堂壁上，遊幸輒觀覽焉。見王融傳。南琅邪，見第九章第三節。孔稚珪表勸明帝遣使與虜言和，帝不納。永明中，祖沖之造安邊論，欲開屯田，廣農殖。建武中，明帝使沖之巡行四方，興造大業，可以利百姓者。會連有軍事，事竟不行。四年，徐孝嗣又以緣淮諸鎮，皆取給京師，費引既殷，漕運艱澀，聚糧待敵，每若不周，表立屯田。事御見納。時帝已寢疾，又兵事未已，亦竟不施行。蓋三主御宇，僅二十年，又非閒暇之時，故雖有志而未逮也。至東昏失壽春，而形勢愈惡矣。魏書高閭傳：孝文攻鍾離，未克，將於淮南修故城而置鎮戍，以撫新附之民，賜閭璽書，具論其狀。閭表曰：「昔世祖以回山倒海之威，步騎數十萬，南臨瓜步，諸郡盡降，而班師之日，兵不戍一郡，土不闢一廛。夫豈無民？以大鎮未平，不可守小故也。堰水先塞其原，伐木必拔其本。壽陽、盱眙、淮陰，淮南之原本也。三者不克其一，而留兵守郡，不可自全明矣。既逼敵之大鎮，隔深淮之險，少置兵不足自固，多留衆糧運難充。又欲附渠通漕，路必由於泗口；泝淮而上，須經角城；淮陰大鎮，舟船素蓄，敵因先積之資，以拒始行之路。若元戎旋斾，兵士挫怯，夏雨水長，救援實難。」孝文乃止。及還，告閭，謂以彼諸將，並列州鎮，至無所獲。蓋時淮北雖亡，而淮南之形勢，尙稱完固如此。魏孝文之渡淮，兵力不爲不厚，而迄未能得志，乃裴叔業一叛，舉壽春拱手而授諸人，內亂之招致外侮，誠可懼也。

第四節　梁初與魏戰爭

齊末荆、雍之釁既啓，魏人頗有欲乘機進取者。元嵩時爲荆州刺史，（嵩，任城康王雲之子。雲見第一節。魏荆州，初置於上洛，今陝西商縣。大和中改爲洛州，移荆州於魯陽，今河南魯山縣。後又移治穰城，今河南鄧縣。）表言：「流聞蕭懿於建業阻兵，與寶卷相持，荆、郢二州刺史，並是寶卷之弟，必有圖衍之志。臣若遣書相聞，迎其本謀，冀獲同心，并力除衍。一衍之後，彼必還師赴救丹陽，當不能復經營疆垂，全固襄、沔，則沔南之地，可一舉而收。緣漢曜兵，示以威德，思歸有道者，則引而納之；受疑告威者，則援而接之。總兵竚銳，觀釁伺隙，若其零落之形已彰，怠懈之勢已著，便可順流摧鋒，長驅席卷。」詔曰：「所陳嘉謀，深是良計。如當機可進，任將軍裁之。」已而無所舉動，蓋以荆、郢已一故也。及梁武帝起兵，元英時在洛陽，又請躬指沔陰，據襄陽，進拔江陵；又命揚、徐俱舉。（英時行揚州事。）事寢不報。英又奏欲取義陽，尙書左僕射源懷亦以爲請，以梁武已克，遂停。此於魏爲失機，若當時乘機進取，則齊、梁相持頗久，魏縱不能大有所獲，中國亦必不能一無所失矣。內亂之招致外患，誠可懼也。

魏宣武帝卽位時，年尙幼，諸王又頗有覬覦之心，國家未寧，實不能更圖南牧。故其用兵，絕無方略。齊、梁相鬩，既失乘釁之機，遠梁事已定乃又信降人而輕動干戈焉。梁武帝天監二年，魏宣武帝景明四年。四月，時蕭寶夤在魏，寶寅，魏書及北史皆作寶夤。伏訴闕下，請兵南伐；陳伯之亦請兵立效；魏乃以寶夤爲揚州刺史，配兵一萬，令且據東城，本縣，當在今江蘇境。待秋冬大舉；而以伯之爲江州刺史，戍揚石。亦作羊石，城名，在今安徽霍丘縣南。以任城王澄總督二鎭，授之節度。澄雲子。澄表言：「蕭衍頻斷東關，在今安徽巢縣。欲令巢湖汎溢。若賊計得成，則淮南諸戍，必同晉陽之事。壽陽去江五百餘里，衆庶皇皇，並懼水害。事貴應機，經略須早。縱混一不可必，江西自是無虞。」於是發冀、定、瀛、相、幷、濟六州二萬人，馬一千五百匹，令中秋之中，畢會淮南，魏冀州，治信都，見第四章第二節。定州，見第二節。瀛州，治樂成，今河北河間縣。相州，見第八章第二節。幷州，見第二節。濟州，治碻磝，見第六章第五節。幷壽陽先兵三萬，委澄經略。三年，魏正始元年。三月，寶夤行達汝陰，見第四章第二節。東城已陷，遂停壽春。澄遣統軍傅豎眼等進攻大峴、東關、九山、淮陵等地。大峴，見第七章第四節。九山在盱眙。淮陵，僑縣，在今安徽鳳陽縣境。澄總勒大軍，絡繹相接。既而遇雨，淮水暴長，澄引歸壽春。魏書澄傳云：失兵四千餘人，然有司奏奪其開府，又降三階，恐所失必不止此矣。

元英以天監二年八月，進攻義陽。明年，圍之。時城中衆不滿五千，食裁支半歲。魏軍攻之，晝夜不息。刺史蔡道恭，隨方抗禦，皆應手摧卻。相持百餘日，前後斬獲，不可勝計。虜甚憚之，將退。會道恭疾篤，乃呼兄子僧勰，從弟靈恩，及諸將帥，謂曰：「吾受國厚恩，不能破滅寇賊，今所苦轉篤，勢不支久，汝等當以死固節，無令沒有遺恨。」又令取所持節。謂僧勰曰：「稟命出疆，憑此而已。卽不能奉以還朝，方欲攜之同逝，可與棺柩相隨。」衆皆流涕。五月，卒。虜知道恭死，攻之轉急。先是朝廷遣郢州刺史曹景宗，及後將軍王僧昞步騎三萬救義陽。僧昞二萬據鑿峴，當在合肥與大小峴之間。景宗一萬繼後。僧昞軍爲元英所破，景宗亦不得前。馬仙琕繼之，盡銳決戰，一日三交，皆不克。據魏書元英傳。八月，義陽糧盡城陷。三關之戍聞之，亦棄城走。三關：東曰武陽，西曰平靖，中曰黃峴，亦作廣峴；在今河南信陽縣南。於是魏封英爲中山王，而梁以南義陽置義州。南義陽，在今湖北安鄉縣西南。先一月，角城戍主柴廣宗亦以城降魏。角城，見上節。淮水上下游，同時告警矣，而梁州之變又起。

時有夏侯道遷者，譙國人。見第七章第三節。仕宋明帝。隨裴叔業至壽春，爲南譙大守。南譙，見第十章第十節。兩家雖爲姻好，而親情不協，遂單騎奔魏。又隨王肅至壽春。肅死，魏景明二年，齊和帝中興元年。道遷棄戍南叛。梁武帝以莊丘黑爲梁、秦二州刺史，鎮南鄭。黑請道遷爲長史，帶漢中郡。黑死，武帝以王珍國爲刺史，未至，道遷陰圖歸魏。初楊頭之戍葭蘆也，宋復以楊保宗子元和爲征虜將軍。孝武帝孝建二年。元和繼楊氏正統，羣氐欲相宗推，而年少才弱，不能綏御。爲頭母妻子弟並爲索虜所執，而頭至誠奉順，無所顧懷。雍州刺史王謨請授頭西秦州，假節。孝武帝不許。後立元和爲武都王，治白水。魏書氐傳云：以爲白水大守。白水，齊縣，在今四川劍閣縣東南。不能自立，復走奔索虜。元和從弟僧嗣自立，還戍葭蘆。魏書云：僧嗣爲元和從叔。案僧嗣爲文度兄，文度與文德、文弘，當係昆弟，則作從叔爲是。宋以爲仇池大守。後又以爲北秦州刺史、武都王。明帝泰始二年。卒，弟文度自立。泰豫元年，以爲略陽大守，封武都王。文度貳於魏，魏獻文帝授以武興鎮將。武興城名，在今陝西略陽縣。既而復叛魏。後廢帝元徽四年，以爲北秦州刺史。文度遣弟文弘伐仇池。文弘，魏書避獻文諱，書其小名曰楊鼠。順帝昇明元年，以文弘爲略陽大守。魏使皮歡喜等攻葭蘆，破之，〔皮歡喜，豹子子。魏書本傳但名喜。〕斬文度首。難當族弟廣香，先奔虜，及是，虜以爲陰平王、葭蘆鎮主。文弘退治武興。宋以爲北秦州刺史，襲封武都王。文弘亦使謝罪於魏。魏以爲南秦州刺史、武都王。齊高帝建元元年，廣香反正。以爲沙州刺史。范柏年誅，李烏奴奔叛，〔見第九章第一節。〕文弘納之。帝以文弘背叛，進廣香爲西秦州刺史，子炅爲武都大守。以難當正胤後起爲北秦州刺史、武都王，〔後起爲文弘從兄子，則係難當之孫。〕鎮武興。三年，文弘歸降，復以爲北秦州刺史。魏孝文帝亦以文弘爵授後起，而以文弘子集始爲白水大守。廣香病死，氐衆半奔文弘，半詣梁州刺史崔慧景。文弘遣後起進據白水。四年，後起卒，詔以集始爲北秦州刺史、武都王，後起弟後明爲白水大守。魏亦以集始爲武都王。集始朝於魏，魏又以爲南秦州刺史、武興王。武帝永明十年，集始反，率氐、蜀、雜虜寇漢川。刺史陰智伯遣兵擊敗之。集始入武興，以城降虜。氐人苻幼孫起義攻之。明帝建武二年，氐、虜寇漢中。梁州刺史蕭懿，遣後起弟子元秀收合義兵。氐衆響應，斷虜運道。虜亦遣僞南梁州刺史仇池公楊靈珍據泥山，〔未詳。〕以相拒格。〔參看上節。〕元秀病死，苻幼孫領其衆。楊馥之聚義衆屯沮水。〔出今陝西中部縣，東流入洛。〕集始遣弟集朗迎拒州軍，大敗。集始走下辨。〔見第五章第一節。〕馥之據武興。虜軍尋退。馥之留弟昌之守武興，自引兵據仇池。以爲北秦州刺史、仇池公。四年，楊靈珍據城歸附。攻集始於武興，殺其二弟集同、集衆。集始窮急，請降。以靈珍爲北梁州刺史、仇池公、武都王。東昏侯永元二年，復以集始爲北秦州刺史。梁武帝天監初，亦以爲北秦州刺史、武都王。死，子紹先襲。魏亦以爲南秦州刺史、武興王。初，齊武帝以楊炅爲沙州刺史、陰平王。〔齊書氐傳。下文又云：隆昌元年，以炅爲沙州刺史，未知孰是。明帝建武三年，死，子崇祖襲。崇祖死，子孟孫立。及是，以孟孫爲沙州刺史、陰平王。二年，以靈珍爲北梁州刺史、仇池王。南史氏傳、魏書夏侯道遷傳云：以爲征虜將軍，假武都王，或在此授之後邪？靈珍助戍漢中，有部曲六百餘人，道遷憚之。時紹先年幼，委事二叔集起、集義。武興私署侍郎鄭洛生至漢中，道遷使報紹先，幷集起等，請其遣軍以爲腹背。集起、集義貪保邊蕃，不欲救之；而集朗還至武興，使與道遷密議。據道遷叛後上魏主表。表又言「中於壽陽，橫爲韋纘所謗，理之曲直，並是楊集朗王秉所悉」，則集朗與道遷同在壽陽。又案魏書道遷傳云：年十七，父母爲結昏韋氏，道遷云：欲懷四方之志，不欲取婦，家人咸謂戲言，及至昏日，求覓不知所在。於後訪問，乃云逃入益州。道遷之與武興相句結，當在此時。當狡焉思啓之時，實不應令此等人在於疆場也。梁使吳公之等至南鄭，知其謀，與府司馬嚴思、臧恭、典籤吳宗肅、王勝等共楊靈珍父子謀誅之。道遷乃僞會使者，請靈珍父子。靈珍疑而不赴。道遷乃殺五人，馳擊靈珍，斬其父子，幷送五首於魏，卽遣馳告集朗求援。白馬戍主尹天寶圍南鄭。陽平關，在今陝西沔縣西北，南北朝時謂之白馬戍。武興軍躡其後，天寶之衆胥潰，依山還白馬。集朗禽斬之。道遷遂據城歸魏。時天監四年正月也。魏正始元年閏十二月。魏授道遷豫州刺史，時魏豫州治縣瓠。而以尚書邢巒督梁、漢諸軍事。

邢巒至漢中，遣兵陷關城。此關城亦曰陽平關，在今陝西寧羌縣西北。又遣統軍李義珍攻晉壽，晉壽大守王景胤宵遁。時梁益州刺史鄧元起以母老乞歸供養，詔許焉，以西昌侯淵藻代之。長沙嗣王業之弟。梁書元起傳云：元起以鄉人庾黔婁爲錄事參軍，又得荊州刺史蕭遙欣故客蔣光濟，並厚待之，任以州事。黔婁甚清潔，光濟多計謀，並勸爲善政。元起之克劉季連也，城內財寶無所私；勤恤民事，口不論財色；性本能飲酒，至一斛不亂，及是絕之；蜀土翕然稱之。元起舅子梁矜孫，性輕脫，與黔婁志行不同，乃言於元起曰：「城中稱有三刺史，節下何以堪之？」元起由此疏黔婁、光濟，而治迹稍損。夏侯道遷叛，尹天寶馳使報蜀，東西晉壽，並遣告急。此處於梁書元文有刪節。元文云：「夏侯道遷以南鄭叛，引魏人白馬戍主尹天寶馳使報蜀。魏將王景胤、孔陵寇東西晉壽，並遣告急。」南史則云：「道遷以南鄭叛，引魏將王景胤、孔陵攻東西晉壽，並遣告急。」據魏書邢巒傳，則王景胤爲梁晉壽大守，孔陵亦梁將，爲王足所破者。疑梁書元文，當作魏將某某寇東西晉壽，大守王景胤，某官孔陵並遣告急，文有奪佚，傳寫者以意連屬之，以致誤繆，南史誤據之，而又有刪節也。東晉壽在今四川廣元縣，西晉壽在今四川昭化縣境。衆勸元起急救之。元起曰：「朝廷萬里，軍不卒至。若寇賊浸淫，方須撲討，董督之任，非我而誰？何事匆匆便救？」黔婁等苦諫，皆不從。高祖亦假元起都督征討諸軍，將救漢中。比是，魏已攻陷兩晉壽。淵藻將至，元起頗營還裝，糧儲器械，略無遺者。以上南史同。淵藻入城，甚怨望。因表其逗留不憂軍事，收付州獄。於獄自縊。南史則云：蕭藻入城，南史避唐諱，單稱淵藻爲藻。求其良馬。元起曰：「年少郎子，何以馬爲？」藻恚，醉而殺之。元起麾下圍城哭，且問其故。藻懼，曰：「天子有詔。」衆乃散。遂誣以反。帝疑焉。故吏廣漢羅研詣闕訟之。帝曰：「果如我所量也。」使讓藻曰：「元起爲汝報讎，胡三省曰：謂協力誅東昏，報其父讎。汝爲讎報讎，忠孝之道如何？」觀史傳之文，謂元起逗留不救漢中，必係淵藻之誣衊。觀下引邢巒及羅研所言蜀中空盡之狀，蓋因軍資不足，欲遄征而未果也。於是魏以邢巒爲梁、秦二州刺史。巴西人嚴玄思附魏，攻破其郡，殺大守龐景民。巴西，見第三章第六節。魏統軍王足，頻破梁軍，遂入劍閣，圍涪城。見第三章第六節。巒表曰：「揚州、成都，相去萬里。陸途既絕，惟資水路。蕭衍兄子淵藻，去年四月十三日發揚州，今歲四月四日至蜀。水軍西上，非周年不達。外無軍援，一可圖也。益州頃經劉季連反叛，鄧元起攻圍，資儲散盡，倉庫空竭，今猶未復，兼民人喪膽，無復固守之意，二可圖也。蕭淵藻是裙屐少年，未洽治務。今之所任，並非宿將重名，皆是左右少年而已，三可圖也。蜀之所恃惟在劍閣，既克南安，（宋郡，今四川劍閣縣。）已奪其險，從南安向涪，方軌任意，前軍累破，後衆喪魂，四可圖也。淵藻是蕭衍兄子，逃亡當無死理。脫軍克涪城，復何宜城中坐而受困？若其出鬥，庸、蜀之卒惟便刀矟，弓箭至少，假有遙射，弗至傷人，五可圖也。今若不取，後圖便難。輒率愚管，庶幾殄克。如其無功，分受憲坐。且益州殷實，戶餘十萬，壽春、義陽三倍非匹，可乘可利，實在於茲。」詔曰：「若賊敢窺窬，觀機翦撲；如其無也，則安民保境，以悅邊心；子蜀之舉，更聽後勅。」巒又表曰：「昔鄧艾、鍾會率十八萬衆，傾中國資給，裁得平蜀，所以然者，鬥實力故也。況臣才絕古人，智勇又闕，復何宜請二萬之衆而希平蜀？所以敢者？正以據得要險，士民慕義，此往則易，彼來則難，任力而行，理有可克。今王足前進，已逼涪城，脫得涪城，益州便是成禽之物，但得之有早晚耳。且梓潼已附，（梓潼，見第三章第六節。）民戶數萬，朝廷豈得不守之也？若守也，直保境之兵則已一萬，臣今請二萬五千，所增無幾。且臣之意算，正欲先圖涪城，以漸而進。若克涪城，便是中分益州之地，斷水陸之衝。彼外無援軍，孤城自守，復何能持久？臣今欲使軍軍相次，聲勢連接，先作萬全之計，然後圖彼，得之則大克，不得則自全。又巴西、南鄭相離一千四百，去州迢遞，恆多生動。昔在南之日，以其統綰勢難，故增立巴州，鎮靜夷獠。梁州藉利，因而表罷。彼土民望，嚴、蒲、何、楊，非唯三五，族落雖在山居，而多有豪右，文學箋啓，往往可觀，冠帶風流，亦不爲少。但以去州既遠，不能仕進，至於州綱，無由廁迹。巴境民豪，便是無梁州之分，是以鬱怏，多生動靜。比建義之始，嚴玄恐自號巴州刺史，克城已來，仍使行事。巴州廣袤一千，戶餘四萬，若彼立州，鎮攝華、獠，則大帖民情，從墊江已還，不復勞征，自爲國有。」墊江見第三章第六節。世宗不從。又王足於涪城輒還。足事魏書附見崔延伯傳，云隸邢巒伐蜀，所在克捷，詔行益州刺史。遂圖涪城，蜀人大震。世宗復以羊祉爲益州，足聞而引退，後遂奔蕭衍。遂不能定蜀。巒遣軍主李仲遷守巴西，仲遷得梁將張法養女，有美色，甚惑之，散費兵儲，專心酒色，公事諮承，無能見者。巒忿之切齒，仲遷懼，謀叛，城人斬其首，降梁將譙希遠。遂復巴西。楊集義恐武興不得久存，扇動諸氐，推紹先僭號，集起、集義並稱王，引梁爲援。邢巒遣傅豎眼攻武興，克之，執紹先，送於魏都，遂滅其國，以爲武興鎮，復改鎮爲東益州。北史氐傳云：前後鎮將唐法樂、刺史杜纂、邢豹以威惠失衷，氐豪相率反叛，朝廷以西南爲憂。正光中，魏子建爲刺史，以恩信招撫，風化大行，遠近款附，如內地焉。後唐永代子建爲州，氐人悉反，永棄城東走，自此復爲氐地。魏末，天下亂，紹先奔還武興，復自立爲王。周文定秦、隴，紹先稱藩，送妻子爲質。死，子辟邪立。大統十一年，於武興置東益州，以辟邪爲刺史。廢帝二年，討平之。先是氐酋楊法深據陰平稱王，亦盛之苗裔也。從尉遲迥定蜀，軍回，法深與其宗人崇集、陳侳各擁衆相攻，乃分其部落，更置州郡以處之。案西魏大統十一年，爲梁武帝大同十一年，廢帝二年，元帝承聖二年也。南史武興傳：楊孟孫死，子定襲封爵。紹先死，子智慧立。大同元年，克復漢中，智慧上表，求率戶四千內附，詔許焉，即以爲東益州。楊氏傳世始末，大略如此。案恢復之略，必宜規取秦川，規取秦川，蜀、漢實其根本，第八章第七節已言之；而其地又據荊、郢上流，方舟而下，實有建瓴之勢，從來立國江東者，不得巴、蜀，未有能久存者也。魏孝文時，元英攻梁州，召雍、涇、岐三州兵六千人，魏雍州治長安。涇州治今陝西涇縣。岐州治雍，今陝西鳳翔縣。擬戍南鄭，克城則遣李沖表諫，言「敵攻不可卒援，食盡不可運糧，南鄭於國，實爲馬腹。」乃止。蓋南山之末易踰如此。乃道遷一叛，舉梁州拱手而授諸人而益州且幾至不保，內奸之爲禍，亦云烈矣。然亦非徒一二內奸，遂能爲禍也。梁書羅研傳：附鄧元起傳後。齊苟兒之役，臨汝侯嘲之曰：「卿蜀人樂禍貪亂，一至於此。」臨汝侯淵猷，淵藻弟。齊苟兒，當時叛者，嘗以十萬衆攻州城。對曰：「蜀中積弊，實非一朝。百家爲村，不過數家有食。窮迫之人，十有八九。束縛之使，旬有二三。貪亂樂禍，無足多怪。若令家畜五母之雞，一母之豕，牀上有百錢布被，甑中有數升麥飯，雖蘇、張巧說於前，韓、白按劍於後，將不能使一夫爲盜，況貪亂乎？」其時蜀中民生之困如此。據魏書本紀所載，王足入蜀，所向摧陷，梁諸將敗亡相係，奏報之辭，固難盡信，然蜀中兵力之不競，則百喙莫能解矣。如此局勢，猶使裙屐少年處之，梁武帝可謂知兵，可謂能用人乎？而未已也，猶子方失地於西，介弟又輿尸於東。

天監四年，魏正始二年。十月，武帝詔大舉北伐，以臨川王宏爲都督。明年，魏正始三年。三月，陳伯之自壽陽率衆來降。五月，張惠紹克宿豫。見第七章第四節。此時爲魏南徐州治。昌義之克梁城。東晉時僑立之梁郡，在今安徽鳳陽縣西南。韋叡克合肥。六月，還豫州於此。裴邃克羊石，又克霍丘。戍名。隋時置縣，即今安徽霍丘縣也。六月，桓和克朐山。見第九章第五節。七月，又取孤山、固城。孤山未詳。固城或云即抱犢固城。魏以中山王英督揚、徐二道諸軍，又以邢巒督東討諸軍事。巒復陷宿豫及淮陽。臨川王宏次洛口，在鳳陽西南，梁城之東。所領皆器械精新，軍容甚盛，北人以爲百數十年所未之有。而宏部分乖方，多違朝制。諸將欲乘勝深入，宏聞魏援近，畏懦不敢進。召諸將議欲還師。諸將多不同。宏不敢便違羣議，停軍不前。呂僧珍欲遣裴邃分軍取壽陽，大衆停洛口。宏固執不聽。乃令軍中曰：「人馬有前行者斬。」自是軍政不和，人懷憤怒。九月，洛口軍潰，宏棄衆走。其夜，暴風雨，軍驚，宏與數騎逃亡。諸將求宏不得，衆散而歸。棄甲投戈，塡滿水陸，捐棄病者，強壯僅得脫身。張惠紹次下邳，（見第三章第三節。）聞洛口敗，亦退。案是時梁人之兵力，必非不能敵魏，然以如是不和之衆而與敵遇，則必無幸矣，亦無怪宏之不敢戰也。然諸將所以不和，實因元帥不得其人之故，梁武此舉，幾於視國事如兒戲矣。

洛口之師既敗，魏人遂乘機進取。十一月，圍鍾離。（見第八章第四節。）衆號百萬，連城四十餘。鍾離城北阻淮水，魏人於邵陽州兩岸作浮橋，跨淮通道。（邵陽州，在今安徽鳳陽縣北。）元英據東岸，楊大眼據西岸以攻城。時城中衆裁三千，昌義之督率之，隨方抗禦。魏軍乃以車載土塡塹，使其衆負土隨之，嚴騎自後蹙焉。人有未及回者，因以土迮之。俄而塹滿。英與大眼，躬自督戰，晝夜苦攻，分番相代，墜而復升，莫有退者。又設飛樓及衝車以撞之，然不能克。魏詔邢巒帥師會之。巒言鍾離不可取，弗聽。巒又表言：「征南軍士，（元英時爲征南將軍。）從戎二時，疲敝死病，量可知已。彼牢城自守，不與人戰；城塹水深，非可塡塞；空坐到春，則士自疲苦。若信臣言也，願賜臣停；若謂臣難行，求回所領兵統，悉付中山，任其處分。」又不許。巒累表求退，乃許之。更命蕭寶夤往。魏書范紹傳云：任城王澄請征鍾離，敕紹詣壽春，共量進止。澄曰：「須兵十萬，往還百日。」紹曰：「十萬之衆，往還百日，須糧百日。頃秋已鄉末，方欲徵召，兵仗可集，恐糧難至。有兵無糧，何以克敵？」澄沈思良久，曰：「實如卿言。」蓋欲克鍾離，必於春水生前，故自秋末以百日計也。時又詔紹詣鍾離，與元英論攻取形勢。英固言必克。紹觀其城隍形勢，勸令班師。英不從。魏朝詔英有云：「師行已久，士馬疲瘠，賊城險固，卒難攻屠，」蓋動於紹與邢巒之說也，而英自詭四月必克，亦可謂貪功矣。梁武帝詔曹景宗往援，又詔韋叡會焉。進頓邵陽州。六年，（魏正始四年。）三月，春水生，淮水暴長六七尺。武帝先詔景宗等逆裝高艦，使與魏橋等，爲火攻計。及是，令景宗與叡各攻一橋，景宗攻其南，叡攻其北。門艦競發，皆臨敵壘。以小船載草，灌之以膏，從而焚其橋。敢死之士，拔柵斫橋，倏忽間橋盡壞。軍人奮勇，呼聲動天地。魏人大潰，悉棄其器甲，爭投水死。淮水爲之不流。昌義之出逐元英至於洛口。英以匹馬入梁城。緣淮百餘里，尸骸枕藉。生禽五萬餘。收其軍糧、器械，積如山岳，牛、馬、驢、騾，不可勝計。此爲南北交戰以來南朝所未有之一大捷，洵足寒鮮卑之膽已。元英、蕭寶夤皆坐除名；任城王澄奪開府，降三階；楊大眼徙營州爲兵；（魏營州，治和龍。）亦可見其喪敗之烈矣。

司州之陷也，魏人以爲郢州，以司馬楚之之孫悅爲刺史。後以爲豫州，而以婁悅行郢州事。天監七年，（魏宣武帝永平元年。）九月，魏郢州司馬彭增，治中督榮祖潛引梁軍。三關之戍並降。婁悅嬰城自守。十月，魏陽關主許敬增以城內附。（陽關，未詳。）詔大舉北伐，使始興王憺入清，王茂向宿豫。縣瓠鎮主白皂生（魏書作早生。）殺司馬悅，（梁書馬仙琕傳作司馬慶增。按魏書列傳，悅字慶宗。）推鄉人胡遜爲刺史，以城內附。詔司州刺史馬仙琕赴之。又遣直閤將軍武會超、馬廣爲援。仙琕進頓楚王城。（在今河南新蔡縣境。）遣別將齊苟兒，（南北史同。魏書作苟仁。）以兵三千，助守縣瓠。廣、會超等守三關。魏中山王英以步騎三萬赴之。與邢巒共攻縣瓠。十二月，陷之，斬皂生，執苟兒。寧朔將軍張道凝屯楚王城，棄城南走。英追擊，斬之。八年，（魏永平二年。）正月，進攻武陽關，禽馬廣。遂攻黃峴、西關，武會超等亦退散。魏人遂復據三關。是月，魏鎮東參軍成景儁斬宿豫戍主嚴仲寶，以城內屬。魏使楊椿以四萬人攻之，不克。二月，其楚王城主李國興亦復內附。白皂生之叛也，魏使其中書舍人董紹慰勞至上蔡，（見第九章第五節。）被執，囚送江東。武帝放還，令通好，許以宿豫還魏，而要魏以漢中見歸。魏人不許。

天監十年，（魏永平四年。）梁復有朐山之捷。是歲，三月，琅邪民王萬壽（據魏書本紀。）殺琅邪、東莞大守劉晣，（梁書馬仙琕傳、魏書本紀同。梁書本紀作鄧晣。）以朐山降魏。魏徐州刺史劉昶，使琅邪戍主傅文驥入據。梁使馬仙琕攻之。魏使其滎陽大守趙遐及蕭寶夤等先後往赴，皆無功。十一月，文驥以城降。昶退，諸軍相尋奔遁。遇大寒雪，軍人凍死及落手足者，三分之二。自朐山至於郯城，（漢縣，今山東郯城縣。）二百里閒，僵尸相屬。論者謂自魏經營江左，以鍾離之敗及是役，失利爲最甚焉。（蕭寶夤傳云：惟寶夤全師而歸。）魏書於是役，頗歸咎於劉昶。然游肇傳：（肇，明根子。）肇言「梁於朐山，必致死而爭之。假令必得，亦終難全守。知賊將屢以宿豫，求易朐山，臣謂此言可許。」世宗將從之，尋而昶敗。則亦不能全爲昶咎，蓋以地利論，朐山固非魏所能爭也。初郁州接沂邊垂，（即鬱州，見第七章第二節。）民俗多與魏人交市，及朐山叛，或與魏通，不自安，而張稷爲青、冀二州刺史，寬弛無備，僚吏又頗侵漁。天監十二年，（魏宣武帝延昌二年。）二月，州人徐文角，（從梁書康絢傳。魏書本紀作徐玄明。游肇傳云係軍主。）夜襲州城，害稷，以郁州降魏。魏使前兗州刺史樊魯率衆赴之。游肇復諫：「以閒遠之兵，攻逼近之衆，其勢不敵。」世宗不納。梁北兗州刺史康絢，遣司馬茅榮伯討平之。（北兗州，在今江蘇淮安縣東南，）

時魏以李崇爲揚州刺史，守壽春。（崇，文成元皇后兄誕之子。）是歲，（天監十二年。）五月，壽春大水。裴叔業長兄之子絢，爲揚州治中，與別駕鄭祖起等謀反正。詔假以豫州刺史，遣馬仙琕赴之，不及，絢投水死，祖起等皆遇害。十三年，魏延昌三年。魏降人王足陳計，求堰淮水以灌壽陽。高祖以爲然，使水官陳承伯、材官將軍祖暅視地形，咸謂淮內沙土漂輕不堅實，其功不可就。高祖弗納，發徐、揚人，率二十戶取五丁以築之。假太子右衞率康絢節，都督淮上諸軍事，幷護堰作。役人及戰士，有衆二十萬。於鍾離南起浮山，北抵巉石，在今盱眙縣西。昌義之傳稱爲荊山堰。案王足引北方童謠曰：「荊山爲上格，浮山爲下格。」依岸以築土，合脊於中流。十四年，魏延昌四年。堰將合，淮水漂疾，輒復決潰，衆患之。或謂「江、淮多有蛟，能乘風雨決壞崖岸，其性惡鐵。」因是引東西二冶鐵器數千萬斤，沈於堰所，猶不能合。乃伐樹爲井幹，塡以巨石，加土其上。緣淮百里內，岡陵木石，無巨細必盡，負擔者肩上皆穿。夏日疾疫，死者相枕，蠅蟲晝夜聲相合。是冬又寒甚，淮、泗盡凍。十一月，魏遣楊大眼揚聲決堰。絢命諸軍撤營露次以待之，遣其子悅挑戰，斬魏咸陽王府司馬徐方興，魏軍小卻。先是，九月。梁將趙祖悅襲據西硤石，今安徽鳳臺縣北夾淮水之山曰硤石，西硤石在淮北岸。又遣昌義之、王神念水軍泝淮而上，以逼壽春。李崇請援，表至十餘，魏使崔亮救硤石，蕭寶夤於堰上流決淮東注。十二月，亮圍硤石，不克。又與李崇乖貳。十五年，魏明帝熙平元年。正月，魏以李平爲行臺，節度諸軍，與崔亮及李崇所遣水軍李神合攻硤石。別將崔延伯、伊瓮生挾淮爲營，舟舸不通，梁兵不能赴救。祖悅力屈降，被殺。李平部分諸軍，將水陸並進以攻堰，而崔亮以疾請還，隨表而發，魏師乃還。梁書康絢傳：十四年十二月，魏遣其尚書僕射李曇定督衆軍來戰，絢與徐州刺史劉思祖等距之。高祖又遣昌義之、魚弘文、曹世宗、徐元和相次距守。曇定，李平字。通鑑考異曰：「魏紀十五年正月，乃遣李平節度諸軍，絢傳誤也。」十五年，四月，堰成。其長九里，下闊一百四十丈。上廣四十五丈。高二十丈。深十五丈九尺。夾之以堤。并樹杞柳。軍人安堵，列居其上。其水清潔，俯視居人墳墓，了然皆在其下。或謂絢曰：「四瀆天之所以節宣其氣，不可久塞。若鑿湫東注，則游波寬緩，堰得不壞。」絢然之。開湫東注。又縱反間曰：「梁人所懼開湫，不畏野戰。」魏人信之，果鑿山深五丈，開湫北注。水日夜分流，湫猶不減。魏書蕭寶夤傳云：寶夤於堰上流更鑿新渠，引注淮澤，水乃小減。案魏人是時，既不能壞梁所作之堰，則惟有自鑿渠以洩水，亦未必中梁反間之計也。其月，魏軍竟潰而歸。水之所及，夾淮方數百里。魏壽陽城戍，稍徙頓於八公山。見第六章第四節。魏書李崇傳云：崇於八公山之東南更起一城，以備大水，州人號曰魏昌城。北南居人，散就岡壟。初堰起於徐州界，刺史張豹子，宣言於境，謂己必尸其事。既而絢以他官來監，豹子甚慚。俄而敕豹子受絢節度，每事輒先咨焉。由是遂譖絢與魏交通。高祖雖不納，猶以事畢徵絢。絢還後，豹子不修堰。至其秋八月，淮水暴長，堰悉決壞，奔流於海。魏以任城王澄爲大都督，勒衆十萬，將出彭、宋，會堰自壞，遂不行。案淮堰大逆自然之勢，即能勤修，恐亦無久而不壞之理。況四月成而八月即壞，又安能歸咎於失修邪？用兵當取遠勢，不當斤斤於一地之得失。自壽陽而北，梁、楚之郊，所謂車騎之地，若能挫魏於此，則壽陽反在軍後，其勢自不可守。此正與佛貍南略江、淮，而洛陽、虎牢、滑臺遂不可固同。與其疲民力以築堰，曷不以其暇日，大簡車徒，以奇兵出襄、鄧，擬許、洛，而正兵出於陳、宋之郊，與虜一決勝負之爲得邪？

魏宣武帝之用兵，可謂絕無方略。既違邢巒之計，舍蜀不取，及其末年，乃復聽降人淳于誕、李苗之說，而興伐蜀之師焉。天監十三年十一月，以高肇爲大將軍、平蜀大都督，步騎十五萬，分四路出師。傅豎眼出巴北，羊祉出涪城，奚康生出緜竹，甄琛出劍閣。卽以誕、苗爲鄉道。明年正月，宣武帝死，兵罷。先是王足之寇蜀也，高祖使張齊往救，未至而足退。齊進戍南安。天監七年，魏永平元年。秋，使齊置大劍、寒冢二戍。大劍戍，當在大劍山上。寒冢戍，未詳。遷巴西太守。初南鄭沒於魏，乃於益州西置南梁州。未詳治所。隋志云：梁於巴西郡置南梁州，不得云益西。梁書齊傳：齊以天監十四年遷巴西梓潼二郡太守，十七年，遷持節都督南梁州諸軍事、南梁州刺史。南梁州當以是時遷於巴西也。州鎮草創，皆仰益州取足。齊上夷獠義租，得米二十萬斛；又立臺傳，興冶鑄，以應贍南梁。十二年，魏延昌元年。魏將傅豎眼寇南安，齊率衆距之，豎眼退走。及是，高祖遣寧州刺史任太洪從陰平入益州北境，欲擾動氐、蜀，以絕魏運路。此陰平爲晉時所僑置，在今四川梓潼縣西北。梁時曰北陰平郡，仍置陰平縣爲郡治。魏軍旣還，太洪率氐、蜀數千圍逼關城，胡三省云：卽白水關城。爲魏益州刺史傅豎眼遣軍所破。魏益州，時治晉壽。孝明旣立，豎眼屢請解州，乃以元法僧代之。法僧旣至，大失民和。葭萌人任令宗，葭萌見第三章第六節。因衆之患魏也，殺魏晉壽太守，以城歸款。益州刺史鄱陽王恢，遣齊帥衆三萬迎令宗。克葭萌、小劍諸戍，進圍州城。明年，魏孝明帝熙平元年。五月，魏驛徵傅豎眼於淮南，仍以爲益州刺史。七月，齊兵少不利，引還。葭萌復沒於魏。小劍、大劍諸戍，亦捐城走。鄱陽王與張齊，較諸前人，差能經略，然蜀事敗壞已久，亦非一時所能振起也。李苗之勸魏取蜀也，曰：「巴、蜀孤縣，去建業遼遠，偏兵獨戍，泝流十千。牧守無良，專行劫剝，官由財進，獄以貨成。士民思化，十室而九。若命一偏將，可傳檄而定。」其說略與邢巒同。然魏至宣武、孝明之時，亦實已衰敝，蜀縱可取，魏亦未必能取之矣。宣武非有志於拓土者，末年之伐蜀，頗疑高肇欲借此以立功名也，參看下章首節。

第十二章 元魏亂亡

第一節 魏政荒亂上

魏孝文帝既廢大子恂，大和二十一年，齊明帝建武四年。立子恪爲皇大子，即世宗宣武皇帝也。母曰昭皇后，高氏，肇之妹。案廢大子恂之母爲貞皇后，林氏。魏書皇后傳云：后平原人。平原，見第二章第三節。叔父金閭，起自閹官，有寵於常大后。高宗乳母，即位尊爲保大后，後尊爲皇大后。官至尚書、平涼公。金閭兄勝，爲平涼大守。平涼，見第六章第三節。金閭，顯祖初爲定州刺史。定州，見第十一章第二節。未幾，爲乙渾所誅。兄弟皆死。勝無子，有二女，入掖庭。后容色美麗，得幸於高祖，生皇子恂。以恂將爲儲貳，大和七年，齊武帝永明元年。后依舊制薨。謚曰貞皇后。及恂以罪賜死，有司奏追廢后爲庶人。案恂之立，在大和十七年，齊永明十一年。六月，其死以二十一年，傳云年十五，則即生於大和七年。使其甫生即有建爲儲貳之意，何以遲至十七年始立？若云建儲之計，決於十七年前後，何以甫生即殺其母？其事殊爲可疑。案孝文之立皇后，事在大和十七年四月，是爲廢皇后馮氏，大師熙之女。二十年，齊建武三年。七月廢。明年七月，立昭儀馮氏爲皇后，是爲幽皇后。亦熙女。皇后傳云：母曰常氏。本微賤，得幸於熙。文明大皇大后欲家世貴寵，乃簡熙二女俱入掖庭，時年十四。其一早卒。后有姿媚，偏見愛幸。未幾，疾病。文明大后乃遣還家爲尼。高祖猶留意焉。歲餘而大后崩。高祖服終，頗存訪之。又聞后素疹痊除，遣閹官齎書勞問，遂迎赴洛陽。及至，寵愛過初，專寢當夕，宮人希復進見，拜爲左昭儀。後立爲皇后。廢后之廢，傳云由后譖構也。又昭后傳云：馮昭儀寵盛，密有母養世宗之意。后自代如洛陽，暴薨於汲郡之共縣。漢縣，今河南輝縣。或云昭儀遣人賊后也。世宗之爲皇大子，三日一朝幽后，后拊念慈愛有加。高祖出征，世宗入朝，必久留後宮，親視櫛沐，母道隆備。魏初固無適庶之別，卽長幼之別，亦不甚嚴。宣武死時年三十三，溯其生年，亦在大和七年，與廢大子長幼之別實微，而宣武母貴矣，何以當時卽有立恂爲儲貳之意而殺其母邪？廢大子有無叛逆之意不可知，然在河陽則必無能爲，高祖非好殺者，其廢恂旣待自歸，殺恂何如是之果？然則恂之死，殆亦由於幽后之讒搆邪？齊書魏虜傳云：初僞大后馮氏兄昌黎王馮莎二女：大馮美而有疾，爲尼。小馮爲宏皇后，生僞大子詢。後大馮疾差，宏納爲昭儀。宏初徙都，詢意不樂，思歸桑乾。宏制衣冠與之，詢竊毁裂，解髮爲編，服左衽。大馮有寵，日夜讒詢。宏出鄴城馬射，詢因是欲叛北歸，密選宮中御馬三千匹置河陰渚。皇后聞之，召執詢，馳使告宏。宏徙詢無鼻城，在河橋北二里，尋殺之，以庶人禮葬。立大馮爲皇后，便立僞大子恪。是歲僞大和二十年也。依此說，則實無所謂貞皇后其人者，不知信否。然魏世皇后略無事迹者，其有無實皆有可疑，正不獨貞后一人也。

廢后雖廢，幽后亦不久卽敗。魏書皇后傳云：后始遣歸，頗有失德之聞。高祖頻歲南征，后遂與中宮高菩薩私亂。及高祖在汝南不豫，后便公然醜恣，中常侍雙蒙等爲其心腹。是時，彭城公主，高祖妹。宋王劉昶子婦也，年少嫠居。北平公馮夙，后之同母弟也，后求婚於高祖。高祖許之。公主志不願，后欲强之。婚有日矣，公主密與侍婢及家僮十餘人，乘輕車、冒霖雨赴縣瓠，案高祖以大和二十二年三月至縣瓠，九月自縣瓠返，十一月至鄴，明年五月還洛。奉謁高祖，自陳本意，因言后與菩薩亂狀。高祖聞而駭愕，未之全信，而祕匿之。惟彭城王侍疾左右，具知其事。彭城王勰，高祖弟，見下。此後，后漸憂懼，與母常氏求託女巫，禱厭無所不至。願高祖疾不起，一旦得如文明大后輔少主稱命者，賞報不貲。又取三牲宮中妖祠，假言祈福，專爲左道。母常或自詣宮中，或遣侍婢與相報答。高祖自豫州北幸鄴，后慮還見治檢，彌懷危怖，驟令閹人託參起居，皆賜之衣裳，殷勤託寄，勿使漏洩。亦令雙蒙充行，省其信不。惟小黃門蘇興壽密陳委曲。閹官劉騰傳云：高祖之在縣瓠，騰使詣行所。高祖問其中事，騰具言幽后私隱，與陳留公主所告符協。高祖問其本末，戒以勿洩。至洛，執問菩薩等六人，迭相證舉，具得情狀。高祖以疾臥含溫室，夜引后，并列菩薩等於戶外。后臨入，令閹人搜衣中，稍有寸刃便斬。后頓首泣謝。乃賜坐東楹，去御筵二丈餘。高祖令菩薩等陳狀。又讓后曰：「汝母有妖術，可具言之。」后乞屏左右，有所密啓。高祖勑中侍悉出，惟令長秋卿白整在側，取衛直刀拄之。后猶不言。高祖乃以緜堅塞整耳，自小語呼整，再三無所應，乃令后言。事隱，人莫知之。高祖乃喚彭城、北海二王，亦高祖弟，見下。令入坐，言「昔是汝嫂，今乃他人，但入勿避。」二王固辭不獲命。及入，高祖云：「此老嫗乃欲白刃插我肋上，可窮問本末，勿有所難。」高祖深自引過，致媿二王。又曰：「馮家女不能復相廢逐，且使在宮中空坐，有心乃能自死，汝等勿謂吾猶有情也。」高祖素至孝，猶以文明大后故，未便行廢。良久，二王出，乃賜后辭死訣，再拜稽首，涕泣歔欷。令入東房。及入宮後，帝命閹人有所問於后，后罵曰：「天子婦親面對，豈令汝傳也？」高祖怒，勑召后母常入，示與后狀。后撻之百餘，乃止。高祖尋南伐，后留京師，雖以罪失寵，而夫人嬪妾，奉之如法，惟令世宗在東宮無朝謁之事。案高祖引問幽后之後，召彭城、北海王入，二王猶固辭，何以彭城公主言后淫亂時，彭城王獨不屏退？高祖本紀言其少而善射，有膂力，年十餘歲，能以指彈碎羊髆骨，及射禽獸，莫不隨所志斃。之說雖非實，不合全虛。觀其東征西討，不皇寧處，確非荏弱之人，雖曰病臥，既已搜幽后之身，無復寸刃矣，何必令白整以刀拄之乎？觀高祖謂二王之言，所深憾者，似在常之厭魅，何以後又召其入宮？云以文明大后故，馮家女不能相廢逐，又何以廢廢后如掃落葉邪？其可疑豈直一端而已。

高祖弟六人：曰咸陽王禧，曰趙郡靈王幹，曰廣陵惠王羽，曰高陽文穆王雍，曰彭城武宣王勰，曰北海平王詳。幹與高祖同年歿。羽，世宗景明二年，齊和帝中興元年。以淫員外郎馮俊興妻，為俊興所擊死。高祖時，勰最見信任。勰傳言：高祖草創，勰以侍中長直禁內，參決軍國大政，萬幾之事，無不豫焉。而任城王澄亦次之。澄，雲子，見第十一章第四節。據本紀：大和二十三年，齊東昏侯永元元年。二月，陳顯達陷馬圈。三月庚辰，車駕南伐。丙戌，不豫。勰侍疾禁中，且攝百揆。丁酉，車駕至馬圈。戊戌，與顯達等戰，破之。庚子，帝疾甚，北次穀塘原。當在今鄧縣、南陽閒。甲辰，詔賜皇后馮氏死。詔司徒勰徵大子於魯陽，見第四章第二節。踐阼。以北海王詳為司空公，王肅為尚書令，廣陽王嘉為尚書左僕射，嘉，建閭子。建閭見第十一章第一節。尚書宋弁為吏部尚書，與侍中大尉公禧、尚書右僕射任城王澄等六人輔政。四月丙午朔，帝崩於穀塘原之行宮。至丁巳而世宗即位於魯陽。史稱其居諒闇，委政宰輔焉。勰傳言：高祖前在縣瓠不豫，勰內侍醫藥，外總軍國之務，密為壇於汝水之濱，依周公故事，乞以身代。為此矯誣，意欲何為，殊不可測。任城王澄傳云：陳顯達入寇漢陽，是時高祖不豫，引澄入見淸徽堂，詔曰：「顯達侵亂，沔陽不安，朕不親行，莫攘此賊。朕疾患淹年，氣力惙敝，如有非常，委任城大事。是段任城必須從朕。」夫氣力惙敝，猶必親行，元魏當時情形，何至危急如此？勰傳言：行次淸陽，淸水，今白河。高祖謂勰曰：「吾患轉惡，汝其努力。」車駕至馬圈，去賊數里，顯達等出戰，諸將大破之。孝文疾患如此，而勰等猶敢以之冒進，至去敵僅數里，有如此大膽之臣子乎？殺后之事，據后傳曰：高祖疾甚，謂勰曰：「後宮久乖陰德，自絕於天，若不早爲之所，恐成漢末故事。吾死之後，可賜自盡別宮，葬以后禮，庶掩馮門之大過。」高祖崩，梓宮達魯陽，乃行遺詔。北海王詳奉宣遺旨，長秋卿白整入授后藥。后走呼，不肯引決，曰：「官豈有此也？是諸王輩殺我耳。」整等執持强之，乃含椒而盡。殯以后禮。梓宮次洛南，咸陽王禧知審死，相視曰：「若無遺詔，我兄弟亦當作計去之，豈可令失行婦人宰制天下，殺我輩也？」夫此時之受遺旨及奉宣遺旨者，卽前此彭城公主陳后淫亂時獨得在側與聞，及高祖引問后後，喚令入坐之人；其授藥者，亦卽引后時勅中侍悉出，惟令在側以刀拄后者也。然則與后罪狀相終始者，惟此三人耳。生則六宮奉以后禮，死猶以后禮殯之，終莫能言其罪狀，然則史所載后之罪狀，其可信乎？而其載后臨命及咸陽王之辭，則可謂婉而彰矣。

任城王澄傳：弟嵩，高祖疾甚，將賜后死，曰：「使人不易可得。」顧謂澄曰：「任城必不負我，嵩亦當不負任城，可使嵩也。」於是引嵩入內，親詔遣之。通鑑考異曰：「按馮后傳，梓宮至魯陽，乃行遺詔賜后死，安有高祖遣嵩之事？」

勰傳言：勰受顧命時，泣言震主之聲必見忌。高祖久之曰：「吾尋思汝言，理實難奪。」乃手詔世宗曰：「吾百年之後，其聽勰辭蟬舍冕，遂其沖挹之性。」世宗卽位，勰跪授高祖遺勅數紙。咸陽王禧疑勰爲變，停在魯陽郡外，久之乃入，謂勰曰：「汝非但辛勤，亦危險至極。」東宮官屬多疑勰有異志，竊懷防懼。既葬，世宗固以勰爲宰輔。勰頻口陳遺旨，請遂素懷。世宗對勰悲慟，每不許之。勰頻煩表聞，辭義懇切。世宗難違遺勅，猶逼以外任，乃以勰爲定州刺史。（定州，見第十一章第二節。）所謂遺勅，蓋卽出勰時所造也。勰既內侍醫藥，外總軍國之務，豈有反不與於顧命之理？然則與於顧命之人，其遺詔又可信乎？而賜幽后死之詔，視此矣。然究極言之，卽高祖之死，尚有可疑，而遺詔更不足論矣。

彭城既出，任城旋亦被排。澄傳云：世宗初，有降人嚴叔懋者，告王肅潛通寶卷，澄信之，乃表肅將叛，輒下禁止。咸陽、北海二王奏澄擅禁宰輔，免官歸第。肅傳言：肅與禧等參圖謀謨。自魯陽至於京洛，行途喪紀，委肅參量。禧兄弟並敬而昵之。惟澄以其起自羈遠，一旦在己之上，以爲憾焉。然則當時禧與詳爲一黨，肅亦附和之，而澄孤立也。在孝文時，最有權力者爲勰，次則澄，至此則局面一變矣。

孝文死之明年，爲宣武之景明元年，齊東昏侯永元二年也。裴叔業以壽陽叛，勰與王肅同赴之。是年十月，復以勰爲司徒、錄尚書事。明年，（宣武帝景明二年，齊和帝中興元年。）正月，宣武始親政，聽勰以王歸第，而以詳爲大將軍、錄尚書事。勰傳云：時咸陽王禧，漸以驕矜，頗有不法，北海王詳陰言於世宗，世宗深忌之。又言勰大得人情，不宜久在宰輔，勸世宗遵高祖遺勅。禧等又出領軍于烈爲恆州，非烈情願，固强之，烈深以爲忿。烈子忠，嘗在左右，密令忠言於世宗云：「諸王等意不可測，宜廢之，早自覽政。」時將礿祭，王公並齋於廟東坊。世宗遣于烈將宿衛壯士六十餘人召禧、勰、詳等，衛送至於帝前。諸公各稽首歸政。而烈復爲領軍。自是長直禁中，機密大事，皆所參焉。五月，禧與妃兄兼給事中黃門侍郎李伯尙謀反，事泄遁逃，詔烈遣直閤叔孫侯將虎賁三百人追執之，賜死私第。越三年，爲正始元年，梁武帝天監三年也。五月，詳見殺。詳傳言詳貪冒無厭，多所取納，公私營販，侵剝遠近，嬖狎羣小，所在請託。珍麗充盈，聲色侈縱。建節第宇，開起山池，所費巨萬矣。又於東掖門外大路之南驅逼細人，規占第宅。至有喪柩在堂，請延至葬而不見許，乃令輿櫬巷次，行路哀嗟。詳母高大妃，頗亦助爲威虐，親命毆擊，怨響嗷嗷。妃宋王劉昶女，不見答禮。寵妾范氏，愛等伉儷。及其死也，痛不自勝，乃至葬訖，猶毀隧視之。又蒸於安定王燮妃高氏。燮，景穆子安定靖王休之子。高氏即茹皓妻姊。詳既素附於皓，又緣淫好，往來稠密。詳雖貪侈聚斂，朝野所聞，而世宗禮敬尙隆，憑寄無替，軍國大事，總而裁決。每所敷奏，事皆協允。詳常別住華林園之西隅，華林園見第三章第一節。與都亭宮館密邇相接，亦通後門。世宗每潛幸其所，肆飲終日，與高大妃相見，呼爲阿母，伏而上酒，禮若家人。臨出，高每拜送，舉觴祝言：「願官家千萬歲壽，歲歲一至妾母子舍也。」初世宗之親政也，詳與咸陽王禧、彭城王勰並被召入，共乘犢車，防衞嚴固，高時皇迫，以爲詳必死，亦乘車傍路，哭而送至金墉。見第三章第二節。及詳得免，高云：「自今而後，不願富貴，但令母子相保，共汝掃市作活也。」至此，貴寵崇盛，不復言有禍敗之理。後爲高肇所譖，云詳與皓等謀爲逆亂。於時詳在南第，世宗召中尉崔亮入禁，敕糾詳貪淫，及茹皓、劉胄、常季賢、陳掃靜等專恣之狀。夜即收禁皓等南臺，又虎賁百人圍守詳第。至明，皓等皆賜死。詳單車防守，還華林之館。十餘日，徙就大府寺，詔免爲庶人。別營坊館，如法禁衞，限以終身。遂別營館於洛陽縣東北隅。二旬而成。將徙詳居之，會其家奴數人陰結黨輩，欲劫出詳。密抄名字，潛託侍婢通於詳。詳始得執省，而門防主司遙見突入，就詳手中攬得陳奏，至夜守者以聞；詳哭數聲而暴死。詳貪淫之跡，固非必由於虛構，然世宗寵寄甚隆，則知其誅之初不以此。親政之際，咸陽、彭城皆遭黜斥，而詳反膺寵寄，則知二王之黜，實由詳之讒搆。當此之際，豈特無被禍之虞？高大妃顧哭而送之，非未知其事之眞，則史傳之失實也。咸陽王禧傳云：禧性驕奢，貪淫財色，姬妾數十，意尙不已。衣被繡綺，車乘鮮麗，遠有簡娉，以恣其情。由是誅求貨賄，奴婢千數，田宅鹽鐵，徧於遠近，臣吏僮隸，相繼經營。世宗頗惡之。然其誅之則亦並不以此也。亦可見其綱紀之廢弛矣。

茹皓等事，並見魏書恩倖傳。皓爲直閤，率常居內，留宿不還。傳可門下奏事。領華林諸作，多所興立。爲山於天淵池西。天淵池，見第八章第一節。采掘北邙及南山佳石。北邙，見第七章第七節。南山，謂洛陽南方之山。徙竹汝、潁，羅峙其間，經構樓館，列於上下。樹草栽木，頗有野致。世宗心悅之，以時臨幸。皓資產盈積，起宅宮西，朝貴弗之及也。皓舊吳人，既宦達，自云本出雁門。見第二章第二節。雁門人諂附者，因薦皓於司徒，請爲肆州大中正。肆州，見第十一章第二節。府省以聞，詔特依許。娶僕射高肇從妹，於世宗爲從母。又爲弟娉安豐王延明妹。延明，文成子安豐匡王猛之子。延明恥非舊流，不許。詳勸解之，云：「欲覓官職，如何不與茹皓昏姻也？」延明乃從焉。初趙修及皓之寵，詳皆附納之。又直閤將軍劉胄，本爲詳所薦，常感詳恩，密相承望，並共來往。高肇乃搆之世宗，云皓等將有異謀。世宗乃召崔亮，令奏皓、胄、常季賢、陳掃靜四人擅勢納賄，及私亂諸事。季賢起於主馬。世宗初好騎乘，用是獲寵。與茹皓通知庶事。勢望漸隆。引其兄爲朝請、直寢，娶武昌王鑒妹；季賢又將娶洛州刺史元拔女；洛州，見第十一章第四節。並結託帝戚，以爲榮援云。掃靜爲世宗典櫛疏；又有徐義恭，善執衣服；並以巧便，旦夕居中，愛幸相侔。二人皆承奉茹皓，皓亦並加接眷，而揣靜偏爲親密，與皓常在左右，略不歸休。義恭小心謹愼，謙退少語。皓等死後，彌見幸信，長侍左右，典掌祕密。世宗不豫，義恭晝夜扶侍，崩於懷中。此外，世宗朝佞幸見於傳者，尚有王仲興、寇猛、趙邕，而趙脩最横。脩本給事東宮，爲白衣左右，頗有膂力。世宗踐阼，仍充禁侍，愛遇日隆。親政旬月之間，頻有轉授。每受除設宴，世宗親幸其宅，諸王公卿士百寮悉從。世宗親見其母。脩之葬父也，百寮自王公以下，無不弔祭。酒犢祭奠之具，塡塞門街。於京師爲制碑銘、石獸、石柱，皆發民車牛，傳致本縣，財用之費，悉自公家。凶吉車乘將百兩，道路供給，亦皆出官。時將馬射，世宗留脩過之，帝如射宮，脩又驂乘。脩恐不逮葬日，驛赴窆期。左右求從及特遣者數十人。脩道路嬉戲，殆無戚容。或與賓客姦掠婦女倮觀。從者噂嗒喧譁，詬詈無節，莫不畏而惡之。是年，又爲脩廣增宅舍，多所并兼，洞門高堂，房廡周博，崇麗擬於諸王。其四面鄰居，賂入其地者，侯天盛兄弟，越次出補長史大郡。脩起自賤伍，暴致富貴，奢敖無禮，物情所疾。因其在外，左右或諷糾其罪。自其葬父還也，舊寵少薄。初王顯祗附於脩，後因忿鬩，密伺其過，列脩葬父時路中淫亂不軌，又云與長安人趙僧㰚謀匿玉印。高肇、甄琛等搆成其罪，乃密以聞。詔鞭之一百，徙敦煌爲兵。敦煌，見第二章第二節。琛與顯監決其罰，遂殺之。仲興與脩，並見寵任。世宗游幸，仲興與常侍從，不離左右，外事得徑以聞。百寮亦聳體而承望焉。仲興世居趙郡，見第二章第三節。自以寒微，云舊出京兆霸城，見第五章第六節。故爲雍州大中正。雍州，見第十一章第四節。寇猛以膂力爲千牛備身，歷轉遂至武衛將軍。出入禁中，無所拘忌。自以上谷寇氏，上谷，見第三章第八節。得補燕州大中正。魏燕州，治今河北昌平縣。家漸富侈，宅宇高華，妾隸充謚。趙邕以趙出南陽，見第三章第四節。徙屬荊州，見第十一章第四節。爲南陽中正，父爲荊州大中正，邕後亦爲荊州大中正。世宗崩後，出爲幽州刺史。魏幽州，治薊，見第四章第二節。在州貪縱，與范陽盧氏爲婚，范陽，魏郡，晉廢，後魏復爲郡，治今河北涿縣。女父早亡，其叔許之，而母不從。母北平陽氏，北平，見第二章第二節。攜女至家，藏避規免，邕乃考掠陽叔，遂至於死。案宣武之溺於羣小，綱紀蕩然，實自文明大后之世，相沿而來，不得獨爲宣武咎，然其駕馭之才，不如文明大后，則羣小之縱恣彌甚矣。白龍豫且，困於魚服，諸人既皆託於帝戚，又安知其不有覬覦之心哉？高肇之發其謀，恐不得云莫須有也。

永平元年，梁武帝天監七年。宣武弟京兆王愉反，彭城王亦因之見殺。愉，大和二十一年，齊明帝建武四年。爲徐州刺史。世宗初，爲護軍將軍。遷中書監。愉傳云：世宗爲納順皇后妹爲妃，順皇后，世宗后，于烈弟勁之女。而不見禮答。在徐州，納妾李氏。本姓楊，東郡人，夜聞其歌，悅之，遂被寵嬖。罷州還京，欲進貴之，託右中郎將趙郡李恃顯爲之養父，就之禮逆。東郡，見第三章第三節。順皇后召李入宮，毀擊之，彊令爲尼於內，以子付妃養之。李產子寶月。歲餘，后父于勁，以后久無所誕，乃上表勸廣嬪侍，因令后歸李於愉。舊愛更甚。愉好文章，時引才人宋世景等，共申燕喜；招四方儒學賓客嚴懷眞等數十人，館而禮之；所得穀帛，率多散施；又崇信佛道，用度常至不接。與弟廣平王懷，頗相夸尚，競慕奢麗，貪縱不法。於是世宗攝愉禁中推案，杖愉五十，出爲冀州刺史。愉既勢劣二弟，廣平王及清河王懌。潛懷媿恨；又以幸妾屢被頓辱；在州謀逆。遂殺長史羊靈引及司馬李遵。北史羊祉傳：弟靈引，甚爲高肇所昵。京兆王愉，與肇深相嫌忌。及愉出鎮冀州，肇以靈引爲愉長史，以相間伺。靈引恃肇勢，每折愉。及愉作逆，先斬靈引於門。時論云：非直愉自不臣，抑亦由肇及靈引所致。此亦私曲之論。愉乃妄人，其爲州，自不得不有人以監之，靈引之折愉，或係裁抑其非法也。稱得清河王密疏，云高肇謀殺害主上。遂爲壇於信都之南，信都，冀州治，見第四章第二節。柴燎告天，即皇帝位。立李氏爲皇后。世宗詔尚書李平討愉。愉出拒，頻敗，遂嬰城自守。愉知事窮，攜妾及四子數十騎出門，諸軍追之，見執。詔徵赴京師，申以家人之訓。愉每止宿亭傳，必攜李手，盡其私情。雖鏁縶之中，飲食自若，略無愧懼之色。至野王，見第五章第一節。愉語人曰：「雖主上慈深，不忍殺我，吾亦何面目見於至尊？」於是歔欷流涕，絕氣而死。或云：高肇令人殺之。勰傳云：言於朝廷，以其舅潘僧固爲冀州樂陵太守。樂陵，見第三章第四節。京兆王愉搆逆，僧固見逼從之。尚書令高肇，性既凶愎，賊害賢俊；又肇之兄女入爲夫人，順皇后崩，世宗欲以爲后，勰固執以爲不可；肇於是屢譖勰於世宗。世宗不納。因僧固之同逆，誣勰北與愉通，南招蠻賊。勰國郎中令魏偃、前防閤高祖珍希肇提攜，搆成其事。肇初令侍中元暉昭成六世孫。以奏世宗，暉不從。令左衛元珍言之。珍，平文第四子高涼王孤六世孫。世宗訪之於暉，暉明勰無此。世宗更以問肇，肇以偃、祖珍爲證，世宗乃信之。召勰及高陽王雍、廣陽王嘉、清河王懌、廣平王懷及肇等入宴於禁中，至夜皆醉，各就別所消息。俄而元珍將武士齎毒酒殺之。愉、懌皆反狀明白，史皆以爲高肇誣構，其非實錄明矣。

魏書世宗紀言其雅性儉素。又云：雅愛經史，尤長釋氏之義。每至講論，連夜忘疲。案邢巒傳稱巒當世宗初，奏曰：「粟帛安國，育民之方；金玉虛華，損德之物。故先王深觀古今，去諸奢侈。服御尚質，不貴雕鏤；所珍在素，不務奇綺。至乃以紙絹爲帳扆，銅鐵爲轡勒，輕賤珠璣，示其無設。府藏之金，裁給而已，更不買積，以費國資。逮景明之初，承升平之業，四疆清宴，遠邇來同，於是蕃貢繼路，商賈交入，諸所獻貿，倍多於常。雖加以節約，猶歲損萬計。珍貨常有餘，國用恆不足。若不裁其分限，便恐無以支歲。」無政事則財用不足，雖躬行儉素何益？況其嬖溺近幸如此，所謂儉素者，又安在邪？溺情釋氏，則亦祇足以廢事而已矣。

第二節　魏政荒亂下

世宗怠荒已甚，當其時，在朝諸臣，幾無一乃心君國者，然有一獨立不倚之人焉，曰高肇。肇者，世宗母文昭皇后之兄也。世宗初立皇后于氏，景明三年，梁武帝天監元年。大尉烈弟勁之女也，是爲順皇后。生子昌。后以正始元年梁天監三年。十月死。永平元年，梁天監七年。三月，昌亦死。七月，立夫人高氏爲皇后，文昭皇后弟偃之女也。肇傳云：景明初，世宗追思舅氏，徵肇兄弟等錄尚書事。未幾，爲尚書左僕射，領吏部冀州大中正。冀州，見第十一章第四節。尚世宗姑高平公主，遷尚書令。肇出自夷土，肇自云本渤海蓨人，五世祖顧，晉永嘉中避亂入高麗。父颺，孝文初入魏。蓨，漢縣，漢書地理志作脩，景帝紀周亞夫傳作條，在今河北景縣境。時望輕之。及在位居要，留心百揆，孜孜無倦，世咸謂之爲能。世宗初，六輔專政，後以咸陽王禧無事搆逆，由是遂委信肇。肇既無親族，頗結朋黨，附之者旬月超升，背之者陷以大罪。以北海王詳位居其上，構殺之。又說世宗防衛諸王，殆同囚禁。時順皇后暴崩，世議言肇爲之。皇子昌薨，僉謂王顯失於醫療，承肇意旨。及京兆王愉出爲冀州刺史，畏肇恣擅，遂至不軌。肇又譖殺彭城王勰。由是朝野側目，咸畏惡之。因此專權，與奪任己。又嘗與清河王懌於雲龍門外廡下忽忿諍，大致紛紜。大尉高陽王雍和止之。高后既立，愈見寵信。肇既當衡軸，每事任己。本無學識，動違禮度。好改先朝舊制，出情妄作；減削封秩，抑黜勳人；由是怨聲盈路矣。延昌初，梁天監十一年。遷司徒。雖貴登台鼎，猶以去要，怏怏形乎辭色。衆咸嗤笑之。案北海、京兆、彭城三王之事，已見上節，其死是否肇之所致？其叛是否由肇激成？無俟深辯。愉之叛，以其妾被頓辱；頓辱其妾者，順皇后也；順皇后者，于忠之從妹，忠則害肇之人也。勰傳言：肇欲搆勰而元暉不從。暉傳言：暉爲侍中，領右衛將軍，深被親寵。凡在禁中要密之事，暉別奉旨藏之於櫃，惟暉入乃開，其餘侍中、黃門，莫有知者。侍中盧昶，亦蒙恩眄，故時人號曰餓虎將軍、飢鷹侍中。遷吏部尚書，納貨用官，皆有定價，出爲冀州刺史。下州之日，連車載物，發信都至湯陰閒，首尾相繼，道路不斷。其車少脂角，即於道上所逢之牛，截去角以充其用。其爲人何如邪？又暉嘗欲害其從弟壽興，事見昭成子孫傳，而獨厚於勰乎？信都，冀州治，見第四章第二節。湯陰，即蕩陰，見第三章第一節。勰傳言：世宗詔宿衛隊主率羽林虎賁幽守諸王，乃由京兆、廣平暴虐不法，如京兆、廣平之所爲，欲無防禁得乎？懌傳云：肇謀去良宗，屢譖懌及愉等，愉不勝忿怒，遂舉逆冀州；因愉之逆，又搆殺勰；懌恐不免。肇又錄囚徒，以立私惠。懌因侍宴酒酣，乃謂肇曰：「天子兄弟，詎有幾人，而炎炎不息？」又言於世宗曰：「臣聞唯名與器，不可以假人，減膳錄囚，人君之事，今乃司徒行之，詎是人臣之義？」所謂忿爭，蓋亦此類。世宗耽於遊宴，故肇爲之錄囚，此亦未必僭逆，此自懌之褊衷。史云肇屢譖懌，懌究何嘗見害乎？可見諸王之不終，與肇無涉，至以順皇后母子之死歸罪於肇，則更所謂莫須有者矣。附之者超升，背之者陷罪，以及予奪任己等辭，則居尚書中者，固易加以此等罪狀也。減削封秩，抑黜勳人，正見其能綜覈名實，予奪不苟耳。張彝傳云：陳留公主寡居，彝意願尚主，主亦許之，高肇亦望尚主，主意不可，肇怒，譖彝於世宗，稱彝擅立刑法，勞役百姓，此亦近乎誣罔。彝之爲人，本近嚴酷也。

延昌四年，梁天監十四年。正月，宣武帝死。其第二子翊，母曰胡充華，生於永平三年，梁天監九年。延昌元年，梁天監十一年。立爲太子。領軍將軍于忠與侍中崔光，迎翊卽位，是爲肅宗孝明皇帝。時高肇爲大都督伐蜀，忠與門下省議，引高陽王雍入居西柏堂，省決庶政；任城王澄爲尚書令，總攝百揆。奏中宮請卽敕授御史中尉王顯與中常侍給事中孫伏連等寢門下之奏，欲以高肇錄尚書事。忠於殿中收顯殺之。入蜀兵罷，肇還，雍與忠潛備壯士十餘人於舍人省，肇入省，壯士搤而拉殺之。忠旣居門下，又總禁衞，遂秉朝政，權傾一時。尚書左僕射郭祚，尚書裴植，叔業兄子，見第十章第五節。勸雍出忠，忠並矯詔殺之。又欲殺雍，崔光固執，乃免雍大尉，以王還第。自此之後，詔命生殺，皆出於忠。先是尊皇后高氏爲皇大后，胡充華爲皇大妃。及高肇死，皇大后出俗爲尼。神龜元年，死於瑤光寺，梁天監十七年也。至是，遂尊皇大妃爲皇大后，居崇訓宮。忠又領崇訓衞尉，爲尚書令。大后旋臨朝稱制，解忠侍中及崇訓衞尉。未幾，出忠爲冀州刺史。冀州，見第十一章第四節。史云：世宗崩後，高大后將害靈大后。胡后謚。中常侍劉騰以告侯剛，剛以告忠，忠請計於崔光，光曰：「宜置胡嬪於別所，嚴加守衞，理必萬全。」忠等從之，具以此意啓靈大后，故大后深德騰等。熙平二年，梁天監十六年。四月，復以爲尚書右僕射。神龜元年三月，復儀同三司。旋死。案高后之爲人，未必能殺胡后，此說恐亦不足信也。后聰明多才藝，能親覽萬機，手筆斷決。道武玄孫乂，京兆王黎之曾孫。后妹夫也，爲侍中、領軍將軍，深爲后所信委。大傅清河王懌，參決機事，以乂恃寵驕盈，裁之以法。乂遂令通直郎宋維告司染都尉韓文殊欲謀逆立懌。懌坐禁止。後窮治無實，得免，猶以兵衞守於宮西別館。此據乂傳。維傳云：告文殊父子欲謀逆立懌，懌坐被錄禁中。文殊父子懼而逃遁。鞫無反狀，以文殊亡走，縣處大辟。置懌於宮西別館，禁兵守之。維應反坐。叉言於大后，欲開將來告者之路，乃黜爲燕州昌平郡守。及叉殺懌，徵爲散騎侍郎。大后反政，以叉黨除名。尋追其誣告清河王事賜死。懌傳則云：叉黨人宗準愛希叉旨告懌謀反，禁懌門下，訊問左右及朝貴，貴人分明，乃得雪釋。昌平，漢縣，後魏初省後復置郡，今河北昌平縣。久之，叉恐懌終爲己害，乃與侍中劉騰密謀。騰傳云：吏部嘗望騰意，奏其弟爲郡，帶戍，人資乖越，懌抑而不與，騰以爲恨，遂與叉害懌。后在嘉福，未御前殿，騰誣懌欲害帝，肅宗聞而信之。案肅宗時年十一耳，懌之誅非自爲政可知。然懌傳及他篇多以懌爲正人，而靈后傳云：后逼幸懌，恐得其實，則覬覦之意，亦不敢保其必無也。乃御顯陽殿，騰閉永巷門，靈大后不得出。懌入，叉使人防守之。騰稱詔召集公卿，議以大逆論。咸畏憚叉，無敢異者。夜中殺懌。於是假爲靈大后辭遜之詔，幽之北宮。時正光元年，七月，梁普通元年也。騰自執管鑰，肅宗亦不得見，裁聽傳食而已。大后不免饑寒。叉遂與高陽王雍等輔政，以騰爲司空公。叉爲外禦，騰爲內防，迭直禁闥，共裁刑賞。相州刺史中山王熙起兵討叉、騰，相州，見第八章第二節。熙，英子。爲其長史柳元章等所執。叉遣尙書左丞盧同殺之。傳首京師。大后從子都統僧敬，此據后傳。外戚傳名虔，字僧敬。與備身左右張車渠等謀殺叉，復奉大后臨朝，不克。僧敬坐徙邊，車渠等死。胡氏多廢黜。初奚康生領右衛將軍，與叉同謀廢后。子難，娶左衛將軍侯剛女。剛長子，卽叉妹夫也。叉以其通姻，深相委託。三人多俱宿禁內，時或迭出。叉以難爲千牛備身。康生性麤武，叉稍憚之，見於顏色。明年，正光二年，梁普通二年。肅宗朝后於西林園。文武侍坐，酒酣迭舞。康生顧視大后，爲殺縛之勢。大后解其意而不敢言。日暮，大后欲攜肅宗宿宣光殿。侯剛曰：「至尊已朝訖，嬪御在南，何勞留宿？」康生曰：「至尊陛下兒，隨陛下將東西，更復訪問誰？」羣臣莫敢應。后自起，援肅宗臂，下堂而去。肅宗引前入閤，左右競相排，閽不得閉，康生奪難千牛刀斫直後元思輔，乃得定。肅宗既上殿，康生時有酒勢，將出處分，遂爲叉所執，鎖於門下。處斬刑。難以侯剛子壻，恕死徙安州。魏置，在今河北密雲縣東。後尚書盧同爲行臺，叉令殺之。時靈大后、肅宗同升於宣光殿，左右侍臣俱立西階下。康生既被囚執，內侍賈粲紿大后曰：「侍臣懷恐不安，陛下宜親安慰。」大后信之，適下殿，粲便扶肅宗於東序，前御顯陽，還閉大后於宣光殿。武衛將軍于景，忠弟。亦以謀廢叉，黜爲懷荒鎮將。懷荒，六鎮之一，見下節。初叉之專政，矯情自飾，勞謙待士，時事得失，頗以關懷，而才術空淺，終無遠致。得志之後，便驕愎，耽酒好色，與奪任情。政事怠惰，綱紀不舉。劉騰尤驕恣，八坐九卿，旦造其宅，參其顏色，方赴省府。亦有歷日不能見者。公私屬請，惟在財貨。舟車之利，水陸無遺，山澤之饒，所在固護，剝削六鎮，見下節。交通互市，歲入利息，以巨萬計，逼奪鄰居，廣開宅宇，天下咸患苦之。正光四年，梁普通四年。三月，騰死。防衛微緩，叉亦頗自寬，時宿於外，每日出遊，留連他邑。靈大后微察知之。五年，梁普通五年。秋，后對肅宗謂羣臣曰：「隔絕我母子，不聽我往來兒間，復何用我爲？放我出家，我當永絕人間。」欲自下髮。肅宗與羣臣大懼，叩頭泣涕，殷勤苦請，后意殊不回。肅宗乃宿於嘉福殿，積數日，遂與后密圖叉。后瞋忿之言，欲得往來顯陽，皆以告叉。叉殊不爲疑，乃勸肅宗從大后意。於是大后數御顯陽，二宮無復禁礙。丞相高陽王雍，雖位重於叉，而甚畏憚，欲進言於肅宗，而事無因。會大后與肅宗南巡洛水，雍邀請車駕，遂幸雍第。日晏，肅宗及大后至雍內室，從者莫得入，遂定圖叉之計。解叉領軍。後叉出宿，叉解其侍中。孝昌元年，梁普通六年。四月，大后復臨朝。劉騰追奪爵位，發其冢，散露骸骨，沒入財產。叉除名爲民。未幾，有人告叉及其弟爪謀反，並賜死於家。出賈粲爲濟州刺史，濟州，見第十一章第四節。未幾，遣使馳驛殺之。叉之解領軍也，靈大后以其腹心尚多，恐難卒制，權以侯剛代之，尋出爲冀州刺史，在道又加削黜焉。

靈后再臨朝後，朝政疏緩，威刑不立，牧守所在貪惏。鄭儼汙亂宮掖，與徐紇並爲中書舍人，共相表裏，勢動內外。儼本大后父胡國珍司徒參軍，得幸於后。紇，世宗時即爲舍人，諂附趙脩。脩誅，坐黨徙枹罕。後復見用，又事元叉，得其懽心。至此，復曲事鄭儼，因得總攝中書門下之事。枹罕見第五章第一節。李神軌崇子。亦領中書舍人，時云見幸帷幄，與儼爲雙，莫能明也。高陽王雍以大師錄尚書事，後又進位丞相；東平王略，中山王英子，熙之弟。城陽王徽，景穆子城陽王長壽之孫。先後爲尚書令；亦惟諂附儼、紇而已。后性奢侈，又信佛法。自其初聽政時，即銳於繕興，在京師起永寧等佛寺，外州各造五級浮圖。又數爲一切齋會，施物動至萬計。兼曲賚左右，日有數千。任城王澄傳。正光後，四方多事，加以水旱，國用不足。預折天下六年租調而徵之。食貨志。孝昌二年，梁普通七年。十一月，稅京師田租畝五升，借賃公田者畝一斗。閏月，稅市人出入者各一錢。店舍爲五等。三年，梁大通元年。二月，詔凡輸粟瀛、定、岐、雍四州者，瀛、岐、雍州，皆見第十一章第四節，定州見第十一章第二節。官斗二百斛賞一階；入二華州者，華州，錢大昕云：蓋初治李閏堡，世宗時移治古馮翊。案李閏堡，見第六章第八節。馮翊，見第二章第二節。北華州，治杏城，見第三章第八節。五百石賞一階。不限多少，粟畢授官。蓋其財政已至山窮水盡之境矣。案肅宗在位十二年，而胡靈后之見幽者凡六年，以魏事敗壞，悉蔽其罪於后，實非平情之論。魏之敗壞，乃其政權始終在親貴及代北舊人手中所致，自文明大后以來，非一朝一夕之故矣。觀元魏之亂亡，而知春秋之譏世卿，爲有由也。

第三節　北方喪亂

自道武至大武之世，人民之叛魏者甚多，已見第八章第五節。此等叛亂，至孝文、宣武之朝，迄仍不絕。孝文大和五年，即齊高帝建元三年，沙門法秀謀反，伏誅。十三年，即齊武帝永明七年，兗州人王伯恭聚衆勞山，自稱齊王，東萊鎭將孔伯孫討斬之。十四年，即齊永明八年，沙門司馬御惠自言聖王，謀破平原郡，禽獲伏誅。二十一年，即齊明帝建武四年，先是定州人王金鉤訛言，自稱應王，州郡捕斬之。二十三年，即齊東昏侯永元元年，幽州人王惠定聚衆反，自稱明法皇帝，刺史李肅捕斬之。宣武景明元年，即齊永元二年，齊州人柳世明聚衆反，齊、兗二州討平之。正始二年，即梁武帝天監五年，秦州人王智等聚衆，自號王公，尋推秦州主簿呂苟兒爲主。二月，詔右衛將軍元麗等討，七月，降之。秦、涇二州平。案時反於涇州者爲屠谷陳瞻，苟兒則羌也，見楊椿傳。正始四年，即梁天監六年，夏州長史曹明謀反，伏誅。永平二年，即梁天監八年，涇州沙門劉慧汪聚衆反，詔華州刺史奚康生討之。三年，即梁天監九年，秦州沙門劉光秀謀反，州郡捕斬之。秦州隴西羌殺鎭將趙儁反，州軍討平之。四年，即梁天監十年，汾州劉龍駒聚衆反，詔諫議大夫薛和討之。延昌三年，即梁天監十三年，幽州沙門劉僧紹聚衆反，自號淨居國明法王，州郡捕斬之。四年，即梁天監十四年，沙門法慶聚衆反於冀州，殺阜城令，自稱大乘。元遙破斬之。明帝熙平二年，即梁天監十六年，餘賊復相聚攻瀛州，刺史宇文福討平之。神龜元年，即梁天監十七年，秦州羌，東益州、南秦州氐皆反。河州人却鐵忽聚衆反，自稱水池王，後詣行臺源子恭降。正光二年，即梁普通二年，東益、南秦州氐反，河閒王琛討之失利。至五年，即梁普通五年，而破六汗拔陵反，時局不可收拾矣。魏兗州，初治滑臺，見第六章第五節。後移瑕丘，見第九章第五節。是稱東兗，而滑臺稱爲西兗。大和中，又於渦陽置兗州，是爲南兗。渦陽，見第十一章第三節。勞山，在今山東即墨縣東南。東萊鎭，後改爲光州，今山東掖縣。平原郡，後魏治聊城，在今山東平原縣南。定州，見第十一章第二節。幽州，見第十二章第一節。齊州，治歷城，今山東歷城縣。秦州，見第十一章第三節。涇州，見第十一章第四節。夏州，治巖綠，在今陝西横山縣西。華州，見第二節。隴西，見第二章第二節。汾州，治蒲子，在今山西隰縣東北。冀州，見第十一章第四節。阜城，漢縣，在今河北阜城縣東。瀛州、東益州，皆見第十一章第四節。南秦州，治駱谷，在今甘肅成縣西南。河州，今甘肅導河縣。魏書良吏傳云：「魏初，擁節分符，多出豐沛，政術治風，未能咸允。雖動詰大戮，而貪虐未悛，亦由網漏吞舟，時挂一目。高祖肅明綱紀，賞罰必信，肇革舊軌，時多奉法。世宗優游而治，寬政遂往，大和之風，頗以陵替。肅宗馭運，天下淆然，其於移風革俗之美，浮虎還珠之政，九州百郡，無所聞焉。」然則魏之吏治，實以孝文之時爲最整勑。然據本紀所載：則大和十二年，齊永明六年。梁州刺史臨淮王提，魏梁州，初治仇池，夏侯道遷降魏，乃移治南鄭。提，大武子臨淮王譚之子。坐貪縱配北鎮。見第八章第三節。十三年，齊永明七年。夏州刺史章武王彬，又以貪財削封。彬，景穆子章武王大洛之子。汝陰王天賜、南安王楨，並坐臧賄，免爲庶人。天賜，楨，皆景穆子。十五年，齊永明九年。濟陰王鬱，以貪殘賜死。鬱，景穆子濟陰王小新成之子。此等皆係親貴，獲罪較難，而終不免於獲罪，可見其貪殘之甚；抑此等皆係親貴，故其獲罪得以備書於史，俾後人有所考見，此外地位較微，爲史所不載者，蓋不知凡幾矣，又可見其貪殘者之多也。大和七年，齊永明元年。二月，詔曰：「朕每思知百姓疾苦，以增修寬政，故具問守宰苛虐之狀於州郡使者、秀孝、計掾，對多不實，甚乖朕虛求之意。宜案以大辟，明罔上必誅。然情猶未忍，可恕罪聽歸。申下天下，使知復犯無恕。」以死罪脅秀孝、計掾，舉發州郡罪狀，可謂聞所未聞。明年，齊永明二年。正月，詔隴西公琛、尚書陸叡爲東西二道大使，褒善罰惡。是歲，始頒官祿。祿行之後，臧滿一匹者死。虜何愛於中國人？觀其用法之嚴，而知其吏治之惡矣。

州郡如此，鎮將尤甚。魏舊制，緣邊皆置鎮，都大將統兵備禦。官氏志。其後則內地亦置之。肅宗正光五年改鎮爲州，詔曰：「大祖道武皇帝應期撥亂，大造區夏；世祖大武皇帝纂戎丕緒，光闡王業，躬率六師，掃淸逋穢。諸州鎮城人，本充牙爪，服勤征旅，契闊行間，備嘗勞劇。逮顯祖獻文皇帝，自北被南，淮海思乂，便差割强族，分衞方鎮。高祖孝文皇帝，遠遵盤庚，將遷嵩洛，規遏北疆，蕩闢南境，選良家酋帥，增戍朔垂，戎捍所寄，實惟斯等。」此魏置鎮之大略也。魏書袁翻傳：翻於正始、熙平之間，議選邊戍事曰：「自比緣邊州郡，官至便登；疆場統戍，階當即用。或値穢德凡人，或遇貪家惡子，不識字民溫恤之方，惟知重役殘忍之法。廣開戍邏，多置帥領，或用其左右姻親，或受人財貨請屬，皆無防寇禦賊之心，惟有通商聚斂之意。其勇力之兵，驅令鈔掠，若値彊敵，卽爲奴虜；如有執獲，奪爲己富。其羸弱老小之輩，微解金鐵之工，小閑草木之作，無不搜營窮壘，苦役百端。自餘或伐木深山，或耘草平陸，販貿往還，相望道路。此等祿旣不多，資亦有限，皆收其實絹，給其虛粟，窮其力，薄其衣，用其工，節其食，綿冬歷夏，加之疾苦，死於溝瀆者，常十七八焉。是以吳、楚間伺，審此虛實，皆云糧匱兵疲，易可乘擾，故驅率犬羊，屢犯疆場，頻年以來，甲胄生蟣，十萬在郊，千金日費，爲弊之深，一至於此，皆由邊任不得其人，故延若斯之患。賈生所以痛哭，良有以也。」此南邊諸鎮之情形也。北邊則尤有甚焉。世宗紀：景明四年，梁天監二年。十一月，詔尚書左僕射源懷撫勞代都、北鎮，隨方拯恤。懷傳載懷表曰：「景明已來，北蕃連年災旱，案觀下文所言，當時北蕃饑荒，恐不盡係天災，而實由於人事。延昌二年，梁天監十一年也。二月，以六鎮大饑，開倉振贍，可見其饑荒久而未抒矣。六鎮見下。高原陸野，不任營殖，惟有水田，少可菑畝。主將參寮，專擅腴美，瘠土荒疇，以給百姓。因此困敝，日月滋甚。諸鎮水田，請依地令，分給細民，先貧後富。若分付不平，令一人怨訟者，鎮將已下，連署之官，各奪一時之祿；四人已上，奪祿一周。北鎮邊蕃，事異諸夏，往日置官，全不差別。沃野一鎮，沃野，漢縣，魏置鎮，在今綏遠臨河縣境黃河西岸。自將已下八百餘人，黎庶怨嗟，僉曰煩猥。邊隅事尟，實少幾服。請主帥吏佐，五分減二。」傳云：時細民為豪彊陵壓，積年枉滯，一朝見申者，日有百數。所上事宜，便於北邊者，凡四十餘條，可見其積弊之深，民生之困矣。而身為將士者，亦未嘗不抑鬱思亂。北齊書魏蘭根傳曰：正光末，李崇為都督，討茹茹，以蘭根為長史。因說崇曰：「緣邊諸鎮，控攝長遠。昔時初置，地廣人稀，或徵發中原彊宗子弟，或國之肺腑，寄以爪牙。中年已來，有司乖實，號曰府戶，役同廝養，官婚班齒，致失清流。而本宗舊類，各各榮顯，顧瞻彼此，理當憤怨。更張琴瑟，今也其時。靜境寧邊，事之大者。宜改鎮立州，分置郡縣，凡是府戶，悉免為民，入仕次敘，一准其舊。文武兼用，威恩並施。此計若行，國家庶無北顧之慮矣。」崇以奏聞，事寢不報。逮破六汗拔陵既叛，崔暹敗於白道，見下。廣陽王淵又上書曰：淵，嘉之子，嘉見第一節。淵，北史避唐諱作深，魏書本紀作淵，列傳亦作深，蓋後人所改，通鑑亦依北史作深。「昔皇始以移防為重，盛簡親賢，擁麾作鎮，配以高門子弟，以死防遏。不但不廢仕宦，至乃偏得復除。當時人物，忻慕為之。及大和在歷，僕射李沖當官任事，涼州土人，悉免廝役，豐沛舊門，仍防邊戍。自非得罪當世，莫肯與之為伍。征鎮驅使，但為虞候、白直，一生推遷，不過軍主。然其往世房分留京者，得上品通官；在鎮者便為清途所隔。或投彼有北，以禦魑魅，多復逃胡鄉。乃峻邊兵之格，鎮人浮遊在外，皆聽流兵捉之。於是少年不得從師，長者不得遊宦，獨為匪人，言者流涕。自定鼎伊、洛，邊任益輕，惟底滯凡才，出爲鎭將。轉相模習，專事聚斂。或有諸方姦吏，犯罪配邊，爲之指蹤，過弄官府，政以賄立，莫能自改。及阿那瓌背恩，縱掠竊奔，命師追之，十五萬衆度沙漠，不日而還。邊人見此援師，便自意輕中國。尚書令臣崇，時即申聞，求改鎭爲州，將允其願，抑亦先覺，朝廷未許。今日所慮，非止西北，將恐諸鎭，尋亦如此，天下之事，何易可量？」淵傳云：時不納其策。東西敕勒之叛，朝議更思淵言，遣兼黃門侍郎酈道元爲大使，欲復鎭爲州，以順人望。會六鎭盡叛，不得施行。六鎭在代郡北塞，東至濡源。其自西徂東之次，曰懷朔，曰武川，曰撫冥，曰柔玄，曰懷荒，曰禦夷。懷朔在今綏遠固陽縣境。武川已見第一章。撫冥鎭城所在未詳。柔玄在今察哈爾興和縣境。懷荒、禦夷二鎭，後改爲蔚州，蔚州，即今察哈爾蔚縣也。六鎭自西徂東之次，依胡三省說，見通鑑齊明帝建武元年注。案崔暹之敗事在正光五年七月，其年八月，紀載詔諸州軍貫元非犯配者，悉免爲民，鎭改爲州，依舊立稱。酈道元傳云：肅宗以沃野、懷朔、薄骨律、在今寧夏靈武縣西南。武川、撫冥、柔玄、懷荒、禦夷諸鎭，並改爲州，其郡縣戍名，令準古城邑。詔道元持節兼黃門侍郎，與都督李崇籌宜置立，裁減去留，儲兵積粟，以爲邊備。而李崇傳言：臨淮王彧、李叔仁敗，亦見下。詔引丞相、令、僕、尚書、侍中、黃門於顯陽殿，使陳良策。吏部尚書元脩義景穆子汝陰王天賜之子。謂宜得重貴，鎭壓恆、朔，皆見第十一章第二節。詔欲遣崇。然仍責其改鎭爲州之表，開諸鎭非異之心，致有今日之事，則魏朝當日，始終不甚以此策爲然；加以六鎭盡叛，政令格不能行，詔旨自成虛語矣。然此時即能行之，恐於勢亦已無及也。

魏明帝正光五年，梁武帝之普通五年也。三月，沃野鎭人破洛韓拔陵反，殺鎭將。詔臨淮王彧討之。彧，提之孫。五月，敗於五原。朔州治，見第十一章第二節。安北將軍李叔仁尋敗於白道。在今綏遠歸綏縣北。武川陷。詔尚書令李崇爲大都督。

崔暹出東道，廣陽王淵出北道，皆受崇節度。崇至五原。七月，崔暹大敗於白道之北。賊遂并力攻崇。崇與淵力戰相持，至冬，乃引還平城。淵表崇長史祖瑩詐增功級，盜沒軍資，崇坐免官爵，徵還，以後事付淵。崇之將班師也，留別將費穆守朔州。穆招離聚散，頗得人心。時北境州鎭，悉皆淪沒，惟穆獨據一城，四面抗拒。久之，援軍不至；兼行路阻塞，糧仗俱盡；亦棄城南走。明年，魏孝昌元年，梁普通六年。三月，拔陵別帥王也不盧等攻陷懷朔。至六月，乃爲柔然主阿那瓌所破，南移渡河。而恆州卒於又明年七月失陷，孝昌二年，梁普通七年。恆州見第十一章第二節。行臺元纂南走。代北遂不可收拾矣。而杜洛周、鮮于修禮復起。

初李叔仁爲破六韓拔陵所逼，求援。廣陽王淵赴之。前後降附二十萬人。淵與元纂表求於恆州北別立郡縣，安置降戶，隨宜振賚，息其亂心。不從。而遣黃門侍郎楊昱分散之於冀、定、瀛三州就食。淵謂纂曰：「此輩復爲乞活矣。」孝昌元年八月，柔玄鎭人杜洛周反於上谷。此依魏書本紀。梁書侯景傳作吐斤六周，云柔玄鎭兵。上谷見第三章第八節。攻沒郡縣。南圍燕州。見第十二章第一節。九月，詔幽州刺史常景爲行臺，征虜將軍元譚爲都督討之。譚，獻文子趙郡靈王幹之子。二年正月，譚次軍都，燕州治。爲洛周所敗。以別將李琚代譚。四月，又敗沒於薊城之北。薊，幽州治。五月，燕州刺史崔秉南走中山。定州治。七月，洛周遣其別帥曹紇眞寇掠幽州。常景遣都督于榮邀於栗園，胡三省曰：常在周安縣界。大破之，斬紇眞。九月，景又破洛周，斬其武川王賀拔文興，別帥侯莫陳升。然至十一月，幽州卒陷，景被執。

鮮于修禮，本懷朔鎭兵，據梁書侯景傳。爲五原降戶。以孝昌二年正月，反於定州。詔長孫稚爲大都督，稚字承業，史或書其字。北史作名幼。與河間王琛討之。齊郡順王簡子，繼河間孝王若。簡、若皆文成子。琛與稚有隙，前到呼沱，稚未欲戰，而琛不從。稚至五鹿，在河北濮陽縣南。爲修禮所邀，琛不赴，賊總至，遂大敗。稚與琛並除名。修禮及杜洛周之叛也，其餘降戶，猶在恆州，欲推廣陽王淵爲主。淵上書乞還京師，令左衞將軍楊津代爲都督。及是，五月。復以淵爲大都督，章武王融爲左都督，融，彬子。裴衍爲右都督，衍，植之弟。北討。初朔州毛普賢爲淵統軍，後與修禮同反。見甄琛傳。修禮常與葛榮謀，梁書侯景傳云：榮懷朔鎭將。後稍信普賢，榮常銜之。淵使人喩普賢，普賢乃有降意。又使錄事參軍元晏說賊程殺鬼，果相猜貳。葛榮遂殺普賢、修禮而自立。此據淵傳。本紀云：八月，賊帥元洪業斬鮮于修禮，請降，爲賊黨葛榮所殺。榮以新得大衆，上下未安，遂北度瀛洲。淵便率衆北轉。榮東攻。章武王融戰敗於白牛邏，紀云在博野。博野，今河北蠡縣。歿於陳。淵退走，趨定州。聞刺史楊津疑其有異志，止於州南佛寺。召都督毛謚等六七人，臂肩爲約，危難之際，期相拯恤。謚疑淵意異，乃密告津云淵謀不軌。津遣謚討淵。淵走，逢賊游騎，引詣葛榮，爲榮所殺。三年，梁大通元年。榮陷殷州。在今河北隆平縣東。東圍冀州。先是以安樂王鑒爲相州刺史、北討大都督，鑒，文成子安樂王長樂之孫。相州，見第八章第二節。與裴衍共救信都。冀州治。鑒謀反，降榮。八月，都督源子邕懷子。此據本紀，列傳作子雍。與衍合圍鑒，斬首傳洛。十一月，信都陷。時除子邕冀州刺史。子邕上書曰：「賊中甚飢，專仰野掠。今朝廷足食，兵卒飽暖，高壁深壘，勿與爭鋒。彼求戰不得，野掠無所獲，不盈數旬，可坐制凶醜。」時裴衍復表求行。詔子雍與衍速進。子雍重表固請，不聽。遂與衍俱進。至陽平郡東北漳曲，陽平見第二章第二節。榮率賊十萬，來逼官軍。子邕、衍並戰歿。明年，武泰元年，梁大通二年。正月，杜洛周陷定州，瀛州亦降。二月，爲榮所并。三月，榮陷滄州。

在今河北南皮縣東南，遂獨雄於河北矣

破洛韓拔陵之叛也，高平酋長胡琛，亦起兵攻鎮以應之。正光五年四月。高平鎮，後爲原州，今甘肅固原縣。別將盧祖遷擊破之，琛北遁。時秦州刺史李彥刑政過猛，爲下所怨。六月，城民薛珍、劉慶、杜超等禽彥，推其黨莫折大提爲帥。據彥傳。蕭寶夤傳杜超作杜遷。詔雍州刺史元志討之。南秦州城人孫掩、張長命、韓祖香據城殺刺史崔遊以應大提。大提遣城人卜朝通鑑作卜胡。襲克高平。大提尋死，子念生代立。據蕭寶夤傳，念生爲大提第四子。僭稱天子。七月，詔元修義爲西道行臺，率諸將西討。李苗上書，以爲「食少兵精，利於速戰；糧多卒衆，事宜持久。今隴賊猖狂，非有素蓄，雖據兩城，本無德義，其勢在於疾攻，日有降納，遲則人情離沮，坐受崩潰。今宜且勒大將，深溝高壘，堅守勿戰；別命偏師，精卒數千，出麥積崖，在今甘肅天水縣東南。以襲其後，則汧岐之下，羣妖自散。」於是詔苗爲統軍，與別將淳于誕出梁益，隸行臺魏子建。東益州刺史，見第十一章第四節。念生遣其兄天生下隴東寇。據本紀。寶夤傳及梁書羊侃傳皆云天生爲念生子。八月，元志大敗於隴東，退守岐州。見第十一章第四節。元修義性好酒，遂遇風病，神明昏喪，雖至長安，竟無部分之益。九月，更以蕭寶夤爲西道行臺、大都督，率崔延伯、北海王顥西討。顥詳子。十一月，天生攻陷岐州，執元志，遂寇雍州，屯於黑水。在今陝西城固縣北，南流入漢。十二月，魏子建招降南秦氐民，復六郡十三戍，斬韓祖香。張長命畏逼，乃告降於蕭寶夤。先是涼州幢帥于菩提、呼延雄執刺史宋穎，據州反。七月。吐谷渾主伏連籌討之。于菩提棄城走，追斬之。城民趙天安復推宋穎爲刺史。是月，莫折念生遣兵攻涼州，天安復執穎以應之。魏涼州治姑臧，見第二章第二節。孝昌元年，梁普通六年。正月，蕭寶夤、崔延伯擊天生，破之黑水。天生退走入隴西。涇、岐及隴東悉平。先是高平人攻殺卜朝，共迎胡琛。正光五年十一月。琛遣其將万俟醜奴、宿勤明達寇涇州。延伯、寶夤會於安定。見第二章第二節。甲卒十二萬，鐵馬八千，軍威甚盛。四月，延伯爲醜奴所敗，戰歿。延伯與奚康生、楊大眼並稱名將，其死也，朝野歎懼焉。十月，吐谷渾復討趙天安，降之。天水呂伯度兄弟天水見第二章第二節。始與莫折念生同逆，後保於顯親，後漢侯國，後爲縣，在今甘肅天水縣西北。聚衆討念生，戰敗，降於胡琛。琛資其士馬，還征秦州。大敗念生將杜粲於成紀。見第三章第八節。又破其金城王莫折普賢於水洛城。在今甘肅莊浪縣南。遂至顯親。念生身自拒戰，又大奔敗。伯度乃背胡琛，襲琛將劉拔，破走之。遣其兄子忻和率騎東引魏軍。念生事迫，乃詐降於蕭寶夤。魏朝嘉伯度之功，授以涇州刺史。而元修義停軍隴口，久不西進。念生復反。伯度終爲万俟醜奴所殺。賊勢更盛，蕭寶夤不能制。胡琛與念生交通，事破六韓拔陵，淩慢。拔陵遣其臣費律至高平，誘琛斬之。其衆盡幷於万俟醜奴。孝昌三年，梁大通元年。正月，寶夤大敗於涇州。北海王顥尋亦敗走。岐、豳、東秦、北華州俱陷。豳州今陝西邠縣。東秦州，秦州昭後置於汧城。汧，漢縣，後魏曰汧陰，在今陝西隴縣南。北華州，見上節。寶夤還雍州。莫折天生乘勝寇雍州。寶夤部將羊侃隱身塹中射之，斃，其衆乃潰。有司奏處寶夤死罪，詔恕爲民。四月，復以爲雍州刺史、西討大都督，自關以西皆受節度。九月，念生爲其常山王杜粲所殺，合門皆盡。粲據州請降於寶夤。十二月，粲又爲駱超所殺，亦遣使歸魏。南秦州城民辛琛，亦自行州事，遣使歸罪。十月，魏朝復寶夤舊封。而寶夤自以出軍累年，糜費尤廣，一旦覆敗，內不自安。魏朝頗亦疑阻。乃遣御史中尉酈道元爲關中大使。寶夤謂密欲取己，彌以憂懼。長安輕薄之徒，因相說動。道元行達陰盤驛，陰盤，漢縣，在今陝西長武縣西北。

寶夤密遣其將郭子恢等攻殺之，遂叛魏，自號爲齊。遣子恢東攻潼關，見第三章第三節。張始榮圍華州。見上節。魏詔尙書僕射行臺長孫稚討之。初寶夤之敗，北地功曹毛洪賓據郡引寇，鈔掠渭北。北地，見第二章第二節。時楊椿爲雍州刺史，其兄子侃爲錄事參軍，請討之。洪賓通書送質，乞自效。及是，與其兄遐糾率鄉義，將攻寶夤。寶夤遣其將盧祖遷擊遐，爲遐所殺。又遣其將侯終德攻遐。時薛鳳賢反於正平，後魏郡，在今山西新絳縣西南。薛脩義屯聚河東，見第二章第二節。分據鹽池，攻圍蒲坂，見第三章第四節。東西連結，以應寶夤。楊侃爲稚行臺左丞。稚軍次弘農，見第二章第二節。侃勸其「北取蒲坂，飛棹西岸，置兵死地，人有鬥心。華州之圍，可不戰而解；潼關之賊，必望風潰散。諸處既平，長安自克。」稚從之。令其子子彥等領騎於弘農北渡，圍城之寇，各自散歸。脩義亦即逃遁。子恢爲官軍所敗。稚又遣子彥破始榮於華州。終德因此勢挫，還圖寶夤。寶夤戰敗，奔万俟醜奴。時武泰元年，梁大通二年。正月也。

以上皆孝明之世叛亂之較大者；其較小者：在淸河則有崔畜，在廣川則有傅堆。淸河，見第五章第三節。廣川，見第九章第五節。孝昌元年三月，畜殺大守董遵，堆執大守劉莽，反。靑州刺史安樂王鑒討平之。在朔州則有鮮于阿胡、庫狄豐樂。朔州，見第十一章第二節。孝昌二年四月，據城反。在平原則有劉樹、劉蒼生。孝昌二年十一月反，州軍破走之。劉樹奔梁。在徐州則有任道棱。孝昌三年正月，襲據蕭城，州軍討平之。蕭，今江蘇蕭縣。在東郡則有趙顯德。東郡，魏治滑臺，見第六章第五節。顯德，孝昌三年二月反。詔都督李叔仁討之。四月，別將元斌之斬顯德。在齊州則有劉鈞、房須。孝昌三年三月，鈞執清河大守邵懷，須屯據昌國城。六月，詔李叔仁討鈞，平之。須，彭城王勰傳作頃。昌國，漢縣，在今山東淄川縣東北。在陳郡則有劉獲、鄭辨。孝昌三年七月，反於西華，州軍討平之。西華，漢縣，在今河南西華縣南。在營州則有劉安定、就德興。營州，見第十一章第四節。安定、德興，正光五年，據城反。城人王惡兒斬安定以降。德興東走，自號燕王。孝昌二年九月，攻陷平州。至孝莊帝永安元年十一月，乃遣使來降。平州，治肥如，今河北盧龍縣北。在鞏縣一帶，又有李洪。本紀：武泰元年二月，羣盜燒劫鞏縣以西，闕口以東，公路澗以南。詔李神軌爲都督，討平之。神軌傳云：蠻帥李洪，扇動諸落，伊闕以東，至於鞏縣，多被燒劫。鞏縣，見第五章第一節。闕蓋謂函谷關。公路澗，未詳。伊闕，見第六章第五節。雖爲患不廣，然是處蠭起，勢成燎原矣。

叛亂之興，固非僅恃兵力所能戡定，然即以兵力論，其不足恃亦已甚。神龜二年，梁天監十七年。征西將軍張彝第二子仲瑀上封事，求銓別選格，排抑武人，不使預在清品。羽林虎賁千餘人，焚彝第，毆傷彝，燒殺其長子始均。彝亦旋死。官爲收掩羽林凶彊者八人斬之，不能窮誅羣豎，即爲大赦以安衆心。史云：「有識者知國紀之將墜矣。」論當時兵事者，路思令曰：「竊以比年以來，將帥多是寵貴子孫，軍幢統領，亦皆故義託附。貴戚子弟，未經戎役，銜杯躍馬，志逸氣浮，軒眉攘腕，便以攻戰自許。及臨大敵，怖懼交懷，雄圖銳氣，一朝頓盡。乃令羸弱在前以當銳，彊壯居後以安身。兼復器械不精，進止不集。任羊質之將，驅不練之兵，當負險之衆，敵數戰之虜，是以兵知必敗，始集而先逃；將又怖敵，遷延而不進。國家便謂官號未滿，重爵屢加；復疑賞賚之輕，金帛日賜。帑藏空虛，民財殫盡，致使賊徒更增，膽氣益盛。生民損耗，荼毒無聊。」辛雄曰：「秦隴逆節，將歷數年；蠻左亂常，稍已多載。凡在戎役，數十萬人，三方師衆，敗多勝少。跡其所由，不明賞罰故也。兵將之勳，歷稔不決；亡軍之卒，宴然在家。致令節士無所勸慕，庸人無所畏懾。進而擊賊，死交而賞賒；退而逃散，身全而無罪。賞罰陛下之所易，尙不能全而行之；攻敵士之所難，欲其必死，寧可得也？」高謙之曰：「自正光已來，邊城屢擾，命將出師，相繼於路，軍費戎資，委輸不絕。至於弓格賞募，咸有出身；槊刺斬首，又蒙階級；故四方壯士，願征者多。若使軍帥必得其人，賞勳不失其實，何賊不平？何征不捷？而諸守帥，或非其才，多遣親者，妄稱入募，虛受征官，身不赴陳，惟遣奴客充數而已。前寇臨敵，曾不彎弓，則是王爵虛加，征夫多闕。賊虜何可殄除？忠貞何以勸誡也？」以此政令，用此將士，無怪契胡一入，莫之能禦矣。

第四節 尒朱榮入洛

兩晉之世，五胡作害中州，不久皆力盡而斃，而元魏崛起北方，獨獲享祚幾百五十年者？自道武登國元年，即晉孝武帝大元十一年，至明帝武泰元年，即梁武帝大通二年，凡百四十三年。以是時中原之地，喪亂方劇，代北僻處一隅，與於戰爭之事較少，民力較完，抑且風氣較質樸，便於戰鬥故也。元魏南遷以來，此等情形，迄未嘗變，故及其衰敝，而尒朱、高、宇文諸氏，又起自代北，紛紛南下焉，而六鎮則其先驅也。魏之所以興，正其所以亡也。

尒朱榮，北秀容人。秀容見第六章第八節。其先居尒朱川，未詳。因爲氏。常領部落，世爲酋帥。高祖羽健，登國初，爲領民酋長，率契胡武士千七百人，從平晉陽，定中山。胡三省曰：「爾朱氏，契胡種也。」又曰：「契胡，爾朱之種人也。」見通鑑梁武帝中大通二年注。案昔人於中國言姓氏，於夷狄言種姓，契胡蓋其氏族或部落之名也。以居秀容川，詔割方三百里封之，長爲世業。曾祖鬱德，祖代勤，父新興，繼爲酋長。家世豪彊，財貨豐贏，牛羊駝馬，色別爲羣，谷量而已。魏朝每有征討，輒獻私馬，兼備資糧，助禆軍用。正光中，四方兵起，榮遂散畜牧，招合義勇，給其衣馬。秀容內附胡民乞伏莫干破郡，殺大守，魏秀容郡，治秀容，在今山西忻縣北。南秀容牧子萬于乞眞反叛，殺大僕卿陸延；事在正光五年八月，見紀。幷州牧子素和婆崘嶮作逆；幷州，見第十一章第二節。榮前後討平之。內附叛胡乞步落堅胡劉阿如等作亂瓜、肆；魏瓜州，治敦煌，見第二章第二節。肆州見第十一章第二節。勅勒北列步若反於沃陽；漢縣，後漢省，後魏復置，在今察哈爾涼城縣西。榮並滅之。勅勒斛律洛陽作逆桑乾，事在孝昌二年三月，見紀。桑乾見第四章第二節。西與費也頭牧子迭相犄角，榮率騎破洛陽於深井，未詳。逐牧子於河西。孝昌二年，梁普通七年。八月，榮率衆至肆州。刺史尉慶賓畏惡之，閉城不納。榮怒，攻拔之。乃署其從叔羽生爲刺史，執慶賓於秀容。自是榮兵威漸盛，朝廷亦不能罪責也。鮮于修禮之叛也，榮表東討。杜洛周陷中山，明帝聲將北討，以榮爲左軍，不行。及葛榮吞洛周，榮表求遣騎三千，東援相州，見第八章第二節。不許。榮遣兵固守滏口。大行陘名，在今河南武安、河北磁縣之閒。復上書，求慰喻阿那瓌，直趨下口，胡三省曰：「蓋指飛狐口。」案飛狐口，在今河北深源、察哈爾蔚縣閒。以躡其背；北海王顥之兵，鎮撫相部，以當其前；而自詭自井陘以北，井陘，見第六章第八節。滏口以西，分防險要，攻其肘腋。並嚴勒部曲，廣召義勇，北捍馬邑，見第三章第八節。東塞井陘。榮之意，是時惟在中原，所苦者，未能得閒而入耳。

胡靈后與明帝，母子之閒，嫌隙屢起。帝所親幸者，大后多以事害焉。武泰元年，梁大通二年。正月，潘充華生女。鄭儼與大后計，詐以爲男，大赦改元。二月，明帝死。事出倉卒，時論咸言鄭儼、徐紇之計。大后乃奉潘嬪女即位。經數日，見人心已安，始言潘嬪本實生女，今宜更擇嗣君。遂立故臨洮王寶暉世子釗。寶暉，高祖孫。年始三歲。初李崇北討，高涼王孤六世孫天穆，孤，平文帝第四子。奉使慰勞諸軍，路出秀容，尒朱榮見其法令齊整，深相結託。天穆遂爲榮腹心。及是，榮與天穆等密議，乃抗表請赴闕，問侍臣帝崩之由；以徐、鄭之徒付之司敗；然後更召宗親，推立年德。大后甚懼，以李神軌爲大都督，將於大行杜防。榮抗表之始，遣從子天光、親信奚毅及倉頭王相入洛，與從弟世隆，密議廢立。天光乃見長樂王子攸，彭城王勰第三子。具論榮心，子攸許之。天光等還北，榮發晉陽，見第三章第四節。猶疑所立，乃以銅鑄高祖及咸陽王禧等六王子孫象，此據魏書榮傳。北史六王作五王。惟子攸獨就。師次河內，重遣王相，密迎子攸。子攸與兄彭城王劭、弟始平王子正，潛渡赴之。時四月九日也。十一日，榮奉子攸爲主，是爲敬宗孝莊皇帝。廢帝朗中興二年，謚爲武懷皇帝。孝武帝大昌元年改謚孝莊，廟號敬宗。以榮爲使持節、都督中外諸軍事、大將軍、開府、尙書、領軍將軍、領左右。謂領左右千牛備身。大原王。是日，榮濟河。大后乃下髮入道。內外百官，皆向河橋迎駕。河橋，見第三章第三節。榮惑武衞將軍費穆之言，謂天下乘機可取，魏書穆傳：穆棄朔州，南走，投榮於秀容。既而詣闕請罪，詔原之。榮向洛，靈大后徵穆令屯小平。及榮推奉孝莊帝，河梁不守，穆遂棄衆先降。穆素爲榮所知，見之甚悅。穆潛說榮曰：「公士馬不出萬人，今以京師之衆，百官之盛，一知公之虛實，必有輕侮之心。若不大行誅罰，更樹親黨，公還北之日，恐不得度大行，而內難作矣。」榮心然之。及元顥入洛，穆降顥。以河陰酷濫，事起於穆，引入詰讓，出而殺之。一似榮之濫殺，由穆指蹤，更無疑義者。然北齊書慕容紹宗傳言：榮稱兵入洛，私告紹宗曰：「洛中人士繁盛，驕侈成俗，若不加除翦，恐難制馭。吾欲因百官出悉誅之，爾謂可不？」則其翦戮朝士之計，早定於入洛之先矣。又魏書榮傳云：榮性好獵。元天穆從容謂榮曰：「大王勳濟天下，四方無事，惟宜調政養民，順時蒐狩。」榮便攘肘謂天穆曰：「大后女主，不能自正，推奉天子者，此是人臣常節。葛榮之徒，本是奴才，乘時作亂，妄自署假，譬如奴走，禽獲便休。頃來受國大寵，未能開拓境土，混一海內，何宜今日便言勳也？如聞朝士猶自寬縱，今秋欲共兄戒勒士馬，校獵高原，令貪汙朝貴入圍搏虎，仍出魯陽，歷三荊，悉擁生蠻，北塡六鎭。回軍之際，因平汾胡。明年，簡練精騎，分出江、淮，蕭衍若降，乞萬戶侯；如其不降，逕度數千騎，便往搏取。待六合寧一，八表無塵，然後共兄奉天子巡四方，觀風俗，布政教，如此乃可稱勳耳。今若止獵，兵士懈怠，安可復用也？」此段言辭多出附會，然欲令朝貴入圍搏虎之語則眞。榮本不知中國情形，意謂但藉殺戮立威，卽可以脅衆戢己，此其本懷。費穆多亦不過附和之，不能匡正而已。謂其謀本出於穆，恐未必然也。元顥之殺穆，或以其不爲己用，或則當時有搆之者耳，不能以此證實穆之罪狀也。小平津見第五章第六節。魯陽，見第五章第二節。荊州，見第十一章第四節。延興初，於安昌置南荊州，在今河南信陽縣西北，與沘陽之東荊，謂之三荊。乃譎朝士，共相盟誓，將向河陰西北三里，至南北長隄，悉令下馬西度，卽遣胡騎四面圍之，妄言丞相高陽王欲反，殺百官、王公、卿士二千餘人，皆斂手就戮。此據北史。魏書榮傳云：十三日，榮引迎駕百官於行宮西北，云欲祭天。列騎圍繞，責天下喪亂，明帝卒崩之由，云皆緣此等貪虐，不相匡弼所致。因縱兵亂害。王公卿士，皆斂手就戮。死者千三百餘人。皇弟、皇兄，亦並見害。又命二三十人拔刀走行宮。莊帝及彭城王、霸城王俱出帳。此處亦采北史。莊帝兄劭，本封彭城王，弟子正，爲霸城公。莊帝卽位後，以劭爲無上王，子正爲始平王。上文采魏書，於渡河之際，已書子正爲始平王，與北史此處稱子正爲霸城王，皆非也。榮先遣幷州人郭羅察，通鑑察作刹。共西部高車叱列殺鬼在帝左右，相與爲應。及見事起，假言防衞，抱帝入帳。餘人卽害彭城、霸城二王。乃令四五十人遷帝於河橋。沈靈大后及少主於河。時又有朝士百餘人後至，仍於堤東被圍，遂臨以白刃，唱云：「能爲禪文者出，當原其命。」御史趙元則出作禪文。榮令人誡軍士，言「元氏旣滅，尒朱氏興。」其衆咸稱萬歲。榮遂鑄金爲己像，數四不成。時榮所信幽州人劉靈助善卜占，言今時人事未可。榮乃曰：「若我作不去，當迎天穆立之。」靈助曰：「天穆亦不吉，惟長樂王有王兆耳。」榮亦精神恍惚，不自支持。遂便媿悔，至四更中，乃迎莊帝。（魏書榮傳云：外兵參軍司馬子如等切諫，陳不可之理。榮曰：「愆誤若是，惟當以死謝朝廷，今日安危之機，計將安出？」獻武王等曰：「未若還奉長樂，以安天下。」於是還奉莊帝。十四日，輿駕入宮。北齊書神武紀云：神武恐諫不聽，請鑄像卜之，乃止。周書賀拔岳傳云：榮旣殺害朝士，時齊神武爲榮軍都督，勸榮稱帝。左右多同之。岳進言，榮尋亦自悟，乃尊立孝莊。岳又勸榮誅齊神武以謝天下。左右咸言：「高歡雖書不思難，今四方尙梗，事藉武臣，請舍之，收其後效。」榮乃止。史家文飾之辭，敵國誹謗之語，皆不足信。神武是時，位卑言輕，未必能與於是議；卽或有言，亦不過隨衆附和，斷無誅之可以謝天下之理也。）望馬首叩頭請死。其士馬三千餘騎，旣濫殺朝士，乃不敢入京，卽欲向北爲移都之計。持疑經日，始奉駕向洛陽宮。及上北芒，（見第七章第七節。）視宮闕，復懷畏懼，不肯更前。武衞將軍汎禮苦執，不聽。復前入城，不朝戍北來之人，皆乘馬入殿。諸貴死散，無復次序。莊帝左右，惟有故舊數人。榮猶執移都之議，上亦無以拒焉。又在明光殿重謝河橋之事，誓言無復二心。莊帝自起止之。因復爲榮誓言無疑心。榮喜，因求酒。及醉，熟寐。帝欲誅之，左右苦諫，乃止。卽以牀轝向中常侍省。榮夜半方寤，遂達旦不眠。自此不復禁中宿矣。榮女先爲明帝嬪，欲上立爲后。帝疑未決。給事黃門侍郞祖瑩曰：「昔文公在秦，懷嬴入侍，事有反經合義，陛下獨何疑焉？」上遂從之。榮意甚悅。於時人間猶或云榮欲遷都晉陽，或云欲肆兵大掠，迭相驚恐。人情駭震，京邑士子，十不一存。率皆逃竄，無敢出者。直衞空虛，官守曠廢。榮聞之，上書謝愆，請追尊無上王帝號。（後追尊爲孝宣皇帝。）諸王、百官及白身，皆有追贈。又啓帝遣使巡城勞問。於是人情遂安，朝士逃亡者亦稍來歸闕。五月，榮還晉陽，乃令元天穆向京，爲侍中、大尉公、錄尙書事、京畿大都督，兼領軍將軍，封上黨王。樹置腹心在列職。舉止所爲，皆由其意。七月，詔加榮柱國大將軍。是時之莊帝，蓋不但僅亦守府而已。榮之將入洛也，鄭儼走歸鄉里。儼，滎陽人也。滎陽見第三章第二節。其從兄仲明，先爲滎陽大守。儼與仲明欲據郡起衆，尋爲其部下所殺。徐紇走兗州，投泰山大守羊侃。泰山見第三章第四節。說令舉兵。魏攻侃，紇說侃乞師於梁，遂奔梁。參看第六節。

尒朱榮乃粗才，必不能定中原成大業，然其用兵則頗饒智勇，以其出自代北，習於戰鬥也。此可見代北勁悍之風，尚未全替。周、齊繼元魏之後，復能割據中原數十年，爲有由矣。時中原叛者尚多。孝莊帝永安元年，卽明帝武泰元年也。五月，齊州人賈結聚衆反，夜襲州城，會明退走。七月，光州人劉擧聚衆數千，反於濮陽。八月，討平之。二年，梁武帝中大通元年。二月，燕州人王慶祖聚衆上黨，尒朱榮討禽之。齊州、光州皆見第三節。濮陽見第三章第四節。燕州見第一節。上黨見第二章第二節。而西方之万俟醜奴，東方之葛榮，及新起之邢杲，聲勢最大。永安元年六月，葛榮使其僕射任褒，率車三萬餘乘，南寇沁水。見第四章第二節。魏以元天穆爲大都督討之。八月，榮圍相州，刺史李仁軌閉門自守。賊鋒過汲郡，見第三章第三節。所在村塢，悉被殘略。尒朱榮啓求討之。九月，乃率精騎七千，馬皆有副，倍道兼行，東出滏口。葛榮自鄴以北，列陳數十里，箕張而進。榮潛軍山谷爲奇兵，身自陷陳，出於賊後，表裏合擊，大破之。於陳禽葛榮，餘衆悉降。榮以賊徒既衆，若卽分割，恐其疑懼，或更結聚，乃普告勒：「各從所樂，親屬相隨，任所居止。」於是羣情喜悅，登卽四散，數十萬衆，一朝散盡。待出百里之外，乃始分道押領，隨便安置，咸得其宜。擢其渠帥，量才授用，新附者咸安。時人服其處分機速。於是冀、定、滄、瀛、殷五州悉平。冀州、瀛州，皆見第十一章第四節。定州見第十一章第二節。滄州、殷州，皆見第三節。十月，檻送葛榮於洛陽，斬於都市。邢杲者，河閒人。河閒，漢縣，後魏爲郡，在今河北河間縣西南。魏蘭根之甥。見北齊書蘭根傳。爲幽州平北府主簿。杜洛周、鮮于修禮爲寇，瀛、冀諸州人多避亂南向。杲擁率部曲，屯據鄭城，鄭，漢縣，在今河北任邱縣北。以拒洛周、葛榮，垂將三載。廣陽王淵等敗後，杲南度，居青州北海界。北海，見第九章第五節。靈大后命流人所在，皆置郡縣，選豪右爲守令以撫鎮之。時青州刺史元世儁表置新安郡，以杲爲大守，未報，會臺以杲從子子瑤資蔭居前，乃授河間大守。杲深恥恨。永安元年六月，反。所在流人先爲土人陵忽，率來從之。旬朔之間，衆踰十萬。東掠光州，盡海而還。遣李叔仁討之。十月，失利於濰水。時泰山大守羊侃反正，行臺于暉攻之，十二月，詔暉回師討杲，次於歷下。是歲，葛榮餘黨韓樓復據幽州反。幽州，見第一節。明年，永安二年，梁中大通元年。正月，暉所部都督彭樂率二千餘騎北走於樓，乃班師。三月，詔元天穆與高歡討杲，破之濟南。見第七章第四節。杲降，送洛陽，斬於都市。於是大敵之未平者，惟一万俟醜奴，而南方之師，乘虛至矣。

第五節 梁武政治廢弛

孟子曰：「國家閒暇，及是時，明其政刑，雖大國，必畏之矣；及是時，般樂怠敖，是自求禍也。」斯言也，觀於梁世而益信。南北朝時，南北兵爭，論者皆謂北强南弱，其實不然。當時兵事，南方惟宋元嘉二十七年一役，受創最巨，然魏亦無所得。此後宋明帝之失淮北，齊東昏之失壽春，皆內亂爲之，非魏之力征經營也。梁武得國，魏政日衰，繼以內亂。自此至東西分裂，凡三十三年；至高歡死，侯景叛魏，則四十六年。此數十年，實爲南方極好之機會。生聚敎訓，整軍經武；

恢復國土，攘除姦凶；在此時矣。乃不徒不能發憤爲雄，幷政刑亦甚廢弛，致有可乘之機會而不能乘，而反以招禍，此則可爲痛哭流涕者也。

梁武帝之爲人也，性甚恭儉，亦能勤政恤民，梁書本紀云：帝「勤於政務，孜孜無怠。每至冬月，四更竟，即敕把燭看事，執筆觸寒，手爲皴裂。日止一食，膳無鮮腴，惟豆羹糲食而已。身衣布衣，木緜皁帳，一冠三載，一被二年。後宮衣不曳地，旁無錦綺。不飲酒，不聽音聲。非宗廟祭祀、大會、饗宴及諸法事，未嘗作樂。歷觀古昔，人君恭儉莊敬，藝能博學，罕或有焉。」此非虛語。下引循吏傳序，可以參觀。又其敕責賀琛自述之辭，雖或過實，亦必不能全虛也。然實非政事之才，故絕不能整飭綱紀。其時散騎常侍賀琛，嘗啓陳事條，讀之最可見當時政俗之弊，今節錄其辭如下；其一事曰：「戶口減落，誠當今之急務。雖是處彫流，而關外彌甚。郡不堪州之控總，縣不堪郡之哀削，更相呼擾，莫得治其政術，惟以應赴徵斂爲事。百姓不能堪命，各事流移。或依於大姓，或聚於屯封。蓋不獲已而竄亡，非樂之也。國家於關外，賦稅蓋微？乃致年常租課，動致逋積，而民失安居，寧非牧守之過？東境戶口空虛，皆由使命繁數。大邦大縣，舟舸銜命者，非惟十數。窮幽之鄉，極遠之邑，亦皆必至。每有一使，屬所搔擾。駑困邑宰，則拱手聽其漁獵；桀黠長吏，又因之而爲貪殘。縱有廉平，郡猶掣肘。故邑宰懷印，類無考績。細民棄業，流宂者多。雖年降復業之詔，屢下蠲賦之恩，而終不得反其居也。」案流移之弊，當時實爲極甚。天監十七年正月朔，詔曰：「夫樂所自生，含識之常性；厚下安宅，馭世之通規。朕矜此庶氓，無忘待旦。亟弘生聚之略，每布寬恤之恩。而編戶未滋，遷徙尚有。輕去故鄉，豈其本志？資業殆闕，自返莫由。巢南之心，亦何能弭。今開元發歲，品物惟新，思俾黔黎，各安舊所。將使郡無曠土，邑靡游民；雞犬相聞，桑柘交畛。凡天下之民，有流移他境，在天監十七年正月一日以前，可開恩半歲，悉聽還本，蠲課三年。其流寓過遠者，量加程日。若有不樂還者，即使著土籍為民，准舊課輸。若流移之後，本鄉無復居宅者，村司、三老及餘親屬，即為詣縣告請村內官地官宅，令相容受，使戀本者還有所託。凡坐為市埭諸職，割盜衰減，應被封籍者，其田宅車牛，是民生之具，不得悉以沒入，皆優量分留，使得自止。其商賈富室，亦不得頓相兼并。遁叛之身，罪無輕重，並許首出還復民伍。若有拘限，自還本役，並為條格，咸使知聞。」其後大通元年，人同元年、十年，中大同元年，大清元年，皆有逋叛流移，聽復宅業，蠲課役五年之詔。而大同七年，詔曰：「凡是田桑廢宅沒入者，公創之外，悉以分給貧民，皆使量其所能，以受田分。如聞頃者豪家富室，多占取公田，貴價僦稅，以與貧民，傷時害政，為蠹已甚。自今公田悉不能假與豪家。」又詔：「州牧多非良才，守宰虎而傅翼。至於民閒，誅求萬端。或供廚帳，或供廄庫，或遣使命，或待賓客，皆無自費，取給於民。又復多遣游軍，稱為遏防，姦盜不止，暴掠繁多。或求供設，或責腳步，又行劫縱，更相枉逼，良人命盡，富室財殫。此為怨酷，非止一事。亦頻禁斷，猶自未已。外司明加聽采，隨事舉奏。又復公私傳屯、邸冶，爰至僧尼，當其地界，止應依限守視。乃至廣加封固，越界分斷水陸采捕，及以樵蘇。遂至細民措手無所。凡自今，有越界禁斷者，禁斷之身，皆以軍法從事。若是公家創內，止不得輒自立屯，與公競作，以收私利。至百姓樵采以供煙爨者，悉不得禁；及以采捕，亦勿訶問。若不遵承，皆以死罪結正。」先是天監七年，已有「藪澤山林，毓材是出，斧斤之用，比屋所資，而頃世相承，普加封固，豈所謂與民同利，惠茲黔首？凡公家諸屯戍見封熂者，可悉開常禁」之詔。及大同十二年，又詔：「四方所立屯傳、邸冶、市埭、桁渡、津稅、田園，新舊守宰，游軍戍邏，有不便於民者，尚書州郡，各速條上，當隨言除省，以舒民患。」其求民瘼，未嘗不勤。然南史郭祖深傳，載祖深輿櫬詣闕上封事，言「朝廷擢用勳舊，為三垂州郡，不顧御人之道，惟以貪殘為務，迫脅良善，害甚豺狼。江、湘之人，尤受其弊。自三關以外，是處遭毒。而此勳人投化之始，但有一身，及被任用，皆募部曲。而揚、徐之人，逼以衆役，多投其募，利其貨財，皆虛名上簿。止送出三津，名在遠役，身歸鄉里。又懼本屬檢問，於是逃亡他境。僑戶之興，良由此故。」則所以致民流移者，實即當時之官吏也。空言無施，雖切何補？

况又有害之者乎？三關、三津皆未詳。其二事曰：「今天下宰守，所以皆尙貪殘，罕有廉白者？良由風俗侈靡，使之然也。淫奢之弊，其事多端。粗舉二條，言其尤者。今之燕喜，相競誇豪，積果如山岳，列肴同綺繡。露臺之產，不周一燕之資；而賓主之閒，裁取滿腹，未及下堂，已同見腐。又歌姬舞女，本有品制。今雖庶賤，皆盛姬、姜。務在貪汙，爭飾羅綺。故爲吏牧民者，競爲剝削，雖致貲巨億，罷歸之日，不支數年，便已消散。乃更追恨向所取之少今所費之多。如復傅翼，增其搏噬，一何悖哉？其餘淫侈，著之凡百，習以成俗，日見滋甚。欲使人守廉隅，吏尙淸白，安可得邪？」其三事曰：「斗筲之人，藻梲之子，既得伏奏帷扆，便欲詭競求進。不說國之大體。不知當一官處一職，貴使理其紊亂，匡其不及；心在明恕，事乃平章。但務吹毛求疵，擘肌分理，運挈缾之智，徼分外之求。以深刻爲能，以繩逐爲務。迹雖似於奉公，事更成其威福。犯罪者多，巧避滋甚。曠官廢職，長弊增姦，實由於此。」其四事曰：「自征伐北境，帑藏空虛。今天下無事，而猶日不暇給者，良有以也。夫國弊則省其事而息其費，事省則養民，費息則財聚。止五年無事，必能使國豐民阜；若積以歲月，斯乃范蠡滅吳之行，管仲霸齊之由。今應內省職掌各檢所部。凡京師治署、邸肆應所爲，或十條宜損其五，或三條宜除其一。及國容戎備，在昔宜多，在今宜少；雖於後應多，卽事未須，皆悉減省。應四方屯傳、邸治，或舊有或無益，或妨民，有所宜除除之；有所宜減減之。凡厥興造，凡厥費財，有非急者，有役民者；又凡厥討召，凡厥徵求，雖關國計，權其事宜，皆息費休民。不息費則無以聚財，不休民則無以聚力。故蓄其財者，所以大用之也；息其民者，所以大役之也。若言小事不足害財，則終年不息矣；以小役不足妨民，則終年不止矣。擾其民而欲求生聚殷阜，不可得矣。耗其財而務賦斂繁興，則姦詐盜竊彌生。是弊不息，而其民不可使也，則難可以語富彊而圖遠大矣。自普通已來，二十餘年，刑役荐起，民力彫流。今魏氏和親，疆埸無警，若不及於此時大息四民，使之生聚；減省國費，令府庫蓄積；一旦異境有虞，關、河可掃，則國弊民疲，安能振其遠略？事至方圖，知不及矣。」觀其言當時政俗之弊，略可見矣。梁書良吏傳曰：「齊末昏亂，政移羣小，賦調雲起，徭役無度，守宰多倚附權門，互長貪虐，掊克聚斂，侵愁細民，天下搖動，無所措其手足。高祖在田，知民疾苦。及梁臺建，仍下寬大之書，昏時雜調，咸悉除省。於是四海之內，始得息肩。逮踐皇極，躬覽庶事，日昃聽政，求民之瘼。乃命輶軒，以省方俗。本紀：帝即位之後，即分遣內侍，周省四方。天監三年六月，又詔可分將命，巡行州部。其有深冤鉅害，抑鬱無歸，聽詣使者，依源自列。置肺石以達窮民。本紀：天監元年，詔可於公車府謗木、肺石旁各置一函。若肉食莫言，山阿欲有橫議，投謗木函。若從我江、漢，功在可策；次身才高妙，擯壓莫通；大政侵小，豪門陵賤；若欲自申，並可投肺石函。六年，詔四方士民，若有欲陳言刑政，可各詮條，布懷於刺史、二千石。有可申采，大小以聞。大同二年，詔晝可外牒，或致紕繆。凡政事不便於民者，州、郡、縣即時皆言，勿得欺隱。如使怨訟，當境任失。而今而後，以爲永准。務加隱卹，舒其急病。元年，始去人貲，計丁爲布。身服浣濯之衣，御府無文飾，宮掖不過綾采，無珠璣錦繡。大官撤牢饌，每日膳菜蔬，飲酒不過三醆。以儉先海內。每選長吏，務簡廉平，皆召見御前，親勖治道。」又著令：「小縣有能，遷爲大縣；大縣有能，遷爲二千石。」剖符爲吏者，往往承風焉。帝之志在恤民，蓋無疑義。然徒法不能自行。當時後軍參軍郭祖深，又嘗詣闕上封事，言「愚輩各競奢侈，貪穢遂生，頗由陛下寵勳大過，馭下大寬，故廉潔者自進無途，貪苛者取人多徑。直弦者淪溺溝壑，曲鉤者升進重沓。飾口利辭，競相推薦；訥直守信，坐見埋沒。勞深勳厚，祿賞未均；無功側入，反加寵擢。昔宋人賣酒，犬惡致酸，陛下之犬，其甚矣哉！」則帝於督責之術，實有所未盡也。魏書島夷傳曰：「衍所部刺史、郡守，初至官者，皆責其上禮獻物多者，便云稱職，所貢微少，言爲弱惰。故其牧守在官，皆競事聚斂，劫剝細民，以自封殖。多妓妾、粱肉、金綺。百姓怨苦，咸不聊生。又發召兵士，皆須鏁械，不爾便卽逃散。其王侯貴人，奢淫無度。弟兄子姪，侍妾或及千數，至乃同相贈遺。其風俗頹喪，綱維不舉若此。」雖敵國誹謗之辭，亦不能謂其全屬子虛也。帝所任者，周捨、徐勉。捨豫機要二十餘年，性極儉素，身後更蒙褒獎。勉當王師北伐時，候驛塡委，參掌軍書，劬勞夙夜，動經數旬，乃一還宅；而亦不營產業，家無蓄積。可謂股肱心膂之臣。然終不能有裨於時者，蓋其所爲亦不免賀琛所謂以深刻爲能，繩逐爲務，卽能盡其用，已不克大有所爲，況帝又寬縱於上乎？周捨卒後，朱异代掌機密，南史朱异傳云：自徐勉、周捨卒後，外朝則何敬容，內省則异。敬容質慤無文，以綱維爲己任。异文華敏洽，曲營世譽。二人行異，而俱見幸。敬容傳云：自晉、宋以來，宰相皆文義自逸，敬容獨勤庶務。簡文頻於玄圃自講老、莊，學士吳孜每日入聽，敬容謂孜曰：「昔晉氏喪亂，頗由祖尙虛玄，胡賊遂覆中夏，今東宮復襲此，殆非人事，其將爲戎乎？」免職出宅，無餘財貨。其爲人，亦可謂庸中佼佼者，然亦不過能應簿書期會而已。周捨卒於普通五年，徐勉卒於大同元年。居權要二十餘年，徒以善窺人主意旨，曲能阿諛聞，而又貪冒財賄，南史本傳，言其產與羊侃相埒。恩倖傳云：陸驗、徐驎，並吳人。驗，朱异故舊，有德言於武帝，拔之，與驎遞爲少府丞、大市令，並以苛刻爲務，百賈畏之。异尤與之昵。世人謂之三蠹。觀下引魚弘之事，可謂文臣武將，取之各有其道矣。逐釀大淸之禍。蓋帝至晚歲，實已耄荒，而又不免於自滿，國內、國外，情形如何，實非所深悉也。賀琛書奏，帝大怒，召主書於前，口授敕責琛。其辭多自辯白，實則飾非拒諫而已。訑訑之聲音顏色，拒人於千里之外，尙安能自聞其過哉？郭祖深言：當時「執事皆同而不和，答問唯唯而已。入對則言聖旨神衷，出論則云誰敢逆耳。」好諛惡直者，固勢必至此也。魏書島夷濟曰：「衍好人佞已，末年尤甚。或有云國家強盛者，卽便忿怒；有云朝廷衰弱者，因致喜悅。朝臣左右，承其風旨，莫敢正言。」此其所以招侯景之禍也。

當時將帥，亦極驕橫。羊侃可謂乃心華夏者，侃歸國事見下節。侯景作亂，臺城被圍時，守禦惟侃是杖，亦可謂有將帥之才。然史言其豪侈，乃殊出意計之外。南史侃傳云：性豪侈，善音律。姬妾列侍，窮極奢靡。初赴衡州，於兩艖艕起三間通梁水齋，飾以珠玉，加之錦繢，盛設帷屏，列女樂，乘潮解纜，臨波置酒，緣塘傍水，觀者塡咽。大同中，魏使陽斐、與侃在北嘗同學，有詔命侃延斐同宴賓客，三百餘人，食器皆金玉雜寶，奏三部女樂。至夕，侍婢百餘人，俱執金花燭。侃不飲酒，而好賓游，終日獻酬，同其醉醒。以賀琛之言衡之，其所費爲何如邪？衡州，梁置，治含洭，在今廣東英德縣西。夫侃晚而歸國，其歸國也，乃在敗逋之後，勢不能多有所攜，而其富厚如此，何所取之，實不能令人無惑。觀於魚弘之貪暴，南史弘傳：嘗謂人曰：「我爲郡有四盡：水中魚鼈盡，山中麞鹿盡，田中米穀盡，村里人庶盡。」而知當時武將之剝民，或更甚於文吏矣。此等人，尚安能驅之使立功業哉？

帝於諸王，寬縱尤甚，遂爲異日之禍根。帝八子：長昭明大子統，以天監元年立，中大通三年卒。有五子：曰華容公歡，曰枝江公譽，曰曲江公詧，曰警，曰鑒。次子豫章王綜，實齊東昏侯子也，其事別見下節。三子晉安王綱，昭明大子母弟也。昭明大子之薨，帝猶豫，自四月上旬至五月二十一日，乃決立綱爲大子。而封歡爲豫章郡王，譽爲河東郡王，詧爲岳陽郡王，警爲武昌郡王，鑒爲義陽郡王，以慰其心。昭明大子母曰丁貴嬪，以普通七年卒。南史大子傳曰：大子遣人求得善墓地。將斬草，有賣地者因閹人俞三副求市，若得三百萬，許以百萬與之。三副密啓帝，言大子所得地，不如今所得地於帝吉。帝末年多忌，便命市之。葬畢，有道士善圖墓，云「地不利長子，若厭伏，或可申延。」乃爲蠟鵝及諸物，埋墓側長子位。宮監鮑邈之、魏雅，初並爲大子所愛，邈之晚見疏於雅，密啓帝云：雅爲大子厭禱。帝密遣檢掘，果得鵝等物，大驚，將窮其事。徐勉固諫，得止。於是惟誅道士。由是大子迄終，以此慙慨。故其嗣不立，後邵陵王臨丹陽郡，因邈之與鄉人爭婢，議以爲誘略之罪牒宮。簡文追感大子寃，揮淚誅之。案此事爲梁書所無。不足以消弭爭端，而復授以爭奪之資，同室操戈之機，伏於此矣。第四子曰南康簡王績，第五子曰廬江威王續，並先帝卒。績卒於大通三年，續卒於中大同二年。第六子曰邵陵攜王綸。第七子曰湘東王繹，即元帝也。第八子曰武陵王紀。史惟於績無貶辭，於續即言其貪財，而綸悖戾尤甚。

南史綸傳：普通五年，攝南徐州事。在州輕險躁虐，喜怒不恆，車服僭擬，肆行非法。遨遊市里，雜於廝隸。嘗問賣組者曰：「刺史何如？」對者言其躁虐。綸怒，令吞組以死。自是百姓皇駭，道路以目。嘗逢喪車，奪孝子服而著之，匍匐號叫。籤帥懼罪，密以聞。帝始嚴責。綸不能改。於是遣代。綸悖慢愈甚。乃取一老公短瘦類帝者，加以衮冕，置之高坐，朝以爲君。自陳無罪，使就坐剝褫，箠之於庭。忽作新棺木，貯司馬崔會意，以轜車輓歌爲送葬之法。使嫗乘車悲號。會意不堪，輕騎還都以聞。帝恐其奔逸，以禁兵取之，將於獄賜盡。昭明大子流涕固諫，得免，免官，削爵土，還第。大通元年，復封爵。中大通四年，爲揚州刺史。綸素驕縱，欲盛器服，遣人就市賒買錦采絲布數百匹，擬與左右職局防閤爲絳衫、內人帳幔。百姓並關閉邸店不出。臺續使少府市采，經時不能得。敕責府丞何智通，具以聞。因被責還第。恆遣心腹馬容、戴子高、戴瓜、李撤、趙智英等於路尋何智通。於白馬巷逢之，以矟刺之，刃出於背。智通以血書壁作邵陵字，乃絕。帝懸錢百萬購賊。西州游軍將宋鵲子條姓名以啓。敕遣舍人諸曇粲領齋仗五百人圍綸第。於內人檻中禽瓜、撤、智英。子高驍勇，踰牆突圍，遂免。綸鎖在第。曇粲并主帥領仗身守視。免爲庶人。經三旬，乃脫鎖。頃之，復封爵。後預餞衡州刺史元慶和，於坐賦詩十二韻，末云：「方同廣川國，寂寞久無聲。」大爲武帝所賞，曰：「汝人才如此，何慮無聲？」旬日，閒拜郢州刺史。初昭明之薨，簡文入居監撫，綸不謂德舉，而云時無豫章，故以次立。及廬陵之沒，綸觖望滋甚。於是伏兵於莽，用伺車駕。而臺舍人張僧胤知之，其謀頗洩。又綸獻曲阿酒百器，上以賜寺人，飲之而斃。上乃不自安，頗加衛士，以警宮內。而綸亦不懼。帝竟不能有所廢黜。西州，見第十章第二節。曲阿，見第四章第三節。 案南史言諸王之惡，多為舊史所無；其中邵陵王綸，當侯景難作後，差能盡忠君父，而史乃言其再謀弒逆；故頗有疑其不實者。然其辭必不能盡誣。而帝之寬縱，又不但己子，於昆弟，於昆弟之子，無不如是者。史所載者：如臨川靜惠王宏，南史本傳云：宏自洛口之敗，常懷愧懼。都下每有竊發，輒以宏為名。屢為有司所奏。帝每貰之。十七年，帝將幸光宅寺，有士伏於驃騎航，待帝夜出。帝將行，心動，乃於朱雀航過。事發，稱為宏所使。帝泣謂宏曰：「我人才勝汝百倍，當此猶恐顛墜，汝何為者？我非不能為周公、漢文，念汝愚故。」宏頓首曰：「無是無是。」於是以罪免。而縱恣不悛，奢侈過度。修第擬於帝宮。後庭數百千人，皆極天下之選。所幸江無畏，服玩擬於齊東昏潘妃，寶屧直千萬。好食鯖魚頭，常日進三百。其佗珍膳，盈溢後房，食之不盡，棄諸道路。宏未幾復為司徒。普通元年，遷大尉、揚州刺史，侍中如故。七年，薨。宏恣意聚斂。庫室垂有百間，在內堂之後，關籥甚嚴。有疑是鎧仗者，密以聞。宏愛妾江氏，寢膳不能暫離。上佗日送盛饌與江，曰：「當來就汝歡宴。」惟攜布衣之舊射聲校尉丘佗卿往，與宏及江大飲。半醉後，謂曰：「我今欲履行汝後房。」便呼後閤輿，徑往屋所。宏恐上見其賄貨，顏色怖懼。上意彌言是仗。屋屋檢視。宏性愛錢，百萬一聚，黃牓標之；千萬一庫，懸一紫標。如此三十餘閒。帝與佗卿屈指計，見錢三億餘萬。餘屋貯布、絹、絲、緜、漆、蜜、紵、蠟、朱沙、黃屑、雜貨，但見滿庫，不知多少。帝始知非仗，大悅，曰：「阿六，汝生活大可。」方更劇飲，至夜，舉燭而還。宏都下有數十邸，出懸錢立券。每以田宅、邸店，懸上文券，期訖，便驅券主，奪其宅。都下、東土百姓，失業非一。帝後知，制懸券不得復驅奪。自此後，貧庶不復失居業。宏又與帝女永興主私通。因是遂謀弒逆。許事捷以為皇后。帝嘗為三百齋，諸主並豫。永興乃使二僮，衣以婢服。僮踰閾失屨，閤帥疑之，密言於丁貴嬪。欲上言，懼或不信，乃使宮帥圖之。帥令內輿人八人，纏以純錦，立於幕下。齋坐散，主果請閒。帝許之。主升階，而僮先趨帝後。八人抱而禽之。帝驚，墜於扆。搜僮得刀。辭為宏所使。帝祕之。殺二僮於內。以漆車載主出。主恚死，帝竟不臨之。宏性好內樂酒，沈湎聲色，侍女千人，皆極綺麗。如南平元襄王偉，南史本傳云：齊世青溪宮改爲芳林苑，天監初，賜偉爲第，又加穿築，果木珍奇，窮極彫靡，有侔造化，立游客省，寒暑得宜，冬有籠爐，夏設飲扇，每與賓客游其中，命從事中郎蕭子範爲之記。梁蕃邸之盛無過焉。如臨賀王正德，臨川靖惠王子。南史本傳云：少而凶慝，招聚亡命，破冢屠牛，兼好弋獵。齊建武中，武帝胤嗣未立，養以爲子。及平建康，生昭明太子，正德還本，自謂應居儲嫡，心常怏怏。普通三年，奔魏。魏不禮之，又逃歸。武帝泣而誨之，特復本封。正德志行無悛，常公行剝掠。東府有正德及樂山侯正則，潮溝有董當門子暹，南岸有夏侯夔世子洪，爲百姓巨蠹。多聚亡命，黄昏殺人於道，謂之打稽。時勳豪子弟多縱恣，以淫盜屠殺爲業，父祖不能制，尉邏莫能禦。後正則爲劫殺沙門，徙嶺南死。洪爲其父奏繫東冶，死於徙。暹坐與永陽王妃王氏亂，誅。三人既除，百姓少安。正德淫虐不革。六年，爲輕車將軍，隨豫章王北伐，輒棄軍走，爲有司所奏，下獄，免官削爵土，徙臨海郡。未至，道追赦之。八年，復封爵。大通四年，特封臨賀郡王。後爲丹陽尹，坐所部多劫盜，復爲有司所奏，去職。出爲南兗州，在任苛刻，人不堪命。廣陵沃壤，遂爲之荒，至人相食啖。既累試無能，從是黜廢，轉增憤恨，乃陰養死士，常思國釁。其後與侯景通之事，見第十三章第二節。正則正德弟也。恒於第內私械百姓令養馬，又盜鑄錢。大通二年，坐匿劫盜，削爵徙鬱林。與西江督護靳山顧通室，招誘亡命，將襲番禺。未及期而事發，遂鳴鼓會將攻州城。刺史元景仲命長史元孝深討之。正德敗逃於廁，村人縛送之，詔斬於南海。東府見第三章第九節。臨海見第四章第三節。番禺，南海郡治，亦廣州治，見第七章第五節。鬱林，見第三章第九節。其罪惡無不駭人聽聞，有一於此，綱紀已不可問，況其多乎？帝之不誅齊室子孫，頗爲史家所稱道，事見南史齊高帝諸子傳。廿二史劄記曰：「宋之於晉，齊之於宋，每當革易，輒取前代子孫盡殄之。梁武父順之，在齊時，以縊殺魚復侯子響，事爲孝武所惡，不得志而死。故梁武贊齊明帝除孝武子孫，以復私讎，然亦本明帝意，非梁武能主之也。後其兄懿又爲明帝子東昏侯所殺，故革易時亦盡誅明帝子以復之，所謂自雪門恥也。至於齊高子孫，猶有存者，則皆保全而錄用之。」又云：「高、武子孫，已爲明帝殺盡，惟豫章王一支尙留。案齊明帝十一男：長巴陵隱王寶義，次東昏侯，三江夏王寶玄，五廬陵王寶源，六鄱陽王寶寅，八和帝，九邵陵王寶攸，十晉熙王寶嵩，十一桂陽王寶貞。史云餘皆早夭，謂第四、第七二皇子也。東昏侯、和帝外，寶玄爲東昏侯所殺。寶攸、寶嵩、寶貞，皆以中興二年見殺。寶玄亦死於是年，史書薨，然恐實非良死也。寶寅奔虜。寶義封巴陵郡王，奉齊後，天監七年薨，蓋以幼有廢疾，故獨得全也。寶攸，南史本傳作寶修，本紀亦作寶攸。然其縱恣親貴，詒害於民如此，以一家哭何如一路哭之義衡之，覺列朝之誅戮功臣、親貴者，其流毒反不若是之巨矣。

帝之詒譏後世者爲信佛法。其實信佛法而無害於政事，初未足以召亂，帝之所以召亂者，亦以其綱紀之廢弛耳。郭祖深言：「都下佛寺五百餘所，窮極侈麗。僧尼十餘萬，資產豐沃。所在郡縣，不可勝言。道人又有白徒，尼則皆畜養女，皆不貫人籍。天下戶口幾亡其半。而僧尼多非法，養女皆服羅紈。蠹俗傷法，抑由於此。請精加檢括。若無道行，四十已下，皆使還俗附農。罷白徒養女，聽畜奴婢。婢惟著青布衣。僧尼皆令蔬食。如此，則法與俗盛，國富人殷。不然，恐方來處處成寺，家家鬀落，尺土一人，非復國有。」僧尼之害治如此，崇信之者復何以爲國哉？帝之學問，在歷代帝王中，自當首屈一指。當其在位時，修飾國學，增廣生員；立五經館，置五經博士；又撰吉、凶、軍、賓、嘉五禮一千餘卷。史稱「自江左以來，年踰二百，文物之盛，獨美於茲」南史本紀贊。良亦有由。然粉飾升平之爲，終非所以語於郅治之實也。

第六節　梁納元顥

魏至明帝之朝，政事紊亂，干戈四起，勢已不能與梁競。爲梁人計者，實宜厚集其力，爲一舉廓清之計，而不宜輕用其鋒。以北朝是時之衰亂，梁苟能出全力以乘之，河北、河東，縱難全復；河南、關中，必可全而有也。梁若有力以出關中，必非蕭寶寅、万俟醜奴等所能禦。河南、關中既下，秣馬厲兵，再接再厲，而六合之澄清有望矣。然梁武本非能用兵之人，亦未嘗實有恢復之志。疆埸無事，偷安歲久，兵力之不振，實更甚於其有國之初。故北方雖有機可乘，而梁人用兵，仍不越乎淮上。若言大舉，則始終思藉降人之力，獨不思降人若本無能為輔之安能有濟？若有雄略，又安肯為我不侵不叛之臣？輔而立之，豈非自樹一敵邪？

梁武帝普通五年，魏孝明帝正光五年也。武帝復謀北伐，使裴邃率騎三千，先襲壽春。邃時為豫州刺史，鎮合肥。入其郛。以後軍失道不至，拔還。時諸將北征，多所克獲。魏遣河間王琛援壽春，安樂王鑒援淮陽。見第九章第五節。初魏徐州刺史元法僧，據鎮自立。法僧，道武子陽平王熙之曾孫。梁書本傳云：普通五年，魏室大亂，法僧遂據鎮稱帝，誅鉏異已，立諸子為王，部署將帥，欲議匡復。既而魏亂稍定，將討法僧，法僧懼，乃遣使歸款，請為附庸。欲議匡復，乃其歸梁後之飾說。法僧乃一妄人，刺益州時，殺戮自任，威怒無恆，致合境皆叛，招引外寇，具見北史本傳。且歸梁時年已七十有二矣，復何能為？梁乃賜之甲第、女樂、金帛，前後不可勝數，謂方事招攜，欲以撫悅初附，何不同此貲財以餉戰士邪？法僧之叛，魏書本紀謂其自稱宋王，其本傳及北史皆云稱尊號，與梁書合。通鑑考異云：法僧立諸子為王，則必稱帝，其說是也。時又有元略者，中山王英之第四子也。其兄熙起兵而敗，略奔梁，梁封為中山王。法僧降，以為大都督，令詣彭城誘接初附，尋與法僧同徵還。後豫章王綜入魏，長史江革及將士五千人悉見禽虜，魏明帝悉遣還，以徵略。梁乃備禮而遣之。魏人將討之，法僧懼，六年，魏孝昌元年。正月，遣使歸款，請為附庸。魏安樂王鑒攻之，不克。魏又使臨淮王彧、見第三節。安豐王延明、見第一節。尚書李憲討之。法僧請還朝。高祖遣朱异迎之，而使豫章王綜頓彭城，總督諸軍。五月，裴邃卒於軍。詔中護軍夏侯亶代焉。與魏河間王琛、臨淮王彧等相拒，頻戰克捷。時方修宿豫堰，（宿豫，見第七章第四節。）又修曹公堰於濟陰，（宋郡，在今安徽盱眙縣西。）有密敕：班師合肥，以休士馬，須堰成復進。而豫章王之變起。初，綜母吳淑媛，本在齊東昏侯宮，後得幸於武帝，七月而生綜。綜自信為東昏侯子。（南史本傳云：在西州，於別室歲時設席，祠齊氏七廟。又累微行至曲阿，拜齊明帝陵。聞俗說以生者血瀝死者骨，滲即為父子，綜乃私發齊東昏墓，出其骨，瀝血試之。既有徵矣，在西州生次男，月餘日，潛殺之，既瘞，夜遣人發取其骨，又試之。每武帝有敕疏至，輒忿恚形於顏色。徐州所有練樹，並令斬殺，以帝小名練故。西州，見第十章第二節。曲阿，見第四章第三節。）降意下士，以伺風雲之會，又為入北之備。（南史本傳又云：輕財好士，分施不輟。常於內齋布沙於地，終日跣行，足下生胝，日能行三百里。於徐州還，頻載表陳便宜，求經略邊境。累致意尚書僕射徐勉，求出鎮襄陽。為南兗，頗勤於事，而不見賓客；其辭訟則隔簾理之；方輻出行，垂帷於輿；每云惡人識其面也。）諸侯王、妃主及外人並知此懷，惟武帝不疑。帝性嚴，羣臣不敢輕言得失，綜所行，帝亦弗之知也。嘗使人入北，與蕭寶寅相知，呼為叔父，許舉鎮歸之。及是，敕綜退軍，綜懼南歸則無因復與寶寅相見，乃與數騎夜奔延明。（此據梁書。南史本傳云：武帝曉別玄象，知當更有敗軍失將，恐綜為北所禽，手敕綜令拔軍。每使居前，勿在人後。綜恐帝覺其意，遂奔。又云：綜至魏，改名纘。追服齊東昏斬衰。八月，有司奏削爵土，絕其屬籍，改子直姓悖氏。未及旬日，有詔復屬籍，封直永新侯。久之，乃策免吳淑媛，俄遇鴆而卒，有詔復其品秩，謚曰敬。使直主其喪。及蕭寶寅據長安反，綜復去洛陽，欲奔之。魏法，度河橋不得乘馬，綜乘馬而行，橋吏執之，送洛陽。陳慶之之至洛也，送綜啓求還。時吳淑媛尚在，敕使以綜小時衣寄之，信未達而慶之敗。未幾，終於魏。後梁人盜其柩來奔，武帝猶以子禮祔葬陵次。案陳慶之至洛時，吳淑媛尚在，不得云俄遇鴆，此亦古人博采兼存，不加注釋之一證。或謂俄遇鴆之俄字，乃承上久之二字而書，則於語氣不合也。於是衆軍皆潰，魏人遂復據彭城。時魏揚州刺史長孫稚，擁强兵而久不決戰，議者疑其有異圖。魏之遣河間、臨淮二王及李憲，外聲助稚，實防之也。七年，魏孝昌二年。鮮于修禮反，遂詔稚北討。初，魏咸陽王禧之死也，其長子通亦見殺。通竊入河內，太守陸琇初與通情，聞禧敗，乃殺之。河內見第二章第二節。通弟翼會赦，詣闕上書，求葬其父，又頻年泣請，世宗不許。翼乃與弟昌、曄來奔。翼弟顯和、昌弟樹，後亦來奔。武帝封翼爲咸陽王，以爲青、冀二州刺史。翼謀舉州歸魏，爲武帝所移。樹，武帝封爲魏郡王，後改封鄴王，數爲將。是夏，淮堰水盛，壽陽將沒，帝乃使樹北道軍稍進。夏侯亶通清流澗，在今安徽滁縣西北。韋放自北道會焉。放，叡子。兩軍既合，所向皆下，凡克城五十二。十一月，魏揚州刺史李憲降。於是久爲敵據之壽春克復。詔依前代，於壽陽置豫州，以合肥爲南豫州。以夏侯亶爲二州刺史。大通三年，卒於鎮。明年，爲大通元年，魏孝昌三年。正月，司州刺史夏侯夔出義陽道，夔，亶弟。攻平靜、穆陵、陰山三關，克之。平靜，卽平靖，見第十一章第四節。穆陵，亦作木陵，在今湖北麻城縣北。陰山，在麻城縣東北。時譙州刺史湛僧智圍魏東豫州刺史元慶和於廣陵，今河南息縣。夔自武陽會焉。武陽，義陽三關之一，見第十一章第四節。九月，慶和降，詔以僧智領東豫州，鎭廣陵。又遣領軍曹仲宗攻渦陽。見第十一章第三節。渦陽城主王偉降，詔以渦陽置西徐州。二年，魏明帝武泰、孝莊帝永安元年。二月，魏孝明帝死，國大亂。四月，其郢州刺史元願達以義陽降。願達，明元孫，南史作顯達。詔改爲北司州，以夏侯夔爲刺史。四月，魏北海王顥、見第三節。臨淮王彧、汝南王悅，孝文子。並來奔。時魏以顥爲相州刺史，禦葛榮。顥至汲郡，屬尒朱榮入洛，推奉莊帝，遂盤桓顧望，圖自安之策。先是，顥啓其舅范遵爲殷州刺史，遵以葛榮見逼，未得行，顥令遵權停於鄴。顥既懷異謀，乃遣遵行相州事，代前刺史李神，爲己表裏之援。相州行臺甄密先受朝旨，委其守鄴。知顥異圖，恐遵爲變，遂相率廢遵，還推李神，攝理州事。然後遣軍候顥逆順之勢。顥遂與子冠受來奔。或時爲東道行臺，以尒朱榮殺害元氏，故來奔，旋北還。悅則淸狂不惠，故三人中惟顥爲梁所資焉。六月，魏北青州刺史元世儁、南荆州刺史李志皆以城降。胡三省曰：「魏北青州治東陽，去梁境甚遠。五代志：東海郡，梁置南北二青州，郡領懷仁縣。又注云：梁置南北二青州，意元世儁以懷仁之地來降也。」案懷仁，東魏縣，在今江蘇贛榆縣西南。荆州，見第四節。泰山太守羊侃，後魏泰山郡，治鉅平，在今山東泰安縣西南。祖規，爲宋徐州從事，以薛安都降北陷魏。父祉，每有南歸之志。常謂諸子曰：「人生安可久淹異域？汝等可歸奉本朝。」侃至是將舉河濟，以成先志。兗州刺史羊敦，魏兗州，初治滑臺，後移瑕丘，亦稱東兗，而稱滑臺爲西兗。大和中，於渦陽置兗州，正光中移於譙城，謂之南兗。西兗孝昌三年，嘗移於定陶，後復滑臺。見第六章第五節。瑕丘，見第九章第五節。渦陽，見第十一章第三節。譙城，見第三章第三節。定陶，秦縣，在今山東定陶縣西北。侃從兄也，密知之，據州拒侃。侃率精兵三萬襲之，弗克，仍築十餘城守之。魏主聞之，使授侃驃騎大將軍、司徒、泰山郡公，長爲兗州刺史。侃斬其使以徇。魏人大駭。十月，以于暉爲行臺，與徐兗行臺崔孝芬、大都督刁宣等攻之。南軍不進。侃乃潰圍南奔。是月，魏豫州刺史鄧獻以地降。治縣瓠。此時梁用兵頗致克捷。惟曹義宗圍魏荆州，見第十一章第四節。爲費穆所破，義宗被禽。益州刺史蕭淵猷，長沙宣武王子。遣樊文熾、蕭世澄圍小劍戍，見第十一章第四節。魏益州刺史邴虬，遣子子達、行臺魏子建，遣別將淳于誕拒破之，禽世澄等十一人。文熾爲元帥，先走獲免。事在普通六年。魏遂分安康置東梁州，以誕爲刺史。事在大通元年。安康，漢安陽縣，晉改曰安康，在今陝西漢陰縣西。則梁仍爲失利。此魏孝明之世南北搆兵之大略也。

大通二年，北方既大亂，梁武帝乃立元顥爲魏主，遣東宮直閣將軍陳慶之衞送北歸。顥於渙水卽魏帝號。渙水，出陳留，入宿縣，至靈璧縣入淮。今上流已湮，下流卽永城以東之澮河也。授慶之前軍大都督，發自銍縣。秦縣，在今安徽宿縣西南。進拔滎城。胡三省曰：「春秋沙隨之地，杜預注以爲卽梁國寧陵縣北之沙陽亭，俗謂之堂城，棠、堂字相近，意卽此地而字譌也。」案寧陵，漢縣，在今河南寧陵縣南。遂至睢陽。秦縣，在今河南商邱縣南。魏將丘大千有衆七萬，分築九城以距。慶之攻之，自旦至申，陷其三壘，大千乃降。濟陰王元暉業景穆子濟陰王小新城之曾孫。率二萬人來救梁、宋，進屯考城。漢縣，在今河南考城縣東南。慶之攻陷其城，生擒暉業。仍趨大梁。今河南開封縣。望旗歸款。時中大通元年，魏永安二年。五月朔也。魏乃以楊昱椿子。爲東南道大都督，鎭滎陽；見第三章第三節。尙書僕射尒朱世隆見第四節。鎭虎牢；見第四章第二節。尒朱世承榮從弟。鎭崿阪。本傳云守轘轅，見第三章第四節。初元顥之北也，魏元天穆方總衆以討邢杲。顥據酇城，見第四節第二節。天穆集文武議所先。議者咸以杲衆甚盛，宜先經略。行臺尙書薛琡以爲邢杲聚衆無名，雖彊猶賊；元顥皇室昵親，來稱義舉，此恐難測，宜先討顥。天穆以羣情不欲，遂先討杲。此據北齊書琡傳。魏書尒朱榮傳云：朝廷以顥孤弱，不以爲慮，詔穆先平齊地，然後回師征顥。及是，慶之率衆而西，攻滎陽，未能拔，而天穆大軍將至，士衆皆恐。慶之乃解鞍秣馬，宣喻衆曰：「吾至此以來，屠城略地，實爲不少，君等殺人父兄，略人子女，又爲無算；天穆之衆，並是仇讎。我等裁有七千，虜衆三十餘萬，今日之事，義不圖存。虜騎不可爭力平原，及未盡至，須平其城。」一鼓悉使登城，克之。執楊昱。時五月二十二日。俄而魏陳外合，慶之率騎三千，背城逆戰，大破之。天穆單騎獲免。進赴虎牢，尒朱世隆棄城走。不暇追報世承，尋爲元顥所禽，殺之。於是孝莊帝出奔。五月二十三日。二十四日至河內。其臨淮王彧、安豐王延明率百僚迎顥入洛陽。二十五日。元天穆率衆四萬，攻陷大梁；分遣王老生、費穆兵二萬據虎牢，刁宣、刁雙入梁、宋。慶之隨方掩襲，並皆降款。天穆與十餘騎北渡河。周書楊寬傳：邢杲反，寬以都督從元天穆討平之。屬元顥入洛，天穆懼，計無所出，集諸將謀之。寬曰：「吳人輕佻，非王之敵；況懸軍深入，師老兵疲，彊弩之末，何能爲也？願徑取成皐，合兵伊、洛，戮帶定襄，於是乎在。此事易同摧朽，王何疑焉？」天穆然之，乃引軍趣成皐，尋以衆議不同，乃回赴石濟。蓋魏是時軍氣不振，故天穆未能悉力與慶之決戰也。石濟，見第八章第七節。自發銍縣，至於洛陽，十四旬，平三十二城，四十七戰，所向無前，其兵鋒可謂銳矣。然魏之兵力，未大損也。

初元顥之逼虎牢也，或勸魏孝莊帝赴關西。孝莊以問其中書舍人高道穆。道穆對曰：「關西殘荒，何由可往？元顥兵衆不多，乘虛深入；由將帥征提，不得其人耳。陛下若親率宿衞，高募重賞，背城一戰，破顥孤軍，必不疑矣。如恐成敗難測，便宜車駕北渡，循河東下，徵天穆合於滎陽，向虎牢；別徵尒朱榮軍，令赴河內，以犄角之。旬月之間，何往不克？」帝曰：「高舍人議是。」尒朱榮聞莊帝渡河，卽時馳傳，與之會於長子。見第三章第四節。於是魏人重來之計決，而元顥之勢危矣。梁書陳慶之傳云：初元子攸止單騎奔走，宮衞嬪侍，無改於常。顥既得志，荒於酒色，乃日夜宴樂，不復視事。魏書顥傳云：顥以數千之衆，轉戰輒克，據有都邑，號令自己，天下人情，想其風政。而自謂天之所授，頗懷驕怠。宿昔賓客近習之徒，咸見寵待，干擾政事。又日夜縱酒，不恤軍國。所統南兵，陵竊市里。朝野莫不失望。時又酷斂，公私不安。案顥固非能有爲之人，然其猜忌陳慶之，則亦勢所必至，無足爲怪。當日情勢，遣兵大少，非不足定顥，則顥位既定之後，必反爲所戕，其事至顯，而梁當日一遣慶之，遂無後繼，此其舉措，所以爲荒繆絕倫也。又楊昱傳：謂昱之敗，陳慶之等三百餘人伏顥帳前請曰：「陛下渡江三千里，無遺鏃之費，昨日一朝殺傷五百餘人，」求乞楊昱以快意。顥不可，而曰：「自此之外，惟卿等所請。」於是斬昱下統帥三十七人，皆令蜀兵刳腹取心食之，則南兵驕橫殘暴，亦自實情，實非弔民伐罪之師。遣此等兵，雖善戰，亦不能定國也。與安豐、臨淮，共立姦計，將背朝恩。慶之心知之，乃說顥曰：「今遠來至此，未伏尚多，若知人虛實，方更連兵，宜啓天子，更請精兵，并勒諸州有南人沒此者，悉須部送。」顥欲從之，元延明說顥曰：「陳慶之兵不出數千，已自難制，今增其衆，寧復肯爲用乎？」顥乃表高祖曰：「河北河南，一時已定，惟尒朱榮尚敢跋扈，臣與慶之自能擒討。今州郡新服，政須綏撫，不宜更復加兵，搖動百姓。」高祖遂詔衆軍皆停界首。顥前以慶之爲徐州刺史，因固求之鎮。顥曰：「主上以洛陽之地，全相任委。忽聞舍此朝寄，欲往彭城，謂君遽取富貴，不爲國計，手敕頻仍，恐成僕責。」慶之不敢復言。惟有坐待喪敗矣。王規傳言慶之克復洛陽，百僚稱賀，規退曰：「孤軍無援，深入寇境；威勢不接，餽運難繼，將是役也，爲禍階矣。」此固人人之所知，而梁武漫不加省，舉朝亦莫以爲言，怠荒至此，何以爲國？況求克敵乎？

元顥入洛後二日，魏行臺崔孝芬、大都督刁宣，卽破顥後軍都督侯暄於梁國，見第二章第三節。斬之。及尒朱榮與孝莊帝會，卽日反旆，旬日之閒，兵馬大集，資糧器仗，繼踵而至。於是魏軍聲勢驟盛。顥都督宗正珍深、河內太守元襲固守不降。榮攻克之，斬以徇。孝莊如河內。榮與顥相持於河上。顥令延明緣河據守。榮無舟船。有夏州人爲顥守河中渚，求破橋立效。榮率軍赴之。及橋破，應接不果，皆爲顥所屠。榮悵然，將圖還計。黄門侍郎楊侃及高道穆並固執不可。以爲大軍若還，失天下之望，並敎以縛筏造船，處處遣渡，屬馬渚諸楊，云有小船，求爲鄉道。周書楊㯹傳：元顥入洛，孝莊欲往晉陽就尒朱榮，詔㯹率其宗人收船馬渚。㯹未至，帝已北度大行，㯹遂匿所收船，不以資敵。及尒朱榮奉帝南討，至馬渚，㯹乃具船以濟王師。馬渚在硤石東。硤石，見第四章第二節。七月，榮乃令尒朱兆等率精騎夜渡。兆，榮從子。顥子冠受，率馬步五千拒戰，兆大破禽之。延明聞冠受見禽，遂自逃散。顥率麾下數百騎及南兵勇健者，自轘轅而出。至臨汝，宋縣，治所未詳。部騎分散，爲臨潁縣卒所斬。臨潁，漢縣，在今河南臨潁縣西北。穎弟瑱，潛竄，爲人執送，斬於都市。延明南奔，後死於江南。陳慶之馬步數千，結陳東反。榮親自來追。直嵩高山水洪溢，軍人死散。慶之乃落髮爲沙門，閒行至豫州。豫州程道雍等潛送出汝陰，見第四章第二節。乃得歸。

第七節 孝莊帝殺尒朱榮

元顥敗後，尒朱榮復繼平內亂。其年，九月，侯淵討韓樓於薊，破斬之。幽州平。周書竇熾傳：葛榮別帥韓婁，郝長衆數萬人據薊城不下，以熾爲都督，從驃騎將軍侯深討之，熾手斬婁。深即淵，避唐諱改字。明年，梁中大通三年，魏莊帝永安三年，長廣王曄建明元年，前廢帝節閔帝普泰元年，後廢帝中興元年。正月，東徐州城民呂文欣、王赦等殺刺史元大賓，據城反。魏東徐州，治下邳，見第三章第三節。以樊子鵠爲行臺討之。二月，克之，東徐平。事亦見魏書鹿悆傳。万俟醜奴以去年夏僭號。從尒朱天光傳。本紀在七月，蓋魏朝至此始聞之。九月，陷東秦州。見第三節。是歲，除尒朱天光雍州刺史，率賀拔岳、侯莫陳悅等討之。天光初行，惟配軍士千人。詔發京城已西路次民馬給之。時東雍赤水蜀賊斷路。胡三省曰：東雍州時治鄭縣。赤水，水經注：在鄭縣北。鄭縣，見第三章第三節。詔侍中楊侃先行曉喻。蜀持疑不下。天光遂入關擊破之。簡取壯健，以充軍士。悉收其馬。至雍，見第三章第五節。又稅民馬。合得萬匹。以軍人寡少，停留未進。榮遣責之，杖天光一百。而復遣二千人往赴。天光令賀拔岳率千騎先驅，至岐州界長城，岐州，見第十一章第四節。與醜奴行臺尉遲菩薩遇，破禽之。醜奴棄岐州，走還安定，置柵於平亭。涇州，治安定，見第十一章第四節。平亭，在涇州北。天光至岐，與岳合勢於汧、渭之間，停軍牧馬，宣言待至秋涼，別量進止。醜奴謂為實，分遣諸軍，散營農稼。天光襲破之。醜奴棄平亭，欲趨高平。見第三節。天光遣岳輕騎急追，禽之。天光逼高平，城內執送蕭寶夤。因送魏都。斬醜奴，賜寶夤死。涇、豳、二夏，北至靈州，並來歸降。豳州、夏州、靈州，皆見第三節。二夏，謂夏州及東夏州。東夏州，在今陝西北境，治所未詳。其黨万俟道洛、費連少渾，猶據原州。見第三節。天光使造高平李賢，令圖道洛。賢給道洛出城，天光至，遂克之。遣都督長孫邪利率二百人行原州事。道洛襲殺邪利。天光與岳、悅馳赴之。道洛還走入山，西依牽屯。見第六章第六節。榮責天光失邪利，不獲道洛，復使杖之一百。天光與岳、悅等復赴牽屯。道洛入隴，投略陽賊帥白馬龍涸胡王慶雲。略陽，見第二章第二節。龍涸，亦作龍鵠，今四川松潘縣。道洛驍果絕倫，慶雲得之甚喜，乃自稱皇帝，以道洛為將軍。紀在六月。天光率諸軍入隴，至慶雲所居水洛城，見第三節。禽慶雲、道洛，悉阬其衆，死者萬七千人。分其家口。於是三秦、河、渭、瓜、涼、鄯善，咸來歸順。據魏書天光傳。鄯書作鄯州。三秦，秦州，見第十一章第三節。東秦、南秦、河、涼州，皆見本章第三節。瓜州，見第四節。渭州，後魏置於隴西郡。隴西，見第二章第二節。鄯州，治西都，今青海樂都縣。賊帥宿勤明達降天光於平涼，見第六章第三節。復北走，收聚部類，攻降人叱干麒麟。麒麟請救。天光遣岳討之。未至，明達走於東夏。岳聞尒朱榮死，不追之，還涇州以待天光。天光亦下隴，與岳圖入洛之策。迨前廢帝立，乃復出夏州，遣將討禽之焉。

尒朱榮破葛洪後，爲大丞相，進位大師。及平元顥，又造立名目，稱爲天柱大將軍。榮尋還晉陽，遙制朝廷。親戚腹心，皆補要職，百寮朝廷動靜，莫不以申。至於除授，皆須榮許，然後得用。莊帝雖受制權臣，而勤於政事，朝夕省納，孜孜不已。以選司多濫，與吏部尚書李神儁議正綱紀。榮乃大相嫌責。曾關補定州曲陽縣令，（曲陽，見第六章第八節。）神儁以階懸不奏，別更擬人。榮大怒，即遣其所補者往奪其任。榮使入京，雖復微蔑朝貴，見之，莫不傾靡。及至闕下，未得通奏，恃榮威勢，至乃忿怒。神儁遂上表遜位。榮欲用其從弟世隆攝選。（世隆時爲尚書左僕射。）上亦不違。榮曾啓北人爲河內諸州，欲爲犄角勢。上不即從。元天穆入見論事，上猶未許。天穆曰：「天柱有大功，爲國宰相，若請普代天下官屬，恐陛下亦不得違。如何啓數人爲州，便停不用？」帝正色曰：「天柱若不爲人臣，朕亦須代；如猶存臣節，無代天下百官理。」榮聞，大怒，曰：「天子由誰得立？今乃不用我語。」皇后復嫌內妃嬪，甚有妒恨之事。帝遣世隆語以大理。后曰：「天子由我家置立，今便如此。我父本即自作，今亦復決。」世隆曰：「兄止自不爲，若本自作，臣今亦得封王。」榮見帝年長明晤，爲衆所歸，欲移自近，皆使由己。每因醉云：「入將天子拜謁金陵，後還復恒、朔；」而侍中朱元龍，輒從尚書索大和中遷京故事；於是復有移都消息。榮乃暫來向京，言看皇后娩難。帝懲河陰之事，終恐難保，乃與城陽王徽，（見第二節。）侍中楊侃、李彧，尚書右僕射元羅謀，皆勸帝刺殺之。惟膠東侯李侃晞、濟陰王暉業言：榮若來，必有備，恐不可圖。（李彧，莊帝舅延寔之子。尚帝姊豐亭公主。任俠交遊。尒朱榮之死，武毅之士，皆彧所進。孝靜初被殺。延寔爲青州刺史，尒朱兆入洛，亦見害。侃晞，鳳之孫。與魯安等同殺榮。後奔梁。皆見魏書外戚傳。）又欲殺其黨與，發兵拒之。帝疑未定。而京師人懷憂懼。中書侍郎邢子才之徒，已避之東出。榮乃偏與朝士書相任留中書舍人溫子昇以書呈帝。帝恆望其不來，及見書，以榮必來，色甚不悅。武衛將軍奚毅建義初，（建義亦孝莊年號，後乃改永安。）往來通命，帝每期之甚重，然以爲榮通親，不敢與之言。毅曰：「若必有變，臣寧死陛下難，不能事契胡。」帝曰：「朕保天柱無異心，亦不忘卿忠款。」是年八月，榮將四五千騎向京，時人皆言其反，復道天子必應圖之。九月初，榮至京，有人告云：「帝欲圖之。」榮即具奏帝。帝曰：「外人亦言王欲害我，豈可信之？」於是榮不自疑，每入謁帝，從人不過數十，皆不持兵仗。帝欲止。城陽王曰：「縱不反，亦何可耐，況何可保邪？」北人語譌尒朱爲人主，上又聞其在北言我姓人主。先是長星出中台，掃大角。恆州人高榮祖頗明天文，榮問之曰：「是何祥也？」答曰：「除舊布新象也。」榮聞之悅。又榮下行臺郎中李顯和曾曰：「天柱至那無九錫？安須王自索也？亦是天子不見機。」都督郭羅察曰：「今年眞可作禪文，何但九錫？」參軍褚光曰：「人言并州城上有紫氣，何慮天柱不應？」榮下人皆陵侮帝左右，無所忌憚，事皆上聞。奚毅又見求聞，帝即下明光殿與語。帝又疑其爲榮，不告以情，及知毅赤誠，乃召城陽王及楊侃、李彧，告以毅語。榮小女嫁與帝兄子陳留王，小字伽邪，榮嘗指之曰：「我終當得此女壻力。」徽又云：「榮慮陛下終爲此患，脫有東宮，必貪立孩幼；若皇后不生大子，則立陳留，以安天下。」并言榮指陳留語狀。十五日，天穆到京。（魏書榮傳云：帝既圖榮，榮至入見，即欲害之，以天穆在并，恐爲後患，故隱忍未發。）駕迎之。榮與天穆並從入西林園宴射。榮乃奏曰：「近來侍官皆不習武，陛下宜將五百騎出獵，因省辭訟。」先是奚毅言：「榮因獵挾天子移都。」至是其言相符。十八日，召溫子昇，告以殺榮狀，并問以殺董卓事，子昇具道本末。上曰：「王允若即赦涼州人，必不應至此。」

良久，語子昇曰：「朕之情理，卿所具知。死猶須爲，況不必死？寧與高貴鄉公同日死，不與常道鄉公同日生。」上謂殺榮、天穆，卽赦其黨，便應不動。應詔王道習曰：「尒朱世隆、司馬子如、自云晉南陽王模之後，時爲金紫光祿大夫。朱元龍，比來偏被委付，具知天下虛實，謂不宜留。」城陽王及楊侃曰：「若世隆不全，仲遠、天光，豈有來理？」仲遠，榮從弟，見下。帝亦謂然，無復殺意。城陽曰：「榮數征伐，要閒有刀，或能很戾傷人，臨事願陛下出。」乃伏侃等十餘人於明光殿東。其日，榮與天穆並入，坐食未訖，起出。侃等從東階上殿，見榮、天穆已至中庭，事不果。十九日，是帝忌日。二十日，榮忌日。二十一日，暫入，卽向陳留王家，飲酒極醉，遂言病動，頻日不入。上謀頗泄，世隆等以告榮，榮輕帝，不謂能反。魏書榮傳云：榮啓將入朝，世隆與榮書，勸其不來。榮妻北鄉郡長公主亦勸不行。榮並不從。世隆傳云：莊帝將圖榮，或榜世隆門，以陳其狀。世隆封以呈榮，勸其不入。榮自恃威彊，不以爲意，遂手毀密書，唾地曰：「世隆無膽，誰敢生心？」北史則云：莊帝之將圖榮，每屏人言。世隆懼變，乃爲匿名書，自榜其門曰：「天子與侍中楊侃、黃門馬道穆等爲計，欲殺天柱。」以此書與北鄉郡公主，幷以呈榮，勸其不入。又勸其速發。皆不見從。案當時恐無肯泄密謀於尒朱氏者，且誰能榜世隆之門？北史所言，蓋是，此可見榮之難於告語矣。北鄉郡，魏書帝紀作鄉郡，當從之。五代志：上黨郡鄉縣，石勒置武鄉郡，後魏去武字爲鄉郡。魏收志無北鄉郡。二十五日旦，榮、天穆同入。其日大欲革易，上在明光殿東序中西面坐，榮與天穆並御牀西北小牀上南向坐。城陽入，始一拜，榮見光祿卿魯安等持刀從東戶入，卽馳向御坐。帝拔千牛刀手斬之。魏書榮傳云：帝先橫刀膝下，遂手刃之。安等亂斫，榮與天穆、菩提同時倂死。時年三十八。得其手板，上有數牒啓，皆左右去留人名，非其腹心，悉在出限。帝曰：「豎子若過今日，便不可制。」天穆與榮子菩提亦就戮。於是內外喜叫，聲滿京城。旣而大赦。以上敍榮事，以北史本傳爲主。案榮本粗才，無可成大業之理。北史榮傳云：性甚嚴暴。弓箭刀矟不離於手。每有瞋嫌，卽行忍害。左右恆有死憂。曾欲出獵，有人訴之，披陳不已，榮怒，卽射殺之。又云：榮好射獵，不舍寒暑。法禁嚴重，若一鹿出，乃有數人殞命。曾有一人，見猛獸便走，謂曰：「欲求活邪？」卽斬之。自此獵如登戰場。曾見一猛獸，在窮谷中，乃令餘人，重衣空手搏之，不令傷損。於是數人被殺，遂禽得之。列圍而進，雖險阻不得迴避。其爲人，蓋與魏道武相類。然道武行之代北可也，榮行之中原，則不可一日居矣。然北魏本出竊據，非如後漢之足以維繫人心；況尒朱氏安知名分？徒恃大赦，欲安反側，安可得邪？

尒朱氏之族天光較有才略，然時方督師下隴，與洛邑聲勢不相接；仲遠刺徐州，去洛邑亦較遠，且其人本無能爲；惟兆刺汾州，見第三節。去晉陽洛邑皆近，兆又夙從榮征伐，故榮一死，而兆之師卽至焉。莊帝之殺榮，遣奚毅、崔淵鎭北中。北中郞府城在河橋北岸，今河南孟縣南。是夜，尒朱世隆奉鄉郡長公主，率榮部曲焚西陽門出走，便欲還北。司馬子如曰：「事貴應機，兵不厭詐。天下洶洶，惟强是視。於此際會，不可以弱示人。若必走北，卽恐變故隨起。不如分兵守河橋，迴軍向京，出其不意，或可離潰。假不如心，猶足示有餘力，使天下觀聽，懼我威强。」世隆從之。還攻河橋，禽奚毅等，害之。據北中城，南逼京邑。莊帝以楊津爲幷州刺史、北道大行臺，經略幷、肆。肆州見第十一章第二節。李叔仁爲大都督，討世隆。魏蘭根爲河北行臺，節度定、相、殷三州。後代以薛曇尙。定州見第十一章第二節，相州見第八章第二節，殷州見本章第三節。帝臨大夏門，集羣臣博議。百寮恇懼，計無所出。李苗請斷河橋。城陽王及高道穆贊成其計。苗乃募人以火船焚河橋，官軍不至，苗戰歿。然世隆因此退走。至建州，後魏置，今山西晉城縣東北。刺史陸希質拒守。城陷，世隆盡屠之，以洩其忿。停高都，後魏郡，在晉城東北。尒朱兆自晉陽來會。共推大原大守行幷州刺史長廣王曄爲主。景穆子南安王楨之孫。尒朱仲遠亦率衆向京師。莊帝使源子恭鎭大行丹谷。在晉城東南。鄭先護爲大都督，與賀拔勝等拒仲遠。勝與仲遠戰於滑臺東，滑臺，見第六章第五節。失利，遂降之。先護部衆逃散。尒朱兆攻丹谷，都督崔伯鳳戰歿，羊文義、史仵龍降，源子恭奔退。兆輕兵倍道，與尒朱度律榮從父弟。自富平津上，富平津，即孟津，見第二章第二節。率騎涉渡。北史景穆十二王傳：任城王雲之孫世儁，尒朱兆寇京師，爲都督，守河橋。兆至河，世儁便隔岸遙拜。遂將船五艘迎兆軍，兆因得入。京都、破殘，皆世儁之罪，時論疾之。魏書無「遂將船」以下二十一字。案世儁雖無守意，然兆之得濟，必不能恃其所將之五船也。十一月三日，大風鼓怒，黃塵漲天。騎叩宮門，宿衞乃覺。彎弓欲射，袍撥弦，矢不得發。一時散走。莊帝步出雲龍門，爲兆騎所縶。兆先令衞送晉陽。留洛旬餘，撲殺皇子，汙辱妃嬪，縱兵虜掠，乃歸晉陽。十三日，害帝於五級寺。時年二十四。幷害陳留王寬。即伽邪。城陽王徽走山南，至故吏寇彌宅。彌怖，徽云：「官捕將至。」令避他所，使人於路邀害之，送尸於兆。史言尒朱榮死後，徽總統內外，算略無出，憂怖而已。性多嫉妒，不欲人居其前。每入參謀議，獨與帝決。朝臣有上軍國籌策者，並勸帝不納。乃云：「小賊何慮不除？」又吝惜財物，有所賞賜，咸出薄少，或多而中減，與而復追。徒有糜費，恩不感物。案徽誠非匡濟之才，然時事勢實艱難，亦不能爲徽咎也。莊帝先以高道穆爲南道大行臺，外託征蠻，陰爲不利則南行之計，未及發，爲尒朱世隆所害。

長廣王之立也，以世隆爲尙書令，先赴京師。世隆與兆會於河陽。見第十一章第二節。兆讓世隆曰：「叔父在朝多時，耳目應廣，如何不知不聞，令天柱受禍？」按劍瞋目，聲色甚厲。世隆遜辭拜謝，然後得已。深恨之。時尒朱度律留鎭洛陽，仲遠亦自滑臺入京，世隆乃與兄弟密謀，別行擁立。廣陵王恭，獻文子廣陵惠王羽之子。以元叉專權，託稱瘖病，絕言垂一紀，居於龍華佛寺，無所交通。世隆欲立之。而度律意在南陽王寶炬，孝文子京兆王愉之子。乃曰：「廣陵不言，何以主天下？」世隆兄彥伯密相敦喻，又與度律同往龍華佛寺，知其能言。三月，曄至邙南，世隆等遂廢之而立恭，是爲魏書所謂前廢帝。北史從西魏追謚，稱爲節閔帝。兆以己不與謀，大恚，欲攻世隆。詔令華山王鷙兼尚書僕射、北道大使，慰喻之，兆猶不釋。鷙，平文子高涼王孤之六世孫。魏書以爲尒朱氏黨。云：兆爲亂，莊帝欲率諸軍親討，鷙與兆陰通，乃勸帝曰：「黃河萬仞，寧可卒渡？」帝遂自安。及兆入殿，鷙又約止衞兵。帝見逼，京邑破，皆由鷙之謀。案時魏朝兵力，自不足用，莊帝卽親討，亦何能爲？逮兆既入殿，又豈衞兵所能格邪？此等傳說，自近虛誣。然觀此時特令鷙喻止兆，則其爲尒朱氏之黨不疑也。世隆復遣彥伯自往喻之，兆乃止。北史世隆傳曰：世隆與兄弟密謀，慮元曄母干豫朝政，伺其母衞氏出行，遣數十騎如劫賊，於京巷殺之。尋又以曄疏遠，欲推立節閔帝。夫當時元魏之君，奚翅僅亦守府？況於其母？既視置君如弈棊矣，親疏又何擇焉？天光傳言：兆入京後，天光曾輕騎向都見世隆等，乃還雍。世隆等議廢立，遣告天光，天光亦與定策。然則當時之廢立，蓋專以犄兆，卽無神武之兵，爾朱氏之內難亦必作。然其毒痛四境，使人人有時日曷喪之懷，則幷其內難之作而亦有所不能待矣。

時天光控關右，仲遠居大梁，仲遠時仍爲徐州刺史，不之鎮，而居大梁，後又移屯東郡。大梁見上節。東郡見第三節。兆據幷州，世隆處京邑，各自專恣。除天光，史言其「差不酷暴」，彥伯史言其「差無過患」外，均極貪虐，而仲遠尤甚。於大家富族，誣之以反，沒其家口簿籍財物，皆以入己；丈夫死者，投之河流；如此者不可勝數。諸將婦有美色者，莫不被其淫亂。東南牧守，下至民俗，比之豺狼。世隆既總朝政，生殺自由。公行淫佚。信任近小，隨其與奪。度律亦所至爲百姓患毒。世隆之入洛也，主者欲追李苗贈封，世隆曰：「吾爾時羣議，更一二日，便欲大縱兵士，焚燒都邑，任其采掠，賴苗京師獲全，天下之善士也，不宜追之。」尒朱兆既縱掠京邑，先令衛送莊帝於晉陽，乃自於河梁監閱財貨。貪暴如此，雖與之天下，豈能一朝居？況乎怨讎者之日伺其側邪？

第八節　齊神武起兵

尒朱世隆等既立節閔帝，是月，鎮遠將軍崔祖螭即聚青州七郡之衆圍東陽。青州治，見第六節。劉靈助時爲幽州刺史，亦起兵於薊。幽州治。渤海蓨八高翼，魏渤海郡，因宋僑置之舊，治𧼢濟城，在今山東高苑縣西北。蓨，見第二節。爲山東豪右，葛榮亂作，魏朝即家拜爲渤海大守。至郡未幾，賊徒愈盛，翼部率合境，徙於河、濟之間。魏因置東冀州，以翼爲刺史。尒朱榮弑莊帝，翼保境自守，謂諸子圖之事未輯而卒。翼三子：乾、昂、季式，皆輕俠。孝莊居藩，乾潛相託附。及立，遙除龍驤將軍、通直散騎常侍。乾兄弟皆受葛榮官爵，莊帝尋遣右僕射元羅巡撫三齊，乾兄弟相率出降。孝莊以乾爲給事黃門侍郎。尒朱榮以乾前罪，不應復居近要，莊帝乃聽乾解官歸鄉里。乾與昂俱在鄉里，陰養壯士。尒朱榮聞而惡之，密令刺史元仲宗此據北齊書昂傳，魏書、北史本紀皆作嶷。案嶷爲昭成孫常山王遵之玄孫，字子仲，見魏書昭成子孫傳。北史同。誘執昂，送於晉陽。莊帝末，榮入洛，以昂自隨，禁於駝牛署。榮死，莊帝即引見勞勉之。乾聞榮死，馳赴洛陽。莊帝以爲河北大使，令招集鄉閭，爲表裏形援。昂亦請還鄉里，招集部曲。尒朱兆入洛，遣其監軍孫白鷂至冀州，託言普徵民馬，欲待乾兄弟送馬，因收之。乾乃潛勒壯士，襲據州城。殺白鷂，執元仲宗，推封隆之行州事。隆之亦蓨人，爲河内大守。尒朱兆入洛，隆之持節東歸，與乾等定計襲克州城。受劉靈助節度。靈助本以方技見信尒朱榮，其舉兵也，魏書言其馴養大鳥，稱爲己瑞；又妄説圖讖，作詭道厭祝之法。然又言幽、瀛、滄、冀之民悉從之；瀛州，見第十一章第四節。滄州，見本章第三節。北齊書叱列延慶傳亦云：諸州豪右咸相結附；如李元忠宗人愍及安州刺史盧曹等，皆是。見北齊書元忠傳。安州，見第二節。盧曹，北史作盧胄。則其聲勢亦頗盛。靈助本幽州大俠，非徒恃邪術惑民者也。靈助至博陵之安國城，今河北安國縣。與魏侯淵及定州刺史叱列延慶、定州，見第十一章第二節。延慶，尒朱世隆姊壻，時爲山東行臺。殷州刺史尒朱羽生等戰，敗死。四月，尒朱仲遠使其都督魏僧勖等攻崔祖螭，斬之。通鑑考異曰：北齊李渾傳：普泰中，崔社客反於海岱，攻圍青州，以渾爲征東將軍、都官尚書、行臺，赴援。而社客宿將多謀，諸城各自保固，堅壁清野。諸將議有異同。渾曰：「社客賊之根本。若簡練驍勇，銜枚夜襲，徑趨營下，出其不意，咄嗟之閒，便可擒殄。如社客就擒，則諸郡可傳檄而定。」諸將遲疑。渾乃速行。未明，達城下。賊徒驚駭。擒社客，斬首送洛陽。按其年時事迹，與祖螭略同。未知社客即祖螭，爲別一人也? 然齊神武之兵旋起矣。

北齊高祖神武皇帝高歡，亦渤海蓨人。祖謐，魏侍御史，坐法徙居懷朔鎮。見第三節。神武累世北邊，習其俗，遂同鮮卑。神武深沈有大度，輕財重士，爲豪俠所宗。初給鎮爲隊主。轉爲函使。後從杜洛周。與尉景、善無人，神武姊夫。善無，見第三章第八節。段榮、武威人。祖信，仕沮渠氏。入魏，以豪族徙北邊。家於五原。武威，見第二章第二節。五原，見第三章第八節。蔡儁廣甯石門人。父普，北方擾亂，奔走五原，守戰有功。儁豪爽有膽氣，高祖微時，深相親附。廣寧，後魏郡，石門，後魏縣，在今山西壽陽縣境。圖之，不果。奔葛榮。又亡歸尒朱榮於秀容。從榮徙幷州。榮以爲親信都督。又以爲晉州刺史。晉州，東雍州，改今山西臨汾縣。尒朱兆將赴洛，召神武。神武使長史孫騰，辭以絳蜀、汾胡欲反，不可委去。兆恨焉。及兆入洛，執莊帝以北，神武聞之，大驚。魏書兆傳：騰還具報王曰：「兆等猖狂，擧兵犯上，吾今不同，猜忌成矣。今也南行，天子列兵河上，兆進不能度，退不得還，吾乘山東下，出其不意，此徒可以一擧而擒。」俄而兆克京師，孝莊幽縶，都督尉景從兆南行，以書報王，王得書大驚。又使孫騰僞賀兆，因密覘孝莊所在，將劫以擧義，不果。魏書兆傳：王得書大驚，召騰示之，曰：「卿可馳驛詣兆，示以謁賀，密觀天子今在何處？爲隨兆軍府？爲別送晉陽？脫其送幷，卿宜馳報，吾當於路要迎。」騰晨夜驅馳，已遇帝於中路。王時率騎東轉，聞帝已渡，於是西還。案神武此時，兵力實未足與兆敵，史所傳恐未必可信也。神武之所以與者，實緣得六鎭之衆，而其所以得此衆者，則史之所傳又互異。北齊書本紀云：費也頭紇豆陵步藩入秀容，逼晉陽。兆徵神武。神武將往。賀拔焉過兒請緩行以弊之。神武乃往，逗留，辭以河無橋，不得渡。步藩軍盛，兆敗走。初孝莊之誅尒朱榮，知其黨必有逆謀，乃密敕步藩，令襲其後。步藩既敗兆等，兵勢日盛。兆又請救於神武。神武內圖兆，復慮步藩之難除，乃與兆悉力破之，藩死。兆深德神武，誓爲兄弟。葛榮衆流入幷、肆者二十餘萬，爲契胡陵暴，皆不聊生。大小二十六反，誅夷者半，猶草竊不止。兆患之，問計於神武。神武曰：「六鎭反殘，不可盡殺，宜選王素腹心者，私使統焉。若有犯者，直罪其帥，則所罪者寡。」兆曰：「善。誰可行也？」賀拔允時在坐，請神武。神武拳毆之，折其一齒，曰：「生平天柱時，奴輩伏處分如鷹犬，今日天下安置在王，而阿鞠泥敢誣下罔上，請殺之。」兆以神武爲誠，遂以委焉。神武以兆醉，恐醒後或致疑貳，遂出，宣言「受委統州鎭兵，可集汾東受令。」乃建牙陽曲川，陳部分。陽曲，見第二章第二節。兵士素惡兆而樂神武，莫不皆至。居無何，又使劉貴請兆以「幷、肆頻歲霜旱，降戶掘黃鼠而食之，皆面無穀色，徒汙人國土。請令就食山東，待溫飽而處分之。」兆從其議。其長史慕容紹宗諫曰：「今四方擾擾，人懷異望，高公雄略，又握大兵，將不可爲。」兆曰：「香火重誓，何所慮也？」紹宗曰：「親兄弟尙爾難信，何論香火？」時兆左右已受神武金，因譖紹宗與神武舊有隙。兆乃禁紹宗而催神武發。神武乃自晉陽出滏口（見第四節）。路逢尒朱榮妻北鄉長公主自洛陽來，馬三百匹，盡奪易之。兆聞，乃釋紹宗而問焉。紹宗曰：「猶掌握中物也。」於是自追神武。至襄垣（漢縣，後魏置郡，在今山西襄垣縣北），會漳水暴長，橋壞。神武隔水拜曰：「所以借公主馬，非有他故，備山東盜耳。王受公主言，自來賜追，今渡河而死，不辭，此衆便叛。」兆自陳無此意，因輕馬渡，與神武坐幕下，陳謝，遂授刀引頭，使神武斫己。神武大哭曰：「自天柱薨背，賀六渾更何所仰？願大家千萬歲，以申力用。今旁人搆閒至此，大家何忍復出此言？」兆投刀於地，遂刑白馬而盟，誓爲兄弟，留宿夜飲。尉景伏壯士欲執之，神武齧臂止之，曰：「今殺之，其黨必奔歸聚結，兵饑馬瘦，不可相支，若英雄崛起，則爲害滋甚。不如且置之。兆雖勁捷，而凶狡無謀，不足圖也。」旦日，兆歸營，又召神武。神武將上馬詣之，孫騰牽衣乃止。兆隔水肆詈，馳還晉陽。兆心腹念賢領降戶家累別爲營，神武僞與之善，觀其佩刀，因取之以殺其從者，從者盡散。於是士衆咸悅，倍願附從。神武遂前行，屯鄴。魏書尒朱兆傳云：初，榮既死，莊帝詔河西人紇豆陵步蕃等令襲秀容。兆入洛後，步蕃兵勢甚盛，南逼晉陽，兆所以不暇留洛，回師禦之。兆雖驍果，本無策略，頻爲步蕃所敗。於是部勒士馬，謀出山東。令人頻徵獻武王於晉州，乃分三州六鎭之人，令王統領。既分兵別營，乃引兵南出，以避步蕃之銳。步蕃至於樂平郡，（治沾城，在今山西昔陽縣西南。王與兆還討破之，斬步蕃於秀容之石鼓山。其衆退走。兆將數十騎詣王，通夜宴飲。後還營招王。王知兆難信，未能顯示，將欲詣之。臨上馬，長史孫騰牽衣而止。兆乃隔水責罵騰等。於是各去。王還自襄垣東出，兆歸晉陽。謂歡受兆命統衆，在破步蕃之前，亦無請就食山東之事，與齊書本紀異。齊書慕容紹宗傳云：紇豆陵步蕃逼晉陽，尒朱兆擊之，累爲所破，欲以晉州徵高祖共圖步蕃。紹宗諫曰：「今天下擾擾，人懷覬覦，高晉州才雄氣猛，英略蓋世，譬諸蛟龍，安可借以雲雨？」兆怒曰：「我與晉州，推誠相待，何忽輒相猜阻，橫生此言？」便禁止紹宗，數日方釋。遂割鮮卑隸高祖。其謂分衆在平步蕃之前與魏書同，而又謂所分者爲鮮卑。今案費也頭爲河西强部。北史尒朱榮傳曰：莊帝恆不慮外寇，惟恐榮爲逆。常時諸方未定，欲使與之相持，及告捷之日，乃不甚喜。魏書尒朱天光傳言：前廢帝立後，天光復出夏州，遣將討宿勤明達，擒之送洛。時費也頭帥紇豆陵伊利、万俟受洛干等據有河西，未有所附，天光以齊獻武王起兵，內懷憂恐，不復北事伊利等，但微遣備之而已。費也頭蓋北方諸部中僅存而未服於尒朱氏者，故莊帝因而用之也。莊帝誅尒朱榮後，所遣經略防守之兵甚多，無一能奏效者，牽制之師，蓋以此爲最盡力矣。然謂其能南逼晉陽，亦似大過。魏書孝莊紀：永安三年十二月，河西人紇豆陵步蕃，破落韓常大敗尒朱兆於秀容，此即兆入洛而步蕃犄其後之事，其戰事固猶在代北也。當時抗尒朱氏者，劉靈助、高乾兄弟皆在山東，尒朱兆部勒士馬欲東出，蓋以此故？步蕃蓋以此時躡其後而逼晉陽？晉陽爲尒朱氏根本之地，兆自不得不回師禦之。其所統者，蓋即魏書兆傳所云六鎮之兵，亦即齊書慕容紹宗傳所謂鮮卑？三州，蓋謂幷、肆及兆所刺之汾州？其兵蓋多出六鎮？固非必鮮卑種人，然亦必所謂累世北邊習其俗，遂同鮮卑者。其中葛榮降衆必多，皆有家累，故齊書神武紀侈言其數爲二十餘萬也。其分屬神武，自當在破步蕃之前。兆回攻步蕃所以屢敗者，蓋正以所將者爲此曹，心懷怨恨之故。故一分諸神武而即克。然則兆之分兵，實迫於勢不得已，非因醉而然也。齊書神武紀敍此於既破步蕃之後，實爲大誤。然其建牙而東，則必在求就食山東得請之後。魏書敍神武得衆之時雖不誤，而漏去請就食山東一節，一似神武既平步蕃，逕行東出者，當時情事亦不可見矣。神武在尒朱榮時已爲晉州，而齊書慕容紹宗傳謂兆欲以晉州徵高祖，一似以此爲共圖步蕃之報者？蓋兆徵神武入洛而神武不從，嫌隙已搆，兆於是時蓋有欲奪神武晉州之意，至此乃又以許仍舊貫爲幷力之報也。紹宗諫兆，未知究在何時，然必非因其徵神武而發。何則？徵神武，則神武且爲兆用，而又何猜焉？兆所分諸神武者，未知究有若干人，然必不能甚衆。觀韓陵戰時，神武衆尙不滿三萬可知。然此衆雖寡弱，而於尒朱氏蓄怨甚深，故神武得因之而起也。

節閔帝普泰元年，梁武帝中大通三年也。二月，神武軍次信都。冀州治。高乾、封隆之開門以待，遂據冀州。尒朱度律白節閔帝，封神武爲渤海王，徵使入覲。神武辭。神武自向山東，養士繕甲，禁侵掠，百姓歸心。乃詐爲書，言尒朱兆將以六鎭人配契胡爲部曲，衆皆愁怨。又爲幷州符，徵兵討步落稽。發萬人，將遣之。孫騰、尉景爲請留五日。如此者再。神武親送之郊，雪涕執別，人皆號慟，哭聲動地。神武乃喻之曰：「與爾俱失鄉客，義同一家。不意在上乃爾徵召？直向西，已當死；後軍期，又當死；配國人，又當死；奈何？」衆曰：「惟有反耳。」神武曰：「反是急計，須推一人爲主。」衆願奉神武。神武曰：「爾鄉里難制。不見葛榮乎？雖百萬衆，無刑法，終自灰滅。今以吾為主，當與前異。不得欺漢兒，不得犯軍令，生死任吾則可；不爾，不能為，取笑天下。」衆皆頓顙，「死生惟命。」明日，椎牛饗士，喻以討尒朱之意。六月，庚子，遂建義於信都。尚未顯背尒朱氏。趙郡柏人李元忠，趙郡，見第二章第三節。柏人，見第五章第三節。善方技，見有疾者，不問貴賤，皆為救療。家素富實。其家人在鄉，多有舉貸求利，元忠每焚契免責。鄉人甚敬重之。永安初，就拜南趙郡大守。南趙郡，大和時分趙郡置，在今河北隆平縣東。直洛陽傾覆，元忠棄官還家，潛圖義舉。會神武率衆東出，便自往奉迎。時高乾亦將十數騎迎謁。神武密遣元忠舉兵逼殷州，令乾偽往救之。乾入見尒朱羽生，羽生與乾俱出，因擒之。遂平殷州。斬羽生首來謁。神武撫膺曰：「今日反決矣。」乃以元忠為殷州刺史。本紀云：鎮廣阿。案廣阿，漢侯邑，後廢，後魏置縣，在今河北隆平縣東。八月，尒朱兆率步騎二萬出井陘。見第六章第八節。元忠棄城還信都。孫騰以為朝廷隔絕，不權立天子，則衆望無所係。十月，奉章武王融子渤海大守朗為帝。魏書稱曰後廢帝，北史但曰廢帝。於時度律、仲遠之軍，皆與兆會。屯於廣阿，衆號十萬。神武乃廣縱反閒，或云世隆兄弟謀欲害兆，復言兆與神武同圖仲遠等。於是兩不相信，各致猜疑，徘徊不進。仲遠等頻使斛斯椿、賀拔勝喻兆。兆輕騎三百，來就仲遠。同坐幕下。兆性粗獷，意色不平。手舞馬鞭，長嘯凝望。深疑仲遠等有變，遂趨出馳還。仲遠遣椿、勝等追而曉譬，兆遂拘迫將還，經日放遣。仲遠等於是奔退。神武乃進擊兆軍，兆大敗。十一月，神武攻鄴。明年，梁中大通四年，魏孝武帝永熙元年。正月，拔之。二月，後廢帝如鄴。

尒朱氏中，世隆、天光較有智計。齊神武之起兵也，仲遠、度律等皆不以為慮，惟世隆獨深憂恐。廣阿戰後，兆與仲遠、度律，遂相疑阻，久而不和。世隆請前廢帝納兆女爲后，兆乃大喜。世隆厚禮喩兆赴洛。深示卑下。隨其所爲，無敢違者。又累使徵天光，天光不從。周書賀拔岳傳：天光將率衆距齊神武，遣問計於岳。岳報曰：「王家跨據三方，士馬殷盛，高歡烏合之衆，豈能爲敵？然師克在和，但願同心戮力耳。若骨肉離隔，自相猜貳，則圖存不暇，安能制人？如下官所見：莫若且鎭關中，以固根本，分遣銳師，與衆軍合勢，進可以克敵，退可以克全。」此說不知岳當日果有是言，抑係後來附會？然使當日天光不盡衆東出，則必可以後亡，當時事勢，神武欲進取關中，固不易也。後令斛斯椿苦要之，曰：「非王無以克定，豈可坐視宗家之滅也？」天光不得已，東下。北史椿傳：椿謂賀拔勝曰：「天下皆怨毒尒朱，吾等附之，亡無日矣。不如圖之。」勝曰：「天光與兆，各據一方，俱禽爲難。」椿曰：「易致耳。」乃說世隆追天光等赴洛討齊神武。此非實錄。在尒朱、高二氏之閒，椿與勝皆忠於尒朱氏者也。於是兆與天光、度律，更自信約。閏三月，天光自長安，兆自幷州，度律自洛陽，仲遠自東郡，同會於鄴。衆號二十萬。神武馬不滿二千，步兵不至三萬，乃於韓陵爲圓陳，連牛驢以塞歸道，四面赴擊，大敗之。韓陵，山名，在今河南安陽縣東北。北齊書高昂傳云：韓陵之戰，高祖不利，軍小卻，兆等方乘之，高岳、韓匈奴等以五百騎衝其前，斛律敦收散卒躡其後。昂與蔡儁以千騎自栗園出，橫擊兆軍，兆衆由是大敗。是日無昂等，高祖幾殆。北史賀拔勝傳云：韓陵之役，爾朱兆率鐵騎陷陳，出齊神武後，將乘其背而擊之。度律惡兆之驍悍，懼其陵己，勒兵不進。勝以其攜貳，遂以麾下降齊神武。度律軍以此免退，遂大敗。案此役勝負，固在幾微之閒，然尒朱氏積失人心，而又自相乖離，欲求幸勝，實不易也。於是兆趨幷州，仲遠奔東郡。天光、度律，將赴洛陽，斛斯椿與都督賈顯智倍道先還。四月朔，椿等據河橋。世隆請出收兵，前廢帝不許。此據魏書。北史則云：彥伯欲領兵屯河橋，世隆不從。世隆令其外兵參軍陽叔淵單騎馳赴北中，見上節。簡閱敗衆，以次納之。斛斯椿詭說叔淵曰：「天光部下，皆是西人，聞其欲掠京邑，遷都長安，宜先內我，以爲其備。」叔淵信而納之。椿既至橋，盡殺世隆黨附。度律欲攻之，會大雨，士馬疲頓，弓矢不能施用，遂西走。於灅波津爲人擒執。灅波津，在河橋西。天光亦被執。囚送於齊神武。神武攻尒朱兆時，致之洛陽，斬之。斛斯椿令行臺長孫稚詣闕奏狀，別使賈顯智、張勸率騎掩執世隆與其兄彥伯，俱斬之。叱列延慶時爲定州刺史，亦在軍中，與仲遠走渡石濟。見第七節。仲遠奔梁。延慶北降齊神武。後爲孝武帝中軍大都督。神武入洛，殺之。青州刺史尒朱弼，亦欲奔梁，爲其部下所殺。神武至河陽，見第十一章第二節。使魏蘭根觀察前廢帝。蘭根，莊帝末爲定州，爲侯淵所敗，走依高乾。乾以蘭根宿望，深禮遇之。大僕卿綦儁主仍前廢帝，而蘭根與高乾及黃門侍郎崔㥄固主廢之。時梁武帝復遣兵送汝南王悅，置之境上，乃遣使迎之。既至，清狂如故，乃舍之，是歲十二月，悅被殺。而立平陽王脩。脩，廣平文穆王懷子，孝文帝孫也。是爲孝武帝，魏書謂之出帝。神武還鄴。七月，神武入自滏口，大都督庫狄干入自井陘，討尒朱兆。兆大掠晉陽，北走秀容。幷州平。神武以晉陽四塞，乃建大丞相府而定居焉。兆既至秀容，分兵守險，出入寇抄。神武揚聲討之，師出而止者數四。兆意怠。神武揣其歲首當宴會，遣竇泰以精騎馳之，一日一夜行三百里，而自以大軍繼之。明年，孝武帝永熙二年，梁中大通五年。正月，泰奄至兆庭。軍人因宴休墮，忽見泰軍，驚走。追破之於赤洪嶺。胡三省曰：杜佑曰：石州離石縣有赤洪水，即離石水，赤洪其別名也。高歡破尒朱兆於赤洪嶺，蓋近此。案離石，今山西離石縣。兆自縊。兆弟智虎，前廢帝以爲肆州刺史，與兆俱走。神武禽之於岢嵐南山。岢嵐，後魏縣，在今山西嵐縣北。赦之。後死於晉陽。尒朱榮子菩提，與榮俱死。叉羅、文殊皆早卒。文暢，姊爲魏孝莊帝后，神武納之，待其家甚厚。文暢及弟文略皆素侈。文暢與丞相司馬任冑，主簿李世林，都督鄭仲禮、房子遠等相狎，謀害神武，專掟共奉文暢，謀泄，以姊寵，止坐文暢一房。任冑，延敬子。延敬初從葛榮，榮敗，降。隨神武起兵後，爲魏尚書左僕射，斛斯椿釁發，棄家北走。冑少在神武左右，興和末，神武攻玉壁，還，以晉州西南重要，留西河公岳爲行臺鎮守，以冑隸之。冑飲酒游縱，不勤防守。神武責之。冑懼，遂潛遣使送款於周。爲人糾列。窮治未得其實，神武特免之。謂冑曰：「我推誠於物，謂卿必無此理。且黑獺降人首尾相繼，卿之虛實，於後何患不知。」冑內不自安，乃謀害神武。事發，及子弟並誅。時武定三年也。文暢特年十八。靜帝使人往晉陽，欲拉殺文略，神武特奏免之。遺令恕文略十死。恃此益横，後爲齊文宣所殺。尒朱氏自榮入中國，至兆之死，凡六年。席有爲之資，值可爲之時，而其運祚短促至此，誠蠻夷不知中國情形，徒肆暴戾者之殷鑒也。

第九節　魏分東西

高歡雖滅尒朱氏，然時北方諸族，不爲歡下者尚多，如斛斯椿，如賀拔氏兄弟，皆其佼佼者也。而宇文氏遭遇時會，遂獲創立基業，與歡對峙。

後周之先，爲匈奴之裔君臨鮮卑部落者，已見第三章第八節。侯豆歸子陵，仕燕，魏道武攻中山，陵從慕容寶禦之，寶敗，歸魏。天興中，隨例遷武川。陵生系，系生韜，韜生肱。破六汗拔陵作亂，其僞署王衞可孤，徒黨最盛。肱糺合鄉里，斬可孤，其衆乃散。後避地中山，陷於鮮于修禮，爲定州軍所破，沒於陳。四子：長顥，與衞可孤戰歿。次連，與肱俱死。次洛生，葛榮破鮮于修禮，以爲漁陽王，領肱餘衆。尒朱榮擒葛榮，定河北，隨例遷晉陽。次泰，字黑獺，即周大祖文皇帝也。榮誅洛生，復欲害泰。泰自理家寃，辭旨慷慨，榮感而免之。泰與賀拔岳有舊，岳討元顥，以別將從。孝武帝圖高歡，以斛斯椿及岳兄弟爲心腹。岳長兄允爲侍中，勝爲荊州刺史。荊州，見第十一章第四節。初尒朱天光入洛，使岳行雍州，見第十一章第四節。侯莫陳悅行華州事。華州，見第二節。普泰中，梁中大通三年。以岳爲雍州，悅爲岐州刺史。岐州，見第十一章第四節。天光率衆赴洛，岳與悅下隴赴雍，禽其弟顯壽，以應高歡。周書文帝紀：天光東拒齊神武，留弟顯壽鎮長安。秦州刺史侯莫陳悅，爲天光所召，將軍衆東下。岳知天光必敗，欲留悅共圖顯壽，而計無所出。大祖謂岳曰：「今天光尚邇，悅未有二心，若以此事告之，恐其驚懼。然悅雖爲主將，不能制物。若先說其衆，必人有留心。進失尒朱之期，退恐人情變動，乘此說悅，事無不遂。」岳大喜。卽令大祖入悅軍說之。悅遂不行。乃相率襲長安。令大祖輕騎爲前鋒。大祖策顯壽怯懦，聞諸軍將至，必當東走，恐其遠遁，乃倍道兼行。顯壽果已東走。追至華山，擒之。此說恐出文飾。觀悅後附齊神武，此時恐已有叛尒朱氏之心，不待大祖之計也。華山，後魏郡，今陝西大荔縣。孝武卽位，加岳關中大行臺。北史薛孝通傳曰：齊神武起兵河朔，尒朱天光自關中討之，孝通以關中險固，秦、漢舊都，須預謀鎭遏，以爲後計。縱河北失利，猶足據之。節閔深以爲然。問誰可任者？孝通與賀拔岳同事天光，又與周文帝有舊，二人並先在關右，因並推薦之。乃超授岳關西大行臺、雍州牧，周文帝爲左丞，孝通爲右丞，齎詔書馳驛入關授岳等，同鎭長安。後天光敗於韓陵，節閔遂不得入關，爲齊神武幽廢。觀此，知以關中爲退據之資，當時事勢實爾，東西魏之分立，非偶然矣。

永熙二年，梁中大通五年。孝武密令岳圖歡。岳自詣北境，安置邊防。率衆趣平涼西界。平涼，見第六章第三節。先是費也頭万俟受洛干、鐵勒斛拔彌俄突、紇豆陵伊利等，並擁衆自守，至是皆款附。秦、南秦、河、渭四州刺史，又會平涼，受岳節度。惟靈州刺史曹泥不應召而通使於歡。秦州，見第十一章第三節。南秦州、河州、𩿨州，即薄骨律鎮，皆見本章第三節。渭州，見第七節。周書文帝紀：大祖謂岳曰：「今費也頭控弦之騎，不下一萬；夏州刺史斛拔彌俄突，勝兵之士三千餘人；及靈州刺史曹泥，並恃其僻遠，常懷異望。河西流民紇豆陵伊利等，戶口富實，未奉朝風。今若移軍近隴，扼其要害，示之以威，服之以德，即可收其士馬，以實吾軍。西輯氐、羌，北撫沙塞，還軍長安，匡輔魏室，此桓、文舉也。」此言不知果出周文以否，然實當時西方之形勢也。夏州，見第三節。歡乃遣左丞翟嵩使至關中，間岳及悅。三年，梁中大通六年。岳召悅會於高平。原州治，見第三節。將討曹泥，令悅為前驅。悅誘岳入營，令其壻元洪景斬岳於幕中。岳左右奔散。悅遣人安慰云：「我別稟意旨，止在一人，諸君勿怖。」衆皆畏服，無敢拒違。悅心猶豫，不即撫納。乃還入隴，止水洛城。見第三節。其士衆散還平涼。諸將以都督寇洛年最長，推總兵事。洛素無雄略，威令不行。岳之為關西大行臺，以泰為左丞，領府司馬。及次平涼，表為夏州刺史。於是大都督趙貴言於衆，共推泰。周書赫連達傳：少從賀拔岳征討，有功，拜都將。及岳為侯莫陳悅所害，軍中大擾。趙貴建議迎大祖。諸將猶豫未決。達曰：「宇文夏州昔為左丞，明略過人，一時之傑。今日之事，非此公不濟。趙將軍議是也。達請輕騎告哀，仍迎之。」諸將或欲南追賀拔勝，或云東告朝廷。達又曰：「此皆遠水，不救近火，何足道哉？」貴於是謀遂定，令達馳往。泰乃率帳下輕騎，馳赴平涼。賀拔勝使其大都督獨孤信入關，撫岳餘衆，泰已統岳兵矣。孝武帝聞岳被害，遣武衛將軍元毗宣旨慰勞，追岳軍還洛陽。亦勑追侯莫陳悅。悅不應召。泰表言：「軍士多是關西之人，不願東下。乞少停緩，徐事誘導。」孝武詔泰即統岳衆。且曰：「今亦徵侯莫陳悅。若其不來，朕當親自致罰。宜體此意，不過淹留。」泰奉此詔後，表有「臣以大宥既頒，忍抑私憾」之語，則時孝武已赦悅罪。泰又表乞少停緩，而與悅書，約同東下。不則「枕戈坐甲，指日相見。」悅詐為詔書，與秦州刺史万俟普撥，（北齊書本傳：名撥，字普撥。）令與悅爲黨援。普撥疑之，封詔呈泰。泰表言：「今若召悅，授以內官，臣亦列旆東轅，匪伊朝夕。若以悅堪爲邊扞，乞處以瓜、涼一藩。（瓜州，見第四節。涼州，見第三節。）不然，則終致猜虞，於事無益。」初，原州刺史史歸，爲岳所親任，河曲之變，反爲悅守。悅遣其黨王伯和、成次安將兵二千人助歸鎮原州。泰遣都督侯莫陳崇率輕騎一千襲歸，禽之，幷獲次安、伯和等。表崇行原州事。万俟普撥又遣騎二千來從軍。三月，泰進軍。四月，出隴。留兄子導鎮原州。（導，顥之子。）軍出木峽關，（在今甘肅固原縣西南。）大雨雪，平地二尺。泰知悅怯而多猜，乃倍道兼行，出其不意。悅果疑其左右有異志者，左右亦不安，衆遂離貳。聞大軍且至，退保略陽。留一萬餘人，據守水洛。泰至，圍之，城降。卽率輕騎數百趨略陽。悅召其部將議之，皆曰：「此鋒不可當。」勸悅退保上邽。（見第三章第三節。）悅棄城，南據山水之險，設陳俟戰。悅先召南秦州刺史李弼，（從周書。魏書作李景和。景和，弼字也。）弼妻，悅之姊也，特爲悅所信委。弼遣人詣泰，密許翻降。至暮，乃勒所部，使上驢馳。復給悅帳下云：「儀同欲還秦州，汝等何不裝辦？」衆謂爲實，以次相驚，皆散走，趨秦州。弼先馳據城門，以慰輯之，遂擁衆以歸泰。悅由此敗。（案悅之敗，似由衆皆欲走秦州，而悅逆之故。然弼果有意叛悅？抑衆已潰散，乃不得已而率之投泰，乃以搖惑軍心爲功，尚未可知也。悅之失，首在不能撫納岳衆；次則不敢與泰決戰，而欲避入險僻之區，致逆衆心，其失在於無勇。若能奮力迎戰，泰之兵力，實亦有限，非不可敵也。）與子弟及麾下數十騎遁走。泰曰：「悅本與曹泥應接，不過走向靈州。」乃令導要其前，都督賀拔穎等追其後，至牽屯山，（見第六章第六節。）追及悅，斬之。（魏書悅傳云：悅部衆離散，猜畏旁人，不聽左右近己。與其二弟幷兒及謀殺岳者八九人，棄軍迸走。數日之中，盤囘往來，不知所趣。左右勸向靈州，而悅不決，言下隴之後，恐有人所見，乃於中山令從者悉步，自乘一驟，欲向靈州。中路，追騎將及，望見之，遂縊死野中。弟息、部下，悉見擒殺。惟先謀殺岳者悅中兵參軍豆盧光走至靈州，後奔晉陽。案周書李賢傳：大祖令導追悅，以賢爲前驅。轉戰四百餘里，至牽屯山，及之。悅自刭於陳。賢亦被重創，馬中流矢。則魏書之言，似失其實。泰入上邽，令李弼鎭原州，夏州刺史跋也惡蚝鎭南秦州，渭州刺史可朱渾元還鎭渭州，元傳在北齊書，云：悅走，元收其衆入據秦州，爲周攻圍，苦戰，結盟而罷。後仍奔高歡。趙貴行秦州事。徵豳、涇、東秦、岐四州粟以給軍。豳州，見第三節。涇州，見第十一章第四節。周書劉亮傳：悅之黨豳州刺史孫定兒據州不下，涇、秦、靈等州，悉與相應。大祖令亮襲斬之，於是諸州皆卽歸款。自關以西，大致平定。是歲正月，高歡西伐費也頭虜紇豆陵伊利，遷其部於河東。歡所得於西方者，如是而已。是時孝武帝志欲與歡決戰，其欲幷召泰及侯莫陳悅東下，蓋以此？使泰從命而東，不過行閒之一將，且其勢未必能與歡敵，在關西則有負嵎之勢，且可自擅於遠，泰固籌之熟矣。然當時欲與歡抗，自以持重爲善，泰之計固未爲失也。

秦州既捷，孝武徵二千騎鎭東雍州，見第七節。仍令泰稍引軍而東。泰乃遣大都督梁禦，率步騎五千，鎭河、渭合口，爲圖河東之計。泰之討侯莫陳悅也，悅使請援於高歡。歡使其都督韓軌，將兵一萬據蒲坂。雍州刺史賈顯度送船與軌，請軌兵入關。泰因梁禦之東，乃逼召顯度赴軍。禦遂入雍州。孝武進泰關西大都督。於是以寇洛爲涇州刺史，李弼爲秦州刺史，前略陽守張獻爲南岐州刺史。南岐州，魏書地形志不言治所。錢大昕曰：以隋志考之，當治固道郡之梁泉縣。按梁泉，後魏縣，今陝西鳳縣。南岐州刺史盧待伯拒代，遣輕騎襲禽之。待伯自殺。時斛斯椿爲侍中，密勸孝武帝置閣內都督、部曲。又增武直人數百，直閣已下員別數百，皆選天下輕剽以充之。又說帝數出遊幸，號令部曲，別爲行陳，椿自約勒，指揮其閒。軍謀、朝政，一決於椿。尒朱榮之敗，汝南王悅在梁，椿歸之後又歸尒朱兆；兆敗，與賈顯智等覆尒朱氏；及是又圖高歡；一似其人反覆無常者。史於椿尤多貶辭。然原其心而論之，椿實忠於魏朝，亦未嘗不睠睠於尒朱氏，觀其力謀和解兆與世隆、度律等可知。尒朱氏既不可輔，愛其身以有爲而不忍輕於一擲，此亦厚自期許者宜然，不能以硜硜小節責之也。賀拔勝始降尒朱仲遠，又降高歡，又與武帝圖歡，迹亦與椿相似，亦當以此觀之。尒朱榮之死，勝與田怡等奔赴榮第。時宮殿之門未加嚴防，怡等議卽攻門。勝止之曰：「天子既行大事，必當更有奇謀，吾衆旅不多，何輕爾？」怡乃止。及世隆夜走，勝隨至河橋，以爲臣無讎君之義，遂勒所部還都。於輕重之際，尤有權衡，非徒激於意氣者比。要之椿與勝，以古義衡之，俱可謂有君子之風也。初後廢帝之立也，以高乾爲侍中，又拜司空。時乾遭喪，未得終制。及孝武立，乃表請解職，行三年之禮。詔聽解侍中，既去內侍，朝廷罕所關知，居常怏怏。帝望乾爲己用。華林園宴罷，獨留乾。謂曰：「司空奕世忠良，今日復建殊效，相與雖則君臣，實亦義同兄弟。宜立盟約，以敦情契。」殷勤逼之。乾不謂帝便有異圖，遂不固辭，亦不啓高歡。及帝置部曲，乾乃啓歡。歡召乾詣并州，面論時事。啓乾復爲侍中。屢啓，詔書竟不施行。乾知變難將起，求爲徐州。將發，帝知乾漏泄前事，乃詔歡云：「曾與乾邕（乾字。）私有盟約，今復反覆兩端。」歡便取乾前後啓論時事者，遣使封送帝。帝遂賜乾死。乾弟愼、昂皆奔歡。封隆之、孫騰爲侍中，皆逃歸鄉里。歡召隆之至晉陽。騰亦奔晉陽。婁昭，歡妻弟也，亦辭疾歸晉陽。於是孝武與歡之相圖，如箭在弦上矣。帝以斛斯椿兼領軍，分置督將及河南關西諸刺史。華山王鷙在徐州，歡使邸珍奪其管籥。建州刺史韓賢，（建州，見第七節。）濟州刺史蔡儁，（濟州，治碻磝，見第六章第五節。）皆歡黨，帝省建州以去賢，而以賈顯智爲濟州，儁拒之。五月，帝下詔云將南伐，發河南諸州兵，增宿衞守河橋。六月，帝密詔歡言：「宇文黑獺，事資經略，故假稱南伐。」歡謀遷帝於鄴。遣騎三千鎮建興，益河東及濟州兵，於白溝虜船，不聽向洛。白溝，在今河南陽武、封丘二縣閒。諸州和糴粟，運入鄴城。於是孝武下詔罪狀歡，歡亦宣告誅斛斯椿，而兵事作。歡以高昂爲前鋒。武帝徵兵關右，召賀拔勝赴行在所，遣大行臺長孫稚、大都督潁川王斌之安樂王鑒弟。共鎮虎牢，汝陽王暹鎮石濟。見第八章第七節。行臺長孫子彥稚子。帥前弘農大守元洪略鎮陝。見第六章第一節。賈顯智率豫州刺史斛斯元壽椿弟。伐蔡儁。歡使竇泰與莫多婁貸文逆顯智，韓賢逆暹。元壽軍降。泰、貸文與顯智遇於長壽津。在今河南滑縣東北。顯智陰約降，引軍退。軍司元玄覺之，馳還請益師。孝武遣大都督侯幾紹赴之，戰於滑臺東。顯智以軍降，紹死之。七月，孝武躬率大衆屯河橋。歡至河北十餘里，再遣口申誠款。孝武不報。歡乃引軍渡河。孝武問計於羣臣，或云南依賀拔勝，或云西就關中，或云守洛口死戰。帝未決，而元斌之與斛斯椿爭權，棄椿，徑還，紿帝曰：「歡兵至矣。」乃決西行。周書王思政傳曰：齊神武潛有異圖，帝以思政可任大事，拜中軍大將軍、大都督，總宿衛兵。思政乃言於帝曰：「高歡之心，行路所共知矣。洛陽四面受敵，非用武之地。關中有崤、函之固，一人可禦萬夫。且士馬精彊，糧儲委積，進可以討除逆命，退可以保據關、河。宇文夏州糾合同盟，願立功效。若聞車駕西幸，必當奔走奉迎。藉天府之資，因已成之業，一二年閒，習戰陳，勸耕桑，修舊京，何慮不克？」帝深然之。北史裴俠傳：孝莊授俠東郡太守。及孝武與齊神武有隙，徵兵，俠率所部赴洛陽。王思政謂曰：「當今權臣擅命，王室日卑，若何？」俠曰：「宇文泰爲三軍所推，居百二之地，所謂已操戈矛，寧肯授人以柄？雖欲撫之，恐是據於蒺藜也。」思政曰：「奈何？」俠曰：「圖歡有立至之憂，西巡有將來之慮。且至關右，日慎一日，徐思其宜耳。」思政然之。周書柳慶傳云：魏孝武將西遷，除慶散騎侍郎，馳傳入關。慶至高平，見大祖，共論時事。大祖卽請奉迎輿駕，仍命慶先還復命。時賀拔勝在荆州。帝屏左右謂慶曰：「高歡已屯河北，關中兵既未至，朕欲往荆州，卿意何如？」慶對曰：「荆州地非要害，衆又寡弱，外迫梁境，內拒歡黨，危亡是懼，寧足以固鴻基？」帝深納之。合此三者觀之，具見當日西行實非良圖，然舍此又無他策。北史斛斯椿傳云：帝以椿爲前驅大都督。椿因奏請率精騎二千，夜渡河掩其勞弊。帝始然之。黄門侍郎楊寬曰：「高歡以臣伐君，何所不至？今假兵於人，恐生他變。今度河，萬一有功，是滅一高歡，生一高歡矣。」帝遂勅椿停行。椿歎曰：「頃熒惑入南斗，今上信左右閒搆，不用吾計，豈天道乎？」此非實錄。孝武與椿，相信有素，何至臨時更生疑忌？椿卽掩擊克捷，亦豈能遽爲高歡？周書文帝紀云：齊神武稍逼京邑，魏帝親總六軍，屯於河橋，令左衛元斌之、領軍斛斯椿鎮武牢，遣使告大祖。大祖謂左右曰：「高歡數日行八九百里，曉兵者所忌，正須乘便擊之。而主上以萬乘之重，不能決戰，方緣津據守。且長河萬里，扞禦爲難，若一處得度，大事去矣。」此乃附會之談。決戰須視兵力，豈能藉萬乘之空名徼幸？蕩陰之役，晉惠帝獨非萬乘乎？戰而不捷，則并關西亦不可得至矣。孝武當日，前驅之師，無不迎降、奔北者，人心士氣，亦既可知，豈能徼幸於一捷？決戰尚不可恃，況以二千騎掩襲，卽獲小勝，又何裨於大局邪？北史魏宗室傳：常山王遵之曾孫毗，武帝少親之。及卽位，出必陪乘，入於臥內。帝與齊神武有隙，議者各有異同，惟毗數人以關中帝王桑梓，殷勤叩頭請西入。策功論賞，與領軍斛斯椿等十三人爲首。然則勸入關者，椿固十三之一也。事勢所限，雖有善者，亦如之何哉？以爲由於元斌之之一言，則愈疏矣。

孝武帝之徵兵於西也，宇文泰令前秦州刺史駱超率精騎一千赴洛，而傳檄方鎮，罪狀高歡。七月，泰發自高平。前軍至於弘農，見第二章第二節。歡稍逼京邑，泰又以趙貴爲別道行臺，自蒲坂濟，趨幷州，遣大都督李賢將輕騎一千赴洛。是月，孝武帝自洛陽率輕騎入關。高歡入洛陽，以清河王亶爲大司馬，居尙書下舍，承制決事。亶，孝文子清河文獻王懌之子。歡歸至弘農。初北地三原人毛鴻賓，北地，見第二章第二節。三原，見第五章第六節。世爲豪右，與兄遐共起兵以拒蕭寶夤。明帝改北地郡爲北雍州，以鴻賓爲刺史，改三原縣爲建中郡，以旌其兄弟。孝武與高歡隙，令鴻賓鎭潼關，爲西道之寄。九月，歡攻潼關，克之，執鴻賓。至幷州，以憂恚卒。命長史薛瑜守之。此從北齊書。周書大祖紀作薛瑾，北史同。大都督庫狄溫守封陵。見第八章第七節。於蒲津西岸築城，以守華州，以薛紹宗爲刺史，使高昂行豫州事。還至洛陽，立清河世子善見，亶之世子。是爲孝靜帝。時年十一。魏於是分爲東西。歡以孝武既西，恐逼崤、陝；洛陽復在河外，接連梁境；北向晉陽，形勢不能相接；乃議遷鄴。詔下三日便發，四十萬戶狼狽就道。歡留洛陽部分畢，乃還晉陽。自是軍國政務，皆歸相府已。孝武帝至關中，閏十二月見弒，立南陽王寶炬，見第七節。是爲西魏文帝。

賀拔勝至廣州，治魯陽，今河南魯山縣。猶豫未進。武帝已入關，勝還軍南陽，令長史元穎行州事，自率所部將赴關中。進至淅陽，今河南淅川縣。聞高歡已平潼關，乃還荊州。州人鄧誕，執元穎，引歡軍。時歡已遣行臺侯景、大都督高昂赴之。勝戰敗，奔梁。在南三年，乃還長安。其兄允，爲歡所殺。樊子鵠據兗州不服歡。南青州刺史大野拔率衆就之。南青州，今山東沂水縣。歡遣婁昭等攻之。大野拔斬子鵠以降。侯淵之平韓樓，爲平州刺史，鎭范陽。見第一節。尒朱榮死，大守盧文偉誘淵出獄。閉門拒之。淵帥部曲，屯於郡南，為榮舉哀，勒兵南向。莊帝使東萊王貴平為大使，慰勞燕、薊，淵乃詐降，執貴平自隨。元曄立，授淵定州刺史。後隨尒朱兆拒高歡於廣阿，兆敗，淵從歡，破尒朱氏於韓陵。永熙初，除齊州刺史。（齊州，見第三節。）孝武末，淵與樊子鵠及青州刺史東萊王貴平相連結，又遣使通誠於高歡。及孝武入關，復還顧望。清河王亶承制，以汝陽王暹為青州刺史。淵不時迎納。城人劉桃符等潛引暹入據西城。淵爭門不克，率騎出奔。會承制以淵行青州事，淵乃復還。貴平自以斛斯椿黨，不受代。淵率輕騎夜趣青州。城人執貴平出降。淵自惟反覆，慮不獲安，遂斬貴平，傳首於鄴，明不同於斛斯椿。及樊子鵠平，詔以封延之為青州刺史。淵既不獲州任，情又恐懼，遂劫光州庫兵反。（光州，見第三節。）其部下督帥叛拒之。淵奔梁。達南青州境，為賣漿者所殺，傳首於鄴。

第十節 東西魏爭戰

東西魏分立後，高歡、宇文泰，劇戰凡十餘年，各不逞志，於是東西分立之局定；而高歡死後，侯景背叛，禍轉中於梁矣。

高歡還軍之後，宇文泰進攻薛瑜，虜其卒七千。梁武帝大同元年，西魏文帝大統元年，東魏孝靜帝天平二年也。正月，西魏渭州刺史可朱渾道元率所部降於東魏。東魏將司馬子如攻潼關。宇文泰軍於霸上。（見第五章第六節。）子如回軍，自蒲津攻華州。刺史王羆擊走之。二年，（西魏大統二年，東魏天平三年。）正月，高歡襲夏州，禽其刺史斛拔彌俄突，留將張瓊、許和守之遷其部落五千戶以歸。靈州刺史曹泥，與其女夫涼州刺史劉豐請內屬於東魏。宇文泰遣兵圍之，水灌其城，不沒者四尺。高歡命阿至羅虜繞出西魏軍後，西魏軍乃還。歡迎泥、豐，拔其戶五千以歸。二月，歡又令阿至羅逼秦州，自以衆應之。三月，其刺史万俟普撥亦歸於東魏。宇文泰勒輕騎追之，不及。此時關中形勢，已頗完固，非挑誘一二叛人所能傾覆矣。

是歲十二月，高歡自晉陽西伐，次於蒲津。使高昂趨上洛，見第三章第五節。竇泰入潼關。三年，西魏大統三年，東魏天平四年。宇文泰軍於廣陽，縣名，在今陝西大荔縣境。召諸將曰：「賊今犄吾三面，又造橋於河，示欲必渡，是欲綴吾軍，使竇泰得西入耳。歡起兵以來，泰每爲先驅，其下多銳卒，屢勝而驕。今出其不意，襲之必克。克泰，則歡不戰而自走矣。」諸將咸曰：「賊在近，舍而遠襲，事若蹉跌，悔無及也。」泰曰：「歡前再襲潼關，吾軍不過霸上。今者大來，亦未出郊。賊顧謂但自守耳，又狃於得志，有輕我之心。乘此擊之，何往不克？賊雖造橋，不能徑渡。此五日中，吾取竇泰必矣。」周書達奚武、蘇綽傳均謂泰此策惟武及綽同之，宇文深傳又謂大祖將襲泰，諸將咸難之，大祖乃隱其事，陽若未有謀者，而獨問策於深，深勸其襲泰，恐未必可信。於是率騎六千還長安，聲言欲保隴右，而潛出軍。竇泰卒聞軍至，惶懼，依山而陳，未及成列，泰縱兵擊破之，盡俘其衆萬餘人，斬泰，傳首長安。北齊書云：泰自殺。高昂陷洛州，執刺史泉企，聞泰歿，棄城走。高歡亦撤橋而退。企子元禮歸復洛州。是爲東魏西征一小挫。

是歲，六月，宇文泰遣于謹取楊氏壁。胡三省曰：蓋華陰諸楊遇亂築壁以自守者。華陰，見第三章第三節。七月，徵兵會咸陽。今陝西咸陽縣。八月，率李弼等十二將東伐。取弘農。高歡率衆十萬出壺口，（山名，在今山西臨汾縣西南，）趨蒲坂。又遣高昂以三萬人出河南。是歲，關中饑。泰既平弘農，因館穀五十餘日。時戰士不滿萬人。聞歡將渡，乃引軍入關。歡遂渡河，逼華州。刺史王羆嚴守。乃涉洛，軍於許原西。（許原，在洛南。）泰據渭南，徵諸州兵皆未會。乃召諸將謂之曰：「高歡越山渡河，遠來至此，吾欲擊之，何如？」諸將咸以衆寡不敵，請待歡更西，以觀其勢。泰曰：「歡若得至咸陽，人情轉擾。今及其新至，便可擊之。」卽造浮橋於渭。令軍人齎三日糧，輕騎渡渭。輜重自渭南夾渭而西。十月，至沙苑。（在今陝西大荔縣南。）距歡軍六十餘里。歡聞泰至，引軍來會。李弼曰：「彼衆我寡，不可平地置陳。此東十里有渭曲，可先據以待之。」遂進軍，至渭曲，背水東西爲陳。命將士皆偃戈於葭蘆中，聞鼓聲而起。歡軍至，大破之。歡夜遁。追至河上，復大克。獲虜其卒七萬。留其甲士二萬，餘悉縱歸。收其輜重兵甲。（北齊書神武紀云：棄器甲十有八萬。）還軍渭南，所徵諸州兵始至。乃於戰所准當時兵士，人種樹一株，以旌武功。案此役，東魏之兵力遠優於西魏；且已得渡河；當時西魏形勢，實極危迫，縱不至舉隴以東而棄之，然長安不守，則意中事。何者？東魏兵數既多，無論屯聚或分道而進，其勢皆不易遏止也。長安若陷，所徵之兵能集與否？集而能整與否？俱不可知。卽曰能之，東魏遂不能久據關中，復收衆而返，而西魏之受創已深矣。故曰：此役爲西魏一大危機也。然東魏遂一蹶不振者，實失之恃衆而寡慮。北齊書斛律羌舉傳曰：從高祖西討。大軍濟河，集諸將議進趣之計。羌舉曰：「黑獺聚凶，强弱可知。若欲固守，無糧援可恃。今揣其情，已同困獸。若不與戰，徑趣咸陽，咸陽虛空，可不戰而克。拔其根本，彼無所歸，則黑獺之首，縣於軍門矣。」諸將議有異同，遂戰於渭曲，大軍敗績。又薛琡傳云：

高祖大舉西伐，將度蒲津，琡諫曰：「西賊連年饑饉，無食可啗，故冒死來入陝州，欲取倉粟。今高司徒已圍陝城，粟不得出。但置兵諸道，勿與野戰，比及來年麥秋，人民盡應餓死，寶炬、黑獺，自然歸降。願王無渡河也。」侯景亦曰：「今者之舉，兵衆極大，萬一不捷，卒難收斂。不如分爲二軍，相繼而進。前軍若勝，後軍合力；前軍若敗，後軍乘之。」高祖皆不納，遂有沙苑之敗。夫如薛琡之說，則失之輕進；如羌舉之說，則失之輕戰；如侯景之說，則又失之於臨戰之時，一人三失，其敗宜矣。自經此挫，東魏遂不復能渡河、入關矣。

然西魏欲圖進取，力亦不足，此東西所以遂成相持之局也。宇文泰既捷於沙苑，遣左僕射馮翊王元季海爲行臺，與開府獨孤信，率步騎二萬向洛陽。洛州刺史李顯趨荆州。賀拔勝、李弼渡河圍蒲坂。牙門將高子信開門納勝軍，事亦見周書薛善傳。東魏將薛崇禮棄城走。勝等追獲之。泰遂進軍蒲坂，略定汾、絳。於是許和殺張瓊，以夏州降。初泰自弘農入關，高昂圍弘農，聞軍敗，退守洛陽。獨孤信至新安，見第二章第三節。昂復走渡河，信遂入洛陽。東魏潁州長史賀若統，潁州，治長社，見第七章第六節。賀若統，從周書本紀。北齊書堯雄傳作賀若徽。周書宇文貴傳亦作統，而云刺史。與密縣人張儉，密縣，見第三章第五節。北史本紀云：儉滎陽人。執刺史田迅，舉城降西魏。都督梁回入據之。滎陽鄭榮業、鄭偉等攻梁州，見第十二章第三節。擒其刺史鹿永吉；清河崔彥穆、檀深攻滎陽，擒其郡守蘇定；皆附西魏。東魏將堯雄、趙育、是云寶北齊書堯雄傳作是育寶。北史作是寶。梁書陳慶之傳作元云寶，一本作是元寶。周書文帝紀作是云寶。通鑑同。案魏書官氏志有是云氏，後改是氏。出潁川，治潁陰，今河南許昌縣。欲復降地。泰遣宇文貴、梁遷等逆擊，大破之。趙育降。東魏復遣將任祥，率河南兵與堯雄合。西魏將怡峯，復與貴、遷等擊破之。又遣韋孝寬取豫州。北齊書堯雄傳：雄都督郭丞伯、程多寶等舉豫州降敵，執刺史馮邕。是云寶殺其陽州刺史邢椿，以州降。陽州治宜陽，見第三章第三節。四年，西魏大統四年，東魏元象元年。東魏賀拔仁攻南汾州，今山西吉縣。拔之。任祥、堯雄與侯景、高昂、万俟受洛取潁州，梁囘等遁走。二月，堯雄又取陽州。七月，侯景、高昂圍獨孤信於金墉。西魏文帝與宇文泰來救。東魏使庫狄干率諸將先驅，高歡總衆繼進。八月，宇文泰至穀城，漢穀成縣，後漢曰穀城，晉省，在洛陽西北。莫多婁貸文、可朱渾元來逆。臨陳斬貸文。元單騎遁免，悉虜其衆，送弘農。遂進軍瀍東。是夕，景等解圍夜去。及旦，泰率輕騎追之，至於河橋。景等北據河橋，南屬邙山為陳。戰，東魏將高昂、李猛、宋顯等皆死，而西魏右軍獨孤信、李遠，左軍趙貴、怡峯並不利，皆棄其卒先歸。後軍李虎、念賢遇信等，亦與俱還，由是班師。洛陽亦失守。留長孫子彥守金墉，高歡渡河，亦棄城。西魏軍至弘農，守將皆已西走，所虜降卒在弘農者因相與閉門拒守。進攻拔之，誅其魁首數百人。關中留守兵少，而前後所虜東魏士卒皆散在民閒，乃謀為亂。李虎等至長安，計無所出，乃與公卿輔魏大子欽出次渭北。沙苑所俘軍人趙青雀、雍州民于伏德等遂反。青雀據長安子城，伏德保咸陽，與大守慕容思慶各收降卒，以拒還師。長安大城民皆相率拒青雀，每日接戰。華州刺史宇文導襲咸陽，斬思慶，擒伏德，南渡渭，與泰會，攻青雀，破之。關中乃定。此數年中，西魏經營東方，不為不力，兵鋒亦甚銳利，然終至挫衄，關中且幾致大亂者，失之力小而任重也。觀於此，而知西魏之祇足自保，不能進取矣。

是歲十一月，侯景攻陷廣州。見第九節。十二月，是云寶襲洛陽，東魏將王元軌棄城走。趙剛襲廣州，拔之。自襄、廣以西城鎭復爲西魏。襄州，今河南葉縣。六年，西魏大統六年，東魏興和二年。侯景出三鴉，在今河南南召縣北，接魯山縣界。將侵荆州，宇文泰遣李弼、獨孤信各率騎五千出武關，景乃退還。蓋東魏兵力重於河北，故在河南尙不能與西魏爭也。初河橋戰後，王思政鎭弘農，以玉壁險要，請築城移鎭之。在今山西稷山縣西南。八年，西魏大統八年，東魏興和四年。十月，高歡出兵圍之，不能克，大寒，士卒多死，乃還。是爲東魏出河北又一挫衂。九年，西魏大統九年，東魏武定元年。二月，東魏北豫州刺史高愼，與吏部郞中崔暹有隙，暹時被高歡子澄委任，愼恐其構己，每不自安。東魏又遣鎭城奚壽興典兵事，愼但知民務而已。遂執壽興，以虎牢歸西魏。據周書李棠傳。宇文泰以愼所據遼遠，難爲應接，諸將亦皆憚行。惟李遠曰：「北豫遠在賊境，高歡又屯兵河陽，見第十一章第二節。常理實難救援。但兵務神速，事貴合機。古人有言：不入虎穴，安得虎子？若以奇兵出其不意，事或可濟。脫有利鈍，故是兵家之常。如其顧望不行，便無克定之日。」泰喜曰：「李萬歲所言，萬歲遠字。差强人意。」乃授遠行臺尙書，前驅東出。泰率大兵繼進。遠乃潛師而往，拔愼以歸。泰圍斛律金於河陽。三月，高歡至河北，泰還軍瀍上。歡渡河，據邙山爲陳。泰夜登山，未明擊之。中軍右軍皆捷，而左軍趙貴不利，遂敗退。歡追至陝，西魏使達奚武禦之。北齊書封子繪傳曰：高祖總命羣僚，議其進止。子繪言曰：「賊帥才非人雄，偷竊名號，遂敢驅率亡叛，送死伊、瀍。天道禍淫，一朝瓦解。雖僅以身免，而魂膽俱喪。混一車書，正在今日。天與不取，反得其咎。伏願大王不以爲疑。」高祖深然之，但以時旣盛暑，方爲後圖，遂命班師。陳元康傳曰：大會諸將，議進退之策，咸以爲野無靑草，人馬疲瘦，不可遠追。元康曰：「兩雄交戰，歲月已久。今得大捷，便是天授，時不可失，必須乘勝追之。」高祖曰：「若遇伏兵，孤何以濟？」元康曰：「王前涉沙苑還軍，彼尙無伏，今奔敗若此，何能遠謀？」高祖竟不從。及疾篤，謂世宗曰：「邙山之戰，不用元康之言，方詒汝患，以此爲恨，死不瞑目。」此非實錄。沙苑尙致喪敗，況此時尙未入關，人馬疲瘦，又迫盛暑邪？然西魏東略之不易得志，則觀於是役而彌可見矣。歡使劉豐生追奔，拓地至弘農而還。北豫、洛皆復入東魏。

中大同元年，西魏大統十二年，東魏武定四年。春，西魏涼州刺史宇文仲和反。瓜州民張保，害刺史成慶以州應仲和。涼州，見第三節。瓜州，見第四節。宇文泰遣獨孤信討之。五月，禽仲和。遷其民六千餘家於長安。瓜州都督令孤延起兵，禽張保。瓜州亦平。此爲西魏之小釁，東魏自不能乘機也。邙山之敗，宇文泰命王思政鎮弘農，命舉代己者。思政進所部都督韋孝寬。是歲九月，高歡自鄴西伐，圍玉壁。孝寬拒守六旬，不能下。會歡有疾，燒營而退。明年正月朔，歡死，其後嗣不復能爲吞并之計，西魏力亦不足，東西戰爭之勢殺矣。

第十三章　梁陳興亡

第一節　侯景亂梁上

侯景，朔方人，或云雁門人。朔方，見第八章第五節。雁門，見第二章第二節。此據梁書景傳。南史云：景懷朔鎮人。懷朔，見第十二章第三節。少而不羈，見憚鄉里。及長，驍勇，有膂力，善騎射。南史云：景右足短，弓馬非其長。案景右足短之說，他無所見，恐非其實。以選爲北鎮戍兵，北鎮，見第八章第三節。南史云：爲鎮功曹史。稍立功效。尒朱榮自晉陽入，景始以私衆見榮。榮甚奇景，卽委以軍事。會葛賊南逼，榮自討，命景先驅。以功擢爲定州刺史，大行臺。定州，見第十一章第二節。自是威名遂著。齊神武入洛，景復以衆降之。仍爲神武所用。南史云：高歡微時，與景甚相友好。及歡誅尒朱氏，景以衆降。仍爲歡用，稍至吏部尚書。景性殘忍酷虐，馭軍嚴整，然破掠所得財寶，皆班賜將士，故咸爲之用，所向多捷。總攬兵權，與神武相亞。魏以爲司徒、南道行臺，案事在大同八年，卽東魏興和四年。擁衆十萬，專制河南。南史云：歡使擁兵十萬，專制河南，杖任若己之半體，又云：時歡部將高昂、彭樂，皆雄勇冠時。景常輕之，言似豕突爾，勢何所至？案歡所用，戰將多而有謀略者少；又歡居晉陽，去河南較遠，勢不能不專有所任；此景之所以有大權也。神武疾篤，謂子澄曰：「侯景狡猾多計，反覆難知，我死後，必不爲汝用。」乃爲書召景。景知之，慮及於禍，南史云：將鎮河南，請於歡曰：「今握兵在遠，姦人易生詐僞，大王若賜以書，請異於他者。」許之。每與景書，別加微點，雖子弟弗之知。及歡疾篤，其世子澄矯書召之。景知僞，懼禍，因用王偉計求降。北齊書神武紀亦云：世子爲神武書召景。景先與神武約，得書書背微點乃來。書至無點，景不至。又聞神武疾，遂擁兵自固。案神武猜忌性成，從未聞以將帥爲腹心，而自疏其子弟；況文襄在神武世，與政已久，神武與景有約，文襄安得不知？說殆不足信也。大淸元年，西魏大統十三年，東魏武定五年。乃遣其行臺郎中丁和來，上表請降。本紀事在二月。：云景求以豫章、廣、潁、洛陽、西揚、東荆、北荆、襄、東豫、南兗、西兗、齊等十三州內屬。景傳載景降表，則云與豫州刺史高成，廣州刺史郎椿，襄州刺史李密，兗州刺史邢子才，南兗州刺史石長宣，齊州刺史許季良，東豫州刺史丘元征，洛州刺史朱渾願，揚州刺史樂恂，北荆州刺史梅季昌，北揚州刺史元神和等。廿二史考異云：「豫章之章字衍。洛陽之陽當作揚。廣州刺史下奪『暴顯潁州刺史司馬世雲荆州刺史』十四字，當據通鑑考異補。朱渾願，當依考異作尒朱渾願。紀有西揚，傳作北揚；紀有東荆，傳但云荆；未審誰是。」案豫州，見第十二章第六節。廣州，見第十二章第九節。後移襄城，今河南方城縣。潁州，見第十二章第十節。洛州，見第十一章第四節。揚州，見第十二章第十節。西揚，未詳。東荆，見第十二章第四節。北荆，魏收志不言治所。或云治其首郡伊陽，在今河南嵩縣東北。襄州，見第十二章第十節。東豫州，見第十二章第六節。南兗州，正光中移治譙城，見第三章第三節。西兗州，治定陶，在今山東定陶縣西北。後移左城，在今定陶縣西南。齊州，見第十二章第三節。北揚州，治項城，見第三章第三節。荆州，見第十一章第四節。景之叛也，潁州刺史司馬世雲應之。景入據潁城。誘執豫、襄、廣諸州刺史。高澄遣韓軌等討之。景以梁援未至，又請降於西魏。三月，宇文泰遣李弼援之。魏書作李景和，弼字。軌等退去。周書文帝紀云：景請留收輯河南，遂徙鎮豫州。於是遣王思政據潁川，見第十二章第十節。弼引軍還。七月，景密圖附梁。大祖知其謀，追還前後所配景將士。景懼，遂叛。案景之降梁，在降西魏之先，事甚明白，安得云此時始有是謀？蓋至此乃與西魏絕耳。周書王悅傳云：侯景據河南來附，大祖先遣韋法保、賀蘭願德等率衆助之。悅言於大祖，大祖納之，乃遣追法保等。而景尋叛。裴寬傳言：寬從法保向潁川。景密圖南叛，軍中頗有知者，以其事計未成，外示無貳。景往來諸軍間，侍從寡少。軍中名將，必躬自造。至於法保，尤被親附。寬謂法保曰：「侯景狡猾，必不肯入關。雖託款於公，恐未可信。若杖兵以斬之，亦一時之計也。如曰不然，便須深加嚴警。不得信其誑誘，自詒後悔。」法保納之。然不能圖景，但自固而已。蓋時西魏欲召景入關，而景不肯，遂至彼此相圖。西魏兵力，未足取景，然其將帥嚴警有備，景亦不能圖之，故棄潁川而走豫州也。景非不侵不叛之臣，此自西魏所知。爲之出師，原不過相機行事。而當時事機，並不甚順。必欲乘釁進取，勢非更出大兵不可。然此時西魏，亦甚疲敝；桀之景既不易駕馭，又須抗拒東魏及梁；利害紛紜，應付非易，故西魏始終以謹愼出之。此自不失爲度德量力。而梁之貪利冒進者，乃自詒伊戚矣。

梁武帝既納元顥而無成，其年，中大通元年，魏孝莊帝永安二年。十一月，魏巴州刺史嚴始欣以城降。見第十一章第四節。遣蕭玩等援之。明年，中大通二年，魏永安三年。正月，始欣爲魏所破斬。玩亦被殺。是歲，六月，又遣元悅還北。高歡欲迎立之而未果，事已見前。其明年，中大通三年，魏節閔帝普泰元年。魏詔有司不得復稱僞梁，能細作之條，無禁隣國還往；蓋頗有意於與南言和矣。是年，南兗州城民王買德，逼前刺史劉世明以州降。十一月，梁使元樹入據。四年，魏孝武帝永熙元年。二月，復以元法僧爲東魏王。蓋欲並建法僧與樹。魏以樊子鵠爲東南道行臺，率徐州刺史杜德討元樹。樹城守不下。七月，子鵠使說之。樹請委城南還，子鵠許之。樹恃誓約，不爲戰備。杜德襲擒之，送魏都，賜死。時梁以羊侃爲兗州刺史，隨法僧還北。行次官竹，水經注：睢水自睢陽東南流，歷竹圃，世人謂之梁王竹圃。官收其利，因曰官竹。睢陽，見第十二章第六節。聞樹喪師，軍亦罷。十二月，魏尒朱仲遠來奔，以爲定洛將軍，封河南王，北侵，隨所克土，使自封建，亦無所成。五年，魏永熙二年。四月，靑州人耿翔襲據膠州，魏志云：治東武陵，陵字當係城字之譌。東武，漢縣，今山東諸城縣。殺刺史裴粲來降。六月，魏以樊子鵠爲靑、膠大使，督濟州刺史蔡儁討之。師達靑州，翔拔城走。是月，魏建義城主蘭保殺東徐州刺史崔祥，以下邳降。魏書紀云：東徐州城民王早、簡實等殺刺史崔庠，據州入蕭衍。六年，魏永熙三年。十月，以元慶和爲鎭北將軍，封魏王，率衆北侵。閏十二月，據瀨鄉。胡三省曰：卽陳國苦縣之賴鄉。案其地在今河南鹿邑縣東。是歲，魏始分爲東西。明年，爲大同元年。西魏文帝大統元年，東魏孝靜帝天平二年。東魏東南道行臺元宴擊元慶和，破走之。六月，慶和又攻南頓，見第八章第六節。爲東魏豫州刺史堯雄所破。北梁州刺史蘭欽攻漢中，西魏梁州刺史元羅降。北史在七月，梁書在十一月。二年，西魏大統二年，東魏天平三年。九月，魏以侯景節度諸軍入寇。十月，梁亦下詔北伐。侯景攻楚州，治楚城，在今河南息縣西。刺史桓和陷沒。景仍進兵淮上，陳慶之擊破之。十一月，詔北伐衆軍班師。十二月，與東魏通和。自此歲通使聘，直至侯景來降，而兵釁始啓。北史本紀：東魏孝靜帝武定二年二月，徐州人劉烏黑聚衆反，遣行臺慕容紹宗討平之。北齊書慕容紹宗傳云：梁劉烏黑入寇徐方。北史作梁人劉烏黑。此特人民之叛魏，非兩國有戰事。

侯景之來降也，高祖詔羣臣廷議。尚書僕射謝舉及百辟等議，皆云納景非宜，高祖不從。梁書景傳。下文又云：初，大同中，高祖嘗夜夢中原牧守皆以地來降，且見朱异，說所夢。异曰：「此豈宇內方一，天道前見其徵乎？」及景歸附，高祖欣然自悅，謂與神通，乃議納之，而意猶未決。曾夜出視事，至武德閣，獨言：「我國家猶若金甌，無一傷缺，今便受地，詎是事宜？脫致紛紜，非可悔也。」异揆聲而對曰：「侯景據河南十餘州，分魏土之半，輸誠送款，遠歸聖朝，若拒而不容，恐絕後來之望。此誠易見，願陛下無疑。」高祖深納异言，又信前夢，乃定議納景。异傳略同。此乃歸罪於昇之辭，不足爲信。觀前文敍廷議事，並無昇欲納景之說，可知。高祖是時，於北方降者無所不納，何獨至於景而疑之？南史謝舉傳云：侯景來降，帝詢諸羣臣，舉及朝士皆請拒之，帝從朱异言納之，以爲景能立功，趙、魏。舉等不敢復言。南史後出，但主博采，亦不足信也。乃下詔封景爲河南王，大將軍、使持節、董督河南北諸軍事、大行臺，承制輒行，如鄧禹故事。遣北司州刺史羊鴉仁、督土州刺史桓和之、土州治龍巢，在今湖北隨縣東北。仁州刺史湛海珍、仁州治已吾，在今河南寧陵縣南。精兵三萬趨縣瓠應接。七月，鴉仁入縣瓠。詔以縣瓠爲豫州，壽春爲南豫州，改合肥爲合州，北廣陵爲淮州，項城爲殷州，合州爲南合州，以西陽大守羊思建爲殷州刺史。高澄以書喻侯景云：「若能卷甲來朝，當授豫州刺史，即使終君之世。所部文武，更不追攝；寵妻愛子，亦送相還。」景報書曰：「爲君計者，莫若割地兩和，三分鼎峙，燕、衞、晉、趙，足相奉祿；齊、曹、宋、魯，悉歸大梁。」觀此，知景之意亦僅在於河南，無意進取河北也。六月，以鄱陽王範總督漢北征討諸軍事。範，鄱陽忠烈王恢之子。八月，命羣帥大舉北伐，以南豫州刺史淵明爲大都督。淵明，長沙宣武王懿之子。南史範傳云：爲雍州刺史，範作牧莅人，甚得時譽，撫循將士，盡獲歡心。於是養士馬，修城郭，聚軍糧於私邸。時廬陵王續爲荊州，既是都督府，又素不相能，乃啓稱範謀亂。範亦馳啓自理，武帝恕焉。時論者猶謂範欲爲賊。又童謠云：「莫忽忽，且寬公，誰當作人主？草覆車邊己。」時武帝年高，諸王莫肯相服。簡文雖居儲貳，亦不自安，而與司空邵陵王綸特相疑阻。綸時爲丹陽尹，威震都下，簡文乃選精兵以衞宮內。兄弟相貳，聲聞四方。範以名應謠言，而求爲公。未幾，加開府儀同三司。範心密喜，以爲謠驗。武帝若崩，諸王必亂，範既得衆，又有重名，謂可因機，以定天下。乃更收士衆，希望非常。大清元年，大舉北侵，初謀元帥，帝欲用範。時朱异取急外還，聞之，遽入曰：

「嗣王雄豪蓋世，得人死力，然所至殘暴，非常非弔人之材。昔陛下登北顧亭以望，謂江右有反氣，骨肉爲戎首。今日之事，尤宜詳擇。」帝默然曰：「會理何如？」南康簡王績子。對曰：「陛下得之，臣無恨矣。」會理懦而無謀，所乘襻輿施版屋，冠以牛皮。帝聞，不悅。行至宿豫，見第七章第四節。貞陽侯明南史避唐諱，淵明但稱明。請行，又以代之，而以範爲征北大將軍，總督漢北征討諸軍事。內相乖離如此，安冀克捷？況範與會理、淵明等，無一爲將帥之才，而必用爲元帥，安得不召輿尸之禍邪？明傳云：代爲都督，趨彭城。敕曰：「侯景志淸鄴、洛，以雪讎恥，其先率大軍，隨機撫定。汝等衆軍，可止於寒山，在今江蘇銅山縣東南。築堰引淸水，以灌彭城，大水一沈，孤城自殄，愼勿妄動。」觀此，知武帝欲以掃蕩北方之責，全委諸侯景，卽使克捷，景又安可制邪？傳又云：明師次呂梁，見第九章第五節。作寒山堰，以灌彭城。水及於堞，不沒者三版。魏遣將慕容紹宗赴援。時魏以紹宗爲東南道行臺，與高歡從父弟淸河王岳及潘樂共禦淵明。明謀略不出，號令莫行。諸將每諮事，輒怒曰：「吾自臨機制變，勿多言。」衆乃各掠居人。明亦不能制，惟禁其一軍，無所侵略。紹宗至，決堰水，明命諸將救之，莫肯出。魏軍轉逼，人情大駭。胡貴孫謂趙伯超曰：「不戰何待？」伯超懼不能對。貴孫乃入陳苦戰。伯超擁衆弗敢救。乃使具良馬載愛妾自隨。貴孫遂沒。伯超子威方將赴戰，伯超使人召之，遂相與南還。明醉不能興，衆軍大敗，明見俘執。十一月。北人懷其不侵略，謂之義王。羊侃傳云：大舉北侵，以侃爲冠軍將軍，監作寒山堰。堰立，侃勸明乘水攻彭城，不見納。既而魏援大至，侃頻言乘其遠來可擊，旦日又勸出戰，並不從。侃乃率所領頓堰上。及衆軍敗，侃結陳徐還。觀此，知當日梁兵，眞同兒戲。他時臺城被圍，援軍四集而不能救，而徒以擾民，其機已兆於此矣。淵明既敗，慕容紹宗進圍潼州，治夏丘，今安徽泗縣。刺史郭鳳棄城走。十二月，景圍譙城，不下。攻城父，見第五章第三節。拔之。遣其行臺左丞王偉、左民郎中王則詣闕獻策，求諸元子弟立爲魏主，輔以北伐。詔遣元貞爲咸陽王，貞，樹子。須渡江，許卽僞位，乘輿副御，以資給之。齊遣慕容紹宗追景。景退入渦陽。見第十一章第三節。相持於渦北。景軍食盡，士卒並北人，不樂南渡，其將暴顯等各率所部降於紹宗。景軍潰，與腹心數騎，自硤石濟淮。硤石，見第六章第四節。稍收散卒，得馬步八百人，奔壽春。羊鴉仁、羊思建並棄城，魏進據之。恢復河南，遂成畫餅矣。

侯景之去潁川也，王思政分布諸軍，據其七州十二鎮。景既敗，東魏使高岳、慕容紹宗、劉豐生攻之。宇文泰遣趙貴帥軍至穰，魏荊州治，見第十一章第四節。並督東西諸州兵，以救思政。東魏起堰，引洧水以灌城。自潁川以北，皆爲陂澤，兵不得至。貴還。大清三年，西魏大統十五年，東魏武定七年。四月，紹宗、豐生共乘樓船，以望城內。大風暴起，船飄至城下。城上人以長鉤牽船，弓弩亂發。紹宗窮急，赴水死。豐生浮向土山，復中矢而斃。陳元康勸高澄自以爲功。澄從之，自將而往。六月，陷之。思政見俘。周書崔猷傳言：思政初赴景，大祖與書曰：「崔宣猷智略明贍，有應變之才。若有所疑，宜與量其可否。」思政初頓兵襄城，後欲於潁川爲行臺治所，遣使人魏仲奉啓陳之，并致書於猷。猷復書曰：「襄城控帶京、洛，實當今之要地。如有動靜，易相應接。潁川旣隣寇境，又無山川之固。賊若充斥，徑至城下。莫若頓兵襄城，爲行臺治所；潁川置州，遣郭賢鎮守。則表裏膠固，人心易安。縱有不虞，豈能爲患？」仲見大祖，具以啓聞。大祖卽遣仲還，令依猷之策。思政重啓，求與朝廷立約：「賊若水攻，乞一周爲斷；陸攻請三歲爲期。限內有事，不煩赴援。過此以往，惟朝廷所裁。」大祖以思政旣親其事，兼復固請，遂許之。及潁川沒，大祖深追悔焉。案潁川之敗，實敗於無援。小敵之堅，大敵之禽，若終無援師，卽據襄城何益？自侯景之敗，思政卽勢成孤懸，不拔之還，卽宜豫籌救援之策。趙貴之兵，縱云沮於水不得至，豈出他道牽掣之師，亦不能籌畫邪？而當時絕不聞有是，是棄之也。豈思政爲孝武腹心，宇文泰終不免於猜忌歟？亦可異矣。

第二節　侯景亂梁中

侯景之濟淮也，莫適所歸。時鄱陽王範爲南豫州刺史，未至，馬頭戍主劉神茂（馬頭，見第八章第七節。）爲監州韋黯所不容，馳謂景曰：「壽陽去此不遠，城池險固，王次近郊，黯必郊迎，因而執之，可以集事。得城之後，徐以啓聞，朝廷喜王南歸，必不責也。」景執其手曰：「天教也。」及至，而黯授甲登陴。景謂神茂曰：「事不諧矣。」對曰：「黯懦而寡知，可說下也。」乃遣豫州司馬徐思玉夜入說之。黯乃開門納景。（據南史景傳。梁書景傳云：監州韋黯納之，其辭較略。蕭介傳云：高祖敕防主韋黯納之，則恐非其實也。）景遣于子悅馳以敗聞，自求貶削。優詔不許。復求資給，卽授南豫州刺史。光祿大夫蕭介表諫，言：「景必非歲暮之臣，今旣亡師失地，直是境上一匹夫。陛下愛匹夫而棄與國之好，臣竊不取也。」不聽。而以鄱陽王範爲合州刺史，鎭合肥，其措置實不免於姑息矣。

梁書傳岐傳云：大淸二年，淵明遣使還，述魏人欲更通和好。敕有司及近臣定議。朱异言：「且得靜寇息民，於事爲便。」議者並然之。岐獨曰：「高澄既新得志，其勢非弱，何事須和？此必是設閒，故令貞陽遣使，令侯景自疑，當以貞陽易景。景意不安，必圖禍亂。今若許澄通好，正是墮其計中。且彭城去歲喪師，渦陽新復敗退，今便就和，益示國家之弱。」朱异等固執，高祖遂從异議。南史侯景傳云：魏人更求和親，帝召公卿謀之，張綰、朱异咸請許之。景聞未之信，乃僞作鄴人書，求以貞陽侯換景。帝將許之。舍人傅岐曰：「侯景以窮歸義，棄之不祥；且百戰之餘，寧肯束手受縶？」謝舉、朱异曰：「景奔敗之將，一使之力耳。」帝從之。復書曰：「貞陽朝至，侯景夕返。」景謂左右曰：「我知吳兒老公薄心腸。」案鄴人之書，似不易僞爲；即能僞之，武帝復書，亦未必輕率至是。此說殆不足信。不則景妄爲此言，以激怒其衆也。然即不以淵明易景，當時與北言和，亦非所宜。傅岐之議，可謂洞燭事機。史言岐在禁省十餘年，機事密勿，亞於朱异，而武帝於此獨不用其議，蓋偷安苟且之念入之深矣。是歲六月，遣使通好於北。侯景累啓絕和，及請追使。又致書朱异，辭意甚切。异但述敕旨以報之。案和議合宜與否，別是一事。國家和戰之計，要非降人所得與。若如景之所爲，是國家當守小諒，爲匹夫報讎也。其悖亦甚矣。既決意言和，而景有此請，便宜乘機加以誅責，乃又優容不斷，又曷怪景之生心乎？鄱陽王及羊鴉仁累啓稱景有異志，朱异並抑不奏聞。异蓋以常理度之，謂景必不能叛也。然事有出於意計之外者，而其變化，遂非恆情所能測度矣。故曰：「日中必熭，操刀必割」也。

是歲八月，侯景舉兵反。南史景傳：景上言曰：「高澄狡猾，寧可全信？陛下納其詭語，求與通和，臣亦所竊笑也。臣行年四十有六，未聞江左有佞邪之臣，一旦入朝，乃致讒譖。寧堪粉骨，投命讎門？請乞江西一境，受臣控督。如其不許，部領甲臨江，上向閩越。非惟朝廷自恥，亦是三公旰食。」帝使朱异宣語答景使曰：「譬如貧家，畜十客五客，尚能得意，朕惟有一客，致有忿言，亦是朕之失也。」景又知臨賀王正德怨望朝廷，密令要結，正德許爲內應，景遂發兵反。以誅朱异等爲辭。攻馬頭木柵，執大守劉神茂、戍主曹璆等。武帝聞之，笑曰：「是何能爲？吾以折箠笞之。」於是詔鄱陽王範爲南道都督，封山侯正表臨川靖惠王子，正德之弟。時爲北徐州刺史，治鍾離。見第八章第四節。爲北道都督，柳仲禮爲西道都督，裴之高邃兄子。爲東道都督，又令邵陵王綸董督衆軍。景聞之，謀於王偉。偉曰：「莫若直掩揚都，臨賀反其內，大王攻其外，天下不足定也。兵聞拙速，不聞工遲，卽今便須進路。不然，邵陵及人。」案景乃羈旅之臣，衆又寡弱，卽極剽悍，安敢遽犯京師？縱使幸勝，亦將何以善其後乎？景上武帝書，雖絕悖慢，然其「表疏跋扈，言辭不遜，」亦南史景傳語。爲朝廷所優容久矣，實未可指爲反迹，故武帝不以爲意，及其既叛，尚以談笑處之也。然則無正德之許，景必不敢遽叛。正德傳云：正德陰養死士，常思國釁。侯景反，知其有姦心，徐思玉在北，經與正德相知，至是，景遣思玉至建業，具以事告。又與正德書曰：「今天子年尊，姦臣亂國，以景觀之，計日必敗。大王屬當儲貳，中被廢辱，天下義士，竊所憤慨，豈得顧此私情，棄茲億兆？景雖不武，實思自奮。」正德得書大喜曰：「侯景之意，暗與人同，天贊我也。」遂許之。謂景之要結正德，在其舉兵之後，必不然矣。九月，景發壽春，聲云游獵，僞向合肥，遂襲譙州。南譙州，今安徽滁縣。助防董紹先開城降之。高祖聞之，遣大子家令王質率兵三千，巡江遏防。景進攻歷陽，見第三章第九節。大守莊鐵又降。帝問羊侃以討景之策。侃求以二千人急據采石，見第三章第九節。令邵陵王襲取壽春。使景進不得前，退失巢窟，烏合之衆，自然瓦解。議者謂景未敢便逼都城，遂寢其策。陳慶之子昕，爲臨川大守，臨川，見第七章第一節。敕召之還。昕啓云：「采石急須重鎮，王質水軍輕弱，恐虜必濟。」乃版昕爲雲騎將軍，代質，而追質爲丹陽尹。時正德都督京師諸軍，屯丹陽郡，先遣大船數十艘，僞稱載荻，實擬濟景。景至江，將渡，慮王質爲梗，俄而質退，而陳昕尚未下渚，景遂自采石濟。馬數百匹，兵八千人。京師不之覺。景分襲姑孰，見第四章第一節。遂至慈湖。見第七章第一節。皇大子見事急，入啓帝曰：「請以事垂付，願不勞聖心。」帝曰：「此是汝事，何更問爲？」大子仍停中書省指授。於是以宣城王大器都督城內諸軍事，大器，簡文帝長子，即哀大子也。羊侃爲軍師將軍副焉。十二月，侃卒。朱异以明年正月卒。正德守朱雀航。景至，正德率所部與之合。石頭、白下皆棄守。景百道攻城，不克，傷損甚多。乃築長圍以絕內外。十一月，景立正德爲帝，攻陷東府城。於城東西各起土山以臨城內。城內亦作兩山以應之。材官將軍宋嶷降賊，又爲賊立計，引玄武湖水以灌城。闕前御街，盡爲洪波矣。十二月，景造諸攻具，百道攻城，又不克。時梁興四十七年，在位及閭里士大夫，莫見兵甲，宿將已盡，後進少年，並出在外，城中惟羊侃、柳津、韋黯。津老疾，黯懦而無謀，軍旅指撝，一決於侃。南史羊侃傳。而侃又卒，平蕩之事，自不得不期望援軍。援軍最先至者爲南徐州刺史邵陵王綸。直指鍾山，見第四章第三節。爲賊所敗，退奔京口。已而鄱陽世子嗣、範子。西豫州刺史裴之高、司州刺史柳仲禮、前衡州刺史韋粲、宣猛將軍李孝欽、南陵大守陳文徹等皆至，共推仲禮爲大都督。仲禮者，津子。南史仲禮傳云：簡文帝爲雍州，津爲長史。及入居儲宮，津從，仲禮留在襄陽，馬仗軍人，悉付之。稍遷司州刺史。侯景潛圖反噬，仲禮先知之，屢啓求以精兵三萬討景，朝廷不許。及景濟江，朝野便望其至；兼畜雍、司精卒，見推總督；景素聞其名，甚憚之。梁書韋粲傳云：粲建議推仲禮爲大都督。報下流衆軍。裴之高自以年位，恥居其下，累日不決。粲乃抗言於衆曰：「今者同赴國難，志在除賊。所以推柳司州者？政以久捍邊疆，先爲侯景所憚；且士馬精銳，無出其前。若論位次，柳在粲下；語其年齒，亦少於粲；直以社稷之計，不得復論。今日形勢，貴在將和。若人心不同，大事去矣。裴公朝之舊齒，年德已隆，豈應復挾私情，以沮大計？粲請爲諸君解釋之。」乃單舸至之高營，切讓之。於是諸將定議，仲禮方得進軍。軍次新亭。賊列陳於中興寺。相持至晚，各解歸。是夜，仲禮入粲營，部分，令粲頓青塘。青塘當石頭中路，粲慮柵壘未立，賊必爭之，頗以爲憚。仲禮使直閤將軍劉叔胤助粲。直昏霧，軍人迷失道，比及青塘，夜已過半，壘柵至曉未合。景登禪靈寺門閣望粲營未立，便率銳卒來攻。軍副主王長茂勸據柵待之，粲不從，令軍主鄭逸逆擊之，劉叔胤以水軍截其後。叔胤畏懦不敢進，逸遂敗。賊乘勝入營。左右牽粲避賊，粲不動，猶叱子弟力戰。兵死略盡，遂見害。子尼及三弟助、警、構，從弟昂皆戰死，親戚死者數百人。南史仲禮傳曰：韋粲見攻，仲禮方食，投箸，被練馳之，騎能屬者七十。比至，粲已敗。仲禮因與景戰於青塘，大敗之。景與仲禮交戰，各不相知。仲禮稍將及景，賊將支伯仁自後砍仲禮中肩，馬陷於淖。賊聚矟刺之。騎將郭山石救之以免。自此壯氣外衰，不復言戰。神情敖很，淩蔑將帥。邵陵王綸亦鞭策軍門，每日必至，累刻移時，仲禮亦弗見也。綸既忿歎，怨隙遂成。而仲禮常置酒高會，日作優倡。毒掠百姓，汙辱妃主。父津登城謂曰：「汝君父在難，不能盡心竭力，百代之後，謂汝爲何？」仲禮聞之，言笑自若。晚又與臨城公大連不協。大連亦簡文子，時爲東揚州刺史，以兵至，見下。東揚州，治會稽。景嘗登朱雀樓與之語，遺以金環。是後開營不戰。衆軍日固請，皆悉拒焉。案謂仲禮一戰而傷，遂氣索不敢復戰，殊不近情；謂其與侯景通，亦近溢惡：南北史主博采，鮮別擇，所言固不盡可信也。當日者，諸軍獨力皆不足破景，欲解臺城之圍，非齊力決戰不可。然將驕卒惰，久成痼疾，不有嚴令，孰肯向前？而一時諸將，無一材望足資統率者。不得已，就兵之最强者求之，柳仲禮遂以小器出承其乏。得之既不以其道，自爲衆情所不服，雖膺都督之任，依然號令不行。欲決戰，仍非獨力前進不可，此自非仲禮所樂爲，諸軍亦無不如是；如其向前，亦徒爲韋粲耳，然幷此亦無第二人也。遂成相杖不戰之局矣。此正與寒山之役，齊師決堰，諸軍莫肯出戰同。故曰：觀於寒山，而知臺城之圍之不可解也。時邵陵王之兵，與臨城公大連再至南岸，亦無功。荆州刺史湘東王繹，遣世子方等、司馬吳曄、天門大守樊文皎下援。與鄱陽世子及永安侯確，邵陵王綸子。前高州刺史李遷仕，前司州刺史羊鴉仁共破東府前柵，營青溪東。旋爲景將宋子仙所破，文皎死之。南史景傳云：是時邵陵王與柳仲禮，甚於讎敵，臨城公與永安侯，逾於水火，諸軍之情形，固如出一轍也。

時城中疾疫，死者大半。景軍亦飢，不能復戰。東城東府城。有積粟，其路爲援軍所斷；且聞湘東王下荆州兵，彭城劉邈，乃說景乞和，全師而返。景與王偉計，遣任約至城北，拜表僞降，以河南自效。帝曰：「吾有死而已，寧有是議？且賊凶逆多詐，此言云何可信？」既而城中日蹙，簡文乃請帝許和，更思後計。帝大怒曰：「和不如死。」遲回久之，曰：「爾自圖之，無令取笑千載。」乃聽焉。景請割江右四州之地，謂南豫州、西豫州、合州、光州。南豫州、合州皆見第二節。西豫州，今安徽懷寧縣。光州，今河南潢川縣。幷求宣城王大器出送，然後解圍濟江。仍許遣其儀同于子悅、左丞王偉入城爲質。傅岐議：以宣城王嫡嗣之重，不容許之，乃請石城公大款出送。大款，大器弟。詔許焉。遂於西華門外設壇爲盟誓。遣尙書僕射王克，兼侍中上甲鄉侯韶，散騎常侍蕭瑳，與于子悅、王偉等登壇共盟。武衞將軍柳津出西華門下，景出其柵門，與津遙相對，刑牲歃血。韶，長沙宣武王懿孫。時大清三年二月也。景之渡江也，武帝召封山侯正表入援。正表率衆次廣陵，聞正德爲景所推，遂託舫糧未集，盤桓不進。景以正表爲南兗州刺史，封南郡王。正表既受景署，遂於歐陽立柵，歐陽，在今江蘇儀徵縣境。以斷援軍。又欲進攻廣陵。南兗州刺史南康王會理遣軍擊破之。正德走還鍾離，遂降魏。會理與前青、冀二州刺史湘潭侯退，鄱陽忠烈王恢子。西昌侯世子彧西昌侯淵藻，長沙宣武王懿子，時爲南徐州刺史。率衆三萬，至於馬卬州。在臺城北。景慮其自白下而上，斷其江路，請悉勒聚南岸；又啓稱永安侯、趙威方頻隔柵詬臣；乞召入城；敕並從之。南史本傳云：確知此盟多貳，欲先遣趙威方入，確因南奔，綸聞之，逼確使入。後與景獵鍾山，引弓將射景，弦斷不得發，賊覺，殺之。景運東城米於石頭，食遂足。湘東王繹師於武城，在湖北黃陂縣南。湘州刺史河東王譽次巴陵，見第三章第九節。前信州刺史桂陽王慥頓江津，慥，桂陽簡王融之子。江津，見第七章第三節。未進，亦有敕班師。景知援軍號令不一，終無勤王之效。又聞城中死疾轉多，謂必有應之者。王偉又說景曰：「王以人臣舉兵背叛，圍守宮闕，已盈十旬，逼辱妃主，陵穢宗廟，今日持此，何處容身？願且觀其變。」景然之。乃抗表陳帝十失，請誅君側之惡臣，清國朝之秕政，然後還守藩翰。三月朔旦，城內以景違盟，舉烽鼓譟。景決石闕前水，胡三省曰：景前決玄武湖水積於此。百道攻城，晝夜不息，城遂陷。景矯詔遣石城公大款解外援軍。於是諸軍並散。南史柳仲禮傳：仲禮及弟敬禮、羊鴉仁、王僧辯、趙伯超，並開營降賊。僧辯者，湘東王使督舟師援臺者也，纔至而宮城陷。景留敬禮、鴉仁，而遣仲禮、僧辯西上，各復本位。餞於後渚，敬禮謂仲禮曰：「景今來會敬禮抱之兄便可殺，雖死無恨。仲禮壯其言，許之。及酒數行，敬禮目仲禮，仲禮見備衞嚴，不敢動，遂不果。後景征晉熙，敬禮與南康王會理謀襲其城，刻期將發，建安侯蕭賁告之，遂遇害。賁者，正德弟正立之子。正德爲侯景所立，賁出投之，專監造攻具以攻臺城，常爲賊耳目。後賊思其反覆，殺之。羊鴉仁出奔江西，將赴江陵，於路爲人所害。惟趙伯超爲賊用。景降蕭正德爲大司馬。撤二宮侍衞，而使其黨防守。武帝憂憤感疾，五月，崩，年八十六。景密不發喪，二十餘日，乃迎皇大子即位，是爲大宗簡文皇帝。正德知爲賊所賣，密書與鄱陽王，期以兵入，賊遮得，矯詔殺之，時六月也。

先是景以武帝手敕召南康王會理，而使其黨董紹先據南兗州。會理僚佐咸勸距之，會理用其典籤范子鸞計，謂處江北功業難成，不若身赴京師，圖之肘腋，遂以城輸紹先。至都，景以爲司空，兼尚書令。祖皓起義，期以會理爲內應。景矯詔免會理官。後景往晉熙，都下虛弱，會理與柳敬禮謀取王偉，事覺，與弟通理皆遇害。祖皓起義，見下。又使蕭邕代西昌侯淵藻據南徐州，以任約爲南道行臺，鎮姑熟，使李賢降宣城。見第三章第九節。于子悅、張大黑入吳，大守袁君正迎降。子悅、大黑肆行毒虐，吳人各立城柵拒守。景又遣侯子鑒入吳，收子悅、大黑還京，誅之。戴僧逿據錢唐，東揚州刺史臨城公大連據州，吳興大守張嵊據郡，吳興見第三章第九節。景使宋子仙、趙伯超、侯子鑒、劉神茂等攻破之。文成侯寧於吳西鄉起兵，亦爲景黨孟振、侯子榮所破殺。景又以郭元建爲北道行臺，總江北諸軍，鎮新秦。宋郡，今江蘇六合縣。前江都令祖皓起兵，襲殺董紹先，亦爲景所破，更以侯子鑒監南兗州。鄱陽王範棄合肥，出東關，見第十一章第四節。請兵於魏，遣二子爲質。魏人據合肥，竟不出師助範。範屯於柵口，今安徽裕溪口，在蕪湖東北。待援兵總集，欲俱進。江州刺史尋陽王大心聞之，遣要範西上，以湓城處之。大心，簡文子。

湓城，即湓口城，見第三章第九節。景出頓姑熟。範將裴之悌、夏侯威生以衆降。景以之悌爲合州刺史，威生爲南豫州刺史。範至湓城，以晉熙爲晉州，晉熙，晉郡，治懷寧，今安徽潛山縣。遣子嗣爲刺史。江州郡縣，輒更改易。尋陽政令所行，惟存一郡。初莊鐵降景，又奉其母奔大心。大心以鐵舊將，厚爲其禮。軍旅之事，悉以委之。仍以爲豫章內史。鐵據豫章反。大心令中兵參軍韋約等擊之。鐵敗績，又乞降。嗣先與鐵遊處，請援之。範從之。乃遣將侯瑱，率精甲五千救鐵。夜襲破韋約等營。於是二藩釁起，人心離貳。範居湓城，商旅不通，音使距絕。範數萬之衆，皆無復食，人多餓死。範恚，發背薨。嗣猶據晉熙。城中食盡，士乏絕。簡文帝大寶元年七月，任約、盧暉略攻晉熙。嗣中流矢，歿於陳。約進襲江州。大心遣司馬韋質拒戰，敗績。時帳下猶有勇士千餘人，咸說大心輕騎往建州，以圖後舉。此建州置於苞信縣，在今河南商城縣西。勸往此者，蓋以便於入齊也。而大心母陳淑容不肯行。大心乃止。遂與約和。於是景之兵鋒，直逼荊、郢矣。

第三節 侯景亂梁下

先是上流之地，湘東王繹刺荊州，岳陽王詧刺雍州，武帝內弟張纘刺湘州。纘，弘策子，出後伯父弘籍。大清二年，徵纘爲領軍，俄改雍州刺史，而以河東王譽刺湘州。纘素輕少王，州府迎候及資待甚薄。譽深銜之。至州，遂託疾不見纘，仍檢校州府庶事，留纘不遣。侯景寇京師，湘東王繹軍於武城，見上節。譽飭裝當下援。纘密報繹曰：「河東起兵，岳陽聚米，將來襲江陵。」繹懼，沈米斷纜而歸。因遣諮議周弘直至譽所，督其糧、衆。三反，譽不從。繹大怒。七月，遣世子方等討譽。方等，繹長子也。母曰徐妃，以嫉妒失寵。而繹第二子方諸母王氏，以冶容倖嬖。王氏死，繹歸咎徐妃。方等意不自安。繹聞之，又惡方等。方等益懼。時武帝年高，欲見諸王長子，繹遣方等。方等欣然登舟，遇侯景亂，繹召之。方等啓曰：「昔申生不愛其死，方等豈顧其生？」繹省書，知無還意，乃配步騎一萬，使援臺城。賊每來攻，方等必身當矢石。及是求征譽。臨行，謂所親曰：「吾此段出征，必死無二。死而獲所，吾豈愛生？」及至麻溪，（在今湖南長沙縣北。）軍敗溺死。繹遣鮑泉繼之。初繹命所督諸州並發兵下，岳陽王詧遣司馬劉方貴爲前軍，出漢口。及將發，繹又使喻詧自行。詧辭頗不順。繹怒。而方貴先與詧不協，潛與繹相知，剋期襲詧。未及發，會詧以他事召方貴。方貴疑謀泄，遂據樊城拒命。（樊城，見第五章第二節。）詧遣軍攻之。時張纘棄所部，單舸赴江陵。繹乃厚資遣纘，若將述職，而密援方貴。纘次大隄，（胡三省曰：沈約志：華山郡治大隄。五代志：襄陽郡漢南縣，宋置華山郡。唐并漢南入宜城。曾鞏曰：宋武帝築宜城之大隄爲城。案宜城今湖北宜城縣。）樊城已陷。詧擒方貴兄弟及黨與，並斬之。纘因進至州。詧遷延不受代，而密圖之。纘懼，請繹召之。繹乃徵纘於詧。詧留不遣。州助防杜岸兄弟紿纘曰：「岳陽殿下勢不仰容，不如且往西山，以避此禍。使君既得物情，遠近必當歸集。以此義舉，事無不濟。」纘深以爲然。因與岸等結盟誓。又要雍州人席引等於西山聚衆。纘服婦人衣，乘靑布轝，與親信十餘人出奔。引等與杜岸馳告詧。詧令中兵參軍尹正與岸等追討，並擒之。纘懼不免，因請爲沙門。詧以譽危急，率衆三萬，騎千匹伐江陵，以救之。大雨暴至，衆頗離心。繹與岸弟巘有舊，密要之。巘乃與兄岸，弟幼安及楊混各率其衆降。詧夜遁。初詧囚張纘於軍，至是，先殺纘而後退焉。杜岸之降也，請以五百騎襲襄陽。詧至，岸奔其兄巘於廣平。（晉渡江，僑置廣平郡於襄陽，宋以漢南陽郡之朝陽爲實土。案朝陽在今河南鄧縣東南。詧遣尹正、薛暉等攻之，獲巘、岸等，幷其母、妻、子女殺之。盡誅諸杜宗族、親舊。其幼稚疏屬下蠶室，又發掘其墳墓，燒其骸骨，灰而揚之。其酷虐如此。鮑泉圍湘州，久未能拔，繹命王僧辯代之。大寶元年，四月，克湘州，斬譽。詧自稱梁王，稱蕃於魏。魏遣兵助戍襄陽。臺城之陷也，邵陵王綸奔禹穴，在今浙江紹興縣。東土皆附。南郡王大連懼，圖之。綸覺，去至尋陽。尋陽王大心欲以州讓之，綸不受。至郢州，刺史南平王恪以州讓之，恪，南平元襄王偉之子。綸又不受。河東王譽請救，綸欲往救之，以軍糧不繼而止。與繹書勸止之，繹不聽。綸大修器甲，將討侯景。繹聞其盛，八月，遣王僧辯帥舟師一萬逼之，綸走。於是侯景之兵鋒，繹實當之矣。

江州之陷，繹遣徐文盛率衆軍下武昌。文盛，寧州刺史，聞國難，召募得數百人來赴。是歲九月，侯景率舟師上皖口。皖水入江之口，在今安徽懷寧縣西。十二月，繹又遣尹悅、王珣、杜幼安助文盛。任約以西臺益兵，告急於景。二年，閏三月，景自率衆二萬，西上援約。至西陽，見第四章第三節。徐文盛不敢戰。文盛妻石氏，先在建業，至是，景載以還之。文盛深德景，遂密通信使，都無戰心，衆咸憤怨。初郢州之平，繹以子方諸爲刺史，鮑泉爲長史，行府州事。方諸與泉，不恤軍政，惟蒲酒自樂。景訪知其無備，兵少，四月，遣宋子仙襲陷之，執方諸及泉，盡獲武昌軍人家口。文盛等大潰，奔歸江陵。王珣、尹悅、杜幼安並降於賊。景遂乘勝西上。繹先遣王僧辯東下代文盛，軍次巴陵，會景至，僧辯因堅壁拒之。景設長圍，築土山，晝夜攻擊，不克。軍中疾疫，死傷大半。繹遣胡僧祐、陸法和援巴陵。景遣任約以精卒數千逆擊，六月，僧祐等擊破之，擒約。王僧辯督衆軍追景，而陳霸先之兵亦來會。

陳霸先，吳興長城人。長城，見第三章第九節。為廣州刺史蕭映僚佐。映，始興忠武王憺子。討破交州叛賊李賁。映卒，以霸先為交州司馬，與刺史楊瞟討賁，平之。除西江督護、高要太守。高要，漢縣，梁置郡，今廣東高要縣。時大清元年也。二年冬，侯景寇京師，霸先將率兵赴援。廣州刺史元景仲，法僧子也，欲圖霸先。北史道武七王傳云：侯景遣誘召之，許奉為主，景仲將應之。霸先知其計，與成州刺史王懷明，成州，今廣西蒼梧縣。行臺選郎殷外臣等密議戒嚴。三年七月，集義兵於南海，馳檄以討景仲。景仲窮蹙，自縊死。霸先迎定州刺史蕭勃鎮廣州。定州，治鬱林，見第三章第九節。勃，武帝從弟吳平侯昺之子。初衡州刺史韋粲，自解還都征侯景，以臨賀內史歐陽頠監衡州。衡州，治曲江，今廣東曲江縣。臨賀，見第三章第九節。京城陷後，嶺南互相吞幷。高州刺史蘭裕，攻始興內史蕭紹基，奪其郡。高州，治高涼，在今廣東陽江縣西。始興，見第三章第八節。裕以兄欽與頠有舊，遣招之。頠不從。裕攻之。頠請援於勃。勃令霸先救之，悉擒裕等。仍監始興郡。十一月，霸先遣杜僧明、胡穎將二千人頓於嶺上。

僧明，廣陵臨澤人。梁大同中，盧安興為廣州南江督護，僧明與兄天合及周文育，並為所啓，與俱行。安興死，僧明復副其子子雄。及李賁反，逐交州刺史蕭諮，諮奔廣州。臺遣子雄與高州刺史孫冏討賁。時春草已生，瘴癘方起，子雄請待秋。廣州刺史蕭映不聽。諮又促之。子雄不得已，遂行。至合浦，死者十六七。衆並憚役潰散，禁之不可，乃引其餘兵退還。蕭諮啓子雄及冏與賊交通，逗留不進。梁武帝敕於廣州賜死。子雄弟子略、子烈，並雄豪任俠，家屬在南江，天合乃與周文育等率衆結盟，奉子略為主，以攻蕭映。霸先時在高要，聞事起，率衆來討，大破之。殺天合，禽僧明及文育等，並釋之，引為主帥。案陳武生平，用降將最多，詳見廿二史劄記。其氣度必有大過人者。僧明、文育，特其一耳。穎，吳興東遷人，為廣州西江督護。霸先與其同郡，待之甚厚。蕭諮，鄱陽王範之子。臨津，宋縣，在今江蘇高郵縣東北。合浦，漢郡，治徐聞，今廣東海康縣。後漢治合浦，今廣東合浦縣。梁、陳間復治徐聞。東遷，晉縣，今為鎮，屬浙江吳興縣。幷結始興豪傑，同謀義舉。郡人侯安都、張偲等率千餘人來附。蕭勃聞之，遣說停霸先。霸先不聽。使閒道馳往江陵，稟承軍期節度。時蔡路養南康土豪。起兵據南康，見第七章第五節。勃遣腹心譚世遠爲曲江令，與路養相結，同遏義軍。大寶元年，霸先發自始興，次大庾嶺，在今江西大庾縣、廣東南雄縣之閒。路養出軍頓南野，秦縣，在今江西南康縣西南。依山水立四城以拒。霸先與戰，大破之。路養脫身竄走。霸先進頓南康。六月，修崎頭古城，在大庾縣東。徙居焉。高州刺史李遷仕據大皋，在江西吉安縣南。遣主帥杜平虜等率千人入灨石、魚梁。灨石，指灨江十八灘，在今江西贛縣至萬安縣閒。魚梁在萬安縣南。遷仕之兵，盡以援臺至此。霸先命周文育擊走之。遷仕奔寧都。吳陽都縣，晉更名，今江西寧都縣。寧都人劉藹等資遷仕舟艦、兵仗，將襲南康。霸先遣杜僧明等率二萬人據白口，通鑑考異引大清紀云：於雩都縣連營相拒，則其地當在雩都。雩都，漢縣，今江西雩都縣東北。築城以拒之。遷仕亦立城以相對。二年，三月，僧明等攻拔其城，生擒遷仕，送南康。霸先斬之。湘東王繹命霸先進兵定江州，仍授江州刺史。九月，又以王僧辯刺江州，而以霸先爲東揚州刺史。

侯景之東還也，以丁和爲郢州刺史，留宋子仙、時靈護等助和守禦。以支化仁、閻洪慶等守魯山城。見第七章第三節。王僧辯率巴陵諸軍，沿流討景。攻魯山，化仁降。攻郢，擒靈護。子仙行戰行走，至白楊浦，胡三省曰：蓋去郢城未遠。大破之，生擒子仙，送江陵。鄱陽王範及其子嗣之死也，侯瑱領其衆，依於莊鐵。鐵疑之。瑱懼，詐引鐵謀事，因而刃之。據有豫章。侯景將于慶南略，至豫章，瑱窮蹙，降於慶。慶送瑱於景。景以瑱與己同姓，託爲宗族，待之甚厚。留其妻子及弟爲質，遣瑱隨慶平定蠡南諸郡。蠡南，謂彭蠡湖以南。及是，瑱起兵襲之，慶敗走。景盡誅瑱妻子及弟。湘東王繹授瑱南兗州刺史。七月，僧辯軍次湓城，賊行江州事范希榮棄城走。八月，晉熙人王僧振、鄭寵起兵襲城，僞刺史夏侯威生、儀同任延遁。繹命僧辯且頓江州，須衆軍齊集，頃之命江州衆軍悉同大舉。於是發江州，命侯瑱率鋭卒輕舸襲南陵、鵲頭等戍，至即克之。南陵，見第七章第五節。鵲頭，見第九章第二節。三年，元帝承聖元年。二月，霸先與僧辯會於白茅洲，在江西德化縣北，與安徽宿松縣接界。登壇盟誓。

侯景之東還也，二年八月，廢大宗爲晉安王，幽於永福省，害皇大子大器、尋陽王大心、西陽王大鈞、武寧王大威、建平王大球、義安王大昕、綏建王大摯，皆簡文子。及尋陽王諸子二十人。矯爲大宗詔，禪位於豫章嗣王棟。歡子。遣使害南海王大臨於吳郡，南郡王大連於姑孰，安陸王大春於會稽，新興王大壯於京口。亦皆簡文子。大壯，南史作大莊。初景既平京邑，便有簒奪之心，以四方須定，且未自立。既巴陵失律，江、郢喪師，猛將外殲，雄心內沮，便欲僞僭大號，遂其姦心。其謀臣王偉云：「自古移鼎，必須廢立。」故景從之。其大尉郭元建聞之，自秦郡馳還，諫景曰：「四方之師所以不至？者，政爲二宮萬福，若遂行弒逆，結怨海內，事幾一去，雖悔無及。」王偉固執不從。此據梁書景傳。南史則云元建諫廢簡文，景意，遂回，欲復帝位，以棟爲大孫，王偉固執不可。又南史簡文紀云：景納帝女溧陽公主，公主有美色，景惑之，妨於政事，王偉每以爲言，景以告主，主出惡言，偉知之，懼見讒，乃謀廢帝而後間主，苦勸行弒，以絕衆心。此亦不根之談。偉小人，安知遠慮？知遠慮，不事景矣。十月，景弒大宗。十一月，遂廢棟而自立。先是張彪起義於會稽若邪山，事在大寶元年，紀在十一月，景傳在十二月。彪，南郡王前中兵參軍。若邪山，在今浙江紹興縣南。攻破浙東諸縣。景遣田遷、趙伯超、謝答仁等東伐彪。是年正月，彪遣別將寇錢唐、富春。錢唐，見第四章第三節。富春，即富陽，晉避大后諱改，見第十章第四節。田遷進軍與戰，破之。十月，景司空東道行臺劉神茂，儀同尹思合、劉歸義、王曄，雲麾將軍桑乾王元頵等據東陽歸順。東陽，見第五章第六節。仍遣元頵及別將李占、趙惠朗下據建德江口。建德，秦縣，今浙江建德縣。尹思合收景新安大守元義，奪其兵。新安，見第四章第三節。張彪攻永嘉，見第七章第二節。永嘉大守秦遠降。十一月，景以趙伯超爲東道行臺，鎮錢唐。遣田遷、謝答仁等東征神茂。十二月，答仁等至建德，攻元頵、李占柵，大破之。執頵、占送景。明年，大寶三年，即元帝承聖元年。謝答仁攻劉神茂。劉歸義、尹思合等棄城走。神茂孤危，復降。初海寧程靈洗，吳海陽縣，晉曰海寧，在今安徽休寧縣東。據黟、歙以拒景。漢黝縣，宋曰黟，在今安徽黟縣東。歙縣，見第九章第六節。景軍據有新安，新安大守西鄉侯隱奔依靈洗，靈洗奉以主盟。劉神茂建義，靈洗攻下新安，與之相應。及是，景偏帥呂子榮進攻新安，靈洗復退保黟、歙。景敗，子榮走，靈洗復據新安，進軍建德。二月，王僧辯軍至蕪湖。見第三章第九節。蕪湖城主宵遁。景遣史安和、宋長貴等率兵二千，助侯子鑒守姑熟。見第四章第一節。追田遷還京師。三月，景往姑熟，巡視壘柵。誡子鑒曰：「西人善水戰，不可與爭鋒。若得馬步一交，必當可破。汝但堅壁，以觀其變。」子鑒乃舍舟登岸，閉營不出。僧辯等遂停軍十餘日。賊黨大喜，告景曰：「西師懼吾之强，必欲遁走。不擊，將失之。」景復命子鑒爲水戰之備。子鑒乃率萬餘人渡洲，并引水軍俱進。僧辯逆擊，大破之。子鑒僅以身免。僧辯進軍次張公洲。即蔡洲，見第四章第三節。景以盧暉略守石頭，紇奚斤等守捍國城。在今江蘇江寧縣南。悉逼百姓及軍士家累入臺城。僧辯焚景水柵，入淮。至禪靈寺渚。景大驚。乃緣淮立柵。自石頭迄青溪十餘里，樓雉相接。僧辯遣杜崱問計於陳霸先。霸先曰：「前柳仲禮數十萬，隔水而坐；韋粲之在青溪，竟不渡岸，賊乃登高望之，表裏俱盡。今圍石頭，須渡北岸諸將若不能當鋒，請先往立柵。」霸先即於石頭城西橫隴築柵，衆軍次連八城，直出西北。賊恐西州路斷，西州，見第十章第二節。亦於東北果林築五城以遏大路。景自率侯子鑒、于慶、史安和、王僧貴等拒守，使王偉、索超世、呂季略守臺城。景列陳挑戰，僧辯率衆軍奮擊，大破之。侯子鑒、王僧貴各棄柵走，盧暉略、紇奚斤並以城降。景既退敗，不入宮，斂其散兵，屯於闕下，遂將逃竄。王偉攬轡諫曰：「自古豈有叛天子？今宮中衞士，尚足一戰，寧可便走？棄此欲何所之？」景曰：「我在北，打賀拔勝，敗葛榮，揚名河朔，與高王一種人。今來南渡大江，取臺城如反掌，打邵陵王於北山，破柳仲禮於南岸，皆乃所親見。今日之事，恐是天亡。乃好守城，我當復一決耳。」仰觀石闕，逡巡歎息。久之，乃以皮囊盛二子，通鑑云：江東所生。挂馬鞍，與其儀同田遷、范希榮等百餘騎東奔。王偉委臺城竄逸。侯子鑒等奔廣陵。王僧辯命衆將入據臺城。侯瑱、裴之橫率精甲五千東入討景。景至晉陵，見第四章第三節。劫大守徐永，東奔吳郡，進次嘉興。見第三章第四節。趙伯超據錢唐拒之。景退還吳郡，達松江，而侯瑱軍奄至。景衆未陳，皆舉幡乞降。景不能制，乃與腹心數十人單舸走。推墮二子於水。自滬瀆入海。滬瀆，見第七章第二節。羊侃第三子鵾，隨侃臺內，城陷，竄於陽平。宋縣，未詳今地。景呼還，待之甚厚。及景敗，鵾密圖之。乃隨其東走。景於松江戰敗，惟餘三舸，下海欲向蒙山。在今山東蒙陰縣。會景倦晝寢，鵾語海師：「此中何處有蒙山？汝但聽我處分。」遂直向京口。至胡豆洲，此據羊侃傳。景傳作壺豆洲。在今江蘇鎮江縣北。景覺，大驚，問岸上人，云郭元建猶在廣陵，景大喜，將依之。鵾拔刀叱海師，使向京口。景欲投水，鵾抽刀斫之。景乃走入船中，以小刀抉船底。鵾以矟入刺，殺之。送尸於王僧辯。傳首西臺。僧辯收賊黨王偉等二十餘人，送於江陵。趙伯超降於侯瑱，亦送江陵。陳霸先出廣陵，郭元建奔齊。

侯景之爲人也，可謂酷虐無倫。其犯建康，初至便望克定，號令甚明，不犯百姓。旣攻城不下，人心離沮；又恐援軍總集，衆必潰散；乃縱兵殺掠，交尸塞路。富室豪家，恣意裒剝，子女玉帛，悉入軍營。及築土山，不限貴賤，晝夜不息，亂加毆棰。疲羸者因殺之以塡山，號哭之聲，響動天地。時百姓不敢藏隱，並出從之，旬日之閒，衆盈數萬。東府之陷，景使盧暉略率數千人持長刀夾城門，悉驅城內文武，裸身而出，賊交兵殺之，死者二千餘人。臺城之陷，悉鹵掠乘輿服玩，後宮嬪妾。初城中積尸，不暇瘞埋；又有已死而未斂，或將死而未絕者，景悉聚而燒之，臭氣聞十餘里。性殘忍，好殺戮，恆以手刃爲戲。方食，斬人於前，言笑自若，口不輟飡。或先斷手足，割舌，劓鼻，經日乃殺之。於石頭立大舂碓，有犯法者擣殺之。又禁人偶語，不許大酺，有犯則刑及外族。東陽人李瞻起兵，爲賊所執，送詣建業，景先出之市中，斷其手足，剖析心腹，破出肝腸。祖皓之敗，射之箭徧體，然後車裂以徇。城中無少長皆斬之。此據梁書景傳，南史作埋而射之。元頵、李占被執送京口，景截其手足，徇之，經日乃死。劉神茂降，送建康，景爲大剉碓，先進其腳，寸寸斬之，至頭方止，使衆觀之以示威。每出師，戒諸將曰：「若破城邑，淨殺卻，使天下知吾威名。」故諸將以殺人爲戲笑。百姓雖死，亦不從之。然景之南奔也，高澄悉命先剝景妻子面皮，以大鐵鑊盛油煎殺之。女以入宮爲婢，男三歲者並下蠶室。後齊文宣夢獼猴坐御牀，乃並煑景子於鑊。其子之在北者殲焉。則初非景一人如是，蓋代北之風氣然也。魏道武等，亦特此風氣中之一人耳。簡文帝時，景嘗矯詔自加宇宙大將軍、都督六合諸軍事。及僭位，王偉請立七廟，并請七世諱，敕太常具祭祀之禮。景曰：「前世吾不復憶，惟阿爺名摽，且在朔州，伊那得來噉是？」牀上常設胡牀及筌蹄，著韡垂脚坐。或跂戶限，或走馬敖游，彈射鵶鳥。自為天子，王偉不許輕出，鬱怏更成失志，曰：「吾不事為帝，與受擯不殊。」豈特沐猴而冠而已。

是時王師殺掠之酷，亦幾不減於景。臺城之被圍也，援兵至北岸，百姓扶老攜幼以候之，纔得過淮，便競剝掠。賊黨有欲自拔者，聞之咸止。景之走，王克開臺城引裴之橫入宮，縱兵蹂掠。時都下戶口，百遺一二，大航南岸，極目無煙，老小相扶競出，纔度淮，王琳、杜龕軍人掠之，甚於寇賊，號叫徹於石頭。王僧辯謂為有變，登城問故，亦不禁也。是役也，可謂江南一浩劫。臺城初被圍，男女十餘萬，貫甲者三萬，及景違盟，疾疫且盡，守埤者止二三千人，並悉羸懦。景攻臺時，食石頭常平倉既盡，便掠居人。爾後米一升七八萬錢，人相食，有食其子者。此據南史景傳。梁書云：米斛數十萬，人相食者十五六。魏書島夷傳云：城內大飢，人相食，米一斗八十萬，皆以人肉雜牛馬肉而賣之，軍人共於德陽堂前立市，屠一牛得絹三千匹，賣一狗得錢二十萬。皆燻鼠捕雀而食之。至是雀鼠皆盡，死者相枕。大寶元年，時江南大饑，江、揚彌甚，旱蝗相係，年穀不登，百姓流亡，死者塗地。父子攜手共入江湖，或弟兄相要俱緣山岳，芰實荇花，所在皆罄；草根木葉，為之彫殘；雖假命須臾，亦終死山澤。其絕粒久者，鳥面鵠形，俯伏牀帷，不出戶牖，莫不衣羅綺，懷金玉，交相枕藉，待命聽終。於是千里絕煙，人跡罕見，白骨成聚，如丘隴焉。代北殘暴之風，江南淫靡之俗，合而成此大災，祇可謂人類所造之惡業，人類還自受之而已矣。

第四節 江陵之變

簡文帝之崩也，四方勸進於湘東者相屬。湘東以巨寇未平，未欲即位。然簡文之立，湘東謂其制於賊臣，始終仍用大清年號，則其懷自立之心久矣。南史豫章王棟傳云：棟既廢，及二弟橋、樛，並鎖於密室。景敗走，兄弟相扶出。初王僧辯之爲都督，將發，諮元帝曰：「平賊之後，嗣君萬福，未審有何儀注？」帝曰：「六門之內，自極兵威。」僧辯曰：「平賊之謀，臣爲己任，成濟之事，請別舉人。」由是帝別敕宣猛將軍朱買臣，使行忍酷。會簡文已被害，棟等與買臣遇見，呼往船共飲，未竟，並沈於水。案王僧辯乃一熱中之士，惟思乘時以立功名，梁書僧辯傳：趙伯超降於侯瑱，送至，既出，僧辯顧坐客曰：「朝廷昔惟知有趙伯超耳，豈識王僧辯？社稷既傾，爲我所復，人之興廢，亦復何常？」器小易盈，情見乎辭矣。於逆順之際，初無所擇。故一戰而敗，即不惜屈膝於異族，以奉淵明，而何愛於簡文及豫章？況元帝爲人，猜忍至極，僧辯征陸納時，以欲待部下之集，見疑規避，幾遭誅戮，陸納事見下。僧辯傳曰：世祖斫之，中其左髀，流血至地，僧辯悶絕，久之方蘇。即送付廷尉，并收其子姪，並皆繫之。會岳陽王軍襲江陵，人情騷擾，未知其備。世祖遣左右往獄，問計於僧辯。僧辯具陳方略。乃赦爲城內都督。此時又安敢批其逆鱗邪？故謂湘東授意僧辯，使賊嗣君，而僧辯不肯從者，必失實之辭也。然朱買臣之賊豫章，即非承湘東之旨，亦必窺其意而爲之，則無疑矣。

大寶三年，十一月，湘東即位於江陵，是爲世祖孝元皇帝。

柳仲禮之入援也，竟陵郡守孫暠，以郡降西魏。竟陵，見第三章第九節。宇文泰使符貴往鎮之。及臺城陷，仲禮降景，景遣西上，湘東王以爲雍州刺史，使襲襄陽。仲禮方觀成敗，未發。及南陽圍急，杜岸請救，仲禮乃以別將夏侯強爲司州刺史，守義陽，自帥衆如安陸。見第三章第九節。使司馬康昭討孫暠，暠執符貴以降。仲禮命其將王叔孫爲竟陵大守，軍副馬岫爲安陸大守，置孥於安陸，而以輕兵師於㴵頭，在湖北安陸縣西北。將侵襄陽。岳陽王詧告急於魏，遣妃王氏及世子嶚爲質。宇文泰遣楊忠、長孫儉救之。陷隨郡。見第四章第三節。進圍安陸。大寶元年，西魏大統十六年。正月，仲禮來援，忠逆擊破禽之。馬岫以城降。王叔孫亦斬孫暠降。元帝遣子方略爲質，并送載書，請魏以石城爲限，石城，竟陵郡治，見第三章第九節。梁以安陸爲界。忠乃旋師。據周書楊忠傳。南史梁本紀：是年正月，使少子方略質於魏。魏不受質，而約爲兄弟。元帝諸子傳云：方略年數歲，至長安，即得還。魏命詧發喪嗣位，策命爲梁王。邵陵王綸之敗也，與子確等十餘人輕舟走武昌。時綸長史韋質、司馬姜律，先在於外，聞綸敗，馳往迎之。於是復收散卒，屯於齊昌。齊郡，在今湖北蘄春縣西北。將引魏軍共攻南陽。任約聞之，使鐵騎二百襲綸。綸無備，又敗，走定州。治蒙籠城，在今湖北麻城縣西。定州刺史田龍祖迎綸。綸以龍祖荊鎮所任，懼爲所執，復歸齊昌。行至汝南，隋志：安陸郡吉陽，梁立汝南郡，在今湖北應山縣北。西魏所署汝南城主李素，綸之故吏，聞綸敗，開城納之。綸乃修浚城池，收集士卒，將攻竟陵。西魏安州刺史馬岫聞之，報於西魏。安州，安陸。西魏遣楊忠、侯幾通率衆赴焉。二年，西魏大統十七年。二月，忠等至於汝南。綸嬰城自守。會天寒大雪，忠等攻之，不能克，死者甚衆。後李素中流矢卒，城乃陷。忠等執綸，綸不爲之屈，遂害之。周書楊忠傳云：綸與前西陵郡守羊思達要隨陸土豪段珍寶、夏侯珍治合謀，送質於齊，欲來寇掠。汝南城主李素，綸故吏也，開門納焉。梁元帝密報大祖。大祖乃遣忠督衆討之。詰旦陵城，日昃而克，擒綸，數其罪而殺之。忠閒歲再舉，盡定漢東之地。於是漢東之地，入於西魏矣。初大同元年，魏梁州民皇甫圓、姜宴反正，周書楊乾運傳。北梁州刺史蘭欽因攻漢中，魏梁州刺史元羅降，梁遂復梁州。是歲，十月，宇文泰遣王雄出子午，見第五章第四節。伐上津、在今湖北鄖西縣北，路通陝西之山陽縣。魏興；見第三章第六節。達奚武出散關，伐南鄭。明年，大寶三年，卽元帝承聖元年。西魏廢帝元年，不立年號。春，王雄陷上津、魏興，以其地置東梁州。達奚武圍南鄭，梁梁州刺史宜豐侯循鄱陽忠烈王恢子。南北史皆作修。力屈降。八月，東梁州民叛魏，圍州城。泰復遣王雄攻之。明年，承聖二年，魏廢帝二年。春平之。遷其豪帥於雍州。事見周書泉企傳。於是漢中之地，亦入於西魏矣。其東方之地，則東魏於大清二年，東魏武定六年。以辛術爲東徐州刺史、淮南經略使。術本爲東南道行臺，與高岳等同破侯景及淵明。明年，大淸三年，武定七年。蕭正表以北徐州降魏。侯景使王顯貴守壽陽，亦降魏。靑、冀二州刺史明少遐，東徐州刺史湛海珍，北青州刺史王奉伯，各舉州附於魏。隋志：東海郡懷仁縣，梁置南北二青州。下邳郡，梁置東徐州。案懷仁，東魏縣，在今江蘇贛榆縣西。下邳，見第三章第四節。初北兗州刺史定襄侯祗，南平元襄王偉子。與湘潭侯退，及前潼州刺史郭鳳，同起兵，將赴援，至是，鳳謀以淮陰應景，淮陰，見第四章第二節。祗等力不能制，並奔魏。景以蕭弄璋爲北兗州刺史。州民發兵拒之。景遣厙公丘子英，直閤將軍羊海赴援。海斬子英，率其衆降於魏。魏人遂據淮陰。鄱陽王範出東關，魏又據合肥。事見上節。柳仲禮使夏侯强守司州，魏又使潘樂取之。城鎭先後附魏者二十餘州。辛術遂移鎭廣陵。大寶元年，齊文宣帝天保元年。齊篡東魏。明年，大寶二年，齊天保二年。五月，齊合州刺史斛斯顯攻歷陽，見第三章第九節。陷之。江北之地盡矣。南史元帝紀云：「自侯景之難，州郡大半入魏。自巴陵以下至建康，以江爲限。荆州界北盡武寧，東晉郡，今湖北莉門縣北。西拒峽口。自嶺以南，復爲蕭勃所據。文軌所同，千里而近。人戶著籍，不盈三萬。中興之盛，盡於是矣。」其形勢實至蹙也。

武陵王紀，以大同三年爲益州刺史，至是已十六年矣。紀在蜀，南開寧州、越嶲，寧州，見第三章第六節。越嶲，漢郡，治邛都，在今四川西昌縣東南。晉徙治會無，今四川會理縣。宋還治邛都。齊沒於獠。西通資陵、吐谷渾；內修耕桑、鹽鐵之功；外通商賈遠方之利；故能殖其財用，器甲殷積。大寶元年六月，紀遣世子圓照領兵三萬東下，受元帝節度。元帝命且頓白帝。見第七章第三節。七月，元帝遣報武帝崩問。十一月，紀總戎將發，元帝又書止之曰：「蜀中斗絕，易動難安，弟可鎮之，吾自滅賊。」又別紙云：「地擬孫、劉，各安境界；情深魯、衞，書信恆通。」三年四月，紀稱帝。元帝遣萬州刺史宋簉襲圓照於白帝。萬州，治石城，今四川達縣。紀第二子圓正，時爲西陽太守，西陽，見第四章第三節。召至，鎖於省內。承聖二年五月，紀東下，次西陵。見第七章第三節。元帝命陸法和立二城於峽口，名七勝城，鎖江以斷峽。湘州刺史王琳，本兵家。元帝居藩，琳姊妹並入後庭見幸。琳由此未弱冠得在左右。少好武，遂爲將帥。琳果勁絕人，又能傾身下士，麾下萬人，多是江、淮羣盜。平景之功，與杜龕俱爲第一。恃寵縱暴於建業。王僧辯禁之不可，懼將爲亂，啓請誅之。琳亦疑禍，令長史陸納率部曲前赴湘州，身逕上江陵。將行，謂納等曰：「吾若不返，子將安之？」咸曰：「請死相報。」泣而別。及至，帝以下吏，而以子方略爲湘州刺史，時承聖元年十月也。於是陸納及其將潘烏累等反，襲陷湘州。十一月，納遣潘烏累等攻破衡州。此衡州治衡陽，今湖南衡陽縣。十二月，分兵襲巴陵，爲湘州刺史蕭循所破。循降魏後，宇文泰使還江陵。營州刺史李洪雅，營州，治營陽，今湖南道縣。自零陵率衆出空靈灘，零陵，漢郡，治零陵，在今廣西全縣北。後漢徙治泉陵，在今湖南零陵縣北。空靈灘，據王僧辯傳。本紀作空雲。在今湖南湘潭縣北。稱助討納。朝廷未達其心，深以爲慮，乃徵王僧辯兵上，就循南征。二年二月，李洪雅降賊。賊將吳藏等據車輪，洲名，在湖南湘陰縣北。夾岸爲城，前斷水勢。士卒驍猛，皆百戰之餘。僧辯乃不戰以驕之。五月，因其無備，陷其二城。賊歸保長沙。時武陵擁衆上流，內外駭懼，元帝乃遣王琳以和解之。六月，湘州平。僧辯旋於江陵，因被詔會衆軍西討，而武陵之難已平矣。初興勢楊乾運，興勢，晉縣，今陝西洋縣。爲方隅豪族，魏除安康郡守。安康，見第十二章第六節。漢中之復，乾運亦來歸，求爲梁州刺史，不得，而以爲潼州刺史。此從南史紀傳。周書乾運傳云：紀稱尊號，以乾運威服巴、渝，拜梁州刺史，鎭潼州。潼州，今四川緜陽縣。乾運兄子略，說乾運送款關中。乾運深然之。乃令略將二千人鎭劍閣。又遣其壻樂廣鎭安州。今四川劍閣縣。會宇文泰遣乾運孫法洛及使人牛伯友等至略，卽夜送乾運，乾運乃使入關送款。氐酋楊法琛，求爲黎州刺史，不得，以爲沙州刺史，亦遣使通西魏。大同元年，漢中之復，法琛爲北益州刺史、陰平王，見梁書本紀。通鑑：大寶元年，黎州民攻刺史張賁，賁棄城走，州民引法琛據黎州，命王、賈二姓詣紀，請法琛爲刺史。紀深責之，囚其質子，使楊乾運攻之。法琛使降魏，而據劍閣以拒乾運。明年，乾運破之，焚平興。平興，法琛治所也。胡三省曰：魏以武興爲東益州，梁蓋以爲北益州。平興，宋縣，在今四川昭化縣西北。黎州，今四川廣元縣。沙州，胡三省曰：蓋卽以平興爲之。時元帝以紀東下，請救於魏，又請伐蜀。據周書尉遲迥傳。宇文泰與羣公會議，諸將多有異同。惟尉遲迥以爲「紀旣盡銳東下，蜀必空虛，王師臨之，必有征無戰。」乃令迥督甲士一萬二千，騎萬匹伐蜀。承聖二年，春，前軍臨劍閣，樂廣降。楊乾運又降。六月，迥至潼州，大饗將士，引之而西。紀之次西陵也，軍容甚盛。時陸納未平，蜀軍復逼，元帝甚憂。陸法和告急，旬日相繼。帝乃拔任約於獄，以爲晉安王司馬，撤禁兵以配之，幷遣宣猛將軍劉棻，共約西赴。六月，紀築連城，攻絕鐵鎖。元帝復於獄拔謝答仁爲步兵校尉，配衆一旅上赴。紀頓兵日久，頻戰不利，師老糧盡，智力俱殫；又魏人入劍閣，成都虛弱；憂懣不知所爲。先是元帝已平侯景，執所俘馘，頻遣報紀。圓照鎭巴東，留執不遣。啓紀云：「侯景未平，宜急征討。已聞荆鎭爲景所滅，疾下大軍。」紀謂爲實然，故仍率衆沿江急進。於路方知侯景已平，便有悔色，召圓照責之。圓照曰：「侯景雖誅，江陵未服，宜速平蕩。」紀亦以既居尊位，宣言於衆：「敢諫者死。」蜀中將卒日夜思歸，所署江州刺史王開業進曰：「宜還救根本，更爲後圖。」（江州，治犍爲，今四川彭山縣。）諸將僉以爲然。圓正、劉孝勝獨言不可，（孝勝，紀長史，紀僭號，以爲尚書僕射。）紀乃止。聞王琳將至，潛遣將軍侯叡傍險出陸法和後，臨水築壘，以禦琳及法和。元帝書遣紀，遣使喩意，許其還蜀，專制岷方。紀不從。既而侯叡爲任約、謝答仁所破，又陸納平，諸軍並西赴。紀頻敗，知不振，遣往江陵，論和緝之計。元帝知紀必破，遂拒而不許。於是兩岸十餘城俱降。七月，陸法和揣紀師老卒惰，令將樊猛率驍勇三千，輕舸百餘，乘流直上，出不意薄之。紀衆驚駭，不及整列，皆棄艦登岸，赴水死者以千數。獲紀及其第三子圓滿，俱殺之於峽口。法和收圓照兄弟三人。（圓照及紀第四子圓普、第五子圓肅。）南史圓照傳云：次弟圓正，先見鎖在江陵，元帝使謂曰：「西軍已敗，汝父不知存亡。」意欲使其自裁。頻看知不能死，又付廷尉獄，並命絕食。於獄齧臂啖之，十三日死。並命絕食，當兼指圓正及圓照兄弟三人言之也。紀之東下，留永豐侯撝爲益州刺史。（撝，武帝弟安成康王秀之子。）見兵不滿萬人。倉庫空竭，軍無所資。尉遲迥至，乃爲城守之計。迥進軍圍之。紀至巴郡，（見第三章第六節。）聞迥來侵，遣譙淹回援，爲迥分兵所破。撝前後戰數十合，皆不克，乃降。時八月也。案紀果有覬覦天位之心，則當臺城被圍時，宜傾蜀中之衆東下，以圖一決。其時元帝未必能阻，乃裴回不進，至景已將平，忽又稱帝，豈不進退失據？史言其東下時，黃金一斤爲餅，百餅爲簉，至有百簉，銀五倍之，其他錦罽繒采稱是。每戰，則懸金帛以示將士，終不賞賜。寧州刺史陳知祖請散金銀募勇士不聽，慟哭而去。自是人有離心，莫肯爲用。豈非妄庸人哉？然脣亡齒寒，蜀既亡，江陵亦益危矣。

時東方寇氛，亦甚熾烈。郭元建之奔齊也，陳霸先納其部曲三千人而還。王僧辯啓霸先鎭京口。承聖元年，（齊天保三年。）三月，齊以其清河王岳爲南道大都督，潘樂爲東南道大都督，及行臺辛術，率衆南伐。五月，術圍嚴超達於秦郡。（見上節。）霸先命徐度領兵，助其固守。齊衆七萬，填塹，起土山，穿地道，攻之甚急。霸先自率萬人解其圍。縱兵四面擊之。齊平秦王中流矢死，斬首數百級。齊人乃收兵而退。七月，廣陵僑民朱盛、張象潛結兵襲齊刺史溫仲邕，遣使來告。霸先率衆濟江以應之。會齊人來聘，求割廣陵之地，王僧辯許焉，仍報霸先，霸先乃引還。元帝承制授霸先南徐州刺史。及王僧辯征陸納，又命霸先代鎭揚州。二年，（齊天保四年。）九月，齊遣郭元建率衆二萬，大列舟艦於合肥，謀襲建業，又遣其大將邢景遠、步大汗薩、東方老等繼之。霸先馳報江陵。元帝詔王僧辯次於姑孰，即留鎭焉。十一月，僧辯遣侯瑱帥精甲三千人築壘於東關，（見第十一章第四節。）徵吳郡大守張彪，吳興大守裴之橫繼之。十二月，宿豫土民東方光（宿豫，見第七章第四節。東方光，齊書作東方白額。）據城歸化。江西州郡，皆起兵應之。三年，（齊天保五年。）正月，霸先攻廣陵。秦州刺史嚴超達圍涇州。（治石梁戍，在今安徽天長縣西北。）侯瑱出石梁，爲其聲援。霸先遣杜僧明助東方光。三月，齊將王球攻宿豫，僧明逆擊，大破之。六月，齊遣步大汗薩救涇州。又徵其冀州刺史段韶攻宿豫。韶留兵圍守，自將步騎數千人，倍道赴涇州，破嚴超達。迴赴廣陵，霸先亦引還。韶遣辯士喻東方光。光請盟。盟訖，韶執而殺之。圖江北之事，更無所成，而精兵良將，已萃於下游矣。武陵王之敗也，元帝授王琳衡州刺史，又改廣州。琳友人主書李膺，帝所任遇，琳告之曰：「琳蒙拔擢，常欲畢命，以報國恩。今天下未平，遷琳嶺外，如有不虞，安得琳力？何不以琳爲雍州刺史，使鎭武寧？琳自放兵作田，爲國禦捍也。」臏然其言，而不敢啓。王琳雖無足取，自不失爲一戰將，琳去，上游彌空虛矣。

承聖三年，西魏廢帝三年。九月，魏遣于謹、宇文護、楊忠、韋孝寬等步騎五萬入寇。其啓釁之因，周書于謹傳云：帝密與齊氏通使，將謀侵軼。文帝紀則云：梁元帝遣使請據舊圖，以定疆界；又連結於齊，言辭悖慢。此皆所謂强爲之辭。長孫儉傳：儉除荆州刺史，密陳攻取之謀。於是徵儉入朝，問其經略。儉對曰：「湘東卽位，已涉三年，觀其形勢，不欲東下。國家既有蜀土，若更平江、漢，撫而安之，收其貢賦，以供軍國，天下不足定也。」此當是啓釁之實情。江陵陷後，以儉元謀，賞奴婢三百口，遂令鎭江陵。而于謹傳言岳陽王詧「仍請王師」，或亦足以促其生心耳。十月，丙寅，虜兵至襄陽，蕭詧帥衆會之。元帝徵王僧辯及王琳，倉卒皆不得至。惟徐世譜、任約以軍次馬頭岸。見第七章第三節。世譜，魚復人，善水戰，從陸法和討任約，隨王僧辯攻郢州，皆有功，仍隨僧辯東下，恆爲軍鋒。時爲衡州刺史。江陵陷後，世譜、約皆退巴陵，約後降於齊。魚復，漢縣，以魚復浦名，在今四川奉節縣東，後移治白帝。於是樹木柵於外城，廣輪六十里，以領軍胡僧祐都督城東、城北諸軍事，左僕射王褒都督城西、城南諸軍事。虜以十一月丙申至，悉衆圍城。戊申，胡僧祐、朱買臣等出戰，買臣敗績。辛亥，魏軍大攻，帝出枇杷門，親臨陳督戰。胡僧祐中流矢薨，軍敗。反者斬西門守卒以納魏軍。帝見執，如蕭詧營，甚見詰辱。他日，見長孫儉，譎儉云：「埋金千斤於城內，欲以相贈。」儉乃將帝入城。此可見魏人之貪。帝因述詧相辱狀，謂儉曰：「向聊相譎，欲言耳，豈有天子自埋金乎？」儉乃留帝於主衣庫。十二月，辛未，魏人戕帝。據南史本紀。其下文云：梁王詧遣尚書傅準監行刑，帝謂之曰：「卿幸爲我宣行。」準捧詩流淚不能禁，進士蠶而殞之。簪使以布帊纏尸，斂以蒲席，束以白茅，以車一乘，葬於津陽門外。蓋魏欲殺帝，而使簪行之也。簪誠可謂梟獍矣。愍懷大子元良帝弟四子方矩更名。及始安王方略等皆見害。簡文子臨川王大款、桂陽王大成亦遇害。惟汝南王大封，南史傳云：魏克江陵遇害則誤。北史蕭大圜傳云：元帝令大封充使，大圜副焉，其實質也。周保定二年，大封爲晉陵縣公。南史元帝紀亦云：大封爲俘歸長安，與傳異。大圜，亦簡文子。于謹收府庫珍寶，及宋渾天儀，梁日晷，銅表，魏相風烏，銅蟠螭趺，大玉徑四尺圍七尺，及諸轝輦法物以歸。虜百官及士民十餘萬人，沒爲奴婢，其免者二百餘家而已。兼據周書文帝紀及于謹傳。梁書本紀云：「乃選百姓男女數萬口分爲奴婢，驅入長安，小弱者皆殺之，」數字上疑奪十字。

元帝之亡，論者多咎其不肯遷都建業，其實亦不盡然。當時江陵、建業，皆隔江是敵，形勢之淺露正同，而江陵元帝居之有年矣，其完富，亦非建業新遭兵燹者比，江陵不可守，豈建業獨可守乎？敬帝卽位之後，齊氏大舉入犯，其兵力曷嘗薄於西魏之師，若如元帝之所爲，建業亦安有不亡者哉？南史元帝紀云：武陵之平，議者欲因其舟艦遷都建業。宗懍、黃羅漢皆楚人，不願移。帝及胡僧祐，亦俱未欲動。僕射王褒，左戶尚書周弘正，驟言卽楚非便。宗懍及御史大夫劉懿，以爲建業王氣已盡，且渚宮洲已滿百，於是乃留。及魏軍逼，朱買臣按劍進曰：「惟有斬宗懍、黃羅漢，可以謝天下。」帝曰：「曩實吾意，宗、黃何罪？」渚宮洲已滿百者？下文云：江陵先有九十九洲，古老相承，云洲滿百當出天子。桓玄之爲荊州，內懷篡逆，乃遣鑿破一洲，以應百數，隨而崩散，竟無所成。宋文帝在蕃，一洲自立，俄而纂統。後遇元凶之禍，此洲還沒。大清末，枝江楊之閣浦復生一洲，羣公上疏稱慶，明年而帝卽位。承聖末，其洲與大岸相通，惟九十九云。此本不足信之說，不欲遷者，不過姑借以爲言，元帝亦未必眞信此也。周書王褒傳云：元帝以建業彫殘，方須修復，江陵殷盛，便欲安之。又其故府臣寮，皆楚人也，並願卽都荊、郢。嘗召羣臣議之。領軍將軍胡僧祐、吏部尚書宗懍、大府卿黃羅漢、御史中丞劉㲄等曰：「建業雖是舊都，王氣已盡，且與北寇鄰接，止隔一江，若有不虞，悔無及矣。臣等又嘗聞之，荆南之地有天子氣，今陛下龍飛纘業，其應斯乎？天時人事，徵祥如此，臣等所見遷徙非宜。」元帝深以爲然。時褒及尚書周弘正咸侍坐，乃顧謂褒等曰：「卿意以爲何如？」褒性謹慎，知元帝多猜忌，弗敢公言其非，當時唯唯而已。後因淸閑密諫，言辭甚切，元帝頗納之。然其意好荆楚，已從僧祐等策。明日，乃於衆中謂褒曰：「卿昨日勸還建業，不爲無理。」褒以宣室之言，豈宜顯之於衆，知其計之不用也，於是止不復言。謂建業彫殘，方須修復，又與寇止隔一江，皆係實情，當時梁與齊干戈日接，與西魏則固和好也。然則主不還者，實未必專爲鄉里之私。還之利究何在，求之於史並無切實之說，則以不還爲失計者，特事後追咎之辭，或竟出於欲還者之附會，亦未可知也。枝江，見第七章第三節。帝之失，首在信敵國過深。夫狡焉思啓封疆者，何國蔑有？況在巴蜀已亡，襄陽作倀，武寧而外，卽爲敵境之時乎？而帝信魏人之和好，將精兵良將，盡行遣往下流，贍一王琳，又遷諸嶺外，於是江陵宿將，惟一胡僧祐，精兵蓋無一人焉，此而可恃以爲安乎？元帝敎王僧辯曰：「國家猛將，多在下流，荆、陝之衆，悉非勁勇。」此是實情。禦武陵時，卽須拔任約、謝答仁而用之，可見其將才之乏也。然江陵兵力雖薄，謂當時卽有必亡之勢，則又未必然，此又誤於帝之不能堅守。周書于謹傳云：謹率衆出討，大祖餞於青泥谷。見第五章第六節。長孫儉問謹曰：「爲蕭繹之計將如何？」謹曰：「耀兵漢沔，席卷渡江，直據丹陽，今湖北枝江縣境。是其上策。移郭內居民，退保子城，峻其陴堞，以待援至，是其中策。若難於移動，據守羅郭，是其下策。」儉曰：「揣繹定出何策？」謹曰：「必用下策。」儉曰：「何也？」對曰：「蕭氏保據江南，緜歷數紀，屬中原多故，未遑外略；又以我有齊氏之患，必謂力不能分；且繹懦而無謀，多疑少斷，愚民難與慮始，皆戀邑居，既惡遷移，當保羅郭，所以用下策也。」夫棄城而逆走，安能必所走者之必可守？攻者不足，守者有餘，南北朝時，以重兵攻一小城而不能下者多矣。然則謹所謂上策，特史家文飾侈其兵威之辭，所謂中策乃上策也。梁書王僧辯傳曰：世祖遣李膺徽僧辯，僧辯命侯瑱等爲前軍，杜僧明等爲後軍。處分既畢，乃謂膺云：「秦兵驍猛，難與爭銳，衆軍若集，吾便直指漢江，截其後路。千里餽糧，尙有飢色，況賊趣數千里者乎？此孫臏克龐涓時也。」此亦良謀。魏師至凡二十八日而城敗，南史本紀。從來下流應援，本無如是之速，卽僧辯亦未料及江陵之遂破也。或咎下流應援之過遲，又非其實矣。江陵之守，若更能緜亙旬月，于謹卽不爲龐涓，亦必斂兵而退。謹謂梁人以我有齊患，謂力不能分，此乃當時實在情勢。觀長孫儉觀其形勢，不欲東下之語，則魏人本意，原冀元帝遷都建業，乃乘虛而取江陵，其不能用甚厚之兵力可知，一大創之，則此後不敢復至，而江陵安如泰山矣。故曰：元帝之失策，不在不遷建業，而在不能堅守江陵也。南史本紀曰：魏人燒柵，朱買臣、謝答仁勸帝乘暗潰圍，出就任約。帝素不便馳馬，曰：「事必無成，徒增辱耳。」答仁又求自將，帝以問王褒。褒曰：「答仁侯景之黨，豈是可信？成彼之勳，不如降也。」答仁又請守子城，收兵可得五千人，帝然之，卽授城內大都督，以帝鼓吹給之，配以公主。既而又召王褒謀之，答仁請入不得，歐血而去。遂使皇太子、王褒出質請降。論者或又以是爲帝之失計，此又不然。周書王褒傳云：褒本以文雅見知，一旦總戎，深自勉厲，盡忠勤之節。被圍之後，上下猜懼，元帝惟於褒深相委信，此必非偶然。又言褒從元帝入子城，猶欲固守，然則謂元帝聽其言，致誤潰圍守城之計，非傳者之誣，則必任約、謝答仁，有其灼然不可信者在也。元帝猜忌，自難爲辯，然傳述之辭，亦多過其實。帝多殺戮，自係實錄，然當時如此者實非帝一人，如蕭詧其忍虐，豈不更甚於帝乎？殺機旣動矣，親戚相屠旣已成習矣，徒爲徐偃、宋襄，豈遂有裨於大局？南史本紀云：帝性好矯飾，多猜忌，於名無所假人，微有勝己者，必加毁害。帝姑義興昭長公主子王銓兄弟八九人，有盛名，帝妒害其美，遂改寵姬王氏兄王珩名琳，以同其父名。忌劉之遴學，使人鴆之。如此者甚衆。改寵姬兄名同人父名，何以能敗其名？有學問者多矣，殺一劉之遴何益？此等皆傳者之過也。侯景傳云：王偉及呂季略、周石珍、嚴亶俱送江陵。偉尙望見全，於獄爲詩贈元帝下要人，又上五百字詩於帝。帝愛其才，將舍之。朝士多忌，乃請曰：「前日偉作檄文，有異辭句。」元帝求而視之。檄云：「項羽重瞳，尙有烏江之敗；湘東一目，寧爲四海所歸？」帝大怒，使以釘釘其舌於柱，剜其腸，仇家臠其肉至骨，方刑之。石珍及亶並夷三族。其殺之之法誠酷矣。殺之之由是否如史之所云，亦難遽斷。且當時用此等酷刑者，亦非帝一人也。觀其於任約、謝答仁，尙能釋而用之，臨難時又能擢王褒於文臣之中，則亦非全不能用人者，惟究非豁達大度之流，故其下可任之才甚少，如陳武帝，帝卽用之未盡其才也。灑落君臣契，飛騰戰伐名，杜陵所以慨想於孫吳之世歟？

江陵既亡，宇文泰命蕭詧主梁嗣，居江陵東城，資以江陵一州之地。其襄陽所統，盡入於魏。詧乃稱皇帝於其國。惟上疏則稱臣，奉正朔。仍置江陵防主，統兵居於西城，名曰助防，外示助詧備禦，內實兼防詧也。江陵陷時，宿將尹德毅說詧曰：「人主之行，與匹夫不同。魏虜貪婪，肆其殘忍，多所誅夷，俘囚士庶，並充軍實。此等戚屬，咸在江東，痛心疾首，何日能忘？悠悠之人，不可戶說，塗炭至此，咸謂殿下爲之。殿下既殺人父兄，孤人子弟，人盡讎也，誰與爲國？魏之精銳，盡萃於此。若殿下爲設享會，固請于謹等爲歡，彼無我虞，當相率而至。豫伏武士，因而斃之，分命果毅，掩其營壘，斬馘逋醜，俾無遺噍。江陵百姓，撫而安之，文武官寮，隨卽銓授。魏人懾息，未敢送死，僧辯之徒，折簡可致。然後朝服濟江，入踐皇極，纘堯復禹，萬世一時。晷刻之閒，大功可立。願殿下恢弘遠略，勿懷匹夫之行。」督不從。既而闔城長幼，被虜入關；又失襄陽之地；督乃追悔曰：「恨不用尹德毅之言。」居常怏怏，遂以憂憤發背而死。烏乎！哀莫大於心死，梁武嘗攻郢不下，進退惟谷之際，尙不肯求援於異族，雖裴叔業欲入虜，亦勸止之，而督託庇於非類，以主其祀，春秋饗祭，祝史將何辭以告？而督亦何顏以入其父祖之廟乎？

第五節　陳武帝卻齊師

江陵既陷，建業復危，斯時之中國，幾於不國矣。梁任公曰：「曠觀我國之歷史，每至羣陰交搆，蜩螗沸羹之際，則非常之才出焉，」則陳武帝其人也。

梁元帝第九子晉安王方智，爲江州刺史。江陵既陷，王僧辯與陳霸先奉爲梁王，大宰、承制，奉迎還建康。江陵陷之明年，敬帝紹泰元年，齊天保六年。二月，卽位，是爲敬帝。時年十三。而齊卽以是月，遣其上黨王渙，神武第七子。納貞陽侯淵明爲梁主。齊文宣與王僧辯書，屬其迎接。淵明亦頻與僧辯書。僧辯不納。三月，渙陷譙郡。見第十章第十節。至東關。見第十一章第四節。裴之橫拒之。營壘未周，齊軍大至，兵盡矢窮，沒於陳。案是時下流兵力，未爲甚乏，僧辯何以遣之橫孤軍迎敵，不籌應援，甚可疑也。之橫既死，僧辯遂謀納淵明。具啓定君臣之禮。淵明復書，許齊師不渡江。僧辯又報書，許遣其第七子顯，顯所生劉，并弟子世珍爲質。仍遣左民尙書周弘正至歷陽奉迎。歷陽，見第三章第九節。因求以敬帝爲太子。淵明許之。又許衆軍不渡。僧辯遂使送質於鄴。淵明求渡衛士三千，僧辯止受散卒千人。七月，淵明自采石濟，（采石，見第三章第九節。）入京師，卽僞位。以敬帝爲皇太子。此時齊人若果有呑幷江南之心，其師必不臨江而返。齊人當日，蓋亦如梁之納元顥，以偏師要幸而已。其兵鋒，尚不及陳慶之之銳也。有何不可拒，而必迎立之哉？僧辯在梁世，功名不爲不高，而其晚節不終如此，小人豈知自愛哉？淵明旣卽僞位，大赦，惟宇文黑獺、賊詧等不在赦例，是時之中國，則純乎一齊而已矣。

時陳霸先爲南徐州刺史，鎭京口。九月，江、淮人報云：齊兵大舉至壽春。王僧辯謂齊軍必出江表，遣記室參軍江旰報霸先，仍使豎舟艦器械。霸先因與薛安都謀襲之。使安都率水軍自京口趨石頭，自率馬步從江乘羅落會之。（江乘，見第三章第九節。自江乘至羅落橋，爲自京口趨建康之大路。）安都至石頭北，棄舟登岸。僧辯弗之覺也。石頭城北接岡阜，雉堞不甚危峻，安都被甲，帶長刀，軍人捧之，投於女垣內。衆隨而入，進逼僧辯臥室。霸先大軍亦至。僧辯正視事，與其子頠走出閤，據南門樓，乞命拜請。霸先命縱火焚之，方共頠下就執。爾夜斬之。南史僧辯傳云：陳武宿有圖僧辯志。及聞命，留江旰城中，銜枚而進，知謀者惟侯安都、周文育而已。外人但謂旰徵兵扞北。時壽春竟無齊軍，又非陳武之譎，殆天授也。然陳武亦可謂善於乘機矣。傳又云：僧辯平建業，遣陳武守京口，推以赤心，結廉、藺之分，且爲第三子頠許娶陳武章后所生女，未婚而僧辯母亡，然情好甚密。可見陳武此舉，純出公義。抑梁書僧辯傳言：僧辯旣就執，陳武謂之曰：「我有何辜，公欲與齊師致討？」此語最堪注意。陳武旣不能屈膝於異族，僧辯倒行逆施，何所不至？壽春雖無齊師，安知不忽焉而有？陳武果聽其調遣而出江西，安知不爲裴之横之續邪？要之陳武之於中國，有存亡絕續之功，則不可誣矣。僧辯既伏誅，陳武乃黜淵明，復立敬帝。封淵明爲建安郡王，後復以爲大傅。齊書淵明傳云：霸先奉表朝廷，云僧辯陰謀簒逆，故誅之。方智請稱臣，永爲蕃國。齊遣行臺司馬恭及梁人盟於歷陽。明年，詔徵明，霸先猶稱藩將，遣使送明，會疽發背死。明以疽發背死，不知信否，則方智請稱臣爲蕃國，其說之信否，亦不可知矣。卽謂爲信，是時之臣齊，亦文而非實，而膺懲之師，且旋起矣。

吳興大守杜龕，崱兄岑之子，王僧辯壻也。吳興見第三章第九節。僧辯以吳興爲震州，以龕爲刺史。霸先誅僧辯，密使兄子蒨還長城，立柵以備之。蒨，陳武帝兄始興昭烈王道談子。長城見第三章第九節。十月，龕與義興大守韋載同舉兵反。據陳書本紀。載傳云：高祖誅王僧辯，乃遣周文育輕兵襲載，未至而載先覺，乃嬰城自守。案陳武生平用降將最多，其豁達大度，實古今罕匹。載降後，陳武重用之，載亦爲陳武盡力。載雖久隨僧辯，似不至遣兵襲之也。義興見第五章第六節。時蒨收兵纔數百人，戰備又少，龕遣其將杜泰領精兵五千，乘虛掩至。日夜苦攻。蒨激厲將士，身當矢石。相持數旬，泰乃退走。周文育攻韋載。載所屬縣卒，並霸先舊兵，多善用弩。載收得數十人，繫以長鎖，命所親監之，約曰：「十發不兩中則死。」每發輒中，所中皆斃。文育軍稍卻。因於城外據水立柵相持。霸先聞文育軍不利，自將征之，克其水柵，而齊寇至。

時徐嗣徽爲秦州刺史，秦州，卽秦郡，見第三節。其從弟嗣先，王僧辯之甥也，與嗣徽弟嗣宗、嗣產，俱逃就嗣徽。嗣徽據其城以入齊。又要南豫州刺史任約，共舉兵應杜龕、韋載。南豫州時治宣城。齊人資其兵食。嗣徽等以京師空虛，率精兵五千，掩至闕下。時侯安都宿衛宮省，閉門偃旗幟，示之以弱。夜令士卒，密營禦敵之具。將旦，賊騎又至，安都率甲士三百人開東西掖門與戰，大敗之。賊乃退還石頭。霸先遣韋載族弟翽齎書喻載以誅王僧辯之意，并奉梁敬帝勅，勅載解兵。載得書，乃以衆降。霸先厚加撫慰，即以翽監義興郡，所部將帥，並隨才任使，引載恆置左右，與之謀議。而卷甲還都，命周文育進討杜龕。十一月己卯，齊遣兵五千，渡據姑孰。見第四章第一節。霸先命徐度於冶城寺立柵，南抵淮渚。冶城在今江蘇江寧縣西。齊又遣其安州刺史翟子崇、楚州刺史劉仕榮、淮州刺史柳達摩，安州治定遠，在今安徽定遠縣東。楚州治鍾離，見第八章第四節。淮州治淮陰，見第四章第二節。領兵萬人於胡墅渡，胡墅在今江蘇江浦縣南。米粟三萬，馬千匹，入於石頭。時蕭軌爲大都督，至江而還。霸先問計於韋載。載曰：「齊軍若分兵先據三吳之路，略地東境，則時事去矣。今可急於淮南，即侯景故壘築城，以通東道轉輸，別令輕兵絕其糧道，使進無所虜，退無所資，則齊將之首，旬日可致。」霸先從其計。癸未，霸先遣侯安都領水軍夜襲胡墅，燒齊船千餘艘，周鐵虎率舟師斷齊運輸，仍遣韋載於大航築城，使杜稜據守。齊人又於倉門、水南立二柵，以拒官軍。倉門，石頭倉城門。水南，秦淮河之南。甲辰，嗣徽等攻冶城柵。霸先領鐵騎精甲出自西明門襲擊之。賊衆大潰。嗣徽留柳達摩等守城，自率親屬腹心往采石迎齊援。十二月癸丑，霸先遣侯安都領舟師襲嗣徽家口於秦州，俘獲數百人。官軍連艦塞淮口，斷賊水路。丙辰，霸先盡命衆軍分部甲卒，對冶城立航渡兵，攻其水南二柵。柳達摩等渡淮置陳。霸先督兵疾戰，縱火燒柵，煙塵漲天。賊潰，爭舟相排擠，死者以千數。時百姓夾淮觀戰，呼聲震天地。軍士乘勝，無不一當百。盡收其船艦。賊軍懾氣。是日，嗣徽、約等領齊水步萬餘人還據石頭。霸先遣兵往江寧，見第九章第一節。據要險以斷賊路。賊水步不敢進，頓江寧浦口。霸先遣侯安都領水軍襲破之。嗣徽等乘單舸脫走。盡收其軍資器械。丁巳，拔石頭南岸栅，移渡北岸，起栅以絕其汲路。又堙塞東門故城中諸井。齊所據城中無水，水一合貿米一升，米一升貿絹一疋。己未，官軍四面攻城。自辰訖酉，得其東北小城。及夜，兵不解。庚申，柳達摩使侯子欽、劉仕榮等詣霸先請和。霸先許之。乃於城門外刑牲盟約。其將士部曲，一無所問，恣其南北。辛酉，霸先出石頭南門，陳兵數萬，送齊人歸北者。

是月，杜龕以城降。明年，敬帝大平元年，齊天保七年。正月，癸未，誅龕於吳興。據陳書本紀。梁書龕傳云：龕聞齊兵還，乃降。案齊兵之還在辛酉，而陳書本紀紀龕之誅在癸未，相距二十一日，明是龕降後得朝命乃誅之。乃南史龕傳云：龕好飲酒，終日恒醉。勇而無略。部將杜泰私通於文帝，說龕降，龕然之。其妻王氏曰「霸先讎隙如此，何可求和？」因出私財賞募，復大敗文帝軍。後杜泰降文帝，龕尚醉不覺。文帝遣人負出項王寺前斬之。其言野矣。梁書龕傳云：龕遣軍副杜泰攻陳蒨於長城，反爲蒨所敗，與陳書文帝紀合。又云：霸先遣將周文育討龕，龕令從弟北叟出距，又爲文育所破，走義興，亦與陳書武帝紀合。乃南史龕傳謂其頻敗陳文帝軍，又謂其妻出私財賞募，又大敗文帝軍，是又不根之辭也。梁書云：龕以霸先既非貴素，兵又猥雜，在軍府日，都不以霸先經心；及爲本郡，每以法繩其宗門，無所縱舍；霸先銜之切齒。南史略同。然則陳武帝之誅龕，乃所以報私怨者邪？抑龕豈能用法之人乎？是皆所謂自比於逆亂，設淫辭而助之攻者也。初僧辯之誅，弟僧智舉兵據吳郡。霸先遣黃他攻之，不能克。又使裴忌討之。忌勒部下精兵，輕行倍道，自錢唐直趨吳郡。夜至城下，鼓噪薄之。僧智疑大軍至，輕舟奔杜龕。後奔齊。僧愔，亦僧辯弟，亦奔齊。梁書侯瑱傳：瑱爲江州刺史，王僧辯使僧愔率兵與瑱共討蕭勃。及高祖誅僧辯，僧愔陰欲圖瑱而奪其軍。瑱知之，盡收僧愔徒黨，僧愔奔齊。南史瑱傳同。其僧辯傳則云：僧愔爲譙州刺史，征蕭勃，及聞兄死，引軍還。吳州刺史羊亮隸僧愔下，與僧愔不平，密召侯瑱，見禽。僧愔以名義責瑱，瑱乃委罪於將羊鯤，殺之。僧愔復得奔齊。未知孰是。譙州，卽譙郡，見上。吳州，治鄱陽，見第四章第三節。初，張彪攻侯子鑒，不克，仍走向剡。漢縣，今浙江嵊縣。及侯景平，王僧辯遇之甚厚，引爲爪牙，與杜龕相似，世謂之張、杜。淵明篡立，以爲東揚州刺史。東揚州，見第二節。是時亦起兵，圍臨海太守王懷振，遣使求救。臨海，見第四章第三節。此從陳書世祖紀。南史彪傳云：剡令王懷之不從，彪自征之。陳蒨與周文育輕兵往會稽掩彪。彪將沈泰等與長史謝岐迎蒨。彪因其未定，踰城入，蒨走出。文育時頓城北香巖寺，蒨夜往赴之，因共立柵。彪來攻，不能克，還入若邪山。見第三節。蒨遣章昭達以千兵往，重購之，若邪村民斬彪，傳其首。於是僧辯餘孽在肘腋閒者略盡矣，而齊師又至。

大平元年二月，陳霸先遣侯安都、周鐵虎率舸艦備江州，仍頓梁山起柵。梁山，見第九章第一節。是月，齊人來聘，使侍中王廓報聘。三月戊戌，齊遣水軍儀同蕭軌、庫狄伏連、堯難宗、東方老、侍中裴英起、東廣州刺史獨孤辟惡、洛州刺史李希光，幷任約、徐嗣徽等，據陳書本紀。南史徐嗣徽下又有王僧愔。梁書敬帝紀則但書齊大將蕭軌。北齊書高乾傳云：命儀同蕭軌率李希光、東方老、裴英起、王敬寶。又云：五將名位相侔，英起以侍中爲軍師，蕭軌與希光並爲都督，軍中抗禮，不相服御，競說謀略，動必乖張，故致敗亡。東廣州，見第一節。洛州，見第十一章第四節。率衆十萬出柵口，見第二節。向梁山。帳內盪主黃叢逆擊，敗之，燒其前軍船艦，齊頓軍保蕪湖。見第三章第九節。霸先遣沈泰、裴忌就侯安都共據梁山以禦之。四月丁巳，霸先詣梁山軍巡撫。五月甲申，齊兵發自蕪湖。丙申，至秣陵故治。今江寧縣南之秣陵關。霸先遣周文育頓方山，在江寧東南。徐度頓馬牧，胡三省曰：牧馬之地。杜稜頓大航南。己亥，霸先率宗室王侯，及朝臣、將帥，於大司馬門外白虎闕下刑牲告天，以齊人背約，發言慷慨，涕泗交流，同盟皆莫能仰視。士卒觀者益奮。辛丑，齊軍於秣陵故縣跨淮立橋柵，引渡兵馬。其夜，至方山。侯安都、周文育、徐度等各引還京師。癸卯，齊兵自方山進及兒塘。在方山西北。游騎至臺。周文育、侯安都頓白土岡。在方山北。旗鼓相望，都邑震駭。霸先潛撤精卒三千配沈泰，渡江襲齊行臺趙彥深於瓜步，見第八章第七節。獲舟艦百餘艘，陳粟萬斛。即日，天子總羽林禁兵頓於長樂寺。六月，甲辰，齊兵潛至鍾山龍尾。鍾山，見第四章第三節。龍尾，在鍾山東北。丁未，進至幕府山。在今首都北，長江南岸。霸先遣錢明領水軍出江乘，見第三章第九節。要擊齊人糧運，獲其船米。齊軍大餒，殺馬驢而食之。庚戌，齊軍踰鍾山。霸先衆軍分頓樂遊苑東及覆舟山北，斷其衝要。覆舟山，見第七章第三節。樂遊苑，在覆舟山南。壬子，齊軍至玄武湖西北，幕府山南，將據北郊壇。玄武湖，見第九章第八節。衆軍自覆舟東移，頓郊壇北，與齊人相對。其夜，大雷震電，暴風拔木，平地水深丈餘。齊軍晝夜坐立泥中，懸鬲以爨。而臺中及潮溝北，水退路燥，官軍每得番休。引玄武湖水南逕臺城入秦淮支流曰潮溝。是時食盡，調市人餽軍，皆是麥屑爲飯，以荷葉裹而分給，間以麥䴵，兵士皆困。會陳蒨遣送米三千石，鴨千頭。霸先即炊米煑飯，誓申一戰。士及防身，計糧數臠，人人裹飯，混以鴨肉。據南史本紀。陳書孔奐傳云：齊軍至後湖，都邑騷擾，又四方壅隔，糧運不繼，三軍取給，惟在京師，乃除奐建康令。時累歲兵荒，戶口流散，勍敵忽至，徵求無所。高祖剋日決戰，乃令奐多營麥飯，以荷葉裹之，一宿之間，得數萬裹。軍人旦食訖，棄其餘，因而決戰，遂大破賊。案時建康荒殘已甚，雖戰於我境，敵軍反飽，我衆反飢。齊師初至時，韋載重議東路，陳武運籌，每重斷敵糧道以此。此亦可見梁元不欲遷都、爲有由也。甲寅，少霽，霸先命衆軍秣馬蓐食，通明攻之。乙卯，自率帳內麾下出幕府山南，吳明徹、沈泰等衆軍首尾齊舉，縱兵大戰。侯安都自白下引兵橫出其後。白下見第九章第三節。齊師大潰，斬獲數千人，相蹂藉而死者不可勝計。生執徐嗣徽及其弟嗣宗，斬之以徇。追奔至於臨沂。晉縣，在今首都東北。江乘、攝山、鍾山諸軍相次克捷。攝山今江寧棲霞山。虜蕭軌、東方老、裴英起等將帥凡四十六人。據陳書本紀。南史此處多一王僧智。其僧辯傳云：僧辯既亡，僧智得就任約，約敗走，僧智肥不能行，又遇害。其軍士得竄至江者，縛荻筏以濟，中江而溺，流尸至京口，翳水彌岸。北齊書高乾傳云：是役將帥俱死，士卒得還者十二三；所沒器械軍資，不可勝紀。南史云：惟任約、王僧愔得免。僧辯傳同。先是童謠云：「虜萬夫入五湖，城南酒家使虜奴。」自晉、宋以後，經略在魏境，江、淮以北，南人皆謂爲虜。是時以賞俘貿酒者，一人裁得一醉，亦可見其荒殘之甚已。處如此困境，而能克敵衛國，陳武帝誠可謂天錫智勇，觀於此，而知人定勝天，而笑王僧辯等之徒自怯也。裴之橫一戰而敗，遽迎淵明，僧辯何至怯弱如此？故其先已通敵與否，終有可疑，惟無明確證據耳。丁巳，衆軍出南州，燒賊船艦。己未，斬劉歸義、徐嗣產、傅野猪於建康市。南史王僧辯傳：徐嗣徽與任約、王曄、席皐渡江，及戰敗，嗣徽墮馬，嗣宗援兄見害，嗣產爲陳武軍所擒，死。任約、王曄得北歸。是日解嚴。庚申，蕭軌、東方老、王敬寶、李希光、裴英起皆伏誅。初齊師之去石頭，求霸先子姪爲質。霸先遣弟子曇朗往。霸先母弟南康忠壯王休先之子。陳書曇朗傳云：時四方州郡，並多未賓；京都虛弱，糧運不繼；在朝文武，咸願與齊和親。高祖難之，而重違衆議。乃言於朝曰：「今在位諸賢，且欲息肩偃武，若違衆議，必謂孤惜子姪。今決遣曇朗，棄之寇庭。且齊人無信，窺窬不已，謂我浸弱，必當背盟。齊寇若來，諸君須爲孤力鬥也。」高祖慮曇朗憚行，或奔竄東道，乃自率步騎往京口迎之，以曇朗還京師。仍使爲質於齊。齊果背約，復遣蕭軌等隨嗣徽渡江。高祖與戰，大破之，虜蕭軌、東方老等。齊人請割地，幷入馬牛以贖之。高祖不許。及軌等誅，齊人亦害曇朗於晉陽。案蕭軌等以乙卯見獲，庚申伏誅，相距僅五日，齊朝且不及聞敗報，安能遣使割地求贖之請？其出於軍中敗將可知。二月使節猶通，三月大軍遽至，齊朝信誓如此，況於敗將？匹夫不可狃，況國乎？無怪陳武之不許也。陳武明知曇朗之不返，而決遣之，此時又不以私愛害公義，其公忠體國爲何如？以視梁武帝惜一淵明，遽欲與北言和者，其度量之相越，豈可以道里計哉？明年二月，遣徐度入東關。度至合肥，燒齊船三千艘。是月，南豫州刺史沈泰奔齊，齊亦不能更爲之援矣。

大平二年，即陳武帝永定元年。十月，陳霸先受梁禪，是爲陳高祖武皇帝。從來人君得國，無如陳武帝之正者。記曰：「禮，時爲大。堯授舜，舜授禹；湯放桀，武王伐紂，時也。」人君之責，在於內安外攘而已。當强敵侵陵，干戈徧地之際，豈可以十餘齡之稚子主之哉？陳武帝與宋武帝，並有外攘之功，陳武之所成就，似不如宋武之大，然此乃時勢爲之，論其功績，則陳武實在宋武之上。且宋武自私之意多，陳武則公忠體國。宋武乃一武夫，陳武則能幸莊嚴寺講經，可見其於學問非無所知；而又非如梁武帝之僅長於學問，而不宜於政事。宋武於並時儕輩無不誅夷，陳武則多能收用降將，其度量之寬廣，蓋又有大過人者。陳武誠文武兼資，不世出之偉人哉！敬帝遜位後，旋死。南史劉師知傳云：陳武帝入輔，以師知爲中書舍人，掌詔誥。梁敬帝在內殿，師知常侍左右。及將加害，師知詐令帝出，帝覺，繞牀走曰：「師知賣我，陳霸先反。我本不須作天子，何意見殺？」師知執帝衣，行事者加刃焉。旣而報陳武帝曰：「事已了。」武帝曰：「卿乃忠於我，後莫復爾。」一武夫豈不足了敬帝，而待師知執衣？觀乃忠於我，後莫復爾之言，又似武帝初不之知者；有是理乎？師知後爲宣帝所誅，此言蓋宣帝之黨造作以誣之也。敬帝之見殺，自不能謂非陳武之意，然此乃革易之際，事勢不得不然。蕭莊尙有居爲奇貨者，況敬帝乎？是時情勢兀臬已甚，使有藉其名而起者，又必九州雲擾，且至牽引外寇矣。周餘黎民，靡有孑遺，黃臺之瓜，豈堪三摘？又安能顧一人而詒憂大局乎？

第六節　陳平內亂上

國門之外，强敵雖除，然梁室遺孽，尙思蠢動；又是處武夫專橫，土豪割據，陳氏開創之艱難，實十倍於宋、齊、梁三朝而未有已也。

陳武帝之迎蕭勃爲廣州刺史也，梁元帝力不能制，遂從之。江表定，以王琳代爲廣州。琳至小桂嶺，當在曲江縣北。遣其將孫瑒監州，勃率部下至始興，見第三章第九節。以避琳兵鋒。陳書歐陽頠傳。孫瑒聞江陵陷，棄州還。勃復據廣州。大平二年，二月，勃舉兵自廣州度嶺，頓南康。見第七章第五節。初梁元帝承制，以始興爲東衡州，以歐陽頠爲刺史。勃至始興，頠別據一城，不往謁，閉門高壘，亦不拒戰。勃怒，遣兵襲頠，盡收其貲財馬仗。尋赦之，還復其所，復與結盟。荆州陷，頠委質於勃。及是，勃以頠爲前軍都督，頓豫章之苦竹灘。在今江西豐城縣西北。使傅泰據墌口城，在今江西南昌縣西南。新吳洞主余孝頃，據陳書周文育傳。紀作南江州刺史，蓋卽新吳置南江州耳。新吳，漢縣，在今江西奉新縣西。舉兵應勃，遣其弟孝勱守郡城，自出豫章，據於石頭。豫章，見第三章第九節。水經注：贛水經豫章郡北，水之西岸有石磐，謂之石頭。勃使其子孜將兵與孝頃會。使周文育討之。於豫章立柵。官軍食盡，並欲退還。文育不許。周迪者，臨川南城人也。臨川，見第七章第一節。南城，漢縣，今江西南城縣。少居山谷，有膂力，能挽強弩，以弋獵爲事。侯景之亂，迪宗人周續起兵於臨川，梁始興王蕭毅以郡讓續，迪召募鄉人從之。續所部渠帥，皆郡中豪族，稍驕橫，續頗禁之，渠帥等並怨望，乃相率殺續，推迪爲主。迪乃據有臨川之地，築城於工塘。在今江西臨川縣東南。大平元年，除臨川內史。文育討勃，迪按甲保境，以觀成敗。文育使長史陸山才說迪，迪乃大出糧餉，以資文育。文育燒所立柵僞退，孝頃望之大喜，因不設備。文育由間道兼行，信宿達芊韶，在今江西新建縣南。芊韶上流則歐陽頠，蕭勃下流則傅泰、余孝頃，文育據其中間，築城饗士。賊徒大駭。歐陽頠乃退入泥溪，在今江西新淦縣南。作城自守。文育遣周鐵虎與陸山才襲擒之。三月，前軍丁法洪生俘傅泰。蕭孜、余孝頃退走。蕭勃在南康，聞之，衆皆股栗，莫能自固。其將譚世遠斬勃欲降。四月，勃故主帥蘭敳襲殺世遠，敳仍爲夏侯明徹所殺。梁本紀云：亡命夏侯明徹，陳書周文育傳云：明徹世遠軍主。明徹持勃首以降。蕭孜、余孝頃猶據石頭。高祖遣侯安都助文育攻之。孝頃棄軍走，孜請降。豫章平。五月，孝頃亦遣使詣丞相府乞降。文育送歐陽頠於高祖，高祖釋之。蕭勃死後，嶺南擾亂，乃授頠衡州刺史。未至嶺南，頠子紇已克定始興。及頠至，嶺南皆懾伏。乃進廣州，盡有越地。改授廣州刺史。

蕭勃乃一妄人，附從之者，亦皆土豪之流，出其境則無能爲，未足憚也。而王琳則異是。西魏之寇江陵也，梁元帝請援於齊。齊使其清河王岳爲西南道大行臺，統潘樂等救江陵。明年，敬帝紹泰元年，齊天保六年。正月，次義陽，荊州已陷。因略地，南至郢州，獲刺史陸法和。齊朝知江陵陷，詔岳旋師。岳留慕容儼據郢。梁使侯瑱都督衆軍攻之。儼食盡請和。

瑱還鎭豫章。據陳書瑱傳。此實錄也。北齊書徽傳，侈陳瑱攻擊之烈，徽守禦之堅，無一語在情理之中，眞可發一大噱。徽厖後。梁書侯瑱傳作特德，乃其字也。及敬帝立，齊文宣以城在江表，據守非便，詔還之。於是上流之齊師亦退矣，而王琳竊發。初梁元帝徵琳赴援，除琳湘州刺史。琳師入長沙，知魏已陷江陵，立蕭詧，乃為元帝舉哀，遣別將侯平率舟師攻梁。琳屯兵長沙，傳檄諸方，為進趨之計。時長沙蕃王蕭韶見第二節。及上游諸將，推琳主盟。侯平雖不能渡江，頻破梁軍；又以琳兵威不接，翻更不受指麾。琳遣將討之，不克。又師老兵疲，不能進。乃遣使奉表詣齊，并獻馴象。又使獻款於魏，周書權景宣傳：梁將王琳在湘州，景宣遺之書，諭以禍福，琳遂遣長史席豁，因景宣請舉州款附。求其妻子。亦稱臣於梁。陳武帝立敬帝，以侍中、司空徵之，琳不從命。乃大營樓艦。大平二年，八月，遣周文育、侯安都率衆討之。時兩將俱行，不相統攝，因部下交爭，稍不平。十月，戰於沌口，敗績。安都、文育並為琳所擒。後自琳所逃歸。見第三章第九節。琳乃移湘州軍府就郢城。又遣樊猛襲據江州。梁元帝孫永嘉王莊，方等子。江陵陷時，年七歲，逃匿民家。後琳迎還湘中，衞送東下。及敬帝立，出質於齊。琳乃請納莊為梁主。齊文宣遣兵援送。仍冊拜琳為梁丞相、都督中外諸軍、錄尚書事。琳乃遣兄子叔寶率所部十州刺史赴鄴，奉莊纂梁祚於郢州。據北齊書琳傳。文宣紀：天保九年，十一月，王琳遣使請立蕭莊為梁主，仍以江州內屬，令莊居之。通鑑考異云：琳時在湓城，蓋始居江州，後還郢州耳。時永定二年齊天保九年。三月也。先是侯瑱據中流，兵甚强盛；又以本事王僧辯；雖外示臣節，未有入朝意。余孝頃初為豫章大守，及瑱鎭豫章，乃於新吳縣別立城柵，與瑱相拒。瑱留軍人妻子於豫章，令從弟奫知後事，悉衆以攻孝頃。自夏及冬，弗能克。乃長圍守之。盡收其禾稼。奫與其部下侯平不協，平率所部攻奫，虜掠瑱軍府妓妾、金玉，歸於高祖。

瑱既失根本，兵衆皆潰，輕歸豫章，豫章人拒之，乃趨湓城，投其將焦僧度。僧度勸瑱投齊。瑱以高祖有大量，必能容己，乃詣闕請罪。高祖復其爵位。大平元年七月。及是，詔瑱與徐度率舟師爲前軍以討琳。七月，又遣吏部尚書謝哲諭琳。詔臨川王蒨西討，以舟師五萬發京師。謝哲反命，琳請還鎭湘川，詔追衆軍，緩其伐。蓋時內憂外患孔多，故高祖不欲竟其誅也。扶風郿人魯悉達，侯景之亂，糾合鄉人保新蔡，新蔡，秦縣，晉置郡，今河南新蔡縣。梁僑置，在今安徽霍丘縣東。力田蓄穀。時兵荒饑饉，京都及上川，餓死者十八九，有存者，皆攜老幼以歸之，悉達分給糧廩，所濟活者甚衆。仍於新蔡置頓以居之。招集晉熙等五郡，盡有其地。晉熙，見第二節。使其弟廣達，領兵隨王僧辯討侯景。景平，梁元帝授悉達北江州刺史。梁北江州，在今湖北黃岡縣。撫綏五郡，甚得民和。士卒皆樂爲之用。王琳授悉達鎭北將軍，高祖亦授以江州刺史，陳北江州，治南陵，見第九章第四節。各送鼓吹女樂。悉達兩受之，遷延顧望，皆不就。高祖使沈泰潛師襲之，不能克。琳欲圖東下，以悉達制其中流，恐爲己患，頻遣使招誘。悉達終不從。琳不得下，乃連結於齊，共爲表裏。齊遣其清河王岳助之。相持歲餘，悉達禆將梅天養懼罪，引齊軍入城。悉達勒麾下數千人，濟江而歸高祖。永定三年，六月，遣臨川王蒨往皖口，皖水入江之口，在今安徽懷寧縣西。置城柵，使錢道戢守焉。是月，高祖崩。帝第六子昌，帝爲長城侯時，嘗立爲世子。帝一至五子皆無考。逮平侯景，鎭京口，梁元帝徵帝子姪入侍，與兄子頊俱西。頊，始興昭烈王第二子。荊州陷，又與頊俱遷關右。武帝卽位，頻遣使請諸周，周人許之而未卽遣，及武帝崩，乃遣之；而王琳梗於中流，未得還。皇后章氏，與中書舍人蔡景歷等定議迎立蒨，是爲世祖文皇帝。詳見下節。時王琳輔蕭莊，次於濡須口。卽柵口，見第二節。齊遣揚州道行臺慕容儼率衆臨江，爲其聲援。

十一月，琳寇大雷，見第四章第三節。遣侯瑱、侯安都、徐度禦之。瑱爲都督。又遣吳明徹襲湓城，爲琳將任忠所敗。瑱與琳相持百餘日，未決。天嘉元年，周武成二年，齊天保十年。二月，東關春水稍長，舟艦得通。琳引合肥、巢湖之衆，舳艫相次而下，其勢甚盛。瑱率軍進虎檻洲。見第九章第四節。戰，琳軍稍退，却保西岸。是時西魏遣大將史寧躡其上流，瑱聞之，知琳不能持久，收軍却據湖浦，北齊書琳傳云：引軍入蕪湖。以待其敝。及史寧至，圍郢州，琳恐衆潰，乃率船艦來下，去蕪湖十里而泊。明日，齊人遣兵數萬助琳。琳引衆向梁山，欲越大軍以屯險要。梁山見第九章第一節。齊行臺劉伯球率兵萬餘人助琳水戰；慕容儼子子會，領鐵騎二千，在蕪湖西岸博望山南，爲其聲勢。瑱令軍中晨炊蓐食，頓蕪湖洲尾以待之。將戰，有微風至自東南，衆軍施拍縱火。章昭達乘平虜大艦中江而進，發拍中於賊艦，其餘冒突、青龍，各相當直。又以牛皮冒蒙衝小船，以觸賊艦，并鎔鐵灑之。琳軍大敗。其步兵在西岸者，自相蹂踐。馬騎並淖於蘆荻中，棄馬脫走以免者十二三。盡獲其舟艦器械，并擒劉伯球、慕容子會。自餘俘馘以萬計。琳與其黨潘純陁等乘單舴艋冒陳走。北齊書琳傳云：時西南風忽至，琳謂得天道，將直取揚州。侯瑱等徐出蕪湖躡其後。比及兵交，西南風翻爲瑱用。琳兵放火燧以擲船者，皆反燒其船。琳船艦潰亂，兵士投水死者十二三，其餘皆棄船上岸，爲陳軍所殺殆盡。至湓城，猶欲收合離散，衆無附者，乃與妻妾、左右十餘人入齊。初琳命左長史袁泌、御史中丞劉仲威同典兵侍衞蕭莊。及兵敗，泌降。仲威以莊投歷陽。琳尋與莊同降鄴都。先是蕭誉遣其大將王操，略取琳之長沙、武陵、南平等郡。永定二年。琳亦遣其將雷文柔襲陷監利。永定三年。武陵，漢郡，治義陵，在今湖南漵浦縣南。後漢移治臨沅，在今湖南常德縣西。南平，吳南郡，晉改曰南平。南齊治孱陵，在今湖北公安縣南。陳後移治作唐，在今湖南安鄉縣北。監利，吳縣，後梁是時爲郡，今湖北監利縣。及琳與陳相持，稱蕃乞師於詧，詧許之，師未出而琳敗。從來論琳者，或以爲忠於梁室而恕之，且有稱之者。曾亦思淵明之入，中國既不國矣！拯中國於被髮左衽者誰乎？卽以忠於一姓論：陳武自立之後，琳亦立蕭莊，猶可說也，當其立敬帝時，何名拒之？蕭詧者，親結虜以剸刃於琳之君之腹者也，琳顧稱臣焉，且以妻子之故而獻款於虜焉；忠臣顧如是乎？國士顧如是乎？陽託效忠一姓之名，陰行割據自私之實，惟利是視，琳之謂矣，又何取焉？

王琳之入寇也，以孫瑒爲郢州刺史，總留府之任。史寧奄至，助防張世貴舉外城以應之。瑒兵不滿千人，乘城拒守，周人苦攻不能克。及聞大軍敗王琳，乘勝而進，周兵乃解。瑒於是盡有中流之地，遣使奉表詣闕。先是齊軍守魯山，見第七章第三節。至是，亦棄城走。詔南豫州刺史程靈洗守之。分荆、郢置武州，治武陵，以吳明徹爲刺史，而以瑒爲湘州刺史。瑒懷不自安，固請入朝。不忠於一姓，而忠於民族、國家；且舉可以自擅之地而奉諸朝廷；可謂君子矣。時三月也。

江陵陷後，巴、湘之地，並屬於周，周遣梁人守之。至是，陳人圍逼湘州，遏絕糧援。周書賀若敦傳云：陳將侯瑱、侯安都等圍逼湘州，遏絕糧援，考諸陳書紀傳，實敦等先犯巴湘，乃遣侯瑱等出討。其初圍逼湘州之師，非瑱等自行也。周使賀若敦率步騎六千，渡江赴救。八月，敦率馬步一萬，奄至武陵。吳明徹不能拒，引軍還巴陵。九月，周將獨孤盛領水軍，將趣巴、湘，與敦水陸俱進。侯瑱自尋陽往禦，遣徐度率衆會瑱於巴丘。在今湖南岳陽縣西南。十月，瑱襲破獨孤盛於楊葉洲，在湘江口。盡獲其船艦。盛收兵登岸，築城以保之。十二月，周巴陵城主尉遲憲降，遣巴州刺史侯安都守之。巴州，治巴陵。獨孤盛收餘衆遁。明年，天嘉二年，周保定元年。正月，周湘州城主殷亮降，湘州平。二月，以侯瑱爲湘州刺史。三月，瑱薨，以徐度爲之。四月，分荆州置南荆州，鎭河東，晉僑郡，今湖北松滋縣。以吳明徹爲刺史。七月，賀若敦自拔遁歸，人畜死者十七八。據陳本紀，此實錄也。周書敦傳，修陳敦守禦之功，與北齊書慕容儼傳同，一可笑。其尤甚者乃云：相持歲餘，瑱等不能制，求借船送敦度江。敦慮其或詐，拒而弗許。瑱復遣使謂敦曰：「驃騎在此既久，今欲給船相送，何爲不去？」敦報云：「湘州是我國家之地，爲爾侵逼。敦來之日，欲相平殄。既未得一決，所以不去。」瑱後日復遣使來，敦謂使者云：「必須我還，可舍我百里，當爲汝去。」瑱等留船於江，將兵去津路百里。敦覘知非詐，徐理舟楫，勒衆而還。夫瑱死在三月，而敦之遁在七月，乃絮絮述其使命往復如此，敦豈共鬼語邪？武陵、天門、見第三章第九節。南平、義陽、東晉分南平郡，當在今湖南安鄉縣西南。河東、宜都郡悉平。宜都，見第三章第六節。陳始獲以江爲界矣，然東南之地，仍多未定。

第七節　陳平內亂中

王琳之叛，不徒招引齊寇，擾亂緣江也，於今閩、浙之地，牽引亦廣。時周迪欲自據南川，胡三省曰：自南康至豫章之地，謂之南川。乃總召所部八郡守宰結盟，聲言入赴朝廷。朝廷恐其爲變，因厚撫慰之。琳至湓城，余孝頃舉兵應琳，琳以爲南川諸郡，可傳檄而定，乃遣其將李孝欽、樊猛等南徵糧餉。猛等與余孝頃合衆且二萬，來趨工塘，連八城以逼迪。臨川周敷，爲郡豪族，性豪俠，輕財重士，鄉黨少年任氣者咸歸之。周迪之代周續也，以素無簿閥，恐失衆心，倚敷族望，深求交結。敷未能自固，事迪甚恭。迪大爲杖之。漸有兵衆。迪據臨川之工塘，敷鎭臨川故郡。黃法氍者，巴山新建人。巴山，梁郡，在今江西崇仁縣西南。新建，吳縣，亦在崇仁西南境。侯景之亂，於鄉里合徒衆。太守賀詡下江州，法氍監知郡事。高祖將踰嶺入援，李遷仕作梗中途，侯景又遣于慶至豫章，法氍助周文育破之。梁元帝以爲新淦縣令。新淦，漢縣，在今江西清江縣北。敬帝太平元年，割江州四郡置高州，以法氍爲刺史，鎭於巴山。蕭勃遣歐陽頠攻法氍，法氍與戰，破之。及是，率兵援迪。迪使周敷頓臨川故郡，截斷江口，出戰，屠八城，生擒李孝欽、樊猛、余孝頃，送於京師，收其軍實器械山積，并虜其人馬，迪並自納之。時永定二年七月也。孝頃子公颺，弟孝勱，猶據舊柵，扇動南土。十月，高祖復遣周文育及迪、法氍討之。熊曇朗者，豫章南昌人。南昌，漢縣，在今江西南昌縣東。世爲郡著姓。侯景之亂，稍聚少年，據豐城縣爲柵，吳富城縣，晉改曰豐城，在今江西豐城縣西南。桀黠劫盜多附之。梁元帝以爲巴山大守。荆州陷，曇朗兵力稍强，劫掠隣縣，縛賣居民山谷之中，最爲巨患。侯瑱據豫章，曇朗外示服從，陰欲圖瑱。侯平之反瑱，曇朗爲之謀主。瑱敗，曇朗獲瑱馬仗、子女甚多。及蕭勃踰嶺，歐陽頠爲前軍，曇朗紿頠共往巴山襲黃法氍，又報法氍，期共破頠。約曰：「事捷，與我馬仗。」及出軍，與頠犄角而進，又紿頠曰：「余孝頃欲相掩襲，須分留奇兵，甲仗既少，恐不能濟。」頠乃送甲三百領助之。及至城下，將戰，曇朗僞北，法氍乘之，頠失援，狼狽退歸。曇朗取其馬仗。時巴山陳定亦擁兵立寨，曇朗僞以女妻定子。又謂定曰：「周迪、余孝頃並不願此婚，必須以强兵來迎。」定乃遣精甲三百，並土豪二十人往迎。既至，曇朗執之，收其馬仗，並論價折贖。蓋土豪中最反覆桀黠者也。太平元年，以桂州刺史資領豐城縣令。及是，亦率軍來會，衆且萬人。文育遣吳明徹爲水軍，配周迪運糧。自率衆軍入象牙江，城於金口。在今江西新建縣西南。金口，金谿口，奉新縣小溪。公颺領五百人僞降，謀執文育。事覺，文育囚之，送於京師。以其部曲分隸衆軍。乃舍舟爲步軍，進據三陂。在金口西南。王琳遣將曹慶，率兵二千人，以救孝勱。慶分遣主帥常衆愛與文育相拒，自率所領徑攻周迪、吳明徹軍，迪等敗績。文育退據金口。曇朗因其失利，害之，時永定三年，五月也。

時侯安都繼攻孝勱及曹慶、常衆愛等。安都自宮亭湖出松門，躡衆愛後。宮亭湖，鄱陽湖嬰子口以南。松門山名，在新建縣北。文育見害，安都回取大艦，值琳將周炅、周協南歸，與戰，破之，生擒炅、協。孝勱弟孝猷率部下四千家欲就王琳，遇炅、協敗，乃詣安都降。安都進軍禽奇洲，破曹慶、常衆愛等，焚其船艦。本紀：侯安都敗衆愛等於左里。禽奇洲當距左里不遠。左里見第七章第五節。衆愛奔廬山，爲村人所殺，餘衆悉平。熊曇朗既殺周文育，據豫章，將兵萬餘人襲周敷，徑至城下，敷與戰，大敗之。曇朗盡執文育所部諸將，據新淦縣，帶江爲城。王琳東下，世祖徵南川兵，周迪、黃法𣰰欲沿流應赴，曇朗乃據城列艦斷遏。迪等與法𣰰因率南川兵築城圍之，絶其與琳信使。及王琳敗走，曇朗黨援離心，迪等攻陷其城，虜其男女萬餘口。曇朗走入村中，村民斬之，傳首京師。於是盡收其黨族，無少長皆棄市。時天嘉元年三月也。

留異，東陽長山人。長山，後漢縣，今浙江金華縣。世爲郡著姓。異爲鄉里雄豪，多聚惡少，陵侮貧賤，守宰皆患之。梁代爲蟠浦戍主，蟠浦見第十章第五節。歷晉安、安固二縣令。吳東安縣，晉改曰晉安，今福建南安縣。漢安陽縣，晉改曰安固，今浙江瑞安縣。侯景之亂，還鄉里，召募士卒。東陽郡丞與異有隙，異引兵誅之，及其妻子。太守沈巡援臺，讓郡於異。異使兄子超監知郡事，率兵隨巡出都。及京城陷，異隨臨城公蕭大連。大連板爲司馬，委以軍事。景將宋子仙濟浙江，異奔還鄉里，尋以其衆降於子仙。大連趣東陽之信安嶺，後漢新安縣，晉改曰信安，今浙江衢縣境。欲之鄱陽，見第四章第三節。異乃爲子仙鄉道，令執大連。

侯景署異爲東陽大守，收其妻子爲質。劉神茂拒景，異外同神茂，而密契於景。及神茂敗績，爲景所誅，異獨獲免。侯景平後，王僧辯使異慰勞東陽，仍糾合鄉閭，保據巖阻，其徒甚盛，州郡憚焉。元帝以爲信安令。荊州陷，王僧辯以異爲東陽大守。世祖平定會稽，異雖轉輸糧饋，而擁擅一郡，威福在己。大平元年，除縉州刺史，領東陽大守。又以世祖長女豐安公主配異第三子貞臣。永定二年，徵異爲南徐州刺史，異遷延不就。世祖即位，改授縉州刺史，領東陽大守。異頻遣其長史王澌爲使入朝，澌每言朝廷虛弱，異信之，雖外示臣節，恆懷兩端，與王琳潛通信使。琳又遣使往東陽署守宰。及琳敗，世祖遣沈恪代異爲郡，實以兵襲之。異出下淮抗禦。當在今蘭谿縣。恪與戰，敗績，退還錢唐。異乃表啓遜謝。是時衆軍方事湘、郢，乃降詔書慰喻，且羈縻之。異知朝廷終討於己，乃使兵戍下淮及建德，以備江路。建德，見第三節。湘州平，世祖乃下詔命侯安都討之。天嘉二年十二月。異本謂官軍自錢唐江而上，安都乃由會稽、諸暨步道襲之。諸暨見第十章第四節。異聞兵至大恐，棄郡奔桃支嶺，在今浙江縉雲縣境。立柵自固。明年春，紀在三月。安都大破其柵。異與第二子忠臣奔陳寶應。異黨向文政據有新安，見第四章第三節。程靈洗子文季爲新安大守，隨安都討異，降之。文政，新安人，見陸繕傳。

熊曇朗之亡，周迪盡有其衆。王琳敗後，世祖徵迪出鎮湓城，又徵其子入朝。迪趦趄顧望，並不至。豫章大守周敷，本屬於迪，至是與黃法𣰰率其所屬詣闕，世祖錄其破曇朗之功，並加官賞。迪聞之甚不平，乃陰與留異相結。及王師討異，迪疑懼不自安，乃使其弟方興襲周敷。敷與戰，破之。又別使兵襲華皎於湓城。皎時爲尋陽大守，監江州事。事覺，盡爲皎所擒。天嘉三年三月，以吳明徹爲江州刺史，都督衆軍，與黃法𣰰、周敷討之。明徹至臨川，攻迪不能克，乃遣安成王頊總督討之。此據迪傳。本紀：九月，迪請降，詔安成王頊督衆軍以招納之。迪衆潰，妻子悉擒，脫身踰嶺依陳寶應。紀：四年正月，臨川平。東昌縣人脩行師應迪，東昌，吳縣，在今江西泰和縣西。攻廬陵大守陸子隆。廬陵，見第三章第九節。子隆擊敗之。行師乞降，送於京師。以黃法𣰰爲江州刺史，周敷爲臨川大守。六年，徵法𣰰爲中衞將軍。

陳寶應，晉安侯官人也。晉安，晉郡，在今福建閩侯縣東北。侯官，漢冶縣，後漢改曰侯官，亦在今閩侯縣境。世爲閩中四姓。父羽，有材幹，爲郡雄豪。梁代晉安數反，累殺郡將，羽初並扇惑，合成其事，後復爲官軍鄉道破之，由是一郡兵權，皆自己出。侯景之亂，晉安大守賓紀侯蕭雲以郡讓羽。羽年老，但治郡事，令寶應典兵。是時東境饑饉，會稽尤甚，死者十七八，平民男女，並皆自賣，而晉安獨豐沃。寶應自海道寇臨安、永嘉及會稽、餘姚、諸曁；後漢臨水縣，晉改曰臨安，在今浙江杭縣北。永嘉，見第七章第二節。又數載米粟與之貿易，多致玉帛子女，其有能致舟乘者，亦並奔歸之；由是大致貲產，士衆強盛。侯景平，元帝因以羽爲晉安大守。高祖輔政，羽請歸老，求傳郡於寶應，高祖許之。時東西嶺道，寇賊擁隔，寶應自會稽趨於海道貢獻。高祖受禪，授閩州刺史，領會稽大守。世祖嗣位，命宗正錄其本系，編爲宗室，并遣使條其子女，無大小，並加封爵。其寵可謂盛矣。而寶應取留異女爲妻，侯安都之討異也，寶應遣助之，又以兵資周迪。留異又遣第二子忠臣隨之。天嘉四年秋，迪復越東興嶺。東興、南城、永城縣民，皆迪故人，復共應之。東興，吳縣，在今江西黎川縣東北。永城，吳縣，在今黎川縣北。世祖遣章昭達征迪，迪又散於山谷。紀在十一月。詔昭達由建安南道度嶺，建安，見第八章第一節。又命益州刺史領信義大守余孝頃都督會稽、東陽、臨海、永嘉諸軍，自東道會之。紀在十二月。時益州地已入周，陳蓋命孝頃遙領。信義，梁縣，在今江蘇崑山縣東。時蓋以爲郡。昭達踰東興嶺，頓於建安。寶應據建安之湖際，此據寶應傳。昭達傳云：據建安、晉安二郡之界。水陸爲柵。昭達與戰，不利。因據其上流，命兵士伐木帶枝葉爲筏，施拍於其上。綴以大索，相次列營，夾於兩岸。寶應數挑戰，昭達按甲不動。俄而暴雨，江水大長，昭達放筏衝突寶應水柵，水柵盡破。又出兵攻其步軍。方大合戰，余孝頃出自海道適至，因并力乘之。寶應大潰，奔山草閒，窘而就執。并其子弟二十人及留異送都，斬於建康市。異子姪及同黨無少長皆伏誅，惟貞臣以尙主獲免。紀天嘉五年十一月。

侯景之亂，百姓皆棄本業，羣聚爲盜，惟周迪所部，獨不侵擾。並分給田疇，督其工作。民下肆業，各有贏儲。政敎嚴明，徵斂必至。餘部乏絕者，皆仰以取給。迪性質朴，不事威儀。輕財好施。凡所周贍，豪釐必均。訥於語言，而襟懷信實。臨川人皆德之，並共藏匿，雖加誅戮，無肯言者。章昭達度嶺，與陳寶應相抗，迪復收合出東興。時宣城大守錢肅鎭東興，以城降迪。以吳州刺史陳詳爲都督，討迪。吳州，治鄱陽。至南城，與賊相遇，戰敗，死之。迪衆復振。時周敷又從軍，至定川縣，未詳。與迪相對，迪紿敷共盟，敷許之，爲迪所害。世祖遣都督程靈洗擊破之。迪又與十餘人竄於山谷。日月轉久，相隨者亦稍苦之。復遣人潛出臨川郡市魚鮭。足痛，舍於邑子。邑子告臨川大守駱牙。南史作駱文牙。牙執之，令取迪自效。因使心腹勇士，隨入山中。誘迪出獵，伏兵於道旁斬之。傳首京師。紀在天嘉六年七月。

淳于量當梁元帝時，出爲桂州刺史。桂州，今廣西桂林縣。荊州陷，量保據桂州。王琳擁割湘、郢，累遣召量，量外雖與琳往來，而別遣使從閒道歸於高祖。琳平後，頻請入朝。天嘉五年，徵爲中撫大將軍。量所部將士，多戀本土，並欲逃入山谷。世祖使湘州刺史華皎征衡州界黃洞，且以兵迎量。天康元年，至都。至此，武人及豪右之割據者略盡矣，而以宣帝之篡，復召湘、廣之變。

第八節　陳平內亂下

繼嗣之爭，乃南北朝之世召禍之最烈者也，而陳氏亦以此致變。陳文帝之立，實已非正，然時武帝之子未歸，君位不可久曠，且文帝究有功於天下，爲衆所服，故未至大變，至宣帝則異是矣。

文帝之被徵也，侯安都隨之還朝。安都傳云：時世祖謙讓弗敢當，大后又以衡陽王故，未肯下令，羣臣猶豫不能決。安都曰：「今四方未定，何暇及遠？臨川王有功天下，須共立之。今日之事，後應者斬。」便按劍上殿，白大后出璽，又手解世祖髮，推就喪次。其情形實與迫脅無異。昌之還也，居於安陸。見第三章第九節。明年，王琳平，二月，乃由魯山濟江。魯山見第七章第三節。百僚表以爲湘州牧，封衡陽王。詔可。三月，入境，詔令主書舍人緣道迎接。濟江，中流船壞，以溺薨。安都傳云：昌之將入也，致書於世祖，辭甚不遜。世祖不懌，乃召安都，從容言曰：「大子將至，須別求一蕃，吾將老焉。」安都對曰：「自古豈有被代天子？臣愚不敢奉詔。」因自請迎昌。昌濟漢而薨。武帝有再造華夏之功，安都事帝亦久，而以逢迎時主之故，絕其胤嗣，亦酷矣。蔡景歷傳云：高祖崩時，外有强寇，世祖鎮於南皖，朝無重臣，宣后呼景歷及江大權、杜稜定議，稜傳云：侯瑱、侯安都、徐度等並在軍中，朝廷宿將，惟稜在都，獨典禁兵。乃祕不發喪，疾召世祖。景歷躬共宦者及內人密營斂服。時既暑熱，須治梓宮，恐斤斧之聲，或聞於外，仍以蠟爲祕器。文書詔誥，依舊宣行。荀朗者，潁川潁陰人。潁陰，縣，今河南許昌縣。侯景之亂，招率徒旅，據巢湖間，無所屬。臺城陷後，簡文帝密詔授朗豫州刺史，令與外蕃討景。景使宋子仙、任約等頻往征之。朗據山立砦自守，子仙不能克。時京師大饑，百姓皆於江外就食。朗更招致部曲，解衣推食，以相振贍。衆至數萬人。侯景敗於巴陵，朗出自濡須，見第六節。截景，破其後軍。王僧辯東討，朗遣其將范寶勝及弟曉領兵二千助之。承聖二年，率部曲萬餘家濟江，入宣城郡界立頓。齊寇據石頭城，朗自宣城來赴，與侯安都等大破齊軍。時亦隨世祖拒王琳於南皖。宣大后與景歷祕不發喪，曉在都微知之，乃謀率其家兵襲臺。事覺，景歷殺曉，仍縶其兄弟。世祖即位，並釋之。因厚撫慰朗，令與侯安都等共拒王琳。荀曉是時，權位尚微，衡陽未歸，襲臺縱克，將何所奉？觀世祖既還，大后猶以衡陽故不肯下詔，則曉之謀襲臺，究係自有異志？抑承大后之旨而爲之？亦殊難言之矣。朗亦魯悉達之倫，當時緣江尚未平定，其未致召變者亦幸也。景歷之有功於世祖，蓋不讓安都，然以其爲文人，故不爲世祖所忌，而安都卒不終。安都傳云：自王琳平後，安都勳庸轉大，又自以功安社稷，漸用驕矜。數招聚文武之士，或射御馳騁，或命以詩賦，第其高下，以差次賞賜之。齋內動至千人。部下將帥，多不遵法度。檢問收攝，則奔歸安都。世祖性嚴察，深銜之。安都弗之改，日益驕橫。每有表啓，封訖，有事未盡，乃開封自書之，云又啓某事。及侍燕酒酣，或箕踞傾倚。嘗陪樂游禊飲，乃白帝曰：「何如作臨川王時？」帝不應。安都再三言之。帝曰：「此雖天命，抑亦明公之力。」燕訖，又啓便借供帳水飾，將載妻妾於御堂歡會。世祖雖許其請，甚不懌。明日，安都坐於御坐，賓客居羣臣位，稱觴上壽。初重雲殿災，安都率將士帶甲入殿，帝甚惡之，自是陰爲之備。又周迪之反，朝望當使安都討之，帝乃使吳明徹討迪。又頻遣臺使案問安都部下，檢括亡叛。安都內不自安。天嘉三年冬，遣其別駕周弘實自託於舍人蔡景歷，并問省中事。景歷錄其狀具奏之，希旨稱安都謀反。世祖慮其不受制，明年春，乃除安都江州刺史。自京口還都，部伍入於石頭。世祖引安都燕於嘉德殿，又集其部下將帥會於尚書朝堂。於坐收安都，囚於嘉德西省，又收其將帥，盡奪馬仗而釋之。因出景歷表以示於朝。明日，於西省賜死。安都固非純臣，然史所載之罪狀，其辭多誣，則至易見矣。文帝之誅安都，可謂謀之至深，稍或不慎，其召變亦易耳。

文帝長子曰伯宗，立爲大子。帝弟安成王頊，與衡陽獻王同遷關右，事已見前。永定元年，遙襲封始興郡王。世祖嗣位，以本宗乏饗，徙封安成郡王，而自封其第二子伯茂爲始興王，以奉昭烈王祀。滎陽毛喜與頊俱往江陵，俱遷關右。世祖卽位，喜自周還，進和好之策，朝廷乃遣周弘正等通聘。事在天嘉元年，周明帝武成二年。周命杜杲來使。世祖遣使報聘，幷賂以黔中數州之地，仍請畫界分疆。周使杲再來。陳以魯山歸周，周拜頊柱國大將軍，使杲送之還國。喜於郢州奉迎。頊之入關，妻柳氏，子叔寶、叔陵並留於穰。魏荊州治，見第十一章第四節。又遣喜入關，以家屬爲請，仍迎之還。時天嘉三年也。頊既還，授侍中、中書監，尋授揚州刺史。大康元年，授尚書令。是歲四月，文帝崩，大子立，是爲廢帝。頊與僕射到仲舉、中書舍人劉師知、陰不佞等並受遺詔輔政。師知與仲舉恆居禁中，參決衆事；頊爲揚州刺史，與左右三百人入居尚書省。師知、仲舉、不佞與尚書右丞王暹謀，矯勑頊還東府。衆人猶豫，未敢先發。不佞素以名節自立，又受委東宮，世祖以爲東宮通事舍人。乃馳詣相府，面宣勅令。毛喜時爲頊驃騎府諮議參軍，領中記室，止之曰：「今若出外，便受制於人，譬如曹爽，願作富家翁，不可得也。」頊使與吳明徹籌焉。明徹時爲丹陽尹。明徹曰：「殿下親實周、召，德冠伊、霍，社稷至重，願留中深計，愼勿致疑。」頊乃稱疾。召師知，留之與語，使喜先入言之於后。世祖沈皇后。后曰：「此非我意。」喜又言於廢帝。帝曰：「此自師知等所爲。」喜出報頊，頊因囚師知，自入見后及帝，草勅請畫，以師知付廷尉。其夜，於獄中賜死。暹、不佞並付治。頊素重不佞，特赦之，免其官而已。乃以仲擧爲貞毅將軍、金紫光祿大夫。仲擧子郁，尚文帝女信義長公主。官至中書侍郎。出爲宣城太守。文帝配以士馬。是年，遷爲南康內史。以國哀未之任。仲擧旣廢，居私宅，與郁皆不自安。右衞將軍韓子高，少爲文帝親侍。及長，稍習騎射，頗有膽決，願爲將帥。帝配以士卒。子高亦輕財禮士，歸之者甚衆。將士依附之者，子高盡力論進，文帝皆任使焉。郁每乘小輿，蒙婦人衣，與子高謀。前上虞令陸昉及子高軍主告言其事。頊收子高、仲擧及郁，並付廷尉，於獄賜死。子高傳言其求出爲衡、廣諸鎭。毛喜傳云：子高始與仲擧通謀，其事未發，喜請高宗曰：「宜簡選人馬，配與子高，幷賜鐵炭，使修器甲。」高宗驚喜曰：「子高甚輕狷，脫其稽誅，或怨王度，宜推心安誘，使不自疑。圖之一壯士力耳。」高宗深然之，卒行其計。蓋時四方平定未久，故深慮外州之有變也。然外變卒不可免。光大元年，三月，紀書南豫州刺史余孝頃謀反，伏誅。其後高祖章后廢廢帝之詔曰：「韓子高小豎輕佻，推心委杖，陰謀禍亂，決起蕭牆。元相雖持，但除君側。又以余孝頃密邇京師，便相徵召。殃慝之咎，凶徒自擒。宗社之靈，祆氛自滅。」則孝頃之變，實繼子高而作，子高傳謂其死在光大元年八月者誤也。華皎傳云：子高誅後，皎不自安，乃有反謀，紀亦書其反於光大元年五月，疑子高之死，實在天康元年八月，紀誤後一年。子高謀之於內而敗，孝頃謀之於近畿而亦敗，而上流之變作矣。

華皎，晉陵暨陽人。暨陽見第八章第七節。世爲小吏。皎，梁代爲尚書比部令史。侯景之亂，事景黨王偉。高祖南下，文帝爲景所囚，皎遇之甚厚。景平，文帝爲吳興大守，以皎爲都錄事。軍府穀帛，多以委之。及平杜龕，仍配以人馬甲仗，猶爲都錄事。稍擢爲暨陽、山陰令。山陰見第二章第二節。王琳東下，皎隨侯瑱拒之。琳平，鎮湓城，知江州事。時南州守宰，多鄉里酋豪，不遵朝憲，文帝令皎以法馭之。王琳奔散，將卒多附於皎。後隨吳明徹征周迪，授湘州刺史。皎起自下吏，善營產業。湘川地多所出，所得並入朝廷。又征伐川洞，多致銅鼓，並送於京師。韓子高誅後，皎內不自安，密啓求廣州，以觀時主意。頊僞許之，而詔書未出。皎亦遣使句引周兵，又崇奉蕭巋爲主，士馬甚盛。詔乃以吳明徹爲湘州刺史，實欲以輕兵襲之。時光大元年五月也。是時慮皎先發，乃前遣明徹率衆三萬，乘金翅直趨郢州。又遣淳于量帥衆五萬，乘大艦以繼之。又令徐度與楊文通別從安城步道出茶陵，漢安成縣，晉改曰安復，今江西安福縣西。茶陵，漢縣，今湖南茶陵縣東。巴山大守黃法慧別從宜陽出澧陵，漢宜春縣，晉避大后諱，改曰宜陽，今江西宜春縣。澧陵，漢侯國，後漢爲縣，今湖南醴陵縣。與郢州程靈洗參謀討賊。先是蕭詧以天嘉三年死，僞謚宣皇帝，廟號中宗。子巋嗣，僞謚孝明皇帝，廟號世宗。及是，皎與巴州刺史戴僧朔，巴州見第六節。並附於巋。皎遣子玄響爲質，仍請兵伐陳。巋上其狀於周。周武帝命其弟衛公直督荊州總管權景宣、大將軍元定等赴之，因而南伐。巋亦遣其柱國王操率水軍二萬，會皎於巴陵。直屯魯山，定攻圍郢州，皎於巴州之白螺，列舟艦與王師相持。白螺，見第九章第九節。未決，聞徐度趨湘州，乃率兵自巴、郢因便風下戰。淳于量、吳明徹等大敗之。權景宣統水軍，與皎俱下，一時奔北，船艦器仗，略無孑遺。皎與戴僧朔單舸走。至巴陵，不敢登岸，徑奔江陵。時九月也。元定等無復船渡，步趨巴陵。巴陵城邑，爲官軍所據，乃向湘州。至水口，不得濟，食且盡，詣軍請降，俘獲萬餘人，馬四千餘匹，送於京師。程靈洗出軍蹋定，因進攻周沔州，克之，擒其刺史裴寬。周沔州，在今湖北漢川縣東南。陸子隆督武州諸軍事，武州，見第六節。皎以子隆居其心腹，頻遣使招誘，子隆不從，皎因遣兵攻之，不能克。及皎敗，子隆出兵以襲其後，因與王師相會。尋遷荊州刺史。是時荊州新置，治於公安，蜀漢縣，在今湖北公安縣東北。城池未固，子隆修建城郭，綏集夷夏，甚得民和焉。宇文直既敗，歸罪於蕭巋柱國殷亮，巋不敢違命，遂誅之。吳明徹乘勝攻克巋之河東郡。見第六節。明年，光大二年，周天和三年。明徹進攻江陵，引江水灌城。巋出頓紀南，以避其銳。紀南，見第七章第三節。周江陵副總管高琳，與巋尚書僕射王操拒守。巋馬軍主馬武、吉徹等擊明徹，明徹退保公安，巋乃還江陵。宣后廢廢帝詔曰：「密詔華皎，稱兵上流，國祚憂惶，幾移醜類。乃至要招遠近，協力巴、湘；支黨縱横，寇擾黟、歙。見第九章第六節，第十三章第三節。又別敕歐陽紇等，攻逼衡州，嶺表紛紜，殊淹弦望。」當時牽動之廣，聲勢之盛可知，此舉敗而頊之篡勢成矣。

宣后廢廢帝詔又曰：「張安國蕞爾凶狡，窮爲小盜，仍遣使人蔣裕，鉤出上京，即置行臺，分選凶黨。賊皎妻呂春徒爲戮，納自奚官，藏諸永巷，使其結引親舊，規圖戕禍。盪主侯法喜等，大傅麾下，恆遊府朝，啗以深利，謀興肘腋。適又盪主孫泰等，潛相連結，大有交通，兵力殊强，指期挻亂。皇家有慶，厤數遐長，天誘其衷，同然開發。」世祖沈皇后傳云：

后憂悶，計無所出，乃密賂宦者蔣裕，令誘建安人張安國，建安見第八章第一節。使據郡反，冀因此以圖高宗，安國事覺，並爲高宗所誅。時后左右近侍，頗知其事，后恐連逮黨與，並殺之。案建安距京邑大遠，勢不相及，故通鑑疑其事而不取，見考異。竊疑當時欲使安國據以建義者，實非建安郡，后傳之文，非史氏言之不審，則傳寫或有佚奪也。使據郡反一語，使據之下，容有奪文。此次外鉤盜黨，內結武夫，實爲廢帝親黨最後之一舉，其計亦敗，事乃無可爲矣。光大二年十一月，以大皇大后令，廢帝爲臨海郡王。大建二年四月薨，時年十九。頊立，是爲高宗孝宣皇帝。劉師知等之矯詔出高宗也，始興王伯茂勸成之。師知等誅後，高宗恐伯茂扇動朝廷，令入居禁中，專與廢帝遊處。蔣裕與韓子高等謀反，伯茂並陰預其事。案既入居禁中，復何能爲此？語亦必誣也。既廢帝爲臨海王，其日又下令降伯茂爲溫麻侯，時六門之外有別館，以爲諸王冠婚之所，名曰婚第。至是，命伯茂出居之，於路遇盜，殞於車中。世祖第三子鄱陽王伯山，本爲南徐州刺史，高宗不欲令處邊，光大元年，徙爲東揚州。廢帝后父王固，爲侍中、金紫光祿大夫，嬖媼往來禁中，頗宣密旨，事洩，比將伏誅，高宗以固本無兵權，且居處清潔，止免所居官，禁錮。廢帝紀曰：帝仁弱，無人君之器，世祖憂慮不堪繼業，既居冢嫡，廢立事重，是以依違積載。及疾將大漸，召高宗謂曰：「吾欲遵泰伯之事。」高宗初未達旨，後寤，乃拜伏涕泣，固辭。其後宣大后依詔廢帝焉。孔奐傳：奐爲五兵尚書，世祖不豫，臺閣衆事，並令到仲舉共奐決之。及世祖疾篤，奐與高宗及仲舉并吏部舍人袁樞、中書舍人劉師知等入侍醫藥。世祖嘗謂奐等曰：「今三方鼎峙，生民未乂，四海事重，宜須長君。朕欲近則晉成，遠隆殷法，卿等須遵此意。」奐流涕歔欷而對曰：「皇大子春秋鼎盛，聖德日躋，安成王介弟之尊，足爲周且，若有廢立之心，臣等愚誠，不敢聞詔。」世祖曰：「古之遺直，復見於卿。」天康元年，乃用奐爲太子詹事。此等則皆高宗之黨所造作之言語也。

歐陽頠之至廣州也，王琳據有中流，頠自海道及東嶺，奉使不絕。時頠弟盛爲交州刺史，次弟邃爲衡州刺史，合門顯貴，名振南土。又南致銅鼓、生口，獻奉珍異，前後委積，頗有助於軍國焉。天嘉四年，薨，子紇嗣。大建元年，徵紇爲左衞將軍。其部下多勸之反，遂舉兵攻衡州，（始興之衡州。）刺史錢道戢告變。遣章昭達討紇。（紀在十月。）昭達倍道兼行，達於始興。紇出頓洭口。（洭水、溱水合口，在今廣東英德縣西南。）多聚沙石，盛以竹籠，置於水柵之外，用遏舟艦。昭達敗之，禽紇，送於京師。（紀大建二年二月。）以沈恪爲廣州刺史，四年，徵還。蕭引者，思話曾孫，侯景之亂，與弟彤及宗親百餘人奔嶺表。時歐陽頠爲衡州刺史，引往依焉。章昭達平番禺，始北還。大建十二年，時廣州刺史馬靖，甚得嶺表人心，而兵甲精練，每年深入俚洞，又數有戰功，朝野頗生異議。高宗以引悉嶺外物情，且遣引觀靖，審其舉措，諷令送質。既至番禺，靖即悟旨，盡遣兒、弟下都爲質。然至後主至德二年，卒以臨池縣侯方慶爲廣州刺史，（方慶，南康愍王曇朗之子。）襲靖，誅之。章昭達子大寶，爲豐州刺史，（胡三省曰：陳豐州治閩縣。案閩，隋縣，今福建閩侯縣。）在州貪縱。三年，後主以大僕卿李暈代之。大寶襲殺暈，舉兵反。（紀在三月，傳云四月。）遣將楊通寇建安。建安內史吳慧覺據郡城距之。通累攻不克。官軍稍近，人情離異，大寶計窮，乃與通俱逃。臺軍主陳景祥追禽之於路，死，傳首，夷三族。

第十四章 周齊興亡

第一節 齊篡東魏

北齊基業，雖創自神武，而其能整頓內治，則頗由於文襄。文襄者，神武長子，名澄，文宣篡魏後，追謚爲文襄皇帝，廟號世宗。武明皇后婁氏所生也。后爲神武微時妃。齊書本傳云：少明悟，彊族多聘之，並不肯行。及見神武於城上執役，驚曰：「此眞吾夫也。」乃使婢通意，又數致私財，使以聘己，父母不得已而許焉。蓋實奸通，非聘娶也。傳又云：神武既有澄清之志，傾產以結英豪，密謀祕策，后恒參與，此乃妄說。傳又云：神武逼於茹茹，欲取其女而未決，后曰：「國家大計，願不疑也。」及茹茹公主至，后避正室處之。北史彭城大妃尒朱氏傳云：榮之女，魏孝莊后也。神武納爲別室，敬重踰於婁妃。馮翊大妃鄭氏傳云：名大車，初爲魏廣平王妃，遷鄴後，神武納之，寵冠後庭。神武之征劉蠡升，文襄蒸於大車。神武還，一婢告之，二婢爲證，神武杖文襄一百而幽之。武明后亦見隔絕。時彭城尒朱大妃有寵，生王子浟，神武將有廢立意。文襄求救於司馬子如。子如來朝，僞爲不知者，請武明后。神武告其故。子如曰：「消難亦姦子如妾，如此事正可覆蓋。妃是王結髮婦，常以父母家財奉王，王在懷朔被杖，背無完皮，妃晝夜供給看創。後避葛賊，同走并州，貧困，然馬矢自作韡。恩義何可忘？夫婦相宜，女配至尊，男承大業，又婁領軍勳，何宜搖動？一女子如草芥，況婢言不必信。」神武因使子如鞫之。子如見文襄，尤之曰：「男兒何意畏威自誣？」因告二婢反辭，脅告者自縊。乃啓神武曰：「果虛言。」神武大悅，召后及文襄。武明后遙見神武，一步一叩頭，文襄且拜且進，父子夫妻相泣，乃如初。觀此數事，神武於父子夫妻之際薄矣。北夷本不嚴嫡庶之別，所重特在貴族，婁后之家世自遠不逮尒朱氏等，然神武不替文襄者？創業之際，長子未可輕動；抑文襄頗有吏才，政事實賴之；又婁后女配至尊，其弟昭，即子如所謂婁領軍者，亦有勳績；此正如漢高不替呂后、惠帝，爲有種種牽制故也。后傳又云：文宣將受魏禪，后固執不許，帝所以中止，此又妄說。文宣欲受禪，豈其謀及於后？且后亦曷嘗能終止文宣之篡乎？其後孝昭、武成之篡，后若成之，則其地位使然，且亦二王勢力已成，非眞后之能有所作爲也。讀史者或以后爲能通知政事，能豫政，其說實誤，故一辯之。北夷入中國，多以不知政理敗，如尒朱榮即是，齊神武雖有才，政事尚不能不藉文襄爲助，況於婁后邪？ 早豫軍國籌策。天平三年，梁武帝大同二年。入輔朝政。時年十六。元象元年，梁大同四年。攝吏部尚書。北齊書本紀云：魏自崔亮以後，選人常以年勞爲制，文襄乃釐改前式，銓擢惟在得人。又沙汰尚書郎，妙選人地以充之。至於才名之士，咸被薦擢。假有本居顯位者，皆致之門下，以爲賓客。蓋頗能於武人、勳貴之外，有所任用矣。紀又云：興和二年，梁大同六年。加大將軍，領中書監，仍攝吏部尚書。自正光以後，天下多事，在任羣官，廉絜者寡。文襄乃奏吏部郎崔暹爲御史中尉，糾劾權豪，無所縱捨。於是風俗更始，私枉路絕。案孫騰傳云：騰早依附高祖，契闊艱危，勤力恭謹，深見信待。及高祖置之魏朝，寄以心腹，遂志氣驕盈，與奪由己，求納財賄，不知紀極。生官死贈，非貨不行。府藏銀器，盜爲家物。親狎小人，專爲聚斂。在鄴，與高岳、高隆之、司馬子如號爲四貴，非法專恣，騰爲甚焉。騰、隆之、子如皆爲尚書令、僕，岳爲京畿大都督。論曰：「高祖以晉陽戎馬之地，霸圖攸屬，治兵訓旅，遙制朝權，京臺機務，委寄深遠。孫騰等俱不能清貞守道，以治亂爲懷，厚斂貨財，塡彼谿壑。賴世宗入輔，責以驕縱，厚遇崔暹，奮其霜簡。不然，則君子屬厭，豈易間焉？」循吏傳曰：「高祖以戰功諸將，出牧外藩，不識治體，無聞政術，非惟闇於前言往行，乃至始學依判、付曹。聚斂無厭，淫虐不已。雖或直繩，終無悛革。此朝廷之大失」可見當時內外皆殘民以逞之徒矣。高隆之傳云：入為尚書右僕射。時初給民田，貴勢皆占良美，貧弱咸受瘠薄。隆之啓高祖，悉更反易，乃得均平。魏自孝昌已後，天下多難，刺史、大守皆為當部都督，雖無兵事，皆立佐僚，所在頗為煩擾。隆之表請自非實在邊要見有兵馬者，悉皆斷之。自軍國多事，冒名竊官者不可勝數。隆之奏請檢括，獲五萬餘人，而羣小諠囂。隆之懼而止。夫隆之等雖貪暴，然遇有益於公無損於私者，則亦未嘗無整頓之心。此實自古暴君汙吏皆然。委寄深遠，宜若可行其志，然猶以羣情弗順，有所慑憚而止，可見整頓之不易矣。文襄作輔，於崔暹之外，又任宋遊道、盧斐、畢義雲等，加以直繩。三人皆見北齊書酷吏傳。遊道初為殿中侍御史，以風節著。孝莊即位，除左兵郎中，與尚書令臨淮王彧相失，上書告之，解職。後除司州中從事。神武自大原來朝，見之曰：「此人宋遊道邪？常聞其名，今日始識其面。」遷遊道別駕。後日，神武之司州饗朝士，舉觴屬遊道曰：「飲高歡手中酒者，大丈夫，卿之為人合飲此酒。」及還晉陽，百官辭於紫陌，神武執遊道手曰：「甚知朝貴中有憎忌卿者，但用心莫懷畏慮，當使卿位與之相似。」於是啓以遊道為中尉。文襄執請，乃以崔暹為御史中尉，以遊道為尚書左丞。文襄謂暹、遊道曰：「卿一人處南臺，一人處北省，當使天下肅然。」遊道入省，劾大師咸陽王坦、大保孫騰、司徒高隆之、司空侯景、錄尚書元弼、尚書令司馬子如官貸金銀，催徵酬價，雖非指事贓賄，終是不避權豪。又奏駁尚書違失數百條，省中豪吏王儒之徒，並鞭斥之。始依故事，於尚書省立門名，以記出入早晚，令僕已下皆側目。為高隆之所誣，處其死罪。朝士皆分為遊道不濟。而文襄聞其與隆之相抗之言，謂楊遵彥曰：「此真是鯁直大剛惡人。」遵彥曰：「譬之畜狗，本取其吠，今以數吠殺之，恐將來無復吠狗。」詔付廷尉，遊道坐除名。文襄使元景康謂曰：「卿早逐我向并州，不爾他經略殺卿。」遊道後至晉陽，以為大行臺吏部。盧斐，文襄引為相府刑獄參軍。畢義雲為尚書都官郎中。文襄令普句偽官，專以車輻考掠，所獲甚多，然大起怨謗。會為司州吏所訟，文襄以其推僞衆人怨望，並無所問，乃拘吏數人斬之，因此鋭情訊鞫，威名日盛。紫陌在鄴城西北五里。遵彦，愔字。神武雖閒以舊恩，有所縱舍，如尉景司馬子如是也。景傳云：景以勳戚，每有軍事，與厙狄干常被委重，而不能忘懷財利，神武每嫌責之。轉冀州刺史，又大納賄。發夫獵，死者三百人。厙狄干在神武坐，請作御史中尉。神武曰：「何意下求卑官？」干曰：「欲捉尉景。」神武大笑。令優者石董桶戲之。董桶剝景衣，曰：「公剝百姓，董桶何爲不剝公？」神武誡景曰：「可以無貪也？」景曰：「與爾計生活孰多？我止人上取，爾割天子調。」神武笑不答。歷位大保、大傅。坐匿亡人見禁止。使崔暹謂文襄曰：「語阿惠兒，富貴欲殺我邪？」神武聞之泣，詣闕曰：「臣非尉景，無以至今日。」三請，帝乃許之。於是黜爲驃騎大將軍、開府儀同三司。神武造之，景恚，臥不動，叫曰：「殺我時趣邪？」常山君謂神武曰：「老人去死近，何忍煎迫至此？」又曰：「我爲爾汲水胝生。」因出其掌。神武撫景，爲之屈膝。先是景有果下馬，文襄求之，景不與，曰：「土相扶爲牆，人相扶爲王，一馬亦不得畜而索也？」神武對景及常山君責文襄而杖之。常山君泣救之。景曰：「小兒慣去，放使作心腹，何須乾啼溼哭，不聽打邪？」常山君，景妻，神武姊也。北史司馬子如傳曰：文襄輔政，以賄爲崔暹劾在獄，一宿而髮盡白。辭曰：「司馬子如本從夏州策一杖投相王，王給露車一乘，犎牸牛犢。犢在道死，惟犎角存，此外皆人上取得。」神武書敕文襄曰：「馬令是吾故舊，汝宜寬之。」文襄駐馬行街，以出子如，脫其鎖。子如懼曰：「非作事邪？」於是除削官爵。神武後見之，哀其顦悴，以膝承其首，親爲擇蝨。賜酒百瓶，羊五百口，粳米五百石。然文襄能行其意者蓋多。宋遊道傳曰：兗州刺史李子貞，在州貪暴，遊道案之。文襄以貞豫建義勳，意將含忍。遊道疑陳元康爲其內助，密啓云：「子貞、元康交遊，恐其別有請屬。」文襄怒，於尚書都堂集百僚撲殺子貞。則雖豫建義之勳者，亦不必盡蒙寬宥；而親要如元康，亦時有不能庇右者矣。崔暹傳言：暹前後表彈尚書令司馬子如，及尚書元羨，雍州刺史慕容獻，又彈大師咸陽王坦，禧子。并州刺史可朱渾道元罪狀，極筆，並免官。其餘死黜者甚衆。高祖書與鄴下諸貴曰：「咸陽王、司馬令，並是吾對門布衣之舊，尊貴親昵，無過二人，同時獲罪，吾不能救，諸君其慎之。」高祖如京師，羣官迎於紫陌，高祖握暹手而勞之曰：「往前朝廷豈無法官？而天下貪婪，莫肯糾劾。中尉盡心爲國，不避豪強，遂使遠邇肅清，羣公奉法。衝鋒陷陣，大有其人，當官正色，今始見之。今榮華富貴，直是中尉自取。高歡父子，無以相報。」賜暹良馬，使騎之以從，且行且語。暹下拜，馬驚走，高祖親爲擁之而授轡。魏帝宴於華林園，此鄴下之華林園。謂高祖曰：「自頃朝貴、牧守令長，所在百司，多有貪暴，侵削下人。朝廷之中，有用心公平，直言彈劾，不避親戚者，王可勸酒。」高祖降階跪而言曰：「惟御史中丞崔暹一人，謹奉明旨，敢以酒勸。幷臣所射賜物千匹，乞回賜之。」其所以風厲之者至矣。自是之後，諸勳貴亦頗知斂迹，如尉景獲罪後，授青州刺史，史言其操行頗改。司馬子如起行冀州事，亦能自厲改。不可謂非整頓之效也。從來惡直醜正之論，無如北齊書杜弼傳之甚者，不可不辭而闢之。傳曰：弼以文武在位，罕有廉潔，言之於高祖。高祖曰：「弼來，我語爾。天下濁亂，習俗已久。今督將家屬，多在關西，黑獺常相招誘，人情去留未定。江東復有一吳兒老翁蕭衍者，專事衣冠禮樂，中原士大夫望之，以爲正朔所在。我若急作法綱，不相饒借，恐督將盡投黑獺，士子悉奔蕭衍，則人物流散，何以爲國？爾宜少待，吾不忘之。」及將有沙苑之役，弼又請先除內賊，卻討外寇。高祖問內賊是誰？弼曰：「諸勳貴掠奪萬民者皆是。」高祖不答，因令軍人皆張弓挾矢，舉刀按矟以夾道，使弼冒出其間，曰：「必無傷也。」弼戰慄汗流。高祖然後喻之曰：「箭雖注不射，刀雖舉不擊，矟雖按不刺，爾猶頓喪魂膽，諸勳人身觸鋒刃，百死一生，縱其貪鄙，所取處大，不可同之循常例也。」弼於時大恐，因頓顙謝曰：「愚癡無智，不識至理，今蒙開曉，始見聖達之心。」夫兵之所以可畏者，以其將殺傷人也，若明知其注而不射，舉而不擊，按而不刺，則人孰未嘗見兵？弼卽畏懦，何至戰慄汗流？高歡乃一獷悍之夫，安知衣冠禮樂爲何事？且果如所言，其任高澄以裁勳貴，又何爲乎？稍深思之，卽知此傳所云，並非實錄，而爲不快於督責之治者所造作矣。北史文襄紀云：少壯氣猛，嚴峻刑法，高愼西叛，侯景南翻，非直本懷很戾，兼亦有懼威略，亦此等人所造作也。其論曰：「文襄志在峻法，急於御下，於前王之德，有所未同。蓋天意人心，好生惡殺，雖吉凶報應，未皆影響，總而論之，積善多慶。然文襄之禍生所忽，蓋有由焉。」此論亦必有本，可謂怨毒之情，形於辭表矣。果如此曹之意，則欲求輔弼者，必縱其虐民而後可乎？此眞所謂盜憎主人者也。又案陳元康傳云：高仲密之叛，高祖知其由崔暹故也，將殺暹，世宗匿而爲之諫請，高祖曰：「我爲舍其命，須與苦手。」世宗乃出暹而謂元康曰：「卿若使崔暹得杖，無相見也。」暹在廷，解衣將受罰，元康趨入，歷階而升，且言曰：「王方以天下付大將軍，有一崔暹，不能容忍邪？」高祖從而宥焉。又云：侯景反，世宗逼於諸將，欲殺崔暹以謝之，密語元康，元康諫曰：「今四海未清，綱紀已定。若以數將在外，苟悅其心，枉殺無辜，虧廢刑典，豈直上負天神，何以下安黎庶？晁錯前事，願公愼之。」世宗乃止。暹傳云：顯祖初嗣霸業，司馬子如挾舊怨，言暹罪重，謂宜罰之。高隆之亦言：宜寬政綱，去苛察法官，黜崔暹，則得遠近人意。顯祖從之。及踐阼，譖毀之者猶不息。帝乃令都督陳山提等搜暹家。甚貧匱，惟得高祖、世宗與暹書千餘紙，多論軍國大事。帝嗟賞之。仍不免衆口，乃流暹於馬城。晝則負土供役，夜則置地牢。歲餘，奴告暹謀反，鏁赴晉陽。無實，釋而勞之。尋遷大常卿。帝謂羣臣曰：「崔大常清正，天下無雙，卿等不及。」崔季舒傳云：時勳貴多不法，文襄無所縱舍，外議以季舒及崔暹等所爲，甚被怨疾。及文襄遇難，文宣將赴晉陽，黃門郎陽休之勸季舒從行，曰：「一日不朝，其間容刀。」季舒性愛聲色，心在閑放，遂不請行，欲恣其行樂。司馬子如緣宿憾，及尚食典御陳山提等共列其過狀，由是季舒及暹各鞭二百，徙北邊。天保初，文宣知其無罪，追爲將作大匠。再遷侍中。俄兼尚書左僕射，儀同三司。大被恩遇。夫文宣猶知季舒、暹之無罪，況於神武及文襄？然當武夫攜變之時，暹卽幾罹不測；至文宣，則竟爲所脅，而暹、季舒並不免流徙、鞭責之禍，可見當時惡直醜正之徒，其勢甚可畏也。元康傳又云：世宗入輔京室，崔暹、崔季舒、崔昂等並被任使，張亮、張徽纂並高祖所待遇，然委任皆出元康之下，時人語曰：「三崔二張，不如一康。」又云：元康溺於財利，受納金帛，不可勝紀，放責交易，徧於州郡，爲清論所譏。

然則當時遲等雖云鋒利，而眞被寵任之徒，仍有爲霜簡所不及者矣。剗除貪暴，其難如此，而豈得如彌傳所云復故縱舍之哉？馬城，漢縣，晉廢，在今察哈爾懷安縣北。

文襄之爲中書監也，移門下機事總歸中書。北齊書崔季舒傳。以其中兵參軍崔季舒爲中書侍郎，令監察魏主動靜。武定五年，梁武帝大清元年。正月，神武死，文襄祕喪，至六月乃發。七月，魏主詔以文襄爲使持節、大丞相、都督中外諸軍、錄尙書、大行臺、渤海王，而以其母弟洋爲尙書令、中書監、京畿大都督。八月，文襄朝於鄴，固辭丞相。魏主詔復前大將軍，餘如故。魏書孝靜帝紀曰：文襄嘗侍飲，大舉觴曰：「臣澄勸陛下酒。」帝不悅曰：「自古無不亡之國，朕亦何用此活？」文襄怒曰：「朕朕狗腳朕。」文襄使季舒毆帝三拳，奮衣而出。明日，使季舒勞帝，帝亦謝焉。賜絹，季舒未敢受，以啓文襄。文襄使取一段。帝束百匹以與之，曰：「亦一段耳。」帝不堪憂辱，詠謝靈運詩曰：「韓亡子房奮，秦帝魯連恥。本自江海人，忠義動君子。」常侍侍講荀濟知帝意，乃與華山王大器、鷙子。鷙，高涼王孤六世孫。元瑾密謀，於宮內爲山而作地道，向北城。至千秋門，門者覺地下響動，以告文襄。文襄勒兵入宮，曰：「陛下何意反邪！臣父子功存社稷，何負陛下邪？」將殺諸妃。帝正色曰：「王自欲反，何關於我？我尙不惜身，何況妃嬪？」文襄下牀叩頭，大啼謝罪。於是酣飲，夜久乃出。居三日，幽帝於含章堂。大器、瑾等皆見烹於市。荀濟傳云：燔殺之。見北史文苑傳。蓋時侯景尙未平，故文襄未能遽篡也。六年，梁大清二年。正月，侯景敗。七年，梁大清三年。六月，潁川亦平。於是篡謀轉急。七月，文襄如鄴。八月，爲盜所殺。時年二十九。北齊書文襄紀云：初，梁將蘭欽子京，爲東魏所虜，王命以配廚。欽請贖之，王不許。京再訴，王使監廚蒼頭薛豐洛杖之曰：「更訴當殺爾。」京與其黨六人謀作亂，將欲受禪，與陳元康、崔季舒等屏斥左右，署擬百官。京將進食王卻之。謂諸人曰：「昨夜夢此奴斫我，宜殺卻。」京聞之，寘刀於盤，冒言進食。王怒曰：「我未索食，爾何遽來？」京揮刀曰：「來將殺汝。」王自投傷足，入於牀下。賊黨去牀，因而見殺。北史略同。案此卷齊書實亡，蓋後人取北史補之。陳元康傳云：世宗將受魏禪，元康與楊愔、崔季舒並在世宗坐，將大遷除朝士，共品藻之。世宗家蒼頭奴蘭固成，北史元康傳云：固成，一名京。先掌廚膳，甚被寵暱。先是世宗杖之數十，其人性躁，又恃舊恩，遂大忿恚，與其同事阿改，北史云弟阿改。謀害世宗。阿改時事顯祖，常執刀隨從，云若聞東齋叫聲，即加刃於顯祖。是日，東魏帝初建東宮，魏書本紀：八月辛卯，詔立皇子長仁爲皇大子。案時齊將篡而爲魏立大子者，蓋欲先行廢立，後乃禪代也。羣官拜表，事罷，顯祖出東止車門，別有所之，未還而難作。固成因進食，置刀於盤下，而殺世宗。元康以身扞蔽，被刺傷重，至夜而終。楊愔狼狽走出，季舒逃匿於廁。蓋魏人陰謀，欲并澄與洋而殲之也。而洋以邂逅得脫，乃入誅京等，旋歸晉陽。明年，梁簡文帝大寶元年，魏武定八年，齊文宣天保元年。五月，如鄴，遂廢魏主而自立。明年十二月，遇鴆死。是爲北齊顯祖文宣皇帝。文宣之篡，高德政與楊愔實成之。時德政從文宣於晉陽，愔居鄴。史言婁大后及勳貴多弗順，然時篡勢已成，必無人能阻之者，德政與愔，亦乘已成之勢而成之耳，非能有所作爲也。事見北史文宣紀及齊書德政傳，以其無甚關係，今略之。

第二節　文宣淫暴

自元魏分裂以來，東西南三方遂成鼎峙之勢，地廣兵彊，實推東國，然其後齊反滅於周者，則以北齊諸主，染鮮卑之習大深，以致政散民流，不能自立也。北齊亂君，實以文宣爲首。

北史文宣紀云：帝沈敏有遠量，外若不遠，內鑒甚明。文襄年長英秀，神武特所愛重，百僚承風，莫不震懼，而帝善自晦迹，言不出口，恆自貶退，言咸順從，故深見輕，雖家人亦以爲不及。文襄嗣業，帝以次長見猜嫌。帝后李氏，色美，每預宴會，容貌遠過靖德皇后，文襄彌不平焉。帝每爲后私營服翫，小佳，文襄卽令逼取。后恚，有時未與，帝笑曰：「此物猶應可求，兄須何容恡？」文襄或愧而不取，便恭受，亦無飾讓。每退朝還第，輒閉閤靜坐，雖對妻子，能竟日不言。或袒跣奔躍，后問其故，對曰：「爲爾慢戲。」此蓋習勞而不肯言也。及登極之後，神明轉茂，外柔內剛，果於斷割，人莫能窺。又特明吏事，留心政術，簡靖寬和，坦於任使，故楊愔等得盡匡贊，朝政粲然。兼以法馭下，不避權貴，或有違犯，不容勳戚，內外莫不肅然。至於軍國機策，獨決懷抱，規謀宏遠，有人君大略。又以三方鼎峙，繕甲練兵，左右宿衞置百保軍士。每臨行陳，親當矢石，鋒刃交接，惟恐前敵不多。屢犯艱厄，常致克捷。既征伐四克，威振戎夏，六七年後，以功業自矜，遂留情耽湎，肆行淫暴。或躬自鼓舞，歌謳不息，從旦通宵，以夜繼晝。或袒露形體，塗傅粉黛，散髮胡服，雜衣錦綵，拔刀張弓，游行市肆。勳戚之第，朝夕臨幸。時乘鹿車、白象、駱駝、牛、驢，並不施鞍勒。或盛暑炎赫，日中暴身；隆冬酷寒，去衣馳走；從者不堪，帝居之自若。街坐巷宿，處處游行。多使劉桃枝、崔季舒負之而行。或擔胡鼓而拍之。親戚貴臣，左右近習，侍從錯雜，無復差等。徵集淫嫗，悉去衣裳，分付從官，朝夕臨視。或聚棘爲馬，紐草爲索，逼遣乘騎，牽引來去，流血灑地，以爲娛樂。凡諸殺害，多令支解，或焚之於火，或投之於河。沈酗既久，彌以狂惑，每至將醉，輒拔劍挂手，或張弓傅矢，或執持牟槊，游行市廛。問婦人曰：「天子何如？」答曰：「顛顛癡癡，何成天子？」帝乃殺之。或馳騁衢路，散擲錢物，恣人拾取，爭競諠譁，方以爲喜。三臺構木高二十七丈，兩棟相距二百餘尺，工匠危怯，皆繫繩自防，帝登脊疾走，都無怖畏；時復雅舞，折旋中節，旁人見者莫不寒心。又召死囚，以席爲翅，從臺飛下，免其罪戮。果敢不慮者，盡皆獲全；危怯猶豫者，或致損跌。沈酗既久，轉虧本性。怒大司農穆子容，使之脫衣而伏，親射之，不中，以橛貫其下竅，入腸。雖以楊愔爲宰輔，使進廁籌，以其體肥，呼爲楊大肚。馬鞭鞭其背，流血浹袍。以刀子剺其腹，崔季舒託俳言曰：「老小公子惡戲。」因掣刀子而去之。又置愔於棺中，載以轜車，幾下釘者數四。曾至彭城王浟宅，謂其母尒朱曰：「憶汝辱我母壻時，何由可耐？」手自刃殺。又至故僕射崔暹第，謂暹妻李曰：「頗憶暹否？」李曰：「結髮義深，實懷追憶。」帝曰：「若憶時，自往看也。」親自斬之，棄頭牆外。嘗在晉陽，以矟戲刺都督尉子耀，應手而死。在三臺大光殿上，鋸殺都督穆嵩。又幸開府暴顯家，有都督韓哲無罪，忽衆中召斬之數段。魏安樂王元昂，后之姊壻，其妻有色，帝數幸之，欲納爲昭儀。召昂令伏，以鳴鏑射一百餘下，凝血垂將一石，竟至於死。後帝自往弔，哭於喪次，逼擁其妻。仍令從官脫衣助襚，兼錢綵，號爲信物，一日所得，將踰巨萬。后啼不食，乞讓位於姊，大后又爲言，帝意乃釋。所幸薛嬪，甚被寵愛，忽意其輕與高岳私通，無故斬首，藏之於懷。於東山宴，勸酬始合，忽探出頭，投於柈上。支解其尸，弄其髀爲琵琶，一坐驚怖，莫不喪膽。帝方收取，對之流淚，云「佳人難再得，甚可惜也。」載尸以出，被髮步哭而隨之。至有閭巷庸猥人無識知者，忽令召斬。鄴下繫徒，罪至大辟，簡取隨駕，號爲供御囚，手自刃殺，持以爲戲。兼以外築長城，內營宮殿，賞賚過度，天下騷然。內外憯憯，各懷怨毒。而素嚴斷臨下，加之默識強記，百寮戰栗，不敢爲非。案文宣本性，或尙較文襄爲深沈，其吏才亦不讓文襄。文襄紀言其情欲奢淫，動乖制度，嘗於宮西造宅，牆院高廣，聽事宏壯，亞大極殿，神武入朝責之，乃止，使其獲登大位，亦未必愈於文宣也。文宣淫暴之事，多在天保六七年後，非徒本性，實亦疾病使然。觀其冒犯寒暑，臨履危險，多爲人所不堪可知，本紀又云：至於末年，每言見諸鬼物，亦云聞異音聲，亦其有疾之一證。即其耽於麴蘖，亦未必非病狀也。特有狂易之疾者，發爲何種行動，仍係習染使然，文宣雖云有疾，非染於鮮卑之俗，其淫暴亦當不至如是其甚耳。

北齊書本紀述文宣淫虐之事云：諸元宗室，咸加屠勦。永安、上黨，並致寃酷。高隆之、高德政、杜弼、王元景、李蒨之等，皆以非罪見害。案諸元被戮，見於史者，有咸陽王禧之子坦，高陽王雍之子斌，濟陰王小新成之曾孫暉業，臨淮王彧之弟孝友，昭成五世孫景皓，無上王之子彭城王韶。坦之死，以其子酒醉誹謗，妄說圖讖，坦因此配北營州，和龍。死於配所。斌，天保二年從討契丹，還至白狼河，今大淩河。以罪賜死，未知罪狀爲何。暉業亦死於是年，以罵元韶「不及一老嫗，背負璽與人，何不打碎之？」暉業在魏宗室中，頗有學問、氣節。其在晉陽，無所交通，而撰魏藩王家世，爲辨宗錄三十卷，蓋不勝其宗國之痛焉。孝友與之俱死。孝友，史亦稱其明於政理，蓋皆忌之也。景皓：天保時，諸元帝室親近者，多被誅戮，疏宗如景安之徒，議欲請姓高氏，景皓不肯，曰：「豈得棄本宗，逐他姓？大丈夫寧可玉碎，不能瓦全。」景安以此言白文宣，遂被誅，家屬徙彭城。元韶：齊神武以孝武帝后配之。傳云：韶性行溫裕。以高氏壻，頗膺時寵。能自謙退。

臨人有惠政。好儒學，禮致才彥。愛林泉，修第宅，華而不侈。可謂曲意求全矣，然亦卒不免。傳又云：文宣鬀韶鬢髯，加以粉黛，衣婦人服以自隨，曰「我以彭城爲嬪御，」譏元氏微弱，比之婦女。十年，天保十年。大史奏云「今年當除舊布新。」文宣謂韶曰：「漢光武何故中興？」韶曰：「爲誅諸劉不盡。」乃誅諸元以厭之。遂以五月誅元世哲、景武等二十五家。餘十九家，並禁止之。韶幽於京畿地牢，絕食，啗衣袖而死。及七月，大誅元氏。自昭成已下，並無遺焉。或父祖爲王，或身嘗貴顯，或兄弟强壯，皆斬東市。其嬰兒，投於空中，承之以矟。前後死者，凡七百二十一人。悉投尸漳水。剖魚多得爪甲，都下爲之久不食魚。北史同。又云：世哲從弟黃頭，使與諸囚自金鳳臺各乘紙鴟以飛。黃頭獨能飛至紫陌。見上節。仍付御史獄，畢義雲餓殺之。本紀紀五月誅二十五家、禁止十九家，並同韶傳，而無七月大屠勠之事。北史則誅二十五家、禁止十九家之下又云：「尋並誅之，男子無少長皆斬，所殺三千人，並投漳水，」與韶傳所云七百二十一人者，多寡懸殊。紀又書八月癸卯，詔諸軍民「或有父祖改姓，冒入元氏，或假託攀認，妄稱姓元者，不問世數遠近，悉聽改復本姓，」北史亦同，豈傳之所云，特就二十五家、十九家言之，紀則并當時濫及者數之，故其數不同邪？棄本宗，逐他姓，而卒遭駢戮之慘，亦可哀矣。然雖如是，元氏之獲漏網者，仍非無之。景安以改姓獲免。賜姓高氏。景安叔父种之子豫，景安告景皓時漫言引之云相應和。豫占云：「爾時以衣袖掩景皓口，云兄莫妄言。」及問景皓，所列符同，亦獲免。元文遙者，昭成六世孫。文襄時爲大將軍府功曹，齊受禪時爲中書舍人。後被幽執，不知所由。積年，文宣自幸禁獄釋之。遂見任用，歷武成、後主之世焉。元蠻者，江陽王繼之子，孝昭元皇后之父，十年大誅元氏，孝昭爲之苦請，因是追原之，賜姓步六孤氏，見北齊書外戚傳。昭成之後，又有名士將者，武成時位將作大匠，見北史魏諸宗室傳。卽元坦家屬徙彭城，亦未聞其更行追戮也。十七史商榷云：「新唐書宰相世系表序元魏之後，聞於唐世者甚多，然所列者皆是後周韓國公謙及隋兵部尚書平昌公巖之後，則知元氏惟西魏尚有存者，而東魏已絕。」其說實爲非是。惟屠戮多而所存廑耳。王氏又云：「洛陽伽藍記第四卷云：河陰之役，諸元殲盡，王侯第宅，多題爲寺。未及三十年，而元氏子孫三千人又被高洋盡殺之，且前代之翦滅，不過陰行酖害，此則駢斬於市」云云，則誠蠻夷猾夏者百世之龜鑑矣。

永安簡平王浚，神武第三子；上黨剛肅王渙，神武第七子；其被禍俱在天保九年。陳永定二年。史言浚小時本與文宣有隙，後又以直諫被禍；渙之被禍，則以術士言亡高者黑衣，文宣問左右：「何物最黑？」對曰：「莫過漆。」帝以渙第七，爲當之。此皆非其眞。史又言浚豪爽有氣力，善騎射；渙材武絕倫，嘗率衆送蕭淵明，破東關，斬裴之橫，威名甚盛；則或其見殺之由耳。先一年，文宣在晉陽，浚時爲青州刺史，見第十二章第六節。渙錄尚書事。文宣徵浚，浚謝疾不至。文宣怒，馳驛收之。又使庫直都督破六韓伯昇之鄴徵渙。渙至紫陌橋，見第一節。殺伯昇以逃，憑河而渡，土人執以送帝。既至，盛以鐵籠，俱寘北城地牢下，飲食溲穢，共在一所。是年，帝親將左右臨穴歌謳，令浚等和之。浚等皇怖且悲，不覺聲戰。帝爲悵然，因泣，將赦之。長廣王湛，神武第九子，卽武成帝。先與浚不睦，進曰：「猛虎安可出穴？」帝默然。浚等聞之，呼長廣小字曰：「步落稽，皇天見汝。」左右聞者，莫不悲傷。浚與渙皆有雄略，爲諸王所傾服，帝恐爲害，乃自刺渙，又使壯士劉桃枝就籠亂刺。稍每下，浚、渙輒以手拉折之，號哭呼天。於是薪火亂投，燒殺之，塡以石土。後出，皮髮皆盡，尸色如灰。帝以湲妃陸氏配儀同劉郁捷，渙妃李氏配馮文洛，皆帝家舊奴，令殺湲、渙，故以配焉。又神武第十二子博陵文簡王濟，嘗從文宣巡幸，在路忽憶大后，遂逃歸，帝怒，臨以白刃，因此驚恍。又清河王岳，爲高歸彥所搆，（歸彥，神武族弟。）屬文宣召鄴下婦人薛氏入宮，（即紀所云薛嬪。）而岳先嘗喚之至宅，由其姊也，帝懸薛氏姊而鋸殺之，讓岳，以爲姦民女。岳曰：「臣本欲取之，嫌其輕薄不用，非姦也。」帝益怒。天保六年，（梁敬帝紹泰元年。）十一月，使歸彥就宅切責之，岳憂悸不知所爲，數日而死。時論紛然，以爲遇鴆焉。案觀長廣王猛虎不可出穴之語，則知高氏弟兄相忌，初非獨文宣一人，此當時風氣使然，無足爲怪，至其殺之之慘酷，則自由文宣有狂易之疾故也。

高隆之：齊受禪，進爵爲王，尋以本官錄尚書事。天保五年，（梁元帝承聖三年。）見殺。傳云：初世宗委任崔暹、崔季舒等，及世宗崩，隆之啓顯祖，並欲害之，不許。顯祖以隆之舊齒，委以政事，季舒等仍以前隙，乃譖云：「隆之每見訴訟者，輒加哀矜之意，以示非己能裁。」顯祖以其委過要名，非大臣義，禁止尚書省。隆之曾與元昶宴飲，酒酣，語昶曰：「與王交游，當生死不相背。」人有密言之者。又帝未登庸之日，隆之意常侮帝，帝將受魏禪，大臣咸言未可，隆之又在其中，帝深銜之，因此遂大發怒，令壯士築百餘下放出，渴將飲水，人止之，隆之曰：「今日何在？」遂飲之，因從駕死於路。帝末年追忿隆之，誅其子德樞等十餘人，並投漳水。又發隆之冢，出其尸，斬截骸骨，投之漳流。高德政：受禪之日，除爲侍中。天保七年，遷尚書右僕射，仍兼侍中。其傳云：德政與尚書令楊愔綱紀政事，多有弘益。顯祖末年，縱酒酣醉，所爲不法，德政屢進忠言，帝不悅，謂左右云：「高德政恆以精神淩逼人。」德政甚懼，乃稱疾，屏居佛寺，兼學坐禪，爲退身之計。帝謂楊愔曰：「我大憂德政，其病何似？」愔以禪代之際，因德政言情切至，方召致誠款，常內忌之，由是答云：「陛下若用作冀州刺史，病卽自差。」帝從之。德政見除書而起。帝大怒，召德政謂之曰：「聞爾病，我爲爾鍼。」親以刀子刺之，血流霑地。又使曳下斬去其趾。劉桃枝捉刀不敢下。帝起臨階，砌切責桃枝曰：「爾頭卽墮地。」因索大刀自帶，欲下階，桃枝乃斬足之三指。帝怒不解，禁德政於門下。其夜開城門，以氈輿送還家。旦日，德政妻出寶物滿四牀，欲以寄人。帝奄至其宅，見而怒曰：「我府藏猶無此物。」詰其所從得，皆諸元賂之也。遂曳出斬之。時妻出拜，又斬之，幷其子祭酒伯堅。德政死後，顯祖謂羣臣曰：「高德政常言宜用漢人，除鮮卑，此卽合死。又教我誅諸元，我今殺之，爲諸元報讎也。」案德政之死在天保十年八月，正大誅諸元之後，德政乘機脅取其賂，而仍不能爲之救解，如文宣言，則且從而下石焉，亦可謂險巇矣，足見僞朝之無正士也。杜弼亦以是年夏見殺。弼時爲膠州刺史。見第十三章第一節。其傳云：弼性質直，前在霸朝，多所匡正。及顯祖作相，致位僚首。初聞揖讓之議，猶有諫言。顯祖嘗問弼云：「治國當用何人？」對曰：「鮮卑車馬客，會須用中國人。」顯祖以爲譏我。高德政在要，不能下之，德政深以爲恨，數言其短。又令主書杜永珍密啓弼在長史日受人請屬，大營婚嫁。顯祖內銜之。弼恃舊，仍有公事陳請。上因飲酒，遂遣就州斬之。旣而悔之，驛追不及。王元景名昕，猛六世孫。爲祕書監。傳云：顯祖以昕疏誕，罵之曰：「好門戶，惡人身。」又有讒之者曰：「王元景每嗟水運不應遂絕。」帝愈怒，乃下詔徙幽州。後徵還，判祠部尚書事。帝怒臨漳令嵇曄，臨漳見第三章第三節。及舍人李文師，以曄賜薛豐洛，文師賜崔士順爲奴。鄭子默私誘昕曰：「自古無朝士作奴。」昕曰：「箕子爲之奴，何言無也？」子默遂以昕言啓顯祖，仍曰：「王元景比陛下於殷紂。」帝後與朝臣酣飲，昕稱病不至，帝遣騎執之，見其方搖膝吟詠，遂斬於御前，投尸漳水。亦天保十年也。李倩之事，其詳無所見。案高隆之、高德政位高權重，皆有取死之道焉，史所言致死之由不必實也。其殺王昕、杜弼，自爲淫刑，然觀高德政、杜弼，皆以譏鮮卑獲罪，文宣種族之見，亦可謂深矣，安得盡委之於狂易哉？

文宣之營三臺，本紀書其事於天保九年八月，云：先是發丁匠三十餘萬，營三臺於鄴下，因其舊基而高博之，大起宮室及遊豫園。至是，三臺成，改銅雀曰金鳳，金獸曰聖應，冰井曰崇光云。此爲文宣侈靡之一端，至其起長城，則意在守禦北方，雖曰勞民，不能盡目爲暴政也。

文宣亦薄有武略。惟其時關西無隙可乘，南方陳武帝崛興，力亦足以攘外，始納淵明，繼輔蕭莊，皆致失利；故其力，僅用之於北邊焉。魏世北邊大敵，本爲柔然。宣武帝時，柔然衰亂，其主阿那瓌奔魏，魏人輔之還北，一時頗見馴伏。六鎮亂作，魏人始畏柔然。逮東西既分，乃競與結好。西魏文帝，以元昱之女，稱爲化政公主，昱孝武時舍人。妻阿那瓌兄弟塔寒。又自納阿那瓌女爲后。加以金帛誘之。阿那瓌遂留東魏使元整，不報信命。又掠范陽，見第四章第二節。秀容，見第六章第八節。殺元整，轉謀侵害。孝靜帝元象元年，梁武帝大同四年。神武志在綏撫。會阿那瓌女妻文帝者遇疾死，因遣相府功曹參軍張徽纂使阿那瓌，間說之云：「文帝及周文既害孝武，又殺阿那瓌之女，妄以疏屬假公主之號，嫁彼爲親。又阿那瓌渡河西討時，周文燒草，使其馬飢，不得南進。」又論「東魏正統所在，言其往者破亡歸命，魏朝保護，得存其國。若深念舊恩，以存和睦，當以懿親公主，結成姻媾；爲遣兵將，伐彼叛臣。」阿那瓌乃歸誠於東魏。東魏以常山王騭妹樂安公主妻之，改封爲蘭陵郡長公主。興和三年，梁大同七年。阿那瓌以其孫女號隣和公主，妻神武第九子長廣王湛。興和四年，梁大同八年。又以其愛女，號爲公主，妻神武。武定四年，梁中大同元年。自此東魏邊塞無事。至武定末，貢獻相尋。齊受禪，亦歲時來往不絕。天保三年，梁元帝承聖元年。阿那瓌爲突厥土門所破。突厥，自其初起時，卽親附西魏，西魏嘗以長樂公主妻之。大統十七年，梁簡文帝大寶二年，卽文宣天保二年也。案西魏文帝后本乙弗氏，以納蠕蠕主故，廢而殺之。北史后傳云：年十六，帝納爲妃。及帝卽位，以大統元年册爲皇后。生男女十二人，多早夭，惟大子及武都王戊存焉。帝更納悼后，命后遜居別宮，出家爲尼。悼后猶懷猜忌，復徙后居秦州，依子刺史武都王。帝雖限大計，恩好不忘。後密令養髮，有追還之意。然事祕禁，外無知者。六年春，蠕蠕舉國渡河，頗有言虜爲悼后之故興此役。帝曰：「豈有百萬之衆，爲一女子舉也？雖然，致此物論，朕亦何顏以見將帥邪？」乃遣中常侍曹寵齎手勅令后自盡。年三十一。及文帝山陵畢，手書云：萬歲後欲令后配饗。公卿乃議追謚曰文皇后，祔於大廟。案后之廢，在大統四年，年二十九。自其十六歸帝，至此僅十有四年，而生男女十二人，足見其情好之篤。而帝竟不能庇其命，亦可哀矣。蠕蠕傳云：阿那瓌率衆度河，以廢后爲言，文帝不得已，遂勅廢后自殺，與后妃傳岐異。觀下述阿那瓌以蠕蠕公主妻神武，而勅禿突佳留住，待見外孫乃歸，恐以蠕蠕傳之言爲信；抑非蠕蠕有是言，當時魏朝，亦未必有欲害文后者也。然以憚於蠕敵之故，而使文后死於非命，魏之軍人，亦可恥矣。蘭陵公主之適蠕蠕也，自晉陽北邁，資用器物，神武親自經紀，咸出豐渥。蠕蠕公主之來也，阿那瓌女妻神武者，號曰蠕蠕公主。武明皇后亦避正室以處之。阿那瓌使其弟禿突佳來送女，仍戒曰：「待見外孫，然後返國。」神武嘗有病，不得往公主所，禿突佳怨恚，神武卽自射堂輿疾就之。觀此諸事，可見當時宇文、高氏畏北狄之甚。齊既與柔然睦，而柔然爲突厥所破，突厥又夙睦於西魏，固無怪文宣之欲經略之也。又宇文氏爲慕容氏所破，別種竄於松漠之間者爲奚、契丹，至南北朝末，亦漸強盛，能犯塞。此等雖未必大敵，然必邊塞安，乃能盡力於西南二方。文宣乘閒暇之時，出兵經略，固不能謂爲非計也。

文宣之用兵於北垂，事起天保三年。梁承聖元年。北齊書本紀：是歲，三月，討庫莫奚於代郡，大破之。獲雜畜十餘萬，分賚將士各有差。以奚口付山東爲民。二月，阿那瓌爲突厥所破，自殺。其太子菴羅辰，及瓌從弟登注俟利發，注子庫提，並擁衆來奔。茹茹餘衆立注次子鐵伐爲主。九月，帝自幷州幸離石。見第三章第四節。十月，至黃櫨嶺。在今山西汾陽縣西北，接離石縣界。仍起長城，北至社干戍，胡三省云：此長城蓋起於唐石州，北抵武州之境。案唐石州，今山西離石縣。武州，今山西五寨縣。社干戍，通鑑作社平戍，胡注云：齊紀作社干。四百餘里，立三十六戍。四年，梁承聖二年。二月，送鐵伐、登注、庫提還北。鐵伐尋爲契丹所殺。國人立登注爲主，仍爲其大人阿富提等所殺。國人復立庫提。九月，契丹犯塞，帝北討。十月，至平州。見第十二章第三節。從西道趨長塹。胡三省曰：曹操征烏丸，出盧龍塞，塹山堙谷五百餘里，後人因謂之長塹。案盧龍塞，在今河北遷安縣北。詔司徒潘相樂率精騎五千，自東道趨青山。未詳。復詔安德王韓軌率精騎四千，東趨斷契丹走路。帝至陽師水，胡三省曰：唐志：貞觀三年，以契丹，室韋部落置師州及陽師縣於營州之廢陽師鎮，即此。倍道兼行，掩襲，大破之。虜獲十餘萬口，雜畜數十萬頭。樂又於青山大破契丹別部。所虜生口，皆分置諸州。十二月，突厥復攻茹茹，茹茹舉國南奔。帝自晉陽北討突厥，迎納茹茹，乃廢庫提，立菴羅辰，置之馬邑。見第三章第八節。親追突厥於朔州。見第十一章第二節。突厥請降，許之而還。五年，梁承聖三年。三月，菴羅辰叛。

帝親討，大破之。辰父子北遁。四月，茹茹寇肆州，見第十一章第二節。帝自晉陽討之，至恆州，見第十一章第二節。黃瓜堆，在今山西山陰縣北。虜騎散走。五月，北討茹茹，大破之。六月，茹茹率部衆東徙，將南侵，帝率輕騎於金山下邀擊之。金山未詳。茹茹聞而遠遁。十二月，北巡至達速嶺，在今山西平魯縣西北。覽山川險要，將起長城。六年，梁紹泰元年。六月，親討茹茹。七月，頓白道，見第十二章第三節。留輜重，親率輕騎五千追茹茹，及於懷朔鎮，見第十二章第三節。帝躬當矢石，頻大破之，遂至沃野，見第十二章第三節。獲口二萬餘，牛羊數十萬頭。是年，發夫一百八十萬人築長城，自幽州北夏口，胡三省云：蓋即居庸下口，案居庸關在今河北昌平縣察哈爾延慶縣之間。至恆州，九百餘里。據趙郡王琛傳，築城時在六月。十二月，先是自西河總秦戍，未詳。築長城，東至於海，前後所築，東西凡三千餘里，率十里一戍，其要害置州鎮，凡二十五所。八年，陳永定元年。於長城內築重城，自庫洛拔而東至於塢紇戍，庫洛拔，通鑑作庫洛枝。塢紇戍，通鑑作鳴紇戍。未詳爲今何地。凡四百餘里。八年築城之役，亦見趙郡王叡傳。經略北邊之事，蓋至此而粗畢，故自是不復北出，亦無復大舉矣。史所稱帝之雄武，大抵皆指此諸役言之。紀於天保四年伐契丹之役云：「帝親踰山嶺，爲士卒先，指麾奮擊。」又云：「是行也，帝露頭袒膊，晝夜不息，行千餘里，惟食肉飲水，壯氣彌厲。」五年四月之役云：「大軍已還，帝率麾下千餘騎，遇茹茹別部數萬，四面圍逼。帝神色自若，指畫形勢，虜衆披靡，遂縱兵潰圍而出。虜走，追擊之，伏尸二十里，獲菴羅辰妻子及生口三萬餘人。」前所引北史本紀，謂帝每臨行陳，親當矢石云云，即櫽栝是諸役而爲言也。當時北邊安靜，遠國來朝貢者頗多，此數年中，奚、契丹、突厥外，尚有肅愼、地豆干亦來朝，皆見本紀。其功績似不無足稱，然亦不過使北邊暫告安靜而已。當時之茹茹、突厥及奚、契丹，兵力皆不甚强；史於文宣武功，又不免鋪張揚厲；實亦無甚足稱也。柔然、突厥、奚、契丹之事，參看第十六章。

第三節 孝昭武成篡奪

北齊之事，始壞於文宣，而大壞於武成。文宣嗣子幼弱，致啓孝昭、武成二世之爭奪，自此宗室之中，猜忌覬覦，互相屠戮，奸臣因之竊柄。孝昭在兄弟中似較修飭，然享年不永；武成荒淫，實更甚於文宣，詒謀不臧，至後主而益昏蕩。政治內紊，强敵外陵，於是大寧之後，不及二十年，而齊祚迄矣。

文宣母弟四人：常山王演，神武第六子。襄城王淯，神武第八子。長廣王湛，見上節。博陵王濟神武第十二子。是也。襄城爲人，蓋無能爲；博陵年幼，故惟常山、長廣二王爲親逼。常山天保五年，梁元帝承聖三年。除并省尚書令。七年，梁敬帝太平元年。從文宣還鄴。文宣以尚書奏事，多有異同，令與朝臣先論定得失，然後敷奏。八年，陳武帝永定元年。轉司空，錄尚書事。九年，陳永定二年。除大司馬，仍錄尚書。孝昭紀云：文宣溺於遊宴，帝密撰事條，將諫，其友王晞以爲不可，帝不從，因閒極言，遂逢大怒。帝性頗嚴，尚書郎中剖斷有失，輒加捶楚；令史姦慝，並即考竟。文宣乃立帝於前，以刀環擬脅；召被罰者，臨以白刃，求帝之短，咸無所陳，方見解釋。後賜帝魏時宮人，醒而忘之，謂帝擅取，遂以刀環亂築，因此致困。皇大后日夜啼泣。文宣不知所爲。先是禁王晞，乃捨之，令侍帝。晞傳云：文宣昏逸，常山王數諫，帝疑王假辭於晞，欲加大辟。王私謂晞曰：「博士明日當作一條事，爲欲相活，亦圖自全，宜深體勿怪。」乃於衆中杖晞二十。帝尋發怒，聞晞得杖，以故不殺，髡鉗鞭配甲坊。居三年，王又因諫爭，大被毆撻，閉口不食。大后極憂之。帝謂左右曰：「儻小兒死，奈我老母何？」

於是每問王疾，謂曰：「努力強食，當以王晞還汝。」乃釋晞令往。後王承間苦諫，遂至忤旨。帝使力士反接，拔白刃注頸，罵曰：「小子何知？欲以吏才非我，是誰教汝？」催遣捶楚亂杖，擊數十，會醉臥得解。蓋常山當文宣之世，實已屢瀕於危，特以大后故得免耳。十年，（陳永定三年。）十月，文宣死於晉陽。大子殷立，是爲廢帝。尚書令楊愔與左僕射平秦王歸彥，侍中燕子獻，黃門侍郎鄭子默，（名頤。）同受遺詔輔政。愔在文宣朝，稱爲賢相，史稱自天保五年以後，維持匡救，實有賴焉。尚大原長公主。歸彥，文宣誅高德政，金寶財貨，悉以賜之，蓋亦頗得寵信。子獻，尚陽翟長公主。子默，文宣爲大原公時，爲東閤祭酒，與宋欽道特相友愛。欽道爲文宣大將軍主簿，後令在東宮教大子習事。欽道文法吏，不甚諳識古今，而子默以文學見知，有疑事必詢焉。二人幸於兩宮，雖諸王大臣，莫不敬憚。蓋又與廢帝關係較深者也。並以二王威望先重，咸有猜忌之心。初在晉陽，以大行在殯，天子諒闇，議令常山王在東館，欲奏之事，皆先諮決。二旬而止。仍欲以常山王隨梓宮至鄴，留長廣王鎮晉陽。執政復生疑貳，而王又俱從至於鄴。子獻立計，欲處大皇大后於北宮，（武明后。）政歸皇大后。（文宣后李氏。）自天保八年以來，爵賞多濫，愔先自表解其開封王，諸叨竊恩榮者，皆從黜免。由是嬖寵失職之徒，盡歸心二叔。歸彥初雖同德，尋以疏忌之跡，盡告兩王。（歸彥傳云：濟南自晉陽之鄴，楊愔宣勅留從駕五千兵於西中，陰備非常。至鄴數日，歸彥乃知之，由是陰怨楊、燕。楊、燕等欲去二王，問計歸彥，歸彥詐喜，請共元海量之。元海亦口許心違，馳告長廣。元海者，上洛王思宗子。思宗，神武從子也。）可朱渾天和（道元季弟。尚東平公主。時爲領軍大將軍。）又每云：「若不誅二王，少主無自安之理。」欽道面奏帝：稱「二叔威權既重，宜速去之。」帝不許，曰：「可與令公共詳其事。」愔等議出二王爲刺史，以帝仁慈，恐不可所奏，乃通啓皇大后，具述安危。宮人李昌儀者，胡三省曰：昌儀蓋亦內職，而北史后妃傳無之，蓋大后女官之名。高仲密之妻，坐仲密事入宮，大后以昌儀宗情，甚相昵愛，以啓示之。昌儀密啓大皇大后。愔等又議不可令二王俱出，乃奏以長廣王爲大司馬、并州刺史，常山王爲大師、錄尙書事。及二王拜職，於尙書省大會百僚，愔等並將同赴，子默止之，不聽。長廣旦伏家僮數十人於錄尙書後室，仍與席上勳貴數人相知，并與數勳胄約：「行酒至愔等，我各勸雙杯，彼必致辭。我一曰『捉酒』，二曰『捉酒』，三曰『何不捉？』爾輩卽捉。」及宴，如之。於是愔及天和、欽道皆被拳杖亂毆擊，頭面血流，各十人持之。子獻素多力，頭又少髮，排衆走出省門。斛律光逐而擒之，使執子默於尙藥局。孝昭紀云：帝戎服與平原王段韶、平秦王高歸彥、領軍劉洪徽入自雲龍門，於中書省前遇散騎常侍鄭子默，又執之。二叔率高歸彥、賀拔仁、斛律金擁愔等唐突入雲龍門。見都督叱利騷，招之，不進，使騎殺之。開府成休寧拒門，歸彥喩之，乃得入。孝昭紀：帝至東閤門，都督成休寧抽刃呵帝，帝令高歸彥喩之，休寧厲聲大呼不從。歸彥旣爲領軍，素爲兵士所服，悉皆弛杖，休寧乃歎息而罷。歸彥傳云：孝昭將入雲龍門，都督成休寧列仗拒而不納，歸彥喩之，然後得入，進而柏閣、永巷亦如之。送愔等於御前。長廣王及歸彥在朱華門外。大皇大后臨昭陽殿，大后及帝側立。常山王以塼叩頭，進而言曰：「臣與陛下骨肉相連。楊遵彥等欲擅朝權，威福自己，王公以還，皆重足屛氣，共相脣齒，以成亂階。若不早圖，必爲宗社之害。臣與湛等爲國事重，賀拔仁、斛律金等惜獻皇帝基業，共執遵彥等領入宮，未敢刑戮。專輒之失，罪合萬死。」帝時默然。領軍劉桃枝之徒陛衞，叩刀仰視，帝不睨之。大皇大后令卻仗，不肯。又厲聲曰：「奴輩卽今頭落。」乃卻。孝昭紀：時庭中及兩廊下衞士二千餘人皆被甲待詔。武衞娥永樂武力絕倫，又被文宣重遇，撫刃思效。廢帝性吃訥，兼倉卒不知所言。大皇大后又為皇大后誓言帝無異志，惟去逼而已。高歸彥勅勞衛士解嚴，永樂乃納刀而泣。帝乃令歸彥引侍衛之士向華林園，以京畿軍入守門閤，斬娥永樂於園。與楊愔傳不同，當以孝昭紀為確。觀永樂被害，桃枝安然無患，可知。武成紀：帝既與孝昭謀誅諸執政，遷大傅，錄尚書事，領京畿大都督，正使之守禦門閤也。乃讓帝曰：「此等懷逆，欲殺我二兒，次及我，爾何縱之？」帝猶不能言。大皇大后怒且悲，王公皆泣。大皇大后又曰：「豈可使我母子受漢老嫗斟酌？」大后拜謝。常山王叩頭不止。大皇大后謂帝曰：「何不安慰爾叔？」帝乃曰：「天子亦不敢與叔惜，豈敢惜此漢輩？但願乞兒性命，兒自下殿去，此輩任叔父處分。」遂皆斬之。長廣王以子默昔譏己，作詔書，故先拔其舌，截其手焉。以上據楊愔傳。時廢帝乾明元年二月也。即孝昭帝皇建元年，陳文帝天嘉元年。以趙彥深代總機務。彥深者，幼孤貧，司馬子如用為尚書令史。後薦諸神武，為大丞相功曹參軍，專掌機密，歷文襄、文宣之世。以溫柔謹慎稱，蓋委蛇自保之流，故能歷武成、後主之世而無患。楊愔固非端人，至彥深則每況愈下矣。後主時，趙郡王叡作亂，見下節。率京畿軍士三千餘人屯千秋門，廣寧、安德二王廣寧王孝珩，文襄第二子。安德王延宗，文襄第五子。適從西來，欲助成其事，曰：「何不入？」中常侍劉辟疆曰：「人少。」安德王顧衆而言曰：「孝昭帝殺楊遵彥，止八十人，今乃數千，何言人少？」孝昭殺楊遵彥止八十人，未知信否。然時二王非有兵權徒黨，必不能多勳胄，特以利合，或則年少好事，豈能為之力戰？陛衛之士，自足禦之，而廢帝吃訥不能發言，遂使二王幸而獲濟矣。廢帝紀云：文宣登鳳臺，召大子使手刃囚，大子惻然有難色，再三不斷其首。文宣怒，親以馬鞭撞大子三下，由是氣悸語吃，精神時復昏擾。然則教之殺人者，適所以使之見殺於人也，亦可哀矣。

楊愔等既死，於是以常山王演爲大丞相、都督中外諸軍、錄尙書事，長廣王湛爲大傅、錄尙書、京畿大都督。演尋如晉陽。有詔：軍國大政，咸諮決焉。八月，大皇大后令廢帝爲濟南王。演卽位於晉陽，是爲孝昭皇帝。

孝昭之誅楊愔等，謂長廣王湛曰：「事成，以爾爲皇大弟。」及踐阼，乃使湛在鄴主兵，立子百年爲皇大子，湛甚不平。時留濟南於鄴，除領軍庫狄伏連爲幽州刺史，以斛律豐樂（光弟，名羨。）爲領軍，以分湛之權。湛留伏連，不聽豐樂視事。乃與河陽王孝瑜僞獵，謀於野，闇乃歸。（孝瑜，文襄長子。本傳云：孝瑜養於神武宮中，與武成同年相愛，將誅楊愔等，孝瑜豫其謀。及武成卽位，禮遇特隆。孝昭紀云：帝以尊親而見猜斥，乃與長廣王期獵，謀之於野，疑卽與武成謀之傳誤也。）既而大史奏言：「北城有天子氣。」孝昭以爲濟南應之，使平秦王歸彥之鄴，迎濟南赴幷州。時高元海以散騎常侍留鄴典機密，湛先咨焉，幷問自安之計。元海說梁孝王懼誅入關事，請以數騎入晉陽，先見大后求哀，後見主上，請去兵權，以死爲限，求不干朝政，必保泰山之安，此上策也。若不然，當且表云：威權大重，恐取謗衆口，請靑、齊二州刺史，沈靜自居，必不招物議，此中策也。更問下策。曰：「發言卽恐族誅。」逼之。答曰：「濟南世嫡，主上假大后令而奪之，（孝昭卽位，武明后復爲大后，文宣后降居昭宮信，稱昭信大后。）今集文武，示以此勑，執豐樂，斬歸彥，尊濟南，號令天下，以順討逆，此萬世一時也。」湛大悅，狐疑竟未能用，乃令數百騎送濟南於晉陽。既至，孝昭殺之。時皇建二年九月也。（陳天嘉二年。）十一月，孝昭死，徵湛入卽位，是爲世祖武成皇帝。

孝昭之篡也，高歸彥以司空兼尚書令。孝昭死，歸彥迎武成於鄴，進位大傅，領司徒。武成以前翻復之跡，漸忌之。河淸元年，（陳天嘉三年。）二月，出爲冀州刺史。至州，不自安，謀逆。望車駕入晉陽，乘虛入鄴。爲其郎中令呂思禮所告。詔段鄴之。城破，歸彥單騎北走，至交津，水經注：白馬河入衡漳之口，在武隧縣南。武隧，漢縣，後漢曰武遂，北齊省，在今河北武强縣東北。見獲，鏁送鄴，并子孫十五人皆棄市。明年，河清二年，陳天嘉四年。高元海亦被捶馬鞭六十，出爲兗州。先是已殺文宣次子太原王紹德。及是，復殺河南王孝瑜，及其弟河閒王孝琬。孝琬弟延宗，亦被捶幾死。紹德之死，后妃傳謂由武成淫其母，生女，紹德愠，母慙，殺其女，即昭信皇后也。傳云：武成踐阼，逼后淫亂，云：「若不許，我當殺爾兒。」后懼，從之。後有娠，紹德至閤，不得見，愠曰：「兒豈不知邪？姊姊腹大，故不見兒。」后聞之，大慙，由是生女不舉。帝横刀詬曰：「爾殺我女，我何不殺爾兒？」對后前築殺紹德。后大哭。帝愈怒，裸后亂撾撻之。號天不已。盛以絹囊，流血淋漉，投諸渠水，良久乃蘇。犢車載送妙勝尼寺。后性愛佛法，因此爲尼。南陽王綽傳云：綽兄弟皆呼父爲兄兄，嫡母爲家家，乳母爲姊姊，婦爲妹妹。本傳謂係修舊怨，傳云：武成因怒李后，罵紹德曰：「爾父打我時，竟不來救。」以刀環築殺之。其說兩歧，蓋特以其爲廢帝母弟而殺之；至孝瑜之見殺，則其故自與歸彥、元海之見忌同也。孝瑜傳云：武成嘗使和士開與胡后對坐握槊，孝瑜諫曰：「皇后天下之母，不可與臣下接手。」帝深納之。後又言趙郡王父死非命，不可親。由是叡及士開皆側目。士開密告其奢僭，叡又言「山東惟聞河南王，不聞有陛下。」帝由是忌之。尒朱御女，名摩女，本事大后，孝瑜先與之通，後因大子婚夜，孝瑜竊與之言。武成大怒。頓飲其酒三十七杯。使婁子彥載以出，酖之於車。至西華門，煩熱躁悶，投水而絕。趙郡王叡，琛子，琛，神武弟，以亂後庭，因杖而斃。武成后通和士開，可信與否，尚在疑似之閒，觀下節自見，謂孝瑜因諫后與士開握槊而招怨，更不足信矣。孝琬，文襄第三子。傳云：突厥與周師入大原，武成將避之而東，孝琬叩馬諫，請委趙郡王部分之，必整齊，帝從其言。孝琬免冑將出，帝使追還。孝琬以文襄世嫡，驕矜自負。河南王之死，諸王在宮內，莫敢舉聲，惟孝琬大哭而出。又怨執政，爲草人而射之。和士開與祖珽譖之云：「草人擬聖躬也。又前突厥至州，孝琬脫兜鍪抵地，云豈是老嫗？須著此？此言屬大家也。」初魏世謠言：「河南種穀河北生，白楊樹頭金雞鳴，」珽以說曰：「河南河北，河間也。金雞鳴，孝琬將建金雞而大赦。」帝頗惑之。時孝琬得佛牙，置於第內，夜有神光照室，玄都法順請以奏聞，不從。帝聞，使搜之，得鎮庫矟幡數百。帝聞之，以爲反狀。訊其諸姬，有陳氏者，無寵，誣對曰：「孝琬畫作陛下形哭之。」然實是文襄像，孝琬時時對之泣。帝怒，使武衛赫連輔玄倒鞭撾之。孝琬呼阿叔。帝怒曰：「誰是爾叔？敢喚我作叔？」孝琬曰：「神武皇帝嫡孫，文襄皇帝嫡子，魏孝靜皇帝外孫，何爲不得喚作叔也？」帝愈怒，折其兩脛而死。案文襄第二子廣寧王孝珩，第四子蘭陵王長恭，一名孝瓘，武成世皆無患；第五子安德王延宗，雖被撾幾死，亦獲保全；而孝琬獨見殺者？蓋由其以文襄世嫡自負，故爲武成所忌也。延宗傳云：河間死，延宗哭之淚赤，又爲草人以像武成，鞭而訊之曰：「何故殺我兄？」奴告之，武成覆臥延宗於地，馬鞭撾之二百，幾死。其明年，河清三年，陳天嘉五年。遂殺孝昭大子樂陵王百年。百年傳云：河清三年五月，白虹圍日再重，又橫貫而不達；赤星見，帝以盆水承星影而蓋之，一夜盆自破；欲以百年厭之。會博陵人賈德胄敎百年書，百年嘗作數勅字，德胄封以奏。帝乃發怒，使召百年。百年被召，自知不免，割帶玦留與妃斛律氏。見帝於玄都苑涼風堂，使百年書勅字，驗與德胄所奏相似。遣左右亂捶擊之，又令人曳百年遶堂，且走且打，所過處血皆徧地。氣息將盡，曰：「乞命，願與阿叔作奴？」遂斬之，棄諸池，池水盡赤。於後園親看埋之。妃把玦哀號，不肯食，月餘亦死。玦猶在手，拳不可開，時年十四。其父光自擘之，乃開。孝昭紀云：初帝與濟南約不相害，及輿駕在晉陽，武成鎮鄴，望氣者云鄴城有天子氣，帝嘗恐濟南復興，乃密行鴆毒，濟南不從，乃扼而殺之。後頗愧悔。初苦內熱，頻進湯散。時有尙書令史姓趙，於鄴城見文宣從楊愔、燕子獻等西行，言相與復讎。帝在晉陽與毛夫人亦見焉。遂漸危篤。備禳厭之事。諸厲方出屋梁騎棟上，歌呼自若，了無懼容。時有天狗下，乃於其所講武以厭之。有兔驚馬，帝墜而絕肋。大后視疾，問濟南所在者三，帝不對。大后怒曰：「殺之邪？不用吾言，死其宜矣。」臨終之際，惟扶服牀枕，叩頭求哀，遣使詔追長廣王入纂大統，手書云：「宜將吾妻子置一好處，勿學前人也。」百年傳亦云：帝臨崩，遺詔傳位於武成，并有手書，其末曰：「百年無罪，汝可以樂處置之，勿學前人。」說雖荒誕，謂孝昭殺濟南而悔，及其臨死，屬武成之語則或眞，亦可哀矣。廢帝紀云：初文宣命邢邵制帝名殷，字正道，帝從而尤之曰：「殷家弟及，正字一止，吾身後兒不得也。」邵懼，請改爲文宣，不許，曰：「天也。」因謂孝昭帝曰：「奪時但奪，愼勿殺也。」與史紀孝昭屬武成之語頗相類，此則殊不足信。大抵帝王必有所私暱之人，喪敗之後，私暱爲之不平，又感激私恩，乃造作此等言語，以見其能前知，流俗無識，則亦相與傳之云爾。其實富貴中人，大多神識昏瞀，不能懸鑒未來，亦且不暇豫慮後事也。是歲，又殺神武第四子平陽靖翼王淹。淹傳云：河淸三年，薨於晉陽，或云以鴆終。神武第五子彭城景思王浟，車駕臨幸常留鄴，是歲二月，羣盜田子禮等謀劫浟爲主，不從，遇害。

因宗室之間猜忌甚深，遂有傳位大子之舉。武成后胡氏，生子緯，以河淸元年立爲大子。次子曰東平王儼。祖珽傳云：皇后愛少子，願以爲嗣。武成以後主體正居長，難於移易。珽私於和士開曰：「君之寵幸，振古無二。宮車一日晚駕，欲何以克終？」士開因求策焉。珽曰：「宜說主上云：襄、宣、昭帝子俱不得立，今宜命皇大子早踐大位，以定君臣之分。若事成，中宮、少主皆德君，此萬全計也。君此且微說，令主上粗解，珽當自外論之。」士開許諾。因有彗星出，大史奏云除舊布新之徵。珽於是上書，帝從之。河淸四年，卽後主天統元年，陳天嘉六年。四月，傳位於緯，是爲後主。時年十歲。案武成時年二十有九，何至慮及其將死？則珽傳之言，不足信也。帝蓋亦自有此意？其不肯廢長立幼，亦以此？然君臣之位，又豈可以虛名定哉？

第四節　武成後主荒淫

神武諸子，孝昭才性，似爲最優。本紀云：帝聰敏有識度。深沈能斷，不可窺測。自居臺省，留心政術，閑明簿領，吏所不逮。及正位宸居，彌所剋厲。輕徭薄賦，勤恤人隱。內無私寵，外收人物。日昃臨朝，務知人之善惡。每訪問左右，冀獲直言。曾問舍人裴澤在外議論得失。澤率爾對曰：「陛下聰明至公，自可遠侔古昔，而有識之士，咸言傷細，帝王之度，頗爲未弘。」帝笑曰：「誠如卿言。朕初臨萬幾，慮不周悉，故致爾耳。此事安可久行？恐後又嫌疏漏。」澤因被寵遇。其樂聞過如此。雄斷有謀，於時國富兵强，將雪神武遺恨，意在頓駕平陽，爲進取之策。參看下節。遠圖不遂，惜哉！說雖過情，然其視文襄、文宣爲優，則必不誣矣。至武成而大壞。

恩幸傳云：高祖、世宗，情存庶政，文武任寄，多楨幹之臣。惟郭秀小人，有累明德。秀事高祖，爲尚書右丞。天保五年之後，雖罔念作狂，所幸之徒，惟左右驅馳，內外褻狎，其朝廷之事，一不與聞。大寧之後，姦佞寖繁，盛業鴻基，以茲顛覆。後主紀云：「武成愛狎庸豎，委以朝權，帷薄之間，淫侈過度，滅亡之兆，其在斯乎？後主以中庸之姿，懷易染之性。永言先訓，教匪義方。始自襁褓，至於傳位，隔以正人，閉其善道。養德所履，異乎春誦夏弦；過庭所聞，莫非不軌不物。輔之以中宮嬭媼，屬之以麗色淫聲。縱韝紲之娛，恣朋淫之好。語曰：從惡若崩，蓋言其易。」然則後主之荒淫，亦不翅武成爲之也。武成誠亡齊之罪魁矣。武成、後主之世，嬖幸極多。其亂政最甚者，實爲和士開、穆提婆、高阿那肱、韓長鸞等數人。士開：

初爲武成開府參軍，甚相親狎。文宣知其輕薄，責以戲狎過度，徙長城。後武成復請爲京畿士曹參軍。及踐阼，累除侍中，又除右僕射。武成寢疾，士開入侍醫藥。武成謂其有伊、霍之才，殷勤屬以後事。臨崩，握士開之手曰：「勿負我也。」仍絕於其手。士開雖小人，然不能謂其無才。齊書佞幸傳謂其說世祖云：「自古帝王，盡爲灰燼，堯、舜、桀、紂，竟復何異？陛下宜及少壯，恣意作樂，縱橫行之，卽是一日快活敵千年；國事分付大臣，何慮不辦？無爲自勤苦也。」世祖大悅。又謂壽陽陷沒，後主使於黎陽臨河築城戍，曰：「急時且守此作龜茲國子，更可憐人生如寄，惟當行樂，何因愁爲？」此乃其時士大夫見解如此，乃傅會爲此說耳。自古荒淫之人，皆惟溺其事，安論其理邪？武成好握槊，士開善於此戲，以此得幸。胡后傳又謂士開每與后握槊，因此與后姦通云。案觀下文所述后之見禁，實以趙王叡之故，則史所敍后淫亂之迹，不必盡信。穆提婆本姓駱，後其母陸令萱佞媚穆昭儀，養之爲女，見下。乃改姓穆氏。令萱以配入掖庭，後主襁褓之中，令其鞠養，謂之乾阿嬭。遂大爲胡后所昵愛。令萱奸巧多機辯，取媚百端，宮掖之中，獨擅威福。天統初，奏引提婆入侍後主。朝夕左右，大被親狎。高阿那肱：父市貴，從高祖起義。那肱爲庫典，從征討，以功勤擢爲武衛將軍。妙於騎射，便辟善事人。每宴射之次，大爲世祖所愛重。又諂悅和士開，尤相褻狎。士開每爲之言，彌見親待。韓鳳，字長鸞。有膂力，善騎射。稍遷都督。後主居東宮，世祖簡都督二十人，送令侍衛，鳳在其數。數喚共戲云。此外又有宦官、神武時，宦者惟閽內驅使，不被恩遇。歷天保、皇建之朝，亦不至寵幸，但漸有職任。武成時，有至儀同、食幹者，而鄧長顒任參宰相，干豫朝權。又有陳得信，亦參時宰。與長顒並開府、封王。後主朝，多授開府，罕止儀同，亦有加光祿大夫、金章紫綬者。多帶侍中、中常侍，此二職乃至數十人。史稱其「敗政虐民，古今未有。」「一戲之賞，動逾巨萬；丘山之積，貪惏無厭」焉。蒼頭，高祖時有陳山提、蓋豐樂、劉桃枝等。天保、大寧之朝，漸以貴盛。至武平時，皆以開府封王。其不及武平者，則追贈王爵。又有何海及子洪珍皆爲王，尤爲親要。洪珍侮弄權勢，鬻獄賣官。胡小兒，史醜多之徒胡小兒等數十，咸能舞工歌，亦至儀同、開府，封王。眼鼻深險，排突朝貴，尤爲人士之所疾惡。及以音樂，沈過兒官至開府儀同，王長通年十四五，便假節通州刺史。使鬼等見幸者，時又有開府薛榮宗，常自云能使鬼。及周兵之逼，言於後主曰：「臣已發遣斛律明月將大兵在前去。」帝信之。經古冢，榮宗謂舍人元行恭：「是誰冢？」行恭戲之曰：「林宗冢。」復問：「林宗是誰？」行恭曰：「郭元貞父。」榮宗前奏曰：「臣向見郭林宗從冢出，著大帽，吉莫鞾，插馬鞭，問臣我阿貞來否？」是時羣妄多類此。以上據北齊書及北史佞幸傳。皆盛於武成之朝，而詒諸後主者也。武成傳位元子，名號雖殊，政猶己出，及其身，朝局尚無大變動，至武成死而波瀾迭作矣。

武成死於天統四年十二月。陳廢帝光大二年。時年三十二。黃門侍郎胡長粲，武成皇后從兄。領軍婁定遠，昭子。錄尚書趙彥深，左僕射和士開、高文遙，即元文遙，賜姓。領軍綦連猛、高阿那肱，右僕射唐邕同知朝政，時人號爲八貴。武成之死也，和士開祕喪三日不發。黃門侍郎馮子琮，其妻胡皇后之妹也。子琮傳云：子琮素知和士開忌趙郡王叡及婁定遠，恐其矯遺詔出叡外任，叡時爲大尉，錄尚書事。奪定遠禁衞之權，乃謂士開曰：「但令在內貴臣一無改易，王公已下，必無異望。」乃發喪。文遙以子琮大后妹夫，恐其奬成大后干政，說趙郡王及士開出之，拜鄭州刺史。鄭州，治潁陰，見第十三章第八節。至州未幾，大后爲齊安王納子琮長女爲妃，齊安王廓，武成第四子。子琮因請假赴鄴，遂授吏部尚書。俄遷右僕射，乃攝選。觀此，知武成甫死，大后與趙郡王，業已互相齮齕矣。明年，天統五年，陳宣帝大建元年。正月，殺定州刺史博陵王濟。濟，神武第十二子也。其傳云：天統五年，在州語人云：「計次第亦應到我。」後主聞之，陰使人殺之，案是時神武第十子任城王湝尙存，濟安得作此語？濟之死，必別有其故可知矣。至二月而趙郡王之變作。和士開傳云：叡與婁定遠等謀出士開，引諸貴人共爲計策。北史云：仍引任城、馮翊二王及段韶、安吐根共爲計策。馮翊王潤，神武第十四子也。安吐根，安息胡人，曾祖入魏，家於酒泉。吐根，魏末充使蠕蠕。天平初，蠕蠕使至晉陽，吐根密啓本蕃情狀，神武得爲之備。神武以其忠款，厚加賞賚。其後與蠕蠕和親，結成婚媾，皆吐根爲行人也。在其本蕃，爲人所譖，投奔神武。屬大后觴朝貴於前殿，叡面陳士開罪失。大后曰：「先帝在時，王等何不道？今日欲欺孤寡邪？但飲酒，勿多言。」叡辭色愈厲。或曰北史作「安吐根繼進曰」「不出士開，朝野不定。」叡等或投冠於地，或拂衣而起，言辭咆勃，無所不至。明日，叡等共詣雲龍門，令文遙入奏，大后不聽。段韶呼胡長粲傳言：「大后曰：梓宮在殯，事大悤促，欲王等更思量。」趙郡王等遂並拜謝，更無餘言。北史云：長粲復命，大后謂曰：「成妹母子家計者，兄之力也。」厚賜叡等而罷之。大后及後主召見問士開，士開曰：「先帝羣官之中，待臣最重。陛下諒闇始爾，大臣皆有覬覦心。若出臣，正是翦陛下羽翼。宜謂叡等曰：令士開爲州，待過山陵，然後發遣。北史作「宜謂叡等云：文遙與臣同是任用，豈得一去一留？並可以爲州，且依舊出納，待過山陵，然後發遣。」叡等謂臣眞出，必心喜之。」後主及大后然之，告叡等如士開旨。以士開爲兗州刺史。北史多文遙爲西兗州刺史句。山陵畢，叡等促士開就路。士開載美女、珠簾及條諸寶翫，詣定遠謝。定遠喜，謂士開曰：「欲得還入不？」士開曰：「在內久，常不自安，今得出，實稱本意，不願更入，但乞王保護，長作大州刺史。今日遠出，願得一辭覲二宮。」定遠許之。士開由是得見大后及後主，進說曰：「觀朝貴意勢，欲以陛下爲乾明，濟南年號。臣出之後，必有大變。」因慟哭。帝及大后皆泣，問計將安出？士開曰：「臣已得入，復何所慮？正須數行詔書耳。」於是詔出定遠爲青州刺史；責叡以不臣之罪，召入而殺之。叡傳云：入見大后，出至永巷，遇兵被執，送華林園，於雀離佛院令劉桃枝拉而殺之。時年三十六。復除士開侍中、尚書右僕射。定遠歸士開所遺，加以餘珍賂之。武平元年，陳宣帝大建二年。封淮陽王。除尚書令，錄尚書事，復本官悉得如故。觀此傳所言，叡不臣之迹，較然甚明。段韶、婁定遠特劫於勢無可如何，初非與之爲黨，亦顯而易見。士開藉定遠之力乃得入見，可見叡之跋扈。當日者，與謂齊之社稷與叡共安危，毋寧謂大后、後主，與士開同利害，曷怪武成臨終，殷勤託付哉？叡傳所言，叡之邪正，適與此傳反，其不足信亦明矣。

文遙、定遠既出，唐邕專典外兵，參看第八節。綦連猛、高阿那肱別總武任，惟胡長粲常在左右，兼宣詔令。從幸晉陽，後主富於春秋，庶事皆歸長粲。胡長仁者，武成皇后長兄也。言於后，發其陰私，請出爲州，後主不得已，從焉。長仁初以內戚，歷位尚書左僕射，尚書令。武成崩，參豫朝政。封隴東郡王。左丞酈孝裕、郎中陸仁惠、盧元亮厚相結託，人號爲三佞。孝裕勸其求進。和士開深疾之。於是奏除孝裕爲章武郡守，章武，見第八章第五節。元亮爲淮南郡守，淮南郡，治壽春。仁惠爲幽州長史。孝裕又說長仁曰：「王陽臥疾，和士開必來，因而殺之，入見大后，不過百日失官，便代其處。」士開知其謀，更徙孝裕爲北營州建德郡守。建德，後魏郡，未詳今地。長仁每干執事，求爲領軍。將相文武，抑而不許，以本官攝選。長仁意猶未盡。天統五年，陳大建元年。從駕自幷還鄴，夜發滏口，見第十二章第四節。帝以夜漏尚早，停於路旁。長仁後來，謂是從行諸貴，遂遣門客程牙馳騎呼問。帝遣中尚食陳德信問是何人。牙不答而走。帝命左右追射之，既而捉獲。令壯士撲之，決馬鞭二百，牙一宿便死。士開因此遂令德信列長仁倚親驕豪，無畏憚。據北史長仁傳。北齊書云：「後長仁倚親驕豪，無畏憚，」一則以德信之彈文爲事實矣。由是除齊州刺史。齊州，見第十二章第三節。及辭，於昭陽列仗引見，長仁不敢發語，惟泣涕橫流。到任，啓求暫歸，所司不爲奏。怨憤，謀令人刺士開。其弟告之。士開密與祖孝徵珽字。議之。孝徵引漢文帝殺薄昭故事，於是勅遣張固、劉桃枝馳驛詣齊州，責長仁謀害宰輔，遂賜死。案長仁親大后兄，而其死也，大后不能庇，恐其罪狀，亦不止於欲謀殺士開矣。祖珽傳：珽以言禪事，拜祕書監，加儀同三司，大被親寵。既見重二宮，因志於宰相。先與黃門侍郎劉逖友善，乃疏趙彥深、和士開罪狀，令逖奏之。逖懼，不敢通。其事頗泄，彥深等先詣帝自陳。武成。帝大怒，鞭二百，配甲坊。尋徙於光州。見第十二章第三節。爲深阬，置諸內，桎梏不離其身。夜中以蕪菁子燭熏眼，因此失明。武成崩，後主憶之，就除海州刺史。東魏改青州爲海州，治龍沮，見第九章第五節。是時陸令萱外干朝政，其子穆提婆愛幸。珽乃遺陸媼弟悉達書。和士開亦以珽能決大事，欲以爲謀主，故棄除舊怨，虛心待之。與陸媼言於帝。珽由是入爲銀青光祿大夫、祕書監，加開府儀同三司。蓋時士開勢亦甚危，故明知珽之傾險，而亦欲引以自助也。然卒不免於趙郡王之禍。

趙郡王儼，在武成時，已拜開府、侍中、中書監、京畿大都督、領軍大將軍、領御史中丞，遷大司徒、尙書令、大將軍、錄尙書事、大司馬。帝幸并州，儼常居守。傳云：帝每稱曰：「此黠兒也，當有所成。」以後主爲劣，有廢立意。此與和士開傳謂胡后欲立儼，而武成以後主體正居長，難於移易者又不同，足見史說多不盡信。和士開、駱提婆忌之。武平二年，陳大建三年。出儼居北宮，五日一朝，不得復每日見大后。每日，北史作無時。四月，詔除大保，餘官悉解，猶帶中丞，督京畿。以北城有武庫，欲移儼於外，然後奪其兵權。治書侍御史王子宜與儼左右開府高舍洛、中常侍劉辟疆說儼曰：「殿下被疏，正由士開閒構。何可出北宮，入百姓叢中也？」儼謂侍中馮子琮曰：「士開罪重，兒欲殺之。」子琮心欲廢帝而立儼，因贊成其事。儼乃令子宜表彈士開罪，請付禁推。子琮雜以他文書奏之，後主不審省而可之。儼誑領軍庫狄伏連曰：「奉敕令領軍收士開。」伏連以諮子琮，且請覆奏。子琮曰：「琅邪王受敕，何須重奏？」伏連信之，伏五十人於神虎門外，詰旦，執士開送御史。儼使馮永洛就臺斬之。儼徒本意惟殺士開，及是，因逼儼曰：「事既然，不可中止。」儼遂率京畿軍士三千餘人屯千秋門。後主急召斛律光。光入見後主於永巷。帝率宿衞者步騎四百授甲將出戰。光曰：「小兒輩弄兵，與交手卽亂。至尊宜自至千秋門，琅邪必不敢動。」皮景和亦以爲然。景和時爲領軍將軍。後主從之。光步道使人走出曰：「大家來。」儼徒駭散。帝駐馬橋上呼之。儼猶立不進。光就謂曰：「天子弟殺一漢，何所苦？」執其手，彊引以前。帝拔儼帶刀環亂築辮頭，良久乃釋之。收伏連及高舍洛、王子宜、劉辟彊、都督翟顯貴於後園，帝親射之而後斬，皆支解，暴之都街下。文武職吏盡欲殺之。光以皆勳貴子弟，恐人心不安；趙彥深亦云：春秋責帥，於是罪之各有差。自是大后處儼於宮內，食必自嘗之。陸令萱說帝：何洪珍與和士開素善，亦請殺之。未決，以食輿密迎祖珽問之。珽稱周公誅管叔，季友酖慶父，帝納其言，以儼之晉陽。九月下旬，帝啓大后曰：「明日欲與仁威出獵，仁威，儼字。須早出早還。」是夜四更，帝召儼，使劉桃枝殺之，時年十四。有遺腹四男，皆幽死。北史馮子琮傳云：和士開居要日久，子琮舊所附託，中雖阻異，其後還相彌縫。時內外除授，多由士開奏擬，子琮既恃內戚，兼帶選曹，自擅權寵，頗生間隙。時陸媼勢震天下，大后與之結爲姊妹，而和士開於大后有醜聲，子琮欲陰殺陸媼及士開，因廢帝而立琅邪王儼，以謀告儼，儼許之，乃矯詔殺士開。及儼見執，言子琮教己。大后怒，又使執子琮，遣右衞大將軍侯呂芬就內省以弓弦絞殺之。此與儼傳謂儼徒本意惟欲殺士開者絕異。胡后傳言：后自武成崩後，數出詣佛寺，又與沙門曇獻通，乃置百僧於內殿，託以聽講，日夜與曇獻寢處。以獻爲昭玄統。帝聞大后不謹而未之信。後朝大后，見二少尼，悅而召之，乃男子也。於是曇獻事亦發，皆伏法。帝自晉陽奉大后還鄴，至紫陌，見第一節。卒遇大風，雩舍人魏僧伽明風角，奏言即時當有暴逆事。帝詐云鄴中有急，彎弓纏稍，馳入南城，令鄧長顒幽大后北宮。仍有勑：內外諸親，一不得與大后相見。久之，帝迎復大后。大后初聞使者至，大驚，慮有不測。每大后設食，帝亦不敢嘗。周使元偉來聘，作述行賦，敍鄭莊公克段而遷姜氏，文雖不工，當時深以爲愧。然則馮子琮之死，究出大后意？抑其逆謀竟與大后相連？又不可知矣。要之和士開雖小人，然當時傾側冒利之徒，其不知利害，罔顧大局，恐尚皆出士開下也。封隆之傳：隆之弟子孝琰，爲通直散騎常侍，以本官兼尚書左丞。其所彈射，多承意旨，有僧尼以他事訴競者，辭引曇獻，上令有司推劾，孝琰案致極法，由是正授左丞，仍令奏門下事。

趙王既死，南陽王綽遂見殺。綽傳云：綽實武成長子，以五月五日辰時生，至午時，後主乃生，武成以綽母李夫人非正嫡，故貶爲第二。其見忌宜矣。綽時爲定州刺史。綽傳言其好微行，遊獵無度，恣情彊暴，云學文宣伯爲人。後主聞之，詔鏁赴行在所。至而宥之。問在州何者最樂？對曰：「多取蝎將蛆混，看極樂。」後主即夜索蝎一斗，比曉得三二升，置諸浴斛，使人裸臥斛中，號叫宛轉。帝與綽臨觀，喜噱不已。謂綽曰：「如此樂事，何不早馳驛奏聞？」綽由是大爲後主寵，拜大將軍，朝夕同戲。韓長鸞閒之，除綽齊州刺史。將發，長鸞令綽親信誣告其反，奏云：「此犯國法，不可赦。」後主不忍顯戮，使寵胡何猥薩後園與綽相撲，搤殺之。其說非實，顯而易見。武成第四子齊安王廓，傳云：性長者，無過行，其爲人蓋無足忌，故免於患。第五子北平王貞，武成行幸，總管留臺事積年。阿那肱承旨令馮士幹劾繫於獄，奪其留後之權。第六子高平王仁英，第七子淮南王仁光，位清都尹。次河西王仁幾，次樂平王仁邕，次潁川王仁儉，次安樂王仁雅，次丹陽王仁直，次東海王仁謙，皆養於北宮。琅邪死後，諸王守禁彌切。武平末年，仁邕以下，始得出外，供給儉薄，取充而已。

趙王叡之變，所以戡定甚易，蓋頗有賴於斛律光，然未幾，光亦遭族誅之慘，立亂朝者，誠無以自全哉！光父金，先世本朔州勅勒部人。高祖倍侯利，道武時率戶內附。父那瓌，爲領民酋長。金初從破六韓拔陵，後詣雲州降。（後魏正光中，改朔州爲雲州。）稍南出，爲杜洛周所破，與兄平脫身歸尒朱榮。後從神武爲將。金老壽。光，神武時久刺晉州，後移朔州，乾明後刺幷州。弟羨，字豐樂，久刺幽州。北齊書光傳，侈陳光之功績，幾於爲齊之長城，其實所爭者不過汾州、宜陽間之小戍，且亦無大克捷，讀第六節自見。光傳蓋阿私斛律氏者之所爲，不足信也。光之所以見忌者，徒以仍世貴顯，男尚公主，女爲皇后，又兄弟並膺邊任故耳。武平二年，（陳大建六年。）周人圍宜陽，光赴之，還軍未至鄴，勅令便放兵散。光以爲軍人多有功勳，未得慰勞，乃密通表請使宣旨，軍仍且進。朝廷發使遲留，軍還將至紫陌，光仍駐營待使。帝心甚惡之。：急令舍人追光入見，然後宣勞散兵。拜光左丞相。光忿祖珽。穆提婆求娶光庶女，不許。帝賜提婆晉陽之田，光言於朝曰「此田神武以來，常種禾飼馬數千匹，以擬寇難，今賜提婆，無乃闕軍務也？」由是祖、穆積怨。周將韋孝寬忌光，乃作謠言，令間諜漏其文於鄴。祖珽因續之，令小兒歌之於路。提婆聞之，以告其母。遂相與協謀，以謠言啓帝，曰：「斛律累世大將，明月聲震關西；明月，光字。豐樂威行突厥；女爲皇后，男尚公主；謠言甚可畏也。」帝以問韓長鸞，長鸞以爲不可，事寢。祖珽又見帝請間，惟何洪珍在側。帝曰：「前得公啓，即欲施行，長鸞以爲無此理。」珽未對，洪珍進曰：「若本無意則可，既有此意，而不決行，萬一泄露，如何？」帝曰：「洪珍言是也。」猶豫未決。會丞相府佐封士讓密啓云：「光前西討還，勅令放兵散，光令軍逼帝京，將行不軌，事不果而止。家藏弩甲，奴僮千數，每遣使豐樂、武都處，武都，光長子，見下。陰謀往來；若不早圖，恐事不可測。」啓云軍逼帝京，會帝所疑憶，謂何洪珍云：「人心亦大聖，我前疑其欲反，果然。」帝性至怯弱，恐即變發，令洪珍馳召祖珽告之。又恐追光不從命。珽因云：「正爾召之，恐終不肯入。宜遣使賜其一駿馬，云明日將往東山遊觀，王可乘此馬同行。光必來奉謝，因引入執之。」帝如其言。頃之，引入涼風堂，劉桃枝自後拉而殺之。於是下詔稱光謀反，今已伏法，其餘家口並不須問。尋而發詔盡滅其族。勅使中領軍賀拔伏恩等十餘人驛捕羨。遣領軍大將軍鮮于桃枝、洛州行臺僕射獨孤永業便發定州騎卒續進，仍以永業代羨。伏恩等至，羨出見，遂執之，死於長史聽事。光四子：長武都，梁、兗二州刺史，遣使於州斬之。次須達，先卒。次世雄，次恆伽，並賜死。少子鍾，年數歲，獲免。羨之死，及其五子世達、世遷、世辨、世酋、伏護。餘年十五以下者宥之。案光雖再世爲將，兄弟又並握兵，然自乾明以來，中朝政變迭乘，光皆若不聞者，亦不聞有人與之相結；光女爲樂陵王妃，死狀甚慘，光亦無怨懟意；其不足忌可知，而後主畏忌之如是，可見其度量之不廣矣。

斛律光以武平三年陳大建四年。七月死，八月，其女爲皇后者遂廢，拜右昭儀胡氏爲皇后，長仁女也。十月，又拜弘德夫人穆氏爲左皇后。十二月，廢胡后爲庶人。明年，武平四年，陳大建五年。二月，拜穆氏爲皇后。后妃傳云：穆氏名邪利，本斛律后從婢也。母名欽霄，本穆子倫婢也，轉入侍中宋欽道家，姦私而生后，莫知氏族。或云后卽欽道女子也。欽道伏誅，因此入宮，有幸於後主。陸大姬知其寵，養以爲女。佞幸傳云：穆后立，令萱號曰大姬，此卽齊朝母氏之位號也，則此時尚未有大姬之號。武平元年六月，生皇子恆。慮皇后斛律氏懷恨，先令母養之，立爲皇大子。陸以國姓之重，穆、陸相對，又奏賜姓穆氏。斛律后廢，陸嫗欲以穆夫人代之，大后不許。祖孝徵請立胡昭儀。其後陸嫗於大后前作色而言曰：「何物親姪女作如此語言。」大后問有何言？曰：「不可道。」固問之，乃曰：「語大家云大后多行非法，不可以訓。」大后大怒，喚后出，立鬀其髮，送令還家。案大后見幽，不知此時已迎復不？卽已迎復，與後主猜忌甚深，安能立鬀后，又卽送回家？其不足信可知。北史穆提婆傳曰：令萱自大后已下，皆受其指麾。斛律皇后之廢也，大后欲以胡昭儀正位後宮，力不能遂，乃卑辭厚禮以求令萱，說較后妃傳爲近理。

祖珽傳云：和士開死後，仍說陸嫗出趙彥深，以珽爲侍中。在晉陽，通密啓請誅琅邪王。其計既行，漸被任遇。大后之被幽也，珽欲以陸嫗爲大后，撰魏大后故事，爲大姬言之。大姬亦稱珽爲國師、國寶。由是拜尚書左僕射。斛律光甚惡之。常謂諸將云：「邊境消息，處分兵馬，趙令嘗與吾等參論之。盲人掌機密以來，全不共我輩語，正恐誤他國家事。」珽頗聞其言，因其女皇后無寵，以謠言聞上。令其妻兄鄭道蓋奏之。珽又附陸嫗，求爲領軍，後主許之。詔須覆奏，取侍中斛律孝卿署名。孝卿密告高元海。元海語侯呂芬、穆提婆云：「孝徵漢兒，兩眼又不見物，豈合作領軍也？」明旦，面奏具陳珽不合之狀，并書珽與廣寧王孝珩交結，無大臣體。珽亦求面見，帝令引入。珽自分疏，并云：「與元海素相嫌，必是元海譖臣。」帝弱顔，不能諱，曰：「然。」珽列元海共司農卿尹子華、太府少卿李叔元、平準令張叔略等結朋樹黨。遂除子華仁州刺史，仁州，梁置，後入魏，治赤坎城，在今安徽靈璧縣東南。叔元襄城太守，襄城見第三章第四節。叔略南營州錄事參軍。魏孝昌中，營州陷，永熙二年，置南營州，治英雄城，在今河北徐水縣西南。陸媪又唱和之，復除元海鄭州刺史，珽自是專主機衡，總知騎兵、外兵事，委任之重，羣臣莫比。元海傳云：河清二年，元海爲和士開所譖，被棰馬鞭六十，出爲兗州刺史。元海後妻，陸大姬甥也，故尋被追任，使武平中與祖珽共執朝政。元海多以大姬密語告珽。珽求領軍，元海不可，珽乃以其所告報大姬。大姬怒，出元海爲鄭州刺史。珽傳又云：自和士開執事以來，政體隳壞，珽推崇高望，官人稱職，内外稱美。復欲增損政務，沙汰人物。始奏罷京畿府，幷於領軍。案此事在武平二年十月，正琅邪王儼死後，蓋因儼以此作亂故也。事連百姓，皆歸郡縣。宿衞、都督等號位，從舊官名，文武章服，並依故事。又欲黜諸閹豎及羣小輩，推誠延士，爲致治之方。陸媪、穆提婆議頗同異。珽乃諷御史中丞麗伯律，令劾主書王子沖納賄，知其事連穆提婆，欲使臧罪相及，望因此坐幷及陸媪。猶恐後主溺於近習，欲因后黨爲援，請以皇后兄胡君瑜爲侍中、中領軍，又徵君瑜兄梁州刺史君璧，欲以爲御史中丞。陸媪聞而懷怒，百方排毁，即出君瑜爲金紫光祿大夫，解中領軍，君璧還鎭梁州。皇后之廢，頗亦由此。王子沖釋而不問。珽日益以疏。又諸宦者更共譖毁之。後主問諸大姬，閔默不對。三問，乃下牀曰：「老婢合死。本見和士開道孝徵多才博學，言爲善人，故舉之。比來看之，極是罪過，人實難知，老婢合死。」後主令韓長鸞檢案，得其詐出勑受賜十餘事。以前與其重誓不殺，遂解珽侍中、僕射，出爲北徐州刺史。珽求見後主。韓長鸞積嫌於珽，遣人推出柏閣。珽固求見面坐不肯行。長鸞乃令軍士曳牽而出，立珽於朝堂，大加誚責。上道後，令追還，解其開府儀同、郡公，直爲刺史。觀此，知胡、穆之興替，實祖珽與陸令萱、穆提婆母子之爭耳。祖珽小人，安得忽有整頓政事之想？蓋居機衡之地者，無論如何邪曲，其所爲終必有爲羣小所不便之處，故韓長鸞及諸閹宦羣起而攻之，此乃勢所不免，而非珽之能出身犯難也。珽雖無行，究係士人，珽敗，穆提婆遂爲尚書左僕射，高阿那肱錄尚書，後且進位丞相；韓長鸞爲領軍大將軍，共處衡軸，朝局益不可問矣。段韶之弟孝言爲吏部尚書，抽擢之徒，非賄則舊。祖珽執政，將廢趙彥深，引爲助，又託韓長鸞共構祖珽之短。及珽出，除尚書右僕射，仍掌選舉。恣情用舍，請謁大行，富商大賈，多被銓擢，所用人士，咸是傾險放縱之流。尋遷左僕射，特進、侍中如故。

是時王師來討，江、淮失陷，見第七節。於是蘭陵王長恭見殺，武平四年五月。蓋忌之也。無幾，又有崔季舒等見殺之事。十月。季舒時待詔文林館，監撰御覽。後主紀：武平三年二月，勑撰玄洲苑御覽，後改名聖壽堂御覽。八月，聖壽堂御覽成，勑付史閣。後改名修文殿御覽。季舒素好圖籍，暮年轉更精勤，實已無意於政事。祖珽受委，奏季舒總監內作。珽被出，韓長鸞以爲珽黨，亦欲出之。屬後主將適晉陽，季舒與張雕虎議，張雕虎從本紀。本傳作張雕，北史作張雕武，皆避唐諱也。以爲壽春被圍，大軍出拒，信使往還，須稟節度，兼道路小人或相驚恐，云大駕向幷，畏避南寇，若不啓諫，必動人情。遂與從駕文官連名進諫。時貴臣趙彥深、唐邕、段孝言等，初亦同心，臨時疑貳。季舒與爭，未決。長鸞遂奏云：「漢兒文官連名總署，聲云諫止向幷，其實未必不反，宜加誅戮。」帝即召已署表官人集含章殿，以季舒、張雕虎、侍中。劉逖、封孝琰、皆散騎常侍。裴澤、郭遵等皆黃門侍郎。爲首，並斬之殿庭。長鸞令棄其尸於漳水。自外同署，將加鞭撻，趙彥深執諫獲免。季舒等家屬男女徙北邊，妻、女子婦配奚官，小男下蠶室，沒入貲產。張雕虎者，見齊書儒林傳中。嘗入授後主經書。後主甚重之，以爲侍讀，與張景仁並被尊遇。其傳云：胡人何洪珍有寵於後主，欲得通婚朝士，以景仁在內官位稍高，遂爲其兄子娶景仁第二息子瑜之女。因此表裏恩遇日隆。雕以景仁宗室，自託於洪珍，傾心相禮，情好日密。公私之事，雕嘗爲其指南。時穆提婆、韓長鸞與洪珍同侍帷幄，知雕爲洪珍謀主，甚忌惡之。洪珍又奏雕兼國史，尋除侍中，加開府，奏度支事，大被委任，言多見從。特勅奏事不趨，呼爲博士。雕自以出於微賤，致位大臣，厲精在公，有匪躬之節。論議抑揚，無所回避。宮掖不急之費，大存減省。左右縱恣之徒，必加禁約。數譏切寵要，獻替帷扆。上亦深倚杖之。方委以朝政。雕便以澄清爲己任，意氣甚高。長鸞等慮其干政不已，陰圖之。劉逖見文苑傳云：初逖與祖珽，以文義相待，結雷、陳之契，又爲弟俊聘珽之女。珽之將免趙彥深等也，先以造逖，仍付密契，令其奏聞。彥深等頗知之，先自申理。珽由此疑逖告其所爲。及珽被出，逖遂遣弟離婚，其輕交易絕如此。然則季舒等之見殺，其中又有趙彥深、祖珽之爭焉，眞匪夷所思矣。張雕虎亦非正士，而爲韓長鸞所疾，其故正與祖珽之見疾同，要而言之，則不容有政治耳。

武平五年，陳太建六年。二月，南安王思好反。思好本浩氏子，上洛王思宗元海之父。養以爲弟。累遷朔州刺史，甚得邊朔人心。傳云：後主時，斫骨光弁奉使至州，思好迎之甚謹，光弁倨敖，思好銜恨，遂反。帝聞之，使唐邕、莫多婁敬顯、劉桃枝、中領軍厙狄士連馳之晉陽，帝勅兵續進。思好兵敗，投水死。其麾下二千人，桃枝圍之，且殺且招，終不降，以至盡。此豈似徒有憾於斫骨光弁者耶？北齊是時，卽無外患，內亂亦必作，然外患既迫，內亂且欲起而不及矣。

後主本紀總述當時荒淫之狀云：帝言語澀吶，無志度。不喜見朝士。自非寵私昵狎，未嘗交語。性懦不堪人視者，卽有忿責。其奏事者，雖三公、令、錄，莫得仰視，皆略陳大旨，驚走而出。每災異、寇盜、水旱，亦不貶損，惟諸處設齋，以此爲修德。雅信巫覡，解禱無方。盛爲無愁之曲，帝自彈胡琵琶而唱之，侍和之者以百數。人間謂之無愁天子。嘗出見羣厲，盡殺之。或剝人面皮而視之。任陸令萱、和士開、高阿那肱、穆提婆、韓長鸞等宰制天下，陳德信、鄧長顒、何洪珍參預機權。各引親黨，超居非次。官由財進，獄以賂成。其所以亂政害人，難以備載。諸官奴婢、閹人、商人、胡戶、雜戶、歌舞人、見鬼人濫得富貴者將萬數，庶姓封王者百數，不復可紀。開府千餘，儀同無數，領軍一時二十。連判文書，各作依字，不具姓名，莫知誰也。諸貴寵祖禰追贈官，歲一進，位極乃止。宮掖婢皆封郡君。宮女寶衣玉食者五百餘人。一裙直萬疋，鏡臺直千金。競爲變巧，朝衣夕弊。穆后傳云：武成時，爲胡后造眞珠裙袴，所費不可稱計，被火所燒。後主旣立穆皇后，復爲營之。屬周武遭大后喪，詔侍中薛孤、康買等爲弔使，又遣商胡齎錦采三萬匹，與弔使同往，欲市眞珠，爲皇后造七寶車。周人不與交易。然而竟造焉。顏之推觀我生賦注云：「武成奢侈，後宮御者數百人，食於水陸貢獻珍異，至乃厭飽。襌衣悉羅纈錦繡珍玉織成，五百一段。爾後宮掖遂爲舊事。」故曰後主之侈靡，其原實自武成開之也。承武成之奢麗，以爲帝王當然。乃更增益宮苑。造偃武修文臺。其嬪嬙諸宮中，起鏡殿、寶殿、瑇瑁殿。丹青雕刻，妙極當時。又於晉陽起十二院，壯麗逾於鄴下。所愛不恆，數毁而又復。夜則以火照作，寒則以湯爲泥，百工困窮，無時休息。鑿晉陽西山爲大佛像，一夜然油萬盆，光照宮內。又爲胡昭儀起大慈寺。未成，改爲穆皇后大寶林寺，窮極工巧。運石塡泉，勞費億計。人牛死者，不可勝紀。文襄六王傳云：初文襄於鄴東起山池遊觀，時俗眩之。孝瑜遂於第作水堂、龍舟，植幡稍於舟上。數集諸弟宴射爲樂。武成幸其第，見而悅之，故盛興後園之翫，於是貴賤慕斆，處處營造。則後主之侈於宮室，亦自武成啓之也。御馬則藉以氈罽，食物有十餘種。將合牝牡，則設青廬，具牢饌而親觀之。狗則飼以粱肉。馬及鷹犬乃有儀同、郡君之號，犬於馬上設褥以抱之。門雞亦號開府。犬、馬、雞、鷹多食縣幹。鷹之入養者，稍割犬肉以飼之，至數日乃死。又於華林園立貧窮村舍，帝自弊衣爲乞食兒。又爲窮兒之市，躬自交易。嘗築西鄙諸城，使人衣黑衣爲羌兵，鼓譟陵之，親率內參臨拒，或實彎弓射人。自晉陽東巡，單馬馳騖，衣解髮散而歸。又好不急之務，曾一夜索蝎，及旦得三升。特愛非時之物，取求火急，皆須朝徵夕辦。當勢者因之，貸一而責十焉。賦斂日重，繇役日繁，人力既殫，帑藏空竭，乃賜諸佞幸賣官。或得郡兩三，或得縣六七，各分州郡，下逮鄉官，亦多降中者。故有勑用州主簿，勑用郡功曹。於是州縣職司，多出富商大賈，競爲貪縱，人不聊生。爰自鄴都及諸州郡，所在徵稅，百端俱起。凡此諸役，皆漸於武成，至帝而增廣焉。然未嘗有帷薄淫穢，惟此事頗優於武成云。案後主雖荒淫，不甚暴虐。謂其盡殺羣厲，剝人面皮，似近於誣。一夜索蝎，與南陽王傳所言，似即一事。其說之不足信，前已辨之矣。後主受病之根，在於承武成而以爲帝王當然一語，故曰詒謀之不臧也。

第五節　周篡西魏

從來北狄入中國者，其能否有成，恆視其能否通知中國之情形。以此言之，則尒朱榮不如高歡，高歡又不如宇文泰。歡之任其子澄以繩抑勳貴，特因諸勳貴縱恣大甚，綱紀蕩然，不得不如是耳，非眞能留意政事也。而泰則頗知治體。泰之平侯莫陳悅也，周惠達歸之。惠達初從賀拔岳。泰任以後事，營造戎仗，儲積食糧，簡閱士馬，時甚賴焉。趙青雀之叛，輔魏大子出渭橋以禦之者，卽惠達也。時惠達輔魏大子居守總留臺事。史稱自關右草創，禮樂闕然，惠達與禮官損益舊章，儀軌稍備，其人蓋亦粗知治制。爲大行臺僕射，薦行臺郎中蘇綽於泰。泰與語，悅之，卽拜大行臺左丞，參典機密。後又授大行臺度支尚書，領著作，兼司農卿。輔泰凡十二年。自大統元年至十二年，卽自梁大同元年至中大同元年。史稱綽之見泰，指陳帝王之道，兼述申、韓之要。指陳帝王之道，不過門面語，兼述申、韓之要，則實爲當時求治之方，蓋爲治本不能廢督責，而當文武官吏競爲貪虐之亂世爲尤要也。綽始制文案程式，朱出墨入，及計帳、戶籍之法。又減官員，置二長。幷置屯田以資軍國。又爲六條詔書，泰施行之。一治心身，二敦敎化，三盡地利，四擢賢良，五卹獄訟，六均賦役。牧守、令長，非通六條及計帳者，不得居官。飭吏治以卹民生，可謂得爲治之要矣。泰於綽，實能推心委任，凡所薦達，皆至大官。泰或出遊，常豫署空紙以授綽，須有處分，隨事施行，及還，啓之而已。泰又欲放周官改官制，命綽專掌其事，未幾而綽卒，令盧辯成之。辯亦累世以儒學名者也。泰又立府兵之制，以整軍戎。建國之規模粗備。

西魏文帝以大統十七年死。梁簡文帝大寶二年。大子欽立，是爲廢帝。廢帝二年，梁元帝承聖二年，廢帝不建年號。尚書元烈謀殺宇文泰，事泄而死。廢帝仍欲謀泰。時泰諸子皆幼；猶子章武公導、中山公護，復東西作鎭，故惟託意諸壻，以爲心膂。李遠子基，李弼子暉，于謹子翼，俱爲武衞將軍，分掌禁旅，故密謀遂泄。據周書李遠傳。案泰長子毓，卽明帝，當魏恭帝元年年已二十一，不爲甚幼，蓋其人本無能爲，故泰不得不以後事屬宇文護也。泰使尉遲綱典禁旅，密爲之備。綱者，迥之弟，其父俟兜，娶泰姊昌樂長公主。迴與綱少孤，依託舅氏。明年，泰廢帝，立齊王廓，寶炬第四子。是爲恭帝。仍以綱爲中領軍，總宿衞。是年，泰死，梁敬帝之大平元年也。泰長子寧都郡公毓，其妻，獨孤信之女也。次子曰宋獻公震，前卒。第三子略陽郡公覺，母魏孝武帝妹，立爲世子。周書李遠傳云：大祖嫡嗣未建，明帝居長，已有成德，孝閔處嫡，年尚幼沖，乃召羣公謂之曰：「孤欲立嫡，恐大司馬有疑。」大司馬卽獨孤信，明帝敬后父也。衆皆默，未有言者。遠曰：「夫立子以嫡不以長，禮經明義，略陽公爲世子，公何所疑？若以信爲嫌，請卽斬信。」便拔刀而起。大祖亦起曰：「何事至此？」信又自陳說，遠乃止。於是羣公並從遠議。出外，拜謝信曰：「臨大事不得不爾。」信亦謝遠曰：「今日賴公，決此大議。」案信在諸將中不爲特異，大祖何至憚之？疑傳之非其實也。泰長兄邵惠公顥，與衞可孤戰死。次兄曰杞簡公連，與其父俱死定州。三兄曰莒莊公洛生，爲尒朱榮所殺。參看第十二章第九節。顥長子什肥，連子光寶，洛生子菩提，皆爲齊神武所害。顥次子導，夙從泰征伐，死魏恭帝元年。導弟護，泰初以諸子並幼，委以家務，故泰死，宇文氏之實權集於護。周書于謹傳曰：大祖崩，孝閔帝尙幼，中山公護雖受顧命，護傳云：大祖西巡，至牽屯山，遇疾，馳驛召護。護至涇州見大祖，而大祖疾已綿篤，謂護曰：「吾形容若此，必是不濟。諸子幼小，寇賊未寧，天下之事，屬之於汝。宜勉力以成吾志。」護涕泣奉命。行至雲陽而大祖崩。護祕之，至長安，乃發喪。牽屯山，見第六章第六節。涇州，見第十一章第四節。雲陽，見第三章第五節。而名位素下，羣公各圖執政，莫相率服。護深憂之。密訪於謹。謹曰：「夙蒙丞相殊睠，情深骨肉，今日之事，必以死爭之。若對衆定策，公必不得辭讓。」明日，羣公會議。謹曰：「昔帝室傾危，人圖問鼎，丞相志任匡救，投袂荷戈，故得國祚中興，羣生遂性。今上天降禍，奄棄羣寮，嗣子雖幼，而中山公親則猶子，兼受顧託，軍國之事，理須歸之。」辭色抗厲，衆皆悚動。護曰：「此是家事，素雖庸昧，何敢有辭？」謹既大祖等夷，護每申禮敬，至是，謹乃趨而言曰：「公若統理軍國，謹等便有所依。」遂再拜。羣公迫於謹，亦再拜。因是衆議始定。觀此，便知泰死後宇文氏急於圖篡之故，蓋不篡則魏相之位，人人可以居之，不徒若護之名位素下者，不能久據，即宇文氏亦且瀕於危；既篡則天澤之分定，而護亦居親賢之地，不復以名位素下爲嫌矣。於是泰既葬，護使人諷魏恭帝，恭帝遂禪位於覺，是爲周孝閔皇帝。

然衆究不可以虛名刼也，於是趙貴、獨孤信之謀起焉。貴傳云：孝閔帝即位，晉公護攝政，貴自以元勳佐命，每懷怏怏，有不平之色。乃與信謀殺護。及期，貴欲發，信止之。尋爲開府宇文盛所告，被誅。信以同謀坐免。居無幾，晉公護又欲殺之，以其名望素重，不欲顯其罪，逼令自盡於家。時閔帝元年二月也。（陳武帝永定元年。閔帝亦不建年號。）及九月而閔帝亦廢。紀云：帝性剛果，見晉公護執政，深忌之。司會李植、軍司馬孫恒，以先朝佐命，入侍左右，亦疾護之專。乃與宮伯乙弗鳳、賀拔提等潛謀，請帝誅護。帝然之。又引宮伯張光洛同謀。光洛密白護。護乃出植爲梁州刺史，恒爲潼州刺史。（潼州今四川緜陽縣。）鳳等遂不自安，更奏帝，將召羣公入，因此誅護。光洛又白之。時小司馬尉遲綱統宿衛兵，護乃召綱共謀廢立。令綱入殿中，詐呼鳳等論事。既至，以次執送護第，並誅之。綱乃罷散禁兵。帝方悟無左右，獨在內殿，令宮人持兵自守。護又遣大司馬賀蘭祥逼帝遜位。遂幽於舊邸。月餘日，以弑崩。時年十六。植、恒等亦遇害。觀閔帝欲召羣公而誅護，則知是時朝貴之不服護者仍多矣。李植者，遠之子。護幷逼遠令自殺。植弟叔諧、叔謙、叔讓亦死。惟基以主壻，又爲季父穆所請得免。遠兄賢亦坐除名。賀蘭祥者，父初眞，尚大祖姊建安長公主。祥年十一而孤，長於舅氏，與護中表，少相親愛，軍國之事，護皆與祥參謀。亦尉遲綱之流也。時與綱俱掌禁旅，遞直殿省者，尚有蔡祐。祐父事大祖。閔帝謀害護，祐常泣諫，不從。蓋時閔帝尚在幼沖，欲圖搖動護實非易也。閔帝既廢，護乃迎大祖長子毓而立之，是爲世宗明皇帝。明年，建元武成。（陳永定三年。）正月，護上表歸政。許之。軍國大政，尚委於護。帝性聰睿，有識量，護深憚之。有李安者，本以鼎俎得幸於護，稍被升擢，至膳部下大夫。二年，（陳文帝天嘉元年。）四月，護密令安因進食加以毒藥弒帝。於是迎立大祖第四子魯公邕，是爲高祖武皇帝。百官總己，以聽於護。

自大祖爲丞相，立左右十二軍，總督相府。大祖崩後，皆受護處分。凡所徵發，非護書不行。護第屯兵禁衛，盛於宮闕。事無巨細，皆先斷後聞。保定元年，（陳天嘉二年。）以護爲都督中外諸軍事，令五府總於天官。二年，（陳天嘉三年。）侯莫陳崇從高祖幸原州，高祖夜還，京師竊怪其故。崇謂所親曰：「吾昔聞卜筮者言：晉公今年不利，車駕今忽夜還，不過是晉公死耳。」於是衆皆傳之。有發其事者。高祖召諸公卿於大德殿責崇。崇惶恐謝罪。其夜，護遣使將兵就崇宅逼令自殺。崇傳云：「初魏孝莊帝以尒朱榮有翊戴之功，拜榮柱國大將軍，位在丞相上。榮敗後，此官遂廢。大統三年，（梁大同三年。）魏文帝復以大祖建中興之業，始命爲之。其後功參佐命，望實俱重者，亦居此職。自大統十六年（梁大寶元年。）以前，任者凡有八人。大祖位總百揆，督中外軍。魏廣陵王欣，元氏懿戚，從容禁闈而已。（欣，獻文子廣陵王羽之子。）此外六人，各督二大將軍，分掌禁旅，當爪牙禦侮之寄。當時榮盛，莫與爲比。故今之言門閥者，咸推八柱國家云。」六人者，李虎、李弼、獨孤信、趙貴、于謹及崇也，而爲護所殺者三焉。初大祖創業，卽與突厥和親，謀爲掎角，共圖高氏。是年，乃遣楊忠與突厥東伐。期後年更舉。先是，護母閻姬，與皇第四姑，及諸戚屬，並沒在齊，皆被幽縶。護居宰相之後，每遣閒使尋求，莫知音息。至是并許還朝。四年，陳天嘉五年。皇姑先至，護母亦尋還。周爲之大赦。護與母睽隔多年，一旦聚集，凡所資奉，窮極華盛。每四時伏臘，高祖率諸親戚，行家人之禮，稱觴上壽，榮貴之極，振古未聞。是年，突厥復率衆赴期。護以齊氏初送國親，未欲即事征討，復慮失信蕃夷，更生邊患，不得已，遂請東征。護性無戎略，此行又非本心，遂至敗績。周與突厥伐齊之事，詳見下節。天和二年，陳廢帝光大元年。護母薨，尋有詔起令視事。高祖以護暴慢，密與衛王直圖之。七年，誅護後改元建德。陳宣帝大建四年。三月十八日，護自同州還。魏華州，西魏改爲同州，見第十二章第二節。帝御文安殿見護訖，引護入含仁殿朝大后。帝以玉珽自後擊之。護踣於地。又令宦者何泉以御刀斬之。泉惶懼，斫不能傷。時衛王直先匿於戶內，乃出斬之。初帝欲圖護，王軌、宇文神舉、宇文孝伯頗豫其謀。參看第十五章第一節。是日，軌等並在外，更無知者。殺護訖，乃召宮伯長生覽等告之。即令收護諸子及黨與，於殿中殺之。李安亦豫焉。齊王憲白帝曰：「李安出自皁隸，所典惟庖廚而已，既不預時政，未足加戮。」高祖曰：「公不知耳，世宗之崩，安所爲也。」護世子訓，爲蒲州刺史，蒲州，周置，今山西永濟縣。徵赴京師，至同州，賜死。昌城公深使突厥，遣齋璽書就殺之。于翼傳言：翼遷大將軍，總中外宿衛兵事。晉公護以帝委翼腹心，內懷猜忌，轉爲小司徒，拜柱國，雖外示崇重，實疏斥之。武帝之圖護，蓋未嘗用一兵，并王軌等數人，臨事亦無所聞；可謂藏之深而發之卒矣。衛王直，大祖第四子，帝母弟也。大祖第五子齊王憲，才武。世宗時爲益州刺史，後爲雍州牧，數與齊人戰。護雅相親委，賞罰之際，皆得豫焉。護誅，以憲爲大冢宰，實奪其權也。直請爲大司馬，帝以爲大司徒。建德三年，陳大建六年。帝幸雲陽宮，直在京師舉兵反，襲肅章門。宮門。司武尉遲運綱子。時輔太子居守。閉門拒守，直不得入，遁走，追至荊州，獲之，免爲庶人，囚於別宮。尋誅之及其子十人。宇文護雖跋扈，亦不可謂無才。周書護傳論曰：「大祖崩殂，諸子沖幼，羣公懷等夷之志，天下有去就之心，卒能變魏爲周，俾危獲乂者，護之力也。」大祖諸子，較長者無才，有才者多幼微，護，宇文氏之爲宇文氏，蓋有不可知者矣。其居相位時，政事亦似未大壞。傳言護「凡所委任，皆非其人；兼諸子貪殘，寮屬縱逸，恃護威勢，莫不蠹政害民」；或死後加罪之辭也。至周武帝之爲人，則性極雄武。周書本紀云：「帝沈毅有智謀，初以晉公護專權，常自晦迹，人莫測其深淺。及誅護之後，始親萬機，克己厲精，聽覽不怠。用法嚴整，多所罪殺。號令懇惻，惟屬意於政。羣下畏服，莫不肅然。性既明察，少於恩惠。凡布懷立行，皆欲踰越古人。身衣布衣，寢布被，無金寶之飾。諸宮殿華綺者，皆撤毀之，改爲土堦，數尺，不施櫨栱。其雕文、刻鏤、錦繡、纂組，一皆禁斷。後宮嬪御，不過十餘人。勞謙接下，自强不息。以海內未康，銳情教習。校兵閱武，步行山谷，履涉勤苦，皆人所不堪。平齊之役，見軍士有跣行者，親脫鞾以賜之。每宴會將士，必自執杯勸酒，或手付賜物。至於征伐之處，躬在行陳。性又果決，能斷大事。故能得士卒死力，以弱制强。破齊之後，遂欲窮兵極武，平突厥，定江南，一二年間，必使天下一統，此其志也。」帝之爲人，蓋極宜於用兵。周之政治，本較齊爲修飭，而帝以雄武乘齊人之昏亂，遂成吞并之勢矣。

第六節　周齊兵事

當高歡、宇文泰之世，東西仍歲戰爭，而彼此地醜德齊，莫能相尙。及文宣篡魏，宇文泰遂以其年東伐，蓋以有辭可藉，姑出兵以嘗之也。是歲九月，泰發長安。時連雨，自秋及冬，諸軍馬驢多死。十一月，至陝城。見第六章第一節。於弘農北造橋濟河。弘農，見第二章第二節。文宣親戎，次於城東。晉陽城東。泰聞其軍容嚴盛，自蒲坂還。蒲坂，見第三章第四節。河南自洛陽，河北自平陽以東，皆入於齊。爾後八年，西魏用兵於南，取蜀，陷江陵；齊則用兵於柔然、突厥、奚、契丹、魏齊初無甚爭戰，蓋彼此皆知敵之無釁可乘也。陳敬帝太平元年，齊天保七年，魏恭帝三年。宇文泰死。北齊書文宣紀云：「嘗於東山遊燕，以關、隴未平，投杯震怒，召魏收於御前，立爲詔書，宣示遠近，將事西伐。是歲，周文帝殂，西人震恐，常爲度隴之計。」此乃侈辭。沙苑之戰，神武尙致喪敗，況西魏此時，立國已久，根基已固邪？文宣蓋亦明知其事之難，故兵竟不出也。明年，陳武帝永定元年，齊天保八年，周閔帝元年。周閔帝篡魏。又明年，陳永定二年，齊天保九年，周明帝元年。三月，齊北豫州刺史司馬消難降於周。北豫州，治虎牢，見第十一章第四節。消難，子如子也。尙神武女，在州不能廉潔，爲御史所劾，又與公主情好不睦，主譖訴之。文宣在并，驛召上黨王渙，渙斬使者東奔，朝士私相謂曰：「上黨亡叛，似赴成皋，若與司馬北豫州連謀，必爲國患。」言達文宣，文宣頗疑之，消難懼，故降周。周使達奚武、楊忠拔之以歸。此亦徒得一齊之叛臣耳。又明年，陳永定三年，齊天保十年，周明帝武成元年。齊文宣死，孝昭立。紀謂其意在傾覆平陽，爲進取之計。按北齊書盧叔武傳云：叔武，北史作叔彪，實名叔虎，避唐諱。肅宗卽位，召爲大子中庶子，問以世事。叔武勸討關西，曰：「强者所以制弱，富者所以兼貧。大齊比之關西，强弱不同，貧富有異，而戎馬不息，未能吞并，此失於不用强富也。輕兵野戰，勝負難必，是胡騎之法，非深謀遠算，萬全之術也。宜立重鎭於平陽，與彼蒲州相對。蒲州，見上節。深溝高壘，運糧積甲，築城戍以屬之。彼若閉關不出，則取其黃河以東。長安窮蹙，自然困死。如彼出兵，非十萬以上，不爲我敵。所供糧食，皆出關內。我兵士相代，年別一番，穀食豐饒，運送不絕。彼來求戰，我不應之；彼若退軍，卽乘其弊。自長安以西，民疏城遠，敵兵來往，實有艱難，與我相持，農作且廢，不過三年，彼自破矣。」帝深納之。又願自居平陽，成此謀略。令元文遙與叔武參謀，撰平西策一卷。未幾，帝崩，事遂寢。此本紀之言所由來也。案關、隴戶口，或較少於東方，然西魏之地，本踰函谷，扼三鵶，攻守之計，非但蒲津一路，況周是時，已取全蜀，幷襄陽，兵饟所資，又豈必專恃關、隴？則叔虎之言，亦失之誇矣。然使孝昭在位，雖不足言兼幷，或可與周相抗，孝昭死而武成荒淫，志不在敵，至後主昏亂彌甚，於是東西搆兵，祇有東略之師，更無西入之計矣。

陳文帝天嘉二年，齊武成之大寧元年，而周武帝之保定元年也。周於玉壁置勳州，玉壁，見第十二章第十節。以韋孝寬爲刺史。案東魏及齊，國都在鄴，其兵馬重鎭，則在晉陽。自潼關東出，取洛陽，度河北上，以搖動鄴與晉陽較難，而自蒲津度河東出較易；自東方西入，欲圖搖動長安者亦然。故神武之攻西魏，始終重在汾北；周武帝亦卒出此而後成功。而此時齊孝昭欲頓駕平陽，周亦注重於此一路之防守也。四年，齊河清二年，周保定三年。九月，周楊忠率騎一萬，與突厥伐齊。十二月，復遣達奚武率騎三萬出平陽以應忠。武成自鄴赴救。明年，陳天嘉四年，齊河清三年，周保定四年。正月，楊忠至晉陽，戰大敗。齊段韶追之，出塞而還。周書楊忠傳云：朝議將與突厥伐齊，公卿咸曰：「非十萬不可。」忠獨曰：「師克在和，不在衆，萬騎足矣。」與本紀言忠率騎一萬相合；而齊書本紀言：忠率突厥阿史那木可汗等二十餘萬人；段韶傳言突厥從北結陳而前，東距汾河，西被風谷；山名，在大原西，接交城縣界。則周兵寡而突厥頗衆。然韶傳又言周人以步卒爲先鋒，從西山而下；而楊忠傳謂突厥引上西山不肯戰，則突厥此役實未與於戰事，故楊忠以寡弱而敗也。北齊書武成紀言：突厥自恆州分爲三道，殺掠吏人；恆州，見第十一章第二節。周書楊忠傳言：突厥縱兵大掠，自晉陽至欒城，後漢縣，晉省，魏復置，北齊又廢，在今山西欒城縣北。七百餘里，人畜無遺；則周雖喪敗，而齊之受創亦深矣。齊使斛律光禦達奚武。武聞楊忠敗，亦還。武成歸宇文護之母以通好，已見上節。突厥復率衆赴期，護不欲行，又恐失信突厥，或生邊患，不得已，徵二十四軍及左右廂散隸暨秦、隴、巴、蜀之兵，諸蕃國之衆，凡二十萬。十月，復東征。至潼關，遣尉遲迥以精兵十萬爲先鋒。權景宣率山南之兵出豫州，縣瓠。楊檦出軹關。大行八陘之一，在今河南濟源縣西北。護連營漸進，屯軍弘農。尉遲迥圍洛陽。十二月，與齊救兵戰於邙山，見第七章第七節。大敗。周書宇文護傳云：護本令塹斷河陽，見第十一章第二節。遏其救兵，然後同攻洛陽。諸將以爲齊兵必不敢出，惟斥候而已。直連日陰霧，齊騎直前，圍洛之軍，一時潰散。惟尉遲迥率數十騎扞敵，齊公憲又督邙山諸將拒之，乃得全軍而返。齊煬王憲傳云：晉公護東伐，以尉遲迥爲先鋒，圍洛陽，憲與達奚武、王雄等軍於邙山。自餘諸軍，各分守險要。齊兵數萬，奄至軍後。諸軍恇怯，並各退散。惟憲與王雄、達奚武拒之。而雄爲齊人所斃，三軍震懼。達奚武傳言：至夜收軍，憲欲待明更戰，武欲還，固爭未決。武曰：「洛陽軍散，人情駭動，若不因夜速還，明日欲歸不得。武在軍旅久矣，粗見形勢。大王少年未經事，豈可將數營士衆，一旦棄之乎？」憲從之，乃全軍而返。齊書段韶傳云：尉遲迥等襲洛陽，詔遣蘭陵王長恭、大將軍斛律光擊之，軍於邙山之下，逗留未進。世祖召謂曰：「今欲遣王赴洛陽之圍，但突厥在北，復須鎭禦，王謂如何？」韶曰：「北狄侵邊，事等疥癬，西羌窺邊，便是膏肓之病，請奉詔南行。」世祖曰：「朕意亦爾。」乃令韶督精騎一千，發自晉陽。五日便濟河。韶旦將帳下二百騎，與諸軍共登邙阪，聊觀周軍形勢。至大和谷，邙山谷名。便直周軍。卽遣馳告諸營，追集兵馬。乃與諸將結陳以待之。韶爲左軍，蘭陵王爲中軍，斛律光爲右軍。周人仍以步人在前，上山逆戰。韶以彼徒我騎，且卻且引，待其力弊，乃下馬擊之。短兵始交，周人大潰。其中軍所當者，亦一時瓦解，投墜谿谷而死者甚衆。洛城之圍，亦卽奔遁，盡棄營幕，從邙山至穀水，三十里中，軍資器物，彌滿川澤。綜觀諸傳之文，周軍當日，實以斥候不明而敗，謂其未斷河陽之路，尙屬恕辭。何者？長恭與光，至邙山已久，並非倉卒奄至也，至已久而逗留不進，必待段韶迫之，然後能戰，則齊之將帥，亦並無勇氣，而周竟喪敗如此，謂其同於兒戲，亦不爲過矣。此實由元戎威令不行，諸將治軍不肅，有以致之，宇文護傳謂其性無戎略，信哉！時權景宣已降豫州，聞敗，亦棄之。楊櫚以戰敗降齊。楊忠出沃野，見第十二章第三節。應接突厥，聞護退，亦還。周與突厥無能爲如此，而武成一遭侵伐，卽急還護母以言和；段韶傳言：宇文護因邊境移書請還其母，並通隣好，世祖遣黃門徐世榮乘傳齎周書問韶。韶以「護外託爲相，其實王也，既爲母請和，不遣一介之使申其情理，乃據移書卽送其母，恐示之弱。如臣管見，且外許之，待通和後，放之未晚。」不聽。周書護傳言：護報閻姬書後，齊朝不卽發遣，更令與護書，要護重報，往返再三，而母竟不至。朝議以其失信，令有司移齊，移書未送而母至，則齊終據護私書而還其母也。亦可見武成求和之亟矣。邙山捷後，亦不聞乘勝更有經略；其無能爲，實更甚矣。陳廢帝光大二年，齊後主天統四年，周天和三年。兩國遂通和。是歲，武成死。宣帝大建元年，齊天統五年，周天和四年。周盜殺孔城防主，以其地入齊，孔城，後魏新城郡治，在今河南洛陽縣南。兩國釁端復起。齊蘭陵王長恭、斛律光，周齊王憲等互爭宜陽及汾北之城戍。宜陽，見第三章第三節。至三年齊武平二年，周天和六年。四月，而周陳公純等取宜陽，六月，齊段韶取汾州。見第十二章第三節。然初無與於勝負之大計，而此數年中兩國使命，亦仍相往來，則特疆埸小釁而已。周、齊兩書諸列傳侈陳戰績，乃邀功誇敵之辭，不足信也。是歲九月，段韶卒。明年，陳大建四年，齊武平三年，周建德元年。三月，周殺宇文護。六月，齊殺斛律光。周書于翼傳曰：先是與齊、陳二境各修邊防，雖通聘好，而每歲交兵，然一彼一此，不能有所克獲。高祖既親萬機，將圖東討，詔邊城鎮並益儲偫，加戍卒。二國聞之，亦增修守禦。翼諫曰：「宇文護專制之日，興兵至洛，不戰而敗，所喪實多。數十年委積，一朝麋散。雖爲護無制勝之策，亦由敵人有備故也。且疆埸相侵，互有勝敗，徒損兵儲，非策之上者。不若解邊嚴，減戍防，繼好息民，以待來者。彼必喜於通和，懈而少備，然後出其不意，一舉而山東可圖。若猶習前蹤，恐非蕩定之計。」帝納之。於是周、齊之爭，內急而外緩，而齊人是時荒縱已甚，敵皆能識其情，而陳人經略之師起矣。

第七節 陳取淮南

華皎之亂，陳與梁、周啓釁。大建二年，周天和五年。章昭達復伐梁。時蕭巋與周軍，大蓄舟艦於青泥中。昭達遣偏將錢道戢、程文季襲之，焚其舟艦。周軍於峽下南岸築壘，峽謂西陵峽。名曰安蜀城。於江上橫列大索，編葦爲橋，以度軍糧。昭達命軍士爲長戟，施於樓船之上，仰割其索。索斷糧絕，因縱兵以攻其城，降之。巋告急於周襄州總管衞公直。襄州，見第十二章第十節。直令趙闇、李遷哲救之，並受江陵總管陸騰節度。遷哲守江陵外城，程文季與雷道勤夜襲入之。遷哲不能抗。陸騰遣甲士出擊，道勤中流矢死，文季僅以身免。昭達又決龍川寧朔隄，引水灌城。水經注：紀南城西南有赤坂岡，岡下有瀆水，東北流入城，又東北出城西南，注於龍陂。陂在靈溪東，紀南、靈溪，皆見第七章第三節。遷哲塞北隄以止水，騰率將士戰於西隄，陳兵不利。昭達乃還。周武帝使杜杲來論保境息民之意。宣帝許之，使命復通。三年，齊武平二年，周天和六年。帝遣使如齊謀伐周，齊人弗許。四年，齊武平三年，周建德元年。杜杲復來，帝使謂之曰：「若欲合從圖齊，當以樊、鄧見與，方可表信。」杲答曰：「合從圖齊，豈惟敝邑之利？必須城鎮，宜待得之於齊。先索漢南，使臣不敢聞命。」是歲，華皎朝於周，至襄陽，謂衞公直曰：「梁主既失江南諸郡，人少國貧，望借數州，以裨梁國。」直然之，遣使言狀。武帝許之，以基、平、鄀三州歸於梁。基州，西魏置，在今湖北鍾祥縣南。平州，周置，今湖北當陽縣。鄀州，西魏置，在今湖北荊門縣北。蓋周之意，始終在翼梁以敵陳也。是時周無釁可乘，而齊政荒亂，宣帝乃舍西而圖東。

大建五年，齊武平四年。三月，分命衆軍北伐。以吳明徹都督征討諸軍事，出秦郡，見第十三章第三節。黃法𣰰出歷陽。齊遣其歷陽王步騎來援，於小峴築城。法𣰰遣樊毅禦之大峴，大破其軍。大小峴，見第九章第二節。吳明徹至秦郡，克其水柵。初，王琳之歸齊也，齊孝昭帝遣琳出合肥，鳩集義故，更圖進取。琳乃繕艦，分遣招募，淮南傖楚，皆願戮力。陳合州刺史裴景暉，琳兄珉之壻也，請以私屬導引齊師。孝昭委琳與行臺右丞盧潛率兵應赴。沈吟不決。景暉懼事泄，挺身歸齊。孝昭令琳鎮壽陽。其部下將帥，悉聽以行。乃除琳揚州刺史。琳水陸戒嚴，將觀釁而動。屬陳氏結好於齊，齊乃使琳更聽後圖。琳在壽陽，與行臺尚書盧潛不協，更相是非。被召還鄴，武成置而不問。及是，勅領軍將軍尉破胡等出援秦州，令琳共爲經略。北齊書源文宗傳云：趙彥深密訪文宗。文宗，賀曾孫，名彪，齊書、北史皆稱其字，疑實名虎，以避唐諱改也。文宗曾爲涇、秦二州刺史，知江淮間事，故彥深訪之。文宗曰：「朝廷精兵，必不肯多付諸將，數千已下，復不得與吳、楚爭鋒，命將出軍，反爲彼餌。尉破胡人品，王之所知，進既不得，退又未可，敗績之事，匪伊朝夕。國家待遇淮南，得失同於蒿箭。如文宗計者：不過專委王琳，淮南招募三四萬人，風俗相通，能得死力，兼令舊將，淮北捉兵，足堪固守。且琳之於曇項，不肯北面事之明矣。竊謂計之上者，若不推赤心於琳，別遣餘人掣肘，更成速禍，彌不可爲。」彥深歎曰：「弟此良圖，足爲制勝千里。但口舌爭來十日，已不見從，時事至此，安可盡言？」因相顧流涕。案王琳一人，豈有足禦陳大軍之理？蓋齊人是時已決棄淮南，特以琳委之於陳，勝則爲意外之捷，不勝則於齊無所損耳。所以決棄淮南者？以一與陳連兵，則恐周人乘釁而至，其精兵之不肯多付諸將者以此。然則陳宣大舉，亦係乘周、齊之釁而動。此固兵機宜然，然克捷之後，遂忘其本來，而自謂兵力足恃則誤矣。此其所以旋敗於周邪？琳背父母之邦而投戎狄，而敵人乃更令其代己受禍，爲漢奸者，亦可以憬然悟矣。琳進戰，大敗，單馬突圍，僅免。還至彭城，後主令便赴壽陽，并許召募。明徹既破破胡，遂降秦郡。五月。進兵仁州。見第四節。六月。至於峽口。見第六章第四節。七月。進圍壽陽。堰肥水以灌其城。時魏皮景和等屯於淮南，竟不赴救。十月，城陷，琳被執，明徹斬之。皮景和等遁去。此蓋源文宗所謂淮南得失，同之蒿箭，但令舊將，固守淮北者，乃齊人是時已定之策，非必景和等之駑怯也。史稱琳有忠義之節，已辯於前。又稱其「輕財愛士，得士卒之心。」其敗也，「吳明徹欲全之，而其下將領，多琳故吏，爭來致請，并相資給，明徹由此忌之，故及於難。」又言「琳被執，百姓泣而從之，明徹恐其爲變，殺之，哭者聲如雷。有一叟以酒脯來，號酹盡哀，收其血，懷之而去。田夫野老，知與不知，莫不爲之歔欷流泣。觀其誠信感物，雖李將軍之恂恂善誘，殆無以加焉。」此眞所謂淫辭。夫琳，不過一輕俠之徒。其在建業，旣因特功爲暴，雖王僧辯之寬縱，亦不能舍之。張載之見害也，陸納等抽其腸，繫諸馬腳，使繞而走，腸盡氣絕，又臠割備五刑，而斬之。琳之徒黨，所爲如是，會是百姓，冒死以從此等人，而爲之流泣乎？王僧辯之子顗，隨琳入齊，爲竟陵郡守。竟陵，見第三章第九節。聞琳死，乃出郡城南，登高冢上，號哭，一慟而絕。漢奸末路，亦可悲矣。時黃法氍亦克歷陽。五月，進取合州。六月，諸軍所向克捷，淮南之地盡復。於是南豫州還治歷陽，先治宣城。豫州還治壽陽，而於黃城置司州。明徹進攻彭城。七年，齊武平六年。九月，大敗齊師於呂梁。見第九章第五節。時周人攻齊之師，亦已起矣。

第八節 周滅北齊

陳取淮南，齊人所以視同蒿箭者，以備周也。然亦因此而更啓周人之輕視。周書韋孝寬傳云：武帝志在平齊，孝寬上疏陳三策。其第一策曰「臣在邊積年，頗見間隙。不因際會，難以成功。是以往歲出軍，徒有勞費。長淮以南，舊爲沃土，陳氏以破亡餘燼，猶能一舉平之，齊人歷年赴救，喪敗而返。內離外叛，力盡計窮。傳不云乎？讎有釁焉，不可失也。今大軍若出軹關，見第六節。方軌而進；兼與陳氏，共爲犄角；并令廣州義旅，出自三鵶；廣州，見第十三章第一節。三鵶，見第十二章

第十節。又募山南驍銳，沿河而下；復遣北山稽胡，北山，謂稽胡所據之山，在長安之北。絕其幷、晉之路；凡此諸軍，仍命各募關、河以外勁勇之士，厚其爵賞，使爲前驅，岳動川移，雷駭電激，百道俱進，並趨虜廷，必當望旗奔潰，所向摧殄。一戎大定，實在此機。」其第二策曰：「若國家更爲後圖，未卽大舉，宜與陳人分其兵勢。三鵶以北，萬春以南，胡三省曰：新唐志：武德五年析龍門置萬春縣，蓋以舊地名名縣也。案萬春，今山西河津縣。廣事屯田，豫爲貯積，募其驍悍，立爲部伍。彼旣東南有敵，戎馬相持，我出奇兵，破其疆埸。彼若興師赴援，我則堅壁清野，待其去遠，還復出師。常以邊外之師，引其腹心之衆。我無宿舂之費，彼有奔命之勞。一二年中，必自離叛。然後乘閒電掃，事等摧枯。」其第三策曰：「大周土宇，跨據關、河，南清江、漢，西龕巴、蜀，塞表無虞，河右底定。惟彼趙、魏，獨爲榛梗。今若更存遵養，且復相時，臣謂宜還崇鄰好，申其盟約，安人和衆，通商惠工，蓄銳震威，觀釁而動。斯則長策遠馭，坐自兼幷也。」此三策洵爲當時進取之良圖。周武帝氣銳才雄，遂取其第一策。

齊氏政治雖亂，兵力夙強，非一舉摧破其大軍，終難期廓清底定，故周武攻取之方，乃在攻其所必救，以致其一戰。建德四年，齊武平六年，陳大建七年也。七月，武帝召大將軍已上於大德殿，告以出師方略，曰：「今欲數道出兵，水陸兼進。北拒大行之路，東扼黎陽之險。黎陽，見第五章第三節。若攻拔河陰，漢平陰縣，三國魏改曰河陰，在今河南孟津縣東。兗、豫則馳檄可定。然後養銳享士，以待其至。但得一戰，則破之必矣。王公以爲何如？」羣臣咸稱善。於是部分諸軍。使齊王憲以二萬人出黎陽，于翼以二萬人出陳、汝，侯莫陳芮以一萬人守大行，李穆以三萬人守河陽。又使楊堅以舟師三萬，自渭入河，而自率衆六萬，直指河陰。八月，攻其大城，克之。進攻子城，未克。閏月，齊大丞相高阿那肱自晉陽禦之，師次河陽。九月，周師還。齊王憲、李穆、于翼降拔三十餘城，皆棄不守。水師亦焚舟而退。是役也，周武帝謂有疾故退師，恐係託辭。或謂以淺攻嘗之，亦未必然。以予觀之，似以河陰距長安較遠，應接非易，恐戰或不捷，復爲邙山之續，故寧知幾而退也。明年，周建德五年，陳大建八年。十月，武帝謂羣臣曰：「前入賊境，備見敵情，觀彼行師，殆同兒戲。晉州本高歡所起，控扼要重，今往攻之，彼必來援，吾嚴軍以待，擊之必克。然後乘破竹之勢，鼓行而東，足以窮其窟穴，混同文軌。」諸將多不願行。帝曰：「若有沮吾軍者，當以軍法裁之。」遂復總戎東伐。分兵守諸要害。癸亥，自攻晉州。壬申，克之。以梁士彥爲刺史，留精兵一萬守之。時齊主獵於祁連池，卽天池，山名，在今山西寧武縣西南。聞之，乃還晉陽，自將來救。十一月，己卯，周主班師，留齊王憲爲後拒。是日，齊主至晉州。憲亦引軍度汾。齊師遂圍晉州。癸巳，周主至長安。丁酉，復東伐。十二月，戊申，至晉州。庚戌，戰於城南，齊師大敗。周書文帝紀曰：初齊攻晉州，恐王師卒至，於城南穿塹，自喬山屬於汾水。帝率諸軍八萬人，置陳東西二十餘里。齊主亦於塹北列陳。申後，齊人塡塹南引。帝大喜，勒諸軍擊之。齊人便退。齊主與其麾下數十騎走還幷州。齊衆大潰，軍資甲仗，數百里間，委棄山積。齊書高阿那肱傳曰：周師逼平陽，後主於天池校獵，晉州頻遣馳奏，從旦至午，驛馬三至。肱曰：「大家正作樂，何急奏聞？」至暮，使更至，云平陽城已陷，賊方至，乃奏知。明早，旦卽欲引，淑妃又請更合一圍。及軍赴晉州，令肱率前軍先進，仍留節度諸軍。後主謂肱曰：「戰是邪？不戰是邪？」肱曰：「勿戰，卻守高梁橋。」在今山西臨汾縣北。安吐根曰：「一把賊，馬上刺取，擲汾河中。」帝意未決。諸內參曰：「彼亦天子，我亦天子，彼尚能遠來，我何爲守塹示弱？」帝曰：「此言是也。」於是漸進。後主從穆提婆觀戰，東偏頗有退者，提婆怖曰：「大家去，大家去。」帝以淑妃奔高梁。開府奚長樂諫曰：「半進半退，戰之常體。今兵衆齊整，未有傷敗，陛下舍此安之？御馬一動，人情驚亂，且速還安慰之。」武衛張常山自後至，亦曰：「軍尋收回，甚整頓，圍城兵亦不動。至尊宜迴。不信臣言，乞將內參往視。」帝將從之。提婆引帝肘曰：「此言難信。」帝遂北馳。北史馮淑妃傳曰：淑妃名小憐，大穆后從婢也。穆后愛衰，以五月五日進之，號曰續命。慧黠能彈琵琶，工歌舞，後主惑之。晉州告亟，帝將還，淑妃請更殺一圍，帝從其言。及帝至晉州，城已欲沒矣。作地道攻之，城陷十餘步。將士乘勢欲入。帝勅且止，召淑妃共觀之。淑妃妝點，不獲時至。周人以木拒塞城，遂不下。舊俗相傳：晉州城西石上有聖人跡，淑妃欲往觀之。帝恐弩矢及橋，故抽攻城木造遠橋。監作舍人以不速成受罰。帝與淑妃度橋，橋壞，至夜乃還。稱妃有功勳，將立爲左皇后，卽令使馳取褘翟等皇后服御。仍與之並騎觀戰。東偏少卻，淑妃怖曰：「軍敗矣。」帝遂以淑妃奔還。至洪洞戍，在今山西洪洞縣北。淑妃方以粉鏡自玩，後聲亂唱賊至，於是復走。內參自晉陽以皇后衣至，帝爲按轡，命淑妃著之，然後去。其言頗類平話，未必盡信。綜全局而觀之，齊師不能堅戰，自爲致敗之由，然其大失，尙不在此。周人是時，欲誘齊師一戰之策，仍與去年無異，特所攻者近而少，則兵力益得厚集，且應援較易，決戰更有把握耳。隋書趙煚傳：武帝出兵鞏洛，欲收齊河南之地。煚諫曰：「河南洛陽，四面受敵，縱得之不可以守。請從河北直指太原，傾其巢穴，可一舉以定。」帝不從，師竟無功。宇文弼傳：武帝將出兵河、洛以伐齊，弼進策曰：「齊氏建國，於今累葉，雖曰無道，藩屏之寄，尙有其人。今之用兵，須擇其地。河陽衝要，精兵所聚，盡力攻圍，恐難得志。如臣所見，彼汾之曲，戍小山平，攻之易拔，用武之地，莫過於此。願陛下詳之。」帝不納，師竟無功。鮑宏傳：帝嘗問宏取齊之策。宏對曰：「先皇往日出師洛陽，彼有其備，每不克捷。如臣計者，進兵汾、潞，直指晉陽，出其不虞，斯爲上策。」帝從之。此等庸有事後附會之談，然攻平陽勝於攻洛陽，則無足惑；以其道里近而地勢亦較平坦也。周人既厚集其力而來，齊人自亦宜厚集其力以待之。平陽雖云重鎮，必難當周舉國之師，則救之宜如沃焦捧漏。乃周師既發七日，齊主尚獵於天池；周師以己酉發，齊主以丙辰獵於天池。又七日，周主已至晉州，齊主乃以其日還晉陽；又七日，乃自晉陽南下，庚午。則發二日而晉州已陷矣。此誤於赴救之大遲也。周人是時，蓋以晉州委齊，誘使攻城，以敝其力，故不特周主引還，即齊王憲亦渡汾不戰。晉州若陷，所失不過梁士彥萬人，不下而齊力已敝，則決戰之機至矣。爲齊人計者，度能速下晉州而所傷不多，則宜攻之，不則當別思方略。乃遂引兵急攻，此則爲周人所致矣。而攻之又不能下，齊人以己卯至，卽攻城，至庚戌戰，凡三十二日。頓兵堅城，主反爲客，銳氣已墮，故周武度其可破，引兵再來。是時之計，蓋以高阿那肱不戰而卻守高梁橋之說爲較得，此又所以挫周人新銳之氣也。乃後主又不能用，則不戰而先自敗矣。故曰：戰不能堅，尙其失之小焉者也。戰之明日，辛亥。周武帝至晉州，仍率諸軍追齊主。諸將固請還師。帝曰：「縱敵患生，卿等若疑，朕將獨往。」諸將乃不敢言。武帝蓋度齊之不能整，而亦使之不及整也。高阿那肱守高壁，嶺名，在今山西靈石縣東南。望風退散，周師遂至幷州。

齊師之敗也，後主棄軍先還，後三日入晉陽。癸丑。謂朝臣曰：「周師甚盛，若何？」羣臣咸曰：「一得一失，自古皆然。宜停百賦，安慰朝野。收拾遺兵，背城死戰，以存社稷。」帝意猶豫，欲向北朔州。乃留安德王延宗、廣寧王孝珩等守晉陽。若晉陽不守，卽欲奔突厥。羣臣皆曰不可。帝不從。密遣送皇大后、皇大子於北朔州。丙辰，帝幸城南軍勞將士。其夜，欲遁，諸將不從。丁巳，穆提婆降周。（陸令萱自殺。）詔除安德王延宗爲相國，委以備禦。延宗流涕受命。帝乃夜斬五龍門而出，欲幸突厥。從官多散。領軍梅勝郎叩馬諫，乃廻之鄴。在并將卒，咸請於延宗曰：「王若不作天子，諸人實不能出死力。」延宗不得已，卽皇帝位。北齊書唐邕傳曰：周師來寇，丞相高阿那肱率兵赴援，邕配割不甚允，因此有隙。肱譖之，遣侍中斛律孝卿宣旨責讓，留身禁止。尋釋之。車駕將幸晉陽，勅孝卿總知騎兵、度支，事多自決，不相諮稟。邕自霸朝以來，常典樞要，歷事六帝，恩遇甚重，一旦爲孝卿所輕，負氣鬱怏，形於辭色。帝平陽敗後，狼狽還鄴。都邕懼那肱譖之，恨孝卿輕己，遂留晉陽，與莫多婁敬顯等宗樹安德王爲帝。信宿城陷，邕遂降周。然則當日立延宗者，亦未必皆無私意。然以大體言之，則失望於後主，而欲別圖擁戴以拒敵者必多也。邕初爲高祖直外兵曹，擢爲世宗大將軍府參軍。世宗崩，事出倉卒，顯祖部分將士，鎭壓四方，夜中召邕支配，造次便了。顯祖甚重之。顯祖頻年出塞，邕必陪從，專掌兵機，識悟閑明，承變敏速，自督將以還，軍吏以上，勞效由緒，無不諳練。每有顧問，占對如響。或於御前簡閱，雖三五千人，邕多不執文簿，暗唱官位姓名，未嘗謬誤。凡是九州軍士，四方勇募，强弱多少，番代往還，及器械精粗，糧儲虛實，精心勤事，莫不諳知。史所言者如此，雖或過情，其爲本兵長才，則決無疑義。乃以高阿那肱之私憾，斛律孝卿之驕縱而失之，用人如此，此亦齊之所以速亡歟？衆聞之，不召而至者相屬。延宗傾覆府藏，及後宮美女，以賜將士，籍沒內參千餘家。見士卒，皆親執手，陳辭自稱名，流涕嗚咽。衆爭爲死。周軍圍晉陽，望之如黑雲四合。庚申，延宗擁兵四萬出城。周武帝率諸將合戰。齊軍退。帝乘勝逐北，際昏，率千餘騎入東門。詔諸軍繞城置陳。至夜，延宗與莫多婁敬顯自門入，夾擊之。延宗本命敬顯拒城南，親當周主於城北。城中軍卻，人相蹂踐，大爲延宗所敗，死傷略盡。齊人欲閉門，以閽下積尸，扉不得合。

帝從數騎，崎嶇危險，僅得出門。時四更也。齊人既勝，皆入坊飲酒，延宗不復能整。詰旦，周武帝還攻東門，克之。又入南門。延宗戰，力屈，走至城北，於民家見禽。晉陽遂陷。以上兼采周書武帝紀及齊書延宗傳。延宗傳曰：周武帝出城，饑甚，欲爲遁逸計。齊王憲及柱國王誼諫，以爲去必不免。延宗叛將段暢，亦盛言城內空虛。周武帝乃駐馬，鳴角收兵，俄頃復振。案是時，周、齊兵力，相去縣殊，齊人僅一小捷，何益於事？周人所失，不過入城之千人耳，其繞城置陳之兵自在也，武帝何遽欲走？又何至走卽不免？果其奔潰者衆，又豈俄頃所能振邪？後十三日，癸酉。武帝率軍趨鄴。

後主以延宗出戰之日入鄴。後四日，甲子。皇大后從北道至。引文武一品已上入朱雀門，賜酒食，給筆紙，問以禦周之方。羣臣各異議，帝莫知所從。廣寧王孝珩傳曰：後主自晉州敗奔鄴，詔王公議於含光殿。孝珩以「大敵既深，事藉機變。宜使任城王領幽州道兵入土門，揚聲趨幷州；獨孤永業領洛州兵趨潼關，揚聲趨長安；臣請領京畿兵出滏口，鼓行逆戰。敵聞南北有兵，自然潰散。」又請出宮人、珍寶，以賜將士。帝不能用。案是時周師方銳，斷非虛聲所能懾之使退；齊銳氣已隳，孝珩逆戰，亦必不能勝也。又引高元海等議，依大統故事；以明年陳大建九年，周建德六年。正月朔，傳位於大子恆，是爲幼主。時年八歲。周軍續至，人皆洶懼，無有門心。朝士出降，晝夜相屬。淸河王岳之子勱奏後主曰：「今所翻叛，多是貴人，至於卒伍，猶未離貳。請追五品已上家屬，置之三臺，因脅之曰：若戰不捷，卽退焚臺。此曹顧惜妻子，必當力戰。且王師頻北，賊徒輕我，背城一決，理必破之。」後主不能用。於是黃門侍郎顏之推，中書侍郎薛道衡，侍中陳德信等勸後主往河外募兵，更爲經略。若不濟，南投陳國。從之。之推傳曰：帝窘急，計無所從。之推因宦者侍中鄧長顒進奔陳之策。仍勸募吳士千餘人，以爲左右，取靑、徐路，共投陳國。帝甚納之。以告丞相高阿那肱等。肱不願入陳，乃云：「吳士難信，不須募之。」勸帝送珍寶累重向青州，且守三齊之地，若不可保，徐浮海南度。丁丑，大皇大后、大上皇後主，先趨濟州。見第十二章第九節。癸亥，幼主又自鄴東走。壬辰，周武帝至鄴。癸巳，圍之，遂入鄴。遣尉遲勤率騎二千追後主。後主以乙亥渡河，入濟州。其日，幼主禪位於任城王湝。爲任城詔尊後主爲無上皇，幼主爲守國天王。留大皇大后於濟州，遣高阿那肱留守。大上皇并皇后攜幼主走青州。韓長鸞、鄧長顒等數十人從。大上皇既至青州，即爲入陳之計。而高阿那肱召周軍，約生致齊主。屢使人告：「賊軍在遠，已令人燒斷橋路。」大上所以停緩。肱傳：後主自晉州北馳，有軍士告稱肱遣臣招引西軍，今故聞奏。後主令侍中斛律孝卿檢校。孝卿云：此人妄語。還至晉陽，肱腹心告肱謀反，又以爲妄，斬之。乃顛沛還鄴，侍衛逃散，惟肱及內官數十騎從行。後主走度大行，令肱以數千人投齊州，仍遣覘候，每奏云：周兵未至，且在青州集兵，未須南行。及周將軍尉遲迥至關，肱遂降。時人皆云肱表款周武，必仰生致齊主，故不速報兵至，使後主被禽。然則謂肱約降而賣後主，特時人測度之辭。肱雖不忠，此說似屬誣衊；謂其在晉州時即有叛意，尤必無之理也。周軍奄至青州，大上窘急，將遜於陳，與長鸞、淑妃等十數騎至青州南鄧村，爲尉遲勤所獲，送鄴。

任城王湝，時爲瀛州刺史。瀛州，見第十一章第四節。後主奔鄴，加大丞相。安德王稱尊號，使修啓於湝，湝執送鄴。幼主禪位，令斛律孝卿送禪文及璽紱，不達。此從湝傳。後主紀云：孝卿以之歸周。周書武帝紀則云：被執送鄴。初幼主即位，以廣寧王孝珩爲大宰。孝珩與呼延族、莫多婁敬顯、尉相願同謀，期正旦五日，孝珩於千秋門斬高阿那肱，相願在內以禁兵應之。相願時爲領軍。族與敬顯自遊豫園勒兵出，廢後主而立孝珩。既而阿那肱從別宅取便路入宮，事不果。乃求出拒西軍。肱及韓長鸞恐其爲變，出爲滄州刺史。見第十二章第三節。至州，以五千人會任城王於信都。見第十一章第四節。召募，得四萬餘人。周遣齊王憲、楊堅討之，戰敗，湝、孝珩俱被禽。周武帝以湝已下大小三十王歸長安。孝珩以十月卒。是月，周誣後主與穆提婆等謀反，與湝、延宗等數十人無少長皆賜死。惟高平王仁英以清狂，安樂王仁雅以瘖疾獲免，（俱徙蜀。）神武子孫，存者一二而已。時惟文宣第三子范陽王紹義及齊疏屬高寶寧能拒周。

紹義，後主奔鄴，以爲尚書令、定州刺史。（定州，見第十一章第二節。）周武帝克并州，以封輔相爲北朔州總管。北朔州齊之重鎮，諸勇士多聚焉。前卒長趙穆、司馬王當萬等謀執輔相，迎任城王於瀛州。事不果，便迎紹義。紹義至馬邑，輔相及其屬韓阿各奴等數十人，（皆齊叛臣。）及肆州以北城戍二百八十餘，從輔相者皆反爲齊。（肆州，見第十一章第二節。）紹義與靈州刺史袁洪猛引兵南出，（靈州，見第十二章第三節。）欲取并州。至新興，（見第二章第二節。）而肆州已爲周守。前隊二儀同以所部降周。周兵擊顯州，（後魏置，在今山西孝義縣西。）執刺史陸瓊，又攻陷諸城。紹義還保北朔。周將宇文神舉軍逼馬邑，紹義遣杜明達拒之，大敗。紹義曰：「有死而已，不能降人。」遂奔突厥，衆三千家。令之曰：「欲還者任意。」於是哭拜別者大半。突厥他鉢可汗謂文宣爲英雄天子，以紹義重踝似之，甚見愛重。凡齊人在北者，悉隸紹義。高寶寧，齊書本傳云：代人也，不知其所從來。北史同，而其陰壽傳及周書文帝紀則皆云寶寧爲齊之疏屬。武平末，爲營州刺史，鎮黃龍。周師將至鄴，幽州行臺潘子晃徵黃龍兵，保寧率驍銳并契丹、靺鞨萬餘騎將赴救。至北平，（後魏郡，今河北盧龍縣。）知子晃已發薊，（見第四章第二節。）又聞鄴都不守，便歸營州。周武帝遣使招慰，不受，而上表紹義勸進。紹義遂即皇帝位，署寶寧爲丞相，以趙穆爲天水王。他鉢聞寶寧得平州，亦招諸部，各舉兵南向，云共立范陽王作齊帝，爲其報讎。周武帝大集兵於雲陽，將親北伐，遇疾暴崩。紹義聞之，以爲天贊己，范陽人盧昌期亦叛周，表迎紹義。范陽，見第四章第二節。俄爲宇文神舉攻滅。保寧引紹義集夷夏兵數萬騎來救，至潞河，神舉已屠范陽，紹義乃迴入突厥。寶寧還據黃龍。周人購之於他鉢，又使賀若義往說之。他鉢僞與紹義獵於南境，使義執之，流於蜀，死蜀中。寶寧至隋世，尙與突厥合兵爲寇。開皇三年，陳後主至德元年。幽州總管陰壽出塞擊之。寶寧棄城奔磧北。壽班師，留開府成道昂鎭之。寶寧蕁引契丹、勿吉之衆來攻。壽患之，以重賞購之，又遣人陰閒其所親任者。寶寧走契丹，爲其麾下所殺。北邊平。

第九節 陳失淮南

甚哉，陳宣帝之不度德、不量力也。聞齊亡而遽欲進取淮北也。周之攻齊也，凡四閱月而齊亡，建德五年十月至六年正月入鄴。而陳之攻齊也，則歷二年而僅得淮南之地耳。自大建五年三月至七年二月。且周之攻齊也，是存亡生死之爭也，而陳之攻齊，則齊迄視淮南如蒿箭。陳之與周，强弱見矣。不爭之於齊未亡之日，而爭之於齊既亡之後乎？陳果欲復淮北，則齊師敗於晉州之後，卽當亟起與周分功。齊必不能分兵捍禦，淮北之地，唾手可得。進取山東，後主可以卵翼，藉其名以撫用任城、廣寧、范陽、高寶寧等，周雖强，必不能取之如拉枯朽也。大建七年九月，陳已有呂梁之捷，此後一年餘，周齊之爭方劇，陳竟熟視若無覩，至齊地已定，周人之銳氣方新，乃忽欲進取淮北，是誠何心哉？於時蔡景歷諫，以爲「師老將驕，不宜過窮遠略。」毛喜亦諫，以爲「淮左新平，邊民未乂，周氏始吞齊國，難與爭鋒，豈以敝卒疲兵，復加深入？且棄舟楫之工，踐車騎之地，去長就短，非吳人所便。不若安民保境，寢兵復約，然後廣募英奇，順時而動。」帝皆不聽。且以景歷為沮衆，出為豫章內史，未行，為飛章所劾，以在省之月，臧汙狼籍，免官，削爵土，徙居會稽。蓋度出兵之舉，弗順者必多，故以是威衆也。史官論之曰：「李克以為吳之先亡，由數戰數勝，數戰則民疲，數勝則主驕，以驕主馭疲民，未有不亡者也，」豈不信哉！

大建九年，（周建德六年。）以吳明徹為大都督，北伐。十月，軍至呂梁。周徐州總管梁士彥拒戰，明徹頻破之。士彥守城不敢復出。明徹仍迮清水，以灌其城。環列舟艦於城下，攻之甚急。周以王軌為行軍總管救之。軌輕行，自清水入淮口。橫流豎木，以鐵鎖貫車輪，遏斷船路。欲密決其堰。諸將聞之，甚恐。議欲破堰拔軍，以舫載馬。馬主裴子烈曰：「若決堰下船，船必傾倒，不如前遣馬出，於事為允。」適會明徹苦背疾甚篤，知事不濟，遂從之。乃遣蕭摩訶率馬軍數千前還。明徹仍自決其堰，乘水勢以退軍。及至清口，水勢漸微，舟艦並不得渡。衆軍皆潰。明徹窮蹙就執。時大建十年二月也。（周宣政元年。）尋以憂憤遘疾，卒於長安。（時年六十七。）明徹之敗，實不得謂非人謀之不臧也。陳書蕭摩訶傳：摩訶謂明徹曰：「聞王軌始斷下流，其兩頭築城，今尚未立。公若見遣擊之，彼必不敢相拒。水路未斷，賊勢不堅。彼城若立，吾屬且為虜矣。」明徹奮髯曰：「搴旗陷陣，將軍事也。長算遠略，老夫事也。」摩訶失色而退。一旬之間，周兵益至。摩訶又請曰：「今求戰不得，進退無路。潛軍突圍，未足為恥。願公引步卒乘馬轝徐行，摩訶領鐵騎數千，驅馳前後，必當使公安達京邑。」明徹曰：「弟之此計，乃良圖也。然步軍既多，吾為總督，必須身居其後，相率兼行。弟馬軍宜須在前，不可遲綏。」摩訶因率馬軍夜發。先是周軍長圍既合，又於要路下伏數重。摩訶選精騎八十，率先衝突，自後衆騎繼焉。比旦，達淮南。明徹兵力不爲不厚，任王軌斷其下流，且合長圍，而不出兵力爭，殊不可解。周書王軌傳言：是役惟蕭摩訶以二千騎先走得免，則摩訶之能突圍不虛。長圍既合，尙能突走，況於築城未立之際乎？明徹固拒其請，何哉？無他，驕耳。明徹本非將才，跡其生平用兵，敗多勝少，況於是時，衰遲不振，陳宣用之，實爲失策。陳書徐陵傳云：廢帝卽位，高宗入輔，謀黜異志者，引陵豫其謀。大建元年，除尙書右僕射。二年，遷左僕射。陵抗表推周弘正、王勱等，高宗苦屬之，陵乃奉詔。及朝議北伐，高宗曰：「朕意已決，卿可舉元帥。」衆議以中權將軍淳于量位重，共署推之。陵獨曰：「不然。吳明徹家在淮左，悉彼風俗，將略人才，當今亦無過者。」於是爭論，累日不能決。都官尙書裴忌曰：「臣同徐僕射。」陵應聲曰：「非但明徹良將，裴忌卽良副也。」是日，詔明徹爲大都督，令忌監軍事。遂克淮南數十州之地。高宗因置酒舉杯屬陵曰：「賞卿知人。」夫徐陵非知兵之人，其舉明徹，豈有眞知灼見？當時盈廷爭論，至於累日不決，必有深知其不可者。高宗顧違衆而用之，豈以篡立之際，陵與明徹，皆嘗與謀，故其言易入邪？決策如彼，用人如此，不敗何待？

明徹既敗，乃分命衆軍以備周。淳于量爲大都督，總水陸諸軍事。孫瑒都督荆、郢水陸諸軍事。樊毅都督淸口上至荆山緣淮衆軍。（淸口，泗水入淮之口。荆山，在今安徽懷遠縣西南。）任忠都督壽陽、新蔡、霍州等衆軍。（霍州，治灊縣，在今安徽霍山縣北。）樊毅遣軍渡淮北，對淸口築城。霖雨，城壞，自拔而還。是歲，六月，周武帝死，宣帝立。十二月，周以滕王逌爲行軍元帥，南伐。明年，（陳大建十一年，周大象元年。）正月，殺王軌，停南伐諸軍。九月，復以韋孝寬爲行軍元帥，率杞國公亮及梁士彥南伐。

然仍遣杜杲來使，蓋周在是時，亦無意於大舉也。陳復遣淳于量、樊毅、任忠等拒之，皆無功。豫州、壽陽。霍州相繼陷。南北兗、南兗治廣陵，北兗治淮陰。晉三州，晉州治懷寧。及盱眙、見第三章第九節。山陽、見第五章第六節。陽平、在今江蘇寶應縣西。馬頭、見第八章第七節。秦、見第十三章第三節。歷陽、見第三章第九節。沛、治石梁，在今安徽天長縣東北。北譙、今安徽全椒縣。南梁等九郡，胡三省曰：南梁自宋志有之，不知其實土。梁馮道根行南梁大守，戍阜陵，蓋自是爲實土。案阜陵，見第三章第九節。並自拔還京師。譙、譙陽。北徐州又陷。淮南之地，遂盡沒於周矣。

第十五章 南北統一

第一節 隋文帝代周

周武帝之生平，頗與後周世宗相似。武帝之滅齊，猶世宗之破北漢也；其破陳，取淮南，猶世宗之破南唐也；破陳而即伐突厥，猶世宗之破南唐而即伐契丹也；而其北伐遇疾，齎志身死，國祚旋移，二者亦無不相類。史事不能相同也，而其相類至於如此，豈不異哉。

武帝宣政元年，陳宣帝之大建十年也，五月，北伐突厥。至雲陽，遇疾，六月，還京。其夜，死於途。參看第十四章第八節。時年三十六。大子贇立，是爲宣帝。武帝生平所最信任者，爲宇文孝伯。孝伯，安化縣公深之子，深，文帝族子也。孝伯與高祖同日生，大祖甚愛之，養於第內。及長，又與高祖同學。高祖即位，欲引置左右，託言與孝伯同業受經，思相啓發，由是晉公護弗之猜也，得入爲右侍上士。恆侍左右，出入臥內，朝之機務，皆得與焉。次則王軌及宇文神舉。神舉，文帝族子。誅宇文護之際，惟三人者頗得與焉。而尉遲運亦衞刺王之亂，總宿衞軍事，亦稱帝之信臣。武帝寢疾，驛召孝伯赴行在所。帝執其手曰：「吾自量必無濟理，以後事付君。」是夜，授司衞上大夫，總宿衞兵馬事。又令馳驛入京鎭守，以備非常。而尉遲運總侍衞兵還京師。宣帝之爲皇大子，武帝嘗使巡西土，因討吐谷渾，軌與孝伯並從。軌傳云：軍中進止，皆委軌等，帝仰成而已。時宮尹鄭譯、王端等並得幸。帝在軍中，頗有失德，譯等皆與焉。軍還，軌等言之於高祖。高祖大怒，乃撻帝，除譯等名，仍加捶楚。後軌與孝伯等屢言宣帝之短，神舉亦頗與焉。神舉傳。而軌言之最切。周書諸人列傳，謂皆由宣帝多過失，隋書鄭譯傳則謂軌欲立武帝第三子秦王贄，未知事究如何，要之諸人嘗武帝時，皆有權勢，其見忌於宣帝，自有其由。

王軌等之死，亦是一疑案。軌傳云：軌嘗與小內史賀若弼言「皇大子必不克負荷。」弼深以爲然，勸軌言之。軌後因侍坐，乃謂高祖曰「皇大子仁孝無聞，復多涼德，恐不了陛下家事。愚臣短暗，不足以論是非。陛下恆以賀若弼有文武奇才，識度宏遠，而弼比每對臣，深以此事爲慮。」高祖召弼問之，弼乃詭對曰「皇大子養德春宮，未聞有過，未審陛下何從得聞此言？」旣退，軌誚弼曰「平生言論，無所不道，今者對揚，何得乃爾翻覆？」弼曰「此公之過也。皇大子國之儲副，豈易攸言？事有蹉跌，便至滅門之禍。本謂公密陳臧否，何得遂至昌言？」軌默然久之，乃曰「吾專心國家，遂不存私計。向者對衆，良實非宜。」後軌因內宴上壽，又捋高祖鬚曰「可愛好老公，但恨後嗣弱耳。」高祖深以爲然。但漢王次長，又不才，此外諸子並幼，故不能用其說。孝伯傳：孝伯爲東宮左宮正，白高祖曰「皇大子四海所屬，而德聲未聞，臣忝宮官，實當其責。且春秋尚少，志業未成，請妙選正人，爲其師友，調護聖質，猶望日就月將，如或不然，悔無及矣。」帝曰「正人豈復過君？」於是以尉遲運爲右宮正，孝伯仍爲左宮正。尋拜宗師中大夫。及吐谷渾入寇，詔皇大子征之，軍中之事，多決於孝伯。俄授京兆尹，入爲左宮伯，轉右宮伯。嘗因侍坐，帝問之曰「我兒比來漸長進不？」答曰「皇大子比懼天威，更無罪失。」及王軌因內宴捋帝鬚，言大子之不善，帝罷酒，責孝伯曰「公常語我云大子無過，今軌有此言，公爲誑矣。」孝伯再拜曰「臣聞父子之際，人所難言。臣知陛下不能割情忍愛，遂爾結舌。」帝知其意，默然久之，乃曰「朕已委公矣，公其勉之。」隋書賀若弼傳，謂弼知大子不可動搖，故詭辭以對，與孝伯傳不能割情忍愛之說合，則軌傳謂高祖深以軌言爲然者不讎矣。孝伯雖言大子之失，而其辭甚婉，尉遲運傳云：運爲宮正，數進諫，帝不能納，反疏忌之。時運又與王軌、宇文孝伯等皆爲高祖所親待，軌屢言帝失於高祖，帝謂運與其事，愈更銜之，是運實未嘗言帝之失。神舉傳亦不過謂其頗與爲而已。樂運以强直稱，其傳云：高祖嘗幸同州，召運赴行在所。既至，謂曰：「卿來日見大子不？」運曰：「臣來日奉辭。」高祖曰：「卿言大子何如人？」運曰：「中人也。」時齊王憲以下，並在帝側，高祖顧謂憲等曰：「百官佞我，皆云大子聰明睿知，惟運獨云中人，方驗運之忠直耳。」因問運中人之狀。運對曰：「班固以齊桓公爲中人，管仲相之則霸，豎貂輔之則亂，謂可與爲善，亦可與爲惡也。」高祖曰：「我知之矣。」遂妙選宮官以匡弼之。運之言，亦不過如宇文孝伯耳。然則始終力言大子之不善者，王軌一人而已。宣帝紀云：帝憚高祖威嚴，矯情修飾，以是過惡遂不外聞，與孝伯大子比懼天威，更無罪失之說合，則宣帝在武帝世，實無大過惡。宣帝爲武帝長子，次漢王贊，次秦王贄，軌傳云武帝以漢王不才，故不能用其說，而隋書鄭譯傳，謂軌欲立秦王，其說亦隱相符合，然則軌之力毁大子，又惡知其意果何在邪？譯傳云：軌每勸帝廢大子而立秦王，由是大子恆不自安。其後詔大子西征吐谷渾，大子乃陰謂譯曰：「秦王上愛子也，烏丸軌上信臣也，今吾此行，得毋扶蘇之事乎？」譯曰：「願殿下勉著仁孝，毋失子道而已，勿爲佗慮。」大子然之。既破賊，譯以功最，賜爵開國子，邑三百戶。後坐褻狎皇大子，帝大怒，除名爲民。大子復召之，譯戲狎如初。因言於大子曰：「殿下何時可得據天下？」大子悅而益昵之。夫譯以功最受賞，則謂軍中之事，皆由軌及宇文孝伯者爲不讎矣。何時得據天下之言，又何其與勉著仁孝之語大不相類也？而齊王憲，自武帝之世，即專征伐，見猜疑，參看第十四章第五節。憲傳云：憲自以威名日重，潛思屏退。及高祖欲親征北蕃，乃辭以疾。高祖變色曰：「汝若憚行，誰爲吾使？」憲懼曰：「臣陪奉鑾輿，誠爲本願，但身嬰疹疾，不堪領兵。」帝許之。果憲欲屏退，抑帝不欲其領兵，亦不可知也。其不能見容於宣帝，自更不待言矣。帝即位未踰月，即殺憲。憲傳云：高祖未葬，諸王在內治服，司衛長孫覽總兵輔政，而諸王有異志，奏令開府于智察其動靜。及高祖山陵還，諸王歸第，帝又命智就宅候憲，因是告憲有謀。帝乃遣小冢宰宇文孝伯詔憲：晚共諸王俱至殿門。憲獨被引進。帝先伏壯士於別室，執而縊之。憲六子：貴，先憲卒。質、賨、貢、乾禧、乾洽，並與憲俱被誅。孝伯傳云：帝忌齊王憲，憲欲除之，謂孝伯曰：「公能爲朕圖齊王，當以其官位相授。」孝伯叩頭曰：「先帝遺詔，不許濫誅骨肉，齊王陛下之叔父，戚近功高，社稷重臣，棟梁所寄。陛下若妄加刑戮，微臣又順旨曲從，則臣爲不忠之臣，陛下爲不孝之子也。」帝不懌，因漸疏之。乃與于智、王端、鄭譯等密圖其事，後令智告憲謀逆，遣孝伯召憲入，遂誅之。孝伯既不肯害憲矣，何以召憲時必遣孝伯？孝伯又何以肯承命召憲？豈眞全不知帝之將殺之邪？明年，宣帝大成元年，及傳位改元大象。陳宣帝大建十一年。二月，又殺王軌。神舉時爲幷州總管，使人鴆諸馬邑。又賜宇文孝伯死。尉遲運求外出，爲秦州總管，亦以憂死。孝伯傳曰：帝誅軌，尉遲運懼，私謂孝伯曰：「吾徒必不免禍，爲之奈何？」孝伯對曰：「今堂上有老母，地下有武帝，爲人臣子，知欲何之？且委質事人，本徇名義，諫而不入，將焉逃死？足下若爲身計，宜且遠之。」於是各行其志。運出爲秦州總管。運傳云：運至州，猶懼不免，大象元年二月，遂以憂薨於州。

宣帝，史以爲無道之主，然其人初非大惡，特武帝束之大嚴，紀云：帝之在東宮也，高祖慮其不堪承嗣，遇之甚嚴。朝見進止，與諸臣無異，雖隆寒盛暑，亦不得休息。性既嗜酒，高祖遂禁醪醴不許至東宮。帝每有過，輒加捶朴。嘗謂之曰：「古來太子被廢者幾人，餘兒豈不堪立邪？」於是遣東宮官屬錄帝言語動作，每月奏聞。此等如束溼薪之敎，往往一縱弛即不可收拾。而實未親正人，又年少無學識，其舉動遂多可笑耳。紀言其每對臣下，自稱爲天。以五色土塗所御天德殿，各隨方色。又於後宮與皇后等列坐，用宗廟禮器罇彝珪瓚之屬以飲食。此等皆孩稚所爲耳。史所謂侈君者，亦有二科：其一惟務行樂，他無所知。一則頗欲有所興作，釐正制度。然生長深宮，不知世務，所興所革，皆徒眩耳目，不切實際。非惟無益，反致勞民傷財。二者之詒害或惟均，然原其本心，固不可同日而語。漢武帝即屬於後一類，參看秦漢史第五章第二節。周宣帝亦其倫也。本紀言帝於國典朝儀，率情變改；又云：後宮位號，莫能詳錄，可見其所改之多變改必不能專於後宮，史不能詳記耳。又言其每召侍臣論議，惟欲興造變革；又云：未嘗言及治政蓋意在創制立法而不重目前之務也。王莽以爲制定則天下自平，與公卿旦夕論議，不省獄訟，亦係此等見解。此等人往往闊於事情，然謂其規模不弘遠，不可得也。即可見其欲興作，釐正制度。其所行者，亦不得謂無善政。如即位之歲，即遣大使巡察諸州。又詔制九條，宣下州郡，一曰：決獄科罪，皆准律文。二曰：母族絕服外者聽昏。三曰：以杖、決罰，悉令依法。四曰：郡縣當境賊盜不擒獲者，並仰錄奏。五曰：孝子順孫義夫節婦，表其門閭。才堪任用者，即宜申薦。六曰：或昔經驅使，名位未達，或沈淪蓬蓽，文武可施，宜並采訪，具以名奏。七曰：僞齊七品以上，已敕收用，八品以下，爰及流外，若欲入仕，皆聽預選，降二等授官。八曰：州舉高才博學者爲秀才，郡舉經明行修者爲孝廉，上州上郡歲一人，下州下郡三歲一人。九曰：年七十以上，依式授官，鰥寡困乏不能自存者，並加稟恤。此即蘇綽制六條詔書之意。明年，正月，受朝於露門，帝服通天冠，絳紗袍，羣臣皆服漢、魏衣冠，一洗代北之俗。胡三省通鑑注曰：以此知周之君臣前此蓋胡服也。又明年，大象二年，陳大建十二年。二月，幸露門學，行釋奠之禮。三月，追封孔子爲鄒國公，立後承襲，別於京師置廟，以時祭享，皆可見其能留意於文教：此蓋自文帝以來，即喜言創制改革，故帝亦習染焉而不自知也。然其亡謂且有害之事亦甚多。即位之明年，二月，即傳位於大子衍，後更名闡。自稱天元皇帝。所居稱天臺，冕二十有四旒，車服旗鼓，皆以二十四爲節。皇帝衍稱正陽宮。衍時年七歲耳。帝耽酗於後宮，或旬日不出。公卿、近臣請事者，皆附奄官奏之。初詔營鄴宮。大象元年，二月，停之，而發山東諸州兵，增一月功爲四十五日役，起洛陽宮。常役四萬人，迄於晏駕。史言帝所居宮殿帷帳，皆飾以金玉珠寶，光華炫耀，極麗窮奢，及營洛陽宮，雖未成畢，其規模壯麗，踰於漢、魏遠矣。爲大子時，立妃楊氏，隋文帝之女也。即位後立爲皇后。傳位後，改稱天元大皇后。是年四月，立妃朱氏爲天元帝后。朱氏，靜帝所生母也。吳人，坐事沒入東宮。年長於帝十餘歲，疏賤無寵，以靜帝故，特尊崇之。帝所寵元氏，魏宗室晟之女。陳氏，高氏隸山提之女。陳山提見第十四章第四節。北史云尒朱氏之隸，誤。西陽公溫，杞國公亮之子也。妻尉遲氏，迥之孫女，有容色，以宗婦例入朝，帝逼而幸之。亮方爲行軍總管伐陳，聞之懼，因謀反，還至豫州，夜將數百騎襲行軍元帥韋孝寬營，爲孝寬所擊斬。帝即誅溫，追尉遲氏入宮，立爲妃。七月，取法於后妃四星，改稱朱氏爲天皇后，立元氏爲天右皇后，陳氏爲天左皇后。明年二月，又取五帝及土數惟五之義，以楊后爲天元大皇后，朱后爲天大皇后，陳氏爲天中大皇后，元氏爲天右大皇后，而立尉遲氏爲天左大皇后焉。嘗遣使簡京兆及諸州士民之女，以充後宮。事在大象元年五月，見本紀。又詔儀同以上女，不許輒嫁。致貴賤同怨，聲溢朝野。樂運所陳帝八失之一，見運傳。帝好出遊。即位之年，八月，幸同州。見第十四章第五節。十月乃還。明年正月，東巡狩，三月乃還。八月，幸同州。十一月，幸溫湯，又幸同州。十二月，幸洛陽。帝親御驛馬，日行三百里。四皇后及文武侍衞數百人，並乘驛以從。仍令四后方駕齊驅，或有先後，便加譴責，人馬頓仆相屬。又明年三月，行幸同州，增候正前驅戒道，爲三百六十重，自應門至於赤岸澤，在長安北。數十里間，幡旗相蔽，鼓樂俱作。又令虎賁持鈒馬上稱警蹕，以至於同州。四月，幸中山祈雨。中山亦作仲山，在雲陽西。至咸陽宮，雨降，還宮，令京城士女於衢巷作音樂迎候。其後遊戲無恆，出入不節，羽儀仗衞，晨出暮還，陪侍之官，皆不堪命。武帝時嘗斷佛、道二教，經像悉毀。大象元年，初復佛像及天尊像。十月，帝與二像俱南面而坐，大陳雜戲，令京城士民縱觀。十二月，御正武殿，集百官及宮人、內外命婦，大列伎樂。又縱胡人乞寒，用水澆沃爲戲。散樂雜戲，魚龍爛漫之伎，常在目前。好令京城少年爲婦人服飾，入殿歌舞，與後宮觀之，以爲戲樂。京兆郡丞樂運，輿櫬詣朝堂，言帝八失，有云：「都下之民，徭賦稍重。必是軍國之要，不敢憚勞，豈容朝夕徵求，惟供魚龍爛漫，士民從役，祇爲俳優角觝?紛紛不已，財力俱竭，業業相顧，無復聊生。」則其遊戲舉動，詒害於人民甚烈矣。遊戲無節如此，度支自不免竭蹶。大象二年，正月，乃稅入市者人一錢。此蓋史紀其徵斂之至苛者，其爲史所不載者，又不少矣。

樂運之陳帝八失也，帝大怒，將戮之。內史元巖紿帝曰：「樂運知書奏必死，所以不顧身命者，欲取後世之名。陛下若殺之，乃成其名也。」帝然之，因而獲免。翼日，帝頗感悟，召運謂之曰：「朕昨夜思卿所奏，實是忠臣。先皇明聖，卿數有規諫，朕既昏暗，卿復能如此。」乃賜御食以賞之。則帝亦不盡拒諫。顏之儀傳云：周祖初建儲宮，盛選師傅，以之儀爲侍讀。太子後征吐谷渾，在軍有過行，鄭譯等並以不能匡弼坐譴，惟之儀以累諫獲賞，卽拜小宮尹。宣帝卽位，遷御正中大夫。帝後刑政乖僻，昏縱日甚，之儀犯顏驟諫。雖不見納，終亦不止。深爲帝所忌。然以恩舊，每優容之。及帝殺王軌，之儀固諫，帝怒，欲幷致之法。後以其諒直無私，乃舍之。案帝於之儀，任之甚重，見下。謂其欲致之法，恐亦莫須有之辭也。斛斯徵者，高祖以其治經有師法，令教授皇子。帝時爲魯公，與諸皇子等咸服靑衿，行束脩之禮。及卽位，遷大宗伯。上疏極諫。帝不納。鄭譯因譖之。遂下徵獄。獄卒張元哀之，以佩刀穿獄牆出之。此雖酷暴，然徵因遇赦獲免，亦未聞帝之更事追求也。然帝之用刑確不詳，而又偏於嚴酷。初高祖作刑書要制，用法嚴重。及帝卽位，以海內初平，恐物情未附，乃除之。大象元年，八月，大醮於正武殿，又告天而行焉。樂運初以帝數行赦宥，上疏極諫，及其陳帝八失，則云：

「變故易常，乃爲政之大忌，嚴刑酷罰，非致治之弘規。若罰無定刑，則天下皆懼，政無常法，則民無適從，豈有削嚴刑之詔，未及半祀，便即追改，更嚴前制？今宿衞之官，有一人夜不直者，罪至削除，因而逃亡者，遂便籍沒，此則大逆之罪，與十杖同科，雖爲法愈嚴，恐人情轉散，請遵輕典，並依大律，則億兆之民，手足有所措矣。」本紀言帝擯斥近臣，多所猜忌。常遣左右伺察羣臣，動止所爲，莫不鈔錄。小有乖違，輒加其罪。自公卿已下，皆被楚撻。其間誅戮、黜免，不可勝言。每笞捶人，皆以百二十爲度，名曰天杖。宮人內職亦如之。后妃嬪御，雖被寵嬖，亦多被杖背。於是內外恐懼，人不自安。皆求苟免，莫有固志。重足累息，以逮於終。蓋帝之爲人，凡事皆任情而動，又承武帝酷法之後，遂致有斯弊耳。

鮮卑立國，本無深根固柢之道，周武帝雖云英武，亦僅能致一時之富强耳，故嗣子不令，國祚即隨之傾覆焉。大象二年五月，宣帝死帝之卽位也，以鄭譯爲內史下大夫，委以朝政。俄遷內史上大夫。譯頗專擅。帝幸東京，譯擅取宮材，自營私第，坐是復除名爲民。劉昉數言於帝，帝復召之，顧待如初。劉昉者，武帝時以功臣子入侍皇大子，及帝嗣位，以技佞見狎，出入宮掖，寵冠一時。授大都督，遷小御正，與御正中大夫顏之儀，並見親信。譯與楊堅有同學之舊，昉亦素知堅。宣帝不悆，召昉及之儀俱入臥內，屬以後事。昉遂與譯謀，引堅輔政。周書顏之儀傳云：宣帝崩，劉昉、鄭譯等矯遺詔，以隋文帝爲丞相，之儀知非帝旨，拒而弗從。昉等草詔署記，逼之儀連署。之儀厲聲謂昉等曰：「主上升遐，嗣子沖幼，阿衡之任，宜在宗英。方今賢戚之內，趙王最長，以親以德，合膺重寄。公等備受朝恩，當思盡忠報國，奈何一旦欲以神器假人？之儀有死而已，不能誣罔先帝。」昉等知不可屈，乃代之儀署而行之。案隋文帝在周世，既無大權，亦無重望，之儀安知其將篡？傳所載之儀之言，必非實錄。隋書鄭譯傳，謂之儀與宦者謀，引大將軍宇文仲輔政；仲已至御坐，譯知之，遽率開府楊惠及劉昉、皇甫績、韋孝寬外孫。爲宮尹中士。衛剌王作亂，城門已閉，百寮多有遁者，績聞難赴之於玄武門，遇皇大子。大子下樓，執績手，悲喜交集。武帝聞而嘉之。遷小宮尹。宣政初，拜畿伯下大夫。累轉御正下大夫。柳裘俱入，柳裘本仕梁。梁元帝爲魏軍所逼，遣裘請和於魏。俄而江陵陷，遂入關中。時爲御飾大夫。宣帝不悆，留侍禁中。仲與之儀見譯等，愕然，逡巡欲出，高祖因執之，則更東野人之言矣。隋書高祖紀：宣帝即位，以后父，徵拜上柱國、大司馬。大象初，遷大後丞、右司武。俄轉大前疑。每巡幸，恆委居守。位望益隆，帝頗以爲忌。帝有四幸姬，並爲皇后，諸家爭寵，數相毀譖。帝每忿怒，謂后曰：「必族滅爾家。」因召高祖，命左右曰：「若色動，即殺之。」高祖既至，容色自若，乃止。大象二年五月，以高祖爲揚州總管，將發，暴有足疾，不果行。鄭譯傳云：高祖爲宣帝所忌，情不自安，嘗在永巷私於譯曰：「久願出藩，公所悉也。敢布心腹，少留意焉。」譯曰：「以公德望，天下歸心。欲求多福，豈敢忘也？謹即言之。」時將遣譯南征，譯請元帥。帝曰：「卿意如何？」譯對曰：「若定江東，自非懿戚重臣，無以鎮撫。可令隋公行，且爲壽陽總管，以督軍事。」帝從之。乃下詔，以高祖爲揚州總管，譯發兵俱會壽陽以伐陳。謂高祖爲宣帝所忌，全係事後附會之談；實則當日伐陳，尚係以鄭譯爲主，高祖但以宿將懿戚與之偕行耳。李德林傳云：鄭譯、劉昉，初矯詔召高祖受顧命，輔少主，總知內外兵馬事。諸衛既奉敕，並受高祖節度。譯、昉議欲授高祖冢宰，譯自攝大司馬，昉又求小冢宰。高祖私問德林曰：「欲何以見處？」德林曰：「即宜作大丞相，假黃鉞，都督內外諸軍事。不爾，無以壓衆心。」及發喪，便即依此。以譯爲相府長史，帶內史上大夫，昉但爲丞相府司馬。譯、昉由是不平。觀此，便知譯、昉所以引高祖之故，而亦知高祖所以克成大業之由。蓋譯、昉之意，原欲與高祖比肩共攬朝權，而不意高祖究係武人，兵權既入其手，遂抑譯、昉爲僚屬也。此譯、昉之所以不終。抑高祖位望素輕，當日安知其將篡？此又尉遲迥等之起，韋孝寬等之所以爲高祖盡力歟？彼固以爲扶翼周朝，不以爲助成高祖之篡奪。抑尉遲迥等之起兵，未嘗非覬覦權勢，亦未必知高祖之將篡，而志在扶翼周朝也。及迥等既敗，則高祖之權勢坐成，而其篡奪，轉莫之能禦矣。此乃事勢邂逅使然，即高祖，亦未必自知其成大業如此之易也。自來篡奪之業，必資深望重，大權久在掌握而後克成，而高祖獨以資淺望輕獲濟，此又得國者之一變局矣。

高祖之驟獲大權，實得武人擁戴之力。隋書盧賁傳：賁轉司武上士，時高祖爲大司武，賁知高祖非常人，深自推結。及高祖初被顧託，羣情未一，乃引賁置於左右。高祖將之東第，百官皆不知所去，高祖潛令賁部伍仗衞，因召公卿謂曰：「欲求富貴者，當相隨來。」往往偶語，欲有去就。賁嚴兵而至，衆莫敢動。出崇陽門至東宮，門者拒不納。賁諭之，不去。瞋目叱之，門者遂卻。既而高祖得入。賁恆典宿衞。當日之情形，實類陳兵劫迫。此周之宗戚所以束手而不敢動也。觀此而知周宣帝之廢尉遲運，爲自詒伊戚矣。東宮即正陽宮也，時以爲丞相府，而靜帝入居天臺。漢王贊爲右大丞相，高祖爲左大丞相，百官總己以聽於左大丞相。劉昉傳云：時漢王贊居禁中，每與高祖同帳而坐。昉飾美妓進於贊，贊甚悅之。昉因說贊曰：「大王先帝之弟，時望所歸。孺子幼沖，豈堪大事？今先帝初崩，羣情尚擾，王且歸第，待事寧之後，入爲天子，此萬全之計也。」贊時年未弱冠，性識庸下，聞昉之說，以爲信然，遂從之。其說未知信否，然贊即居禁中亦未必能與高祖相持也。於是京城之大權，盡歸於高祖矣。

時尉遲迥爲相州總管。高祖令迥子惇齎詔書以會葬徵迥，以韋孝寬代之。迥留惇舉兵。迥弟子勤，時爲青州總管，亦從迥。衆數十萬。滎州刺史宇文冑，（滎州，魏之北豫州，見第十一章第四節。冑，什肥子，見下。）申州刺史李惠，（申州，江左之司州，後魏之郢州也，見第十一章第四節。）東楚州刺史費也利進，（東魏東楚州，治宿豫，後周改泗州，蓋史以舊名稱之。）東潼州刺史曹孝達，（五代志：下邳郡夏丘縣，梁置潼州，蓋時尚未廢。夏丘，漢縣，今安徽泗縣。）各據州以應迥。高祖以韋孝寬爲元帥討之。惇率衆十萬入武陟。（今河南武陟縣。）爲孝寬所敗。孝寬乘勝進至鄴。迥與子惇、祐等悉其卒十三萬陳於城南。勤率衆五萬，自青州來赴，以三千騎先至。戰又敗。迥自殺。勤、惇、祐東走，並追獲之。鄖州總管司馬消難，（鄖州，周置，今湖北安陸縣。）聞迥不受代，舉兵應迥，使其子泳質於陳以求援。高祖命襄州總管王誼討之。（襄州，見第十二章第十節。）消難奔陳。王謙者，雄之子，時爲益州總管，亦舉兵。隆州刺史阿史那瓌爲畫三策，（梁南梁州，西魏改曰隆州，今四川閬中縣。）曰：「親率精銳，直指散關，（見第八章第五節。）上策也。出兵梁、漢，以顧天下，中策也。坐守劍南，發兵自衞，下策也。」謙參用其中下二策，遣兵鎮始州。（西魏置，今四川劍閣縣。）高祖以梁睿爲行軍元帥討之。益州刺史達奚惎、總管長史乙弗虔等攻利州，（西魏置，今四川廣元縣。）聞睿至，衆潰。密使詣睿，請爲內應以贖罪。謙不知，並令守成都。睿兵奄至，謙自率衆迎戰，又以惎、虔之子爲左右軍。行數十里，軍皆叛。謙以二十騎奔新都。（漢縣，今四川新都縣。）縣令王寶斬之。惎、虔以成都降。（高祖以其首謀，斬之。阿史那瓌亦誅。）皆七月中事也。尉遲迥時已衰暮；王謙徒藉父勳，本無籌略；司馬消難則一反覆之徒耳；（消難傳云：性貪淫，輕於去就，故世之言反覆者，皆引消難云。）韋孝寬時亦年老無奢望，孝寬平迥後卽死，時年七十二。且事出倉卒，諸鎮卽懷異志，亦不及合謀，而高祖所以禦馭之者，亦頗得其宜，此其戡定之所以易也。隋書李德林傳：韋孝寬爲沁水泛漲，兵未得度，長史李詢上密啓云：大將梁士彥、宇文忻、崔弘度並受尉遲迥餉金，軍中慅慅，人情大異。高祖得詢啓，深以爲憂，與鄭譯議，欲代此三人。德林獨進計曰：「公與諸將，並是國家貴臣，未相伏馭，以挾令之威使之耳。安知後所遣者能盡腹心，前所遣者獨致乖異？又取金之事，虛實難明，卽令換易，彼將懼罪，恐其逃逸，便須禁錮。然則鄖公以下，必有驚疑之意。且臨敵代將，自古所難，如愚所見，但遣公一腹心，明於智略，爲諸將舊來所信服者，速至軍所，觀其情僞，縱有異志，必不敢動。」丞相大悟，卽令高熲馳驛往軍所，爲諸將節度，竟成大功。柳裘傳云：尉迥作亂，天下騷動，并州總管李穆頗懷猶豫，高祖令裘往喻之，穆遂歸心高祖。周書穆傳云：尉遲迥舉兵，穆子榮欲應之，穆弗聽。時迥子誼爲朔州刺史，穆執送京師。此等皆隋事成敗之關鍵。

周文帝子十三人：長明帝。次宋獻公震，前卒。次閔帝。次武帝。次衞剌王直，以謀亂，并子十人被誅。次齊煬王憲，與子並爲宣帝所殺，已見前。次趙僭王招。次譙孝王儉。次陳惑王純。次越野王盛。次代奰王達。次冀康公通。次滕聞王逌。儉與通亦前卒。趙、陳、越、代、滕五王，大象元年五月，各之國。宣帝疾，追入朝。隋書高祖紀曰：周氏諸王在藩者，高祖恐其生變，以趙王招將嫁女於突厥爲辭徵之。比至，帝已死。五王與明帝長子畢剌王賢謀作亂，高祖執賢斬之，并其子弘義、恭道、樹孃等，寢趙王等之罪，因詔五王劍履上殿，入朝不趨，用安其心。九月，趙王伏甲以宴高祖，周書招傳云：招邀隋文帝至第，飲於寢室。隋書元胄傳亦云：招要高祖就第。其說當是。高祖紀云：高祖齎酒肴造趙王第，欲觀所爲，恐非。爲高祖從者元胄所覺，獲免。胄，魏昭成帝六代孫。齊王憲引致左右，數從征伐，官至大將軍。高祖初被召入，將受顧託，先呼胄，次命陶澄，並委以腹心。恒宿臥內。及爲丞相，每典軍在禁中，又引弟威俱入侍衞。

於是誅招及盛，并招子員、貫、乾銑、乾鈴、乾鑑，盛子忱、悰、恢、憤、忻。十月，復誅純及其子謙、讓、議。十一月，誅達及其子執、轉，逌及其子祐、裕、禮、禱。而儉之子乾惲，畢刺王之弟酆王貞及其子德文，宋王寔，出後宋獻公。閔帝子紀厲王康之子湜，康武帝世為利州刺史，有異謀，賜死。宣帝弟漢王贊并其子道德、道智、道義，秦王贄并其子靖智、靖仁，曹王允，道王充，蔡王兌，荊王元，靜帝弟鄴王衎，從本紀。傳作衍，則與靜帝初名同矣。郢王術亦皆被殺。於是宇文泰之子孫盡矣。泰三兄，惟邵惠公顥有後。顥長子什肥，為齊神武所害；第三子護，武帝時與諸子皆被誅，亦已見前。什肥被害時，子胄以年幼下蠶室。天和中，與齊通好，始得歸。舉兵應尉遲迥，戰敗被殺。顥次子導，有五子：曰廣、亮、翼、椿、衆。廣、翼皆前死。亮，宣帝時以反誅，子明、溫皆坐誅。溫出後翼。廣子洽，椿、衆，椿子道宗、本仁、隣武、子禮、獻，衆子仲和、孰倫，亦皆被殺。惟德帝從父兄仲之孫洛，靜帝死後，封介國公，為隋國賓云。周於元氏子孫，無所誅戮，見周書元偉傳。且待之頗寬，周書明帝紀：閔帝元年十二月，詔元氏子女自坐趙貴等事以來，所有沒入為官口者，悉宜放免。而高祖於宇文氏，肆意屠翦，讀史者多議其非，然宇文氏代魏時，元氏已無能為，而隋高祖執權時，宇文氏生心者頗衆，勢亦有所不得已也。廿二史劄記云：隋文滅陳，不惟陳後主得善終，凡陳氏子孫，自岳陽王叔慎以抗拒被殺外，其餘無一被害者，皆配往隴右及河西諸州，各給田業以處之，同一滅國也，於宇文氏則殄滅之，於陳則悉保全之，蓋隋之篡周，與宇文有不兩立之勢，至取陳，則基業已固，陳之子孫，又皆孱弱，不足慮，故不復肆毒也。

內外之敵皆除，隋高祖遂以陳大建十二年二月代周。周靜帝旋見殺。隋室之先，史云弘農華陰人，華陰，見第三章第三節。漢大尉震之後，此不足信。高祖六世祖元壽，仕魏，為武川鎮司馬，因家焉，蓋亦代北之族。然高祖時胡運既迄，文化大變，高祖所爲，皆以漢人自居，不復能以胡人目之，五胡亂華之局，至此終矣。

第二節　陳後主荒淫

甚哉，積習之不易變也！荒淫、猜忌，爲江左不振之大原，陳武帝崛起嶺嶠，豁達大度，今古罕儔；且能以恭儉自厲；至文帝，尚能守其遺風；高祖紀言：升大麓之日，居阿衡之任，恆崇寬政，愛育爲本。有須調發軍儲，皆出於事不可息。加以儉素自率，常膳不過數品，私饗曲宴，皆瓦器蚌盤，肴核庶羞，裁令充足而已，不爲虛費。初平侯景，及立紹泰，子女玉帛，皆班將士。其充閨房者，衣不重采，飾無金翠，歌鐘女樂，不列乎前。及乎踐阼，彌厲恭儉。世祖紀云：世祖起自艱難，知百姓疾苦。國家資用，務從儉約。常所調斂，事不獲已者，必咨嗟改色，若在諸身。主者奏決，妙識眞僞，下不容姦，人知自厲矣。一夜內刺閨取外事分判者，前後相續。每雞人伺漏，傳更籤於殿中，乃敕送者：「必投籤於階石之上，令鎗然有聲。」云：「吾雖眠，亦令驚覺也。」始終梗概，若此者多焉。后妃傳云：世祖性恭儉，嬪嬙多闕。庶幾積習可以漸變矣。乃至後主，卒仍以此敗，豈不哀哉！

大建十四年正月，陳宣帝崩，大子叔寶立，是爲後主。宣帝次子始興王叔陵，性强梁。嘗刺江、湘二州，又爲揚州，皆極暴橫。宣帝初不之知，後雖稍知之，然素愛叔陵，責讓而已，不能繩之以法也。第四子長沙王叔堅，亦桀黠凶虐。與叔陵俱招聚賓客，各爭權寵，甚不平。文帝第五子新安王伯固，性輕率，與叔陵共謀不軌。宣帝弗豫，叔堅、叔陵等並從後主侍疾。叔陵陰有異志，乃令典藥吏曰：「切藥刀甚鈍，可礪之。」及宣帝崩，倉卒之際，又命其左右於外取劍。左右弗悟，乃取朝服所佩木劍以進。叔陵怒。叔堅在側聞之，疑有變，伺其所爲。及翼日小斂，後主哀頓俯服，叔陵袖剉藥刀趨進，斫後主中項。後主悶絕於地。又斫大后數下。宣帝后柳氏。後主乳媼吳氏，樂安君。時在大后側，自後掣其肘。後主因得起。叔陵仍持後主衣。後主自奮得免。叔堅手搤叔陵，奪去其刀，仍牽就柱，以其褶袖縛之。時吳媼已扶後主避賊。叔堅求後主所在，將受命焉。叔陵因奮袖得脫。此據叔陵傳。叔堅傳云：叔堅自後扼叔陵，擒之，并奪其刀，將殺之，問後主曰「卽盡之，爲待邪？」後主不能應。叔陵奮多力，須臾自奮得脫。 突走出雲龍門，馳車還東府。放囚以充戰士，又遣人往新林，追其所部兵馬，仍自被甲，著白布帽，登城西門，招募百姓，召諸王將帥，莫有應者，惟伯固聞而赴之。伯固時爲揚州刺史。是時衆軍並緣江防守，臺內空虛。叔堅乃白大后，使大子舍人司馬申以後主命召蕭摩訶，令討之。摩訶時爲右衞將軍。叔陵聚兵僅千人，自知不濟，遂入內，沈其妃沈氏及寵妾七人於井，率人馬數百，自小航渡秦淮上航當東府門。欲趨新林，以舟艦入北。爲臺軍所邀，與伯固皆被殺。叔陵諸子，卽日並賜死。一場叛亂，不過自寅至巳而已，眞兒戲也。

叔陵旣平，叔堅以功進號驃騎將軍，爲揚州刺史。尋遷司空，將軍、刺史如故。時後主患創，不能視事，政無大小，悉委叔堅決之。於是勢傾朝廷。叔堅因肆驕縱，事多不法。後主由是疏而忌之。至德元年，出爲江州刺史。未發，又以爲驃騎將軍，重爲司空，實欲去其權勢。叔堅不自安，稍怨望。乃爲左道厭魅，以求福助。其年冬，有人上書告其事，案驗並實。此據陳書本傳。南史云：陰令人造其厭魅，又令人上書告其事，案驗令實。 後主召叔堅，囚於西省，將殺之。其夜，令近侍宣敕，數之以罪。叔堅對曰：「臣之本心，非有他故，但欲求親媚耳。臣旣犯天憲，罪當萬死。臣死之日，必見叔陵，願宣明詔，責於九泉之下。」後主感其前功，乃赦之。

司馬申以功除太子左衛率，兼中書通事舍人。遷右衛將軍。申歷事三帝，內掌機密，頗作威福。性忍害，好飛書譖毀，朝之端士徧罹其殃。性又果敢，善應對，能候人主顏色。有忤己者，必以微言譖之；附己者，因機進之。是以朝廷內外，皆從風而靡。初宣帝委政於毛喜，喜數有諫爭，事並見從。自吳明徹敗後，帝深悔不用其言，謂袁憲曰：「不用喜計，遂令至此。」由是益見親重。喜乃言無回避。時後主爲皇太子，好酒，每共親幸人爲長夜之宴。喜嘗言之宣帝。後主遂銜之。卽位後，稍見疏遠。及被始興王傷，創愈，置酒，引江總以下展樂賦詩。醉酣而命喜。於時山陵初畢，未及踰年，喜見之不懌，欲諫而後主已醉，乃詳爲心疾，升階，仆於階下，移出省中。後主醒，乃疑之，謂江總曰：「我悔召毛喜，知其無疾，但欲阻我歡宴，非我所爲耳。」乃與申謀曰：「此人負氣，我欲將乞鄱陽兄弟，鄱陽王伯山，文帝第三子。聽其報讎，可乎？」對曰：「終不爲官用，願如聖旨。」傅縡爭之曰：「若許報讎，欲置先皇何地？」後主乃曰：「當乞一小郡，勿令見人事耳。」乃以喜爲永嘉內史。傅縡者，亦爲中書舍人。性木彊，不持檢操，負才使氣，陵侮人物，朝士多銜之。會施文慶、沈客卿以便佞親幸，專制衡軸，而縡益疏。文慶等因共譖縡受高麗使金，後主收縡下獄。縡素剛，因憤恚，於獄中上書，略云：

「陛下頃來酒色過度，小人在側，宦豎弄權，惡忠直若仇讎，視生民如草芥，後宮曳綺繡，廐馬餘菽粟，百姓流離，僵尸蔽野，貨賂公行，帑藏損耗，神怒民怨，衆叛親離，恐東南王氣自斯而盡。」書奏，後主大怒。頃之，意稍解，遣使謂縡曰：「我欲赦卿，卿能改過不？」縡對曰：「臣心如面，臣面可改，則臣心可改。」後主益怒，令宦者李善度窮治其事，遂賜死獄中。時又有章華者，亦以不得志，禎明初上書極諫。書奏，後主大怒，卽日命斬之。施文慶者，家本吏門，至文慶，好學，頗涉書史。後主之在東宮，文慶事焉。及卽位，擢爲中書舍人。

大被親幸。自大建以來，吏道疏簡，百司弛縱，文慶盡其力用，無所縱舍，分官聯事，莫不振懼。又引沈客卿、陽惠朗、徐哲、暨惠景等，云有吏能。後主信之。然並不達大體，督責苛碎，聚斂無厭。王公大人，咸共疾之。後主益以文慶爲能，尤親重內外衆事無不任委。客卿，至德初爲中書舍人，兼步兵校尉，掌金帛局。舊制：軍人、士人，二品清官，並無關市之稅。後主盛修宮室，窮極耳目，府庫空虛，有所興造，恆苦不給。客卿每立異端，惟以刻削百姓爲事。奏請不問士庶，並責關市之估，而又增重其舊。於是以陽慧朗爲大市令，暨慧景爲尚書金倉都令史。二人家本小吏，考校簿領，豪釐不差。紏讁嚴急，百姓嗟怨。而客卿居舍人，總以督之。每歲所入，過於常格數十倍。後主大悅，尋加客卿散騎常侍、左衞將軍，舍人如故。惠朗、慧景奉朝請。禎明三年，客卿遂與文慶俱掌機密。案爲治之道，必不能廢督責，而督責之術，惟無朋黨者爲能施之。南朝君主，好言吏事，好用寒人，實不能謂爲無理。其爲史所深詆者，則史籍皆出於士大夫之手，正所謂朋黨之論也。然以此求致治則可，以此事聚斂而中人主之欲，則爲民賊矣。不龜手之藥一也，或以封，或不免於洴澼絖，則其所以用之者異也。夫惡可以不審？況乎出於文法之外，而使之參與大計哉？抑督責之家，每戒主勞而臣逸，謂不可躬親細務，而遺其大者遠者耳，非謂自求逸豫也。若其自求逸豫，則爲有天下而不恣睢，命之曰桎梏之邪說。南朝君主，多好吏事而不治，病正坐此。而後主亦然。以江總爲尚書令，不持政務，日與後主遊宴後庭。共陳暄、孔範、王瑗等十餘人，當時謂之狎客。國政日頹，綱紀不立。有言者，輒以罪斥之。於是危亡迫於眉睫而不自知矣。而其時女謁尤盛。

後主皇后沈氏，賢而無寵，而寵張貴妃及龔、孔二貴嬪。后無子，孫姬生子胤。姬因產卒，后哀而養之，以爲己子。時後主年長，未有胤嗣，宣帝因命以爲嫡孫。大建五年。後主卽位，立爲皇大子。後卒廢之而立張貴妃之子深焉。禎明二年。據袁憲傳，大子頗不率典訓，然後主之廢之，則初不以此。後主第八子會稽王莊，性殘酷，數歲，左右有不如意，輒刻刺其面，或加燒爇。以母張貴妃有寵，後主甚愛之。陳書后妃傳述後主之惡德云：魏徵考覽記書，參詳故老，云後主初卽位，以始興王叔陵之亂，被傷臥於承香閣下，時諸姬並不得進，惟張貴妃侍焉。至德二年，乃於光照殿前起臨春、結綺、望仙三閣。閣高數丈，並數十間。其窗牖、壁帶、懸楣、欄檻之類，並以沈檀香木爲之。又飾以金玉，閒以珠翠。外施珠簾，內有寶牀、寶帳。其服玩之屬，瑰奇珍麗，近古所未有。每微風暫至，香聞數里；朝日初照，光映後庭。其下積石爲山，引水爲池；植以奇樹，雜以花藥。後主自居臨春閣，張貴妃居結綺閣，龔、孔二貴嬪居望仙閣，並複道交相往來。又有王、李二貴人，張、薛二淑媛，袁昭儀，何婕好，江修容等七人，並有寵，遞代以遊其上。以宮人有文學者袁大捨等爲女學士。後主每引賓客，對貴妃等遊宴，則使諸貴人及女學士與狎客共賦新詩，互相贈答。采其尤豔麗者以爲曲詞。被以新聲，選宮女有容色者以千百數，令習而歌之，分部迭進，持以相樂。其曲有玉樹後庭花、臨春樂等，大指所歸，皆美張貴妃、孔貴嬪之容色也。張貴妃才辯彊記，善候人主顏色。是時後主怠於政事，百司啓奏，並因宦者蔡脫兒、李善度進請。後主置張貴妃於膝上，共決之。李、蔡所不能記者，貴妃並爲條疏，無所遺脫。南史此下又云：因參訪外事，人閒有一言一事，貴妃必先知白之。由是益加寵異，冠絕後庭。而後宮之家，不遵法度，有挂於理者，但求哀於貴妃，貴妃則令李、蔡先啓其事，而後從容爲言之。大臣有不從者，亦因而譖之。所言無不聽。於是張、孔之勢，熏灼四方。南史此下云：內外宗族，多被引用。大臣、執政，亦從風而靡。閹宦、便佞之徒，內外交結，賄賂公行，賞罰無章，綱紀瞀亂矣。術家所坊，同牀其一，後主引張貴妃共決事，方自謂有裨治理，而惡知其弊之至於此哉？

第三節 隋幷梁陳

自周滅北齊之後，北方吞幷之形勢已成，隋文帝簒立之初，內憂未弭，故與陳仍敦隣好。然開皇元年，陳大建十三年。三月，以賀若弼爲楚州總管，鎮廣陵；此據隋書本紀。弼傳楚州作吳州。韓禽虎爲廬州總管，鎮廬江；見第三章第九節。已稍爲用兵之備矣。司馬消難之來降也，陳以樊毅督沔漢諸軍事，使任忠趨歷陽，宜陽侯慧紀高祖從孫。爲前軍都督，趨南兗州。諸軍並無甚功績。惟樊毅等據甑山，鎮名，消難以之來降，在今湖北漢川縣南。周羅睺攻陷胡墅。見第十三章第二節。大建十四年，隋開皇二年。九月，隋以長孫覽、元景山爲行軍元帥，來伐，仍命高熲節度諸軍。景山出漢口，甑山守將棄城遁。明年，陳後主至德元年，隋開皇三年。陳遣使請和於隋，歸隋胡墅。高熲乃以禮不伐喪，奏請班師。蓋隋是時之志，僅在復消難叛時所失之地而已。

至德三年，隋開皇五年。梁主蕭巋死，僞謚孝明皇帝，廟號世宗。子琮嗣。初尉遲迥等起兵，巋將帥皆密請興師，與迥等爲連衡之勢，進可以盡節周氏，退可以席卷山南。巋以爲不可。隋書柳莊傳：莊仕後梁，爲鴻臚卿。高祖輔政，蕭巋令莊奉書入關。時三方搆難，高祖懼巋有異志，莊還，執手使申意於梁主。莊言於巋曰：「尉迥雖曰舊將，昏耄已甚；消難、王謙，常人之下者；非有匡合之才。況山東、庸、蜀，從化日近，周室之恩未洽。在朝將相，多爲身計，競效節於楊氏。以臣料之，迥等終當覆滅，隋公必移周國。未若保境息民，以觀其變。」巋深以爲然。衆議遂止。未疑，消難奔陳，迥及謙相次就戮。歸謂莊曰：「近者若從衆人之言，社稷已不守矣。」案高祖初輔政時，未必有篡周之勢，說已見第一節。莊之說，乃事後附會之談，不待深辯。梁欲盡節於周，本無此理；即謂欲盡節，在當時亦豈易辨高祖與尉遲迥等之順逆邪？然使迥等而成，必不能責蕭歸之不協力；歸即與之協力，亦未必能遂據山南；迥等而敗，則禍不旋踵矣。利害明白，中智所知，又豈待莊之決策也。開皇二年，隋文帝納歸女爲晉王妃；晉王廣，即煬帝。又欲以其子瑒尙蘭陵公主；由是罷江陵總管，歸專制其國。及琮立，復置總管以監之。後二歲，陳禎明元年，隋開皇七年。隋徵琮入朝，遣崔弘度將兵戍之。軍至鄀州，見第十四章第九節。琮叔父巖及弟瓛等虜居民奔陳。宜黃侯慧紀時爲荊州刺史，以兵迎之。隋遂廢梁國。先是隋已以楊素爲信州總管，今四川奉節縣。及梁亡，而順流之勢成矣。

禎明二年，隋開皇八年也。十月，隋置淮南行臺於壽春，以晉王廣爲尙書令。旋命晉王廣、秦王俊、文帝第三子。清河公楊素並爲行軍元帥以伐陳。於是晉王廣出六合，秦王俊出襄陽，楊素出信州，荊州刺史劉仁恩出江陵，王世積出蘄春，漢縣，北齊以爲齊昌郡，見第十三章第四節。韓禽虎出廬江，賀若弼出吳州，燕榮出東海。東魏海州，隋改爲東海郡，今江蘇東海縣。合總管九十，兵五十一萬八千，皆受晉王節度。

蕭巖、蕭瓛之至也，後主忌之，遠散其衆，以巖爲東揚州，瓛爲吳州刺史。使領軍任忠出守吳興，欲以襟帶二州。使南平王嶷鎭江州，永嘉王彥鎭南徐州。皆後主子。尋詔二王赴明年元會，命緣江諸防船艦，悉從二王還都，爲威勢以示梁人之來者。由是江中無一鬥船。上流諸州兵，皆阻楊素軍不得至。然都下甲士，尙十餘萬人。及聞隋軍臨江，後主曰：「王氣在此。齊兵三度來，周軍再度至，無不摧沒。虜今來者必自散。」南史施文慶傳曰：時湘州刺史晉熙王叔文，高宗第十二子。在職既久，大得人和，後主以其據有上流，陰忌之。自度素與羣臣少恩，恐不爲用，無所任者，乃擢文慶爲都督、湘州刺史，配以精兵，欲令西上。仍徵叔文還朝。文慶深喜其事，然懼居外後，執事者持己短長，因進沈客卿以自代。尙書僕射袁憲、驃騎將軍蕭摩訶及文武羣臣共議，請於京口、采石各置兵五千，幷出金翅二百，緣江上下，以爲防備。文慶恐無兵從己，廢其述職，而客卿又利文慶之任，己得專權，俱言於朝曰：「必有論議，不假面陳，但作文啓，卽爲通奏。」憲等以爲然。二人齎啓入白後主曰：「此是常事，邊城將帥，足以當之，若出人船，必恐驚擾。」及隋軍臨江，間諜數至，憲等殷勤奏請，至於再三。文慶曰：「元會將逼，南郊之日，大子多從，今若出兵，事便廢闕。」後主曰：「今且出兵，若北邊無事，因以水軍從郊，何爲不可？」又對曰：「如此，則聲聞隣境，便謂國弱。」後又以貨動江總。總內爲之游說。後主重違其意，而迫羣官之請，乃令付外詳議。又抑憲等，由是未決，而隋師濟江。孔範傳云：時孔貴人極愛幸，範與結爲兄妹，寵遇優渥，言聽計從，朝廷公卿咸畏範，因驕矜，以爲文武才能，舉朝莫及。從容白後主曰：「外閒諸將，起自行伍，匹夫敵耳，深見遠慮，豈其所知？」後主以問施文慶。文慶畏範，益以爲然。自是將帥微有過失，卽奪其兵，分配文吏。隋師將濟江，羣官請爲備防，文慶沮壞之，後主未決，範奏曰：「長江天塹，古來限隔，虜軍豈能飛度？邊將欲作功勞，妄言事急。臣自恨位卑，虜若能來，定作大尉公矣。」或妄言北軍馬死。範曰：「此是我馬，何因死去？」後主笑以爲然，故不深備。案史所言施文慶、沈客卿罪狀，皆近深文周內。二人者蓋文法之吏。凡文法吏，往往不知大局，卽遇非常之事，亦以尋常公務視之，此等人吾數見不鮮矣。謂孔範自負才能，亦非其實。如範者，豈知以才能自負？徒知取媚而已。文法之吏，狃於故常；諸臣媚子，惟知諂媚；承當時上下相猜之習，惟求中於時主之心，大兵壓境，滅亡在即，而仍無所委任，無所措置，此則當時朝局之眞相。故曰：猜忌與荒淫，同爲江左滅亡之大原因也。諸臣媚子，惟知諂媚，卽國亡家破，彼亦漠然無所動於其中，此眞隋文帝所謂全無心肝者。文法之吏，似愈於彼矣，然狃於故常，罔知大局，雖國事由彼而敗壞，彼尙以爲世運如此，吾之所爲，固未嘗誤也。野老早知今日事，朝臣猶護昔年非，處存亡絕續之交，而以國事付諸此等人之手，誠使旁觀者不勝其歎息矣。

禎明三年，隋開皇九年。正月，乙丑朔，賀若弼自廣陵濟京口。韓擒虎趣橫江，濟采石，自南道將會弼軍。丙寅，采石戍主徐子建馳啓告變。丁卯，召公卿入議軍旅，以蕭摩訶、樊毅、魯廣達並爲都督。遣南豫州刺史樊猛帥舟師出白下。散騎常侍皋文奏將兵鎭南豫州。庚午，賀若弼攻陷南徐州。辛未，韓擒虎又陷南豫州。時樊猛第六子巡攝行州事，及家口並見執。猛與左衞將軍蔣元遜、南康嗣王方泰領水軍於白下，遊奕以禦隋六合兵。隋行軍元帥長史高熲泝流當之，猛及元遜並降，方泰所部將士離散，乃棄船走。方泰，曇朗子。文奏敗還。隋軍南北道並進。辛巳，賀若弼進據鍾山。見第四章第三節。初，弼鎭廣陵，後主以蕭摩訶爲南徐州刺史，委以備禦之任。是年元會，徵摩訶還朝，弼乘虛濟江，襲京口。摩訶請兵逆戰，後主不許。及弼進軍鍾山，摩訶又請曰：「賀若弼縣軍深入，聲援猶遠，且其營壘未堅，人情皇懼，出兵掩襲，必大克之。」後主又不許。任忠入赴，後主召摩訶以下於內殿定議。忠執議曰：「客貴速戰，主貴持重，宜且益兵堅守宮城，遣水軍分向南豫州及京口，斷寇糧道。待春水長，上江周羅㬋等衆軍，必沿流赴援，此良計也。」而衆議不同。任蠻奴請不戰，而己度江攻其大軍。司馬消難言於後主曰：「弼若登高舉烽，與韓擒虎相應，鼓聲交震，人情必離。請急遣兵北據蔣山，見第六章第四節。南斷淮水，質其妻子，重其賞賜。陛下以精兵萬人守城莫出。不過十日，食盡，二將之頭，可致闕下。」孔範冀欲立功，志在於戰，案此說亦未必實。範在此時，不過束手無策，乃姑徇後主之意請戰而已。乃曰：「司馬消難狼子野心，任蠻奴淮南傖士，語並不可信。」事遂不行。隋軍既逼，蠻奴又欲爲持久計。範又奏請作一決，「當爲官勒石燕然。」後主從之。案隋當是時，兵力固較任約、徐嗣徽等爲厚，而陳是時兵力，亦遠厚於武帝時。武帝之禦任約、徐嗣徽，其得策，全在斷其後路，而陳此時乃徒爲孤注一擲之計，其輕亦甚矣。輕爲用兵之大忌，此陳之所以速亡也。甲申，後主遣衆軍與賀若弼合戰。中領軍魯廣達陳兵白土岡，見第十三章第五節。居衆軍之南偏，與弼旗鼓相對。任忠次之。樊毅、孔範又次之。蕭摩訶最居北。衆軍南北亙二十里，首尾進退，各不相知。廣達躬擐甲冑，手執桴鼓，率厲敢死，冒刃而前。隋軍退走。逐北至營，殺傷甚衆。如是者數四。弼分軍趣北。孔範出戰，兵交而走。諸將支離，陳猶未合，騎卒潰散，駐之弗止。蕭摩訶無所用力，爲隋軍所執。後同漢王諒反，見殺。弼乘勝至樂遊苑。見第九章第八節。廣達猶督散兵力戰，不能拒。弼進攻宮城，燒北掖門。廣達督餘兵苦戰，斬獲數十百人。會日暮，乃解甲，面臺再拜慟哭，謂衆曰：「我身不能救國，負罪深矣。」士卒皆涕泣歔欷。於是就執。入隋，遘疾不治卒。是時韓擒虎自新林至石子岡。在今江寧縣南。任忠馳入臺見後主，言敗狀。啓云：「陛下惟當具舟楫，就上流衆軍，臣以死奉衛。」後主信之，勑忠出部分。忠辭云：「臣處分訖，即當奉迎。」後主令宮人裝束以待忠，久望不至。忠乃率數騎往石子岡降韓擒虎。仍引擒虎經朱雀航趣宮城。自南掖門入。臺城遂陷。後主聞兵至，自投於井。及夜，爲隋軍所執。丙戌，晉王廣入據京城。三月，己巳，後主與王公、百司，發自建業，入於長安。隋仁壽四年十一月，薨於洛陽。隋師之至也，宗室王侯在都者百餘人。後主恐其爲變，乃並召入，令屯朝堂，使豫章王叔英宣帝第三子。總督之，而又陰爲之備。及六軍敗績，相率出降。因從後主入關。至長安，隋文帝並配於隴西及河西諸州，各給田業以處之。大業二年，煬帝以後主第六女女婤爲貴人，絕愛幸，因召陳氏子弟盡還京師，隨才敍用，由是並爲守宰，徧於天下焉。陳書世祖九王傳。

隋師之濟江也，荊州刺史宜黃侯慧紀率將士三萬，船艦千餘，沿江而下，欲趣臺城。遣南康大守呂肅將兵據巫峽，南史慧紀傳。案巫峽恐係西陵峽之誤。楊素擊之。肅力戰，久之乃敗。慧紀至漢口，爲隋秦王俊所拒，不得進。聞肅敗，盡燒公安之儲，公安，見第十三章第八節，時爲荊州治。僞引兵東下。時晉熙王叔文自湘州還朝，因推爲盟主，而叔文已請降於隋矣。水軍都督周羅㬋，與郢州刺史荀法尚守江夏。見第三章第四節，時爲郢州治。晉王廣遣使以慧紀子正業來諭，又使樊猛喻羅㬋。上流城戍悉解甲。慧紀及巴州刺史畢寶巴州，治巴陵，今湖南岳陽縣。乃慟哭俱降。羅㬋亦降。王世積以舟師自蘄水趣九江，與陳將紀瑱戰於蘄口，蘄水入江之口。破之。建業平，世積乃移書告諭，陳江州司馬黃偲棄城走。南川守將並詣世積降。楊素兵下荊門，山名，在今湖北宜都縣西北，與江北岸虎牙山相對。別遣龐暉略地，南至湘州。刺史岳陽王叔愼，宣帝第十六子。與助防遂興侯正理詐降，縛暉斬之，招合士衆，數日之中，兵至五千人。衡陽大守樊通，衡陽，見第五章第七節。武州刺史鄔居業武州，今湖南常德縣。皆請赴難。隋遣薛冑爲湘州刺史，聞龐暉死，請益兵。隋遣行軍總管劉仁恩救之。未至，薛胄兵次鵝羊山，未詳。叔慎遣正理及樊通等拒之。戰，自旦至於日昃，隋兵迭息迭戰，正理兵少不敵，於是大敗。胄乘勝入城，禽叔慎。時鄔居業來赴，劉仁恩亦至。戰，居業又敗。仁恩虜叔慎、正理、居業及其黨與十餘人，秦王斬之漢口。叔慎時年十八。初後主除王勇為東衡州刺史，南史作王猛，云本名勇。清子。清為新野、東陽二郡大守，文帝攻杜龕，龕告難於清，清引兵援之。歐陽頠初同清，中更改異，殺清而歸陳武帝。猛終文帝世，不聽音樂，疏食布衣，以喪禮自處，宣帝立，乃求位。見王淮之傳。 頠始興內史，與廣州刺史陳方慶共取馬靖，事見第十三章第八節。禎明二年，徙鎮廣州。未之鎮，而隋師濟江。勇遣高州刺史戴智烈迎方慶，欲令承制，總督征討諸軍事。是時隋行軍總管韋洸帥兵度嶺，宣文帝敕云：「若嶺南平定，留勇與豐州刺史鄭萬頃且依舊職。」豐州，見第十三章第八節。方慶聞之，恐勇賣己，乃率兵以拒智烈。智烈與戰，敗之。斬方慶於廣州，虜其妻子。勇又令其將王仲宣、曾孝武迎西衡州刺史衡陽王伯信。文帝第七子。伯信懼，奔清遠。漢縣，梁置郡，今廣東清遠縣。孝武追殺之。時韋洸兵已上嶺。鄭萬頃初居周，深被隋文帝知遇，萬頃隨司馬消難奔陳。乃率州兵拒勇，遣使由間道降於隋軍。而陳將徐憕，以南康拒守，南康，見第七章第五節。韋洸至嶺下，逡巡不敢進。初高涼洗氏，高涼，高州治，見第十三章第三節。世為南越首領。羅州刺史馮融，治石龍郡，在今廣東化縣東北。為其子高涼大守寶聘其女為妻。融本北燕苗裔。大父業，以三百人浮海歸宋，留於新會。宋郡，今廣東新會縣。自業及融，三世為守牧。他鄉羈旅，號令不行。夫人誡約本宗，使從民禮。自此政令有序，人莫敢違。李遷仕據大皋口，遣召寶。夫人止寶勿往，而自襲破其將杜遷虜，與陳武帝會於灨石。事見第十三章第三節。及寶卒，嶺表大亂，夫人懷集百越，新州晏然。歐陽紇反，夫人發兵拒境，帥百越迎章昭達。時夫人子僕為石龍大守，詔冊夫人為石龍大夫人。至德中，僕卒。陳亡，嶺南未有所附，數郡共奉夫人，號爲聖母，保境安民。晉王廣遣陳後主遺夫人書，諭以國亡，令其歸化。夫人遣其孫䰟迎韋洸入廣州。王勇計無所出，乃降。蕭瓛、蕭巖擁兵拒守。隋行軍總管宇文述討之。燕榮以舟師自海至。陳永新侯君範自晉陵奔瓛。晉陵，見第四章第三節。瓛戰敗，彼執。巖、君範降。送長安，斬之。南方悉平。

第十六章　晉南北朝四裔情形

第一節　東方諸國

中國文化之傳播，莫盛於東方；東方諸國，能承受中國之文化者，莫如貉族；先秦史及秦漢史已言之。貉族之立國北方者曰夫餘，使夫餘而能日益昌大，則白山、黑水之區，可早成文明之域，惜乎塞北苦寒，崎嶇於鮮卑、靺鞨之閒，至竟不能自立；爾後貉族之展布，日趨於東南，而遼東、西已北之地，爲鮮卑、靺鞨所據，遂與漠南北遊牧之民，同爲侵掠之族矣。近人撰東北史綱，謂此一轉變，關係之大，不讓中央亞細亞自印度日耳曼人之手轉入突厥人之手，誠不誣也。

公孫康因夫餘介居句麗、鮮卑之閒，妻以宗女，已見秦漢史第十二章第十節。此時之夫餘，形勢蓋已頗危殆，然中國之聲威，未盡失墜，爲蕃國者，究不敢明目張膽，互相吞幷也。及晉初而形勢又惡。晉書夫餘傳云：武帝時，頻來朝貢。大康六年，爲慕容廆所襲破，其王依慮自殺，廆載記云：廆夷其國城，驅萬餘人而歸。子弟走保沃沮。今朝鮮咸鏡道之地，詳見秦漢史第九章第七節。帝爲下詔曰：「夫餘王世守忠孝，爲惡虜所滅，甚愍念之。若其遺類足以復國者，當爲之方計，使得存立。」有司奏護東夷校尉鮮于嬰不救夫餘，失於機略。詔免嬰，以何龕代之。明年，夫餘後王依羅遣詣龕，求率見人還復舊國。仍請救。龕上列，遣督郵賈沈以兵送之。廆又要之於路。沈與戰，大敗之。廆衆退，羅得復國。廆載記云：龕遣沈迎立依慮之子爲王，廆遣其將孫丁率騎邀之，沈力戰斬丁，遂復夫餘之國。爾後每爲廆掠其種人，賣於中國。帝愍之，又發詔以官物贖還。下司、冀二州，禁市夫餘之口。隋書高麗傳謂朱蒙曾孫莫來幷夫餘，北史同，其說殊誤。莫來尚在宮之前，讀秦漢史第九章第七節，其誤立見。魏書句麗傳但云莫來征夫餘，夫餘大敗，遂統屬焉；周書亦但云莫來擊夫餘而臣之；其說蓋是。然亦一時之事，非謂自此以後，夫餘遂永爲句麗之臣屬也。不然，宮犯玄菟時，夫餘王又何緣遣子與州郡幷力邪？晉書慕容皝載記：永和三年，皝遣其世子儁與恪率騎萬七千東襲夫餘，克之，虜其王及部衆五萬餘口以還，亦見恪傳。案慕容氏是時用兵，蓋專務俘略以益其衆，故其所虜至於如是之多，參觀其伐句麗時之俘略可見。經一次見侵，則人衆寡弱一次，此夫餘之所以卒難復振。夫餘距遼東、西近，又其地平夷，無險可扼，而句麗則反之，此又夫餘之所以難於自全，句麗之克避凶鋒，終至昌大也。是其國當晉穆帝之世，猶自有王也。慕容暐載記：苻堅攻鄴，散騎侍郎徐蔚率扶餘、高句麗及上黨質子五百餘人夜開城門，以納堅軍，是其國當海西公之世，仍與句麗比肩而事燕也。魏書高宗紀：大安三年，十二月，于闐、夫餘等五十餘國各遣朝獻。大安三年，爲宋孝武帝大明三年，則其國至宋世仍能自達於中原。然所居似已非故地。魏書高句麗傳：世祖時，遣員外散騎侍郎李敖使其國。敖至其所居平壤城，訪其方事。云其地北至舊夫餘。豆莫婁傳云：在勿吉國北千里，舊北夫餘也。在室韋之東，東至於海，方二千里。下文述其法俗，全與前史夫餘傳同，其爲夫餘遺種無疑。唐書云：達末婁，自言北夫餘之裔，高麗滅其國，遺人度那河，因居之。達末婁即豆莫婁，那河，今嫩江也。句麗疆域，南北不過千餘里，亦李敖所說。似不能至此。則所謂舊夫餘者，必在靺鞨之南，或在今圖們江流域。者後漢以來之夫餘，則在句麗之東北而不在其北，且句麗境界亦不能至此。疑夫餘自遭破敗，分為兩支：一北走，居靺鞨之北，是為豆莫婁；一南出，居句麗、靺鞨之間，其後又經喪敗，乃并此而失之，則此所謂舊夫餘之地也。南出之夫餘，失此舊夫餘之地後，播遷何處，今難質言，但知其地仍產黃金。何者？高句麗傳又云：正始中，世宗於東堂引見其使芮悉弗，芮悉弗進曰：「高麗係誠天極，累葉純誠，地產土毛，無愆王貢。但黃金出自夫餘，珂則涉羅所產，今夫餘為勿吉所逐，涉羅為百濟所并，國王臣雲惟繼絕之義，悉遷於境內。二品所以不登王府，實兩賊是為。」案句麗當世祖時，歲致黃金二百斤，白銀四百斤。高祖時貢獻倍前，賞賜亦稍加焉。黃金之闕貢，當在世宗之朝。則夫餘當是時，又經一破敗，并其既失舊夫餘後所居之地而失之，而為句麗封內之寓公矣。其祭祀絕於何時不可考。北史言豆莫婁、地豆干、烏洛侯等國，歷齊、周及隋朝貢遂絕，則豆莫婁雖唐世猶存，亦必式微已甚矣。東國史籍，自句麗、百濟以前悉亡佚，今所謂古史者，類皆出於後人之附會，不盡可據。據其說，則夫餘國王有曰解夫婁者，用其相阿蘭弗之言，遷於加葉原，是為東夫餘。其族人解慕瀨代主舊國，是為北夫餘。中國史所述夫餘之事，彼皆以為北夫餘之事，而所謂東夫餘者，則以齊明帝建武元年，為靺鞨所逐，降於句麗。據朝鮮金于霖韓國小史。覈以中國史籍，說亦不相矛盾，但夫餘國王，似應氏夫餘而不應氏解耳。觀百濟出於夫餘，而以夫餘為氏可見。

夫餘雖敝，貉族之移殖於南者，則日益昌大，則句麗、百濟是也。魏書述句麗緣起，已見秦漢史第九章第七節。魏書又云：朱蒙在夫餘時，妻懷孕，朱蒙逃後生一子，字始閭諧。及長，知朱蒙為國王，即與母亡而歸之，名之曰閭達，委之國事。朱蒙死，閭達代立。閭達死，子如栗代立。如栗死，子莫來代立。後漢時之句麗王宮，魏書謂爲莫來裔孫，而不能詳其世數。清光緒七年，遼東懷仁縣今日桓仁。發見高句麗永樂大王碑，稱句麗之始祖爲鄒牟王，即朱蒙音轉；新羅僧無亟所作東事古記，亦稱朱蒙爲鄒牟。稱朱蒙之子爲儒留王，則音與始閭諧，及閭達皆不合。然碑爲稱頌功德之作，亦不必其所言者較中國史籍爲可信也。宮及其子遂成、孫伯固、曾孫伊夷模、玄孫位宮之事，已見秦漢史第九章第七節、第十二章第十節。魏書云：位宮玄孫乙弗利，利子釗。梁書云：釗頻寇遼東，慕容廆不能制。據晉書廆載記：平州刺史東夷校尉崔毖，嘗結高句麗及宇文、段國等，謀滅廆而分其地。大興初，三國伐廆，攻棘城。見第三章第八節。廆行反間之策，二國疑宇文同於廆，引歸。宇文悉獨官遂敗績。崔毖亦奔句麗。然其明年，句麗復寇遼東。又石季龍載記：季龍謀伐昌黎，見第二章第二節。嘗以船三百艘運穀三十萬斛詣高句麗。俱可見句麗之日漸强大，而足爲慕容氏之患。然句麗究係小部，崎嶇山谷之間，故其勢尚不足與大舉之鮮卑敵。廆之世，使其庶長子翰鎮遼東。見翰傳。廆死，子皝嗣，翰奔段遼。皝母弟仁，又據遼東以叛，故皝不能逞志於句麗。已而皝襲仁，殺之；翰亦復歸皝。乃以咸康七年伐句麗，率勁卒四萬，入自南陝，使翰及子垂爲前鋒。又遣長史王寓等，勒衆萬五千，從北置而進。南陝、北置，蓋從遼東趨木底、丸都之南北兩道，今難確指。釗謂皝軍從北路，遣其弟武統精鋭五萬距北置，躬率將卒以防南陝。翰與釗戰於木底，見第六章第八節。大敗之。乘勝遂入丸都。句麗都城，在今遼寧輯安縣境。釗單馬而遁。皝掘釗父利墓，載其尸，并其母妻、珍寶，掠男女五萬餘口，皝載記：載其記室參軍封裕諫皝之辭曰：「句麗、百濟及宇文、段部之人，皆兵勢所徙，非如中國慕義而至，咸有思歸之心。今戶垂十萬，狹湊都城，恐方將爲國家之患。宜分其兄弟宗族，徙於西境諸城，撫之以恩，檢之以法，使不得散在居人，知國之虛實。」合前慕容廆虜夫餘人之事觀之，可見慕容氏是時用兵，極重俘掠人口。焚其宮室，毀丸都而歸。明年，釗遣使稱臣於皝，貢其方物，乃歸其父尸，而使慕容恪鎮遼東。見恪傳。釗於是淪爲慕容氏之臣屬矣。慕容儁載記：儁僭位後，高句麗王釗遣使謝恩，貢其方物。儁以釗爲營州諸軍事、征東大將軍、營州刺史，封樂浪公，王如故。釗後爲百濟所殺。魏書高句麗傳。事見下。自釗以後，句麗與晉及拓跋魏，皆無交涉，故其世次史亦不詳。據東史，則釗稱故國原王，歿於晉簡文帝咸安元年。子小獸林王丘夫立，歿於孝武帝大元九年。弟故國壤王伊連立，歿於大元十五年。子廣開土王談德立，即所謂永樂大王也。燕之亡也，慕容評奔句麗，郭慶追至遼海，句麗縛評送之。苻堅載記。此事尚在釗之世。其後苻洛謀叛，徵兵於鮮卑、烏丸、高句麗、百濟及薛羅、休忍等諸國，不從。亦見堅載記，事在大元五年。則在小獸林王之世矣。自前燕入中原，遼東守禦之力稍薄，句麗之勢，蓋至此而稍張，至苻秦亡而益盛。晉書慕容垂載記：高句麗寇遼東，垂平北慕容佐遣司馬郝景救之，爲所敗，遼東、玄菟遂沒。建節將軍徐巖叛，據令支，見第五章第二節。慕容農攻克之，斬巖兄弟，進伐高句麗，復遼東、玄菟二郡。此事據北史在大元十年。然據慕容熙載記：高句麗寇燕郡，未詳。殺掠百餘人，熙伐高句麗，以苻氏從，爲衝車地道，以攻遼東，不能下。又與苻氏襲契丹，憚其衆，將還，苻氏弗聽，遂棄其輜重，輕襲高句麗，周行三千餘里，士馬疲凍，死者屬路，攻木底城，不克而還。此二事，通鑑繫諸義熙元、二年，則不及二十年，而遼東復陷矣。馮跋載記有遼東太守務銀提，以謀外叛見殺，通鑑繫義熙十一年。馮氏未聞用兵於東方，其時之遼東，恐係僑置或遙領，未必仍在故地也。北史句麗傳：慕容垂死，子寶立，以句麗王安爲平州牧，封遼東、帶方二國王。安始置長史、司馬、參軍官。後略有遼東郡，不言其年代。韓國小史：遼東之陷，在隆安元年，至元興元年，又陷平州，皆在廣開土王之世。王歿於義熙八年。東史敘事已不足據，紀年更無論也。釗之曾孫璉，始復見於中國史。據東史爲廣開土王之子。魏書云：璉以大和十五年死，齊武帝永明九年。年百餘歲，故東史稱爲長壽王焉。子雲立，東史文明咨王羅雲。天監十七年卒。子安立，東史大安藏王興安。普通七年卒。子延立，東史安原王寶延，云係安藏王之弟。大清二年卒。子成立。東史陽原王平成。成卒，東史在永定三年。子湯立，東史平原王陽成。而南北朝之世遂終。自璉至湯，皆兼通貢於南北朝，受封爵。然魏大武帝詔璉送馮弘，璉不聽。後文明大后以顯祖六宮未備，勅璉薦其女，璉始稱女已出嫁，求以弟女應旨。及遣送幣，則又稱女死。魏遣使切責之，云若女審死者，聽更選宗淑。璉雖云當奉詔，會顯祖死，事遂止。設顯祖不死，亦未必其女之果至也。雲之立，高祖詔其遣世子入朝，雲亦惟遣其從叔升于隨使詣闕而已。詔嚴責之，終亦不聞其至也。而宋大祖欲北討，詔璉送馬，璉即獻馬八百匹。蓋句麗之於虜，特畏其無道，不得不姑與周旋，於中國則心悅誠服者也。此則不可以力致者也。

半島諸國，嗣受中國之文化者，在晉、南北朝之世，似當以百濟爲嫡乳。高句麗雖系出夫餘，然以高爲氏，似係夫餘之支庶，百濟以夫餘爲氏，則似係夫餘之正支也。周書百濟傳云：王姓夫餘氏。北史作餘氏，即夫餘氏之略稱，如其王餘映、餘毗等，餘皆其氏也。句驪名城曰溝婁，見三國志本傳。北沃沮一名置溝婁，蓋猶言置城。句麗二字，疑仍係溝婁異譯，高句麗亦猶言高氏城耳。百濟開國神話，見於隋書。隋書云：百濟之先，出自高麗國。北史作出自索離國。索疑槖之誤；說見秦漢史第九章第七節。其國王有一侍婢，忽懷孕，王欲殺之。北史：其王出行，其侍兒於後妊娠，王還欲殺之。婢云：「有物狀如雞子，來感於我，故有娠也。」北史：侍兒曰：「前見天上有氣，如大雞子來降感故有娠。」王舍之後遂生一男，棄之廁溷，久而不死。北史：王置之豕牢，豕以口氣噓之，不死，後徙於馬闌，亦如之。以爲神，命養之，名曰東明。及長，高麗王忌之。北史：及長，善射，王忌其猛，復欲殺之。東明懼，逃至淹水，夫餘人共奉之。北史：東明乃奔走，南至淹滯水，以弓擊水，魚鼈皆爲橋，東明乘之得度，至夫餘而王焉。東明之後，有仇台者，篤於仁信，始立其國於帶方故地。帶方，漢縣，公孫康以爲郡，在今朝鮮錦江流域，詳見秦漢史第十二章第十節。漢遼東太守公孫度以女妻之，漸以昌盛，北史無此四字。爲東夷强國。初以百家濟海，北史無海字。因號百濟。與夫餘、句麗開國傳說略同，蓋係貉族所共。然云夫餘人共奉之，則所君者仍係夫餘人，與自夫餘出走，而爲他族之大長者異矣。云初以百家濟海，則其播遷至帶方舊壤，實係浮海而來，此語自爲仇台之事，乃史實而非神話也。東明傳說，乃貉族之所共，仇台則誠百濟始祖，故百濟歲四祠之，見周書本傳。隋書以百家濟海之語，北史删一海字，出入甚大，作史之不可輕於增删如此。

案晉書，尙秖有三韓傳。其馬韓傳云：武帝大康元年、二年，其王頻遣使入貢方物。七年、八年、十年，又頻至。大熙元年，詣東夷校尉何龕上獻。咸寧三年復來，明年又請內附。辰韓傳云：大康元年，其王遣使獻方物。二年復來朝貢。七年又來。弁辰十二國，屬於辰韓，故不能逕通於中國。蓋皆以馬韓及辰韓之名自通，則百濟、新羅之大，必在武帝以後也。新羅出於辰韓，辰韓，前史言爲秦人避役者，見秦漢史第九章第七節。然至晉南北朝之世，則似新羅之中國人反少，而百濟反多。梁書百濟傳云：今言語、服章，略與高麗同，行不張拱，拜不申足則異。魏書句麗傳云：立則反拱，拜曳一脚，行步如走。隋書云：拜則曳一脚，立各反拱，行必搖手。拜申足，即滿洲人之打跧，乃夷俗，而百濟無之。梁書又云：呼帽曰冠，襦曰複衫，袴曰褌，其言參諸夏，亦秦韓之遺俗云。而新羅則冠曰遺子禮，襦曰尉解，袴曰柯半，靴曰洗，其拜及行與高麗相類。亦見梁書本傳。則秦韓遺俗，不在新羅，顧在百濟矣。觀史所載三國法俗，文化程度，似以百濟爲最高。百濟法俗，北史言之最詳。其官制較之句麗，卽遠近於中國。昏取之禮略同華俗。其王每以四仲月祭天及五帝之神。都下有方，分爲五部，部有五巷，士庶居焉；亦中國法也。俗重騎射，兼愛文史，秀異者頗解屬文。新羅則梁書本傳言其無文字，刻木爲信，語言且待百濟而後通也。日本之文化，據彼國史籍，受諸百濟者，亦較句麗、新羅爲多，其以是歟？

宋書百濟傳云：本與高麗俱在遼東之東千餘里。其後高麗略有遼東，百濟略有遼西。百濟所治，謂之晉平郡晉平縣。梁書云：晉世句麗既略有遼東，百濟亦據有遼西、晉平二郡地矣。自置百濟郡。宋書云：義熙十二年，以百濟王餘映爲使持節、都督百濟諸軍事、鎭東將軍、百濟王。百濟二字，蓋卽據其自置之郡也。百濟是時之都，應在遼西。周書云：百濟治固麻城。隋書云：其都曰居拔城。則其遷歸半島後之所居也。自帶方故地遵陸而至遼西，非易，且句麗未必容其越境；疑其略有遼西，亦浮海而至也。據梁書，則晉大元中，其王須，已遣使獻生口。餘映之後餘毗，於宋元嘉七年，復修貢職。毗死，子慶立。宋書。慶死，子牟都立。都死，子牟大立。天監元年，進號；尋爲高句麗所破，衰弱者累年，遷居南韓地。普通二年，王餘隆始復遣使奉表，稱累破句麗，今始與通好。梁書云：百濟更爲强國。然遼西之地，則似未能恢復也。魏書百濟傳云：延興二年，宋泰豫元年。其王餘慶始遣使上表云：「臣與高句麗，源出夫餘。先世之時，篤崇舊款。其祖釗，輕廢舊好，親率士衆，陵踐臣境。臣祖須，整旅電邁，應機馳擊，矢石暫交，梟斬釗首。自爾已來，莫敢南顧。自馮氏數終，餘燼奔竄，醜類漸盛，遂見陵逼。構怨連禍，三十餘載。財殫力竭，轉自孱踧。若天慈曲矜，遠及無外，速遣一將，來救臣國。當奉送鄙女，執帚後宮，并遣子弟，牧圉外廄；尺壤匹夫，不敢自有。」又云：「今璉有罪，國自魚肉，大臣彊族，戮殺無已，罪盈惡積，民庶崩離，是滅亡之期，假手之秋也。且馮族士馬，有鳥畜之戀；樂浪諸郡，懷首丘之心。天威一舉，有征無戰。臣雖不敏，志效畢力，當率所統，承風響應。」又云：「去庚辰年後，庚辰當係宋元嘉十七年，卽魏大平眞君元年。臣西界小石山北國海中見尸十餘，幷得衣器、鞍勒，視之非高麗之物。後聞乃是王人來降臣國，長蛇隔路，以沈於海。今上所得鞍一，以爲實驗。」顯祖遣使者邵安與其使俱還。詔曰：「前所遣使，浮海以撫荒外之國，從來積年，往而不返，存亡達否，未能審悉。卿所送鞍，比校舊乘，非中國之物。不可以疑似之事，生必然之過。」又曰：「高麗稱藩先朝，共職日久，於彼雖有自昔之釁，於國未有犯令之愆。卿使命始通，便求致伐，尋討事會，理亦未周。故往年遣禮等至平壤，餘禮，百濟使。欲驗其由狀。然高麗奏請頻煩，辭理俱詣，行人不能抑其請，司法無以成其責，故聽禮等還。若今復違旨，則過咎益露，後雖自陳，無所逃罪，然後興師討之，於義爲得。」又詔璉護送安等。安等至高句麗，璉稱昔與餘慶有讎，不令東過。安等於是皆還。案餘慶表有「投舫波阻，搜徑玄津」之語，則其使本自海至。乃下詔切責之。五年，宋元徽三年。使安等從東萊浮海東萊見第三章第四節。賜餘慶璽書，至海濱，遇風飄蕩，竟不達而返。案自延興二年上溯三十六年，爲宋文帝元嘉十三年，魏大武帝大延二年。馮弘實以其歲走句麗。百濟之事勢，蓋自此逐漸緊急。觀此，知句麗不肯送馮弘於魏，又不肯聽其歸宋，蓋欲留其衆以爲用也。馮氏在十六國中，兵力不爲强盛，然句麗一得其衆，百濟之事勢，卽形緊急，則知是時半島諸國之兵力，遠非中國之敵。此其所以自慕容氏以前，累爲遼東所弱歟？永樂大王碑言：王以丙申之歲伐百濟，取城五十八，部落七百。己亥之歲，百濟違誓，與倭連和，新羅請救。庚子，王以步騎五萬救新羅，倭退。移師伐百濟，取質而歸。丙申爲晉孝武帝大元二十一年，己亥爲安帝隆安三年，庚子爲其四年，又在馮弘亡前四十載，釗之用兵於百濟，當在其見敗於慕容氏之後，慕容皝之入丸都，下距大元二十一年，凡五十四年，麗、濟之搆釁，可謂舊矣。隋書稱釗爲昭烈帝，似係其國之私謚。觀此，知其人好黷武，雖始喪師於北，繼且殞命於南，亦必自有其功烈，故能竊帝號以自娛，而其國人亦被之以大名也。梁書：隆以普通五年死，復詔其子明襲其爵號。北史云：齊受禪，其王隆亦通使焉。齊受禪上距普通五年二十有六載，疏矣。或傳寫誤邪？隆之後爲昌，嘗通使於陳，（天嘉三年，光大元年，大建九年，至德二年，皆見紀。）亦通使於齊、周。（見北史本傳。）

梁書新羅傳云：新羅者，其先本辰韓種也。辰韓始有六國，後稍分爲十二，新羅則其一也。魏時曰新盧，宋時曰新羅，或曰斯羅。其國小，不能自通使聘。普通二年，王名慕泰，始使隨百濟奉獻方物。隋書則云：新羅居漢時樂浪之地，或稱斯羅。魏將毌丘儉討高句麗，奔沃沮，其後復歸故國，留者遂爲新羅焉。故其人雜有華夏、高麗、百濟之屬，兼有沃沮、不耐、韓、濊之地。其王本百濟人，自海逃入新羅，遂王其國。傳祚至金眞平，開皇十四年，遣使貢方物。又云：其先附庸於百濟，後因百濟征高麗，高麗人不堪戎役，相率歸之，遂致强盛，因襲百濟，附庸於迦羅國。北史說同梁書，又列隋書之說於後，爲或說。案沃沮爲今朝鮮咸鏡道，樂浪爲平安南道、黃海道、京畿道之地，辰韓則慶尙道地，（詳見秦漢史第五章第四節，第九章第七節。）疆域既各不相干。梁書之王名募泰，南史作姓募名泰，當有所據。陳書本紀：大建二年、三年、十年，新羅並遣使貢方物，不言其王之姓名。北齊書武平三年，亦但云遣使朝貢，而河淸四年，紀載以其國王金眞興爲樂浪郡公、新羅王，與隋書王氏金者相合。金之與募亦各不相干。又據梁隋二書，一則君民皆屬辰韓，一則民雜華夏、句麗、百濟、沃沮、韓、濊，而君爲百濟人亦若風馬牛之不相及。迦羅當卽齊書之加羅，云：三韓種也。建元元年，國王荷知使來獻。三韓在半島中勢較微末，未必能拓土而北。加羅既能自通於上國，蓋其中之佼佼者，故新羅曾附庸焉。則新羅與今慶尚道之地有交涉矣。竊疑梁書所謂新羅與隋書所謂新羅，本非一國。新羅本辰韓十二國之一，其王氏募，在梁普通二年至齊河淸四年，卽陳天嘉六年之閒，凡四十四年。自百濟浮海逃入樂浪故地之金氏，拓土而南，兼幷其國而代募氏爲王。梁書祇知募氏時事，隋書又不知有募氏，奪去中閒一節，故其說齟齬而不可通也。東史云：辰韓有二種：一曰辰韓本種，一曰秦韓，是爲楊山、高墟、大樹、珍支、加利、明活六村，今慶州之地也。新羅始祖曰赫居世。其生也，蒙胞衣而出，其狀似瓠，方言呼瓠爲朴，故以朴爲姓。年十三，高墟部長與諸部推尊之，赫居世乃卽王位。卒，子南解立。南解子曰儒理，壻曰昔脫解。南解遺命繼嗣之際，於朴、昔二姓中擇年長者立之。於是二姓迭承王位。第十一世王曰助賁，壻曰金仇道。助賁卒，弟沾解立。沾解傳位於仇道之子味鄒，而復歸於助賁之子儒理。儒理傳其弟子基臨。基臨傳昔氏之族訖解。訖解傳味鄒兄子奈勿。自此新羅王位，遂永歸於金氏。隋書之金眞平，東史稱爲金平王，名伯淨，爲新羅第二十六王。北史云：新羅傳世三十至眞平，說差相近，或不盡無據。然卽有據，亦必居樂浪故地金氏之世系，以之牽合於辰韓則誤矣。豈金氏之於朴氏，實如莒之於鄫，非以力取邪？迦羅，東史作駕洛，云：少昊金天氏之裔八人，自中國之莒縣見第六章第八節。之辰韓之西，人稱其地曰八莒，今之星洲也。其後有名首露者，弁韓九干立爲君。干尊稱。案此說出金海金氏譜。金氏又有惱窒朱日者，別開國曰大加耶，今高靈。或曰任那。說出崔致遠釋利貞傳。或曰駕洛之始，有兄弟六人，皆美好長大，衆推其兄爲駕洛之主，餘五人則分爲大、小、阿羅、古寧、碧珍五加耶焉。小加耶今固城，阿羅加耶、古寧加耶皆今咸安，碧珍加耶今星洲。此說出新羅僧無亟東事古記。首露神聖，在位凡百五十八年乃死。自後漢光武帝建武十八年至獻帝建安四年。其後傳九世，合首露十世。至梁中大通四年，乃降於新羅。加耶則嘗爲日本所據。彼國史有所謂神功皇后者，卽秦漢史第九章第七節擬爲我國史之卑彌呼者也。據彼國史，嘗渡海伐新羅，新羅降，得金帛八十艘。其後日本遂定任那之地，置府駐兵。據朝鮮史籍，則陳文帝天嘉三年，大加耶爲新羅所滅，日本所置府亦毀。以上所述朝鮮事，亦據金于霖韓國小史。永樂大王碑亦載王援新羅卻倭人之事，則朝鮮、日本史籍所載，不盡子虛可知。是時三韓、日本，隔海相對，日本之勢，較之三韓爲少强也。

日本在晉南北朝之世，與中國交涉頗繁。卑彌呼、壹與之事，已見秦漢史第十二章第十節。晉書倭傳云：宣帝之平公孫氏也，其女王遣使至帶方朝見，其後貢聘不絕。及文帝作相，又數至。泰始初，遣使重譯入貢。晉帝紀：魏正始元年，東倭重譯納貢。武帝紀：泰始二年，倭人來獻方物。梁書倭傳云：其後復立男王，其事在於何時，則不可考矣。南史倭傳云：晉安帝時，有倭王讚，遣使朝貢。晉書本紀在義熙九年，云高句麗、倭國及西南夷銅頭大帥並獻方物。宋書倭傳云：高祖永初二年，詔曰：「倭讚萬里修貢，遠誠宜甄，可賜除授。」而不言所除授者爲何。元嘉中，讚死，弟珍立，遣使貢獻，自稱使持節，都督倭、百濟、新羅、任那、秦韓、慕韓即馬韓。六國諸軍事，安東大將軍。表求除正。詔除安東將軍、倭國王。二十年，倭國王濟遣使貢獻。復以爲安東將軍、倭國王。二十八年，乃加使持節、都督倭、新羅、任那、加羅、秦韓、慕韓六國諸軍事。濟死，世子興遣使貢。世祖大明六年，詔除安東將軍、倭國王。興死，子武立。自稱使持節、都督倭、百濟、新羅、任那、加羅、秦韓、慕韓七國諸軍事安東大將軍、倭國王。順帝昇明二年，遣使上表曰：「封國偏遠，作藩於外。自昔祖禰，躬擐甲冑，跋涉山川，不遑寧處。東征毛人五十五國，西服東夷六十六國，渡平海北九十五國；王道融泰，廓土遐畿，累葉朝宗，不愆於歲。臣雖下愚，忝胤先緒。驅率所統，歸崇天極；道徑百濟，裝治船舫。而句麗無道，圖欲見吞，掠抄邊隸，虔劉不已。每致稽滯，以失良風。雖曰進路，或通或否。臣亡考濟實忿寇讎，壅塞天路。控弦百萬，義聲感激，方欲大舉，奄喪父兄，使垂成之功，不獲一簣。居在諒闇，不動兵甲，是以偃息未捷。至今欲練甲治兵，申父兄之志，義士虎賁，文武效功，白刃交前，亦所不顧。若以帝德覆載，摧此彊敵，克靖方難，無替前功。竊自假開府儀同三司，其餘咸假授，以勸忠節。」詔除武使持節、都督倭、新羅、任那、加羅、秦韓、慕韓六國諸軍事、安東大將軍、倭王。宋書本紀：元嘉七年、十五年、二十年、大明四年、昇明元年，皆書倭國王遣使獻方物。齊建元元年，進號爲鎭東大將軍。梁高祖卽位，進號征東將軍。紀在天監元年。案觀倭武表辭，可知是時句麗爲倭强敵。倭人自假所督諸國，中國除百濟外，皆如其所請與之，又可見是時中國視百濟與倭相等，夷餘則皆下於倭也。黃公度日本國志鄰交志曰：「源光國作大日本史，靑山延光作紀事本末，皆謂通使實始於隋，而於魏志、漢書所敍朝貢、封拜，概置弗道。揣其意，蓋因推古以降，稍習文學，略識國體，觀於世子草書，自稱天皇，表仁爭禮，不宣帝詔，其不肯屈膝稱臣，始於是時，斷自隋唐，所以著其不臣也。彼謂推古以前，國家並未遣使，漢史所述，殆出於九州國造、任那守帥之所爲。余考委奴國印，出於國造，是則然矣。魏志、漢書所謂女皇卑彌呼，非神功皇后而誰？武帝滅朝鮮，而此通倭使，神功攻新羅，而彼受魏詔，其因高麗爲鄉道，情事確鑿無可疑者。神功既已上表貢物，豈容遽停使節？且自應神已還，求縫織於吳，求論語、千文、佛像、經典於百濟，豈有上國朝廷，反吝一介往來之理？宋順帝時，倭王上表，稱東征毛人五十五國，西服衆夷六十六國，渡平海北九十五國，謂有國造守帥，能爲此語者乎？惟宋、齊、梁諸書所云倭王，考之倭史，名字年代，皆不相符。然日本於推古時始用甲子，始有紀載，東西遼遠，年代舛異，譯音輾轉，名字乖午，此之不同，亦無足怪。按此自黃氏時之見解，由今言之，日本、朝鮮、安南等之古史，皆憑藉中國史籍附會而成，治此諸史者，反當以中國史爲據，理極易明，不待更說也。日本人每諱言臣我，而中土好自誇大，輒視爲屬國。余謂中古之時，人文草昧，禮制簡質，其時瞻仰中華，如在天上，慕漢大而受封，固事之常，不必諱也。隋、唐通使，往多來少，中國未嘗待以鄰禮，而新、舊唐書，不載一表，其不願稱臣、稱藩，以小朝廷自處，已可想見。五代以後，通使遂希，而自元兵遇颶，倭寇擾邊以來，雖足利義滿稱臣於明，樹碑鎮國，賜服封王，而不知乃其將軍，實爲竊號。神宗之封秀吉，至於裂冠毀冕，擲書於地，此又奚足誇也？史家舊習，尊己侮人，索虜、島夷，互相嘲罵。中國列日本於東夷傳，日本史亦列隋、唐爲元蕃傳，中國稱爲倭王，彼亦書隋主、唐主，譬之鄉鄰交罵，於事何益？」此論可謂極其持平，足以破拘墟狹隘之見矣。北史倭傳云：「居於耶摩堆，則魏志所謂邪馬臺者也，」亦可見與我往還者，確爲其共主也。

第二節　南方諸異族之同化

內地諸異族之同化，爲晉、南北朝之世之一大事，第一章已言之。此等異族之同化，固由漢族入山與之雜居，亦由地方喪亂，曠土增多，諸蠻族逐漸出居平地。當政事紊亂、防務空虛之日，自不免苦其擾害，然易一端而論之，則同化之功，正因之而加速，長江流域之全闢，實深有賴於茲，史事利害，繁賾難明，固不容偏執一端也。

曷言乎斯時之開拓，深有賴於諸異族之出居平地也？大抵當九州鼎沸，羣龍無首之日，海內之擾亂必甚，可謂幾無一片乾淨土，若猶有一政府，則暴政雖曰亟行，疆埸雖曰多故，較之羣龍無首之世，終必有閒。故後漢之末，華人相率入山者，至晉、南北朝之世，則又相率而出焉。其出也，不徒一身，必有稍已同化之蠻民，與之偕出，勢也。又不徒在其附近之地，而必分播於較遠之區。何哉？喪亂之後，曠土增多，遷徙者必追蹤而往，一也。新居不必安靖，甫奠居者或又將轉徙，二也。如是，故其爲數滋繁，而所至亦頗遠。宋書分蠻爲荊雍州蠻及豫州蠻。齊書則云：布荊、湘、雍、郢、司五州界。魏書云：在江、淮之閒。依託險阻，部落滋蔓，布於數州，東連壽春，西通上洛，北接汝、潁，往往有焉。其地實苞今湖南、北、江西、安徽、河南、陝西五省。宋書以荊雍州蠻爲槃瓠後，豫州蠻爲廩君後；魏書亦云：蠻之種類，蓋盤瓠之後。夫槃瓠、廩君，皆不過一小部落，安能散布至於如是之廣？齊書云：蠻言語不一；又言其俗或椎髻，或翦髮，即可見其種類之多。然觀其一出山即可列爲編戶，又可見其中漢人實不少；即本爲蠻族，其同化於漢，亦必已甚深。三國魏志四裔傳注引魏略西戎傳謂氐人多知中國語，由與中國錯居故也，其自還種落間，則自氐語，齊書謂蠻言語不一，當亦如是，非遂不知華語也。

宋書荊雍州蠻傳云：結黨連羣，動有數百千人，州郡力弱，則起爲盜賊。豫州蠻傳云：歷世爲盜賊，北接淮、汝，南極江、漢，地方數千里。齊書云：蠻俗善弩射，皆暴悍，好寇賊。魏書云：魏氏之時，不甚爲患，至晉之末，稍以繁昌，漸爲寇暴。自劉、石亂後，諸蠻無所忌憚，故其族類，漸得北遷；陸渾以南，滿於山谷，宛、洛蕭條，略爲丘墟矣。觀此諸語，一似華夏與諸蠻，日在爭戰之中者，其實不然。宋書荊雍州蠻傳云：蠻民順附者，一戶輸穀數斛，其餘無雜調，而宋民賦役嚴苦，貧者不復堪命，多逃亡入蠻。蠻無徭役，彊者又不供賦稅。然則蠻人之擾亂，仍是中國貧民鋌而走險耳。當兩國相爭之時，彼此咸藉蠻以爲用，平時則資其捍蔽，戰時則用爲前驅。又或使其擾亂敵後，阻塞道路。蠻族之桀黠者，遂得叛服於二國之閒焉。北齊書元景安傳言：景安除豫州刺史，管內蠻多華少，景安被以威恩，咸得寧輯，招慰生蠻，輸租賦者數萬戶。豫州中原之地，而至於蠻多華少者？干戈數動，則民卒流亡，惟蠻人依據險阻，又質直能耐勞苦，不慮危難，故其蕩析離居，轉不如漢人之甚也。土滿者豈曰能有其土？疆場之控扼，不能謂其無成勞矣。即內爭之際，亦有引以爲助者。而戰敗之士，亡命之徒，又或藉爲逋逃之藪。史所記者，本以兵事爲多，遂覺殺伐之氣，滿於紙上矣。然其同化，實仍在平和中逐漸致之。綜觀晉南北朝之世，所謂諸蠻，大煩征討者，不過三役：一爲宋文帝、孝武世之於沔中蠻及西陽蠻。沔中蠻，亦曰緣沔蠻，即雍州蠻。元嘉七年，劉道産爲雍州刺史，諸蠻悉出緣沔而居。十九年，道産卒，羣蠻大動，朱脩之討之失利，沈慶之乃討破之。二十二年，孝武帝爲雍州，慶之又隨之西上，率柳元景、宗慤等前往討擊。漢西陽縣，本在今河南光山縣境，晉世爲蠻所據，乃於今湖北黃岡縣西立西陽郡。元嘉末，爲亡命司馬黑石等所誑動，自淮、汝至於江、沔，咸罹其患。孝武時爲江州刺史，與沈慶之往討之。會元凶弒逆，旋師起義。至孝建四年，慶之乃復往討定。事見宋書諸人本傳。 二周文帝之於峽中蠻。詳見周書蠻傳。 三魏明帝之末，三鵶蠻人大肆擾亂，明帝至欲親征，後卒未果，而遣臨淮王彧討之。事在孝昌元年，見紀。 前二役誠用兵力戡定後一役仍不過徒有其名，此外則皆州郡及理蠻之官，晉武帝於荊州置南蠻校尉，雍州置寧蠻校尉，皆治襄陽。江左省，尋置南蠻校尉，治江陵。孝武帝又置寧蠻校尉，以授魯宗之。宋世祖罷南蠻，而寧蠻如故。事見第九章第二節。武帝又置南夷校尉，治寧州，江左改曰鎮蠻校尉。見宋書百官志。廣州西南二江，川源深遠，別置督護，專征討之任，見齊書州郡志。此等皆理蠻之官也。 隨宜討伐而已。諸蠻既與漢人習狎，撫之者自以能行德化爲上。梁書良吏傳：孫謙擢爲巴東、建平二郡太守。郡居三峽，恆以威力鎮之。謙將述職，敕募千人自隨。謙曰：「蠻夷不賓，蓋待之失節耳，何煩兵役，以爲國費。」固辭不受。至郡，布恩惠之化，蠻、獠懷之。又文學傳：臧嚴歷監義陽、武寧郡，累任皆蠻左。前郡守常選武人，以兵鎮之。嚴獨以數門生單車入境，羣蠻悅服，遂絕寇盜。此皆治蠻不必用兵力之證也。 然能如是者卒鮮，往往濫施討伐；而其行軍且極殘酷。宋書夷蠻傳曰：自元嘉將半，寇盜彌廣，於是命將出師，恣行誅討。自江、漢以北，廬江以南，搜山蕩谷，窮兵罄武，繫頸囚俘，蓋以數百萬計。至於孩年耋齒，執訊所遺，將卒申好殺之憤，干戈窮酸慘之用，雖云積怨，爲報已甚。按俘虜之多，蓋利其可輸稅租，服力役，甚且沒爲奴婢耳。亦有無所利而肆情誅殺者，如陳顯達爲益州刺史，使責大度村獠租賧，獠帥殺其使，顯達分部諸將，聲言出獵，夜襲之，男女無少長皆斬，此則所謂申好殺之憤者也。 此實將帥之貪功徼利，謂蠻非討伐不可，固不其然。抑雖如是，眞能深入其阻者，亦卒鮮也。當時諸蠻之出山，固有脅以兵力者；又有由於俘獲，迫令遷移者；然其慕化內徙，或酋長身來歸順者亦屬不少。慕化內徙，即同齊民。酋長內附，往往設置郡縣，即以其人爲守令，多有仍行世襲之制者，然數世之後，終必別簡人以代之，此亦無形之改土歸流也。隋書南蠻傳云：「南蠻雜類，與華人錯居，曰蜒，曰獽，曰俚，曰獠，曰㐌，俱無君長，既同於齊民，則無復君長耳，非本無君長也。隨山洞而居，古所謂百越是也。浸以微弱，稍屬於中國，皆列爲郡縣，同之齊人，不復詳載。」可見晉、南北朝之世，所謂蠻者，至隋唐時，多已泯然無迹矣。使其言語風俗，判然與我不同，豈能泯然於一旦？可見民族早已同化，覺其不同者，特時勢之不安，謐激之使然耳。然則民族之同化，實皆社會自爲之，政治之所能爲力者甚鮮也。

梁、益二州情形，則較荆、雍、豫州爲惡。以荆、雍、豫州，漢末以來，喪亂較烈，華人之入山者較多；梁、益二州則不然。觀此二州無所謂山越，史附言山獠亦甚希可知。又荆、雍、豫州，去大川及平地近，其人之出山較易；梁、益地勢較險，夷人自深山而出者，仍依山並谷故也。魏書云：「自漢中達於邛、筰，川洞之間，所在皆有。」獠即今所謂犵狫，見秦漢史第九章第四節。雖處山谷，其初本來自海濱，魏書言其「能臥水底，持刀刺魚。」又曰：「報怨相攻擊，必殺而食之。俗畏鬼神，尤尚淫祀。所殺之人，美鬢髯者，必剝其面皮，籠之於竹，及燥，號之曰鬼，鼓舞祀之，以求福利。至有賣其昆季妻孥盡，乃自賣以供祭者。」此緣海之馬來人，即古所謂越族者食人之俗也。詳見先秦史。因所居深阻，罕與華人交接，故其舊俗沿襲尚多，而其文明程度亦較低焉。魏書云：「種類甚多，散居山谷，略無氏族之別。又無名字，所生男女，惟以長幼次第呼之。其丈夫稱阿謩、阿段，婦人稱阿夷、阿等之類，皆語之次第稱謂也。依樹積木，以居其上，名曰干闌。干闌大小，隨其家口之數。往往推一長者爲王，亦不能遠相統攝。父死則子繼，若中國之貴族也。獠王各有鼓角一雙，使其子弟自吹擊之。好相殺害，多不敢遠行。性同禽獸，至於忿怒，父子不相避，惟手有兵刃者先殺之。若殺其父，走避，求得一狗，以謝其母，母得狗，不復嫌恨。若報怨相攻，必殺而食之。平常劫掠，賣取豬狗而已。親戚比鄰，指授相賣。被賣者號哭不服，逃竄避之，乃將買人捕逐，指若亡叛，獲便縛之。但經被縛者，即服爲賤隸，不敢稱良矣。亡失兒女，一哭便止，不復追思。惟執盾持矛，不識弓矢。」案干闌之名，與後印度諸國同，亦可見其初居海濱也。魏書云：「李勢之時，諸獠始出，攻破郡縣，爲益州大患。桓溫破蜀之後，力不能制；又蜀人東流，山險之地多空，獠遂挾山傍谷。此謂華人所居山谷之地，獠自深山遷此。與夏人參居者，頗輸租賦。在深山者，仍不爲編戶。蕭衍梁、益二州，歲歲伐獠，以自裨潤，公私頗藉爲利。」夏侯始遷之叛也，魏以邢巒爲梁、益二州刺史，頗得獠和。後以羊祉、元恒、元子眞爲梁州，傅豎眼爲益州。豎眼頗得物情，祉性酷虐，恒、子眞並無德績，諸獠苦之。魏以梁、益二州，統攝險遠，又立巴州以統諸獠，魏書地形志：巴州郡縣闕。隋書地理志：清化郡，舊置巴州，今四川巴中縣。以巴酋嚴始欣爲刺史。又立隆城鎮，蓋因梁之隆城郡，在今四川儀隴縣北。所綰獠二十萬戶。隆城所統，謂之北獠，歲輸租布，又與外人交通貿易。巴州生獠，並皆不順，其諸頭王，每於時節，謁見刺史而已。孝昌初，諸獠以始欣貪暴，相率反叛，攻圍巴州。時魏子建爲山南行臺，勉諭之，乃得散罷。始欣慮獲罪譴，謀來附，而其族子愷爲隆城鎮將，歸心於魏。魏子建啓以鎮爲南梁州，以愷爲刺史。發使執始欣，囚於南鄭。遇子建見代，傅豎眼爲行臺，豎眼久病，其子敬紹，納始欣重賄，使得還州。始欣乃起衆攻愷，屠滅之，據城南叛。梁將蕭玩率衆援接，爲魏梁、益二州兵所破斬。魏攻陷巴州，執始欣，然梁州未久即入梁。其後梁、益皆陷於周。周書云：「每歲命隨近州鎮出兵討之，獲其口以充賤隸，謂之壓獠。後有商旅往來者，亦資以爲貨，公私逮於民庶之家，有獠口者多矣。」其虐亦無以異於梁也。又云：「其種類滋蔓，保據巖壑，依林走險，若履平地，雖屢加兵，弗可窮討。性又無知，殆同禽獸。諸夷之中，最難以道義招懷者也。」可見其同化，遠較豫、荆、雍州蠻爲後矣。

交、廣、寧三州情形較梁、益二州爲尤惡。案此三州，西通緬甸，東苞東京灣爲內海，實爲中國向南拓展之樞機；惜距中原較遠，民族拓展之力，一時有所不及，而政事尤欠清明，遂至越南之地，終於分裂以去，而自雲南西南出之路，亦未能盡力經營也。中國之稍知注意於交土，似自後漢中葉以來。晉書地理志云：順帝永和九年，交趾大守周敞，交趾今越南河內。求立爲州，朝議不許，卽拜敞爲交趾刺史。建安八年，張津爲刺史，士燮爲交趾大守，共表立爲州，乃拜津爲交州牧。十五年，移治番禺。三國吳志孫策傳注引江表傳，謂策欲殺于吉，諸將連名陳乞，策曰：「昔南陽張津爲交州刺史，舍前聖典訓，廢漢家法律，常著絳帕頭，鼓琴燒香，讀邪俗道書，云以助化，卒爲南夷所殺。此甚無益，諸君但未悟耳。」又引虞喜志林，喜推考桓王之薨，在建安五年四月四日，是時曹、袁相攻，未有勝負，夏侯元讓與石威則書，袁紹破後也。書云：「授孫賁以長沙，業張津以零桂。」此爲桓王於前亡，張津於後死，不得相讓譬言津之死意矣。裴松之案：「大康八年，廣州大中正王範上交廣二州春秋，建安六年，張津猶爲交州牧。江表傳之虛，如志林所云。」此云津拜交州在建安八年，又與交廣春秋不合。案當時任疆寄者，多自刺史進爲州牧，津蓋本爲交趾刺史，至八年乃進爲牧也。桓王引津死事以譬將吏，自爲虛辭，古人經事重言，此等處多不審諦，不足深較也。宋書州郡志云：交州刺史，本治龍編，見第七章第五節。漢獻帝建安八年，改曰交州，治蒼梧廣信縣，廣信漢縣，爲蒼梧郡治，隋時改縣曰蒼梧，今廣西蒼梧縣。十六年，徙治南海番禺縣。州甫立而治所卽內移，可見中朝威柄之失墜矣。觀下引薛綜疏，津或因欲與劉表爭，以致無暇顧及交土也。是時交土實權，乃入於士燮之手。三國吳志燮傳：蒼梧廣信人。其先本魯國汶陽人，汶陽，漢縣，在今山東寧陽縣東北。王莽之亂，避地交州，六世至燮。燮父賜，桓帝時爲日南大守。日南，今越南乂安。燮爲交趾大守。交州刺史朱符爲夷賊所殺，州郡擾亂，燮乃表弟壹領合浦大守，合浦，見第十三章第三節。次弟䵋領九眞大守，九眞，今越南清華。䵋弟武領南海大守。兄弟並爲列郡，雄長一州。偏在萬里，威尊無上。武先病歿。朱符死後，漢遣張津爲交州刺史。津後爲其將區景所殺。而荆州牧劉表，遣零陵賴恭代津。零陵，見第三章第六節。是時蒼梧大守史璜死，表又遣吳巨代之，與恭俱至。漢聞張津死，賜燮璽書曰：「交州絕域，南帶江海，上恩不宣，下義壅隔。知逆賊劉表又遣賴恭闚看南土。今以燮爲綏南中郎將，董督七郡，領交阯大守如故。」後巨與恭相失，舉兵逐恭，恭走還零陵。建安十五年，孫權遣步騭爲交州刺史。建安七年，權嘗表朱治爲九眞大守，見治傳。騭到，燮率兄弟奉承節度。而吳巨懷異心，騭斬之。據騭傳，事在建安十六年。燮又誘導益州豪姓雍闓等，率郡人民使遙內附。益州，漢郡，蜀漢改曰建寧，在今四川晉寧縣東。權益嘉之。燮在郡四十餘歲，黃武五年，魏文帝黃初七年。年九十卒。權以交趾縣遠，乃分合浦以北爲廣州，呂岱爲刺史；交趾以南爲交州，戴良爲刺史。又遣陳時代燮爲交趾大守。岱留南海，良與時俱前行到合浦。而燮子徽自署交趾大守，發宗兵拒良。時以徽領九眞大守，見呂岱傳。宗卽賨，賨乃夷人所出賦稅之名，用爲種族之名，實借字耳。三國志多作宗。以上據士燮傳。呂岱督兵三千人浮海，與良共討平之。殺徽兄弟六人，見士燮傳。於是除廣州，復爲交州如故。呂岱傳。交、廣之分，交州業已還治龍編，宋書州郡志。至是則復舉七郡之地，通以龍編爲控制之所矣，可謂內地威柄之一振也。黃龍三年，魏明帝大和五年。以南土清定，召岱還。竹邑薛綜，竹邑，後漢縣，屬沛郡，在今安徽宿縣北。少依族人，避地交州。孫權除爲合浦、交趾大守。岱之討伐，綜與俱行。及是上疏曰：「昔帝舜南巡，卒於蒼梧。秦置桂林、南海、象郡，然則四國之內屬也，有自來矣。案漢武帝平南越，以其地為儋耳、珠崖、南海、蒼梧、鬱林、合浦、交阯、九眞、日南九郡。昭帝時罷儋耳。元帝時又罷珠崖。孫權之分交、廣，以南海、蒼梧、鬱林三郡為廣州，交阯、日南、九眞、合浦四郡為交州，見晉書地理志。此云四國，指交趾、日南、九眞、合浦也。秦趙佗起番禺，懷服百越之君，珠官之南是也。孫權黃武七年，改合浦為珠官郡。漢武帝誅呂嘉，開九郡，設交阯刺史以鎮監之。山川長遠，習俗不齊，言語同異，重譯乃通。民如禽獸，長幼無別。椎髻徒跣，貫頭左袵。長吏之設，雖有若無。自斯以來，頗徙中國罪人雜居其間，稍使學書，粗知言語，使驛往來，觀見禮化。及後錫光為交阯，任延為九眞大守，乃教其耕犂，使之冠履，為設媒官，始知聘娶，建立學校，導之經義。由此以降，四百餘年，頗有似類。參看秦漢史第九章第六節。自臣昔客始至之時，珠崖今廣東瓊山縣。除州縣，嫁娶皆須八月引戶，人民集會之時，男女自相可適，乃為夫妻，父母不能止。交阯糜泠、九眞都龐二縣，皆在今安南境。皆兄死弟妻其嫂，世以此為俗，長吏恣聽，不能禁制。日南郡男女倮體，不以為羞。由此言之，可謂蟲豸，有靦面目耳。然而土廣人衆，阻險毒害，易以為亂，難使從治。縣官羈縻，示令威服，田戶租賦，裁取供辦，貴致遠珍名珠、香藥、象牙、瑇瑁、珊瑚、琉璃、鸚鵡、翡翠、孔雀、奇物，充備寶玩，不必仰其賦入，以益中國也。然在九甸之外，長吏之選，類不精覈。漢時法寬，多自放恣，故數反違法。珠崖之廢，起於長吏覩其好髮，髡取為髲。及臣所見，南海黃蓋為日南大守，下車以供設不豐，撾殺主簿，仍見驅逐。九眞大守儋萌為妻父周京作主人，并請大吏。酒酣作樂，功曹番歆起舞屬京，京不肯起，歆猶迫彊。萌忿，杖歆，亡於郡內。歆弟苗帥衆攻府，毒矢射萌，萌至物故。交阯大守士燮遣兵致討，卒不能克。又故刺史會稽朱符，多以鄉人虞褒、劉彥之徒，分作長吏侵虐百姓，彊賦於民。黃魚一枚，收稻一斛。百姓怨叛，山賊並出，攻州突郡。符走入海，流離喪亡。次得南陽張津，與荆州牧劉表爲隙，兵弱敵彊，歲歲興軍，諸將厭患，去留自在。津小檢攝，威武不足，爲所陵侮，遂至殺沒。後得零陵賴恭，先輩仁謹，不曉時事。表又遣長沙吳巨爲蒼梧大守。巨武夫輕悍，不爲恭服，所取相怨恨，逐出恭，求步騭。是時津故將夷廖、錢博之徒尚多，騭以次鉏治，綱紀適定，會仍召出。呂岱既至，有士氏之變，越軍南征，平討之日，改置長吏，章明王綱，威加萬里，大小承風。由此言之，綏邊撫裔，實有其人。牧伯之任，既宜清能，荒流之表，禍福尤甚。今日交州雖名粗定，尚有高涼宿賊。高涼，見第十五章第三節。其南海、蒼梧、鬱林、珠官四郡界未綏，鬱林，今廣西貴縣。依作寇盜，專爲亡叛逋逃之藪。若岱不復南，新刺史宜得精密，檢攝八郡，高涼郡，漢末吳所分置，并前所言七郡爲八郡。方略智計，能稍稍以治高涼者，假其威寵，借之形勢，責其成效，庶幾補復。如但中人，近守常法，無奇數異術者，則羣惡日滋，久遠成害。故國之安危，在於所任，不可不察也。」讀此疏，可略知交廣民生、吏治之情形矣。赤烏二年，魏明帝景初三年。十月，將軍蔣祕南討夷賊，所領都督廖式殺臨賀大守嚴綱等，與弟潛共攻零陵、桂陽，漢郡，今湖南郴縣。及搖動交州、蒼梧、鬱林諸郡，衆數萬人。孫權傳。呂岱時在武昌，自表輒行。孫權遣使追拜岱交州牧，及遣諸將唐咨等絡繹相繼，攻討一年，破之，斬式等。呂岱傳。十一年，魏齊王芳正始九年。交阯、九眞夷賊攻沒城邑，交部騷動。以陸胤爲交州刺史、安南校尉。胤入南界，喻以恩信，務崇招納，交域清泰。至孫休永安元年，魏高貴鄉公甘露三年。乃徵還。胤傳。五年，魏常道鄉公景元三年。休使察戰到交阯，調孔雀、大豬。注：察戰，吳官號，案其人姓名似即晉書本紀之鄧句，陶璜傳之鄧荀，見下。先是交阯大守孫諝，科郡上手工千餘人送建業。察戰至，恐復見取，郡吏呂興等因此扇動兵民，招誘諸夷，殺諝。使使如魏請大守及兵。休傳。晉書陶璜傳云：諝貪暴，爲百姓所患，會察戰鄧荀至，擅調孔雀三千頭送秣陵，興殺諝及荀，以郡內附。七年，八月後爲孫晧元興元年。魏常道鄉公咸熙元年。吳復分交州置廣州。孫休傳。仍統南海、蒼梧、鬱林三郡，見晉志。九月，魏以呂興爲使持節都督交州諸軍事。詔曰：「孫休遣使鄧句勅交阯大守鎖送其民，發以爲兵。吳將呂興，因民心忿怒，又承王師平定巴蜀，卽糾合豪桀，誅除句等，驅逐大守長吏，撫和吏民，以待國命。九眞、日南，亦齊心響應，與興協同。興移書日南州郡，開示大計，兵臨合浦，告以禍福。遣都尉唐譜等詣進乘縣，因南中都督護軍霍弋上表自陳。案蜀以李恢爲建寧大守，遙領交州刺史，晉平蜀，亦以弋遙領交州，見晉書地理志。策命未至，興爲下人所殺。魏志本紀。然是歲，魏所置交阯大守之郡。孫晧傳。案華覈傳：寶鼎二年，覈上疏言交州諸郡，國之南土，交阯、九眞二郡已沒，日南孤危，存亡難保，則其時日南尚屬吳。然晉書武帝紀：泰始五年，五月，曲赦交阯、九眞、日南三歲刑，則日南亦屬晉矣。孫晧寶鼎三年，晉武帝泰始四年。遣交州刺史劉俊、前部督修則等入擊交阯，爲晉毛炅等所破，皆死。兵散還合浦。晧傳。晉書武帝紀：泰始四年，十月，吳將顧容寇鬱林，大守毛炅大破之，斬其交州刺史劉俊，將軍修則。陶璜傳：呂興爲功曹李統所殺，帝更以建寧爨谷爲交阯大守。谷又死，更遣巴西馬融代之。融病卒。南中監軍霍弋又遣犍爲楊稷代融，與將軍毛炅、九眞大守董元等自蜀出交阯，破吳軍於古城，斬大都督修則、交州刺史劉俊。建衡元年，晉泰始五年。十一月，遣監軍虞汜、威南將軍薛珝、倉梧大守陶璜由荊州，監軍李勖、督軍徐存從建安海道；建安，見第八章第一節。皆就合浦擊交阯。二年，晉泰始六年。春，李勖以建安道不通利，殺導將馮斐，引軍還。四月，勖及徐存家屬皆伏誅。三年，晉泰始七年。汜、璜破交阯，禽殺晉所置守將，九眞、日南皆還屬。孫晧傳。晉書本紀：四月，九眞大守董元爲吳將虞汜所攻，軍敗，死之。七月，吳將陶璜等圍交阯，大守楊稷與鬱林大守毛炅及日南等三郡降於吳。案謂稷、炅降吳者，說出漢晉春秋。華陽

（國志則云：稷至合浦，歐血死，炅不屈，爲吳所殺。見三國志孫晧傳注。晉書陶璜傳兼采二說，又云：炅密謀襲璜，事覺，被誅。）吳因用璜爲交州刺史。九眞郡功曹李祚保郡，璜遣攻之，踰時乃拔。晧以璜爲交州牧。武平、九德、新昌，（九德，吳分九眞郡立。破交趾後，又分交趾爲新昌郡。諸將破扶嚴夷，置武平郡。皆在今越南境。）土地阻險，夷獠勁悍，歷世不賓，璜征討，開置三郡及九眞屬國三十餘縣。徵璜爲武昌都督，以合浦大守脩允代之。交土人請留璜以千數，於是遣還。（晉書璜傳。）天紀三年，（晉武帝咸寧五年。）夏，脩允轉桂林大守，疾病，住廣州，先遣部曲督郭馬將五百兵至郡，安撫諸夷。允死，兵當分給，馬等累世舊軍，不樂離別；晧時又科實廣州戶口；馬與部曲將何典、王族、吳述、殷興等，因此恐動兵民，會聚人衆，攻殺廣州督虞授。馬自號都督交、廣二州諸軍事，興廣州刺史，述南海大守。典攻蒼梧，族攻始興。（見第三章第九節。）八月，以滕脩領廣州牧，率萬人從東道討馬，與族遇於始興，未得前。晧又遣徐陵督陶濬（璜弟。）將七千人從西道。命交州牧陶璜部伍所領，及合浦、鬱林諸郡兵，當與東西軍共擊馬。陶濬至武昌，聞北軍大出，停駐不前。（孫晧傳。）滕脩赴難，至巴丘，（見第十三章第六節。）而晧已降，乃還，與廣州刺史閭豐、蒼梧大守王毅各送印綬。詔以脩爲廣州牧，委以南方事。脩在南積年，爲邊夷所附。大康九年，卒。（晉書脩傳。）晧既降晉，手書遣璜息融，勑璜歸順。詔復本職。晉減州郡兵，璜上言曰：「交土荒裔，斗絕一方，或重譯而言，連山帶海。又南郡去州，海行千有餘里，外距林邑，纔七百里。夷帥范熊，世爲逋寇，自稱爲王，數攻百姓。且連接扶南，種類猥多，朋黨相倚，負險不賓。往隸吳時，數作寇逆，攻破郡縣，殺害長吏。臣以尫駑，昔爲故國所采，偏戍在南，十有餘年。雖前後征討，翦其魁桀，深山僻穴，尚有逋竄。又臣所統之卒，本七千餘人，南土溫溼，多有氣毒；加累年征討，死亡減耗；其見在者，二千四百二十人。今四海混同，無思不服，當卷甲消刃，禮樂是務，而此州之人，識義者寡，厭其安樂，好爲禍亂。又廣州南岸，周旋六千餘里，不賓屬者，乃五萬餘戶。及桂林不羈之輩，復當萬戶。至於服從官役，纔五千餘家。二州脣齒，惟兵是鎮。又寧州興古，見下。接據上流，去交阯郡千六百里，水陸並通，互相維衞。州兵未宜約損，以示單虛。」又以合浦郡土地磽确，無有田農，百姓惟以采珠爲業，商賈去來，以珠貨米。而吳時珠禁甚嚴，慮百姓私散好珠，禁絕來去，人以飢困。又所調猥多，限每不充。今請上珠三分輸二，次者輸一，麤者蠲除。自十月訖二月，非采上珠之時，聽商旅往來如舊。並從之。璜在南三十年，威恩著於殊俗。及卒，朝廷以員外散騎常侍吾彥代璜。彥傳：在鎮二十餘年，威恩宣著，南州寧靜。彥卒，又以員外散騎常侍顧祕代彥。祕衆父，見衆傳。祕卒，州人逼祕子參領州事。參尋卒，參弟壽求領州，州人不聽，固求之，遂領州。壽乃殺長史胡肇等，又將殺帳下督梁碩。碩走得免，起兵討壽，禽之。付壽母令鴆殺之。碩乃迎璜子蒼梧大守威領刺史。在職甚得百姓心。三年卒。璜父基，吳交州刺史。威弟淑，子綏，後並爲交州。自基至綏四世，爲交州者五人。璜傳。威，晉書忠義王諒傳作咸，云：新昌大守梁碩專威交土，迎立陶咸爲刺史。咸卒，王敦以王機爲刺史，碩發兵距機，自領交阯大守。乃迎前刺史脩則子湛行州事。敦以諒爲交州刺史。諒既到境，湛退還九眞。廣州刺史陶侃遣人誘湛來詣諒，諒斬之。碩率衆圍諒於龍編。以上諒傳。大寧元年五月，龍編陷，諒死之。六月，陶侃遣參軍高寶攻碩，斬之。本紀。參看第三章第九節。大元五年，十月，初九眞大守李遜，父子勇壯有權力，威制交土。聞刺史滕遜之當至，分遣二子，斷遏水陸津要。杜瑗者，朱鳶人，漢朱䳒縣，晉志作朱鳶，在今河內東南。本屬京兆，祖元爲寧浦大守，寧浦，晉郡，今廣西橫縣西南。遂居交趾。瑗仕州府，爲日南、九德、交趾大守。是時爲交趾大守。收衆斬遜，州境獲寧。遜之居州十餘年，及北還，以瑗爲交州刺史。參看下節。義熙六年，年八十四卒。府州綱佐，共推瑗第五子慧度行州府事。辭不就。七年，除交州刺史。詔書未至，盧循襲破合浦，逕向交州。李遜子奕、脫等，引諸俚帥，衆五六千人，受循節度。慧度與弟交趾大守慧期，九眞大守章民討破之。循中箭赴水死。斬李脫等。慧度儉約質素；爲政纖密，有如治家；由是威惠沾洽，姦盜不起。宋少帝景平元年卒。以慧度子弘文爲刺史。亦以寬和得衆。大祖元嘉四年，以廷尉王徽爲交州刺史。弘文就徵。會得重疾，行到廣州，卒。宋書慧度傳。二十年，以檀和之爲刺史。二十三年，伐林邑，破之，事見下節。齊書南夷傳云：泰始初，刺史張牧卒，交趾人李長仁殺牧北來部曲，宋書徐爰傳云：悉誅北來流寓，無或免者。爰時從交州，長仁素聞爰名，爰又以智計詭誘，乃得無患。據交州叛。數年，病死。從弟叔獻嗣事，號令未行，遣使求刺史。宋朝以南海大守沈煥爲交州刺史，以叔獻爲煥寧遠司馬、武平、新昌二郡大守。叔獻得朝命，人情服從，遂發兵守險，不納煥。煥停鬱林，病卒。大祖建元元年，仍以叔獻爲交州刺史，就安慰之。案宋書本紀：泰始四年，三月，以孫奉伯爲交州刺史。交州人李長仁據州叛。妖賊攻廣州，殺刺史羊南，陳伯紹討平之。八月，以劉勃爲交州刺史。五年，七月，以陳伯紹爲交州刺史。七年，二月，置百梁、在今廣東合浦縣東。隴蘇、在合浦東北。永寧、在今廣東陽江縣境。安昌、在合浦北。富昌、未詳。南流郡，今廣西鬱林縣。又分廣、交州三郡廣之臨漳，交之合浦、宋壽。立越州。齊志：鎭臨漳。案臨漳，宋郡，在今合浦東北。蓋孫奉伯、劉勃、陳伯紹皆未能之鎭，故立越州以規交土也。齊書大祖紀：即位後遣使分行四方，以交、寧道遠不遣使。劉善明傳：善明表陳時事，以爲「交州險夐，要荒之表，宋末政苛，遂至怨叛，今大化創始，宜懷以恩德，未應遠勞將士，搖動邊氓。且彼土所出，惟有珠寶，實非聖朝所須之急，討伐之事，謂宜且停。」蓋大祖本意在息民，又時交州惟有珠寶，大祖性儉，非其所重，故遂以姑息處之也。南夷傳又云：叔獻受命，既而斷割外國，貢獻寡少，世祖欲討之。永明元年，以司農劉楷爲交州刺史，發南康、廬陵、始興郡兵征交州。南康見第七章第五節。廬陵見第三章第九節。叔獻聞道自湘川還朝。六年，以始興大守房法乘代楷。法乘至鎮，屬病不理事，好讀書，長史伏登之因此擅權，改易將吏。錄事房季文白之，法乘大怒，繫登之於獄。十餘日，登之厚賂法乘妹夫崔景叔得出，將部曲襲執法乘。啓法乘心疾動，不任親事。世祖仍以登之爲交州刺史。蓋終不免於姑息矣。梁武帝天監四年，二月，交州刺史李凱據州反，長史李畟討平之。十五年，交州刺史李畟斬州反者阮宗孝，傳首京師。普通四年，六月，分交州置愛州。治九眞。皆見本紀。大同七年，先是武林侯蕭諮爲交州刺史，以裒刻失衆心。土人李賁連結數州豪傑，同時反，攻諮。諮輸賂，得還越州。臺遣高州刺史孫冏、新州刺史盧子雄將兵擊之。兼采梁陳書本紀。高州治高涼，見第十五章第三節。新州，梁置，今廣東新興縣。時春草已生，瘴癘方起，子雄請待秋討之。廣州刺史新渝侯蕭映不聽，諮又促之。時諮亦至廣州。子雄等不得已，遂行。至合浦，死者十六七。衆並憚役潰散，禁之不可，乃引其餘兵退還。諮啓子雄及冏與賊交通，逗留不進。武帝敕於廣州賜死。陳書杜僧明傳。子雄弟子略，與冏子姪及其主帥杜天合、杜僧明共舉兵，執南江督護沈顗，進寇廣州。陳書武帝紀。其事詳見杜僧明傳。陳高祖時爲西江督護，討平之。時又遣越州刺史陳侯、羅州刺史甯巨、安州刺史李智、愛州刺史阮漢同征賁。羅州，見第十五章第三節。安州未詳。九年，四月，林邑王破德州，治九德。攻賁。賁將范脩破走之。十年，正月，賁於交趾竊位號，署置百官。梁書本紀。詔陳高祖爲交州司馬，領武平大守，與刺史楊瞟南討。十一年，六月，軍至交州，破賁。中大同元年，四月，克交趾嘉寧城。賁竄入獠洞，屈獠斬賁，傳首京師。陳書高祖紀在大清元年，梁書本紀在二年三月，蓋賁死於元年紀於其傳首至京之日書之。賁兄天寶，遁入九眞，與劫帥李紹隆收餘兵二萬，殺德州刺史陳文戒，進圍愛州。高祖仍率衆討平之。越南國史稱賁爲前李氏，謂其七世祖爲中國人，徙居大平。以大同十年自立國號萬春，年號天德。賁死後，天寶自立爲桃郞王。有趙光復者，亦於大清三年，自立爲越王。敬帝紹泰元年，天寶死，無子，諸臣共立其族人李佛子。陳宣帝大建二年，襲禽趙光復。至隋文帝仁壽三年降隋。據馮承鈞譯迦節越南世系，在史地叢考續編中，商務印書館本。案李佛子之降，事見隋書本紀及劉方傳。越南古史，原係依附中國史籍而成，其不足據，與朝鮮、日本之古史正同也。陳世交、廣之域，歐陽氏實擅大權，歐陽頠爲廣州刺史，及其子紇之事已見前。頠弟盛爲交州刺史。紇之平，交阯夷獠，往往相聚爲寇抄，阮卓奉使招慰。交阯多金翠珠貝珍怪之產，前後奉使者皆致之，惟卓挺身而還，衣裝無他。時論咸服其廉焉。以上所言，爲交、廣緣海之地，爲文明及財富所萃，政權亦託於是。大抵能樹威德者，皆久居其地之豪族，單車孤往，則形同羈旅，即使清能，亦多無以善其後，而貪暴者更無論矣。此其所以勢同割據，五代後卒至分裂而去也。至遠海之區，則啓闢尤遲。齊書州郡志言：「廣州民戶不多，而俚、獠猥雜，皆樓居山險，不肯賓服。越州狸、獠叢居，隱伏巖障，寇盜不賓，略無編戶。元徽二年，以陳伯紹爲刺史，始立州鎭，穿山爲城門，威服俚、獠。土有瘴氣殺人。漢世，交州刺史每暑月輒避處高，今交土調和，越瘴獨甚。刺史嘗事戎馬，惟以戰伐爲務。」此可見廣州之啓闢，不如交州，越州又落廣州之後。蓋其文化皆自海道傳來，交州眣出海中，故其啓闢較易也。

瓊州一島，漢武帝時，置儋耳、今廣東儋縣。珠崖二郡，昭帝時能儋耳，元帝時又能珠崖，已見秦漢史第五章第十六節。孫權欲取夷洲及珠崖，陸遜、全琮皆諫，詳見第五節。然赤烏五年，卒遣將軍聶權、校尉陸凱以兵三萬討珠崖、儋耳。三國吳志權傳。是歲遂置珠崖郡。晉平吳，省入合浦。宋文帝元嘉八年，又立珠崖。南夷傳云：世祖大明中，合浦大帥陳檀歸順。四年，檀表乞官軍征討未附，乃以檀爲高興大守，羅州治。遣前朱提大守費沈、龍驤將軍武期率衆南伐，并通朱崖道。並無功，輒殺檀而返。沈下獄死。則亦僅等諸羈縻而已。

寧州之地，距中原鶱遠，與交廣無異，而又無海路可通，故其閉塞尤甚。自兩漢開闢之後，迄於南北朝，惟蜀漢之世，頗能控制之，則以其相距較近；又蜀土褊狹，軍資國用，勢不能不有藉於此；故能盡力經營也。晉世寧州之地，後漢時分越巂、見第十三章第四節。益州、牂牁、今貴州平越縣。永昌今雲南保山縣。四郡，而以庲降爲控扼之所。三國蜀志李恢傳注云：臣松之訊之蜀人，云庲降地名，去蜀二千餘里。時未有寧州，號爲南中，立此職以總攝之。晉泰始中，始分爲寧州。案馬忠傳言：初建寧郡殺大守正昂，縛大守張裔於吳，故都督常住平夷縣。至忠乃移治味縣。似庲降都督本治益州也。平夷，今雲南曲靖縣。雍闓之亂，殺大守正昂。蜀以張裔爲大守，闓又執之，送於吳。吳遙置闓爲永昌大守。三國蜀志呂凱傳。而以劉璋子闡爲益州刺史，處交、益界首。諸葛亮平南中，闡還吳，爲御史中丞。見蜀志二牧傳。越巂夷王高定、牂牁大守朱褒亦叛。惟永昌五官掾功曹呂凱，與丞王伉閉境拒闓。諸葛亮欲自征之。長史王連諫：以爲不毛之地，疫癘之鄉，不宜以一國之望，冒險而行。亮爲留連久之。建興三年，三月，卒自行。時李恢爲庲降都督，領交州刺史，住平夷。亮由越巂，恢案道向建寧。諸縣大相糾合，圍恢軍於昆明。未詳。恢紿以官軍糧盡，欲引還，乘其怠出擊，大破之。追奔逐北，南至槃江，謝鍾英三國疆域志補注云：卽今南盤江。東接牂牁，與亮聲勢相連。時亮發在道，而雍闓爲高定部曲所殺。亮至南，改益州爲建寧，分建寧、永昌置雲南，治弄棟，今雲南姚安縣。建寧、牂牁置興古，治溫，今雲南羅平縣。表呂凱爲雲南大守，曾爲叛夷所害，子祥嗣。王伉爲永昌大守。軍還，南夷復叛，殺害守將。李恢身往撲討，鉏盡惡類，徙其豪帥於成都，賦其叟、濮耕牛、戰馬、金、銀、犀革，充繼軍資，於時費用不乏。案諸葛亮傳稱亮南征之功，亦曰「軍資所出，國以富饒，」可見當時之用兵，固欲絕後顧之憂，實亦利其賦入也。七年，以交州屬吳，解恢刺史，更領建寧大守。九年，張翼爲庲降都督，持法嚴，不得殊俗之歡心。十一年，耆帥劉胄作亂。翼討之，不克。以馬忠代之，乃討斬胄，移治味縣。越巂叟夷數反，殺大守龔祿、焦璜，是後大守不敢之郡，祇住安定縣，去郡八百餘里。安定治所未詳。除張嶷爲大守。嶷誘以恩信，討其不服，在官三年，徙還故郡，定莋、在今四川鹽源縣南。臺登、在今四川冕寧縣東。卑水在今四川會理縣東北。三縣，舊出鹽、鐵及漆，夷徼久自錮食，嶷率所領奪取，署長吏焉。郡有舊道，經旄牛中，旄牛，漢縣，在今四川漢源縣南。至成都，既平且近，絕已百餘年，更由安上，既險且遠。安上，謝鍾英云：當在峨邊、越巂閒。亦獲開通，復古亭驛。嶷在郡十五年，至延熙十七年乃還。永昌郡夷獠不賓，以霍弋領大守，率偏軍討之，斬其豪帥，郡界寧靜。弋後領建寧大守，統南郡事。蜀亡，降魏，仍拜南中都督，委以本任，使救呂興，事已見前。案馬謖攻心之論，諸葛亮七縱七禽之說，古今侈爲美談。三國蜀志馬謖傳注引襄陽記曰：亮征南中，謖送之數十里。亮曰：「雖共謀之歷年，今可更惠良規。」謖對曰：「南中恃其險阻，不服久矣。雖今日破之，明日復反耳。今公方傾國北伐以事彊賊，彼知官勢內虛，其叛亦速。若殄盡遺類，以除後患，既非仁者之情，且又不可倉卒也。夫用兵之道，攻心爲上，攻城爲下；心戰爲上，兵戰爲下；願公服其心而已。」亮納其策，赦孟獲以服南方，故終亮之世，南方不敢復反。亮傳注引漢晉春秋曰：亮在南中，所在戰捷，聞孟獲爲夷漢所服，募生致之。既得，使觀於營陣之閒，問曰：「此軍何如？」獲對曰：「向者不知虛實，故敗。今蒙賜觀看營陣，若秖如此，即定易勝耳。」亮笑，縱使更戰，七縱七禽，而亮猶遣獲。獲止不去，曰：「公天威也，南人不復反矣。」遂至滇池。南中平，皆即其渠帥而用之。或以諫亮，亮曰：「若留外人，則當留兵，兵留則無所食，一不易也。加夷新傷破，父兄死喪，留外人而無兵者，必成禍患，二不易也。又夷累有廢殺之罪，自嫌釁重，若留外人，終不相信，三不易也。今吾欲使不留兵，不運糧，而綱紀粗定，夷漢粗安故耳。」粗安粗定四字最可注意，所能期望者，原不過如此也。其實反旆未幾，叛旗復舉，重煩討伐，又歷多年，知志在賦取者，終非如厚往薄來之可以無猜也。鄧艾入陰平，或以爲南中七郡，阻險斗絕，易以自守，宜可奔南。譙周言：「若至南方，外當拒敵，內供服御，費用張廣，他無所取，耗損諸夷，必甚，甚必速叛。」事乃已。晉既定蜀，泰始七年，建爲寧州。大康三年，廢寧入益，置南夷校尉以護之。三國蜀志霍峻傳注引漢晉春秋：弋之孫彪，爲晉越巂大守；呂凱傳注引蜀世譜：凱子祥，爲晉南夷校尉；祥子及孫，世守永昌。又馬忠傳注：子修，修弟恢，恢子義，皆爲晉建寧大守。蓋皆用舊人以撫之，故獲相安。惠帝大安二年，復立寧州。巴氐亂作，聲教始隔。永嘉元年，南夷校尉李毅卒，寧州遂陷。治中毛孟求刺史於京都，詔以李遜爲之。遜仍據州與李雄相拒。遜死，州人立其子堅。陶侃使尹奉代之。至成帝咸和八年，乃爲李壽所陷。已見第三章第六節。咸康二年，廣州刺史鄧嶽，遣督護王隨擊夜郎，晉郡，今貴州石阡縣西南。新昌大守陶協擊興古，並克之。加督寧州。五年，嶽又伐蜀，建寧人孟彥執李壽將霍彪以降。壽遣李奕攻牂牁，大守謝恕固守，奕糧盡引還。後八歲，李氏滅，寧州還屬晉朝。苻堅陷益州，載記言西南夷邛、筰、夜郎等皆歸之，蓋嘗致其獻見，然堅實未能有其地也。宋世蕭惠開督益、寧，大明八年。傳言其欲收牂牁、越巂，以爲内地，綏討蠻、濮，闢地徵租，然有志而未逮。梁世武陵王紀居蜀，史言其南開寧州、越巂，故能殖其財用，已見第十三章第四節，此亦意在賦斂而已。其時徐文盛爲寧州，傳云：州在僻遠，所管羣蠻，不識教義，貪欲財賄，劫篡相尋，前後刺史莫能制。文盛推心撫慰，示以威德，夷獠感之，風俗遂改。當時自邊徼舉兵勤王者，實惟文盛與陳高祖二人，其人蓋亦異才，惜乎未竟其用也。齊書州郡志云：寧州道遠土瘠，蠻夷衆多，齊民甚少，諸爨氏强族，恃遠擅命，故數有土反之虞。蓋客籍官於寧能舉其職亦少，故其後地遂爲兩爨所擅焉。

第三節 林邑建國

秦、漢之開南越，所至之地，不爲不遠，然其地陸路阻塞，交通皆藉海道，其南境，海道距印度近而距中國已開發之地遠，故越三四百年，其地之民族，遂有承襲印度之文化而謀自立者，林邑是也。晉書林邑傳曰：林邑國，本漢時象林縣，則馬援鑄柱之處也。漢象林縣，在今越南之廣南。其地有茶蕎古城，考古者云即林邑之都，見鄂盧梭占城史料補遺，在西域南海史地考證譯叢續編中，商務印書館本。水經溫水注云：建武十九年，馬援樹兩銅柱於象林南界，與西屠國分，漢之南疆也。土人以其流寓，號曰馬流，世稱漢子孫也。又云：秦徙餘民，染同夷俗，日南舊風，變易俱盡。蓋其地華人甚少，故漸爲夷所同化。後漢末，功曹姓區，有子曰連，梁書作達，水經注作逵。殺令，自立爲王。子孫相承。水經注云：自區逵以後，國無文史，失其年代，世數難詳。其後王無嗣，外孫梁書作外甥，隋書作其甥。范熊代立。熊死，子逸立。自孫權以來，不朝中國。至武帝大康中，始來貢獻。咸康二年，梁書、南史作三年。范逸死，奴文篡位。文，日南西卷縣夷帥范椎奴也。齊梁書、南史皆作范稚。西卷縣，在今越南承天府附近。嘗牧牛澗中，獲二鯉魚，化成鐵，用以爲刀。刀成，乃對大石鄣而祝之曰：「鯉魚變化，冶成雙刀，石鄣破者，是有神靈。」進斫之，石即瓦解。文知其神，乃懷之。隨商賈往來。梁書、南史云：范稚常使之商賈。見上國制度。至林邑，遂教逸作宮室、城邑及器械。梁書、南史作及兵車器械。逸甚愛信之，使爲將。文乃譖逸諸子，或徙或奔。及逸死，無嗣，文遂自立爲王。梁書、南史云：文僞於鄰國迎王子，置毒於漿中而殺之，遂脅國人自立。於是乃攻大岐界、小岐界、式僕、徐狼、屈都、乾魯、扶單等諸國，幷之。梁書云：舉兵攻旁小國，皆吞滅之。有衆四五萬人。近世治南洋史者，謂林邑即唐之環王，五代後之占城。在我雖有異名，在彼則迄以占婆自號。唐書：環王，亦名占婆。西域記名摩訶瞻波。南海寄歸內法傳作占波。未嘗有所謂林邑者。馮承鈞譯馬司培羅占婆史序，商務印書館本。案太平寰宇記卷百七十六云：林邑國，本秦象郡林邑縣地。漢爲象林縣，屬日南郡。而水經注述林邑事，有「後去象林，林邑之號」之文，則占婆建國之初，實曾以中國縣名爲其國號也。三國吳志呂岱傳，謂岱既定交州，遣從事南宣國化，徼外扶南、林邑、明堂諸王，各遣使奉貢，則晉書謂自孫權以來不朝中國者，實非；或其所謂中國，乃指漢、魏而言也。後漢書南蠻傳：和帝永元十二年四月，日南象林縣蠻夷二千餘人寇掠百姓，燔燒官寺，郡縣發兵討擊，斬其渠帥，餘衆乃降。於是置象林將兵長史，以防其患。順帝永和二年，日南象林徼外蠻夷區憐等數千人攻象林縣，燒城寺，殺長吏。交阯刺史樊演發交阯、九眞二郡兵萬餘人救之。兵士憚遠役，遂反，攻其府。會侍御史賈昌使在日南，即與州郡幷力討之，不利，遂爲所攻圍。明年，用李固議，拜祝良爲九眞大守，張喬爲交阯刺史，乃討平之。後張津爲區景所殺，事見上節。然則象林徼外蠻夷爲患已久，而區氏爲象林魁桀，故終至殺令而自立也。占婆古碑，尙有存者。馬司培羅謂考諸碑文，占婆有史以來第一王爲釋利魔羅(Çri Mara)，或卽區連云。見占婆史第二章。范爲中國姓，抑係譯音，近人多有異說。伯希和云：占婆碑文國王名號，無一與范字相類者；馬司培羅謂范爲 Varnan 對音，詳見費郞葉調斯調與爪哇，在西域南海史地考證譯叢續編中。其言似亦有理，然究不能謂中國史所載林邑諸王，必見於占波碑文中也。予謂范文之知識，尙係得諸中國，則自此以前，以中國人入占波作大長，於勢甚順。范熊、范文，不必論其種姓如何，視爲中國民族，固無不可也。

陶璜言范熊世爲逋寇，則林邑之爲邊患，由來已舊，及范文立而愈烈。晉書林邑傳言：文遣使通表入貢，其書皆胡字，此與本紀所書咸康六年十月，林邑獻馴象，當卽一事。後七年而兵端啓。傳云：永和三年，文率其衆，攻陷日南。陷大守夏侯覽，殺五六千人，餘奔九眞。以覽尸祭天，鏟平西卷縣城。遂據日南。告交州刺史朱蕃，梁書作朱藩。求以日南北鄙橫山爲界。初徼外諸國，嘗齎寶物，自海路來貨賄，而交州刺史、日南大守多貪利侵侮，十折二三。至刺史姜壯時，梁書、南史皆作姜莊。使韓戢領日南大守，戢估較大半，又伐船調桅，聲云征伐，由是諸國恚憤。且林邑少田，貪日南之地。戢死，繼以謝擢，梁書作謝稚。侵刻如初。及覽至郡，梁書云：蔡遣覽爲大守。耽荒於酒，政教愈亂，故被破滅。旣而文還林邑。是歲，朱蕃使督護劉雄戍於日南，文復攻陷之。四年，文又襲九眞，害士庶十八九。明年，征西督護滕畯率交、廣之兵伐文於盧容，縣名，當在承天府之南。爲文所敗，退次九眞。其年，文死，子佛嗣。升平末，廣州刺史滕含率衆伐之。佛懼，請降。含與盟而還。含，脩之孫，見脩傳。梁書林邑傳云：文殺夏侯覽，留日南三年，乃還林邑。朱藩後遣劉雄戍日南，文復屠滅之。進寇九德，殘害吏民。遣使告藩，願以日南北境橫山爲界。藩不許。又遣督護陶緩、李衢討之。文歸林邑。尋復屯日南。五年，文死，子佛立。猶屯日南。桓溫遣督護滕畯、九眞大守灌邃帥交廣州兵討之。佛嬰城固守。邃令畯盛兵於前，邃率勁卒七百人自後踰壘而入。佛衆驚潰奔走。邃追至林邑。佛乃請降。留日南三年，句乃總其前後而言之。自永和三年至五年。此處所謂乃還林邑，與下文之文歸林邑正是一事。然云尋復屯日南，又云文死，子佛立，猶屯日南；則自永和三年之後，林邑之兵，實迄未嘗去日南矣。惟范文初還劉雄未敗時嘗暫復，此時文實尚未據日南也。滕畯之兵，晉書在范文時言其敗，而梁書在范佛時言其勝者？水經注言：永和五年，桓溫遣督護滕畯率交廣兵伐范文於舊日南之盧容縣，爲文所敗，退次九眞，更治兵。文被創死，子佛代立。七年，畯與交州刺史楊平復進軍壽泠浦。在區粟城之南。區粟城，水經注云：卽西卷縣。入頓郎湖。在四會浦口之西。四會浦口今順安海。討佛於日南故治。佛蟻聚連壘五十餘里。畯、平破之。佛逃竄山藪，遣大帥面縛請罪軍門。遣武士陳延勞佛，與盟而還。則畯征林邑，實經再駕，始敗終勝，范文既以創死，則初役亦不得謂全敗。晉書漏書其後一役，梁書又漏書其前一役也。本紀：永和九年三月，交州刺史阮敷討佛於日南，破其五十餘壘。梁書傳云：升平初，復爲寇暴，刺史溫放之討破之。放之，嶠子。晉書嶠傳云：放之以貧求爲交州，朝廷許之。既至南海，甚有威惠。將征林邑，交阯大守杜寶、別駕阮朗並不從，放之以其沮衆，誅之，勒兵而進，遂破林邑而還。水經注事在升平二年，云水陸累戰，佛保城自守，重求請服，聽之。本紀：三年十二月，放之又討林邑參離、耽潦，蓋林邑屬夷。並降之。此數事晉書傳亦漏書。傳又云：至孝武寧康中，遣使貢獻。至義熙中，每歲又來寇日南、九眞、九德諸郡，殺傷甚衆。交州遂致虛弱，而林邑亦用疲弊。佛死，子胡達立，上疏貢黃金盤椀及金鉦等物。一似佛死胡達立，在義熙之後者，其誤殊甚。杜慧度傳：慧度父瑗，平李遜之亂，交州刺史滕遜之乃得至州，已見上節。傳又云：遜之在前十餘年，與林邑累相攻伐。遜之將北還，林邑王范胡達攻破日南、九德、九眞三郡，遂圍州城。時遜之去已遠，瑗與第三子叏之，悉力固守。多設權策，累戰，大破之。追討於九眞、日南，連捷。故胡達走還林邑。乃以瑗爲交州刺史。義熙六年，年八十四卒。李遜之叛，事在大元五年十月，其見殺在六年七月。遜之到官，必在六七年間，在州十餘年，約當大元之末，佛死而胡達繼，必在升平二年至大元末年之間。梁書傳云：安帝隆安三年，佛孫須達，復寇日南，執大守炅源。又進寇九德，執大守曹炳。交阯大守杜瑗遣都督鄧逸等擊破之，卽以瑗爲刺史。則隆安三年，林邑王位，又嬗於須達矣。晉書本紀：大元七年三月，林邑范熊獻方物，此時在位者爲佛爲胡達不可知，要不得更有范熊，疑熊乃號而非名也。梁書傳又云：義熙三年，須達復寇日南，殺長史。瑗遣海邏督護阮斐討破之，斬獲甚衆。九年，須達復寇九眞，行郡事杜慧期慧度弟。與戰，斬其息交龍王甄知，及其將范健等。生俘須達息那能，及虜獲百餘人。本紀：是年三月，林邑范湖達寇九眞，交州刺史杜慧度斬之。湖達蓋卽甄知，亦號而非名也。梁書傳云：自瑗卒後，林邑無歲不寇日南、九德諸郡，殺盪甚多。交州遂致虛弱。杜慧度傳云：高祖踐阼之歲，慧度率文武萬人南討林邑，所殺過半。前後被鈔略，悉得還本。林邑乞降。是役蓋亦一大舉，然兵端仍不戢。宋書林邑傳云：高祖永初二年，林邑王范陽邁遣使貢獻，卽加除授。大祖元嘉初，侵暴日南、九德諸郡。八年，又遣樓船百餘寇九德，入四會浦口。交州刺史阮彌之遣隊主相道生三千人赴討，攻區粟城，不克而還。林邑欲伐交州，借兵於扶南，扶南不從。十年，陽邁遣使上表獻方物，求領交州。詔答以道遠，不許。十二、

十五、十六、十八年，頻遣貢獻，而寇盜不已，所貢亦陋薄。大祖忿其違慠。二十三年，使交州刺史檀和之伐之。遣大尉振武將軍宗慤受和之節度。和之遣府司馬蕭景憲爲軍鋒，慤仍領景憲軍副。向區粟城，克之。乘勝進討，即克林邑。陽邁父子並挺身奔逃。所獲珍異，皆是未名之寶。此役之後，林邑寇盜遂息，或謂中國之兵威有以懾之，覈其實，亦未必然，齊書林邑傳云：永初二年，林邑王范楊邁初產，母夢人以金席藉之，光色奇麗，中國謂紫磨金，夷人謂之楊邁，故以爲名。楊邁死，子咄立，慕其父，復改名楊邁。下敍檀和之征林邑事。其下云：楊邁子孫相傳爲王，未有位號。夷人范當根純攻奪其國，篡立爲王。永明九年，遣使貢獻金簟等物。詔可持節都督緣海諸軍事、安南將軍、林邑王。范楊邁子孫范諸農率種人攻當根純，復得本國。十年，以諸農爲持節都督緣海諸軍事、安南將軍、林邑王。永泰元年，諸農入朝，海中遭風溺死。以其子文款爲假節、都督緣海諸軍事、林邑王。梁書則云：須達死，子敵眞立。其弟敵鎧，攜母出奔。敵眞追恨不能容其母弟，舍國而之天竺，傳位於其甥。國相藏驎固諫，不從。其甥既立，而殺藏驎。藏驎子又攻殺之，而立敵鎧同母異父之弟曰文敵。文敵後爲扶南王子當根純所殺。大臣范諸農平其亂，而自立爲王。諸農死，子陽邁立。宋永和二年，遣使貢獻，以陽邁爲林邑王。陽邁死，子咄立，慕其父，復曰陽邁。下乃敍元嘉以來侵暴，及檀和之討伐之事。案自義熙九年至永初二年，其間僅八年，似未能容敵眞、敵鎧、藏驎、文敵、范當根純、范諸農之爭奪相殺，及諸農後兩世之傳襲。永明九年、十年之除授，明有當根純及諸農之名，必不致誤。齊書扶南傳：永明二年，其王闍邪跋摩上表曰：「臣有奴名鳩酬羅，委臣逸走，別在餘處，構結凶逆。遂破林邑，仍自立爲王。伏願遣軍，討伐凶逆。臣亦自效微誠，助朝廷翦撲。若欲別立餘人爲彼王者，伏聽勅旨。脫未欲灼然興兵者，伏願特賜勅在所，隨宜以少軍助臣，乘天之威，殄滅小賊。」此所謂鳩酬羅，與當根純當卽一人。一云奴，一云王子者？或奴而見養爲子；或實奴而詐稱王子；或又諱子叛父稱之爲奴也。然則梁書此段敍述必誤。陽邁本號而非名，占婆史云：陽邁 (yan mah) 意言金王也。故人人可以之自稱也。齊書死於永初二年之楊邁，似卽須達；梁書范諸農之子陽邁，則卽齊書之文款也。林邑在宋、齊之際，蓋內既有釁，外又遭扶南賊子之侵寇，故無暇陵犯邊邑矣。梁書又云：孝武建元、當作孝建。大明中，林邑王范神成，累遣長史奉表貢獻。明帝泰豫元年，又遣使獻方物。齊永明中，范文贊累遣使貢獻。神成、文贊，似卽敵眞、文敵。二人皆須達之子，而未受封拜，故齊書云陽邁子孫相傳爲王，未有位號也。闍邪跋摩之表在永明二年，則當根純之篡奪林邑，必尙在其前，永明中文贊似不容累使貢獻，或國都雖見奪於當根純，范文之子孫，仍能據一隅自守，諸農乃藉之而起，亦如後世新、舊阮之事邪？梁書又云：天監九年，文贊子天凱奉獻白猴。詔以爲持節都督緣海諸軍事、林邑王。十三年，天凱累遣使獻方物，俄而病死，子弼毳跋摩立，奉表貢獻。普通七年，王高式勝鎧遣使獻方物。中大通二年，行林邑王高式律陁羅跋摩遣使貢獻。詔皆以爲持節督緣海諸軍事、綏南將軍、林邑王。文贊果卽文敵，則天凱非以子繼父，乃繼文款之後，要仍爲范文之子孫。弼毳跋摩之名，忽易而爲侏離之語，云係文贊之子，或不可信。當時史籍，於四裔世次多誤，參看第七節吐谷渾、第八節高昌等可見。自此以後，林邑諸王名號皆然，疑其國更有變故，而爲史所不詳。王林邑者，自中國民族易而爲印度民族，或卽在斯時也。林邑之自立，實由占婆民族受印度文化之濡染，程度稍高，不忍官吏之貪暴而叛去。晉書林邑傳云：

人皆倮露徒跣，以黑色爲美；隋書傳云：其人深目高鼻，髮拳色黑；可見其民純係馬來人。其文化：如居處爲閣，名曰干闌，門戶皆北向；男女皆以橫幅吉貝繞要以下，謂之干漫，亦曰都縵；不設刑法，有罪者使象蹋殺之；梁書本傳。自係馬來舊俗。然謂師君爲婆羅門，齊書本傳。其大姓亦號婆羅門，宋書本傳。女嫁者由婆羅門牽壻與婦握手相付，齊書。其王著法服，加瓔珞，如佛像之飾，事乾尼道，鑄金銀人像大十圍，檀和之銷其金人，得黃金數十萬斤。宋書。人皆奉佛，文字同於天竺，隋書本傳。則純爲來自印度之文化矣。種族既不相同，文化又復岐異，爲之大長之范氏，即果係中國人，其不能持久，亦其宜也，況益以官吏之貪暴乎？既服於我之民族，復叛而去，論者恆以爲可惜。然政治之箝轄，僅一時之事，惟社會合同而化，乃可以長治久安。苟其不然，兵力雖强，政令雖酷，終不能永遠束縛也。文化本所以謀樂利，我之文化，果優於彼，彼自樂從。若其不然，安能强人以從我？文化既不相同，安能禁人之謀自立？若謂彼藉我之力而稍開化，轉圖叛我，實爲孤恩。則我之啓發彼，果爲我歟？抑爲彼也？此世所謂先進之民族，不應不撫心自問者也。果以大公無我爲心，則人自不知求自立而至於知求自立，正見我牖啓之功，以先知先覺自任者，正當欣然而笑耳。

第四節　海南諸國

梁書海南傳云：海南諸國，大抵在交州南及西南大海洲上。相去近者三五千里，遠者二三萬里。其西與西域諸國接。漢元鼎中，遣伏波將軍路博德開百越，置日南郡，其徼外諸國，自武帝以來皆朝貢。後漢桓帝世，大秦、天竺皆由此道遣使貢獻。及吳孫權時，遣宣化從事朱應、中郎康泰通焉。其所經及傳聞，則有百數十國。因立記傳。晉代通中國者蓋尠，故不載史官。及宋、齊至者十有餘國，始為之傳。自梁革運，其奉正朔，脩貢職，航海歲至，踰於前代矣。今采其風俗粗著者，綴為海南傳云。案史官記載之多少，由於諸國脩貢職者之多少，諸國脩貢職者之多少，特其與朝廷交際之多少，民閒航海之盛衰，則初不係乎此也。傳以林邑居首，今以其本為中國郡縣，別為一節，其餘諸國，則著之於此。

海南諸國，扶南為大。扶南，今柬埔寨也。晉書扶南傳云：西去林邑三千餘里，在海大灣中。齊書云：在日南之南大海西蠻中，蠻蓋灣之誤。梁書云：在日南郡之南海西大灣中，去日南可七千里，在林邑西南三千餘里。乍觀之，極似指今之泰國，故中外史家，多有以泰國釋之者，然非也。法艾莫湼扶南考曰：「凡中國史家所載扶南事蹟，證之柬埔寨，全相脗合，然從未有一端合於暹羅者。」艾莫湼扶南考，在國聞譯證第一冊中，開明書店本。記扶南事者，以梁書為詳。其傳云：扶南國俗本躶，文身被髮，不制衣裳。以女人為王，號曰柳葉。晉書作葉柳。年少壯健，有似男子。其南有徼國，齊書作激國，南史同。晉書但云外國人。有事鬼神者字混塡。晉書作混潰。夢神賜之弓，乘賈人舶入海。混塡晨起，即詣廟，於神樹下得弓。便依夢乘船入海，遂入扶南外邑。晉書云：夢神賜之弓，又教乘船入海。混潰旦詣神祠，得弓，遂隨賈人汎海至扶南外邑。齊書云：夢神賜弓二張。柳葉人衆見舶至，欲取之。混塡即張弓射其帕，穿度一面，矢及侍者。齊書云：貫船一面，通中人。柳葉大懼，舉衆降。混塡乃教柳葉穿布貫頭，形不復露。遂治其國。伯希和越南半島中國史文引吳時外國傳曰：扶南之先，女人為主，名柳葉。有摸趺國人，字混慎，好事神，一心不懈。神感至意，夜夢人賜神弓一張，教載賈人舶入海。混慎晨入廟，於神樹下得弓，便載大船入海。神迴風令至扶南。柳葉欲劫取之。混慎舉神弓而射焉，貫船通渡。柳葉懼伏，混慎遂王扶南。此文見大平御覽卷三百四十七。伯希和云：吳時外國傳，即康泰行記之一名。柳葉似非譯音若云譯意，柬埔寨無柳樹，何來柳葉？恐是椰葉之誤。明陳繼儒珍珠船云：訶陵以柳花爲酒，柳花酒必是已見唐人記載之椰子花酒。設女王實名椰葉，則可推想扶南亦有一椰樹部落，與古占城同矣。混愼他書作塡或滇，康泰元文似作瑱，此爲 Kaundinya 之漢譯無疑也。摸趺不見他書，必有誤。御覽又引康泰扶南土俗多條，大半在第七百八十七卷中。有一條言混塡初載賈人大舶入海之國名烏文國，其元名似係 Uman 或 Umun，然亦無考。一條云：橫趺國，在優鈸之東南。又云：優鈸國在天竺之東南可五千里。城郭、珍玩、謠俗，與天竺同。橫趺、摸趺，字形相類，明是一國。以古來譯例求之，元名似係摸趺。此處所云天竺，設指全印度，則其東南五千里之優鈸，應在恆河以東。摸跋在優跋東南，似當求之馬來半島東岸。烏文亦在此處。惟未將康泰行記一切殘文及他可助考證文字詳考，不能盡廢在印度東岸之說也。伯希和此篇在馮承鈞西域南海史地考證譯叢中。占婆古有二大部落：一曰檳榔，在賓童龍，一曰椰子，在其北。見馮譯占婆史第一章。納柳葉爲妻。生子，分王七邑。其後王混盤況，以詐力閒諸邑，令相疑阻，因舉兵攻幷之。乃遣子孫，分治諸邑，號曰小王。盤況年九十餘乃死。立中子盤盤，以國事委其大將范蔓。盤盤立三年死。國人共舉蔓爲王。蔓勇健，有權略。復以兵威攻伐旁國，咸服屬之。自號扶南大王。乃治作大船，窮漲海，費耶云：卽東起瓊州，西至麻六甲海峽之中國海。見所著蘇門答剌古國考。蘇門答剌史草篇。馮承鈞譯，商務印書館本。攻屈都昆、九稚、典孫等十餘國，開地五六千里。次當伐金隣國，伯希和扶南考云：屈都昆之名，他處未見，僅見屈都乾、都昆、都軍等。屈都乾見齊書林邑傳及太平御覽卷七百九十。水經注卷三十六引林邑記，省稱屈都。此處之屈都昆，應卽都昆。通典卷百八十八，御覽卷八百八十八，有邊斗，一云班斗，都昆，一云都軍，拘利，一云九離，比嵩四國。云：並隋時聞焉。扶南度金隣大灣，南行三千里，有此四國。都昆，應在馬來半島。九稚，蓋九離之譌，亦卽御覽卷七百九十之句稚。典孫，卽頓遜。金隣，御覽七百九十引異物志云：一名金陳，去扶南可二千餘里。又引外國傳云：從扶南西去金陳二千餘里。水經注卷一引竺芝扶南記云：林陽國，陸地距金隣國二千里。御覽卷七百八十七引康泰扶南土俗云：扶南之西南，有林陽國，去扶南七千里。又引南州異物志云：林陽，在扶南西七千餘里。義淨南海寄歸內法傳，亦有金隣之名，日本僧人注解，謂即此傳之金洲，則爲梵文之Suvarnadvipa，今之Palembang矣。伯希和此篇，亦馮承鈞譯，在史地叢考續編中。蔓遇疾，遣大子金生代行。蔓姊子旃，時爲二千人將，因篡蔓自立。遣人詐金生而殺之。蔓死時，有乳下兒名長，在民間。至年二十，乃結國中壯士襲殺旃。旃大將范尋，又殺長而自立。吳時，遣中郎將康泰、宣化從事朱應使於尋國。國人猶裸，惟婦人著貫頭。泰、應謂曰：「國中實佳，但人褻露可怪耳。」尋始令國內男子著橫幅。橫幅，今干縵也。案三國吳志孫權傳：赤烏六年十二月，扶南王范旃遣使獻樂人及方物，呂岱傳言扶南奉貢，已見上節。岱之召還，在黃龍三年，則扶南入貢，應在黃龍三年以前。惟史家敍事，不能皆具年月，岱傳或係要其終而言之，則扶南初入貢，或即在此年，亦未可知也。則范旃篡立，略當吳大帝之時。其先須容一老壽之盤況及盤盤三年；自此上溯，必尚有數世，則混塡年代，必不得甚近。扶南之建國，尚當在林邑之先也。晉書扶南傳云：武帝泰始初，遣使貢獻。大康中，又頻來。武帝紀：泰始四年，扶南、林邑各遣使來獻。此後書其至者，爲大康六年、七年、八年。梁書云：晉武帝大康中，尋始遣使貢獻，誤。穆帝升平初，復有竺旃檀稱王，遣使貢馴象。帝以殊方異獸，恐爲人患，詔還之。此事紀在升平元年，竺旃檀作天竺旃檀，竺蓋天竺之省稱也。其後紀於大元十四年，又書其來獻方物，而不言其王爲何人。梁書亦敍竺旃檀貢馴象事，下云：其後王憍陳如，本天竺婆羅門也。有神語曰：應王扶南。憍陳如心悅，南至盤盤。見下。扶南人聞之，舉國欣戴，迎而立焉。復改制度，用天竺法。按竺旃檀當是印度人，當其時，天竺治法，必已頗行於扶南矣，特至憍陳如而更盛耳。梁書又云：憍陳如死，後王持梨陀跋摩，宋，文帝世，奉表獻方物。宋書夷蠻傳云：元嘉十一、十二、十五年，國王持黎跋摩遣使奉獻。齊書南夷傳云：宋末，扶南王姓僑陳如，名闍耶跋摩，遣商貨至廣州。天竺道人那伽仙附載欲歸國，遭風至林邑，掠其財物皆盡。那伽仙閒道得達扶南。案此敍事卽係據其表辭。永明二年，闍耶跋摩遣那伽仙上壽，已見上節。梁天監二年，跋摩復遣使送珊瑚佛像；并獻方物。詔以爲安南將軍、扶南王。十年、十三年，跋摩累遣使貢獻。其年死。庶子留陁跋摩殺其嫡弟自立。其後十六年、十八年、普通元年、中大通二年、大同元年、五年，又遣使來，皆見本傳。陳高祖永定三年，宣帝大建四年，後主禎明二年，皆使獻方物，見本紀。艾莫涅扶南考，謂中國於四裔同時或時極相近者，多以異名稱之，層見疊出。使能名號歸一，國數必可大減。彼謂文獻通考紀狠牙脩事云：立國以來，四百餘年，後嗣衰弱。王族有賢者，國人歸之。王聞，乃加囚執，其鎖無故自斷。王以爲神，不敢害。逐出境。遂奔天竺。天竺妻以長女。俄而狠牙脩王死，大臣迎還爲王。二十餘年死。子婆加達多立。天監十四年，遣使阿撒多奉表。案此亦梁書海南傳之文。狠牙脩卽扶南賢王，卽僑陳如，此說似大早計。彼又謂僑陳如之印度名曰甘婆(Kambu)，從大自在天神(Śiva)處得一婦，卽柬埔寨梵文碑之班羅(Perá)。因此，古代傳說，其國名甘婆地(Pays de Kambu)，敎徒名甘婆闍(Kambujas)。意卽系出甘婆之人。此爲其五世紀時之名，後遂以甘白智名國云。甘白智，柬埔寨古名。僑陳如登位後，號持留陁跋摩(Śrutavarman)，意卽聖經之保衛者。柬埔寨列王，皆以跋摩(Varman)字爲尊號結尾，自此王啓之也。持梨陁跋摩(Śresthavarman)意爲善人與婆羅門敎士之保護者。後代碑文，稱其居持梨陁補羅(Śresthapura)，意卽婆羅門城。留陁跋摩(Rudravarman)自附於僑陳如之女之統系，必持梨陁跋摩之戚屬而非其子。碑刻中亦頌揚其功烈云。

梁書扶南傳云：其南界三千餘里有頓遜國。在海崎上。地方千里。城去海十里。有五王，並羈屬扶南。艾莫涅云：史萊格 (Schlegel) 謂卽今答納薩利，或曰那賽林是也。惟南境當展至麻六甲半島。頓遜之東界通交州，其西界接天竺、安息徼外諸國，往還交市。所以然者？頓遜迴入海中千餘里，漲海無崖岸，船舶未曾得逕過也。其市東西交會，日有萬餘人，珍物寶貨，無所不有。頓遜之外，大海洲中，又有毗騫國。去扶南八千里。艾莫涅曰：卽白古。言距扶南八千里者，自扶南之毗騫當繞行麻六甲半島全部也。伯希和云：此國似在 Iraouaddy 江及印度洋緣岸。傳其王身長丈二，頭長三尺，自古來不死，莫知其年。王神聖，國人善惡及將來事，王皆知之，是以無敢欺者。南方號曰長頸王。南史劉杳傳：沈約云「何承天纂文奇博，其載張仲師及長頸王事，此何所出？」杳曰：「仲師長尺二寸，惟出論衡；長頸是毗騫王，朱建安扶南以南記云：古來至今不死。」約卽取二書尋檢，一如杳言。朱建安扶南以南記，卽朱應扶南異物志也。國俗有室屋、衣服，噉粳米。其人言語，小異扶南。艾莫涅曰：此猶言猛種 (Mons) 或白古種 (Pégouans) 言語，與吉蔑族 (Khmers) 言語相似也。至今日始知其確。國法刑罪人，並於王前噉其肉。國內不受估客，有往者亦殺而噉之，是以商旅不敢至。王常樓居，不血食，不事鬼神。其子孫生死如常人，惟王不死。扶南王數遣使與書相報答。王亦能作天竺書，書可三千言，說其宿命所由，與佛經相似，並論善事。又傳扶南東界卽大漲海，海中有大洲，洲上有諸薄國，國東有馬五洲。復東行漲海千餘里，有自然火洲。其上有樹生火中，洲左近人剝取其皮，紡績作布，極得數尺，以爲手巾，與焦麻無異，而色微青黑。若小垢汙，則投火中，復更精潔。或作燈炷，用之不知盡。案此卽火浣布，乃石緜所製，昔人不知其故，自然火洲，蓋上有火山，因附會而爲此說也。蘇門答剌古國考云：通典卷百十八，御覽卷七百八十八，有國名杜薄，在扶南東漲海中，直渡海數十日而至，伯希和以爲社薄之譌。社薄古音讀如 Jabak，爲闍婆迦 (Jāvaka)、闍婆格 (Zābag) 之對音。印度羅摩延書 (Rāmāyana) 有耶婆洲 (Yavadvipa)，耶婆 (Yava) 之名，昔人釋爲爪哇，然中有七國，莊嚴黃金爲飾之語，南海西部諸洲，有金礦者，惟一蘇門答剌，蘇門答剌昔名耶婆，轉爲闍婆，又轉爲闍婆迦，諸薄古音讀若 Cubak，應亦爲闍婆迦之譌譯，則亦應在蘇門答剌矣。凡此諸國，殆皆因扶南而傳聞者也。其自宋至陳來朝貢者，有訶羅陁，元嘉七年來獻，史載其表辭，王名堅鎧，所遣二人，一名毗紉，一名婆田。呵羅單國元嘉七年亦來獻，無表文及王與使者之名。十年奉表，王名毗沙跋摩，後爲子所篡奪。十三年又上表，求買鎧仗、袍襖及馬，所遣使者亦名毗紉，頗疑訶羅陁、呵羅單實一國，而史誤析爲二也。呵羅單，元嘉七年、十年、十三年來，後又一來，二十六年，與媻皇、媻達同被除授，二十九年又來，治闍婆洲。本紀紀其十一年、十四年來而無十三年來之事，十年有闍婆洲來，疑亦即呵羅單，而史誤析之也。媻皇，元嘉二十六年、二十八年、孝建三年、大明三年、八年、泰始二年來，紀載其元嘉十九、二十六年來，孝建之來在二年。媻達，元嘉二十六年、二十八年再來，紀十二年來而二十八年祇一來。闍婆婆達，元嘉十二年來，紀作闍婆娑達，南史作闍婆達。盤盤，元嘉、孝建、大明中，大通元年、四年來，四年，南史作六年。陳宣帝大建四年、後主至德二年來，見紀。唐書：盤盤北與環王，南與狼牙脩接，艾莫涅云：今之槃直 (Padjai (Phonthiet)) 邦利 (Panri) 邦朗 (Panrang) 諸谷道，皆從盤盤一名變化而來。丹丹，中大通二年、大同元年來，陳宣帝大建四年來，十三年來，後主至德二年來，見紀。干陁利，宋孝武世，梁天監元年、十七年、普通元年來，陳文帝天嘉十年來，見紀。此國或云在爪哇，或云在蘇門答剌。艾莫涅云：即後之赤土，居湄南江下游，今泰國之地也。狼牙脩，天監十四年來，紀又載其普通四年、中大通三年來。陳廢帝光大元年來，見紀。婆利，天監十六年、普通三年來，艾莫涅云：即安南古著作家所記之 Balsi，爲扶南之別名。其遺使之年，皆與扶南同。傳云：王姓憍陳如，自古未通中國，問其先及年數，不能記焉，而書白淨王夫人卽其國女也。艾莫湼云：白淨王夫人卽柳葉，案此似近武斷。投和：陳書後主紀：至德元年十二月，頭和國來，當卽此。馮承鈞云：此國在湄南江流域。大抵在今馬來半島、蘇門答剌、爪哇之境。諸國人皆黑色，中國謂之崑崙，入奴籍者頗多。晉書孝武文李太后傳：爲宮人，在織坊中，形長而色黑，宮人皆謂之崑崙，此以黑色者爲崑崙也。宋書王玄謨傳：孝武寵一崑崙奴子，常在左右，令以杖擊羣臣，此以崑崙爲奴之證。然用崑崙爲奴者，初不必帝王之家，故唐人小說，多有所謂崑崙奴者。齊書王琨傳：父懌不慧，侍婢生琨，名爲崑崙，蓋幾於以奴視之矣。南史孔範傳：後主多出金帛，募人立功，範素於武士不接，莫有至者，惟貧販輕薄多從之；高麗、百濟、崑崙諸夷並受督。當時外人流入中國爲奴者固多，時又習以奴從軍也。馬來人膚色雖黑，其骨格仍有類白種人者，則亦謂之胡。宋書鄧琬傳，劉胡以顏面坳黑似胡，故以爲名是也。近人唐人用黑奴考云：今日歐洲各國通稱黑人曰尼刻羅(Negro)。此字出於西班牙。非洲黑人種類甚多。所謂尼刻羅者，居於赤道稍北，至撒哈拉，西至幾內亞綠岸，東至阿比西尼亞。自古販賣黑奴者，以幾內亞綠岸爲大市。今幾內亞海岸緣非洲熱帶，有黑人曰刻羅(Kroo)，或稱刻弄門(Kru-men)。西班牙所謂尼革羅，其原蓋出於此。本專稱一種，後乃爲汎稱耳。唐人詩「生下崑崙兒」，崑字讀入聲，猶麒麟兒之麒讀入聲也。然其文明程度，並不甚低。如扶南初雖裸體，然此乃因其地氣候炎熱，無須乎衣，非不能製衣也。晉書言其性質直，不爲寇盜，以耕種爲務，則已進於耕農矣。又言其好雕文刻鏤，亦有書記、府庫。齊書云：伐木起屋。國王居重閣，以木柵爲城。海邊生大箬葉，長八九尺，編其葉以覆屋。人民亦爲閣居。爲船八九丈，廣裁六七尺，頭尾似魚。則其營造之技，亦不可謂拙。以善造船，故能航海。齊書荀伯玉傳言：張景眞度絲錦與崑崙營貨。北齊書魏收傳：收以託附陳使封孝琰，牒令其門客與行，遇崑崙舶得奇貨，罪當死，以贖論。可見是時崑崙人在海道經商亦頗盛也。大抵皆得諸印度者也。宋、梁書所載各國表文，多可見其信佛。毗騫王能作天竺書，已見前。晉書扶南傳云：文字有類於胡，卽非天竺文，亦必出於天竺文者也。那伽仙之來也，言其國俗事摩醯首羅天神，神常降於摩躭山。梁書扶南傳云：俗事天神，天神以銅爲像，二面者四手，四面者八手，手各有所持，或小兒，或鳥獸，或日月，卽是物也。此亦天竺人所奉事摩醯首羅，名見阿育王經。此時交州既多喪亂，官吏又習於侵刻，故來廣州者漸多，齊書扶南傳云：不便戰，常爲林邑所侵暴，不得與交州通，故其使罕至。扶南未必自陸道通交州，此所侵擊者亦海船也。訶羅陁堅鎧之表曰：「臣國先時，人衆殷盛，不爲諸國所見陵迫。今轉衰弱，鄰國競侵，伏願聖主，遠垂覆護；并市易往返，不爲禁閉。若見哀念，願時遣還，令此諸國，不見輕侮，亦令大王，名聲普聞。扶危救弱，正是今日。今遣二人，是臣同心，有所宣啓，誠實可信，願勑廣州，時遣船還，不令所在，有所陵奪。」其渴望通商，而又厚有望於廣州可見。朝貢之盛，亦未必不由於此也。

斯時南海之航業，蓋以印度爲最盛；故其與中國之往還亦漸頻。梁書云：漢和帝時，天竺數遣使貢獻。後西域反叛，遂絕。至桓帝延熹二年、四年，頻從日南徼外來獻。魏、晉世絕，不復通。惟吳時，扶南王范旃，遣親人蘇物使其國。從扶南發投拘利口，循海大灣正西北入，歷海邊數國，可一年餘，到天竺江口，此當指恆河。逆水行七千里乃至焉。天竺王驚曰：「海濱極遠，猶有此人？」卽呼令觀視國內。仍差陳宋等二人，以月支馬四匹報旃，遣物等還，積四年方至。其時吳遣中郎康泰使扶南，及見陳宋等，具問天竺土俗，云：「佛道所興國也。左右嘉維、舍衛、葉波等十六大國，去天竺或二三千里，共尊奉之，以爲在天地之中也。」天監初，其王屈多，遣長史竺羅達奉表，獻琉璃唾壺、雜香、吉貝等物。本紀：中天竺，天監二年來，蓋卽此國。又有北天竺，天監三年來。陳書紀：宣帝大建四年，天竺來。案宋書載天竺迦毗梨國國王月愛，元嘉五年，遣使奉表，亦見本紀。其表辭，與屈多之表，幾於全同，明係一國。迦毗黎與嘉維、舍衛，皆卽佛國記所謂迦維羅衛。其城東五十里爲佛生處、呂澂印度佛教史略曰：「釋迦族住處，在羅泊提河（Rapti）東北，面積約三百二十方里。盧呬尼河（Rohini）今Kohāna河。貫其間，遂分十家，各爲一小城主。河西北劫比羅伐窣覩（Kapilavastu）最强，即釋尊家也。劫比羅伐窣覩在今畢拍羅婆（Piprāva）西曆千八百九十八年一月佩毗（W. C. Peppé）於尼波羅（Nepal）南境，北緯二十七度三十七分，東經八十三度八分之地，掘得一石匱，中藏石缾、石函等物。有一缾，納於鐵、水晶等層疊之函內，以黃金華葉安置佛骨。觀其名，則佛陀世尊舍利之函，而釋迦族所供養者也。石匱所在，正當法顯所指之迦比羅衞劫比羅伐窣覩之俗稱。因得定佛之生地焉。」然則中國與佛國之交通，由來舊矣。宋書於迦毗黎國之下，又載蘇摩黎元嘉十八年來。斤陁利、孝建二年來。婆黎元徽元年來。三國，似以爲屬於天竺者。然斤陁利似即干陁利，婆黎本紀作婆利，恐即一國。馮承鈞云：「婆利一作薄利，即今爪哇東之 Bali 島，則皆非印度之地也。」馮說見蘇門答剌古國考附錄。師子國，今錫蘭。晉義熙初，宋元嘉六年、此據梁書。宋書云元嘉五年，南史同。十二年，梁大通元年皆來貢。

漢桓帝時，大秦遣使自日南徼外通中國，已見秦漢史第九章第四節。梁書云：「漢世惟一通焉。其國人行賈，往往至扶南、日南、交趾。其南徼諸國人少有到大秦者。孫權黃武五年，有大秦賈人字秦論，來到交趾。交趾大守吳邈遣送詣權。權問方土謠俗，論具以事對。時諸葛恪討丹陽，獲黝、歙短人，黝、歙，見第十三章第三節，第九章第六節。論見之曰：「大秦希見此人。」權以男女各十人，差吏會稽劉咸送論，咸於道物故，論乃徑還本國。自此至南北朝末，史迄未更記大秦之來，蓋其人僅至交阯，不詣揚都，故其事蹟無傳於後也。

第五節　海道交通

凡物，有可欲，則人從而求之。宋書夷蠻傳曰：「晉氏南移，河、隴夐隔，戎夷梗路，外域天斷。若夫大秦、天竺，迥出西溟，二漢銜投，特艱斯路，而商貨所資，或出交部，汎海陵波，因風遠至。山琛水寶，由茲自出，通犀、翠羽之珍，蛇珠、火布之異，千名萬品，並世主之所虛心。故舟舶繼路，商使交屬。太祖以南琛不至，遠名師旅，此可見宋文帝之征林邑，不盡因其侵掠邊境也。泉浦之捷，威震滄溟，未名之寶，入充府實。」齊書東南夷傳亦曰：「南夷雜種，分嶼建國，四方珍怪，莫此爲先。藏山隱海，瓌寶溢目。商舶遠至，委輸南州，故交、廣富實，物積王府。」然則不徒彼求通商，賈利賜與而來，卽時主亦未嘗不甘心焉。欲益財用而充玩好矣。此其往還之所以盛歟？然當時海路所通，初不止此。

三國吳志孫權傳：黃龍二年，遣將軍衞溫、諸葛直將甲士萬人，浮海求夷洲及亶洲。亶洲在海中，長老傳言：秦始皇帝遣方士徐福，將童男童女數千人入海，求蓬萊神山及仙藥，止此洲不還。世相承有數萬家。其上人民，時有至會稽貨市。會稽東縣人，亦有遭風流移至亶洲者。所在絕遠，卒不可得至，但得夷洲數千人還。陸遜傳云：權欲遣偏師取夷洲及珠崖，皆以諮遜。遜上疏曰：「臣愚以爲四海未定，當須民力，以濟時務。今兵興歷年，見衆損減，陛下憂勞聖慮，忘寢與食，將遠事夷洲，以定大事。臣反覆思惟，未見其利。萬里襲取，風波難測。民易水土，必致疾疫。今驅見衆，經涉不毛，欲益更損，欲利反害。又珠崖絕險，民猶禽獸，得其民不足濟事，無其兵不足虧衆。今江東見衆，自足圖事，但當畜力而後動耳。昔桓王創基，兵不一旅，而開大業；陛下承運，拓定江表。臣聞治亂討逆，須兵爲威；農桑衣食，民之本業；而干戈未戢，民有饑寒，臣愚以爲宜養育士民，寬其租賦，衆克在和，義以勸勇，則河、渭可平，九有一統矣。」權遂征夷洲，得不補失。全琮傳曰：權將圖珠崖及夷洲，皆先問琮。琮曰：「以聖朝之威，何向而不克？然殊方異域，隔絕瘴海，水土氣毒，自古有之，兵入民出，必生疾病，轉相汙染，往者懼不能反。所獲何可多致？猥虧江岸之兵，以冀萬一之利，愚臣猶所不安。」權不聽。軍行經歲，士衆疾疫，死者十有八九，權深悔之。是則權之勞師，志在益衆，二洲必非絕遠，且必多有華人可知。後漢書東夷傳述夷洲、亶洲事略同權傳，蓋所本者同。惟末云「所在絕遠，不可往來」則誤。又後書亶作澶，乃因其在海中而加水旁耳。亶、澶之音，當與撣同，乃民族之名，與暹、蜀、賨、叟等，說見秦漢史第九章第四節。又云：「會稽海外有東鯷人，分爲二十餘國。」此疑在今舟山羣島中。注引沈瑩臨海水土志曰：「夷洲在臨海東南，去郡二千里。土地無霜雪，草木不死。四面是山谿。人皆髡髮穿耳，女人不穿耳。土地饒沃，既生五穀，又多魚肉。有犬，尾短如麕尾狀。此夷舅姑子婦，臥息共一大牀，略不相避。地有銅鐵，惟用鹿格爲矛以戰鬥，摩礪青石以作弓矢。取生魚肉，雜貯大瓦器，以鹽鹵之，歷月餘日乃啖食之，以爲上肴也。」述其風俗、物產甚悉，且有鄉方、道里可稽，可見民間必多往來。亶洲人能時至會稽，所在亦必非絕遠，但將卒憚勞，不能至耳。沈瑩述夷洲居民，全爲夷族，而二將所掠，即得數千人，珠崖曾爲郡縣者可知。陸遜之言，必非其實，此孫權所以甘心焉而後卒復立爲郡也。然則吳朝遣將，雖云無功，人民之移殖海外者，則不少矣。世多以徐福不歸爲止於日本，此特以日本與所謂三神山者，差堪比擬，而姑妄言之；日本紀伊國有徐福祠，熊野山有徐福墓，亦其欲自託於我時之附會。觀孫權欲取夷洲、亶洲事，便知其誣。何者？吳時日本，與南方尚無往來，權既志在益衆，使長老傳言其地果與日本相近，必不肯勞師遠征也。淮南王書亦載徐福事；吳中父老又有止於澶洲之說，且其說得諸其人之來貨市者，非盡無稽；則徐福所將之衆，或竟在會稽臨海之表，未可知也。特難繫指爲今何地耳。將來設在海島中掘得古蹟，亦未必其終不可知也。隋書倭傳：煬帝遣文林郎裴清使於其國，度百濟，行至竹島，南望耼羅國，耼，北史作耽，今濟州島。經都斯麻國，迥在大海。又東至一支國，今壹岐。又東至竹斯國。又東至秦王國，其人同於華夏，以爲夷洲，疑不能明也。此自億測，不足爲據，然當時華人有移植於日本之地者，則又可見矣。故知海路所通，史之所志，實十不及一也。

東北海路，所至亦不爲不遠，但非自吳往耳。梁書倭傳云：其南有侏儒國，人長三四尺。又南有黑齒國、裸國，去倭四千餘里，船行可一年。又西南萬里有海人，身黑眼白，裸而醜，其肉美，行者或射而食之。案此說亦係舊聞。三國志倭傳云：女王國東渡海千餘里，復有國，皆倭種。後漢書云：自女王國東度海千餘里至拘奴國，雖皆倭種，而不屬女王。又有侏儒國，在其南，人長三四尺，去女王四千餘里。後書云：自女王國南四千餘里至朱儒國。又有裸國、黑齒國，復在其東南，船行一年可至。後書云：自朱儒東南行船，一年至裸國、黑齒國。此梁書所本也。然如國志之說，侏儒在倭東之國之南，不得逕云在倭南；裸國、黑齒國，更在侏儒之東南，更不得云在倭南。梁書之措辭，爲不審矣。侏儒之種，中國自古有之，上節所述，黝、歙短人，即其一事。唐世道州尚有矮民，以之充貢，陽城爲州，乃奏免之，事見唐書城傳。白居易新樂府，亦有一章詠其事。希勒格中國史籍中未詳諸國考證，馮承鈞譯，商務印書館本。謂此種人散布於鄂霍次克海、日本海緣岸，如黑龍江流域、朝鮮、日本北海道、千島、堪察加、庫頁等地皆是。三國魏志韓傳云：又有州胡，在馬韓之西海中大島上。濟州。其人差短小，言語不與韓同。皆髡頭如鮮卑，但衣韋，好養牛及猪。其衣有上無下。後書說同，而辭較略。希勒格引司特萊(Steller)北堪察加遊記，謂千島列島之國後島土人僅衣海鳥皮所製上衣，與此相符。又米耳尼(S. Milne)於日本亞洲協會記錄中記占守島之民，亦謂其上衣爲鳥皮所製，下服則仰給於過往船舶，蓋猶其遺俗云。案近歲有在聖勞倫斯發見千五百年前短人之村落者，其遺物皆與西伯利亞緣海居民同。而據最近所發見，則瓊州列島中，尚有此等短人。民國二十五年十一月二十五日，上海大美晚報譯大陸報，謂有中國人三，與一海關英員，乘快艇入海，遙見一小洲，即赴之登岸游覽。未數武，即有短人迎面而來。短人見生人，即以信號告其同儕。頃刻間，短人集者數百。其人最長者不及三尺，皆嗜酒。島中乏鹽，然有一種植物，可取鹽汁。人極和善。日用所須，皆能自給云。 知古者僬僥、靖人等記載，爲不誣矣。黑齒蓋南海之民，有涅齒之俗者。裸國則熱帶中人，固多如是。此等國蓋皆在今北太平洋中。記載者雖未嘗身至其地，然既有此傳聞，則必有曾至其地者無疑。然東行海路之所極，尚不止此。梁書東夷傳云：文身國在倭東北七千餘里。人體有文如獸，其額上有三文，文直者貴，文小者賤。土俗歡樂。物豐而賤，行客不齎糧。有屋宇，無城郭。其王所居，飾以金銀珍麗。繞屋爲壍，廣一丈，實以水銀，雨則流於水銀之上。市用珍寶。犯輕罪者則鞭杖；犯死罪則置猛獸食之，有枉則猛獸避而不食，經宿則赦之。大漢國在文身國東五千餘里。無兵戈，不攻戰。風俗並與文身國同，而言語異。扶桑國者，齊永元元年，其國有沙門慧深，來至荊州，說云：扶桑在大漢國東二萬餘里，地在中國之東。其土多扶桑木，故以爲名。扶桑葉似桐，而初生如筍，國人食之。實如梨而赤。績其皮爲布，以爲衣，亦以爲綿。作板屋，無城郭。有文字，以扶桑皮爲紙。無兵甲，不攻戰。其國法有南北獄，若犯輕者入南獄，重罪者入北獄。有赦則赦南獄，不赦北獄。在北獄者，男女相配，生男八歲爲奴，生女九歲爲婢，犯罪之身，至死不出。貴人有罪，國乃大會，坐罪人於阬，對之宴食，分訣若死別焉。以灰繞之，其一重則一身屏退，二重則及子孫，三重則及七世。名國王爲乙祁。貴人第一者爲大對盧，第二者爲小對盧，第三者爲納咄沙。國王行有鼓角導從。其衣色隨年改易，甲乙年青，丙丁年赤，戊己年黃，庚辛年白，壬癸年黑。有牛，角甚長，以角載物，至勝二十斛。車有馬車、牛車、鹿車。國人養鹿如中國畜牛，以乳爲酪。有桑梨，經年不壞。多蒲桃。其地無鐵有銅，不貴金銀。市無租估。其婚姻：壻往女家門外作屋，晨夕灑掃，經年而女不悅，卽驅之，相悅乃成婚。婚禮大抵與中國同。親喪七日不食，祖父母喪五日不食，兄弟伯叔姑姊妹三日不食。設靈爲神像，朝夕拜奠，不制衰絰。嗣王立，三年不視國事。其俗舊無佛法，宋大明二年，罽賓國有比丘五人游行至其國，流通佛法經像，敎令出家，風俗遂改。慧深又云：扶桑東千餘里有女國，容貌端正，色甚潔白，身體有毛，髮長委地。至二三月，競入水則妊娠，六七月產子。女人胸前無乳，項後生毛，根白，毛中有汁，以乳子，一百日能行，三四年則成人矣。見人驚避，偏畏丈夫。食鹹草如禽獸。鹹草葉似邪蒿，而氣香味鹹。天監六年，有晉安人（晉安見第十三章第七節。）渡海，爲風所飄，至一島，登岸，有人居止。女則如中國，而言語不可曉。男則人身而狗頭，其聲如吠。其食有小豆。其衣如布。築土爲牆，其形圓，其戶如竇云。文身、大漢、扶桑三國，以鄉方道里覈之，其必在今美洲無疑。顧仍有創異說者。中國史乘中未詳諸國考證，以文身爲千島羣島中之得撫島，大漢爲堪察加，扶桑爲庫頁島。其論扶桑木卽楮；蒲桃爲玫瑰果；長角載車之牛爲馴鹿；南北獄爲蝦夷之法；以及居室之制，婚喪之禮，皆可見之於庫頁、堪察加及蝦夷；說似甚辯。然謂扶桑在大漢東二萬餘里之大漢，乃唐書斛薛條下之大漢，地在今列那河及葉尼塞河流域，則未諳中國文史義例，乃外人讀中國書隔膜處，其說必不可通。舊史之道里、鄉方固不審諦，史家亦自言之，宋書夷蠻傳云：「南夷、西南夷，大抵在交州之南及西南，居大海中洲上。相去或三五千里，遠者二三萬里。乘船舉帆，道里不可詳知。外國諸夷，雖言里數，非定實也。」案史籍所載道里，有得之經行之人者，有得諸傳聞之辭者。得諸傳聞者，其辭或近實，或誇侈、譌繆，其信否不能一律，要在探其原而審覈之，不能一筆抹殺，視作豪無根據之談也。得諸經行之人者，其言大抵近實，惟古里較今里小，又所言者皆人行之道，非天空鳥跡，故乍觀之恆覺其誇侈耳。近今西洋史家治中國史者，亦多謂此等記載並無大差。其折算之法，大致平地五里合一英里，山地六里合一英里。然其誤亦有所極，必不能大繆，不然，至於如此也。文身、大漢，蓋皆古之越族。扶桑則對盧之名，壻屋之俗，皆同句驪；三國魏志高句麗傳：其置官，有對盧則不置沛者，有沛者則不置對盧。其俗作婚姻，女家作小屋於大屋後，名壻屋。壻暮至女家戶外，自名跪拜，乞得就女宿。如是者再三，女父母乃聽使就小屋中宿，旁頓錢帛。至生子已長大，乃將婦歸家。嗣王立三年不親政事，尤爲殷代諒闇遺制；必貉族之東遷者無疑。文身、大漢、扶桑之法俗、物產，雖可見諸今之千島、堪察加、庫頁，不能謂今千島、堪察加、庫頁之法俗、物產，不能見諸古之美洲也。希勒格又論「所謂女國者，實海獸而非人。海熊、海狗等產乳海濱，此入水則妊娠之說所由來也。此種海獸，無乳房，乳頭有四，兩兩隱布於下腹厚毛之中，此胸前無乳之說所由來也。海師除五月十五至六月十五日交尾、產子之時，見人卽避，則偏畏丈夫之說所由來也。所食鹹草爲海帶。聲如狗吠，歐洲遊歷之人及治博物之學者亦云然。項後生毛，似指蝦夷。食赤而土戶如寶，則堪察加人如是。慧深此所言者，非得諸親歷，而聞諸蝦夷，故實事與神話相雜云。」其說頗爲精審。然必實指其地爲千島，則亦有可商。今所見諸一地之事物，不能謂自古已來，必限於此一地也。居無城郭，市無租借，行不齎糧，國無攻戰，未之逮也，而有志焉，讀之能無穆然睪然於大道之行之世乎？

古女國非一。三國魏志沃沮傳云：王頎別遣追討宮，盡其東界。問其耆老：「海東復有人不？」耆老言：「國人嘗乘船捕魚，遭風見吹數十日，東得一島，上有人，言語不相曉。其俗嘗以七月取童女沈海。」又言：「有一國，亦在海中，純女無男。」又說：「得一布衣，從海中浮出，其身如中國人衣，其兩袖長三丈。」又得一破船，隨波出在海岸邊，有一人，項中復有面，生得之，與語不相通，不食而死。其域皆在沃沮東大海中。後漢書云：又說海中有女國，無男人。或傳其國有神井，闚之輒生子云。希勒格扶桑國考證云：「兩袖長三丈，或三尺之誤。蝦夷衣袖甚長。」其女人國考證云：「神井闚之輒生子，蓋礦泉可治不孕之傳譌，此俗日本及歐洲皆有之。」其說良是。惟謂兩袖長三丈爲三尺之譌，似尚未審。三丈固侈言之，然三尺則不足異矣。

移殖西半球者，固以越、貉二族爲最早，然中國人之至西半球，亦遠在哥倫布之前。章大炎法顯發見西半球說云：近法蘭西蒙陁穆跌輪報言：始發見亞美利加洲者，非哥倫布，而爲支那人。自來考歷史者，皆見近不見遠，徒以高名歸哥氏。案紀元四百五十八年，支那有佛教僧五衆，自東亞海岸直行六千五百海里而上陸。其主僧稱法顯。紀元五百二年，公其行記於世，今已傳譯至歐洲。據其所述，上陸地確即今墨西哥。今考墨西哥文化，尚有支那文物制度之蛻形。見有婆羅門裝飾，又有大佛像等，不知何年製造。今案所謂行記者，則佛國記。其發見美洲之迹，當在東歸失路時。錄其元文如左：弘始二年，歲在己亥，與慧景、道整、慧應、慧嵬等同契至天竺尋求戒律。初發長安，六年到中印國。

停經六年，到師子國。同行分披，或留或亡。卽載商人大舶上，可有二百餘人。得好信風東下。三日，便直大風，舶漏水入。商人大怖。命在須臾。如是大風，晝夜十三日，到一島邊。潮退之後，見船漏處，卽補塞之。於是復前。大海彌漫無邊，不識東西，惟望日月星宿而進。若陰雨時，爲逐風去，亦無所準。當夜闇時，但見大浪相搏，晃若火色。商人荒遽，不知那向。海深無底，又無下石住處。至天晴已，乃知東西，還復望正而進。若直伏石，則無活路。如是九十許日，乃到一國，名耶婆提。其國外道、婆羅門興盛，佛法不足言。停此國五月日，復隨他商人大舶上，亦二百許人。齎五十日糧，以四月十六日發。東北行趣廣州。一月餘日，夜鼓二時，遇黑風暴雨。於時天多連陰，海師相望僻誤，遂經七十餘日。卽便西北行求岸。晝夜十二日，到長廣郡界牢山南岸。得好水菜，知是漢地。或言未至廣州，或言已過，莫知所定。卽乘小舶入浦覓人，得兩獵人，卽將歸，令法顯譯語問之。答言此青州長廣郡界，統屬晉家。是歲甲寅，晉義熙十二年矣。案師子國卽今錫蘭，本欲自錫蘭東歸廣州，乃反爲風所播，東向耶婆提國。耶婆提者，以今對音擬之，卽南美耶科陁爾國(Ecuador)，直墨西哥南，而東濱大平洋。科音作婆者？六代人婆、和兩音多相溷，如婆藪槃豆一譯作和修槃頭是。耶婆提正音耶和提，明卽耶科陁爾矣。世傳墨西哥舊爲大國，幅員至廣，耶科陁爾在當時，爲墨西哥屬地無疑。所以知耶婆提必在美洲，非南洋羣島者？自師子國還向廣州，爲期不過四十六日。據唐書地理志：廣州東南海行，二百里至屯門山，乃帆風西行。二日至九州石。又南，二日至象石。又西南，二日行，至占大勞山。山在環王國東二百里海中。又南行，二日至陵山。又一日行，至門毒國。又一日行，至古笪國。又半日行，至奔陁浪洲。又兩日行，到軍突弄山。又五日，至海硤，蕃人謂之質。東行，四五日至訶陵國。又西出硤，三日至葛葛僧祇國。四五日行，至勝鄧洲。又西五日行，至婆露國。又六日行，至婆國伽藍洲。又北四日行，至師子國。法顯失道，商舶齎五十日糧，蓋仍依師子、廣州水程爲準。是則由師子國至廣州，最遲不過五十日也。今據法顯所述，遭大風，晝夜十三日，始至一島，又九十日而至耶婆提國，合前三日計之，已得一百六十日，是東行倍程可知。況南洋與師子國閒，途次悉有洲島，往往相屬。當時帆船，皆旁海岸而行，未有直放大洋者。今言海深無底，不可下石，而九十日中，又不見附海島嶼，明陷入大平洋中，非南洋羣島。逮至耶婆提國，猶不知爲西半球地，復向東北取道，又行百餘日，始折而西。夫自美洲東行又百許日，則還繞大西洋而歸矣。當時海師，不了地體渾圓，惟向東方求徑，還繞泰西行進，既久乃軼青州海岸之東，始向西北折行，十二日方達牢山南岸，是顯非特發見美洲，又旋繞地球一帀也。不然，由師子國至廣州，程途祇五十日，而東行一百六日乃至耶婆提國，復由耶婆提國東行一百餘日，始達中國近海，是爲期已二百餘日，不應迂回至此。由此知蒙陁穆跌輪報所説可信。哥倫布以求印度安而得此，法顯以返自印度安而得此，亦異世同情哉！然據佛國記，耶婆提國已先有婆羅門，特無佛法，則法顯以前，必有印度人遇風漂播至此者，故婆羅門教得傳其地。特所謂大佛像者，或法顯停留五月時所遺耳。又觀美洲山脈，橫貫南北者，在北美曰落迦（Rocky Mountains），至南美則曰昂底斯（Andes）。落迦本印度稱山之語，如補陁落迦、咀落迦、彈多落迦、揭地落迦是也。落迦義本爲見，引伸則爲世界。落迦岡底斯爲西藏大山，即葱嶺所自起，以緜亙萬里得名。美之山脈，莫長於昂底斯，正與葱嶺等。明昂底斯亦即岡底斯之音轉。斯皆以梵語命山，益明婆羅門嘗先至美洲，特以姓名不著，而尸其名者獨在法顯，斯可爲梵土前哲悲，亦爲漢土尊宿幸矣。太炎文錄別錄二。長廣，見第四章第三節。章氏之說如此，信否難遽質言，然墨西哥、祕魯等美洲古文明之國，發見中國人像、佛像、寺廟、宅舍遺跡及他古物者，實非一次。華人之至美洲，在哥倫布之先，實無足疑，特不知較印度人先後何如耳。又無論中國人、印度人至美洲先後如何，必皆在貉族之後，即一二人先之，成羣移殖，亦必落其後。亦似無足疑也。近人筆記云：梁書扶桑國，近西人諸哀曼(Neumann)推度其地，謂即墨西哥，未知確否。特墨西哥建國甚早，與閩、粵緣海諸地同緯綫，在齊、梁時，亦非不可與中華交通。梁書言扶桑葉似桐，初生如筍，績其皮爲布以爲衣，亦以爲綿，其文字以扶桑皮爲紙。今考墨西哥特產植物有麼伽(Maguey)，其學名曰Agave Americane，土人亦名百歲花，謂經百歲始一花。其物多纖維，古墨西哥象形文字，皆書於麼伽葉。此猶印度之貝葉，埃及之巴比利葉。謂麼伽即扶桑，亦近附會。但齊、梁時東行二萬餘里，果有文物之國，墨西哥外實無地以當之，此諸哀曼氏所以疑扶桑爲墨西哥也。

第六節 北方諸異族之同化

晉、南北朝之世，爲我族同化異族最盛之時，無南北一也。世之論者，恆謂南北民族，强弱不同；北方諸族，性質强悍，故能割據土地，篡竊政權；南方諸族，則祇能蟠據山谷，竊出爲患而已。其實不然。北方地形平坦，利合大羣；又政治樞機，列代在北；一遇變亂，異族之桀黠者，自亦能操戈而起。南方則社會之進化較遲，又非政治樞機所在，大局變亂之際，其擾攘遠不如北方之烈。異族之未同化者，多自成一區，不與漢人相雜，既有自安之地，何苦廁身變亂之中？此其割據土地，篡竊政權之事，所以絕無而僅有也。然不論何族，好爭鬥者總祇少數，此乃境遇使然，失其本性，其大多數，固皆安居樂業，自謀生理，與世無爭者也。明乎此，則知所謂五胡者，看似日以搏噬爲事，實亦僅其少數人，其大多數，固仍在平和中同化矣。

五胡之中，入居塞內最早者爲匈奴。晉書北狄傳云：「呼韓邪失國，攜率部落，入臣於漢。漢嘉其意，割并州北界以安之。於是匈奴五千餘落，入居朔方諸郡，與漢人雜處。其部落隨所居郡縣，使宰牧之，與編戶大同，而不輸貢賦。」此等人多能從事田作，如石勒微時，爲鄔敬甯驅力耕是也。見第二章第二節。當時諸胡所以可執賣者，亦以其能事田作也。史又言勸與李陽鄰居，歲爭麻地，互相毆擊。王恂傳言大原諸郡，以匈奴人爲田客，動有百數。此皆入居內地者。劉衞辰請田內地，春來秋去，則近塞者亦稍事耕農矣。事見第六章第三節。使大局安定，未始不可在平和中同化，無如楊、賈、八王，紛紛構難，於是匈奴之本可安居樂業者，遂亦見率率而日事鬥爭矣。史所載屠各、休屠諸種是也。匈奴雜居內地者，晉南北朝諸史，不復以匈奴稱之，而多稱其種姓。其中屠各擾亂最烈，蓋以其舊爲單于，統領諸種故也。其自安生理者，則亦如南方諸蠻，相率爲入山必深，入林必密之計。史家爲特立一傳者，爲周書之稽胡，餘則統稱爲山胡，其種類亦非寡少也。稽胡傳曰：「稽胡，一曰步落稽。蓋匈奴別種，劉元海五部之苗裔也。或云：山戎、赤狄之後。」二說自當以前說爲是，若如後說，兩漢、三國史家，不得一言不及也。傳又云：「自離石以西，安定以東，方七八百里，居山谷間，種類繁熾。離石，見第三章第四節。安定，見第二章第二節。其俗土著，亦知種田。又與華民錯居，其渠帥頗識文字。然語類夷狄，因譯乃通。雖分統郡縣，列於編戶，然輕其徭賦，有異齊民。山谷阻深者，又未盡役厲，而凶悍，恃險，數爲寇亂。」此等情形，實所謂山胡者之所同，而非稽胡之所獨，蓋稽胡原不過山胡之一，特以占地較廣，種落較繁，史家乃特爲之傳爾。稽胡酋長聲勢最盛者爲魏末之劉蠡升。孝昌中，（梁武帝普通六年至大通二年。）居雲陽谷（在今山西左雲縣境。）自稱天子，立年號，署百官。屬魏氏政亂，力不能討，蠡升遂分遣部衆，抄掠居民，汾、晉之間，略無寧歲。（汾州，見第十二章第三節。晉州，見第十二章第八節。）齊神武遷鄴，始密圖之，僞許以女妻其大子。蠡升信之，遣其子詣鄴。神武厚爲之禮，緩其婚期。蠡升既恃和親，不爲之備。大統元年，（陳文帝天嘉六年。）三月，神武潛師襲之。蠡升率輕騎出外徵兵，爲其北部王所殺。其衆復立其第三子南海王爲主，率兵拒戰。神武擊滅之。建德五年，（陳宣帝大建八年。）周高祖敗齊師於晉州，乘勝逐北，齊人所棄甲仗，未暇收斂，稽胡乘間竊出，並盜而有之。乃立蠡升孫沒鐸爲主，號聖武皇帝。六年，高祖定東夏，將討之。議欲窮其巢穴，齊王憲以爲種類既多，又山谷阻絕，王師一舉，未可盡除，且當翦其魁首，餘加慰撫。高祖然之。乃以憲爲行軍元帥，督趙王招、譙王儉、滕王逌等討之。招禽沒鐸。劉蠡升一支之患，蓋自此而息。其居河西者，亦稍爲周所討破，皆見傳。山胡之煩大舉者，在魏世有白龍，（白龍在西河。魏延和二、三年，即宋元嘉十年、十一年討滅之，事見魏書本紀及娥清、奚眷、陳建等傳。薛安都亦嘗與於是役，見宋書本傳。）在齊世有石樓。（石樓，山名，在今山西石樓縣東南。北齊書云：其山絕險，自魏世所不能至。文宣於天保五年，即梁元帝承聖三年，討平之。見本紀及薛脩義傳。）此皆其特强大者，故重煩兵力而後服。餘則皆假以歲月，逐漸同化者也。魏書景穆十二王傳：京兆王子推之子遙，肅宗初，遷冀州刺史。（冀州，見第十一章第四節。）以諸胡先無籍貫，悉令造籍。既設籍，遂欲稅之，以充軍用。胡人不願，乃共搆遙。劉潔傳：潔與建寧王崇，於三城胡部中，（三城，見第六章第七節。）

簡兵六千，將以戍姑臧。胡不從命，千餘人叛走。潔與崇擊誅之，虜其男女數千人。周書楊忠傳：保定四年，陳天嘉四年。命忠出沃野以應突厥。事見第十四章第六節。時軍糧少，諸將憂之，忠曰：「當權以濟事耳。」乃招稽胡諸首領咸會，使王傑盛軍容，鳴鼓而至。忠陽怪而問之。傑曰：「大冢宰已平洛陽，天子聞銀、夏之閒生胡擾亂，使傑就公討之。」銀州，周置，在今陝西米脂縣北。夏州見第十二章第三節。又令突厥使者馳至，告曰：「可汗留兵十餘萬在長城下，故遣問公，若有稽胡不服，欲來共公破之。」坐者皆懼。忠慰喻而遣之。於是諸胡相率歸命，饋輸塡積。此可見胡人皆能從征戍，供賦役。伐胡者之所利，正在此也。齊文宣九錫之命曰：「胡人別種，蔓延山谷，酋渠萬旅，廣袤千里，憑險不共，恣其桀黠。有樂淳風，相攜叩款，粟帛之調，王府充積。」其所以招徠之之故，情見乎辭矣。劉蠡升之亡也，魏書云獲逋逃二萬餘戶，北史云胡、魏五萬戶，則所謂逋逃者，實專指漢人言之。隋書侯莫陳穎傳：周武帝時，從滕王逌擊龍泉、文成叛胡。龍泉，周郡，在今山西隰縣北。文成，城名，在今山西吉縣北。與豆盧勣分路而進。先是稽胡叛亂，輒略邊人爲奴婢。至是，詔胡有厭匿良人者誅，籍沒其妻子。有人言爲胡村所隱，勣將誅之，以穎言而止。然則山胡中漢人實不少。其情形正與山越同。此其所以一出山卽能列爲編戶也。然誅胡雖有利，能入山窮討者亦少，多恃其自出耳。此觀於有能以德意招撫山民自樂出山者之多而可知也。周書韓果傳云：從大軍破稽胡於北山。胡地險阻，人跡罕至。果進兵窮討，散其種落。稽胡憚果勁健，號爲著翅人。可見深入窮搜者之少。韋孝寬傳言：汾州之北，離石之南，悉是生胡，鈔掠居人，阻斷河路。孝寬深患之，而地入於齊，無方誅翦，乃當要處置一大城，遣開府姚岳監築之。云地入於齊，無方誅翦，乃藉口之辭，其實卽在境內，亦不過如是。隋書郭榮傳：宇文護以稽胡數爲寇，使榮綏集之。榮於上郡、延安築五城，遏其要路，卽其證也。

當時誅翦山胡者殺戮殊慘。如石樓之平，齊書云斬首數萬級，北史云男子自十二以上皆斬，卽其一例。然叛亂初不因此而減，可見虐殺之無益。魏書尉撥傳：撥爲杏城鎮將，在任九年，大得民和，山民一千餘家，上郡屠各、盧水胡八百餘落，盡附爲民。合第二節所言劉道產之事觀之，可見南北之無異情也。延安，西魏廣安縣，隋世改曰延安。此蓋作史者依當時地名書之。唐時復改曰延長，卽今陝西延長縣也。杏城見第三章第八節。故曰：北之山胡，南之山越，名雖殊，其實一也。

氐、羌二族，居處相雜，故其種姓，殆不可分。如仇池本氐地，然當時述仇池事者多連稱氐、羌，魏書呂羅漢傳云：仇池氐、羌反，其一例也。其散布之區，實較匈奴爲廣，風塵動盪之際，幾於無役不與焉。如大興四年，劉曜攻涼州，張茂參軍陳軫謂其精卒寡少，多是氐、羌烏合之衆。茂以軫爲平虜護軍，軫發氐、羌之衆擊曜，走之。咸和初，張駿遣辛巖等會韓璞攻秦州諸郡，曜遣劉胤距之。巖謂我擁衆數萬，藉氐、羌之銳，宜速戰以滅之，不可以久，久則變生。璞不聽。胤聞之，大喜。後璞遣巖分兵運糧，胤遂乘機擊破之。其策璞，謂其羌、胡皆叛，不爲之用。璞既敗，胤遂乘勝濟河，攻陷令居，入據振武。河西大震。駿遣皇甫該拒之。會劉曜東討石生，長安空虛，駿欲襲秦、雍。索珣諫，謂曜雖東征，胤猶守本處，其馮氐、羌以拒。是涼、趙相爭，彼此皆藉氐、羌爲用也。宋高祖至長安，傅弘之於姚泓馳道內緩服戲馬，羌、胡觀者數千人，並驚惋歎息。奚斤據長安，秦、隴氐、羌多叛赫連昌詣斤降，昌遂卒無以自立。元嘉二十七年之役，龐季明以秦之冠族，羌人多懷之，求入長安，招徠關、陝。及其有功，四山羌、胡，咸皆請奮。此等事不勝枚舉。令居，見第五章第一節。振武，城名，在今甘肅永登縣西北。然其山居自力於衣食者，亦不爲少。魏書劉藻傳言：藻爲秦州刺史，秦州，見第十一章第三節。秦人恃險，率多麤暴，或拒課輸，或害長吏，自前守宰，率皆依州遙領，不入郡縣。藻開示恩信，誅戮豪橫，羌、氐憚之，守宰始得居其舊所。李洪之傳言：洪之爲秦、益二州刺史，益州，見第十一章第四節。赤葩渴郎羌，深居山谷，雖相羈縻，王人罕到，洪之芟山爲道，廣十餘步，示以軍行之勢，乃興軍臨其境。山人驚擾，洪之將數十騎至其里閭，撫其妻子，問其疾苦，因資遺之。衆羌喜悅，求編課調，所入十倍於常。此等雖曰梗化，實皆自安耕鑿，內亂不與焉者也。當時官吏務出之者，亦不過利其賦役。周書達奚寔傳云：大軍伐蜀，以寔行南岐州事。南岐州見第十二章第九節。兼都軍糧。先是山氐生獷，不共賦役，歷世羈縻，莫能制御。寔導之以政，氐人感悅，並從賦稅。於是大軍糧餼，咸取給焉。趙昶傳云：拜安夷郡守，帶長蛇鎮將。安夷見第六章第六節。氐族荒獷，世號難治。昶威懷以禮，莫不悅服。期歲之後，樂從軍者千餘人。劉璠傳：璠左遷同和郡守。後魏臨洮郡，西魏改曰同和，在今甘肅岷縣東北。善於撫御，涖職未期，生羌降附者五百餘家。蔡公廣時鎮隴右，嘉璠善政，及遷鎮陝州，後魏置，今河南陝縣。欲取璠自隨。羌人樂從者七百人，聞者莫不歎異。皆其事也。蜀人居處，本與氐人相雜，當時亦有北遷者，以河東薛氏爲大宗。事見第八章第五節。薛永宗之敗，蜀人可謂受一大創，然其聲勢仍不減。尒朱兆召齊神武，神武辭以山蜀未平；尒朱天光入關，仍患蜀賊斷路，可見。

五胡之中，鮮卑入山者似最少。尉元以彭城戍兵，多是胡人，欲換取南豫州徙民，又以中州鮮卑，增其兵數，見魏書本傳。通鑑言：高歡善調和漢、鮮卑人，語鮮卑則曰：「漢民是汝奴，夫爲汝耕，婦爲汝織，輸汝粟帛，令汝溫飽，汝何爲陵之？」語華人則曰：「鮮卑是汝作客，得汝一斛粟，一匹絹，爲汝擊賊，令汝安寧，汝何爲疾之？」梁武帝大同三年。韓陵之戰，高昂自領鄉人部曲，歡欲參以鮮卑。詳見第一章。文宣簡六坊之人，每一人必當百人，任其臨陳必死，然後取之，謂之百保鮮卑。隋書食貨志。北齊書文宣紀但云左右宿衛置百保軍士，北史同。然隋志又云：簡華人之勇力絕倫者，謂之勇夫，以備邊要，則宿衛之士，自係簡任鮮卑也。皆可見當時門兵，實以鮮卑爲主。卽可推想鮮卑人多以從軍爲務。此蓋魏與周、齊酋長皆係鮮卑人使然，然鮮卑之死於鋒鏑者，亦恐視他胡人爲獨多矣。

五胡之衆，非至南北朝之末，悉行同化也。隋、唐之世，存者實猶多。隋高祖開皇元年，嘗發稽胡修築長城。豆盧勣之子毓，爲漢王諒主簿。諒反，毓閉城拒之，遣稽胡守堞。隋書虞慶則、宇文慶、侯莫陳穎、慕容三藏諸傳，多載其征撫山胡之事。隋末，離石胡劉苗王叛，見隋書本紀大業十年。其子季眞、六兒相繼擾竊，至唐初始平。唐書有傳。唐兵之起也，稽胡五萬略宜春，謂宜春苑，在長安南。竇軌討破之。又有劉迦論者，據雕陰，隋郡，唐改爲綏州，今陝西綏德縣。與稽胡劉鷂子聲勢相倚，見舊唐書屈突通傳。至大宗取涇陽，隋縣，今陝西涇陽縣。乃擊破之。馬三寶從平京師，亦別擊破叛胡劉拔眞於北山。稽胡大帥劉仚成，部落數萬，爲邊害。隱大子討之，破之鄜州，今陝西鄜縣。詐誅六千餘人。事在武德三、四年，見新書本紀。仚成降梁師都，師都信讒殺之，其下乃多叛來降。時又揚言將增置州縣，須有城邑，課羣胡執版築，而陰勒兵執殺之。新舊書隱大子傳。高宗永淳三年，綏州城平縣人白鐵余，率步落稽以叛，程務挺討禽之。據舊書務挺傳，新書云綏州步落稽白鐵余。城平縣名，今陝西清澗縣。僕固懷恩上書，尚有鄜、坊稽胡草擾之語，坊州，今陝西中部縣。是所謂山胡、稽胡者，唐中葉後，尚未盡同化也。隋書地理志言：漢陽、後魏郡，今甘肅禮縣。臨洮、宕昌、今甘肅岷縣南。武都、今甘肅武都縣東南。同昌、今甘肅文縣西北。河池、今陝西鳳縣。順政、今陝西略陽縣。義城、今四川廣元縣。平武、今四川平武縣。汶山今四川茂縣。諸郡，皆連雜氐、羌，人尤勁悍，性多質直，是秦、隴閒之氐、羌，未同化者尚多也。豆盧勣傳言：周武帝嗣位，拜邛州刺史，邛州，周置，今四川邛徠縣。未之官，渭源燒當羌因饑饉作亂，漢首陽縣，西魏改曰渭源，在今甘肅渭源縣東北。以勳有才略，轉渭州刺史。渭州，見第十二章第七節。唐書薛舉傳：岷山羌鍾利俗，以衆三萬降。夫燒當與鍾乃羌種姓之甚古者，而至南北朝末唐初猶存。又隋書地理志言：上洛、隋郡，見第三章第五節。弘農、今河南陝縣。本與三輔同俗，自漢高發巴蜀之人定三秦，遷巴之渠帥七姓，居於商洛之地，由是風俗不改其壤。其人自巴來者，風俗猶同巴郡。見第三章第六節。淅陽、隋郡，今河南淅川縣東南。淯陽隋郡，今河南南陽縣北。亦頗同其俗云。以商洛之異俗溯源於漢初之移民，似失之遠，然晉南北朝之世，所謂河東蜀者，迄未盡化，則可見也。又舊唐書吐蕃傳：大曆四年九月，以吐蕃侵擾，豫爲邊備，降勑令郭子儀以上郡、卽鄜州。北地、今甘肅寧縣。四塞、未詳。五原、未詳。義渠、稽胡、鮮卑雜種步馬五萬，嚴會栒邑。今陝西栒邑縣。義渠種人，此時尚有存焉者，不事甚可疑，稽胡、鮮卑之未盡化，則統觀史迹，不足疑也。同化之全功，亦可謂難竟矣。此等部族，讀史者多淡焉若忘，史家亦無復記載，何哉？海內一統，風塵不擾，諸部落皆安居樂業，與華人以平和相處，固無復形迹可見也。然則謂五胡入中國，而中國必爲之擾亂者，豈理也哉？

第七節　羌渾諸國

地形平坦之處，交通易而利合大羣，故其民之進化速，山嶺崎嶇之地則反是。匈奴、西羌，同爲强悍善戰之民族，而其國勢强弱不同，由此也。至晉世，乃有漠南遊牧之族，移居西羌故地者，時曰吐谷渾。吐谷渾者，慕容廆庶兄。以與廆不協，西附陰山。宋書云：奕洛韓有二子：長曰吐谷渾，少曰若洛廆。若洛廆別爲慕容氏。渾庶長，廆正嫡。父在時，分七百戶與渾。渾與廆二部俱牧馬，馬鬥相傷，廆怒，遣信謂渾曰：「先公處分，與兄異部牧馬，何不相遠，而致馬鬥相傷？」渾曰：「馬是畜生，食草飲水，春氣發動，所以致鬥，鬥在於馬，而怒及人邪？乖別甚易，今當去汝萬里。」於是擁馬西行。日移一頓，頓八十里。經數頓，廆悔悟，深自告責，遣舊父老及長中乙那樓追渾令還。渾曰：「我乃祖以來，樹德遼右，又卜筮之言：先公有二子，福祚並流子孫；我是卑庶，理無並大，今以馬致別，殆天所啓。諸君試擁馬令東，馬若還東，我當相隨去。」樓喜拜曰：「處可寒。」虜言處可寒，宋言尒官家也。即使所從二千騎共遮馬令回，不盈三百步，欻然悲鳴突走，聲若頹山。如是者十餘輩，一向一遠。樓力屈，又跪曰：「可寒，此非復人事。」渾謂其部落曰：「我兄弟子孫，並應昌盛。廆當傳子及曾孫玄孫，其閒可百餘年，我乃玄孫閒始當顯耳。」於是遂西附陰山。晉書記此事情節同而辭較略。奕洛韓作涉歸。北史云：涉歸一名奕洛韓。七百戶，魏書、北史皆同，晉書作一千七百家。吐谷渾開國之事，人事也，而頗帶神話性質矣。觀此，可知野蠻部族之先祖，稍附會爲神者之所由也。屬永嘉之亂，度隴而西，據今甘肅、青海、四川三省間地。晉書云：其後子孫據有西零以西，甘松之界，極乎白蘭數千里。宋書云：渾既上隴，出罕幵、西零。西零今之西平郡，罕幵今枹罕縣。自枹罕以東千餘里，暨甘松，西至河南，南界昂城、龍涸。自洮水西南極白蘭。齊書云：其南界龍涸城，去成都千餘里。大戍有四：一在清水川，一在赤水，一在澆河，一在吐屈眞川，皆子弟所治。其王治慕駕川。梁書云：度枹罕，出涼州西南，至赤水而居之。其地則張掖之南，隴西之西，在河之南，故以爲號。其界東至疊州，西鄰于闐，北接高昌，東北通秦嶺，方數千里。案西零即先零，與罕幵皆羌種名。甘松，見第五章第二節。西平，見第二章第二節。枹罕見第五章第一節。昂城，未詳。龍涸，亦作龍鵠，在今四川松潘縣。清水川，丁謙齊書夷貉傳考證云：「即湟水上源博羅克克河，隋書作伏羅川。」又云：「赤水在青海西，今烏蘭烏蘇，烏蘭譯言赤，烏蘇譯言水。」澆河，見第六章第六節。吐屈眞川，宋書作屈眞川，云有鹽池，丁謙云：「吐字疑衍，今青海有柴集河，西流入鹽池。」宋書又云：其國雖隨水草，大抵治慕賀川。丁謙云：「駕字爲賀字之譌。晉書作莫何川，今青海東南謨和尒布拉克河。」疊州，周置，在今青海東南境。西北雜種，謂之阿柴虜，或號爲野虜。晉書之文。齊書云：「漢建武中，匈奴奴婢亡匿在涼州界雜種數千人，虜名奴婢爲貲，一謂之貲虜。」柴貲似一音之轉。通典作阿貲虜。吐谷渾年七十二卒。有子六十人，長曰吐延，嗣。性酷忍，爲羌酋姜聰所刺。屬其將紇拔泥撫其子葉延，速保白蘭。葉延嗣位，史稱其頗識書記，梁書之文。魏書云：「頗視書傳。」晉書云：「好問天地造化、帝王年曆。」晉書吐谷渾傳，緣飾失實最甚，然其言亦必有因，其人蓋頗有思想。曰：「禮云：公孫之子，得以王父字爲氏。」遂以吐谷渾爲氏焉。卒，長子辟奚嗣。此據晉書本傳。宋書作碎奚，魏書同。晉書苻堅載記亦作碎奚。三弟皆專恣，長史鍾惡地誅之。據晉書。宋書云：「諸大將共誅之。」辟奚以憂卒。辟奚始受拜於苻堅。爲安遠將軍。卒，子視連立。通聘於乞伏乾歸。乾歸拜爲白蘭王。史言視連以父以憂卒，不知政事，不飲酒遊田者七年，又載鍾惡地諫辭，蓋大權仍在惡地之手矣。視連卒，長子視羆嗣。據晉書。魏書云弟。乞伏乾歸拜爲都督龍涸以西諸軍事、沙州牧、白蘭王。宋書云：「其國西有黃沙，南北一百二十里，東南七十里，不生草木，沙州因此爲號。」魏書云：「部內有黃沙，周回數百里。」胡三省云：黃沙在澆河郡西南一百七十里，見通鑑義熙元年注。不受。遣衆擊之。視羆大敗，退保白蘭。晉南北朝時四裔封爵，多就所居部族，錫以王號，觀此，知吐渾自葉延以後，迄保白蘭，視羆蓋復圖進取，故爲乾歸所忌也。視羆卒，子樹洛干年少，傳位於弟烏紇提。一名大孩。性耎弱，耽酒淫色，不恤國事。乞伏乾歸之入長安也，烏紇提屢抄其境。乾歸怒，率騎討之。烏紇提大敗，亡失萬餘口。按視羆自言控弦之士二萬。遊牧部族，丁男皆能控弦，其數約當口數五之一。觀兩漢書所載南匈奴與西域諸國口數及勝兵人數可見。此等小國及不甚進化之部族，戶口之數，恒較翔實也。亡失萬餘口，則失其衆十一矣。烏紇提保於南涼，遂卒於胡國。樹洛干立，率所部數千家奔歸莫何川。自稱大都督、車騎大將軍、大單于、吐谷渾王。化行所部，衆庶樂業。號爲戊寅可汗。沙、漒雜種，莫不歸附。清一統志云：洮水出漒臺山，兼漒川之名，其地亦謂之洮漒。其西接黃河，亦謂之沙漒。乞伏乾歸甚忌之。率騎二萬，攻之於赤水。樹洛干大敗。遂降乾歸。乾歸拜爲赤水都護。觀乾歸此授，知樹洛干是時居於赤水也。後屢爲乞伏熾槃所敗，又保白蘭，慚憤發病而卒。據晉書所載：葉延在位二十三年，辟奚二十五年，視連十五年，視羆十一年，烏紇提八年，樹洛干九年。宋書云：「樹洛干立，自稱車騎將軍，義熙初也。」姑以爲義熙元年。前此列代年數，以踰年改元之例推之，則葉延元年爲晉元帝永昌元年，辟奚元年爲穆帝永和二年，視連元年爲簡文帝咸安元年，視羆元年爲孝武帝大元十一年，烏紇提元年爲安帝隆安元年，而樹洛干卒於義熙九年。若以當年改元之法計之，則葉延元年爲成帝咸和二年，辟奚元年爲永和五年，視連元年爲孝武帝寧康二年，視羆元年爲其大元十三年，烏紇提元年爲隆安二年。案乞伏乾歸之立，在大元十三年，如踰年改元之例所推，則視連不及受其封拜。然則吐谷渾歷主，應以當年改元也。樹洛干死，晉書云：世子拾虔嗣，宋書云：弟阿豺立。案阿豺三傳之後，其位仍歸於樹洛干之子拾寅，見下。或謂拾虔乃拾寅之誤，然魏書吐谷渾傳，多同宋書，蓋其所本者同。魏書記阿豺臨死，召諸子弟告之曰：「先公車騎，捨其子虔，以大業屬吾，吾豈敢忘先公之舉而私於緯代」，則拾虔確有其人，豈其暫立而爲阿豺所廢邪？譙縱亂蜀，阿豺遣其從子敕來泥拓土至龍涸、平康。平康，周縣，屬松州，在今四川松潘縣西。此據宋書本傳。案譙縱亡於義熙九年，正阿豺立之歲，豺蓋乘縱之亡而拓土也。魏書云：阿豺兼幷氐、羌，地方數千里，號爲强國。少帝景平中，本紀在元年。阿豺遣使上表獻方物。詔以爲沙州刺史、澆河公。未及拜受大祖元嘉二年，又詔加除命。未至而阿豺死。魏書云在元嘉三年，通鑑繫元嘉元年十月。

弟慕璝立。據宋書魏書云：「烏紇提立而妻樹洛干母，生二子：慕璝、利延」，則慕璝爲阿豺同母異父弟。下文又云：兄子慕璝立，蓋前史有此異說，所魏書雜采之也。慕璝，宋書文帝紀元嘉九年作慕容璝，則慕爲慕容之略。吐谷渾之後，亦以慕容爲氏，傳云若洛廆別爲慕容氏，非矣。七年，以爲沙州刺史、隴西公。九年進爲王。慕璝前後屢遣兵擊乞伏茂蔓。茂蔓率部落東奔隴右，慕璝據有其地。赫連定爲索虜所攻，擁秦戶口十餘萬，西次罕幵，欲向涼州。慕璝拒擊，大破之，生禽定。拓跋燾使求定，慕璝與之。魏書本紀事在延和元年，宋元嘉九年也。魏書云：慕璝招集秦、涼亡業之人，及羌、戎雜夷，衆至五六百落。南通蜀漢，北交涼州、赫連，部衆轉盛。魏封爲西秦王。神䴥四年，宋元嘉八年。元嘉十二年，卒。魏書：慕璝卒於大延二年，則爲十三年。弟慕利延立。宋書文帝紀作慕容延，見元嘉十五、十六年。十六年，改封河南王。魏改封爲西平王。魏書云：「世祖征涼州，慕利延懼，率其部人西遁沙漠。世祖以慕利延兄有擒赫連定之功，遣使宣喻，乃還。」案吐谷渾是時既受封拜於魏，何所猜疑而欲遁逃？足見虜行師之暴也。魏書又云：「慕利延兄子緯代，懼慕利延害己，與使者謀，欲歸國，慕利延覺而殺之。緯代弟叱力延等八人，逃歸京師請兵。世祖拜叱力延歸義王，詔晉王伏羅率諸將討之。慕利延走白蘭。事在眞君五年，即宋元嘉二十一年。後復遣高涼王那等討之，慕利延遂入于闐。眞君六年，宋元嘉二十二年。據魏書本紀，是役擒其世子被囊。殺其王，死者數萬人。南征罽賓。遣使通劉義隆求援，獻烏丸帽、女國金酒器、胡王金釧等物。義隆賜以牽車。七年，遂還舊土。」宋書記此事在元嘉二十七年，云：「慕延遣使上表，云若不自固者，欲率部曲入龍涸越巂門。大祖許以虜至不自立，聽入越巂。」蓋慕延得此許，乃敢歸國也。慕延之歸國，當在元嘉二十八年，魏正平元年。慕延卒，樹洛干子拾寅立。始邑於伏羅川。梁書云：「乃用書契，起城池，築宮殿，其小王並立宅。」魏書云：「其居止出入竊擬王者。」其文明，蓋得諸于闐、罽賓邪？宋仍封爲河南王，魏亦封爲西平王。魏書云：後拾寅自恃險遠，頗不恭命。高宗時，定陽侯曹安表：拾寅今保白蘭，多良牛馬，若擊之，可以大獲。議者咸以先帝再征，竟不能克，今在白蘭，不犯王塞，不爲人患，若遣使招慰，必求爲臣妾，可不勞而定。安曰：「臣昔爲澆河戍將，與之相近，明其意勢。若分軍出其左右，拾寅必走南山。謂其所居南方之山。不過十日，牛馬草盡，人無所食，衆必潰叛，可一舉而定也。」從之。詔陽平王新成等出南道，南郡公李惠、給事中公孫拔及安出北道。拾寅走南山。諸軍濟河追之，多病，引還。魏大安元年，宋孝武帝孝建二年也。拾寅，魏書本紀作什寅。顯祖復詔上黨王長孫觀等率州郡兵討拾寅，軍至曼頭山，在今青海東北境。胡三省曰：「河源郡有曼頭城，蓋因山得名也。」案河源，隋煬帝平吐谷渾所置四郡之一。拾寅來逆戰，觀等縱兵擊敗之，拾寅宵遁。紀在皇興四年，宋明帝泰始六年。於是思悔復脩藩職，遣別駕康盤龍奉表朝貢。顯祖幽之，不報其使。拾寅部落大饑，屢寇澆河。詔皮歡喜爲前鋒，長孫觀爲大都督以討之。觀等軍入拾寅境，芻其秋稼。拾寅窘怖，遣子詣軍，表求改過。觀等以聞。顯祖下詔切責之，徵其任子。拾寅遣子斤入侍。本紀作費斗斤。此次用兵事在大和三四年，齊高帝建元元二年也。時顯祖爲大上皇。又魏書紀大和六年，白蘭王吐谷渾翼世以誣罔伏誅，其事他無所見。顯祖尋遣斤還。拾寅後復擾掠邊人，遣其將良利守洮陽，晉縣，後周置郡，今甘肅臨潭縣。枹罕鎮將楊鍾葵詒書責之。拾寅表求令洮陽貢其土物。顯祖許之。自是歲修職貢。統觀魏文成、獻文二世之用兵，蓋純出於邊將之貪功徼利，屢勤師旅，卒無成功，反釁洮陽之戍，亦可笑矣。齊高帝建元三年，魏大和五年。拾寅卒，子度易侯立。此從梁書，魏書同。齊書作易度侯。伐宕昌，魏讓之，令所掠口累部送時還。度易侯奉詔。卒，子休留茂立。齊書云：永明八年，授其爵號。梁書作休留代。（本傳本紀皆同。本紀見天監元年。）魏書無此一世，云度易侯死，子伏連籌立。梁書伏連籌作休運籌。案周書言自吐谷渾至伏連籌一十四世，明魏書奪此一世。蓋休留茂與魏無交涉，魏史遂有此誤也。魏書云：「伏連籌內修職貢，外幷戎狄，塞表之中，號爲強富。準擬天朝，樹置官司，稱制諸國，以自誇大。」梁書載其表於益州立九層佛寺。又云：「其地與益州鄰，常通商賈，民慕其利，多往從之，敎其書記，爲之辭譯，稍桀黠矣。」蓋又漸染中國之文化矣。伏連籌修洮陽、泥和，（胡三省曰：卽水經注迷和城。洮水逕其南，又逕洮陽城東。）置戍。魏師討之，二戍請降。（事在大和十五年，見紀。齊武帝永明九年。）魏書云：「終世宗世至於正光，（梁普通元年至五年。）犛牛、蜀馬及西南之珍無歲不至。後莫折念生反，河西路絕。涼州城人萬于菩提等東應念生，囚刺史宋穎。穎密求援於伏連籌。伏連籌親率大衆救之，遂獲保全。自尒以後，關徼不通，貢獻路絕。」梁書：伏連籌後有呵羅眞。（伏連籌子。大通三年除授。本紀中大通元年作阿羅眞。）佛輔。（呵羅眞子。本紀見中大通二年。）二世而魏書云：「伏連籌死，子夸呂立。」其致誤之由，蓋亦與其奪休留茂一世同也。魏書言夸呂始自號爲可汗，居伏俟城，在青海西十五里。地兼鄯善、且末，東西三千里，南北千餘里。蓋其極盛之時。又云：「齊獻武王作相，招懷荒遠，蠕蠕既附於國，夸呂遣使致敬。獻武王徵其朝貢，夸呂乃遣使人假道蠕蠕，頻來。又薦其從妹，靜帝納以爲嬪。遣員外散騎常侍傅靈檦使於其國。（文苑溫子昇傳云：「陽夏大守傅標使吐谷渾，見其國王牀頭有書數卷，乃是子昇文也。」則夸呂亦通文墨。）夸呂又請婚，乃以濟南王匡孫女爲廣樂公主以妻之。此後朝貢不絕。」其於西魏，大統中，（梁大同元年至大寶二年。）再遣使獻馬及牛羊等。然猶寇抄不止，緣邊多被其害。廢帝二年，（梁承聖二年。）夸呂通使於齊。涼州刺史史寧，覘知其還，率輕騎襲之於州西赤泉，獲其僕射乞伏觸、扳將軍翟潘密，商胡二百四十人，駝騾六百頭，雜采絲絹以萬計。恭帝二年，梁紹泰元年、突厥木汗可汗假道涼州襲吐谷渾。周大祖令寧率騎隨之。至番禾，番禾，見第七章第八節。後魏置郡，後周廢郡置鎮。吐渾已覺，奔於南山。木汗將分兵追之。寧說其取樹敦、賀眞二城，木汗從之。寧入樹敦，木汗破賀眞。史言樹敦是渾舊都，多諸珍藏，木汗亦大獲珍寶，蓋皆志在剽掠而已。武成初，陳武帝永定三年。賀蘭祥攻拔其洮陽、洪和二城，洪和，疑卽泥和。置洮州而還。天和初，陳文帝天嘉元年。其龍涸王莫昌率衆降，以其地爲扶州。建德五年，陳宣帝大建八年。其國大亂。高祖詔皇大子征之。軍渡青海，至伏俟城。夸呂遁走。虜其餘衆而還。案夸呂以隋開皇十一年卒，隋書言其在位百年，則此時夸呂年已老。隋世吐谷渾屢有內釁，蓋皆其耄荒使然，此時已肇其端矣。晉書云：吐谷渾有城郭而不居，隨逐水草，廬帳爲屋，以肉酪爲糧。魏書云：亦知種田。有大麥、粟、豆。北界氣候多寒，惟得蕪菁、大麥。齊書云：多畜，逐水草，無城郭，後稍爲宮室，而人民猶以氈廬百子帳爲行屋。梁書云：有屋宇，雜以百子帳，卽氈廬也。蓋雖略知稼穡，終以畜牧爲主。晉書又言其國無常稅，調用不給，輒斂富室商人，取足而止，此純乎羌人之習。其慕效中國，或又取法乎西域，蓋皆其王室、貴人所爲，不能逮下也。其所重者商賈，所貪者貨財。宋書謂其「徒以商譯往來，故禮同北面」「雖復貢篚歲臻，事惟賈道」然則梁書言其使或歲再三至，或再歲一至，蓋正以賈道故，乃爲是紛紛然。慕璝嘗表魏朝，言「爵秩雖崇，而土不增廓，車騎既飾，而財不周賞」魏朝令公卿會議，不肯多與，自是貢獻頗簡；其通齊之使，實與商胡俱；俱可爲宋書之言作左證。宋書又云「金罽氈毦，非用斯急；送迓煩擾，獲不如亡」蓋慨乎言之矣。或曰：齊書芮芮傳，言中國與之通使，常由河南道抵益州。建元元年，大祖遣王世武拜授拾寅，仍往芮芮，賜書云：「想即資遣，使得時達。」永明三年，又遣給事中丘冠先往使，并送芮芮使。其殷勤於河南，蓋欲藉通芮芮，其欲通芮芮，則所以牽制索虜也。然芮芮牽制索虜，爲力幾何，江東君臣不應不知。丘冠先之往使也，得玉長三尺二寸，厚一尺一寸，史家頗豔稱之，則天朝士夫，亦曷嘗不重異物？冠先後拜授休留茂，並行弔禮，遂不得其死。史云：「休留茂逼令先拜，冠先厲色不肯，休留茂恥其國人，執冠先，於絶巖上推墮深谷而死。」吐谷渾非夜郎自大者流，既徒志在賜與，安得爭此虛文？然則冠先之死，又惡知其究因何事邪？

吐谷渾爲外來之族，故其文明程度稍高，其鄰近諸族，則仍多率其榛狉之舊。諸族最近吐渾者爲白蘭。周書云：「白蘭，羌之別種也。其地東北接吐谷渾，西北至利模徒，南界郡鄂。風俗物產，與宕昌略同。」其與中國通，惟周保定元年，陳天嘉二年。曾一遣使獻犀甲、鐵鎧而已。北史云：「吐谷渾北有乙弗勿敵國。魏書作乙弗敵國。國有屈海，周迴千餘里。衆有萬落。風俗與吐谷渾同，然不識五穀，惟食魚及蘇子。蘇子狀若中國枸杞子，或赤或黑。有契翰一部，風俗亦同。白蘭山西北，又有可蘭國。魏書作阿蘭國。風俗亦同。目不識五色，耳不聞五聲，是夷蠻戎狄中之醜類也。土無所出，直大養羣畜，而戶落亦可萬餘人。頑弱，不知鬬戰，忽見異人，舉國便走。性如野獸，體輕工走，逐不可得。」此皆今青海東南境之部族也。利模徒、郡鄂，地皆無考。宋書云：吐谷渾之地，自甘松及洮水西南極白蘭，則白蘭當在今松潘縣西北四川、青海界上。白蘭山蓋即其所居之地，則可蘭當在青海東南境；乙弗勿敵當在青海北境，南山之南。屈海不易實指。丁謙魏書外國傳考證以玉門縣東北花海子當之，恐非。玉門乃西域商胡往來孔道，居其地者，斷不至不識五穀也。其在川、甘界上者，有宕昌、鄧至，程度稍高。魏書宕昌傳云：「其地東接中華，西通西域，南北數千里。姓別自爲部落，酋帥皆有地分，不相統攝。宕昌卽其一也。」此苞今川、甘、青海界上之地而總言之。又云：「其地自仇池以西，東西千里，席水以南，南北八百里，地多山阜，人二萬餘落。」則專指宕昌言之也。水經注：羌水逕宕昌城，又東南逕武階，武階今武都縣。宕昌在武都西北，卽今西固縣地。羌水，今白龍江也。此一大區域中之情況，魏書總述之曰：「俗皆土著，居有屋宇。其屋，織犛牛尾及羖羊毛覆之。國無法令，又無徭賦。惟戰伐之時，乃相屯聚；不然則各事生業，不相往來。皆衣裘褐，牧養犛牛、羊、豕，以供其食。父子、伯叔、兄弟死，卽以繼母、叔母及嫂、弟婦等爲妻。俗無文字，但候草木榮落，記其歲時。三年一相聚，殺牛羊以祭天。」其進化之遲滯，蓋全因其所居之閉塞也。宕昌蓋因地近仇池，故開發較早。魏書本傳曰：「有梁懃者，周書作梁勤。世爲酋帥，得羌豪心，乃自稱王焉。懃孫彌忽，世祖初，遣子彌黃奉表求內附。世祖嘉之，遣使拜彌忽爲宕昌王，賜彌黃爵甘松侯。彌忽死，孫虎子立。」北史作彪子，避唐諱。案世祖紀：大平眞君九年，宋元嘉二十五年。宕昌羌酋梁瑾慈遣使內附，幷貢方物。宋書孝武帝紀：大明元年，以梁瑾葱爲河州刺史、宕昌王。梁書本傳作梁瑾忽。南史作梁瑾忽。五年，以宕昌王梁唐子爲河州刺史。瑾葱、瑾慈，似卽彌忽；唐子似卽虎子也。魏書傳又云：「虎子死，彌治立。虎子弟羊子，先奔吐谷渾。吐谷渾遣兵送羊子，欲奪彌治位。彌治遣使請救。世祖詔武都鎮將宇文生救之，羊子退走。彌治死，子彌機立。」宋書後廢帝紀：元徽四年十月，以宕昌王梁彌機爲河、涼二州刺史。此除授，或在其篡立之初也。南朝自此率以河、涼二州刺史、宕昌王授其主。齊武帝永明元年，亦以此授彌機。齊書武帝紀：永明三年，以行宕昌王梁彌頡爲河、涼二州刺史。本傳同。是歲爲魏孝文帝大和九年。魏書本紀：七月，遣使拜宕昌王梁彌機兄子彌承爲其國王。穆崇傳：崇玄孫亮爲仇池鎮將。時宕昌王梁彌機死，子彌博立，爲吐谷渾所逼，來奔仇池。亮以彌機蕃款素著，矜其亡滅；彌博凶悖，氐、羌所棄；彌機兄子彌承，戎民歸樂；表請納之。高祖從焉。於是率騎三萬，次於龍涸，擊走吐谷渾，立彌承而還。齊書本紀：永明六年，亦以彌承爲河州刺史，而不詳魏替彌博立彌承之事，然彌頡嘗一繼位，則魏書又不詳，疑其爲彌博出亡後吐谷渾所立也。十年，魏大和十六年。彌承朝於魏。又使求軍儀及伎、雜書於齊。詔軍器致之末易；內伎不堪涉遠；祕閣圖書，例不外出；賜以五經集注、論各一部。梁書武帝紀：天監元年，宕昌王梁彌頜進號。頜蓋頡之誤；四年四月，以行宕昌王梁彌博爲河、涼二州刺史宕昌王；本傳同。則彌承之後，彌頡、彌博，復相繼在位。齊書謂「彌頡卒，乃以彌承爲王」，疏矣。彌博死，子彌泰立。大同十年，復授以父爵位。周書宕昌傳云：自彌忽至仚定九世，彌忽、虎子、彌治、彌機、彌承、彌頡、彌博、彌泰、仚定。每修職貢不絕。後見兩魏分隔，遂懷背誕。永熙末，梁中大通六年。乃引吐谷渾寇金城。仚定，文帝紀作企定，云引吐谷渾寇金城、渭州及南秦州氐、羌連結所在蜂起。金城見第二章第二節。渭州見第十二章第七節。南秦州見第十二章第三節。大統初，又率其種人入寇。行臺趙貴督儀同侯莫陳順等擊破之。仚定懼，稱藩請罪。大祖舍之，拜撫軍將軍。四年，梁大同四年。以仚定爲南洮州刺史。後改洮州爲岷州，仍以仚定爲刺史。七年，梁大同七年。仚定又舉兵入寇。獨孤信時鎮隴右，詔信率衆便討之。軍未至而仚定爲其下所殺。信進兵破其餘黨。信傳亦作企定，云企定子弟收其餘衆。朝廷方欲招懷殊俗，乃更以其弟彌定爲宕昌王。十六年，彌定宗人獠甘襲奪其位。彌定來奔。先是羌酋傍乞鐵忽等因仚定反叛之際，遂擁衆據渠林川。

宇文貴傳作渠株川。云納彌定後，於渠株川置岷州，不知本宕昌地爲鐵忽所據？抑鐵忽平後，岷州移治也？與渭州民鄭五醜，扇動諸羌，阻兵逆命。至是，詔大將軍宇文貴、豆盧寧、涼史刺史史寧等率兵討獠甘等，並擒斬之，納彌定而還。此亦見宇文貴、豆盧寧、史寧、趙剛、趙昶傳。保定四年，陳天嘉五年。彌定寇洮州，總管李賢擊走之。是歲，彌定又引吐谷渾寇石門戍。甘肅臨潭縣南有石門山。賢復破之。高祖怒，詔大將軍田弘討滅之。以其地爲宕州。見上節。鄧至，魏書云：白水羌也。世爲羌豪，因地名號，自稱鄧至。其地自亭街以東，平武以西，汶嶺以北，宕昌以南。亭街未詳。平武，漢縣，在今四川平武縣東。汶嶺即岷山。水經注漾水篇：白水東南逕鄧至城南，又東南逕陰平故城南，則鄧至城在陰平西北。土風、習俗，亦與宕昌同。其王像舒治，遣使內附。高祖拜龍驤將軍、鄧至王。遣貢不絕。案其見於魏書本紀者：又有像舒彭。大和十七年，齊永明十一年。遣子舊詣闕朝貢，幷求以位授舊。詔許之。世宗永平二年，梁天監八年。八月，丁未，鄧至國遣使朝獻。戊申，以鄧至國世子像覽蹄爲其國王。蓋其初立時也。梁書亦有傳，云：宋文帝時，王象屈耽遣使獻馬。齊書附宕昌傳，云：建元元年，征虜將軍西涼州刺史羌王像舒彭進爲持節平西將軍，後叛降虜。然武帝紀：永明元年，二月，以東羌王像舒彭爲西涼州刺史，則復來歸順矣。梁天監元年，始封爲鄧至王。五年，遣使來獻。見紀及本傳。周書云：自舒治至檐桁十一世。魏恭帝元年，梁承聖三年。檐桁失國來奔。大祖令章武公導率兵送復之。魏書云：鄧至之西，有赫羊等二十國，時遣使朝貢，朝廷皆授以雜號將軍、子男、渠帥之名。北史云：赫羊部內，初有一羊，形甚大，色至鮮赤，故因爲國名。其說似近附會。又舉諸國之名曰：東亭街、大赤水、寒宕、石河、薄陵、下習山、倉驤、覃水，云風俗麤獷，與鄧至國不同焉。亦不能備二十之數也。

第八節 西域諸國

兩漢之世，中國與西域之交通，可謂極盛，其後雖遭喪亂，往還實迄未嘗絕，不過記載有詳略而已。晉遷江左，與西域之交通，自不能如建都長安、洛陽時之盛。據有涼州之國，往還雖密，然偏隅割據，運祚短促，記載不詳。惟魏據北方較久，故其記載亦較翔實焉。魏書西域傳：（魏書此卷亡，實皆錄自北史。）世祖時，遣董琬、高明等出使，（見下。）還，具言凡所經見及傳聞旁國，云「西域自漢武時五十餘國，後稍相并，至大延中，爲十六國。分其地爲四域：自葱嶺以東，流沙以西爲一域；葱嶺以西，海曲以東爲一域；者舌以南，（者舌，今塔什干。）月氏以北爲一域；兩海之間，（兩海謂鹹海、裏海。）水澤以南爲一域。內諸小渠長，蓋以百數。其出西域本有二道，後更爲四：出自玉門，（見第六章第六節。）渡流沙，西行二千里至鄯善，（在今羅布泊南。）爲一道；自玉門渡流沙，北行一千二百里至車師，（前部在廣安城西，後部在濟木薩南。）爲一道；從莎車西行，（莎車，今莎車縣。）百里至葱嶺，葱嶺西一千三百里至伽倍，（故月氏休密翕侯地，見下。）爲一道；自莎車西南五百里，葱嶺西南千三百里至波路，（西域記鉢露羅，今 Balti。）爲一道。案四域之中，第一爲天山南路，第二苞今波斯、阿富汗及印度，（海曲之海，指波斯灣。）第三指天山北路及鹹海以東土耳其斯單，第四謂鹹海、裏海間地，皆漢世所已通。四道中之第一、第二兩道，漢世不之數；第三、第四兩道，實即漢世之南道，故其名增於漢，而實減之。然此自指使譯所經，民間商旅之往來，未必有異於故也。

四域之中，與中國關係最密者，自爲第一域。魏書云：至大延中爲十六國者，蓋專指此域言之。惟董琬、高明之還，西域與之俱來者凡十六國，則未知當時天山南路國數果爲十六？抑因其來朝之數，姑妄言之？魏書記載大苑，見下。質令人不能無疑也。漢、魏之世，諸國互相吞并之事，已見秦漢史第十二章第十節。至晉世，天山南路之國，以車師、鄯善、焉耆、今焉耆縣。龜茲、今庫車縣。疏勒、今疏勒縣。于闐今和闐縣南。爲大。

都護之職，自漢衰而廢。魏世，以涼州刺史領戊己校尉，護西域，而晉因之，亦見秦漢史第十二章第十節。故是時中國與西域之交通，以涼州爲關鍵。張氏割據河西，至駿之世，始有事於西域。時戊己校尉趙貞不附於駿，駿擊禽之。又使其將楊宣出討。晉書焉耆傳云：武帝大康中，其王龍安遣子入侍。安夫人，獪胡之女。獪胡未詳。姙身十二月，剖脇生子，曰會，立爲世子。會少而勇桀。安病篤，謂會曰：「我嘗爲龜茲王白山所辱，不忘於心，汝能雪之，乃吾子也。」及會立，襲滅白山。遂據其國。遣子熙歸本國爲王。會有膽氣籌略，遂霸西胡。葱嶺以東，莫不率服。然恃勇輕率，嘗出宿於外，爲龜茲國人羅雲所殺。其後張駿遣沙州刺史楊宣，前涼沙州，治敦煌。率衆疆理西域。宣以部將張植爲前鋒，所向風靡。軍次其國。熙距戰，爲植所敗。率其羣下四萬人肉袒降於宣。案張駿傳言：駿使宣伐龜茲、鄯善。龜茲傳不載其事，鄯善則無傳。本紀亦但書駿伐焉耆降之，穆帝永和元年。蓋其勤兵力者，惟焉耆爲大？駿傳言：西域諸國獻汗血馬、火浣布、犎牛、孔雀、巨象及諸珍異二百餘品。此等非徒葱嶺以東所能致；石勒載記言：駿使送高昌，見第六章第二節。于窴、鄯善、大宛使，獻其方物；則其與葱嶺以西諸國，往還必密。龜茲傳云：惠、懷末，以中國亂，遣使貢方物於張重華。重華不在惠懷之世，其說必誤，疑其間有奪文。然其貢方物於重華，當不虛也。亦可見張氏與西域交通之盛矣。張氏亡，苻堅據有涼州，遣呂光討定西域，已見第六章第六節。時則鄯善王休密馱、車師前部王彌寘爲光鄉導，光進至焉耆，其王泥流率其旁國請降。此據光載記。焉耆傳述熙降楊宣事後云：「呂光討西域，復降於光，及光僭位，熙又遣子入侍。」兩舉熙名，不應皆誤，蓋泥流其蕃名，熙其漢名也。龜茲王帛純距光。此亦據光載記。龜茲傳作白純。光進攻城，帛純傾國財寶請救獪胡。獪胡弟吶龍、侯將馗率騎二十餘萬，并引溫宿、尉頭等國王合七十餘萬以救之。溫宿、尉頭，皆在今烏什縣。戰於城西，大敗之。帛純收其珍寶而走。王侯降者三十餘國。諸國憚光威名，貢款屬路。此指龜茲旁國。乃立帛純弟震爲王以安之。桀黠胡王，昔所未賓者，不遠萬里，皆來歸附，上漢所賜節傳。此指較遠之國。光皆表而易之。堅聞光平西域，以爲都督玉門已西諸軍事、西域校尉，道絕不通。堅載記同。光既平龜茲，有留焉之志。乃大饗文武，博議進止。衆咸請還。乃以駝二萬餘頭，魏書光傳作二千餘頭。致外國珍寶及奇伎異戲，殊禽怪獸，千有餘品，駿馬萬餘匹而還。上文云：「光見其宮室壯麗，命參軍段業著龜茲宮賦以譏之。胡人奢侈，厚於養生，家有蒲桃酒，或至千斛，經十年不敗。士卒淪沒酒藏者，相繼矣。」然則光之欲留，乃溺其繁盛耳。肆掠東歸，何殊盜賊？然非獨光，如此古來通西域者，蓋無不有貪其財寶之意存焉。苻堅初慕漢文卻大宛天馬之貢，卒違羣臣之諫而用兵，亦如是而已矣。見第六章第四節及第六節。羣議以高昌雖在西垂，地居形勝，外接胡虜，易生翻覆，宜命子弟鎮之。光乃以子覆爲都督玉門已西諸軍、西域大都護，鎮高昌，命大臣子弟隨之。後涼分裂，敦煌爲李暠所據，擊玉門已西諸城，皆下之，遂屯玉門、陽關，在敦煌西。廣田積穀。鄯善、前部王皆遣使貢其方物。沮渠蒙遜滅李氏，鄯善王比龍入朝，西域三十六國皆稱臣貢獻。宋書氐胡傳之文。案是時西域葱嶺以東，實無三十六國，若合葱嶺以西言之，則又不止此數，此特沿襲舊文，猶言故三十六國之地之諸國耳。苻堅載記云：「呂光討平西域三十六國，所獲珍寶以萬萬計，」亦此例也。茂虔亡，無諱據鄯善，又襲據高昌，安周又陷車師，已見第七章第八節。至此而割據諸國與西域之關係終矣。

魏通西域，始於大武時。大延元年，宋文帝元嘉十二年。五月，遣使二十輩使西域。二年，宋元嘉十三年。八月，又遣使六輩使西域。自是來者頗多。據本紀。西域傳曰：大祖初經營中原，未暇及於四表。既而西戎之貢不至，有司奏依漢氏故事，請通西域，可以振威德於荒外，又可致奇貨於天府。大祖曰：漢氏不保境安人，乃遠開西域，使海內虛耗，何利之有？今若通之，前弊復加百姓矣。遂不從。歷大宗世，竟不招納。大延中，魏德益以遠聞，西域龜茲、疏勒、烏孫、悅般、渴槃陁、鄯善、焉耆、車師、粟特諸國王始遣使來獻。世祖以西域漢世雖通，有求則卑辭而來，無欲則驕慢王命，此其自知絕遠，大兵不可至故也。若報使往來，終無所益。欲不遣使。有司奏九國不憚遐險，遠貢方物，當與其進，安可豫抑後來？乃從之。於是始遣行人王恩生、許綱等西使。恩生出流沙，爲蠕蠕所執，竟不果達。又遣散騎侍郎董琬、高明等多齎金帛，出鄯善，招撫九國，厚賜之。初琬等受詔：便道之國，可往赴之。琬過九國，北行至烏孫國，其王得朝廷所賜，拜受甚悅。謂琬曰：傳聞破洛那、者舌，皆思魏德，欲稱臣致貢，但患其路無由耳。今使君等既到此，可往二國，副其慕仰之誠。琬於是自向破洛那，遣明使者舌。烏孫王爲發導譯達二國。琬等宣詔慰賜之。已而琬、明東還，烏孫、破洛那之屬遣使與琬俱來貢獻者十有六國。自後相繼而來，不閒於歲，國使亦數十輩矣。此文之善於塗飾，眞可發一大噱。據本紀：鄯善之來，在大延元年六月，粟特之來在八月，均在使出之後，世祖豈逆知其將至而欲不報？有司豈逆知其將至，而請勿抑其後來邪？曲筆獻媚如此，眞可謂穢史矣。

沮渠牧犍亡，無諱據敦煌。眞君三年，宋元嘉十九年。又渡流沙據鄯善，西域爲所隔，歷年不至。五年，宋元嘉二十一年。無諱卒。六年，宋元嘉二十二年。遣萬度歸襲鄯善，執其王。以韓拔爲西戎校尉、鄯善王以鎭之。西域傳卽在是年，本紀在九年。事見第七章第八節。西域傳云：凉州既平，鄯善國以爲脣亡齒寒，自然之道也。今武威爲魏所滅，次及我也。若通其使人，知我國事，取亡必近。不如絕之，可以支久。乃斷塞行路。西域貢獻，歷年不入。後平鄯善，行人復通。據本紀：大延五年，尚有鄯善、龜茲、疏勒、焉耆、粟特、渴槃陁、破洛那、悉居半等遣使朝貢，眞君元年至四年，則絕無之，五年三月，乃遣使者四輩使西域，是歲十二月，乃書粟特國遣使朝貢，蓋全爲無諱所隔也。鄯善是時，國且爲武威遺孽所據，豈有因其滅亡，轉慮脣亡齒寒之理？眞所謂鄉壁虛造，信口開河者矣。鄯善傳云：「無諱謀渡流沙，遣其弟安周擊鄯善。鄯善王比龍恐懼欲降。會魏使者自天竺、罽賓還，俱會鄯善，勸比龍拒之。遂與連戰。安周不能克，退保東城。後比龍懼，率衆西奔且末，其世子乃應安周。鄯善人頗剽劫之，令不得通。」鄯善人頗剽劫之上有奪文，此所剽劫者，非魏通西域則西域朝貢之使，其事初非鄯善人所爲，故魏伐鄯善，其王眞達出降，魏人仍厚待之也。九年，宋元嘉二十五年。又遣萬度歸討焉耆。傳云：恃地多險，頗剽劫中國使。其王鳩尸卑那奔龜茲。鳩尸卑那，龜茲壻。度歸遂討龜茲，傳云其東闕城戍寇竊非一。大獲駞馬而還。自是西域復通。然西域要害，在於伊吾，見第六章第六節。漢世實恃此以衞涼州，魏世，柔然蟠據西北，形勢極逼，乃其重鎭，不過敦煌。文成大安二年，宋孝武帝孝建三年。敦煌鎭將尉眷擊伊吾，雖克其城，然眷子多侯，仍爲鎭將，上疏求取伊吾，斷蠕蠕通西域之路，高祖善其計，卒不能用。高昌自張軌以來爲郡縣，至魏世乃自立爲國，而受制於柔然。顯祖末，柔然攻于闐，于闐遣使求救，魏亦不能出兵。然則魏世守備之規，經略之計，不逮漢朝遠矣。食貨志言：萬度歸伐焉耆，其王單騎奔龜茲，舉國臣民，負錢懷貨，一時降款，此乃脅奪其錢貨耳。獲其奇寶異玩以巨萬，駞馬雜畜，不可勝數。傳云：焉耆爲國，斗絕一隅，不亂日久，獲其珍奇異翫，殊方譎詭不識之物，橐駞、馬、牛、雜畜巨萬。度歸遂入龜茲，復獲其殊方瓌詭之物億萬已上。又言：自魏德既廣，西域、東夷，貢其珍物，充於王府，神龜、正光之際，府藏盈溢。虜除貨財、玩好之外，豈有所知邪？

高昌之立國於西域，其事頗有關係。魏書傳云：世祖時，有闞爽者，自爲高昌太守。大延中，遣散騎侍郎王恩生等使高昌，爲蠕蠕所執。眞君中，爽爲沮渠無諱所襲奪，據之。無諱死，弟安周代立。和平元年，（宋孝武帝大明四年。）爲蠕蠕所并。蠕蠕以闞伯周爲高昌王。其稱王自此始也。大和初，伯周死，子義成立。歲餘，爲其兄首歸所殺，自立爲高昌王。五年，（齊高帝建元三年。）高車王可至羅殺首歸兄弟，以敦煌人張孟明爲王。後爲國人所殺，立馬儒爲主。以鞏顧禮、麴嘉爲左右長史。二十一年，（齊明帝建武四年。）遣司馬王體玄奉表朝貢，請師迎接，求舉國內徙。高祖納之。遣明威將軍韓安保率騎千餘赴之。至羊榛水，儒遣禮、嘉率步騎一千五百迎安保，去高昌四百里，而安保不至。禮等還高昌，安保亦還伊吾。安保遣韓興安等十二人使高昌。儒復遣顧禮將其世子義舒迎安保，至白棘城，去高昌百六十里。而高昌舊人，情戀本土，不願東遷，相與殺儒而立麴嘉爲王。嘉字靈鳳，金城榆中人。（榆中，漢縣，今甘肅榆中縣西北。）既立，又臣於蠕蠕那蓋。顧禮與義舒隨安保至洛陽。及蠕蠕主伏圖爲高車所殺，嘉又臣高車。初前部胡人，悉爲高車所徙，入於焉耆，焉耆又爲嚈噠所破滅，國人分散，衆不自立，請王於嘉。嘉遣第二子爲焉耆王以主之。永平元年，（梁武帝天監十年。）嘉遣兄子私署左衛將軍、田地太守孝亮朝京師，（田地城，漢之柳中，今魯克沁。）仍求內徙，乞軍迎援。於是遣龍驤將軍孟威發涼州兵三千人迎之。至伊吾，失期而反。於後十餘，遣使款誠備至。惟賜優旨，卒不重迎。延昌中，（梁天監十一年至十四年。）以嘉爲持節、平西將軍、瓜州刺史、泰臨縣開國伯，私署王如故。熙平初，（梁天監十五年。）遣使朝獻。詔曰：卿地隔關山，境接荒漠，頻請朝援，徙國內遷，雖來誠可嘉，卽於理未帖。何者？彼之甿庶，是漢、魏遺黎。自晉氏不綱，因難播越，成家立國，世積已久。惡徙重遷，人懷戀舊。今若動之，恐異同之變，爰在肘腋，不得便如來表。神龜元年，梁天監十七年。冬，孝亮復表求援內徙。朝廷不許。嘉又遣使奉表，自以邊遐，不習典誥，求借五經、諸史，并請國子助教劉燮以爲博士。肅宗許之。嘉死，子堅立。堅，梁書作子堅。永熙後乃隔絕。周書：大統十四年，詔以其世子玄喜爲王。恭帝二年，又以其田地公茂嗣位。隋書云：堅死，子伯雅立。案梁書言麴嘉在位二十四年，自其立之年齊明帝建武四年起計，當卒於梁普通元年，下距隋書所記大業五年伯雅來朝之歲，凡九十年。嘉先仕馬儒，立年不得甚少；嘉非早世，則堅之繼位，亦非沖齡；伯雅能入朝於隋，亦必尚未衰耗；其間似不能歷九十年之久，必隋書誤奪也。梁書言大同中子堅遣使來獻，大同紀元，與西魏之大統恰同，然則堅之死，當在大統十三、四年間，即梁之大淸元、二年也。梁書高昌傳云：國人言語與中國略同，有五經、歷代史、諸子集。周書云：文字亦同華夏，兼用胡書。有毛詩、論語、孝經，置學官弟子，以相教授。雖習讀之，而皆爲胡語。案魏書言其國有八城，皆有華人，蓋華人自華言，胡人自胡語也。然梁書又言其人面貌類高麗，則實非深目高鼻之族，特久居胡中，習其言語耳。魏書于闐傳云：「自高昌以西，諸國人等，深目高鼻，惟此一國，貌不甚胡，頗類華夏。」案漢世西域胡人雖多，華人亦不少，說見秦漢史第五章第四節。據魏書此文，似魏晉以後，華人頗減，胡人稍增，蓋其移殖有難易使然。晉南北朝之世，華人之居西域者，必以高昌、于闐爲巨擘矣。梁書云：其官有四鎭將軍及雜號將軍、長史、司馬、門下校郎、中兵校郎、通事舍人、通事令史、諮議、校尉、主簿，置四十六鎭；婚姻有六禮；周書云：其刑法、風俗、婚姻、喪葬與華夏小異而大同；可見其法俗尚多承中華之舊。惟辮髮垂之於背，梁書又云：女子頭髮辮而不垂。周書云：丈夫從胡法，婦人略同華夏。蓋指此。實爲胡俗。然伯雅朝隋歸國，曾下令國中解辮削衽，雖云竟畏鐵勒不敢改，隋書本傳。其心固未嘗忘華夏也。

葱嶺以西之地，始擅於大月氏，而後入於嚈噠。後漢書大月氏傳曰：初月氏爲匈奴所滅，遂遷於大夏，分其國爲休密、雙靡、貴霜、肹頓、都密，凡五部翕侯。漢書：休密治和墨城，雙靡治雙靡城，貴霜治護澡城，肹頓治薄茅城，高附治高附城。後書高附作都密，餘同。魏書：伽倍，故休密翕侯，都和墨城，在莎車西。折薛莫孫，故雙靡翕侯，都雙靡城，在伽倍西。鉗敦，故貴霜翕侯，都護澡城，在折薛莫孫西。弗敵沙，故肹頓翕侯，都薄茅城，在鉗敦西。閻浮，故高附翕侯，都高附城，在弗敵沙南。沙晼大月氏都城考云：休密，即唐之護密，今之Wakhân。雙靡，即宋雲行記之賒彌，玄奘西域記之商彌，今之Tchitral。貴霜，在健馱羅(Gandhara)北境。弗郎克(Franke)云即健馱羅。肹頓，在喀布尒河(Kaboul rond)支流Pandjshir河之Parwân地方。都密，在喀布尒附近，惟與喀布尒有別。見馮承鈞史地叢考。白鳥庫吉云：休密，即Sarik-Chaupan。貴霜爲Wakhan之西部。合二者爲Wakhan，即魏書之鉢和，唐書之鑊侃。雙靡爲Mastoj。薄茅當作濮第，爲Badaxshan。高附爲Jamgan。見羽溪了諦西域之佛教第二章。賀昌羣譯，商務印書館本。後百餘歲，貴霜翕侯丘就卻攻滅四翕侯，自立爲王，國號貴霜王。此王字疑涉下「諸國稱之皆曰貴霜王」而衍。侵安息，取高附地。又滅濮達、西域之佛教第二章云：即烏弋山離，今阿富汗南境及旁遮普之一部。罽賓，克什米尒之西北，今健馱羅地方。悉有其國。丘就卻年八十餘死，子閻膏珍代爲王。復滅天竺，置將一人監領之。月氏自是之後，最爲富盛。諸國稱之皆曰貴霜王。漢本其故號，言大月氏云。三國志四裔傳注引魏略西戎傳曰：罽賓國、大夏國、高附國、天竺國皆幷屬大月氏。說與此合。丘就卻與閻膏珍之年代，不易確定，要當在後漢安帝以前。以後書西域傳序，自云本於安帝末班勇所記也。西域史籍亦乏，近世治月氏史者，多珍視其泉幣。謂丘就卻之名，與見於泉幣之Kujula

Kadphises 相當閻膏珍之名與Wema Kadphises相當。此外尙有迦膩色迦（Kaniska）、胡韋色迦（Huviska）、韋蘇特婆（Vâsudeva）三王。近年在馬圖剌（Mathura）及山屺（Siiachi）得有刻文，又有韋西斯迦（Vâsishka：Vasashka：Vasushka）之名，或謂其當次迦膩色迦，或胡韋色迦之後，或謂卽韋蘇特婆諸王中，迦膩色迦爲傳布佛教名王，苦心探索其年代者尤多，或謂在丘就卻、閻膏珍之前，或謂在其後，或又謂迦膩色迦有二：一在丘就卻、閻膏珍之前，一在其後，衆說紛紜，莫衷一是。日本羽溪了諦所撰西域之佛教第二章第二節，曾撮舉其大要，讀之可見其概。欲與中國史籍相印合，尙不易豪髮無遺憾，要之謂大月氏之興起，在兩漢之際，其强盛迄於晉初，當無大差也。柔然興，月氏乃稍見侵削。魏書大月氏傳云：都盧監氏城。史記、後漢書作藍氏城，漢書作監氏城，北史作賸監氏城，今班勒紇（Balkh）。北與蠕蠕接，數爲所侵，西徙都薄羅城，馮承鈞譯沙畹西突厥史料第四篇注云：「沙畹原以嚈噠都城爲Badhaghis，後又改訂爲 Faizabad第。北史有「蓋王舍城也」一語，印度境外有王舍城之號者，祇縛喝羅（Balkh），此亦卽大月氏都城薄羅，玆爲改正於此。」商務印書館本。其王寄多羅勇武，遂興師越大山，南侵北天竺，自乾陁羅以北五國，盡役屬之。蓋其勢初蹙於北，而猶盛張於南焉。及嚈噠興，月氏復爲所蠶食，而其勢不可支矣。

北史云：康國者，康居之後也。遷徙無常，不恆故地，自漢以來，相承不絕。其王本姓溫，月氏人也。舊居祁連山北昭武城，因被匈奴所破，西踰葱嶺，遂有其國。唐書：一曰薩末鞬，亦曰颯秣建，元魏所謂悉萬斤者，今之撒馬兒罕也。枝庶分王，故康國左右諸國，並以昭武爲姓，示不忘本也。其所舉諸國：曰安，唐書：安，一曰布豁，又曰捕喝，元魏謂忸密者，今布哈尒。曰鏺汗，唐書：寧遠，本拔汗那，或曰撥汗，元魏時謂破洛那。案今魏書、北史傳文皆奪破字，云洛那國，故大宛國也，都貴山城，在疏勒西北。沙畹云：拔汗那，今之 Ferghanah 見西突厥史料第三篇。白鳥庫吉云：漢貴山城，在 Khodjend 東北約百三十英里之 Kâsân，見桑原騭藏張騫西征考楊鍊譯，商務印書館本。曰米，唐書或曰彌末，又曰弭秣賀。馮承鈞云：Maimargh 之對音，見所著新唐書西域羈縻府州考，在史地叢考中。曰史，唐書或曰佉沙，又曰羯霜那。馮承鈞云：今之 Shehr-sebz。曰曹，唐書有東、西、中曹，云西曹者，隋時曹也，治瑟底痕城。馮承鈞云：Ischtikhan 之對音。曰何，唐書或曰屈霜你迦，又曰貴霜匿，卽康居小王附墨城，永徽時以其地爲貴霜州。馮承鈞云：此貴霜爲 Koschâna，非昔貴霜翕侯治地，亦非唐書地理志大汗都督府之附墨州。曰烏那曷，隋書云：都烏滸水南。烏滸水，今阿母河。曰穆，隋書云：都烏滸水西。曰漕，烈維、沙畹罽賓考云：卽大唐西域記之漕矩吒，在今 Ghazni 地方。此篇亦在史地叢考中。凡九。唐書則以康及安、曹、石、或曰柘支，曰柘折，曰赭時。馮承鈞曰：今之塔什干。米、何、火尋、或曰貨利習彌，又曰過利。馮承鈞曰：卽 Khârism 之對音，居烏滸水之陽，卽今之 Urgeny。戊地、馮承鈞曰：卽西域記之伐地，古之木鹿，今之 Merv。史爲昭武九姓，而云康之始爲突厥所破。案昭武漢縣，屬張掖。後書梁慬傳注云：昭武故城在張掖西北，其地屬今之高臺縣，乃月氏故地，非康居故地。云康爲康居之地可，云康爲康國之後則誤，且與其王爲月氏人之說，自相矛盾矣。月氏西遷，蓋自今伊犂河域達嬀水之濱，未嘗經葱嶺，云西踰葱嶺亦誤。唐書覺其不合，改匈奴爲突厥，然逮突厥之興，祁連山北久無月氏矣。楚固失之，齊亦未爲得也。月氏西遷之後，祇聞分國爲五部翕侯，未聞以枝庶分王各邑。然則昭武諸國之立，乃在月氏西遷又遭破壞之後，無復共主，乃分崩離析而爲是諸小國也。或曰：魏略西戎傳言：「敦煌、西域之南山中，從婼羌西至葱嶺西數千里，有月氏餘種，」三國魏志四裔傳注引。所謂西踰葱嶺者，安知非指此種人言之；案後書羌傳云：「湟中月氏胡，其先大月氏之別也。舊在張掖、酒泉地。月氏王爲匈奴冒頓所殺，餘種分散，西踰葱嶺。其羸弱者南入山阻，依諸羌居止。遂與共婚姻。及霍去病破匈奴，取西河地，開湟中，於是月氏來降，與漢人錯居。被服、飲食、言語，略與羌同。亦以父名母姓爲種。」此文亦必有所本，西踰葱嶺，明指月氏初破敗時言之，此乃古人措辭不審，不必曲爲之諱。湟中月氏胡，特其來降之一小支，其餘蓋皆在南山羌中。魏略下文云：「葱茈羌、白馬、黃牛羌，各有酋豪，北與諸國接，不知其道里廣狹。」然則云自婼羌至於葱嶺皆有月氏餘種，亦不過約略之辭，蓋以月氏與羌同處，乃以羌之所至，即爲月氏之所至，其實月氏蹤迹，能否西抵葱嶺，尚有可疑也。與羌同居之月氏，皆爲羌所化。其處境閉塞，故其文明程度甚低。然四塞之區，外兵罕至，故其處境實甚寬閒，從古不聞遷徙。與謂昭武諸國，係此等月氏餘種，遷徙而去，似不如謂爲月氏西遷之後，更遭破敗，乃離析而成此諸國之爲得也。

嚈噠，梁書謂之滑國。其緣起史甚茫昧。梁書滑國傳云：「車師之別種也。漢永建元年，八滑從班勇擊北虜有功，勇上八滑爲後部親漢侯。事見後書西域車師傳。自魏、晉以來，不通中國。至天監十五年，其王厭帶夷粟陁始遣使獻方物。普通元年，又遣使獻黃師子、白貂裘、波斯錦等物。七年，又奉表貢獻。元魏之居桑乾，見第四章第二節。滑猶爲小國，屬芮芮。後稍彊大，征其旁國波斯、盤盤、宋書芮芮附索虜傳後云：其東有槃槃國、趙昌國，渡流沙萬里，即此國也。西突厥史料云：「盤盤南海國名，不應列入西域諸國之閒，疑有錯簡」，誤。罽賓、焉耆、龜茲、疏勒、姑墨、今阿克蘇縣。于闐、句盤疑即渴槃陀，今蒲犂縣。等國，開地千餘里。案滑國距車師甚遠，果其本居後部，其遷徙而西，安得一無事跡可見？梁書又有白題國，云：其先蓋匈奴之別種胡也。漢灌嬰與匈奴戰，斬白題騎一人。今在滑國東，去滑六日行，西極波斯，其可疑亦與滑國同。今案裴子野傳云：西北徼外有白題及滑國，遣使由岷山道入貢。白題入貢事在普通三年，見本傳。此二國歷代弗賓，莫知所出。子野曰：「漢潁陰侯斬胡白題將一人，服虔注曰：白題胡名也；又漢定遠侯擊虜，八滑從之，此其後乎？」時人服其博識。然則以滑國爲八滑之後，特穿鑿附會之談，作史者據爲典要傎矣。梁書又有末國云：「漢世且末國也，北與丁零，東與白題，西與波斯接，」其地理亦全然不合。丁謙梁書夷貊傳考證謂鄯米國說頗似之，乃因末字附會爲且末，亦裴子野之智也。滑國傳云：少女子，兄弟共妻。魏書嚈噠傳云：其俗兄弟共一妻，夫無兄弟者，其妻戴一角帽，若有兄弟者，依其多少之數，更加角焉。隋書挹怛傳略同。梁書云：頭上刻木爲角，長六尺，以金銀飾之。一妻多夫之俗，較一夫一妻、一夫多妻爲少，苟其有之，必同族也。嚈噠傳云：大月氏之種類也。隋書同。亦曰高車之別種。其原出於塞北，自金山而南。金山，今阿爾泰山。與梁書以滑國爲八滑之後，同一無據。通典邊防典云：按劉璠梁典，滑國姓嚈噠，後裔以姓爲國號，轉謠又謂之挹怛焉。注云：其本原或云車師之種，或云高車之種，或云大月氏之種。又韋節西蕃記云：親問其國人，並自稱挹闐。又按漢書陳湯征郅支，康居副王挹闐鈔其後，則此或康居之種類。然傳自遠國，夷語謠舛，年代緜邈，莫知根實，不可得而辨也。以挹怛爲康居之後，正與裴子野之智同。韋節親聞，說自可據。因此知噠怛二字，音與闐同；於邑雙聲，于於同字；嚈噠、挹怛，殆于闐之異譯也。其王名厭帶夷栗陁，厭帶蓋其姓。唐書地理志：突厥羈縻州葛邏州，以葛邏挹怛部置，蓋挹怛餘衆屬於葛邏者也。西突厥史料第四篇云：五世紀中葉，嚈噠居烏滸河域，漸强大，爲波斯大敵。四百八十四年，其王 Akschounwar，大敗波斯，波斯王 Pirouz 戰死。此王在 Théophane de Byzance 著述中名 Ephthalanos。彼謂嚈噠

(Hephthalites)之名，卽出此王。梁書滑國傳：其王厭帶夷栗陁。唐書云：嚈噠王姓也，後裔以姓爲國。合此三證，知嚈噠之稱，惟見於五世紀末年之故。蓋以適當 Akschounwar 戰勝之後。此王之姓不作 Hephthal，卽作 Hethailit 也。案四百八十四年，爲齊武帝永明二年。據梁書諸夷傳所載滑國法俗，有類于闐者三焉：王與妻並坐接客，一也。滑女人被裘，于闐婦人皆辮髮衣裘袴，二也。滑傳云：其跪一拜而止。此事無甚足異，史家未必特著其文。于闐傳云：其人恭，相見則跪，其跪則一膝至地。疑滑傳文有譌誤，其俗實與于闐同。此非東夷之拜則曳一足，乃古武坐致右憲左之類。三也。又渴盤陁傳云：風俗與于闐相類，著長身小袖袍、小口袴，而滑傳亦云：著小袖長身袍。又高昌傳云：著長身小袖袍、縵襠袴。武興傳云：長身小袖袍，小口袴。則此爲甘肅南境之通俗，蔓延於南山之北、葱嶺之西。芮芮傳亦云：小袖袍，小口袴，深雍鞾。鞾爲胡俗，小袖袍、小口袴，或受諸高昌等。滑「言語待河南人譯然後通」。梁書本傳。又云：無文字，以木爲契。與旁國通，則使旁國胡爲胡書。此亦足證謂其出於車師、高車、月氏等之誤。諸國皆久與文明之國接，非復刻木爲契者矣。魏書云：其語與蠕蠕及高車諸胡不同，又足證其非同族。其來又自岷山道，其故居所在，自略可推測。一妻多夫，易行女系，女系固非卽女權，然女權究易昌大；且女子易爲族長，因此亦易爲國主。魏書吐谷渾傳云：北又有女王國，以女爲主，人所不知其傳云。然謂女王國在吐谷渾北，顯有譌誤。或北爲誤字，或係編次之誤，或則傳寫簡錯，此條若不在此處，則「北又有」之文，非謂其在吐谷渾之北矣。北史云：白蘭西南二千五百里，隔大嶺，又度四十里海，有女王國。與其西域傳謂于闐南去女國二千里，隋書女國傳謂其在葱嶺之南者相符。其地蓋在今後藏。此女國在後藏境，而西川之西，尚有一女國，在唐西山八國中。西山八國：曰女，曰訶陵，曰南水，曰白狗，曰逋租，曰弱水，曰清遠，曰咄霸。見唐書韋皋傳。云皆因皋請入朝。據舊書本紀，事在德宗貞元九年，惟云六蠻，無清遠、咄霸，蓋二國之附在後也。又訶陵作哥鄰。北史言女國土著，宜桑麻，熟五穀。而魏書言嚈噠無城邑，依隨水草，以氈爲屋，夏遷涼土，冬逐煖處。梁書亦云：滑無城郭，氈屋爲居，東向開戶。蓋藏地一妻多夫之族，有耕農，有遊牧，遊牧者遷徙較易，北出天山南路，先陷于闐，乃越葱嶺而西至於魏書所云嚈噠之都拔底延城。巴達克山之異譯。謂之滑國者？唐書地理志：大汗都督府，以嚈噠部活路城置，此即西域記之活國，Aboulféda 地志云：爲吐火羅都城，舊爲嚈噠國，西突厥史料第三篇。梁武帝時其主蓋居焉，而以其名自通，故梁書稱爲滑國也。梁書又有周古柯、呵跋檀、胡密丹三國，周古柯，未詳。呵跋檀或云即渴盤陁，胡密丹，即護蜜。云皆滑旁小國，普通元年，使使隨滑來獻方物。又云：凡滑旁之國，衣服容貌，皆與滑同，蓋其相率俱出者。此國之强盛，蓋當南北朝之初。魏書言西域康居、于闐、沙勒、即疏勒。安息，及諸小國三十許，皆役屬之。周書云：于闐、安息等大小二十餘國皆役屬之。朱居波、沙畹云：今哈爾噶里克（Karghalik），見西突厥史料第二篇。傳云役屬嚈噠。渴盤陁、傳云附於嚈噠。鉢和、傳云：亦爲嚈噠所統。賒彌傳云：亦附嚈噠。傳言其皆臣附焉。乾陁傳云：乾陁，即健馳羅。本名業波，爲嚈噠所破，因改焉。其王本是敕勒，臨國已三世矣，蓋嚈噠所樹置也。焉耆見破事已見前。嚈噠又與柔然合從以攻高車，事見下節。皆可見其威力之廣。其破亡在南北朝之末。周書云：大統十二年，梁武帝中大同元年。遣使獻其方物。魏廢帝二年，梁元帝承聖二年。明帝二年，陳武帝永定三年。並遣使來獻。後爲突厥所破，部落分散，職貢遂絕。其事當在陳文帝之世也。西突厥史料第四篇云：「突厥既滅蠕蠕，嚈噠失一大外援。波斯王 Khosrou Anouschirwan，欲雪其祖敗亡之恥，乃娶突厥可汗女，與盟共謀嚈噠。昨拔（Tabari）紀年云：Sindjibou，爲突厥最勇健之可汗，統軍最衆，敗嚈噠而殺其王者，即此人。彌南（Ménandre）希臘史殘卷，謂 Silziboul 與嚈噠戰甫終，卽宣告將往擊 Avares，事在五百六十二年。又謂五百六十八年，Dizaboul 可汗使告嚈噠已滅，則嚈噠之滅，應在五百六十三至五百六十七年。」案五百六十三年，乃陳文帝天嘉四年，五百六十七年，則陳廢帝光大元年也。嚈噠滅亡之年，東西史籍相合。Silziboul 與 Dizaboul 卽係一人，沙畹云：卽隋書之室點密，見下節。

在魏書所云第三、第四兩域中，引起軒然大波者，似爲匈奴。魏書悅般傳云：在烏孫西北，其先，匈奴北單于之部落也。爲竇憲所逐，北單于度金微山，西走康居。其羸弱不能去者，住龜茲北。地方數千里，衆可二十餘萬。涼州人猶謂之單于王。其風俗言語，與高車同，而其人淸潔於胡。俗翦髮齊眉，以醍醐塗之，昱昱然光澤，日三澡漱，然後飲食。與蠕蠕結好，其王嘗將數千人入蠕蠕國，欲與大檀相見。入其界百餘里，見其部人不浣衣，不絆髮，婦人舌舐器物，王謂其從臣曰：「汝曹誑我入此狗國中。」乃馳還。大檀遣騎追之，不及。自是相仇讎，數相征討。眞君九年，宋文帝元嘉二十五年。遣使朝獻，并送幻人，稱能割人喉脈令斷，擊人頭令骨陷，皆血出，或數升，或盈斗，以草藥內其口中，令嚼咽之，須臾血止，養創一月復常，又無瘢痕。世祖疑其虛，乃取死罪囚試之，皆驗。云中國諸名山皆有此草，乃使人受其術而厚遇之。是歲，再遣使朝貢，求與官軍東西齊契討蠕蠕。世祖嘉其意，命中外諸軍戒嚴，以淮南王他爲前鋒，襲蠕蠕。仍詔有司以其鼓舞之節，施於樂府。自是每使貢獻。案漢世西北諸國，大者曰康居，曰大宛，曰烏孫，曰奄蔡。後漢書無康居傳。晉書有之，云：在大宛西北可二千里，與粟弋、伊列鄰接。其王居蘇薤城。泰始中，其王那鼻遣使上封事，并獻方物。蘇薤城乃史國之都，爲康居小王故地，洪氏鈞謂「是昭武之分王，非康居之統主，蘇薤在大宛西不及二千里，晉書但引史記，而不知與已說刺繆，」元史譯文證補西北古地考康居奄蔡。其說良是。然則康居舊國已亡。大宛，晉書傳云：其國「有大小七十餘城。大康六年，武帝遣使楊顥拜其王藍庾爲大宛王。卒，其子摩之立，遣使貢汗血馬。」似尚爲泱泱大風。然自此而後，亦無聞焉。烏孫惟魏書有傳云：「其國數爲蠕蠕所侵，西徙葱嶺山中無城郭，隨畜牧，逐水草，」則更微不足數矣。悅般之地自龜茲之北至烏孫西北，蓋苞巴勒哈什湖而抵鹹海。自此以西北，亦更無强部。故或謂「後書無康居傳者，其地已入悅般也。後書有粟弋國，又有嚴國在奄蔡北，奄蔡改名阿蘭聊國，皆云屬康居，卽屬於匈奴矣。」三國魏志四裔傳注引魏略烏孫、康居本國無增損也。北烏伊別國在康居北，又有柳國，又有巖國，又有奄蔡國一名阿蘭，皆與康居同俗。西與大秦東南與康居接，故時羈屬康居，今不屬也。說亦可通。魏書「粟特國在葱嶺之西，古之奄蔡，一名溫那沙，居於大澤，在康居西北，先是匈奴殺其王而有其國，至王忽倪已三世矣。」此亦一匈奴戰勝攻取之迹。然若是者甚寥寥，何也？今案匈奴是時，兵鋒蓋深入歐洲，故在亞洲，其可見之戰功甚少也。洪氏鈞又云：「魏書以粟特卽奄蔡，後漢書分粟弋、奄蔡爲二，曰粟弋國屬康居。通典以粟弋卽粟特，而亦與奄蔡分爲二國，且曰粟弋附庸小國四百餘城，似非一國。元史類編西域傳引十三州志云：奄蔡、粟特各有君長，而魏收以爲一國，誤矣。漢書陳湯傳：郅支單于遣使責闔蘇、大宛諸國歲遺。師古曰：胡廣云：康居北可一千里有國名奄蔡，一名闔蘇，然則闔蘇卽奄蔡也。史記正義引漢書解詁曰：奄蔡卽闔蘇也，名稱互岐，諸說不一，折衷考異，爰采西書。當商周時，古希臘國人已至黑海，行舟互市，築室建城。秦、漢之時，羅馬繼之，故亞洲西境部族，播遷歐洲者，惟希臘、羅馬古史具載梗概。今譯其書，謂裏海以西，黑海以北，先有辛卑爾族居之，蓋東方種類，城郭而兼游牧者。厥後有粟特族，越裏海北濱，自東而西，奪辛卑爾地。辛卑爾人四散，大半竄於今之德、法、丹、日等地。有衆入羅馬，爲羅馬擊殺無遺。東漢時，有郭特族人亦自東來。其王曰亥耳曼。粟特族人敗潰不復振。晉時，匈奴西徙。其王曰阿提拉，用兵如神，所向無敵。亥耳曼自殺。其子威尼達爾率郭特人西竄，召集流亡，別立基業。阿提拉復引而西，戰勝攻取，威震歐洲。羅馬亦憚之。立國於今馬加之地。希臘、羅馬、郭特之人多爲其所撫用。與西國使命往來，壇坫稱盛。有詩詞歌詠，皆古時匈奴文字。羅馬史稱阿提拉仁民愛物，信賞必罰。在軍中，與士卒同甘苦。子女玉帛，一不自私。鄰國貢物，分頒其下。筵宴使臣以金器皿，而自奉儉約，樽簋以木。將士被服飾金，而已則惟衣皮革。是以遐邇咸服，人樂爲用。宋文帝元嘉二十八年，阿提拉西侵佛郎克部。羅馬大將峨都思率郭特、佛郎克等衆禦之。戰於沙隆之野，兩軍死者五十萬人。阿提拉敗歸。南侵羅馬，毁數城而去。尋卒，諸子爭立，國內亂，遂爲羅馬所滅。當郭特之未侵粟特也，有部落曰耶仄，亦居裏海西，高喀斯山北，亦東來族類，而屬於粟特。厥後郭特、匈奴相繼攘逐，獨耶仄亦部河山四塞，特險久存。後稱阿蘭，亦曰阿蘭尼，又曰阿思，亦曰阿蘭阿思，皆見東羅馬書。今案耶仄亦即漢奄蔡，元阿速，昔時俄羅斯人稱阿速曰耶細，爲耶仄亦變音。阿速於明後始爲俄羅斯所幷，享國之久，可謂罕見。奄蔡一國，粟特一國，一爲大部，一爲附庸，後漢書、通典、十三州志說合。其曰粟弋者？僅一粟字，嫌切音未足，因增弋字，當作粟弋特而删特字也。其曰闔蘇者？闔字爲啓口時語助之音，西方文字往往而有。戰國時希臘人海洛犢特之書，其言粟特，音如闔蘇，故知是也。郭特之名，華書無徵，魏書粟特傳：「匈奴殺其王而有其國，傳至王忽倪已三世，」稽其時序，似即郭特王亥耳曼自戕之事而不合者多，難於論定。」案近哥倫比亞大學教授夏德氏（Hirth）考定忽倪已即 Hernae，實阿提拉少子繼爲芬王者。忽倪已以文成時通好於魏，文成在位，當西曆四百五十二年至四百五十六年，忽倪已之即位，則在四百五十二年也。然則匈奴雖深入歐洲，其於亞洲西北，固未嘗不陸讋而水栗矣。特以大體言之，則是時之匈奴，已稍爲西胡所同化，非復好鬥嗜殺之民族矣。然亞洲西北，固猶爲其所羈制。此等情形，蓋歷晉、南北朝之世，未之有改，直至其末葉突厥興而始一變也。

西域諸國，見於魏書者，除前所述外，尚有且末、都且末城，今且末縣。後役屬鄯善。蒲山、故皮山。居皮城，今皮山縣。後役屬于闐。悉居半、故西夜國，一名子合。治呼犍谷，在今葉城縣南。權於摩、故烏秅。居烏秅城，今巴達克山。渠沙、居故莎車城，今莎車縣。且彌、都天山東于大谷。此漢之西且彌，在今呼圖璧河至瑪納斯河閒。本役屬車師。姑默、居南城，即姑墨，見上。役屬龜茲。溫宿、居溫宿城，見上。役屬龜茲。尉頭、居尉頭城，見上。役屬龜茲。者至拔、都者至拔城，在疏勒西。迷密、都迷密城，在者至拔西。悉萬斤、都悉萬斤城，見上。忸密、都忸密城，在悉萬斤西，見上。洛那、即破洛那，見上。伏盧尼、都伏盧尼城，在波斯北。色知顯、都色知顯城，在悉萬斤西北。伽色尼、都伽色尼城，在悉萬斤南。薄知、都薄知城，在伽色尼南。牟知、都牟知城，在忸密西南。阿弗大汗、都阿弗大汗城，在忸密西。呼似密、都呼似密城，在阿弗大汗西。案此國即唐之火尋，見上。諾色波羅、都波羅城，在忸密南。案此國即唐之那色波，亦曰小史，在佉沙西百五十里。早伽至、都早伽至城，在忸密西。伽不單、都伽不單城，在悉萬斤西北。者舌、見上。阿鉤羌、在莎車西南。波路、見上。罽賓、都善見城，見上。吐呼羅、沙畹云：在巴達克山。見所著大月氏都城考，在史地叢考中。副貨、東至阿副使且國，西至沒誰國，中閒相去一千里。南有連山，不知名。北至奇沙國，相去一千五百里。其所在並所接之國均未詳。或云：奇沙即佉沙。波知、在鉢和西南。鉢盧勒（在賒彌東。）或通朝貢或否。其國名多與都城同，蓋本一城之主，盛時則能自通中國，衰卽隸屬於人矣。大秦晉書、魏書皆有傳。晉書云：武帝大康中，其王遣使貢獻。魏書僅襲前史之文，無事迹。蓋自大康後無往還。是時安息微而波斯之薩山朝興。魏書云：神龜中（梁武帝天監十七十八年。）遣使上書貢物，自此每使貢獻。而安息之名亦仍存。（在葱嶺西，都蔚搜城。北與康居，西與波斯相接，在大月氏西北。丁謙魏書西域傳考證云：「巴而特亡後，倘有一小國在裏海南山中，大食先滅波斯，後滅此國。據此，安息國卽唐書所謂陀拔斯單。安息本在月氏西南，此國濱近裏海，故云在月氏西北。蔚搜城，當是今薩里城。」）周天和二年，（陳廢帝光大元年。）嘗遣使來獻。蓋陸路之交通，至亞洲西境而極。印度陸路之交通，魏書所載，有南天竺國，世宗時，（齊東昏侯永元二年至梁武帝天監十四年。）其國王婆羅化遣使獻駿馬、金銀，自此每使朝獻。南天竺去代三萬一千里，次南天竺之下者為疊伏羅，去代三萬一千里，其國當亦在印度。世宗時，其國王伏陁末多嘗遣使獻方物。次疊伏羅之下者為拔豆，去代五萬一千里，其相去似大遠，豈五萬為三萬之譌，其國亦在印度歟？在賒彌南之烏萇，卽西域記之烏仗那，其國在北印，魏書不言其有所交通。其西之乾陁，卽健陁羅，則為嚈噠所羈制矣。

中國東南面海，西北連陸，北方多游牧民族，惟事侵略，西方則不然。其國多係文明之國，我之文明，能裨益彼者誠不少，彼之文明，能裨益我者亦孔多也。近年英、俄、法、德考古家在新疆發見古書，有與印度歐羅巴語類者，以其得之之地名之，曰焉耆語、龜茲語。焉耆語行於天山之北，龜茲語行於天山之南。予疑龜茲語為塞種語，焉耆語為烏孫等游牧民族語，已見秦漢史第五章第四節。烈維龜茲語考云：據邁埃(Meillet)研究，其語特近意大利色特（Italo-

、Celtes)斯拉夫(Slaves)、希臘(Hellenes)諸語，實難納諸一類語言。與印度伊蘭語，又不相類。中國初譯佛經，在二世紀時，其語有非印度元文所能對照，必用龜茲語，始能解其音譯者。此文亦在史地叢考中。此可見西域諸國自有其文化，非盡受之於人，而其有裨於我者爲至大也。當時西域諸國文明富厚之情形，讀前文所述龜茲、焉耆之事，已可概見。王國維西胡考曰：魏晉以來，草木之名，冠以胡字者，其實皆西域物。予謂不僅此。續漢書五行志曰：「靈帝好胡服、胡帳、胡牀、胡坐、胡飯、胡箜篌、胡笛、胡舞，京都貴戚，皆競爲之，此服妖也。」凡一種文明，由貴族傳入者，在當時恆爲侈靡之事，久之，流衍於民間，則爲全羣之樂利矣。此等器物、技藝，有益於我者實亦甚深，參觀以下各章可見。西域諸國人入中國者亦甚多。胡本匈奴之名，久之，中國人乃貤以稱北方諸民族。在匈奴之東者曰東胡，烏丸、鮮卑之先是也。在匈奴之西者曰西胡，亦曰西域胡。匈奴亦黃種，容貌與中國人同，一同化，卽不可復別，西胡則爲深目高鼻之族，文化雖已交融，容貌不能驟變，魏晉而後，胡名遂稍爲所專。既惟稱此種人爲胡，則東西之名，可以不立。此說詳見予所撰胡考。在燕石札記中，商務印書館本。知此，則知西域人入中國者之多，亦知中國與西域關係之密矣。又不特中國，北方之游牧民族，與西胡關係亦深，此事須統觀隋、唐以後史實，方能明之，然觀第八章第三節及下節，亦可見其端倪也。

第九節　柔然突厥興亡

魏初與柔然、高車之交涉，已見第八章第三節。魏書蠕蠕傳曰：和平五年，宋孝武帝大明八年。吐賀眞死，子予成立，號受羅步眞可汗，魏言惠也。自稱永康元年。率部侵塞，北鎮游軍大破其衆。北鎮，見第八章第三節。皇興四年，宋明帝泰始六年。予成犯塞，車駕北討，諸將會車駕於女水之濱。丁謙魏書外國傳補考證云：女水，今坤都倫河。虜衆奔潰。改女水曰武川。延興五年，宋廢帝元徽三年。予成求通婚聘。大和時，復以爲請。高祖許之。予成雖歲貢不絕，而款約不著，婚事亦停。九年，齊武帝永明三年。予成死，子豆崙立，號伏古敦可汗，魏言恆也。自稱大平元年。

柔然實倚鐵勒以爲强，故至豆崙之世，鐵勒叛而柔然遂中衰。魏書高車傳曰：先是副伏羅部爲蠕蠕所役屬。豆崙之世，蠕蠕亂離，國部分散。副伏羅阿伏至羅與從弟窮奇俱統高車之衆十餘萬落。大和十一年，齊永明五年。豆崙犯塞，阿伏至羅固諫不從。怒，率所部西叛，至前部西北，自立爲王。車師前部，見上節。國人號之曰候婁匐勒，猶魏言大天子也。窮奇號候倍，猶魏言儲主也。二人和穆，分部而立。阿伏至羅居北，窮奇在南。豆崙追討之，頻爲阿伏至羅所敗，乃引衆東徙。十四年，齊永明八年。阿伏至羅遣商胡越者至京師，以二箭奉貢，云：「蠕蠕爲天子之賊，臣諫之不從，遂叛來至此，而自竪立，當爲天子討除蠕蠕。」高祖未之信也。遣使者于提觀虛實。阿伏至羅與窮奇遣使者簿頡隨于提來朝。詔員外散騎侍郎可足渾長生復與于提往使。蠕蠕傳曰：豆崙性殘暴好殺。其臣侯醫垔石洛候數以忠言諫之，又勸與國通和，勿侵中國。豆崙怒，誣石洛候謀反，殺之，夷其三族。十六年，齊永明十年。八月，高祖遣陽平王頤、左僕射陸叡並爲都督，領軍斛律恆等十二將七萬騎討豆崙。部內高車阿伏至羅率衆十餘萬落西走，自立爲王。豆崙與叔父那蓋爲二道追之。豆崙出自浚稽山北而西，漢大初二年，趙破奴出朔方二千餘里至浚稽山。漢朔方郡，在今綏遠臨河縣境。那蓋出自金山。

見上節。豆崙頻爲阿伏至羅所敗，那蓋累有勝捷。國人咸以那蓋爲天所助，欲推爲主。那蓋不從，衆乃殺豆崙母子，以尸示那蓋。那蓋乃襲位。那蓋號候其伏代庫者可汗，魏言悅樂也。自稱大安元年。是時蓋魏與高車協謀，以犄蠕蠕也。梁書芮芮傳云：永明中，爲丁零所破，更爲小國，而南移其居。當在此時。其移居何地，則不可考矣。魏書又云：那蓋死，子伏圖立，號他汗可汗，魏言緒也。自稱始平元年。正始三年，梁武帝天監三年。伏圖遣使紇奚勿六跋朝獻，請求通和。世宗不報其使。詔有司勅勿六跋曰：「蠕蠕遠祖社崙，是大魏叛臣，往者包容，暫時通使。今蠕蠕衰微，有損疇日，大魏之德，方隆周、漢，通和之事，未容相許。著修藩禮，款誠昭著者，當不孤爾也。」永平元年，梁天監七年。伏圖又遣勿六跋奉函書一封，幷獻貂裘。世宗不納，依前喩遣。觀此，知魏與柔然，迄用鄰敵之禮來往，此時乘其衰弱，乃欲脅以稱臣也。然高車旋復爲柔然所破。

高車傳云：窮奇後爲嚈噠所殺，虜其子彌俄突等。其衆分散，或來奔附，或投蠕蠕。阿伏至羅長子蒸阿伏至羅餘妻，謀害阿伏至羅。阿伏至羅殺之。阿伏至羅又殘暴，大失衆心，衆共殺之，立其宗人跋利延爲主。歲餘，嚈噠伐高車，將納彌俄突。國人殺跋利延，迎之。彌俄突既立，復遣使朝貢。世祖詔之曰：「蠕蠕、嚈噠、吐谷渾所以交通者，皆路由高昌，犄角相接。今高昌內附，遣使迎引，蠕蠕往來路絕」云云。觀此，知魏與高車協謀柔然，柔然又與嚈噠協謀高車也。高車傳又曰：彌俄突尋與蠕蠕主伏圖戰於蒲類海北，今巴爾庫勒泊，在新疆鎮西縣西北。爲伏圖所敗，西走三百餘里。伏圖次於伊吾北山。伊吾，見第六章第六節。先是高昌王麴嘉表求內徙，世宗遣孟威迎之，至伊吾。蠕蠕見威軍，怖而遁走。彌俄突聞其離駭，追擊大破之，殺伏圖於蒲類海北，割其髮，送於孟威。彌俄突此戰，可謂幸勝耳。蠕蠕傳云：伏圖死，子醜奴立，號豆羅伏跋豆伐可汗，魏言彰制也，自稱建昌元年。熙平元年，梁天監十五年。西征高車，大破之，禽彌俄突，殺之，盡并叛者，國遂彊盛。高車傳云：肅宗初，彌俄突與蠕蠕主醜奴戰敗被禽，醜奴繫其兩脚於駑馬之上，頓曳殺之，漆其頭爲飲器。梁書云：天監中，始破丁零，復其舊土，在此時也。然醜奴實非撥亂之主，故不久而內難復作。

蠕蠕傳云：豆崙之死也，伏圖納其妻候呂陵氏，生醜奴、阿那瓌等六人。醜奴立後，忽亡一子，字祖惠，求募不得。副升牟妻是豆渾地萬，年二十許，爲醫巫，假託神鬼，先嘗爲醜奴所信，出入去來。乃言此兒今在天上，我能呼得。醜奴母子欣悅。後歲中秋，在大澤中施帳屋，齋潔七日，祈請天神。經一宿，祖惠忽在帳中，自云恆在天上。醜奴母子抱之悲喜。大會國人，號地萬爲聖女，納爲可賀敦，授夫副升牟爵位，賜牛馬羊三千頭。地萬既挾左道，亦有姿色，醜奴甚加重愛，信用其言，亂其國政。如是積歲。祖惠年長，其母問之。祖惠言「我恆在地萬家，不曾上天。上天者，地萬敎也。」其母具以狀告醜奴。醜奴言「地萬縣鑒遠事，不可不信，勿用讒言也。」既而地萬恐懼，譖祖惠於醜奴，醜奴陰殺之。正光初，梁武帝普通元年。醜奴母遣莫何去汾李具列等絞殺地萬。醜奴怒，欲誅具列等。又阿至羅侵醜奴，醜奴擊之，軍敗，還，爲母與其大臣所殺，立醜奴弟阿那瓌。立經十日，其族兄俟力發示發率衆數萬以伐阿那瓌。阿那瓌戰敗，將弟乞居伐輕騎南走歸國。阿那瓌母候呂陵氏及其二弟，尋爲示發所殺。案豆崙之死，國人亦幷殺其母，則似柔然之母可賀敦，習於干政，蓋淺演之國，法制不立使然。候呂陵氏蓋謀立其少子而行弑逆也。宋書言芮芮僭稱大號，歲時遣使詣京師，與中國抗禮，宋書芮芮傳附索虜傳後。觀其自予成以後，每主皆建年號，知其言之不誣。至此，乃以內難故入臣於魏矣。

阿那瓌既至，魏封為朔方郡公、蠕蠕主。阿那瓌乞求兵馬，還向本國。詔議之。時朝臣意有同異，或言聽還，或言不可。領軍元叉為宰相，阿那瓌私以金百斤貨之，遂歸北。阿那瓌東奔之後，其從父兄俟力發婆羅門率數萬人入討示發，破之。示發奔地豆干，為其下所殺。推婆羅門為主，號彌偶可社句可汗，魏言安靜也。二年，梁普通二年。二月，肅宗詔舊經蠕蠕使者牒云具仁往喻婆羅門迎阿那瓌之意。婆羅門殊自驕慢，無遜讓之心，責具仁禮敬。具仁執節不屈。婆羅門遣大官莫何去汾、俟斤丘升頭六人將兵一千，隨具仁迎阿那瓌。五月，具仁還鎮，論彼事勢。阿那瓌慮不敢入，表求還京。會婆羅門為高車所逐，見下。率十部落詣涼州歸降。於是蠕蠕數萬相率迎阿那瓌。七月，阿那瓌啓云：「投化蠕蠕二人到鎮，云國土大亂，往往別住，迭相抄掠。乞依前恩，賜給精兵一萬，還令督率送臣磧北，撫定荒人。」九月，蠕蠕後主俟匿伐來奔懷朔鎮。見第十二章第三節。阿那瓌兄也。列稱規望乞軍，并請阿那瓌。十月，錄尚書事高陽王雍等奏阿那瓌宜置吐若奚泉，在懷朔鎮北。婆羅門宜置西海郡。在敦煌北。魏時蓋未能定阿那瓌，故與婆羅門俱就境內安置之也。婆羅門尋與部衆謀叛投嚈噠，嚈噠三妻，皆婆羅門妹。州軍討禽之。四年，梁普通四年。阿那瓌衆大饑，入塞寇鈔。肅宗詔尚書左丞元孚兼行臺尚書持節喻之，為其所執。以孚自隨，驅掠良口二千，公私驛馬、牛羊數十萬北遁。謝孚放還。詔李崇等率騎十萬討之。出塞三千餘里，至瀚海，不及而還。是時之阿那瓌，安能遠引；此非崇等規避，即魏史之誇辭也。破六韓拔陵反，諸鎮相應。孝昌元年，梁普通六年。春，阿那瓌率衆討之，從武川西向沃野，武川、沃野，皆見第十二章第三節。頻戰克捷。

阿那瓌部落既和，士馬稍盛，乃號勅連頭兵豆伐可汗，魏言把攬也。初，彌俄突之死也，其部衆悉入嚈噠。經數年，嚈噠聽彌俄突弟伊匐還國。伊匐復大破蠕蠕，蠕蠕主婆羅門走投涼州。伊匐後與蠕蠕戰，敗歸，其弟越居殺伊匐自立。天平中，梁中大通六年至大同三年。越居復爲蠕蠕所破。伊匐子比適復殺越居而自立。興和中，梁大同五年至八年。比適又爲蠕蠕所破。自是高車復衰，柔然獨雄於漠南北矣。魏氏既亂，所以待柔然者復異於前。建義初，梁武帝大通二年。孝莊詔阿那瓌贊拜不言名，上書不稱臣。東西既分，彼此競結姻好，柔然淩驕，事已見前。然柔然是時實已不振，遂爲新興之突厥所滅。

突厥緣起，凡有數說。周書云：突厥者，蓋匈奴之别種，姓阿史那氏，别爲部落。後爲鄰國所破，盡滅其族。有一兒，年且十歲，兵人見其小，不忍殺之，乃刖其足，棄草澤中。有牝狼以肉飼之。及長，與狼合，遂有孕焉。彼王聞此兒尚在，重遣殺之。使者見狼在側，并欲殺狼。狼遂逃於高昌國之北山。山有洞穴，穴内有平壤茂草，周圍數百里，四面俱山。狼匿其中，遂生十男。十男長，外託妻孕，其後各有一姓，阿史那即一也。子孫蕃育，漸至數百家。經數世，相與出穴，臣於茹茹。居金山之陽，爲茹茹鐵工。金山形似兜鍪，其俗謂兜鍪爲突厥，遂因以爲號焉。此一說也。又云：或云突厥之先，出於索國，在匈奴之北。其部落大人曰阿謗步，兄弟十七人。其一曰伊質泥師都，狼所生也。阿謗步等性並愚癡，國遂被滅。泥師都既别感異氣，能徵召風雨。娶二妻，云是夏神、冬神之女也。一孕而生四男：其一變爲白鴻；其一國於阿輔水、劍水之間，號爲契骨。契骨，即漢之堅昆，唐之黠戛斯。劍水，唐書作劍河，即元史之謙河，在唐努烏梁海境内，見元史譯文證補地理志西北地附錄釋地下。吉利吉思撼合納謙州金蘭州等處條。其一國於處折水。其一居踐斯處折施山，卽其大兒也。山上仍有阿謗步種類，並多寒露，大兒爲出火溫養之，咸得全濟，遂共奉大兒爲主，號爲突厥，卽訥都六設也。訥都六有十妻，所生子皆以母族爲姓，阿史那是其小妻之子也。訥都六死，十母子內欲擇立一人，乃相率於大樹下，共爲約曰：「向樹跳躍，能最高者，卽推立之。」阿史那子年幼而跳最高，諸子遂奉以爲主，號阿賢設。此又一說也。隋書則云：突厥之先，平涼雜胡也。平涼，苻秦郡，見第六章第三節。後魏徙治鶉陰，在今平涼縣西南。後周廢。隋復置，治平高，今甘肅固原縣。姓阿史那氏。後魏大武滅沮渠氏，阿史那以五百家奔茹茹，世居金山，工於鐵作。金山狀如兜鍪，俗呼兜鍪爲突厥，因以爲號。下乃敍其先爲鄰國所滅，惟餘一男，與狼交而生十子，後出穴臣於蠕蠕之事，與周書略同。惟云其先國於西海之上，不云爲匈奴別種，則周書之第一說析爲二，而以出穴者爲阿賢設，則轉與周書之第二說相溝通矣。北史略同隋書，又列周書之第二說，是共得三說也。今案諸說雖異，亦有可相溝通者。大約突厥之先，嘗處於一海子之上；其海在高昌之西，其國爲鄰國所破，遁居高昌北山中，出山之後，轉徙而至平涼；沮渠氏亡，再奔茹茹；茹茹處之金山，其人工於鐵作，故爲茹茹所倚重。其國凡有十姓，子遺一兒，與狼交而生十子之說，爲其族之神話，逮居金山，鄰近本有契骨諸族，亦自有其神話，二者稍相糅合，於是阿賢設之前，更有所謂訥都六設，而其故國亦自無名號，變而有索國之稱矣。以涼州附塞之族，播遷於漠北荒瘠之區，其能撫用其衆，稍致盛强，固其所也。

周書云：其後曰土門，其後之其字，當指阿賢設言。隋書云：有阿賢設者，率部落出於穴中，世臣茹茹。至大葉護，種類漸强。當後魏之末，有伊利可汗云云。唐書西突厥傳云：其先訥都陸之孫吐務，號大葉護。長子曰土門伊利可汗。次子曰室點密，一曰瑟帝米。瑟帝米之子曰達頭可汗，亦曰步迦可汗，始與東突厥分烏孫故地有之。部落稍盛，始至塞上市繒絮，願通中國。大統十一年，梁武帝大同十一年。大祖遣酒泉胡安諾槃陁使焉。其國皆相慶，曰：「今大國使至，我國將興也。」十二年，梁中大同元年。土門遂遣使貢方物。時鐵勒將伐茹茹，土門率所部邀擊，破之，盡降其衆五萬餘落。恃其強盛，乃求婚於茹茹。茹茹主阿那瓌大怒，使人罵辱之曰：「爾是我鍛奴，何敢發是言也？」土門亦怒，殺其使者。遂與絕，而求婚於我。大祖許之。十七年，梁簡文帝大寶二年。六月，以魏長樂公主妻之。魏廢帝元年，梁元帝承聖元年。正月，土門發兵擊茹茹，大破之於懷荒北。懷荒見第十二章第三節。阿那瓌自殺。其子菴羅辰奔齊。餘衆復立阿那瓌叔父鄧叔子為主。土門遂自號伊利可汗。土門死，子科羅立，號乙息記可汗。又破叔子於沃野北木賴山。科羅死，弟俟斤立，號木汗可汗。隋書云：伊利可汗卒，弟逸可汗立。又破茹茹，病且卒，捨其子攝圖，立其弟俟斗，稱為木杆可汗。案俟斗當作俟斤，突厥官號也。北史云：乙息記可汗捨其子攝圖，立其弟俟斤，是為木杆可汗。乙息記與逸可汗，當即一人。案他鉢死後，攝圖繼立，以其子雍虞閭性懦，遺令立其弟處羅侯。雍虞閭使迎之，處羅侯曰：「我突厥自木杆可汗以來，多以弟代兄，以庶奪嫡，失先祖之法，不相敬畏。汝當嗣位，我不憚拜汝也。」則弟兄相及，似始木杆。乙息記似以從周書作土門子爲是。俟斤，一名燕都，性剛暴，務於征伐。乃率兵擊鄧叔子，滅之。叔子以其餘燼來奔。俟斤又西破嚈噠，東走契丹，北并契骨，威服塞外諸國。其地東自遼海以西，西至西海萬里；南自沙漠以北，北至北海五六千里，皆屬焉。俟斤部衆既盛，乃遣使請誅鄧叔子等。大祖許之，收叔子以下三千人，付其使者，殺之於青門外。此事據北史蠕蠕傳，在西魏恭帝二年，齊文宣之天保六年也。梁敬帝紹泰元年。北史又云：天保三年，阿那瓌為突厥所破，自殺。其大子菴羅辰，及瓌從弟登注俟利，登注子庫提，並擁衆奔齊。其餘衆立注次子鐵伐為主。四年，齊文宣送登注及子庫提還北。鐵伐尋為契丹所殺。其國人仍立登注為主。又為大人阿富提等所殺。其國人復立庫提為主。是歲復為突厥所攻，舉國奔齊。文宣乃北討突厥，迎納蠕蠕，廢庫提，立菴羅辰為主，致之馬邑川。親追突厥於朔方。突厥請降，許之而還。於是蠕蠕貢獻不絕。五年，三月，菴羅辰叛，文宣親討，大破之。菴羅辰父子北遁。四月，寇肆州，帝自晉陽討之，至恆州黃瓜堆，虜散走。五月，帝又北討。六月，蠕蠕帥部衆東徙，將南侵。帝帥輕騎邀擊。蠕蠕聞而遠遁。六年，又親討蠕蠕，至沃野。是後遂無記事。其時恰與鄧叔子之死同年，蓋柔然自是遂亡矣。其國運亦可謂與後魏相終始也。齊文宣與柔然之交涉，可參看第十四章第二節。

是時周人之計，蓋欲助突厥以傾柔然，齊人則與之相反，欲輔柔然以拒突厥。然柔然卒不可輔，於是突厥强而周、齊二國，復不得不傾心以奉之矣。周書云：時與齊人交爭，戎車歲動，故每連結之以為外援。初魏恭帝世，俟斤許進女於大祖。契未定而大祖崩。尋而俟斤又以他女許高祖。未及結納，齊人亦遣求婚。俟斤貪其幣厚，將悔之。詔遣涼州刺史楊荐、武伯王慶等往結之。慶等至，諭以信義。俟斤遂絕齊使而定婚焉。仍請舉國東伐。其事已見第十四章第六節。楊忠言於高祖曰：「突厥甲兵惡，爵賞輕，首領多而無法令，何謂難制馭？正由比者使人妄道其强盛，欲令國家厚其使者，身往重取其報，以臣觀之，前後使人皆可斬也。」高祖不納。周朝是時之畏葸，亦可云甚矣。保定五年，陳文帝天嘉六年。詔陳公純等往逆女。天和二年，陳廢帝光大元年。陳公純等至，俟斤復貳於齊。會有風雷變，乃許純等以后歸。俟斤死，弟他鉢可汗立。自俟斤以來，其國富强，有陵轢中夏志。朝廷既與和親，歲給繒絮錦采十萬段。突厥在京師者，又待以優禮，衣錦食肉者，常以千數。齊人懼其寇掠，亦傾府藏以給之。他鉢彌復驕傲，至乃率其徒屬曰：「但使我在南兩箇兒孝順，何憂無物邪？」齊滅，他鉢立高紹義，已見第十四章第八節。周武帝欲討之，會死，見第十五章第一節。直至隋文帝出，乃加以懲創焉。

第十節　東北諸國

鮮卑之衆，當五胡擾亂時，幾盡相率而入中國，然仍有遺留於今熱河境內者，時曰奚、契丹。魏書曰：庫莫奚之先，東部宇文之別種也。初爲慕容元眞所破，遺落者竄匿松漠之間。今熱河境內古有一大松林，白鳥庫吉云：此松林以巴林部爲中心，東北及阿爾沁部、札魯特部，西南及克什克騰部。案巴林旗爲今林西、林東二縣地，阿爾沁爲天山設治局地，札魯特爲開魯縣及魯北設治局地，克什克騰爲經棚縣地。白鳥氏說見所著地豆干及霫考，在東胡民族考中，方壯猷譯，商務印書館本。又云：契丹在庫莫奚東，異種同類，俱竄於松漠之間。登國中大破之，遂逃迸，與奚分背。經數十年，稍滋蔓，有部落於和龍之北數百里。和龍見第五章第二節。奚，高宗、顯祖世，歲致名馬文皮。高祖初，遣使朝貢。大和四年，齊高帝建元二年。輒入塞內，辭以畏地豆干鈔掠，詔書切責之。二十二年，齊明帝永泰元年。入寇安州，見第十二章第二節。營、見第十一章第四節。燕、幽，皆見第十二章第一節。三州兵擊走之。後復款附，每求入塞交易。詔曰：「庫莫奚去大和二十一年以前，與安、營二州邊民參居，交易往來，並無疑貳。至二十二年叛逆，以來，遂爾遠竄。今雖款附，猶在塞表。不容依先任其交易，事宜限節。交市之日，州遣上佐監之。」自是已後，歲常朝獻，至於武定末梁武帝大清三年。不絕。周書云：其衆分爲五部：一曰辱紇主，二曰莫賀弗，三曰契箇，四曰木昆，五曰室得。每部置俟斤一人。有阿會氏，最爲豪帥，五部皆受其節度。役屬於突厥，而數與契丹相攻。大統五年，梁武帝大同五年。遣使獻其方物。契丹：魏書云：多爲寇盜。眞君以來，眞君元年，宋文帝元嘉十七年。歲貢名馬。顯祖時，使莫弗紇何辰奉獻，得班饗於諸國之末。於是悉萬丹部、何大何部、伏弗郁部、羽陵部、日連部、匹絜部、黎部、吐六于部等，各以其名馬、文皮，入獻天府。遂求爲常。皆得交市於和龍、密雲之閒。密雲，後魏縣，并置郡，今河北密雲縣。貢獻不絕。大和三年，齊高帝建元元年。高句麗竊與蠕蠕謀，欲取地豆干以分之，契丹懼其侵軼，其莫弗賀勿干率其部落車三千乘，衆萬餘口，驅徙雜畜，求入內附。止於白狼水東。白狼水，今大淩河。自此歲常朝貢。後告饑，高祖矜之，聽其入關市糴。及世宗、肅宗時，恆遣使貢方物。至齊受禪，常不絕。齊文宣征之，已見第十四章第二節。案奚、契丹之處境，頗似漢世之烏丸，故能漸次開化，至唐末遂爲名部也。

自奚、契丹而東北，以失韋及勿吉爲大宗。魏書云：失韋國，北史作室韋，云室或作失，隋、唐書皆作室韋。在勿吉北千里。路出和龍。北千餘里，入契丹國。又北行十日，至啜水。又北行三日，有蓋水。北史作善水。又北行三日，有犢了山。其山高大，周回三百餘里。又北行三日，有大水，名屈利。又北行三日，至刃水。又北行五日，到其國。有大水從北而來，廣四里餘，名捺水。捺水，舊以嫩江釋之。白鳥庫吉失韋考云：啜水，今綽爾河，屈利水，今嫩江。捺水，今黑龍江。失韋在和龍北千餘里，又二十七日程，假日行百里，則在今朝陽北三千七百餘里，當在今愛琿、海蘭泡境。案魏書所述，全程皆北行，如是說則變爲東行，古人鄉方，縱不審諦，不應大誤至此。且此荒漠之境，必不能日行百里。此捺水，即勿吉使者至中國乘船泝難河西上之難河，見下。勿吉使者自難河入大瀰河，大瀰河今洮兒河，難河明爲今嫩江，失韋之地，不過在今黑龍江南境耳。白鳥氏之作，亦在東胡民族考中。語與庫莫奚、契丹、豆莫婁國同。頗有粟、麥及穄。惟食猪、魚，養牛、馬，俗又無羊。夏則城居，冬逐水草。武定二年，梁大同十年。始遣使獻其方物。迄武定末，貢使相尋。及齊受禪，亦歲時朝聘。地豆干，在室韋西千餘里。白鳥氏地豆干及靄考云：此國即唐時之靄，與鐵勒十五部之白靄有別。其地北以洮兒河與烏洛侯接，南以西喇木倫連奚、契丹，東隔沙陀，與高句麗屬地夫餘鄰，西以興安嶺與柔然接壤。多牛、羊，出名馬。無五穀，惟食肉酪。延興二年，宋明帝泰豫元年。八月，遣使朝貢。至於大和六年，齊高帝建元四年。貢使不絕。十四年，齊武帝永明八年。頻來犯塞。詔陽平王頤擊走之。自後時朝京師，迄武定末，貢使不絕。魏書本傳。及齊受禪，亦來朝貢。北史本傳。烏洛侯國，在地豆干之北。其國西北有完水，東北流合於難水。其地小水，皆注於難，東入於海。又西北二十日行，有于已尼大水，所謂北海也。完水、于已尼大水，皆見第三章第八節。世祖眞君四年，宋元嘉二十年。來朝，稱其國西北有國家先世舊墟，已見第三章第八節。其土下濕，多霧氣而寒。冬則穿地爲室，夏則隨原阜畜牧。多豕，有穀、麥。無大君長，部落莫弗，皆世爲之。民尚勇，不爲姦竊，好獵射。魏書本傳。此今吉、黑二省西境之情形也。

晉書云：肅愼氏，一名挹婁，在不咸山北，去夫餘可六十日行。東濱大海，西接寇漫汗國，未詳。北極弱水。今松花江。其土界廣袤數千里。居深山窮谷，其路險阻，車馬不通。夏則巢居，冬則穴處。父子世爲君長。無文墨，以言語爲約。有馬不乘，但以爲財產而已。無牛、羊，多畜猪，食其肉，衣其皮，績毛以爲布。無井、竈，作瓦鬲，受四五升以食。坐則箕踞，以足挾肉而啖之。得凍肉，坐其上，令暖。土無鹽、鐵。燒木作灰，灌取汁而食之。俗皆編髮。以布作襜，逕尺餘，以蔽前後。貴壯而賤老，性凶悍，以無憂哀相尚。父母死，男子不哭，哭者謂之不壯。相盜竊，無多少皆殺之。案此蓋謂異部之閒。故雖野處而不相犯。有石砮、皮骨之甲、檀弓三尺五寸，楛矢長尺有咫。其國東北有山出石，其利入鐵。將取之，必先祈神。周武王時，獻其楛矢、石砮。逮於周公輔成王，復遣使入賀。爾後千餘年，雖秦、漢之盛，莫之致也。及文帝作相，魏景元末，來貢楛矢、石砮、弓、甲、貂皮之屬。魏帝詔歸於相府，賜其王傉雞、錦罽、綿帛。至武帝元康初，復來貢獻。元帝中興，又詣江左貢其石砮。至成帝時，通貢於石季龍。事亦見第五章第五節。宋書高句麗傳曰：大明三年，獻肅愼氏楛矢、石砮。魏書勿吉傳曰：舊肅愼國也。邑落自有君長，不相統一。其人勁悍，於東夷最强，言語獨異。常輕豆莫婁等國，諸國亦患之。自和龍北二百餘里，有善玉山。山北行十三日至祁黎山。又北行七日至如洛瓌水。水廣里餘。見第八章第三節。又北行十五日至大魯水。即大瀰河。又東北行十八日到其國。國有大水，闊三里餘，名速末水。今松花江。其地下濕，築城穴居，屋形似冢，開口於上，以梯出入。其國無牛，有車馬。案此較諸晉時之有馬而不乘，已有進矣。佃則耦耕，車則步推。有粟及麥、穄。俗以人溺洗手面。頭插虎豹尾。善射獵。弓長三尺，箭長尺二寸，以石爲鏃。常七八月造毒藥傅箭鏃，射禽獸，中者便死。煮藥毒氣，亦能殺人。延興中，宋明帝泰始七年至廢帝元徽三年。遣使乙力支朝獻。大和初，大和元年，宋順帝昇明元年。又貢馬五百匹。乙力支稱初發其國，乘船泝難河西上，至大瀰河，沈船於水，南出陸行，渡洛孤水，即如洛瓌水。從契丹西界達和龍。自云：其國先破高句麗十落，密共百濟謀，從水道并力取高句麗，遣乙力支奉使大國，請其可否。詔勑三國同是藩附，宜共和順，勿相侵擾。乙力支乃還。從其來道，取得本船，汎達其國。九年，齊武帝永明三年。復遣使侯尼支朝獻。明年，復入貢。其旁有大莫盧國、覆鍾國、莫多回國、庫婁國、素和國、具弗伏國、匹黎爾國、拔大何國、郁羽陵國、庫伏眞國、魯婁國、羽眞侯國，前後各遣使朝獻。大和十二年，齊永明六年。勿吉復遣使貢楛矢方物於京師。迄於正光，梁武帝普通元年至五年。貢使相尋。爾後中國紛擾，頗或不至。興和二年，梁武帝大同六年。六月，遣使石久云等貢方物。至於武定，梁大同九年至簡文帝大寶二年。不絕。北史云：以至於齊，朝貢不絕。案勿吉，隋書作靺鞨，云其渠帥曰大莫弗瞞咄，靺鞨二字，疑仍瞞咄之異譯。明世，滿洲人自稱其酋長曰滿住，明人誤爲部族之稱。滿人亦即以爲國名，而改其字爲滿洲。說見日本稻葉君山清朝全史及孟森心史史料。滿住亦即瞞咄，白鳥氏室韋考云：乃蒙古語 Baghatur 義爲勇士、勇猛。之轉音，突厥語 Bátur 之對音。至其民族之名，則自爲肅愼，即後世所謂女眞。秦、漢之盛，莫之致，蓋爲夫餘所隔?故晉世夫餘亡而肅愼復通矣。此今吉林省東境之情形也。

晉書又云：裨離國，在肅愼西北，馬行可二百日，領戶二萬。養雲國，去裨離馬行又五十日，領戶二萬。寇莫汗國，去養雲國又百日行，領戶五萬餘。一羣國，去莫汗又百五十日，計去肅愼五萬餘里。其風俗土壤並未詳。泰始三年，各遣小部獻其方物。述此等國之里程，自不免於恢侈，然其國必當在今西伯利亞境內也。又云：至大熙初，復有牟奴國帥逸芝惟離、模盧國帥沙支臣芝、于離末利國帥加牟臣芝、蒲都國帥因末、繩余國帥馬路、沙樓國帥釤加，各遣正副使詣東夷校尉何龕歸化。此等國並不能知其所在，然其相距當較近也。三國魏志韓傳：弁辰亦十二國，又有諸小別邑，各有渠帥，大者名臣智，臣芝疑與臣智一語；又句麗五族曰涓奴部、絕奴部、順奴部、灌奴部、桂婁部，亦與牟奴、沙婁之名相似，則此諸國或麗、韓族類。

敬啟

『民國專題史』叢書，乃民國時期出版的著名學者、專家在某一專題領域的學術成果。所收圖書絶大部分著作權已進入公有領域，但仍有極少圖書著作權還在保護期内，需按相關要求支付著作權人或繼承人報酬。因未能全部聯系到相關著作權人，請見到此説明者及時與河南人民出版社聯系。

聯系人 楊光
聯系電話 0371-65788063

桔槹俯仰以求自免，見第三章第六節。而後魏文、鄧定，竟立其子賁爲帝，爲晉平西將軍周撫龍驤將軍朱壽所擊斬。撫，周訪子，見晉書周訪傳。則更非賁始願所及矣，故事之推波助瀾，不可測也。抱朴子祛惑篇曰：有道士白和，忽去不知所在。有一人於河北自稱爲白和。遠近往奉事之，大得致遺，甚富。而白和弟子，聞和再出，大喜，往見之，乃定非也。此人因亡走矣。此則李寬之敗露較速者也。

老子祠，皆是昔死時所見使處，但不復見昔物耳。因問守藏應鳳曰：「去二十餘年，嘗有人乘馬東行，過老君而不下，未及橋墜馬死者不？」鳳言有之。所問之事，多與洋同。此人乃以占候卜數，遊行民間者，而亦自託於老子，無怪老子之多受附會矣。此等託辭誑惑之徒，初未必有爲亂之意，然亦或爲亂人所假藉。晉初有李脫者，自言八百歲，故號李八百，爲王敦所殺，已見第四章第三節。抱朴子道意篇論淫祀之宜絕云：「諸妖道百餘種，皆殺生血食，獨李家道無爲爲小差。或問李氏之道，起於何時？答曰：吳大帝時，蜀中有李阿者，穴居不食，傳世見之，號爲八百歲公。人往往問事，阿無所言，但占問顏色。若顏色欣然，則事皆吉；若顏容慘戚，則事皆凶；若含笑者，則有大慶；若微歎者，卽有深憂。如此之候，未嘗一失也。一旦忽去，不知所在。後有一人，姓李名寬，到吳而蜀語，能呪水治病，頗愈。於是遠近翕然，謂寬爲李阿，因共呼之李八百，而實非也。自公卿已下，莫不雲集其門，後轉驕貴，不復得常見，賓客但拜其外門而退。其怪異如此。於是避役之吏民，依寬爲弟子者，恆近千人，而升堂入室，高業先進者，不過得祝水及三部符、道引、日月行氣而已。了無治身之要，服食神藥，延年駐命，不死之法也。吞氣斷穀，可得百日以還，亦不堪久。此是其術至淺，可知也。予親識多有及見寬者，皆云：寬衰老羸悴，起止欬噫，目瞑耳聾，齒墮髮白，漸又昏耗，或忘其子孫，與凡人無異也。然民復謂寬故作無異以欺人，豈其然乎？吳曾大疫，死者過半。寬所奉道室，名之爲廬。寬亦得溫病，託言入廬齋戒，遂死於廬中。而事寬者猶復謂之化形尸解之仙，非眞死也。」綜觀其事，蜀中蓋有一穴居不食之士，李阿已非其人，李寬更無論矣。然卽寬亦非有意於爲亂，事之者之多，特爲避役計耳。然至李脫，則竟別有所圖矣。范長生亦不過索隱行怪之徒，如餘人。祛惑篇述其欺詐之狀，眞可發一笑。然葛氏於其師鄭隱，（葛氏受業鄭隱，見遐覽篇。）崇信甚至，而隱恐卽欺人之人。何者？隱信金丹甚篤，黃白篇謂其與左慈試作有成，不應不服，然則何以不仙去邪？而葛氏曾不之知，故人不可以有所蔽也。

方士中之一派，奔走於貴人之間。河間大妃之去鄴，必待道士而後決，已見第三章第三節。三王之起兵也，趙王倫拜道士胡沃爲大平將軍，又令近親於嵩山著羽衣，詐稱王子喬作神仙書，述倫祚長久以惑衆，皆其最得信任者也。此等人日與貴人爲緣，亦有爲其所害者，如孟欽、王嘉是。然自其徒言之，仍不妨以爲未嘗遇害，且別有異迹。（孟欽，王嘉，皆見晉書藝術傳。欽洛陽人，苻堅召詣長安，惡其惑衆，命苻融誅之。俄而欽至，融留之。遂大燕郡寮。酒酣，目左右收欽，欽化爲旋風，飛出第外，頃之，有告在城東者。融遣騎追之，垂及，忽然已遠。或有兵衆距戰，或前谿澗，騎不得進，遂不知所在。堅末，復見於青州，苻朗尋之，入於海島。蓋其人實爲堅所殺，而其徒造爲此言也。嘉字子年，爲姚萇所殺。然道家亦尊信之。傳云：其所造牽三歌讖，事過皆驗，累世猶傳之。）李少君明係病死，葛洪且信爲尸解，（抱朴子論仙。）人之有所蔽者，誠不可以常理喩也。此等人迄不絕，如北齊文宣所信之由吾道榮，周文帝所信之李順興，皆其人也。（皆見北史藝術傳。）因之圖讖之類，亦或託之道家。如隋書經籍志所載老子河洛讖、嵩高道士歌等是矣。又一派則遊行民間。晉書藝術傳云：戴洋，吳興長城人，年十二，遇病死，五日而蘇，說死時天使爲酒藏吏，授符籙，給吏從、幡麾，將上蓬萊、昆侖、積石、大室、恆、廬、衡等山。旣而遣歸。逢一老父，謂之曰：「汝後當得道，爲貴人所識。」及長，遂善風角。爲人短陋，無風望，然好道術，妙解占候、卜數。吳末爲臺吏，知吳將亡，託病不仕。及吳平，還鄉里。後行至瀨鄉，經道教之寺，名曰崇虛。釋老志云：大和十五年，詔以昔京城之內，居舍尙希，今者里宅櫛比，移寺於都南桑乾之陰，岳山之陽，給戶五十，以供齋祀，仍名爲崇虛寺。可召諸州隱士，員滿九十人。高祖紀云：所移者爲道壇，改曰崇虛寺，蓋以寺該於道壇之中也。志又云：遷洛移鄴，踵如故事。其道壇在南郊，方二百步，以正月七日、七月七日、十月十五日，壇主、道士、哥人一百六人行拜祠之禮。諸道士罕能精至，又無才術可高。武定六年，有司執奏罷之。其有道術，如河東張遠遊、河間趙靜通等，齊文襄王別置館京師而禮接焉。隋書經籍志曰：遷洛已後，置道場於南郊之旁，方二百步，正月、十月之十五日，並有道士、哥人百六人拜而祠焉。後齊武帝遷鄴，遂罷之。文襄之世，更置館宇，選其精至者使居焉。後周承魏，崇奉道法，每帝受籙，如魏之舊，尋與佛法並滅，其事已見上節。齊世道士屬崇虛局，局隸大常之大廟署，見隋書百官志。

自道教既興之後，昔日神仙之家，方術之士，世遂皆稱爲道教之徒。其實此教在張角、張魯等推行於民間之時，可稱爲一宗教，至其受政府崇奉之後，則轉失其宗教之性質矣。如齊文襄之所館，實方士也。方士之中，亦有精心學道者。抱朴子金丹篇自言所見道士數百，各有數十卷書，亦未能悉解，但寫畜之而已。此等必非欺人之人，或轉受欺於人也。魏書釋老志云：河東羅崇之，常餌松脂，不食五穀，自稱受道於中條山。世祖令崇還鄉里，立壇祈請。崇云：「條山有穴，與昆侖、蓬萊相屬。入穴中得見仙人，與之往來。」詔令河東郡給所須。崇入穴，行百餘步，遂窮。後召至，有司以崇誣罔不道，奏治之。世祖曰：「崇修道之人，豈至欺罔以詐於世？或傳聞不審而至於此。今治之，是傷朕待賢之意。」遂赦之。以世祖之酷而能如是，蓋深審其無他也。然欺人者實不少。勤求篇謂可有十恰觀大武滅佛，非素定之計也。始光初，奉其書獻之。世祖乃令謙之止於張曜之所，供其食物。時朝野聞之，若存若亡，未全信也。崔浩獨異其言，因師事之，受其法術。於是上疏，讚明其事曰：「臣聞聖王受命，則有天應。而河圖洛書，皆寄言於蟲獸之文。未若今日人神接對，手筆粲然，辭旨深妙，自古無比。斯誠陛下侔蹤軒、黃，應天之符也。豈可以世俗常談而忽上靈之命？臣竊懼之。」世祖欣然。乃使謁者奉玉帛牲牢，祭嵩岳，迎致其餘弟子在山中者。於是崇奉天師，顯揚新法，宣布天下，道業大行。及嵩高道士四十餘人至，遂起天師道場於京城之東南，重壇五層，遵其新經之制。給道士百二十人衣食，齊肅祈請，六時禮拜，月設廚會數千人。眞君三年，謙之奏曰：「今陛下以眞君御世，建靜輪天宮之法，開古以來，未之有也。應登受符書，以彰聖德。」世祖從之。於是親至道壇，受符籙。自後諸帝每即位皆如之。恭宗見謙之奏造靜輪宮，必令其高不聞雞鳴狗吠之聲，欲上與天神交接，功役萬計，經年不成，乃言於世祖曰：「人天道殊，卑高定分。今謙之欲要以無成之期，說以不然之事，財力費損，百姓疲勞，無乃不可乎？必如其言，未若因東山萬仞之上，為功差易。」世祖深然恭宗之言，但以崔浩贊成，難違其意，沈吟者久之，乃曰：「吾亦知其無成事，既爾，何惜五三百功？」九年，謙之卒，葬以道士之禮。崔浩實有覆虜之計，謙之蓋亦同心，已見第八章第六節。北史李先傳：先少子皎，天興中，密問先曰：「子孫永為魏臣，將復事他姓邪？」皎為謙之弟子，亦謙之不甘臣虜之一證也。隆靜輪之宮至於天，豈不知其勞民？所圖者大，則不得復恤其小矣。此民族義士之苦心也。崔浩雖敗，道教初不因之而廢，足見謙之藏機之深，而其志竟不得遂，徒使後人譏為迷信之魁，豈不哀哉？

曠誠，修善之人無所師授。嵩岳道士上谷寇謙之，立身直理，行合自然，才任軌範，宜處師位。吾故來觀汝。授汝天師之位。賜汝雲中音誦新科之誡二十卷，號曰並進言。吾此經誡，自天地開闢以來，不傳於世，今運數應出。汝宣吾新科，清整道教。除去三張僞法租米、錢稅，及男女合氣之術。大道清虛，豈有斯事？專以禮度爲首，而加之以服食閉練。使王九疑人長客之等十二人授謙之服氣、導引、口訣之法，遂得辟穀，氣盛體輕，顏色殊麗。弟子十餘人皆得其術。泰常八年，十月，戊戌，有牧土上師李譜文來臨嵩岳。云老君之玄孫，昔居代郡桑乾。以漢武之世得道，爲牧土宮主，領治三十六土人鬼之政。地方十八萬里有奇，蓋曆術一章之數也？其中爲方萬里者有三百六十萬。遣弟子宣教，云「嵩岳所統廣漢平土方里，以授謙之。賜汝天中三眞大文錄，劾召百神，以授弟子。文錄有五等。壇位，禮拜，衣冠儀式，各有差品。凡六十餘卷。號曰錄圖眞經。付汝奉持。轉佐北方泰平眞君，出天宮靜論之法。能興造克就，則起眞仙矣。又地上生民，末劫垂及。其中行教甚難。但令男女立壇宇，朝夕禮拜。若家有嚴君，功及上世。其中能修身、練藥，學長生之術，即爲眞君種民。」藥別授方，銷練金丹、雲英、八石、玉漿之法，皆有訣要。上師李君手筆有數篇。其餘皆正眞書曹趙道覆所書古文、鳥迹、篆、隸雜體。又言「二儀之間，有三十六天。中有三十六宮，宮有一主。最高者無極至尊。次曰大至眞尊。次天覆地長陰陽眞尊。次洪正眞尊，姓趙，名道隱，以殷時得道，牧土之師也。」牧土之來，赤松、王喬之倫，及韓終、張安世、劉根、張陵，近世仙者，並爲翼從。牧土命謙之爲子，與羣仙結爲徒友。幽冥之事，世所不了，謙之具問，一一告焉。經云：佛者，昔於西胡得道。在四十二天，爲延眞宮主。勇猛苦教，故其弟子皆髡形、染衣，斷絕人道。諸天衣服悉然。此初無闢佛之意，可見崔誠，而道教之大受崇奉，必有待於虜朝焉。魏書釋老志云：「大祖好老子之言，誦詠不倦。天興中，儀曹郎董謐，因獻服食仙經數十篇。於是置仙人博士，立仙坊，煑鍊百藥，封西山以供其薪蒸。令死罪者試服之，非其本心，多死無驗。大祖猶將修焉。大醫周澹，苦其煎采之役，欲廢其事，乃陰令妻貨仙人博士張曜妾，得曜隱罪。曜懼死，因請辟穀。大祖許之。給曜資用，爲造淨室於苑中，給灑掃民二家，而鍊藥之官，仍爲不息。久之，大祖意少懈，乃止。」此所信者實方士耳，與道教無涉也。至世祖時而寇謙之起。志云：謙之少修張魯之術。有仙人成公興至謙之從母家傭賃，謙請回賃興，代己使役。乃將還，令其開舍南辣田。謙之算七曜，有所不了，興曰：「先生試隨興語布之。」俄然便決。謙之歎伏，請師事之。興固辭不肯，但求爲謙之弟子。未幾，令謙之絜齋三日，共入華山。令謙之居一石室，自出采藥，還與謙之食藥，不復飢。乃將謙之入嵩山。有三重石室，令謙之住第二重。歷年，興謂謙之曰：「興出後，當有人將藥來，得但食之，莫爲疑怪。」尋有人將藥而至，皆是毒蟲、臭惡之物。謙之大懼出走。興還問狀，謙之具對。興歎息曰：「先生未便得仙，政可爲帝王師耳。」興事謙之七年而卒。明日中，有叩石室者，謙之出視，見兩童子，一持法服，一持鉢及錫杖。謙之引入，至興尸所。興欻然而起，著衣持鉢，執杖而去。先是有京兆灞城人王胡兒，其叔父亡，頗有靈異。曾將胡兒至嵩高別館，同行觀望。見金室玉堂。有一館尤珍麗，空而無人，題曰成公興之館。胡兒怪而問之，其叔父曰：「此是仙人成公興館，坐失火燒七間屋，被謫爲寇謙之作弟子七年。」始知謙之精誠遠通，興乃仙者，謫滿而去。謙之守志嵩岳，精專不懈。神瑞二年，十月乙卯，忽遇大神，稱大上老君。謂謙之曰：「往辛亥年，嵩岳鎮靈集仙宮主，表天曹，稱自天師張陵去世已來，地上域。傍各開門，皆有法象。齋者亦有人數之限。以次入於緜蕝之中，魚貫面縛，陳說愆咎，告白神祇，晝夜不息，或一二七日而止。其齋數之外有人者，並在緜蕝之外，謂之齋客，但拜謝而已，不面縛焉。而又有諸消災、度厄之法，依陰陽數術，推人年命，書之如章表之儀，幷具贄幣，燒香陳讀，云奏上天堂，請爲除厄，謂之上章。夜中於星辰之下，陳設酒脯、餅餌、幣物，歷祀天皇、大一，祀五星、列宿，爲書如上章之儀以奏之，名之爲醮。又以木爲印，刻星辰日月於其上，吸氣執之，以印疾病，多有愈者。又能登刃入火，而焚勅之，使刃不能割，火不能熱。而又有諸服餌、辟穀、金丹、玉漿、雲英，蠲除滓穢之法，不可殫記。云自上古黃帝、帝嚳、夏禹之儔，並遇神人，咸受道籙。年代既遠，經史無聞焉。推尋事迹，漢時諸子，道書之流有三十七家，大旨皆去健羨，處沖虛而已，無上天官符籙之事。」綜觀二說，以老子或天尊影射自然之力，誠如孟景翼之言，猶佛家之說法身。見上節，始蓋卽傅會老子，繼乃又造一元始天尊也。開劫之說，亦竊諸佛。仁愛、清靜、積累功德，則所以隨順世俗。白日升天，長生世上，取諸神仙家。凡諸方術，亦多自此而來。章醮、印勅、節級之煩，傳授之祕，蓋太平、五斗米道之舊也。凡此皆後人所謂雜而多端者，而其能成爲一大教，則正由此，以其能網羅一切也。考諸漢時而無可見，可見其爲魏、晉後所造作矣。其爲誰造作不可知，亦必非一人所爲，一時所成也。

道教之成爲宗教，必在其經籙既具之後。隋志云：「陶弘景受道經、符籙，梁武帝素與之游。帝弱年好道，先受道法。及卽位，猶自上章，朝士受道者衆。三吳及邊海之際，信之逾甚。陳武世居吳興，故亦奉焉。」蓋至梁、陳之世，而江左之道教，規模粗立，非復其爲天師道時之舊矣。然梁武究爲明哲之主，且學問深邃，故其事道之篤，卒不敵其信佛之相授，其事大行。齋祠跪拜，各成法道。有三元、九府、百二十官，一切諸神，咸所統攝。又稱劫數，頗類佛經。其延康、龍漢、赤明、開皇之屬，皆其名也。及其劫終，稱天地俱壞。其書多有禁祕，非其徒也，不得輒觀。至於化金銷玉，行符勅水，奇方妙術，萬等千條。上云羽化飛天，次稱消災滅禍。故好異者往往尊事之。」隋書經籍志曰：「道經者，云有元始天尊，生於太元之先，稟自然之氣，沖虛凝遠，莫知其極。所以說天地淪壞，劫數終盡，略與佛經同。以爲天尊之體，常存不滅。每至天地初開，或在玉京之上，或在窮桑之野，授以祕道，謂之開劫度人。然其開劫，非一度矣。故有延康、赤明、龍漢、開皇，是其年號。其間相去經四十一億萬載。所度皆諸天仙上品。亦有太上老君、太上丈人、天眞皇人、五方天帝及諸仙官，轉共承受，世人莫之與也。所說之經，亦稟元一之氣，自然而有，非所造爲，亦與天尊，常在不滅。天地不壞，則蘊而莫傳，劫運若開，其文自見。凡八字，盡道體之奧，謂之天書。字方一丈，八角垂芒，光輝照耀，驚心眩目，雖諸天仙，不能省視。天尊之開劫也，乃命天眞皇人，改囀天音而辯析之。自天眞已下，至於諸仙，展轉節級，以次相授。諸仙得之，始授世人。然以天尊經歷年載，始一開劫，受法之人，得而寶祕，亦有年限，方始傳授。上品則年久，下品則年近。故今授道者，經四十九年，始得授人。推其大旨，蓋亦歸於仁愛、清靜，積而修習，漸致長生，自然神化，或白日登仙，與道合體。（案此卽顧歡之說。）其受道之法，初受五千文籙，次受三洞籙，次受洞玄籙，次受上清籙。籙皆素書，紀諸天曹官屬佐吏之名有多少，又有諸符，錯在其間，文章詭怪，世所不識。受者必先潔齋，然後齎金環一，幷諸贄幣，以見於師。師受其贄，以籙授之，仍剖金環，各持其半，云以爲約。弟子得籙，緘而佩之。其潔齋之法，有黃籙、玉籙、金籙、塗炭等齋。爲壇三成，每成皆置緜蕝，以爲限已見，又轉益之，可至數十人，皆如己身。隱之顯之，皆自有口訣。此所謂分形之道。左君及薊子訓、葛仙公所以能一日至數十處，及有客坐上，一主人與客語，門中又有一主人迎客，而水側又有一主人投釣也。」地眞。此則不成語矣。蓋以其仍受舊說之牽率，故如此也。齊書高逸傳云：杜京產，杜子恭玄孫也。世傳五斗米道。與同郡顧歡同契。歡爲道敎中名人。其答袁粲之難曰：「神仙有死，權便之說。神仙是大化之總稱，非窮妙之至名。至名無名，其有名者，二十七品。仙變成眞，眞變成神，或謂之聖，各有九品。品極則入空寂，無爲無名。若服食茹芝，延壽萬億，壽盡則死，藥極則枯，此修考之士，非神仙之流也。」齊書本傳。其說較葛氏彌有進矣。然如此則無體，無體則辛苦修爲，誰受其報？此必非俗情之所能甘。抑無擬人之神，以資崇奉，而徒皈心於虛寂，亦非俗情之所能喩也。此雖無負於哲理，而必不能成爲宗敎，故建立道敎之士，又必別闢一途焉。

一切迷信若方術，果何以結合之，使之成爲一大宗敎乎？曰：文之以當時通行之哲理，更益之以佛說之虛誕，其要道也。觀於魏書釋老志及隋書經籍志之說，而道敎之所以成爲宗敎者，思過半矣。魏書釋老志曰：「道家之原，出於老子。其自言也：先天地生，以資萬類。上處玉京，爲神王之宗；下在紫微，爲飛仙之主。千變萬化，有德不德，隨感應物，厥迹無常。授軒轅於峨嵋，敎帝嚳於牧德，大禹問長生之訣，尹喜受道德之旨。至於丹書紫字，昇玄飛步之經，玉石金光，妙有靈洞之說，如此之人，不可勝記。其爲敎也，咸蠲去邪累，澡雪心神，積行樹功，累德增善，乃至白日升天，長生世上。所以秦皇、漢武，甘心不息，靈帝置華蓋於濯龍，設壇場而爲禮。及張陵受道於鵠鳴，因傳天官章本千有二百，弟子能審此事之有無。然山川、草木、井竈、汙池，猶皆有精氣，況天地爲物之至大者，於理當有精神，則宜賞善而罰惡。但其體大而網疏，不必機發而響應耳。」（微旨。）又云：「山無大小，皆有神靈，又有老魅。」「入山無術，必有患害。」因此而著諸符。然又曰：「天地之情狀，陰陽之吉凶，茫茫乎其難詳也，吾不必謂之有，亦不敢保其無。」（登陟。）則於此等說，特過而存之耳。於說之不能決者，過而存之，而又明著其存之之意，正見其立論之矜慎，亦非迷信也。

然此等議論，究尚未足登談玄者之堂。故神仙家之言，又有更進於此者。抱朴子首篇暢玄曰：「玄者，自然之始祖，而萬殊之大宗也。其高則冠蓋乎九霄，其曠則籠罩乎八隅。來焉莫見，往焉莫追。乾以之高，坤以之卑，雲以之行，雨以之施。胞胎元一，範鑄兩儀，吐納大始，鼓冶億類。」以宇宙萬物，皆一玄之所彌綸，幾乎哲學家一元之論矣。然又云：「玄之所在，其樂不窮，玄之所去，器弊神逝。」則似又歧形與氣而二之。又引仙經述貞一之說曰：「一有姓氏、服色。男長九分，女長六分。或在臍下二寸四分下丹田中，或在心下絳宮金闕中丹田，或在人兩眉間，卻行一寸爲明堂，二寸爲洞房，三寸爲上丹田也。此乃道家所重，世世歃血，口傳其姓名耳。」又述其師說曰：「一在北極大淵之中，道術諸經所思存念作，可以卻惡防身者，乃有數千法，亦各有效。然思作數千物以自衛，率多煩難。若知守一之道，則一切除棄此輩。故曰：能知一，則萬事畢也。」又曰：「玄一之道，亦要法也。無所不辟，與貞一同功。吾內篇第一名之爲暢玄者，正以此也。守玄一，復易於守貞一。守貞一有姓字、長短、服色。曰玄一，但此見之。初求之於日中，所謂知白守黑，欲死不得者也。然先當百日潔齋，乃可候求，亦不過三四日得之。得之守之，則不復去矣。守玄一，并思其身分爲三人。三人仍以礦物爲主也。北史藝術傳云：有張遠遊者，文宣時，令與諸術士合九轉金丹。及成，帝置之玉匣，云：「我貪人間作樂，不能飛上天，待臨死時取服耳。」案葛氏金丹篇言丹之名甚多，而最貴者爲還丹及金液。還丹，亦曰神丹，成之凡九轉，故又稱九丹。得其一卽仙。金液效與還丹同，而較還丹爲易作。其所謂仙者？則上士舉形升虛，謂之天仙，中士游於名山，謂之地仙，下士先死後蛻，謂之尸解仙。既已得仙，則升天住地，各從所好。又服還丹金液之法，若欲留在世間，可但服其半，錄其半，後求升天，乃盡服之。說見論仙、對俗兩篇，實與張遠遊之說密合，而神丹之名，亦與陶弘景所欲作者同。足見其說皆有傳授，雖不足信，述之者則初非欺人也。作金丹必入名山或大島嶼者？金丹篇述其師鄭隱之言曰：「合大藥皆當祭，祭則大乙、元君、老君、玄女皆來鑒。若令俗間愚人得經過聞見之，諸神便責作藥者不遵承經戒，致令惡人有毁謗之言，則不復佑助人，邪氣得進，而藥不成。」又云：「老君告之：諸小山皆不可於其中作金液、神丹，凡小山皆無正神爲主，多是木石之精，千歲老物，血食之鬼。此輩皆邪炁，不念爲人作福，但能作禍，善試道士。須當以術辟身及將從弟子，然或能壞人藥也。」其堅信長生之可求如此，然問以長生之理，則曰：「松、喬之徒，雖得其效，亦未必測其所以然，」對俗。坦然自承其不知焉。又設難曰：理之明顯，事之昭著如此，聖如周、孔，何莫之爲？則曰：「受氣結胎，各有星宿。命屬生星，則其人必好仙道，求之必得。命屬死星，則其人不信仙道，不修其事。」塞難。「俗所謂聖人者，皆治世之聖人，非得道之聖人」也。辨問。遐覽篇論符，謂「世間有受體使術用符獨效者，」亦同此意。其持論之致密如此，安得謂與迷信同科邪？葛氏之論，亦有類乎迷信者，如云：「按易內戒、赤松子經、河圖記命符皆云：天地有司過之神，隨人所犯輕重，以奪其算，算三日，紀三百日。又言身中有三尸，魂靈鬼神之屬也。欲使人早死，此尸當得作鬼，放縱游行，饗人祭酬。是以每到庚申之日，輒上天白司命，道人所爲過失。又月晦之夜，竈神亦上天，白人罪狀。大者奪紀，小者奪算。吾亦未植，」皆與嵇氏同意。

神僊家之論，存於今而可考者，莫如抱朴子之完。其說曰：「幻化之事，九百有餘，按而行之，莫不皆效。」此其所以信「仙之可得」也。對俗。又曰：「神仙方書，試其小者，莫不效焉。」對俗。「校其小驗，則知其大效，覩其已然，則明其未試。」塞難。此其所以信「長生可得，仙人無種」也。至理。求仙之術，葛氏所信者爲金丹。亦以「泥壤易消，而陶之爲瓦，則與二儀齊其久，柞柳速朽，而燔之爲炭，則可億載而不敗」，至理。以是信物質之可變。又謂「金玉在於九竅，則死人爲之不朽，鹽鹵沾於肌髓，則脯腊爲之不爛」，對俗。以是信藥物之有功耳。又云：「雲、雨、霜、雪，皆天地之氣，而以藥作之，與眞無異，」可見「變化之術，何所不爲。」且「化作之金，乃是諸藥之精，」轉「勝於自然者。」而且「得其要則不煩聖賢大才而可爲。」黃白。此其所以信丹之可作也。然則何以成者甚寡？曰：此由道士皆貧，不得備其藥劑；又其法得之不易；既得之，又必入名山，不則當於海中大島嶼作之；其事彌難耳。葛氏謂導引、房中、服藥、禁呪，祇能延年愈疾，外攘邪惡，皆不能免於死，而且命不可以重禱延，疾不可以豐祀除；故惟金丹爲足恃，說見金丹、釋滯、微旨等篇。其所以堅信金丹而賤草木之藥者，則以金石之質堅於草木，而金又堅於石也。當時方士，信丹者甚多，梁書處士陶弘景傳云：大通初，令獻二丹於高祖。南史則云：天監中獻二丹於武帝，中大通初又獻二丹。又云：弘景既得神符祕訣，以爲神丹可成，而苦無藥物，帝給黃金、朱砂、曾青、雄黃等。後合飛丹，色如霜雪，服之體輕。帝服飛丹有驗，益敬重之。魏書釋老志云：京兆人韋文秀，隱於嵩高，徵詣京師。世祖曾問方士金丹事，多曰可成。文秀對曰：「神道幽昧，變化難測，可以闇遇，難以豫期。臣昔受教於先師，曾聞其事，未之爲也。」然崔逞傳言：逞子頤，與方士韋文秀詣王屋山造金丹，不就，則文秀實非不事此者，特不欲爲虜主言之耳。術藝傳：徐謇欲爲高祖合金丹，乃入居嵩高，采營其物，歷歲無所成，遂罷。入山所采，當爲植物，然云金丹，則當僅以之爲助，鄙倍，去其與政治不相容者，且加之以文飾，而豹變之機至矣。

王羲之傳又云：羲之雅好服食養性，不樂在京師。既去官，與道士許邁共脩服食，采藥不遠千里，而虞珧子妻，亦有服食之術，是神仙家與天師道同流也。案神仙家、與醫經、經方，漢志同隸方技，其術本自相通。二張皆以符水爲人治病，亦未必不通醫藥。小民急治病，士夫覬長生，覬長生而服食養性重焉矣。重養性則輕婚宦矣，此褚伯玉所以逃婚，孔靈產所以隱遁也。故神仙家亦道教之一源也。神仙家之說，至魏晉之世，亦稍符於哲理。嵇康作養生論，謂神仙由「特受異氣，稟之自然，非積學所能致。」「道養得理，上獲千餘歲，下可數百年，以世皆不精，故莫能得。」其說云：「服藥求汗，或有不獲，而愧情一集，渙然流離。終朝未餐，囂然思食，而曾子銜哀，七日不飢。夜分而坐，則低迷思寢，內懷殷憂，則達旦不瞑。勁刷理鬢，醇醪發顏，僅乃得之；壯士之怒，赫然殊觀，植髮衝冠。」以此知「精神之於形骸，猶國之有君。」而「豆令人重，榆令人瞑，合歡蠲忿，萱草忘憂，薰辛害目，豚魚不養，蝨處頭而黑，麝食柏而香，頸處險而癭，齒居晉而黃。」「凡所食之氣，蒸性染身，莫不相應。」則形質亦未可忽。夫「爲稼於湯世，偏有一溉之功者，雖終歸於焦爛，必一溉者後枯。」理無可惑。然則「田種者一畝十斛，謂之良田，而區種可百餘斛。」「謂商無十倍之價，農無百斛之望，」特「守常不變」之論。「以多自證，以同自慰，謂天地之理盡此，」實未爲是也。此其所信者雖非，而其所以信之者，則皆據事理立論，與迷信者殊科矣。宋書顧覬之傳：覬之命弟子愿著定命論，謂「齊、讙、燕、平，厥驗未著，李、覃、董、芬，其效安在？喬松之侶，雲飛天居，夷、列之徒，風行水息，良由理數縣挺，實乃鍾茲景命。」顏氏家訓養生篇云：「神仙之事，未可全非，但性命在天，或難種道。精心事神，不吝財賄。而怠行仁義，嗇於周急。桓玄來攻，猶勤請禱。齊書高逸傳云：褚伯玉，年十八，父爲之婚，婦入前門，伯玉從後門出。孔稚珪從其受道法。南史孔珪傳云：父靈產，泰始中晉安太守。有隱遁之志。於禹井立館，事道精篤。吉日，於靜屋四向朝拜，涕泣滂沱。東出過錢唐北郭，輒於舟中遙拜杜子恭墓。自此至都，東鄉坐，不敢背側。沈攸之傳云：齊武帝制以攸之弟雍之孫僧昭爲義興公主後。僧昭，別名法朗。少事天師道士。常以甲子及甲午日夜著黃巾衣褐，醮於私室。時記人吉凶，頗有應驗。自云爲泰山錄事，幽司中有所收錄，必僧昭署名。中年爲山陰縣。梁武陵王紀爲會稽太守，宴坐池亭，蛙鳴聒耳。王曰：「殊廢絲竹之聽。」僧昭咒厭，十餘口便息。及日晚，王又曰：「欲其復鳴。」僧昭曰：「王歡已闌，今恣汝鳴。」卽便喧聒。又嘗校獵，中道而還。左右問其故，荅曰：「國家有邊事，須還處分。」問何以知之？曰：「鄉聞南山虎嘯知耳。」俄而使至。復謂人曰：「吾昔爲幽司所使，實爲煩碎，今已自解。」乃開匣出黃紙書，上有一大字，字不可識。曰：「教分判如此。」及大淸初，謂親知曰：「明年海內喪亂，生靈十不一存。」乃苦求東歸。既不獲許，及亂，百口皆殲。觀此諸事，可知所謂天師道者，卽五斗米道，而與太平道同原。太平道好爭鬭，晉世孫恩一派，蓋其嫡傳。宋書毛脩之傳云：脩之不信鬼神，所至必焚除房廟。蔣山廟中有佳牛好馬，脩之並奪取之。而其在洛，敬事嵩山寇道士，蓋亦漢世黃巾中黃大乙之舊。見秦漢史第二十章第六節。隋書地理志云：梁州崇奉道教，有張魯遺風，則五斗米道之流傳，亦未嘗絕。然此二者皆不能成爲全國通行之大教。惟于吉一派，頗與士大夫往來。吉雖爲孫策所殺，其道在江東，蓋迄未嘗絕，至晉世遂成爲所謂天師道者，而流行於士大夫之間。夫其教流行於士大夫之間，則能掃除異焉。案法和所用者蠻衆，史又言其語帶蠻音，蓋久習於蠻者。其所爲則甚似張魯，以是時佛教盛行，故自託於佛耳，此固無教不可託也。

第三節　道教建立

古無所謂宗教也，人倫日用之道，幽深玄遠之思，諸子百家之學，蓋無不兼容幷苞焉？佛教東來，說愈微眇，出世入世，道乃殊科。夫佛道則誠高矣妙矣，然究爲外來之教，不能舉吾所固有者而盡替之也。儒教重政治、倫紀，勢不能談空說有，與佛教爭短長。於是有萃吾故所崇奉，文之以哲理，以與佛教對峙者，則道教是已。

道教之淵源何自邪？曰：其正源，仍爲漢末張角、張魯之教，晉時稱爲天師道。晉書何充傳云：郗愔及弟曇奉天師道，而充與弟準崇信釋氏。謝萬譏之云：「二郗諂於道，二何佞於佛。」王羲之傳云：王氏世事張氏五斗米道，凝之彌篤。孫恩之攻會稽，寮佐請爲之備，凝之不從。時爲會稽內史。方入靖室請禱，出語諸將佐曰：「吾已請大道，許鬼兵相助，賊自破矣。」既不設備，遂爲孫恩所害。魏書僭晉傳曰：恩之來也，弗先遣軍，乃稽顙於道室，跪而咒說，指麾空中，若有處分者。官屬勸其討恩。凝之曰：「我已請大道出兵，凡諸津要，各有數萬人矣。」獻之遇疾，家人爲上章，道家法應首過，問其有何得失？對曰：「不覺餘事，惟憶與郗家離婚。」獻之前妻，郗曇女也。案豈以爲同教中人，故離婚倍覺耿耿邪？王恭傳云：淮陵內史虞珧子妻裴氏，有服食之術，常衣黃衣，狀如天師。道子悅之，令與賓客談論。案元凶劭號嚴道育爲天師，亦知服食。殷仲堪傳云：仲堪少奉天師免害。亮遂不敢還山，寓居景明寺，久之乃還山室。沙門之易與亂事相連如此。異族竊據之際，有心人欲謀光復，往往藉宗教爲結合之資。自胡元萃居白蓮會聲勢始大，明代稍微，及清又盛。雖三合會亦自託於少林寺僧。合第八章第五節觀之，而知元魏時佛徒之稱兵者，必有民族義士廁身其間矣。然附從之者，究以所謂豪傑之徒爲多，故其宗旨不能盡純，久之或且寖忘其本。此觀於近世白蓮、三合之徒之數典忘祖而可知也。曇洛椎埋發墓，見第二十一章第五節。天恩橫行閭肆，見第十八章第三節。皆可想見僧徒中有何等人。此高宗之復佛法，所以必限欲爲沙門者出於良家，無諸嫌穢歟？釋老志：高祖延興二年四月，詔比丘不在寺舍，游涉村落，交通姦猾，經歷年歲。令民間五五相保，不得容止無籍之僧，精加隱括，有者送付州鎮，其在畿郡，送付本曹。若爲三寶巡民教化者，在外齎州鎮維那文移，在臺者齎都維那等印牒，然後聽行。違者加罪。世宗永平二年，沙門統惠深上言：與經、律法師羣議立制，有不安寺舍，游行民間者，脫服還民。皆懼其爲黃巾赤眉之禍也。然借資宗教，思教養其民以相保者，亦自有之。北齊書陸法和傳云：不知何許人也。隱於江陵百里洲，衣食居處，一與苦行沙門同。耆老自幼見之，容色常不定，人莫能測也。或謂自出嵩高，循游遐邇。侯景遣任約擊江陵，法和乃詣湘東乞征約。召諸蠻夷弟子八百人，湘東遣胡僧祐領千人與同行。至赤沙湖，武陵王紀兵來，王琳與法和經略，一戰而殄之。以爲都督郢州刺史。部曲數千人，通呼爲弟子。惟以道術爲化，不以法獄加人。市不立丞。見第二十二章第五節。天保六年，清河王岳進軍臨江，法和舉州入齊。文宣以爲荊州刺史。梁將侯瑱來逼江夏，齊軍棄城而退。法和入朝，詣闕通名，不稱官爵，不稱臣，但云荊山居士。以官所賜宅營佛寺，自居一房，與凡人無遙傳云：法慶爲妖幻，說渤海人李歸伯，歸伯合家從之。招率鄉人，推法慶爲主。法慶以歸伯爲十住菩薩、平魔軍司、定漢王。自號大乘。殺一人者爲一住菩薩，殺十人者爲十住菩薩。又合狂藥，令人服之，父子兄弟，不相知識，惟以殺害爲事。於是聚衆殺阜城令，破渤海郡，殺害吏人。刺史冀州蕭寶夤遣長史崔伯驎討之，敗於煑棗城，伯驎戰歿，凶衆遂盛。所在屠滅寺舍，斬戮僧尼，焚燒經象，云新佛出世，除去惡魔。其好殺頗類孫恩，未知何故？或亦深疾末俗之惡，而思有所袪除歟？而亦兼及僧尼，又可見是時僧尼爲衆所疾視之甚也。張彝傳云：元遙多所殺戮，積尸數萬。彝子始均，忝軍士重以首級爲功，乃令檢集人首數千，一時焚爇，用息僥幸，此又可見虜視漢人如草芥矣。大乘事迹，又見宇文福、高允、蕭寶夤、裴叔業、李叔虎、酷吏谷楷、閹官封津及北齊書封隆之傳中。北齊書皮景和傳云：吳明徹寇淮南，景和率衆拒之。有陽平人鄭子饒，詐依佛道，設齋會，用米麫不多，供贍甚廣。密從地藏，漸出餅飯，愚人以爲神力，見信於魏、衞之間。將爲逆亂，謀洩，掩討漏逸，乃潛渡河，聚衆數千，自號長樂王。已破乘氏縣，又欲襲西兗州城。景和自南兗州遣騎數百擊破之，生禽子饒送京師，烹之。魏書盧玄傳：高祖議伐蕭賾，玄子淵表曰：「臣聞流言：關右之民，比年以來，設爲齋會，假稱豪貴，以相扇惑。顯然於衆坐之中，以謗朝廷。無上之心，莫此爲甚。愚謂宜速懲絕，戮其魁帥。不爾，懼成黃巾、赤眉之禍。」子饒之所爲，則所謂設爲齋會者也。顯謗朝廷於衆坐之中，可見其非不知政治。然則所謂假稱豪貴者，果編氓假稱之歟？抑實有豪貴參與其事也？能爲地道，多出餅飯，其人亦非甕牖繩樞之子矣。源賀傳：賀出爲冀州刺史，武邑郡姦人石華告沙門道可與賀謀反。逸士傳：馮亮居嵩高，與僧徒禪誦爲業，逆人王敞事發，連山中沙門，亮亦被執赴尚書省，詔特蕭思話傳。孝武帝大明二年，先是有南彭城蕃縣人高闍、沙門釋道方等，共相誑惑，與秣陵民藍宏期等謀爲亂。又要結殿中將軍、大宰府將等，謀攻宮門，掩大宰江夏王義恭，分兵襲殺諸大臣。事發，黨與死者數百人。王僧達傳、夷鑒傳云：闍爲羌人，已見前。此甚似清世林清之變矣。齊武帝永明十一年，建康蓮花寺道人釋法智與徐州民周盤龍等作亂。齊書王玄載傳。梁武帝時，有沙門僧强自稱爲帝，攻陷北徐州。梁書陳慶之傳。此皆在南朝者。其在北朝，則魏書本紀所載：太祖天興五年，有沙門張翹自號無上王，與丁零鮮于次保聚衆據常山之行唐。高祖建興三年，十二月，有沙門慧隱謀反。大和五年，有沙門法秀謀反。十四年，有沙門司馬惠御謀破平原郡。世宗永平二年，有涇州沙門劉惠汪聚衆反。三年二月，有秦州沙門劉光秀謀反。延昌三年十一月，有幽州沙門劉僧紹聚衆反，自號淨居國明法王。四年六月，沙門法慶反於冀州，自稱大乘。九月，元遙破斬之。及渠帥百餘人，傳首京師。延平二年，正月，其餘賊復相聚結，攻瀛州。法慶與法秀聲勢最爲浩大。苟頹傳云：大駕行幸三川，頹留守京師。沙門法秀謀反，頹率禁衞收掩畢獲，內外晏然。駕還飲至，文明大后曰：「當爾之日，卿若持疑，不卽收捕，處分失所，則事成不測矣。今京畿不擾，宗社獲安，卿之功也。」亦釋道方之類也。恩幸王叡傳云：法秀謀逆事發，多所牽引。叡曰：「與其殺不辜，寧赦有罪。宜梟斬首惡，餘從疑赦。」高祖從之，得免者千餘人。其徒黨可謂甚廣。據崔玄伯傳，是役也，崔道固兄子僧祐與焉。又閹官傳：平季父雅，亦與於此役，季以此坐腐形，而雅實爲州秀才，則士大夫亦有與其事者。齊書魏虜傳云：虜囚法秀，加以籠頭鐵鏁，無故自解脫，虜穿其頸骨，使咒之曰：「若復有神，當令穿肉不入。」遂穿而殉之，三日乃死。其遇漢人之酷如此。大乘之變，據魏書元僧人多有才學，故頗有參與政事者。宋廬陵王義眞，嘗云得志之日，以慧琳爲豫州都督。（宋書武三王傳。）元嘉中，琳遂參權要，賓客輻湊，四方贈賂相系，勢傾一時。（夷蠻傳。）而義康謀叛，法略道人法靜尼，亦並與其事。齊世則有楊法持。元徽中，宣傳密謀，後遂罷道，爲寧朔將軍，封州陵縣男。（齊書幸臣傳。）北齊神武之臣有潘相樂，本作道人。神武自發晉陽，至克潼關，凡四十啓而魏帝不答，遣僧道榮奉表關中，又不答，乃集百僚、四門耆老議所推立。四門，北史作沙門，蓋是？文宣嘗命親奉神武音旨者，條錄封上，中有沙門。（見第二十三章第五節。）可見沙門多參謀議也。晉書載記：沙門吳進言於石季龍曰：「胡運將衰，宜苦役晉人，以厭其氣。」季龍於是使尚書張羣發近郡男女十六萬，車十萬乘，運土築華林苑及長牆於鄴北。姚襄之敗，沙門智通勸其無戰。慕容德之據廣固，謀及沙門朗公，更觀慕容寶之有支曇猛，沮渠蒙遜之有曇無讖，而知五胡之主，謀及沙門者，亦不乏矣。

凡借宗教以資扇惑者，其所説教義，所立教條，不必皆其教之眞諦也，特就衆所共知共信者，附會爲説而已。洪秀全之於基督教，其顯而易見者也。佛教之爲豪桀所資亦如是。晉書石季龍載記云：有安定人侯子光，自稱佛大子，從大秦國來，當王小秦國。易姓名爲李子揚。游於鄠縣爰赤眉家。赤眉信敬之，妻以二女。轉相誑惑。京兆樊經、竺龍、（此人蓋亦道人，故以竺爲姓。）嚴湛、謝樂子等聚黨數千人於杜南山。子揚稱大皇帝，建元曰龍興。此爲藉佛教以圖作亂，見於記載最早者。其後此等事迄不絕。宋文帝元嘉九年，益州之亂，五城人帛氏奴等奉道人程道養爲主，詐稱晉宗室司馬飛龍。（見宋書劉粹傳。）二十八年，又有亡命司馬順則，詐稱晉宗室近屬，據梁鄒城，又有沙門自稱司馬百年應之。

亦惡其爲淫祀故耳。要之當時不奉佛者，皆非不足其教義也。

僧人多有術藝。故周朗上疏，謂其假醫術託卜數。沙門知醫，已見第二十三章第七節。臺城之陷，賀琛被創未死，賊輿送莊嚴寺療之，則當時佛寺必有以醫療爲務者。沈攸之將發江陵，使沙門釋僧粲筮之，此則沙門明於卜筮之徵也。不特此也，魏書山偉傳言：偉與袁昇、李延孝、李奐、王延業等方駕而行，偉少居後。路逢一尼，望之歎曰：「此輩緣業，同日而死。」謂偉曰：「君方近天子，當作好官。」昇等皆於河陰遇害。術藝傳言：王顯布衣爲諸生，有沙門相顯，後當富貴，誡其勿爲吏部官，由是世宗時或欲令攝吏部，每殷勤避之。及世宗崩，肅宗夜即位，倉卒百官不具，以顯兼吏部行事，竟遇害。北史藝術傳云：魏正始前，有沙門學相，遊懷朔，舉目見人，皆有富貴之表。以爲必無此理，燔其書，而後皆如言，乃知相法不虛也。則沙門又多通相法者。此等不過取信流俗，便於傳布其教。乃若關康之，嘗就沙門支僧納學算。南史隱逸傳。宋書無算字，蓋奪。魏九家曆，沙門統道融居其一。見第二十三章第七節。魏書術藝傳載殷紹上四序堪輿表云：初就大儒成公興學算。公興將之求沙門釋曇影，曇影又將之求道人法穆，從之學者四年。則沙門之於算法，多有深造。慕容寶參合之役，支曇猛勸早爲備。拓跋燾之圍縣瓠，毀浮圖，取金像爲大鉤，施之衝車端，以牽樓堞。城內有一沙門，頗有機思，輒設奇以應之。宋書文九王傳。則其人幷有通於兵、陰陽、技巧之學者矣。隋書經籍志所載，音樂、小學、地理、天文、曆數、五行、醫方、楚辭諸門，皆有沙門撰著，而天文、曆數、醫方，傳自天竺者尤多。當時胡僧，殆如近世之基督教士，齎學藝以俱來矣。

海陵。天公去年與道佛共議，欲除此間民人道、佛，苦諫得止。大禍將至，何不立六愼門？」誕問六愼門云何？答曰：「古時有言禍不入六愼門。」誕以其狂悖，殺之。此人蓋有心疾，然其論，則後世下流社會中雜糅三教之論也。齊書祥瑞志言：永明三年，七月，始興郡民龔玄宣云：去年二月，忽有一道人乞食，因探懷中出篆書眞經一卷六紙，又表北極一紙，又移付羅漢一紙，云「從兜天宮下，使送上天子。」其糅合釋、道，更可發一噱。此固造作之辭，然造作者之見解，即其時流俗之見解也。晉書隱逸傳：鮑靚，東海人，年五歲，語父母云「本是曲陽李家兒，九歲墜井死。」其父母尋訪，得李氏，推問皆符驗。此明爲佛說，而又云：靚學兼內外，明天文、河洛書，嘗見仙人，授道訣，百餘歲卒。陶弘景，道家之巨擘也，而云：「夢佛授其菩提記，名爲勝力菩薩。」乃詣鄮縣阿育王塔，自誓受五大戒。居之不疑，在邦必聞之徒，其爲道、爲佛，亦不可究詰矣。此周武帝所由欲和會三教，自立皇極歟？

闢佛者多以其出自外國爲言。王度及魏大武詔即如此。晉書蔡謨傳：彭城王紘上言：樂賢堂有明帝手畫佛象，經歷寇難，而此堂猶存，宜勅作頌，成帝下其議。謨曰：「佛者夷狄之俗，非經典之制。」其意亦與此同。苻堅命道安同輦，權翼謂毀形賤士，不宜參穢乘輿。宋文帝召見慧琳，常升獨榻，顏延之方之同子參乘。毀形者天竺之法，亦惡其來自外國也。張敷爲江夏王義恭撫軍記室參軍，義恭就文帝求一學義沙門，會敷赴假還江陵，文帝令載沙門往，謂曰：「道中可得言晤。」敷不奉詔。宋書敷自有傳，又附見其父邵傳中，皆載此事。梁武帝銳意釋氏，天下從風，而韋叡自以信受素薄，位居大臣，不欲與俗俯仰，所行略如他日。此特士大夫之驕矜，即李安民奉佛法，不以軛下牛祀項羽神，見上節。

初無左袒佛教之意。舊僧至謂其貶斥釋教，欲加擯斥。（宋書夷蠻傳。）顧歡，道士之闢佛者也，亦不過謂佛、老立說，各因其俗，譬諸舟車，各有其用，且謂佛既東流，道亦西邁，故知世有精麤，道有文質，二者可以並行焉。其時又有孟景翼者，爲道士，文惠太子召入玄圃，竟陵王子良使之禮佛，不肯，然所作正一論，亦云道之大象，即佛之法身，至於張融，則竟謂道之與佛，區極無二矣。（皆見齊書高逸傳。）衞元嵩上書周武，啓廢佛之端，然舊唐書經籍志載其齊三教論一卷，則其所惡者，亦僧徒之猥濫耳，此以釋道二家言也。至如儒家：則徐勉以謂孔、釋二教，殊途同歸。（梁書本傳。）王褒謂儒、道、釋雖爲教等差，而義歸汲引。（梁書王規傳。）韋敻謂其迹似有深淺，其理殆無等級。（周書本傳。）即李士謙謂佛日、道月、儒五星，（北史李孝伯傳。）雖有軒輊，仍非水火。其時釋家多通儒、道二家之義。如慧琳、慧始，皆嘗注孝經，琳與慧嚴又皆注道德經，僧智解論語，慧觀作老子義疏是。（皆見隋書經籍志。）周續之、雷次宗，皆名儒也，而皆入廬山事慧遠。（宋書隱逸傳。）徐孝克且講佛經，晚講禮傳，周弘正特善玄言，兼明釋典，沈重於紫極殿講三教義，朝士、儒生、桑門、道士至者二千餘人，則合三家成通學矣。魏書高謙之傳云：涼國盛事佛道，謙之爲論貶之，因稱佛是九流之一家。夫儒道亦九流之一耳，此不足爲貶辭也。李孝伯傳：兄孫瑒，以民多絕戶爲沙門，上書言之，有「安有棄堂堂之政，而從鬼教」之語，沙門統僧暹等以爲謗毀佛法，泣訴於靈大后，大后責之，瑒自理曰：「人死曰鬼，禮曰：明則有禮樂，幽則有鬼神，佛道幽隱，名之爲鬼，愚謂非謗。」亦如實之辭，非强辯也。匪特學者如是，即怪迂阿諛苟合之徒亦然。宋書文五王傳：竟陵王誕遷鎭廣陵，發民治城。誕循行，有人干輿揚聲大罵曰：「大兵將至，何以辛苦百姓？」誕執之，問其本末，答曰：「姓夷，名孫，家在論幽明報應。便要先死者當報其事。晉恭帝不肯自殺，慮不能得人身。宋彭城王義康亦然。皆畏怖之念爲之也。宋書文五王傳：大宗嘗指左右人謂王景文曰：「休範人才不及此，以我弟故，生便富貴。釋氏願生王家，良有以也。」然則當時佛徒，曾有願生王家之說。此則爲貪欲所中矣。卒之如隋越王侗，將死，焚香禮佛，呪曰：「從今以去，願不生帝王尊貴之家。」哀哉！然貪欲者雖說輪迴，仍斤斤於見世。魏書盧景裕傳：謂其爲邢摩納所逼，起兵以應元寶炬，兵敗繫獄，至心誦經，枷鎖自脫。是時又有人負罪當死，夢沙門教誦經，覺時如所夢默誦千徧，臨刑刀折，主者以聞，赦之。此經遂行於世，號曰高王觀世音。此說今俗猶傳之。晉、南北朝時尤盛。晉書苻丕載記：徐義爲慕容永所獲，械埋其足，將殺之。義誦觀世音經。至夜中，土開械脫，於重禁之中，若有人導之者，遂奔楊佺期。宋書王玄謨傳：玄謨關滑臺，奔退，蕭斌將斬之，沈慶之固諫乃止。始將見殺，夢人告曰：「誦觀音經千徧則免。」既覺誦之，將千徧。明日將刑，誦之不輟。忽傳呼停刑。皆是物也。王恭臨刑猶誦佛經，王奐聞黃瑤起兵入，還內禮佛，得毋臨命之際，猶有所冀幸邪？

無識者之奉佛，則多出於迷信。高僧之見於正史者，佛圖澄、鳩摩羅什、僧陟、曇曜、惠始、惠香、靈遠、惠豐，晉書、北史藝術傳，魏書釋老志。其事迹無不矜奇弔詭者。甚至如寶誌者，齊武帝曾忿其惑衆，收付建康獄，而俗猶盛傳其前知之事，梁書何敬容傳，載其前知敬容敗於河東王。南史梁武帝紀，載其前知同泰寺之災。賊臣傳載其前知侯景敗於三湘。甚至隋書律曆志云：開皇官尺，或傳梁時有誌公道人作此，符入周朝，云與多鬚老翁。周大祖及隋高祖，各自以爲謂已。夫周、隋二祖，寧不知其不足信？然猶爭欲當之者，以流俗信此等說，順之可以惑衆，抑此說卽爲所造，亦未可知也。宋書符瑞志、齊書祥瑞志，亦多以前知託諸僧衆，蓋自佛教行而矯誣之徒，又得一憑藉矣。梁武帝亦敬事之，南史仍列諸隱逸傳，足見其時奉佛者之爲何等矣。然能知高義者，亦自不乏。夫泥其迹則主奴之見深，探其原則筌蹄之義顯，是以當時明哲之士，多能和會三教。慧琳，道人也，作均善論，設爲白學先生與黑學道士相難，科條，爲沙門法上爲昭玄都以檢約之。皆見魏書釋老志。州有統，郡縣皆有維那，見第二十二章第四節。

佛敎流傳之廣，其說輪囘，實爲一大原因。蓋人不能無求報之心，而禍福之來，必不能如世人所責望者之巡直。則懲勸之說，有時而窮。故摯虞病「道長世短，禍福舛錯，使忧迫之人，不知所守，或迷或放，」慧琳作均善論，亦病周、孔爲敎，止及一世也。見宋書夷蠻傳。晉書羊祜傳云：祜年五歲時，令乳母取所弄金鐶。乳母曰：汝先無此物。祜卽詣鄰人李氏東垣桑樹中探得之。主人驚曰：「此吾亡兒所失物也，云何持去？」乳母具言之。李氏悲惋。時人異之，謂李氏子則祜之前身也。祜時佛敎盛行未久，而已有此說，足見其流行之速矣。言輪囘之事見於正史者尚多。如晉書藝術傳言鮑靚爲曲陽李家兒託生，南史梁元帝紀言帝爲眇目僧託生，北史李崇傳言李庶託生爲劉氏女是也。此特舉其最早者耳。欲言報應，必有受報之體。佛說無我，又說輪囘，陳義雖高，終非恆情所能喩。故當時信佛者，多主神不滅，而忧於迷信之弊者，則主神滅。范縝作神滅論，謂「浮屠病政，桑門蠹俗，」皆由「厚我之情深，濟物之意淺。」以致竭財以赴僧，破產以趨佛，而不恤親戚，不利窮匱，家家棄其親愛，人人絕其嗣續，兵挫於行間，吏空於官府，粟罄於惰游，貨殫於泥木。欲使人知「陶甄稟於自然，森羅均於獨化，來也不禦，去也不追，」此志也。然劉歊作革終論，謂「神爲生本，形爲生具，死者神離此具，雖不可復反，而精靈遞變，未嘗滅絕，」實主神不滅之說者，而又謂「神已去此，館何用存？神已適彼，祭何所祭？」顏氏家訓終制篇亦云：「四時祭祀，周、孔所敎，欲人勿死其親，求諸內典，則無益，殺生爲之，翻增罪累。」則卽主神不滅之說者，亦未嘗不可澹泊自將，不當因此轉增貪欲也。然能如是者寡矣。輪囘之說，爲衆所樂道者，畏怖貪欲之心中之耳。晉書王湛傳：湛孫坦之，與沙門竺法師甚厚。每共著城邑，當由利引其心，莫能自止。非但京邑如此，天下州鎮亦然。如臣愚意：都城之中，雖有標榜，營造麤工，事可改立者，請於郭外，任擇所便。其地若買得，券證分明者，聽其轉之。若官地盜作，卽令還官。若靈象既成，不可移撤，請依今勅，如舊不禁。悉令坊內行止，不聽毀坊開門，以妨里內通巷。若被旨者，不在斷限。郭內準此商量。其廟象嚴立，而逼近屠沽，請斷旁屠殺，以潔靈居。雖有僧數，而事在可移者，令就閑敞，以避隘陋。如今年正月赦後造者，求依僧制，案法科治。若僧不滿五十者，共相通容，小就大寺，必令充限。其他買還，一如上式。自今外州若欲造寺，僧滿五十已上，先令本州表列，昭玄量審，奏聽乃立。若有違犯，悉依前科。州郡已下，容而不禁，罪同違旨。」奏可。未幾，天下喪亂，加以河陰之酷，朝士死者，其家多舍居宅，以施僧尼，京邑第舍，略爲寺矣。前日禁令，不復行焉。元象元年，秋，詔曰：「梵境幽玄，義歸清曠，伽藍淨土，理絕囂塵。前朝城內，先有禁斷，自聿來遷鄴，率由舊章，而百辟士民，居都之始，城外新城，並皆給宅。舊城中暫時普借，更擬後須，非爲永久。如聞諸人，多以二處得地，或捨舊城所居之宅，擅立爲寺。宜付有司，精加隱括。且城中舊寺及宅，並有定帳。其新立之徒，悉從毀廢。」冬，又詔「天下牧守、令長，悉不聽造寺。若有違者，不問財之所出，幷計所營功庸，悉以枉法論。」此造寺之制限也。然亦成具文，略計魏末之寺，凡三萬有餘云。

管理僧衆之官：南朝有僧正，其制始自姚興，以僧䂮爲之，見高僧傳。魏大祖以法果爲道人統。高宗復佛法，以師賢爲之。和平初，賢卒，曇曜代之，更名沙門統。先是立監福曹，又改爲昭玄，備有官屬，以斷僧務。參看第二十二章第三節大和十年，詔立僧制四十七條。世宗詔衆僧犯殺人已上罪，仍依俗斷，餘犯悉付昭玄，見第二十二章第七節。北史崔暹傳：僧尼猥濫，暹奏設以違旨論。大守、縣令、綱寮節級連坐，統及維那移五百里外異州爲僧。自今奴婢悉不聽出家。諸王及親貴，亦不得輒啓請。有犯者以違旨論。其僧尼輒度他人奴婢者，亦移五百里外爲僧。僧尼多養親識及他人奴婢子，年大私度爲弟子，自今斷之。有犯還俗。被養者歸本等。寺主聽容一人出寺五百里，二人千里。私度之僧皆由三長罪不及己，容多隱濫。自今有一人私度，皆以違旨論。隣長爲首，里、黨各相降一等。縣滿十五人，郡滿三十人（疑當作二十人），州鎮滿三十人免官，寮吏節級連坐，私度之身配當州下役。」時法禁寬弛，不能改肅也。正光已後，天下多虞，工役尤甚，於是所在編民，相與入道，假慕沙門，實避調役，猥濫之極，自中國之有佛法，未之有也。略而計之，僧尼大衆二百萬矣，其寺三萬有餘。此出家之限制也。其僧尼自外國來者，世宗永平二年冬，沙門統惠深上言：求精檢有德行合三藏者聽住，若無德行，遣還本國。若其不去，依此僧制治罪。其造寺者，惠深言限僧五十以上，啓聞聽造。若有輒營置者，處以違勑之罪，其僧寺僧衆，擯出外州，詔從之。神龜元年冬，司空公、尚書令任城王澄奏曰：「高祖定鼎，都城制云：城內惟擬一永寧寺地，郭內惟擬尼寺一所，餘悉城郭之外。景明之初，微有犯禁。世宗仰修先志，爰發明旨，城內不造立浮圖僧尼寺舍，但俗眩虛聲，僧貪厚潤，雖有顯禁，猶自冒營。至正始三年，沙門統惠深有違景明之禁，便云營就之寺，不忍移毀，求自今已後，更不聽立。先旨含寬，抑典從請。前班之詔，仍卷不行，後來私謁，彌以奔競。永平二年，深等復立條制，爾來十年，私營轉盛，罪擯之事，寂爾無聞。輒遣府司馬陸昶、屬崔孝芬都城之中及郭邑之內檢括寺舍，數乘五百，空地表刹，未立塔宇，不在其數。民不畏法，乃至於斯。自遷都已來，年踰二紀，寺奪民居，三分且一。昔如來闡教，多依山林，今此僧徒，戀嘉十二年，丹陽尹蕭摩之請「自今已後，有欲鑄銅象者，悉詣臺自聞。興造塔寺、精舍，皆先詣在所二千石通辭，郡依事列言本州，須許報，然後就功。其有輒造寺塔者，皆依不承用詔書律，銅、宅、林苑，悉沒入官。」詔可。又沙汰沙門，罷道者數百人。世祖大明二年，有曇標道人與羌人高闍謀反。上因是下詔，精加沙汰。後有違犯，嚴加誅坐。於是設諸條禁，自非戒律精苦，並使還俗。而諸寺尼出入宮掖，交關妃后，此制竟不能行。齊武帝臨終顧命，於佛可謂惓惓，然亦云：「自今公私皆不得出家爲道。及起立塔寺，以宅爲精舍，並嚴斷之。惟年六十，必有道心，聽朝賢選序。」蓋誠有所不得已也。北朝禁令，具見魏書釋老志。云：世祖以沙門衆多，詔罷年五十已下者。高宗復佛法詔云：「今制諸州、郡、縣，於衆居之所，各聽建佛圖一區。任其財用，不制會限。其好樂道法，欲爲沙門，不問長幼，出於良家，性行素篤，無諸嫌穢，鄉里所明者，聽其出家。率大州五十，小州四十人。其郡遙遠臺者十人。」自正光至大和，京城內寺新舊且百所，僧尼二千餘人。四方諸寺六千四百七十八。僧尼七萬七千二百五十八人。大和十年，冬，有司奏：「前被勅以勤籍之初，愚民僥幸，假稱入道，以避輸課。其無籍僧尼，罷遣還俗。重被旨：所檢僧尼，寺主維那，當寺隱審。其有道行精勤者，聽仍在道。爲行凡麤者，有籍無籍，悉罷歸齊民。今依旨簡遣，其諸州還俗者，僧尼合一千三百二十七人。」奏可。十六年，詔「四月八日、七月十五日，聽大州度一百人爲僧尼，中州五十人，下州二十人，以爲常準，著於令。」延昌中，天下州郡僧尼寺，積有一萬三千七百二十七所。徒侶逾衆。興平二年，春，靈大后令曰：「年常度僧，依限大州應百人者，州郡於前十日解送三百人，其中州二百人，小州一百人。州統、維那，與官精練簡取充數。若無精行，不得濫采。若取非人，刺史爲首，淹，爲東陽大守，逼郡吏燒臂照佛。百姓有罪，使禮佛贖刑，動至數千拜。張彝除秦州刺史，爲國造寺，名曰興皇。諸有罪咎者，隨其輕重謫爲土木之功，無復鞭杖之罰，爲治如此，尙復成何事體邪？

百姓之苦如此，而僧尼則有甚富者。宋文北討，換取僧尼貲財，見第八章第七節。穎胄起兵，亦資下方黃鐵，見第二十章第五節。侯景兵至，梁攝諸寺藏錢，見魏書島夷傳。皆可見其儲藏之富。平時旣資借貸，凶饑或助振施，見第十九章第五節。佞佛者或且以爲有益於民，然觀僧祇佛圖戶粟之所爲，不亦所與者少，所取者多，借振貸之名，行誅求之實乎？見第二十一章第二節。王僧達劫竺法瑤，得數百萬，宋書本傳。亦所謂多藏者必厚亡邪？

佛事之有害於民如此，故其限制，乃隨其興盛以俱來。晉書藝術傳言：百姓以佛圖澄故多奉佛，皆營造寺廟，相競出家。眞僞混淆，多生愆過。石季龍下書料簡。其著作郎王度奏曰：「佛方國之神，非諸華所應祠奉。漢代初傳其道，惟聽西域人得立寺都邑以奉其神，漢人皆不出家。魏承漢制，亦循前軌。今可斷趙人悉不聽詣寺燒香禮拜，以遵典禮。百辟卿士，逮於衆隸，例皆禁之。其有犯者，與淫祠同罪。趙人爲沙門者，還服百姓。」朝士多同度所奏。季龍以澄故，下書曰：「朕出自邊戎，忝君諸夏，至於饗祀，應從本俗。佛是戎神，所應兼奉。其夷、趙百姓，有樂事佛者，特聽之。」此所謂兔死狐悲，惡傷其類，非必爲佛圖澄也。南朝論此者，以宋周朗、梁郭祖琛爲最切。朗欲申嚴佛律，疵惡顯著者悉皆罷遣。餘則隨其藝行，各爲之條，使禪義經誦，人能其一。食不過蔬，衣不出布。祖琛請精加檢括，若無道行，四十已下，皆使還俗附農。其論亡失戶口已見第十七章第三節矣。又齊明帝卽位，張欣泰陳便宜二十條，其一條言宜毀廢塔寺，見齊書本傳。其禁令，亦宋文帝時卽有之。宋書夷蠻傳云：元六月已前，用功八十萬二千三百六十六。即今所謂雲岡、伊闕石窟也。雲岡，在今大同、左雲之間。伊闕，俗名龍門，在洛陽南。石窟雕象，本放印度，尚有在他處者。如敦煌之莫高窟亦其一也，特皆不如此之弘麗耳。南朝亦有石窟在今首都東北攝山，俗稱棲霞山，爲齊、梁兩朝所造。鄭鶴聲、向達有攝山佛教石刻小紀，見東方雜誌二十三卷八期。云：佛龕凡二百九十四，佛象凡五百十五，即有遺誤，相去當不甚遠。論者徒美其彫飾之奇偉，誰復念其所費民力之多邪？魏書靈徵志：大和十九年，徐州表言丈八銅象汗流於地。晉恭帝，法成所造金象，皆長丈六。魏珉玉象亦然。魏書崔挺傳云：光州故吏聞其凶問，莫不悲感，共鑄八尺銅象，於城東廣因寺起八關齋，追奉冥福。此蓋減其長之半？然則當時佛象，殆有定制。袁宏漢紀云佛長丈六尺，蓋即因其造象而附會也。然則此丈八或丈六之譌。袁宏漢紀引見秦漢史第二十章第七節。北齊書循吏蘇瓊傳：徐州城中五級寺被盜銅象一百軀。可見地方佛象，亦多而且大。靈徵志又云：永安三年，京師民家有二銅象，各長尺餘，一頭上生白豪四，一頰旁生黑豪一。此象較小，然可見民家亦有銅象也。南史梁本紀：武帝大同元年，四月，幸同泰寺，鑄十方銀象。三年五月，幸同泰寺，鑄十方金銅象。則又有以金銀爲之者。

造象、建寺而外，靡財之事，如設齋會等尚多。如胡國珍之死，詔自始薨至七七，皆爲設千僧齋，令七人出家；百日設萬人齋，二七人出家，其所費必甚巨。梁武以賀琛陳事，盛氣口授敕責之曰：「功德之事，亦無多費。」吾誰欺，欺天乎？不特朝廷，即民間爲齋會者合聚飲食，所費亦必不少也。參看下引鄭子饒事。當時之人，有極儉嗇而於奉佛則無所吝者。晉書何充傳云：充性好釋典，崇修佛寺，供給沙門以百數，靡費巨億而不吝也。親友貧乏，無所施遺，以此獲譏於世。宋書宗室傳云：臨川王義慶，性簡素，寡嗜欲，受任歷藩，無浮淫之過，惟晚節奉養沙門，頗致費損。有是蔽者蓋甚多。此猶靡財而已，甚有因奉佛而壞法亂紀者。如張暢子勸止之。顯曰「成就後人惟見佛圖，焉知殺人牛也」？宋明帝用百姓賣兒帖婦錢，猶可委爲不知，此則知之而猶爲之，愚也而近於悖矣。大臣爲之者，如齊高隆之以廣費人工大營寺塔爲高祖所責。而州郡爲之者尤多。魏城陽王長壽次子鸞爲定州，繕起佛寺，公私費擾，世宗聞而奪祿一周。安同在冀州，大興寺塔，爲百姓所苦。楊椿爲定州，因修黑山道餘工，伐木私造佛寺，役使兵力，爲御史所劾，除名爲庶人。皆是物也。陸俟子馛爲相州，徵爲散騎常侍，吏民大斂布帛以遺馛，一皆不受，民亦不敢，以造寺，名長廣公寺。此雖非其所爲，其勞民則無以異也，且安知民非承馛意而爲之邪？肅宗紀：正光三年，詔中尉端衙，肅厲威風，以見事見劾，牧守輒興寺塔，爲其一條，可見此風之盛。馮亮爲魏所獲，不肯仕，隱居嵩高，宣武乃給其功力，令與沙門統僧暹、河南尹甄琛等周視形勝之處，造閑居佛寺，曲盡山居之妙。輕用民力如此，民不將以佛爲災邪？讀洛陽伽藍記一書，猶可想見其時民力之竭爲何如也。

與寺塔同其靡費者，時爲造象。時雖亦有泥象，而用銅者殊多。晉恭帝造丈六金象，已見前。宋文帝時，蜀沙門法成，鳩率僧旅，幾於千人，鑄丈六金象，事見魏書胡叟傳。釋老志：高宗興光元年，爲大祖已下五帝鑄釋迦立象五，各長一丈六尺，都用赤金二萬五千斤。顯祖於天宮寺造釋迦立象，高四十三尺，用赤金十萬斤，黃金六百斤。其靡金之多，殊可驚駭。又有玉石象。齊武帝有顯陽殿玉象，已見前。釋老志：高宗復佛法之歲，詔有司鑄石象，令如帝身。又嘗於恆農荊山造珉玉丈六象一，世宗迎置洛濱之報德寺，躬觀致敬。其尤侈者則爲石窟。高宗以曇曜言，於京城西武州塞鑿山石壁，開窟五所，鐫建佛象各一，高者七十尺，次六十尺。景明初，世宗詔大長秋卿白整準代京靈巖寺石窟，於洛南伊闕山，爲高祖、文昭皇大后營窟一所。永平中，中尹劉騰奏爲世宗造石窟一，凡爲三所。從景明元年至正光四年龜茲區區，而晉書西戎傳謂其國有佛塔廟千所，況中國乎？蕭惠開為父起四寺，國秩不下均兄弟，悉供僧衆。賀革，瑒子事見南史瑒傳。恨祿不及養，俸秩不及妻孥，專擬還鄉造寺，以申感思。何氏自曾司空充、宋司空尚之，並建立塔寺。至敬容，捨宅東為伽藍。趨權者助財造構，敬容並不拒，輕薄呼為衆造寺。及免職出宅，止有常用器物及囊衣而已。其佞媚至於如此，威權在手者，安得不竭民力以自為功？宋明帝起湘宮寺，虞愿譏其所用皆百姓賣兒帖婦錢，見第十八章第四節。此眞宜戰栗矣。前廢帝時，百姓欲為孝武帝立寺，疑其名。巢尚之應聲曰：「宜名天保。詩云：天保，下報上也。」南史恩幸傳。吾誰欺，欺天乎？然王恭，史言其調役百姓，修營佛寺，務在壯麗，士庶怨嗟，則勞民者又豈特人君為然哉？唐杜牧詩曰：「南朝四百八十寺，多少樓臺煙雨中。」緬想其時，江東風物，美則美矣，民脂民膏，竭於此者何限？若北朝則尤甚。魏書釋老志言：顯祖起永寧寺，構七級浮圖，高三百餘尺。基架博敞，為天下第一。皇興中，又構三級石佛圖。高十丈。鎮固巧密，為京華壯觀。高祖踐位，顯祖移御北苑崇光宮，建鹿野佛圖於苑中之西山，去崇光右十里，巖房禪坐，禪僧居其中焉。肅宗熙平中，於城內大社西起永寧寺。靈大后親率百寮，表基立剎。佛圖九層，高四十餘丈。此佛圖後毀於火，事在出帝永熙三年，即孝靜帝天平元年，見魏書靈徵志及北齊書神武帝紀。其諸費用，不可勝計。景明寺佛圖，亦其亞也。此皆虜主所為，此特其最大者。此外，高祖又嘗為文明大后起報德佛寺，大后又立思燕佛圖於龍城，見后傳。靈后所起，在京城者又有大上公等寺。於外州，亦各造五級浮圖。見任城王澄傳。其造永寧寺，至減食祿十分之一，焉見閹官傳。北齊後主造大寶林寺，已見第十四章第四節。其貴戚、大臣、州郡牧守所營者，尚不在此數。貴戚造構者、如馮熙，自出家財，在諸州鎮建佛圖精舍，合七十二處。多在高山秀阜，傷殺人牛。有沙門之。什乃聚針盈鉢，引諸僧謂之曰：「若能見效食此者，乃可畜室耳。」因舉匕進針，與常食不別。諸僧愧服，乃止。夫以學識論，什誠爲大乘之光矣；以戒律論，炎與什得不謂世濟其凶乎？以是推之，佛貍之殺曇無讖，雖云別有其由，謂讖必無誨淫之事，亦不可得也。見第八章第五節。此或西域沙門自率其俗，然生共其樂，則死共其哀，無中外一也。龜茲王之待什不爲不厚，乃乘其敗亡之際，倚敵帥而姦其子，誰知爲呂光之逼之抑什之求之邪？得非凡夫之所羞乎？擁伎十人，別立廨舍，至於諸僧皆效，佛貍之殺道人，雖虐道人之非法，又豈虛也哉？武成后曇獻是通，見第十四章第四節。蔡興宗娶尼爲妾，見第九章第三節。其小焉者矣。許榮上書晉孝武，病「尼僧成羣，依傍法服，五戒麤誡，尚不能守。」聞人奭亦病「尼姏屬類，傾動亂時。」皆見晉書簡文三王傳。柳元景罪狀臧質曰：「姬妾百房，尼僧千計，敗道傷俗，悖亂人神。」宋書質傳。郭祖深欲罷僧尼白徒養女，聽畜奴婢，惟著青布衣，僧尼皆令蔬食。見南史循吏傳。烏乎！當時僧尼之戒律，爲何如哉？迷信者或將爲之曲辯，然僧尼皆不耕而食，不織而衣，而人民且依託之以避賦役，宋書劉粹傳：遷雍州刺史，襄陽新野二郡太守。在任簡役愛民，罷諸沙門二千餘人，以補府史。魏書李孝伯傳：兄孫瑒。民多絕戶而爲沙門，瑒上書「南服未靜，衆役仍煩，百姓之情，方多避役，若復聽之，恐捐棄孝慈，比屋而是。」皆可見藉出家以避役者之衆。而其建寺造象，所費尤巨，終必有不能坐視者。此所以一時之君若臣，信佛者雖多，亦卒不能不加以限制也。顏氏家訓歸心篇云：「俗之謗佛者，大抵有五：其一以世界外事及神化無方爲迂誕也，其二以吉凶禍福或未報應爲欺誑也，其三以僧尼行業多不精純爲姦慝也，其四以糜費金寶減耗課役爲損國也，其五以縱有因緣如報善惡，安能辛苦今日之甲，利後世之乙，爲異人也。」一、二、五並闢教理，非政事所當過問，亦非其所能過問，三、四兩端，固不可無以治之也。

所好而民不從。」是故「以身教者從，以言教者訟。」此天下之至言也。紀又載建德五年，九月，大醮於正武殿，以祈東伐。六年，五月，大醮於正武殿以報功。其事豈能無所勞費？躬道之而躬自蹈之，何以使民從其令乎？宣帝甫立，即復佛象及天尊象，與二象俱坐大陳雜戲，令士民縱觀，見第十五章第一節。亦武帝有以啓之矣？其明年，六月，庚申，遂復佛道二教。

教士之信教，必不如教民之篤也，同爲教會中人，執掌事權者之信教，又必不如不執事權者之篤。不然，則基督教不因馬丁路德之崛起而分張，而第巴桑結，亦不至挾達賴喇嘛爲傀儡矣。此凡教皆然，佛教亦莫能外也。晉書藝術傳云：鳩摩羅什，天竺人也。世爲國相。父鳩摩羅炎，聰懿有大節。將嗣相位，乃辭避出家。東度蔥嶺。龜茲王聞其名，郊迎之，請爲國師。王有妹，心欲當之，王乃逼以妻焉。羅什年七歲，母與俱出家。年十二，攜到沙勒國。爲性率達，不拘小檢，修行者頗共疑之。然羅什自得於心，未嘗介意。年二十，龜茲王迎之還國。呂光獲羅什，見其年齒尚少，以凡人戲之，强妻以龜茲王女。羅什距而不受，辭甚苦至。光曰：「道士之操，不踰先父，何所固辭？」乃飲以醇酒，同閉密室。羅什被逼，遂妻之。姚興破呂隆，迎羅什，待以國師之禮。嘗講經於草堂寺，興及朝臣大德沙門千有餘人肅容觀聽。羅什忽下高坐，謂興曰：「有二小兒登吾肩，欲障須婦人。」興乃召宮女進之，一交而生二子焉。興嘗謂羅什曰：「大師聰明超悟，天下莫二，何可使法種少嗣！」魏書釋老志：大和二十一年，詔曰：「羅什法師，見逼昏虐，爲道殄軀，既暫同俗禮，應有子胤。可推訪以聞，當加敍恤。」則是時於高僧，亦頗重其胤嗣，其視戒律，尚不如後世之重也。遂以伎女十人，逼令受之。爾後不住僧坊，別立廨舍。諸僧多效公等曰：「公等有所見不？」咸曰：「無。」光獨曰：「見一桑門。」大祖曰：「是也。」即解圍而還，令光於桑門立處造浮圖。掘基一丈，得瓦鉢、錫杖各一。大祖稱歎，因立寺焉。至武帝，乃又有廢佛之舉。

中國人之於佛，流俗雖不免迷信，士大夫之有識者，固多能知其教義。既能知其教義，自知其理與儒、道無二，而建寺、造象等，徒爲煩費矣。此周武之所以廢佛也。周書武帝紀：天和三年八月，帝御大德殿，集百僚及沙門、道士等，親講禮記。四年二月，帝御大德殿，集百僚、道士、沙門等討論釋、老義。建德元年正月，帝幸玄都觀，親御法坐講說。公卿、道、俗論難。二年十二月，集羣臣及沙門、道士等，帝升高坐，辨三教先後，以儒教爲先，道教爲次，佛教爲後。三年五月，丙子，初斷佛、道二教。經、象悉毁，沙門、道士，並令還俗。并禁諸淫祀，禮典所不載者盡除之。六月，戊午，詔曰：「至道弘深，混成無際，體苞空有，理極幽玄。但岐路既分，派源愈遠，淳離朴散，形氣斯乖。遂使三墨八儒，朱紫交競，九流七略，異說相騰。道隱小成，其來舊矣。不有會歸，爭驅靡息。今可立通道觀。聖哲微言，先賢典訓，金科玉篆，祕蹟玄文，所以濟養黎元，扶成教義，並宜弘闡。一以貫之，俾夫翫培塿者，識嵩、岱之崇峻；守磧礫者，悟渤澥之泓澄，不亦可乎？」觀此，知帝於佛道，特惡其煩費而欲絕之，是以與淫祀並禁。至於教義，原欲存之，且欲匯三爲一，以息紛爭也。然此豈人力所可强爲乎？宜其徒有此詔，終無所就也。此事隋志謂由衞元嵩上書而起，已見前。元嵩見周書藝術傳，云「好言將來，蓋江左寶誌之流。尤不信釋教，嘗上疏極論之。史失其事，故不爲傳。」然此特會逢其適耳。周武之斷道、釋，初不由此。觀元嵩所攻專在釋，而周武所斷兼及道，可知也。記曰：「堯、舜率天下以仁，而民從之；桀、紂率天下以暴，而民從之。其所令反其魏自文成而後，獻文、孝文皆信佛。事皆見釋老志。高祖每與名德沙門談論，又集沙門講佛經，見韋閬及裴駿傳。齊書宗室傳：建武二年，虜主元宏寇壽春，遣道登道人進城內，施衆僧絹五百匹。出帝亦頗知敎義。魏書李同軌傳：永熙二年，出帝幸平等寺，僧徒講說，敕同軌論難。宣武於此尤篤，然佛事之勞費，亦至斯而益甚，導孝明世靈后奢縱之先路矣。參看第十二章第一節。魏書陽尼傳：世宗頻訪得失，尼從弟固上言：「請絕虛談窮微之論，簡桑門無用之費。」又張普惠傳：普惠以肅宗不親視朝，過崇佛法，郊廟之事，多委有司，上疏言之，則奢費雖由胡后，肅宗亦未嘗不溺於佛也。北齊文宣皆暴武，成後主皆荒淫，於佛亦甚敬信。據高元海傳，則皆元海所教也。北齊書文宣紀：天保七年五月，帝以肉爲斷慈，遂不復食。八年四月庚午，詔諸取蝦、蟹、蜆、蛤之類，悉令停斷，惟聽捕魚。乙酉，詔公私鷹、鷂，俱亦禁絕。八月庚辰，詔丘、郊、禘、祫時祠，皆仰市取少牢，不得剖割。農社、先蠶，酒肉而已。雩、禖、風、雨、司民、司祿、靈星、雜祀，果餅、酒、脯。九年二月己丑，詔限仲冬一月燎野，不得他時行火，損昆蟲草木。十年正月甲寅，帝如遼陽甘露寺。二月丙戌，於寺禪居深觀，惟軍國大事奏聞。武成帝紀：河清元年正月，詔斷屠殺，以順春令。後主紀：天統五年二月乙丑，詔禁網捕鷹鷂，及畜養籠放之物。其去殺，幾與梁武帝無異。元海傳云：累遷散騎常侍，願處山林，修行釋典。文宣許之。乃入林慮山。經二年，絕棄人事。志不能固，自啓求歸，徵復本任。便縱酒肆情，廣納姬侍。又云：元海好亂樂禍，然詐仁慈，不飲酒噉肉。文宣天保末年，敬信內法，乃至宗廟不血食，皆元海所謀。及爲右僕射，又說後主禁屠宰，斷酤酒。然本心非清，故終至覆敗。案元海勸武成奉濟南，未爲非義。後與祖珽共執朝政，依違陸大姬間，蓋亦勢不得已。周建德七年，於鄴城謀逆誅，尤可見其心存家國。既云縱酒肆情，又云不飲酒噉肉，未免自相矛盾。果其饕餮自恣，豈能說文宣、後主以斷殺，即言之，文宣、後主又寧聽之邪？周文帝亦頗能談義，且有信心。周書薛善傳云：大祖雅好談論，并簡名僧深識玄宗者百人，於第內講說。又命善弟愼等十二人兼講佛義，使內外俱通。由是四方競爲大乘之學。儒林傳：盧光嘗從大祖狩於檀臺山。獵闔既合，大祖遙指山上，謂羣係一事。志不及師巫及金銀工巧之人者，以專志釋老，故不及。紀又於七年三月，書徙長安城工巧二千家於京師，明係承此詔而來。然則五年正月戊申之詔，實七年二月中事，而紀誤系諸五年也。與師巫及讖記並禁，明係懲於義民光復之謀，其幷及技巧者？夷性貪冒，欲徙諸其所居，正猶蒙古陷城，不殺工匠耳。大武信道，尚在眞君以前，至七年乃有此禍，可見其別有原因。崔浩特迎機而導之耳。浩義士，寇謙之亦有心人，說見第八章第六節。其欲去佛，未知何故，或誠以其爲世費害，而假手於虜以除之邪？佛貍則安足語此？觀其詔言天罰亟行，浩蓋以此恐動之也。此舉在當時，自爲拂逆人心之事，故必以非常之人行非常之事自解也。釋老志云：謙之與浩同從車駕，苦與浩諍，浩不肯。謂浩曰：「卿今促年受戮，滅門戶矣。」後四年，浩誅，備五刑，時年七十。此乃佞佛者怨毒之辭耳。又云：浩旣誅死，帝頗悔之。業已行，難中修復。恭宗濳欲興之，未敢言。佛淪廢終帝世，積七八年。然禁稍寬弛，篤信之家，得密奉事，沙門專至者，猶竊法服誦習焉。惟不得顯行於京都矣。然則外州仍有之也。亦猶清禁基督敎，而人民仍密奉事之歟？齊書魏虜傳云：宋元嘉中，僞大子晃與大臣崔氏、寇氏不睦。崔、寇譖之。玄高道人有道術，晃使祈福，七日七夜。佛貍夢其祖父並怒，手刃向之曰：「汝何故信讒，欲害大子？」佛貍驚覺，下僞詔曰：「自今已往，事無巨細，必經大子，然後上聞。」晃後謀殺佛貍，見殺。參看第十一章第一節。初佛貍討羯胡於長安，殺道人且盡。及元嘉南寇，獲道人，以鐵籠盛殺之。後佛貍感惡疾，自是敬畏佛敎，立塔寺浮圖。始終不離乎迷信。佛貍之毀佛而又漸弛其禁，此或其眞象邪？文成立，復佛法，事在興安元年十二月，見魏書本紀。

沙門者，假西戎虛誕，妄生妖孽，非所以一齊政化，布淳德於天下也。自王公已下，有私養沙門者，皆送官曹，不得隱匿。限今年二月十五日。過期不出，沙門身死，容止者誅一門。」時恭宗爲大子監國，素敬佛道，頻上表陳刑殺沙門之濫。又非圖象之罪。今罷其道，杜諸寺門，世不修奉，土木丹青，自然毁滅。如是再三，不許。乃下詔曰：「昔後漢荒君，信惑邪僞，妄假睡夢，事胡妖鬼，以亂天常，自古九州之中無此也。夸誕大言，不本人情，叔季之世，闇君亂主，莫不眩焉。由是政教不行，禮義大壞，鬼道熾盛，視王者之法蔑如也。自此已來，代經亂禍，天罰亟行，生民死盡，五服之內，鞠爲丘墟，千里蕭條，不見人迹，皆由於此。朕承天緒，屬當窮運之敝，欲除僞定眞，復羲、農之治。其一切盪除胡神，滅其蹤迹，庶無謝於風氏矣。自今已後，敢有事胡神及造形象泥人、銅人者門誅。雖言胡神，問今胡人，共云無有。皆是前世漢人無賴子弟劉元眞、呂伯彊之徒，乞胡之誕言，用老、莊之虛假，附而益之，皆非眞實。至使王法廢而不行，蓋大姦之魁也。有非常之人，然後能行非常之事，非朕孰能去此歷代之僞物？有司宣告征鎮諸軍刺史：諸有佛圖形象及胡經，盡皆擊破焚燒，沙門無少長悉阬之。」是歲，眞君七年三月也。恭宗言雖不用，然猶緩宣詔書，遠近皆豫聞知，得各爲計。四方沙門，多亡匿得免。在京邑者，亦蒙全濟。金銀寶象及諸經論，大得祕藏。而土木宮塔，聲教所及，莫不畢毁矣。本紀載眞君五年正月戊申詔曰：「愚民無識，信惑妖邪，私養師巫，挾藏讖記、陰陽、圖緯、方伎之書。又沙門之徒，假西戎虛誕，生致妖孽，非所以一齊政化，布淳德於天下。自王公已下至於庶人，有私養沙門、師巫及金銀工巧之人在其家者，皆遣詣官曹，不得容匿。限今年二月十五日。過期不出，師巫、沙門身死，主人門誅。明相宣告，咸使聞知。」此與志所載大武前詔，明五胡之主，亦多信佛者。石勒、石虎，皆頗信佛圖澄，事見晉書澄傳。慕容皝謂見二龍，號新宮曰和龍，立龍翔佛寺於山上。慕容寶參合之役，沙門支曇猛勸其戒備，而寶弗聽。慕容熙寵妾苻氏死，見第六章第八節。令沙門爲之素服。苻堅謀南犯，羣臣使道安諫。既敗，猶召安於外殿，動靜咨問。苻朗臨刑，爲詩曰：「四大起何因？聚散無窮已。」姚襄之敗，史載沙門智通勸其勿戰。然則班朝、治軍，沙門靡不與焉。諸胡中姚興頗知敎義，故大乘之敎，隆於其時，而其流通亦最盛。載記述其情形，謂公卿已下，莫不欽附，沙門自遠而至者五千餘人，州郡化之，奉佛者十室而九焉。屈丐至粗暴也，然魏書釋老志云：義眞之去長安，屈丐追敗之，道俗少長，咸見阬戮。惠始身被白刃，而體不傷，衆大怪異，言於屈丐。屈丐大怒，召始於前，以所持寶劍擊之，又不能害，乃懼而謝罪。則其殺戮特行軍時玉石不分，平時亦未嘗不信沙門也。十六國中，涼州當西域交通之衝，佛法尤盛，已見第八章第五節。其餘波，遂及於拓跋氏焉。

魏之信佛，蓋起於拓跋珪入中原之時。釋老志云：天興元年，詔勑有司，於京城建飾容範，修整宮舍，令信鄉之徒，有所居止。此蓋代京有佛寺之始？又云：大宗亦好黃老，又崇佛法，京邑四方，建立圖像，仍令沙門，敷導民俗，則踵事而增矣。然其興盛，要當待諸涼州既平，沙門、佛事東來之後，已見第八章第五節。未幾而有佛貍滅佛之禍。此事實因其疑沙門與蓋吳通謀而起，亦見第八章第五節矣。釋老志云：世祖得寇謙之道，以清淨無爲，有仙化之證，遂信行其術。時司徒崔浩，博學多聞，帝每訪以大事。浩奉謙之道，尤不信佛，與帝言，數加非毀，嘗謂虛誕，爲世費害。帝以其辯博，頗信之。帝既忿沙門非法，浩時從行，因進其說。詔誅長安沙門，焚破佛象，勑留臺下四方，令一依長安行事。又詔曰：「彼奐嘗請幸其府，以不欲殺牲卻之。見齊書奐傳。大漸時，正坐呼道人合掌便絕，見南史循吏虞愿傳。頗類信淨土宗者所爲。齊武帝立禪靈寺。見齊書五行志。大漸時，命靈上愼勿以牲爲祭，未山陵前朔望祇設菜食，而極惓惓於顯陽殿玉象，亦可見其皈依之篤。豫章王嶷臨終顧命，亦與武帝遺命相類，見齊書本傳。文惠大子、竟陵王子良信佛，已見第十九章第五節。竟陵尤篤。嘗於雞籠山西邸招致名僧，講論佛法，造經唄新聲。數於邸園營齋戒，大集朝臣衆僧，至於賦食行水，或躬親其事焉。梁武帝屢幸同泰寺捨身，郊廟牲牷，皆代之以麪。宗廟用蔬果，事在天監十六年，見梁書本紀。後依劉勰議，二郊亦不用牲，見勰傳。會同用菜蔬，已見第二十一章第一節。帝幸同泰寺捨身，前後凡四：一在大通元年三月，一在中大通元年九月，一在中大同元年三月，一在大清元年三月。中大同元年幸寺，梁書本紀不言捨身，而南史言之。據陳書文學杜之偉傳：是年帝幸同泰寺捨身，勅徐勉撰定儀注，勉以臺閣先無此禮，召之偉草具其儀，則梁紀失書也。中大通元年六月，以都下疫甚，於重雲殿爲百姓設救苦齋，以身爲禱，亦見南史本紀。其幸寺設會講義，則自大通元年至侯景叛前皆有之。昭明大子亦於宮內別立慧義殿，爲法集之所。侯景之立簡文帝也，升重雲殿，禮佛爲盟，見南史賊臣傳。周書蕭詧傳云：尤長佛義。隋書蕭歸傳云：兼好內典。詧之殘賊，可謂甚矣，而周書甄玄成傳云：玄成以江陵甲兵殷盛，遂懷貳心，密書與梁元帝，中其誠款。有得其書者，進之於詧。詧常願不殺誦法華經人，玄成素誦法華，遂以獲免。家國梟獍，乃思徼福於異域之神，豈不悖哉？其敬信尤爲前古所未聞。陳武英略，今古無儔，豈其溺於虛寂？而亦出佛牙，設無遮大會，本紀永定元年十月。又幸大莊嚴寺講經，捨身及乘輿法物。二年。一時風氣所趨，誠不易自拔哉？陳諸主亦皆信佛。世祖紀：天嘉四年四月，設無礙大會於大極前殿。南史云：捨身。宣帝大建十四年，兩設無礙大會，後一會并捨身及乘輿御服。南史後主紀云：前後災異甚多，以爲妖，乃自賣於佛寺爲奴以禳之。

塔所。屢放光明。由是定知必有舍利。乃集衆就掘之。入一丈，得三石碑。並長六尺。中一碑有鐵函，函中有銀函，函中又有金函，盛三舍利及爪髮各一枚。髮長數尺。卽遷舍利近北，對簡文所造塔西，造一層塔。十六年，又使沙門僧尚伽爲三層塔。卽高祖所開者也。初穿土四尺，得龍窟及昔人所舍金銀鐶釵鑷等諸寶物，可深九尺許，方至石磉。磉下有石函，函內有壺，以盛銀坩，坩內有鏤罌，盛三舍利。如粟粒大，圓正光潔。函內又有琉璃椀，內得四舍利及髮爪。爪有四枚，並沈香色。此事雖近怪迂，然梁武掘地曾得諸物，不容虛誣。晉世營構，前有所承，則孫吳之世，丹陽卽有塔及精舍，亦非虛構。漢魏未許漢人出家，而吳已有尼，是南方佛敎，更較北方爲盛也。隋書言吳大帝深信佛敎，蓋有由矣。魏書釋老志云：自洛中構白馬寺，盛飾佛圖，畫迹甚妙，爲四方式。凡宮塔制度，猶依天竺舊狀而重構之。從一級至三、五、七、九，世人相承，謂之浮圖，或云佛圖。晉世洛中佛圖有四十二所矣。漢明帝立白馬寺之說，旣不足信，佛圖營構，疑必始於桓帝之時，董卓西遷，洛下悉成煨燼，則其修復又當在黃初已後也。宋書五行志云：晉惠帝元康中，京洛童謠曰：「南風起，吹白沙。」南風，賈后字也。白，晉行也。沙門，太子小名也。以佛語爲名，可見其時洛中佛敎業已盛行矣。

佛敎與火祆、天方、基督等，同自外來，而其流通獨盛者，以上之人信向者多，故其推行無阻，且有風行草偃之效也。東晉帝后信佛者多，孝武及恭帝尤甚。明帝嘗手畫佛象，見晉書蔡謨傳。桓溫廢海西公，康獻褚皇后方在佛屋燒香，見本傳。孝武帝紀：太元六年正月，帝初奉佛法，立精舍於殿內，引諸沙門以居之。恭帝紀：帝深信浮屠法，造丈六金象，親於瓦官寺迎之，步從十許里。帝之見弑也，兵人進藥，帝不肯飲，曰：「佛敎自殺者不得復人身。」乃以被掩殺之。見宋書褚叔度傳。宋明帝以故宅起湘宮寺，事見第十八章第四節。王譯人八，所譯百二十七部二百四十二卷。下至宋仁宗景祐四年爲第三期，譯人六，所譯二百二十部，五百三十二卷。下至元世祖至元二十二年爲第四期，譯人四，所譯者二十部百十五卷。又作千五百年前之留學生云：出國求法者：西曆三世紀後半（魏齊王芳嘉平三年至晉惠帝永康元年。）二人，四世紀（見前。）五人，五世紀（晉安帝隆安五年至齊東昏侯永元二年。）六十一人，六世紀（齊和帝中興元年至隋文帝開皇二十年。）十四人，七世紀（隋文帝仁壽元年至唐武后久視元年。）五十六人，八世紀前半（唐武后長安元年至玄宗天寶九年。）三十一人。五、七兩世紀最盛，六世紀中衰，蓋由佛經傳者已多，如食者之正圖消化，觀於此世紀爲我國諸宗創建之時而可見也。佛教宗派，梁氏論中國學術思想變遷之大勢列舉之，凡得十三家。除俱舍、攝論二宗起於隋文帝之世，華嚴、法相、眞言三宗起於唐世外，其成實、三論、涅槃（皆起晉安帝時。）律、地論、淨土、禪（皆起梁武帝時。）天台（起陳、隋間。）八宗，皆起於晉南北朝之世云。

佛教漸興，蓋始漢末？梁書海南諸國傳述梁武帝改造阿育王寺塔事云：阿育王卽鐵輪王，王閻浮提一天下。佛滅度後，一日一夜，役鬼神造四萬八千塔，此卽其一也。吳時，有尼居其地，爲小精舍。孫琳尋毀除之，塔亦同泯。吳平後，諸道人復於舊處建立焉。晉中宗初渡江，更修飾之。至簡文咸安中，使沙門安法師程造小塔，未及成而亡。弟子僧顯，繼而修立。至孝武大元九年，上金相輪及承露。其後西河離石縣，有胡人劉薩阿，遇疾暴亡，經十日更蘇，云見觀世音，語云：汝緣未盡，若得活，可作沙門。洛陽、齊城、丹陽、會稽，並有阿育王塔，可往禮拜。若壽終，則不墮地獄。語竟，如墮高巖，忽然醒寤。因此出家，名慧達。游行禮塔，次至丹陽，未知塔處，乃登越城四望。見長干里有異氣色，因就禮拜，果是育王毗曇論，並爲小乘之學。其餘經論，不可勝記。自是佛法流通，極於四海矣。東晉隆安中，又有罽賓沙門僧伽提婆譯增一阿含經及中阿含經。義熙中，沙門支法領從于闐國得華嚴經三萬六千偈，至金陵宣譯。又有沙門法顯，自長安游天竺，經三十餘國，隨有經律之處，學其書語，譯而寫之。還至金陵，與天竺禪師跋羅（魏書釋老志作跋陀羅。）參共辨足，謂僧祇律，學者傳之。齊、梁及陳，並有外國沙門，然所宣譯，無大名部。梁武大崇佛法，於華林園中總集釋氏經典，凡五千四百卷，沙門寶唱撰經目錄。又後魏時，大武帝西征長安，以沙門多違法律，羣聚穢亂，乃詔有司，盡阬殺之，焚破佛象。長安僧徒，一時殲滅。自餘征鎮，豫聞詔書，亡匿得免者十一二。文成之世，又使修復。熙平中，遣沙門慧生使西域，采諸經律，得一百七十部。永平中，又有天竺沙門菩提留支，大譯佛經，與羅什相埒。其地持、十地論，並爲大乘學者所重。後齊遷鄴，佛法不改。至周武帝時，蜀郡沙門衞元嵩上書稱僧徒猥濫，武帝出詔，一切廢毀。開皇元年，高祖普詔天下，任聽出家，仍令計口出錢，營造經象。而京師及并州、相州、洛州等諸大都邑之處，並官寫一切經，置於寺內；而又別寫，藏於祕閣。天下之人，從風而靡，競相景慕，民間佛經，多於六經數十百倍。大業時，又令沙門智果於東都內道場撰諸經目，分別條貫，以佛所說爲三部：一曰大乘，二曰小乘，三曰雜經。其餘似後人假託爲之者，別爲一部，謂之疑經。又有菩薩及諸深解奧義，贊明佛理者，名之爲論，及戒律並有大、小及中三部之別。又所學者，錄其當時行事，名之爲記，凡十一種。」梁任公翻譯事業研究，據元代法寶勘同總錄所載歷代譯人及其所譯，分爲四期：第一期起後漢明帝永平十年至唐玄宗開元十八年，譯人百七十六，所譯九百六十八部，四千五百七卷。自此至唐德宗貞元五年爲第二期，字耳。三國時，有西域沙門康僧會齎佛經至吳譯之。吳王孫權，甚大敬信。魏黃初中，中國人始依佛戒，翦髮爲僧。梁任公佛教之初輸入，據歷代三寶記年表：「魏甘露五年，朱士行出家，漢地沙門之始」，謂朱士行爲中國人出家最早者。石虎時，其臣王度言：漢、魏時，漢人皆不得出家，見後。二說與此皆異。要之其時漢人，即或出家，亦必不多也。先是西域沙門來此譯小品經，首尾乖舛，未能通解。甘露中，有朱仕行者，往西域，至于闐國，得經九十章，晉元康中，至鄴譯之，題曰放光般若經。泰始中，有月支沙門竺法護，西游諸國，大得佛經，至洛翻譯。部數甚多。佛教東流，自此而盛。石勒時，常山沙門衞道安，性聰敏，誦經日至萬餘言，以胡僧所譯維摩、法華，未盡深旨，精思十年，心了神悟，乃正其乖舛，宣揚解釋。時中國紛擾，四方隔絕，道安乃率門徒，南游新野。欲令玄宗，所在流布，分遣弟子，各趣諸方。法性詣揚州，法和入蜀，道安與慧遠之襄陽。後至長安，苻堅甚敬之。道安素聞天竺沙門鳩摩羅什思通法門，勸堅致之。什亦承安令問，遙拜致敬。姚萇弘始二年，羅什至長安。鳩摩羅姓，什名，諸書作羅什者？古人於外國人姓名，率截取其末二字以求簡，不計其義也。時道安卒後已二十載矣，什深慨恨。什之來也，大譯經論。道安所正，與什所譯，義如一，初無乖舛。初，晉元熙中，新豐沙門智猛策杖西行，到華氏城，得泥洹經及僧祇律，東至高昌，譯泥洹爲二十卷。後有天竺沙門曇摩羅讖，復齎胡本，來至河西。沮渠蒙遜遣使至高昌取猛本，欲相參驗，未還而蒙遜破滅。姚萇弘始十年，猛本始至長安，譯爲三十卷。曇摩羅讖又譯金光明等經。時胡僧至長安者數十輩，惟鳩摩羅什才德最優。其所譯則維摩、法華、成實論等諸經，及曇無讖所譯金光明，曇摩羅讖所譯泥洹等經，並爲大乘之學。而什又譯十誦律，天竺沙門佛陀耶舍譯長阿含經及四方律。兜法勒沙門曇摩難提譯增一阿含經，曇摩耶舍譯阿如呂覽、淮南等書，已多述海外情形，雖係傳聞不審之辭，必不能鄉壁虛造。古事之湮沒不彰者多矣，謂戰國、嬴秦之世，佛教必未至中國，亦無確證也。

其後張騫使西域，蓋聞有浮屠之教？哀帝時，博士弟子秦景，即魏略西戎傳之秦景憲，見秦漢史第二十章第七節。下文又云：明帝使秦景使天竺，其名氏必附會不審諦可知。使當作受月支使。伊存口授浮屠經。中土聞之，未之信也。後孝明帝夜夢金人飛行殿庭，以問於朝，而傅毅以佛對。帝遣郎中蔡愔及秦景使天竺求之。得佛經四十二章，及釋迦立象。并與沙門攝摩騰、竺法蘭東還。愔之來也，以白馬負經，因立白馬寺於洛城雍門西以處之。其經緘於蘭臺石室。而又畫象於清涼臺及顯節陵上。漢明帝迎佛之說，既不足信，建白馬寺等說，舉不足信，不待論矣。北齊書韓賢傳云：昔漢明帝時，西域以白馬負佛經送洛，因立白馬寺。其經函傳在此寺。形制淳朴，世以為古物，歷代藏寶。賢無故斫破之。未幾而死。論者或謂賢因此致禍。謂經函藏於白馬寺，與經緘於蘭臺石室之說，又不相中。足見其皆傳聞不審之辭也。梁任公翻譯事業研究云：「佛典印度境外之寫本，先於境內，大乘經典之寫本，先於小乘。自西曆第四世紀以前皆如此。故初期所譯，率無元本，但憑譯人背誦而已。」此說如確，則不徒白馬負經之說不可信，下文所云齎佛經而來及西行求得佛經之說，不可信者正多也。西曆第四世紀，自晉惠帝永寧元年至安帝隆安四年。章帝時，楚王英以崇敬佛法聞。西域沙門齎佛經而至者甚衆。永平中，法蘭又譯十住經。其餘傳譯，多未能通。至桓帝時，有安息國沙門安靜，齎經至洛，翻譯最為通解。靈帝時，有月支沙門支讖、天竺沙門竺佛朔等，並翻佛經。而支讖所譯泥洹經二卷，學者以為大得本旨。漢末大守竺融，亦崇佛法。此人疑即笮融，見秦漢史第二十章第七節。困學紀聞雜識引石林葉氏云：晉、宋間，佛學初行，其徒未有僧稱，通曰道人。其姓皆從所受學。如支遁本姓關，學於支謙，為支；帛道猷本姓馮，學於帛尸梨密，為帛是也。至道安，始言佛氏釋迦，今為佛子，宜從佛氏，乃請皆姓釋。笮融疑學於天竺人而姓竺，笮、竺則同音不成則不得立。爾朱榮傳云：榮發晉陽，猶疑所立。乃以銅鑄高祖及咸陽王禧等六王子孫像，成者當奉爲主。惟莊帝獨就。榮本欲篡位，亦以鑄金爲象不成而罷。見第十二章第四節。金人本來自西域。宋書索虜傳，載拓跋燾與文帝書，有云：「取彼亦須我兵刃，此有能祝婆羅門，使鬼縛送彼來也。」婆羅門芮芮信之，亦來自西域者也。

第二節　佛教流通

佛教流通，雖始漢世，然其漸盛，實在晉、南北朝之時。往史惟魏書特立釋老志，餘皆附見他列傳中。宋書在南夷西南夷傳，梁書在海南諸國傳，齊書則見高逸傳中。凡厥所述，頗多迷信之談。惟隋書經籍志所論，頗足見其教義流傳之迹耳。今節錄其辭如下：隋志曰：「推尋典籍，自漢以上，中國未傳。或云久已流布，遭秦之世，所以湮滅。」佛教在西漢前傳入之說，昔人多不之信，以無信史可徵也。然楚王英在後漢初即信之，則其流傳，似當在西漢以前。日本羽溪了諦西域之佛教緒論云：「歐洲學者，謂西曆紀元前四百二十五年至三百七十五年之間，自愛理諾亞海至山東、浙江緣海之貿易，曾爲印度人所掌握。蓋經馬六甲海峽，過蘇門答剌、爪哇之西，來中國東海岸。所販來者，爲印度半、波斯灣之珍珠等。拾遺記四，載西曆紀元前三百五年，有身毒術人來見燕昭王。朱士行經錄及白馬寺記，亦云西域沙門室利防等十八人，齎梵本經典至咸陽，其事約在西曆紀元前二百四十三年至二百四十七年之間。其時正與阿育王相直。阿育王遣使傳布佛教，事見石刻，信而有徵，則拾遺記等之說，似亦非盡子虛也。」案西曆紀元前四百二十五年，爲入戰國後五十六年。三百七十五年，爲入戰國後百有六年。三百五年，爲入戰國後百七十六年。二百四十三年，爲入戰國後二百三十八年。二百四十七年，爲秦始皇三十年。古代海外交通，雖乏信史，然不殯斂。及蘇，言見元海於不周山。經五日，遂復從至昆侖山。三日而復返於不周。見諸王公卿相死者悉在宮室壯麗。號曰蒙珠離國。元海謂約曰：「東北有遮須夷國，無主，久待汝父爲之。汝父後三年當來。來後國中大亂，相殺害。吾家死亡略盡，但可永明輩十數人在耳。汝且還，後年當來見汝，不久。」約拜辭而歸。道過一國，曰猗尼渠餘國。引約入宮與約皮囊一枚，曰：「爲吾遺漢皇帝。」約辭而歸。謂約曰：「劉郎後年來，必見過，當以小女相妻。」約歸，置皮囊於機上。俄而蘇，使左右機上取皮囊，開之，有一方白玉，題文曰：「猗尼渠餘國天王敬信遮須夷國天王。歲在攝提，當相見也。」馳使呈聰。聰曰：「若審如此，吾不懼死也。」及聰死，與此玉并葬焉。此說一見即知爲中國方士之流所造。北史斛律光傳云：行兵用匈奴卜法，無不中。蓋其舊俗之猶存者。然亦廑矣。諸胡中惟拓跋氏距中國最遠，舊俗存者最多。其居平城，城西有祠天壇，立四十九木人，已見第十一章第二節。齊書又云：永明十年，遣司徒參軍蕭琛、范雲北使，宏之西郊，即前祠天壇處也。宏與僞公卿從二十餘騎戎服繞壇，宏一周，公卿七匝，謂之蹋壇。明日，復戎服登壇祀天。宏又繞三匝，公卿七匝，謂之繞天。此極似匈奴蹛林之俗。宋書索虜傳云：其俗以四月祠天，六月末率大衆至陰山，謂之卻霜。北史文明后傳云：故事，國有大喪，三日之後，服御器物，一以燒焚。參看第十一章第一節。高允諫文成曰：「今國家營葬，費損巨億，一旦焚之，以爲灰燼。」宋書索虜傳云：死則潛埋，無墳壟處所。至於葬送，皆虛設棺柩，立冢槨，生時車馬器用皆燒之，以送亡者。案後漢書烏桓傳云：其葬，肥養一犬，以采繩纓牽，并取死者所乘馬、衣物，皆燒而送之。拓跋氏本鮮卑，鮮卑俗與烏桓同，蓋其所由來者舊矣。然亦有受諸西域者。魏書后妃傳云：故事，將立皇后，必令手鑄金人，以成者爲吉，之書，多在五行家。如風角、九宮、遯甲、歲占、鳥情、禽獸語、災祥、卜筮、六壬、田家曆、曆家百忌、百事禁忌、嫁娶、產乳、拜官、占夢、相、相宅、圖墓等是也。又有破字要訣一卷，似卽今之拆字。觀此，知讖多拆字爲之，亦因乎習俗也。方技之家而外，士大夫亦或閑其術。兵家亦然。陳高祖，史言其好讀兵書，明緯候、孤虛、遁甲之術。吳明徹就周弘正學天文、孤虛、遁甲。齊神武攻玉壁，聽孤虛之言，於城北斷汾水起土山。其處天險千餘尺，功竟不就，死者七萬。隋書五行志。神武老於用兵，而因迷信以取禍如此，可見軍中方術之盛行矣。蕭摩訶，武夫耳，而陳書本傳言有穎禹者，隨之征討，其人涉獵經史，解風角、兵書，蓋兵之成敗，所係者重，處其間者，不免皇惑無主，故諸方術得以乘而中之也。顏氏家訓決疑篇曰：「卜筮者，聖人之業也，但近世無復佳師，多不能中。古者卜以決疑，今人疑生於卜。何者？守道信謀，欲行一事，卜得惡卦，反令忧忧。且十中六七，以爲上手。粗知大意，又不委曲。凡射奇耦，自然半收，何足賴也？世傳云：解陰陽者爲鬼所疾，坎壈貧窮，多不通泰。吾觀近古已來，尤精妙者，惟京房、管輅、郭璞耳，皆無官位，多或罹災。此言令人益信。儻直世網嚴密，强負此名，便有詿誤，亦禍源也。及星文、風氣，率不勞爲之。吾嘗學六壬式，亦直世間好匠，聚得龍首、金匱、玉燮、玉歷十許種書。訪求無驗，尋亦悔罷。凡陰陽之術，與天地俱生，其吉凶德刑，不可不信。但去聖既遠，世傳術書，皆出流俗，言辭鄙淺，驗少妄多。至如反支不行，竟以遇害，歸忌寄宿，不免凶終，拘而多忌，亦無益也。」此當時士大夫之明哲者對數術之見解也。

五胡皆久居塞內，或近塞，舊俗漸次消亡。其所信奉，亦多化於中國矣。晉書劉聰載記云：聰子約死，一指猶暖，遂十餘條而奏之。因上表曰：「皇帝載誕之初，非止神光瑞氣，嘉祥應感，至於本命行年、生月、生日，並與天地日月陰陽律呂運轉相符，表裏合會。」亦據生年月日爲說。重生日本胡俗，蓋華人至是始漸染之，故推命之術，亦起於是時也。北史藝術傳：臨孝恭著祿命書二十卷。

今俗有借壽及代死之說，此時亦已有之。晉書王羲之傳：子徽之與弟獻之俱病篤。時有術人云人命應終，而有生人樂代者，則死者可生。徽之謂曰：「吾才位不如弟，請以餘年代之。」術者曰：「代死者，以己年有餘，得以足亡者耳。今君與弟算俱盡，何代也？」未幾，獻之卒。徽之奔喪，不哭，直上靈牀坐，取獻之琴彈之，久而不調。歎曰：「烏乎子敬，人琴俱亡。」因頓絕。先有背疾，遂潰裂，月餘亦卒。此求代死，若使當死者延年若干，生者裨之算，仍不盡，則即借壽之說矣。人之生死，俗蓋仍以爲北斗主之，故祈請者皆於是。崔浩父疾，仰禱斗極，已見第八章第六節。梁書庾黔婁傳：父易疾，夕每稽顙北辰，求以身代。俄聞空中有聲曰：「徵君壽命盡，不復可延，汝誠禱既至，止得申至月末。」及晦而易亡。亦其事也。南史賊臣傳：侯景與慕容紹宗相持，誑其衆，以爲家口並見殺。紹宗遙謂曰：「爾等家口並完。」乃被髮鄉北斗以誓之。蓋亦以北斗主人生死，故鄉之立誓也。南史袁君正傳：爲豫章內史，性不信巫邪。有萬世榮稱道術，爲一郡巫長。君正在郡小疾，主簿熊岳薦之。師云：「須疾者衣爲信命。」君正以所著襦與之，事竟取襦，云神將送與北斗君。君正使檢諸身，於衣裹獲之，以爲亂政，即刑於市，而焚神。一郡無敢行巫。此所焚者，當係北斗刻象或畫象也。

隋志兵家多望氣之書，說已見前。其書又有與星占同隸天文家者。兵家又有孤虛、陰陽、諸占、辟兵法。民間數術孝義傳云：庾道愍尤精相版。宋明帝時，山陽王休祐屢以言語忤顏。見道愍，託以己版爲他物，令占之。道愍曰「此乃甚貴，然使人多愆。」休祐以褚彥回詳密，求換其版。他日，彥回侍帝，自稱下官，帝多忌，甚不悅。休祐具言狀，帝乃意解。恩幸傳云：綦毋珍之在西州時，有一手版，相者云當貴。每以此言動帝。鬱林王。又圖黃門郎。帝嘗問之曰：「西州手版何在？」珍之曰「此是黃門郎手版，官何須問？」帝大笑。此皆謂物能爲禍福於人。梁書王瑩傳：遷左光祿大夫、開府儀同三司、丹陽尹。將拜，印工鑄其印，六鑄而龜六毀。既成，頸空不實，補而用之。居職六日，暴疾卒。此則謂人之禍福，物能示之先兆。皆古相器物之術也。相家著述：北史藝術傳：來和著相經三十卷。蕭吉著相經要錄一卷。又有相手版要訣一卷。隋書經籍志，亦有相手版經六卷。又有梁相手版經、受版圖、韋氏相版法指略鈔、魏征東將軍程申伯相印法各一卷，亡。

今俗推命之說，似起於南北朝時。吉士瞻就日者推祿命，已見前。此不知其所用爲何術。北史孫紹傳：與百寮赴朝，東掖未開，守門候旦。紹於衆中引吏部郎中辛雄於外，竊謂曰：「此中諸人，尋當死盡，惟吾與卿，猶享富貴。」未幾，有河陰之難。紹善推祿命，事驗甚多，知者異之。朝者甚多，紹必不能一一推其命造，此亦未知其所用者爲何術。若北齊書方技傳云：魏寧，以善推祿命，徵爲館客。武成親試之，皆中。乃以己生年、月、日，託爲異人而問之。寧曰：「極富貴。今年入墓。」武成驚曰：「是我。」寧變辭曰：「若帝王，自有法。」則即今推命之術矣。宇文護母與護書曰：「昔在武川，生汝兄弟，大者屬鼠，第二屬兔，汝身屬蛇。」亦今生肖之說也。北史袁充傳：仁壽初，充言上本命與陰陽律呂合者六上祖示之曰：「人皆謂此是日月相，卿幸無泄言。」洪範曰：「公日月之相在軀，如何可隱？轉當言之公卿。」上大悅。蕭諶傳云：諶好左道，與沈文猷相識。文猷相諶云：「相不減高宗。」諶喜曰：「感卿意，無為人言也。」諶被殺，文猷亦伏誅。王晏之死，以數呼相工自視，云當大貴。武陵王曅，巫覡言有非常之相，以此自負，武帝聞之，故無寵。此皆以相惑人，有所覬覦者，其事無足深論。南史江祏傳云：魏軍南伐，齊明帝欲以劉暄為雍州，暄時方希內職，不願遠役，投於祏。祏謂帝曰：「昔人相暄，得一州便躓，今為雍州，儻相中乎？」上默然。俄召梁武帝。果如所言，則眞溺虛辭而受實禍矣。

論相以骨法為主，蓋因人之肌肉，時有消長，故非骨骼變，則相不能變。南史呂僧珍傳云：「一夜忽頭痛壯熱，及明而顙骨益大，其骨法蓋有異焉。」以此也。故世有所謂摸骨相者。北齊書神武紀：劉貴嘗得一白鷹，與神武及尉景、蔡儁、司馬子如、賈顯智等獵於沃野。見一赤兔，每搏輒逸，遂至迴澤。澤中有茅屋，將奔入，有狗自屋中出噬之，鷹兔俱死。神武怒，以鳴鏑射之，狗斃。屋中有二人出，持神武襟甚急。其母兩目盲，曳杖呵其二子曰：「何故觸大家？」出甕中酒，烹羊以飯客。因自言諳暗相。偏捫諸人，皆貴，而指麾俱由神武。又曰：「子如歷位，顯智不善終。」飯竟出，行數里，還更訪之，則本無人居，乃向非人也。此所託者，即世所謂摸骨相也。方技傳云：皇甫玉善相人，顯祖試玉相術，故以帛巾袜其額，而使歷摸諸人。所操蓋即是術。又云：世宗時，有吳士雙盲而妙於聲相，蓋亦暗相之一術也。

晉書王祥傳云：初呂虔有佩刀，工相之，以為必登三公，可服此刀。虔謂祥曰：「苟非其人，刀或為害。卿有公輔之量，故以相與。」祥固辭，彊之，乃受。臨薨，以刀授弟覽，曰：「汝後必興，足稱此刀。」覽後奕世多賢才，興於江左矣。南史川，靡不周及。大赦殊死已下，復百姓租稅之半。義之占夢，不知所操爲何術？然曜因此而恐懼修省，則事必不誣，蓋胡人無識，又禍福之念大切，故不覺爲所動也。

相術在諸術數中可謂最有徵驗，故士大夫信者較多。晉書趙至傳：嵇康謂至曰：「卿頭小而銳，童子白黑分明，有白起之風矣。」南史庾杲之傳：從子[illegible]，少聰慧，家富於財，好賓客，食必列鼎。又狀貌豐美，頤頰開張，人皆謂必爲方伯，無餒乏之慮。及魏克江陵，卒至餓死。時又有水軍都督褚蘿，面甚尖危，有從理入口，竟保衣食而終。爲此說者，皆知前世行事者也。術家自炫，亦多依附舊聞。陳書章昭達傳：少時嘗遇相者，謂曰：「卿容貌甚善，須小虧損，則當富貴。」梁大同中，爲東宮直後，因醉墜馬，鬢角小傷，昭達喜之。相者曰：「未也。」及侯景之亂，率募鄉人援臺，爲流矢所中，眇其一目。相者見之，曰：「卿相善矣，不久當貴。」此放英布當黥而王之說也。南史梁元帝紀云：初從劉景受相術，因訊以年，答曰：「未至五十，當有小厄。」此放高元呂相魏文帝之事也。見秦漢史第二十章第二節。亦與委巷之言不同。然亦多惑人之談。晉書周訪傳云：訪少時，遇善相者廬江陳訓，謂訪與陶侃曰：「二君皆位至方嶽，功名略同，但陶得上壽，周得下壽，優劣更由此耳。」宋書武帝紀：與何無忌等同建大謀，有善相者，相高祖及無忌等，並當大貴，其應甚近。惟云檀憑之無相。沈攸之傳云：與吳郡孫超之、全景文共乘小船出京都。三人共上引埭，有一人止而相之，曰：「君三人皆當至方伯。」其後攸之爲郢、荆二州，超之廣州，景文豫州刺史。亦見齊書呂安國傳。觀其所傳事極相類，便知其造作無實矣。齊書江祏傳云：新立海陵，人情未服。高宗胛上有赤誌，常祕不傳。祏勸帝出以示人。晉壽大守王洪範能任還，士瞻年踰四十，忽忽不得志，乃就江陵卜者王先生計祿命。南史本傳。此等皆民間之賣卜者也。

望氣之術，亦靡有存者。晉書隱逸傳：魯勝嘗歲日望氣，知將來多故，便稱疾去官。藝術傳：臺產善望氣之術。蓋尙眞有所受？然矯誣者極多。齊書祥瑞志云：元徽四年，大祖從南郊，望氣者陳安寶見其身上黃紫氣屬天，此固顯然出於造作。宋書袁粲傳云：順帝卽位，使粲鎭石頭，有周旋人解望氣，謂粲：「石頭氣甚乖，往必有禍。」亦安知非高祖之徒所造作邪？南史后妃傳云：梁武帝鎭樊城，嘗登樓以望，見漢濱五采如龍，下有女子擘絖，則丁貴嬪也。造作讕言而及於嬪御，可謂善於矯誣矣。北齊孝昭以望氣者云鄴城有天子氣而殺濟南，已見第十四章第三節。事亦見北齊書上洛王思宗傳，云大史奏言鄴城有天子氣。望氣蓋兵家所重？故隋志所載兵家多有其書。南史梁宗室傳言：元英謂望氣者言九月賊退，至九月而洛口軍果潰，可見軍中甚重此術也。

占夢之術蓋微？然仍有借夢徵以惑人者。南史張敬兒傳云：性好卜術，信夢尤甚。初征荊州，每見諸將帥，不遑有餘計，惟敍夢云：「未貴時夢居村中，社樹忽高數十丈。及在雍州，又夢社樹直上至天。」以此誘說部曲，自云貴不可言。其妻尙氏亦曰：「吾昔夢一手熱如火，而君得南陽郡。元徽中夢一髀熱如火，君得本州。建元中夢半體熱，尋得開府。今復舉體熱矣。」敬兒亦以告所親，言其妻初夢、次夢，今舉體熱矣。其鄙倍眞可發一噱。然亦有眞信其事者。晉書劉曜載記云：曜夢三人金面丹脣，東向逡巡，不言而退。曜拜而履其跡。旦召公卿已下議之，朝臣咸賀，以爲吉祥。惟大史令任義進曰：「秦兵必暴起，亡主喪師，留敗趙地。遠至三年，近至七日。」曜大懼，於是躬親二郊，飾繕神祠，望秩山文北齊書無之，文宣之簒，與漢文之立，事亦不倫，或出附會。惟齊書柳世隆傳言其善卜，別龜甲價至一萬，著龜經祕要二卷行於世，南史又言其子惲著十杖龜經，則必係龜卜之術耳。

筮術則似極盛，豈由其時，談玄之家，爭重周易，而占者亦受其賜歟？晉書郭璞傳言：璞撰前後筮驗六十餘事。又抄京、費諸家要最更撰新林十篇卜韻一篇。璞爲術數之家，諸書當非依託。其時言筮驗者，多誕謾不可信之辭，如隗炤是也。見第二十章第五節。此等誕謾之辭，而亦託諸筮，可見筮爲人人之所知矣。宋書王微傳云：大祖以其善卜，賜以名蓍。明帝以卜筮最吉，爲後廢帝立江皇后，見第九章第六節。又帝諸子在孕，皆以周易筮之，即以所得之卦爲小字，見後廢帝紀。齊書劉休傳云：泰始初，諸州反，休筮明帝當勝，靜處不與異謀。又云：後宮孕者，帝使筮其男女，無不如占。晉書苻健載記云：杜洪盡關中之衆來距，健筮之，遇泰之臨。北史許彥傳云：從沙門法叡受易。大武徵令卜筮，頻驗，遂使左右，參與謀議。而齊神武館客如王春、趙輔和等，亦以善筮稱。見北史藝術傳。皆王公大人之信筮者也。筮家亦分二派：一如吳遵等別有占書，亦見北史藝術傳。蓋有專門傳授。一如權會，但用爻辭、彖、象辨吉凶，易占之屬，都不經口，北齊書儒林傳。則儒者之業耳。魏樂平王及董道秀之死也，見第八章第二節。高允著筮論曰：「道秀若推六爻以對曰：易稱亢龍有悔，窮高曰亢，高而無民，不爲善也，則上寧於王，下保於己，福祿方至，豈有禍哉？今舍本而從其末，咎釁之至，不亦宜乎？」此則王公大人因信筮而取禍者也。

荀伯玉嘗隸子勛將孫沖，事敗還都，以賣卜自業。王叡父橋，解天文卜筮，涼州平，入京，以術自給。魏書恩幸傳。吉浚稱制，謀僭，使人問之，原不答，浚心銜之。又有遼東囚徒三百餘人，依山爲賊，意欲劫原爲主，事亦未行。時有謠曰：「天子在何許？近在豆田中。」浚以豆爲霍，收原斬之。浚傳曰：燕國霍原，北州名賢。浚以僭位示之，原不答，浚遂害之。浚謀僭位說不足信，已見第四章第二節。原雖列隱逸傳，實非恬退之人。李重傳云：遷尚書吏部，留心隱逸，拔用燕國霍原等爲祕書郎及諸王文學，故海內莫不歸心，則原嘗一出仕。此事原傳未載。其見殺未知何由，然以風謠爲其借端，則必不誣矣。生於其心，未有不害於其政者也。詩者，民幽約怨悱不能自言之情。作之一夫，播之衆口，民情大可見焉，故古有采詩之官。漢世刺舉，猶重風謠，以此，造讖者必放謠辭，亦以此。乃譸張者，遂因之而私造作焉。人心之變幻，誠不可測度矣。

龜卜之術，隨世益微，諸言卜者，實多指筮。北齊書清河王岳傳云：初岳家於洛邑，高祖每奉使入洛，必止於岳舍。岳母山氏夜起，見高祖室中有光，怪其神異，詣卜者筮之，遇乾之大有，卽其一事也。南史梁元帝紀云：魏師至柵下，有然星墜城中，帝援蓍筮之，卦成，取龜式驗之，因抵於城，曰：「吾若死此下，豈非命乎？」筮而取驗龜式，似二者已可相通，豈莫能灼龜，乃以其繇供筮者之參證邪？魏書景穆十二王傳：高祖詔大常卿王諶，親命龜卜，易筮南伐之事，其兆遇革，繇並言卜革，亦周易卦名。齊書荀伯玉傳云：大祖爲明帝所疑，徵爲黃門郎。伯玉勸遣騎入虜界，於是虜騎數百，履行界上。大祖以聞。猶懼不得留，令伯玉卜。南史作占。伯玉斷卦不成行。詳見第九章第八節。此所云卦，恐亦指易。隋書經籍志有龜決一卷，葛洪撰，洪多爲言藝術者所依託，不必可信。北史文苑傳云：明克讓龜策、曆象，咸得其要，恐亦泛辭。王世充傳云：曉龜策，世充多詐，其說更不必實也。齊本紀云：文宣謀篡位，使李密卜之，遇大橫，曰：「大吉，漢文帝之封也，」似係龜卜。然此有意造作之讖，頗類謠辭，蓋取其簡而有韻，爲衆所易傳易記也。讖多近鄙俗，字亦以此，若其爾雅深厚，卽爲衆所不能解矣。謠辭亦有造作者。宋書王景文傳云：明帝以景文外戚貴盛，張永累經軍旅，疑其將來難信，乃自爲謠言曰：「一士不可親，弓長射殺人。」南史文學傳云：袁粲、王蘊雖敗，沈攸之尚存，卞彬意高帝事無所成，乃謂帝曰：「比聞謠云：可憐可念尸著服，孝子不在日代哭，列管暫鳴死滅族，公頗聞不？」時蘊居父憂，與粲同死，故云尸著服孝子不在日代哭者，褚字。彬謂沈攸之得志，褚彥回當敗，故言哭也。列管，謂蕭也。高帝不悅。及彬退，曰：「彬自作此。」北史韋孝寬傳云：孝寬參軍曲嚴，頗知卜筮，謂孝寬曰：「來年東朝必大相殺戮。」孝寬因令嚴作謠歌曰：「百升飛上天，明月照長安。」百升，斛也。又言「高山不摧自崩，槲樹不扶自豎。」令諜人多齎此文，遺之於鄴。祖孝徵聞之，更潤色之，斛律明月竟以此誅。此等果如史說以否雖不可知，然必時有造作謠辭之事，乃有此傳說也。吳人因童謠叛晉，已見第三章第九節。晉書五行志又云：孫晧天紀中童謠曰：「阿童復阿童，銜刀浮渡江。不畏岸上獸，當作虎，唐人避諱之字。但畏水中龍。」武帝聞之，加王濬龍驤將軍。又云：司馬越還洛，有童謠曰：「洛中大鼠長尺二，若不早去大狗至。」及苟晞將破汲桑，又謠曰：「元超兄弟大落度，上桑打椹爲苟作。」由是越惡晞，奪其兗州，隙難遂搆焉。南史賊臣傳云：大同中，童謠曰：「青絲白馬壽陽來。」景渦陽之敗，求錦，朝廷給以青布，及舉兵，皆用爲袍，采色尙青，景乘白馬，青絲爲轡，欲以應謠。此等看似先有謠而後以事應之，又安知非欲作其事者有意造爲謠言邪？晉書愍帝紀云：初有童謠曰：「天子何在豆田中。」時王浚在幽州，以豆有藿，殺隱士霍原而應之。及帝如劉曜營，營實在城東豆田壁。原傳云：王紀：泰始三年十二月，禁星氣讖緯之學。南史隱逸阮孝緒傳言：齊武帝禁畜讖緯。晉書石季龍載記：季龍禁郡國不得私學星讖，敢有犯者誅。苻堅載記：堅亦嘗禁老莊圖讖之學。魏大武之滅佛，並禁師巫讖記，事見下節。高祖承明九年之詔，見上。亦曰「圖讖之興，起於三季。既非經國之典，徒爲妖邪所憑。自今圖讖、祕緯及名爲孔子閉房記者，一皆焚之。留者以大辟論。」世宗紀：永平四年五月，詔禁天文之學。肅宗紀：熙平二年五月，重申天文之禁，犯者皆大辟論。皆其事也。劉潔傳：潔使右丞張嵩求圖讖，問「劉氏應王，繼國家後，我審有姓名否？」嵩對曰：「有姓而無名。」窮治款引，搜嵩家，果得讖書。潔及嵩等皆夷三族。潔事見第八章第三節。其死實別有原因，尋求圖讖，蓋忌潔者以此陷之，然可見讖書之易以陷人矣。北史藝術傳：庾季才，宇文護執政，問以天道徵祥。對曰：「上台有變，不利宰輔，公宜歸政天子，請老私門。」及護夷滅，閱其書記，有假託符命，妄造異端者皆誅。惟得季才兩紙，盛言緯候，宜免政歸權。周武帝謂斛斯徵曰：「季才甚得人臣之禮。」因賜粟帛。此雖意外獲福，其所乘亦危道也。是以通其說者皆兢兢焉。齊武帝之禁畜讖緯也，阮孝緒兼有其書，云兼有，可見是時讖緯有別。或勸藏之。答曰：「昔劉德重淮南祕要，適爲更生之禍。杜瓊所謂不如不知，此言美矣。」客有求之。答曰：「己所不欲，豈可嫁禍於人？」乃焚之。魏書高允傳：允雖明於曆數，初不推步，有所論說。惟游雅數以災異問允。允曰：「昔人有言：知之甚難，既知復恐漏泄，不如不知也。」北齊書儒林傳：權會，妙識玄象，至於私室，輒不及言。學徒有請問者，終無所說。每云：「此學可知不可言。諸君並貴游子弟，不由此進，何煩問也？今惟有一子，亦不以此術敎之。」治其學者之畏慎如此，宜其學之易於失傳矣。

之所歸往，神明之所福饗，則有天命之應。蓋龜、龍銜負，出於河、洛，以紀易代之徵。其理幽昧，究極神道。先王恐其惑人，祕而不傳。說者又云：孔子既敘六經，以明天人之道，知後世不能稽同其意，故別立緯及讖，以遺末世。」觀此，知當時所謂讖者，實有二科：一猶借重經義，與緯相雜，一則純爲妖言矣。抑讖本民間之物，與學術並無關係，自攘竊者競事造作，以古者政事與天道關係極密，而天文之學，遂爲其所取資，乃亦隨之而遭禁斷焉。魏道武之狂惑也，史言其慮如天文之占，因此大肆殺戮。道武是時固病狂易，然以天文之占爲慮，亦非虛語。北史魏宗室傳云：天賜六年，天文多變，占者云：當有逆臣，伏尸流血。帝惡之。頗殺公卿，欲以厭當天災，秦王翰之子儀，內不自安，單騎遁走，帝使人追執之，遂賜死，其一徵也。北齊書神武帝紀：武定五年正月朔，日食，神武曰：「日食其爲我邪？死亦何恨。」北史后妃傳：宣武皇后高氏，天文有變，靈太后欲以當禍，暴崩。北齊書孝昭六王傳：河清三年，五月，白虹圍日再重，又橫貫而不達，赤星見，武成以盆水盛星影而蓋之，一夜，盆自破。欲以百年厭之，遂斬之。不肯信福善禍淫之說，而又惴惴於變異如此，皆利害之見大切爲之也。齊書天文志云：「今所記三辰七曜之變，起建元，迄於隆昌。建武世，太史奏事，明帝不欲使天變外傳，並祕而不書，自此闕焉。」河南傳：拾寅子易度侯好星文，嘗求星書，朝議不給。畏忌如此，天文之學，安得不遭禁斷？隋志云：「宋大明中，始禁圖讖。天監已後，又重其制。及高祖受禪，禁之愈切。煬帝即位，乃發使四出，搜天下書籍與讖緯相涉者，皆焚之，爲吏所糾者至死。自是無復其學，祕府之內，亦多散亡。」書籍之佚，實由喪亂弘多，印刷之術未興，流傳之本太少，與政令禁毀，關係實微。秦不禁醫藥卜筮種樹之書，而其傳於後者，亦不多於詩書百家語，即其明證。然昔時皇室，究爲一大書府，至中祕所藏散亡，而其湮沒愈易矣。讖雖妖妄，緯亦僞作，然其中究有漢人經說存焉，闕艾同焚，亦可惜也。天文圖讖之禁，初非僅如隋志所云。晉書武帝傳：陽平王熙之玄孫禹，頗好內學。每云晉地有福。孝昌末，遂詣爾朱榮。北齊書元坦傳：坦，魏咸陽王禧之子，事亦見北史魏獻文六王傳。子世寶，與通直散騎侍郎彭貴平，因酒醉誹謗，妄說圖讖，有司奏當死。詔並宥之。坦配北營州，死配所。然則夷狄效中國而爲矯誣，亦適足啓分崩離析之端，而速其自斃耳。豈不哀哉？北齊文宣之篡也，徐之才、宋景業亦以讖爲言。見之才及高德政傳。武成禪位後主，則祖珽引元命苞以說，亦一丘之貉耳。

成則爲王，敗則爲寇，其實一也。秉政者既以此自張矣，睨而思奪之者，安得不競相放效？南史宋武帝紀：魯宗之爲讖曰：「魚登日，輔帝室。」此殭臣之造讖也。范曄傳：孔熙先使婢隨法靜尼南上，見胡道世，付以牋書，陳說圖讖。其說徐湛之，則謂讖緯天文，並有徵驗。顏竣傳：竣爲世祖主簿，有沙門釋僧含謂曰：「貧道嘗見讖記，當有眞人應符，名諱次第，屬在殿下。」文五王傳：孝武使有司奏竟陵王誕，謂其徵引巫史，潛考圖緯。此宗戚之造讖也。晉書張軌傳：晉昌張越，涼州大族，讖言張氏霸涼，自以才力應之，陰圖代軌。魏書傳豎眼傳：祖父融，有三子：靈慶、靈根、靈越，並有才力。融以此自負，嘗密謂鄉人曰：「汝聞之不？鬲虫之子有三靈，此圖讖之文也。」好事者然之，故豪勇之士，多相歸附。此豪右之造讖也。晉書石季龍載記：貝丘人李弘，因衆心之怨，自言姓名應讖，遂連結姦黨，署置百寮。事發，誅之，連坐者數百家。魏書大宗紀：泰常元年三月，常山民霍季，自言名載圖讖，持一黑石，以爲天賜玉印，聚黨入山爲盜。州郡捕斬之。術藝傳：劉靈助妄說圖讖，言劉氏當王。則凡思蠢動者，無不以讖爲資矣。此其所以終遭禁斷歟？

隋書經籍志曰：「易曰：河出圖，洛出書。然則聖人之受命也，必因積德累業，豐功厚利，誠著天地，澤被生人，萬物垂曰：「家國傾喪，皇綱廢弛，至尊明命，著之圖籙，當隆中興之業，建少康之功。」慕容德載記：劉藻自姚興至，大史令高魯，遣其甥王景暉隨藻送玉璽一紐，幷圖讖祕文，曰：「有德者昌，無德者亡，應受天命，柔而復剛。」又有謠曰：「大風蓬勃揚塵埃，八井三刀卒起來，四海鼎沸中山頹，惟有德人據三臺。」羣臣因勸德卽尊號。時以慕容寶尙存，未遽聽。魏書竇李雄傳：譙周著讖曰：「廣漢城北有大賊，曰流特，攻難得，歲在玄宮自相克。」卒如其言。大宗紀：泰常五年，五月，詔曰：「宣武皇帝，體道得一，大行大名，未盡美，非所以光揚洪烈，垂之無窮也。今因啓緯圖，始覩尊號，天人之意，煥然著明。其改宣曰道，更上尊謚曰道武皇帝，以彰靈命之先啓，聖德之玄同。告祀郊廟，宣於八表。」靈徵志云：大祖眞君五年，二月，張掖郡上言：「往曹氏之世，丘池縣大柳谷山石表龍馬之形，石馬脊文曰大討曹，而晉氏代魏。今石文記國家祖宗諱，著受命之符。」乃遣使圖寫其文。大石有五，皆靑質白章，間成文字。其二石記張、呂之前，已然之效。其三石記國家祖宗以至於今。其文記昭成皇帝諱繼世四六天法平天下大安，凡十四字。次記大祖道武皇帝諱，應王載記千歲，凡七字。次記大宗明元皇帝諱，長子二百二十年，凡八字。次記大平天王繼世主治，凡八字。次記皇大子諱昌，封泰山，凡五字。初上封大平王，天文圖錄又授大平眞君之號，與石文相應。大宗名諱之後，有一人象，攜一小兒。見者皆曰：「上愛皇孫，提攜臥起，不離左右，此卽上象。」靈契眞天授也。於是羣臣參議：「宜以石文之徵，宣告四海，令方外僭竊，知天命有歸。」制可如所奏。衞操傳云：桓帝崩後，操立碑於大邗城南，以頌功德，云魏軒轅之苗裔。皇興初，雍州別駕雁門段榮於大邗掘得此碑。此更可謂極矯誣之致矣。造作妖妄，乃爲夷狄竊以爲資，豈不哀哉？然道武七王識云：卯金十六，草肅應王。歷觀圖緯，休徵非一，皆云慶鍾蕭氏，代宋者齊。」造妖言而託諸外夷，可謂匪夷所思矣。梁武佳人，然亦未能免俗。梁書本紀云：禪讓時，大史令蔣道秀陳天文符讖六十四條。沈約傳：約謂高祖曰「讖云：行中水，作天子。」處士傳：陶弘景問議禪代，援引圖讖，數處皆成梁字，令弟子進之。其矯誣如此。蓋宋、齊、梁、陳四代之興，宋、陳皆有外攘之功，齊、梁更多慚德，故其矯誣尤甚也。晉書石季龍載記：季龍以讖文天子當從東北來，備法駕自信都而還以應之。又以讖文言滅石者陵，而石閔徙封蘭陵公，惡之，改蘭陵爲武興郡。此說蓋閔所造作。藝術傳：黃泓，父沈，善天文祕術，泓從父受業。永嘉之亂，與渤海高瞻避地幽州，說瞻曰：「讖言真人出東北。」瞻不從。泓乃率宗族歸慕容廆。苻洪載記：洪以讖文有草付應王，又其孫堅背有草付字，遂改姓苻氏。此說蓋堅所造作，苻洪時尚未有也。苻實蒲氏，見第五章第三節。又云：王墮明天文圖緯，洪征梁犢，以墮爲司馬。謂洪曰：「讖言苻氏應王，公其人也。」苻生載記：健以讖言三羊五眼應符，故立爲大子。苻堅載記：姚萇求傳國璽於堅，堅瞋目叱之曰：「圖緯符命，何所依據？五胡次序，無汝羌名。違天不祥，其能久乎？」苻登載記：馮翊郭質起兵廣鄉以應登，宣檄三輔曰：「姚萇窮凶餘害，毒被人神，於圖讖歷數，萬無一分。」姚興載記：興以司馬休之爲鎮南將軍、揚州刺史。休之將行，侍御史唐盛言於興曰：「符命所記，司馬氏應復河、洛。休之既得濯鱗南翔，恐非復池中之物。」興曰：「脫如所記，留之適足爲患。」遣之。觀下引南史晉宗之亦爲讖，此說恐又休之所造作。慕容垂載記：垂少好畋游，因獵墜馬折齒。慕容儁僭即王位，改名缺。本名霸。外以慕卻缺爲名，內實惡而改之。誇以讖記之文，乃去夬，以垂爲名焉。堅之敗於淮南也，垂軍獨全。堅以千餘騎奔垂。垂世子寶言於之立，百官奏議，以木承水，制可，見周書本紀。

五德之說，明出學者推論，乃宋書曆志曰：「鄒衍生在周時，不容不知周之行運。張蒼雖是漢臣，生與周接，司秦柱下，備覩圖書。秦雖滅學，不廢術數，則有周遺文，雖不畢在，據漢水行，事非虛作。然則相勝之義，於事爲長。」竟以行序之說爲古來實事，誤矣。又云：「漢高斷蛇而神母夜哭，云赤帝子殺白帝子，然則漢非火而何？斯又不然。漢若爲火，則當云赤帝，不宜云赤帝子也。白帝子又何義況乎？蓋由漢是土德，土生乎火，秦是水德，水生乎金，斯則漢以土德爲赤帝子，秦以水德爲白帝子也。」立說雖巧，終近鑿孔。

圖讖之作，本由後漢君臣之矯誣，而儒者因之以阿世，自炎祚云亡，而其學漸微，其書亦寖闕佚矣。晉書索靖傳，言其兼通內緯，此尚是後漢經生之遺風。魏書高崇傳：子謙之，圖緯之書，多所該涉。周書陸騰傳：父旭，好緯候之學。此等皆是術數之家，與經學無涉。儒林傳中人兼治圖緯者，不過取證經說，所重者緯而非讖。藝術傳中人，則取證術數，而或流於妖妄矣。要之圖緯非復顯學也。乃如魏書燕鳳傳云：明習陰陽讖緯，許謙傳云：善天文圖讖，則恐魏人欲以妖妄之說託之，乃妄言其善是耳。東渡之初，戴邈疏請興學，有曰：「圖讖無復孑遺於世」，可見其書之存者已不多也。見宋書禮志。

然握有政權者，其矯誣如故。齊書高帝紀云：「上姓名骨體及期運厤數，並遠應圖讖數十百條，歷代所未有。臣下撰錄，上抑而不宣，盛矣。」祥瑞志云：「齊氏受命，事殷前典。黃門郎蘇侃撰聖皇瑞應記，永明中，庾溫撰瑞應圖。其餘衆品，史注所載，今詳錄去取，以爲志云。」紀所謂抑而弗宣者，即是物也。芮芮虜傳云：宋世，其國相希利垔解星算數術，通胡、漢語。嘗言「南方當有姓名齊者，其人當興。」又云：國相邢基祇羅迴奉表曰：「京房章第八節。孝文大和十四年八月，詔議國之行次。本紀。禮志載中書監高閭議謂「居尊據極，允膺明命者，莫不以中原爲正統，神州爲帝宅。五德之論，始自漢劉。一時之議，三家致別：以爲水德者，以嘗有水溢之應，不推運代相承之數。以爲土德者，以亡秦繼歷，相即爲次，不推逆順之異。以爲火德者，縣證赤帝斬蛇之符，越惡承善，不以世次爲正。自茲厥後，乃以爲常。魏承漢，火生土，故魏爲土德。晉承魏，土生金，故晉爲金德。趙承晉，金生水，故趙爲水德。燕承趙，水生木，故燕爲木德。秦承燕，木生火，故秦爲火德。此說與晉書姚萇載記不合，蓋憑臆爲說，不依據故事也。秦之未滅，皇魏未克神州，秦氏既亡，大魏稱制河朔。故平文之廟，始稱大祖，以明受命之證，如周在岐之陽。若繼晉，晉亡已久；若承秦，則中原有寄。又五緯表驗，黃星曜采，考氏定實，合德軒轅，承土祖木，事爲著矣。秦、趙及燕，雖非明聖，各正號赤縣，統有中土，非若邊方僭擬之屬，遠如孫權、劉備，近若劉裕、道成，事繫蠻夷，非關中夏。臣愚以爲宜從尚黃，定爲土德。」案魏亦五胡之一，若祧後趙、燕、秦，試問自居何等？韓恔、高閭，蓋欲避內華外夷之嫌，故爲此認賊作子之說。然孝文之意，有異於是。閭亦未嘗不窺知之，故又請「集中祕羣儒，人人別議，擇其所長」也。於是祕書丞李彪、著作郎崔光議謂「魏雖祖黃制朔，緜跡有因，然此帝業，神元爲首。司馬祚終於郟鄏，而元氏受命於雲代。自周之滅，及漢正號，幾六十年，自有晉傾淪，暨登國肇號，亦六十餘載。物色旗幟，率多從黑。是又自然合應，玄同漢始。且秦幷天下，革創法度，漢承其制，少所變易，猶仰推五運，竟躡隆姬，而況劉、石、苻、燕，世業促褊，綱紀弗立。魏接其弊，自有彝典，豈可異漢之承木，舍晉而爲土邪？」詔命羣官議之。十五年正月，司空穆亮等言欲從彪等所議，詔可。紀在十六年正月壬戌。居然自附於華夏矣。周孝閔帝城，儁召恆決之。未至，羣臣議以燕承晉爲水德。恆至，言於儁曰：「趙有中原，非惟人事，天所命也。且燕王跡始震於易，震爲青龍，受命之初，有龍見於都邑。龍爲木德，幽契之符也。」儁初雖難改，後終從恆議。慕容暐載記云：郭欽奏議，以暐承石季龍爲木德，暐從之。則儁載記所謂後從韓恆之議者，實暐時事也。姚萇載記：萇僭位，自謂以火德承苻氏木行。案苻堅載記云：大元七年，堅謀入寇。初堅即僞位，新平王彫，陳說圖讖。堅大悅，以彫爲大史令。嘗言於堅曰：「謹按讖云：古月之末亂中州，洪水大起健西流，惟有雄子定八州。此即三祖陛下之聖諱也。又曰：當有草付臣又土滅東燕，破白虜，氐在中華在表。按圖讖之文，陛下當滅燕平六州。願徙汧、隴諸氐於京師，三秦大戶置於邊地，以應圖讖之言。」堅訪王猛，猛以彫爲左道惑衆，勸堅誅之。彫臨刑上疏曰：「臣以趙建武四年，從京兆劉湛學明於圖記，謂臣曰：新平地古顓頊之虛，里名曰雞閭。此里應出帝王寶器，其名曰延壽寶鼎。顓頊有云：河上先生爲吾隱之於西北，吾之孫有草付臣又土應之。湛又云：吾嘗齋於室中，夜有流星大如半月，落於此地，斯蓋是乎？願陛下誌之。平七州之後，出於壬午之年。」至是而新平人得之以獻。堅以彫言有徵，追贈光祿大夫。分氐戶留鮮卑，當時蓋有深意，說見第六章第七節。彫在當時，蓋因道是策而見誅，既而造作妖言，則又託諸已受誅之人，以見其可信也。則堅實自以爲顓頊後。顓頊，必從相勝之說，乃得爲木德，見秦漢史。豈堅時嘗行其說，萇乃又以相生之說承之歟？魏書禮志云：大祖天興元年，定都平城，即皇帝位。詔有司定行次。羣臣奏以國家繼黃帝之後，宜爲土德。故神獸如牛，牛土畜；又黃星顯曜，其符也。於是始從土德，數用五，服尙黃。亦見本紀。此時之拓跋氏，實受封於西燕，說見第六章第七節。豈亦從相勝之說，而以土承燕之水歟？參看第三左道厭魅，已見第十五章第二節。宋書王悅傳：悅爲侍中，檢校御府大官、太醫諸署，得姦巧甚多，及悅死，衆咸謂諸署呪詛之。明帝乃收典掌者十餘人，桎梏，云送淮陰，密令渡瓜步江，投之中流。呪詛未必能殺人，怨姦巧之見發而爲呪詛，則罪有可誅。明帝處諸典掌者雖云非法，然諸人若果爲呪詛，亦自有取禍之道也。司馬休之降虜，孫彌陁選尚臨淮公主。彌陁先娶竇瑾女，與瑾並坐呪詛伏誅。事見魏書休之傳，亦見瑾傳。北齊河間王孝琬怨執政，爲草人而射之，和士開、祖珽譖其爲草人，乃以擬武成，已見第十四章第三節。魏書刑罰志：神䴥中，崔浩定律令，爲蠱毒者，男女皆斬而焚其家。巫蠱者負羖羊，抱犬，沈諸淵。高祖紀：承明九年正月，詔「諸巫覡假稱神鬼，妄說吉凶，及委巷諸卜，非墳典所載者，嚴加禁斷。」可見北方巫術之盛矣。厭勝之術，幷有施諸死人者。賈后之殺武悼后也，妖巫謂后必訴冤先帝，乃覆而殯之，施諸厭劾符書、藥物。慕容儁夜夢石季龍齧其臂，寤而惡之，命發其墓，剖棺出尸，數其殘酷之罪，棄於漳水。姚萇以苻登頻戰勝，亦於軍中立苻堅神主而請之。及敗苻師，奴禽梁犢，乃掘堅尸，鞭撻無數，裸剝衣裳，荐之以棘，坎土而埋之。侯景之葬梁武帝，使衛士以大釘於要地釘之，欲令後世絕滅。北齊孝昭不豫，見文宣爲祟，厭勝之術備設，北齊書廢帝紀及孝昭紀。參看第十四章第三節。皆是物也。

行序之說，本謂治法當隨時變易，後乃流爲空談，入於迷信，已見先秦史第十五章第二節，秦漢史第二十章第三節。魏晉已後，雖迷信已澹，而此故事仍存。晉武帝泰始元年，有司奏晉行尚金。宋書曆志。劉曜、石勒，皆承金爲水德。皆見載記。慕容儁僭位，羣下言承黑精之君，代金行之后，從之。韓恆傳云：附儁載記後。將定行次，衆論紛紜，恆時疾在龍然矯誣之徒，亦有實爲救死之計者。南史孝義傳云：諸暨東洿里屠氏女。父失明，母痼疾。親戚相棄，鄉里不容。女移父母遠住紵舍。晝采樵，夜紡織以供養。父母俱卒，親營殯葬，負土成墳。忽空中有聲云：「汝至性可重，山神欲相驅使，汝可爲人療病。」女謂是魃魅，弗敢從，遂得病積時。鄰舍人有溪蜮毒者，女試療之，自覺便差。遂以巫道爲人療疾，無不愈。家產日益。鄉里多欲娶之，女以無兄弟，誓守墳墓，爲山劫所殺。此女所爲，謂非矯誣得乎？然得以是爲其罪乎？闢二氏者，恆病其不耕而食，不織而衣。然如此女者，當其困窮之時，則親戚相棄，鄉里不容，及其爲巫而多財，則又欲娶之以爲利。風俗薄惡如此，而以藉矯誣以自活者爲罪，有是理乎？

隋書地理志云：揚州「俗重鬼神，好淫祀。」又云：「大抵荆州率敬鬼，尤重祠祀之事。」似淫祀之俗，南方爲甚。然魏書肅宗紀神龜二年十二月，嘗詔除淫祀，焚諸雜神，則北方淫祀，亦不少矣。北齊書于翼傳：翼出爲安州總管。時屬大旱，涓水絕流。舊俗每逢亢陽，禱白兆山祈雨。高祖先禁羣祀，山廟已除。翼遣主簿祭之，卽日澍雨霑洽，歲遂有年。民庶感之，聚會歌舞，頌翼之德。除之而民猶信之，則有其廢之必有其舉之者矣，故破除迷信，實非政令所能爲也。

巫術所重，祠祀而外，莫如厭詛。元凶劭爲巫蠱，已見第九章第一節。及孝武起兵，劭又迎蔣侯神於宮內，厭祝祈請。竟陵王誕，陳談之上書告之，亦云：其弟詠之見誕疏孝武年紀、姓諱，往巫鄭師憐家呪詛。廬江王褘，明帝泰始五年下詔，謂其「呪詛禱請，謹事邪巫，常被髮跣足，稽首北極，遂圖畫朕躬，勒以名字，或加之矢刃，或烹之鼎鑊。在江州得一女，云知吉凶，能行厭呪，大設供養，敬事如神。令其呪詛孝武、并及崇憲，祈皇室危弱，統天稱己。」陳長沙王叔堅爲義鄉縣長風廟神姓鄧，先爲縣令，死遂發靈，此則所謂名宦之流，亦不必其人之果有功德也。後世所謂城隍神者，亦昉見於此時。南史梁武帝諸子傳，謂邵陵王綸在郢州，祭城隍神，將烹牛，有赤蛇遶牛口。隋書五行志以爲武陵王紀之事，北齊書慕容儼傳云：儼在郢城，爲侯瑱、任約所攻，於上流鸚鵡洲上造荻葓，竟數里，以塞船路。人信阻絕，城守孤懸，衆情危懼。儼導以忠義，又悅以安之。城中先有神祠一所，俗號城隍神，公私每有祈禱。於是順士卒之心，相率祈請，須臾，衝風欻起，驚濤涌激，漂斷荻葓。約復以鐵鎖連緝，防禦彌切。儼還共祈請。風浪夜驚，復以斷絕。如此者再三。城人大喜，以爲神助。此傳言儼戰功，全不足信，然郢城有城隍神祠，儼嘗祠之，自不害爲實語也。案隍謂城下池，戰時憑城池以守，故祀其神，後遂以爲地方之神，若人間之有守令矣。梁書王神念傳云：神念性剛正，所更州郡，必禁止淫祠。爲青、冀二州刺史，州東北有石鹿山臨海，先有神廟，妖巫欺惑百姓，遠近祈禱，糜費極多。神念至，便令毀撤，風俗遂改。而南史陰子春傳言：神念之毀神廟，棟上有一大虵，長丈餘，役夫打撲不禽，得入海水。子春爲朐山戍主，東莞大守，爾夜夢人通名云：有人見苦，破壞宅舍，欽君厚德，欲憩此境。經二日而知之。因辦牲醪，請召安置一處。數日，復夢一朱衣人，相問辭謝，云得君厚惠，當以一州相報。子春心喜，供事彌勤。經月餘，魏欲襲朐山，間諜前知，設伏破之，詔授南青州刺史。此則海濱怪物，廢於彼而興於此矣。要之可以惑衆，則借之無恔奉也。宋世祖之責百官讜言也，周朗上書曰：「凡鬼道惑衆，妖巫破俗，其原本是亂男女，合飲食，因之以禱祝，從之以報請。是亂不除，爲害未息。凡一苑始立，一神初興，淫風輒以之而甚。今修隄以北，置園百里，峻山以西，居靈十房，糜財敗俗，其可稱限？」飲食男女，人之大欲存焉。凡民之所費誠多，而敢爲矯誣者，則其大欲遂焉矣。世豈有創敎傳敎之人，而眞信敎者哉？

許扶助。既而無雨水長，遂挫敵人。凱旋之後，廟中人馬腳盡有泥溼，當時並目覩焉。梁武非迷信者流，蓋因大敵當前，借此以作士氣也。陳高祖以十月乙亥即帝位，丙子即幸鍾山祀蔣帝廟，見紀。亦是志矣。蔣子文行事，不見正史。齊書崔祖思傳云：州辟主簿。與刺史劉懷珍於堯廟祀神。廟有蘇侯象。懷珍曰：「堯聖人，而與雜神爲列，欲去之，何如？」祖思曰：「蘇峻今日，可謂四凶之五也。」懷珍遂令除諸雜神。南史云：所隨者爲青州刺史垣護之，祖思，清河東武城人。清河齊世屬冀州，如齊書意，懷珍當爲冀州刺史。然當時青、冀二州，或可合一刺史也。而載祖思對辭，則云「使君若清蕩此坐，則是唐堯重去四凶」，不以蘇侯爲蘇峻。峻凶逆，不應見祀，論者或以南史爲可信。然齊書此語，不能杜撰。南北史多采異說，其所據依，實較諸官修之史爲晚。北史魏蘭根傳言常山郡境有董卓祠，景穆十二王傳言鄴城有石季龍廟，董卓凶逆，豈減蘇峻？季龍尤異族淫暴之主也。二凶可祀，峻獨不可祀乎？然則齊書之說，殆爲不誣。以此推之，蔣子文亦必非正神也。永初之除房廟，明言「先賢及以勳德立祠者，不在此例。」蔣子文若爲正神，豈應其時亦見除毀邪。或謂蔣侯神在建康，不應在青、冀，崔祖思傳所言者，或爲別一蘇侯，此亦不然。南史張沖傳言：東昏遣薛元嗣等援沖，沖卒，與其子孜及程茂等共守，無他經略，惟迎蔣子文及蘇侯神於州聽上祀以求福，則蔣、蘇二神，流播及於荊郢矣。可至荊郢，何不可至青、冀邪？

淫祀所奉，汎然不一。吳興郡有項羽神，俗謂甚靈驗，至於郡聽事安施牀簟爲神坐，大守皆避不敢居，見宋書孔季恭、齊書李安民、蕭惠基、梁書蕭琛諸傳。南史陳本紀：高祖永定二年正月，遣策吳興楚王神爲帝，蓋即所謂項羽神也。其見崇奉，亦不在蔣子文下矣。此與董卓、石季龍等，皆擇衆所共知之人而奉之，不計其善惡也。齊書周山圖傳云：

關。虜主而能爲此言，可知釋天時任人事已成通常之見解矣。

然此特學者之見如是，習俗固未能驟變。魏自武帝至於文明，皆禁淫祀，已見秦漢史第二十章第二、第六節。晉武帝泰始元年詔曰：「末代信道不篤，僭禮瀆神，縱欲祈請，曾不敬而遠之，徒偷以其幸，妖妄相扇，舍正爲邪，故魏朝疾之。其按舊禮，具爲之制，使功著於人者，必有其報，而妖淫之鬼，不亂其間。」猶是前世之志也。然穆帝升平中，何琦論祠五嶽，謂「今非典之祠，可謂非一。考其正名，則淫昏之鬼；推其糜費，則四人之蠹。可俱依法令，先去其甚。」不見省。宋書禮志。而武皇之志荒矣。宋武帝永初二年四月，詔曰：「淫祠惑民廢財，前典所絕，可並下在所除諸房廟。」宋書禮志云：由是蔣子文祠已下，並皆毀絕。然又云：孝武孝建初，更修起蔣山祠，所在山川，漸皆修復。明帝立九州廟於雞籠山，大聚羣神。則其廢之曾無幾時，旋且變本加厲矣。所謂蔣子文者，與蘇侯同爲南朝嚴祀之神。宋書禮志云：蔣侯，宋代稍加爵位，至相國、大都督中外諸軍事，加殊禮，鍾山王。蘇侯驃騎大將軍。案晉書簡文三王傳言：孫恩至京口，會稽王道子無他謀略，惟日禱蔣侯廟，爲厭勝之術。又苻堅載記言：淝水之役，堅望八公山上草木，皆類人形，初朝廷聞堅入寇，道子以威儀鼓吹，求助於鍾山之神，奉以相國之號。堅見草木狀人，若有力焉。則蔣子文在晉代，久受尊崇矣。齊東昏又加帝號，見第十章第六節。南史曹景宗傳述鍾離之役云：先是旱甚，詔祈蔣帝神求雨，十旬不降。帝怒，命載荻，欲焚蔣廟幷神影。爾日開朗，欲起火，當神上忽有雲如繖，倏忽驟雨如寫，臺中宮殿皆自振動。帝懼，馳召追停，少時還靜。自此帝畏信遂深。自踐阼已來，未嘗躬自到廟，於是備法駕，將朝臣禮謁。是時魏軍攻圍鍾離，蔣帝神報敕必

第二十四章　晉南北朝宗教

第一節　舊有諸迷信

玄學與迷信，不相容者也。故魏、晉以降，玄學盛行，而迷信遂澹。晉書天文志：魏文帝黄初二年，六月，戊辰晦，日有食之。有司奏免大尉。詔曰：「災異之作，以譴元首，而歸過股肱，豈禹、湯罪己之義乎？其令百官各虔厥職。後有天地眚，勿復劾三公。」此詔雖仍引咎責躬，然已知天地之眚，無與於人事矣。摯虞對策曰：「古之聖明，原始以要終，體本以正末，故憂法度之不當，而不憂人物之失所，憂人物之失所，而不憂災害之流行。其有日月之眚，水旱之災，則反聽內視，求其所由，遠觀諸物，近驗諸身。於物無忤，於人無尤，此則陰陽之事，非吉凶所在也。」郤詵對策，與虞實同時事。亦曰：「水旱之災，自然理也。故古者三十年耕，必有十年之儲。堯、湯遭之而人不困，有備故也。自頃風雨，雖頗不時，考之萬國，或境土相接，而豐約不同，或頃畝相連，而成敗異流，固非天之必害於人，人實不能均其勞苦。失之於人，而求之於天，則有司惰職而不勸，百姓殆業而咎時，非所以定人志，致豐年也。」皆以釋天時任人事爲言，與漢人之論大異矣。魏書高祖紀：承明十二年，九月，甲午，詔曰：「日月薄蝕，陰陽之恆度耳。聖人懼人君之放怠，因之以設戒，故稱日蝕修德，月蝕修刑。乃癸巳夜，月蝕盡，公卿已下，宜慎刑罰，以答天意。」此詔辭旨，幾於自相矛盾，然亦知天變與人事無義恭未爲最暴橫者，當四夷交侵，武人跋扈之世，此等事之不見記載者，必尚不知凡幾也。

著書假託古人者，此時仍有之。晉書曹志傳：武帝嘗閱六代論，問志曰：「是卿先王所作邪？」志，魏陳思王子。對曰：「先王有手所作目錄，請歸尋按。」還奏曰：「按錄無此。」帝曰：「誰作？」志曰：「以臣所聞，是臣族父冏所作。以先王文高名著，欲令書傳於後，是以假託。」帝曰：「古來亦多有是。」顧謂公卿曰：「父子證明，足以爲審，自今已後，可無復疑。」託名高者以行其言而已，不欲尸其名，此乃廓然大公之心，不得議其欺世也。陸機傳：機從子珝，吳平，又作西州清論傳於世，借稱諸葛孔明，以行其書也。亦曹冏之志也。隋書儒林傳云：劉炫因牛弘奏請購求遺逸，僞造書百餘卷，題爲連山、易、魯史記等，錄上送官，取賞而去。後有人訟之，經赦免死，坐除名。則風斯下矣。然時書一卷不過賞絹一匹，炫負盛名，豈不能致百餘匹絹？則其造書非利官賞，蓋時俗莫辨眞僞，乃借此欺世，以炫其博洽耳。然其心亦足誅矣。晉書郭象傳云：先是注莊子者數十家，莫能究其旨統。向秀於舊注外而爲解義，妙演奇致，大暢玄風。惟秋水、至樂二篇未竟，而秀卒。秀子幼，其義零落，然頗有別本遷流。象爲人行薄，以秀義不傳於世，遂竊以爲己注。乃自注秋水、至樂二篇，又易馬蹄一篇，其餘衆篇，或點定文句而已。其後秀義別本出，故今有向、郭二注，其義一也。似象之爲人，攘竊無恥矣。然秀傳則但云秀爲之隱解，象又述而廣之而已。則知此等傳說，亦難盡信也。

云：殿前三鍾，悉是周景王所鑄無射也。遣樂官以今無射新笛飲，不相中，以夷則笛飲，則聲均合和。端門外鍾，亦案其銘題，定皆夷則。其西廂一鍾，天監中移度東。以今笛飲，乃中南呂。驗其鐫刻，乃是大蔟，則下今笛二調。重敕大樂丞斯宣達，令更推校，鍾定有鑿處，表裏皆然。借訪舊識，乃是宋泰始中使張永鑿之，去銅既多，故其調嘽下。以推求鍾律，便可得而見也。宋武平中原，使將軍陳傾致三鍾，小大中各一，則今之大極殿前二鍾，端門外一鍾是也。案西鍾銘，則云清廟撞鍾，秦無清廟，此周制明矣。又一銘云大蔟鍾徽，則林鍾宮所施也。檢題既無秦、漢年代，直云夷則、大蔟，則非秦、漢明矣。」此等雖案銘題信否亦難遽定，乃後人或眞信爲三代時物，毋亦見卵而求時夜乎？殿本考證：齊召南云「三代樂器流傳最遠者莫如此事。左傳昭二十一年天王將鑄無射。孔疏曰：秦滅周，其鍾徙於長安，歷漢、魏、晉常在長安。及劉裕滅姚泓，又移於江東。歷宋、齊、梁、陳時鍾猶在。東魏使魏收聘梁，作聘遊賦，云珍是淫器，無射在懸是也。及開皇九年平陳，又遷於西京，置大常寺，時人悉得見之。至十五年敕毀之。可爲此文之證。」

毀壞古物之事，亦時有之。所謂三鍾者，入隋爲文帝所毀。其事，北史隋本紀在開皇九年，云「毀所得秦漢三大鍾，越二大鼓。」隋書本紀無之，而云「十一年春正月丁酉，以平陳所得古器多爲妖變，悉命毀之」，則北史亦同。三鍾之毀，未知究在何時，然隋毀江東古物恐必甚多，且不止一次。三鍾固不必周景王物，江東所云古器亦不必皆信，然其有較古之物則必不誣也。齊東昏侯毀晉義熙初師子國所獻玉象，已見第六節。宋書武三王傳：魯郡孔子舊廷，有柏樹二十四株，經歷漢、晉，其大連抱。有二株先折倒。士人崇敬，莫之敢犯。江夏王義恭悉遣人伐取，父老莫不歎息。

事也。見第一節及第六節。

晉書惠帝紀：元康五年，十月，武庫火，焚累代之寶。張華傳云：武庫火，華懼因此變作，列兵固守，然後救之，故累代之寶及漢高斬蛇劍、王莽頭、孔子履等盡焚焉。五行志略同。劉頌傳云：武庫火，頌弟彪建計斷屋，得出諸寶器，蓋亦微有所出。王莽頭經漢末大亂，是否尚存，已屬可疑，孔子履何由得之？漢高斬蛇事本烏有，劍更不必論矣。天家掌故，有同東野人言，如此。齊書竟陵王子良傳：昇明三年，爲會稽大守。子良敦義愛古。郡閣下有虞翻舊牀，能任還，乃致以歸，後於西邸起古齋，多聚古人器服以充之。孔稚圭傳：父靈產，大祖餉以白羽扇、素隱几，曰：「君性好古，故遺君古物。」梁書劉之遴傳：之遴好古愛奇，在荊州聚古器數十百種。又獻古器四種於東宮。處士傳：何點，竟陵王子良遺以嵇叔夜酒杯、徐景山酒鎗。南史柳惲傳：齊竟陵王子良嘗置酒後園，有晉大傅謝安鳴琴在側，援以授惲，惲彈爲雅弄。齊高帝諸子傳：始興王鑑爲益州刺史。時有廣漢什邡段祖以湻于獻。古禮器，所以節樂也。王敬則傳：世子仲雄善彈琴，江左有蔡邕焦尾琴，在主衣庫，齊明帝勅五日一給。劉杳傳：昭明大子有瓠食器，以賜焉，曰：「卿有古人之風，故遺卿古人之器。」此等皆如世俗之玩骨董，其信否觀俗所謂骨董者之信否而可知矣。劉曜所作渾儀，何承天等誤爲張衡所造，已見上節。此事致誤，實緣不按題識。具見隋志。魏時，御史中尉王顯與廣平王匡爭權量，奏匡曰：「匡表云所據銅權，形如古誌，明是漢作，非莽別造。及案權銘，黃帝始祖，德布於虞；虞帝始祖，德布於新。莽佐漢時，寧有銘新之號？」北史景穆十二王傳。二人論權量，誰曲誰直，姑不必論，而匡之不案銘文，則無可解免矣。隋書律曆志載梁武帝作鍾律論曰：「山謙之記南郡縣有陽名者井當沸。」其後晉陵武進縣人於田中得銅鐸五枚。歷陽縣中井沸，經日乃止。及帝爲晉王，又使璞筮。遇豫之睽。璞曰：「會稽當出鍾以告成功，上有勒銘，應在人家井泥中得之。」大興初，剡縣人果於井中得一鍾，長七寸二分，口徑四寸半。上有古文奇書十八字，云會稽嶽命，餘字時人莫識之。齊書陸澄傳云：竟陵王子良得古器，小口方腹而底平，可容七八升。以問澄。澄曰：「此名服匿，單于以與蘇武。」子良後詳視器底有字，髣髴可識，如澄所言。梁書劉顯傳云：魏人獻古器，有隱起字，無能識者，顯案文讀之，無有滯礙。考校年月，一字不差。高祖甚嘉焉。南史何承天傳云：張永嘗開玄武湖，遇古冢。冢上得一銅斗，有柄。宋文帝以訪朝士。承天曰：「此亡新威斗，王莽三公亡皆賜之，一在冢外，一在冢內。時三台居江左者，惟甄邯爲大司徒，必邯之墓。」俄而永又啓冢內，更得一斗，復有一石，銘大司徒甄邯之墓。魏書祖瑩傳：孝昌中，於廣平立第，掘得古玉印。敕召瑩與黃門郎李琰之令辨何世之物。瑩云：「此是于闐國王晉大康中所獻。」乃以墨塗字觀之，果如瑩言。時人稱爲博物。此等皆藉文字以辨古物，以時人識古字者之少，見第一節。其信否殊不可知也。藉器物以考古事者，亦間有之。如梁書劉杳傳云：嘗於沈約坐語及宗廟犧尊。約云：「鄭玄答張逸，謂爲鳳皇尾娑娑然。今無復此器，則不依古。」杳曰：「此言未必可按。南史作安。古者樽彝皆刻木爲鳥獸，鑿頂及背以出內酒。頃魏世魯郡地中得齊大夫子尾送女器，有犧尊，作犧牛形。晉永嘉中，賊曹嶷於青州發齊景公冢，又得二樽，形亦爲牛象。二處皆古之遺器，知非虛也。」約大以爲然。其一事也。其時發掘之事，皆出於偶然。其有意爲之者，則多在古墓。汲冢即其最大者。齊文惠大子鎭襄陽時，盜發古冢，陳時征北軍人於丹徒發郗曇墓，亦其亡，傳於世者悉皆僞物，過江後人之所說，正與明代之僞本同也。隋書律曆志云：梁武帝時，猶有汲冢玉律。候氣。此語之不足信，觀下論諸古物而可知。又非特如此，汲冢果曾得玉律，抑治樂者妄爲此說以自張，亦正難言之矣。

梁書蕭琛傳云：天監九年出爲江夏太守。始琛在宣城，有北僧南度，惟齎一瓠蘆，中有漢書序傳。僧云：三輔舊老相傳，以爲班固眞本。琛固求得之。其書多有異今者，而紙墨亦古，文字多如龍舉之例，非隸非篆。琛甚祕之。及是，以書餉鄱陽王範。範乃獻於東宮。劉之遴傳云：範得班固所上南史作撰。漢書眞本，獻之東宮，皇太子令之遴與張纘、到溉、陸襄等參校異同。之遴具異狀十事。其大略云：「案古本漢書稱永平十六年五月二十一日己酉郎班固上，而今本無上書年月日字。又案古本敍傳號爲中篇，而今本稱爲敍傳。又今本敍傳載班彪行事，而古本云稚生彪，自有傳。又今本紀及表、志、列傳不相合爲次，而古本相合爲次，總成三十八卷。又今本外戚在西域後，古本外戚次帝紀下。又今本高五子、文三王、景十三王、武五子、宣元六王，雜在諸傳秩中，古本諸王悉次外戚外，在陳項傳前。又今本韓彭英盧吳述云：信惟餓隸，布實黥徒，越亦狗盜，芮尹江湖，雲起龍驤，化爲侯王。古本述云：淮陰毅毅，杖劍周章，邦之傑子，實惟彭、英，化爲侯王，雲起龍驤。又古本第三十七卷，解音釋義，以助雅詁，而今本無此卷也。」案改外戚爲后妃，以次帝紀，類聚諸王，以次后傳，晉後乃有此例，顯爲後人所改。音義亦必後人所附。韓彭英盧胡述，蓋不滿舊文者改之。其事皆顯而易見，而舊老相同，顧信爲班固眞本，當時論古者之無識，可見一斑矣。

晉書郭璞傳云：元帝初鎭建業，王導令璞筮之，遇咸之井。璞曰：「東北郡縣有武名者當出鐸，以著受命之符。西之倫，世間自有此物。卦下易經，似說卦而異，蓋亦易家之所爲。此篇言易之書特多，易固晉以來通行之學也。名三篇，似禮記，又似論語、爾雅，此合僞家語、孔叢子爲一書。師春一篇，書左氏諸卜筮，似全與左氏同者，古書有如此略無出入者乎？瑣語，隋志在雜史家，云古文瑣語四卷。注云：汲冢書。雜史家又有周書十卷，注亦云汲冢書。又云：「似仲尼刪書之餘，」顏氏家訓書證篇謂瑣語中有秦望碑。史通疑古篇云：中有舜放堯於平陽事，與晳傳所云記卜夢妖怪相書者，相去絕遠。舜之放堯，豈可云瑣事？即卜夢妖怪相書，在迷信甚深之世，亦豈以爲瑣事乎？鄒子談天，久成絕學。誰則聞之而知其與大曆相似？周王游行之誣，已見先秦史第八章第八節。此書隋志在起居注類，作穆天子傳六卷。注云：「汲冢書，郭璞注。」「大體即今日之本，蓋無可疑。王隱云周王游行，今謂之穆天子傳，而今晉書束晳傳亦謂之穆天子傳，則今晉書所據，實出隱書所據後也。然今晉書晳傳盛姬死事，尙不在穆天子傳中，而今本不然，則今本又非作今晉書者之所見矣。亦可見造作者非一家也。晉初四部之分，特計藏庋之便，說已見前。汲冢書列於丁部者，蓋以不可詮次，附諸四部之末，實非列於丁部。猶今編書目者，於四部之外，別立叢部耳。若如隋志之說，可撰次爲十五部，則既能分別部居矣，何不分隸四部之中，而必別爲一部？而下云多雜碎怪妄，不可紀知，又隱與王隱之說相合。則隋志此語，可信與否，亦正難言之也。要而觀之，則自有汲冢得書之役，因之而作僞者非一家，隨之而說其事者，亦非一人。有心之造作，益以無意之傳譌，其說乃紛如亂絲，彌不可理，與爲荀勖、和嶠所隸寫，束晳、王庭堅、王接所考論者，蓋不知是否存十一於千百矣。然則以大體言之，汲冢書雖經出土，經隸寫而整頓者，實無幾種。惠懷亂後，故簡與寫本並誤。穆天子傳，世間偏多。整頓者不過四種，與衞恆之言，隱相符合。然則所謂六十八種者，不過能知其名題，而今晉書束晳傳乃皆能知其書之所述其爲無稽之語可知也。隋書經籍志：古史家有紀年十二卷，注云：汲冢書幷竹書同異一卷。志又論其事云：晉大康元年，汲郡人發魏襄王冢，得古竹簡書，字皆科斗。發冢者不以爲意，往往散亂。帝命中書監荀勖、令和嶠撰次爲十五部八十七卷，多雜碎怪妄，不可訓知。惟周易、紀年，最爲分了。其周易上下篇與今正同。紀年皆用夏正建寅之月爲歲首，起自夏、殷、周三代王事，無諸侯國別。惟特記晉國，起自殤叔，次文侯、昭侯，以至曲沃莊伯。盡晉國滅，獨記魏事，下至魏哀王，謂之今王，蓋魏國之史記也？其著書皆編年相次，文意大似春秋經，諸所記事，多與春秋左氏扶同。晉書束晳傳，並無自夏以來，即有年紀之意，此所云則似有之。謂記魏事下至哀王，亦與晳傳不合。四體書勢云：魏文好古，世傳丘墳，歷代莫發，眞僞靡分，則以冢屬魏襄王，晉初亦在疑似之列。安釐王者，魏襄王之曾孫，據史記，其死在秦始皇四年，斯時魏已距亡不遠，能否如此厚葬，實有可疑。然則晳傳或言安釐王冢一語，正因其紀年迄於安釐王二十年而云然，而或云迄於哀王，則造作者又有所增也。文似春秋，事同左氏，蓋造作者所摹放據依。夏年多殷，蓋曆人治古史者之異說。益干啓位，大甲殺伊尹，文丁殺季歷，則其時之人，舜、禹之事，我知之矣之見解耳。穆王享國之年，共伯釋位之事，說已見先秦史第四章及第八章第八節。此數事蓋造作者之所特著，不與經傳舊說相會者也。隋書律曆志載劉孝孫論曆語云：「案竹書紀年，堯元年在丙子，」則其紀年又不起於夏，與經籍志及晉書束晳傳皆不符，可見依託紀年而爲僞者，非一家矣。易繇陰陽卦與周易略同，繇辭則異，此蓋世所傳焦氏易林及官收之，多爛簡斷札。文既殘缺，不復詮次。武帝以其書付祕書，校綴次第，尋考指歸，而以今文寫之。晳在著作，得觀竹書，隨宜分釋，皆有義證。王接傳云：時祕書丞衞恆考正汲冢書，未訖而遭難，佐著作郎束晳述而成之，事多證異義。句疑有奪誤。時東萊大守陳留王庭堅難之，亦有證據。晳又釋難，而庭堅已亡。散騎侍郎潘滔謂接曰：「卿才學理議，足解二子之紛，可試論之。」接遂詳其得失。摯虞、謝衡，皆博物多聞，咸以爲允當。司馬彪傳云：初譙周以司馬遷史記書周秦以上，或采俗語百家之言，不專據正經，周於是作古史考二十五篇，皆憑舊典，以糾遷之繆誤。彪復以周爲未盡善也，條古史考中凡百二十二事爲不當，多據汲冢紀年之義，亦行於世。儒林續咸傳云：著遠游志、異物志、汲冢古文釋，皆十卷，行於世。汲冢得書之事，見於晉書者如此。年代舛譌，古籍恆有，不足以疑其事之眞。簡策煩重，十餘萬言，自可盈數十車，說亦相會。武帝紀言竹簡文字爲小篆古書，束晳傳謂皆科斗，二者似不相符，然觀衞恆傳所言，則其時之人言字體之異者，非以其構造而以其筆畫形狀，則古書小篆，二者亦可並稱。以構造言與小篆同，以筆畫形狀言之則異。續咸之古文釋，蓋就其構造異於小篆者而釋之耳。此三者皆不足惑。然仍有甚可疑者。據衞恆傳，似策書雖有十餘萬言，其可知者不過數種。與束晳傳云文既殘缺，不復詮次者相符。晳之學未聞遠逾於恆，何以所述成者能如是之多？杜預春秋後序疏引王隱晉書束晳傳云：汲冢竹書大凡七十五卷，其六十八卷皆有名題。其七卷折簡碎雜，不可名題。有周易上下經二卷，紀年十二卷，瑣語十一卷，周王游行五卷，說周穆王游行天下之事，今謂之穆天子傳。此四部差爲整頓。汲郡初得此書，表藏祕府，詔荀勖、和嶠以隸字寫之。勖等於時即已不能盡識其書。今復闕落，又轉寫益尺長於古四分有餘。勖乃部著作郎劉恭，依周禮制尺，所謂古尺也依古尺更鑄銅律呂，以調聲均。以尺量古器，與本銘尺寸無差。又汲郡盜發六國時魏襄王冢，得古周時玉律及鐘磬，與新律聲均闇同。衞瓘傳：子恆，爲四體書勢曰：「魏初傳古文者出於邯鄲湻。恆祖敬侯寫湻尚書，後以示湻，而湻不別。至正始中，立三字石經，轉失湻法，因科斗之名，遂效其形。大康元年，汲縣人盜發魏襄王冢，得策書十餘萬言。按敬侯所書，猶有髣髴。古書亦有數種，其一卷論楚事者，最爲工妙，恆竊悅之。」荀勖傳云：及得汲郡冢中古文竹書，詔勖撰次之，以爲中經，列在祕書。束晳傳云：初大康二年，汲郡人不準盜發魏襄王墓，或言安釐王冢，得竹書數十車。其紀年十三篇，紀夏以來至周幽王爲犬戎所滅，以事接之。（疑當作以晉事接之。）三家分，仍述魏事至安釐王之二十年。蓋魏國之史書？大略與春秋皆多相應。其中經傳大異，則爲夏年多殷；益干啓位，啓殺之；大甲殺伊尹；文丁殺季歷；自周受命至穆王百年，非穆王壽百歲也；幽王既亡，（幽當作厲，此傳寫之誤。）有共伯和攝行天子事，非二相共和也。其易經二篇，與周易上下經同。易繇陰陽卦二篇，與周易略同，繇辭則異。卦下易經一篇，似說卦而異。公孫段二篇，公孫段與邵陟論易。國語三篇，言楚晉事。名三篇，似禮記，又似爾雅、論語。師春一篇，書左傳諸卜筮，師春似是造書者姓名也。瑣語十一篇，諸國卜夢、妖怪、相書也。梁丘藏一篇，先敍魏之世數，次言丘藏金玉事。繳書二篇，論弋射法。生封一篇，帝王所封。大厤二篇，鄒子談天類也。穆天子傳五篇，言周穆王游行四海，見帝臺、西王母。圖書一篇，畫贊之屬也。又雜書十九篇，周食田法，周書，論楚事，周穆王美人盛姬死事。大凡七十五篇，七篇簡折書壞，不識名題。冢中又得銅劍一枚，長二尺五寸。漆書皆科斗字。初發冢者燒策照取寶物，寫手之中，亦有高材屈居焉。吳喜寫起居注，闇誦略皆上口，已見第五節。王僧孺家貧，傭書養母，所寫既畢，諷誦亦通。梁書本傳。朱异以傭書自業，寫畢便誦，南史本傳。亦其倫也。此等事亦有傳言失實者。梁書文學傳云：任孝恭家貧無書，常崎嶇從人假借。每讀一徧，諷誦略無所遺。北史裴佗傳：佗子諏之，嘗從常景借書百卷，十許日便返。景疑其不能讀，每卷策問，應答無遺。此所借書或與其故所讀者相出入，故能舉其大略。若梁書陸倕傳，謂其所讀一徧，必誦於口。嘗借人漢書，失五行志四卷，乃暗寫還之，略無遺脫，則必無是理矣。然寫錄一過，即能通知大略，則固事所可有也。

校勘之學，時人尚不甚精。北齊書邢子才傳云：有書甚多，而不甚讎校。見人校書，常笑曰：「天下書至死讀不可徧，焉能始復校此？且誤書思之，更是一適。」妻弟李季節，才學之士，謂子才曰：「世間人多不聰明，思誤書，何由能得？」子才曰：「若思不能得，便不勞讀書。」此乃妄語，而史書之以爲美談，誤矣。且如田肯之肯誤作宵，見第二節。何由思而得之邪？即有義可通者，馮億度之，亦易致誤。顏氏家訓勉學篇云：「觀天下書未徧，不得妄下雌黃。」自是學人語也。

古書、古物，稍爲時人所愛重，然辨別眞僞之術未精，故多爲作僞者所欺。古書之大批出土者，無過晉武帝時汲郡發冢所得。此事不徒空前，亦且古書出土如此之多，至今未曾再見。言考古者，誠不可不一審定其眞僞也。此事見於晉書者：武帝紀云：咸寧五年十月，汲郡人不準掘魏襄王冢，得竹簡小篆古書十餘萬言，藏於祕府。律曆志云：武帝大康元年，汲郡盜發六國時魏襄王冢，亦得玉律。又云：武帝泰始九年，中書監荀勖校大樂，八音不和，始知後漢至魏，祕書監。時軍國草創，墳典散逸。儁始選置令史，抄集經籍。四部羣書，稍得周備。蓋不暇一一謄寫，故且采擷其大略也。然此令史亦必非今俗所謂鈔胥之流矣。

照本迻錄之謂寫。梁書王泰傳言：齊永元末，後宮火延燒祕書，圖書散亂殆盡，泰爲丞，表校定繕寫是也。其事士大夫多不自爲。穆子容求天下書，逢即寫錄，已見前。張纘晚頗好積聚，多寫圖書數萬卷。（南史本傳。）亦必出於假倩。北齊書循吏傳：郎基性愼，無所營求，曾語人云：「任官之所，木枕亦不須作，況重於此事？」惟頗令寫書。潘子義曾遺之書曰：「在官寫書，亦是風流罪過。」基答書曰：「觀過知仁，斯亦可矣。」可證其係役人爲之也。惟寫錄亦有裨於精熟；又寫手必有力之家乃能多畜；（北齊書祖珽傳云：齊州客至，請賣華林遍略，文襄多集書人，一日夜寫畢，退其本曰：不須也。）故士大夫亦有自爲之者。齊衡陽元王鈞，常手自細書寫五經，部爲一卷，置巾箱中。侍讀賀玠問曰：「殿下家自有墳素，復何須蠅頭細書，別藏巾箱中？」答曰：「巾箱中有五經，檢閱既易，且一更手寫，則永不忘。」此爲求精熟起見者也。若袁峻家貧無書，每從人假借，必皆抄寫，（見第二節，此與南史王泰傳手所抄寫二千許卷，皆以抄寫並言，蓋有抄亦有寫。）則以無可假倩而然矣。又梁書處士傳：劉慧斐在匡山，手寫佛經二千餘卷。周書蕭大圜傳：周明帝開麟趾殿，大圜與焉。梁武帝集四十卷，簡文集九十卷，各止一本，大圜入麟趾，方得見之。乃手寫二本，一年並畢。識者稱歎之。此則或以虔誠孝愛而然也。梁書孔休源傳：年十一而孤。居喪盡禮。每見父手所寫書，必哀慟流涕。時無刻書，抄寫之本，讀書者必人人有之也。

二卷，而其地理書抄不過九卷。參看上節。宋書何承天傳：先是禮論有八百卷，承天刪減幷合，以類相從，凡為三百卷，此亦所謂抄也。可見其去取之嚴矣，晉書鄭袤傳：子默，起家祕書郎。考合舊文，刪省浮穢。中書令虞松謂曰：「而今而後，朱紫別矣。」與其過而廢之也，毋寧過而存之，刪省舊文，庸或不免可惜，然其汰除蕪穢之功，則自不可沒也。

抄書體例，蓋亦非一，而其有益於人者，則莫如類書。蓋學問愈進，則分科愈繁。就其全體而言之，則苦於徧覽之為難，而必有人焉以助其采擷；就其一科而言之，又苦於網羅之不備，而必有人焉以助其蒐討；此類書之所以可貴也。魏文皇覽，蓋其開山。見秦漢史第十九章第八節。晉世摯虞，撰古文章，類聚區分，為三十卷，名曰流別集，蓋亦斯意。過江而後，作者仍多。齊竟陵王子良，集學士抄五經、百家，依皇覽例，為四部要略千卷。齊書本傳。南史陸慧曉傳：子良西邸抄書令，慧曉參知其事，隨王子隆為荊州，召庾於陵為主簿，使與謝朓、宗夬抄撰羣書。梁武帝敕到洽鈔甲部書，張率治丙丁部書抄。皆見梁書本傳。簡文在雍州，撰法寶聯璧。見南史陸杲、庾肩吾、文學杜之偉傳。安成王秀搜集經記，招劉孝標，使撰類苑。梁書本傳，及文學劉峻傳。魏出帝時，詔撰四部要略。魏書裴延儁傳。又召僧化與孫安都共撰兵法。魏書術藝傳。安豐王延明，家有羣書，欲抄集五經算事為五經宗，及古今樂事為樂書。亦見魏書術藝傳。元暉科錄，周明帝世譜，已見第五節。北齊後主，雖曰無道，然其所撰御覽，則規模不可謂不大。見北史文苑傳序。此等皆妙選一時之英才為之。北齊書文苑傳：祖珽奏立文林館，撰御覽，當時操筆之徒，搜求略盡，可見其取材之多。又陽休之傳：其子辟彊，性疏脫無文藝，休之亦引入文林館，為時人所嗤鄙，又可見濫竽之不易也。而流俗一見抄字，輒以為胥史之業，誤矣。鈔書亦有出於胥史者。周書寇儁傳：儁以大統五年入關，拜買圖籍，期月之間殆備，可見書之可買者多。劉勰負書若貨粥者，以干沈約，事見第二十章第三節，則并有衒粥於道者矣。陽俊之多作六言歌詩，淫蕩而拙，世俗流傳，名爲陽五伴侶，寫而賣之，在市不絕。俊之嘗過市，取而改之，言其字誤。賣書者曰：「陽五古之賢人，作此伴侶，君何所知？輕敢議論。」俊之大喜。北史陽尼傳。則凡時俗流行之書，皆有寫賣者矣。崔亮傭書自業，從兄光勸亮往託李沖，「彼家饒書，因可得學。」亮曰：「弟妹飢寒，豈可獨飽？自可觀書於市，安能看人眉睫乎？」則雖書賈似亦不禁人之借讀也。

古人言鈔，義與今異，已見第二節。謄寫非易，鈔最遂多。梁書王筠傳，載其自序云：「予少好抄書，老而彌篤。雖遇見瞥觀，皆即疏記，後重省覽，懽興彌深，習與性成，不覺筆倦。自年十三四，齊建武二年乙亥，至梁大同六年，四十載矣。幼年讀五經，皆七八十徧。愛左氏春秋，吟諷常爲口實，廣略去取，凡三過五抄。餘經及周官、儀禮、國語、爾雅、山海經、本草，並再抄。子史諸集，皆一徧。未嘗倩人假手，並躬自鈔錄，大小百餘卷。不足傳之好事，蓋以備遺忘而已。」此鈔書者之自道也。鈔書而亦可假手，則雖鈔胥，亦與寫手有異矣。宋書傅隆傳，言其歸老在家，手不釋卷，常手抄書籍。齊書高逸傳：沈驎士遭火，燒書數千卷，年過八十，耳目猶聰明，以火故，抄寫燈下細書，復成二三千卷。北史崔逞傳：崔謙好讀書，凡手抄八千餘紙。李彪傳：高悅兄閭，家富典籍，彪於悅家手抄口誦，不暇寢食。凡此云抄，皆當有所廣略去取，非徒寫錄也。鈔雖亦有所廣，要以擷取精要之意爲多，故亦謂之抄略。周書薛憕傳，言憕止其族父懷儁家，終日讀書，手自抄略，將二百卷，謂此也。陸澄之地理書，凡百四十九卷，而其地理書抄不過二十卷。任昉增澄之書爲地記，二百五十乞者，則如劉峻，從桑乾還，自謂所見不博，更求異書，聞京師有者，必往祈借，崔慰祖謂之書淫。又有依附藏書之家而讀之者。劉晝知宋世良家有書，求爲其子博士，已見第一節。傅縡依湘州刺史蕭循，循頗好士，廣集墳籍，縡肆志尋閱，因博通羣書，亦其類也。藏書之家，多在都邑，遂有不憚遠游者。李鉉以鄉里寡墳籍，遊京師，劉晝以里下少墳籍，杖策入都是也。顏氏家訓治家篇云：「借人典籍，皆須愛護。先有缺壞，就爲補治。此亦士大夫百行之一也。濟陽江祿，讀書未竟，雖有急速，必待卷束整齊，然後得起。故無損敗，人不厭其求假。或有狼籍几案，分散部帙，多爲童幼婢妾所點汙，風雨犬鼠所毀傷，實爲累德。吾每讀聖人之書，未嘗不肅敬對之，其故紙有五經辭義及賢達姓名，不敢穢用也。」此蓋後人敬惜字紙之緣起？蓋緣得之艱，故其珍之甚矣。以書贈人者：沈約每見王筠文，咨嗟吟詠，以爲不逮也。嘗謂筠：「昔蔡伯喈見王仲宣，稱曰：王公之孫也。吾家墳籍，悉當相與。僕雖不敏，請附斯言。」劉顯每共孔奐討論，深相歎服，乃執奐手曰：「昔伯喈墳素，悉與仲宣。吾當希彼蔡君，足下無媿王氏。」所保書籍，尋以相付。見賢思齊，何其異世而同揆也？馬樞，梁邵陵王綸爲南徐州刺史，素聞其名，引爲學士。侯景亂，綸舉兵援臺，留書二萬卷以付樞。蔡大寶，嘗以書干僕射徐勉，大爲勉所賞異。乃命與其子游處，所有墳籍，盡以給之。皆可謂付託得人。陸瓊第三子從典，從父瑜，特相賞愛。及瑜將終，家中墳籍，皆付焉。孫惠蔚一子早卒，其家墳籍，多歸其族曾孫靈暉。或亦誠以其能讀而與之，非盡親族中相傳授也。

刻版之術雖未興，然賣書之風，亦已稍盛。齊武帝時，藩邸嚴急，諸王不得讀書，江夏王鋒，乃密遣人於市里街巷者，悉在華所。由是博物洽聞，世無與比。齊書陸澄傳言：家多墳籍，人所罕見。梁書任昉傳言：昉卒後，高祖使學士賀縱共沈約勘其書目，官所無者，就昉家取之。魏書江式傳言：內徙代京，獻經史諸子千餘卷。北齊書文苑傳：樊遜，天保七年，詔令校定羣書，供皇太子。遜等十一人同被尚書召共刊定。時祕府書籍紕繆者多，遜乃議：大常卿邢子才，大子少傅魏收，吏部尚書辛術，司農少卿穆子容，前黃門郎司馬子瑞，故國子祭酒李業興，並是多書之家，請牒借本參校得失。祕書監尉瑾移尚書都坐，凡得別本三千餘卷，五經諸史，殆無遺闕。其所裨益，亦云大矣。

私家著述，亦有自行呈獻者，如虞溥撰江表傳，子勃過江，上於元帝，詔藏於祕府是也。又有官就取之者，如陳後主勅人就張譏家寫所撰入祕閣是也。

刻版未興，書不易得，公私之藏，皆爲借讀者所渴望。左思欲賦三都，自以所見不博，求爲祕書郎。祕書郎四員，宋、齊已來，爲甲族起家之選，居職例不數十日便遷。張纘乃固求不徙，欲徧觀閣內書籍。此求居藏書之府，以便借讀者也。不居職而求借者：皇甫謐自表就晉武帝借書，帝送一車與之。柳世隆啓齊大祖借祕閣書，上給二千卷。又有於人臣家開館，以書充之者，如宋明帝之於王儉是已，見第一節。賜書之事，亦時有之。如宋書自序：大祖賜沈亮書二千卷；陳書江總傳：家傳賜書數千卷是也。此皆公家之藏也。私家之藏，公諸同好者：范蔚之書，遠近來讀者恆有百餘人，蔚爲辦衣食。崔慰祖，鄰里年少好事者，來從假借，日數十帙，慰祖親自取與，未嘗爲辭。元宴，諸有假借，咸不逆其意，可謂廓然大公。其以交誼假借者，則如陸少玄，家有父澄書萬餘卷，張率與少玄善，遂通書籍，盡讀其書。無交誼而徑往求典校經籍。刊定諸子三千餘卷。卽此一部，已幾當姚秦所有之全數已。李順傳云：世祖克統萬，賜諸將珍寶雜物，順固辭，惟取書數十卷。觀其所取之少，而知赫連氏所藏之薄也。宋書蒙遜傳：元嘉三年，其世子興國遣使奉表，請周易及子集諸書，大祖並賜之，合四百七十五卷。蒙遜又就司徒王弘求搜神記，弘寫與之。十四年，茂虔奉表獻方物，幷獻書合一百五十四卷。又求晉、趙起居注、諸雜書數十件，大祖賜之。觀其求請之殷，亦可知其搜求之切也。晉、南北朝之世，外夷求書者，或與或不與。齊世祖時，虜遣使求書，朝議欲不與，王融上書請與之，見齊書本傳。吐谷渾易度侯求星書，則朝議不給。見齊書河南傳。

私家之藏，少者數千，多者亦逾萬卷。晉書儒林傳：范蔚，家世好學，有書七千餘卷。齊書褚淵傳：父湛之卒，淵推財與弟，惟取書數千卷。劉善明傳：家無遺儲，惟有書八千卷。梁書沈約傳：聚書至二萬卷，京師莫比。任昉傳：聚書至萬餘卷，率多異本。王僧孺傳：聚書至萬餘卷，率多異本，與沈約、任昉相埒。孔休源傳：聚書盈七千卷。陳書文學傳：徐伯陽，家有史書，所讀者近三千餘卷。南史梁宗室傳：吳平侯景之子勵，聚書至三萬卷。文學傳：崔慰祖，聚書至萬卷。隋書許善心傳：九歲而孤，家有舊書萬餘卷。北方則沮渠蒙遜平酒泉，於宋繇室得書數千卷。魏任城王澄之子順，遇害，家徒四壁，無物斂尸，止有書數千卷。安豐王猛之子延明，鳩集圖籍萬有餘卷。元晏，好集圖籍，家書多於祕閣。穆崇七世孫子容，求天下書，逢卽寫錄，所得萬餘卷。陽尼，有書數千卷。楊愔，前後賞賜，積累巨萬，散之九族，架篋之中，惟有書數千卷。祖珽，盜陳元康家書數千卷。李業興，愛好墳籍，鳩集不已，其家所有，垂將萬卷。黎季明，有書千餘帙，皆藏書家之佼佼者也。魏書逸士傳：李謐之卒，學官四十五人上書，言其棄產營書，手自刪削，卷無重複者四千有餘，則諸家之藏，皆非無重複，然其數已不少矣。所藏或多奇祕，公家搜求、校理，往往資焉。如晉書張華傳言：華雅愛書籍，身死之日，家無餘財，惟有文史，溢於几篋。嘗徙居，載書三十乘。祕書監摯虞，撰定官書，皆資華之本，以取正焉。天下奇祕，世所希有祕書省專精校考，參定字義。詔許之。宋穎傳：弟道璵，世宗初，以才學被召，與祕書丞孫惠蔚典校羣書，考正同異。暨於尒朱之亂，散落人間。魏書高道悅傳：莊帝以祕閣圖籍，出內繁蕪，致多零落，詔道悅總集帳目，幷牒儒學之士，編比次第。隋書李德林傳：魏孝靜帝時，命當世通人正定文籍，以爲內校書。後齊遷鄴，頗更搜聚，迄於天統、武平，校寫不輟。隋書耶茂傳：茂在齊世，嘗奉詔於祕書省刊定載籍。後周始基關右，外逼彊鄰，戎馬生郊，日不暇給。保定之始，書止八千，後稍加增，方盈萬卷。周書黎景熙傳：六官建，爲外史上士。武成末，遷外史下大夫。保定三年，時外史廨宇屢移，未有定所，上言曰：「外史之職，漢之東觀，自魏及周，公館不立，臣雖愚瞽，猶知其非。是以去年十一月中，敢冒陳奏，將降中旨，即遣修營，荏苒一周，未加功力。臣職思其憂，敢不重請。」帝納焉，於是廨宇方立。周武平齊，先封書府，所加舊本，纔至五千。隋開皇三年，祕書監牛弘表請分遣使人，搜訪異本，每書一卷，賞絹一匹，校寫既定，本即歸主。於是民間異書，往往間出。及平陳已後，經籍漸備。隋書裴矩傳：伐陳之役，領元帥記室。既破丹陽，晉王廣令矩與高熲收陳圖籍。檢其所得，多太建時書，紙墨不精，書亦拙惡。於是總集編次，存爲古本。召天下工書之士京兆韋霈、南陽杜頵等，於祕書內補續殘缺，爲正副二本，藏於宮中，其餘以實祕書內外三閣，凡三萬餘卷。」牛弘傳載弘表辭，論書有五厄，與此可以參觀。四部之分，本爲藏庋，而後遂以爲書之宏綱。七志、七錄等，沿劉略而漸變者，則存爲子目。求學術流別者，固當於子目觀之。校讎之家，或病四部之分，不合學術分類，亦未爲知言也。舊時書目，觀其名最不能責其實者爲集部。此由專門變爲通學，著述者所苞率廣致之。欲救其弊，非撰類書不可。非編書目者所能爲力也。

十六國中知收葺圖籍者，苻、姚而外，尚有沮渠氏。魏書闞駰傳云：蒙遜甚重之，拜爲祕書考課郎，給文吏三十人，傳。三曰子兵錄，紀子書、兵書。四曰文集錄，紀詩賦。五曰技術錄，紀數術。六曰佛錄。七曰道錄。其分部題目，頗有次序。割析辭義，淺薄不經。梁武敦悅詩書，下化其上，四境之內，家有文史。元帝克平侯景，收文德之書及公私經籍，歸於江陵，大凡七萬餘卷。周師入郢，咸自焚之。牛弘云：「侯景渡江，祕省經籍，雖從兵火，文德殿內書史，宛然猶存。蕭繹據有江陵，遣將破平侯景，收文德之書及公私典籍，重本七萬餘卷，悉送荊州。」南史賊臣侯景傳云：「王僧辯收圖書八萬卷歸江陵。」顏之推觀我生賦注云：「王司徒表送祕閣舊事八萬卷，」蓋以成數言之。顏氏又云：「北方墳籍少於江東三分之一。梁氏剝亂，散佚湮亡。惟孝元鳩書，通重十餘萬卷，」則并江陵所故有者言之也。牛弘又云：「周師入郢，繹悉焚之於外城，所收十纔一二。」則元帝焚書，亦未能盡，但所餘不多耳。梁書昭明太子傳云：於時東宮有書三萬卷。賊臣侯景傳云：又登東宮牆射城內。至夜，簡文募人出燒東宮臺殿，遂盡。所聚圖書數百廚，一皆灰燼。先是簡文夢有人畫作秦始皇，云此人復焚書，至是而驗。然則侯景之亂，東宮所失書，亦不少也。陳天嘉中，又更鳩集，考其篇目，遺闕尚多。其中原則戰爭相尋，干戈是務，文教之盛，苻、姚而已。宋武入關，收其圖籍，府藏所有，纔四千卷，赤軸青紙，文字古拙。後魏始都燕代，南略中原，粗收經史，未能全具。魏書李先傳：太祖問曰：「天下書籍，凡有幾何？朕欲集之，如何可備？」對曰：「不可計數。陛下誠欲集之，嚴制天下諸州郡縣，搜索備送，主之所好，集亦不難。」太祖於是頒制天下，經籍稍集。高湖傳：子謐，天安中除中散，專典祕閣，肅勤不倦。高宗深重之，拜祕書郎。謐以墳典殘缺，奏請廣訪羣書，大加繕寫。由是代京圖籍，莫不審正。孝文徙都洛邑，借書於齊，祕府之中，稍以充實。魏書高祖紀：大和十九年六月，詔求天下遺書，祕閣所無，有裨益時用者，加以優賞。世宗紀：永平三年六月，詔重求遺書於天下。薛野䐗傳：孫曇寶，初補散騎。高祖詔采遺書於天下。儒林傳：孫惠蔚，入東觀，上疏請依前丞盧昶所撰甲乙新錄，裨殘補闕，損并有無，校練句讀，以爲定本。其先無者，廣加推尋，搜求令足。求令四門博士及在京儒生四十人，在晉、南北朝之世，王室藏書情形，隋書經籍志備言之。其言曰：「董卓之亂，獻帝西遷，圖書縑帛，軍人皆取爲帷囊，所收而西，猶七十餘載。兩京大亂，掃地皆盡。魏氏代漢，采綴遺亡，藏在祕書中外三閣。魏祕書郎鄭默，始制中經。祕書監荀勖，又因中經，更著新簿，分爲四部，總括羣書。一曰甲部，紀六藝及小學等書。二曰乙部，有古諸子家、近世子家、兵書、兵家、術數。三曰丙部，有史記、舊事、皇覽簿、雜事。四曰丁部，有詩賦、圖讚、汲冢書。大凡四部合二萬九千九百四十五卷。但錄題及言，盛以縹囊，書用緗素。至於作者之意，無所論辯。惠、懷之亂，京華蕩覆，渠閣文籍，靡有孑遺。東晉之初，漸更鳩聚。著作郎李充，以勖舊部校之，其見存者，但有三千一十四卷。充遂總沒衆篇之名，但以甲乙爲次。自爾因循，無所變革。其後中朝遺書，稍流江左。宋元嘉八年，祕書監謝靈運造四部目錄，大凡六萬四千五百八十二卷。元徽元年，祕書丞王儉又造目錄，大凡一萬五千七百四卷。儉又別撰七志。一曰經典志，紀六藝、小學、史記、雜傳，二曰諸子志，紀古今諸子。三曰文翰志，紀詩賦。四曰軍書志，紀兵書。五曰陰陽志，紀陰陽圖緯。六曰術藝志，紀方技。七曰圖譜志，紀地域及圖書。其道、佛附見，合九條。然亦不述作者之意，但於書名之下，每立一傳，而又作九篇條例，編乎首卷之中。文義淺近，未爲典則。齊永明中，祕書丞王亮、監謝朏又造四部書目，大凡一萬八千一十卷。齊末兵火，延燒祕閣，經籍遺散。梁初，祕書監任昉，躬加部集，又於文德殿內，列藏衆書，華林園中，總集釋典。大凡二萬三千一百六卷，而釋氏不豫焉。梁有祕書監任昉、殷均四部目錄，又文德殿目錄。其術數之書，更爲一部，使奉朝請祖暅撰其名。故梁有五部目錄。普通中，有處士阮孝緒，博采宋、齊已來，王公之家凡有書記，參校官簿，更爲七錄。一曰經典錄，紀六藝。二曰記傳錄，紀史又或以驕蹇取禍。李元忠傳言其善於方技，而性仁恕。見有疾者，不問貴賤，皆爲救療。崔季舒傳言其大好醫術。天保中，於徙所無事，更銳意研精。遂爲名手，多所全濟。雖位望轉高，未曾懈怠。縱貧賤廝養，亦爲之療。此正由其本非醫家，是以能爾。周書藝術傳：褚該，性淹和，不自矜尚，有請之者，皆爲盡其藝術，時論稱其長者，則由其稟性使然。若徐謇，則史言其「性甚祕忌，承奉不得其意者，雖貴爲王公，不爲措療」矣。職是故，人亦遂以威力脅之，甚有以療治無效加之罪者。魏書孝文六王傳，彭城王勰，高祖不豫，召徐謇至，勰引之別所，泣涕執手而謂之曰：「君今世元化。至尊氣力危惙，願君竭心專思方治。若聖體日康，當獲意外之賞。不然，便有不測之誅。非但榮辱，乃存亡由此。」權威矯僞，固不足論，然時人之所以待醫師者，則於此可見矣。其後謇治高祖有驗。車駕發豫州，次於汝濱，乃大爲謇設大官珍膳。因集百官，特坐謇於上席。命左右宣謇救攝危篤，下詔褒美，以謇爲大鴻臚卿，金鄉縣開國伯，食邑五百戶，賜錢一萬貫。明年，從詣馬圈，高祖疾勢遂甚，則又每加切誚，又欲加之鞭捶，幸而獲免。加膝墜淵，異於俄頃，方術之士，能不人人自危乎？然此已在高祖時，稍沾中國之化矣。若虜初入塞時，則更有甚於此者。神元平文諸帝子孫傳：上谷公紇羅之子題，擊慕容驎於義臺，中流矢薨。道武以大醫陰光爲視療不盡術，伏法。則眞如元勰所言，非但榮辱，存亡由之矣。王顯之死，雖由爲時所疾，然亦託諸世宗之崩，侍療無效也。虜豈足與言藝術哉？

第八節 經籍

布下鄉邑。使知救患之術。（藝術傳王顯：世宗詔顯撰藥方三十五卷，班布天下，以療諸疾。）此則不惟京邑，兼及四境，不惟疫癘，兼及平時矣。言之匪艱，行之惟艱，欲行詔所集醫師所儲藥物，當得幾何？博施濟衆，堯、舜猶病，故終於別坊立館，僅在司洛，餘地止於班給方書也。延昌元年四月，以肆州地震陷裂，死傷甚多，遣大醫折傷醫，幷給所須之藥就治之，亦僅災害時爲然耳。齊書劉善明傳：上表陳事凡十一條，其二，以爲京師浩大，遠近所歸，宜遣醫藥，問其疾苦，年九十巳上及六疾不能自存者，隨宜量賜。此北朝所已行，南朝則僅存願望而已。梁書文惠大子傳，言其與竟陵王子良俱好釋氏，立六疾館，以養窮民。其所及恐亦有限也。醫工貪厚糈，多集都邑，偏僻之地，乃更無人療治。宋書隱逸傳：戴顒，止於桐廬，僻遠難以養疾，乃出居吳下。僻遠之地，何以不能療疾？蓋亦以闕於醫藥耳。

醫家流品，仍爲衆所賤視。南史張融傳言：徐文伯兼有學行，倜儻不屈意於公卿，不以醫自業。融謂曰：「昔王微、嵇叔夜，並學而不能。殷仲堪之徒，故所不論。得之者由神明洞徹，然後可至，故非吾徒所及。且褚侍中澄，當貴亦能救人疾。卿此更成不達。」答曰：「惟達者知其可貴，不達者多以爲深累，既鄙之，何能不恥之。」醫家之地位可見。北齊書斛律金傳：行燕郡守馬嗣明，醫術之士，爲金子羨所欽愛。北齊流品混雜，嗣明蓋以見愛而得官？又徐之才傳：父雄，事南齊，位蘭陵大守，以醫術爲江右所稱。之才以豫章王綜啓，其大善醫術見徵。（魏孝明時。）藥石多效。又闚涉經史，發言辯捷，朝賢競相要引，爲之延譽。又以首唱禪代，又戲謔滑稽，言無不至，於是大被狎昵。（齊文宣。）於和士開、陸令萱母子，曲盡卑狎。二家若疾，救護百端。蓋其父雖士流，之才則亦以嬖幸自居矣。流品既下，其人遂惟利是圖，而聲價既高，人傭賃。疾既危篤，船主將發棄之於岸。植之惻然，載還治之。經年而黃氏差。請終身充奴僕，植之不受，以資糧遣之。此等義舉，非可恆遇，卽有仁心者，亦必有力而後能爲之。齊書孝義傳：江泌歷仕南中郎行參軍。所給募役，去役得時病，莫有舍之者。吏扶杖投泌。泌親自隱卹。吏死，泌爲買棺。無僮役，兄弟共輿埋之。可見荒僻之地呼籲無門，貧病之士，哀號莫恤之狀。晉書孝義傳：庾袞，咸寧中大疫，二兄俱亡，次兄毗復殆。癘氣方熾，父母兄弟皆出次於外。袞獨留不去。病之能傳染者，固以走避爲宜，然竟任病者之顛連而莫之或恤，則亦非人之相人偶之道矣。救恤之事，官家亦間有之。宋書文帝紀：元嘉四年，五月，京師疾疫，遣使存問，給醫藥。死者若無家屬，賜以棺器。二十四年六月，京邑疫癘。使郡縣及營署部司，普加履行，給以醫藥。二十八年，四月，都下疾疫，使巡視給醫藥。孝武帝紀：大明元年，四月，京邑疾疫。遣使按行，賜給醫藥。死而無收斂者，官爲斂埋。四年四月，詔都邑節氣未調，癘疫尤衆，可遣使存問，并給醫藥。其死亡者，隨宜卹贍。此皆疾疫時之救療。魏書顯祖紀：皇興四年，三月，詔曰：「朕思百姓病苦，民多非命，明發不寐，疚心疾首，是以廣集良醫，遠采名藥，欲以救護兆民。可宣告天下：民有病者，所在官司，遣醫就家診視。所須藥物，任醫給之。」高祖紀：大和二十一年，九月，詔勅司州、洛陽之民，年七十已上無子孫，六十已上無期親，貧不自存者，給以衣食。不滿六十而有廢痼之疾，無大功之親，窮困無以自療者，皆於別坊，遣醫救護，給醫師四人，豫請藥物以療之。世宗紀：永平三年，十月，詔勅大常，於閑敞之處，別立一館，使京畿內外，疾病之徒，咸令居處。嚴勅醫署，分師療治，考其能否，而行賞罰。又經方浩博，流傳處廣，應病投藥，卒難窮究。更令有司，集諸醫工，尋篇推檢，務存精要，取三十餘卷，以班九服。郡縣備寫，習衆方略，盡其術，鍼灸授藥，莫不有效。此其學，已不能皆來自域外。又崔彧傳言其少嘗詣青州，逢隱逸沙門，教以素問九卷及甲乙，遂善醫術，則更明爲中國之學矣。蓋時道佛雖互相排；然其術則初非彼此不相知，抑二家爲行其教計，於醫藥等便民之術，亦多所研習也。參看下章自明。

信巫不信醫者仍多，此符水之所由足以惑衆也。晉書顧榮傳言：元帝所幸鄭貴嬪有疾，以祈禱頗廢萬幾。榮上牋言貴嬪未安，藥石實急；請塞鬼道淫祀。帝王如此，細民可知。褚澄、徐嗣，附澄傳。南史作徐嗣伯，附張融傳。皆號善醫，而南史所載治驗，率荒誕不經，即薛伯宗亦如是，可見其時之風氣矣。南史張融傳云：融與東海徐文伯兄弟厚。文伯，濮陽大守熙曾孫也。熙好黃老，隱於秦望山。有道士過求飲，留一瓠𤬪與之，曰：君子孫宜以道術救世，當得二千石。熙開之，乃扁鵲鏡經一卷。因精心學之，遂名振海內。傳業至於文伯。觀醫家之以此自張，而知附會失實之辭，亦不必盡出於愚民矣。

晉書孝友傳：顏含兄畿，得疾，就醫自療，遂死於醫家。後復活。衞瓘傳：瓘與子恆、嶽、裔及孫等九人同遇害，而恆二子璪、玠在醫家得免。蓋亦就醫自療也。魏書言李亮四方疾苦，不遠千里往從之。亮大爲聽事，以舍病人。時有死者，則就而棺殯，親往弔視。史言此，意以著亮之仁厚，其實爲舍以舍病者，恐當時醫家類然也。醫之所舍，必也能自給之人，若貧病者，則莫或顧恤矣。梁書儒林傳：嚴植之性仁慈，好陰德。少嘗山行，見一患者，問其姓名，不能答。載與俱歸，爲營醫藥。六日而死。植之爲棺斂殯之，卒不知何許人也。嘗緣柵塘行，見患人臥塘側，下車問其故。云姓黃氏，家本荊州，爲喻之辭也。又溫嶠傳：蘇峻平後，固辭還藩。先有齒疾，至是拔之，因中風，至鎮未旬而卒。嶠之致病，或由拔齒爲之，則手術之未盡善者矣。劉曜載記：曜之敗，被創十餘，通中者三。爲石堪所執，送於石勒。勒使金創醫李永療之。宋書魯爽傳：程天祚爲虜所獲，以妙善鍼術，爲拓跋燾所愛賞。齊書陳顯達傳：顯達討桂陽王休範。矢中左眼，拔箭而鏃不出。地黃村潘嫗善禁。先以釘釘柱，禹步作氣，釘即時出。乃禁顯達目中鏃出之。南史張融傳：有薛伯宗，善徙癰疽。公孫泰患背，伯宗爲氣封之，徙置齋前柳樹上。明旦癰消，樹邊便起一瘤，如拳大。稍稍長二十餘日，瘤大膿爛，出黃赤汁斗餘。樹爲之痿損。此乃呪由之科。凡此，皆醫之以一技鳴者也。

神仙家與醫家，關係本極密，故二家之學，仍相出入。葛洪、陶弘景之留心方書，即其明證。洪有金匱藥方百卷，肘後要急方四卷，弘景有本草集注效驗方，肘後百一方，見晉書、南史本傳。宋書羊欣傳：言欣素好黃老，有病不服藥，飲符水而已。此蓋張角之術，在宋世爲天師道之流，見下章第三節。然又言兼善醫術，撰藥方十卷，則初非不知醫藥。蓋張角之術，原亦與神仙家相出入，即其以符水飲人，亦未必非呪由科之支流餘裔也。王微傳言：微兼解醫方，載其報何偃書曰：「生平好服上藥，起年十二時病虛耳，所撰服食方中粗言之矣。家貧乏役，春秋令節，輒自將兩三門人入草采之，意在取精，世人便言希仙好異。」亦以所服食者與希仙者相出入，故見疑於世人耳。徐謇常希服道符，又欲爲魏孝文合金丹。祖珽長於醫藥，齊武成欲撲殺之，乃大呼曰：「莫殺臣，爲陛下合金丹。」二家關係之密，可以想見。此時沙門亦有善醫術，而其技初非傳自外國者。魏書藝術傳：李修父亮，少學醫術，未能精究。世祖時，奔劉義隆於彭城，又就沙門僧坦，研醫學情形，就隋志醫方類之書觀之，可分八類：一論醫理，二言明堂鍼灸，三論診法，四論病源候，五本草、藥錄、采藥法、種藥法，六醫方，七食經，八獸醫。此純爲醫家之學，其養身、養性、導引、合丹、服食、房中之說，則當與神仙家相出入也。方藥有來自外國者：如雜戎狄方，當來自西北；龍樹、菩薩、婆羅門、耆婆、乾陁利諸方，當來自南海（香方亦當來自南海。）西域諸仙所說藥方，西域名醫所集藥方，則當來自西胡也。魏書西域傳：悅般國，眞君九年，遣使朝獻，幷送幻人，稱能割人喉脈令斷，擊人頭令骨陷，皆血出，或數升，或盈斗。以草藥內其口中，令嚼嚥之，須臾血止，養創一月復常，又無痕瘢。世祖疑其虛，乃取死罪囚試之，皆驗。云中國諸名山皆有此草，乃使人受其術而厚遇之。此事或誇誕失實，然必有此類方藥，則無疑也。

北齊書馬嗣明傳云：嗣明少明醫術，博綜經方，甲乙、素問、明堂、本草，莫不咸誦，其所學可謂甚博。然此特名醫如是。宋書范曄傳言孔熙先善於治病，兼能診脈，則尋常醫家於脈法且未能盡通也。（魏書徐謇傳言顯祖欲驗其所能，乃置諸病人於幕中，使謇隔而脈之，深得病形，兼知色候。說亦近誕。謇善診脈當不誣，謇固亦非常醫也。）晉書魏詠之傳云：詠之生而兔缺。年十八，聞荊州刺史殷仲堪帳下有名醫能療之，乃西上。仲堪召醫視之，醫曰：「可割而補之，但須百日進粥，不得笑語。」詠之曰：「半生不語，而有半生，亦當療之，況百日邪？」遂閉口不語，惟食薄粥，而卒獲差。此醫之技，蓋可謂精。魏書長孫道生傳：曾孫子彥，少嘗墜馬折臂，肘上骨起寸餘，乃命開肉鋸骨，流血數升，言戲自若。時以爲踰於關羽。此醫之技，亦足與華佗爭勝矣。晉書盧欽傳：欽子浮，以病疽截手，則斷一支以全生命，昔時醫者亦知之。毒蛇螫手，壯士斷腕，非醫府。」此蓋合古今地理爲一書，亦可云作今圖而兼詳其沿革也。其序云：「祕府既無古之地圖，又無蕭何所得，惟有漢氏輿地及括地諸雜圖，各不設分率，又不考正準望，亦不備載名山大川。」其例實未盡善。顧又云：「晉文帝命有司撰訪吳蜀地圖。蜀土既定，六軍所經，地域遠近，山川險易，征路迂直，校驗圖記，罔或有差。」以當時粗疏之技，安能成此精審之作？其必諛媚非實明矣。秀所制圖，其體有六：一曰分率，二曰準望，三曰道里，四曰高下，五曰方邪，六曰迂直。其言曰：「有圖象而無分率，則無以審遠近之差。有分率而無準望，雖得之於一隅，必失之於他方。有準望而無道里，則施於山海絕隔之地，不能相通。有道里而無高下、方邪、迂直之校，則徑路之數，必與遠近之實相違。」蓋以分率定其地之所在，而以準望校之；以道里著準望所不及，而以高下、方邪、迂直核道里之實。在未知測經緯度之法時，所能爲者，亦不過如是而已。宋書謝莊傳云：莊分左氏經傳，隨國立篇，製木方丈圖，山川土地，各有分理，離之則州別郡殊，合之則寓内爲一。以木製圖，蓋由當時簡牘，尙與縑素並用？見第二節。而其可分可合，亦可見其分率之審也。隋志所載，冀州、齊州、幽州，皆有圖經；隋有諸州圖經集，已見前；而其先已有周地圖記一百九卷，可見各地皆有圖。魏書沮渠牧犍傳：世祖詔公卿爲書讓牧犍，有「民籍地圖，不登公府」之語，可見上計之制仍存。南史宋宗室及諸王傳：陳文詔訴父饒爲竟陵王誕府吏，恆使入山圖畫道路，不聽歸家。又張弘策傳，謂當指建業時，凡磯浦村落，軍行宿次，立頓處所，弘策豫爲圖，皆在目中。此等則皆供一時之用，不必精審也。隋志有張氏江圖一卷，劉氏江圖二卷，其亦弘策所爲之類歟？

體。齊時，陸澄聚一百六十家之說，依其前後遠近，編而爲部，謂之地理書。任昉又增澄書八十四家，謂之地記。陳時，顧野王抄撰衆家之言，作輿地志。隋大業中，普詔天下諸郡，條其風俗、物產、地圖，上於尚書。故隋代有諸郡物產土俗記一百三十一卷，區宇圖志一百二十九卷，諸州圖經集一百卷。」案志所謂但記州郡之名者，蓋官書?所謂因其經歷，並有記載者，蓋私家之作?作志者之意，蓋以網羅宏富，條理分明爲貴?故嘗此等記載，不能成一家之體也。陸澄、任昉之書，蓋叢書體?故亦不能成一家之書。此類記載，取材實多。有根據官書，專記州郡建置者，如元康三年地記、元嘉六年地記、九州郡縣名、并帖省置諸郡舊事是也。有兼及戶口者，如元康六年戶口簿記是也。其專詳一地方情形者，則爲諸州圖經。專志風俗者，如陳留風俗傳。演繹舊聞者，如揚雄蜀王本紀。記山水者，如劉澄之永初山川古今記，宋居士衡山記，謝靈運游名山志、居名山志、水經，庾仲容江記，釋道安四海百川水源記。記宮室者，有洛陽宮殿簿，楊衒之洛陽伽藍記，劉璆、釋曇鸞京師寺塔記。記冢墓者，有李彤聖賢冢墓記。記道里者，有蔡允恭并州入朝道里記。談沿革者，有京相璠春秋土地名，不著撰人古來國名道里記。記外國者，如法顯佛國記，不著撰人交州以南外國傳，楊孚交州異物志，不著撰人諸蕃風俗記。存錄荒誕傳說者，如託諸東方朔之十洲記、神異經。王儉七志，七曰圖譜，記地域及圖書，參看下節。可見其卷帙之浩繁矣。

地圖之作，亦較前世爲精。晉書裴秀傳言：「秀爲司空，職在地官。以禹貢山川地名，從來久遠，多有變易，後世說者，或彊牽引，漸以暗昧，於是甄擿舊文，疑者則闕。古有名而今無者，皆隨事注列。作禹貢地域十八篇，奏之，藏於祕家之術，並未施用。故貞靜處士李謐，私立曆法，言合紀次，求就其兄瑒追取，與洪等所造，遞相參考。」又求更取諸能算術兼解經義者，前司徒司馬高綽，駙馬都尉盧道虔，前冀州鎮東長史祖瑩，前幷州秀才王延業，謁者僕射常景等，日集祕書，與史官同檢疏密。神龜初，光表總合洪、龍祥、業興、道虔、前大極采材軍主衞洪顯、殄寇將軍太史令胡榮、雍州沙門統道融、司州河南人樊仲遵、定州鉅鹿人張僧豫九家，共成一曆。請定名爲神龜曆。肅宗以曆就，大赦改元，因名正光曆，班於天下。其九家共修，以龍祥、業興爲主。孝靜世，復頗乖舛。齊獻武王入鄴，復命業興改正。以年號爲目，命曰興和曆。以上據魏志。文宣受禪，命散騎侍郎宋景業造天保曆，施用之。後主武平七年，董峻、鄭元偉立議非之，而上甲寅元曆。又有廣平人劉孝孫、張孟賓，同知曆事。孟賓受業於張子信，並棄舊事，更制新法，爭論未定，遂屬國亡。西魏入關，尚行李業興正光曆法。至周明帝武成元年，始詔有司造周曆。及武帝時，甄鸞造天和曆。大象元年，太史上士馬顯又上景寅元曆。以上據隋志。然改曆之事，至隋世乃成。

地理之學，留意者亦多。隋書經籍志言：「漢初蕭何得秦圖書，故知天下要害。武帝時計書既上大史，郡國地志，固亦在焉。」病「史遷所記，但述河渠。」又云：「其後劉向略言地域，丞相張禹使屬朱貢條記風俗。班固因之，作地理志。其州國郡縣，山川夷險，時俗之異，經星之分，風氣所生，區域之廣，戶口之數，各有攸敍。是後載筆之士，管窺末學，不能及遠，但記州郡之名而已。晉世，摯虞依禹貢、周官，作畿服經。其州郡及縣分野、封略、事業、國邑、山陵、水泉、鄉亭、城疑奪郭字。道里、土田、民物、風俗、先賢、舊好，靡不具悉，凡一百七十卷，今亡。而學者因其經歷，並有記載，然不能成一家之曆。校議未定，會帝崩而寢。明帝景初元年，尚書郎楊偉造景初曆。表上，帝遂改正朔，施行偉曆。帝崩，復用夏正。劉氏在蜀，仍漢四分曆。孫氏用乾象曆。晉武帝踐阼，因魏景初曆，改名泰始。始楊偉推五星尤疏闊，故渡江以後，更以乾象五星法代偉曆。以上據晉志。宋武代晉，改泰始爲永初，此特更其名而已。元嘉二十年，何承天表上所作元嘉曆二十二年行之。大明六年，祖沖之表言其謬，上所創新曆。八年，孝武欲以明年改元行之，而是歲晏駕。齊高祖代宋，改元嘉曆爲建元，亦徒更其名而已。梁天監九年，改用沖之之曆。南史祖沖之傳：子暅之。父所改何承天曆，時尚未行，梁天監初，暅之更修之，於是始行焉。顏氏家訓雜藝篇云：算術亦是六藝要事，江南此學殊少。惟范陽祖暅精之。河北多曉此術。大同十一年，制詔更造新曆。未及施用，而遭侯景亂，遂寢。陳武受禪，亦無創改。以上據隋志。魏初仍用景初曆。世祖平涼土，得趙歐所修玄始曆。高宗踐阼，以代景初。眞君中，崔浩爲五寅元曆，未及施行，浩誅，遂寢。高祖大和中，詔祕書鍾律郎上谷張明豫爲大史令，修綜曆事。未成，明豫物故。世宗景明中，詔大樂令公孫崇等同共考驗。正始四年冬，崇表請更造新曆，名景明曆。延昌四年冬，侍中國子祭酒領著作郎崔光表言：大和十一年，臣自博士遷著作。時舊鍾律郎張明豫推步曆法，草創未備。及遷中京，轉爲大史令，未幾喪亡。所造致廢。臣中修史。景明初，奏求奉車都尉領大史令趙樊生，著作佐郎張洪，給事中領大樂令公孫崇等造曆，功未及訖，樊生又喪，洪出除涇州長史，惟崇獨專其任。暨永平初，亦已略舉。時洪府解停京，又奏令重修前事。更取大史令趙勝，大廟令龐靈扶，明豫子龍祥，共集祕書，與崇等詳驗，推建密曆。崇及勝前後並喪。洪又除豫州司馬。靈扶亦除蒲陰令，惟龍祥任京，獨修前事。洪至豫州，仍續有所造。兼校書郎李業興，本雖不豫，亦私造曆。三外匡，於已解者無異在內，然斯二者，以考於天，蓋密矣。又云：古舊渾象，莫知何代所造。今案虞喜云：洛下閎爲漢孝武帝於地中轉渾天，定時節，作大初曆，或其所製也。」案堯典乃東周後人所述，星官書亦出其時，以之相釋，正得其實。指爲渾儀，而以爲出於堯時，則謬矣。此造作讖緯者之妄談，馬、鄭無識，誤襲之也。渾象出於洛下閎，亦近億測。古不知何人之業，往往附諸一知名之人，一部世本作篇，蓋莫非如是，虞喜之說，亦仍其故智耳。漢世作者，以張衡爲最精，已見秦漢史第十九章第七節。王蕃以古製局小，以布星辰，相去稠穊，不得了察，張衡所作，又復傷大，難可轉移，乃改作之，大小居二者之中。陸績作渾象，形如鳥卵，以施黃赤二道，不得如法。績說云：天東西徑三十五萬七千里，直徑亦然，則績意以天爲正圓，器與言謬，頗爲後人所譏。偽劉曜光初六年，史官丞南陽孔挺造銅儀，則古渾儀之法。宋高祖定咸陽得之。何承天、徐爰、沈約著宋史，咸以爲即張衡所造，誤也。後魏道武天興初，命大史令晁崇修渾儀。明元永興四年，詔造大史候部鐵儀，唐時大史候臺尙用之。渾天象有機而無衡。梁末祕府有，以木爲之。吳大史令陳苗云：先賢制木爲儀，名曰渾天，謂此。宋文帝元嘉十三年，詔大史更造渾儀。大史令錢樂之依案舊說，采效儀象，鑄銅爲之，以爲渾儀，則內闕衡管，以爲渾象，而地不在外，是參兩法，別爲一體。吳時有葛衡，改作渾天，使地居於天中，以機動之，天動而地止，以上應晷度，則樂之之所放述也。十七年，又作小渾天，亦象天而地在其中。此晉、南北朝之世天文儀器之大略也。亦據隋志。

自後漢行四分曆後，靈帝時，會稽東部尉劉洪，悟其於天疏闊，更作乾象曆。魏文帝黃初中，大史丞韓翊造黃初中高外下。北極之下，爲天地之中，其地最高，滂沲四隤，三光隱映，以爲晝夜。又謂天圓如張蓋，地方如棋局，天旁轉如推磨而左行。日月右行，天左轉。故日月實東行，而天牽之以西沒。譬之蟻行磨石之上，磨左旋而蟻右去，磨疾而蟻遲，不得不隨磨左迴。天形南高而北下，日出高故見，入下故不見。天之居之如倚蓋，故極在人北。極在天中，今在人北，所以知天之形如倚蓋。渾天之論，則謂天如雞子，地如中黃，孤居於天內，天大而地小。天表裏有水，天地各乘氣而立，載水而行。周天三百六十五度四分度之一，又中分之，則半覆地上，半繞地下。故二十八宿，半見半隱。天之轉，如車轂之運焉。皆見隋志。其非天之正體相同，然渾天之術，於推步最便，故後人率遵其說也。隋志載葛洪之言，謂張平子、陸公紀之徒，咸以推步莫密於渾象。又載祖暅之言，謂「自來論天者多矣，羣氏糾紛，至相非毀。竊覽同異，稽之典經，仰觀辰極，旁矚四維，規日月之升降，五星之見伏，校之以儀象，覆之以晷漏，則渾天之理，信而有徵。」束皙云：「物有惑心，形有亂目，誠非斷疑定理之主。故仰遊雲以觀日月，日月常動而雲不移，乘船以涉水，水去而船不徙矣。」寧羣象必資徵實，夫固爲學自然之軌轍也。

渾天之器，有儀有象。隋書天文志云：「書舜在璇、璣、玉衡，以齊七政。璇璣，謂渾天儀也。故春秋文耀鉤云：唐堯即位，羲和立渾儀。而先儒或因星官書北斗第二星名璇，第三星名璣，第五星名玉衡，仍七政之言，以爲北斗七星。載筆之官，莫之或辨。史遷、班固，猶且致疑。馬季長創謂璣衡爲渾天儀。鄭玄亦云：其轉運者爲璣，其持止者爲衡，皆以玉爲之。七政者，日、月、五星也。以璣視其行度，以觀天意也。故王蕃云：渾天儀者，羲和之舊器，積代相傳，謂之璣衡，其爲用也，以察三光，以分宿度者也。又有渾天象者，以著天體，以布星辰。而渾象之法，地當在天中，其勢不便。故反觀其形，地爲

第七節 自然科學

自然科學之中天文、曆法，措意者頗多。宋書天文志曰：言天者有三家：一曰宣夜，二曰蓋天，三曰渾天。而天之正體，經無前說，馬書、班志，又闕其文。漢靈臺議郎蔡邕，於朔方上書曰：「言天體者三家，宣夜之學，絕無師法，周髀術數具存，考驗天狀，多所違失，惟渾天近得其情，今史官所用候臺銅儀，則其法也。官有器而無本書，前志亦闕而不論，本欲寢伏儀下，思惟微意，按度成數，以著篇章。罪惡無狀，投畀有北，灰滅兩絕，勢路無由，宜問群臣及巖穴，知渾天之意者，使述其義。」時閹官用事，邕議不行。案晉書天文志載漢秘書郎郗萌，能記宣夜先師相傳之說，則其師法似非全絕。故晉成帝時，虞喜能因其說以造安天論焉。蓋天之說，著於周髀，後漢時，王充據之以駁渾儀。晉書天文志，梁武帝於長春殿講義，別擬天體，亦全同周髀之文。隋書天文志。渾天之說，信者最多。揚雄即難蓋天八事，以通渾天。隋志。鄭玄又難其二事，為蓋天之學者不能通。宋志。而桓譚亦駁王充之說，吳陸績始推渾天意，王蕃傳劉洪乾象曆，亦主渾天。晉葛洪譏虞喜釋王充說頗同落。宋何承天，梁祖暅，亦信渾天之說。梁書儒林傳云：先是儒者論天，互執渾蓋二義，崔靈恩立義，以渾蓋為一焉。其說未知如何。案宣夜之說，謂天了無質，其見為蒼蒼然者，以高遠無極，仰而瞻之，眼瞀精絕，猶旁望黃山皆青，俯察深谷窈黑，青非正色，黑非有體。日、月、衆星，自然浮生虛空之中，以七曜或逝或住，或順或逆，伏見不常，進退不常，由其無所根繫為證。虞喜安天論，謂天有常安之形，地有居靜之體，光曜布列，各自運行。蓋天之說，則謂天似蓋笠，地法覆槃，天地各俗好之如此云。顏氏家訓雜藝篇云：「禮曰：君子無故不撤琴瑟。古來名士，多所愛好。洎於梁初，衣冠子弟不知琴者，號有所闕。」此亦習俗使然，好尚未必存焉也。

角觝百戲，仍頗盛行。晉書武帝紀：泰始元年十二月，禁樂府靡麗百戲之伎。成帝紀：咸康七年十二月，除樂府雜伎。然齊書禮志言：「晉中朝元會，設臥騎、倒騎、顛騎，自東華門馳往神虎門，此亦角觝雜戲之流也。」則除之究不能盡矣。抱朴子對俗篇言「幻化之事，九百有餘，」可想見其盛況。周書崔猷傳謂：大統時，大廟初成，四時祭祀，猶設俳優角觝之戲，則北朝亦迄有之也。俳優者，北齊書尉景傳言：神武令優者石董桶戲之。董桶剝景衣曰：「公剝百姓，董桶何爲不剝公？」猶是詼諧剽剝之舊也。

齊書崔祖思傳：高帝初即位，祖思啓陳政事曰：「前漢編戶千萬，大樂伶官，方八百二十九人。孔光等奏罷不合經法者四百四十一人，正樂定員，惟置三百八十八人。今戶口不能百萬，而大樂雅鄭，元徽時校試，千有餘人。後堂雜伎，不在其數。」王晏傳：晏弟詡，永明中爲少府卿。六年，敕位未登黃門郎，不得畜女伎。詡與射聲校尉陰玄智坐畜伎免官禁錮。南史王琨傳：大明中，尚書僕射顏師伯豪貴，下省設女樂，要琨同聽。侍酒行炙，皆悉內伎。陳書章昭達傳：每飲會，必盛設女伎雜樂，備羌胡之聲。音律姿容，並一時之妙。雖臨寇對敵，旗鼓相望，弗之廢也。壯士軍前半死生，美人帳下猶歌舞，豈況平時之酣歌恆舞哉？然滿堂而飲酒，一人鄉隅而飲泣，則四坐爲之不樂；朱門酒肉臭，路有凍死骨；果何以致和氣之應乎？曷怪墨翟有非樂之篇也。

用其聲，被於鍾石，取周官制以陳之。明帝武成二年正月朔旦，會羣臣於紫極殿，始用百戲。武帝保定元年，詔罷之。亦見周書本紀。及宣帝即位，廣召雜伎，增修百戲，魚龍漫衍，常陳殿前。見紀大象元年。武帝以梁鼓吹熊羆十二案每元正大會，列於縣間，與正樂合奏。宣帝時，革前代鼓吹，制爲十五曲，晨出夜還，恆陳鼓吹。志又載牛弘謂「後周之樂，皆是新造，雜有邊裔之聲，戎音亂華，皆不可用」云。魏、齊、周三朝之樂，大略如此。

晉南北朝，實爲外國音樂流傳中國之世。據隋書音樂志：煬帝定清樂、西涼、龜茲、天竺、康國、疏勒、安國、高麗、禮畢爲九部。除清樂並漢末舊曲，禮畢出自晉大尉庾亮家外，亮卒，其伎追思亮，因假爲其面，執翳以舞，象其容，取其謚以號之，謂爲文康樂。每奏九部樂終則陳之，故以禮畢爲名。餘皆來自異域。西涼者，起苻氏之末，呂光、沮渠蒙遜等據有涼州，變龜茲聲爲之，號爲秦漢伎。魏大武平河西得之，謂之西涼樂。至魏、周之際，遂謂之國伎。龜茲者，起自呂光滅龜茲，因得其聲。呂氏亡，其樂分散。後魏平中原，復獲之。其後聲多變易。至隋，有西國龜茲、齊朝龜茲、土龜茲等凡三部。天竺者，起自張重華據有涼州，重四譯來貢男伎。康國，起自周代聘北狄爲后，得其所獲西戎伎，因其聲。疏勒、安國、高麗，並起自後魏平馮氏及通西域，因得其伎云。志又云：吹笛、彈琵琶、五絃及歌舞之伎，自文襄以來，皆所愛好。至河清以後，傳習尤盛。後主惟賞胡戎樂，耽愛無已。於是繁手淫聲，爭新哀怨。故曹妙達、安未弱、安馬駒之徒，至有封王開府者。遂服簪纓而爲伶人之事。後主亦能自度新曲，親執樂器，悅翫無倦，倚絃而歌；別采新聲，爲無愁曲，音均窈窕，極於哀思。使胡兒閹官之輩，齊唱和之。莫不隕涕。雖行幸道路，或時馬上奏之。樂往哀來，竟以亡國。蓋時外國音樂，率較中國舊樂爲幽怨、高亢，故奏，曰：「此華夏正聲也。昔因永嘉，流於江外，我受天命，今復會同」云云。此洛京亂後，雅樂流播之大略也。

隋志又云：道武克中山、大武平統萬，或得其宮縣，或收其古樂。於時經營是迫，雅器斯寢。孝文頗爲詩歌，以勖在位。謠俗流傳，布諸音律。大臣馳騁漢、魏，旁羅宋、齊。功成奮豫，代有制作。莫不各揚廟舞，自造郊歌，宣暢功德，輝光當世，而移風易俗，浸以陵夷。周書斛斯徵傳云：孝武西遷，雅樂廢闕，徵博采遺逸，稽諸典故，創新改舊，方始備焉。隋志又云：齊文宣將有創革，尚樂典御祖珽自言舊在洛下，曉知舊樂，上書曰：「魏氏來自雲朔，肇有諸華，樂操土風，未移其俗。至道武帝皇始元年，破慕容寶於中山，獲晉樂器，不知采用，皆委棄之。天興初，吏部郎鄧彥海奏上廟樂，創制宮縣，而鍾管不備，樂章既闕，雜以簸邏迴歌。初用八佾，作始皇之舞。至大武帝平河西，得沮渠蒙遜之伎，賓嘉大禮，皆雜用焉。此聲所興，蓋苻堅之末，呂光出平西域，得胡戎之樂，因又改變，雜以秦聲，所謂秦漢樂也。至永熙中，錄尚書長孫承業，共臣先人大常卿瑩等，斟酌繕修，戎華兼采，至於鍾律，煥然大備。自古相襲，損益可知，今之創制，請以爲準。」珽因采魏安豐王延明及信都芳等所著樂說而定正聲，始具宮縣之器。仍雜西涼之曲。樂名廣成，而舞不立號。所謂洛陽舊樂者也。（志又載牛弘奏云：「後魏洛陽之曲，據魏史云：大武平赫連昌所得，更無明證。」）何妥傳：妥請興雅樂，表言：「江東宋、齊以來，至於梁代，所行樂事，猶皆傳古。侯景篡逆，樂師分散，四舞、（鞞、鐸、巾、拂。）三調，（清、平、瑟。）悉度僞齊。齊氏雖知傳受得曲，而不用之於宗廟朝廷也。」隋志又言：後周大祖輔魏之時，高昌款附，乃得其伎，教習以備宴饗之禮。及天和六年，武帝能掖廷四夷樂。（周書本紀在九月。）其後帝聘皇后於北狄，得其所獲康國、龜茲等樂，更雜以高昌之舊，並於大司樂習焉。采魏復雅樂，始自杜夔，已見秦漢史第十九章第六節。晉初，荀勖典知樂事，又修律呂，事見晉書勖傳及宋書樂志。志云：江左以無雅樂器及伶人，省大樂并鼓吹令。是後頗得登哥食舉之樂，猶有未備。明帝大寧末，又詔阮孚等增益之。成帝咸和中，乃復置大樂官，鳩習遺逸。而尚未有金石也。初荀勖修正鍾磬，事未竟而勖薨。惠帝元康三年，詔其子藩修定金石，以施郊廟。事亦見晉書裴秀傳。尋直喪亂，遺聲舊制，莫有記者。庾亮爲荊州，與謝尚共爲朝廷修雅樂，亮尋薨，庾翼、桓溫，專事軍旅，樂器在庫，遂至朽壞焉。晉氏之亂也，樂人悉沒戎虜。晉書劉弘傳云：伶人避亂，多至荊州。下書郡縣，使安慰之，須朝廷旋反，送還本署。則時伶人亦有南奔者，朝廷未能存撫耳。及胡亡，鄴下樂人，頗有來者。謝尚時爲尚書僕射，因之以具鍾磬。大元中，破苻堅，又獲樂工楊蜀等，閑練舊樂，四廂金石始備焉。隋書音樂志曰：慕容垂破慕容永於長子，盡獲苻氏舊樂。垂息爲魏所敗，其鍾律令李佛等將大樂細伎奔慕容德於鄴。德遷都廣固，子超嗣立，其母先沒姚興，超以大樂伎百二十人詣興贖母。及宋武帝入關，悉收南度。文帝元嘉九年，大樂令鍾宗之更調金石。至十四年，典書令奚縱復改定之。齊代因而用之。梁武帝思弘古樂。天監元年，下詔訪百寮。是時對者七十八家，咸多引流略，浩蕩其辭，言樂之宜改，而不言改樂之法。帝既素善鍾律，詳悉舊事，遂自制定禮樂。其後臺城淪沒，樂府不修。王僧辯破侯景，諸樂並送荊州。經亂，工器頗闕。元帝詔有司補綴纔備，荊州陷沒。西人不知采用，工人有知音者，並入關中，隨例沒爲奴婢。又云：清樂，其始卽清商三調是也。並漢末舊曲。樂器形制，并歌章古辭，與魏三祖所作者，皆被於史籍。屬晉朝遷播，夷羯竊據，其音分散。苻永固平張氏，始於涼州得之。宋武平關中，因而入南，不復存於內地。及平陳後獲之。高祖聽之，善其節

：云欲游名山，乃寫祖炳所畫尙子平圖於壁上，則仍爲人物矣。宋書王微傳，微報何偃書曰：「性知畫繢，盤紆糾紛，或記心目，故兼山水之愛，一往跡求，皆放象也。」此所言者，或亦山水畫。

佛畫、佛象，亦隨佛教而俱興。梁書諸夷傳述鄮縣光宅寺云：大同中，出舊塔舍利，敕市寺側數百家宅地，以廣寺域。造諸堂殿，幷瑞像周回閣等，窮於輪奐焉。其圖諸經變，並吳人張繇運筆。繇丹青之工，一時冠絕。又云：師子國晉義熙初，始遣獻玉象，經十載乃至。象高四尺二寸，玉色潔潤，形製殊特，殆非人工。此象歷晉、宋世，在瓦官寺。寺先有徵士戴安道手製佛象五軀，及顧長康維摩畫圖，世人謂爲三絕。至齊東昏，遂毀玉象，前截臂，次取身，爲嬖妾潘貴妃作釵釧。戴安道名逵，其子顒，見宋書隱逸傳云：自漢世始有佛象，形製未工，逵特善其事，顒亦參焉。宋世子鑄丈六銅象於瓦官寺，既成，面恨瘦，工人不能治，乃迎顒看之。顒曰：「非面瘦，乃臂胛肥耳。」既錯減臂胛，瘦患卽除，無不歎服焉。元魏造象，規模尤大，見第二十四章第二節。

畫工見賤，尤甚於書工。顏氏家訓雜藝篇云：「吳郡顧士端，出身湘東國侍郎，後爲鎭南府刑獄參軍，有子曰庭，西朝中書舍人，父子並有琴書之藝，尤妙丹青，常被元帝所使，每懷羞恨。彭城劉岳，槖之子也，仕爲驃騎府管記、平氏縣令，才學快士，而畫絕倫。後隨武陵王入蜀，下牢之敗，遂爲陸護軍畫支江寺壁，與諸工巧雜處。鄉使三賢都不曉畫，直運素業，豈見此恥乎？」其見輕可謂甚矣。然名畫與法書，同爲人所寶愛。隋書經籍志簿錄類，有陳祕閣圖書法書目錄一卷，法書目錄六卷，書品二卷，名手畫錄一卷。

之欽慕宗測，令陸探微畫其形，與己相對。南史隱逸傳。夏侯亶遷吳興大守，在郡有惠政，吏人圖其象立碑頌美。齊武成於華林起玄洲苑，備山水臺觀之麗，詔於閣上畫魏收。許惇遷守陽平，治爲天下第一，特加賞異，圖形於闕。凡此皆徒畫其人。南史宋宗室諸王傳：長沙景王道憐之孫韞，人才凡鄙。在湘州、雍州，使善畫者圖其出行鹵簿羽儀，常自披翫。嘗以示蔡興宗，興宗戲之，陽若不解畫者，指韞形問之曰：「此何人而在輿？」韞曰：「正是我。」其庸鄙類如此。梁書康絢傳：絢身長八尺，容貌絕倫，雖居顯官，猶習武藝。高祖幸德陽殿戲馬，敕絢馬射，撫弦貫的，觀者悅之。其日，上使畫工圖絢形，遣中使持以問絢，曰：「卿識此圖不？」其見親如此。此圖中蓋亦有多人？齊武帝志存恢復，使毛惠秀畫漢武北伐圖，置琅邪城射堂壁，遊幸輒觀焉。齊書王融傳。此圖除人物外，當更有他景色以資點綴也。然特以資點綴而已，所重者仍在人物，故有以善畫一種人物稱者，如齊書劉繪傳言：滎陽毛惠遠善畫馬，繪弟瑱善畫婦人，當世並爲第一是也。顧愷之之畫，特重古今，觀晉書本傳所言，亦僅善於人物而已。顏氏家訓雜藝篇云：「武烈大子，偏能寫眞，坐上賓客，隨宜點染，卽成數人，以問童稚，皆知姓名矣。」南史陳本紀云：袁彥聘隋，竊圖隋文帝狀以歸。後主見之，大駭，曰：「吾不欲見此人。」此說不知信否？然當時有此速繪之術，自不誣也。

山水畫似亦起於此時，但不多耳。宋書隱逸傳：宗炳，好山水，愛遠游。西陟荊巫，南登衡岳，因而結宇衡山。欲懷尚平之志，卽後書逸民傳之向長，字子平。注云：高士傳作尚。有疾還江陵，歎曰：「老、疾俱至，名山恐難徧覩，惟當澄懷觀道，臥以游之。」凡所游履，皆圖之於室。謂人曰：「撫琴動操，欲令衆山皆響。」此所畫者，必爲山水無疑。炳孫測，見齊書高逸傳。

府起齋，命野王畫古賢，褒書贊。韋叙居家無事，慕萬石、陸賈之爲人，畫之於壁以自玩。石季龍造大武殿初成，圖畫自古賢聖、忠臣、孝子、烈士、貞女。晉書藝術佛圖澄傳。又云：皆變爲胡狀，旬餘，頭悉縮入肩中，惟冠𩮜髣髴微出。季龍大惡之，祕而不言也。宋書五行志亦云：石虎末，大武殿前所圖賢聖人象，人頭悉縮入肩中。說雖怪誕，然其圖畫人象，自係實事也。皆畫古人於屋壁，以資鑒戒。李玄盛於南門外臨水起堂，名曰靖恭之堂，以議朝政，閱武事。圖贊自古聖帝、明王、忠臣、孝子、烈士、貞女，親爲序頌。當時文武臣僚，亦皆圖焉。則兼及今人矣。齊武帝時，藩邸嚴急，諸王五經之外，惟得看孝子圖，已見第十章第一節。王僧虔子慈，年八歲，外祖宋江夏王義恭迎之內齋，施寶物，恣所取，慈取素琴、石硯及孝子圖而已。隋書經籍志：梁有孝經圖一卷，孝經孔子圖二卷，雜傳類又有陳留先賢象贊一卷，會稽先賢象贊五卷，皆裝成卷帙者。魏肅宗欲釋奠，豫詔有司，圖飾聖賢，見第一節。則祠祀者亦有畫象也。宋書自序：世祖以沈伯玉容狀似畫圖仲尼象，常呼爲孔丘，此孔子象不知在廟中抑在屋壁上？或裝成卷帙？然當時孔子畫象必頗多，則可想見也。畫今人者：王玄謨子寬，泰始初爲隨郡太守，逢四方反，父在建康，寬棄郡自歸。以母在西，爲賊所執，請西行。遂襲破隨郡，收其母。事平，明帝嘉之，使圖寬形以上。齊高帝圖功臣，劉僧副在焉。南史劉善明傳。竟陵王子良開西邸，延才俊，使工圖其象，王亮、宗夬皆與焉。並見梁書本傳。桓康隨武帝起兵，所經村邑，恣行暴害。江南人畏之，以其名怖小兒，畫其形於寺中，病瘧者寫形帖著牀壁，無不立愈。南史本傳。馮道根爲豫州，梁高祖引與燕，召工圖其形象。柳仲禮遷司州，帝思見其面，亦使畫工圖之。張緬居憲司，號爲勁直，帝遣畫工圖其形於臺省，以勵當官。陳武帝定杜僧明等之亂，帝亦遣畫工圖其容貌而觀之。昭明太子起樂賢堂，使圖工先圖劉孝綽、王秀書工有徒取機速能集事者。齊書幸臣傳：劉係宗，泰始中爲主書。大祖廢蒼梧，明日，呼正直舍人虞整，醉不能起。係宗歡喜奉命，使寫諸處分敕令及四方書疏，使主書十人、書吏二十人配之，事皆稱旨。此等但求能赴事機，未必更求筆迹之美。若崔衡供職，兼及廢主所覽；梁書張率傳：敕使撰婦人事二十餘條，使工書人琅邪王深、吳郡范懷約、褚洵等繕寫，以給後宮，則兼求其書法之工矣。然當時雖重書法，於工書者仍賤視之。觀王獻之對謝安語可見。宋書羊欣傳：元顯每使欣書，嘗辭不奉命。元顯怒，乃以爲其後軍府舍人。此職本用寒人，欣意貌恬然，不以高卑見色，論者稱焉。觀劉係宗本爲竟陵王誕子景粹侍書，誕舉兵，廣陵城內皆死，敕赦之，又以爲東宮侍書，則知作書本寒人事也。梁書劉顯傳：嘗爲上朝詩，沈約見而美之。時約郊居宅新成，因命工書人題之於壁。文學傳：約郊居宅新構閣齋，劉杳爲贊二首，并以所撰文章呈約。約即命工書人題其贊於壁。此等工書人亦必寒素可隨意使令者。顏氏家訓雜藝篇言：「眞草書迹，微須留意。江南諺云：尺牘書疏，千里面目也。」然又言「此藝不須過精。見第二節。王褒地胄清華，才學優敏，後雖入關，亦被禮遇，猶以書工，崎嶇碑碣之間，辛苦筆硯之役。嘗悔恨曰：使吾不知書，可不至今日邪？」趙文深書見遐棄，而以爲恨，褒書見推重，而亦以爲恨，膏粱寒素自處之不同，概可見矣。宋書謝靈運傳云：靈運詩書，皆兼獨絕，每文竟，手自寫之，文帝稱爲二寶。然則當時士夫自寫文字者絕少，書工之見役使者必多也。

圖畫仍以人物爲主。王粹圖莊周於室，廣集朝士，使嵇含爲之贊。晉書忠義嵇紹傳。宋明光殿以胡粉塗壁，畫古賢、烈士。宋書百官志。王綸之爲豫章大守，畫陳蕃、華歆、謝鯤象於郡朝堂。顧野王與王褒並爲梁宣城王賓客。王於東所謂集字。魏書崔玄伯傳：玄伯父潛，爲兄渾誄手筆草本，延昌初，著作佐郎王遵業買書於市，遇得之。深藏祕之。武定中，遵業子松年，以遺黄門郎崔季舒。人多摹搨之，則又後世鉤摹展拓之本矣。

詔令奏議，要密者或出親書，蓋欲以防詐僞。蔡興宗說宋明帝爲手詔以慰殷琰，已見第九章第五節。劉道濟之死，裴方明等使書與相似者爲教，酬答籤疏。蕭穎冑死，州中祕之，亦使似其書者假爲教命。此皆施於軍機緊急之時。謝瀹兄朏在吳興，論啓公事稽晚，瀹輒代爲啓，齊明帝見非其手迹，被問，見原，此則施之平時者矣。龔僑特工模寫，周大祖令僞爲魏帝勅書與費也頭，令將兵助大祖討侯莫陳悅。僑依舊勅模寫，及代舍人主書等署，與眞無異，此固稟分使然，亦其時多用手筆，故有工於模放者邪？宋書武三王傳言：衡陽王義季素拙書，文帝聽使餘人書啓事，惟自署名，則非特許必出親筆，故梁昭明大子疾，武帝敕參問，輒自力手書啓也。萬幾日不暇給，或武人實不能書者，亦須自署名。南史恩幸傳云：齊高帝在領軍府，令紀僧眞學手迹下名。纂位後，報答書疏，皆付僧眞。上觀之，笑曰：「我亦不復能別也。」王敬則傳云：敬則不識書，止下名。侯安都傳云：安都日益驕慢，表啓封訖，有事未盡，乃開封自書之，云又啓某事。然則本不自書也。手迹之爲用既廣，留意於其工拙者遂多。劉穆之說宋高祖，已見第二節。魏書崔玄伯傳：弟子衡，學崔浩書，頗亦類焉。天安元年，擢爲內祕書中散，班下詔命及御所覽書，多其迹。此則虜主不能書，而使工書者爲代也。北齊高祖令工書人韓毅在東館師友諸王。後主在東宮，世祖亦選善書人性行純謹者令侍書。北齊書儒林傳。亦以世重書法，故加意教習也。

足獨成一體也。然則晉、南北朝諸史所稱善隸書者，亦未始不可兼該行、楷矣。而楷法之名，亦漸移於章程書，不專指八分。北齊書趙彥深傳：子仲將，善草、隸。雖與弟書，書字楷正。云「草不可不解。若施之於人，即似相輕易。若與當家中卑幼，又恐疑所在宜爾。是以必須隸筆。」此云楷正，即指隸書事甚明白。然其所謂隸筆，未必不苞行書，不必皆如今之正書，亦理之可信者也。四體書勢於行書稱鍾、胡，而荀勖領祕書監，立書博士，置弟子教習，以鍾、胡爲法，可見行書爲用之廣矣。史於行書，亦間有別諸隸書者，如魏書崔玄伯傳，言其尤善草、隸、行押之書是也。然甚少。

當時工書者，頗多衣冠中人。南則王、謝，如晉書王導傳言其孫珉善行書，謝安傳亦言其善行書。北則崔、盧，見魏書崔玄伯、玄伯子浩及盧淵傳。並爲史所豔稱，而王羲之尤稱「古今之冠」。晉書本傳語。書藝既爲世所重，名人筆迹，亦因之見寶。齊大祖嘗示王僧虔古迹十一袠，就求能書人名。僧虔得民間所有袠中所無者十一卷奏之。又上羊欣所撰能書人名一卷。齊書本傳。又劉繪傳：繪善隸書，亦嘗撰能書人名。梁武帝天監初，殷鈞爲祕書郎，啓校定祕閣四部書，更爲目錄。又受詔料簡西省法書古迹，別爲品目。梁書本傳。西陽王大鈞，年七歲，高祖嘗問讀何書？對曰：學詩。因命諷誦，音均清雅。賜王羲之書一卷。梁書太宗十一王傳。陳時，征北軍人於丹徒盜發晉郗曇墓，大獲王羲之書及諸名賢遺迹。事覺，其書並沒縣官，藏於祕府。世祖以始興王伯茂好古，多以賜之。陳書世祖九王傳。此皆天家之藏。桓玄愛王羲之父子書，各爲一袠，置左右玩之。晉書羲之傳。江祏遠致餉遺，或取諸王名書。南史本傳。此則士大夫之篤嗜成癖者也。北方則多寶崔、盧之書。魏書崔浩傳言：世寶其迹，多裁割綴連，以爲模楷。梁書文學周興嗣傳言：次均王羲之書千字，使興嗣爲文。此皆世實用者，仍稱爲隸書，亦曰章程書。統觀晉、南北朝諸史，善隸草者最多，工楷法者已少，古篆則幾於絕無矣。此可見雖云藝事，仍不能不受實用之牽率也。江式六世祖瓊，善蟲篆古訓，子孫世傳家業。此在當時，蓋爲孤學。式上表求作古今文字，言曹喜、蔡邕、張揖、邯鄲淳、韋誕、衛覬皆能篆，瓊即受學於覬者，此皆魏晉間人。表稱「題篆宮禁，猥同上哲，」傳言式篆體尤工，洛京宮殿諸門版題皆式書，似題署尙皆用篆。然晉書王羲之傳言：大元中，新起大極殿，謝安欲使其子獻之題榜，而難言之，試謂曰：「魏時凌雲殿榜未題，而匠者誤釘之，不可下，乃使韋仲將縣橙書之。比訖，鬚髮盡白，裁餘氣息。還語子弟，宜絕此法。」獻之揣知其旨，正色曰：「仲將魏之大臣，寧有此事？使其若此，有以知魏德之不長。」安遂不之逼。獻之，傳僅言其工草隸而已。魏書盧玄傳言代京宮殿，多其孫淵所題，亦僅云其六世祖志法鍾繇書，傳業累世。繇亦僅工章程書耳。竇瑾傳：子遵，善楷、篆。北京諸碑及臺殿樓觀宮門題署，多遵書；此當皆用楷、篆。然周書藝術傳言：冀儁善隸書。趙文深少學楷隸，雅有鍾、王之則。當時碑牓，惟文深及儁而已。平江陵後，王褒入關。貴游等翕然，並學褒書。文深之書，遂被遐棄。文深慚恨，形於言色。後知好尙難反，亦攻習褒書。然竟無所成。轉被譏議，謂之學步邯鄲焉。至於碑牓，餘人猶莫能逮。王褒亦每推先之。宮殿樓閣，皆其迹也。世宗令至江陵書景福寺碑，漢南人士，亦以爲工。雖外任，每須題榜，輒復追之。儁因僅以善隸稱，文深雖楷、隸並言，然云有鍾、王之則，則所工者亦隸書也。然則碑牓亦不必篆分矣。古篆之用日少，此識之者所由日希歟？見第一節。

衞恆作四體書勢：一爲古文，二爲篆書，三爲隸書，四爲草書，行書卽該於隸書之中。蓋行、楷八分皆隸之小變，不之句。成淹傳云子霄，亦學涉，好爲文詠，但辭釆不倫，率多鄙俗。與河東姜質等朋游相好，詩賦間起。知音之士，共所嗤笑。閭巷淺識，頌諷成羣，乃至大行於世。則知俗語亦可爲文，但不爲文士所貴耳。

文士之於語言，既但用之於筆，則高文典册，必也競事塗澤，寖失其眞矣。窮而思返，實始北周。周書蘇綽傳曰：自有晉之季，文章競爲浮華，遂成風俗。大祖欲革其弊，因魏帝祭廟，羣臣畢至，乃命綽爲大誥，奏行之。自是之後，文筆皆依此體。恭帝元年，大祖命盧辯作誥喻公卿，見第五節。及閔帝時，魏帝禪詔册文，亦皆蘇綽大誥之流也。此等文字，雖似質實，實則仍以古語堆砌，未能達其眞意。此仍是塗澤，不過其所塗澤者不同耳。故史臣譏其「矯枉非適時之用」焉。王褒庾信傳論。

賦體多學漢人，間有漸趨妍俊者，如雪、月、恨、別諸賦是也。詩體亦仍漢世之五言。如陶潛之高曠，謝靈運之工整，鮑照之雄駿，可謂各自名家。然較諸漢、魏以前之作，如古詩十九首等，則眞樸漸漓矣。樂府之體，稍爲文人所效爲。宋書樂志云：「凡樂章古辭，今之存者，並漢世街陌謠謳。吳哥、雜曲，並出江東。晉、宋已來，稍有增廣。古者天子聽政，使公卿大夫獻詩，耆艾修之，而後王斟酌焉。秦、漢闕采詩之官，歌詠多因前代，與時事既不相應，且無以垂示後昆。漢武帝雖頗造新哥，然不以光揚祖考，崇述正德爲先，但多詠祭祀見事，及其祥瑞而已。商、周雅頌之體闕焉。」觀此，可知是時之詩，民間歌謠見采者日希，文人之所爲愈盛矣。

視書法爲藝事之風，降而益甚。古篆稍廢，通行最廣者，實惟隸書。作隸求其姿媚，則有八分書，亦曰楷法。其專講悶也。

斯時之文字，有文筆之分。文貴華豔，筆則仍頗質實，與口語相去，初不甚遠。然二者已不必兼長。晉書摯虞傳云：東平太叔廣樞機清辯，廣談虞不能對，虞筆廣不能答。樂廣傳云：廣善清言而不長於筆。累遷侍中河南尹。將讓尹，請潘岳爲表。岳曰：「當得君意。」廣乃作二百句語，述己之志。岳因取次比，便成名筆。時人咸云：「若廣不假岳之筆，岳不取廣之志，無以成斯美也。」齊書劉繪傳：繪以辭辯，敕接虜使。事異，當撰語辭。繪謂人曰：「無論潤飾未易，但得我語亦難矣。」皆可見口舌筆札，二者自有懸遠也。然口語次比，便可成筆，則其相去究不甚遠，故雖不讀書者，亦或能爲之。齊書周顒傳言顒善尺牘，而沈攸之送絕交書，太祖仍口授令顒裁答。魏書楊大眼傳云：大眼雖不學，恆遣人讀書，坐而聽之，悉皆記識。令作露布，皆口授之，而竟不多識字也。周書梁臺傳云：不過識千餘字，而口占書啓，辭意可觀。此尚與王平所識不過十字，而能口授作書無異。見秦漢史第十九章第六節 大抵當時古書，苟非有意塗澤者，仍是盡人所能解。晉書石勒載記言勒嘗使人讀漢書，聞酈食其勸立六國後，大驚曰：「此法當失，何得遂成天下？」至留侯諫，乃曰：「賴有此耳。」此與楊大眼使人讀書坐而聽之正同。赫連勃勃載記：劉裕入長安，遣使遺勃勃書。勃勃命其中書侍郎皇甫徽爲文而陰誦之。召裕使前，口授舍人爲書，封以答裕。裕覽其文而奇之。苟與語言相去甚遠，必非勃勃所能記也。宋書劉穆之傳云：穆之與朱齡石並便尺牘，常於高祖坐與齡石答書，自旦至中，穆之得百函，齡石得八十函，而穆之應對無廢也。此等書翰，亦必僅就口語，略事翦裁耳。魏書胡叟傳云：好作文，既善爲典雅之辭，又工爲鄙俗文學之華靡，至梁之叔世而極。所謂宮體是也，見南史徐摛傳。北朝則大盛於北齊後主之世。祖珽奏立文林館，召引文學之士，一時稱盛焉。見北史文苑傳。傳云：「永明、天監之際，大和、天保之間，洛陽、江左，文雅尤盛。彼此好尚，雅有異同，江左宮商發越，貴於清綺；河朔辭義貞剛，重乎氣質。氣質則理勝其辭，清綺則文過其意。理深者便於時用，文華者宜於詠歌。此南北辭人得失之大較也。」然又云：「革車電邁，渚宮雲徹，梁荊之風，扇於關右。狂簡之徒，斐然成俗。流宕忘反，無所取裁。」則周人雖欲復古，亦未能自立於風氣之外矣。

斯時綴述之家，多務搜集辭藻。葛洪所謂以古書當山淵，采伐漁獵其中者也。鈞世篇。辭藻富麗者，吐屬仍貴自然。顏氏家訓文章篇曰：「沈隱侯曰：文章當從三易：易見事一也，易識字二也，易讀誦三也。邢子才常曰：沈侯文章，用事不使人覺，若胸臆語也。深以此服之。」用事若胸臆語，則於語言之法無背，此行文之正軌也。若乃有意堆砌，致使辭浮於意，則雖庾信之富麗，論者且訾為辭賦之罪人矣。周書信傳論。又其甚者，如顏氏勉學篇所譏：「既不學問，而又羞為鄙朴。道聽塗說，强事飾辭。一二百件，傳相祖述，尋問莫知緣由，施安時復失所。」則為絕物也矣。此等人並不讀書，然讀書者亦不必皆善雕飾。劉晝以舉秀才不第，發憤緝綴辭藻，已見第二十二章第四節。晝制一首賦，以六合為名。自謂絕倫，吟諷不輟。以呈魏收。收謂人曰：「賦名六合，其愚已甚，及見其賦，又愚於名。」此眞可發一笑。顏氏云：「學問有利鈍，文章有巧拙。鈍學累功，不妨精熟，拙文研思，終歸蚩鄙。但成學士，自足為人，必乏天才，勿强操筆。」文章篇。學問自有其眞，夫豈鈍根所能就？顏氏所云，亦經生呫嗶之業耳。然善用所長，亦足自立，究愈於强用所短者也。而一時風氣鼓盪，必率天下之人而出於一途。則知流俗波靡，未有不毀壞人才者。君子所以貴獨立不懼，遯世無有欲刪繁就簡者，如袁峻抄史記、漢書，各爲二十卷，南史文學傳，于仲文撰漢書刊繁三十卷，見北史于栗磾傳。仲文，栗磾八世孫。劉延明以三史文繁，著略記百三十篇，八十四卷，北史本傳。阮孝緒有正史削繁九十四卷是也。隋志雜史類。隋志有漢衞颯史要十卷，注云：約史記要言，以類相從，亦見雜史類。此蓋科錄之先河。又有王蔑史漢要集二卷，注云：抄史記，入春秋者不錄。亦見雜史類。蓋合史、漢及春秋去其重者也。

第六節 文學美術

晉、南北朝，爲文字趨於靡麗之世。以諸葛亮之綜事經物，而人或怪其文采不豔，見秦漢史第十九章第六節。即可見當時之風尚。抱朴子喻蔽篇，述時人論王仲任者，病其「屬辭比義，不盡美，」亦此等見解也。葛氏雖正其非，然其所作之文，亦繁而不殺。鈞世篇論今人之文學，不必不如古人，其說多通。然又云：「俱論宮室，奚斯路寢之頌，何如王生之賦靈光？同說游獵，叔曰盧鈴之詩，何如相如之言上林？並美祭祀，清廟、雲漢之辭，何如郭氏南郊之豔？等稱征伐，出軍、六月之作，何如陳琳武軍之壯？」則亦病古之醇素，而貴後之彫飾矣，可見自拔於風氣之難也。晉書劉頌傳詳載其奏疏，且稱之曰「游目西京，望賈誼而非遠，眷言東國，顧郎顗而有餘，」可謂以言存其人矣，然又譏其文慙雅婉。傳論云：「好屬文論，雖綺麗不足，而言成規鑒，」皆眷眷於文辭。此等皆時人之議論，爲史氏所采者也。曹魏之世，文章雖尚華飾，去古尚不甚遠。晉初潘、陸，稍離其眞，然迄宋世，尚有雅正之作。至齊、梁而彫琢塗澤愈甚矣。北方文字，初較南方爲質樸，至其末葉，乃亦與之俱化焉。南朝好東觀漢記，略皆誦憶。劉顯執卷策勵，誦應如流，乃至卷次行數，亦不差失。陳書蕭濟傳：第三子從典，篤好學業，博涉羣書，於班史尤所措意。史記則除裴駰作注外，駰松之子，見宋書松之傳。治者較罕，除前引蕭愷事王中通與漢書並受外，惟晉書劉殷傳言：殷有七子，五子各受一經，一子受大史公，一子受漢書。南史吳喜傳云：喜出身爲領軍府白衣吏，少知書。領軍將軍沈演之使寫起居注，所寫既畢，闇誦略皆上口。演之嘗作讓表，未奏失本，喜經一見，即寫無所脫漏。演之甚知之，因此涉獵史、漢，頗見古今，則不過涉獵而已，非眞治學者也。蓋漢事近已而俗變相類，爲用較切，而言古史者，史記之席，又爲譙周、皇甫謐等書所奪也。隋志所云傳受，蓋眞在訓詁音釋，此馬融從班昭受讀漢書之舊，見秦漢史第十九章第五節。實尚不足語於史學。斯時史學之可稱者，一在補苴罅漏，一在提要鉤玄。補苴罅漏之功，見於注釋，史通言三國之志「異聞錯出，其流最多。宋文帝以國志載事，傷於簡略，乃命裴松之兼采衆書，補注其闕。」古今正史篇。宋書松之傳稱其「鳩集傳記，廣增異聞，」蓋其所用心實在於此。崔慰祖欲更注遷、固二史，采史、漢所漏二百餘事。齊書文學傳。劉昭伯父彤，集衆家晉書注干寶晉紀，昭又集後漢同異，以注范曄書，世稱博悉。彤書四十卷，昭書一百八十卷。梁書本傳。卷帙並遠逾於舊。王規亦集後漢衆家異同，注續漢書二百卷。梁書本傳。此等皆名爲注，實則補也。蔡謨總應劭以來注漢書者，爲之集解。晉書本傳。梁元帝注漢書百十五卷，本紀。其世子方等注范曄後漢書，未就。南史本傳。吳均注范曄後漢書九十卷。梁書文學傳。此等雖專於注釋，亦必有薈萃之功。惟韋稜著漢書續訓二卷，稜，叡孫，見南史叡傳。則或專於音訓耳。提要鉤玄之功，見於抄撮。有爲校勘同異者，如張緬抄後漢、晉書衆家異同，爲後漢紀四十卷，晉抄三十卷，又抄江左集，未及成。梁書本傳。裴子野抄合後漢事四十餘卷是也。南史本傳。

譜牒之作，斯時亦盛，以俗重閥閱故也。譜皇室者，如不著撰人之漢氏帝王譜、宋譜是。元暉業之辨宗錄，亦其類也。又有諸家之百家譜。一家之譜，則有如京兆韋氏譜、謝氏譜。譜一方巨族者，如益州譜、冀州姓族譜。官纂之書，以地、以姓為別，如梁有王司空新集諸州譜十一卷，又有諸姓譜一百一十六卷，梁武帝總責境內十八州譜六百九十卷，蓋其最巨者矣。譜牒之書，亦非僅記世次。如隋志有楊氏家譜狀幷墓記一卷，裴子野有續裴氏家傳二卷。南史本傳。陸煦著陸史十五卷，陸氏驪泉志一卷是。梁書陸杲傳。參看第十七章第二節。

宋元嘉中，使何承天立史學，石勒使任播、崔濬為史學祭酒，已見第一節。私家亦有以此傳授者。隋志云：「正史作者尤廣。一代一史，至數十家，惟史記、漢書，師法相傳，並有解釋。三國志及范曄後漢，雖已音注，既近世之作，並讀之可知。梁時明漢書者，有劉顯、韋稜，陳時有姚察，隋代有包愷、蕭該，並為名家。」該、愷並見隋書儒林傳，云：於時漢書學者，以蕭、包二人為宗匠。聚徒教授，著錄者數千人，其盛不下於傳經也。愷從王仲通受史記、漢書，李密師事愷，受史記、漢書，閻毗受漢書於該，皆見本傳。該，梁鄱陽王恢之孫。愷，東海人。北史崔儦傳云：潁川荀濟，自江南入洛，儦學於濟，故得經史有師法。隋書儒林傳又有吳郡張沖，撰前漢音義十二卷。文學傳：劉臻精於兩漢書，時人稱為漢聖。楊汪傳：汪受漢書於臻。臻亦梁人，江陵陷沒歸蕭詧者也。然則是時史學，實自南而北也。舊唐書儒林傳：秦景通，與弟暐尤精漢書，當時習漢書者，皆宗師之，常稱景通為大秦君，暐為小秦君。不經其兄弟指授，則謂之不經師匠，無足采也。又有劉訥，亦為當時宗匠。可見史學專門傳授之風，至唐初而未絕也。「史記傳者甚微。」諸史述其時之人，熟精漢史者甚多，梁書文學傳云：臧嚴於學多所諳記，尤精漢書，諷誦略皆上口。張緬傳：尤明後漢及晉代眾家，客有執卷質緬者，隨問便對，略無遺失。南史梁宗室傳：吳平侯景之子勱，聚書至三萬卷，披翫不倦，尤書在雜史類。

一地方之史實，亦有留心搜緝者。常璩之華陽國志，其傳於今而可見者也。崔慰祖著海岱志，起太公，迄西晉人物；本傳云四十卷，半未成。隋志在雜傳類，二十卷。王遵業著三晉記；十卷。見北史王慧龍傳。遵業，慧龍曾孫也。蓋亦其倫。隋志云：「後漢光武，始詔南陽撰作風俗。故沛、三輔有耆舊節士之序，魯、廬江有名德先賢之讚。郡國之書，由是而作。」此後世方志之權輿，當時作者蓋以人物為重。然一地方之史實苞含其中者，必不少矣。宋段國有吐谷渾記一卷，隋志入霸史類，其地實在域外，亦可稱為外國史也。

傳記之作，此時最為浩繁。有該括全國者，如隋志所著錄之海內先賢傳、四海耆舊傳是也。有域於一地者，如陳壽之益部耆舊傳，劉義慶之江左名士傳是也。有專詳一類人者，如嵇康之聖賢高士傳，諸家之孝子傳，梁元帝之忠臣傳，鍾岏之良吏傳，張隱之文士傳，范宴之陰德傳，王瑱之之童子傳，諸家之列女傳，不著撰人之美婦人傳是也。此實正史類傳之倫。其兼容并苞者，則謂之雜傳。任昉、賀蹤、陸澄皆有其書。蹤書本七十卷，昉書本百四十七卷，可見其蒐采之博。就官守而傳其人者，有梁元帝之丹陽尹傳。網羅一時人物者，有袁敬仲之正始人士傳，戴逵之竹林七賢論。專記一人者，如不著撰人之東方朔傳，毌丘儉記，管辰之管輅傳。家傳亦有多家。就所知者而識之，則梁元帝之懷舊志也。僧道亦有列傳，如高僧傳、衆僧傳、尼傳、列仙傳是。其專傳一人者，則有如法顯傳，正一真人三天法師張君內傳，嵩高寇天師傳。所傳并有非人者，如靈鬼志、志怪、神錄等是。梁元帝著古今同姓名錄一卷，則人名辭典之先河也。

漢世治古史者，當以韋曜、譙周、趙曄、袁康爲巨擘。曜之洞紀，意在網羅放佚，求其完備。周之古史考，則是正舊聞，求其足信。曄與康之吳越春秋、越絕書，則皆著傳說於竹帛，使其不致湮滅者也。參看秦漢史第十九章第五節。魏、晉以降，此風未替。皇甫謐有帝王世紀，蓋洞紀之倫。此書起三皇，盡漢、魏，見於隋志。其體例與洞紀之起庖犧，至秦、漢，而黃武以後別作者同。隋志又有何茂材續帝王世紀十卷，疑本謐書，續以晉已後事。其書在晉、南北朝之世，最爲通行。觀義疏言古事，多引此書，罕引史記可知。故當時即有爲作音注者。隋志有虞綽帝王世紀音四卷。北史文成五王傳：安豐王猛之子延明，曾注帝王世紀。來奧有帝王本紀，似亦世紀之類。楊曄有華夷帝王世紀，則似兼詳外國者也。隋志所著錄者，又有甄鸞帝王世錄一卷。此書蓋但記世系，故卷帙甚少。劉縚先聖本紀十卷，所謂先聖，蓋亦指古帝王。志云：「自後漢已來，學者多鈔撮舊史，自爲一書，或起自人皇，或斷之近代，亦各其志，而體制不經。又有委巷之說，迂怪妄誕，眞虛莫測，然其大抵皆帝王之事」，可證也。王子年拾遺記二卷，今尚存，可見迂怪妄誕之概，然亦多記古帝王事也。又有姚恭年歷帝紀十卷，不著撰人帝王諸侯世略十一卷，蓋亦主年代世系。又有孟儀周載八卷，注云：記前代下至秦，蓋古史之較略者。又有潘槃王霸記五卷，蓋亦記古帝王，下逮戰國。晉書陳壽傳云：壽撰古國志五十篇。壽嘗師事譙周，其書或與周同調。司馬彪傳云：彪以周爲未盡善，條古史考中凡百二十二事爲不當，多據汲冢紀年之義，亦行於世。則又周之諍友。然立說雖異，其途轍則同也。楊方傳：謂方嘗撰吳越春秋，隋志作吳越春秋削繁。又有皇甫遵吳越春秋十卷，不著撰人吳越記六卷，蓋皆以趙、袁二氏之書爲不雅馴而改之。又有沈氏旬越志八卷，則其所記，當較袁氏之書爲廣也。又有何承天春秋前傳十卷，春秋前雜傳九卷，樂資春秋後傳三十一卷，蓋記戰國前事，而附麗於春秋，如司馬光通鑑、劉恕通鑑外紀之例也。此節所引隋志之書，勵，政績甚美。弘亦抑其私憾。文帝兩嘉之。裴子野傳云：齊永明末，沈約撰宋書，稱松之已後無聞焉。子野撰宋略云：劉淮南大守沈璞，以其不從義師故也。約懼，徒跣謝之，請兩釋焉。歎其述作曰：「吾弗逮也。」蓋直道之難行如此。隋書盧思道傳云：齊天保中，魏史未出，思道先已誦之，由是大被笞辱。蓋亦以秉筆者爲恩怨所叢，慮其或受牽率，故當其未成之時，諱莫如深也。

史氏之初，本係記錄故事，以備方來之參證，其爲用略如後世之檔案，先代學者，留意於此者極多。宋書殷景仁傳云：景仁於國典、朝儀、舊章、記注，莫不撰錄，識者知其有當世之志。梁書孔休源傳：高祖嘗問吏部尚書徐勉曰：「今帝業初基，須一人有學藝、解朝儀者，爲尚書儀曹郎。朕思之，誰堪其選?」勉對曰：「孔休源識鑒清通，諳練故實。自晉、宋起居注，誦略上口。」高祖亦素聞之，卽日除儀曹郎中。是時多所改作，每逮訪前事，休源卽以所誦記，隨機斷決，曾無疑滯。吏部郎任昉嘗謂之爲孔獨誦。其有裨實用如此。王彪之博聞多識，練悉朝儀，自是家世相傳，並諳江左舊事，緘之青箱，世人謂之王氏青箱學。宋書王淮之傳。王偉之少有志尚，當世詔命表奏，輒手自書寫。泰元、隆安時事，小大悉撰錄之。宋書王韶之傳。偉之，韶之父也。韶之因此私撰晉安帝陽秋，既成，時人謂宜居史職，卽除著作佐郎，使續後事，訖義熙九年。許懋尤曉故事，深爲儀注之學。梁書本傳。劉諒尤博悉晉代故事，時人號曰皮裏晉書。梁書劉孝綽傳。江倩好學，尤悉朝儀、故事，撰江左遺典三十卷，未就。梁書本傳。凡此皆後世所謂掌故之學。隋志有舊事、儀注兩門，皆其書，刑法一門，律令而外，有制、科、議、議駁、彈事、奏事、決事、駁事，亦其類也。

人君如此，人臣亦然。魏孝文讌婦人冠帽著小襦襖，任城王澄言著者猶少，孝文斥爲一言喪邦，欲使史官書之，已見第二十一章第三節。梁取漢中，魏將乙速孤佛保自刎死，文帝詔著作錄之。北史節義傳。丘冠先死於蠕蠕，齊武帝賜其子雄錢一萬，布三十疋，雄不受，詣闕上書曰：「臣父執節如蘇武，守死如谷吉，遂不書之良史，甄之褒策，萬代之後，誰死社稷？」南史孝義傳。謝朓之死，謂門賓曰：「寄語沈公，君方爲三代史，亦不得見沒。」皆視史家之褒貶爲榮辱之大者也。源懷表陳其父賀擁立高宗及執立高祖之功，不霑茅土之錫，詔曰：「宿老元臣，云如所訴，訪之史官，頗亦言此，可依授北馮翊郡開國公。」可見私家勳伐，亦以書於國史者爲准。故有見錄者則引爲殊榮，如李孝伯與張暢對問，書於宋史暢傳，其孫豹子，欲求其君之披覽是也。其或見遺，則以爲大戚，如訴魏收者或云遺其家世職位，或云其家不見記錄，或云妄有非毀是也。收傳言：收性頗急，夙有怨者，多沒其善。每言何物小子，敢共魏收作色？舉之則使上天，按之則使入地。則藉此以肆其恣睢者，又有之矣。收自序曰：武定四年，獻武於西門豹祠宴集，謂司馬子如曰：「魏收爲史官，書吾等善惡，聞北伐時諸貴常餉史官飲食，司馬僕射頗曾餉不？」因共大笑。仍謂收曰：「卿勿見元康等在吾目下趨走，謂吾以爲勤勞，我後世身名在卿手，勿謂我不知。」又言齊文宣詔收撰魏史，勅收曰：「好直筆，我終不作魏大武誅史官。」神武、文宣皆粗才，能作是語，可知此等見解入人之深矣。南史王韶之傳曰：韶之爲晉史，序王珣貨殖，王廞作亂。珣子弘、廞子華並貴顯，韶之懼爲所陷，深附結徐羨之、傅亮等。少帝即位，遷侍中，出爲吳郡大守。羨之被誅，王弘入相，領揚州刺史。弘雖與韶之不絕，諸弟未相識者，皆不復往來。韶之在郡，嘗慮爲弘所繩，夙夜勤約撰宋書，疑立袁粲傳，以諗世祖。世祖曰：「袁粲自是宋家忠臣。」約又多載孝武、明帝諸鄙瀆事。上遣左右謂曰：「孝武事跡，不容頓尒。我昔經事宋明帝，卿可思諱惡之義。」於是多所省除。則視人君之意旨爲進退矣。世祖敕智深撰宋紀，令奏上，未及而崩。鬱林又索其書，已見前。傳言智深初爲袁粲所接，及撰宋紀，意常依依，世祖之索之，蓋意實有所不釋然，故鬱林猶繼其志也。劉祥撰宋書，譏斥禪代，世祖銜而不問，亦已見前。南史言祥又於朝士多所貶忽，著連珠十五首以寄其懷。或以啓上，卒以是徙廣州，則亦未嘗不以他事中之矣。觀此，可知人君之於直筆，畏忌之深。周書柳虯傳：虯上疏曰：「古人君立史官，非但紀事而已，蓋所以爲監戒。漢、魏已還，密爲記注，徒聞後世，無益當時。且著述之人，密書其事，縱能直筆，人莫之知。何止物生横議，亦自異端互起。故班固致受金之名，陳壽有求米之論。著漢、魏者非一氏，造晉史者至數家。後代紛紜，莫知準的。諸史官記事者，請皆當朝顯言其狀，然後付之史閣。庶令是非明著，得失無隱，使聞善者自修，有過者知懼。」事遂施行。文帝紀：魏恭帝元年，四月，帝大饗羣臣。魏史柳虯執簡書於朝曰：「廢帝文皇帝之嗣子。年七歲，文皇帝託於安定公，曰：是子才由於公，不才亦由於公，宜勉之。公既受重寄，居元輔之任，又納女爲皇后，遂不能訓誨有成，致令廢黜，負文皇帝付屬之意，此咎非安定公而誰？」大祖乃令大常盧辯作誥諭公卿。此其所謂顯言於朝者也。豈不令人作惡？虯以大統十四年除祕書丞，祕書雖領著作，不參史事，自虯爲丞，始令監掌焉。十六年，修起居注，仍領丞事。周文之委任之，豈不以其能破密書之局，則知公論之莫予毒，而可以釋然於懷也邪？

必彰於後，人各有心，事胡可掩？成業者係於所爲，不係所藉。立功者言其所濟，不言所起。有定天下之大功，爲天下之所推，孰如見推於闇人，受尊於微弱？」論足王天下與否，純以功德爲準，而破拘於君臣之分，繆託禪讓之名，實頗合民貴君輕之義也。鑿齒正統之說，當以此論所言爲正。傳又言：鑿齒以桓溫覬覦非望，著漢晉春秋以裁正之，於三國時，蜀以宗室爲正，則近億度。晉書天文志云：「魏文帝黃初六年，五月，壬戌，熒惑入大微。七年，五月，帝崩。蜀記稱明帝問黃權：天下鼎立，何地爲正？對曰：驗天文。往者熒惑守心，而文帝崩，吳、蜀無事，此其徵也。案三國史並無熒惑守心之文，疑是入大微。」以天象定正僞，則冥漠之說矣。

史也者，所以記人羣之行事，以資鑒戒，非徒爲一二人作起居注也。此義也，昔時史家，久已知之。然史官緣起，本君大夫之私人，所記者特其私事，記言記行，皆以表彰其人爲主，此等見解，相沿不易化除，而視史家之褒貶爲一身之榮辱者遂多矣。齊書崔祖思傳：祖思陳政事曰：「古者左史記言，右史記事，君舉必書，盡直筆而不汙，故上無妄動，知如絲之成綸。今者著作之官，起居而已。述事褒諛，爲體。世無董、狐，書法必隱。時闕南史，直筆未聞。」即深惜史職不舉，不足使人歆懼者也。宋文帝欲封王曇首等，會燕集，出詔示之。曇首曰：「豈可因國之災，以爲身幸？陛下雖欲私臣，當如直史何？」封事遂寢。荀丕惡於王儉，又上書極諫齊武帝，言甚直。帝不悅，竟於荊州獄賜死。徐孝嗣聞之曰：「丕縱有罪，亦不應殺，數千年後，其如竹帛何？」南史齊豫章王嶷傳。魏孝文謂史官曰：「直書時事，無諱國惡。人君威福自己，史復不書，將何所懼？」皆謂史筆，足儆人君。然君既賞罰任情，史又何所恃以奮其直筆？齊書王智深傳：世祖使沈史通列爲古今正史，而隋志入之子部雜家，蓋以爲類書也。魏書儒林平恆傳云：自周以降，暨於魏世，帝王傳代之由，貴臣升降之階，皆撰錄品第，商略是非，號曰略注，合百餘篇，似亦科錄之類。周書明帝紀言：帝集公卿已下有文學者八十餘人於麟趾殿刊校經史。又捃采衆書，自羲、農已來，迄於魏末，敍爲世譜，凡五百卷。隋書蕭濟傳：陳亡後濟子從典入隋，楊素奏使續史記迄於隋，其書未就，則亦梁武作通史之志也。

斯時史家，頗知講求體例。華嶠修漢後書，以皇后入外戚傳爲不安，而改之爲紀。晉書本傳。檀超之掌史職，嘗上表立條例，詔內外詳議。其時王儉、袁彖，均有所論，見齊書超及彖傳。修史既皆斷代，故其起訖之間，最煩論議。晉初作本朝之史，即議立限斷。或云當起正始，魏廢帝立之歲。或云當始嘉平，齊王殺曹爽之歲。或云當起泰始，武帝篡魏之歲。見晉書賈充傳。徐爰修宋史，起元義熙，載與高帝並起及爲帝所戡定之人，而不取桓玄。表請詳議。詔曰：「項籍、聖公，編錄二漢，桓玄傳宜在宋典。餘如爰議。」後沈約修宋書，則幷桓玄、譙縱、盧循、馬魯及劉毅、何無忌、魏詠之、檀憑之、孟昶、諸葛長民等並刪之，事見宋書爰傳及自序。魏收監修國史，議立齊元，陽休之、李德林等亦有議論，見北齊書休之、隋書德林傳。此皆論一史之斷限者也。其分立時正統之論，則習鑿齒首及之。晉書鑿齒傳載其臨終上疏曰：「臣每謂皇晉宜越魏繼漢，不應以魏後爲之格，而身微官卑，無由上達。今沈淪重疾，謹力疾著論一篇寫上。」其論曰：「今若以魏有代王之德，則其道不足，有靜亂之功，則孫、劉鼎立。昔共工霸有九州，秦政奄平區夏，猶不見序於帝王，淪沒於戰國，何況暫制數州之人，威行境內而已？若以晉嘗事魏，拘惜禪名，則惑之甚者也。禪代之義，不同堯、舜，校實定名，編入隋書也。五代既合爲一書，宋、齊、元魏何緣分立？隋實混一區宇，而亦繼南北朝之後，則晉又何不可冠於南北朝之前？然則當時史家果未嘗謂史當斷代。李延壽雖與官修，仍采雜史補益官書，（延壽與官修而必別爲私史，意實在此。觀其自序可知。）編爲南北紀傳，而亦入隋於其中，其自序稱以擬史記，知幾論史亦入之通史之家，其明證也。然意雖在於會通，書實成於各別，合居一簡，未免無所取裁。當時雖合爲一書，後人仍目爲斷代，蓋以此也。

欲合隆古至於當代，萃爲一編者，當時亦非無其人。梁武帝之通史，其最著者也。此書，梁書本紀云六百卷，史通古今正史篇云六百二十卷，紀蓋以成數言之。隋志作四百八十卷，則有闕佚也。帝嘗躬製贊序，（亦見本紀。）又語蕭子顯曰：「此書若成，衆史可廢。」其重視之可知。史通云：其書「自秦已上，皆以史記爲本，而別采他說，以廣異聞。至兩漢已還，則全錄當時紀傳。（梁書吳均傳言：此書起三皇，迄齊代，均草本紀、世家已畢，惟列傳未就，卒。）而上下通達，臭味相依。又吳、蜀二主，皆入世家，五胡及拓跋氏列於夷狄傳。大抵其體皆如史記，所異者惟無表而已。」斷代之書所以不能合爲通史者，實以兩朝銜接之際，不免複重矛盾。今云上下通達，臭味相依，當有以祛此弊。云惟無表，則亦有志。表事不容刊落，蓋當別有翦裁。（齊書檀超傳：超掌史職，上表立條例，即謂封爵各詳本傳，無假年表。）此書實鄭樵通志之先河也。顧野王嘗撰通史要略一百卷，未就，（陳書本傳。）蓋又欲就斯書，加以删略。熊襄齊典所述不僅齊事，說已見前。宋江夏王義恭嘗撰要記五卷，起前漢，訖晉大元，（宋書本傳。）蓋亦通史之體。北朝元暉，（常山王遵曾孫。史通誤作濟陰王暉業。）招集儒士崔鴻等，撰錄百家要旨，以類相從，名爲科錄，凡二百七十卷，上起伏羲，迄於晉、宋，凡十四代。（魏書昭成子孫傳。北史魏諸宗室傳無宋字。）其書潛、李構、王松年等傳，北史崔光傳：光子劼，嘗恨魏收書，欲更作編年紀，竟不能就。光家世史學，使其成之，其書當有可觀也。齊後主武平四年五月，詔史官更撰魏書，見紀。其事蓋無所成？隋高祖詔魏澹別成魏史，時稱簡正，事見隋書澹傳及北齊書魏蘭根傳、隋書薛道衡傳：從子德晉，嘗佐澹修魏書。然潘徽傳言：煬帝又詔楊素更撰魏書，素薨而止，則魏澹之書，論者必仍有不滿也。北齊書成於李百藥。史通古今正史篇：「高齊史：天統初，大常少卿祖孝徵述獻武起居，名曰黃初傳天錄。時中書侍郎陸元規，常從文宣征討，著皇帝實錄，惟記行師，不載他事。自武平後，史官陽休之、杜臺卿、祖崇儒、崔子發等相繼注記，逮於齊滅。隋祕書監王劭，內史令李德林，並少仕鄴中，多識故事。王乃馮述起居注，廣以異聞，造編年書，號曰齊志，十有六卷。李在齊預修國史，創紀傳書二十七卷。至開皇初，奉詔續撰，增多齊史三十八篇。已上送官，藏之祕府。皇家貞觀初，勑其子中書舍人百藥，仍其舊錄，雜采他書，演爲五十卷。今之言齊史者，惟王、李二家焉。」自注云：「王劭齊志，序云二十卷，今世間傳者，惟十六卷。」隋志著錄，則止十卷。又有崔子發齊紀三十卷。杜臺卿傳云：撰齊紀二十卷。榮毗傳：兄建緒，仕周平齊之始，留鎮鄴城，因著齊紀三十卷。隋志皆不著錄。周書成於令狐德棻。宇文周史：史通云：「大統有祕書丞柳虬，兼領著作，直辭正色，事有可稱。至隋開皇中，祕書監牛弘，追撰周紀十有八篇，略敘紀綱，仍皆抵忤。皇家貞觀初，勑祕書丞令狐德棻、祕書郎岑文本共加修緝，定爲周書五十卷。」隋志有牛弘周史十八卷，注云未成。事亦皆在唐世。史通古今正史篇云：

「大宗以梁、陳及齊、周、隋氏，並未有書，乃命學士分修，仍使祕書監總知其務。合爲五代紀傳，幷目錄凡二百五十二卷。書成，下於史閣。惟有十志，斷爲三十卷，尋擬續奏，未有其文。又詔左僕射于志寧、大史令李淳風、著作郎韋安仁、符璽郎李延壽同撰。其先撰史人，惟令狐德棻重與其事。大宗崩後，刊勒始成。其篇第雖編入隋書，其實別行，俗呼爲五代史志。」云合爲五代紀傳，則梁、陳、齊、周、隋之史，實未嘗各別爲書。然則續修之志，亦與五代紀傳台爲一書，無所謂頻有南轅，載筆遂寢。其時居史職者，傳毗、陽尼、邢產、宋弁、韓顯宗等皆登年不永；程靈虯改從他職；惟崔光一人不移任；而亦侍官兩兼，故載述致闕。爲崔光傳云：光雖領史官，以彪意在專功，表解侍中著作以讓彪，世宗不許。景明二年秋，彪卒。四年，以孫惠蔚代光領著作，首尾五載，無所厝意。明帝立，詔光還領著作。光年耆多務，疾病稍增，而自彊不已。然其書終未能成。正光四年卒。臨卒，言弟子鴻於肅宗。五年正月，詔鴻以本官修輯國史。尋亦卒。魏書自序云：世宗時，命邢巒追撰高祖起居注。書至大和十四年。又命崔鴻、王遵業補續焉。下訖肅宗，事甚委悉。爾朱兆入洛，官守奔散，國史典書高法顯密埋史書，故不遺落。領著作郎山偉自以爲功，得封東阿縣伯，法顯止獲男爵。偉與綦儁等更主史籍，無所述作，已見前。北齊文宣天保二年，詔魏收撰魏史。國史而外，兼以濟陰王暉業辨宗室錄爲據。五年三月，奏上紀百一十卷。十一月，復奏十志。事見魏書自序。收之修魏書史，言其多快恩怨私親戚，所引史官，恐其陵逼，亦惟取先相依附者。致爲諸家子孫所訴。文宣先重收才，收又誣訴者欲相屠害，致訴之者轉以獲罪。然猶以羣口沸騰，敕且勿施行，令羣臣博議，聽有家事者入署，不實者陳牒。於是投牒者相次。收無以抗之。時左僕射楊愔、右僕射高德正，勢傾朝野，與收皆親。收遂爲其家並作傳。二人不欲言史不實，抑塞訴辭，終文宣世，更不重論。孝昭皇建元年，詔收更加研審。收奉詔，頗有改正，乃詔行之。羣臣仍多言魏史不實。武成復敕更審。收又回換。收既緣史事，多憾於人，齊亡之歲，收冢被發，棄其骨於外焉。以上皆見北齊書收傳。其說不知皆實否。然傳言陽休之父固爲北平太守，以貪虐爲中尉李平所彈獲罪，載在魏起居注。而收書云：固爲北平，甚有惠政，坐公事免官。又云：李平深相敬重。其事固信而有徵，則收書之有曲筆，似無可解免也。崔㥄傳云：㥄爲常侍，求人修起居注。或曰：「魏收可。」㥄曰：「收輕薄徒耳。」更引祖鴻勛爲之。收傳言其意存實錄，好詆陰私。又曰：至於親故之家，一無所說。是則伉直私曲，兼而有之。高柔傳云：收撰魏史，啓柔等與同其事。柔性頗專固，自是所聞，收常爲嫌憚。又云：柔在史館未久，逢勒成之際，志存偏黨。與其內外通親者，並虛美過實，深爲時論所譏。則阿私所好者，正不獨收一人，特收主持其事，遂爲衆矢之的耳。訴收獲罪者，事見北齊書盧其父崇。崇父潛，妻沮渠牧犍女武威公主。公主痛本生絕胤，以崇繼牧犍後，後乃啓復本姓，事見魏書崇傳。韓顯宗書，隋志不著錄，而有高閭燕書十卷，注云：記馮跋時事。崔鴻之書，魏書本傳云：鴻二世仕江左，故不錄僭晉、劉、蕭之書。又恐識者責之，未敢出行於外。世宗聞其撰錄，遣散騎常侍趙邕詔鴻隨成者送呈。鴻以其書有與國初相涉，言多失體，且既未訖，迄不奏聞。鴻後典起居注，乃妄載其表云：謹以所訖者附臣邕呈奏。自正光以前，不敢顯行其書。自後，以其伯光貴重當朝，知時人未能發明其事，乃頗相傳讀。亦以光故，執事者遂不論之。子子元，永安中乃奏其父書。據此，知鴻書於十六國事與魏相關者，必多存直筆，而惜乎其已亡也。初不肯順虜意進呈，而後乃妄載其表，蓋以爲書經呈奏，則攻擊者較難爲辭，此史家欲存史蹟之苦心。正光已後，魏已無復綱紀，鴻故敢行其書，不必由於光之當權。至於永安，則拓跋氏僅亦守府矣，此其子所以又欲借中祕之力而存之也。北史崔亮傳：齊文襄嘗言崔鑒師合誅。左右問其故。曰：「崔鴻十六國春秋，述諸僭僞而不及江東。」左右曰：「鑒師與鴻別族。」乃止。虜惡其書如此，則其書之能秉大義可知，鴻可謂明於夷夏之界矣。其書，魏書云子元奏進者一百二卷。浦起龍因史通勒爲十卷之十字爲一百二，然史通此句，或指其得蜀事後所增卷數言之，亦未可專輒也。

魏書成於魏收，號爲穢史。隋世嘗命改造，然其書未能行。魏初命鄧淵著國記，後又命崔鴻總史事，浩之誅，以史事爲名，已見第八章第六節。其後高允、劉模，並典史事。史言其大較續浩故事，可見浩書實未嘗廢，其誅，特以此爲名而已。史又言允雖久典史事，而不能專勤著述。又言允年已九十，目手稍遜，多遣模執筆，而指授裁斷之。如此五六歲。允所成篇卷，著論上下，模與有功焉。則允雖尸其名，主其事者實模也。高祖紀：大和十一年十二月，詔祕書丞李彪、著作郎崔光改析國記，依紀傳之體。彪傳云：自成帝已來至於大和，崔浩、高允，著述國書，編年敍錄，爲春秋之體。遺錄時事，三無一存。彪與祕書令高祐，始奏從遷固之體。奏見祐傳。據其辭，則紀傳之體，起於皇始，蓋自此以前，事蹟希簡，且無年月，不能編年，故不能作本紀。今魏書之序紀，其體，或亦沿自祐等邪？彪後因事失官。世宗踐阼，求以白衣脩史，如王隱故事。其表云：自大和十五年以來，又正其謬辭，删爲秦紀十一篇。後秦扶風馬僧虔、河東衛隆景並著秦史，及姚氏之滅，殘闕者多。泓從弟和都仕魏，又追撰秦記十卷。夏天水趙思羣、北地張淵於眞興、承光之世並受命著其國書。及統萬之亡，多見焚燒。西涼與西秦、北燕，其史或當代所書，或他邦所錄。段龜龍記呂氏，宗欽記秃髮氏，韓顯宗記呂馮氏，惟此三者可知，自餘不詳誰作。魏世黃門侍郎崔鴻乃考覈衆家，辨其同異，除煩補闕，錯綜綱紀，易其國書曰錄，主紀曰傳，都謂之十六國春秋。鴻始以景明之初求諸國逸史，逮正始元年，鳩集稍備，而猶闕蜀事，不果成書。推求十五年，始於江東購獲，乃增其篇目，勒爲十卷。鴻殁後，永安中，其子縉寫奏上，請藏諸祕閣，由是僞史宣布，大行於時。」案高祖劉淵僞號，隋志有田融趙書十卷，王度二石傳二卷，二石僞治時事二卷，范亨燕書二十卷，注云：記慕容儁事。張詮南燕錄五卷，王景暉南燕錄六卷，皆注云：記慕容德事。又有遊覽先生南燕書七卷，魏書酈範傳：範弟子惲撰慕容氏書不成。崔逞傳：慕容暐時舉上計掾，補著作郎，撰燕記。封懿傳：懿撰燕書，頗行於世，則隋志皆不著錄。常璩之書，隋志名漢之書，十卷，華陽國志亦著錄，十二卷，又云：梁有蜀平記十卷，蜀漢僞官故事一卷，亡。劉景涼書十卷，注云：記張軌事。又有敦煌實錄十卷，景爲昞避諱字，已見前。魏書昞傳云：涼書十卷，敦煌實錄二十卷，隋志又有張諮涼記八卷，注亦云記張軌事。喻歸西河記二卷，注云：記張重華事。苻堅焚史事已見前。裴景仁之書，隋志著錄，爲十一卷，又有何仲熙秦書八卷，注云：記苻健事。景仁之書亦見南史沈懷文傳，云十卷。姚和都書，隋志亦著錄。眞興，勃勃僞號，承光，昌僞號，夏、西涼、西秦三國，隋志皆無書。段龜龍書，隋志著錄十卷。宗欽，魏書有傳，云欽在河西撰蒙遜記十卷，無足可稱。不云記秃髮氏。隋志有拓跋涼錄十卷，不著撰人。韓顯宗，魏書亦有傳，云撰馮氏燕志十卷，不云記呂氏，則史通宗欽記秃髮氏，韓顯宗記呂、馮氏二句有誤。浦起龍改爲「宗欽記沮渠氏，失名記秃髮氏，韓顯宗記馮氏」，與魏書、隋志雖合，然合段龜龍記呂氏，凡有四種，與「惟此三者可知」一句文義又屬不符。浦氏又改惟此爲「惟有」，云「本有四種，其一失名，故云三者。」殊屬牽强，則元文雖誤，浦氏所改亦未爲是也。隋志有涼書十卷，高道讓撰。又涼書十卷，注云：沮渠國史，而不著撰人。道讓，諱之字。

合字蓋各字之誤？姚歆，僧垣子，事見周書僧垣傳。蕭韶，見南史梁宗室傳。云其書承湘東之旨，多非實錄。陳史史通云：初有顧野王、傅縡各爲撰史學士，武文二帝紀，即其所修。唐志有野王、縡陳書各三卷，而隋志有陸瓊陳書四十二卷，注云訖宣帝，疑野王、縡之亦苞括其中矣。姚察在梁、陳二代，皆知史職。隋開皇九年，勅其撰成二史，事見陳書本傳。然其書仍未能成，至唐貞觀中，乃成於其子思廉之手焉。晉世北方諸國，總集於崔鴻之十六國春秋。其書雖成於魏世，而專詳僭僞，不著晉朝，民族大義，可謂較然彰著。嬴秦以後，吾國久成統一之局，偏隅割據者，原不能視之爲國，故至唐世，遂將其行事，編爲載記，入之晉書，視如漢末之羣雄矣。十六國史，史通述之較詳，今錄其說如下。古今正史篇曰：「前趙劉聰時，領左國史公師彧撰高祖本紀及功臣傳二十人，甚得良史之體。凌修譖其訕謗先帝，聰怒而誅之。劉曜時，和苞撰漢趙記十篇，事止當年，不終曜滅。後趙石勒，命其臣徐光、宗歷、傅暢、鄭愔等撰上黨國記、起居注、趙書。其後又令王蘭、陳宴、程陰、徐機等相次撰述，至石虎，並令刊削，使勒功業不傳。其後燕太傅長史田融、宋尚書庫部郎郭仲產、北中郎將王度，追撰石事，集爲鄴都記、趙記等書。前燕有起居注，杜輔全錄，以爲燕記。後燕建興元年，董統受詔草創後書，著本紀幷佐命功臣、王公列傳，合三十卷。其後申秀、范亨，各取前後二燕，合成一史。南燕有趙郡王景暉，嘗事德、超，撰二主起居注。超亡，仕於馮氏，仍撰南燕錄六卷。蜀李勢散騎常侍常璩撰漢書十卷，後入晉秘閣，改爲蜀李書。璩又撰華陽國志，具載李氏興滅。前涼張駿十五年，命其西曹邊瀏集內外事，以付秀才索綏，作涼國春秋五十卷。又張重華護軍參軍劉慶，在東苑專修國史二十餘年，著涼記十二卷。建康太守索暉，從事中郎劉昞，又各著涼書。前秦史官，初有趙淵、車敬、梁熙、韋譚，相繼著述。苻堅嘗取而觀之，見苟太后幸李威事，怒而焚滅其本。後著作郎董誼，追錄舊語，十不一存。及宋武帝入關，曾訪秦國事。又命梁州刺史吉翰問諸仇池，並無所獲。先是秦秘書郎趙整，參撰國史，值秦滅，隱於商洛山，著書不輟。有馮翊車頻，助其經費。整卒，翰乃啓頻纂成其書。以元嘉九年起，至二十八年方罷，定爲三卷。而年月失次，首尾不倫。河東裴景仁，不成。隋志著錄，沈約、裴子野而外，紀傳類有徐爰、孫嚴宋書各六十五卷，古史類有王琰宋春秋二十卷。齊成於蕭子顯。子顯之書，梁書本傳作六十卷，隋志同。今本止五十九卷，蓋佚自序一篇，其略猶存於南史本傳中也。齊書撰述，始於檀超、江淹。建元二年初置史官，以超、淹掌其職。超史功未就而死。淹所撰凡十三篇，見南史本傳。隋志正史類，亦著錄淹齊史十三卷。梁書淹傳云：淹所著齊史十志，行於世。十志，南史作傳志。按史通云：「淹始受詔著述，以為史之所難，無出於志，故先著十志，以見其才。」云先著，後必更有所述，則南史是也。此外隋志又有沈約齊紀二十卷，劉陟齊紀十卷。約著齊紀，亦見梁書本傳。以上皆紀傳體。其編年體，則隋志有吳均齊春秋三十卷。均作是書，求借齊起居注及羣臣行狀。梁武帝不許。均遂私撰書成，奏之。書稱帝為齊明帝佐命，帝惡其實錄，使詰其事之不實者，焚之。均坐免職。然其私本仍行。事見梁書、南史本傳及史通。齊書檀超傳云：豫章熊襄著齊典，上起十代。其序云：「尚書堯典謂之虞書，故通謂之齊。」南史同。其書所述，蓋不僅齊事。隋志不著錄，而有王逸齊典五卷，蕭萬齊典十卷，皆在古史類。梁書裴子野傳言其欲撰齊梁春秋，始草創，未就而卒。梁、陳書成於姚思廉。梁史：史通云：武帝時，沈約、周興嗣、鮑行卿、謝昊相承撰錄，已有百篇。承聖淪沒，並從焚蕩。梁書沈約傳言：所著有高帝紀十四卷。隋志著錄謝昊梁書四十九卷。注云：本一百卷。蓋相承至昊，共得百篇，非昊一人所撰也。陳初，杜之偉、許亨、大建時顧野王，並知梁史，亨書成者五十八卷，皆見陳書本傳。亨子善心，隋書有傳，云：其父嘗撰齊書五十卷，梁書紀傳，隨事勒成，及闕而未就者，目錄注為一百八卷。梁室交喪，一時亡散。陳初為史官，依舊目錄，更加修撰，且成百卷，已有六帙五十八卷，上祕閣訖。善心禎明二年聘隋而陳亡。其書存者六十八卷，又並缺落失次。善心隨見補葺，成七十卷。陳書所著，蓋其上祕閣之本。隋志著錄許亨梁史五十三卷，則又有所闕也。以上皆紀傳體。其編年體：隋志著錄，有劉璠梁典三十卷，何之元梁典三十卷，陰僧仁梁撮要三十卷，姚勖梁後略十卷，蕭韶梁大清紀十卷，蕭世怡淮海亂離志四卷。劉璠之書，實成於其子祥之手，事見周書本傳。何之元之書，起齊永元二年，迄王琳遇獲，見陳書本傳。史通謂之元與璠合撰梁典三十篇，從新撰者焉。」此卽今之晉書，而唐人稱爲新晉書者也。鄭粲、孫盛，晉書皆有傳。王韶之，宋史有傳。盛之書，本傳云：有兩本，其說殊不足信，韶之之書，有荀伯子同撰，見宋書伯子傳。法盛書，南史徐廣傳謂其竊諸郗紹，說亦似不足信。十八家，浦起龍史通通釋云：「隋唐二志正史部凡八家，其撰人則王隱、虞預、朱鳳、何法盛、謝靈運、臧榮緒、蕭子雲、蕭子顯也。編年部凡十一家，其撰人則陸機、干寶、曹嘉之、習鑿齒、鄧粲、孫盛、劉謙之、王韶之、徐廣、檀道鸞、郭季產也。蓋十九家，豈緣習氏獨主漢斥魏，以爲異議，遂廢不用歟？」說近億測，疑事毋質，不必盡求其人以實之可也。隋志著錄，又有梁時有其書，而作志時已亡之者：鄭忠晉書七卷，庾銑東晉新書七卷。其不著錄而見於史傳者：晉荀綽有晉後書十五篇，謝沈有晉書三十餘卷，沈約有晉書百一十卷。未成而頗傳於世者：崔浩有晉後書五十餘卷。有志而未成者：齊有袁炳，魏有宋世景、裴伯茂、魏長賢。沈約之書，據宋書自序，凡成百二十卷，遇盜失其第五帙。以梁書所載卷數覈之，所失者凡十卷。序云：「源流雖舉，而采綴未周」，以被勅撰國史，後又撰起居注，遂無暇搜撰，則其書實未成。宋書謝靈運傳云：大祖令撰晉書，粗立條流，竟不能就。其書實亦未卒業也。

宋書成於沈約。

宋書，何承天草立紀傳，止於武帝功臣。其所撰書，惟天文、律曆，此外悉委山謙之。謙之病亡，蘇寶生續造諸傳。元嘉名臣，皆其所撰。寶生被誅，徐爰踵成前作。起自義熙之初，迄於大明之末。其臧質、魯爽、王僧達諸傳，則係孝武自造。自永元至於禪讓，十餘年間，闕而不續。永明五年，沈約被勅撰著。六年十月，表上之。云「所撰諸志，須成續上」。事見宋書約自序。其書實多因徐爰之舊，故於革易之際，爲宋諱者，反甚於爲齊。說見廿二史劄記。齊書文學王智深傳：世祖使沈約撰宋書，又勅智深撰宋紀，成三十卷。世祖後召見於璿明殿，令拜表奏上。表未奏而世祖崩。隆昌元年，敕索其書。梁書裴子野傳，謂其曾祖松之，宋元嘉中受詔續修何承天宋史，未及成而卒。子野嘗欲繼成先業。及齊永明末，沈約所撰宋書既行，子野更刪撰爲宋略二十卷。史通古今正史篇云：松之之卒，史佐孫沖之表求別自創立，爲一家之言。沖之蓋曾孫，事見臧質、鄧琬傳。其書蓋未及成。齊書劉祥傳云：祥撰宋書，譏斥禪代。尚書令王儉密以啓聞。武帝銜而不問。烓澄傳云：欲撰宋書，竟爲范曄。謝承後漢書成於三國之世，已見秦漢史第十九章第五節。此外隋志所著錄者，又有薛瑩後漢記，司馬彪續漢書，華嶠後漢書，謝沈後漢書，張瑩後漢南記，袁山松後漢書。梁書蕭子恪傳，言其弟子顯，嘗采衆家後漢，考正同異，爲一家之書，傳末敍所著書，有後漢書一百卷，則又隋志所未著錄也。編年之體，隋志所著錄者，有袁彥伯後漢記，張璠後漢記，袁曄獻帝春秋三家。案范曄書十志未成，今後漢書中之志，乃後人以司馬彪書補之者也。華嶠書十典亦未成，其子徹、暢相繼成之，見晉書本傳。三國志爲陳壽。三國史記，王化有蜀書，韋曜有吳書，已見秦漢史第十九章第五節。魏書，正元中成於王沈。晉書本傳云：與荀顗、阮籍同撰，多爲時諱，未若陳壽之實錄。據史通古今正史篇，同撰者又有韋誕、應璩、孫該、傅玄。晉書玄傳又有繆施。隋志著錄：正史類有環濟吳紀，編年類有孫盛魏氏春秋，陰澹魏紀，孔舒元魏氏春秋。據史通，又有魚豢魏略，事止明帝。王隱蜀記，張勃吳錄，魏書張彝傳：彝子始均，嘗改陳壽魏志爲編年之體，廣益異聞，爲三十卷。又儒林梁祚傳：祚撰并陳壽三國志，名曰國統。晉書則唐代官纂之本。晉史撰述，始於陸機。史通古今正史篇云：「機爲著作郎，撰三祖紀，束皙爲佐郎，撰十志，會中朝喪亂，其書不存。」而隋志古史類有機晉紀四卷。案晉書干寶傳載王導請立國史疏，謂「宣皇帝廓定四海，武皇帝受禪於魏，而紀傳不存於王府。」則似王室無其書，而民間猶有傳本也。王隱爲著作郎，撰晉書，後爲虞預所毀，免官，依庾亮於武昌，書乃得成。而虞預竊隱之作，亦成晉書四十餘卷，事見晉書本傳。隱之書，隋志正史類著錄八十六卷，注云：本九十三卷，史通云八十九卷，未知孰是。要其書於西都舊事，最爲該備，則無疑也。干寶爲著作郎，著晉紀，自宣帝迄愍帝，凡二十卷，亦見晉書本傳。隋志在古史類，云二十三卷。過江而後，史通云：「自鄧粲、孫盛、王韶之、檀道鸞已下，相次繼作，遠則偏紀兩帝，近則惟敍六朝。至宋湘東太守何法盛，始撰晉中興書，勒成一家，首尾該備。齊隱士東莞臧榮緒，又集東西二史，合成一書。皇家貞觀中，有詔以前後史十有八家，制作雖多，未能盡善，乃勅史官，更加纂錄。采正典與舊說數十餘部，兼引魏史、十六國書。爲紀十，志二十，列傳七十，載記三十，并敍例、目錄，合爲百三十二卷。自是言晉史者，皆棄其舊本，競王公文武大小降及民庶，爰至僧徒，或親奉音旨，或承傳旁說，凡可載之文籍，悉宜條錄封上。」其詢訪所及，亦可謂廣矣。官書固難信據，私家撰述亦或苟阿所好，不必皆實。南朝之嘗斷立碑，南史裴松之傳：松之以世立私碑，有乖事實，上表陳之。以爲「諸欲立碑者，宜悉令言上，爲朝議所許，然後聽之。庶可以防遏無徵，顯彰茂實。」由是普斷。北朝之不受行狀，魏書甄琛傳：琛死，大臣議謚文穆。吏部郎袁翻以爲不實，奏請改謚孝穆。且言「今之行狀，皆出自其家，任其臣子，自言君父之行，是以極辭肆意，無復限量。請自今已後，明勒大常司徒，有如此者，悉請裁量，不聽爲受。」蓋以此也。

撰述之體，當時史家所習用者，爲紀傳及編年。隋書經籍志史部分目十三：曰正史，曰古史，曰雜史，曰霸史，曰起居注，曰舊事，曰職官，曰儀注，曰刑法，曰雜傳，曰地理，曰譜系，曰簿錄。自起居注已下，皆祇可謂之史材，非編纂已成之史籍也。雜史者，其書出於私家，志所謂「靈獻之世，天下大亂，史官失其常守，博達之士，愍其廢絕，各紀聞見，以備遺亡，是後羣才景慕，作者甚衆」者也。霸史則以其爲偏方割據，別立一門耳。其實二者之體，皆與正史、古史同。古史即編年也。隋志以其體放自春秋，謂之古史。劉知幾作史通，其古今正史篇，亦以紀傳編年二體並列。而紀傳之體，尤爲見重。可看魏書高祐傳。一以作者率循遷固，一亦以紀傳之體，兼有書志，可詳典章經制，於史實之綱羅，尤爲該備也。分史事爲理亂興衰、典章經制二類，說見馬貴與文獻通考序。此非貴與一人之私言，乃自來史家之公意也。高祐修魏史奏云：「紀傳區別，表志殊貫，如此修綴，事可備盡」，亦是此意。自漢書而降，所謂正史，悉係斷代爲書，頗爲主通史者所非議。然自晉以前，修史之家，實未嘗謂史當斷代。特往史所重，偏在政事，而其記載多出史官，一姓之興亡，自爲政局一大變，新朝繼起，必命史臣，蒐集前朝之事，編纂成書，而斷代之體，遂成於無意之間耳。東京以降，紀傳之體，作者多家，而通行者率不過一種。後漢書原士大夫直筆書之故如是也。知幾又云：「高齊及周迄於隋代，其史官以大臣統領者，謂之監修國史，齊世如高隆之、趙彥深、崔季舒、張雕虎，周世如柳敏等，皆嘗居此職。自領則近循魏代，遠效江南。惟周建六官，改著作之正郎為上士，佐郎為下士。名字雖易，而班秩不殊。」又云：「又案晉令著作郎掌起居集注，撰錄諸言行、勳伐、舊載史籍者。元魏置起居令史，每行幸燕會，則在御左右，記錄帝言及賓客酬對。後別置修起居注二人，多以餘官兼掌。」案魏書高祖紀：大和十四年，二月，初詔定起居注制。十五年，正月，初分置左右史官。蓋即所謂別置二人者？然鄧淵傳言：大祖詔淵撰國記，淵撰十餘卷，惟次年月起居行事而已，未有體例，蓋即起居注之倫？足見其有紀錄，由來已久。後來劉芳從駕南巡，撰述行事，亦起居注之類也。起居注直書其事，別無裁斷，陳書文學傳：何之元作梁典，其序曰「臧榮緒稱史無裁斷，猶起居注耳。」起居注亦有病其繁蕪，加以删削者，如徐勉删起居注為六百卷是也。然此等删削，亦不足語於裁斷。然實為撰述之本，故歷代皆重視其事，廢絕之時甚少，如魏建義初辛紹先曾孫貢，天平中陳元康，盧玄曾孫元明，西魏大統四年中徵，皆嘗從事於此，皆流離顛沛之際也。而其書之傳者亦頗多。隋志著錄，凡四十四部，一千一百八十九卷。隋書經籍志雜史類有梁皇帝實錄，一三卷，周興嗣撰，記武帝事。一五卷，謝吳撰，記元帝事。霸史類有敦煌實錄，劉景撰，景唐人避諱之字，即劉昞也。蓋就此略加删削者。此為官家史料大宗。間有別行記錄者，如宋書蕭思話傳言：大祖使思話上平定漢中本末，下之史官；梁書蕭子恪傳言：子恪啟撰高祖集，并普通北伐記；其書凡五卷，亦見本傳。則似清世之方略矣。史事雖設官記錄，然斷不能備，故仍或求諸私家。北齊書文宣帝紀：天保元年，八月，詔曰：「朕以虛寡，嗣弘王業。思所以贊揚盛績，播之萬古。雖史官執筆，有聞無墜，猶恐緒言遺美，時或未書。在位寡，將軍李威有辟陽之寵，史官載之。堅收起居注及著作所錄而觀之，見其事，慚怒，乃焚其書，而大檢史官，將加其罪。著作郎趙泉、車敬等已死，乃止。魏書臨渭氏傳亦載其事。又北史序傳：涼武昭王時，有白狼、白兎、白雀、白雉、白鳩等集於園間，羣下以爲白祥金精所誕，皆應時邕而至，氏有神光、甘露、連理、嘉禾衆瑞，請史官記其事。昭王從之。此史官當卽知幾所謂門下也。知幾又云：「元魏初稱制，卽有史臣，雜取他官，不恆厥職。其後始於祕書置著作局，正郎二人，佐郎二人。其佐參史者，不過一二而已。普泰已來，參史稍替，別置脩史局，其職有六人。當代都之時，史臣每上奉王言，下詢國俗，兼取工於翻譯者，來直史曹。及洛京之末，朝議又以爲國史當專任代人，不宜歸之漢士。於是以谷纂、山偉，更主文籍。凡經二十餘年，其事闕而不載。」案魏書高宗紀：和平元年六月，崔浩之誅也，史官遂廢，至是復置著作之設，當在此時。別置修史局，則史無可考。序紀言魏之初，世事遠近，人相傳授，如史官之紀錄。見第三章第八節。序紀固不足信，然書契前事，十口相傳，則理所可有。奚斤傳云：斤聰明強識，善於談論，遠說先朝故事，雖未皆是，時有所得。聽者歎美之。北史魏諸宗室傳云：元丕聲氣高朗，博記國事，饗燕之際，恆居坐端，必抗音大言，敍列既往成敗。代都所詢，蓋卽此曹。魏書王慧龍傳：曾孫遵業，位著作佐郎，與司徒左長史崔鴻同撰起居注。遷右軍將軍，兼散騎常侍，慰勞蠕蠕。乃詣代京，采拾遺文，以補起居所闕。則遷洛以後，仍未嘗不以是爲重。末葉專任代人，事見山偉傳。傳云：綦儁及偉等諂說上黨王天穆及爾朱世隆，以爲國書正應代人修緝，不宜委之餘人。是以儁、偉等更主大籍，守舊而已，初無述著。故自崔鴻死後，迄終偉身，二十許載，時事蕩然，萬不記一。後人執筆，無所憑籍，史之遺闕，偉之由也。夫及谷纂、劉仁之傳云：深爲爾朱世隆所信用。出帝初，爲著作郎，兼中書令。既非其才，在史未嘗執筆。則其時之失職者，尚不僅纂、偉二人也。蓋由爾朱擅權，多行不義，且曾戕賊朝士，處中漢世述作，多在東觀；魏世始置著作郎，或隸中書，或隸祕書，已見秦漢史第十九章第五節，及本編第二十二章第三節。史通史官建置篇曰：「舊事佐郎職知博采，正郎資以草傳，如正佐有失，則祕監職思其憂。其有才堪撰述，學綜文史，雖居他官，或兼領著作，亦有雖爲祕書監，而仍領著作郎者。齊、梁二代，又置修史學士。陳氏因循，無所變革。」案隋書經籍志曰：「史官廢絕久矣。魏、晉已來，其道逾替，南、董之位，以祿貴游，政、駿之司，罕因才授。故梁世諺曰：上車不落則著作，體中何如則祕書。」此其所以不得不別取他官，增設新職歟？隋書百官志謂梁有撰史學士，陳書文學傳：張正見、阮卓，皆嘗爲撰史著士。蓋卽劉知幾所云修史學士。史官不必能舉其職，喪亂時亦或暫缺其官，然載筆之司，究爲執政所重，故少獲安定，卽復設立。元帝渡江，祖納勸設史官，當時未用其議，未幾，王導復以爲言，卽於建武元年十一月設立，是其事矣。見紀。祖納，逖兄。元帝作相，引爲軍諮祭酒。納好弈碁，王隱以其少長五都，游宦四方，華夷成敗，皆所聞見，勸以記述。納因薦隱於元帝。元帝以問記室參軍鍾雅，雅曰：「納所舉雖有史才，而今未能立也。」事遂停。然史云：「史官之立，自納始」，蓋納實首發其議者也。見晉書逖傳。割據僭僞諸國，亦多設置。史通言之頗詳，亦有散見諸載記者。史通云：「僞漢嘉平初，公師彧以大中大夫領左國史，撰其國君臣紀傳。前涼張駿時，劉慶遷儒林郎中常侍，在東苑撰其國書。蜀李與西涼二朝，記事委之門下。南涼主烏孤初定霸基，欲造國紀，以其參軍郎韶爲國紀祭酒，始撰錄時事。自餘僞主，多置著作官，若前趙之和苞，後燕之董統是也。」嘉平，劉聰僞號。和苞撰漢趙紀十卷，見隋書經籍志。此外皆無可徵。諸國置史官之事，見於載記者：晉書石勒載記：勒僞稱趙王，命記室佐明楷、程機撰上黨國記，中大夫傅彪、賈蒲、江軌撰大將軍起居注，參軍石泰、石同、石謙、孔隆撰大單于志。及僭號，又擢拜大學生五人爲佐著作郎，錄述時事。李雄載記言雄興學校，置史官，已見第一節。苻堅載記言：堅母少陽者已無其人。見第一節。南史劉瓛傳：瓛講月令畢，謂學生嚴植之曰：「江左已來，陰陽律數之學廢矣。吾今講此，曾不能得其方佛。」吳明徹就周弘正學天文、孤虛、遁甲，略通其術，遂以英雄自許，陳武帝亦深奇之。蓋尙玄談者多，能究心於數理者，亦已微矣。與道家相近者，莫如法術之學。鍾會道論，實乃刑名，已見前。淸談其名，華競其實，督責之術，相須實亟，故亦有留意其說者。王坦之頗尙刑名學，著廢莊論；李充幼好刑名之學，深抑浮虛之士是也。然亦能通其說而已，不能有所發明羽翼。觀隋志名法之書，率皆三國以前物可知也。名家之學，與法家相輔車，然寡實用，故其道尤微。晉書隱逸傳：魯勝，著述爲世所稱，遭亂遺失，惟注墨辯存。其敍曰：「自鄧析至秦時，名家世有篇籍，率頗難知，後學莫復傳習，於今五百餘歲，遂亡絕。墨辯有上下經，經各有說，凡四篇，與其書衆篇連第，故獨存。」然則名家之書單行者，已皆亡佚，此可證今之鄧析、公孫龍子，皆爲僞物也。三國魏志鍾會傳注云：淮南人劉陶，善論縱橫，爲當時所稱。每與王弼語，嘗屈弼。王衍以好論縱橫之術，盧欽舉爲遼東大守，已見第二十二章第四節。晉書袁悅之傳云：能長短說，甚有精理。始爲謝玄參軍，爲玄所遇。丁憂去職，服闋還都，止齎戰國策，言天下要惟此書。此皆好尙縱橫家言者，然亦無所發明羽翼。隋志有鬼谷子三卷，皇甫謐注，蓋卽謐之所緝。謐之言多不可信，此書不必卽今鬼谷子，然謐之書卽存，亦未必可觀也。

第五節　史學

初與，重在明悟，不在多聞。及其抗辭求勝，則不得不炫博矜奇，如經生之專務應敵，破碎大道矣。不特此也，衞玠以玉人見稱。後劉琰、謝尙共論中朝人士，或問杜乂可方衞洗馬不？尙曰：「安得相比？其間可容數人。」惔又云：「杜乂膚淸，叔寶神淸。」王羲之目乂：「膚若凝脂，眼如點漆。」齊世風流，莫如張緒。袁粲謂其有正始遺風。每朝見，齊武帝恆目送之。劉悛之爲益州，獻蜀柳數株，武帝以植於大昌靈和殿前，賞玩咨嗟，曰：「此楊柳風流可愛，似張緒當年。」此等直是以貌取人耳，尙何學問之可言哉？故凡學皆貴本原，惡流失，而尤惡其爲譁世取寵之資也。

道家而外，諸子之學，稍以式微。數術與易相出入，又言哲理固有本於物理者，治之者尙較多。後漢書張衡傳云：衡好玄經，謂崔瑗曰：「吾觀大玄，方知子雲妙極道數。乃與五經相擬，非徒傳記之屬。」三國吳志陸績傳言績博學多識，星曆算數，無不該覽。作渾天圖，注易，釋玄，皆傳於世。陳壽稱其於楊玄，是仲尼之丘明，老聃之嚴周。陸凱傳云好大玄，論演其意，以筮輒驗。王肅亦嘗注玄經，見隋書經籍志。子部儒家。晉書忠義傳：劉敏元，好星曆陰陽術數，潛心易、大玄，不好讀史，常謂同志曰：「誦書當味義根，何爲費功於浮辭之文？易者義之源，大玄理之門，能明此者，即吾師也。」又王長文傳：著書四卷，擬易，名曰通玄經。有文言、卦象，可用卜筮。時人比之大玄。同郡馬秀曰：「楊雄作大玄，惟桓譚以爲必傳後世。晚遭陸績，玄道遂明。長文通玄經，未遭陸績、君山耳。」此等皆可見魏、晉間人於玄鄉往之深。干寶傳：性好陰陽術數，留思京房、夏侯勝等傳。隱逸傳：郭琦，善五行，作天文志、五行傳，注穀梁、京氏易百卷。索襲游思於陰陽之術，著天文、地理十餘篇，多所啟發。魏書屈遵傳：曾孫拔，少好陰陽學。蓋其學尙較他家爲盛。然宋立五學，言陰明其本，亦宜深抑其跡。跡須拯世，非聖不能；本實明理，在賢可照。」其說亦極通達持平也。

清談之始，蓋誠欲以闡明眞理，然及後來，則亦變爲沽名釣譽之具，漸染口給禦人之習矣。齊書王僧虔傳：僧虔書誡其子曰：「曼倩有云：談何容易？見諸玄志爲之逸，腸爲之抽；專一書，轉通數十家注；自少至老，手不釋卷；尚未敢輕言。汝開老子卷頭五尺許，未知輔嗣何所道，平叔何所說，馬、鄭何所異，指例何所明，而便自呼談士，此最險事。設令袁令命汝言易，謝中書挑汝言莊，張吳興叩汝言老，端可復言未嘗看邪？談故如射，前人得破，後人應解，不解卽輸賭矣。且論注百氏，荊州八袠，又才性四本，聲無哀樂，皆言家口實，如客至之有設也。汝皆未經拂耳瞥目，豈有庖廚不修，而欲延大賓者哉？就如張衡，思侔造化，郭象言類懸河，不自勞苦，何由至此？汝曾未窺其題目，未辨其指歸，六十四卦，未知何名，莊子衆篇，何者內外，八袠所載，凡有幾家，四本之稱，以何爲長，而終日欺人，人亦不受汝欺也。」案三國志鍾會傳注引孫盛論王弼易注，謂其「敍浮義則麗辭溢目，造陰陽則妙賾無間。至於六爻變化，羣象所效，日時歲月，五氣相推，弼皆擯落，多所不關。雖有可觀者焉，恐將泥夫大道。」又管輅傳注引輅別傳曰：輅爲何晏所請，共論易九事，九事皆明。晏曰：「君論陰陽，此世無雙。」時鄧颺與晏共坐，颺言：「君見謂善易，而語初不及易中辭義，何也？」輅尋聲答之曰：「夫善易者不論易也。」傳載孔曜薦輅於裴徽曰：「俯覽周易，則齊思季主。」又曰輅過鍾毓，共論易。輅因言卜可知君生死之日。毓使筮其生日月，如言無蹉跌。毓大愕然，曰：「君可畏也。死以付天，不以付君。」遂不復筮。然則輅之於易，實無所知，所曉者只是卜筮之術。其與何晏、鍾毓共談，亦恃明悟之資，初非經生之業也。然則玄學大合聲譽，極致名位。」既如是，則「當抑揚名教，以靜亂原，而乃高談莊、老，說空終日，雖云談道，實長華競，」（與殷浩書，見浩傳。）所惡者華競而非談道，然則衍之惡，不如是之甚也，特惡其爲華競之萃淵藪，使天下之惡皆歸焉耳。羊祜嘗銜「以盛名處大位，敗俗傷化，」亦此意也。王坦之著廢莊論，曰：「君子遊方之外，衆人藉爲弊薄之資。天下之善人少，不善人多，故莊生之利天下也少，害天下也多。」識解愈高，則其視世之所謂綱常名教者，不足嚴畏也愈甚，夫固不能其與學術無關，然魯酒薄而邯鄲圍，究爲充類至義之盡之語。必如范甯，謂王弼、何晏，罪深桀、紂，亦少過矣。旨趣異於諸名士者，其人亦分數科：卞壺、陶侃，蓋由性勤吏職；（壺事見第十八章第二節。侃傳云：侃性聰敏，勤於吏職，閫外多事，千緒萬端，罔有遺漏。常謂人曰：「大禹聖者，乃惜寸陰，至於衆人，當惜分陰。」諸參佐或以談戲廢事者，乃命取其酒器、蒱博之具，悉投之於江，吏將則加鞭朴。曰：「樗蒱者，牧豬奴戲耳。老、莊浮華，非先王之法言，不可行也。君子當正其衣冠，攝其威儀，何有亂頭養望，自謂弘達邪？」）樂廣、庾亮，則由習於禮法，（廣笑王澄、胡母輔之等，謂「名教內自有樂地，何必乃爾？」庾亮風格峻整，動由禮節，皆見本傳。）江統、（統傳：子惇，性好學，儒玄並綜，每以爲君子立行，應依禮而動，放達不羈，以肆縱爲貴，亦道之所棄也。乃著通道崇檢論，世咸稱之。亦廣、亮之儔也。）皆與識解無關。若應詹病元康以來，賤經尚道，而欲修辟雍，崇明教義；虞預憎疾玄虛，其論阮籍，比之伊川被髮，則所謂遊於方之內者耳。惟裴頠著崇有之論，謂「以無爲辭，旨在全有，生必體有，有遺而生虧，故養既化之有，非無用之所能全；理既有之衆，非無爲之所能循。」其言深有理致。李充著學箴，謂「聖教救其末，老、莊明其本，本末之塗殊，而爲教一也。」阮孝緒著論，謂「至道之本，貴在無爲，聖人之跡，存乎拯弊。不垂其跡，則世無以平，不究其本，則道實交喪。丘、旦將存其跡，故宜權晦其本；老、莊但

「木猶如此，人何以堪？」攀枝執條，泫然流涕。其襟懷，亦何以異於遺世之士乎？諸名士之詒害於世者，乃在其身家之念大重。王衍傳言其居宰輔之重，不以經國爲念，而思自全之計。乃說東海王越，以弟澄爲荆州，族弟敦爲青州，謂曰：「荆州有江、漢之固，青州有負海之險，卿二人在外，而吾留此，足以爲三窟矣。」及其將死，乃顧而言曰：「吾曹雖不如古人，向若不祖尙浮虛，戮力以匡天下，猶可不至今日。」此蓋其由衷之言。所謂人之將死，其言也善。然其詒害於世者，祖尙浮虛爲之乎？欲營三窟爲之乎？恐其雖有悔於厥心，而終未能喻其故也。次則其人少居華膴，酖毒晏安，不能自振。周顗爲王導所賊，事見第四章第四節。當時之不誅王氏，蓋事勢使然，顗之救導，決無背君黨友之嫌，縱不能訟言於朝，何難以私語慰藉？而乃默無一言，卒招殺身之禍。此無他，縱弛旣甚，則慮患自疏耳。莊子盜跖篇，設爲盜跖告仲尼之辭曰：「今吾告子以人之情：目欲視色，耳欲聽聲，口欲察味，志氣欲盈。人上壽百歲，中壽八十，下壽六十。除病瘦，當爲瘐字之誤。死喪、憂患，其中開口而笑者，一月之中不過四五日而已矣。天與地無窮，人死者有時，操有時之具，而託於無窮之間，忽然無異騏驥之馳過隙也。不能說其志意，養其壽命者，皆非通道者也。」列子楊朱篇曰：「萬物所異者生也，所同者死也。生則有賢愚、貴賤，是所異也。死則有臭腐、消滅，是所同也。賢愚、貴賤非所能也，臭腐、消滅，亦非所能也。十年亦死，百年亦死，仁聖亦死，凶愚亦死。生則堯、舜，死則腐骨；生則桀、紂，死則腐骨。腐骨一矣，孰知其異？且趣當生，奚遑死後。」列子固張湛所爲，莊子亦郭象所定，託於養生之論，爲是恣睢之辭，此當時自暴自棄者之供狀也。縱弛旣甚，則不徒廢事以自安，必且競進以求利。庾翼譏王衍曰：「若以道非虞、夏，自當超然獨往，而不能謀始，云：籍本有濟世志，屬魏晉之際，天下多故，名士少有全者，由是不與世事，酣飲爲常。亦山濤之知其不可而不爲也。文帝欲爲武帝求婚於籍，籍醉六十日，不得言而止，此不如山濤猶有葭莩之親矣。鍾會數以時事問之，欲因其可否而致之罪，皆以酣醉獲免，可謂不爲君用。嘗登廣武，觀楚漢戰處，歎曰：「時無英雄，使豎子成名。」登武牢山，望京邑而歎。其鬱勃之情，亦何減嵇康、呂安？然文帝輔政，求爲東平，後又求爲步兵校尉，則司馬氏亦釋之矣。此山濤去選官，所由欲舉康以自代歟？委蛇於朝，可以免禍，康、安寧不知之，而卒不肯，以與鍾會，可不謂之烈歟？康所被繫，作幽憤詩，有「昔慚柳惠，今愧孫登」之語，而籍傳亦記籍遇登於蘇門山之事，登蓋亦非隱淪之流？然則一時名士，欲傾司馬氏者多矣。非遭罪戮，則皆隱遁，司馬氏之威力，可謂重矣。然其運祚卒以不長，威力豈足恃哉？可以爲鑑矣。

劉伶，沈湎於酒者也，而泰始初對策，盛言無爲之化。胡母輔之爲樂安守，與郡人光逸，晝夜酣飲，不視郡事，然其始爲繁昌令，亦嘗節酒自厲，甚有能名。阮孚爲元帝丞相從事中郎，終日酣縱，則帝本不以事任處之。其後明帝大漸，溫嶠入受顧命，要與同行，升車乃告之，孚卒求下，徒步還家，則彼以爲事不可爲故爾。溫嶠能臣，而欲與共託孤寄命之重，亦可見孚之爲人矣。阮放以清談侍明帝，而遷吏部郎，甚有稱績。成帝時爲交州，又能伏兵襲殺陶侃將高寶，終以力薄而敗耳。庾敳在東海王越府，常自袖手，此與謝鯤爲王敦長史，徒從容諷議同，猶能時進正論以匡敦，則所謂弑父與君亦不從也。從之者若郭象，則以任職當權稱矣。可見玄談之家，非皆不能事事者也。不特此也，庾亮，外戚之儁也，而史稱其好莊、老，善談論。殷浩、謝安，皆江左之望也，而皆爲風流所宗。殷仲堪，亦一時之傑也，而能清言，善屬文，每云三日不讀道德論，便覺舌本間強，其談理與韓康伯齊名。王敦、桓溫，皆奸雄之尤也，而敦務自矯厲，雅尚清談，口不言財色。溫自江陵北伐，行經金城，見少爲琅邪時所種柳，皆已十圍，慨然曰：

共鍛於大樹之下，以自贍給。潁川鍾會，貴公子也，精練有才辯，故往造焉。康不爲之禮，而鍛不輟。良久，會去，康謂曰：「何所聞而來？何所見而去？」會曰：「聞所聞而來，見所見而去。」會以此憾之。及是，言於文帝曰：「嵇康，臥龍也，不可起。公無憂天下，顧以康爲慮耳。」因譖康欲助毌丘儉，賴山濤不聽。昔齊戮華士，魯誅少正卯，誠以害時亂教，故聖賢去之。康、安等言論放蕩，非毀典謨，帝王者所不宜容，宜因釁除之，以淳風俗。帝既昵聽信會，遂并害之。案謂會之怨康，由往造康不之禮，說出魏氏春秋，見三國志會傳注。注又引世語曰：毌丘儉反，康有力焉，且欲起兵應之，以問山濤，濤曰：不可。儉亦已敗。裴松之云：「本傳云康以景元中坐事誅，而干寶、孫盛、習鑿齒諸書，皆云正元二年，司馬文王反自樂嘉，殺嵇康、呂安。蓋緣世語云康欲舉兵應毌丘儉，故謂破儉便應殺康也。其實不然。山濤爲選官，欲舉康自代，康書告絕，事之明審者也。案濤行狀，濤始以景元二年除吏部郎耳。又鍾會傳亦云：會作司隸校尉時誅康，會作司隸，景元中也。」干寶等之誤，誠如松之之說，然仍足見康之死與毌丘儉之叛有關。國志會傳云：遷司隸校尉，雖在外司，時政損益，當世與奪，無不綜典。嵇康等見誅，皆會謀也。亦可見康之誅爲極有關係之事，豈得如魏氏春秋所云，由安兄巽淫安之妻，誣安不孝，而安引康爲證哉？魏氏春秋又云康義不負心，保明其事。安亦至烈，有濟世志力，鍾會勸大將軍因此除之，亦可見其死非以其兄之誣告也。信史之不傳久矣。安兄誣安不孝，蓋欲加之罪之辭。方康於華士、少正卯亦然，二人之所以獲罪，則總不得聞矣。康與魏宗室昏，又爲志節之士，其欲傾晉，自在意中。晉書向秀傳言：康善鍛，秀爲之佐，相對欣然。又共呂安灌園於山陽。足見三人志同道合。康既被誅，秀應本郡計入洛，作思舊賦，以哀康、安。有云：「歎黍離之愍周，悲麥秀於殷墟。」其所志者，自可想見。山濤傳云：與嵇康、呂安善。後遇阮籍，便爲竹林之游，著忘言之契。康後坐事，臨誅，謂子紹曰：「巨源在，汝不孤矣。」康與濤之交情，亦可想見。欲助毌丘儉而問於濤，事所可有。然而濤卒獲全者？蓋以其與宣穆后有中表親，又知其不可而不爲，故非司馬氏之所深忌也。抑當時思傾司馬氏之人蓋多，誅之不可勝誅，司馬氏亦未嘗不思籠落之，故如向秀者，雖亦康、安之黨，後既應計入洛，則亦釋之不復問矣。阮籍傳米而食，哀毀不踰於戎。武帝謂劉毅曰：「和嶠毀頓過禮，使人憂之。」毅曰：「嶠雖寢苫食粥，乃生孝耳。至於王戎，所謂死孝，陛下當先憂之。」此等說，乃愛好諸名士者造作之以自解免於流俗耳，非其實也。謝鯤傳：鄰家高氏女有美色，鯤嘗挑之，女投梭折其兩齒。時人爲之語曰：「任達不已，幼輿折齒。」鯤聞之，傲然長嘯曰：「猶不廢我嘯歌。」畢卓爲吏部郎，常飲酒廢職。比舍郎釀熟，卓因醉夜至其甕間盜飲之，爲掌酒者所縛，明旦視之，乃畢吏部也。遽釋其縛。卓遂引主人宴於甕側，致醉而去。王忱傳：婦父嘗有慘，忱乘醉弔之。婦父慟哭，忱與賓客十許人連臂被髮裸身而入，繞之三匝而出。此等驚世駭俗之舉，皆人所難行，而諸人忍而爲之，必有大不得已於其中者矣。隱逸傳：戴逵常以禮法自處，深以放達爲非道，著論曰：「儒家尚譽者，本以興賢也。既失其本，則有色取之行，其弊必至於末僞。道家去名者，欲以篤實也。苟失其本，又有越檢之行，其弊必至於本薄。」諸家之憤激，則亦疾其時之爲僞而已。然方內之士，則以爲傷化敗俗，疾之若讎矣。晉書何曾傳：阮籍負才放誕，居喪無禮。曾面質籍於文帝坐曰：「卿乃背禮敗俗之人，今忠賢執政，綜核名實，若卿之曹，不可長也。」因言於帝曰：「公方以孝治天下，而聽阮籍以重哀飲酒食肉於公坐，宜擯四裔，無令汙染華夏。」帝曰：「此子羸病若此，君不能爲吾忍邪？」曾重引據，辭理甚切。帝雖不從，時人敬憚之。

遺落世務，最爲尙論者之所訾，此本非學之咎，抑其事更不可以一概論也。正始諸賢，本皆有意於當世。觀夏侯玄論治之語可知。鍾會區區，志復魏室，已見秦漢史第十二章第八節。嵇康之死，說者謂爲會所陷，殆不其然。康之死，世語謂由其欲助毌丘儉，其說蓋信。會或不能救，或則不欲庇之，以求自信於司馬氏，而爲後圖耳。果如是，則其用心愈苦矣。山濤嘗欲援康出仕，蓋欲使其屈節以自免。濤與阮籍所爲，正是如此，亦足見其曲相維護之苦衷也。晉書嵇康傳云：性絕巧而好鍛。東平呂安，服康高致，每一相思，輒千里命駕。康友而善之。後安爲兄所枉訴，以事繫獄，辭相證引，遂復收康。初康居貧，嘗與向秀學佛道，注道德經章句行於世。武帝少嘗受業，無怪其有此稚尙也。要之北方談玄之風，至周、齊而少衰，然迄未嘗絕也。自正始至禎明之末，歷時凡三百五十年，通東漢之世計之，亦可云天道五百年而一變矣。

玄學之大功，在於破除拘執。其說之最要者，爲貴道而賤迹。道者今所謂原理，迹則今所謂事實也。前此之言治者，率欲模放古人之形迹，自經玄學家之摧破，而此弊除矣。然人之善惡，實因其所處之境而不同。日與人相蕩相劘者，人事固較天行爲尤切。前此經世之家，欲舉社會組織，解紘而更張之，其所操之術或疏，而謂非解而更張，無以爲治，其說固未嘗誤。而承新莽敗績之後，人莫敢言治本之計，徒欲移易人性，以求臻於上理。玄學之家，已有此敝。繼以佛學，其蔽愈深。宋世理學，力闢二氏，此見亦未能改，遂至冥冥千載，視社會一時之組織爲天經地義而不可變焉，屢變無成，實由於此，此則深可歎惋者矣。

然玄學之家，所見究非恆人所逮，故有世俗拘守，視爲天經地義，而實則拂逆人性者，惟玄學家爲能衝決其網羅。晉書阮籍傳：文帝引爲大將軍從事中郎。有司言有子殺母者。籍曰：「嘻！殺父乃可，至殺母乎？」坐者怪其失言。帝曰：「殺父天下之極惡，而以爲可乎？」籍曰：「禽獸知母而不知父，殺父禽獸之類也。殺母禽獸之不若。」衆乃悅服。前言由衷之辭，後語則隨順世俗耳。此與孔融「父之於子，當有何親」之說，皆疾世俗拘執，所謂道者悉非其道而然。名士之踰越禮法，蓋亦有所激，不忍隨俗而出此也。時人所重，莫知居喪，而諸名士居喪，率多違禮。晉書王戎傳：以母憂去職，不拘禮制，飲酒食肉，或觀弈棋，而容貌毀悴，杖然後起。裴頠往弔之，謂人曰：「若使一慟能傷人，濬沖不免滅性之譏也。」時和嶠亦居父喪，以禮法自持，量務垂簾鼓琴，風韻清遠，甚獲世譽。此武夫之附庸風雅也。陳書顧越傳：自以人微位重，每遷官，常有愧懼之色。有子十餘人，誡之曰：「我本志不及此，汝等勿以富貴陵人。」謂其子曰：「麈尾、扇是王、謝家物，汝不須捉此自隨。」此武夫子弟，謬託風雅者也。儒生，見上節。文人，晉書文苑傳：應貞，魏侍中璩之子也。自漢至魏，世以文章顯。貞善談論，以才學稱。夏侯玄有盛名，貞詣玄，玄甚重之。陳書徐陵傳：年十二，通老、莊義。藝士，晉書藝術傳：郭黁，少明老、易。易家本有晉數一派，爲最術士所易兼明也。婦女，晉書列女傳：王凝之妻謝氏，字道韞，安西將軍奕之女也。聰識有才辯。凝之弟獻之嘗與賓客談議，詞理將屈。道韞遣婢白獻之曰：「欲爲小郎解圍。」乃施青綾步鄣自蔽，申獻之前議，客不能屈。北史盧玄傳：玄孫道虔妻元氏，甚聰悟，常升高坐講老子。道虔從弟元明隔紗幃以聽焉。無不能之。餘風又流衍於北。苻堅禁老、莊、圖讖之學，已見第一節。苻融傳云：談玄論道，雖道安無以尚之。苻朗傳云：每談虛語玄，不覺日之將夕。可見其時清談之風甚盛，堅欲崇儒，所以不得不禁之也。姚興載記：京兆韋高，慕阮籍之爲人，居母喪，彈琴飲酒。可見洛下遺風，北方迄未嘗絕。魏書程駿傳：六世祖良，晉都水使者，坐事流於涼州。駿師事劉昞，謂昞曰：「今世名教之儒，咸謂老、莊其言虛誕，不切實要，弗可以經世。駿愚以爲不然。夫老子著抱一之言，莊生申性本之旨；若斯者，可謂至順矣。」沮渠牧犍擢爲東宮侍講。世祖平涼，遷於京師，爲司徒崔浩所知。顯祖屢引與論易、老之義。是清談之風，傳播河西，又還歸洛下也。入隋乃息。北齊書盧潛傳：潛從祖兄懷仁，懷仁從父弟昌衡，武平末，尚書郎沈靖有才識，風儀蘊藉，容止可觀。天保中，尚書王昕以雅談獲罪，諸弟尚守而不墜。自茲以後，此道頓微。昌衡與頓丘李若、彭城劉泰珉、河南陸彥師、隴西辛德源、太原王脩，並爲後進風流之士。案其見於史者，又有羊烈，能言名理，以玄學知名。杜弼，性好名理，探味玄宗，嘗注老子及莊子惠施篇。隋書張煚傳：父羨，少好學，多所通涉。周代公卿，類多武將，惟羨以素業自通，甚爲當時所重。撰老子、莊子義，名曰道言，五十二篇。煚好學，有父風。長孫覽傳：從子識，建德初，武帝尚道法，尤好玄言，求學兼經、史，善於談論者，爲通道館學士，識應其選。則周初粗獷之風，至此亦稍變矣。北史盧辯弟光，好玄言，之音。何平叔若在，當復絕倒。」阮籍，籍兄子咸，山濤，向秀，劉伶，王戎，嘗與嵇康爲竹林之游，世稱爲竹林七賢。三國魏志王粲傳注引魏氏春秋。又有謝鯤，胡母輔之，畢卓，王尼，羊曼，光逸等，多善清言，遺世事，放蕩不拘禮法，晉書皆有傳。此皆魏晉世洛中人物，東渡已後，流風未沫。江表之能玄言，初不自東渡後始，特東渡後此風愈盛耳。晉書陸雲傳云：雲嘗行逗宿故人家，夜暗迷路，莫知所從，忽望草中有火光，於是趣之。至一家，便寄宿，見一年少，美風姿，共談老子，辭致深遠。向曉辭去，行十餘里，至故人家，云此數十里中無人居。雲意始悟，卻尋昨宿處，乃王弼冢。雲本無玄學，自此談老殊進。可見雲初入洛，即學爲玄談矣。顧榮傳云：榮素好琴。及卒，家人常置琴於靈坐。吳郡張翰哭之慟。既而上牀，鼓琴數曲，撫琴而歎曰：「顧彥先復能賞此不？」因又慟哭，不弔喪主而去。此等舉動，亦何異竹林諸賢邪？帝王，帝王之好玄言者，以梁武帝，簡文帝，元帝爲最。顏氏家訓勉學篇言：元帝召置學生，親爲教授，廢寢忘食，以夜繼朝，至乃倦劇愁憤，輒以講自釋。證以南史所載，魏師既起，帝猶於龍光殿述老子義，而知其說之不誣也。宋明帝答王景文詔，至有理致，已見第十九章第六節。晉明帝亦善玄言，嘗論聖人眞假之意，王導等不能屈，見晉書本紀。在東宮時，阮放爲太子中舍人，庶子，雖戎車屢駕，而侍太子，常說老莊，不及軍國，帝甚友愛之，見放本傳。簡文帝紀，稱其清虛寡欲，尤善玄言，重桓石秀，劉惔，張憑，韓伯，謝尚，王濛，皆見本傳。魏書高祖紀言其善談莊老，尤精釋義。世宗紀亦云：每至講論，連夜忘疲。貴戚，如晉范陽王虓，史稱其清辯能言論。康獻皇后父褚裒，史稱其與京兆杜乂俱有盛名，冠於中興。大臣，晉書王祥傳：祥族孫戎，稱祥在正始，不在能言之流，及與之言，理致清遠。此一時風氣使然也。文吏，晉書良吏傳：潘京舉秀才到洛，尚書令樂廣，京州人也，共談累日，深歎其才。謂京曰：「君天才過人，恨不學耳。」京感其言，遂勤學不倦。時武陵太守戴昌，亦善談論，與京共談，京假借之。昌以爲不如己，笑而遣之。令過其子若思，京方極其言論。昌竊聽之，乃歎服曰：「才不可假。」遂父子俱屈焉。武夫，齊書柳世隆傳：世隆少立功名，晚專以談義自業。常自云：「馬矟第一，清談第二，彈琴第三。」在朝不干世也，其文似會。初會弱冠與山陽王弼並知名。弼好論儒道，辭才逸辯，注易及老子，爲尚書郎，年二十餘卒。注引何劭弼傳曰：弼幼而察惠，年十餘，好老氏，通辯能言。父業爲尚書郎。時裴徽爲吏部郎，弼未弱冠，往造焉。徽一見異之，問弼曰：「夫無者誠萬物之所資也，然聖人莫肯致言，而老子申之無已者何？」弼曰：「聖人體無，無又不可以訓，故不說也。老子是有者也，故恆言無所不足。」尋亦爲傅嘏所知。於時何晏爲吏部尚書，甚奇弼，歎之曰：「仲尼稱後生可畏，若斯人者，可與言天人之際乎？」弼與鍾會善，會論議以校練爲家，然每服弼之高致。弼注老子，爲之指略，致有理統。注道略論，注易，往往有高麗言。大原王濟，好談，病老莊。嘗云：見弼易注，所悟者多。晉書王衍傳云：魏正始中，何晏、王弼等祖述老莊，立論以爲天地萬物，皆以無爲爲本，無也者，開物成務，無往不存者也。衍甚重之，惟裴頠以爲非，著論以譏之。而衍處之自若。衍既有盛才美貌，明悟若神，常自比子貢。兼聲名藉甚，傾動當世。妙善玄言，惟談老莊爲事。每捉玉柄麈尾，與手同色。義理有所不安，隨卽改更，世號口中雌黃。朝野翕然，謂之一世龍門矣。樂廣傳云：廣尤善談論，每以約言析理，厭人之心。王戎爲荊州刺史，聞廣爲夏侯玄所賞，乃舉爲秀才。衛瓘朝之耆宿，逮與魏正始中諸名士談論，見廣而奇之，曰：「自昔諸賢既歿，常恐微言將絕，今乃復聞於君矣。」廣與王衍俱宅心事外，名重於時，天下言風流者，謂王、樂爲稱首焉。衛玠傳云：好言玄理。其後病多體羸，母恆禁其語。遇有勝日，親友時請一言，無不咨嗟，以爲入微。琅邪王澄有高名，少所推服，每聞玠言，輒歎息絕倒。天下大亂，移家南行。時王敦鎭豫章，長史謝鯤雅重玠，相見欣然，言語彌日。敦謂鯤曰：「昔王輔嗣吐金聲於中朝，此子復玉振於江表，微言之緒，絕而復續。不意永嘉之末，復聞正始夏侯泰初是也。惟幾也，故能成天下之務，司馬子元是也。惟神也，不疾而速，不行而至，吾聞其語，未見其人。」蓋欲以況諸己也。荀彧傳注引零陵先賢傳曰：彧第三兄衍之孫融，與王弼、鍾會俱知名。爲洛陽令，參大將軍軍事。與弼、會論易、老義，傳於世。第四兄諶之子閎，爲太子文學掾。時有甲乙疑論，閎與鍾繇、王朗、袁渙，議各不同。文帝與繇書曰：「袁、王國士，更爲脣齒，荀閎勁悍，往來銳師，眞君侯之勁敵，左右之深憂也。」彧長子惲，亦知名。作易集解。又引晉陽秋，謂彧子顗，嘗難鍾會易無互體，見稱於世。顗弟粲，何劭爲之傳曰：粲諸兄並以儒術論議，而粲獨好言道。常以爲「子貢稱夫子之言性與天道，不可得聞，然則六籍雖存，固聖人之糠粃。」當時能言者不能屈也。大和初，到京邑，與傅嘏談。嘏善名理，而粲尚玄遠，宗致雖同，倉卒時或格不相得。裴徽通彼我之懷，爲二家騎驛。頃之，粲與嘏善。夏侯玄亦親。管寧儒者也，而魏志本傳載陶丘一等薦之之辭，謂其娛心黃老。王粲傳云：嵇康好言老莊。注引康兄喜所爲康傳，言其著養生篇，知自厚者喪其所生，求益者必失其性。傅嘏傳云：嘏常論才性同異，鍾會集而論之。常林傳注引魏略，以林及吉茂、沐並、時苗四人爲清介傳。云：並豫作終制，戒其子以儉葬曰：「夫禮者，生民之始教，而百世之中庸也。故力行則爲君子，不務者終爲小人。然撥亂反正，鳴鼓矯俗之大義，未是窮理盡性，陶冶變化之實論。若乃原始要終，以天地爲一區，萬物爲芻狗，該覽玄通，求形景之宗，同禍福之素，一死生之命，吾有慕於道矣。」裴潛傳注：潛少弟徽，善言玄妙。子康、楷、綽，皆爲名士，而楷才望最重。少與琅邪王戎並爲掾發名。鍾會致之大將軍司馬文王，曰：「裴楷清通，王戎簡要。」文王卽辟爲掾。鍾會傳云：會嘗論易無互體，才性同異。及會死後，於會家得書二十篇，名曰道論，而實刑名家或云慕老聃清靜，或云依老子、嚴周之指而著書，則又魏、晉以後，清談不事事之先聲矣。（後漢書耿弇傳注引嵇康聖賢高士傳曰：安丘望之，字仲都，京兆長陵人。少持老子經，恬靜不求進宦，號曰安丘丈人。成帝聞，欲見之，望之辭不肯見，爲巫醫於人間，亦嚴君平之流也。）不特此也，郎顗治術數之學者也，而其詣闕拜章，言「天地之道，其猶鼓籥，以虛爲德，自近及遠。」書奏，順帝復使對尚書。顗條便宜七事，其三引老子曰：「人之飢也，以其上食稅之多。」又上書薦黃瓊、李固，幷陳消災之術，引老子曰：「大音希聲，大器晚成。」劉陶著書數十萬言，又作七曜論，匡老子，反韓非，復孟軻。數術之家，率多明於天文，陶之學，蓋亦與顗相出入者也。李固對詔問，引老子曰：「其進銳者其退速。」後書注曰：「案孟子有此文，謝承書亦云孟子，而續漢書復云老子。」今案古人引書，經傳不別，儒家如是，諸子亦然，進銳退速，固類道家之言，未必非老子傳中語也。固還將作大匠，又上疏陳事曰：「臣聞氣之清者爲神，人之清者爲賢，養身者以鍊神爲寶，安國者以積賢爲道。」又與朱穆作崇厚論，謂道以天下爲一，在彼猶在己者同符。廖扶，父爲北地大守，永初中，坐羌沒郡下獄死。扶感父以法喪身，憚爲吏，服終，歎曰：「老子有言：名與身孰親？吾豈爲名乎？」遂絕志世外，專精經典，處亂世而貴自全。又魏晉以來治老莊之學者，數見不鮮之事矣。此外後書所載，尚有任隗（光子），少好黃老，鄭均少好黃老書，淳于恭善說老子。可知老莊之學，東京業已盛行，正始諸賢，實承其流風遺俗，特以居高明之地，譬諸登高一呼，故其所及者愈遠耳。

正始諸賢居高明之地者，莫如夏侯玄、何晏及司馬景王。三國魏志晏傳云：少以才秀知名，好老莊言，作道德論及諸文賦，著述凡數十篇。注引魏氏春秋曰：玄、晏等名盛於時，司馬景王亦預焉。晏嘗曰：「惟深也，故能通天下之志，道、俗受業者，數十百人。全緩，治周易、老、莊。時人言玄者咸推之。張譏，篤好玄言。侯景寇逆，圍城之中，猶侍哀大子於武德殿講老、莊。陳後主在東宮，亦令於溫文殿講莊、老。所居宅營山池，植花果，講周易、老、莊而教授焉。一乘寺沙門法才，法雲寺沙門慧休，至眞觀道士姚綏，皆傳其業。撰老子義十一卷，莊子內篇義十二卷，外篇義二十卷，雜篇義十卷，玄部通義十二卷。又撰遊玄桂林二十四卷。龔孟舒，善談名理。陸慶，値梁季喪亂，乃覃心釋典，經論靡不該究。築室屏居，以禪誦爲事。由是傳經受業者鮮焉。南史儒林傳：顧越，微言玄旨，咸盡其精微。特善莊、老。著老子義疏。魏書儒林傳：劉獻之，注涅槃經，未就而卒。孫惠蔚，先單名蔚。正始中，侍講禁內，夜論佛經，有愜帝旨，詔使加號惠蔚法師。盧景裕，好釋氏，通其大義。天竺胡沙門道悕，每譯諸經論，輒託景裕爲之序。北齊書儒林傳：孫靈暉，爲南陽王綽師。綽死後，每至七日及百日終，恆爲請僧設齋，傳經行道。周書儒林傳：盧光，好玄言，崇佛道。撰道德經章句，行於世。儒林傳中人如此，可見釋、老之震撼一世，儒家非極專固者，皆不容故步自封矣。

第四節　儒玄諸子之學下

淸談之風，世皆以爲起於魏之正始，亦非其實也。秦、漢之世，黃、老、老、莊之學，傳授迄未嘗絕，已見秦漢史第十九章第四節。其中如楊厚、范升、馬融、虞翻，皆儒家而或修黃老教授，或爲老子訓注；升與向長所習，亦以易、老並稱；此已道魏、晉玄談之先河。升爭立費氏易、左氏春秋，引老子曰：「學道日損。」又曰：「絕學無憂。」嚴君平、周勰，皆肥遯自甘，而史述其事，行。又梁有禮記十二卷，業遵注亡。此等無論其說善否，要爲別有所見，或害世啖、助趙匡之先驅。張雕虎之爲人頗有抱負，已見第十四章第四節。北齊書儒林傳：劉晝，撰高才不遇傳三篇。皇建、大寧之朝，又頻上書，言亦切直，多非世要，終不見收采。自謂博物奇才，言好矜大。每云：「使我數十卷書行於世，不易齊景之千駟也。」隋書儒林傳：馬光，開皇初，高祖徵山東義學之士，與張仲讓、孔籠、竇士榮、張黑奴、劉祖仁等俱至，並授大學博士，時人號爲六儒。然皆鄙野無儀範，朝廷不之貴也。士榮尋病死。仲讓未幾告歸鄉里。著書十卷，自云：「此書若奏，我必爲宰相。」又數言玄象事。州縣列上其狀，竟坐誅。孔籠、張黑奴、劉祖仁未幾亦被譴去；惟光獨存。此等人或亦王通之流，然當時皆不之重也。

儒生兼通道、釋之學者，此時實不勝枚舉。晉書儒林傳：徐苗，嘗作五經同異評，又依道家著玄微論，前後所造數萬言。卒，遺命濯巾澣衣，榆棺雜甎，露車載尸，葦席瓦器而已。此楊王孫之志也。又范宣傳：庾爰之問宣曰：「君博學通綜，何以大儒？」宣云：「正始以來，世尚老、莊，逮晉之初，競以裸袒爲高，僕誠大儒，然丘不與易。」宣言談未嘗及老、莊。客有問：「人生與憂俱生，不知此語何出。」宣云：「出莊子至樂篇。」客曰：「君言不讀老、莊，何由識此？」宣笑曰：「小時嘗一覽。」時人莫之測也。不治其學，而亦知其說，可見其學之盛行矣。梁書儒林傳：伏曼容，善老、易。嘗云：「何晏疑易中九事，以吾觀之，晏了不學也。故知平叔有所短。」曼容子暅，幼傳父業，能言玄理，見良吏傳。嚴植之，少善莊、老，能玄言。賀瑒子革，嘗恨祿不及養，在荊州，歷爲郡縣，所得俸秩，不及妻孥，專擬還鄉造寺，以申感思。大史叔明，少善莊、老。三玄尤精解，當世冠絕。皇侃，性至孝，嘗日限誦孝經二十徧，以擬觀世音經。陳書儒林傳：沈德威，每自學還私室，即講授，非。爰與聖證，據用家語。外戚之尊，多行晉代。」今案隋志：肅於詩、書、三禮、易、左氏、孝經、論語，皆有注解。又有孔子家語二十一卷。隋志云王肅解，而後人以爲肅所私定。孔叢子七卷，亦肅所僞爲。聖證論十二卷，則肅所造以難鄭者。蓋肅當漢、魏之際，亦爲徧注羣經之人，其才力實與鄭玄相亞。晉世詩家或申王難鄭，或右鄭排王。言禮者亦各有左右。尚書僞孔安國傳，雖不能定爲何人，其說與肅同流，則無疑義。魏書儒林傳云：「漢世鄭玄竝爲衆經注解，服虔、何休各有所說。玄易、書、詩、禮、論語、孝經，虔左氏春秋，休公羊傳，大行於河北。王肅易亦閒行焉。晉世杜預注左氏，預玄孫坦，坦弟驥，於劉義隆世竝爲青州刺史，傳其家業，故齊地多習之。」北齊書儒林傳云：「經學諸生，多出魏末大儒徐遵明門下。」遵明於易、書、三禮，皆傳鄭氏，春秋則服氏。其毛詩則出魏朝博陵劉獻之。王弼之易，河南及青、齊之閒多講之，然師訓甚寡。孔氏古文尚書，武平末，河閒劉光伯、信都劉士元得費甝義疏，乃留意焉。左傳，河外諸生，俱伏膺杜氏。河北有姚文安、秦道靜，初學伏氏，後兼講杜。以上所說，北史皆同，而又總括之曰：「江右周易則王輔嗣，尚書則孔安國，左傳則杜元凱。河洛左傳則服子慎，尚書、周易則鄭康成。詩則竝主於毛公，禮則同遵於鄭氏。」合諸說而觀之，則今文之學，除公羊一經外皆亡，魏、晉新起之學，與漢世舊有之學，分庭抗禮，而南偏於新，北偏於舊；至隋世統一之後，則北又入於南也。然不論何派，皆係經生之業，支離破碎，無益世務。較有思理之士，皆折而入於他途矣。魏書儒林傳：陳奇，常非馬融、鄭玄解經失旨，志在著述五經。始著孝經、論語，頗傳於世，爲搢紳所稱。奇後爲游雅所陷，見第二十二章第七節。即由雅「贊扶馬、鄭」而奇非之也。隋志云：詩惟毛、鄭獨立。又云：又有業詩，奉朝請業遵所注，立義多異，世所不府后倉、諫議大夫翼奉、安昌侯張禹，皆名其學。又有古文孝經，與古文尚書同出，而長孫有閨門一章，其餘經文，大較相似，篇簡缺解，又有衍出三章，并前合爲二十二章。孔安國爲之傳。至劉向典校經籍，以顏本比古文，除其繁惑，以十八章爲定。鄭衆、馬融，並爲之注。又有鄭氏注，相傳或云鄭玄，其立義與玄所注餘書不同，故疑之。梁代安國及鄭氏二家，並立國學，而安國之本亡於梁亂。陳及周、齊，惟傳鄭氏。至隋，祕書監王劭於京師訪得孔傳，送至河間劉炫，炫因序其得喪，述其議疏，講於人間，漸聞朝廷，後遂著令，與鄭氏並立。儒者諠諠，皆云炫自作之，非孔舊本，而祕府又先無其書。」案鄭玄晚主古學，早歲則治今文。御覽引其孝經注敍，謂作於避難南城山時，嚴鐵橋云：玄蓋嘗避黨錮之難，時尚未治古文，故立說與後來不同，其注初不必僞。（據皮鹿門說，見所撰孝經鄭注疏。）若孔安國傳之僞，則不俟論矣。論語隋志云：「漢初有齊、魯之說，其齊人傳者二十二篇，魯人傳者二十篇。張禹本授魯論，晚講齊論，後遂合而考之，刪其煩惑，除去齊論問王、知道二篇，從魯論二十篇爲定，號張侯論。周氏、包氏爲之章句，馬融又爲之訓。又有古論語，與古文尚書同出，章句煩省，與魯論不異，惟分子張爲二篇，故有二十一篇。孔安國爲之傳。漢末，鄭玄以張侯論爲本，參考齊論、古論而爲之注。魏司空陳羣、大常王肅、博士周生烈，皆爲義說。吏部尚書何晏又爲集解。是後諸儒多爲之注。齊論遂亡。古論先無師說。梁、陳之時，惟鄭玄、何晏立於國學，而鄭氏甚微。周、齊，鄭學獨立。至隋，何、鄭並行，鄭氏盛於人間。」亦漢末今古雜糅之學，與魏、晉後雜有玄談之說並行者也。齊書劉瓛陸澄傳論云：「西京儒士，莫有獨擅，東都學術，鄭、賈先行。康成生炎漢之季，訓義優洽，一世孔門，褒成並軌。故老以爲前修，後生未之敢異。而王肅依經辨理，與碩相禮記四十九篇，曲禮、檀弓、雜記皆分上下，合爲一篇，計之則四十六，分爲二篇，計之則四十九，故隋志云小戴之書四十六，陳邵云四十九。四十六加八十五，適百三十一。蓋七十子後學所記，大戴取其八十五，小戴取其四十六耳。小戴書本今學，然至馬、鄭爲之，則亦雜糅今古矣。隋志云：「今周官六篇，古經十七篇，小戴記四十九篇，凡三種，惟鄭注立於國學，其餘並多散亡，又無師說。」則禮家之學，惟鄭氏專行也。易：隋志云：「後漢施、孟、梁丘、京氏，凡四家並立。漢初，又有東萊費直傳易，其本皆古字，號曰古文易。以授琅邪王璜，璜授沛人高相，相以授子康及蘭陵毋將永，故有費氏之學，行於人間，而未得立。後漢陳元、鄭衆，皆傳費氏之學。馬融又爲其傳，以授鄭玄。玄作易注，荀爽又作易傳。魏代王肅、王弼，並爲之注。自是費氏大興，高氏遂衰。梁丘、施氏、高氏，亡於西晉。孟氏、京氏，有書無師。梁、陳鄭玄、王弼二注，列於國學。齊代惟傳鄭義。至隋，王注盛行，鄭學寖微，今殆絕矣。」案高氏之學，亦出費氏，不可云費氏興而高氏衰。蓋出於費氏之高氏衰，而其後起之鄭氏，與之代興，至最後，則又爲王弼所奪耳。春秋：隋志云：「後漢公羊有嚴氏、顏氏之學，與穀梁三家並立。左氏：建武中，尚書令韓歆請立而未行。陳元又上書訟之，乃以魏郡李封爲左氏博士。封卒，遂罷。然諸儒傳[illegible]甚衆。其後賈逵、服虔，並爲訓解。至魏，遂行於世。晉時，杜預又爲經傳集解。穀梁范甯注，公羊何休注，左氏服虔、杜預注，俱立國學。然公羊、穀梁，但試讀文，而不能通其義。後學三傳通講，而左氏惟傳服義。至隋，杜氏盛行，服義及公羊、穀梁寖微，今殆無師說。」蓋左氏行而公穀微，左氏之中，杜又代賈、服而起也。五經而外，誦習所先，厥惟孝經、論語，已見上節。孝經：隋志云：「遭秦焚書，爲河間人顏芝所藏。漢初，芝子貞出之，凡十八章。而長孫氏、博士江翁、少也。又云：「漢時有李氏得周官，上於河間獻王。獨闕冬官一篇。獻王購以千金，不得。遂取考工記以補其處，合成六篇，奏之。至王莽時，劉歆始置博士，以行於世。河南緱氏杜子春受業於歆，因以教授。是後馬融作周官傳，以授鄭玄。玄作周官注。」案周官本非禮經之類。劉歆欲所立者爲逸禮，據禮記鄭注投壺、奔喪皆同逸禮，亦非周官之倫。考工記與周官，又不同物，安可相補？其說之牴牾不讎如此，則知出自河間獻王之說，亦係子虛烏有之談。隋志又云：「河間獻王又得仲尼弟子及後學者所記一百三十一篇，獻之。時亦無傳之者。劉向考校經籍，檢得，因第而敘之。而又得明堂陰陽記三十三篇，孔子三朝記七篇，王氏、史氏記二十一篇，樂記二十三篇，凡五種，合二百十四篇。戴德刪其煩重，合而記之，爲八十五篇，謂之大戴記。而戴聖又刪大戴之書爲四十六篇，謂之小戴記。漢末，馬融遂傳小戴之學。融又足月令一篇，明堂位一篇，樂記一篇，合四十九篇。而鄭玄受業於融，又爲之注。」百三十一篇，出於河間獻王，說亦無據。漢志禮家記百三十一篇，自注云：「七十子後學者所記也。」蓋本今學。志又有明堂陰陽三十三篇，王史氏記二十一篇，合記百三十一篇，凡百八十五。此外曲臺后蒼記，后蒼爲二戴之學所自出，其記蓋與二戴之書相同。中庸說、明堂陰陽說，皆說。周官經、周官傳，別爲一家。軍禮司馬法，乃班氏所入。封禪議、封禪羣祀、議奏，皆漢時物。惟古封禪羣祀，亦記之倫。其書凡十九篇，合百八十五，得二百有四。與釋文敘錄引劉向別錄云古文記二百四篇者相當。敘錄又引陳邵周禮敘云：「戴德刪古禮二百四篇爲八十五篇，謂之大戴禮。戴聖刪大戴禮爲四十九篇，是爲小戴禮。後漢馬融、盧植，考諸家同異，附戴聖篇章，去其繁重，及所敘略，而行於世，即今之禮記是也。鄭玄亦依盧、馬之本而注焉。」今祭酒因令暉遠考定之。暉遠覽筆便下，初無疑滯。有不服者，暉遠問其所傳義疏，輒爲誦之，然後出其所短。自是無敢飾非者。所試四五百人數日便決，諸儒莫不推其通博，皆自以爲不能測也。江南、河北之說，暉遠果能皆通乎？得毋其所謂通者，亦如張吾貴之於左氏邪？見上節。北史儒林徐遵明傳云：與劉獻之、張吾貴皆河北聚徒教授。遵明見鄭玄論語序云書以八寸策誤作八十宗，因曲爲之說，其僻皆如此。獻之、吾貴又甚焉。古之愚也直，今之愚也詐而已矣。以此爲師，不誠令人氣塞乎？即誠通明者，於世事復何所益？南北朝儒家，最爲後人所推服者，曰勤於三禮之學，議郊廟典禮，辨喪服精粗，果有益於生民乎？曷怪才智之士，望望然去之也？

試就當時經學之傳授觀之，亦可見其專固衰敝焉。據隋書經籍志：詩家之學，齊詩魏代已亡，魯詩亡於西晉，韓詩雖存，無傳之者，惟毛詩鄭箋獨立。書則歐陽、大、小夏侯，並亡於永嘉之亂。杜林所傳古文尙書，賈逵爲之作訓，馬融作傳，鄭玄亦爲之注者獨行。又有所謂孔安國古文尙書者。云：「魯恭王壞孔子舊宅，得其末孫惠所藏之書，字皆古文，安國以隸古字寫之，合成五十八篇，爲之作傳。會巫蠱事起，不得奏上。私傳其業於都尉朝，朝授膠東庸生，謂之尙書古文之學。而未得立。至東晉，豫章內史梅賾，始得安國之傳奏之。時又闕舜典一篇。齊建武中，吳姚興方於大桁市得其書，奏上。比馬、鄭所注，多二十八字。於是始列國學。」此即近世累加考證，斷言其僞之僞古文尙書也。梁、陳所講，有孔、鄭二家，齊代惟傳鄭義。至隋，孔、鄭並行，而鄭氏甚微。禮：漢世禮經，惟指今之儀禮。魏、晉已降，乃與禮記、周官並列，稱爲三禮。隋志云：「鄭玄傳小戴之學，後以古經校之，取其於義長者作注，爲鄭氏學。」此鄭於禮經，糅合今古二家蕭子政、劉紹等兼通文史，不徒講說也。洛陽亦聞崔浩、張偉、劉芳，鄴下又見邢子才。四儒者，雖好經術，亦以才博擅名。如此諸賢，故爲上品。以外率多田里間人，音辭鄙陋，風操蚩拙，相與專固，無所堪能。問一言輒酬數百，責其指歸，或無要會。鄴下諺云：博士買驢，書券三紙，未有驢字。使汝以此爲師，令人氣塞。孔子曰：學也祿在其中矣。今勤無益之事，恐非業也。夫聖人之書，所以設教，但明練經文，粗通注義，常使言行有得，亦足爲人，何必仲尼居即須兩紙疏義？燕寢講堂，亦復何在？以此得勝，寧有益乎？光陰可惜，譬諸逝水，當博覽機要，以濟功業。必能兼美，吾無間焉。俗間儒士，不涉羣書，經緯之外，義疏而已。吾初入鄴，與博陵崔文彥交游，嘗說王粲集中難鄭玄尚書事，崔轉爲諸儒道之，始將發口，懸見排蹙，云：文集止有詩、賦、銘、誄，豈當論經書事乎？且先儒之中，未聞有王粲也。崔笑而退，竟不以粲集示之。魏收之在議曹，與諸博士議宗廟事，引據漢書，博士笑曰：未聞漢書得證經術。魏便忿怒，都不復言，取韋玄成傳，擲之而起。博士一夜共披尋之，達明，乃來謝曰：不謂玄成如此學也。」當時經生錮蔽之狀，可以想見。蓋世自有不知體要，妄矜博洽，實極固陋之人，此時皆歸於儒，遂致其術一蹶而不復振耳。舊唐書儒林徐文遠傳云：時有大儒沈重講於大學，聽者常千餘人。文遠就質問，數日便去。或問曰：「何辭去之速？」答曰：「觀其所說，悉是紙上語耳，僕皆已先誦得之。至於奧賾之境，翻似未見。」所知悉是紙上語，此其所以施之世務，無一而可也。不特此也，隋書儒林房暉遠傳云：暉遠以隋高祖時，擢爲國子博士。會上令國子生通一經者，並悉薦舉，將擢用之。既策問訖，博士不能時定臧否。祭酒元善怪問之。暉遠曰：「江南、河北，義例不同。博士不能徧涉。學生皆持其所短，稱己所長，博士各各自疑，所以久而不決也。」

論議，猶各執所見不相中，逮新莽變法，王田而外，兼行五均、六筦，則儒、法二家，寖合爲一，卽其明證。然學士大夫之吾欲云云者，無不與社會組織不相容，說雖不同，其爲不可行則一，故新莽變法卒至敗績。自斯以後，學士大夫，乃覺皇惑無主，不敢復言經世，有言之者，則皆昧於情實，泥於古人之迹，謂踐之卽足以爲治。加以積古相傳之迷信，至漢末而大張。新莽旣以之圖篡，光武亦借以惑民，圖讖之說，遂爲一世所宗尚。明哲之士，自將褰裳去之，此玄學之所由興。然人心不同，各如其面，自有守舊而不變者，此則當時之所謂儒學也。故覈其實，當時之所謂儒學，實祇前此儒學中之一派，而不足以攬其全也。

此派之錮蔽，果何如乎？隋書經籍志引漢書藝文志「古之學者耕且養，三年而成一藝」之說，而訾當世之學者曰：「學不心解，專以浮華相尚，豫造雜難，擬爲讎對。馳騁煩言，以紊彝敍。」此與漢世碎義逃難，徒爭勝於口舌間者，又何以異？顏氏家訓勉學篇云：「漢時賢俊，皆以一經弘聖人之道，上明天時，下該人事，用此致卿相者多矣。末俗空守章句，但誦師言，施之世務，殆無一可。故士大夫子弟，皆以博涉爲貴，不肯專儒。梁朝皇孫已下，總丱之年，必先入學，觀其志尚，出身已後，便從文吏，略無卒業者。」周書儒林傳論云：「前世通六藝之士，莫不兼達政術，故云拾靑紫如地芥。近代守一經之儒，多暗於時務，故有貧且賤之恥。雖通塞有命，而大抵皆然。兩漢之朝，重經術而輕律令。其聰明特達者，咸勵精於專門，以通賢之質，挾黼藻之美，大則必至公卿，小則不失守令。近代之政，先法令而後經術。其沈默孤微者，亦篤志於章句，以先王之道，飾腐儒之姿，達則不過侍講、訓冑，窮則終於弊衣簞食。蓋好尚之道殊，遭遇之時異也。」其言與顏氏此論相發明。

冠冕爲此者，則有何胤、劉瓛、明山賓、周捨、朱异、周弘正、賀瑒、賀革、爲所亂者多矣。然其弊亦不必與刻版並興。顏氏家訓又云：「或問山海經夏禹及益所記，而有長沙、零陵、桂陽、諸暨，如此郡縣不少，何也？答曰：史之闕文，爲日久矣。加復秦人滅學，董卓焚書，典籍錯亂，非止於此。譬猶本草神農所述，而有豫章、朱崖、趙國、常山、奉高、眞定、臨淄、馮翊等郡縣名，出諸藥物。爾雅周公所作，而云張仲孝友。仲尼修春秋，而經書孔丘卒。世本左丘明所書，而有燕王喜、漢高祖。汲冢瑣語，乃載秦望碑。蒼頡篇李斯所造，而云漢兼天下，海內并廁，豨黥韓覆，畔討滅殘。列仙傳劉向所造，而贊云七十四人出佛經。列女傳亦向所造，其子歆又作頌，終於趙悼后，而傳有更始夫人、明德馬后及梁夫人嫕。皆由後人所羼，非本文也。」此等初亦或有以爲別傳錄者不皆精審，則失之矣。

第三節　儒玄諸子之學上

世皆稱晉南北朝爲佛、老盛行，儒學衰微之世，其實不然。是時之言玄學者，率以易、老並稱，梁時莊、老、周易總謂三玄，見顏氏家訓勉學篇。卽可知其兼通於儒，匪專於道。少後，佛家之說寖盛，儒、道二家，多兼治之，佛家亦多兼通儒、道之學。三家之學，實已漸趨混同。中國向來宗教、哲學，與人倫日用之軌範，並不分張，儒、釋、道稱爲三教，並行不悖，正以其名雖異，其實則無大不同耳。然斯時史籍所載，仍有所謂儒家之學者與釋、道鼎足而立，其故何歟？曰：此由儒家之中自分兩派：一派好講原理，寖與釋、道同流；又一派則仍守其漢末以來支離破碎之舊習耳。先秦諸子，本皆志在經世。漢武以後，儒家獨盛，思自效於世者，自無不兼通其說。卽儒家亦或兼采異家以自益。漢昭帝時，賢良文學與御史大夫寫。自課日五十紙，紙數不登則不休息。南史孝義傳：庾震，喪父母，居貧無以葬，賃書以營事，至手掌穿，然後葬事獲濟，亦其事矣。

鈔字之義，今古不同。今云鈔者，意謂謄寫，古則意謂摘取。故鈔書之時，刪節字句，習爲固然。其說，已見秦漢史第十九章第六節矣。晉、南北朝，此習未改。顏氏家訓書證篇云：「也是語已及助句之詞。河北經傳，悉略此字，其間有不可得無者。至如伯也執殳，於旅也語，回也屢空，風，風也，教也，及詩傳云不戢戢也，不儺儺也，不多多也，如斯之類，儻削此文，頗成廢闕。詩言青青子衿，傳曰：青衿，青領也，學子之服。按古者斜領，下連於衿，故謂領爲衿。孫炎、郭璞注爾雅，曹大家注列女傳，並云衿交領也。鄴下詩本無也字，羣儒因繆說云：青衿、青領，是衣兩處之名，皆以青爲飾，用釋青青二字。其失大矣。又有俗學，聞經傳中時須也字，輒以意加之，每不得所，益誠可笑。」此刪節過甚之弊也。書寫之際，每用多種顏色，此則殊爲清醒。隋書經籍志，有春秋左氏經傳朱墨列一卷，賈逵撰。晉書儒林傳：劉兆爲春秋左氏解，名曰全綜。公羊、穀梁解詁，皆納經傳中，朱書以別之。顏氏家訓書證篇又曰：「漢書田肯賀上，江南本皆作宵字。沛國劉顯，博覽經籍，偏精班漢，梁代謂之漢聖。顯子臻，不墜家業。讀班史，呼爲田肯。梁元帝嘗問之。答曰：此無義可求，但臣家舊本，以雌黃改宵字爲肯。元帝無以難之。吾至江北，見本爲肯。」晉書音義序云：「仍依陸氏經典釋文，注字並以朱牘。」是古於經籍，並用斯例。周書蘇綽傳：綽始制文案程式，朱出墨入，及計帳戶籍之法，則官家文簿，亦用之矣。此卽後世套版所本。惟刻書者格於物力，不必皆精；賈人尤僅爲牟利；去此區別者甚多。代以黑白文者，亦不多見。而書之故人習細書，猶漢光武之一札十行。見秦漢史第十九章第四節。宋書劉穆之傳云：高祖舉止施爲，穆之皆下節度。高祖書素拙。穆之曰：「此雖小事，然宣彼四遠，願公小復留意。」高祖既不能厝意，又稟分有在。穆之乃曰：「但縱筆爲大字，一字徑尺無嫌。大既足有所苞，且其名亦美。」高祖從之，一紙不過六七字便滿。不亦浪費物力乎？作筆墨之法，見於齊民要術卷九。南史張永傳云：永有巧思，紙墨皆自營造。宋文帝每得永表啓，輒執玩咨嗟，自歎供御者了不及也。此則玩物喪志，與民用無關矣。

隋書經籍志小學門有秦皇東巡會稽刻石文一卷。一字石經周易一卷。注云：梁有三卷。一字石經尚書六卷。注云：梁有今字石經鄭氏尚書八卷，亡。一字石經魯詩六卷。注云：梁有毛詩二卷，亡。一字石經儀禮九卷。一字石經春秋一卷。注云：梁有一卷。一字石經公羊傳九卷。一字石經論語一卷。注云：梁有二卷。一字石經典論一卷。三字石經尚書九卷。注云：梁有十三卷。三字石經尚書五卷。三字石經春秋三卷。注云：梁有十二卷。云「後漢鐫刻七經，著於石碑，皆蔡邕所書。魏正始中，又立一字石經，相承以爲七經正字。後魏之末，齊神武執政，自洛陽徙於鄴都。行至河陽，直岸崩，遂沒於水。其得至鄴者，不盈大半。至隋開皇六年，又自鄴京載入長安，置於祕書內省。議欲補緝，立於國學。尋屬隋亂，事遂寢廢。營造之司，因用爲柱礎。貞觀初，祕書監臣魏徵始收聚之，十不存一。其相承傳拓之本，猶在祕府。幷秦帝刻石，附於此篇，以備小學。」然則響拓之由來舊矣。然刻版之術未行，經籍終恃手寫。劉芳爲諸僧傭寫經論，見第十九章第一節。蔣少游以傭書爲業是也。見第二十章第二節。梁書孝行傳：沈崇傃傭書以養母。文學傳：袁峻家貧無書，每從人假借，必皆抄殊別。」此衍聲之法傳入中國之始也。
文具紙漸盛行，而簡牘亦未遽廢。故李繪嘗竊用其姊之牘，而皇甫商亦諷州郡以短檄召李含爲門亭長焉。
見第三章第三節。北史藝術傳言：盧士翼目盲，以手摸書而知其字，其書疑亦簡牘之刻畫者也。是時紙價尚貴，故王隱
撰晉書，須庾亮供其紙筆乃得成；崔鴻撰十六國春秋，妄載進呈之表，亦謂家貧，至於紙盡，書寫所資，每不周接
也。詳見第五節。左思賦三都，豪貴之家，競相傳寫，洛陽爲之紙貴。謝莊作殷淑儀哀策，都下傳寫，紙墨爲之貴。南史后
妃傳。邢卲，每一文初出，京師爲之紙貴。齊高帝雖爲方伯，而居處甚貧，諸子學書無紙筆。武陵昭王曄，嘗以指畫空中
及畫掌學字。江夏王鋒，母張氏，有容德。宋蒼梧王逼取之。又欲害鋒。高帝甚懼，不敢使居舊宅，匿於張氏。時年四歲，好
學書。張家無紙札，乃倚井欄爲書，書滿則洗之，已復更書。又晨興不肯拂窗塵，而先畫塵上，學爲書字。王育少孤貧，爲
人傭牧羊。每過小學，必歔欷流涕。時有暇，即折蒲學書。晉書忠義傳。徐伯珍，少孤貧，無紙，常以箭若葉及地上學書。
南史隱逸傳。齊書高逸傳云：書竹葉及地學書。陶弘景，年四五歲，恆以荻爲筆，畫灰中學書。南史隱逸傳。鄭灼，家貧，抄義疏，以日
繼夜，筆豪盡，每削用之。陳書儒林傳：北齊書徐之才傳云：以小史好嚼筆，嘗執管就元文遙曰：借君齒。其不遜如此。此與鄭灼所用，皆爲毛筆。臧
逢世，欲讀漢書，苦假借不久，乃就姊夫劉緩乞丐客刺、書翰紙末，手寫一本。顏氏家訓勉學篇。凡此皆可見當時紙筆之
貴。故裴子野薦阮孝緒，稱其年十餘歲，隨父爲湘州行事，不書官紙，以成親之清白。何曾人以小紙爲書者，勅記室勿
報，則史著之以爲驕奢矣。南史齊武帝諸子傳：晉安王子懋之子昭基，以方二寸絹爲書，遺其故吏董僧慧。蓋由紙貴，

高下低昂，非思力所學。」蓋爲此也。

中國文字亦頗行於外國，然不能變其語言者，其文字之行，亦不能久。周書異域傳云：高昌文字亦同華夏，兼用胡書。蓋其國用華文，與胡往復則用胡書。有毛詩、論語、孝經，置學官弟子以相教授，雖習讀之，而皆爲胡語。其後華文卒不能行於西域，則其驗也。北族薦居，政權既爲所攘竊，其語言亦隨之流行，然亦卒不能久。隋書經籍志著錄鮮卑語之書凡十三種。國語十五卷，國語十卷，鮮卑語五卷，國語物名四卷，國語眞歌十卷，國語雜物名三卷，國語十八傳一卷，國語御歌十一卷，鮮卑語十卷，國語號令四卷，國語雜文十五卷，鮮卑號令一卷，雜號令一卷。云「後魏初定中原，軍容號令，皆以夷語。後染華俗，多不能通。故錄其本言，傳相敎習，謂之國語。」此蓋以華文書夷語，如明四譯館之所爲。魏書呂洛拔傳，謂其長子文祖，以舊語譯注皇誥。此以鮮卑語譯華言，其所用者，當亦係華文也。術藝傳：晁崇弟懿，以善北人語，內侍左右，爲黃門侍郎。此尙在大祖時。其後蓋亦如近世之滿洲人，自忘其語。故有待於敎習。北齊書高昂傳：謂鮮卑共輕中華朝士，惟憚服於昂。高祖每申令三軍，常鮮卑語，昂若在列，則爲華言。足見鮮卑語已可不用。顏氏家訓敎子篇云「齊朝有一士大夫嘗謂吾曰：我有一兒，年已十七，頗曉書疏，敎其鮮卑語及彈琵琶，稍欲通解，以此伏事公卿，無不寵愛。」此亦其種類之間，舊語尙未盡忘，我能通之，則彼引爲同類，非其語之尙有用也。魏書昭成子孫傳，謂元禎能通解諸方之語，此指鮮卑而外北方諸族言之，蓋無著諸簡牘者。隋志又有婆羅門書一卷，外國書四卷。注云：梁有扶南胡書一卷。此則當爲元文。志云「自後漢佛法行於中國，又得西域胡書，以十四字貫一切音，文省而義廣，謂之婆羅門書，與八體六文之義因音讀之見重，而四聲之說興焉。南史周顒傳云：顒始著四聲切韻，行於時。陸厥傳云：齊永明時，盛爲文章。吳興沈約，陳郡謝朓，琅邪王融，以氣類相推轂。汝南周顒，善識聲韻。約等文皆用宮商。將平上去入四聲，以此制韻。五字之中，音韻悉異；兩句之內，角徵不同，不可增減。世呼爲永明體。庾肩吾傳云：齊永明中，王融、謝朓、沈約，文章始用四聲，以爲新變。至是（梁武帝時。）轉拘聲韻，彌爲麗靡，復踰往時。案四聲之別，不過語音高下長短之不同。配合得宜，則誦之成響，不則蹇澀不可讀，此不過作文字者講求聲調之一端耳。文之如口語書之者，是爲散文。駢文則相去較遠，誦讀之聲調，與口語之遠近，亦因之而殊。駢文誦之既別有其聲，爲之自別有其法，於是所謂律體者生焉。梁書王筠傳：沈約製郊居賦，構思積時，猶未都畢，乃要筠示其草。筠讀至雌霓連蜷，約撫掌欣抃曰：「僕嘗恐人呼爲霓。」上霓字下注云五激反，下霓字下注云五雞反。此注語不知爲梁書元文，抑後人所增。然即爲後人所增，亦不失作者之意。蓋謂其字當讀入聲，不當讀平聲耳。四聲之用，不過如此。散文誦讀之聲，既與口語相近，能語言者，自能使其疾徐高下，皆合節度。駢文則不然，故其聲調不得不別學。聲調既別有其律，字音之高下、長短，自不得不加別擇。齊、梁時駢文盛行，四聲之說，所以生於此時也。不爲此等文字者，原不必留意於此。即爲之者，其技苟工，亦自能闇合。故南史沈約傳，謂約撰四聲譜，以爲在昔詞人，累千載而不悟，而梁武帝雅不好焉。嘗問周捨曰：「何謂四聲？」捨曰：「天子聖哲是也。」帝竟不甚遵用。此非武帝有作，不協四聲，乃不待留意而自合，猶工於文者不必皆知文法也。陸厥與約書，謂其「謂歷代衆賢，未睹此祕」，爲近誣。約答書雖不承此語，亦謂「宮商之聲有五，文字之別累萬，以累萬之聲，配五羣之約，賤爲羨，以是爲舐，北人以庶爲戍，以如爲儒，以紫爲姊，以洽爲狎。」此等謬變，即足誤事。劉[illegible]之之駁吏，言韻微譌，亦見摒楚，蓋亦有所不得已邪？欲救斯弊，必藉正音。故顏氏美葛洪字苑分焉字訓若、訓何者音於愆反，送句及助詞音矣愆反，而訾北人「呼邪爲也」也。注音難確，反語斯興。顏氏云：「鄭玄注六經，高誘解呂覽、淮南，許愼造說文，劉熹製釋名，始有譬況假借以證音字，而古語與今殊別，其間輕重淸濁，猶未可曉。加以外言、內言、急言、徐言、讀若之類，益使人疑。孫叔言創爾雅音義，是漢末人獨知反語。至於魏世，此事大行。高貴鄉公不解反語，以爲怪異。」北齊書廢帝紀云：天保元年，立爲皇大子，時年六歲。性敏慧。初學反語，於跡字下注云自反。時侍者未達其故。大子曰：「足旁亦爲跡，豈非自反邪？」高貴鄉公所怪，而廢帝童而習之，可見反語通行之廣矣。反語之用，不外雙聲、疊韻，故時人多明於是。南史謝莊傳：王玄謨問莊：何者爲雙聲？何者爲疊韻？答曰「玄護爲雙聲，磝碻爲疊韻」。其捷速如此。又羊玄保傳：謂其子戎語好爲雙聲，皆是也。顏之推云：「至鄴已來，惟見崔子豹、崔瞻叔姪、李祖仁、李蔚兄弟，頗事言辭，少爲切正。」又自言「兒女雖在孩稚，便漸督正；一言譌替，以爲己罪。」其重之如此。然其遷流卒不可免，至後世言語多用複音，文字仍係單音，則讀音之正不正，不復足以誤事，而致謹於此者少矣。

顏之推又云：「江南學士讀左傳口相傳述，自爲凡例，軍自敗曰敗，打破人軍曰敗。」注云：「補敗反。」此所重者仍字音也。隋書經籍志有楚辭音五種：一徐邈撰，一宋處士諸葛氏撰，一孟奧撰，一釋道騫撰，一不著撰人名氏。云「隋時有釋道騫善讀之，能爲楚聲，音韻淸切。至今傳楚辭者，皆祖騫公之音。」此當不徒字音，亦兼及其聲調也。

也。南史胡諧之傳言：齊武帝欲獎以貴族盛姻，以諧之家人語傒音不正，乃遣宮內四五人往諧之家敎子女語。二年後，帝問曰「卿家人語音已正未？」諧之答曰「宮人少，臣家人多，非惟不能正音，遂使宮人頓成傒語。」帝大笑，徧向朝臣說之。此長江中游之語也。諧之豫章南昌人。觀此，知當時貴人皆以北語爲尙。顏氏訓音辭篇謂當時語言，「南染吳越，北雜夷虜」，此則相處既習，自然之勢，非有意爲之也。言語雖以一統爲貴，人恆不免戀舊之情，故顏氏又謂其「各有土風，遞相非笑」。觀於史傳：宋書宗室傳，譏長沙景王道憐，素無才能，言音甚楚。魏書田益宗傳，美董巒雖長自江外，言語風氣，猶同華夏。此習於北者之笑南。陳書周鐵虎傳，謂其梁世南渡，語音傖重，而崔靈恩等，亦以音辭鄙拙，不見重於南人。見第一節。此習於南者之笑北也。抱朴子譏惑篇云：「吳之善書，則有皇象、劉纂、岑伯然、朱季平，皆一代之絕手。如中州有鍾元常、胡孔明、張芝、索靖，各一邦之妙。並有古體，俱足周事。廢已習之法，學中國之書，尙可不須也，況於轉易其聲音，以效北語？此猶其小者耳，乃有遭喪而學中國哭者。」隋書五行志，謂煬帝言習吳音，後竟終於江都，亦魯襄公終於楚宮之類。觀其惡變古之深，即知其篤土風之甚。然從同之勢，卒不可免。故楊愔稱歎裴讓之，謂「河東士族，京官不少，惟此家兄弟，全無鄉音。」李業興家世農夫，雖學殖而舊音不改，則史家笑之矣。好同惡異，貴通賤塞，錯亂之語言，實於此情勢中漸趨一統也。

今世語言、誦讀，久已分道揚鑣，語言之異，實非誦讀所能矯正，故敎育部頒布音符，欲藉讀音以正語音，收效殊鮮。前世語多單音，則二者關係較密，故其譌繆，亦有互相牽率者。顏氏家訓音辭篇，謂「南人以錢爲涎，以石爲射，以

「篆形繆錯，隸體失眞，俗學鄙習，復加虛巧。談辯之士，又以意說，炫惑於時，難以釐改。」此其弊，皆在未究本原。故顏之推病「世之學徒，多不曉字。讀五經者，是徐邈而非許愼；習賦誦者，信褚詮而忽呂忱；明史記者，專皮、鄒而廢篆籀；學漢書者，悅應、蘇而略蒼雅」也。（家訓勉學篇。）字書以說文爲最早。所說雖不盡信，要易推見本原。故顏氏篤信是書，謂「不信其說，則冥冥不知一點一畫有何意。」（書證篇。）江式作古今文字，亦以是書爲主也。

尋常傳習，仍係前世編成韻語之書。其中以急就篇爲最通行。故見於史傳者，人多童而習之。如魏書儒林傳：劉蘭年三十餘，始入小學，書急就篇。李鉉九歲入學，書急就篇。北史李靈傳：李繪六歲便求入學，家人以偶年俗忌不許，遂竊其姊筆牘用之，未逾晦朔，遂通急就章是也。然其書不必皆史游所撰。故隋書經籍志，史游急就章一卷外，又有崔浩撰急就章二卷，豆盧氏撰急就章三卷焉。當時識字、學書所用者，倘係一本。北史景穆十二王傳：任城王雲之孫順，年九歲，師事樂安陳豐。初，與王羲之小學篇數千言，晝夜誦之，旬有五日，一皆通徹。小學篇必取羲之之書，蓋正以用爲楷則。崔浩多爲人寫急就章，（見第八章第六節。）蓋亦以此。浩亦以是有重撰之本也。北齊書楊愔傳言其六歲學史書，蓋亦識字與學書並行矣。

音讀之殊，古稱楚、夏。此本一種言語，隨風土而稍譌。晉南北朝之世，開拓之地愈廣，雜處之族益多，故其錯亂，有更甚於昔者。然以大較言之，則亦不過南北之異耳。宋書顧琛傳：謂宋世江東貴達者，會稽孔季恭，季恭子靈符，吳興丘淵之及琛，吳音不變。齊書王敬則傳謂其名位雖達，不以富貴自遇。接士庶皆吳語，而殷勤周至。此長江下游之語獻，詔以示高祐。祐曰「印上有籀書二字，文曰宋壽。」此等亦不過秦、漢間字耳。陳書文學傳：庾持善字書。每屬辭，好爲奇字，文士以此譏之。未必非所謂文士者見槖駝言馬瘇背也。

通知古字者有兩種人：一爲文學之士留心古訓者，一則書法之家也。顏之推非重書藝之人，家訓雜藝篇言：「眞、草書迹，微須留意。吾幼承門業，加性愛重，所見法書，亦多歡習，功夫頗至，遂不能佳，良由無分故也。此藝不須過精，巧者勞而智者憂，常爲人所役使，更覺爲累。」然於字體、訓詁、音讀，皆頗審諦。蓋由載籍極博，且能留意於是。魏書江式傳：延昌三年上表，求撰集古來文字。其書以許愼說文爲主，兼采孔氏尚書、五經音注、籀篇、爾雅、三倉、凡將、方言、通俗文、祖文宗、埤蒼、廣雅、古今字詁、三字石經、字林、韻集、諸賦文字有六書之誼者，皆以次類編聯，文無復重，糺爲一部。其古籀、奇惑、俗隷，咸使班於篆下，各有區別。詁訓假借，隨文而解。音讀楚夏，逐字而注。其體例蓋頗完備。其所由來，則其六世祖瓊與從父兄應元，俱受學於衞覬。其後避地河西，數世傳習。其祖威，嘗上書三十餘法。式篆體尤工，洛京宮殿諸門版題，皆其所書。實世傳書藝者耳。北史儒林傳：樊深讀倉、雅、篆、籀之書。文苑傳：諸葛潁習倉、雅，頗得其要。此文學之士留心小學者。又劉芳傳：芳從子懋，善草隷書，識奇字，則兼文學書藝兩途矣。此等人之著述，略見隋書經籍志。然亦有撰而未成者，如江式之古今文字，即是。式又表作字釋，亦未就也。又有成而隋志未著錄者，如梁書孝行傳載劉霽著釋俗語八卷，北齊書儒林傳謂趙鉉覽說文及倉、雅，删正六藝經注中謬字，名曰字辨是也。字書亦有譌繆者。顏之推云：「江南閭里間有書賦，乃陶隱居弟子杜道士所爲。其人未甚識字，輕爲軌則，託名貴師。世俗傳信，後生頗爲所誤。」亦見家訓雜藝篇。江式亦云：

行於世，皆其事也。劉仁之傳，言其性好文字，吏書失體，便加鞭撻。北史樂遜傳：遜與櫬詣朝堂，陳周宣帝八失，其七曰：詔上書字誤者，即科其罪。蓋亦苦其紛亂，故以嚴法繩之也。

當時人士，於小學多疏，觀其識古文字之少便可知之。齊書五行志：建元二年，夏，廬陵石陽縣長溪水衝激山麓崩，長六七丈，下得柱千餘，疑當作十餘。皆十圍，長者一丈，短者八九尺，頭題有古文字，不可識。江淹以問王儉，儉云：「江東不閑隸書，此秦、漢時柱也。」秦、漢時字，尚謂難識，況其上焉者乎？然此等事正多。梁書劉顯傳：任昉嘗得一篇缺簡書，文字零落，歷示諸人，莫能識者。顯云：「是古文尚書所刪逸篇。」昉檢周書，果如其說。南史范雲傳：齊建元初，竟陵王子良為會稽大守，雲為府主簿。王未之知。後刻日登秦望山，乃命雲。雲以山上有秦始皇刻石，此文三句一讀，人多作兩句讀之，並不得均，又皆大篆，人多不識；乃夜取史記讀之，令上口。明日登山，子良令賓僚讀之，皆茫然不識。末問雲。雲曰：「下官嘗讀史記，見此刻石文。」進乃讀之如流。子良大悅，因以為上賓。又江淹傳：永明三年，兼尚書左丞。時襄陽人開古冢，得玉鏡及竹簡古書，字不可識。王僧虔善識字體，亦不能諳，直云似科斗書。淹以科斗字推之，則周宣王之簡也。僧虔傳則云文惠大子鎮雍州，有盜發古冢者，此事齊書見文惠大子傳，云時襄陽有盜發古冢者，時雍州治襄陽也。相傳云是楚王冢，大獲寶物玉履、齊書作屐。玉屏風、竹簡書青絲綸。齊書作編。簡廣數分，長二尺，皮節如新。有得十餘簡，以示僧虔。齊書云：盜以把火自照，後人有得十餘簡，以示撫軍王僧虔。僧虔云：「是科斗書考工記，周官所闕文也。」齊書下又云：是時州遣按驗，頗得遺物，故有同異之論。二說互異，即可知當時莫能真識者。北史高允傳：文成末，有人於靈丘得玉印一以雜藝篇云：「晉、宋已來，多能書者。故其時俗，遞相染尚，所有部帙，楷正可觀，不無俗字，非爲大損。至梁天監之間，斯風未變。大同之末，譌替滋生。蕭子雲改易字體，邵陵王頗行[illegible]字，前上爲草，能旁作才之類是也。朝野翕然，以爲楷式。畫虎不成，多所傷敗。至爲一字，惟見數點，或妄斟酌，逐便轉移。尒後墳籍，略不可看。北朝喪亂之餘，書迹鄙陋，加以專輒造字，猥拙甚於江南。乃以百念爲憂，言反爲變，不用爲罷，追來爲歸，更生爲蘇，先人爲老，如此非一，徧滿經傳。」如所言，書殆不可讀矣。梁書曹景宗傳云：爲人自恃尚勝，每作書，字有不解，不以問人，皆以意造。觀顏氏之說，乃知當時自有此風，正不獨武人寡學者然也。

紛歧至此，自不能不加釐正，乃有名爲釐正，而實揚其波者。魏書世祖紀：始光二年，初造新字千餘。詔曰：「昔在帝軒，刱制造物，乃命倉頡，因鳥獸之跡，以立文字。自茲以降，隨時改作，故篆、隸、草、楷，並行於世。然經歷久遠，傳習多失其眞。故令文體錯繆，會義不愜，非所以示軌則於來世也。孔子曰：名不正則事不成，此之謂矣。今制定文字，世所用者，頒下遠近，永爲楷式。」觀其言，意亦在於釐正字體。然千餘文中，當時俗字爲所沿用者，必多更益之以新造，新者既興，舊者仍不能廢，是治絲而棼之也。況文字本不由官府制定頒布，故其所造，卒不能行。

欲救文字之亂，必當釐正字書，當時官家，亦有爲之者。梁書蕭子顯傳：子愷，先是大學博士顧野王奉令撰玉篇。大宗嫌其詳略未當，以愷博學，於文字尤善，使更與學士刪改。魏書大祖紀：天興四年，集博士儒生，比衆經文字，義類相從，凡四萬餘字，號曰衆文經。周書藝術傳：大祖命趙文深與黎季明、沈遐等依說文及字林，刊正六體，成一萬餘言，者十餘人。學庭前有柰樹，實落地，羣兒咸爭之，惛頹然獨坐。其季父暐適入學館，見之，大用嗟異。周書儒林傳：樊深，于謹引爲其府參軍，令在館敎授子孫。樂遜，大尉李弼請其敎授諸子。魏廢帝二年，大祖召遜敎授諸子。在館六年，與諸儒分經授業。賀蘭祥傳：父初眞，尙大祖姊建安長公主。祥年十一而孤，長於舅氏，特爲大祖所愛。雖在戎旅，常博延儒士，敎以書傳。北史儒林傳：劉晝，恨下里少墳籍，便杖策入都。知鄴令宋世良家有書五千卷，乃求爲其子博士，恣意披覽，晝夜不息。景穆十二王傳：陽平王新成之子欽，託青州人高僧壽爲子求師。師至未幾，逃去。欽以讓僧壽。僧壽性滑稽，反謂欽曰：「凡人絕粒，七日乃死。始經五朝，便尒逃遁。去食就信，實有所闕。」欽乃大慙，於是待客稍厚。欽子子孝，置學館於私第，集羣從子弟，晝夜講讀，并給衣食，與諸子同。此皆富貴之家延師於家以敎其子弟者也。貴游入學，誠未必能學問，然如此，則益與平民隔絕矣。當時貴人并有使儒生敎其奴隸者，魏書溫子昇傳：爲廣陽王淵賤客，在馬坊敎諸奴子書是也。儒業亦可謂輕賤矣。

第二節 文字

文字變遷，秦、漢爲劇，過此則漸趨安定矣。說見秦漢史第十九章第二節。安定之世，貴統一而賤紛岐，故晉、南北朝稍從事於釐正字體。

當時譌繆之字，亦有仍行於今者，如顏氏家訓書證篇所云「亂旁爲舌」是也。然其時之錯亂，恐遠甚於今日。

非束脩之流，禮教所不及，而欲階緣免役者，不得爲生。」殷茂謂國學混雜，鬭艾亦云憚業避役。博士之選亦日輕，務進取者皆不樂爲。晉書儒林傳：孝武帝以徐邈爲前衛率，領本郡大中正，授太子經。帝謂邈曰：「雖未勅以師禮相待，然不以博士相遇也。」古之帝王，受經必敬，自魏、晉已來，多使微人教授，號爲博士，不復尊以爲師，故帝有云。梁書張充傳：徵拜國子祭酒。登堂講說。皇太子以下皆至。時王侯多在學，執經以拜。帝朝服而立，不敢當也。陳書儒林傳：梁武帝欲高置學官，以崇儒教，中大通四年，乃革選，以沈重補國子助教。魏書穆崇傳：玄孫弼，高祖初定氏族，欲以爲國子助教。弼辭曰：「先臣以來，蒙恩累世，比較徒流，實用慚屈。」高祖曰：「朕欲敦厲胄子，故屈卿先之。白玉投泥，豈能相汙？」弼曰：「旣遇明時，恥沈泥滓。」周書呂思禮傳：司馬子如薦爲尚書二千戶郎中，尋以地寒被出，而得兼國子博士。可見其禮與選之輕。宋書謝方明傳言：其伯父邈爲吳興太守，舅子馮嗣之及北方學士馮翊仇玄達往投邈，並舍之郡學，禮待甚簡。二人並忿恨，遂與孫恩通謀，亦可見當時遇儒者之薄也。以視漢世博士、博士弟子，皆爲通顯之階者，迥不侔矣。宜乎論者皆有不承權輿之歎也。

晉書苻堅載記：堅八歲，請師就家學。北齊書儒林傳：魏天平中，范陽盧景裕同從兄禮即仲禮。於本郡起逆。高祖免其罪，置之賓館，以經教授大原公已下。及景裕卒，又以趙郡李同軌繼之。二賢並大蒙恩遇，待以殊禮。同軌之亡，復徵中山張雕，即張雕虎。渤海李鉉、刁柔、中山石曜等，遞爲諸子師友。及天保、大寧、武平之朝，亦引進名儒，授皇太子、諸王經術。神武紀：始范陽盧景裕以明經稱，魯郡韓毅以工書顯，咸以謀逆見禽，並蒙恩置之第館，教授諸子。李鉉傳：武定中，李同軌卒，後高祖令世宗在京，抄簡碩學，以教諸子。世宗以鉉應旨，徵詣晉陽。時中山石曜、北平陽絢、北海王晞、清河崔瞻、廣平宋欽道及工書人韓毅，同在京館，師友諸王。又云：鮑季祥從弟長暄，武平末，爲任城王湝丞相掾。恆在京教授貴游子弟。楊愔傳云：一門四世同居，家甚隆盛。昆季就學

免有志於寵榮。次亦欲求免苦。參看第二十二章第四節所引葛洪論貢舉之語。魏書儒林傳：蕭，徵除兖州刺史。因述職路次過家，置酒高會，大享邑老。乃言曰：「嬰紱反國，昔人稱於杖節還家，云胡不樂？」因戒二三子弟曰：「此之富貴，匪自天降，乃勤學所致耳。」時人榮之。此與秦漢史第十九章第一節所引桓榮之事，可以參觀。皆爲學積年，而未能化其梯榮之志者也。趙至，感母言，詣師受業，已見第二十二章第六節。至聞父耕叱牛聲，投書而泣。師怪問之。至曰：「我小，未能榮養，使老父不免勤苦。」師甚異之。年十四，詣洛陽，游大學，遇嵇康於學寫石經，徘徊視之不能去，而請問姓名。康曰：「年少何以問邪？」曰：「觀君風器非常，所以問耳。」康異而告之。後乃亡到山陽求康，不得而還。又將遠學，母禁之。至遂陽狂走三五里，輒追得之。年十六，游鄴，復與康相遇，隨康還山陽，改名浚，字允元。及康卒，至詣魏興，見太守張嗣宗，甚被優遇。嗣宗遷江夏相，隨到涓川，欲因入吳。而嗣宗卒。乃向遼西而占戶焉。遼西舉郡計吏，到洛陽，與父相遇。時母已亡，父欲令其宦立，弗之告，仍戒以不歸。至乃還遼西。幽州三辟部從事，斷九獄，見稱精審。大康中，以良吏赴洛，方知母亡。初至自恥士伍，欲以宦學立名，期於榮養。既而其志不就，號憤慟哭，歐血而卒。時年三十七。樹欲靜而風不寧，有志不遂，卒殞其身，亦可哀矣。然亦可見求名者必達鄉里，學校與貢舉，如一轍也。**而朝廷所以遇之者極薄。**宋書臧燾徐廣傅隆傳論曰：「漢世登士，閭黨爲先，崇本務學，不尚浮詭。於是人厲從師之志，家競專門之術。自魏氏膺命，主愛雕蟲，家棄章句，人重異術。又選賢進士，不本鄉閭，銓衡之寄，任歸臺閣。由是仕憑借譽，學非爲己。士自此委笥植經，各從所務。早往晏退，以取世資。自黃初至於晉末，百餘年中，儒教盡矣。」魏書儒林傳言：「州舉茂異，郡貢孝廉，對揚王庭，每年逾衆。」然廢帝時，羊深請修國學，謂「進以吏能，升非學藝。是使刀筆小用，計日而期榮；專經大才，甘心於陋巷。」又云：「當世通儒，冠時盛德，見徵不過四門，登庸不越九品。」可見南北兩朝，其待儒生皆薄。庾亮在武昌下教曰：「人情重交而輕財，好逸而惡勞。學業致苦，而祿答未厚。由捷徑者多，故莫肯用心。」可見自他途進者，較學校爲多也。**來者所期，仍不過免役而已。**庾亮興學，可謂情殷，然下教亦云：「若咨袁彖郡：此即已堪見代爲博士矣。」時生徒對策多行賄賂。文豪請具束脩。君正曰：「我豈能用錢爲兒買第邪？」學司銜之。及憲試，爭起劇難。憲隨問抗答，剖析如流。到溉顧憲曰：「袁君正其有後矣。」及君正將之吳郡，溉祖道於征虜亭，謂君正曰：「昨策生蕭敏孫、徐孝克非不解義，至於風神器局，去賢子遠矣。」擢與高第。此等考試，豈徒有名無實邪？又文學傳：岑之敬年十六，策春秋左氏制旨孝經義，擢爲高第。御史奏曰：「皇朝多士，例止明經。若顏、閔之流，乃應高第。」梁武帝省其策曰：「何妨我復有顏、閔邪？」因召入面試。令之敬升講坐，勅中書舍人朱异執孝經唱士孝章，武帝親自論難。之敬剖釋縱橫，應對如響，左右莫不嗟服。乃除童子奉車郎，賞賜優厚。亦一時興到壞法之舉也。不務大成，惟求早達。齊世國學，限年十五，已見前。宋書范泰傳：高祖議建國學，以泰領國子祭酒。泰上表言「十五志學，誠有其文，若年降無幾，而深有志尚者，何必限以一格？」是宋世學制，亦以十五爲入學之年也。然史傳所載入學之年，多視此爲早。如梁士份之孫錫，十二爲國學生；許懋十四入太學；王承七歲通周易，選補國子生，年十五對策高第；陳蕭乾年九歲，召補國子周易生，十五舉明經；周弘正年十五，召補國子生，皆是。徐勉年十八，召爲國子生，猶其晚者矣。學於私家者亦然，如魏范紹年十二，父命就學，師事崔光是也。又不徒弟子也，即博士亦然。高允議置郡國學官，請博士年限四十已上，助教限三十已上。南史賀瑒傳云：「年將三十，便事講授。」意亦以爲已早。然有十八而舉爲博士之張吾貴矣。論興學者，多欲以此息華競，而所爲若此，不將轉揚其波乎？諸生中自有孤貧好學者。晉書隱逸傳：祈嘉，酒泉人也，西至敦煌，依學官誦書，貧無衣食，爲書生都養以自給。梁書儒林傳：范縝在劉瓛門下積年，去來歸家，恒芒屩布衣，徒行於路。瓛門多車馬貴游，縝在其門，聊無恥愧。陳書儒林傳：賀德基少游學於京邑，積年不歸，衣資罄乏，又恥服故敝，盛冬止衣裌襦袴。魏書刁沖傳：雖家世貴達，及從師於外，自同諸生。於時學制，諸生悉自直監廚，沖雖有僕隸，不令代己，身自炊爨。周書柳虯傳：年十三，便專精好學。時貴游子弟就學者，並車服華盛，惟虯不事容飾。皆可見當時學者貧富不同，奢儉亦異。此輩除愛好墳籍，出自天性外，自不師復有何義？而乃贏糧負笈，千里追尋，謂非馳騖聲氣，得乎？

當時就學之徒，實以貴游爲衆。不獨國子、大學，即私家之門，亦復如是。如周書盧辯傳言：魏太子及諸王等，皆行束脩之禮，受業於辯。而教學之風，亦即爲此輩所壞。北齊書儒林傳言：「世胄之門，罕聞强學，胄子以通經仕者，惟博陵崔子發、廣平宋游卿而已。」周書薛端傳亦言：「大學多是貴游，好學者少。」陳書新安王伯固傳，言其爲政嚴苛，爲國子祭酒，有惰游不習者，重加檟楚，生徒懼焉，學業頗進。國學而至煩檟楚，其風紀可知矣。梁書百官志言：舊國子學生，限以貴賤。梁武帝欲招來後進，五館生皆引寒門俊才，不限人數。今觀學生或由薦召，便知寒畯與此之難。如張纘以尚主召補國子生。賀瑒爲國子生，乃由劉瓛之薦。魏高宗引見侍郎、博士之子，簡其俊秀者，欲以爲中書學生。張安世年十一，陳說祖父，甚有次第，即以爲學生。索敞爲中書博士，京師大族貴游之子，多所成益，前後顯達，位至尚書牧守者數十人。惰游習爲固然。晉書呂纂載記：苻堅時入大學，不好讀書，惟以交結聲樂爲務。此乃當時風氣，正不獨纂爲然也。諂諛不知可恥。南史王曇首傳：玄孫訓，初補國子生，問說師袁昂，昂曰：「久籍高名，有勞虛想，及觀容止，若披雲霧。」俄而諸袁子弟來。昂謂諸助教曰：「我見出十數。若有一子如此，實無所恨。」諂諛之態，令人作嘔。雖有考試，悉成具文。陳書袁憲傳：武帝撰孔子正言章句，詔下國學，宣制旨義。憲時年十四，被召爲國子正言生，謁祭酒到溉，溉目而送之，愛其神采。在學一歲，國子博士周弘正謂憲父君正曰：「賢子今茲欲策試不？」君正曰：「經義猶淺，未敢令試。」居數日，君正遣門下客岑文豪與憲候弘正，會弘正將登講坐，弟子畢集，乃延憲入室，授以麈尾，令憲樹義。時謝岐、何妥在坐，弘正謂曰：「二賢雖窮奧賾，得無憚此後生邪？」何、謝於是遞起義端，深極理致，憲與往復酬對，閑敏。弘正謂妥曰：「恣卿所問，勿以童稚相期。」時學衆滿堂，觀者重沓，而憲神色自若，辯論有餘。弘正請起數難，終不能屈，因告文豪曰：「卿還不得有助。」弘直曰：「僕助君師，何爲不可？」舉坐以爲笑樂。弘正嘗謂人曰：「吾每登坐，見張譏在席，使人懍然。」魏書儒林傳：李業興，至於論難之際，高聲攘振，無儒者之風。北史儒林傳曰：文襄集朝士，命盧景裕講易。業興子崇祖，時年十一，論難往復，景裕憚之。業興助成其子，至於忿鬩。文襄色甚不平。此等論難，眞令人齒冷矣。隋書辛彥之傳：吳興沈重，名爲碩學。高祖嘗令彥之與重論難。重不能抗。於是避席而謝曰：「辛君所謂金城湯池，無可攻之勢。」高祖大悅。重豈不能抗彥之，無亦窺高祖意旨，不欲盡言邪？此等論難，又足辨正名理乎？甚至植黨相爭，魏書儒林傳：李業興，師事徐遵明於趙、魏之間。時有鮮于靈馥，亦聚徒教授。遵明聲譽未高，著錄尚寡。業興乃詣靈馥黌舍，類受業者。靈馥謂曰：「李生久逐羌博士，何所得也？」業興默爾不言。及靈馥說左傳，業興問其大義數條，靈馥不能對。於是振衣而起曰：「羌弟子正如此耳。」遂便逕還。自此靈馥生徒，傾學以就遵明。遵明學徒大盛，業興爲之也。何必徒取諸彼以與此邪？枉道相傾，隋書儒林傳：元善爲後進所歸，何妥每懷不平，心欲屈善。因善講春秋，初發題，諸儒畢集。善私謂妥曰：「名望已定，幸無相苦。」妥然之。及就講肆，妥遂引古今滯義以難善，多不能對。善深銜之。二人由是有隙。終至相戕相賊者。魏書儒林傳：陳奇與游雅以議論不合，時勅以奇付雅，令銓補祕書。雅既惡之，遂不復敍用。高允微勸雅。雅謂允有私於奇，乃取奇所注論語、孝經，焚於阬內。告京師後生，不聽傳授。後竟陷奇於族。已見第二十二章第七節。無怪眞能爲學者，欲自師其心也。魏書儒林傳：徐遵明，年十七，隨鄉人毛靈和等詣山東求學。至上黨，乃師屯留王聰，受毛詩、尚書、禮記。一年，便辭聰詣燕趙，師事張吾貴。吾貴門徒甚盛，遵明服膺數日，乃私謂其友人曰：「張生名高而義無檢格，凡所講說，不愜吾心，請更從師。」遂與平原田猛略就范陽孫買德受業。一年，復欲去之。猛略謂曰：「君年少從師，每不終業，如此用意，終恐無成。」遵明曰：「吾今始知眞師所在。」猛略曰：「何在？」遵明乃指心曰：「正在於此。」北齊書儒林傳：孫靈暉，魏大儒祕書監惠蔚，靈暉之族曾王父也。惠蔚一子早卒，其家書籍多在焉。靈暉惟尋討惠蔚手錄章疏，不求師友。可見當時經生之業，原可自求也，學問既可自求，從講傳生徒竊云：「張生之於左氏，似不能說。」吾嘗聞之，謂其徒曰：「我今夏講暫罷，後當說傳。君等來日，皆當持本。」一生徒怪之而已。吾嘗謂劉蘭云：「君嘗讀左氏，爲我一說。」蘭遂爲講三句之中，吾嘗兼讀杜、服，隱括兩家異同悉舉。諸生後集，使爲講之義例，無窮皆多新異。蘭乃伏聽。學者以此益奇之，而以辯能飾非，好爲詭說，由是業不久傳。此等人可以爲人師乎？然以詭辭動衆，亦能取寵一時，而鏗鏗說經者，或反爲人所譏詐焉。周書儒林傳：樊深經學通贍，每解書，嘗多引漢魏以來諸家義而說之。故後生聽其言者，不能曉悟，皆背而譏之曰：「樊生講書多門戶，不可解。」然儒者推其博物。學問之道，尙有是非可言乎？當時傳經，最重講說。講說之間，惟音辭風采是尙。樊深傳又云：學雖博贍，訥於辭辯，故不爲當時所稱。梁書儒林傳：盧廣兼國子博士，偏講五經。時北來人儒學者，有崔靈恩、孫詳、蔣顯，並聚徒講說，而音辭鄙拙，惟廣言論淸雅，不類北人。又陸倕、徐勉書薦沈峻曰：「周官不傳，多歷年世。北人孫詳、蔣顯亦經聽習，而音革楚夏，故學徒不至。」北齊書儒林傳：權會性甚儒懦，似不能言，及臨機答難，酬報如響。動必稽古，辭不虛發，由是爲儒者所推。貴游子弟，或就其宅，或寄宿隣家，晝夜承問，受其學業。隋書儒林傳：元善通博，在何妥之下，然以風流醞藉，俯仰可觀，音韻淸朗，聽者忘倦，由是爲後進所歸。或取辦於口給以禦人，能平心磋討者蓋寡。周書儒林傳：熊安生，天和三年，齊請通好，兵部尹公正使焉。與齊人語及周禮，齊人不能對。乃令安生至賓館，與公正言。公正有口辯，安生語所未至者，便撮機要而驟問之。安生曰：「禮義弘深，自有條貫，必欲升堂觀奧，寧可汩其先後？但能留意，當爲次第陳之。」公正於是具問所疑，安生皆爲一一演說，咸究其根本。公正深所嗟服，以口給禦人，始而以請益從善終，可謂爲學之模範，然如此者不多覯也。乃有軒眉攘腕，致失儒者之風。陳書儒林張譏傳：天嘉中，遷國子助教。是時周弘正在國學發周易題，弘正第四弟弘直亦在講座，譏與弘正論議，弘正乃屈。弘直危坐厲聲，助其申理。譏乃正色謂弘直曰：「今日義集，辯正名理，雖兄弟急難，四公惡，四人謀欲加害。可想見當時爲童子師者之風氣也。求深造者，自宜學有淵源。又弟子或欲依附其師，或又欲與同學者相交結。梁書言臧盾處同學門無所狎比；隋書高祖紀云：初入大學，雖至親昵不敢狎；則當時同學相狎比者多矣。崔仲方傳：年十五，周太祖令與諸子同就學，高祖亦在其中，由是與高祖少相款密。元諧、王誼雖不終，初亦以同學相親密，誼賜死時，詔猶以是爲言也。魏書張普惠傳云：普惠敦於故舊，冀州人侯堅固，少時與其游學，早終。其子長瑜，普惠每於四時請祿，無不減贍，給其衣食。及爲豫州，啓長瑜解褐，攜其合門拯給之。少同硯席，情自易親，仕途攀援，何所不至？其欲相交結，固無足怪。不獨同學，即師弟子間，亦何嘗不如是。達官如唐彬，充隱如霍原，皆以教授爲務，豈眞欲守先待後哉？從之游者，又皆爲傳道授業計乎？晉書儒林傳言：靑土隱逸之士劉兆、徐苗等，皆務教授，惟氾毓不蓄門人，清靜自守。然則廣蓄門人者，多非清靜之士矣。則必取有名之士，求諸通都大邑之中，有不遠千里者。爭名者必於朝，爭利者必於市，讀秦漢史第十九章第一節所述邴原之事，已可見之矣。勢利之途，古今一轍。索靖與鄉人氾衷、張甝、索紒、索永俱詣大學，馳名海內，號稱敦煌五龍。索紞亦少游京師，受業大學，即所謂爭名者必於朝。魏世宋繇，亦敦煌人，隨其妹夫至酒泉，追師就學，亦欲多歷都邑，易於有聞也。高允負笈擔書，千里就業。竇瑗年十七，便荷帙從師，游學十載。魏質年十四，啓母求就徐遵明受業，母以其年幼，不許。質遂密將一奴，遠赴徐學。見北史魏收傳。楊尙希齠齔而孤，年十一，辭母受業長安，見隋書本傳。此等豈盡爲學問計哉？此等大師，罕親講授。晉書隱逸傳：楊軻，養徒數百，雖受業門徒，非入室弟子，莫得親言。欲諭授，須旁無雜人，授入室弟子，令遞相宣授。受業門徒如此，徒著錄者可知。魏書李孝伯傳：兄孫郁，稍遷國子博士。自國學之建，諸博士率不講說，朝夕教授，惟郁而已。弟子亦多務虛名，鮮能辨其師之優劣，而講世取寵之士，遂得以自欺欺人焉。魏書儒林傳：張吾貴，年十八，本郡舉爲大學博士。吾貴先未多學。乃從酈詮受禮，牛天祐受易。詮、佑粗爲開發，吾貴覽讀一徧，便即別構戶牖。世人競跡之。曾在夏學，聚徒千數，而不明易經，隨師受業，還家教授，恆數百人。隱逸傳：霍原山居積年，門徒百數。朱纖，弟子受業三千餘人。郭瑀，弟子著錄千餘人。齊書劉瓛傳：聚徒教授，常有數十人。高逸傳：顧歡，於剡天台山開館聚徒，受業者常近百人。沈驎士隱居餘干吳差山，講經教授，從學者數十百人。徐伯珍，受業生凡千餘人。梁書臧盾傳：幼從徵士琅邪諸葛璩受五經，璩學徒常有數十百人，盾處其間，無所狎比。南史賀瑒傳：瑒於鄉里聚徒教授，四方受業者三千餘人。魏書高允傳：還家教授，受業者千餘人。劉昞傳：就博士郭瑀學。瑀弟子五百餘人，通經業者八十餘人。昞受業者五百餘人。馮元興傳：教授常數百人。惟此特就其盛者言之，統觀其全，設教者及從學者，皆當不逮漢世之多也。

為學之序，初入學者，皆讀孝經、論語。若求深造，則更讀他經，亦有誦習文辭者。顏氏家訓勉學篇云：「士大夫子弟，數歲已上，莫不被教，多者或至禮、傳，少者不失詩、論。」又云：「自荒亂已來，諸見俘虜，雖百世小人，知讀論語、孝經者，尚為人師。」又云「吾七歲時，誦靈光殿賦，至於今日，十年一理，猶不遺忘。二十之外，所誦經書，一月廢置，便至荒蕪矣。」魏書外戚傳：馮熙，生於長安，為姚氏魏母所養。以叔父樂陵公邈因戰入蠕蠕，魏母攜熙逃避，至氐羌中撫育。年十二，好弓馬，有勇幹，氐羌皆歸附之。魏母見其如此，將還長安，始就博士學問，從師受孝經、論語、周書文閱明武宣諸子傳：宋獻公整，年十歲，誦孝經、論語、毛詩，後與世宗俱受禮記、尚書於盧誕。隋書蔡王智積傳：父景王整，高祖龍潛時，與不睦。大妃尉氏又與獨孤皇后不相諧，以是智積常懷危懼。有五男，止教讀孝經、論語而已，亦不令交通賓客。或問其故，智積答曰：「卿非知我者。」其意恐兒子有才能以致禍也。韋師傳：初就學，始讀孝經，捨書而歎曰：「名教之極，其在茲乎？」文學傳：王頍，少好游俠，年二十，尚不知書，為兄顒所責怒，於是感激，始讀孝經、論語。皆時人為學，始於孝經、論語，次及詩、禮之徵也。讀易者多為玄言之資，治尚書、春秋者，則較少矣。初學之師，僅求其能管束生徒，使就軌範。北齊書高昂傳：其父為求嚴師，令加捶撻。周書晉蕩公護傳：其母與之書，言其小時與元寶、菩提及姑兒賀蘭盛洛四人同學。博士姓成，為人嚴迹其心術行履立意可謂周至。且不專於文而兼及於武，尤智德而外，不廢體育之義也。自來言教育者，多偏於文南北朝之世頗有兼重武者。齊書崔祖思傳：祖思啓陳政事，謂宜於大廟之南引修文序，司農以北廣開武校。魏書韋閬傳：閬族子珍，爲東豫州刺史，以蠻俗荒梗，不識禮儀，表立大學，選諸郡生徒，於州總教。又於城北置崇武館以習武焉。皆其事也。亦兵爭之驅使然歟？朗又言：「國學宜詳考古數，部定子史，令書不煩，行習無靡力，」尤足救文離破碎之弊。必如此，乃可施諸人人，而非復經生之業也。

梁書儒林傳言：「漢氏承秦燔書，大弘儒訓，大學生徒，動以萬數。郡國橫舍，悉皆充滿。學於山澤者，至或就爲列肆。其盛也如是。漢末喪亂，其道遂衰。正始以後，仍尚玄虛，爲儒者蓋寡。中原橫潰，衣冠殄盡。江左草創，日不暇給。迄於宋、齊，國學時或開置，而勸課未博，建之不及十年，蓋取文具，廢之多歷世祀，棄也忽諸。鄉里莫或開館，公卿罕通經術。朝廷大儒，獨學而弗肯養衆，後生孤陋，擁經而無所講習。」陳書儒林傳謂「所采綴，亦梁之遺儒」，證以梁武帝敕何胤之語，南朝儒學，較漢世爲衰落，蓋非虛辭。而魏書儒林傳云：「世宗時，天下承平，學業大盛。燕、齊、趙、魏之間，橫經著錄，不可勝數。大者千餘人，小者猶數百。」北齊書儒林傳云：「橫經受業之侶，徧於鄉邑，負笈從宦之徒，不遠千里。入閭里之內，乞食爲資，憩桑梓之陰，動逾千數。」周書儒林傳云：「開黌舍延學徒者比肩，鮮親戚甘勤苦者成市。」豈北人之好學，能遠踰於南人哉？其非實錄，蓋可知矣。合各種記載通觀之，大抵南北學業，皆以平安時爲盛；而北方最盛，仍在山東，則近於實也。隋書儒林傳，謂其時京邑達於四方，皆有黌校，齊、魯、趙、魏，學者尤多，猶北朝時之情形也。斯時大儒，從學者之數，見於儒林傳者，大者千餘，小者數百，最多者或至萬人。散見他處者，亦大致如是，如晉書唐彬傳：謂其晚乃敦悅經史，尤以教之。此興學於僻陋之區者也。蕭寶夤刺徐州，起學館於淸東。寇儁爲梁州，令郡縣立庠序。則南北接界之地，亦多有學。魏書酈範傳：弟子惲，正光中刺史裴延儁用爲主簿，令其修起學校。亦見延儁傳。則僚佐之賢者，亦能佐長官以興學矣。

宋書隱逸傳：沈道虔，鄉里年少相率受學。道虔常無食，無以立學徒。武康令孔欣之厚相資給，受業者咸得有成。梁書處士傳：諸葛璩，性勤於誨誘，後生就學者日至。居宅狹陋，無以容之。太守張友爲起講舍。魏書崔休傳：爲渤海。大儒張吾貴有盛名於山東，西方學士咸相宗慕，弟子自遠而至者恆千餘人。生徒既衆，所在多不見容。休乃爲設俎豆，招延禮接，使肄業而還。儒者稱爲口實。此私家教學，地方官加以資助者也。

鄉黨之地，庠序蓋寡，亦間有相沿不替者。陳書儒林傳：顧越，吳郡鹽官人。所居新坡黃岡，世有鄉校，由是顧氏多儒學。齊書高逸傳：顧歡，鄉中有學舍，歡貧無以受業，於舍壁後倚聽，無遺忘者。歡亦鹽官人也。

宋書周朗傳：世祖卽位，普責百官讜言。朗上書言：「宜二十五家選一長，百家置一師。男子十三至十七，皆令受經，十八至二十，盡使修武。官長皆月至學所，以課其能。習經者五年有立，則言之司徒；用武者三年善藝，亦升之司馬。若七年而經不明，五年而勇不達，則更求其言政置謀，迹其心術行履，復不足取者，雖公卿子孫，長歸農畝，終身不得爲吏。」此言教育普及最早者也。傳授往往偏於學術、技藝，然人之可用與否，實尤在其德與才。世固有不能讀書，亦無膂力，而踐履惇篤，是受命於危難之間，智計縱橫，可與謀於倉卒之際者。偏於學藝，寧免棄才？今更求其言政置謀，宗復行之是也。周書孝義傳：張元有孝行，縣博士等二百餘人，上其狀。有詔表其門閭，則學校中人又兼有旌別淑慝之責矣。

學令所列，地方雖多不克舉，然閒遇賢吏，則亦有極留意於是者。宋書禮志言：庾亮在武昌，開置學官。下敎極言恢復之謨，有資敎學。「令參佐大將子弟悉入學，吾家子弟，亦令受業。建儒林祭酒，使班同三署。厚其供給，皆妙選邦彥，必有其宜，以充此舉。近臨川、臨賀二郡，並求修復學校，可下聽之。」事以亮薨而廢，然其規模則可謂弘遠矣。晉書范汪傳：汪爲東陽大守，在郡大興學校。子甯爲餘杭令，在縣興學校，養生徒。補豫章大守，在郡又大設庠序。遣人往交州采磬，以供學用。改革舊制，不拘常憲。遠近至者千餘人，資給衆費，一出私祿。幷取郡四姓子弟，皆充學生。課讀五經。又起學臺，功用彌廣。江州刺史王凝之言其奢濁，抵罪。孝武帝以甯所務惟學，事久不判。會赦免。古者食節事時，民咸安其居，樂事勸功，尊君親上，然後興學。蓋不先富則敎無所施，況以興學而致勞擾？然但就興學論，則汪與甯可謂世濟其美矣。唐彬監幽州軍，領護烏桓校尉，兼修學校，誨誘無倦。范粲遷武威大守，到郡則立學校。杜慧度在交州，崇修學校。此興學於邊疆之地者也。魏初張恂爲常山大守，開建學校，優顯儒士。薛謹爲秦州刺史，兵荒之後，儒雅道息，謹命立庠序，敎以詩書，三農之暇，悉令受業。躬巡邑里，親加考試。河汾之地，儒道興焉。崔挺子孝暐，孝莊初除趙郡大守。郡經葛榮離亂之後，民戶喪亡，六畜無遺，斗粟數縑。孝暐招撫遺散，一周之後，流民大至。興立學校，親加勸篤。此興學於兵荒之後者也。酈道元立學魯陽，以敎蠻人。見上。賈彝孫儁爲洛州，在重山中，民不知學。儁乃表置學官，選聰悟者之，以成良守文翁之化」是也。成人之教，對童稚之教言之，亦曰大學。景穆十二王傳：南安王楨之子英，奏言「大學之館，久置於下國，四門之教，方構於京瀍」是也。「齊制，諸郡並立學，置博士、助教授經。學生俱差逼充員，士流及豪富之家，皆不從調。備員既非所好，墳籍固不關懷。又多被州郡官人驅使，縱有遊惰，亦不檢治。」北齊書儒林傳。可見規制徒詳，並無益於實際也。

魏書景穆十二王傳：南安王楨之子英，奏言「謹案學令：諸州郡學生，三年一校。所通經數，因正使列之。然後遣使就郡練考。儁造之流，應問於魏闕，不革之輩，宜反於齊民。頃以皇都遷構，江、揚未一，鄉校之訓，弗遑正試。致使薰蕕之質，均誨學廷，蕭艾之體，等教文肆。今外宰京官，銓考向訖，求遣四門博士明通五經者，道別校練，依令黜陟。」詔曰：「學業墮廢，為日已久，非一使能勸。比當別勅。」北齊書杜弼傳：弼幼聰敏，家貧無書，年十二，寄郡學受業，同郡甄琛，為定州長史，簡試諸生，見而策問，義解閑明，應答如響，大為琛所歎異。是魏、齊學制，學生不徒當地，並當由中央遣使校練也。此等考試，蓋非徒校其學業，北齊書儒林傳言：「諸郡俱得察孝廉，其博士、助教及游學之徒通經者，推擇充舉。射策十條，通八已上，聽九品出身。其尤異者，亦蒙抽擢」是也。魏世李訢在相州，奏請立學，言「臣自到已來，訪諸文學，舊德已老，後生未進。歲首所貢，雖依制遣，對問之日，懼不克堪。欲仰依先典，於州郡治所，各立學官，使士望之流，冠冕之胄，就而受業，經藝通明者，貢之王府。」此即元英所云：儁造之流，應問於魏闕。則其制，又不始自北齊矣。高允表論立學，言「學生當取郡中清望，先盡高門，次及中第」，亦以常時選舉，首貴閥閱也。然亦有徒為觀化行禮之計者。如庾亮在荊州，繕造禮器俎豆之屬，欲行大射之禮。宋書禮志。蔡興宗守會稽。三吳舊有鄉射禮，元嘉中羊玄保為吳郡行之，久不修，與後周頗重大學。周書李昶傳云：昶初謁大祖，大祖深奇之。厚加資給，令入大學。大祖每見學生，必問才行於昶。昶足見其於此途，已頗留意。武帝保定二年，幸學，以于謹爲三老而問道焉。大和二年，七月，立露門學，置生七十二人。宣帝大象二年，亦幸學釋奠。皆見本紀。隋書辛公義傳云：周天和中，選良家子任大學生，以勤苦著稱。武帝時，召入露門學。每月集御前，令與大儒講論，時輩慕之。豆盧勣傳：勣在明帝時，爲左武伯中大夫，自以經業未通，請解職游露門學。帝嘉之，勑以本官就學。皆足見其重視學業也。世宗雅愛文士，立麟趾學，在朝有藝業者，不限貴賤，皆聽預焉。見周書于翼傳。則後漢鴻都門學之類耳。

郡縣之學，留意者寡，以昔時興學，多有粉飾升平之意，地方爲物力所限，勢不能如中央之修舉也。南朝惟梁武帝嘗分遣博士、祭酒到州郡立學，事在天監四年，見梁書儒林傳。外此無聞焉。北朝則規制頗詳，然亦徒文具而已。魏書顯祖紀：天安元年，九月，初立鄉學，郡置博士二人，助教二人，學生六十人。儒林傳云：後詔大郡立博士二人，助教四人，學生一百人；次郡立博士二人，助教二人，學生八十人；中郡立博士一人，助教二人，學生六十人；下郡立博士一人，助教一人，學生四十人。其議蓋發自李訢，成於高允，皆見本傳。允傳言「郡國立學自此始」焉。此云鄉學，兼郡縣之學言之。州郡之學，對縣以下之學言，亦曰大學。李平傳言平在相州，修飾大學。高祐傳言祐爲兗州刺史，鎮滑臺，以郡國雖有大學，縣黨宜有黌序，乃縣立講學，黨立教學，村立小學。崔挺傳：挺族子纂之從祖弟遊，轉熙平大守，大學舊在城內，遊移置城南閑敞之處，親自說經。北史酈道元傳：道元試守魯陽，表立黌序。詔曰：「魯陽本以蠻人，不立大學，今可聽樣置國子學生，漸開訓業，」不報。其事皆在世宗時也。雖黌宇未立，而經術彌顯。本紀：延昌元年，四月，詔曰：「遷京嵩縣，年將二紀。虎闈闕唱演之音，四門絕講誦之業。博士端然，虛祿歲祀。貴游之胄，欲同子衿。靖言念之，有兼愧慨。可嚴勅有司，國子學孟冬使成，大學，四門，明年孟春令就。」然李崇傳：崇在肅宗時表言：「永平之中，大興版築。續以水旱，戎馬生郊，雖逮爲山，還停一簣。今國子雖有學官之名，而無教授之實，何異兎絲燕麥，南箕北斗哉？」則其事仍未有成也。郭祚傳：時營明堂、國學。祚奏「不可於師旅之際，興版築之功，宜待豐靖之年，因子來之力。」從之。此卽李崇所謂因水旱戎馬而停者也。崇此疏，北齊書邢邵傳以爲邵之言，北史同。

神龜中，將立國學。詔以三品已上及五品清官之子充生選。未及簡置，仍復停寢。正光二年，乃釋奠於國學。始置國子生三十六人。本紀：正光元年，正月，詔「來歲仲陽節和氣潤，釋奠孔、顏，乃其時也。有司可豫繕國學，圖飾聖賢，置官簡牲，擇吉備禮。」二年，三月，庚午，帝幸國子學，祠孔子，以顏淵配。源賀傳：賀孫子恭，正光元年，轉爲起部郎。明堂、辟雍，並未建就。子恭上書言：「今諸寺大作，稍以粗舉，並可徹滅，專事經綜，嚴勒工匠，務令克成。」從之。魏營學宮，閱時甚久，蓋至此以一切之法勸之，乃克有成也。

永熙中，復釋奠於國學。置生七十二人。及遷都於鄴，國子置生三十六人。此魏立學之大略也。

北齊國子寺，祭酒一人，領博士五人，助教十人，學生七十二人。大學，博士十人，助教二十人，大學生二百人。四門學，博士二十人，助教二十人，學生三百人。見隋書百官志。然據北齊書本紀：文宣帝天保元年，八月，詔郡國修立黌序，國子學生，亦仰依舊銓補。孝昭帝皇建元年，八月，詔國子寺可備立官屬，依舊置生講習經典，歲時考試。外州大學，亦仰典司，勤加督課。則法令多成具文。儒林傳亦云：「師、保、疑、丞，皆賞勳舊，國學博士，徒有虛名，惟國子一學，生徒數十人耳。」

誅。亦見第十八章第一節。自漢除挾書之禁已來，獎民鄉學，則有之矣，禁人立學，未之前聞，大武此詔，果何爲哉？案大武又有私養師巫、挾藏讖記之禁。見第二十四章第二節。其後孝文延興二年二月，詔謂當時祭孔子者「女巫妖覡，淫進非禮，殺生鼓舞，倡優媟狎。」「自今已後，有祭孔子廟，制用酒脯而已。不聽婦女合雜，以祈非望之福。犯者以違制論。」亦見本紀。竊疑鮮卑竊據，人民圖覆之者甚多，結合之資，不能無藉於宗教，孔教亦爲所借用，虜乃從而禁之也。儒林傳又云：大和中，改中書學爲國子學。建明堂、辟雍，尊三老、五更。本紀：大和十年九月，詔起明堂、辟雍。十五年十月，明堂、大廟成。十六年正月，宗祀顯祖於明堂，以配上帝。遂升靈臺，以觀雲物。降居青陽左个，布政事。每朔依以爲常。又開皇子之學。及遷都洛邑，詔立國子大學，四門小學。據劉芳傳：發敕立四門博士，事在大和二十年。世宗時，復詔營國學。樹小學於四門。大選儒生，以爲小學博士，員四十人。本紀：正始元年十一月，詔可敕有司營繕國學。四年六月，詔敕有司準訪前式，置國子，立大學，樹小學於四門。任城王澄傳：澄表言：「自鳳舉中京，方隆禮教。先皇升遐，未遑修述。學宮虛荷四門之名，宗人有闕四時之業。可敕有司，修復皇宗之學，開闢四門之教。」詔尚書可更量宜修立。鄭道昭傳：遷國子祭酒。表言：「國子學堂房粗置，弦誦闃爾。城南大學，漢、魏五經，丘墟殘毀，藜藿蕪穢。求重敕尚書、門下，考論營制之模。」不從。道昭又表曰：「先帝命故御史中尉臣李彪，與吏部尚書任城王澄等，妙選英儒，以宗文教。澄等依旨，置四門博士四十人。其國子博士、大學博士及國子助教，宿已簡置。伏尋先旨，意在速就。但軍國多事，未遑營立。自爾迄今，垂將一紀，學官彫落，四術寢廢。陛下屢發中旨，敦營學館，房宇既修，生徒未立。臣往年删定律令，謬與議筵。謹依準前修，尋訪舊事，參定學令，事訖封呈。自爾迄今，未蒙報判。請學令并制，早勅施行，使選授有依，生徒可准。」詔曰：「新令尋頒，施行無遠。」道昭又表曰：「臣自往年以來，頻請學令，并置生員。前後累上，未蒙一報。館宇既修，生房粗構。博士見員，足可講習。雖新令未頒，請依舊不徒官立也。晉書列女傳云：韋逞母宋氏，不知何郡人也。家世以儒學稱，幼喪母，其父躬自養之。及長，授以周官音義。謂之曰：「吾家世學周官，傳業相繼，吾今無男可傳，汝可受之，勿令絕世。」屬天下喪亂，宋氏諷誦不輟。其後爲石季龍徙之於山東，宋氏與夫在徙中，推鹿車，背負父所授書，到冀州，依膠東富人程安壽，壽養護之。逞時年少，宋氏晝則樵采，夜則教逞。逞遂學成名立，仕苻堅爲太常。堅嘗幸其太學，問博士經典，乃閔禮樂遺闕。時博士盧壼對曰：「廢學既久，書傳零落，比年綴撰，正經粗集。惟周官禮注，未有其師。竊見太常韋逞母宋氏，世學家女，傳其父業，得周官音義。今年八十，視聽無闕，自非此母，無可以傳授後生。」於是就宋氏家立講堂，置生員百二十人，隔絳紗縵而受業。號宋氏爲宣文君。周官學復行於世，時稱韋母宋氏焉。姚興載記云：天水姜龕、東平淳于岐、馮翊郭高等，皆耆儒碩德，經明行修，各門徒數百，教授長安。諸生自遠而至者萬數千人。興每於聽政之暇，引龕等於東堂，講論道藝，錯綜名理。涼州胡辯，苻堅之末，東徙洛陽，講授弟子千有餘人。關中後進多赴之請業。興勅關尉曰：諸生往來出入，勿拘常限。於是學者咸勸，儒風盛焉。其厚待師儒，弘獎後學，亦視中國無愧色也。

魏書儒林傳云：大祖初定中原，雖日不暇給，始建都邑，便以經術爲先。立大學，置五經博士，生員千有餘人。天興二年，增國子大學生員至三千。本紀：天興二年三月，初令五經羣書，各置博士，增國子大學生員三千人。官氏志亦云：初令五經，羣書各置博士。大宗世，改國子爲中書學，立教授博士。世祖始光三年春，別起大學於城東。紀在二月。本紀：大平眞君五年正月，制自王公已下，至於卿士，其子息皆詣大學。其百工、伎巧、騶卒子息，當習其父兄所業，不聽私立學校。違者師身死，主人門篤朝，著未嘗受官職，與於教授之事」。慕容廆載記云：平原劉讚，儒學該通，引爲東庠祭酒。其世子皝，率國胄束脩受業焉。廆覽政之暇，親臨聽之。慕容皝載記：皝記室參軍封裕諫曰：「習戰、務農，本也。百工、商賈，末耳。宜量軍國所須，置其員數。學者三年無成，亦宜還之於農。」皝乃命學生不任訓教者，亦除員錄。慕容儁載記：儁立小學於顯賢里，以教胄子。苻健載記：健敗桓溫後，修尚儒學。苻堅載記言：堅立學校。又云：堅廣修學宮，召郡國學生通一經已上充之。公卿已下子孫，並遣受業。堅親臨大學，考學生經義優劣，品而第之。問難五經，博士多不能對。堅謂博士王寔曰：「朕一月三臨大學，黜陟幽明，躬親獎厲，罔敢倦違，庶幾周、孔微言，不由朕而墜。漢之二武，其可追乎？」自是每月一臨大學，諸生競勸焉。又云：堅行禮於辟雍，祀先師孔子。其太子及公侯、卿、大夫、元士之元子，皆束脩釋奠焉。又云：堅臨大學，考學生經義，上第者擢敍八十三人。自永嘉之亂，庠序無聞，及堅之僭，頗留心儒學，王猛整齊風俗，政理稱舉，學校漸興。又云：禁老莊、圖讖之學。中外四禁、二衞、四軍長上將士，皆令修學。課後宮置典學，立內司，以授於掖庭。選閹人及女隸有聰識者，置博士以授經。又云：堅以翼犍荒俗，未參仁義，令入大學習禮。姚萇載記云：萇立大學。下書令留臺、諸鎮，各置學官，勿有所廢。考試優劣，隨才擢敍。姚興載記云：興立律學於長安。詳見第二十二章第七節。慕容德載記云：建立學官，簡公卿已下子弟及二品士門二百人爲大學生。德大集諸生，親臨策試。馮跋載記云：營建大學，以長樂劉軒、營丘張熾、成周翟崇爲博士郎中。簡二千石已下子弟年十三已上教之。李雄載記云：雄興學校，置史官。聽覽之暇，手不釋卷。李壽載記云：廣大學，起燕殿，百姓疲於役使，呼嗟滿道，思亂者十室而九矣。皆當時偏隅割據之國，五胡僭竊之主，興學之事也。亦言：天嘉初，除衡陽王府記室參軍，兼嘉德殿學士。自梁季喪亂，至是國學未立。不害上書，言宜建立庠序，選公卿門子，皆入於學。詔付外詳議，依事施行。陳世興學，不害蓋有力焉。其後宣帝大建三年，後主至德三年，皇太子皆釋奠大學。

私家亦有爲學人立館者，齊始安王遙光、右衛江祏於蔣山南爲吳苞立館是也。事見齊書高逸傳。

晉書張軌傳：軌徵九郡冑子五百人，立學校，始置崇文祭酒，位視別駕，春秋行鄉射之禮。隱逸傳：祈嘉博通經傳，西游海渚，敎授門生百餘人。張重華徵爲儒林祭酒。在朝卿士，郡縣守令彭和正等受業獨拜牀下者二千餘人。李玄盛傳：立泮宮，增高門學生五百人。劉曜載記：曜立大學於長樂宮，東小學於未央宮，西簡百姓年二十五已下，十三已上，神志可敎者千五百人，選朝賢宿儒明經篤學以敎之。以中書監劉均領國子祭酒，置崇文祭酒，秩次國子。散騎侍郎董景道，以明經擢爲崇文祭酒。曜臨大學，引試學生之上第者，拜郎中。石勒載記云：司、冀漸寧，人始租賦，立大學，簡明經善書吏署爲文學掾，選將佐子弟三百人敎之。增置宣文、宣敎、崇儒、崇訓十餘小學於襄國四門，簡將佐豪右子弟百餘人敎之。大興二年，勒僞稱趙王，從事中郎裴憲、參軍傅暢、杜嘏並領經學祭酒，參軍續咸、庾景爲律學祭酒，任播、崔濬爲史學祭酒，中壘支雄、游擊王陽並領門臣祭酒。勒親臨大小學，考諸學生經義，尤高者賞帛有差。命郡國立學官，每郡置博士、祭酒二人，弟子百五十人，三考修成，顯升五府。於是擢拜大學生五人爲佐著作郎，錄述時事。石季龍載記：季龍下書令諸郡國立五經博士。初勒置大小學博士，至是復置國子博士、助敎。遣國子博士詣洛陽寫石經，校中經於祕書。國子祭酒聶熊注穀梁春秋，列於學宮。隱逸傳：楊軻養徒數百，石季龍嗣僞位，徵之。迫之乃發，後上疏陳鄉思，求還。其在王儉宅開學士館。悉以四部充儉家。又詔儉以家爲府。四年，以本官領吏部，猶十日一還學，監視諸生焉。（儉傳。）又竟陵王子良嘗表世祖爲劉瓛立館。以揚烈橋故主第給之，未及徙居，遇病卒。（瓛傳。）此亦宋世待周續之、雷次宗之意也。孔稚圭欲於國學置律學助教，詔報從納，而事不果行，已見第二十二章第七節。

梁書處士傳：梁武踐阼，徵何胤不至，乃敕胤曰：「卿門徒中經明行修，厥數有幾？且欲瞻彼堂堂，寘此周行，便可具以名聞，副其勞望。」又曰「比歲學者，殊爲寡少。良由無復聚徒，故明經斯廢。每一念此，爲之慨然。卿居儒宗，加以德素。當敕後進有意向者，就卿受業。想深思誨誘，使斯文載興。」於是遣何子朗、孔壽等六人於東山受學。設館而外，復徵及其舊日生徒，較之宋、齊，尤爲異數矣。本紀：天監四年，置五經博士各一人。儒林傳云：以平原明山賓、吳興沈峻、建平嚴植之、會稽賀瑒補博士，各主一館。（南史又有吳郡陸璉。）館有數百生，給其餼廩。其射策通明者，即除爲吏。十數月間，懷經負笈者雲會京師。此亦猶宋之立五學，特專於儒耳。七年正月，詔大啓庠序，博延冑子。國學蓋自此建立。九年三月，詔皇太子及王侯之子，年在從師者，可令入學。儒林傳言：於是皇太子、皇子、宗室王侯始就業焉。大同七年十二月，於宮城西立士林館，延集學者。領軍朱异、太府卿賀琛、舍人孔子袪等遞相講述。（本紀，亦見張綰、周弘正傳。）此蓋與國學並立，非如宋之五館、總明觀等補國學之缺也。陳書儒林陸詡傳言：梁世百濟國表求講禮博士，詔令詡行。聲教東漸，南朝教學之規模，蓋以此時爲最盛矣。

陳書儒林傳云：高祖承前代離亂，日不暇給，弗遑勸課。世祖以降，稍置學官。雖博延生徒，成業蓋寡。案沈不害傳留心藝術，使丹陽尹何尙之立玄學，大子率更令何承天立史學，司徒參軍謝元立文學。凡四學並建。車駕數幸次宗學館，資給甚厚。此事南史入本紀，繫元嘉十六年。宋書何尙之傳云：元嘉十三年，彭城王義康欲以司徒左長史劉斌爲丹陽尹，上不許，乃以尙之爲尹。立宅南郭外，置玄學，聚生徒。東海徐秀、廬江何曇、黃回、潁川荀子華、大原孫宗昌、王延秀、魯郡孔惠宣並慕道來游，謂之南學。南史同。其立學不知究在何年也。其後國子學建，尙之遂領祭酒焉。亦見傳。明帝紀：泰始六年，九月，立總明觀，徵學士以充之，置東觀祭酒。南史云：置東觀祭酒、訪舉各一人，舉士二十人，儒、道、文、史、陰陽五部學，言陰陽者遂無其人，則其分部仍與元嘉同。齊書百官志：泰始六年，以國學廢，初置總明觀，玄、儒、文、史四科，科置學士各十人。永明三年國學建，省。尤可見孝武之興國學，實未有成也。

齊書禮志云：建元四年正月，詔立國學。亦見本紀。王逡之傳云：國學久廢，建元二年，逡之先上表立學，轉國子博士。張緒傳：建元四年，立國子學，以緒爲大常卿，領國子祭酒。置學生百五十人，其有位樂入者五十人，生年十五以上，二十以還。取王公已下至三將、著作郎、廷尉正、大子舍人、領護諸府司馬、諮議經除敕者、諸州別駕治中等見居官及罷散者子孫。悉取家去都二千里爲限。大祖崩乃止。武帝紀：建元四年九月丁巳，以國哀故罷國子學。百官志云：其夏國諱廢學。永明三年，正月，詔立學。亦見紀。創立堂宇，召公卿子弟及員外之胤，凡置生二百人。建武四年，正月，詔立學。永泰元年，東昏侯卽位，尙書符依永明舊事廢學。領國子助教曹思文表言：「先代不以國諱廢學，永明以無大子故廢，非古典。」案建武四年詔言：「往因時康，崇建庠序，屯虞荐有，權從省廢，謳誦寂寥，倏移年稔。」則其廢似不以無大子也。總明觀以永明三年省，然是歲又於戴邈言「貴游之子，未必有斬將搴旗之才，亦未有從軍征戍之役，不以盛年，講肄道義，不亦可惜？」然糞牆朽木，素質已非，彫墁之功，云胡可就？其時特選公卿二千石子弟爲生，而祭酒殷茂言「學建彌年，而功無可名。憚業避役，存者無幾。或假託親疾，眞僞難知。聲實渾亂，莫此之甚。臣聞舊制，國子生皆冠族華胄，比列皇儲，而中者混雜蘭艾，遂令人情恥之，」則猶是來者皆爲避役，高門子弟，恥非其倫之舊也。宋書禮志。宋書禮志言孝武立學，增造廟屋一百五十五間，而五行志言：大元十年正月，立國子學。學生多頑嚚，因風放火，焚房百餘間。晉志略同。則立學未幾，而所毀之屋，已侔於所造者三分之二矣。風紀敗壞至此，其人尙可教乎？

宋書禮志云：宋高祖受命，詔有司立學，未就而崩。大祖元嘉二十年，復立國學。二十七年廢。案高祖詔立國學，事在永初三年正月，見本紀。其時學制已定，范泰嘗上書論之，見本傳。大祖詔建國學，事在元嘉十九年正月，是年十二月，詔言胄子始集，學業方興，亦見紀；何承天傳亦云，是年立國子學，以本官領國子博士；而禮志謂立學在二十年，蓋師生集於十九年末，禮成於其翼年也。二十七年之罷，紀在三月，蓋以軍興之故。孝武帝紀：大明五年八月，詔來歲可脩葺庠序，旌延國胄，而禮志不言其事，疑其實未有成。然則宋世國學脩立，不及十年，可謂衰替。然其時於私家之能講學者，爲置生徒，隆其禮貌，加以資助，則其效或轉在官學之上也。隱逸傳：周續之，遁跡廬山。高祖踐阼，召之，乃盡室俱下。上爲開館東郭外，招集生徒。乘輿降幸，幷見諸生。續之素患風痺，不復堪講，乃移病鍾山。又雷次宗傳：元嘉十五年，徵至京師。開館於雞籠山，聚徒教授，置生百餘人。會稽朱膺之，潁川庾蔚之，並以儒學監總諸生。時國子學未立，上雖尊儒勸學，亟降綸著，而東序西膠，未聞絃誦，」其明徵矣。成帝紀：咸康三年，正月，立大學。袁瓌傳云：瓌時爲國子酒，上疏請給宅地，備學徒，疏奏，成帝從之。國學之興，自瓌始。宋書禮志以此疏爲瓌與大常馮懷共上，云疏奏，帝有感焉。由是議立國學，徵集生徒，而世尚老莊，莫肯用心儒訓。穆帝八年，殷浩西征，以軍興罷遣，則未有實效，旋又廢墜。孝武帝紀：大元九年，四月，增置大學生百人。車胤傳：大元中增置大學生百人，以胤領國子博士。十年，二月，立國學。蓋至是二學並置。晉書職官志云：孝武大元十年，損國子助教員爲十人。宋志云：十經由十助教分掌，蓋在是時。宋書臧燾傳：晉孝武大元中，衛將軍謝安始立國學，徐、兗二州刺史謝玄舉燾爲助教。據齊書陸澄傳，澄與王儉書，則是時易立王肅，左氏取服虔，而兼取賈逵，經，穀梁有麋信注。至宋元嘉建學，易乃玄、弼兩立。逮顏延之爲祭酒，則黜鄭置王，左氏則留服而去賈，穀梁益以范甯，而麋猶如故。澄謂易王、鄭宜並存，左氏宜立杜，穀梁善范，便當除麋。又云：「世有一孝經，題爲鄭玄注，觀其用辭，不與注書相類。案玄自序所注衆書，亦無孝經。」儉答云：「易依舊存鄭，高同來說。元凱注傳，超邁前儒。穀梁小書，無俟兩注，存麋略范，率由舊式。凡此諸議，並同雅論。惟鄭注虛實，前代不嫌，意謂可安，仍舊立置。」大元立學，議由謝石，事見晉書本傳及宋書禮志。宋書載其疏辭，謂上於大元元年，元疑九形近而誤，故有「皇威遐震，戎車方靜」之語，淝水之戰在八年」石之死，范弘之議諡，深致貶損，而卒援是爲恕辭，則晉人頗重其事。然宋書禮志謂其品課無章，士君子恥與其列，則其實效亦未可視也。晉人立學，專欲以化貴冑，故晉初傳玄上疏，病「漢魏百官子弟，不修經藝，而務交游，今聖明之政資始，而漢、魏之失未改。」王導言「人知士之貴由道存，則退而修其身，敦樸之業著，浮僞之競息。」

入焉，與士齒，殊有平夷之美。周官有師氏保氏，乃小學之職，據此別立國子學，以「殊士庶，異貴賤，」曹思文表語。誤矣。大康五年，修作明堂、辟雍、靈臺。宋書禮志。元帝初，王導請興學，戴邈亦以爲言。見晉書本傳及宋書禮志。建武元年十一月立大學，本紀。蓋用其說。宋書百官志云：大常博士，東京凡十四人：易施、孟、梁丘、京氏，尚書歐陽、大小夏侯，詩齊、魯、韓，禮大小戴，春秋嚴、顏，各一博士，而聰明有威重者一人爲祭酒。魏及晉西朝置十九人，江左初減爲九人，皆不知掌何經。元帝末，增儀禮、春秋公羊博士各一人，合爲十一人。後又增爲十六人，不復分掌五經，而謂之大學博士也。又云：國祭酒一人，國子博士一人，國子助教十人，周易、尚書、毛詩、禮記、周官、儀禮、春秋左氏傳、公羊、穀梁，各爲一經，論語、孝經爲一經，合十經，助教分掌。晉初置國子學以教生徒，而隸屬大學焉。晉初助教十五人。江左以來，損其員，自宋世若不置學，則助教惟置一人，而祭酒、博士常置也。晉書荀崧傳云：時簡省博士，置周易王氏，尚書鄭氏，古文尚書孔氏，毛詩鄭氏，周官、禮記鄭氏，春秋左傳杜氏、服氏，論語、孝經鄭氏，博士各一人，凡九人。宋書禮志云：周易王氏，尚書鄭氏，古文孔氏，毛詩，周官、禮記、論語、孝經鄭氏，春秋左傳杜氏、服氏，各置博士一人。其儀禮、公羊、穀梁及鄭易，皆省不置。崧以爲不可，乃上疏言「宜爲鄭易、鄭儀禮、春秋公羊、穀梁，各置博士一人。」詔共博議者詳之。議者多請從崧所奏。詔曰：「穀梁膚淺，不足置博士，餘如奏。」會王敦之難，不行。宋書禮志略同。以百官志之文參之，則所謂九人者：周易王氏一，尚書鄭氏二，孔氏三，毛詩鄭氏四，周官鄭氏五，禮記鄭氏六，春秋左傳杜氏七，服氏八，論語、孝經鄭氏九。所增者儀禮、公羊各一，合十一人也。本紀：大興二年六月，置博士員五人，則所謂後又增爲十六人者也。不復分掌五經，蓋不復專教授？儒林傳言：「元帝

第二十三章 晉南北朝學術

第一節 學校

中國爲崇尚文敎之國，兩漢而降，此風尤甚。晉、南北朝，雖爲喪亂之世，然朝廷苟獲小安，卽思興學；地方官吏，亦頗能措意於此；私家仍以敎授爲業，雖偏隅割據之區，戎狄薦居之地，亦莫不然。較之羅馬喪亂之後，晦盲否塞之情形，大異其趣矣。此亦中西史事不同之一端歟？

晉初大學，沿自魏世。泰始八年，有司奏大學生七千餘人，才任四品聽留。詔已試經者留之，其餘遣還郡國。大臣子弟堪受敎者，令入學。宋書禮志。蓋以魏世來學者，率爲避役，高門子弟，恥非其倫，見秦漢史第十九章第一節。故有此舉也。晉書武帝紀：咸寧二年五月，立國子學。宋書禮志作起國子學。晉書職官志云：咸寧四年，武帝初立國子學，定置國子祭酒、博士各一人，助敎十五人，以敎生徒。齊書禮志：東昏侯立，領國子助敎曹思文上表曰：「今之國學，卽古之大學。晉初大學生三千人，既多猥雜，惠帝時，欲辨其涇渭，故元康三年，始立國子學，官品第五以上，得入國學。」蓋屋宇起於咸寧二年，敎官定於四年，生徒入學之法，實至元康三年而後定也。晉書裴頠傳：時天下初定，頠奏修國學，刻石寫經。皇大子既講，釋奠祀孔子，飲饗射侯，甚有儀序。此事在武帝時，皇大子卽惠帝也。其時蓋徒行禮，未有敎學之事。經說本祇有大學，自王大子以下皆已見第二十一章第五節。世祖慮相報復，遣謙之隨曹虎西行。將發，力方子輝於津陽門伺殺謙之。謙之兄選之，又刺殺輝。有司以聞，世祖曰：「此皆是義事，不可問。」悉赦之。蓋縱之，此宜乎相報者之無已也。乃如李充，父墓中柏樹，爲盜賊所斫，充手刃之，由是知名，則并未傷及其墳墓也。羊鴉仁爲荀晷所害，鴉仁兄子海珍知之，掘晷父、伯并祖及所生母合五喪，各分其半骨，共棺焚之，半骨雜他骨，作五袋盛之，銘袋上曰荀晷祖、父、母某之骨。報怨如此，信野蕃之所不爲也。風氣所趨，雖婦人、晉書列女傳：王廣女。廣仕劉聰，爲西揚州刺史。蠻帥梅芳攻陷揚州，廣被殺。王時年十五，芳納之。俄於闇室擊芳，不中。芳驚起曰：「何故反邪？」王罵辭氣猛厲，言終乃自殺。芳止之不可。此與第七章第八節所述禿髮傉檀之女同烈矣。王敬則女欲報謝朓，杜叔毗母激厲其子，亦斯志也。宋書樂志：魏陳思王鼙舞歌精微篇曰：「關東有賢女，自字蘇來卿，壯年報父仇，身沒垂功名。女休逢赦書，白刃幾在頸，俱上列仙籍，去死獨就生。」亦必有其本事也。孺子，晉書孝友傳：王談，年十歲，父爲鄰人竇度所殺。談日夜伺度。至年十八，乃殺之，歸罪有司。大守孔嚴嘉其義勇，列上宥之。梁書孝行傳：荀匠祖瓊，年十五，復父仇於成都市。南史孝義傳：聞人敻，年十七，結客報父仇，爲齊高帝所賞。魏書淳于誕傳：父興宗，蕭頤南安大守。誕年十二，隨父向揚州。父於路爲群盜所害。誕傾資結客，旬朔之內，遂得復讎。由是州里歎異之。孝感傳：孫益德，母爲人所害。益德童幼，爲母復仇，還家哭於殯，以待縣官。高祖、文明太后特免之。亦能自奮。司寇者不必皆平，輿論亦不必能抑强扶弱，不以名分制一人，其說誠有深意。然行之大過，得毋有借復仇之名，以報他怨，要稱譽者乎？失仁後義，是非已極難言，況乎失義與禮，而徒矜慢以爲信？風俗之弊，隨舉一端，病原皆極深遠，固非就事論事所能期其無憾也。

所殺。王敦遣周訪討之，其將執曾詣訪降，訪欲生致武昌，軌息昌、誘息胤皆乞曾以復冤。於是斬曾，昌、胤臠其肉而啖之。梁邵陵王綸遣馬容、戴子高、瓜李、撤趙智英等殺何智通，敕遣舍人諸曇粲領齋仗圍綸第，禽瓜撤。智英、智通子敞之割炙食之，即載出新亭，四面火炙之，焦熟，斂車載錢，設鹽蒜，顧百姓食一臠賞錢一千。張弘策爲東昏餘黨孫文明等所害，官軍捕文明，斬於東市，張氏親屬臠食之。魏道武見殺，其先犯乘輿者，群臣於城南都街生臠割而食之。王肅得黃瑤起，亦臠食之。李彥刺秦州，爲城民所殺，蕭寶夤西討，彥子充爲行臺郎，募衆而征。戰捷，乃手刃仇人，啖其肝肺。見北史自序。其不能報，則以變禮終其身。南史循吏傳：沈瑀爲蕭穎達長史。瑀性屈強，每忤穎達，穎達銜之。天監八年，因入諮事，辭又激厲，是日於路爲人所殺，多以穎達害之。子續累訟之，遇穎達尋卒，事不窮竟。續乃布衣蔬食終其身。怨仇之門，累世不通。晉書元四王傳：武陵威王晞，爲桓溫奏徙新安，卒。子忠敬王遵。桓伊嘗詣遵，遵曰：「門何爲通桓氏？」左右曰：「伊與桓溫疏宗，相見無嫌。」遵曰：「我聞人姓木邊，便欲殺之，況諸桓乎？」由是少稱聰慧。顏氏家訓風操篇曰：「江南諸憲司彈人事，雖不坐，而以教義見辱者，或被輕繫而身死獄戶者，皆爲怨讎，子孫三世不交通矣。」能和解者殊鮮。魏書李沖傳：沖兄佐，與河南大守來崇同自涼州入國，素有微嫌。佐因緣成崇罪，餓死獄中。後崇子護，又糾佐贓罪，佐及沖等悉坐幽縶，會赦乃免。佐甚銜之。至沖寵貴，綜攝內外，護爲南部郎，深慮爲沖所陷，常求退避。而沖每慰撫之。護後坐贓罪，懼必不濟，沖乃具奏與護本末嫌隙，乞原恕之，遂得不坐。又術藝傳：王早，大宗時，有東莞鄭氏，爲同縣趙氏所殺。後鄭氏執得讎人趙氏，又剋明晨會宗族就墓所刑之。趙氏求救於早，早爲占候，并授以一符，曰：「君今且還，選壯士十人，令一人爲主者佩此符，於雞鳴時伏在仇家宅東南二里許。平旦，當有十人跟隨向西北行，中有二人乘黑牛，一黑牛最在前，一黑牛應第七。但捉取第七者，還事必無他。」趙氏從之，果如其言，乃是鄭氏五男父也。諸子並爲其族所宗敬，故和解兩家，趙氏竟免。此皆怨讎之克和解者，然能如是者恐甚少也。甚者毀壞墳墓，亦視同相殺之讎，而報復者亦毒及枯骨。桓闓殺曇落道人，朱謙之殺朱幼方，姊妹皆遺吉凶斷絕，每以此自譬今賢兄子葬父於洛陽，此則京邑之人也。豈吾結好之本意哉？」此雖力不能報，仍守不共戴天之義也。諸葛誕之死，子靚奔吳，爲大司馬。吳平，逃竄不出。武帝與靚有舊，靚姊又爲琅邪王妃。帝知靚在姊間，因就見焉。靚逃於廁，帝又逼見之，謂曰：「不謂今日，復得相見。」靚流涕曰：「不能漆身皮面，復覩聖顏。」詔以爲侍中，固辭不拜。歸於鄉里，終身不鄉朝廷而坐。此雖不如王裒之姊妹斷絕，亦猶裒之志也。苻堅兄法子東海公陽，與王猛子散騎侍郎皮謀反，事泄。堅問反狀，陽曰：「禮云：父母之仇，不同天地。臣父哀公，死不以罪，齊襄復九世之讎，而況臣也？」則竟公然欲報復矣。行於親族之間。宋時，剡縣民黃初妻趙，打息載妻王死，遇赦。王有父母及息男稱，息女葉，依法，應徙趙二千里外。臨川王義慶及傅隆並謂律無讎祖之文，趙當避王期、功千里外耳。從之。然可見當時法家，有謂爲母可以報王母者也。傅豎眼父靈越，有兄靈慶，靈根。蕭斌、王玄謨攻碻磝，引靈慶爲軍主。靈慶遁還。而其從叔乾愛，爲斌法曹參軍，斌遣誘呼靈慶，密令壯健者隨之。乾愛不知斌之欲圖靈慶也。既至，對坐未久，斌所遣壯士執靈慶殺之。後靈越以母在南，南走，卒毒殺乾愛，爲兄復讎。事見魏書豎眼傳。王敬則爲謝朓所告而死。敬則女爲朓妻，常懷刃欲報朓，朓不敢相見。北齊崔暹子達拏，顯祖以亡兄女樂安公主降之。嘗問公主：「達拏於汝何似？」答曰：「甚相敬重，惟阿家憎兒。」顯祖召達拏母入內，殺之，投尸漳水。齊滅，達拏殺主以復讎。皆可見當時報讎，不以親族而釋也。且有因此而投敵國者。如王慧龍、王肅、王頒等是。朱齡石伯父憲及斌，並爲袁眞將佐。桓溫伐眞於壽陽，憲兄弟與溫潛通，眞殺之。齡石父綽，逃走歸溫，攻戰常居先，不避矢石。壽陽平，眞已死，綽輒發棺戮尸。報復之際，或必求剚刃於其身，魏書列女傳：平原鄃縣女子孫男玉，夫爲靈縣民所殺。追執讎人，男玉欲自殺之，其弟止而不聽。男玉曰：「女人出適，以夫爲天。當親自殺之，云何假人之手？」遂以杖毆殺之。有司處死，以聞。顯祖特恕之。或則食其所讎者之肉。孫恩入寇，謝琰敗績，帳下督張猛，於後斫琰馬，墮地。二子俱被害。後劉裕生禽猛，送琰小子混。混刳肝生食之。見晉書謝安傳。殷仲堪子簡之，隨義軍躡桓玄。玄敗，簡之食其肉。王廙將朱軌、趙誘爲杜曾難。叔毗志在復讎，恐違朝憲，坐及其母，沈吟積時。母知其意，謂曰：「若曹策朝死，吾以夕殁，亦所甘心。汝何疑焉？」叔毗感厲，後遂白日手刃策於京城。斷首刳腹，解其支體，然後而縛就戮。太祖嘉其志氣，特命赦之。夫自北朝言之，則策爲首謀歸降之人，雖天下之惡一，而叔毗報讎亦過當，周文亦失刑也。若黃瑤起見獲，而魏孝文以付王肅，聽其私報，則更不俟論矣。徐遠之，南史作遠之。伏法受誅者，亦不能免。晉書忠義傳：沈勁父充，與王敦搆逆，衆敗而逃，爲部曲將吳儒所殺。勁當坐誅，鄉人錢舉匿之得免。其後竟殺讎人。充傳云：勁竟滅吳氏。勁後雖立忠義，此事則犯法之大者，晉人宥之，失刑甚矣。沈林子祖父警，累世事道，敬事杜子恭。其父穆夫，孫恩作亂，以爲餘姚令。恩爲劉牢之所破，逃藏得免矣。宗人沈預，與警不協，以告官。警及穆夫，穆夫弟仲夫、任夫、預夫、佩夫並遇害。林子與兄淵子、雲子、田子，弟虔子逃伏草澤。沈預家甚彊富，志相陷滅。林子乃自歸宋高祖，從克京城，進平都邑。時年十八。沈預慮林子爲害，常被甲持戈。至是，林子與田子還東報讎。五月夏節日至，預正大集會子弟盈堂，林子兄弟挺身直入，斬預首，男女無長幼，悉屠之，以預首祭祖父墓。事見宋書自序及南史沈約傳。林子兄弟才成可用，亦誠有功，然宋武縱其報讎，亦非法也。甚或仇視官長，梁書劉季連傳：季連既降，出建陽門，爲蜀人藺道恭所殺。季連在蜀殺道恭父，道恭出亡，至是而報復焉。道恭，南史作相如。云季連殺其父，變名走建業，既殺道恭，乃而縛歸罪，武帝壯而赦之。此猶在去官後，且季連本嘗叛逆也。若南史孝義傳云：趙拔扈，新城人也。兄震動，富於財，太守樊文茂求之不已，震動怒曰：無厭將及我。文茂聞其語，聚其族誅之。拔扈走免，聚黨至一樹，呪曰：「文茂殺拔扈兄，今欲報之，若事克，斫處樹更生，不克即死。」三宿三斫生十丈餘。人間傳以爲神，附者十餘萬。既殺文茂，轉攻旁邑，將至成都，十餘日戰敗，退保新城，求降。此直是犯上作亂，恐其兄亦本係亂黨，乃至族誅，不盡由於文茂之貪求也。此更不足廁於報讎之列矣。幷及大君，晉書孝友傳：王裒父儀，爲文帝司馬，斬之。裒未嘗西鄉而坐，示不臣朝廷也。鄉人管彥少有才而未知名，裒獨以爲必當自達，拔而官之，男女各始生，便共許爲婚。彥爲西夷校尉，卒，葬洛陽。裒更嫁其女。彥弟馥問裒，裒曰：「吾薄志畢願山藪，昔嫁子三人，皆幼弱。慶撫養甚篤。後寶率衆歸朝，朝廷待以優禮。居數年，檜次子雄亮，白日手刃寶於長安城中。晉王護聞而大怒，執慶及諸子姪皆囚之。然武帝卒特原雄亮，事又見隋書柳機傳。當時之復仇者，往往蓄志積年，如張景仁、戎景儁、李慶緒、元朗、柳雄亮皆是。不遠千里。宋書孝義傳：長城奚慶思殺同縣錢仲期。仲期子延慶，屬役在都，聞父死，馳還。於庚埔埭逢慶思，手刃殺之。自繫烏程縣獄。吳興太守郗超表不加罪，許之。奚慶思，南史作慶恩。雖在蠻夷，身不能至，亦且伺隙而行其誅焉。宋書宗越傳：越爲役門，出身補郡吏。父爲蠻所殺，殺其父者嘗出於郡，越於市中刺殺之。太守夏侯穆嘉其意，擢爲隊主。其酷者或及後嗣。譙閔王承爲王廙所害，子烈王無忌，與丹陽尹桓景等餞江州刺史於板橋，廙子丹陽丞耆之在坐，無忌拔刀欲手刃之，救捍獲免。御史中丞奏無忌欲專殺人，付廷尉科罪。成帝詔主者申明法令，自今已往，有犯必誅，而許無忌以贖論，此亦失刑也。桓彝爲韓晃所害，涇令江播與焉。彝子溫，時年十五，志在復讎。至年十八，會播已終，子彪兄弟三人居喪，置刃杖中，以爲溫備。溫詭稱弔賓，得進，刃彪於廬中，幷追二弟殺之。時人稱焉。沈慶之之死，攸之求行。及攸之反，文季督吳興、錢唐軍事，收攸之弟新安太守登之，誅其宗親，無吹火焉。史稱君子以文季能報先恥。龔壯父叔爲李特所害，壯說李壽以討期；蕭順之爲齊武帝所賊，梁武帝助明帝以傾其嗣，亦皆報諸後人者也。即敵國相爭，晉書陶璜傳：孫晧時，交趾內附。將軍毛炅破吳軍，斬其部督修則。則子允隨璜南征。城既降，允求復讎，璜不許。宋書徐湛之傳：父逵之，高祖討司馬休之，使統軍爲前鋒。休之遣督軌擊破之，於陳見害。元嘉二十八年，軌子爽兄弟歸順。湛之以爲廟算遠圖，特所獎納，不敢苟申私怨，乞屏居田里。不許。此皆有合於義。梁武帝之宥成景儁，則實失刑也。周書杜叔毗傳：仕梁，爲宜豐侯蕭循府中直兵參軍。達奚武圍循於南鄭，循令叔毗詣闕請和。使未反，循中直兵參軍曹策、參軍劉曉謀以城降。時叔毗兄君錫爲循中記室參軍，從子映錄事參軍，映弟晰中直兵參軍，並有文武材略，各領部曲數百人，策等忌之，懼不同己，誣以謀叛，擅加害焉。循尋討策等，擒之，斬曉而免策。及循降，策至長安，叔毗朝夕號泣，具申冤狀。朝議以事在歸附之前，不可追儀，多招所參定。論者稱之，皆明法之士，見稱於時，獲用於世者也。晉書忠義傳：易雄，少爲縣吏，自念卑淺，無由自達，乃脫幘挂縣門而去，因習律令及施行故事，交結豪右，州里稍稱之。此等雖習律令而不必明於其理，則爲令史之儔矣。晉書刑法志：張華表抄新律諸死罪條目，懸之亭傳，以示兆庶，有詔從之。此乃古者縣法象魏之意，意在使民畏法，非欲使民明法也。

復仇之風，仍極慘烈。法令於此，本加禁斷。魏律：賊鬥殺人者，以劾而亡，許依古義，子弟得追殺之。會赦及過誤相殺者，不得報讎。見晉書刑法志。姚萇下書，有復私仇者皆誅之。見載記。魏書世祖紀：大延元年十二月，詔曰：「盡力三時，黔首之所克濟。自今已後，亡匿避難，羈旅他鄉，皆當歸還舊居，不問前罪。民相殺害，牧守依法平決，不聽私輒報者，誅及宗族；鄰伍相助，與同罪。」蓋以避仇失職者多，故爲此一切之法也。隋書刑法志云：周武帝除復讎之法，犯者以殺論。案其事見周書本紀保定三年四月。然輿論率稱道之，執法者爲其所動，遂亦多加原宥焉。刁協子彝，王敦誅後，斬讎人黨，以首祭父墓，詣廷尉請罪，朝廷特宥之。見晉書本傳。又良吏傳：喬智明爲隆慮、共二縣令，部人張兌爲父報讎，母老單身，有妻無子，智明愍之，停其獄。歲餘，令兌將妻入獄，衆陰縱之。於獄產一男。會赦得免。南史孝義傳：張景仁，廣平人。父爲同縣韋法所殺，景仁時年八歲。及長，志在復讎。普通七年，遇法於公田渚，手斬其首，以祭父墓。詣郡乞依刑法。太守蔡天起上言於州，時簡文在鎮，乃下教褒美之，原其罪，下屬長蠲其一戶租調，以旌孝行。又成景儁，父安樂，仕魏爲淮陽太守。天監六年，常邕和殺安樂，以城內附。景儁謀復讎，因殺魏宿預城主，以地南入。普通六年，邕和爲鄱陽內史，景儁購人刺殺之。未久，重購邕和家人殺其子弟，噍類俱盡。武帝義之，亦爲屈法。又李慶緒，父爲人所害。慶緒九歲而孤，爲兄所養，日夜號泣，志在復讎。投州將陳顯達，仍於部伍白日手刃其仇，自縛歸罪。州將義而釋之。魏書景穆十二王傳：任城王雲之孫順，爾朱榮害衣冠，出爲陵戶鮮于康奴所害。長子朗，時年十七，沈戈潛伏積年，乃手刃康奴，以首祭於順墓，然後詣闕請罪。朝廷嘉而不問。周書柳慶傳：慶兄檜，爲魏興郡守，爲賊黃寶所害。檜至數百人。故張、于二氏，絜讐文、宣之世，陳、郭兩族，流稱武、明之朝。今廷尉律生，乃令史門戶。族非咸、弘，庭缺於訓。刑之不措，抑此之由。如詳擇篤厚之士，使習律令，試簡有徵，擢爲廷尉僚屬。苟官世其家，而不美其職者鮮矣，廢其職而欲善其事，未之有也。」永明九年，孔稚珪上所校律文，表言：「古之名流，多有法學。今之士子，莫肯爲業。縱有習者，世議所輕。將恐此書，永墜下走之手矣。今若弘其爵賞，開其勸募。課業宦流，班習冑子。拔其精究，使處內局；簡其才良，以居外任；方岳咸選其能，邑長並擢其術；然後姦邪無所逃其刑，惡吏不能藏其詐。宜寫律上國學，置律學助敎。依五經例，國子生有欲讀者，策試上過高第，卽便擢用，使處法職，以勸士流。」詔報從納，事竟不施行。皆見齊書本傳。至梁武帝天監四年，三月，乃置冑子律博士焉。南史本紀。晉書姚興載記：興立律學於長安，召郡縣散吏以授之。其通明者，還之郡縣，論決刑獄。其重視法學，轉非中國之主所能逮也。魏書常景傳言：廷尉公孫良舉爲律博士，則魏律生亦屬廷尉。隋書刑法志言：北齊定律之後，又敕仕門子弟，常講習之，齊人多曉法律，蓋由此也。此皆官學。其私家傳業者：晉書高光傳言：光少習家業，明練刑理。光，魏大尉柔之子，武帝置黃沙獄，以典詔囚，以光歷世明法，用爲黃沙御史，秩與中丞同。遷廷尉。元康中，拜尚書，典三公曹。齊王冏輔政，復以光爲廷尉。於時朝廷咸推光明於用法，故頻典理官。又儒林傳：續咸，修陳、杜律，明達刑書。永嘉中，歷廷尉平。後沒石勒，以爲理曹參軍。周書趙肅傳言：肅久在理官，執心平允。凡所處斷，咸得其情，廉慎自居，不營產業。時人以此稱之。大祖命肅撰定法律，已見前。又云：時有高平徐招，少好法律。發言措筆，嘗欲辨析秋豪。歷職內外，有當官之譽。從魏孝武入關，爲給事黃門侍郎、尚書右丞。時朝廷播遷，典章有闕，至於臺閣軌公郎部都令史、三公錄寃局令御史中丞、侍御史、蘭臺令史親行京師諸獄及治署理察囚徒寃枉。（隋書刑法志）高祖永定三年正月，詔臨川王蒨省揚、徐二州辭訟。（本紀）此等皆多開審理之途，期盡矜愼之意者也。此自有合於「一成則不可變，故君子盡心焉」之義。然審級大多，歲月或致淹久，又錯出干與之官，不必皆明法令，甚或生事護前；則亦不免有弊。魏書高崇傳：子道穆，以莊帝時爲御史中尉，上疏曰：「高祖大和之初，置廷尉司直，論刑辟是非，雖事非古始，交濟時要。竊見御史出使，悉受風聞，雖時獲罪人，亦不無枉濫。何者？守令爲政，容有愛憎，姦猾之徒，恆思報惡，多有妄造無名，共相誣謗。御史一經檢究，恥於不成，杖木之下，以虛爲實，無罪不能雪者，豈可勝道哉？如臣鄙見：請依大和故事，還置司直十人，名隸廷尉，秩以五品，選歷官有稱，心平性正者爲之。御史若出糾劾，卽移廷尉，令知人數。廷尉遣司直與御史俱發。所到州郡，分居別館。御史檢了，移付司直覆問。事訖與御史俱還。中尉彈聞，廷尉科按，一如舊式。若御史、司直糾劾失實，悉依所斷獄罪之。聽以所檢，迭相糾發。如二使阿曲，有不盡理，聽罪家詣門下通訴，別加按檢。」詔從之，復置司直。觀此，卽足知錯出干與之弊矣。

特異之人，治以特異之法，鞫以特設之官者，前代亦間有之。石勒使中壘支雄、游擊王陽並領門臣祭酒，專明胡人辭訟。（晉書載記）魏世宗永平元年，詔「緇素既殊，法律亦異。自今已後，衆僧犯殺人以上罪者，仍依俗斷，餘犯悉付昭玄，以內律僧制之。」（魏書釋老志）是其事也。此自各率其俗之意，與近世之領事裁判，用意不同也。

葛洪欲立明法之科，已見第四節。齊建元元年，崔祖思啟陳政事曰：「漢末習律有家，子孫並世其業，聚徒講授，增，參與審理之官司，亦隨之而日多。謝莊之奏改定刑獄也，謂「舊官長竟囚畢，郡遣督郵案驗，仍就施刑。督郵賤吏，非能異於官長，有案驗之名，而無研究之實。愚謂此制宜革。自今入重之囚，縣考正畢，以事言郡，幷送囚身委二千石親臨覈辨，必收聲吞釁，然後就戮。若二千石不能決，乃度廷尉。神州統外，移之刺史。刺史有疑，亦歸臺獄。」齊書武帝紀：永明三年七月，詔「丹陽所領及餘二百里內見囚，同集京師。自此以外，委州郡決斷。」此慮令長之不詳而重州郡之責，又慮州郡之不詳而重廷尉之權者也。非官司所能理者，得擊登聞鼓上聞，如吉翂是。齊書謝瀹傳：出爲吳興太守。長城縣民盧道優家遭劫，誣同縣殷孝悌等四人。瀹收付縣獄考正。孝悌母騶詣登聞訴稱「孝悌爲道優所誹謗，橫劾爲劫。一百七十三人連名保徵，在所不爲申理。」瀹聞孝悌母訴，乃啟建康獄覆道優理窮款首，依法斬刑。有司奏免瀹官。是其法確亦有時能申理寃枉也。人君親覽獄訟，歷代皆時有之。如宋文帝、孝武帝皆每歲三臨訊，見南史本紀。元嘉三年、大明元年。魏書孝莊帝紀：建義元年，詔「自孝昌之季，法令昏泯。有訴人經公車注不合者，悉集華林東門，朕當親理寃獄，以申積滯。」出帝紀：永熙二年，五月，詔「諸幽枉未申，事經一周已上，悉集華林，將親覽察。脫事已經年，有司不到者，聽其人名自陳訴。若事連州郡，由緣淹歲者，亦仰尚書總集以聞。」雖當造次顛沛之際，仍不忘申理寃滯，卽無實效，亦足見告朔餼羊之意也。梁武帝天監元年，詔於公車府謗木肺石旁各置一函。「理有皦然，受困包匭；大政侵小，豪門陵賤；四民已窮，九重莫達。若欲自申，並可投肺石函。」三年六月，詔曰：「哲王宰世，每歲卜征。末代風彫，久曠茲典。可分將命，巡行州郡。其有深寃鉅害，抑鬱無歸，聽詣使者，依源自列。」五年，四月，詔「凡犴獄之所，可遣法官、近侍遞錄囚徒。如有枉滯，以時奏聞。」皆見本紀。陳制：常以三月，侍中、吏部尚書、尚書三法。梁、陳之制，見隋書刑法志及陳書儒林沈洙傳。洙傳載周弘正之說，謂「測人時節，本非古制，」疑其緣起頗晚，故漢、魏史籍未及其事也。南史循吏傳何遠爲人所訟，徵下廷尉，被劾十數條，當時士大夫坐法，皆不受測。遠（測，梁書作立。）度已無臧，就測，（測，梁書亦作立。）三七日不款，猶以私臧禁杖除名。又陳宗室諸王傳：南康愍王曇朗之子方泰與亡命楊鍾期等二十人微行往人間，淫淳于岑妻，爲州長流所錄，又率人仗抗拒，傷損禁司，爲有司所奏，上大怒，下方泰獄。方泰初承行淫，不承拒格禁司，上曰：「不承則上測。」（陳書作行刑，疑淺人所改。）方泰乃投列承引。則士大夫不受測，亦特相沿如是，而非法不得施也。梁書孝行傳：吉翂天監初，父爲吳興原鄉令，爲姦吏所誣，逮詣廷尉，理雖清白，恥爲吏訊，乃虛自引咎，罪當大辟。翂乃撾登聞鼓，乞代父命。高祖異之，敕廷尉卿蔡法度：「幼童未必自能造意，卿可嚴加脅誘，取其款實。」法度盛陳徽纆，備列官司，厲色問翂，更和顏誘語。翂初見囚獄掾依法備加桎梏。法度矜之，命脫其二械，更令著一小者。翂弗聽。法度具以奏聞。高祖乃宥其父。世固有畫地爲牢，議不入；削木爲吏，計不對者；畏慘酷而自誣服，亦非無其人。乃更以威嚴脅其請代之子，且加桎梏以苦之，以是而得獄情，無失出與失入者孰多？高宗錄尚書，議改測立之法，周弘正請先責取獄所測人有幾人款，幾人不款，廷尉監所列，款者初不較不款者爲多。而盛權謂「舊制深峻，百中不款者一，新制寬優，十中不款者九，」則舊制之所得，必不免如弘正所云「無愆妄款」者矣。弘正云：人有强弱，斷獄宜依準五聽，不應全恣考掠，誠哉是言也。（皆見陳書沈洙傳。）

中國歷代皆以矜愼爲恤獄之道；而昔時法學，非甚專門，恆以爲審理之事，凡官吏皆能爲之，故審理之級數易懷慚懼。兼有子弟成長，彌復難爲儀適。其應行罰，可特賜輸贖，使與令史有異，以彰優緩之澤。」帝納之。自是應受罰者，依舊不行。此皆南朝杖罰久以文行之證。梁書武帝紀：天監元年詔「頃法惰官動成逋弛，罰以常科，終未懲革。檟楚申威，蓋代斷趾，笞棰有令，如或可從。外詳共評議，務盡厥理。」似有意於實行杖罰。然觀顏之推之言，則亦未嘗行諸士大夫也。北朝則不然。魏初朝士，多見杖罰，見魏書高允傳。高陽王雍爲司州牧，考殺奉朝請韓元昭，前門下錄事姚敬豪，爲任城王澄所奏。見澄傳。北齊崔季舒，文宣時爲司馬子如所列，與崔暹各鞭二百，徙北邊。武成時，又以詣廣寧王宅，決馬鞭數十。及諫後主適晉陽獲罪，韓長鸞又將加其同署者以鞭撻，以趙彥深執諫獲免，事見第十四章第四節。甚至唐邕爲宰相，司空從事中郎封長業、大尉記室參軍平濤爲徵官錢違限，邕各杖背二十。史言齊時宰相未有撾撻朝士者，至是甚駭物聽。厙狄伏連，開府參軍，多是衣冠士族，皆加捶撻，逼遣築牆焉。伏連北齊書附慕容儼傳。無怪沈攸之「鞭箠國士」，史謂其「全用虜法」也。齊書柳世隆傳。魏自大和以降，陷大辟者多得歸第自盡。此蓋孝文浮慕中華，偶有是舉。李彪乃因此上書，謂漢文納賈誼之言，大臣有罪，皆自殺不受刑，至孝武時，稍復入獄，良由行之當時，不爲永制，欲使其著爲長久之制。魏書彪傳。以是望虜，不亦遠乎？齊書張融傳：融請假奔叔父喪，道中罰幹錢敬道鞭杖五十，寄繫延陵獄。大明五年制：二品清官行僮幹杖不得出十，爲左丞孫緬所奏，免官。則中國之法，鞭杖施諸僮幹，亦有定限，斷不得如唐邕、厙狄伏連之所爲也。

鞭用革，杖用荊，長廣皆有定法。枷鎖杻械，亦有恆制。皆見魏書刑罰志、隋書刑法志。又有測立之法，以施「臧驗顯然而不款」之人。其法：以土爲垛，高一尺，上圓，劣容兩足。鞭笞訖，著械杻上測，隔若干日一上，上測若干刻，皆有定輕重差其年數。其重者或終身。齊書刑法志。劫科峻重，於此可見。此尙爲朝廷法令，幷有州郡自立嚴制，以劫其民者，如沈攸之在荊州，一人逃亡，闔宗捕逮是也。見齊書柳世隆傳。比伍保受本爲軍刑；亦以劫及亡叛，蔓延滋廣。宋書謝莊傳：大明元年，起爲都官尙書，奏改定刑獄，曰：「頃年軍旅餘弊，劫掠猶繁。監司計獲，多非其實。或規免咎，不慮國患。楚對之下，鮮不誣濫。身遭鈇鑕之誅，家嬰孥戮之痛。比伍同閈，莫不及罪。」甚有如宋書自序所載：以盜發冢，罪近村民不赴救而同坐者。沈亮知其非理，亦不過欲使相去百步內赴告不時者一歲刑，自此以外，差不及罰而已。民尙何所措手足哉？

章大炎謂五朝之法，官吏犯杖刑者論如律，此特法令如是，論其實，則鞭杖之刑，及於士流者甚罕。顏之推謂梁武父子，好用小人，由可鞭杖肅督，已見第十八章第二節。宋書武帝紀：永初二年，六月，詔曰：「杖罰雖有舊科，然職務煩碎，推坐相尋。若皆有其實，則體所不堪；文行而已，又非設罰之意。可籌量觕爲中否之格。」齊書陸澄傳云：宋泰始初，爲尙書殿中郎。郎官舊有坐杖，有名無實。澄在官，積前後罰，一日幷受千杖。南史蕭琛傳：遷尙書左丞。時齊明帝用法嚴峻，尙書郎坐杖罰者，皆即科行。琛乃密啓曰：「郎有杖，起自後漢。尒時郎官位卑，親主文案，與令史不異。故郎三十五人，令史十五人。是以古人多恥爲此職。自魏、晉以來，郎官稍重。今方參用高華，吏部又近於通貴，不應官高昔品，而罰遵曩科。所以從來彈舉，雖在空文，而許以推遷，或逢赦恩，或入春令，便得息停。宋元嘉、大明中，雖有被罰者，別由犯忤主心，非關常準。自泰始、建元已來，未經施行。事廢已久，人情未習。自奉敕之後，已行倉部郎江重欣杖督五十。人如今警察之職矣。

敵國相爭，士民各爲其主，實與本國之叛逆者殊科，故降下之際，未有加以誅戮者。乃魏晉之際不然。晉宣帝之平公孫淵也，男子年十五已上七千餘人皆殺之，以爲京觀。僞公卿已下皆伏誅，戮其將軍畢盛等二千餘人。本紀景初二年。其酷，亦前古所未有也。晉宣帝不足責，杜預粗知書傳，而其傳言：預初攻江陵，吳人知其病瘿，以瓠繫狗頸示之。每大樹似瘿，輒斫使白，題曰杜預頸。及城平，盡捕殺之。此何刑法乎？俗既成則莫知其非，事習焉則不以爲怪，故武人之專橫，實人心世道之大憂也。譙縱之在晉世，固與公孫淵之在魏世不同。然其民則亦脅從耳。朱齡石入成都，所誅者止於縱同祖之親，善矣。然其後蜀人侯產德作亂，又窮加誅翦，死者甚衆，則又何也？宋孝武廣陵之戮，不下於晉宣帝之於襄平，則更慘無人理矣。見第九章第二節。宋書沈懷文傳，謂其聚所殺人首於石頭南岸，謂之髑髏山，即京觀之俗稱也。

逆亂而外，刑法峻重者，莫如劫及亡叛。此皆窮而無告者之所爲，而又以嚴刑劫之，亦可哀矣。宋書武帝紀：永初元年，七月，詔曰：「往者軍國務殷，事有權制，劫科峻重，施之一時。今王道維新，政和法簡，可一除之，還遵舊條。反叛、淫、盜三犯補冶士，本謂一事三犯，終無悛革。主者頃多並數衆事，合而爲三，甚違立制之旨，普更申明。」八月，又以「制有無故自殘傷者補冶士，實由政刑煩苛，民不堪命，可除此條。」無故自殘傷者，意亦欲以避役，實與亡叛同也。梁律：謀反、降叛、大逆已上皆斬。父子同產男，無少長皆棄市。母妻、姊妹及應從坐棄市者，妻子女妾同補奚官爲奴婢。貲財沒官。劫身皆斬，妻子補兵。遇赦降死者，黵面爲劫字，髡鉗補冶鎖士終身。其下又讁運、讁配材官冶士、尚方鎖士，皆以爲當。於是有詔改定律令。據晉書刑法志及何曾傳。潘岳之死，已出之女亦一時被害，見岳傳。解系傳云：弟結。孫秀亂關中，結在都坐，議秀罪應誅，秀由是致憾。及系被害，結亦同戮。女適裴氏，明日當嫁，而禍起。裴氏欲認活之，女曰：「家既若此，我何活爲？」亦坐死。朝廷遂議革舊制，女不從坐，由結女始也，則其時既醮之婦，已不從戮，後又幷免在室之女矣。明帝復三族刑，紀亦云不及婦人。

游雅之賊陳奇事，見魏書儒林傳。云：有人爲謗書，多怨時之言，頗稱奇不得志。雅乃諷在事云此書言奇不遂，當是奇假人爲之。如依律文，造謗書皆及孥戮，遂抵奇罪。以口語而致斯禍，尤前世所未聞矣。然魏法之酷，實尚不止此。魏書刑罰志云：「高宗大安四年，始設酒禁。是時年穀屢登，士民多因酒致酗訟，或議主政，帝惡其若此，故一切禁之。釀、酤、飲皆斬之。增置內外候官，伺察諸曹外部州鎮，至有微服雜亂於府寺間，以求百官疵失。其所窮治，有司苦加訊測，而多相誣逮，輒劾以不敬。諸司官贓二丈皆斬。」當時蓋酒禁其名，監謗其實，故下文云：「顯祖即位，除口誤，開酒禁。」以二者並言，見劾爲不敬者，蓋亦口過而非酒失也。候官者？官氏志言：「道武欲法古純質，制定官號，多不依周、漢舊名。或取諸身，或取諸物，或以民事，皆擬遠古雲鳥之義。諸曹走使，謂之鳧鴨，取飛之迅疾；以伺察者爲候官，謂之白鷺，取其延頸遠望。自餘之官，義皆類此。」法古純質，不依周、漢，猶云彼自創爲，不用中國之法耳。候官之職，頗類魏、吳之校事，然亦以口語誣陷人，則又魏、吳之所未有矣。刑罰志又云：高祖大和三年，下詔曰：「治因政寬，弊由網密。今候職千數，姦巧弄威，重罪受賕不列，細過吹毛而舉，其一切罷之。」於是更置謹直者數百人，以防諠鬭於街術。此則刑，其後又嘗著之也。愍帝紀：建興三年，六月，盜發漢霸、杜二陵及薄大后陵。勑雍州掩骼埋胔，有犯者誅及三族，此或僅指一事言之。然明帝紀：大寧三年，二月，又復三族刑。惟不及婦人，見下。溫嶠傳：嶠奏軍國要務，其七曰：「罪不相及，古之制也。近者大逆誠由凶戾。凶戾之甚，一時權用，今遂施行，非聖朝之令典，宜如先朝除三族之制。」則又竟復之矣。魏書高祖紀：延興四年，六月，詔「自今以後，非謀反大逆干紀外奔，罪止其身。」刑罰志：大和十一年，詔「前命公卿，論定刑典，而門房之誅，猶在律策，可更議之。」蓋至是始從寬典。然北齊書韋子粲傳：孝武入關，以爲南汾州刺史。神武命將出討，城陷，子弟俱被獲，送晉陽。蒙放免，以粲爲并州刺史。初，子粲兄弟十三人，子姪親屬，闔門百口，悉在西魏，以子粲陷城不能死難，多致誅滅。歸國獲存，惟子粲與弟道諧二人而已。則門房之誅，西魏猶行之也。

魏書源賀傳：賀上書曰：「案律：謀反之家，其子孫雖養他族，追還就戮。其爲劫賊應誅者，兄弟子姪在遠道、隔關津，皆不坐。竊惟先朝制律之意，以不同謀非絕類之罪，故特垂不死之詔。若年三十已下，家人首惡，計謀所不及，愚以爲可原其命，沒入縣官。」高宗納之。出養猶追還就戮，可見親族連坐之酷。然中國之法，女子出適者，亦不能免於連坐，其酷亦殊不減此也。曹爽支黨之誅，姊妹女子子適人者皆殺，見晉書宣帝紀。毌丘儉之誅，其子甸妻荀氏應坐死。其族兄顗，與景帝姻通，表魏帝以匄其命，詔聽離昏。荀氏所生女芝，爲潁川大守劉子元妻，亦坐死，以懷姙繫獄。荀氏辭詣司隸校尉何曾乞恩，求沒爲官婢，以贖芝命。曾哀之，使主簿程咸上議，言「父母有罪，追刑已出之女；夫黨見誅，又有隨姓之戮，一人之身，內外受辟。」「宜改舊科。」「在室之女，從父母之誅；旣醮之婦，從夫家之罰。」朝廷僉以張緝、景帝紀正元元年。諸葛誕文帝紀甘露三年。及其支黨，皆受此誅。雖附己者如成濟，亦不得免焉。文帝紀景元元年。荀勖傳：高貴鄉公欲爲變，時大將軍掾孫佑等守閶闔門。文帝弟安陽侯幹聞難欲入，佑謂曰：「未有入者，可從東掖門。」幹以狀白，帝欲族誅佑，勖諫曰：「成倅刑止其身，佑乃族誅，恐義士私議。」乃免佑爲庶人，可見當時族誅之濫。而楊、賈亂後，誅戮之酷，由之矣。楊駿傳：孟觀等受賈后密旨，誅駿親黨，皆夷三族，死者數千人。據惠帝紀：是時夷三族者，有駿弟衞將軍珧、太子太保濟、中護軍張劭、散騎常侍段廣、楊邈、左將軍劉預、河南尹李斌，中書令蔣俊、東夷校尉文淑、尚書武茂。駿傳言：武帝初聘武悼后，珧表曰：「歷觀古今，一族二后，未嘗以全，而受覆宗之禍。乞以表事藏之宗廟，若如臣之言，得以免禍。」從之。珧臨刑稱冤，云事在石函，可問張華。當時皆謂宜爲申理。而賈氏族黨待諸楊如讎，促行刑者遂斬之。亂朝者誠無以自全矣。趙王倫傳：倫矯勅三部司馬曰：「今使車騎入廢中宮，汝等皆當從命，賜爵關內侯。不從，誅三族。」孫秀勸倫殺張林，誣殺潘岳、石崇、歐陽建，皆夷三族，見倫及岳傳。齊王冏殺王輿，夷三族，見惠帝紀永寧元年。孟觀爲倫守，亦夷三族，見本傳。孫旂傳：旂子弼及弟子髦、輔、琰，與孫秀合族，及趙王倫起事，旂以弼等受僞朝，遣小息責讓。齊王冏起義，四子皆伏誅，襄陽太守宗岱承冏檄斬旂，夷三族。其濫亦可謂甚矣。冏之死，諸黨屬皆夷三族，見本傳。成都王穎殺陸機，夷三族，見穎傳。陳敔夷三族，見周處傳。張昌同黨並夷三族，見昌傳。又武帝紀泰始八年，六月，益州牙門張弘誣其刺史皇甫晏反，殺之，傳首京師，弘坐伏誅，夷三族。其夷狄之君，則石勒殺曹平樂，夷其三族。見第五章第一節。乞伏慕末尚書辛進，隨熾盤游後園，彈鳥誤傷暮末母面，暮末立，誅進五族二十七人。北史本傳。魏道武平中山，收議害秦愍王觚者，皆夷五族。見上。崔浩之敗，大武欲夷浩已下僮吏已上百二十八人五族，以高允持之而止。見第八章第六節。其後游雅且以論議長短，陷陳奇至族焉。魏書雅傳，參看下文。亦云酷矣。晉書懷帝紀：永嘉元年，正月，癸丑，朔，大赦改元，除三族刑。蓋陳羣定法，雖錮此等聚貨物，間託關境，規贖之。而魏賜譔妻金氏，生子幼度。行人以財賄至都，常竊模歸。模顧念幼度，指謂行人曰：「吾何忍舍此輩，令坐致刑辱？當爲爾取一人，使名位不減於我。」乃授以申譔。譔亦得賜妻，生子靈度。及此，棄妻子走還。靈度遂刑爲閹人。是亡歸敵國者，魏法皆刑其子也。周文帝定秦隴，兄子什肥爲齊神武所害，子胄以年幼下蠶室。見周書本傳。崔季舒、封隆之弟子孝琰之死，小男皆下蠶室。見北齊書本傳。北史魏本紀：文帝大統十三年，二月，詔自今應宮刑者直沒官，勿刑。亡奴婢應黥者止科亡罪。齊本紀：後主大統五年二月，詔應宮刑者普免刑爲官口。蓋宮刑至是始除。然則五刑之不用者腓耳，而又代之以刖，然則肉刑何嘗廢，而刑亦何嘗平哉？

陳羣制法，梟葅夷三族者皆不在律令，是律已廢此刑也。然卒不能禁其不復用，則勝殘去殺，非徒法之所能爲也。刑之殘者：如轘，魏轘盧溥及其子煥，見魏書太祖紀天興二年。轘趙準，見長孫肥傳。此皆以反叛。蕭寶夤少子凱，以害母南陽公主，見寶夤傳。雁門人有害母者，八坐亦奏轘之，而瀦其室，見邢巒傳。如烹，杜岸之誅，蕭詧拔其舌，鞭殺而烹之，見南史杜崱傳。魏靜帝與華山王大器、元瑾謀攻齊文襄，大器等皆見烹。見第十四章第一節。妖賊鄭子饒烹於都市，見北齊書後主紀武平六年及皮景和傳。南安王思好以王尚之爲長史，思好敗，尚之烹於鄴市，見北史齊宗室諸王傳。如焚，思好之敗，投火死。焚其尸，并其妻李氏。見北齊書後主紀武平五年及北史后妃齊武成弘德夫人李氏傳。北齊書思好傳云：暴思好尸七日，然後屠剝焚之。如支解，崔㥄妻馮氏，以賄蠱㥄，受納狼藉，斬於都市，支解爲九段，見北史崔暹傳。軍狄伏連與琅邪王儼殺和士開，亦受支解之刑。如大刃剉殺，魏道武平中山，收議害秦愍王觚者，皆夷五族，以大刃剉殺之。見魏書昭成子孫傳。如具五刑，魏宗愛夷三族，具五刑。見魏書閹官傳。中國之暴主，亦間行之，而要以出於異族者爲多。慕容超議復肉刑，又欲立烹轘之法，附之律條，夷狄誠不知治體哉！三族之法，晉創業時用之最多。曹爽、晉書宣帝紀嘉平元年。王淩、嘉平三年。夏侯玄、也。去家縣遠，作役山谷，飢寒切身，志不聊生。雖有廉士介者，苟慮不首死，則皆爲盜賊，豈況本性奸凶、無賴之徒乎？又今徒富者輸財，計日歸家，乃無役之人也。貧者起爲姦盜，又不制之虜也。徒亡日屬，賊盜日煩。諸重犯亡者，髮過三寸，輒重髡之，此以刑生刑；加作一歲，此以徒生徒也。亡者積多，繫囚猥畜，後從而赦之，此謂刑不制罪，法不勝奸。」其說誠當。然此自用刑者之不詳，非以徒刑代肉刑之咎也。餘人之論，如謂肉刑乃去其爲惡之具，或謂人見其痛，將畏而不犯，皆言之不能成理。乃如王導等之議，既欲復肉刑，又慮人習所見，或未能服，欲於行刑之時，明申法令，任樂刑者刑，甘死者殺，則更滅裂不可行矣。宜其卒不能復也。

然肉刑之名雖未嘗復，其實則未嘗不偏復。宋書明帝紀：泰始四年九月，詔曰：「降辟差網，便曁鉗撻，求之法科，差品滋遠。自今凡竊執官仗，拒戰邏司，或攻剽亭寺及害吏民者，悉依舊制。斬刑。五人已下相逼奪者，可特賜黥、刖，投畀四遠，仍用代殺，方古爲優。」此卽魏晉來之論議，欲以放流、黥刖，補死刑、髡笞之不足者也。梁書武帝紀：天監十四年正月，詔曰：「前以劓、墨，用代重辟，猶念改悔，其途已壅，並可省除。」隋書刑法志云：「梁律劫身皆斬，遇赦降死者，黵面爲劫字，詳見下。天監十四年除黵面之刑。」與紀所載當卽一事，則梁亦以劓、墨代死刑也。宮刑亦間用之。南史杜崱傳：岳陽王詧誅諸杜，幼者下蠶室。是也。北魏用之尤多，北齊亦然。據魏書閹官傳所載，見閹者似以俘虜爲多。段霸、趙黑、孫小，敵國之俘也。張宗之、抱嶷、平季、劉思逸，反者之俘也。楊範坐宗人劫賊。餘皆但言因事。王溫父冀爲高邑令，坐事被誅，溫與兄繼叔俱充宦者，則雖官吏亦不得免矣。其見於閹官傳之外者：宋隱叔父洽之子順訓，亦敵俘。封懿之孫磨奴，常珍奇小子沙磨，亦皆以謀叛。崔玄伯傳：崔模入北，其子沖智四曰流刑五。流衛服去皇畿二千五百里者，鞭一百，笞六十。流要服去皇畿三千里者，鞭一百，笞七十。流荒服去皇畿三千五百里者，鞭一百，笞八十。流鎮服去皇畿四千里者，鞭一百，笞九十。流蕃服去皇畿四千五百里者，鞭一百，笞一百。五曰死刑五，一曰磬，二曰絞，三曰斬，四曰梟，五曰裂。五刑之屬各有五，合二十五等。其贖：杖刑五，金一兩至五兩。贖鞭刑五，金六兩至十兩。贖徒刑五，一年金十二兩，二年十五兩，三年一斤二兩，四年一斤五兩，五年一斤八兩。贖流刑一斤十二兩，俱役六年，不以遠近爲差等。贖死罪金二斤。仲長統言肉刑之廢，輕重無品，已見秦漢史第十八章第七節。晉世葛洪論此，意亦相同。見抱朴子用刑篇。刑法之得衷，實由以徒流備五刑，其制大成於隋，啓之實自南北朝之世也。

復肉刑之論，魏晉之世，尚多有之。晉書刑法志言：晉初劉頌爲廷尉，頻表宜復肉刑，不見省。及元帝時，衛展爲廷尉，又上言之。詔內外通議。王導、賀循、紀瞻、庾亮、梅陶、張嶷等是之。周顗、桓彝等非之。帝欲從展所上。王敦以爲習俗日久，必驗遠近，且逆寇未殄，不宜有慘酷之聲，以聞天下。乃止。桓玄輔政，又欲復斬左右趾以輕死，命百官議之。孔琳之用王朗、夏侯玄之旨，時論多與之同，故遂不行。琳之之議，晉志不載，宋書本傳載之，亦贊以斬右趾代死，非全不同也。慕容超亦嘗議復肉刑，以羣下多不同而止。超所下書言光壽、建興中二祖已議復之，未及而晏駕。光壽者，慕容儁年號，僞號烈祖。建興者，慕容垂年號也。僞號世祖。可見欲復肉刑者之多。此實以髡鉗不足懲姦，鞭笞大多致死之故。欲救此弊，自以王朗倍其居作之說爲至當。晉後議者，惟劉頌針對此說立論。其言曰：「今爲徒者，類性元惡、不軌之族制九等之差有一歲刑，半歲刑，百日刑，鞭杖二百，鞭杖一百，鞭杖五十，鞭杖三十，鞭杖二十，鞭杖一十。有八等之差：一曰免官加杖督一百，二曰免官，三曰奪勞百日、杖督一百，四曰杖督一百，五曰杖督五十，六曰杖督三十，七曰杖督二十，八曰杖督一十。天監三年，八月，建康女子任提女坐誘口當死，其子景慈對鞫，辭云母實行此。法官虞僧虬啓稱：景慈陷親極刑，傷和損俗，宜加罪辟。詔流於交州。至是復有流徒之罪。其年十月，除贖罪之科。十一年十月復開。北齊刑名五：一曰死，重者轘之，其次梟首，並陳尸三日。無市者列於鄉亭顯處。其次斬刑，殊身首。其次絞刑，死而不殊。凡四等。二曰流刑。謂論犯可死，原情可降，鞭笞各一百，髡之，投於邊裔，以爲兵卒。未有道里之差。其不合遠配者，男子長途，女子配舂，並六年。三曰刑罪，卽耐罪也。有五歲、四歲、三歲、二歲、一歲之差，凡五等。各加鞭一百。其五歲者又加笞八十，四歲者六十，三歲者四十，二歲者二十。一歲者無笞。並鎖輸左校而不髡。無保者鉗之。婦人配舂及掖庭織。四曰鞭。有一百、八十、六十、五十、四十之差，凡五等。五曰杖，有三十、二十、十之差，凡三等。大凡爲十五等。通鑑繫陳文帝天嘉五年。注曰：「死四等，流一等，刑五等，鞭五等，杖三等，通十八等。今曰凡十五等，通鑑依五代志大凡爲十五等之文也。」當加者上就次，當減者下就次。贖罪舊以金，皆代以中絹。死一百疋，流九十二匹，刑五歲七十八匹，四歲六十四匹，三歲五十四匹，二歲三十六匹。各通鞭笞論。一歲無笞，則通鞭二十四匹。鞭杖每十贖絹一疋，至鞭百則絹十疋。無絹之鄉，皆准絹收錢。自贖笞十已上至死，又爲十五等之差。當加減次如正決。周制：一曰杖刑五，自十至五十。二曰鞭刑五，自六十至於百。三曰徒刑五，徒一年者鞭六十，笞十。徒二年者鞭七十，笞二十。徒三年者鞭八十，笞三十。徒四年者鞭九十，笞四十。徒五年者鞭一百，笞五十。

走馬殺人之誅，則是以都市阬阱人也。自電車之作，往來凡軼，速於飛矢。倉卒相逢，不及回避，有受車轢之刑而已。觀日本一歲死電車道上者幾二三千人，將車者財罰金，不大訶譴。漢土租界，主自白人，欲科以罰金且不得。夫電車祇爲商人增利，於民事無益豪毛。以爲利賊殺人，視以輕狡賊殺人，其情罪當倍蓰。如何長國家者，惟欲交歡富人，詭稱公益，弛其刑誅？余以造用電車者，當比走馬衆中與二歲刑；因而殺人者，比走馬衆中殺人，商主及御夫皆殊死。秉晉律以全橫目，漢土舊法，賢於拜金之國遠矣。」論子姓仇復云：「治吏斷獄，必依左證，左證不具，雖衆口所欲殺不得施。如是，狡詐者愈以得志，而死者無可申之地。前代聽子姓復仇者，審法令有虧跛，不足以盡得罪人，故任其自得捕戮；且不以國家之名分制一人也。」說雖亦有偏蔽，要自有其顛撲不破之理，非夫人之所能言、所敢言也。要之，當時南北法律之不同，自爲法家一重公案也。

刑法：陳羣等定魏律，依古義制爲五刑。其死刑有三，髡刑有四，完刑、作刑各三，贖刑十一，罰金六，雜抵罪七。凡三十七名，以爲律首。又改賊律，但以言語及犯宗廟、園陵謂之大逆無道，要斬，家屬從坐，不及祖父母孫。至於謀反大逆，臨時捕之，或汙瀦，或梟菹，夷其三族，不在律令。梁制，刑爲十五等。棄市已上爲死罪。大罪梟其首，其次棄市。刑二歲已上爲耐罪，言各隨技能而任使之也。有髡鉗五歲刑，笞二百，收贖絹男子六十疋。又有四歲刑，男子四十八疋。又有三歲刑，男子三十六疋。又有二歲刑，男子二十四疋。罰金一兩已上爲贖罪。贖死者金二斤，男子十六疋。贖髡鉗五歲刑笞二百者金一斤十二兩，男子十四疋。贖四歲刑者金一斤八兩，男子十二疋。贖三歲刑者金一斤四兩，男子十疋。贖二歲刑者金一斤，男子八疋。罰金十二兩者男子六疋，罰金八兩者男子四疋；罰金四兩者男子二疋。罰金二兩者男子一疋。罰金一兩者男子二丈。女子各半之。五刑不簡，正於五罰，五罰不服，正於五過，以贖論，故爲此十五等之差。又後又廣之，而更峻其法，謂之刑經聖制。（紀在大象元年八月，參看第十五章第一節。）

晉南北朝定律之事，大致如此。章大炎有五朝法律索隱篇，（見大炎文錄卷一。）盛稱魏、晉、宋、齊、梁律之美，謂漢法賊深，唐律承襲齊、隋，有所謂十惡者，（隋志：齊律刑重罪十條：一曰反逆，二曰大逆，三曰叛，四曰降，五曰惡逆，六曰不道，七曰不敬，八曰不孝，九曰不義，十曰內亂。犯者不在八議、論贖之限。）皆刻深不可施行。惟此五朝之法，寬平無害。其說有偏激者，亦有卓然不同流俗者。章氏美五朝法者：曰重生命：一父母殺子同凡論。二走馬城市殺人者，不得以過失殺人論。曰恤無告：諸子姓仇復者勿論。曰平吏民：一部民殺長吏者同凡論。二官吏犯杖刑者論如律。曰抑富人：一商賈皆殊其服。二常人有罪不得贖。其說商賈皆殊其服曰：「廣韻引晉令曰：儈賣者皆當著巾白帖額，書所儈賣及姓名，一足白履，一足黑履。殊其章服，以為表旗，令幷乘者不得出位而干政，在官者亦羞與商人伍，則今世行之便。或曰：其形詭怪，將為文明之辱。余以為求治者尚其實，不尚其華，縱辱文明，則奸政、役貧之漸自此塞，豈憚辱之？且商人工人，庸非有高下也。今觀日本，諸庸作者織布為裋，大書題號其上，背負雕文，若神龜毒冒焉。工人如是，未有以為詭怪者，顧獨不可施諸商人邪？貴均平，惡專利，重道藝，輕貪冒者，漢人之國性也。滿洲始稍稍崇商賈，非直因以為市，彼商人固嗜利，而帝王與官吏亦嗜利，商人猶不以無道取，帝王官吏乃悉以無道取，若則帝王官吏又不商人者也。既不若，又抑挫之，則不恕矣。其孳獎商人也則宜。易世而後，莫如行晉令便。」此說於社會、政治情勢，幾於茫無所知，而徒任情為說，所謂偏激不可行者也。其論走馬城市曰：「張斐晉律序曰：都城人衆中走馬殺人當為賊，賊之似也。余尋李悝法經，本有輕狡之篇，秦、漢因之，蓋上世少單騎，車行有節，野外之馳，曰不過五十里，國中不馳。六國以降，單騎蠭興，馳驟往來，易傷行者，由是有輕狡律。晉律：衆中走馬者二歲刑，見御覽六百四十二。都會殷賑，行人股腳肩背相摩，走馬者亦自知易傷人。然猶傳俠自喜，不少陵謹，此明當附賊殺之律，與過失戲殺殊矣。藉令車騎在中，人行左右，横度者猶時不絕。若無王昕、李伯倫等修撰。蓋至此又一清定。案前世雖有法律，遵守初不甚嚴。晉書刑法志云：「惠帝之世，政出羣下，每有疑獄，各立私意。刑法不定，獄訟繁滋。及於江左，元帝爲丞相。時朝廷草創，議斷不循法律，人立異議，高下無狀。」其時裴頠、劉頌、熊遠等皆以是爲言，其論絕精。平世如此，無怪亂離時之競與新制，弃髦舊法矣。石勒之别造條制，施行十餘歲，乃用律令，正不得訾爲沐猴而冠也。

隋書刑法志云：「文宣天保元年，令羣臣刊定魏朝麟趾格。既而司徒功曹張老上書，稱大齊受命已來，律令未改，非所以創制垂法，革人視聽。於是始命羣官，議造齊律。積年不成。武成即位，頻加催督。河清三年，尚書令趙郡王叡等奏上齊律十二篇。又上新令四十卷。其不可爲定法者，别制權令二卷，與之並行。北齊書本紀：是年三月，以律令頒下大赦。北史封述傳：河清三年，敕與錄尚書趙彥深、僕射魏收、尚書陽休之、國子祭酒馬敬德等議定律令。齊律序爲陸俟玄孫仁崇之辭，見北史俟傳。後平秦王高歸彥謀反，律無正條，遂有别條權格，與律並行。」

志又云：「周文帝之有關中也，典章多闕。大統元年，命有司斟酌今古通變，可以益時者，爲二十四條之制奏之。周書本紀在三月，云奏魏帝行之。七年，又下十二條制。紀云十一月奏行。十年，魏帝命尚書蘇綽總三十六條，更損益爲五卷，班於天下。紀在七月。其後以河南趙肅爲廷尉卿，撰定法律。肅積思累年，遂感心疾而死。乃命司憲大夫拓跋迪掌之。至保定三年三月，紀作二月。庚子乃就，謂之大律，凡二十五篇，班之天下。其大路滋章，條流苛密。比於齊法，煩而不要。武帝用法嚴正。齊平後，以舊俗未改，又爲刑書要制以督之。紀在建德六年十一月。宣帝大象元年，以其用法深重，除之。

稱平。自獄付中書覆案後，頗上下法。延興四年，罷之，獄有大疑，乃平議焉。正平元年詔曰：「刑網大密，犯者更衆，朕甚愍之。其詳案律令，務求厥中，有不便於民者增損之。」於是游雅與中書侍郎胡方回等改定律制。本紀在六月。高宗又增律七十九章。以上亦據刑罰志。高祖本紀大和元年九月，詔羣臣定律令於大華殿。刑罰志云：「先是以律令不具，姦吏用法，致有輕重。詔中書令高閭集中祕官等修改舊文，隨例增減。又勅羣官參議厥衷，經御刊定。五年冬訖。凡三百八十二章。」然據本紀，則十五年五月議改律令。八月又議律令事。十六年四月，頒新律令。而五月，卽詔羣臣於皇信堂更定律條，流徒限制，帝親臨決之。孫紹傳：延昌中紹表言「先帝時律令並議，律尋施行，令獨不出」，則修改律令之事，孝文世實未大成也。志又云「世宗卽位，意在寬政。正始元年冬，紀在十二月。詔曰：先朝垂心典憲，刊革令軌。但時屬征役，未之詳究，施於時用，猶致疑舛。尙書門下可於中書外省論律令。諸有疑事，斟酌新舊，更加思理，增減上下，必令周備，隨有所立，別以申聞。是時與議者十餘人，劉芳爲之主，見北史袁翻及芳傳。孝昌以後，天下淆亂，法令不恆，或寬或猛。及尒朱擅權，輕重肆意，在官者多以深酷爲能。至遷鄴，京畿羣盜頗起，有司奏立嚴制。侍中孫騰請悉准律令，以明恆憲。詔從之。」然據本紀，出帝大昌元年，詔曰：「前主爲律，後主爲令，歷世永久，實用滋章。可令執事之官，四品已上，集於都省，取諸條格，議定一途，其不可施用者，當局停記。新定之格，勿與舊制相連，務在約通，無致冗滯。」則其時之律令，仍甚紊亂。孝靜帝紀：興和三年十月癸卯，齊文襄王自晉陽來朝。先是，詔文襄王與羣臣於麟趾閣議定新制，甲寅，班於天下。北史封述傳：天平中爲三公郎中，時增損舊事爲麟趾新格，其名法科條，皆述所刪定。李渾傳：文宣以魏麟趾格未精，詔渾與邢邵、崔㥄、魏收、度守廷尉卿，詔班新律於天下。又云：陳氏承梁季喪亂，刑典疏闊。武帝即位，思革其弊。求得梁時明法吏，令與尚書刪定郎范泉參定律令。陳書本紀：永定元年十月，立刪定郎，治定律令。又勅尚書僕射沈欽、吏部尚書徐陵、兼尚書左丞宗元饒、兼尚書右丞賀朗參知其事。制律三十卷，令律四十卷。通典作制律三十卷，科三十卷。通考作制律三十卷，科四十卷。

北方僭僞諸國，雖刑政無章，然以大體言之，亦當承用晉律。晉書石勒載記：勒下書曰：「今大亂之後，律令滋煩。其采集律令之要，爲施行條制。」於是命法曹令史貫志造辛亥制度五千文，施行十餘歲，乃用律令。可見時局稍定，即不能不率由舊章也。

魏書刑罰志云：「魏初禮俗純朴，刑禁疎簡。宣帝南遷，復置四部大人，坐王庭決辭訟，以言語約束，刻契紀事，無囹圄考訊之法，諸犯罪者皆臨時決遣。神元因循，亡所革易。穆帝時，劉聰、石勒傾覆晉室，帝將平其亂，乃峻刑法，每以軍令從事。民乘寬政，多以違命得罪，死者以萬計。於是國落騷駭。平文承業，綏集離散。昭成建國二年，當死者聽其家獻金、馬以贖。犯大逆者，親族男女無少長皆斬。男女不以禮交皆死。民相殺者，聽與死家馬牛四十九頭及送葬器物以平之。無繫訊連逮之坐。盜官物，一備五，私則備十。法令明白，百姓晏然。」此皆率其部族之舊。又云：「太祖既定中原，患前代刑網峻密，乃命三公郎王德除其法之酷切於民者，約定科令，大崇簡易。」本紀事在天興元年。則始用中國之法矣。世祖即位，以刑禁重，神䴥中，紀在四年十月。詔司徒崔浩定律令。眞君六年春，紀在三月。以有司斷法不平，詔諸疑獄皆付中書，依古經義論決之。紀云：以經義量決。高允傳：眞君中，以獄訟留滯，始令中書以經義斷諸疑事。允據律評刑，三十餘載，內外

第七節 刑法

古代法律，李悝法經，實集其大成，商君以之相秦，漢初猶沿用之。其時情僞滋繁，而法文大少，苦其不周於用，遞有增益，更加之以令及比，既病蕪穢，又傷錯亂，奸吏遂得上下其手。漢世論者，多以删定爲亟，然其事迄未能成。至魏世，乃命陳羣等爲之制新律十八篇，晉文帝秉政，又命賈充等改定爲二十篇，至武帝泰始四年班行之，其事已見秦漢史第十八章第七節矣。律既定，明法掾張裴齊書、隋志皆作斐。爲注，表上之。其要見於晉書刑法志。其說絕精。後杜預又爲注。泰始以來，斟酌參用，江左亦相承用之。齊武帝詔獄官詳正舊注。永明七年，尚書删定郎王植撰定表奏之。取張注七百三十一條，杜注七百九十一條，二家兩釋，於義乃備者，一百七條。其注相同者，一百三條。於是公卿八坐，參議考正，朝議不能斷者，制旨平決。至九年，廷尉孔稚珪表上，請付外施行。齊書稚珪傳。東昏即位，又詔删省科律。本紀永泰元年十月。

隋書刑法志云：梁武帝承齊昏虐之餘，刑政多辟，既即位，乃制權典，依周、漢舊事，有罪者贖。時欲議定律令，得齊時舊郎濟陽蔡法度，家傳律學，云王植之集注張、杜舊律，事未施行，其文殆滅，法度能言之。於是以爲兼尚書删定郎，使損益植之舊本，以爲梁律。事在天監元年八月，梁書本紀云：詔中書監王瑩等八人參定律令。隋志云：咸使百司議其可否，法度請一皆咨列位，恐緩而無決」於是以尚書令王亮、侍中王瑩、尚書僕射沈約、吏部尚書范雲、長兼侍中柳惲、給事黃門侍郎傅昭、通直散騎郎孔藹、御史中丞樂藹、大常丞許懋等參議斷定，凡得九人。二年四月，法度表上新律。梁紀二十卷。又上令三十卷，科三十卷。梁紀作四十卷。帝以法者，官以漸充之。」則當時作兵之材，民間亦有不能盡備者也。

攻戰所施，彊弩最稱利器。盧循遣十餘艦攻石頭柵，宋武帝命神弩射之，發輒摧陷，循乃止。其後水戰，又以軍中多萬鈞神弩獲勝。已見第七章第二節。楊公則攻東昏侯，登樓望戰，城中遙見麾蓋，縱神鋒弩射之，矢貫胡牀。神鋒弩，蓋卽神弩也。周文育攻韋載，以載收得陳武舊兵善用弩，不能克，見第十三章第五節。弩之難禦如此。故庸、蜀之衆，惟便刀矟，則邢巒輕之矣。見第十一章第四節。水戰，舟艦利於高大，說見第七章第二節。又有所謂拍者，水戰多用之，間亦施之於車，用以攻城。陳書侯安都傳：留異奔桃枝嶺，於巖口豎柵以距王師。因其山隴之勢，迮而爲堰。夏潦水漲，安都引船入堰，起樓艦與異城等，放拍碎其樓雉。侯瑱傳：與王琳戰於蕪湖，衆軍施拍縱火。章昭達乘平虜大艦，中江而進，發拍中於賊艦。黃法氍傳：大建五年北伐，爲拍車及步艦，豎拍以逼歷陽。親率士卒攻城，施拍加其樓堞。時又大雨，城崩，克之。章昭達傳：討歐陽紇，裝艫造拍，以臨賊柵。徐世譜傳：與侯景戰於赤亭湖，景軍甚盛。世譜乃別造樓船、拍艦、火舫、水軍，以益軍勢。吳明徹傳：討華皎，募軍中小艦，多賞金銀，令先出當賊大艦，受其拍。賊艦發拍皆盡，然後官軍以大艦拍之，賊艦皆碎，沒於中流。周書裴寬傳：爲汾州刺史，陳將程靈洗以大艦臨逼，拍竿打樓，應卽摧碎，皆當時攻戰資拍爲利器之事也。隋書楊素傳：素居永安，造艦名曰五牙，上起樓五層，高百餘尺。左右前後置六拍竿，並高五十尺，容戰士八百人。拍之用不可詳知，其制猶有可考。讀史兵略以爲卽礮，則誤矣。

國騎軍不敢北出，騎步不敵，尤可概見周朗所以言之痛也。見第八章第七節。南北强弱之機，實判於元嘉二十七年之役。此役南朝受創之深，實以六州殘破之甚；魏人之能肆意摧殘，則以其騎兵疾速，宋人不能阻禦也。當時欲圖恢復，非決一二大戰不可，決戰求勝，終不能無騎兵，梁武不知務此，是以卒無所成，說見十一章第四節。車亦間有用者，不過以將糧重、防衝突而已，不能恃以制勝也。宋武帝之討南燕，以車四千乘爲兩翼，方軌徐行，而以輕騎爲遊軍，見第七章第四節。魏大武之追彭城，沈慶之欲以車營爲函箱，陳精兵爲外翼，奉武陵、江夏二王趨歷城，見第八章第七節。檀道濟之援青州也，刁雍言其畏官軍突騎，以鎖連車爲函陳，見魏書雍傳。此皆以車爲翼蔽；卽丁旿之距魏軍，亦僅藉車以自固，不能以之逐利也。呂梁之役，吳明徹成禽，而蕭摩訶卒免，尤可見車騎之利鈍。

兵器似多由官造，觀上節所述，可見當時刑徒有配甲坊者。甲坊，謂造甲之所也。石季龍建豐國、澠池二冶，嘗徙刑徒配之，見晉書載記。魏書司馬悅傳：世宗初，除豫州刺史。汝南上蔡董毛奴齎錢五千，死於道路。郡縣疑民張堤爲劫，又於堤家得錢五千。堤懼考掠，自誣言殺。獄既至州，悅觀色察言，疑其不實。引見毛奴兄靈之，謂曰：「殺人取錢，當時狼狽，應有所遺，此賊竟遺何物？」靈之云：「惟得一刀鞘而已。」悅取鞘視之曰：「此非里巷所爲也。」乃召州城刀匠示之。有郭門者，前曰：「此刀鞘門手所作，去歲與郭民董及祖。」悅收及祖詰之，及祖款引。觀此，知當時里巷作兵，不逮城市，此官立監冶所由不可廢歟？祖逖北征，屯淮陰，起冶鑄兵而後進，見第四章第二節。何承天安邊論曰：「四曰課丁仗，勿使有闕。千家之邑，戰士二千，隨其便能，各自有仗，素所服習，銘刻由己。還保輸之於庫，出行請以自衛，弓幹利鐵，民不辨得部曲之兵，北朝亦有。尒朱榮死，魏莊帝引見高昂，勞勉之。昂請還本鄉，招集部曲，其後韓陵之役，昂自領鄉人部曲三千人。其弟季式亦自領部曲千餘人，馬八百匹，戈甲器杖皆備。昂兄慎，遷光州刺史，亦聽以本鄉部曲數千人自隨。封隆之子子繪，高祖崩，世宗以爲渤海太守，亦聽收集部曲一千人。此皆擾攘之際，聽以腹心自衞也。清河王岳，與高祖經綸天下，家有私兵，并畜戎器。世宗未及文宣之世，頻請納之，皆未見許。及葬畢，乃納焉。然岳之死，實非良死也。斛律光之死也，何洪珍譖其家藏弩甲，奴僮千數，則私甲究非善制也。

行軍所用牛馬，魏制亦出自民間。魏書大宗紀：永興五年正月，詔諸州六十戶出戎馬一匹。泰常六年二月，調民二十戶輸戎馬一匹，大牛一頭。三月，制六部民羊滿百口，輸戎馬一匹。世祖紀：始光二年五月，詔天下十家發大牛一頭，運粟塞上，是其事。此等雖徧及境內，然馬之產，究以北邊爲多。尒朱榮家世豪彊，牛馬谷量，散畜牧，招義勇，遂以起事，其與正拓跋氏之所由興也。魏道武之追柔然也，柔然遁去，諸將請還。道武問：「若殺副馬，爲三日食，足乎？」通鑑胡三省注曰：「凡北人用騎兵，各乘一馬，又有一馬爲副馬。」晉孝武帝大元十六年，魏登國六年。宋文帝元嘉六年，魏主捨輜重，帥輕騎兼馬，襲擊柔然。大武神嘉二年。注曰：「兼馬者，每一騎兼有副馬也。」副馬之制，蒙古亦有之，故胡氏言凡北人，以通古今。此胡騎之所以迅捷。宋書劉敬宣傳：劉牢之與孫恩之衆戰於虎瞜，賊皆死戰。敬宣請以騎並南山趣其後。吳賊畏馬，又懼首尾受敵，遂大敗。此南人不習騎戰之徵。皮豹子自言所領之衆不任攻戰，見上。士民姦通，知臣兵弱，南引文德，共爲脣齒。文德去年八月，與義隆梁州刺史同征長安，聞臺遣大軍，勢援雲集，長安地平，用馬爲便，畏尋常人民言之也。唐避大宗諱，改民爲人，後遂相沿，而軍人軍民，其意各異矣。田獵月別三圍，自無暇更及農事。然亦有兼事耕屯者：薛虎子欲以州鎮戍兵資絹市牛，令耕，已見第二十章第一節。世宗紀：正始元年九月，詔緣淮南北所在鎮戍，皆令及秋播麥，春種粟稻。源賀傳：詔都督三道諸軍屯於漢南，以備北寇。至春仲乃班師。賀以勞役京都，又非禦邊長計，請募諸州鎮武健者三百人，復其徭賦，厚加振卹，分爲三部。二鎮之間築城，城置萬人，給彊弩十二牀，武衛三百乘。弩一牀給牛六頭，武衛一乘給牛二頭。多造馬槍及諸器械，使武略大將二人鎮撫之。冬則講武，春則種植。史言事寢不報。然觀第十二章第三節所引源懷傳，則北邊鎮戍，固未嘗不事種植也。魏世禁旅，以半月上番，半月教習，自無暇更事種植。然自周武帝以軍士爲侍官，募百姓充之，除其縣籍，見第十七章第三節。隋志言「是後夏人半爲兵矣」，而其制一變矣。新唐書兵志云：「禮之謂之侍官，言侍衞天子也。」蓋更其名以歆動夏人也。宇文泰所立府兵之制，通鑑繫梁簡文帝大寶元年，云：泰始籍民之才力者爲府兵，身租庸調，一切蠲之。以農隙講閱戰陳，馬畜糧糒，六家供之。合爲百府。每府一郎將主之。分爲二十四軍。文獻通考兵考則云：周大祖輔西魏時，用蘇綽言，始放周典置六軍，籍六等之民，擇魁健才力之士以爲之首，盡蠲租調，而刺史以農隙教之。合爲百府。又云：凡柱國六員，衆不滿五萬人。二書之說，蓋同本於唐李泌之鄴侯家傳。農隙教練，與北史半月上番半月教習之說不符，蓋誤以後來之制爲初制。近人陳寅恪隋唐制度淵源略論稿兵制。然云衆不滿五萬，則似係初創時事。其時西方貧困，必無力能養多兵。周武募夏人爲侍官，蓋正以如是則可徒蠲其租調，而不必別出兵費也。斯固物力所限，然其時異族之民，必更同化於漢族，欲募以爲兵，亦不可多得矣。此誠世局之一大轉捩也。

人：謂鮮卑人是汝作客，已見第十六章第六節。魏書劉潔傳：南州大水，百姓阻飢。潔奏曰：「郡國之民，雖不征討，服勤農桑，以供軍國，實經世之本，府庫所資。應加哀矜，以鴻覆育。」皆可見漢人雖或充兵，並不以爲勁旅。故韓陵之戰，高歡謂高昂純將漢兒，恐不濟事，欲以鮮卑參之也。見第一章。是役也，歡之所將，實爲葛榮餘黨，必不能盡是鮮卑，而薛孝通語賀拔岳，謂其以數千鮮卑破尒朱百萬之衆。見北史薛辯傳。蓋凡樂於戰鬬者，其人雖非鮮卑，亦必已漸染鮮卑之習矣。既染鮮卑之習，必不復知民族之義。北方累經喪亂，可乘之機甚多，而漢人卒不能崛起光復舊地，蓋以此也。自府兵之制興，而兵權乃漸移於漢人矣。府兵之制，起自宇文泰。以六柱國督十二大將軍，分掌禁旅，已見第十四章第五節。六軍之置，事在大統八年三月，見北史本紀。周書又云：十二大將軍各統開府二人，每一開府領一軍兵，是爲二十四軍。北史則云：每大將軍督二開府，凡爲二十四員，分團統領，是爲二十四軍。每一團儀同二人，自相督率，不編戶貫。都十二大將軍。十五日上，則門欄陛戟，警晝巡夜；十五日下，則教旗習戰。無他賦役。每兵惟辦弓刀一具，月簡閱之。甲槊戈弩，並資官給。案魏世軍人多幷家屬屯聚一處，稱之爲府。六鎮之兵，即見稱爲府戶，見第十二章第三節。魏書楊椿傳言：自大祖平中山，多置軍府，以相統攝。北史唐邕傳：邕奏河陽、懷州與周連境，請於河陽、懷州、永橋、義寧、烏籍各徙六州軍人幷家立軍府安置，以備機急之用。周書武帝紀：天和元年七月，築武功、郿、斜谷、武都、留谷、津阬諸城，以置軍人。五年三月，初令宿衛官住關外者，將家累入京，不樂者解宿衛。建德六年十二月，行幸幷州宮，移幷州軍人四萬戶於關中。皆足見當時軍人多幷家屯聚一處也。其軍人有專務教練者，亦有兼事耕屯者。北齊書唐邕傳：邕以軍民教習田獵，依令十二月月別三圍，人馬疲敝，奏請每月兩圍。世祖從之。此軍民與後來軍人二字同義，謂有兵籍屬軍府之人，非兼兵與出兵之鄉，其家有死於戎役者，使皆招魂復魄，祔祭先靈，復其年租調，身被傷痍者免其兵役」。朝廷從之。以是兵無鬭志，或轉恃民兵以爲固焉。民兵蓋本不在兵籍者，然當風塵澒洞之際，其用者頗多，而據地自專，反側於兩國之間者，亦此曹也。鄉兵之用，至東西魏分立而廣。周書蘇綽傳：弟椿，大統十四年，置當州鄉帥，自非鄉望允當衆心，不得與焉。乃令驛追椿領鄉兵。尋徵拜鴻臚卿，以望族兼領鄉兵，加帥都督。北史李彥傳：遷度部郎中。大統十二年，初選當州首望，統領鄉兵，除帥都督，此統領之類其人也。又魏玄傳：其先任城人也，後徙於新安，每率鄉兵，抗拒東魏。泉企傳：子仲遵，率鄉兵從楊忠討柳仲禮，皆鄉兵之與於戰守者。雖高昂兄弟，所用亦鄉兵也。見下。顏氏家訓誡兵篇曰：「頃世亂離，衣冠之士，雖無身手，或聚徒衆，違棄素業，徼幸戰功。」又云：「每見文士，頗讀兵書，微有經略。若承平之世，睥睨宮閫，幸災樂禍，首爲逆亂，詿誤善良。如在兵革之時，構扇反覆，縱衡說誘，不識存亡，强相扶戴。此皆陷身滅族之本也。」文士如此，武夫可知，衣冠之族且然，武斷鄉曲者更不必論矣。

北齊兵制，與後魏略同。唐邕傳言邕於九州軍士、四方勇募，彊弱多少，番代往還，莫不諳知。見第十四章第八節。九州軍士，蓋以軍戶爲之，四方勇募，則籍外之士也。孫騫傳言高祖大括燕、恆、雲、朔、顯、蔚、二夏州、高平、平涼之民，以爲軍士。逃隱者身及主人、三長、守令罪以大辟，沒入其家。所獲甚衆，騫之計也。此則比戶取之矣。東魏徙鄴之後，置京畿府，專典兵馬，齊文襄爲大都督。見周書王士良傳。高祖作相，丞相府外兵曹、騎兵曹分掌兵馬。及天保受禪，諸司監咸歸尚書，惟此二曹不廢，令唐邕、白建主治，謂之外兵省、騎兵省。其後邕、建位望轉隆，各爲省主，令中書舍人分判二省事。亦見北齊書邕傳。北齊號罪投於邊裔，以爲兵卒，見下節。

後周兵制，爲五胡亂華以來一大變。五胡用兵，率以其本族若他異族人爲主。高歡語鮮卑，謂漢人是汝奴，語漢後禁旅所出，亦仍以北方之民爲主也。禁兵間亦出征，并有從事戍守者，魏書和其奴傳：東平王道符反，詔其奴率殿中精甲萬騎討之。任城王澄言羽林、虎賁有事暫可赴戰，常戍宜遣番兵。然其末年，驕悍殊甚，致有賊殺張彝之事，而京城附近，形勢且甚岌岌，乃欲使四中郎將帶郡守以爲衛。亦見任城王澄傳。固知兵愈驕則愈不可用矣。

調發人民，除大舉時蓋甚罕。魏書世祖紀：真君六年八月，車駕幸陰山之北。詔發天下兵，三分取一，各當戒嚴，以須後命。高祖紀：大和二十二年，四月，發州郡兵二十萬人，限八月中旬集縣瓠。世宗紀：景明四年，六月，發冀、定、瀛、相、并、濟六州二萬人，馬千疋，增配壽春。正始三年，七月，發定、冀、瀛、相、并、肆六州十萬人以濟南軍。獻文六王傳：高祖將南討，遣廣陵王羽持節安撫六鎮，發其突騎，闕文。護伐齊，徵二十四軍及左右廂散隸，暨秦、隴、蜀之兵，諸蕃國之衆，凡二十萬，見第十四章第六節。此等徵發所及較廣，尚多故有兵籍者，不皆比戶之民也。征戍之士，更代本有定期，魏書高祖紀：大和二十年，十月，以州之民，十二夫調一吏，爲四年更卒，歲開番假，以供公私力役。周書武帝紀：保定元年，三月，改八丁兵爲十二丁兵，率歲一月役。事亦見隋書食貨志。胡三省通鑑注曰：「八丁兵者，凡境內民丁，分爲八番，遞上就役。十二丁兵者，分爲十二番，月上就役，周而復始。」魏書薛虎子傳：爲徐州。在州戍兵，每歲交代，必親勞送，喪者給其斂帛。北史房謨傳：轉徐州刺史。先是當州兵皆僚佐驅使，飢寒死病，動至千數。謨至，皆加檢勒，不令煩擾。以休假番代，洗沐督察，主司親自檢視。又使傭賃，令作衣服，終歲還家，無不溫飽，全濟甚多。傷夷亦許還本。魏書高祖紀：大和十九年，八月，詔從征被傷者，皆許還本。然役之每過其時，魏書皮豹子傳：爲仇池鎮將。興安二年，表曰：「臣所領之衆，本自不多，惟仰民兵，專恃防固。其統萬、安定二鎮之衆，從戎以來，經三四歲，長安之兵，役過期月，未有代期，衣糧俱盡，形顏枯悴，窘切戀家，逃亡不已。既臨寇難，不任攻戰。」甚有死於道路者。魏書裴駿傳：駿子宣，於世宗時上言曰：「自遷都已來，凡戰陣之處，及軍罷兵還之道，所有骸骼，無人覆藏者，請悉令州郡戍邏，檢行埋掩。并符二月，詔流徙之囚，皆勿決遣，登城之際，令其先鋒自效。周書宣帝紀：宣政元年，二月，滕王逌伐陳，免京師見徙，並令從軍。此皆用於征戰者也。用諸戍守者尤多。魏書高祖紀：延興四年，十二月，詔西征吐谷渾兵在句律城初叛軍者斬，次分配柔玄、武川二鎮。源賀傳：賀上書曰「自非大逆、赤手殺人之罪，其坐贓及盜與過誤之愆應入死者，皆可原命，謫守邊境。」高宗納之。六鎮戍兵，本皆高門子弟，其後非得罪當世者莫肯與之爲伍，即由戍兵中此等人多故也。見第十二章第三節。其遇之頗酷，欲免除甚難，逃亡之格又峻，終至激成六鎮之叛焉。魏書任城王澄傳：澄以流人初至遠鎮，衣食無資，多有死者，奏并其妻子給糧一歲，從之。是當時謫戍，率并其家屬徙之也。高祖紀：大和十二年，正月，詔曰：「鎮戍流徙之人，年滿七十，孤單窮獨，雖有妻妾，而無子孫，諸如此等，聽解名還本。」可見其獲免之難。崔挺傳云：時以犯罪配邊者，多有逃越，遂立重制，一人犯罪逋亡，合門充役。挺上書，辭甚雅切，高祖納之。郭祚傳：世宗詔以姦吏逃刑，縣配遠戍。若永避不出，兄弟代之。祚奏：「若以姦吏逃竄，徙其兄弟，罪人妻子，復應徙之，此則一人之罪，禍傾二室。愚謂罪人在逃，止徙妻子，走者之身，縣名永配，於眚不免，姦途自塞。」詔從之。此等皆可見其牽連之廣。李崇傳：定州流人解慶賓兄弟坐事俱徙揚州，弟思安背役亡歸。慶賓懼後役追責，規絕名貫，乃認城外死尸，詐稱其弟爲人所殺，迎歸殯葬。又誣疑同軍兵蘇顯甫、李蓋等所殺，經州訟之，幾成冤獄。其禍亦原於追逃之酷也。末造六鎮須改爲州，事極明白，然正光五年所免者，猶是元非犯配之人也。見第十二章第三節。召募之法，亦間行之。如孔太恆等領募騎一千，南討淮陽是。見魏書孔伯恭傳。末年亂事蠭起，賞募之格尤重。然賞格雖優，奉行不善，亦不能收其效也。見第十二章第三節引高謙之語。

宿衞之士多出朔方。魏書高祖紀：大和十九年，八月，詔選天下武勇之士十五萬人爲羽林、虎賁，以充宿衞，似不限其區域。然其明年十月，又詔以代遷之士皆爲羽林、虎賁矣。地形志言：恆、朔、雲、蔚、顯、廓、武、西夏、寧、靈十州，爲永安以客，倫兵死者千餘人。呂安國襲破杜叔寶餉劉順軍車，實爲勝負所由判。詳見第九章第四節。是役決勝，實由黃回。史稱其所領並淮南楚子，天下精兵。見宋書殷琰傳。劉牢之距苻堅之師，陳慶之送元顥之衆，其中此曹，蓋不少矣。然宋武之征南燕，公孫五樓策之曰：「吳兵輕果，初鋒勇銳不可當。」見晉書慕容超載記。伐秦之役，沈田子實奏青泥之烈，而史稱其所領江東勇士，便習短兵。宋書自序。則江東之士，亦未必遂弱，民風恆隨處境而轉移。當時江東以稼穡爲重，而江西則爲戰地，此其風氣之所以漸殊也。

士大夫之風氣，南方亦較北方爲弱，觀第十八章第二節所引顏氏家訓涉務篇可知。其雜藝篇又曰：「江南以常射爲兵射，冠冕儒生，多不習此。別有博射，弱弓長箭，施於準的，揖讓升降，以行禮焉。防禦寇難，了無所益。亂離之後，此術遂亡。河北人士，率曉兵射。」士大夫者民之率，將士大夫日趨文弱，無怪細民之稍益不振矣。顏氏之言則善矣，然而射不主皮，左射貍首，右射騶虞之意，則益微矣。可勝慨哉！

元魏丁男，亦有兵役。大宗永興五年正月，大閱畿內男子十二以上，悉集。高祖延興三年十月，大上皇帝親將南討，詔州郡之民，十丁取一是也。末造，常景病差丁不盡强壯，三長皆豪門多丁，求權發爲兵。孝靜帝興和元年六月，以司馬子如爲山東黜陟大使，尋爲東北道大行臺，差選勇士。奚思業爲河南大使，簡發勇士，蓋亦取諸人民。惟此等在平時亦罕用，尋常充補，率於軍戶取之。軍戶有以俘虜爲之者，如高聰徙入平城，與蔣少游爲雲中兵戶是也。或以雜戶充役，如崔挺傳言河東郡有鹽戶，掌供州郡爲兵是也。然要以罪讁者爲多，征戍皆有之。魏書高祖紀：大和二十一年，十而更充征役，復依舊名。普取出客，從來久遠，經涉年載。或死亡滅絕，或自贖得免，或見放遣，或父兄時事，身所不及。有所不得輒罪本主，百姓哀憤，怨聲盈路。」敦攻劉隗，自難免於過當；然庾翼欲北伐，並發所統六州（江、荊、司、雍、梁、益。）奴及車、牛、驢、馬，史亦云百姓嗟怨，則敦言亦不能盡誣。宋武帝永初元年八月，詔先因軍事所發奴僮，各還本主；若死亡及勳勞破免，亦依限還直。蓋奴婢亦爲財產之一，不宜使其主人蒙損過大，故有此舉。晉書隱逸傳：翟湯，庾翼大發僮客，勅有司：蠲湯所調。湯悉推僕使，委之鄉吏。吏奉旨一無所受。湯依所調限，放免其僕使，編戶爲百姓。則調發亦不能無優免也。梁書武帝紀：普通五年七月，賜北討義客位階。是梁世亦有奴客從軍者。帛氏奴之亂，劉道濟免道俗奴僮以充兵。晉書列女傳：蘇峻作亂，虞潭時守吳興，又假節征峻。潭母孫氏，盡發家僮，隨潭助戰。則危急之際，地方亦有用之者也。

當時風氣，稱習戰者必曰傖楚。子勛之叛，殷孝祖率二千人還朝，並傖楚壯士，人情大安；詳見第九章第四節。始安王遙光欲叛，召諸傖楚是也。見第十章第五節。吳人謂中州人曰傖，見第三章第九節。楚者，江西之地，皆楚之舊壤也。王融欲輔子良，招集江西傖楚，見第十章第二節。祖逖率親黨避地淮泗，後居京口，史言其賓客義徒皆暴桀勇士，詳見第四章第二節。郗鑒寢疾，疏言所統錯雜，率多北人；詳見第五章第四節。此皆其時之所謂傖。梁書陳伯之傳：幼有膂力，年十三四，好著獺皮冠，帶刺刀，候伺鄰里稻熟，輒偷刈之。嘗爲田主所見，呵之曰：「楚子莫動。」伯之因杖刀而進，將刺之，曰：「楚子定何如？」此則時人習稱剽悍者爲楚也。淮南勁悍，自昔著聞。淮南王允之攻趙王倫，史言其所將皆淮南奇材劍部曲之制，已見第十八章第四節。晉書范甯傳：甯上疏言：「方鎮去官，皆割精兵器仗，以爲送故。米布之屬，不可勝計，監司相容，初無彈糾。其中或有清白，亦復不見甄異。送兵多者至於千餘家，少者數十戶。既力入私門，復資官廩布。兵役既竭，枉服良人，牽引無端，以相充補。若是功勳之臣，則已享裂土之祚，豈應封外復置吏兵？送故之格，宜爲節制，以三年爲斷。」此等送故之兵，久假不歸，即成私家之部曲矣。廩布既資官給，何必聽屬私家？然而部曲之制，卒不能革者？陳書蔡徵傳言：後主遣徵收募兵士，自爲部曲。徵善撫卹，得物情，旬月之間，衆近一萬。徵之撫卹，或不必專施於部曲，然部曲既屬私家，其撫卹容有更周者。南史郭祖深傳：梁武帝以祖深爲南津校尉，使募部曲二千。所領皆精兵，令行禁止。有所討逐，越境追禽。江中嘗有賊，祖深自率討之，大破賊，威振遠近，長江肅清。或亦以其專屬於己，故簡擇者精也。陳書樊毅傳言：毅累葉將門。侯景之亂，率部曲隨叔父文皎援臺。文皎戰歿，毅將宗族子弟赴江陵。高祖受禪，毅與弟猛舉兵應王琳。琳敗，奔齊。侯瑱遣使招毅，毅乃率子弟部曲還朝。魯廣達傳言：時江表將帥，各領部曲，動以千數，而魯氏尤多。此等私家部曲，公家征戰，亦多用之，幾如遼人之有頭下軍州矣。范甯言送故多割器杖，則有部曲者即家有藏甲。宋書范曄傳所以言周靈甫有家兵部曲，孔熙先欲奉義康，乃與以錢六十萬，使於廣州合兵，其徵也。兵革藏於私家，非禮也，是謂脅君，此亦南北朝之世篡亂之所由不絕歟？

爲免擾累平民起見，時亦發奴客爲兵。東晉時事，亦見第十八章第四節。元帝所免僮客，以配劉隗、戴淵。又發投刺王官千人爲軍吏。見戴若思傳。王敦率衆內向，抗疏曰：「當陛下踐阼之初，投刺王官，本以非常之慶，使豫蒙榮分，濤時有疾，詔乘步輦從，因與盧欽論用兵之本，以爲不宜去州郡武備，其論甚精。帝稱之曰：「天下名言也。」而不能用。及永寧之後，屢有變難，寇賊猋起，郡國皆以無兵備不能制，天下遂以大亂，如濤言焉。濤之論今不可聞，然其時州郡握兵，實爲天下之亂源。劉昭論之最爲痛切，見續漢書百官志注。晉之患始於宗室諸王，而成於夷狄，當時州郡置兵，誠較王國爲少，然八王之亂，非以其國之兵起也。五胡亂後，州郡曷嘗無兵，果能戡亂定難歟？綜觀當時諸家議論，亦多以人民闕於訓練爲言，如何承天安邊論曰：「漢魏以來，蒐田非復先王之禮，治兵徒逞耳目之欲，有急之日，民不知戰，至乃廣延賞募，奉以厚秩，發遣弃救，天下騷然，方伯刺史，自無經略，惟望朝廷遣軍，此皆忘戰之害，不教之失也。」而非以無經制之兵爲患，濤傳所云，非篤論也。

召募之制，意在選取精勇。馬隆討樹機能，募要引弩三十六鈞、弓四鈞者，已見第二章第二節。元嘉二十七年之役，募天下弩手，不問所從，有馬步衆藝、武力之士應科者，皆加厚賞，見第八章第七節。宋書蒯恩傳：高祖征孫恩，縣差爲征民，充乙士，使負馬芻。恩常負大束，兼倍餘人，每捨芻於地，歎曰：「丈夫彎弓三石，奈何充馬士？」高祖聞之，即給兵仗。恩大喜，可見軍中武力之重矣。劉敬宣之伐蜀，國子博士周祇，書諫高祖，謂官所遣皆烏合召募之人，師果無功。宋書沈演之傳：子勃，泰始中欲北討，使還鄉里募人，勃多受貨賄，上怒，下詔數之曰：「自恃吳興土豪，比門義故，脅說士庶，告索無已，又輒聽義將委役還私，託注病叛，遂有數百，周旋門生，競受財貨，少者至萬，多者千金，考計臧物，二百餘萬。」則召募之弊亦甚大矣。晉書劉超傳：出爲義興大守，徵拜中書侍郎，會帝崩，穆后臨朝，遷射聲校尉。時軍校無兵，義興人多義隨超，因統其衆以宿衛，號爲君子營。此亦召募之類，設其終屬於超，即成私家之部曲矣。

廣，故所取者少。佛貍臨江，丹陽統內，盡戶發丁。胡三省曰：「凡人戶見丁，無論多少盡發之」此則危急時偶行之法也。率先貧弱，轉後殷彊，其流弊滋大，晉書慕容暐載記：其尚書左丞申紹上疏曰：「比赴敵後機，兵不速濟，皆由賦法靡恆，役之非道。郡縣守宰，每於差調之際，舍越殷彊，首先貧弱，行留俱窘，資贍無所。人懷嗟怨，遂致奔亡。」案宋書王弘傳：弘與八坐丞郎疏言：「主守偷五匹，常偷四十匹，並加大辟，議者咸以爲重，宜進主守偷十匹，常偷五十匹死，四十匹降以補兵。」左丞江奧議：「官及二千石，及失節士大夫，時有犯者，罪乃可戮，恐不可以補兵也。」謂此制可施小人，士人自還用舊律。梁書處士沈顗傳：天監四年，大舉北伐，訂民丁。吳興大守柳惲以顗從役。揚州別駕陸任以書責之。惲大慙，厚禮而遣之。則其時兵役，士人率遭優免，此亦舍越殷彊之一端也。慕容暐載記又云：悅綰言於暐曰：百姓多有隱附，宜悉罷軍封。暐納之，出戶二十餘萬。慕容評大不平，尋賊綰殺之。尤可見饒倖免役者之衆。且斯時之民，久闕訓練，發之無益於事，宋書武帝紀：隆安五年，孫恩向滬瀆，高祖棄城追之。海鹽令鮑陋遣子嗣之以吳兵一千，請爲前驅。高祖曰：「賊兵甚精，吳人不習戰，若前驅失利，必敗我軍，可在後爲聲援。」不從。果爲賊所敗。又自序：元凶弒逆，分江東爲會州，以隋王誕爲刺史。沈正說誕司馬顧琛，以江東義銳之衆爲天下唱始。琛曰：「江東忘戰日久，士不習兵，當須四方有義舉，然後應之。」皆江東之民，久闕訓練之證。齊書沈文季傳：唐寓之叛，富陽但發男丁防縣。文季時爲會稽大守，發吳、嘉興、海鹽、鹽官民丁救之，亦敗。齊武帝遣禁兵數千人，馬數百匹東討，賊衆烏合，一戰便散，禽斬寓之。王敬則之叛，百姓從之者十餘萬，胡松以馬軍突其後，即驚散，見十章第二節。皆民兵不可用之證。齊初虜動，高帝欲發王公已下無官者爲軍，褚淵諫：以爲無益實用，空致擾動，良有以也。然此等苟經訓練，亦可成精兵，伐秦之役，宋武遣上河北岸距魏兵者，爲白直隊主丁旿，事見第七章第七節。白直者，白丁之入直左右者也。亦可見兵之强弱，惟在訓練矣。而或致激變，如張昌之亂是矣。晉書山濤傳云：吳平之後，帝詔天下罷軍役，示海內大安。州郡悉去兵，大郡置武吏百人，小郡五十人。帝嘗講武於宣武場。

也。老稚亦不得免。晉書宣帝紀：帝平公孫淵，奏軍人年六十已上者罷遣千餘人；武帝紀：平吳後，詔諸士卒年六十已上，罷歸於家，此已爲甚晚。宋書自序載沈亮啓大祖，謂西府兵士，或見年八十而猶伏隸，或年始七歲而已從役，尤可見其使之之酷。晉明帝之討王敦，詔敦之將士單丁在軍，無有兼重者，皆遣歸家，終身不調，其餘皆與假三年，亦危急時曠典也。身死又須補代。劉卞兄爲太子長兵，死，兵例須代，功曹欲以卞代兄役，是也。見第四節。於是人民規免者多，乃有以亡命、謫戶或蠻夷充之者。逃叛死亡，追代或及親屬，甚者及於鄰伍，其虐與明代之句軍無異矣。晉書庾冰傳：冰隱實戶口，料出無名萬餘人，以充軍實，此以漏籍者爲兵也。毛璩傳：璩還淮南大守，尋補鎮北將軍譙王恬司馬。海陵縣界，地名青蒲，四面湖澤，皆是菰葑，逃亡所聚。璩建議率千人討之。時大旱，璩因放火，菰葑盡然，亡戶窘迫，悉出自首。近有萬戶，皆以補兵。此以逃亡者爲兵也。宋書沈攸之傳：慶之前後獲蠻，並移京邑，以爲營戶，此以夷隸爲兵也。晉書范甯傳：甯上疏言「官制謫兵，不相襲代。頃者小事，便以補役。一愆之違，辱及累世，親戚傍支，罹其禍毒。」宋書武帝紀：永初二年十月，詔曰：「兵制峻重，務在得宜。役身死叛，輒考傍親，流遷彌廣，未見其極。遂令冠帶之倫，淪陷非所。宜革以弘泰，去其密科。自今犯罪充兵，合舉戶從役者，便付營押領。其有戶統及謫止一身者，不得復侵濫服親，以相連染。」何承天傳：餘杭民薄道舉爲劫，制同籍期親補兵。其從弟代公、道生等並爲大功親，而法以其母存爲期親，子宜隨母補兵，皆可見其句補之酷。然據南史郭祖深傳，則當時追討，并有濫及鄰伍者，見第十七章第三節，又不限於親屬矣。徵發之法，多用三五，亦有更密於此者。三五取丁，釋見第五章第二節。此據通鑑晉成帝咸康八年注。然宋文帝元嘉二十七年注又云：「三丁發其一，五丁發其二。」不知果有此兩法邪？抑胡氏偶誤也？晉書石季龍載記，言其將討慕容皝，令司、冀、青、徐、幽、并、雍兼復之家，五丁取三，四丁取二，則前說似是。慕容儁載記：儁圖入寇，兼欲經略關西，乃令州郡校閱見丁，精覆隱漏，率戶留一丁，餘悉發之。封邑劉貴上書極諫，乃改爲三五占兵。則三五取丁、殆爲當時通制。苻堅入寇，諸州之民，十一遣一，蓋以所發者惟受穀帛之輸，」則魏初似無商稅。肅宗時，稅市人出入者各一錢，店舍爲五等，已見第十二章第二節。前廢帝卽位，市稅與鹽稅並除，已見前。齊末，顏之推奏請立關市、邸店之稅。開府鄧長顒贊成之。後主大悅，以其所入，供御府聲色之費，軍國之用不豫焉。未幾而亡。見隋書食貨志。周閔帝元年，初除市門稅。宣帝卽位，復興入市之稅，亦見志及周書本紀。宣帝稅入市者人一錢。靜帝立，罷入市稅錢，見紀。

第六節　兵制

晉、南北朝，爲中國兵力衰微之世，其所由然，蓋以取之、教之者，皆不得其宜也。民兵之制，雖自東漢來已廢，然調發之制仍存。故晉書段灼傳：灼言晉人可差簡丁彊，如法調取，羌、胡非恩意告諭不可。然調發人民時甚少。自三國至南北朝，皆別有所謂軍戶者，已見第十七章第三節矣。軍戶放免，其事甚難，宋書孝武帝紀：大明二年，正月，詔先帝龍飛荊楚，奉迎文武，吏身可賜爵一級，軍戶免爲平民，此乃特典。帛氏奴之亂，劉道濟免吳兵三十六營爲平民；竟陵王誕之叛，孝武帝使垣閬襲之，誕焚兵籍，使壯士卒之出擊：亦危迫之際，非常之措施也。而其困辱殊甚。晉書趙至傳：緱氏令初到官，至年十三，與母同觀。母曰：「汝先世本非微賤，世亂流離，遂爲士伍耳。爾後能如此不？」至感母言，詣師受業。蓋軍戶之困辱久矣。服役率取長上。長上之名，不始唐代。通鑑：晉安帝隆安二年，慕容寶長上段速骨，宋赤眉等作亂。注云：「凡衛兵皆更番迭上，長上者，不番代也。唐官制，懷化執戟長上，歸德執戟長上，皆武散階長上之官尚矣。」案宋書張茂度傳：子永，以世祖孝建二年入爲尚書左丞。時將士休假，年開三番，紛紜道路。永建議：交代之限，以一年爲制，則番代之期，有甚短者。遞行者蓋漸少懿今啓，亦當不殊。若事不副旨，懈詒遣詰，便百方侵苦，爲公貲怨。元懿秉性苛刻，已彰往效，任以物土，譬以狼將羊。其所欲舉腹心，亦當虎而冠耳。」參看第二十一章第四節。梁書武帝紀：天監十五年，正月，詔關市之賦，或有未允，外時參量，優減定格。大同十一年，三月，詔四方所立市、埭、桁、渡、津稅，有不便於民者，尚書、州郡，各速條上。其時陸驗、徐驎，遞爲少府丞、大市令，並以苛刻爲務，已見第十二章第五節。陳書宣帝紀：大建四年，閏月，詔姑熟自梁末兵災，彫殘略盡，自今有罷任之徒，許分留部下。其已在江外，亦令迎還。悉住南州津裏，安置有無交貿，不責市估。十一年，詔有「旗亭關市，稅斂繁多，不廣都內之錢，非供水衡之費，逼遏商賈，營謀私蓄」之語。南史陳本紀，謂後主稅江、稅市，徵取百端。其用沈客卿、陽慧朗，已見第十五章第二節。此皆關市政令，發自中樞，散見紀傳者也。亦有由地方爲之者：晉書甘卓傳言：卓遷梁州刺史，估稅悉除。又儒林杜夷傳言：刺史劉陶，告廬江郡，常以市租，供給其家人糧廩。齊書豫章王嶷傳：徙荆州刺史，以市稅重濫，更定樢格，以稅還民。侯景據壽春，停責市估，已見前。景後抗表有云：「關市征稅，咸悉停原，壽陽之民，頗懷優復」焉。梁書陸法和傳：刺郢州，列肆之內，不立市丞，但以空檻籥在道間，上開一孔以受錢。賈客店人，隨貨多少，計其估限，自委檻中。行掌之司，夕方開取。條其孔目，輸之於庫。此等與奪、增減，及其支用，悉由地方主之。可見當時關市之征，中樞所取，實有限也。

北方諸國：張重華嘗除關稅，見晉書載記。姚興增關津之稅，已見第十九章第三節。魏書沮渠蒙遜傳：世祖詔公卿爲書讓牧犍，有「切稅商胡，以斷行旅」之語。甄琛傳：琛論鹽池表有云：「今僞弊相承，仍崇關廛之稅，大魏恢博，貧無食，惟有一老牛，其兒子賣之，擬供薪米，券契已訖。市法應知牛主住在所。信適從外來，見買牛人，方知其賣也。因告之曰：「此牛先來有病，小用便發，君不須也。一杖其兒子二十。觀此二事，知當時貨賣，多有文券也。歷宋、齊、梁、陳如此，此後世之契稅也。又云：都西有石頭津，東有方山津，各置津主一人，賊曹一人，直水五人，以檢察禁物及亡叛者。其荻、炭、魚、薪之類過津者，並十分稅一以入官。其東路無禁，故方山津檢察甚簡。此後世之過稅也。又云：淮水北有大市百餘，小市十餘所。大市備置官司，稅斂既重，時甚苦之。此後世之住稅也。晉書孝武帝紀：寧康元年，三月，詔除丹陽竹格等四桁稅。宋書武帝紀：永初元年，以市稅繁苦，優量減降。文帝紀：元嘉十七年，十一月，詔州郡估稅，所在市調，多有煩刻，自今咸依法令，務盡優允。孝武帝紀：大明八年，正月，詔東境去歲不稔，宜廣商貨，遠近販粥米者，可停道中雜稅。又前廢帝紀：是年，六月，詔有「關市僦稅，事施一時，而姦吏舞文，妄興威福」之語。齊書鬱林王紀：即位後，詔關市征賦，務從優減。明帝紀：建武元年，十月，詔商旅稅石頭、後渚，及夫鹵借倩，一皆停息。竟陵王子良傳：啓論司市之職，謂「前人增估求俠，後人加稅請代。」參看第二十章第三節。顧憲之傳：永明六年，行會稽郡事。時西陵戍主杜元懿啓「吳興無秋，會稽豐登，商旅往來，倍多常歲。西陵牛埭稅，官格日三千五百。元懿如即所見，日可一倍。盈縮相兼，略記年長百萬。浦陽南北津及柳浦四埭，乞為官領攝，一年格外長四百許萬。西陵戍前檢稅，無妨戍事。餘三埭自舉腹心。」世祖敕示會稽郡：「此詎是事宜？可訪察即啓。」憲之議曰：「吳興頻歲失稔，今茲尤饉。去乏從豐，良田饑棘。或徵貨貿粒，還拯親累，或提攜老弱，陳力餬口。埭司責稅，依格弗降。舊格新減，尚未議登，格外加倍，將以何術？比見加格置市者，前後相屬，非惟新加無贏，並皆舊格猶闕。愚恐元朝廷從之，則遷鄴後四州官煮之外，他處仍有鹽稅也。周有掌鹽，掌四鹽之政令。一曰散鹽，煮海以成之。二曰盬鹽，引池以化之。三曰形鹽，物地以取之。四曰飴鹽，於戎以取之。凡盬鹽、形鹽，每地為之禁，百姓取之，皆稅焉。見隋書食貨志。

北朝冶鑄，亦以作兵為急。魏書大祖紀：天賜元年五月，置山東諸冶，發州郡徒謫造兵甲。周書薛善傳：西魏於夏陽諸山置鐵冶，令善為冶監，月役八千人，營造軍器，皆其事也。供民用者，亦間有之。如魏書崔挺傳，言其為光州刺史，州內少鐵，器用皆求之他境，挺表復鐵官，公私有賴是已。冶鑄之業，蓋以民營為多，故食貨志言鑄鐵為農器兵刃，在所有之；見第二十章第二節。咸陽王禧亡，言其田業鹽鐵，徧於遠近；見第十二章第一節。而長白山亦為豪右鼓鑄之地也。見第二十章第四節。礦利，已見第二十章第一節。肅宗紀：神龜元年，閏月，開恆州銀山之禁，與民共之，則亦有弛禁之時。

酒稅，除禁釀外，大都有之。參看第二十一章第一節。東昏時，都下酒酤，皆折輸金。見第十章第六節。陳時虞荔、孔奐請立榷酤。見前。北齊文宣帝天保八年八月，制榷酤。見北史本紀。北齊書不載。後主立酒禁，亦見前。宋書文九王傳：世祖普責百官讜言，建平王宏上書，稱其弛榷酤，則似曾一時無稅。

關市之征，歷代皆有。晉書武帝紀：受禪後，復天下租賦及關市之稅一年，可見魏時征稅，徧於全境，晉亦因之。渡江已後，隋書食貨志云：凡貨賣奴婢、馬牛、田宅，有文券，率錢一萬，輸估四百入官，賣者三百，買者一百。無文券者，隨物所堪，亦百分收四，名為散估。晉書王濬傳：濬上書自理云：「臣將軍素嚴，兵人不得妄離部陳，閒在秣陵諸軍凡二十萬，衆臣軍先至，為土地之主。百姓之心，皆歸仰臣，臣切勑所領，秋豪不犯。諸有市易，皆有伍任證左，明從券契。有違犯者，凡斬十三人，皆吳人所知也。」北史孟信傳：信去官居歲合收鹽二十萬九千七百二斛四升。軍國所資，得以周贍矣。據本紀，高祖大和二十年，十二月，嘗開鹽池之禁，與民共之。世宗景明四年，七月，詔還收鹽池利以入公。至正始三年四月，又詔罷鹽池之禁。此事由甄琛之奏，具見琛傳；其時尚書執奏之辭，亦謂「典司多怠，出入之間，事不如法，遂令細民怨嗟，商賈輕議，」則置監亦未必無弊也。長孫道生傳：會孫稚，蕭寶夤反，爲行臺討之。時薛鳳賢反於正平，薛脩義屯聚河東，分據鹽池，攻圍蒲坂。東西連結，以應寶夤。稚乃據河東。時有詔廢鹽池稅。稚表言：「今四境多虞，府藏罄竭。冀、定二州，且亡且亂，常調之絹，不復可收。略論鹽稅，一年之中，準絹而言，猶不應減三十萬匹。便是移冀、定二州，置於畿甸。今若廢之，事同再失。臣前仰違嚴旨，不先討關賊而解河東者，非是閑長安而急蒲阪，蒲阪一陷，沒失鹽池，三軍口命，濟贍理絕。天助大魏，茲計不爽。臣輒符司監、將尉，還率所部，依常收稅；更聽後勅。」觀此，知河東鹽利之厚。周書寇儁傳云：孝昌中，朝議以國用不足，乃置鹽池都將，秩比上郡，前後居職者，多有侵漁，乃以儁爲之。是其時於此，資賴正深，而忽有廢之之詔。雖爲長孫稚所格，至前廢帝卽位，仍詔稅市、稅鹽，可悉廢之，可見稅弊之深矣。柳崇傳言：高祖時，河東、河北爭境。其間有鹽池之饒，虞阪之便，守宰及民皆恐外割，公私朋競，紛囂臺府，可見官吏豪强，同以爲利。辛慶之傳：大祖東討，爲行臺左丞。時初復河東，以本官兼鹽池都將。大統四年，魏攻正平郡，陷之，遂欲經略鹽池，慶之守禦有備，乃引軍退。河橋之役，大軍不利，河北守令棄城走，慶之獨因鹽池，抗拒彊敵，時論稱其仁勇。守令棄城，而監將猶能守土，豈亦以其利入厚，故能用其衆歟？北史崔昂傳：右僕射崔暹奏請海、沂煑鹽，有利軍國。文襄以問昂。昂曰：「官煑須斷人竈。官力雖多，不及人廣。請準關市，薄爲竈稅。私館官給，彼此有宜。」

置。王弘傳：弘建屯田之議曰：「伏見南局諸冶，募吏數百。雖資以廪贍，收入甚微。愚謂若回以配農，必功利百倍矣。然軍器所須，不可都廢。今欲留銅官大冶及都邑小冶各一所。重其功課，一準揚州。州之求取，亦當無乏。餘者能之，以充東作之要。」弘建此議，在其爲晉會稽王道子驃騎參軍主簿時，可見江左冶政，專攻兵器，罕資民用，此其獲利所以甚微。宋世劉道濟刺益州，立冶斷私民鼓鑄，而貴賣鐵器，事見第八章第七節。又可見民用本不資官也。陳書世祖紀：天嘉二年，十二月，大子中庶子虞荔、御史中丞孔奐以國用不足，奏立煑海鹽賦及榷酤之科。詔並施行。南朝言鹽利者，亦惟此而已。

北方僭僞諸國：慕容德嘗立冶於商山，置鹽官於烏常澤，事見晉書載記。拓跋氏於鹽利頗詳。魏書食貨志云：河東郡有鹽池，舊立官司，以收稅利。是時能之，而民有富彊者，專擅其用，貧弱者不得資益。延興末，復立監司，量其貴賤，節其賦入。於是公私兼利。世宗卽位，政存寬簡，復能其禁，與百姓共之。其國用所資，别爲條制，取足而已。自後豪貴之家，復乘勢占奪；近池之民，又輒鄣吝；彊弱相陵，聞於遠近。神龜初，大師高陽王雍、大傅清河王懌等奏：「先朝置司，公私兩宜，儲益不少。後中尉甄琛，啓求罷禁。被敕付議。尙書執奏，稱琛啓坐談則理高，行之則事闕，請依常禁爲允。詔依琛計。乃爲繞池之民尉保光等，擅自固護，語其鄣禁，倍於官司，取與自由，貴賤任口。若無大宥，罪合推斷。請依先朝之詔，禁之爲便。」於是復置監官，以監檢焉。其後更能更立，以至於永熙。自遷鄴後，於滄、瀛、幽、青四州之境，傍海煑鹽。滄州置竈一千四百八十四，瀛州置竈四百五十二，幽州置竈一百八十，青州置竈五百四十六。又於邯鄲置竈四。計終爲利者邪？

鄣錮山澤，惡其奪民利而已，棄田以爲園囿，其弊亦與之同，故晉法明列其不爲厲國焉。見第十九章第三節。然其事亦卒不能免。北朝尤甚，以其君好田獵也。魏書古弼傳云：上谷民上書言苑囿過度，民無田業，乞減大半，以賜貧人，可見其占地之廣。高祖紀：延興三年，詔關外苑囿，聽民樵采。大和十一年，又罷山北苑，以其地賜貧民。司馬楚之傳：子躍，爲雲中鎮將，朔州刺史，表罷河西苑封，與民墾殖。有司執奏：「此麋鹿所聚，大官取給，今若與民，至於奉獻時禽，懼有所闕。」詔曰：「此地若任稼穡，雖有獸利，事須廢封。若是山澗，虞禁何損？尋先朝置此，豈苟藉斯禽？亮亦以俟軍行薪蒸之用。其吏論之。」躍固請宜以與民，高祖從之。此可見苑囿之立，實妨田業，又不徒鄣錮山澤而已。又魏於內地置牧場，占地甚廣，見第二十章第一節。世宗正始元年，延昌二年，皆嘗以其地賜代遷之民，可謂封豕長蛇，荐食上國已。

冶鑄之利，作兵爲亟，民用後焉。晉書宣帝紀：大和四年，與京兆、天水、南安監冶。刑法志云：「魏武帝時，定甲子科，犯鈦左右趾者，易以木械。是時乏鐵，故易以木焉。」蓋斯時之鐵，多以作兵，故乏於他用也。宋書百官志：衛尉一人，丞二人。晉江右掌冶鑄，領冶令三十九，戶五千三百五十。冶皆在江北，而江南惟有梅根及冶塘二冶，皆屬揚州，不屬衛尉。衛尉，江左不置。宋世祖孝建元年復置。又云：東冶令一人，丞一人。南冶令一人，丞一人。漢有鐵官，晉置令，掌工徒鼓鑄，隸衛尉。江左已來，省衛尉，度隸少府。宋世雖置衛尉，冶隸少府如故。江南諸郡縣有者，或置冶令，或置丞，多是吳所或以之代役，或出臨時調斂，後遂相沿不廢也。

地方公共之事，人民往往能自立法而自治之，然亦往往爲官府所破壞。會稽士庶，皆保塘役，而王敬則悉評斂爲錢，送臺；東昏侯下揚、南徐二州橋桁塘埭丁，計功爲直，斂取見錢；皆見第十九章第一節。其事矣。晉書劉頌傳：除淮南相。舊修芍陂，年用數萬人。豪強兼并，孤貧失業。頌使大小戮力，計功受分，百姓歌其平。此等良吏，蓋不可多得矣。

後周之法：司役掌力役之政令。凡人自十八以至五十有九，皆任於役。豐年不過三旬，中年二旬，下年一旬。凡起徒役，無過家一人。八十者一子不從役，百年者家不從役，廢疾非人不養者一人不從役。若凶札，則無力征。見隋書食貨志。其立法可謂甚平，然其行之如何，則不可知也。

山澤之利，兩晉及宋、齊、梁、陳，多爲官吏貴豪所固護，已見第十九章第三節。此等皆非法之所許，然亦有不然者。梁書蕭穎達傳：御史中丞任昉奏曰：「風聞穎達啓乞魚稅，輒攝穎達宅督彭難當到臺辨問。列稱尋生魚典稅，先本是鄧僧琰啓乞，限訖今年五月十四日。主人穎達，於時謂非新立，仍啓乞接代僧琰。即蒙降許。登稅與史法論，一年收直五十萬。」雖實爲私奉養，而必啓乞待許，即不敢官收其稅矣。北朝情形，與南朝略同。魏顯祖皇興四年，高祖大和六年，周靜帝大象二年，皆嘗弛山澤之禁。即北齊亦僅後主武平六年，稅關市、舟車、山澤、鹽鐵、店肆，開酒禁而已。然魏書酷吏傳：崔暹坐障吝陂葦，爲王顯所彈；閹官傳言：劉騰於山澤之饒，所在固護；則其利爲私家所擅者亦多。北齊書盧潛傳，言其爲揚州行臺時，高元海執政，斷漁獵，人家無以自資，政令豈能眞行？民家無以自資，豪勢保無轉因之以評百姓家貲。至超但作大函，村別付之，使各自書家產投函中，訖送還縣。百姓依實投上，課輸所出，有餘常年。此卽宋世之手實法也。魏書世祖紀：延和三年二月，詔令州、郡、縣隱括貧富，以爲三級。其富者租賦如常，中者復二年，下窮者復三年。大延元年十二月，詔「州、郡、縣不得妄遣吏卒，煩擾民庶。若有發調，縣宰集鄉邑三老，計貲定課，裒多益寡，九品混通，不得縱富督貧，避彊侵弱。」蓋始分爲三級，繼又曲分爲九。隋書食貨志言：齊文襄始立九等之戶，富者稅其錢，貧者役其力，實則九等定戶，乃魏世之成法，文襄所創者，或稅役之別耳。貲與力之相貿，蓋事勢不得不然。齊永元後，遠郡之役，悉令上米准行，已見第十章第六節。史以是爲東昏秕政，然宋書順帝紀：昇明三年正月，齊王表諸負官物質役者悉原除，所謂質役，蓋負物不能償，而出力以爲代，事與上米准行相反，理則一也。顧憲之言：山陰有貲者，多是士人復除。參看第十九章第一節。此等人本未必能出力，稅其錢，實開明世別銀差於力差之先聲，亦得宋王安石令無役者出助役錢之意。宋書周朗傳：朗言「取稅之法，宜計人爲輸，不應以貲，云何使富者不盡，貧者不蠲？」蓋病戶等平定之不實。朗又云「桑長一尺，圍以爲價，田進一畝，度以爲錢，屋不得瓦，皆責貲實。民以此樹不敢種，土畏妄墾，棟焚榱露，不敢加泥。」齊竟陵王子良言：「三吳守宰，務在裒克，圍桑品屋，以准貲課，致令斬樹發瓦，以充重賦，破民財產，要利一時。」其弊亦與後世無異矣。戶調法行之後，本已無所謂丁稅，然齊書豫章王嶷傳言其爲荊、湘時，以穀過賤，聽民以米當口錢。王敬則傳載竟陵王子良啓云：「建元初，狡虜游魂，軍用殷廣，浙東五郡，丁稅一千。」梁書良吏傳云：高祖元年，始去人貲，計丁爲布；陳書宣帝紀：大建九年五月，原五年訖七年逋貲絹，蓋亦計貲爲絹。一似又有丁稅者；蓋亦凡士姓皆蠲役，已見第十七章第三節第十八章第一節。晉書石季龍載記：鎭遠王擢表雍、秦二州望族，自東徙已來，逐在戍役之例。旣衣冠華冑，宜蒙優免，從之。自是皇甫、胡、梁、韋、杜、牛、辛等十有七姓，蠲其兵貫。苻堅載記：復魏晉士籍，使役有常，則雖五胡，亦能守玆成法也。宋孝武帝壞諸郡士族，以充將吏，並不服役，至悉逃亡。加以嚴制不能禁。乃改用軍法，得便斬之。莫不奔竄山湖，聚爲盜賊。宋書沈懷文傳。梁鄱陽王恢之子泰，爲譙州刺史，徧發人丁，使擔要輿、扇、繖等物，不限士庶。恥爲之者，重加杖責，多輸財者，卽放免之。人皆思亂。及侯景至，人無戰心，乃先覆敗。南史本傳。其爲禍之烈如此。隸屬於人者亦無役，如佃客、衣食客是也。見第十八章第四節。張方決千金堨，水碓皆涸，乃發王公奴婢手舂給兵廩。詳見第三章第三節。時又發奴助兵。成帝咸和六年正月，以運漕不繼，發王公已下千餘丁，各運米六斛。穆帝升平三年三月，詔以比年出軍，糧運不繼，王公已下十三戶借一人一年助運。此皆罕有之事。刁協傳言：「以奴爲兵，取將吏客使轉運，皆協所建也，衆庶怨望之。」可見積習之不易破矣。參看第十八章第四節。南史齊東昏侯紀言：諸郡役人，多依人士爲附隸，謂之屬名。見第十章第六節。亦有所不得已也。出家及疾病者，於法亦免，故范甯言人或殘形翦髮，要求復除。東昏侯紀亦謂東境役苦，百姓多注籍詐病焉。

賦與役皆當視貲產之厚薄，以爲重輕。蘇綽六條詔書曰：「租稅之時，雖有大式，至於斟酌貧富，差次先後，皆事起於正長，而繫之於守令。若斟酌得所，則政和而民悅；若檢理無方，則吏姦而民怨。又差發徭役，多不存意，致令貧弱者或重徭而遠戍，富彊者或輕使而近防。守令用懷如此，不存恤民之心，皆王政之罪人也。」故平定物力之事，由之而起。晉書劉超傳：超補句容令。常年賦稅，主者常自四出，詰見第三節。其出臨時措置者：或以丁多，如晉武帝咸寧元年二月，以將士應已娶者多，家有五女者給復是也。大康元年，十月，除五女復。或以產乳及新昏，如齊明帝建武四年正月，詔民產子，蠲其父母調役一年，又賜米十斛，新昏者蠲夫役一年是也。或以劫後移徙，如晉武帝大康元年，孫氏大將戰亡之家徙於壽陽，將吏渡江復十年，百姓及百工復二十年是也。或以劫後撫綏，如陳宣帝大建十一年，三月，詔淮北義人，率戶口歸國者，建其本屬舊名，置立郡縣，即隸近州，賦給田宅，喚訂一無所豫是也。或以舊恩，如晉元帝大興三年，七年，詔琅邪國人在此者近有千戶，今立為懷德縣，統丹陽郡。昔漢高祖以沛為湯沐邑；光武亦復南頓，優復之科，一依漢氏故事是也。或以行義，如宋書孝義傳：嚴世期復身徭役，張進之詔在所蠲其徭役是也。或以舊勞，如陳大極殿成，匠各給復，見上。世祖天嘉元年二月，以討王琳，舟艦輸積，權倩民丁，蠲復丁身夫妻三年，於役不幸者，復其妻子是也。魏書高祖紀：大和十一年，五月，詔復七廟子孫及外戚緦服以上，賦役無所與，三長復征戍，餘若民，見第十九章第三節。孝感傳：閻元明復租調兵役，令終母年，此則所謂賦役無所與者也。文明后傳：后制內屬五廟之孫，外戚六親緦麻，皆受復除，當即大和十一年事。此宗戚之特恩也。恩幸傳：王叡與東陽王丕同入八議，永受復除，此為臣下之異典。世祖紀：神麍四年，自破赫連定還，戰士賜復十年，此所以優戰士。高宗紀：和平二年三月，詔民年八十已上，一子不從政。高祖紀：延興三年十一月，詔河南七州年八十已上，一子不從政。承明元年十月，詔七十已上一子不從政。大和四年七月，詔會京師耆老，賜錦采、衣服、几杖、稻米、蜜麵，復家人不徭役。此則所以優老也。三長之制，民年八十已上，聽一子不從役，見第十九章第三節。前廢帝紀：僭位後，詔百雜之戶貸賜民名，官任仍舊。此則口惠而實不至矣。

之以世也，則遂變爲雜役。王羲之與謝安書曰：「百工醫寺，死亡絕後，家戶空盡，差代無所，上命不絕，事起或十年十五年，彈舉獲罪無懈息，而無益實事，何以堪之？謂自今諸死罪原輕者及五歲刑，可以充此。其減死者可長充兵役，五歲者可充雜工醫寺，皆令移其家以實都邑。都邑既實，是政之本，又可絕其亡叛。不移其家，逃亡之患，復如初耳。今除罪而充雜役，盡移其家，小人愚迷，或以爲重於殺戮，可以絕姦。此又可見當時雜役之重。刑名雖輕，懲肅實重，豈非適時之宜邪？」百工醫寺而可以五歲刑者充之，其徒爲雜役審矣。然有待專技之事，究非夫人所能爲也，乃又別召民爲之。如南史齊本紀言：東昏侯大起諸殿，繫役工匠。陳書高祖紀：永定二年十月，大極殿成，匠各給復。宋書劉敬宣傳，言守宣城者多調發工巧，造作器物。梁書賀琛傳：琛啓陳事條，高祖大怒，召主書於前，口授敕責之，有曰：「凡所營造，不關材官，及以國匠，皆資雇借，以成其事。」陳書宣帝紀：大建二年八月，詔巧手於役死亡，不勞訂補。魏書高祖紀：延興二年四月，詔工商雜技，盡聽赴農。任城王澄傳：澄奏利國濟民所宜振舉者十條，六曰逃亡代輸，去來年久者，若非伎作，任聽即住，皆有專技之民，見役於官之事也。

王羲之欲以死罪原輕者充兵役，五歲刑充雜工醫寺，蓋謂永充大役。亦有事出一時者，齊武帝欲修白下城，難於動役，劉係宗啓謫役東人隨唐寓之作亂者，從之，其事也。

復除之事，有爲經制者，如魏鄰長復一夫，里長二，黨長三是也。見第十九章第三節。此制百二十五家之內，凡復三十八人。其後元孝友言：令制百家爲黨族，二十家爲閭，五家爲比鄰，百家之內，有帥二十五，徵發皆免，則其制已小異。

興築之事，亦爲勞民之一大端。高齊之築長城，事見第二十一章第四節。北齊書趙郡王叡傳云：先是役徒罷作，任其自返。丁壯之輩，各自先歸；羸弱之徒，棄在山北，加以饑病，多致僵殞。叡於是親率所部，與之俱還，配合州鄉，部分營伍，督率監領，强弱相持。遇善水草，卽爲停頓。分有餘，贍不足，賴以全者十三四焉。肯留意撫綏者，不過十全三四，況視之如草芥者乎？韋孝寬於汾州、離石間置城，事見第十六章第六節。是役也，徵徒至十萬，可見營建勞民之甚矣。

補吏亦爲民所深苦。宋武帝平江陵，下書：「荆、雍二州西局蠻府吏及軍人年十二以還，六十以上，及撫養孤幼，單丁大艱，悉仰遣之。窮獨不能存者，給其長振。府州久勤將吏，依勞銓序。」南史張纘傳：爲湘州刺史，解放老疾吏役，及關市戍邏先所防人，一皆省并。此兩事，可見與於役者，老稚、疾病、窮獨，皆不得免焉。梁書良吏傳：沈瑀爲餘姚令。縣南有豪族數百家，百姓甚患之。瑀召其老者爲石頭倉監，少者補縣僮，皆號泣道路。自是權右屏跡。此可見爲吏之困辱，故法令於其召補，每加制限。如宋武帝平江陵，命州郡縣吏，皆依尙書定制實戶置是也。孝武帝紀：元嘉三十年八月，武皇帝舊役軍身，嘗在齋內，人身猶存者，普賜解戶。梁書安成王秀傳：爲郢州，主者或求召吏。秀曰：「此州彫殘，不可擾。」此等皆見稱爲寬政。謝方明傳：轉會稽大守。前後征伐，每兵運不充，悉倩發士庶。事既寧息，皆使還本，而屬所割害，或卽以補吏，守宰不明，與奪乖舛，人事不至，必被抑塞。方明簡汰精當，各愼所宜，雖服役十載，亦一朝從理，東土至今稱詠之。此又可見補吏之事，其中弊竇孔多也。

事有必待專技，然後能爲之者，古人以此設工官。後世乃亦召民爲之。逮其身亡而役不免，而其業又未必能守所能禁。梁書武帝紀：大同七年十二月詔謂「或供廚帳，或供廐庫，或遣使命，或待賓客，皆無自費，取給於民。」其侵漁可謂甚矣。河北郡有漁獵夫三十人以供郡守，又有丁三十人供郡守役使，見周書裴政傳。魏書安同傳：大宗詔與肥如侯賀護持節循察幷、定二州，糾舉守宰不法。同至幷州，表刺史擅用御府鍼工，請案律治罪，善矣，然其東出井陘至鉅鹿，乃發衆四戶一人，欲治大嶺山，通天門關，又築塢於宋子。大宗以同擅徵發於外，檻車徵還，召羣官議其罪，皆曰：「同擅興事役，勞擾百姓，宜應窮治，以肅來犯。」而大宗仍以同雖專命，本在爲公，意無不善，釋之，則又何也？世祖將北征，發民驢以轉運，使公孫軌詣雍州，軌令驢主皆加絹一匹，乃與受之。魏書公孫表傳。軌表第二子。亦不過坐徵還而已。

役之事，征戍爲大，而漕轉次之。古人于役，最苦其遠，說見秦漢史第十八章第五節。晉、南北朝，亦未免斯弊。晉書劉頌傳：頌上疏言：「昔魏武帝分離天下，使人役居戶，各在一方，既事勢所須，且意有曲爲權假一時，以赴所務，非正典也。然逡巡至今，積年未改。吳平之日，天下懷靜，而東南二方，六州郡兵，將士、武吏，戍守江表，或給京城運漕，父南子北，室家分離，咸更不寧，又不習水土，運役勤瘁，咸有死亡之患。」欲使「受百役者不出其國，兵備待事其鄉，更不能則靜三分之二，吏役不出千里之外。」參看第二章第一節。此誠當時靖民之急務也。王羲之遺謝安書，論軍興以來征役及充運之弊，已見第十七章第三節。魏書食貨志言轉運中州，以實邊鎮之弊，見第二十一章第六節。又楊椿傳：除定州刺史。州有宗子稻田，屯兵八百戶，年常發夫三千，草三百車，修補畦堰。椿以屯兵惟輸此田課，更無徭役，及至閑月，即應修治，不容復勞百姓，表罷之。有屯兵而轉致勞民，尤見征戍之貽毒也。

三丁取二，五丁取三。南史孝義傳：孫棘謂宋大明五年發三五丁；郭祖深傳：祖深上封事，謂自「梁興以來，發人征役，號爲三五」是也。康絢傳：魏降人王足陳計，求堰淮水以灌壽陽，發徐、揚人，率二十戶取五丁以築之。其取之之法，較三五少寬，蓋以其役實重難故也。齊書周顒傳：顒言：「山陰邦治，事倍餘城，然略聞諸縣，亦處處皆躓，惟上虞以百戶一滂，大爲優足，」則各地方之役法，亦有善惡之不同。然能善者蓋甚鮮。酷者乃至役及女丁。宋書元凶劭傳：劭拒義軍時，男丁既盡，召婦女親役，猶曰非常時事也。梁書武帝紀：大同七年十一月，詔停在所役使女丁；安成王秀傳：郢州當塗爲劇地，至以婦人供役，則幷習爲恆事矣。

有恆役，有雜役。魏書高祖紀：延興三年十一月，詔河南七州之民，有鰥寡孤獨，貧不自存者，復其雜徭，大和二十年七月，詔輕徭薄賦，君人常理，歲中恆役，具以狀聞。劉昺傳：正光三年，大保崔光奏乞敕尚書推檢昺後，所屬甄免碎役。四年六月，詔其孫等三家，特可聽免。碎役即雜役也。雜役厲民，遠較恆役爲甚。齊書周顒傳：建元初，爲山陰令。縣舊訂滂民，以供雜使。顒言於大守聞喜公子良曰：「竊見滂民之困，困實極矣。役命有常，祇應轉竭，蹙迫驅催，莫安其所，險者竄避山湖，困者自經溝瀆。亦有摧臂斮手，苟自殘落，販傭貼子，權赴急難。每至滂使發動，遵赴常促，輒有柤杖被錄，稽顙階垂，泣涕告哀，不知所振。」此云役命有常，乃謂有常程限，非謂所課者爲常事也。晉書庾亮傳言：亮爲丹陽尹，除重役六十餘事，可見雜役重難者甚多。

隨意役民，本有禁令。如魏書高宗紀：和平四年三月，詔「內外諸司、州鎭守宰，侵使兵民，勞役非一。自今擅有召役，逼雇不程，皆論同枉法。」高祖紀：大和元年，詔「牧民者輕有徵發，致奪民時，以侵擅論」是也。然其事卒非法令一里，爲田三頃七十畝；百里則三萬七千頃，勤之則畝益三升，不勤則畝損三升，損益之率，爲粟二百二十二萬斛，況天下之廣乎？」世祖善之，遂除田禁，悉以授民。禁封良田，夫何爲哉？傳又言：恭宗季年，頗親近左右，營立田園，以取其利。任城王澄傳云：在定州，減公園之地，以給無業貧口。北齊書段韶傳：平高歸彥，賜歸彥果園千畝。非棄田以爲園囿，則變官稅爲私租而已。

人民所苦，力役尤甚於租調。晉書食貨志：武帝制戶調之式，男女年十六已上至六十爲正丁，十五已下至十三，六十一已上至六十五爲次丁；十二已下，六十六已上爲老、小，不事。范甯傳：甯陳時政曰：「禮：十九爲長殤，以其未成人也。十五爲中殤，以爲尚童幼也。今以十六爲全丁，則備成人之役矣。以十三爲半丁，所任者非復童幼之事。豈可傷天理，違經典，困苦萬姓，乃至此乎？宜修禮文，以二十爲全丁，十六至十九爲半丁，則人無夭折，生長滋繁矣。」此法令所定成丁之年大早，詒害於民者也。宋書王弘傳：弘上言：「舊制民年十三半役，十六全役。體有強弱，不皆稱年。且在家自隨力所能堪，不容過苦，移之公役，動有定科。庸宰守常，已有勤劇，況直苛政，豈可稱言？乃有務在豐役，增進年齒。孤遠貧弱，其弊尤深，致令依寄無所，生死靡告。一身之功，逃竄求免，家人遠計，胎孕不育。請以十五至十六爲半丁，十七爲全丁。」從之。然文帝紀元嘉十七年詔，猶有「役召之品，遂及稚弱」之語，則苛政亟行，并有非法令所能限者矣。役法與戶籍，關係最大，參看第十七章第三節。

隋書食貨志言：東晉之制，男丁歲役不過二十日，又率十八人出一運丁。其實役之遠過於此。其取丁之法，通常則其取諸民，亦別列一目矣。魏書高祖紀：延興三年，十月，大上皇帝親將南討，詔州郡之民，十丁取一，以充行戶，收租五十石，以備軍糧，亦臨時增取於民者也。韓麒麟傳：慕容白曜表麒麟與房法壽對為冀州刺史。白曜攻東陽，麒麟上義租六十萬斛。周書王羆傳，羆鎮華州。時關中大饑，徵稅民間穀食，以供軍費，或隱匿者，令遞相告，多被勞捶，以是人有逃散。惟羆信著於人，莫有隱者，得粟不少諸州，而無怨讟。亦皆增取於民，以供軍食者也。

戶調所徵，悉係著籍之戶，故所最慮者為漏籍。宋武帝至江陵，下書曰：「江、荊二州，凡租稅調役，悉宜以見戶為正，」則稅役有與戶籍不符者。然如是者究少。魏書食貨志云：先是禁網疏闊，民多逃隱。天興中，詔采諸漏戶，令輸綸縣。自後諸逃戶占為細繭羅縠者甚衆。於是雜營戶帥，徧於天下。不隸守宰。賦役不周，戶口錯亂。始光三年，詔一切罷之，以屬郡縣。議出閹官仇洛齊，見第十七章第三節。隋書食貨志云：元象、興和之中，百姓多離舊居，闕於徭賦。神武乃命孫騰、高隆之分括無籍之戶，得六十餘萬。於是僑居者各勤還本屬。租調之入有加焉。武定二年事，亦見第十七章第三節。皆可見漏籍者多，賦稅必闕也。

耕桑之民而外，北朝亦有他法以取之，如魏泰常六年，六部民羊滿百口，調戎馬一匹是也。見第二十章第一節。此猶南朝於蠻俚則取其賧物矣。

田租有不入公家者。宋武帝江陵之令又曰：「州縣屯田，利入守宰者，一切除之。」晉書安帝紀：義熙九年，四月，罷臨沂、湖熟皇后脂澤田四十頃，以賜貧人。皆其事也。魏書高允傳：時多禁封良田，京師遊食者衆。允言：「古人云：方也。有但言調者，宋書後廢帝紀：元徽四年，平建平王景素之亂，原京邑二縣元年以前逋調；順帝紀：昇明元年八月，原除元年以前逋調是也。有曰衆調者，宋書明帝紀：泰始二年十一月，制使東土經荒流散，並各還本，蠲衆調二年是也。有曰田租者，宋書文帝紀：元嘉二十四年正月，蠲建康、秣陵二縣田租之半；二十六年車駕陸道幸丹徒，行所經蠲田租之半；孝武帝紀：大明七年十二月，行幸歷陽，蠲郡租十年；前廢帝紀：永光元年二月，明帝紀：泰始四年四月，皆減郡縣田租之半；梁書侯景傳：景既據壽春，屬城居民，悉召募為將士，輒停責市估及田租是也。減免租布之事最多。有以災荒免者，晉書孝武帝紀：寧康二年四月，皇太后詔三吳、義興、晉陵及會稽遭水之縣，尤甚者全除一年租布，其次聽除半年；宋書孝武帝紀：元嘉三十年，閏月，蠲尋陽、西陽租布三年是也。有以流亡免者，宋書武帝紀：永初元年八月，開亡叛，赦限內首出，蠲租布二年是也。有以京邑或興王之地免者，是月，詔彭城桑梓本鄉，優復之制，宜同豐、沛，沛郡、下邳，可復租布三十年；文帝紀：元嘉四年二月，行幸丹徒，三月，詔丹徒桑梓綢繆，大業攸始，其蠲今年租布；二十六年二月，幸丹徒，三月，復丹徒僑舊今歲租布之半是也。有以行幸免者，孝武帝紀：大明七年二月，大赦天下，行幸所經，無出今歲租布是也。有以行義免者，宋書孝義傳：賈恩、潘綜、王彭，皆蠲租布三世是也。劉道產傳：弟道錫為巴西、梓潼二郡太守，元嘉十八年，為氐寇所攻，募吏民守城，復租布二十年。及賊退，朝議賊雖攻城，一戰便走，聽依本要，於事為優。右衛將軍沈演之等謂宜隨功勞裁量，不可全用本誓，多者不得過十年。從之。案齊書高帝紀：建元四年正月，詔「建元以來戰賞，蠲租布二十年，雜役十年。其不得收尸，主軍保押，亦同此例。」則似蠲租布二十年，軍中故有此例，道錫特援用大優耳。

雜物而外，粟帛似應皆取諸租調之中，然亦有別立名目，多取之者。晉書成帝紀：咸康二年二月，算軍用稅米，空縣五十餘萬石，尚書謝褒以下免官。此尚可云即在常賦之中，特度支別立一目。陳書世祖紀：天嘉元年，三月，詔今歲軍糧，通減三分之一。宣帝紀：大建三年，三月，大赦天下。自大康元年訖大建元年，逋餘軍糧、祿秩、夏調未入者，悉原之。

使遣刻，一皆欲變賦斂爲市取者也。豫章王嶷傳：其爲荊州，禁二千石官長，不得與人爲市，蓋有借官市爲名行私市之實者。北朝亦有折徵之制。魏書前廢帝紀：僭位後詔天下調絹四百一匹，此折絹爲錢也。韓麒麟傳：在齊州，欲減絹布增益穀租，見第二十一章第三節，此亦猶折帛爲穀也。食貨志云：正光後四方多事，加以水旱，國用不足，預折天下六年租調而徵之，其屬民蓋不徒在豫徵而已。然其實並不能然。宋書武帝紀：義熙八年，十一月，公至江陵，下書「臺調癸卯梓材，庚子皮毛，可悉停省」，即所謂雜調也。魏書食貨志曰：顯祖即位，親行儉素，率先公卿，思所以振益黎庶。先是大安中，高宗以常賦之外，雜調十五，頗爲煩重，將與除之。尚書毛法仁曰：「此是軍國資用，今頓罷之，臣愚以爲不可。」帝曰：「使地利無窮，民力不竭，百姓有餘，吾孰與不足？」遂免之。未幾，復調如前。高宗紀：興安二年正月，詔與民雜調十五。蓋至大安中後免其十五也。然紀不載其事，大安四年五月壬戌詔，亦僅言「比年以來，雜調減省」而已，蓋其免之甚暫，故紀漏書。北史魏諸宗室傳，以百姓不足君孰與足之言出於常山王遵之子素，亦與志異。至是乃終罷焉。於是賦斂稍輕，民復贍矣。顯祖紀：和平六年六月，詔諸有雜調，一以與民。此朝廷所取於民。世祖紀：眞君四年，六月，詔「復民貲賦三年，其田租歲輸如常。」貲賦蓋謂按其貲產多少爲賦，亦雜調也。任城王澄傳：轉定州刺史。初民中每有橫調，百姓煩苦。澄多所省減，民以忻賴。此地方之所取也。賦稅所取非一，故如有蠲免，亦隨時而各不同。當時賦稅減免，史所言者，名目不一。有曰戶課者，晉書武帝紀：大康五年，減天下戶課三分之一是也。有曰戶調緜絹者，晉書惠帝紀：永平元年，五月，除天下戶調緜絹是也。有曰戶調田租者，惠帝紀：永興元年十二月，詔戶調田租，三分減一是也。有曰租稅者，宋書孝武帝紀：元嘉三十年，五月，曲赦京邑二百里內，并蠲今年租稅；大明五年，二月，伐蠻之家，蠲租稅之半是也。有曰稅調者，宋書文帝紀：元嘉二十八年，二月，詔凡遭寇賊郡縣，流寓江淮者，並聽卽屬，并蠲復稅調；順帝紀：昇明元年，雝州大水，八月，遣使振卹，蠲除稅調是與輕稚（通典作疾。）者皆賦之。其賦之法：有室者歲不過絹一疋，綿八兩，粟五斛。丁者半之。其非桑土，有室者布一疋，麻十斤，丁者又半之。豐年則全賦，中年半之，下年三之，（通典作一之。）皆以時徵焉。若遭凶札，則不徵其賦。」

租調所取，以粟帛爲大宗，此外更有所取，則謂之雜調。齊書鬱林王紀：即位後詔曰：「凡逋三調及衆債，在今年七月三十日前，悉同蠲除。」通鑑胡三省注曰：「三調，謂調粟、調帛及雜調也。」魏書任城王澄傳：澄奏利國濟民所宜振舉者十條，四曰五調之外，一不煩民，五調疑三調之誤。軍國所須，不能以粟帛爲限，除列州郡縣制爲徵賦外，南朝此項徵賦，頗於國用有關。當時淫縱之君，或迫臣下以貢獻，事見第十九章第二節，未必不由此而馴致。然貪取雖爲非法，任土自是彝典，觀第十章第四節所引齊明帝建武元年十月詔可知。是歲十一月，又詔「邑宰祿薄俸微，雖任土恒貢，自今悉斷。」胡三省通鑑注曰：「觀此，則江左之政，縣邑不由郡、州，亦得入貢天寮矣。」此齊志所由以列州郡縣並舉也。宋書明帝紀：泰始二年，十一月，「詔方物職貢，各順土宜，出獻納貢，敬依時令。」即當折課、市取，常時徵斂，折易頗多。晉書王廙傳：弟子彪之，爲會稽內史，桓溫以山陰折布米、時畀郡不彈糾，上免之。宋書孝武帝紀：大明七年，以浙東諸郡大旱，聽受雜物當租。齊書武帝紀：永明四年，五月，詔「揚南徐二州，今年戶租，三分二取見布，一分取錢。來歲以後，遠近諸州輸錢處，並減布直，匹准四百，依舊折半，以爲永制。」竟陵王子良傳：時詔折租布，二分取錢。王敬則傳載子良啓，謂「民有雜物，是軍國所須者，可聽隨價准直，不必一應送錢，於公不虧其用，在私實荷其渥。」此即所謂折課。宋書武帝紀：永初元年，七月，詔「臺府所須，皆別遣主帥，與民和市，即時裨直，不復責租民求辦。」齊書武帝紀：永明五年，九月，詔曰：「自水德將謝，喪亂彌多，師旅歲興，饑饉代有。軍國器用，動資四表，不因厥產，咸用九賦。雖有交貿之名，而無潤私之實。民咨塗炭，職此之由。京師及四方出錢億萬，糴米、穀、絲、綿之屬，其和價以優黔首。遠邦嘗市雜物，非土俗所產者，皆悉停之。必是歲賦攸宜，都邑所乏，可見直和市，勿田，受公田者三縣代遷戶執事官一品已下，逮於羽林、武賁各有差。其外畿郡，華人官第一品已下羽林、武賁已上各有差。職事及百姓請墾田者名爲受田。通典作永業田。奴婢受田者，親王止三百人，嗣王止二百人，第二品嗣王已下及庶姓王止一百五十人，正三品已上及王宗止一百人，七品已上，限止八十人，八品已下至庶人，限止六十人。奴婢限外不給田者皆不輸。其方百里外及州人，一夫受露田八十畝，婦人四十畝。奴婢依良人。限數與在京百官同。丁牛一頭，受田六十畝，限止四牛。又每丁給永業田二十畝爲桑田。其中種桑五十根，榆三根，棗五根，不在還受之限。非此田者悉入還受之分。土不宜桑者，給麻田如桑田法。率人一牀調絹一疋，緜八兩。凡十斤緜中，折一斤作絲。墾租二石，義租五斗。奴婢各准良人之半。牛調二尺，通典作丈。墾租一斗，義租五升。墾租送臺；義租納郡，以備水旱。諸州郡皆別置富人倉。初立之日，准所領中下戶口數，得支一年之糧，逐當州穀價賤時，斟量割當年義租充入。穀貴，下價糶之，賤則還用所糶之物，依價糴貯。墾租皆依貧富爲三梟。其賦稅常調，則少者直出上戶，中者及中戶，多者及下戶。上梟輸遠處，中梟輸次遠，下梟輸當州倉。三年一校焉。租入臺五百里內輸粟，五百里外輸米。入州鎮者輸粟。人欲輸錢者，准上絹收錢。案戶調之式，及魏、齊之制，皆人人受田，而晉成、哀及魏肅宗之時，又別有田稅者？晉成、哀時制，見第十九章第三節。蓋皆指公田言之。觀北齊之制可明。此田蓋王公貴人受者爲多，故晉孝武改成、哀之制，史言自王公已下，口稅若干。亦見第十九章第三節。魏虜則又以此惠其所謂代來戶也。後周大祖作相，創制六官，司均掌田里之政令。凡人口十已上，宅五畝；口九，通典作七。已上，宅四畝；口五已下，宅三畝。有室者田百四十畝，丁者田百畝。司賦掌功賦通典作賦均。之政令。凡人自十八以至六十有四見第十九章第三節。東晉之制，見於隋書食貨志云：「晉自中原喪亂，元帝寓居江左，百姓之自拔南奔者，並謂之僑人，皆取舊壤之名，僑立郡縣，往往散居，無有土著。而江南之俗，火耕水耨，土地卑溼，無有蓄積之資。諸蠻陬俚洞，霑沐王化者，各隨輕重，收其賧物，以裨國用。又嶺外酋帥，因生口、翡翠、明珠、犀、象之饒，雄於鄉曲，朝廷多因而署之，以收其利。歷宋、齊、梁、陳，皆因而不改。其軍國所須雜物，隨土所出，臨時折課，市取，乃無恆法定令。列州郡縣，制其任土所出，以為徵賦。其無貫之人，不樂州縣編戶者，謂之浮浪人，樂輸亦無定數，任量，准（通典通考皆作准。）所輸，終優於正課焉。」蠻夷收其賧物，蓋各隨其土之所出。嶺外酋帥，則徵其貢而非稅其民。浮浪人所出，蓋亦無定物，惟僑民雖云散居無土著，猶當與江南之民，同循戶調之法耳。隋志述其制云：「其課，丁男調布絹各二丈，絲三兩，緜八兩，祿絹八尺，祿綿三兩二分，租米五石，祿米二石。丁女並半之。男女年十六已上至六十為丁。男年十六亦半課，年十八正課，六十六免課。女以嫁者為丁，若在室，年二十乃為丁。其田畝稅米二斗，蓋大率如此。」二斗一本作二升，蓋據哀帝時之制言之，見第十九章第三節。宋書孝武帝紀：大明五年，十二月，制天下民戶歲輸布四疋，（通考作尺。）蓋就舊法而增之。晉書李雄載記云：其賦男子歲穀三斛，女丁半之，戶調絹不過數丈，緜數兩，亦略循晉法也。

北魏孝文之制，亦已見第十九章第三節。魏書食貨志：肅宗孝昌二年，稅京師田畝二升，借賃公田者畝一斗。齊、周之制，亦見隋志。齊河清三年定令：男子十八以上，六十五以下為丁。十六已上，十七已下為中。六十六已上為老。十五已下為小。率以十八受田，輸租調，二十充兵，六十免力役，六十六退田，免租調。京城四面諸坊之外三十里內為公還，復經六年而敍，是則歲周十二，始得一階。而東西兩省，文武閑職，公府散佐，無事冗官，及其考日，皆得四年爲限，是則一紀之中，便登三級，何內外之相縣，令厚薄之如是？或充單介之使，始無汗馬之勞；或説興利之規，終慙什一之潤；皆虛張無功，妄指羸益，坐獲數階之官，藉成通顯之貴。」此非杜預所謂公相容過，淸議大穨者邪？益以立法之詖，而是時之選政，不可問矣。寶夤欲使「見居官者，每歲終，本曹皆明辨在官日月，具覈才行能不，審其實用，而注其上下。列上尙書，覆其合不，庸短下第，黜凡以明法，幹務忠淸，甄能以記賞，總而奏之。經奏之後，考功曹別書於黃紙油帛。一通則本曹尙書與令、僕印署，留於門下，一通則以侍中、黃門印署，掌在尙書，嚴加緘密，不得開視。考績之日，然後對共裁量。其內外考格，乞求博議，以爲畫一。若殊謀異策，事關廢興，遐邇所談，物無異議者，自可臨時斟酌，匪拘恆例。至如援流引比之訴，貪榮求級之請，謂宜明加禁斷，以全至治。」詔付外博議，以爲永式。竟無所定。肅宗紀：孝昌二年二月，詔每歲一終，郡守列令、長，刺史列守、相，以定考課，辨其能不。若有濫謬，以考功失吏論。是時朝綱方紊，亦非徒法所能濟也。

第五節　賦稅

漢世田租取粟，賦諸地口稅取錢，斂諸人。魏武平河北，下令收田租畝一升，戶出絹二匹，緜二斤，而口錢始變爲戶調，已見秦漢史第十八章第五節。此時未有授田之制，戶調田租，猶析爲二，至晉武帝平吳，而二者又合爲一本。事而肅清議。」頌轉吏部尚書，建九班之制，欲令百官居職希遷，考課能不，明其賞罰。賈郭專朝，仕者欲速，竟不施行。

宋、齊、梁、陳四朝考課之法不著。北魏則傳者頗詳。魏書高祖紀：大和十八年九月壬申朔詔曰「三考然後黜陟，可黜者不足爲遲，可進者大成賒緩。是以朕今三載一考，考卽黜陟，各令當曹考其優劣，爲三等。六品已下，尚書重問，五品已上，朕將親與公卿論其善惡。上上者遷之，下下者黜之，中中者守其本任。」壬午，帝臨朝堂，親加黜陟。明年十月壬戌，又詔諸州牧：「精品屬官，考其得失，爲三等之科，以聞，將親覽而升降焉。」世宗紀：永平四年十二月，詔三載考察，政之明典。正始二年以來，於今未考，功過難易，寧無升降？從景明二年至永明四年，通考以聞。自景明二年至永明四年，凡九年，似又復三考黜陟之舊。然其後又係三歲一考，則高祖之法固在，特時怠慢不舉耳。崔鴻傳：延昌二年，將大考百僚，鴻建議曰：「二漢以降，大和以前，苟必官須此人，人稱此職，或超騰升陟，數歲而至公卿；或長兼、試守，稱允遷進。景明以來，考格三年成一考，三考轉一階，貴賤內外，萬有餘人，自非犯罪，不問賢愚，莫不上中，才與不肖，比肩同轉。琴瑟不調，改而更張，雖明制已行，猶宜消息。」世宗不從。然紀言延昌三年八月甲申，帝臨朝堂，考百司而加黜陟，則似又復孝文之法矣。蕭寶夤傳：寶夤以正光四年上表曰：「自比已來，官罔高卑，人無貴賤，皆飾辭假說，用相褒舉，謂之考功，事同汎陟。又在京之官，積年一考，其中或所事之主遷移數四，或所奉之君身亡廢絕，或具寮離索，或同事凋零，雖當時文簿，記其殿最，日久月深，駁落殆盡，人有去留，誰復掌其勤惰？或停休積稔，或分隔數千，累年之後，方求追訪，聲迹立其考第，無不苟相悅附，飾垢掩疵，妄加丹素，趣令得階而已。又守令考課，悉以六載爲程，既而限滿代吏足矣，」然如亮之所言以一人之鑒，照察天下，果何以求其所爲之有異於吏哉？雄病「委斗筲以共治，託碩鼠以百里，」致使「夷夏之民相將爲亂，」此亦入選者多勳人武夫之失，非資格之咎也。齊文襄始革是制，已見第十四章第一節。北齊書高乾傳：乾弟愼，徵爲御史中尉，選用御史，多其親戚、鄉閭，不稱朝望，世宗奏令改選焉。事權在手，則其志易行，此亦非可望諸亮也。

整飭官方，莫亟於嚴明考課。魏世嘗使劉邵等爲之，已見秦漢史第十八章第四節。晉初杜預受詔爲黜陟之課，晉書本傳曰：「其略曰：昔漢之刺史，亦歲終奏事，不制算課，而清濁粗舉。魏氏考課，卽京房之遺意。其文可謂至密。然由於累細，以違其體，故歷代不能通。豈若去密就簡，則簡而易從也？今科舉優劣，莫若委任達官，各考所統。在官一年以後，每歲言優者一人爲上第，劣者一人爲下第，因計偕以名聞。如此六載，主者總集采案，其六載處優舉者超用之，六歲處劣舉者奏免之，優多劣少者敍用之，劣多優少者左遷之。今考課之品，所對不鈞，誠有難易。若以難取優，以易而否，主者固當準量輕重，微加降殺，不足復曲以法盡也。六年頓薦，黜陟無漸。今每歲一考，則積優以成陟，累劣以取黜。以士君子之心相處，未有無故六年六黜清能，六進否劣者也。監司亦將而彈之。若令上下公相容過，此爲清議大頹，亦無取於黜陟也。」此文似預上其所爲之奏牘，其詳則不可得聞矣。劉頌病晉武每精事始而略於考終，監司綱不振，而微過必舉，已見第二章第一節。頌之言曰：「今閭閻少名士，官司無高能，其故何也？清議不肅，人不立德，行在取容，故無名士。下不專局，又無考課，吏不竭節，故無高能。無高能則有疾世事，少名士則後進無準，故臣思立吏課卽眞自過江，吏部郎不復典大選。令史以下，小人求競者輻湊。前後少能稱職。泰爲之，不通關求。吏先至者卽補，不爲貴賤請屬易意。天下稱平。陳書王瑒傳：除吏部尚書。務在清靜，謹守文案，無所抑揚。皆資格用人之法：蹈常習故，夫人所能，原無待於異才，藉口求才，轉足便黨援而開奔競。此固古今一轍；而嬖幸競進之世，尤非此無以拒之。此資格之所以不能不用也。夫崔亮則亦若是而已矣。

魏書張彝傳：彝第二子仲瑀上封事，求銓別選格，排抑武人，不使與在清品。由是衆口喧喧，謗讟盈路。立榜大巷，克期會集，屠害其家。崔亮傳：亮遷吏部尚書。時羽林新害張彝，靈大后令武官得依資入選。官員既少，應選者多。尚書李韶，循常擢人，百姓大爲嗟怨。亮乃奏爲格制，不問士之賢愚，專以停日月爲斷。雖復官須此人，停日後者，終於不得。庸材下品，年月久者，灼然先用。沈滯者皆稱其能。亮外甥司空諮議劉景安以書規亮。亮答書曰：「昔有中正，品其才第，上之尚書，尚書據狀，量人授職，此乃與天下羣賢共爵人也。而汝猶云十收六七。況今日之選，專歸尚書，以一人之鑒，照察天下。劉毅所云一吏部、兩郎中而欲究竟人物，何異以管闚天而求其博哉？今勳人甚多，又羽林入選，武夫崛起，不解書計，忽令垂組乘軒，求其烹鮮之效。又武人至多，官員至少，設令十人共一官，猶無官可授，況一人望一官，何由可不怨哉？吾近面執，不宜使武人入選，既不見從，是以權立此格，限以停年耳。後甄琛、元修義、城陽王徽相繼爲吏部尚書，利其便已，踵而行之。自是賢愚同貫，涇渭無別。魏之失才，從亮始也。案觀亮答劉景安書，卽微武人入選，吏部亦易得才？然則以失才歸咎於亮，不過當時議論如此，未必得實也。諍是法者，有辛雄及薛琡，琡謂「執簿呼名，一帝天監五年正月，詔曰：「在昔周、漢，取士方國。頃代凋譌，幽仄罕被。人地孤絕，用隔聽覽。士操淪胥，因茲靡勸。凡諸郡國舊族，邦內無在朝位者，選官搜括，使郡有一人。」此蓋所以使登庸徧逮於僻陋之區。七年二月，詔於州郡縣置州望、郡宗、鄉豪各一人，專掌搜薦，其意亦猶是也。邢巒之寇巴西也，言其民望族落，雖在山居，而多有豪右，文學箋啓，往往可觀。去州既遠，不能仕進，是以鬱怏，多生動靜。欲立州以鎮撫之，事見第十一章第四節。是則不徒天朝，即州郡，亦宜明揚側陋，以舒其意氣矣。抑僻陋如巴西山居族落，猶有長於文學者，又足見文教之久已覃敷，登庸之不可不急也。韓麒麟以孝文時爲齊州刺史，以新附之人，未階臺宦，州郡局任又少，請守宰有闕，推用豪望，並增置吏員。李彪上封事，亦請擢河表七州門才，引令赴闕，依中州官比，隨能序之，以懷江、漢，傾敵人，撫新附。可見疆場之間，一彼一此，皆不得不以招懷爲務矣。惟勞人武夫，不知政術者，用爲長吏，亦不免詒害於民，元嘉時淮西有此情形，長沙王道憐曾言之，見宋書本傳。則又不可不慎也。

資格用人，世皆以爲始於魏之崔亮，其實非也。劉寔作崇讓論，言「能不渾雜，優劣不分，士無素定之價，官職有缺，主選之吏，不知所用，但案官次而舉之。同才之人先用者，非勢家之子，則必有勢者之所念也。因其先用之資而復遷之，遷之無已，不勝其任之病發矣。觀在官之人，政績無聞，自非勢家之子，率多因資次而進也。」是當時用人，勢家而外，仍重資格；即同爲勢家，進用之後，亦惟論其資格；此固勢之所不能免也。王亮以江祏專朝，多所進拔，每持異議，已見前。及祏遇誅，羣小放命，凡所除拜，悉由內寵。亮更弗能止。其所選用，拘資次而已。梁書王泰傳：敕掌吏部郎事，俄守矣。明帝建武三年正月，詔申明守長六周之制。其法後亦破壞，見第十章第四節。魏守令以六年爲限，見魏書房法壽傳。考課亦以六載爲程。見魏書辛寶貴傳。高祖延興二年十二月，詔曰：「頃者已來，官以勞升，未久而代。牧守無恤民之心，競爲聚斂，送故迎新，相屬於路。非所以固民志，隆治道也。自今牧守溫仁清儉，克己奉公者，可久於其任。歲積有成，遷位一級。其有貪殘非道，侵削黎庶者，雖在官甫爾，必加黜罰。著之於令，永爲彝准。」可見定法，亦徒空文也。

海宇分崩之際，用人者多特注意於撫綏，此雖不過爲招徠新附，傾動敵人之計，然使僻陋之區，亦得有人與聞政事，則匪徒爲治，抑亦敷化之良謨矣。晉書儒林傳：文立，巴郡臨江人。蜀時游大學，師事譙周，仕至尚書。入爲大子中庶子。表請諸葛亮、蔣琬、費禕等子孫，流徙中畿，宜見敍用。一以慰巴蜀之心，其次傾吳人之望。事皆施行。並以立爲散騎常侍。及吳平，劉頌欲得壯王以鎭撫之，使之隨才授任，求富貴者取之國內，已見第三章第九節。然賀循傳：循以無援於朝，久不進敍。陸機上疏薦之，有云：「臺郎所以使州州有人，非以均分顯路，誠以庶士殊風，四方異俗，壅隔之害，遠國益甚。荆、揚二州，戶各數十萬。今揚州無郎，而荆州江南，乃無一人爲京城職者。誠非聖朝待四方之本心。」陶侃傳：侃察孝廉。至洛陽，數詣張華。華初以遠人，不甚接遇。後與語，乃異之。除郎中。伏波將軍孫秀，以三國支庶，府望不顯，中華人士，恥爲掾屬，以侃寒宦，召爲舍人。觀此，知殊方人士，其受歧視尙頗甚。然此特仕途黨援奔競之私，朝廷立法，固未嘗如此。且如元帝渡江而東，亦卒不得不用王導之策，撫用其人也。明帝大寧三年八月，詔曰：「吳時將相名賢之胄，有能纂修家訓；又忠孝仁義，務己守眞，不聞於時者；州郡中正，亟以名聞，勿有所遺。」其汲引之，固猶未嘗敢怠矣。梁武謁，拜為守宰。印組光華，車騎輝赫，榮兼九族，聯貴一時。而為執政所患，隨而司察，既以得利，必以利治。縱得免死，莫不破家。然後噬臍，亦復何及？」則此曹雖以詭遇，旋亦受禍，然朝政濁亂既甚，此亦不足以過之也。周大祖任蘇綽為六條詔書，牧守令長非通六條及計帳者，不得居官；見第十四章第五節。又盛選賢良，授以守令，見周書樂遜傳。可謂得為治之要。然周世功臣多為刺史，未免闇於政務，亦仍是亂世之餘習也。周書令狐整傳：晉公護謂整曰：「以公勳望，應得本州，但朝廷藉公委任，無容還出。然公門之內，須有衣錦之榮。」乃以其弟休為敦煌郡守。隋書柳彧傳：遷治書侍御史。於時刺史多任武將，類不稱職。彧上表曰：「伏見詔書，以上柱國和干子為杞州刺史。其人年垂八十，鐘鳴漏盡。前任趙州，闇於職務，政由群小，賄賂公行，百姓吁嗟，歌謠滿道。古人有云：耕當問奴，織當問婢。干子弓馬武用，是其所長；治民蒞職，非其所解。如謂優老尚年，自可厚賜金帛；若令刺舉，所損殊大。」上善之，干子竟免。則雖勤民如隋文，猶未能遽革其弊也。

郡縣之不能善其政，與任期久暫，關係殊大。晉書王戎傳：遷尚書左僕射，領吏部。戎始為甲午制，凡選舉皆先治百姓，然後授用。而司隸校尉傅咸奏戎曰：「書稱三載考績，三考黜陟幽明。今內外群臣，在職未期，而戎奏還。既未定其優劣，且送故迎新，相望道路，巧詐由生，傷農害政。戎不仰依堯舜典謨，而驅動浮華，虧敗風俗，非徒無益，乃有大損。」蓋奔競之俗，必不容有久處之官也。南史謝莊傳：莊於孝建時表陳求賢之義，謂政平訟理，莫先親人，親人之要，是歸守宰。蒞人之職，官遵六年之限。傳言：初文帝世，限三十而仕，郡縣六周乃遷代，刺史或十年餘，至是皆易之，仕者不拘長少，蒞人以三周為限。宋之善政，於是乎衰。然齊武帝永明元年詔言：「宋德將季，風軌陵遲，列宰庶邦，彌失其序。遷謝遄速，公私凋弊。蒞民之職，一以小滿為限。」良政傳：永明郡縣居職，以三周為小滿。則其末造，并三周之制而亦不能初尙視之甚重。然傳咸言：「中間選用，惟內是隆，外舉旣頹，復多節目，競內薄外，遂成風俗，」則其實已漸輕矣。晉書袁甫傳：甫詣中領軍何勖，自言能爲劇縣。勖曰：「惟欲宰縣，不爲臺閣，何也？」葛洪言：「三台九列，坐而論道，州牧郡守，操綱舉領，煩劇所重，其惟百里。牧守雖賢，而令長不堪，則國事不舉，萬機有闕。」病其時「或父兄貴重，而子弟以聞望見遷；或高人屬託，而凡品以無能見敍；或是所宿念；或親戚匪他。庸猥之徒，器小志近，冒於貨賄，惟富是圖。在所司官，知其有足賴主人，舉劾彈糾，終於當解，慮其結怨，反見中傷，不敢犯觸，恣其貪殘。黎庶安得不困毒而離叛？離叛者衆，則不得不屯聚而爲羣盜矣。」抱朴子外篇百里。其爲禍可謂博矣。梁武帝嘗著令：小縣有能，遷爲大縣，大縣有能，遷爲三輔令，梁書良吏傳已見第十二章第五節。傳又云：何遠爲武康令，高祖聞其能，擢爲宣城太守。自縣爲近畿大郡，近代未之有也。又南史循吏傳：傅琰，昇明中自山陰令遷益州刺史。自縣遷州，近世罕有。雖設是令，行之蓋寡。梁書蕭昱傳：因求邊州，不遂，表解黃門侍郎職。高祖手詔答曰：「昔漢光武兄子章、興二人，並有名宗室。就欲習吏事，不過章爲平陰令，興爲緱氏宰，政事有能，乃遷郡守。」昱高祖從父弟。其言善矣。然諸子弟皆爲大州，則亦徒能言之而已。北朝此弊，尤甚於南。魏書辛雄傳：上疏言：「郡縣選舉，由來共輕，貴游儁才，莫肯居此，宜改其弊，以定官方。請上等郡縣爲第一清，中等爲第二清，下等爲第三清。」而北齊書元文遙傳言：齊因魏朝，宰縣多用廝濫，至於士流，恥居百里。文遙以縣令爲字人之切，遂請革選。於是密令搜揚貴游子弟，發敕用之。猶恐其披訴，總召集神武門，令趙郡王叡宣旨唱名，厚加慰喩。士人爲縣，自此始也。則其弊實至齊世，始克一革。然其末流，粥爵賣官，郡縣之亂，更爲前世所未有。見第十四章第四節。顏氏家訓省事篇曰：「齊之季世，多以財貨託附外家，諠動女雜傖楚，則其官位，皆有所極。梁書文學傳：鍾嶸於天監初上言謂「永元軍官，是素族士人，自有清貫；因斯受爵，一宜削除。若吏姓寒人，聽極其門品，不當因軍，遂濫清級。若僑雜傖楚，應在綏撫，正宜嚴斷祿力，絕其妨正，直乞虛號而已。」敕付尚書行之。周書薛憕傳：河東汾陰人。曾祖弘敞，直赫連之亂，率宗人避地襄陽。江表取人，多以世族。憕既羈旅，不被擢用。又貴族入仕極早。梁武雖欲革其弊，天監四年詔，見第十八章第一節。亦卒不能除也。梁書朱异傳：舊制，年二十五，方得釋褐。异適二十一，特敕擢爲揚州議曹從事史。此雖出特敕，然如張緬、張纘等起家之早，則仍沿舊習也。見第十八章第一節。南史顧協傳：張率嘗薦之於梁武，帝問協年，率言三十有五。帝曰：「北方高涼，四十強仕，南方卑溼，三十已衰。如協便爲已老。但其事親孝，與友信，亦不可遺於草澤。卿可稱敕喚出。」三十爲老，前古未聞，特緣當時貴胄入仕，皆習於早，乃以三十爲已老耳。魏孝文謂劉昶：小人之官，別有七等，見上節。實爲後世流內外分銓之原。通鑑齊明帝建武三年注。隋書盧愷傳云：開皇初，拜禮部尚書，攝吏部尚書事。會國子博士何妥與右僕射蘇威不平，奏威陰事，愷坐與相連，除名。自周氏以降，選無清濁。愷攝吏部，與薛道衡、陸彥師等甄別士流，故涉黨固之譖。彥師傳云：轉吏部侍郎。隋承周制，官無清濁。彥師在職，凡所任人，頗甄別於士庶，時論美之。則選法雖平，人心初不因之而變矣。魏書肅宗紀：熙平元年八月，詔庶族子弟年未十五，不聽入仕。則北方入仕，雖庶族亦習於早，而貴胄尤甚。楊愔年十八，拜通直散騎侍郎。裴寬年十三，以選爲魏孝明帝挽郎，呂思禮年十九，舉秀才。袁聿脩九歲，崔瞻悛子。年十五，封孝琰孝琬弟。年十六，皆州辟主簿。白建諸子幼稚，俱爲州郡主簿。新君選補，必先召辟，皆其尤較然者矣。

選法之敝，外任必輕。史臣言：「漢氏官人，尚書郎出宰百里，晉朝設法，不宰縣不得爲郎，」北史元文遙傳論。則晉及後世？」卽日辟爲西曹。此名爲養老尊賢，實亦以門閥用人也。甚有如隋文帝年十四而爲功曹者。見隋書本紀。倘可託以選用乎？門閥而外，勢家干謁尤多。陶侃以范逵之言，廬江召爲督郵，已見第四章第三節。晉書劉卞傳：本兵家子。少爲縣小吏。功曹夜醉如廁，使卞執燭，不從，銜之，以他事補亭子。有祖秀才者謂縣令，令卽召爲門下史。卞兄爲太子長兵，既死，兵例須代，功曹請以卞代兄役。令曰：祖秀才有言。遂不聽。束晳傳：與兄璆俱知名。璆娶石鑒從女，棄之，鑒以爲憾，諷州郡，公府不得辟，故晳等久不得調。李含傳：隴西狄道人也。僑居始平。兩郡並舉孝廉。安定皇甫商州里年少，恃豪族，以含門寒微，欲與結交，含距而不納。商恨焉，遂諷州，以短檄召含爲門亭長。參看第三章第三節。周書柳慶傳：父僧習，爲潁川郡。地接都畿，民多豪右，將選鄉官，皆依倚貴勢，競來請託。可見其門如市之概矣。魏書顯祖紀：和平六年，九月，詔曰：「先朝以州牧親民，宜置良佐，故勅有司，班九條之制，使前政選吏，以待俊乂。然牧司寬惰，不祗憲旨，舉非其人，愆於典度。今制刺史、守宰，到官之日，自舉民望忠信，以爲選官，不聽前政，共相干冒。若簡任失所，以罔上論。」立法初意，蓋以新任之官，不習當地情形，故委前政與之相參，而不意其遂爲姦弊之藪也。州郡之職，本非志士所樂爲，魏書李孝伯傳：父曾，郡三辟功曹，不就。門人勸之，曾曰：「功曹之職，雖云鄉選高第，猶是郡吏耳。北面事人，亦何容易？」州辟主簿，到官月餘，乃歎曰：「梁敬叔有云：州郡之職，徒勞人意耳。」遂還家講授。故延高賢者或不屈以吏職。唐彬爲雍州，延致處士皇甫申叔等四人，不屈以吏職。見晉書本傳。而其輕之如此，倘安望得人乎？

門第用人，斯時爲盛。大抵職閒廩重，則貴勢交爭，煩縟之職，皆非所樂處。參看第十八章第一節。至於吏姓寒人，僑元年以來，內外考簿吏部除書中兵勳案，幷諸殿最，欲以案校竊階盜官之人。靈太后許之，任城王澄不同而止。孝靜帝紀：武定六年四月，吏部令史張永和、青州人崔闊等僞假人官，事覺糾檢，首者六萬餘人。選司姦利，眞足驚駭。喪亂之際，尤不可問。徐陵述陳初情形曰：「員外常侍，路上比肩；諮議參軍，市中無數。」魏書後廢帝紀：中興元年十一月，詔無識之徒，繆增軍級，虛名顯位，皆言前朝所授，則其事。高隆之奏請檢括，卒以羣小喧囂，懼而中止，見第十四章第一節。可見整頓之難矣。

刺史官屬：宋書百官志云：今有別駕、西曹主吏及選舉事。西曹，即漢之功曹書佐也。又云：宋大祖元嘉四年，復置郡官屬，略如公府。無東西曹。晉書蔡謨傳：父克，成都王穎爲丞相，擢爲東曹掾。苟進之徒，望風畏憚。有功曹史主選舉。晉書劉毅傳云：少厲清節，然好臧否人物。王公貴人，望風憚之。僑居平陽，大守杜恕請爲功曹，沙汰郡吏百餘人，三魏稱焉。爲之語曰：「但聞劉功曹，不聞杜府君。」王韶之擢吳逵爲功曹史，逵以門寒，固辭不受，已見前。晉書虞預傳：餘姚風俗，各有朋黨。宗人共薦預爲縣功曹，欲使沙汰穢濁。預書與其從叔父曰：「邪黨互瞻，異同蠭至。一旦差跌，衆鼓交鳴。毫釐之失，差以千里。此古人之炯戒，而預所大恐也。」卒如其言，未半年，遂見斥退。可見功曹所繫之重，而亦可見其不易爲矣。州郡用人，多不詳審。觀蘇綽所爲六條詔書可知。見第十八章第一節。楊公則爲湘州，所辟引皆州郡著姓，而梁武帝班下諸州，以爲法。亦見第十八章第一節。是則明目張膽，惟論門資也。梁書張稷傳：出爲吳興大守，下車存問遺老，引其子孫，置之右職。又大祖五王傳：安成康王秀，出爲江州刺史，聞前刺史取陶潛曾孫爲里司，歎曰：「陶潛之德，豈可不限，天下之才難原，以易限之鑒鏡難原之才，使國罔遺授，野無滯器，其可得乎？宜普命大臣各舉所知，以付尚書依分銓用。若任得其才，舉主延賞；有不稱職，宜及其坐。重者免黜，輕者左遷。被舉之身，加以禁錮，年數多少，隨愆議制。若犯大辟，則任者刑論。」凡此建白，皆欲救以一人之鑒照察天下之弊也。保任連坐，似失之酷，然郤詵言「自頃長吏，有亡命而購縣，有縛束而絞戮，貪鄙竊位，不知誰升之者；獸兕出檻，不知誰可咎者；網漏吞舟，何以過此？」則其時官方敗壞日甚，亦有所不得已也。然其事迄不能行也。選法既弊，奔競之風大盛。晉書所載，郤詵一對，劉頌、熊遠二疏，陳頵與王導書，及劉寔崇讓，王沈釋時之論，（沈見文苑傳。傳云：元康初，松滋令吳郡蔡洪作孤奮論，與釋時意同，而不載其文。）言之最爲痛切。綜其弊，則掌選者不守定法，而馮人事；士不務學行，而立虛譽。實仍季漢之餘風耳。欲救其弊，范甯「驗其鄉黨，考其業尚，試其能不」三言盡之。然終莫能行者，可見破除私黨之難也。

選法之壞，齊末爲最。梁書武帝紀載帝中興二年表曰：「譜牒譌誤，詐僞多緒，人物雅俗，莫肯留心。是以冒襲良家，卽成冠族；妄修邊幅，便爲雅士；負俗深累，遂遭寵擢；墓木已拱，方被徽榮。故前代選官，皆立選簿，應在貫魚，自有銓次。胄籍升降，行能臧否，或素定懷抱，或得之餘論。（此可見當日論才，雖馮衡鑒，平時亦有記注，不能臨時馮億進退也。臨時馮億進退，必爲姦弊之原。）故得簡通賓客，無事掃門。頃代陵夷，九流乖失。其有勇退忘進，懷質抱眞者，選部或以未經朝謁，難於進用。或有晦善藏聲，自埋衡蓽，又以名不素著，絕其階緒。必須畫刺投狀，然後彈冠，則是驅迫廉撝，獎成澆競。愚謂自今選曹，宜精隱括，依舊立簿，使冠履無爽，名實不違，庶人識涯涘，造請自息。」此可見選曹守法之要。而夤緣奔競之風，悉由掌選者先自毀法啓之矣。梁世徐勉在選曹，亦撰選品五卷。魏書景穆十二王傳：御史中尉東平王匡奏請取景明輒點定回換，已見第九章第三節。梁書王亮傳，言其建武末爲吏部尚書，右僕射江祏管朝政，多所進拔，爲士子所歸。亮自以身居選部，每持異議。及祏遇誅，羣小放命，凡所除拜，悉由內寵，亮更弗能止。皆其事也。山濤典選，史所稱美，然又言其再居選職，十有餘年，每一官缺，輒啓擬數人，詔旨有所問，然後顯奏，隨帝意所欲爲先，則逢迎人主，不任受德，亦不任受怨者耳。外戚傳：王蘊，遷吏部尚書郎。每一官缺，求者十輩。蘊無所是非。時簡文帝爲會稽王，輔政，蘊輒連狀白之，曰：某人有地，某人有才。此亦山濤之類，而皆獲美譽，足見毀譽多操諸庸夫之口也。北朝亦重吏部。魏書任城王澄傳：從孝文幸鄴宮，除吏部尚書。及幸代，車駕北巡，留鄴銓簡舊臣。初魏自公侯已下，迄於選臣，動有萬數，冗散無事。澄品爲三等，具其優劣，盡其能不之用，咸無怨者。其眞允當與否不可知，其權則可謂大矣。晉書劉弘傳：弘爲荊州時，荊部守宰多闕，弘請補選，帝從之。其表文言被中詔，敕臣隨資品選，補諸缺吏。此則喪亂時事，不可視爲常法者也。魏初嘗置護軍主武官選，宋書百官志。可參看上節。晉景帝爲中護軍，爲選用之法，見本紀。

漢世人才，萃於郎署。魏晉以來，光祿勳無復三署郎，猶舉四行，宋書百官志。則徒有其名而已。吏部尚書，以一人之鑒，照察天下，魏崔亮語，夫安得盡其才？故當時論者，多欲使羣官並舉。衛瓘論九品之疏曰：「今除九品，則宜準古制，使朝臣共相舉任。於出才之路既博，且可以厲進賢之公心，覈在位之明闇。」劉寔作崇讓論，欲使一人臣初除，各推賢能而讓之，讓之文，付主者掌之，有缺，擇所讓最多者而用之，」此名爲讓，其實薦也。宋孔寧子陳損益，欲使天朝四品官外及守牧，各舉一人堪爲二千石長吏者，以付選官，隨缺敘用，得賢受賞，失舉任罰。見宋書王華傳。殷景仁亦建議：宜令百官舉才，以所薦能否爲黜陟。謝莊亦上表曰：「九服之曠，九流之艱，提鈞縣衡，委之選部。一人之鑒易禁也。劉弘之受敕選補荆部守宰也，見下。以襄陽授皮初，而朝廷用弘壻夏侯陟，弘乃表陟姻親，舊制不得相監，卒以授初，則其制仍存矣。周書柳敏傳：河東解縣人，起家員外散騎侍郎，累遷河東郡丞。朝議以敏之本邑，故有此授。敏雖統御鄉里，而處物平允，甚得時譽。然則統御鄉里，處事易於不平，尋常選用，亦或有迴避之科矣。

禁錮之科，清議特重。隋書刑法志：謂梁士人有禁錮之科，亦以輕重爲差。其犯清議，則終身不齒。陳重清議禁錮之科。若縉紳之族，犯虧名教，不孝及內亂者，發詔棄之，終身不齒。先與士人爲婚者，許妻家奪之。南朝惟革易之初，每加蕩滌。見諸本紀詔。魏胡靈后之立釗，亦詔清議禁錮，悉與蠲除焉。叛逆之家，亦待詔書而免。晉書忠義傳：沈勁年三十餘，以刑家子，不得仕進。郡將王胡之深異之，及遷司州，將鎮洛陽，上疏言「其門戶累蒙曠蕩，不審可得特垂沛然，許臣所上不？」詔聽之。此特免一人者也。宋書孝武帝紀：孝建二年九月，詔曰「在朕受命以前，犯釁之門，尙有存者，子弟可隨才署吏。」則普與蠲除矣。蓋所以安反側也。

選授之權，實在吏尙。宋書蔡廓傳：徵爲吏部尙書，因傅隆問中書令傅亮：「選事若悉以見付，不論；不然，不能拜也。」亮以語錄尙書徐羨之。羨之曰：「黃門郎已下，悉以委蔡，吾徒不復厝懷，自此以上，故宜共參同異。」廓曰：「我不能爲徐千木署紙尾也。」千木，羨之小字。選案黃紙，錄尙書與吏部尙書連名，故廓云紙尾。遂不拜。可見吏部尙書雖「由來與錄共選，」謝莊傳孝武詔語。實權皆在尙書矣。遇猜忌之主，或近習專朝，則令、錄、尙書，有共失其權者。宋孝武慮權移臣下，分吏部尙書置二人。見宋書謝莊孔覬傳。前廢帝時，蔡廓子興宗掌吏部，義恭錄尙書，興宗每陳選事，戴法興、巢尙之等馬貴與云「任子法始於漢，尤備於唐。漢、唐史列傳，凡以門蔭入仕者，皆備言之。獨魏、晉、南北史，不言門蔭之法，列傳中亦不言以門蔭入仕之人。蓋兩漢入仕，或從辟召，或舉孝廉，至隋、唐則專以科目，以門蔭入仕者，皆不由科目與辟召者也。魏、晉以九品中正取人，所取多以世家爲主。南北分裂，凡三百年，用人亦多取世族。南之王、謝，北之崔、盧，雖朝代推移，猶卬然以門地自負，上之人亦緣其門地而用之。其時仕者，或從辟召，或舉孝廉，雖與兩漢無異，而從辟召舉孝廉之人，則皆貴冑也。史傳不言以蔭敍入官，蓋以見當時雖以他途登仕版，居清要，亦皆世家也。」案魏書房亮傳言：其時邊州刺史，例得一子出身。蔭敍之法可考者，惟此而已。

劉毅病晉武賣官，錢入私門，見第二章第一節。北齊後主賜佞幸賣官，見第十四章第四節。皆弊政非弊法。惟宋明帝泰始二年三月，令人入米七百石者除郡，減此各有差。南史本紀。魏明帝孝昌三年二月，詔凡能輸粟入瀛、定、岐、雍四州者，官斗二百斛賞一階。入二華州者，五百石賞一階。不限多少，粟畢授官。魏書本紀。莊帝班入粟之制：輸粟八千石賞散侯，六千石散伯，四千石散子，三千石散男。職人輸七百石，賞一大階，授以實官。白民輸五百石，聽依第出身，一千石加一大階。無第者輸五百石，聽正九品出身，一千石加一大階。諸沙門有輸粟四千石入京倉者，授本州統，若無本州者，授大州都；若不入京倉，入外州郡倉者，三千石畿郡都、統，依資格。若輸五百石入京倉者，授本郡維那，其無本郡者，授以外郡。粟入外州郡倉七百石，京倉三百石者，授縣維那。魏書食貨志。則皆賣官之法也。

回避之法，此時仍有之。晉書華表傳：子廙，妻父盧毓典選，難舉姻親，年三十五不得調。此猶曰人自避嫌，法無明故孝義獲舉，偏在窮檐耳。自序言：沈邵爲安成相，郡民王孚有學業志行，見稱州里，邵莅任未幾而孚卒，邵贈以孝廉。其所以風厲之者，可謂至矣。然袁粲傳言：粲坐納山陰民丁彖文貨，舉爲會稽郡孝廉，免官。梁書文學傳：高爽，齊永明中贈王儉詩爲所賞，及領丹陽尹，舉爽孝廉。則藉賄賂交游而得之者，亦在所不免矣。魏韓麒麟嘗以州郡貢察，但檢門望爲病，見第十八章第一節。則拔忠孝於溝畎之中，究亦罕有之事也。

特詔選舉，晉初爲盛。武帝紀：泰始四年十一月，詔王公卿尹及郡國守相，舉賢良方正直言之士。五年十二月，詔州郡舉勇猛秀異之才。七年六月，詔公卿以下舉將帥各一人。八年二月，詔內外羣官舉任邊郡者各三人。大康九年，五月，詔內外羣官舉守令之才。後世雖間有特詔，而希矣。成帝紀：咸和六年三月，詔舉賢良直言之士。十一月，詔舉賢良。八年正月，令諸郡舉力人能舉千五百斤以上者。馬隆傳云：泰始中，將興伐吳之役，下詔曰：「吳會未平，宜得猛士，以濟武功。雖舊有薦舉之法，未足以盡殊才。其普告州郡，有壯勇秀異，才力傑出者，皆以名聞。將簡其尤異，擢而用之。苟有其人，勿限所取。」兖州舉隆才堪良將。此卽紀所載五年十二月之詔也。觀於涼州之役，見第二章第二節。隆誠不媿壯勇秀異之目矣。王衍傳：泰始八年，詔舉奇材可以安邊者。衍初好論縱橫之術，故尚書盧欽舉爲遼東大守。不就。則非徒舉其所知，亦且指所宜任，誠得舉才之道矣。惜乎後世，此等舉措不恆有也。以至孝等實行獲舉者，多見孝義等傳中，此風厲之意多，求才之意少。北朝斯舉亦罕。惟魏孝文大和十九年十月，嘗詔州郡：「諸有士庶，經行修敏，文思遒逸，才長吏治，堪幹政事者，以時發遣。」出於常舉之外。

審也。漢世丞相四科取士：一曰德行高妙，志節清白，二曰經中博士，三曰文中御史，四曰才任三輔令。一者德，四者才，二者儒學，三者文法之學也。德與才皆不可以言試，故左雄選孝廉之法，諸生試家法，文吏課牋奏，實卽四科之二三。黃瓊以雄所上專於儒學、文吏，於取士之義，猶有所遺，奏增孝弟及能從政者，則欲補之以四科之一四耳。參看秦漢史第十八章第四節。秀、孝試經，皆卽儒學，文法之學，實切於用，而魏、晉以後，選士之制闕焉，故葛氏又欲取明律令者試之如試經。當時試孝廉之法，實卽後世明經之科，秀才之科，唐以後雖廢絕，然南北朝末人重文辭，唐進士科之所試，實卽前此之所以試秀才者也。明法之科，則卽漢世丞相取士四科之三，左雄之所以試文吏，而亦卽葛氏所欲舉者。惜其視之大輕，故葛氏所病弄法之吏，失理之獄，仍不絕於後世也。漢時射策之法，亦見秦漢史第十八章第四節，此卽後世帖經墨義之法所本，秀才試經，或異乎此，然亦卽後世試大義之法也。

孝廉之舉，本重行實，魏、晉而後，仍有此意。宋書孝義傳：吳興大守王韶之發教，謂「孝廉之選，必審其人。雖四科難該，文質寡備，必能孝義邁俗，拔萃著聞者。」乃察潘綜、吳逵爲孝廉，並列上州臺，陳其行跡，則其事矣。韶之初擢逵補功曹史，逵以門寒，固辭不受，乃舉爲孝廉。又郭世通，會稽永興人。大守孟顗察孝廉，其子原平，大守王僧朗察孝廉，皆不就。大守蔡興宗又欲舉原平次息爲望孝，與會土高門相敵。詳見第十八章第一節。則孝廉之選，頗有不拘門第者。故史臣謂「漢世士務治身，忠孝成俗，至於乘軒服冕，非此莫由。晉、宋以來，風衰義缺，刻身厲行，事薄膏腴，孝立閨庭，忠被史策，多發溝畎之中，非出衣簪之下」也。然此言實因果倒錯。覈其實，蓋由斯時膏腴之士，別有出身，不藉行譽，親曰「頃觀文人，質則過儒，麗則傷俗；合清濁，中古今，得之何生矣。」則考策者雖非徒重文辭，亦非不重文辭矣。江淹傳論載姚察之辭曰：「二漢求士，率先經術；近世取人，多由文史，」可以見其所偏矣。遂寖成考試之法，無復諮訪之意矣。惟魏孝文大和七年詔言：「朕每思知百姓之所疾苦，故具問守宰苛虐之狀於州郡使者、秀孝、計掾，而對文不實，甚乖朕虛求之意。宜案以大辟，明罔上必誅。然情猶未忍，可恕罪聽歸，申下天下，使知後犯無恕。」所答雖不副所求，而其問之則實得漢世策問賢良之意。蓋以魏起代北，風氣究較質樸故也。

言有發於千百年之前，而於千百年後之事，若燭照而數計者，葛洪選舉之篇是也。洪謂秀、孝皆宜如舊試經答策，而「防其所對之姦。」欲「使儒官才士，豫作諸策，禁其留草殿中，封閉臨試之時，亟賦之，當答策者，皆會著一處，高選臺省之官，親監察之。又嚴禁之，其交關出入，畢事乃遣。」又設難曰：「能言不必能行，今試經對策雖過，豈必有政事之才乎？」而答之曰：「如其舍旃，則未見餘法之賢乎此也。假令不能盡得賢才，要必愈於了不試也。自有學不爲祿，味道忘貧，若法高卿、周生烈者，萬之一耳。至於甯越、兒寬、黃霸之徒，所以强自篤厲，非天性也，皆由患苦困瘁，欲以經術自拔耳。使非漢武之世，朱買臣、嚴助之屬，亦未必讀書也。今若遐邇一例，明課考試，必多負笈千里，以尋師友，轉其禮賂之費，以買記籍者。」故「試經法立，則天下可不立學官，而人自勤學。」案後世科舉之利，在於官不立學，雖立亦徒有其名，而民自鄉學，文教由是覃敷也。其制不足以必得才，而究愈於不試，而其試之則關防不得不嚴。唐、宋、明、清之事，可以爲證。而葛氏發之於千百年之前，亦可謂聖矣。何以克聖？理有必至，勢有固然，察之者精，故言之者州、郡所遣秀才、孝廉多非其人，公表天子，申明舊制，依舊策試，則晉末又嘗曠絶矣。豈以桓玄之亂故歟？此後清平時恆有策試之法，閒亦有親策之舉，如宋武帝永初二年，齊武帝永明四年，魏孝文帝大和十六年，北齊武成帝河清二年是也。胡靈后亦嘗親策秀、孝及州、郡計吏於朝堂，見魏書本傳。

馬貴與言：「自孝文策鼂錯之後，賢良方正，皆承親策，上親覽而第其優劣。至孝昭，年幼未卽政，故無親策之事。乃詔有司，問以民所疾苦。然所問者，鹽鐵、均輸、榷酤，皆當時大事。令建議之臣，與之反覆詰難，講究能行之宜。其視上下相應以義理之浮文者，反爲勝之。國家以科目取士，士以科目進身者，必如此，然後爲有益人國耳。」又謂「漢武帝之於董仲舒也，意有未盡，則再策之，三策之。晉武帝之於摯虞、阮种也亦然。」此論雖指賢良，然晉書王接傳云：永寧初舉秀才。友人遺接書勸無行。接報書曰：「今世道交喪，將遂剝亂，而識智之士，鉗口韜筆，非榮斯行，欲極陳所見，冀有覺悟耳。」是歲三王義舉，惠帝復阼，以國有大慶，天下秀才，一皆不試。接以爲恨。是凡對策者皆可極陳所見也。然觀孔坦之言，則知秀才策試，亦已兼用經義，而孝廉無論矣。晉書魏舒傳：年四十餘，察孝廉。宗黨以舒無學業，勸令不就，可以爲高。舒不聽。自謂百日習一經，對策升第。其所試者蓋全爲經生之業矣。石勒載記言勒立秀孝試經之制，必有所受之也。其後秀才對策，又兼重文辭。南北皆然。此弊北朝尤甚。北齊書儒林傳：劉晝，河清初舉秀才，考策不第，乃恨不學屬文，方復緝綴辭藻。馬敬德，河閒郡王將舉其孝廉，固辭。乃詣州求舉秀才。舉秀才例取文士，州將以其純儒，無意推薦。敬德請試方略，乃策問之，所答五條，皆有文理，乃欣然舉送。至京，依秀才策問，惟得中第。乃請試經業，問十條並通。擢授國子助教。蓋儒生之於文辭，究非專長也。南朝似尚不至此。然梁書文學傳謂何遜舉秀才，范雲見其策，大相稱賞。謂所廉。上州、上郡歲一人，下州、下郡三歲一人。周書本紀。高齊亦下州三歲一舉秀才。見北齊書文苑樊遜傳。

策試之法，時有興替。晉書孔坦傳云：先是以兵亂之後，務存慰悅，遠方秀、孝，到不策試，普加除署。至是，帝元帝。申明舊制，皆令試經，有不中科，刺史、太守免官。大興三年，秀、孝多不敢行。其有到者，並託疾。帝欲除署孝廉，而秀才如前制。坦奏議曰：「古者且耕且學，三年而通一經。以平康之世，猶假漸漬，積以日月。自喪亂已來，十有餘年，干戈載揚，俎豆禮戢，家廢講誦，國闕庠序，率爾責試，竊以為疑。然宣下已來，涉歷三載，累遇慶會，遂未一試。揚州諸郡，接近京都，懼累及君父，多不敢行。遠州邊郡，掩誣朝廷，冀於不試，冒昧來赴。既到審試，遂不敢會。臣愚以為不會與不行，其為闕也同。若當偏加除署，是為肅法奉憲者失分，徼幸投射者得官。王命無貳，憲制宜信。去年察舉，一皆策試，如不能試，可不拘到，遣歸不署。又秀才雖以事策，亦氾問經義，苟所未學，實難闇通，不足復曲碎乖例，違舊造異。謂宜因不會，徐更革制。可申明前下，崇修學校，普延五年，以展講習。」帝納焉。聽孝廉申至七年，而秀才如故。據此，申明試經舊制，事在建武、大興之間。抱朴子審舉篇曰：「江表雖遠，密邇海隅，然染道化，率禮教，亦既千餘載矣。往雖暫隔，不盈百年，而儒學之事，亦未偏廢。昔吳王初年，附其貢士，見偃以不試。今太平已近四十年，猶復不試，所以使東南儒業衰於在昔也。」自吳之亡，至大興三年，凡四十年，葛氏此篇當即作於建武、大興之間。然則北方秀、孝之試，自八王搆亂而曠絕，南方則晉世本未嘗試也。爾後試法蓋復，然亦有名無實。五行志：成帝咸和七年正月丁巳，會州郡秀、孝於樂賢堂，有麏見於前，獲之。自喪亂已後，風教陵夷，秀、孝策試，乏四科之實，麏興於前，或斯故乎？其徵也。宋書武帝紀：義熙七年，先是諸行而銳人事？」案衛瓘亦言：「魏立九品之制，其始造也，鄉邑清議，不拘爵位，褒貶所加，足爲勸厲，猶有鄉論餘風。中間漸染，遂計資定品，使天下觀望，惟以居位爲貴人」是中正之初，嘗有激揚之效，而後乃至於敗壞也。然其敗壞亦可謂速矣。而上之人選任之亦日輕。晉書李含傳：隴西狄道人，僑居始平。司徒選含領始平中正。據傳，咸表含自以隴西人，雖戶屬始平，非所綜悉，反覆言辭，是中正必以當地人爲之也。劉毅傳：司徒舉毅爲青州大中正。尚書以毅縣車致仕，不宜勞以碎務。孫尹表言：「臣州茂德惟毅，數毅不用，則清談倒錯矣。」何充傳：領州大中正。以州有先達宿德，固讓不拜。是中正必以耆德爲之也。然魏書文苑傳：聿脩年十八而領本州中正，則幾於乳臭矣。又恩幸如王仲興、茹皓、趙邕、侯剛，剛子詳，奄官如平季、封津，皆爲中正，則正人君子，必羞與爲伍矣。仲興世居趙郡，自以寒微，云舊出京兆霸城縣，故爲雍州大中正。皓舊吳人，父家居淮陽上黨。既宦達，自云本出雁門。雁門人諂附者因薦皓於司徒，請爲肆州大中正。則并籍貫而不能理矣。於是正論湮而怨訟敵讎之事且因之而起矣。晉書王戎傳：孫秀爲琅邪郡吏，品於鄉議。戎從弟衍將不許，戎勸品之。及秀得志，朝士有宿怨者皆被誅，而戎、衍獲濟。劉毅論九品之弊曰：「自王公以至於庶人，無不加法。置中正，委以一國之事，無賞罰之防，人心多故，清平者寡，故怨訟者衆。聽之則告訐無已，禁絕則侵枉無極，與其理訟之煩，猶愈侵枉之害。今禁訟訴，則杜一國之口，培一人之勢，使得縱橫，無所顧憚。」此已爲非體，然能禁其訟訴，而不能禁其私相讎。故毅又謂其「恨結於親親，猜生於骨肉，當身困於敵讎，子孫罹其殃咎也。」其爲禍可謂博矣。此亦行法者之弊，不能盡歸咎於立法也。

秀、孝爲州、郡常舉，晉南北朝，亦沿漢法。後漢避光武諱，改秀才曰茂才。魏復曰秀才。晉江左，揚州歲舉二人；諸州舉一人，或三歲一人，隨州大小，並對策問。孝廉：魏初制口十萬以上歲一人，有秀異不拘戶口。江左以丹陽、吳、會稽、吳興並大郡，歲各舉二人。宋書百官志。周宣帝詔制九條，宣下州郡。八曰州舉高才博學者爲秀才，郡舉經明行修者爲孝母亡，遭亂不葬，乃不過其品。及蘇峻平，嶠有重功，愉往石頭，詣嶠，嶠執愉手而流涕曰：「天下喪亂，忠孝道廢，能持古人之節，歲寒不凋者，君一人耳。」時人咸稱嶠居公而重愉之守正。愉之執持，曷嘗有妨於嶠之宣力，而使名教之防益峻，豈能謂爲無益？若云其所謂名教者本不足存，此則別是一義，不能以責當時之士也。抑且考論罷行，使登用雁行有序，則可以息奔競之風；原不能謂爲無益。所可惜者，其後幷此而莫能舉，欲以息奔競之風，而奔競更甚。終至上品無寒門，下品無世族。劉毅語。中正之弊，蓋以此爲最深。宋書恩幸傳論其事曰：「漢末喪亂，魏武始基，軍中倉卒，權立九品，蓋以論人才優劣，非爲世族高卑。因此相沿，遂爲成法。自魏至晉，莫之能改。州都郡正，以才品人，而舉世人才，升降蓋寡。徒以憑藉世資，用相陵駕，都正俗士，斟酌時宜，品目少多，隨事俯仰。劉毅所謂下品無高門，上品無賤族者也。歲月遷譌，斯風漸篤。凡厥衣冠，莫非上品。自此以還，遂成卑庶。」可見其法立而弊即生，且降而彌甚矣。中正之設，原欲以息奔競，然劉毅譏其「隨世興衰，不顧才實，衰則削下，興則扶上；」段灼亦謂「據上品者非公侯之子孫，則當塗之昆弟；」是益其奔競也。魏書世宗紀，載正始二年詔，謂「中正所銓，惟在門第，」可謂南北一轍。然孫紹傳紹表言：「中正賣望於鄉里，主案舞筆於上臺，眞僞渾殽，知而不糾。」則幷辨別姓族而有所不能矣。晉武帝咸熙二年，嘗詔諸郡中正，以六條舉淹滯，可知立法之意，正與後來之所行相反也。而其人又或快意恩仇，晉書何曾傳：曾子劭羲，子岐嗣。劭初亡，袁粲弔岐，岐辭以疾，粲獨哭而出，曰「今年決下婢子品。」王銓謂之曰：「知死弔死，何必見生？岐前多罪，爾時不下，何公新亡，便下岐品，人謂中正畏彊易弱。」粲乃止。使如粲意行之，則誠所謂衰則削下，興則扶上者矣。受納貨賄，李宣茂兼定州大中正，坐受鄉人財貨，爲御史所劾，除名爲民，見魏書李靈傳。又陽尼出爲幽州平北府長史，帶漁陽大守，未拜，坐爲中正時受鄉人財貨免官。結交朋黨，劉毅言：「前九品詔書善惡必書，以爲褒貶，當時天下，少有所忌。今之九品，所下不彰其罪，所上不列其善，廢褒貶之義，任愛憎之斷，清濁同流，以植其私。故反違前品，大其形勢，以驅動衆人，使必歸己。天下安得不解德中正之法，所以相沿而不廢也。

九品中正之弊，果何如乎？論者皆曰：用人不容不論其才，才又各有攸宜，中正品平，皆不能具。若論考績，尤不應舍功實而采虛名。劉毅論九品曰：「人才異能，備體者寡。器有大小，達有早晚。前鄙後修，宜受日新之報。抱正違時，宜有質直之稱。度遠闕小，宜得殊俗之狀。任直不飾，宜得清實之譽。行寡才優，宜獲器任之用。是以三仁殊塗而同歸，四子異行而均義。陳平、韓信，笑侮於邑里，而收功於帝王。屈原、伍胥，不容於人主，而顯名於竹帛。是篤論之所明也：」案此等玄鑒，知人則哲，存乎其人，實非可責諸凡爲中正者。然毅又曰：「凡官不同事，人不同能，得其能則成，失其能則敗。今品不就才能之所宜，而以九等爲例，以品取人，或非才能之所長，以狀取人，則爲本品之所限。」又曰：「旣已在官，職有大小，事有劇易，各有功報，此人才之實效，功分之所得也。今則反之，於限當報，雖職之高，還附卑品；無績於官，而獲高敍，是爲抑功實而隆虛名也。」此則確爲中正之所貿矣。故中正之法，必不可用，似也。然中正之設，本所以覈行實；而鄉里清議，大都祇能見其德行，論才任用，據功考課，本當別有專司；論九品之語甚多，其實夏侯玄之言已盡之矣。玄謂「銓衡專於臺閣，上之分也。孝行存乎閭巷，優劣任之鄉人，下之敍也。夫欲清教審選，在明其分敍，不使相涉而已。」欲「令中正但孝行倫輩，官長各以其屬能否，獻之臺閣，臺閣據之，參以鄉閭德行之次，擬其倫比。」卽欲使中正惟論德行，餘事委之他司也。以是爲中正咎，中正不任受怨也。中正之設，據行實以登下其品第，以是立名教之防，使知名勇功之士，不敢有裂冠毀冕之爲；中正所論，惟在德行，尤重當時所謂名教之防。陳壽遭父喪，有疾，使婢丸藥，客見之，鄉里以爲貶，坐是沈滯累年。閻纘父卒，繼母不慈，纘恭事維謹，而母疾之愈甚，乃誣纘盜父時金寶，訟於有司。遂被清議十餘年。謝惠連愛幸郡吏杜德靈，居父憂，贈以五言詩十餘首，坐廢不豫榮伍。文獻通考引此三事，病其法大拘。此等事若悉舉之，尙更僕難盡。然如晉書孔愉傳：謂愉爲司徒長史，以溫嶠北齊書許惇傳。劉毅年七十告老，久之見許，後司徒舉爲齊州大中正，此則老於鄉里者也。平騭人物，分爲九品，而尚書據以選用。魏制三年一清定，晉世因之。晉書石季龍載紀：季龍下書曰：「魏始建九品之制，三年一清定。從尒以來，遷用無改。自不清定，三載於茲，主者其更銓論。」

九品中正之制，何自起乎？曰：古代用人，以德爲主。德行必本諸實事，而行實必徵之鄉里，故漢世風氣，最重鄉平。「魏氏承顛覆之運，起喪亂之後，人士流移，考詳無地。」衞瓘語。「銓衡之寄，任當臺閣，由是仕憑借譽，學非爲己。」宋書臧燾徐廣傅隆傳論。此實選法之大弊。又其時輿論所獎，率在虛名，負虛名者不必有才，卽德行亦多出矯僞。參看秦漢史第十八章第四節。故魏武下令，欲求盜嫂受金之士。三國魏志武帝紀建安十五年春，十九年十二月，二十二年八月令。顧亭林極詆之，謂「經術之治，節義之防，光武、明、章數世爲之而未足，毀方敗常之俗，孟德一人變之而有餘。」見日知錄風俗條。不知漢世所謂經術之治，節義之防，舉矯僞而不足信也。參看秦漢史自明。然此乃一時矯枉之爲，未可用爲恆典。故何夔建議，謂自「軍興以來，用人未詳其本，各引其類，時忘道德。自今所用，必先核之鄉閭，使長幼順敍，無相踰越。」毛玠、崔琰典選，史稱其所舉用，皆清正之士，雖於時有盛名，而行不由本者，終莫得進。卽欲覈其行實，以破借譽之局也。欲覈行實，必先使人有定居，人有定居，而中正之制可廢矣。故李重言「九品始於喪亂軍中之政，非經國不刊之法。」病當時「人物播遷，仕無常朝，人無定處，郞吏蓄於軍府，豪右聚於都邑。」欲除九品而開移徙，「明貢舉之法，不濫於境外。」衞瓘亦欲「蕩除末法，一擬古制，以土斷，定自公卿已下，皆以所居爲正，無復縣客遠屬異土，使舉善進才，各由鄉論」也。然人士流移，非一朝可復，而吳平未幾，五胡之亂復起，南北隔越，僑置之州郡縣遂多，土斷之法，蓋終晉、南北朝之世，未能盡行，此則九品年秩祿，皆入前人，此後去官者，則一年秩祿，皆入後人。元嘉末始改此科，計月分祿。此皆沿用實物之弊也。隋書蘇孝慈傳云：先以百寮供費，臺、省、府、寺，咸置廨錢，收息取給，孝慈以爲官民爭利，非興化之道，上表請罷之，請公卿已下，給職田各有差。廨錢之制，當亦沿自南北朝時。蓋許其囘易，非如後世之存商取息，故以與民爭利爲病也。

第四節　選舉

晉、南北朝選法，最受人詆諆者，九品中正之制也。三國魏志陳羣傳云：文帝即王位，徙爲尚書，制九品官人之法，羣所建也，則其制實始漢末。魏時，弊即大著，夏侯玄極言之。晉初，劉毅、衞瓘、段灼、李重等又以爲言，皆見三國志、晉書本傳。然其制迄未能廢。北朝亦放之。至隋乃罷。梁書敬帝紀：大平二年，正月，詔諸州各置中正，依舊訪舉，不得輒承單狀，序官皆須中正押上，然後量授，此遭亂曠絕，非法廢也。魏書官氏志：正始元年，十一月，罷郡中正。正光元年，十二月，罷諸州中正，郡定姓族，後復。其制：於州置大中正，郡置小中正，大中正亦稱州都，廿二史考異云：由避隋諱，隋書韋師傳：以楊雄、高熲爲州都督，乃校者不達，妄加督字。北史亦同誤，其說是也。然劉毅疏中，即有州都之名，則似非始於隋。晉書傅玄傳：子咸，遷司徒左長史。豫州大中正夏侯駿上言：魯國小中正司馬孔毓，四移病所，不能接賓，求以尚書郎曹馥代毓，旬日，復上毓爲中正。司徒三卻，駿故據正。咸以駿與奪惟意，乃奏免駿大中正。司徒魏舒，駿之姻屬，屢卻不署。咸據正甚苦。舒終不從。咸遂獨上。舒奏咸激訕不直，詔轉咸爲車騎司馬。孝友傳：盛彥本邑大中正，劉頌舉爲小中正。據此二事，小中正用舍，大中正似可參與。以他官或老於鄉里者爲之。說據十七史商榷。故其名不見於職官志。梁大平二年，詔選中正每求耆德該悉，以他官領之。北齊之制，州大中正以京官爲之，見及雲至郡，止其半，百姓悅之。此蓋本供公用而浮取之者，能去其浮取之額，則爲賢者矣。梁書良吏傳：伏暅爲東陽大守。郡多麻苧，家人乃至無以爲繩。北齊書裴讓之傳：弟讞之爲許昌大守。客旅過郡，出私財供給，民間無所豫。是則當時守令日用交際，悉出民間。此似爲非法，然祿既薄矣，不於此取之，將安取之？此亦未違隨身衣食悉仰於官之義。朱修之爲荊州刺史，去鎭之日，計在州然油及私牛馬食官穀草，以私錢六十萬償之。褚玠爲山陰令，在任歲餘，守奉祿而已。去官之日，不能自致，留縣境種菜自給。儉不可遵，轉未免賢知之過也。特資用不由官給而由自籌，因之貪取者必衆，故以立法論，則究非良規。北魏崔寬拜陝城鎭將，誘接豪右，宿盜魁帥，得其忻心。時官無祿，力取給於民。寬善撫納，招致禮遺，大有受取，而與之者無恨。此已爲非道。若南史宗元饒傳言：合州刺史遣使就渚斂魚，又令人於六郡丐米；梁書宗室傳言益州守宰、丞、尉，歲時乞丐，躬歷村里，則更不成事體矣。令長爲眞親民之官，故其所取皆在民間。若州郡則有更取之於縣者。朱修之傳言其刺荊州時，百城貺贈，一無所受，可見時以有所受爲常。南史傳昭傳言：昭遷臨海大守，縣令嘗餉粟，置絹於簿下，昭笑而遣之。此亦必非獨餉昭者也。侯景之亂，京官文武，月別惟得廩食，多遙帶一郡縣官而取其祿，隋書食貨志。則京官取資於外，前世又早啓其端矣。外官祿奉供給，取諸地方，蓋隨土所出，無畫一之法，即內官亦或諸物雜給，但以錢論直。梁書武帝紀：大通元年五月，詔曰：「百官奉祿，本有定數。前代以來，皆多平准。頃者因循，未遑改革。自今已後，可長給見錢，依時即出，勿令逋緩。」蓋用實物者平准或難優衷，故欲革其弊也。其給田者，亦病斂穫之時，不能與在任之日相應。宋書良吏阮長之傳言：時郡縣田祿，以芒種爲斷，此前去官者，則一惟恐船馬之不多，見送者惟恨吏卒之常少。窮奢極費，謂之忠義，省煩從簡，呼爲薄俗。轉相放效，流而不反。雖有常防，莫肯遵修。加以王途未夷，所在停滯，送者經年，永失播殖。一夫不耕，十夫無食，況轉百數，所妨不訾？愚謂宜勒屬縣：令、尉去官者，人船吏侍，皆具條列，到當依法減省，使公私允當。」曰有常防而莫肯遵修，欲使條列而爲之減省，則因之爲利，雖云貪黷，資以去來，原非違法。故隋志所載：梁世郡縣吏有迎新送故之員，各因其大小而置；陳世郡縣官之任、代下，有迎新送故之法，並以定令；可裁之以正而不能遏去也。（漢世黃霸，卽以長吏數易，送故迎新，公私費耗爲病，見秦漢史第十八章第四節。南史恩幸傳云：晉、宋舊制，宰人之官，以六年爲限。近世以六年過久，又以三周爲期，謂之小滿。而遷換去來，又不依二周之制。送故迎新，吏人疲於道路。魏書高祖紀：延興二年十二月詔，亦以「官以勞升，未久而代，送故迎新，相屬於路」爲病。然此自遷代大數，送迎所費大多爲之，於法、於理，之任、代下者，原不能令其自籌川資也。）居官時之所資，齊書豫章王嶷傳言之，曰：宋氏已來，州郡秩奉及供給，多隨土所出，無有定准。嶷上表曰：「伏尋郡縣長、尉奉祿之制，雖有定科，其餘資給，復由風俗。東北異源，西南各緒，習以爲常，因而弗變。緩之則莫非通規，證之則靡不入罪。臣謂宜使所在，各條公用公田秩石，迎送舊典之外，守宰相承有何供調，尚書精加洗覈，務令優衷。事在可通，隨宜開許，損公侵民，一皆止卻。明立定格，班下四方，永爲恆制。」從之。此所謂其餘資給，蓋卽後世之陋規。取之者雖或損公侵民，循其本原，所以供公用，故亦可洗覈而不可禁絕也。齊書王秀之傳：出爲晉平太守。至郡期年，謂人曰：「此邦豐壤，祿奉常充，吾山資已足，豈可久留，以妨賢路？」遂上表請代。夫曰豐壤祿奉常充，則瘠土有不給者矣。此亦所謂各由風俗者歟？南史范雲傳：遷零陵內史。舊政公田奉米之外，別雜調四千石。

分公九命。四分各益其一。公因盈數爲萬石。其九秩一百二十石，八秩至於七秩，每二秩六分而下各去其一，二秩俱爲四十石。凡頒祿視年之上下：畝至四釜爲上年，上年頒其正，三釜爲中年，中年頒其半，二釜爲下年，下年頒其一。無年爲凶荒，不頒祿。

魏初百官無祿，讀史者或以爲異聞。然周制凶荒便不頒祿，與魏初亦何以異？歷代喪亂之際，減祿或不頒祿者甚多，又不獨一周世。晉書武帝紀：泰始三年九月，議增吏奉，賜王公已下帛有差。咸寧元年，又以奉祿薄，賜公卿已下帛有差。可見前此奉祿甚薄，是時雖增，亦不爲厚。簡文帝紀：咸安二年三月，詔曰：「往事故之後，百度未充，羣僚常奉，並皆寡約，今資儲漸豐，可籌量增奉。」是東渡之初，又曾減於西都也。孝武帝大元四年三月，詔以「年穀不登，百姓多匱，九親供給，衆官廩奉，權可減半」。據簡文三子傳，是時司徒已下，僅月廩七升，則又不止於減半已。宋文帝元嘉之治，見稱江左，而二十七年二月，以軍興減百官奉三分之一。三月，淮南大守諸葛闡求減奉祿，同內百官，於是州及郡縣丞尉，並悉同減。至孝武帝大明二年正月，乃復郡縣田秩，并九親祿奉。齊書武帝紀：永明元年正月，詔曰：「守宰祿奉，蓋有恆準，往以邊虞，沿時損益，今區宇寧晏，郡縣丞尉，可還田秩。」則齊初又曾以兵事減外官奉。北魏班祿，始於大和八年，而及十九年，紀即言其減閑官祿以裨軍國之用。于忠傳云：大和中，軍國多事，高祖以用度不足，百官之祿，四分減一。忠既擅權，欲以自固，乃悉歸所減之祿。則又不僅閑官。北史齊本紀：於文宣篡位後，書自魏孝莊已後，百官絕祿，至是復給焉。則其末造又嘗無祿也。蓋行政經費，本在祿奉之外，而服官者當任職之時，隨身衣食，悉仰於官。古人亦視爲成法，則無祿者亦不過無所得耳，原不至不能自給。此凶荒之所由可絕祿也。郡縣之官，取諸地方者，送迎之費爲大。宋書虞預傳：大守庾琛命爲主簿，預上記陳時政所失，曰：「自頃長吏，輕多去來，送故迎新，交錯道路，受迎者秩。從四品二百匹，五十匹爲一秩。五品一百六十匹，四十匹爲一秩。從五品一百二十匹，三十匹爲一秩。六品一百匹，二十五匹爲一秩。從六品八十匹，二十匹爲一秩。七品六十匹，十五匹爲一秩。從七品四十匹，十匹爲一秩。八品三十六匹，九匹爲一秩。從八品三十二匹，八匹爲一秩。九品二十八匹，七匹爲一秩。從九品二十四匹，六匹爲一秩。祿率一分以帛，一分以粟，一分以錢。事繁者優一秩，平者守本秩，閑者降一秩。長兼、試守者，亦降一秩。官非執事、不朝拜者，皆不給祿。又自一品已下至於流外勳品，各給事力。一品至三十人。下至流外勳品，或以五人爲等，或以四人、三人、二人、一人爲等。繁者加一等，平者守本力，閑者降一等。州、郡、縣制祿之法：刺史、守令下車，各前取一時之秩。上上州刺史歲秩八百匹，與司州牧同，上中、上下，各以五十匹爲差。中上降上下一百匹，中中及中下，亦以五十匹爲差。下上降中下一百匹，下中、下下，亦各以五十匹爲差。上郡大守歲秩五百匹，降清都尹五十匹。上中、上下，各以五十匹爲差。中上降上下四十匹，中中及中下，各以三十匹爲差。下上降中下四十匹。下中、下下，各以二十匹爲差。上上縣，歲秩一百五十匹，與鄴、臨漳、成安三縣同。上中、上下，各以十匹爲差。中上降上下三十匹。中中及中下，各以五匹爲差。下上降中下二十匹。下中、下下，各以十四匹爲差。州自長史已下，逮於史吏，郡縣自丞已下，逮於掾佐，亦皆以帛爲秩。郡有尉者減丞之半。皆以其所出常調課之。其鎮將、戍主、軍主、副、幢主、副，逮於掾史，亦各有差。諸州刺史、守、令已下，幹及力皆聽敕乃給。其幹出所部之人。一幹輸絹十八匹，幹身放之。力則以其州、郡、縣白直充。盧辯之制：下士一命。一百二十五石。中士再命。已上至於上大夫上士三命，下大夫四命，中大夫五命，上大夫六命。各倍之。上大夫是爲四千石。卿七命。二分，孤八命。三也？晉初限田及衣食客佃客，皆以官品差多少。隋書經籍志職官門，梁有徐宣瑜晉官品一卷。梁武帝天監初，命尚書郎蔡法度定令爲九品。至七年，革選，徐勉爲吏部尚書，又定爲十八班。以班多爲貴。將軍敍於百司之外，分十品，二十四班。南史勉傳云：天監初，官名互有省置。勉撰立選簿，有詔施用。其制開九品爲十八班。自是貪冒苟進者，以財貨取通，守道淪退者，以貧寒見沒。則班蓋爲選舉而設。陳亦分十八班。皆見隋志。元魏九品，皆分正從，一品之中，復析爲上中下，則一品而分爲六矣。大和二十三年，高祖次職令，世宗頒行之。四品已下，正從各分上下階。一品猶析爲四。北齊因之。周盧辯依周禮定官制，內外皆分九命，以多爲貴，實亦九品也。周書文帝紀：魏廢帝三年正月，始作九命之典，以敍內外官爵。以第一品爲九命，第九品爲一命。改流外品爲九秩，亦以九爲上。宋志所載，雜流技術，亦皆入品。至陳世，則隋志云：官有清濁，又有流外七班，寒微之人爲之。魏書劉昶傳載高祖臨光極堂大選，亦言八族已上，士人品第有九，九品之外，小人之官，復有七等云。

官祿：晉志惟載諸開府位從公、食奉日五斛。大康二年，又給絹，春百匹，秋絹二百匹，緜二百斤。元康元年，給菜田十頃，騶十人。立夏後不及田者，食奉一年。特進、食奉日四斛。絹春五十匹，秋百五十匹，緜一百五十斤。菜田八頃，騶八人。光祿大夫、奉日三斛，絹春五十匹，秋百匹，緜百斤。菜田六頃，騶六人。尚書令、奉月五十斛，絹春三十匹，秋七十匹，緜七十斤。菜田六頃，騶六人。大子二傅同光祿大夫。五官。宋、齊、梁、陳，史皆不載。北齊之制，見於隋志。齊制多循後魏，蓋魏亦如是也。通鑑陳宣帝大建七年注，即以此爲魏、齊之制。其制：官一品，每歲祿八百匹，二百匹爲一秩。從一品，七百匹，一百七十五匹爲一秩。二品六百匹，一百五十匹爲一秩。從二品五百匹，一百二十五匹爲一秩。三品四百匹，一百匹爲一秩。從三品三百匹，七十五匹爲一秩。四品二百四十匹，六十匹爲一帝天平二年，齊獻武王以治民之官多不奉法，請差朝士清正者，州別遣一人問疾苦。周武帝建德五年遣使，詔意亦頗重視，皆見紀。至齊孝武，徽求急速，以郡縣遲緩，始遣臺使，則擅作威福，其弊無窮，詳見齊書竟陵王子良傳。後人所由訾遣使縱橫，本非令典也。

晉武帝訪王渾以元會問郡國計吏方俗之宜。渾言：「舊侍中讀詔，詔文相承已久，非留心方國之意。請令中書指宣明詔，不復因循常辭。又先帝時正會後東堂見征、鎮長史、司馬，諸王國卿，諸州別駕。今若不能別見，可前詣軒下，使侍中宣問，以審察方國。」其視之意亦甚重。然後亦寖成具文。北齊尚有其禮，見隋書禮儀志。晉武帝泰始三年，嘗詔郡、國守、相，三載一巡行屬縣。然范甯爲豫章太守，欲遣十五議曹下屬城采求風政，并吏假還，訊問長吏得失，而徐邈與書，謂「非徒不足致益，乃是蠶漁所資。」「自古已來，欲爲左右耳目者，無非小人。」則雖守、相，欲明目達聰，猶不易也，況天朝乎？

晉武帝置南蠻校尉於襄陽，西戎校尉於長安，南夷校尉於寧州。元康中，護羌校尉後漢官。爲涼州刺史，西戎校尉爲雍州刺史，南蠻校尉爲荊州刺史。江左初，省南蠻校尉。尋又置於江陵。改南夷校尉曰鎮蠻校尉。及安帝時，於襄陽置寧蠻校尉。以授晉宗之。宋世祖孝建中，省南蠻校尉。齊建元元年復置。三年省。延興元年置。建武省。護三巴校尉，宋置。建元二年，改爲刺史。平蠻校尉，永平三年置，隸益州。護匈奴、羌戎、蠻夷、越四中郎將，晉武帝置，或領刺史，或持節爲之。武帝又置平越中郎將，居廣州，主護南越。

官品之制，蓋始曹魏？故通典敍魏官，皆明列品第。宋書百官志備列九品之官，謂其定自晉世，晉殆亦沿之於魏恤，領里尉之任，各食其祿。高者領六部尉，中者領經途尉，下者領里正。不爾，請少高里尉之品，選下品中應遷者爲之。」詔曰：「里正可進至勳品，經途從九品，六部尉正九品，諸職中簡取，何必須武人也？」琛又奏以羽林爲游軍，於諸坊巷司察盜賊。於是京邑清靜，至今踵焉。高崇傳：子謙之爲河陰令。舊制，二縣令得面陳得失，時佞幸之輩惡其有所發聞，遂共奏罷。謙之乃上疏曰：「豪家支屬，戚里親媾，縲絏所及，舉目多是，皆有盜憎之色，咸起怨上之心。縣令輕弱，何能克濟？先帝昔發明詔，得使面陳所懷。臣亡父先臣崇之爲洛陽令，常得入奏，是非所以朝貴斂手，無敢干政。乞新舊典，更明往制。」崇奏在胡靈后時。此皆可見都邑之難治也。北齊制：鄴令領右部、南部、西部三尉，又領十二行經途尉，凡一百三十五里，里置正。臨漳領左部、東部二尉。左部管九行經途尉，凡一百一十四里，里置正。成安領後部、北部二尉。後部管十一行經途尉，七十四里，里置正。

刺史之設，本所以資巡察，其後寖成疆吏，則司巡察者又別有其人，此亦猶明代於巡按之外，復遣巡撫也。宋書禮志謂：古者巡守之禮，布在方策。秦、漢、曹魏，猶有巡幸之事，至晉世，巡守遂廢。引武帝泰始四年詔謂「古之王者，以歲時巡守方嶽，其次則二伯述職，不然則行人巡省，撢人誦志。今使使持節侍中副給事黃門侍郎，銜命四出，周行天下，親見刺史二千石長吏，申喻朕心懇誠至意，訪求得失損益諸宜，觀省政治，問人間患苦。還具條奏，俾朕昭然鑒於幽遠，若親行焉。」下敍宋武帝永初元年遣使，文帝元嘉四年、二十六年東巡之事，其視之猶甚重。然克舉其實者似鮮。其事亦僅間有之。如宋元嘉三年、九年、三十年，明帝泰始元年，皆嘗遣使。北朝則高宗大安元年，高祖延興二年、大和八年、十四年，皆嘗遣使。孝靜相監統。」然暴政亟行之世，在上者之誅求愈烈，則在下者之困辱愈增，而其自視卑而不得有所爲也亦愈甚。劉曜爲石勒所獲，北苑市三老孫機上書求見曜，見晉書曜載記。尚有新城三老遮說漢王，壺關三老上書訟戾太子之遺風，後此則無聞矣。魏書高祖紀：大和十一年十月，詔曰：「孟冬十月，民間歲隙，宜於此時，導以德義。可下諸州，黨里之內，推賢而長者，教其里人。」未嘗不欲復前代之遺規，然其效卒不可覩也。北史魏宗室傳：河間公齊之孫志，爲洛陽令。員外郎馮俊，昭儀之弟，恃勢恣撾所部里正。志令主吏收繫，處刑除官。由此忤旨，左遷太尉主簿。輦轂之下，里正之見陵如此，況其遠者乎？

都邑之地，豪猾所萃，則擊斷之治尚焉。晉志：縣皆置方略吏四人，而洛陽置六部尉。江左以後，建康亦置六部尉。餘大縣置二人，次縣、小縣各一人。此指方略吏言。宋志云：大祖元嘉十五年，縣小者又省之。鄴、長安置吏如三千戶以上之制。此等制度，歷代亦當略同也。北朝尚擊斷尤甚。魏書甄琛傳：琛遷爲河南尹，表言：「國家居代，患多盜竊。世祖廣置主司、里宰，皆以下代令、長及五等散男有經略者爲之，又多置吏士，爲其羽翼，崇而重之，始得禁止。遷都已來，天下轉廣，四遠赴會，事過代都，五方雜沓，難可備簡。寇盜公行，劫害不絕。此由諸坊混雜，釐比不精，主司闇弱，不堪檢察故也。里正乃流外四品，職輕任碎，多是下才，人懷苟且，不能督察。故使盜得容姦，百賦失理。邊外小縣，所領不過百戶，而令、長皆以將軍居之；京邑諸坊，大者或千戶、五百戶，其中皆王公、卿尹、貴勢、姻戚，豪猾僕隸，蔭養姦徒，高門邃宇，不可干問；又有州郡俠客，蔭結貴游，附黨連羣，陰爲市劫。比之邊縣，難易不同。請取武官中八品將軍已下，幹用貞濟者，以本官俸今之刺史幾向一倍，戶口比漢十分之一，而置郡縣更多。」晉初以是爲病，況於南北朝之末？魏道武能戶不滿百之縣，本紀天賜元年。而後周以戶數秩郡縣，縣下者亦不盈五百而已，奚翅十羊九牧哉？

外官僚屬，郡縣各有舊俗，分曹往往不同，吏卒皆有定員，視戶口多少爲差。晉初嘗議省州、郡、縣半吏，以赴農功。晉書荀勖傳。蘇綽六條詔書曰：「善官人者，必先省其官，官省則善人易充，善人易充，則事無不理。官煩則必雜不善之人，雜不善之人，則政必有得失。故語曰：官省則事省，事省則民清；官煩則事煩，事煩則民濁。案今吏員其數不少，昔民殷事廣，尚能克濟，況今戶口減耗，依員而置，猶以爲少？如聞在下州郡，尚有兼假，擾亂細民，甚爲無理。悉宜罷黜，無得習常。」觀此，知吏員雖云依戶口而定，實未必能遵行也。

晉志云：縣五百已上皆置鄉，三千已上置二鄉，五千已上置三鄉，萬已上置四鄉。鄉置嗇夫一人。縣率百戶置里吏一人，其土廣人希，聽隨宜置里吏，限不得減五十戶。此等制度，宋、齊、梁、陳度當沿之。魏書大武五王傳：臨淮王譚曾孫孝友表言：「今制百家爲黨族，二十家爲閭，五家爲比鄰。百家之內，有帥二十五，徵發皆免，苦樂不均，羊少狼多，復有蠶食，此之爲弊久矣。京邑諸坊，或七八百家惟一里正，二史，庶事無闕，而況外州？請百家爲四閭，閭二比。計族有十二丁，得十二疋貲絹，略計見管之戶，應二萬餘族，一歲出貲絹二十四萬疋。十五丁出一番兵，計得一萬六千兵。此富國安人之道也。」隋書食貨志：北齊河清三年定令，命人居十家爲比鄰，五十家爲閭里，百家爲族黨。較魏制，實省十二丁，卽孝友之志也。蘇綽六條之詔，謂「正長者，治民之基，基不傾者，上必安。黨族、閭里，皆當審擇，各得一鄉之選，以分爲四五，一縣割成兩三。或咋屬荊、豫，今隸司、兗，朝爲零、桂之士，夕爲廬、九之民。去來紛擾，無暫止息。版籍爲之渾淆，職方所不能記。自戎狄內侮，有晉東遷，中土遺氓，播遷江外，莫不各樹邦邑，思復舊井。既而民單戶約，不可獨建。故魏邦而有韓邑，齊縣而有趙民。且省置交加，日回月徙，寄寓遷流，迄無定託。邦名邑號，難或詳書。」可見斯弊由來已久。然終以錯雜爲憂，則仍鮮治理之便矣。此土斷之所以亟，參看第十七章第三節。張普惠省減郡縣，史稱宰守因此綰攝有方，姦盜不起，民以爲便，可見僑置之有害於治理也。南北分張，此弊彌甚。魏書韓麒麟傳：子顯宗上言：「自南僞相承，竊有淮北，欲擅中華之稱，且以招誘邊民，故僑置中州郡縣。皇風南被，仍而不改。凡有重名，其數甚衆。」北齊書文宣帝紀：天保七年十一月，詔曰：「魏自孝昌已來，豪家大族，鳩率鄉部，託迹勤王，規自署置。或外家公主，女謁內成，昧利納財，啓立州郡。牧、守、令、長，虛增其數。求功錄實，諒足爲煩，損害公私，爲弊殊久。且五嶺內賓，三江迴化，要荒之所，舊多浮僞，百室之邑，便立州名，三戶之民，空張郡目。譬諸木犬，猶彼泥龍。今所幷省，一依別制。」於是幷省三州、一百五十三郡、五百八十九縣、三鎮、二十六戍云。通鑑：梁武帝大同五年十一月，朱异奏：「頃來置州稍廣，而小大不倫，請分爲五品。其位秩高卑，參僚多少，皆以是爲差。」詔從之。於是上品二十州，次品十州，次品八州，次品二十三州，下品二十一州。時上方事征伐，恢拓境宇，北踰淮、汝，東距彭城，西開牂牁，南平俚洞，紛綸甚衆，故异請分之。其下品皆異國之人，徒有州名，而無土地；或因荒徼之民所居村落，置州及郡縣，刺史、守、令，皆用彼人爲之。尚書不能悉領，山川險遠，職貢罕通。五品之外，又有二十餘州，不知處所。凡一百七州。又以邊境鎮戍，雖領民不多，欲重其將帥，皆建爲郡，或一人領二三郡大守。州郡雖多，而戶口日耗矣。觀此文，知齊文宣之詔，非過甚之辭也。晉書傅玄傳：玄子咸上言：「舊都督有四，今幷監軍，乃盈於十。夏禹敷土，分爲九州，下多難，刺史大守皆爲當部都督，雖無兵事，皆立佐寮，所在頗爲煩擾。隆之表請：自非實在邊要，見有兵馬者，悉皆斷之。則有握兵之名者，已足擾民，而有其實者無論矣。

通鑑晉安帝義熙二年，正月，魏主珪如豺山宮。諸州置三刺史，郡置三大守，縣置三令長，刺史令長各之州，縣，大守雖置而未臨民。功臣爲州者，皆徵還京師，以爵歸第。此事他處不見，蓋行之未久？魏書官氏志云：自大祖至高祖初，內外百官屢有減置，或事出當時，不爲恒目。淮北之亡，虜於東兗、東徐及冀州，皆並置兩刺史，事見第九章第五節。蓋一以資鎮懾，一以事撫綏，大守並不臨民，則徒資其榮祿，疑當時三人並置，其意亦如此也。薛安都爲僞雍、秦二州都統，州各有刺史，都統總其事，見第八章第五節。以軍御政，亦猶南朝都督攘刺史之權也。

州郡縣之增置，晉南北朝可云最劇。其原因蓋有由於控扼要重，戶口滋殖，蠻夷鄉化，政理殷繁者，如漢末及三國，多以諸部都尉爲郡是也。宋書百官志。然其大端，則實由喪亂薦臻，人民蕩析離居之故。蓋斯時一統未久，屬人之治猶盛，屬地之義未昌，人民之轉徙異地者，不得不別設官司以撫綏之，招徠之，而僑置之事多矣。如康絢，本華山藍田人。祖穆，宋永初中，舉鄉族三千餘家，入襄陽之峴南，宋爲置華山郡藍田縣，以穆爲秦、梁二州刺史，未拜，卒。絢世父元隆，父元撫，並爲流人所推，相繼爲華山大守。絢在齊世，亦除華山大守。此流人來歸，即用其酋豪，設郡縣以撫之者也。寇讚，上谷人。因難徙馮翊萬年。姚泓滅，秦、雍人千餘家推讚爲主，歸魏。拜綏遠將軍，魏郡大守。其後秦、雍之民來奔河南、滎陽、河內，戶至數萬，拜讚安遠將軍，南雍州刺史，軹縣侯，治於洛陽，立雍州之郡縣以撫之。由是流民繦負，自遠而至，參倍於前。此撫其已至，兼以招其未來者也。可參看第十七章第三、第四兩節。宋書諸志總序云：「魏晉已來，遷徙百計，一郡宋志云：起魏武遣諸州將督軍；王珪之職儀云：起光武；並非也。晉大康中，都督知軍事，刺史治民，各用人。惠帝末乃并任。非要州則單爲刺史。」案都督緣起，二說俱可通，不必深辯。晉初羊祜督荆州，別有刺史羊肇；王渾督揚州，別有刺史應綽；其後王浚督幽州，亦別有刺史石堪；皆都督刺史分職之證。然兼二職者究多，故刺史亦稱州將。通鑑齊東昏侯永元二年注。晉書溫嶠傳：嶠代應詹爲江州刺史，鎭武昌。陳「古鎭將多不領州，宜選單車刺史，別撫豫章，專理黎庶。」能言此者蓋寡矣。其時州郡之增置日廣，鎭將之所督，亦卽隨之而增。然亦閒有都督不兼州，如紀瞻以鎭東將軍長史加揚威將軍都督京口以南至蕪湖諸軍事，非刺史。又有於某州但督其數郡者，而曰都督，曰監，曰督，曰使持節，曰持節，曰假節，權限亦各有不同。如檀道濟監南徐兗之江北、淮南諸郡軍事，南兗州刺史，又都督江州之江夏、豫州之西陽、新蔡、晉熙四郡諸軍事，江州刺史。諸史皆各如其事書之。南北史但曰某州刺史加都督，或曰都督某州刺史，而於所督不復詳書，則求簡而失其實矣。周明帝武成元年，初改都督諸州軍事爲總管。自此史文但云某州總管，不云刺史。然齊王憲除益州總管，益、寧、巴、盧等二十四州諸軍事，益州刺史，則但改都督之名爲總管，而其責任初未嘗異。北史亦閒有全書者，如長孫儉傳：授總管荆、襄等五十二州諸軍事，行荆州刺史；轉陝州總管七州諸軍事，陝州刺史是也。以所任州冠於總管之上，但云某州總管，亦取文辭之簡，而非當日結銜本然也。隋有揚、并、益、荆四大總管，又諸總管皆以某州爲名，如蜀王秀以益州刺史總管二十四州諸軍事，則其例仍與周同。尉遲敬德碑云：授襄、鄧、析、唐五州都督，襄州刺史；貶使持節都督并、蔚、嵐、代四州諸軍事，并州刺史；則唐制亦與隋同也。以上兼采十七史商榷廿二史考異。刺史握兵，易致疏於政事；本以武人爲之者，尤偃蹇不易駕御；其弊不可勝窮。北齊書高隆之傳云：魏自孝昌已後，天曰令，小者置長，爲國者爲相，歷代皆同。魏、齊於司州，周於雍州，亦皆置牧。魏於代、河南，齊於清都，周於京兆，皆置尹。魏州、郡、縣皆分上中下，齊則於上中下之中又分上中下，凡九等，周以戶數爲差。州分戶三萬已上、二萬已上、一萬已上、五千已上。郡分一萬五千已上、一萬已上、五千已上、一千已上、一千已下。縣分七千已上、四千已上、二千已上、五百已上、五百已下。屬官佐史，皆隨高下而異其員數。魏舊制，緣邊皆置鎮都大將，統兵備禦，與刺史同。城隍、倉庫，皆鎮將主之。北齊亦有三等鎮、戍，各置鎮將、戍主。此則專以兵力控扼爲重者也。魏書韓茂傳：子均，廣阿澤在定、相、冀三州之界，土廣民希，多有寇盜，乃置鎮以靜之。以均在冀州，劫盜止息，除廣阿鎮大將，加都督三州諸軍事。

晉、南北朝官制之弊，莫如刺史之握兵。宋書百官志云：「持節都督，無定員。前漢遣使，始有持節。光武建武初，征伐四方，始權時置督軍御史，事竟罷。建安中，魏武帝爲相，始遣大將軍督軍。二十一年，征孫權還，夏侯惇督二十六軍是也。魏文帝黃初二年，始置都督諸州軍事，或領刺史。三年，上軍大將軍曹眞都督中外諸軍事，假黃鉞，則總統內外諸軍矣。明帝大和四年，晉宣帝征蜀，加號大都督。高貴鄉公正元二年，文帝都督中外諸軍。尋加大都督。晉世則都督諸軍爲上，監諸軍次之，督諸軍爲下。使持節爲上，持節次之，假節爲下。使持節得殺二千石以下，持節殺無官位人，若軍事，得與使持節同。假節惟軍事得殺犯軍令者。江左以來，都督中外尤重，惟王導居之。以上晉志同，此句作「惟王導等權重者居之。」宋氏人臣則無也。江夏王義恭假黃鉞。假黃鉞則專戮節將，非人臣常器矣。」齊書百官志云：「魏、晉世州牧隆重，刺史任重者爲使持節都督，輕者爲持節督。起漢順帝時，御史中丞馮赦討九江賊，督揚、徐二州軍事。而何、徐中郎將，又省一監。虎賁、冗從、羽林，是爲三將。晉哀帝省。宋高祖復置，江右領營兵，江左則無。積射將軍，彊弩將軍，晉大康十年，立射營、弩營，置積射、彊弩將軍主之。宋泰始後，多以軍功得此官，無員。殿中將軍，殿中司馬督，晉武帝時，殿內宿衛，號曰三部司馬，置此二官，分隸左右二衛。江右初員十人。孝武大元中改選，以門閥居之。宋高祖初，增爲二十人。其後過員者謂之殿中員外將軍、員外司馬督。又其後並無復員。武衛將軍，宋大明中置，代殿中將軍之任。武騎常侍，宋大明中置。皆以分司丹禁，侍衛左右。梁天監六年，置左右驍騎、左右游擊將軍。改舊驍騎曰雲騎，游擊曰游騎。又置朱衣直閤將軍，以經方牧者爲之。此外諸號將軍甚多，皆無復統馭，晉書王廙傳：弟子彪之上議，謂無兵軍校，皆應罷廢。實即後世之武散官也。散官之名始於隋，古但不任事而已，非徒以爲號。宋、齊、梁、陳諸九品官，皆以將軍爲品秩，謂之加戎號。梁武帝以其高下舛雜，命加釐定。於是有司奏置百二十五號將軍，備其班品，敍於百司之外焉。魏、齊禁衛設官，略同南朝。亦有諸號將軍，無所統馭。柱國之職，見第十四章第五節。後亦爲散秩，如後世之勳官矣。

東宮官，漢世分屬二傅及詹事。後漢省詹事，悉屬少傅。晉武帝泰始三年，建大子大傅、少傅，事無大小皆屬焉。咸寧元年，以楊珧爲詹事，二傅不復領官屬。及珧爲衛將軍，領少傅，省詹事。惠帝元康元年，復置，愍懷建官，乃置六傅，通省尚書事。詹事文書，關由六傅。永康中，復不置詹事。大安已來，置詹事。終孝懷之世。渡江後，有大傅、少傅，不立師、保。王國：晉世置師、友、文學。師即傅也，景帝諱，故改師爲傅。宋世復爲師。改大守爲內史。有中尉，以領軍。此外設官尚多。公、侯已下遞損焉。北朝，東宮亦置六傅及詹事。王國置師一人。餘官亦略同南朝。

司隸校尉，歷東京、魏、晉不替，渡江乃罷。州置刺史；郡置大守，京師所在則曰尹，王國以內史掌大守之任；縣大者卿，稱爲九寺。又有國子、長秋、將作三寺。又有昭玄寺，以掌諸佛教，亦有都水臺之官。

自漢改御史大夫爲司空，而中丞出外爲臺主，東京以後皆因之。其屬官有治書侍御史，漢宣帝所置也。見秦漢史第十八章第七節。魏又置治書執法，掌奏劾，而治書侍御史掌律令。晉惟置治書侍御史，與侍御史分掌諸曹。魏蘭臺遣二御史居殿中，伺察非法，晉遂置殿中侍御史，歷代沿之。魏晉官品令又有禁防御史；晉孝武大元中有檢校御史，則其後無聞焉。符節御史，秦符璽令之職，漢因之，至魏別爲一臺。晉武帝省并蘭臺，置符節御史。梁陳惟有符節令史而已。謁者亦秦官，漢、魏因之，魏又置僕射，掌大拜授及百官班次，統謁者十人。晉武帝省僕射，以謁者并蘭臺。漢世屬光祿勳。江左復置僕射。後又省。宋大明中又置。魏、齊御史臺設官略同南朝，而謁者別爲一臺。

魏武帝爲相，以韓浩爲護軍，史奐爲領軍。建安十二年，改爲中領軍、中護軍。文帝置領軍將軍，主五校、即漢世屯騎、步兵、越騎、長水、射聲五校尉。中壘、武衛三營。護軍將軍，主武官選。隸領軍，晉世不隸。晉武帝省領軍，使中軍將軍羊祜統二衛、晉文帝爲相國，相府置中衛軍，武帝受命，分爲左右。前、後、左、右、魏明帝時有左軍將軍，右及前、後皆晉武帝置。驍騎驍騎、游擊皆魏置，爲內軍。晉世以領、護、二衛、驍騎、游擊爲六軍。七軍，即領軍之任也。祜遷，罷，置北軍中候。懷帝改曰中領軍。元帝永昌元年，省護軍，并領軍，改領軍曰北軍中候。尋復爲領軍。明帝大寧二年，復置護軍。成帝世，領軍又爲北軍中候，尋亦復焉。魏、晉領、護各領營兵，江左以來，領軍不復領營，但總統二衛、驍騎、游擊諸營而已。資重者爲領軍、護軍將軍，資輕者爲中領軍、中護軍。又有左、右中郎將，晉武帝省，宋大明中復置。虎賁中郎將，漢期門。冗從僕射，魏置。羽林監，漢有羽林中郎將，又有左右監，晉罷丞、郎，皆隨權制而置員焉。其文未詳。」行臺兼統人事，自辛術始，見北齊書本傳。留臺之名，起自晉惠帝西遷時。置於洛陽，以總留事。

總衆職者丞相，居列職者，則九卿一類之官也。自丞相之權，移於三省，而九卿亦寖失其職矣。魏世裴秀議改官制，以尚書三十六曹統事，準例不明，宜使諸卿任職。見晉書本傳。晉初劉頌上疏，言「秦、漢已來，九列執事，丞相都總，今尚書制斷，諸卿奉成，於古制爲重，事所不須。然今未能省并，可出衆事付外寺，使得專之，尚書爲其都統，若丞相之爲。惟立法創制、死生之斷、除名、流徙、退免大事，及連度支之事，臺乃奏處。其餘外官皆專斷之。歲終，臺閣課功校簿而已。於今親掌者動受成於上，上之所失，不得復以罪下，歲終事功不建，不知所責也。」荀勖議省官，亦謂九寺可并於尚書。皆可見九卿寖失其職：故其官亦時有省并。晉世，大常、光祿勳、晉哀帝興寧元年，并司徒，孝武帝寧康元年復置。尉衞、渡江省，宋孝建元年復置。大僕、渡江後或省或置，宋以來，郊祀權置執轡事畢即省。廷尉、大鴻臚，江左有事權置，無事則省。宗正、晉哀帝省，并大常。大司農、晉哀帝省，并都水。孝武復置。少府、晉哀帝省，并丹陽尹。孝武復置。將作大匠、晉以來有事者置，無事則省。大后三卿、衞尉、少府、大僕，隨大后宮爲名，無大后則闕。大長秋，有后則置，無后則省。並爲列卿。宋、齊同。梁於諸名之下，皆加卿字。以大常、宗正、大司農爲春卿，大府、少府、大僕爲夏卿，衞尉、廷尉、大匠即將作大匠。爲秋卿，光祿、即光祿勳。鴻臚、即大鴻臚。大舟都水使者，漢水衡之職。漢又有都水長丞。東京省都水，置河隄謁者。魏因之。晉武帝省水衡，置都水使者，以河隄謁者爲都水官屬。江左省河隄謁者，都水置謁者六人。梁初稱都水臺，後改。爲冬卿，北朝亦以大常、光祿、衞尉、宗正、大僕、廷尉、齊曰大理。鴻臚、司農、少府齊曰大府。爲九奏案章。後省，以中書侍郎一人直西省，又掌詔命。宋初又置，而侍郎之任，遂寖輕焉。見第十章第四節。魏文之置中書令，祕書改令爲監，以掌藝文圖籍。明帝大和中，置著作郎，隸中書省。晉武帝并祕書於中書，而著作之局不廢。惠帝復置祕書監，著作改隸焉。後別自置省，而猶隸祕書。郎一人，謂之大著作郎，專掌史任。又有佐著作郎八人。侍中之與機要，自宋文帝時始。侍中世呼爲門下；給事黃門侍郎，與侍中俱管衆事，世呼爲小門下；遂以門下名其省。散騎常侍者，秦置散騎，又置中常侍，漢東京省散騎，中常侍用宦者。魏黃初置散騎，合之於中常侍，是爲散騎常侍。魏末又有在員外者，曰員外散騎常侍。晉武帝使二人與散騎常侍通員直，謂之通直散騎常侍。魏初又置散騎侍郎。晉武帝置員外散騎侍郎，元帝使二人與散騎侍郎通員直，謂之通直散騎侍郎。自魏至晉，散騎常侍、侍郎與侍中、黃門侍郎共平尚書奏事，江左乃罷。給事中，西漢置，掌顧問應對。東漢省。魏世復置。奉朝請，本不爲官。漢東京罷三公、外戚、宗室、諸侯，多奉朝請。晉武帝亦以宗室、外戚爲奉車、駙馬、騎三都尉，而奉朝請焉。東晉罷奉車、騎二都尉，惟留駙馬，諸尚主者爲之。後遂沿爲故事。自散騎常侍以下，宋別爲集書省。散騎侍郎、員外散騎侍郎、通直散騎侍郎，齊謂之直書省，而散騎常侍、員外、通直稱東省官，其二衞、四軍、四校稱西省官焉。魏、齊有中書、門下、集書、祕書諸省，設官略與南朝同。魏門下之官尤重，世呼侍中、黃門爲小宰相。見魏書王慧龍傳。

尚書行臺之制，起自魏末。晉文帝討諸葛誕，散騎常侍裴秀、尚書僕射陳泰、黃門侍郎鍾會等，以行臺從。晉永嘉四年，東海王越率衆許昌，亦以行臺自隨。後魏、北齊亦有之。隋書百官志云：「行臺在令無文，其官置令、僕射，其尚書、特進、儀同、開府、左右光祿、金紫、銀青光祿及諸將軍之號，以褒賞勳庸，而北齊因之。孝莊初，拜尒朱榮爲柱國大將軍，位在丞相上。又拜大丞相、天柱大將軍，而以元天穆爲大宰，此亦非尋常人臣之職矣。北齊乾明中，置丞相，河清中分爲左右。然趙彥深、元文遙、和士開同爲宰相，皆兼侍中，則實權初不在是也。後周初置大冢宰，後置左右丞相。大象二年，又以隋文帝爲大丞相，而罷左右丞相焉。

治理之權，實歸臺閣。尚書有令、僕。令職無不總，僕射副令，置二則爲左、右僕射。令闕則左爲省主。又與尚書分統諸曹。漢世尚書雖有曹名，不以爲號。靈帝以梁鵠爲選部尚書，始見曹名。及魏改選部爲吏部，又有左民、客曹、五兵、度支，凡五曹尚書、二僕、一令爲八坐。及晉置吏部、三公、客曹、駕部、屯田、度支六曹。咸寧二年，省駕部。四年又置。大康中，有吏部、殿中、五兵、田曹、度支、左民爲六曹。惠帝世又有右民尚書，止於六曹，不知此時省何曹也。渡江有吏部、祠部、五兵、左民、度支五尚書。祠部尚書常與右僕射通職，不恆置。宋高祖初增都官曹。其起部尚書營宗廟宮室則置，事畢則省。又有左、右丞，佐令、僕知省事。郎主作文書，分曹數十。魏世凡二十三，後爲二十五。晉武帝時三十四，後爲三十五。置郎二十三人，更相統攝。江左初十七，後十八，最後十五。宋初十九，後二十。梁二十二。下有都令史、令史等，分曹如尚書。正始以降，俗尚玄虛，丞、郎以上，簿領文案，不復經懷，皆成於令史之手焉。姚察說。錄則尚書權重者爲之，不恆置也。尚書爲庶政總匯，然自魏、晉以後，又不敵中書門下之親。中書者，魏武帝爲魏王，置祕書令、丞，以典尚書奏事。文帝代漢，改爲中書，置監、令，以劉放、孫資爲之。其後遂移魏祚，事已見秦漢史。晉因之，各置一人。魏文帝又置通事郎，次黃門郎。黃門郎已署事過，通事乃署名。已署，奏以入，爲帝省讀書可。晉改曰中書侍郎。晉初又置舍人及通事。江左令舍人通事，謂之通事舍人，掌呈勢而遷移，此自西京至南朝之末皆然。拓跋氏起北方，其爲部族時之規制，已見第十一章第二節。佛貍以降，模倣中國，稍有建置，實亦非驢非馬。王肅北走，孝文用之，以定衆職，則幾與南朝無異矣。北齊因之。後周大祖，以爲漢、魏官繁，思法周禮。大統中，命蘇綽掌其事。未成而綽卒，盧辯繼之。依周禮建六官，置公、卿、大夫、士。幷撰次朝儀，車服器用，多依古禮，革漢、魏之法。於魏恭帝三年行之。其後世有損益。此實不切於時務，故至宣帝嗣位，而內外衆職，又用秦、漢以來之制焉。見周書文帝紀魏恭帝三年及盧辯傳。辯傳云：先是已置六卿官，爲撰次未成，衆務猶歸臺閣，至是年畢，乃命行之。又崔猷傳言：猷與盧辯創修六官。薛寘、裴政亦嘗參與其事，皆見本傳。武帝紀：保定元年正月己巳，祠大廟，班大祖所述六官。蓋至是而其制始大成也。

相國、丞相，自魏、晉以來，已非復尋常人臣之職。漢獻帝建武十三年，置丞相，以魏武帝爲之。文帝代漢，其官遂廢。此後爲之者，如晉之趙王倫、梁王肜、成都王穎、元帝、南陽王保、王敦、王導、宋南郡王義宣等，皆非尋常人臣。其爲相國，如晉景帝、宋武帝、齊高祖等，則篡奪之階而已。齊世相國，與大宰、大保、大將軍並爲贈官。陳丞相、大傅、大司馬，亦爲贈官。晉取周官之說，置大宰、以景帝諱改大師爲大宰。大傅、大保，而漢世三公之官仍存。大尉、司徒、司空。其大司馬、大將軍，漢世與大尉不並置者，漢靈帝末以劉虞爲大司馬，而大尉如故，非恆典。至魏亦各自爲官。晉武帝卽位之初，嘗八公同時並置，而開府儀同三司、驃騎、車騎、衛將軍、伏波、撫軍、都護、鎮軍、中軍、四征、征東、征南、征西、征北。四鎮、鎮東、鎮南、鎮西、鎮北。宋世又有安東、安南、安西、安北，謂之四安；平東、平南、平西、平北，謂之四平。龍驤、典軍、上軍、輔國等大將軍，左右光祿、光祿三大夫開府者，皆爲位從公。諸公及開府位從公者，皆得置官屬。此實多費無謂，故自隋、唐以降，遂專以無官屬之三師爲榮寵也。後魏放南朝之制，亦有三師、大師、大傅、大保。二大、大司馬、大將軍。三公、大尉、司徒、司空。

等勳德隆重，宜有優崇。各准別制邑戶，聽寄食他縣。」則初亦未能給祿也。三年，九月，初令世襲州、郡、縣者改爲五等爵，州封伯，郡封子，縣封男。此則以封建之名，去封建之實矣。閔帝元年，正月，詔封李弼爲趙國公，趙貴爲楚國公，獨孤信爲衛國公，于謹爲燕國公，侯莫陳崇爲梁國公，中山公護爲晉國公，邑各萬戶。宣帝大象元年，五月，以洺州襄國郡爲趙國，齊州濟南郡爲陳國，豐州武當、安富二郡爲越國，潞州上黨郡爲代國，荆州新野郡爲滕國，邑各一萬戶，令趙王招、陳王純、越王盛、代王達、滕王逌並之國。史論其事曰：「大祖之定關右，日不暇給，既以人臣禮終，未遑藩屏之事。晉蕩輔政，爰樹其黨。宗室長幼，並據勢位，握兵權。雖海內謝隆平之風，而國家有磐石之固矣。高祖克翦芒刺，思弘政術。懲專朝之爲患，忘維城之遠圖。外崇寵位，內結猜阻。自是配天之基，潛有朽壤之墟矣。宣皇嗣位，凶暴是聞。芟刈先其本枝，削黜偏於公族。雖復地惟叔父，親則同生，文能附衆，武能威敵，莫不謝卿士於當年，從侯服於下國。號爲千乘，勢侔匹夫。是以權臣乘其機，謀士因其隙，遷邑鼎速於俯拾，殲王侯烈於燎原。悠悠邃古，未聞斯酷。豈非摧枯拉朽易爲力乎？」周書文閔明武宣諸子傳論。周勢之孤，誠如所論。然使武帝不能去其芒刺，周之亂，又寧俟靜帝時乎？秉私心以定制，固無一而可哉？

第三節　官制

晉、南北朝之官制，蓋承漢、魏而漸變。漢初官制，皆沿自秦，秦則沿自列國之世，不盡宜於統一之局，其後乃隨事執事官例皆賜爵，今宜依舊。詔百寮詳議，羣臣咸以宜依舊事。駿獨以爲不可。表曰：臣聞名器帝王所貴，山河區夏之重，是以漢祖有約，非功不侯，未聞與事於宗廟，而獲賞於疆土。雖復帝王制作，弗相沿襲，然一時恩澤，豈足爲長世之軌乎？書奏，從之。可見當時封爵之濫。然高允在大武時以平涼州勳封汝陽子，至文成時，史言其爲郎二十七年不徙官，時百官無祿，允第惟草屋，衣惟緼袍，食惟鹽菜，恆使諸子采樵自給，則雖有受封之名，而未嘗與之食邑。又道武以來，有建業公、丹陽侯、會稽侯、蒼梧伯之類，此皆江南土地，可見當時五等之爵，多爲虛封。前史雖言魏制侯、伯四分食一，子、男五分食一，（案魏書高祖紀大和十八年十二月，詔王、公、侯、伯、子、男開國食邑者王食半，公三分食一，侯伯四分食一，子男五分食一。）然若眞食五分之一，則不至如高允之貧，且受封丹陽、會稽等處者，雖五分之一，亦於何取之乎？」案魏書地形志言：魏自明、莊，寇難紛糾，攻伐既廣，啓土逾衆，王公錫社，一地累封，不可備舉，故總以爲郡。」一地累封，食祿更於何取給？足證馬氏所云之弊，至叔世而愈甚。然張普惠傳言：普惠爲尚書右丞，時詔訪冤屈，普惠上書言：「故尚書令臣肇，未能遠稽古義，近究成旨，以初封之詔，有親王二千戶，始蕃一千戶，二蕃五百戶，三蕃三百戶，謂是親疏世減之法；又以開國五等有所減之言，以爲世減之趣，遂立格奏奪。稱是高祖遺意，仍被旨可。今諸王五等，各稱其冤，七廟之孫，並訟其切，陳訴之案，盈於省曹，朝言巷議，咸云其苦。」然則不給祿者，乃漢人如高允之儔，彼其所謂親戚、勳臣者，固未嘗不朘我以生也，亦可見非我族類，其心必異矣。

周武帝保定二年四月，詔曰：「比以寇難猶梗，九州未一。文武之官，立功效者，雖錫以茅土，而未及租賦。諸柱國溫舒云：秦有十失，其一尚存，斯宋氏之餘風，及在齊而彌弊。」然使諸王皆長大能自專，則又成梁世之禍矣。秉私心以定制，固無一而可哉！是時行事典籤，亦有因守正而為諸王所害者。南史齊高帝諸子傳：長沙威王晃，為豫州刺史，每陳政事，輒為典籤所裁。晃殺之。晃乃粗人，典籤之裁之，未必不合於義。又梁武帝諸子傳：南康簡王績子會理，為湘州刺史。多信左右。行事劉納每禁之。會理心不平，譖以臧貨，收送建業。納歎曰：「我一見天子，使汝等知。」會理令心腹於青草湖殺之。百口俱盡。此則其曲必在會理矣。抑且不必會理所為也。大抵行事尚有正人，典籤則多佞幸，故其弊更甚。江革傳：革為晉安王長史、尋陽大守，行江州府事。徙廬陵王長史，大守、行事如故。時少王行事多傾意於籤帥，革以正直自居，不與典籤趙道智坐。道智因還都啓事，而陳革惰事好酒，遂見代。可以見其一斑也。

魏書官氏志云：皇始元年，始封五等。天賜元年九月，減五等之爵，始分為四：曰王、公、侯、子；除伯、男二號。皇子及異姓元功上勳者封王。北史陸俟傳云：初尒朱榮欲循舊事庶姓封王，由是封子彰濮陽郡王，尋而詔罷，仍復先爵，則異姓封王之制久廢。宗室及始蕃王皆降為公，諸公降為侯，侯、子亦以是為差。於是封王者十人，公者二十二人，侯者七十九人，子者一百三人。王封大郡，公封小郡，侯封大縣，子封小縣。王第一品，公第二品，侯第三品，子第四品。延興二年五月，詔舊制諸鎮將、刺史假五等爵及有所貢獻而得假爵者，皆不得世襲。又云：舊制諸以勳賜官爵者，子孫世襲軍號。大和十六年，改降五等，始革之，止襲爵而已。文獻通考云：「元魏時封爵所及尤衆，蓋自道武興於代北，凡部落大人與隣境降附者，皆封以五等，令其世襲，或賜以王封。中世以後，不緣功而封者愈多。程駿傳載獻文崩，初遷神主於大廟，有司奏舊事廟中殊寵，至五千戶，其餘大國不過二千戶，小國千戶而已。」蓋爲物力所限也。

以無治民之實，故王侯多不居其國，而朝聘之典，亦寖荒。晉書禮志云：「魏制藩王不得朝覲。明帝時有朝者，皆由特恩，不得以爲常。及泰始中，有司奏諸侯之國，其王公已下入朝者，四方各爲二番，三歲而周，周則更始。若臨時有故，卻在明年；明年來朝之後，更滿三歲乃復朝，不得違本數。不朝之歲，各遣卿奉聘。奏可。江左王侯不之國，其有受任居外，則同方伯、刺史、二千石之禮，亦無朝聘之制，故此禮遂廢。」是其事也。

王侯兼膺方面之寄，似足以舉屏藩之實，然西晉已事，徒成亂源；宋武欲以上流處諸子，亦開喪亂之端；其事皆已見前矣。齊世諸王受禍尤酷，事見第十章第三節。南史齊武帝諸子傳：明帝遣茹法亮殺巴陵王子倫。子倫時鎮琅邪城，有守兵，子倫英果，明帝恐不卽罪，以問典籤華伯茂。伯茂曰：「公若遣兵取之，恐不卽可辦；若委伯茂，一小吏力耳。」既而伯茂手自執鴆逼之，左右莫敢動者。子倫整衣冠出受詔，謂法亮曰：「積不善之家，必有餘殃。昔高皇帝殘滅劉氏，今日之事，理數固然。」舉酒謂亮曰：「君是身家舊人，今銜此命，當由事不獲已。此酒差非勸酬之爵。」因仰之而死，時年十六。法亮及左右皆流涕。此蓋當時之人哀殺戮之甚，爲此慘楚之辭，非必實錄。如所記子倫慷慨如此，何待伯茂執鴆逼之？故知南史此處亦兼采兩說也。然時制之極弊，則可想見矣。李延壽論之曰：「齊氏諸王，並幼踐方岳，故輔以上佐，簡自帝心，勞舊左右，用爲主帥，州國府第，先令後行，飲食游居，動應聞啓，端拱守祿，遵承法度，張弛之要，莫敢厝言。行事執其權，典籤掣其肘，處地雖重，行止莫由，威不在身，恩未接下，倉卒一朝，事難總集，望其釋位扶危，不可得矣。」路

「私鬬過於公戰，木石銳於干戈」矣，作始也簡，將畢也巨，亂源既伏，何計可止其遷流乎？且也「古者生無棟宇，死無殯葬，川無舟楫之器，陸無車馬之用，吞啖毒烈，以致殞斃，疾無醫術，枉死無限。後世聖人，改而垂之，民到於今，受其厚惠。機巧之利，未易敗矣。」「大極渾沌，兩儀無質，」固未若「玄黃剖判，七曜垂象，陰陽陶冶，萬物羣分。」由斯言之，社會之開化，勢固不可以已，昔賢心儀邃古之世，人與人相處安和之美，疾後世之不仁，乃欲舉物質之文明而并去之，豈不悖哉？然物質之文明，雖不可去，社會之組織，固未嘗不可變，亦且不可不變，而昧者又欲并此而尼之，則其失，又二五之於一十也。

第二節　封建

晉初封建之制，及其時之人論封建之語，已見第二章第二節。晉書地理志云：「古者有分土，無分民。若乃大者跨州連郡，小則十有餘城，以戶口爲差降，略封疆之遠近，所謂分民，自漢始也。」案古之建國，本爲理民，其後此意無存，而徒以封爵爲榮祿，則終必至於此而後已。此亦欲藉封建爲屏藩者，所以卒無所就也。斯時也，封君之朘取其民，誠不如古代之悉，然邑戶粟米，盡歸私室，（徐陵食建昌邑戶送米至水次，見第二十一章第六節。）仍有損於國計。故度支窘促之時，所以分其下者亦不能厚。地理志又云：「江左諸國，並三分食一。大興元年，始制九分食一。」陳書世祖高宗後主諸子傳云：「江左自西晉相承，諸王開國，並以戶數相差，爲大小三品。武帝受命，自永定訖於禎明，惟衡陽王昌，特加桀無辱川谷不通，則不相幷兼。士衆不聚，則不相攻伐。勢利不萌，禍亂不作，干戈不用，城池不設。」此言無君之世天下之晏然無患也。侈言君道之美者每謂君之出令，乃所以使民獲遂其生。敬言則云「促轡銜鑣，非馬之性，荷軛運重，非牛之樂。穿本完之鼻，絆天放之脚，蓋非萬物並生之意？」治人者之所求，不過「役彼以養此」，「貴者祿厚而民困矣。」「下疲怨則知巧生，」亂之既作，乃以「忠義孝慈」救之。幸而有濟，亦所謂「死而得生，不如鄉無死」也。況乎「茅茨土階棄織拔葵」，不過「盜跖分財取少爲讓」，其恩之及下，亦不過「陸處之魚相呴以沫」哉？「關梁所以禁非，而猾吏因之以爲非；衡量所以檢僞，而邪人因之以爲僞；大臣所以扶危，而姦臣恐主之不危；兵革所以靖難，而寇者盜之以爲難。」信乎「君臣既立，衆慝日滋，而欲攘臂乎桎梏之間，愁勞於塗炭之中，猶闞滔天之源，激不測之流，而塞之以最壤，鄣之以指掌也。」「桀紂窮驕淫之惡，用炮烙之虐，若令斯人並爲匹夫，性雖凶奢，安得施之？」且夫「細人之爭，不過小小，匹夫校力，亦何所至？無疆土之可貪，無城郭之可利，無金寶之可欲，無權柄之可競，勢不足以合徒衆，威不足以驅異人，孰與王赫斯怒，陳師鞠旅，僵尸則動以萬計，流血則漂鹵丹野」哉？此鮑生以世事之紛紜舉歸咎於立君之大略也。其言善矣，然君臣之制，非孰欲立而立之也，其事亦出於自然。何策使之不作？既作矣，何道使之可替？於此無言，則論有君之弊雖極深切著明，亦徒爲空談耳。葛生詰鮑之辭，頗多拘墟之論，然亦有其可采者。如曰「遠古質樸，蓋其未變，譬彼嬰孩，知慧未萌，非知而不爲，欲而忍之。」「有欲之性，萌於受氣之初；厚己之情，著於成功之日。賊殺幷兼，起於自然，必也不亂，其理何居？」「橡芋可以生鬭訟，藜藿足用致侵奪，」則又不納。胡三省曰：「自唐高宗以後，率多追謚其子弟爲皇帝，作俑者魏敬宗也。」虜不足責，中國人亦因其失，則誠不免野哉之誚矣。前廢帝之立，以魏爲大魏，詔曰：「三皇稱皇，五帝云帝，三代稱王，迭沖挹也。自秦之末，競爲皇帝，忘負乘之深殃，垂貪鄙於萬葉。今稱帝已爲褒矣，可普告令知。」蓋亦以喪亂薦臻，故頗自貶損也。

周孝閔帝始簒魏，亦稱天王。時則追尊考文公爲王，妣爲文后。至明帝武成元年八月，乃改天王稱皇帝，追尊文王爲帝。崔猷傳云：時依周禮稱天王，又不建年號。猷以爲世有澆淳，運有治亂，故帝王以之沿革，聖哲因時制宜。今天子稱王，不足以威天下。請遵秦、漢稱皇帝，建年號，朝議從之。蓋時習以天王之稱爲卑於皇帝，後周制作，最爲泥古，然卒不能變易世人之耳目，終不得不隨之而變也。宣帝之立，尊皇后爲皇大后。阿史那氏，突厥木杆可汗女。又尊所生李氏爲帝大后。靜帝立，一稱爲大皇大后，一稱爲大帝大后。又稱天元大皇后楊氏爲皇大后，天大皇后朱氏靜帝所生。爲帝大后。蓋亦以在位者爲帝，帝之父爲皇，正后係其夫，所生係其子名之邪。

抱朴子有詰鮑之篇，載時人鮑敬言無君之論，而已駁之。其言在今日已不足論，然亦可見其時好老、莊之書者之見地也。敬言之言曰：「儒者曰天生烝民而樹之君，豈其皇天諄諄言之，亦欲之者爲之辭哉？夫强者陵弱，則弱者服之矣；知者詐愚，則愚者事之矣。服之故君臣之道起焉，事之故力寡之民制焉。然則隸屬由爭强弱而校愚知，彼蒼天果無事也。」又曰：「天地之位，二氣範物，樂陽則雲飛，好陰則川處，各附所安，本無尊卑也。」此關君臣之位出乎自然之說也。又曰：「曩古之世，無君無臣，穿井而飲，耕田而食，日出而作，日入而息，汎然不繫，恢爾自得。不競不營，無王，下書令羣公、卿士、將牧、守宰各降一等。姚緒、姚碩德以興降號，固讓王爵，興弗許。案興即欲自貶抑，無容與緒、碩德同號。北史云：興去皇帝之號，降稱天王，蓋是？然則緒、碩德之讓，即石虎時貶親王、藩王之封之故事也。呂光初亦稱天王，及病篤，立其大子紹爲天王，乃自號大上皇帝。案魏獻文之禪位也，羣公奏曰：「昔三皇之世，澹泊無爲，故稱皇；是以漢高祖既稱皇帝，尊其父爲大上皇，明不統天下。今皇帝幼沖，萬機大政，猶宜陛下統之。謹上尊號大上皇帝。」其言頗合古義。呂氏未必知此；光既病篤，亦必不能更知政事；蓋徒取皇帝、天王之稱爲尊卑之等差耳。觀呂纂、呂隆亦皆稱天王，而隆追謚其父寶爲文帝可見也。慕容雲、馮跋亦稱天王，蓋亦以國小民寡，不敢自尊。慕容盛去皇帝之號，稱庶人大王。庶人蓋謂無爵，以知政事，故曰大王，則彌自貶損矣。

索虜非知故事者，而獻文禪位時羣公之奏，顧頗合古義，蓋臣虜士夫知故事者尚多也。然虜終不免沐猴而冠。

胡靈后之秉政也，追尊其母京兆郡君爲秦大上君。及其父國珍死，追號爲大上秦公。張普惠爲諫議大夫，陳其不可。左右畏懼，莫敢爲通。會聞胡家穿壙，下有磐石，乃密表言之。大后覽表，親至國珍宅，集王公、八坐、卿尹及五品已上，博議其事。遣使召普惠與相問答。然卒不用其言。孝莊之立，尊其考爲文穆皇帝，廟號肅祖。妣爲文穆皇后。將遷神主於大廟，以高祖爲伯考。臨淮王彧與吏部尚書李神儁表諫，不聽。時又尊其兄劭爲無上王，尋遇害河陰，又追謚爲孝宣皇帝。妻李氏爲文恭皇后。彧又面諫，謂「歷尋書籍，未有其事。」帝不從。及神主入廟，復勑百官悉陪從，一依乘輿之式。彧上表，以爲「爰自中古，迄於下葉，崇尚君親，褒明功德，乃有皇號，終無帝名。今若去帝留皇，求之古義，少有依準。」

錯亂也。石鑒之死也，石祗僭稱尊號於襄國，遂爲冉閔所攻，乃去皇帝之號，稱趙王，使詣慕容儁、姚弋仲乞師，蓋自同於人臣，故幷不敢稱天王。冉閔誅石鑒，便卽皇帝位。後爲慕容儁所獲，立而問之曰：「汝奴僕下才，何自妄稱天子？」閔曰：「天下大亂，爾曹夷狄，人面獸心，尙欲篡逆，我一時英雄，何爲不可作帝王邪？」閔蓋以誅鉏逆胡自負，故一得志卽稱尊，且始終無所降屈也。儁送閔龍城，斬於遏陘山，山左右七里草木悉枯，蝗蟲大起，五月不雨，至於十二月，乃復遣使祀之，謚曰武悼天王，猶不與以皇帝之號也。

劉淵之至左國城也，其下劉宣等上以大單于之號，見第三章第四節。蓋自謂恢復舊業。其後則以是爲統御夷人之稱，故石勒之稱趙王，以其子爲大單于。當時羣臣請者，謂以鎭撫百蠻也。是時以季龍爲單于元輔。及勒僭號，季龍謂大單于必在己，而勒更以授其子弘。季龍深恨之。私謂其子邃曰：「成大趙之業者我也，大單于之望，實在於我，而授黃吻婢兒，每一憶此，令人不復能寢食。待主上晏駕之後，不足復留種也。」蓋其時漢人不甚樂與夷狄之爭鬬，夷酋所恃以攘竊篡奪者，實以諸夷之衆爲主，故其爭之甚力，爭而不得，則怨毒形於辭色也。冉閔欲攘斥夷狄，而亦署其子爲大單于，以降胡一千配爲麾下，蓋亦爲此，已見第五章第三節。苻健之入長安，其下表爲侍中、大都督關中諸軍事、大單于、秦王。健不樂，改稱天王、大單于，蓋亦不欲爲人臣，然終不去單于之號者，蓋亦欲撫用諸夷也。赫連勃勃稱天王、大單于，意亦不過如此，彼非知民族之義者，未必有恢復舊業之意也。參看第六章第九節。

苻堅初亦稱大秦天王，蓋其人少知治體，故未敢遽自尊大，姚興，晉書載記謂其以日月薄蝕，災眚屢見，降號稱

第二十二章 晉南北朝政治制度

第一節 政體

漢世執政權者稱皇帝，皇則徒爲尊稱，已見秦漢史第十八章第一節。晉南北朝之世，此義仍存。石勒以大興二年僞稱趙王，咸和五年僭號趙天王，行皇帝事，後乃僭卽皇帝位。蓋稱王猶同於人臣，稱天王則已無所降屈，然其號猶未及皇帝之尊。勒死後，子弘爲季龍所替，羣下勸稱尊號。季龍下書曰：「朕聞道合乾坤者稱皇，德協人神者稱帝，皇帝之號，非所敢聞，且可稱居攝趙天王，以副天人之望。」其視天王之尊不如皇帝，較然可見。咸康三年，史稱其僭稱大趙天王，蓋去居攝之號也。勒之僭號趙天王也，尊其祖曰宣王，父曰元王，立其妻劉氏爲王后，世子弘爲大子。逮僭卽皇帝位，乃追尊其高祖曰順皇，曾祖曰威皇，祖曰宣皇，父曰世宗元皇帝，妣曰元昭皇大后，而立劉氏爲皇后。謚父爲帝，已遠漢人追謚定陶徒稱共皇之義；季龍僭稱大趙天王，乃追尊祖爲武皇帝，父爲大宗孝皇帝，則去古彌遠；又立其妻鄭氏爲天王皇后，以子邃爲天王皇大子，王皇並建，尤爲不辭。時又貶親王之封爲郡公，藩王爲縣公，則尤不可解。魏書謂虎自立爲大趙王，號年建武；又云：初虎衣袞冕，將祀南郊，照鏡無首，大恐怖，不敢稱皇帝，乃自貶爲王；又云：虎又改稱大趙天王；則當其僭稱天王之前，實曾但自號爲王，故貶其親王、郡王之號。晉書載記記事不具，又有艱阻。亮謂寮佐曰：「昔杜預乃造河橋，况此有異長河？且魏、晉之日，亦自有橋。吾今決欲營之。」或曰：「水淺不可爲浮橋，汎長無恆，又不可施柱，恐難成立。」亮曰：「昔秦居咸陽，橫橋渡渭，以象閣道，此即以柱爲橋。今惟慮長柱不可得耳。」會天大雨，山水暴至，浮出長木數百根，藉此爲用，橋遂成立。百姓利之，至今猶號崔公橋。此等皆大工程，非官力不克舉，故獲見於史。此外小小津梁，爲人民所自營者，則其事不可盡考矣。

尺。左右前後置六拍竿，並高五十尺，容戰士八百人，旗幟加於上。次曰黃龍，置兵六百人。合諸事觀之，可見當時水戰大艦實爲決勝之利器。然亦有小而輕捷者，梁書王僧辯傳言：侯子鑒等以鵃䑠千艘載士，兩邊悉八十棹，棹手皆越人，去來趣捷，過風電，是也。史惟載戰陳之事，故但見兵艦制作之精，然以此推之，則民間運載之船，亦可想見矣。顏子推言河北不信有二萬斛船，見上節。則北方所用之船，不及南方之大。此自川流大小之殊，非關造船技有巧拙。石虎徙鍾虡、九龍、翁仲、銅駝、飛廉於鄴，鍾一沒於河，募浮沒三百人入河，繫以竹絙，牛百頭，鹿櫨引之，乃出，造萬斛舟以渡之，則北方所造之船，亦不小也。虎欲伐慕容氏，命青州造船千艘。亦見第五章第二節。魏世祖神䴥三年，聞王師將北討，詔冀、定、相三州造船三千艘。可見濱河緣海之地，造船之業，靡不盛矣。梁書安成王秀傳：秀出爲江州刺史。主者將求堅船，以爲齋舫。秀曰：「吾豈愛財而不愛士？」乃敎所由以牢者給參佐，下者載齋物。既而遭風，齋舫遂破。似當時江行，船多窳敗者。蓋官所用船，或役民爲之，技既不精，又出逼迫，故有此弊，觀上引刁雍之言可見。晉書藝術傳：樊長賓爲建昌令，發百姓作官船於建城山中。而非其時造船之技，止於如此也。

造橋之功，河、渭爲大。晉書武帝紀：泰始十年，立河橋於富平津。杜預傳：預以孟津渡險，有覆沒之患，請建河橋於富平津。議者以爲殷周所都，歷聖賢而不作者，必不可立故也。預曰：「造舟爲梁，則河橋之謂也。」及橋成，帝從百寮宴會，舉觴屬預曰：「非君，此橋不立也。」魏書于栗磾傳：大宗南幸孟津，謂栗磾曰：「河可橋乎？」栗磾曰：「杜預造橋，遺事可想。」乃編次大船，構橋于冶阪。六軍既濟，大宗深歎美之。又崔亮傳：除雍州刺史。城北渭水淺，不通船，行人然觀刁雍、薛欽之所較計，則水陸勞佚息耗之差，可謂相去甚遠矣，此誠言漕運者所宜留意也。李沖傳：高祖自鄴還京，泛舟洪池，乃從容謂沖曰：「朕欲從此通渠於洛，南伐之日，何容不從此入洛，從洛入河，從河入汴，從汴入清，以至於淮。下船而戰，猶開戶而鬥，此乃軍國之大計。今溝渠若須二萬以下，六十日有成者，宜以漸修之。」成淹傳：高祖幸徐州，勑淹與閭龍駒等主舟楫，將汎泗入河，泝流還洛。軍次碻磝，淹以黄河峻急，慮有傾危，乃上疏陳諫。高祖勑淹曰：「朕以恆代無運漕之路，故京邑民貧。今移都伊洛，欲通運四方，而黄河急峻，人皆難涉，我因有此行。必須乘流，所以開百姓之心。」然則高祖之遷都，意亦貪水漕之便也。

海道往來，當時亦頗通利。石季龍謀伐昌黎，欲自青州運兵糧，已見第五章第二節。桑虞，諸兄仕於石勒，咸登顯位，惟虞恥臣非類，陰欲避地海東。後勒以爲武城令，虞以密邇黄河，去海微近，將申前志，欣然就職。此自今山東泛海至遼東西之路也。宋書朱脩之傳言：魏屢伐馮弘，或說弘遣脩之歸求救，遂遣之泛海。此自遼東西通建業之路也。其餘海道交通，可參看第十六章第五節。

造船之技頗精。晉書王濬傳：武帝謀伐吳，詔濬修舟艦。濬乃作大船連舫，方百二十步，受二千餘人。以木爲城，起樓櫓，開四出門。其上皆得馳馬來往。盧循、徐道覆所以能肆擾，何無忌、劉毅所以敗，宋武帝所以勝，實緣兵力厚薄之殊，而兵力厚薄之分，實決之於船艦之大小，已見第七章第五節。南史王僧辯傳：陸納造大艦一，名曰三王艦。又造二艦：一曰青龍艦，一曰白虎艦。皆衣以牛皮，並高十五丈。隋書楊素傳：素欲平陳，造大艦，名曰五牙。上起樓五層，高百餘二州，恆農、河北、河東、正平、平陽五郡，年常緜絹及貲麻，皆折公物，顧車牛送京。道險人敝，費公損私。略計華州一車，官酬絹八匹三丈九尺，別有私民顧價布六十匹。河東一車，官酬絹五匹二丈，別有私民顧價布五十匹。自餘州郡，雖未練多少，推之遠近，應不減此。今求車取顧絹三匹，市材造船，不勞采斫。計船一艘舉十三車，車取三匹，合有三十九匹，顧作手并匠及船上雜具食直，足以成船，計一船剩絹七十八匹，布七百八十匹。又租車一乘，官格四十斛成載，私民顧價，遠者五斗布一匹，近者一石布一匹。準其私費，一車布遠者八十匹，近者四十匹。造船一艘，計舉七百石，準其顧價，應有一千四百匹。今取布三百匹，造船一艘，并船上覆治雜事，計一船有剩布一千一百匹。又其造船之處，皆須鋸材人功，并削船茹，依功多少，即給當州郡門兵，不假更召。汾州有租調之處，去汾不過百里，華州去河不滿六十，並令計程依舊酬價，車送船所。船之所運，惟達雷陂。其陸路從雷陂至倉庫，調一車顧絹一匹，租一車布五匹，則於公私為便。」尚書崔休以為「舟楫所通，遠近必至。苟利公私，不宜止在前件。請諸通水運之處，皆宜率同前式。縱復五百三百里，車運水次，校計利饒，猶為不少。其欽所列州郡，如請興造，東路諸州，皆先通水運，今年租調，悉用舟楫。若船數有闕，且賃假充事。其先未通流，宜遣檢行，閑月修治。」錄尚書高陽王雍、尚書僕射李崇等奏曰：「運漕之利，今古攸同。舟車息耗，實相殊絕。欽之所列，關西而已。若域內同行，足為公私巨益。謹輒參量，備如前計。庶徵召有減，勞止小康。若此請蒙遂，必須溝洫通流。即求開興修築。或先已開治，或古跡仍在，舊事可因，用功差易。此冬閒月，令疏通咸訖。比春水之時，使運漕無滯。」詔從之，而未能盡行也。案開通全國水路，談何容易？元雍、李崇之奏，言之大易，自然徒託空言。

水可通，而託其致書者如是之衆，可見當時通訊之不易矣。公家則仍恃驛傳。北齊書神武帝紀：自隊主轉爲函使，嘗乘驛過建興，雲霧晝晦，雷聲隨之，半日乃絕。函使蓋乘驛以奉書函者也。貴人亦有自置驛使者。高歸彥傳：歸彥拜冀州刺史，謀逆，詔段韶襲之。歸彥舊於南境置私驛，聞軍將逼，報之，便嬰城自守，是其事。北史斛律羨傳：羨慮禍，使人騎快騾迎至鄴，無日不得音問。後二日，鄴使不至，家人乞養憂之，亦私驛之類也。

交通以水路爲便，自無疑義，而轉漕尤甚。魏書刁雍傳：大延五年，雍爲薄骨律鎮將。七年，表曰：「奉詔：高平、安定、統萬及臣所守四鎮，出車五千乘，運屯穀五十萬斛付沃野鎮，以供軍糧。臣鎮去沃野八百里，道多深沙，輕車來往，猶以爲難。設令載穀，不過二十石，每涉深沙，必致滯陷。又穀在河西，轉至沃野，越渡大河，計車五千乘，運十萬斛，百餘日乃得一返。大廢生民耕墾之業。車牛艱阻，難可全至。一歲不過二運，五十萬斛，乃經三年。今求於牽屯山河水之次，造船二百艘，二船爲一舫，一船勝穀二千斛，一舫十人，計須千人。臣鎮內之兵，率皆習水。一運二十萬斛，方舟順流，五日而至，自沃野牽上，十日還到，合六十日得一返。從三月至九月三返，運送六十萬斛。計用人功，擬於車運十倍有餘。不廢牛力，又不廢田。」詔曰：「非但一運，自可永以爲式。今別下統萬鎮出兵以供運穀，卿鎮可出百兵爲船工，豈可專廢千人，須遣船匠。」食貨志云：自徐、揚內附之後，仍世經略江、淮，於是轉運中州，以實邊鎮，百姓疲於道路。乃令番戍之兵，營起屯田。又收內郡兵資，與民和糴，積爲邊備。有司又請於水運之次，隨便置倉。乃於小平、石門、白馬津、漳涯、黑水、濟州、陳郡、大梁凡八所，各立邸閣，每軍國有須，應機漕引。自此費役微省。三門都將薛欽上言：「計京西水次，汾、華言，卓犖有大致，秀才謂縣令曰：「卞公府掾之精者，云何以爲亭子？」令卽召爲門下史。卞亦晉初人也。鄭袤傳：子默，出爲東郡太守，直歲荒人飢，默輒開倉振給，乃舍都亭，自表待罪。魏書甄琛傳：琛子侃，隨琛在京，以酒色夜宿洛水亭舍，毆擊主人，爲有司所劾。則以地近京邑，亭傳或較整飭耳。要之如兩漢之世，行旅之多止亭傳者，魏、晉以後，幾不可復睹矣。史所載是時逆旅之主，亦有非以營利爲事者。如晉書劉寔傳言：寔少貧窶，杖策徒行，每所憩止，不累主人，薪水之事，皆自營給。隱逸劉驎之傳言：驎之居於陽岐，官道之側，人物來往，莫不投之。驎之躬自供給，士君子頗以勞累，更憚過焉。魏書崔光傳：光弟敬友，精心佛道，自景明已降，頻歲不登，飢寒請丐者，皆取足而去。又置逆旅於肅然山南大路之北，設食以供行者。此等或有要結之心，或以利濟爲念，皆與以是爲業者絕殊。可見偏僻之區，逆旅尚多未立。然此卽至今日亦尚是如此也。

逆旅既爲牟利者所設，當時人之見，自未可以舍貴賓。國家賓館既不修，士大夫家又無復館客之事，故使節往來，江南多以僧寺停客。見北史李彪傳。卽貴人亦有寓居僧寺者。李翥、蕭大圜事，已見第四節。北史自序，載李師上從駕晉陽，亦與友好同以僧寺爲寓也。

以運載爲業者，是時無之，蓋皆商賈所自營。晉書袁宏傳言：宏少孤貧，以運租自業。蓋惟米穀滯重之物爲然，抑其自以此爲業，或受顧於人而爲之奔走，尚未可知也。寄信亦無專業，故多託人攜帶。殷浩傳：父羨，爲豫章太守，都下人士，因其致書者百餘函，行次石頭，皆投之水中，曰：「沈者自沈，浮者自浮，殷洪喬羨字。不爲致書郵。」豫章、建業，一器用取給。疲牛必投，乘涼近進。發槅寫鞍，皆有所憩。又諸劫盜，皆起於迥絕，止乎人衆。十里蕭條，則姦宄生心，連陌接館，則寇情震懾。且聞聲有救，已發有追。不救有罪，不追有戮。禁暴捕亡，恆有司存。凡此皆客舍之益，而官櫂之所乏也。又行者貪路，告羅炊爨，皆以昏晨。盛夏晝熱，又兼星夜。既限早閉，不及櫂門。或避晚關，迸逐路隅。祇是慢藏誨盜之原。苟以客舍多敗法教，官守棘櫂，獨復何人？彼河橋、孟津，解券輸錢，高第督察，數入校出，品郎兩岸相檢，猶懼或失之，故懸以祿利，許以功報。今賤吏疲人，獨專櫂稅，管開閉之權，藉不校之勢，此道路之蠹，奸利所殖也。率歷代之舊俗，獲行留之驩心，使客舍灑掃，以待征旅，擇家而息，豈非衆庶顒顒之望？」請曹列上，朝廷從之。岳之議，可謂深切著明矣，而至隋初，蘇威仍以臨道店舍，事業汙雜，非敦本之義，奏高祖欲遣歸農，見隋書李諤傳。何其見解之陳舊也。亭傳既廢，行旅蓋惟客舍是資，其事隨處可見。晉明帝因王敦將舉兵內向，乘巴、滇駿馬，微行至湖陵，熟察營壘而出馳去，見逆旅賣食嫗，以七寶鞭與之，曰：「後有騎來，可以此示也。」追者至，傳玩，稽留遂久。桑虞嘗行寄逆旅，同宿客失脯，疑虞爲盜，虞默然無言，便解衣償之。晉書孝友傳。梁武帝舉兵至姑孰，柳惔與兄惲及諸友朋於小郊候接。時道路猶梗，惔與諸人同憩逆旅，食俱去，行里餘，惔曰：「寧我負人，不人負我。若復有追，堪憩此舍。」命左右燒逆旅舍，以絕後追。齊文宣追由吾道榮往晉陽，道榮恆野宿，不入逆旅。北史藝術傳。周興嗣投宿逆旅，已見前。此並可見往來要道逆旅之偏布。晉書儒林傳：徐苗，曾祖華，嘗宿亭舍，夜有神人告之：亭欲崩，遽出得免。苗祖邵，爲魏尙書郞，華當係漢末人。又劉卞傳：少爲縣小吏。功曹夜醉如廁，使卞執燭，不從。功曹銜之，以他事補亭子。有祖秀才者，於亭中與刺史箋，久不成。卞敎之數上詳被報，格外十條，幷蒙停寢，後來諠訴，始得暫弭。」然則牛埭初設，本所以利交通，收直原有定格，後乃變爲婪索之資矣。梁書安成康王秀傳：秀出爲江州刺史，時盛夏水汎長，津梁斷絕。外司請依舊僦度，收其價直。秀敎曰：「刺史不德，水潦爲患，可利之乎？」給船而已。外司之請，亦顧憲之所云京師航渡之類，其事蓋亦易滋弊，故秀不之許也。過所之制，北方仍有之。晉書劉毅傳：毅辟司隸都官從事，將彈河南尹，司隸不許，投傳而去。魏書高祖紀：延興二年五月，詔軍警給璽印傳符，次給馬印。大和七年三月，以冀、定二州民飢，弛關津之禁，任其去來。前廢帝紀：普泰元年，詔有司不得復稱僞梁，罷細作之條，無禁鄰國往還。神元平文諸子孫傳：高祖、文明大后引見公卿於皇信堂。大后曰：「今京師旱儉，欲聽飢貧之人出關逐食。如欲給過所，恐稽延時日，不救災窘；若任其外出，復慮姦良難辨。卿等可議其所宜。」元丕議：「諸曹下大夫以上人各將二吏，別掌給過所，州郡亦然，不過三日給之便訖，有何難也？」高祖從之。四日而訖。皆其事之可考者也。

亭傳既廢，逆旅之業遂大盛。晉書潘岳傳：時以逆旅逐末廢農，奸淫亡命多所依湊，敗亂法度，勅宜除之。十里一官欏，使老小貧戶守之，又差吏掌主，依客舍收錢。岳議曰：「謹案逆旅久矣，其所由來，行者賴以頓止，居者薄收其直，交易貿遷，各得其所，官無役賦，因人成利，惠加百姓，而公無末費。語曰：許由辭帝堯之命，而舍於逆旅。外傳曰：晉陽處父過甯，舍於逆旅。魏武皇帝亦以爲宜，其詩曰：逆旅整設，以通賈商。然則自堯到今，未有不得客舍之法，惟商鞅尤之，固非聖世所言也。方今四海會同，九服納貢，八方翼翼，公私滿路。近畿輻湊，客舍亦稠。冬有溫廬，夏有涼蔭，芻秣成行，驛道之當衝要者，供給或仍甚周備，此又不免於煩民。周書韋孝寬傳：孝寬代尉遲迥爲相州總管，馳還，所經橋道，皆令毀撤，驛馬悉擁以自隨。又勒騎將曰：「蜀公將至，可多備餚酒及芻粟以待之。」迥果遣儀同梁子康將數百騎追孝寬。驛司供設豐厚，所經之處，皆輒停留，由是不及。此等餚酒及芻粟果何自來邪？梁書鄱陽王恢傳：恢遷益州刺史。成都去新城五百里，陸路悉訂私馬，百姓患焉。累政不能改。恢乃市馬千匹，以付所訂之家，資其騎乘，有用則以次發之。百姓賴焉。北齊書高季式傳：季式豪率好酒，又恃舉家勳功，不拘檢節。與光州刺史李元忠生平遊款，在濟州夜飲，憶元忠，開城門，令左右乘驛，持一壺酒往光州勸元忠。皆可見其擾累之甚。故宋前廢帝省諸州臺傳，本紀永光元年正月。亦爲便民之舉也。大抵邊方之地，仍恃驛傳以通往來。故周靜帝初，豫、荆、襄三總管內諸蠻反，有焚燒村、驛之舉。隋書刑法志載北齊律，盜及殺人而亡者，卽懸名注籍，甄其一房配驛戶，可見驛戶之困矣。

譏察之政，多與稅斂并爲一談。宋孝武帝大明八年，以東境去歲不稔，詔停道中雜稅，并勅以仗自防者勿禁，見第二節。其一事也。南史循吏傳：郭祖深，普通七年，改南州津爲南津校尉，以祖深爲之。由來王侯勢家，不忌憲綱，俠藏亡命。祖深搜檢姦惡，不避彊禦，動致刑辟。此爲譏察之司，克舉其職者，然能如是者卒少，而多藉威權爲擾累之資。甚至本以便民之舉，亦變爲厲民之政焉。齊書顧憲之傳：杜元懿請增牛埭稅。憲之議曰：「尋始立牛埭之意，非苟逼僦以納稅也。當以風濤迅險，人力不捷，屢致膠溺，濟急利物耳。既公私是樂，所以輸直無怨。京師航渡，卽其例也。而後之監領者，不達其本，各務己功，互生理外。或禁遏別道，或空稅江行，或撲船倍價，或力周猶責。凡如此類，不經埭煩牛者，一土候經雨頹毁，每須修之。自孝寬臨州，乃勤部內當候處植槐樹代之。既免修復，行旅又得芘蔭。周文後見，怪問知之。曰：「豈得一州獨爾？當令天下同之。」於是令諸州夾道一里種一樹，十里種三樹，百里種五樹焉。此等政令，亦必不能行也。梁書張齊傳：巴西郡居益州之半，又當東道衝要，刺史經過，軍府遠涉，多所窮匱。齊緣路聚糧食種蔬菜，行者皆取給焉。陳書徐陵傳：梁元帝承制江陵，陵通使於齊，累求復命，終拘留不遣。陵乃致書於僕射楊道彥曰：「本朝非隆平之時，遊客豈皐華之勢？輕裝獨宿，非勞聚橐之儀，微騎兼行，寧望輜軒之禮？歸人將送，私具驢騾，緣道亭郵，惟希蔬菜。若曰留之無煩於執事，遣之有費於官司；或以顛沛為言，或云資裝可懼，固非通論，皆是外篇。」然則行旅所須於緣道者，不過糧食、蔬菜，而公家則并此而不能供矣。斯時上官出行，郡縣或有盛為供帳者，如梁書良吏何遠傳言：遠為武康令，大守王彬巡屬縣，諸縣盛供帳以待，遠獨設糗水而已，是也。民間往來者，蓋多要結伴侶，或互相依託而行。梁書孝行傳：荀匠，父法超仕齊，中興末為安復令，卒於官，匠奔喪，每宿江渚，商侶皆不忍聞其哭聲，蓋附商人以行也。宋書王僧達傳：元凶弒立，僧達自候道南奔。通鑑注云：「候道，伺候邊上警急之道也。今緣路列置邏臺者，即候道。」蓋亦取其為候騎所常經，或有薪米可資耳。亭候既廢，行旅之困苦如此，顧仍有以罷遣亭候為美談者。梁書范雲傳：雲以齊明帝時出為始興內史，邊帶蠻俚，尤多盜賊，前內史皆以兵刃自衛。雲入境，撫以恩德，罷亭候，商賈露宿。郡中稱為神明。南史王淮之傳：淮之玄孫猛，徙晉陵大守，威惠兼舉，姦盜屏跡，富商野次，云以付王府君。郡人歌之，以比漢之趙廣漢。此又見設置亭候，亦有煩擾，或又徒有其名也。

爲大祖所信委，家在海陵，假還葬父，橋路毀壞，不通喪車，縣求發民修治，子眞不許，彭城王義康聞而善之。不爲權倖所脅而勞民，善矣。然橋路固所宜修，任其毀壞，亦非政理也。開通道路之事，爲史所特載者，大抵非以行軍，即以游幸。如慕容儁聞石氏亂，鑿山除道，入自盧龍，克薊城而都之。魏書本傳。魏道武之伐燕，于栗磾開井陘路，襲慕容寶於中山。及道武將北還，又發卒治直道，自望都鑿恆嶺至代。見第六章第八節。後道武校獵河西，又詔張黎發定州七郡卒萬二千通沙泉道。本紀大延二年。高宗和平二年三月，發并、肆州五千人治河西獵道。高祖大和六年七月，發州郡五萬人治靈丘道。世宗正始四年九月，開斜谷舊道。皆見本紀。封子繪以晉州北界霍山，舊號千里徑者，山阪高峻，大軍往來，士馬勞苦，啓齊高祖，於舊徑東谷，別開一路，皆其事。大抵虜之用民力，較中國爲多，以其本無所愛於中國人也。至民閒因交通而修路，或地方長官因便於人民往來而修路者，則史幾無所見。記載固不能無遺漏，然其事必極少可知。民政之廢弛極矣。

亭傳之制，漢末亂後，廢墜特甚。晉書賀循傳：江東草創，盜賊多有，元帝思所以防之，以問於循。循答曰：「沿江諸縣，各有分界，分界之內，官長所任，自可度土分力，多置亭候，恆使徼行。漢制十里一亭，當今縱不能爾，要宜籌量，使力足相周。」可見晉時亭候，遠非漢世之比矣。苻堅載記：自長安至諸州，皆夾路樹槐柳，二十里一亭，四十里一驛，旅行者取給於途，工商貿販於道。百姓歌之曰：「長安大街，夾樹楊槐。下走朱輪，上有鸞栖。英彥雲集，誨我萌黎。」此乃虛美之辭，當其時，度不過長安附近，或能修飾表面耳。周書韋孝寬傳：孝寬以廢帝二年爲雍州刺史。先是路側一里置殺數人，乃被虜。梁書韋叡傳：叡素羸，每戰未嘗騎馬，以板輿自載，督厲衆軍。又蕭淵藻爲益州刺史，州民焦僧護作亂，淵藻乘平肩輿巡行賊壘。此則希有之事也。以人代馬，蓋取其可以卽安，故梁武帝大同五年，賀琛奏南北二郊及籍田往還，並宜御輦，不復乘輅，蓋以帝年高故也。詔從之。祀宗廟仍乘玉輦。其雖駕馬而亦較安隱者，是爲馬轝。蕭摩訶勸吳明徹帥步軍乘馬轝徐行，已見第十四章第九節。晉書劉曜載記：曜攻仇池，疾篤，馬轝而還。及被禽，創甚，石勒亦以馬轝載之。周書崔猷傳：大軍東征，大祖賜以馬轝，命隨軍；與之籌議。皆用諸軍旅之間者也。

士大夫拘於體制，多以徒行爲恥。故南史顏協傳，謂其家雖貧素，而修飾邊幅，非車馬未嘗出游。江泌見老翁步行，下車載之，躬自步去，齊書孝義傳。則史以爲美談矣。齊書王琨傳：大祖崩，琨聞國諱，牛不在宅，去臺數里，遂步行入宮。朝士皆謂琨曰：「故宜待車，有損國望。」琨曰：「今日奔赴，皆應爾。」此特於國諱之時行之而已。然貧賤者及恭儉者，亦或步行。晉書孝友傳：夏方，吳時拜仁義都尉，累遷五官中郎將，朝會未嘗乘車，行必讓路，此恭儉者也。梁書文學傳：周興嗣，嘗步自姑孰，投宿逆旅；王籍不得志，遂徒行市道，不擇交遊，此貧賤者也。

路惟馳道爲坦平，然其勞民特甚。故宋孝武帝立馳道，前廢帝卽位亟罷之，乃未幾而又復之，蓋以其功已立，勞民事已在前故也。宋書孝武帝紀：大明五年九月，初立馳道，自閶闔門至於朱雀門，又自承明門至於玄武湖。前廢帝紀：大明八年七月，罷南北二馳道。永光元年八月，復立南北二馳道。參看第九章第三節。呂僧珍常以私車輦水灑御路，則雖御路，亦不過較爲平坦，其塵沙飛揚，亦與他路無異。蓋昔人不能善修路面也。路面不堅，故其路易壞。宋書張茂傳：陸子眞爲海陵大守，中書舍人秋當，海是也。魏書世宗紀：永平二年六月，詔曰：「江海方同，車書宜一。諸州軌轍，南北不等。今可申敕四方，使遠近無二。」此詔規模頗遠大，然其不能行，則亦不待論矣。

輦之變即成肩輿。宋志云：「輦車，周禮王后五路之卑者也。后宮中從容所乘，非王車也。漢制乘輿御之，或使人輓，或駕果下馬。漢成帝欲與班倢伃同輦是也。未知何代去其輪。」案宋書鄧琬傳，謂琬取子勛所乘車，除腳以爲輦，可見輦之與車，其制仍極相近。既去其輪，則祇得「以肩舉之而行，故曰肩輿，亦曰平肩輿」。（通鑑晉懷帝永嘉元年，梁武帝天監四年注。）其與掆施襻，則謂之襻輿。（通鑑梁武帝大清元年注。案襻輿見第十三章第一節。）以八人舉之，則謂之八掆輿。（通鑑齊東昏侯永元二年注。）齊書明七王傳：江夏王寶玄乘八掆輿，手執絳麾幡，隨崔慧景至京師是也。桓玄欲造大輦，使容三十人坐，以二百人輿之，（魏書島夷傳。）則八掆又不足言矣。其仍有輪而以人輓之者，謂之步輦，亦曰步輓車。魏尉元，大和三年，進爵淮陽王，以舊老見禮，聽乘步挽杖於朝。後行養老之禮，以元爲三老，游明根爲五更，又各賜步挽一乘是也。其時乘肩輿者頗多。晉書王獻之傳：獻之嘗經吳郡，聞顧辟疆有名園，先不相識，乘平肩輿而入。隱逸陶潛傳：江州刺史王弘要之還州，問其所乘，答曰：「素有腳疾，向乘籃輿，亦足自反。」乃令一門生、二兒轝之至州。此皆士大夫之暮氣，不復知以桀乘人車爲恥矣。（見秦漢史第十七章第六節。）亦有以道險不可車行而乘籃輿者。孝友傳：孫晷，吳國富春人。富春車道既少，動經山川，父難於風波，每行乘籃輿，晷躬自扶侍是也。後世肩輿之盛行，大抵以此矣。又有用之軍旅之際者。晉書列女傳：謝道韞遭孫恩之難，舉厝自若。既聞夫及諸子已爲賊所害，方命婢肩輿，抽刃出門。亂兵稍至，手各種車制，見於歷代輿服等志者，多備儀制，罕關實用。其最可貴者，爲指南車及記里車。宋書禮志云：「指南車，其始周公所作，以送荒外遠使。地域平漫，迷於東西，造立此車，使常知南北。鬼谷子云：鄭人取玉，必載司南，爲其不惑也。至於秦、漢，其制無聞。後漢張衡，始復創造。漢末喪亂，其器不存。魏高堂隆、秦朗，皆博聞之士，爭論於朝，云無指南車，記者虛說。明帝青龍中，令博士馬鈞更造之，而車成。晉亂復亡。石虎使解飛，姚興使令狐生又造焉。安帝義熙十三年，宋武帝平長安，始得此車。其制如鼓車，設木人於車上，手指南。車雖回轉，所指不移。大駕鹵簿，最先啓行。此車戎狄所制，機數不精，雖曰指南，多不審正。回曲步驟，猶須人功正之。范陽人祖沖之，有巧思，常謂宜更構造。宋順帝升明末，齊王爲相，命造之焉。車成，使撫軍丹陽尹王僧虔、御史中丞劉休試之。其制甚精，百屈千回，未嘗移變。參看第二十章第二節。晉代又有指南舟。索虜拓跋燾使工人郭善明造指南車，彌年不就。扶風人馬岳又造，垂成，善明鴆殺之。」又云：「記里車，未詳所由來。亦高祖定三秦所獲。制如指南。其上有鼓，車行一里，木人輒擊一搥。大駕鹵簿，以次指南。」案指南之用，海尤亟於陸。近世西人，藉此以偏航世界，吾國當晉世已能用之於舟，爲時不爲不早。又測量舊法，共有三端：陸以人行、車行，水以舟行遲速爲準。三法之中，車之所量，最爲精審。記里車若能廣用，亦可知通行道里精確之數。惜乎二者皆僅用之鹵簿也。車之最速者爲追鋒車。宋志云：「如軺車而駕馬。」晉宣帝平遼東還，次白屋，有詔召之，三日之閒，詔書五至。乃乘追鋒車，晝夜兼行，四百餘里，一宿而至焉。石季龍造獵車、格獸車，已見第五章第二節。事雖侈虐，然其制之高大，亦足異也。民閒挽載，多用小車，謂之鹿車。北齊書神武紀：高乾死，其次弟愼在光州，弊衣推鹿車歸渤旦告州。澈乃令左右及府僚吏分市鹿脯，不限其價。其主見脯識之，推獲盜者。可見官民無不乘驢。元嘉二十七年之役，柳元景督義租，並上驢、馬，以爲糧運之計。魏世祖將北征，發民驢以運糧，使公孫軌部詣雍州。軌令驢主皆加絹一匹，乃與受之，坐徵還。其伐蠕蠕，詔司馬楚之等督運以繼大軍。時鎮北將軍封沓亡入蠕蠕，說令擊楚之等。蠕蠕乃遣奸覘入楚之軍，截驢耳而去。諸將莫能察。楚之曰：「必是覘賊截之以爲驗耳，賊將至矣。」即使軍伐柳爲城，水灌之令凍。城立而賊至。冰峻城固，不可攻逼，賊乃走散。呂苟兒、陳瞻等反，楊椿爲別將討之。賊入隴，守蹊自固。椿緩師不進。賊出掠，乃以軍中驢、馬餌之，不加討逐。如是多日，陰簡精卒，銜枚夜襲，斬瞻。李弼之叛侯莫陳悅，勒其兵上驢、馳。見第十二章第九節。齊文宣之篡，宇文泰東伐，出長安，以諸軍馬、驢多死，引還。周武帝欲伐突厥，發關中公私驢、馬悉從軍。本紀宣政元年。則驢之於轉輸，亦亞於牛而不下於馬也。侯莫陳悅之敗，獨乘一騾。亦見第十二章第九節。齊人使宇文護之母作書報護，述其叔遣奴迎護，護與盛洛乘騾同去。眭夸，高尚不仕，寄情丘壑。少與崔浩爲莫逆之交。浩爲司徒，奏徵爲其中郎。辭疾不赴。州郡逼遣，不得已入京都，與浩相見。浩慮夸即還，時乘一騾，更無兼騎，浩乃以夸騾內之廄中。夸遂託鄉人輸租者，謬爲御車，乃得出關。騾之於服乘，蓋又驢之亞也。槖駞惟沙磧之地用之。故呂光自西域還，以駞二萬餘頭致外國珍寶。在中國，當較驢、騾爲少也。宋書禮志：「晉令曰：乘傳出使，遭喪以上，即自表聞，聽得白服乘騾車，到，副使攝事。」徐廣車服注：傳聞騾車者，犢車裝而馬車轅也。」蓋時以驢爲小人所乘，見秦漢史第十七章第六節。故定制不得乘馬車者，則使乘騾車耳。賀若弼欲使陳叔寶乘騾車歸己，亦此意也。

是細馬，合數萬匹，在五臺山北柏谷中避賊。賊退後，勅白建就彼檢校，續使人詣建聞，領馬送定州，付民養飼。建以馬久不得食，瘦弱，遠送恐多死損，遂違勅以便宜從事，隨近散付軍人，則其收養之事，亦不免勞擾軍民也。孳殖之不蕃，不亦宜哉。是時牧業似以西北爲盛，故魏之牧地在河西。見第二十章第一節。呂光之入西域，以駿馬萬餘匹還。姚興載記：禿髮傉檀獻興馬三千匹，羊三萬頭。興以爲忠於己，乃署傉檀爲涼州刺史，徵王尚還。涼州人申屠英等遣主簿胡威詣興請留。興弗許。威流涕曰：「苟以馬供國用，直煩尚書一符，三千餘家，戶輸一匹，朝下夕辦，何故以一方委此姦胡？」此雖非由衷之言，然可見涼州畜馬之盛。北齊書慕容儼傳：儼蒙賜胡馬一匹。杜弼傳：蕭明等入寇，高岳、慕容紹宗討之，詔弼爲軍司，攝臺左右。臨發，世宗賜胡馬一匹，語弼曰：「此廄中第二馬，孤恆自乘騎，今方遠別，聊以爲贈。」此胡馬皆西域所產，非來自北方，以其時之人習稱西域人爲胡也。

齊書魏虜傳言：虜駕部知牛、馬、驢、騾。鍾離之捷，收其牛、馬、驢、騾，不可勝計。見第十一章第四節。魏書景穆十二王傳：元誕除齊州刺史，在州貪暴，大爲人患，牛、馬、騾、驢，無不逼奪。北齊書文宣帝紀，言其時乘馲駝、牛、驢，不施鞍勒，盛暑隆冬，去衣馳騁。可見北方之畜，牛、馬而外，兼有驢、騾、橐駝，而驢似尤多。魏書蕭寶夤傳，言其北奔時，遁匿山澗，賃驢乘之。北齊書楊愔傳，言愔聰記彊識，半面不忘。有選人魯漫漢，自言猥賤，獨不見識。愔曰：「卿前在元子思坊，騎禿尾草驢，經見我不下，以方麴鄣面，我何不識卿？」漫漢驚服。儒林權會傳言：會初任助教之日，恆乘驢上下。彭城王澈傳言：澈出爲滄州刺史，爲政嚴察，部內肅然。有一人從幽州來，驢馱鹿脯，至滄州，腳痛行遲，偶會一人爲伴，遂盜驢及脯去。明一頭，奉東宮。大司馬、司徒各奉二匹，驃騎、鎮軍各奉一匹。則以豫章貴寵，景先久豫軍旅，故有馬也。晉書陳頵傳：父訢立宅起門，頵曰：「當使容馬車。」訢笑而從之。後頵仕爲郡督郵，大守劉享拔爲主簿，州辟部從事，果乘馬車還家。此尙爲體制起見。其乘馬之事見於史者：元謐與妃乘赤馬犯鹵簿，爲御史所彈。王慧龍孫瓊，道逢大保廣平王懷，據鞍抗禮，自言馬瘦。嘗詣尙書令李崇，騎馬至其黃閤。慕容恃德有疾，謂其子：持上駻馬與盧潛。見北史盧玄傳。盧辯單馬從魏孝武入關。盧勇有馬五百匹，遺啓盡獻之。北史盧同傳。祖珽所乘老馬，常稱騮駒。盧光爲京兆郡舍，數有妖怪，前後郡守，無敢居者。光入居之。未幾，光所乘馬，忽升聽事，登牀南首而立，光不以介懷。周書儒林傳。達奚武居重位，不持威儀，行常單馬，左右止一人而已。皆北人乘馬之事。魏書楊機傳言：機家貧無馬，常乘小犢車。北史常爽傳言：天平初，遷鄴，收百官馬，尙書丞、郎已下非陪從者盡乘驢。足見北方士大夫以乘馬爲常也。是時南方頗獎勸畜馬，北方則每有竭澤而漁之事。周朗病當時用兵，令重車弱卒，與肥馬悍胡相逐，見第八章第七節。謂宜募天下使養馬一匹者，蠲一人役，三匹者除一人爲吏，自此以進，階賞有差。邊亭徼驛，一無發動。此即古馬復令之意。孝武帝孝建三年五月，制荆、徐、兗、豫、雍、青、冀七州統內，家有馬一匹者，蠲復一丁，可謂行朗之議者。若北方則石季龍志在窮兵，以其國內少馬，乃禁畜馬，匿者要斬。收百姓馬四萬餘匹以入於公。魏世宗正始四年十一月，禁河南畜牝馬。延昌元年，乃通其禁。爾朱兆遺孫白鷂至冀州，託言普徵民馬，欲待高乾兄弟送馬因收之。北齊書乾傳。齊後主時，勑送突厥馬數千匹於揚州，令土豪貴買，錢直始入，便出勑括江淮閒馬。見第二十章第一節。其於徵發、括借，蓋習以爲常矣。河清三年，突厥入境，代、忻二牧，悉春耕。穀登之後，得運水次成穀七百萬斛。其所留好種萬頭，可並佃牧地，歲當復入數千萬斛穀，牛又皆當調習，動可駕用。」石季龍載記：季龍發百姓牛二萬餘頭配朔州牧官。又制征士五人，車一乘，牛二頭，米各十五斛，絹十匹，調不辦者以斬論。宋書殷琰傳：杜叔寶發車千五百乘載米餉劉順，呂安國等抄之，燒米車，驅牛二千餘頭而還。魏道武天興五年伐姚平，實以牛疫而還。見上引北史藝術傳。世祖紀：始光二年五月，詔天下十家發大牛一頭，運粟塞上。古弼傳：車駕畋於山北，大獲麋鹿千頭，詔尚書發車牛五百乘以運之。世祖尋謂從者曰：「蕭公必不與我，汝輩不如馬運之速。」遂還。行百餘里而弼表至，曰：「今秋穀縣黃，麻菽布野，猪鹿竊食，鳥雁侵費，風波所耗，朝夕參倍。乞賜矜緩，使得收載。」呂洛拔傳：張永遣將王茂向武原，援其運車，尉元遣洛拔擊之，奪車二百餘乘，牛二百五十頭。食貨志：大和十一年，牛疫，時有以馬驢及槖駝供駕輓耕載。北齊書神武帝紀：韓陵之戰，連牛、驢以塞歸道，於是將士皆有死志。隋書盧愷傳：周武帝在雲陽宮，勅諸屯簡老牛，欲以享士，愷進諫，帝美其言而止。趙脩葬父，石獸、石柱，皆發民車牛，傳致本縣，見第十二章第一節。北齊後主起大寶林寺，運石填泉，人牛死者，不可勝紀，見第十四章第四節。時殿內及園中須石，亦差車牛從漳河運載，見本章第四節。蓋戰陣及平時，無不恃牛運轉者，牛之爲交通所資，此時實非他時之比也。

然北方畜馬，究較南方爲多，故以馬爲賞賜者，屢見於列傳。若南方則幾無其事矣。宋孝武帝幸南山，乘馬至殷氏墓，見第九章第三節。此蓋以山行故爾。顏延之好騎馬，敖游里巷，則不得志於時者之所爲。齊豫章王嶷臨終，召子子廉、子恪，命將所乘牛馬送二宮及司徒。蕭景先遺言：私馬有二十餘匹，牛數頭，可簡好者十四，牛二頭上臺。馬五匹、牛中散李眞香出使幽州，采訪牧守政績，驗案其罪。其妻，姑爲大尉東陽王丕妻，詣丕申訴求助。陳列眞香昔因假過幽州，知赦提有好牛，從索不果，挾前事威逼部下，證成誣罪。說雖未知信否，然佳牛爲貪求者所垂涎，則當時必有其事矣。南史王筠傳云：筠性儉嗇，所乘牛常飼以靑草，則當時貴富之家，飼牛必有不止於草者，恐率獸食人之事，亦在所難免矣。其時惟有關禮制之事，尙貴馬而賤他畜，以不用馬爲辱，如晉海西公、魏孝靜帝見廢，皆乘犢車而去；賀若弼令蔡徵爲陳叔寶作降牋，命乘騾車歸己，皆是。魏書王覇傳：覇兄子衍爲爾朱仲遠所擒，以其名望不害也，令騎牛從軍，久乃見釋。亦同。其餘殆無不乘牛者。晉書紀瞻傳言：召拜尙書郎，與顧榮同赴洛，至徐州，聞亂日甚，將不行。會刺史裴盾得東海王越書：「若榮等顧望，以軍禮發遣。」乃與榮及陸玩等各解船棄車牛，一日一夜行三百里，得還揚州。魏書崔玄伯傳：大祖還京師，次於恆嶺，親登山頂，撫慰新民，適遇玄伯扶老母登嶺，大祖嘉之，賜以牛米，因詔諸徙人不能自進者，給以車牛。見第十七章第四節。外戚傳言：高宗保大后之母宋氏，就食和龍，無車牛，疲不能進。是取長途者皆以牛也。序紀言：桓帝魁岸，馬不能勝，常乘安車，駕大牛。北齊書神武紀言：神武與同志圖杜洛周，不果而逃，爲其騎所追。文襄及魏永熙后皆幼，武明后於牛上抱負。文襄屢落牛。神武彎弓將射之，以決去。后呼段榮求救，賴榮遽下取之以免。北史蠕蠕傳：道武謂崔宏：「蠕蠕之人，昔來號爲頑嚚，每來鈔掠，駕牸牛奔遁，驅犍牛隨之，牸牛伏不能前，異部人敎以犍牛易之，終於不易，遂爲敵所虜。」詳見第八章第三節。是雖代北多馬，亦皆藉牛以爲用矣。職是故，當時徵發，亦遂多及於牛。晉書食貨志：杜預上疏言：「今典農右典牧種產牛，有四萬五千餘頭，可分三萬五千頭，以付兗、豫二州將吏士庶，使及赤牛中尉。爾朱世隆傳今旦爲令王借車牛一乘，車入到省西門，王嫌牛小，繫於闕下槐樹，更將一青牛駕車。畢義雲傳：高元海遣犢車迎義雲入北宮。琅邪王儼傳：魏氏舊制，中丞出，千步清道，王公皆遙住車，去牛，頓軛於地，以待中丞過。其或遲違，則赤棒棒之。和士開傳：遣韓寶業以犢車迎士開入內。牛宏傳：弟弼，常醉射殺宏駕車牛。藝術傳：天興五年，牛大疫，輿駕所乘巨犗數百頭，同日斃於路側。此自晉至隋王公士大夫競乘牛車之證也。」案晉南北朝之世，牛車盛行之事，出於錢氏所徵引之外者尚多。齊書武陵王曅傳言：冬節問訊，諸王皆出，曅獨後來，上已還便殿，世祖聞曅至，引見，問之，曅稱牛羸不能取路。上勅車府給副御牛一頭。是天子常駕牛也。褚淵傳：淵死後，其弟澄贖淵常所乘黃牛。謝超宗傳：僕射王儉嘗牛驚，跳下車，超宗撫掌笑戲曰：墜車僕射。詳見第三節。是三公、尙書皆駕牛也。宋書江湛傳：家甚貧約，牛餓，馭人求草，湛良久曰：「可與飲。」顏延之傳言：延之子竣貴重，權傾一時，凡所資供，一無所受，常乘羸牛笨車。梁書明山賓傳：家中常乏用，貨所乘牛。陳書徐陵傳：大建中，食建昌邑，邑戶送米至於水次，陵親戚有貧匱者，皆令取之，數日便盡。陵家尋致乏絕。府僚怪問其故，陵云：「我有車牛、衣裳可賣，餘家有可賣不？」魏書胡叟傳言：叟每至貴勝之門，恆乘一牸牛。是士大夫之清貧者皆駕牛。然南史陳顯達傳言：家既豪富，諸子與王敬則諸兒並精車牛，麗服飾。當世快牛，稱陳世子青、王三郎烏，呂文顯折角，江瞿曇白鼻。宋書五行志言：元嘉三年，徐羨之大兒喬之行欲入廣莫門，牛徑將入廷尉寺，明日被收。合石崇、王愷爭迅之事觀之，是紈袴之子，豪富之徒，亦所精者在牛而不在馬也。宋書宗慤傳言：慤有佳牛，堪進御，官買不肯賣，坐免官。魏書酷吏傳：張赦提爲幽州刺史，頗縱妻段氏，多有受納。

第六節　交通

廿二史考異云：「古之貴者，不乘牛車，後稍見貴，自靈、獻以來，天子至士，遂以爲常乘。按古制：乘車、兵車、田車，皆曲輈駕駟馬，惟平地任載之車，駕牛，乃有兩轅，考工記所謂大車之轅摯，其登又難者也。牛車本庶人所乘。史記平準書：漢興，接秦之敝，自天子不能具鈞駟，而將相或乘牛車，則漢初貴者已乘之矣。晉時，御衣車、御書車、御軺車、御藥車、畫輪車皆駕牛，則并施於鹵簿。隋書閻毗傳言：屬車八十一乘，以牛駕車，不足以益文物，是自晉至隋，屬車皆駕牛也。石崇傳：崇與王愷出游，爭入洛城，崇牛迅若飛禽，愷絕不能及。王衍傳：衍引王導共載，在車中，攬鏡自照，謂導曰：爾看吾目光在牛背上矣。王導傳：導營別館以處衆妾，妻曹氏將往焉，導恐妾被辱，遽命駕，猶恐遲之，以所執麈尾驅牛而進。世說：劉尹臨終，外請殺車中牛祭神，答曰：某之禱久矣。南史劉瑀傳：與何偃同從郊祀，偃乘車在前，瑀蹋馬及之，謂偃曰：君轡何疾？偃曰：牛駿御精，所以疾耳。徐湛之傳：與弟湝之共車行，牛奔車壞。朱脩之傳：至建業，奔牛墜車折脚。劉德願傳：善御車。嘗立兩柱，使其中劣通車軸，乃於百餘步上振轡長驅，來至數尺，打牛奔從柱前直過。梁本紀：嘗乘折角小牛車。蕭琛傳：郡有項羽廟，前後二千石皆於廳拜祠，以軛下牛充祭。北史高允傳：特賜允蜀牛一頭，四望蜀車一乘。彭城王勰傳：登車入東掖門，度一小橋，牛傷人挽而入。北海王詳傳：宣武之親政，詳與咸陽王禧、彭城王勰並召入，共乘犢車。常景傳：齊神武以景清貧，特給車牛四乘，妻孥方得達鄴。元仲景傳：兼御史中尉，每向臺，恆駕赤牛，時人號墓圖一卷。又云：梁有冢書、黃帝葬山圖各四卷，五音相墓書五卷，五音圖墓書九十一卷，五姓圖山龍及科墓葬不傳各一卷，雜相墓四十五卷，亡。觀其卷帙，南方遠多於北方，則知其術南盛於北。此最爲世所附會之郭璞，所以亦在南方歟？又有庾季才地形志，一家之中，兩見著錄，前作八十七卷，後作八十卷，蓋係重出，而卷帙之數，傳寫有譌。季才以術數名家，所論者或不止一人一家之事。以地運推國家興廢，古來本有是說，江陵洲滿百出天子，已見第十三章第四節。晉書索靖傳：靖行見姑臧城南石地，曰：「此後當起宮殿。」至張駿，於其地立南城，起宗廟，建宮殿焉。齊書州郡志：益州，晉世以處武臣，宋世亦以險遠，諸王不牧。泰始中，成都市橋忽生小洲，始康人邵碩有術數，見之，曰：「洲生近市，當有貴王臨境。」永明二年，而始興王爲刺史，皆其說之可考者也。又魏書閹官傳言：劉騰以正光四年三月死。騰之初治宅也，奉車都尉周特爲之筮，不吉，深諫止之。騰怒而不用。特告人曰：「必困於三月四月之交。」至是果死。聽事甫成，陳尸其下。則北方占宅之吉凶者，倘並用卜筮，不盡恃今所謂堪輿之術也。

今所謂堪輿之術之興，實緣廛里塋墓，皆無定地。去古寖遠，一切度制，皆稍廢墜，不徒冢人之職無存，如漢人之叢葬北邙者，亦不可復見矣。陪陵之制，兆域實有定地，然其所及者有限。當時又以墓地賜其臣，如晉武之於魯芝，所賜乃至百畝，則益風其下，使之侈於營葬耳。魏書肅宗紀：神龜元年十二月，詔曰：「民生有終，下歸兆域。京邑隱賑，口盈億萬，貴賤攸馮，未有定所，爲民父母，尤宜存恤。今制乾脯以西，擬爲九原。」此舉頗得古司空度地之意，惜乎後世知此義者甚少，而在當時亦未必能行也。

貴之徵。明徹後果大貴。此皆見於各列傳者，可見六朝時此術已盛行。如昭明傳曰不利長子，明徹傳曰最小子大貴，則術家所云長房小房之說，亦卽起於是時矣。」案郭璞事見於史者，又有南史張裕傳。云：初裕曾祖澄，嘗葬父，郭璞爲占墓地，曰：「葬某處，年過百歲，位至三司，而子孫不蕃。某處年幾減半，位裁卿校，而累世貴顯。」澄乃葬其劣處。年六十四而亡。其子孫遂昌。又宋書符瑞志：孫堅之祖名鍾，家在吳郡富春。獨與母居。性至孝。遭歲荒，以種瓜爲業。忽有三少年，詣鍾乞瓜。鍾厚待之。三人謂鍾曰：「此山下善，可作冢葬之，當出天子。君可下山百許步，顧見我去，卽可葬也。」鍾去三十步，便反顧。見三人並乘白鶴飛去。鍾死，卽葬其地。地在縣城東。冢上數有光怪，雲氣五色，上屬天，衍數里。父老相謂：「此非凡氣，孫氏可興矣。」案此說亦與望氣相夾雜。南史毛喜傳：言喜以母憂去職，陳宣帝遣員外散騎常侍杜緬圖其墓，上親與緬案圖指畫，其見重如此。此皆相墓之術見於史，而爲趙氏徵引所未及者也。又晉書羊祜傳言：祜都督荆州諸軍事時，長吏喪官，後人惡之，多毀壞舊府。祜以死生有命，非由居室，書下征、鎭，普加禁斷。魏舒傳：少孤，爲外家甯氏所養。甯氏起宅，相宅者云：當出貴甥。外祖母以魏氏甥小而慧，意謂應之。舒曰：「當爲外氏，成此宅相。」宋書王僧綽傳：初，大社西空地一區，吳時丁奉宅，孫皓流徙其家。江左初爲周顗、蘇峻宅，其後爲袁悅宅，又爲章武王司馬秀宅，皆以凶終。後給臧燾，亦頗遇喪禍。故世稱爲凶地。僧綽嘗以正達自居，謂宅無吉凶，請以爲第。始就造築，未及居而敗。此後世所謂陽宅者，以是占吉凶，其術亦盛於晉、南北朝之世矣。晉書藝術傳：韓友能圖宅、相冢；北史藝術傳：陸法和爲人置宅、圖墓，以避禍求福；皆兼是二術者。隋書經籍志：五行家有宅吉凶論三卷，相宅圖八卷，五姓授以青囊書九卷，遂洞五行、天文卜筮之術，亦未嘗及相墓也。又璞所著書，載其靈驗事迹者曰洞林，抄京、費諸家最要者曰新林，又卜韻一篇，注爾雅、三蒼、方言、穆天子傳、山海經、楚辭、子虛、上林賦，及所作詩、賦、誄、頌，共數十萬言，亦未有所謂葬經也。惟傳內稱璞葬母暨陽，去水百步，或以近水言之，璞曰：當即爲陸矣。其後果沙漲數十里。又璞爲人葬墓，晉明帝微服觀之，問主人何以葬龍角？主人曰：郭璞云此葬龍耳，當致天子。帝曰：當出天子邪？主人曰：非出天子，能致天子至耳。此璞以相墓擅名，而後世皆以爲葬術之始也。而葬術之行，實即由是時而盛。陶侃將葬父，家中忽失牛，有老父謂曰：前岡見有一牛，眠山汙中，若葬之，位極人臣。又指一山曰：此亦其次，當出二千石。侃尋得牛，因葬其處，以所指別山與周訪，葬其父，後侃果爲三公，訪爲刺史。宋武帝父墓在丹徒侯山，有孔恭者善占墓，謂此非常地，後果爲天子。齊高帝舊塋在武進彭山，岡阜相屬，百里不絕，其上常有五色雲。宋明帝惡之，遣占墓者高靈文往相之。靈文先給事齊高，乃詭曰：不過方伯耳。私謂齊高曰：貴不可言。後果登極。齊高之母劉氏，與夫合葬時，墓工始下鍤，有白兔跳起，及墳成，又止其上。荀伯玉家墓有相之者，謂當出暴貴而不久，伯玉官果至散騎常侍，坐事誅。案南史相墓者又云：當出失行女子，頃之伯玉姊當嫁，明日應行，今夕隨人逃去。柳世隆曉術數，於倪塘創墓，與賓客往遊，十往五往，常坐一處。及卒，正葬其地。富陽人唐寓之，祖父皆以圖墓爲業。梁武丁貴嬪薨，昭明大子求得善墓地，被俞三副以己地奏帝買葬之。有道士，謂其地不利長子，敎以用蠟鵝諸物厭之。後事發，昭明以此慚懼而薨。案詳見第十二章第五節。杜嶷葬祖父，梁元帝忌之，命墓工惡爲之。逾年而嶷卒。吳明徹葬父，有伊氏者，善占墓，謂其兄曰：葬日必有乘白馬逐鹿者過此，此是最小子大傺者，亦或以便宜行之矣。甚有人主親見，駐蹕掩埋者。魏書高祖紀：大和十九年八月辛酉，宮路見壞冢露棺，駐輦殯之。其於士卒，尤多致恩意。晉書姚興載記：興下令士卒戰亡者，守宰所在埋藏之，求其近親，爲之立後。南史梁武帝紀：中興二年正月辛卯，令義師臨陳致命，疾病死亡，並加葬斂，收恤遺孤。陳書世祖紀：天嘉五年十二月，討陳寶應將士死王事，並給棺槥，送還本鄉，并復其家。宣帝紀：大建二年三月，詔討周迪、華皎已來，兵交之所，有死亡者，並命收斂，并給棺槥，送還本鄉。魏書裴駿傳：子宣，世宗時上書：「自遷都已來，凡戰陳之處，及軍罷兵還之道，所有骸骼無人覆藏者，請悉令州郡，戍邏檢行埋掩，并符出兵之鄉，其家有死於戎役者，使皆招魂復魄，祔祭先靈，復其年租調，身被傷痍者，免其兵役。」朝廷從之。案此等政令，皆有要結之意，非盡出於仁心也。然暴骨榛莽之象，卒仍隨處可見，病源自別有在，夫豈小惠所能拯乎？

殉葬之風，中國久絕，而代北則猶有之。魏書叔孫建傳：子俊卒，大宗命其妻桓氏曰：「夫生既共榮，歿宜同穴，能殉葬者可任意。」桓氏乃縊而死，遂合葬焉。王洛兒傳：洛兒卒，大宗鴆其妻周氏，與合葬。亦可謂野蠻矣。

後世所謂堪輿之學者，晉以後漸盛。廿二史劄記云：「古人但有望氣之法。如秦始皇時，望氣者謂東南有天子氣，乃南巡以厭之。又謂金陵有王氣，乃鑿淮水以泄之。光武未貴時，望氣者蘇伯阿過南陽，望舂陵郭，唶曰：氣佳哉！鬱鬱葱葱然。孫皓時，臨平湖開，皓以問陳訓，訓曰：臣止能望氣，不知湖之開塞。陳敏反，或曰陳家無王氣，不久當滅。此古來專以望氣占吉凶，未嘗有相墓之術也。相墓術相傳始於郭璞。然後漢書袁安傳：安覓地葬父，有三書生指一處云：葬此當世爲上公。從之，故累世隆盛。晉書羊祜傳：有相墓者言祜祖墓有帝王氣，祜乃鑿之。相者曰：猶當出折臂三公。後祜墮馬折臂，果位三公。則又在璞之前。即璞本傳載其卜筮靈驗之處甚多，謂先有郭公者，精於卜筮，璞從受業，公年，州大水。分遣諸郡，遭水死者給棺器。魏書高祖紀：太和五年四月，詔時雨不霑，春苗萎悴，諸有骸骨之處，皆敕埋藏，勿令露見。世宗紀：景明三年二月，詔陽旱積時，農民廢殖，申下州郡：有骸骨暴露者，悉可埋瘞。正始三年五月，詔時澤未降，春稼已旱，或有孤老餒疾，無人贍救，因以致死，暴露溝壑者，洛陽部尉依法棺埋。肅宗紀：神龜二年二月，詔農要之月，時澤弗應，可敕內外：掩胔埋骼。冀瀛之境，往往寇暴，死者既多，白骨橫道，可遣專令收葬。孝靜帝紀：天平二年三月，以旱故，詔京邑及諸州郡縣收瘞骸骨。三年十一月，詔尚書：可遣使巡檢河北流移飢人。邢、經滏口所經之處，若有死尸，即為藏掩。案遇旱則敕瘞埋，蓋為魏氏之故事，然此等循例之文誥，亦多成具文而已。疾疫之際，宋書文帝紀：元嘉四年五月，京師疾疫。遣使存問，給醫藥。死者若無家屬，賜以棺器。孝武帝紀：大明元年四月，京邑疾疫。遣使按行，賜給醫藥。死而無收斂者，官為斂埋。四年四月，詔都邑節氣未調，癘疫猶衆，其死亡者，隨宜卹贍。梁書止足傳顧憲之：齊高帝即位，除衡陽內史。先是郡境連歲疾疫，死者大半。棺木尤貴，悉裹以葦席，棄之路旁。憲之下車，分告屬縣，求其親黨，悉令殯葬。其家人絕滅者，憲之為出公祿，使綱紀營護之。此良吏之眞能從事掩埋者也。貧弱無依之徒，宋書孝武帝紀：大明二年二月，詔曰：政道未著，俗弊尚深。豪侈乘并，貧弱困窘。存闕衣裳，殁無斂櫝。朕甚傷之。其明敕守宰，勤加存卹。賻贈之科，速為條品。以及犯法身陷牢獄者，魏書高祖紀：延興三年九月，詔自今京師及天下之囚，罪未分判，在獄致死，無近親者，公給衣衾、棺櫝，葬埋之，不得暴露。或死而未葬，齊書高帝紀：建元元年六月，詔曰：宋末頻年戎寇，兼災疾凋損，或枯骸不收，毀櫬莫掩，宜速宣下，埋藏營卹。若標題猶存，姓氏可識，可即運載，致還本鄉。有司奏遣外監典事四人周行，離門外三十里為限。其餘班下州郡。無棺器標題者，屬所以毫錢供市。按此詔所該，可謂甚廣。或葬而見發者，齊書明帝紀：建武二年正月，詔京師二縣，有毀發墳隴，隨宜修理。咸蒙特下明詔，或則遣使分行，周書明帝紀：二年六月，遣使分行州郡，理囚徒，察風俗，掩骼埋胔。按其時奉使，以此為詔條者甚多。北齊書循吏傳：宋世良為殿中侍御史，詣河北括戶，還見汲郡城旁多骸骨，移書州郡，令悉收瘞，則不奉詔陵。頵逐焚骨取灰，投水而飲之。既而自縛，歸罪於晉王。王表其狀。高祖曰：「朕以義平陳，王頵所爲，亦孝義之道也，朕何可罪之?」舍而不問。天下有此義歟?武帝奮身以保中國，而國之人不能保其封樹，是則中國民族之恥也。

中國人素重埋葬，實則棄尸不葬者甚多。此與其日言上天好生，父殺子爲極惡，而生子實多不舉同理。生計所迫，固非空言所能挽也。漢鼓吹鐃歌曲曰：「戰城南，死郭北，野死不葬烏可食。爲我謂烏：且爲客豪。野死諒不葬，腐肉安能去子逃?」宋書樂志。可見戰死不葬者之多矣。梁武帝中興元年十二月，令曰：「朱爵之捷，逆徒送死者，特許家人殯葬。若無親屬，或有貧苦，二縣長尉，卽爲埋掩。建康城內，不達天命，亦同此科。」陳宣帝大建五年四月，詔北伐衆軍，所殺齊兵，並令埋掩。魏顯祖皇興二年十二月，詔敕郡縣：張永軍殘廢之士，聽還江南。露骸草莽者，收瘞之。此等似極寬仁。然文誥不必其能行也。諸臣能收瘞戰骸，若圍城中積尸者，亦時有之。如梁之韋叡，梁書本傳云：初，郢城之拒守也，男女口垂十萬，閉壘經年，疾疫死者十七八，皆積尸於牀下，而生者寢處其上，每屋輒盈滿。叡料簡隱卹，咸爲營埋，於是死者得埋藏，生者反居業，百姓賴之。安成康王秀，梁書本傳云：爲郢州刺史，先是夏口常爲兵衝，露骸積骨於黃鶴樓下，秀祭而埋之。一夜，夢數百人拜謝而去。魏之李神儁皆是。魏書本傳：爲荊州刺史，蕭衍遣將曹敬宗來寇，攻圍積時，又引水灌城，不沒者數版。詔遣都督崔暹、別將王羆、裴衍等赴援，敬宗退走。時寇賊之後，城外多有露骸，神儁敎令收葬之。然如侯景聚尸而焚之之事，終在所不免。梁書本傳：初，城中積尸不暇埋瘞，又有已死而未斂，或將死而未絕，景悉聚而燒之，臭氣聞十餘里。尚書外兵郞鮑正疾篤，賊曳出焚之，宛轉火中，久而方絕。其勢固有所不給也。此外凶荒，齊書本紀：東昏侯永元元年七月，京師大水，死者衆。詔賜死者材器，并振恤。梁書蕭景傳：爲南兗州刺史，會年荒，死者給棺具。始興王憺傳：爲荊州刺史。天監六陳書始興王叔陵傳，言其好遊冢墓間，遇有塋表主名可知者，輒令左右發掘，取其石誌、古器，并骸、肘、脛，持爲翫弄，藏之庫中、府內，則說必不誣矣。南史齊宗室傳：梁州有古墓名曰尖冢，或云張騫墳，有欲發者，輒聞鼓角與外相拒，椎埋者懼而退。蕭敳（穎達第七子）謂無此理，求自監督，及開，惟有銀鏤銅鏡方尺。此亦叔陵之類也。魏書高宗紀：大安四年十月，北巡至陰山，有故冢毀廢，詔曰：「昔姬文葬骨，天下歸仁，自今有穿毀墳隴者斬之。」其刑可謂甚峻。宋書桓護之傳：護之伯父之子閬，元嘉中爲員外散騎侍郎，母墓爲東阿寺道人曇洛等所發，閬與弟殿中將軍閎共殺曇洛等五人。齊書孝義傳：朱謙之年數歲，所生母亡，其父昭之假葬之於田側，爲族人朱幼方燎火所焚，同產姊密語之，謙之雖小，便哀戚如持喪，年長，不婚娶，永明中，手刃殺幼方，其相報亦可謂甚慘。然椎埋者踵相接也，故曰：「使其中有可欲，雖錮南山猶有隙也。」

以發掘報怨，肆毒者，亦時有之。魏書畢衆敬傳言：衆敬爲申纂所恨，會有人發衆敬父墓，衆敬疑纂所爲，其弟衆愛，乃亦遣人密至齊陰掘纂父墓，以相報答。此已爲非理。魯爽與弟秀南奔，魏毀其墳墓；北齊文宣帝以祈雨不應，毀西門豹祠，掘其冢，此則更尸帝王之名，而同盜賊之行已。其尤堪髮指者，則爲隋文帝縱王頒掘陳武帝墓事。頒者，僧辯之子，其父固叛國當誅者也。頒仕周，後從韓擒虎滅陳。頒密召父時士卒，得千餘人，對之涕泣。或曰：「郎君讎恥已雪，而悲哀不止，將爲霸先早死，不得手刃之邪？請發其丘隴，斲櫬焚骨，亦可申孝心矣。」頒頓顙陳謝，額盡流血，曰：「某爲帝王，墳塋甚大，恐一宵發掘，不及其尸，更至明朝，事乃彰露，若之何？」諸人請具鍫鍤，一旦皆萃。於是夜發其於墓之陰云爾，此則碑禁尚嚴也。此後復弛替。晉武帝咸寧四年，又詔曰：石獸、碑、表，既私褒美，興長虛僞，傷財害人，莫大於此。一禁斷之。其犯者，雖會赦令，皆當毁壞。至元帝大興元年，有司奏故驃騎府主簿故恩營葬舊君顧榮，求立碑。詔特聽立。自是後禁又漸頽。大臣長吏，人皆私立。義熙中，尚書祠部郎中裴松之又議禁斷，於是至今。」隋書禮志曰：「梁天監六年，申明葬制，凡墓不得造石人、獸、碑，惟聽作石柱記名位而已。」惟記名位，似無虛美之嫌，然事易寖離其本，爲防微杜漸計，似仍以一切斷之爲得也。

厚葬既終不能革，故發掘之事，亦終不能絶。晉書張方傳言：方在洛既久，兵士暴掠，發哀獻皇女墓。王機傳言：杜弢所在發墓。石季龍載記言：勒及季龍，並貪而無禮，既王有十州之地，金帛珠玉及外國珍奇異貨，不可勝紀，而猶以爲不足。曩代帝王及先賢陵墓，靡不發掘，而取其寶貨焉。苻丕載記：丕左丞相王永檄州郡，言姚萇殘虐，慕容垂凶暴，所過滅戶夷煙，毁發丘墓。陳宣帝罪狀薛安都之詔曰：「椎埋發掘，毒流泉壤。」南史劉杳傳言：曹嶷於青州發齊景公冢。田益宗歸魏，被代，表言代者毁發墳墓，露泄枯骸。此皆在兵亂之際者，然平時亦所不免。晉書何充傳：充爲會稽内史，以墓被發，去都改葬。齊書周山圖傳：山圖爲淮南大守，有盜發桓溫冢，大獲寶物。高祖十二王傳，又言有盜發溫女冢者。陳書世祖九王傳言：征北軍人於丹徒盜發晉郗曇墓。北史齊本紀言：文宣帝死，先是霍州發楚夷王女冢，得珠襦玉匣，帝珍之，還以斂焉。周書賀蘭祥傳言：荆州境多古墓，其俗好行發掘。此皆在平時者也。甚有以貴人而躬椎埋之行者。宋書前廢帝紀，謂其以魏武帝有發丘中郎將、摸金校尉，乃置此二官，以建安王休祐領之，其說不知信否。

從有所不從。今從素若申遺意，土周淺薄，闔辟不施。一朝見侵狐鼠，戮尸已甚，父可以訓子，子亦不可行之。外內易棺，此自奉親之情，藉土而葬，亦通人之意；宜兩舍兩取，以達父子之志。棺周於身，土周於槨，去其牲奠，斂以時服。一可以申情，二可以稱家。禮敎無違，生死無辱，此故當爲安也。」此子孫不能奉行遺制，而藉王命以斷之者也。然如是之制，能行之者已少矣，固知變俗之難也。

衣之與棺，所以防狐狸之食，蠅蚋姑之嘬，故曰毋使土親膚。形魄既終歸於地，則如是亦足矣，不必更厚爲之隔也。王祥遺令，謂西芒上土自堅貞，勿用甓石，實協於理，顏之推欲還葬其父母，豫於揚州燒塼，蓋亦以揚都下溼之故。亦終制篇中語。杜預自表營洛陽城東首陽之南小山，皆用洛水圓石，已非達者矣。然吳逵葬其家十三喪，夜燒甎甓；王彭營葬父母，鄉里亦出夫力助作塼；見第十九章第一節。則以甎甓葬者極多。周書孝義傳：皇甫遐遭母喪，廬於墓側，負土爲墳，後於墓南作一禪窟，陰雨則穿窟，晴明則營墓，曉夕勤力，未嘗暫停。積以歲年，墳高數丈，周回五十餘步。禪窟重臺兩匝，總成十有二室，中間行道，可容百人。吳逵、王彭，固貧士，遐亦累世寒微，而其所爲如是，當時營葬之厚，誠非今人所能想像已。

其更侈於此者，則爲石室、石獸、碑銘之屬。所費既廣，且易開虛美之風，長導諛之習，故歷代亦有禁令。宋書禮志曰：「漢以後，天下送死奢靡，多作石室、石獸、碑銘等物。建安十年，魏武帝以天下彫弊，下令不得厚葬，又禁立碑。魏高貴鄉公甘露二年，大將軍參軍大原王倫卒，倫兄俊作表德論，以述倫遺美，云祇畏王典，不得爲銘，乃撰錄行事，就刊劉昶，奔亡之餘也，而豫營墓於彭城西南，與三公主同塋而異穴，發石累之，墳崩，壓殺十餘人，後復移改，爲公私費害。張緬母劉氏，以緬父沒家貧，葬禮有闕，遂終身不居正室，不隨子入官府。河南辛普明，僑居會稽，兄將葬，隣人賻助甚多。普明初受，後皆反之。贈者甚怪。普明曰：「本以兄墓不周，故不逆來意，今何忍以亡者餘物爲家財邪？」齊書孝義傳。此卽君子不家於喪之義，其人實非流俗，然猶兢兢於營墓，況其下此者乎？魏書外戚傳，譏高肇父兄封贈雖久，竟不改瘞，此當時士大夫之輿論，而史家采之者也，其識乃出馮跋下矣。以厚葬爲孝，已爲識者所非，況又有如趙修之徒，焜燿道路，傷風敗俗者哉？見第十二章第一節。

附棺、附身之物，求其必誠必信，固爲禮之所許，然踵事增華，終必至於以死傷生而後已，故其激者，乃欲幷衣衾棺槨而去之。皇甫謐篤終之論曰：「尸與土幷，反眞之理也。然則衣衾所以穢尸，棺槨所以隔眞，故吾欲朝死夕葬，夕死朝葬。不設棺槨，不加纏斂，不修沐浴，不造新服，殯含之物，一皆絕之。吾本欲露形入阬，以身親土，或恐人情染俗來久，頓革理難，今故粗爲之制。奢不石槨，儉不露形。氣絕之後，便卽時服，幅巾故衣，以蘧篨裹尸，蘧篨，麤[illegible]。麻約二頭，置尸牀上。擇不毛之地，穿阬深十尺，長一丈五尺，廣六尺。阬訖，舉牀就阬，去牀下尸。平生之物，皆無自隨。蘧篨之外，便以親土。土與地平，還其故草，使生其上。無種樹木，削除，使生迹無處，自求不知。」南史劉歊傳：大中大夫琅邪王敬胤，以天監八年卒，遺命：「不得設復魄旌旐，一蘆蓆藉下，一枚覆上。吾氣絕，便沐浴，籃輿載尸，還忠侯大夫塋中。若不行此，則戮吾尸於九泉。」敬胤外甥許慧詔因阮研以聞。詔曰：「此達生之格言，賢夫玉匣石槨遠矣。然子於父命，亦有所魏書自序。此已非流俗之見，然雖不耐合，而仍必同塋域，則仍無補於客死者之必求歸葬也。況流俗之見，尙有不以同域爲已足者乎？宋書孝武帝紀：大明六年十月，詔上林苑內民庶丘墓欲還合葬者勿禁。此所以順民心，卽可見民間求合葬之切矣。周、齊之分隔也，裴文舉叔父季和爲曲沃令，卒於聞喜川，而叔母韋氏卒於正平縣。屬東西分隔，韋氏墳隴遂在齊境。及文舉在本州，（保定三年，遷絳州刺史。）每加賞募。齊人感其孝義，潛相要結，以韋柩西歸，竟得合葬。文舉私痛，齊人何與焉？蓋特貪其重募，而裴氏子孫乃妄爲之辭耳。

厚葬之事，既已靡財，又因貧者慕效，至使停喪不葬，其詒害實爲甚巨，故歷代多有禁令。齊永明七年十月，詔曰：「三季澆浮，舊章陵替，吉凶奢靡，動違矩則，至斑白不婚，露棺累葉，苟相誇衒，罔顧大典。可明爲條制，嚴勒所在，悉使畫一。如復違犯，依事糾奏。」其一事也。晉書馮跋載記：跋下書曰：「厚於送終，貴而改葬，皆無益亡者，有損於生。是以祖考因舊立廟，皆不改營陵寢。申下境內，自今皆令奉之。」則雖偏方之主，亦知之矣。一時士大夫，能爲薄葬之論，若豫立終制，勅子弟遵奉者，亦不少；并有生以侈聞，歿亦知遵儉德者。如夏侯湛，史言其族爲盛門，性頗豪侈，侯服玉食，窮滋極珍，及將歿，顧遺命小棺薄斂，不修封樹，是也。厚葬之無益於亡者，夫固中人知之矣。然俗之既成，能自拔者卒少。魏書高允傳：允條列時事，言：「今國家營葬，費損巨億，一旦焚之，以爲灰燼。（宋書索虜傳云：生時車馬器用，皆燒之以送亡者。）上爲之不輟，而禁下民之必止，此三異也。」元孝友言：今人生爲皁隸，葬擬王侯，存歿異途，無復節制。崇壯丘壠，盛飾祭儀，隣里相榮，稱爲至孝。」其上下波靡之情形，可以想見。王濬，功名之士也，而其葬也，大營塋域，葬垣周四十五里。

便埋之耳。汝曹宜以傳業揚名爲務，不可顧戀朽壤，以取湮沒也。」其言未嘗不達，然因不得歸葬，創痛之情，終溢於言表焉。中國士大夫之見解如此，虜所由以必葬桑乾脅之歟？魏書王慧龍傳：臨沒，謂功曹鄭曄曰：「吾羈旅南人，恩非舊結，蒙聖朝殊特之慈，得在疆場效命。誓願鞭尸吳市，戮墳江陰。不謂嬰此重疾，有心莫遂，修短命也，夫復何言？身沒後乞葬河內州縣之東鄉，依古墓而不墳，足藏髮齒而已。庶魂而有知，猶希結草之報。」時制南人入國者，皆葬桑乾。曄等申遺意，詔許之。韓延之傳云：初延之曾來往柏谷塢，省魯宗之墓，有終焉之志，因謂子孫云：「河、洛三代所都，必有治於此者，我死，不勞向代北葬也，即可就此。」及卒，子從其言，遂葬於宗之墓次。延之死後五十餘年而高祖徙都。延之固忠義之士。慧龍，史言其自以遭難流離，常懷憂悴，乃作祭伍子胥文以寄意。生一男一女，遂絕房室。布衣蔬食，不參吉事。其人亦尚非全無心肝者流。蓋以家難不得已而臣虜，尚未自絕於中國者。其乞葬河南之語，特其飾辭。延之之言，其爲假託尤顯而易見。蓋皆不欲葬北者也。虜豈易欺，度其必葬桑乾之法，本亦不能盡行耳。然爲所牽制者必多矣。此法蓋所以脅中國之士夫不敢叛之，幷不能舍之而去也。然後來孝文之所以脅其族人南遷者，亦正是法也。南遷而鮮卑之亡也忽焉矣。天道好還，詎不信歟？

合葬之法，亦爲使人必求歸葬之一端。宣王終制，既云後終者不得合葬。皇甫謐作篤終論，亦云：「亡有前後，不得移祔。祔葬自周公來，非古制也。」魏子建疾篤，顧勅二子曰：「吾生平契闊，前後三娶。合葬之事，抑又非古。且汝二母，先在舊塋，墳地久固，已有定別。惟汝次母墓在外耳。可遷入兆域，依班而定行於吾墓之後。如此足矣，不須祔合。」

闕，何至墳塋，獨在其外？自今已後，戰亡之徒，宜入墓域。」案禁兵死不入墓域，蓋謂先人之靈，恆棲丘隴，惡見子孫之傷殘，與漢人受刑者不上丘墓，張猛不欲其頭過華陰歷先人之墓同，（見秦漢史第十七章第五節。）亦重視形魄之見也。

以骨肉歸復於土，魂氣則無不之之義言之，客死者原不必歸葬。魏孝文詔遷洛之民，死葬河南，不得還北，（見第十一章第二節。）未爲非義也。然世俗則多重歸葬。魏書孝感傳：趙琰，天水人。初爲兗州司馬，轉團城副將，還京，爲淮南王他府長史。時禁制甚嚴，不聽越關葬於舊兆。琰積三十餘年，不得葬二親。及蒸嘗拜獻，未嘗不嬰慕卒事。每於時節，不受子孫慶賀。年餘耳順，而孝思彌篤。慨歲月推移，遷窆無期，乃絕鹽、粟，斷諸滋味，食麥而已。年八十卒。遷都洛陽，子應等乃還鄉葬焉。又齊州人崔承宗，其父於宋世仕漢中，母喪，因殯彼。後青徐歸國，遂爲隔絕。承宗性至孝，萬里投險，偷路負喪還京師。張讜之死也，子敬伯，求致父喪，出葬冀州清河舊墓，久不被許，停柩在家，積五六年。後父喪得葬舊墓，乃還屬清河。（北史本傳。）顏氏家訓終制篇云：「先君、先夫人，皆未還建業舊山，旅葬江陵東郭。承聖末，啓求揚都，欲營遷厝。蒙詔賜銀百兩，已於揚州小郊北地燒塼。便直本朝淪沒，流離如此。數十年間，絕於還望。今雖混一，家道困窮，何由辦此奉營資費？自咎自責，貫心刻髓。計吾兄弟，不當仕進。但以門衰，骨肉單弱，五服之內，旁無一人，播越他鄉，無復資蔭。使汝等沈淪廝役，以爲先世之恥，故靦冒人間，不敢墜失。兼以北方政教嚴切，全無隱退者故也。今年老疾侵，儻然奄忽，豈求備禮乎？」又曰：「孔子之葬親也，云古者墓而不墳，丘東西南北之人也，不可以弗識也，於是封之，崇四尺。然則君子應世行道，亦有不守墳墓之時，況爲事際所逼也？吾今羈旅，自若浮雲，竟未知何鄉是吾葬地，惟當氣絕則近於矯僞矣。又柳霞傳：北史作柳遐。蕭詧涖雍州，選爲治中，尋遷別駕。及詧於襄陽承制，授霞吏部郎、員外散騎常侍。俄遷車騎大將軍、儀同三司、大都督。賜爵聞喜縣公，尋進位持節、侍中、驃騎大將軍、開府儀同三司。及蕭詧踐帝位於江陵，以襄陽歸於我，霞乃辭詧曰：「自晉氏南遷，臣宗族蓋寡。從祖大尉，世父儀同，從父司空，並以位望隆重，遂家於金陵。惟留先臣，獨守墳柏。常誡臣等，不違此志。今襄陽既入北朝，臣若陪隨鑾蹕，進則無益塵露，退則有虧先旨。伏願曲垂照鑒，亮臣此心。」詧重違其志，遂許之。夫詧之於霞，恩顧不爲不厚，而竟違之於流離顛沛之中，臣節豈云無缺？此亦重視墳墓大甚之弊也。

因時直非常，遂有所謂招魂葬者。觀議禮之家，多以爲非，而知重視形魄，不應過甚矣。晉書東海王越傳言：裴妃欲招魂葬越，元帝詔有司詳議。博士傅純曰：「聖人制禮，以事緣情，設冢槨以藏形，而事之以凶，立廟祧以安神，而奉之以吉，送形而往，迎精而還，此墓廟之大分，形神之異制也。至於宗廟寢祊，祭非一處，所以廣求神之道，而獨不祭於墓，明非神之所處也。今亂形神之別，錯廟墓之宜，違禮制義，莫大於此。」於是下詔不許。裴妃不奉詔，遂葬越於廣陵。大興末墓毀，又改葬於丹徒。案古人未嘗不重形魄，讀秦漢史第十七章第五節可見。謂形魄不足重者，蓋一二哲人之見。然法古者固當法哲人，不當法流俗也。晉書五行志云：「孝武晏駕，而天下騷動，刑戮無數，多喪其元。至於大斂，皆刻木及蠟，或縛菰草爲頭。」夫非其形體，又何藏焉？乃若所爲，則并亡其軀者，又可制芻偶以代之歟？其惑亦甚矣。又代北之俗，兵死者不入墓域。隋文帝仁壽元年，爲之下詔，謂其「虧孝子之意，傷人臣之心。」又曰：「入廟祭祀，並不廢詔百官拜陵，自導始也。案此可謂非禮之非禮，抑其僭亦甚矣。導之恣睢偃蹇，備見第四章第四節，其爲此，所以示小忠小信邪？抑仍率其恣睢偃蹇之舊也。成帝時，中宮亦年年拜陵，議者以爲非禮，於是遂止，以爲永制。穆帝時，褚大后臨朝，又拜陵，帝幼故也。至孝武崩，驃騎將軍司馬道子曰：今雖權制服，至於朔望諸節，自應展情陵所，以一周爲斷。於是至陵，變服單衣，煩黷無準，非禮意也。安帝元興元年，尚書左僕射桓謙奏：百僚拜陵，起於中興，非晉舊典，積習生常，遂爲近法。尋武皇帝詔，乃不使人主、諸王拜陵，豈惟百僚？謂宜遵奉。於是施行。及義熙初，又復江左之舊」宋書禮志曰「宋明帝又斷羣臣初拜謁陵，而辭如故。自元嘉以來，每歲正月，輿駕必謁初寧陵，武帝陵。復漢儀也。世祖、大宗亦每歲拜初寧、長寧陵」文帝陵。案墓祭最爲非禮，而自魏、晉至宋，終不能盡革，可見有其舉之，正之正不易矣。魏武終令曰：「周禮冢人葬公墓之地，凡諸侯居左右以前，卿大夫居後。漢制亦謂之陪陵。其公卿、大臣、列將有功者，宜陪壽陵。其廣爲兆域，使足相容。」宋書禮志 此本於禮有據。然晉書劉毅傳言：毅子暾妻前卒，先陪陵葬，子更生初婚，家法婦當拜墓，攜賓客親屬數十乘，載酒食而行。則於禮有據之事，轉以啓非禮之漸矣。皆過重塋墓之風，有以啓之也。

守墓之風，漢世極盛，魏、晉來亦稍衰，然猶有行之者。魏書王慧龍傳言：宋文帝遣刺客呂玄伯購慧龍首，二百戶男，絹一千匹。玄伯僞爲反間來，求屏人有所論。慧龍疑，使人探其懷，有尺刀。玄伯叩頭請死。慧龍曰：「各爲其主也」舍之。及慧龍死，玄伯感全宥之恩，留守墓側，終身不去。此或出於意氣感激之私，不可以常理論。周書孝義傳：荊可葬母之後，遂廬於墓側。可家舊墓，塋域極大，榛蕪至深，去家十餘里，而可獨宿其中，與禽獸雜處，哀感遠近，邑里稱之。此成命。內則方丈外裁掩坎。脫於孝子之心有所不盡者，室中可二丈，墳不得過三十餘步。今以山陵萬世所仰，復廣爲六十步。其幽房大小，棺椁質約，不設明器，至於素帳、緼茵、瓷瓦之物，亦皆不置。此則遵先志，從册命」云云。而胡靈后葬其父母甚侈，則以其智識又不及文明后也。見魏書外戚傳。魏、周、齊三朝，周人於中國之文化最能了解，故其葬亦最儉。觀周明帝、武帝遺命可知。胡人處中國，多有自疑之心，乃爲虛葬之法。晉書石勒載記言：勒母王氏死，潛窆山谷，莫詳其所。既而備九牢之禮，虛葬於襄國城南。勒死，亦夜瘞山谷，莫知其所。備文物虛葬，號高平陵。慕容德載記云：德死，夜爲十餘棺，分出四門，潛葬山谷，竟不知其尸之所在。宋書索虜傳云：死則潛埋，無墳壠處所。至於葬送，皆虛設棺柩，立冢椁。然則虛葬實爲諸胡成法矣。齊神武之死，亦潛鑿成安鼓山石窟佛寺之旁爲穴，納其柩而塞之，殺其羣匠。及齊之亡也，一匠之子知之，發石取金而逃。通鑑梁武帝大清元年。欺人自欺，究何益哉？

晉書禮志云：「古無墓祭之禮。漢承秦，皆有園寢。魏武葬高陵，有司依漢立陵上祭殿。至文帝黃初三年，乃詔曰：先帝躬履節儉，遺詔省約。子以述父爲孝，臣以繼事爲忠。古不墓祭，皆設於廟。高陵上殿皆毀壞，車馬還廐，衣服藏府，以從先帝儉德之志。文帝自作終制，又曰：壽陵無立寢殿，造園邑。自後園邑、寢殿遂絕。齊王在位九年，始一謁高平陵，而曹爽誅，其後遂廢，終於魏世。及宣帝遺詔：子弟、羣官皆不得謁陵。於是景、文遵旨。至武帝，猶再謁崇陽陵，文帝陵。一謁峻平陵，景帝陵。然遂不敢謁高原陵。宣帝陵。至惠帝復止也。逮於江左，元帝崩後，諸公始有謁陵辭告之事。蓋由眷同友執，率情而舉，非洛京之舊也。王導傳：自漢、魏以來，羣臣不拜山陵。導以元帝睠同布衣，匪惟君臣而已，每一崇進，皆就拜，不勝哀戚。由是自是皆省之矣。魏文帝黃初三年，又自作終制，曰：壽陵因山爲體，無封樹，無立寢殿，造園邑，通神道。此詔藏之宗廟，副在尙書、祕書、三府。明帝亦遵奉之。明帝性雖崇奢，然未遽營陵墓之制也。宣帝豫自於首陽山爲土藏，不墳不樹。作顧命終制，斂以時服，不設明器。本紀又云：後終者不得合葬。景、文皆遵奉成命，無所加焉。景帝崩，喪事制度，又依宣帝故事。武帝泰始四年，文明王皇后崩，將合葬，開崇陽陵，使大尉司馬望奉祭，進皇帝密璽綬於便房神坐。魏氏金璽，此又儉矣。江左元、明，崇儉，且百度草創，山陵奉終，省約備矣。」案江左惟元帝葬其子琅邪悼王煥，頗失之侈，煥年僅二歲。事見晉書本傳。又江逌傳：穆帝崩，山陵將用寶器，逌諫曰：「宣皇顧命終制，山陵不設明器，以貽後則。景帝奉遵遺制。逮文明皇后崩，武皇帝亦承前制，無所施設，惟脯糒之奠，瓦器而已。昔康皇帝玄宮始用寶劍、金舄。此蓋大妃罔己之情，實違先旨累世之法。今外欲以爲故事。臣請述先旨，停此二物。」書奏，從之。則康帝之葬，亦稍違禮。此外無以泰侈聞者。南朝淫侈之主雖多，亦未聞有厚葬之事。不可謂非經驗所積，自然之革進也。又晉書武帝紀：泰始二年十月，詔曰：「昔舜葬蒼梧，農不易畝；禹葬成紀，宋書禮志作會稽。市不改肆。上惟祖考清簡之旨，所徙陵十里內居人，動爲煩擾，一切停之。」其後宋宣大后陵雖移徙禁內墳瘞，然給其葬直，蠲復家丁，亦與前代之肆行擾累者異也。見宋書明帝紀泰始二年。

北方僭僞諸國，其葬有頗侈者。如劉曜之葬其父妻，見第五章第一節。慕容熙之葬其妻是也。見第六章第八節。呂纂載記：言卽序胡安據盜發張駿墓，得眞珠簏、琉璃榼、白玉樽、赤玉簫、紫玉笛、珊瑚鞭、馬腦鍾，水陸奇珍，不可勝紀。則張氏之葬亦頗侈。蓋由地接西域，多寶物使然。後魏文明后以侈靡稱，然其葬尙未甚泰。后傳載孝文帝詔曰：「山陵之節，亦有瀆覡諸侯，安有方伯而致禮海神也？」卒不肯拜。然則雖祀神，猶攜胡牀以行矣。晉書王猛傳：猛少貧賤，以鬻畚爲業。嘗貨畚於洛陽。乃有一人，貴買其畚，而云無直。自言家去此不遠，可隨我取直。猛利其貴而從之。行不覺遠，忽至深山。見一父老，鬚髮皓然，踞胡牀而坐。左右十許人。有一人引猛進拜之。父老曰：「王公何緣拜也？」乃十倍償畚直，遣人送之。猛既出，顧視，乃嵩高山也。隋書爾朱敞傳：彥伯子。齊神武韓陵之捷，盡誅爾朱氏。敞小，隨母養於宮中。及年十二，自竇而走。至於大街，見童兒羣戲者，敞解所著綺羅金翠之服，易衣而遁。追騎尋至，初不識敞，便執綺衣兒。比究問知非，會日已暮，由是得免。遂入一村，見長孫氏踞胡牀而坐。敞再拜求哀。長孫氏愍之，藏於複壁三年，乃資而遣之。此二事均不足信，然可見時人之所想像，雖深山僻壤，亦有胡牀也。晉書五行志謂泰始後中國相尚用胡牀，見第一節。信不誣矣。通鑑胡三省注曰：「胡牀，卽今之交牀。隋惡胡字，改曰交牀，今之交倚是也。」梁武帝大通元年。今日舉國皆用卓椅之風，實成於是時，此亦中外文化交相融洽之一端也。

第五節　葬埋

厚葬之弊，至秦、漢之世而大著，故自後漢以來，薄葬稍成爲輿論。至魏武、文二帝，乃大革其弊。晉世亦因仍之。晉書禮志云：「魏武豫自制送終衣服四篋，題識其上，春、秋、冬、夏，日有不諱，隨時以斂。金、珥、珠、玉、銅、鐵之物，一不得送。文帝遵奉，無所增加。及受禪，刻金璽追加尊號，不敢開埏，乃爲石室，藏璽埏首，以示陵中無金銀諸物也。漢禮明器甚多，尤盛行。晉書戴若思傳言若思少好遊俠，遇陸機赴洛，船裝甚盛，遂與其徒掠之。若思登岸據胡牀，指麾同旅。張重華傳言：謝艾與麻秋戰，下車據胡牀，指揮處分。禿髮利鹿孤載記：呂纂來伐，使傉檀拒之。纂士卒精銳，進度三堆，三軍擾懼。傉檀下馬據胡牀而坐，衆心乃安。梁書楊公則傳：大軍至新林，公則自越城移屯領軍府壘北樓，與南掖門相對。嘗登樓望戰，城中遙見麾蓋，縱神鋒弩射之，矢貫胡牀。韋放傳：高祖遣曹仲宗等攻渦陽，又以放爲明威將軍，帥師會之。魏大將費穆帥衆奄至，放軍營未立，麾下止有三百餘人，衆請放突去。放厲聲曰：「今日惟有死耳。」乃免胄下馬，據胡牀處分。於是士皆殊死戰，魏軍遂退，放逐北至渦陽。王僧辯傳：圍陸納於長沙，僧辯出坐壟上，賊黨吳藏、李賢明等率銳卒千人奄出，蒙楯直進，徑趨僧辯。帶甲從者止百餘人，僧辯尚據胡牀，不爲之動。南史梁本紀：袁粲之據石頭，黃回與之通謀，皇考聞難作，率家兵據朱雀橋。回覘人還告曰：「朱雀橋南一長者，英威毅然，坐胡牀南向。」回曰：「蕭順之也。」遂不敢出。柳世隆傳：沈攸之先大軍下住白螺州，坐胡牀以望其軍，有自驕色。是雖軍旅之際，亦恆攜胡牀也。是時衆人共處，胡牀蓋惟尊者據之。故齊武帝在東宮，寵張景眞，拜陵還，景眞白服乘畫舴艋，坐胡牀，觀者咸疑是大子。南史荀伯玉傳 魏孝武帝與齊神武搆釁，使溫子昇草勅，子昇逡巡未敢，帝據胡牀拔劍作色。北齊書神武紀。 然此特體制所限，苟其不然，則幾於無不用之者。張鏡與客談，顏延之取胡牀坐聽。南史張裕傳。 劉巘遊詣故人，惟一門生持胡牀隨後，主人未通，便坐問答，可謂造次不離矣。魏書裴叔業傳：叔業兄子粲，爲膠州刺史，屬時亢旱，士民勸令禱於海神。粲憚違衆心，乃爲祈請，直據胡牀，舉杯而言曰：「僕白君。」左右曰：「前後例皆拜謁。」粲曰：「五嶽視三公，四屯北境。命陰壽鎭幽州，虞慶則鎭幷州，屯兵數萬人，以爲之備。突厥傳云：高祖受禪，待之甚薄，北夷大怨。會營州刺史高寶寧作亂，沙鉢略與之合軍，攻陷臨渝鎭。上勑緣邊修保障，峻長城以備之。仍命重將出鎭幽、幷。崔仲方傳云：高祖受禪，令發丁三萬，於朔方、靈武築長城，東至黃河，西拒綏州，南至勃出嶺，緜亙七百里。明年，上復令仲方發丁十五萬，於朔方已東緣邊險要築數十城，以遏胡寇。此時之情勢，尚與周、齊時無異。其後突厥因亂，爲中國所綏服，故六年二月，發丁男十一萬，七年二月，發丁男十萬餘修築長城之後，皆二旬而罷。遂無復勞役焉。及煬帝世，乃復有修築之舉。大業三年六月，帝幸榆林，朝啓民。七月，發丁男百餘萬築長城。西距榆林，東至紫河，一旬而罷，史言其死者十五六。四年三月，幸五原，因出塞巡長城。七月，發丁男二十餘萬築長城，自榆林谷而東。五行志言其時百姓失業，道殣相望焉。此時中國全盛，欲綏服突厥，自有其長駕遠馭之規，初不必勞民以事修築。宇文愷傳言：長城之役，詔愷規度，愷固善爲侈大，以逢君之惡者。而賀若弼、宇文弼、高熲皆於是時見殺，蘇威亦於是時免官。諸臣之獲罪，夫固別有其由。然弼傳云：弼以饗啓民大侈，與熲、弼等私議得失，爲人所奏伏誅。弼傳云：弼言長城之役，幸非急務，有人奏之，竟坐誅死。熲傳云：時帝遇啓民可汗恩禮過厚，熲謂大府卿何稠曰：「此虜頗知中國虛實，恐爲後患。」復謂觀王雄曰：「近來朝廷，殊無綱紀。」有人奏之，帝以爲謗訕朝政，於是下詔誅之。威傳云：熲、弼等之誅，威坐與相連免官。則諸人之獲罪，亦不能謂與修築長城全無關係。蓋徒慕爲侈大之規，而於實際有無裨益，則初非所計也。

席地而坐之風，此時蓋幾絕，故義宣之敗，入南郡空廨，無牀，席地至旦，史記之，以爲罕有之事，見宋書本傳。而胡牀之習業，量夫中夏粒食邑居之民，蠶衣儒步之士，荒表茹毛飲血之類，鳥宿禽居之徒，親校短長，因宜防制，知城郭之固，暫勞永逸。代表諸蕃，比因高車外叛，尋遭旱儉，戎馬甲兵，十分闕八。去歲復鎮陰山，庶事蕩盡。遣尚書郎中韓貞、宋世量等檢行要險，防遏形便。謂準舊鎮，東西相望，令形勢相接，築城置戍，分兵要害，觀農積粟，警急之日，隨便翦討。如此，則威形增廣，兵勢亦盛。且北方沙漠，乏水草，時有小泉，不濟大衆。脫有非意，要待秋冬，因雲而動。若至冬日，冰沙凝厲，遊騎之寇，終不敢攻城，亦不敢越城南出。如此，北方無憂矣。」懷傳云：「世宗從之，今北鎮諸戍東西九城是也。」案魏於六鎮所集兵力甚厚，而仍不能無藉於長城，可見長城之於備禦，爲用甚宏。故至南北朝之末，東西分爭，北戎是懼，而其功愈亟。孝靜帝武定元年八月，齊神武命於肆州北山築城，西自馬陵戍，東至土隥，四十日罷。明年十月，復上言：幽、安、定三州北接奚、蠕蠕，請於險要修立城戍以防之。躬自臨履，莫不嚴固。皆見北齊書神武紀。文宣天保三年、六年、八年修築長城，已見第十四章第二節。與其事者，有元景安、趙郡王叡、盧詢祖、張纂、陽斐等，皆見北齊書本傳。後主天統中，斛律羨爲幽州刺史，以北虜屢犯邊，須備不虞，自庫堆戍東拒於海，隨山屈曲，二千餘里，其間二百里中，凡有險要，或斬山作城，或斷谷起障，幷置立戍邏五十餘所。周宣帝大象元年六月，發山東諸州民修長城。于翼傳云：大象初，詔翼巡長城，立亭障，西自雁門，東至碣石，創新改舊，咸得其要。凡以防侵軼而省戍邏也。隋文帝開皇元年四月，發稽胡修築長城，二旬而罷。所發者爲南汾州胡，見韋沖傳。三年三月，城榆關。長孫晟傳云：開皇元年，攝圖曰：「我周家親也，今隋公自立而不能制，復何面目見可賀敦乎？」因與高寶寧攻陷臨榆鎮，約諸面部落，謀共南侵。高祖新立，由是大懼，修築長城，發兵野戰，所短者攻城。若以狄之所短，奪其所長，則雖衆不能成患，雖來不能內逼。六鎮勢分，倍衆不鬥，互相圍逼，難以制之。昔周命南仲，城彼朔方，趙靈、秦始，長城是築，漢之孝武，踵其前事。此四代之君，皆帝王之雄傑，所以同此役者，非智術之不長，兵衆之不足，乃防狄之要事，其理宜然故也。今宜依故，於六鎮之北築長城，以禦北虜。雖有暫勞之勤，乃有永逸之益。如其一成，惠及百世。卽於要害，往往開門，造小城於其側。因地卻敵，多置弓弩。狄來，有城可守，有兵可捍。既不攻城，野掠無獲，草盡則走，終必懲艾。宜發近州武勇四萬人及京師二萬人，合六萬爲武士，於苑內立征北大將軍府。七月，發六部兵六萬人，各備戎作之具。敕臺北諸屯倉庫，隨近作米，俱送北鎮。至八月，征北部率所領，與六鎮之兵，直至磧南，揚威漠北。狄若來拒，與之決戰。若其不來，然後散分其地，以築長城。計六鎮之地，不過千里，若一夫一月之功，當三步之地，三百人三里，三千人三十里，三萬人三百里，則千里之地，強弱相兼，計十萬人一月必就。運糧一月，不足爲多。人懷永逸，勞而無怨。計築長城，其利有五：能遊防之苦，一也。北部放牧，無抄掠之患，二也。登城觀敵，以逸待勞，三也。省境防之虞，息無時之備，四也。歲常遊運，永得不匱，五也。」宣武帝正始元年九月，有告蠕蠕率十二萬騎，六道並進，欲直趨沃野、懷朔，南寇恆代。詔源懷以本官加使持節、侍中，出據北蕃，指授規略。隨須徵發，諸所處分，皆以便宜從事。懷至雲中，蠕蠕亡遁。懷旋至恆代，案視諸鎮左右要害之地，可以築城置戍之處，皆量其高下，揣其厚薄，及儲糧、積仗之宜，犬牙相救之勢，凡表五十八條。表曰：「蠕蠕不羈，自古而爾。游魂鳥集，水草爲家。中國患者，皆斯類耳。歷代驅逐，莫之能制。雖北拓榆中，遠臨瀚海，而智臣勇將，力算俱竭，胡人遠遁，中國以疲。於時賢哲，思造化之至理，推生民遂啓求都水造浮航。高祖賞納之。合高允諫高宗之語觀之，而知運轉之弊已深，構造之艱，可勿論矣。而於勞民逞志之外，又或爲變幸而役民，如趙修傳言：修以罪徙之後，「家宅作徒，卽仰停罷」是也，其厲民亦可謂深矣。

室屋固多版築，卽城郭之作，用甎石者亦少。李崇謂洛都城隍闕塼石之工是也。然甎石之工，亦不必較版築爲固。宋書臧質傳言：虜攻盱眙，以衝車攻城，城土堅密，每至頹落，不過數升。此阿利蒸土築城，所由自詡其固也。見第六章第九節。齊書州郡志言：宋自淮北沒虜，青州寄治鬱州。劉善明爲刺史，以海中易固，不峻城雉，累石爲之，可見石城轉不逮版築之堅。已其用力則當較版築爲省。南史梁宗室傳：長沙王業，歷位南兗州刺史，運私米僦人作甓以砌城，武帝善之，蓋亦以其勞民者淺也。

中國長城之修築，凡有數期。大抵北邊安靜時，無事於此，如淸代是也。有大敵時，亦無事於此，以其不能恃此以禦之也，如漢、唐之世，匈奴、突厥方張之時是也。惟有小小寇賊，釋之不可，防之不勝其勞，則長城之修築急焉。五胡亂後，北方較大之部落，多已侵入中國，所遺皆零星小部。諸胡侵入中國後，浸失其輕悍之風，向之好侵擾人者，今轉慮人之侵擾，而修築長城之事起矣。魏書本紀：明元帝泰常八年二月，築長城於長川之南，起自赤城，西至五原，延袤二千餘里，備置戍衛。天象志云：以備蠕蠕也。是爲魏脩長城之始。大武帝眞君七年六月，發司、幽、定、冀四州十萬人築畿上塞圍，起上谷，西至於河，廣袤皆千里。九年二月畢。其時蓋吳聲勢方盛，蓋慮蠕蠕乘機入塞，故以是防之也。大武屢出塞擊敵，於長城相須尙不甚殷。至孝文遷洛以後，而情勢又異矣。其時高閭上表曰：「北狄悍愚，同於禽獸，所長者南朝司空之職也。北齊書高隆之傳：領營構大將軍，京邑制造，莫不由之。周書竇熾傳：宣帝營建東京，以熾爲京洛營作大監，宮苑制度，皆取決焉。此皆隨事設職，受任之人，亦頗有克舉其職者。蔣少游事，已見第二十章第二節。南史崔祖思傳言：少游之至，祖思從弟元祖欲留之，上不從，少游果圖畫而歸。魏書李業興傳言：遷鄴之始，起部郎中辛術奏曰「今皇居徙御，百度創始，營構一興，必宜中制。上則憲章前代，下則模寫洛京。今鄴都雖舊，基址毀滅，又圖記參差，事宜審定。臣雖曰職司，學不稽古。國家大事，非敢專之。通直散騎常侍李業興，碩學通儒，博聞多識。萬門千戶，所宜訪詢。今就求之，披圖按記，考定是非，參古雜今，折中爲制。召畫工幷所須調度，具造新圖，申奏取定。庶經始之日，執事無疑。」詔從之。則當時司營造者，已能先立圖樣，按圖從事矣。高隆之之爲營構大將軍也，史稱其增築南城，周迴二十五里，以漳水近於帝城，起長堤以防汎溢之患。又鑿渠引漳水周流城郭，造治碾磑，並有利於時，可謂頗有締造之才。魏書言王遇性巧，彊於部分。世宗初，兼將作大匠。北都方山、靈泉道俗居宇，及文明大后墓園、大極殿及東西兩堂內外諸門制度，皆遇監作。雖年在耆老，朝夕不倦，跨鞍驅馳，與少壯者均其勞逸。此亦彊幹之材。然使此等人主持工事，往往易媚上而虐下，亦不可不知也。

公家功力，往往爲私人所占用。如南史恩幸綦母珍之傳言：帝給珍之宅，宅邊又有空宅，從取、幷取，輒令材官營作，不關詔旨，其一事也。晉武帝爲王沈、魯芝立宅，皆使軍人；文惠大子起苑東田，亦役宮中將吏；見第十章第一節。似能以兵代民役，然勞民之時卒多。魏書成淹傳云：於時宮殿初搆，經始務廣。兵民運材，日有萬計。伊洛流澌，苦於厲涉。淹百鞭已下收贖之物，絹一匹輸塼二百，以漸[illegible]。李崇傳：崇於肅宗時上表曰「竊惟皇遷中縣，垂二十祀，而明堂禮樂之本，乃鬱荊棘之林；膠序德義之基，空營牧豎之跡。城隍嚴固之重，闕塼石之工；墉堞顯望之要，少樓榭之飾。加以風雨稍侵，漸致虧墜。又府寺初營，頗亦壯美，然一造至今，更不修膳，廳宇凋朽，牆垣頹壞，皆非所謂追隆堂構，儀刑萬國者也。以臣愚量，宜罷尚方雕靡之作，頗省永寧土木之功，并減瑤光材瓦之力，兼分石窟鐫琢之勞，及諸事役非急者，三時農隙，終此數條。」則洛邑工程不徒未完，且寖有毀損矣。遷鄴之役，嘗發衆七萬六千人營新宮，又發畿內民夫十萬人城鄴城，四十日罷，見魏書孝靜帝紀。

度地居民之法，在營建新都時易，而因舊則難，以新都一切皆出新構，無毀舊之足惜，又地皆在官，易於措置也。晉、南北朝之世，在官廛里，似已不如漢代之多，故賜宅之事較少，如裴子野之借官地以造宅者，不多見也。亭傳亦已蕪廢，故行旅或一時無宅者，不復能如漢世之借寓，而多以佛寺爲棲託之所，如李翥晚節貧無居宅，寄止佛寺；見北史李義深傳。侯景平後，蕭大圜歸建康，寓居善覺佛寺是也。參看本章第六節及秦漢史第十七章第四節。好與土木者雖多，然皆徒爲私計，罕能爲地方爲人民計者。梁書良吏傳：何遠在官，好開途巷，修葺牆屋，民居市里，城隍廄庫，所過若營家焉。此等人不易多覯矣。

主營造之事者，歷代各有其職。宋書百官志云：材官將軍一人，司馬一人，主工匠土木之事。漢左右校令其任也。魏右校又置材官校尉，主天下材木事。晉江左改材官校尉曰材官將軍，又罷左校令。令材官隸尚書起部及領軍。此弟子居其中，賓客至其下。北史崔辯傳：辯曾孫弘度，膂力絕人，年十七，周大冢宰宇文護引爲親信，累轉大都督。時護子中山公訓爲蒲州刺史，令弘度從焉。嘗與訓登樓，至上層，去地四五丈，俯臨之，訓曰：「可畏也。」弘度曰：「此何足畏？」欻然擲下，至地無所損。訓大奇之。此樓亦必不止也。

虜起朔方，本非居國，故昭成欲定都灅源川，築城郭，起宮室，而平文后尼之，事見第六章第三節。道武再興，始於平城附近築城郭，立市里，起宮廟。又營臺觀苑囿，穿池引渠。所至之處，又多建離宮。自此至孝文遷洛之前，仍世皆有增造。其事具見本紀。然平城規制，實尚簡陋，觀第十一章第二節所引齊書魏虜傳可知。魏書莫含傳：含孫題，大祖欲廣宮室，規度平城四方數十里，將模鄴、洛、長安之制。運材數百萬根。以題機巧，徵令監之。召入與論興造之宜。題久侍頗怠，賜死。足見其規模離鄴、洛、長安猶遠也。而勞民則已頗甚。高允傳：給事中郭善明，性多機巧，欲逞其能，勸高宗大起宮室。允諫曰：「臣聞大祖既定天下，始建都邑。其所營立，非因農隙，不有所興。今建國已久，宮室已備，若廣修壯麗爲異觀者，宜漸致之，不可倉卒。計斫材運工，及諸雜役，須二萬人。丁夫充作，老弱供餉，合四萬人，半年可訖。其所損廢，亦已多矣。」虜之濫用民力，可以見矣。孝文遷洛，用蔣少游等以司營造，已見第二十章第二節。然其事實未大成。魏書大武五王傳：廣陽王建閭之子嘉，表請於京四面築坊三百二十，各周一千二百步。乞發三正復丁，以充茲役。雖有暫勞，姦盜永止。詔從之。世宗紀：景明二年九月，發畿內夫五萬五千人築京師三百二十坊，四旬而罷。卽此事。是至世宗之時，坊里之制，猶未備也。景穆十二王傳：任城王澄奏都城府寺，猶未周悉。請取諸職人及司州郡縣犯十杖已上，有良馬，曰騧騮，一夜忽失，求之不得。後知南部大人劉庫仁益養於窟室。篳聞而馳往取焉。則北方之人，并有爲窟室以養馬者。又景穆十二王傳：濟陰王小新成之孫弼，入嵩山，以穴爲室。此則自然洞穴，不待開鑿者。蓋當時人民，亦本有穴居者也。

其時民居，又有極簡陋者。魏書封回傳：除安州刺史。山民愿朴，父子賓旅，同寢一室。回下車，勒令別處，其俗遂改。此必因屋少而然也。北齊書神武帝紀言：帝從爾朱榮徙據并州，抵揚州邑人龐蒼鷹，止團焦中。蒼鷹母數見團焦赤氣赫然屬天。及得志，以其宅爲第，號爲南宅。雖門巷開廣，堂宇崇麗，其本所住團焦，以石堊塗之，留而不毁。至文宣時遂爲宮。團焦蓋極簡陋之室，其營造如何，何以名爲團焦，則不可知矣。北人多居氈帳，有極大者。顔氏家訓歸心篇云：「昔在江南，不信有千人氈帳，及來河北，不信有二萬斛船」。可見氈帳之大，能容千人也。

民居雖甚簡陋，貴人所用營建材料，卻有極貴者。琉璃之貴，已見第二十章第二節，而東昏侯誚武帝興光樓何不純用琉璃，見第十章第六節。則南方室屋，亦有用琉璃者，卽興光樓亦頗用之矣。晉書外戚傳言：王愷用赤石脂泥壁。宋書百官志言：明光殿以胡粉塗壁，畫古賢烈士。以丹朱色地，謂之丹墀。東昏侯塗壁，皆以麝香。亦見第十章第六節。王肅之歸虜，虜爲起宅舍，亦以香塗壁。此等皆妄爲奢侈，無益實際者也。

時所營構，有甚高者。魏明元帝起白臺，高二十餘丈，見第八章第二節。亦見本紀泰常二年。齊文宣營三臺，構木高二十七丈，見第十四章第二節。梁書處士傳：陶弘景止於句容之句曲山，中山立館。永元初，更築三層樓，弘景處其上，廳堂閒往往幃幔隔障，爲寢息之所，見第十七章第二節。不言障之以板可知也。周書王羆傳：授西河內史，辭不拜。時人謂之曰：「西河大邦，俸祿殷厚，何爲致辭？」羆曰：「京洛材木，盡出西河。朝貴營第宅者，皆有求假。如其私辦，力所不堪，若科民間，又違法憲，以此辭耳。」西河材木不必甚多，其爲京洛所取資，蓋以其相去之近。眞饒於材木者，必在偏僻之區。如南史隱逸傳言：鄧郁隱居衡山，立小板屋兩間；齊書氐傳言：仇池無貴賤皆爲板屋土牆是也。北史張耀傳：天平初，遷鄴草創，右僕射高隆之，吏部尚書元世儁奏曰：「南京宮殿，毀撤送都，連筏竟河，首尾大至。自非賢明一人，專委受納，則恐材木耗損，有闕經構。耀清直素著，有稱一時，臣等輒舉爲大將。」詔從之。周書若干惠傳：大祖嘗造射堂，新成，與諸將宴射。惠竊歎曰：「親老矣！何時辦此乎？」大祖聞之，卽日徙堂於惠宅。所以不恤勞人，屢事遷徙，似亦以材木難得故也。

當時能爲窟室者頗多。晉書隱逸傳：孫登，於郡北山爲土窟居之。登汲郡共人。張忠，永嘉之亂，隱於泰山，服氣，餐芝，餌朮，修導養之法。其居依崇巖幽谷，鑿地爲窟室。弟子亦以窟居，立道壇於窟上，每旦朝拜之。郭瑀，隱於臨松薤谷，鑿石窟而居。瞿硎先生，大和末，常居宣城郡界文脊山中。桓溫嘗往造之，既至，見先生被鹿裘，坐於窟室。宋書武三王傳：南郡王義宣反，問至，其子愷，於尚書寺內著婦人衣，乘問訊車，投臨汝公孟詡，詡於妻室內爲地窟藏之。事覺，收付廷尉，詡伏誅。此等似因其時之人，還穿地窖而然。虜大官有八十餘窖，已見第十一章第二節。高熲言江南儲積，多非地窖，則北方地窖正多。此滑臺之圍，所以能於造次之閒，撤草屋而爲窟室也。魏書奚斤傳：父箪，有寵於昭成皇帝。時國不廢。賀琛傳：幼孤，伯父瑒授其經業。初瑒於鄉里聚徒教授，四方受業者三千餘人。瑒天監中亡，至是復集。琛乃築室郊郭之際，茅茨數閒。年將三十，便事講授。魏書高允傳：幸允第，惟草屋數閒。胡叟傳：叟家於密雲，蓬室草筵。此等皆士大夫之家，而猶如此，細民自不必論。宋書王玄謨傳：玄謨之圍滑臺，城內多草屋，衆求以火箭燒之，玄謨恐損亡軍實，不從。城中卽撤壞之，空地以為窟室。魏書甄琛傳：鮮于脩禮、毛普賢等率北鎮流民，反於定州西北之左人城。屠村掠野，引向州城。州城之內，先有燕、恆、雲三州避難之戶，皆依傍市廛，草茅攢住。修禮等聲云欲收此輩，共為舉動。隋書高熲傳：上嘗問熲取陳之策。熲曰：「江南土薄，舍多竹茅。所有儲積，皆非地窨。密遣行人，因風縱火。待彼修立，復更燒之。」可見南北皆多草舍。宋書周朗傳：朗上書言：「取稅之法，宜計人為輸，不應以貲。乃令桑長一尺，圍以為價；田進一畝，度以為錢；屋不得瓦，皆責貲實。民以此樹不敢種；土畏妄墾；棟焚榱露，不敢加泥。」是則公家苛政，亦有阻民修築者。然以大體言之，則其時生活程度，固祇如此也。農家之屋，亦有必須草覆者，如齊民要術作豉篇言：「屋必以草蓋，瓦則不佳」是也。然右所引者，多為人居。南史陸澄傳：王儉嘗問澄曰：「崇禮門有鼓而未嘗鳴，其義安在？」答曰：「江左草創，崇禮門皆是茅茨，故設鼓，有火則扣以集衆，相傳至今。」可想見北人東渡時之情形矣。

營造之材，仍以土木為主。觀道子山由版築，蕭嶷亦於邸起土山可知。桓嗣以茅茨代版檐，而以版付船官，則時材木似頗難得。梁大宗幽縶之後，無復侍者及紙，乃書壁及板障，為詩及文數百篇。通鑑注云：「柱閒不為壁，以板為障，施以丹漆，因謂之板障。」大寶二年。此制恐不能多。觀魏書楊播傳言：播兄弟旦則聚於廳堂，終日相對，未曾入內，早閉晏開。人多患之。訟於州府，皆不見省。會循出至破岡，連名詣循質之。循曰：「見張廷尉，當爲言及之。」闓聞而遽毁其門，詣循致謝，其爲世所敬服如此。此事可謂不法已極，賀循一耳，張闓正多，民之不得安其居、保其業者，蓋不少矣。魏書高道穆傳：正光中出使相州，刺史李世哲，尚書令崇之子，貴盛一時，多有非法。逼買民宅，廣興屋宇，皆置鴟尾。又於馬埒堠上爲木人，執節。道穆繩糾，悉毁之。然不聞其逼買之宅，追使還民也。又梁臨川王宏、魏北海王詳及趙脩，咸有占奪民地之事，已見第十二章第一節、第五節。

民間屋宇，多爲草舍。宋明帝陳貴妃，家有草屋，已見第十九章第一節。晉書桓沖傳：沖子嗣，爲江州刺史，修所住齋，應作版檐，嗣命以茅代之，版付船官。孔愉傳：出爲會稽内史，在郡三年，乃營山陰湖南候山下數畝地爲宅，草屋數間，便棄官居之。江逌傳：蘇峻之亂，屏居臨海，絶棄人事，翦茅結宇，耽翫載籍，有終焉之志。儒林傳：范宣家於豫章，大守殷羨，見宣茅茨不完，欲爲改宅，宣固辭之。文苑傳：羅含轉州別駕，以廨舍諠擾，於城西池小洲上立茅屋，伐木爲材，織葦爲席，布衣蔬食，宴如也。宋書臧燾傳：雖外戚貴顯，而彌自沖約，茅屋蔬餐，不改其舊。孝義傳：何子平，所居屋敗，不蔽雨日。兄子伯興，採伐茅竹，欲爲葺治，子平不肯，曰：「我情事未申，天地一罪人耳，屋何宜覆？」以母未葬。隱逸傳：孔淳之，草屋蓬戶。梁書陸倕傳：於宅内起兩間茅屋，杜絶往來，晝夜讀書，如此者數載。裴子野傳：無宅，借官地二畝，起茅屋數間。陳書馬樞傳：鄱陽王爲南徐州刺史，卑辭厚意，令使者邀之。王別築室以處之。樞惡其崇麗，乃於竹林間自營茅茨而居焉。南史劉善明傳：所居茅齋，斧木而已。劉瓛傳：兄弟三人共處蓬室一間，爲風所倒，無以葺之，怡然自樂，習業差車從漳河運載，復分車迴取，皆可見其好尙所在。茹皓之所經構，爲世宗所悅。見第十二章第一節，齊文襄於鄴東起山池遊觀，時俗眩之。河南王孝瑜，遂於第作水堂龍舟，植幡矟於上，數集諸王，宴射爲樂。武成幸其第，見而悅之，故盛興後園之翫。其上下相師之情形，亦與南朝同也。宋書五行志云：晉武帝大康後，天下爲家者移婦人於東方空萊北庭，以爲園圃，可見經營園圃，實爲當時普徧之好尙。居宅與園圃相連，則空氣清新，且可略知稼穡，誠爲有益之事，惜爲之者多富厚之家，遂致踵事增華，重勞人力，有失初意也。

別業之本，旣係園圃，故其地之廣者，仍可種植以獲利。北史獻文七王傳：廣陵王羽之子欣，好營產業，多所樹藝，京師名果，皆出其園。又庾岳傳：置相州，拜岳爲刺史。鄴舊有園池，時果初熟，承吏送之，岳不受，曰：「果未進御，吾何得先嘗？」周書蕭大圜傳：大圜嘗云：「築蝸舍於叢林，構環堵於幽薄，果園在後，開窗以臨花卉，蔬圃居前，坐簷而看灌畦。」皆其證也。王思政傳：思政嘗被賜園地，出征後，家人種桑果，及還，見而怒曰：「匈奴未滅，去病辭家，況大賊未平，何事產業？」命左右拔而棄之。此固不失武士之風，然孳孳爲利，固不可，以暇從事於種植，亦未必遂爲小人之事也。

因務廣居宅，遂有侵奪官私之地者。齊王冏大築第館，北取五穀市，南開諸署，毀壞廬舍以萬數。宋孝武帝使有司奏竟陵王誕云：以廣拓宅宇，地妨藝植，輒逼徐湛之遺孤，頓相驅徙。又緣谿兩道，積代通衢，誕拓宇開垣，擅斷其一，致使經途壅隔，川陸阻礙。又以臨川武烈王道規廟居宅前，固請毀換，詔旨不許，怨懟彌極。孝武之殺竟陵，固非以其貪縱，然此等罪狀，則衆目昭彰，非可虛構也。晉書賀循傳：廷尉張闓，住在小市，將奪左右近宅，以廣其居，乃私作都門，至青溪。其中有臺池玩好。每暇日與賓客游焉。陳書孫瑒傳，言其庭院穿築，極林泉之致。歌鍾舞女，當世罕儔。賓客填門，軒蓋不絕。此等皆慕爲雅致，而又極奢縱者。此外若梁南平王偉，見第十二章第六節。齊呂文度、茹法亮、呂文顯等，見第十章第四節。其宅第之侈，並已見前。即隱淪恬退之士，亦多以此爲務者。如[illegible]、桐廬僻遠，難以養疾，乃出居吳下。吳下士人，共爲築室，聚石引池，植林開澗。少時繁密，有若自然。宋書隱逸傳。沈道虔，居縣北石山下。道虔，吳興武康人。孫恩亂後饑荒，縣令庾肅之迎出縣南，爲立小宅，臨溪有山水之玩。同上。劉慧斐，起家爲安成王法曹行參軍。嘗還都，途經尋陽，遊於匡山，過處士張孝秀，相得甚歡，遂有終焉之志。因不仕，居於東林寺。又於山北構園一所，號曰離垢園。梁書處士傳。裴之平，陳世祖即位，除光祿大夫、慈訓宮衛尉，並不就。乃築山穿池，植以卉木，居處其中，有終焉之志。陳書裴忌傳。張譏所居宅，營山池，植花果。陳書儒林傳。阮卓退居里舍，改構亭宇，脩山池卉木，招致賓友，以文酒自娛。陳書文學傳。皆是。雕梁畫棟，自不如竹木山池之美，漸近自然。故雖帝王，亦顧而樂之，乃從而效之。如東昏侯芳樂苑，當暑種樹，又剗取細草，來植階庭，見第十章第六節。陳後主臨春、結綺、望仙三閣下，亦積石爲山，引水爲池，植以奇樹，雜以花藥，是也。北朝風氣，亦與南朝相似。北海王詳，及趙脩、茹皓之事，已見十二章第一節。又如王叡子椿，史言其園宅華廣。趙猛史言其宅宇高華。薛謹之曾孫裔，史言其盛營園宅，賓客聲伎，以恣嬉游。鄭述祖所在好爲山池，松竹交植，盛肴饌以待賓客，將迎不倦。北史鄭義傳。夏侯道遷於京城西水次市地，大起園池，植列蔬果，延致秀彥，時往遊適。李元忠園庭之內，羅種果藥，親朋尋詣，必留連宴賞。段孝言，時苑內須果木，科民間及僧寺備輸，悉分向私宅種植。殿內及園中須石，於永興立墅，周圍三十三里，含帶二山，皆是。見第十九章第三節。北齊書陽斐傳：東郡太守陸士佩，以黎陽關河形勝，欲因山即壑，以爲公家苑囿，此猶是古制之遺。齊書高逸傳：員外郎效表陳讜言，謂貴勢之流，貨室之族，亭池第宅，競趣高華，至於山澤之人，不敢采飲其水草，其詒害亦不可謂不深。然私家之居，占地究不易甚廣，故就田廬之地，加以經營者尤多。其苟完苟美如徐勉者，原亦未足爲過。見第十九章第一節。然或踵事增華，則其所耗之人力物力，爲不少矣。晉書會稽王道子傳云：嬖人趙牙爲道子開東第，築山穿池，列樹竹木，功用鉅萬。帝嘗幸其宅，謂道子曰：「府內有山，因得游矚，甚善也。然修飾太過，非示天下以儉。」道子無以對，唯唯而已。左右侍臣，莫敢有言。帝還宮，道子謂牙曰：「上若知山是板築所作，爾必死矣。」可見其勞人之甚。然貴戚若嬖幸，如是者實不少。如宋書徐湛之傳，言其室宇園池，貴游莫及。竟陵王誕傳，言其造立第舍，窮極工巧，園池之美，冠於一時。劉勔傳，言其經始鍾嶺之南，以爲棲息，聚石蓄水，髣髴丘中，朝士愛素者多往游之。恩倖傳：阮佃夫宅舍園池，諸王邸第莫及。於宅內開瀆，東出十餘里，塘岸整潔，汎輕舟，奏女樂。齊書劉悛傳，言其宅盛治山池，造甕牖。世祖著鹿皮冠，被悛菟皮衾，於牖中宴樂。南史謝弘微傳，言其曾孫舉宅內山齋，捨以爲寺，泉石之美，殆若自然。孔珪傳，言其居宅盛營山水。齊衡陽嗣王鈞往遊焉。見齊宗室傳。武陵昭王曄傳：豫章王於邸起土山，列種桐竹，號爲桐山，武帝幸之，置酒爲樂。顧臨川王映：「王邸亦有嘉名否？」映曰：「臣好栖靜，因以爲稱。」又問曄。曄曰：「臣山卑，不曾栖靈昭景，惟有薇蕨，且號首陽山。」可見諸王之邸，多有假山，道子之勞人，亦不足爲異矣。朱异傳，言异起宅東陂，窮乎美麗，晚朝來下，酣飲其中。又言异及諸子，自潮溝列宅節。齊文宣帝、見第十四章第二節。後主、見第十四章第四節。周宣帝；見第十五章第一節。亦皆盛營宮室、苑囿，其事已述於前，斯時之奢靡者，不獨人主，卽人臣亦多侈麗其居，甚至人主反愛樂之，其土木之功爲已侈也。

士大夫尋常居宅，大抵爲屋數十間。晉書山濤傳：濤死，左長史范晷等上言：濤舊第屋十間，子孫不相容，武帝爲之立宅。王沈傳云：沈素清儉，不營產業，帝使所領兵爲作屋五十間。良吏傳：魯芝素無居宅，武帝亦使軍兵爲作屋五十間。合第十九章第一節所述觀之，可見士大夫居室之大概。其時亦有儉素者，如李重死，宅宇狹小，無殯斂之地，詔於典客署營喪。裴佗宅不過三十步，又無田園。魏書良吏傳。孫謙每去官，輒無私宅，常借官空車廄居焉。梁書良吏傳。鹿悆雖任居通顯，而自無居宅，常假賃居止，皆是然。此等人似不多，而務於侈靡者則不少。有專務壯麗，僭擬宮殿者：如晉齊王冏大築第館，使大匠營制，與西宮等。梁南平王偉廣營第宅，重齋步櫩，模寫宮殿。北齊清河王岳，於城南造宅，高歸彥奏其僭擬帝宮，制爲永巷，惟無闕是也。周書韋夐傳：晉公護執政，廣營第宅。嘗召夐至宅，訪以政事。夐仰視其堂，徐而歎曰：「酣酒嗜音，峻宇雕牆，有一於此，未或不亡。」其侈麗蓋亦此類矣。而好經營園囿者尤多。古苑囿率因山澤爲之，雖占地頗廣，而勞人力穿築之事則不多。其詒禍於人者，不過如齊宣王之囿，殺其麋鹿者，如殺人之罪，孟子譏其方四十里爲阱於國中。又謂堯、舜既歿，聖人之道衰，暴君代作，壞宮室以爲汙池，民無所安息；棄田以爲園囿，使民不得衣食耳。其弊在乎棄地，而不在乎勞人也。晉、宋以後，官私苑囿，占地多者亦有之。如石虎欲校獵，自靈昌津南至滎陽，東極陽都，使御史監察其中禽獸；見第五章第二節。慕容熙大築龍騰苑，廣袤十餘里；見第六章第八節。孔靈符當先遠大。滄海橫流，家國同其淪溺。若不仕也，則人有餘力，人有餘力，則國可至乎亡，家可至乎滅。當斯時也，匹婦猶忘其身，況大丈夫哉？」宋書本傳。夫亦安得因喪而廢事也？

第四節 宮室

晉、南北朝之世，貴富之家，居室頗侈，而平民之居，則仍甚簡陋。斯時之奢侈者：一爲無道之主，及踰侈之貴族，競營宮室苑囿，一則貴族及士大夫之較有雅致者，經營園圃，是爲後世園林之本。又佛教東來，寺塔亦大盛，另於論佛教時述之。

晉武帝泰始二年，始營大廟，其侈已見第二章第一節。大康五年五月，宣帝廟地陷，梁折。八年正月，大廟又陷。改作廟，築基及泉。其年九月，遂更營新廟，遠致名材，雜以銅柱，陳勰爲匠，作者六萬人。十年四月乃成。十一月，梁又折。見宋書五行志。晉書禮志亦言其窮極壯麗。蓋其規制過於崇閎，而營造之技，不足以副之，故其基址不能堅實也。孝武帝大元十六年，改作大廟，堂集方石，庭以塼。見宋書禮志。此在當時，亦爲已侈，皆武帝之作法於貪，有以啓之也。偏方割據之國，如張茂、張駿、見第六章第二節。石虎、見第五章第一節。赫連勃勃、見第六章第九節。慕容熙；見第六章第八節。南北朝偏安之世，如宋孝武帝、明帝、見第九章第七節。齊書王儉傳云：宋明帝紫極殿，珠簾綺柱，飾以金玉，江左所未有。齊文惠太子、見第十章第一節。梁昭明太子以賢稱，然史亦言其性愛山水，於玄圃穿築，更立亭館。東昏侯、見第十章第六節。陳後主、見第十五章第二節。魏胡靈后見第十二章第二爲禮。而禁令苛刻，動加誅轄。」夫不獲申其志於平日，而猶存其禮於婚喪之時，此亦淸世明之遺民，所謂「男降女不降，」「生降死不降」之意歟？婚姻者人倫之始，喪葬者人事之終，於此而寄其微意焉，何其悲也？虜乃於此加以誅夷，其用心又何其刻也？誰謂淺演之族而不知猾夏哉？

晉世杜預創短喪之說，爲禮家一重公案，今於此附論之。預之議，因武元楊皇后崩，太子應否終服而發。謂天子諸侯，事異士庶，不得以服喪而廢事，當遵魏氏既葬而除之典，以心喪終三年，古諒陰即心喪之謂也。其說詳見晉書禮志。議禮之家，多以預爲薄甚，且詆爲名教罪人。然行禮者不惟其名惟其實，三年之喪，或可行於邃古，而必不能行於後世。何者？生活異，則人情因之而異也。觀儒書言能行之者之少，而知其時之習俗，已不相容，況秦、漢而後乎？夫衰麻哭泣，喪之文也，不飲酒食肉居於內，喪之實也。後世之士大夫，執親之喪，孰不飲酒食肉居於內？亦曷嘗衰麻在身？較之杜氏謂天子猶當以心喪終三年者，爲過薄矣，而敢議杜氏乎？卽不論此，亦可行乎平治之世，而不可行於喪亂之時；可行於貴富之家，而不可行於賤貧之子。「不言而事行者，扶而後能起；言而後事行者，杖而後能起；身自執事而後行者，面垢而已。」儒家固自言之矣。宋書禮志引尸子云：「禹治水，爲喪法曰：毁必杖，哀必三年，是則水不救也。故使死於陵者葬於陵，死於澤者葬於澤，桐棺三寸，制喪三日。」此卽墨者薄葬之論。儒家力攻墨氏，然事勢所迫，卻有同於墨氏而不自知者。記曰：「久而不葬者，惟主祭者不除，」魏氏東關之役，失亡尸柩，葬禮無期，遂不得不制令釋服，使其子弟不廢婚宦，晉書禮志。江左亦不得不申明其制矣。見陳書儒林沈洙傳。善夫！鄭鮮之之言之也，曰：「求禮洛，引見公卿曰：「朕昨入城，見車上婦人冠帽而著小襦襖者，若為如此？尚書何為不察？」澄曰：「著猶少於不著者。」高祖曰：「深可怪也，任城意欲令全著乎？一言可以喪邦，斯之謂歟？可令史官書之。」其改革之心可謂至切。然制衣冠與偽大子詢，詢即竊毀裂，解髮為編服左衽。齊書魏虜傳。出帝大發士卒，狩於嵩少之南，旬有六日，帝與從官皆胡服而騎。魏書自序。齊文宣末年，亦數為胡服，微行市里。隋書五行志。彼其習所便安，固未易以卒革也。北齊書王紘傳云：紘性機敏，應對便捷。年十五，隨父在北豫州，行臺侯景與人論掩衣法為當左為當右。尚書敬顯儁曰：「孔子曰：微管仲，吾其被髮左衽矣。以此言之，右衽為是。」紘進曰：「國家龍飛朔野，雄步中原，五帝異儀，三王殊制，掩衣左右，何足是非？」景奇其早慧，賜以名馬。可見左衽之習，至南北朝之末而未變也。褚緭之嘲魏人曰：「帽上著籠冠，袴上著朱衣。」見第十章第六節。則即其放效中國時，亦不免南北雜糅，非驢非馬也。周武帝保定四年，初令百官執笏，見紀。齊王憲傳：憲死時擲笏於地。似有志於放效中國。然建德三年正月，初服短衣，享二十四軍督將以下，試以軍旅之法，縱酒盡歡。見紀。隋書禮儀志云：「後周之時，咸著突騎帽，如今胡帽；垂裙覆帶，蓋索髮之遺象也。」則其積習亦未能遽變。直至宣帝大象元年，受朝露門，乃用漢、魏衣冠焉。見第十五章第一節。亦有處腥羶之朝，守儒雅之俗者，隋書李禮成傳言：周時貴公子皆競習弓馬，被服多為軍容，禮成雖善騎射，而從容儒服，不失素望是也。被服本各從所便，彼此不足相非，然當兩民族相爭之時，亦或視為民族性之所寄。一切改而從人，則寖忘其故。故雄猜之主，往往欲舉所征服之族之習尚而盡變之。清人以酷法迫漢族髯髮易服，蓋為是也。齊王融言：「中原士庶，雖淪懾殊俗，至於婚葬之日，猶巾褠入觀省舍。隱靴無氈，衣帽穿弊。子如給之。用爲尙書令史。可見作靴無不用之。卽南人亦有以之禦寒者。梁書江革傳：謝朓嘗宿衞還過候革，時大雪，見革弊絮單席而耽學不倦，嗟歎久之，乃脫所著襦，幷手割半氈與革充臥具而去。是也。北史文苑傳：樊遜兄仲，以造氈爲業，可見其爲用之廣矣。卉服，野人亦間有用之者。晉書隱逸傳：孫登，夏則編草爲裳，冬則被髮自覆。魏書逸士傳：鄭修，少隱於岐南山谷中，耕食水飲，皮冠草服。是其事。禦雨之具，謂之黃油。張稷等弑齊東昏，以黃油裹其首，送詣石頭。通鑑注曰：「黃絹施油，可以禦雨，謂之黃油。以黃油裹物，表可見裏。蓋欲蕭衍易於省視也。」隋書煬帝紀：帝爲晉王時，尤自矯飾。嘗觀獵遇雨，左右進油衣。上曰：「士卒皆霑濕，我獨衣此乎？」乃令持去。卽此黃油所爲矣。抱朴子言其爲囊可以盛酒，見第一節。則其製頗工矣。

虜起北方，本皆編髮左衽，故中國人號爲索虜。其稍事改革，則起於道武之朝，而成於孝文之世。魏書禮志：「大祖天興六年，詔有司制冠服，隨品秩各有差。時事未暇，多失古禮。世祖經營四方，未能留意，仍世以武力爲事，取於便習而已。至高祖大和中，始考舊典，以制冠服。百寮六宮，各有差次。早世升遐，猶未周洽。肅宗時，又詔侍中崔光、安豐王延明及在朝名學更議之，條章粗備焉。」孝文時議改服制，蔣少游、劉昶等實與其事，已見第二十章第二節。魏書閹官張宗之傳云：始宗之納南來殷孝祖妻蕭氏，劉義隆儀同三司思話弟思度女也，多悉婦人儀飾故事。大和中，初制六宮服章，蕭被命在內，豫見訪采，數蒙賜賚。此又參虜制作之一人也。獻文六王傳：高祖引見王公卿士，責留京之官曰：「昨望見婦女之服，仍爲夾領小袖。我徂東山，雖不三年，旣離寒暑。卿等何爲，而違前詔？」任城王澄傳云：高祖還察傳云：嘗有私門生，不敢厚餉，止送南布一端，花練一匹。察謂之曰：「吾所衣著，止是麻布、蒲練，此物於吾無用，既欲相款接，幸不煩爾。」此人遜請，猶冀受納。察厲色驅出。因此伏事者莫敢餽遺。門生獻媚，固事所恆有，然既明言不敢厚餉，則其物必非甚貴可知。梁書武帝紀稱帝身衣布衣，木緜皁帳，一冠三載，一被二年，亦以爲儉德，非以爲侈而能致異物也。海南諸國傳云：林邑男女皆以橫幅吉貝繞要以下，謂之干漫，亦曰都縵。狼牙脩男女皆以吉貝爲干縵。婆利國人披吉貝如帊，及爲都縵。然則扶南傳言：范尋令國內男子著橫幅，橫幅今干縵也，大家乃截錦爲之，貧者乃用布，參看第十六章第四節。其所謂布，亦必吉貝所織矣。渴槃陀傳云：衣吉貝布，則其流傳已及西域。晉書王戎傳：南郡太守劉肇賂戎筒巾細布五十端。巾，元板作中。十七史商榷云：「筒中布名，後漢書王符傳注引揚雄蜀都賦曰：筩中黃潤，一端數金，作中是。」此亦緜布也。更證以史記貨殖列傳：番禺爲果布之湊，布亦疑是緜布，則其入中國實已久。然越五嶺而北者卒少，卽交、廣亦罕事種植、紡織；固知文明之傳播，自有其時，時未至不容强也。

衣服材料最奢侈者爲銷金及織成，時遭禁止，已見第十九章第四節。通鑑宋文帝元嘉三十年注云：「炫金，今之銷金是也。」晉成帝咸康二年，石虎以女騎千人爲鹵簿，皆著五文織成鞾。案事見晉書載記。注云：「五文，五色成文也。廣雅曰：天竺國出細織成。魏略曰：大秦國用水羊毛、木皮、野繭絲作織成，皆好。」則織成初來自西域，而中國放爲之也。切於民生日用者，緜、麻之外爲氈。北人多用之。晉書慕容熙載記：熙將以慕容隆妻張氏爲苻氏之殉，欲以罪殺之，乃毀其襚鞾，中有敝氈，遂賜死。北齊書趙隱傳：卽趙彥深。初爲尚書令司馬子如賤客，供寫書。子如善其無誤，欲將通及通雅，俱云吉貝木緜樹也；南史林邑傳亦云：吉貝者樹名也，其花如鵝毳，抽其緒，紡之作布，與紵布不殊；是六朝以前，木緜布乃吉貝樹之花所成，係木本而非草本。今粵中木緜樹，其花正紅，及落時則白如鵝毳，正南史所云吉貝樹也。但其花祇可絮茵褥，而不可織布。按南史林邑傳，以吉貝爲樹，舊唐書南蠻傳則云吉貝草緝花作布，名曰白氎，新唐書林邑傳幷不曰吉貝而曰古貝，謂古貝者草也。然則南史所謂吉貝之樹，卽唐書所謂古貝之草。其初謂之木緜者，蓋以別於蠶繭之緜，而其時緜花未入中土，不知其爲木本草本，以南方有木緜樹，遂意其卽此樹之花所織。逮宋子京修唐書時，已知爲草本，故不曰木而曰草耳。史炤北宋人，元注：見文彥博傳。又在子京之後，幷習知其碾彈、紡織之技，故注解益詳。以此推之，則梁武木緜皁帳，卽是草本之緜所成，而非木緜樹也。更進而推之，禹貢厥篚織貝，蔡九峯注：今南夷木緜之精好者，謂之吉貝，則夏之織貝，亦卽今草緜布，是三代時已有之矣。案此說之不確，自不待辯。其見於記傳者：南史姚察，有門生送南布一端，察曰：吾所衣者止是麻布，此物吾無所用。白樂天布裘詩云：桂布白似雪。又以布裘贈蕭殷二協律詩云：吳緜細輭桂布白。曰桂布者，蓋桂管所出也。孫光憲南越詩：曉廚烹淡菜，春杼織橦花。元注：草緜亦名橦花。李琮詩：腥味魚吞墨，衣裁木上緜。東坡詩：東來賈客木緜裘。以及五代史：馬希範作地衣，春夏用角簟，秋冬用木緜。宋史崔與之傳：瓊州以吉貝織爲衣衾，工作出自婦人。皆此物也。然則緜花布自古有之，何以邱文莊謂元初始入中國？蓋昔時緜花布惟交、廣有之，其種、其法，俱未入中土。觀姚察門生所送祇一端，白樂天以此送人，幷形之歌詠，其爲罕而珍重可知。逮宋末元初，其種傳入江南，而布之利遂衣被天下耳。」案門生以南布送姚察，事見陳書體。謂凱曰「緜定奇溫。」因流涕悲慟。凱亦爲之傷感。晉書孝友傳：王延，繼母卜氏遇之無道，恆以蒲穰及敗麻頭與延貯衣。梁書良吏傳：孫謙居身儉素，牀施蘧蒢屛風，冬則布被莞席，夏日無幬帳，而夜臥未嘗有蚊蚋，人多異焉。魏書高允傳：高宗幸允第，惟布被緼袍，具見緜之難得。宋書孔琳之傳：琳之建言曰「昔事故飢荒，米穀、緜絹皆貴，其後米價登復，而絹於今一倍。緜絹既貴，蠶業者滋，勤厲兼倍，而貴猶不息。愚謂致此，良有其由。昔事故之前，軍器正用鎧而已，至於袍襖裲襠，必俟戰陳，實在庫藏，永無損毀。今儀從直衞，及邀羅使命，有防衞送迎，悉用袍襖之屬，非惟一府，衆軍皆然。緜帛易敗，勢不支久。又晝以禦寒，夜以寢臥，曾未周年，便自敗裂。每絲緜新登，易折租以市，又諸府競收，動有千萬。積貴不已，實由於斯。愚謂若侍衞所須，固不可廢。其餘則依舊用鎧。小小使命送迎之屬，止宜給仗，不煩鎧襖。用之既簡，則其價自降。」案木緜未興以前，欲以絮纊供舉國之用，其勢必不能給，此緜價之所以恆貴，況又有濫用之者乎？魏書焉耆傳云：養蠶不以爲絲，惟充絮纊。西域諸國，酷愛中國之繒帛，而焉耆養蠶顧不以爲絲，亦可見絮纊爲用之亟矣。

陔餘叢考曰：「古時未有緜布，凡布皆麻爲之，記曰：治其麻絲，以爲布帛是也。木緜作布，邱文莊謂元時始入中國。而張七澤潯梧雜佩，引通鑑梁武帝送木緜皁帳事，據史炤釋文，木緜以二三月下種，至夏生黃花，結實及熟時，其皮四裂，中綻出如緜，土人以鐵鋌碾去其核，取緜以小竹弓彈之，細卷爲筒，就車紡之，自然抽緒，織以爲布，謂即此物。按史炤釋文所云，正是今棉花所織之布，則梁武時已有此布矣。說者謂漢書注孟康曰：閩人以棉花爲吉貝，而正字裲襠矣。古之甲自身至要，自要至脛，分而爲三，以組屬之，故曰三屬之甲。裲襠不殊上下，自肩直垂，此深衣之制，便於軍旅者也，故曰可以武也。」案北史陽休之傳：武定二年，除中書侍郎。時魏收爲散騎常侍，領兼侍郎，與休之參掌詔命。齊受禪，除散騎常侍，監修起居注。頃之，坐詔書脫誤，左遷驍騎將軍。文宣郊天，百寮咸從，休之衣裲襠甲，手持白棓。時魏收爲中書令，嘲之曰：「義眞服未？」休之曰：「我昔爲常伯，首戴蟬冕，今處驍游，身被衫甲，允文允武，何必減卿？」可見是時裲襠南北皆爲武人之服。石林燕語曰：「余見大父時，家居及燕見賓客，率多頂帽而繫勒帛，猶未甚服背子。帽下戴小冠簪，以帛作横幅約髮，號額子。處室中則去帽見冠簪，或用頭巾也。古者士皆有冠，帽乃冠之遺製，頭巾賤者不冠之服耳。勒帛亦垂紳之意，雖施之外不爲簡，背子本半臂，武士服，何取於禮乎？或云：勒帛不便於搢笏，故稍用背子。然須用上襟腋下與背子垂帶。余大觀閒見宰執接堂吏，押文書，猶冠帽用背子，今亦廢矣。而背子又引爲長袖，與半臂製亦不同。裹賤者巾衣武士服，而習俗之久，不以爲異，古禮之廢，大抵類此也。」則裲襠又變爲文人之服矣。今之裲襠，北人謂之坎肩，吳語則謂之馬甲，似猶溯其原而言之。然說文：無袂衣謂之𧝓，三國魏志楊阜傳：阜見明帝披縹綾半袖，則裲襠之制，似又不始於武人。蓋俗本有短袖或無袖之衣，武人乃放之制爲衫，又因衫而制爲甲耳。短袖、無袖，動作最便，亦衣服變遷，趨於簡便適用之一端也。

此時衣料，絮爲最貴。齊大祖爲建康令時，高宗等冬月猶無縑纊，已見第一節。宋書孝義傳：朱百年，家素貧，母以冬月亡，衣並無絮，自此不衣緜帛。嘗寒時就孔凱宿，衣悉裌布。飲酒醉眠，凱以臥具覆之，百年不覺也。既覺，引臥具去然魏書辛紹先傳謂其丁父憂三年，口不甘味，頭不櫛沐，髮遂落盡，故常著垂裙皁帽，則帽確可以覆髮，用無慊乎冠弁，而視冠弁爲簡易矣。去冠弁而著帽，抑可謂反古復始，變文從質者也。釋名：「幘，蹟也，下齊眉蹟然也。」其制齊眉，故可掩額髮矣。北史蕭督傳，言其惡見人髮白，事之者必方便避之，擔輿者冬月必須裹頭，夏月則加蓮葉帽，亦帽可覆髮之證。然隋書崔賾傳：大業四年，從駕汾陽宮，次河陽鎭，藍田令王曇於藍田山得一玉人，長三尺四寸，著大領衣，冠幘，奏之。詔問羣臣，莫有識者。賾答曰：「謹案漢文帝已前未有冠幘，卽是文帝已來所制作也。」然則幘自景帝而有，初不待元帝矣。通鑑：齊明帝建武四年，魏主攻宛，宛城東南隅溝上有橋，魏主引兵過之，南陽大守房伯玉使勇士數人衣斑衣，戴虎頭帽，伏於竇下，突出擊之，魏主人馬俱驚。注：「虎頭帽者，帽爲虎頭形。」此與蓮葉帽皆隨時所制，足見帽之通行爲甚廣也。

古三屬之甲，此時亦稍變爲直垂，是爲兩當，遂爲後世所謂背子者之本，此亦猶衣裳之易而爲袍衫也。深衣釋例曰：「裲襠甲，一名裲襠衫，宋書薛安都惟著絳衲兩當衫；案見柳元景傳。隋書輿服志：正直絳衫，從則裲襠衫是也。案當作禮儀志，直閤將軍、殿主帥之服。考宋史輿服志曰：大祖建隆四年，范質議云：開元禮：武官陪立大仗，加螣蛇裲襠，如袖無身，以覆其髆胳。釋文、玉篇相傳曰：其一當胸，其一當背，謂之兩當。請兼存兩說，擇而用之。今劇演將帥所被金銀甲，卽所謂其一當胸，其一當背者也。裲襠甲古既稱裲襠衫，安有無身之衫乎？劉孝標樂府：裲襠雙心共一抹，袙腹兩邊作一襊。蓋一當胸，一當背，故曰雙心。屬合兩邊，以固前後；又曰袙腹，則廣雅所謂裲襠謂之袙腹也。」又曰：「隋書輿服志：案亦當作禮儀志。諸將軍侍從之服，一曰紫衫金玳瑁裝裲襠甲，一曰紫衫金裝裲襠甲，一曰絳衫銀裝裲襠甲。蓋外著裲襠甲，內衷紫絳衫，衫制短小，爲裲襠之襯，尤便捷也。南史齊崔慧景傳：恭祖禿馬絳衫，手刺倒敬則，直以衫代也。今國子、大學生冠之，服單衣，以爲朝服。居士、野人，皆服巾焉。」又云：「徐爰曰：帽名猶冠也，義取於蒙覆其首。其本纚也。古者有冠無幘，冠下有纚，以繒爲之。後世施幘於冠，因裁纚爲帽。自乘輿宴居，下至庶人無冠者皆服之。」史臣案：「晉成帝咸和九年，制聽尚書八坐丞郎，門下三省侍郎，乘車白帢低幘出入掖門；又二宮直宮著烏紗帢。然則士人宴居，皆著帢矣。而江左時野人已著帽，士人亦往往而然，但其頂員耳。後乃高其屋云。」案呂覽上農曰：「古者庶人不冠弁。」儀禮喪服注曰：「庶人不冠爵弁，則冠素委貌。」詩都人士正義曰：「庶人冠緇布冠或玄冠。」蓋惟行禮時或用之，平時則不。釋名曰：「二十成人，士冠，庶人巾。」巾以覆髻則曰幘，說文「髮有巾曰幘，」廣雅「幘，巾覆結」是也。獨斷曰：「幘者，古之卑賤執事不冠者之所服也。或以巾。」三國魏志文帝紀注引魏書，謂楊彪著布單衣皮弁以見，則雖單衣亦不用巾。後漢書蔡義傳：詔事逼切，不得已解巾之郡。周書崔彥穆傳：子君肅，解巾爲道王侍讀。後漢書逸民傳：韓康遁入霸陵山中，博士、公車連徵不至。桓帝乃備玄纁之禮，以安車聘之。使者奉詔造康，康不得已，乃許諾。辭安車，自乘柴車，冒晨先使者發。至亭，亭長以韓徵君當過，方發人牛脩道橋。及見康柴車幅巾，以爲田叟也，使奪其牛。並居士、野人服巾之證。後書郭泰傳注引周遷輿服雜事云：「巾，以葛爲之，形如帢。」玉篇曰：「帢，帽也，絹幘也。」則巾近於帽。說文云：「帽，小兒、蠻夷頭衣也。」書大傳曰：「古之人衣上有冒而句領者。」注曰：「冒，覆也。」淮南氾論曰：「古者有鍪而綣領。」注曰：「鍪，頭著兜鍪帽，言未知制冠也。」蓋冠弁等皆後起之飾，帽則誠所以覆頭者。宋書輿服志曰：「幘者，古賤人不冠者之服也。漢元帝額有壯髮，始引幘服之。王莽頂禿，又加其屋也。」說或附會，驚跣下車；超宗撫掌笑戲曰：「落水三公，墮車僕射。」又徐孝嗣傳：泰始二年，西討解嚴，車駕還宮，孝嗣登殿不著韎，爲治書侍御史蔡準所奏，罰金二兩。則是時跣者尙多。隋書禮儀志云：「案圖云：複下曰舄，單下曰履，夏葛冬皮。近代或以重皮而不加木，失於乾腊之義。今取乾腊之理，以木重底。舄服者色赤，舄衣者色烏，履同烏色。諸非侍臣，皆脫而升殿。凡舄，惟冕服及具服著之，履則諸服皆用，惟褶服以靴。」案時人亦不皆著履。晉書隱逸陶潛傳：潛無履，王弘顧左右爲之造履是也。爲便於行走者恆著屩。宋書張暢傳：暢於城上與魏尙書李孝伯語。孝伯曰：「君南土膏粱，何爲著屩？君且如此，將士云何？」暢曰：「戎陳之閒，不得綏服。」梁書良吏傳：沈瑀爲餘姚令，富吏皆鮮衣美服，以自彰別。瑀怒，悉使著芒屩麤布。陳書沈衆傳：衆監起大極殿，恆服布袍芒屩是也。梁書處士傳：張孝秀嘗冠穀皮巾，躡蒲履，蓋亦芒屩之倫。儉者亦著屐。齊書虞玩之傳：大祖鎭東府，朝野致敬，玩之猶躡屐造席。大祖取屐視之，訛黑斜銳，蔂斷以芒接之。問曰：「卿此屐已幾載？」玩之曰：「幼釋褐拜征北行佐買之，著已二十年，貧士竟不辦易。」大祖善之。夫亦可謂久矣。屐有齒，然遇崎嶇之地，亦或去之。晉書宣帝紀：青龍二年，諸葛亮病卒，諸將燒營遁走，帝出兵追之。關中多蒺藜，帝使軍士二千人著軟材平底木屐前行，蒺藜悉著屐，然後馬步俱進是也。

宋書禮志云：「漢承秦制，冠有十三種，魏、晉以來，不盡施用。」又云：「傅玄子曰：漢末王公名士，多委王服，以幅巾爲雅，是以袁紹、崔鈞之徒，雖爲將帥，皆著縑巾。」又云：「魏武以天下凶荒，資財乏匱，擬古皮弁，裁縑帛以爲帢，合乎簡易隨時之義。以色別其貴賤。本施軍飾，非爲國容也。通以爲慶弔服。巾以葛爲之，形如帢而橫著之。古尊卑共服怒，對曰：「臣有疾，若見之，君將㱿之，是以不敢。」公愈怒，欲斷其足。杜注云：古者臣見君解襪，然則古人以跣足爲至敬也。漢制脫襪，雖無明文，宋綿初釋服云：「凡自外入內者，必解屨，然後升堂。既解屨，則踐地者襪也。久立地或漬汙，故有解襪就席之禮。失之亦爲不敬。解襪見偪，詩曰：邪幅在下，正燕飲而跣以爲歡之時也。其儀制漢時已亡。」日知錄曰：「古人之襪，大抵以皮爲之。今之村民，往往行縢而不襪，古人之遺制也。吳賀邵爲人美容止，常著襪，希見其足，則漢、魏之世，不襪而見足者多矣。」然優禮蕭何，特命劍履上殿，則羣臣上殿，猶皆脫履可知。衛宏漢官舊儀：掾吏見丞相脫履，丞相立席後答拜。魏志：曹操令曰：祠廟上殿當解履，吾受命劍履上殿，今有事於廟而解履，是尊先公而替王命也，故吾不敢解履。可見是時祭先祖，見長官，尚皆脫履。宋改諸王國制度，內有藩國官正冬不得跣登國殿一條。梁天監中，尚書議云：禮跣襪登席，事由燕坐，今則極敬之所，莫不皆跣。清廟崇嚴，既絕恆禮，凡履行者，應皆跣襪。曰極敬之所，莫不皆跣，則是時朝會、祭祀，猶皆跣襪，陳祥道禮書所謂漢、魏以後，朝祭皆跣也。唐書：劉知幾以釋奠皆衣冠乘馬，奏言冠履秖可配車，今襪而鐙，跣而鞍，實不合於古，是唐時祭祀，亦尚有跣襪之制。至尋常入朝，則已有著履者。唐書棣王琰有二妾爭寵，求巫者密置符琰履中，或告琰厭魅，帝何其朝，使人取其履驗之，果然，是也。蓋古者本以跣襪爲至敬，其次則脫履，至唐則祭祀外無脫履之制，然朝會亦尚著履，此唐初之制也。」案宋書孝義傳：龔穎，益州刺史毛璩辟爲勸學從事。璩爲譙縱所殺，故佐吏盡逃亡，穎號哭奔赴，殯送以禮。縱後設宴延穎，不獲已而至。樂奏，穎流涕起曰：「北面事人，亡不能死，何忍聞舉樂，蹈跡逆亂乎？」縱大將譙道福引出將斬之。道福母卽穎姑，跣出救之，得免。齊書謝超宗傳：司徒褚淵送湘州刺史王僧虔，閤道壞，墜水；僕射王儉嘗牛時，改九院爲二十七院，掘得一小尸，緋袍金帶，一髻一解，一足有靴。諸內參竊言百年大子也，或言大原王紹德。琅邪王儼傳：儼死，不脫靴，裹以席，埋於室內。任城王湝傳：天統三年，拜幷州刺史。時有婦人臨汾水浣衣，有乘馬人換其新靴，馳而去。婦人持故靴詣州言之。湝召城外諸嫗，以靴示之，詐曰：「有乘馬人在路被賊劫害，遺此靴，得無親屬乎？」一嫗撫膺哭曰：「兒昨著此靴向妻家。」如其語捕獲之。北史陳元康傳：文襄之被害，楊愔狼狽走出，遺一靴。並北人常著靴之證。若南方則著者較少。齊書豫章王嶷傳云：嶷性汎愛，不樂聞人過失，左右有投書相告，置韡中，竟不視，取火焚之。梁書蕭琛傳：起家齊大學博士。時王儉當朝，琛年少，未爲儉所識，負其才氣，欲候儉。時儉燕於樂游苑，乃著皮靴，策桃枝杖，直造儉坐。儉與語，大悅。南史陳慶之傳：子暄。陳大康中，徐陵爲吏部尚書，精簡人物，縉紳之士，皆鄉慕焉。暄以玉帽簪插髻，紅絲布裹頭，袍拂踝，靴至膝，不陳爵里，直上陵坐。陵不之識，命吏持下。暄徐步而去，舉止自若，竟無怍容。作書謗陵，陵甚痛之。趙翼陔餘叢考，謂南朝著靴，見於史者，止此數事。今案蕭琛之於王儉，陳暄之於徐陵，皆有意爲之，以自表見。晉書儒林劉兆傳：嘗有人著韡騎驢至兆門外，曰：「吾欲見劉延世。」亦視爲野哉之流。南史恩幸傳：簡文之立，嚴亶學北人著靴上殿，無肅恭之禮。有怪之者，亶曰：「吾豈畏劉禪乎？」賊臣傳言侯景自篡立後，牀上常設胡牀及筌蹄，著靴垂腳坐。則尤爲裂冠毀冕之行，負乘致寇之倫，信乎南人著靴者之不多也。

陔餘叢考又云：「古人席地而坐，故登席必脫其屨，禮記所謂戶外有二屨是也。然臣見君，則不惟脫屨，兼脫其韤。詩赤芾在股，邪幅在下。邪幅，行縢，韤去，故行縢見也。左傳衞出公輒爲靈臺，與諸大夫飲酒，褚師聲子韤而登席，公凡戎裝者皆短衣，南史梁宗室傳謂見理性甚凶麤，長劍短衣，出入廛里，不爲宗室所齒是也。此自古短衣楚製之倫，與袴褶無涉。王國維胡服考以袴褶全爲胡服，有袴褶中國乃有短衣，誤矣。胡人多衣皮。劉璠妻子隨羌俗衣皮是也。見第一節。然中國人亦自有衣皮者。晉書魏舒傳，謂其性好騎射，著韋衣入山澤，以漁獵爲業；又隱逸傳：郭文餘杭令顧颺與葛洪共造之，擕與俱歸，颺以文山行，或須皮衣，贈以韋袴褶一具是其事。此亦以其强靭，不如繒絮之易裂弊，非關胡服也。諸服中確出自胡者惟鞾。廣韻八戈引釋名云：「鞾本胡名也，趙武靈王所服。」大平御覽六百九十八引釋名云：「鞾本胡名也，趙武靈王始服之。」案說文無鞾字。革部：鞮，革履也。韻會引下有「胡人履連脛，謂之絡鞮」九字，不知爲元文以否？卽謂爲元文，亦似中國名革履爲鞮，以胡人履連脛，乃加一絡字以別之，說文糸部：「絡，絮也，」不訓苞絡。苞絡字漢人多作落。則叔重時尙無鞾名。趙武靈王所服，不得至後漢時尙無其字，則謂鞾爲趙武靈王所服者，必附會之辭。世皆以鞾字爲古靴字後起。然北齊書徐之才傳謂武明后病，童謠有「惟得一量紫綖靴」之語，之才弟之範以問之才，之才曰：「靴者革旁化，寧是久物？」則南北朝時，其字久作靴矣。疑鞾之名稍行於東漢之世，其字則鞾靴雜作也。隋書禮儀志云：「靴爲胡履，施於戎服。」今案晉書毛寶傳，謂寶與祖煥戰，血流滿靴。北齊書慕容儼傳，謂儼爲侯瑱等所攻，煑靴、皮帶、觔角等物而食之。周書武帝紀，謂帝平齊之役，見軍士有跣行者，親脫靴以賜之。並靴爲戎服之證。然北俗非卽戎亦多服之。魏書慕容永傳：永徙於長安，家貧，夫妻賣鞾於市。北史后妃傳：司馬子如謂齊神武：「安妃是王結髮婦，避葛賊同走幷州，貧困，然馬矢自作靴，恩義何可忘？」北齊書樂陵王百年傳：後主則裳者禮服。禮不下庶人，故庶人即以深衣為吉服，明其不裳與當室者同。則其平時固皆襦袴矣。褶若袍而短，而於重衣最在上，與逕以襦為外衣，其實何異？云左衽者，蓋胡人之服？疑褶之名實襲諸胡，中國易其左衽為右衽，又改其制若中國之袍而特襲其短身？胡人之褶蓋小袖，中國則易為廣袖也？必廣袖者，古以侈袂為貴，且中國不如胡中之寒，無取乎小袖也。雖有此服，當時謂非禮容，惟供驅使及好狡獪者服之。故宋書後廢帝紀，譏其常著小袴褶，未嘗服衣冠。齊書呂安國傳云：安國被徵為光祿大夫，加散騎常侍，欣有文授，謂其子曰：「汝後勿作袴褶驅使，單衣猶恨不稱，當為朱衣官也。」魏書胡叟傳：叟於高元館見中書侍郎趙郡李璨，貧老衣褐，璨頗忽之。叟謂之曰：「老子今若相許，脫體上袴褶衣帽，君欲作何計也？」又禮志：博士孫惠蔚上書言：「臣竊解童子不衣裳之記，是有聞之言。將謂童子時甫稚齡，未就外傅，出則不交族人，內則事殊長者，餕旨父母之前，往來慈乳之手，故許其無裳，以便易之。若在志學之後，將冠之初，年居二九，質並成人，受道成均之學，釋菜上庠之內，將命孔氏之門，執燭曾參之室，而惟有掩身之衣，無蔽下之裳，臣愚未之安矣。又女子未許嫁，二十則笄，觀祭祀，納酒漿，助奠廟堂之中，視禮至敬之處，其於婉容之服，寧無其備？以此推之，則男女雖幼，理應有裳。但男子未冠，禮謝三加，女子未出，衣殊狄褖，無名之服，禮文罕見。」此說頗與記意相背，將亦有激而云然歟？戎裝謂之急裝，皆縛其袴。通鑑齊明帝永泰元年注。齊書虞悰傳：鬱林廢，悰竊歎曰：「王、徐遂縛袴廢天子，天下豈有此理邪？」宋書袁淑傳：元凶劭左右引淑等袴褶，又就主衣取錦，裁三尺為一段，又中破分蕭斌、淑及左右，使以縛袴。此縛袴之法之可考者也。

皇后入廟，服袿襹大衣，謂之褘衣。公、特進、列侯夫人，卿、校世婦，二千石命婦年長者入廟佐祭，皁絹上下；助蠶則青絹上下。自皇后至命婦二千石，皆以蠶衣爲朝服。齊、梁以後並同，卽續漢志所云深衣制，徐廣所云單衣也。其不殊衣裳，古今無異。然古樂府陌上桑曰：緗綺爲下裳，紫綺爲上襦，襦與裳不相連者也。繁欽定情詩曰：何以合歡欣？紈素三條裙。西河記：西河無蠶桑，婦女著碧纈裙，加細布裳。東觀記：鮑宣之妻，悉歸侍御，更著短布裳。又云：王良爲司徒，妻布裙徒跣。此皆別言裙裳，可知衣裳之殊矣。然則漢時婦人朝祭之服，制同深衣，燕閒之服，衣裳自殊，亦猶丈夫以袍、單衣爲禮服，而其便服雅尚裙襦。通典載後周命婦服制云：諸命秩之服曰公服，蓋卽制本深衣，不殊衣裳者也。又云：其餘裳服曰私衣，蓋卽衣裙異著者也。」然則以袍衫爲外服，婦人且較早於丈夫矣。

去衣裳而又短其袍，是爲袴褶之服，其實卽與襦袴無異矣。宋書禮志云：「袴褶之制，未詳所起，近代車駕親戎，中外戒嚴之服。」急就篇注云：「褶，謂重衣之最在上者也。其形若袍，短身而廣袖。一曰左衽之袍也。」案卽戎行役若服勞者，必以短衣爲便，今古皆然。曲禮：童子不衣裘裳。內則：十年衣不帛襦袴。襦袴卽不裳之謂。所以不裳者？鄭注云：爲其便易，此服勞役者之短衣也。左氏昭公二十五年，師己稱童謠曰：「公在乾侯，徵褰與襦。」說文：褰，袴也。此行役者之短衣也。又成公十六年，有靺韋之跗注。杜注云：「跗注，戎服，若袴而屬於跗。」云若袴，則亦有踦，此卽戎者之短衣也。戴德喪服變除云：「童子當室，謂十五至十九，爲父後，持宗廟之重，其服深衣不裳。」內則：二十可以衣裘帛，與上十年衣不帛襦袴互相備。二十可以衣帛，則亦二十而後裳。所以二十而裳者？二十而冠，冠而責成人之禮焉。然小而衣裳博大，風流相放，輿臺成俗。並葛氏之言之證。然此特小小之變遷耳，通長期而觀之，則其變遷，仍有漸趨於美善者，此演進自然之勢也。

王后六服皆袍制，見於周官鄭注，其說未知信否，然後漢婦人，必多衣袍，則可見矣。釋名云：「袍，丈夫著下至跗者也。袍，苞也，苞內衣也。」則著袍者初不必婦人。然外必加以衣裳，蓋舊習不易卒變也。深衣之制，連衣裳而一之，實足證外服以通長為便。便於通長，而仍必備衣裳之式，此亦不過泥古而已，別無深意也。事物必日趨簡易，久之，去衣裳而逕以袍衫為外服，即成後世之式矣。此等變遷，始於東漢，而成於魏、晉、南北朝之世。任大椿深衣釋例曰：「古以殊衣裳者為禮服，祭服及朝朔之服是也；不殊衣裳者為燕服，深衣是也。後世自冕服外，以不殊衣裳者為禮服，以殊衣裳者為燕服，此古今之異制也。續漢志云：若冠通天冠，服衣深衣制，有袍，隨五時色。梁劉昭注曰：今下至賤吏、小史，皆通制袍、襌衣、皁緣領袖中衣為朝服云。蓋古者天子以白布衣、素裳為朝服，諸侯以緇布衣、素裳為朝服，皆衣裳殊。後漢始以袍為朝服，不殊衣裳。故司馬彪謂袍為古之深衣。晉、宋以後，以絳紗皁袍、五色紗袍、紗朱衣、絳單衣、絳皁褠衣為朝服，具服、從省服，隋志亦云制本深衣。然則不殊衣裳，古以為便服，漢晉以為禮服矣。隋志：乘輿鹿皮弁服，緋大襦、白羅裙，在宮聽政，則服之。北史柳世隆傳：令王著白紗高頂帽，儐從皆裙襦袴褶。長孫儉傳曰：晚著裙襦紗帽，引客宴於別齋。上襦而下裙，即殊衣裳之制也。然則六朝時轉以殊衣裳者為便服矣。」又曰：「婦人以深衣之制為禮服，不殊衣裳。故內司服注：婦人尚專一，德無所兼，連衣裳不異其色。則周禮王后六服，制度皆本深衣。通典載宋制：大后、人，計一家不過升斗而已，徒有虛名，不救其弊。遂出十五萬石以振之。夫一光州，薄振卽須如是，而論積貯，則東晉京都諸倉，總計不過五十餘萬，欲求振給之偏，豈不難哉？故在北方，偏多移民就穀之舉。神瑞二年之困，從崔浩、周澹議，分民詣山東三州。大和十一年之旱，亦詔聽民就豐。行者十五六。道路給糧廩。至所在，三長贍養之。遣使者時省察焉。魏書食貨志。此豈不重爲煩費？延昌元年，詔河北民就穀燕、恆二州，又詔飢兵就穀六鎭，則其相違彌遠矣。相違愈遠，則其旋反愈難，宜乎李彪之病之也。故欲謀是處之豐足，仍賴商賈之流通。官家亦有自爲買賣者，是爲和糴。魏世韋朏爲荆、郢和糴大使，見魏書韋閬傳。孫紹爲徐、兗和糴使，鹿悆爲河北五州和糴大使，特以使臣主其事，視之可謂頗重。齊神武謀遷鄴，運諸州和糴粟入鄴城，北齊書本紀。蓋其所積者實不少也。遷鄴之後，常調外逐豐稔之處，折絹糴粟，以充國儲，隋書食貨志。則行之亦有常典矣。鹿悆傳言：元子直出鎭梁州，悆隨之州。州有兵糧和糴，和糴者靡不潤屋，悆獨不取，子直强之，終不從命。則其事亦不能無弊矣。漕運與第六節參看。

第三節 衣服

服飾之變遷，大抵隨乎風尚。抱朴子譏惑篇云：「喪亂以來，事物屢變。冠履衣服，袖袂裁制，日月改易，無復一定。乍長乍短，一廣一狹，忽高忽卑，或粗或細，所飾無常，以同爲快。其好事者，朝夕放效，所謂京輦貴大眉，遠方皆半額也。」此等風尚，蓋今古皆然。晉書五行志云：孫休後，衣服之制，上長下短。元帝大興中，又上短，帶纔至於腋。晉末皆冠之未陰雨，徹彼桑土，綢繆牖戶，此在今後，允宜懲前而毖後者也。

耕九餘三之制，昔人侈爲美談，然此特小國寡民，一切悉恃自給之世爲然耳，交通便則通工易事之範圍廣，與就一地方而調其豐歉，自不如合各地方而劑其盈虛矣。夫如是，則轉漕必不可免。其利害，亦有宜詳度者。魏顯祖因民貧富爲輸租三等九品之制：千里內納粟，千里外納米，上三品戶入京師，中三品入他州要倉，下三品入本州。（魏書食貨志。）北齊河清三年定令，墾租送臺，義租納郡。墾租皆依貧富爲三梟：上梟輸遠處，中梟輸次遠，下梟輸當州倉。租入臺者，五百里內輸粟，五百里外輸米，入州鎮者輸粟。（隋書食貨志。）此爲經常之制。魏孝文大和七年正月，詔青、齊、光、東徐四州之民，戶運倉粟二十萬石，送瑕丘、琅邪，復租算一年。此則臨時之措置。凡所以均漕轉之勞也。然此究不易均平，且其間極易叢弊。魏書李訢傳：訢爲大倉尚書，用范檦、陳端等計，令千里之外，戶別轉運，詣倉輸之，所在委滯，停延歲月，百姓競以貨賂各求在前，遠近大爲困弊。此其顯而易見者矣。韓麒麟言絹布之輸，於民爲利，蓋以此也。欲救此弊，則宜多置倉及於緊要之地置倉。齊神武遷鄴之後，於諸州緣河津濟，皆官倉貯積，以擬漕運。廢帝乾明中，尚書左丞蘇珍芝議修石鼈等屯，歲收數萬石，自是淮南軍防糧廩充足。孝昭皇建中，平州刺史稽曄建議，開幽州督亢舊陂，長城左右營屯，歲收稻粟數十萬石，北境得以周贍。又於河內置懷義等屯，以給河南之費，自是稍止轉輸之勞。則其事也。（隋書食貨志。）然終不易使各地方一皆豐足，而一有荒歉，則窮僻之地，仰轉輸以資接濟，爲尤難焉。北齊書李元忠傳：天平四年，元忠除光州刺史。時州境災儉，人皆菜色。元忠表求振貸，俟秋徵收。被報聽用萬石。元忠以爲萬石給所因，亦有不能自保者。晉書武帝紀：咸寧四年十月，揚州刺史應綽伐吳皖城，焚穀米百八十萬斛。據王渾傳，所焚又有稻苗四千餘頃。稻苗固難刈穫，積穀亦未易遷移，然獨不能自焚之乎？使佛貍南犯之時，是處堅壁淸野，其不能守、又不能移者，悉行焚蕩；虜馬雖健，能以飢軍縱橫於無人之地乎？固知焦土爲禦敵之上策矣。

晉書王羲之傳：羲之爲會稽內史，遺謝安書曰：「倉督監耗盜官米，動以萬計。吾謂誅翦一人，其後便斷，而時意不同。近檢校諸縣，無不皆爾。餘姚近十萬斛，重斂以資姦吏，令國用空乏，良可歎也。」周書裴俠傳：「俠遷民部中大夫。時有姦吏主守倉儲，積年隱沒至千萬者。及俠在官，厲精發擿，數旬之內，姦盜略盡。」倉儲之難於管理如此，故後世積穀，多改儲銀錢。其弊則在荒歉之際，無由易爲糧食。社倉之制，分穀諸社，令人民自行掌管，善矣，然民或不能自理，而至移之於縣，則其弊亦與官所設倉同。愚謂各地倉屋，宜悉由官造。商人之販易米穀者，皆不許自建倉屋，而責其必僦儲於官倉。官所造倉易於合式，米穀存儲，難於變壞，其善一也。可度遠近適中水陸利便之地造焉，平時既利轉輸，戰時亦易移徙，其善二也。商人之營米業者，儲穀於官倉若干，則官責其代管官穀若干，凡出陳易新，及嚴防耗壞之事，悉屬焉。此係以國權責成米商，不許辭避。存穀可分定期、不定期二種，一如銀行存款。需用提取，悉按定章。寇至，責其運至後路，費由官給。不能運者，亦即責其焚毀。民間亦可存穀與商人，一如存錢於銀行。如此，官民皆省管理之勞，而度年歲上下，外路來源多少，以定存穀之多少，悉由熟悉情形之商人爲之，其計畫必較徒事敷衍之官吏，不習其事之人民爲精。不須存留，即可運用。不虞空乏，又免死藏，寇至易於運走，否亦不至資敵，一舉而數善備焉。逮天熟之後，飢疲之民，亟待振起之際乎？於此而遏其流通，亦可謂不達於政矣。

張沖言青州鄰接戎寇，彌須沃實是也。然亦有宜慎者，兵戈之際，往往民食不足，而兵家之蓄有餘。晉書石勒載記：勒將圖王浚，引其舍人王子春問之，子春曰：「幽州自去歲大水，人不粒食，浚積粟百萬，不能贍恤，此亡期之至也。」浚傳：勒既執浚，責以百姓餒乏，積粟五十萬斛而不振給，則浚當時藏粟實多。然究何益哉？劉聰載記：劉曜攻郭默於懷城，收其米粟八十萬斛。宋書索虜傳：歷城建武府司馬申元吉破碻磝，獲虜地倉四十二所，粟五十餘萬斛，城內居民私儲，又二十萬斛。梁書夏侯亶傳：亶合韋放，出兵降城五十二，獲米二十萬石。弟夔出兵，凡獲粟六十萬斛。軍中奏報，固多夸大之辭，然必不能全虛，則緣邊要害之地，儲粟無不充實矣。梁武帝以雍州為邊鎮，運數州之粟以實之。見南史南平王偉傳。後周之世，以澧州糧儲之少，每令荊州遞送。周書郭彥傳。周書王罷傳：罷鎮華州，時關中大饑，徵稅民間穀食，以供軍費，或隱匿者，令遞相告，多被箠楚，以是人有逃散。蓋其取之之虐如此。然究何益哉？元嘉二十七年之役，宋書臧質傳謂虜初南出，後無資糧，惟以百姓為命，及過淮，食平越、石鼈二屯穀，至是，鈔掠無所，人馬飢困，聞盱眙有積粟，欲以為歸路之資，故悉力以攻之。魏書盧玄傳：玄孫淵，曹虎遣使請降，高祖使督前鋒諸軍，徑赴樊、鄧。及知虎降之詐，詔淵進取南陽。淵以兵少糧乏，赭陽近葉倉，表求先攻之，高祖許焉。慕容白曜傳言：白曜之陷肥城，獲粟三十萬斛；破垣苗，得粟十餘萬斛；由是軍糧充足。克東陽後，史又最其凡云：獲倉粟八十五萬斛，米三千斛。邢巒攻破宿豫、淮陽二戍，獲米四十餘萬石。侯景之圍臺城，亦食石頭常平倉。見第十三章第三節。凡此皆齎盜糧而已，即不為敵所失蓋微。陳積之穀，皆有巨萬。旱之所弊，實鍾貧民。溫富之家，各有財寶。謂此並宜助官，得過儉月，所損至輕，所濟甚重。今敢自廣，爲勸造之端。」又自序言：沈亮轉西曹主簿，時三吳水潦，穀貴民饑，刺史彭城王義康使立議以救民急。亮議以「東土災荒，民彫穀踊，富民蓄米，日成其價，宜班下所在，隱其虛實，令積蓄之家，聽留一年儲，餘皆勸使糶貨，爲制平價。此所謂常道行於百世，權宜用於一時也。」此皆凡民雖饑，富家自有藏粟之證。齊竟陵王子良爲丹陽尹，開私倉以振屬縣貧人。劉懷珍族弟善明，元嘉末，青州饑荒，人相食，善明家有積粟，躬食饘粥，開倉以救鄉里，多獲全濟，百姓呼其家田爲贖命田。可見富貴之家，倉儲亦自充足。此等人若能如徐耕之助官振貸，盧叔武之聽民貸借，見第十九章第五節。自爲最善。然能如是者卒少，而剝削貧民者實多。魏書世宗紀：延昌元年五月，詔天下有粟之家，供年之外，悉貸飢民。周書武帝紀：建德三年正月，詔以往歲年穀不登，民多乏絕，令公私道俗，凡有積貯粟麥者，皆准口聽留，以外盡糶。此即沈亮之議，以理論雖無可訾，然行之恐不易也。北齊書循吏傳：蘇瓊爲南清河太守。天保中，郡界大水。瓊普集郡中有粟之家，自從貸粟，給付飢者。此亦賢智之過，不能常行、徧行。無已，則仍惟有乞靈於通糴。故饑荒之歲，商販最宜使之流通。宋孝武帝大明八年正月，詔東境去歲不稔，遠近販粥米粟者，可停道中雜稅，其以仗自防者悉勿禁。即以此也。然遏糴者亦殊多。南史崔祖思傳：青州刺史張沖啓：淮北頻歲不熟，今秋始稔。此境鄰接戎寇，彌須沃實。乞權斷穀過淮南。南徐、兗、豫、司諸州，又各私斷穀米，不聽出境。自是江北荒儉，有流亡之弊。元祖祖思叔父景真之子。乃上書，謂宜豐儉均之。即其一事也。夫遏糴非徒有害於鄰境也，在本境亦爲穀賤傷農。平時行之猶不可，況頻歲不收檢後有出貸先盡貧窮徵責之科，一準舊格富有之家，不聽輒貸。脫仍冒濫，依法治罪。」又尚書令高肇奏言：「謹案故沙門統曇曜昔於永明元年奏涼州軍戶趙苟子等二百家爲僧祇戶，立課積粟，擬濟饑年。不限道俗，皆以振施。又依內律，僧祇戶不得別屬一寺。而都維那僧暹、僧頻等進違成旨，退乖內法，肆意任情，奏求逼召，致使吁嗟之怨盈於行道，棄子傷生，自縊溺死五十餘人。遂令此等行號巷哭，叫訴無所，至乃白羽貫耳，列訟宮闕。請聽苟子等還鄉課輸，儉之之年，周給貧寡，若有不虞，以擬邊捍。其暹等違旨背律，謬奏之愆，請付昭玄，依僧律推處。」詔曰：「暹等可特原之，餘如奏。」案志載曇曜元奏本謂儉歲振給飢民；高肇奏辭亦云不限道俗；而世宗詔謂山林僧尼，隨以給施民有窘敝，亦卽振之，則其振施似以僧尼爲主，竭民力以奉僧尼，已爲無理，況又强取民戶，規圖贏息，其弊至於不可究詰乎？而僧暹等猶見特原，亦可謂無政事矣。

世宗詔令出貸先盡貧窮，富有之家，不聽輒貸，是當時僧祇之粟，反有貸於富家者也。近世農民銀行之與富家或以微息貸之於行，而加重之以貸於民。主行事者，利富家易於徵償，又總貸之於數富家，而聽其轉貸貧民，則事簡；富家又或餌以微利，遂樂貸之於富家，今古之情弊正同也。詔又言或有私債，轉施償僧，此又民閒放債，徵責不得而借僧祇之力爲之索取者。參看第十九章第五節。自明僧人之舉動如此，可謂不法極矣。貨幣用微之世，實物之儲蓄恆多。凡物皆然，米穀尤甚。故在前世，不惟官家倉廩，較後世爲充實，卽民閒之存穀亦多。宋書孝義徐耕傳：元嘉二十一年，大旱，民飢，耕以千斛助官振貸。詣縣陳辭曰：「此郡雖弊，（耕晉陵延陵人。）猶有富室，承陂之家，處處而是，並皆保熟，所謂成制，蓋亦常平之類也。宋書沈曇慶傳云：時歲有水旱，曇慶議立常平倉，以救民急，大祖納其言而事不行。史臣謂「大明之末，積旱成災，口減過半，若常平之議，興於中年，或不至是，」可見其相需甚殷。然又謂「若籠以平價，則官苦民優，議屈當時，蓋由於此，」蓋主其事者未能計及遠利也。魏立常平倉事，在大和二十三年，見紀。常平之所患者，穀物之貿遷已盛，而公家之資本較微，不足以制其輕重。李彪之議，年豐糴積，時儉出糶，亦卽常平之意，而析州郡常調，分京都度支以爲之資，力較雄，此其所以能收公私豐贍之效歟？然則大和以後，資儲之充實，所恃者轉不在常平之司矣。北齊河清定令：諸州郡皆別置富人倉。初立之日，准所領中下戶口數，得支一年之糧。逐當州穀價賤時，斟量割當年義租充入。穀貴，下價糶之；賤則還用所糶之物，依價糴貯。周司倉掌辨九穀之物，以量國用。國用足，卽蓄其餘，以待凶荒；不足則止。餘用足，則以粟貸人，春頒之，秋斂之。皆見隋書食貨志。亦皆常平之意也。

魏書釋老志：沙門統曇曜奏：平齊戶及諸民，有能歲輸穀六十斛入僧曹者，卽爲僧祇戶，粟爲僧祇粟，至於儉歲，振給飢民。又請民犯重罪及官奴以爲佛圖戶，以供諸寺掃灑，歲兼營田輸粟。高宗並許之。於是僧祇戶粟及寺戶徧於州鎭矣。又云：世宗永平四年夏，詔曰：「僧祇之粟，本欲濟施，儉年出貸，豐則收入。山林僧尼，隨以給施。民有窘敝，亦卽振之。但主司冒利，規取贏息，及其徵責，不計水旱，或償利過本，或翻改券契，侵蠹貧下，莫知紀極。細民嗟毒，歲月滋深。自今已後，不得傳委維那都尉，可令刺史共加監括。尙書檢諸有僧祇穀之處，州別列其元數，出入贏息，振給多少，并貸償歲月，見在未收，上臺錄記。若收利過本，及翻改初券，依律免之，勿復徵責。或有私債，轉施償僧，卽以丐民，不聽後世爲充實。若在後世，則卽財政寬裕之時，京官亦不能皆給米粟也。

魏書韓麒麟傳：大和十一年，京都大饑，麒麟表陳時務曰：「往年校比戶貫，租賦輕少。臣所統齊州，租粟纔可給俸，略無入倉。雖於民爲利，而不可長久。脫有戎役，或遭天災，恐供給之方，無所取濟。可減絹布，增益穀租，年豐多積，歲儉出振。所謂私民之穀，寄積於官，官有宿積，則民無荒年矣。」又李彪傳：彪上封事七條，其三曰：「頃年山東飢，去歲京師儉，內外人庶，出入就豐，既廢營產，疲而乃達。若先多積穀，安而給之，豈有驅督老弱，餬口千里之外？臣以爲宜析州郡常調九分之二，京都度支歲用之餘，各立官司，年豐糴積於倉，時儉則加私之二，糶之於人。如此，民必力田以買官絹，又務貯財以取官粟。年登則常積，歲凶則直給。又別立農官，取州郡戶十分之一爲屯人，相水陸之宜，料頃畝之數，以臧贖雜物餘財，市牛科給，令其肆力。一夫之田，歲責六十斛，蠲其正課，幷征戍雜役。行此二事，數年之中，則穀積而人足，雖災不爲害。」彪之封事，據食貨志，事在大和十二年。志謂孝文覽而善之，尋施行焉，自此公私豐贍，雖時有水旱，不爲災。則魏當大和大饑以前，積貯之情形甚惡，自此以後，乃頗有更革。故至宣武延昌元、二、三年，復遭饑饉，頗能有所振施也。見紀。

倉儲雖云有備無患，然死藏其穀，不能生利，亦非計之得者。得輕重斂散之意者，莫如常平。故歷代論者，多主行之也。晉書武帝紀：咸寧三年九月，起大倉於城東，常平倉於東西市。杜預傳：謂預拜度支尚書，乃奏興常平倉，五十餘條，皆納焉。蓋卽此時事。劉頌傳：頌上疏言：「倉廩欲實，實在利農，利農在平糴。平糴已有成制，其未備者，可就周足。」

貿。未報，輒開倉救之。外戚王蘊傳：蘊補吳興大守。屬郡荒人饑，輒開倉贍恤。賴蘊全者十七八。此等事，具見地方貯備之豐。三吳固富庶之區，在輦轂之下，然桓玄乘殷仲堪振卹饑者倉廩空竭而伐之；又王長文傳言：大康中，蜀土荒饉，開倉振貸，長文居貧貸多，後無以償，郡縣切責，送長文到州，刺史徐幹捨之，長文不謝而去；則偏遠之區，振貸亦未遂成爲具文也。拓跋燾之南侵也，江夏王義恭次彭城，衆力雖多，而軍食不足。沈慶之、何勖，咸欲棄城逆奔，以張暢言而止。事見第八章第七節。宋書暢傳載暢之言曰：「今軍倉雖寡，朝夕猶未窘罄，量其欲盡，臨時更爲便宜。豈有舍萬安之術，而就危亡之道？」則其時倉穀實未大乏，慶之等自怯懦耳。傳又云：時大祖遣徐爰乘驛至彭城，取米穀定最。爰旣去，城內遣騎送之。燾聞知，卽遣數百騎急追。爰已過淮，僅得免。初爰去，城內聞虜遣追，慮爰見禽，失米最，虜知城內食少。義恭憂懼無計，猶欲奔走。會虜大衆至，乃不果。則當時城內之人，視其糧儲實已岌岌。然彭城初未奔潰。梁書庾域傳：長沙宣武王爲梁州，以爲錄事參軍，帶華陽大守。時魏軍攻圍南鄭。州有空倉數十所，域封題，指示將士云：「此中粟皆滿，足支二年，但努力堅守。」衆心以安。是當時梁州，粟亦空乏。然蕭懿堅守六十餘日，未曾失陷。見第十一章第三節。則雖空乏，亦未至於絕無。故能以空言安衆心也。宋書沈慶之傳：南新郡蠻帥田彥生反叛，攻圍郡城。慶之遣柳元景赴之。未至，郡已被破。焚燒城內倉儲及廨舍蕩盡。是凡有兵備之處，倉穀皆略有存儲。隋書食貨志言：南朝自侯景之亂，國用常褊。京官文武，月別惟得廩食，多遙帶一郡縣官而取其祿秩。此與晉書會稽王道子傳言其時軍旅洊興，國用虛竭，自司徒以下，日廩七升之事，可以參觀。見第十九章第一節。各種給賜皆絕，而米廩猶存，可見其倉儲實較齊民要術列茶於非中國物籍中又引荆州地記曰：浮陵茶最好。蓋其所謂中國，限於北方，故云爾。然亦可見是時北方尚未有茶也。又引博物志云：飲眞茶令人少眠，則其時已有僞物矣。

第二節 倉儲漕運糴糶

錢幣之用愈微，則實物之儲愈富，故古代倉廩，恆較後世爲充實。晉承喪亂之後，然趙王倫篡逆，三王起義，兵久屯不散，京師倉廩空虛。陳敏建議，謂南方米穀皆積數十年，將欲腐敗，而不漕運以濟中州，非所以救患周急。朝廷從之，轉漕頗有成效，可見南方儲穀之多。北方雖云喪亂，而離石大飢，劉淵遷於黎亭，以就邸閣穀，留其大尉劉宏、護軍馬景守離石，又使其大司農卜豫運糧以給之，則亦未至全乏也。晉遷江東，隋書食貨志云：「其倉京都有龍首倉，即石頭津倉也。臺城內倉，南塘倉，常平倉，東、西大倉，東宮所貯，總不過五十餘萬。在外有豫章倉，釣磯倉，錢唐倉，並是大貯備之處。自餘州郡臺傳，亦各有倉。」晉書五行志：海西公大和中，郗愔爲會稽大守，六月大旱，災火燒數千家，延及山陰倉米數百萬斛。虞潭傳：潭轉吳國內史，徙會稽，未幾，復還吳郡。是時軍荒之後（蘇峻亂後。）百姓饑饉，死亡塗地。潭乃表出倉米振救。陶回傳：回遷吳興大守，時人飢穀貴，三吳尤甚。詔欲聽相粥賣，以拯一時之急。回上疏，言不如開倉廩以振之。乃不待報，輒便開倉，及割府郡軍資數萬斛米，以救乏絕。由是一境獲全。既而下詔，并勅會稽、吳郡，依回振恤。二郡賴之。王義之傳：義之爲會稽內史，時東土饑荒，義之輒開倉振貸。良吏鄧攸傳：攸守吳郡，時郡中大饑。攸表振公、赤帝威神，西方白帝、土公、白帝威神，北方黑帝、土公、黑帝威神，中央黃帝、土公、黃帝威神。求使「出類絕蹤，穴蟲潛影，」則今釀酒者之迷信由來舊矣。晉書劉弘傳：弘爲荆州刺史，下敎曰「酒室中云齋中酒、聽事酒、猥酒，同用麴米，而優劣三品。投醪當與三軍同其薄厚，自今不得分別。」酒之優者蓋較厚，故其性亦較烈。齊民要術笨麴餅酒篇云：「穄米酎，先能飲好酒一斗者，惟禁得升半。飲三升大醉。三升不澆，大醉必死。凡人大醉，酩酊無知，身體壯熱如火者，作熱湯，以冷解，名曰生熟湯。湯令均小熱，得通人手，以澆醉人。湯淋處卽冷，不過數斛湯，囘轉翻覆，通頭面痛淋，須臾起坐。與人此酒，先問飲多少，裁量與之。若不語其法，口美不能自節，無不死矣。一斗酒，醉二十人。得者無不傳餉親知以爲恭。」黍米酎，「悉同穄酎法，芬香美釀，皆亦相似。釀此二醞，常宜謹慎，多喜殺人，以飲少，不言醉死，正疑藥殺。尤須節量，勿輕飲之。」觀此二醞，當時名酒，蓋多味厚性烈者，此亦酒禍之所由滋歟？

茗飲始見正史者，爲三國吳志韋曜傳，已見秦漢史第十七章第一節。困學紀聞言荼字有三義：誰謂荼苦，苦菜也。有女如荼，茅秀也。以薅荼蓼，陸草也。日知錄言荼字中唐始變作茶，同聲異韻之字，減一畫而化爲兩字，中華造字，舊有此法，實卽六書中之轉注也。齊民要術論茶，引爾雅「檟，苦荼。」郭璞注云「樹小似梔子，冬生葉，可煑作羹飲。今呼早采者爲荼，晚取者爲茗，一名荈，蜀人名之苦荼。」蓋茶味亦苦，故借苦菜之名以名之，久乃變其韻而析爲二語也。日知錄云：「王褒僮約云：武都買茶；張載登成都白菟樓詩云：芳茶冠六清；孫楚詩云：薑、桂、茶、荈出巴蜀；本草衍義：晉溫嶠上表貢茶千斤，茗三百斤；是知自秦人取蜀而後，始有茗飲之事。」據其說，茗飲蓋始於蜀，而浸淫於吳、楚。

南徐、南豫州、揚州之浙江西並禁酒。二十二年九月，開酒禁。齊書武帝紀：永明十一年五月，詔水旱成災，穀稼傷弊，京師二縣、朱方、姑熟，可權斷酒。魏書高宗紀：太安四年正月丙午朔，初設酒禁。刑罰志云：是時年穀屢登，士民多因酒致酗訟，或議王政，帝惡其若此，故一切禁之，釀、沽、飲皆斬之，吉凶親賓，則開禁，有日程。孝靜帝本紀：天平四年閏九月，禁京酤酒。元象元年四月，齊獻武王請開酒禁。北齊書武成帝紀：河清四年二月，以年穀不登，禁酤酒。後主紀：天統五年十一月，詔禁造酒。上洛王思宗傳言其子元海爲右僕射，說後主禁屠宰，斷酤酒，當卽此時事也。武平六年閏月，開酒禁。周書武帝紀：保定二年二月，以久不雨，京城三十里內禁酒。案歷代酒禁，史之所載，未必能具也。然抱朴子酒戒篇論當時禁酒情形云：「曩者飢年荒穀貴；人有醉者相殺；牧伯因此，輒有酒禁。嚴令重申，官司搜索。收責榜徇者相續，制鞭而死者大半。防之彌峻，犯者至多。至乃穴地而釀，油囊懷酒。民之好此，可謂篤矣。又臨民者雖設其法，而不能自斷斯物。緩己急人，雖令不從。沽賣之室，廢棄則困。遂修飾賂遺，依馮權右。所屬吏不敢問。無力者獨止，而有勢者擅市。張壚專利，乃更倍讎。從其酤買，公行靡憚。法輕利重，安能免乎哉？」以葛氏之言推之，歷代酒禁，恐皆利少弊多矣。魏書列女傳：樂部郎胡長命妻張氏，事姑王氏甚謹。大安中，京師禁酒。張以姑老且患，私爲醞之。爲有司所糾。王氏詣曹自告曰：「老病須酒，在家私釀，王所爲也。」張氏曰：「姑老抱患，張主家事，姑不知釀，其罪在張。」有司疑其罪，不知所處。平原王陸麗以狀奏，高宗義而赦之。法過嚴者不能行，勢非至於屈法縱舍不止，立之復何益哉？要之風俗之所由成，其道恆隱曲多端，斷非一切之法所能政也。

造酒之法，齊民要術第六十三至六十七篇詳之。中有祝麴文，啓五方、五土之神，東方青帝土公、青帝威神，南方赤帝土之糖爲蔗糖，恐失之矣。又齊大廟薦茗粣，通鑑注曰：「粣，類篇云：色責翻，糝也；又側革翻，粽也。南史虞悰作扁米粣，蓋卽今之饊子是也，可以供茶。」側革翻，似卽今蜜餞之餞字之音，但上入異耳。以之供茶，實今之稱點心爲茶食之本。女眞初興時，其所謂茶食者，固尚以蜜塗也。

貴人飲食雖侈，然居喪則能守禮者尙多。魏書房法壽傳：法壽族子景伯，母亡居喪，不食鹽菜，遂爲水病，積年不愈。周書孝義傳：皇甫遐母喪，食粥枕凷，遠近聞其至孝，競以米麪遺之，遐皆受而不食，以營佛齋，皆其事。幷有能持之以久者，如何子平，母喪去官，屬大明末東土飢荒，繼以師旅，八年不得營葬，日以數合米爲粥，不進鹽菜。楊愔遭離家難，常以喪禮自居，所食惟鹽菜，是也。甚有如甄恬，數歲喪父，哀戚有若成人，家人矜其小，以肉汁和飯飼之，不肯食者，梁書孝行傳。皆當時風氣使然也。

釀酒多用秫穀。晉書孔愉傳：愉從弟羣，性嗜酒，嘗與親友書曰：「今年田得七百石秫米，不足了麴蘖事。」又隱逸傳：陶潛爲彭澤令，在縣公田，悉令種秫穀，曰：「令吾常醉於酒足矣。」妻子固請種秔，乃使一頃五十畝種秫，五十畝種秔。是其事。釀酒耗穀頗多。魏正光後，國用不足，有司奏斷百官常給之酒，計一歲所省合米五萬三千五十四斛九升，糵穀六千九百六十斛，麪三十萬五百九十九斤。魏書食貨志。官給之酒，所耗如此，私釀所費之廣，不言可知。故歷代皆有酒禁，其法且有頗酷者。晉書孝武帝紀：大元八年十二月，開酒禁。安帝紀：隆安五年，是歲饑，禁酒。義熙三年三月，除酒禁。劉曜載記：曜制：季秋農事畢，乃聽飲酒。石勒載記：勒以百姓始復業，資儲未豐，重制禁釀，郊祀宗廟，皆以醴酒，行之數年，無復釀者。宋書文帝紀：元嘉二十一年正月，宋書武三王傳言：義恭愛寵異常，求須果食，日中無算，得未嘗啖，悉以乞與傍人。廬陵諸王，未嘗敢求，求亦不得。此內則所謂孺子食無時，俗語謂之雜食，亦曰零食，今又謂之閒食者也。此等物味甘者居多，其時中國似尙未有蔗，餳皆用米麥所製之餳及蜜。故顏竣上言：謂禁餳一月，息米近萬斛。武三王傳又言：廢帝挑取義恭眼睛，以蜜漬之，爲鬼目精。見第九章第三節。精，南史作粽，通鑑從之。胡三省注曰：「宋人以蜜漬物曰粽。廬循以益智粽遺武帝，即蜜漬益智也。」此即今之密餞也。齊民要術有餳餔篇，所用亦皆穀類。其非中國物篇有甘蔗，云：「雩都縣土壤肥沃，偏宜甘蔗，味及采色，餘縣所無。」則雩都附近，頗有甘蔗。然不云可製餳。又引異物志云：「甘蔗遠近皆有。交趾所產特醇好。斬而食之既甘，笮取汁如飴餳，名之曰糖，益復珍也。又煎而曝之，既凝而冰破，如塼，其食之入口消釋，時人謂之石蜜者也。」此即今之冰糖。然其物恐交、廣以外，未必有之。通鑑：陳文帝天嘉元年，周晉公護使李安寘毒於糖䭔，以弒世宗。注云：「䭔，丸餅也。江陵未敗時，梁將陸法和有道術，先具大䭔、薄餅，及江陵陷，梁人入魏，果見䭔餅，蓋北食也。今城市間元宵所賣焦䭔，即其物，但較小耳。糖出南方，煎蔗爲之，絕甘。」案齊明帝大官進御食裹蒸，帝十字畫之，曰：「可四片破之，餘充晚食。」已見第十章第四節。通鑑注云：「今之裹蒸，以餹和糯米，入香藥、松子、胡桃仁等，以竹籜裹而蒸之，大纔二指許，不勞四破也。」建武三年。以糖和糯米粉，入松子、胡桃仁，蒸食，今所謂嘉、湖細點中猶有之，吾鄉呼爲玉帶糕，但無香藥，不以竹籜裹之耳，此古裹蒸之變也。蓋米麥餹所製之物，不宜冷食，故齊明帝時之裹蒸，於朝食時進之，今人改用蔗糖，則以爲無時之食矣。此說若不誤，則南方尙用米麥所製之餹，北方安得有蔗糖？胡注釋糖䭔此指朝廷，我無此事。昔之牲牢，久不宰殺，朝中會同，菜蔬而已。意粗得奢約之節。若復減此，必有蟋蟀之譏。若以為功德事者，皆是園中之所產育。功德之事亦無多費，變一瓜為數十種，食一菜為數十味。不變瓜菜，亦無多種，以變故多，何損於事？」夫能變一瓜為數十種，食一菜為數十味，其烹飪之方必極精。梁武欲自鳴其儉，而不知適以自暴其侈也。魏書胡叟傳言：高閭曾造其家，值叟短褐曳柴，從田歸舍，為閭設濁酒蔬食，皆手自辦集。其館宇卑陋，園疇褊局，而飯菜精潔，醯醬調美。叟亦飲食之人也。飲食之侈儉，豈繫乎肉食疏食哉？齊書劉瓛傳：瓛弟璡，建元初為武陵王曄冠軍征虜參軍。曄與僚佐飲，自割鵝炙。璡曰：「應刃落俎，膳夫之事，殿下親執鸞刀，下官未敢安席。」因起請退。梁書循吏傳：孫謙從子廉，便辟巧宦。貴要每食，必日進滋旨，皆手自煎調，不辭勤劇。遂得為列卿、御史中丞、晉陵、吳興大守。魏書毛脩之傳：脩之能為南人飲食，手自煎調，多所適意。世祖親待之，常在大官，主進御膳。此乃左右便嬖之職。朱脩之欲襲誅佛狸，以告脩之，而脩之不聽，佛狸遂得漏網。見第八章第六節。飲食之人為人所賤，又何怪乎？

外國食法，亦有流傳中國者。齊民要術笨麴餅酒篇載博物志胡椒酒法：以好春酒五升，乾薑一兩，胡椒七十枚，皆擣末，好美安石榴五枚，押取汁，內著酒中。云此胡人所謂蓽撥酒也。其作和酒法，用蓽撥六枚。蒸缹法篇載胡炮法，亦用蓽撥，則蓽撥酒胡人必以蓽撥製之，中國乃改用薑、椒、安石榴等耳。然胡椒、安石榴，亦異域物也。此外作酢篇有外國苦酒法，飧飯篇有胡飯法。晉書五行志：泰始之後，中國相尚用胡牀、貊槃，及為羌煮、貊炙。貴人富室，必畜其器，吉享嘉會，皆以為先。則外國食法，流傳中國者多矣。

北諸軍將之鎭，文帝使武帝、齊王攸辭送數十里，曾盛爲賓主，備大牢之饌，侍從吏騶，莫不醉飽，是也。盧叔武以粟飧、菜片脯食魏收所將僕從，亦盡設食一與此同，斯爲美已。宋書武三王傳云：高祖性儉約，諸子食不過五醆盤。齊書宣孝陳皇后傳言：后大祖之母。大祖雖從宦，而家業本貧，爲建康令時，高宗等冬月猶無縑纊，而奉膳甚厚。后每撤去兼肉，曰：「於我過足矣。」其實口腹之欲，亦不過如是而已。「積果如山岳，列肴同綺繡，未及下堂，已同臭腐，」賀琛之言，見第十二章第五節。果何爲哉？

烹飪之法，貴家婦女蓋頗習之。魏書崔浩傳：浩著食經，敍曰：「予自少及長，耳目聞見，諸母諸姑所修婦功，無不蘊習酒食。朝夕養舅姑，四時祭祀，雖有功力，不任僮使，嘗手自親焉。昔遭喪亂，饑饉薦臻，饘蔬餬口，不能具其物，十餘年間，不復備設。先妣慮久廢忘，後生無知見，而少不習業書，乃占授爲九篇。」此蓋所以供賓祭、奉養，至侈於飲食者，則別有其相傳之方。晉書何曾傳言其廚膳滋味，過於王者。每燕見，不食大官所設，帝輒命取其食。子劭，食必盡四方珍異，時論以爲大官御膳，無以加之。而齊書虞悰傳云：悰善爲滋味，和齊皆有方法。豫章王嶷盛饌享賓，謂悰曰：「今日肴羞，寧有所遺不？」悰曰：「恨無黃頷臛，何曾食疏所載也。」足見曾之廚膳，爲大官所不及，非偶然矣。北齊書崔㥄傳：子瞻在御史臺，恆宅中送食，別室獨飧，蓋亦曾之類也。虞悰傳又云：世祖幸芳林園，就悰求扁米粣，悰獻粣及雜肴數十轝，大官鼎味不及也。上就悰求諸飲食方，悰祕不肯出。上醉後體不快，悰乃獻醒酒鯖酢一方而已。孟子曰：「飲食之人，則人賤之矣，」食方是祕，不亦賤丈夫矣乎？賀琛諫書奏，高祖大怒，召主書於前，口授敕責琛，曰：「若以盛夏人料倉米二升，不給鹽菜，已見第十九章第一節。則有并鹽菜而不能具者。案古人言疏食食之主，又言疏食菜羹，蓋羹爲食之所必備，餘肴則爲增設。魏書石虎傳言：石宣殺石韜後，虎以鐵鐶穿宣頷而鏁之，作數斗木槽，和以羹飯，以猪、狗法食之，猶是以羹飯爲食之主。常食鹽菜者，菜蓋以之作羹也。又有以之爲菹者，齊書虞悰之傳言：悰之清貧自業，食惟有韭菹、瀹韭、生韭、雜菜是也。趙平老人之餽孟信也，信和顏接引，殷勤勞問。乃自出酒，以鐵鐺溫之，素木盤盛蕪菁菹，惟此而已。又以一鐺借老人，但執一杯，各自斟酌，申酬酢之意。謂老人曰：「吾至郡來，無人以一物見遺，今卿獨有此餉；且食菜已久，欲爲卿受一豘髆耳。酒既自有，不能相費。」老人大悅，再拜擘豘進之。酒盡方別。肉食者鄙，與民並耕而食，饔飧而治，不亦清明在躬，不爲口腹所累乎？

葱韭等物，仍爲時人所嗜，豉亦爲調和之資。故惠皇失御，宮人以燥蒜、鹽豉進；郤詵亦事種蒜也。梁書呂僧珍傳：爲南兗州刺史，平心率下，不私親戚。從父兄子宏，以販葱爲業。僧珍至，乃棄業，欲求州官。僧珍曰：「吾荷國厚恩，無以報效，汝等自有常分，豈可妄求叨越？但當速反葱肆耳。」可見嗜之者多，故能以販粥爲業也。

宴客之侈，讀第十九章第二節，可見其略。北齊書元孝友傳：孝友當魏末，上言：「夫婦之始，王化所先，共食合瓢，足以成禮。而今之富者彌奢，同牢之設，甚於祭槃。累魚成山，山有林木，林木之上，鸞鳳斯存。徒有煩勞，終成委棄。」觀是言，亦可想見祭槃之侈。孔琳之論宴會之侈曰：「所甘不過一味，而陳必方丈，適口之外，皆爲悅目之資。」飾祭槃以悅生人之目，不亦厚誣其祖乎？又當時宴客者，必并其從者而亦宴之，其所費亦不貲。如晉書何曾傳言：曾都督河特異之俗矣。劉毅在京口，與鄉曲士大夫往東堂共射，庾悅爲司徒左長史，暫至京，亦要府州僚佐，共出東堂。悅廚饌甚盛，不以及毅。毅遣與相聞曰：「身今年未得子鵝，齊民要術養鵝鴨篇云：供廚者鵝百日以外，子鴨六七十日佳，過此肉硬。豈能以殘炙見惠。」而齊大廟所薦有鴨臛、鴨卵。陳武帝之禦齊寇，陳蒨遣送米三千石，鴨千頭。見第十三章第五節。並南人多食鵝鴨之證。齊書武陵王曅傳云：尚書令王儉詣曅，曅留設食，柈中菘菜、鮑魚而已。梁書良吏何遠傳云：江、浙多水族，甚賤。遠每食不過乾魚數片。南史孔休源傳云：休源初到都，寓於宗人少府孔登。曾以祠事入廟，侍中范雲一與相遇，深加褒賞。後雲命駕到少府，登便拂筵整帶，謂當詣之。備水陸之品。雲駐筯，命休源。及至，命取其常膳，止有赤倉米飯、蒸鮑魚。雲食休源食，不舉主人之饌。高談盡日，同載還家。登深以爲愧。沈衆監起大極殿，攜乾魚、菜飯，獨噉之，已見第十九章第二節。齊書孝義樂頤傳：吏部郎庾杲之常往候，頤爲設食，枯魚、菜菹而已。杲之曰：「我不能食此。」母聞之，自出常膳魚羹數種。杲之曰：「卿過於茅季偉，我非郭林宗。」蓋魚爲儉者之食，而乾魚則爲尤儉，以魚不勞飼養，乾魚又可於閑時取之，不費人力也。

常食以鹽菜爲主。魏書高允傳：言高宗幸允第，廚中惟鹽菜；周書裴俠傳：言俠所食，惟菽麥、鹽菜是也。晉書皇甫謐傳：城陽大守梁柳，謐之姑子也。當之官，人勸謐餞之。謐曰：「柳爲布衣時過吾，吾送迎不出門，食不過鹽菜。貧者不以酒肉爲禮。今作郡而送之，是貴城陽大守而賤梁柳，豈中古人之道？是非吾心所安也。」是貧家飯客，亦不過鹽菜也。宋書孝義傳：郭原平傭賃以給供養。主人設食，原平自以家貧，父母不辨肴味，惟飧鹽飯而已。庫狄伏連家口百餘，溫。因問溫曰：「公至醉可飲幾酒？食肉多少？」溫曰：「年大來飲三升便醉，白肉不過十臠。卿復云何？」納曰：「素不能飲，止可二升。肉亦不足言。」後伺溫閒，謂之曰：「外有微禮，方守遠郡，欲與公一醉，以展下情。」溫欣然納之。時王坦之、刁彝在坐。及受禮，惟酒一斗，鹿肉一柈。坐客愕然。納徐曰：「明公近云飲酒三升，納止可二升，今有一斗，以備杯酌。餘瀝溫及賓客。」並歎其率素。更敕中廚設精饌，酣飲極懽而罷。案北齊書盧叔武傳言：魏收曾來詣之，訪以洛京舊事，不待食而起，云「難爲子費」。叔武留之，良久食至，但有粟飧、葵菜、木椀盛之，片脯而已。則陸納所餽，已不爲菲，桓溫更敕中廚設精饌，則已侈矣。肉食者北方多有牛羊，南方頗饒鵝鴨，而雞、彘及魚，仍爲常食。何以知之？北齊書元暉業傳云：暉業以時運漸謝，不復圖全，惟事飲啗，一日一羊，三日一犢。此固信陵君醇酒、婦人之意，然亦可見北人之習食牛羊。南方則食牛有禁。南史王僧孺傳云：出爲南海大守。南海俗殺牛，曾無限忌。僧孺至便禁斷。梁書傅昭傳：子婦嘗得家餉牛肉，以進昭，昭召其子曰：「食之則犯法，告之則不可。」取而埋之。是其證。晉書虞預傳：咸和初，夏旱，詔衆官各陳致雨之意。預議曰：「老牛不犧，禮有常制，而自頃衆官，拜授祖贈，轉相夸尚，屠殺牛犢，動有十數。」乃犯法之事也。食羊亦罕見記載。晉惠帝之次獲嘉，有老父獻蒸雞。亦見本紀。郤詵母亡，無馬輿柩，養雞、種蒜以致之，已見第二十章第一節。苻堅遁還淮北，或進壺飧、豚髀。北史良吏傳：孟信爲趙平大守，山中老人以豘酒餽之。並民間以雞豚爲常食之證。間取野味，如陸納以鹿肉餉桓溫，蓋亦非常食。河北舊制，有漁獵夫三十人，以供郡守。裴俠曰：「以口腹役人，吾不爲也。」乃悉罷之。蓋非之也。隋書地理志言：梁州人多事佃漁，雖蓬室柴門，食必兼肉，見第十七章第一節。蓋椹爲食者也。又羊敦傳言：敦雅性淸儉，轉廣平大守，屬歲饑饉，家餽未至，使人外尋陂澤，采藕根而食之。遇有疾苦，家人解衣質米以供之。周書李遷哲傳：大祖令遷哲留鎭白帝，信州先無倉儲，軍糧匱乏，遷哲乃收葛根造粉，兼米以給之，遷哲亦自取供食。此並空乏之時，仰給疏食者也。齊民要術非中國物篇引吳錄云：交趾有欀木，其皮中有如白米屑者，乾擣之，以水淋之，似麪，可作餅。又引蜀志云：莎樹出麪，一樹出一石，正白而味似桄榔。出興古。又引劉欣期交州記曰：都句樹似栟櫚，木中出屑如麪，可啖。賈氏此篇自言聊存名目，記其怪異，其所引據，不皆可信，然可信者亦多。桄榔可食，見後漢書夜郎傳，說非虛誣。欀、莎、都句，蓋亦其類。此啓闢較遲之地，本仰給於疏食者也。第二十章第一節可以參觀。

古惟貴者老者肉食，晉、南北朝之世，猶有其遺風。魏書高宗紀：大安元年，遣尙書穆伏眞等三十人巡行州郡，觀察風俗，詔云：「入其境，耆老飯蔬食，少壯無衣褐，則聚斂煩數，匱於財也。」雖循舊文立說，然觀楊椿械子孫，謂「我家入魏之始，卽爲上客，給田宅，賜奴婢、馬、牛、羊，遂成富室。自爾至今二十年，二千石、方伯不絕，祿恤甚多，親姻知故吉凶之際，必厚加贈襚；來往賓寮，必以酒肉飲食。是故親姻朋友無憾焉。」則雖富厚之家，平時亦不必皆肉食矣。魏末減百官及諸蕃客廩食及肉，已見第二十章第三節。據所紀，終歲省肉百五十九萬九千八百五十六斤，米五萬三千九百三十二石。則給米一石者，給肉三十斤弱，卽升米得肉五兩弱。魏、齊斗稱，於古二而爲一，見第十九章第一節。假令人日食二升半，則得肉十一兩餘，此已非常人之食矣。晉書陸曄傳：曄弟子納，出爲吳興大守，將之郡，先至姑熟辭桓時四方壅隔，糧運不繼，三軍取給，惟在都下故也。詳見第十三章第五節。然徐孝嗣論屯田，謂菽麥爲北土所宜，彼人便之，不減粳稻，詳見第二十章第一節。則其利民初無以異矣。北人食麥，率多以之作餅。晉書何曾傳：蒸餅上不拆作十字不食。周書王羆傳：羆性儉率，不事邊幅。嘗有臺使，羆爲其設食。使乃裂其薄餅緣。羆曰：「耕種收穫，其功已深；舂簸造成，用力不少。乃爾選擇，當是未飢。」命左右撤去之。使者愕然大慚。北史胡叟傳：不事產業，常苦飢貧，然不以爲恥。養子字螟蛉，以自給養。每至貴勝門，恆乘一牸牛，敝韋袴褶而已。作布囊，容三四斛，飲噉醉飽，盛餘肉餅，以付螟蛉。皆其徵也。南史后妃傳：永明九年，詔大廟四時祭，宣皇帝薦起麵餅、鴨臛；孝皇后薦筍、鴨卵、脯醬、炙白肉；高皇帝薦肉膾、葅羹；昭皇后薦茗、粣、炙魚，並生平所嗜也。」通鑑胡三省注云：「起麵餅，今北人能爲之。其麵浮軟，以卷肉噉之，亦謂之卷餅。案此即今山東薄餅。其實今江南人所爲尤較山東爲薄而浮軟也。程大昌曰：起麵餅，入教麪中，令鬆鬆然也。教，俗書作酵。」蓋因多食麪，故發明此法。然觀胡氏之言，則其時南人猶未知作教也。

蔬食之事，乏之之時，偏僻之地，亦閒有之。魏書崔逞傳云：大祖攻中山，未克，六軍乏糧，民多匿穀。問羣臣以取粟方略。逞曰：「取椹可以助糧。故飛鴞食椹而改音，詩稱其事。」大祖雖嫌其侮慢，然兵既須食，乃聽以椹當租。逞又曰：「可使軍人及時自取，過時則落盡。」大祖怒曰：「內賊未平，兵人安可解甲仗入林野乎？」以中山未拔，故不加罪。後乃以答晉襄陽戍將書事殺之。事見第十一章第二節。案飛鴞食椹，道武知爲何語？逞安得引此以對？蓋其意，不欲廣斂穀以擾民，并不欲其勞民以取椹，道武以是憾之耳。然在當時，卒不得不聽民以椹當租，可見穀必乏，民必有以

第二十一章　晉南北朝人民生活

第一節　飲食

晉、南北朝之世，稍見南北食性之殊。大抵南多食稻，北多食菽麥等。然北方之人，亦未嘗不以稻米爲貴。晉書惠帝紀：王浚遣烏丸騎攻成都王穎於鄴，穎與帝單車走洛陽。服御分散，倉卒上下無齎，侍中黃門被囊中齎私錢三千，詔貸用。所在買飯，以供宮人止食於道中宦舍。宮人有持升餘秔米飯及燥蒜、鹽豉以進帝，帝噉之。次獲嘉，市麄米飯，盛以瓦盆，帝噉兩盂。宋書孝義傳：何子平，事母至孝。揚州辟從事史，月俸得白米，輒貨市粟麥。人或問曰：「所利無幾，何足爲煩？」子平曰：「尊老在東，子平世居會稽。不辨常得生米，何心獨享白粲？」南史徐孝克傳：陳亡，隨例入長安。家道壁立，所生母患，欲粳米爲粥，不能常辦。母亡後，孝克遂常噉麥。有遺粳米者，孝克對而悲泣，終身不復食焉。魏書安同傳：同長子屈，大宗時典大倉事，盜官粳米數石，欲以養親。同大怒，奏求戮屈，自劾不能訓子，請罪。大宗嘉而恕之，遂詔長給同粳米。又盧玄傳：曾孫義僖，性淸儉，不營財利。雖居顯位，每至困乏，麥飯蔬食，忻然甘之。周書裴俠傳：除河北郡守，躬履儉素，愛民如子，所食惟菽麥、鹽菜而已。又劉璠傳：左遷同和郡守，前後郡守多經營以致貲產，惟璠秋豪無所取。妻子並隨羌俗，食麥衣皮，始終不改。並當時南北皆貴稻米之徵。齊師之來寇，孔奐多營麥飯，以餉戰士，蓋以其者，又不少矣。阿伏至羅之立，魏以金銀寶器奉之。見北史節義朱長生傳。按朱長生，高車傳作可足渾長生。彌俄突之立，以金方一、銀方一、金杖二爲獻，後又遣使獻金銀。北夷之知寶金銀如此，謂非與西域交往致然，其誰信之？西域之金銀，倘能至北夷，豈況中國？故曰：中國與西域、南海通，不徒金銀不致耗損，且必有所增益也。

金寶頗多。齊書東南夷傳論，謂其商舶遠至委輸南州，故交、廣富實，物積王府，見第十六章第五節。則其自貢獻、市易而來者，又不少也。陳書周文育傳：文育與王勱俱下，至大庾嶺，宿逆旅，有賈人求與文育博，文育勝之，得銀二千兩，此交、廣以金銀爲貨之明徵。抑尚不止此。顏悛在蜀作金浴盆，鄧元起在蜀，亦致崇於聚斂，史有稱其以金玉珍帛爲內藏之誣辭。皆見第十九章第二節。蜀中財自何來？觀武陵王紀之富，由於南開寧州、越巂，西通資陵、吐谷渾，見第十三章第四節。而知其所由然矣。魏曹安表求擊拾寅，曰：「拾寅今保白蘭，多金銀牛馬，擊之可以大獲。」見第十六章第七節。吐渾安有金銀，而況白蘭？非來自西域而何自乎？蜀漢先主之入成都也，取城中金銀，以賜將士，其時賞諸葛亮、法正、關羽、張飛者，即各金五百斤，銀千斤。見秦漢史第十六章第四節。銅之乏，至於取帳鉤以鑄錢，而金銀之饒如是，何歟？南史齊高帝諸子傳：始興簡王鑑爲益州刺史，於州園得古冢，無復棺，但有石槨，珍寶甚多，金銀爲蠶蛇形者數斗，則蜀之多金銀舊矣。果自何來哉？觀秦漢史言自蜀至印緬之路之夙通，第九章第四、第六節。而其所由來，可以想見也。魏書食貨志云：自魏德既廣，西域、東夷，貢其珍物，充於王府。又云：和平二年秋，詔中尙方作黃金合盤十二具，徑二尺二寸，鏤以白銀，鈿以玫瑰。其銘曰：九州致貢，殊域來賓，乃作茲器，錯用具珍。則魏之金銀，得自貢獻者不少。句麗貢金於虜，見第十六章第一節。又邢巒傳：巒於世宗初奏言：「先皇深觀古今，去諸奢侈，輕賤珠璣，示其無設，府藏之金，裁給而已，更不買積，以費國貲。逮景明之初，承升平之業，四疆清晏，遠邇來同，於是蕃貢繼路，商賈交入，諸所獻貿，倍多於前，雖加以節約，猶歲損萬計。珍貨常有餘，國用恆不足。若不裁其分限，便恐無以支歲。自今非爲要須者，請皆不受。」世宗從之。則其買自賈人大秦傳云：以金銀爲錢，銀錢十，當金錢之一。北史波斯傳，謂其賦稅準地輸銀錢。高昌傳云：賦稅計田輸銀錢，無者輸麻布。則銀錢自西海至高昌，皆極通用，故能流入河西。周書李賢傳：賢爲瓜州刺史，高祖西巡，使往瓜州，賜以銀錢一萬，蓋卽因其通用而賜之。北齊書王昕傳言：魏汝南王悅辟爲騎兵參軍。悅數散錢於地，令諸佐爭拾之，昕獨不拾。悅又散銀錢以目昕，昕乃取其一。蓋亦自西域而來，可見其流衍之遠。然尙不止此。晉書地理志曰：南郡象林縣云：自此南有四國，貢金爲稅。所謂四國，蓋指日南所屬盧容、朱吾、西卷、比景而言。其俗至蠻野，何來黃金？而扶南傳亦言其以金、銀、珠、香爲貢賦。此外海南諸國，史記其產金銀，以金銀爲器飾，來獻其金銀若金銀器物者甚多。其開化之程度，似未能至是。案晉書大秦傳又言：其鄰國使到，輒廩以金錢。蓋凡商旅所通之地，皆可持金銀以通市易，故雖蠻野之國，亦知寶之，能用之，寖假且能取之於地矣。南史呂僧珍傳言：僧珍生子，宋季雅往賀，署函曰錢一千。閽人少之，弗爲通。强之乃進。僧珍疑其故，親自發，乃銀錢也。河西金銀之錢，流衍至南方非易，季雅曾爲南康郡，此銀錢儻自交、廣來歟？此說如不繆，則隋志謂梁時交、廣之域全以金銀爲貨，亦未必皆生金銀矣。李萬周之殺袁曇遠也，見第九章第四節。交州刺史檀逸被代，還至廣州，資貨巨萬。萬周誣以爲逆，襲而殺之，遂劫掠公私銀帛，籍袁、檀珍貨，悉以自入。梁書止足傳：陶季直祖愍祖，宋廣州刺史。季直早慧。愍祖甚愛異之，嘗以四函銀列置於前，令諸孫各取。季直時甫四歲，獨不取。陳書歐陽頠傳：交州刺史袁曇緩密以金五百兩寄頠，令以百兩還合浦太守龔蔿，四百兩付兒智矩。此等皆交、廣金銀之入中國者。宋文帝之征林邑，史云因其所貢陋薄，見第十六章第三節。蓋未嘗無利之之心？故檀和之之克捷，所取校鞍，珠玉，金銀，錯刻雕飾無用之物。宋武帝永初二年正月，斷金銀塗。齊東昏侯永泰元年十一月，尚書令徐孝嗣議：王侯貴人昏連晉以眞銀卮蓋出近俗。今除金銀連鏁，餘新器悉用埏陶。陳世祖天嘉元年八月，詔雕鏤淫飾，非兵器及國容所須，金銀珠玉衣服雜玩，悉皆禁斷。後主大建十四年四月，詔禁鏤金銀薄。魏高陽王雍領司州牧，請王公以下賤妾，悉不聽用織成、錦繡，金玉、珠璣，奴婢並不得以金銀爲釵帶。此等法令，幾於無代不有，然觀法令之陳陳相因，即可知其久成具文矣。民間相與慕效，而金銀之流散者遂多。豪富之家，至緩急之際，乃亦藉之以爲用，而其用愈溥矣。穀帛爲幣，耗損殊多，且病滯重；銅錢不易周用，亦非把握可藏；以金銀濟其窮，以錢幣演進之理言之，自亦未爲非計。然則金銀之流衍民間，實化無用爲有用也。論者或反致慨於公家所藏之少，實爲不達此義矣。

日知錄黃金條引宋太宗問杜鎬曰：「兩漢賜與，多用黃金，後代遂爲難得之貨，何也？」答曰：「當時佛事未興，故金價甚賤。」此本漫然之語，而亭林引三國吳志劉繇傳：笮融大起浮圖祠，以銅爲人，黃金塗身，衣以錦采；魏書釋老志：天安中，於天宮寺造釋迦立像，高四十三尺，用赤金十萬斤，黃金六百斤；謂鎬之言頗爲不妄。廿二史札記承其說，謂後世黃金日少，金價亦日貴，蓋由中土產金之地，已發掘淨盡，而自佛教入中國後，塑像塗金，大而通都大邑，小而窮鄉僻壤，無不有佛寺，即無不用金塗，以天下計之，無慮幾千萬萬；加以風俗侈靡，泥金寫金，帖金作榜，積少成多，日消月耗。漢多黃金條。夫金銀爲貴重之物，用後仍可還元，亭林引草木子，謂金一爲箔，無復還元；甌北述故老言，謂塗金、泥金，不復還本；皆非是。不能遂目爲消失。抑且侫佛如魏獻文，可謂甚矣，而所耗亦不過六百斤，此於中國，奚翅九牛一毛？故謂黃金以佛入中國而耗損者，必非其實也。抑且中國之金，不徒不因與西域、南海通而有所耗損也，且必因此而增多。晉書曲宴銀器，固爲非禮，元日上壽，又何以必用銀酒鎗邪？宋明帝將殺吳喜，召入內殿，賜以名饌，並金銀御器，則金銀之器，又不徒宮禁中用之矣。然此尚非其至侈者。齊武帝至劉悛宅，晝臥覺，悛自奉金澡罐受四升水以沃盥，因以與帝，則眞駭人聽聞矣。然一時君若臣以金銀器物賞賜、貢獻、饋遺者殊多。如齊高帝送金釵二十枚與周盤龍愛妾杜氏，武帝以金鏤柄銀柱琵琶賜褚淵，王敬則以金鉿餉周奉叔是也。索虜不知禮義，故其奢侈尤甚。元嘉二十七年之役，劉參之等襲汝陽虜營，營內食具，皆是金銀，事見宋書索虜傳。戰時如此，平時可知，遼西公意烈之曾孫庫汗，嘗從大武北巡，有兔起乘輿前，命射之，應弦而斃，大武悅，賜一金兔，以旌其能，此似偶然之事。然孝武在洛，以銀酒卮容二升許，懸於百步外，命善射者十餘人共射，中者即以賜之；西魏文帝在天游園，亦以金卮置侯上，命公卿射：事見北史魏諸宗室、周書宇文貴傳。造次顛沛之閒，而猶如此，則其以金銀器充賞，亦習爲故常矣。臣下之藏金銀器飾者：黃儀母吳，以金釧賂蔡樽妾，見第十八章第四節。梁廬陵王續臨終，上金銀器千餘件。徐君蒨侍妾數十，服玩悉以金銀。魚弘侍妾百餘人，不勝金翠。有眠牀一張，通用銀鏤金花壽福兩重爲飾。陶侃宴陽斐，賓客三百餘人，器皆金玉雜寶，見第十二章第五節。阮孝緒七歲，出繼從伯胤之，胤之母周氏卒，遺財百餘萬，孝緒一無所納，乳人輒竊玉羊、金獸與之；見第十七章第二節，皆可見其所藏器飾之多。其北方：則周大祖破侯莫陳悅，左右竊其銀鏤甕。周武帝克晉州，使招北齊行臺右僕射傅伏，以金、馬瑙二酒鍾爲信，伏不受；後降，又以金酒卮賜之。可朱渾元歸齊，齊高祖使持金環一枚以賜。後主亦以金銀酒鍾各一賜慕容儼。其甚者：畢義雲私藏工匠，家有十餘機織錦，幷造金銀物，因被禁止。楊鈞造銀食器十具，以餉元乂，見北史楊昱傳。以孫騰、逢妟武之功名，而騰盜府藏銀器爲家物，武爲大司馬，庫有萬釘金帶，因入庫取之以歸，幾於廉恥掃地矣。

此等事本有禁令，然大抵成爲具文。宋書禮志言：諸在官品令第二品以上者，其非禁物，皆得服之，而純金銀器，列爲禁物之一。第六品以下，加不得服金鐶綾錦，金釵、鐶、珥，及以金校飾器物，張絳帳。士卒百工，加不得以銀飾器物，張帳。奴婢、衣食客，加不得服金黃銀釵、鐶、鈴、鑷、鉺。諸王皆不得私作禁物，及罽碧剔取宮內金銀器物以充用。侯景之難，羊侃副宣城王都督城內諸軍事，詔送金五千兩，銀萬兩，絹萬匹，以賜戰士。時有一小兒請以飛鷄傳致消息，乃作數千丈繩綴紙鷄於繩端，縛書其背，又題鷄口：若有得鷄送援軍者賞銀百兩。（梁書島夷傳）陳高祖討王僧辯，密具袍數千領，及采帛、金銀，以爲賞賜之具。淳于量、吳明徹等討華皎，募軍中小艦，多賞金銀，令先出當賊大艦，受其拍。周羅㬋平山賊，宣帝賜之金銀二千兩。叔陵作亂，呼其甲士，散金銀以賞賜。賀若弼進鍾山，後主多出金帛賦諸軍，以充賞賜。及戰，弼躬當魯廣達，蹔而復振。而陳兵得人頭，皆走後主，求賞金銀。弼更趣孔範，範兵勢交便敗走，陳軍遂潰。任忠馳入臺見後主，後主與之金兩縢，曰：「爲我南岸募人，猶可一戰。」周武帝伐齊，齊王憲上金寶一十六件，以助軍資。及入并州，出齊宮中金銀班賜將士。皆戰時用金銀賞賜之事也。徐陵之遷吏部尚書也，冒進求官者諠競不已，陵乃爲書宣示曰：「永定之時，聖朝草創，白銀難得，黃札易營，權以官階代於錢絹。」可見賞賜本以錢絹爲主，不得已乃代之以金銀，又不得已乃代之以官階矣。此等賞賜，必不能用鋌餅，必皆用金釵及器物等以充之，其物既小，分賦又多，其不能以斤計而以兩計，亦勢使然也。而民閒之使用金銀視此矣。金銀本無用之物，貴族之寶之，大抵皆用爲裝飾。裝飾有爲禮制所許者，如晉之五路皆飾以金，又漢自天子至百官，無不佩劍，其後惟朝帶劍，至晉乃代之以木，貴者用玉首，賤者則以蚌、金銀、玳瑁爲雕飾是也，見晉書輿服志。齊書輿服志云：袞衣漢世出陳留襄邑所織，宋末用繡及織成，明帝以織成重，乃采畫爲之，加飾金銀薄，蓋反以爲儉矣。然非禮之用實多，齊書蕭穎胄傳：高宗慕儉約，欲壞太官元日上壽銀酒鎗，尚書令王晏等咸稱盛德。穎胄曰：「朝廷盛禮，莫過三元，此一器既是舊物，未足爲侈。」帝不悅，後與曲宴，銀器滿席。穎胄曰：「陛下前欲壞銀酒鎗，恐宜移在此器也。」帝甚有慙色。

以斤計重之文，下筆時偶爾失檢也。此疑如確，則凡他言金若干斤者，又安知其不有爲兩字之誤者邪？史之言金，又有不著其爲斤抑爲兩者，如第十九章第二節所引：范甯言并兼之士，一宴之饌，費過十金；謝安傳言其肴饌屢費百金是也。漢時黃金一斤直錢萬，晉、南北朝之世，或無甚變動，說見第十九章第一節。何曾食日萬錢，時人已覩爲極侈，范甯、謝安傳所云，若以斤計，則其所費，又將十百於曾，雖侈不容至是，其必以兩計可知。北齊書慕容儼傳言：儼斬侯瑱驍將張白石首，瑱以千金贖之，儼傳之辭，全不足信，說已見前，即謂造作言語，亦當按切情勢，仍可考見事實，則以宋明帝贖晉熙王之事例之，亦必以兩計無疑。至如第一節所引會士膏腴上地畝直一金等，則係循行文之便，約略言之，不容鑿求其數也。黃金有常形制，或爲挺，或爲餅，已見秦漢史第十六章第四節。武陵王紀黃金以一斤爲餅，見第十三章第四節。楊運長等密以金餅賜沈攸之佐吏，見第九章第九節。北齊書陳元康傳言，世宗以元康進計征潁城而克，賞以金百挺。祖珽傳言：文襄遇害，元康被傷，使珽作書屬家累事，并云：祖喜邊有少許物，宜早索取。珽乃不通此書，喚祖喜私問，得金二十五挺，惟與喜二挺，餘盡自入。北史李幼廉傳：北齊書之李稚廉。出爲南青州刺史，主簿徐乾富而暴橫，幼廉收繫之，乾密通疏，奉黃金百挺。則挺、餅二者，晉、南北朝之世，固猶通行。竊意此等沿襲舊形制之金，其重必以斤計。此等惟公家或豪富之家藏之，賞賜、購募、贈遺、貨賂，間或藉以爲用。民間所用，並是散碎，則皆以兩計。亦猶近世富家藏金薄、銀挺，人間尋常用碎銀也。

金銀零星使用見於史者，以兵亂時賞賜將士者爲最多，即此可以推見民間使用之情形矣。宋明帝泰始三年九月，戊午，以皇后六宮以下雜衣千領，金釵千枚，班賜北征將士。宋書本紀。天文志事在八月癸卯。休範之叛，皇大后、大妃軍士，則其數雖多，斂之固以錙銖。周書柳慶傳言有賈人持金二十斤詣京師交易，爲一沙彌所竊，其人蓋大賈，故持金較多。晉書藝術傳言隗炤臨終，書版授其妻曰「吾亡後當大荒窮，雖爾，愼莫賣宅也。卻後五年春，當有詔使來頓此亭，姓龔，此人負吾金，卽以此版往責之，勿違言也。」炤亡後，其家大困乏，欲賣宅，憶夫言輒止。期日，有龔使止亭中，妻遂齎版往責之。使者執版惘然，良久而悟，謂曰「賢夫何善？」妻曰「夫善於易而未曾爲人卜筮也。」使者曰：「噫！可知矣。」乃命取蓍筮之，卦成，告炤妻曰「賢夫自有金耳。知亡後當暫窮，故藏金以待大平，所以不告兒婦者，恐金盡而困無已也。知吾善易，故書版以寄意耳。金有五百斤，盛以青甕，覆以銅柈，埋在堂屋東頭，去壁一丈，入地九尺。」妻遂掘之，皆如卜焉。其言誕謾不足信。隋書藝術傳言或有金數兩，夫妻共藏之，於後失金，夫意妻有異志，將逐之。其妻稱寃，以詣楊伯醜。伯醜爲筮之，曰「金在矣。」悉呼其家人，指一人曰：「可取金來。」其人赧然，應聲而取之。其言之誕謾與隗炤事同，然言藏金不過數兩而已。梁元帝諭長孫儉，言埋金千斤於城內，見第十三章第四節。周書王思政傳：思政爲荆州刺史，州境卑濕，城壍多壞。思政命都督藺小歡督工匠繕治，掘得黃金三十斤，亦必貴富者所埋矣。是時公家用金，亦多以兩計者：如宋明帝欲以金千兩贖晉熙王昶於魏，隋文帝踐極，遺賜蕭巋金五百兩，銀一千兩是也。杜弘奔臨賀，送金數千兩與王機，求討桂林賊自效；侯景餉朱异金二百兩，則貴富人相贈遺，亦以兩計矣。晉書食貨志言愍皇時斗米二金，而帝紀云米斗金二兩，此爲當時用金多以兩計之確證。石季龍載記言其時金一斤直米二斗，則又四倍愍皇時，米貴似不應至此，頗疑載記之斤字實當作兩，非傳寫之誤，則載筆者習熟舊史言金源異，無礙婚姻，聰大悅，賜之黃金六十斤。詳見第十七章第一節。佛貍伐入寇，宋購斬其頭者賞金銀各百斤。宋書索虜傳。鄧琬奉子勛起兵，傳檄京師，賜大宗金銀五百斤。梁陸杲子罩，爲大子中庶子，以母老求去，皇大子簡文。賜之黃金五十斤。元略自梁返魏，梁武帝賜之金銀百斤。魏豆代田，以戰功賜黃金百斤，銀百斤。趙郡王幹除冀州刺史，高祖密賜黃金十斤。抱睹生死，凝之父。賜黃金八十斤，以供喪用。齊文襄烝於馮翊大妃，見幽，司馬子如全之，神武賜子如黃金百三十斤。北史后妃傳。陳元康進慕容紹宗，遂破侯景，世宗賞金五十斤。時段韶留守晉陽，世宗還，賜之金十斤。案漢世賞賜，卽有雖言金而實與之錢者，見秦漢史第十六章第四節；魏書術藝傳：徐謇以療高祖，賜錢一萬貫，又詔曰：錢府未充，須以雜物，乃以絹二千匹、雜物一百匹、穀二千斛、奴婢十口、馬十匹與之；則古來賞賜，原未嘗不可以他物充代。大和爲鑄錢之世，萬貫之賜，尚不能具，可見魏銅錢之乏。又北史高昂傳：西魏賞斬昂首者布絹萬匹，歲歲稍與之，周亡猶未充，則又不必一時皆給。然則史所言賞賜、購募等，雖云金銀若干斤，恐未必皆如數登與之矣。張茂以黃金三百八十斤、銀七百斤獻劉曜。吐谷渾辟奚以金銀五百斤獻苻堅。晉書本傳。堅載記亦記其事，而作碎奚，宋書、魏書亦作碎奚，見第十六章第七節。乞伏熾磐貢黃金二百斤於魏，請伐赫連昌。沮渠牧犍尙魏武威公主，獻黃金五百斤。車伊洛亦以金百斤爲獻。宋攻楊難當，難當奔上邽，魏假古弼節，督隴右諸軍，詔弼悉送難當子弟，楊玄少子文德，以黃金四十斤賂弼，弼乃留之。此等皆以地近西域，與往來，故多金，說見下。阿那瓌啓請還國，朝臣意有異同，瓌以金百斤貨元乂；周文使楊荐至蠕蠕，賜以黃金十斤，亦以蠕蠕稍徙西北，多與西域往來，故知以金銀爲用也。苻堅滅張天錫，稅百姓金銀一萬三千斤，以賞晉姑勿論，西晉初之侈靡何所不至，而必舍金而用絹，足見當時黃金實少。蘇峻之陷宮城，官有金銀五千斤，可謂其細已甚。梁武陵王之多金，爲史所豔稱，然實不過有金萬斤，銀五萬斤，見第十三章第四節。較之王莽亡時，省中黃金萬斤爲一匱者，尙有六十匱，黃門、鉤盾、藏府、中尙方各有數匱，董卓區區，猶有金二三萬斤，銀八九萬斤者，亦微末不足道矣。齊武帝史稱其聚錢上庫五億萬，齋庫亦出三億萬，金銀布帛，不可稱計，此乃約略之辭，未必其藏金之果多也。而民閒則南史侯景傳言其攻臺城時，援兵至北岸，百姓扶老攜幼，以候王師，纔過淮，便競剝略，徵責金銀；其後江南大饑，江揚彌甚，百姓流亡，死者塗地，不出戶牖者，莫不衣羅綺，懷金玉，交相枕藉，待命聽終；此固非下貧之家，然民閒多有金銀，則於此可見。齊書蕭穎胄傳言：長沙寺僧業富，沃鑄黃金爲龍，數千兩，埋土中，歷相傳付，稱爲下方黃鐵，莫有見者，及穎胄起兵，乃取充軍資；魏書釋老志言：世祖之廢佛法，恭宗言雖不用，然猶緩宣詔書，遠近皆豫聞知，得各爲計，金銀寶物及諸經論，大得祕藏，僧寺財自何來，寧非民閒所布施邪？南史東昏侯紀言其潘妃服御，極選珍寶，貴市人閒金銀寶物，價皆數倍，都下酒租，皆折輸金，又令富室買金；詳見第十章第六節。魏書任城王傳亦言：靈大后銳於繕興，金銀之價，爲之踊上；可見民閒金銀交易，已極盛行矣。

前世用金，皆以斤計，此時則多以兩計，即可見藉以爲用者之多。晉南北朝之世，用金以斤計者：晉購石季龍首金五十斤。元帝紀建武元年。祖逖遣參軍王愉使於石勒，贈以方物，勒遣董樹報聘，以馬百匹、金五十斤答之。王彌與劉曜，阻兵相攻，彌長史張嵩諫止之，彌與曜各賜嵩金百斤。劉聰欲納劉殷之女，李弘引王基爲子納王沈女以見姓同錢之處，不以爲貧，用穀之處，不以爲富，」以錢穀對舉，可見用穀處之多。南方論議，不甚病布帛之翦截，蓋爲此也。若北方則此弊殊甚。魏書食貨志云：舊制，民間所織絹布，皆幅廣二尺二寸，長四十尺爲一匹，六十尺爲一端，此由調外又入帛一匹二丈，參看第十九章第一節。令任服用。後乃漸至濫惡，不依尺度。高祖延興三年七月，更立嚴制，令一準前式，違者罪各有差，有司不檢察，與同罪。肅宗紀：熙平二年正月，詔遣大使巡行四方，絹布繒采長短合式，亦爲所奉詔條之一。任城王澄刺定州，禁造布絹不任衣者，此即其熙平初上表所云單絲之縑，疏縷之布，狹幅促度，不中常式者也。見上節。既以爲交易之資，勢必至此而後已，禁之又何益邪？然當時官司之虐民，所謂絹布，務求長廣厚重，實較民間之單絲疏縷，狹幅促度者，其弊爲尤甚。張普惠表已見第十九章第一節。魏書盧同傳：同於熙平初轉尚書左丞。時相州刺史奚康生，徵民歲調，皆七八十尺，以邀奉公之譽。部內患之。同於歲祿官給長絹，同乃舉按康生度外徵調。書奏，詔科康生之罪，兼褒同奉公之績。調絹加長至倍定式，而反獲奉公之譽，可爲張普惠之言之證。辛穆轉汝陽大守，值水潦民饑，上表請輕租賦，從之。遂勑汝陽一郡，聽以小絹爲調；北齊蘇瓊遷南清河大守，蠶月豫下縣、絹度樣於部內；此等循吏，蓋不易多覯矣。此亦以絹布代錢之一弊也。

金銀爲用亦稍廣。舊日史家，率言漢世黃金多，後世漸少，由於佛事之消耗，說不足信。黃金之漸少，實由流入民間者之漸多，已見秦漢史第十六章第四節。晉、宋書禮志言：漢高后制聘后，黃金二百斤，夫人金五十斤。魏氏聘后、王取妃、公主嫁之禮，用絹百九十匹。晉興，故事用絹三百匹。穆帝納何皇后，孝武納王皇后，納徵皆以絹三百匹。魏與東銅錢缺乏之世，所以代之者，北方多用絹布，南方則兼用穀，已見第十九章第一節。晉書石勒載記：勒鑄豐貨錢，人情不樂，乃出公絹市錢，石季龍載記：季龍下書令刑贖之家，得以錢代財帛，無錢聽以穀麥，（蓋所以省帛之用。）則北方之用絹布由來舊矣。魏書辛紹先傳：紹先子穆，初隨父在下邳，與彭城陳敬文友善。敬文弟敬武，少為沙門，從師遠學，經久不返。敬文病臨卒，以雜綾二十匹託穆與敬武。穆久訪不得，經二十餘年，始於洛陽見敬武，以物還之，封題如故。世稱其廉信。又馮元興傳：齊郡曹昂有學識，舉秀才，永安中為大學博士，兼尚書郎，常徒步上省，以示清貧。忽遇盜，大失綾縑，時人鄙其矯詐。是收藏者皆用絹布也。趙柔賣鏵，索絹二十匹，後有商人與之三十匹，而柔不肯背約；寇儁家人賣物，剩得絹五匹，訪主還之，已見第三節。是賣買者皆以絹布也。趙柔傳又云：柔嘗在路，得人所遺金珠一貫，價直數百縑，柔呼主還之。是估價者皆以絹布也。鹿悆傳言：悆嘗詣徐州，馬瘦，附船而至大梁。夜睡，從者上岸竊禾四束以飼其馬。船行數里，悆覺，問得禾之處，從者以告。悆大忿，即停船上岸，至取禾處，以縑三丈置禾束下而還。則雖鄉僻之地，亦以絹為交易之資矣。此行旅所以多齎絹布為資，如楊播傳言：播弟津為岐州刺史，有武功民齎絹三匹，去城十里，為賊所劫也。播弟椿又嘗受命馳驛詣并、肆，齎絹三萬匹，募召恆、朔流民，揀充軍士。（後未行。）可見絹布為用之廣。若南方則晉書魏詠之傳言：詠之生而兔缺，聞殷仲堪帳下有名醫能療之，貧無行裝，遂齎數斛米西上，以投仲堪。是緣途皆可以穀為用。此等事北方記載絕罕見。河北交易雖云雜用穀帛，蓋以穀濟帛之窮，免於尺寸分裂而已。握粟出卜，以粟易械器，實為最古之俗，豈南方生計演進較遲，故古俗之存者較多歟？孔琳之駁桓玄廢錢之議曰：「據今用一紫標，如此者三十餘間。見第十二章第五節。曹景宗弟義宗，富人向姓，以其爲方伯之弟，豪彊之門，出見錢百萬，以妹適之。魏崔和子軌，盜錢百萬，背和亡走。見第十九章第二節。梁南平王偉，於富僧藏鏹者，多加毒害。此豪富之所藏也。晉書王導傳：子悅，先導卒。先是導夢人以百萬錢買悅，潛爲祈禱者數矣。尋掘地得錢百萬，意甚惡之，一皆藏閉。齊書祥瑞志：永明七年，南史本紀在六年七月。齊興大守劉元寶治郡城，於塹中獲錢百萬，南史作三十七萬。形極大，南史云：皆輪厚徑一寸半。以獻臺爲瑞。世祖班賜朝臣以下各有差。十年，齊安郡民王攡掘地，得四文大錢一萬二千七百十枚，品製如一。古人本有埋錢之風，當惡錢盛行之日，必更有甚焉者，此亦錢乏之一因歟？

金屬爲幣，其弊在於私鑄、私銷之難禁。終南北朝之世，幣制之壞，可謂皆由於私鑄。魏書辛子馥傳：紹先孫。天平中，長白山連接三齊、瑕丘，數州之界，多有盜賊。子馥受使檢覆，因辨山谷要害，宜立鎮戍之所。又諸州豪右，在山鼓鑄，姦黨多依之，又得密造兵仗，亦請破罷諸冶。朝廷善而從之。可見豪右銅冶，胥爲私鑄之媒。又崔悛嘗私鑄錢，見第十八章第一節。而南朝梁高祖從父弟昺，亦坐於宅內鑄錢，爲有司所奏，下廷尉，免死，徙臨海郡。臨川王宏之子，亦嘗盜鑄錢。又可見冒利而爲之者之衆矣。不愛銅、不惜工之論，可以止私鑄，不能止私銷。若欲禁絶私銷，非如昔人之言，舉銅冶而盡禁之不可，此豈可行之事哉？此則以金屬爲幣，無可救正之弊也。

第五節　錢幣下

冀州之北，錢皆不行，交貿者皆絹布。神武帝乃收境內之銅及錢，仍依舊文更鑄，流之四境。未幾之間，漸復細薄，姦僞競起。此卽魏志所云文襄奏革其弊者，事雖係之神武，謀實出自文襄也。志又云：文宣受禪，除永安之錢，改鑄常平五銖。本紀在天保四年正月。重如其文，其錢甚貴，且制造甚精。至乾明、皇建之間，往往私鑄。鄴中用錢，有赤熟、青熟、細眉、赤生之異。河南所用，有青薄、鉛錫之別。青、齊、徐、兗、梁、豫州，輩類各殊。武平已後，私鑄轉甚，或以生鐵和銅。至於齊亡，卒不能禁。又云：後周之初，尙用魏錢。北史文帝紀：大統六年二月，十二年三月，皆鑄五銖錢。及武帝保定元年七月，乃更鑄布泉之錢，以一當五，與五銖並行。亦見周書本紀。時梁、益之境，又雜用古錢交易；河西諸郡，或用西域金銀之錢，而官不禁。建德三年六月，更鑄五行大布錢，以一當十，與布泉錢並行。四年七月，又以邊境之上，人多盜鑄，乃禁五行大布不得出入四關，布泉之錢聽入而不聽出。五年二月，以布泉漸賤而人不用，遂廢之。本紀事在正月。初令私鑄者絞，從者遠配爲戶。亦見本紀。齊平已後，山東之人，猶雜用齊氏舊錢。至宣帝大象元年十一月，又鑄永通萬國錢，以一當十，與五行大布及五銖，凡三品並用。本紀但云與五行大布並行。北齊圜法之弊，全與魏同，蓋承魏之敝，欲變焉而未能者。後周則思鑄大錢以救錢荒，而卒亦扞格，其爲弊又與三國時之吳、蜀及宋之文帝同也。

民間苦銅錢不足，公家及豪富人則有藏錢頗多者。晉書蘇峻傳：峻陷宮城，得官省之錢億萬。齊武帝聚錢上庫五億萬，齋庫亦出三億萬。見第十章第二節。白曜之破東陽，獲銅五千斤，錢十五萬。此公家之藏也。江祿爲武寧郡，積錢於壁，壁爲之倒。曹虎在雍州，致見錢七千萬。見第十九章第一節。梁臨川王宏性愛錢，百萬一聚，黃榜標之，千萬一庫，縣民多私鑄，稍就小薄，價用彌賤。（肅宗紀：孝昌三年正月，詔峻鑄錢之制。）建義初，重盜鑄之禁，開糾賞之格。至永安二年秋，詔更改鑄，文曰永安五銖。（魏書楊侃傳：時所用錢，人多私鑄，稍就薄小，乃至風飄、水浮，米斗幾直一千。侃奏曰：「昔馬援至隴西，嘗上書求復五銖錢，事下三府，不許。後援徵入為虎賁中郎，親對光武，申釋其趣，事始施行。臣頃在雍州，亦表陳其事，聽人與官並鑄五銖錢，使人樂為，而俗弊得改。旨下尚書，八坐不許。以今況昔，即理不殊。求取臣前表，經御披析。」侃乃隨事剖辨，孝莊從之，乃鑄五銖錢，如侃所奏。高謙之傳：朝議鑄錢，以謙之為鑄錢都將長史。乃上表求鑄三銖錢，曰：「錢之輕重，世代不同。夫以西京之盛，錢猶屢改，並行小大，輕重相權。況今寇難未除，州郡淪敗，民物凋零，軍國用少，別鑄小錢，可以富益，何損於政？何妨於人也？臣今此鑄，以濟交乏，五銖之錢，任使並用，脫以為疑，求下公卿博議，如謂為允，即乞施行。」詔將從之，事未就，會卒。則初亦有鑄輕錢之議，而後未果行也。）官自立爐，起自九月，至三年正月而止。利之所在，盜鑄彌衆，巧僞既多，輕重非一。四方州鎭，用各不同。遷鄴之後，輕濫尤多。武定初，齊文襄奏革其弊。於是詔遣使人，詣諸州鎭，收銅及錢，悉更改鑄，其文仍舊。然姦僥之徒，越法趨利，未幾之閒，漸復細薄。六年，文襄王以「錢文五銖，名須稱實，宜稱錢一文重五銖者，聽入市用。計百錢重一斤四兩二十銖，自餘皆準此為數。其京邑二市，天下州鎭、郡縣之市，各置二稱，懸於市門。私民所用之稱，皆準市稱，以定輕重。凡有私鑄，悉不禁斷，但重五銖，然後聽用。（雖重五銖，而多雜鉛鑞，並不聽用。）若有輒以小薄雜錢入市，有人糾獲，其錢悉入告者。其小薄之錢，若即禁斷，恐人交乏絕，畿內五十日，外百日為限。」羣官參議，咸以時穀頗貴，請待有年，上從之而止。此時之操切，可謂至極，然不能禁絕私鑄，而欲稱其輕重以為用，亦祇可謂之無策耳。（隋志云：齊神武霸政之初，承魏猶用永安五銖。遷鄴已後，百姓私鑄，體制漸別，遂各以為名：有雍州青赤，梁州生厚、緊錢、吉錢，河陽生澀、天柱、赤牽之稱。）

用錢不依準式者。時被敕云不行之錢，雖有常禁，其先用之處，權可聽行，至年末悉令斷之。謹尋不行之錢，律有明式，指謂雞眼、環鑿，更無餘禁。計河南諸州，今所行者，悉非制限。昔來絕禁，愚竊惑焉。又河北州鎮，既無新造五銖，設有舊者，而復禁斷，並不得行，專以單絲之縑，疏縷之布，狹幅促度，不中常式，裂匹爲尺，以濟有無，徒成杼軸之勞，不免飢寒之苦。良由分截布帛，壅塞錢貨，實非救恤凍餒，子育黎元。謹惟自古已來，錢品不一，前後累代，變易無常；且錢之爲名，欲泉流不已。愚意謂今之大和與新鑄五銖，及諸古錢方俗所便用者，雖有大小之異，並得通行。貴賤之差，自依鄉價。庶貨環海內，公私無壅。其不行之錢，及盜鑄毀大爲小，巧僞不如法者，據律罪之。」詔曰：「錢行已久，今東尚有事，且依舊用。」澄又奏：「大和五銖，乃大魏之通貨，不朽之恆模，寧可專貿於京師，不行於天下?但今戎馬在郊，江疆未一，東南之州，依舊爲便。至於京西、京北域內州鎮未有錢處，行之則不足爲難，塞之則有乖通典。請並下諸方州鎮，其大和及新鑄五銖，幷古錢內外全好者，不限大小，悉聽行之。雞眼、環鑿，依律而禁。河南州鎮，先用錢者，既聽依舊，不在斷限。惟大和、五銖二錢得用，公造新者，其餘雜種，一用古錢。生新之類，普同禁約。諸方之錢，通用京師，其聽依舊之處，與大和錢及新造五銖並行。若盜鑄者，罪重常憲，符旨一宣，仍不遵用者，刺史、守、令，依律治罪。」詔從之。而河北諸州，舊少錢貨，猶以他物交易，錢略不入市也。案魏大和、永平五銖，蓋所鑄甚少，不足周用，故河北竟無新錢，即京西、京北，亦有無錢之處也。在所遣錢工，備爐冶，民有欲鑄，聽就鑄之，頗近今世自由鑄造之制，此私鑄之所以不行。既用任城之議，則通行之地稍廣，所需愈多，明年又從崔亮議，於有冶利處開鑄；見第一節。私鑄遂因之而興。志云：自後所行之錢，鐵錢，蓋亦以銅少故也？周書藝術姚僧垣傳：梁元帝嘗有心腹疾，以從僧垣進大黃得愈，元帝大喜，時初鑄錢，一當十，乃賜錢十萬，實百萬也，則元帝曾鑄當十錢。然此外更無所見，蓋其錢亦未行也。

隋志又云：陳初承梁喪亂之後，鐵錢不行。始梁末又有兩柱錢及鵝眼錢，於時人雜用，其價同，梁書敬帝紀：太平元年三月，班下遠近，並雜用古今錢。二年四月己卯，鑄四柱錢，一准二十。壬辰，改四柱錢一准十。丙申，復用細錢。但兩柱重而鵝眼輕，私家多鎔錢，又間以錫、鐵，兼以粟帛爲貨。至文帝天嘉五年，改鑄五銖。紀在三年閏二月。初出一當鵝眼之十。宣帝大建十一年，又鑄大貨六銖，以一當五銖之十，與五銖並行。陳書本紀：大建十一年七月辛卯，始用大貨六銖錢。後還當一。人皆不便，乃相與謠言曰：「六銖錢有不利縣官之象。」未幾而帝崩，遂廢六銖而行五銖，竟至陳亡。其嶺南諸州，多以鹽、米、布交易，俱不用錢。案志言交廣之域全以金、銀爲貨，又云：嶺南諸州多以鹽、米、布交易，蓋商賈用金、銀，人民自用鹽、米、布也。此亦足證當時錢幣之用，尚不周徧。

北朝圜法之壞，其情形亦與南朝略相似。魏書食貨志云：魏初至於大和，錢貨無所周流，高祖始詔天下用錢焉。十九年，冶鑄粗備，文曰大和五銖。詔京師及諸州鎮皆通行之。內外百官祿，皆準絹給錢。在所遣錢工，備爐冶，民有欲鑄，聽就鑄之。銅必精練，無所和雜。世宗永平三年冬，又鑄五銖錢。肅宗初，京師及諸州鎮，或鑄或不，或止用古錢，不行新鑄。致商貨不通，貿遷頗隔。熙平初，尚書令任城王澄上言：「大和五銖，雖利於京邑之肆，而不入徐、揚之市。土貨既殊，貿粥亦異。便於荆、郢之邦者，則礙於兗、豫之域。致使貧民有重困之切，王道詒隔化之訟。去永平三年，都坐奏天下之時，則民之信否，恆視其重輕之名實相符與否，此四銖、二銖之所以不行。五銖行用最久，準其輕重，亦為下令於流水之原。孔覬誠明於錢法之利弊者也。時議者亦多以錢貨轉少，宜更廣鑄；重其銖兩，以防民姦。大祖使諸郡大市銅、炭。會晏駕，事寢。永明八年，悛啓世祖：蒙山有古銅阬，上使入蜀鑄錢，功費多，乃止，已見第一節。此時錢價之貴，十倍宋初；好惡錢相貿，好錢一當惡錢二；或十當其十七；已見第十九章第一節。

梁陳相繼，圜法之紊亂如故。隋書食貨志云：梁初惟京師及三吳、荊、郢、江、湘、梁、益用錢，其餘州郡，則雜以穀、帛交易。交、廣之域，全以金銀為貨。武帝乃鑄錢，肉好周郭，文曰五銖，重如其文。而又別鑄，除其肉郭，謂之女錢。二品並行。百姓或私以古錢交易。有直百五銖、五銖女錢、大平百錢、定平一百、五銖雉錢、五銖對文等號。輕重不一。天子頻下詔書，非新鑄二種之錢，並不許用。而趣利之徒，私用轉甚。至普通中，乃議盡罷銅錢，更鑄鐵錢。本紀事在四年十二月。南史云：用給事中王子雲議。人以鐵錢易得，並皆私鑄。及大同已後，所在鐵錢，遂如丘山，物價騰貴。交易者以車載錢，不復計數，而惟論貫。商旅姦詐，因之以求利。自破嶺以東，黃汝成日知錄短陌條集釋云：破嶺無此地名，破或庾字之譌。案志言梁初惟京師及三吳、荊、郢、江、湘、梁、益用錢，乃指其都會之地，非謂盡其轄境。庾嶺在當時，恐非用錢之所。破嶺疑即破岡，見第八章第一節。八十為百，名曰東錢。江、郢以上，七十為百，名曰西錢。京師以九十為百，名曰長錢。中大同元年，天子乃詔通用足陌。有犯，男子謫運，女子質作，並同三年。見紀。詔下而人不從，錢陌愈少，至於末年，遂以三十五為陌云。南史梁敬帝紀云：武帝末年，都下用錢，每百皆除其九，謂為九陌。及江陵將覆，每百復除六文，稱為六陌。案錢幣貴於畫一，梁武顧不恤自亂其例，鑄女錢與五銖並行，蓋利於去其周郭？其後又議鑄及酒器用銅。北齊書楊愔傳言其一門四世同居，昆季就學者三十餘人。宅內有茂竹，其季父暐爲愔於林邊別葺一室，命獨處其中。常以銅盤具盛饌以飯之。因以督厲諸子，曰：「汝輩但如遵彥謹愼，自得竹林別室，銅盤重肉之食。」何遠素器物無銅漆，則史以爲清操。可見上自宮禁，下至民間，以銅爲器物者之多。蓋每經喪亂，則公家之藏，流入民間，而民間生計，後裕於前，遂能用之以制器，亦與金、銀之散入民間同一理也。參看秦漢史第十六章第四節。晉書食貨志：孝武帝大元三年，詔曰：「錢國之重寶，小人貪利，銷壞無已。監司當以爲意。廣州夷人，寶貴銅鼓，而州境素不出銅。聞官私賈人，皆於此下，貪比輸錢，斤兩差重，以入廣州，貨與夷人，鑄敗作鼓。其重爲禁制，得者科罪。」中國之銅已少，況又有流入異域者邪？梁武東下，用度不足，南平王偉時守襄陽，取寺銅佛，毀以爲錢。北齊王則爲洛州刺史，亦毀舊京諸像以鑄錢。此固軍旅倥偬之時，官方敗壞之際，然亦可見其時銅之難得也。

齊書劉悛傳云：宋代大祖輔政，有意欲鑄錢，以禪讓之際，未及施行。建元四年，奉朝請孔顗上鑄錢均貨議，辭證甚博。其略以爲「三吳國之關閫，比歲被水潦而糴不貴，是天下錢少，非穀穰賤，不可不察也。鑄錢之弊，在輕重屢變。重錢患難用，而難用爲累輕；輕錢患盜鑄，而盜鑄爲禍深。民所盜鑄，嚴法不禁者，由上鑄錢惜銅、愛工也。惜銅、愛工者，謂錢無用之器，以通交易，務欲令輕而數多，使省工而易成，不詳慮其爲患也。自漢鑄五銖，至宋文帝，歷五百餘年，制度世有廢興，而不變五銖錢者，明其輕重可法，得貨之宜。以爲宜開置泉府，方牧貢金，大興鎔鑄，錢重五銖，一依漢法。」不愛銅、不惜工之論，實與今之言泉幣者，立說相符。泉幣通行之後，用之者固皆計其數，不復論其重，當其未行稍違官式。雖重制嚴刑，民、吏、官長坐免死者相係，劉懷愼傳：懷愼弟孫亮，大明中爲武康令，時境內多盜鑄錢，亮掩討無不禽，所殺以千數。顧琛傳：大明四年，爲吳興太守，坐郡民多翦錢及盜鑄免官。而盜鑄彌甚，百物踊貴，民人患苦之。乃立品格，薄小無輪郭者，悉加禁斷。沈慶之立議：「宜聽民鑄錢，郡縣開置錢署，樂鑄之家，皆居署內，平其雜式，去其雜僞，官斂輪郭，藏之以爲永寶。去春所禁新品，一時施用，今鑄悉依此格。萬稅三千，嚴檢盜鑄，并禁翦鑿。數年之間，公私豐贍，銅盡事息，姦僞自止。」上下其事公卿。義恭及竣皆駁之。時議者又以銅轉難得，欲鑄二銖錢。竣又駁之。然及前廢帝即位，卒鑄二銖錢，形式轉細，官錢每出，民間即模效之，而大小厚薄，皆不及也。無輪郭，不磨鑢，如今之翦鑿者，謂之來子。景和元年，亦即永光元年。沈慶之啓通私鑄，由是錢貨亂敗，一千錢長不盈三寸，大小稱此，謂之鵝眼錢。劣於此者，謂之綖環錢。入水不沈，隨手破碎，市井不復料數，十萬錢不盈一掬，斗米一萬，商賈不行。大宗初，惟禁鵝眼、綖環，其餘皆通用。復禁民鑄，官署亦廢工。尋復並斷，惟用古錢云。案宋世圜法之敝，鑄造之不善，固其大端，而銅之乏，所關亦巨。惟銅乏，故議鑄造者皆不免愛銅，既減五銖爲四，又減四銖爲二，甚至欲以一爲兩，名實溷淆，視聽眩惑，遂至不可收拾也。銅之乏，散入民間，以之制器，蓋爲其大原因。三國時，吳鑄當五百、當千大錢，劉備亦鑄當五百大錢，已見秦漢史第十六章第四節。齊書崔祖思傳：祖思言劉備取帳鉤銅以鑄錢。吳爲產金之區，蜀爲富饒之地，銅之乏且如是，況於他邦？蓋自董卓毀壞五銖，所鑄小錢，本不得民信，又爲魏武所廢；至魏文則并五銖而廢之；其時民間用錢本少，又值喪亂，商賈不行，向爲錢幣之銅，遂多轉而爲械器矣。齊書高帝紀言帝儉德，云：後宮器物、欄檻，以銅爲飾者，皆改用鐵。宋孝武帝孝建三年，禁人車云：先是患貨重，鑄四銖錢。民間頗盜鑄，翦鑿古錢以取銅，上患之。二十四年，錄尙書江夏王義恭建議，以一大錢當兩，以防翦鑿。尙之議曰：「伏鑒明命，欲改錢制，不勞采鑄，其利自倍，若今制遂行，富人貲貨自倍，貧者彌增其困。又錢之形式，大小多品，直云大錢，未知其極。若止於四銖、五銖，則文皆古篆，既非下走所識，加或漫滅，尤難分明。公私交亂，爭訟必起。」中領軍沈演之以爲「采鑄久廢，兼喪亂累承，糜散湮滅，何可勝計？晉遷江南，疆境未廓，或土習其風，錢不普用，其數本少，爲患尙輕。今王略開廣，聲敎遐曁，金鏹所布，爰逮荒服。昔所不及，悉已流行之矣。案此說非盡實，說見第十九章第一節。用彌廣而貨愈狹，加復競竊翦鑿，銷毀滋繁，刑禁雖重，姦避方密，遂使歲月增貴，貧室日劇。若以大錢當兩，則國傳難朽之寶，家贏一倍之利，不俟加憲，巧源自絕，施一令而衆美兼，無兼造之費，莫盛於玆矣。」上從演之議，遂以一錢當兩行之。經時，公私非便，乃罷。孝武帝孝建元年正月，更鑄四銖錢。前廢帝紀：大明八年，去歲及是歲，東諸郡大旱，甚者米一升數百，升當依南史作斗，說見第十九章第一節。京邑亦至百餘，餓死者十有六七。孝建以來，又立錢署鑄錢，百姓因此盜鑄，錢轉薄小，商貨不行。永光元年二月，鑄二銖錢。九月，開百姓鑄錢。明帝泰治元年即前廢帝永光元年。十二月，罷二銖錢。見南史本紀。二年三月，斷新錢，專用古錢。顏竣傳云：元嘉中鑄四銖錢，輪郭形制，與五銖同，用費損無利，故百姓不盜鑄。案何尙之傳言民間頗盜鑄，此云不盜鑄者，蓋雖有盜鑄而未甚也。及世祖卽位，又鑄孝建四銖。三年，尙書右丞徐爰議：「貨薄民貧，公私俱困，不有革造，將至大乏。謂宜式遵古典，收銅繕鑄，納贖刊刑，著在往策。今宜以銅贖刑，隨罰爲品。」詔可。所鑄錢形式薄小，輪郭不成。於是民間盜鑄者雲起，雜以鉛錫，並不牢固。又翦鑿古錢，以取其銅。錢轉薄小，晉、南北朝，爲幣制紊亂之世，其所由然，則以錢不足用，官家之銅，既不明於錢幣之理，政事又不整飭，鑄造多苟且之爲，有時或且借以圖利，私鑄因之而起，遂至不可收拾矣。此等情形，實歷隋、唐之世而未能大變，至宋世行用紙幣，乃又成一新景象焉。今述晉、南北朝幣制之略如左：

晉書食貨志云：獻帝初平中，董卓鑄小錢，由是貨輕而物貴，穀一斛至錢數百萬。魏武爲相，罷之，還用五銖。是時不鑄錢既久，貨本不多，又更無增益，故穀賤無已。及黃初二年，魏文帝罷五銖錢，使百姓以穀帛爲市。至明帝世，錢廢穀用既久，人間巧僞漸多，競濕穀以要利，作薄絹以爲市，雖處以嚴刑而不能禁也。司馬芝等舉朝大議，以爲用錢非徒豐國，亦所以省刑。今若更鑄五銖錢，則國豐刑省，於事爲便。魏明帝乃更立五銖錢，至晉用之，不聞有所改創。案民間果其通行，豈魏武一令所能廢？當時錢之不用，實由兵亂積久使然，說已見第十九章第一節矣。自此至於江東，仍以錢少爲患。志又云：元帝過江，用孫氏舊錢，大者謂之比輪，中者謂之四文。吳興沈充又鑄小錢，謂之沈郎錢。錢既不多，由是稍貴。安帝元興中，桓玄輔政，立議欲廢錢用穀帛，孔琳之駁之，朝議多同，玄議乃不行。案自南北朝以前，時有廢錢而用穀帛之議，固由其時錢幣之理，尚未大明，然錢法之敝，實亦有以致之。錢法之敝，錢少而不足於用，以致錢貴物賤，其大端也。當此之時，欲善幣制，實非鼓鑄不可。然鼓鑄迄不能善，幣制之壞，遂與南北朝相始終矣。

宋高祖時，言事者多以錢貨減少，國用不足，欲悉市民銅，更造五銖錢，未果。見宋書范泰傳。文帝元嘉七年十月，立錢署，鑄四銖錢，是爲南朝鑄錢之始。二十四年六月，以貨貴，制大錢一當兩。明年五月，罷之。見南史本紀。宋書何尚之傳載。凡求試穀帛類非廉謹，未解在事，所以開容？」此陽慧朗所以爲人所疾惡歟？見第十五章第二節。齊書良政傳言：少府管掌市易，與民交關，有吏能者皆更此識，此其意原在以才舉，然其後不流於聚斂者，殆未之有也。此時商賈之事，尚爲士大夫所不齒，故市亦爲其所罕到。呂僧珍姊適于氏，住在市西，小屋臨路，與列肆雜處，僧珍嘗道從鹵簿到其宅，不以爲恥，則史以爲美談；李輸好自入市肆，高價買物，則雖商賈，亦共嗤玩之矣。見北齊書魏收傳。然又未嘗不歆其利，此好立邸店者之所以多也。隋書李德林傳云：大象末，高祖以逆人王謙宅賜之，文書已出，至地官府，忽復改賜崔謙。上語德林曰：「夫人欲得將與其舅，於公無形迹，不須爭之。可自選一好宅，若不稱意，當爲營造，幷覓莊店作替。」德林乃奏取高阿那肱衞國縣市店八十堰爲王謙宅替。開皇九年，車駕幸晉陽，店人上表訴稱地是民物，高氏強奪，於內造舍。上命有司料還價直。遇追蘇威自長安至，奏云：「高阿那肱是亂世宰相，以諂媚得幸，枉取民地造店賃之。德林誣罔，奏以自入。」李圓通、馮世基等又進云：「此店收利，如食千戶，請計日追贓。」上因責德林。德林請勘逆人文簿及本換宅之意。上不聽。乃悉追店給所住者。後出德林爲湖州刺史，猶以罔冒取店爲罪狀焉。可見店舍爲利之厚矣。魏孝武給斛斯椿店數區，耕牛三十頭，椿以國難未平，不可與百姓爭利，辭店受牛，日烹一頭，以饗軍士，誠不媿武士之風也。

第四節　錢幣上

白，毛短。時有賈胡在蜀見之云：此非師子皮，乃扶拔皮也。此又細胡之倫也。商人之無遠弗屆，亦可驚異矣。

古者商業未盛，貿易皆有定時定地，易稱神農氏日中爲市；記言四方年不順成，八蜡不通，是也。晉、南北朝之世，久非其時，然人心仍習於舊，故其立市猶有定地，而貿易之盛，亦或尤在農隙之時焉。晉書樂志拂舞歌詩云：「孟冬十月，北風徘徊。」「耨鎛停置，農收積場，逆旅整設，以通賈商。」此雖沿襲舊說之辭，亦或於當時情景略有按合也。晉書地理志：河南郡洛陽，置尉五，部三市，東西七里，南北九里。齊王冏傳，謂其大築一第館，北取五穀市。隋書食貨志言：晉過江後，淮北有大市百餘，小市十餘所。此皆立市之可考者：然亦非謂市之外遂無貿易，故魏韓顯宗稱道武「分別士庶，使技作屠沽，各有攸處」，而又病其「不設科禁，買賣任情，販貴易賤，錯居混雜」也。無市之處，官爲置市，亦足以廣招徠。晉書良吏傳言：魯芝轉天水太守，郡鄰於蜀，數被侵掠，戶口減削，寇盜充斥，芝傾心鎮衞，更造城市，數年間舊境悉復是矣。宋書自序言：沈邵出爲鍾離太守，郡先無市，江夏王義恭爲南兗州，置立焉，蓋爲此也。市皆設官管治，兼司收稅。隋志謂江東大市，備置官司，稅斂既重，時甚苦之。齊東昏於苑中立店肆，模大市，以潘妃爲市令，自爲市吏，見第十章第六節。然其善者，亦足收平亭之效。晉書陸雲傳言：雲出補浚儀令，縣居都會之要，名爲難理，而雲到官肅然，下不能欺，亦無二價，是其事。其不善者，乃借以牟利。魏書李崇傳言：其子世哲爲相州刺史，無清白狀，鄴、洛市廛，收擅其利，爲時論所鄙，是也。齊書竟陵王子良傳：子良啓言「司市之職，自昔所難。頃來此役，不由才舉，並條其重貲，許以賈衒。前人增估求俠，後人加稅請代。如此輪回，終何紀極？兼復交關津要，共相脣齒。愚野未閑，必加陵誑。罪無大小，橫沒貲胡人畏威，不敢爲寇。公私安靜，夷夏懷之。此又足徵西域來者之衆也。齊後主欲爲穆后造七寶車，遣商胡齎錦采市眞珠於周，已見第十四章第四節。諸商胡負官責息者，宦者陳德信縱其妄注淮南富家，令州縣徵責，見第十九章第五節。此皆西域商人留居中國，仍以經商爲事者。周書異域傳言：周承喪亂之後，屬戰爭之日，定四表以武功，安三邊以權道。趙、魏尚梗，則結姻於北狄；廐庫未實，則通好於西戎。由是卉服氈裘，輻湊於屬國；商胡販客，塡委於旗亭。則其於國計，亦略有裨益。然魏書食貨志言：正光後四方多事，加以水旱，國用不足，有司奏斷百官常給之酒，而遠蕃使客，不在斷限。爾後帑藏益以空竭，有司又奏內外百官及諸蕃客稟食及肉，悉二分減一。計終歲省肉百五十九萬九千八百五十六斤，米五萬三千九百三十二石。蕃客何人，詎非商賈？則其耗費亦不少矣。其干亂政事者：北齊後主寵信胡戶，已見第十四章第四節。恩幸傳言胡小兒眼鼻深險，蓋其人雖習華風，形貌則猶未變其深目高鼻之舊也。高思好與幷州諸貴書言後主昵近凶狡，商胡醜類，擅權帷幄。案和士開之先，爲西域商胡，姓素和氏，思好是言，蓋有所指。魏書李䜣傳：䜣爲相州刺史，以受納民財及商胡珍寶得罪，商胡之亂政，又不獨宮禁之中，朝宁之上矣。然隋書儒林何妥傳言其父細胡，通商入蜀，遂家郫縣，本梁武陵王紀主知金帛，因致巨富，號爲西州大賈，則好任用賈胡者，又不獨北方爲然也。魏書崔浩傳言：世祖攻蠕蠕，沿弱水西行，至涿邪山，諸大將疑深入有伏兵，勸世祖停止。後聞涼州賈胡言：「若復前行二日，則滅之矣。」世祖深恨之。此說殊不足信。然北荒多有賈胡，則於此可見。阿伏至羅求擊蠕蠕商胡越者，實爲銜命，見第十九章第九節。此亦猶安同之爲道武使慕容垂。宋書芮芮傳云：獻師子皮袴褶，皮如虎皮，色會豪往還，故能知其機事，幷可為間諜，可銜使命也。阿那瓌之返國也，其人大饑，相率入塞，瓌表請振給。詔元孚為北道行臺，詣彼振恤。孚陳便宜云：「北人阻飢，命縣溝壑，公給之外，必求市易，彼若願求，宜見聽許。」可見通易相需之殷。南史河南王傳言其地與益州鄰，常通商賈，陶侃之守武昌，立夷市於郡東，大收其利，可見近塞部落，皆利交易，南北正無二致矣。

域外通商，所至亦遠。梁書中天竺國傳云：其國人行賈，往往至日南、交趾。又扶南王嘗遣商貨至廣州，訶羅陁，元嘉七年，表求市易往反，不為禁閉，皆見第十六章第四節，可見自南方來者頗多。北史粟特國傳云：其國商人，先多詣涼土販貨。及魏克姑臧，悉見虜。文成初，粟特王遣使請贖之，詔聽焉。又可見自西北來者之遠也。

諸外國中，西域與中國通商特盛，西域人在中國經商者亦頗多，實為極可注意之事。此蓋由其文明程度特高，使然。西胡與中國關係之密，正不待唐元之世矣。隋書食貨志言：南北朝時，河西諸郡，或用西域金銀之錢。參看第五節。即此一端，已可見西域貿易之盛。魏書景穆十二王傳：京兆王子推之子暹，除涼州刺史，貪暴無極，欲規府人及商胡富人財物，詐一臺符，誑諸豪云欲加賞，一時屠戮，所有資財、生口，悉沒自入，可見涼州富賈之多。周書韓褒傳：除西涼州刺史。羌胡之俗，輕貧弱，尚豪富。豪富之家，侵漁小民，同於僕隸。褒乃悉募貧人，以充兵士，優復其家，蠲免徭賦。又調富人財物以振給之。每西域商貨至，又先盡貧者市之。於是貧富漸均，戶口殷實。可見通商為利之厚。又韋瑱傳云：除瓜州刺史。州通西域，蕃夷往來，前後刺史，多受賂遺。胡寇犯邊，又莫能禦。瑱雅性清儉，兼有武略，蕃夷贈遺，一無所受。

故常崔暹傳言：魏梁通和，要貴皆遣人隨聘使交易，暹惟寄求佛經，則交市者尙不僅使臣也。惟其所市者，似以珍異之物爲多。魏書李安世傳言：國家有江南使至，多出藏內珍物，令都下富室好容服者貨之，使任情交易。北齊書魏收傳言：收託附陳使封孝琰，令其門客與行，遇崑崙舶至，得奇貨猓然褥表、美玉盈尺等數十件，罪當流，以贖論。又收之副王昕使梁還，高隆之求南貨於昕、收，不能如志，遂諷御史中尉高仲密禁止昕、收於其臺，久之乃得釋；皆其證。其尋常笨重之貨，當仍由民間販粥耳。周書韋孝寬傳言：齊人遣使至玉壁，求通互市，則當北方分裂時，彼此貿遷亦不利於隔絕矣。

附塞部落，亦貿易多通。庫莫奚請市於馮跋；第七章第八節。又與魏交易於安、營二州；第十六章第十節。吐谷渾以商譯往來，故禮同北面；第十六章第七節。突厥以至塞上市繒絮，乃通西魏；第十六章第九節。皆已見前。慕容翰之奔宇文歸也，皝遣商人王車陰使察之。還言翰欲來。乃遣車遺翰弓矢。翰乃竊歸駿馬，攜其二子而還。劉顯之欲殺魏道武也，魏書本紀言：商人王霸知之，履帝足於衆中，帝乃馳還。慕容永之納窟咄，道武奔賀蘭部，遣安同及長孫賀乞援於慕容垂。安同者，遼東胡人。其先祖曰世高，漢時以安息侍子入洛陽。歷魏至晉，避亂遼東，遂家焉。父屈，仕慕容暐。暐滅，屈友人公孫眷之妹沒入苻氏宮，出賜劉庫仁爲妻。庫仁貴寵之，同因隨眷商販，亦商人也。長孫賀亡奔窟咄，同閒行達中山。垂遣賀驎步騎六千隨之。同與垂使人蘭紇俱竄咄兄子意烈捍之。同隱藏於商賈囊中，至暮，乃入空井得免。仍奔賀驎。當時商賈在北夷中活動之情形可見。蓋惟此輩多往來於各部落中，熟習道路及各地之人情風俗，且多與其皆此等人也。隋書地理志言：洛陽俗尚商賈；丹陽小人，率多商販，市廛列肆，埒於二京；已見第十七章第五節。北史魏諸宗室傳云：河東俗多商賈，罕事農桑，人有年三十不識耒耜者，可見小民從事貿易者之多矣。抑亦非僅限於都會。桓玄與晉朝搆釁，斷江路，商旅絕，公私匱乏，士卒惟給粰橡。陳寶應載米粟與會稽貿易，遂致富强。陶侃傳言：侃遷武昌太守，時天下饑荒，山夷多斷江劫掠。侃令諸將作商船以誘之，生獲數人，乃是西陽王羕之左右。莫含傳言其家世貨殖，貲累巨萬。含雁門繁峙人。然則南暨江海，北鄰沙塞，商路罔不通利，雖遭喪亂，曾不足以阻之矣。

南北雖云分隔，商賈實無時而不通。石勒求交市於祖逖，逖不報書，而聽其互市，已見第四章第二節。索虜求互市於宋世祖，衆議不一，而時遂通之，亦見第九章第五節。魏書食貨志言：魏於南垂立互市，以致南貨，羽毛齒革之屬，無遠不至，可見其貿易實爲經常之事矣。亦有無許通市之明文，而仍相交往者。苻健載記言：苻雄遣苻菁掠上洛郡，於豐陽立荆州，以引南金奇貨，弓竿漆蠟，通關市，來遠商，於是國用充足，異賄盈積。魏書崔寬傳附崔玄伯傳。寬爲陜城鎮將，弘農出漆、蠟、竹、木之饒，路與南通，販貿來往，家產豐富是也。并有冒禁令而爲之者。北齊書高季式傳言：其隨潘樂征討江、淮之閒，私使樂人於邊境交易，還京坐被禁止；崔季舒傳言：其出爲齊州刺史，坐遣人渡淮互市，亦有贓賄事，爲御史所劾是也。循吏傳：蘇瓊行徐州事。舊制以淮禁，不聽商販輒渡。瓊以淮南歲儉，啓聽淮北取糴。後淮北人饑，復請通糴淮南。遂得商估往還，彼此兼濟，水陸之利，通於河北。此則名爲利民，實則違禁圖利者矣。南北使節往返，亦爲交市之機。北齊書李繪傳云：武定初，爲聘梁使主，前後行人，皆通啓求市，繪獨守清尚，梁人重其廉潔，可見其習爲士開傳言其富商大賈朝夕填門，朝士不知廉恥者，多相附會，甚者爲其假子，與市道小人同在昆季行列。封隆之傳言：士開母喪，託附者咸往奔哭，鄴中富商丁鄒、嚴興等並爲義孝。而劉昉亦富商大賈，朝夕盈門。楊愔傳言大保平原王隆之與愔鄰宅，愔嘗見其門外有富胡數人，謂左右曰：「我門前幸無此物，」可見不爲此者之少矣。士夫之與此輩往來，不過利其貨賄，自不待言，而專制之世，富豪多以名器爲榮，故亦樂於攀附。觀王辨祖訓，以行商致富，而當魏世，以出粟助給軍糧，爲假淸河大守可知。隋書辨傳。故一至昏亂之朝，富商卽夤緣並進，而官方爲之大壞也。

此等巨賈亦頗有勢力。劉道濟之亂蜀，實以費謙等限止商利之故，已見第八章第七節。其規模較小者：如梁書賀琛傳言其伯父瑒沒後，家貧，嘗往還諸暨，販粟以自給。琛山陰人。南史恩幸傳言：陸驗少而貧苦，邑人郁吉卿，貸以錢米，驗借以商販，遂致千金。此等必躬逐微利，非如王公貴人安坐持籌，而使門生、奴婢輩爲之營運者矣。梁書王僧孺傳：僧孺幼貧，其母鬻紗布以自業，嘗攜僧孺至市，道遇中丞鹵簿，驅迫溝中。文學劉勰傳言：勰自重其文，欲取定於沈約，約時貴盛，無由自達。乃負其書，候約出，干之於車前，狀若貨鬻者。此則販夫、販婦之倫也。魏書趙柔傳：有人與柔鏵數百枚，柔與子善明鬻之於市。有從柔買，索絹二十匹。有商人知其賤，與柔三十匹。善明欲取之。柔曰：「與人交易，一言便定，豈可以利動心也？」遂與之。北史寇儁傳：家人曾賣物與人，剩得絹一匹，儁訪主還之。此等則偶然鬻賣，幷不得謂之商人也。

達官貴人經商，其事雖多見於史，然此特舊時史籍，祇有此等人之傳記，故其事之可考者較多耳，非謂經商者尙矣。自中原喪亂，玆制中絕。先朝因循，未遑釐改。朕永鑒四方，求民之瘼，夙興昧旦，至於憂勤，故憲章舊典，始班俸祿。罷諸商人，以簡民事。戶增調三匹、穀二斛九斗，以爲官司之祿。均預調爲二匹之賦，卽兼商用。雖有一時之煩，終克永逸之益。祿行之後，臧滿一匹者死。變法改度，宜爲更始，其大赦天下，與之惟新。」然則魏當未班官祿之前，實有隸官商人，蓋名爲市賈以供官，則有司藉以營利，可謂作法於貪者矣。其制雖隨班祿而能，然積習既成，自難一旦革絕。恭宗禁民沽販，而高允卽諍其販酤市廛，與民爭利，上行下效，貪風其安克戢？故其北海王詳，公私營販，侵剝遠近。劉騰交通互市，歲入利息，以巨萬計。貴近如是，外方自將效尤。邢巒志欲平蜀者也，而至漢中，歲餘卽商販聚斂。李崇，南邊之大將也，而販肆聚斂，營求不息。其緣邊州郡，疆埸統戍，惟有通商聚斂之意，驅其羸弱，販貿往還，（袁翻之書，詳見第十二章第三節。）抑更無足爲怪矣。封懿傳言：鄭雲諂事劉騰，得爲安州刺史，謂懿族曾孫回曰：「彼土治生，何事爲便？」回答之曰：「封回不爲商賈，何以相示？」此等人蓋亦如鳳毛麟角矣。明帝正光三年十二月，以牧守店肆、商販，詔中尉端衡，肅厲威風，以見事糾劾。七品、六品祿足代耕，亦不聽錮帖店肆，爭利城市。可見大小官吏競行販粥。陳元康放賣交易，徧於州郡，已見第十九章第五節。周齊公憲出鎮劍南，以裴文舉爲益州總管府中郎。蜀土富饒，商販百倍，或以是勸文舉，又可見周、齊之朝，風氣無異於元魏也。

職是故，當時之達官貴人，多喜與商賈往來。苻堅諸公，引商人趙掇等爲國卿，已見第十八章第一節。北史齊宗室諸王傳言：齊氏諸王，選國臣府佐，多取富商羣小；又段孝言掌選，富商大賈，多被銓擢；則此等事會不足爲異矣。和慮此制不行，言曰：「詔云：貴戚競利，興貨廛市者，悉皆禁制，此實久愜民聽。其中若有犯違，則應依制裁糾。若廢法申恩，便爲令有所闕。此處分伏願深思。無緣明詔既下，聲實乖爽。臣愚謂大臣在祿位者，尤不宜與民爭利，不審可得在此詔不？」則當時朝臣逐利之情形，亦與藩王無異矣。齊臨川王映爲雍州，嘗致錢還都買物，有獻計於江陵買貨，至都還換，可以微有所增。映笑曰：「我是賈客邪？乃復求利？」似賢矣。然豫章王嶷傳載嶷啓言：「伏見以諸王舉貨，屢降嚴旨，少拙營生，已應上簡。府、州、郡邸舍非臣私有，今巨細所資，皆是公潤，臣私累不少，未知將來，罷州之後，或當不能不試營覓以自贍。」以嚴旨申禁之事，尚敢明文求乞，況於陰行違犯？無怪謝莊以聲實乖爽爲慮矣。劉峻兄孝廣，爲青州刺史，峻請假省之，坐私載禁物，爲有司所奏，免官。王瑩少子實，爲新安大守，實從兄來郡就求告，實與銅錢五十萬，不聽於郡及道散用。從兄密於郡市貨，還都求利。去郡數十里，實乃知，命追之。呼從兄上岸，盤頭，令卒予杖，搏頰乞原，劣得免。張暢爲南蠻校尉，遣門生荀僧寶下都，因顏竣陳義宣釁狀。僧寶有私貨，停巴陵不時下。會義宣起兵，津路斷絕，遂不得去。褚淵，或餉之鰒魚，門生有獻計賣之，已見第十九章第一節。庾仲文在尙書中，令奴沽酃酒。徐度恆使僮僕屠沽。鄧琬起兵，史言其父子並賣官粥爵，使婢僕出市道販賣，其辭蓋誣，前已辯之，然其婢僕，安知不乘時要利邪？柳世隆爲湘州，亦以在州立邸興生，爲御史所奏。當時無上無下，無內無外，可謂無不以販粥求利爲事者矣。向靖無園田商貨之業，徐勉拒與立邸、舳艫運致，見第十九章第二節。史安得不以爲美談邪？

南方如是，北方更甚。魏大和八年始班官祿，已見第十九章第三節。魏書本紀載孝文詔書云：「置官班祿，行之造，任之無禁。其御府衣服、金銀、珠玉、綾羅錦繡，大官雜器，大僕乘具，內庫弓矢，出其大半，班賚百官及京師士庶，下至工、商、皂隸，逮於六鎮戍士，各有差。此事與歷代以車服別貴賤之禁令正相反，可見其物果為衆人所能用，雖以法令禁之，亦無益。此生計之情勢使然也。隋書地理志言：魏郡雕刻之工，特云精妙。又言梁州綾錦雕鏤之妙，殆侔上國。知凡侈靡之地，富厚之邦，民間工作，亦無不精進矣。

第三節 商業

晉、南北朝之時，沿襲舊見，尚多賤視商業，發為崇本抑末之論。如晉武帝泰始五年，申戒郡國計吏、守相令長，務盡地利，禁游食商販；魏恭宗監國，欲課農功，亦禁棄本沽販，是也。詳見第一節。然商業總祇有隨時而日盛。當海宇分崩，苛政亟行之際，往來既多艱阻，稅斂又苦煩苛，故惟有勢力者便於營商。王公大臣，外至方鎮，遂多乘時要利者。雖為輿論所鄙，弗恤也。晉義陽成王望之孫奇，嘗遣使到交廣販貨，已見第十九章第二節。宋前廢帝即位，詔藩王貿貨，壹皆禁斷。沈懷文傳言：西陽王子尚等皆置邸舍，逐什一之利，為患徧天下。懷文言之，不聽。此詔蓋即為此而發，然無益也。孔覬傳云：覬弟道存，從弟徽，頗營產業。二弟請假東還，覬出渚迎之，輜重十餘船，皆是緜、絹、紙、席之屬。覬見之，偽喜，謂曰：「我比困乏，得此甚要。」因命上置岸側。既而正色謂道存等曰：「汝輩忝與士流，何至還東作賈客邪？」命左右取火燒之，燒盡乃去。當時士大夫鄙視商業之情形，可以想見。然謝莊傳言：孝武踐阼，欲弘宣風則，下節儉詔書。莊奇巧之製，來自西域者頗多。魏文欽器，疑亦西域巧工所製，以至多來自西域也。然此等奇技，惟淫侈之家，用爲玩弄，故不久而即絕。何者？閑其事者少，且千金屠龍，成亦無益，故其傳不廣也。北史元韶傳云：齊神武以孝武帝后配之，魏室奇寶，多隨后入韶家。有二玉鉢，相盛轉而不可出；馬腦榼容三升，玉縫之；皆稱西域鬼作也。此等物果何所用之邪？王濟以琉璃器貯饌享晉武帝，帝色爲不平，已見第二章第一節。晉書崔洪傳云：洪口不言貨財，手不執珠玉。汝南王亮嘗燕公卿，以琉璃鍾行酒，酒及洪，洪不執。亮問其故。對曰：「慮有執玉不趨之義。」當時之重琉璃如此，以其來自外國，難得故也。魏書大月氏傳云：世祖時，其國人商販京師，自云能鑄五色琉璃，於是采礦山中，於京師鑄之。既成，光澤乃美於西方來者。乃詔爲行殿，容百餘人，光色映徹，觀者見之，莫不驚駭，以爲神明所作。自此中國琉璃遂賤，人不復珍之。則其技曾傳入中國矣。然北史何稠傳言：稠開皇中累遷大府丞。稠博覽古圖，多識舊物。波斯嘗獻金織錦袍，組織殊麗。上命稠爲之。稠錦成，踰所獻者。上甚悅。時中國久絕琉璃作，匠人無敢措意。稠以綠瓷爲之，與眞不異。則琉璃之制，傳入未久而又絕矣。稠以博覽古圖，多識舊物而能作波斯錦，則異物之可放製者正多。然不特實物不能久存，即圖亦終歸覆瓿，則一技之傳，非成爲尋常之事，其物能供衆人之用，終必不久而旋絕耳。平心論之，其絕亦正不足惜也。

珍貴之物，果爲衆人所能用者，則始雖爲貴豪所專有，久必漸流於民間。魏書高祖紀：大和十一年十月，詔能起部無益之作，出宮人不執機杼者。（魏初綾錦，皆由宮中婢使自造，見第十一章第二節。）十一月，詔能尙方錦繡綾羅之工。四民欲此時公家銅、鐵甚乏，頗爲考工之累。銅之乏，別見第四節。晉書刑法志云：「魏國建，定甲子科，犯釱左右趾者，易以木械。是時乏鐵，故易以木焉。」南陽王模傳云：模代河間王顒鎭關中。時關中飢荒，百姓相噉，加以疾癘，盜賊公行。模力不能制，乃鑄銅人、鐘、鼎爲釜器以易穀。議者非之。模之所爲，乃以銅代鐵，可見鐵之乏矣。然乏於官者必散之民，民間之械器正可因此而益修也。晉書陶璜傳：吳用璜爲交州刺史。滕脩數討南賊，不能制。璜曰：「南岸仰吾鹽鐵，斷勿與市，皆壞爲田器。如此二年，可一戰而滅也。」脩從之，果破賊。庾翼傳言：時東土多賦役，百姓乃從海道入廣州。刺史鄧嶽大開鼓鑄，諸夷因此知造兵器。翼表陳夷人常伺隙，若知造鑄之利，將不可禁。可見鐵之多少，關係於工業者大矣。

宋書禮志云：「天子坐漆牀，居朱屋。史臣按：左傳丹桓宮之楹，何休注公羊，亦有朱屋以居，所從來久矣。漆牀亦當是漢代舊儀，而漢儀不載。疇所以必朱必漆者，其理有可言焉。夫珍木嘉樹，其品非一，莫不植根深阻，致之未易。藉地廣之資，因人多之力，則役苦費深，爲敝滋重。是以上古聖王，采椽不斲。斲之則懼刻桷彫楹，莫知其限也。哲人睎鑑微遠，杜漸防萌，知采椽不愜後代之心，不斲不爲將來之用，故加朱施漆，以傳厥後。散木凡材，皆可入用。遠探幽旨，將在斯乎？」案漢人言舜造漆器，諫者七人，其言雖不足信，可見其時尚以施漆爲侈靡之事。此則轉以爲儉矣。齊書文學傳：崔慰祖父慶緒，永明中爲梁州刺史，家財千萬。慰祖散與宗族。漆器題爲日字，日字之器，流乎遠近。則不獨宮禁用之，臣下之家亦多有之矣。可見社會生計之逐漸進步也。

者，椿笑而不答。蓋溺於宴安者，非欲遠元乂也。又云：茹皓性微工巧，多所興立，爲山於天淵池西，世宗悅之。見第十二章第一節。此等亦皆有巧思之士。若乃赫連勃勃，以叱干阿利領將作大匠，蒸土作城，錐入一寸，卽殺作者而并築之。又造五兵之器。射甲不入，卽斬弓人；如其入也，便斬鎧匠。旣成呈之，工匠必有死者。又造百鍊剛刀，爲龍雀大環，號曰大夏龍雀。復鑄銅爲大鼓、飛廉、銅仲、銅駝、龍、獸虎字避唐諱改。之屬，皆以黃金飾之，列於宮殿之前。凡殺工匠數千。此則徒爲虐殺而已。史謂阿利性尤工巧，然殘忍刻薄，殘忍刻薄誠有之，工巧或轉未必也。

爭戰之世，能造兵器者必多，蓋以趨時用也。宋書武帝紀云：大軍進廣固，卽屠大城，慕容超退保小城。於是設長圍守之。公方治攻具。城上人曰「汝不得張綱，何能爲也？」綱者，超僞尚書郎，有巧思。會超遣綱稱藩於姚興，乞師請救。綱從長安還，泰山大守申宣執送之。乃升綱於樓上，以示城內。城內莫不失色。於是使綱大治攻具。成，設諸奇巧。飛樓、木幔之屬，莫不畢備。城上火石弓矢，無所用之。此事或言之大過，然綱必機巧之士，則無疑也。陳書徐世譜傳言其領水軍，從陸法和與侯景戰，時景軍甚盛，世譜乃別造樓船、拍艦、火舫、水車，以益軍勢。高祖之拒王琳，水戰之具，悉委世譜。世譜性機巧，諳解舊法。所造器械，並隨機損益，妙思出人。其巧思亦未必遜於張綱矣。北齊書方技傳云：綦母懷文造宿鐵刀。其法燒生鐵精，以重柔鋌，數宿則成剛。以柔鐵爲刀脊，浴以五牲之溺，淬以五牲之脂，斬甲過三十札。今襄國冶家所鑄宿柔鋌，乃其遺法。作刀猶甚快利，但不能截三十札也。此製當尚勝於叱干阿利之百鍊剛刀也。魏書食貨志云：鑄鐵爲農器、兵刃，在所有之。然以相州牽口冶爲工，故常鍊鍛爲刀，送於武庫。可見魏於兵器，亦甚留意矣。

乖，時致諍競。積六載乃成。始班賜百官冠服之成，少游有效焉。後於平城將營大廟、大極殿，遣少游乘傳詣洛，量準魏、晉基址。後爲散騎侍郎，副李彪使江南。齊書魏虜傳，謂孝文議遷都洛京，於永明九年，遣李道固、蔣少游報使。少游有機巧，密令觀京師宮殿楷式。淸河崔元祖啓世祖曰：「少游臣之外甥，特有公輸之思。宋世陷虜，處以大匠之官。今爲副使，必欲模範宮闕。豈可令氈鄉之鄙，取象天宮？臣謂且留少游，令使主反命。」世祖以非通和意，不許。然則少游是行，乃專爲窺覘宮殿來也。少游傳又云：高祖修船乘，以其多有思力，除都水使者。遷前將軍，兼將作大匠，仍領水池湖泛戲舟檝之具。及華林殿治，修舊增新；改作金墉門樓；皆所措意，號爲妍美。又爲大極立模範，與董爾、王遇等參建之，皆未成而卒云。

此外巧思之士，如南朝之張永，已見第八章第七節。晉書石季龍載記云：季龍游於戲馬觀，觀上安詔書，五色紙在木鳳之口，鹿盧回轉，狀若飛翔焉。南史齊本紀云：東昏侯始欲騎馬，未習其事，俞靈韻爲作木馬，人在其中，行動進退，隨意所適。其後遂爲善騎。陳書長沙王叔堅傳，言其刻木爲偶人，衣以道士之服，施機關，能拜跪，晝夜於日月下醮之，呪詛於上。此皆能爲機捩者。又孫瑒傳，言其巧思過人，爲起部尙書，軍國器械，多所創立。魏書術藝傳云：高宗時，郭善明甚機巧。北京宮殿，多其制作。高祖時，靑州刺史侯文和，亦以巧聞。爲要舟，水中立射。世宗、肅宗時，豫州人柳儉，殿中將軍關文備、郭安興並機巧。洛中製永寧寺九層佛圖，安興爲匠也。恩幸傳云：王叡子椿，雅有巧思。凡所營製，可爲後法。正光中，元乂將營明堂、辟雍，欲徵椿爲將作大匠。椿聞而以疾固辭。椿僮僕千餘，園宅華廣，聲伎自適，無乏於時。或有勸椿仕世祖親自臨視。又特善算，注九章，造綴述數十篇。沖之之才，蓋誠能利物前民者。建武中，明帝使巡行四方，興造大業可以利百姓者，可謂用當其材，而會連有軍事，事竟不行，惜矣。南史云：沖之子暅之，少傳家業，究極精微。亦有巧思。入神之妙，般、倕無以過也。當其詣微之時，雷霆不能入。嘗行遇僕射徐勉，以頭觸之，勉呼乃悟。父所改何承天曆，時尚未行，梁天監初，暅之更修之，始行焉。暅之子皓，少傳家業，善算曆。可謂世濟其美矣。梁書江革傳：革爲鎭北豫章王長史。魏徐州刺史元法僧降附，革被敕隨府，王鎭彭城。城既失守，革素不便馬，乃泛舟而還，途經下邳，遂爲魏人所執。魏徐州刺史元延明，聞革才名，厚加接待。革稱患腳不拜。延明將加害焉，見革辭色嚴正，更相敬重。時祖暅同被拘執，延明使暅作欹器、漏刻銘。革罵暅曰：「卿荷國厚恩，已無報答，今乃爲虜立銘，孤負朝廷？」延明聞之，乃令革作丈八寺碑、并祭彭祖文。革辭以囚執既久，無復心思。延明逼之逾苦，將加箠撲。革厲色而言曰：「江革行年六十，不能殺身報主，今日得死爲幸，誓不爲人執筆。」延明知不可屈，乃止。日給脫粟三升，僅餘性命。値魏主討中山王元略反北，乃放革及祖暅還朝。祖暅巧矣，江革之氣節，尤國之寶也。

北方有巧思者，當以蔣少游爲最。魏書術藝傳云：少游，樂安博昌人。慕容白曜之平東陽，見俘，入於平城，充平齊戶。後配雲中爲兵。性機巧，頗能畫刻，有文思。遂留寄平城，以傭寫書爲業，而名猶在鎭。後被召爲中書寫書生，與高聰俱依高允。允愛其文用，遂並薦之，與聰俱補中書博士。騾被引命，屑屑禁闥，以規矩刻繢爲務。因此大蒙恩錫，超等備位，而亦不遷陟也。及詔尚書李沖與馮誕、游明根、高閭等議定衣冠於禁中，少游巧思，令主其事。亦訪於劉昶。二意相中國於工業，不甚重視，然巧思之士，亦歷代有之。在晉、南北朝之世，似當以祖沖之爲巨擘。齊書沖之傳云：初宋武平關中，得姚興指南車，有外形而無機巧，每行使人於內轉之。昇明中，大祖輔政，使沖之追修古法。沖之改造銅機，圜轉不窮，而司方如一。馬鈞以來未有也。時有北人索馭驎者，亦云能造指南車。大祖使與沖之各造，使於樂游苑對共校試，而頗有差僻，乃毀焚之。案劉休傳云：宋末，上造指南車，以休有思理，使與王僧虔對共監試，則休亦必有巧思。索馭驎之智巧，未知視沖之如何。其所爲雖無成，然若沖之因姚興成制，而馭驎無所因循，則其制作實較沖之爲難，不得以成敗爲優劣也。沖之傳又云：永明中，竟陵王子良好古，沖之造欹器獻之。南史同，而上多「晉時杜預有巧思，造欹器，三改不成」十四字，下多「與周廟不異」五字。案晉書預傳云：周廟欹器，至漢東京，猶在御坐。漢末喪亂，不復存，形制遂絕。預創意造成，奏上之。帝甚嘉歎焉。預所作若無成，必無由奏上；又周器形制無存，沖之所作，後人安知其同異？南史蓋雜采衆說而失之也。周書薛憕傳云：大統四年，宣光清徽殿初成，憕爲之頌。魏文帝又造二欹器：一爲二仙人共持一鉢，同處一盤。鉢蓋有山，山有香氣。一仙人又持金瓶，以臨器上。以水灌山，則出於瓶而注乎器。煙氣通發山中，謂之仙人欹器。一爲二荷，同處一盤，相去盈尺。中有蓮，下垂器上。以水注荷，則出於蓮而盈乎器。爲鳧鴈、蟾蜍以飾之，謂之水芝欹器。二盤各處一牀。鉢圓而牀方，中有人，言三才之象也。皆置清徽殿前。器形似觥而方，滿則平，溢則傾。憕各爲作頌。魏文欹器，必非古制。杜預所作，宋末蓋亦已無存，沖之乃又以意創爲之也。沖之傳又云：以諸葛亮有木牛流馬，乃造一器，不因風水，施機自運，不勞人力。又造千里船，於新亭江試之，日行百餘里。於樂游苑造水碓磨，出銀。又俚民皆巢居鳥語，不閑貨易之宜，每至買銀，爲損已甚。又稱兩受入，易生姦巧，山俚愚弱，不辨自伸。官所課甚輕，民以所輸爲劇。今若聽計丁課米，公私兼利。」礦課之詒累於民，及其有名無實如此。北朝礦利，亦極微末。魏書食貨志云：世宗延昌三年春，有司奏長安驪山有銀礦，二石得銀七兩。其年秋，恒州又上言：白登山有銀礦，八石得銀七兩，錫三百餘斤。詔並置銀官，常令采鑄。又漢中舊有金戶三千餘家，常於漢水沙淘金，年終總輸。後臨淮王彧爲梁州刺史，奏罷之。又云：熙平二年冬，尚書崔亮奏恆農郡銅青谷有銅礦，計一斗得銅五兩四銖。葦池谷礦，計一斗得銅五兩。鸞帳山礦，計一斗得銅四兩。河內郡王屋山礦，計一斗得銅八兩。南青州苑燭山、齊州商山，並是往昔銅官，舊迹見在。謹案鑄錢方興，用銅處廣，既有冶利，並宜開鑄。詔從之。然亦徒因此而致私鑄繁興而已，見第四節。

此時農學，亦極衰微。隋書經籍志載農家之書五種：氾勝之書二卷，四人月令一卷，後漢崔寔撰。尚皆漢人之作。禁苑實錄一卷，不著撰人名字。惟齊民要術十卷，爲後魏賈思勰撰。春秋濟世六常擬議五卷，揚瑾撰。瑾始末不詳，或亦此時人也。志又云：梁有陶朱公養魚法、卜式養羊法、養豬法、月政畜牧栽種法各一卷，亡。通志藝文略食貨家養類：卜式月政畜牧栽種法一卷。姚振宗隋書經籍志考證云：此蓋承上文亦以爲卜式書，未必眞有依據也。案此三書及氾勝之書、四民月令、齊民要術皆引之，蓋其書采摭頗博。賈思勰固當時農學一大家也。前世農書傳於後世完好者，今亦以此書爲最古。

第二節 工業

啓發，轉在其先者？溝洫之修舉實爲之，溝洫廢而水災興，隋、唐以後，北方遂仰給於江、淮矣，此古今升降之一大端也。而其轉移實在晉南北朝之世，喪亂與民生之關繫，豈不大哉？然南方水利，雖云得天獨厚，人工亦未嘗廢，觀會稽民丁，無士庶皆保塘役；揚、南徐二州橋桁、塘埭，亦有丁功可知。見第十九章第二節。世豈有專恃天惠之事乎！又晉世水碓之利頗大。張方決千金堨，水碓皆涸，見第三章第三節。實爲常山覆敗之因，可見其與民生相關之切。然多爲豪强所擅，石崇之敗，有司簿閱其貲產，水碓至三十餘區是也。見第十九章第二節。晉書魏舒傳，言其遲鈍質朴，不爲鄉親所重，從叔父吏部郎衡，有名當世，亦不之知，使守水碓。可見豪貴之擅此者頗多，細民亦必不免受其剝削矣。南方則似無此利，故至祖沖之始創爲之，而後亦不聞其推行也，見下節。

礦業當此時代，實極衰微。南北朝之世，所以迄欲鑄錢而終不能善者，銅之乏實爲其大原，別見第四節。齊書劉悛傳：悛於永明八年啓武帝，言「南廣郡界蒙山下，有城名蒙城，有燒鑪四所。從蒙城渡水南百許步，平地掘土深二尺得銅。又有古掘銅阬，其地即秦之嚴道，漢文帝賜鄧通鑄錢之處。近喚蒙山獠出，云甚可經略。此議若立，潤利無極。」上從之，遣使入蜀鑄錢，得千餘萬，功費多，乃止。南朝因鑄錢而開礦之事，惟此一見而已。宋書良吏傳：徐豁於元嘉初爲始興太守，三年，遣大使巡行四方，幷使郡縣各言損益，豁因此表陳三事，其二曰：「郡領銀民三百餘戶，鑿阬采砂，皆二三丈，功役既苦，不顧崩壓，一歲之中，每有死者。官司檢切，猶致逋違，老少相隨，永絕農業，千有餘口，皆貧他食，尋臺邸用米，不異於銀，謂宜准銀課米，即事爲便。」其三曰：「中宿縣俚民課銀，一子丁輸南銀半兩，尋此縣自不可見疏食、漁、獵之利，亦與民生相關非淺矣。

喪亂之際，水利多不修舉，此與農事，所關最大。晉書苻堅載記言：堅以關中水旱不時，議依鄭、白故事，發其王侯已下及豪望富室僮隸三萬人，開涇水上源，鑿山起隄，通渠引瀆，以溉岡鹵之田。及暮而成，百姓賴其利。魏書高祖紀：大和十二年五月，詔六鎭、雲中、河西及關內六郡各修水田，通渠溉灌。十三年八月，詔諸州鎭有水田之處各通溉灌，遣匠者所在指授。此等政令，其效如何不可知，然卽以政令論，南北朝之世，亦不多見也。周書武帝紀：保定二年正月，初於蒲州開河渠，同州開龍首渠，以廣灌溉。此事當較有實際。魏書崔楷傳：楷因冀、定數州，頻遭水害，上疏曰：「自比定、冀水潦，無歲不飢；幽、瀛川河，頻年汎溢。豈是陽九厄會，百六鍾期，故以人事而然，非爲運極。」欲「量其逶迤，穿鑿涓澮，分立隄堨，所在疏通，豫決其路，令無停蹙。隨其高下，必得地形。土木參功，務從便省。使地有金隄之堅，水有非常之備。鉤連相注，多置水口，從河入海，遠邇逕過，瀉其墝潟，泄此陂澤。九月農罷，量役計功。十月昏正，立匠表度。縣遣能工，麾畫形勢。郡發明使，籌察可不。審地推岸，辨其脈流。樹板分崖，練厥從往。別使案檢，分部是非。瞰睇川原，明審通塞。當境修治，不勞役遠。終春自罷，未須久功。卽以高下營田，因於水陸。水種秔稻，陸蓺桑麻。必使室有久儲，門豐餘積。其實上葉禦災之方，亦爲中古井田之利。卽之近事，有可比倫。江、淮之南，地勢洿下。雲雨陰霖，動彌旬月。遙途遠運，惟有舟艫。南畝畬菑，微事耒耜。而衆庶未爲饉色，黔首罕有飢顏。豈天德不均，致地偏罰？故是地勢異圖，有茲豐餒。」後世論者，每謂興水利卽所以除水害，故溝洫實爲治水要圖，楷之所論，已先發其義矣。河域水利，不如江域之饒，而文明河南北千里爲牧地，事尋施行，今之馬場是也。及從代移雜畜於牧所，福善於將養，並無損耗。」以吾民衣食所資之地曠爲異族之牧場，使得游牝其間，厚其力以猾夏，亦可哀矣。南北兵事之利鈍，步騎之不敵，實爲其大原因；南方欲圖恢復，必有精騎以與虜決勝於中原，說已見第八章第七節及第十一章第四節。隋書賀婁子幹傳言：高祖以隴西頻被寇掠，甚患之。彼俗不設村塢，勅子幹勒民爲堡，營田積穀，以備不虞。子幹上書曰：「隴西、河右，土曠民希，邊境未寧，不可廣爲田種。比見屯田之所，獲少費多，虛役人功，卒逢踐暴。屯田疏遠者，請皆廢省。隴右之民，以畜牧爲事，若更屯聚，彌不獲安。祇可嚴謹斥堠，豈容集聚人畜？請要路之所，加其防守。但使鎮戍連接，烽堠相望，民雖散居，必謂無慮。」高祖從之。案游牧之民，所以難於制馭者，以其遷徙易，不易根剿，而其來犯又極飄忽故也。我之所業與彼同，則不足爲憚。淮上之地，既易爲虜所擾，耕鑿難安，曷不制其表爲牧地，養馬以備與虜馳驅乎？此古人未發之策，然言國防者似可參證也。

山澤之利，雖已不可專恃，然亦有時而相需甚殷。杜預咸寧三年疏曰：「當今秋夏疏食之時，而百姓已有不贍。前至冬春，野無靑草，則必指仰官穀，以爲生命。此乃一方之大事，不可不豫爲思慮者也。臣愚謂既以水爲困，當恃魚、菜、螺、蜯，而洪波氾濫，貧弱者終不能得。今者宜大壞兗豫州東界諸陂，隨其所歸而宣導之。交令饑者盡得水草之饒。百姓不出境界之內，旦暮野食，此目下日給之益也。」石季龍載記言：其時衆役繁興，軍旅不息，加以久旱；穀貴，金一斤直米二斗。使令長率丁，隨山澤采橡、捕魚，以濟老弱。北齊書盧潛傳言：高元海執政，斷漁獵，而淮南人家無以自資。

傳：大和十一年，京都大飢。麒麟表陳時務曰：「今京師民庶，不田者多。遊食之口，三分居二。一夫不耕，或受其飢，況於今者，動以萬計？自承平日久，豐穰積年，競相矜夸，遂成侈俗。車服第宅，奢僭無限。喪葬婚娶，爲費日多。貴富之家，童妾袨服；工商之族，玉食錦衣。農夫餔糟糠，蠶婦乏短褐。故令耕者日少，田有荒蕪。穀帛罄於府庫，寶貨盈於市里，衣食匱於室，麗服溢於路。飢寒之本，實在於斯。」以魏所兢兢留意之畿內，而其情形至於如此，虜之所謂農政者可知矣。

畜牧之利，北方確較南土爲饒，此則地利爲之也。魏書食貨志所言道武破劉衞辰所收馬、牛、羊之數，蓋張侈之辭。然爾朱榮傳，言其家世富有，牛、羊、駝、馬，色別谷量；見第十二章第四節。北齊書神武帝紀：神武初見榮，說曰：「聞公有馬十二谷，色別爲羣，將此竟何用也？」案此所記神武初見榮時事，皆飾說不足信，然緣飾之辭，亦必揣度當時情勢而爲之，謂榮多馬，則不誣也。又廣陽王深傳，言其刺恆州，多所受納，政以賄成，私家有馬千匹者，必取百匹，可見北方之馬實多。北齊書盧潛傳言：時敕送突厥馬數千匹於揚州管內，令土豪貴買之。錢直始入，便出敕括江、淮間馬，盡送官廄。由是百姓騷擾，切齒嗟怨。又可見南方之馬，多來自北方也。魏之服高車，徙諸漠南，此於魏之牧政，裨益甚大，詳見第八章第三節。食貨志云：泰常六年，詔六部民，羊滿百口，調戎馬一匹。亦可見北族牧利之饒。志又云：「世祖之平統萬，定秦隴，以河西水草善，乃以爲牧地。畜產滋息，馬至二百餘萬匹，橐駝將半之，牛、羊則無數。高祖即位之後，復以河陽爲牧場，恆置戎馬十萬匹，以擬京師軍警之備。每歲自河西徙牧并州，以漸南轉，欲其習水土而無死傷也。而河西之牧彌滋矣。正光以後，天下喪亂，遂爲羣盜所盜掠焉。」案孝文南遷，主牧事者爲宇文福。福傳言：孝文「敕其檢行牧馬之所。福規石濟以西，河內以東，拒黃八部帥以監之。勸課農耕，量校收入，以爲殿最。自後比歲大熟，匹中八十餘斛。是時戎車不息，雖頻有年，猶未足以久贍矣。大宗永興中頻有水旱，神瑞二年又不熟，京畿之內，路有行饉。帝以饑，將遷都於鄴，用博士崔浩計，乃止。於是簡尤貧者就食山東。敕有司勸課留農者，自是民皆力勤，故歲數豐穰，畜牧滋息。世祖屢親戎駕，而委政於恭宗。眞君中，恭宗下令，修農職之教，此後數年之中，軍國用足矣。恭宗紀言其制：有司課畿內之民，使無牛家以人力相貿，墾殖鋤耨。其有牛家與無牛家一人種田二十二畝，償以私鋤功七畝，如是爲差。至與小老無牛家種田七畝，小老者償以鋤功二畝。皆以五口下貧家爲率。各列家別口數，所勸種頃畝，明立簿目。所種者於地首標題姓名，以辨種殖之功。又禁飲酒、雜戲、棄本沽販者。此等煩碎之政令，安能及於閭閻而收實效？史云「墾田大爲增闢」，亦不過緣飾之辭耳。高祖紀：延興三年二月，詔「牧守令長，勤率百姓，無令失時。同部之內，貧富相通。家有兼牛，通借無者，若不從詔，一門之內，終身不仕。守宰不督察，免所居官。」大和元年正月，詔「牧民者若輕有徵發，致奪民時，以侵擅論。民有不從長教，惰於農桑，加以罪刑。」三月，詔曰：「去年牛疫，死傷大半，耕墾之利，當有虧損。今東作既興，人須肄業。其敕所在督課田農。有牛者加勤於常歲，無牛者倍庸於餘年。一夫制治田四十畝，中男二十畝。無令人有餘力，地有遺利。」四年四月，詔「今農時要月，百姓肆力之秋，而愚民陷罪者衆，宜隨輕重決遣，以赴耕耘。」五年五月，又詔「農時要月，民須餘力，其敕天下，勿使留獄久囚。」案魏本一小部落，後來雖藉兵力，竊據中原，然實不知治體，其政令亦不甚能行，故至恭宗勸農，所留意者，仍不過畿內；至高祖世，乃懃懃誥誡牧守，然以魏吏治之壞，此等空言，又豈能有驗邪？韓麒麟又范紹傳言：世宗時，有南討之計，發河北數州田兵二萬五千人，通緣淮戍兵，廣開屯田。八坐奏紹爲西道六州營田大使，加步兵校尉。紹勤於勸課，頻歲大獲。虜爲之能收其利，而謂我不能爲之哉？

北方諸胡，知留心農事者蓋寡，惟苻堅晉書載記言其曾以境內旱，課百姓區種。又慕容皝以牧牛給貧家田苑中，已見上章第三節。案封裕言：「自永嘉喪亂，百姓流亡，中原蕭條，千里無煙，飢寒流隕，相繼溝壑。先王以神武聖略，保全一方，故九州之人，塞表殊類，襁負萬里，若赤子之歸慈父，流人之多舊土，十倍有餘，人殷地狹，故無田者十有四焉。」則當時流民之入遼西者甚衆。皝不能撫綏之，乃重征之以要利，亦可謂無遠略矣，然較之劉、石等之徒知虐取者，尚較愈也。慕容寶載記言：遼川先無桑，及廆通於晉，求種江南，平州桑悉由吳來。馮跋載記云：跋勵意農桑，勤心政事。乃下書省徭薄賦，惰農者戮之，力田者褒賞，命尚書紀達爲之條制。又下書曰：「今疆宇無虞，百姓寧業，而田畝荒穢，有司不隨時督察，欲令家給人足，不亦難乎？桑柘之益，有生之本。此土少桑，人未見其利。可令百姓：人殖桑一百根，柘二十根。」此等皆較能留心民事者，然十六國中，殊不多見也。

魏起陘北，至道武之世，乃知留心農事。魏書食貨志言：大祖經略之先，以食爲本，使東平公儀墾闢河北，自五原至於棝陽塞外爲屯田。初登國六年，破衞辰，收其珍寶、畜產，名馬三十餘萬，牛羊四百餘萬，漸增國用。既定中山，分徙吏民及徒河種人工技巧十萬餘家，以充京都。各給耕牛，計口授田。紀在天興元年。案明元永興五年，亦徙二萬餘家於大寧，計口授田。蓋北方土曠，故能如是也。天興初，制定京邑，東至代郡，西及善無，南極陰館，北盡參合，爲畿內之田，其外四方、四維，置、然荆揚雖云殷盛，而淮南北之地，則極荒蕪，此於恢復之無成，所關亦大。齊書徐孝嗣傳云：是時建武。連年虜動，軍國虛乏。孝嗣表立屯田曰：「竊見緣淮諸鎮，皆取給京師，費引既殷，漕運艱澀。聚糧待敵，每苦不圖。利害之基，莫此爲甚。臣比訪之故老，及經彼宰守，淮南舊田，觸處極目。陂遏不脩，咸成茂草。平原陸地，彌望尤多。今邊備既嚴，戍卒增衆，遠資餽運，近費良疇，士多飢色，可爲嗟歎。愚欲使刺史、二千石，躬自履行，隨地墾闢。精尋灌漑之源，善商肥确之異。州、郡、縣、戍主帥以下，悉分番附農。今水田既晚，方事菽、麥，菽、麥二種，益是北土所宜，彼人便之，不減粳稻，開創之利，宜在及時。所啓允合，請卽使至徐、兗、司、豫，爰及荆、雍，各當境規度，勿有所遺。別立主曹，專司其事。田器、耕牛，臺詳所給。歲終殿最，明其刑賞。此功克舉，庶有弘益。若緣邊足食，則江南自豐。權其所饒，略不可計。」事御見納。時帝已寢疾，兵事未已，竟不施行。史臣論之曰：「江左以來，不暇遠策。王旅外出，未嘗宿飽。四郊嬰守，懼等松鶴。縣兵所救，經歲引日。淩風泙水，轉漕艱長。傾窖民之儲，盡倉敖之粟。流馬木牛，尙深前弊。田積之要，惟在江、淮。郡國同興，遠不周急。故吳氏列戍南濱，屯農水右；魏世淮北大佃，而石橫開漕，皆輔車相依，易以待敵。孝嗣此議，殆爲空陳，惜矣。」可見屯田之策，於恢復之圖，所關實大也。魏書薛虎子傳：虎子以大和四年，爲彭城鎭將。上表言：「在鎭之兵，不減數萬。資糧之絹，人十二匹。卽自隨身，用度無準。未及代下，不免飢寒。徐州左右，水陸壤沃。淸、汴通流，足盈激灌。其中良田，十餘萬頃。若以兵絹市牛，分減戍卒，計其牛數，足得萬頭。興力公田，必當大獲粟稻。一歲之中，且給官食。半兵耕植，餘兵尙衆，且耕且守，不妨捍邊。一年之收，過於十倍之絹。暫時之耕，足充數載之食。於後兵資，惟須內庫。五稔之後，穀、帛俱溢。」高祖納之。

東渡以後，荊、揚二州農業大盛。此蓋社會生計自然之演進，而政府之南遷，或亦有以促之也。宋書孔靖傳論曰：「江南之爲國盛矣，雖南包象浦，西括邛山，至於外奉貢賦，內充府實，止於荊、揚二州。自漢氏以來，民戶彫耗，荊楚四戰之地，五達之郊，井邑殘亡，萬不餘一也。自元熙十一年，馬休之外奔，至於元嘉末，三十有九載，兵車弗用，民不外勞，役寬務簡，氓庶繁息，至餘糧棲畝，戶不夜扃，蓋東西之極盛也。既揚部分析，境極江南，考之漢域，惟丹陽、會稽而已。自晉氏遷流，迄於大元之世，百許年中，無風塵之警，區域之內晏如也。及孫恩寇亂，殲亡事極。自此以至大明之季，年踰六紀，民戶繁育，將曩時一矣。地廣野豐，民勤本業，一歲或稔，則數郡忘飢。會土帶海傍湖，良疇亦數十萬頃，膏腴上地，畝直一金，鄠、杜之閒，不能比也。荊城跨南楚之富，揚部有全吳之沃，魚、鹽、杞梓之利，充牣八方，絲、緜、布帛之饒，覆衣天下。」據其說，農事之最盛者，實今兩湖閒沼澤之區，及江、浙閒之大湖流域也。陳書裴忌傳：高祖誅王僧辯，僧辯弟僧智舉兵據吳郡。高祖遣黃他攻之，不能克。高祖謂忌曰：「三吳奧壤，舊稱饒沃，雖凶荒之餘，猶爲殷盛，而今賊徒扇聚，天下搖心，非公無以定之，宜善思其策。」忌乃勒部下精兵，襲據吳郡。又沈君理傳：高祖受禪，出爲吳郡太守。是時兵革未寧，百姓荒弊，軍國之用，咸資東境。君理招集士卒，脩治器械，民下悅附，深以幹理見稱。韋載之策齊軍曰：「若分兵先據三吳之路，略地東境，則時事去矣。可急於淮南築城，以通東道運輸。」詳見第十三章第五節。此策於高祖之成功，所關實大。凡此，皆可見當時之財富，惟東土是資也。侯景亂後尚如此，況於平時哉？而荊楚自東渡以來，即能以其獨力，捍禦北虜；庾翼、桓溫等，且能因乘時會，震撼北方；亦必非徒以其兵甲之精也。實業之有造於國，詎不大哉？

之陂處皆陸業也。其或有舊陂、舊堨，則堅完修固，非今所謂當爲人害者也。臣前見尚書胡威啓宜壞陂，其言懇至。中者又見宋侯相應遵上便宜，求壞泗陂，徙運道。時下都督度支共處，各據所見，不從遵言。遵縣領應佃二千六百口，可謂至少，而猶患地狹，不足肆力，此皆水之爲害也。當所共恤，而都督度支方復執異，人心所見既不同，利害之情又有異。軍家之與郡縣，士大夫之與百姓，其意莫有同者。皆偏其利以忘其害。此理之所以未盡，而事之所以多患也。臣又案豫州界二度支所領佃者，州郡大軍雜士，凡用水田七千五百餘頃耳，計三年之儲，不過二萬餘頃。以常理言之，無爲多積無用之水。況於今者水潦瓮溢，大爲災害？宜發明詔，敕刺史二千石，其漢氏舊陂、舊堨，及山谷私家小陂，皆當修繕以積水。其諸魏氏以來所造立，及諸因雨決溢蒲葦、馬腸陂之類，皆決瀝之。」觀此，而當時豪民、田官，各恤其私，不顧大局之情形可見矣。利於此而害於彼，而害且餘於其利，農業安得而興？三也。傅玄言：「先帝統百揆，分河隄爲四部，并本凡五謁者，以水功至大，與農事並興，非一人所周故也。今謁者一人之力，行天下諸水，無時得徧。伏見河堤謁者車誼不知水勢，宜轉爲他職，更選知水者代之。分爲五部，使各精其方宜。」此在當日，實爲當務之急，然未聞武帝能行之。而齊獻王言：「今地有餘羨，而不農者衆，加附業之人，復有虛假。宜嚴敕州郡，檢諸虛詐害農之事，督實南畝，考績黜陟，畢使嚴明。」傅玄言：「昔漢氏以墾田不實，徵殺二千石以十數。臣愚以爲宜申漢氏舊典，以警戒天下，郡縣皆以死刑督之。」束晳言：「今天下千城，人多游食，廢業占空，無田課之實。較計九州，數過萬計。可申嚴此防，令監司精察，一人失課，負及郡縣。」徒欲以操切之政，責諸守令而已，而不知勸課之效，非徒守令所能爲也，亦何益哉？

方術。喪過三年，得馬八匹，輿柩至冢。隱逸傳言：郭文，河內軹人。洛陽陷，步擔入吳興餘杭大滌山中窮谷無人之地，倚木於樹，苫覆其上而居焉。區種菽麥，採竹葉、木實，貿鹽以自供。食有餘穀，輒恤窮匱。皆可見耕作精者收效之宏。然土曠人希之時，農民每好多占頃畝，官家所課之田，又以頃畝多少爲黜陟，督課者遂務虛張其數以爲功；而甫田維莠之弊作矣，二也。又豪强占奪，屯官亦各恤其私，疆理之道，遂至不得其宜。束皙傳：時欲廣農，皙上議，以爲「州司十郡，土狹人繁，三魏尤甚。皙又言：「昔魏氏徙三郡人在陽平、頓丘界，今者繁盛，合五六千家。二郡田地逼狹，謂可遷徙西州，以充邊土。」則當時以大體言之，雖苦土滿，而土狹人繁之弊，仍在所不免，此皆調劑之未得其宜也。而猪、羊、馬牧，布其境內。宜悉破廢，以供無業。業少之人，雖頗割徙，在者猶多。田諸苑牧，不樂曠野，貪在人閒，故謂北土不宜畜牧。此誠不然。可悉徙諸牧，使馬、牛、猪、羊，齕草於空虛之田；游食之人，受業於賦給之賜。」是當時曠良田以爲牧場也。又言：「汲郡之吳澤，良田數千頃，泞水停洿，人不墾殖。聞其國人，皆謂通泄之功，不足爲難；舄鹵成原，其利甚重；而豪彊大族，惜其魚、蒲之饒，搆說官長，終於不破。謂宜復下郡縣，以詳當今之計。荆、揚、兗、豫，汙泥之土，渠塢之宜，必多此類。宜詔四州刺史，使謹按以聞。」食貨志載杜預咸寧三年疏，言「今者水災，東南特劇。下田所在停汙，高地皆多磽瘠。宜大壞兗、豫州東界諸陂，隨其所歸而宣導之。」又言：「諸欲修水田者，皆以火耕水耨爲便；此事施於新田草萊，與百姓居相絕離者耳。往者東南草創人希，故得火田之利。自頃戶口日增，而陂堨歲決，良田變生蒲葦，人居沮澤之際，水陸失宜。放牧絕種，樹木立枯，皆陂之害也。陂多則土薄水淺，潦不下潤。故每有水雨，輒復橫流，延及陸田。言者不思其故，因云此土不可陸種。臣計漢之戶口，以驗今

第二十章 晉南北朝實業

第一節 農業

後漢之末，九州雲擾，農業大喪，一時較能自立者，皆恃屯田，已見秦漢史第十六章第一節。晉初開創，於農業仍甚留意，蓋時勢使然也。石苞傳：苞爲司徒，奏「州郡農桑，未有賞罰之制，宜遣掾屬巡行，均其土宜，舉其殿最，然後黜陟。」詔即使司徒督察州郡播殖，若宜有所循行者，其增置掾屬十人，聽取王官吏練事業者。扶風王駿代汝南王亮鎭關中，勸督農桑，與士卒分役，己及寮佐，并將帥兵士等，人限田十畝，具以表聞。詔遣普下州縣，使各務農事。此等舉措，具見一時君若臣之屬望於農。然其行之之效，終不能副其所期，何哉？官田收租大重，而民不勸一也。見第十九章第三節。傅玄言：「耕夫務多種而耕暵不熟，徒喪功力而無收。」又言「古以步百爲畝，今以二百四十步爲畝，齊民要術雜說篇言：齊地大畝爲一頃三十五畝，則當時北方畝制，亦不盡一。所覓過倍。近魏初課田，不務多其頃畝，但務修其功力，故白田收至十餘斛，水田收十斛。自頃以來，日增頃畝之課，田兵益甚，功不能修理，至畝數斛以還，或不能償種。」玄爲御史中丞時陳便宜之語。案武帝即位，段灼上疏追理鄧艾，言其爲區種之法，手執耒耜，率先將士，而食貨志稱其屯田之效曰：東南有事，大軍出征，資食有儲。郤詵傳：言詵母病苦無車，及亡，家貧無以市馬，乃於所住堂北壁假葬，養雞種蒜，竭其民。梁書武帝紀：普通二年正月，輿駕親祀南郊，詔曰：「凡民有單老孤稚，不能自存者，郡縣咸加收養，贍給衣食，每令周足，以終其身。又於京師置孤獨園，孤幼有歸，華髮不匱，若終年命，厚加料理。尤窮之家，勿收租賦。」南平王偉傳云：性多恩惠，尤愍窮乏。常遣腹心左右，歷訪閭里人士，其有貧困吉凶不舉者，卽遣贍卹之。太原王曼穎卒，家貧無以殯斂。友人江革往哭之，其妻兒對革號訴。革曰：「建安王當知，必爲營理。」言未訖而偉使至。給其喪事，得周濟焉。每祁寒、積雪，則遣人載樵米，隨乏絕者卽賦給之。南史昭明太子傳云：每霖雨、積雪，遣腹心左右，周行閭巷，視貧困家，及有流離道路，以米密加振賜，人十石。又出主衣絹帛，年常多作襦袴，各三千領，冬月以施寒者，不令人知。若死亡無可斂，則爲備棺槥。梁宗室傳：始興王憺子暎，爲北徐州刺史，嘗載粟帛遊於境內，遇貧者卽以振焉。此皆以布施行小惠。魏書高祖紀：大和二十一年九月，詔曰：「可敕司州洛陽之民，年七十已上無子孫，六十已上無朞親，貧不自存者，給以衣食；及不滿六十，而有廢痼之疾，無大功之親，窮困無以自療者，皆於別坊遣醫救護，給醫師四人，豫請藥物以療之。」其意亦與梁普通二年之詔同也。惠而不知爲政，天下之人，豈能耕而食之，績而衣之邪？然如北齊後主武平七年正月，詔「去秋已來，水潦人饑，不自立者，所在付大寺及諸富戶濟其性命」，以操切之道行之，其無濟於事而易以滋弊，抑更不待言矣。

至其西沮田舍，有沙門造之乞，元起有稻幾二千斛，悉以施之。此等皆徒爲豪舉，其所惠實不出於宗族、故舊之閒，不則所識窮乏者得我耳，眞能爰及矜人者鮮矣。其所施較廣者：宋徐耕，元嘉二十一年大旱，民飢，詣縣陳辭，以千斛助官振貸。嚴成、王道蓋，大明八年東土饑旱，各以穀五百斛助官振卹。吳明徹，侯景寇京師，天下大亂，明徹有粟麥三千餘斛，而鄰里飢餒，乃白諸兄曰：「當今草竊，人不圖久，奈何有此而不與鄉家共之？」於是計口平分，同其豐儉。李士謙，躬處節儉，每以振施爲務。年饑，罄家財爲之糜粥，賴以全活者萬計。收埋骸骨，所見無遺。至春，又出田糧種子，分給貧乏。凶年散穀至萬餘石，合諸藥以救疾癘。如此積三十年。此則足當任卹之目者邪？然亦非有力者不能爲也。若乃崔懷愼，孤貧特立，宗黨哀之，日斂給其升米；沈約少孤貧，干宗黨，得米數百斛；此則合衆人之力以濟一人，眞爲平民之互相救恤者矣。

振卹之政，古代本有恆典，爰及後世，事多廢墜。其新起者，則多溺於佛說，欲事佈施。此固不失慈愛之意，然小惠不徧，執政權者不能修明舊典，而惟小惠是務，實不能無譏焉。宋書禮志云：「漢安帝元初四年詔曰：月令仲秋養衰老，授几杖，行糜粥。方今八月按比，方時郡縣，多不奉行，雖有糜粥，糠秕泥土相和，半不可飲食。按此詔，漢時猶依月令施政事也。」讀此文而知宋時此等政事，無復存焉者矣。魏書釋老志：曇曜奏平齊戶及諸民，有能歲輸粟六十斛入僧曹者，即爲僧祇戶，粟爲僧祇粟，至於儉歲，振給飢民。其意蓋欲以僧曹行振卹之政。然中國佛寺權力之大，貲財之富，均非歐洲基督教會之比，故其所成就亦微。齊書文惠大子傳云：大子與竟陵王子良，俱好釋氏，立六疾館以養窮舉焉。魏書釋老志：永平二年冬，沙門統惠深上言：「比來僧尼，或因三寶，出貸私財」，是其事。如道研者，蓋卽其人也。

借貸者既多有質物，受其質者自亦必有券契與之，使得憑以取贖。齊書蕭坦之傳：坦之死，遣收其從兄翼宗。檢家，亦貧，惟有質錢帖子數百。通鑑胡三省注曰：「質錢帖者，以物質錢，錢主給帖與之，以爲照驗，他日出子本錢收贖。」齊東昏侯永元元年。此卽後世當票之權輿矣。

公家借貸於民者：宋元嘉二十七年，揚、南徐、兗、江四州富有之民及僧尼，並按貲財，四分換一，以充軍用，已見第八章第七節。蕭穎胄之起兵，史亦言其換借富貲，以助軍費。晉、南北朝時所云換者，卽今所謂借，旣以換爲名，自無不歸還之理，此頗類今之公債。魏宣武帝延昌元年五月，詔天下有粟之家，供年之外，悉貸饑人。又樊子鵠爲殷州刺史，會歲旱儉，子鵠恐民流亡，乃勸有粟之家分貸貧者。此雖以官力迫人出貸，而公家不以債戶自居，不得以公債爲比也。

振施之事，豪富之家，亦頗能行之。晉書裴楷傳言：楷每游榮貴，輒取其珍玩，雖車馬器物，宿昔之閒，便以施諸窮乏。梁、趙二王，國之近屬，貴重當時，楷歲請二國租錢百萬，以散親族。人或譏之，楷曰：「損有餘，補不足，天之道也。」郗愔好聚斂，積錢數千萬。嘗開庫，任其子超所取。超性好施，一日中散與親故都盡。超又好聞人棲遁，有能辭榮拂衣者，爲起屋宇，作器服，畜僕豎，費百金而不吝。氾騰歎曰：「生於亂世，貴而能貧，乃可以免。」散家財五十萬，以施宗族。蕭惠開自蜀還，貲財二千餘萬，悉散施道路，一無所留。崔慰祖父慶緒爲梁州，家財千萬，慰祖散與宗族。鄧元起少時嘗假貸文疏，謂族子紘曰「彼有自當見還，彼無吾何言哉？」悉焚之。魏崔光伯亡，其兄光韶悉焚其契，已見第二節。北齊書李元忠傳：家素富厚，其家人多有舉貸求利。元忠每焚契免責。此皆以錢物出貸者。魏書盧義僖傳：義僖少時，幽州頻遭水旱，先有穀數萬石貸民，義僖以年穀不熟，乃燔其契。北史李士謙傳：士謙出粟萬石，以貸鄉人，屬年穀不登，責家無以償，皆來致謝。士謙曰「吾家餘粟，本圖振贍，豈求利哉？」於是悉召責家，為設酒食，對之燔契。明年大熟，責家爭來償，士謙拒之，一無所受。此則以穀物為貸者也。此等人實不能多，而豪勢且有恃官力放責者。宋遊道劾咸陽王坦、孫騰、高隆之、侯景、元弼、司馬子如官貸金銀，催徵酬價，雖非指事臧賄，終是不避權豪。此借官之名以放責者也。陳元康放責交易，徧於州郡，為清論所譏。此恃官之勢而放責者也。北齊書盧潛傳云：諸商胡負官責息者，宦者陳德信縱其妄注淮南富家，令州縣徵責。又循吏蘇瓊傳：遷南清河大守。道人道研，為濟州沙門統，資產巨富，在郡多有出息，常得郡縣為徵。及欲求謁，度知其意，每見則談問玄理，應對肅敬。研雖為責數來，無由啓口。此則自放責而倚官力為之徵償者也。若民間豪右自行徵償者，則刁逵之執錄宋武，其一事矣。皆可見責主之暴橫也。

當時僧寺，實為借貸之所。褚淵以白貂坐褥質錢於招提寺，已見第一節。南史循吏甄法崇傳：法崇孫彬，嘗以一束苧就長沙寺庫質錢。後贖苧還，於苧束中得五兩金，送還寺庫。道人驚云「近有人以此金質錢，時有事不得舉而失，檀越乃能見還？」輒以金半仰酬。一往復十餘，彬堅不受。僧寺本以施濟為事，施濟不能徧及，乃推而為借貸，此亦便民之舉。然在財產私有之世，惟牟利之事，為能徧行，能常行，此則事之無可如何者。故僧寺之借貸，亦漸變為求利之擁被，對壺獨酌，使婢卷兩褥以質酒肉。及卒，又以金蟬質絹，乃得斂焉。祖珽亦嘗以華林徧略數帙，質錢樗蒱。此等蓋皆謹守民間借貸之法者。若其所負非一人，而爲數頗巨者：則有若宋蕭惠開爲益州府錄事參軍，劉希微負蜀人責將百萬，爲責主所制，不得俱還，惠開有馬六十匹，悉以乞希微償之。此恐其初亦不免恃勢乞取。褚淵之沒，負責數十萬，則其位高而家本貧。庾丹父景休，罷巴東郡，頗有資產。丹負錢數百萬，責者塡門，景休怒，不爲之償。既而朝賢之丹不之景休，景休悅，乃悉爲還之。南史梁宗室傳。丹蓋好交結者。夏侯道遷子夬，沽賣飲啖，多所費用。父時田園，貨賣略盡，人間債負，猶數千餘匹。則其人本無行之徒也。宋江夏王義恭，賒市百姓物，無錢可還，已見第九章第四節。南史劉秀之傳：秀之從丹陽尹，時賒買百姓物，不還錢。秀之以爲非宜，陳之甚切。雖納其言，竟不用。當時所謂民間債負，蓋多兼賒市言之，非必盡貸金錢也。然其倚勢取求則一矣。

其眞民間借貸，則爲數甚微。南史宋武帝紀言：帝微時，嘗負刁逵社錢三萬，經時無以還，被執，王謐以己錢代償，乃得釋。魏書刁雍及島夷傳皆同。惟北史雍傳作一萬。宋武雖貧窶，猶是豪傑之流，眞閭閻細民，零星乞貸，必尙不及此數也。富人亦有能棄券已責者。宋書王弘傳：弘父珣，頗好積聚，財物布在民間。珣薨，弘悉燔燒券書，一不收責。又顧覬之傳，言其子綽，私財甚豐，鄉里士庶，多負其責。覬之每禁之，不能止。及後爲吳郡，誘綽曰：「我嘗不許汝出責。定思貧薄亦不可居。民間與汝交關，有幾許不盡？及我在郡，爲汝督之，將來豈可得？凡諸券書皆何在？」綽大喜，悉出諸文券一大廚。覬之悉焚燒，宣語遠近：「負三郎責，皆不須還，凡券書悉燒之矣。」綽懊喪累日。齊書崔慰祖傳：料得父時假貸。大商富賈，要射時利。旬日之間，增贏十倍。上下通同，分以潤屋。爲政之弊，莫過於此。其一切禁絕。犯者十四以上皆死。」北史齊本紀言：後主特愛非時之物，取求火急，皆須朝徵夕辦，當勢者因之貸一而責十。周書蘇綽傳：綽爲六條詔書，（見第十四章第五節。）其六均賦役曰：「財貨之生，其功不易。必須勸課，使豫營理。如其不豫勸戒，臨時迫切，復恐稽緩，以爲己過，棰朴交至，取辦目前。富商大賈，緣茲射利，有者從之貴買，無者與之舉息。輸稅之民，於是弊矣。」其所言，卽魏和平二年詔旨之所誡也。此等乘人之急者，其利率又不可以常理論矣。

貴豪借貸，有爲數頗巨者。晉書庾敳傳：劉輿見任於東海王越，人士多爲所搆，惟敳縱心事外，無迹可閒。後以其性儉家富，說越就換錢千萬，冀其有吝，因此可乘。越於衆坐中問敳，敳乃頹然已醉，幘墮枕上，以頭就穿取，徐答云：「下官家有二千萬，隨公所取矣。」輿於是乃服。周奉叔就王敬則換米二百斛，敬則以百斛與之，不受。敬則大懼，乃更餉二百斛，幷金鈴等物。梁武帝在戎多乏，就曹虎換借，未嘗不得，遂至十七萬。又帝爲荊州諮議時，劉之遴父虬隱在百里洲，早相知聞。帝偶匱乏，遣就虬換穀百斛。之遴時在父側，曰：「蕭諮議躓士，云何能得春？願與其米。」虬從之。及帝卽位，常懷之。此等非以市恩，卽由懾勢，與尋常借貸，實不盡同。至尋常借貸，則爲數仍微，且多以物爲質。褚淵以白貂坐褥質錢萬一千，已見第一節。淵從父弟炫，罷江夏郡，還得錢十七萬，於石頭幷分與親族。病無以市藥，以冠劍爲質。謝弘微曾孫僑，嘗一朝無食，其子啓欲以班史質錢，答曰：「寧餓死，豈可以此充食乎？」庾詵，鄰人有被誣爲盜者，被劾妄款，詵矜之，乃以書質錢二萬，令門生詐爲其親，代之酬備。孫騰、司馬子如嘗詣李元忠，逢其方坐樹下，葛巾壯麗，並宜除蕩藝宇雜物，分賜窮民。三農之隙，別漸營構。止蔽風雨，務在卑狹。」魏書長孫道生傳言：道生廉約，第宅卑陋。出鎮後，其子弟頗更修繕，起堂廡。道生還，切責之，令毁宅。此皆毁壞宮室者。諸奢侈之物，宮室營造，工力實爲最多，而猶不惜毁壞，他更不足論矣。宋書周朗傳：朗上書論革侈麗之俗曰：「自今以去，宜爲節目。若工人復造奇技淫器，則皆焚之而重其罪。」文惠大子薨後，齊武帝履行東宮，見大子服玩過制，大怒，勅有司隨事毁除。梁武帝受相國、梁公之命，亦焚東昏淫奢異服六十二種於都街。陳宣帝大建七年四月，監豫州陳桃根表上織成羅文錦被裘各二，詔於雲龍門外焚之。此皆與晉武帝之焚雉頭裘無異。梁武帝天監四年正月，有司奏吳令唐傭鑄盤龍火爐，翔鳳硯蓋，詔禁錮終身。魏書韓秀傳：子務，爲郢州刺史，獻七寶牀、象牙席。詔曰：「晉武帝焚雉頭裘，朕常嘉之。今務所獻，亦此之類矣，可付其家人。此詔當出宣武。」此二者雖未毁其物，然其絕之之深，亦與毁其物者無以異也。

第五節　借貸振施

晉、南北朝之世，民閒借貸，利率頗巨。晉書張駿傳言：駿境內大饑，市長譚祥，請出倉穀與百姓，秋收三倍徵之，則其時民閒利率，必尚不止三倍。魏書言駿以穀帛付民，歲收倍利，利不充者，簿賣田宅。北齊書盧叔武傳言：叔武在鄉時，有粟千石，每至春夏，鄉人無食者令自載取，至秋任其償，都不計較，而歲歲常得倍餘。蓋平時借貸，自春及秋，償之以倍，饑饉之時，則有過於三倍者也。魏書高宗紀：和平二年正月，詔曰：「刺史牧民，爲萬里之表。自頃每因發調，逼民其義仍有不可不知者。此固勢不能行，非謂義不當爾也。而歷代於違禮之物，不惜加以摧毀，絕不顧惜物力，則其陳義尤高。傳曰：「君不君，臣不臣，父不父，子不子，雖有粟，吾得而食諸？」歷代奢麗之物，苟皆視作文明，其可珍者何限？然今竟安在哉？雖欲惜之，亦惡得而惜之？況夫社會組織，苟極安和，此等物自將日出而不窮，其宏壯，其工巧，皆將十百千萬於古而未有已。故此等物，除以爲古蹟而保存之外，他無足取。而至其時，則人人共享其利，與前世及今日徒足少數人之淫欲，而竭多數人之血汗，或且糜其頂踵以爲之，且因此而更引起少數人之淫欲者，大不同矣。不足非天下之公患，天產與人工所爲之物正同，又何恤而不摧毀之以爲矯正風俗之助哉？晉武帝焚雉頭裘，已見第二章第一節。此事讀史者以爲美談，其實若此之舉，歷代初不止一二。晉書陸雲傳：雲拜吳王晏郎中，晏於西園大營第室，雲上書言：「武帝訓世以儉，屢發明詔，厚戒豐奢。清河王毀壞成宅，以奉詔命。」齊書明帝紀：建武二年十月，詔罷東田，毀興光樓。皇后傳謂大祖毀宋明之紫極。周武帝建德元年十二月，幸道會苑，以上善殿壯麗，遂焚之。六年正月，入鄴，詔曰：「僞齊叛渙，竊有漳濱，世縱淫風，事窮雕飾。朕菲食薄衣，以弘風教。追念生民之費，尚想力役之勞。方當易茲弊俗，率歸節儉。其東山、南園及三臺，可並毀撤。瓦木諸物，凡入用者，盡賜下民。山園之田，各還本主。」六年五月，詔曰：「往者冢臣專任，制度有違。正殿別寢，事窮壯麗。非直雕牆峻宇，深戒明王；而締構弘敞，有踰清廟。不軌不物，何以示後？兼東夏初平，民未見德。率先海內，宜自朕始。其露寢、會義、崇信、含仁、雲和、思齊諸殿等，農隙之時，悉可毀撤。雕斲之物，並賜貧民。繕造之宜，務從卑朴。」又詔：「京師宮殿，已從撤毀。并、鄴二所，華侈過度，誠復作之非我，豈容因而弗革？諸堂殿於中興二年下令述齊末之侈，已見上節。於是減損浮費，又命外詳爲條格。陳文帝天嘉元年八月，詔「非兵器及國容所須，金、銀、珠、玉、衣服、雜玩，悉皆禁斷。」宣帝大建十一年十二月，下詔非軍國資須，多所減省，并勅「內外文武車馬宅舍，皆循儉約，勿尚奢華。違我嚴規，抑有刑憲。具爲條格，標榜宣示。」後主即位，亦詔鏤金銀薄及庶物化生、土木人、采華之屬，詳爲條制，並皆禁絕。是雖淫侈之主，亦能奉行故事也。虜朝亦多此等禁令。魏世祖太平眞君九年十月，以婚姻奢靡，喪葬過度，詔有司更爲科限。高宗和平四年十二月，又詔有司爲之條格，使貴賤有章，上下咸序，著之於令。高祖大和二年五月，又詔：「朕今憲章舊典，祇案先制，著之律令，永爲定準。犯者以違制論。」世宗延昌二年九月，以貴族豪門，崇習奢侈，詔尚書嚴立限級，節其流宕。獻文六王傳：高陽王雍領司州牧，表請王公以下賤妾，不聽用織成、錦、繡、金、玉、珠、璣，違者以違旨論。奴婢悉不得衣綾、綺、纈，止於縵、繒而已。奴則布服，並不得以金銀爲釵帶。犯則鞭一百。周書崔猷傳：猷以大統時遷京兆尹。時婚姻禮廢，嫁娶之辰，多舉音樂；又廛里富室，衣服奢淫，乃有織成文繡者。猷請禁斷。周武帝建德二年九月，詔頃者婚嫁，競爲奢靡，有司宜加宣勸，使咸遵禮制。六年九月，初令民庶以上，惟聽衣綢、緜綢、絲布、圓綾、紗、絹、綃、葛、布等九種，餘悉禁斷。朝祭之服，不拘此例。皆其事也。此等皆朝廷之政令，亦有以有司而行諸一地方者。如晉范粲爲武威大守，郡壤富實，珍玩充積，粲檢制之，息其華僞；北齊蘇瓊爲南淸河大守，婚姻喪葬，皆敎令儉而中禮是也。然其爲效彌微，則亦不待言而可知矣。

空言無施，雖切何補？歷代禁奢之政，似皆有名無實矣。然此特在今日爲不可行，若一旦社會組織，渙然丕變，則無之矣。爲政之要，計人而置官，分人而授事。果能精其防制，計天下文武之官足爲副貳者使學，其餘皆歸之於農；若百工、商賈有長者亦皆歸之於農。務農若此，何有不贍乎？」此言大偏重農業，自不脫古人見解。然其言分人授事，則仍得合全社會而通籌之意，與一任其遷流所屆，而不能加以控馭者不同。後世之人，知此義者鮮矣。抑計天下之人，他途皆取裁足，餘盡驅之歸農，似大不自由，而背於社會進化之理。然當大亂之後，四海困窮，生衆食寡，爲疾用舒，自爲當務之急。暫舉天下之人，迫使盡出於生利之一孔，固亦事勢應爾，未可訾其狹隘酷烈也。惟此等論議，必也小國寡民，可由人力控馭，乃能行之。衞文公等破敗之後，易於復振，卽由於此。在後世，則往往徒託諸空言耳。然行之以文者仍不絕。

苻堅因其諸公引商人趙掇等爲國卿，而立非命士以上不得於都城百里內乘車馬，工商、皁隸、婦女不得服金銀、錦繡之制，已見第十八章第一節。劉曜載記：曜禁無官者不得乘馬，祿八百石以上，婦女乃得衣錦繡。季秋農功畢，乃聽飲酒。非宗廟、社稷之祭，不得殺牛，犯者皆死。姚興載記：興下書禁百姓造錦繡及淫祀。是雖夷狄之君，亦知制度之不可無也。南北朝諸主中，齊高帝最崇儉節。宋順帝昇明二年三月，帝上表禁民閒華僞，凡十七條。武帝雖不能自克，然於法令，亦能踵襲前規。永明七年四月，詔「婚禮下達，人倫攸始。晚俗浮麗，歷茲永久。宜爲節文，頒之士庶。如故有違，繩之以法。」十月，又詔「三季澆浮，舊章陵替，吉凶奢靡，動違矩則。可明爲條制，嚴勒所在，悉使畫一。如復違犯，依事糾奏。」海陵王延興元年，申明織成、金薄、采花、錦繡履之禁，則雖篡奪紛紜之際，此等禁令，亦不廢弛矣。梁武帝郎下詔大弘儉約；後又禁雕文綺組非法之物；已見第二章第一節。李重傳云：泰始八年己巳詔書，申明律令，諸士卒、百工已上，所服乘皆不得違制。若一縣一歲之中，有違犯者三家，洛陽縣十家已上，官長免。其法亦可謂嚴矣。其時名臣議論，如劉頌云：「古者封國，大者不過土方百里，然人數殷衆，境內必盈其力，足以備充制度。今雖一國周環將近千里，然力實寡，不足以奉國典。所遇不同，故當因時制宜，以盡事適。今宜令諸王國容少而軍容多。於古典所應有者，悉立其制，然非急所須，漸而備之，不得頓設也。須車甲、器械既具，羣臣乃服釆章；倉廪已實，乃營宮室；百姓已足，乃備官司；境內充實，乃作禮樂。」此言實得古人制禮之精義。又言：「今天下自有事所必須，不得止已，或用功甚少，而所濟至重，目下爲之，雖少有費，而計終已大益；及有妨害，在始似如未急，終作大患，宜逆加功，以塞其漸。至夫修飾官署，凡諸作役，恆傷過泰，不患不舉，此將來所不須於陛下而自能者也。」此防名爲興利，實以自潤者，亦言督責之術者所不可廢也。傅玄言：「先王分士、農、工、商，以經國制事，天下之大兆庶之衆，無有一人游手。分數之法，周備如此。漢、魏不定其分。百官子弟，不修經藝而務交游，未知涖事而坐享天祿。農工之業多廢，或逐淫利而離其事。徒繫名於太學，然不聞先王之風。今聖明之政資始，而漢、魏之失未改。散官衆而學校未設，游手多而親農者少，工器不盡其宜。臣以爲亟定其制，而通計天下，若干人爲士，足以副在官之吏；若干人爲農，三年足有一年之儲；若干人爲工，足其器用；若干人爲商賈，足以通貨而已。」前皐甫陶上事，欲令賜拜散官，皆課使親耕。今文武之官既衆，而拜賜不在職者又多，加以服役爲兵，不得耕稼，當農者之半，南面食祿者，參倍於前。使冗散之官農，而收其租稅，家得其實，而天下之穀可以協傳：刁氏素殷富，奴客縱橫，固吝山澤，爲京口之蠹。宋書蔡興宗傳：會稽多諸豪右，不遵王憲，又幸臣近習，封略山湖，妨民害治，興宗皆以法繩之。孔靈符傳：靈符家本豐，產業甚廣，又於永興立墅，周回三十三里，水陸地二百六十五頃，含帶二山，又有果園九處。爲有司所糾，詔原之。而靈符答對不實，坐免官。謝靈運傳：會稽東郭有回踵湖，靈運求決以爲田，大祖令州郡履行。此湖去郭近，水物所出，百姓惜之，大守孟顗堅執不與。靈運既不得回踵，又求始興岯崲湖爲田，顗又固執。靈運謂顗非存利民，正慮決湖多害生命，（顗信佛。）言論毀傷之，與顗遂構讎隙。梁書顧憲之傳：行婺州事。時齊司徒竟陵王於宣城、臨城、定陵三縣界立屯，封山澤數百里，禁民樵采。憲之固陳不可，言甚切直。王答曰：「非君無以聞此德音。」卽命無禁。此貴豪之固護也。南方如是，北方亦然。晉書石季龍載記言：季龍解西山之禁，蒲葦、魚鹽除歲供之外，皆無所固。公侯、卿、牧，不得規占山澤，奪百姓之利。又慕容皝載記言：慕容評性貪鄙，障固山泉，賣樵粥水，積錢絹如丘陵。苻堅載記言：堅開山澤之利，公私共之。姚興載記言：興以國用不足，增關津之稅，鹽、竹、山木，皆有賦焉。羣臣咸諫。興曰：「能踰關梁通利於山水者，皆豪富之家，吾損有餘以裨不足，有何不可？」乃遂行之。齊文襄秉政，亦禁貴豪之家，不得占護山澤。可見其情形與南方無異矣。

第四節 侈靡之禁

侈靡之禁，歷代有之，惜行之不以其實。此固非政令所能爲，然告朔餼羊，其意亦不可不知也。晉武帝卽位之歲，功脩作者；聽不追奪。官品第一、第二聽占山三頃，第三、第四品二頃五十畝，第五、第六品二頃，第七、第八品一頃五十畝，第九品及百姓一頃。皆依定格條上貲簿。若先已占山，不得更占；先占闕少，依限占足。若非前條舊業，一不得禁。犯者水土一尺以上，並計贓依常盜律論。停除咸康二年壬辰之科。」從之。此制可謂極其遷就。然大明七年七月詔言：「前詔江海田池，與民共利，歷歲未久，浸以弛替。名山大川，往往占固，有司嚴加檢糾，申明舊制。」則猶之具文也。齊高帝初即位，崔祖思陳政事，即以「時罷山澤之威禁，深抑豪右之專擅」爲言。建元元年四月，詔「二宮諸王，悉不得營立屯邸，封略山湖。大官池籞，宜停歲入，優量省置。」鬱林王之立，亦省御府及無用池田、邸、冶。梁武帝天監七年，有「公家屯戍封熂者，悉開常禁」之詔。大同七年，又「禁公私傳屯邸冶，爰至僧尼，越界禁斷」。詳見第十二章第五節。然凡所禁止，實多成虛言。晉書劉弘傳：舊制，峴、方二山澤中不聽百姓捕魚。弘下教曰：「禮名山大澤不封，今公私幷兼，百姓無復厝手地，當何謂邪？速改此法。」王湛傳：子承，遷東海大守。小吏有盜池中魚，綱紀推之。承曰：「文王之囿，與衆共之，池魚復何足惜邪？」承族子嶠，王敦請爲參軍。敦在石頭，欲禁私伐蔡洲荻，以問羣下。時王師新敗，士庶震懼，莫敢異議。嶠獨曰：「中原有菽，庶人采之，百姓不足，君孰與足？若禁人樵采，未知其可。」敦不悅。梁書傅昭傳：出爲臨海大守。郡有蜜巖，前後大守皆自封固，專收其利。昭以周文之囿，與百姓共之，大可喻小，乃教勿封。陳書宗元饒傳：遷御史中丞。時合州刺史陳裒，贓汙狼籍，遣使就渚斂魚，又於六郡乞米。元饒劾奏之。南史任昉傳：出爲新安大守。郡有蜜嶺及楊梅，舊爲大守所采。昉以冒險多物故，即時停絕。吏人咸以百年未之有也。此官吏之固護者也。晉書刁假者。故雖不能自行田作，而以貴勢逼奪民地者仍有之。如顏延之啓買人田，拒捍餘直，垂及周年，爲尚書左丞荀赤松所奏是也。大抵膏腴之地，爭奪者多，貧瘠之區，則又皆棄而不顧。孔靈符以山陰土地褊狹，民多田少，表徙無貲之家，見第十七章第四節。而江夏王義恭謂緣湖居民，魚鴨爲業，及有居肆，理無樂徙。義恭以是駁靈符，適足證山陰之田盡爲豪富所擅耳。晉書隱逸傳：郭翻家於臨川，居貧無業，欲墾荒田，先立表題，經年無主，然後乃作。又可見荒瘠之區之無人過問也。

土田而外，豪富之於山澤，占據尤多。晉書職官志言：「名山大澤不以封；鹽、鐵、金、銀、銅、錫，始平之竹園，別都宮室、園囿，皆不爲屬國；」則山澤之不容封禁可知。此等禁令，歷代有之。如元帝紀：建武元年七月，弛山澤之禁；安帝紀：義熙九年四月，弛湖池之禁皆是。宋書武帝紀：先是山湖川澤，皆爲豪強所專，小民薪采漁釣，皆責稅直，至是禁斷之。卽義熙九年事也。先一年，武帝至江陵，下書曰：「州、郡、縣屯田池塞，諸非軍國所資，利入守宰者，今一切罷之。」其整頓不爲不力。然文帝元嘉十七年詔言：「山澤之利，猶或禁斷，」則禁令等於具文矣。宋書羊玄保傳云：玄保兄子希，大明初爲尚書左丞。時揚州刺史西陽王子尚上言：「山湖之禁，雖有舊科，民俗相因，替而不奉，熂山封水，保爲家利。自頃以來，頽弛日甚。富强者兼嶺而占，貧弱者薪蘇無託。漁采之地，亦又如茲。」有司檢壬辰詔書：「占山護澤，彊盜律論，贓一丈以上，皆棄市。」希以「壬辰之制，其禁嚴刻，事既難遵，理與時弛，而占山封水，漸染復滋，更相因仍，便成先業，一朝頓去，易致嗟怨。今更刊革，立制五條。凡是山澤，先常熂爐，種養竹木、雜果爲林，及陂湖江海魚梁鰌鮆場，常加八品已下至庶人，限止六十人。案亦見隋書食貨志。據此以推元魏，可見奴婢受田者之多；且北齊尙有限制，而元魏則無之。又常爽傳謂三長皆豪門多丁爲之，則政府之於豪彊，雖奪其隱蔽私斂之權，初未嘗使之屈居人下也。」雖與豪彊大爭其民，而其行之初不甚激，此其所以不至激成相抗之局歟？然舉數百年來私擅於豪彊之土地人民而悉出之，終不可不謂之賢矣。以上引錢氏之論，見其所著國史大綱第十九、第二十兩章（商務印書館本）。惟皆係推衍其意，非錄元文耳。

顏氏家訓謂北土風俗，率能恭儉節用，以贍衣食，鹽井而外，閉門而爲生之具已足，已見上節。又云：「江南朝士，因晉中興，南渡江，至今八九世，未有力田，悉資奉祿而食耳。假令有者，皆信僮僕爲之，未嘗目觀起一墢土，耘一株苗；不知幾月當種，幾月當收，安識世閒餘務乎？」涉務篇。然則江南士夫，其於田業，實遠在北方之下。南史江秉之傳：人有勸其營田，秉之正色答曰：「食祿之家，豈可與農人競利？」即之推之說之證也。前節所引沈慶之、虞悰等善於經紀者，蓋不多覯矣。然雖不自經紀，而務廣其封略者仍不少。梁書后妃傳：天監十一年，高祖於鍾山造大愛敬寺。大宗簡皇后王氏父騫，舊墅在寺側，有良田八十餘頃，即晉丞相王導賜田也。高祖遣主書宣旨，就騫求市，欲以施寺。騫答旨云：「此田不賣；若是敕取，所不敢言。」酬對又脫略。高祖怒，遂付市評田價，以直逼還之。此其一事。此或出於保守先業之意，然亦有借以營利者。晉書李班載記：班以「古者墾田均平，貧富獲所。今貴者廣占荒田，貧者種殖無地，富者以己所餘而賣之，此豈王者大均之義乎？」雄納之。梁書武帝紀：大同七年，詔謂「頃者豪家富室，多占取公田，貴價僦稅，以與貧民，傷時害政，爲蠹已甚。自今公田悉不得假與豪家。」詳見第十二章第五節。此即所謂豪强侵陵，分田劫連紀不判，良疇委而不開，柔桑枯而不采，僥幸之徒興，繁多之獄作。欲令家豐歲儲，人給資用，其可得乎？愚謂今雖桑井難復，宜更均量，審其徑術，令分藝有準，力業相稱，細民獲資生之利，豪右靡餘地之盈，則無私之澤乃播均於兆庶；如阜如山，可有積於比戶矣。又所爭之田，宜限年斷，事久難明，悉屬今主。然後虛妄之民絕望於覬覦，守分之士永免於陵奪矣。」傳云：「高祖深納之，後均田之制起於此矣。」案均田之制在大和九年，三長之立在其十年二月，疏云三長既立，而傳云均田之制起此，似乎有誤，竊疑此傳所云均田，非指九年定制，乃三長既立，民返舊墟，豪强不使而扞格之，猶欲肆其侵陵劫假之舊，安世乃復以為言，魏朝從之，立為年斷，使事久難明者悉屬今主，俾貧民亦有田可耕，以是謂之均田也。世者謂西晉戶調之式，元魏均田之法，惟大亂之後，土田乏主，乃可行之。今觀魏之授田：一夫一婦，不及百畝；必土廣民希，乃許隨力所及；狹地則有以桑田為正，不給倍田，人別減受之法；卽未至此，而同時授田，亦必先貧後富，可見中原之地，閒土無多。蓋其所授者，本卽其人之所耕，特其所屬，並不分明，豪彊獲倍賦之利，則聽其耕種，及其不獲芘蔭，則將遠認魏、晉之家，近引親舊之驗而爭之，以如是而獲直，則田復為其所有，而可遂其侵陵劫假之私也。然則均田制之所為，不過於細民所耕種者，確定二十畝為其所有，此外又給之以四十畝，俾免其求乞於豪彊耳。此均田之制，所以為與豪彊大爭其民也。然政府於豪貴之多田者，亦不奪之。錢氏又云：「丁牛有限，而奴婢無限，又授田率一倍再倍。以一夫一婦、十奴、四牛計，其田已在千畝外。又北齊河清三年令，奴婢受田者，親王止三百人，嗣王止二百人，第二品嗣王已下及庶姓王止一百五十人，正三品已上及王宗止一百人，七品已上，限止八十人，所牧守，宜以喻民使知去煩卽簡之要。」初百姓咸以爲不若循常，豪富幷兼者尤弗願也。事施行後，計省昔十有餘倍。於是海內安之。沖傳云：舊無三長，惟立宗主督護，所以民多隱冒，五十、三十家方爲一戶。沖以三正治民，所由來遠，於是創三長之制而上之。文明大后覽而稱善，引見公卿議之。中書令鄭羲、祕書令高祐等不以爲然。大尉元丕，則謂「此法若行，公私有益。」而衆又咸稱「方今有事之月，校比民戶，新舊未分，民必勞怨。請過今秋，至冬閑月，徐乃遣使，於事爲宜。」沖曰「若不因調時，百姓徒知立長校戶之勤，未見均徭省賦之益，心必生怨。宜及課調之月，令知賦稅之均。旣識其事，又得其利，因民之欲，爲之易行。」著作郞傅思益又駁之。大后曰：「立三長則課有常準，賦有恆分；苞蔭之戶可出，僥幸之人可止，何爲而不可？」羣議雖有乖異，然惟以變法爲難，更無異議。遂立三長，公私便之。案食貨志言：大和八年，始準古班百官之祿，以品第各有差。先是天下戶以九品混通，戶調帛二匹，絮二斤，絲一斤，粟二十石。又入帛一匹二丈，委之州庫，以供調外之費。至是，戶增帛三匹，粟二石九斗，以爲官司之祿。後增調外帛滿二匹。如所言，以依舊制而徵斂倍於公賦計之，苞蔭之家，可贏得帛七匹，絮四斤，絲二斤，粟四十石。若如新制所收，除完官調外，盡入苞蔭之家，則苞蔭三十家者，可得帛二十六匹半，粟四十石；苞蔭五十家者，可得帛四十六匹，粟八十石，宜乎其富厚矣。此均田之制，所以爲與豪強大爭其民也。李安世傳載安世疏曰：「竊見州郡之民，或因年儉流移，棄賣田宅，漂居異鄉，事涉數世。三長旣立，始返舊墟，廬井荒毁，桑榆改植，事已歷遠，易生假冒。彊宗豪族，肆其侵陵，遠認魏、晉之家，近引親舊之驗。又年載稍久，鄉老所惑，羣證雖多，莫可取據。各附親知，互有長短。兩證徒具，聽者猶疑，爭訟遷延，若同時俱受，先貧後富。再倍之田，放此爲法。諸遠流、配謫、無子孫及戶絕者，墟宅、桑榆盡爲公田，以供授受。授受之次，給其所親。未給之間，亦借其所親。諸宰民之官，各隨地給公田：刺史十五頃，大守十頃，治中、別駕各八頃，縣令、郡丞六頃。更代相付；賣者坐如律。」此爲井田廢墜以後，疆理土田之一大舉。其所由然，則與豪强爭民也。均田之制，與三長並行。三長之制，食貨志述之云：魏初不立三長，故民多蔭附。蔭附者皆無官役，豪彊徵斂，倍於公賦。大和十年，給事中李沖上言：「宜準古五家立一鄰長，五鄰立一里長，五里立一黨長。長取鄉人彊謹者。鄰長復一夫，里長二，黨長三。所復，復征戍，餘若民。三載亡愆，則陟之一等。其民調：一夫一婦帛一匹，粟二石。民年十五以上未娶者，四人出一夫一婦之調。案人帛四分之一匹，則一丈。粟五斗。奴任耕、婢任績者，八口當未娶者四。案人帛八分之一匹，則五尺。粟二斗五升。耕牛二十頭，當奴婢八。案耕牛一頭，所出當奴婢一口所出十之四，則爲帛二尺，粟一斗。晉書食貨志：杜預上疏，請分典虞、右典牧種牛付兗豫二州將吏、士庶，穀登之後，頭責三百斛。所分兼及士庶，必無全取之如前所言爲百二十五斛之理。以六十斛計，則牛力五倍於人矣。故魏之所取於耕牛者不薄也。其麻布之鄉，一夫一婦布一匹。下至牛，以此爲降。案未娶者四之一則一丈，奴婢八之一則五尺，牛二尺。大率十匹爲工調，二匹爲調外費，三匹爲內外百官俸。此外雜調。民年八十以上，聽一子不從役。孤、獨、癃、老、篤疾、貧窮不能自存者，三長內迭養食之。」書奏，諸官通議，稱善者衆。高祖從之。於是遣使者行其事。乃詔曰：「自昔以來，諸州戶口，籍貫不實，包藏隱漏，廢公罔私。富强者并兼有餘，貧弱者餬口不足。賦稅齊等，無輕重之殊；力役同科，無衆寡之別。雖建九品之格，而豐埆之土未融。雖立均輸之楷，而蠶績之鄉無異。致使淳化未樹，民情偷薄。朕每思之，良懷深慨。今改舊從新，爲里黨之法。在者，亦必不止什一，則仍獲邀寬典也。

魏之所以救是失者，則爲孝文時所行均田之制。魏書食貨志云：「諸男夫十五以上，受露田四十畝，婦人二十畝，奴婢依良。丁牛一頭，受田三十畝，限四牛。所受之田率倍之，三易之田再倍之，以供耕作及還受之盈縮。諸民年及課則受田，老免及身沒則還田。奴婢、牛隨有無以還受。諸桑田不在還受之限，但通入倍田分。於分雖盈，沒則還田，不得以充露田之數。不足者以露田充倍。諸初受田者，男夫一人，給田二十畝，課蒔餘種：桑五十樹，棗五株，榆三根。非桑之土，夫給一畝，依法課蒔榆棗。奴各依良。限三年種畢，不畢，奪其不畢之地。於桑、榆地分雜蒔餘果及多種桑、榆者不禁。諸應還之田，不得種桑、榆、棗、果，種者以違令論，地入還分。諸桑田皆爲世業，身終不還，恆從見口，有盈者無受無還，不足者受種如法。盈者得賣其盈，不足者得買所不足。不得賣其分，亦不得買過所足。諸麻布之土，男夫及課，別給麻田十畝，婦人五畝，奴婢依良。皆從還受之法。諸有舉戶老小癃殘無授田者，年十一已上及癃者，各授以半夫田，年踰七十者，不還所受。寡婦守志者，雖免課，亦授婦田。諸還受民田，恆以正月。若始受田而身亡，及賣買奴婢、牛者，皆至明年正月，乃得還受。諸土廣民希之處，隨力所及，官借民種蒔，役有土居者，依法封授。諸地狹之處，有進丁授田而不樂遷者，則以其家桑田爲正田分，又不足，不給倍田，又不足，家內人別減分。無桑之鄉，準此爲法。樂遷者聽逐空荒，不限異州他郡，惟不聽避勞就逸。其地足之處，不得無故而移。諸民有新居者，三口給地一畝，以爲居室，奴婢五口給一畝。男女十五以上，因其地分，口課種菜五分畝之一。諸一人之分，正從正，倍從倍，不得隔越他畔。進丁受田者，恆從所近。

爲屯人一夫之田，歲責六十斛；事在大和十二年，尋施行，爲見魏書食貨志。則半取之也。王莽謂豪民侵陵，分田刧假，厥名三十，實十稅五，是時之政府，實自爲豪民也。蓋大亂之後，農民無所託命，不得不依附豪强，豪强遂因而虐取之，田雖非其所有，而取之遂同於其所有。至於屯田，則政府將無主之田收爲己有，分賦軍人耕種，土地之所有權，又移於政府手中，故其取之，又同於私租也。晉武平吳，制戶調之式。晉書食貨志述其制云：「丁男之戶，歲輸絹三匹，緜三斤。女及次丁男爲戶者半輸。其諸邊郡，或三分之二，遠者三分之一。夷人輸賨布，戶一匹，遠者或一丈。男子一人占田七十畝，女子三十畝。其外，丁男課田五十畝，丁女二十畝；次丁男半之；女則不課。」男女占田，合百畝，即古一夫百畝之制。其外二字，承上緜絹之輸而言，乃百畝之內，以七十畝爲課田，非百畝之外，別給以七十畝，此仍是十七之稅。其時又有官品占田之制：品第一者五十頃，第二品四十五頃，第三品四十頃，第四品三十五頃，第五品三十頃，第六品二十五頃，第七品二十頃，第八品十五頃，第九品十頃。又各以品之高卑，蔭其親族，多者及九族，少者三世。宗室、國賓、先賢之後，及士人子孫亦如之。而又得蔭人以爲衣食客及佃客。見第十八章第四節。東渡後，仍襲其制。隋書食貨志謂都下人多爲諸王公貴人左右、佃客、典計、衣食客之類，皆無課役。其佃穀皆與大家量分。客皆注家籍。此非授强宗豪族以私占之權，乃括其先已私占者，以歸於公，而爲定一私占最多之數耳。此時租稅，晉書食貨志云：咸和五年，成帝始度百姓田，取十分之一，畝稅米三升。哀帝即位，乃減田租，畝收二升。孝武大元二年，除度田收租之制，王公已下，口稅三斛。八年，又增稅米口五石。畝稅三升，爲十分取一，則口稅三斛，乃視爲有田百畝。然王公有田，必不止此數；其取諸佃戶後宮所幸，衣不曳地，方之今日富室之飾，曾不如婢隸之服。」是時關中實較東方爲貧瘠，而其侈靡猶如此，而東方之俗可想矣。

第三節　地權不均情形

晉、南北朝時，豪族貴人，可謂極其奢侈，問其財自何來，則地權之不均，其大端也。近人錢氏穆曰：漢世租額，係十五稅一，或三十稅一。魏、晉租額，則晉書傅玄傳言玄於泰始四年上便宜云：「舊兵持官牛者，官得六分，士得四分；自持私牛者，與官中分。施行來久，衆心安之。今一朝減持官牛者官得八分，士得二分；持私牛及無牛者，官得七分，士得三分。人失其所，必不懽樂。」又慕容皝載記：皝以牧牛給貧家田於苑中，公收其八，二分入私。有牛而無地者，公收其七，三分入私。皝記室參軍封裕諫，謂「魏、晉雖道消之世，猶削百姓不至於七八。持官牛田者，官得六分，百姓得四分；私牛而官田者，與官中分，百姓安之，人皆悅樂。」是魏、晉收租，以什六、什五爲常，什七、什八爲酷，蓋私家租額本如是，官乃從而效之也。至一人所種田數，及其所入租數，則可據屯田之制推之。三國魏志鄧艾傳，載艾策屯田之語曰：「令淮北二萬人，淮南三萬人，十二分休，常有四萬人，且田且守。計除衆費外，歲完五百萬斛，以爲軍資。六七年間，可積三千萬斛於淮上。」四萬人歲完五百萬斛，是人歲輸百二十五斛，此蓋取其全數。宋書良吏徐豁傳：豁爲始興大守，上言郡大田武吏，年滿十六，便課米六十斛；十五以下至十三，皆課米三十斛。魏李彪請立農官，取州郡戶十分之一，以北土風俗，率能躬儉節用，以贍衣食。江南奢侈，多不遠焉。」其明徵矣。然此亦以大較言之，若居要勢者之侈汰，則北朝初未末減於南朝，且恐其縱恣尤甚。虜本不知禮義，惟以富厚相夸。觀其兼併他國，惟事略奪；有來朝貢，則肆誅求可知。魏書食貨志云：自大祖定中原，世祖平方鎭，收獲珍寶，府藏殑積。又云：自魏德既廣，西域、東夷，貢其珍物，充於王府。魏書蠕蠕傳云：大和元年，遣莫河去汾比拔等來獻良馬、貂裘。比拔等稱：「伏承天朝珍寶華麗甚積，求一觀之。」乃勅有司出御府珍玩金玉、文繡、器物，御廐文馬、奇禽、異獸，及人間所宜用者，列之京肆，令其歷觀焉。比拔見之，自相謂曰：大國富麗，一生所未見也。觀此記載，而索虜之風，倘可見矣。職是故，其人亦惟知貪取。元志晚年耽好聲伎，在揚州日，侍側將百人，器服珍物，冠於一時。及在雍州，逾尙奢侈，聚斂無極。元暉在宣武世，深被親寵，遷吏部尙書。納貨用官，皆有定價。天下號曰市曹。出爲冀州刺史。下州之日，連車載物，發信都，至湯陰，閒首尾相屬，道路不斷。其車少脂角，卽於道上所逢之牛，生截取角，以充其用。公孫軌之死也，大武謂崔浩曰：「吾過上黨，父老皆曰：公孫軌爲將，受貨縱賊，使至今餘姦不除。其初來單馬執鞭，及去，從車百兩，載物而南。」劉潔既居勢要，擅作威福。拔城破國，聚斂財貨者，與潔分之。其敗也，籍其家產，財盈百萬。視俘掠所得爲利藪，而君臣上下，共朋分之，此眞鮮卑之文化也。其嬖倖閹宦之縱恣，實亦更甚於南朝，讀第十一章第一節、第十二章第二節可知。周書儒林傳載樂遜陳時宜之言曰：「頃者魏都洛陽，一時殷盛。貴勢之家，各營第宅。車服、器玩，皆尙奢靡。世逐浮競，人習澆薄，終使禍亂交興，天下喪失。」又言：「其時富貴之家，爲意稍廣。無不資裝婢隸，作車後容儀，服飾華美，眩耀街衢。使行者輟足，路人傾蓋。」而藝術傳載黎季明上書，且謂「漢文帝矯僞。然又云：其家資產，皆光伯所營，光伯亡，悉焚其契。河間邢子才，曾貸錢數萬，後送還之。光韶曰：「此亡弟相貸，僕不知也。」竟不納。則光韶必非矯僞之人也。又張烈傳云：弟僧皓，好營產業，孜孜不已。藏鏹巨萬，他資亦稱是。兄弟自供儉約，車馬瘦敝，身服布裳，而婢妾紈綺。僧皓尤好蒱弈，戲不擇人。是以獲譏於世。則其兄弟皆非不用財之人，特不好飾車服耳。淸節易招嫉忌；欲沾潤澤而不得者，尤易造爲誣謗之辭；不可不分別觀之也。　然如北方之崔和，埋錢數百斛，母思堇惜錢不買，而其子乃盜錢百萬亡走；又如顏氏家訓所云鄴下領軍，朝夕肴膳，以十五錢爲率者，見上節。後坐事伏法，籍其家產，麻鞋一屋，敝衣數庫，其餘財寶，不可勝言；則雖欲不謂之爲吝嗇而不可得矣。然眞有儉德者，亦易見毁於人。朱脩之之去荆州，秋豪無犯。計在州然油及牛、馬穀草，以私錢十六萬償之，可不謂廉乎？乃其傳又云：性儉刻，少恩情。姊在鄉里，饑寒不立，脩之未嘗供贍。嘗往視姊，姊欲激之，爲設菜羹麤飯。脩之曰：「此乃貧家好食，」致飽而去。先是新野庾彥達爲益州刺史，攜姊之鎭，分祿秩之半以供贍之，西土稱焉。耗公家之財以奉其姊，孰與躬履儉素，與九族同之之爲愛人以德？史之所云，謂非惡直醜正得乎？魏書良吏傳言：杜纂歷任好行小惠，疏食敝衣，多涉誣矯，而輕財潔已，終無受納，爲百姓所思。夫輕財潔已，終無受納，廉吏也，惟儉可以養廉，非疏食敝衣，安克致此？而乃以爲誣矯，不亦難乎？然則淸德之士，若宋之孔覬、顧覬之，齊之劉善明，梁之周捨、徐勉、江革、到漑、顧憲之、孫謙、夏侯亶、周之蘇綽等，終不能謂非賢於人者也。

北方之俗，大體較南方爲儉。顏氏家訓治家篇云：「生民之本，要稼穡而食，桑麻以衣。蔬果之蓄，園場之所產；雞豚之善，塒圈之所生。爰及棟宇、器械，樵蘇、脂燭，莫非種植之物也。能守其業，閉門而爲生之具以足，但家無鹽井耳。今之徒，能持籌握算，若王戎者，為不少矣。沈慶之廣開田園之業，每指地示人曰：「錢盡在此中。」鄭羲西門受羊酒，東門沽賣之，此蓋田舍翁所不忍言，商賈人所不屑為，而當時士大夫，訟言之，公行之，而不以為恥。「民之輕死，以其奉生之厚，」蓋亦有迫於不得已者在邪？梁之蕭琛，頻涖大郡，不治產業，有闕則取，不以為嫌，此所謂隨身用度悉仰於官也，古人如此者多。此已為賢者。周王思政不營貲產，嘗被賜園池，出征後，家人種桑果，及還，命左右拔而棄之，亦尚不失武士之風。若乃徐勉雖居顯貴，不營產業，家無蓄積，嘗為書誡其子崧曰：「顯貴以來，將三十載，門人故舊，亟薦便宜；或使創闢田園，或勸興立邸店，又欲舳艫運致，亦令貨殖聚斂，若此衆事，皆距而不納，非謂拔葵去織，且欲省息紛紜。」則一人而已矣。

既以不足為患，自不得不流於吝嗇。案當時士夫家口率多，參看第十七章第二節江南士夫，又無田業，惟資俸祿以為食，見顏氏家訓涉務篇其患不足，理固宜然，治生纖悉，容或勢不得已，非盡可以為譏議。南史王琨傳云：儉於財用，設酒不過兩盌，輒云此酒難得，鹽豉薑蒜之屬，並挂屏風，酒漿悉置牀下，內外有求，琨手自賦之。此非其性癖，卽必有所不得已也。陳書沈衆傳云：衆性吝嗇，內治產業，財帛以億計，無所分遺。其自奉養甚薄，每於朝會之中，衣裳破裂，或躬提冠屨。永定二年，兼起部尚書，監起太極殿，恆服布袍芒屩，以麻繩為帶，又攜乾魚蔬菜飯獨啖之，朝士共誚其所為。衆性狷急，於是忿恨，遂歷詆公卿，非毀朝廷。高祖大怒，以衆素有令望，不欲顯誅之，後因其休假還武康，遂於吳中賜死。衆之死，有他故不雖考，假其不然，亦以狷急致禍，史所采者，積毀之辭，不足信也。魏書崔亮傳：亮從父弟光韶，家足於財，而性儉吝，衣馬敝瘦，食味麤薄。始光韶在都，同里人王蔓於夜遇盜，害其二子。孝莊詔黃門高道穆，令加檢捕，一坊之內，家別搜索。至光韶宅，綾、絹、錢、布，匱篋充積。議者譏其獻減少。鬱林知之，諷有司收慘付廷尉，將加誅戮。高宗啓救之，見原，禁錮終身。又張欣泰傳：父興世，元徽中在家，擁雍州還資，見錢三千萬。蒼梧王自領人劫之，一夜垂盡。興世憂懼感病卒。羣下效之，相驅成俗。南史王僧達傳：爲吳郡太守。吳郡西臺寺多富沙門，僧達求須不稱意，乃遣主簿顧曠率門義劫寺內沙門竺法瑤，得數百萬。北齊書文襄六王傳：漁陽王紹信，行過漁陽，與大富人鍾長命同牀坐。太守鄭道蓋謁，長命欲起，紹信不聽，曰：「此何物小人，而主人公爲起？」乃與長命結爲義兄弟，妃與長命妻爲姊妹。責其闔家幼長皆有贈賄。鍾氏因此遂貧。此亦與劫奪無以異也。觀於南北朝之弊風，而知罔不小大草竊姦宄之非虛言也。京邑如此，邊方自更無忌憚。宋書劉秀之傳言：梁、益二州，土境豐富，前後刺史，莫不大營聚畜，多者致萬金。所攜賓寮，並京邑貧士，出爲郡縣，皆以苟得自資。羅研言蜀中之民，百家爲村，不過數家有食，見第十一章第四節。蓋有由也。南史梁宗室傳言：鄧元起在蜀，崇於聚斂，金玉珍物爲一室，名曰內藏，綺縠錦繡爲一室，號爲外府。此蓋蕭淵藻誣衊之辭。參看第十一章第四節。梁書無此語，蓋知其不足信而不之采也。然亦必宦蜀者貪取已甚，乃能爲是誣辭也。梁、益如斯，交、廣更不必論，其屢招外寇而激起土人之怨叛，亦宜矣。參看第十六章第二、第三節。

侈費甚則所入雖豐，仍苦不足，乃不得不厚自封殖。梁臨川王奪人田宅、邸店，已見第十二章第五節。石崇之敗也；有司簿閱崇水碓至三十餘區，倉頭八百餘人，他珍寶、貨賄、財物稱是。其倉頭，蓋即使管治田宅、水碓等者，非以供使令也。參看第十八章第四節。田園之盛，觀前所述謝氏世業，即可見之。見第十七章第二節。而此曹又多封固山澤，詳見下節。齊書虞悰傳，言其治家富殖，奴婢無游手；魏書畢衆敬傳，言其善持家業，尤能督課田產，大致儲積；知當時豪富大守孫奉伯止獻琴書，其外無餘物。上大怒，封藥賜死，既而原之。南史齊武帝諸子傳云：南康王子琳，以母寵故最見愛。大尉王儉因請婚，武帝悅而許之。羣臣奉寶物、名好，翫直數百金。武帝爲之報答，亦如此者幾例舉矣。崔慧景傳云：每罷州，輙傾貲獻奉，動至數百萬，武帝以此嘉之。垣閎傳云：孝武帝卽位，以爲交州刺史，時交土全實，閎罷州還，貲財巨萬。孝武末年貪欲，刺史二千石罷任還朝，必限使獻奉，又以蒲戲取之，要令罄盡乃止。魏書島夷傳云：梁武所部刺史、郡守，初至官者，皆責其上禮獻物，多者便云稱職。所貢微少，言其弱惰。故其牧守在官，皆競事聚斂，劫剝細民，以自封殖。多伎妾、粱肉、金綺。百姓怨苦，咸不聊生。梁武未必貪取於下，然其致事既廢弛，則積習亦不易改也。

或取之以樗蒲，樗蒲永日最爲惡習，然在當時，幾上下皆習之。晉書陶侃傳言：諸參佐或以談戲廢事者，乃命取其酒器、蒱博之具，悉投之於江。吏將則加鞭朴，曰：「樗蒱者，牧豬奴戲耳。」可見東渡之初，此風已甚，後乃更借之以取財。桓玄傳云：性貪鄙，好奇異，尤愛寶物，珠玉不離於手。人士有法書、好畫及園宅者，悉欲歸己，猶難逼奪之，皆蒱博而取。當時如是者必非玄一人。南史朱脩之傳云：脩之立身清約，百城貺贈，一無所受。惟以蠻人宜存撫納，有餉皆受，輙與佐史賭之，未嘗入己。可見時俗漸靡，不以爲非。顏師伯傳云：孝武嘗與師伯樗蒲，帝擲得雉，大悅，謂必勝。師伯後得盧，帝失色。師伯遽斂子曰：「幾得盧。」爾日師伯一輸百萬。此與逼奪，又何異邪？且此風無閒南北。魏書食貨志：和平二年冬，詔出內庫綾、緜、布帛二十萬匹，令內外百官分曹賭射。此已爲非禮。北史王思政傳：周文帝嘗在同州與羣公宴集，出錦、罽及雜綾、絹數千段，令諸將樗博取之。物盡，周文又解所服金帶，令諸人徧擲，曰：「先得盧者卽與之。」則其惡風全與南朝無異矣。

或逕出於劫奪。齊書劉𢖍傳：𢖍貲藉豪富，厚自奉養，宅宇山池，京師第一，伎妾姿藝，皆窮上品。愛伎陳玉珠，明帝遣求不與，逼奪之。𢖍頗怨望。帝令有司誣奏𢖍罪，付廷尉，將殺之。𢖍入獄數宿，鬚鬢皆白。免死，徙尚方，奪封與弟真。𢖍由是屏斥聲玩，更以貶素自立。又劉悛傳：悛既藉舊恩，尤能悅附人主，承迎權貴，賓客閨房，供費奢廣。罷廣、司二州，傾資貢獻，家無留儲。在蜀作金浴盆，餘金物稱是。罷任，以本號還朝，欲獻之，而世祖宴駕，鬱林新立，悛奉造華怪，卽傳於民。如此，則遷也，非能也。凡厥庶民，制度日侈。商販之室，飾等王侯；傭賣之身，製均妃后。一袖之大，足斷爲兩；一裙之長，可分爲二。見車馬不辨貴賤，視冠服不知尊卑。尚方今造一物，小民明已睥睨；官中朝製一衣，庶家晚已裁學。侈麗之原，實先宮闈。」梁武帝中興二年下令曰：「自永元失德，國命朝權，盡移近習。販官粥爵，賄貨公行。並甲第康衢，漸臺廣室。長袖低昂，等和戎之賜。珍羞百品，同伐冰之家。愚人因之，浸以成俗。驕豔競爽，夸麗相高。至乃市井之家，貂狐在御；工商之子，緹繡是襲。日入之次，夜分未反；昧爽之朝，期之清旦。」可見侈靡之風，漸染氓庶矣。武人不知禮義，所欲者不出於聲色貨利之間，故開創之後，不繼之以文教者，敝俗必不能革。劉穆之，宋開國元臣也，而自奉不免奢豪；參看第九章第七節。宋書本傳云：穆之性奢豪，食必方丈。嘗白高祖曰：「穆之家本貧賤，贍生多闕。自叨忝以來，雖每存約損，而朝夕所須，微爲過豐。自此以外，一豪不以負公。」王鎭惡，亦當時名將也，而入關裒斂無極。鎭惡傳云：是時關中豐全，倉庫殷積。鎭惡極意收斂。子女玉帛，不可勝計。高祖以其功大，不問也。此後貴戚、武人之倫，抑更不足論矣。宗室中如梁之諸王，已見第十二章第五節。此外如宋南郡王義宣、竟陵王誕，齊蕭景先之子毅，陳始興王叔陵；世族如謝靈運、虞悰；國戚、功臣之後，如宋之徐湛之、何勖、孟靈休，齊之到撝等；史皆書其縱侈。武人如沈攸之，見第九章第九節。張敬兒，見第十章第一節。魚弘、羊侃，見第十二章第五節。又沈慶之、夏侯夔、孫瑒等，其事迹皆見本傳。世族既驕淫矜夸，其人遂不足用，乃不得不任所謂佞幸者流。此輩出身雖微，而旣小有才能，把握事權，則其勢焰熏灼，臧汙狼籍，又非世族之無能爲者比也。參看第九章第三節，第十章第四節。開創之君，大率多有儉德，然不一再傳，卽復流於縱侈。參看第九章第七節，第十章第四節。甚至迫其臣以貢獻，宋書后妃傳云：大宗爲後廢帝立江皇后，爲妃，諷朝士、州郡令獻物，多者將及百金。始興羝，以爲珍膳。頂上一臠尤美，輒以薦帝，羣下未嘗敢食，於時呼爲禁臠。江東之窮困如此，而北來新人，溺於故習，南方舊族，率其弊俗如此，欲求振起得乎？

凡政治每隨風俗爲轉移，而欲以政治之力，矯正風俗者，則往往僅能收效於一時，此事之無可如何者也。然使懲勸有方，亦尚能收一時之效，而晉、南北朝之世，則并此而無之。晉書范甯傳：甯上書曰：「人性無涯，奢儉由勢。今并兼之士，亦多不贍，非力不足以厚身，非祿不足以富家，是得之有由，而用之無節。蒱博永日，馳騖卒年，一宴之饌，費過十金。麗服之美，不可貲算。盛狗馬之飾，營鄭、衞之音，南畝廢而不墾，講誦闕而無聞。凡庸競馳，傲誕成俗。」其弊可謂深矣。然不贍者豈不窮而思反，合第十二章第五節所引賀琛之言觀之，而知整飭之非遂無術也。乃謝石之死，范弘之議謚曰襄墨，此徒以虛名貶斥，而時尚不能用，況其進於此者乎？王述傳云：述家貧，求試宛陵令，頗受賂遺，而修家具，爲州司所檢，有一千三百條。王導使謂之曰：「名父之子，不患無祿，屈臨小縣，甚不宜爾。」述答曰：「足自當止。」時人未之達也。比後屢居州郡，清潔絕倫，祿賜皆散之親故，宅宇舊物，不革於昔，始爲當時所歎。犯法至千三百條，而猶爲當時所歎，可見時俗之波靡矣。而王導之徇私縱惡，其所犯，又奚翅千三百條而已哉？

縱侈之爲，固多出於貴勢，然紀綱既紊，則亦將延及平民。宋書周朗傳：世祖即位，普責百官讜言。朗上書曰：「一體炫金，不及百兩，一歲美衣，不過數襲，而必收寶連櫝，集服累笥。遠至婢豎，皆無定科。一婢之身，重婢以使，一豎之家，列豎以役。瓦金、皮繡、漿酒、藿肉者，不可稱紀。至有列軿以游敖，飾兵以驅叱，不亦重甚哉？且細作始并，以爲儉節，而市年爵，以德爲主，令鯤拜勢，懼傷風俗。」機不以爲慙。於羨則云：既驕且吝，陵駕人物，鄉閭疾之如讎。永嘉之末，何氏滅亡無遺焉，得謂之偶然乎？石崇傳云：賈謐誅，崇以黨與免官。時趙王倫專權，崇甥歐陽建與倫有隙。崇有伎曰綠珠，美而豔，善吹笛。孫秀使人求之。崇盡出其婢妾數十人，曰：「在所擇。」使者曰：「本受命指索綠珠，不識孰是？」崇勃然曰：「綠珠吾所愛，不可得也。」使者曰：「君侯博古通今，察遠照邇，願加三思。」崇曰：「不然。」使者出而又返，崇竟不許。秀怒，乃勸倫誅崇、建。夫其所以召禍，亦未始非其敖很有以致之也，豈眞以一伎哉？孔子曰：「人皆曰予知，驅而納諸罟擭陷阱之中，而莫之知辟也。」當時貴勢中人，輕淺寡慮如此，而欲任之以家國之重，安可得乎？此其所以五胡一起，遂如土崩瓦解，而不可止歟？

元帝渡江，奢侈之風，未之有改。晉書紀瞻傳云：瞻厚自奉養。立宅於烏衣巷，館宇崇麗，園池竹木，有足賞翫焉。謝安傳云：安於土山營墅，樓館林竹甚盛。每攜中外子姪，往來游集，肴饌亦屢費百金。世頗以此譏焉，而安殊不以屑意。則雖賢者亦不免焉。安弟石，遂以聚斂無厭，取譏當世，不可謂非父兄之教不先也。武人如陶侃、劉胤，見第三章第三節，第四章第三節。世族如王國寶等，國寶，述之孫，坦之之子也。史言其聚斂不知紀極，後房伎妾以百數，天下珍玩，充溢其家。不知禮義者，自更不足責。恭謹志節之士，不隨俗波靡者，如周顗、卞壼、褚裒、庾冰、桓沖、王恭、殷仲堪等，其爲鳳毛麟角，亦與西晉之世無以異也。南方之豪，其貪縱鄙吝者，如周札等，亦與北方之士無異。札傳云：性貪財好色，惟以業産爲務。兵至之日，庫中有精仗，外白以配兵，札猶惜不與，以敝者給之。其鄙吝如此。故士卒莫爲之用。此與新蔡王騰，可謂雙絕矣。謝安傳言：元帝始鎮建業，公私窘罄。每得一好李，武帝求之，不過數十。濟候其上直，率少年詣園，共啖畢，伐樹而去。王戎等是也。戎傳云：性好興利，廣收八方園田水碓，周徧天下，積實聚錢，不知紀極。每自執牙籌，晝夜算計，恒若不足。而又儉嗇，不自奉養，天下人謂之膏肓之疾。又云：家有好李，常出貨之，恐人得種，恒鑽其核，以此獲譏於世。儉以持身者，殆爲鳳毛麟角。當時以儉稱者：如高密王泰、下邳王晃、劉寔、山濤、華恒等是，皆見晉書本傳。然泰子新蔡王騰，史稱鄴中雖府庫虛竭，而騰資用甚饒。性儉嗇，無所振惠。臨急，乃賜將士米可數升，帛各數尺，人不爲用，遂致於禍矣。甚至身當戎馬之際，日迫危亡之機，而猶不能自振焉。如羅尚，史稱蜀中風謠，謂其富擬魯衞，辭固多誣，見第三章第六節，然謂尚不富亦不可得也。又如王浚，裴楷傳言石勒薄其官寮親屬，貲至巨萬。浚之所以敗，未必不由此也。流風所被，則雖賢者亦不能獨立，而不得不隨俗波靡矣。如杜預，餉遺洛中貴要睎厚，遺都下親貴是也，見第二章第一節。劉毅等數劾奏何曾侈汰無度，武帝一無所問。益州監軍位缺，朝議用武陵大守楊宗及唐彬。武帝以問散騎常侍文立。立曰：「宗、彬俱不可失，然彬多財欲，而宗好酒，惟陛下裁之。」帝曰：「財欲可足，酒者難改。」遂用彬。蓋其視貪侈，亦習焉而不以爲怪矣。曷怪其口言節儉，而卒不能董之以齊斧哉？參看第二章第一節。

當時之貴戚功臣，非惟侈靡而已，其敖很又特甚。如石崇因其帳下洩其作豆粥、韭蓱齏及御牛之法而殺其人，又吹笛小不韻而殺其伎是也。驕侈之極，則見惡於人，而身亦不免。晉書何曾傳言：曾每宴見，不食大官所設，帝輒命取其饌。又云：人以小紙爲書者，敕記室勿報。曾子劭，驕奢簡貴，亦有父風。劭庶兄遵，性亦奢汰。遵四子：嵩、綏、機、羨。史惟於嵩無貶辭。於綏則云：自以繼世名貴，奢侈過度，性既輕物，翰札簡敖。城陽王尼見綏書疏，謂人曰：「伯蔚居亂而矜豪乃爾，豈其免乎？」劉輿、潘滔譖之於東海王越，越遂誅綏。於機則云：性亦矜敖，責鄉里謝鯤等拜。或戒之曰：「禮敬晉、南北朝貴人豪族之侈靡，實爲其時風俗之大弊，第二章第一節，已略言之。此蓋自古以來，操治理之權者，積漸墮落，以至崩隤，非一人一事之失也。晉書文六王傳：齊獻王攸奏議，言「都邑之內，游食滋多。巧伎末業，服飾奢麗，富人兼美，猶有魏之遺弊。」王導傳：導言「自魏氏以來，迄於大康之際，公卿世族，豪侈相高，政教陵遲，不遵法度。羣公卿士，皆饜於安息，遂使姦人乘釁，有虧至道。」足見晉初之弊，皆沿自魏朝。而魏世之弊，則又有沿諸秦、漢者。江統傳：統轉大子洗馬，上書曰「秦、漢以來，風俗轉薄。公侯之尊，莫不殖園圃之田，而收市井之利。漸染相放，莫以爲恥。今西園賣葵菜、藍子、雞、麪之屬，虧敗國體，貶損令問。」夫商賈之事，古之士大夫，莫不視爲大恥，今乃以大子之尊而公然爲之，封建之世，治人、食於人者之節概，掃地盡矣。此其所以五胡一起，遂如土崩瓦解而不可止歟？

當時奢侈之事，觀史之所載，殆無不出於意表者。如王濟食晉武帝供饌，悉貯琉璃器中，已見第二章第一節。石崇傳云：崇與貴戚王愷、羊琇之徒，以奢靡相尚。武帝每助愷，嘗以珊瑚樹賜之，高三尺許，枝柯扶疏，世所罕比。愷以示崇，崇便以鐵如意擊之，應手而碎。愷既惋惜，又以爲嫉己之寶，聲色方厲。崇曰「不足多恨，今還卿。」乃命左右悉取珊瑚樹，有三四尺者六七株，條幹絕俗，光彩耀日，如愷比者甚衆。愷怳然自失矣。琉璃、珊瑚，乃西域南海之物，既路途遙遠，又喪亂荐臻，宇縣分隔，致之甚艱，而晉初君臣，乃能多致之如此，其驕淫矜夸，可以想見。當時以奢侈聞者，如竟陵王楙、何曾、夏侯湛、任愷、賈謐、賈模等，其事迹皆見晉書本傳。王濬功名之士，而史稱其平吳之後，不復素業自居，玉食錦衣，縱奢侈以自逸，習俗之移人，可謂深矣。奢侈之極，而無以供，則不得不競爲聚斂。如義陽成王望，望傳云：望性儉吝，而好聚斂，身亡之後，金帛盈溢，以此獲譏。望孫奇，亦好畜聚，不知紀極，遣三部使到交、廣商貨，爲有司所奏，貶爲三縱亭侯。和嶠、杜預稱嶠有錢癖，見預傳，亦見嶠傳。王濟傳云：嶠性至儉，家有穀四斛，歲得穀四十八斛。劉芳傳言：芳常爲諸僧傭寫經論，筆跡稱善，卷直以一縑，歲中能入百餘匹，則侔於穀四百餘斛。如此數十年，賴以頗振宜矣。若論貲產之數，則貧民所有，不過數千。齊書顧憲之傳：西陵戍主杜元懿請增諸埭稅，憲之議言：山陰一縣，課戶二萬，其民貲不滿三千者，殆將居半，刻又刻之，猶且三分餘一，是也。富人則有千萬倍於此者。元嘉北伐，有司奏軍用不充，揚、南徐、兗、江四州之民，家貲滿五千萬，僧尼滿二千萬者，並四分換一，過此率討，詳見第八章第七節。南史張敬兒傳：敬兒誣襄陽吳泰與袁顗同逆，收籍其家，僮役財貨直數千萬，此尚包括各項資財。若晉書郗鑒傳言其子愔好聚斂，積錢數千萬；宋書蕭惠開傳言其自蜀還資財二千餘萬；齊書豫章王嶷傳言其荊州還資評直三千餘萬；曹虎傳言其在雍致見錢五千萬；南史作七千餘萬，又云悉厚輪大郭，他物稱是。則尚非其貲產之全。其貪積最甚若梁之臨川王宏者，見第十二章第五節。則其貲財，更不可以稱計矣。財多如此，故其用財亦無節限。齊民要術言：男女嫁娶，得絹百八十四，粗足充事，絹匹二百，不過錢三萬六千。宋書武帝紀言：帝儉德，諸主出適，遣送不過二十萬；晉書卞壼傳言：壼廉潔儉素，居甚貧約，息當婚，詔特賜錢五十萬，既已數倍或十數倍於平民。而劉敬宣女嫁，武帝乃賜之錢三百萬。蕭惠開妹當適桂陽王休範，女又當適世祖子，發遣之資，須應二千萬，乃以爲豫章內史，聽其肆意聚納，則更不成語矣。婚嫁一端如此，其餘諸事，又可推想也。

第二節 豪貴侈靡

百匹，緜二百斤。元康元年，給菜田十頃，騶十人。立夏後不及田者，食奉一年。奉日五斛，年得千八百斛，恰十倍於農家五人終歲之計。絹三百匹：依石勒時中絹官定之價爲錢三十六萬；私價百二十萬；下絹依官價爲錢二十四萬；私價六十萬。緜二百斤，據前所引沈懷文說，一斤之價，當絹二匹又二十五分匹之六，依石勒時中絹官價斤得錢二千六百八十八；私價得錢八千九百六十；下絹官價斤得錢千七百九十二，私價得錢四千四百八十。以二百乘之，爲錢五十三萬七千六百或一百七十九萬二千；或三十五萬八千四百或八十九萬六千。合緜、絹二項，爲錢六十九萬七千六百或三百九十九萬二千，或五十九萬八千四百或百四十九萬六千。以粟斛千錢計，又得八百九十七斛六斗，或二千九百九十二斛，或五百九十八斛四斗或一千四百九十六斛。菜田一頃，所入不易計算，以再食俸一年計，又得千八百斛。奉、緜、絹、菜田三項合計，其所入爲四千四百九十七斛六斗，或六千五百九十二斛，或四千一百九十八斛四斗，或五千有九十六斛。當農家五口之計，二十四倍又百八十分之百七十七有六，或三十六倍又百八十分之百十二，或二十三倍又有八十分之五十八，或二十八倍又百八十分之百五十六也。特進，食奉日四斛；春服絹五十匹，秋絹百五十匹，緜一百五十斤；菜田八頃，騶八人。光祿大夫，食奉日三斛；春絹五十匹，秋絹百匹，緜百斤；菜田六頃，田騶六人。太子大傅、少傅同。尚書令，食奉月五十斛，絹春三十匹，秋七十匹，緜七十斤；菜田六頃，騶六人。依此可以類推。晉書會稽王道子傳，謂其時軍旅荐興，國用虛竭，自司徒以下，日廩七升，蓋以上公而受兵卒之餉，宜乎其窮蹙矣。魏書薛虎子傳：虎子除徐州刺史，上表言：在鎮之兵，資糧之絹，人十二匹，蓋月得一匹。匹以錢二百，穀以斛五十計，月得粟以自贖也。庸力得直，可使農民於稼穡之餘，別有所入。無常職者，尤恃此爲日食之資。程課寬嚴，平直高下，於民生舒蹙，所關實大。齊民要術言：指柴十束顧一人，無業之人，爭來就作；又言柴一束三文，則日得卅錢，已爲顧直之優者矣。其種紅花藍花梔子篇又言：「一頃收花，日須百人。一家手力，十不充一。但駕車地頭，每旦當有小兒僮女百十餘羣，自來分摘，正須平量中半分取。」則指物顧人，自爲當時通法。蓋由民間錢少，故如此。日得錢三十，準諸穀價，不爲不優。然此尚須賣出柴，始得錢，而主人亦不更給食，故其平直如此耳。顏臻言「兵食七升，忘身赴難，過泰之戲，日廩五斗，」此蓋當時伎樂庸直。伎樂之藝，自更優於匠人，且爲侈靡之事。刺繡文不如倚市門，自古然矣，故其所得亦較優也。

李悝盡地力之敎曰：「一夫挾五口，治田百畝，歲收畝一石半，爲粟百五十石。除十一之稅十五石，餘百三十五石。食：人月一石半，五人終歲，爲粟九十石。餘有四十五石。石三十，爲錢千三百五十。除社、閭嘗新、春秋之祠，用錢三百，餘千五十。衣：人率用錢三百，五人終歲用千五百。不足四百五十。不幸疾病、死喪之費，及上賦斂，又未與此。此農夫所以常困，有不勸耕之心。」此言計算農家生計，最爲清晰。不足四百五十，合粟十五石；疾病死喪之費及上賦斂，假亦以粟十五石計，則五人終歲，當得粟百八十石，乃可勉支。此爲極儉之率矣。魏、齊斗、稱，於古二而爲一，當得粟九十石。周、隋斗、稱，於古三而爲一，當得粟六十石。南朝斛、石，去古不遠，米斛以百錢計，當得萬八千錢；絹匹以三百計，當得六十匹絹也。今試本此，以覩其時人之所入。晉世諸公及開府位從公者，食俸日五斛。大康二年，又給絹，春百匹，秋絹二藝者，其顧直與徒能力作者不同。宋書孝義傳：吳逵，經荒飢饉，係以疾疫，父母兄弟、嫂及羣從小功之親，男女死者十三人。逵時病困，鄰里以葦席裹之，埋於村側。既而逵疾得瘳，親族皆盡，惟逵夫妻得全，家徒壁立，冬無被袴，晝則傭賃，夜則伐木燒甎，期年中成七墓，葬十三棺。鄰里嘉其志義，葬日悉出赴助。逵時逆取鄰人夫直，葬畢，衆悉以施之。逵一無所受，皆傭力報答焉。逆取謂暫未給直，施之則不取其直，傭力報答，則以夫直還夫直也。又郭原平，性閑木功，傭賃以給供養。性謙虛，每爲人作匠，取散夫價。父亡，以爲奉終之義，情理所畢，營壙凶功，不欲假人。性雖智巧，而不解作墓。乃訪邑中有營墓者，助人運力，經時展勤，久乃閑練。又自賣十夫，以供衆費。葬畢，詣所買主，執役無懈，與諸奴分務，每讓逸取勞，主人不忍使，每遣之。原平服勤，未曾暫替，所餘私夫，傭賃養母，有餘聚以自贖。本性智巧，既學搆冢，尤善其事。每至吉歲，求者盈門。原平所赴，必自貧始。既取賤價，又以夫日助之。散夫蓋別無技藝，僅能力作之人。原平既閑木工，此即所謂作匠，原不應取散夫之價，故其取之爲謙虛。搆冢云取賤價，蓋亦指此。客爲依人之稱，兼具隸屬之義，故晉世佃客、衣食客，皆注家籍。參看第十八章第四節。十夫客受取買主之貲，蓋亦同於奴婢，故有自賣之名。所異者，還其買價，即可自贖耳。宋書自序言：世祖出鎮歷陽，沈亮行參征虜軍事。時營創城府，功課嚴促。亮病其以歲月之事，求不日之成，謂「比見役人，未明工作，閉鼓乃休。呈課既多，理有不逮。至於息日，拘備關限。」公家役民，程課之法，亦必本諸習俗。彼此相況，則民間庸顧之法可明。雖受顧直，而其日可不工作，是爲息日。非息日者：工作亦有定時，往必後於未明，罷必先於閉鼓。息日若未往之先，既能之後，工力自仍爲所自有。此時力作，是謂私夫。故原平得庸賃以養母，又得收錢五十八萬三千二百文。歲種三十畝，三年種九十畝。歲賣三十畝，終歲無窮。箕柳至秋任爲簸箕，五條一畝，歲收萬錢。柞十年中可雜用，一根直十文。二十歲中屋槫，一根直百錢。種紅花藍花梔子篇云：花，負郭良田種頃者，歲收絹三百匹。一頃收子二百斛，與麻子同價。既任車脂，亦堪爲燭，即是直頭成米。二百石米，已當穀田；三百匹絹，端然在外。此皆當時物價閒可考見者也。

力作者以一人一日之所作，爲計算之單位，此乃事理之自然。今俗語工夫二字，專指時閒言之，乃其偏端之義。溯其原，則夫指人力；工亦作功，謂一人一日之所作也。宋書孝義傳：王彭，少喪母。元嘉初，父又喪亡。家貧力弱，無以營葬。兄弟二人，晝則傭力，夜則號感。鄉里哀之，各出夫力助作甎。此爲夫字之義。晉書文帝紀：帝將伐蜀，謀衆曰：「略計取吳，作戰船，通水道，當用千餘萬功，此十萬人百數十日事也。」劉曜載記：曜葬其父母及妻，游子遠諫，謂「計六萬夫百日作，所用六百萬功。」皆以一人一日所作爲一工也。庸力者即準此論直。齊書王敬則傳：敬則爲會稽大守，會土邊帶湖海，民丁無士庶，皆保塘役。敬則以功力有餘，悉評斂爲錢，送臺庫以爲便宜。竟陵王子良啓言：「塘丁所出，本不入官。均夫訂直，民自爲用。今郡通課此直，悉以還臺，租賦之外，更生一調。」均夫者，通計全工須用人力若干，均之各家。訂直者，定一人一日之作，所直若干。有不能力作之人，許其出直以爲代。史言士庶皆保塘役，士人未必能力作，必許其出直以爲代也。民閒訂直，或不必皆以見錢。敬則則一以見錢計直而取之，故云評斂爲錢。東昏侯紀言其下揚、南徐二州橋、桁、塘、埭丁，計功爲直，斂取見錢，其所爲亦猶是也。民閒有以夫力助人，亦有借人夫力而以夫力還之者。又有技石之閒北陰中種之。其高原、山田，土厚、水深之處，多掘深坑，於坑之中種桑柘者，隨坑深淺，或一丈五，直上出坑，乃扶疏四散。此樹條直異於常材。十年之後，無所不任。一樹直絹十匹。種榆白楊法云：榆三年春可將莢葉賣之。五年之後，便堪作椽。不挾者即可斫賣，一根十文。挾者鏇作獨樂及盞，一箇三文。十年之後，魁、椀、瓶、榼、器皿，無所不任。一椀七文。一魁二十。瓶、榼、器皿，一百文也。十五年後中為車轂及蒲桃瓮。瓮一直二百，車轂一具，直絹三匹。其歲歲科簡剶治之功，指柴顧人，十束顧一人，無業之人，爭來就作。賣柴之利，已自無貲。歲出萬束，一束三文，則三十貫。莢葉在外也。況諸器物，其利十倍。歲收三十萬。斫後復生，不勞耕種，所謂一勞永逸。能種一頃，歲收千疋。惟留一人守護，指揮處分。既無牛耕、種子、人功之費，不慮水、旱、風、蟲之災，比之穀田，勞逸萬倍。男女初生，各與小樹二十株，比至嫁娶，悉任車轂。一樹三具，一具直絹三匹，成絹一百八十匹。聘財、資遣，粗得充事。白楊：一畝三壠，一壠七百二十株，一株兩根，一畝四千三百二十株。案當作根。三年中為蠶樀，五年任為屋椽，十年堪為棟梁。以蠶樀為率：一根五錢，一畝歲收二萬一千六百文。歲種三十畝，三年九十畝。一年賣三十畝，得錢六十四萬八千文。周而復始，永世無窮。比之農夫，勞逸萬倍。去山遠者，實宜多種，千根以上，所求必備。種棠篇云：八月初天晴時，摘葉薄布，曬令乾，可以染絳。成樹之後，歲收絹一匹。種穀楮篇云：三年便中斫，指地賣者，省功而利少。煮剶賣皮者，雖勞而利大。自能造紙，其利又多。種三十畝者，歲斫十畝，三年一徧，歲收絹百匹。種槐柳楸梓梧篇云：楊柳三歲成椽，一畝二千六百六十根，三十畝六萬四千八百根，根直八錢，合收錢五十一萬八千四百文。百樹得柴一載，合柴六百四十八載，載合錢一百文，柴合收錢六萬四千八百文。都合永。」溫不悅，送絹一匹，錢五千文。星人馳詣鑿齒曰：「家在益州，被命遠下。今受旨自裁，無由致其骸骨。緣君高義，乞爲標揭棺木耳。」鑿齒問其故。星人曰：「賜絹一匹，令僕自裁。惠錢五千，以買棺。」鑿齒曰：「君幾誤死，此以絹戲君，以錢供道中貲，是聽君去耳。」以蕭寶夤、魏詠之所齎例之，溫之所贈，亦未爲薄也。

不徒以爲行貲不爲菲也，卽以爲棺價亦然。齊書劉祥傳：祥從祖兄彪，以崇聖寺慧首鬄頭爲尼，以五百錢爲買棺材，以泥洹轝送葬劉墓，爲有司所奏。又張融傳：遺令以三千買棺。梁書劉歊傳：歊著革終論，欲死後以一千錢市治棺。二人固主薄葬者，然歊論言「積習生常，難卒改革，一朝肆志，儻不見從」，則亦非過於儉者。然則當時棺價，極亦不過數千錢耳。

後魏賈思勰著齊民要術，雜載物價頗多，今摘錄如下：種瓠篇云：破以爲瓢。其中白膚，以養豬致肥，其瓣以作燭致明。一本三實，一區十二實，一畝得二千八百八十實，十畝凡得五萬七千六百瓢。瓢直十錢，並直五十七萬六千文。用蠶矢二百石，牛耕功力直二萬六千文，餘有五十五萬。肥豬、明燭，利在其外。種胡荽篇云：春種者五月子熟，拔取曝乾，格柯打出，作蒿篅盛之。冬月亦得入窖，夏還出之。但不濕，亦得五六年。停一畝收十石，都邑糶賣，石堪一匹絹。秋種者十月足霜乃收之。一畝兩載，載直絹三匹。種桑柘篇云：一枝直十文。（此上有奪文。）胡牀一具直百文。十五年任爲弓材，一張二百，亦堪作履，一兩六十。裁截碎木，中作錐刀靶，一箇直三文。二十年好作犢車材，一乘直萬錢。欲作鞍橋者，生枝長三尺許，以繩繫旁枝，木橛釘著地中，令曲如橋。十年之後，便是渾成柘橋。一具直絹一匹。欲作快弓材者，宜於山錢三萬，令起瓦屋。則以草屋改爲瓦屋，每間所費，爲萬至萬五千錢。蔡興宗傳：父廓，奉兄軌如父，罷豫章郡還，起二宅，先成東宅，與軌。廓亡而館宇未立。軌罷長沙郡還，送錢五十萬，以補宅直。造價若倍於改爲，則五十萬之貲，可得屋二十五間或十八九間也。造屋所費如是，買宅價亦相近。齊書王琨傳：琨罷廣州刺史還，宋孝武問還貲多少，琨曰：臣買宅百三十萬。南史呂僧珍傳：宋季雅罷南康郡，市宅居僧珍宅側。僧珍問宅價，曰：「一千一百萬。」怪其貴。季雅曰：「百萬買宅，千萬買鄰。」千萬買鄰爲虛言，百萬買宅爲實語，則其所費，倍於蔡廓耳。廣州固仕宦者膏腴之地，季雅亦以豪舉稱，故其所費較多也。崔慰祖賣宅四十五萬，與蔡廓起宅所費略侔。桓閎弟子曇深爲臨城縣，罷歸，得錢十萬，買宅奉兄。見南史桓護之傳。則其人以行義稱，故其所費爲獨少也。晉書石勒載記：勒將營鄴宮，其廷尉續咸上書切諫。勒怒，欲收之。其中書令徐光又諫。勒爲之止，而歎曰：「人家有百匹貲，尙欲市別宅，況有天下之富，萬乘之尊乎？終當繕之耳。」勒時中絹之價爲四千至千二百，下絹之價爲二千至八百，已見前。百匹市宅，以中絹計，爲錢十二萬或四十萬；以下絹計，爲錢八萬或二十萬；亦與南朝相去不遠也。

晉書食貨志言：惠帝蕩陰反駕，囊錢三千，似至儉矣。然魏書蕭寶夤傳言：寶夤脫本衣服，著烏布襦，要繫千許錢以奔虜；又司馬楚之傳言：有上蔡董毛奴，齎錢五千，死於道路；則當時民間行旅，原不過齎錢數千，惠帝亦儕於氓庶耳。魏詠之傳言：詠之生而兔缺，聞殷仲堪帳下有名醫能療之，貧無行裝，遂齎數斛米西上，以投仲堪。晉世布價，十倍齊初，米價亦當十倍，數斛米亦當得數千錢也。習鑿齒傳：桓溫追蜀人知天文者至，問國家運祚修短。答云：「世祀方恨儉率，然則萬錢爲宴客之侈者。曾乃日食之，劭則又倍之耳。若尋常之食，則宋書衡陽王義季傳云：義季爲荊州刺史，隊主續豐母老家貧，無以充養，遂斷不食肉。義季哀其志，給豐每月米二斛，錢一千，幷制豐噉肉。豐所噉肉，未必更由官給，然則日得錢三十三，足以噉肉，且不關於甘旨之養矣。顏氏家訓治家篇云：鄴下有一領軍，貪積已甚，朝夕肴膳，以十五錢爲率，遇有客旅，更無以兼。獨食月得四百五十錢，略半於義季所以周續豐者，亦不爲甚儉矣。南史褚彥回傳云：時淮北屬江南，無復鰒魚，或有間關得至者，一枚直數千錢。人有餉彥回鰒魚三十枚，彥回時雖貴，而貧薄過甚。門生有獻計賣之，云可得十萬錢。何曾所食，設有若彥回時鰒魚者，但一味已去萬錢十之三四矣。故史事苟記載眞實，而又參互詳考之，無甚遠於情理而不可解者也。

衣料布帛價已見前。宋書沈懷文傳云：齋庫上絹，年調巨萬匹，緜亦稱是。期限嚴峻，民間買絹，一匹至二三千，緜一兩亦三四百。此雖異常之價，然二者橫調既同，價之增當亦相近。假以絹一匹爲錢二千五百，緜一兩爲錢三百五十，則緜一斤之價當絹二匹又二十五分匹之六，絹匹三百，緜斤當得六百七十二文矣。齊書褚淵傳：淵死後，弟澄以錢萬一千，就招提寺贖太祖所賜淵白貂坐褥，壞作裘及纓。白貂蓋爲名裘，當時之貂，亦產於今之吉、黑。魏書勿吉傳曰：其父母春夏死，立埋之，若秋冬，以其尸捕貂，貂食其肉，多得之。失韋傳曰：亦多貂皮。間關至中國殊不易。三國志鮮卑傳注引魏書，謂其有貂、豽、鼲子，皮毛柔蠕，天下以爲名裘，其地尚較勿吉、失韋爲近也。質價固非賣價，然淵甚貧，所質必與賣價相近，以是度之，裘亦不能甚貴也。

宋書后妃傳：明帝陳貴妃，家在建康縣界，有草屋兩三間。上出行，問尉曰：「御道邊那得此草屋？當由家貧。」賜日食之量，在前世爲人五升，已見秦漢史第十五章第一節。晉、南北朝之世，似亦無甚差殊，此固不應有異也。晉書食貨志載鄧艾論屯田之語曰：「六七年間，可積三千萬斛於淮北，此則十萬之衆五年食也。」十萬之衆，五年食三千萬斛，則人年食六十斛，以三百六十日除之，日得一斗六升餘，此似乎大多。然宋書樂志載晉成帝咸康七年，散騎常侍顧臻表諫伎樂之語，謂「兵食七升，忘身赴難。」又宋書劉勔傳，載勔策攻縣瓠之語，謂「二萬人歲食米四十八萬斛，五年合須米二百四十萬斛」，則人歲食米二十四斛。以三百六十日除之，日得六升又三分升之一。則與五升之數，相去不遠矣。後漢書伏湛傳注引九章算術云：「粟五十糲率三十，一斛粟得六斗米爲糲，」鄧艾之語，蓋據粟言之，一斗六升粟，得糲九升許，以稍精鑿之米言之，則亦與顧臻、劉勔所云相去不遠也。梁書何胤傳：胤謂王果曰：吾年已五十七，月食四斗米不盡，何容得有宦情？陳書孝行傳：司馬嵩丁父艱，日食薄麥粥一升。張昭及弟乾，父卒，並日食一升麥屑粥。此爲衰者、毀者之食，不能以例常人。梁書江革傳：革爲元延明所執，日給脫粟三升，僅餘性命；齊書孝義傳：崔懷慎孤貧獨立，宗黨哀之，日斂給其升米；所以爲至轂之養，免死之腐也。此升皆近於古。北齊書庫狄伏連傳：附慕容儼傳後。家口百數，盛夏之日，料以食米二升，不給鹽菜，常有飢色，若爲南朝之量，必不能支。蓋謂盛夏可以少食，故又略減於古之五升。亦足證魏、齊斗稱，於古二而爲一也。

晉書何曾傳云：曾食日萬錢，猶曰無下箸處。子劭，食必盡四方珍異。一日之供，以錢二萬爲限。時論以爲大官御膳，無以加之。讀史者皆以爲極侈，其實亦不盡然。北齊書韓軌傳：子晉明，好酒誕縱，招引賓客，一席之費，動至萬錢，猶穀價又有不同也。宋書沈演之傳：元嘉十二年，東諸郡大水，民人饑饉。吳義興及吳郡之錢塘，升米三百。前廢帝紀：大明八年，去歲及是歲，東諸郡大旱。甚者米一升數百，京邑亦至百餘。餓死者十有六七。一升，南史作一斗。案孔覬傳言：大明八年，東土大旱，都邑米貴，一斗將百錢，南史亦同，則作斗者是也。梁書武帝紀：天監元年，大旱，米斗五千，人多餓死。庾蓽傳亦言蓽以是時行會稽郡事，時承彫敝之後，百姓凶荒，所在穀貴，米斗數千，人多流散。侯景傳言：景圍臺城時，食稍盡，米斛數十萬，人相食者十五六。南史景傳云：景食石頭常平倉既盡，便掠居人。爾後米一升七八萬錢，人相食，有食其子者。魏書島夷傳云：城內大饑，人相食。米一斗八十萬。皆以人肉雜牛馬而賣之。軍人共於德陽前立市，屠一牛得絹三千匹，賣一狗得錢二十萬。皆熏雀掘鼠而食之。案穀價之翔貴由於水旱者實少，由於兵亂者特多，且甚，此以見人禍之更烈於天災也。其稍近於常情者：晉書食貨志載戶調之式，遠夷不課田者輸義米戶三斛，遠者五斗，極遠者輸算錢人二十八文，此恐亦僅能取諸戶主。課調既愈遠而愈輕，則二十八文，必尚不及米五斗之價。此大粗略；且遠夷情形，亦與中國不同；不足以考穀價。齊書豫章王嶷傳：嶷爲荊、湘二州刺史，以穀過賤，聽民以米當口錢，優評斛一百，此條最可考見南朝穀價。荊、湘爲產米之區，參看第二十章第一節。穀斛不及百錢，餘瘠薄之地當較貴，則當在百錢左右也。梁天監四年，大穰，米斛三十，其必病農，自無疑矣。然魏書食貨志言：天興後比歲大熟，匹中八十餘斛。隋書食貨志言：東魏元象、興和之中，頻歲大穰，穀斛至九錢。魏初絹匹，假依石勒時中絹爲四千，斛得錢約五十，其斛儻與古量相同，已去天監之世不遠。東魏之世，斗稱於古既已二而爲一，則古斛一斛，僅得四錢半，不惟視梁之米斛三十爲廉，且較漢宣帝時穀石五錢猶下矣。豈以所言斛，猶以古斛言之邪？然南北朝時，不論南北，糴價皆賤，則似不足疑。此當時論者，所由多以傷農爲慮也。

尺。蓋因有是調，乃有一端之稱也。前世多言布帛，南北朝之世，則多言絹、布，蓋以絹爲絲織之總名。北齊書李元忠傳云：元忠貢世宗蒲桃一盤，世宗報以百縑，又載世宗書辭曰：「聊用絹百匹，以酬清德，」上言縑；下言絹，其明徵矣。是時銅錢日少，故絹價日廉。晉書石勒載記：勒令公私行錢，而人情不樂，乃出絹市錢，限中絹匹一千二百，下絹八百。百姓私買，則中絹四千，下絹二千。魏大和十九年行錢，內外官祿，皆准絹給錢，絹匹爲錢二百。永安二年鑄五銖，官欲貴錢，出藏絹，分使人於三市賣之，絹匹止錢二百，而私市者猶三百。蓋官賣止收好錢，私市兼收惡錢。普泰元年，天下調絹四百一匹，此則利於多取，其時絹價未必至是也。北史房謨傳云：魏朝以河南數州，鄉俗絹濫，退絹一匹，徵錢三百，人庶苦之，乃表請錢、絹兩受，任人所樂，可見四百爲多取也。自石勒之時，至於魏世，絹價約落至十分之一，亦頗與南朝情形相似矣。

史所載穀價，多在饑荒喪亂之時，實不足考人民生活情形，晉、南北朝穀價異常者：惠帝紀：元康七年七月，關中饑，米斛萬錢，時直齊萬年之亂。大安二年十月，公私窮躓，米石萬錢，時直張方之亂。懷帝紀：永嘉五年六月，百姓饑儉，米斛萬餘，時劉曜、王彌陷京師。愍帝紀：建興四年十月，京師饑甚，米斗金二兩，人相食，死者大半，時劉曜自前月逼京師。成帝紀：咸和四年正月，蘇峻子碩攻臺城，城中大饑，米斗萬錢。魏書僭晉傳云：穀石敵萬。咸康元年，大旱，會稽、餘姚尤甚，米斗五百。石季龍載記：時衆役繁興，軍旅不息，加以久旱，穀貴，金一斤，直米二斗。呂光載記：光之稱酒泉公，穀價騰踊，斗直五百，人相食，死者大半。呂隆之將亡也，姑臧穀價踊貴，斗值錢五千，人相食，餓死十餘萬。魏書本傳同。禿髮氏載記云：隆爲沮渠蒙遜所伐，遣使乞師，利鹿孤引羣下議之，其尚書左丞婆衍崙曰：「今姑臧饑荒殘弊，穀石萬錢，」則尚未至如隆載記所言之烈。蓋其初危急時，與後極困弊時，東直六千，官受則匹准五百。所以每欲優民，必為降落。今入官好布匹堪百餘，四民所送，猶依舊制。昔為損上，今為刻下。氓庶空儉，豈不由之？」子良傳載其啓又謂「泉鑄歲遠，類多翦鑿。江東大錢，十不一在。公家所受，必須輪郭，遂買本一千，加子七百，猶求請無地，棰革相繼。」然則當齊初，好惡錢之相比，為以兩當一，或以十七當十。與所謂斗米一萬，商賈不行者，相去何其遠邪？足見此等情形，即有之，亦為時甚暫也。物直自永初至元嘉，殆減其半，至齊初則僅十之一矣。合梁世短陌之數觀之，略可見其時物直降落之情形也。

銅錢而外，金、銀亦略具錢幣之用。前世用金，皆以斤計，此時則多以兩計，詳見第二十章第五節。即其通行漸廣之徵。漢世黃金一斤直錢萬。晉、南北朝之世，史無明文。然史亦未言其相異，則其比直或無甚變動。黃金一斤直錢萬，則一兩直錢六百二十五。新室幣制，銀八兩為一流，直千，見秦漢史第七章第二節。當金價五分之一。是時若無變動，則銀一兩直錢百二十五也。

金、銀為用不廣，錢又不足於用，所資以交易者，實惟穀、帛為多。宋世周朗，亦主廢錢幣用穀帛者。其言曰：「自淮已北，萬匹為市；從江以南，千斛為貨，不患其難。」可見北多用帛，南多用穀。欲計布帛之直，必先考其長廣。宋書律志謂「布幅廣二尺七寸，四十尺為匹」，較漢書食貨志所云「布帛廣二尺二寸為幅，長四丈為匹」者少廣。魏書食貨志云：「舊制民間所織絹布，皆幅廣二尺二寸，長四十尺為一匹。」則與漢志符同。又云：「六十尺為一端。」案大和班祿之先，戶以九品混通，各調帛二匹，又各入帛一匹二丈，委之州庫，以供調外之費，詳見第三節。一匹二丈，則六十惜不出，而非其時鐵錢之果行也。然則積如丘山，適足見壅塞不行而已。當時短陌大行，最貴者京師以九十爲陌，次則八十、七十，末年乃以三十五爲陌。此卽錢日貴，物日賤，向值百錢者，落至僅值九十八十七十，甚至僅值三十五也。錢日多而物日賤，錢之不行可知。魏肅宗初，任城王澄上書論當時錢貨，謂大和五銖，不入徐、揚之市，河北且無新造五銖，與此正可參證。大和五銖，不可謂之惡錢，且猶如此，況於梁之鐵錢哉？齊初，孔覬上鑄錢均貨議，言「盜鑄者摩澤淄染，始皆類故，交易之後，渝變還新，良民弗皆淄染，不復行矣。所鬻賣者，皆徒失其物。盜鑄者復賤買新錢，淄染更易。反覆生詐，循環起姦。」觀此，知當時私鑄雖甚，而私錢之廢而不行者亦多；且新舊二錢，判然異價；論物價者，安得不以舊錢爲主？又宋文帝時，江夏王義恭欲以大錢一當兩，沈演之議，謂「晉遷江南，疆境未廓，或土習其風，錢不普用。今王略開廣，聲敎遐曁，金鏹所布，爰逮荒服，悉皆流行之矣。」此說謂晉世錢貨不行之地尚多，是實。其謂宋世流行，則不過故甚其辭，以伸己說。故隋志謂梁初尙惟京師及三吳、荆、郢、江、湘、梁、益用錢也。錢且不行，況於新鑄？其論物價之辭，必以舊錢爲主，更不待言矣。

然則當時幣價，果何如邪？案齊書王敬則傳載竟陵王子良啓，謂「錢貴物賤，殆欲兼倍。凡在觸類，莫不如玆。稼穡惟劬，斛直數倍。今機杼勤苦，匹裁三百。所以然者，實亦有由。年常歲調，既有定期，僮卹所上，咸是見直。民間錢多翦鑿，鮮復完者。公家所受，必須員大。以兩代一，困於所貿。鞭棰質繫，益復無聊。」又謂「昔晉氏初遷，江左草創，絹布所直，十倍於今。賦調多少，因時增減。永初中，官布一匹，直錢一千，而民間所輸，聽爲九百。漸及元嘉，物價轉賤，私貨則卓所鑄之小錢，本已廢而不行矣。志又云：「黃初二年，魏文帝能五銖錢，使百姓以穀帛爲市。至明帝，乃更立五銖錢。」錢之用便於穀、帛，不待再計而知。民間果其通用，更豈魏文一令所能廢？志又載晉末桓玄議廢錢，孔琳之駁之，謂「錢之不用，由於兵亂積久，自致於廢」，此言最合事情。琳之去魏世近，蓋必有所見，非慢然言之也。晉書張軌傳：索輔言於軌曰：「古以金、貝、皮幣爲貨，息穀物量度之耗。二漢制五銖錢，通易不滯。泰始中，河西荒廢，遂不用錢。裂匹爲段。縑布既壞，市易又難；徒壞女工，不任衣用；弊之甚也。今中州雖亂，此方安全，宜復五銖，以濟通變之會。」軌納之。立制準布用錢。錢遂大行，人賴其利。此爲琳之之說之鐵證。蓋前世錢貴，民間零星交易，並不甚用錢，參看秦漢史第十六章第四節。故錢之用，惟於商賈爲最切，商賈不行，即寖至於廢矣。晉志載琳之之議又曰：「魏明帝時，錢廢穀用既久，以不便於人，乃舉朝大議。精才達政之士，莫不以宜復用錢。下無異情，朝無異論。」「錢廢穀用既久」句，宋書琳之傳作「錢廢穀用三十年矣」，南史作四十年矣。三、四二字，未知孰是。古人好舉成數，逾於三十，即可言四十；又其言數不甚精密，雖迫近四十，仍可言三十也。而既久二字，則必爲後人所改，蓋作史者疑自黃初之世，至於明帝之時，不及三十年，而不知琳之此語，乃上溯漢獻帝時言之也。此亦足證董卓所鑄小錢，自致於廢，而無待於魏武之令也。即謂有待於魏武之令，自初平元年至建安元年魏武作相，亦不過六年。宋自孝建三年五月鑄四銖錢，下逮明帝泰始元年十二月罷之，及其明年三月斷新錢，專用古錢，亦不及十年也。參看第二十章第四節。隋書食貨志云：陳初承梁喪亂之後，鐵錢不行，似鐵錢至梁亡始廢。然其爲用見於史者，僅陳書沈烱傳，謂其爲宋子仙所逼，令掌書記，王僧辯購得之，酬所獲者鐵錢十萬而已。此蓋破敗之餘，銅錢闕乏，又或吝訖嘗乘舟從田舍還，載米一百五十石。有人寄載三十石。既至宅，寄載者曰：「君三十斛，我百五十石。」蓋以訖之米爲己之米，己之米爲訖之米也。魏大和五年班祿增調，魏書本紀言穀二斛九斗，食貨志言粟二石九斗，皆可證斛、石仍同。然肅宗紀：孝昌二年二月，詔有能輸粟入瀛、定、岐、雍四州者，官斗二百斛賞一階，入二華州者，五百石賞一階，地方儲積，固有多少之殊；運轉亦有難易之別，官家須用，亦有緩急之不同；然酬獎之厚薄，似不應縣殊至是？則北方斛、石，似又因地而不同矣。此等亦難於詳考也。

度、量、衡既略明，又宜進考其時之幣價。漢獻帝初平元年，董卓壞五銖錢鑄小錢，實爲錢法一大變。其後宋孝武帝孝建元年造四銖錢。三年，用徐爰議，收銅繕鑄，私鑄始甚。前廢帝即位，改鑄二銖；又用沈慶之說通私鑄，而錢法大壞。史述其弊，至於「斗米一萬，商賈不行。」梁武帝鑄五銖及女錢二品並行，亦卒爲私錢所亂。後廢銅錢，更鑄鐵錢，大同後遂至積如丘山，交易者不復計數，而惟論貫。北朝大和十九年，始行五銖錢，後世宗又鑄之，其行皆不廣。肅宗以後，私鑄轉甚。亦至風飄水浮，米斗幾直一千。迄於齊、周，無以善其後。本節所論幣制，宜與第二十章第四節參看。以是言之，其時物價，宜極騰貴。顧史所載者，與前世並無大殊，錢價仍遠較後世爲貴，其故何也？曰：當時錢幣之爲用，本不普徧；惡錢雖與好錢並行，蓋皆減折行使；論物價者，仍以好錢爲準，而史從而書之，故覺其物價無甚變動也。晉書食貨志云：「董卓鑄小錢，貨輕物貴，穀一斛至錢數百萬。參看秦漢史第十六章第四節。魏武作相，罷之，還用五銖。是時不鑄錢既久，貨本不多，又更無增益，故穀賤無已。」夫民間果其通用，豈魏武一令所能罷？此觀於歷代私錢之難禁可知。蓋董二龠爲合，十合爲升，十升爲斗，三斗爲大斗，十斗爲斛。凡權衡，以秬黍中者百黍之重爲銖，二十四銖爲兩，三兩爲大兩，十六兩爲斤。凡積秬黍爲度、量、權、衡者，調鍾律，測晷景，合湯藥及冠冕之制則用之，內外官司悉用其大者。」按唐時權、量，是古今小大並行。大史、大常、大醫用古，他有司皆用今。久則其今者通行，而古者廢矣。」大斗大兩係自注引通典載諸郡土貢，亦亦用小斤、小兩者，然皆湯藥之用，如上黨郡貢人參三百小兩，濟陽郡貢阿膠二百小斤是也。愚案晉、隋書律曆志引九章商功法程云：「粟一斛，積二千七百寸；米一斛，積一千六百二十七寸；菽、荅、麻、麥一斛，積二千四百三十寸。此據精麤爲率，使價齊，而不等其器之積寸也。以米斛爲正，則同於漢志。」然則隨物之精麤、貴賤而異其度、量、衡之器，民間本有此法。久之漸趨畫一，取其一器以爲正，如量粟、菽、麻、麥皆用米斛。而度、量、衡之長、大、重，亦隨之而增矣。此較增損，謂晉者所增爲巨。齊民要術作醬法云：「豆黃堆量，不概，鹽麴輕量平概。」達奚震及牛弘等言：「以上黨羊頭山黍，依漢書律曆志度之，若以大者稠累，依數滿尺，實於黃鍾之律，須撼乃容；若以中者累尺，雖復小稀，實於黃鍾之律，不動而滿。」堆量、輕量，或概、或不概，或撼、或不動，雖同用一器，所得多少又自不同。此等皆隨俗而殊，斷難畫一。故計算歷代之物價，總祇能得其大較之大較也。商業興盛之國，交易皆集於都會，小都會又取準於大都會，則度、量、衡及錢幣等，皆易於畫一。以農業爲主之國，交易分成多區，區各有其取正之所，商人勢不得不屈於其俗，欲定一尊甚難。中國歷代，皆欲畫一度、量、衡及錢幣，而皆徒有其名，蓋爲此也。以大較之大較言之，南朝之量與衡，視爲與古略相放，北朝之量與衡，視爲於古二而爲一，或當相去不遠也。據隋志所載尺法，惟東魏於古二而爲一，尙有奇零，餘皆不逮頗多。然此係官家定制，民間所用，未必如是正，恐二而爲一，由來已久，而官家乃從而用之也。又梁書庾詵傳，載之心，此所謂悅之不以其道。今宮人請調度造衣物，必度付秤量絹布匹有丈尺之盈，一猶不計其廣，絲、緜斤兼百銖之重，未聞依律罪州郡。若一匹之濫，一斤之惡，則鞭戶主，連三長。今百官請俸，人樂長闊，并欲厚重，無復準極。得長闊、厚重者，使云其州能調絹、布，橫發美譽，以亂視聽。今若必復緜、麻者，謂宜先令四海，知其所由；明立嚴禁，復本幅度。其在庫絹、布并絲、緜，不依典制者，請遣一尚書，與大府卿、左右藏令，依今官度、官秤，計其斤、兩、廣、長，折給請俸之人。」後曹患表論時政得失，又以審法度、平斗尺爲言；而任城王澄奏利國濟民所宜振擧者十條，亦以律度、量衡，公私不同，宜一爲首。二人之論，皆在明帝之初，距大和十九年，不過二十年耳。則謂改制之始，民樂輸將，後乃稍離其本，不過遜順之辭，實則大和之詔，初未嘗行也。通典言梁武帝五銖錢，實重四銖三參三黍，其百文重一斤二兩，齊文襄五銖錢，實重五銖，百文重一斤四兩二十銖，較其多寡、重輕，兩相符合，而左氏定公八年正義，謂魏、齊斗稱，於古二而爲一；隋志謂其以古稱一斤八兩爲一斤，此卽公家定制，與民閒所用，實不相符之證。後周則隋志言其平齊後卽班宋氏尺於天下，而達奚震等仍以爲言，而可知其令之不行矣。歷代之度、量、衡，蓋無不徒有其名者。晉書律曆志言：荀勖新尺，惟以調音律，至於人閒，未嘗流佈，故江左及劉曜儀表，並與魏尺略相依準；又言裴頠以醫人命之急，而稱兩不與古同，爲害特重，宜改治權衡，不見省，其明證也。左氏定公八年正義，謂魏、齊斗稱，於古二而爲一；周、隋斗稱，於古三而爲一；蓋據當時實在行用者，約略言之也。度、量、衡器，初非概由官制，民閒自制，自不能無「增損、譌替。」語見隋志。而前世取民，多以實物，官司恆利於度之長，量之大，衡之重；民閒交易，權操於豪强、商賈，其所利者，亦與官司同；故增損、譌替之餘，度必漸增其長，量必漸增其大，衡必漸增其重。日知錄云：「漢書貨殖傳：黍千大斗。師古曰：大斗者，異於量米粟之斗也。是漢時已有大斗，但用之量麄貨耳。唐六典：凡度，以北方秬黍中者，一黍之廣爲分，十分爲寸，十寸爲尺，一尺二寸爲大尺，十尺爲丈。凡量，以秬黍中者容一千二百黍爲龠，等累黍造尺，從衡不定。後因修倉掘地得古玉斗，事在保定元年，見下。以爲正器，據斗造律、度、量、衡。其所造者，謂之玉尺。隋志云：俗間見玉作名爲玉尺，見鐵作名爲鐵尺。與相承一銅籥云是蔡邕銅籥者，校計相符。實比晉前尺一尺一寸五分八釐。當時因此大赦，改元天和。志云：「百司行用，終於大象之末，」然又云：「平齊後以宋氏尺同律、度、量，班於天下，」則玉尺僅官司用之而已。此尺以鐵作，俗間名爲鐵尺。志又載宣帝時達奚震及牛弘等議，謂「今之鐵尺，是大祖遺蘇綽所造，驗其長短，與宋尺符同，平齊之始，已用宣布，因而爲定，彌合時宜，」則鐵尺初非取諸宋氏。不知周氏諱言之而妄云爲蘇綽所造邪？抑綽之所造，實取正於上國也？志又云：「未及詳定，高祖受終，」則其尺亦未嘗行也。量法：隋志引魏劉徽九章商功注：謂王莽銅斛，當魏九斗七升四合有奇。又云：梁、陳依古斗。齊以古升五升爲一斗。後周武帝保定元年五月，晉國造倉，獲古玉升。五年十月，詔爲銅升，班之天下。依甄鸞算術：玉升一升，得官斗一升三合四勺。開皇以古斗三升爲一升。大業初依復古斗。稱法：梁、陳依古稱。齊以古稱一斤八兩爲一斤。周玉稱四兩，當古稱四兩半。開皇以古稱三斤爲一斤。大業中依復古稱。案魏孝文、齊神武、周武帝，皆有釐正度、量、衡之舉；隋煬帝大業三年，改度、量、權、衡，並依古式，尤爲曠然一大變革；然實皆未行。魏書本紀：大和十九年六月，詔改長尺、大斗，依周禮制度，班之天下。北齊書本紀：天平三年八月，神武請均斗尺，班於天下。周書本紀：建德六年八月，議定權、衡、度、量，班於天下。其不依形式者，悉追停。隋書本紀：大業三年四月，改度、量、權、衡，並依古式。案魏書張普惠傳：普惠以天下民調，幅度長廣，尚書計奏復徵緜麻，上疏曰：「仰惟高祖，廢大斗，去長尺，改重秤，所以愛萬姓，從薄賦。萬姓荷輕賦之饒，不適於緜麻而已，故歌舞以供其職，奔走以役其勤。自茲以降，漸漸長闊。百姓嗟怨，聞於朝野。宰輔不尋其本，而特放緜、麻之調，以悅天下

第十九章　晉南北朝人民生計

第一節　物價工貲貲產

欲知一時代中人民生計情形者，必先知其生活之所費，次知其所入幾何，以供此費，爲有餘，抑爲不足？若有餘者，其餘財用諸何方？而其俗之侈儉可知矣。一切費用，若能均以錢幣計算，自爲最便。苦於前代錢之爲用，不甚普徧；晉室東渡以後，又南北分離，幣制既不統一，又皆不甚整飭，公家所鑄之錢，不得民信，民間乃以他物代之；其所以爲代之物，又不能畫一；故其計算極難也。

語曰：「食爲民天。」欲知人民生活情形，自宜首知其穀價，而欲知穀價者，又必先考其度、量、衡。歷代度、量、衡制，略見於正史之律曆志，然與民間所用，實不甚相符。隋書所載晉南北朝度制，以晉荀勖準周禮所造，即所謂晉前尺者，爲計算之準。此尺與漢書律曆志所載王莽時劉歆所造之銅斛尺，後漢之建武銅尺相符。魏杜夔所用之尺，較此長七氂。江東所用，謂之晉後尺，當此尺一尺六分二氂。宋民間所用之尺，傳諸梁、陳者，當此尺一尺六分四氂，魏氏所用之尺，分前、中、後三種：前尺當晉前尺一尺二寸七氂。中尺當其一尺二寸一分一氂。後尺，亦即後周民間所用，當其一尺二寸八分一氂。又有所謂東魏尺者，爲高齊所沿用，當晉前尺一尺五寸八豪。後周保定中，詔遣大宗伯盧景宣數人而止，晏恨之。晏傳云：內外要職，並用周旋門義。又云：內外要職，並用門生。周書李賢傳：高祖西巡，幸賢第，門生昔經侍奉者，二人授大都督，四人授帥都督，六人別將。則其入仕之途頗捷，時亦頗優；又依附公卿，人多視為榮幸，故富人子弟亦慕為之，不惟無所利於其主，而且有所獻納焉。南史徐湛之傳言：湛之門生千餘，皆三吳富人子，資質端美，衣服鮮麗。梁書顧協傳：有門生始來事協，知其廉潔，不敢厚餉，止送錢二千。協發怒，杖二十。因此事者絕於饋遺。又江革傳：革除武陵王長史、會稽郡丞，行府州事。革門生故吏家多在東州，聞革應至，並齎持緣道迎候。革曰「我通不受餉，不容獨當故人筐篚。」至鎮惟資公費，則其證也。其人既係仕宦之流，故頗能通文墨。北史楊愔傳：愔所著詩賦、表奏、書論甚多，誅後散失，門生鳩集所得者萬餘言，是其證也。其來也既多由趨炎附勢，恣橫自所不免。周嵩嫁女，門生斷道斫傷二人，建康左尉赴變，又被斫。劉隗為御史中丞，劾其兄顗，顗坐免官。江斅出為豫章內史，還除太子中庶子，領驍騎將軍，未拜，門客通臧利，至煩齊世祖遣使檢覈。何敬容既廢，賓客門生，諠譁如昔。會稽謝郁致書戒之曰「踵君侯之門者，未必皆感惠懷仁，有灌夫、任安之義，乃戒翟公之大署，冀君侯之復用也。」則門生未嘗不足為居官之累矣。齊書劉懷珍傳云：孝建初，為義恭大司馬參軍、直閤將軍。懷珍北州舊姓，門附殷積，啟上門生千人充宿衛，孝武大驚，召取青、冀豪家私附，得數千人。土人怨之。此蓋其特多者。然如范雲之不畜私門生者，士夫中恐不易多覯矣。

大祖納之，詔斷衆募，固不得不然矣。部曲亦爲私屬，故亦可以賞賜。北史竇熾傳：子榮定，爲洛州總管，隋文帝受禪來朝，文帝賜以部曲八十戶，是其事。其等級較高於奴婢，故奴婢可免爲部曲也。部曲之女曰客女。皆見上。

賓客雖云寄食，猶爲敵體，說見秦漢史第十四章第二節。然其後亦成爲部曲之流，敵體之義微矣。晉室東渡之際，百姓遭難流移，多庇大姓爲客，時不能正，乃定給客之制，已見第十七章第三節。隋書食貨志云：都下人多爲諸王公貴人左右、佃客、典計、衣食客之類，皆無課役。官品第一、第二，佃客無過四十戶；第三品三十五戶；第四品三十戶；第五品二十五戶；第六品二十戶；第七品十五戶；第八品十戶；第九品五戶；其佃穀皆與大家量分。其典計：官品第一、第二置三人；第三、第四置二人；第五、第六及公府參軍、殿中監、監軍、長史、司馬、部曲督、關外侯、材官、議郎已上一人；皆通在佃客數中。官品第六已上，并得衣食客三人；第七、第八二人；第九品及舉輦、跡禽、前驅、由基、彊弩司馬，羽林郎，殿中冗從武賁，持錐斧武騎、武賁，持鈒冗從、武賁，命中武賁、武騎一人。客皆注家籍。此卽所謂給客之制，法所許爲其私屬者也。晉書外戚傳云：魏氏給公卿已下租牛客戶，數各有差。自後小人憚役，多樂爲之，貴勢之門，動有百數。又大原諸郡，亦以匈奴、胡人爲田客，多者數千。武帝踐位，詔禁募客。則客制實起於曹魏之世，晉初嘗禁之，其後力不能勝，乃又從而許之也。魏世有僧祇戶、佛圖戶，亦係私屬，見第十七章第三節。

門生之地位，更高於部曲。其人蓋古舍人之類，故亦可以入仕。齊書王琨傳：琨轉吏部郎。吏曹選局，貴要多所屬請，琨自公卿下至士大夫，例爲用兩門生。南史陸慧曉傳：慧曉遷吏部郎。尚書令王晏選門生補內外要局，慧曉爲用文偉傳子宗道，性麤率，重任俠。嘗於晉陽置酒，賓遊滿坐，中書舍人馬士達，目其彈箜篌女伎云：「手甚纖素。」宗道即以此婢遺士達。士達固辭，宗道便命家人將解其腕，士達不得已而受之。將赴營州，於督亢陂大集鄉人，殺牛聚會。有一舊門生，酒醉，言辭之間，微有疏失，宗道遂令沈之於水。紀綱廢弛之世，人命眞如草菅也。

部曲緣起本因軍事，（見秦漢史第十四章第二節。）故當喪亂之際，招募孔多，或藉之以爲亂。遙光之叛，欲用遙欣、遙昌二州部曲。桑偃等謀立昭胄，亦以蕭寅有部曲，大事皆以委之。（皆見第十章第五節。）殷琰無部曲，則受制於杜叔寶。（見第九章第四節。）劉秉之圖齊高帝也，其弟遐爲吳郡，潛相影響。齊高密令張瓌取遐。諸張世有豪氣，瓌宅中常有父時舊部曲數百。遐召瓌，瓌僞受旨，與叔恕領兵十八人入郡，與防郡隊主郭羅雲進中齋取遐。遐踰窗而走，瓌部曲顧憲子手斬之。郡內莫敢動者。夏侯夔在豫州七年，有部曲萬人，馬二千匹，並服習精強，爲當時之盛。大同四年，卒於州。子譒，少麤險薄行，常停鄉里，領其父部曲，爲州助防。刺史蕭淵明引爲府長史。淵明彭城戰沒，復爲侯景長史。景反，譒前驅濟江，頓兵城西士林館，破掠邸第及居人富室，子女財貨，盡掠有之。淵明在州，有四妾，並有國色。淵明沒，並還京第。譒至，破第納焉。有部曲者之足以爲患如此。（案齊書蕭景先傳：景先北征，軍未還，遇疾，遺言：「周旋部曲，還都理應分張，其人舊勞勤者，應料理，隨宜啓聞乞恩。」則部曲本不應傳襲，而當時多聽其子孫有之，此其所以詒禍也。梁書處士傳：張孝秀去職歸山，居於東林寺，有田數十頃，部曲數百人，率以力田，此等人蓋不多也。）齊書李安民傳言：宋泰始以來，內外頻有賊寇，將帥已下，各募部曲，屯聚京師。安民上表陳之，以爲自非淮北常備，其外餘軍，悉皆輸遣。若親近宜立隨身者，聽限人數。上下三千餘人付突厥使斬之又以其中男已下配王公家，茹柔而嗜利，尙復成何政體哉？

中國人爲夷虜奴婢者亦多，第六章第六節所言，呂隆時姑臧被困，百姓請出城乞爲夷虜奴婢者，日有數百；第十六章第六節引侯莫陳穎傳言胡村厭匿漢人爲奴者其事。北史王慧龍傳：崔浩被誅，盧遐後妻，寶興慧龍子。從母也，緣坐沒官。寶興亦逃避。未幾得出。遐妻時官賜度斤鎭高車滑骨。寶興盡賣貨產，自出塞贖之以歸。則贖法亦通行於塞外。然喪亂之際，沒身異域而不能歸者，必甚衆矣。

漢世殺奴婢者，不過先以白官，晉、南北朝之世，蓋猶有此習，故孔稚珪殺其兄之妾，亦不過先白大守，已見第十七章第一節。然宋書沈文秀傳，坐爲尋陽王鞭殺私奴免官，加杖一百，則似又不能擅殺也。魏書高謙之傳：世無髡黥奴婢，常稱俱稟人體，如何殘害？然北史魏本紀：文帝大統十三年二月，詔亡奴婢應黥者止科亡罪。又房謨傳：前後賜其奴婢，率多免放。神武後賜其生口，多黥面爲房字而付之。則黥、法尙習爲故常也。晉書王敦傳言：王愷、石崇以豪侈相尙。愷常置酒，敦與導俱在坐。有女伎吹笛小失聲韻，愷便毆殺之。一坐改容。敦神色自若。他日，又造愷。愷使美人行酒。以客飲不盡，輒殺之。酒至敦、導所。敦故不肯持，美人悲懼失色，而敦傲然不視。導素不能飲，恐行酒者得罪，遂勉强盡觴。崇傳：崇爲客作豆粥，咄嗟便辦。每冬得韭蓱齏。嘗與愷出遊，爭入洛城，崇牛迅若飛禽，愷絕不能及。愷每以此三事爲恨，乃密貨崇帳下，問其所以。答云：「豆至難煑，豫作熟末，客來但作白粥以投之耳。韭蓱齏是擣韭根，雜以麥苗耳。牛奔不遲，良由御者逐不及反制之，可聽蹁轅則駃矣。」於是悉從之，遂爭長焉。崇後知之，因殺所告者。北齊書盧滑臺，模歸降。始模在南，妻張氏有二子：沖智、季柔。模至京師，賜妻金氏，生子幼度。沖智等以父隔遠，乃聚貨物，間託開境，規贖模歸。張氏每謂之曰：「汝父性懷本自無決，必不能來也。」行人遂以財賄至都，當竊模還。模果顧念幼度等，指幼度謂行人曰：「吾何忍捨此輩，令坐致刑辱？當爲爾取一人，使名位不減於我。」乃授以申謨。謨，劉義隆東郡大守，與朱脩之守滑臺，神䴥中被執入國，俱得賜妻，生子靈度。申謨聞此，乃棄妻子，走還江外。靈度刑爲閹人。隋書藝術傳：萬寶常父大通，從梁將王琳歸齊，後復謀還江南，事泄伏誅，由是寶常被配爲樂戶。然則沒虜者雖可以財贖，而依常法並不能得，謀叛走者，則又當身死而刑其家累也，可謂無道矣。

中國人或掠外夷爲奴婢，如第十六章第二節所言，南北朝皆有伐獠之事是也。隋書蘇孝慈傳：兄子沙羅，檢校益州總管長史。蜀王秀廢，吏奏案沙羅云：秀調熟獠，令出奴婢，沙羅隱而不奏，則虜掠之外，并有以人爲賦者，其無道尤甚矣。秀傳：秀廢爲庶人，幽內侍省，不得與妻子相見，令給獠婢二人驅使，蓋尙攜自蜀中者也。亦有外夷掠外夷之人，而賣諸中國者，如第十六章第一節所言，慕容廆掠夫餘種人賣諸中國是也。梁書王僧孺傳：僧孺出爲南海大守。郡常有高涼生口及海舶，每歲數至，外國賈人以通貨易。舊時州郡以半價就市，又買而卽賣，其利數倍，歷政以爲常。僧孺並無所取。又良吏傳：孫謙爲巴東、建平二郡大守，掠得生口，皆放還家。魏書呂羅漢傳：高祖詔羅漢曰：「赤水諸羌，居邊土，非卿善誘，何以招輯？仰所得口馬表求貢奉，朕嘉乃誠，便領納，其馬卽付都牧，口以賜卿。」此並緣邊之地，以夷口爲利之事，已爲無道，若其附塞或居塞內者，既經歸化，卽爲中國邊氓，而司馬騰乃執賣諸胡以爲利，則其無道更甚矣。芮芮之亡也，周文既聽突厥之請，縛其主已以二口贖免是其事。抑勒不許贖者，其罰頗重。魏書高宗紀：和平四年八月，詔曰：「前以民遭饑寒，不自存濟，有賣鬻男女者，盡仰還其家。或因緣勢力，或私行請託，共相通融，不時檢校，令良家子息仍爲奴婢，今仰精究，不聽其贖，有犯加罪。若仍不檢還，聽其父兄上訴，以掠人論。」可見其一斑也。然被掠者亦須以財贖。吳達之贖從祖弟，已見前。梁書文學傳：劉峻，宋泰始初，青州陷魏，峻年八歲，爲人所略，至中山。中山富人劉實以束帛贖之，教以書學。亦其事也。

贖法亦通行於國際之閒。南史劉善明傳：泰始五年，魏克青州，善明母在焉，移置代郡。善明少立節行，及累爲州郡，頗黷財賄。所得金錢，皆以贖母。及母至，淸節方峻。魏書張讜傳：初，讜妻皇甫氏被掠，賜中官爲婢。皇甫遂乃詐癡，不能梳沐。後讜爲劉駿冀州長史，以貨千餘匹購求。高宗怪其納財之多也，引見之。時皇甫年垂六十矣。高宗曰：「南人奇好，能重室家之義。此老母復何所任？乃能如此致費也？」案此可見鮮卑人之思想。齊書劉懷珍傳：子靈哲，嫡母崔氏，及兄子景煥，泰始中沒虜。靈哲傾私產贖，累年不能得。世祖哀之，令北使告虜主，虜主送以還南。北史韋孝寬傳：兄子沖，從元定渡江，爲陳人所虜。周武帝以幣贖還之。復令沖以馬千匹使陳，贖開府賀拔華等五十人及元定之柩而還。觀此數事，則不論官私奴婢，皆可以財贖，且可公然求之於異國之君，實爲國際閒明切之法矣。

南史范雲傳：雲爲始興內史。舊郡界得亡奴婢，悉付作部曲，卽貨之買銀輸官。雲乃先聽爲百姓誌之，若百日無主，依判送臺。賣買奴婢，既爲法所不許，奴婢逃者，必其主人遇之不善，此當分別情事，或逕放免，或則爲贖，乃或因以爲利，或則抑還其主，亦酷矣。虜以生口爲利，故其酷尤甚。魏書崔模傳附崔玄伯傳。爲劉裕滎陽太守，戍虎牢。神䴥中平奴籍之免除，有行之以政令者。每丁喪亂之後，必多曠蕩之恩。晉書元帝紀：大興四年，詔曰：「昔漢二祖及魏武，皆免良人；武帝時涼州覆敗，諸爲奴婢，亦皆復籍，此累代成規也。其免中州良人遭難爲揚州諸郡僮客者，以備征役。」此舉固未嘗無利其可充征役之心，然大亂之後，被抑者多，爲民生計，勢亦不得不爾也。周武帝建德元年八月，詔曰：「有刑止刑，以輕代重，罪不及嗣，皆有定科。雜役之徒，獨異常憲，一從罪配，百代不免。罰既無窮，刑何以措？凡諸雜戶，悉放爲百姓。」是年十月，詔江陵所獲俘虜充官口者，悉免爲民。六年滅齊，詔「自武平三年已來，河南諸州之民，僞齊掠爲奴婢者，不問官私，並宜放免。」是年十一月，又詔「自永熙三年七月已來，去年十月已前，東土之民，被抄略在化內爲奴婢者；及平江陵之後，良人沒爲奴婢者；並宜放免。所在附籍，一同民伍。若舊主人猶須共居，聽留爲部曲及客女。」宣政元年三月，詔「豆盧寧征江南，武陵、南平等郡，所有民庶爲人奴婢者，悉依江陵放免。」此等行之雖未知如何，以政令論，固爲度越前人之舉也。至於平時彝典，則爲奴婢者大抵以六十爲限，故律令有婦人六十已上免配之條。北史崔仲方傳：仲方從叔昂，從甥李公統，河清元年坐高歸彥事誅。依律：婦人年六十已上免配官。時公統母年始五十餘，而稱六十。公統舅宦寶求吏以免其姊，昂弟知錄尚書彭城王浟發其事，竟坐除名。案此事亦見齊宗室諸王傳，云：「依令年出六十，例免入官。」而詔命亦時有免六十已上奴婢之舉也。梁武帝天監十七年之詔，已見第十七章第三節。北齊書孝昭帝紀：皇建元年八月，詔官奴婢年六十已上，免爲庶人。後主紀：天統四年十二月，詔掖庭、晉陽、中山宮人等，及鄴下、并州大官官口二處，其年六十已上，及有癃患者，仰所司簡放。政令以外，亦有主人自行釋放者，不則當以財贖。閒有以人贖者。魏書崔光傳：皇興初，有同郡二人並被掠爲奴婢，後詣光求哀，光乃武，故亦可以從戎。尉遲迥之叛，梁士彥令家僮梁默等爲前鋒，而身繼之，所當皆破，其著者也。職是故，充兵者或以奴自代，而朝廷亦時發私奴從軍。晉書何充傳：充入領揚州。先是庾翼悉發江、荆二州編戶奴以充兵役，士庶嗷然。充復欲發揚州奴以均其謗。後以中興時已發三吳，今不宜復發而止。所謂中興時已發三吳者？王敦傳言：「帝以劉隗爲鎮北將軍，戴若思淵爲征西將軍，悉發揚州奴爲兵，外以討胡，實禦敦也，」是其事。其後元顯又發東土諸郡免奴爲客者，號曰樂屬，移置京師，以充兵役。武十三王傳。此等勉強不得已之衆，束縛馳驟而用之，夫安得不僨事？宋書武帝紀：永初元年八月，詔「先因軍事所發奴僮，各還本主。若死亡及勳勞破免，亦依限還直。」案爲奴者爲國驅馳，苟非有功，即須仍還奴籍，安足爲勸？而爲之主人者，又以喪失財產爲慮，主奴皆怨，其衆復安可用邪？魏書高謙之傳：謙之上疏曰：「自正光已來，諸守帥或非其才。多遺親者，妄稱入募，別倩他人，引弓格。虛受征官，身不赴陳。惟遣奴客充數而已，」此亦魏之兵力所以不振歟？

兵亦役也。發奴以從軍，即責其主出奴以應役也。故亦可發奴以應他役。晉書食貨志：咸寧元年十二月，詔曰：「出戰入耕，雖自古之常，然事力未息，未嘗不以戰士爲念也。今以鄴奚官奴婢著新城，代田兵種稻。奴婢各五十人爲一屯，屯置司馬，使皆如屯田法。」惠帝本紀：大安二年，張方決千金堨，水碓皆涸，乃發王公奴婢手舂，以給兵廩。苻堅載記：堅以關中水旱不時，議依鄭、白故事，發其王侯已下及豪望富室僮隸三萬人，開涇水上源。鑿山起隄，通渠引瀆，以溉斥鹵之田。及朞而成，百姓賴其利。梁武帝大同九年二月，使江州民三十家出奴婢一戶，配送司州。此等苟能善用之，似較使從征戍爲善也。

齊書蕭景先傳：景先遇疾，遺言曰：「三處田勤作自足供衣食，力少，更隨宜買麤猥奴婢充使，」則奴婢之事力作者，初不求其俊巧。然權勢之門，不必其皆如是。故魏書文苑傳言：溫子昇爲廣陽王淵賤客，在馬坊教諸奴子書焉。北史恩倖傳言：趙邕以少年端謹，出入李沖家，頗給按摩奔走之役，沖令與諸子遊處，人有束帶謁沖者，時託之以自通。按摩奔走，蓋去奴僕無幾？而謁者託以自通，則權勢之漸矣。顏氏家訓風操篇云：「門不停賓，古所貴也。失教之家，閽寺無禮，或以主君寢食嗔怒，拒客未通。江南深以爲恥。黃門侍郎裴之禮，號善爲士大夫，有如此輩，對賓杖之。其門生、僮僕，接於他人，折旋俯仰，辭色應對，莫不肅敬，與主無別，」中國士大夫之風教，固非虜朝之士所能及也。魏書恩倖傳：王仲興兄可久在徐州，恃仲興寵勢，輕侮司馬梁郡大守李長壽，遂至忿諍。可久乃令僮僕邀毆長壽，折其骨。景穆十二王傳：濟陰王小新成之孫誕，爲齊州刺史，在州貪暴，家之奴隸，悉迫取良人爲婦。則更不法之尤矣。

晉南北朝之世，僮奴多習武事。蓋由時值喪亂，畜奴者多武人；又地方豪右，亦藉僮奴以自衛故也。劉伯根之起也，王彌率家僮從之；法秀之亂，蘭臺御史張求等一百餘人，招結奴隸，謀與相應；魏書高祖紀大和五年。則藉其力且可以爲亂矣。謝靈運因父祖之資，生業甚厚，奴僮既衆，義故門生數百，嘗自始寧南山伐木開道，直至臨海，臨海大守王琇驚駭，謂爲山賊。靈運非能爲亂者，而其聲勢如此，武人及土豪可知。職是故，當時有奴客者，往往懷不逞之心，而亦易招疑忌。蔡興宗說沈慶之曰：「公門徒義附，並三吳勇士，宅內奴僮，人有數百。」封士讓啓斛律光曰：「家藏弩甲，奴僮千數。」胡靈后欲出張烈爲青州，議者以烈家富殖，僮客甚多，慮其怨望，謂不宜出爲本州，烈元乂黨。宜矣。奴既習古之有奴婢者，皆使事生業，故其數可以甚多，說見秦漢史第十四章第二節。晉、南北朝之世，猶有此風。石崇之敗也，有司簿閱倉頭八百餘人。刁協孫逵，兄弟子姪，並不拘名行，以貨殖爲務，有田萬頃，奴婢數千人。陶淡家累千金，僮客百數。謝混一門兩封，田業十餘處，僮僕千人。東鄉君薨，會稽、吳興、琅邪諸處，大傅、司空琰時事業，奴僮猶有數百人。詳見第十七章第二節。沈慶之奴僮千計。魏咸陽王禧，奴婢千數。高崇家資富厚，僮僕千餘。王叡子椿，亦僮僕千餘。趙黑及張宗之之後，皆家僮數百。老壽敗後，妻常氏收紀家業，稍復其舊，奴婢尚六七百人。北齊婁提，昭之祖。家僮千數，牛馬以谷量。周薛善家素富，僮僕數百人。此中除一二豪侈之士，庸或多以之供使令外，如石崇等。使事生業者必多。故奴婢多者田業亦多。陳書程靈洗傳，言其伎妾無游手，並督之紡績，伎妾且然，況於奴婢乎？中人之家，則大抵有奴婢一二十人。王僧達請解職，自言「婢僕十餘，粗有田入，歲時是課，足繼朝昏」。顏氏家訓止足篇云：「常以爲二十口家，奴婢盛多，不可出二十人。良田十頃，堂室纔蔽風雨，車馬僅代杖策，蓄財數萬，以擬吉凶急速，不啻此者，以義散之，不至此者，勿非分求之」，是其證。陶潛與子書曰：「恨汝輩稚小家貧，無役柴水之勞，何時可免？」此則家無僕役者。設有所蓄，亦不過一二人，又不逮中家之業矣。

私奴中亦有佳人被抑者。晉書熊遠傳：遠祖翹，嘗爲石崇倉頭，而性廉直，有士風，潘岳見而稱異，勸崇免之，乃還鄉里。魏書索敞傳：初敞在州之日，敞，敦煌人，涼州平入魏。與鄉人陰世隆文才相友。世隆至京師，被罪徙和龍。屆上谷，困不能達，土人徐能抑掠爲奴。敞因行至上谷，遇見世隆，語其由狀，對泣而去，爲訴理得免。是其證也。

願在側，曰：「陛下起此寺，皆是百姓賣兒貼婦錢，佛若有知，當悲哭哀愍。罪高佛圖，有何功德？」皆其事也。齊書陸澄傳：揚州主簿顧測以奴就澄弟鮮質錢，鮮死，子暉誣爲賣券，合第十七章第一節所述楊元孫以婢貼與黃權之事觀之，可知賣與質之別也。

以力脅迫人爲奴婢者曰掠；既脅迫之而又粥賣之以取利曰掠賣。大者如熊曇朗之縛賣居民，見第十三章第七節。小者如南史柳仲禮傳言其弟敬禮少以勇烈聞，麤暴無行檢，恆略賣人，爲百姓所苦是也。亦有身爲官吏而爲此不法之事者，如魏書酷吏傳：羊祉爲秦、梁二州刺史，坐掠人爲奴婢，爲御史中丞王顯所彈免是也。據魏書刑法志：盜律：掠人、掠賣人、和賣人爲奴婢者皆死。和賣人法蓋不能盡治，掠人及掠賣人則尚不能置之不問。北史高謙之傳：謙之弟道穆，正光中爲御史，糾相州刺史李世哲。事大相挫辱，其家恆以爲憾。至是，世哲弟神軌爲靈大后深所寵任，會謙之家奴訴良，神軌左右之，入諷尚書，判禁謙之於廷尉。時將赦，神軌乃啓靈大后發詔於獄賜死。此事雖出搆陷，然合羊祉之事觀之，可見脅迫人爲奴婢者，其罪甚重也。然官吏之不法者仍多。元暹爲涼州，欲規府人及商胡富人財物，詐一臺符，誑諸豪等，云欲加賞，一時屠戮，所有資財生口，悉沒自入。魏書景穆十二王傳。邢巒在漢中，因百姓去就，誅滅齊民，籍爲奴婢者二百餘口。馮熙爲州，取人子女爲奴婢，有容色者則幸之爲妾。此皆罪不容於死，然法固不能盡治也。因之掠賣人之事頗多。喪亂之際，雖貴冑亦不得免。如晉惠帝賈皇后女臨海公主，洛陽之亂，爲人所略，傳賣與吳興錢溫是也。溫以送女，女遇主甚酷。元帝鎮建康，主詣縣自言，元帝爲誅溫及女。亦可慨矣。

又不能縱而不問，乃爲是權宜之計耳。其平時民間粥賣，不至彰著耳目者，則法之置諸不問久矣。故其事之見於史者頗多。晉書忠義傳：王育少孤貧，爲人傭牧羊。每過小學，必欷歔流涕。時有暇，即折蒲學書。忘而失羊，爲羊主所責。育將粥己以償之。同郡許子章聞而嘉之，代育償羊，給其衣食，使與子同學。齊書孝義傳：公孫僧遠，兄姊未婚嫁，乃自賣爲之成禮。吳康之妻趙氏，父亡弟幼，值歲饑，母老病篤。趙詣鄉里自賣，言辭哀切。鄉里憐之，人人分升米相救。遂得免。吳達之嫂亡無以葬，自賣爲十夫客，以營家槨。從祖弟敬伯夫妻，荒年被略賣江北，達之有田十畝，貨以贖之，與之同財共宅。南史孝義傳：朱文濟自賣以葬母。周書王德傳：子慶，小名公奴。初德喪父，家貧無以葬，乃賣公奴幷一女，以營葬事。因遭兵亂，不復相知。及德在平涼，始得之，遂名曰慶。皆其事也。粥賣之多者，皆在兵荒之時。如魏書島夷傳言：侯景渡江至陷城之後，江南之民，及王侯、妃主、世冑子弟，爲景軍人所掠，或自賣粥，漂流入國者，蓋以數十萬口？陳寶應因東境饑饉，平民男女並皆自賣，多致玉帛子女是也。詳見第十三章第七節。國家亦間有救正之策，如姚興班命郡國，百姓因荒自賣爲奴婢者，悉免爲良人，是然其效蓋微矣。

粥賣之外，又有以人爲質者，亦謂之貼。晉書桓沖傳云：彝亡後，沖兄弟並少，家貧，母患須羊以解，無由得之，溫乃以沖爲質。羊主甚富，言不欲爲質，幸爲養買德郎。買德，沖小字也。及沖爲江州，出射，羊主於堂邊看，沖識之，謂曰：「我買德也。」遂厚報之。宋書何承天傳言：時有尹嘉者，家貧，母熊，自以身貼錢，爲嘉償責。齊書孝義傳：公孫僧遠，弟亡無以葬，身自販貼，與鄰里供斂送之費。良政傳：明帝以故宅起湘宮寺，新安大守巢尙之罷郡還見，帝曰：「卿至湘宮寺未？我起此寺，是大功德。」虞州陷，卒徙其民望於下館，置平齊郡以居之，其餘則悉以爲奴婢，分賜百官焉。江陵之陷，于謹選男女爲奴婢，驅入長安，小弱者悉殺之，已見第十三章第四節。是役也，謹獲賜千口。長孫儉以元謀，亦獲賜三百口。謹子翼傳云：謹平江陵，以所賜得軍實分給諸子，翼一無所取，惟簡賞口內名望子弟有士風者，別待遇之。唐瑾傳云：瑾南伐江陵，以瑾爲元帥府長史。江陵既平，衣冠士伍，並沒爲僕隸。瑾察其才行，有信善者，輒議免之。賴瑾獲免者甚衆。時論多焉。隋書藝術庾季才傳言：郢都之陷，衣冠士人，多沒爲賤。季才散所賜物，購求親故。周文帝問何能若此？季才曰：「僕聞魏克襄陽，先昭異度；晉平建業，喜得士衡；伐國求賢，古之道也。今郢都覆敗，君信有罪，縉紳何咎，皆爲賤隸？鄙人羈旅，不敢獻言，誠切哀之，故贖購耳。」太祖乃悟，因出令免梁俘爲奴婢者數千口。然則以儒爲驅，正不待胡元之入而後有此酷矣。周書武帝紀：保定五年六月，詔有「江陵人年六十五已上爲官奴婢者，已令放免」之言。建德元年十月，又詔「江陵所獲俘虜充官口者，悉免爲民。」然至六年十一月，仍有「平江陵之日，良人沒爲奴婢者，並宜放免」之詔，則其前此之令，未能盡行可知也。亦云酷矣。然沈璞之守盱眙，臧質收散卒千餘人向城，衆謂璞勿受，而璞歎曰：「賊之殘害，古今未有，屠剝之刑，衆所共見，其中有福者，不過得驅還北國作奴婢耳。」（宋書自序。）則儒之爲驅，已爲有幸矣。民族可無武備以自衛哉？

民間私奴，多因貧窮而粥賣。晉書惠帝紀：元康七年，關中饑，米斛萬錢，詔骨肉相賣者不禁。陶回傳：遷吳興大守，時人饑穀貴，三吳尤甚。詔欲聽相粥賣，以拯一時之急。蓋賣買奴婢，法本有禁，凶荒之際，粥賣者多，禁之既力有所窮，酷，其實孝武特不應以此施諸本國之民，至以此施諸敵國者，其事初不可一二數也。疆場之間，戰陳之際，將帥以抄略自利者亦多。魏濟陰王小新成之子麗，爲秦州刺史，討破呂苟兒、陳瞻，枉掠良善七百餘人，則其一事。北史李崇傳：孝文初，爲荊州刺史。邊戍掠得齊人者，悉令還之。南人感德，仍送荊州口二百許人。兩境交和，無復烽燧之警。周書韓褒傳：保定三年，出爲汾州刺史。先是齊寇數入，民廢耕桑。褒伏擊之，盡獲其衆。故事：獲生口者並囚送京師。褒奏請放還，以德報怨。有詔許焉。自是抄兵頗息。此等事不易覯矣。

以俘虜作奴婢者，尤莫如索虜之酷。魏初用兵，本爲俘掠，已見第十七章第三節。其時以奴隸若隸戶爲賜者卽甚多。後來吞并割據諸國，世祖之攻赫連氏及馮文通，皆以生口班賚，見魏書本紀始光四年正月、五月，神䴥三年十一月，延和元年八月。高宗紀：興安二年十二月，誅河間鄚民爲賊盜者，男年十五以下爲生口，班賜從臣各有差，則不惟施之敵國，亦且施之本國之民；不惟施之反叛，亦且施之盜賊矣。及其入犯中國，亦多如是。世祖紀：眞君十一年四月，正平元年三月，皆以南伐所獲生口爲賜。高祖紀大和三年六月，五年四月亦然。十八年十二月，詔壽陽、鍾離、馬頭之師所獲男女之口，皆放還南；十九年二月，車駕至鍾離，軍士擒蕭鸞卒三千，帝曰：「在君爲君，其民何罪？」於是免歸；此蓋一時之措置。故其後世宗永平元年十二月，肅宗熙平元年三月，孝靜帝武定六年正月，卽復以縣瓠、硤石、寒山之俘分賜矣，皆見紀。段韶破東方白額，顯祖以吳口七十爲賞，見北齊書韶傳。尉遲迥之陷蜀，吏人等各令復業，惟收僮奴及儲積以賞將士，在虜之用兵，實爲罕見。蓋以蜀地險阻，慮其復叛也。隋文帝可謂恭儉之主。其平陳也，敕有司曰：「亡國物我一不以入府。」然猶大陳奴婢、貨賄，令王公、文武以射取之。積習之難改，可謂甚矣。事見隋書韓禽虎傳。其尤甚者，則爲青、兗及江陵二役。慕容白曜陷無鹽，卽欲盡以其人爲軍實，以酈範言得免。及青、兗坐免歸。南史范雲傳：始興內史郡多豪猾大姓，二千石有不善者，輒共殺害，不則逐之。邊帶蠻俚，尤多盜賊，前內史皆以兵刃自衛。雲入境，撫以恩德，罷亭候，商賈露宿。郡中稱為神明。遷廣州刺史。時江祏姨弟徐藝為曲江令，祏深以託雲。有譚儼者，縣之豪族，藝鞭之。儼以為恥，至都訴雲。雲坐徵還下獄。然則無論德化刑威，良吏之得行其志要不易也。

第四節　奴客部曲門生

奴婢有官私之別。官奴婢在平世，皆以罪沒入；爭戰之世，亦兼以俘虜為之。晉書孝武帝紀：大元十四年正月，詔「淮南所獲俘虜，付諸作部者，一皆散遣，男女自相配匹，賜百日廩」是也。又以之充軍賞。詔又言「其沒為軍賞者，悉贖出之」是也。終南北朝之世，屠戮丁男，而以老弱婦女充賞者極多。桓溫禽袁瑾，瑾所侍養乞活數百人，悉阬之，以妻子為賞。桓玄之敗也，其宮女及逆黨之家子女妓妾，悉為軍賞。東及甌越，北流淮、泗，人有所獲。晉宋書五行志。陳武帝之破齊軍，以賞俘貿酒者，一人裁得一醉。詳見第十三章第五節。呂弘之敗，呂纂以東苑婦女賞軍。弘之妻子，亦為士卒所辱。姚弼攻禿髮傉檀，州人王鍾等密為內應。傉檀殺五千餘人，以婦女為軍賞。樂都之潰，傉檀喻其衆曰：「若歸熾磐，便為奴僕矣，豈忍見妻子在他人抱中？」赫連勃勃兄子羅提攻姚興將姚都於定陽，克之，阬將士四千餘人，以女弱為軍賞。觀此等記載，可見當時以俘虜充賞者之多。宋孝武帝克廣陵，悉誅城內男丁，以女口為軍賞，論者以為至道路。自是權右屏跡。李安世設方略，誘李波及諸子姪三十餘人，斬於鄴市。境內肅然。泉企除東雍州刺史。部民楊羊皮，大保椿之從弟，恃託椿勢，侵害百姓。守宰多被其陵侮，皆畏而不敢言。企收治之，將加極法。楊氏慚懼，宗族詣闕請恩。自此豪右屏跡，無敢犯法。此皆能不畏强禦者。周書宇文貴傳：除益州刺史。先是蜀人多劫盜。貴乃召任俠輕健者，署爲遊軍，二十四部，令其督捕。由是頗息。又韓褒傳：出爲北雍州刺史。州帶北山，多有盜賊。褒密訪之，並豪右所爲也。陽不之知，悉召桀黠少年素爲鄉里所患者，署爲主帥，分其地界，有盜發而不獲者，以故縱論。諸被署者莫不皇懼，皆首伏曰：「前盜發者，並某等爲之。」所有徒侶，皆列其姓名。或亡命隱匿者，亦悉言其所在。褒乃取盜名簿藏之。因大榜州門曰：「自知行盜者，可急來首，卽除其罪。盡今月不首者，顯戮其身，籍沒妻子，以賞前首者。」旬月之閒，諸盜咸悉首盡。褒取名簿勘之，一無差異。並原其罪，許以自新。由是羣盜屏息。此亦能以方略除盜者也。然良有司不易得，欲以是絕其根株，難矣。魏書大宗紀：永興五年，詔分遣使者，巡求儁逸。其豪門彊族，爲州閭所推者，各令詣京師，當隨才敍用，以贊庶政。崔玄伯傳云：大宗以郡國豪右，大爲民蠹，乃優詔徵之。民多戀本，而長吏逼遣。輕薄少年，因相扇動，所在聚結。西河、建興，盜賊並起。守宰討之不能禁。大宗引玄伯及安同、叔孫建、元屈等問曰：「今犯者已多，不可悉誅。朕欲大赦以紓之何如？」屈對曰：「民逃不罪，而反赦之，似若有求於下，不如先誅首惡，赦其黨類。」玄伯曰：「王者治天下，以安民爲本，何能顧小曲直也？赦而不改，誅之不晚。」大宗從之。卽永興五年事也。可見普加誅翦之不易矣。梁書良吏何遠傳：遷東陽大守。遠處職，疾彊富如仇讎，視細民如子弟，特爲豪右所畏憚。在東陽歲餘，復爲受罰者所謗，振贍。故中書郎檀縡、尙書郎公孫範等，常依託之。至於自供，衣食麤敝而已。鴻賓，昆季之中，尤輕財好施。爾朱天光自關中還洛，夷夏心所忌者，皆將自隨。鴻賓亦領鄉中壯武二千人以從。洛中素聞其名，衣冠貧宂者，競與之交。尋拜西兗州刺史。羈寓倦游之輩，四坐常滿。鴻賓贅給衣食，與己悉同。私食不足，頗有公費。周書韋祐傳：少好遊俠，所與交遊，皆輕猾亡命。正光末，四方雲擾，王公避難者或依之，多得全濟。此等皆俠徒之本色，不如是，殆不足爲俠也。既如是，安能不取非其有，此其所以終不免爲盜跖之居民閒者歟！亦有能振施而不爲輕俠者。晉書隱逸劉驎之傳云：驎之雖冠冕之族，而信義著於羣小。凡廝伍之家，婚娶、葬送，無不躬自造焉。居於陽岐，在官道之側。人物來往，莫不投之。驎之躬自供給。士君子頗以勞累，更憚過焉。凡人致贈，一無所受。去驎之家百餘里，有一孤姥，病將死，歎息謂人曰：「誰當埋我？惟有劉長史耳。何由令知？」驎之先聞其有患，故往候之。值其命終，乃身爲營棺殯送之。此事甚類俠者之所爲，然驎之名列隱逸之傳，則非爲俠者也。其漢鄭當時之流乎？蓋尙不逮王丹？見秦漢史第十四章第三節。然較諸盜跖之居民閒者，則自賢矣。

能裁抑豪强者，莫如宋武帝，已見第九章第七節。晉書張輔傳：補藍田令，不爲豪强所屈。彊弩將軍龐宗，西州大姓。護軍趙浚，宗婦族也，僮僕放縱，爲百姓所患。輔繩之，殺其二奴，又奪宗田二百餘頃，以給貧戶。一縣稱之。轉山陽令。大尉陳準家僮暴橫，輔復擊殺之。蔡興宗守會稽，亦能繩之以法。謝覽守吳興，黃睦之子弟來迎，覽逐去其船，杖吏爲通者。自是睦之家杜門不出。沈瑀爲餘姚令，虞氏非訟訴無所通。召縣南豪族老者爲石頭倉監，少者補縣僮，皆號泣爲不少矣。

游俠之大者，其黨羽必散布各地，又必彼此互相交通，故道路艱阻之時，行人往還，或藉其力。房崇吉之南奔，賴張略之得達，已見第九章第五節。元亨父季海，魏司徒、馮翊王。遇周、齊分隔，遂仕長安。亨時年數歲，與母李氏在洛陽。齊神武禁錮之。亨母，魏司空李沖女也，素有智謀。詐稱凍餒，請就食滎陽。齊人以其去關西尚遠，老婦弱子，不以爲疑，許之。李氏陰託大豪李長壽，攜亨及孤姪八人，潛行草閒，遂得至長安。魏孝莊帝時，盜賊蠭起。淸河有五百人西戍，還經南趙郡，以路梗，共投李元忠，奉絹千餘匹。元忠惟受一匹，殺五牛以食之。遣奴爲導，曰：「若逢賊，但道李元忠客。」如言，賊皆舍避。聲氣之廣如此，此周亞夫得劇孟，所以若得一敵國歟？

俠徒之所以爲俠，窮其本原，則既不能勤事生產，又不能淡泊自甘，乃不能不犯法以求食而已。捍法非一人所能爲，則不得不相要結；欲相要結，則盜亦有道，又不得不互相振贍，此古今一轍者也。魏書薛安都傳：少驍勇，善騎射，頗結輕俠。諸兄患之。安都乃求以一身分出，不取片資。兄許之。居於別廐。遠近交遊者，爭有送遺，馬、牛、衣服、什物，充滿其庭。又裴延儁傳：延儁從孫慶孫，任俠有氣。鄉曲壯士及好事者，多相依附。撫養咸有恩紀。在郡之日，值歲饑凶，四方遊客，常有百餘。慶孫自以家財贍之。馮元興傳：家素貧約，食客恆數十人，同其飢飽，曾無吝色。北史房法壽傳：少好射獵，輕率勇氣，結諸羣小爲劫盜。宗族患之。弱冠，州迎主簿。後以母老，不復應州郡命。常盜殺豬羊以供母。招集勇士，恆有數百。及降虜，虜給以田宅奴婢，親舊賓客，率同飢飽，坎壈常不豐足。毛遐傳：世爲豪右，貲產巨億，士流貧乏者，多被和中，張琚據隴東，遣使招司馬勳，勳復入長安。初，京兆人杜洪，以豪族陵琚，琚以勇俠侮洪。洪知勳憚琚兵彊，因說勳曰：「不殺張琚，關中非國家有也。」勳乃僞請琚，於坐殺之。琚弟走池陽，合兵攻勳。勳頻戰不利，乃請和歸梁州。晉書濟南惠王遂傳。俠徒之爲重一方可見矣。職是故，有志於建立勳業者，亦多藉其人以爲用。晉書祖逖傳云：逖輕財好俠，慷慨有節尚，每至田舍，輒稱兄意，散穀帛以周貧乏，鄉黨宗族，以是重之。後居丹徒之京口，以社稷傾覆，常懷振復之志。賓客義徒，皆暴桀勇士。逖遇之如子弟。時揚土大饑，此輩多爲盜竊，攻剽富室。逖撫慰問之曰：「比復南塘一出不？」或爲吏所繩，逖輒擁護救解之。談者以此少逖，逖自若也。北齊書高乾傳：乾父翼，豪俠有風神，爲州里所宗敬。乾少時輕俠，數犯公法。長而修改，輕財重義，多所交結。弟昂，初以豪俠立名。爲之羽翼者：劉海寶，少輕俠，東方老，少麤獷無賴，結輕險之徒，共爲賊盜。又李元忠傳：元忠家素富，在鄉多有出貸求利，元忠焚契免責。其宗人愍，少有大志，年四十，猶不仕州郡，惟招致姦俠，以爲徒侶。洛京傾覆，愍率所部西保石門山，潛與劉靈助及高昇兄弟、安州刺史盧曹等同契。助敗，愍遂入石門。高祖建義，以書招愍，愍奉書，擁衆數千人以赴。又元忠族叔景遺，少雄武，有膽力，好結聚亡命，共爲劫盜，鄉里每患之。永安末，其兄南鉅鹿大守無爲，以臧罪爲御史所劾，禁於州獄。景遺率左右十餘騎，詐稱臺使，逕入州城，劫無爲而出之。州軍追討，竟不能制。由是以俠聞。及高祖舉義信都，景遺赴軍門。高祖素聞其名，接之甚厚。命與元忠舉兵於西山，仍與大軍俱會，擒刺史爾朱羽生。又毛遐傳：遐少任俠，弟鴻賓，尤輕財好施。遐雖早立，而名出其下。又外戚傳：李延寔長子彧，任俠交遊，輕薄無行。爾朱榮之死，武毅之士，皆彧所進。知風塵澒洞之際，俠徒之爲用，之。北齊書畢義雲傳言：義雲少麤俠，家在兗州北境，常劫掠行旅，州里患之。北史畢衆敬傳言：衆敬少好弓馬射獵，交結輕果，常於疆境盜掠爲業。此尚其小焉者。其大者，如齊之阿伽郎君，北齊書陽州公永樂傳：弟長弼，小名阿伽，性麤武，出入城市，好毆擊行路。時人皆呼爲阿伽郎君。以宗室封廣武王。時有天恩道人，至凶暴，橫行閭肆，後入長弼黨，專以鬥爲事。文宣並收掩付獄。天恩黨十餘人皆棄市。長弼鞭一百，尋爲南營州刺史。在州無故自驚走，叛亡入突厥，竟不知死所。周之李居士，居士父名裀，在周尚公主，與隋高祖有舊，及受禪，甚見親禮。居士爲太子千牛備身。聚徒任俠，不遵法度。數得罪，上以裀故，每原之。居士轉恣，每大言曰：「男兒要當辮頭反縛，籧篨上作獠舞。」取公卿子弟膂力雄健者，輒將至家，以車輪括其頸而棒之，殆死。能不屈者，稱爲壯士，釋而與交。黨與三百人，其趫捷者號爲餓鶻隊，武力者號爲蓬轉隊。每韝鷹紲犬，連騎道中，毆擊路人，多所侵奪。長安市里無貴賤，見之者皆辟易。至於公卿、妃、主，莫敢與校者。有人告「居士與其徒遊長安城，登故未央殿基，南向坐，前後列隊，意有不遜。每相約曰：當爲一死耳」。又時有人言：「居士遣使引突厥，令南寇，當於京師應之。」帝謂裀曰：「今日之事，當復如何？」裀猶恃舊恩，不自引咎，直答曰：「黑白在於至尊。」上大怒，下裀獄，捕居士黨與治之。居士坐斬，裀賜死於家。見隋書列女傳。則其爲人患尤甚矣。第十二章第五節所述梁諸王事，亦此類，可以參觀也。

此等豪暴之徒，徒能恃勢倚衆，犯法陵民，非能結合徒黨，自成一隊，如古所謂隱若一敵國者，實俠徒中之下焉者也。其能如此者，亦自有其人。晉書王衍傳：衍妻郭氏，賈后之親，藉宮中之勢，剛愎貪戾，聚斂無厭，好干豫人事。衍患之而不能禁。時有鄉人幽州刺史李陽，京師大俠也，郭氏素憚之。衍謂郭曰：「非但我言卿不可，李陽亦謂不可。」郭氏爲之小損。李陽之勢力可想。此等游俠魁首，遭逢喪亂，往往能挺戈而起，如王彌，史言其「少游俠京師」是也。永

第三節　豪右游俠

從來爲地方人民之患者，莫如豪右及游俠，而二者又恆相結。晉南北朝，爲綱紀廢弛之世，故此二者，爲患尤甚焉。豪族有由於閥閱者，如晉書劉頌傳言其爲漢廣陵厲王之後，世爲名族，同郡有雷、蔣、穀、魯四姓，皆出其下，時人爲之語曰：「雷、蔣、穀、魯，劉最爲祖」是也。有由於多財者，如忠義傳言：麴允金城人，與游氏世爲豪族，西州爲之語曰：「麴與游，牛羊不數頭，南開朱門，北望青樓」是也。又有恃當路之權勢者，如梁書謝朏傳言：朏弟子覽，出爲吳興大守，中書舍人黃睦之家居烏程，子弟專橫，前大守皆折節事之是也。宋書謝方明傳言：江東民戶殷盛，風俗峻刻，强弱相陵。而蔡興宗傳言：會稽多諸豪右，不遵王憲；又幸臣近習，參半宮省，封略山湖，妨民害治；王公、妃主，邸舍相望，撓亂在所，大爲民患，子息滋長，督責無窮。梁書良吏沈瑀傳言：餘姚大姓虞氏千餘家，請謁如市，前後令長莫能絕。縣南又有豪族數百家，子弟縱橫，遞相庇蔭，厚自封殖，百姓甚患之。則數者兼有之矣。當時豪族，有從事劫掠與盜賊無異者，如南史沈慶之傳言：諸沈爲劫首者數十人，士患之，慶之詭爲置酒，一時殺之，於是合境肅清，人皆喜悅。魏書李安世傳言：廣平人李波，宗族彊盛，殘掠生民。刺史相州薛道𢷋親往討之，波率其宗族拒戰，大破𢷋軍，遂爲逋逃之藪，公私成患。百姓爲之語曰：「李波小妹字雍容，褰裙逐馬如卷蓬，左射右射必疊雙。婦女尚如此，男子那可逢？」則豪右、游俠，二者殆不可分矣。貴人子亦有爲劫者。晉書戴淵傳言：淵少好游俠，不拘操行，遇陸機赴洛，船裝甚盛，遂與其徒掠時變，安得不隨風而靡？梁陳之際是也。顏氏家訓涉務篇曰：「晉朝南渡，優借士族。故江南冠帶有才幹者，擢爲令僕以下，尚書郎、中書舍人已上，典掌機要。其餘文義之士，多迂誕浮華，不涉世務；纖微過失，又惜行捶楚；所以處於清名，蓋護其短也。至於臺閣令史、主書、監帥、諸王籤省，並曉習吏用，濟辦時須，縱有小人之態，皆可鞭杖肅督；故多見委使，蓋用其長也。人每不自量，舉世怨梁武帝父子愛小人而疏士大夫，此亦眼不能見其睫耳。」又曰：「梁世士大夫，皆尚褒衣博帶，大冠高履，出則車輿，入則扶侍，郊郭之內，無乘馬者。周弘正爲宣城王所愛，給一車下馬，常服御之，舉朝以爲放達。乃至尚書郎乘馬則糾劾之。及侯景之亂，膚脃骨柔，不堪行步；體羸氣弱，不耐寒暑；坐死倉卒者，往往而然。」勉學篇曰：「梁朝全盛之時，貴游子弟，多無學術。至於諺云：上車不落則著作，體中何如則祕書。無不熏衣剃面，傅粉施朱，駕長簷車，跟高齒屐，坐棊子方褥，憑斑絲隱囊，列器玩於左右，從容出入，望若神仙。明經求第，則顧人答策。三九公燕，則假手賦詩。當爾之時，亦快士也。及離亂之後，朝市遷革，銓衡選舉，非復曩者之親；當路秉權，不見昔時之黨。求諸身而無所得，施之世而無所用。孤獨戎馬之閒，轉死溝壑之際。當爾之時，誠駑材也。有學藝者，觸地而安。自荒亂已來，諸見俘虜，雖百世小人，知讀論語、孝經者，尚爲人師；雖千載冠冕，不曉書記者，莫不耕田養馬。以此觀之，安可不自勉邪？」觀此，可知當時世族之無能，而亦可知其喪亂之際顛覆之慘矣。承平之世，既因通婚、通譜而統系稍見混淆；喪亂之際，又以柔靡癡愚而地位忽焉降落；恃選舉以弋高位，則以其無能大甚，而其制度亦卒不得不變；於是一命以上，皆在選舉，實權喪而積古沿襲之虛名，亦卒不可久矣。此亦世變必至之勢，道之所符，而自然之驗邪？

游於地下，不復多云。」宋書武帝紀。王僧辯之誅也，所司收僧辯及其子顧尸，於方山同坎埋瘞。許亭以故吏，抗表請葬之。乃與故義徐陵、張種、孔奐等相率以家財營葬，凡七柩，皆改窆焉。王琳傳首建康，縣之於市。琳故吏朱瑒，致書徐陵求琳首。仍與開府主簿劉韶慧等持其首還於淮南，權瘞八公山側。此等雖久要無媿，而昧於民族大義，其愚忠又不足尙也。胡藩參郗恢征虜軍事。時殷仲堪爲荊州刺史，藩外兄羅企生爲仲堪參軍。藩請假還，過江陵，省企生。仲堪要藩相見。藩因說仲堪曰：「桓玄意趣不常，每怏怏於失職。節下崇待大過，非將來之計也。」仲堪色不悅。藩退，謂企生曰：「倒戈授人，必至之禍。若不早規去就，後悔無及。」玄自夏口襲仲堪，藩參玄後軍軍事。仲堪敗，企生果以附從及禍。義旗起，玄戰敗，將出奔，藩於南掖門捉玄馬控曰：「今羽林射手，猶有八百，皆是義故西人，一旦舍此，欲歸可復得乎？」玄直以馬鞭指天而已。於是奔散，相失。追及玄於蕪湖。桑落之戰，藩艦被燒。義軍既迫，不復得西，乃還家。其後復事宋武。蓋無所謂公義，亦無所謂私讎，有用之者，則委身焉，敗則去之而已。爲之君者，不亦難乎？不特此也，袁粲之死也，小兒數歲，乳母將投粲門生狄靈慶，靈慶拖以首。晉安王子懋之敗，于琳之勸其僚佐陸超之逃亡，超之不可。王玄邈等以其義，欲將還都。超之門生姓周者，謂殺超之當得賞，乃伺超之坐，自後斬之。魏莊帝之敗，城陽王徽走故吏寇彌宅。彌怖徽云：官捕將至，令避他所，而使人於路要害，送尸於爾朱兆。然則私恩亦無一足恃者矣。此無他；上下皆懷利以相接也。國家民族之義未昌，而君臣之義先敝，一時之人心，安得不如汎舟中流，靡知所屆乎？

凡物之將腐者，未有蟲不生之者也；木之既槁者，未有風不隕焉者也。積古相傳之世族，既如朽木糞牆矣，遭直感激之私，無與於君臣之義也。陶侃，廬江大守張夔召爲督郵，遷主簿。會州從事之郡，欲有所按，侃閉門部勒諸吏，謂從事曰：「若鄙郡有違，自當明憲直繩，不宜相逼。若不以禮，吾能禦之。」從事卽退。晉書忠義傳：王育，大守杜宣命爲主簿。俄而宣左遷萬年令，杜令王攸詣宣，宣不迎之。攸怒曰：「卿往爲二千石，吾所敬也。今吾儕耳，何故不見迎？欲以小雀遇我，使我畏死鷂乎？」育執刀叱攸曰：「君辱臣死，自昔而然。我府君以非罪黜降，如日月之食耳。小縣令敢輕辱吾君！汝謂吾刀鈍邪？敢如是乎？」前將殺之。宣懼，跣下抱育，乃止。自此知名。亦侃此事之類也。夔妻有疾，將迎醫於數百里。時正寒雪，諸綱紀皆難之。侃獨曰：「資於事父以事君。小君猶母也，安有父母之疾而不盡心乎？」乃請行。衆咸服其義。侃少本巧宦，老非純臣，此之所爲，乃正借以行諂耳。魏書所載石文德、河中蒲阪人。眞君初，縣令黃宣在任喪亡，宣單貧無期親，文德祖父苗以家財殯葬，持服三年。奉養宣妻二十餘載，及亡，又衰絰斂祔，率禮無闕。自苗逮文德，刺史、守、令卒官者，制服送之。石祖興、常山九門人。大守田文彪、縣令和眞等喪亡，祖興自出家絹二百餘匹，營護喪事。邵洪哲、上谷沮陽人。縣令范道榮，先自朐城歸款，除縣令。道榮鄉人徐孔明，妄經公府，訟道榮非勳。道榮坐除名，羈旅孤貧，不能自理。洪哲不勝義憤，遂代道榮詣京師，申明曲直。經歷寒暑，不憚劬勞。道榮卒得復雪。北鎭反亂，道榮孤單，無所歸附，洪哲兄伯川，復率鄉人，來相迎接，送達幽州。以上皆見節義傳。杜纂，常山九門人。少以清苦自立。時縣令齊羅喪亡，無親屬收瘞，纂以私財殯葬。見良吏傳。皆以齊民盡忠守令，此則地方豪民本有以獲接官長爲榮者，且可借此以立名，亦非中庸之行也。姚泓將趙玄，與晉將毛德祖戰敗，被創十餘，據地大呼。玄司馬騫鑒冒刃抱玄而泣。玄曰：「吾創已重，君宜速去。」鑒曰：「若將軍不濟，去將安之？」皆死於陳。晉書泓載記。宋武帝討司馬休之，密書招其錄事參軍韓延之。延之報書曰：「以平西之至德，寧可無授命之臣乎？假天長喪亂，九流渾濁，當與臧洪此耳。晉初名士率計避禍，阮籍之事已見第一章。阮孚傳：明帝卽位，遷侍中，轉吏部尚書。及帝疾大漸，溫嶠入受顧命，過孚要與同行，升車乃告之曰：「主上遂大漸，江左危弱，實資羣賢，共康世務。卿時望所歸，今欲屈卿同受顧託。」孚不答，固求下車，嶠不許。垂至臺門，告嶠內迫，求暫下，便徒步還家。咸和初，拜丹陽尹，謂所親曰：「今江東雖累世，而年數實淺，主幼時艱，運終百六，而庾亮年少，德信未孚，以吾觀之，將兆亂矣。」遂苦求出，除廣州刺史，未之鎮，卒。而阮放亦以其時求爲交州，皆爲避禍計也。謝鯤爲王敦大將軍長史，從容諷議，卒歲而已。敦將爲逆，謂鯤曰：「劉隗奸邪，將危社稷，吾欲除君側之惡，匡主濟時，何如？」對曰：「隗誠始禍，然城狐社鼠也。」敦怒曰：「君庸才，豈達大理？」出鯤爲豫章太守，又留不遣，藉其才望，逼與俱下。史稱是時朝望被害，皆爲其憂，而鯤推理安常，時進正言，亦以其本不當權，不處見害，非眞能持正犯難也。旣避實禍，亦惜虛名，心法相傳，至南北朝之末而未改。齊書孝義傳：樂頤，隆昌末，謂丹陽尹徐孝嗣曰：「外傳藉藉，似有伊周之事。君蒙武帝殊常之恩，荷託付之重，恐不得同人此舉？人笑褚公，至今齒冷。」孝嗣心甚納之。當時愛人以德之士，所期望於人者，亦不過如是而已。其乾沒圖利者，褚淵母與繼母，皆爲宋公主，王儉之母亦然，二人又皆尚主，而皆「不賴舅氏，遑恤國家」。梁書處士何點傳：褚淵、王儉爲宰相，點謂人曰：「我作齊書贊云：淵既世族，儉亦國華，不賴舅氏，遑恤國家。」江河日下之勢，尚可以隄防止乎？斯時志節之士，所行亦有足稱者，晉書張軌傳：張掖人吳詠，爲護羌校尉馬賢所辟，後爲太尉龐參掾。參、賢相誣罪應死，各引詠爲證。詠計理無兩直，遂自刎而死。參、賢慚悔，自相和釋。宋書文五王傳：竟陵王誕閉門拒使，參軍賀弼固諫。誕怒，抽刃向之，乃止。或勸弼出降，弼曰：「公舉兵向朝廷，既不可從；荷公厚恩，又義無違背；惟當以死明心耳。」乃服藥自殺。然究見危授命，抑亦邂逅至此，尚有難言。朱齡石伯父憲及斌，並爲袁眞將佐。桓溫伐眞，眞以憲兄弟與溫潛通，並殺之。齡石父綽，逃走歸溫。壽陽平，眞已死，綽輒發棺戮尸。溫怒，將斬之。弟沖苦請得免。綽事沖如父。及沖薨，綽歐血而死。此乃意氣內殿引見之，謂曰：「近代以來，暫經隸屬，便卽禮若君臣，此乃亂代之權宜，非經國之治術。詩云：夙夜匪懈，以事一人。一人者，止據天子耳。」積古所傳君臣之義，安得不薄焉？以齊書王延之傳云：宋德既衰，大祖輔政，朝野之情，人懷彼此，延之與尙書令王僧虔，中立無所去就。延之時爲左僕射。時人爲之語曰：二王持平，不送不迎。大祖以此善之。梁書謝朏傳：齊高帝進大尉，以朏爲長史。高帝方圖禪代，思佐命之臣，以朏有重名，深所欽屬，論魏、晉故事，因曰：「晉革命時事久兆，石苞不早勸晉文，死方慟哭，方之馮異，非知機也。」朏答曰：「昔魏臣有勸魏武卽帝位者，魏武曰：如有用我，其爲周文王乎？晉文世事魏氏，將必身終北面；假使魏早依唐、虞故事，亦當三讓彌高。」帝不悅，更引王儉爲左長史，以朏爲侍中，領祕書監。及齊受禪，朏當日在直，百僚陪位，侍中當解璽。朏陽不知，曰：「有何公事？」傳詔云：「解璽授齊王。」朏曰：「齊自應有侍中。」乃引枕臥。傳詔懼，乃使稱疾，欲取兼人。朏曰：「我無疾，何所道？」遂朝服步出東掖門，乃得車，仍還宅。是日，遂以王儉爲侍中解璽。既而武帝言於高帝，請誅朏。帝曰：「殺之則逆成其名，正應容之度外耳。」遂廢於家。後復起，爲吳興大守。明帝謀入嗣位，朝之舊臣，皆引參謀策。朏內圖止足，且實避事。弟瀹，時爲吏部尙書。朏至郡，致瀹數斛酒，遺書曰：「可力飲此，勿豫人事。」齊書瀹傳曰：高宗廢鬱林，引兵入殿，左右驚走報瀹。瀹與客圍棊，每下子，輒云其當有意。竟局，乃還齋臥，竟不問外事也。梁書王志傳：志領右衞將軍。義師至，城內害東昏，百僚署名送其首。志聞而歎曰：「冠雖弊，可加足乎？」因取庭中樹葉挼服之，僞悶，不署名。高祖覽牋無志署，心嘉之，弗以讓也。此曹在當日，已爲賢者矣，亦以其時篡奪者率重民望，不敢害；又明知此曹無能爲，不欲加害；可以沽名，可以避事，而不至於受禍，故相率而爲終將昌明而爲之君者，亦日益驕淫縱恣，不復能有恩禮於其臣，或且視之如草芥；意氣感激之念，復安得存？逐鹿從龍，同爲私利，苟爲後義而先利，不奪不饜，固勢之所必至也。梁武帝之受禪也，齊和帝之臣顏見遠，不食而死，武帝聞之曰：「我自應天從人，何豫天下士大夫事？而顏見遠乃至於此也！」梁書文苑顏協傳。見遠，協之父。不啻明言之矣。喪亂之世，武人秉權，自尤不知忠義之可貴。宋竟陵王誕之叛也，其臣王璵之五子悉在建業。璵之嘗乘城，沈慶之縛其五子示而招之，許以富貴。璵之曰：「吾受主王厚恩，不可以二心。三十之年，未獲死所耳，安可以私親誘之？」五子號叫於外，呼其父。及城平，慶之悉撲殺之。沈攸之在郢州，從事輒與府錄事鞭。攸之免從事官，而更鞭錄事五十。謂人曰：「州官鞭府職，誠非體要，由小人陵侮士大夫。」倉曹參軍事邊榮爲府錄事所辱，攸之爲榮鞭殺錄事。攸之自江陵下，以榮爲留府司馬，守城。張敬兒將至，人或說之，使詣敬兒降。榮曰：「受沈公厚恩，共如此大事，一朝緩急，便改易本心，不能行也。」城敗，見敬兒。敬兒問曰：「邊公何不早來？」榮曰：「沈公見留守城，而委城求活，所不忍也。本不蘄生，何須見問？」敬兒曰：「死何難得？」命斬之。歡笑而去，容無異色。泰山程邕之者，素依隨榮，至是抱持榮曰：「與邊公周旋，不忍見邊公前死，乞見殺。」兵不得行戮，以告敬兒。敬兒曰：「求死甚易，何爲不許？」先殺邕之，然後及榮。齊始安王遙光之叛也，府佐司馬端爲掌書記。曹虎謂之曰：「君是賊非？」端曰：「僕荷始安厚恩，今死甘心。」虎不殺，執送還臺，徐世摽殺之。梁書陸襄傳：父閑，爲遙光揚州治中。遙光作亂，或勸閑去之。閑曰：「吾爲人吏，何所逃死？」臺軍攻陷城，閑見執，將刑，第二子絳求代死，不獲，遂以身蔽刃，刑者俱害之。南史云：閑被收至杜姥宅，尚書令徐孝嗣啓閑不與逆謀，未及報，徐世摽命殺之。而各忠所事，實有礙於統一，爲大君者又從而摧殘之。宋孝建二年，改革諸王車服制度，事見第九章第二節。上諷有司增廣條目，奏曰：「郡縣內史、相及封內官長於其封君，既非在三，罷官則不復追敬，不合稱臣，宜止下官而已。」見宋書禮志及義恭傳。周書齊煬王憲傳：開府裴文舉，憲之侍讀，高祖嘗御夫紹之於晉，非其君也。忘其父而事非其君，當其未死三十餘年之間，爲無父之人，亦已久矣！而蕩陰之死，何足以贖其罪乎？自正始以來，而大義之不明，徧於天下。邪正之說，不容兩立，何怪其相率臣於劉聰、石勒，觀其故主青衣行酒，而不以動其心者乎？」亭林所謂亡國，卽今所謂王室之興亡，其所謂亡天下，則今所謂國家、民族之傾覆也。五胡雲擾之時，民族實藉國家以自衞，君主則爲主權所寄託，而爲國家之表徵，君臣之義，蕩焉如此，國家、民族，安得而不傾覆？本實既撥矣，而以瑣瑣末節自矜其知禮，不益可羞矣乎？

當時君臣之義，何以蕩焉如是？曰：此貴族爭奪相殺必至之符，亦足證吾晉、南北朝士夫風俗之惡，實爲其階級將趨消亡之說也。齊書褚淵傳論曰：「金、張世族，袁、楊鼎貴，委質服義，皆由漢氏，膏腴見重，事起於斯。魏氏君臨，年祚短促，服褐前代，宦成後朝。晉氏登庸，與之後事，名雖魏臣，實爲晉有，故主位雖改，臣任如初。自是世祿之盛，習爲舊準，羽儀所隆，人懷羨慕，君臣之節，徒致虛名。貴仕素資，皆由門慶，平流進取，坐至公卿，則知殉國之感無因，保家之念宜切。市朝亟革，寵貴方來，陵闕雖殊，顧眄如一，中行、智伯，未有異遇。夫爵祿既輕，有國常選，恩非己獨，責人以死，斯固人主之所同謬，世情之過差也。」其於是時世族徒知自保，蔑視節義之原因，言之可謂深切矣。然若深求其原，則尚不止此。夫君臣之義之最高者，彼此皆有拯民於水火之心，奠國於苞桑之念；或爲元首，或爲股肱，各因其才，以任其職，志事既彼此相同，死生自不相乖背，此義知之者蓋罕。尋常所謂忠君者，則古封建之世，視土地人民爲私有，爲臣者乃受豢於其君，衣食既見解推，禮貌復云優異，乃爲是感激意氣之私。世變既殊，土地人民非一人一姓所私有，其義

「禮：內諱不出宮，近代諱之也。」此已爲非禮之禮矣，猶曰皇后之尊也。乃如毛寶子穆之，字憲祖，小字武生，名犯王靖后諱，故行字，後又以桓溫母名憲，乃更稱小字。宋禎本名茂，犯明穆皇后母諱，改以爲徐爰本名瑗，後以與傅亮父同名，改爲爰。荊州人爲羊祜諱，屋室皆以門爲稱，改戶曹爲辭曹。則詔諛已甚矣。遂至有權勢者亦以此求之於人。桓玄平元顯後，諷朝廷發詔爲桓溫諱，有姓名同者一皆改之。姚興班告境內及在朝文武，立名不得犯叔父緒及碩德之名，以彰殊禮。此並非法已甚。魏書游雅傳：高閭以雅名與己同，欲令改易，雅以高祖所賜，秉志不許。高肇甚銜之，世宗嘉其剛梗。魏史於高肇，多溢惡之辭，所云或非其實，然亦當時實有此等事，故得肆其詆誣也。行比於宦官宮妾，禮不諱嫌名，二名不偏諱。顏氏家訓風操篇云：「劉縚、緩、綏兄弟父名昭，一生不爲照字，惟依爾雅火旁作召。」是諱嫌名也。古之避諱者，諱其音，非諱其義，炤豈無昭音乎？是幷不達於禮矣。北齊書杜弼傳：相府法曹辛子炎諮事，云須取署，子炎讀署爲樹。高祖大怒曰：「小人都不知避人家諱」，杖之於前。弼進曰：「禮，二名不偏諱，子炎之罪，理或可恕。」案神武紀，其父名樹，蓋其字爲後來所制，實非單名樹也。顏氏家訓云：「江南至今不諱字，河北士人全不辨之。」晉書儒林傳：劉兆，字延世，嘗有人著韡騎驢至兆門外，曰：吾欲見劉延世，門人大怒，更可發笑。而其居心之悖傲、卑鄙，則更甚焉，不亦可羞矣乎？抑禮之非，因乎人情者，雖不復足爲人生之軌範，然情生文，文亦生情，果爲衆所共嚴，猶足維持一時之綱紀，如秦漢史第十九章第一節所論後漢書儒林傳贊之語，雖誣而實不可謂之誣，是此實當時社會僅存一綫之綱維也。乃自魏、晉已還，而此藩籬又毀。日知錄又云：「有亡國，有亡天下。亡國與亡天下奚辨？曰：易姓改號，謂之亡國，仁義充塞，而至於率獸食人，人將相食，謂之亡天下。嵇紹之父被殺於晉文王，至武帝革命，而山濤薦之入仕。紹時屏居私門，欲辭不就。濤謂之曰：爲君思之久矣：天地四時，猶有消息，而況於人乎？一時傳誦，以爲名言，而不知其敗義傷教，至於率天下而無父者也。

武帝弟，出爲東郡，與武帝別。帝曰：「我年已老，與汝分張，甚心惻愴。」數行淚下。侯遂密雲，赧然而出。坐此被責，飄颻舟渚，一百許日，卒不得去。」又云：「江南凡遭重喪，若相知者同在城邑，三日不弔，則絕之；除喪雖相遇，則避之，怨其不己憫也。有故及道遙者，致書可也，無書亦如之。」此等既非人情，於事自亦多礙，不可行也。卽以避諱論：聞名心瞿之實不存焉，而以是自矜其知禮，其事已極無謂。乃度責罰之不加，則恣睢而廢事；顏氏家訓風操篇云：「禮云：見似目瞿，聞名心瞿。有所感觸，惻愴心眼，若在從容平常之地，幸須申其情耳。必不可避，亦當忍之。伯叔、兄弟，酷類先人，可得終身腸斷，與之絕邪？又臨文不諱，廟中不諱，君所無私諱，蓋知聞名須有消息，不必期於顚沛而走也。梁世謝舉，聞諱必哭，爲世所譏。又臧逢世，臧嚴之子也。孝元經牧江州，遣往建昌督事。郡縣民庶，競修箋書，朝夕輻湊，几案盈積。書有稱嚴寒者，必對之流涕，不省取記。多廢公事，物情怨駭。竟以不辦而還。此並過事也。近在揚都，有一士人諱審，而與沈氏交結周厚。沈與其書，名而不姓。此非人情也。」此等皆有礙於事。又云：「言及先人，理當感慕，古者之所易，今人之所難。江南事不獲已，乃陳文墨，須言閥閱，必以文翰罕有面論者。北人無何便爾話說，及相訪問。如此之事，不可加於人也。人加諸己，則當避之。」此爲顏氏所主張，然已不可行矣。晉書禮志：大元十三年，召孔安國爲侍中，安國表以黃門郎王愉名犯私諱，不得連署，求解。有司議云：「公義奪私情，王制屈家禮。尚書安衆男臣先表中兵曹郎王祐名犯父諱，求解職，明詔爰發，聽許換曹，蓋是恩出制外耳。而頃者互用瞻式，源流既啓，莫知其極。請一斷之。」從之，是矣。然江統傳：選司以統叔父春爲宜春令，統因上疏曰：「故事：父祖與官職同名，皆得改選。身名所加，亦施於臣子。佐吏係屬，朝夕從事，官位之號，發言所稱，臣以爲身名與官職同者，宜與觸父祖名爲比。」朝廷從之。王舒傳：舒父名會。舒授會稽內史，上疏辭以父名。朝議以字同音異，於禮無嫌。舒復陳：音雖異而字同，求換他郡。於是改會字爲鄶。梁書張稷傳：稷父名永，稷爲新興、永寧二郡太守，以郡犯私諱，改永寧爲長寧。則因之以廢事者，卒不少也。逮富貴之可求，又借之以行諂；齊書禮志：晉武大始二年，有司奏故事皇后諱與帝諱俱下。詔曰：

第五章第二節，已深明之。在晉世，亦惟葛洪，深明此義，抱朴子省煩之篇，實名論也。其言曰：安上治民，莫善於禮，彌綸人理，誠爲曲備，然冠婚飲射，何煩碎之甚邪？人倫雖以有禮爲貴，但當足敘等威而表情敬，何在乎升降揖讓之繁重，跽拜俯伏之無已邪？往者天下乂安，四方無事，好古官長，時或修之。至乃講試累月，督以楚撻，晝夜修習，廢寢與食。經時學之，一日試之，執卷從事，案文舉動，黜謫之罰，又在其間，猶有過誤，不得其意，而欲以爲生民之常事，至難行也。此墨子所謂累世不能盡其學，當年不能究其事者也。古人詢於芻蕘，博采童謠，狂夫之言，猶在擇焉，墨子之論，不能廢也。但其張刑綱，開塗徑，浹人事，備王道，不能曲述耳。至於譏葬厚，刺禮煩，未可棄也。自建安之後，魏之文、武，送終之制，務在儉薄，此則墨子之道，有可行矣。予以爲喪亂既平，朝野無爲，王者所制，自今作古。可命精學洽聞之士，才任損益，免於居愚者，使刪定三禮，割棄不要，次其源流，總合其事，類集以相從。其煩重遊說，辭異而理同者，存之不可常行，除之無所傷損，卒可斷約，勿令沈隱，復有凝滯。其吉凶器用之物，俎豆觚觶之屬，衣冠車服之制，旗章采色之美，宮室尊卑之品，朝饗賓主之儀，祭奠殯葬之變，郊祀禘祫之法，社稷山川之禮，皆可減省，務令儉約。夫約則易從，儉則用少；易從則不煩，用少則費薄；不煩則莅事者無過矣，費薄則調求者無苛矣。拜伏揖讓之節，升降盤旋之容，使足敘事，無令小碎。條牒各別，易案用令。五禮混擾，雜飾紛錯，枝分葉散，重出互見，更相貫涉。曲儒尋案，猶多所滯。駁難漸廣，異同無已。殊理兼說，歲增月長。自非至精，莫不惑悶。治之勤苦，妨費日月，廢棄他業，長致章句，多於本書。今若次比刪削，息學者萬倍之役，弭諸儒爭訟之煩，將來達者觀之，當美於今之視周矣。此亦改燒石去血食之比也。顧其時朝廷之所修，晉南北朝之世，修禮之盛業，當推梁世之五禮。其事起於齊之永明三年，至梁普通五年乃成。六年，徐勉表上之。見梁書勉及司馬褧、儒林賀瑒、處士何胤傳。禮論先有八百卷，何承天刪并爲三百卷，見南史承天傳。士夫之所守，率多違人情而不可行。顏氏家訓風操篇云：「江左朝臣子孫，初釋服，朝見二宮，皆當泣涕，二宮爲之改容。頗有膚色充澤無哀感者，梁武薄其爲人，多被抑退。」又云：「江南餞送，下泣言離。有王子侯，梁曰：「諸毛繞涿居乎？」裕卽答曰：「昔有作上黨潞長，遷爲涿令。涿令者去官還家。時人與書，欲署潞則失涿，欲署涿則失潞，乃署曰潞涿君。」先主無鬚，故裕以此及之。先主嘗銜其不遜，後遂以事誅之。此卽葛洪所云好相嘲譃，出辭鄙黷之俗也。魏志武帝紀注引曹瞞傳曰：大祖爲人佻易無威重。時或冠帢帽以見賓客。每與人談論，戲弄言誦，盡無所隱。及歡悅大笑，至以頭沒杯案中，肴膳皆沾汙巾幘。其輕易如此。此卽洪所謂狐蹲牛飲，爭食競割者也。又引孫盛異同雜語云：大祖嘗私入中常侍張讓室，讓覺之，乃舞手戟於庭，踰垣而出。此卽洪所云犯門折關，踰垝穿隙，有似抄劫者也。蜀志龐統傳注引襄陽記云：司馬德操嘗造龐德公，直其渡沔，德操徑入其室，呼德公妻子，使速作黍，「徐元直向云：有客當來就我與龐公譚。」其妻子皆羅列拜於堂下，奔走供設。須臾，德公還，直入相就，不知何者是客也。此卽洪所謂入門呼奴，入室視妻者也。有一起於正始之年者乎？卽謂起於東京季世，亦非其情。此特吾曹之所知，極於此耳。同一事也，譽之者則以爲名士風流，疾之者則曰「左袵之所爲」，「羌胡猾夏先著之妖怪」。抱朴子刺驕篇。不博考諸家之記載，驗以今日之人情，亦安往而能知史事之眞哉？

六朝風俗之敝如此，顧論世之士，猶有稱道之者，謂其尊嚴家諱，矜尙門地，愼重婚姻，區別流品，主持淸議，皆非後世所能及也。淸楊繩武之論，日知錄正始條集釋引之。矜尙門地，愼重婚姻，區別流品，其不足取，讀前所述，已可見之。淸議之不足尙，當於述選舉之時明之。尊嚴家諱，爲時人所謂守禮之一端。六朝士夫好講禮學，亦多能實其芻狗，其人率多以此自矜，其實乃極可笑。夫禮之所以可貴者，以其爲人生之軌範耳。旣爲人生之軌範，則修之必因乎俗。秦漢史游涉所經，則賢愚波蕩。蓋欲立朝則世已大亂，欲潛伏則悶而不堪。或躍則畏禍害，確乎則非所安。」故其「言行相伐，口稱靜退，心希榮利。」其「名稱重於當世，美談盛於旣沒，」則「其所得者世共傳聞，所失者莫之有識。」「逋逃不仕也，則方之巢、許；廢職待客也，則比之周公；養徒避役者，則擬之仲尼；棄親依豪者，則同之游、夏，」使「世眩名實，大亂滋甚。」「朱家、郭解之亂世，會不若是也。」葛氏之言如此，可謂禹鼎象物，魑魅罔兩，無所遁其形矣。刺驕篇又總論之曰：「漢末諸無行，自相品藻次第。羣驕慢敖，不入道檢者，爲都魁雄伯，四通八達。背叛禮敎，而縱肆邪辟。譏毀眞正，中傷非黨。口習醜言，身行弊事。凡所云爲，使人不忍論也。」此則漢世之所謂名士者，何一能免於葛氏之譏乎？吾曹試一按往史。三國吳志諸葛恪傳云：「恪父瑾，面長似驢，孫權大會羣臣，使人牽一驢入，長檢其面，題曰諸葛子瑜。恪跪曰：『乞請筆益兩字。』因聽與筆。恪續其下曰之驢。舉坐歡笑，乃以驢賜恪。」權「命恪行酒，至張昭前。昭先有酒色，不肯飲，曰：『此非養老之禮也。』權曰：『卿其能令張公辭屈，乃當飲之耳。』恪難昭曰：『昔師尙父九十，秉旄仗鉞，猶未告老也。今軍旅之事，將軍在後，酒食之事，將軍在先，何謂不養老也？』昭卒無辭，遂爲盡爵。」後蜀使至，羣臣並會，權謂使曰：「此諸葛恪雅好騎乘，還告丞相，爲致好馬。」恪因下謝。權曰：「馬未至而謝，何也？」恪對曰：「夫蜀者陛下之外廐，今有恩詔，馬必至也，安敢不謝？」」魏、晉、南北朝使人，每好以口舌爭勝，實爲無禮之尤。魏孝文使虞昶、王清石聘於齊，謂清石曰：「凡使人以和爲貴，勿迭相矜，見於辭色，失將命之體。」其所見，反出於中國君若臣之上也，亦可媿矣。蜀志周羣傳：蜀郡張裕，先主與劉璋會涪時，爲璋從事，侍坐。其人饒鬚。先主嘲之曰：「昔吾居涿縣，特多毛姓。東西南北，皆諸毛也。涿令稱無禮之尤。徐孝綽與到洽友善，同遊東宮。孝綽自以才優於洽，每於宴坐，嗤鄙其文。洽銜之。及孝綽爲廷尉正，攜妾入官府，其母猶停私宅。洽尋爲御史中丞，遣令史案其事，遂劾奏之，云「攜少妹於華省，棄老母於下宅。」高祖爲隱其惡，改妹爲姝。坐免官。孝綽諸弟，時隨藩皆在荊、雍，乃與書論共洽不平者十事；其辭皆鄙。到氏又寫別本，封呈東宮。昭明太子命焚之，不開視也。孝綽所攜，果妾，高祖嘗究到洽之誣，不得但改妹爲姝，鄙辭累及十事，凡鄙之所羞，嘗況於士君子邪？此眞無行之尤矣。果有以異於鄉之所云者乎？爲此者果何人哉？抱朴子疾謬篇又曰：「敢爲此者，非必篤頑也。率冠蓋之後，勢援之門。素頗力行善事，以竊虛名。名旣粗立，本情便放。或假財色以交權豪，或因時運以佻榮位，或以昏姻而連貴戚，或弄毀譽以合威柄。器盈志溢，態發病出。黨成交廣，志通步高，淸論所不能制，繩墨所不能彈，遂成鷹頭之蠅，廟垣之鼠」矣。其下於此者，刺驕篇云：「旣辱天官，又移染庸民。後生晚出，見其或以逕淸之資，或佻竊虛名，而躬自爲之，便謂立身當世，莫此爲美，」乃轉爲其所汙染者耳。夫顯爲名者，未有不陰爲利者也。交際篇謂此輩「能令壞蟲羣飛，斥鷃戾天。手捉刀尺，口爲禍福。」刺驕篇云：「所惠則得多。屬託則常聽。所欲則必副。言論則見饒。有患則見救。所論薦則塞驢蒙龍駿之價。所中傷則孝己受商臣之談。」此「小人之赴之，」所以「若決積水於萬仞之高隄，而放烈火於雲夢之枯草」也。參觀第二章第一節所引干寶、潘尼之言，而其所由來，可以思過半矣。

葛氏推原此等弊風，以爲皆起於東漢。其所辭嚴義正、首致其誅者，乃爲最負高名之郭林宗。正郭篇曰：「此人有機辯風姿，又巧自抗遇而善用；且好事者爲之羽翼，延其聲譽於四方，故能見推慕於亂世。所言所褒，則重於千金。

知宋孝武之狎侮，齊文宣之淫酗，宋齊諸荒主之四出遊走，梁世諸王、貴游之擾害人民，以及歷朝佞幸之臣之權勢熏灼，貨賄豐盈，皆非一時之失政，一人之失德，而實爲其時貴族社會之通病也。吾故曰：此實自隆古以來，所謂治者階級，積其縱恣淫欲，將趨於滅亡之候也。

或曰：無禮無義之徒，貴游之中，何世蔑有？安得以此誣當時之名士乎？則試與觀當時之所謂名士者，其居心之忌刻，參看第四章第四節論王羲之，第九章第六節論宋明帝。交友之勢利，晉書郗超傳：王獻之兄弟，自超未亡，見愔常躡履問訊，甚修舅甥之禮。及超死，見愔慢怠，展所候之，命席便還。延辭避，愔每慨然曰：「使嘉賓不死，鼠子敢爾邪？」接物之狂敖，梁書劉孝綽傳：孝綽少有盛名，而仗氣負才，多所陵忽。有不合意，極言詆訾。領軍臧盾，大府卿沈僧杲等，並被時遇，孝綽尤輕之。每於朝集會同處，公卿間無所與語，反呼騶卒，訪道途閒事，由此多忤於物。案南北朝時，狂敖之甚者，無過於謝靈運與王僧達，可參看宋書本傳。立身之無禮，而且無行，晉書胡毋輔之傳：性嗜酒，任縱不拘小節。子謙之，才學不及父，而傲縱過之。至酣醉，常呼其父字。輔之亦不以介意。輔之正酣飲，謙之闚而厲聲曰：「彥國年老，不得爲爾，將令我尻背東壁？」輔之歡笑，呼入與共飲。畢卓傳：卓少希放達，爲胡毋輔之所知。大興末，爲吏部郎，常飲酒廢職。比舍郎釀熟，卓因醉，夜至其甕閒盜飲之。爲掌酒者所縛。明旦視之，乃畢吏部也。遽釋其縛。卓遂引主人宴於甕側，致醉而去。此無禮也。謝鯤傳：鄰家高氏女有美色，鯤嘗挑之，女投梭，折其兩齒。時人爲之語曰：「任達不已，幼輿折齒。」鯤聞之，傲然長嘯曰：「猶不廢我嘯歌。」則無行矣。南史張融傳：永明二年，總明觀講，勅朝臣集聽。融扶入就榻，私索酒飲之。難問既畢，乃長歎曰：「嗚呼！仲尼獨何人哉？」爲御史中丞到撝所奏，免官。文學傳：謝幾卿，性通脫，會意便行，不拘朝憲。嘗豫樂遊宴，不得醉而還，因詣道邊酒壚，停車褰幔，與車前三騶對飲。時觀者如堵，幾卿處之自若。後以在省署夜著犢鼻褌，與門生登閣道飲酒酣呼，爲有司糾奏，坐免官。此皆非子與氏所謂橫逆之來，與禽獸奚擇者乎？刺驕篇曰：「生乎世貴之門，居乎熱烈之勢，率多不與驕期而驕自來矣。亦有出自卑碎，由微而著，便自軒昂，視人猶芥，或曲宴集，管絃嘈雜，後賓塡門，不復接引。或於同造之中，偏有所見，復未必全得也，直以求之差勤，苞苴繼到，壼榼不曠耳。」內貪婪而外悖慢，其惡德爲何如哉？其夷居則不務德業，惟事游蕩。疾謬篇曰：「盛務惟在樗蒱彈棊，所論極於聲色之間，舉口不踰綺襦紈袴之側，游步不去勢利酒客之門。不聞淸談論道之言，專以醜辭嘲弄爲先。」交際篇自言：「諸戲弄之事，彈棊博弈，皆所惡見；飛輕走迅，游獵遨覽，咸所不爲；殊不喜嘲褻，」則「親交遼遠」矣。至其黨類聚集，則疾謬篇又言之曰：「其相見也，不復敍離闊，問安否。賓則入門而呼奴，主則望客而喚狗。其或不爾，不成親至，棄之不與爲黨。及好會則狐蹲牛飲，爭食競割，橫撥淼摺，無復廉恥。以同此者爲泰，以不爾者爲劣。終日無及義之言，徹夜無箴規之益。」甚有如刺驕篇所言：「或亂項科頭，或裸袒蹲夷，或濯腳於稠衆，或溲便於人前」者。其游遨也，則疾謬篇言之曰：「攜手連袂，以遨以集。入他堂室，觀人婦女。指玷修短，平論美醜。或有不通主人，便共突前，犯門折關，踰垝穿隙，有似抄劫之至也。其或妾媵，藏避不及，至搜索隱僻，就而引曳。落拓之子，無骨鯁而好隨俗者，以通此者爲親密，距此者爲不恭。於是要呼慣雜，入室視妻，促膝狹室，交杯咫尺；絃歌淫冶之曲，以誂文君之心，載號載呶，戲謔醜褻，窮鄙極黷。」又有「戲婦之法」，「於稠衆之中，親屬之前，問以醜言，責以慢對。其爲鄙黷，不可忍論。」乃「或蹙以楚撻，或繫腳倒懸，酒客酗醟，不知限齊，至有傷於血流，踒折支體者。」此則直當歸諸司敗戚之齊斧矣。而其時之婦女，亦市也婆娑，習非成俗，已見第十七章第一節。觀於此，然後溺神仙，外篇則實足與王符之潛夫論並稱也。今試略引其言，以見其時所謂貴胄者之情形焉。其惡德之最淺而易見者，時曰淫酗。酒誡篇述其弊曰：「貞良者流華督之顧眄，怯懦者效慶忌之蕃捷。遲重者蓬轉而波擾，整肅者鹿踊而魚躍。或奔車走馬，赴阬谷而不憚。或登危蹋頹，雖墮墜而不覺。或肆忿於器物，或酗醟於妻子。加枉酷於臣僕，用剡鋒於六畜。熾火烈於室廬，掊寶玩於淵流。遷威怒於路人，加暴害於士友。褻嚴主以夷戮，犯凶人而受困。白刃抽而忘思難之慮，棓杖奮而罔顧前後。搆瀌血之讎，招大辟之禍。以少陵長，則鄉黨不相重矣。責辱人父兄，則子弟將推刃矣。發人所諱，則壯士不能堪矣。計數深刻，則醒者不能恕矣。其爲禍敗，不可勝載。」此等情形，設見於今日，寧非極下等無教化之人所爲乎？今之論者每謂「中國人之酒德，遠勝於歐美，」然此實後世之事，若稽諸古昔，則知其淫酗實與歐美人同，此篇亦可爲其證也。此猶可諉曰酒實爲之也，而其醒時之悖戾，亦有不減於醉時者。疾謬篇曰：「嘲戲之談，或及祖考，或逮婦女。往者必務其深焉。報者恐其不重焉。利口者扶强而黨勢。辯給者借鍒以刺瞂。以不應者爲拙劣，以先止者爲負敗。乃有使酒之客，及於難侵之性，不能堪之，拂衣拔棘，手足相及。醜言加於所尊。歡心變而成讎。絕交壞身，搆隙致禍。」此其忿不思難，亦何異於醉客乎？夫行檢之不修，實由其居心之不遜。疾謬篇又曰：「或因變故，佻竊榮貴；或賴高援，飛拔萃於是；氣陵雲物，步高視遠。顧瞻否滯失羣之士，雖實英異，忽焉若草。或傾枕而延賓，或稱疾以距客。欲令人士立門以成林，車騎塡噎於閭巷。」更有「不治清德以取敬，而杖氣力以求畏。其入衆也，則亭立不坐，爭處端上，作色諧聲，逐人自安。其不得意，恚對不退。其行出入也，窄逼之地，恥於分塗，振策長驅，推人於險，有不卽避，更加摅頤。」此十年，則大傅司馬懿殺大將軍曹爽，而魏之大權移矣。三國鼎立，至此垂三十年。一時名士風流，盛於雒下。乃其棄經典而尙老、莊，蔑禮法而崇放達，視其主之顚危，若路人然，卽此諸賢爲之唱也。自此以後，競相祖述。如晉書言王敦見衞玠，謂長史謝鯤曰：「不意永嘉之末，復聞正始之音。」沙門支遁，以清談著名，於時莫不崇敬，以爲造微之功，足參諸正始。宋書言羊玄保二子，太祖賜名曰咸曰粲，謂玄保曰：「欲令卿二子有林下正始餘風。」王微與何偃書曰：「卿少陶玄風，淹雅修暢，自是正始中人。」南齊書言袁粲言於帝曰：「臣觀張緒，有正始遺風。」南史言何尙之謂王球，正始之風尙在。其爲後人企慕如此。然而晉書儒林傳序云：「擯闕里之典經，習正始之餘論，指禮法爲流俗，目縱誕以淸高。」此則虛名雖被於時流，篤論未忘乎學者。是以講明六藝，鄭、王爲集漢之終；演說老、莊，王、何爲開晉之始。以至國亡於上，敎淪於下，羌戎互僭，君臣屢易，非林下諸賢之咎而誰咎哉？其實正始諸賢，初非無意於天下者，讀秦漢史所述，已可見之。談玄亦學問之事，初不必其廢事；卽晉世所謂名士者，亦或廢事或不廢事，初非一染玄風，卽遺俗務也。如晉書羊曼傳曰：「曼任達穎縱，好飲酒。溫嶠、庾亮、阮放、桓彝同志友善，並爲中興名士。時州里稱阮放爲宏伯，郗鑒爲方伯，胡毋輔之爲達伯，卞壼爲裁伯，蔡謨爲朗伯，阮孚爲誕伯，劉綏爲委伯，而曼爲濌伯，凡八人，號兗州八伯，蓋擬古之八儁也」。此中溫嶠、庾亮、桓彝、郗鑒、卞壼、蔡謨，並功名志節之士也。故以晉、南北朝士大夫風俗之惡，蔽罪於清談，溯原於正始，非篤論也。晉、南北朝士大夫風俗之惡，實當溯其原於千載以前。蓋自隆古之世，治人者與治於人者，等級既分，治人者遂日益縱恣淫佚，而其居心亦日益險詐卑鄙，其體魄遂日以委靡不振，終至於滅亡而後已。此乃一等級之將卽消亡，固非一人一事之咎，亦非一朝一夕之故也。

晉、南北朝之世，士大夫之惡德，蓋有多端。言之深切著明者，莫如葛洪。洪固有心人，其所著之抱朴子，內篇雖惑遂見優容。張率傳：爲揚州別駕。率雖歷居職務，未嘗留心簿領。及爲別駕奏事，梁武帝覽牒問之，並無對，但云事在牒中。帝不悅。然亦不聞其有所懲也。即有願治之主，或加屏棄；南史明山賓傳：詔使公卿舉士。左衞將軍江祏上書薦山賓才堪理劇。齊明帝不重學，謂祏曰：「聞山賓談書不輟，何堪官邪？」遂不用。又恩倖傳：齊武帝常云：「學士輩不堪經國，惟大讀書耳。經國一劉係宗足矣。沈約、王融數百人，於事何用。」持正之士，深致譏乎；梁書何敬容傳：大宗頻於玄圃，自講老、莊二書。學士吳孜，時寄詹事府，每日入聽。敬容謂孜曰：「昔晉代喪亂，頗由祖尚玄虛，胡賊殄覆中夏。今東宮復襲此，殆非人事，其將爲戎乎？」侯景傳：陶弘景嘗爲詩曰：「夷甫任散誕，平叔坐談空，不意昭陽殿，化作單于宮。」卒不能挽滔滔之俗也。

當時衣冠中人，亦閒有明於政務，勤於職事者。如宋書王准之傳云：曾祖彪之，尚書令。彪之博聞多識，練悉朝儀。自是家世相傳，並諳江左舊事，緘之靑箱，世人謂之王氏靑箱學。准之究識舊儀，問無不對。時彭城王義康錄尙書事，每歎曰：「何須高論玄虛？正得如王准之兩三人，天下便治矣。」然寡乏風味，不爲時流所重。撰儀注，朝廷至今遵用之。梁書周捨傳云：雖居職屢徙，而常留省內，罕得休下。國史、詔誥、儀體、法律、軍旅謀謨，皆兼掌之。日夜侍上，豫機密，二十餘年，未嘗離左右。何敬容傳云：敬容久處臺閣，詳悉舊事，且聰明識治，勤於簿領，詰朝理事，日旰不休。自晉、宋以來，宰相皆文義自逸，敬容獨勤庶務，爲世所嗤鄙。時蕭琛子巡者，頗有輕薄才，因制卦名離合等詩以嘲之。敬容處之如初，亦不屑也。然此等人甚少矣。魏寇之動也，梁元帝猶於龍光殿述老子義，敵兵至襄陽，乃停講，旋復續講，百僚戎服以聽，置禍福死生於度外，時人庸或以爲高致。然膺民社之重者，其成敗利鈍，實非徒一身死生禍福之所關，而其輕心掉之至於如此，尙何言哉？王衍之死也，顧而言曰：「吾曹雖不如古人，向若不祖尙浮虛，戮力以匡天下，猶可不至今日。」桓溫曰：「神州陸沈，百年丘墟，王夷甫諸人，不得不任其責。」信矣。此等弊風，前人每蔽其罪於清談，而溯其原於正始。日知錄云：魏明帝殂，少帝即位，改元正始，凡九年。其要務。姦黠左道，以裒刻爲功。自取身榮，不存國計。是以朝經驟隳，禍生鄰國。」案當時論者，率以政事之敗壞，歸咎於人主之好用小人，實仍是士族偏私之見。此輩實不可謂無才；抑貴胄既不事事，人主雖欲不用此輩，亦不可得也。參看下引顏氏家訓自明。

是時流風所扇，雖英君、哲相，亦不能免。南史鄭鮮之傳云：宋武帝少事戎旅，不經涉學。及爲宰相，頗慕風流。時或談論。人皆依違不敢難。鮮之難必切至，未嘗寬假。與帝言，要須帝理屈，然後置之。是雖雄才如宋武，亦未能免俗也。宋書袁粲傳云：粲與齊王、褚淵、劉秉入直，平決萬機，時謂之四貴。粲閑默寡言，不肯當事。主書每往咨決，或高詠對之。宅宇平素，器物取給。好飲酒，善吟諷。獨酌園庭，以此自適。居貧南郭，時杖策獨遊。素寡往來，門無雜客。及受遺當權，四方輻湊，閑居高臥，一無所接。談客文士，所見不過一兩人。疎率如此，此粲之所以敗也。甚至武人亦沿其流。宋書沈演之傳：家世爲將，而演之折節好學，讀老子日百徧，以義理業尚知名。自序：沈林子所著，有論老子一百二十一首。杜慧度以勳業名，傳亦云其頗好莊、老。甚至如崔慧景，稱兵內向，而頓法輪寺，對客高談，卒以致敗。習俗之誤人，可謂深矣。朝士曠職者，多見容恕。晉書阮孚傳：避亂渡江，元帝以爲安東參軍。蓬髮飲酒，不以王務嬰心。時帝既用申韓以救世，而孚之徒未能棄也。雖然，不以事任處之。轉丞相從事中郎，終日酣縱，恆爲有司所按，帝每優容之。南史王裕之傳：宋武帝以爲道規諮議參軍。時府主簿宋協，亦有高趣。道規並以事外相期。其孫延之，在江州，獨處齋內，未嘗出戶，吏人罕得見焉。延之子綸之，爲安成王記室參軍，偃仰召會，退居僚末。司徒袁粲聞而歎曰：「格外之官，便今日爲重。」貴游居此位者，遂以不掌文記爲高，自綸之始也。可謂世有佚德矣。王球傳：彭城王義康謂劉湛曰：「王敬弘、王球之屬，竟何所堪？施爲自富貴，復那可解。」殷景仁卒，球除尚書僕射。素有腳疾，多病還家，朝直甚少。錄尚書江夏王義恭謂尚書何尚之曰：「當今乏才，羣下宜加戮力，而王球放恣如此，宜以法糾之。」尚之曰：「球有素尚，加又多疾，公應以淡退求之，未可以文案責也。」義恭又面啓文帝曰：「王球誠有素譽，頗以物外自許，端任要切，或非所長。」帝曰：「誠知如此，要是時望所歸。昔周伯仁終日飲酒而居此任，蓋所以崇素德也。」

第二節 門閥之制下

語曰：「國於天地，必有與立。」晉、南北朝之世，所謂世族者，既居於率將之地，則國家之盛衰強弱，恆必由之。乃其人率多呰窳，莫能振拔，遂致神州陸沈，久而不復矣。詩曰：「其何能淑？載胥及溺，」此則可爲痛哭流涕者也。

此輩之見譏於世者，首爲其不事事。梁書載姚察之論曰：「魏正始及晉之中朝，時俗尚於玄虛，貴爲放誕，尙書丞郎以上，簿領文案，不復經懷，皆成於令史。逮乎江左，此道彌扇。惟卞壼以臺閣之務，頗欲綜經，阮孚謂之曰：卿嘗無閒暇，不乃勞乎？晉書壼傳云：壼幹實當官，以褒貶爲己任，勤於吏事，欲軌正督世，不肯苟同時好。然性不弘裕，才不副意，故爲諸名士所少，而無卓爾優譽。明帝深器之，於諸大臣而最任職。阮孚每謂之曰：「卿恆無閑泰，常如含瓦石，不亦勞乎？」壼曰：「諸君以道德恢弘，風流相尚，執鄙吝者，非壼而誰？」時貴遊子弟，多慕王澄、謝鯤爲達。壼厲色於朝曰：「悖禮傷教，罪莫斯甚。中朝傾覆，實由於此。」欲奏推之。王導、庾亮不從，乃止。然而聞者莫不折節。宋世王敬弘，身居端右，未嘗省牒。敬弘名裕之，名與宋武帝諱同，故以字行。元嘉三年，爲尙書僕射，關署文案，初不省讀。嘗預聽訟，上問疑獄，敬弘不對。上變色，問左右：「何故不以訊牒副僕射？」敬弘曰：「臣乃得訊牒讀之，正自不解。」上甚不悅，雖加禮敬，亦不以時務及之。見南史本傳。風流相尚，其流遂遠。望白署空，是稱淸貴；恪勤匪懈，終滯鄙俗。是使朝經廢於上，職事墮於下。小人道長，抑此之由。嗚呼！傷風敗俗，曾莫之悟。永嘉不競，戎馬生郊，宜其然矣。」何敬容傳論。陳書後主紀論曰：「自魏正始、晉中朝以來，貴臣雖有識治者，皆以文學相處，罕關庶務。朝章大典，方參議焉；文案簿領，咸委小吏。浸以成俗，迄至於陳。後主因循，未遑改革。故施文慶、沈客卿之徒，專掌軍國率父業，好酒自棄。恆常忿其世衰，不爲營事婚宦，故仕聘碎濁，不得及其門流。其明驗矣。

門第優劣亦有兼論名德者。南史王彧傳：彧曾孫克仕侯景，景敗，克迎候王僧辯。僧辯問克曰：「勞事夷狄之君。」又誚之曰：「王氏百世卿族，便是一朝而墜。」北史鄭羲傳言自靈大后豫政，淫風稍行，及元叉擅權，公爲奸穢；自此素族名家，遂多亂雜，法官不加糾正，昏宦無貶於時，有識者咸以歎息矣，」則其本有糾貶可知。此似較專論位宦者爲優，然庸流無識，所糾貶者，亦多瑣瑣末節，無當於出處大節也。北齊書羊烈傳：烈家傳素業，閨門修飾，爲世所稱。一門女不再醮。天統中，與尚書畢義雲爭爲兗州大中正。義雲盛稱門閥，云「我累世本州刺史，卿世爲我家故吏。」烈答云：「卿自畢軌被誅以還，寂無人物。近日刺史，皆是疆埸之上，彼此而得，何足爲言？豈若我漢之河南尹，晉之大傅，名德、學行，百代傳美；且男清女貞，足以相冠；自外多可稱也？」蓋譏義雲之帷薄焉。關觀女貞，又何關於德業邪？

士庶利權，相去旣遠，故欲淸釐之者，每以招怨。晉書慕容寶載記言：寶以垂遺令，校閱戶口，罷諸軍營，分屬郡縣。定士族舊籍，明其官儀。而法峻政嚴，上下離德，百姓思亂者，十室而九焉。宋書沈懷文傳言：孝武壞諸郡士族，以充將吏。並不服役，至悉逃亡。加以嚴罰，不能禁。乃改用軍法，得便斬之，莫不奔竄山湖，聚爲盜賊。魏書道武七王傳：元法僧爲益州刺史，素無治幹，加以貪虐。殺戮自任，威怒無恆。王、賈諸姓，州內人士，法僧皆召爲卒伍，無所假縱。於是合境皆反。民之多幸，國之不幸，固也。然政令本已非平，而更加之以操切，又曷怪怨叛之起邪？

不允，溉輒相執。敬容謂人曰：「到溉尙有餘臭，遂學作貴人。」溉祖彥之初以擔糞自給，故世以爲譏云。皆其事也。然亦有世實顯貴，妄爲人所擠排者。晉書楊佺期傳云：弘農華陰人，漢大尉震之後也。佺期沈勇果勁，而兄廣及弟思平等皆强獷麤暴。自云門戶承藉，江表莫比。有以其門第比王珣者，猶恚恨，而時人以其晚過江，婚宦失類，每排抑之。恆慷慨切齒，欲因事際，以逞其志。桓玄傳云：佺期爲人驕悍，常自謂承藉華胄，江表莫比，而玄每以寒士裁之，佺期甚憾。宋書杜驥傳：驥高祖預，曾祖耽，避難河西，因仕張氏。苻堅平涼州，父、祖始還關中。兄坦，高祖征長安，席卷隨從南還。晚度北人，朝廷恆以傖荒遇之，雖復人才可施，每爲清途所隔。坦以此慨然。嘗與太祖言及史籍，上曰：「金日磾忠孝淳深，漢朝莫及，恨今世無復如此輩人。」坦曰：「日磾之美，誠如聖詔，假使生乎今世，養馬不暇，豈辦見知？」上變色曰：「卿何量朝廷之薄也？」坦曰：「請以臣言之。臣本中華高族，亡曾祖因晉氏喪亂，播遷涼土，世葉相承，不殞其舊，直以南度不早，便以荒傖賜隔。日磾胡人，身爲牧圉，便超入內侍，齒列名賢。聖朝雖復拔才，臣恐未必能也。」上默然。梁書羊侃傳：中大通四年，詔隨大尉元法僧北討。侃曰：「北人雖謂臣爲吳，南人已呼臣爲虜，今與法僧同行，還是羣類相逐，非止有乖素心，亦使匈奴輕漢。」魏書李元護傳：遼東襄平人，八世祖胤，晉司徒、廣陸侯。胤子順、璠及孫沈、智，皆有名宦。沈孫根，慕容寶中書監。根子後智等隨慕容德南渡河，居青州。數世無名位，三齊豪門多輕之。世族既以把持權利爲事，自不免於互相擠排，故位宦深沈，雖馮家世，亦藉人事也。荀伯子通率好爲雜語，敖游閭里，遂失清途。白建雖無他才伎，而勤於在公，以溫柔自處，與唐邕俱以典執兵馬，致位卿相。諸子幼弱，俱爲州郡主簿，男婚女嫁，皆得勝流。平恆三子，並不志節，以明經舉郡孝廉，爲謨所重，至是訟之臺府，不爲理，乃持繩詣神廟前北面大呼曰：「房謨清吏，忠事高祖，及其死也，妻子見陵，神而有知，當助申之，今引決訴於地下。」便以繩自經於樹。衞士見之，救解送所司。朝廷哀其至誠，命女歸房族。觀此，而知當時士庶之閒限隔之峻也。至於百工廝養之徒與士民通婚，則法本爲之厲禁矣。魏書高宗紀：和平四年十二月，制皇族、師傅、王公侯伯及士民之家，不得與百工技巧卑姓爲婚，犯者加罪。高祖大和元年五月，以百姓習常，仍不肅改，著之律令，永爲定準，犯者以違制論。十七年九月，詔厮養戶不得與庶士婚，有文武之才，積勞應進者，同庶族例聽之。然貪財而與卑姓婚者仍多，見第十七章第一節。乃知社會演進之大勢，卒不可逆也。

塚中枯骨，與人生榮辱升沈，關係之密如此，譜牒自不免於誣。南史齊本紀云：「據齊、梁紀錄，並云出自蕭何，又編御史大夫望之，以爲先祖之次。案何及望之，於漢俱爲勳德，而望之本傳，不有此言，齊典所書，便乖實錄。近祕書監顏師古，博考經籍，注解漢書，已正其非，今隨而改削云。」南史之言如此，而齊書本紀，自蕭何至高帝之父，凡二十三世，皆有官位、名諱，其誣亦可謂甚矣。陳書高祖紀云：「其本甚微，自云漢大丘長寔之後也。」亦爲不信之辭。梁武請立選簿表曰：「譜牒譌誤，詐僞多緒，人物雅俗，莫肯留心，是以冒襲良家，卽成冠族，妄修邊幅，便爲雅士。」言之可謂深切矣。乃其謂俞藥曰：「俞氏無先賢，宜改姓喩。」見南史陳慶之傳。又何其習於誣罔，恬不爲怪也？

門寒者雖或驟貴，仍不免見輕於人。宋書袁湛傳：朱齡石伐蜀，使袁豹爲檄文曰：「蕞爾譙縱，編戶黔首。」南史張纘傳：大同五年，武帝詔曰：「纘外氏英華，朝中領袖，司空已後，名冠范陽，可尚書僕射。」纘本寒門，以外戚顯重，高自擬論，而詔有司空、范陽之言，深用爲恨。以朱异草詔，與异不平。又到溉傳：溉掌吏部尚書，時何敬容以令參選，事有明惠，有德行，因眇一目，內外親族，莫有求者。其家議欲下嫁之。巨倫姑，趙國李叔胤之妻，聞而悲感曰：「吾兄盛德，不幸早世，豈令此女屈事卑族？」乃爲子翼納之。時人歎其義。觀此二事，可知當時貴胄，不肯苟婚庶姓。宋書褚叔度傳，謂諸尙公主者並因世胄，不必皆有才能。魏孝文帝以諸王婚多猥濫，爲咸陽王禧聘隴西李輔女，河南王幹聘代郡穆明樂女，廣陵王羽聘榮陽鄭平城女，潁川王雍聘范陽盧神寶女，始平王勰聘隴西李沖女，北海王詳聘榮陽鄭懿女。北齊世宗謂趙郡王叡曰：「我爲爾娶鄭述祖女，門閥甚高，汝何所嫌，而精神不樂？」崔㥄傳：㥄一門婚嫁，皆是衣冠之美，吉凶儀範，爲當時所稱。婁大后爲博陵王納㥄妹爲妃，勅中使曰：「好作法用，勿使崔家笑人。」觀此諸事，可知當時帝王之家求婚望族之切。然梁書王峻傳：峻子琮，爲國子生，尙始興王女繁昌縣主，不惠，爲學生所嗤，遂離昏。峻謝王。王曰：「此是上意，僕極不願如此。」峻曰：「臣大祖是謝仁祖外孫，亦不藉殿下姻構爲門戶。」則望族之於王室，轉不以獲居肺腑爲榮矣。門望較下之家，尤以結婚望族爲至幸。北史孫騫傳：世寒賤，神武賜妻韋氏，既士人子女，又兼色貌，時人榮之。又陳元康傳：左衞將軍郭瓊以罪死，子婦范陽盧道虞女也，沒官，神武啓以賜元康爲妻，元康地寒，時以爲殊賞。求之不得，則以爲大怨。如前述公孫表之於封氏，即其一事。北史崔逞傳：逞六世孫叔義，父休，爲青州刺史，放盜魁令出其黨，遂以爲門客，在洛陽與叔義兄叔仁鑄錢。事發，合家逃逸，叔義見執。時城陽王徽爲司州牧，臨淮王彧以非其身罪，數爲致言，徽以求婚不得，遂停赦書而殺之。又崔㥄傳：㥄爲齊文襄所禁，謂邢子才曰：「卿知我屬意大丘不？」子才出告㥄子瞻曰：「尊公正應欲結姻於陳元康。」瞻有女，乃許妻元康子。元康爲言於文襄，乃舍之。此又以許婚而見德者也。其有視爲盛衰榮辱所關，出死力以爭之者。北史房謨傳：謨與子結婚盧氏。謨卒後，盧氏將改適他姓，有平陽廉景孫者，少厲丞孫夐奏會虔前往吳興，多有謬命，又聽氏何係先等一百十家爲舊門，委州檢削，坐免官。南史袁粲傳：大明七年，皇太子冠，上臨宴東宮，與顏師伯、柳元景、沈慶之等並樗蒲。愍孫勸師伯酒，（粲少孤，祖哀之名之曰愍孫。）師伯不飮。愍孫因相裁辱，曰：「不能與佞人周旋。」師伯見寵於上，上常嫌愍孫以寒素陵之，因此發怒曰：「袁濯兒不逢朕，（粲父名濯。）員外郎未可得也，而敢寒士遇物。」將手刃之，命引下席。愍孫色不變，沈、柳並起謝，久之得釋。此等事史並以爲美談，實亦客氣用事耳。朱异傳：异輕敖朝賢，不避貴戚。人或誨之。异曰：「我寒士也，遭逢以至今日。諸貴皆恃枯骨見輕，我下之則爲蔑尤甚，我是以先之。」實亦恃枯骨而驕人者，有以自取之也。宋武帝微時，王愉不爲禮，及得志，愉合家見誅，見魏書王慧龍傳。又南史庾悅傳：累遷建威將軍、江州刺史。初劉毅家在京口，酷貧，嘗與鄉曲士大夫往東堂共射。時悅爲司徒右長史，與府州僚佐出東堂。毅已先至，遣與悅相聞曰：「身並貧躓，營一遊甚難，君如意人，無處不可爲適，豈不能以此堂見讓？」悅素豪，徑前，不答。毅時衆人並避，惟毅留射如故。悅廚饌甚盛，不以及毅。毅既不去，悅甚不歡。毅又相聞曰：「身今年未得子鵝，豈能以殘炙見惠？」悅又不答。至是，毅表解悅都督將軍官，以刺史移鎮豫章，以親將趙恢領千兵守尋陽。建威府文武三千人悉入毅將府。深相挫辱。悅不得志，疽發背，到豫章少日卒。毅之挫折悅，庸或以非己黨，欲去其權，然當時貴人任意而行，實怨寒士，自所不免也。

欲使族姓貴賤，恆久不變，則必婚姻不通而後可。故當時士庶之族，通婚頗難。陳書儒林傳：王元規，大原晉陽人。八歲而孤，兄弟三人，隨母依舅氏往臨海郡。時年十二。郡土豪劉瑱者，資財巨萬，欲以女妻之。元規母以其兄弟幼弱，欲結彊援。元規泣請曰：「因不失親，古人所重，豈得苟安異壤，輒昏非類？」母感其言而止。魏書崔辯傳：孫巨倫，有姊得荀昭光女，即時無復所須，惟就陛下乞作士大夫。」帝曰：「由江斆、謝瀹，我不得措此意，可自詣之。」僧眞承旨詣斆。登榻坐定，斆便命左右曰：「移吾牀讓客。」僧眞喪氣而退。告武帝曰：「士大夫固非天子所命。」時人重斆風格，不爲權倖降意。此數事相類，庸有附會之談，然當時必有此等事，則可知也。紀僧眞等猶曰倖人，案南史江斆傳言：僧眞容表有士風；齊書倖臣傳亦云僧眞容貌言吐雅有士風，世祖嘗目送之笑曰「人生何必計門戶，紀僧眞堂堂貴人所不及」，則其人亦必非無可取也。徐爰則被服儒雅，乃宋文帝命王球及殷景仁與之相知，球辭曰：「士庶區別，國之章也，臣不敢奉詔。」上改容謝焉。然則學問文章，舉非所尚，而惟門第之崇矣。晉書列女傳：王渾妻鍾氏，字琰，潁川人，魏大傅繇曾孫也。渾弟湛妻郝氏，亦有德行。琰雖貴門，與郝雅相親重，郝不以賤下琰，琰不以貴陵郝，時人稱鍾夫人之禮，郝夫人之法云。魏書公孫表傳：初，表與渤海封愷友善，後爲子求愷從女，愷不許，表甚銜之。及封氏爲司馬國璠所逮，大宗以舊族，欲原之，表固證其罪，乃誅封氏。表第二子軌，終得娶於封氏，生二子：斌、叡。軌弟質第二子邃，邃、叡爲從父兄弟，而叡才器小優，又封氏之甥，崔氏之壻，邃母雁門李氏，地望縣隔，鉅鹿大守祖季眞，多識北方人物，每云：「士大夫當須好婚親，二公孫同堂兄弟耳，吉凶會集，便有士庶之異。」勢利之見，存於骨肉之閒，異哉！

晉書郗鑒傳：鑒陷於陳午，邑人張寔先求交於鑒，鑒不許。及是，寔於午營來省鑒疾，既而卿鑒，鑒曰：「相與邦壤，義不及通，何可怙亂至此？」寔大慙而退。齊書王僧虔傳：徙爲會稽大守，中書舍人阮佃夫家在會稽，請假東歸，客勸僧虔，以佃夫要倖，宜加禮接。僧虔曰：「我立身有素，豈能曲意此輩？彼若見惡，當拂衣去耳。」佃夫言於宋明帝，使御史中尉下碑。馮素弗言之於跋，跋雖原馬弗勤，而以李訓小人，汙辱朝士，命東市考竟。則雖偏隅小國，法令且甚峻切矣。

車服既殊，起居動作之閒，庶族自不得與貴冑並。齊書東昏侯紀言：帝每四更中，鼓聲四出，幡戟橫路，百姓喧走相隨，士庶莫辨，則其本有辨可知。梁書文學傳：王籍以不得志，遂徒行市道，不擇交游，則當時士大夫徒行者甚少。楊暐以陶侃州里，與同乘見顧榮，而人譏其與小人共載，宜矣。宋書后妃傳：路淑媛，孝武帝母。弟子瓊之，宅與大常王僧達並門。常盛車服衞從造僧達，僧達不為之禮。南史僧達傳云：瓊之大后兄慶之孫。僧達將獵，已改服，瓊之就坐，僧達了不與語，謂曰：「身昔門下騶人路慶之者，是君何親？」遂焚瓊之所坐牀。瓊之以訴大后。大后大怒，欲罪僧達。上曰：「瓊之年少，自不宜輕造詣，王僧達貴公子，豈可以此事加罪？」又張邵傳：子敷，中書舍人狄當、狄當作秋。蔡興宗傳、陸慧曉傳、恩倖傳敍皆作秋，廣韻秋字注：「又姓，宋中書舍人秋當。」周赳，並管要務，以敷同省名家，欲詣之。赳曰：「彼恐不相容接，不如勿往。」當曰：「吾等並已員外郎矣，何憂不得共坐？」敷先設二牀，去壁三四尺。二客就席，敷呼左右曰：「移我牀遠客。」赳等失色而去。其自標遇如此。又蔡興宗傳：被徵還都。時右軍將軍王道隆，任參內政，權重一時。躡履到前，不敢就席，良久方去，竟不呼坐。元嘉初，中書舍人秋當詣大子詹事王曇首，不敢坐。其後中書舍人王弘，南史作中書舍人弘興宗，蓋傳寫之誤，觀下文言「弘還」與宋書同可知。為大祖所愛遇，上謂曰：「卿欲作士人，得就王球坐，乃當判耳。殷、劉並雜，無所益也。若往詣球，可稱旨就席。」球舉扇曰：「君不得爾。」弘還，依事啓聞。帝曰：「我便無如此何。」五十年中，有此三事。此八字，南史作「至是興宗復爾」六字。南史江斆傳：中書舍人紀僧眞，幸於武帝，稍歷軍校，容表有士風。謂帝曰：「臣小人，出自本縣武吏，邀逢聖時，階榮至此；為兒昏罪不問輕重，藏竄者悉遠流。若永避不出，兄弟代役。源奏曰：「守宰犯法，逃走者衆，祿潤既優，尙有茲失。及蒙恩宥，卒然得還。今獨苦此等，恐非均一之法。」書奏，門下以成式既班，駮奏不許。懷重奏曰：「伏尋條制，勳品已下，罪發逃亡，遇恩不宥，仍流妻子。雖欲抑絕姦途，匪爲通式。謹案事條，侵官敗法，專據流外，豈九品已上人皆貞白也？其諸州守宰，職任淸流，至有貪濁，事發逃竄，而遇恩免罪。勳品已下，獨乖斯例。如此則寬縱上流，法切下吏，育物有差，惠罰不等。」書奏，世宗納之。此等則立法亦有偏頗矣。

車服之殊，古本用以別貴賤。當時之人，既視士庶等級，判然不同，則其視車服之殊，自亦以爲應然之事。晉書良吏傳：王宏，大康中代劉毅爲司隸校尉，檢察士庶，使車服異制。庶人不得衣紫絳及綺繡錦繢。齊書明帝紀言帝明審有吏才，持法無所借。制御親幸，臣下肅淸。驅使寒人，不得用四幅繖。梁書良吏傳：沈瑀起爲餘姚令，初至，富吏皆鮮衣美服以自彰別。瑀怒曰：「汝等下縣吏，何自擬貴人邪？」悉使著芒屩麤布，侍立終日，足有蹉跌，輒相榜棰。史言「瑀微時嘗自至此鬻瓦器，爲富人所辱，故因以報焉。由是士庶駭怨。然瑀廉白自守，故得遂行其志。」可見當時視此等度制，不以爲非，故怨家不得而中之也。張祚禁四品已下不得衣繒帛，庶人不得畜奴婢、乘車馬。苻堅時，商人趙掇、丁妃、鄒甕等，皆家累千金，車服之盛，擬則王侯，堅之諸公競引之爲國卿。黃門侍郎程憲言於堅。堅於是推檢引掇等爲國卿者，降其爵。乃下制：非命士以上，不得乘車馬於都城百里之內。金銀錦繡，工商皂隸婦女不得服之。犯者棄市。慕容熙之敗也，工人李訓竊寶而逃，貲至巨萬，行貨於跋吏部尙書馬弗勤。弗勤以爲方略令。既而失志之士，書之於之制，居民以官位相從，不依族類。官位非常，有朝榮而夕悴，則衣冠淪於廝豎之邑，臧獲騰於膏腴之里。物之顛倒，或至於斯。古之聖王，必令四民異居者？欲其業定而志專，故耳目所習，不督而就，父兄之敎，不肅而成。仰惟大祖道武皇帝，創基撥亂，日不暇給，然猶分別士庶，不令雜居，伎作屠沽，各有攸處。但不設科禁，賣買任情，販貴易賤，錯居混雜。假令一處彈箏吹笛，緩舞長歌，一處嚴師苦訓，誦詩稱禮，宣令童齔，任意所從，其走赴舞堂者萬數，往就學館者無一，此則伎作不可雜居，士人不宜異處之明驗也。朝廷每選舉人士，則校其一婚一宦，以爲升降，何其密也？至於開伎作宦途，得與膏粱華望，接閈連甍，何其略也？今稽古建極，光宅中原，凡所徙居，皆是公地，分別伎作，在於一言，有何爲疑，而闕盛美？」其言所就係於所習，誠與今敎育家言敎育當改造環境之義合，然百工伎作，何故當限其所至，而人心之不同如其面，又豈易强之以其所不欲，以就世業邪？

當時高門，皆不服役，故籍有黃白之別，已見第十七章第三節。宋書宗越傳：本爲南陽次門。趙倫之鎭襄陽，襄陽多雜姓，倫之使長史范覬之條次氏族，辨其高卑。覬之黜越爲役門。元嘉二十四年，啓大祖求復次門，許之。所謂次門，蓋尙克邀免役之寬典者也。兵亦役之一，故軍戶亦爲賤辱，別於論兵制時詳之。又刑罰亦因貴賤而異施。齊書竟陵王子良傳：子良啓曰：「夫獄訟惟平，畫一在制。雖恩家得罪，必宜申憲，鼎姓詒釁，最合從綱，若罰典惟加賤下，辟書必蠲世族，懼非先王立理之宗。」此法同而用之有異者也。幸臣傳：永明中，敕親近不得輒有申薦，人士免官，寒人鞭一百。魏書源賀傳：賀子懷，景明二年，徵爲尙書左僕射。時有詔以奸吏犯罪，每多逃遁，因眚乃出，並皆釋然。自今已後，犯為人所擠排。魏書高祖紀：延興二年，六月，詔曰「頃者州郡選貢，多不以實。今年貢舉，尤為猥濫。自今所遣，皆門盡州郡之高，才極鄉閭之選。」而韓顯宗上言曰「今之州郡貢察，徒有秀孝之名，而無秀孝之實。而朝廷但檢其門第，不復彈坐。如此，則可令別貢門望，以敍士人，何假冒秀孝之名也？」可見門盡州郡之高為實語，才極鄉閭之選為虛言矣。秀孝察舉，雖不限於未仕，究以未仕及仕而未達者為多。其為門望所占如此，寒賤寧復有奮揚之路？梁初鍾嶸上言「吏姓寒人，惟當聽極門品，不當因軍，遂濫清級。」陳世章華以素無閥閱，遭朝臣排抵，除大市令。見陳書傅縡傳。魏孝文以李彪為祕書令，至特為之下詔。寒族登進之艱可知。若夫執技事上之流，限其所至之途尤酷。魏大和元年詔：「戶內有工役者，惟止本部丞已下，不得或染清流。」已云酷矣。甚至如眞君五年之詔，百工技巧、騶卒子息，不聽私立學校，違者師身死，主人門誅，並其鄉學之途而絕之焉。蔣少游因工藝自達，高允、李沖皆右之。高祖、文明大后謂百官曰：「本謂少游作師耳，高允老公乃言其人士。」少游卒不遷移。張景仁實彊毅有為，而史謂其「自倉頡以來，八體取進，一人而已」，譏議之意顯然。顏氏家訓雜藝篇言：吳郡顧士端父子、彭城劉岳，並妙丹青。士端父子，常被梁元帝所使，每懷羞恨。岳隨武陵王入蜀，下牢之敗，遂為陸護軍畫支江寺壁，與諸工巧雜處。向使三賢都不曉畫，豈見此恥？又言琴足暢神情，惟不可令有稱譽，見役勳貴，處之下坐，以取殘杯冷炙之辱。當時士大夫視曲藝之士為何如哉？

世業之制破，則職業無復制限，人得盡其才性，以各赴其所長，此實古今之一大變，今之遠勝於古者也。乃至南北朝之世，猶有欲行管子四民異居之說者，泥古而不察實，亦足異矣。魏孝文之遷洛也，韓顯宗上言曰：「伏見洛京紛紜多日乃息。良吏傳：竇瑗除大宗正卿，宗室以其寒士，相與輕之。北史趙隱傳：齊文襄爲尚書令，沙汰諸曹郎，隱以地寒被出。按隱卽彥深，避齊廟諱，以字行。呂思禮傳：普泰中，司馬子如薦爲尚書二千石郎中，尋以地寒被出。外而州郡佐吏，晉書石苞傳：孫鑠，河內懷人也。少爲縣吏，大守吳奮轉以爲主簿。鑠自微賤登綱紀，時僚大姓，不與鑠同坐。奮大怒，遂薦鑠爲司隸都官從事。郭奕傳：咸寧初，遷雍州刺史。時亭長李含有俊才，而門寒，爲豪族所排，奕用爲別駕。含後果有名位，時以奕爲知人。忠義傳：易雄爲州主簿，遷別駕，自以門寒，不宜久處上綱，謝職還家。宋書孝義傳：郭世道子原平。會稽東望計及望孝，盛族出身，不減祕、著。蔡興宗欲舉山陰孔仲智長子爲望計，原平次息爲望孝。仲智會上高門，原平一邦至行，欲以相敵。又吳逵，大守王韶之擢補功曹史，逵以門寒，固辭不受。梁書楊公則傳：湘俗單家以賂求州職，公則至，悉斷之，所辟引皆州郡著姓，高祖班下諸州以爲法。北史賈思伯傳：弟思同，初爲靑州別駕。淸河崔光韶，先爲中從事，自恃資地，耻居其下，聞思同還鄉，遂便去職。州里人物，爲思同恨之。蘇綽傳：爲六條詔書，奏施行之。其四擢賢良曰：「今刺史、縣令，悉有僚吏，皆佐助之人也。刺史府官，則命於天朝，其州吏以下，並牧守自置。自昔以來，州、郡大夫，但取門資，多不擇賢良。」文苑傳：樊遜，字孝謙。崔暹大會客，大司馬襄城王旭時亦在坐，欲命府僚。暹指遜曰：「此人學富才高，兼之佳行，可爲王參軍也。」旭目之曰：「豈能就邪？」遜曰：「家無蔭第，不敢當此。」天保八年，減東西二省官，更定選員不過三百，參者二三千人。楊愔言於衆曰：「後生淸俊，莫過盧思道；文章成就，莫過樊孝謙；几案斷割，莫過崔成之。」遂以思道兼員外郎，三人並員外將軍。孝謙辭曰：「門族寒陋，訪第必不成，乞補員外司馬督。」愔曰：「才高不依常例。」特奏用之。案梁書武帝紀：天監五年正月朔，詔凡諸郡國舊邦族內無在朝位者，選官搜括，使郡有一人。七年二月，又詔於州、郡、縣置州望、郡宗、鄉豪各一人，專掌搜薦。此所搜薦者，亦必多衣冠中人。齊書王琨傳：琨出爲會稽大守、本州中正。時王儉爲宰相，屬琨用東海郡迎吏。琨謂信人曰：「語郞：三臺、五省，皆是郞用人；外方小郡，當乞寒賤，省官何容復奪之？」遂不過其事。當時貴胄之與寒賤，出身之優劣，豈可以道里計邪？亦無不琛弼爲國子助敎，弼辭以爲屈。帝曰：「朕欲敦厲冑子，屈卿先之。白玉投泥，豈能相汙？」弼曰：「旣遇明時，恥沈泥滓。」會司州牧咸陽王禧入，帝曰：「一族與卿作州督舉一主簿，」卽命弼謁之。因爲帝所知。此皆貴冑出身習於優異之事。梁書王僧虔傳：遷御史中丞。甲族由來多不居憲臺，王氏分支居烏衣者，位宦微減。僧虔爲此官，乃曰：「此是烏衣諸郞坐處，我亦可試爲耳。」是貴冑之中，又有高下也。齊書王晏傳：時王儉雖貴而疏，晏旣領選，權行臺閣，與儉頗不平。儉卒，禮官議謚，上欲依王導謚爲文獻。晏啓上曰：「導乃得此謚，但宋已來不加素族。」則幷虛名亦不相假矣。梁書文學傳：庾於陵拜太子洗馬。舊事東宮官屬，通爲清選，洗馬掌文翰，尤其清者，近世用人，皆取甲族有才望。時於陵與周捨並擢充職。高祖曰：「官以人而清，豈限以甲族。」時論以爲美。可見族望遜者，濟清選之難。入官之年又早。梁書武帝紀：上表請立選簿云：「且聞中閒立格，甲族以二十登仕，後門以過立試吏，此實巨蠹，尤宜刊革。」然天監四年正月朔詔曰：「今九流常選，年未三十，不通一經，不得解褐；若有才同甘顏，勿限年齒。」則其制實未革也。張緬傳：起家祕書郞，出爲淮南大守，時年十八。緬弟纘，起家祕書郞，時年十七。可見貴冑出仕之早。庶族則雖抱異才，執政柄，仍爲人所輕視；晉書張華傳：聲譽益盛，有台輔之望焉，而荀勖自以大族，恃帝恩深，憎疾之，每伺閒隙，欲出華外鎭。賈謐與后共謀，以華庶族儒雅，有籌略，進無逼上之嫌，退爲衆望所依，欲倚以朝綱，訪以政事。蔡興宗之位望，不爲不高，然義恭詆其「起自庶族」，興宗亦言：「吾庶門平進，與主上甚疏，未容有患，」則當時庶族，雖居高位，握重權，其分望究與貴冑有異也。齊高帝大漸詔曰：「吾本布衣素族，念不到此；」而梁王琳謂李膺曰：「今天下未平，遷琳嶺北，如有不虞，安得琳力？忖官正疑琳耳，琳分望有限，可得與官爭爲帝乎？」宜矣。齊書陳顯達傳：自以人微位重，每遷官，常有愧懼之色。有子十餘人，誡之曰：「我本志不及此，汝等勿以富貴陵人。」謂其子曰：「麈尾扇是王、謝家物，汝不須捉此自隨。」可見庶族之自視致然也。其平流而進者，則內而丞、卿、曹掾，魏書張普惠傳：任城王澄嘉賞普惠，臨薨啓爲尚書右丞。尚書諸郞以普惠地寒，不應便居管轄，相與爲約，並欲不放上省，常先適長而後庶孽？有權利者必爲人所附，安得不崇冠冕，右貴戚；崇冠冕、右貴戚矣，略伉儷慕榮華，徇勢利忘禮敎之弊，又安得而不作乎？猶欲如封建之世，以士族爲國之楨幹，民之表率，安可得哉？喬木世臣，自孟子已慨其無有，況於千載之後乎？柳芳之見，亦適成其爲柳芳之見而已。晉、南北朝之世，蓋古封建遺孽迴光返照之時也。

其所以能爲是迴光返照者，實以其憑藉政權之故。政權之憑藉，自以選舉爲大。魏書劉昶傳：高祖臨光極堂大選，曰：「朝因月旦，欲平魏典。夫典者，爲國大綱，治民之柄，君能好典則國治，不能則國亂。我國家昔在恆、代，隨時制作，非通世之長典，故自夏及秋，親議條制。或言惟能是寄，不必拘門朕，以爲不然。何者？當今之世，仰祖質朴，清濁同流，混齊一等，君子小人，名品無別，此殊爲不可。我今八族以上，士人品第有九，九品之外，小人之官，復有七等。苟有其人，可起家爲三公，正恐賢才難得，不可止爲一人，渾我典制。故今班鏡九流，清一朝軌。」韓麒麟傳載高祖與其子顯宗及李沖、李彪等論議，其意亦同。孝文雖渴慕中華，究係虜主，而其言如是，中國人之見解，可以概見。斯時操選舉之權，史稱其能不偏於貴冑者，固非無人，然因「家世貴顯，與物多隔，不能留心寒素」者，梁書王暕傳謂暕之語。恐實多矣。貴冑出身既優，晉書閻纘傳：國子祭酒鄒湛，以纘才堪佐著，薦於祕書監華嶠。嶠曰：「此職閑廩重，貴勢多爭之，不暇求其才。」遂不能用。宋書謝弘微傳：晉世名家，身有國封者，起家多拜員外散騎侍郎。梁書張緬傳：祕書郎有四員，宋、齊以來，爲甲族起家之選，待次入補，其居職，例數十百日便遷任。宋書江智淵傳：元嘉末，除尚書庫部郎。時高流官序，不爲臺郎，智淵門孤援寡，獨有此選，意甚不悅，固辭不肯拜。梁書王筠傳：除尚書殿中郎。王氏過江以來，未有居郎署者。或勸逡巡不就。筠曰：「陸平原東南之美，王文度獨步江東，吾將比蹤昔人，何所多恨？」乃欣然就職。北史穆崇傳：孝文欲以崇玄其所尙矣。人無所守，則士族削，士族削，則國從而衰。管仲曰：爲國之道，利出一孔者王，二孔者彊，三孔者弱，四孔者亡。故冠昏者人道大倫，周、漢之官人，齊其政，一其門，使下知禁，此出一孔也，故王。魏、晉官人，尊中正，立九品，鄉有異政，家有競心，此出二孔也，故彊。江左、代北諸姓，紛亂不一，其要無歸，此出三孔也，故弱。隋氏官人，以吏道治天下，人之行不本鄉黨，政煩於上，人亂於下，此出四孔也，故亡。唐承隋亂，宜救之以忠，忠厚則鄉黨之行修，鄉黨之行修，則人物之道長；人物之道長，則冠冕之緒崇；冠冕之緒崇，則敎化之風美；乃可與古參矣。」（唐書儒學柳沖傳。）據其所說，魏、晉已後，士庶之別，實原於古封建之世。封建之世，士庶之別本自釐然，秦幷六國，父兄有天下，子弟爲匹夫，其等級業已夷滅。漢高祖起徒步有天下，亦未嘗復張其燄。然此特法律如是。古士庶之別，在民閒實不得遽泯，而彊宗大家，尤爲人所尊敬，則政令初無如之何，惟習爲故常之事，每爲論議記載所不及，故後之讀史者，遂覺兩漢之世，社會平夷無等級耳。東漢季世，九域分崩，如蜩如螗，如沸如羹，士流播遷，皆失其所。凡在一地方習爲人所尊敬者，易一地焉，則人莫之知，乃不得不高標郡望，以自矜異。亦會其時五胡雲擾，異族紛紛入據中國，神明之胄，恥亂胄之殽雜，而欲明其所自出者，亦或有之。然其關係，恐尙較本族之中士庶之別爲淺，以當時人士區別士庶之見頗深，而民族之義則尙未昌明也。此等風氣，使無法令以助長之，維持之，亦或不旋踵而滅，而九品中正之制，適起於此時；他法令之區別士庶者，又隨之而俱起，則虛聲與實利相合，而其勢益盛，而其閱時亦益久矣。然社會組織，既與封建之世殊科，區區政令之力，又安能逆之而行？胙土之制既廢矣，同出一祖者，已不復能相維相繫，安得不尙外族，而後本宗？官人必取其才，安能舉，必稽譜籍而考其眞僞。故官有世冑，譜有世官。賈氏、王氏譜學出焉。由是有譜局，令史職皆具。過江則爲僑姓，王、謝、袁、蕭爲大。東南則爲吳姓，朱、張、顧、陸爲大。山東則爲郡姓，王、崔、盧、李、鄭爲大。關中亦號郡姓，韋、裴、柳、薛、楊、杜首之。代北則爲虜姓，元、長孫、宇文、于、陸、源、竇首之。虜姓者？魏孝文帝遷洛，有八氏、十姓、三十六族、九十二姓。八氏十姓，出於帝宗屬，或諸國從魏者。三十六族、九十二姓，世爲部落大人。並號河南洛陽人。郡姓者？以中國士人差第閥閱爲之制。凡三世有三公者曰膏粱，有令僕者曰華腴，尚書、領、護而上者爲甲姓，九卿若方伯者爲乙姓，散騎常侍、大中大夫者爲丙姓，吏部正員郎爲丁姓。凡得入者，謂之四姓。又詔代人諸冑，初無族姓，其穆、陸、奚、于，下吏部勿充猥官，得視四姓。北齊因仍，舉秀才、州主簿、郡功曹，非四姓不在選。故江左定氏族，凡郡上姓第一，則爲右姓。大和以郡四姓爲右姓。齊浮屠曇剛類例，凡甲門爲右姓。周建德氏族，以四海通望爲右姓。隋開皇氏族，以上品茂姓，則爲右姓。唐貞觀氏族志，凡第一等，則爲右姓。路氏著姓略，以盛門爲右姓。柳沖姓族系錄，凡四海望族，則爲右姓。不通歷代之說，不可與言譜也。今流俗獨以崔、盧、李、鄭爲四姓，加太原王氏號五姓，蓋不經也。夫文之弊至於尚官，官之弊至於尚姓，姓之弊至於尚詐。隋承其弊，不知其所以弊，乃反古道，罷鄉舉，離地著，尊執事之吏。於是乎士無鄉里，里無衣冠，人無廉恥，士族亂而庶人僭矣。故善言譜者，繫之地望而不惑，質之姓氏而無疑，綴之昏姻而有別。山東之人質，故尚昏婭，其信可與也。江左之人文，故尚人物，其智可與也。關中之人雄，故尚冠冕，其達可與也。代北之人武，故尚貴戚，其泰可與也。及其弊，則尚昏婭者先外族後本宗，尚人物者進庶孽退適長，尚冠冕者略伉儷慕榮華，尚貴戚者徇勢利亡禮教。四者俱敝，則失

第十八章 晉南北朝社會等級

第一節 門閥之制上

魏、晉、南北朝之世，崇尚門閥之風極盛。論其事者，以唐柳芳爲最詳，今錄其辭如下：芳之言曰：「氏族者，古史官所記也。昔周小史定繫世，辨昭穆，故古有世本，錄黃帝以來至春秋時所記諸侯、卿大夫名號、繼統。左丘明傳春秋，亦言天子建德，因生以賜姓，胙之土，命之氏；諸侯以字爲氏，以謚爲族；下及三代，官有世功，則有官族，邑亦如之。後世或氏於國，則齊、魯、秦、吳；氏於謚，則文、武、成、宣；氏於官，則司馬、司徒；氏於爵，則王孫、公孫；氏於字，則孟孫、叔孫；氏於官，則東門、北郭；氏於志，則三烏、五鹿；氏於事，則巫、乙、匠、陶。於是受姓命氏，粲然衆矣。秦既滅學，公侯子孫，失其本系。漢興，司馬遷父子，乃約世本修史記，因周譜明世家，乃知姓氏之所由出，虞、夏、商、周、昆吾、大彭、豕韋、齊桓、晉文皆同祖也。更王迭霸，多者千祀，少者數十代。先王之封既絕，後嗣蒙其福，猶爲彊家。漢高帝興徒步，有天下，命官以賢，詔爵以功，先王公卿之胄，才則用，不才棄之，不辨士與庶族，然則始尚官矣。然猶徙山東豪桀，以實京師，齊諸田、楚屈、景，皆右姓也。其後進拔豪英，論而錄之，蓋七相、五公之所由興也。魏氏立九品，置中正，尊世胄，卑寒士，權歸右姓已。其州大中正、主簿、郡中正、功曹，皆取著姓士族爲之，以定門胄，品藻人物。晉、宋因之，始尚姓已。然其分別貴賤，士庶不可易也。於時有司選後娶繼室元氏。大眼之死也，甑生等問印綬所在。時元始懷孕，自指其腹，謂甑生等曰：「開國當我兒襲之，汝等婢子，勿以爲望。」甑生深以爲恨。及大眼喪將還京，大眼爲荊州刺史死。出城東七里，營車而宿。夜二更，甑生等開大眼棺。延寶怪而問之。征南射殺之。元怖，走入水。征南又彎弓射之。甑生曰：「天下豈有害母之人？」乃止。遂取大眼尸，令人馬上抱之，左右扶掖以叛，奔於襄陽，遂歸蕭衍。此等舉動，自漢人觀之，直是匪夷所思，無怪當時暴主如石虎、高洋輩，淫虐出人意外也。使其洗心革面，豈易事哉？

融。融爲榮說問長史葛㠗曰「以顧榮爲主簿，所以甄拔才望，委以事機，不復計南北親疏，欲平海內之心也」陸曄傳曰：大興元年，元帝以侍中皆北士，宜兼用南人，曄以清貞著稱，遂拜侍中。齊書張緒傳：大祖欲用緒爲右僕射，以問王儉。儉曰「南士由來少居此職。」褚淵在坐，啓曰「儉年少，或不盡憶，江左用陸玩、顧和，皆南人也。」儉曰：「晉氏衰政，不可以爲准則。」上乃止。沈文季傳：世祖謂文季曰：「南士無僕射，多歷年所。」合第三章第九節所引劉頌、華譚之言觀之，可見北人岐視南人之甚。此固由朝士把持權利之私；然南北意見，未盡融和，亦必不能爲之曲諱；抑北人之岐視南人，此等成見，或且隱爲之祟也。自元帝東渡至陳末，歷二百七十年，歲月既深，僑居者漸成土著，而此等意見，寖以消融矣。此亦我民族合同而化之一重要關鍵也。

異族既已同化，則習焉而忘其初相處之難，遂忘古人提攜誘掖之勞，此亦未足知人論世也。今試引二事，以見當時異族風氣與漢人相去之遠。齊書焦度傳曰：南安氐人也。明帝時，補晉熙王燮防閤，隨鎮夏口。武陵王贊代燮爲郢州，度仍留鎮。沈攸之大衆至夏口，將直下都，度於城樓上肆言辱罵攸之，至自發露形體穢辱之，故攸之怒，改計攻城。後度見朝廷貴戚說郢城事，發露如初。楊大眼者，武都氐難當之孫也。仕魏，以勇名。魏書本傳云：大眼妻潘氏，善騎射。戰陳遊獵之際，大眼令潘戎裝，或齊鑣戰場，或並驅林壑。及至還營，同坐幕下，對諸僚佐，言笑自得，時指之謂人曰：「此潘將軍也。」大眼有三子：長甑生，次領軍，次征南，皆潘氏所生。大眼徙營州，以鍾離之敗，見第十一章第四節。潘在洛陽，頗有失行。及爲中山，永平中，世宗追其前勳，起爲試守中山內史。大眼側生女夫趙延寶言之於大眼。大眼怒，幽潘而殺之。

卿果吾鄉人。」陸玩者，機之從弟。元帝引爲丞相參軍，時王導初至江左，思結人情，請婚於玩。玩對曰：「培塿無松柏，薰蕕不同器。玩雖不才，義不能爲亂倫之始。」導乃止。玩嘗詣導食酪，因而得疾，與導牋曰：「僕雖吳人，幾爲傖鬼。」王獻之嘗經吳郡，聞顧辟疆有名園，先不相識，乘平肩輿徑入。時辟疆方集賓友，而獻之游歷既畢，旁若無人。辟疆勃然數之曰：「傲主人，非禮也；以貴驕士，非道也。失是二者，不足齒之傖耳。」便驅出門。獻之傲如也，不以屑意。丘靈鞠烏程人。領驍騎將軍，靈鞠不樂武位，謂人曰：「我應還東掘顧榮冢。江南地方數千里，士子風流，皆出此中。顧榮忽引諸傖輩渡，妨我輩塗轍，死有餘罪。」齊書文學傳。觀此數事，當時南北人士相疾之情，實不可謂之不深刻。案是時北人岐視南人頗甚。晉書儒林傳：文立，蜀時游大學，師事譙周。泰始初，拜濟陰大守，入爲大子中庶子。上表請以諸葛亮、蔣琬、費禕等子孫，流徙中畿，宜見敍用，一以慰巴蜀之心，其次傾吳人之望。事皆施行。又以立爲散騎常侍。是晉之於蜀，頗能收用其人。乃吳亡則大不然。顧榮傳云：吳平，與陸機兄弟同入洛，時人號爲三俊。薛兼傳云：少與同郡紀瞻、廣陵閔鴻、吳郡顧榮、會稽賀循齊名，號爲五儁。初入洛，司空張華見而奇之，曰：「皆南金也。」此皆南士之宜見收用者也。乃賀循傳言：循以無援於朝，久不進序。陸機上疏薦循曰：「伏見武康令賀循，前烝陽令郭訥，皆出自新邦，朝無知己，居在遐外，志不自營，年時倏忽，而邈無階緒，州黨愚智，所爲恨恨。臣等伏思：臺郎所以使州州有人，非徒以均分顯路，惠及外州而已。誠以庶士殊風，四方異俗，壅隔之害，遠國益甚。至於荊、揚二州，戶各數十萬，今揚州無郎，而荊州江南，乃無一人爲京城職者，誠非聖朝待四方之本心。」顧榮傳：齊王冏召爲大司馬主簿，榮懼及禍，以情告友人長樂馮矣。風氣之遷移，必隨乎生計。漢族資生之法，較諸異族，演進實深，彼我相遇，彼自不得不舍其舊而從我。自蜀至於豫章，皆女勞而男逸，此蓋淺演之世，女事生產，男事戰鬥，其後干戈日澹，而男女職業，不復轉變使然，此亦一種社會組織也，而其後遂不可復見。杜甫負薪行詠夔州之俗云：「土風坐男使女立，應門當戶女出入，十猶八九負薪歸，賣薪得錢應供給。」又云：「筋力登危集市門，死生射利兼鹽井。」則至唐世猶有其風，然雖有存焉者寡矣。而蜀人之處邊郡者，且能規固山澤，役使夷獠，可見生計之變遷，彼皆舍其舊而從我矣。資生之法變，則日用行習，一切隨之而變，而風氣迴殊矣。野蠻社會，人皆議爲野蠻，實則其組織自有法度，相處乃極安和，而文明社會，則適與之相反，風尙遷流，俗亦隨之而薄，固其所也。此亦一古今之升降也。特世鮮通方之士，於我之古變爲今，則哀之惜之；於彼則慶其自野蠻進於文明，自詡牖啓之功，且以是爲彼幸，爲可笑耳。南北分疆之世，華夷錯處之時，際會之區，風氣自極錯雜。梁書大祖五王傳：南平元襄王偉之子恭，除雍州刺史，大宗手令曰：「彼士流骯髒，有關輔餘風；黔首扞格，但知重劍輕死；降胡惟尙貪惏；邊蠻不知敬讓。」可以見其一班。一統之後，乃稍歸於一焉，亦非一朝一夕之故也。

斯時代之大事，尤莫如南北意見之漸見融和。吳亡之後，叛晉者之多，已見第三章第九節。晉書周浚傳云：吳之未平也，浚在弋陽，南北爲互市，而諸將多相襲奪以爲功。吳將蔡敏守於沔中，其兄珪爲將在秣陵，與敏書曰：「古者兵交，使在其閒，軍國固當舉信義以相高。而聞疆埸之上，往往有襲奪互市，甚不可行，弟愼無爲小利而忘大備也。」候者得珪書以呈浚。浚曰：「君子也。」及渡江，求珪得之，問其本，曰：「汝南人也。」浚戲之曰：「吾固疑吳無君子，而之桀驁，化爲馴良；青州之侈靡，歸於節儉；涿郡、大原，亦日習於文雅；皆其驗也。江、淮之俗，本稱勁悍。自晉室東渡，衣冠之族，爲土人所慕效，武風乃漸就衰頽。後世江域之風氣，轉較河域爲弱，蓋始於此。然如京口之習兵，荆域之狎於水戰，其流風遺烈，蓋猶有存焉。記曰：「季春出火，爲焚也。然後簡其車賦，而歷其卒伍，而君親誓社，以習軍旅。左之右之，坐之起之，以觀其習變也。而流示之禽，而鹽諸利，以觀其不犯命也。求服其志，不貪其得，故以戰則克，以祭則受福。」古於生活大有關係之事，必有大祭，聚衆既多，則因以習武，牽鉤、競渡，其原皆出於此，云以追屈原等，則附會之談耳。淮南則因喪亂而習於戰鬥。晉書伏滔傳：滔從桓溫伐袁眞，至壽陽，以淮南屢叛，著論二篇，名曰正淮。其上篇曰：「爰自戰國，至於晉之中興，六百有餘年，保淮南者九姓，稱兵者十一人，皆亡不旋踵，禍溢於世，而終莫戒焉。其俗尚氣力而多勇悍，其人習戰爭而貴詐僞，豪右幷兼之門，十室而七，藏甲挾劍之家，比屋而發，然而仁義之化不漸，刑法之令不及，所以屢多亡國也。」以淮南之多叛，歸咎於其地之人，可謂因果倒置矣。齊書地理志：劉毅復鎭姑孰，上表曰：「西界荒餘，密邇寇虜，北垂蕭條，土氣彊獷，民不識義，惟戰是習，逋逃不還，不謀日會。」可見其致此之由。當時南風之強勁，實不在北方之下。使能善用之，夫豈五胡所能格？惜乎政柄迄在北來貴族之手，淫靡脆弱，徒作新亭之對泣也。蜀爲沃土，故其民耽於逸樂而頗尚文。其地阻塞，故安土而不樂與外境往來。民不習戰而卽安，故有割據其地者，其人皆不能抗，然割據者亦不能用其人以有爲也。此時代中，漢族與異族，關涉最繁。異族衆多之區，漢族亦閒染其習尙，如雕陰等郡則是。然以大體言之，固皆異族同化於我，彼之風俗，終不能以久存矣。殊方之俗，至此時始見記載，如競渡至此始見正史。可見彼我交涉之繁。此等風俗，其後有遂不可見者；如畜蠱之俗，據隋志，今江西地方最盛，後世則惟西南諸省有之矣。亦有久存而幷爲漢人所效法者，如競渡卽其一事。然亦全非故意發動，皆有鼓節，羣譟歌謠，振驚遠近。俗云以此厭勝，用致豐穰。其事亦傳於他郡。梁簡文之臨雍部，發教禁之，由是頗息。其死喪之紀，雖無被髮祖踊，亦知號叫哭泣。始死，即出尸於中庭，不留室內，斂畢，送至山中，以十三年爲限。先擇吉日，改入小柩，謂之拾骨。拾骨必須女壻，蠻重女壻，故以委之。拾骨者，除肉取骨，棄小取大。當葬之夕，女壻或三數十人，集會於宗長之宅，著芒心接離，名曰茅綏。各執竹竿，長一丈許，上三四尺許，猶帶枝葉。其行伍前卻，皆有節奏，歌吟叫呼，亦有章曲。傳云：盤瓠初死，置之於樹，乃以竹木刺而下之，故相承至今，以爲風俗。隱諱其事，謂之刺北斗。既葬設祭，則親疏咸哭，哭畢，家人既至，但歡飲而歸，無復祭哭也。其左人則又不同，無衰服，不復魄。始死，置尸館舍，鄰里少年各持弓箭，遶尸而歌，以箭扣弓爲節。其歌辭說平生樂事，以至終卒，大抵亦猶今之挽歌。歌數十闋，乃衣衾棺斂，送往山林，別爲廬舍，安置棺柩。亦有於村側瘞之，待二三十喪，總葬石窟。長沙郡見第三章第九節。又雜有夷蜒，名曰莫徭，自云其先祖有功，常免徭役，故以爲名。其男子但著白布褌衫，更無巾袴；其女子青布衫，班布帬，通無鞋屩。婚嫁用鐵鈷鏻爲聘財。武陵今湖南常德縣。巴陵、見第三章第九節。零陵、今湖南零陵縣。桂陽、今湖南郴縣。澧陽、今湖南澧縣。衡山、今湖南衡陽縣。熙平今廣東連縣。皆同焉。其喪葬之節，頗同於諸左云。

隋志之言如此。綜而論之：北方之俗，大體質樸厚重；而河東儉嗇，幽冀椎魯，齊魯文儒，緣邊之地，多尚武節，又各因其所處之境而殊；大致尚與漢志所言相類。然如鄴都爲都邑所在，梁郡則菁華已竭，褰裳去之，而其風氣亦即隨之而異，則又可見風俗之隨人事而變遷者爲不少矣。以大體言之，北方之文教，可謂頗有增進。六郡無復寇盜；汲郡下濕，皆多瘴癘，人尤夭折。南海、交趾，各一都會也，參看第十六章第二節。並所處近海，多犀象、瑇瑁、珠璣，奇異珍瑋，故商賈至者，多取富焉。其人性竝輕悍，易興逆節。椎結踑踞，乃其舊風。其俚人則質直尚信，諸蠻則勇敢自立，皆重賄輕死。惟富爲雄。巢居崖處，盡力農事。刻木以爲符契，言誓則至死不改。父子別業，父貧乃有質身於子。諸獠皆然。並鑄銅爲大鼓。初成，縣於庭中，置酒以招同類。來者有豪富子女，則以金銀爲大釵，執以叩鼓，竟乃留遺主人，名爲銅鼓釵。俗好相殺，多搆讎怨，欲相攻則鳴此鼓，到者如雲。有鼓者號爲都老，羣情推服。

論荆州云：其風俗、物產，頗同揚州。其人率多勁悍決烈，亦天性然也。南郡、見第三章第九節。夷陵、今湖北宜昌縣西北。竟陵、見第三章第九節。沔陽、今湖北沔陽縣。沅陵、今湖南沅陵縣。清江、今湖北恩施縣東。襄陽、見第三章第四節。舂陵、魏南荊州，見第十二章第四節。漢東、今湖北鍾祥縣西北。安陸、今湖北安陸縣。永安、今湖北黃岡縣西北。義陽、見第八章第七節。九江、江夏今湖北武昌縣。諸郡，多雜蠻左。其與夏人雜居者，則與諸華不別。其僻處山谷者，則言語不通，嗜好、居處全異，頗與巴渝同俗。諸蠻本其所出，承盤瓠之後，故服章多以班布爲飾。其相呼以蠻，則爲深忌。自晉氏南遷之後，南郡、襄陽，皆爲重鎮，四方湊會，故益多衣冠之緒，稍尚禮義、經籍焉。九江襟帶所在，江夏、竟陵、安陸，各置名州，爲藩鎮重寄，人物乃與諸郡不同。大抵荆州率敬鬼，尤重祠祀之事。昔屈原爲制九歌，蓋爲此也。屈原以五月望日赴汨羅，土人追至洞庭，不見，湖大船小，莫得濟者，乃歌曰：何由得渡湖？因爾鼓櫂爭歸，競會亭上。習以相傳，爲競渡之戲。其迅檝齊馳，櫂歌亂響，喧振水陸，觀者如雲，諸郡率然，而南郡、襄陽尤甚。二郡又有牽鉤之戲，云從講武所出。楚將伐吳，以爲教戰，流遷不改，習以相傳。鉤初舂縣西北。同安、今安徽潛山縣。廬江、今安徽合肥縣。歷陽，見第三章第九節。人性並躁勁，風氣果決，包藏禍害，視死如歸，戰而貴詐，此則其舊風也。自平陳之後，其俗頗變，尚淳質，好儉約，喪紀婚姻，率漸於禮。其俗之敝者，稍愈於古焉。丹陽舊京所在，人物本盛，小人率多商販，君子資於官祿，市廛列肆，埒於二京，人雜五方，故俗頗相類。京口東通吳會，南接江湖，西連都邑，亦一都會也。其人本並習戰，號為天下精兵。俗以五月五日為鬥力之戲，各料強弱相敵，事類講武。宣城、見第三章第九節。毗陵、今江蘇武進縣。吳郡、見第三章第九節。會稽、見第三章第九節。餘杭、今浙江杭縣西。東陽，見第五章第六節。其俗亦同。然數郡川澤沃衍，有海陸之饒，珍果所聚，故商賈並湊。其人君子尚禮，庸庶敦厖，風俗澄清，而道教隆洽，亦其風氣所尚也。豫章見第三章第九節。之俗，頗同吳中。其君子善居室，小人勤耕稼。衣冠之人，多有數婦，暴面市廛，競分銖以給其夫。及舉孝廉，更要富者，前妻雖有積年之勤，子女盈室，猶見放逐，以避後人。俗少爭訟，而尚歌舞。一年蠶四五熟，勤於紡績，亦有夜浣紗而旦成布者，俗稱為雞鳴布。新安、今安徽歙縣。永嘉、今浙江麗水縣東南。建安、今福建閩侯縣。遂安、晉新安郡，見第四章第三節。鄱陽、見第四章第三節。九江、今江西九江縣。臨川、見第七章第一節。廬陵、見第三章第九節。南康、見第七章第五節。宜春，見第十三章第八節。其俗又頗同豫章，而廬陵人厖淳，率多壽考。然此數郡，往往畜蠱，而宜春偏甚。其法：以五月五日聚百種蟲，大者至蛇，小者至蝨，合置器中，令自相啖，餘一種存者留之。蛇則曰蛇蠱，蝨則曰蝨蠱，行以殺人。因食入人腹內，食其五藏，死則其產移入蠱主之家。三年不殺他人，則畜者自鍾其弊。累世子孫，相傳不絕，亦有隨女子嫁焉。干寶謂之為鬼，其實非也。自侯景亂後，蠱家多絕，既無主人，故飛遊道路之中則殞焉。自嶺以南二十餘郡，大抵土地習仲由之勇，故漢之官人得以便宜從事，其多行殺戮，本以此焉。今風俗頗移，皆向於禮矣。長平、舊建州，見第十二章第七節。上黨、今山西長治縣。多重農桑，性尤朴直，蓋少誣詐。河東、周蒲州，見第十四章第五節。絳郡、今山西新絳縣。文城、今山西吉縣。臨汾、舊晉州，見第十二章第八節。龍泉、今山西隰縣。西河、今山西臨汾縣西。土地沃少瘠多，以是傷於儉嗇。其俗剛强，亦風氣然乎？大原山川重復，實一都之會，本雖後齊別都，人物殷阜，然不甚機巧。俗與上黨頗同，人性勁悍，習於戎馬。離石、見第三章第四節。雁門、今山西代縣。馬邑、舊朔州，見第十一章第二節。定襄、今山西平魯縣西北。樓煩、今山西靜樂縣。涿郡、今河北涿縣。上谷、今河北易縣。漁陽、今河北薊縣。北平、今河北盧龍縣。安樂、今河北密雲縣東北。遼西、舊營州，見第十一章第四節。皆連接邊郡，習尚與大原同。故自古言勇俠者，皆推幽、并云。然涿郡、大原，自前代以來，皆多文雅之士，雖俱曰邊郡，風教不為比也。

論青州云：在漢之時，俗彌侈泰，織作冰紈綺繡純麗之物，號為冠帶衣履天下。始大公以尊賢尚智為教，故士庶傳習其風，莫不矜於功名，依於經術，闊達多智，志度舒緩。其為失也，夸奢朋黨，言與行繆。齊郡、舊曰濟南，見第十二章第三節。其俗好教飾子女淫哇之音，能使骨騰肉飛，傾詭人目，俗云齊倡，本出此也。大抵數郡風俗，與古不殊，君子多務農桑，崇尚學業，其歸於儉約，則頗變舊風。東萊本膠州，見第十三章第一節。人尤朴魯，故特少文義。

論徐州曰：其在列國，則楚、宋及魯之交。考其舊俗，人頗勁悍輕剽；其士子則挾任節氣，好尚賓遊，此蓋楚之風焉。案此指彭城言。大抵徐、兗同俗，故其餘諸郡，皆得齊、魯之所尚，莫不賤商賈，務稼穡，尊儒慕學，得洙、泗之俗焉。

論揚州云：江都、舊廣陵，見第三章第九節。弋陽、今河南光山縣。淮南、見第十四章第四節。鍾離、見第八章第四節。蘄春、今湖北蘄古之鄭地，梁郡，見第二章第三節。梁孝王故都，邪僻敖蕩，舊傳其俗。今則好尚稼穡，重於禮文，其風皆變於古。譙郡、魏南兗州，見第十三章第一節。濟陰、今山東曹縣西北。襄城、今河南臨汝縣。潁川、魏鄭州，見第十四章第四節。汝南、治縣瓠，見第五章第六節。淮陽、今河南淮陽縣。汝陰、今安徽阜陽縣。其風頗同南陽。見第三章第四節。古帝鄉，搢紳所出，自三方鼎立，地處邊疆，戎馬所萃，失其舊俗。上洛、見第十六章第六節。弘農、見第十六章第六節。本與三輔同俗，自漢高發巴蜀之人，定三秦，遷巴之渠帥七姓，居於商洛之地，由是風俗不改其壤。其人自巴來者，風俗猶同巴郡。見第三章第六節。淅陽、見第十六章第六節。淸陽，見第十六章第六節。亦頗同其俗云。參看第十六章第六節。

論兗州云：東郡、見第十二章第三節。東平、見第三章第三節。濟北、舊濟州，治碻磝，見第十二章第九節。武陽、今河北大名縣東。平原今山東陵縣。等郡，兼得鄒、魯、齊、衞之交，舊傳大公、康叔之教，亦有周、孔遺風。其人多好尚儒學，質直懷義，有古之風烈矣。

論冀州云：信都、舊冀州，見第十一章第四節。淸河、今河北淸河縣北。河間、舊瀛州，見第十一章第四節。博陵、舊定州，見第十一章第二節。恆山、周恆州，見第十一章第二節。趙郡、今河北趙縣。武安、今河北永年縣。襄國、見第四章第二節。其俗頗同。人性多敦厚，務在農桑，好尚儒學，而傷於遲重。前代稱幽、冀之士鈍如椎，蓋取此焉。俗尚氣俠，好結朋黨，其相赴死生，亦出於仁義。故班志述其土風，悲歌慷慨，椎剽掘冢，亦自古之所患焉。前諺云：仕宦不偶遇冀部，實弊此也。魏郡、魏相州，見第八章第二節。鄴都所在，浮巧成俗，彫刻之工，特云精妙，士女被服，咸以奢麗相尚，其性所尚習，得京洛之風矣。語曰：魏郡、淸河，天公無奈何，斯皆輕狡所致。汲郡、今河南濬縣西南。河內，舊懷州，見第十一章第三節。得殷之故壤，考之舊說，有紂之餘教；汲又衞地，西城、今陝西安康縣。房陵、今湖北竹山縣。淸化、本巴州，見第十六章第二節。通川、今四川達縣。宕渠，今四川渠縣。地皆連接，風俗頗同。漢陽、魏南秦州，見第十二章第三節。臨洮、周洮陽郡，後立洮州，見第十六章第七節。宕昌、周宕州，見第十六章第七節。武都、今甘肅武都縣東南。同昌、今甘肅文縣西北。河池、魏南岐州，見第十二章第九節。順政、魏東益州，見第十一章第四節。義城、西魏利州，見第十五章第一節。平武、今四川平武縣東南。汶山、今四川茂縣。皆連雜氐羌，人尤勁悍，性多質直，皆務於農事，工習獵射，於書計非其長矣。蜀郡、見第三章第六節。臨邛、今四川雅安縣。眉山、今四川樂山縣。隆山、今四川仁壽縣。資陽、今四川資中縣北。瀘川、今四川瀘縣。巴東、見第三章第六節。遂寧、今四川遂寧縣。巴西、西魏隆州，見第十五章第一節。新城、今四川三台縣。金山、西魏潼州，見第十四章第五節。普安、西魏始州，見第十五章第一節。犍爲、今四川宜賓縣西南。越巂、今西康西昌縣。牂柯、今貴州德江縣西。黔安，今四川彭水縣。得蜀之舊域。其地四塞，山川重阻，水陸所湊，貨殖所萃，蓋一都之會也。昔劉備資之以成三分之業；自金行喪亂，四海沸騰，李氏據之於前，譙氏依之於後；當梁氏將亡，武陵憑險而取敗；後周之末，王謙負固而速禍；故孟門不祀，古人所以誡焉。其風俗大抵與漢中不別。其人敏慧輕急，貌多蕞陋，頗慕文學，時有斐然；多溺於逸樂，少從宦之士，或至耆年白首，不離鄉邑。人多工巧，綾錦雕鏤之妙，殆侔於上國。貧家不務儲蓄，富家專於趨利。其處家則女勤作業，而士多自閑，聚會宴飮，尤足意錢之戲。小人薄於情禮，父子率多異居。其邊野富人，多規固山澤，以財物雄使夷獠，故輕爲姦藏，權傾州縣，此亦其舊俗乎？又有獽、狿、蠻、賨，其居處風俗，衣冠飮食，頗同於獠，而亦與蜀人相類。

論豫州云：洛陽，其俗尙商賈，機巧成俗；故漢志云：周人之失，巧僞趨利，賤義貴財，此亦自古然矣。滎陽今河南鄭縣。

第五節 各地方風氣

漢世風俗，見於漢書地理志，晉南北朝風俗，則見於隋書地理志。隋志多承漢志立論，雖其說不必盡確，然總可見其變遷之大略也。

隋志論雍州云：京兆王都所在，（隋京兆，治今西京。）俗具五方。人物混淆，華戎雜錯。去農從商，爭朝夕之利；游手為事，競錐刀之末。貴者崇侈靡，賤者薄仁義。豪彊者縱橫，貧窶者窘蹙。桴鼓屢驚，盜賊不禁。此乃古今之所同焉。自京城至於外郡，得馮翊、扶風，（馮翊，魏時為同州，見第十四章第五節。扶風，本岐州，見第十一章第四節。）是漢之三輔。其風大抵與京師不異。安定、（本涇州，見第十一章第四節。）北地、（本豳州，見第十二章第三節。）上郡、（本北華州，見第十二章第二節。）隴西、（本渭州，見第十二章第七節。）天水、（本秦州，見第十一章第三節。）金城，（今甘肅皋蘭縣。）於古為六郡之地，其人性猶質直，然尚儉約，習仁義，勤於稼穡，多畜牧，無復寇盜矣。雕陰、（今陝西綏德縣。）延安、（魏東夏州，見第十二章第七節。）弘化，（西魏朔州，見第十一章第二節。）連接小胡，性多木彊，皆女淫而婦貞，蓋俗然也。平凉、（本原州，見第十二章第三節。）朔方、（本夏州，見第十二章第三節。）鹽川、（今寧夏鹽池縣北。）靈武、（魏靈州，見第十二章第三節。）榆林、（今綏遠托克托縣境。）五原，（今綏遠五原縣。）地接邊荒，多尚武節，亦習俗然焉。河西諸郡，其風頗同，並有金方之氣矣。

論梁州云：漢中之人，質朴無文，不甚趨利。性嗜口腹，多事田漁。雖蓬室柴門，食必兼肉。好祀鬼神，尤多忌諱。家人有死，輒離其故宅。崇重道教，猶有張魯之風焉。傍南山雜有獠戶，富室者頗參夏人為婚，衣服居處言語，殆與華不別。

賊服其愼而畏其整，是以皆退。如是者三。及冏歸於京師，踰年不朝。袞曰：「晉室卑矣，寇難方興。」乃攜其妻子適林慮山。比及期年，而林慮之人歸之，咸曰庾賢。及石勒攻林慮，父老謀曰：「此有大頭山，九州之絕險也，上有古人遺迹，可共保之。」惠帝遷於長安，袞乃相與登於大頭山而田於其下。年穀未熟，食木實，餌石蘂，同保安之。及將收穫，命子怞與之下山，中塗目眩瞀，墜崖而卒。此傳稱美庸或過當，然其人必田疇、管寧之倫，則可信矣。當時山澤之主，堡塢之雄，此等人必不少也。官亦有能率民以徙者：柳慶五世祖恭，仕後趙爲河東郡守，以秦、趙喪亂，率民南徙，居於汝、潁之閒；高翼爲渤海大守，率合境徙於河、濟之閒，是其事。

播遷之衆，能犯波濤，移殖海外者，亦頗有之。晉書庾翼傳言：時東土多賦役，百姓乃從海道入廣州。刺史鄧嶽，大開鼓鑄，諸夷因此知造兵器。翼表陳「夷人常伺隙，若知造鑄之利，將不可禁。」此自一時之邊防言爲可慮，自長久之計言之，則夷人之開化，正有藉於此等播遷之民矣。馮跋載記：河閒人褚匡言於跋曰：「陛下至德應期，龍飛東夏，舊邦宗族，傾首朝陽，以日爲歲。若聽臣往迎，致之不遠。」跋曰：「隔絕殊域，阻迴數千，何可致也？」匡曰：「章武郡臨海，船路甚通，章武見第八章第五節。出於遼西臨渝，不爲難也。」跋許之。匡尋與跋從兄買、從弟睹自長樂率五千餘戶來奔。陳書蕭允傳：侯景之亂，梁元帝爲荊州刺史，朝士多往歸之。允弟引曰：「諸王力爭，禍患方始。今日逃難，未是擇君之秋。吾家再世爲始興郡，遺愛在民，正可南行，以存家門耳。」於是與弟彤及宗親百餘人奔嶺表。觀此，知當時南至交、廣，北至遼東、西，人民之浮海而往者，皆不少也。

內徙民耕牛，計口授田；永興五年七月，奚斤等破越勤倍泥部落，徙二萬家於大寧，計口授田，則其事蓋代北地廣人希，故能如是。然鮮卑實昧於政理，恐亦未必能善其事也。隋書食貨志言：北齊天保八年議徙冀、定、瀛無田之人於范陽寬鄉，而百姓驚擾。土滿人滿之不易調劑，由來舊矣。

官家移民，雖多無以善其後，然士大夫則仍有能爲之率將者。晉書徐邈傳：東莞姑幕人也。祖澄之爲州治中，屬永嘉之亂，與鄉人臧琨等率子弟幷閭里士庶千餘家南渡江，家於京口。祖逖傳云：京師大亂，逖率親黨數百家避地淮、泗。以所乘車馬載同行老疾，躬自徒步，藥物衣糧與衆共之。又多權略，是以少長咸宗之，推爲行主。郗鑒之寢疾也，上疏曰：「臣所統錯雜，率多北人。或逼遷徙，或是新附，百姓懷土，皆有歸本之心。臣宣國恩，示以好惡，處與田宅，漸得少安。聞臣疾篤，衆情駭動，若當北渡，必啓寇心。」因薦蔡謨爲徐州刺史，兄子邁爲兗州刺史。逖與鑒之能保土立功，其故蓋可思矣。孝友庾袞傳云：明穆皇后伯父也。諸父並貴盛，惟父獨守貧約。袞躬親稼穡，以給供養。齊王冏之唱義也，張泓等肆掠於陽翟，袞乃率其同族及庶姓保於禹山。是時百姓安寧，未知戰守之事。袞曰：「孔子云：不教而戰，是爲棄之。」乃集羣士而謀曰：「古人有言：千人聚而不以一人爲主，不散則亂矣。將若之何？」衆曰：「善。今日之事，非君而誰？」袞乃誓之曰：「無恃險，無怙亂，無暴鄰，無抽屋，無樵採人所植，無謀非德，無犯非義，戮力一心，同恤危難。」衆咸從之。於是峻險阨，杜蹊徑，修壁塢，樹藩障，考功庸，計丈尺，均勞逸，通有無，繕完器備，量力任能，物應其宜，使邑推其長，里推其賢，而身率之。分數既明，號令不二。及賊至，袞乃勒部曲，整行伍，皆持滿而勿發。賊挑戰，晏然不動，且辭焉。

望族，自東徙以來，遂在戍役之例，既衣冠華胄，宜蒙優免。從之。自是皇甫、胡、梁、韋、杜、牛、辛十有七姓，蠲其兵貫，一同舊族；隨才銓敍；思欲分還桑梓者聽之。其非此等，不得爲例。魏書世祖紀：大延元年，二月，詔長安及平涼民徙在京師，其孤老不能自存者，聽還鄉里。劉昺傳：世祖平涼州，士民東遷，夙聞其名，拜樂平王從事中郎。世祖詔諸年七十已上，聽留本鄉，一子扶養。昺時老矣，在姑臧歲餘，思鄉而返。至涼州西四百里韭谷窟，遇疾而卒。以聽還鄉里爲惠，可知新民之不安。史舄謂禿髮利鹿孤曰：「今不以綏寧爲先，惟以徙戶爲務，安土重遷，故有離叛，」當時如是者，正不止利鹿孤一人。遷徙者既久而不安，故壓力一弛，即相率逋歸本土，此冉閔之所以亡，蒲洪、姚弋仲，亦此等思歸戎落之大會耳。參看第五章第三節。宋書天文志：永和七年，劉顯殺石祗及諸胡帥，中土大亂，戎、晉十萬數，各還舊土，互相侵略，及病疫死亡，能達者十二三。

新舊僑民，既難浹洽，則綏撫之者，不得不設僑州、郡、縣。宋南徐州備有徐、兗、幽、冀、青、并、揚七州郡邑，宋書州郡志。則其一例。不獨華人，即於戎落，亦或如是。魏書昭成子孫傳：道武時，休屠郁原等叛，壽鳩之子素討之，徙千餘家於涿鹿之陽，立平原郡以處之，是其事也。僑州、郡、縣之置，實爲政理之害，已見上節。

移多就寡，實爲移民之首務，此所以調劑土滿與人滿也，然能行之者絕少。宋書孔靖傳：子靈符，大明初入爲丹陽尹。山陰縣土境褊狹，民多田少，靈符表徙無貲之家於餘姚、鄞、鄮三縣界，墾起湖田。上使公卿博議。公卿多不以爲然。上違議從其徙民，並成良業。移多就寡，有成效者，恐惟此而已。封裕之諫慕容皝也，曰：「九州之人，塞表殊類，襁負萬里，流人之多舊士，十倍有餘，人殷地狹，無田者十四，」其窘困之情可想。魏初徙民，多給田業。天興元年，二月，詔給俱降，入為平齊百姓。父母並老，飢寒十數年。賴其彊於人事，戮力傭丐，得以存立。此其幸而獲濟者。其不能自彊，又莫相振恤，以至流離死亡者，蓋不知凡幾矣！故移民極易召變。慕容麟說慕容德曰：「魏雖拔中山，勢不久留，不過驅掠而返。人不樂徙，理自生變。然後振威以援之，魏則內外受敵，可一舉而取。」其後魏果致仇儒之變，見第八章第六節。惜乎燕勢大弱，無以乘之，使其少能自振，因憚遷之民，以犄思歸之衆，魏未必能遂有趙、魏也。北史崔宏傳：明元以郡國豪右，為人蠹害，優詔徵之。人多戀本，而長吏逼遣之。輕薄少年，因相扇動，所在聚結。西河、建興盜賊並起，守宰討之不能禁。帝引宏及安同、叔孫建、元屈等問焉。宏欲大赦以紓之。屈曰：「不如先誅首惡，赦其黨類。」宏曰：「王者臨天下，以安人為本，何顧小曲直也。」明元從之。使從元屈之議，其亂恐非一時所能定也。

魏書崔玄伯傳言：道武還代京，親登山頂，撫慰新民。適遇玄伯，扶母登嶺，賜以牛米。因詔諸徙人不能自進者，給以車牛。此等事特出偶然，況其口惠而實不至？而督促之人，卻有極暴虐者，如略陽王羯兒與永昌王健討禿髮保周，徙張掖數百家於武威，與諸將私自沒入是也。魏書道武七王傳。又周觀傳：眞君初，詔觀討禿髮保周，徙其民百家，將置於京師，至武威，輒與諸將私分之。流移之民，往往為舊民所輕侮，杜弢、邢杲，皆以是致叛，然亦有新民轉苦舊民者，如魏書娥清傳言：徙何民散居三州，頗為民害，詔靑徙之平城是也。當時之於人民，一徙之後，或繼之以再徙，如姚興徙新平、安定新戶六千於蒲阪；呂光徙西海郡人於諸郡，以其相扇動，復徙之於西河是。孝靜帝之遷鄴，徙鄴舊人西徑百里，以居新遷之民，是又因移新民而累及舊人矣。移民之煩擾如此，民安得不視為畏途哉？晉書石季龍載記：鎮遠王擢表雍、秦二州八章第七節。姚萇僭即帝位，徙安定五千餘戶於長安，又以安定地狹，且逼苻登，使姚碩德鎮之，而徙安定千餘家於陰密，亦此意也。然此等遷徙，無以善其後者多。禿髮傉檀伐沮渠蒙遜而敗，又爲赫連勃勃所破，慮東西寇至，乃徙三百里內百姓，入於姑臧，遂召屠各成七兒之叛；宋武帝征姚泓，姚紹言於泓曰：「豫州、安定孤遠，卒難救衞，宜遷諸鎮戶，內實京畿，可得精兵十萬，」泓以疑忌姚恢，未用其策，見第七章第七節。然即用之，亦未必能作困獸之鬥也。有雖喪其地而仍欲遷其民者，如劉琨徙陘北五縣之民，而以其地界鮮卑；陳亡淮南，而徙三州、九郡之民是也。亦有地經殘破，不復可守，而爲移民之計者，如宋元嘉二十八年徙彭城流民於瓜步，淮西流民於姑熟是也。此等皆隨軍事爲進退，不足語於移民之計也。

徙戶雖云顛沛，亦必薄有貲財，移徙之間，多致喪失，此人民之所以視遷徙爲畏途也。晉書禿髮傉檀載記：傉檀伐沮渠蒙遜，掠五千餘戶而歸。其將屈右進曰：「徙戶貲財，盈溢衢路，宜倍道還師，早度峻險。」衞尉伊力延曰：「彼徒我騎，勢不相及。若倍道還師，必捐棄貲財，示人以弱。」俄而昏霧風雨，蒙遜軍大至，傉檀敗績而還。騎步勢不相及，而傉檀卒致敗績者，以徙戶爲貲財所累，不能速行也。然即使徐行，安然而返，亦未必能一無所損。故徙戶多困窮。李平崇從弟。表宣武，言代人之遷洛者，「貲產罄於遷移，牛畜斃於輦運，陵大行之險，歷長津之難，辛勤備經，得達京闕，富者猶損太半，貧者可以意知，」則其明證。魏書高允傳：顯祖平青、齊，徙其族望於代。時諸士人流移遠至，率皆飢寒。徙人之中，多允婣媾，皆徒步造門。允散財竭產，以相贍振；慰問周至，無不感其仁厚。傅永爲崔道固城局參軍，與道固浩傳：世祖蒐於河西，詔浩詣行在所議軍事。浩表曰：「昔平涼州，臣愚以爲北賊未平，征役不息，可不徙其民。案前世故事，計之長者若遷民人，則土地空虛，雖有鎮戍，適可禦邊而已，至於大舉，軍資必乏。陛下以事闊遠，竟不施用。如臣愚意，猶如前議，募徙豪强大家，充實涼土，軍舉之日，東西齊勢，此計之得者。」浩爲乃心華夏之人，其爲虜書策，庸或別有深意，見第八章第六節。然其理自不誣。魏人於西域守禦之規不逮前世遠甚，而其於柔然，終不能一大創之者，亦以其根據實在西北，而魏涼州兵力大弱故也。參看第十六章第八、第九節。延興中，尚書以敦煌介遠，西北寇賊路衝，慮或不固，欲移就涼州，賴韓秀力爭乃罷。使行尚書之議，則西北守禦之規彌隘矣。此亦誤於初平涼州時遷其民之故。

反觀之，移民以實形要之地，其利自明。然晉南北朝之世，能行此而收其利者，則絕未之見也。河南之不可復，實誤於淮南之不能充實，即其大者。自東晉以來，弊皆如此。

晉書宣帝紀：魏正始七年，吳寇沮中，夷夏萬餘家避寇北渡沔。帝以沔南近賊，若百姓奔還，必復致寇，宜權留之。曹爽不從。賊果襲破沮中，所失萬計。有民而不能衞，則反爲敵資，此兵爭之世，緣邊之所以多曠土也。宋書州郡志論淮南云：三國時，江淮爲戰爭之地，其間不居者各數百里，此諸縣竝在江北淮南，虛其地，無復民戶。吳平，民各還本，故復立焉。其後中原亂，胡寇屢南侵，淮南民多南渡。成帝初，蘇峻、祖約爲亂於江淮，胡寇又大至，民南渡江者轉多，乃於江南僑立淮南郡及諸縣。此最可見兵爭而緣邊曠廢之情形也。於是有度不能守而豫棄之者。晉書五行志：孝武帝太元五年，大水。去年，氐賊攻沒襄陽，又向廣陵，於是逼徙江、淮民，悉令南渡，三州失業，道殣相望，即其事也。何承天以靑、兗舊民，冀州新附，在界首者，爲寇之資，欲悉徙之泰山以南，參看第是石勒已徙平原烏丸三萬餘戶於襄國。其攻靳準，又遷巴帥及諸羌、羯十餘萬落於司州。秦州休屠王羌反，徙其夷豪五千餘戶於雍州。石虎破石生，徙雍、秦華戎十餘萬戶於關東。慕容恪克廣固，徙鮮卑、胡、羯三千餘戶於薊。苻堅滅慕容暐，徙鮮卑四萬餘戶於長安。又徙關東豪桀及諸雜夷十萬戶於關中，處烏丸雜類於馮翊、北地，丁零翟斌於新安。齊神武虜紇豆陵伊利，遷其部落於河東。周文帝破曹泥，遷其豪帥於咸陽。大統十二年，宇文仲和反，獨孤信討禽之，遷其民六千餘家於長安。東梁州平，亦遷其豪帥於雍州。皆其犖犖大者也。此等異族，大抵勤事生產，不如漢人，而頗樂於戰鬥，故欲逼遷之以絕後患，然則華人之習於戰鬥者，自亦爲其所欲徙，故周建德六年，有移并州軍人四萬戶於關中之舉焉。地方豪右，恆反覆於疆埸之際，一彼一此之間，故亦爲割據者之所忌。在一地方有勢力者，易地則無能爲，故當時於降戶，有移之甚遠者，如魏徙魯陽叛蠻於幽、并諸州是也。見魏書李柔傳。然此等舉措，多無以善其後。如梁定州刺史田超秀附魏，魏恐致邊役，未許，會超秀死，其部曲相率附魏，魏徙之六鎮、秦、隴，逐致所在反叛，魏書蠻傳。其一事已。

移民以實都邑若形要之地者亦有之。劉曜之移民於長安，石勒之移民於襄國，即兼有此意者也。李壽以郊甸未實，都邑空虛，工匠械器，事未充盈，乃徙旁郡戶三丁已上以實成都。宋文帝元嘉二十六年，詔曰：「京口皇基舊鄉，地兼蕃重，宜令殷阜，式崇形望。可募諸州樂移者數千家，官給以田宅，并蠲復。」此皆專爲充實地方起見。并有因此而出於俘掠者，如魏書世祖紀：大平眞君六年，使永昌王仁、高涼王那南掠淮、泗以北，徙青、徐之民以實河北是也。崔

第四節 人民移徙

兩漢之世，移民之政頗詳。雖其行之之善否，未知如何，然國家於土滿、人滿之閒，時思加以調劑，且欲以是振起風俗，樹立邊防，則彰彰然也。晉、南北朝之世，此等用意，幾於不可復見。移民之舉，非計疆埸之利，則爲鎮壓之圖而已。

當時行軍，多事俘掠。有以外夷而掠中國者，如石虎使夔安等略漢東，擁七千餘家遷於幽、冀是也。晉書成帝紀咸康五年。石季龍載記作七萬戶，蓋修辭。有以外夷而略外夷者，如慕容皝伐宇文歸，徙其部人五萬餘落於昌黎；石虎伐段遼，遷其戶二萬餘於雍、司、兗、豫是也。皆見載記。不惟外夷，即中國人之用兵，亦往往如是。如邵續攻石勒之渤海，虜三千餘人；見勒載記。桓溫敗姚襄，徙其餘衆三千餘家於江、漢之閒；穆帝紀永和十二年。攻苻健，健芟苗清野，軍糧不足，乃收三千餘口而還是也。溫傳。當時割據之國，初興之時，多務俘掠，或則逼徙其民，以益其衆。慕容氏、拓跋氏、沮渠氏、禿髮氏尤甚。讀晉書載記及魏書本紀自見。如有率衆歸之者，自亦爲其所樂受。如司馬楚之、刁雍、寇讚等之附魏，皆是。周書司馬裔傳：大祖令山東諸將能率衆入關者，並加重賞。裔領戶千室先至，大祖欲遂以封之。可見其招徠之亟矣。

勇於戰鬥之民，及地方豪右，亦爲割據者所欲徙。劉曜時，上郡氐、羌十餘萬落，保險不下，大酋虛除權渠自號秦王，游子遠降之，徙其部落二十餘萬口於長安。及討楊韜，又遷隴右萬餘戶。平陳安，則徙秦州大姓楊、姜諸族二千餘戶於長安。後趙滅前趙，徙關東流人、秦、雍大族九千餘人於襄國。皆見劉曜載記。石勒載記：勒滅前趙，徙氐、羌十五萬落於司、冀。先

「勤身供養，力猶不足，若養此男，則所費者大。」乃垂泣瘞之。又：嚴世期，會稽山陰人也。同里張邁三人，妻各產子，時歲飢儉，慮不相存，欲棄不舉。世期聞之，馳往拯救，分食解衣，以贍其乏。三子並得成長。此猶閭閻貧苦之家。至如顏氏家訓治家篇云：「大公曰：養女大多，一費也。陳蕃云：盜不過五女之門。女之為累，亦以深矣。然天生烝民，先人傳體，其如之何？世人多不舉女，賊行骨肉，豈當如此而望福於天乎？吾有疏親，家饒妓媵，誕育將及，便遣閽豎守之，體有不安，窺窗倚戶。若生女者，輒持將去。母隨號泣，莫敢救之。」此則淫佚之夫，徒以欲保財產之故，而亦忍行殺害，可謂天理所不容矣。然亦可見其時行此者之多，故習以成俗也。南史劉懷肅傳言：宋武帝產而皇妣殂，孝皇帝貧薄，無由得乳人，議欲不舉。帝從母生懷敬，未期，乃斷懷敬乳而自養帝。懷肅，武帝從母兄，懷敬，懷肅弟。烏乎！如可贖兮，人百其身，歷來棄而不舉之子，安知其中無宋武帝之儔哉？「法有禁殺子之科，設早娶之令，」周朗之言。歷代政府，留意於此者亦多，早娶之令，可參看第一節。※禁殺子或加惠於其父母者：如王濬傳言：濬因巴郡生男多不養，乃嚴其科條；寬徭課；其產育者，皆與休復；所全活者數千人。齊書武帝紀：永明七年，詔曰：「今產子不育，雖炳常禁，比聞所在，猶或有之。宜節以嚴威，敦以惠澤。主者尋舊制，詳量附定。蠲卹之宜，務存優厚。」南史云：中明不舉子之科，若有產子者，復其父。齊書明帝紀：建武四年，正月，詔民產子者，蠲其父母調役一年，又賜米十斛。新婚蠲夫役一年。南史任昉傳：出為宜興太守。時產子者不舉。昉乃嚴其制，罪同殺人；孕者供其資費；濟者千家。北史邢邵傳：除中書令。舊格制生兩男者賞羊五口，不然則絹十匹。僕射崔暹奏絕之。邵曰：「此格不宜輒斷。句踐以區區之越，賞法：生三男者給乳母，況以天下之大，而絕此條？舜藏金於山，不以為乏。今藏之於民，復何所損！」詔從之。皆其事也。然此豈法令所能挽哉？

六年，隋書食貨志。李沖所創之制，亦徒便於作繭絲耳。

著籍之少，固非必生齒之減，然謂是時戶口不凋耗，則又不可得。此觀於其時嫁娶者之減，自殘及生子不舉者之多而可知也。晉書五行志云：「義熙中東陽人莫氏生女不養，埋之數日，於土中啼，取養遂活。」此猶曰世俗重男輕女，故有生女不養之事也。然王濬傳言：濬除巴郡大守，郡邊吳境，兵士苦役，生男多不養，則亦不以女為限矣。范甯傳：甯上疏曰：「古之使人，歲不過三日，今之勞擾，殆無三日休停，至有殘形翦髮，要求復除，生兒不復舉養，鰥寡不敢妻娶。」劉毅傳：毅轉江州都督，表言：「江州以一隅之地，當逆順之衝，自桓玄以來，驅蹙殘敗，至乃男不被養，女無匹對。」宋書周朗傳：朗上書曰：「自華夷爭殺，戎夏競威，破國則積尸竟邑，屠將則覆軍滿野，海內遺生，蓋不餘半？重以急政嚴刑，天災歲疫，貧者但供吏，死者弗望薶。鰥居有不願娶，生子每不敢舉。又戍淹徭久，妻老嗣絕，及淫奔所孕，皆復不收。是殺人者日有數途，生人者歲無一理，不知復百年間，將盡以草木為世邪？」良吏傳：徐豁為始興大守，言郡大田武吏年滿十六，便課米六十斛；十五以下至十三，課米三十斛；一戶內隨丁多少，悉皆輸米。且十三歲兒，未堪田作，或是單迥，無相兼通，年及應輸，便自逃逸，或乃斷截支體，產子不養，戶口歲減，寔此之由。」齊書竟陵王子良傳：子良啓言：其時之民，「有畏失嚴期，自殘軀命，亦有斬絕手足，以避徭役，生育弗起，殆為恆事。」可謂驚心動魄矣。晉書列女傳：鄭休妻石氏。休前妻女既幼，又休父布臨終有庶子沈，生，命棄之。石氏曰：「奈何使舅之胤不存乎？」遂養沈及前妻女。力不兼舉，九年之中，三不舉子。宋書孝義傳：郭世道，家貧無產業，傭力以養繼母。婦生一男，夫妻共議曰：

武帝因詔僧孺改定百家譜，已見上節。案役籍既與戶籍幷爲一談，士人又得特邀寬典，勢自不能無弊。魏書孫紹傳，延昌中紹表言：「中正賣望於下里，主案舞筆於上臺，使門齊身等而涇渭奄殊，類應同役而苦樂懸異。」北齊書高隆之傳：自軍國多事，冒名竊官者，不可勝數。隆之奏請檢括，獲五萬餘人。而羣小諠囂，隆之懼而止。可見南北情弊，如出一轍也。特有黃白籍之別，俾得所藉手，則其弊更甚耳。

魏初惟立宗主督護，民多隱冒，已見前。李沖創三長之制，上之。五家立鄰長，五鄰立里長，五里立黨長。文明大后覽而稱善，引見公卿議之。或以爲不可。或謂事屬有益，惟有事之月，校比民戶，民必勞怨，請過今秋，至冬閒月。沖曰：「若不因調時，百姓徒知立長校戶之勤，未見均徭省賦之益，心必生怨，宜及課調之月，令知賦稅之均。」於是遂立三長。史稱公私便之。蓋前此隱漏雖多，利仍在於苞蔭者也。此事在大和十年。先是延興三年九月，詔遣使者十人，循行州郡，檢括戶口。其有仍隱不出，州郡縣戶主，並論如律。此所謂戶主者，蓋卽李沖傳所謂宗主，督責雖勤，收效蓋寡。及大和十四年十二月，詔依準丘井之式，遣使與州郡宣行條制。隱口漏丁，卽聽附實。若朋附豪勢，陵抑孤弱，罪有常刑。此時必責成三長，其收效當較弘。魏之戶口獲倍於大康，蓋在此時也。喪亂以後，隱匿逐多，一切之政復作。孝靜帝武定二年，孫騰、高隆之爲括戶大使，凡獲逃戶六十餘萬，僑居者各勒還本屬，史稱租調之入有加焉。見魏書本紀及隋書食貨志。北齊書循吏傳：宋世良爲殿中侍御史，詣河北括戶，大獲浮惰。還，孝莊勞之曰：「知卿所括，得十倍於本帳，若官人皆如此用心，便是更出一天下也。」可見其數之衆矣。周行刑書要制，正長隱五戶及十丁已上，皆至死刑。北史周本紀建德籍分黃白，而弊竇隨之。齊書虞玩之傳：玩之承建元二年之詔，上表曰：「宋元嘉二十七年八條取人，孝建元年書籍，衆巧之所始也。元嘉中，故光祿大夫傅隆年出七十，猶自書籍，躬加隱校。古之共治天下，惟良二千石。今欲求治取正，其在勤明令長。凡受籍縣，不加檢合，但封送州，州檢得實，方卻歸縣。吏貪其賂，民肆其姦，姦彌深而卻彌多，賂愈厚而答愈緩。自泰始三年至元徽四年，揚州等九郡四號黃籍，共卻七萬一千餘戶。於今十一年矣，而所正者猶未四萬。神州奧區，尙或如此，江湘諸郡，倍不可念。愚謂宜以元嘉二十七年籍爲正。民惰法旣久，今建元元年書籍，宜更立明科，一聽自悔，迷而不反，依制必戮。使官長審自檢校，必令明洗，然後上州，永以爲正。若有虛昧，州縣同咎。今戶口多少，不減元嘉，而版籍頓闕，良亦有以。自孝建已來，入勳者衆，其中操干戈衞社稷者，三分殆無一焉。勳簿所領，而詐注辭籍，浮遊世要，非官長所拘錄，復爲不少。尋蘇峻平後，庾亮就溫嶠求勳簿，而嶠不與，以爲陶侃所上，多非實錄。物之懷私，無世不有。宋末落紐，此巧尤多。又將位旣衆，舉卹爲祿，實潤甚微，而人領數萬。如此二條，天下合役之身，已據其大半矣。又有改注籍狀，詐入仕流，昔爲人役者，今反役人。又生不長髮，便謂爲道，塡街溢巷，是處皆然。或抱子幷居，竟不編戶。遷徙往來，公違土斷，屬役無滿，流亡不歸。寧喪終身，疾病長臥。法令必行，自然競反」云云。上省表納之。乃別置校籍官，置令史，限人一日得數巧，以防懈怠。於是貨賂因緣，籍注雖正，猶强推卻，以充程限。至世祖永明八年，謫巧者戍緣淮各十年。百姓怨望。世祖乃詔：「旣往之愆，不足追咎。自宋昇明以前，皆聽改注。其有謫役邊疆，各許還本。此後有犯，嚴加翦治。」永明六年，唐寓之之亂，實因檢籍而作，事見第十章第四節。梁武帝時，上僧孺言晉籍宜加寶愛，謨爲雍州刺史，民不便之。柳元景弟僧景爲新安大守，恃元景之勢，至欲發兵以討玄謨，賴玄謨處之以靜，得以無事。亦可見惡直醜正者之實繁有徒矣。廢帝元徽元年八月，詔曰：「聖武造運，道一闊區，詒長世之規，申土斷之制。而夷險相因，盈晦遞襲，歲饉凋流，戎役惰斂，違鄉寓境，漸至繁積。宜式遵鴻軌，以爲永憲。」可見宋初之制，至是已漸隳壞矣。齊書呂安國傳：建元二年，虜寇邊，上遣安國出司州，安集民戶。詔曰：「郢、司之閒，流雜繁廣，宜並加區判，定其隸屬。」此亦土斷之意。梁武帝天監元年四月，土斷南徐州諸僑郡縣。陳文帝天嘉元年七月，詔曰：「自頃喪亂，編戶播遷，言念餘黎，良可哀惕。其亡鄉失土，逐食流移者，今年內隨其適樂，來歲不問僑舊，悉令著籍，同土斷之例。」魏書張普惠傳：除東豫州刺史。淮南九戍、十三郡，猶因蕭衍前弊，別郡異縣之民，錯雜居止。普惠乃依次括比，省減郡縣，上表陳狀。詔許之。綜觀諸文，則土斷之政，終南北朝之世未息，終亦未能弊絕風清，蓋以其時內亂外患，迄未寧靜也。陳書宣帝紀：大建十一年三月，詔「淮北義人率戶口歸國者，建其本屬舊名，置立郡縣，即隸近州，賦給田宅，喚訂一無所豫，」此與公違土斷者何異？以是爲寬恤之政，土斷之所以難行者可知矣。魏書大祖紀：天賜元年，初限縣戶不滿百罷之，而甄琛當世宗時，仍表言邊外小縣，所領不滿百戶，可見北朝亦有斯患。隋書楊尚希傳：尚希於隋初上表曰：「當今郡縣，倍多於古。或地無百里，數縣並置；或戶不滿千，二郡分領。具寮以衆，資費日多，吏卒又倍，租調歲減。清幹良才，百分無二，動須數萬，如何可覓？」請「存要去閑，并小爲大。」文帝鑒而嘉之，遂罷天下諸郡。蓋僑州郡縣之弊，至是始除，亦以其時海內寧一故也。

貧須，期會差遣，輒致嚴坐。今荒小郡縣，皆宜并合。不滿五千戶，不得為郡；不滿千戶，不得為縣。」讀此而當時新徙之民，狃於自私，規避政役之情形可見矣。散居為當時僑人大弊。齊書州郡志：南兗州，永明元年，刺史柳世隆奏：「尚書符下土斷條格，并省僑郡縣。凡諸流寓，本無定憩。十家五落，各自星處。一縣之民，散在州境，西至淮畔，東届海隅。今專罷僑邦，不省荒邑，雜居舛止，與先不異，雖為區斷，無革游濫。謂應同省，隨界并帖。若鄉屯里聚，二三百家，井甸可脩，區域易分者，則別詳立。」於是濟陰郡六縣，下邳郡四縣，淮陽郡三縣，東莞郡四縣，以散居無實土，官無廨舍，寄止民村，及州治立見省，民戶帖屬。隋書食貨志曰：元帝寓居江左，百姓之自拔南奔者，並謂之僑人，皆取舊壤之名，僑立郡縣，往往散居，無有土著。欲圖治理，自非嚴行土斷不可。其事始於晉成帝之咸康七年。本紀：「實編戶，王公已下皆正土斷白籍。」胡三省通鑑注曰：「時王公庶人，多自北來，僑寓江左，今皆以土著為斷，著之白籍。白籍者，戶口版籍。宋、齊以下有黃籍。」案既云土斷白籍，則晉時已有黃籍矣，觀范甯之言，允為曉然。胡氏之意，蓋謂晉世雖有此政，宋、齊以下，仍有黃籍也。至哀帝興寧二年，復行之，謂之庚戌制。本紀：「三月，庚戌朔，大閱戶人，嚴法禁，稱為庚戌制。」彭城穆王之玄孫玄，以匿五戶，為桓溫所表收付廷尉，可見其行法之嚴然至末造，其法復壞。宋書武帝紀：帝於義熙九年表論之曰：「在漢西京，大遷田、景之族，以實關中，即以三輔為鄉閭，不復係之於齊、楚。自永嘉播越，爰託淮海，朝有匡復之算，民殷思本之心，經略之圖，日不暇給，是以寧民綏治，猶有未遑。及至大司馬桓溫，以民無定本，傷治為深，庚戌土斷，以一其業。於時財阜國豐，實由於此。自茲迄今，彌歷年載，畫一之制，漸用頹弛。雜居流寓，閭伍弗脩。王化所以未純，民瘼所以猶在。自非改調解張，無以濟治。請準庚戌土斷之科。」於是依界土斷。惟徐、兗、青三州居晉陵者，不在斷例。諸流寓郡縣，多被并省。其後孝武帝大明元年，土斷雍州諸僑郡縣。時王玄韓茂傳言：魏因河外未賓，民多去就，權立東青州爲招懷之本，新附之民，咸受優復，舊人奸逃者，多往投焉，是寬政亦有流弊也。然能行寬政者究少，大抵皆嚴於追捕。晉書王義之傳義之遺謝安書曰：「自軍興以來，征役充運，死亡、叛散，不返者衆。虛耗至此，補代循常。所在彫困，莫知所出。上命所差，上道多叛，則吏及叛者，席卷同去。又有常制，輒令其家及同伍課捕。課捕不擒，家及同伍，尋復亡叛。」宋書羊玄保傳言：劉式之爲宣城，立吏民亡叛制：一人不禽，符伍里吏，送州作部。若獲者賞位二階。南史郭祖深傳言：「梁興以來，發人征役，號爲三五。及投募將客，主將無恩，存卹失理，多有物故，輒刺叛亡。或有身殞戰場，而名在叛目。監符下討，稱爲逋叛。錄質家丁；合家又叛，則取同籍；同籍又叛，則取比伍；比伍又叛，則望村而取，一人有犯，則合村皆空。」其虐可謂甚矣。

宋書州郡志曰：「晉書濟岷郡，魏平蜀，徙蜀豪將家於濟河，故立此郡，安帝義熙中土斷，幷濟南。」此卽僑郡。蓋古之爲治，習於屬人，僑居之民，與當地之民，不易浹洽，故特立郡縣以撫安之也。五胡之亂，遷移者既多，僑州郡縣遂盛，而其有害政理，亦緣之而甚焉。范甯陳其弊曰：「聖王作制，籍無黃白之別。昔中原喪亂，流寓江左，庶有旋反之期，故許其挾注本郡。自爾漸久，人安其業，丘隴墳柏，皆已成行，雖無本邦之名，而有安土之實。今宜正其封疆，以土斷人戶，明考課之科，修閭伍之法。難者必曰：人各有桑梓，俗自有南北。一朝屬戶，長爲人隸，君子則有土風之慨，小人則懷下役之慮。斯誠并兼者之所執，而非通理者之篤論也。古者失地之君，猶臣所寓之主；列國之臣，亦有違適之禮。且今普天之人，原其氏出，皆隨世遷移，何至於今，而獨不可？凡荒郡之人，星居東西，遠者千餘，近者數百，而舉召役調，皆相爲縣侯。可見豪强隱蔽，晉初其弊已甚。東渡之際，百姓遭難流移，多庇大姓爲客。時不能正，乃定給客之制。然仍有不可檢實者。見齊書州郡志南兗州，隋書食貨志云：「都下人多爲諸王公貴人左右、佃客、典計、衣食客之類，皆無課役。客皆注家籍，案給客之數，隨官爵大小爲差。」詳見志。此爲法之所許，然違法隱占者實多。陳書宣帝紀：大建二年詔，籍有巧隱，并王公百司輒受民爲程蔭，解還本屬，即其事也。又有擅募部曲及逼人爲左右者。參看第十二章第五節所引郭祖深之言。陳書始興王叔陵傳：遷湘州刺史，瀟湘以南，皆逼爲左右，廛里殆無遺者。其中脫有逃竄，輒殺其妻子。其暴橫如此。慕容德載記：其尚書韓諄上疏言：「百姓因秦晉之弊，迭相蔭冒，或百室合戶，或千丁共籍，依託城社，不避熏燒，宜隱實黎民，正其編貫。」德納之，遣慕容鎭率騎三千，緣邊嚴防，備百姓逃竄，而以諄爲行臺尚書，巡郡縣隱實，得蔭戶五萬八千。其數亦可謂多矣。山濤傳：濤孫遐，爲餘姚令。時江左初基，法禁寬弛，豪族多挾藏戶口，以爲私附。遐繩以峻法，到縣八旬，出口萬餘。諸豪彊莫不切齒，遂陷其罪。遐與會稽內史何充牋：「乞留百日，窮翦逋逃，退而就罪，無恨也。」充申理，不能得，竟坐免官。可見整頓之不易矣。

流亡之多，亦使戶籍大損。宋書美元嘉之治，曰：「家給人足，卽事雖難，轉死溝渠，於時可免。」亦不過美其民不流亡而已。詳見第九章第七節。晉書王彪之傳：稱彪之爲會稽內史，居郡八年，亡戶歸者三萬餘口，可見流亡者之多。齊書柳世隆傳：尚書符罪狀沈攸之曰：「竄叛入境，輒加擁護，逋亡出界，必遣窮追。」是行暴政者既迫民使流亡，又開他境之民之流亡也。歷代開亡叛自首之途者甚多，宋書武帝紀：永初元年八月，開亡叛，赦限內首出，蠲租布二年。先有資狀，黃籍猶存者，聽復本注。孝武帝大明二年、五年，明帝泰始二年，皆有原赦逃亡之詔，見紀。梁武帝時，詔令尤煩，見第十二章第五節。然實惠未必逮下。魏書生長姦詐，因生隱藏。出縮老小，妄注死失。收人租調，割入於己。人困於下，官損於上。」近世論戶籍者，或謂「饑時散振，平時服役之書，必不足用，更須重造，可見編審之無謂，」此言實不翅自承其戶籍之不實。魏書高祖紀：大和十一年七月，詔「年穀不登，聽民出關就食，遣使者造籍，分遣去留。」九月，又詔曰：「去夏以歲旱民飢，須遣就食，舊籍雜亂，難可分簡，故依局割民，閱戶造籍，欲令去留得實，振貸平均。乃者以來，猶有餓死衢路，無人收識。良由本部不明，籍貫未實，廩恤不周，以至於此。」是其振饑册籍，亦臨時編造，而又不能善其事也。又近世所謂編審者，初非閱實戶口，祇是量度一州縣賦役，合取丁錢多少，攤派之於有田之家耳。所謂丁隨糧行也。一條鞭之法行後，舉國皆漸行此法，故其生齒雖盛，而戶口不增。清聖祖詔盛世滋生人丁，永不加賦，正竅破此中消息也。北史李義深傳：弟幼廉，爲瀛州長史。齊神武行經冀部，總合河北六州文籍，商榷戶口增損。親自部分，多在馬上，徵責文簿。幼廉應機立成，恆先期會，爲諸州準的。版籍苟實，何容以意增損？其所謂增損者，蓋亦隨賦役爲盜虛耳。又編審之難，在於官不能親歷閭閻，又不能令民抱子攜妻，赴公堂而聽點。而齊書顧憲之傳，憲之謂「比衆局檢校，首尾尋續，橫相質累者，亦復不少。一人被攝，十人相追；一緒裁萌，千孽互起。蠶事弛而農業廢，賤取庸而貴舉責，應公贍私，日不暇給。」則凡近世之弊，南北朝時，已皆有之矣。隋書食貨志述北齊文宣時事云：舊制未娶者輸半牀租調，陽翟一郡，戶至數萬，籍多無妻。版籍不實之情形，眞可發一大噱。

晉書食貨志：武帝泰始五年，正月，勑戒郡國計吏：豪勢不得侵役寡弱，私相置名。高陽王睦傳：武帝受禪，封中山王。咸寧三年，睦使募徙國內八縣，受逋逃、私占及變易姓名，詐冒復除者七百餘戶。有司奏事在赦前，應原。詔不許，貶年，北部民殺衡陽公莫孤，率五千餘落北走，追擊於漠南，殺其渠帥，餘徙居冀、定、相三州爲營戶。高祖紀：延興元年，沃野、統萬二鎮勅勒叛，詔源賀追擊，至枹罕，滅之，徙其遺迸於冀、定、相三州爲營戶。二年，連川敕勒謀叛，徙配青、徐、齊、兗四州爲營戶。此等亦皆不貫民籍者。梁書武帝紀：天監十七年，八月，詔以兵騶、奴婢，男年登六十，女年登五十，免爲平民。南史作男年六十六，女年六十，免爲編戶。則奴婢亦在編戶之外。魏書景穆十二王傳：京兆王子推之子遙，遷冀州刺史。以諸胡先無籍貫，悉令造籍，遂欲稅之，爲胡所搆，則諸胡又莫非漏籍之人也。無籍及不屬州縣者既多，民戶自見其少。然此等爲數究屬有限，其大使民戶減少者，則人民之漏籍，豪强之隱占也。

漏籍之弊，南北皆然。晉書庾冰傳：冰爲揚州刺史，隱實戶口，料出無名萬餘人，以充軍實。陳書文學褚玠傳：除山陰令。縣民張次的、王休達等，與諸猾吏賄賂通姦，全丁大戶，類多隱沒。玠乃鏁次的等，具狀啓臺。高宗手勅慰勞，并遣使助玠搜括，所出軍民八百餘戶。魏書韓茂傳：顯祖以五州民戶殷多，編籍不實，五州，據上文觀之，當爲冀、定、相、青、東青。詔茂子均檢括，出十餘萬戶。足見其數之多。諸漏籍之人，有竟不占著者，隋書食貨志言：「江左無貫之人，不樂州縣編戶者，謂之浮浪人」是也。有隱蔽於大戶之中者，虞玩之謂「抱子幷居，竟不編戶」；魏書李沖傳言舊無三長，惟立宗主督護，民多隱冒，五十、三十家方爲一戶是也。齊建元二年詔曰：「黃籍民之大紀，國之理端。自頃氓俗巧僞，爲日已久。至乃竊注爵位，盜易年月，增損三狀，貿襲萬端。或戶存而文書已絕，或人在而反託死叛。停私而云隸役，身強而稱六疾。編戶齊家，少不如此。」齊書虞玩之傳。魏書昭成子孫傳：元暉上書言「國之資儲，惟藉河北。饑饉積年，戶口逃散。

女口二百三十萬，則吏之與兵皆在民戶之外。慕容寶載記：寶嗣僞位，遵垂遺令，校閱戶口，罷諸軍營，分屬郡縣。宋書州郡志：南彭城蕃縣、薛縣，皆義旗初免軍戶所立。劉粹傳：弟道濟，爲益州刺史，蜀土僑舊，翕然並反，道濟梟懼，免吳兵三十六營，以爲平民，分立宋興、宋寧二郡。隋書食貨志：周武帝建德二年，改軍士爲侍官，募百姓充之，陳其縣籍。高祖紀：開皇十年五月，乙未，詔曰：「魏末喪亂，寓縣瓜分，役車歲動，未遑休息，兵士軍人，權置坊府，南征北伐，居處無定，家無完堵，地罕苞桑，恆爲流寓之人，竟無鄉里之號。朕甚愍之。凡是軍人，可悉屬州縣，墾田帳籍，一與民同。」遂罷山東、河南及北方緣邊新置軍府。是晉南北朝之世，有兵籍者，多在民戶之外也。南史郭祖深傳：祖深以爲「都下佛寺五百餘所，僧尼十餘萬，所在郡縣，不可勝言。道人又有白徒，尼則皆畜養女，皆不貫人籍，天下戶口，幾亡其半。」魏書釋老志言：大和十年，有司奏前被勅以勒籍之初，愚民僥倖，假稱入道，以避輸課，其無籍僧尼，罷遣還俗。又沙門統曇曜奏：平齊戶（宋明帝失淮北，虜徙青齊民於平城，置平齊郡以居之，其民謂之平齊戶，見第九章第五節。）及諸民，有能歲輸穀六十斛入僧曹者，即爲僧祇戶。又請民犯重罪及官奴爲佛圖戶，以供諸寺掃灑。此等蓋亦如僧尼之不貫民籍矣。閹官仇洛齊傳言：魏初禁網疏闊，民戶隱匿漏脫者多。東州既平，綾羅戶民樂葵因是請采漏戶，供爲綸綿。自後逃戶占爲細繭、羅穀者非一。於是雜、營戶帥，偏於天下，不屬守宰，發賦輕易，民多私附，戶口錯亂，不可檢括。洛齊奏議罷之，一屬郡縣。隋書刑法志言：自魏、晉相承，死罪重者，妻子皆以補兵。魏虜西涼之人，沒入名爲隸戶。魏武入關，隸戶皆在東魏。後齊因之，仍供厮役。建德六年齊平後，武帝欲施輕典於新國，乃詔凡諸雜戶，悉放爲百姓。（事亦見周書本紀。）魏書世祖紀：眞君五四十五萬九千八百四十口一千六百一十六萬三千八百六十三。隋書地理志云：大康時戶二百六十餘萬此後無總數可考。桓溫嘗言「戶口凋寡，不當漢之一郡」，則東晉之世民戶之寡少可知。南史本紀言：梁元帝時，人戶著籍，不盈三萬，詳見第十三章第四節。其寡少尤爲可駭。隋書地理志言：陳世戶數爲六十萬。北史隋本紀：陳國平，戶五十萬，口二百萬。隋書本紀無。蓋昔人好舉成數，其戶數當在五十六十萬之間也。北朝以正光以前爲全盛，其數倍於晉之大康，孝昌以後，耗減且將大半。魏書地形志。元孝友當魏末謂「計見管之戶應二萬餘族，」族二百家，是有二百萬戶也。周書武帝紀：關東平，得戶三百三十萬二千五百二十八，口二千萬六千六百八十六。隋志載北齊戶數本之，而謂隋世戶數爲八百九十萬七千五百四十六，口數爲四千六百一萬九千九百五十六云。僭僞諸國戶口之數可考者：苻堅載記，謂堅滅前燕，入鄴宮，閱其名籍，戶二百四十五萬八千九百六十九，口九百九十八萬七千九百三十五。慕容垂載記，載翟釗所統七郡戶數爲三萬八千，慕容永所統新舊八郡戶數爲七萬六千八百。此外皆無所見。案亂離分裂之世，戶口之數，自當少於統一全盛之時。然據當時記載，僅山陰一縣，戶數即已三萬；宋書顧覬之及良吏江秉之傳。其課戶爲二萬見齊書顧憲之傳。魏孝靜帝遷鄴，戶四十萬，狼狽就道；北齊書神武紀。陳國雖褊小，豈有僅二十倍於山陰；魏末雖喪亂，豈有僅五倍於鄴都之理？其非實數，顯而易見。蓋史之所記，原不過當時占著之數，非以爲生齒之實也。然以考生齒之數雖不足，以考人民占籍之情形，則有可見者矣。

著籍之數，何以寡少？其原因蓋有多端。晉書武帝紀，載帝平吳，得戶五十二萬三千，吏三萬三千，兵二十三萬，男子也，無後，以弘微爲嗣。義熙初，襲峻爵建昌縣侯。弘微家素貧儉，而所繼豐泰，惟受書數千卷，國吏數人而已。遺財祿秩，一不關豫。八年，混以劉毅黨見誅。妻晉陵公主，改適琅邪王練。公主雖執意不行，而詔與謝氏離絕。公主以混家事，委之弘微。混仍世宰輔，一門兩封，田業十餘處，僮僕千人，惟有二女，年並數歲。弘微經紀生業，事若在公，一錢尺帛出入皆有文簿。高祖受命，晉陵公主降爲東鄉郡君。以混得罪前代，東鄉君節義可嘉，聽還謝氏。自混亡至是九載，而室宇脩整，倉庫充盈，門徒業使，不異平日，田疇墾闢，有加於舊。元嘉九年，東鄉君薨，資財鉅萬，園宅十餘所，又會稽、吳興、琅邪諸處，大傅安、司空琰時事業，奴僮猶有數百人。公私咸謂室內貲財，宜歸二女，田宅僮僕，應屬弘微。弘微一無所取，自以私祿營葬。案琰，安子。峻、混，皆琰之子。弘微，安弟萬之孫。案議者謂田宅僮僕，應屬弘微者？蓋謂此與封爵相聯，乃古圭田之例，然弘微并此而不取，則可見繼其宗祧者，原不必襲其財產。梁書阮孝緒傳：孝緒七歲出後從伯胤之，胤之母周氏卒，有遺財百餘萬，應歸孝緒，孝緒一無所納，盡以歸胤之姊琅邪王晏之母，此則又非親生女之比矣。晉書殷仲堪傳言：仲堪以異姓相養，禮、律所不許，子孫繼親族無後者，惟令主其烝嘗，不聽別籍以避役，此又見按諸禮、律，承嗣本與財產無關，足以告後世之與爲人後而有所冀者矣。

第三節　戶口增減

中國歷代史所記戶口之數，多寡縣殊，晉、南北朝之世，則其寡少殊甚。晉書地理志云：大康元年平吳，大凡戶百幼小無依，而特爲臣主之閒，以恩相結，蓋由不知君臣有朋友之誼，而惟知有親族關係使然，又與中國之養子殊科矣。北史齊宗室諸王傳：上洛王思宗，弟思好，本浩氏子也，思宗養以爲弟。又綦祐傳：周文帝謂祐曰：「吾今以爾爲子，爾其父事我。」張奫傳：隋文帝謂曰：「卿可爲朕兒，朕爲卿父。」又宇文述傳：性貪鄙，知人有珍異物，必求取。富商大賈，及隴右諸胡子弟，皆接以恩意，呼之爲兒。由是競加餽遺，珍寶累積。又有趙行樞者，本大常樂戶，家財億計，述謂爲兒，受其賂遺。此爲認義子者之又一變格，然亦北族之俗有以作之俑也。

晉書賈充傳云：充婦廣城君郭槐，姓妒忌。充子黎民，年三歲，乳母抱之當閤，黎民見充入，喜笑，充就而拊之，槐望見，謂充私乳母，即鞭殺之，黎民戀念，發病而死。後又生男，過期，復爲乳母所抱，充以手摩其頭，郭疑乳母，又殺之，兒亦思慕而死。充遂無胤嗣。及薨，槐輒以外孫韓謐爲黎民子，奉充後。郎中令韓咸，中尉曹軫諫，不從。咸等上書求改立嗣，事寢不報。槐遂表陳：是充遺意。帝乃詔曰：「周之公旦，漢之蕭何，或豫建元子，或封爵元妃，蓋尊顯勳庸，不同常例。大宰素取外孫韓謐爲世子黎民後。吾退而斷之，外孫骨肉至近，推恩計情，合於人心。其以謐爲魯公世孫，以嗣其國。自非功如大宰，始封無後如大宰，所取必以己自出如大宰，皆不得以爲比。」及下禮官議充謚，博士秦秀，援莒人滅鄫之文，謂「充絕父祖之血食，開朝廷之禍門，謚法昏亂紀度曰荒，請謚荒公」，不從。秀傳。案賈充固非正人，晉書所載之辭，則亦多誣衊。三歲過乳之兒，安知戀念乳母而死？即曰知之，而二子之死，其事若一，理可通乎？莒人滅鄫，雖曰春秋之義，然時異勢殊，寧可拘執。當時議者，亦借此以攻充耳，意初不在禮律，此參觀第三章第一節而可知者也。然其事至煩武帝特下詔書，亦可見舊習入人之深矣。又古之爲人後者，僅主其祭祀，而非利其財產。宋書謝弘微傳：從叔峻，司空琰第二諸子自結於秀，故以大安元年立爲皇后。南史周弘正傳：臺城陷，弘正諂附王偉，又與周石珍合族，此趨炎附勢之爲也。齊書賈淵傳：淵遷長水校尉。荒傖人王泰寶，買襲琅邪譜，尙書令王晏，以啓高宗。淵坐被收，當極法。子棲長謝罪，稽顙流血，朝廷哀之，乃得免罪。此以財貨誘引者也。晉書石苞傳：苞曾孫樸，沒於胡。石勒以與樸同姓，俱出河北，引爲宗室，特加優寵。北齊書高隆之傳：本姓徐氏，云出自高平金鄉。父幹，爲姑壻高氏所養，因從其姓。隆之後有參議之功，高祖命爲從弟，仍云渤海蓨人。此異族之攀援也。侯景僭位，以漢司徒侯霸爲始祖，晉徵士侯瑾爲七世祖。李賢自云隴西成紀人，漢騎都尉陵之後。陵沒匈奴，子孫因居北狄。後隨魏南遷，復歸汧隴。竇熾自云扶風平陵人，漢大鴻臚章十一世孫。章子統，靈帝時爲雁門大守，避竇武之難，亡奔匈奴，遂爲部落大人。後魏南徙，子孫因家於代，賜姓紇豆陵氏。當時此等誣辭，蓋又不知凡幾矣。讀唐書宰相世系表，尙有可見者。元魏入中國，賜姓命氏，其事不一。其後改易，多有與中國同者。詳見魏書官氏志。而賜姓又多。賜姓，魏、周、齊皆有之，而周尤盛。甚有如令狐整宗人二百餘戶，並列屬籍者。女子亦有賜姓者。高祖及齊王憲之在襁褓，以避忌不利居宮中，大祖令於李賢家處之，六載乃還宮，因賜賢妻吳姓宇文氏，養爲姪女是也。靜帝大象元年，詔諸改姓者悉令復舊，然不復者必多矣。華之與夷，蓋混淆不可辨矣。然同是圓顱方趾之倫，優劣本無區別，又凡諸民族，血統孰不混淆？此固不足計也。當時之人，皆非以異姓爲後，卽法律亦所不許，見下。然隨所養而改姓者仍多。如高隆之之父，卽是。陳書高祖宣皇后章氏，本姓鈕，父景明，爲章氏所養，因改焉。周文育，本姓項氏，爲壽昌浦口戍主周薈所養。紀少瑜，本姓吳，養於紀氏，因而命族。又獨孤永業，本姓劉，母改適獨孤，永業隨母，爲獨孤家所養，遂從其姓，皆其事也。父母之恩，本不在生而在養，此又不足怪也。北族之養子弟，則非因其一部，不在百家之數焉。集十八州譜七百一十卷，百家譜集抄十五卷，東南譜集抄十卷，並行於世。是南方譜學實以賈氏爲名家，其後官私撰述，並承其餘緒也。梁陳二代，通譜學者亦有其人。梁書徐勉傳：勉居選官時，該綜百氏，皆爲避諱。傳昭傳：博極古今，尤善人物。魏晉以來，官宦簿伐，姻通內外，舉而論之，無所遺失。陳書陸瓊傳：遷吏部尚書，詳練譜牒。「後魏遷洛，有八氏十姓，咸出帝族；又有三十六族，則諸國之從魏者；九十二姓，世爲部落大人；並爲河南洛陽人。周書文帝紀：魏恭帝元年，魏氏之初統國三十六，大姓九十九，後多絕滅。至是，以諸將功高者爲三十六國後，次功者爲九十九姓後，所統軍人，亦改從其姓。其中國士人，則第其門閥，有四海大姓，郡姓，州姓，縣姓。及周太祖入關，諸姓子孫有功者，並令爲其宗長，仍撰譜錄，記其所承，又以關內諸州爲其本望。」隋書經籍志。北魏宗室及諸臣，亦有通譜學者。北史景穆十二王傳：濟陰王小新成曾孫暉業，撰魏藩王家世，號爲辨宗錄，四十卷，行於世。宋隱傳：弟子世良，撰宋氏別錄十卷。周武帝敕鮑宏修皇室譜一部。隋書經籍志史部譜系門著錄四十一部，三百六十卷；通計亡書，則五十三部，一千二百八十卷云。齊書王晏傳：武帝欲以高宗代晏領選，手敕問之。晏啓曰：「鸞清幹有餘，然不諳百氏，恐不可居此職。」上乃止。北史魏收傳：收撰魏書，楊愔謂曰：「此謂不刊之書，傳之萬古。但恨論及諸家枝葉親姻，過爲繁碎，與舊史體例不同耳。」收曰：「往因中原喪亂，人士譜牒，遺逸略盡，是以具書其枝派，望公觀過知仁。」可見當時視此之重已。

然時雖致謹於族姓，而自誣其祖者仍多，此又大勢所趨，無可如何者也。劉延孫於宋室，本非同宗，而孝武與之合族，見第九章第二節。此執政柄者之自亂其例也。晉書惠羊皇后傳：賈后既廢，孫秀議立后。后外祖孫旂，與秀合族，又虞傳曰：虞以漢以來喪亂，譜牒多亡失，雖其子孫，不能言其先祖，撰族姓昭穆十卷，上疏進之，以爲足以備物致用，廣多聞之益。此爲譜學之權輿。齊書文學傳：賈淵，祖弼之，世傳譜學。竟陵王子良使撰見客譜。先是譜學未有名家。弼之廣集百氏譜記，專心治業。晉大元中，朝廷給弼之令史、書吏，撰定繕寫藏祕閣，仍遷左民曹。南史作「及左戶曹。」民作戶避唐諱。淵父及淵，三世傳學。凡十八州士族譜，合百帙，七百餘卷，該究精悉，當世莫比。永明中，衞軍王儉抄次百家譜，與淵參懷撰定。淵撰氏族要狀及人名書，並行於世。南史王僧孺傳：知撰譜事。先是尚書令沈約，以爲「晉咸和初蘇峻作亂，文籍無遺。後起咸和二年，以至於宋，所書並皆詳實，並在下省左戶曹前廂，謂之晉籍，有東西二庫。此籍既並精詳，實可寶惜。位宦高卑，皆可依案。宋元嘉二十七年，始以七條徵發。既立此科，人姦互起。僞狀巧籍，歲月滋廣。以至於齊，患其不實。於是東堂校籍，置郎、令史以掌之。競行姦貨，以新換故。昨日卑細，今日便成士流。宋、齊二代，士庶不分，雜役減闕，職由於此。竊以晉籍所餘，宜加寶愛。」參看第三節。武帝以是留意譜籍，州郡多罹其罪。因詔僧孺改定百家譜。始晉大元中，員外散騎侍郎平陽賈弼，即弼之。篤好簿狀。乃廣集衆家，大搜羣族。所撰十八州，一百一十六郡，合七百一十二卷。凡諸大品，略無遺闕。藏在祕閣，副在左戶。及弼子大宰參軍匪之，匪之子長水校尉深，即淵，南史本傳書其字曰希鏡，此處則改爲深。唐書儒學柳沖傳云：希鏡傳子執，執更作姓氏英賢一百篇。又著百家譜，廣兩王所記。執傳其孫冠，冠撰梁國親王大子序親譜四篇。世傳其業。大保王弘，領軍將軍劉湛，並好其書。弘日對千客，不犯一人之諱。湛爲通曹，始撰百家，以助銓序，而傷於寡略。齊衞將軍王儉，復加去取，得繁省之衷。僧孺之撰，通范陽張等九族，以代雁門解等九姓。其東南諸族，別爲之發揚，所揖實巨。而身家之念大重，則盡忠於國家、民族、社會之念自輕，前已言之矣。即以一家論，亦未必終爲其利，何者？此等大族，摶結之始，必以生計之互相依倚爲之因。此蓋一時事勢使然。久之，事勢改變，大族生利之力雖强，終不如一切與全社會相依，而更擴其分工協力之範圍爲得計矣。此其所以終於離析歟？盧氏自淵亡後，家風衰損，已見上節。崔氏頻遭饑年，家遂分析，說亦見前。莊帝還宮，楊椿頻乞歸老，臨行誡子孫曰：「吾兄弟若在家，必同盤而食，若有近行不至，必待其還。如聞汝等兄弟時有別齋獨食，此又不如吾等一世也。」可見其家法亦寖寖不能維持矣。

凡權勢之家，據權勢愈久，則其自私而思保守之愈甚。歷代帝王之家，所謂敦宗睦族者，原其朔，則不過如是而已。魏書景穆十二王傳：京兆王推之子遙，大功昆弟，皆是恭宗之孫，至肅宗而本服絕，故除遙等屬籍。遙表曰：「律云：議親者，非惟當世之屬親，歷謂先帝之五世。謹尋斯旨，將以廣帝宗，重磐石。先皇所以變革事條，爲此別制者？大和之季，方有意於吳、蜀，經始之費，慮深在初，割滅之起，當出暫時也。古人有言：百足之蟲，至死不僵，以其輔已者衆。大宗一分，則天子屬籍，不過十數人而已。在漢，諸王之子，不限多少，皆列土而封，謂之曰侯。至於魏、晉，莫不廣胙河山，稱之曰公。臣去皇上，雖是五世之遙，於先帝，便是天子之孫。今朝廷猶在遏密之中，便議此事，實用未安。」詔付尚書博議。令任城王澄、左僕射元暉奏同遙表。靈大后不從。據此，拓跋氏之待宗室，實較漢、魏以來爲薄，一由其互相猜忌，一亦由其演進本淺，故其自私，轉不如中國之甚也。亦可見一切弊政，皆由積漸而致矣。

小史之職既廢，譜牒之作，祇爲私家之事，自晉以降，國家乃復起而干與之，則以其時嚴士庶之別故也。晉書摯之古公溺驪姬而殺申生之晉獻正相類。此中消息，殊耐尋思，特非方内之士所敢道耳。魏書裴叔業傳：叔業孫譚，麤險好殺。然孝事諸叔，盡於子道，國祿歲入，每以分贍，世以此稱之。古今人情，固不甚相遠也。

凡大族能歷時稍久者，必自有其法度。陳書王瑒傳云：瑒兄弟三十餘人，居家篤睦。每歲時饋遺，徧及近親，敦誘諸弟，並稟其規訓。魏書盧玄傳言：玄子度世，及孫淵、昶，並循父風。父母亡後，同居共財，自祖至孫，家內百口。在洛時有饑年，無以自贍，然尊卑怡穆，豐儉同之。親從昆弟，常旦省諸父，出坐別室，至暮乃入。崔挺傳言：挺三世同居，門有禮讓。挺有子六人，長曰孝芬，弟孝暐等，奉之盡恭順之禮。一錢尺帛，不入私房，吉凶有須，聚對分給。諸婦亦相親愛，有無共之。始挺與弟振同居，振亡之後，孝芬等承奉叔母李氏，若事所生，旦夕溫凊，出入啓覲，家事巨細，一以咨決。每兄弟出行，有獲財物，尺寸已上，皆內李氏之庫。四時分賚，李自裁之。如此者二十餘歲。楊播傳言：播家世純厚，并敦義讓。昆季相事，有若父子。播剛毅，椿、津（並播弟。）恭謙。兄弟旦則聚於廳堂，終日相對，未曾入內。有一美味，不集不食。廳堂間往往幃幔隔障，爲寢息之所。時就休偃，還共談笑。椿、津年過六十，並登台鼎，而津嘗旦暮參問，子姪羅列階下，椿不命坐，津不敢坐。椿每近出，或日斜不至，津不先飯。椿還，然後共食。食則津親授匙箸，味皆先嘗，椿命食，然後食。一家之內，男女百口，緦服同爨，庭無間言。魏世已來，惟有盧淵及播昆季，當世莫逮焉。節義傳言：李几七世共居同財，家有二十二房，一百九十口。長幼濟濟，風禮著聞。至於作役，卑幼競進。夫摶結多人，不可無法，家國之理一也。此等法度，實此等巨家之所以能持久也。然果足尙乎？子弟率敎之謹，最爲拘墟之士所豔稱。然如是，則身居其間者，將絕少自由，於才性昌中，枚策還洛陽。先是燈從祖眞度，與族祖安都，擁徐、兖歸魏。其子懷儁，見燈，甚相親善。北史獨孤信傳：子羅，爲高氏所囚，及信爲宇文護所誅，羅始見釋。寓居中山，孤貧無以自給。齊將獨孤永業，以宗族故，哀之，爲買田宅，遺以資畜。此等似乎甚厚。然宋書王懿傳言：北土重同姓，並謂之骨肉。有遠來相投者，莫不竭力營贍。若不至者，以爲不義，不爲鄉里所容。懿聞王愉在江南，是大原人，乃往依之，愉禮之甚薄，則其相周卹，特迫於人言耳，非出本心也。北史胡叟傳：卒，無子，無家人營主凶事。胡始昌迎殯之於家，葬於墓次，卽令弟繼之，襲其爵。叟與始昌雖宗室，性氣殊詭，不相附。其存往來甚簡，及亡而收恤甚厚。議者以爲非敦哀疏宗，或緣求利品秩也。可謂肺肝如見矣。劉昶令袁宣與其府諮議參軍袁濟爲宗，宣時孤寒，甚相依附。及顗兄弟官顯，與濟子洗、演，遂各陵競。洗等乃經公府以相排斥，以利合者固無以善其終也。

然後知社會演進之大勢，終不可逆也。語曰：「求忠臣必於孝子之門。」此由古所謂忠臣者，多盡力於一人一姓，而古所謂國者，本與家同物，特大小有殊而已。至於後世，則國之與家，性質大異。盡忠於國者，非當異族憑陵之際，以國家爲民族之藩衛；視君主爲主權之表徵；則廑己飢己溺之懷，思得政權以遂其拯民於塗炭之志。若此者，知識既高，願力亦大，豈僅盡心於一小摶體者之所知？不寧惟是，小摶體之利害，往往與大摶體不相容。顧慮身家之念重，盡忠君國之義自輕。趙氏翼嘗譏「江左高門大族，雍容令僕，裙屐相高，與時推遷，自保家世，朝市革易，而我之門第如故。」廿二史劄記江左世族無功臣條。所以致此，雖其道多端，然家室之累，實其大者。然則卽以忠君舊義，論篤於宗族者，亦未必遂可託孤寄命矣。不寧惟是，行以中庸爲貴，而流俗之所稱美者，則大抵非行庸德、謹庸言之徒。吾嘗見居喪盡禮，有過恆人，而性情乖戾，爲鄉里所患苦者矣。高宗，殷之賢王也。記稱之曰：「繼世卽位，而子良於喪，當此之時，殷衰而復興，禮廢而復起。」然實殺孝己，與寵妾女而替大伯捐褻道諧，令其異居。所得廪祿，略不相及。當時於此等事，不惟輿論羣相責難，卽法律亦或加以懲處。如魏書島夷傳言：蕭鸞宣德大僕劉朗之，游擊將軍劉璩之，坐不贍給兄子，使其隨母他嫁，免官禁錮是也。然究何益哉？生分之俗，南方較北方爲甚。魏書裴叔業傳云：叔業兄子子植，雖自州送祿奉母及贍諸弟，而各別資財，同居異爨，一門數竈，蓋亦染江南之俗也，是其證。晉書隱逸傳：陶潛與子書曰：「雖不同生，當思四海皆弟兄之義。鮑叔、敬仲分財無猜，歸生、伍舉，班荊道舊，遂能以敗爲成，因喪立功。他人尙爾，況共父之人哉。」可見其強相維繫，懍乎若朽索之馭六馬矣。南史蔡興宗傳：父廓，罷豫章郡還，起二宅，先成東宅，以與兄軌。軌罷長沙郡還，送錢五十萬，以裨宅直。興宗年十一，白母曰：「一家由來豐儉必共，今日宅直，不宜受也。」母悅而從焉。軌深有愧色。謂其子淡曰：「我年六十，行事不及十歲小兒。」此事不足見時人之能共豐儉，正足見其習於分異耳。然謂北方能不分異者，亦非其實。楊昱第六叔早喪，有一男六女。及終喪，妻元氏請別居。昱父椿，集親姻泣謂曰：「我弟不幸早終，今男未婚，女未嫁，何便求別居？」不聽。崔挺三世同居，門有禮讓。於後頗直饑年，亦卒分析。義門如此，況在恆人？北史薛愼傳：保定初，出爲湖州刺史。蠻族昏娶之後，父母雖在，卽與別居。愼乃親自誘導，示以孝慈，幷遣守令，各喻所部。有數戶蠻，別居數年，遂還侍養；及行得果膳，歸奉父母。愼以其從善之速，具以狀聞。有詔蠲其賦役。於是風化大行，有同華俗。又儒林樂遜傳：授湖州刺史。人多蠻左，未習儒風。蠻俗生子長大，多與父母異居。遜每加勸導，多革前弊。當時蠻左，實多華人，具見第十六章第二、第六節。此蓋仕宦之家，親族多互相依倚，平民之多田產者，亦能聚族而居，其貧苦者則不然，非關華夷之異也。隋書食貨志言：山東承齊俗，避役惰游者十六七。四方疲人，或詐老詐小，規免租賦。高祖令州縣大索貌閱，戶口不實者，正長遠配。而又開相糾之科。大功已下，兼令析籍，各爲戶頭，以防容隱。旣狃於成見而責其合，又利其賦役而迫之分，狐埋狐搰之作哉？其以敦睦稱者，又或別有所爲。晉書儒林傳：范隆生而父亡。年四歲，又喪母。單孤無緦功之親。疏族范廣，愍而養之。迎歸教書，爲立祠堂。隆奉廣如父。周書薛憕傳：河東汾陰人也。曾祖弘敞，值赫連之亂，率宗人避地襄陽。孝隄。此等皆地方之大害。梁、陳閒諸割據者，亦不過此等人中之佼佼者耳。讀第十三章第六、七、八節可知也。

然此等巨族，究爲特異之象，以大勢論之，則仍日趨於分。晉書刑法志言：魏世制法，「除異子之科，使父子無異財也。」宋書周朗傳：朗上書言：「今士大夫之家，父母在而兄弟異計，十室而七矣；庶人父子殊產，亦八家而五矣。甚者危亡不相知，飢寒不相卹，又嫉謗讒害，不可稱數。宜明其禁，以革其風。」可見時人疾惡分異之烈。然參考史事，則宗族之能同居者實少，兄弟白首不分異，已侈爲美談。北史甄琛傳：與弟僧林，以同居沒齒。山偉傳：偉弟少亡，偉撫寡訓孤，同居二十餘載，恩義甚篤。周書崔謙傳：與弟說特相友愛，雖復年事並高，名位各重，所有貲產，皆無私焉。寇儁傳：兄祖訓、祖禮及儁，並有志行，閨門雍睦，白首同居。觀此等亦侈爲美談，知當時兄弟同居者已少。羣從同居者更寡。晉書忠義傳：嵇紹與從子含等五人共居，撫卹如所同生。魏書韓麒麟傳：孫子熙，少孤，爲叔顯宗所撫養。及顯宗卒，子伯華又幼，子熙友愛，等於同生。長猶共居，車馬貨財，隨其費用，未嘗見於顏色。北史辛紹先傳：孫少雍，妻王氏，有德義。少雍與從弟懷仁，兄弟同居。懷仁等事之甚謹，閨門禮讓，人無閒焉。又寇儁傳：篤於仁義，期功之中，有孤幼者，衣食豐約，幷與之同。其更廣於此者，則眞如鳳毛麟角矣。宗族百口，累世同居者，多見諸史孝義、節義等傳。此外如晉書儒林傳：氾毓，奕世儒素，敦睦九族，客居青州，逮毓七世，時人號其「兒無常父，衣無常主」。北史許彥傳：曾孫子恂，閨門雍睦，三世同居。周書辛威傳：家門友義，五世同居。而好生分及不能相恤之事則甚多。南史袁粲傳：粲幼孤，祖哀之名之曰愍孫。伯叔並當世榮顯，而愍孫飢寒不足。魏書裴伯茂傳：伯茂先出後其伯仲規，與兄景融別居。景融貧窘，伯茂了無振恤，殆同行路。此猶在平時，其在流離顚沛之中者，李寶傳：李氏自初入魏，人位兼舉，因沖寵遇，遂爲當世盛門，而仁義吉凶，情義淺薄，期功之服，殆無慘容。相視窘迫，不加拯濟。此猶曰李氏入魏，即蒙恩寵也。韋子粲，閨門誅滅，入魏獲存者，惟子粲與弟道諧二人，而粲富貴之後，遂百人，合諸軍討其將張健。見晉書顧衆傳。宋景平中，富陽孫氏，聚合門宗，謀爲逆亂。見宋書褚叔度傳。義康之徒也，胡藩子誕世、茂世，率羣從二百餘人，攻破郡縣，謀奉之。見第八章第一節。劉彌之青州彊姓，門族甚多，故其宗從，能相合率以拒沈文秀。見第九章第五節。侯景之亂，沈衆表梁武帝，稱家世所隸義故部曲，並在吳興，求還召募以討賊。武帝許之。及景圍臺城，衆率宗族及義附五千人入援。王廣攻毛興於枹罕，興遣衞平率其宗人千七百襲敗之。後枹罕諸氏，以平年老，不可以成事業，議廢之，而憚其宗彊，連日不決。有啖青者，挺身而起，乃獲廢平而推苻登。見晉書苻丕載記。郝溫舉義於杏城，蓋鮮率宗族爲虜討之。魏書世祖紀大平眞君六年。獨孤信東伐，趙肅率宗人爲之鄉道。魏孝武西遷，猗氏樊王二姓舉兵，爲東魏所誅。周書儒林樊深傳。此等雖順逆不同，而其隱若敵國則一。南北彊場，一彼一此，亦多有此等豪族，參與其閒，非盡恃兵力也。又有保險劫掠，行同盜賊者。宋書朱齡石傳：遷武康令。喪亂之際，武康人姚係祖，招聚亡命，專爲劫盜。所居險阻，郡縣畏憚不能討。齡石至縣，僞與親厚，召爲參軍。係祖恃其兄弟徒黨彊盛，謂齡石必不敢圖己，乃出應召。齡石潛結腹心，知其居止塗徑，乃要係祖宴會，叱左右斬之。率五人馳至其家，掩其不備，悉斬係祖兄弟，殺數十人。自是一郡得平。魏書李仲琁傳：爲弘農大守。先是宮、牛二姓，阻險爲害。仲琁示以威惠，並卽歸伏。薛辨傳：河北郡帶山河，路多盜賊。有韓、馬兩姓，各二千餘家，恃强馮險，最爲狡害。劫掠道路，侵暴鄉閭。酷吏傳：靈丘羅思祖，宗門豪溢，家處險隘，多止亡命，與之爲劫。顯祖怒之，戮其家。思祖宗黨，相率寇盜。北史宋隱傳：弟子世良，拜清河大守。郡東南有曲隄，成公一姓，阻而居之，羣盜多萃於此。人爲之語曰：「寧度東吳會稽，不歷成公曲隄。」世良施八條之制，盜奔他子遁，並在河北，爲顯嫌疑。以椿家世顯重，恐失人望，未及加罪。時人助其憂怖。或勸椿攜家避禍。椿曰：「吾內外百口，何處逃竄？正當坐任運耳。」當時親族、中外，互相依倚如此，此族誅之刑，所由足累其心與？

魏書源子恭傳云：蕭衍亡人許周，自稱爲衍給事黃門侍郎，朝士翕然，咸共信待。子恭奏其「履歷清華，名位高達，計其家累，應在不輕，今者歸化，何其孤迥？設使當時悤遽，不得攜將，及其來後，家貲產業，應見簿斂；尊卑口累，亦當從法；而周兄弟怡然，曾無憂慮。」以是爲怪，可見當時巨家，多歷顯宦，有厚產矣。晉書文苑傳：應貞，汝南南頓人，魏侍中璩之子也。自漢至魏，世以文章顯，軒冕相襲，爲郡盛族。此以門第顯者也。習鑿齒傳云：宗族富盛，世爲鄉豪。此以財力雄者也。 職是故，其人在地方，多有聲勢。使能敎養其民，原未嘗不足爲善。北史李靈傳：孫顯甫，豪俠知名，集諸李數千家，於殷州西山開李魚川，方五六十里居之，顯甫爲其宗主。是其力足以養民也。又李士謙傳：李氏宗黨豪盛，每春秋二社，必高會極宴，無不沈醉諠亂。嘗集士謙所，盛饌盈前，而先爲設黍，謂羣從曰：「孔子稱黍爲五穀之長，荀卿亦云：食先黍稷，古人所尚，寧可違乎？」少長肅然，無敢弛惰。退而相謂曰：「旣見君子，方覺吾徒之不德也。」是其力足以敎民也。 無如世祿之家，鮮克由禮，能善導其民者少，而恃勢武斷鄉曲者多。如卞悛以門盛，輕郤詵，相視如讎，詵後爲中丞，卒奏謫卞氏，見晉書卞壼傳。 而當風塵澒洞之時，尤易啓其輕狡之念。張軌割據河右，晉昌張越，涼州大族，密圖代之。又有賈摹者，寔之妻弟，亦涼州大姓，勢傾西土。時有謠曰：「手莫頭，圖涼州，」其居心可想。張茂誘而殺之，於是豪右屛跡，威行涼域。此雖未成割據之業，而實有割據之心者也。薛氏之在河東，羈旅之族也，然猶同姓三千家，宋高祖不得不用爲大守，虜亦不得不用爲都統，見第八章第五節。此則無割據之名，而有割據之實者也。蘇峻之亂，臨平人范明，率宗黨五我宗族必厚報汝。若必殺我，汝族滅矣。」儒遂殺之。充子勁，竟滅吳氏。勁固彊果，然其能復讎，必得其宗族之助，則可推知。宋明帝之殺王景文也，手詔曰：「與卿周旋，欲全卿門戶，故有此處分。」景文門生焦度忿怒，發酒覆地曰：「大丈夫安能坐受死？州中文武可數百人，足以一奮。」景文曰：「知卿至心，若見念者，爲我百口計。」王奐之見收也，子彪議閉門拒命，長史殷叡，奐女壻也，諫曰：「百世門戶，宜思後計，孰與仰藥自全？」董巒討益州，爲魏所執，并其子景曜。魏以巒爲越騎校尉，景曜爲員外郎。巒謀南叛，坐徙朔州。孝文南寇，召巒從軍。軍次魯陽，巒單騎南走，至境首，北向哭呼景曜云：「吾百口在彼，事理須還，不得顧汝一子也。」魏書田益宗傳。當時親族關係之密如此，故苟有刑誅，必致波及。孝文之南寇也，董景曜亦被召至洛陽，密陳其父必當南叛，及巒南走，仍鏁詣魏主所，數而斬之。袁瑾之死也，并其宗族數十人。魏孝武入關，以韋子粲爲南汾州，城陷，不能死難，闔門百口，悉在西魏，多致誅滅。蓋聚族既衆，則其爲力强，慮以怨毒，不自安之情，或致反側，故其措置如此。晉、南北朝之世，刑法酷濫，實由此也。是時之遷徙者，亦多率族而行。如黃泓率宗族歸慕容廆；晉書藝術傳。張昌之亂，王廙、呂甤，密將宗室奔汝南；樊毅隨叔父文皎援臺，文皎戰死，毅將宗族子弟赴江陵，皆是。魏孝莊帝徙河北，執楊侃手曰：「卿尊卑百口，若隨朕行，所累處大，卿可還洛，寄之後圖。」侃曰：「寧可以臣微族，頓廢君臣之義？」固求陪從。及帝圖爾朱榮，侃豫其謀。爾朱兆入洛，侃時休沐，遂得潛竄，歸於華陰。普泰初，天光在關西，遣侃子婦父韋義遠招慰之，立盟許恕其罪。侃從兄昱，侃，播子。昱，播弟椿之子。令侃出應。「假其食言，不過一人身歿，冀全百口。」侃遂赴之，爲天光所害。元顥入洛，昱出鎮滎陽，見擒。又椿弟順，順子仲宣，兄子保，弟足道，則理有可信者也。

北史韋孝寬傳：孝寬欲築城汾北，畫地形具陳其狀，宇文護謂使人曰：「韋公子孫雖多，數不滿百，遣誰固守？」事遂不行，可見子孫百人，在當時猶以爲少。周法尙傳：法尙爲順州刺史，司馬消難作亂，遣兵攻圍之，法尙棄城走，虜其母弟及家累三百人。法尙在當時，未聞爲著名大族，而其家累至於三百，可見其時士大夫家口之衆矣。此等家口，並不以後世所謂同姓爲限。晉書朱伺傳：杜曾遣說伺云「馬儁等感卿恩，盡以君家內外百口付儁，儁已盡心收視，卿可來迎。」祖約傳：石勒詐約，幷其親屬中外百餘人悉滅之。宋書沈慶之傳：慶之有園舍在婁湖，一夜移子孫徙居之。又移親戚中表於婁湖，列門同閈。自序言：沈林子賞賜重疊，皆散於親故，家無餘財，中表孤貧悉歸焉。魏書袁翻傳：父宣，爲沈文秀府主簿，隨文秀入國，劉昶每提引之，言是其外祖淑之近親。又高祐傳：孫諒，造親表譜錄四十餘卷，自五世已下，內外曲盡，覽者服其博記。蓋古代親親，原不限於父族；如九族之制是也，詳見先秦史。又其兩姓恆交昏，而又繼之以世；故夫之父母，與母之兄弟，父之姊妹同稱，詳見先秦史。故中表之情爲尤親。次則從母之子，自亦爲母族中之最親者。自此展轉推之，其範圍自有甚廣者矣。魏書盧玄傳：無鹽房崇吉母傅氏，度世玄子。繼外祖母兄之子婦也。兗州刺史申纂妻賈氏，崇吉之姑女也。皆亡破軍途，老病憔悴。度世推計中表，致其供恤。每覲見傅氏，跪問起居。隨時奉送衣被食物，亦存振賈氏，供其服膳。青州既陷，諸崔墮落，多所收贖。及淵、昶等，皆度世子。並循父風。遠親疏族，敘爲尊行長者，莫不崇拜致敬。閨門之禮，爲世所稱。其一事也。沈充之敗也，亡失道，誤入故將吳儒家。儒欲殺之。充曰：「爾以大義存我，連愛幸之，爲之賦詩十餘首，乘流歸渚篇是也。則惠連見譏之深，其故自別有在矣。南史王僧達傳：族子確，少美姿容，僧達與之相款。確叔父休，爲永嘉大守，當將確之郡，僧達欲逼留之。確知其意，避不往。僧達潛於所住屋後作大阬，欲誘確來別殺埋之。從弟僧虔知其謀，禁呵乃止。又梁宗室傳：長沙宣武王弟子韶，爲幼童，庾信愛之，有斷袖之歡。衣食所資，皆信所給。遇客，韶亦爲信傳酒。後爲郢州，信西上江陵，途經江夏，韶接信甚薄。坐青油幕中，引信入宴，坐信別榻，有自矜色。信稍不堪，因酒酣，乃逕上韶牀，踐蹋肴饌，直視韶面，謂曰：「官今日形容，大異近日。」時賓客滿坐，韶甚慚恥。讀之俱令人駭笑。此亦當時貴族墮落，不可救藥之一端也。

第二節　族制

聚族而居，範圍之大小，必視生計情勢以爲衡。自氏族散爲家族，其勢日趨於分，讀先秦史第十二章第二節，秦漢史第十三章第二節可見其概。晉南北朝之世，社會情勢，實與前無異。惟其時去古較近，各地方强宗巨家，倘有存者；又直喪亂之際，移徙者多與親族相偕，初至異邦，與當地之人，未能融洽，或仍聚族而居；於是家族之大者，往往有之。此就全國言之，實爲特異之象。又昔時之人，狃於成見，不知社會貴化除畛域，而以親族互相依倚爲美談，政令既加以褒揚，輿論又羣相稱道，史家自必勤於記錄，讀者不察，遂謂其時社會情形，與今迥異矣。其實以中國之大，歷朝史籍所占年代之長，有此區區，正如鳳毛麟角耳。大家族不見記載者，自亦有之，且其數必不少，然即具記之，在全社會中，亦必仍微不貼與同里黃權，約生子酬乳哺直。權死後，元孫就權妻吳贖婢母子五人。吳背約不還。元孫訴檞，檞判還本主。吳能爲巫，出入檞內，以金釧賂檞妾，遂改判與之。元孫撾登聞鼓訟之，爲有司所劾。當時民間之於婦女，利其作力之情形可見矣。

貴人之家，雖多畜女伎，然民間婦女爲倡伎者，亦非無之，而貴人亦時遨遊於其間。隋書地理志言：「齊郡俗好教飾子女淫哇之音，能使骨騰肉飛，傾詭人目。俗云齊倡本出此也。」北齊書祖珽傳云：珽豐於財產，又自解彈琵琶，能爲新曲。招城市年少，歌舞爲娛，遊集諸倡家。與陳元康、穆子容、任胄、元士亮等爲聲色之遊，卽是物矣。

晉書五行志云：「自咸寧大康之後，男寵大興，甚於女色，士大夫莫不尙之，天下相放效，或至夫婦離絕，怨曠妒忌者。」宋書五行志同。其事之見於史者：苻堅與慕容沖，已見第六章第四節。石季龍載記：勒爲聘將軍郭榮妹，季龍惑優僮鄭櫻桃，殺郭氏，更納清河崔氏女，櫻桃又譖而殺之。北史盧魯元傳：少子內，給侍東宮，景穆深昵之，常與臥起同衣食。正平初，宮臣伏誅，大武以魯元故，惟殺內而厚撫其兄弟。此皆虜主，不足責。然如辛德源，士大夫也，而史稱裴讓之特相愛好，兼有龍陽之重。亦見北史。宋書謝方明傳：子惠連，先愛會稽郡吏杜德靈，及居父憂，贈以五言詩十餘首，文行於世，坐被徙廢塞，不豫榮伍。尚書殷景仁愛其才，因言次白大祖：「臣小兒時便見世中有此文，而論者云是謝惠連，其實非也。」大祖曰：「若如此，便應通之。」似其見譏，徒以居憂作詩者。然宗室傳：長沙景王子義宗，元嘉八年，坐門生杜德靈放橫打人，還第內藏，義宗隱蔽之，免官。德靈雅有姿色，爲義宗所愛寵，本會稽郡吏，謝方明爲郡，子惠歸允。允爲作計，乃爲遵父舉哀，以遵爲喪主。京邑無不弔集，朝貴咸識之。徐歸奔赴。免喪後爲營宦路。遵感成益之恩，事允如諸父。此等事未易枚舉。褚淵庶生，其母，宋高祖第五女吳郡宣公主也，以淵有才，表爲嫡嗣，此等事不易多覯矣。

顏氏家訓治家篇云：「江東婦女，略無交游，婚姻之家，或十數年未相識，惟以信命贈遺致殷勤焉。鄴下風俗，專以婦持門戶，爭訟曲直，造請逢迎，車乘塡街衢，綺羅盈府寺，代子求官，爲夫訴屈，此乃恒代之遺風乎？南間貧素，皆事外飾，車乘衣服，必貴齊整，家人妻子，不免饑寒。河北人事，多由內政，綺羅金翠，不可廢闕，羸馬頓奴，僅充而已。唱和之禮，或爾汝之。」又曰：「河北婦人，織紝組紃之事，黼黻錦繡綺羅之工，大優於江東也。」乍觀之，似北方婦女，生利之力，較强於南，故其地位亦優於南者。然抱朴子疾謬篇云：「今俗婦女，休其蠶織之業，廢其玄紞之務，不績其麻，士也婆娑。舍中饋之事，修周旋之好，更相從詣，之適親戚。承星舉火，不已於行。多將侍從，暐曄盈路。婢使吏卒，錯雜如市。尋道褻謔，可憎可惡。或宿於他門，或冒夜而返。遊戲佛寺，觀視漁畋。登高臨水，出境慶弔。開車褰幃，周章成邑。杯觴路酌，絃歌行奏。轉相高尚，習非成俗。」其所言，與顏氏適相反，則顏氏所云，恐非恒代之遺風，實京、洛之弊俗也。參觀第十八章第三節自明。至於僻陋阻塞之區，則葛屨履霜之風特甚。隋書地理志述豫章之俗云：「其君子善居室，小人勤耕稼。衣冠之人，多有數婦，暴面市廛，競分銖以給其夫。及舉孝廉，更要富者。前妻雖有積年之勤，子女盈室，猶見放逐，以避後人。」又言其地「一年蠶四五熟，勤於紡績，有夜浣紗而旦成布者，俗呼爲雞鳴布。」勤勞如此，而其見棄遺如彼，「非以貧而爲奴，乃以爲奴而貧，」信矣！南史蔡廓傳：廓孫樽，爲吳興太守。初樽在臨海，百姓楊元孫，以婢采蘭，妾者多出賤族，然較高之門第，亦時有之。晉書列女傳：周顗母李氏，字絡秀，淮南人也。少時在室，顗父浚為安東將軍，求為妾。其父兄不許。絡秀曰「門戶殄悴，何惜一女？若連姻貴族，將來庶有大益矣。」父兄許之。遂生顗及嵩、謨。顗等既長，絡秀謂之曰：「我屈節為汝家作妾，門戶計耳。汝不與我家為親親者，吾亦何惜餘年？」顗等從命。由此李氏為方雅之族。后妃傳：簡文宣鄭大后，河南滎陽人，世為冠族。后少孤，無兄弟，惟姊妹四人。后最長，先適渤海田氏，生一男而寡。元帝為丞相，敬后先崩，納為琅邪王貴人，甚有寵。后雖貴幸，而恆有憂色。帝問其故。對曰；「妾有妹，中者已適長沙王褒，餘二妹未有所適，恐姊為人妾，無復求者。」帝因從容謂劉隗曰：「鄭氏二妹，卿可為求佳對，使不失舊。」隗舉其從子傭娶第三者，以小者適漢中李氏，皆得舊門。李與鄭固非賤族也。然出於賤隸者究多。齊書孔稚珪傳：兄仲智妾李氏，驕妒無禮，稚珪白大守王敬則殺之。蓋律殺奴婢，不過先以白官，見秦漢史第十四章第二節。妾與婢無異，故其殺之之易如是也。妾既多出賤族，庶生之子，自不易與適出者並，故賤視庶孽及遇庶兄弟無禮之事，史屢見之。晉書王沈傳：子浚，母趙氏婦，良家女也，貧賤，出入沈家，遂生浚。沈初不齒之。年十五，沈薨，無子，親戚共立浚為嗣。魏書崔道固傳：道固賤出，適母兄攸之、目連等輕侮之。父輯謂攸之曰：「此兒姿識如此，或能興人門戶，汝等何以輕之？」攸之等遇之彌薄，略無兄弟之禮。時劉義隆子駿為徐、兗二州刺史，將辟他州民為從事，輯乃資給道固，令其南仕。既至彭城，駿以為從事。青州刺史新除，過彭城，駿謂之曰：「崔道固人身如此，豈可為寒士至老乎？而世人以其偏庶，使相陵侮，可為歎息。」北齊書高乾傳：從兄永樂子長命，賤出，年二十餘，始被收舉。魏收傳：收有賤生弟仲固，先未齒錄，及崔㥄將加彈劾，收因此怖懼。北史李訢傳：訢母賤，為諸兄所輕。高允傳：始神麚中，允與從叔濟俱被徵。濟子遵，賤出，其兄矯等常欺侮之。及父亡，不令在喪位。遵遂馳赴平城輝復致忿爭。輝推墮主牀，手脚毆蹈，主遂傷胎。輝懼罪逃逸。靈大后召清河王懌決其事。二家女髡笞付宮，兄弟皆坐鞭刑，徙配敦煌爲兵。公主因傷致薨。大后親臨慟哭，出葬城西，親送數里，盡哀而還。謂侍中崔光曰：「向哭所以過哀者，追念公主爲輝頓辱非一，乃不關言，能爲隱忍，古今寧有此？此所以痛之。」後執輝，幽於司州，將加死刑，會赦得免。又盧度世孫道虔，尚高祖女濟南長公主，公主驕淫，聲穢遐邇，先無疹患，倉卒暴薨，時云道虔所害。世宗祕其醜惡，不苦窮治。後靈大后追主薨事，乃黜道虔爲民，終身不仕。崔暹子達拏，尚齊文襄女樂安公主。文宣問主：「達拏於汝何如？」答云：「甚相敬，惟阿家憎兒。」文宣令宮人召達拏母入而殺之，投漳水。齊滅，達拏殺主以復讎。此皆禍之至酷者。南朝究係禮義之邦，故其慘酷不如北朝之甚。然如趙倫之之孫倩，尚宋文帝第四女海鹽公主，主甚愛重倩，而倩因言戲，以手擊主，事上聞，帝怒，離婚，倩父伯符慙懼，遂發病卒。梁武帝與殷叡少故舊，以女永興公主妻其子鈞。鈞形貌短小，爲主所憎。每被召入，先滿壁爲殷叡字，鈞輒流涕以出，主命婢束而反之。鈞不勝怒，而言於帝。帝以犀如意擊主，碎於背，然猶恨鈞。誠所謂人莫知其子之惡矣。江斅表辭，固由授意，然如晉荀崧子羨，將尚尋陽公主，遂遁去，監司追之不獲，已乃出；又如宋高祖第五女新安公主，先適大原王景深，離絕，當適王景文，景文固辭以疾，則懼而逃之者，實非無人也。司馬消難之叛，固由其反覆無常，而與公主情好不睦，爲主所愬，亦爲其原因之一，其爲禍不亦博乎？

飽暖思淫欲，事理之常，故當時貴家婦女，亦多淫恣。其公然行之者，宋廢帝爲山陰公主置面首左右三十人，已見第九章第三節。讀史者以爲異聞，然據南史后妃傳：鬱林王嘗爲文安王皇后置男左右三十人，則行之者實不僅主一人也。面首者，年少貌美之意。齊書恩幸傳：茹法亮選白衣左右八十人，皆面首富室是也。

適庶兄弟之相爭，禍實更甚於前後妻之子。如盧度世以庶兄弟欲相危害，遂戒絕妾孽是也。見第八章第六節。爲詰辯與誰，衣被故敝，必責頭領。又出入之宜，繁省難衷，或進不獲前，或入不聽出，不入則嫌於欲疏，求出則疑有別意，召必以三晡爲期，遣必以日出爲限，夕不見晚魄，朝不識曙星，至於夜步月而弄琴，晝拱袂而披卷，一生之內，與此長乖。又聲影裁聞，則少婢奔迸，裾袂向夕，則老醜叢來。左右整刷，以疑寵見嫌，賓客未冠，以少容致斥。禮則有列媵，象則有貫魚，本無慢嫡之嫌，豈有輕婦之誚？況今義絕旁私，虔恭正匹？而每事必言無儀適，設辭輒言輕易我。又竊聞諸主聚集，惟論夫族，緩不足爲急者法，急則可爲緩者師，更相扇誘，本其恆意，不可貸借，固實常辭。雖曰家事，有甚王憲，發口所言，恆同科律。王藻雖復彊佷，頗經學涉，戲笑之事，遂爲冤魂；褚曖憂憤，用致夭絕；傷理害義，難以具聞。夫螽斯之德，實致克昌，專妒之行，有妨繁衍，是以尚主之門，往往絕嗣，駙馬之身，通離釁咎」云云。大宗以此表徧示諸主。齊書劉休傳云：明帝憎婦人妒，尚書右丞勞彥遠以善碁見親，婦妒傷其面，帝曰：「我爲卿治之，何如？」彥遠率爾應曰「聽聖旨。」其夕遂賜藥殺其妻。休妻王氏亦妒，帝聞之，賜休妾，敕與王氏二十杖，令休於宅後開小店，使王氏親賣掃帚、皁莢以辱之。此等刑罰，並爲失衷，然大勢所趨，卒亦非一二失衷之刑賞所能挽也。當時尚主者固多罹禍，而主之還罹其禍者亦多，所謂其何能淑，載胥及溺而已。尚主而罹禍者：如張瓊之子欣，尚魏平陽公主，與主情好不篤，遂爲孝武所害。其兩受其弊者：如劉昶之子輝，尚魏蘭陵長公主，世宗第二姊也。輝嘗私幸主侍婢有身，主笞殺之，剖其孕子，節解，以草裝實婢腹，裸以示輝。輝遂忿憾，疏薄公主。公主姊因入聽講，言其故於靈大后。大后敕清河王懌窮其事。懌與高陽王雍、廣平王懷奏其不和之狀，無可爲夫婦之理，請離婚。大后從之。公主在宮周歲，高陽王及劉騰等爲言，聽復舊義。大后流涕送公主，誡令謹愼。正光初，輝又私淫張、陳二氏女，公主更不檢惡。主姑陳留公主共相扇獎，遂與以貨物致之，與諸狎遊者遞寢。大族內亂者：如袁翻弟颺死後，颺弟昇通於其妻，翻惹恚，爲之發病，昇終不止。李元護子會頑駿其妻，南陽大守清河房伯玉女也，甚有姿色，會不答之。房乃通於其弟機。因會飲醉殺之。機與房遂如夫婦。積十餘年，房氏色衰，乃更婚娶。盧元明妻鄭氏，與元明兄子士啓淫汙，元明不能離絕。盧氏同居共財，自祖至孫，家內百口。自淵兄弟亡，淵子道將卒後，家風衰損，子孫多非法，帷薄淫穢，爲論者所鄙。畢衆敬傳云：「諸畢當朝，不乏榮貴，但帷薄不修，爲時所鄙。」鄭義傳云：「自靈大后豫政，淫風稍行，及元乂擅權，公爲姦穢，自此素族名家，遂多亂雜，法官不加糾治，婚宦無貶於世，有識者咸歎息矣。」其實此時不過輿論糾謫稍寬，其穢亂未必始於此時也。巨族家風，亦有修飭者，如羊烈閨門修飾，爲世所稱，一門女不再醮是也，然此等恐甚寡，且亦不足尚也。穢亂之甚者，如北之拘嶷，南之陰賀王正德至於易室而姦，見第十一章第一節，第十二章第五節。此與不娶妾何與？而孝友欲以置妾塞姦淫，可謂揚湯止沸矣。宋書后妃列傳曰：宋世諸主，莫不嚴妒。大宗每疾之。湖孰令袁滔妻以妒忌賜死。使近臣虞通之撰妒婦記。江湛孫斅，當尚世祖女，上乃使人爲斅作表讓昏，曰：「自晉氏以來，配尚王姬者，雖累經美胄，亟有名才，至如王敦懾氣，桓溫斂威，眞長陽愚以求免，子敬灸足以違詔，王偃無仲都之質，而倮露於北階，何瑀闕龍工之姿，而投軀於深井，謝莊殆自同於矇室，殷沖幾不免於彊鉏，數人者非無才意，而勢屈於崇貴，事隔於聞覽，吞悲茹氣，無所逃訴。制勒甚於僕隸，防閑過於婢妾。往來出入，人理之常，當賓待客，朋友之義，而令掃轍息駕，無闚門之期，廢筵抽席，絕接對之理，非惟交友離異，乃亦兄弟疏闊。第令受酒肉之賜，制以動靜，監子荷錢帛之私，節其言笑。姆嬭爭媚，相勸以嚴，妮媼競爭，相諂以急。第令必凡庸下材，監子皆葭萌愚豎，議舉止則未閑是非，聽言語則謬於虛實。姆嬭敢恃耆舊，惟贊妒忌，妮媼自唱多知，務檢口舌。其間又有應答問訊，卜筮師母。乃至殘餘飲食，廣羅姬妾以縱淫欲者，貴人也，而限止貴人使之不得畜妾縱淫者，亦貴人女。比而觀之，眞使人歎淫之與妒者爲貴族所獨擅矣。魏臨淮王譚之曾孫孝友，以通於政理稱，嘗奏表曰：「古諸侯娶九女，士有一妻二妾。晉令：諸王置妾八人，郡公侯六人。官品令：第一、第二品有四妾，第三、第四有三妾，第五、第六有二妾，第八有一妾。而聖朝將相多尙公主，王侯亦娶后族，故無妾媵，習以爲常。婦人多幸，生逢今世，舉朝略是無妾，天下殆皆一妻。設令人彊志廣娶，則家道離索，身事迍邅，內外親知，共相嗤怪。凡今之人，通無準節。父母嫁女，則敎之以妒，姑姊逢迎，必相勸以忌。持制夫爲婦德，以能妒爲女工。自云不受人欺，畏他笑我。王公猶自一心，巳下何敢二意？夫妒忌之心生，則妻妾之禮廢，妻妾之禮廢，則姦淫之兆興，斯臣之所以毒恨者也。請以王公第一品娶八，通妻以備九女，二品備七，三品、四品備五，五品、六品則一妻二妾。限以一周，悉令充數。若不充數，及待妾非禮，使妻加捶撻，免所居官。其妻無子而不娶妾，斯則自絕，無以血食祖父，請科不孝之罪，離遣其妻。」案魏書皇后傳言：「昭成之前，世崇儉質，妃嬙嬪御，率多闕焉，惟以次第爲稱。」蓋鮮卑本止一妻，故無適庶之別。會長如此，豈況凡民？尙公主、娶后族者，其數不能甚衆，而孝友言舉朝略是無妾，有娶者卽共相嗤笑，至於家道離索，身事迍邅，便可見其俗本無妾。顏之推言北人妻死，必須重娶，蓋以此也。娶妾既非舊俗，有行之者，其妻之父母、姑姊，自必敎之以妒，勸之以忌矣。淫亂之生，由於飽暖逸居而無敎，世家巨室，與民隔絕，內淫易而外淫較難，故當時貴人之家，若累世同居之義門，帷薄往往不修。貴家淫亂者：如宋始安王休仁之妃殷氏，因疾召祖翻視脈，遂與之通。荀伯玉姊當嫁，明日應行，今夕隨人逃去。魏北海王詳，烝於安定王燮之妃高氏。孝靜帝姑博陵長公主，女爲元景獻妻，祖珽限節者，如齊永明中制諸王年未三十，不得畜妾；南史齊高帝諸子傳。又敕位未登黃門郎，不得畜女伎齊書王晏傳。是也。然此等法令之不能行，則顯而易見矣。伎本與妾有別，然畜伎者既務宣淫，其下漁自無節限。魏書高聰傳云：聰有伎十餘人，有子無子，皆注籍爲妾，以悅其情，可見伎妾之別，特其名焉而已。當時貴族，多以伎妾回相贈遺，見第十二章第五節。又有鬻賣以爲利者。隋書李諤傳：諤見禮敎彫敝，公卿薨亡，其愛妾侍婢，子孫輒嫁賣之，遂成風俗，上書曰：「如聞朝臣之內，有父祖亡後，日月未久，子孫無賴，便分其妻妾，北史作伎妾。嫁賣取財，有一於此，實損風化。妾雖微賤，親承衣履，服斬三年，古今通式。豈容遽褫衰絰，强傅鉛華，泣辭靈几之前，送付他人之室？凡在見者，猶致傷心，況乎人子，能堪斯忍？復有朝廷重臣，位望通貴，平生交舊，情若弟兄，及其亡歿，杳同行路，朝聞其死，夕規其妾，方便求聘，以得爲限，無廉恥之心，棄友朋之義。」云云。上覽而嘉之。五品已上妻妾不得改醮，始於此也。案此事在開皇十六年，紀云：「詔九品已上妻，五品已上妾，夫亡不得改嫁。」諤陳子孫嫁賣，朋舊規取之非，詔乃禁及再嫁，可謂答非所問矣。案梁書高祖三王傳：南康簡王績子乂理，生十旬而簡王薨，至三歲而能言，見內人分散，涕泣相送，乂理問其故。或曰：「此簡王宮人，喪畢去耳。」乂理便號泣，悲不自勝。諸宮人見之，莫不傷感，爲之停者三人焉。然則喪終而伎妾分散，實爲當時通法，而北朝子孫嫁賣，友朋規取，皆在其人方死之初，此其所以爲人所嫉惡也。李元護弟靜，兄亡未斂，便剝奪諸伎服玩及餘財物，與鬻賣取利者，可謂正同。然如高聰病，不欲他人得其妾，並令燒指呑炭，出家爲尼，其不法實更甚於規取及嫁賣者矣。

以取媚於聽，其言則是也。然又以此爲疑，而聽亦不能不以爲恨，可見流俗譏平之所在矣。魏初不禁同姓昏，至大和七年，乃詔禁之。見紀。北史長孫紹遠傳曰：出爲河州刺史。河右戎落，向化日近，同姓昏姻，因以成俗。紹遠導之以禮，大革弊風。河州見第十二章第三節。玩因以成俗一語，當時同姓爲昏者，實不僅戎落爲然，蓋戎多華少之地，華人亦稍化於戎矣。然此等處實不多，其俗亦不能持久也。親族禁昏，本當兼論母系。魏文帝大統九年，嘗禁中外及從母姊妹爲昏。周武帝建德六年，亦詔自今以後，悉不得娶母同姓以爲妻妾。其已定未成者，即令改聘。然宣帝即位，詔制九條，宣下州郡，二曰母族絕服外者聽昏，則其制之不能行審矣。蓋恆情於父母統系，恆祇能論其一也。

姬妾之數，大抵富貴者爲多。宋胡藩有庶子六十人。南郡王義宣後房千餘，尼媼數百，男女三十人。梁鄱陽王恢有男女百人。魏咸陽王禧姬妾數十，猶欲遠有簡聘，奚斤有數十婦，子男二十餘人。齊神武既納建明皇后，小爾朱。又納孝莊皇后，彭城大妃。及魏廣平王妃。馮翊大妃。高陽大妃游氏，父京之爲相州長史，神武克鄴，欲納之，京之不許，遂牽曳取之，京之尋死，皆見北史后妃傳。可見是時貴人之暴橫矣。然土豪之縱恣者亦不乏。北史李遷哲傳云：遷哲累葉雄豪，爲鄉里所服。遷哲安康人，安康見第十二章第六節。性復華侈，能厚自奉養，妾媵至有百數，男女六十九人。緣漢千餘里閒，第宅相次，姬媵之有子者，分處其中，各有僮僕侍婢閽人守護。遷哲每鳴笳侍從，往來其閒，縱酒歡燕，盡生平之樂。子孫參見，忘其年名者，披籍以審之。此其豪縱，恐尚有過於王公也。賀琛之言曰：「歌姬舞女，本有品制，二八之錫，良待和戎。今無等秩，雖復庶賤微人，皆盛姬姜，務在貪汙，爭飾羅綺。」可見富人之縱恣，亦不下於朝貴矣。亦有欲爲立有之。刀思遵妻，晉泰初有司聞奏，詔依式標榜，是旌表有式也。齊書孝義傳：吳翼之母丁氏，丁長子婦王氏，守寡執志不再醮，州郡上言，詔表門閭，蠲租稅。南史孝義傳：霸城王整之姊，嫁爲衞敬瑜妻，年十六而敬瑜亡，父母舅姑，咸欲嫁之，誓而不許，乃截耳置盤中爲誓，乃止。西昌侯藻嘉其美節，起樓於門，題曰貞義衞婦之閭。又表於臺。梁書止足傳：顧憲之除豫章太守。有貞婦萬晞者，少孀居，無子，事舅姑尤孝。父母欲奪而嫁之，誓死不許。憲之賜以束帛，表其節義。魏書高祖紀大和九年八月，詔「自大和六年已來，買定、冀、幽、相四州饑民良口者，盡還所親。雖聘爲妻妾，遇之非禮，情不樂者亦離之。」此與後漢光武、明帝詔饑民遭亂爲賊所略，或依託人爲下妻，邊人遭患爲內郡人妻者，得以恣去頗相似見秦漢史第十四章第一節。政令固應爾也。

同姓不昏，古本論姓而不論氏，然至後世，則古義漸亡，以姓氏之別已亡故也。晉書劉頌傳：頌嫁女臨淮陳矯，矯本劉氏子，與頌近親，出養於姑，改姓陳氏。中正劉友譏之。頌曰：「舜後姚、虞、陳、田本同根系，而世皆爲婚，禮律不禁。今與此同義，爲婚可也。」友欲列上，爲陳騫所止，故得不劾。姚、虞、陳、田爲昏，爲古義所不許，而禮、律不之禁者，以世皆僅知尚存之氏，而不能溯已亡之姓，禁之勢有不行也。劉聰載記：聰后呼延氏死，將納其大保劉殷女，其弟乂固諫。聰更訪之於大宰劉延年、大傅劉景，景等皆曰：「臣常聞大保自云周劉康公之後，與聖氏本原既殊，納之爲允。」聰大悅。使其兼大鴻臚李弘拜殷二女爲左右貴嬪，又納殷女孫四人爲貴人，謂弘曰：「大保於朕，實自不同，卿意安乎？」弘曰：「大保胤自有周，與聖原實別，陛下正以姓同爲恨耳。且魏司空東萊王基，當世大儒，豈不達禮乎？爲子納司空大原王沈女，以其姓同而源異故也。」聰大悅，賜弘黃金六十斤，曰：「卿當以此意諭吾子弟輩。」劉景、李弘之意，庸或

「往日之事，非爲相負。今既得脫，當歸供養。」孝克默然無答。於是歸俗，更爲夫妻。學道之人，舉動自異流俗，然亦可見當時視婦女名節，尚不甚重也。

改嫁實爲恆事。后妃、公主，改嫁者亦甚多，魏孝武帝后，改適彭城王勰之孫韶，見北史獻文六王傳。孝靜帝后改適楊愔。齊孝昭后元氏，齊亡入周氏宮中，隋文帝作相，乃放還山東。後主后斛律氏，齊亡，嫁爲開府元仁妻。胡氏後亦改嫁，皆見北史后妃傳。齊瑯邪王儼妃，李祖欽女也，儼死，謚爲楚恭哀帝，以慰太后，后進爲楚帝后，齊亡亦改嫁，見北齊書本傳。齊文襄長子河閒王孝瑜之母，本魏潁川王斌之妃，爲文襄所納。文宣以永安王浚妃配劉郁捷，上黨王渙妻配馮永洛，皆高氏奴，此周由亂命，亦不聞其抗節不屈也。公主中如魏陳留長公主，本劉昶子婦，改適王肅，又馮翊長公主嫠居，孝武以之歸周文。而民間無論矣。改嫁有出自願者，南史徐孝嗣傳：父被害，孝嗣在孕，母年少，欲更嫁，不願有子，自牀投地者無算，又以擣衣杵舂其要，幷服墮胎藥，胎更堅，及生，故小字遺奴。亦有爲親族所迫者，齊書孝義傳：晉陵吳康之妻趙氏，少時夫亡，家欲更嫁，誓死不貳。義興蔣儁之妻黃氏，夫亡不重嫁，逼之，欲赴水自殺，乃止。此逼迫之出於夫家者也。又韓靈敏兄靈珍亡，無子，妻胡氏守節不嫁，慮家人奪其志，未嘗告歸。北史列女傳：鉅鹿魏溥妻房氏，慕容垂貴鄉太守房湛女也。年十六而溥卒。及將大斂，房氏操刀割左耳，投之棺中。姑劉氏輟哭謂曰：「新婦何至於此？」對曰：「新婦少年，不幸早寡，實慮父母未量至情，覬持此自誓耳。」於時子緝生未十旬，鞠養於後房之內，未嘗出門。緝年十二，房父母仍存，於是歸寧。父兄尚有異議，緝竊聞之，啓其母。房命駕，紿云他行，因而遂歸。其家弗之知也。行數十里，方覺。兄弟來追，房哀歎而不返。其執意如此。又滎陽刁思遵妻，魯氏女也。始笄，爲思遵所聘，未逾月而思遵亡。其家矜其少寡，許嫁已定，魯聞之，以死自誓。父母不達其志，遂經郡訴，稱刁氏悋護寡女，不使歸寧。魯乃與老姑徒步詣司徒府，自告情狀。此逼迫之出於母家者也。蓋終不免有因以爲利之意也。以不再醮而見旌表者，亦時通，亦不容改適也。晉書潘岳傳云：岳美姿儀，少時常挾彈出洛陽道，婦人遇之者，皆連手縈繞，投之以果，遂滿載而歸，亦可見當時婦女之自由也。惟昏姻由父母主持者究多，故指腹爲昏等事，南北朝之世，亦時有所見焉。梁書韋放傳：放與吳郡張率皆有側室懷孕，因指爲昏姻。其後各產男女，未及成長而率亡，遺嗣孤弱，放常贍恤之。及爲北徐州，有貴族請姻者，放曰：「吾不失信於故友。」乃以息岐娶率女，又以女適率子。時稱放能篤舊。魏書王慧龍傳：子寶興，尚書盧遐妻崔浩女也。初，寶興母及遐妻俱孕，浩謂曰：「汝等將來所生，皆我之自出，可指腹爲親。」

離昏尙頗容易。張稷長女楚瑗，適會稽孔氏，無子歸宗，是無子卽可去也。劉瓛妻王氏，椓壁挂履，土落瓛母孔氏牀上，孔氏不悅，瓛卽出其妻。孫謙從兄靈慶，嘗病寄於謙，謙出行，還問起居，靈慶曰：「向飮冷熱不調，卽時猶渴。」謙退，遣其妻。此等似失之輕易。然與其强合，無寧聽其離絕之爲愈。宋書王微傳：微弟僧謙卒，微以書告其靈曰：「弟由來意謂婦人雖無子，不宜踐二庭，此風若行，便可家有孝婦。」此乃欲束縛婦人使不得去，則不敢不盡其孝敬，乃壓制之加深，非能體念婦女也。然無子卽去，在當時尙頗通行，則亦由此可見。陳書徐陵傳：陵第三弟孝克，事所生母陳氏，盡就養之道。梁末，侯景寇亂，京邑大饑，餓死者十八九。孝克養母，饘粥不能給。妻東莞臧氏，領軍盾之女也，甚有容色。孝克乃謂之曰：「今饑荒如此，供養交闕，欲嫁卿與富人，望彼此俱濟，於卿意如何？」臧氏弗之許也。時有孔景行者，爲侯景將，富於財。孝克密因媒者陳意，景行多從左右，逼而迎之。臧涕泣而去。所得穀帛，悉以供養。孝克又翦髮爲沙門，改名法整，兼乞食以充給焉；臧亦深念舊盟，數致餽餉；故不乏絕。後景行戰死，臧伺孝克於途中，累日乃見。謂曰：

誣，不識忌諱，」（歸心篇。）又曷足怪乎？抱朴子彈訟篇，載其姑子劉士由之論，謂「末世舉不修義，許而弗與，訟鬩穢辱，煩塞官曹。今可使諸爭婚者，未及同牢，皆聽義絕，而倍還酒禮，歸其幣帛。其嘗已再離者，一倍裨聘；其三絕者，再倍裨聘。」已則謂「責裨聘倍，貧者所憚，後所許者，或能富殖，助其裨聘，必所甘心，先家拱默，不得有言，血刃之禍，於是將起。」欲使「女氏受聘，卽日報板，使時人署姓名於別板，必十人已上，以備遠行及死亡。又令女之父兄若伯叔答壻家書，必手書一紙。若有變悔而證據明者，女氏父母兄弟皆加刑罰罪。」當時變悔者之多可見。晉書刑法志述賈充等定律云：「崇嫁娶之要，一以下聘爲正，不理私約，」蓋亦以其紛紜變幻，不可勝理也。梁武帝時，富陽滿璋之爲息覔婚。東海王源，嫁女與之。璋之下錢五萬，以爲聘禮。源先喪婦，又以所聘餘直納妾。中丞沈約奏彈之云：「自宋氏失御，禮敎彫衰，衣冠之族，日失其序。姻婭淪雜，罔計廝庶；販粥祖會，以爲賈道。明目腆顏，曾無媿畏。若夫盛德之胤，世業可懷，欒郤之家，前徽未遠，旣壯而室，緜資莫非皁隸，結褵以行，箕帚咸失其所，志士聞而傷心者，老爲之歎息。」可見貴族之貪利結昏，與庶民無異矣。

古代昏姻自由之風，斯時尙未盡泯。晉書王濬傳云：濬美姿貌。州郡辟河東從事。刺史燕國徐邈，有女才淑，擇夫未嫁。邈乃大會佐吏，令女於內觀之。女指濬告母，邈遂妻之。隋開皇初，樂平公主（周宣帝后，隋文長女。）有女娥英，妙擇昏對。敕貴公子弟集弘聖宮，日以百數。公主選取李敏。（賢孫，見北史賢傳。）可見自魏至隋，匹對皆許男女自擇。賈充有女，通於韓壽，卽以妻之；魏大原長公主寡居，與裴詢私姦，肅宗仍詔詢尙焉；亦順本人之意，非如後世謂女重從一，雖曰姦長文，鄭懿女爲左右孺子，則其一證。時恂年十三四。帝欲使旦出省經傳，食後還內，哺時復出，日夕而罷。崔光言：「血氣未定，戒之在色。太子幼年涉學，不宜於正晝之時，捨書御內。又非所以安柔弱之體，固永年之命。」帝以爲然，乃不令恂晝入內。此已爲有節限者。若齊樂陵王百年死時，妃年不過十四；琅邪王儼死時年十四，已有遺腹四男矣，或尚有女，爲史所不載者也。尚主者年亦多小：如梁張纘年十一，尚高祖女富陽公主。魏穆紹年十一，尚琅邪長公主。齊文襄十二，尚魏孝靜帝妹馮翊長公主。又神武爲武成聘柔然太子菴羅辰女，武成時僅八歲。此等固或別有原由，不可以常格論，然貴族之習於早昏，則亦因此可見矣。其非王公貴人，則杜有道妻嚴氏，皮京妻龍氏，出適年皆十三，見晉書列女傳。史映周妻出適年十七；魏溥、董景起之死，妻年皆十六；張洪部之死，妻年十七；見魏書列女傳。宇文護母與護書，言「吾十九入汝家，」則多係貴族。不則民間爲子取婦，利其勤勞，且爲頗遲者矣。

冀早育，乃求女之年長者，參觀下文可知也。孤貧不立之士，則有三十不婚如顏延之者矣。財產私有之世，女子若貨物然，皆聚於多財之家，固事之無可如何者也。

職是故，當時之世家大族，雖高自位置，陵蔑庶姓，而貪其財利，與結昏姻者仍甚多。北齊書封述傳：述爲息娶隴西李士元女，大輸財聘。及將成禮，猶競懸違。述忽取供養像對士元打像爲誓。士元笑曰：「封公何處常得應急像，須誓便用？」一息娶范陽盧莊之女，述又經府訴云：「送贏乃嫌腳跛，平田則云鹹薄，銅器又嫌古廢。」史以此譏述之吝嗇，實則盧、李二家之求取，正因此而可知。此誠顏之推所謂「賣女納財，買婦輸絹，比量父祖，計較錙銖，責多還少，市井無異」者矣。顏氏家訓治家篇。嫁女既欲得財，取妻自望送贈。「爲子取婦，恨其生貲不足，倚作舅姑之尊，毒口加無直相賀之禮，而有禮既共慶會之義，今世所共行。」於時竟不賀。此晉朝典禮，猶守不樂、不賀之故實也。然云禮既共慶會，其去賀之實幾何？宋書文五王傳：南平王鑠早薨，子敬淵婚，廬江王禕白世祖借伎，世祖答曰：「婚禮不舉樂，且敬淵等孤苦，借非宜也。」當時雖爲世祖所格，然禕有此借，可見時俗舉樂，習爲故常。王公如此，況於氓庶？魏書高允傳：允言「前朝屢發明詔，禁諸婚娶不得作樂，而俗不革變。今諸王納室，皆樂部給伎，而獨禁細民，此一異也。」周書崔猷傳云：時婚姻禮廢，嫁娶之辰，多舉音樂。可見南北皆然矣。徐孝嗣云：「三加廢於王庶，六禮限於天朝，」齊書禮志。信矣。違禮之失，大抵在於奢侈，致嫁娶不能及時。當時政令，深以蕃民爲急，於此屢加督勸，然亦文具而已。宋書周朗傳：朗上書曰：「女子十五不嫁，家人坐之。特雉可以聘妻妾，大布可以事舅姑。若待足而行，則有司加糾。凡宮中女隸，必擇不復字者。庶家內役，皆令各有所妃。要使天下不得有終獨之生，無子之老。」此欲蕃民者之議論也。晉書武帝紀：泰始九年，十月，制女年十七父母不嫁者，使長吏配之。齊書海陵王紀：延興元年，十月，詔曰：「督勸婚嫁，宜嚴更申明，必使禽幣以時，摽梅息怨。」魏書高祖紀。大和二十年，七月，詔「男女失時者，以禮會之。」世宗紀：正始元年，六月，詔「男女怨曠，務令媾會。」肅宗紀：正光二年，七月，詔「男女怨曠，務令會偶。」周書武帝紀：建德三年，正月，詔「自今已後，男年十五，女年十三已上，爰及鰥寡，所在軍民，以時嫁娶，務從節儉，勿爲財幣稽留。」此蕃民之政令也。官爲妃合，惟閒施諸軍士，每致詒害閭閻。此固虐民以奉軍，非眞能行蕃民之政也。武定三年，齊神武請釋芒山俘桎梏，配以民閒寡婦。天保七年，十月，發山東寡婦二千六百人，以配軍士。有夫而濫奪者，五分之一。皆見北齊書本紀。北史本紀，五分之一作十二三。又天保六年，三月，發寡婦以配軍士。史傳所載婚嫁之年頗早，梁武帝納丁貴嬪，時年十四。魏書高允傳：允言「今諸王十五，便賜妻別居，然所妃者，或長少差舛，或罪人掖廷。往年及今，頻有檢劾，誠是諸王過酒致責，跡其元起，亦由色衰相棄，致此紛紜。」蓋既求滿淫欲，又欲急求子嗣，故不得取女之年長者也。孝文將爲廢大子恂娶馮誕女，以其年幼，先爲聘劉而疏薄張氏。爲兩宅別居，偏厚劉室。由是二妻妒競，互相訟詛，兩宅母子，往來如讎。此則較之遭變更娶，或有君命者，更無以自解矣。魏尚書僕射范陽盧道虞女，爲右衞將軍郭瓊子婦，以瓊死罪沒官，齊高祖啓以賜陳元康爲妻，元康乃棄故婦李氏。東平王元匡妾張氏，薛琡初與姦通，後納以爲婦，逐前妻于氏，不訒其子，家內怨忿，竟相告列。崔道固兄子僧深，坐兄僧祐與沙門法秀謀反徙薄骨律鎮。後位南青州刺史。元妻房氏，生子伯驎、伯驥。後薄房氏，納平原杜氏，與俱徙。生四子：伯鳳、祖龍、祖螭、祖虬。僧深得還之後，絕房氏，遂與杜氏及四子寓青州。伯驎、伯驥與母房居冀州。雖往來父間，而心存母氏。孝慈之道，頓阻一門。僧深卒，伯驎奔赴，不敢入家，寄哭寺門。祖龍剛躁，與兄伯驎訟適庶，並以刀劍自衞，若怨讎焉。此等皆近於薄。魏故事：前妻雖有子，後賜之妻子皆承適；見魏書畢衆敬傳。又有因尚主而出妻者；如李蓄是，見外戚傳。其政令固有以啓之也。

古代昏禮大抵廢墜，如不賀、不舉樂，雖尚沿襲其文，而已罕存其實矣。晉書禮志：穆帝升平元年，將納皇后何氏，大常王彪之，大引經傳及諸故事，以定其禮，以娶婦之家，三日不舉樂，而咸康羣臣賀爲失禮，故但依咸寧上禮，不復賀。八年，奉符問迎皇后大駕應作鼓吹不？博士胡訥議：「臨軒儀注闕，無施安鼓吹處所，又無舉麾鳴鐘之條。」彪之以爲「昏禮不樂，鼓吹亦樂之總名，儀注所以無者，依昏禮。今宜備設而不作。」時用此議。永和二年，納后，議賀不。王述云：「昏是嘉禮。春秋傳曰：娶者大吉，非常吉。又傳曰：鄭子罕如晉賀夫人，鄰國猶相賀，況臣下邪？此便應賀，但不在三日內耳。今因廟見成禮而賀，亦是一節也。」彪之議云：「昏禮不樂、不賀，禮之明文。傳稱子罕如晉賀夫人，既無經文，又傳不云禮也。禮取婦三日不舉樂，明三日之後自當樂，至於不賀，無三日之斷，恐三日之後，故無應賀之禮。」又云：「禮記所以言賀取妻者，是因就酒食而有慶語也。愚謂下。泣血露骨，衰裳綴落。數十年不得從，以至死亡。此於舒爲可哀，於陶不受責也。賈充傳：充前妻李氏，生二女：褒、裕。褒一名荃，裕一名濬。父豐誅，李氏坐流徙。後娶郭配女。（名槐，封廣城君。）武帝踐阼，李以大赦得還。帝特詔充置左右夫人。充母亦勅充迎李氏。郭槐怒，攘袂數充。充乃答詔，託以謙沖，不敢當兩夫人盛禮。而荃爲齊王攸妃，欲令充遣郭而還其母。時沛國劉含母及帝舅羽林王虔前妻，皆毌丘儉孫女。此例既多，質之禮官，皆不能決。雖不遣後妻，多異居私通。充自以宰相爲海內準則，乃爲李築室於永年里而不往來。荃、濬每號泣請充，充竟不往。會充當鎭關右，公卿供帳祖道，荃、濬懼充遂出，乃排幔出於坐中，叩頭流血，向充及羣僚陳母應還之意。衆以荃王妃，皆驚起而散。充甚愧愕，遣黃門將宮人扶去。既而郭槐女爲皇太子妃，帝乃下詔，斷如李比皆不得還。充薨，李氏二女欲令其母祔葬，賈后弗之許。及后廢，李氏乃得合葬焉。此等法令，隨朝局之轉移而轉移，終非人心之所安也。

晉武帝勅賈充置左右夫人，已爲非禮，魏收娶其舅女崔昂之妹，產一女，無子，魏大常劉芳孫女，中書郎崔肇師女，夫家坐事，齊文宣並賜收爲妻，時人比之賈充，則更爲非禮矣。虜主固不足責也。（收卒無子，後病甚，恐身後適媵不平，乃放二姬。）然北人二妻者頗多。陸麗二妻：長杜氏，次張氏。長子定國，杜氏所生。娶河東柳氏，生子安保。後納范陽盧度世女，生昕之。二室俱爲舊族，而適妾不分。定國亡後，兩子爭襲父爵。僕射李沖，有寵於時，與度世子泉（此據魏書麗傳，北史作伯源，皆避唐諱也。據魏書寶玄傳，其人實名淵。）昏親相好，遂左右申助昕之，由是承爵，尚主，職位赫奕。安保沈廢貧賤，不免飢寒。李洪之微時，妻張氏助其經營貲產，自貧至貴，多所補益，有男女幾十人。洪之後得劉氏，劉芳從妹。（北史作妹。）洪之欽重，先適後繼，有自來矣。」干寶議毖事云：「同產無適側之別，而先生爲兄；同爵無等級之差，而先封爲長。二妻無貴賤之禮，則宜以先後爲秩。今生而同室者寡，死而同廟者衆，及其神位，故有上下也。春秋賢趙姬遭禮之變而得禮情。朝廷於此，宜導之以趙姬，齊之以詔命，使先妻恢含容之德，後妻崇卑讓之道，室人達少長之序，百姓見變禮之中。若此，可以居生，又況於死乎？」說與徐期同，似協於義。劉卞云：毖於南爲邦族，於北爲羇旅，以此名分言之，前妻爲元妃，後婦爲繼室，於義似不甚安。然趙姬之美，非可責諸人人，使王昌之母，不甘爲妾，議者亦無以難也，而可强抑之乎？時又有吳國朱某，娶妻陳氏，生子東伯。入晉，晉賜之妻某氏，生子綏伯。大康中，某已亡，綏伯將母以歸邦族，兄弟交愛敬之道，二母篤先後之序；及其終也，二子交相爲服；可謂能行寶與徐期之議矣。然虞溥云：「伯夷讓孤竹，不可以爲後王法。」又安豐大守程諒，先已有妻，後又娶，遂立二適。前妻亡，後妻子勳疑所服。荀勖議曰：「昔鄉里鄭子羣，娶陳司空從妹。後隔呂布之亂，不復相知存亡，更娶鄉里蔡氏女。徐州平定，陳氏得還，遂二妃並存。蔡氏之子元㬚，爲陳氏服適母之服，事陳公以從舅之禮。而族兄宗伯，責元㬚謂抑其親。」此亦不能責後妻之子若其親屬，不持此議也。於道爲又窮矣。此誠禮律之所難言者也。此亦非禮律之過。有制度則必有所窮。所謂禮律者，亦不過據一時之社會組織，而爲之制度耳，原不能通於萬變也。故曰：「失道而後德，失德而後仁，失仁而後義，失義而後禮；」又曰：「禮者，忠信之薄而亂之首」也。

此等非常之事，亦有以法令濟其窮者，然終不能饜於人心也。沛國劉仲武，先娶毌丘氏，生子正舒、正則。毌丘儉敗，仲武出其妻。娶王氏，生陶。仲武爲毌丘氏別舍而不告絕。及毌丘氏卒，正舒求祔葬焉，而陶不許。舒不釋服，訟於上典以釐降二女爲文，不殊嫡媵，而傳記亦以妃、夫人稱之，明不立正后。」蓋皆以爲無妨於二適者也。然二適實禮所不許，以其有故而許之，能保無故者之不矯託於有故乎？於是有欲强絕其一者：虞溥謂「未有遭變而二適，更娶則絕前之證，故昌父更娶之辰，是前妻義絕之日。」許猛以爲地絕。衞恆謂地絕、死絕無異。李胤謂「大義滅親，崧爲黃門侍郎，江南已叛，不得以故妻爲妻。」皆欲强求其說者也。然昌母何故當義絕？說不可通。故議者或謂當同之於死而義不絕。地絕亦難質言，且亦難免狡詐者之藉口，而劉卞謂「地既通，何故追絕之」，於義爲尤允矣。然則崧妻未故而地通，又將如何？大義滅親說尤牽强。江南叛，非崧之妻叛也。果如所言，有擅土而叛者，則一竟之民，未能自拔者，夫婦皆當離絕乎？虞溥謂崧「妻專一以事夫，夫懷貳以接己，開僞薄之風，傷貞信之義」，衞恆謂「絕前爲奪舊與新，爲禮、律所不許，人情所不安」，於義實協。然人情非有妃匹，不能久安其處，當求歸不得之日，而必責以守信獨居，亦事之難行者也。當時又有陳詵者，先娶零陵李繁姊，產四子而遭賊。於賊請活姑命，賊略將李去。詵更娶嚴氏，生三子。繁後得姊消息，往迎還詵。詵籍注二妻。及李亡，詵疑制服，以事言征西大將軍庾亮府司馬王愆期，議曰：「詵有老母，不可以莫之養，妻無歸期，納妾可也。李雖沒賊，尚有生冀，詵尋求之理不盡，而便娶妻，誠詵之短。其妻非犯七出，臨危請活姑命，可謂孝婦矣。議者欲令在沒略之中，必全苦操，有隕無二，是望凡人皆爲宋伯姬也。」夫社會之於貞節，恆偏責諸女子，李繁姊在賊中，蓋已不能全節，而愆期之議猶如此，況王昌之母，未嘗失節者乎？愆期又曰：「後子不及前母，故無制服之文，然礿祠蒸嘗，未有不以前母爲母者。亡猶母之，況其存乎？若能下之，則趙姬之義，若云不能，官當有制。

孤，不敢與我子爭家，提擕鞠養，積習生愛，故寵之。前妻之子，每居己生之上，宦學、婚嫁，莫不爲防焉，故虐之。異姓寵則父母被怨，繼親虐則兄弟爲讎，家有此者，皆門戶之禍也。」蓋適妾之別，其分自明，至前後妻則貴賤相等，而其子之爭斯起矣。此封建之世妻妾之制既更，而承襲之制，不隨之而俱變，有以致之也。

繼室之禮既廢，爲妾媵者可升爲正適乎？晉書武帝紀：泰始十年，詔曰：「嫡庶之別，所以辨上下，明貴賤，而近世以來，多階內寵，登妃后之職，亂尊卑之序。自今以後，皆不得登用妾媵，以爲適正。」此非指並后、匹適言，乃謂正妻亡歿、離絕，仍不得以妾媵繼之也。孫騰妻死，正其妾賈爲妻；夏侯道遷不娶正室，惟有庶子數人；自中國人言之，其非禮甚矣。晉書后妃傳：元帝簡文宣鄭大后，嘉平時，羣臣希旨，謂應配食元帝。徐邈言：「子孫豈可爲祖考立配？崇尊盡禮，由於臣子，故得稱大后，祔葬配食，義所不可。」從之。宋書臧燾傳：孝武帝追崇庶祖母宣大后，議者或謂宜配食中宮，燾亦以爲不可。則雖死後亦不容儕於適室矣。當時諸王之所生母，率緣母以子貴之義，班秩視子爲序，故多封爲其國大妃，然亦有幷此而不得者，魏齊郡王簡之子祐，母常氏，孝文帝以納不以禮，不許爲妃，是也。宣武以母從子貴，特拜爲齊國大妃。此自中國人觀之，已爲非禮。至北齊高歸彥封爲平秦王，嫡妃康及所生母王氏並爲大妃，則更爲禮所不容矣。

二適爲禮所不許，然時直非常，則有非常之事，即禮律亦有難言之者。晉書禮志：大康元年，東平王楙上言：「王昌父毖，本居長沙，有妻息。漢末使入中國，值吳叛，仕魏爲黃門郎，與前妻息生死隔絕，更娶昌母。今江表一統，昌聞前母久喪，當追成服，求平議。」其時議者：謝衡以爲「雖有二妻，蓋有故而然，不爲害於道，宜更相爲服。」張惲謂「堯

第十七章　晉南北朝社會組織

第一節　昏制

去古漸遠，則一切社會制度，隨社會組織而有變遷。古者貴族之家，皆有妾媵，然其以一人拘多女，實反不如後世富者之甚，故諸侯不再娶之禮，與其一娶九女並存。逮於後世，封建之制既絕，於是繼娶之禮興，而前娶與後繼，皆爲適室矣。陳舒謂「自秦漢以來，廢一娶九女之制，近世無復繼室之禮，先妻卒則更娶，苟生加禮，則亡不應貶」，見晉書禮志。魏律正殺繼母與親母同，見晉書刑法志。北史節義劉孝翊傳引令，爲人後者，父母歿，並解官，申其心喪，父卒母嫁，爲父後者雖不服，亦申心喪，繼母嫁不解官，此自因繼母非天屬之親，嫁則恩義不存故爾，非其地位與正室有殊也。此自社會漸趨平等使然，然一切制度，不能一變，則其餘與之俱變，故其彼此之間，轉有不能和協者。顏氏家訓後娶篇云「江左不諱庶孽，喪室之後，多以妾媵終家事；疥癬蚊蝱，或未能免，限以大分，故希鬥閱之恥。河北鄙於側出，不豫人流，是以必須重娶，至於三四，北史李叔彪傳：孫象，喪妻無子，終竟不娶，論者非之。母年有少於子者。後母之弟，與前婦之兄，衣服飲食，爰及婚宦，至於士庶貴賤之隔，俗以爲常。身歿之後，辭訟盈公門，謗辱彰道路。子誣母爲妾，弟黜兄爲傭；播揚先人之辭迹，暴露祖考之長短；以求直己者，往往而有。」又曰「凡庸之性，後夫多寵前夫之孤，後妻必虐前妻之子。非惟婦人懷嫉妒之情，丈夫有沈惑之僻，亦事勢使之然也。前夫之

周蓓 主編

專題史叢書

吕思勉 著

河南人民出版社

兩晉南北朝史

（下册）

本書是一部涵蓋兩晉南北朝政治、社會和文化諸方面內容的斷代史。兩晉南北朝是中國歷史上戰亂頻仍的時期，本書系統而深刻地論述了這段特別時期政治和文化特點，旁徵博引，思想深邃